MICRO ROBERT

DICTIONNAIRE
DU
FRANÇAIS PRIMORDIAL

TOME II

M à Z

ISBN : 2 - 85036 - 015 - 5

M

M [ɛm]. *n. m.* ou *f.* • 1° Treizième lettre de l'alphabet, notant une consonne nasale. • 2° *M.*, abrév. de *Monsieur; MM.*, *Messieurs.* • 3° *m*, symb. de *mètre.* • 4° *M*, chiffre romain (1 000).

MA. V. Mon.

MABOUL, E [mabul]. *n.* et *adj.* • *Pop.* Fou.

MACABRE [makabʀ(ə)]. *adj.* • Qui évoque des images de mort (V. **Funèbre**), concerne les cadavres, les squelettes. *Scène, plaisanterie macabre.*

MACADAM [makadam]. *n. m.* • Revêtement de routes, chemins, avec de la pierre concassée et du sable agglomérés. ▼ **MACADAMISER.** *v. tr.* (1). Recouvrir avec du macadam.

MACAQUE [makak]. *n. m.* • 1° Singe d'Asie à corps trapu, à museau proéminent. • 2° *Fam.* Personne très laide. *Elle ne va pas épouser ce vieux macaque?*

MACARON [makaʀɔ̃]. *n. m.* • 1° Gâteau sec, rond, à la pâte d'amandes. • 2° Natte de cheveux roulée sur l'oreille. • 3° *Fam.* Décoration ronde. Ornement rond. • 4° *Pop.* Coup. V. **Marron.**

MACARONI [makaʀɔni]. *n. m.* • Pâtes alimentaires en tubes creux. *Manger des macaronis*, ou (au sing. collectif) *du macaroni.*

MACARONIQUE [makaʀɔnik]. *adj.* • *Poésie macaronique*, poésie burlesque entremêlée de mots latins.

MACCHABÉE [makabe]. *n. m.* • *Pop.* Cadavre.

MACÉDOINE [masedwan]. *n. f.* • Mets composé d'un mélange de légumes (V. **Jardinière**) ou de fruits (V. **Salade**).

1. MACÉRER [maseʀe]. *v. tr.* (6) • En terme de religion, Mortifier (son corps). ▼ **1. MACÉRATION.** *n. f.* Pratique d'ascétisme observée dans un esprit de pénitence. V. **Mortification.**

2. MACÉRER. *v.* (6) • 1° *V. tr.* Laisser séjourner, faire tremper. *Cerises macérées dans l'eau-de-vie.* • 2° *V. intr.* Tremper longtemps. *Viande qui macère dans une marinade.* V. **Mariner.** ▼ **2. MACÉRATION.** *n. f.*

MACH [mak]. *n. pr.* • *Nombre de Mach*, rapport d'une vitesse à celle du son. Ellipt. *Voler à Mach 2, à Mach 3*, à 2, 3 fois la vitesse du son.

MÂCHE [maʃ]. *n. f.* • Plante à petites feuilles allongées qui se mangent en salade.

MÂCHEFER [maʃfɛʀ]. *n. m.* • Scories retirées des foyers où se fait la combustion de la houille.

MÂCHER [maʃe]. *v. tr.* (1) • 1° Broyer avec les dents, par le mouvement des mâchoires, avant d'avaler. *Mâcher du pain, de la viande.* V. **Mastiquer.** — Loc. *Mâcher la besogne (le travail) à qqn*, la lui préparer, la lui faciliter. *Il faut tout lui mâcher.* — *Ne pas mâcher ses mots, son opinion*, s'exprimer avec une franchise brutale. • 2° Triturer longuement dans sa bouche (une substance non comestible qu'on rejette). *Mâcher du chewing-gum, du tabac* (V. **Chiquer**). ▼ **MÂCHEMENT.** *n. m.* ▼ **MÂCHEUR, EUSE.** n. *Mâcheur de bétel.*

MACHETTE [maʃɛt]. *n. f.* • Grand coutelas utilisé en Amérique du Sud pour abattre les arbres, se frayer un chemin, etc.

MACHIAVÉLISME [makjavelism(ə)]. *n. m.* • Attitude de celui qui emploie la ruse et la mauvaise foi pour parvenir à ses fins. V. **Artifice, perfidie.** ▼ **MACHIAVÉLIQUE.** *adj.* Rusé et perfide. *Une manœuvre, un procédé machiavélique.*

MÂCHICOULIS [maʃikuli] *n. m.* • Balcon au sommet des murailles ou des tours des châteaux forts, percé d'ouvertures à sa partie inférieure.

MACHIN [maʃɛ̃]. *n. m.* • *Fam.* Désigne un objet dont on ignore le nom. V. **Chose, fourbi, truc.** *Qu'est-ce que c'est que ce machin-là?* — Sert aussi comme nom propre de personne. *Tu as vu Machin?*

MACHINAL, ALE, AUX [maʃinal, o]. *adj.* • Qui est fait sans intervention de la volonté, de l'intelligence, comme par une machine. V. **Automatique, inconscient, instinctif, involontaire.** *Un geste machinal. Réactions machinales.* || Contr. **Réfléchi, volontaire.** || ▼ **MACHINALEMENT.** *adv.*

MACHINATION [maʃinɑsjɔ̃]. *n. f.* • Ensemble de menées secrètes, plus ou moins déloyales. V. **Complot, intrigue, manœuvre.** *C'est une infâme machination pour le faire condamner.*

MACHINE [maʃin]. *n. f.* ★ **I.** • **1°** Objet fabriqué, généralement complexe (V. **Mécanisme**), destiné à transformer l'énergie (V. **Moteur**) et à utiliser cette transformation (se distingue en principe de *appareil* et de *outil*, qui ne font qu'utiliser l'énergie). *Mettre une machine en marche. La machine fonctionne. — Machine à vapeur, machine électrique.* — MACHINE-OUTIL : machine dont l'effort final s'exerce sur un outil. — *Machine à laver. Machine à coudre. — Machine électronique.* V. **Ordinateur.** • **2°** MACHINE À ÉCRIRE, et par abrév. *Machine. Secrétaire qui tape une lettre à la machine.* V. **Dactylo.** *Clavier, touches d'une machine.* • **3°** Dispositif assurant la propulsion d'un navire. *La salle, la chambre des machines.* V. **Machinerie.** *Stopper les machines. Faire machine arrière, en arrière.* • **4°** *Machines de guerre*, engins de guerre. — *Machine infernale*, dispositif meurtrier installé et réglé pour perpétrer un attentat. V. **Bombe.** • **5°** Locomotive. *La machine et les wagons.* — *Vx.* Voiture automobile. • **6°** En sciences. *Machines simples*, levier, plan incliné, poulie, treuil, vis. ★ **II.** • **1°** Personne qui agit comme un automate. — MACHINE À... : ce qui est considéré comme ayant pour fonction unique ou essentielle de (faire, produire qqch.). *Il n'est qu'une machine à fabriquer de l'argent.* • **2°** Ensemble complexe qui fonctionne. *La machine administrative, économique.* ▼ **MACHINERIE.** *n. f.* • **1°** Ensemble des machines réunies en un même lieu et concourant à un but commun. *Entretien de la machinerie d'une filature.* • **2°** Salle des machines d'un navire. ▼ **MACHINISME.** *n. m.* Emploi des machines dans l'industrie. ▼ **MACHINISTE.** *n. m.* • **1°** Ouvrier qui s'occupe des machines, des changements de décor, des truquages, au théâtre, dans les studios de cinéma. • **2°** *Vieilli* ou *Admin.* Conducteur, mécanicien. *Défense de parler au machiniste.*

MÂCHOIRE [mɑʃwaʀ]. *n. f.* • **1°** Chacun des deux arcs osseux de la bouche, dans lesquels sont implantées les dents. *Mâchoire supérieure* (fixe), *inférieure* (mobile). V. **Maxillaire.** — Loc. *Bâiller à se décrocher la mâchoire.* • **2°** Chacune des pièces jumelées qui, dans un outil, un engin, un mécanisme, s'éloignent et se rapprochent à volonté pour serrer, tenir. *Mâchoires d'un étau, d'une clef anglaise. Mâchoires de frein.*

MÂCHONNER [mɑʃɔne]. *v. tr.* (1) • **1°** Mâcher lentement, longuement. • **2°** Prononcer d'une manière indistincte. V. **Marmonner, marmotter.** *Il mâchonnait des bouts de phrases.* ▼ **MÂCHONNEMENT.** *n. m.*

MÂCHOUILLER [mɑʃuje]. *v. tr.* (1) • *Fam.* Mâchonner ; mâcher sans avaler.

MACLE [makl(ə)]. *n. f.* • Cristal complexe.

1. MAÇON [masɔ̃]. *n. m.* • Celui qui bâtit les maisons, fait des travaux de maçonnerie. ▼ **MAÇONNER.** *v. tr.* (1) • **1°** Construire ou réparer en maçonnerie. *Maçonner un mur.* • **2°** Revêtir de maçonnerie. ▼ **MAÇONNERIE.** *n. f.* • **1°** Partie des travaux de construction comprenant l'édification du gros œuvre et certains travaux de revêtement. *Grosse maçonnerie. Entrepreneur de maçonnerie.* • **2°** Construction, partie de construction faite d'éléments assemblés et joints. *Maçonnerie de briques, de béton.*

2. MAÇON. *n. m.* • Franc-maçon. ▼ **MAÇONNIQUE.** *adj.* Relatif à la franc-maçonnerie. *Assemblée maçonnique.*

1. MACREUSE [makʀøz]. *n. f.* • Oiseau palmipède, voisin du canard.

2. MACREUSE. *n. f.* • Viande maigre sur l'os de l'épaule du bœuf.

MACR(O)-. • Préfixe sav. signifiant « long, grand » (V. **Méga-**). || Contr. **Micro-.** || ▼ **MACROCÉPHALE.** *adj.* Qui a une grosse tête.

MACROCOSME [makʀɔkɔsm(ə)]. *n. m.* • *Littér.* L'univers. ▼ **MACROCOSMIQUE.** *adj.* • **1°** Relatif au macrocosme. • **2°** Synthétique, global. *Vision macrocosmique, en sociologie, en économie.* ▼ **MACROSCOPIQUE.** *adj.* En sciences, Qui se voit à l'œil nu (*opposé à* microscopique) ou qui est à l'échelle du macrocosme.

MACULE [makyl]. *n. f.* • **1°** En sciences, Tache. *Les macules du Soleil.* • **2°** Salissure, trace d'encre sur le papier imprimé. V. **Bavure.**

MACULER [makyle]. *v. tr.* (1) • **1°** *Littér.* Couvrir, souiller de taches. V. **Salir, souiller, tacher.** *Maculer d'encre une feuille de papier.* • **2°** Salir (les feuilles fraîchement imprimées). *Feuille maculée.*

MADAME [madam]. *n. f.*, **MESDAMES** [medam]. *n. f. pl.* [Abrév. *Mme, Mmes.*] • **1°** Titre donné à toute femme qui est ou a été mariée. *Bonjour, madame. Madame votre mère. Chère madame.* • **2°** Titre donné par respect à certaines femmes, mariées ou non. *Madame la Directrice.* — Autrefois, Nom de la femme du frère du roi. • **3°** La maîtresse de maison. *Madame est servie. Veuillez m'annoncer à Madame.* • **4°** *Fam.* Dame (plur. *madames*). *Les belles madames.*

MADE IN... [mɛdin]. • *(Anglicisme).* Fabriqué en (tel pays). *Made in France.*

MADELEINE [madlɛn]. *n. f.* ★ **I.** Loc. fam. *Pleurer comme une Madeleine*, pleurer abondamment. ★ **II.** Petit gâteau sucré à pâte molle, de forme arrondie.

MADEMOISELLE [madmwazɛl]. *n. f.*, **MESDEMOISELLES** [me(ɛ)dmwazɛl]. *n. f. pl.* [Abrév. *Mlle ; Mlles.*] • **1°** Titre donné aux jeunes filles et aux femmes célibataires (abrév. pop. *Mam'selle*). *Mademoiselle Une telle et ses parents.* • **2°** *La grande Mademoiselle*, la fille aînée du frère du roi (Louis XIV).

MADÈRE [madɛʀ]. *n. m.* • Vin de Madère.

MADONE [madɔn]. *n. f.* • Représentation de la Vierge.

MADRAS [madʀɑs]. *n. m.* • Mouchoir noué sur la tête et servant de coiffure.

MADRÉ, ÉE [ma(ɑ)dʀe]. *adj.* • Malin, rusé. *Paysan madré.*

MADRÉPORE [madʀepɔʀ]. *n. m.* • Animal *(Cœlentérés)*, variété de corail qui vit dans les mers chaudes. *Le squelette calcaire (polypier) des madrépores.*

MADRIER [madʀije]. *n. m.* • Planche très épaisse. V. **Poutre.**

MADRIGAL [madʀigal]. *n. m.* • Courte pièce de vers galants.

MAELSTROM, MAELSTRÖM ou **MALSTROM** [malstʀɔm; -tʀøm; -tʀom]. *n. m.* • Courant marin formant un tourbillon.

MAESTRIA [maɛstʀija]. *n. f.* • Maîtrise, facilité et perfection dans l'exécution (d'une œuvre d'art, d'un exercice). V. **Brio.**

MAESTRO [maɛstʀo]. *n. m.* • Compositeur de musique ou chef d'orchestre célèbre.

MAFFIA ou **MAFIA** [mafja]. *n. f.* • Groupe secret servant des intérêts privés par des moyens illicites. *Des maffias.*

1. MAGASIN [magazɛ̃]. *n. m.* • Établissement de commerce où l'on conserve, expose des marchandises en vue de les vendre. V. **Boutique, commerce, fonds.** *Tenir un magasin* (V. **Commerçant, marchand**). *Magasin d'alimentation. Vitrine d'un magasin. Faire des achats dans un magasin.* V. **Course.** — GRAND MAGASIN : grand établissement de vente comportant de nombreux rayons spécialisés.

2. MAGASIN. *n. m.* • **1°** Lieu de dépôt de marchandises. V. **Entrepôt.** *Mettre en magasin.* V. **Emmagasiner.** *Magasin d'armes, d'explosifs.* V. **Arsenal, poudrière.** • **2°** Partie (d'une arme) recevant l'approvisionnement en munitions. *Mettre un chargeur dans le magasin.* • **3°** *Magasin d'un appareil de photo*, où l'on met la pellicule. ▼ **MAGASINIER.** *n. m.* Celui qui garde les marchandises déposées dans un magasin.

MAGAZINE [magazin]. *n. m.* • **1°** Publication périodique, généralement illustrée. V. **Revue.** • **2°** Émission périodique de radio, de télévision, sur un sujet d'actualité déterminé.

MAGE [maʒ]. *n. m.* • **1°** Prêtre, astrologue, dans la Babylone antique, en Assyrie. • **2°** *Les rois mages*, les personnages qui, selon l'Évangile, vinrent rendre hommage à l'enfant Jésus. • **3°** Celui qui pratique les sciences occultes, la magie. V. **Astrologue, magicien, sorcier.**

MAGICIEN, IENNE [maʒisjɛ̃, jɛn]. *n.* • **1°** Personne qui pratique la magie. V. **Alchimiste, astrologue, devin, mage.** • **2°** Personne qui produit, comme par magie, des effets, des influences extraordinaires. *Cet écrivain, ce conteur est un magicien.* V. **Enchanteur.**

MAGIE [maʒi]. *n. f.* • **1°** Art de produire, par des procédés occultes, des phénomènes inexplicables ou qui semblent tels. V. **Alchimie, astrologie, sorcellerie** ; suff. **-Mancie.** — *Comme par magie*, d'une manière incompréhensible. • **2°** Influence vive, inexplicable, qu'exercent l'art, la nature, les passions. V. **Charme, prestige, puissance, séduction.** *Magie de l'art, de la couleur.* ▼ **MAGIQUE.** *adj.* • **1°** Qui tient de la magie ; utilisé, produit par la magie. V. **Ésotérique, occulte, surnaturel.** *Pouvoir magique. Formules magiques. Baguette magique.* • **2°** Qui produit des effets extraordinaires. V. **Étonnant, merveilleux, surprenant.** ▼ **MAGIQUEMENT.** *adv.*

MAGISTÈRE [maʒistɛʀ]. *n. m.* • Autorité doctrinale, morale ou intellectuelle absolue. *Le magistère du pape.*

MAGISTRAL, ALE, AUX [maʒistʀal, o]. *adj.* • **1°** D'un maître. *Cours magistral. Ton magistral.* V. **Doctoral.** • **2°** Digne d'un maître, qui atteste la maîtrise. *Réussir un coup magistral.* ▼ **MAGISTRALEMENT.** adv. *Rôle magistralement interprété.* V. **Génialement.**

MAGISTRAT [maʒistʀa]. *n. m.* • Fonctionnaire public de l'ordre judiciaire, ayant pour fonction de rendre la justice (juge) ou de requérir, au nom de l'État, l'application de la loi (procureur général, substitut). ▼ **MAGISTRATURE.** *n. f.* • **1°** Charge de magistrat. *Faire carrière dans la magistrature.* • **2°** Corps des magistrats. *Conseil supérieur de la magistrature.* — *Magistrature debout*, les procureurs, substituts, avocats généraux (le ministère public). *Magistrature assise*, les juges.

MAGMA [magma]. *n. m.* • **1°** Masse épaisse, de consistance pâteuse. — En géologie, Masse minérale profonde, dans une zone de température très élevée et de très fortes pressions, où s'opère la fusion des roches. • **2°** *(Abstrait).* Mélange confus.

MAGNANERIE [maɲanʀi]. *n. f.* • Local où se pratique l'élevage des vers à soie.

MAGNANIME [maɲanim]. *adj.* • Qui est enclin au pardon des injures, à la bienveillance envers les faibles. V. **Bon, généreux.** *Se montrer magnanime. Sentiment magnanime.* ▼ **MAGNANIMITÉ.** *n. f.* Clémence, générosité. *Faire appel à la magnanimité du vainqueur.*

MAGNAT [magna]. *n. m.* • Puissant capitaliste. *Les magnats de l'industrie, de la finance.*

MAGNER (SE) [maɲe]. *v. pron.* (1). V. MANIER 2.

MAGNÉSIE [maɲezi]. *n. f.* • Oxyde de magnésium, poudre blanche employée comme laxatif ou purgatif.

MAGNÉSIUM [maɲezjɔm]. *n. m.* • Métal léger, blanc argenté et malléable, qui brûle à l'air avec une flamme blanche éblouissante. *Éclair de magnésium d'un flash.*

MAGNÉTIQUE [maɲetik]. *adj.* • **1°** Qui a rapport à l'aimant, en possède les propriétés ; du magnétisme. *Effets, phénomènes magnétiques. Bande, ruban magnétique d'un magnétophone.* • **2°** Qui a rapport au magnétisme animal. *Influx magnétique.*

MAGNÉTISER [maɲetize]. *v. tr.* (1) • **1°** Rendre (une substance) magnétique, lui donner les propriétés de l'aimant. V. **Aimanter.** • **2°** Soumettre (un être vivant) à l'action du magnétisme animal. V. **Fasciner, hypnotiser.** ▼ **MAGNÉTISATION.** *n. f.* ▼ **MAGNÉTISEUR, EUSE.** *n.* Personne qui pratique le magnétisme animal. V. **Hypnotiseur.**

MAGNÉTISME. *n. m.* • **1°** Partie de la physique ayant pour objet l'étude des propriétés des aimants (naturels ou artificiels) et des phénomènes qui s'y rattachent. *Le magnétisme s'est développé parallèlement à la théorie de l'électricité.* — *Magnétisme terrestre*, champ magnétique de la Terre (orienté dans la direction sud-nord). • **2°** *Magnétisme* *animal*, ensemble des phénomènes (hypnose, suggestion) par lesquels se manifeste l'action d'un fluide qui se transmet par influence. • 3° Charme, fascination. *Subir le magnétisme de qqn.*

MAGNÉTO [maɲeto]. *n. f.* • Génératrice de courant électrique continu, dans laquelle le champ magnétique produisant l'induction est créé par un aimant permanent. *Des magnétos.*

MAGNÉTO-. • Préfixe sav. signifiant « aimant », « magnétisme » (1°). ▼ **MAGNÉTOPHONE.** *n. m.* Appareil d'enregistrement et de reproduction des sons par aimantation durable d'un ruban d'acier ou d'un film (bande magnétique). *Conférence enregistrée au magnétophone.* ▼ **MAGNÉTOSCOPE.** *n. m.* Appareil permettant l'enregistrement des images de télévision sur bande magnétique ; cette bande.

MAGNIFICENCE [maɲifisɑ̃s]. *n. f.* • 1° Qualité de ce qui est magnifique ; beauté pleine de grandeur. V. **Apparat, éclat, luxe, richesse.** *Château meublé avec magnificence.* • 2° *Littér.* Disposition à dépenser sans compter. V. **Magnifique** (II). *Il nous a reçus avec magnificence.* V. **Prodigalité.**

MAGNIFIER [maɲifje]. *v. tr.* (7) • *Littér.* Idéaliser. *Des sentiments que le souvenir magnifie.*

MAGNIFIQUE [maɲifik]. *adj.* ★ **I.** • 1° Qui a une beauté, une somptuosité pleine de grandeur et d'éclat. V. **Somptueux.** *Magnifiques palais.* • 2° Très beau. V. **Splendide, superbe.** *Magnifique paysage. Il fait un temps magnifique.* — Remarquable, admirable en son genre. *Il a une situation magnifique.* ★ **II.** (Personnes). *Vx.* Qui est très riche, dépense avec générosité et ostentation. V. **Magnificence** (2°). ▼ **MAGNIFIQUEMENT.** *adv.* D'une manière magnifique, somptueuse. V. **Somptueusement, superbement.** — Très bien. *Il s'en est magnifiquement tiré.*

MAGNITUDE [magnityd]. *n. f.* • Nombre caractérisant l'éclat relatif apparent d'un astre. V. **Grandeur.**

MAGNOLIA [maɲ(gn)ɔlja]. *n. m.* • Arbre à feuilles luisantes, à grandes fleurs blanches, très odorantes.

MAGNUM [magnɔm]. *n. m.* • Grosse bouteille contenant environ deux litres.

1. MAGOT [mago]. *n. m.* • 1° Singe du genre Macaque. • 2° Figurine trapue de l'Extrême-Orient. *Magot chinois.*

2. MAGOT. *n. m.* • Somme d'argent amassée et mise en réserve, cachée. V. **Économie(s), trésor.**

MAGYAR, ARE [magjaʀ]. *adj.* et *n.* • Du peuple hongrois.

MAHARAJAH ou **MAHARADJAH** [maaʀa(d)ʒa]. *n. m.* • Titre des princes hindous. V. **Rajah.** *La maharané* [maaʀane] ou *maharani* [maaʀani], *épouse du maharajah.*

MAHATMA [maatma]. *n. m.* • Nom donné, dans l'Inde, à des chefs spirituels. *Le mahatma Gandhi.*

MAH-JONG [maʒɔ̃g]. *n. m.* • Jeu chinois voisin des dominos.

MAHOMÉTAN, ANE [maɔmetɑ̃, an]. *n.* et *adj.* • *Vieilli.* Musulman.

MAI [mɛ]. *n. m.* • Nom du cinquième mois de l'année. *Muguet du premier mai.*

MAÏEUTIQUE [majøtik]. *n. f.* • En philosophie, pédagogie, Méthode suscitant la réflexion intellectuelle.

MAIGRE [mɛgʀ(ə)]. *adj.* • 1° Dont le corps a peu de graisse ; qui pèse relativement peu. V. **Efflanqué, étique, sec.** ‖ Contr. **Gras, gros.** ‖ *Il est maigre.* — Subst. *Les gros et les maigres. Une fausse maigre*, qui donne l'impression d'être plus maigre qu'elle n'est. • 2° Qui n'a, qui ne contient pas de graisse (*opposé à* gras). *Viande maigre.* — Subst. *Un morceau de maigre.* — *Fromages maigres*, faits avec du lait écrémé. — *Repas maigre, bouillon maigre*, sans viande ni graisses. — Subst. *Faire maigre*, ne manger ni viande ni aliment gras. • 3° Peu épais. *Imprimé en caractères maigres.* • 4° Peu fourni, peu abondant (en parlant d'une végétation, des cheveux). • 5° De peu d'importance. V. **Médiocre.** *Il n'a obtenu que de bien maigres résultats. Maigre salaire.* V. **Petit.** Fam. *C'est maigre, c'est un peu maigre*, c'est peu, bien peu. ▼ **MAIGRELET, ETTE ; MAIGRICHON, ONNE** ou **MAIGRIOT, OTTE.** *adj.* Un peu maigre. *Enfant maigrelet, fillette maigrichonne. Gamin maigriot.* ▼ **MAIGREMENT.** *adv.* Chichement, petitement. *Maigrement payé.* V. **Peu.**

MAIGREUR. *n. f.* • 1° État d'une personne ou d'un animal maigre ; absence de graisse. ‖ Contr. **Embonpoint.** ‖ • 2° Caractère de ce qui est peu fourni. *Maigreur d'une végétation, d'une forêt.* — Caractère de ce qui est peu abondant, peu important. *Maigreur des revenus.* V. **Pauvreté.**

MAIGRIR. *v.* (2) ★ **I.** *V. intr.* Devenir maigre. V. **Décoller, dessécher** (se), **fondre.** ‖ Contr. **Grossir.** ‖ *Il a maigri pendant sa maladie. Régime pour maigrir.* V. **Amaigrissant.** *Je vous trouve maigrie.* ★ **II.** *V. tr.* Faire paraître maigre. *Cette robe la maigrit.*

MAIL [maj]. *n. m.* • Allée, promenade bordée d'arbres, dans certaines villes.

1. MAILLE [mɑj]. *n. f.* • 1° Chacune des petites boucles de matière textile dont l'entrelacement forme un tissu. *Mailles du tricot, du crochet. Maille à l'endroit, à l'envers.* V. **Point.** *Maille qui file.* — *Mailles d'un filet.* • 2° Trou formé par chaque maille. *Poisson qui passe à travers les mailles.* • 3° Se dit d'anneaux de métal reliés les uns aux autres. *Cotte de mailles.* — Anneau d'une chaîne. V. **Chaînon, maillon.** ▼ **MAILLER.** *v. tr.* (1). Faire ou relier avec des mailles.

2. MAILLE. *n. f.* • *Vx.* Au Moyen Âge, Un demi-denier. — *Loc.* N'AVOIR NI SOU NI MAILLE : être sans aucun argent. — AVOIR MAILLE À PARTIR (avec qqn) : avoir un différend, une dispute. *Il a eu maille à partir avec un collègue.*

MAILLECHORT [majʃɔʀ]. *n. m.* • Alliage inaltérable de cuivre, de zinc et de nickel qui imite l'argent.

MAILLET [majɛ]. *n. m.* • Outil fait d'une masse dure emmanchée en son milie et qui sert à frapper, à enfoncer. *Maillet de bois. Gros maillet.* V. **Mailloche, masse.** — *Maillet de croquet*, qui sert à frapper la boule.

▼ **MAILLOCHE.** *n. f.* • 1° Gros maillet de bois. • 2° Baguette terminée par une boule garnie de peau, pour frapper la grosse caisse.

MAILLON [majɔ̃]. *n. m.* • Anneau d'une chaîne. V. **Chaînon, maille.** *Les maillons d'une gourmette.*

MAILLOT [majo]. *n. m.* ★ **I.** • **1°** Vêtement souple, généralement de tricot, porté à même la peau et qui moule le corps. *Maillot de danseur.* • **2°** Vêtement collant qui couvre le haut du corps. *Maillot et culotte de sportif. Maillot jaune*, que porte le coureur cycliste qui est en tête du classement du Tour de France. — *Maillot de corps*, sous-vêtement d'homme. V. **Tricot.** • **3°** MAILLOT DE BAIN, et *absolt.* MAILLOT : costume de bain collant. *Maillot de bain de femme.* V. **Deux-pièces.** ★ **II.** Lange qui enferme les jambes et le corps du nouveau-né jusqu'aux aisselles. V. **Emmailloter.** *Enfant au maillot*, dans les langes.

1. MAIN [mɛ̃]. *n. f.* ★ **I.** • **1°** Partie du corps humain, organe du toucher et de la préhension, situé à l'extrémité du bras et muni de cinq doigts dont l'un (le pouce) est opposable aux autres. *Main droite, gauche. Creux, paume ; dos, plat, revers de la main. Les lignes de la main. Avoir de grosses mains* (V. **Battoir, patte**), *de petites mains* (V. **Menotte**). *Se laver les mains.* — *Tendre la main à qqn*, avancer la main pour qu'il la serre (*au fig.* offrir son amitié, son pardon, son aide). *Se serrer la main. Se frotter les mains* (de contentement). *Lever la main sur qqn* (pour le frapper). *Je vais te flanquer ma main sur la figure*, te gifler. • **2°** (Après DE). *Prendre qqch. d'une main, des deux mains.* — Loc. *De la main à la main*, sans intermédiaire ou sans formalités. — Loc. *Recevoir, tenir de* PREMIÈRE MAIN : directement, de la source. *Voiture d'occasion de première main*, qui n'a eu qu'un possesseur. — *Travailler de ses mains.* V. **Manuellement.** • **3°** (Après À). *Tenir un sac à la main. Travail fait à la main*, sans l'aide de mécanismes, de machines. — À MAIN. *Sac à main*, qui se tient à la main. *Levier, frein à main.* — *À main droite, gauche*, à droite, à gauche. • **4°** DE MAIN : fait avec, par la main. *En un tour de main. Coup de main* (abstrait), attaque rapide, façon adroite de procéder. — *Homme de main*, celui qui exécute des besognes basses ou criminelles pour le compte d'autrui. *Ne pas y aller de main morte*, frapper rudement ; attaquer avec violence. • **5°** EN MAIN. *Le livre est en main*, en consultation (qqn s'en sert). *Démontrer qqch. preuve en main*, en montrant une preuve. *Être en bonnes mains*, dans la possession, sous la surveillance d'une personne sérieuse, compétente. — *Avoir, tenir en main* (une affaire), la mener à sa guise. *Remettre une lettre en main(s) propre(s)*, au destinataire en personne. — SOUS MAIN : en secret. *Négocier sous main, en sous main.* • **6°** Loc. *Mettre, prêter la main à*, travailler à. *Mettre la dernière main à*, finir (un travail). *Prêter la main à un projet, à un crime*, le favoriser. *Prêter main-forte.* V. **Main-forte.** *Forcer la main à qqn*, le forcer d'agir. — *Faire des pieds et des mains*, multiplier les démarches, les efforts (pour aboutir à un résultat). — *Mettre la main sur* (qqn, qqch.), trouver. — *Faire main basse sur*, prendre, emporter, voler. — *Il est tombé aux mains, dans les mains de ses ennemis*, en leur pouvoir, sous leur coupe. *Avoir la haute main sur* (qqn, qqch.), commander, diriger. *Une main de fer dans un gant de velours*, une autorité très ferme sous une apparence de douceur. — *Demander, obtenir la main d'une jeune fille*, la permission, la promesse de l'épouser. • **7°** *(Aux cartes).* L'initiative au jeu. *Avoir, céder, donner, passer la main.* — (Abstrait) *Passer la main*, abandonner, renoncer (à des prérogatives, etc.). • **8°** Manière d'exécuter, de procéder. *Reconnaître la main d'un artiste, d'un auteur*, sa manière (V. **Griffe, patte, touche**). • **9°** Habileté professionnelle. *Perdre la main. Se faire la main.* V. **Exercer** (s'). ★ **II.** (Objets). • **1°** *Main de justice*, sceptre terminé par une main d'ivoire ou de métal précieux. • **2°** *Main de toilette*, ou MAIN. V. **Gant.** ★ **III.** *(Personnes).* PETITE MAIN : apprentie couturière ; ouvrière débutante. *Elle a été engagée comme petite main.* — PREMIÈRE MAIN : première couturière d'un atelier.

2. MAIN. *n. f.* • Assemblage de vingt-cinq feuilles de papier. *Une rame se compose de vingt mains.*

MAIN-D'ŒUVRE. *n. f.* • **1°** Travail de l'ouvrier ou des ouvriers participant à la confection d'un ouvrage, à la fabrication d'un produit. *Les frais de main-d'œuvre* (V. **Façon**). • **2°** Ensemble des salariés, des ouvriers. *Main-d'œuvre agricole, féminine.*

MAIN-FORTE. *n. f.* • *Donner, prêter main-forte*, assistance pour exécuter qqch.

MAINLEVÉE [mɛ̃lve]. *n. f.* • Acte juridique qui met fin aux effets d'une saisie, d'une opposition, d'une hypothèque.

MAINMISE [mɛ̃miz]. *n. f.* • Action de s'emparer. V. **Prise.** *Mainmise d'un État sur des territoires étrangers.*

MAINT, MAINTE [mɛ̃, mɛ̃t]. *adj.* • Nombreux (en loc.). *À maintes reprises*, de nombreuses fois. *Maintes fois*, souvent. *Maintes et maintes fois.*

MAINTENANT [mɛ̃tnɑ̃]. *adv.* • **1°** Dans le temps actuel, au moment présent. V. **Actuellement, aujourd'hui, présent** (à). *Maintenant il faut partir. Et maintenant ?* — À partir du moment présent (avec un futur). *Maintenant, tout ira bien. Dès maintenant.* V. **Désormais.** *À partir de maintenant.* — MAINTENANT QUE *(loc. conj.)* : à présent que, en ce moment où. • **2°** (En tête de phrase, marque une pause où l'on considère une possibilité nouvelle). *Voilà ce que je vous conseille ; maintenant, vous ferez ce que vous voudrez.*

MAINTENIR [mɛ̃tniʀ]. *v. tr.* (22) • **1°** Conserver dans le même état ; faire ou laisser durer. V. **Entretenir, garder.** || Contr. **Changer, supprimer.** || *Maintenir l'ordre, la paix.* • **2°** Affirmer avec constance, fermeté.

V. **Certifier, soutenir.** || Contr. **Retirer.** || *Je l'ai dit et je le maintiens.* • 3° Tenir dans une même position. V. **Fixer, retenir, soutenir.** *La clef de voûte maintient l'édifice. Maintenir qqn,* le tenir solidement. • 4° SE MAINTENIR. *v. pron.* Rester dans le même état ; ne pas aller plus mal. *Malade, vieillard qui se maintient.* — Impers. et pop. *Alors, ça va? ça se maintient?*

MAINTIEN [mɛ̃tjɛ̃]. *n. m.* • 1° Manière de se tenir, manifestant les habitudes sociales. V. **Attitude, contenance.** *Maintien désinvolte ; étudié* (V. **Pose**). • 2° Action de maintenir, de faire durer. || Contr. **Abandon, changement.** || *Assurer le maintien de l'ordre.*

MAIRE [mɛʀ]. *n. m.* • En France, Premier officier municipal élu par le conseil municipal, parmi ses membres, agent du pouvoir central (sauf à Paris). *Le maire, premier magistrat de la commune. Le maire de cette ville est une femme (madame le maire). Adjoint au maire.* ▼ **MAIRIE.** *n. f.* • 1° Administration municipale. *Secrétaire de mairie.* • 2° Bâtiment où sont les bureaux du maire et de l'administration municipale. V. **Hôtel** (de ville).

MAIS [mɛ]. *conj.* et *adv.* ★ I. *Conj.* • 1° Introduit une idée contraire à celle qui a été exprimée. *Ce n'est pas ma faute, mais la tienne ! Je n'en veux pas un, mais deux.* • 2° Introduit une restriction, une correction, une précision. V. **Compensation** (en), **revanche** (en). *Je l'ai puni, mais c'est pour son bien. Non seulement..., mais, mais encore, mais aussi, mais même, mais en outre.* • 3° Introduit une objection. *Mais pourtant vous connaissez ce texte? Oui, mais...* — Subst. *Il y a toujours avec lui des si et des mais.* ★ II. *Adv.* • 1° *Loc.* N'EN POUVOIR MAIS : n'y pouvoir rien. • 2° (Renforçant un mot exprimé). *Tu viens avec moi ? Mais bien sûr !* ★ III. MAIS exclamatif. *Je vais lui fermer le bec, ah mais !* — (Fam.) *Non, mais ! pour qui tu te prends !*

MAÏS [mais]. *n. m.* • Graminée à tige droite, à larges feuilles pointues et dont les fruits sont des grains durs de la grosseur d'un pois, serrés sur un gros épi cylindrique. *Champ de maïs. Farine de maïs. Grains de maïs soufflés* (amér. « pop corn »).

MAISON [mɛzɔ̃]. *n. f.* ★ I. • 1° Bâtiment d'habitation. V. **Bâtisse, construction, édifice, immeuble, logement** ; *péj.* **Baraque, bicoque.** *Façade, murs, toit d'une maison. Maison de bois, de briques. Maison préfabriquée. Maison individuelle* (V. **Pavillon, villa**), *à plusieurs appartements* (V. **Immeuble**). *Maison de paysans.* V. **Ferme.** *Maison de campagne.* V. **Chalet, fermette.** — Loc. *Un mensonge gros comme une maison,* énorme. — *Loc.* LA MAISON-BLANCHE : résidence du Président des États-Unis d'Amérique. • 2° Habitation, logement (qu'il s'agisse ou non d'un bâtiment entier). V. **Chez-soi, demeure, domicile, foyer, logis.** *Quitter la maison.* — À LA MAISON : chez soi. *Il aime rester à la maison.* • 3° Place (d'un domestique). *Ce domestique a fait de nombreuses maisons. Les gens de maison,* les domestiques. ★ II. Bâtiment, édifice destiné à un usage spécial. *Maison centrale.* V. **Prison** (d'État). *Maison de correction.* — *Maison de santé* (V. **Clinique, hôpital**), *de repos.* — *Maison de retraite,* où l'on reçoit les vieillards. — *Maison de la jeunesse.* V. **Foyer.** *Maison de la culture,* établissement public chargé de diffuser la culture. — *Maison de jeux.* V. **Tripot.** *Maison de rendez-vous. Maison close, maison de tolérance.* V. **Bordel.** ★ III. Entreprise commerciale. V. **Établissement, firme.** *Maison de détail, de gros. La maison mère et les succursales.* — L'établissement où l'on travaille (maison de commerce, administration, etc.). *Les traditions de la maison. J'en ai assez de cette maison !* V. **Boîte, boutique.** ★ IV. • 1° Famille. *Faire la jeune fille de la maison,* faire le service au cours d'une réunion. • 2° Autrefois, Ensemble des personnes employées au service des grands personnages. *La maison du roi.* • 3° Descendance, lignée des familles nobles. *Maison d'Autriche, de Lorraine.* ★ V. *En appos.* • 1° Qui a été fait à la maison, sur place (et non pas acheté au-dehors). *Pâté maison ; tartes maison.* • 2° *Pop.* Particulièrement réussi, soigné. *Une bagarre maison !* ▼ **MAISONNÉE.** *n. f.* L'ensemble de ceux qui habitent la même maison. Famille. *Toute la maisonnée était réunie.* ▼ **MAISONNETTE.** *n. f.* Petite maison.

MAÎTRE, MAÎTRESSE [mɛtʀ(ə), mɛtʀɛs]. *n.* ★ I. Personne qui exerce une domination. • 1° Personne qui a pouvoir et autorité sur qqn pour se faire servir, obéir. *Le maître et l'esclave, et le vassal.* V. **Seigneur.** *Le maître d'un pays.* V. **Dirigeant.** *Les maîtres du monde,* ceux qui ont le pouvoir. PROV. *On ne peut servir deux maîtres à la fois.* — Loc. *L'œil du maître,* la vigilance du maître à qui rien n'échappe. — *Ni Dieu ni maître,* devise des anarchistes. *Parler, agir en maître.* — *Trouver son maître,* celui à qui l'on doit obéir. • 2° Possesseur d'un animal domestique. *Chien qui reconnaît son maître et sa maîtresse.* • 3° MAÎTRE, MAÎTRESSE DE MAISON : personne qui dirige la maison. *Maître de maison qui reçoit.* V. **Hôte.** • 4° ÊTRE (LE) MAÎTRE (quelque part) : diriger, commander. *Je suis le maître chez moi. Le capitaine d'un bateau est seul maître à bord, est maître après Dieu.* • 5° ÊTRE SON MAÎTRE : être libre et indépendant. — ÊTRE MAÎTRE DE SOI : avoir de l'empire sur soi-même, se maîtriser. • 6° Personne qui possède une chose, en dispose. V. **Possesseur, propriétaire.** *Voiture, maison* DE MAÎTRE : dont l'usager est le propriétaire (*opposé à* de louage). — *Se rendre maître de qqch.* (se l'approprier), *de qqn* (le capturer, le maîtriser). — (Choses abstraites) *Se trouver maître d'un secret. Elle reste maîtresse de la situation.* V. **Arbitre.** ★ II. • 1° *(Dans des loc.).* Personne qui exerce une fonction de direction, de surveillance. V. **Chef.** *Maître d'œuvre,* celui qui dirige un travail collectif. *Maître des requêtes au Conseil d'État* (fém. *maître*). *Maître de ballet,* personne qui dirige un ballet dans un théâtre (fém. *maître* ou *maîtresse*). — Nom donné aux marins officiers. *Premier maître, quartier-maître. Maître d'équipage*

— *Maître de conférences* (fém. *maître*), titre inférieur à *Professeur*, dans l'enseignement supérieur. *Maître de recherches* (fém. *maître*). • 2° Personne qui enseigne aux enfants dans une école, ou dans le particulier. V. **Enseignant, instituteur, pédagogue, professeur.** *Maître, maîtresse d'école.* • 3° *N. m.* Artisan qui dirige le travail et enseigne aux apprentis. *Les maîtres, les compagnons et les apprentis d'une corporation.* • 4° *N. m.* Peintre, sculpteur qui dirigeait un atelier. *Attribuer au maître l'œuvre d'un élève. Le Maître de Moulins.* • 5° *N. m.* Personne dont on est le disciple, que l'on prend pour modèle. *Un maître à penser.* • 6° *N. m.* Artiste, écrivain ou savant qui excelle dans son art, qui a fait école. *Les maîtres de la littérature française. Un tableau de maître.* — Loc. *Elle est passée maître dans l'art de mentir. De main de maître*, avec l'habileté d'un maître. *Des coups de maître. Trouver son maître*, qqn de supérieur à soi. ★ **III.** (Suivi d'un nom propre). *N. m.* Titre qui remplace Monsieur, Madame en parlant des gens de loi ou en s'adressant à eux (avoué, avocat, huissier, notaire). *Maître X, avocate à la cour* (abrév. Me). — Titre que l'on donne en s'adressant à un professeur éminent, à un artiste ou un écrivain célèbre. *Monsieur (Madame) et cher Maître.* ★ **IV.** MAÎTRE, MAÎTRESSE en appos. ou adj. • 1° Qui a les qualités d'un maître, d'une maîtresse. *Une maîtresse femme*, qui sait organiser et commander. V. **Énergique.** • 2° Qui est le premier, le chef de ceux qui exercent la même profession dans un corps de métier. *Un maître queux* (cuisinier). *Maître teinturier.* — Pour renforcer une qualification injurieuse. V. **Fieffé.** *Maître filou.* • 3° *(Choses).* Le plus important (en loc.). V. **Principal.** || Contr. **Accessoire, secondaire.** || *Maîtresse branche d'un arbre*, la plus grosse. *Maîtresse poutre. Maître-autel*, autel principal d'une église. — (Cartes) *Atout maître.* — Essentiel. *La pièce maîtresse d'une collection, d'un dossier.*

MAÎTRE CHANTEUR. *n. m.* • Personne qui fait chanter qqn, exerce un chantage.

MAÎTRESSE. *n. f.* ★ **I.** Féminin de *Maître* dans certains emplois. V. **Maître.** ★ **II.** • 1° *Vx* (langue classique). *La maîtresse de qqn*, la jeune fille ou la femme qu'il aime, fiancée. • 2° *La maîtresse de qqn*, la femme qui s'est donnée à lui (sans être son épouse). *Ils sont amant et maîtresse. Avoir une maîtresse.* V. **Liaison.**

MAÎTRISABLE. *adj.* • Qui peut être maîtrisé. || Contr. **Insurmontable.** ||

MAÎTRISE [metʀiz]. *n. f.* ★ **I.** • 1° MAÎTRISE DE SOI : qualité de celui qui est maître de soi, qui se domine. V. **Contrôle, empire.** • 2° Contrôle militaire d'un lieu. *L'Angleterre avait la maîtrise des mers.* V. **Suprématie.** ★ **II.** • 1° Qualité, grade, fonction de maître dans certains corps de métiers. *Maîtrise de conférences*, fonction de maître de conférences. *Maîtrise*, nom d'un diplôme universitaire. — Fonction de maître de chapelle ; école d'éducation musicale des enfants de chœur d'une église. • 2° Ensemble des maîtres d'une corporation. *Les maîtrises de l'Ancien Régime.* — *Loc.* AGENTS DE MAÎTRISE : nom donné à certains techniciens qui forment les cadres inférieurs d'une entreprise. • 3° Perfection digne d'un maître, dans la technique. V. **Habileté, maestria, métier.** *Exécuté avec maîtrise.*

MAÎTRISER [metʀize]. *v. tr.* (1) • 1° Se rendre maître de, par la contrainte physique. *Maîtriser un cheval.* — *Maîtriser un incendie*, l'arrêter. • 2° Dominer (une passion, une émotion, un réflexe). V. **Contenir, réprimer, vaincre.** *Maîtriser sa colère, son émotion.* — Pronom. *Se maîtriser* (Cf. Prendre sur soi). *Allons, maîtrisez-vous !* • 3° Dominer (ce que l'on fait, ce dont on se sert). *Il ne maîtrise pas encore son sujet.*

MAJESTÉ [maʒɛste]. *n. f.* ★ **I.** • 1° Caractère de grandeur qui fait révérer les puissances souveraines. V. **Gloire.** *La majesté impériale.* • 2° Titre donné aux souverains héréditaires. *Votre Majesté, Vos Majestés* (par abrév. V. M., VV. MM.). ★ **II.** Caractère de grandeur, de noblesse dans l'apparence, l'allure, les attitudes. *Un air de majesté.* V. **Majestueux.** — *(Choses)* V. **Beauté, grandeur.** *La majesté de la nature, des ruines.*

MAJESTUEUX, EUSE [maʒɛstɥø, øz]. *adj.* • 1° Qui a de la majesté. V. **Imposant.** *Une femme majestueuse et intimidante. Air majestueux.* • 2° D'une beauté pleine de grandeur, de noblesse. V. **Grandiose.** *Fleuve majestueux.* ▼ **MAJESTUEUSEMENT.** *adv.*

1. MAJEUR, EURE [maʒœʀ]. *adj.* et *n. m.* ★ **I.** *Adj. compar.* • 1° Plus grand, plus important (*opposé à* mineur). *La majeure partie*, le plus grand nombre. • 2° *Intervalle majeur*, plus grand d'un demi-ton chromatique que l'intervalle mineur. — Subst. *Morceau en majeur.* • 3° Très grand, très important. V. **Considérable, exceptionnel.** *Intérêt majeur. Préoccupation majeure.* ★ **II.** *N. m.* Le plus grand doigt de la main (ou *médius*).

2. MAJEUR, EURE. *adj.* • Qui a atteint l'âge de la majorité légale. *Héritier majeur. Il est majeur, il sait ce qu'il fait.*

MA-JONG. V. MAH-JONG.

MAJOR [maʒɔʀ]. *adj.* et *n. m.* ★ **I.** *Adj. invar.* Supérieur par le rang (dans quelques composés). *Sergent-major. Chirurgien-major. État-major.* ★ **II.** *N. m.* • 1° Officier supérieur chargé de l'administration, du service. • 2° Chef de bataillon (V. **Commandant**), dans certaines armées étrangères. • 3° Appellation des médecins militaires. *Monsieur le major.* • 4° Candidat reçu premier au concours d'une grande École. *Le major de la promotion.*

MAJORDOME [maʒɔʀdɔm]. *n. m.* • Maître d'hôtel de grande maison.

MAJORER [maʒɔʀe]. *v. tr.* (1) • Porter (une évaluation, un compte) à un chiffre plus élevé (ou trop élevé). *Majorer une facture.* — Augmenter (le prix d'un bien). || Contr. **Baisser, diminuer.** || ▼ **MAJORATION.** *n. f.* Action de majorer. *Majoration de prix.* || Contr. **Diminution.** ||

MAJORETTE [maʒɔʀɛt]. *n. f.* • Jeune fille qui défile en uniforme militaire de fantaisie, et en maniant une canne de tambour-major.

MAJORITAIRE. *adj.* • 1° Se dit du système électoral dans lequel la majorité l'emporte. *Système, vote majoritaire.* • 2° Qui fait partie d'une majorité ou détient la majorité. — Subst. *Les majoritaires d'un parti.*

1. MAJORITÉ [maʒɔʀite]. *n. f.* • 1° Groupement de voix qui l'emporte par le nombre dans un vote. *La majorité des suffrages, des membres présents. Majorité absolue,* réunissant la moitié plus un des suffrages exprimés. • 2° Parti, fraction qui réunit la majorité des suffrages. *La majorité et la minorité d'un parti.* • 3° Le plus grand nombre. *Assemblée composée en majorité d'avocats. La majorité des Français, les Français dans leur immense majorité pensent que...* V. **Généralité.**

2. MAJORITÉ. *n. f.* • Âge légal à partir duquel une personne devient pleinement capable ou responsable. V. **Majeur.** — *Majorité civile,* âge de 21 ans. *Jusqu'à la majorité de l'enfant.*

MAJUSCULE [maʒyskyl]. *adj.* et *n. f.* • *Lettre majuscule,* lettre plus grande, d'une forme particulière, qui se met au commencement des phrases, des vers, des noms propres. — N. f. *Une majuscule.* V. **Capitale.** || Contr. **Minuscule.** ||

1. MAL [mal]. *adj. m.* ★ **I.** (Dans quelques expressions). Mauvais. *Bon gré, mal gré. Bon an, mal an.* ★ **II.** *(En attribut).* • 1° Contraire à un principe moral, à une obligation. *Faire, dire qqch. de mal. Ce serait mal.* || Contr. **Bien 1** (II). || • 2° PAS MAL : plutôt bien (adj.). *Elle n'est pas mal,* assez jolie.

2. MAL. *adv.* || Contr. **Bien 1** (I). || ★ **I.** • 1° D'une manière contraire à l'intérêt ou à l'agrément de qqn. *Ça commence mal ! Affaire qui va mal. Tourner mal,* se gâter. *Ça tombe mal. Se sentir mal,* avoir un malaise ou être mal à l'aise. SE TROUVER MAL : s'évanouir. • 2° D'une façon défavorable, avec malveillance. *Traiter mal qqn. Mal parler de qqn.* ★ **II.** • 1° Autrement qu'il ne convient. *Travail mal fait. Il parle assez mal le français. Mal connaître une personne. Je comprends mal votre raisonnement. Individu mal habillé. Enfant mal élevé.* • 2° Insuffisamment (en qualité ou quantité). V. **Médiocrement.** *Travailleur, emploi mal payé.* • 3° Contrairement à la loi morale. *Il s'est mal conduit, il a mal agi.* PROV. *Bien mal acquis ne profite jamais.* ★ **III.** • 1° PAS MAL (avec négation). *loc. adv.* Assez bien, bien. *Ce tableau ne fera pas mal sur ce mur. Il ne s'en est pas mal tiré.* • 2° PAS MAL (sans négation). *loc. adv.* Assez, beaucoup (*opposé à* peu). *Il est pas mal froussard. Il a pas mal voyagé.* V. **Passablement.** *Je m'en fiche pas mal.* • 3° PAS MAL DE (sans négation) : un assez grand nombre de. *J'avais appris pas mal de choses.*

3. MAL. *n. m.* ★ **I.** (Plur. MAUX). • 1° Ce qui cause de la douleur, de la peine, du malheur ; ce qui est mauvais, pénible (pour qqn). V. **Dommage, perte, préjudice, tort.** || Contr. **Bien 2.** || *Faire du mal à qqn.* Loc. *Il ne ferait pas de mal à une mouche,* c'est un homme doux. — UN MAL, DES MAUX. V. **Malheur, peine.** Loc. *De deux maux, il faut choisir le moindre.* • 2° Souffrance, malaise physique. V. **Douleur.** *J'ai mal aux pieds. Mal de dents, de gorge. Maux de tête* (migraine). *Mal de mer, mal de l'air, de la route,* malaises dus au mouvement d'un véhicule (nausées, vomissements). FAIRE MAL : faire souffrir. *Une blessure qui fait mal.* — Fam. *Cela me fait mal* (au ventre, au cœur) *de voir, d'entendre cela,* cela m'inspire de la pitié, du regret, du dégoût. • 3° *Il n'y a pas de mal,* se dit pour rassurer qqn qui s'excuse. • 4° Maladie. *Prendre mal, du mal,* tomber malade. *Le mal s'aggrave. Le remède est pire que le mal. Mal blanc,* petit panaris. • 5° Souffrance morale. *Des mots qui font du mal.* V. **Blesser.** *Le mal du siècle,* mélancolie profonde de la jeunesse romantique. *Le mal du pays.* V. **Nostalgie.** — *Être* EN MAL DE : souffrir de l'absence, du défaut de qqch. *Journaliste en mal de copie.* • 6° Difficulté, peine. *Avoir du mal à faire qqch. Se donner du mal, un mal de chien, pour faire qqch. On n'a rien sans mal.* • 7° *Dire, penser du mal de qqn,* des choses défavorables. ★ **II.** *(Sans plur.).* • 1° Ce qui est contraire à la loi morale, à la vertu, au bien. *Faire le mal. Sans penser, songer à mal,* sans avoir d'intentions mauvaises. • 2° LE MAL : tout ce qui est l'objet de désapprobation ou de blâme dans une société. *Le monde partagé entre le bien et le mal* (V. **Péché**).

MALABAR [malabaʀ]. *adj.* et *n.* • *Fam.* (Personnes). Très fort. V. **Costaud.** *Elle est malabar.*

MALACHITE [malakit]. *n. f.* • Carbonate de cuivre, pierre d'un beau vert diapré.

MALADE [malad]. *adj.* et *n.* ★ **I.** *Adj.* • 1° Qui souffre de troubles organiques ou fonctionnels. *Il est gravement, sérieusement malade.* || Contr. **Portant 1** (bien portant). || *Se sentir un peu malade.* V. **Indisposé, souffrant ; fichu 2** (mal). *Tomber malade.* — *Fam.* (Par exagér.) *J'en suis malade, cela me rend malade rien que d'y penser.* — (Plantes) *La vigne est malade cette année.* • 2° Fam. *(Objets).* Détérioré, en mauvais état, très usé. *La reliure de ce bouquin est bien malade.* ★ **II.** *N.* Personne malade. *Le malade garde la chambre. Demander des nouvelles d'un malade. Guérir, opérer une malade.* V. **Patient.** — MALADE IMAGINAIRE : personnage qui se croit malade, mais ne l'est pas.

MALADIE [maladi]. *n. f.* ★ **I.** Altération organique ou fonctionnelle considérée dans son évolution, et comme une entité définissable. *Maladie bénigne, grave, incurable.* V. **Affection, mal 3** ; et suff. **-Pathie.** *Maladie de cœur, de peau. Maladie bleue,* malformation du cœur et des gros vaisseaux chez les jeunes enfants. *Maladie infectieuse, contagieuse, épidémique. Maladie mentale,* psychose. *Attraper, avoir une maladie.* — *Loc.* (Fam.) *En faire une maladie,* être très contrarié de qqch. — LA MALADIE : l'état des organismes malades ; les maladies en général. *Être miné, rongé par la maladie.* ★ **II.** Habitude, comportement anormal, excessif. V. **Manie.** *Avoir la maladie de la propreté, de la nouveauté.*

MALADIF, IVE [maladif, iv]. *adj.* • 1° Qui est de constitution fragile, souvent malade, ou qui dénote la maladie. V. **Malingre, souffreteux.** *Un enfant maladif.* || Contr. **Robuste, sain.** || *Pâleur maladive.* • 2° Anormal, excessif et irrépressible. *Une peur maladive de l'obscurité.* V. **Morbide.** ▼ **MALADIVEMENT.** *adv.*

MALADRESSE [maladʀɛs]. *n. f.* • 1° Manque d'adresse. *Maladresse d'un tireur.* • 2° Manque d'habileté ou de tact. *Sa maladresse à dire ce qu'il ressent.* V. **Gaucherie.** • 3° Action maladroite. V. **Bêtise, bévue, erreur, étourderie, faute, gaffe, imprudence.** *Une série de maladresses.*

MALADROIT, OITE [maladʀwa, wat]. *adj.* et *n.* • 1° Qui manque d'adresse, n'est pas adroit. V. **Inhabile, malhabile ; gauche.** || Contr. **Adroit, habile.** || *Elle n'est pas maladroite de ses mains.* — N. *C'est un maladroit, un propre à rien.* • 2° (Dans le comportement, les relations sociales). *Un amoureux maladroit.* — N. *Quel maladroit ! C'était ce qu'il ne fallait pas dire.* V. **Balourd, gaffeur.** • 3° Qui dénote de la maladresse. *Gestes maladroits. Zèle maladroit.* || Contr. **Aisé, facile.** || ▼ **MALADROITEMENT.** *adv.* V. **Gauchement, mal 2.** *Il s'y prend maladroitement.*

MALAGA [malaga]. *n. m.* • Vin liquoreux de la région de Malaga.

MALAISE [malɛz]. *n. m.* • 1° Sensation pénible et vague d'un trouble dans les fonctions physiologiques. V. **Dérangement, indisposition.** *Il a eu un léger malaise.* • 2° Sentiment pénible et irraisonné dont on ne peut se défendre. V. **Angoisse, inquiétude.** *Provoquer un malaise,* troubler. • 3° Mécontentement social inexprimé. *Le malaise paysan.*

MALAISÉ, ÉE [maleze]. *adj.* • *Littér.* Qui ne se fait pas facilement. V. **Difficile.** *Tâche malaisée. Malaisé à faire.* || Contr. **Aisé, commode, facile.** || ▼ **MALAISÉMENT.** *adv.* *Accepter, supporter malaisément une réflexion.*

MALANDRIN [malɑ̃dʀɛ̃]. *n. m.* • *Vieilli ou littér.* Voleur ou vagabond dangereux. V. **Bandit, brigand.**

MALAPPRIS, ISE [malapʀi, iz]. *adj.* • *Vieilli.* Mal élevé. V. **Grossier, impoli, malhonnête.** — Subst. *Espèce de malappris !*

MALARIA [malaʀja]. *n. f.* • Paludisme.

MALAVISÉ, ÉE [malavize]. *adj.* • *Littér.* Imprudent, inconsidéré.

MALAXER [malakse]. *v. tr.* (1) • 1° Pétrir (une substance) pour la rendre plus molle, plus homogène. *Malaxer le beurre.* • 2° Remuer ensemble de manière à mêler. ▼ **MALAXAGE.** *n. m.* ▼ **MALAXEUR.** *n. m.* Appareil, machine servant à malaxer. *Malaxeur à béton. Malaxeur-broyeur.*

MALCHANCE [malʃɑ̃s]. *n. f.* • Mauvaise chance (1°). V. **Adversité, déveine, guigne, poisse.** *Avoir de la malchance. Une série de malchances.* || Contr. **Chance.** || ▼ **MALCHANCEUX, EUSE.** *adj.* Qui a de la malchance. *Un joueur malchanceux.* — Subst. *C'est un malchanceux.*

MALCOMMODE [malkɔmɔd]. *adj.* • Peu pratique. V. **Incommode.** *Un vêtement malcommode pour la campagne.* || Contr. **Commode, pratique.** ||

MALDONNE [maldɔn]. *n. f.* • 1° Mauvaise donne, erreur dans la distribution des cartes. • 2° *Fam.* Erreur, malentendu. *(Il) Y a maldonne !*

MÂLE [mɑl]. *n. m.* et *adj.* ★ **I.** *N. m.* • 1° Individu appartenant au sexe doué du pouvoir de fécondation. *Le mâle et la femelle.* • 2° Homme caractérisé par la puissance sexuelle. *Un beau mâle.* ★ **II.** *Adj.* • 1° Masculin. *Enfant mâle. Grenouille mâle.* • 2° Qui est caractéristique du sexe masculin (force, énergie). V. **Viril.** *Voix grave et mâle. Une mâle résolution.* V. **Courageux, énergique.** || Contr. **Efféminé, féminin.** || • 3° Se dit de toute pièce de mécanisme qui s'insère dans une autre dite femelle. *Pièce mâle d'une charnière.*

MALÉDICTION [malediksjɔ̃]. *n. f.* • 1° *Littér.* Paroles par lesquelles on souhaite du mal à qqn (en appelant sur lui la colère de Dieu, etc.). Condamnation au malheur prononcée par Dieu. || Contr. **Bénédiction.** || • 2° Malheur auquel on semble voué par la destinée, par le sort. V. **Fatalité, malchance.** *Malédiction qui pèse sur qqn.* || Contr. **Bonheur, chance.** ||

MALÉFICE [malefis]. *n. m.* • Opération magique visant à nuire. V. **Ensorcellement, envoûtement, sortilège.** *Il prétend être victime d'un maléfice.* ▼ **MALÉFIQUE** [malefik]. *adj.* Doué d'une action néfaste et occulte. *Charme, signes maléfiques.*

MALENCONTREUX, EUSE [malɑ̃kɔ̃tʀø, øz]. *adj.* • Qui se produit mal à propos. V. **Ennuyeux, fâcheux.** *Un retard malencontreux.* ▼ **MALENCONTREUSEMENT.** *adv.*

MAL-EN-POINT, MAL EN POINT. V. POINT 2.

MALENTENDU [malɑ̃tɑ̃dy]. *n. m.* • 1° Divergence d'interprétation entre personnes qui croyaient se comprendre. V. **Méprise, quiproquo.** *Dissiper un malentendu.* • 2° Mésentente sentimentale entre deux êtres. *Graves, douloureux malentendus.*

MALFAÇON [malfasɔ̃]. *n. f.* • Défectuosité dans un ouvrage mal exécuté.

MALFAISANT, ANTE [malfəzɑ̃, ɑ̃t]. *adj.* • 1° Qui fait ou cherche à faire du mal à autrui. V. **Mauvais, méchant, nuisible.** • 2° Dont les effets sont néfastes. *Idées malfaisantes.* V. **Pernicieux.** || Contr. **Bienfaisant.** || ▼ **MALFAISANCE.** n. f. *Littér.* Disposition à être malfaisant.

MALFAITEUR [malfɛtœʀ]. *n. m.* • Celui qui commet des méfaits, des actes criminels. V. **Bandit, brigand, criminel, gangster.** *Dangereux malfaiteur.*

MALFORMATION [malfɔʀmasjɔ̃]. *n. f.* • Anomalie, vice de conformation congénitale.

MALGACHE [malgaʃ]. *adj.* • De Madagascar. — Subst. *Les Malgaches.*

MALGRÉ [malgʀe]. *prép.* ★ **I.** • 1° Contre le gré (de qqn), en dépit de son opposition, de sa résistance. *Il a fait cela malgré son père. Malgré soi,* de mauvais gré ou involontairement. • 2° En dépit de (qqch.). *Malgré cela* (V. **Cependant**). *Malgré les ordres reçus,* *il a refusé.* — MALGRÉ TOUT : quoi qu'il arrive. *Nous réussirons malgré tout.* — *C'était un grand homme, malgré tout,* quoi qu'on en dise ou pense. ★ **II.** (Emploi critiqué). MALGRÉ QUE. loc. conj. *(Avec le subj.).* Bien que.

MALHABILE [malabil]. *adj.* • Qui manque d'habileté, de savoir-faire. V. **Inhabile, maladroit.** *Des mains malhabiles.*

MALHEUR [malœʀ]. *n. m.* • **1°** Événement qui affecte péniblement, cruellement (qqn). V. **Calamité, catastrophe, désastre, épreuve, infortune, malchance.** *Grand, affreux malheur. Un malheur est si vite arrivé ! Il a eu bien des malheurs. Faire le malheur de qqn,* le rendre malheureux. — PROV. *À quelque chose malheur est bon,* tout événement pénible comporte quelque compensation. • **2°** Désagrément, ennui, inconvénient. *C'est un petit malheur.* • **3°** Fam. *Faire un malheur,* un éclat. *Retenez-moi ou je fais un malheur !* • **4°** Malchance. *Le malheur a voulu qu'il tombe malade. Jouer de malheur.* — *Porter malheur,* avoir une influence néfaste. — *Par malheur,* malheureusement. — *De malheur,* qui porte malheur. V. **Funeste.** *Oiseau de malheur,* de mauvais augure. Fam. *Encore cette pluie de malheur !* V. **Maudit.** • **5°** MALHEUR À. V. **Malédiction.** *Malheur aux vaincus !* — MALHEUR ! interj. de surprise, de désappointement.

MALHEUREUX, EUSE [malœʀø, øz]. *adj.* et *n.* ★ **I.** • **1°** Qui est accablé de malheurs. V. **Infortuné, misérable.** *Les malheureux enfants des victimes de la guerre.* — *Une vie malheureuse.* — *N.* UN MALHEUREUX, UNE MALHEUREUSE : personne qui est dans le malheur, *spécialt.* dépourvue de ressources. *Secourir les malheureux.* V. **Indigent, miséreux.** — Personne qu'on méprise ou que l'on plaint. *Malheureux ! que faites-vous ? Le malheureux n'a rien compris du tout.* • **2°** Qui n'est pas heureux. V. **Désespéré, triste.** *Un garçon malheureux. Rendre sa femme malheureuse. Ce chien est malheureux dans un appartement.* — *Il a un air, un regard malheureux.* • **3°** De triste ou fâcheuse conséquence. V. **Affligeant, déplorable.** || Contr. **Bon.** || *Cette affaire a eu des suites malheureuses. Il a eu un mot malheureux. C'est malheureux, bien malheureux.* V. **Regrettable.** — *Pop.* (marquant l'indignation) *Si c'est pas malheureux, de voir une chose pareille !* V. **Lamentable.** ★ **II.** • **1°** Qui a de la malchance ; qui ne réussit pas. V. **Malchanceux.** PROV. *Heureux au jeu, malheureux en amour. Candidat malheureux,* qui a échoué. • **2°** *(Choses).* Qui ne réussit pas. *Initiative, tentative malheureuse.* ★ **III.** *(Avant le nom).* Qui mérite peu d'attention, qui est sans importance, sans valeur. V. **Insignifiant, pauvre.** *En voilà des histoires pour un malheureux billet de dix francs !* ▼ **MALHEUREUSEMENT.** *adv.* Par malheur. *C'est malheureusement impossible.*

MALHONNÊTE [malɔnɛt]. *adj.* ★ **I.** Qui manque à la probité ; qui n'est pas honnête. V. **Déloyal, voleur.** *Un commerçant malhonnête. Recourir à des procédés malhonnêtes.* ★ **II.** *Vieilli.* Inconvenant ou indécent.

▼ **MALHONNÊTEMENT.** adv. *Il a agi malhonnêtement avec ses clients, ses associés.* ▼ **MALHONNÊTETÉ.** *n. f.* Caractère d'une personne malhonnête. *La malhonnêteté d'un agent d'affaires, de ses procédés.* — *Malhonnêteté intellectuelle,* emploi de procédés déloyaux ; mauvaise foi.

MALICE [malis]. *n. f.* • **1°** Tournure d'esprit de celui qui prend plaisir à s'amuser aux dépens d'autrui. *Avec une pointe de malice et de moquerie.* — *Un garçon sans malice,* naïf et simple. • **2°** Loc. *Sac à malice,* sac des prestidigitateurs ; *(abstrait)* ensemble des ressources, des tours dont qqn dispose.

MALICIEUX, EUSE [malisjø, øz]. *adj.* • Qui s'amuse, rit volontiers aux dépens d'autrui. V. **Espiègle, malin, spirituel.** *Avoir un esprit vif et malicieux.* — *Sourire malicieux.* V. **Narquois.** ▼ **MALICIEUSEMENT.** *adv.*

1. MALIN, MALIGNE [malɛ̃, iɲ]. *adj.* • **1°** Méchant, mauvais, seulement dans l'*Esprit malin,* Satan. • **2°** Se dit d'une tumeur très nocive, pouvant se généraliser, entraîner la mort. *Fièvre maligne. Le cancer est une tumeur maligne.* ▼ **MALIGNITÉ** [maliɲite]. *n. f.* • **1°** Caractère de celui qui cherche à nuire à autrui de façon dissimulée. V. **Bassesse, malveillance, méchanceté, perfidie.** • **2°** Propriété malfaisante, nuisible (d'une chose).

2. MALIN, MALIGNE. *adj.* • **1°** Qui a de la ruse et de la finesse, pour se divertir aux dépens d'autrui, se tirer d'embarras, réussir. V. **Astucieux, débrouillard, futé, rusé** (*pop.* Démerdard, mariol). || Contr. **Naïf nigaud.** || *Jouer au plus malin.* — Intelligent *Vous vous croyez malin ! Elle n'est pas bien maligne* (*fam.* : maline). — Subst. *Regardez ce gros malin. Faire le malin.* • **2°** *Fam* (Impers.). *Ce n'est pas malin d'avoir fai cela !* V. **Fin, intelligent.** — *Ce n'est pa malin, pas bien malin,* pas difficile. V. **Com pliqué.**

MALINGRE [malɛ̃gʀ(ə)]. *adj.* • Qui es d'une constitution faible. V. **Chétif, délicat frêle, maladif.** || Contr. **Fort, robuste.** ||

MALINTENTIONNÉ, ÉE [malɛ̃tɑ̃sjɔne] *adj.* • Qui a de mauvaises intentions, l'intention de nuire. V. **Méchant.** *Il y aura toujour des gens malintentionnés pour donner cett interprétation.* || Contr. **Bienveillant.** ||

MALLE [mal]. *n. f.* • **1°** Bagage de grand dimension. V. **Cantine, coffre.** *Faire sa malle ses malles,* se préparer à partir. • **2°** Coffr d'une automobile. *La malle arrière.* **MALLETTE** [malɛt]. *n. f.* Petite valise. Petit coffret servant à présenter certair produits.

MALLÉABLE [maleabl(ə)]. *adj.* • **1°** Q a la propriété de s'aplatir et de s'étendre e lames, en feuilles. V. **Ductile.** || Contr. **Ca sant.** || *L'or est le plus malléable des métau* • **2°** Qui se laisse manier, influencer. **Docile, maniable, souple.** *Un enfant malléab* ▼ **MALLÉABILITÉ.** *n. f.*

MALMENER [málməne]. *v. tr.* (5) • Traiter (qqn) rudement. V. **Maltraiter ; br taliser.** *La critique l'a rudement malmer*

V. **Éreinter.** • 2° Mettre l'adversaire en danger, par une action vive.

MALODORANT, ANTE [malɔdɔʀɑ̃, ɑ̃t]. *adj.* • Qui a une mauvaise odeur. V. **Puant.**

MALOTRU, UE [malɔtʀy]. *n.* • Personne sans éducation, de manières grossières. V. **Goujat, mufle, rustre.**

MALPOLI, IE [malpɔli]. *adj.* et *n.* • Synonyme familier de : *Impoli* (seul terme correct).

MALPROPRE [malpʀɔpʀ(ə)]. *adj.* • 1° Qui manque de propreté, de netteté. V. **Sale.** *Enfant malpropre. Vêtements malpropres.* • 2° Qui manque de probité, de délicatesse. V. **Malhonnête.** — Subst. *Je ne me laisserai pas insulter par ce malpropre.* V. **Saligaud.** ▼ **MALPROPREMENT.** *adv.* Salement. *Cet enfant mange malproprement.* ▼ **MALPROPRETÉ.** *n. f.* Caractère, état d'une personne, d'une chose malpropre. V. **Saleté.**

MALSAIN, AINE [malsɛ̃, ɛn]. *adj.* • 1° Qui a une mauvaise santé, évoque la maladie. V. **Maladif.** *Des enfants chétifs et malsains. Apparence malsaine.* — Qui engendre la maladie, est contraire à la santé. V. **Nuisible.** *Humidité malsaine. Logement malsain.* V. **Insalubre.** • 2° Qui n'est pas normal, manifeste de la perversité. *Un esprit malsain. Curiosité malsaine.* V. **Morbide.** — Qui corrompt l'esprit. *Littérature malsaine.* V. **Immoral.**

MALSÉANT, ANTE [malseɑ̃, ɑ̃t]. *adj.* • *Littér.* Contraire à la bienséance. V. **Choquant, inconvenant.** *Gaieté malséante en un lieu solennel.* || Contr. **Bienséant, convenable.** ||

MALT [malt]. *n. m.* • Céréales (surtout orge) germées artificiellement et séchées, puis séparées de leurs germes. *Le malt est utilisé dans la fabrication de la bière.* ▼ **MALTÉ, ÉE** [malte]. *adj.* • 1° Converti en malt. *Orge malté.* • 2° Mêlé de malt grillé. *Lait malté.*

MALTHUSIANISME [maltyzjanism(ə)]. *n. m.* • 1° Doctrine de Malthus, qui préconisait la limitation des naissances dans un but social. • 2° *Malthusianisme économique,* restriction volontaire de la production. ▼ **MALTHUSIEN, IENNE.** *adj.*

MALTRAITER [maltʀete]. *v. tr.* (1) • 1° Traiter avec brutalité. V. **Brutaliser, malmener.** • 2° Traiter sévèrement en paroles une personne à qui l'on parle, ou dont on parle (V. **Critiquer, éreinter**). *Cet auteur a été très maltraité par la critique.*

MALVEILLANCE [malvɛjɑ̃s]. *n. f.* • 1° Mauvais vouloir à l'égard de qqn ; tendance à blâmer, à vouloir du mal. *Regarder qqn avec malveillance.* V. **Hostilité.** • 2° Intention de nuire, visée criminelle. *Incendie dû à la malveillance.* V. **Sabotage.** ▼ **MALVEILLANT, ANTE.** *adj.* • 1° Qui a de la malveillance. — Subst. *Un malveillant.* • 2° Qui exprime de la malveillance, s'en inspire. V. **Aigre, méchant.** *Propos malveillants.* || Contr. **Bienveillant ; amical.** ||

MALVENU, UE [malvəny]. *adj.* • Être malvenu à (et infinitif) : n'avoir pas le droit de. *Il est malvenu à se plaindre.*

MALVERSATION [malvɛʀsasjɔ̃]. *n. f.* • Faute grave, commise dans l'exercice d'une charge. *Fonctionnaire coupable de malversations.* V. **Corruption, détournement, exaction, prévarication.**

MAMAN [mamɑ̃]. *n. f.* • 1° Terme affectueux par lequel les enfants, même devenus adultes, désignent leur mère. *Oui, maman. Où est ta maman ?* • 2° *La maman,* la mère de famille. *Jouer à la maman.*

MAMELLE [mamɛl]. *n. f.* • Organe glanduleux (glande mammaire) des animaux mammifères, sécrétant le lait. — *Vx.* Sein de femme. ▼ **1. MAMELON** [mamlɔ̃]. *n. m.* Bout du sein, chez la femme.

2. MAMELON. *n. m.* • Sommet arrondi d'une colline, d'une montagne. V. **Colline, hauteur.** *Le village est construit sur un mamelon.* ▼ **MAMELONNÉ, ÉE.** *adj.* Couvert de proéminences en forme de mamelons.

MAMELOUK ou **MAMELUK** [mamluk]. *n. m.* • Cavalier des anciennes milices égyptiennes.

MAMIE [mami]. *n. f.* • *(Enfants).* Grand-mère. V. **Mémé.**

MAMMAIRE [mam(m)ɛʀ]. *adj.* • Relatif aux mamelles. *Glandes mammaires.*

MAMMIFÈRE [mam(m)ifɛʀ]. *n. m.* • Animal vertébré, à température constante, respirant par des poumons, à système nerveux central développé, dont les femelles portent des mamelles. *Mammifères terrestres, aquatiques* (baleine, dauphin). *L'homme est un mammifère.*

MAMMOUTH [mamut]. *n. m.* • Gigantesque éléphant fossile du quaternaire.

MAMOURS [mamuʀ]. *n. m. pl.* • *Fam.* Démonstrations de tendresse. *Faire des mamours à qqn.*

MAM'SELLE ou **MAM'ZELLE** [mamzɛl]. V. MADEMOISELLE.

MANAGER [manadʒɛʀ]. *n. m.* • Celui qui veille à l'organisation matérielle de spectacles, concerts, matches, ou qui s'occupe particulièrement de la vie professionnelle et des intérêts d'un artiste (V. **Impresario**), d'un champion (V. **Entraîneur**).

MANANT [manɑ̃]. *n. m.* • 1° Au Moyen Âge, Roturier assujetti à la justice seigneuriale. • 2° *Littér.* Homme grossier, sans éducation. V. **Rustre.**

1. MANCHE [mɑ̃ʃ]. *n. f.* ★ **I.** Partie du vêtement qui entoure le bras. *Manches longues,* qui s'arrêtent au poignet ; *manches courtes. Relever, retrousser ses manches,* pour être plus à l'aise, pour travailler. — *Loc.* (Abstrait). *Avoir qqn dans sa manche,* en disposer à son gré. *Garder dans sa manche,* garder en réserve (un moyen d'action). — Fam. *C'est une autre paire de manches,* c'est tout à fait différent. ★ **II.** Large tuyau ou tube qui sert à conduire un fluide. *Manche à air,* indiquant la direction du vent. ▼ **1. MANCHETTE.** *n. f.* • 1° Garniture de manche. Poignet de chemise. *Boutons de manchette.* • 2° Fausse manche. *Des manchettes de lustrine.*

2. MANCHE. *n. m.* • 1° Partie d'un outil, d'un instrument par laquelle on le tient. *Le manche d'une pelle. Manche de couteau, de cuiller.* — Fam. *Être, se mettre du côté* *du manche*, du côté du plus fort. • 2° *Manche à balai, manche*, commande manuelle des gouvernails d'un avion. • 3° Partie par laquelle on tient un gigot, une épaule, pour les découper ; os (de gigot, de côtelette). • 4° Partie d'un instrument de musique, le long de laquelle sont tendues les cordes. *Manche de violon, de guitare.* ▼ **MANCHERON.** *n. m.* Chacune des deux tiges placées à l'arrière d'une charrue et qui servent à la diriger.

3. MANCHE. *adj.* et *n. m.* • Maladroit, incapable. *Il se débrouille comme un manche. Ce qu'elle est manche !*

2. MANCHETTE. *n. f.* • Titre très large et en gros caractères, à la première page d'un journal.

MANCHON [mɑ̃ʃɔ̃]. *n. m.* • 1° Fourreau cylindrique où l'on met les mains pour les protéger du froid. *Manchon de fourrure.* • 2° Pièce cylindrique. *Manchon d'assemblage*, anneau, bague. — *Manchon à incandescence*, gaine de tissu incombustible qui augmente l'éclat de la flamme qu'elle entoure.

1. MANCHOT, OTE [mɑ̃ʃo, ɔt]. *adj.* • 1° Qui est privé d'une main ou des deux mains ; d'un bras ou des deux bras. — Subst. *Le moignon d'un manchot, d'une manchote.* • 2° *Fam.* Maladroit. V. **Manche 3.** *N'être pas manchot*, être adroit.

2. MANCHOT. *n. m.* • Oiseau palmipède des régions antarctiques (semblable au pingouin de l'Arctique).

-MANCIE, -MANCIEN, ENNE. • Suffixes savants signifiant « divination » (*ex. :* cartomancie).

MANDARIN [mɑ̃daʀɛ̃]. *n. m.* • 1° Haut fonctionnaire de l'ancien empire chinois, coréen. • 2° Lettré influent ; homme cultivé muni de titres. V. **Intellectuel.** ▼ **MANDARINAT.** *n. m.* • 1° Charge de mandarin. Corps des mandarins. • 2° Corps social prétendant former une classe à part, privilégiée, exerçant une autorité intellectuelle.

MANDARINE [mɑ̃daʀin]. *n. f.* • Fruit plus petit que l'orange, doux et parfumé. ▼ **MANDARINIER.** *n. m.* Arbre dont le fruit est la mandarine.

MANDAT [mɑ̃da]. *n. m.* • 1° Acte par lequel une personne donne à une autre (V. **Mandataire**) le pouvoir de faire qqch. en son nom. V. **Pouvoir, procuration.** *Donner mandat à qqn pour effectuer une vente.* • 2° *Mandat législatif, parlementaire*, fonction de membre élu d'un Parlement. V. **Députation.** • 3° *Mandat postal, mandat-poste, mandat*, titre constatant la remise d'une somme à l'Administration des Postes par un expéditeur avec mandat de la verser à une personne désignée (destinataire). *Toucher un mandat.* • 4° Ordre de faire comparaître devant la justice, d'arrêter qqn. *Mandat d'arrêt, de dépôt.* ▼ **MANDATAIRE.** *n.* Personne à qui est conféré un mandat. V. **Agent, délégué, fondé** (de pouvoir), **représentant.** ▼ **MANDAT-CARTE, MANDAT-LETTRE.** *n. m.* Mandat (3°) postal transmis sous forme de carte, de lettre. *Des mandats-cartes.* ▼ **MANDATER.** *v. tr.* (1). Investir d'un mandat. *Mandater qqn pour la gestion d'une affaire.* V. **Confier** (à). *Les électeurs qui ont mandaté tel élu.*

MANDER [mɑ̃de]. *v. tr.* (1). • *Vx* ou *littér.* Faire venir (qqn) par un ordre ou un avis. V. **Appeler.** *Mander qqn d'urgence.* — *Mander qqch. à qqn*, le lui faire savoir par lettre.

MANDIBULE [mɑ̃dibyl]. *n. f.* • 1° *Fam.* Mâchoire. *Jouer des mandibules*, manger. • 2° Une des deux parties du bec (oiseaux), des pièces buccales (insectes).

MANDOLINE [mɑ̃dɔlin]. *n. f.* • Instrument de musique à caisse de résonance bombée et à cordes pincées. ▼ **MANDOLINISTE.** *n.* Joueur, joueuse de mandoline.

MANDRAGORE [mɑ̃dʀagɔʀ]. *n. f.* • Plante dont la racine fourchue présente une forme humaine ; cette racine.

MANDRIN [mɑ̃dʀɛ̃]. *n. m.* • Outil ou pièce mécanique, de forme généralement cylindrique.

1. -MANE. • Suffixe savant signifiant « main » (*ex. :* quadrumane).

2. -MANE, -MANIE. • Suffixes savants signifiant « folie, manie » (*ex. :* toxicomane, -manie).

MANÉCANTERIE [manekɑ̃tʀi]. *n. f.* • École qui forme les enfants de chœur d'une paroisse, leur enseigne à chanter.

1. MANÈGE [manɛʒ]. *n. m.* • 1° Exercice que l'on fait faire à un cheval pour le dresser, le dompter. V. **Équitation.** • 2° Lieu où l'on dresse, monte les chevaux. • 3° *Manège (de chevaux de bois)*, attraction foraine où des animaux (d'abord chevaux en bois), des petits véhicules servant de montures, sont disposés autour d'un axe et entraînés par lui. *Faire un tour de manège.*

2. MANÈGE. *n. m.* • Comportement habile et artificieux pour arriver à ses fins. V. **Agissement(s), intrigue.** *Je comprends son petit manège.* V. **Jeu.**

MÂNES [mɑn]. *n. m. pl.* • Âmes des morts, dans la religion romaine. V. **Esprit, lare.**

MANETTE [manɛt]. *n. f.* • Clef, levier poignée commandant un mécanisme et que l'on manœuvre à la main. *Manette de réglage.*

MANGANÈSE [mɑ̃ganɛz]. *n. m.* • Méta d'un blanc grisâtre, dur et cassant.

1. MANGER [mɑ̃ʒe]. *v. tr.* (3) • 1° Avale pour se nourrir (un aliment solide ou consis tant) après avoir mâché. V. **Absorber, ingur giter, prendre;** et *pop.* **Bouffer, boulotter** *Manger un bifteck, du pain. Manger un mor ceau.* — *Absolt.* S'alimenter. *Manger pe beaucoup.* — Prendre un repas. *Nous mangeon souvent au restaurant. Salle à manger.* • 2° Dévorer (un être vivant, une proie). - Loc. *Manger qqn des yeux*, le dévorer de yeux. *Il ne vous mangera pas*, il ne vou fera pas de mal, il n'est pas si terribl • 3° Ronger. *Étoffe mangée par les mite.* — Au passif. *Un visage mang de barbe*, caché par la barbe. • 4° *Mange ses mots*, les prononcer indistinctemen bredouiller. • 5° Consommer, dépense *Manger son capital.* ▼ **MANGEABL** [mɑ̃ʒabl(ə)]. *adj.* • 1° Qui peut se mange V. **Comestible.** • 2° Tout juste bon à mange sans rien d'appétissant. ▼ **MANGEAILLE** [mɑ̃ʒaj]. *n. f.* Nourriture abondante et médiocre. ▼ **MANGEOIRE** [mɑ̃ʒwaʀ]. *n. f.* Récipient destiné à contenir les aliments de certains animaux domestiques (chevaux, bestiaux, volaille).

2. MANGER. *n. m.* • *Pop.* Nourriture, repas. *Ici on peut apporter son manger.*

MANGE-TOUT [mɑ̃ʒtu]. *n. m. invar.* • Variété de pois, de haricots dont on mange la cosse avec la graine. — Adj. *Haricots mange-tout.*

MANGEUR, EUSE [mɑ̃ʒœʀ, øz]. *n.* • 1° Qui mange (beaucoup, peu). *Un grand, un gros mangeur.* • 2° *Mangeur de...*, personne qui mange (telle ou telle chose). *Un mangeur de viande. Mangeurs d'hommes.* V. **Anthropophage.**

MANGOUSTE [mɑ̃gust(ə)]. *n. f.* • Petit mammifère carnivore de l'Afrique et de l'Asie tropicales, rappelant la belette, et utilisé pour la destruction des reptiles et des rats.

MANGUE [mɑ̃g]. *n. f.* • Fruit d'un arbre tropical *(le manguier)*, de la taille d'une grosse pêche, à chair jaune, très parfumé.

MANIABLE [manjabl(ə)]. *adj.* • 1° Qu'on manie et utilise facilement. *Outil maniable.* • 2° Qu'on manœuvre facilement. *Une voiture, un voilier maniable.* • 3° *(Personnes).* Qui se laisse aisément diriger ; docile, souple. V. **Malléable.** ▼ **MANIABILITÉ.** *n. f.*

MANIAQUE [manjak]. *adj.* • 1° Qui a une idée fixe ou la maladie mentale appelée manie. — Subst. *Un maniaque.* V. **Obsédé.** • 2° Exagérément attaché à ses petites manies (3°), à des habitudes. *Un célibataire maniaque.* — Subst. *Quel vieux maniaque !* — Propre à un maniaque. *Soin maniaque.* ▼ **MANIAQUERIE.** *n. f.* Caractère d'une personne maniaque (2°).

MANICHÉISME [manikeism(ə)]. *n. m* • Conception dualiste du bien et du mal comme deux forces opposées. V. **Dualisme.** ▼ **MANICHÉEN, ENNE** [manikeɛ̃, ɛn]. Relatif au manichéisme. Partisan du manichéisme *(adj.* et *n.).*

MANIE [mani]. *n. f.* • 1° Maladie mentale caractérisée par divers troubles de l'humeur (exaltation euphorique, versatilité). — Trouble de l'esprit possédé par une idée fixe. V. **Obsession.** *Manie de la persécution.* • 2° *Manie de...*, goût excessif, déraisonnable (pour quelque objet ou action). V. **Marotte, passion.** *Il a la manie des vieilles pierres, de collectionner les autographes.* • 3° Habitude bizarre et tyrannique, souvent agaçante ou ridicule.

1. MANIER [manje]. *v. tr.* (7) • 1° Avoir en main, entre les mains tout en déplaçant, en remuant. *Caissier qui manie de grosses sommes d'argent.* V. **Manipuler.** • 2° Utiliser en ayant en main. *Savoir manier l'épée.* • 3° Mener à son gré. *Manier les foules.* V. **Diriger, gouverner.** • 4° *(Abstrait).* Employer de façon plus ou moins habile. *Savoir manier l'ironie.* ▼ **MANIEMENT.** *n. m.* • 1° Action ou façon de manier, d'utiliser avec les mains. V. **Manipulation, usage.** *Le maniement de la fourchette. Maniement d'armes*, suite de mouvements exécutés au commandement par les soldats. • 2° Action, manière d'employer, de diriger, d'administrer. V. **Emploi.**

2. MANIER (SE). *v. pron.* (7) • *Fam.* Se manier (seult. inf.), Se magner : se remuer, se dépêcher. *Magne-toi !*

1. MANIÈRE [manjɛʀ]. *n. f.* • 1° Forme particulière que revêt l'accomplissement d'une action, le déroulement d'un fait, l'être ou l'existence. V. **Façon, mode.** *Manière d'agir, de vivre. Il y a la manière*, il faut savoir s'y prendre. — Loc. adv. *De cette manière*, ainsi. *De toute manière*, en tout cas. *D'une manière générale*, dans la plupart des cas. *En aucune manière*, aucunement. — Loc. prép. *À la manière de*, comme. *De manière à*, afin de (produire telle conséquence). *Travailler de manière à gagner sa vie.* — Loc. conj. *De (telle) manière que* (introduisant une conséquence). *De manière que tout aille bien.* • 2° *La manière de qqn*, forme de comportement personnelle et habituelle. *Avec sa manière de faire.* • 3° Mode d'expression caractéristique (d'un artiste, d'une école). V. **Genre, style.** *Sonate dans la manière classique.* • 4° *Une manière de...*, espèce, sorte. • 5° *Compléments, adverbes de manière*, qui marquent de quelle manière est qqn, qqch., se fait qqch.

2. MANIÈRES. *n. f. pl.* • 1° Comportement d'une personne considéré surtout dans son effet sur autrui. *Avoir de mauvaises manières. En voilà des manières !* • 2° *Faire des manières*, être affecté (V. **Chichi, embarras**), se faire prier. ▼ **MANIÉRÉ, ÉE.** *adj.* • 1° Qui montre de l'affectation, manque de naturel ou de simplicité. V. **Affecté, poseur.** *Politesse maniérée.* || Contr. **Naturel, simple.** || • 2° *(Art).* Qui manque de spontanéité, est trop recherché. ▼ **MANIÉRISME.** *n. m.* Tendance au genre maniéré en art.

MANIEUR, EUSE. *n.* • *Manieur de*, personne qui manie (qqch., qqn). *Manieur d'argent*, homme d'affaires, financier. *Un manieur d'hommes.*

1. MANIFESTATION [manifɛstasjɔ̃]. *n. f.* • Action ou manière de manifester, de se manifester. V. **Expression.** *Manifestation de joie, de mécontentement.* V. **Démonstration, marque.**

2. MANIFESTATION. *n. f.* • Réunion publique et organisée pour manifester une opinion ou une volonté. *Aller à une manifestation. Manifestation interdite.* Abrév. fam. Manif [manif]. ▼ **MANIFESTANT, ANTE.** *n.* Personne qui participe à une manifestation.

1. MANIFESTE [manifɛst(ə)]. *adj.* • Dont l'existence ou la nature est évidente. V. **Certain, évident, indiscutable.** *Différences manifestes.* || Contr. **Douteux.** || ▼ **MANIFESTEMENT.** *adv.* Évidemment.

2. MANIFESTE. *n. m.* • Déclaration écrite, publique et solennelle, par laquelle un gouvernement, un groupe ou une personnalité politique expose son programme, justifie sa position. V. **Proclamation.** — Exposé théorique lançant un mouvement littéraire. *Manifeste du surréalisme.*

1. MANIFESTER [manifɛste]. *v.* (1) ★ **I.** *V. tr.* • 1° Faire connaître de façon manifeste. V. **Exprimer, révéler.** *Manifester sa volonté, ses intentions.* • 2° Faire ou laisser apparaître clairement. *Il a manifesté de l'étonnement.* — Révéler, trahir. *Ses gestes manifestent sa timidité.* ★ **II.** SE MANIFESTER. *v. pron.* Apparaître, se montrer. *Des divergences peuvent se manifester.*

2. MANIFESTER. *v. intr.* (1) • Participer à une manifestation (2) politique, syndicale.

MANIGANCE [manigɑ̃s]. *n. f.* • Manœuvre secrète et suspecte, sans grande portée ni gravité. V. **Micmac.** ▼ **MANIGANCER.** *v. tr.* (3). Combiner par des manigances. V. **Comploter.** *Ils manigancent une escroquerie.*

MANILLE [manij]. *n. f.* • Jeu de cartes où les plus fortes cartes sont le dix *(manille)*, puis l'as *(manillon)*. *Joueurs de manille.* ▼ **MANILLON.** *n. m.* As, seconde carte à la manille.

MANIOC [manjɔk]. *n. m.* • Arbrisseau des régions tropicales dont la racine fournit une fécule alimentaire, le tapioca.

MANIPULATEUR, TRICE. *n.* • 1° Personne qui procède à des manipulations. V. **Opérateur.** *Manipulateur de laboratoire.* — Prestidigitateur spécialisé dans la manipulation. • 2° Appareil servant à la transmission des signaux télégraphiques.

MANIPULATION [manipylasjɔ̃]. *n. f.* • 1° Action, manière de manipuler (des substances, des produits, des appareils). *Manipulations chimiques.* • 2° Massage visant à remettre des os déplacés. *Manipulations vertébrales.* • 3° Branche de la prestidigitation reposant sur la seule habileté des mains. • 4° *Péj.* Tripotage. *Manipulations électorales.* V. **Manœuvre.**

MANIPULE [manipyl]. *n. m.* • Bande d'étoffe que porte à l'avant-bras gauche le prêtre, pour la célébration de la messe.

MANIPULER [manipyle]. *v. tr.* (1) • 1° Manier avec soin en vue d'expériences, d'opérations scientifiques ou techniques. *Manipuler des tubes, des fioles.* • 2° Manier et transporter. *Manipuler des colis.* • 3° V. **Manier 1** (3°). *Il essaye de manipuler ses administrés.*

MANITOU [manitu]. *n. m.* • *Fam.* Personnage important et puissant. *Un (grand) manitou de l'Université.*

MANIVELLE [manivɛl]. *n. f.* • 1° Levier coudé servant à produire un mouvement de rotation. *Manivelle d'un treuil. Tourner la manivelle.* — *Premier tour de manivelle*, commencement du tournage d'un film. • 2° *Manivelle de moteur.* V. **Vilebrequin.**

MANNE [man]. *n. f.* • 1° Nourriture miraculeuse envoyée aux Hébreux dans le désert. • 2° Nourriture providentielle, don ou avantage inespéré.

MANNEQUIN [mankɛ̃]. *n. m.* • 1° Moulage ou armature à forme humaine servant de modèle pour la confection des vêtements, pour les essayages. *Mannequin des étalages*, pour la présentation des divers modèles de vêtements. — *Taille mannequin*, conforme aux proportions type. • 2° Personne employée par un grand couturier pour la présentation des modèles de collections.

MANŒUVRABLE [manœvʀabl(ə)]. *adj.* • Apte à être manœuvré, maniable (bateau, véhicule). ▼ **MANŒUVRABILITÉ.** *n. f.* V. **Maniabilité.**

1. MANŒUVRE [manœvʀ(ə)]. *n. f.* ★ **I.** • 1° Action sur les cordages, les voiles, le gouvernail, etc., destinée à régler le mouvement d'un bateau. — Action, manière de régler le mouvement d'un véhicule. — FAUSSE MANŒUVRE : erreur de manœuvre ; *(abstrait)* décision, démarche maladroite et sans résultat. • 2° Exercice militaire. *Champ de manœuvre. Grandes manœuvres*, simulant des opérations militaires. Loc. *Masse de manœuvre*, troupes gardées en réserve ; moyens d'action en réserve (personnel, matériel, argent...). • 3° Opérations manuelles (permettant le fonctionnement d'un appareil, d'une machine...). ★ **II.** Moyen, ensemble de moyens mis en œuvre pour atteindre un but. V. **Combinaison, intrigue, machination.** *Manœuvre subtile, perfide. Avoir toute liberté de manœuvre.*

2. MANŒUVRE. *n. f.* • *(Surtout plur.)*. Cordage du gréement d'un navire. *Manœuvres dormantes*, fixes. *Manœuvres courantes*, mobiles.

3. MANŒUVRE. *n. m.* • Ouvrier exécutant des travaux qui n'exigent pas de connaissances professionnelles spéciales.

MANŒUVRER [manœvʀe]. *v.* (1) ★ **I.** *V. intr.* • 1° Effectuer une manœuvre sur un bateau, un véhicule. *Manœuvrer pour garer sa voiture.* • 2° Employer des moyens adroits pour arriver à ses fins. *Il a bien manœuvré.* ★ **II.** *V. tr.* • 1° Manier de façon à faire fonctionner. *Manœuvrer des cordages. Manœuvrer le volant d'une automobile.* • 2° Faire agir (qqn) comme on le veut, par une tactique habile. V. **Gouverner, manier.** *Il s'est laissé manœuvrer par ses associés.* ▼ **MANŒUVRIER, ÈRE.** *adj.* et *n.* • 1° *Adj.* Qui concerne l'habileté à manœuvrer. *Qualités manœuvrières.* • 2° *N.* Personne qui manœuvre habilement.

MANOIR [manwaʀ]. *n. m.* • Petit château ancien à la campagne. V. **Gentilhommière.**

MANOMÈTRE [manɔmɛtʀ(ə)]. *n. m.* • Appareil servant à mesurer la tension d'un gaz, d'une vapeur, la pression d'un fluide dans un espace fermé.

MANQUANT, ANTE [mɑ̃kɑ̃, ɑ̃t]. *adj.* • Qui manque, est en moins. *Numéros manquants d'une série.* — Subst. *Les manquants*, les absents, les objets qui manquent.

1. MANQUE [mɑ̃k]. *n. m.* • 1° Fait de manquer, absence ou grave insuffisance (d'une chose nécessaire). V. **Défaut.** *Manque de vivres, d'argent, de main-d'œuvre.* V. **Pénurie rareté.** *Quel manque d'imagination !* || Contr **Abondance, excès.** || • 2° *Plur.* Lacune *Avoir des manques.* • 3° MANQUE À GAGNER somme qu'on aurait pu gagner.

2. MANQUE (À LA). *loc. adj.* • *Fam* Raté, défectueux, mauvais (Cf. À la gomme à la noix).

MANQUEMENT [mɑ̃kmɑ̃]. *n. m.* • Le fait de manquer à quelque devoir. V. **Faute.** *Un manquement à la discipline.*

MANQUER [mɑ̃ke]. *v.* (1) ★ **I.** *V. intr.* • 1° Ne pas être, lorsqu'il le faudrait; être absent, faire défaut. *Les denrées qui manquent.* || Contr. **Abonder.** || *Les occasions ne manquent pas.* — Être absent. *Cet élève manque trop souvent.* • 2° MANQUER À *qqn* : faire défaut. *Le temps me manque.* — *(À qqch.)* Être en moins (dans un ensemble par là même incomplet). *Rien ne manquait au festin.* Impers. *Il manque deux pages à votre livre.* • 3° Loc. *Il ne manque plus que cela !* c'est le comble. *Il ne manquerait plus qu'il échoue à son examen.* • 4° *(Choses).* Échouer. *Dix fois de suite l'expérience manqua.* V. **Rater.** ★ **II.** *V. tr. ind.* • 1° MANQUER DE : ne pas avoir lorsqu'il le faudrait, ne pas avoir en quantité suffisante. || Contr. **Avoir.** || *Il ne manque de rien,* il a tout ce qu'il lui faut. — Être dépourvu (d'une qualité). *Manquer de patience, d'imagination.* • 2° MANQUER À (qqn) : négliger les égards qui lui sont dus. V. **Offenser.** *Personne ne vous a manqué.* — *Manquer à* (qqch.), ne pas se conformer à (qqch. qu'on doit observer). *Manquer à son devoir, à sa parole.* || Contr. **Respecter.** || • 3° NE PAS MANQUER DE FAIRE : faire sûrement. *Je ne manquerai pas de vous informer. Ça ne peut manquer d'arriver.* Ellipt. *Ça n'a pas manqué.* — Loc. *Je n'y manquerai pas,* je le ferai sûrement. • 4° *(Semi-auxil.).* Être tout près de, sur le point de. V. **Faillir.** *Elle avait manqué mourir, de mourir.* ★ **III.** *V. tr. dir.* • 1° Ne pas réussir. V. **Louper, rater.** *Manquer son coup. Manquer sa vie. Une photo manquée.* — Loc. *Un garçon manqué,* une petite fille qui a des manières de garçon. • 2° Ne pas atteindre, ne pas toucher. *Manquer la cible.* — *La prochaine fois, je ne te manquerai pas,* je me vengerai de toi. • 3° Ne pas rencontrer (qqn qu'on voulait voir). *Je vous ai manqué de peu.* — *Manquer le train,* arriver à la gare après son départ. • 4° Laisser échapper, laisser perdre (qqch. de profitable). *Manquer une occasion.* Fam. *Il n'en manque pas une !* il ne manque pas une occasion de faire une maladresse. • 5° S'abstenir d'assister, d'être présent à. *Manquer un cours, la classe.* V. **Sécher.**

MANSARDE [mɑ̃saʀd(ə)]. *n. f.* • 1° Toit brisé à quatre pans. • 2° Chambre aménagée dans ce toit et dont un mur est en pente. ▼ **MANSARDÉ, ÉE.** adj. *Chambre mansardée.*

MANSUÉTUDE [mɑ̃sɥetyd]. *n. f.* • *Littér.* Disposition à pardonner généreusement. V. **Bonté, indulgence.** || Contr. **Sévérité.** ||

1. MANTE [mɑ̃t]. *n. f.* • Autrefois, Manteau de femme, ample et sans manches.

2. MANTE. *n. f.* • Insecte carnassier dont l'attitude évoque la prière (on dit surtout : *mante religieuse*). *La mante femelle dévore souvent le mâle après l'accouplement.*

MANTEAU [mɑ̃to]. *n. m.* ★ **I.** • 1° Vêtement à manches qui se porte par-dessus les autres vêtements. V. **Capote, pardessus.** *Manteau long* (maximanteau). *Manteau de fourrure* (V. **Pelisse**). *Manteau de pluie.* V. **Imperméable.** • 2° Loc. *Livre publié sous le manteau,* clandestinement. ★ **II.** *Manteau de cheminée,* partie de la cheminée en saillie au-dessus du foyer.

MANTILLE [mɑ̃tij]. *n. f.* • Dentelle drapée sur la tête, comme coiffure féminine. *Une mantille espagnole.*

MANUCURE [manykyʀ]. *n.* • Personne chargée des soins esthétiques des mains, des ongles. ▼ **MANUCURER.** v. tr. (1). *Fam.* Faire les mains de (qqn).

1. MANUEL, ELLE [manɥɛl]. *adj.* • 1° Qui se fait avec la main, qui nécessite une activité physique. *Travail manuel. Métiers manuels.* • 2° (Personnes). *Travailleur manuel.* — Subst. *Un manuel, une manuelle,* personne plus apte, plus disposée à l'activité manuelle qu'à l'activité intellectuelle. || Contr. **Intellectuel.** || ▼ **MANUELLEMENT.** *adv.* En se servant de la main ; par une opération manuelle.

2. MANUEL. *n. m.* • Ouvrage didactique, livre présentant les notions essentielles d'une science, d'une technique. V. **Abrégé, cours.** *Manuel de physique, de littérature.*

MANUFACTURE [manyfaktyʀ]. *n. f.* • 1° Établissement industriel où la qualité de la main-d'œuvre est primordiale. *Manufacture de porcelaines de Sèvres.* • 2° Autrefois, Fabrique, usine.

MANUFACTURER [manyfaktyʀe]. *v. tr.* (1) • Faire subir à (une matière première) une transformation industrielle. *Produits manufacturés.*

MANU MILITARI [manymilitaʀi]. *loc. adv.* • En employant la force armée, la force publique.

MANUSCRIT, ITE [manyskʀi, it]. *adj.* et *n. m.* ★ **I.** *Adj.* Écrit à la main. *Notes manuscrites.* ★ **II.** *N. m.* • 1° Texte, ouvrage écrit ou copié à la main. V. **Écrit.** *Manuscrit enluminé.* • 2° Œuvre originale écrite de la main de l'auteur ou dactylographiée. *Apporter un manuscrit à son éditeur.* || Contr. **Imprimé.** ||

MANUTENTION [manytɑ̃sjɔ̃]. *n. f.* • 1° Manipulation, déplacement manuel ou mécanique de marchandises, en vue de l'emmagasinage, de l'expédition et de la vente. *Appareils de manutention.* • 2° Local réservé à ces opérations. V. **Entrepôt, magasin 2** (1°). ▼ **MANUTENTIONNAIRE.** *n.* Personne employée aux travaux de manutention.

MA(H)OUS, OUSSE [maus]. *adj.* • *Pop.* Gros, de taille importante. *Elle est maousse, mahousse.*

MAPPEMONDE [mapmɔ̃d]. *n. f.* • 1° Carte plane représentant le globe terrestre divisé en deux hémisphères projetés côte à côte. V. **Planisphère.** • 2° *Abusiv.* Sphère représentant le globe terrestre.

1. MAQUEREAU [makʀo]. *n. m.* • Poisson comestible au dos vert et bleu, au ventre nacré, vivant en bancs. *Filets de maquereau au vin blanc.*

2. MAQUEREAU, ELLE [makʀo, ɛl]. *n.* • *Pop.* Personne qui vit de la prostitution des femmes. V. **Entremetteur, proxénète, souteneur.**

MAQUETTE [makɛt]. *n. f.* • 1° Ébauche, modèle en réduction d'une sculpture. — Original que doit reproduire une page illustrée, une affiche. • 2° Modèle réduit (de décor, d'un bâtiment, d'un véhicule). *Maquette d'avion.* ▼ **MAQUETTISTE.** *n.* Spécialiste chargé d'exécuter des maquettes (typographie, construction, mécanique).

MAQUIGNON [makiɲɔ̃]. *n. m.* • 1° Marchand de chevaux. • 2° Marchand de bestiaux peu scrupuleux et truqueur. ▼ **MAQUIGNONNAGE.** *n. m.* • 1° Métier de maquignon. • 2° Manœuvres frauduleuses ou indélicates.

MAQUILLER [makije]. *v. tr.* (1) • 1° Modifier ou embellir (le visage) par des procédés et produits appropriés. — SE MAQUILLER. *v. pron.* Se grimer (théâtre) ; se farder. • 2° Modifier de façon trompeuse l'apparence (d'une chose). V. **Falsifier, truquer.** *Maquiller un passeport.* • 3° Dénaturer, fausser. *Maquiller la vérité.* ▼ **MAQUILLAGE.** *n. m.* • 1° Action ou manière de maquiller, de se maquiller. Ensemble des éléments (fond de teint, fards, poudres, rouge, ombres) servant à se maquiller. *Maquillage de jour, du soir.* • 2° Modification frauduleuse de l'aspect (d'une chose). *Maquillage d'une voiture volée.* ▼ **MAQUILLEUR, EUSE.** *n.* Spécialiste en maquillage.

MAQUIS [maki]. *n. m.* ★ **I.** • 1° Végétation d'arbustes, de buissons touffus dans les régions méditerranéennes. • 2° Complication inextricable. *Le maquis de la procédure.* ★ **II.** Sous l'occupation allemande, Lieu peu accessible où se regroupaient les résistants. *Prendre le maquis ; être dans le maquis.* Organisation de résistance armée. ▼ **MAQUISARD.** *n. m.* Résistant appartenant à un maquis.

1. **MARABOUT** [maʀabu]. *n. m.* • 1° Pieux ermite, saint de l'Islam, dont le tombeau est un lieu de pèlerinage. • 2° Ce tombeau.

2. **MARABOUT.** *n. m.* • Grand oiseau *(Échassiers)* au plumage gris et blanc, à gros jabot.

MARAÎCHER, ÈRE [maʀeʃe, maʀɛʃɛʀ]. *n.* et *adj.* • 1° *N.* Jardinier(ière) qui cultive des légumes. • 2° *Adj.* Propre au maraîcher, relatif à son activité. *Culture maraîchère.*

MARAIS [maʀɛ]. *n. m.* • 1° Nappe d'eau stagnante recouvrant un terrain partiellement envahi par la végétation. V. **Étang, marécage, marigot, tourbière.** • 2° MARAIS SALANT : bassin creusé à proximité des côtes pour extraire le sel de l'eau de mer par évaporation. V. **Saline.**

MARASME [maʀasm(ə)]. *n. m.* • 1° Accablement, apathie profonde. • 2° Stagnation. *Le marasme des affaires.*

MARASQUIN [maʀaskɛ̃]. *n. m.* • Liqueur sucrée parfumée avec une cerise acide, la *marasque. Glace au marasquin.*

MARATHON [maʀatɔ̃]. *n. m.* • 1° Course à pied de grand fond (42,195 km) sur route. • 2° Épreuve ou séance prolongée qui exige une grande résistance. *Marathon de danse. Le marathon budgétaire.*

MARÂTRE [maʀɑtʀ(ə)]. *n. f.* • 1° *Vx.* Femme du père, par rapport aux enfants qu'il a eus d'un premier mariage. V. **Belle-mère.** • 2° Mère dénaturée, mauvaise mère.

MARAUD, AUDE [maʀo, od]. *n.* • *Vx.* Coquin(e).

MARAUDE [maʀod]. *n. f.* • 1° Vol de fruits, légumes, volailles, dans les jardins et les fermes. *Aller à la maraude.* • 2° *Taxi en maraude*, qui circule à vide, lentement, à la recherche de clients. ▼ **MARAUDER.** *v. intr.* (1). Pratiquer la maraude (1°). V. **Chaparder, voler.** ▼ **MARAUDAGE.** *n. m.* Action de marauder. ▼ **MARAUDEUR, EUSE.** *n.* et *adj.* Personne (ou animal) qui maraude. V. **Pillard, voleur.** — Adj. *Oiseau maraudeur.*

MARBRE [maʀbʀ(ə)]. *n. m.* ★ **I.** • 1° Roche calcaire, souvent veinée de couleurs variées et susceptible de prendre un beau poli. *Colonnes, escalier, cheminée de marbre, en marbre.* • 2° Plateau de marbre d'une table, d'une commode. — Statue de marbre. • 3° Loc. *Blanc, froid comme le marbre, un marbre. Être, rester de marbre*, impassible. ★ **II.** Surface, table (à l'origine en marbre) utilisée pour diverses opérations techniques. — Plateau de fonte polie sur lequel on fait les impositions ou la correction des textes. ▼ **MARBRER.** *v. tr.* (1) • 1° Marquer (une surface) de veines, de taches pour donner l'apparence du marbre. *Marbrer la tranche d'un livre.* • 2° Marquer (la peau) de marbrures. *Le froid lui marbrait le visage.* ▼ **MARBRERIE.** *n. f.* • 1° Art, métier du marbrier ; son atelier. • 2° Industrie de transformation et de mise en œuvre des marbres. *Marbrerie funéraire.* ▼ **MARBRIER.** *n. m.* • 1° Ouvrier spécialisé dans le sciage, la taille, le polissage des blocs ou objets en marbre ou en pierre à tailler. • 2° Fabricant, marchand d'ouvrages de marbrerie. ▼ **MARBRIÈRE.** *n. f.* Carrière de marbre. *Les marbrières de Carrare.* ▼ **MARBRURE.** *n. f.* • 1° Imitation des veines et taches du marbre. • 2° Marques sur la peau, comparables aux taches et veines du marbre. *Des marbrures aux pommettes.*

MARC [maʀ]. *n. m.* • 1° Résidu des fruits que l'on a pressés. *Marc de raisin, de pommes.* • 2° Eau-de-vie de marc de raisin distillé. *Marc de Bourgogne.* • 3° Résidu d'une substance que l'on a fait infuser, bouillir. *Marc de café. Lire dans le marc de café* (pratique de divination).

MARCASSIN [maʀkasɛ̃]. *n. m.* • Petit sanglier qui suit encore sa mère.

MARCHAND, ANDE [maʀʃɑ̃, ɑ̃d]. *n.* et *adj.* ★ **I.** *N.* Commerçant chez qui l'on achète des marchandises qu'il fait profession de vendre. V. **Commerçant, fournisseur, vendeur.** *Marchand en gros* (grossiste), *au détail* (détaillant). *Marchand de chaussures. Marchand de journaux.* — *Loc.* MARCHAND DE COULEURS : qui vend des produits d'entretien pour la maison, droguiste. *Marchand, marchande des quatre-saisons*, qui vend des fruits, des légumes dans une petite voiture (pendant toute l'année). — Péj. *Marchand de canons*, fabricant d'armes de guerre. — *Marchand de soupe*, directeur affairiste d'une institution d'enseignement privé. ★ **II.** *Adj.* • 1° *Prix marchand*, prix de facture. *Valeur marchande*, commerciale. • 2° *Marine marchande*, qui effectue les transports commerciaux.

MARCHANDER [maʀʃɑ̃de]. *v. tr.* (1) • Essayer d'acheter (une chose) à meilleur marché, en discutant avec le vendeur. *Marchander un bibelot ancien.* — (Abstrait) *Il ne lui a pas marchandé les éloges*, il l'a beaucoup loué. ▼ **MARCHANDAGE.** *n. m.* Discussion pour obtenir ou vendre qqch. au meilleur prix.

MARCHANDISE [maʀʃɑ̃diz]. *n. f.* • 1° Chose mobilière pouvant faire l'objet d'un commerce. V. **Article, denrée, produit.** *Train de marchandises* (*opposé à* de voyageurs). • 2° Loc. *Faire valoir sa marchandise*, présenter les choses sous un jour favorable.

1. MARCHE [maʀʃ(ə)]. *n. f.* • Surface plane sur laquelle on pose le pied pour passer d'un plan horizontal à un autre. *Marches d'un escalier.* V. **Degré.** *Attention à la marche !*

2. MARCHE. *n. f.* • 1° Action de marcher, suite de pas. *Aimer la marche.* V. **Promenade.** *Marche lente, rapide. Faire une longue marche.* • 2° Loc. *Ouvrir la marche*, marcher en tête. *Fermer la marche*, marcher le dernier. — *En avant, marche !* commandement, signal de départ. — *Air, chanson de marche.* • 3° MARCHE À SUIVRE : série d'opérations, de démarches pour obtenir ce qu'on veut. *Indiquez-moi la marche à suivre.* • 4° *(Choses).* Tout déplacement continu dans une direction déterminée. *Sens de la marche d'un train. Auto qui fait marche arrière.* — Mouvement. *Régler la marche d'une horloge.* • 5° Cours. *La marche du temps ; du progrès.* • 6° Fonctionnement. *Assurer la bonne marche d'un service.* — *En état de marche*, capable de marcher. • 7° EN MARCHE *(loc. adv.)* : en train d'avancer. — En fonctionnement. *Mettre un moteur en marche.* V. **Démarrer.**

3. MARCHE. *n. f.* • *(Surtout plur.).* Autrefois, Région frontière d'un État.

1. MARCHÉ [maʀʃe]. *n. m.* ★ **I.** Convention portant sur la fourniture de marchandises, de valeurs ou de services. V. **Accord, affaire, contrat.** *Conclure, passer un marché.* — Loc. *Mettre à qqn le marché en main*, le sommer d'accepter ou de rejeter sans autre délai certaines conditions. *Par-dessus le marché*, en plus de ce qui a été convenu, en supplément. (Abstrait) *Fam.* En plus. ★ **II.** À BON MARCHÉ : à bas prix. *Habitations à bon marché. Fabriquer à meilleur marché*, moins cher. — V. **Bon marché,** *adj.* || Contr. **Cher.** ||

2. MARCHÉ. *n. m.* • 1° Lieu où se tient une réunion périodique des marchands de denrées alimentaires et de marchandises d'usage courant. V. **Halle.** *Marché couvert. Place du marché. Marché aux fleurs. Jours de marché. Faire le marché*, aller acheter au marché les denrées nécessaires à la vie quotidienne. • 2° Ensemble des opérations commerciales, financières, concernant une catégorie de biens dans une zone géographique ; cette zone ; les personnes qui y sont en relations commerciales. *L'offre et la demande sur un marché. Marché du travail.* — MARCHÉ COMMUN : forme spéciale d'union économique entre la France, l'Allemagne de l'Ouest, l'Italie, les Pays-Bas, la Belgique et le Luxembourg. — MARCHÉ NOIR : marché clandestin résultant de l'insuffisance de l'offre (en période de rationnement, taxation). *Faire du marché noir.* • 3° Débouché pour un produit. *Conquérir un marché* (V. **Clientèle**).

MARCHEPIED [maʀʃəpje]. *n m.* • Degré ou série de degrés fixes ou pliants qui servent à monter dans une voiture ou à en descendre. *Voyager sur le marchepied d'un train bondé.*

MARCHER [maʀʃe]. *v. intr.* (1) ★ **I.** • 1° Se déplacer par mouvements et appuis successifs des jambes et des pieds sans interrompre le contact avec le sol (par opposition avec *courir*). V. **Marche, pas.** *Enfant qui commence à marcher. Marcher à petits pas rapides.* V. **Trotter, trottiner.** • 2° Aller à pied. V. **Déambuler, promener** (se). *Marcher dans une forêt, vers la ville. Marcher sans but, à l'aventure.* V. **Errer, flâner.** • 3° *(Choses).* Se mouvoir de manière continue. *Automobile, train qui marche à 150 km à l'heure.* V. **Rouler.** • 4° Fonctionner (en parlant d'un mécanisme). *Montre, pendule qui marche mal.* • 5° Produire l'effet souhaité. *Ses affaires, ses études marchent bien. Ce procédé, cette ruse a marché.* V. **Réussir.** ★ **II.** Poser le pied (quelque part). • 1° Mettre le pied (sur qqch.) tout en avançant. *Défense de marcher sur les pelouses.* — Loc. *Marcher sur les traces de qqn*, l'imiter. • 2° Poser le pied (dans, sur qqch.), sans idée d'autre mouvement. *Marcher dans une flaque d'eau. Marcher sur les pieds de qqn.* ★ **III.** Acquiescer, donner son adhésion (à qqch.). V. **Accepter, consentir.** *Non, je ne marche pas !* — Croire naïvement quelque histoire. *Il a marché dans mon histoire.* — *Faire marcher qqn*, obtenir de lui ce qu'on veut en le trompant. V. **Berner.** ▼ **MARCHEUR, EUSE.** *n.* et *adj.* • 1° *N.* Personne qui peut marcher longtemps, sans fatigue. *Elle est bonne, mauvaise marcheuse.* • 2° Adj. *Oiseaux marcheurs*, qui marchent (et volent difficilement).

MARCOTTAGE [maʀkɔtaʒ]. *n. m.* • Mode de multiplication d'un végétal par lequel une tige aérienne s'enterre et prend racine (on l'appelle *Marcotte*, n. f.). ▼ **MARCOTTER.** *v. tr.* (1). Reproduire (un végétal) par marcottage.

MARDI [maʀdi]. *n. m.* • Le troisième jour de la semaine (en comptant à partir du dimanche). *Mardi gras*, dernier jour du carnaval, qui précède le carême.

MARE [maʀ]. *n. f.* • 1° Petite nappe d'eau peu profonde qui stagne. V. **Flaque.** • 2° Grande quantité de liquide répandu. *Une mare de sang.*

MARÉCAGE [maʀekaʒ]. *n. m.* • Lieu inculte et humide où s'étendent des marais. ▼ **MARÉCAGEUX, EUSE.** *adj.* Qui est de la nature du marécage. V. **Bourbeux.** *Terrain marécageux.*

MARÉCHAL, AUX [maʀeʃal, o]. *n. m.* • Officier général qui a la dignité la plus élevée dans la hiérarchie militaire (on lui dit : *Monsieur le Maréchal*). Au fém. *Madame* *la Maréchale*, la femme du maréchal. ▼ **MARÉCHAL DES LOGIS.** *n. m.* Sous-officier de cavalerie ou d'artillerie (grade qui correspond à celui de sergent).

MARÉCHAL-FERRANT. *n. m.* • Artisan qui ferre les animaux de trait, les chevaux.

MARÉCHAUSSÉE [maʀeʃose]. *n. f.* • *Plaisant.* Gendarmerie.

MARÉE [maʀe]. *n. f.* • 1° Mouvement journalier d'oscillation de la mer dont le niveau monte et descend alternativement. *Marée montante.* V. **Flux.** *Marée haute, basse. Grandes marées*, à fortes amplitudes lorsque l'attraction du Soleil se conjugue avec celle de la Lune. — *Loc.* (Abstrait) *Contre vents et marées*, malgré tous les obstacles. • 2° *Une marée humaine*, une grande masse qui se déplace. • 3° Poissons, crustacés, fruits de mer frais. *Train de marée.* ▼ **MARÉMOTRICE.** adj. f. *Usine marémotrice*, produisant de l'énergie électrique avec la force motrice des marées.

MARELLE [maʀɛl]. *n. f.* • Jeu d'enfants qui consiste à pousser à cloche-pied un palet dans les cases numérotées d'une figure tracée sur le sol. *Jouer à la marelle.*

MAREYEUR, EUSE [maʀɛjœʀ, øz]. *n.* • Marchand(e) qui achète sur place les produits de la pêche et les expédie aux marchands de poisson.

MARGARINE [maʀgaʀin]. *n. f.* • Substance grasse végétale ou animale ressemblant au beurre et ayant les mêmes usages.

MARGE [maʀʒ(ə)]. *n. f.* • 1° Espace blanc autour d'un texte écrit ou imprimé. V. **Bord.** *Laissez de grandes marges.* • 2° Intervalle d'espace ou de temps dont on dispose entre certaines limites; possibilité d'action. *Marge de liberté, de réflexion.* V. **Délai.** *Marge de sécurité*, disponibilités dont on est assuré au delà des dépenses prévues. • 3° EN MARGE DE : en dehors de, mais qui se rapporte à. *Émission en marge de l'actualité. Vivre en marge*, sans se mêler à la société. • 4° *Marge bénéficiaire*, différence qui constitue le bénéfice .▼ **MARGINAL, ALE, AUX.** *adj.* • 1° Qui est mis dans la marge. *Note marginale.* • 2° Qui n'est pas central, principal. *Occupations, préoccupations marginales.* V. **Secondaire.**

MARGELLE [maʀʒɛl]. *n. f.* • Assise de pierre qui forme le rebord (d'un puits, du bassin d'une fontaine).

MARGOULETTE [maʀgulɛt]. *n. f.* • *Pop.* Figure (d'une personne). *Se casser la margoulette*, la figure.

MARGOULIN [maʀgulɛ̃]. *n. m.* • Individu peu scrupuleux qui fait de petites affaires.

MARGRAVE [maʀgʀav]. *n. m.* • Ancien titre de certains princes souverains d'Allemagne.

MARGUERITE [maʀgəʀit]. *n. f.* • Fleur blanche à cœur jaune, commune dans les prés. V. **Pâquerette.**

MARGUILLIER [maʀgije]. *n. m.* • Celui qui est chargé de la garde et de l'entretien d'une église.

MARI [maʀi]. *n. m.* • Homme marié, par rapport à sa femme. V. **Conjoint, époux.** *Le mari de Mme C. Le second mari d'une divorcée. Chercher un mari.*

MARIAGE [maʀjaʒ]. *n. m.* ★ **I.** • 1° Union légitime d'un homme et d'une femme. *Mariage civil*, contracté devant l'autorité civile. *Contrat de mariage*, qui règle le régime des biens des époux. — Action, fait de se marier. *Demande en mariage.* V. **Main** (demander la main). • 2° La cérémonie du mariage. V. **Noce.** *Aller, assister à un mariage.* • 3° État, situation d'une personne mariée, d'un couple marié. *Il préfère le mariage au célibat.* ★ **II.** Alliance, union. *Mariage de deux couleurs, de deux parfums.*

MARIER [maʀje]. *v. tr.* (7) ★ **I.** • 1° Unir (un homme et une femme) en célébrant le mariage. *C'est notre maire qui les a mariés.* • 2° Établir dans l'état de mariage. *Ils marient leur fils.* ★ **II.** SE MARIER. *v. pron.* • 1° *(Récipr.).* S'unir par le mariage (deux personnes). • 2° *(Réfl.).* Contracter mariage. *Il va se marier avec elle* (V. **Épouser**). ★ **III.** Unir. V. **Assortir, combiner.** *Marier des couleurs qui s'harmonisent.* ▼ **MARIÉ, ÉE.** *adj.* et *n.* • 1° Qui est uni, qui sont unis par le mariage. *Homme marié, femme mariée.* — JEUNE MARIÉ(E) : celui, celle qui est marié(e) depuis peu. • 2° *N.* Personne dont on célèbre le mariage. *Robe de mariée.* — Loc. prov. *Se plaindre que la mariée est trop belle*, se plaindre d'une chose dont on devrait se réjouir.

MARIGOT [maʀigo]. *n. m.* • Dans les régions tropicales, Bras mort d'un fleuve.

MARIJUANA [maʀiʒɥana ou maʀixwana]. *n. f.* • Stupéfiant tiré du chanvre indien. *Fumer de la marijuana.*

1. MARIN, INE [maʀɛ̃, in]. *adj.* • 1° De la mer. *Air marin. Sel marin. Animaux marins.* • 2° De la navigation sur la mer. *Carte, lunette marine. Mille marin.* — Loc. *Avoir le pied marin*, garder son équilibre sur un bateau.

2. MARIN. *n. m.* • 1° Celui qui est habile dans l'art de la navigation sur mer. V. **Navigateur.** • 2° Homme dont la profession est de naviguer sur la mer. V. **Matelot.** • 3° Adj. *Costume marin*, costume bleu de petit garçon qui rappelle celui des marins.

1. MARINE [maʀin]. *n. f.* ★ **I.** • 1° Tout ce qui concerne l'art de la navigation sur mer. • 2° Ensemble des navires appartenant à une même nation ou entrant dans une même catégorie. *Marine française, anglaise. Marine à voiles. Marine militaire, marine de guerre. Officiers de marine.* ★ **II.** *Adj. invar.* BLEU MARINE, ou MARINE : bleu foncé semblable au bleu des uniformes de la marine. *Des chaussettes bleu marine, marine.* ★ **III.** Peinture ayant la mer pour sujet.

2. MARINE [maʀin]. *n. m.* • Soldat de l'infanterie de marine américaine ou anglaise.

MARINER [maʀine]. *v.* (1) • 1° *V. tr.* Mettre (des poissons, des viandes) dans la saumure. *Harengs marinés.* • 2° *V. intr.* Tremper. *Cette viande doit mariner plusieurs heures.* V. **Macérer.** — Fam. *(Abstrait)* Rester longtemps dans un lieu ou dans une situation désagréable. ▼ **MARINADE.** *n. f*

Préparation dans laquelle on fait mariner les viandes ; viande marinée.

MARINIER [maʀinje]. *n. m.* • Homme dont la profession est de naviguer sur les fleuves, les rivières, les canaux. V. **Batelier.**

MARINIÈRE [maʀinjɛʀ]. *n. f.* • 1° À LA MARINIÈRE (à la manière des pêcheurs, des marins). *Moules à la marinière ; moules marinière*, préparées dans leur jus, avec des oignons. • 2° Blouse sans ouverture sur le devant et qui descend un peu plus bas que la taille.

MARIOL ou **MARIOLLE** [maʀjɔl]. *adj.* et *n.* • *Pop.* Malin. *C'est un mariolle. Faire le mariolle.*

MARIONNETTE [maʀjɔnɛt]. *n. f.* • 1° Figurine représentant un être humain ou un animal, actionnée à la main par une personne cachée. V. **Guignol.** *Théâtre de marionnettes.* • 2° Personne qu'on manœuvre à son gré, à laquelle on fait faire ce qu'on veut. V. **Pantin.**

MARITAL, ALE, AUX [maʀital, o]. *adj.* • Qui appartient au mari. *Autorisation maritale.*

MARITIME [maʀitim]. *adj.* • 1° Qui est au bord de la mer, subit l'influence de la mer. *Ville maritime. Ports maritimes et ports fluviaux.* • 2° Qui se fait sur mer, par mer. *Navigation maritime.* • 3° Qui concerne la marine, la navigation. V. **Naval.** *Forces maritimes. Droit maritime.*

MARITORNE [maʀitɔʀn(ə)]. *n. f.* • *Vieilli.* Femme laide, malpropre et désagréable. V. **Souillon.**

MARIVAUDER [maʀivode]. *v. intr.* (1) • Tenir, échanger des propos d'une galanterie délicate et recherchée. V. **Badiner.** *Ils marivaudaient à l'écart des invités.* ▼ **MARIVAUDAGE.** *n. m.* Action de marivauder ; propos galants.

MARJOLAINE [maʀʒɔlɛn]. *n. f.* • Plante sauvage utilisée comme aromate. V. **Origan.** *Le thym et la marjolaine.*

MARK [maʀk]. *n. m.* • Unité monétaire allemande.

MARLOU [maʀlu]. *n. m.* • *Pop.* Souteneur.

MARMAILLE [maʀmaj]. *n. f.* • *Péj.* Groupe nombreux de jeunes enfants bruyants.

MARMELADE [maʀməlad]. *n. f.* • 1° Préparation de fruits écrasés et cuits avec du sucre, du sirop. V. **Compote, confiture.** *Marmelade d'oranges.* • 2° EN MARMELADE : réduit en bouillie. V. **Capilotade.** *Le boxeur avait le nez en marmelade.*

MARMITE [maʀmit]. *n. f.* • Récipient muni d'un couvercle et généralement d'anses (ou oreilles), dans lequel on fait bouillir l'eau, cuire des aliments. — *Marmite norvégienne*, récipient à parois et couvercle matelassés, destiné à conserver chaud un récipient placé à l'intérieur. — Loc. *Faire bouillir la marmite*, assurer la subsistance de sa famille.

MARMITON [maʀmitɔ̃]. *n. m.* • Jeune aide-cuisinier.

MARMONNER [maʀmɔne]. *v. tr.* (1) • Dire, murmurer entre ses dents, d'une façon confuse. V. **Bredouiller, marmotter.** *Marmonner des injures.* ▼ **MARMONNEMENT.** *n. m.*

MARMORÉEN, ÉENNE [maʀmɔʀeɛ̃, eɛn]. *adj.* • *Littér.* Qui a l'apparence (blancheur, éclat, froideur) du marbre.

MARMOT [maʀmo]. *n. m.* • 1° *Fam.* Jeune enfant. • 2° Loc. *Croquer le marmot*, attendre.

MARMOTTE [maʀmɔt]. *n. f.* • 1° Mammifère rongeur au corps ramassé, au pelage fourni. *La marmotte s'engourdit par le froid.* — Loc. *Dormir comme une marmotte*, profondément. • 2° Malle formée de deux parties qui s'emboîtent l'une dans l'autre.

MARMOTTER [maʀmɔte]. *v. tr.* (1) • Dire confusément, en parlant entre ses dents. V. **Bredouiller, marmonner.** *Marmotter des prières.* ▼ **MARMOTTEMENT.** *n. m.*

MARNE [maʀn(ə)]. *n. f.* • Mélange naturel d'argile et de calcaire. ▼ **MARNEUX, EUSE.** *adj.* Qui contient de la marne. *Terrain, sol marneux.*

MARNER [maʀne]. *v. tr.* (1) • *Fam.* Travailler dur.

MAROCAIN, AINE [maʀɔkɛ̃, ɛn]. *adj.* • Du Maroc. — Subst. *Les Marocains.*

MARONNER [maʀɔne]. *v. intr.* (1) • *Fam.* Exprimer sa colère, son dépit, en marmonnant. V. **Râler** *(fam.)*, **rouspéter.**

MAROQUIN [maʀɔkɛ̃]. *n. m.* • Peau de chèvre, de mouton, tannée et teinte. *Sac en maroquin.* ▼ **MAROQUINERIE.** *n. f.* Ensemble des industries utilisant les cuirs fins pour la fabrication de certains articles (portefeuilles, porte-monnaie, sacs à main, sous-main, etc.). Commerce de ces articles ; les articles eux-mêmes. ▼ **MAROQUINIER.** n. m. *Acheter un sac chez le maroquinier.*

MAROTTE [maʀɔt]. *n. f.* • Idée fixe, manie. V. **Dada, folie.** *Il a la marotte des mots croisés. Encore une nouvelle marotte !* V. **Caprice.**

MAROUFLER [maʀufle]. *v. tr.* (1) • Appliquer (une toile peinte) sur une surface (mur, toile...) avec de la colle forte appelée *maroufle.* — *Toile marouflée.* ▼ **MAROUFLAGE.** *n. m.* Action de maroufler ; toile de renfort sur laquelle une peinture, un panneau sont marouflés.

MARQUAGE [maʀkaʒ]. *n. m.* • Opération par laquelle on marque (des animaux, des arbres, des marchandises).

MARQUANT, ANTE [maʀkɑ̃, ɑ̃t]. *adj.* • Qui marque, laisse une trace, un souvenir. V. **Mémorable, remarquable.** *Événement marquant.* || Contr. **Insignifiant.** ||

MARQUE [maʀk(ə)]. *n. f.* ★ **I.** • 1° Signe matériel, empreinte mis(e), fait(e) sur une chose pour la distinguer, la reconnaître ou pour servir de repère. *Coudre une marque à son linge. Marques sur des papiers, des dossiers.* • 2° Trait, repère fait sur le sol ou dispositif (pour régler certains mouvements), en sport. *À vos marques !* • 3° Signe attestant un contrôle, le paiement de droits. V. **Cachet, estampille, poinçon.** *Marque de la douane.* • 4° *Marque de fabrique et de commerce*, signe servant à distinguer les produits d'un fabricant, les marchandises d'un commerçant, d'une collectivité. V. **Éti-**

quette, label, poinçon. *Produits de marque*, qui portent une marque connue, appréciée. — L'entreprise qui fabrique des produits de marque ; ces produits. *Les grandes marques d'automobiles.* ★ **II.** Trace naturelle dont l'origine est reconnaissable. V. **Impression, trace.** *Marques de pas, de roues de voiture dans un chemin. Marques de coups sur la peau.* ★ **III.** • 1° Tout ce qui sert à faire reconnaître, retrouver une chose. *Mettre une marque dans un livre pour retrouver un passage.* V. **Signet.** • 2° Insigne, signe. *Les marques de sa fonction, de son grade.* • 3° DE MARQUE : distingué. V. **Qualité** (de). *Hôtes de marque.* ★ **IV.** *(Abstrait).* Caractère, signe particulier qui permet de reconnaître, d'identifier qqch. V. **Critère, indice, symptôme, témoignage.** *Être la marque de qqch.* V. **Révéler.** *Réflexion qui porte la marque du bon sens. Donner des marques d'estime, de franchise.* V. **Preuve.**

MARQUER [maʀke]. *v.* (1) ★ **I.** V. tr. *(Concret).* • 1° Distinguer, rendre reconnaissable (une personne, une chose parmi d'autres) au moyen d'une marque (I), d'un repère. V. **Indiquer, repérer, signaler.** *Marquer un objet d'un signe.* — Au p. p. *Linge marqué.* — (Personnes) *Être marqué*, compromis. • 2° *Fam.* Écrire, noter. *Marquer un numéro de téléphone sur son carnet. Il n'y a rien de marqué sur cet écriteau*, rien d'écrit. • 3° Former, laisser une trace, une marque (II) sur. *Des traces de doigts marquaient les glaces.* • 4° Indiquer, signaler par une marque, un jalon. *Marquer une limite.* V. **Délimiter, jalonner.** *Le ruisseau marque la limite de la propriété.* • 5° Indiquer (instrument). *Montre qui marque les heures.* • 6° *Marquer les points, au cours d'une partie, d'un jeu*, les enregistrer. *Marquer les coups.* — *Loc.* MARQUER LE COUP : souligner, par une réaction, l'importance que l'on attache à qqch., ou encore, manifester que l'on a été atteint, touché, offensé par qqch. *On a fait des allusions sur son compte, mais il n'a pas marqué le coup.* — *Marquer un point*, obtenir un avantage sur ses adversaires. — *Marquer un but* (football), *un essai* (rugby), réussir. • 7° Rendre sensible ou plus sensible ; accentuer, souligner. *Marquer la mesure. Marquer le pas*, piétiner sur place en cadence. ★ **II.** *(Abstrait).* • 1° Faire connaître, extérioriser (un sentiment, une pensée). V. **Exprimer, manifester, montrer.** *Marquer son assentiment, son refus. Marquer de l'intérêt ; un intérêt marqué.* • 2° *(Choses).* Faire connaître, révéler par un signe, un caractère. V. **Annoncer, attester, dénoter, indiquer, révéler, témoigner.** *Ses moindres paroles marquent sa bonté.* — *Différence marquée*, nette. ★ **III.** *V. intr.* • 1° Faire une impression assez forte pour laisser un souvenir durable. *Événements qui marquent.* V. **Dater ; marquant.** • 2° *Fam.* MARQUER MAL : donner une mauvaise impression. • 3° Laisser une trace, une marque. *Ce tampon ne marque plus.* ▼ **MARQUEUR, EUSE.** *n.* • 1° Personne qui appose des marques. *Un marqueur de bétail.* — *N. f.* MARQUEUSE : machine qui imprime la marque sur les produits. • 2° *N. m.* MARQUEUR : celui qui compte les points, les inscrit.

MARQUETERIE [maʀkə(ɛ)tʀi]. *n. f.* • 1° Assemblage décoratif de pièces de bois précieux (ou d'écaille, d'ivoire) appliquées sur un fond de menuiserie. *Coffret en marqueterie.* • 2° Branche de l'ébénisterie relative à ces ouvrages. • 3° Ensemble formé de parties disparates. V. **Mosaïque.** ▼ **MARQUETÉ, ÉE.** *adj.* Orné, décoré de marqueterie. *Plafond marqueté.*

MARQUIS, ISE [maʀki, iz]. *n.* • Noble qui prend rang après le duc et avant le comte. *Monsieur le Marquis. La marquise de Sévigné.* ▼ **MARQUISAT.** *n. m.*

MARQUISE. *n. f.* • Auvent généralement vitré au-dessus d'une porte d'entrée, d'un perron. *Marquises d'une gare*, vitrages qui abritent les quais.

MARRAINE [maʀɛn]. *n. f.* • 1° Celle qui tient (ou a tenu) un enfant au baptême. *Le parrain et la marraine.* • 2° Celle qui préside au baptême d'une cloche, au lancement d'un navire.

MARRANT, ANTE [maʀɑ̃, ɑ̃t]. *adj.* • 1° *Pop.* Amusant, drôle. *Un film marrant. Il n'est pas marrant, ton ami*, il est triste. • 2° *Pop.* Bizarre.

MARRE [maʀ]. *adv.* • Fam. *En avoir marre*, en avoir assez, être dégoûté. *J'en ai marre de ses histoires.* — Impers. *(Il) y en a marre*, en voilà assez.

MARRER (SE) [maʀe]. *v. pron.* (1) • *Pop.* S'amuser, rire. *On s'est bien marré.*

MARRI, IE [maʀi]. *adj.* • *Vx* ou *littér.* Triste, fâché.

1. MARRON [maʀɔ̃]. *n. m.* • 1° Fruit comestible (cuit) du châtaignier cultivé. V. **Châtaigne.** *Dinde aux marrons.* — *Marrons glacés*, châtaignes confites dans du sucre. — Loc. *Tirer les marrons du feu*, se donner de la peine pour le seul profit d'autrui. • 2° *Marron d'Inde* ou *marron*, graine non comestible du marronnier d'Inde. ▼ **MARRONNIER.** *n. m.* • 1° Nom d'une variété de châtaignier cultivé. • 2° Grand arbre d'ornement à fleurs blanches ou rouges disposées en pyramides, dont la graine est appelée *marron d'Inde.*

2. MARRON. *n. m.* • *Pop.* Coup de poing.

3. MARRON. *adj. invar.* • D'une couleur brune et foncée. *Des robes marron.* — Subst. *Porter du marron.*

4. MARRON [maʀɔ̃]. *adj. m.* • 1° *Esclave marron*, se disait des esclaves qui s'étaient enfuis pour vivre en liberté. • 2° Qui se livre à l'exercice illégal d'une profession ou à des pratiques illicites. V. **Clandestin.** *Médecin marron.* • 3° Pop. *Être marron*, pris, attrapé, trompé.

MARS [maʀs]. *n. m.* • Troisième mois de l'année dans le calendrier actuel. *Les giboulées de mars.*

MARSEILLAIS, AISE [maʀsɛjɛ, ɛz]. *adj.* et *n. f.* • 1° *Adj.* De Marseille. *Histoires marseillaises*, histoires comiques. — Subst. *Les Marseillais.* • 2° *La Marseillaise*, hymne national français.

MARSOUIN [marswɛ̃]. *n. m.* • Mammifère cétacé des mers froides et tempérées, plus petit que le dauphin.

MARSUPIAUX [marsypjo]. *n. m. pl.* • 1° Ordre de mammifères vivipares, dont le développement embryonnaire s'achève dans la cavité ventrale de la mère, qui renferme les mamelles (le sing. correct est MARSUPIAL [rare]). V. **Kangourou.** • 2° *Fam.* (Personnes). *Tas de marsupiaux !* V. **Zigoto.**

MARTE. V. MARTRE.

1. **MARTEAU** [marto]. *n. m.* • 1° Outil pour frapper, composé d'une masse métallique fixée à un manche. *Enfoncer un clou avec un marteau.* • 2° *(Dans des noms composés).* Machine-outil agissant par percussion. MARTEAU PNEUMATIQUE : dans lequel un piston fonctionnant à l'air comprimé frappe avec force sur un outil. MARTEAU PIQUEUR *du mineur.* V. **Perforatrice.** *Des marteaux piqueurs.* — MARTEAU-PILON : masse pesante agissant verticalement. *Des marteaux-pilons.* • 3° *Marteau de commissaire-priseur,* petit maillet pour adjuger en frappant. • 4° Pièce de bois, dont l'extrémité supérieure feutrée frappe une corde de piano quand on abaisse la touche correspondante du clavier. — Pièce d'horlogerie qui frappe les heures sur un timbre. • 5° Heurtoir fixé au vantail d'une porte. • 6° *Appos.* REQUIN MARTEAU : dont la tête présente deux prolongements latéraux symétriques portant les yeux. • 7° Un des quatre osselets de l'oreille moyenne. • 8° Sphère métallique, reliée par un fil d'acier à une poignée en forme de boucle, et que les athlètes lancent en pivotant sur eux-mêmes.

2. **MARTEAU.** *adj.* • Fam. *Être marteau,* fou, cinglé.

MARTEL [martɛl]. *n. m.* • (Ancienne forme de marteau). SE METTRE MARTEL EN TÊTE : se faire du souci.

MARTELER [martəle]. *v. tr.* (5) • 1° Battre, frapper à coups de marteau. *Marteler un métal sur l'enclume. — Cuivre martelé,* travaillé au marteau. • 2° Frapper fort et à coups répétés sur. *Il martelait la table à coups de poing. — Cette idée lui martèle la cervelle.* • 3° Prononcer en articulant avec force, en détachant les syllabes. *Marteler ses mots.* ▼ **MARTELAGE.** *n. m.* Opération par laquelle on martèle (1°). ▼ **MARTÈLEMENT, MARTELLEMENT.** *n. m.* • 1° Bruit, choc du marteau. • 2° Action de marteler (2°).

MARTIAL, AUX [marsjal, o]. *adj.* • 1° Relatif à la guerre, à la force armée. *Loi martiale,* autorisant le recours à la force armée. — *Cour martiale,* tribunal militaire exceptionnel. • 2° *(Souvent iron.).* Qui dénote ou rappelle les habitudes militaires. *Allure, voix martiale.*

MARTIEN, IENNE [marsjɛ̃, jɛn]. *adj.* et *n.* • 1° De la planète Mars. *L'observation martienne.* • 2° *N.* Habitant supposé de la planète Mars.

1. **MARTINET** [martinɛ]. *n. m.* • Oiseau passereau, à longues ailes, qui ressemble à l'hirondelle.

2. **MARTINET.** *n. m.* • Petit fouet à plusieurs lanières avec lequel on corrigeait les enfants.

1. **MARTINGALE** [martɛ̃gal]. *n. f.* • Bande de tissu, de cuir, etc., placée horizontalement dans le dos d'un vêtement, à hauteur de la taille. *Veste à martingale.*

2. **MARTINGALE.** *n. f.* • Combinaison basée sur le calcul des probabilités au jeu. *Inventer, suivre une martingale.*

MARTIN-PÊCHEUR [martɛ̃pɛʃœr]. *n. m.* • Petit oiseau à long bec, à plumage bleu et roux, qui se nourrit de poissons.

MARTRE [martr(ə)] ou **MARTE** [mart(ə)]. *n. f.* • Mammifère carnivore au corps allongé, au museau pointu, au pelage brun. Sa fourrure.

MARTYR, YRE [martir]. *n.* • 1° Personne qui a souffert pour avoir refusé d'abjurer sa foi, sa religion. — Loc. *Prendre, se donner des airs de martyr, jouer les martyrs,* affecter une grande souffrance. • 2° Personne qui meurt, qui souffre pour une cause. *Martyr d'un idéal, de la liberté.* ▼ **MARTYRE.** *n. m.* • 1° La mort, les tourments qu'un martyr endure pour sa religion, pour une cause. • 2° Peine cruelle, grande souffrance (physique ou morale). V. **Calvaire, supplice, torture.** *Sa maladie fut un martyre, lui fit souffrir le martyre.* ▼ **MARTYRISER.** *v. tr.* (1). Faire souffrir beaucoup, physiquement ou moralement. V. **Torturer, tourmenter.**

MARXISME [marksism(ə)]. *n. m.* • Doctrine philosophique (matérialisme dialectique), sociale (matérialisme historique) et économique élaborée par Karl Marx, Friedrich Engels et leurs continuateurs. V. **Communisme, socialisme.** *Marxisme-léninisme.* ▼ **MARXISTE.** *adj.* et *n.* Relatif au marxisme.

MAS [ma(s)]. *n. m.* • En Provence, Ferme ou maison de campagne de style traditionnel.

MASCARADE [maskarad]. *n. f.* • 1° Divertissement où les participants sont déguisés et masqués. — Ensemble de personnes déguisées. • 2° Déguisement, accoutrement ridicule ou bizarre. • 3° Actions, manifestations hypocrites (V. **Hypocrisie**) ; mise en scène trompeuse. *Ce procès n'est qu'une mascarade.*

MASCARET [maskarɛ]. *n. m.* • Longue vague déferlante produite dans certains estuaires par la rencontre du flux et du reflux. *Le mascaret de la Seine.* V. **Barre.**

MASCARON [maskarɔ̃]. *n. m.* • Figure, masque fantastique décorant les clefs d'arcs, les chapiteaux, etc.

MASCOTTE [maskɔt]. *n. f.* • Animal, personne ou objet considérés comme portant bonheur.

MASCULIN, INE [maskylɛ̃, in]. *adj.* ★ **I.** • 1° Qui a les caractères de l'homme (mâle), tient de l'homme. *Goûts masculins.* V. **Viril.** || Contr. **Féminin.** || • 2° Qui a rapport à l'homme. *Métier masculin.* • 3° Qui est composé d'hommes. *Population masculine.* ★ **II.** • 1° Qui s'applique aux êtres mâles, mais le plus souvent (en français) à des êtres et à des choses sans rapport avec l'un ou l'autre sexe. *Genre masculin. Substantif masculin.* — Subst. *Le masculin,* le genre masculin. • 2° *Rime masculine*, qui ne se termine pas par un *e* muet.

MASOCHISME [mazɔʃism(ə)]. *n. m.* • Comportement d'une personne qui trouve du plaisir à souffrir, qui recherche la douleur et l'humiliation (*opposé à* sadisme). ▼ **MASOCHISTE.** *adj.* et *n.*

MASQUE [mask(ə)]. *n. m.* ★ **I.** • 1° Objet dont on couvre le visage humain pour transformer son aspect naturel. *Masques nègres*, masques portés par les Noirs dans leurs danses et cérémonies. *Masques de carnaval.* — V. **Loup.** • 2° Dehors trompeur. V. **Apparence, extérieur.** *Sa douceur n'est qu'un masque. — Lever, jeter le masque*, se montrer tel qu'on est. • 3° Aspect, modelé du visage. V. **Physionomie.** *Avoir un masque impénétrable.* V. **Air, expression.** ★ **II.** • 1° Empreinte prise sur le visage d'une personne, *spécialt.* d'un mort. • 2° Appareil protecteur du visage. *Masque d'escrime.* • 3° MASQUE À GAZ (ou mieux ANTIGAZ) : appareil protégeant des fumées et gaz asphyxiants les voies respiratoires et le visage. • 4° Dispositif placé sur le visage d'une personne pour lui faire respirer des vapeurs anesthésiques. *On l'a endormi au masque.* • 5° Couche de crème, etc., appliquée sur le visage pour resserrer, tonifier, adoucir l'épiderme. ★ **III.** Abri, masse de terre ou obstacle naturel formant écran. *Installer une pièce de mortier derrière un masque.* ▼ **MASQUÉ, ÉE.** *adj.* • 1° Couvert d'un masque. *Visage masqué. Être attaqué par des bandits masqués.* • 2° *Bal masqué*, où l'on porte des masques. • 3° *(Actions).* Caché, dissimulé. ▼ **MASQUER.** *v. tr.* (1) • 1° Déguiser sous une fausse apparence. V. **Dissimuler.** *Masquer la vérité.* || Contr. **Montrer.** || • 2° Cacher à la vue. *Cette maison masque le paysage.* • 3° Dissimuler (un goût, une odeur) par un goût, une odeur de nature différente.

MASSACRE [masakʀ(ə)]. *n. m.* • 1° Action de massacrer ; résultat de cette action. V. **Carnage, hécatombe, tuerie.** *Massacre d'un peuple, d'une minorité ethnique.* V. **Extermination ; génocide.** — *Envoyer des soldats au massacre* les exposer à une mort certaine. — JEU DE MASSACRE : qui consiste à abattre des poupées à bascule, en lançant des balles de son. • 2° Combat dans lequel celui qui a le dessus met à mal son adversaire. *Ce match de boxe a tourné au massacre.* • 3° Le fait d'endommager par brutalité ou maladresse ; travail très mal exécuté. — Exécution ou interprétation artistique exécrable, qui défigure une œuvre.

MASSACRER [masakʀe]. *v. tr.* (1) • 1° Tuer avec sauvagerie et en masse (des êtres qui ne peuvent pas se défendre). V. **Détruire, exterminer.** *Massacrer des prisonniers.* • 2° Mettre à mal (un adversaire en état d'infériorité). • 3° SE MASSACRER. *v. pron.* Se tuer les uns les autres ou l'un l'autre en un combat sanglant. • 4° *Fam.* Mettre (une chose) en très mauvais état. V. **Abîmer, saccager.** — Endommager involontairement par un travail maladroit et brutal. V. **Bousiller** *(pop.)*, **gâter.** *Massacrer un texte en le disant, en le traduisant.* ▼ **MASSACRANT, ANTE.** *adj.* Loc. *Humeur massacrante*, très mauvaise. ▼ **MASSACREUR, EUSE.** *n.* • 1° Personne qui massacre. V. **Assassin, tueur.** *Les massacreurs de la Saint-Barthélemy.* • 2° Personne qui, par maladresse, gâte qqch., exécute mal un travail. *Ce pianiste est un massacreur.*

MASSAGE. *n. m.* • Action de masser (2).

1. MASSE [mas]. *n. f.* ★ **I.** • 1° *Une masse*, quantité relativement grande de substance solide ou pâteuse, qui n'a pas de forme définie, ou dont on ne considère pas la forme. *Masse de pâte, de chair.* — Loc. *Tomber, s'affaisser, s'écrouler comme une masse*, pesamment. — Quantité relativement grande d'une matière fluide. *Masse d'air froid.* • 2° *La masse de qqch.*, la masse qu'elle constitue. *La masse d'un édifice.* — Absolt. *Pris, taillé dans la masse*, dans un seul bloc de matière. • 3° *Masse de* (et plur.), réunion de nombreux éléments distincts. V. **Amas.** *Une masse de cailloux.* V. **Tas.** — *Réunir une masse de documents*, une grande quantité. *La grande masse des...*, la majorité. Fam. *Il n'y en a pas des masses*, pas beaucoup. • 4° *Au plur.* Principaux éléments d'une œuvre picturale, architecturale. *Répartition des masses dans un tableau.* ★ **II.** • 1° Multitude de personnes constituant un ensemble. *Civilisation de masse, culture de masse. Les masse laborieuses.* — LES MASSES : les couche populaires. V. **Peuple.** • 2° *La masse*, la majorité opposée aux individus qui fon exception. *Ce spectacle plaît à la masse* (au grand public). ★ **III.** *Loc. adv.* EN MASSE • 1° Tous ensemble en un groupe nombreux V. **Bloc** (en), **foule** (en). *Ils sont arrivés e masse.* • 2° *(Fam.).* En grande quantité ★ **IV.** (En t. de sciences). • 1° Quantité d matière d'un corps ; rapport constant qu existe entre les forces qui sont appliquée à un corps et les accélérations correspondante *Le poids est proportionnel à la masse. Mass spécifique d'une substance*, masse de l'unit de volume. V. **Densité.** — *Masses atomique moléculaires.* • 2° Conducteur électriqu commun auquel sont reliés les points d même potentiel d'un circuit.

2. MASSE. *n. f.* • 1° Gros maillet utilis pour enfoncer, frapper. *Masse de sculpteu de mineur.* — *Masse d'armes*, ancienne arm formée d'un manche et d'une tête de méta V. **Casse-tête, massue.** • 2° *Fam.* COUP D MASSE : choc violent, accablant ; prix exce sif. *N'allez pas dans ce restaurant, c'est coup de masse !* (Cf. Coup de barre, de fusi ▼ **MASSETTE.** *n. f.* Gros marteau, massu

MASSEPAIN [maspɛ̃]. *n. m.* • Pâtisser faite d'amandes pilées, de sucre et de blan d'œufs.

1. MASSER [mase]. *v. tr.* (1) • Dispose rassembler en une masse, en masses. **Amasser, assembler.** *Masser des hommes s une place.* V. **Réunir.** — Pronom. *La fou s'était massée pour protester.*

2. MASSER. *v. tr.* (1) • Frotter, presse pétrir avec les mains ou à l'aide d'appare spéciaux, dans une intention thérapeutique hygiénique. *Masser qqn ; se faire masser.* **Massage.** ▼ **MASSEUR, EUSE.** *n.* • Personne qui pratique professionnelleme le massage. *Masseur d'un sportif.* V. **Soigneur.** *Masseur qui pratique la kinésithérapie.* V. **Kinésithérapeute.** • 2° Instrument, appareil servant à masser. *Masseur à rouleau* (vibromasseur).

MASSICOT [masiko]. *n. m.* • Machine à rogner le papier. ▼ **MASSICOTER.** *v. tr.* (1). Rogner (le papier) au massicot.

1. MASSIF, IVE [masif, iv]. *adj.* • 1° Dont la masse occupe tout le volume apparent ; qui n'est pas creux (V. **Plein**). *Bijou d'or massif. Porte en chêne massif.* || Contr. **Plaqué.** || • 2° Qui présente l'apparence d'une masse épaisse ou compacte. V. **Épais, gros, lourd, pesant.** *Colonne massive. Un homme massif.* V. **Trapu.** || Contr. **Élancé.** || • 3° Qui est fait, donné, se produit en masse. *Dose massive.* ▼ **MASSIVEMENT.** *adv.*

2. MASSIF. *n. m.* • 1° Ouvrage de maçonnerie formant une masse pleine. • 2° Groupe compact (d'arbres, d'arbrisseaux, de fleurs). *Massif de roses.* • 3° Ensemble montagneux de forme massive (*opposé à* chaîne). *Le Massif central.*

MASSUE [masy]. *n. f.* • 1° Bâton à grosse tête noueuse, servant d'arme. V. **Casse-tête, masse.** • 2° Appos. *Des arguments massue,* qui font sur l'interlocuteur l'effet d'un coup de massue, le laissent sans réplique.

1. MASTIC [mastik]. *n. m.* • 1° Mélange pâteux et adhésif durcissant à l'air. *Mastic pour fixer les vitres aux fenêtres.* • 2° *Adj.* D'une couleur gris-beige clair.

2. MASTIC. *n. m.* • Erreur d'impression qui consiste à intervertir deux paquets de composition, ou à mélanger les caractères.

MASTICAGE. *n. m.* • Action de mastiquer (2).

MASTICATION [mastikasjɔ̃]. *n. f.* • Action de mâcher, de mastiquer (1). ▼ **MASTICATEUR, TRICE.** *adj.* Qui sert à mâcher. *Appareil masticateur.* ▼ **MASTICATOIRE.** *n. m.* et *adj.* • 1° Substance, médicament qu'on mâche longuement. • 2° *Adj.* Masticateur.

1. MASTIQUER [mastike]. *v. tr.* (1) • Broyer, triturer longuement avec les dents un aliment, avant de l'avaler, ou une substance non comestible qu'on rejette). V. **Mâcher ; mastication.** — Absolt. *Mastiquez bien en mangeant !*

2. MASTIQUER. *v. tr.* (1) • Joindre ou boucher avec du mastic. V. **Masticage.**

MASTOC [mastɔk]. *adj. invar.* • Massif sans grâce. *Des formes mastoc.*

MASTODONTE [mastɔdɔ̃t]. *n. m.* • 1° Énorme animal fossile proche de l'éléphant. • 2° Personne d'une énorme corpulence. • 3° Machine, véhicule gigantesque.

MASTOÏDITE [mastɔidit]. *n. f.* • Inflammation de l'os temporal, en arrière et au-dessous de l'oreille.

MASTROQUET [mastʀɔkɛ]. *n. m.* • *Fam.* 1° Cafetier. • 2° Café, débit de boissons. V. **Troquet.**

MASTURBATION [mastyʀbasjɔ̃]. *n. f.* • Pratique qui consiste à provoquer sur soi-même le plaisir sexuel. ▼ **MASTURBER (SE).** *v. pron.* (1). Se livrer à la masturbation.

M'AS-TU-VU [matyvy]. *n. invar.* • Personne vaniteuse. *De jeunes m'as-tu-vu.* — Adj. *Ce qu'il est m'as-tu-vu !*

MASURE [mɑzyʀ]. *n. f.* • Petite habitation misérable, maison vétuste et délabrée. V. **Baraque, cabane.**

1. MAT [mat]. *adj. invar.* et *n. m.* • Se dit, aux échecs, du roi qui est mis en échec et ne peut plus quitter sa place sans être pris. *Le roi est mat. Échec et mat !*

2. MAT, MATE [mat]. *adj.* • 1° Qui n'est pas brillant ou poli. *Côté mat et côté brillant d'un tissu.* • 2° *Teint mat,* assez foncé et peu coloré. || Contr. **Clair.** || • 3° Qui a peu de résonance. V. **Sourd.** *Bruit, son mat.* || Contr. **Sonore.** ||

MÂT [mɑ]. *n. m.* • 1° Long poteau dressé dans un navire au-dessus du pont pour porter, à bord des voiliers, les vergues et leur gréement, et, à bord des bâtiments modernes, les installations radioélectriques, etc. *Les trois mâts d'une caravelle.* • 2° Long poteau de bois. Longue perche lisse. *Grimper au mât.*

MATADOR [matadɔʀ]. *n. m.* • Torero chargé de la mise à mort du taureau.

MATAF [mataf]. *n. m.* • *Arg. mar.* Matelot.

MATAMORE [matamɔʀ]. *n. m.* • Faux brave, vantard. V. **Fanfaron.** *Faire le matamore.*

MATCH [matʃ]. *n. m.* • Compétition entre deux ou plusieurs concurrents, deux ou plusieurs équipes (plur. *Matchs* ou *Matches*). *Match de boxe.* V. **Combat, rencontre.** *Disputer un match.*

MATÉ [mate]. *n. m.* • Variété de houx dont les feuilles torréfiées et pulvérisées fournissent en infusion une boisson stimulante. Cette boisson.

MATELAS [matla]. *n. m.* • 1° Pièce de literie, long et large coussin rembourré qu'on étend d'ordinaire sur le sommier d'un lit. *Retourner son matelas.* — *Matelas pneumatique ; de camping,* enveloppe qu'on gonfle d'air. • 2° Fam. *Un matelas de billets de banque,* une grosse liasse. ▼ **MATELASSER.** *v. tr.* (1) • 1° Rembourrer à la manière d'un matelas. *Matelasser un fauteuil.* • 2° Doubler de tissu ouaté. *Manteau matelassé.* ▼ **MATELASSIER, IÈRE.** *n.* Personne dont le métier est de confectionner ou de réparer les matelas.

MATELOT [matlo]. *n. m.* • Homme d'équipage d'un navire. V. **Marin** (*arg.* Mataf). *Apprenti matelot.* V. **Mousse.**

MATELOTE [matlɔt]. *n. f.* • Mets composé de poissons coupés en morceaux et accommodés avec du vin rouge et des oignons. *Matelote d'anguille.*

MATER [mate]. *v. tr.* (1) • 1° Rendre définitivement docile (un être, une collectivité). V. **Dompter, dresser.** • 2° Réprimer ; abattre (qqch.). *Mater une révolte. Mater ses passions,* les maîtriser.

MATÉRIALISER [mateʀjalize]. *v. tr.* (1) • 1° Représenter (une idée, une action abstraite) sous forme matérielle. *Gargouilles d'une cathédrale matérialisant les vices.* V. **Symboliser.** *L'art matérialise les idées.* V. **Concrétiser.** • 2° *Pronom.* SE MATÉRIALISER : devenir sensible, réel, matériel. *Si nos projets se matérialisent.* ▼ **MATÉRIALI-**

SATION. *n. f.* • 1° Action de matérialiser, de se matérialiser ; son résultat. *Matérialisation d'une idée.* • 2° *Matérialisation de l'énergie, d'un rayonnement*, sa transformation en particules pondérables. • 3° Phénomène par lequel les médiums rendraient visibles et tangibles les esprits qu'ils évoquent.

MATÉRIALISME [mateʀjalism(ə)]. *n. m.* ★ **I.** *Philo.* • 1° Doctrine d'après laquelle il n'existe d'autre substance que la matière. || Contr. **Idéalisme, spiritualisme.** || • 2° *Matérialisme historique, matérialisme dialectique*, le marxisme. ★ **II.** État d'esprit caractérisé par la recherche des jouissances et des biens matériels. ▼ **MATÉRIALISTE.** *n.* et *adj.* • 1° Personne qui adopte ou professe le matérialisme. — Adj. *Philosophie matérialiste.* • 2° Personne qui recherche des jouissances et des biens matériels. *Vivre en matérialiste.* — Adj. *Esprit matérialiste.*

MATÉRIALITÉ. *n. f.* • Caractère matériel (1, 2°) et vérifiable (surtout en droit). *La matérialité du fait.*

MATÉRIAU [mateʀjo]. *n. m.* • Toute matière servant à construire. *La brique, matériau artificiel.*

MATÉRIAUX [mateʀjo]. *n. m. pl.* • 1° Les diverses matières nécessaires à la construction (d'un bâtiment, d'un ouvrage, d'un navire, d'une machine). *Matériaux de construction.* • 2° Éléments constitutifs d'un tout, d'une œuvre. *Rassembler des matériaux.* V. **Document.**

1. MATÉRIEL, ELLE [mateʀjɛl]. *adj.* • 1° Qui est de la nature de la matière, constitué par de la matière. *Substance matérielle.* || Contr. **Spirituel.** || *Le monde, l'univers matériel.* V. **Physique.** • 2° Concret. *Impossibilités matérielles. Le fait est matériel.* V. **Matérialité.** — *Temps matériel*, nécessaire pour l'accomplissement d'une action. *Je n'ai pas le temps matériel d'y aller.* • 3° Qui concerne les aspects extérieurs, visibles ou concrets des êtres ou des choses. *Organisation matérielle d'un spectacle.* • 4° Qui est constitué par des biens tangibles (*spécialt.* de l'argent), ou lié à leur possession. *Avantages, biens matériels.* V. **Concret.** || Contr. **Moral.** || *Gêne, difficultés matérielles*, financières. • 5° Qui est attaché exclusivement aux biens terrestres, aux réalités positives. *Une personne trop matérielle.* V. **Positif, prosaïque.** ▼ **MATÉRIELLEMENT.** *adv.* • 1° Dans le domaine de la matière. • 2° En ce qui concerne les biens matériels, l'argent. *Les gens favorisés matériellement.* • 3° En fait, effectivement. V. **Positivement, pratiquement.** *C'est matériellement impossible.*

2. MATÉRIEL. *n. m.* • 1° Ensemble des objets, instruments, machines utilisés dans un service, une exploitation (*opposé à* personnel). V. **Équipement, outillage.** *Matériel d'exploitation. Matériel roulant*, locomotives, machines, wagons. *Matériel de guerre.* V. **Arme, guerre.** • 2° Ensemble des objets nécessaires à un exercice (sport, etc.). *Matériel de camping, de pêche.*

MATERNEL, ELLE [matɛʀnɛl]. *adj.* et *n. f.* • 1° Qui appartient à la mère. *Le lait maternel. Amour, instinct maternel.* — De la mère. *Il craignait les réprimandes maternelles.* • 2° Qui a le comportement, joue le rôle d'une mère. *Une femme maternelle avec son mari.* — (ÉCOLE) MATERNELLE *(n. f.)* : établissement d'enseignement primaire à personnel féminin, pour les enfants âgés de deux à six ans. V. **Jardin** (d'enfants). • 3° Qui a rapport à la mère, quant à la filiation. *Un oncle du côté maternel.* • 4° *Langue maternelle*, la première langue qu'a apprise un enfant. ▼ **MATERNELLEMENT.** *adv.* Comme une mère.

MATERNITÉ [matɛʀnite]. *n. f.* ★ **I.** • 1° État, qualité de mère. *Les joies et les peines de la maternité.* • 2° Le fait de porter et de mettre au monde un enfant. *Femme fatiguée par des maternités trop rapprochées.* V. **Accouchement, grossesse.** ★ **II.** Établissement ou service hospitalier réservé aux femmes en couches.

MATHÉMATIQUE [matematik]. *adj.* et *n. f.* ★ **I.** *Adj.* • 1° Relatif aux mathématiques, à la mathématique (II) ; qui utilise les mathématiques. *Raisonnement mathématique.* • 2° Qui présente les caractères de la pensée mathématique. V. **Précis, rigoureux.** *Une précision mathématique.* — *Fam.* Absolument certain, nécessaire. *Il doit réussir, c'est mathématique.* V. **Automatique, logique.** ★ **II.** *N. f.* • 1° *Sing.* ou *plur.* LA MATHÉMATIQU[E] *(didact.)* ou LES MATHÉMATIQUES : ensembl[e] des sciences qui ont pour objet la quantit[é] et l'ordre (V. **Algèbre, analyse, arithmétique, calcul** [différentiel, intégral...], **géométrie, mécanique,** etc.). • 2° Classe spécialisée dan[s] l'enseignement des mathématiques. *Mathématiques élémentaires* (fam. *Math élé[m]* [matelɛm]). *Mathématiques supérieures*, class[e] de préparation aux grandes écoles scienti[fi]fiques (*fam.* Taupe). — *Mathématiques modernes*, théorie des ensembles. ▼ **MAT[H]** ou **MATHS** [mat]. n. f. pl. *Fam.* Mathématiques. ▼ **MATHÉMATICIEN, IENNE.** [...] Personne qui fait des mathématiques (spécialiste, chercheur). ▼ **MATHÉMATIQU[E]MENT.** *adv.* • 1° Selon les méthodes d[es] mathématiques. • 2° Exactement, rigoureusement. *C'est mathématiquement exact.* || Cont[r.] **Approximativement.** || ▼ **MATHEUX, EUS[E]** n. *Fam.* Étudiant, étudiante en maths.

MATIÈRE [matjɛʀ]. *n. f.* ★ **I.** • 1° Substan[ce] qui constitue les corps, est objet d'intuitio[n] dans l'espace et possède une masse méc[a]nique. *Les trois états de la matière*, solid[e], liquide, gazeux. • 2° *Une, des matière(s)* substance connaissable par les sens, qu'e[lle] prenne ou non une forme détermin[ée]. *Matières organiques et inorganiques. Matiè[re] précieuse.* • 3° (Dans le corps humai[n]) *Matières fécales*, et ellipt. *Matières.* V. **Excr[é]ment.** — MATIÈRE GRISE (du cerveau) ; *fa[m.]* L'intelligence, la réflexion. • 4° MATIÈ[RE] PREMIÈRE : produit ou substance non enco[re] transformé(e) par le travail, par la machi[ne]. • 5° MATIÈRES GRASSES : substances alime[n]taires (beurre, crème, huile, margari[ne]) contenant des corps gras. V. **Graisse.** ★ [...] *(Abstrait).* Ce qui constitue l'objet, le po[int] de départ ou d'application de la pensée. • Contenu, sujet d'un ouvrage. *Anecdote,* [...]

réel qui fournit la matière d'un livre. Entrée en matière d'un discours, commencement. • 2° Ce qui est objet d'études scolaires, d'enseignement. V. **Discipline.** *Il est bon dans toutes les matières.* • 3° (Après EN, SUR). Ce sur quoi s'exerce ou peut s'exercer l'activité humaine. V. **Sujet ; point, question.** *Je suis incompétent en la matière, sur cette matière.* V. **Article, chapitre.** — EN MATIÈRE (suivi d'un adj.). *En matière poétique*, en ce qui concerne la poésie. — *Loc. prép.* EN MATIÈRE DE : dans le domaine, sous le rapport de (tel objet). *En matière d'art.* • 4° *Avoir, donner* MATIÈRE À... : motif, raison. *Sa conduite donne matière à (la) critique.*

MATIN [matɛ̃]. *n. m.* • 1° Début du jour. V. **Aube, aurore, lever, point** (du jour). *Rosée du matin. L'étoile du matin*, Vénus. *Le petit matin*, moment où se lève le jour. — *De bon, de grand matin*, très tôt. — *Du matin au soir*, toute la journée, continuellement. — Adv. *Se lever matin*, tôt. • 2° La première partie de la journée qui se termine à midi. V. **Matinée.** *Le docteur reçoit le matin. Ce matin*, aujourd'hui, avant midi. *Hier matin. — Tous les dimanches matin.* • 3° (Dans le décompte des heures). L'espace de temps qui va de minuit à midi, divisé en douze heures. *Une heure du matin.* ▼ **MATINAL, ALE, AUX.** *adj.* • 1° Du matin. *Gymnastique matinale.* • 2° Qui s'éveille, se lève tôt. *Vous êtes bien matinal aujourd'hui !*

1. MÂTIN [mɑtɛ̃]. *n. m.* • Grand et gros chien de garde ou de chasse.

2. MÂTIN, INE. *n.* • *Fam.* et *vx.* Personne malicieuse, turbulente. V. **Coquin.** *Ah ! la mâtine !*

MATINÉE [matine]. *n. f.* • 1° La partie de la journée qui va du lever du soleil à midi, considérée dans sa durée. *Début, fin de matinée.* — Loc. *Faire la grasse matinée*, se lever tard, paresser au lit. • 2° Réunion, spectacle qui a lieu avant le dîner, l'après-midi. *Matinée musicale.*

MÂTINER [mɑtine]. *v. tr.* (1) • 1° Couvrir (une chienne de race) en parlant d'un chien de race différente (généralement croisée ou commune). — *Chien mâtiné*, de race mêlée. 2° MÂTINÉ DE : mêlé de. *Un français mâtiné d'anglicismes.*

MATINES [matin]. *n. f. pl.* • Office nocturne. *Les matines se chantent entre minuit et le lever du jour.*

MATOIS, OISE [matwa, waz]. *adj.* • *Littér.* Qui a de la ruse sous des dehors de bonhomie. V. **Finaud.** *Un vieux paysan matois.*

MATOU [matu]. *n. m.* • Chat domestique mâle et entier. *Un gros matou.*

MATRAQUE [matʀak]. *n. f.* • Arme contondante assez courte. V. **Casse-tête.**

MATRAQUER. *v. tr.* (1) • 1° Frapper à coups de matraque. • 2° Donner le « coup de masse » ; présenter une addition excessive, etc. ▼ **MATRAQUAGE.** *n. m.* ▼ **MATRAQUEUR.** *n. m.* Celui qui matraque.

MATRIARCAT [matʀijaʀka]. *n. m.* • *Didact.* Régime juridique ou social où la mère est le chef de la famille. ▼ **MATRIARCAL, ALE, AUX.** adj. *Didact.* Relatif au matriarcat. *Société matriarcale.*

1. MATRICE [matʀis]. *n. f.* • *Vx.* Utérus.

2. MATRICE. *n. f.* ★ **I.** Moule qui, après avoir reçu une empreinte particulière en creux et en relief, permet de la reproduire. *La matrice d'un disque, d'une médaille.* ★ **II.** En mathématiques, Tableau rectangulaire de nombres, sur lesquels on définit certaines opérations. ▼ **MATRICIEL, IELLE.** *adj.* Où interviennent les matrices (II). *Calcul matriciel.*

MATRICULE [matʀikyl]. *n.* • 1° *N. f.* Registre, liste où sont inscrits des noms avec un numéro. *Inscription sur la matricule.* V. **Immatriculation.** — Adj. *Livret matricule d'un soldat.* • 2° *N. m.* Numéro d'inscription sur un registre matricule. *Effets d'un soldat marqués à son matricule.* — Pop. *Ça devient mauvais pour son matricule*, sa situation devient fâcheuse.

MATRIMONIAL, ALE, AUX [matʀimɔnjal, o]. *adj.* • Qui a rapport au mariage. *Lien matrimonial.* V. **Conjugal.** *Agence matrimoniale*, qui met en rapport des personnes désirant contracter mariage.

MATRONE [matʀɔn]. *n. f.* • Mère de famille d'âge mûr, de caractère grave et d'allure imposante. — Femme d'un certain âge, corpulente et vulgaire.

MATURATION [matyʀasjɔ̃]. *n. f.* • Le fait de mûrir. *Hâter la maturation des fruits.*

MÂTURE [mɑtyʀ]. *n. f.* • Ensemble des mâts d'un navire (V. **Gréement**).

MATURITÉ [matyʀite]. *n. f.* • 1° État d'un fruit mûr. — État de ce qui est mûr. • 2° État de ce qui a atteint son plein développement. *Idée qui vient à maturité. Maturité d'esprit.* • 3° L'âge mûr, celui qui suit immédiatement la jeunesse. *Il est en pleine maturité.* V. **Force** (de l'âge). • 4° Sûreté de jugement. *Manquer de maturité.* V. **Circonspection, sagesse.** *Maturité précoce.*

MAUDIRE [modiʀ]. *v. tr.* (2). [Sauf infinitif et p. p. *Maudit, ite.*] • 1° Vouer au malheur; appeler sur (qqn) la malédiction, la colère divine. *Maudire un ennemi, la guerre.* V. **Abominer, exécrer.** • 2° Vouer à la damnation éternelle. V. **Condamner.**

MAUDIT, ITE [modi, it]. *adj.* • 1° Qui est rejeté par Dieu ou condamné, repoussé par la société. V. **Réprouvé.** *Les poètes maudits.* — Subst. *Les maudits*, ceux qui sont damnés ou condamnés. • 2° *(Avant le nom).* Dont on a sujet de se plaindre. V. **Détestable, exécrable**; et *fam.* **Damné, fichu, sacré.** *Cette maudite histoire le tracasse beaucoup.*

MAUGRÉER [mogʀee]. *v. intr.* (1) • Manifester son mécontentement, sa mauvaise humeur, en protestant à mi-voix. V. **Grogner, pester, ronchonner.**

MAURE, MAURESQUE ou **MORE, MORESQUE** [mɔʀ, mɔʀɛsk(ə)]. *n.* et *adj.* • 1° Ancien nom des habitants du nord de l'Afrique (Berbères, Arabes). • 2° De la Mauritanie, région d'Afrique occidentale. *Les Maures du Soudan, du Sénégal.*

MAUSOLÉE [mozɔle]. *n. m.* • Somptueux monument funéraire de très grandes dimensions. V. **Tombeau.**

MAUSSADE [mosad]. *adj.* • **1°** Qui n'est ni gai ni aimable. V. **Grognon, revêche.** *Humeur maussade.* || Contr. **Avenant, plaisant.** || • **2°** Qui inspire de l'ennui. V. **Ennuyeux, terne, triste.** *Ciel, temps maussade.* ▼ **MAUSSADERIE.** *n. f.* Caractère de ce qui est maussade.

MAUVAIS, AISE [mɔ(o)vɛ, ɛz]. *adj., adv.* et *n.* [REM. En épithète, *Mauvais* est le plus souv. avant le nom.] ★ **I.** (*Opposé à* BON). • **1°** Qui présente un défaut, une imperfection essentielle ; qui a une valeur faible ou nulle (dans le domaine utilitaire, esthétique ou logique). V. **Défectueux, imparfait.** *Assez mauvais* (V. **Médiocre**), *très mauvais* (V. **Exécrable, horrible, infect**). *Les bons et les mauvais morceaux. Mauvaise affaire,* qui rapporte peu. *Produit de mauvaise qualité. Mauvais livre. Ce film est bien mauvais,* ça ne vaut rien. *Mauvais calcul. Mauvais raisonnement.* V. **Faux, inexact.** — Qui ne fonctionne pas correctement. *Avoir de mauvais yeux. Être en mauvaise santé.* • **2°** *(Personnes).* Qui ne remplit pas correctement son rôle. V. **Lamentable, pauvre.** *Un mauvais acteur. Mauvais élève. Il est mauvais* (V. **Faible**), *très mauvais* (V. **Nul**) *en latin.* • **3°** Qui est mal choisi, ne convient pas. *Mauvaise méthode. Prendre la mauvaise route. Pour de mauvaises raisons.* ★ **II.** (*Opposé à* BON, BEAU, HEUREUX...). Qui cause ou peut causer du mal. V. **Néfaste, nuisible.** • **1°** Qui annonce du malheur. V. **Funeste, sinistre.** *Mauvais augure. C'est mauvais signe.* • **2°** Qui est cause de malheur, d'ennuis, de désagrément. V. **Dangereux, nuisible.** *L'affaire prend une mauvaise tournure. Être en mauvaise posture. Recevoir un mauvais coup. La mer est mauvaise,* très agitée. — (Sur le plan moral) *Mauvais conseils. Donner le mauvais exemple.* • **3°** Désagréable aux sens. *Mauvaise odeur, mauvais goût.* — *Mauvais temps* (*opposé à* Beau). *Il fait mauvais.* — Désagréable au goût. *Cette viande est mauvaise. Du mauvais vin. Pas mauvais,* assez bon. • **4°** Pénible. *Mauvaise nouvelle. Faire mauvais effet.* Fam. *La trouver, l'avoir mauvaise* (sous-entendu : la chose, l'affaire). • **5°** Peu accommodant. *Mauvaise humeur. Mauvais caractère. Mauvaise tête, mauvaise volonté.* ★ **III.** (*Opposé à* BON, HONNÊTE). • **1°** Qui est contraire à la loi morale. *C'est une mauvaise action. Mauvaise conduite.* • **2°** *(Personnes).* Qui fait ou aime à faire du mal à autrui. V. **Méchant.** *Il est mauvais comme une teigne. Une mauvaise langue.* — MAUVAIS GARÇON : se dit d'un homme prompt à en venir aux coups. • **3°** (Peut s'employer après le nom). Qui dénote de la méchanceté, de la malveillance. *Il a eu un rire mauvais. Une joie mauvaise.* V. **Cruel.** ★ **IV.** Adv. *Sentir mauvais,* avoir une odeur désagréable. — (Abstrait) *Ça sent mauvais,* les choses prennent une mauvaise tournure.

MAUVE [mov]. *adj.* • D'une couleur violet pâle. — *N. m.* Couleur mauve.

MAUVIETTE [movjɛt]. *n. f.* • Personne chétive, au tempérament délicat, maladif. *Quelle mauviette !*

MAXI-. • Préfixe signifiant « grand, long ». *Un maximanteau.* || Contr. **Mini-.** ||

MAXILLAIRE [maksil(l)ɛʀ]. *n. m.* • Os des mâchoires. *Maxillaire supérieur.*

MAXIMA [maksima]. *plur.* ou *adj. fém.* • V. **Maximum.** ▼ **MAXIMAL, ALE, AUX.** *adj.* Qui constitue un maximum. || Contr. **Minimal.** ||

MAXIME [maksim]. *n. f.* • Formule énonçant une règle de conduite, une règle morale. V. **Aphorisme, sentence ; dicton, proverbe.** *Les Maximes de La Rochefoucauld. Suivre une maxime.* V. **Précepte, principe.**

MAXIMUM [maksimɔm]. *n. m.* et *adj.* • **1°** *N. m.* Valeur la plus grande atteinte par une quantité variable ; limite supérieure. *Maximum de vitesse, de force. Les maximums* ou *les maxima.* — (Avec le plur.) *Le maximum de chances,* le plus grand nombre. — *Au maximum,* tout au plus, au plus. *Mille francs au maximum.* • **2°** *Adj.* Qui constitue un maximum. V. **Maximal.** *Rendement maximum.* — Au fém. *Tension, amplitude maximum* ou *maxima.* Au plur. *Des prix maximums* ou *maxima.* || Contr. **Minimum.** |

MAYONNAISE [majɔnɛz]. *adj.* et *n. f.* • Se dit d'une sauce froide composée d'huile, d'œufs et d'assaisonnements battus jusqu'à prendre de la consistance. *Sauce mayonnaise.* — N. f. *La mayonnaise prend.* — *Des œufs mayonnaise,* à la mayonnaise.

MAZETTE [mazɛt]. *interj.* • *(Région.)* Exclamation d'étonnement, d'admiration. *Un million ? — Mazette !*

MAZOUT [mazut]. *n. m.* • Résidu de l[a] distillation du pétrole, liquide épais, vis[]queux, brun, utilisé comme combustibl[e]. V. **Huile** (lourde). *Chauffage au mazout.*

MAZURKA [mazyʀka]. *n. f.* • Danse [à] trois temps d'origine polonaise. Air su[r] lequel on la danse. — Composition musica[le] de même rythme. *Les mazurkas de Chopi[n].*

ME [m(ə)]. *pron. pers.* [ME s'élide en M[']] devant une voyelle ou un h muet : *il m'envoi[e], il m'honore.*] • Pronom personnel compl[é]ment de la première personne du singuli[er] pour les deux genres (V. **Je, moi**). • **1°** Comp[l.] d'obj. direct (représente la personne q[ui] parle, qui écrit). *On m'a vu. Tu me prése[n]teras à lui.* • **2°** *Compl. d'obj. ind.* À m[o]. *Il me fait pitié. Il veut me parler. On m['a] laissé finir mon repas.* — (Renforce un ord[re,] etc.) *Va me fermer cette porte !*

MÉ- ou **MÉS-** (devant voyelle). • Pr[é]fixe signifiant « mauvais » (*ex. :* mésallian[ce,] mécompte).

MEA-CULPA [meakylpa]. *n. m.* • *Fa[ire] son mea-culpa,* avouer sa faute.

MÉANDRE [meɑ̃dʀ(ə)]. *n. m.* • **1°** Sinu[o]sité d'un fleuve. • **2°** *Méandres de la pens[ée,] d'un exposé.* V. **Détour.**

MÉAT [mea]. *n. m.* • Canal, cond[uit] ou orifice d'un canal anatomique. *M[éat] urinaire.*

MEC [mɛk]. *n. m.* • *Pop.* Homme, indivi[du.] V. **Type.** *Les deux mecs discutaient.*

MÉCANICIEN, IENNE [mekanisjɛ̃, jɛ[n]]. *n.* • **1°** Personne qui a pour métier de mon[ter]

(V. **Monteur**), d'entretenir ou de réparer (V. **Dépanneur**) les machines. *Les mécaniciens d'un garage.* V. **Mécano.** *Mécanicien d'avion.* • 2° Personne qui conduit une locomotive.

MÉCANIQUE [mekanik]. *adj.* et *n. f.* ★ **I.** *Adj.* • 1° Qui est exécuté par un mécanisme; qui utilise des mécanismes, des machines. *Tissage mécanique.* — Qui est mû par un mécanisme. *Escalier mécanique.* • 2° Qui évoque le fonctionnement d'une machine (*opposé à* réfléchi, intelligent). V. **Automatique, machinal.** *Un geste mécanique.* • 3° Qui consiste en mouvements, est produit par un mouvement. *Énergie mécanique.* ★ **II.** *N. f.* • 1° Partie des mathématiques qui a pour objet l'étude du mouvement et de l'équilibre des corps, ainsi que la théorie des machines. *La mécanique des fluides,* ou *hydraulique.* — Théorie relative aux phénomènes étudiés en mécanique. *Mécanique classique. Mécanique quantique, ondulatoire.* • 2° Science de la construction et du fonctionnement des machines. • 3° *Une mécanique.* V. **Mécanisme.** ▼ **MÉCANIQUEMENT.** *adv.* D'une manière mécanique. V. **Automatiquement, machinalement.**

MÉCANISER [mekanize]. *v. tr.* (1) • Réduire à un travail mécanique (par l'utilisation de machines). *Mécaniser une production artisanale.* ▼ **MÉCANISATION.** *n. f.*

1. MÉCANISME [mekanism(ə)]. *n. m.* • 1° Combinaison, agencement de pièces, d'organes, montés en vue d'un fonctionnement. V. **Mécanique** (II, 3°). *Le mécanisme d'une machine.* • 2° Mode de fonctionnement de ce qu'on assimile à une machine. *Mécanismes biologiques, organiques.* V. **Processus.** *Les mécanismes économiques.*

2. MÉCANISME. *n. m.* • Théorie philosophique admettant que les phénomènes peuvent être ramenés à une combinaison de mouvements physiques. ▼ **MÉCANISTE.** adj. *Matérialisme mécaniste.*

MÉCANO [mekano]. *n. m.* • *Fam.* Mécanicien.

MÉCANO-. • Élément signifiant « machine ». ▼ **MÉCANOGRAPHIE.** *n. f.* Emploi de machines pour les opérations logiques (calculs, tris, classements) effectuées sur des documents. ▼ **MÉCANOGRAPHIQUE.** adj. *Fiche mécanographique.*

MECCANO [mekano]. *n. m.* • Jeu de construction métallique (marque déposée).

MÉCÈNE [mesɛn]. *n. m.* • Personne riche et généreuse qui aide les écrivains, les artistes. *Cette riche héritière est le mécène d'un groupe de peintres.* ▼ **MÉCÉNAT.** *n. m.*

MÉCHAMMENT [meʃamɑ̃]. *adv.* • Avec méchanceté. V. **Cruellement, durement.** *Agir, parler méchamment.* ‖ Contr. **Gentiment.** ‖

MÉCHANCETÉ [meʃɑ̃ste]. *n. f.* • 1° Caractère, comportement d'une personne méchante. V. **Cruauté, dureté, malveillance.** ‖ Contr. **Bienveillance, bonté.** ‖ *C'est de la pure méchanceté. La méchanceté d'une remarque.* • 2° *Une méchanceté,* parole ou action par laquelle s'exerce la méchanceté. *Dire des méchancetés.*

MÉCHANT, ANTE [meʃɑ̃, ɑ̃t]. *adj.* ★ **I.** • 1° Qui fait délibérément du mal ou cherche à en faire, le plus souvent de façon ouverte et agressive. V. **Cruel, dur, malfaisant, malveillant, rosse** *(fam.),* **vache** *(pop.).* ‖ Contr. **Bon, doux, humain.** ‖ *Un homme méchant, un méchant homme. Plus bête que méchant,* plus nuisible par bêtise que par intention. — *Air, sourire méchant.* V. **Mauvais ; haineux.** • 2° Qui se conduit mal, qui est turbulent (enfants). V. **Insupportable, vilain.** *Si tu es méchant, tu seras privé de dessert.* • 3° *(Animaux).* Qui cherche à mordre, à griffer. *Chien méchant,* dangereux. • 4° Loc. fam. *Ce n'est pas bien méchant,* ni grave ni important. ★ **II.** *(Avant le nom).* • 1° *Littér.* Mauvais, médiocre. *Un méchant livre de rien du tout.* • 2° Dangereux ou désagréable. *S'attirer une méchante affaire.* ★ **III.** Subst. *Littér.* Personne méchante. *Les méchants et les bons. Faire le méchant,* s'emporter, menacer.

1. MÈCHE [mɛʃ]. *n. f.* ★ **I.** • 1° Cordon, tresse de fils de coton, de chanvre, imprégné(e) de combustible et qu'on fait brûler. *Mèche d'une lampe à huile.* • 2° Cordon fait d'une matière qui prend feu aisément. *Mèche d'une mine.* • 3° *Loc.* (Abstrait). *Éventer, découvrir la mèche,* découvrir le secret d'un complot. *Vendre la mèche,* trahir le secret. ★ **II.** Petite bande de toile pour permettre l'écoulement de la sérosité, du pus d'une plaie, d'une fistule. *Drainage d'une plaie par mèche ou par drain.* ★ **III.** Tige d'acier servant à percer le bois, le métal. *Mèche d'un vilebrequin, d'une perceuse.* — *Mèche de dentiste.*

2. MÈCHE. *n. f.* • Cheveux distincts dans l'ensemble de la chevelure par leur position, leur forme, leur couleur. *Mèches bouclées.* V. **Boucle.**

3. MÈCHE. *n. invar.* • 1° Fam. *Être de mèche avec qqn,* être d'accord en secret. V. **Complicité.** • 2° Pop. *Il n'y a pas (y'a pas) mèche,* il n'y a pas moyen (de faire, d'obtenir qqch.).

MÉCHOUI [meʃwi]. *n. m.* • Mouton rôti à la broche.

MÉCOMPTE [mekɔ̃t]. *n. m.* • Erreur de conjecture, de prévision; espoir fondé à tort. V. **Déception.** *De graves mécomptes.*

MÉCONNAISSABLE [mekɔnɛsabl(ə)]. *adj.* • *(Choses, personnes).* Qui est si changé qu'on ne peut le reconnaître. *Je ne l'avais pas revu depuis sa maladie; il est méconnaissable.*

MÉCONNAÎTRE [mekɔnɛtʀ(ə)]. *v. tr.* (57) • 1° *Littér.* Ne pas reconnaître (une chose) pour ce qu'elle est, refuser d'en tenir compte. V. **Ignorer, négliger.** *Méconnaître les lois.* • 2° Ne pas apprécier (qqn ou qqch.) à sa juste valeur. V. **Méjuger, mésestimer.** *La critique méconnaît les auteurs de son temps.* ‖ Contr. **Apprécier.** ‖ ▼ **MÉCONNAISSANCE.** n. f. *Littér.* Action de méconnaître; ignorance, incompréhension. ▼ **MÉCONNU, UE.** *adj.* Qui n'est pas reconnu, estimé à sa juste valeur. *Un génie méconnu.* ‖ Contr. **Reconnu.** ‖

MÉCONTENT, ENTE [mekɔ̃tɑ̃, ɑ̃t]. *adj.* et *n.* • 1° Qui n'est pas content, pas satisfait. *Il est rentré déçu et très mécontent.* V. **Fâché.**

Être mécontent de son sort. Je suis mécontent que vous ne soyez pas venu. • 2° N. *Un perpétuel mécontent.* V. **Grognon, insatisfait.** ▼ **MÉCONTENTEMENT.** *n. m.* État d'esprit d'une personne mécontente ; sentiment pénible d'être frustré dans ses espérances, ses droits. V. **Déplaisir, insatisfaction.** *Sujet de mécontentement*, contrariété, ennui. *Une cause de mécontentement populaire.* || Contr. **Contentement, satisfaction.** || ▼ **MÉCONTENTER.** *v. tr.* (1). Rendre mécontent. V. **Contrarier, fâcher.** *Cette mesure a mécontenté tout le monde.*

MÉCRÉANT, ANTE [mekʀeɑ̃, ɑ̃t]. *adj.* et *n.* • *Littér.* Qui n'a aucune religion. V. **Athée, irréligieux.** — N. *Un mécréant.* || Contr. **Croyant.** ||

MÉDAILLE [medaj]. *n. f.* • 1° Pièce de métal, généralement circulaire, frappée ou fondue en l'honneur d'un personnage illustre ou en souvenir d'un événement (V. **Monnaie**). *Science des médailles.* V. **Numismatique.** — Loc. *Elle a un profil de médaille*, d'un dessin très pur. • 2° Pièce de métal constituant le prix (dans un concours, une exposition). — Décoration (médaille, ruban,...). *Médaille militaire*, décernée aux sous-officiers et soldats les plus méritants. • 3° Petite pièce de métal portée sur soi en breloque. *Médaille pieuse.* ▼ **MÉDAILLÉ, ÉE.** *adj.* et *n.* Qui a reçu une médaille (2°). — N. *Les médaillés militaires.* ▼ **MÉDAILLON.** *n. m.* • 1° Portrait ou sujet sculpté, dessiné ou gravé dans un cadre circulaire ou ovale. • 2° Bijou de forme ronde ou ovale. • 3° Tranche mince et ronde (de viande).

MÉDECIN [medsɛ̃]. *n. m.* • Personne qui exerce la médecine, est titulaire du diplôme de docteur en médecine. V. **Docteur, praticien ;** et *fam.* **Toubib.** *Médecin consultant. Médecin traitant*, qui suit le malade. *Médecin généraliste* (V. **Omnipraticien**), *spécialiste.*

MÉDECINE [medsin]. *n. f.* ★ **I.** *Vx* ou *région.* Médicament, remède. *Prendre médecine.* ★ **II.** • 1° Science qui a pour objet la conservation et le rétablissement de la santé ; art de prévenir et de soigner les maladies de l'homme (V. **Médical**). *Étudiant en médecine* (*fam.* carabin). *Docteur en médecine.* V. **Médecin.** *Médecine préventive. Médecine mentale* (V. **Psychiatrie**). *Médecine générale*, qui s'occupe de l'ensemble de l'organisme, en dehors de toute spécialisation. — *Médecine légale*, exercée pour aider la justice, en cas de crime, etc. • 2° Profession du médecin. *Guérisseur qui exerce illégalement la médecine.*

MÉDIAN, ANE [medjɑ̃, an]. *adj.* • Qui est situé, placé au milieu. *Ligne médiane.*

MÉDIANE [medjan]. *n. f.* • 1° Segment de droite joignant un sommet d'un triangle au milieu du côté opposé. • 2° Valeur centrale d'un groupe de termes, en statistique.

MÉDIAT, ATE [medja, at]. *adj.* • *Didact.* Qui agit, qui se fait indirectement. || Contr. **Direct, immédiat.** ||

MÉDIATEUR, TRICE [medjatœʀ, tʀis]. *n.* • 1° Personne qui s'entremet pour faciliter un accord. V. **Arbitre, conciliateur.** — Adj. *Puissance médiatrice.* • 2° Ce qui produit une médiation (2°), sert d'intermédiaire.

MÉDIATION [medjasjɔ̃]. *n. f.* • 1° Entremise destinée à mettre d'accord, à concilier ou à réconcilier des personnes, des partis. V. **Arbitrage, conciliation.** • 2° *Didact.* Le fait de servir d'intermédiaire ; ce qui sert d'intermédiaire.

MÉDIATRICE [medjatʀis]. *n. f.* • Lieu géométrique des points équidistants de deux points donnés.

MÉDICAL, ALE, AUX [medikal, o]. *adj.* • Qui concerne la médecine. *Soins médicaux. Visite médicale.* ▼ **MÉDICALEMENT.** *adv.* Du point de vue de la médecine.

MÉDICAMENT [medikamɑ̃]. *n. m.* • Substance spécialement préparée pour servir de remède. V. **Drogue** (péj.), **médication, remède.** *Ordonner, prescrire un médicament à un malade.* ▼ **MÉDICAMENTEUX, EUSE.** *adj.* Qui a des propriétés thérapeutiques.

MÉDICATION [medikasjɔ̃]. *n. f.* • Emploi systématique d'agents médicaux dans une intention précise. V. **Thérapeutique.**

MÉDICINAL, ALE, AUX [medisinal, o]. *adj.* • Qui a des propriétés curatives. *Plante médicinale.*

MÉDICO-. • Élément signifiant « médical ». ▼ **MÉDICO-LÉGAL, ALE, AUX.** *adj.* Relatif à la médecine légale. *Institut médico-légal*, la morgue.

MÉDIÉVAL, ALE, AUX [medjeval, o]. *adj.* • Relatif au Moyen Âge. V. **Moyenâgeux.** *Art médiéval.* ▼ **MÉDIÉVISTE.** n. *Didact.* Spécialiste de l'histoire du Moyen Âge.

MÉDIO-. • Élément signifiant « moyen ».

MÉDIOCRE [medjɔkʀ(ə)]. *adj.* • 1° Qui est au-dessous de la moyenne, qui est insuffisant. || Contr. **Grand.** || *Salaire médiocre.* V. **Modeste, modique, petit.** — Assez mauvais. V. **Faible, pauvre, piètre, quelconque.** *Travail médiocre, réussite médiocre.* || Contr. **Excellent, supérieur.** || *Vie médiocre.* V. **Étriqué, mesquin.** • 2° *(Personnes).* Qui ne dépasse pas ou même n'atteint pas la moyenne. V. **Inférieur.** *Esprit médiocre. Élève médiocre en français.* V. **Faible.** — Subst. *C'est un médiocre.* • 3° *Littér.* Moyen, modéré. *Une médiocre envie de partir.* ▼ **MÉDIOCREMENT.** *adv.* Assez peu, assez mal. *Il joue, il travaille médiocrement.* ▼ **MÉDIOCRITÉ.** *n. f.* État de ce qui est médiocre. Insuffisance de qualité, de valeur. V. **Imperfection, pauvreté, petitesse.** *Médiocrité d'une œuvre.* V. **Faiblesse.** || Contr. **Excellence.** ||

MÉDIRE [mediʀ]. *v. intr.* (37). [Sauf *vous médisez.*] • Dire (de qqn) le mal qu'on sait ou croit savoir sur son compte. *Médire de qqn.* V. **Attaquer, critiquer, dénigrer.** || Contr. **Louer.** || ▼ **MÉDISANCE.** *n. f.* • 1° Action de médire. V. **Dénigrement, diffamation.** • 2° *Une médisance*, propos de celui qui médit. V. **Bavardage, potin, rago[...]** ▼ **MÉDISANT, ANTE.** *adj.* et *n.* • 1° Qui médit. *Bavardages médisants.* • 2° N. *Il ne craint pas les médisants.*

MÉDITER [medite]. *v.* (1) • 1° *V. t[r.]* Soumettre à une longue et profonde réflexion. V. **Approfondir.** *Méditez ce que je vous ai d[it]*

— Préparer par une longue réflexion (une œuvre, une entreprise). *Méditer un projet.* V. **Combiner.** *Méditer de faire qqch.* • 2° *V. intr.* Penser longuement (sur un sujet). V. **Réfléchir.** *Méditer sur la condition humaine.* ▼ **MÉDITATIF, IVE.** *adj.* et *n.* • 1° Qui est porté à la méditation. *Esprit méditatif. Avoir un air méditatif.* V. **Pensif, préoccupé.** • 2° N. *C'est un méditatif.* ▼ **MÉDITATION.** *n. f.* • 1° Réflexion qui approfondit longuement un sujet. *S'absorber dans la méditation.* • 2° Pensée profonde, attentive, portant sur un sujet particulier. *Se livrer à de longues méditations.*

MÉDITERRANÉEN, ENNE [meditɛʀaneɛ̃, ɛn]. *adj.* • Qui appartient, se rapporte à la Méditerranée, à ses rivages. *Bassin méditerranéen ; climat méditerranéen.* — Subst. *Les Méditerranéens et les Nordiques.*

1. MÉDIUM [medjɔm]. *n. m.* • Étendue de la voix, registre des sons entre le grave et l'aigu. *Elle a un beau médium.*

2. MÉDIUM. *n. m.* • Personne réputée douée du pouvoir de communiquer avec les esprits. *Des médiums.*

MÉDIUS [medjys]. *n. m.* • Doigt du milieu de la main. V. **Majeur.**

MÉDULLAIRE [medyl(l)ɛʀ]. *adj.* • Qui a rapport à la moelle épinière ou à la moelle des os.

MÉDUSE [medyz]. *n. f.* • Animal marin formé de tissus transparents d'apparence gélatineuse, ayant la forme d'une cloche *(ombrelle)* sous laquelle se trouvent la bouche et les tentacules.

MÉDUSER [medyze]. *v. tr.* (1) • Frapper de stupeur. V. **Pétrifier, stupéfier.** *Il en est resté médusé.*

MEETING [mitiŋ]. *n. m.* • Réunion publique politique. *Mot d'ordre répété dans les meetings.* — *Meeting d'aviation,* où l'on présente des modèles d'appareils, etc.

MÉFAIT [mefɛ]. *n. m.* • 1° Action mauvaise, nuisible à autrui. *De graves méfaits.* • 2° Résultat pernicieux. *Les méfaits de l'alcoolisme.* || Contr. **Bienfait.** ||

MÉFIER (SE) [mefje]. *v. pron.* (7) • SE MÉFIER DE : ne pas se fier (à qqn) ; se tenir en garde (contre les intentions de qqn). V. **Défier** (se). *Se méfier d'un concurrent, d'un flatteur. Se méfier du jugement de qqn.* V. **Douter.** — Être sur ses gardes. *Méfiez-vous ! Il y a une marche.* ▼ **MÉFIANCE.** *n. f.* Disposition à se méfier ; état de celui qui se méfie. V. **Défiance, doute.** *Éveiller la méfiance de qqn.* || Contr. **Confiance.** || ▼ **MÉFIANT, ANTE.** *adj.* Qui se méfie, est enclin à la méfiance. V. **Défiant.** *Un air méfiant.* — Subst. *Les méfiants.* || Contr. **Confiant.** ||

MÉGA-, MÉGALO- ; -MÉGALIE. • Éléments signifiant « grand » (*méga-* signifie « un million de » dans les noms d'unités physiques). ▼ **MÉGALITHE** [megalit]. *n. m.* Monument de pierre brute de grandes dimensions. ▼ **MÉGALITHIQUE.** *adj.* ▼ **MÉGALOMANE.** *adj.* Atteint de mégalomanie. — Qui est d'un orgueil excessif. ▼ **MÉGALOMANIE.** *n. f.* • 1° Comportement pathologique caractérisé par le désir excessif de gloire, de puissance (folie des grandeurs). • 2° Ambition, orgueil démesurés. ▼ **MÉGAPHONE.** *n. m.* Appareil servant à amplifier les sons. V. **Porte-voix.** ▼ **MÉGATONNE.** *n. f.* Unité de puissance destructrice (1 million de tonnes de T.N.T.). *Bombe atomique de deux mégatonnes.*

MÉGARDE (PAR) [megaʀd(ə)]. *loc. adv.* • Par inattention, sans le vouloir. || Contr. **Exprès, volontairement.** ||

MÉGÈRE [meʒɛʀ]. *n. f.* • Femme méchante et criarde. V. **Chipie, furie.**

MÉGIR [meʒiʀ]. *v. intr.* (2) ou **MÉGISSER** [meʒise]. *v. intr.* (1) • Tanner (une peau, un cuir) avec une préparation à base d'alun. ▼ **MÉGISSERIE.** *n. f.* • 1° Art de préparer les cuirs utilisés par la ganterie et la pelleterie. • 2° Industrie, commerce de ces cuirs.

MÉGOT [mego]. *n. m.* • *Pop.* Bout de cigarette ou de cigare qu'on a fumé (Cf. Clope, *arg.*).

MÉGOTER [megɔte]. *v. tr.* (1) • *Fam.* Lésiner. ▼ **MÉGOTAGE.** *n. m.*

MÉHARI [meaʀi]. *n. m.* • Dromadaire d'Arabie, dressé pour les courses rapides. *Des méharis,* ou *des méhara* (plur. arabe). ▼ **MÉHARISTE.** *n. m.* Personne qui monte un méhari.

MEILLEUR, EURE [mɛjœʀ]. *adj.* ★ **I.** Comparatif de supériorité de *bon.* || Contr. **Pire.** || • 1° Qui l'emporte (en bonté, qualité, agrément...). *Vouloir rendre l'humanité meilleure,* l'améliorer. *Il a trouvé une meilleure place que nous. Être de meilleure humeur. Meilleur marché,* compar. de *bon marché.* • 2° Adv. *Il fait meilleur aujourd'hui qu'hier,* le temps est meilleur. ★ **II.** LE MEILLEUR, LA MEILLEURE : superlatif de *bon.* • 1° *Adj.* Que rien ni personne ne surpasse dans son genre. *Les meilleurs vins.* V. **Excellent, supérieur.** *Le meilleur écrivain de son temps.* V. **Premier.** • 2° Personne supérieure aux autres. *Même les meilleurs renoncent.* — LE MEILLEUR DE : ce qu'il y a de meilleur en qqn, dans qqch. *Être unis pour le meilleur et pour le pire,* pour les circonstances les plus heureuses comme pour les plus difficiles de la vie.

MÉJUGER [meʒyʒe]. *v. tr.* (3) • *Littér.* • 1° *V. tr. ind.* MÉJUGER DE : estimer trop peu. *Méjuger de qqn.* • 2° *V. tr. dir.* Juger mal. V. **Méconnaître, mésestimer.**

MÉLANCOLIE [melɑ̃kɔli]. *n. f.* • *Littér.* • 1° État de tristesse accompagné de rêverie. *Accès, crises de mélancolie.* V. **Cafard, vague** (à l'âme). — Loc. *Ne pas engendrer la mélancolie,* être très gai. • 2° Caractère de ce qui inspire un tel état. *Mélancolie d'un paysage.* ▼ **MÉLANCOLIQUE.** adj. *Une jeune femme mélancolique. Un air mélancolique.* V. **Triste.** || Contr. **Gai.** || ▼ **MÉLANCOLIQUEMENT.** *adv.*

MÉLANGE [melɑ̃ʒ]. *n. m.* • 1° Action de mêler, de se mêler. *Opérer le mélange de divers éléments.* V. **Association, combinaison, fusion, union.** • 2° SANS MÉLANGE : pur. *Substance à l'état isolé et sans mélange. Bonheur sans mélange.* • 3° Ensemble résultant de l'union de choses différentes, d'éléments divers. V. **Amalgame.** *Un mélange de farine et d'œufs.* — *Mélange de races, mélange ethnique*, produit d'êtres différents (hybride, métis). — *(Choses abstraites)* V. **Assemblage, composé, réunion.** *Mélange de courage et de faiblesse.* • 4° MÉLANGES : titre de recueils savants sur des sujets variés. ▼ **MÉLANGER.** *v. tr.* (3) • 1° Unir (des choses différentes) de manière à former un tout. V. **Associer, combiner, mêler, réunir.** ‖ Contr. **Séparer.** ‖ *Mélanger une chose à une autre, avec une autre.* — *Au p. p.* Hétéroclite. *Une société assez mélangée.* • 2° *Fam.* Mettre ensemble (des choses) sans chercher ou sans parvenir à (les) ordonner. V. **Brouiller.** ‖ Contr. **Classer, trier.** ‖ *Il a mélangé tous les dossiers, toutes les fiches.* — (Abstrait) *Vous mélangez tout !* vous confondez. ▼ **MÉLANGEUR, EUSE.** *n.* • 1° Appareil servant à mélanger diverses substances. • 2° Dispositif mêlant et dosant les courants reçus de différents micros.

MÉLAN(O)-. • Élément signifiant « noir ».

MÉLASSE [melas]. *n. f.* • 1° Résidu sirupeux de la cristallisation du sucre. • 2° *Fam.* Brouillard épais, boue. • 3° Situation pénible et inextricable. *Être dans la mélasse.*

MELBA [mɛlba]. *adj. invar.* • *Pêches, fraises Melba*, dressées dans une coupe sur une couche de glace et nappées de crème chantilly.

MÊLÉCASSE [melekɑs]. *n. m.* • Fam. *Voix de mêlécasse*, rauque.

MÊLÉE [mele]. *n. f.* • 1° Combattants mêlés dans le corps à corps. V. **Bataille, cohue, combat.** — Lutte, conflit. *Se jeter dans la mêlée.* • 2° Phase du jeu de rugby, dans laquelle plusieurs joueurs de chaque équipe sont groupés autour du ballon.

MÊLER [mele]. *v. tr.* (1) ★ **I.** • 1° (*Rare en emploi concret*). Unir, mettre ensemble (plusieurs choses différentes) de manière à former un tout. V. **Amalgamer, combiner.** ‖ Contr. **Isoler, séparer.** ‖ *Mêler des substances.* — Réunir (des choses abstraites) réellement ou par la pensée. *Mêler plusieurs thèmes dans une œuvre.* V. **Entremêler.** • 2° Mettre en un désordre inextricable. V. **Brouiller, embrouiller, mélanger.** ‖ Contr. **Trier.** ‖ *Il a mêlé tous mes papiers, toutes les notes que j'avais prises.* — *Mêler les cartes.* V. **Battre.** • 3° Ajouter (une chose) à une autre, mettre (une chose) avec une autre, et les confondre. MÊLER AVEC..., MÊLER À... *Mêler des détails pittoresques à un récit.* • 4° Faire participer (qqn) à ... *On l'a mêlé à une affaire dangereuse.* • 5° MÊLÉ DE... : où il entre... *Noir mêlé de rouge.* • 6° MÊLÉ, ÉE : formé d'un mélange, hétéroclite. — Loc. *Sang mêlé*, métis. ★ **II.** SE MÊLER. • 1° *(Choses).* Être mêlé, mis ensemble. *Peuples, races qui se mêlent.* V. **Fusionner.** — SE MÊLER À, AVEC : se joindre, s'unir pour former un tout. • 2° *(Personnes).* Se joindre à (un ensemble de gens), aller avec eux. *Ils se mêlèrent à la foule.* • 3° SE MÊLER DE : s'occuper de (qqch.), notamment lorsqu'on ne le devrait pas. *Mêlez-vous de vos affaires, de ce qui vous regarde !* — S'aviser de. *Lorsqu'il se mêle de travailler, il réussit mieux qu'un autre.*

MÉLÈZE [melɛz]. *n. m.* • Arbre (conifère) à cônes dressés.

MÉLI-MÉLO [melimelo]. *n. m.* • *Fam.* Mélange très confus et désordonné. V. **Fouillis.**

MÉLIORATIF, IVE [meljɔʀatif, iv]. *adj.* • *Didact.* Qui présente sous un jour favorable (*opposé à* péjoratif).

MÉLISSE [melis]. *n. f.* • 1° Plante herbacée et aromatique. V. **Citronnelle.** • 2° EAU DE MÉLISSE : médicament à base d'essence de mélisse.

MÉLO [melo]. *n. m.* • *Fam.* V. **Mélodrame.**

MÉLODIE [melɔdi]. *n. f.* • 1° En musique, Ensemble de sons successifs formant une suite reconnaissable et agréable. V. **Air.** *La mélodie et le rythme d'un morceau.* • 2° Pièce vocale composée sur le texte d'un poème, avec accompagnement. V. **Chant ; chanson, lied.**

MÉLODIEUX, EUSE [melɔdjø, øz]. *adj.* • Agréable à l'oreille (en parlant d'un son, d'une musique). V. **Harmonieux.** ▼ **MÉLODIEUSEMENT.** *adv.*

MÉLODIQUE [melɔdik]. *adj.* • Qui a rapport à la mélodie. *Période, phrase mélodique.* — Qui a les caractères de la mélodie. *Ce morceau n'est pas très mélodique.*

MÉLODRAME [melɔdʀam]. *n. m.* • 1° Drame populaire que caractérisent l'invraisemblance de l'intrigue et des situations, l'outrance des caractères et du ton (abrév. fam. *Mélo*). *Film qui tourne au mélo.* • 2° Situation réelle analogue. *Nous voilà en plein mélodrame.* ▼ **MÉLODRAMATIQUE.** adj. *Il roulait des yeux d'un air mélodramatique.*

MÉLOMANE [melɔman]. *n.* • Personne qui connaît et aime la musique. — Adj. *Peuple mélomane.*

MELON [m(ə)lɔ̃]. *n. m.* • 1° Gros fruit rond à chair juteuse et sucrée, d'une plante herbacée *(cucurbitacée). Cultiver des melons sous cloches.* — *Melon d'eau.* V. **Pastèque.** • 2° *Chapeau melon, Melon*, chapeau d'homme en feutre rigide, de forme ronde et bombée.

MÉLOPÉE [melɔpe]. *n. f.* • Chant, mélodie monotone et mélancolique.

MEMBRANE [mɑ̃bʀan]. *n. f.* • 1° Tissu organique animal, mince et souple, qui forme ou enveloppe un organe, tapisse une cavité. — Tissu végétal formant enveloppe, cloison. • 2° *Membrane cellulaire*, couche cellulosique entourant les cellules. • 3° Mince cloison. *Membrane semi-perméable.* ▼ **MEMBRANEUX, EUSE.** *adj.* Qui est de la nature d'une membrane (1°).

MEMBRE [mɑ̃bʀ(ə)]. *n. m.* ★ **I.** • 1° Chacune des quatre parties appariées du corps humain qui s'attachent au tronc. *Membres supérieurs* (bras), *inférieurs* (jambes). — Chacune des quatre parties articulées qui s'attachent au corps des vertébrés tétrapodes. V. **Aile, patte.** • 2° *Membre viril*, ou absol. *Membre*, phallus. ★ **II.** • 1° Personne qui fait nommément partie d'un corps. *Être membre d'un parti.* — Personne qui appartient à une communauté. • 2° Groupe, pays qui fait librement partie d'une union. *Les membres* *d'une fédération. Les membres de l'O.N.U.* ★ **III.** • **1°** Fragment (d'énoncé). *Membre de phrase.* • **2°** Chacune des deux parties d'une équation ou d'une inégalité. • **3°** Élément (poutre) de la membrure d'un navire. ▼ **MEMBRURE.** *n. f.* • **1°** *(Avec un adj.).* Ensemble des membres d'une personne. *Membrure puissante, délicate.* • **2°** Ensemble des poutres transversales attachées à la quille et soutenant le pont d'un navire.

MÊME [mɛm]. *adj., pron.* et *adv.* ★ **I.** *Adj. indéf.* • **1°** *(Devant le nom).* Identique ou semblable. || Contr. **Autre, différent.** || *Relire les mêmes livres. Il était dans la même classe que moi. En même temps,* simultanément. *Vous êtes tous du même avis. De même valeur.* V. **Égal.** • **2°** *(Après le nom* ou *le pronom). Même* marque qu'il s'agit exactement de l'être ou de la chose en question. *Ce sont les paroles mêmes qu'il a prononcées.* V. **Propre.** *Il est la bonté, l'exactitude même,* il est parfaitement bon, exact. — Joint au pronom personnel. *Elle(s)-même(s), eux-mêmes, etc. Nous le ferons nous-mêmes.* ★ **II.** *Pron. indéf.* • **1°** (Précédé de *le, la, les*). *Ce n'est pas le même.* • **2°** Loc. *Cela revient au même,* c'est exactement pareil. ★ **III.** *Adv.* • **1°** Marquant un renchérissement, une gradation. *Tout le monde s'est trompé, même le professeur. Ça ne coûte même pas, pas même dix francs. Je ne m'en souviens même plus.* • **2°** Exactement, précisément. *Je l'ai rencontré ici même. Aujourd'hui même.* — À MÊME : directement. *Coucher à même le sol.* • **3°** *Loc. adv.* DE MÊME : de la même façon. V. **Ainsi, pareillement.** *Vous y allez ? Moi de même.* V. **Aussi.** — *Tout de même,* néanmoins, pourtant. *Quand même,* malgré tout. • **4°** *Loc. conj.* DE MÊME QUE : introduisant une proposition comparative. V. **Comme.** • **5°** *Loc. prép.* À MÊME DE : en état, en mesure de. *Il est à même de répondre.* V. **Capable.** ▼ **MÊMEMENT.** adv. *Vx.* De même, pareillement.

MÉMÉ [meme]. *n. f.* • **1°** *Fam.* (Enfants). Grand-mère. *Oui, mémé. Ta mémé va venir.* • **2°** *Pop.* Femme qui n'est ni jeune ni élégante.

MÉMENTO [memẽto]. *n. m.* • Agenda.

MÉMÈRE [memɛʀ]. *n. f.* • *Fam.* Grosse femme d'un certain âge.

1. MÉMOIRE [memwaʀ]. *n. f.* ★ **I.** • **1°** Faculté de conserver et de rappeler des états de conscience passés et ce qui s'y trouve associé ; l'esprit, en tant qu'il garde le souvenir du passé. *Événement encore présent à la mémoire, vivant dans les mémoires. Avoir beaucoup de mémoire. Je n'ai pas la mémoire des chiffres.* — *Loc. adv.* DE MÉMOIRE : sans avoir la chose sous les yeux. *Réciter, jouer de mémoire.* V. **Cœur** (par). • **2°** Conservation, dans les machines cybernétiques, des données qui commandent leur mécanisme. *Mise en mémoire. Mémoires à tambours magnétiques.* ★ **II.** • **1°** *La mémoire de,* le souvenir (de qqch., de qqn). || Contr. **Oubli.** || *Garder la mémoire d'un événement* (V. **Mémorable**). • **2°** Souvenir qu'une personne laisse d'elle à la postérité. V. **Renommée.** *Réhabiliter la mémoire d'un savant. À la mémoire de,* pour perpétuer, glorifier la mémoire de. • **3°** (En phrase négative). *De mémoire d'homme,* d'aussi loin qu'on s'en souvienne. *De mémoire de sportif, on n'avait assisté à un match pareil.* • **4°** POUR MÉMOIRE : à titre de rappel, d'indication. *Signalons, pour mémoire...*

2. MÉMOIRE [memwaʀ]. *n. m.* • **1°** Écrit destiné à exposer, à soutenir la prétention d'un plaideur. • **2°** État des sommes dues. — Exposé ou requête. • **3°** Dissertation adressée à une société savante. • **4°** *Mémoire de maîtrise,* travail personnel présenté par les étudiants après la licence.

3. MÉMOIRES [memwaʀ]. *n. m. pl.* • Relation écrite qu'une personne fait des événements auxquels elle a participé ou dont elle a été témoin. V. **Annales, chroniques.** *Mémoires de Saint-Simon. Écrire ses mémoires.* V. **Journal, souvenir(s).**

MÉMORABLE [memɔʀabl(ə)]. *adj.* • Digne d'être conservé dans la mémoire des hommes. V. **Fameux, historique, inoubliable.** *Jour mémorable.*

MÉMORANDUM [memɔʀɑ̃dɔm]. *n. m.* • **1°** Note écrite d'un diplomate pour exposer le point de vue de son gouvernement sur une question. • **2°** Note qu'on prend d'une chose qu'on ne veut pas oublier.

MÉMORIALISTE [memɔʀjalist(ə)]. *n.* • Auteur de mémoires historiques (V. **Chroniqueur, historien**) ou d'un témoignage sur son temps.

MÉMORISER [memɔʀize]. *v. tr.* • *Didact.* Fixer dans la mémoire. ▼ **MÉMORISATION.** n. f. *Didact.* Acquisition volontaire par la mémoire. *Procédés de mémorisation.* V. **Mnémotechnique.**

MENACE [mənas]. *n. f.* • **1°** Manifestation par laquelle on marque à qqn sa colère, avec l'intention de lui faire craindre le mal qu'on lui prépare. V. **Avertissement.** *Obtenir qqch. par la menace. Menace de mort. Gestes, paroles de menace. Sous la menace,* en cédant à la menace. • **2°** Signe par lequel se manifeste ce qu'on doit craindre de qqch. ; danger. *Menaces de guerre, d'inflation.*

MENACER [mənase]. *v. tr.* (3) • **1°** Chercher à intimider par des menaces. *Menacer un enfant d'une punition. Le patron l'a menacé de le renvoyer.* • **2°** Mettre en danger, constituer une menace (pour qqn). *Une guerre nous menace.* • **3°** Présager, laisser craindre (quelque mal). *Son discours menace d'être long.* V. **Risquer.** — *L'orage menace.* ▼ **MENAÇANT, ANTE.** *adj.* • **1°** Qui menace, exprime une menace. *Air menaçant.* • **2°** *(Choses).* Qui constitue une menace, un danger. V. **Dangereux, inquiétant.**

MÉNADE [menad]. *n. f.* • Bacchante (1).

MÉNAGE [menaʒ]. *n. m.* ★ **I.** • **1°** Ensemble des choses domestiques, *spécialt.* des soins matériels et des travaux d'entretien et de propreté dans un intérieur. *Faire le ménage. Faire des ménages,* faire le ménage chez d'autres moyennant rétribution *(femme de ménage).* • **2°** *Tenir son ménage,* son intérieur. — DE MÉNAGE : fait à la maison. *Jambon de ménage.* ★ **II.** • **1°** *(Dans des expressions).* Vie en commun d'un couple. *Se mettre en ménage,* se marier. — Loc. *Faire bon, mau-*

vais ménage avec (qqn), s'entendre bien, mal avec qqn. • 2° Couple constituant une communauté domestique. *Jeune, vieux ménage.*

1. MÉNAGER [menaʒe]. *v. tr.* (3) ★ **I.** • 1° Disposer, régler avec soin, adresse. V. **Arranger.** *Ménager une entrevue. Transition, gradation bien ménagée.* • 2° Installer ou pratiquer après divers arrangements et transformations. *Ménager un escalier dans l'épaisseur du mur.* ★ **II.** • 1° Employer (un bien) avec mesure, avec économie. V. **Économiser, épargner.** || Contr. **Dépenser, gaspiller.** || *Ménager ses vêtements. Ménager ses forces.* • 2° Dire avec mesure. *Ménagez vos expressions !* • 3° Employer ou traiter (un être vivant) avec le souci d'épargner ses forces ou sa vie. Loc. prov. *Qui veut voyager loin ménage sa monture.* • 4° Traiter (qqn) avec prudence, égard ou avec modération, indulgence. *Il était plus fort, mais il ménageait visiblement son adversaire. Il cherche à ménager tout le monde.* • 5° (Réfl.). *Se ménager*, avoir soin de sa santé, ne pas abuser de ses forces. ▼ **MÉNAGEMENT.** *n. m.* • 1° Mesure, réserve dont on use envers qqn (par respect, par intérêt). *Traiter qqn sans ménagement*, brutalement. • 2° Procédé dont on use envers qqn que l'on veut ménager. V. **Attention, égard.**

2. MÉNAGER, ÈRE [menaʒe, ɛʀ]. *adj.* • 1° *Vx.* MÉNAGER DE : qui ménage (II), est économe de. *Être ménager de son temps.* • 2° *(Choses).* Qui a rapport aux soins du ménage, à la tenue de l'intérieur domestique. *Travaux ménagers. Appareils ménagers.* • 3° Qui provient du ménage. *Eaux, ordures ménagères.*

MÉNAGÈRE. *n. f.* • Femme qui tient une maison, s'occupe du ménage. *Ménagère qui s'en va au marché.*

MÉNAGERIE [menaʒʀi]. *n. f.* • Lieu où sont rassemblés des animaux rares, soit pour l'étude, soit pour la présentation au public ; ces animaux. *Ménagerie d'un cirque.*

MENDIANT, ANTE [mɑ̃djɑ̃, ɑ̃t]. *n.* • 1° Personne qui mendie pour vivre. V. **Mendigot.** — Adj. *Ordres* (religieux) *mendiants*, qui faisaient profession de ne vivre que d'aumônes. • 2° *N. m.* Dessert composé de quatre sortes de fruits secs (amandes, figues, noisettes, raisins).

MENDICITÉ [mɑ̃disite]. *n. f.* • 1° Condition de celui qui mendie. *Être réduit à la mendicité.* • 2° Action de mendier.

MENDIER [mɑ̃dje]. *v.* (7) • 1° *V. intr.* Demander l'aumône, la charité. • 2° *V. tr.* Solliciter humblement, ou *(péj.)* de façon servile et humiliante. *Mendier des voix, des compliments.*

MENDIGOT, OTE [mɑ̃digo, ɔt]. *n.* • *Pop.* Mendiant. ▼ **MENDIGOTER.** v. intr. et tr. (1). *Pop.* Mendier.

MENÉES [məne]. *n. f. pl.* • Agissements secrets dans un dessein nuisible. V. **Intrigue, machination.** *Menées subversives.*

MENER [məne]. *v. tr.* (5) ★ **I.** Faire aller (qqn) avec soi. • 1° MENER À, EN, DANS ; MENER (et inf.) : conduire en accompagnant ou en commandant. Faire avancer (un animal) en l'accompagnant. V. **Emmener.** *Mener un enfant à l'école. Il mène promener son chien.* • 2° Être en tête de (un cortège, une file). *Mener* (le peloton) *pendant un tour.* — Dirigêr. *Se laisser mener. L'intérêt mène le monde.* ★ **II.** Faire aller une chose en la contrôlant. — Faire marcher, évoluer sous sa direction. *Mener rondement une affaire.* — MENER À... *Mener qqch. à bien. Mener une chose à bonne fin, à terme.* ★ **III.** *(Choses).* • 1° Transporter. *Voilà l'autobus qui vous mènera chez moi.* • 2° Permettre d'aller d'un lieu à un autre. *Où mène cette route ?* — (Abstrait) *Une profession qui mène à tout. Cela peut vous mener loin*, avoir pour vous de graves conséquences. ★ **IV.** Tracer (géométrie). *Mener une parallèle à une droite.*

MÉNESTREL [menɛstʀɛl]. *n. m.* • Au Moyen Âge, Musicien et chanteur ambulant. V. **Jongleur.**

MÉNÉTRIER [menetʀije]. *n. m.* • Violoniste de village, qui escortait les noces, faisait danser les invités.

MENEUR, EUSE. *n.* • 1° *Meneur de jeu*, animateur d'un spectacle ou d'une émission. • 2° Personne qui, par son ascendant, son autorité, prend la tête d'un mouvement populaire (souvent *péj.*). V. **Chef, dirigeant.** *On a arrêté les meneurs.* • 3° *Un meneur d'hommes*, personne qui sait mener, manier les hommes.

MENHIR [meniʀ]. *n. m.* • Monument mégalithique, pierre allongée dressée verticalement.

MÉNINGE [menɛ̃ʒ]. *n. f.* • 1° Chacune des membranes qui entourent le cerveau et la moelle épinière. • 2° Fam. *(Au plur.).* Le cerveau, l'esprit. *Il ne s'est pas fatigué les méninges.* ▼ **MÉNINGÉ, ÉE.** *adj.* Relatif aux méninges. ▼ **MÉNINGITE.** *n. f.* Inflammation aiguë ou chronique des méninges. *Méningite cérébro-spinale épidémique.* — Fam *Il ne risque pas d'attraper une méningite*, i ne fait aucun effort intellectuel.

MÉNISQUE [menisk(ə)]. *n. m.* • 1° Lentille convexe d'un côté et concave de l'autre • 2° Cloison fibro-cartilagineuse disposée entre deux surfaces articulaires. *Les ménisques du genou.*

MÉNOPAUSE [menɔpoz]. *n. f.* • Fin de la fonction menstruelle ; époque où elle s produit (*cour.* Retour d'âge).

MENOTTE [mənɔt]. *n. f.* • 1° *(Au plur.)* Bracelets métalliques réunis par une chaîne qui se fixent aux poignets d'un prisonnier *Passer les menottes à un suspect.* • 2° Mai d'enfant ; petite main.

MENSONGE [mɑ̃sɔ̃ʒ]. *n. m.* • 1° Assertion sciemment contraire à la vérité, faite dan l'intention de tromper. V. **Contre-vérité tromperie.** *Un grossier mensonge. Mensong pour rire.* V. **Blague.** *Pieux mensonge*, inspir par la piété ou la pitié. • 2° *Le mensonge* l'acte de mentir, la pratique de la fausseté *Vivre dans le mensonge.* • 3° Ce qui es trompeur, illusoire. *Le bonheur est un mensonge.* ▼ **MENSONGER, ÈRE.** *adj.* Qu repose sur des mensonges ; qui trompe. V **Fallacieux, faux.** *Récits mensongers.* || Cont **Sincère, véritable.** ||

MENSTRUES [mɑ̃stʀy]. *n. f. pl.* • *Didact.* Écoulement sanguin périodique, d'une durée de quelques jours, qui se produit chez la femme nubile non enceinte à peu près chaque mois. V. **Règles.** ▼ **MENSTRUATION.** *n. f.* Fonction physiologique caractérisée par la production de menstrues, de la puberté à la ménopause. *Troubles de la menstruation.* ▼ **MENSTRUEL, ELLE.** *adj.* Qui a rapport aux menstrues.

MENSUEL, ELLE [mɑ̃sɥɛl]. *adj.* • 1° Qui a lieu, se fait tous les mois. *Revue mensuelle.* • 2° Calculé pour un mois et payé chaque mois. *Salaire mensuel.* — Subst. *Les mensuels,* les salariés d'une entreprise payés au mois. ▼ **MENSUALITÉ.** *n. f.* Somme payée mensuellement ou perçue chaque mois. ▼ **MENSUELLEMENT.** *adv.* Tous les mois.

MENSURATION [mɑ̃syʀɑsjɔ̃]. *n. f.* • Détermination et mesure des dimensions caractéristiques ou importantes du corps humain ; ces mesures.

MENTAL, ALE, AUX [mɑ̃tal, o]. *adj.* • 1° Qui se fait dans l'esprit seulement, sans expression orale ou écrite. *Calcul mental.* • 2° Qui a rapport aux fonctions intellectuelles de l'esprit. *Maladie mentale.* V. **Psychique.** *Âge mental,* âge qui correspond au degré de développement intellectuel. ▼ **MENTALEMENT.** *adv.* • 1° En esprit seulement. • 2° Du point de vue mental (2°).

MENTALITÉ. *n. f.* • 1° Ensemble des croyances et habitudes d'esprit d'une collectivité. *La mentalité primitive.* • 2° Dispositions psychologiques ou morales. — *Fam.* Morale qui indigne. *Jolie mentalité ! Quelle mentalité !*

MENTERIE [mɑ̃tʀi]. *n. f.* • *Vx* ou *région.* Mensonge.

MENTEUR, EUSE [mɑ̃tœʀ, øz]. *n.* et *adj.* • 1° *N.* Personne qui ment, a l'habitude de mentir. *C'est un grand menteur.* • 2° *Adj.* Qui ment. V. **Faux, hypocrite.** *Je ne la croyais pas si menteuse.* || Contr. **Franc, sincère.** ||

MENTHE [mɑ̃t]. *n. f.* • 1° Plante très aromatique, qui croît dans les lieux humides. — *Alcool de menthe.* • 2° Sirop de menthe. *Prendre une menthe à l'eau.* — Essence de menthe. *Bonbons à la menthe.* ▼ **MENTHOL** [mɛ̃tɔl]. *n. m.* Alcool-phénol extrait de l'essence de menthe poivrée. ▼ **MENTHOLÉ, ÉE.** *adj.* Additionné de menthol.

MENTION [mɑ̃sjɔ̃]. *n. f.* • 1° Action de nommer, de citer, de signaler. *Il n'en est pas fait mention dans cet ouvrage.* • 2° Brève note donnant une précision, un renseignement. *Biffer les mentions inutiles* (sur un questionnaire). • 3° Indication d'une appréciation favorable de la part d'un jury d'examen. *Mention bien, très bien.* ▼ **MENTIONNER.** *v. tr.* (1). Faire mention de. V. **Citer, nommer, signaler.** *Ne faire que mentionner une chose,* la signaler seulement, sans en parler.

MENTIR [mɑ̃tiʀ]. *v. intr.* (16) • 1° Faire un mensonge, affirmer ce qu'on sait être faux, ou nier, taire ce qu'on devrait dire. *Il ment comme il respire,* continuellement. *Mentir à qqn,* le tromper par un mensonge. • 2° *(Choses).* Exprimer une chose fausse. *Vous faites mentir le proverbe,* ce que vous faites contredit le proverbe. • 3° *Trans. dir.* MENTIR À *(vx)* : démentir. *Mentir à sa réputation.*

MENTON [mɑ̃tɔ̃]. *n. m.* • Partie saillante du visage, constituée par l'avancée du maxillaire inférieur. *Menton en galoche, pointu.* — *Double, triple menton,* plis sous le menton. ▼ **MENTONNIÈRE.** *n. f.* • 1° Jugulaire. • 2° Plaquette fixée à la base d'un violon, sur laquelle s'appuie le menton.

MENTOR [mɛ̃tɔʀ]. *n. m.* • *Littér.* Guide, conseiller sage et expérimenté.

1. MENU, UE [məny]. *adj.* • *Littér.* • 1° Qui a peu de volume. V. **Fin, mince, petit.** || Contr. **Gros.** || *Couper en menus morceaux.* — *(Personnes)* Petit et mince. • 2° Qui a peu d'importance, peu de valeur. *Menus détails. Menue monnaie.* — *Subst.* PAR LE MENU : en détail. *Il nous a raconté cela par le menu.*

2. MENU [məny]. *n. m.* • Liste détaillée des mets dont se compose un repas. *Il faut que je fasse mon menu pour demain soir.* — *Menu de restaurant* (à prix fixe).

MENUET [mənɥɛ]. *n. m.* • 1° Ancienne danse à trois temps. • 2° Forme instrumentale, dans la suite, la sonate, rappelant cette danse.

MENUISERIE [mənɥizʀi]. *n. f.* • 1° Travail (assemblage) du bois pour la fabrication des meubles, la décoration des maisons (*opposé à* charpente). *Atelier de menuiserie.* • 2° Ouvrages ainsi fabriqués. *Plafond en menuiserie.* • 3° *Menuiserie métallique,* fabrication de systèmes ouvrants métalliques. ▼ **MENUISIER.** *n. m.* Artisan, ouvrier qui travaille le bois équarri en planches. *Menuisier de bâtiment. Menuisier d'art.* V. **Ébéniste.**

MÉNURE [menyʀ]. *n. m.* • Nom savant de l'oiseau-lyre.

MÉPHISTOPHÉLIQUE [mefistɔfelik]. *adj.* • Qui évoque Méphistophélès, semble appartenir au démon.

MÉPHITIQUE [mefitik]. *adj.* • Se dit d'une exhalaison toxique et puante. *Vapeur méphitique.*

MÉPLAT [mepla]. *n. m.* • 1° Partie relativement plane du corps. *Les méplats d'un visage.* || Contr. **Saillie.** || • 2° Chacun des plans par lesquels on représente ou suggère le modèle des formes.

MÉPRENDRE (SE) [mepʀɑ̃dʀ(ə)]. *v. pron.* (58) • *Littér.* Se tromper (en particulier, en prenant une personne, une chose pour une autre). *Ils se ressemblent à s'y méprendre. Se méprendre sur qqn.*

MÉPRIS [mepʀi]. *n. m.* • 1° *Mépris de,* fait de considérer comme indigne d'attention. V. **Indifférence.** *Le mépris du danger, des richesses.* — *Loc. prép.* AU MÉPRIS DE : sans tenir compte de, en dépit de. • 2° *Mépris (pour),* sentiment par lequel on considère (qqn) comme indigne d'estime, comme moralement condamnable. V. **Dédain, dégoût.** || Contr. **Estime.** || *Il n'a que du mépris pour eux. Un air plein de mépris.*

MÉPRISE [mepʀiz]. *n. f.* • Erreur d'une personne qui se méprend. V. **Confusion.**

MÉPRISER [mepʀize]. *v. tr.* (1) • 1° Estimer indigne d'attention ou d'intérêt. V. **Dédaigner, négliger.** || Contr. **Considérer.** ||

Mépriser le danger. V. **Braver.** *Cet avis n'est pas à mépriser.* || Contr. **Désirer.** || • **2°** Considérer (qqn) comme indigne d'estime, comme moralement condamnable. || Contr. **Estimer.** || ▼ **MÉPRISABLE.** *adj.* Qui mérite le mépris (2°). V. **Honteux, indigne.** *Un homme, un procédé méprisable.* ▼ **MÉPRISANT, ANTE.** *adj.* Qui montre du mépris (2°). V. **Arrogant, dédaigneux.**

MER [mɛʀ]. *n. f.* • **1°** Vaste étendue d'eau salée qui couvre une grande partie de la surface du globe. *Haute, pleine mer*, partie éloignée des rivages. V. **Large.** *Eau de mer. Bains de mer. La mer est basse*, a atteint son niveau le plus bas. *Gens de mer*, marins. *Prendre la mer*, partir sur mer. — Loc. *Un homme à la mer*, tombé dans la mer ; *(abstrait)* désemparé, à la dérive. — *Ce n'est pas la mer à boire*, ce n'est pas tellement difficile. • **2°** *Une mer*, partie de la mer, délimitée (moins grande qu'un océan). • **3°** Vaste étendue. *La mer de glace*, grand glacier.

MERCANTI [mɛʀkɑ̃ti]. *n. m.* • Commerçant malhonnête ; profiteur.

MERCANTILE [mɛʀkɑ̃til]. *adj.* • Digne d'un commerçant cupide, d'un profiteur. ▼ **MERCANTILISME.** *n. m.* • **1°** Esprit mercantile. • **2°** Ancienne doctrine économique fondée sur le profit monétaire de l'État.

MERCENAIRE [mɛʀsənɛʀ]. *adj.* et *n.* ★ **I.** Adj. *Littér.* Qui n'agit que pour un salaire. *Troupes mercenaires.* V. **Vénal.** ★ **II.** *N.* • **1°** *Travailler comme un mercenaire*, faire un travail pénible, ingrat. • **2°** Soldat mercenaire à la solde d'un gouvernement étranger.

MERCERIE [mɛʀsəʀi]. *n. f.* • **1°** Ensemble des marchandises servant aux travaux de couture. • **2°** Commerce, boutique de mercier.

1. MERCI [mɛʀsi]. *n. f.* • **1°** *Loc. prép.* À LA MERCI DE : dans une situation où l'on dépend entièrement de (qqn ou qqch.). *Tenir qqn à sa merci. Il est à la merci d'une erreur.* • **2°** *Loc. adv.* DIEU MERCI : grâce à Dieu. • **3°** SANS MERCI : impitoyable (lutte, combat).

2. MERCI. *n. m.* • **1°** Remerciement. • **2°** Terme de politesse dont on use pour remercier. *Merci beaucoup. Merci pour, de votre lettre.* • **3°** Formule de politesse accompagnant un refus. *Non, merci.*

MERCIER, IÈRE [mɛʀsje, jɛʀ]. *n.* • Marchand d'articles de mercerie.

MERCREDI [mɛʀkʀədi]. *n. m.* • Quatrième jour de la semaine (en comptant à partir du dimanche).

MERCURE [mɛʀkyʀ]. *n. m.* • Métal d'un blanc argenté, liquide à la température ordinaire. *Baromètre à mercure.*

MERDE [mɛʀd(ə)]. *n. f.* et *interj.* • *Vulg.* ★ **I.** *N. f.* • **1°** Matière fécale. V. **Excrément.** • **2°** Être ou chose méprisable, sans valeur. *Son livre, c'est de la merde. Il ne se prend pas pour une merde*, il se croit un personnage. • **3°** Situation mauvaise et confuse. ★ **II.** *Interj.* • **1°** Exclamation de colère, d'impatience, de mépris. V. **Crotte.** • **2°** Exclamation d'étonnement, d'admiration. *Merde alors !* ▼ **MERDEUX, EUSE.** *adj.* et *n.* • **1°** *Vulg.* Sali d'excréments. • **2°** *N.* Gamin(e), blanc-bec. *Petit merdeux !* ▼ **MERDIER.** n. m. *Vulg.* Grand désordre, confusion inextricable. ▼ **MERDOYER** [mɛʀdwaje]. v. intr. (8). *Pop.* S'embrouiller dans une explication, dans des démarches maladroites. V. **Vasouiller.**

MÈRE [mɛʀ]. *n. f.* ★ **I.** • **1°** Femme qui a mis au monde un ou plusieurs enfants. V. **Maman.** *Mère de famille. C'est sa mère.* • **2°** Femelle qui a un ou plusieurs petits. • **3°** Femme qui est comme une mère. *Mère adoptive. Leur grande sœur est une mère pour eux.* • **4°** Titre de vénération donné à une religieuse (supérieure d'un couvent, etc.). Appellatif. *Oui, ma mère.* • **5°** Appellation familière pour une femme d'un certain âge. *La mère Mathieu. C'est la mère Michel qui a perdu son chat* (chanson). ★ **II.** • **1°** *La mère patrie*, la patrie d'origine (d'émigrés, etc.). • **2°** Origine, source. PROV. *L'oisiveté est mère de tous les vices.* — (Appos.) *Branche mère. Maison mère.* ★ **III.** *Mère de vinaigre*, membrane gélatineuse qui se forme dans la fermentation des liquides alcooliques. ▼ **MÈRE-GRAND.** n. f. *Vx.* Grand-mère.

MÉRIDIEN, IENNE [meʀidjɛ̃, jɛn]. *adj.* et *n. m.* ★ **I.** Adj. *Plan méridien* (que le soleil coupe à midi), plan défini par l'axe de rotation de la Terre et la verticale du lieu. — Relatif au plan méridien. *Hauteur méridienne d'un astre.* ★ **II.** *N. m.* Cercle imaginaire passant par les deux pôles terrestres. — Demi-cercle joignant les pôles. *Méridiens et parallèles sur les cartes.*

MÉRIDIENNE. *n. f.* ★ **I.** Sieste que l'on fait vers le milieu du jour. ★ **II.** Canapé de repos à deux chevets de hauteur inégale (Empire).

MÉRIDIONAL, ALE, AUX [meʀidjɔnal, o]. *adj.* • **1°** Qui est au sud. || Contr. **Septentrional.** || • **2°** Qui est du Midi, propre aux régions et aux gens du Midi (d'un pays, et de la France). *Climat méridional.* — *Subst.* Personne du Midi.

MERINGUE [məʀɛ̃g]. *n. f.* • Gâteau très léger fait de blancs d'œufs battus et de sucre. ▼ **MERINGUER.** *v. tr.* (1). Enrober, garnir de pâte à meringue.

MÉRINOS [meʀinos]. *n. m.* • **1°** Mouton de race espagnole (originaire d'Afrique du Nord) à toison épaisse ; sa laine. • **2°** Loc. vulg. *Laisser pisser le mérinos*, attendre, laisser aller les choses.

MERISE [məʀiz]. *n. f.* • Petite cerise sauvage, rose ou noire. ▼ **MERISIER.** *n. m.*

MÉRITANT, ANTE. *adj.* • *Souvent iron.* Qui a du mérite (I, 1°).

MÉRITE [meʀit]. *n. m.* ★ **I.** • **1°** Ce qui rend une personne digne d'estime, de récompense. V. **Vertu.** *Il n'en a que plus de mérite. Il a au moins le mérite de la sincérité.* • **2°** Ce qui rend une conduite digne d'éloges. *Sa persévérance n'est pas sans mérite.* ★ **II.** *Le mérite*, ensemble de qualités intellectuelles et morales, particulièrement estimables. V. **Valeur.** *Un homme de mérite. Ce travail a certains mérites.* ★ **III.** Nom de certains ordres et décorations (récompenses). *Mérite agricole.*

MÉRITER [merite]. *v. tr.* (1) • **1°** Être, par sa conduite, en droit d'obtenir (un avantage) ou exposé à subir (un inconvénient). V. **Encourir.** *Mériter l'estime, la reconnaissance de qqn. Un repos bien mérité. Il l'a bien mérité* (Cf. C'est bien fait, il ne l'a pas volé). — *Ceci mérite réflexion. Il méritait de réussir. Il mériterait qu'on lui en fasse autant!* • **2°** Être digne d'avoir (qqn) à ses côtés, dans sa vie. *Il ne méritait pas de tels amis.*

MÉRITOIRE [meritwar]. *adj.* • Où le mérite est grand ; qui est digne d'éloge. V. **Louable.** *Œuvre, effort méritoire.* || Contr. **Blâmable.** ||

MERLAN [mɛrlɑ̃]. *n. m.* • Poisson de mer à chair légère. — Fam. *Faire des yeux de merlan frit,* lever les yeux au ciel de façon ridicule.

MERLE [mɛrl(ə)]. *n. m.* • **1°** Oiseau passereau au plumage généralement noir chez le mâle. *Siffler comme un merle.* • **2°** *Un vilain merle,* et (iron.) *un beau merle,* un vilain personnage. — *Merle blanc,* personne ou chose introuvable.

MERLIN [mɛrlɛ̃]. *n. m.* • Masse pour assommer les bœufs.

MERLU ou **MERLUS** [mɛrly]. *n. m.* • *Région.* Colin (poisson). ▼ **MERLUCHE.** *n. f.* Morue séchée.

MÉROU [meru]. *n. m.* • Grand poisson sphérique des côtes de la Méditerranée, à la chair très délicate. *Pêche au mérou.*

MÉROVINGIEN, IENNE [merɔvɛ̃ʒjɛ̃, jɛn]. *adj.* • Relatif à la famille qui régna sur la Gaule franque, de Clovis à l'élection de Pépin le Bref ; de cette époque.

MERVEILLE [mɛrvɛj]. *n. f.* • Chose qui cause une intense admiration. *Les merveilles de la nature, de l'art. Les sept merveilles du monde.* — Loc. *Faire merveille,* obtenir des résultats remarquables. — *Loc. adv.* À MERVEILLE : parfaitement, remarquablement. *Il se porte à merveille.*

MERVEILLEUX, EUSE [mɛrvɛjø, øz]. *adj.* et *n.* ★ **I.** *Adj.* • **1°** Qui étonne par son caractère inexplicable, surnaturel. V. **Magique, miraculeux.** || Contr. **Naturel.** || *Aladin, ou la lampe merveilleuse.* • **2°** Qui est admirable au plus haut point, exceptionnel. *Un merveilleux chant. Elle est merveilleuse dans ce rôle.* V. **Remarquable.** ★ **II.** *N.* • **1°** *N. m.* Ce qui, dans une œuvre littéraire, se réfère à l'inexplicable, au surnaturel. • **2°** *N. m.* et *f.* Personne à la mode, sous le Directoire (fin XVIIIe). ▼ **MERVEILLEUSEMENT.** *adv.* Admirablement, parfaitement.

MES. *adj. poss.* V. MON.

MÉSALLIANCE [mezaljɑ̃s]. *n. f.* • Mariage avec une personne considérée comme inférieure par la naissance ou le milieu auquel elle appartient. ▼ **MÉSALLIER (SE).** *v. pron.* (7). Faire une mésalliance.

MÉSANGE [mezɑ̃ʒ]. *n. f.* • Petit oiseau *(Passereaux),* qui se nourrit d'insectes, de graines et de fruits.

MÉSAVENTURE [mezavɑ̃tyr]. *n. f.* • Aventure fâcheuse, événement désagréable. V. **Accident, malchance.**

MESCALINE [mɛskalin]. *n. f.* • Alcaloïde extrait d'une plante du Mexique et qui produit des hallucinations.

MESDAMES, MESDEMOISELLES. *n. f.* • Plur. de MADAME, MADEMOISELLE.

MÉSENTENTE [mezɑ̃tɑ̃t]. *n. f.* • Défaut d'entente ou mauvaise entente. V. **Brouille, désaccord, mésintelligence.** *Il y a une légère mésentente entre eux.*

MÉSENTÈRE [mezɑ̃tɛr]. *n. m.* • Repli intérieur de la membrane du péritoine qui enveloppe l'intestin.

MÉSESTIME [mezɛstim]. *n. f.* • *Littér.* Défaut d'estime, de considération. ▼ **MÉSESTIMER.** v. tr. (1). *Littér.* Ne pas apprécier (une personne, une chose) à sa juste valeur. V. **Méconnaître, méjuger, sous-estimer.** *Ne mésestimez pas les difficultés.* || Contr. **Estimer, surestimer.** ||

MÉSINTELLIGENCE [mezɛ̃teliʒɑ̃s]. *n. f.* • *Littér.* Défaut d'accord, d'entente entre les personnes. V. **Discorde, dissentiment, mésentente.**

MÉSO-. • Élément signifiant « au milieu, médian ». ▼ **MÉSOLITHIQUE.** adj. et n. m. *Didact.* Se dit de la période moyenne de l'âge de pierre.

MESQUIN, INE [mɛskɛ̃, in]. *adj.* • **1°** *(Personnes).* Qui est attaché à ce qui est petit, médiocre ; qui manque de générosité. *Un esprit mesquin.* V. **Étroit, petit.** *Idées mesquines.* • **2°** Qui témoigne d'avarice. *N'offrez pas si peu, ce serait mesquin.* || Contr. **Généreux.** || ▼ **MESQUINEMENT.** *adv.* ▼ **MESQUINERIE.** *n. f.* • **1°** Caractère d'une personne, d'une action mesquine. V. **Bassesse, médiocrité.** *La mesquinerie d'une vengeance.* • **2°** *Une mesquinerie,* attitude, action mesquine.

MESS [mɛs]. *n. m.* • Lieu où se réunissent les officiers ou les sous-officiers d'une même unité, pour prendre leur repas en commun. V. **Cantine, popote.**

MESSAGE [mesaʒ]. *n. m.* • **1°** Charge de dire, de transmettre qqch. V. **Ambassade, commission.** *S'acquitter d'un message.* • **2°** Information, paroles transmises. V. **Annonce, avis, communication.** *Message écrit.* V. **Dépêche, lettre.** *Recevoir, transmettre un message.* • **3°** Contenu de ce qui est révélé, transmis aux hommes. *Le message d'un écrivain.* • **4°** Transmission d'une information. *Le code d'un message.* ▼ **MESSAGER, ÈRE.** *n.* • **1°** Personne chargée de transmettre une nouvelle, un objet. • **2°** *Littér.* Ce qui annonce qqch. V. **Avant-coureur.** *Les oiseaux migrateurs, messagers de l'hiver.*

MESSAGERIE [mesaʒri]. *n. f.* • Service de transports de colis et voyageurs. *Messageries maritimes, aériennes.*

MESSE [mɛs]. *n. f.* • **1°** Dans la religion catholique, Sacrifice du corps et du sang de Jésus-Christ sous les espèces du pain et du vin, par le ministère du prêtre. *Le prêtre dit la messe. Les enfants de chœur servent la messe. Aller à la messe. Messe de minuit,* pour Noël. • **2°** *Messe noire,* parodie sacrilège du saint sacrifice. • **3°** Ensemble de compositions musicales sur les paroles des chants liturgiques de la messe.

MESSIE [mesi]. *n. m.* • Libérateur désigné et envoyé par Dieu, *spécialt.* Jésus-Christ. — Fam. *Attendre qqn comme le Messie,* avec grande impatience. ▼ **MESSIANIQUE.** adj. *Littér.* Relatif à la venue d'un messie.

MESSIEURS. V. MONSIEUR.

MESSIRE [mesiʀ]. *n. m.* • Ancienne dénomination honorifique réservée aux personnes de qualité.

MESURABLE. *adj.* • Qui peut être mesuré. *Une grandeur mesurable.*

MESURE [m(ə)zyʀ]. *n. f.* ★ **I.** • **1°** Action de déterminer la valeur de certaines grandeurs par comparaison avec une grandeur constante de même espèce. V. **Évaluation, -métrie.** *Mesure d'une grandeur. Système de mesure.* • **2°** Grandeur (dimension) déterminée par la mesure. *Les mesures d'un meuble. Les mesures d'une personne. Fait sur mesure,* spécialement adapté à une personne ou à un but. • **3°** Valeur, capacité appréciée ou estimée. *La mesure de ses forces. Donner sa mesure,* montrer ce dont on est capable. *Prendre la mesure, la juste mesure de qqn, de ses capacités.* • **4°** *(Loc.).* À LA MESURE DE : qui correspond, est proportionné à. V. **Échelle.** *Un adversaire à sa mesure.* — DANS LA MESURE DE..., OÙ... : dans la proportion de, où; pour autant que. *Dans la mesure du possible.* — À MESURE QUE... : à proportion que; en même temps que (marque la progression dans la durée). *On s'aime à mesure qu'on se connaît mieux.* ★ **II.** • **1°** Quantité représentable par un étalon concret. *Mesures de longueur, de capacité.* • **2°** Récipient de capacité connue; ce qu'il contient. *Mesure à grains. Donner deux mesures d'avoine à un cheval. Faire une bonne mesure,* donner généreusement. • **3°** COMMUNE MESURE (en phrase négative) : quantité prise pour unité; rapport. *Il n'y a pas de commune mesure entre ces quantités, elles sont incommensurables. Il n'y a aucune commune mesure entre Shakespeare et ses contemporains,* sa valeur est incomparablement plus grande. ★ **III.** • **1°** Quantité, dimension normale, souhaitable. *La juste, la bonne mesure. Dépasser, excéder la mesure,* exagérer. — Loc. *Outre mesure,* excessivement. • **2°** Modération dans le comportement. V. **Précaution, retenue.** ||Contr. **Démesure, excès.** || *Dépenser avec mesure.* • **3°** *Une mesure,* manière d'agir proportionnée à un but à atteindre; acte officiel. V. **Disposition, moyen; demi-mesure.** *Prendre des mesures d'urgence.* • **4°** Division de la durée musicale en parties égales. V. **Cadence, mouvement, rythme.** *Mesure à quatre temps. — Loc. adv.* EN MESURE : en suivant la mesure, en cadence. • **5°** *Être en mesure de,* avoir la possibilité de; être en état. ▼ **MESURÉ, ÉE.** *adj.* • **1°** Évalué par la mesure. • **2°** Qui montre de la mesure (III, 2°). V. **Circonspect, modéré.** *Il est mesuré en tout. — Des éloges mesurés.*

MESURER [məzyʀe]. *v. tr.* (1) ★ **I.** • **1°** Évaluer (une longueur, une surface, un volume) par une comparaison avec un étalon de même espèce. *Mesurer au mètre. Mesurer qqn,* sa taille. • **2°** Déterminer la valeur d'une grandeur mesurable. *Mesurer par l'observation directe, par le calcul.* • **3°** *(Abstrait).* Juger par comparaison. V. **Estimer, évaluer.** *Mesurer la portée, l'efficacité d'un acte.* ★ **II.** Avoir pour mesure. *Cette planche mesure deux mètres. Il mesure un mètre quatre-vingts.* ★ **III.** Régler par une mesure. • **1°** Donner, régler avec mesure. V. **Compter.** *Le temps nous a été mesuré.* • **2°** Faire, employer avec mesure, pondération. *Mesurez vos expressions !* ★ **IV.** SE MESURER. *v. pron.* • **1°** Être mesurable. • **2°** (Personnes). *Se mesurer avec, à qqn,* se comparer à lui par une épreuve de force. V. **Battre** (se), **lutter.**

MÉSUSER [mezyze]. *v. tr. ind.* (1) • [DE] • *Littér.* User mal (d'une chose). V. **Abuser.** *Mésuser de son autorité.*

MÉT(A)-. • Élément exprimant la succession, le changement ou encore « ce qui dépasse, englobe » (un objet de pensée, une science).

MÉTABOLISME [metabɔlism(ə)]. *n. m.* • Ensemble des transformations chimiques et biologiques qui s'accomplissent dans l'organisme.

MÉTACARPE [metakaʀp]. *n. m.* • Terme d'anatomie, Ensemble des os de la main entre le poignet et les phalanges *(métacarpiens).*

MÉTAIRIE [meteʀi]. *n. f.* • Domaine agricole exploité selon le système du métayage; ses bâtiments.

MÉTAL, AUX [metal, o]. *n. m.* • **1°** Nom générique désignant tout corps simple, doué d'un éclat particulier (éclat métallique), bon conducteur de la chaleur et de l'électricité et formant, par combinaison avec l'oxygène, des oxydes basiques (*opposé à* métalloïde). *Métaux précieux,* argent, or, platine. *Métaux radioactifs. Le minerai d'un métal.* • **2°** Substance métallique (métal ou alliage). *Industrie des métaux,* métallurgie. *Lame, plaque de métal.* ▼ **MÉTALLIFÈRE.** *adj.* Qui contient un métal. *Gisement métallifère* ▼ **MÉTALLIQUE.** *adj.* • **1°** Fait de métal *Fil, charpente métallique.* • **2°** Qui appartient au métal, a l'apparence du métal. *Éclat, reflet métallique.* • **3°** *(Son).* Qui semble venir d'un corps fait de métal. *Bruit, son métallique.* ▼ **MÉTALLISER.** *v. tr.* (1). • **1°** Donner à (un corps) un éclat métallique. *Peintures métallisées.* • **2°** Couvrir d'une légère couche de métal. V. **Étamer, galvaniser.** ▼ **MÉTALLISATION.** *n. f.*

MÉTALLO [metalo]. *n. m.* • *Fam.* Ouvrier métallurgiste. *Des métallos.*

MÉTALLOÏDE [metal(l)ɔid]. *n. m.* • Corps simple, généralement dépourvu d'éclat mauvais conducteur de la chaleur et de l'électricité et qui forme avec l'oxygène des composés acides ou neutres (*opposé à* métal).

MÉTALLURGIE [metal(l)yʀʒi]. *n. f.* • Ensemble des industries et des techniques qui assurent la fabrication des métaux et leur mise en œuvre. *Métallurgie du fer* (V. **Sidérurgie**). ▼ **MÉTALLURGIQUE.** *adj.* ▼ **MÉTALLURGISTE.** *n. m.* • **1°** Ouvrier qui travaille dans la métallurgie (syn. *Métallo*). *Les métallurgistes de l'automobile* (ajusteur, chaudronnier, fondeur, riveur). • **2°** Industriel de la métallurgie.

MÉTAMORPHIQUE [metamɔʀfik]. *adj.* • Se dit de toute roche qui a été modifiée dans sa structure par l'action de la chaleur et de la pression. ▼ **MÉTAMORPHISME.** *n. m.* Ensemble des phénomènes qui donnent lieu à la formation des roches métamorphiques.

MÉTAMORPHOSE [metamɔʀfoz]. *n. f.* • 1° Changement de forme, de nature ou de structure telle que l'objet n'est plus reconnaissable. *Métamorphoses successives de Vichnou.* • 2° Dans certaines espèces animales, Changement brusque survenant dans l'organisme en voie de développement. *Métamorphoses des grenouilles.* • 3° Changement complet d'une personne ou d'une chose dans son état, ses caractères. V. **Transformation.** ▼ **MÉTAMORPHOSER.** *v. tr.* (1) • 1° Faire passer (un être) de sa forme primitive à une autre forme. V. **Changer, transformer.** • 2° Changer complètement (qqn, qqch.). *L'amour l'a métamorphosé.*

MÉTAPHORE [metafɔʀ]. *n. f.* • Procédé de langage qui consiste dans une modification de sens (terme concret dans un contexte abstrait) par substitution analogique. V. **Comparaison, image.** *Métaphore et métonymie.* ▼ **MÉTAPHORIQUE.** *adj.* • 1° Qui tient de la métaphore. • 2° Qui abonde en métaphores. *Style métaphorique.* ▼ **MÉTAPHORIQUEMENT.** *adv.*

MÉTAPHYSIQUE [metafizik]. *n. f.* et *adj.* ★ **I.** *N. f.* Recherche rationnelle ayant pour objet la connaissance de l'être absolu, des causes de l'univers et des principes premiers de la connaissance. V. **Ontologie, philosophie.** ★ **II.** *Adj.* • 1° Qui relève de la métaphysique. *Le problème métaphysique de la liberté humaine.* • 2° Qui présente l'incertitude, l'obscurité attribuées à la métaphysique. *Cette discussion est bien métaphysique.* V. **Abstrait.** ▼ **MÉTAPHYSIQUEMENT.** *adv.* ▼ **MÉTAPHYSICIEN, IENNE.** *n.* Personne qui s'occupe de métaphysique. V. **Philosophe.**

MÉTATARSE [metataʀs(ə)]. *n. m.* • Ensemble des os du pied entre le talon et les phalanges des orteils.

MÉTAYAGE [metɛjaʒ]. *n. m.* • Mode d'exploitation agricole, louage d'un domaine rural (V. **Métairie**) à un métayer qui le cultive pour une partie du produit. ▼ **MÉTAYER, YÈRE** [meteje ; -ɛjɛʀ]. *n.* Personne qui prend à bail et fait valoir un domaine sous le régime du métayage.

MÉTAZOAIRE [metazɔɛʀ]. *n. m.* • Animal possédant de nombreux organes cellulaires différenciés (*opposé à* protozoaire).

MÉTEIL [metɛj]. *n. m.* • Seigle et froment mêlés.

MÉTEMPSYCOSE [metɑ̃psikoz]. *n. f.* • Doctrine selon laquelle une même âme peut animer successivement plusieurs corps (humains ou animaux).

MÉTÉO [meteo]. V. MÉTÉOROLOGIE.

MÉTÉORE [meteɔʀ]. *n. m.* • 1° *Didact.* Tout phénomène qui se produit dans l'atmosphère. • 2° Corps céleste qui traverse l'atmosphère terrestre (visible la nuit par une traînée lumineuse). V. **Astéroïde, étoile** (filante). — Loc. *Passer comme un météore,* si vite qu'on s'en aperçoit à peine. ▼ **MÉTÉORIQUE.** *adj.* Relatif aux météores. ▼ **MÉTÉORITE.** *n. m.* ou *f.* Fragment de corps céleste qui traverse l'atmosphère. V. **Aérolithe.**

MÉTÉOROLOGIE [meteɔʀɔlɔʒi]. *n. f.* • 1° Étude scientifique des phénomènes atmosphériques. *Prévision du temps par la météorologie.* • 2° (Abrév. MÉTÉO). Service qui s'occupe de météorologie. *Bulletin de la météo.* ▼ **MÉTÉOROLOGIQUE.** adj. *Observations météorologiques.* ▼ **MÉTÉOROLOGISTE.** *n.*

MÉTÈQUE [metɛk]. *n. m.* • *Péj.* Étranger (surtout méditerranéen) résidant en France et dont l'aspect physique, les allures sont jugés déplaisants.

MÉTHANE [metan]. *n. m.* • Carbure d'hydrogène appelé aussi *gaz des marais*; gaz incolore, inflammable.

MÉTHODE [metɔd]. *n. f.* • 1° Ensemble de démarches que suit l'esprit pour découvrir et démontrer la vérité (dans les sciences). V. **Logique.** *Méthode analytique* (analyse), *synthétique* (synthèse). • 2° Ensemble de démarches raisonnées, suivies, pour parvenir à un but. V. **Système.** *Méthode de travail. Agissez avec méthode. Méthodes de culture.* V. **Procédé.** • 3° Règles, principes sur lesquels reposent l'enseignement, la pratique d'un art, d'une technique ; leur exposé. *Méthode de violon, de comptabilité.* • 4° *Fam.* Moyen. *Indiquer à qqn la méthode à suivre.* V. **Formule, marche** (à suivre). ▼ **MÉTHODIQUE.** *adj.* • 1° Fait selon une méthode. ‖ Contr. **Empirique.** ‖ *Démonstration, vérifications méthodiques.* • 2° Qui agit, raisonne avec méthode. *Esprit méthodique.* ‖ Contr. **Brouillon, désordonné.** ‖ ▼ **MÉTHODIQUEMENT.** *adv.* ▼ **MÉTHODOLOGIE.** *n. f.* Étude des méthodes scientifiques, techniques (subdivision de la logique).

MÉTHYLÈNE [metilɛn]. *n. m.* • 1° Nom commercial de l'alcool méthylique dérivé du méthane (esprit de bois). • 2° Radical bivalent dérivé du méthane. *Bleu de méthylène.*

MÉTICULEUX, EUSE [metikylø, øz]. *adj.* • Sujet à de petites craintes, à de petits scrupules ; très attentif aux détails. V. **Minutieux, pointilleux.** *Il est extrêmement méticuleux dans son travail. Propreté méticuleuse.* ‖ Contr. **Négligent.** ‖ ▼ **MÉTICULEUSEMENT.** *adv.* ▼ **MÉTICULOSITÉ.** n. f. *Littér.* Caractère d'une personne, d'une action méticuleuse.

MÉTIER [metje]. *n. m.* ★ **I.** • 1° Genre de travail déterminé, reconnu ou toléré par la société et dont on peut tirer ses moyens d'existence. V. **Profession ; fonction ; gagne-pain ;** *fam.* **Boulot, job.** *Métier manuel, intellectuel. Petits métiers,* artisanaux. *Choisir un métier.* V. **Carrière.** *Il est garagiste de son métier.* V. **État.** *Être du métier,* être spécialiste. *Il connaît son métier,* il y est compétent. PROV. *Il n'est point de sot métier.* • 2° Occupation permanente. *Le métier de roi.* V. **Fonction, rôle.** • 3° Habileté technique (manuelle ou intellectuelle) que confère l'expérience d'un métier. V. **Technique.** *Il a du métier.* ★ **II.** • 1° Machine servant à travailler les textiles. *Métier à tisser.* • 2° Loc. *Mettre sur le métier.* V. **Entreprendre.**

MÉTIS, ISSE [metis]. *adj.* ★ **I.** • 1° Qui est issu du croisement de races, de variétés différentes dans la même espèce. *Enfant métis.* — Subst. *Les mulâtres sont des métis. Une belle métisse.* • 2° Hybride. *Œillet métis.* ★ **II.** *Toile métisse*, ou *Métis* (n. m.), toile de coton et lin. ▼ **MÉTISSER.** *v. tr.* (1). Croiser des individus de races différentes. *Chien métissé*, bâtard. ▼ **MÉTISSAGE.** *n. m.* Mélange, croisement de races.

MÉTONYMIE [metɔnimi]. *n. f.* • *Didact.* Procédé de langage par lequel on exprime un concept au moyen d'un terme désignant un autre concept qui lui est uni par une relation nécessaire (cause et effet, inclusion, ressemblance, etc.). ▼ **MÉTONYMIQUE.** *adj.*

MÉTRAGE [metʀaʒ]. *n. m.* • 1° Action de mesurer au mètre. • 2° Longueur de tissu vendu au mètre (la largeur étant connue). • 3° *Métrage d'un film*, longueur de la pellicule. *Long, court métrage*, film de longueur déterminée.

1. MÈTRE [mɛtʀ(ə)]. *n. m.* • 1° Élément de mesure des vers grecs et latins. • 2° Structure du vers (V. **Mesure**) ; type de vers d'après le nombre de syllabes et la coupe. *Le choix d'un mètre.* ▼ **1. MÉTRIQUE** [metʀik]. *n. f.* Étude de la versification fondée sur l'emploi des mètres ; système de versification. V. **Prosodie.**

2. MÈTRE. *n. m.* • 1° Unité principale de longueur, base du système métrique (symb. *m*), dix millionième partie du quart du méridien terrestre. — *Un cent mètres*, une course de cent mètres. • 2° Objet concret, étalon du mètre. *Le mètre international en platine.* — Règle ou ruban gradué en centimètres. ▼ **MÉTRER.** *v. tr.* (6). Mesurer au mètre. *Métrer un terrain.* ▼ **MÉTREUR, EUSE.** *n.* Personne qui mètre (*spécialt.* les constructions). ▼ **2. MÉTRIQUE.** *adj.* • 1° Qui a rapport au mètre, unité de mesure. *Système métrique*, système décimal qui a le mètre pour base. • 2° Relatif aux distances.

-MÈTRE, -MÉTRIE. • Second élément signifiant « mesure ».

MÉTRITE [metʀit]. *n. f.* • Maladie inflammatoire de l'utérus.

MÉTRO ou *(vx)* **MÉTROPOLITAIN.** *n. m.* • Chemin de fer électrique, en général souterrain, qui dessert une grande ville. *Station, bouche de métro. Prendre le métro.*

MÉTRO-. • Élément signifiant « mesure » (ex. : *métrologie* [n. f.], science des mesures).

MÉTRONOME [metʀɔnɔm]. *n. m.* • Petit instrument à pendule, servant à marquer la mesure pour l'exécution d'un morceau de musique.

MÉTROPOLE [metʀɔpɔl]. *n. f.* • 1° Ville principale. V. **Capitale.** *Les grandes métropoles économiques.* • 2° État considéré par rapport à ses colonies, aux territoires extérieurs. ▼ **MÉTROPOLITAIN, AINE.** *adj.* • 1° *Chemin de fer métropolitain.* V. **Métro.** • 2° Qui appartient à la métropole (*opposé à* colonial).

MÉTROPOLITE [metʀɔpɔlit]. *n. m.* • Archevêque de l'Église orthodoxe.

METS [mɛ]. *n. m.* • Chacun des aliments qui entrent dans l'ordonnance d'un repas. V. **Plat.**

METTABLE [mɛtabl(ə)]. *adj.* • Qu'on peut mettre. (Ne se dit que des habits.) *Ce manteau n'est plus mettable.*

METTEUR, EUSE [mɛtœʀ, øz]. *n.* (rare au f.) • 1° METTEUR EN ŒUVRE : ouvrier, technicien qui met en œuvre. • 2° METTEUR EN PAGES : typographe qui effectue la mise en pages. • 3° METTEUR EN SCÈNE : personne qui assure la réalisation d'une œuvre dramatique, d'un film (V. **Réalisateur**). *Elle est metteur en scène.* — METTEUR EN ONDES : réalisateur d'émissions radiophoniques.

METTRE [mɛtʀ(ə)]. *v. tr.* (56) ★ **I.** (Faire changer de lieu). • 1° Faire passer (une chose) dans un lieu, dans un endroit, à une place (où elle n'était pas). V. **Placer.** *Mettez cela ici, là, autre part. Mettre sur...*, poser. *Mettre dans...*, enfoncer, insérer, introduire. — METTRE EN. *Mettre du vin en bouteille. Mettre en terre*, planter ou enterrer. — METTRE À *un endroit.* V. **Placer.** — *Mettre près, auprès de*, approcher. • 2° Placer (un membre, une partie du corps) dans une position. *Mettre ses bras en l'air, ses mains derrière le dos.* • 3° Placer (un être vivant) à tel endroit. *Mettre un enfant sur sa chaise*, asseoir ; *dans son lit*, coucher. *Mettre ses amis dans les meilleures chambres.* V. **Installer.** *Mettre qqn sur la route*, le diriger. • 4° Faire passer dans un lieu en faisant changer de situation. *Mettre qqn sur la paille*, le ruiner. *Il a mis son fils en pension. Mettre en place*, installer, ranger. *Mettre du café à chauffer.* — Loc. *Mettre au monde, au jour*, donner naissance à. • 5° Placer (un vêtement, un ornement, etc.) sur qqn, sur soi, en le disposant comme il doit l'être. *Mettre son manteau, des gants.* • 6° Ajouter en adaptant, en assujettissant. *Mettre un fer à une pioche. Mettre un ingrédient dans un plat.* • 7° Disposer. *Mettre le couvert, la table.* V. **Dresser.** — Installer. *Il a fait mettre l'électricité chez lui.* • 8° METTRE... À : ajouter, apporter (un élément moral, affectif) à une action. V. **User** (de). *Mettre du soin à se cacher, du zèle à faire qqch.* — Loc. *Il y a mis du sien*, il a donné, payé de sa personne. • 9° METTRE... DANS, EN, À : placer dans, faire consister en. *Mettre de grands espoirs en qqn.* V. **Fonder.** • 10° METTRE (un certain temps, de l'argent) À : dépenser, employer, utiliser. *Mettre plusieurs jours à faire qqch. Y mettre le prix.* • 11° Provoquer, faire naître. *Il a mis le désordre, le trouble partout.* V. **Causer, créer, semer.** • 12° Écrire, coucher par écrit. *Mettre son nom sur un album.* — *Fam.* METTONS QUE : admettons que. *Mettons que je n'ai rien dit.* • 13° Loc. pop. *Mettre les bouts*, s'en aller. *On les met* (même sens). ★ **II.** • 1° *(Avec un adv.).* Placer dans une position nouvelle (sans qu'il y ait déplacement ni modification d'état, pour le complément). *Mettre qqn debout. Mettre bas, à bas*, abattre. • 2° Placer, disposer dans une position particulière. *Voulez-vous mettre le loquet* (le baisser), *le verrou* (le pousser) ? ★ **III.** Faire passer dans un état nouveau ; modifier en faisant passer dans une situation nouvelle. • 1° *(Sens concret).* METTRE EN : transformer en. *Mettre du blé en gerbe. Mettre un texte en français*, le traduire. — METTRE À. *Mettre un bassin à sec.* • 2° *(Emplois abstraits).* METTRE (qqch. ou qqn) DANS, EN, À : changer, modifier en faisant passer dans, à un état nouveau. *Mettre en état*, préparer. *Mettre en contact, en présence. Mettre en lumière, en cause. Mettre au point un appareil de photo. Mettre qqn à mort.* — Faire avancer, marcher, agir ou préparer pour l'action. *Mettre en mouvement, en service, en vente. Mettre en œuvre.* • 3° Faire fonctionner. *Il met la radio à partir de six heures du matin.* ★ **IV.** SE METTRE. • 1° *(Sens réfl.).* Venir occuper un lieu, une situation. V. **Placer** (se). *Se mettre à la fenêtre. Se mettre au lit. Se mettre à l'abri.* — Loc. *Ne plus savoir où se mettre*, être embarrassé, gêné. • 2° Prendre une position, un état, une apparence. *Se mettre à genoux. Se mettre en civil.* • 3° Devenir. *Se mettre en colère. Se mettre d'accord.* • 4° SE METTRE À : commencer à faire. *Se mettre au travail. Se mettre aux mathématiques*, commencer à les étudier. — Commencer. *Se mettre à faire qqch.* • 5° Loc. *N'avoir rien à se mettre* (pour s'habiller décemment, à son goût). • 6° Fam. *Récipr.* Se donner des coups. *Qu'est-ce qu'ils se mettent !*

1. MEUBLE [mœbl(ə)]. *adj.* et *n. m.* • 1° *Adj.* Qui se remue, se laboure facilement (terre). *Sol meuble.* • 2° *Adj.* et *n. m.* Se dit (en droit) des biens qui peuvent être déplacés : meubles (2), animaux, véhicules, navires, marchandises. || Contr. **Immeuble.** ||

2. MEUBLE [mœbl(ə)]. *n. m.* • Nom générique des objets mobiles de formes rigides, qui concourent à l'aménagement de l'habitation, des locaux. V. **Ameublement, mobilier.** *Marchand de meubles anciens* (antiquaire). *Meubles rustiques.* ▼ **MEUBLER.** *v. tr.* (1) • 1° Garnir de meubles. *Meubler sa maison.* — *Chambre meublée*, louée avec des meubles. — N. m. *Habiter un meublé*, un appartement meublé. • 2° Remplir ou orner. *Meubler ses loisirs avec quelques bons livres.* V. **Occuper.**

MEUGLER [møgle]. *v. intr.* (1) • Beugler. ▼ **MEUGLEMENT.** *n. m.*

1. MEULE [møl]. *n. f.* • 1° Cylindre plat et massif, servant à broyer, à moudre. *Meules de moulin.* • 2° Disque en matière abrasive, à grains très fins, servant à user, à aiguiser, à polir. *Affûter un couteau sur la meule. La meule du dentiste.* ▼ **MEULER.** *v. tr.* (1). Passer, dégrossir à la meule.

2. MEULE. *n. f.* • Gros tas de foin, de gerbes, qui a une forme déterminée.

MEULIÈRE [møljɛʀ]. *adj. f.* et *n. f.* • *Pierre meulière*, et n. f. *Meulière*, pierre à surface rugueuse employée en maçonnerie. *Une villa en meulière.*

MEUNIER, ÈRE [mønje, ɛʀ]. *n.* et *adj.* • 1° Personne qui possède, exploite un moulin à céréales, ou qui fabrique de la farine. V. **Minotier.** • 2° *Sole meunière, « à la meunière »*, frite dans la farine. • 3° *Adj.* Qui a rapport à la meunerie. *Industrie meunière.* ▼ **MEUNERIE** [mønʀi]. *n. f.* • 1° Industrie de la fabrication des farines. • 2° Ensemble des meuniers. *Chambre syndicale de la meunerie.*

MEURTRE [mœʀtʀ(ə)]. *n. m.* • Action de tuer volontairement un être humain. V. **Crime, homicide.** ▼ **MEURTRIER, IÈRE.** *n.* et *adj.* ★ **I.** Personne qui a commis un ou des meurtres. V. **Assassin, criminel, homicide.** ★ **II.** Adj. *(Choses).* Qui cause, entraîne la mort de nombreuses personnes. V. **Destructeur, funeste, sanglant.** *Combats meurtriers. Carrefour meurtrier.* — Qui pousse à tuer. *Fureur meurtrière.*

MEURTRIÈRE [mœʀtʀijɛʀ]. *n. f.* • Fente verticale pratiquée dans un mur de fortification pour jeter des projectiles ou tirer sur les assaillants.

MEURTRIR [mœʀtʀiʀ]. *v. tr.* (2) • 1° Serrer, heurter au point de laisser une marque sur la peau. V. **Contusionner.** *Il lui serrait le poignet à le meurtrir.* • 2° *(Abstrait).* Blesser. ▼ **MEURTRISSURE.** *n. f.* • 1° Marque sur la peau meurtrie. V. **Bleu, contusion, coup, noir.** — Tache sur des fruits, des végétaux endommagés. • 2° Marque, trace laissée par la fatigue, la maladie, la vieillesse. — *Meurtrissure du cœur.*

MEUTE [møt]. *n. f.* • 1° Troupe de chiens dressés pour la chasse à courre. • 2° Bande, troupe de gens acharnés à la poursuite, à la perte de qqn.

MÉVENTE [mevɑ̃t]. *n. f.* • Insuffisance des ventes.

MEXICAIN, AINE [mɛksikɛ̃, ɛn]. *adj.* • Du Mexique. — Subst. *Les Mexicains.*

MEZZANINE [mɛdzanin]. *n. f.* ou *m.* • *Mezzanine d'une salle de spectacle.* V. **Corbeille** (II, 2°).

MEZZO-SOPRANO [mɛdzosɔpʀano]. *n.* • 1° *N. m.* Voix de femme, intermédiaire entre le soprano et le contralto. • 2° *N. f.* Celle qui a cette voix. (Abrév. *Une mezzo.*)

1. MI [mi]. *n. m.* • Troisième note de la gamme d'ut.

2. MI- [mi]. *adj.* et *adv.* employé comme *préf.* • 1° Suivi d'un nom et formant un nom composé : le milieu de. *La mi-janvier.* • 2° *(Loc. adv.).* À MI- (suivi d'un nom) : au milieu, à la moitié de. *À mi-hauteur. À mi-côte.* V. **Mi-corps** (à), **mi-jambe** (à). • 3° (Formant un adjectif composé). *Mi-long. Étoffe mi-fil, mi-coton. Yeux mi-clos.*

MIAOU [mjau]. *n. m.* • Cri du chat. *Faire miaou.* — *Un miaou* (lang. enfantin). V. **Miaulement.**

MIASME [mjasm(ə)]. *n. m.* • Émanation à laquelle on attribuait les maladies infectieuses.

MIAULER [mjole]. *v. intr.* (1) • Se dit du chat (et de certains félins) quand il fait entendre son cri. ▼ **MIAULEMENT.** *n. m.* Cri du chat. V. **Miaou.** — Léger grincement, sifflement.

MICA [mika]. *n. m.* • 1° Minerai à structure feuilletée, constituant des roches volcaniques et métamorphiques. • 2° Plaque de mica blanc transparent servant de vitre, etc.

MI-CARÊME [mikaʀɛm]. *n. f.* • Jeudi de la troisième semaine de carême, fête pour laquelle les enfants se déguisent.

MICELLE [misɛl]. *n. f.* • Très grosse molécule.

MICHE [miʃ]. *n. f.* • Pain rond assez gros.

MICHELINE [miʃlin]. *n. f.* • Automotrice montée sur pneumatiques.

MI-CHEMIN (À) [amiʃmɛ̃]. *loc. adv.* • Au milieu du chemin, du trajet (et *abstrait*). V. **Mi-course (à).**

MICMAC [mikmak]. *n. m.* ∘ *Fam.* Agissements compliqués, suspects. V. **Manigance.**

MICOCOULIER [mikɔkulje]. *n. m.* • Arbre du genre orme des régions chaudes et tempérées.

MI-CORPS (À) [amikɔʀ]. *loc. adv.* • Au milieu du corps, jusqu'au niveau de la taille.

MI-COURSE (À) [amikuʀs]. *loc adv.* • Au milieu du parcours, de la course. V. **Mi-chemin (à).**

1. MICRO. *n. m.* V. MICROPHONE.

2. MICR(O)-. • Premier élément signifiant « petit ». V. **Mini-.** ▼ **MICROSECONDE.** *n. f.* Un millionième de seconde.

MICROBE [mikʀɔb]. *n. m.* • 1° Organisme microscopique qui donne des maladies. V. **Bacille, bactérie, virus.** • 2° Personne chétive, petite. V. **Avorton.** ▼ **MICROBIEN, IENNE.** *adj.* Relatif aux microbes. Causé par les microbes. *Maladie microbienne.* ▼ **MICROBIOLOGIE.** *n. f.* Science traitant des microbes.

MICROCOSME [mikʀɔkɔsm(ə)]. *n. m.* • *Littér.* Abrégé, image réduite du monde, de la société.

MICROFILM [mikʀɔfilm]. *n. m.* • Photographie (de document, etc.) de très petit format sur film.

MICRON [mikʀɔ̃]. *n. m.* • Unité de longueur (μ) égale à un millionième de mètre.

MICRO-ORGANISME [mikʀɔɔʀganism(ə)]. *n. m.* • *Didact.* Microbe.

MICROPHONE [mikʀɔfɔn]. *n. m.* • Appareil électrique qui amplifie les ondes sonores. — Abrév. MICRO. *Parler, chanter au micro, devant* (dans) *un micro.*

MICROPHYSIQUE [mikʀɔfizik]. *n. f.* • Partie de la physique qui étudie spécialement l'atome et les phénomènes atomiques.

MICROSCOPE [mikʀɔskɔp]. *n. m.* • Instrument d'optique qui permet de voir des objets invisibles à l'œil nu. *Microscope qui grossit mille fois.* — *Microscope électronique*, dans lequel un faisceau d'électrons remplace le rayon lumineux. — *Examiner au microscope*, avec la plus grande minutie. ▼ **MICROSCOPIQUE.** *adj.* • 1° Visible seulement au microscope. Qui se fait à l'aide du microscope. *Examen, opération microscopique.* • 2° Très petit, minuscule.

MICROSILLON [mikʀɔsijɔ̃]. *n. m.* • Disque de longue durée (33 tours/minute) à sillons très petits.

MICTION [miksjɔ̃]. *n. f.* • Action d'uriner, en médecine. *Miction douloureuse.*

MIDI [midi]. *n. m.* ★ **I.** • 1° Milieu du jour entre le matin et l'après-midi. *Le repas de midi.* • 2° Heure du milieu du jour, douzième heure. *Les douze coups de midi. Il est midi. Midi un quart* (12 h 15) ; *midi dix* (minutes). — Loc. *Chercher midi à quatorze heures*, chercher des difficultés où il n'y en a pas, compliquer les choses. ★ **II.** • 1° Sud, exposition d'un lieu au sud. *Coteau exposé au midi.* • 2° Région qui est au sud d'un pays. — La région du sud de la France (V. **Méridional**). *Accent du Midi.*

MIDINETTE [midinɛt]. *n. f.* • Jeune ouvrière ou vendeuse de la couture, de la mode. — Péj. *Lectures de midinette.*

MIE [mi]. *n. f.* • 1° Partie molle à l'intérieur du pain. *Manger la mie et laisser la croûte. Pain de mie*, pain sans croûte. • 2° *Pop.* Adj. *À la mie de pain*, sans valeur.

MIEL [mjɛl]. *n. m.* • 1° Substance sirupeuse et sucrée que les abeilles élaborent. • 2° Loc. *Être tout sucre tout miel*, se faire très doux. ▼ **MIELLEUX, EUSE.** *adj.* Qui a une douceur affectée. V. **Doucereux.** *Paroles, phrases mielleuses. Air mielleux.* V. **Hypocrite, onctueux.**

MIEN(S), MIENNE(S) [mjɛ̃, mjɛn]. *adj.* et *pron. possessifs* représentant la première personne du singulier *(je).* ★ **I.** Adj. poss. *(Littér.).* • 1° (Épithète). *Un mien cousin*, un cousin à moi. • 2° (Attribut). *Ce livre est mien*, est à moi. ★ **II.** *Pron. poss.* LE MIEN, LA MIENNE *(les miens, les miennes)* : l'objet ou l'être lié à la première personne par un rapport de parenté, de possession, etc. *Votre fils et le mien. Leurs enfants et les deux miens. Je ne discute pas, votre prix sera le mien.* ★ **III.** *Subst. masc.* • 1° Loc. *J'y ai mis du mien*, j'ai fait un effort. • 2° LES MIENS : mes parents, mes amis, mes partisans.

MIETTE [mjɛt]. *n. f.* • 1° Petite parcelle de pain, de gâteau qui tombe quand on le coupe. • 2° *Les miettes* (d'une fortune, d'un partage), le peu qu'il en reste. *Dans cette affaire, nous n'aurons que des miettes.* • 3° Petit fragment. *Mettre un verre en miettes.* V. **Morceau, pièce.** *Donnez-moi une miette de ce gâteau.* • 4° *Fam.* PAS UNE MIETTE : rien du tout. *Ne pas perdre une miette d'un spectacle.*

MIEUX [mjø]. *adv.* • Comparatif irrégulier de BIEN (au lieu de *plus bien*). ‖ Contr. **Pire.** ‖ ★ **I.** MIEUX. • 1° D'une manière plus accomplie, meilleure. *Cette lampe éclaire mieux. Je le connais mieux.* — ALLER MIEUX : être en meilleure santé. Être dans un état plus prospère. *Le malade va mieux.* — (Au condit.) FAIRE MIEUX DE : avoir intérêt, avantage à. *Vous feriez mieux de vous taire.* • 2° MIEUX QUE... *Il travaille mieux que son frère. Mieux que jamais.* • 3° (Avec *plus, moins*). *Moins il mange, mieux il se porte.* • 4° Loc. adv. *On ne peut mieux*, parfaitement. — *De mieux en mieux*, en progressant dans la qualité. — *À qui mieux mieux*, à qui fera mieux (ou plus) que l'autre. ★ **II.** LE MIEUX. • 1° De la meilleure façon. *Les situations le mieux payées* (beaucoup payées), *les mieux payées* (payées plus que les autres). • 2° *Loc.* AU MIEUX : dans le meilleur des cas. *Au mieux, il réunira deux mille suffrages.* — ÊTRE AU MIEUX *(avec une personne)* : en excellents termes. • 3°

POUR LE MIEUX : le mieux possible. *Tout est pour le mieux.* • 4° DES MIEUX. *Cet appartement est des mieux meublés.* ★ **III.** *Adj. attribut.* • **1°** *(Personnes).* En meilleure santé. *Se sentir mieux. Je vous trouve mieux.* — Plus beau ; plus intéressant. *Il est mieux que son frère.* — Plus à l'aise. *Mettez-vous dans ce fauteuil, vous serez mieux.* • **2°** *(Choses).* Préférable, d'une plus grande qualité, d'un plus grand intérêt. *Parler est bien, se taire est mieux. Si vous n'avez rien de mieux à faire ce soir, je vous emmène au cinéma.* • **3°** *Loc.* QUI MIEUX EST : ce qui est mieux encore. ★ **IV.** *(Nominal).* • **1°** *(Sans article).* Quelque chose de mieux, une chose meilleure. *En attendant mieux. Il y a mieux, mais c'est plus cher. Faute de mieux. Il a changé en mieux,* à son avantage. • **2°** *N. m.* LE MIEUX : ce qui est meilleur. PROV. *Le mieux est l'ennemi du bien,* on risque de gâter une bonne chose en cherchant à mieux faire. — *Le médecin a constaté un léger mieux,* une amélioration. — *De mon (ton, son) mieux,* aussi bien qu'il est en mon (ton, son) pouvoir. ▼ **MIEUX-ÊTRE** [mjøzɛtʀ(ə)]. *n. m.* État plus heureux, amélioration du bien-être.

MIÈVRE [mjɛvʀ(ə)]. *adj.* • D'une grâce enfantine et fade. *Poésie mièvre.* ▼ **MIÈVRERIE.** *n. f.* Grâce puérile, fade et recherchée.

MIGNARD, ARDE [miɲaʀ, aʀd(ə)]. *adj.* • *Fam.* Qui a un aspect mignon, une grâce délicate. ▼ **MIGNARDISE.** *n. f.* Délicatesse, grâce affectée. *Des mignardises.* V. **Chichi, minauderie.**

MIGNON, ONNE [miɲɔ̃, ɔn]. *adj.* et *n.* ★ **I.** *Adj.* • **1°** Qui a de la grâce et de l'agrément (personnes jeunes, objets sans grande valeur). V. **Charmant, gracieux, joli, mignard.** *Fille jeune et mignonne. Il est mignon, votre vase.* • **2°** Aimable, gentil. *Sois mignonne !* • **3°** *Filet mignon,* bifteck coupé dans la pointe du filet. ★ **II.** *N. m.* et *f.* Personne mignonne. *Une jolie petite mignonne. Mon mignon.*

MIGNOTER [miɲɔte]. *v. tr.* (1) • *Vieilli.* Cajoler, dorloter.

MIGRAINE [migʀɛn]. *n. f.* • Mal de tête. ▼ **MIGRAINEUX, EUSE.** *adj.* Relatif à la migraine. — *Subst.* Personne sujette à la migraine.

MIGRATION [migʀasjɔ̃]. *n. f.* • **1°** Déplacement de populations qui passent d'un pays dans un autre pour s'y établir. V. **Émigration, immigration.** • **2°** Déplacement, d'ordinaire périodique, qu'accomplissent certaines espèces animales (oiseaux, poissons...). ▼ **MIGRATEUR, TRICE.** adj. *Passage d'oiseaux migrateurs.* ▼ **MIGRATOIRE.** *adj.* Relatif aux migrations. *Mouvement migratoire.*

MI-JAMBE (À) [amiʒɑ̃b]. *loc. adv.* • Au niveau du milieu de la jambe. *Avoir de l'eau jusqu'à mi-jambe* (aussi *à mi-jambes*).

MIJAURÉE [miʒɔʀe]. *n. f.* • Femme, une fille aux manières affectées, prétentieuses et ridicules. V. **Pimbêche.**

MIJOTER [miʒɔte]. *v. tr.* (1) ★ **I.** • Faire cuire ou bouillir lentement ; préparer avec soin (un plat). V. **Mitonner.** *Mijoter de bons petits plats.* • **2°** *Fam.* Mûrir, préparer avec réflexion et discrétion (une affaire, un mauvais coup, une plaisanterie). V. **Fricoter.** *Qu'est-ce qu'il mijote ?* ★ **II.** *Intrans.* Cuire à petit feu. *Potage qui mijote.*

MIL [mij ; mil]. *n. m.* • *Vx.* V. **Millet.** *Grain de mil.*

MILAN [milɑ̃]. *n. m.* • Oiseau rapace, variété d'aigle.

MILDIOU [mildju]. *n. m.* • Nom de maladies cryptogamiques qui attaquent diverses plantes. — Maladie de la vigne (rouille des feuilles).

MILE [majl]. *n. m.* • Mesure anglo-saxonne de longueur (1 609 m). V. **Mille 2.**

MILICE [milis]. *n. f.* • Troupe de police supplétive qui remplace ou renforce une armée régulière. *Milices populaires.* — Police dans certains pays. ▼ **MILICIEN, IENNE.** *n.* Membre d'une milice.

1. MILIEU [miljø]. *n. m.* ★ **I.** • **1°** Partie d'une chose qui est à égale distance de ses bords, de ses extrémités. *Scier une planche en son milieu. Le milieu d'une pièce.* V. **Centre.** • **2°** Ce qui est placé entre d'autres choses. *Le doigt du milieu.* • **3°** Période également éloignée du commencement et de la fin. *Le milieu du jour.* • **4°** AU MILIEU (DE) : à mi-distance des extrémités (espace et temps). *Au milieu de la route. Au milieu du repas. Il est arrivé en plein milieu, au beau milieu de la séance.* — *(Abstrait)* Parmi. *Il vit au milieu des siens. Au milieu du danger.* ★ **II.** • **1°** Ce qui est éloigné des extrêmes, des excès ; position, état intermédiaire. V. **Intermédiaire.** *Il y a un milieu, il n'y a pas de milieu entre...* • **2°** LE JUSTE MILIEU : la moyenne, la position non extrême.

2. MILIEU. *n. m.* • Ce qui entoure, ce dans quoi une chose ou un être se trouve. • **1°** Espace matériel dans lequel un corps est placé. • **2°** Ensemble des objets matériels, des circonstances physiques qui entourent et influencent un organisme vivant. *Adaptation au milieu.* • **3°** L'entourage matériel et moral d'une personne (V. **Ambiance, atmosphère, cadre, décor**). Le groupe social où elle vit. *S'adapter à un nouveau milieu.* — Plur. *Les milieux militaires, littéraires, scientifiques.* • **4°** *Le Milieu,* groupe social formé en majorité d'individus vivant des subsides de filles soumises et des produits de vol.

MILITAIRE [militɛʀ]. *adj.* et *n. m.* ★ **I.** *Adj.* • **1°** Relatif à la force armée, à son organisation, à ses activités. V. **Guerrier.** *École militaire. Service militaire. Opération militaire.* • **2°** Qui est fondé sur la force armée. *Gouvernement militaire. Coup d'État militaire.* ★ **II.** *N. m.* UN MILITAIRE : celui qui fait partie des forces armées. V. **Soldat ; troupe** (homme de troupe), **officier.** ▼ **MILITAIREMENT.** *adv.* • **1°** D'une manière militaire. *Saluer militairement.* • **2°** Par l'emploi de la force armée. *Occuper militairement un territoire.*

MILITANT, ANTE [militɑ̃, ɑ̃t]. *adj.* et *n.* • **1°** Qui combat activement dans les luttes idéologiques. V. **Actif.** *Doctrine, politique* *militante.* • 2° *N.* UN MILITANT, UNE MILITANTE. *Militant ouvrier, communiste, chrétien.*

MILITARISER [militaʀize]. *v. tr.* (1) • Organiser d'une façon militaire ; pourvoir d'une force armée. *Zone militarisée.* ▼ **MILITARISATION.** *n. f.*

MILITARISME [militaʀism(ə)]. *n. m.* • *Péj.* • 1° Prépondérance de l'armée, de l'élément militaire. V. **Bellicisme.** || Contr. **Pacifisme.** || • 2° Système politique qui s'appuie sur l'armée. ▼ **MILITARISTE.** adj. et n. *Nationalisme militariste.*

MILITER [milite]. *v. intr.* (1) • 1° *(Choses).* MILITER POUR, CONTRE... : constituer une raison, un argument pour ou contre. *Les arguments, les raisons qui militent en faveur de cette décision.* • 2° *(Personnes).* Agir, lutter sans violence pour ou contre (une cause). — Être un militant.

1. MILLE [mil]. *adj.* et *n. m. invar.* ★ **I.** *Adj.* • 1° Numéral cardinal (1 000) ; dix fois cent. *Mille un. Cinq mille. Deux mille trois cents.* • 2° Un grand nombre, une grande quantité (Cf. Trente-six, cent). *Dire mille fois. Faire mille amitiés.* — Loc. *Je vous le donne en mille*, vous n'avez pas une chance sur mille de deviner. • 3° *Adj. numéral ordinal.* V. **Millième.** *Page mille.* ★ **II.** *N. m.* • 1° Le nombre mille. *Mille plus deux mille cinq cents.* • 2° Partie centrale d'une cible, marquée du chiffre 1 000. *Mettre dans le mille*, dans le but. • 3° V. **Millier.** *Objets vendus à tant le mille.* — Fam. *Des mille et des cents*, beaucoup d'argent.

2. MILLE [mil]. *n. m.* • 1° Nom d'anciennes mesures de longueur. • 2° *Mille anglais.* V. **Mile.** — *Mille marin* (1 852 m).

MILLEFEUILLE [milfœj]. *n. m.* • Gâteau à pâte feuilletée.

MILLÉNAIRE [mi(l)lenɛʀ]. *adj.* et *n. m.* • 1° *Adj.* Qui a mille ans (ou plus). *Une tradition plusieurs fois millénaire.* • 2° *N. m.* Période de mille ans.

MILLE-PATTES [milpat]. *n. m. invar.* • Scolopendre (vingt et un segments, quarante-deux pattes).

MILLÉSIME [mi(l)lezim]. *n. m.* • 1° Chiffre exprimant le nombre mille, dans l'énoncé d'une date. • 2° Les chiffres qui indiquent la date d'une monnaie, d'un timbre-poste, d'un vin. ▼ **MILLÉSIMÉ, ÉE.** *adj.* Qui porte un millésime. *Bouteille millésimée.*

MILLET [mijɛ]. *n. m.* • Nom courant de plusieurs céréales (maïs, sarrasin, etc.). V. **Mil** *(vx). Farine de millet.*

MILLI-. • Élément signifiant « un millième » (ex. : *millimètre*).

MILLIARD [miljaʀ]. *n. m.* • Nombre de mille millions ; quantité immense. ▼ **MILLIARDAIRE.** *adj.* et *n.* Qui possède un milliard (ou plus) d'une unité monétaire. *Compagnie pétrolière plusieurs fois milliardaire en dollars.* — N. *Un, une milliardaire*, personne extrêmement riche.

MILLIÈME [miljɛm]. *adj.* et *n. m.* • 1° *Adj. numéral ordinal.* Qui occupe le rang indiqué par le nombre mille. • 2° Se dit d'une des parties d'un tout divisé en mille parties égales. *La millième partie.* — N. m. *Un millième.*

MILLIER [milje]. *n. m.* • Nombre, quantité de mille ou d'environ mille. — *Loc. adv.* PAR MILLIERS : en très grand nombre.

MILLIGRAMME [mi(l)ligʀam]. *n. m.* • Millième partie du gramme *(mg).* ▼ **MILLIMÈTRE.** *n. m.* Millième partie du mètre *(mm). Millième de millimètre* (micron). ▼ **MILLIMÉTRÉ, ÉE.** *adj.* Gradué, divisé en millimètres. *Papier millimétré* (ou MILLIMÉTRIQUE).

MILLION [miljɔ̃]. *n. m.* • Mille fois mille. *Un million, dix millions d'hommes.* — Un million de francs, d'unités monétaires. *Posséder des millions. Être riche à millions.* ▼ **MILLIONIÈME.** *adj.* et *n. m.* • 1° *Adj. num. ordinal.* Qui occupe le rang marqué par le nombre d'un million. • 2° Se dit de chaque partie d'un tout divisé en un million de parties égales. — N. *Un millionième de millimètre.* ▼ **MILLIONNAIRE.** *adj.* et *n.* Qui possède un ou plusieurs millions (d'unités monétaires), qui est très riche. *Il est plusieurs fois millionnaire.* V. **Multimillionnaire.** — N. *Un, une millionnaire.*

MIME [mim]. *n.* • Personne qui joue dans les pantomimes, acteur qui s'exprime par les attitudes et les gestes, sans paroles. — Imitateur. ▼ **MIMER.** *v. tr.* (1). Exprimer ou reproduire par des gestes, des jeux de physionomie, sans le secours de la parole. *Mimer qqn par dérision.* V. **Imiter, singer.** — *Monologue mimé.*

MIMÉTISME [mimetism(ə)]. *n. m.* • 1° Propriété que possèdent certaines espèces animales, pour assurer leur protection, de se rendre semblables par l'apparence au milieu environnant. *Mimétisme du caméléon.* • 2° Imitation qu'une personne fait involontairement d'une autre.

MIMIQUE [mimik]. *n. f.* • Ensemble des gestes expressifs et des jeux de physionomie qui accompagnent ou remplacent l[e] langage oral.

MIMOSA [mimoza]. *n. m.* • Arbre o[u] arbrisseau des régions chaudes, variét[é] d'acacia portant des fleurs jaunes en petite[s] boules ; ces fleurs.

MINABLE [minabl(ə)]. *adj.* et *n.* • *Fam.* Très médiocre. V. **Lamentable, piteux.** *Résultats minables.* — *Vous avez entendu sa conférence ? Il a été minable.* — N. *Une bande de minables.*

MINARET [minaʀɛ]. *n. m.* • Tour d'une mosquée du haut de laquelle le muezzin invite les fidèles musulmans à la prière.

MINAUDER [minode]. *v. intr.* (1) • Faire des mines, prendre des manières affectées pour attirer l'attention, plaire, séduire. ▼ **MINAUDERIE.** *n. f.* • 1° Action de minauder ; caractère d'une personne qui manque de naturel en voulant plaire. V. **Affectation.** • 2° DES MINAUDERIES : airs, attitudes, manières, gestes affectés d'une personne qui minaude. V. **Chichi, façon, grimace, manière, simagrée.** *Minauderies d'une coquette.* ▼ **MINAUDIER, IÈRE.** *adj.* et *n.* Qui minaude. *Femme minaudière.*

1. MINCE [mɛ̃s]. *adj.* • 1° (*Opposé à* épais). Qui a peu d'épaisseur. V. **Fin.** *Métal réduit en bandes, en plaques minces.* • 2° (*Opposé à* large). Étroit, filiforme. *Colonnettes minces.* • 3° Qui a des formes relativement étroites pour leur longueur, et donne une impression de finesse. *Jeune femme mince.* V. **Élancé, gracile, svelte.** || Contr. **Gros ; fort.** || *Jambes minces.* • 4° Qui a peu d'importance, peu de valeur. V. **Insignifiant, médiocre.** *Pour un mince profit. Un prétexte bien mince.* ▼ **MINCEUR.** *n. f.* • 1° *Minceur d'une feuille de papier.* || Contr. **Épaisseur.** || • 2° (Personnes). *Elle est d'une minceur et d'une élégance remarquables.*

2. MINCE. *interj.* • *Fam.* Exclamation de surprise. V. **Zut.** *Mince alors, j'ai perdu mon portefeuille !*

1. MINE [min]. *n. f.* ★ **I.** *(Aspect physique).* Aspect extérieur, apparence (*opposé à* la nature profonde, *aux* sentiments). V. **Extérieur.** *C'est un passionné, sous sa mine tranquille. Juger des gens sur (d'après) la mine.* — Loc. *Ça ne paie pas de mine,* ça a mauvaise apparence. — FAIRE MINE DE (et inf.) : paraître disposé à. — *Pop.* MINE DE RIEN : sans en avoir l'air. *Tâche de le faire parler, mine de rien.* ★ **II.** • 1° Aspect du visage selon l'état de santé. *Avoir bonne, mauvaise mine.* • 2° Aspect du visage, expression du caractère ou de l'humeur. V. **Figure, physionomie.** *Mine renfrognée, soucieuse.* — Loc. *Faire grise mine,* accueillir avec froideur, déplaisir. ★ **III.** DES MINES : jeux de physionomie, attitudes, gestes. *Mines affectées.* V. **Façon, minauderie.**

2. MINE. *n. f.* • Petit bâton de graphite, de toute matière laissant une trace, qui constitue la partie centrale d'un crayon. *Mine de plomb. Crayon à mine dure, tendre.*

3. MINE. *n. f.* • 1° Terrain d'où l'on peut extraire un métal, du charbon, etc., en grande quantité. *Mine de fer, mine de houille. Mine souterraine, à ciel ouvert.* • 2° *(Abstrait).* Source inépuisable. *Une mine de renseignements.* • 3° Cavité pratiquée dans le sous-sol et ensemble d'ouvrages souterrains aménagés pour l'extraction d'un minerai. *Galerie, puits de mine. Il travaille à la mine* (de charbon). — LES MINES : administration spécialisée dans l'étude des terrains et l'exploitation du sous-sol. *L'École des mines. Il est ingénieur des Mines.*

4. MINE. *n. f.* • 1° Excavation pratiquée sous un ouvrage pour le faire sauter avec un explosif ; cet explosif. *Trou de mine.* • 2° Engin explosif (sur terre ou dans l'eau). *Mines antichars. Champ de mines.* ▼ **1. MINER.** *v. tr.* (1). Garnir de mines. || Contr. **Déminer.** ||

2. MINER [mine]. *v. tr.* (1) • 1° Creuser, attaquer la base ou l'intérieur d'une chose. V. **Creuser, saper.** *La mer mine les falaises.* • 2° *(Abstrait).* Attaquer, affaiblir par une action progressive et sournoise. *Le chagrin le mine. Il se mine ; il est miné par le souci.*

MINERAI [minʀɛ]. *n. m.* • Minéral qui contient des substances chimiques qu'on peut isoler, extraire. *Minerai en filon, en gisement* (V. **Mine 3**). *Extraire un métal d'un minerai.*

MINÉRAL, ALE, AUX [mineʀal, o]. *adj.* et *n. m.* ★ **I.** *Adj.* • 1° Constitué de matière inorganique. *Huiles minérales. Sels minéraux.* • 2° Relatif aux corps minéraux. *Chimie minérale.* || Contr. **Organique.** || • 3° *Eau minérale,* contenant des matières minérales. *Boire de l'eau minérale gazeuse.* ★ **II.** *N. m.* Élément ou composé naturel inorganique, constituant de l'écorce terrestre. *Étude des minéraux.* V. **Géologie, minéralogie** (V. *aussi* **Minerai, roche**).

MINÉRALOGIE [mineʀalɔʒi]. *n. f.* • Science des minéraux constituant les matériaux de l'écorce terrestre. ▼ **1. MINÉRALOGIQUE.** *adj.* Relatif à la minéralogie. *Collection minéralogique.* ▼ **MINÉRALOGISTE.** *n. m.* Savant qui s'occupe de la minéralogie.

2. MINÉRALOGIQUE. *adj.* • *Numéro minéralogique,* numéro d'immatriculation d'un véhicule à moteur (d'abord affecté par le service des Mines). *Plaque minéralogique.*

MINET, ETTE [minɛ, ɛt]. *n.* • 1° Petit chat. • 2° (Personnes). *Mon minet, ma petite minette.* • 3° *N.* Jeune homme élégant, un peu efféminé. Jeune fille à la mode.

1. MINEUR, EURE [minœʀ]. *adj.* • 1° D'importance, d'intérêt secondaire. *Problème, soucis mineurs. Arts mineurs. Genres mineurs. Peintre, poète mineur.* • 2° *Intervalle mineur* (en musique), plus réduit que le majeur. *Tierce mineure. — Sonate en fa mineur.*

2. MINEUR, EURE. *adj.* et *n.* • *(Personnes).* Qui n'a pas atteint l'âge de la majorité (21 ans). V. **Minorité 2.** — N. *Un mineur, une mineure.*

3. MINEUR [minœʀ]. *n. m.* • Ouvrier qui travaille dans une mine, *spécialt.* de houille. *Mineur de fond.*

MINI-. • Élément signifiant « (plus) petit ». V. **Micro-.** || Contr. **Maxi-.** || Ex. : *Minirobe.* V. **Minijupe.**

MINIATURE [minjatyʀ]. *n. f.* • 1° Peinture fine de petits sujets servant d'illustration aux manuscrits, aux missels. V. **Enluminure.** • 2° Genre de peinture délicate ; cette peinture *(une miniature).* • 3° EN MINIATURE : en très petit, en réduction. ▼ **MINIATURÉ, ÉE.** *adj.* Orné de miniatures (1°). ▼ **MINIATURISTE.** *n.* Peintre de miniatures.

MINIATURISER [minjatyʀize]. *v. tr.* (1) • Donner (à un objet, à un mécanisme) les plus petites dimensions possibles. ▼ **MINIATURISATION.** *n. f.*

MINIER, IÈRE [minje, jɛʀ]. *adj.* • Qui a rapport aux mines. *Gisement minier.* — Où il y a des mines. *Pays minier.*

MINIJUPE. *n. f.* • Jupe très courte. On emploie aussi MINIROBE. *n. f.*

MINIMA. V. MINIMUM.

MINIMAL, ALE, AUX [minimal, o]. *adj.* • Qui constitue un minimum. *Températures minimales.* || Contr. **Maximal.** ||

MINIME [minim]. *adj.* et *n.* • 1° Très petit, peu important (en parlant de choses abstraites). V. **Infime.** *Des faits minimes.*

Salaires minimes. • 2° *N.* Dans les sports, Enfants de 13 à 15 ans. *Match de minimes.* ▼ **MINIMISER.** *v. tr.* (1). Réduire l'importance de. *Minimiser des résultats, des incidents ; le rôle de qqn.* || Contr. **Amplifier, grossir.** ||

MINIMUM [minimɔm]. *n. m.* et *adj.* • 1° Valeur la plus petite atteinte par une quantité variable ; limite inférieure. *Minimum de frais. Les minimums* ou *les minima atteints.* — Fam. *S'il avait un minimum de savoir-vivre.* V. **Moindre** (le). — MINIMUM VITAL : somme permettant de satisfaire le minimum des besoins qui correspondent au niveau de vie dans une société donnée. • 2° *Adj.* Minimal. *Pertes, gains minimums* (ou *minima*).

MINISTÈRE [ministɛʀ]. *n. m.* ★ **I.** • 1° Corps des ministres et secrétaires d'État. V. **Gouvernement.** *Former un ministère.* — (Suivi du nom du Premier ministre) *Le ministère Poincaré.* • 2° Département ministériel ; partie des affaires de l'administration centrale dépendant d'un ministre. *Ministère des Affaires étrangères.* — Bâtiment, services d'un ministère. • 3° Fonction de ministre. V. **Portefeuille.** ★ **II.** MINISTÈRE PUBLIC : magistrats qui défendent les intérêts de la société, l'exécution des décisions (avocat général, procureur, etc. V. **Parquet**). ▼ **MINISTÉRIEL, ELLE.** *adj.* Relatif au ministère, au gouvernement. *Crise ministérielle.* — Partisan du ministère. *Député ministériel.* V. **Gouvernemental.** — Relatif à un ministère ; qui émane d'un ministre. *Arrêté ministériel.*

MINISTRE [ministʀ(ə)]. *n. m.* ★ **I.** • 1° Agent supérieur du pouvoir exécutif ; homme d'État placé à la tête d'un ministère. *Nomination d'un ministre. Le Conseil des ministres.* V. **Cabinet, gouvernement, ministère.** *Il a des chances de devenir ministre, il est* ministrable. *Ministre de l'Éducation nationale. Madame X, le ministre de la Santé publique. Premier ministre*, le chef du gouvernement. • 2° Agent diplomatique de rang immédiatement inférieur à celui d'ambassadeur, à la tête d'une légation. *Ministre plénipotentiaire.* ★ **II.** *Ministre du culte*, prêtre. — Pasteur protestant.

MINIUM [minjɔm]. *n. m.* • Peinture rouge, à l'oxyde de plomb, préservant le fer de la rouille.

MINOIS [minwa]. *n. m.* • Jeune visage délicat, éveillé, plein de charme. *Minois d'enfant.* V. **Frimousse.**

1. MINORITÉ [minɔʀite]. *n. f.* • 1° Groupement (de voix) qui est inférieur en nombre dans un vote, une réunion de votants. *Une petite minorité d'électeurs. Ils sont en minorité.* — Parti, groupe qui n'a pas la majorité des suffrages. • 2° *La, une minorité de*, le plus petit nombre de, le très petit nombre. *Dans la minorité des cas.* • 3° Groupe englobé dans une collectivité plus importante. *Minorités ethniques. Droits des minorités.* ▼ **MINORITAIRE.** *adj.* De la minorité. *Groupe, tendance minoritaire.*

2. MINORITÉ. *n. f.* • (*Opposé à* majorité 2). État d'une personne qui n'a pas encore atteint l'âge où elle sera légalement considérée comme pleinement capable et responsable de ses actes. V. **Mineur 2.** — Temps pendant lequel un individu est mineur.

MINOTERIE [minɔtʀi]. *n. f.* • 1° Grand établissement industriel pour la transformation des grains en farine. V. **Moulin.** • 2° Meunerie. ▼ **MINOTIER.** *n. m.* Industriel qui exploite une minoterie. V. **Meunier.**

MINOU [minu]. *n. m.* • *Fam.* Petit chat (lang. enfantin). V. **Minet.**

MINUIT [minɥi]. *n. m.* • 1° Milieu de la nuit. *Soleil de minuit.* • 2° Heure du milieu de la nuit, la douzième après midi (24 heures ou 0 heure). *Messe de minuit*, à Noël.

MINUSCULE [minyskyl]. *adj.* • 1° *Lettre minuscule* (*opposé à* majuscule), lettre courante, plus petite et d'une forme particulière. • 2° Très petit. V. **Exigu, infime.** *Une minuscule boîte.* || Contr. **Énorme, immense.** ||

MINUS HABENS [minysabɛ̃s] ou **MINUS** [minys]. *n.* • *Fam.* Individu incapable ou peu intelligent. *C'est un* minus.

1. MINUTE [minyt]. *n. f.* • 1° Division du temps, soixantième partie de l'heure (symb. *mn* ou *m*). *La minute se divise en soixante secondes.* • 2° Court espace de temps. V. **Instant, moment.** *Jusqu'à la dernière minute. Je reviens dans une minute.* — Loc. *D'une minute à l'autre*, dans un futur imminent. *À la minute*, à l'instant même, tout de suite. — Appos. *(Fam.)* Très rapide. *Entrecôte minute.* — *Interj.* (Fam.) *Minute !* attendez une minute. • 3° Unité de mesure des angles ; soixantième partie d'un degré de cercle. ▼ **MINUTER.** *v. tr.* (1). Organiser (une cérémonie, un spectacle, une opération, un travail) selon un horaire précis. *Emploi du temps strictement minuté*, ou *minutage*, n. m. ▼ **MINUTERIE.** *n. f.* Appareil électrique (*spécialt.* éclairage) destiné à assurer, à l'aide d'un mouvement d'horlogerie, un contact pendant un nombre déterminé de minutes. *Minuterie d'un escalier.*

2. MINUTE. *n. f.* • En droit, Original d'un acte. *Minute d'un jugement.*

MINUTIE [minysi]. *n. f.* • 1° *Une minutie*, menu détail sans importance. V. **Bagatelle, rien, vétille.** • 2° *La minutie*, application attentive aux menus détails. V. **Méticulosité, soin.** *Faire un travail avec minutie.* ▼ **MINUTIEUX, EUSE.** *adj.* • 1° *(Personnes).* Qui s'attache, s'arrête avec minutie aux détails. V. **Méticuleux, tatillon.** • 2° *(Choses).* Qui marque ou suppose de la minutie. V. **Attentif, soigneux.** *Inspection minutieuse. Exposé minutieux.* V. **Détaillé.** || Contr. **Désordonné, négligent.** || ▼ **MINUTIEUSEMENT.** *adv.*

MIOCHE [mjɔʃ]. *n.* • *Pop.* Enfant. *Une bande de mioches.*

MIRABELLE [miʀabɛl]. *n. f.* • 1° Petite prune ronde et jaune. *Confiture de mirabelles.* • 2° Eau-de-vie de ce fruit. ▼ **MIRABELLIER.** *n. m.* Prunier à mirabelles.

MIRACLE [miʀakl(ə)]. *n. m.* • 1° Fait extraordinaire où l'on croit reconnaître une intervention divine. V. **Mystère, prodige.** *Les miracles de Lourdes. Cela tient du miracle*, est miraculeux. • 2° Au Moyen Âge, Drame sacré au sujet emprunté à la vie des saints. • 3° Chose étonnante et admirable qui se produit contre toute attente. *Tout semble* *perdu, et le miracle se produisit. Faire, accomplir des miracles. Crier miracle, au miracle.* — *Loc. adv.* PAR MIRACLE : d'une façon inattendue et heureuse. *Il en a réchappé par miracle.*

MIRACULÉ, ÉE. *adj.* • Sur qui s'est opéré un miracle (1°). *Malade miraculé.* — Subst. *Un(e) miraculé(e).*

MIRACULEUX, EUSE [miʀakylø, øz]. *adj.* • 1° Qui est le résultat d'un miracle. V. **Surnaturel.** *Apparition miraculeuse.* || Contr. **Naturel.** || • 2° Qui produit comme par miracle l'effet souhaité. V. **Merveilleux.** *Un remède miraculeux.* ▼ **MIRACULEUSEMENT.** *adv.*

MIRADOR [miʀadɔʀ]. *n. m.* • 1° Belvédère. • 2° Poste d'observation, de surveillance (dans un camp de prisonniers).

MIRAGE [miʀaʒ]. *n. m.* • 1° Phénomène optique pouvant produire l'illusion d'une nappe d'eau s'étendant à l'horizon. • 2° Apparence séduisante et trompeuse. V. **Illusion.** *Les mirages de la gloire, du succès.*

MIRAUD, AUDE ou **MIRO** [miʀo]. *adj.* • *Fam.* Qui voit mal ; myope. *Elle est miro, miraude* (fém. rare).

MIRE [miʀ]. *n. f.* • 1° DE MIRE : pour viser. *Ligne de mire*, ligne droite imaginaire déterminée par l'œil du tireur. — POINT DE MIRE : point de visée. — (Abstrait) *Être le point de mire*, le centre d'intérêt, d'attention. • 2° Signal fixe servant à déterminer une direction par une visée.

MIRER [miʀe]. *v. tr.* (1) ★ **I.** Examiner (des œufs) à contre-jour pour vérifier leur fraîcheur. ★ **II.** *Littér.* Regarder (dans une surface polie) ; refléter. *Venise mire son front dans ses eaux.* — SE MIRER. v. pron. *Littér.* Se regarder, se refléter.

MIRIFIQUE [miʀifik]. *adj.* • *Plaisant.* Merveilleux. V. **Mirobolant.** *Des promesses mirifiques.*

MIRLITON [miʀlitɔ̃]. *n. m.* • Tube creux (de roseau, de carton, etc.) garni à ses deux extrémités d'une membrane, dans laquelle on chantonne un air. — *Vers de mirliton*, mauvaise poésie.

MIROBOLANT, ANTE [miʀɔbɔlɑ̃, ɑ̃t]. *adj.* • *Fam.* Incroyablement magnifique, trop beau pour être vrai. V. **Mirifique.** *Des gains mirobolants.*

MIROIR [miʀwaʀ]. *n. m.* • 1° Objet constitué d'une surface polie qui sert à réfléchir la lumière, à refléter les images. V. **Glace.** Loc. *Miroir aux alouettes*, ce qui trompe en attirant, en fascinant. • 2° Surface unie (eau, marbre...) qui réfléchit la lumière ou les objets. *Le miroir des lacs.* • 3° *(Abstrait).* Ce qui offre à l'esprit l'image des personnes, des choses, du monde. *Les yeux sont le miroir de l'âme.*

MIROITER [miʀwate]. *v. intr.* (1) • 1° Réfléchir la lumière en produisant des reflets scintillants. V. **Briller, chatoyer, scintiller.** *Vitre, eau qui miroite.* • 2° *Loc.* FAIRE MIROITER : proposer comme avantageux (afin d'appâter qqn). *Il lui a fait miroiter les avantages qu'il pourrait en tirer.* ▼ **MIROITANT, ANTE.** *adj.* Brillant, chatoyant. *La surface miroitante de la mer.* ▼ **MIROITEMENT.** *n. m.* Éclat, reflet de ce qui miroite. V. **Chatoiement, reflet, scintillement.** *Miroitement des vitres au soleil.*

MIROITERIE [miʀwatʀi]. *n. f.* • Commerce, industrie (du *miroitier*) des miroirs et des glaces.

MIROTON [miʀɔtɔ̃], *pop.* **MIRONTON** [miʀɔ̃tɔ̃]. *n. m.* • Bœuf bouilli aux oignons. Appos. *Du bœuf miroton.*

MIS, MISE [mi, miz]. *adj.* • Participe passé de *Mettre.*

MISAINE [mizɛn]. *n. f.* • Voile basse du mât de l'avant du navire. *Mât de misaine.*

MISANTHROPE [mizɑ̃tʀɔp]. *n.* et *adj.* • 1° Personne qui manifeste de l'aversion pour le genre humain, aime la solitude. V. **Ours, sauvage, solitaire.** *Un vieux misanthrope.* • 2° *Adj.* Qui évite de fréquenter ses semblables. V. **Farouche.** *Elle est devenue bien misanthrope.* ▼ **MISANTHROPIE.** *n. f.* Haine du genre humain ; caractère du misanthrope. ▼ **MISANTHROPIQUE.** *adj.* Littér. *Réflexions, idées misanthropiques.*

MISE [miz]. *n. f.* ★ **I.** *(Avec un compl.)* • 1° (Avec EN). Action de mettre (quelque part). *Mise en place. Mise en bouteilles.* Fam. *Mise en boîte*, moquerie. — MISE EN SCÈNE : organisation matérielle de la représentation ; choix des décors, places, mouvements et jeu des acteurs, etc. (théâtre, cinéma, télévision). • 2° Action de mettre (dans une position nouvelle). *Mise sur pied. Mise à pied*, sanction pouvant aboutir à un renvoi. • 3° *Loc.* (avec EN, À). Action de mettre (dans un état nouveau, une situation nouvelle). *Mise en plis. Mise au net. Mise en état, en ordre. Mise à prix.* ★ **II.** • 1° Action de mettre de l'argent au jeu ou dans une affaire ; cet argent. V. **Enjeu ; miser.** *Déposer une mise. Doubler la mise.* — MISE DE FONDS : investissement, placement. • 2° DE MISE : qui a cours, est reçu, accepté (souvent au négatif). *Ces manières ne sont plus de mise.* • 3° Manière d'être habillé. V. **Habillement, tenue, toilette.** *Soigner sa mise.*

MISER [mize]. *v. tr.* (1) • 1° Déposer, mettre (un enjeu). *Miser dix francs.* • 2° Absolt. *Miser sur un cheval, aux courses.* — Fam. *Miser sur*, compter, faire fond sur. *On ne peut pas miser là-dessus.*

MISÉRABLE [mizeʀabl(ə)]. *adj.* et *n.* • 1° Qui inspire ou mérite d'inspirer la pitié ; qui est dans le malheur, la misère. V. **Lamentable, malheureux, pitoyable.** || Contr. **Heureux.** || — *(Choses)* Triste, pénible. *Misérable existence.* • 2° Qui est dans une extrême pauvreté ; qui indique la misère. V. **Pauvre ; indigent.** || Contr. **Riche.** || *Région misérable*, très pauvre. — *N.* UN, UNE MISÉRABLE. V. **Gueux, miséreux.** • 3° Sans valeur, sans mérite. V. **Insignifiant, méprisable, piètre.** *Une argumentation misérable.* — (Avant le nom) V. **Malheureux, méchant, pauvre.** *Tant d'histoires, pour un misérable billet de dix francs !* • 4° *N.* Personne méprisable. V. **Malheureux ; coquin** *(vieilli). C'est un misérable.* — (Plaisant.) *Ah, petit misérable !* ▼ **MISÉRABLEMENT.** *adv.* • 1° Pitoyablement, tristement. *Décliner misérablement.* • 2° Dans la pauvreté. *Vivre misérablement.*

MISÈRE [mizɛʀ]. *n. f.* • 1° *Littér.* Sort digne de pitié ; malheur extrême. V. **Adversité, détresse, infortune.** || Contr. **Bonheur.** || *La misère des temps. Quelle misère !* — Interj. *Misère !* • 2° *Une misère,* événement malheureux, douloureux. V. **Calamité, chagrin, malheur, peine.** *Compassion aux misères d'autrui. Petites misères.* V. **Ennui.** — *Faire des misères à qqn,* le tracasser. • 3° Extrême pauvreté, pouvant aller jusqu'à la privation des choses nécessaires. V. **Besoin, indigence.** || Contr. **Fortune, richesse.** || *Être, tomber dans la misère. Misère noire. Crier, pleurer misère, se plaindre. Salaire de misère,* très insuffisant. • 4° *Une misère,* chose, somme de peu d'importance. V. **Babiole, bagatelle.** ▼ **MISÉREUX, EUSE.** *adj.* et *n.* Qui donne l'impression de la misère (3°). V. **Famélique, misérable, pauvre.** *Un mendiant miséreux. Quartiers miséreux.* — N. *Un miséreux.*

MISÉRICORDE [mizeʀikɔʀd(ə)]. *n. f.* • 1° Pitié par laquelle on pardonne au coupable. V. **Clémence, indulgence.** || Contr. **Dureté.** || *Demander, obtenir miséricorde.* • 2° *Interj.* Exclamation qui marque une grande surprise accompagnée de douleur, de regret. ▼ **MISÉRICORDIEUX, IEUSE.** *adj.* Qui a de la miséricorde, de la compassion (V. **Bon**) ; qui pardonne facilement (V. **Clément**).

MIS(O)-. • Élément signifiant « qui déteste ». V. **Misanthrope.** ▼ **MISOGYNE** [mizɔʒin]. *adj.* et *n.* Qui hait ou méprise les femmes. — N. *Un, une misogyne.* ▼ **MISOGYNIE.** *n. f.*

MISS [mis]. *n. f.* • 1° Mademoiselle, en parlant d'une Anglaise, d'une Américaine. • 2° Nom donné aux jeunes reines de beauté élues dans les concours. *Miss France.*

MISSEL [misɛl]. *n. m.* • Livre liturgique qui contient les prières et les lectures nécessaires à la célébration de la messe. V. **Paroissien.**

MISSILE [misil]. *n. m.* • Fusée de combat destinée à détruire un engin.

MISSION [misjɔ̃]. *n. f.* • 1° Charge donnée à qqn d'aller accomplir qqch., de faire qqch. V. **Mandat.** *Charger d'une mission. Envoyer en mission. Mission accomplie.* — *Mission scientifique.* • 2° Charge de propager une religion. Prédications et œuvres accomplies à cet effet. *Pays de mission.* • 3° Groupe de personnes ayant une mission. *Faire partie de la mission. Mission diplomatique.* — *Les Missions* (religieuses). • 4° Action, but auquel un être semble destiné. V. **Fonction, vocation.** *La mission de l'artiste. La mission civilisatrice d'un pays.* ▼ **MISSIONNAIRE.** *n. m.* et *adj.* • 1° Prêtre des Missions. • 2° *Adj.* Qui a la mission de propager sa religion, son idéal. *L'esprit missionnaire.*

MISSIVE [misiv]. *n. f.* • Lettre.

MISTRAL [mistʀal]. *n. m.* • Vent violent qui souffle du nord ou du nord-ouest vers la mer, dans la vallée du Rhône et sur la Méditerranée.

MITAINE [mitɛn]. *n. f.* • Gant qui laisse à nu les deux dernières phalanges des doigts.

MITE [mit]. *n. f.* • Petit papillon blanchâtre de la famille des teignes dont les larves rongent les étoffes et les fourrures. *Habit mangé des mites, troué aux mites.* ▼ **MITÉ, ÉE** [mite]. *adj.* Mangé, rongé des mites. *Fourrure mitée.* ▼ **MITER (SE).** *v. pron.* (1). Devenir mité.

MI-TEMPS [mitɑ̃]. *n. f.* • 1° Temps de repos au milieu d'un match (dans les sports d'équipes : football, rugby, hockey, etc.). V. **Pause.** — Chacune des deux moitiés du temps réglementaire dans le match. *La seconde mi-temps.* • 2° *Loc. adv.* À MI-TEMPS. *Travailler, être employé à mi-temps,* pendant la moitié de la durée normale du travail.

MITEUX, EUSE [mitø, øz]. *adj.* et *n.* • En piteux état ; d'apparence misérable. V. **Minable, pauvre, piètre.** *Des vêtements miteux.* — N. *(Fam.)* Personne pauvre, pitoyable. *Un hôtel trop chic pour des miteux comme nous.*

MITIGER [mitiʒe]. *v. tr.* (3) • 1° *Vx.* Rendre plus doux, moins rigoureux. V. **Adoucir, tempérer.** • 2° MITIGÉ, ÉE. *adj.* Adouci, moins strict. *Abusiv.* Mêlé, mélangé.

MITONNER [mitɔne]. *v.* (1) ★ **I.** *V. intr.* Cuire longtemps à petit feu. V. **Bouillir, mijoter.** *La soupe mitonnait. Faire mitonner un plat.* ★ **II.** *V. tr.* • 1° Préparer soigneusement (en faisant cuire longtemps, etc.). *Elle nous a mitonné un bon petit dîner.* • 2° Préparer tout doucement (une chose, une personne) pour un résultat. *Mitonner une affaire.* — *Mitonner qqn.* V. **Dorloter.** *Se mitonner,* bien se soigner.

MITOYEN, ENNE [mitwajɛ̃, ɛn]. *adj.* • Qui est entre deux choses, commun à l'une et à l'autre. *Mur mitoyen.* ▼ **MITOYENNETÉ.** *n. f.* Caractère de ce qui est mitoyen, contigu.

MITRAILLE [mitʀɑj]. *n. f.* • 1° Autrefois, Ferraille, balles de fonte qu'on utilisait dans les canons comme projectiles. *Canons chargés à mitraille.* • 2° Décharge d'artillerie, de balles. *Fuir sous la mitraille.* • 3° *Fam.* Petite monnaie.

MITRAILLER [mitʀɑje]. *v. tr.* (1) • 1° Prendre pour objectif d'un tir de mitrailleuse. *Mitrailler un avion.* — *Fam.* Lancer sur... *Mitrailler qqn de noyaux de cerise.* • 2° *Fam.* Photographier ou filmer sans arrêt. *Le président fut mitraillé par les reporters.* ▼ **MITRAILLAGE.** *n. m.* ▼ **MITRAILLETTE.** *n. f.* Arme à tir automatique portative (officiellement nommée *pistolet mitrailleur* [P. M.]). ▼ **MITRAILLEUR.** *n. m.* Servant d'une mitrailleuse. ▼ **MITRAILLEUSE.** *n. f.* Arme automatique à tir rapide.

MITRAL, ALE, AUX [mitʀal, o]. *adj.* • *Valvule mitrale,* du cœur gauche. — Subst. *La mitrale.*

MITRE [mitʀ(ə)]. *n. f.* • Haute coiffure triangulaire de cérémonie portée par les évêques. *La mitre et la crosse épiscopales* ▼ **MITRÉ, ÉE.** *adj.* Qui a droit de porter la mitre.

MITRON [mitʀɔ̃]. *n. m.* • Garçon boulanger ou pâtissier.

MI-VOIX (À) [amivwa]. *loc. adv.* • D'une voix faible. *Parler à mi-voix.*

MIXAGE [miksaʒ]. *n. m.* • *Cinéma* Regroupement sur une même bande de tous les éléments sonores d'un film.

MIXER ou **MIXEUR** [miksœʀ]. *n. m.* • *Anglicisme.* Appareil électrique servant à mélanger, à battre des aliments. V. **Batteur** (II).

MIXTE [mikst(ə)]. *adj.* • 1° *Didact.* Qui est formé de plusieurs éléments de nature différente. V. **Combiné, mélangé.** *Commission, tribunal mixte*, formés de membres, de juges appartenant à des groupes, à des pays différents. • 2° Qui compend des personnes des deux sexes. *École, cours, classe mixte. Double mixte*, au tennis.

MIXTURE [mikstyʀ]. *n. f.* • 1° Mélange de plusieurs substances chimiques, pharmaceutiques. • 2° Mélange comestible (boisson ou aliment) dont on reconnaît mal les composants. *Ne buvez pas cette affreuse mixture.*

MLLE : MADEMOISELLE. — **MM.** : MESSIEURS. — **MME** : MADAME.

MNÉMO-, -MNÈSE, -MNÉSIE. • Éléments signifiant « mémoire ; se souvenir ». ▼ **MNÉMONIQUE.** adj. *Didact.* Qui a rapport à la mémoire. ▼ **MNÉMOTECHNIQUE.** *adj.* Capable d'aider la mémoire par des procédés d'association mentale.

MOBILE [mɔbil]. *adj.* et *n. m.* ★ **I.** *Adj.* • 1° Qui peut être mû, dont on peut changer la place ou la position. *Pièce mobile d'une machine. Calendrier à feuillets mobiles.* V. **Amovible.** • 2° Dont la date, la valeur peut être modifiée, est variable. *Fêtes mobiles.* • 3° *(Personnes).* Qui se déplace ou peut se déplacer. *Garde mobile. Population mobile.* V. **Nomade.** • 4° Dont l'apparence change sans cesse. V. **Mouvant.** *Reflets mobiles.* V. **Changeant.** *Visage, regard mobile*, plein de vivacité. ★ **II.** *N. m.* • 1° Tout corps qui se déplace, considéré dans son mouvement. *Calculer la vitesse d'un mobile.* • 2° Ce qui porte, incite à agir. V. **Impulsion.** *Mobile d'une action.* V. **Cause, motif.** *Chercher le mobile d'un crime.* • 3° Œuvre d'art, ensemble d'éléments construits en matériaux légers et pouvant prendre des dispositions variées.

-MOBILE. • Élément signifiant « qui peut se mouvoir ».

MOBILIER, IÈRE [mɔbilje, jɛʀ]. *adj.* et *n. m.* ★ **I.** *Adj.* • 1° Qui consiste en meubles ; qui se rapporte aux biens meubles (1). *Fortune mobilière.* • 2° Qui est de la nature des biens meubles, en droit. *Valeurs mobilières.* ★ **II.** N. m. *(Plus courant).* Ensemble des meubles (2) destinés à l'usage et à l'aménagement d'une habitation. V. **Ameublement.** *Le mobilier d'une maison. Mobilier de bureau.*

MOBILISER [mɔbilize]. *v. tr.* (1) • 1° Mettre sur le pied de guerre (une armée) ; affecter (des citoyens) à des postes militaires. *Être mobilisé dans les services auxiliaires.* — Subst. *Un mobilisé.* V. **Appelé, requis.** • 2° Faire appel à, mettre en jeu (des facultés intellectuelles ou morales). *Mobiliser les enthousiasmes.* ▼ **MOBILISABLE.** *adj.* ▼ **MOBILISATION.** *n. f.* • 1° Opération qui a pour but de mettre une armée, une troupe sur le pied de guerre. *Décréter la mobilisation.* • 2° *Mobilisation des ressources, des énergies.*

MOBILITÉ [mɔbilite]. *n. f.* • 1° Caractère de ce qui peut se mouvoir, changer de place, de position (V. **Mobile**). *Accroître la mobilité d'une armée par la motorisation.* • 2° Caractère de ce qui change rapidement d'aspect ou d'expression. ‖ Contr. **Fixité.** ‖ *Mobilité d'un visage.* • 3° Mobilité des sentiments, de l'humeur. V. **Fluctuation, instabilité.**

MOBYLETTE [mɔbilɛt]. *n. f.* • Cyclomoteur d'une marque répandue.

MOCASSIN [mɔkasɛ̃]. *n. m.* • 1° Chaussure des Indiens d'Amérique du Nord, en peau non tannée. • 2° Chaussure basse (de marche, de sport), généralement sans attaches.

MOCHE [mɔʃ]. *adj.* • 1° Laid. • 2° Mauvais. *C'est moche ce qu'il a fait là !* V. **Méprisable.** ‖ Contr. **Bien, chic.** ‖ ▼ **MOCHARD, ARDE.** adj. *Fam.* Assez moche. ▼ **MOCHETÉ.** n. f. *Fam.* Personne laide.

MODAL, ALE, AUX [mɔdal, o]. *adj.* • 1° Qui a rapport aux modes (2). • 2° *Musique modale*, où l'organisation en modes est primordiale (*opposé à* tonal).

MODALITÉ. *n. f.* • 1° Forme particulière (d'un acte, d'un fait, d'une pensée, d'un objet). V. **Circonstance, manière.** *Modalités de paiement.* • 2° *Adverbe de modalité*, qui modifie le sens d'une phrase entière. • 3° Caractère d'un morceau de musique dépendant du mode auquel il appartient. V. **Mode 2.**

1. MODE [mɔd]. *n. f.* • 1° Goûts collectifs, manières passagères de vivre, de sentir qui paraissent de bon ton dans une société déterminée. *Les engouements de la mode.* V. **Vogue.** — *Loc.* À LA MODE : conforme au goût du jour. (Cf. Dans le vent.) *Chanson à la mode. Ce n'est plus à la mode, c'est passé de mode.* V. **Démodé.** • 2° *La mode*, habitudes collectives et passagères en matière d'habillement. *Suivre la mode.* — Appos. *Teintes, tissus mode. Journal de mode*, concernant la toilette féminine. — Commerce, industrie de la toilette féminine. V. **Couture.** • 3° À LA MODE DE.... : selon les coutumes de... *Tripes à la mode de Caen.*

2. MODE [mɔd]. *n. m.* • 1° En musique, Chacune des dispositions particulières de la gamme caractérisée par la disposition des intervalles (tons et demi-tons). *Mode majeur, mineur.* • 2° Caractère d'une forme verbale susceptible d'exprimer l'attitude du sujet parlant vis-à-vis des événements exprimés par le verbe (énoncé simple : indicatif ; subjonctif, conditionnel, impératif, etc.). *Les temps de chaque mode.* • 3° *Mode de...*, forme particulière sous laquelle se présente un fait, s'accomplit une action. V. **Forme.** *Mode de vie, d'existence.* V. **Genre.** *Mode de paiement.* V. **Modalité.**

MODELAGE. *n. m.* • Action de modeler (une substance plastique). *Modelage d'une statue en terre glaise.*

MODÈLE [mɔdɛl]. *n. m.* • 1° Ce qui sert ou doit servir d'objet d'imitation pour faire ou reproduire qqch. V. **Étalon, exemple.** *Texte qui est donné comme modèle à des élèves.* V. **Corrigé, plan.** *Sa conduite doit être un modèle pour nous. Sur le modèle de*, à l'imitation de... — Adj. *Un employé modèle.* V. **Parfait.** • 2° Personne ou objet dont l'artiste reproduit l'image. V. **Sujet.** *Dessin, dessiner d'après le modèle.* — Homme ou femme dont la profession est de poser pour des artistes. • 3° *Modèle de...*, personne, fait, objet possédant au plus haut point des qualités, des caractéristiques qui en font le représentant d'une catégorie. *Elle est un modèle de fidélité, de générosité.* — Catégorie, classe définie par un ensemble de caractères. *Les différents modèles d'organisation industrielle.* • 4° Type déterminé selon lequel des objets semblables peuvent être reproduits. *Modèle reproduit en grande série. Un nouveau modèle de voiture. Les modèles* (de robe, etc.) *de la haute couture.* • 5° Objet de même forme qu'un objet plus grand. V. **Maquette.** — MODÈLE RÉDUIT. Appos. *Faire voler un avion modèle réduit.*

MODELÉ [mɔdle]. *n. m.* • Relief des formes dans une sculpture, un dessin, un objet. *Le modelé du corps.*

MODELER [mɔdle]. *v. tr.* (5) • 1° Façonner (un objet) en donnant une forme déterminée à une substance molle. *Modeler une poterie, une statuette.* V. **Modelage.** • 2° Pétrir (une substance plastique) pour lui imposer une certaine forme. *Modeler de la terre glaise. Pâte à modeler.* • 3° Conférer une certaine forme à. • 4° *Modeler son goût sur, d'après celui de qqn.* V. **Former, régler.** — SE MODELER *sur qqn ou qqch.* : se façonner en empruntant les caractères. V. **Conformer** (se). ▼ **MODELEUR, EUSE.** *n.* Personne qui modèle. Ouvrier qui confectionne des modèles (4°)

MODÉLISTE [mɔdelist(ə)]. *n.* • 1° Personne qui fait ou dessine des modèles (4°). *Ouvrier modéliste.* • 2° Personne qui fabrique des modèles (5°) réduits (de véhicules, avions, trains).

MODÉRATEUR, TRICE [mɔdeʀatœʀ, tʀis]. *n.* • 1° Personne, chose qui tend à modérer ce qui est excessif, à concilier les partis opposés. • 2° Mécanisme régulateur. • 3° Corps qui, dans une pile atomique, permet de régler une réaction en chaîne.

MODÉRATION [mɔdeʀɑsjɔ̃]. *n. f.* • 1° Comportement d'une personne qui est éloignée de tout excès. *Faire preuve de modération dans sa conduite.* V. **Mesure, réserve, retenue.** • 2° Action de modérer, de diminuer (qqch.).

MODERATO [mɔdeʀato]. *adv.* et *adj.* • Mouvement modéré, en musique.

MODÉRÉ, ÉE. *adj.* et *n.* • 1° Qui fait preuve de mesure, qui se tient éloigné de tout excès. *Modéré dans ses prétentions, ses désirs.* V. **Mesuré.** || Contr. **Excessif.** || • 2° Qui professe des opinions politiques éloignées des extrêmes et conservatrices. || Contr. **Extrémiste.** || — N. *Les modérés.* • 3° Peu intense, assez faible. V. **Moyen.** *Prix modéré.* V. **Bas.** ▼ **MODÉRÉMENT.** *adv.* Avec modération. *Boire, manger modérément.*

MODÉRER [mɔdeʀe]. *v. tr.* (6) • Diminuer l'intensité de (un phénomène, un sentiment), réduire à une juste mesure (ce qui est excessif). V. **Adoucir, tempérer.** *Modérer sa colère.* V. **Apaiser, calmer.** *Modérez vos expressions, modérez-vous. Modérer l'allure, la vitesse* (ralentir).

MODERNE [mɔdɛʀn(ə)]. *adj.* et *n.* ★ **I.** • 1° Actuel, contemporain. *Les temps modernes.* • 2° Qui bénéficie des progrès récents, correspond au goût actuel. V. **Neuf, nouveau.** *Confort moderne. Mobilier moderne.* — Subst. *Aimer le moderne.* || Contr. **Ancien.** || • 3° *(Personnes).* Qui tient compte de l'évolution récente, dans son domaine. ★ **II.** • 1° Qui appartient à une époque postérieure à l'Antiquité (*Les temps modernes*, moyen âge et époque contemporaine). — N. m. *Querelle des anciens et des modernes*, des partisans des écrivains de l'Antiquité et des temps modernes (aux XVIIe et XVIIIe s.). • 2° *Époque moderne, temps moderne*, de la fin du Moyen Âge à la Révolution française, début de l'époque « contemporaine ». • 3° *Enseignement moderne* (sciences et langues vivantes), *opposé à* classique. ▼ **MODERNISER.** *v. tr.* (1) • 1° Rendre moderne. • 2° Organiser d'une manière conforme aux besoins, aux moyens modernes. *Moderniser la technique.* V. **Transformer.** ▼ **MODERNISATION.** *n. f.* ▼ **MODERNISME.** *n. m.* Goût de ce qui est moderne ; recherche du moderne à tout prix. *Modernisme en peinture.* || Contr. **Archaïsme, traditionalisme.** || ▼ **MODERNISTE.** *adj.* et *n.* ▼ **MODERNITÉ.** *n. f.* Caractère de ce qui est moderne, en art, etc.

MODESTE [mɔdɛst(ə)]. *adj.* • 1° Qui est simple, sans faste ou sans éclat. *Mise, tenue modeste. Il est d'une origine très modeste.* V. **Humble.** || Contr. **Grand.** || • 2° *(Personnes).* Qui a une opinion modérée, réservée, de son propre mérite, se comporte avec modestie. V. **Effacé, humble.** *Un homme simple et modeste. Vous êtes trop modeste. Air, mine modeste.* V. **Discret, réservé.** || Contr. **Orgueilleux, prétentieux, vaniteux.** || ▼ **MODESTEMENT.** adv. *Parler, se comporter modestement.* V. **Simplement.** ▼ **MODESTIE.** *n. f.* Modération, retenue dans l'appréciation de soi-même. V. **Humilité, réserve.** — *Fausse modestie*, modestie affectée. || Contr. **Orgueil, prétention, vanité.** ||

MODICITÉ [mɔdisite]. *n. f* • 1° Caractère de ce qui est modique (pécuniairement). V. **Petitesse.** *La modicité de son revenu.* • 2° Médiocrité, petitesse. *La modicité de ses espoirs.*

MODIFIABLE. *adj.* • Qui peut être modifié.

MODIFICATEUR, TRICE. *adj.* • Qui a la propriété de modifier. *Action modificatrice.* ▼ **MODIFICATIF, IVE.** adj. *Didact.* Qui modifie. *Texte modificatif. Termes modificatifs.*

MODIFICATION [mɔdifikɑsjɔ̃]. *n. f.* • 1° Changement (qui n'affecte pas l'essence de ce qui change). V. **Altération, variation.** *Modifications physiques d'une substance. Modification quantitative.* • 2° Changement apporté à qqch. *Il faudra faire quelques modifications à ce projet.* V. **Correction, rectification, remaniement.**

MODIFIER [mɔdifje]. *v. tr.* (7) • 1° Changer (une chose) sans en altérer la nature.

Modifier ses plans. || Contr. **Maintenir.** || • 2° SE MODIFIER. v. pron. *Une impression qui se modifie sans cesse.* V. **Changer, varier.**

MODIQUE [mɔdik]. *adj.* • Qui est peu considérable (somme d'argent). V. **Faible, médiocre, minime, modeste, petit.** || Contr. **Gros, important.** || *Salaire modique. Pour la modique somme de 100 francs.* ▼ **MODIQUEMENT.** adv. *Modiquement payé, rétribué.*

MODISTE [mɔdist(ə)]. *n. f.* • Fabricante et marchande de coiffures féminines. *Atelier, boutique de modiste.*

MODULATEUR, TRICE [mɔdylatœʀ, tʀis]. *n.* • Appareil, ensemble d'appareils qui modulent un courant, une onde (radio).

MODULATION [mɔdylɑsjɔ̃]. *n. f.* • 1° Chacun des changements de ton, d'accent, d'intensité, de hauteur dans l'émission d'un son (V. **Inflexion**) ; action ou façon de moduler. • 2° Passage d'une tonalité (mode) à une autre. • 3° Variation (d'amplitude, d'intensité, de fréquence) d'une onde. *Émission en modulation de fréquence.*

MODULE [mɔdyl]. *n. m.* • 1° Unité déterminant les proportions (arts). — Dimension. *Cigarette, cigare de gros module.* • 2° Coefficient de résistance des matériaux. *Module de rigidité.*

MODULER [mɔdyle]. *v. tr.* (1) • 1° Articuler, émettre (une mélodie, un son varié) par une suite de modulations. *Moduler un air en le sifflant.* • 2° Effectuer une ou plusieurs modulations (2°). • 3° Faire varier les caractéristiques d'un courant électrique ou d'une onde (radio).

MODUS VIVENDI [mɔdysvivɛ̃di]. *n. m. invar.* • Transaction mettant d'accord deux parties en litige.

MOELLE [mwal]. *n. f.* ★ **I.** • 1° Substance molle et grasse de l'intérieur des os. *Os à moelle,* contenant de la moelle. • 2° *Frissonner, être glacé jusqu'à la moelle des os,* l'intérieur du corps. ★ **II.** MOELLE ÉPINIÈRE : cordon nerveux qui, parti de l'encéphale, est abrité dans le canal rachidien.

MOELLEUX, EUSE [mwalø, øz]. *adj.* • 1° Qui a de la douceur et de la mollesse au toucher. V. **Doux, mou.** *Étoffe moelleuse. Siège, lit moelleux,* où l'on enfonce confortablement. || Contr. **Dur.** || • 2° Agréable au palais, au goût. V **Onctueux, savoureux.** *Vin moelleux.* • 3° Qui a une sonorité pleine et douce. *Son moelleux.* • 4° Qui a de la mollesse et de la grâce (en parlant des formes naturelles ou artistiques). V. **Gracieux, souple.** *Ligne, touche moelleuse.* ▼ **MOELLEUSEMENT.** *adv.*

MOELLON [mwalɔ̃]. *n. m.* • Pierre de construction maniable. *Moellons naturels ou bruts.*

MŒURS [mœʀ ; souv. mœʀs, *fam.*]. *n. f. pl.* ★ **I.** Habitudes (d'une société, d'un individu) relatives à la pratique du bien et du mal. V. **Conduite, morale.** *Bonnes, mauvaises mœurs.* — (En droit) *Outrage aux bonnes mœurs.* V. **Outrage.** — *Police des mœurs,* ellipt. *Les mœurs,* police chargée de la réglementation de la prostitution. ★ **II.** • 1° Habitudes de vie, coutumes d'un peuple, d'une société, d'un groupe. V. **Usage(s).** *Mœurs des peuples primitifs, d'une époque. Cette habitude est entrée dans les mœurs.* • 2° Habitudes de vie individuelle, comportement d'une personne. *Avoir des mœurs simples, des mœurs bohèmes.* • 3° Habitudes de vie d'une espèce animale. *Les mœurs des abeilles.*

MOHAIR [mɔɛʀ]. *n. m.* • Poil de la chèvre angora. *Laine mohair.* — Étoffe de mohair.

MOI [mwa]. *pron. pers.* et *n. m.* ★ **I.** *Pron. pers.* (forme tonique) de la première personne du sing. et des deux genres, représentant la personne qui parle ou qui écrit. V. **Je** (*pop.* Bibi [2], mézigue, ma pomme). • 1° (Complément d'objet après un impératif positif). *Regarde-moi.* — Après un autre pron. pers. *Donnez-la-moi.* • 2° (Sujet). *Moi, faire cela ? « Qui est là ? — Moi ».* • 3° (Coordonné à un nom, un pronom). *Mon avocat et moi sommes de cet avis. Il a invité ma femme et moi.* • 4° (Dans une phrase comparative). *Plus, moins que moi. Ne faites pas comme moi.* • 5° MOI QUI. *Moi qui vous parle.* • 6° *(Attribut).* C'EST MOI... (et propos. relative). *C'est moi qui vous le dis.* • 7° (Précédé d'une préposition). *Avec moi, chez moi. L'idée n'est pas de moi. Un ami à moi.* • 8° *Loc.* MOI-MÊME : forme renforcée de *Moi. Je ferai le travail moi-même.* — MOI SEUL. *C'est moi seul qui suis responsable.* — MOI AUSSI. — MOI NON PLUS. ★ **II.** *N. m. invar.* • 1° LE MOI : ce qui constitue l'individualité, la personnalité d'un être humain. V. **Esprit, individu.** • 2° Forme que prend une personnalité à un moment particulier. *Notre vrai moi.*

MOIGNON [mwaɲɔ̃]. *n. m.* • 1° Extrémité d'un membre amputé. *Le moignon d'un manchot.* • 2° Ce qui reste d'une grosse branche cassée ou coupée. • 3° Membre rudimentaire. *Les moignons d'ailes des oiseaux marcheurs.*

MOINDRE [mwɛ̃dʀ(ə)]. *adj. compar.* ★ **I.** *Compar.* Plus petit (en quantité, en importance), plus faible. V. **Inférieur.** ★ **II.** *Superl.* LE MOINDRE : le plus petit, le moins important. *Les moindres détails. S'il avait eu le moindre bon sens.* V. **Minimum.** *C'est le moindre de mes soucis.* V. **Cadet, dernier.** — (Précédé d'une négation) V. **Aucun, nul.** *Il n'y a pas le moindre doute; sans le moindre doute.*

MOINE [mwan]. *n. m.* • Religieux chrétien vivant à l'écart du monde, en général en communauté, après s'être engagé par des vœux à suivre la règle d'un ordre. V. **Religieux; monacal; monastère.** ▼ **MOINILLON.** *n. m.* Jeune moine.

MOINEAU [mwano]. *n. m.* • 1° Oiseau passereau à livrée brune, striée de noir. V. **Piaf** *(pop.),* **pierrot.** *Épouvantail à moineaux.* • 2° *Vilain, sale moineau,* individu désagréable ou méprisable. V. **Oiseau.**

MOINS [mwɛ̃]. *adv.* ★ **I.** Comparatif de PEU. Plus faiblement, d'une manière moins importante. || Contr. **Plus.** || *Il travaille moins. Il est moins grand que son frère. Un peu plus ou un peu moins.* — (Précédé d'une négation, exprimant une égalité) *Non moins que.* V. **Ainsi** (que), **comme.** *Pas moins,* autant. —

Loc. *Plus ou moins*, à peu près. *Ni plus ni moins*. ★ **II.** • **1°** LE MOINS : superlatif de PEU. *Le sentiment le moins généreux. Pas le moins du monde*, pas du tout. • **2°** AU MOINS, appliqué à une condition qui atténuerait ou corrigerait ce que l'on déplore. *Si, au moins, il était arrivé à temps !* V. **Seulement.** *Il y a au moins une heure*, au minimum. — DU MOINS (loc. restrictive) : néanmoins, pourtant. *Il a été reçu premier, du moins il le prétend*, ou plutôt, il le prétend. TOUT AU MOINS ; POUR LE MOINS (renforcent *au moins*). ★ **III.** *Nominal.* • **1°** Une quantité moindre ; une chose moindre. *Cela coûte moins. Ni plus ni moins*, exactement autant. — MOINS DE. *Moins de vingt kilos. Les moins de vingt ans*, ceux qui ont moins de vingt ans. — *Dix de moins. Être en moins*, manquer. • **2°** *Loc.* À MOINS DE, QUE : sauf si. *Il n'accepterait pas à moins d'une augmentation, à moins de recevoir une augmentation. J'irai chez vous à moins que vous ne sortiez.* ★ **IV.** *N. m.* • **1°** LE MOINS : la plus petite quantité, la moindre chose. *Qui peut le plus peut le moins.* • **2°** *Le signe moins* (—), le signe de la soustraction. ★ **V.** *Adj.* (Attribut). *Il est, c'est moins qu'on ne dit.* ★ **VI.** *Prép.* • **1°** En enlevant, en ôtant, en soustrayant. *Six moins quatre font deux.* — *Ellipt.* (en sous-entendant l'heure) *Dépêchez-vous, il est presque moins dix.* • **2°** (Introduisant un nombre négatif). *Il fait moins dix* (degrés).

MOIRE [mwaʀ]. *n. f.* • **1°** Apprêt (de tissus) par écrasement irrégulier du grain. — Tissu qui présente des parties mates et brillantes. *Ruban de moire.* • **2°** *Littér.* Aspect changeant, chatoyant (d'une surface). ▼ **MOIRÉ, ÉE.** *adj.* • **1°** Qui a reçu l'apprêt, qui présente l'aspect de la moire. • **2°** V. **Chatoyant, ondé.** *Les ailes moirées des corbeaux.* ▼ **MOIRURE.** *n. f.* Effet du moiré ; reflet, chatoiement.

MOIS [mwa]. *n. m.* • **1°** Chacune des douze divisions de l'année : janvier, février, mars, avril, mai, juin, juillet, août, septembre, octobre, novembre, décembre. *Une fin de mois. Période de trois* (V. **Trimestre**), *de six mois* (V. **Semestre**). • **2°** Espace de temps égal à trente jours. *Dans un mois et un jour.* • **3°** Salaire, rétribution correspondant à un mois de travail. V. **Mensualité.** *Toucher son mois.*

MOÏSE [mɔiz]. *n. m.* • Petite corbeille capitonnée qui sert de berceau.

MOISIR [mwaziʀ]. *v.* (2) ★ **I.** *V. intr.* • **1°** Se détériorer, se gâter sous l'effet de l'humidité, de la température. *Ce pain moisit*, se couvre de moisissures. • **2°** *(Personnes).* Attendre, rester longtemps au même lieu, dans la même situation, y perdre son temps. V. **Croupir, languir.** *Nous n'allons pas moisir ici toute la journée.* ★ **II.** *V. tr.* Gâter, détériorer en couvrant de moisissure. *L'humidité moisit les raisins.* ▼ **MOISI, IE.** *adj.* et *n. m.* Gâté. — N. m. *Goût de moisi.* ▼ **MOISISSURE.** *n. f.* Altération, corruption d'une substance organique, attaquée et couverte par des végétations cryptogamiques ; cette végétation, qui forme une mousse étalée en taches veloutées. *Moisissure du fromage, du vin.*

MOISSON [mwasɔ̃]. *n. f.* • **1°** Travail agricole qui consiste à récolter les céréales (surtout le blé), lorsqu'elles sont parvenues à maturité. *Faire la moisson.* • **2°** Les céréales qui sont ou seront l'objet de la moisson. V. **Récolte.** *Rentrer, engranger la moisson.* • **3°** Action de recueillir, d'amasser en grande quantité (des récompenses, des gains, des renseignements) ; ce qu'on recueille. *Une moisson de souvenirs.* ▼ **MOISSONNER.** *v. tr.* (1) • **1°** Couper et récolter (des céréales). V. **Faucher.** • **2°** *Littér.* Recueillir, amasser (qqch.) en grande quantité. V. **Cueillir.** ▼ **MOISSONNEUR, EUSE.** *n.* • **1°** Personne qui fait la moisson. *Les moissonneurs sont souvent des ouvriers agricoles saisonniers.* • **2°** *N. f.* Machine agricole qui sert à moissonner. V. **Faucheuse.** *Moissonneuse-batteuse-lieuse.*

MOITE [mwat]. *adj.* • Légèrement humide. *Peau moite de sueur. Atmosphère, chaleur moite.* ‖ Contr. **Sec.** ‖ ▼ **MOITEUR.** *n. f.* Légère humidité. *Moiteur de l'air.* — État de ce qui est moite.

MOITIÉ [mwatje]. *n. f.* ★ **I.** • **1°** L'une des deux parties égales d'un tout. ‖ Contr. **Double.** ‖ *Le diamètre partage le cercle en deux moitiés. Cinq est la moitié de dix. Une bonne, une grosse moitié*, un peu plus de la moitié. • **2°** Milieu. *Parvenu à la moitié de son existence.* • **3°** À MOITIÉ : à demi ; partiellement. *Ne rien faire à moitié. Verre à moitié plein.* — Loc. prép. *À moitié chemin.* — MOITIÉ... MOITIÉ... *Moitié farine et moitié son.* — Fam. *Êtes-vous content de votre voyage ? — Moitié-moitié.* Cf. Comme ci comme ça. ★ **II.** (Après un possessif). *Sa moitié*, sa femme.

MOKA [mɔka]. *n. m.* • **1°** Café d'Arabie. *Une tasse de moka.* • **2°** Gâteau fourré d'une crème au beurre parfumée au café (ou au chocolat).

MOL. V. MOU.

MOLAIRE [mɔlɛʀ]. *n. f.* • Dent de la partie postérieure de la mâchoire, dont la fonction est de broyer.

MÔLE [mol]. *n. m.* • Construction en maçonnerie, destinée à protéger l'entrée d'un port. V. **Brise-lames, digue, jetée.** — Quai d'embarquement.

MOLÉCULE [mɔlekyl]. *n. f.* • La plus petite partie d'un corps simple ou composé susceptible d'exister à l'état isolé en gardant les caractères de ce corps. *La molécule d'un corps est formée d'atomes.* ▼ **MOLÉCULAIRE.** *adj.* Des molécules. *Formule moléculaire d'un corps. Poids, masse moléculaire*, d'une molécule d'un corps (somme des masses atomiques).

MOLESKINE [mɔlɛskin]. *n. f.* • Toile de coton revêtue d'un enduit mat ou verni imitant le cuir.

MOLESTER [mɔlɛste]. *v. tr.* (1) • Maltraiter physiquement. V. **Bousculer, brutaliser, malmener.** *Il a été pris à partie et s'est fait molester par la foule.*

MOLETER [mɔlte]. *v. tr.* (4) • Faire un striage ou un quadrillage à la molette sur... — (Surtout au p. p.) *Vis moletée.*

MOLETTE [mɔlɛt]. *n. f.* • 1° Petite roue étoilée en acier, à l'extrémité de l'éperon. • 2° Outil fait d'une roulette mobile au bout d'un manche. • 3° Roulette à surface striée ou quadrillée qui sert à manœuvrer certains dispositifs mobiles. *Molette de mise au point* (jumelles). *Clé à molette.*

MOLLARD [mɔlaʀ]. *n. m.* • *Pop.* et *vulg.* Crachat.

MOLLASSE [mɔlas]. *adj.* • 1° *(Concret).* Mou et flasque. || Contr. **Ferme.** || • 2° *(Personnes).* Qui est trop mou, qui manque d'énergie. V. **Apathique, endormi, indolent, nonchalant.** || Contr. **Actif.** || *Il est un peu mollasse. Une grande fille mollasse.* ▼ **MOLLASSON, ONNE.** n. *Fam.* Personne mollasse. *Allons, dépêche-toi, gros mollasson !*

MOLLEMENT [mɔlmɑ̃]. *adv.* • 1° Sans vigueur, sans énergie. *Travailler mollement.* • 2° Avec douceur et lenteur, avec un abandon gracieux. V. **Doucement, indolemment, nonchalamment.** *Le fleuve coule mollement.* V. **Paresseusement.**

MOLLESSE [mɔlɛs]. *n. f.* • 1° Caractère de ce qui est mou. || Contr. **Dureté, fermeté.** || • 2° Paresse physique, intellectuelle ; manque de volonté. V. **Apathie, indolence, nonchalance.** || Contr. **Énergie, vivacité.** || *La mollesse d'un paresseux.* • 3° Caractère d'une forme souple, douce, imprécise. *La mollesse des contours.*

1. MOLLET, ETTE [mɔlɛ, ɛt]. *adj.* • Agréablement mou au toucher. *Lit mollet.* V. **Douillet.** — *Œuf mollet*, à peine cuit dans sa coquille.

2. MOLLET [mɔlɛ]. *n. m.* • Partie charnue à la face postérieure de la jambe, entre le jarret et la cheville. ▼ **MOLLETIÈRE.** *n. f.* Jambière de cuir, d'étoffe qui s'arrête en haut du mollet. — Adj. *Bande molletière*, qu'on enroule autour du mollet.

MOLLETON [mɔltɔ̃]. *n. m.* • Tissu de laine ou de coton gratté sur une ou deux faces. ▼ **MOLLETONNÉ, ÉE.** *adj.* Doublé, garni de molleton. *Gants molletonnés.* V. **Fourré.**

MOLLIR [mɔliʀ]. *v. intr.* (2) • 1° Perdre sa force. *Sentir ses jambes mollir de fatigue.* — *Le vent mollit*, perd de sa violence. • 2° Devenir mou. V. **Ramollir** (se). • 3° *(Personnes).* Commencer à céder. V. **Dégonfler** (se), **faiblir.** || Contr. **Tenir.** || *Courage qui mollit.* V. **Diminuer.** *Sa résolution a molli.* — *Fam.* Hésiter, flancher.

MOLLO [mɔlo]. *adv.* • *Pop.* Doucement. *Vas-y mollo !*

MOLLUSQUE [mɔlysk(ə)]. *n. m.* • 1° Animal invertébré au corps mou. *Les mollusques*, embranchement du règne animal (céphalopodes, gastéropodes). *Mollusques comestibles* (V. **Coquillage**). • 2° Personne molle. V. **Mollasson.**

MOLOSSE [mɔlɔs]. *n. m.* • *Littér.* Gros chien.

MOLYBDÈNE [mɔlibdɛn]. *n. m.* • Métal blanc, dur, fusible à 2 620°. *Aciers spéciaux au molybdène.*

MÔME [mom]. *n.* • 1° *Fam.* Enfant. V. **Gosse.** — *Pop.* Adj. *Il est encore tout môme*, tout petit. • 2° Pop. *Une môme*, une jeune fille, une jeune femme.

1. MOMENT [mɔmɑ̃]. *n. m.* • 1° Espace de temps limité (relativement à une durée totale). V. **Instant.** *Moments de la vie, de l'existence. Un petit, un long moment.* — *Célébrité, succès du moment* (présent). • 2° Court instant. *Un éclat d'un moment*, passager, fugitif. *En un moment*, rapidement. *Dans un moment*, bientôt. Ellipt. *Un moment ! j'arrive.* • 3° Circonstance, temps caractérisé par son contenu. *Bons moments. C'est un mauvais moment à passer. N'avoir pas un moment à soi*, avoir un emploi du temps très chargé. • 4° Point de la durée (qui correspond ou doit correspondre à un événement). *Profiter du moment. Ce n'est pas le moment.* • 5° *Loc.* AU MOMENT. *Au moment de* (loc. prép.). V. **Lors.** *Au moment de partir*, sur le point de. *Au moment où* (loc. conj.). *À un moment donné.* — *Loc. adv.* À TOUT MOMENT, À TOUS MOMENTS : sans cesse, continuellement. *À aucun moment*, jamais. — EN CE MOMENT : à présent, maintenant. — SUR LE MOMENT : au moment précis où une chose a eu lieu. — PAR MOMENTS : de temps à autre. — D'UN MOMENT À L'AUTRE [-ta-] : bientôt. • 6° *Loc. conj.* DU MOMENT OÙ, QUE : puisque, dès lors que. • 7° *Moment psychologique*, moment favorable à une réaction. ▼ **MOMENTANÉ, ÉE.** *adj.* Qui ne dure qu'un moment. V. **Bref, court, provisoire, temporaire.** *Gêne momentanée. Arrêts, efforts momentanés.* || Contr. **Continuel, durable.** || ▼ **MOMENTANÉMENT.** *adv.* Provisoirement. *Le trafic est momentanément interrompu.*

2. MOMENT. *n. m.* • En mécanique, *Moment d'un vecteur par rapport à un point*, produit de son intensité par sa distance au point (même sens dans *moment d'un couple, moment magnétique*...).

MOMIE [mɔmi]. *n. f.* • Cadavre desséché et embaumé (par les procédés des anciens Égyptiens, notamment). *La momie de Ramsès II.* ▼ **MOMIFIER** [mɔmifje]. *v. tr.* (7) • 1° Transformer en momie. V. **Embaumer.** — Au p. p. *Cadavre momifié.* • 2° Rendre inerte. *Esprit qui se momifie.* ▼ **MOMIFICATION.** *n. f.* • 1° Transformation (d'un cadavre) en momie. État d'un cadavre momifié. *Momification naturelle.* • 2° État de ce qui est momifié (2°).

MON [mɔ̃], **MA** [ma], **MES** [me]. *adj. poss.* ★ **I.** *(Sens subjectif).* • 1° Qui est à moi, qui m'appartient. *C'est mon opinion. À mon avis. Mon œuvre.* • 2° *(Devant un nom de personne).* Exprime la parenté ou des relations variées. *Mon père. Ma fiancée. Mon patron. Mes voisins.* • 3° (Marquant l'intérêt personnel). *Alors, mon bonhomme s'est mis à hurler comme un fou.* • 4° (En s'adressant à qqn). *Viens, mon enfant. Mon cher ami. Mon vieux.* — *Pop.* (Marquant la camaraderie, l'ironie) *Ah ! bien, mon salaud, mon cochon.* ★ **II.** *(Sens objectif).* De moi, relatif à moi (personnes). *Mon persécuteur, mon juge*, celui qui me persécute, me juge. — (Choses) *Elle est restée dix ans à mon service.*

MONACAL, ALE, AUX [mɔnakal, o] *adj.* • Relatif aux moines. V. **Monastique.** *La vie monacale.*

MONARCHIE [mɔnaʀʃi]. *n. f.* • 1° Régime politique dans lequel le chef de l'État est un roi héréditaire. V **Royauté.** *Monarchie absolue constitutionnelle, parlementaire.* • 2° État gouverné par un seul chef. *La monarchie d'Angleterre, des Pays-Bas.* V. **Couronne, royaume.** ▼ **MONARCHIQUE.** adj. *État, gouvernement monarchique.* ▼ **MONARCHISME.** *n. m.* Doctrine des partisans de la monarchie. ▼ **MONARCHISTE.** *n.* et *adj.* Partisan de la monarchie, d'un roi. V. **Royaliste.** || Contr. **Démocrate, républicain.** ||

MONARQUE [mɔnaʀk(ə)]. *n. m.* • Chef de l'État dans une monarchie. V. **Empereur, prince, roi, souverain.** *Monarque absolu.* V. **Autocrate, despote.**

MONASTÈRE [mɔnastɛʀ]. *n. m.* • Établissement où vivent des religieux appartenant à un ordre (abbaye, prieuré, chartreuse, couvent, ermitage). V. **Cloître.**

MONASTIQUE [mɔnastik]. *adj.* • Qui concerne les moines. V. **Monacal.** *Discipline, vie monastique.*

MONCEAU [mɔ̃so]. *n. m.* • Élévation formée par une grande quantité d'objets entassés. V. **Amas, amoncellement, tas.**

MONDAIN, AINE [mɔ̃dɛ̃, ɛn]. *adj.* • 1° Relatif à la société des gens en vue, aux divertissements, aux réunions de la haute société. *Vie mondaine et brillante.* — *Romancier, écrivain mondain,* qui écrit sur la vie de la haute société. • 2° Qui aime les mondanités, sort beaucoup dans le monde. *Il est très mondain.* • 3° *Police mondaine ;* subst. *La mondaine,* police spécialisée notamment dans la répression du trafic de la drogue. ▼ **MONDANITÉ.** *n. f.* • 1° Goût pour la vie mondaine, pratique de la haute société. • 2° *Au plur.* Les événements, les particularités de la vie mondaine.

MONDE [mɔ̃d]. *n. m.* ★ **I.** • 1° L'ensemble formé par la Terre et les astres visibles, conçu comme un système organisé. V. **Cosmos.** — Tout corps céleste comparé à la Terre. • 2° L'ensemble de tout ce qui existe. V. **Univers.** *Conception du monde.* Loc. *Tout est pour le mieux dans le meilleur des mondes* (maxime des optimistes). *L'homme et le monde.* V. **Nature.** *Création du monde.* • 3° *(Qualifié).* La totalité des choses, des concepts d'un même ordre. *Monde extérieur, visible, monde des apparences.* • 4° Ensemble de choses considéré comme formant un domaine à part. *Le monde poétique, de l'art.* — *Le monde des abeilles, le monde végétal.* — Loc. *Faire tout un monde de qqch.,* toute une affaire. — Fam. *C'est un monde !* c'est exagéré (marque l'indignation). ★ **II.** La Terre, habitat de l'homme ; l'humanité. • 1° La planète Terre, sa surface. *Les cinq parties du monde. Courir, parcourir le monde. Tour du monde.* — Loc. fam. *Le monde est petit,* se dit lorsqu'on rencontre qqn à l'improviste. *Champion, championnat du monde.* — *Le Nouveau Monde,* l'Amérique. *L'Ancien Monde,* Europe, Afrique et Asie. • 2° *Le monde, ce bas monde,* opposé à *l'autre monde,* que les âmes sont censées habiter après la mort (V. **Au-delà**). — Loc. *Mépriser les biens de ce monde. De l'autre monde,* de l'au-delà. Fam. *Des idées de l'autre monde,* étranges. • 3° AU MONDE. *Venir au monde,* naître. *Être seul au monde,* dans la vie. • 4° La société, la communauté humaine. V. **Humanité.** *Ainsi va le monde. À la face du monde,* ouvertement, devant le public. *L'avènement d'un monde meilleur. Le monde antique. Le monde capitaliste et le monde communiste.* — Loc. *Il faut de tout pour faire un monde,* se dit pour excuser l'état ou les goûts des gens. • 5° DU MONDE : renforçant un superlatif. *C'est le meilleur homme du monde.* — AU MONDE : renforçant *Tout, rien, aucun. Pour rien au monde.* ★ **III.** • 1° La vie profane. • 2° La vie en société, considérée surtout dans ses aspects de luxe et de divertissement. *Aller dans le monde.* — *Homme, femme du monde,* de la haute société. V. **Mondain.** • 3° Milieu ou groupement social particulier. *Il n'est pas de notre monde. Le monde des affaires.* ★ **IV.** • 1° LE MONDE, DU MONDE : les gens, des gens ; un certain nombre de personnes. *J'entends du monde dans la rue. Il y a beaucoup de monde. Se moquer du monde.* • 2° TOUT LE MONDE : chacun. *Il ne peut jamais faire comme tout le monde.*

MONDIAL, ALE, AUX [mɔ̃djal, o]. *adj.* • Relatif à la terre entière. *Population, production mondiale. L'actualité mondiale.* ▼ **MONDIALEMENT.** *adv.* Partout dans le monde. *Mondialement connu.* V. **Universellement.**

MONÉTAIRE [mɔnetɛʀ]. *adj.* • Relatif à la monnaie. *Unité monétaire.*

MONGOL, OLE [mɔ̃gɔl]. *adj.* et *n.* De Mongolie. — Subst. *Les Mongols.* — *Le mongol* (langue).

MONGOLIEN, IENNE [mɔ̃gɔljɛ̃, jɛn]. *adj* • Relatif à une maladie congénitale *(mongolisme)* qui entraîne un retard du développement, l'arriération mentale et un faciès spécial. — *Subst.* Malade atteint de mongolisme.

MONITEUR, TRICE [mɔnitœʀ, tʀis]. *n* • Personne qui enseigne certains sports certaines activités. V. **Entraîneur.** *Moniteu d'aviation, de ski.* **MONITORAT.** *n. m*

MONNAIE [mɔnɛ]. *n. f.* • 1° Pièce d métal ou ensemble des pièces dont le poids et le titre sont garantis par l'autorité; moyen d'échange et unité de valeur. V. **Pièce** *Monnaies d'or et d'argent. Pièce de monnaie* • 2° Tout instrument de mesure et de conservation de la valeur, de moyen d'échang des biens. *Monnaie métallique, fiduciaire Monnaie de papier* (billets). FAUSSE MONNAIE contrefaçon frauduleuse des pièces de mon naie. *Fabricant de fausse monnaie.* V. **Faus saire, faux-monnayeur.** • 3° Unité de valeu admise et utilisée dans un pays. *Cours d'un monnaie. Valeurs relatives de plusieur monnaies,* change, cours. — Loc. *Serv de monnaie d'échange. C'est monnaie courant* c'est chose très fréquente. • 4° Ensemb de pièces, de billets de faible valeur (arge de poche). *Petite, menue monnaie. Passez la monnaie !* — Somme constituée par les pièces ou billets représentant la valeur d'une seule pièce, d'un seul billet ou la différence entre un billet, une pièce et une somme moindre (appoint). *Rendre la monnaie.*

MONNAYER [mɔneje]. *v. tr.* (8) • **1°** Transformer (un métal) en monnaie. • **2°** Convertir en argent liquide. *Monnayer un billet, un bien.* • **3°** Se faire payer (un bien moral) ; tirer de l'argent de. *Monnayer son talent.* ▼ **MONNAYABLE** [mɔnɛjabl]. *adj.* Qu'on peut monnayer.

MON(O)-. • Élément savant signifiant « seul, unique ».

MONOCHROME [mɔnɔkʀom]. *adj.* • Qui est d'une seule couleur.

MONOCLE [mɔnɔkl(ə)]. *n. m.* • Petit verre optique que l'on fait tenir dans une des arcades sourcilières.

MONOCOQUE [mɔnɔkɔk]. *adj.* • Sans châssis, dont la coque assure à elle seule la rigidité. *Voiture monocoque.*

MONOCORDE [mɔnɔkɔʀd(ə)]. *adj.* • Qui est sur une seule note, n'a qu'un son. V. **Monotone.** *Une voix monocorde.*

MONOCOTYLÉDONE [mɔnɔkɔtiledɔn]. *adj.* et *n. f. pl.* • Dont la graine n'a qu'un cotylédon. — Nom d'une classe de végétaux. *Les monocotylédones et les dicotylédones.*

MONOCULTURE [mɔnɔkyltyʀ]. *n. f.* • Culture d'un seul produit.

MONOGAME [mɔnɔgam]. *adj.* • **1°** Qui n'a qu'une seule femme, qu'un seul mari à la fois (*opposé à* bigame, polygame). • **2°** Qui a des fleurs unisexuées. ▼ **MONOGAMIE.** *n. f.* Régime juridique en vertu duquel un homme ou une femme ne peut avoir plusieurs conjoints en même temps. || Contr. **Polygamie.** ||

MONOGRAMME [mɔnɔgʀam]. *n. m.* • Chiffre composé de la lettre initiale ou de la réunion de plusieurs lettres d'un nom, entrelacées.

MONOGRAPHIE [mɔnɔgʀafi]. *n. f.* • Étude complète et détaillée sur un sujet précis. ▼ **MONOGRAPHIQUE.** *adj.*

MONOLITHE [mɔnɔlit]. *adj.* et *n. m.* • **1°** Qui est d'un seul bloc de pierre. *Colonne monolithe.* • **2°** N. m. *Un monolithe*, un monument monolithe. ▼ **MONOLITHIQUE.** *adj.* • **1°** D'un seul bloc de pierre ; monolithe. • **2°** Qui forme bloc ; dont les éléments forment un ensemble rigide, homogène. *Parti monolithique.*

MONOLOGUE [mɔnɔlɔg]. *n. m.* • **1°** Scène à un personnage qui parle seul. • **2°** Long discours d'une personne qui ne laisse pas parler ses interlocuteurs. • **3°** Discours d'une personne seule qui parle, pense tout haut. V. **Soliloque.** *Monologue intérieur*, longue suite de pensées transcrites à la première personne (dans un roman, etc.). ▼ **MONOLOGUER.** *v. intr.* (1). Parler seul, ou en présence de qqn comme si l'on était seul.

MONÔME [mɔnom]. *n. m.* ★ **I.** Expression algébrique entre les parties de laquelle il n'y a pas de signe d'addition ou de soustraction. ★ **II.** File d'étudiants se tenant par les épaules, qui se promènent sur la voie publique. *Formez le monôme !*

MONOMOTEUR, TRICE [mɔnɔmɔtœʀ, tʀis]. *adj.* et *n. m.* • Qui n'a qu'un seul moteur. *Avion monomoteur.*

MONOPLACE [mɔnɔplas]. *adj.* • Qui n'a qu'une place, en parlant d'un véhicule. *Voiture, avion monoplace.* — Subst. *Un, une monoplace.*

MONOPLAN [mɔnɔplɑ̃]. *n. m.* • Avion qui n'a qu'un seul plan de sustentation.

MONOPOLE [mɔnɔpɔl]. *n. m.* • **1°** Situation où une entreprise (un groupe) est maître de l'offre sur le marché ; cette entreprise. *Capitalisme de monopole* (ou *monopoliste*). • **2°** Privilège exclusif. V. **Exclusivité.** *Ce parti s'attribue le monopole du patriotisme.*

MONOPOLISER [mɔnɔpɔlize]. *v. tr.* (1) • **1°** Exploiter, vendre par monopole. • **2°** S'attribuer (un objet ou un privilège exclusif). Accaparer. *Monopoliser qqn, son attention.* ▼ **MONOPOLISATEUR, TRICE.** *n.* ▼ **MONOPOLISATION.** *n. f.*

MONOPRIX [mɔnɔpʀi]. *n. m. invar.* • Nom de magasins à succursales multiples (Cf. Prisunic).

MONOSYLLABE [mɔnɔsil(l)ab]. *adj.* et *n. m.* • Qui n'a qu'une syllabe. — N. m. *Un monosyllabe*, un mot d'une syllabe. ▼ **MONOSYLLABIQUE.** *adj.* Qui n'a qu'une syllabe. Qui ne contient que des monosyllabes. *Le chinois est monosyllabique.*

MONOTHÉISME [mɔnɔteism(ə)]. *n. m.* • Croyance en un dieu unique. ▼ **MONOTHÉISTE.** *n.* et *adj.*

MONOTONE [mɔnɔtɔn]. *adj.* • **1°** Qui est toujours sur le même ton ou dont le ton est peu varié. V. **Monocorde.** *Une plainte monotone.* • **2°** Qui lasse par son uniformité, par la répétition des mêmes choses. V. **Uniforme.** *Paysage monotone. Une vie monotone.* || Contr. **Varié.** || ▼ **MONOTONIE.** *n. f.* Uniformité lassante. *Monotonie d'un paysage, d'un travail.* V. **Ennui.** || Contr. **Diversité, variété.** ||

1. MONSEIGNEUR [mɔ̃sɛɲœʀ]. *n. m.* • Titre honorifique donné à certains personnages éminents (archevêques, évêques, princes des familles souveraines). Abrév. *Mgr.*

2. MONSEIGNEUR. *n. m.* • Appos. *Pince monseigneur.* V. PINCE.

MONSIEUR [məsjø]. *n. m.*, **MESSIEURS** [mesjø]. *n. m. pl.* [Abrév. M., MM.] ★ **I.** • **1°** Titre donné aux hommes de toute condition. *Bonjour, monsieur. Cher monsieur. Mesdames et Messieurs. Monsieur le Ministre.* • **2°** Titre donné aux princes (notamment l'aîné des frères du roi). ★ **II.** UN MONSIEUR : un homme de la bourgeoisie opposé au travailleur manuel, au paysan (emploi vieilli). — (Avec certains adj.) *Un joli, un vilain monsieur*, un individu méprisable. — (Langage enfantin) *Un monsieur*, un homme. *Dis merci au monsieur.*

MONSTRE [mɔ̃stʀ(ə)]. *n. m.* et *adj.* ★ **I.** *N. m.* • **1°** Être, animal fantastique et terrible (des légendes, mythologies). — Animal réel gigantesque ou effrayant.

Monstres marins. • **2°** Être vivant ou organisme de conformation anormale (par excès, défaut ou position anormale des parties du corps). • **3°** Personne d'une laideur effrayante. • **4°** Personne effrayante par son caractère, son comportement (*surtout* sa méchanceté). *C'est un monstre de cruauté.* — Fam. *Petit monstre !* se dit à un enfant turbulent. • **5°** *Loc.* LES MONSTRES SACRÉS : les grands comédiens. ★ **II.** Adj. *Fam.* Très important, immense. V. **Colossal, prodigieux.** *Un meeting monstre. Un travail monstre.*

MONSTRUEUX, EUSE [mɔ̃stʀyø, øz]. *adj.* • **1°** Qui a la conformation d'un monstre, rappelle les monstres. V. **Difforme.** *Laideur monstrueuse.* • **2°** Qui est d'une taille, d'une intensité prodigieuse et insolite. *Une ville monstrueuse.* V. **Colossal, énorme, gigantesque.** • **3°** Qui choque extrêmement la raison, la morale. V. **Abominable, affreux, effroyable, épouvantable, horrible.** *Idée monstrueuse. C'est monstrueux !* ▼ **MONSTRUEUSEMENT.** *adv.* ▼ **MONSTRUOSITÉ.** *n. f.* • **1°** Anomalie congénitale. V. **Difformité, malformation.** • **2°** Caractère de ce qui est monstrueux (3°). *La monstruosité d'un crime.* V. **Atrocité, horreur.** — *Une monstruosité,* chose monstrueuse.

MONT [mɔ̃]. *n. m.* • **1°** *Vx* ou *en loc.* Importante élévation de terrain. V. **Montagne.** *Du haut des monts. Le mont Blanc.* — Loc. *Par monts et par vaux,* à travers tout le pays, de tous côtés, partout. — *Promettre monts et merveilles,* des avantages considérables. • **2°** Petite éminence charnue (de la main).

MONTAGE [mɔ̃taʒ]. *n. m.* • **1°** Opération par laquelle on assemble les pièces (d'un mécanisme, d'un objet complexe) pour le mettre en état de fonctionner. *Montage des couteaux, des chaussures. Montage d'un moteur au banc d'essai. Chaîne de montage.* — *Montage d'un circuit électrique.* • **2°** Assemblage d'images. — Choix et assemblage des plans d'un film dans certaines conditions d'ordre et de temps.

MONTAGNARD, ARDE [mɔ̃taɲaʀ, aʀd(ə)]. *adj.* et *n.* • **1°** Qui habite les montagnes, vit dans les montagnes. *Peuples montagnards.* • **2°** Relatif à la montagne. *Vie montagnarde.*

MONTAGNE [mɔ̃taɲ]. *n. f.* • **1°** Importante élévation de terrain. V. **Éminence, hauteur, mont.** *Flancs, pente, versant d'une montagne. Chaîne, massif de montagnes.* — Loc. *Se faire une montagne de qqch.,* s'en exagérer les difficultés, l'importance. — *Soulever les montagnes,* se jouer de grandes difficultés. • **2°** LES MONTAGNES, LA MONTAGNE : ensemble de montagnes (chaîne, massif) ; zone, région de forte altitude (*opposé à* plaine). *Pays de montagne.* V. **Montagneux.** *Passer ses vacances à la montagne.* — *La montagne à vaches,* les zones d'alpages, ou paissent les troupeaux (*péj.* dans le langage des alpinistes). • **3°** Amas, amoncellement. • **4°** MONTAGNES RUSSES : suite de montées et de descentes rapides parcourues par un véhicule dans les foires. ▼ **MONTAGNETTE.** n. f. *Fam.* Petite montagne. ▼ **MONTAGNEUX, EUSE.** *adj.* Où il y a des montagnes ; formé de montagnes. *Région montagneuse.*

MONTANT, ANTE [mɔ̃tɑ̃, ɑ̃t]. *adj.* et *n.* ★ **I.** *Adj.* Qui monte (1). • **1°** Qui se meut de bas en haut. ‖ Contr. **Descendant.** ‖ *Mouvement montant. Marée montante. Gamme montante.* • **2°** Qui va, s'étend vers le haut. *Chemin montant.* ★ **II.** *N. m.* • **1°** Pièce verticale dans un dispositif, une construction. *Montants d'une fenêtre.* • **2°** Chiffre auquel monte, s'élève un compte. V. **Somme, total.** *Le montant des frais.*

MONT-DE-PIÉTÉ [mɔ̃dpjete]. *n. m.* • Établissement de prêt sur gage. *Engager sa montre au mont-de-piété.*

MONTE [mɔ̃t]. *n. f.* • **1°** Pratique de l'accouplement chez les Équidés et les Bovidés. • **2°** Action de monter un cheval en course.

MONTE-CHARGE [mɔ̃tʃaʀʒ(ə)]. *n. m. invar.* • Appareil servant à monter des marchandises, des fardeaux, d'un étage à l'autre. V. **Élévateur.**

MONTÉE [mɔ̃te]. *n. f.* • **1°** Action de monter (1). — Action de grimper, de se hisser. V. **Escalade, grimpée.** *Être essoufflé par une pénible montée.* — *(Choses)* Action de s'élever. V. **Ascension.** ‖ Contr. **Descente.** ‖ *Montée des eaux.* • **2°** Pente que l'on gravit. V. **Côte, grimpée, rampe.** *Maison en haut d'une montée.*

1. MONTER [mɔ̃te]. *v.* (1) ★ **I.** *V. intr.* (Auxil. *être* ou *avoir*) • **1°** *(Êtres vivants).* Se déplacer dans un mouvement de bas en haut ; se transporter vers un lieu plus haut. V. **Grimper.** ‖ Contr. **Descendre.** ‖ *Monter en haut. Monter au grenier. Monter à une échelle.* — *Monter à cheval. Il monte bien.* — *Police montée,* à cheval. — *Monter dans une voiture, en voiture. Monter à* (ou *en*) *bicyclette.* • **2°** Se déplacer du sud vers le nord (en raison de l'orientation des cartes géographiques où le nord est en haut). *Monter à Paris.* • **3°** Progresser dans l'échelle sociale, s'élever dans l'ordre moral, intellectuel. *Monter en grade.* V. **Avancer.** — Fam. *La vedette qui monte.* • **4°** *(Choses).* S'élever dans l'air, dans l'espace. ‖ Contr. **Baisser, descendre.** ‖ *Le soleil monte au-dessus de l'horizon.* — Se dit des sons, des odeurs, des impressions qui émanent des choses. *Bruits montant de la rue.* — En parlant de phénomènes physiologiques, d'émotions. *La colère fait monter le sang au visage. Les larmes lu montaient aux yeux.* — Loc. *Monter à la tête* exalter, griser, troubler. • **5°** S'élever en pente. *Là où la route monte.* V. **Montée.** — S'étendre jusqu'à une certaine hauteur. *Botte qui montent à, jusqu'à mi-cuisse.* • **6°** Gagne en hauteur. *Le tas, le niveau monte.* • **7** *(Fluides).* Progresser, s'étendre vers le haut *La rivière, la mer a monté.* — *Le lait mont* (commence à bouillir). — *Faire monter qqn* exciter sa colère. • **8°** *(Sons).* Aller du grav à l'aigu. • **9°** Aller en augmentant (des prix) hausser de prix (des biens, marchandises services). *Les prix, les loyers ne cessent d monter.* — Atteindre un total. V. **Montan** *À combien montera la dépense ?* ★ **II.** *V. t* (Auxil. *avoir*) • **1°** Parcourir en s'élevan en se dirigeant vers le haut. V. **Gravir.** *Monter une côte.* V. **Grimper.** • 2° Être sur (un animal dit *monture*). *Ce cheval n'a jamais été monté.* • 3° Porter, mettre en haut (qqch.). *Monter une malle au grenier. La concierge monte le courrier* (aux occupants des étages). • 4° Porter, mettre plus haut, à un niveau plus élevé. V. **Élever, remonter.** *Monter l'étagère d'un cran.* — Loc. MONTER LA TÊTE *à qqn*, MONTER QQN : l'animer, l'exciter contre qqn. *Se monter la tête*, s'exalter. — Pronom. *Se monter*, se mettre en colère. *Être monté contre qqn.*

2. MONTER. *v. tr.* (1) • 1° Mettre en état de fonctionner, de servir, en assemblant les différentes parties. V. **Ajuster, assembler ; montage, monteur.** || Contr. **Démonter.** || *Monter une machine. Monter la tente.* V. **Dresser.** — *Monter un film.* V. **Montage.** • 2° *Monter une pièce de théâtre*, en préparer la représentation, mettre en scène. — *Monter une affaire*, organiser. *Monter un coup. Coup monté.* • 3° Fournir, pourvoir de tout ce qui est nécessaire. *Monter son ménage.* — Pronom. *Se monter*, se fournir, se pourvoir (en...). *Je suis mal montée en vaisselle.* • 4° Fixer définitivement. *Monter un diamant sur une bague.* V. **Enchâsser ; monture.** ▼ **MONTEUR, EUSE.** *n.* • 1° Personne qui monte certains ouvrages, appareils, machines : ouvrier, technicien qui effectue des opérations de montage. *Monteur électricien.* • 2° Spécialiste chargé du montage des films. *Chef monteur.*

MONTGOLFIÈRE [mɔ̃gɔlfjɛʀ]. *n. f.* • Ancien aérostat formé d'une enveloppe remplie d'air chauffé. V. **Ballon.**

MONTICULE [mɔ̃tikyl]. *n. m.* • Petite bosse de terrain. — Tas. *Monticule de pierres.*

1. MONTRE [mɔ̃tʀ(ə)]. *n. f.* • 1° *Vx.* Démonstration, exhibition. *Pour la montre*, pour l'apparence extérieure, la parade. • 2° *Loc.* FAIRE MONTRE DE : montrer avec affectation. — Montrer au grand jour, révéler. *Faire montre de compréhension.* • 3° *(Commerce).* EN MONTRE : en vitrine.

2. MONTRE. *n. f.* • 1° Petite boîte à cadran contenant un mouvement d'horlogerie, qu'on porte sur soi pour savoir l'heure. *Montre de précision.* V. **Chronomètre.** *Montre-bracelet* ou *bracelet-montre. Mettre sa montre à l'heure.* • 2° Loc. *Montre en main*, en mesurant le temps avec précision. — *Course contre la montre*, où chaque coureur part seul, le classement s'effectuant d'après le temps.

MONTRER [mɔ̃tʀe]. *v. tr.* (1) ★ **I.** • 1° Faire voir, mettre devant les yeux. || Contr. **Cacher.** || *Montrer un objet à qqn. Montrer ses richesses.* V. **Déployer, étaler, exhiber.** — Faire voir de loin, par un signe, un geste. V. **Désigner, indiquer.** *Montrer du doigt les étoiles. Montrer le chemin, la voie.* • 2° *(Suj. chose).* Laisser voir. *Robe qui montre les bras, le cou.* V. **Découvrir.** *Tapis qui montre la corde.* ★ **II.** Faire connaître. • 1° Faire imaginer. V. **Représenter.** *L'auteur montre dans ses livres un pays, une société.* V. **Décrire, peindre, évoquer.** • 2° Faire constater, mettre en évidence. V. **Démontrer, établir, prouver.** *Montrer à qqn qu'il a tort. Signes qui montrent la présence, l'imminence de qqch.* V. **Annoncer, déceler, dénoter.** • 3° Faire paraître, faire connaître volontairement par sa conduite. *Je vais lui montrer qui je suis. Montrer ce qu'on sait faire.* • 4° Laisser paraître ; révéler. V. **Exprimer, extérioriser, manifester, témoigner.** *Montrer son étonnement, son émotion. Montrer de l'humeur.* ★ **III.** SE MONTRER. *v. pron.* • 1° Se faire voir. *Il n'a qu'à se montrer pour être applaudi.* V. **Paraître.** *Il n'ose plus se montrer. Se montrer sous un jour favorable, tel qu'on est.* • 2° *Se montrer* (et attribut), être effectivement, pour un observateur. V. **Être.** *Se montrer courageux, habile. Il s'est montré d'une avarice sordide.*

MONTREUR, EUSE. *n.* • Personne qui fait métier de montrer en public (une curiosité). *Montreur d'ours, d'animaux.*

MONTUEUX, EUSE [mɔ̃tɥø, øz]. *adj.* • *Vieilli.* Qui présente des monts, des hauteurs. *Pays montueux.*

1. MONTURE [mɔ̃tyʀ]. *n. f.* • Bête sur laquelle on monte pour se faire transporter. *Un cavalier et sa monture.* V. **Cheval.**

2. MONTURE. *n. f.* • Partie d'un objet qui sert à assembler, fixer la pièce, l'élément principal. *Monture de chevalet. Monture de lunettes*, qui maintient les verres en place.

MONUMENT [mɔnymɑ̃]. *n. m.* • 1° Ouvrage d'architecture, de sculpture, etc., destiné à perpétuer le souvenir de qqn, qqch. *Monument funéraire*, élevé sur une sépulture. *Monument aux morts*, élevé à la mémoire des morts d'une même communauté. • 2° Édifice remarquable par son intérêt. V. **Bâtiment, palais.** *Monument historique. Monument public.* — *(Fam.)* Objet énorme. *Cette armoire est un véritable monument.* • 3° Œuvre imposante, vaste, digne de durer. — Fam. *Un monument d'absurdité*, une chose très absurde.

MONUMENTAL, ALE, AUX. *adj.* • 1° Qui a un caractère de grandeur majestueuse. V. **Grand, imposant.** *L'œuvre monumentale de Hugo.* • 2° *Fam.* Énorme. V. **Colossal, gigantesque, immense.** *Une horloge monumentale.* — *Erreur monumentale.*

MOQUER (SE) [mɔke]. *v. pron.* (1) • 1° SE MOQUER (de qqn, de qqch.) : tourner en ridicule. V. **Blaguer, railler, ridiculiser, rire** (de) ; Cf. *fam.* et *pop.* Mettre en boîte, se ficher de. *Les enfants se moquent de lui, de son allure.* • 2° Ne pas se soucier de (qqn, qqch.). V. **Dédaigner, mépriser.** *Je m'en moque* (Cf. Je m'en balance, je m'en fiche, ça m'est égal). || Contr. **Intéresser** (s'). || *Se moquer du qu'en-dira-t-on. Je me moque d'avoir raison.* • 3° Tromper ou essayer de tromper (qqn) avec désinvolture. *Il s'est bien moqué de vous. Vous vous moquez du monde.* ▼ **MOQUERIE** [mɔkʀi]. n. f. *La moquerie*, action, habitude de se moquer (1°). V. **Ironie, raillerie.** — *Une, des moquerie(s)*, action, parole par laquelle on se moque. V. **Plaisanterie.** *Être sensible aux moqueries.* ▼ **MOQUEUR, EUSE.** *adj.* et *n.* • 1° Qui a l'habitude de se moquer (1°), qui est enclin à la moquerie. V. **Blagueur, goguenard, gouailleur.** — Subst. *C'est un moqueur*

• 2° Inspiré par la moquerie. V. **Ironique, narquois, railleur.** *Regard, rire moqueur.*

MOQUETTE [mɔkɛt]. *n. f.* • Tapis (cloué, collé...) couvrant généralement toute la surface d'une pièce.

MORAINE [mɔʀɛn]. *n. f.* • Débris de roche entraînés par un glacier.

MORAL, ALE, AUX [mɔʀal, o]. *adj.* et *n. m.* ★ **I.** *Adj.* • 1° Qui concerne les mœurs, les règles de conduite admises et pratiquées dans une société. *Attitude, expérience morale. Valeurs morales. Principes moraux.* • 2° Qui concerne l'étude philosophique de la morale (I, 1°). V. **Éthique.** *Théorie morale.* • 3° Qui est conforme aux mœurs, à la morale (I, 2°). V. **Honnête, juste.** || Contr. **Amoral, immoral.** || *Une histoire morale*, édifiante. • 4° Relatif à l'esprit, à la pensée (*opposé à* matériel, physique). V. **Intellectuel, spirituel.** *Force morale. Douleurs morales et physiques. — Certitude morale*, intuitive. — Subst. *Au moral comme au physique* ★ **II.** *N. m.* Disposition temporaire à supporter plus ou moins bien les dangers, les difficultés. *Le moral est bas, est bon. Avoir mauvais moral, le moral à zéro* (fam.). *Le moral des troupes.*

MORALE [mɔʀal]. *n. f.* ★ **I.** • 1° Science du bien et du mal ; théorie de l'action humaine en tant qu'elle est soumise au devoir et a pour but le bien. V. **Éthique.** *Morale stoïcienne, chrétienne.* • 2° Ensemble de règles de conduite considérées comme bonnes. V. **Bien, valeur.** *Conforme à la morale*, bien, bon, *Morale sévère, rigoureuse.* V. **Rigorisme.** ★ **II.** • 1° Loc. *Faire la morale, de la morale à qqn*, lui faire une leçon concernant son devoir. • 2° Ce qui constitue une leçon de morale. V. **Apologue, maxime, moralité.** *La morale d'une fable. La morale de cette histoire, c'est...* V. **Moralité.**

MORALEMENT [mɔʀalmɑ̃]. *adv.* • 1° Conformément à une règle de conduite. • 2° Sur le plan spirituel, intellectuel ou par intuition. *J'en suis moralement certain.*

MORALISER [mɔʀalize]. *v.* • 1° *V. intr.* Faire des réflexions morales dans une intention édifiante. V. **Prêcher.** • 2° *V. tr.* Instruire ou reprendre (qqn) en lui faisant la morale. V. **Sermonner.** ▼ **MORALISATEUR, TRICE.** *adj.* et *n.* Qui fait la morale ; édifiant. *Influence moralisatrice.* ▼ **MORALISATION.** *n. f.*

MORALISTE [mɔʀalist(ə)]. *n.* • 1° Auteur de réflexions sur les mœurs, sur la nature et la condition humaines. • 2° Personne qui, par ses paroles, son exemple, donne des leçons, des préceptes de morale. V. **Moralisateur.** — Adj. *Elle a toujours été moraliste.*

MORALITÉ [mɔʀalite]. *n. f.* • 1° Caractère moral, valeur au point de vue moral, éthique. V. **Mérite.** *Moralité d'une action, d'une attitude.* • 2° Attitude, conduite ou valeur morale. *Faire une enquête sur la moralité de qqn.* — Sens moral (V. **Conscience, honnêteté**). *Témoins, certificat de moralité.* • 3° Enseignement moral (d'un événement, d'un récit). *La moralité d'une fable.* V. **Morale** (II, 2°).

MORASSE [mɔʀas]. *n. f.* • Dernière épreuve d'un journal (terme d'imprimerie).

MORATOIRE [mɔʀatwaʀ]. *n. m.* ou **MORATORIUM** [mɔʀatɔʀjɔm]. *n. m.* • Suspension des actions en justice, des obligations de paiement.

MORBIDE [mɔʀbid]. *adj.* • 1° Relatif à la maladie. *État morbide.* V. **Pathologique.** • 2° Anormal, dépravé. *Curiosité, imagination morbide.* V. **Maladif, malsain.** *Littérature morbide.* ▼ **MORBIDITÉ.** n. f. *Didact.* Caractère morbide.

MORBLEU [mɔʀblø]. *interj.* • Ancien juron.

MORCEAU [mɔʀso]. *n. m.* • 1° Partie séparée ou distincte (d'un corps ou d'une substance solide). V. **Bout, fraction, fragment, partie, portion.** *Morceau de ficelle. Couper, déchirer, mettre en morceaux. Morceau de terre.* V. **Coin, lopin.** *Un bon, un gros morceau.* — (D'un aliment) *Morceau de pain, de sucre. Les bons morceaux.* — Fam. *Manger un morceau*, faire un repas. — *Manger le morceau*, avouer, parler. • 2° Fragment, partie (d'une œuvre littéraire). V. **Extrait, passage.** *Morceaux choisis*, recueil de passages d'auteurs ou d'ouvrages divers. V. **Anthologie** • 3° Partie d'une œuvre musicale. — Œuvre musicale considérée comme un tout. *Morceau de piano. Exécuter un morceau.* • 4° Fam. *Un beau morceau (de femme)*, une belle femme

MORCELER [mɔʀsəle]. *v. tr.* (4) • Partager (une étendue de terrain) en plusieurs parties. V. **Démembrer, partager.** *Morceler en lots.* || Contr. **Regrouper, remembrer.** ▼ **MORCELLEMENT.** *n. m.* Action de morceler ; état de ce qui est morcelé. V. **Division, fractionnement, partage.** *Le morcellement de la propriété, de la terre.*

MORDANT, ANTE [mɔʀdɑ̃, ɑ̃t]. *adj.* e *n. m.* ★ **I.** *Adj.* Qui attaque, raille avec un violence qui blesse. V. **Acerbe, acide, aigre incisif, vif.** *Répondre à qqn d'une manièr mordante. Ironie mordante.* ★ **II.** *N. m.* • 1° *Armée, troupe, équipe sportive qui a d mordant*, de l'énergie, de la vivacité dar l'attaque. *Œuvre qui a du mordant*, un to vif et original. • 2° Substance utilisée pou exercer une action corrosive sur un méta pour fixer un colorant.

MORDICUS [mɔʀdikys]. *adv.* • Fam *Affirmer, soutenir qqch. mordicus*, obstiné ment, sans démordre.

MORDILLER [mɔʀdije]. *v. tr.* et *intr.* (• Mordre légèrement et à plusieurs reprise ▼ **MORDILLEMENT.** *n. m.*

MORDORÉ, ÉE [mɔʀdɔʀe]. *adj.* et *n.* • Qui est d'un brun chaud avec des refle dorés.

MORDRE [mɔʀdʀ(ə)]. *v.* (41) ★ **I.** *V.* • 1° Saisir et serrer avec les dents de maniè à blesser, à entamer, à retenir. V. **Morsur** *Mon chien l'a mordu.* • 2° Avoir l'habitu d'attaquer, de blesser avec les dents. *Met une muselière à un chien pour l'empêcher mordre.* • 3° Blesser au moyen d'un be d'un crochet, d'un suçoir. *Insecte, oise qui mord. Être mordu par un serpent.* V. **Piqu** • 4° *La lime, l'acide, mord le métal.* **Entamer, ronger.** ★ **II.** • 1° *V. tr. ind.* MORD À : saisir avec les dents une partie d'u chose. *Poisson qui mord à l'appât*, et absc *qui mord*, qui se laisse prendre. — Impers. *Ça mord*. • 2° *V. intr.* MORDRE DANS : enfoncer les dents. *Il mordait à belles dents dans le gâteau*. • 3° MORDRE SUR (une chose, une personne) : agir, avoir prise sur elle, l'attaquer. — Empiéter. *Concurrent disqualifié pour avoir mordu sur la ligne de départ*. ▼ **MORDU, UE** [mɔʀdy]. *adj.* • 1° Qui a subi une morsure. • 2° Amoureux. *Il est mordu, bien mordu*. — Subst. *Fam.* Personne qui a un goût extrême pour qqch. *C'est un mordu du football, du jazz* (Cf. Fanatique, toqué).

MORE, MORESQUE. V. MAURE, MAURESQUE.

MORFIL [mɔʀfil]. *n. m.* • Petites parties d'acier, barbes métalliques.

MORFONDRE (SE) [mɔʀfɔ̃dʀ(ə)]. *v. pron.* (41) • S'ennuyer, être triste lorsqu'on attend. *Nous nous sommes morfondus sous la pluie pendant une heure*. — *Au p. p.* Ennuyé, déçu. *Un amoureux morfondu. Air morfondu.*

MORGANATIQUE [mɔʀganatik]. *adj.* • Se dit de l'union contractée par un prince et une femme de condition inférieure (qui n'a pas les privilèges d'une épouse). *Mariage morganatique*. — *Épouse morganatique*.

1. MORGUE [mɔʀg(ə)]. *n. f.* • Contenance hautaine et méprisante ; affectation exagérée de dignité. V. **Arrogance, hauteur, insolence.**

2. MORGUE. *n. f.* • Lieu où les cadavres non identifiés sont exposés pour les faire reconnaître. — Salle où reposent momentanément les morts.

MORIBOND, ONDE [mɔʀibɔ̃, ɔ̃d]. *adj.* • Qui est près de mourir. V. **Agonisant, mourant.** — Subst. *Être au chevet d'un moribond*.

MORICAUD, AUDE [mɔʀiko, od]. *adj.* et *n.* • *Fam.* Qui a le teint très basané. V. **Noiraud.** — *N.* Homme, femme de couleur (*péj.* : terme raciste).

MORIGÉNER [mɔʀiʒene]. *v. tr.* (6) • *Littér.* Réprimander, sermonner en se donnant des airs de moraliste.

MORILLE [mɔʀij]. *n. f.* • Champignon comestible, dont le chapeau, assez étroit et haut, est criblé d'alvéoles. *Poulet aux morilles*.

MORION [mɔʀjɔ̃]. *n. m.* • Ancien casque léger, à bords relevés en pointe.

1. MORNE [mɔʀn(ə)]. *adj.* • 1° Qui est d'une tristesse morose et ennuyeuse. V. **Abattu, sombre, triste.** *Un air morne et buté*. • 2° *(Choses)*. Triste et maussade. *Temps morne. La conversation resta morne.* Contr. **Animé, gai.** ||

2. MORNE. *n. m.* • Aux Antilles, Petite montagne isolée, de forme arrondie.

MOROSE [mɔʀoz]. *adj.* • Qui est d'une humeur triste, que rien ne peut égayer. V. **Chagrin, morne 1, renfrogné, sombre.** Contr. **Gai, joyeux.** || ▼ **MOROSITÉ.** *n. f. Didact.* Humeur morose.

MORPH(O)-, -MORPHE, -MORPHIQUE, -MORPHISME. • Éléments savants signifiant « forme ».

MORPHINE [mɔʀfin]. *n. f.* • Substance tirée de l'opium, douée de propriétés soporifiques et calmantes. *La morphine est un stupéfiant*. ▼ **MORPHINOMANE.** *adj.* et *n.* Qui s'intoxique à la morphine. — N. *Un, une morphinomane*.

MORPHOLOGIE [mɔʀfɔlɔʒi]. *n. f.* • 1° Étude de la configuration et de la structure externe (d'un organe ou d'un être vivant, d'un objet naturel). *Morphologie végétale, animale*. — Forme, structure étudiée du point de vue de la morphologie. • 2° Étude de la formation des mots et de leurs variations de forme. ▼ **MORPHOLOGIQUE.** *adj.* Relatif à la morphologie, aux formes. *Types morphologiques*.

MORPION [mɔʀpjɔ̃]. *n. m.* • 1° *Vulg.* Pou du pubis. • 2° *Pop.* Gamin, garçon très jeune. • 3° Jeu consistant à placer alternativement un signe sur le quadrillé d'un papier, jusqu'à ce que l'un des deux joueurs parvienne à former une file de cinq signes.

MORS [mɔʀ]. *n. m.* • 1° Pièce du harnais, levier qui passe dans la bouche du cheval et sert à le diriger. • 2° Loc. *Prendre le mors aux dents*, s'emballer, s'emporter.

1. MORSE [mɔʀs(ə)]. *n. m.* • Grand mammifère marin des régions arctiques, amphibie, que l'on chasse pour son cuir, sa graisse et l'ivoire de ses défenses.

2. MORSE. *n. m.* • Système de télégraphie électromagnétique et de code de signaux (utilisant des combinaisons de points et de traits). *Signaux en morse*. Appos. *Alphabet morse*.

MORSURE [mɔʀsyʀ]. *n. f.* • 1° Action de mordre. *La morsure d'un chien*. • 2° Blessure, marque faite en mordant. *La morsure était profonde*.

1. MORT [mɔʀ]. *n. f.* ★ **I.** • 1° *La mort* (humains et animaux), cessation de la vie. V. **Trépas.** — (Personnifiée) *Voir la mort de près. La mort n'épargne personne*. — En sciences, Arrêt des fonctions de la vie (circulation sanguine, respiration,...). *Mort clinique suivie de réanimation*. • 2° Fin d'une vie humaine, circonstances de cette fin. *Mort naturelle, accidentelle, subite. Mourir de sa belle mort*, de vieillesse et sans souffrance. *Être à la mort*, tout près de mourir. *C'est une question de vie ou de mort*, une affaire où qqn peut mourir si on n'intervient pas. — *À mort*, d'une façon qui entraîne la mort. V. **Mortellement.** *Frappé à mort*. — *Depuis sa mort*. — Loc. *À la vie (et) à la mort*, pour toujours. • 3° Cette fin provoquée. *Donner la mort*, tuer. *Engin de mort. Peine de mort, mettre à mort. À mort !* cri par lequel on réclame la mort de qqn. ★ **II.** • 1° Destruction (d'une chose). *C'est la mort du petit commerce*. V. **Fin, ruine.** • 2° *(En loc.)*. Douleur mortelle. V. **Agonie.** *Souffrir mille morts. Avoir la mort dans l'âme*, être désespéré.

2. MORT, MORTE [mɔʀ, mɔʀt(ə)]. *adj.* • 1° Qui a cessé de vivre. *Il est mort depuis longtemps*. V. **Décédé.** *Il est mort et enterré. Tomber raide mort*. — *Arbre mort. Feuilles mortes*. • 2° Qui semble avoir perdu la vie. *Ivre mort. Mort de fatigue*, épuisé. — *Mort de peur*, paralysé par la peur. • 3° *(Choses)*. Sans activité, sans vie. *Eau morte*. V. **Stagnant.** — Loc. *Poids mort. Temps mort*, inutilisé. • 4° Qui appartient à un passé révolu. *Langue morte.*

3. MORT, MORTE. *n.* • 1° Dépouille mortelle d'un être humain. V. **Cadavre.** *Ensevelir, incinérer les morts. — Pâle comme un mort.* • 2° Être humain qui ne vit plus (mais considéré comme existant dans la mémoire des hommes ou dans l'au-delà). V. **Défunt.** *Culte, religion des morts.* V. **Ancêtre.** • 3° Personne tuée. *L'accident a fait un mort et trois blessés. Les morts de la guerre.* V. **Victime.** — Loc. *Faire le mort,* faire semblant d'être mort. • 4° *N. m.* Joueur qui étale ses cartes et ne participe pas au jeu. *L'as est au mort.*

MORTADELLE [mɔʀtadɛl]. *n. f.* • Gros saucisson de porc et de bœuf.

MORTAISE [mɔʀtɛz]. *n. f.* • Entaille faite dans une pièce de bois ou de métal pour recevoir une autre pièce (ou sa partie saillante, appelée *tenon*).

MORTALITÉ [mɔʀtalite]. *n. f.* • 1° Mort d'un certain nombre d'hommes ou d'animaux, succombant pour une même raison (épidémie, fléau). • 2° Rapport entre le nombre des déces et le chiffre de la population dans un lieu et un espace de temps déterminés. *Mortalité infantile.*

MORT-AUX-RATS [mɔʀ(t)oʀa]. *n. f.* • Préparation empoisonnée destinée à la destruction des rongeurs.

MORTEL, ELLE [mɔʀtɛl]. *adj.* • 1° Qui doit mourir. *Tous les hommes sont mortels. — (Choses)* Sujet à disparaître. • 2° *Subst.* Être humain. V. **Homme, personne.** *Les mortels. Un heureux mortel,* un homme qui a de la chance. • 3° Qui cause la mort, entraîne la mort. V. **Fatal.** *Maladie mortelle. Poison mortel. — Ennemi mortel.* qui cherche la mort de son ennemi. — *Péché mortel,* qui entraîne la mort de l'âme, la damnation. • 4° D'une intensité dangereuse et pénible. *Un froid mortel. Un ennui, un silence mortel. — Fam.* Extrêmement ennuyeux, sinistre. ▼ **MORTELLEMENT.** *adv.* • 1° Par un coup mortel. V. **Mort** (à). *Mortellement blessé.* • 2° D'une façon intense, extrême. *Il était mortellement pâle. — Réunion mortellement ennuyeuse.*

MORTE-SAISON. *n. f.* • Époque de l'année où l'activité est réduite dans un secteur de l'économie. *Les mortes-saisons.*

1. MORTIER [mɔʀtje]. *n. m.* • Récipient servant à broyer certaines substances. *Mortier de pharmacien, de cuisine.*

2. MORTIER. *n. m.* • Pièce d'artillerie portative à tir courbe utilisée par l'infanterie.

3. MORTIER. *n. m.* • Mélange de chaux éteinte (ou de ciment) et de sable délayé dans l'eau et utilisé en construction pour lier ou recouvrir les pierres. *Crépi de mortier.*

MORTIFIER [mɔʀtifje]. *v. tr.* (7) • 1° Faire cruellement souffrir (qqn) dans son amour-propre. V. **Blesser, froisser, humilier.** *Votre mépris l'a mortifié.* • 2° SE MORTIFIER. *v. pron.* S'imposer des souffrances dans l'intention de racheter ses fautes (religion). ▼ **MORTIFIANT, ANTE.** *adj.* Humiliant, vexant. ▼ **MORTIFICATION.** *n. f.* • 1° Humiliation. • 2° Souffrance qu'on s'impose pour faire pénitence.

MORT-NÉ, MORT-NÉE. *adj.* et *n.* • 1° Mort en venant au monde. *Enfants mort-nés. Un mort-né.* • 2° *(Choses).* Qui échoue dès le début. *Une entreprise mort-née.*

MORTUAIRE [mɔʀtɥɛʀ]. *adj.* • Relatif aux morts, aux cérémonies en leur honneur. V. **Funèbre, funéraire.** *Cérémonie mortuaire. Couronne mortuaire.*

MORUE [mɔʀy]. *n. f.* • 1° Grand poisson (du même genre que le colin, le merlan...), qui vit dans les mers froides. *Morue fraîche* (cabillaud), *séchée* (merluche, stockfish). *Huile de foie de morue.* • 2° *Vulg.* Prostituée (terme d'injure). ▼ **MORUTIER.** *n. m.* Homme ou bateau faisant la pêche à la morue.

MORVE [mɔʀv(ə)]. *n. f.* • 1° Grave maladie contagieuse des chevaux (terme de vétérinaire). • 2° Liquide visqueux qui s'écoule du nez de l'homme (V. **Morveux**).

MORVEUX, EUSE [mɔʀvø, øz]. *adj.* et *n.* • 1° Qui a de la morve au nez. *Enfant malpropre et morveux.* — Loc. *Qui se sent morveux (qu'il) se mouche,* que celui qui se sent visé par une critique en fasse son profit. • 2° N. *(Fam.).* Gamin, gamine (terme d'injure). *Tu n'es qu'un morveux.*

1. MOSAÏQUE [mɔzaik]. *n. f.* • 1° Assemblage décoratif de petites pièces rapportées (pierre, marbre) dont la combinaison figure un dessin. *Les mosaïques de Ravenne. — Parquet mosaïque,* fait de petites lames de bois collées. • 2° Ensemble d'éléments juxtaposés. ▼ **MOSAÏQUÉ, ÉE** *adj.* Qui ressemble à une mosaïque. *Reliure mosaïquée.*

2. MOSAÏQUE. *n. f.* • Maladie des plantes cultivées, due à des virus. *La mosaïque du tabac.*

MOSQUÉE [mɔske]. *n. f.* • Sanctuair consacré au culte musulman. *Le minare d'une mosquée.*

MOT [mo]. *n. m.* • 1° Chacun des sons o groupe de sons (de lettres ou groupes d lettres) correspondant à un sens isolabl spontanément, dans le langage. *Phrase d six, dix mots. Articuler, manger ses mot. Chercher ses mots. Ne pas dire un seul mo. Mot nouveau, courant, rare.* V. **Terme vocable.** *Mot mal écrit, illisible. Les granc mots,* les mots emphatiques qui ne diser pas simplement les choses. *Gros mot,* grossie *Le mot de Cambronne, de cinq lettres* (merde *Se donner le mot* (de passe), se mettre d'a cord. *Rapporter un propos mot pour mo* textuellement. *Mot à mot* [motamo], un m après l'autre, littéralement. — MOTS CROISÉS mots qui se recoupent sur une grille carré et quadrillée de telle façon que chacune d lettres d'un mot disposé horizontalemer entre dans la composition d'un mot dispo verticalement. *Amateur de mots croisés.* ▼ **Cruciverbiste** (on dit parfois *mots-croisiste* • 2° (En tant que signes, opposé à *pensée réalités...). Ce ne sont que des mots. Se pay de mots.* • 3° *(Dans des expressions* Phrase, parole. *Je lui en dirai, toucherai mot,* je lui en parlerai brièvement. *En* *mot*, en une courte phrase. *Avoir son mot à dire*, être en droit d'exprimer son avis. *C'est mon dernier mot*, je ne ferai pas une concession de plus. *Avoir le dernier mot*, ne plus trouver de contradicteur. *Prendre qqn au mot*, se saisir aussitôt d'une proposition qu'il a faite sans penser qu'elle serait retenue. — *Écrire un mot à qqn*, une courte lettre. • 4° Parole exprimant une pensée de façon concise et frappante. *Mots célèbres, historiques. Mot d'enfant. Mot d'auteur*, où l'on reconnaît l'esprit de l'auteur. *Le mot de la fin*, l'expression qui résume la situation. *Bon mot, mot d'esprit*, parole drôle et spirituelle.

MOTARD [mɔtaʀ]. *n. m.* • *Fam.* Motocycliste. *Les motards de la police routière.*

MOTEL [mɔtɛl]. *n. m.* • *Anglicisme.* Hôtel situé au bord d'une route à grande circulation, et destiné aux automobilistes.

MOTET [mɔtɛ]. *n. m.* • Chant d'église à plusieurs voix.

1. MOTEUR, TRICE [mɔtœʀ, tʀis]. *adj.* • Qui donne le mouvement. *Nerfs sensitifs et nerfs moteurs. Force motrice.*

2. MOTEUR. *n. m.* • **1°** Appareil servant à transformer une énergie quelconque en énergie mécanique. *Moteurs hydrauliques, thermiques. Moteurs à combustion interne*, dits *à explosion. Moteurs électriques. Véhicules à moteur* (automobile, cyclomoteur, locomotrice, motrice, tracteur, etc.). • **2°** Moteur à explosion et à carburation. *Moteur à 4, 6 cylindres. Moteur de 750 cm³* (de cyclindrée). — Par appos. *Bloc moteur*, moteur et organes annexes.

MOTIF [mɔtif]. *n. m.* • **1°** Mobile d'ordre intellectuel, raison d'agir. *Quel est le motif de votre visite ? Je cherche les motifs de sa conduite.* V. **Cause, explication.** *Un motif valable. — Pour le bon motif (fam.)*, en vue du mariage. • **2°** Sujet d'une peinture. *Travailler sur le motif.* — Ornement servant de thème décoratif. *Tissu imprimé à grands motifs de fleurs.*

MOTION [mosjɔ̃]. *n. f.* • Proposition faite dans une assemblée délibérante par un de ses membres. *Faire, rédiger une motion. Motion de censure*, par laquelle l'Assemblée nationale met en cause la responsabilité du Gouvernement.

MOTIVER [mɔtive]. *v. tr.* (1) • **1°** *(Personnes).* Justifier par des motifs. *Motiver une action, une démarche.* • **2°** *(Choses).* Être, fournir le motif de. V. **Causer, expliquer.** *Voilà ce qui a motivé notre décision.* ▼ **MOTIVATION.** *n. f.* Ensemble des motifs (d'un acte, d'un comportement).

MOTO [mɔto]. *n. f.* • (Abréviation de *Motocyclette*). Véhicule à deux roues, à moteur à essence de plus de 125 cm³. *Être à, en moto. Course de motos.*

MOTO-. • Élément tiré de *moteur* (n. m.). ▼ **MOTO-CROSS.** *n. m.* Course de motos sur parcours accidenté. ▼ **MOTOCULTEUR.** *n. m.* Petit tracteur à deux roues, dirigé à la main. ▼ **MOTOCYCLETTE.** n. f. *Littér.* Moto. ▼ **MOTOCYCLISTE.** *n.* Personne qui conduit une motocyclette. V. **Motard.** *Casque de motocycliste.* ▼ **MOTOPOMPE.** *n. f.* Pompe entraînée par un moteur.

MOTORISER [mɔtɔʀize]. *v. tr.* (1) • Munir de véhicules à moteur, de machines automobiles. *Motoriser l'agriculture.* V. **Mécaniser.** *Troupes motorisées*, transportées par camions, motocyclettes. — Fam. *Être motorisé*, se déplacer avec un véhicule à moteur. ▼ **MOTORISATION.** *n. f.*

MOTRICE [mɔtʀis]. *n. f.* • Voiture à moteur qui en entraîne d'autres. *Motrice de tramway.*

MOTS-CROISISTE [mokʀwazist(ə)]. *n.* • Amateur de *mots croisés.* V. **Mot.** Syn. *Cruciverbiste.*

MOTTE [mɔt]. *n. f.* • **1°** Morceau de terre compacte, comme on en détache en labourant. • **2°** *Motte de beurre*, masse de beurre des crémiers, pour la vente au détail.

MOTUS! [mɔtys]. *interj.* • Interjection pour inviter qqn à garder le silence. *Motus, bouche cousue !*

1. MOU [mu] ou **MOL** [mɔl] devant voyelle ou *h* muet, *(fém.)* **MOLLE** [mɔl]. *adj., adv.* et *n.* ★ **I.** *Adj.* • **1°** || Contr. **Dur.** || Qui cède facilement à la pression, au toucher ; qui se laisse entamer sans effort. *Substance molle. Beurre que la chaleur rend mou.* V. **Amollir, ramollir.** — Qui s'enfonce (trop) au contact. *Matelas mou.* Loc. *Un mol oreiller.* V. **Moelleux.** • **2°** || Contr. **Raide, rigide.** || Qui plie, se déforme facilement. V. **Souple.** *Tige, taille molle.* V. **Flexible.** *Chapeau mou. — Avoir les jambes molles*, faibles. — *De molles ondulations de terrain*, arrondies, douces ou imprécises. • **3°** Qui manque d'énergie, de vitalité. V. **Amorphe, apathique, avachi, mollasse, nonchalant.** || Contr. **Actif, énergique.** || *Élève mou, qui traîne sur ses devoirs. Air, gestes mous.* — Faible, lâche. • **4°** Qui manque de fermeté, de vigueur (en parlant du style, de l'exécution d'une œuvre). *Pianiste dont le jeu est mou. Dessin mou.* • **5°** *Temps mou*, humide et tiède. ★ **II.** Adv. *Pop.* Doucement, sans violence. *Vas-y mou* (Cf. *pop.* Mollo). ★ **III.** *N. m.* • **1°** *Fam.* Homme faible de caractère. *C'est un mou.* • **2°** *Avoir du mou*, n'être pas assez tendu (corde, fil...).

2. MOU [mu]. *n. m.* • **1°** Poumon des animaux de boucherie (abats). *Chat qui mange son mou.* • **2°** Pop. *Bourrer le mou* (de qqn), bourrer le crâne. — *Rentrer dans le mou* (de qqn). V. **Battre.**

MOUCHARD, ARDE [muʃaʀ, aʀd(ə)]. *n.* • **1°** Dénonciateur. V. **Indicateur, mouton** *(pop.).* • **2°** Se dit de certains appareils de contrôle.

MOUCHARDER [muʃaʀde]. *v. tr.* (1) • *Fam.* Surveiller en vue de dénoncer ; dénoncer. ▼ **MOUCHARDAGE.** *n. m.*

MOUCHE [muʃ]. *n. f.* ★ **I.** Insecte *(Diptères). Mouche domestique. Mouche bleue. Mouche tsé-tsé.* — Loc. *Pattes de mouches*, écriture très petite, difficile à lire. — *On aurait entendu une mouche voler*, le plus profond silence régnait. — Fam. *Mourir, tomber comme des mouches*, en masse. — *Faire la mouche du coche*, s'agiter sans aider personne. — *Prendre la mouche*, s'emporter. *Quelle mouche le pique ?* pourquoi se met-il en colère brusquement ? ★ **II.** • **1°** Petit morceau de taffetas noir que les femmes mettaient sur la peau pour en faire ressortir la blancheur. • **2°** *Pêche à la mouche* (artificielle), avec un appât imitant l'insecte. • **3°** *Faire mouche*, toucher le centre de la cible (Cf. Mettre dans le mille). • **4°** Touffe de poils au-dessous de la lèvre inférieure. ★ **III.** *Loc.* FINE MOUCHE : personne habile et rusée. ★ **IV.** *Appos.* • **1°** BATEAU MOUCHE : bateau de passagers sur la Seine, à Paris. • **2°** POIDS MOUCHE : le plus léger des boxeurs.

MOUCHER [muʃe]. *v. tr.* et *pron.* (1) ★ **I.** • **1°** Débarrasser (le nez) de ses mucosités en pressant les narines. *Mouche ton nez !* • **2°** SE MOUCHER. *v. pron.* Moucher son nez (V. **Mouchoir**). — Iron. *Ne pas se moucher du coude*, se prendre pour qqn d'important. ★ **II.** Réprimander (qqn) durement. *Il s'est fait moucher.*

MOUCHERON [muʃʀɔ̃]. *n. m.* • **1°** Insecte volant de petite taille. • **2°** *Fam.* Petit garçon. V. **Moustique.**

MOUCHETER [muʃte]. *v. tr.* (4) • **1°** Parsemer de petites marques, de petites taches rondes. — Au p. p. *Laine mouchetée.* V. **Chiné.** • **2°** Mettre une protection au bout d'une lame pour la rendre inoffensive. *Moucheter un fleuret.* ▼ **MOUCHETURE.** *n. f.* • **1°** Petite marque, tache d'une autre couleur que le fond. • **2°** Tache naturelle sur le corps, le pelage, le plumage de certains animaux.

MOUCHOIR [muʃwaʀ]. *n. m.* • **1°** Petite pièce de linge qui sert à se moucher, à s'essuyer le visage (Cf. *pop.* Tire-jus). *Mouchoir brodé.* V. *aussi* **Pochette.** — *Mouchoir de papier*, qu'on jette après usage. — Loc. *Grand comme un mouchoir de poche*, très petit. • **2°** *Mouchoir (de cou, de tête)*, pièce d'étoffe dont les femmes se couvrent la tête, les épaules. V. **Fichu, foulard.**

MOUDRE [mudʀ(ə)]. *v. tr.* (47) • **1°** Broyer (des grains) avec une meule. V. **Écraser, pulvériser.** *Moudre du poivre, du café.* • **2°** *Fam.* (Menace). *Je le moudrais*, je le battrais (V. **Moulu**).

MOUE [mu]. *n. f.* • **1°** Grimace que l'on fait en avançant, en resserrant les lèvres. *Une moue boudeuse.* • **2°** Air de mécontentement. *Il a fait la moue à notre proposition.* V. **Grimace.**

MOUETTE [mwɛt]. *n. f.* • Oiseau de mer, palmipède voisin du goéland.

1. MOUFLE [mufl(ə)]. *n. f.* • Sorte de gant sans séparation pour les doigts, sauf pour le pouce. *Moufles de skieur.*

2. MOUFLE. *n. m.* ou *f.* • Assemblage mécanique de poulies dans une même chape.

MOUFLET, ETTE [muflɛ, ɛt]. *n.* • *Fam.* Petit enfant. V. **Mioche, moutard.**

MOUFLON [muflɔ̃]. *n. m.* • Mammifère ruminant ongulé, très proche du bouquetin.

MOUILLAGE [mujaʒ]. *n. m.* ★ **I.** • **1°** Action de mettre à l'eau. *Mouillage des ancres, d'une mine.* • **2°** Emplacement favorable pour mouiller un navire. V. **Abri.** ★ **II.** • **1°** Action de mouiller (qqch.). • **2°** Addition d'eau dans un liquide. V. **Coupage.** *Le mouillage frauduleux du lait.*

MOUILLER [muje]. *v. tr.* (1) ★ **I.** • **1°** Imbiber, mettre en contact avec de l'eau, avec un liquide très fluide. V. **Arroser, asperger, humecter, inonder, tremper.** || Contr. **Sécher.** || *Mouiller son doigt de salive. Linge mouillé. Se faire mouiller par la pluie, l'orage.* V. **Doucher, saucer** *(fam.).* • **2°** Étendre d'eau (un liquide). V. **Couper, diluer.** • **3°** En marine, Mettre à l'eau. *Mouiller l'ancre.* — Absolt. *Ce paquebot mouille en grande rade.* • **4°** *Mouiller une consonne*, l'articuler en rapprochant la langue du palais comme pour émettre un [j]. — Au p. p. *Consonne mouillée.* ★ **II.** SE MOUILLER. *v. pron.* • **1°** S'imbiber d'eau (ou d'un liquide très fluide), entrer en contact avec l'eau, dans l'eau. *Se mouiller en sortant sous la pluie.* — Au p. p. *Être mouillé jusqu'aux os*, trempé. *Yeux mouillés de larmes.* • **2°** *Fam.* Se compromettre, prendre des risques. V. **Tremper** (dans une affaire). ▼ **MOUILLEUR.** *n. m.* • **1°** Appareil employé pour mouiller, humecter (les étiquettes, les timbres). • **2°** *Mouilleur de mines*, navire aménagé pour le mouillage des mines. ▼ **MOUILLURE.** *n. f.* • **1°** Action de mouiller. V. **Mouillage.** — État de ce qui est mouillé. • **2°** *Une mouillure*, trace laissée par l'humidité. • **3°** Caractère d'une consonne mouillée. *La mouillure du « n » dans « agneau ».*

MOUISE [mwiz]. *n. f.* • *Pop.* Misère, pauvreté.

MOUJIK [muʒik]. *n. m.* • Paysan russe.

MOUJINGUE [muʒɛ̃g]. *n.* • *Pop.* Enfant. V. **Mouflet, moutard.**

MOULAGE [mulaʒ]. *n. m.* • **1°** Action de mouler, de fabriquer avec un moule. • **2°** Objet, ouvrage obtenu au moyen d'un moule. *Prendre un moulage d'un objet* (l'objet servant de moule). V. **Empreinte.**

1. MOULE [mul]. *n. m.* • **1°** Corps solide creusé et façonné, dans lequel on verse une substance liquide ou pâteuse qui, solidifiée, conserve la forme. Objet plein sur lequel on applique une substance plastique pour qu'elle en prenne la forme. V. **Forme, matrice ; mouler.** *Moule de sculpteur. Moule à pâtisserie.* • **2°** Loc. *Être fait au moule*, bien fait. • **3°** Forme imposée de l'extérieur (à la personnalité, au caractère, à une œuvre).

2. MOULE [mul]. *n. f.* • **1°** Mollusque comestible, aux valves oblongues d'un bleu ardoise. *Parc à moules. Moules de bouchot* (piquet d'élevage). *Manger des moules marinière.* • **2°** *Pop.* Personne molle ; imbécile. *Quelle moule !* V. **Nouille.**

MOULER [mule]. *v. tr.* (1) • Donner une forme, fabriquer, reproduire à l'aide d'un moule. • **1°** Obtenir (un objet) en versant dans un moule creux. *Mouler des briques. Ornements moulés en plâtre.* (On dit pour les métaux : *couler, fondre.*) — *Pain moulé.* • **2°** Reproduire (un objet, un modèle plein) en y appliquant une substance plastique qui en prend les contours. *Mouler un buste.* • **3°** *(Suj. chose).* Épouser étroitement les contours de. V. **Ajuster** (s'). *Sa robe de soie collante moule sa taille.* • **4°** *Mouler une* *lettre, un mot*, l'écrire d'une écriture soignée, parfaitement formée. — *Lettres moulées.*

MOULIN [mulɛ̃]. *n. m.* • 1° Appareil servant à broyer, à moudre le grain des céréales ; établissement qui utilise ces appareils. *Moulin à vent, à eau.* — *Se battre contre des moulins à vent*, contre des ennemis imaginaires (comme Don Quichotte). — *Apporter, faire venir de l'eau au moulin* (de qqn), lui procurer des ressources ; lui donner des arguments dans un débat. • 2° Le bâtiment où les machines sont installées. *Habiter un vieux moulin.* — L'entreprise (atelier ou grande usine) qui les met en œuvre. *Exploitant d'un moulin.* V. **Meunier, minotier.** — Loc. fig. *On entre dans cette maison comme dans un moulin*, comme on veut. • 3° MOULIN À... : installation, appareil servant à battre, à pulvériser, à extraire le suc par pression (V. **Pressoir**). *Moulin à huile, à sucre.* — Appareil ménager pour écraser, moudre. *Moulin à café, à poivre. Moulin à légumes.* • 4° MOULIN À PRIÈRES : dans la religion bouddhiste *(Tibet)*, cylindre enfermant des bandes de papier recouvertes d'une formule sacrée et qu'on fait tourner pour acquérir les mérites attachés à la répétition de cette formule. • 5° *Fam.* Moteur d'automobile.

MOULINER [muline]. *v. tr.* (1) • 1° Tordre et filer mécaniquement (la soie grège). • 2° *Fam.* Écraser, passer au moulin à légumes. *Mouliner des pommes de terre* (passer à la « *moulinette* »). ▼ **MOULINAGE.** *n. m.*

MOULINET [mulinɛ]. *n. m.* ★ **I.** Objet ou appareil qui fonctionne selon un mouvement de rotation. *Le moulinet d'un treuil, d'une canne à pêche.* ★ **II.** Mouvement de rotation rapide (qu'on fait avec un bâton, une épée, un sabre) pour écarter l'adversaire. *Faire de grands moulinets des deux bras.*

MOULT [mult]. *adv.* • *Vx.* Beaucoup, très.

MOULU, UE [muly]. *adj.* • 1° Réduit en poudre. *Café moulu.* • 2° *(Personnes).* Accablé de coups, brisé de fatigue. V. **Courbatu, fourbu, rompu.** *Être moulu de fatigue.*

MOULURE [mulyʀ]. *n. f.* • Ornement allongé à profil constant, en relief ou en creux. *Moulures d'un plafond.* ▼ **MOULURER.** *v. tr.* (1). Orner de moulures.

MOUMOUTE [mumut]. *n. f.* • *Fam.* Cheveux postiches, perruque.

MOURANT, ANTE [muʀɑ̃, ɑ̃t]. *adj.* et *n.* 1° Qui se meurt ; qui va mourir. V. **Agonisant, expirant.** — *N.* UN MOURANT, UNE MOURANTE. V. **Moribond.** • 2° *Littér.* Qui cesse, s'arrête, finit. V. **Affaibli, éteint.** *Une musique, une lumière mourante.*

MOURIR [muʀiʀ]. *v. intr.* (19) • 1° Cesser de vivre, d'exister, d'être. V. **Mort 1 ; décéder, disparaître, éteindre** (s'), **expirer, périr, succomber, trépasser** ; et *(fam., pop.)* **clamecer, claquer ; casser** (sa pipe). *Homme qui va mourir, qui est sur le point de mourir.* V. **Moribond, mourant.** — *Faire mourir*, tuer. *Mourir de faim, d'inanition, de maladie. Mourir assassiné. Mourir subitement. Mourir à la guerre. Mourir jeune.* — Pronom. *Littér.* SE MOURIR : être sur le point de mourir. • 2° *(Végétaux).* Cesser de vivre (plantes annuelles) ; perdre sa partie aérienne sans cesser de vivre (plantes vivaces). Se faner *(fleurs).* • 3° (Souffrir ou dépérir). — A MOURIR : au point d'éprouver une souffrance. *Je suis lasse à mourir. S'ennuyer à mourir.* — MOURIR DE : être très affecté par ; souffrir de. *Mourir de chagrin, de tristesse, de peur. Mourir de faim, de soif*, avoir très faim, soif. • 4° *(Choses).* Cesser d'exister, d'être (par une évolution lente, progressive). *Civilisation, pays qui meurt.* V. **Disparaître.** *Le feu, la flamme meurt.* V. **Éteindre** (s'). *Bruit, son, voix qui meurt.* V. **Affaiblir** (s'), **diminuer ; mourant.**

MOURON [muʀɔ̃]. *n. m.* • 1° Plante des régions tempérées, à fleurs rouges ou bleues. *Mouron blanc* ou *mouron des oiseaux.* • 2° Pop. *Se faire du mouron*, du souci.

MOUSMÉ [musme]. *n. f.* • Jeune fille, jeune femme japonaise.

MOUSQUET [muskɛ]. *n. m.* • Ancienne arme à feu portative. ▼ **MOUSQUETERIE.** n. f. *Vx.* Décharge (de mousquets, de fusils). ▼ **MOUSQUETAIRE.** *n. m.* • 1° Fantassin armé d'un mousquet. • 2° Cavalier armé d'un mousquet faisant partie des troupes de la Maison du Roi. « *Les Trois Mousquetaires* », roman de Dumas.

MOUSQUETON [muskətɔ̃]. *n. m.* • 1° Fusil à canon court. • 2° Boucle à ressort se refermant seule.

MOUSSANT, ANTE. *adj.* • Qui produit de la mousse. *Crème à raser moussante.*

1. **MOUSSE** [mus]. *n. f.* • Plante généralement verte, rase et douce, formant touffe ou tapis sur la terre, les pierres, les écorces *(la mousse, de la mousse).* V. **Moussu.** *Mousses et lichens. S'étendre sur la mousse.* — PROV. *Pierre qui roule n'amasse pas mousse*, on ne s'enrichit guère à courir le monde, à changer d'état.

2. **MOUSSE.** *n. f.* • 1° Amas serré de bulles, qui se forme à la surface des eaux agitées. V. **Écume.** • 2° Bulles de gaz accumulées à la surface d'un liquide sous pression (V. **Mousser, mousseux**). *Mousse de bière.* • 3° Entremets ou dessert à base de crème. *Mousse au chocolat.* — Pâté léger et mousseux. *Mousse de foie de volaille.* • 4° *Mousse carbonique*, produit ignifuge, formant une écume très abondante. • 5° *Caoutchouc mousse*, caoutchouc spongieux dans lequel a été dissous du gaz neutre, chimiquement inerte. 6° *Mousse de nylon*, tricot de nylon très extensible. Ellipt. *Des bas en mousse.*

3. **MOUSSE.** *n. m.* • Jeune garçon qui fait, sur un navire de commerce, l'apprentissage du métier de marin. — Fam. *Moussaillon.*

4. **MOUSSE** [mus]. *adj.* • *Vx.* Qui n est pas aigu ou qui n'est pas tranchant. *Pointe, lame mousse.* V. **Émoussé.**

MOUSSELINE [muslin]. *n. f.* • 1° Tissu léger et fin (coton, soie...). *Robe, voile de mousseline.* • 2° Appos. *Pommes mousseline*, purée de pommes de terre fouettée.

MOUSSER [muse]. *v. intr.* (1) • 1° Produire de la mousse. • 2° *Fam.* FAIRE MOUSSER *qqn, qqch.* : vanter, mettre exagérément en valeur. *Se faire mousser.*

MOUSSERON [musʀɔ̃]. *n. m.* • Champignon comestible à chapeau et à lamelles, qui pousse en cercle dans les prés, les clairières.

MOUSSEUX, EUSE [musø, øz]. *adj.* et *n. m.* • **1°** Qui mousse, produit de la mousse (2). *Eau trouble et mousseuse.* V. **Écumeux.** *Vins mousseux*, rendus mousseux par fermentation naturelle. — N. m. *Du mousseux*, tout vin mousseux, à l'exclusion du champagne. • **2°** Couvert de duvet, de poils fins. *Rose mousseuse.*

MOUSSON [musɔ̃]. *n. f.* • **1°** Vent tropical régulier qui souffle alternativement pendant six mois de la mer vers la terre *(mousson d'été)* et de la terre vers la mer *(mousson d'hiver).* • **2°** Époque du renversement de la mousson. *Les orages, les cyclones de la mousson.*

MOUSSU, UE [musy]. *adj.* • Couvert de mousse (1). *Pierres moussues.*

MOUSTACHE [mustaʃ]. *n. f.* • **1°** Poils qui garnissent la lèvre supérieure de l'homme. V. **Bacchante** *(fam.). Porter la moustache, des moustaches.* • **2°** Longs poils tactiles à la lèvre supérieure (de carnivores et rongeurs). *Moustaches du chat, du phoque.* ▼ **MOUSTACHU, UE.** *adj.* Qui a une grosse moustache. — Subst. *Un moustachu.*

MOUSTIQUE [mustik]. *n. m.* • **1°** Insecte diptère dont la piqûre est douloureuse. V. **Cousin.** • **2°** *Fam.* Enfant, personne minuscule. V. **Moucheron.** ▼ **MOUSTIQUAIRE.** *n. f.* Rideau très fin dont on entoure les lits pour se préserver des moustiques.

MOÛT [mu]. *n. m.* • Jus (de raisin, de pomme...) qui vient d'être exprimé et n'a pas encore subi la fermentation alcoolique.

MOUTARD [mutaʀ]. *n. m.* • *Pop.* Petit garçon. — *Au plur.* Enfants. V. **Môme, mioche.**

MOUTARDE [mutaʀd(ə)]. *n. f.* • **1°** Plante à fleurs jaunes. *Moutarde blanche (sinapis)*, cultivée comme fourrage. *Moutarde noire*, dont les graines noires fournissent un condiment. • **2°** Condiment préparé avec des graines de moutarde noire, du vinaigre, etc. — Loc. *La moutarde lui monte au nez*, l'impatience, la colère le gagnent. • **3°** *(En appos.).* Couleur de moutarde. *Jaune moutarde.* ▼ **MOUTARDIER.** *n. m.* • **1°** *Vx.* Fabricant ou marchand de moutarde. • **2°** Récipient dans lequel on met la moutarde.

MOUTON [mutɔ̃]. *n. m.* ★ **I.** • **1°** Mammifère domestique ruminant à toison laineuse et frisée. V. **Ovidés.** *Mouton mâle* (bélier), *femelle* (brebis). *Jeune mouton* (agneau). *Troupeau de moutons.* — (*Opposé à* bélier, brebis, agneau) Bélier châtré, élevé pour la boucherie. *Élever, vendre des moutons.* — Loc. *Revenons à nos moutons*, à notre sujet. • **2°** Fourrure de mouton. *Manteau en mouton doré.* • **3°** Chair, viande de mouton. *Gigot, côtelette de mouton.* ★ **II.** • **1°** *C'est un mouton*, une personne crédule et passive ou influençable (V. **Moutonnier**). • **2°** Compagnon de cellule que la police donne à un détenu, avec mission de rapporter. V. **Délateur, espion.** • **3°** Petite vague surmontée d'écume. — Petit nuage blanc et floconneux. — Flocon de poussière (V. **Chaton**). • **4°** Lourde masse de fer ou de fonte servant à enfoncer, etc. V. **Bélier.**

MOUTONNER [mutɔne]. *v. intr.* (1) • **1°** Devenir semblable à une toison de mouton. *Mer qui moutonne*, se couvre de mouton (II, 3°). V. **Écumer.** • **2°** Évoquer par so aspect une toison. *Les buissons qui moutonne sur les pentes.* ▼ **MOUTONNANT, ANTE** *adj.* Qui moutonne. ▼ **MOUTONNÉ, ÉE** *adj.* • **1°** Frisé. *Tête moutonnée.* • **2°** *Ci moutonné.* V. **Pommelé.** ▼ **MOUTONNEMENT.** *n. m.*

MOUTONNIER, IÈRE. *adj.* • Qui su aveuglément les autres, les imite sans discernement. V. **Imitateur.** *Une foule moutonnière.*

MOUTURE [mutyʀ]. *n. f.* • **1°** Opératio de meunerie qui consiste à réduire en farin des grains de céréales. • **2°** Produit résultar de cette opération. — Loc. *Tirer deux, d moutures d'un sac*, tirer plusieurs profi d'une même affaire. • **3°** Reprise, sous u forme plus ou moins différente, d'un suj déjà traité. *C'est au moins la troisième moutu de son article.*

MOUVANT, ANTE [muvɑ̃, ɑ̃t]. *adj.* **1°** Qui change sans cesse de place, de form d'aspect. || Contr. **Fixe, immobile.** || *La nap mouvante des blés.* V. **Ondoyant.** — *U pensée mouvante.* V. **Changeant, instable.** *Subst.* Le mouvant : tout ce qui chang évolue. • **2°** Qui n'est pas stable, qui s'écrou s'enfonce. || Contr. **Stable.** || *Terrain mouvan Sables mouvants.*

MOUVEMENT [muvmɑ̃]. *n. m.* ★ **I.** **1°** Changement de position dans l'espace, fonction du temps, par rapport à un systèm de référence. || Contr. **Arrêt, immobilité.** *Mouvement d'un corps.* V. **Course, déplacement, trajectoire.** *Direction d'un mouveme Force, intensité d'un mouvement.* V. **Vites** *Mouvement accéléré, uniforme, retardé ; rapi lent.* • **2°** *(D'un être vivant).* Un mouvement : changement de position ou de pla effectué par le corps ou une de ses parti *Attitudes, positions, postures et mouveme* (V. **Geste**). *Mouvements vifs, lents, ais maladroits. Mouvements de gymnastique, nage. Mouvement inconscient, automati* (V. **Automatisme**), *réflexe* (V. **Réflexe**). Le mouvement : la capacité ou le fait se mouvoir. *Aimer le mouvement*, être ac remuant. — Loc. *Se donner, prendre mouvement.* V. **Exercice.** • **3°** Déplaceme (d'une masse d'hommes agissant, se dép çant en même temps, de véhicules, de cho transportées par l'homme). *Mouvement d' foule. Mouvement des avions sur un aérodro Mouvements de marchandises.* V. **Circulati trafic.** — Absolt. *Il y a du mouvement d cette ville.* V. **Activité.** — *Mouvements troupes.* V. **Évolution, manœuvre.** • **4°** mouvement : qui se déplace, bouge. *Me un mécanisme en mouvement*, faire marc *Toute la maison est en mouvement.* ★ **II.** **1°** Ce qui traduit le mouvement, do l'impression du mouvement, de la vie (d un récit, une œuvre d'art). • **2°** Degré rapidité que l'on donne à la mesure, en m que. V. **Rythme, tempo.** *Indication de mou ment. L'allégro est un mouvement rap*

– Partie d'une œuvre musicale devant être ·xécutée dans un mouvement précis. *Les nouvements d'une sonate, d'une symphonie.* • 3° Ligne, courbe. *Mouvement de terrain, lu sol. Mouvements gracieux d'un dossier ,ouis XV.* ★ **III.** Mécanisme qui produit, ntretient un mouvement régulier. *Mouvement d'horlogerie.* ★ **IV.** Changement, modi-ıcation. • **1°** Littér. *Mouvements de l'âme, lu cœur,* les différents états de la vie psychique. /. **Émotion, impulsion, sentiment, tendance.** *Mouvements intérieurs.* — *Loc.* (plus courant) *Jn bon mouvement,* incitant à une action énéreuse, désintéressée, ou simplement amiale. *Mouvement d'humeur.* — *Mouvements ivers,* réactions vives dans un auditoire. • ° Changement dans l'ordre social. *Parti u mouvement* (opposé *à* conservateur). V. **'rogrès.** Fam. *Être dans le mouvement,* suivre :s idées en vogue (Cf. Dans le vent). • ˀ Un mouvement : action collective (sponanée ou dirigée) tendant à produire un hangement d'idées, d'opinions ou d'orgaisation sociale ; organisation qui mène cette ction. *Mouvement révolutionnaire; syndical. Mouvement littéraire, artistique.* • **4°** Chan-:ment quantitatif. V. **Variation.** *Mouvements : la population. Mouvements des prix.*

' **MOUVEMENTÉ, ÉE.** *adj.* • **1°** *Terrain nouvementé,* qui présente des mouvements I, 3°). V. **Accidenté.** • **2°** Qui a du mouve-·ent (II, 1°), de l'action (composition litté-:ire). *Récit mouvementé.* V. **Vivant.** — Qui :ésente des péripéties variées. *Poursuite, restation mouvementée.* || Contr. **Calme.** ||

MOUVOIR [muvwaʀ]. *v. tr.* (27). [*Rare* uf inf., prés. ind. et part.] ★ **I.** *V. tr.* • Mettre en mouvement. V. **Animer, remuer.** Contr. **Arrêter, immobiliser.** || *Mouvoir ses embres. Machine mue par l'électricité.* • ' Mettre en activité, en action. V. **Émouvoir, cciter, pousser.** *Le mobile qui le meut.* ★ . Se mouvoir. v. pron. *Littér.* Être en ouvement. V. **Bouger, déplacer** (se). *Il peut peine se mouvoir. Se mouvoir dans un univers ctice; dans le mensonge,* y vivre. — Faire ouvoir : faire se mouvoir.

1. MOYEN, ENNE [mwajɛ̃, ɛn]. *adj.* ★ **I.** **1°** Qui se trouve entre deux choses. V. **édian ; intermédiaire.** *Le cours moyen d'un uve.* — Moyen terme : parti intermédiaire tre deux solutions extrêmes, deux prétenns opposées. *Il n'y a pas de moyen terme.* **Milieu.** • **2°** Qui, par ses dimensions ou nature, tient le milieu entre deux extrêmes. *re de taille moyenne. Poids moyen. Âge oyen. Classes moyennes,* petite et moyenne urgeoisies. • **3°** Qui est du type le plus urant. V. **Courant, ordinaire.** *Le Français yen,* personne représentative du commun s Français. *Le lecteur moyen.* • **4°** Qui n'est bon ni mauvais. *Qualité moyenne.* V. **rrect.** *Intelligence moyenne. Résultats yens.* V. **Honnête, passable.** ★ **II.** Que n établit, calcule en faisant une moyenne. **Moyenne** *(n. f.). Température moyenne nuelle d'un lieu.* ▼ **MOYEN ÂGE** ou **OYEN-ÂGE.** *n. m.* Période comprise entre ntiquité et les temps modernes. *Les homs, les villes du Moyen Âge.* V. **Médiéval.**

▼ **MOYENÂGEUX, EUSE.** *adj.* Qui a les caractères, le pittoresque du Moyen Âge ; qui évoque le Moyen Âge. *Costume moyenâgeux.* ▼ **MOYEN-COURRIER.** *n. m.* Avion de transport spécialisé sur les moyennes distances (Cf. Long-courrier).

2. MOYEN [mwajɛ̃]. *n. m.* • **1°** Ce qui sert pour arriver à une fin. V. **Procédé, voie.** *La fin et les moyens. Les moyens de faire qqch. Par quel moyen ?* V. **Comment.** *Trouver moyen de,* parvenir à. *S'il en avait le moyen, les moyens,* s'il le pouvait. *Avoir, laisser le choix des moyens. Il a essayé tous les moyens* (Cf. Remuer ciel et terre). *Moyen efficace; un bon moyen. Moyen provisoire, insuffisant.* V. **Demi-mesure, expédient.** *Se *débrouiller avec les moyens du bord,* les seuls moyens disponibles. *Employer les grands moyens,* ceux dont l'effet doit être décisif. — *Il y a moyen; il n'y a pas moyen de,* il est possible, il est impossible de. *Il n'y a pas moyen de le faire obéir, qu'il soit à l'heure. Pas moyen !* — *Moyen d'action, de défense, de contrôle. Moyens de transport.* — Par le moyen de : par l'intermédiaire, grâce à. — Au moyen de : à l'aide de (le moyen exprimé étant généralement concret). V. **Avec, grâce** (à). • **2°** Les moyens : pouvoirs naturels et permanents d'une personne. V. **Capacité, faculté, force.** *Moyens physiques d'un sportif. Il a de grands moyens.* V. **Don, facilité.** *Être en possession de tous ses moyens.* — *Par ses propres moyens,* sans aide étrangère. • **3°** Ressources pécuniaires. *Ses parents n'avaient pas les moyens de lui faire faire des études. C'est trop cher, c'est au-dessus de mes moyens.*

MOYENNANT [mwajɛnɑ̃]. *prép.* • Au moyen de, par le moyen de, à la condition de. V. **Avec, grâce** (à). *Acquérir une chose moyennant un prix convenu.* V. **Pour.** *Donnez-moi de l'argent, moyennant quoi je ferai le travail.*

MOYENNE [mwajɛn]. *n. f.* • **1°** *Moyenne arithmétique de plusieurs nombres,* quotient de la somme de ces quantités par leur nombre. *Calculer la moyenne des températures à Paris au mois d'août. Rouler à une moyenne de 70 km/h. Faire 70, du 70 de moyenne.* — La moitié des points qu'on peut obtenir. *Avoir la moyenne à un examen.* — *Fam.* En parlant de ce qui n'est pas mesurable. *Cela fait une moyenne,* cela compense. — En moyenne : en évaluant la moyenne. *Il travaille en moyenne 8 heures par jour.* • **2°** Type également éloigné des extrêmes (généralement le plus courant). *La moyenne des Français. Une intelligence, une habileté au-dessus de la moyenne.*

MOYENNEMENT. *adv.* • D'une manière moyenne, à demi, ni peu ni beaucoup. *Être moyennement beau, riche. Aller moyennement vite.*

MOYEU [mwajø]. *n. m.* • Partie centrale (d'une roue, d'une pièce qui tourne) que traverse l'axe. *Moyeu de volant, d'hélice.*

M.T.S. [ɛmteɛs]. • *Système M.T.S.,* système à trois unités fondamentales : *mètre, tonne, seconde.*

MÛ, MUE. V. Mouvoir.

MUCILAGINEUX, EUSE [mysilaʒinø, øz]. *adj.* • Qui est formé d'une substance visqueuse d'origine végétale (*mucilage*, n. m.), qui a sa consistance (gelée).

MUCOSITÉ [mykozite]. *n. f.* • Amas de substance épaisse et filante qui tapisse certaines muqueuses. V. **Glaire, morve.** ▼ **MUCUS** [mykys]. *n. m.* Liquide visqueux qui tapisse certaines muqueuses.

MUE [my]. *n. f.* • **1°** Changement qui affecte la carapace, les cornes, la peau, le plumage, le poil, etc., de certains animaux à des époques déterminées ; cette époque. • **2°** Dépouille d'un animal qui a mué. *Trouver la mue d'un serpent.* • **3°** Changement dans le timbre de la voix humaine au moment de la puberté. ▼ **MUER** [mɥe]. *v.* (1) ★ **I.** *V. intr.* • **1°** *(En parlant d'un animal).* Changer de peau, de plumage, de poil. V. **Dépouiller** (se). • **2°** *(De la voix humaine).* Subir la mue (2°). *Sa voix mue. Les enfants muent entre onze et quatorze ans.* ★ **II.** V. tr. *Littér.* MUER EN : changer. — Pronom. *Ses désirs se sont mués en réalités.*

MUET, ETTE [mɥɛ, ɛt]. *adj.* et *n.* • **1°** Qui est privé de l'usage de la parole. *Muet de naissance. Sourd et muet.* V. **Sourd-muet.** — N. *Un muet, une muette.* • **2°** Silencieux (volontairement ou non). *Muet d'étonnement, de peur*, momentanément incapable de parler, de répondre. *Être muet comme une carpe.* — *Rôle muet*, sans texte à dire. • **3°** *(Sentiments).* Qui ne s'exprime pas par la parole. *Muette protestation. De muets reproches.* — *Joie muette.* • **4°** *(Choses).* Qui, par nature, ne produit aucun son. *Clavier muet. Cinéma, film muet.* • **5°** Qui ne se fait pas entendre dans la prononciation. *E, H muet.* • **6°** Qui ne contient ou n'utilise aucun signe écrit. *Carte muette.*

MUEZZIN [mɥɛzɛ̃]. *n. m.* • Fonctionnaire religieux musulman attaché à une mosquée, qui appelle du minaret les fidèles à la prière.

1. MUFLE [myfl(ə)]. *n. m.* • Extrémité du museau de certains mammifères. *Mufle de bœuf.*

2. MUFLE. *n. m.* et *adj.* • Individu mal élevé, grossier et indélicat. V. **Goujat, malotru.** *Se conduire comme un mufle.* — Adj. *Ce qu'il peut être mufle !* ‖ Contr. **Galant.** ‖ ▼ **MUFLERIE.** *n. f.* Caractère, action, parole d'un mufle. V. **Goujaterie, grossièreté.**

MUFTI ou **MUPHTI** [myfti]. *n. m.* • Théoricien et interprète du droit canonique musulman.

MUGIR [myʒiʀ]. *v. intr.* (2) • **1°** En parlant des bovidés, Pousser le cri sourd et prolongé propre à leur espèce. V. **Beugler, meugler.** • **2°** *(Suj. chose).* Faire entendre un bruit semblable. *Le vent mugissait.* ▼ **MUGISSEMENT.** *n. m.* V. **Beuglement, meuglement.**

MUGUET [mygɛ]. *n. m.* • Plante aux fleurs petites et blanches en clochettes, groupées en grappes. *Offrir un brin de muguet.*

MUID [mɥi]. *n. m.* • Ancienne mesure de capacité pour les liquides, les grains, le sel.

MULÂTRE, MULÂTRESSE [mylɑtʀ(ə), -ɑtʀɛs]. *n.* et *adj.* • Homme, femme de couleur, né de l'union d'un Blanc avec une Noire ou d'un Noir avec une Blanche. V **Métis.** — *Adj.* (MULÂTRE aux deux genres). *Fillette mulâtre.*

1. MULE [myl]. *n. f.* • Animal femell[e] né de l'âne et de la jument (ou du cheval e[t] de l'ânesse), généralement stérile. *Monte[r] une mule.* — Loc. fam. *Chargé comme un[e] mule. Capricieux, têtu comme une mule.*

2. MULE. *n. f.* • Pantoufle de femme [à] talon assez haut ou à semelle compensée.

1. MULET [mylɛ]. *n. m.* • Hybride mâl[e] de l'âne et de la jument *(grand mulet)* ou d[u] cheval et de l'ânesse, toujours infécond. - Loc. fam. *Chargé comme un mulet. Têt[u] comme un mulet.* V. **Mule.** ▼ **MULETIER IÈRE** [myltje, jɛʀ]. *n. m.* et *adj.* • **1°** Conducteur de mulets, de mules. • **2°** Adj. *Chemin sentier muletier*, étroit et escarpé. *Piste muletière.*

2. MULET. *n. m.* • Poisson comestible appelé aussi *Muge* (n. m.).

MULOT [mylo]. *n. m.* • Petit mammifèr[e] rongeur appelé aussi « rat des champs ».

MULTI-. • Élément signifiant « qui [a] beaucoup de... ». V. **Pluri-, poly-** (ex. : *Multicellulaire, multiflore* [fleurs], *multiplace* ‖ Contr. **Mono-, uni-.** ‖

MULTICOLORE [myltikɔlɔʀ]. *adj.* • Qu[i] présente des couleurs variées. V. **Polychrom[e]** *Oiseaux multicolores.*

MULTIFORME [myltifɔʀm(ə)]. *adj.* Qui se présente sous des formes variées, de[s] aspects nombreux. *Menace multiforme [et] imprécise.*

MULTIMILLIONNAIRE. *adj.* et *n.* • Q[ui] possède beaucoup de millions. — Subs[t.] *Un(e) multimillionnaire.* On dit aussi *Mul[ti]milliardaire.*

MULTIPLE [myltipl(ə)]. *adj.* • **1°** Q[ui] est composé de plusieurs éléments de natu[re] différente, ou qui se manifeste sous d[es] formes différentes. V. **Divers.** *Une réali[té] multiple et complexe.* ‖ Contr. **Simple.** ‖ **2°** Qui contient plusieurs fois exactement u[n] nombre donné. *21 est multiple de 7.* — Subs[t.] *Tout multiple de deux est pair. Le plus pe[tit] commun multiple de deux nombres* (abré[g.] P.P.C.M.). • **3°** *(Avec un nom au plurie[l])* V. **Nombreux.** — Qui se présentent sous d[es] formes variées. *Activités, aspects, caus[es] multiples.* ‖ Contr. **Unique.** ‖

MULTIPLICANDE [myltiplikɑ̃d]. *n.* • Dans une multiplication (3°), Celui d[es] facteurs qui est énoncé le premier.

MULTIPLICATEUR, TRICE [myltipliktœʀ, tʀis]. *adj.* et *n. m.* • Qui multipl[ie], sert à multiplier. — *N. m.* Dans une mul[ti]plication (3°), Celui des deux facteurs qui e[st] énoncé le second. ‖ Contr. **Diviseur.** ‖ **MULTIPLICATIF, IVE.** *adj.* Qui multipl[ie], qui aide à multiplier. *Signe multiplicatif* (×

MULTIPLICATION [myltiplikɑsjɔ̃]. *n.* • **1°** Augmentation en nombre. ‖ Con[tr.] **Diminution.** ‖ • **2°** Reproduction asexu[ée]. *Multiplication des bactéries. Multiplicati[on] végétative*, des végétaux. • **3°** Opération c[qui] a pour but d'obtenir à partir de deux nomb[res] *a* et *b* *(multiplicande* et *multiplicateur)* troisième nombre *(produit)* égal à la som[me] de *b* termes égaux à *a*. ‖ Contr. **Division** • **4°** Rapport qui existe entre les vites angulaires de deux arbres (3°) dont l'un transmet le mouvement à l'autre. || Contr. **Démultiplication.** ||

MULTIPLICITÉ [myltiplisite]. *n. f.* • Caractère de ce qui est multiple ; grand nombre. V. **Abondance, quantité.**

MULTIPLIER [myltiplije]. *v. tr.* (7) ★ **I.** • 1° Augmenter (le nombre, la quantité d'êtres ou de choses de la même espèce). V. **Accroître.** *Multiplier les exemplaires d'un texte.* V. **Reproduire.** *Multiplier les essais.* V. **Répéter.** • 2° Faire la multiplication de. | Contr. **Diviser.** || *Sept multiplié par neuf* (7 × 9), sept fois neuf. ★ **II.** SE MULTIPLIER. • 1° Être augmenté, se produire en grand nombre. V. **Accroître** (s'), **croître, développer** (se). • 2° *(Êtres vivants).* Se reproduire.

MULTITUDE [myltityd]. *n. f.* • 1° Grande quantité (d'êtres, d'objets). *Une multitude de visiteurs entra* (ou *entrèrent*). V. **Armée, flot, nuée.** — *Pour une multitude de raisons.* V. **Quantité.** • 2° Rassemblement d'un grand nombre de personnes. V. **Foule.** *La multitude qui accourait pour le voir.*

MUNI, IE [myni]. V. MUNIR.

MUNICIPAL, ALE, AUX [mynisipal, o]. *adj.* • Relatif à l'administration d'une commune. V. **Communal.** *Conseil municipal. Élections municipales. Piscine municipale.* ▼ **MUNICIPALITÉ.** *n. f.* Le corps municipal ; l'ensemble des personnes qui administrent une commune. *La municipalité d'une commune comprend le maire, ses adjoints et les conseillers municipaux.* — Siège de l'administration municipale. V. **Mairie ; hôtel** (de ville). — La circonscription administrée par une municipalité. V. **Commune.**

MUNIFICENT, ENTE [mynifisɑ̃, ɑ̃t]. *adj.* • *Littér.* Généreux avec somptuosité. ▼ **MUNIFICENCE.** *n. f.*

MUNIR [myniʀ]. *v. tr.* (2) • 1° Garnir (qch.), pourvoir (qqn) de ce qui est nécessaire, utile pour une fin déterminée. V. **Équiper, pourvoir.** *Munir un voyageur d'un peu d'argent. Caméra munie de deux objectifs.* • 2° Pronom. SE MUNIR DE. V. **Prendre.** *Se munir d'un imperméable. Se munir de patience.* V. **Armer** (s').

MUNITIONS [mynisjɔ̃]. *n. f. pl.* • Explosifs et projectiles nécessaires au chargement des armes à feu (balle, cartouche, fusée, obus) ou lâchés par un avion (bombe). *Entrepôt d'armes et de munitions.*

MUPHTI. V. MUFTI.

MUQUEUX, EUSE [mykø, øz]. *adj.* • 1° Qui a le caractère du mucus, des mucosités. • 2° Qui sécrète, produit du mucus. *Membrane muqueuse.* ▼ **MUQUEUSE.** *n. f.* Membrane formant l'enveloppe des organes creux, qui se raccorde avec la peau au niveau des orifices naturels et qui est lubrifiée par des sécrétions liquides.

MUR [myʀ]. *n. m.* • 1° Ouvrage (de pierre, béton, etc.) qui s'élève sur une certaine longueur et qui sert à enclore, à séparer ou à supporter une poussée (V. **Muraille, murette**). *Mur maçonné. Mur de pierres sèches. Fermer de murs,* murer. *Un vieux mur croulant.* — *Il est arrivé dans nos murs,* dans notre ville. • 2° Face intérieure des murs, des cloisons, d'une habitation. *Mettre des tableaux aux murs. Horaire affiché au mur.* V. **Mural.** *Entre quatre murs,* en restant enfermé dans une maison. • 3° Loc. *Raser les murs,* pour se cacher, se protéger. *Sauter, faire le mur,* sortir sans permission (de la caserne, d'un internat, etc.). — *Se cogner, se taper la tête contre les murs.* V. **Désespérer** (se). — *Mettre au pied du mur,* acculer à, enlever toute échappatoire. • 4° Ce qui sépare, forme obstacle. *Un mur d'incompréhension. Se heurter à un mur.* • 5° LE MUR DU SON : l'ensemble des obstacles, des difficultés qui s'opposent au dépassement de la vitesse du son. *Franchir le mur du son.*

MÛR, MURE [myʀ]. *adj.* • 1° Qui a atteint son plein développement, en parlant d'un fruit, d'une graine (V. **Maturation, maturité**). *Un fruit trop mûr.* V. **Blet.** || Contr. **Vert.** || *Couleur de blé mûr.* • 2° Se dit d'un abcès, d'un furoncle près de percer. • 3° *(Abstrait).* Qui a atteint le développement nécessaire à sa réalisation, à sa manifestation. *Un projet mûr, la révolution est mûre.* — (Personnes) *Être mûr pour,* être préparé, prêt à. • 4° *L'âge mûr,* adulte. *L'homme mûr.* V. **Fait.** *Esprit mûr,* qui a atteint tout son développement. V. **Maturité.** — *Après mûre réflexion,* après avoir longuement réfléchi. • 5° *Pop.* V. **Ivre, soûl.** *Il est complètement mûr.*

MURAILLE [myʀaj]. *n. f.* • 1° Étendue de murs épais et assez élevés. *Haute muraille.* — Loc. *Couleur de muraille,* se confondant avec celle des murs. — Fortification. V. **Rempart.** *Enceinte de murailles. La grande muraille de Chine.* • 2° Ce qui s'élève comme un mur ; surface verticale abrupte, escarpée. V. **Paroi.**

MURAL, ALE, AUX [myʀal, o]. *adj.* • Qui est appliqué sur un mur, une cloison, comme ornement. *Peintures murales.* — Qui est fixé au mur et ne repose pas par terre. *Pendule murale.*

MÛRE [myʀ]. *n. f.* • 1° Fruit du mûrier. • 2° Fruit noir de la ronce des haies, comestible, qui ressemble au fruit du mûrier. *Gelée de mûres.*

MÛREMENT [myʀmɑ̃]. *adv.* • Avec beaucoup de réflexion. *J'y ai mûrement réfléchi.*

MURÈNE [myʀɛn]. *n. f.* • Poisson long et mince, plus gros que l'anguille, très vorace.

MURER [myʀe]. *v. tr.* (1) • 1° Entourer de murs. — Fermer, enclore par un mur, une maçonnerie. *Murer une porte, une issue.* • 2° Enfermer (qqn) en supprimant les issues. *Mineurs murés au fond,* enfermés par un éboulement. • 3° SE MURER : s'enfermer (en un lieu), s'isoler. V. **Cacher** (se), **cloîtrer** (se). *Il se mura chez lui.* — *Se murer dans son silence.*

MURET [myʀɛ]. *n. m.* ou **MURETTE** [myʀɛt]. *n. f.* • Petit mur. Mur bas de pierres sèches.

MÛRIER [myʀje]. *n. m.* • Arbre originaire d'Orient et acclimaté dans le bassin méditerranéen. *Mûrier noir. Mûrier blanc,* utilisé en ébénisterie.

MÛRIR [myʀiʀ]. *v.* (2) ★ **I.** *V. tr.* • **1°** Rendre mûr. • **2°** Mener (une chose) à point en y appliquant sa réflexion. V. **Approfondir.** *Mûrir une pensée, un projet.* V. **Méditer.** • **3°** Donner de la maturité d'esprit à (qqn). ★ **II.** *V. intr.* • **1°** Devenir mûr, venir à maturité. *Les blés mûrissent.* • **2°** Se développer, atteindre son plein développement. *Laisser mûrir une idée, un projet.* — Acquérir de la maturité d'esprit. ▼ **MÛRISSANT, ANTE.** *adj.* • **1°** En train de mûrir. • **2°** *(Personnes).* Qui atteint l'âge mûr.

MURMEL [myʀmɛl]. *n. m.* • Fourrure (marmotte) qui ressemble au vison.

MURMURE [myʀmyʀ]. *n. m.* ★ **I.** • **1°** Bruit sourd, léger et continu de voix humaines. V. **Chuchotement.** *Rires et murmures d'élèves.* • **2°** Commentaire fait à mi-voix par plusieurs personnes. *Murmures d'approbation, de protestation.* — Loc. *Accepter une chose sans hésitation ni murmure,* sans protester. ★ **II.** Bruit continu léger, doux et harmonieux. *Le murmure d'une fontaine.* V. **Bruissement.**

MURMURER [myʀmyʀe]. *v.* ★ **I.** V. intr. *(Personnes).* • **1°** Faire entendre un murmure. • **2°** Émettre une plainte, une protestation sourde. V. **Bougonner, grogner.** *Accepter, obéir sans murmurer.* ★ **II.** *V. tr.* Dire, prononcer à mi-voix ou à voix basse. V. **Chuchoter ; marmonner, marmotter.** ▼ **MURMURANT, ANTE.** *adj.*

MUSARAIGNE [myzaʀɛɲ]. *n. f.* • Petit mammifère insectivore, voisin de la souris.

MUSARDER [myzaʀde]. *v. intr.* (1) • Perdre son temps à des riens. V. **Flâner.**

MUSC [mysk]. *n. m.* • Substance brune très odorante, sécrétée par les glandes abdominales d'un animal de la famille des cervidés (cerf, etc.). *Grains de musc séché.* — Parfum préparé à partir du musc.

MUSCADE [myskad]. *adj.* et *n.* • **1°** *Noix muscade,* ou *Muscade,* graine du fruit d'un arbre exotique (le *muscadier*), d'odeur aromatique, employée comme épice. • **2°** Loc. *Passez muscade,* se dit d'une chose qui passe rapidement ou que l'on fait disparaître avec adresse.

MUSCADET [myskadɛ]. *n. m.* • Vin blanc sec de la région de Nantes.

MUSCADIN [myskadɛ̃]. *n. m.* • Élégant ridicule, autrefois (notamment à l'époque de la Révolution, du Directoire).

MUSCAT [myska]. *adj.* et *n. m.* • **1°** *Raisin muscat,* très sucré et à odeur de musc. — N. m. *Une grappe de muscat.* • **2°** *Vin muscat,* vin de liqueur, produit avec des raisins muscats (*ex. :* malaga). — N. m. *Un verre de muscat.*

MUSCLE [myskl(ə)]. *n. m.* • Organe ou élément d'organe formé de tissus irritables et contractiles qui assurent les fonctions du mouvement. *Muscles striés, volontaires. Muscles lisses.* — (Muscles apparents, sous la peau) *Contracter, gonfler un muscle. Développer ses muscles.* V. **Musculature.** — Absolt. *Avoir des muscles, du muscle,* être fort. ▼ **MUSCLÉ, ÉE.** *adj.* • **1°** Qui est pourvu de muscles bien visibles et puissants. V. **Fort.** *Jambes musclées.* • **2°** *Fam.* Énergique, fort. *Une politique musclée.* ▼ **MUSCLER.** *v. tr.* (1). Pourvoir de muscles développés, puissants. ▼ **MUSCULAIRE.** *adj.* Relatif aux muscles. *Système musculaire. Force musculaire.* ▼ **MUSCULATURE.** *n. f.* Ensemble et disposition des muscles d'un organisme ou d'un organe. *Musculature d'un athlète.* ▼ **MUSCULEUX, EUSE.** *adj.* Qui a des muscles développés, forts. V. **Musclé.**

MUSE [myz]. *n. f.* • **1°** Chacune des neuf déesses qui, dans la mythologie antique, présidaient aux arts libéraux. • **2°** *Littér.* L'inspiration poétique souvent évoquée sous les traits d'une femme.

MUSEAU [myzo]. *n. m.* • **1°** Partie antérieure de la face de certains animaux (Mammifères ; poissons) lorsqu'elle fait saillie en avant. (Ne se dit pas du cheval.) *Museau de chien, de porc* (V. **Groin**). *Museau de brochet.* — *Museau de porc* (hure), *de bœuf* charcuterie à la vinaigrette. • **2°** *Fam.* Visage, figure. V. **Minois.**

MUSÉE [myze]. *n. m.* • **1°** Établissement dans lequel sont rassemblées et classées des collections d'objets présentant un intérêt historique, technique, scientifique, artistique, en vue de leur conservation et de leur présentation au public. V. **Collection ; muséologie.** *Musée de peinture. Musée d'Histoire naturelle* (V. **Muséum**). *Expositions d'un musée* (d'art). *Objet, pièce de musée,* digne d'un musée. • **2°** Lieu rempli d'objets rares, précieux. *Son appartement est un véritable musée. Ville-musée.* — Loc. fam. *Musée des horreurs,* réunion de choses très laides.

MUSELER [myzle]. *v. tr.* (4) • **1°** Empêcher (un animal) d'ouvrir la gueule, de mordre en lui emprisonnant le museau. V. **Muselière.** *Museler un chien.* • **2°** Empêcher de parler, de s'exprimer. V. **Bâillonner.** *Museler l'opposition.* ▼ **MUSELLEMENT.** *n. m.*

MUSELIÈRE [myzəljɛʀ]. *n. f.* • Appareil servant à museler certains animaux en leur entourant le museau. *Mettre une muselière à un chien.*

MUSÉOLOGIE [myzeɔlɔʒi]. *n. f.* Sciences, techniques de la conservation, du classement et de la présentation d'œuvres, d'objets, dans les musées.

MUSER [myze]. *v. intr.* (1) • *Littér.* Perdre son temps à des bagatelles, à des riens. V. **Attarder** (s'), **flâner, musarder.**

1. MUSETTE [myzɛt]. *n. f.* • **1°** Autrefois, Cornemuse alimentée par un soufflet. **2°** *Appos.* BAL-MUSETTE : bal populaire où l'on danse, généralement au son de l'accordéon, la java, la valse, le fox-trot, dans un style particulier (appelé *le musette* [n. m.]). *Des bals-musettes.* — *Valse musette.*

2. MUSETTE. *n. f.* • Sac de toile, qui se porte souvent en bandoulière. *Musette pour les chevaux.* — Loc. *Qui n'est pas dans une musette,* qui n'est pas petit *(iron.).*

MUSÉUM [myzeɔm]. *n. m.* • Musée consacré aux sciences naturelles.

MUSICAL, ALE, AUX [myzikal, o]. *adj.* • **1°** Qui est propre, appartient à la musique. *Son musical. Notation musicale.* — Où il y a de la musique. *Soirée musicale.* V. **Concert, récital.** *Comédie musicale,* en partie chantée

• 2° Qui a les caractères de la musique. *Voix très musicale.* V. **Harmonieux, mélodieux.** ▼ **MUSICALEMENT.** *adv.* • 1° Conformément aux règles de la musique. • 2° D'une manière harmonieuse. ▼ **MUSICALITÉ.** *n. f.* Qualité de ce qui est musical. *Musicalité d'un récepteur radiophonique.*

MUSIC-HALL [myzikol]. *n. m.* • Établissement qui présente un spectacle de variétés. *Chanteuse de music-hall.* — Spectacles présentés par cet établissement. *Aimer le music-hall.*

MUSICIEN, IENNE [myzisjɛ̃, jɛn]. *n.* et *adj.* • 1° Personne qui connaît l'art de la musique ; est capable d'apprécier la musique. — Adj. *Elle était assez musicienne.* • 2° Personne dont la profession est de faire (composer, jouer) de la musique (compositeur, interprète, chef d'orchestre...). — Compositeur. *Les grands musiciens. Musicien de jazz* (angl. *jazzman*). *Excellent musicien.* V. **Virtuose.**

MUSICO-. • Élément de mots savants relatifs à la musique. ▼ **MUSICOGRAPHIE.** *n. f.* Description des œuvres musicales. ▼ **MUSICOLOGIE.** *n. f.* Science de la théorie, de l'esthétique et de l'histoire de la musique.

MUSIQUE [myzik]. *n. f.* ★ **I.** • 1° Art de combiner des sons d'après des règles (variables selon les lieux et les époques), d'organiser une durée avec des éléments sonores ; production de cet art (sons ou œuvres). *Aimer la musique. Musique vocale* (V. **Chant, voix**). *Musique instrumentale. Musique concrète*, à base de sons naturels, musicaux ou non (bruits). *Musique de chambre*, musique pour un petit nombre de musiciens. *Musique de danse, de ballet. Musique de film. Musique de cirque. Musique de jazz. Musique classique. École, conservatoire de musique.* — *Dîner, travailler en musique*, en écoutant de la musique. • 2° Musique écrite, œuvre musicale écrite. *Marchand de musique. Jouer sans musique.* V. **Partition.** • 3° *Musique militaire, musique d'un régiment*, les musiciens du régiment. V. **Clique, fanfare.** *Régiment qui marche musique en tête.* • 4° *Fam.* En parlant des cris, des discours. *C'est toujours la même musique.* V. **Chanson, histoire.** — Fam. *Connaître la musique*, savoir de quoi il retourne, savoir comment s'y prendre. ★ **II.** • 1° Suite, ensemble de sons rappelant la musique. V. **Bruit, harmonie, mélodie.** *La musique des oiseaux, des cigales.* • 2° Harmonie. *La musique d'un poème.* ▼ **MUSIQUETTE.** *n. f.* • Musique légère sans valeur artistique.

MUSQUÉ, ÉE [myske]. *adj.* • 1° Parfumé au musc. • 2° *(Dans des loc.).* Dont l'odeur rappelle celle du musc. *Rat musqué. Bœuf musqué.*

MUSTANG [mystɑ̃g]. *n. m.* • Cheval à demi sauvage des pampas d'Amérique.

MUSULMAN, ANE [myzylmɑ̃, an]. *adj.* et *n.* • 1° Qui professe la religion de Mahomet. *Arabes, Indiens musulmans.* • 2° Qui est propre à l'islam, relatif ou conforme à sa loi, à ses rites. V. **Islamique.** — N. *Les musulmans.*

MUTABILITÉ [mytabilite]. *n. f.* • *Littér.* Caractère de ce qui est sujet au changement.

MUTANT, ANTE [mytɑ̃, ɑ̃t]. *adj.* et *n.* • (Terme de biologie). *Gènes mutants*, qui ont subi une mutation. — N. *Un mutant*, descendant d'une lignée chez lequel apparaît une mutation (II).

MUTATION [mytɑsjɔ̃]. *n. f.* ★ **I.** • 1° Affectation d'un fonctionnaire à un autre poste ou à un autre emploi, d'un athlète à un autre club, etc. • 2° Transmission d'un droit de propriété ou d'usufruit. *Droits de mutation.* ★ **II.** En biologie, Variation brusque d'un caractère héréditaire (propre à l'espèce ou à la lignée) par changement dans le nombre ou dans la qualité des gènes.

1. MUTER [myte]. *v. tr.* (1) • *Muter un moût de raisin*, en arrêter la fermentation alcoolique. — *Vin muté.*

2. MUTER. *v. tr.* (1) • Affecter à un autre poste, à un autre emploi. *Muter un fonctionnaire par mesure de sanction* (V. **Déplacer ; mutation**).

MUTILER [mytile]. *v. tr.* (1) • 1° Altérer (un être humain, un animal) dans son intégrité physique par une grave blessure (surtout *pass.* et *au p. p.*). *Il a été mutilé du bras droit.* • 2° Détériorer, endommager. V. **Dégrader.** *Mutiler un arbre.* • 3° Altérer (un texte, un ouvrage littéraire) en retranchant une partie essentielle. V. **Diminuer, tronquer.** • 4° Littér. *Mutiler la vérité.* V. **Altérer, déformer.** ▼ **MUTILATION.** *n. f.* • 1° Ablation ou détérioration d'un membre, d'une partie externe du corps. • 2° Dégradation. *Mutilation de statues, de tableaux.* • 3° Coupure, perte d'un fragment de texte. ▼ **MUTILÉ, ÉE.** *n.* Personne qui a subi une mutilation, généralement par fait de guerre ou par accident. V. **Amputé.** *Mutilé de guerre.* V. **Blessé, invalide.**

1. MUTIN, INE [mytɛ̃, in]. *adj.* • *Littér.* Qui est d'humeur taquine, qui aime à plaisanter. V. **Badin, gai.** *Fillette mutine.* — *Un petit air mutin.*

2. MUTIN. *n. m.* • Personne qui se révolte avec violence. ▼ **MUTINER (SE)** [mytine]. *v. pron.* (1). Se dresser contre une autorité, avec violence. V. **Rebeller** (se), **révolter** (se). *Prisonniers qui se mutinent contre leurs gardiens.* ▼ **MUTINÉ, ÉE.** adj. et n. *Des marins mutinés.* ▼ **MUTINERIE.** *n. f.* Action de se mutiner ; son résultat. V. **Insurrection, révolte, sédition.** *Mutinerie de troupes.*

MUTISME [mytism(ə)]. *n. m.* • 1° État pathologique d'un individu privé de la parole (V. **Mutité**) ou qui refuse de parler. V. **Muet.** *Mutisme de naissance.* • 2° Attitude, état d'une personne qui refuse de parler. *S'enfermer dans un mutisme opiniâtre.* ▼ **MUTITÉ** [mytite]. *n. f.* Impossibilité réelle de parler. (Cf. Surdi-mutité.)

MUTUALISME [mytɥalism(ə)]. *n. m.* • Doctrine économique basée sur la mutualité. ▼ **MUTUALISTE.** *adj.* et *n.*

MUTUALITÉ [mytɥalite]. *n. f.* • Forme de prévoyance volontaire par laquelle les membres d'un groupe s'assurent réciproquement contre certains risques. V. **Association, mutuelle.**

MUTUEL, ELLE [mytɥɛl]. *adj.* et *n. f.* • **1°** Qui implique un rapport double et simultané, un échange d'actes, de sentiments. *Complaisance, responsabilité mutuelle. Concessions mutuelles.* • **2°** Qui suppose un échange d'actions et de réactions entre deux ou plusieurs choses. *Établissement, société d'assurance mutuelle.* — N. f. *Une mutuelle.* V. **Mutualité.** ▼ **MUTUELLEMENT.** *adv.* D'une manière qui implique un échange. V. **Réciproquement.** *Aidons-nous mutuellement.*

MYCO-, -MYCE. • Éléments savants signifiant « champignon ».

MYÉL(O)-, -MYÉLITE. • Éléments savants signifiant « moelle » (ex. : *Myélite* [n. f.], maladie de la moelle épinière).

MYGALE [migal]. *n. f.* • Grande araignée fouisseuse.

MY(O)-. • Élément savant signifiant « muscle » (ex. : *Myologie* [n. f.], anatomie des muscles).

MYOPE [mjɔp]. *n.* et *adj.* • **1°** *N.* Personne qui a la vue courte ; qui ne voit distinctement que les objets rapprochés. || Contr. **Presbyte.** || • **2°** *Adj.* Atteint de myopie. *Il, elle est myope comme une taupe* (fam.). — *(Abstrait)* Qui manque de perspicacité, de largeur de vue. ▼ **MYOPIE.** *n. f.* Anomalie visuelle du myope. — (Abstrait) *Myopie intellectuelle.*

MYOSOTIS [mjozɔtis]. *n. m.* • Plante à petites fleurs bleues qui croît dans les lieux humides. *Le myosotis est aussi appelé* : oreille de souris ou ne m'oubliez pas.

MYRIADE [miʀjad]. *n. f.* • Très grand nombre ; quantité immense.

MYRIAPODES [miʀjapɔd]. *n. m. pl.* • Classe d'animaux arthropodes à nombreuses pattes (Mille-pattes).

MYRMIDON ou **MIRMIDON** [miʀmidɔ̃]. *n. m.* • *Fam.* Petit homme chétif, insignifiant.

MYRRHE [miʀ]. *n. f.* • Gomme résine aromatique fournie par un arbre ou arbuste originaire d'Arabie. *L'or, l'encens et la myrrhe offerts à Jésus par les Rois mages.*

MYRTE [miʀt(ə)]. *n. m.* • **1°** Arbre ou arbrisseau à feuilles persistantes. • **2°** Feuille de myrte. *Couronne de myrte.*

MYRTILLE [miʀtij]. *n. f.* • Baie noire comestible produite par un arbrisseau des montagnes. Cet arbrisseau (variété d'airelle).

1. MYSTÈRE [mistɛʀ]. *n. m.* ★ **I.** • **1°** *Didact.* Rite, savoir réservé à des initiés. *Religions à mystères* (V. **Ésotérique**). *Mystères grecs* (orphiques, d'Éleusis). • **2°** Dogme révélé, inaccessible à la raison, dans la religion chrétienne. *Le mystère de la Trinité.* ★ **II.** Chose cachée, secrète. • **1°** Ce qui est (ou est cru) inaccessible à la raison humaine. *Le mystère de la nature.* — Caractère mystérieux d'un lieu. • **2°** Ce qui est inconnu, caché (mais qui peut être connu de quelques personnes) ou difficile à comprendre. V. **Secret.** *Cela cache, couvre un mystère. Voilà la solution du mystère.* V. **Énigme.** • **3°** Ce qui a un caractère incompréhensible, très obscur. Ensemble des précautions que l'on prend pour rendre incompréhensible. *S'envelopper, s'entourer de mystère. Chut ! Mystère.* V. **Discrétion, silence.** ★ **III.** Pâtisserie faite de meringue et de glace.

2. MYSTÈRE. *n. m.* • *Littér.* Au Moyen Âge, Genre théâtral qui mettait en scène des sujets religieux. V. **Miracle** (2°).

MYSTÉRIEUX, EUSE [misteʀjø, øz]. *adj.* • **1°** Qui est inconnaissable, incompréhensible ou évoque la présence de forces cachées. V. **Énigmatique, impénétrable, secret.** || Contr. **Clair, évident.** || *Le hasard est mystérieux. Sentiments mystérieux. Lieu, monde mystérieux.* • **2°** Qui est difficile à comprendre, à expliquer. V. **Difficile.** *Cette histoire est bien mystérieuse.* • **3°** Dont la nature, le contenu sont tenus cachés. V. **Secret.** *Dossier mystérieux. Un mystérieux personnage.* • **4°** Qui cache, tient secret qqch. V. **Secret.** *Un homme mystérieux.* — Subst. *Tu fais le mystérieux.* ▼ **MYSTÉRIEUSEMENT.** *adv.* D'une manière mystérieuse, cachée, secrète.

MYSTICISME [mistisism(ə)]. *n. m.* • **1°** Ensemble des croyances et des pratiques se donnant pour objet une union intime de l'homme et du principe de l'être (divinité) ; dispositions psychiques. V. **Contemplation, extase, mystique.** *Mysticisme chrétien, islamique.* • **2°** Croyance, doctrine philosophique faisant une part excessive au sentiment, à l'intuition.

MYSTIFIER [mistifje]. *v. tr.* (7) • **1°** Tromper (qqn) en abusant de sa crédulité et pour s'amuser à ses dépens. V. **Abuser, duper, leurrer.** *Les naïfs qu'on mystifie.* • **2°** Tromper collectivement sur le plan intellectuel, moral, social (V. **Mythifier**) || Contr. **Démystifier.** || ▼ **MYSTIFIANT, ANTE.** *adj.* Qui mystifie (2°). *Propagande mystifiante.* ▼ **MYSTIFICATEUR, TRICE.** *n.* Personne qui aime à mystifier, à s'amuser des gens en les trompant. V. **Farceur, fumiste.** *Mystificateur littéraire.* — Adj. *Intentions mystificatrices.* ▼ **MYSTIFICATION.** *n. f.* • **1°** Acte ou propos destiné à mystifier qqn, à abuser de sa crédulité. V. **Blague, canular.** *Être le jouet d'une mystification.* • **2°** Tromperie collective. *Considérer la religion, le socialisme comme une mystification* (V. aussi **Mythe**).

MYSTIQUE [mistik]. *adj.* et *n.* ★ **I.** *Adj.* • **1°** *Didact.* Relatif au mystère religieux, à une croyance cachée, supérieure à la raison. • **2°** Qui concerne les pratiques, les croyances visant à une union entre l'homme et la divinité. *Extase, expérience mystique.* • **3°** *(Personnes).* Prédisposé au mysticisme. • **4°** Qui a un caractère exalté, absolu, intuitif. *Amour, patriotisme mystique.* ★ **II.** *N.* • **1°** Personne qui s'adonne aux pratiques du mysticisme, qui a une foi religieuse intense et intuitive. *Les grands mystiques chrétiens.* • **2°** *N. f.* LA MYSTIQUE : ensemble des pratiques du mysticisme. — Système d'affirmations absolues à propos de ce quoi on attribue une vertu suprême. *La mystique de la force, de la paix.* ▼ **MYSTIQUEMENT.** *adv.*

MYTHE [mit]. *n. m.* • **1°** Récit fabuleux, souvent d'origine populaire, qui met en scène des êtres incarnant sous une forme symbolique des forces de la nature, des aspects de la condition humaine. V. **Fable, légende, mythologie.** *Les grands mythes grecs* (Orphée, Prométhée...). — Représentation de faits ou de personnages réels déformés ou amplifiés par la tradition. V. **Légende.** *Le mythe de Faust, de Don Juan.* • **2°** Chose imaginaire (V. **Idée**). ‖ Contr. **Réalité.** ‖ — Fam. *Son oncle à héritage ? C'est un mythe !* il n'existe pas. • **3°** Représentation idéalisée de l'état de l'humanité. *Mythe de l'âge d'or, du Paradis perdu.* V. **Utopie.** — Image simplifiée que des groupes humains élaborent ou acceptent au sujet d'un individu ou d'un fait et qui joue un rôle déterminant dans leur comportement ou leur appréciation. *Le mythe du flegme britannique, de la galanterie française. Créer un mythe pour tromper.* V. **Mystifier** (2°) ; **mystification** (2°). ▼ **MYTHIFIER.** *v. tr.* (7). Influencer (une communauté) en imposant un mythe (3°). V. *aussi* **Mystifier.** ▼ **MYTHIQUE.** *adj.* Du mythe. *Inspiration, tradition mythique. Héros mythique.* V. **Fabuleux, imaginaire, légendaire.** ‖ Contr. **Historique, réel.** ‖

-MYTHIE, MYTHO-. • Éléments de mots savants, signifiant « fable, légende ».

MYTHOLOGIE. *n. f.* • **1°** Ensemble des mythes (1°), des légendes propres à un peuple, à une civilisation, à une religion. *Mythologie hindoue, grecque.* • **2°** Ensemble de mythes (3°). *Mythologie de la vedette.* ▼ **MYTHOLOGIQUE.** *adj.* Qui a rapport ou appartient à la mythologie (V. **Fabuleux**). *Divinités mythologiques.*

MYTHOMANE [mitɔman]. *adj.* et *n.* • Qui ment, qui simule par déséquilibre mental. — *N.* V. **Fabulateur.** ▼ **MYTHOMANIE.** *n. f.*

MYXOMATOSE [miksɔmatoz]. *n. f.* • Grave maladie infectieuse et contagieuse du lapin.

N

N [ɛn]. *n. m.* • 1° Quatorzième lettre de l'alphabet. *Gn* note le *n* mouillé [ɲ] sauf dans des mots savants (gnome). • 2° *N°* ou *n°*, abrév. de *numéro.* • 3° *N.* ou *N**, une personne indéterminée ou qu'on ne veut pas nommer. • 4° Lettre servant à noter, en mathématiques, un nombre indéterminé. V. **Nième.**

N'. V. NE.

NA! [na]. *interj.* • *Fam.* (renforçant une affirmation ou une négation). *C'est bien fait, na !*

NABAB [nabab]. *n. m.* • 1° Autrefois, Gouverneur de province, en Inde. • 2° Personnage très riche.

NABOT, OTE [nabo, ɔt]. *n.* et *adj.* • *Péj.* Personne de très petite taille. V. **Nain.**

NACELLE [nasɛl]. *n. f.* • Panier ou coque fixée sous un aérostat. *Nacelle d'un ballon.*

NACRE [nakʀ(ə)]. *n. f.* • Substance à reflets irisés qui tapisse intérieurement la coquille de certains mollusques (coquillages). *Boutons de nacre.* ▼ **NACRÉ, ÉE.** *adj.* Qui a l'aspect irisé de la nacre. *Vernis à ongles nacré.*

NAGE [naʒ]. *n. f.* • 1° Action, manière de nager. V. **Natation.** *Nage sous-marine.* À LA NAGE : en nageant. • 2° *Être* EN NAGE : inondé de sueur.

NAGEOIRE [naʒwaʀ]. *n. f.* • Organe formé d'une membrane soutenue par des rayons osseux, qui sert d'appareil propulseur aux poissons et à certains animaux marins.

NAGER [naʒe]. *v. intr.* (3) • 1° Se soutenir et avancer à la surface de l'eau, se mouvoir sur ou dans l'eau par des mouvements appropriés. *Nager comme un poisson.* Loc. fam. *Savoir nager*, se débrouiller, manœuvrer. • 2° *Trans.* Pratiquer (un genre de nage) ; parcourir (à la nage), disputer (une épreuve de nage). *Nager la brasse, le crawl. Nager un cent mètres.* • 3° NAGER DANS... : être dans la plénitude d'un sentiment, d'un état. V. **Baigner.** *Nager dans le bonheur.* • 4° *Fam.* Être au large (dans ses vêtements). *Il nage dans son costume.* • 5° Être dans l'embarras. *Je ne comprends pas, je nage complètement.* ▼ **NAGEUR, EUSE.** *n.* Personne qui nage, qui sait nager (1°). *C'est un bon nageur.*

NAGUÈRE [nagɛʀ]. *adv.* • *Littér.* Il y a peu de temps. V. **Récemment.**

NAÏADE [najad]. *n. f.* • Divinité mythologique des rivières et des sources. V. **Nymphe.**

NAÏF, NAÏVE [naif, naiv]. *adj.* • 1° Qui est plein de confiance et de simplicité par ignorance, par inexpérience. V. **Ingénu, simple.** || Contr. **Malicieux, retors.** || *Un garçon naïf et charmant.* • 2° Qui est d'une crédulité, d'une confiance excessive, irraisonnée. V. **Crédule, niais.** — Subst. *Vous me prenez pour un naïf !* • 3° Naturel, spontané. *Une joie naïve.* — *Art naïf*, art populaire, folklorique. *Peintre naïf*, subst. *Les naïfs.*

NAIN, NAINE [nɛ̃, nɛn]. *n.* et *adj.* ★ **I.** *N.* • 1° Personne d'une taille anormalement petite ou atteinte de nanisme. V. **Nabot.** • 2° Personnage légendaire de taille minuscule (gnome, farfadet, lutin). *Blanche-Neige et les sept nains.* ★ **II.** *Adj.* • 1° (Personnes). *Elle est presque naine. Il est petit mais il n'est pas nain.* • 2° (Désignant des espèces de petite taille). *Arbre nain, rosier nain.* || Contr. **Géant.** ||

NAISSANCE [nɛsɑ̃s]. *n. f.* • 1° Commencement de la vie hors de l'organisme maternel ou de l'œuf. *Donner naissance à*, enfanter. *Date et lieu de naissance.* — DE NAISSANCE : d'une manière congénitale, non acquise. *Aveugle de naissance.* • 2° Enfantement. *Le nombre des naissances a augmenté* (V. **Natalité**). *Contrôle des naissances.* • 3° Commencement, apparition. *C'est dans ce quartier que l'émeute a pris naissance*, a commencé. *La naissance d'une science.* • 4° Point, endroit où commence qqch. *La naissance du cou, de la gorge. Naissance d'un fleuve.* V. **Source.**

NAISSANT, ANTE [nɛsɑ̃, ɑ̃t]. *adj.* • Qui commence à apparaître, à se développer. *Barbe naissante. Jour naissant.*

NAÎTRE [nɛtʀ(ə)]. *v. intr.* (59) ★ **I.** • 1° Venir au monde, sortir de l'organisme maternel. *Un enfant qui vient de naître*, un nouveau-né. Il est né à Paris en 1930. || Contr. **Mourir.** || — Impers. *Il naît plus de filles que de garçons.* ÊTRE NÉ DE... : être issu. *Il est né d'un père français et d'une mère anglaise.* — *Être né pour*, être naturellement fait pour, destiné à. • 2° NAÎTRE À *(littér.)* : s'éveiller à. *Naître à l'amour.* ★ **II.** • 1° Commencer à exister. *De nouvelles industries sont nées.* •

2° Naître de : être causé par, résulter. *Le bien parfois naît de l'excès du mal.*

NAÏVEMENT. *adv.* • D'une manière naïve. V. **Ingénument.**

NAÏVETÉ [naivte]. *n. f.* • 1° *Littér.* Simplicité, grâce naturelle empreinte de confiance et de sincérité. V. **Candeur, ingénuité.** • 2° Excès de confiance, de crédulité. V. **Crédulité.** *Une incroyable naïveté.* || Contr. **Méfiance.** ||

NAJA [naʒa]. *n. m.* V. Cobra.

NANA [nana]. *n. f.* • *Pop.* Fille, femme.

NANAN [nanɑ̃]. *n. m.* • Loc. *C'est du nanan*, c'est exquis, très agréable, très facile.

NANISME [nanism(ə)]. *n. m.* • Anomalie physique caractérisée par la petitesse de la taille, la grosseur de la tête, etc. || Contr. **Gigantisme.** ||

NANKIN [nɑ̃kɛ̃]. *n. m.* • Toile de coton unie, souvent jaune.

NANSOUK [nɑ̃suk]. *n. m.* • Toile de coton légère d'aspect soyeux, employée en lingerie.

NANTIR [nɑ̃tiʀ]. *v. tr.* (2) • 1° *Péj.* et *plaisant.* Mettre en possession de qqch. V. **Munir, pourvoir.** *On l'a nanti d'une sinécure, d'un titre.* • 2° *Des gens bien nantis*, riches. — Subst. *Les nantis.*

NANTISSEMENT. *n. m.* • Garantie en nature que le débiteur remet à un créancier. V. **Gage.**

NAPALM [napalm]. *n. m.* • Essence solidifiée. *Bombes au napalm.*

NAPHTALINE [naftalin]. *n. f.* • Hydrocarbure extrait du goudron de houille, vendu dans le commerce comme antimite.

NAPHTE [naft(ə)]. *n. m.* • Pétrole brut. *Nappe de naphte.*

NAPOLÉON [napɔleɔ̃]. *n. m.* • Ancienne pièce d'or de vingt francs à l'effigie de Napoléon.

NAPOLÉONIEN, IENNE [napɔleɔnjɛ̃, jɛn]. *adj.* • Qui a rapport à Napoléon Ier, ou à Napoléon III.

NAPOLITAIN, AINE [napɔlitɛ̃, ɛn]. *adj.* et *n.* • 1° De Naples. • 2° *Tranche napolitaine*, glace disposée en couches diversement parfumées.

1. NAPPE [nap]. *n. f.* • Linge qui sert à couvrir la table du repas. *La nappe et les serviettes. Nappe à thé.* ▼ **NAPPERON.** *n. m.* Petit linge qui sert à isoler un objet (vase, assiette) du meuble qui le supporte.

2. NAPPE. *n. f.* • Vaste couche ou étendue plane (de fluide). *Une nappe de brouillard. Nappe d'eau.*

NAPPER. *v. tr.* (1) • Recouvrir (un mets, un gâteau) d'une couche de sauce, de gelée, etc.

NARCISSE [naʀsis]. *n. m.* • Plante à fleurs blanches à cœur jaune vif, très odorantes ; sa fleur.

NARCISSISME. *n. m.* • Contemplation de soi (comme celle de *Narcisse* dans la mythologie) ; plaisir qu'on prend à s'occuper de soi.

NARCO- • Élément savant signifiant « engourdissement ». ▼ **NARCOSE** [naʀkoz]. *n. f.* Sommeil provoqué artificiellement par un narcotique. ▼ **NARCOTIQUE.** *n. m.* Substance qui produit l'assoupissement et un engourdissement de la sensibilité. *Le haschisch, la morphine, l'opium sont des narcotiques.*

NARGUER [naʀge]. *v. tr.* (1) • Braver avec un mépris moqueur. *Narguer ses supérieurs. Narguer le danger.*

NARGUILÉ [naʀgile] ou **NARGHILEH** [naʀgilɛ]. *n. m.* • Pipe orientale, à long tuyau souple communiquant avec un flacon d'eau aromatisée.

NARINE [naʀin]. *n. f.* • Chacun des deux orifices extérieurs du nez. *Pincer, dilater ses narines.*

NARQUOIS, OISE [naʀkwa, waz]. *adj.* • Moqueur et malicieux. V. **Ironique, railleur.** *Un sourire narquois.* ▼ **NARQUOISEMENT.** *adv.*

NARRATION [naʀɑsjɔ̃]. *n. f.* • 1° Exposé écrit et détaillé d'une suite de faits. V. **Récit ; exposé.** • 2° Exercice scolaire qui consiste à développer un sujet. V. **Rédaction.** ▼ **NARRATEUR, TRICE** [naʀatœʀ, tʀis]. *n.* Personne qui raconte (certains événements). V. **Conteur, historien.** ▼ **NARRATIF, IVE.** *adj.* Composé de récits ; propre à la narration. *Style narratif. Élément narratif d'un poème.*

NARRER [naʀe]. *v. tr.* (1) • *Littér.* Raconter.

NARTHEX [naʀtɛks]. *n. m.* • Vestibule (d'une église).

NARVAL [naʀval]. *n. m.* • Grand mammifère cétacé, muni d'une longue défense horizontale.

NASAL, ALE, AUX [nazal, o]. *adj.* • 1° Du nez. *Fosses nasales*, les deux cavités par lesquelles l'air pénètre. • 2° Dont la prononciation comporte une résonance de la cavité nasale. *Voyelles nasales* (an, en [ɑ̃], in [ɛ̃], on [ɔ̃], un [œ̃]). — Subst. *Une nasale.*

NASEAU [nazo]. *n. m.* • Narine (de certains grands mammifères : cheval, etc.).

NASILLER [nazije]. *v. intr.* (1) • 1° Parler du nez. • 2° *(Suj. chose).* Faire entendre des sons nasillards. *Micro qui nasille.* ▼ **NASILLARD, ARDE.** *adj.* Qui nasille, vient du nez. *Voix nasillarde.* ▼ **NASILLEMENT.** *n. m.*

NASSE [nas]. *n. f.* • Engin de pêche, panier oblong en filet, en treillage, etc. V. **Casier.**

NATAL, ALE, ALS [natal]. *adj.* • Où l'on est né. *Le pays natal. Maison natale.* — *Langue natale*, maternelle.

NATALITÉ [natalite]. *n. f.* • Rapport entre le nombre des naissances et le chiffre de la population. *Pays à forte, à faible natalité.*

NATATION [natɑsjɔ̃]. *n. f.* • Exercice, sport de la nage. *Pratiquer la natation. Épreuves de natation.*

NATIF, IVE [natif, iv]. *adj.* • 1° Natif de (tel lieu) : originaire (du lieu où l'on est né). *Elle est native de Marseille.* • 2° Qu'on a de naissance. V. **Inné, naturel.** *Noblesse native.*

NATION [nɑsjɔ̃]. *n. f.* • 1° Groupe humain assez vaste, qui se caractérise par la conscience de son unité et la volonté de vivre en commun. V. **Peuple.** • 2° Communauté politique établie sur un territoire défini, et personnifiée par une autorité souveraine. V. **État, pays, puissance.** *Organisation des*

Nations unies (O.N.U.). — *Les vœux de la nation.*

NATIONAL, ALE, AUX [nasjɔnal, o]. *adj.* et *n.* • 1° Qui appartient à une nation. ‖ Contr. **Étranger, international.** ‖ *Territoire national. Fête nationale.* • 2° (*Opposé à* local, régional, privé). Qui intéresse la nation entière, qui appartient à l'État. *Défense nationale. Assemblée nationale. Bibliothèque nationale*, ou subst. *La Nationale.* — *Route nationale.* — Subst. *La nationale 7.* • 3° Qui est issu de la nation, la représente. *Victor Hugo, notre grand poète national.* • 4° *N.* En droit, Personne qui possède telle nationalité déterminée. *Les nationaux français.* ▼ **NATIONALISATION.** *n. f.* Action de transférer à la collectivité la propriété de certains biens ou moyens de production privés. V. **Étatisation, socialisme.** ▼ **NATIONALISER.** *v. tr.* (1). Opérer la nationalisation de. *Entreprises nationalisées.*

NATIONALISME. *n. m.* • Exaltation du sentiment national : attachement passionné à la nation, allant parfois jusqu'à la xénophobie et la volonté d'isolement. V. **Chauvinisme, patriotisme.** ▼ **NATIONALISTE.** adj. et n. *Une politique nationaliste.* — N. *Les nationalistes.*

NATIONALITÉ. *n. f.* • 1° Groupe d'hommes unis par une communauté de territoire, de langue, de traditions, d'aspirations. • 2° État d'une personne qui est membre d'une nation. *Nationalité d'origine. Nationalité acquise.* V. **Naturalisation.** *Il est de nationalité allemande.*

NATIONAL-SOCIALISME. *n. m.* • Doctrine du « parti ouvrier allemand » de Hitler. V. **Nazisme.** ▼ **NATIONAL-SOCIALISTE.** *adj.* et *n.*

NATIVITÉ [nativite]. *n. f.* • Naissance (de Jésus, de la Vierge, de saint Jean-Baptiste) et fête qui la commémore.

NATTE [nat]. *n. f.* • 1° Pièce d'un tissu fait de brins végétaux entrelacés à plat, servant de tapis, de couchette. *Natte de paille.* • 2° Tresse plate. — Tresse de cheveux. ▼ **NATTER.** *v. tr.* (1). Entrelacer, tresser. *Natter ses cheveux.*

NATURALISER [natyʀalize]. *v. tr.* (1) • Assimiler (qqn) aux nationaux d'un État. — Subst. *Les naturalisés et les nationaux.* ▼ **NATURALISATION.** *n. f.* Action de conférer la nationalité du pays où il réside à un individu d'une autre nationalité ou à un apatride. *Décret de naturalisation.*

NATURALISME. *n. m.* • Représentation réaliste de la nature en peinture. — Doctrine, école qui proscrit toute idéalisation du réel en littérature. V. **Réalisme.** ▼ **1. NATURALISTE.** adj. *Écrivain, école naturaliste.*

2. NATURALISTE. *n.* • Savant qui s'occupe spécialement de sciences naturelles. V. **Botaniste, minéralogiste, zoologiste.**

NATURE [natyʀ]. *n. f.* ★ **I.** • 1° Ensemble des caractères, des propriétés qui définissent un être, une chose concrète ou abstraite, généralement considérés comme constituant un genre. V. **Essence ; entité.** *La nature d'une substance, d'un bien, d'un sentiment...* — *Loc.* DE NATURE À : propre à. « *Ces découvertes sont de nature à bouleverser la science* ». • 2° *La nature de qqn, une nature*, ensemble des éléments innés d'un individu. V. **Caractère, naturel 2.** *Elle est d'une nature douce. Il est travailleur par nature.* — Loc. *L'habitude est une seconde nature*, remplace les tendances naturelles. • 3° Personne, du point de vue du caractère. *Une nature violente. C'est une heureuse nature*, il est toujours satisfait. *C'est une nature*, il a une forte personnalité. ★ **II.** • 1° Principe qui anime, organise l'ensemble de ce qui existe selon un ordre (qu'il faut respecter). *Les lois, les secrets de la nature. Les liens de la nature*, du sang, de la parenté. — *Vices contre nature*, perversions sexuelles. • 2° Tout ce qui existe sur la Terre hors de l'homme et des œuvres de l'homme. *Les forces de la nature. Les sciences de la nature* (sciences naturelles). *Protéger la nature.* — Les paysages, source d'émotion esthétique. *Il adore la nature. La nature est belle, dans ces montagnes.* • 3° Loc. fam. *Il a disparu dans la nature*, on ne sait pas où il est. • 4° *D'après nature*, d'après un modèle naturel (en art). *Dessiner, peindre d'après nature.* — *Grandeur nature*, grandeur réelle. • 5° *Loc.* EN NATURE : en objets réels, dans un échange, une transaction, et non en argent. ★ **III.** • 1° *Adj. invar.* Préparé simplement. *Vous voulez votre entrecôte nature, ou avec une sauce au vin ?* • 2° Fam. *(Personnes ; actes).* Naturel. *Il est nature*, franc et direct.

1. NATUREL, ELLE [natyʀɛl]. *adj.* ★ **I.** • 1° Qui appartient à la nature d'un être, d'une chose. *Caractères naturels.* • 2° Relatif à la nature (II). *Phénomènes naturels. Sciences naturelles. Frontières naturelles*, fleuves, montagnes... • 3° Qui n'a pas été fabriqué, modifié, traité par l'homme ou altéré. V. **Brut, pur.** *Eau minérale naturelle. Soie naturelle.* ‖ Contr. **Artificiel.** ‖ • 4° Qui est considéré comme conforme à l'ordre de la nature (II, 1°). V. **Normal.** *Votre étonnement est naturel. Un sentiment naturel. Je vous remercie.* — *Mais non, c'est naturel, tout naturel*, cela va de soi. • 5° *Enfant naturel*, bâtard. ★ **II.** • 1° Relatif à la nature humaine, aux fonctions de la vie. *Besoins naturels.* • 2° Qui est inné en l'homme (*opposé à* acquis, appris). *Penchant, goût naturel. Ce comportement lui est naturel.* • 3° Qui appartient réellement à qqn, n'a pas été modifié. *C'est son teint naturel.* — *Mort naturelle* (*opposé à* accidentel, provoqué). • 4° Qui traduit la nature d'un individu en excluant toute affectation. V. **Franc, sincère, spontané.** *Une attitude naturelle.* — *(Personnes)* Spontané. *Elle est tout à fait naturelle.* ‖ Contr. **Affecté.** ‖

2. NATUREL. *n. m.* • 1° Ensemble des caractères physiques et moraux qu'un individu possède en naissant. V. **Caractère, humeur, nature, tempérament.** *Il est d'un naturel méfiant.* PROV. *Chassez le naturel, il revient au galop.* • 2° Aisance avec laquelle on se comporte. *Il a beaucoup de naturel.* • 3° *Loc.* AU NATUREL : sans assaisonnement, non préparé. *Thon au naturel.* — En réalité. *Elle est mieux au naturel qu'en photo.*

NATURELLEMENT. *adv.* ★ **I.** • 1° Conformément aux lois naturelles. *Elle est* *naturellement blonde.* • 2° Par un enchaînement logique ou naturel. V. **Inévitablement, nécessairement.** *On doit naturellement en conclure que...* • 3° Avec naturel. *Il joue très naturellement.* ★ **II.** *Fam.* Forcément, bien sûr. *Naturellement, il a oublié son livre.*

NATURE MORTE [natyʀmɔʀt(ə)]. *n. f.* • Peinture qui représente des objets ou des êtres inanimés. *Un peintre de nature(s) morte(s).*

NATURISME. *n. m.* • Doctrine prônant le retour à la nature dans la manière de vivre (vie en plein air, aliments naturels, nudisme). ▼ **NATURISTE.** *n.* et *adj.*

NAUFRAGE [nofʀaʒ]. *n. m.* • 1° Le fait de couler (en parlant d'un navire). *Le bateau a fait naufrage,* a coulé. • 2° Ruine totale. *Le naufrage de sa fortune.* ▼ **NAUFRAGÉ, ÉE.** *adj.* et *n.* Qui a fait naufrage. *Marin naufragé.* — Subst. *Naufragés réfugiés sur un radeau.* ▼ **NAUFRAGEUR.** *n. m.* Celui qui cause volontairement un naufrage.

NAUSÉE [noze]. *n. f.* • 1° Envie de vomir. V. **Haut-le-cœur.** *Avoir la nausée, des nausées,* avoir mal au cœur. • 2° Sensation de dégoût insurmontable. *J'en ai la nausée,* j'en suis dégoûté. ▼ **NAUSÉEUX, EUSE.** *adj.* Qui provoque des nausées.

NAUSÉABOND, ONDE [nozeabɔ̃, ɔ̃d]. *adj.* • *Odeur nauséabonde.* V. **Fétide.** — Dont l'odeur dégoûte, écœure. *Une rue nauséabonde.*

-NAUTE, -NAUTIQUE. • Éléments savants signifiant « navigateur », « relatif à la navigation ».

NAUTIQUE [notik]. *adj.* • Relatif à la navigation. *Carte nautique. Sports nautiques. Ski nautique.*

NAVAJA [navax(ʒ)a]. *n. f.* • Long couteau espagnol.

NAVAL, ALE, ALS [naval]. *adj.* • 1° Qui concerne les navires, la navigation. *Constructions navales. Chantiers navals.* • 2° Relatif à la marine militaire. *Forces navales.* V. **Flotte, marine.** *Combat naval. École navale.*

NAVARIN [navaʀɛ̃]. *n. m.* • Mouton en ragoût.

NAVET [navɛ]. *n. m.* • 1° Racine comestible, blanche ou mauve, d'une plante cultivée. *Canard aux navets.* • 2° *Fam.* Œuvre d'art sans valeur (tableau, film...). *Ce film est un navet.*

NAVETTE [navɛt]. *n. f.* • 1° Dans le métier à tisser, Instrument mobile, pointu aux extrémités et renfermant la bobine de trame. — Dans une machine à coudre, Instrument de métal contenant et dirigeant le fil de dessous. • 2° *Faire la navette,* aller et venir régulièrement. — Service de transport ou véhicule assurant régulièrement une correspondance.

NAVIGUER [navige]. *v. intr.* (1) • 1° *(Bateaux et passagers).* Se déplacer sur l'eau. • 2° Voyager comme marin sur un bateau. *Ce mousse n'a pas encore navigué.* • 3° Conduire, diriger la marche d'un bateau, d'un avion. • 4° *Fam.* Voyager, se déplacer beaucoup, souvent. *Il passe son temps à naviguer.* ▼ **NAVIGABLE.** *adj.* Où l'on peut naviguer. *Cours d'eau navigable.* ▼ **NAVIGANT, ANTE.** *adj.* Qui navigue par avion (*opposé à* ceux qui restent à terre). *Le personnel navigant.* ▼ **NAVIGATEUR.** *n. m.* • 1° *Littér.* Marin qui fait des voyages au long cours sur mer. *Un hardi navigateur.* • 2° Membre de l'équipage d'un avion chargé de la direction à suivre. ▼ **NAVIGATION.** *n. f.* • 1° Le fait de naviguer, de se déplacer en mer (ou sur les cours d'eau) à bord d'un bateau. *Navigation au long cours, maritime, fluviale.* — Manœuvre, pilotage des navires. — • 2° Ensemble des déplacements de bateaux sur un itinéraire déterminé. *Lignes, compagnies de navigation.* • 3° Circulation aérienne.

NAVIRE [naviʀ]. *n. m.* • Grand bateau de fort tonnage, ponté, destiné aux transports sur mer. V. **Bâtiment, bateau, embarcation.** *Navire de guerre. Navire de commerce, de transport.* V. **Paquebot.**

NAVRER [navʀe]. *v. tr.* (1) • 1° *Littér.* Affliger profondément. V. **Attrister, désoler.** *Ses confidences m'ont navré.* • 2° ÊTRE NAVRÉ DE : être désolé, contrarié par. *Il était navré de cet oubli. Je suis navré de devoir vous refuser ce service.* ▼ **NAVRANT, ANTE.** *adj.* • 1° Affligeant, désolant, pénible. *C'est une histoire navrante.* • 2° Tout à fait fâcheux. *Il n'écoute personne, c'est navrant.*

NAZI, IE [nazi]. *adj.* et *n.* • Du parti national-socialiste de Hitler ; des actes de ce parti. *Les victimes de la barbarie nazie.* ▼ **NAZISME.** *n. m.* Mouvement, régime nazi. V. **National-socialisme.**

N.B. [ɛnbe]. • Abrév. de *Nota Bene* « notez bien ».

NE [n(ə)] et **N'** [n] (devant une voyelle ou un *h* muet). *adv. de négation* (V. **Non**). [REM. *Ne* précède immédiatement le verbe conjugué ; seuls les pron. pers. compl. et les adv. *y* et *en* peuvent s'intercaler entre *ne* et le verbe.] ★ **I.** (NÉGATION). • 1° NE... PAS, NE... POINT *(vx)*, NE... PLUS, NE... GUÈRE, NE... JAMAIS, NE... QUE. — REM. Les deux mots précèdent le verbe à l'infinitif *(il ne marche pas,* mais *il ne veut pas marcher).* — *Il n'ira pas. Ne dites pas cela. N'y allez pas. Je souhaite ne pas y aller. Je n'y suis pas allé. Ne partirez-vous pas demain ? Pourquoi ne viendriez-vous pas ? J'ai menti pour ne pas lui faire de la peine. N'est-ce pas ?* (voir à la nomenclature). *Il n'est plus malade. Il ne voudra jamais. Il n'est guère aimable. Je n'en mange plus guère. Elle n'a que vingt ans. Je ne l'ai vue qu'une fois.* • 2° NE employé avec un adj., un pronom indéfini négatif. *Je n'ai aucune nouvelle. Je n'en ai aucune. Il ne veut voir personne. Vous ne direz rien. Rien n'est encore fait. Nul ne l'ignore.* • 3° NE employé avec NI. *Il n'est ni beau ni laid.* • 4° NE employé seul avec certains verbes et avec SI (style plus élégant). *Je n'ose avouer mon erreur* (pour *je n'ose pas*). *Nous ne savons s'il viendra. Nous ne savons que faire* (dans cette phrase, on ne peut employer *pas*). *Je ne peux l'affirmer.* Loc. *C'est lui, si je ne me trompe. Je ne sais qui, quoi, comment, où, pourquoi.* • 5° Toujours employé seul, dans quelques expressions. *N'ayez crainte ! N'empêche qu'il est furieux. On ne peut mieux.* — Littér. *Que n'est-il venu !* ★ **II.** (SANS NÉGATION). ● **1°** Dans une phrase affirmative, et après des verbes exprimant la crainte, l'impossibilité. *Je crains qu'il ne se fâche. Pour empêcher qu'il ne se blesse.* ● **2°** Dans une phrase négative, après des verbes exprimant le doute ou la négation. *Je ne doute pas qu'il ne soit intelligent.* ● **3°** Avec un comparatif d'inégalité. *Il est plus malin qu'on ne croit. Je suis moins riche qu'on ne le dit.* ● **4°** Avec *avant que, à moins que. Décidez-vous avant qu'il ne soit trop tard.*

NÉ, NÉE [ne]. *adj.* ● **1°** *Littér.* Qui est né (V. **Naître**). *Premier, dernier-né. Bien né,* qui a une origine noble, ou une bonne éducation. ● **2°** De naissance, par un don naturel. *C'est un comédien né.*

NÉANMOINS [neɑ̃mwɛ̃]. *adv.* et *conj.* ● Malgré ce qui vient d'être dit. V. **Cependant, pourtant.** *Malgré tous ces malheurs, il reste néanmoins heureux. Néanmoins, rien n'est encore décidé.*

NÉANT [neɑ̃]. *n. m.* ★ **I.** ● **1°** *Littér.* Chose, être de valeur nulle. *Le néant de qqch.*, valeur, importance nulle. V. **Faiblesse, misère.** *Il avait le sentiment de son néant.* ● **2°** Ce qui n'est pas encore, ou n'existe plus. *Retourner au néant.* — Non-être. *L'être et le néant.* ★ **II.** ● **1°** *Réduire* À NÉANT : à rien. ● **2°** NÉANT : rien à signaler. *Signes particuliers : néant.*

NÉBULEUSE [nebyløz]. *n. f.* ● **1°** Corps céleste dont les contours ne sont pas nets : amas de gaz, *ou* immense ensemble d'étoiles (galaxie). ● **2°** Amas diffus.

NÉBULEUX, EUSE. *adj.* ● **1°** Obscurci par les nuages ou le brouillard. V. **Brumeux, nuageux.** *Ciel nébuleux.* ‖ Contr. **Clair.** ‖ ● **2°** Qui manque de clarté, de netteté. V. **Confus, fumeux.** *Idées nébuleuses.* ‖ Contr. **Net, précis.** ‖ ▼ **NÉBULOSITÉ** [nebylozite]. *n. f.* État, caractère de ce qui est nuageux. *Nébulosité du ciel.*

1. NÉCESSAIRE [nesesɛʀ]. *adj.* et *n. m.* ★ **I.** *Adj.* ● **1°** Se dit d'une condition, d'un moyen dont la présence ou l'action rend seul(e) possible un but ou un effet. *Condition nécessaire et suffisante. L'argent nécessaire pour le voyage.* ● **2°** Dont l'existence, la présence est requise pour répondre au besoin (de qqn). V. **Indispensable, utile.** NÉCESSAIRE À. *Les outils nécessaires à l'électricien.* — *Il devient nécessaire de prendre une décision.* ● **3°** Dont on ne peut se passer. V. **Essentiel, primordial.** *Ils manquent de tout ce qui est nécessaire. Elle se sent nécessaire.* ● **4°** Qui est l'effet d'un lien logique, causal. *Effet, produit, résultat nécessaire.* V. **Inéluctable, inévitable.** ★ **II.** *N. m.* ● **1°** Biens dont on ne peut se passer (*opposé à* luxe, superflu). *Le strict nécessaire.* ● **2°** Ce qu'il faut faire ou dire, et qui suffit. *Nous ferons le nécessaire.* ▼ **NÉCESSAIREMENT.** *adv.* Par une obligation imposée, par voie de conséquence. V. **Fatalement, inévitablement.**

2. NÉCESSAIRE. *n. m.* ● Boîte, étui renfermant les ustensiles indispensables (à la toilette, à un ouvrage). *Nécessaire de toilette, de voyage.*

NÉCESSITÉ [nesesite]. *n. f.* ● **1°** Caractère nécessaire [2°] (d'une chose, d'une action). V. **Obligation.** *La nécessité de gagner sa vie.* ● **2°** Besoin impérieux. *Les nécessités de la vie. Dépenses de première nécessité.* V. **Indispensable.** ● **3°** État d'une personne qui se trouve obligée de faire qqch. *Ils se trouvaient dans la nécessité d'accepter.* — Loc. *Nécessité fait loi,* certains actes se justifient par leur caractère inévitable. ● **4°** En philosophie, Enchaînement nécessaire des causes et des effets (opposé à *Liberté*). ▼ **NÉCESSITER.** v. tr. (1). *(Suj. chose).* Rendre indispensable, nécessaire. V. **Exiger, réclamer.** *Cette lecture nécessite beaucoup d'attention.*

NÉCESSITEUX, EUSE. *adj.* et *n.* ● Qui est dans le dénuement, manque du nécessaire. V. **Indigent, pauvre.** *Aider les familles nécessiteuses* ‖ Contr. **Aisé, riche.** ‖ — N. *Les nécessiteux.*

NEC PLUS ULTRA [nɛkplysyltʀa]. *n. m. invar.* ● Ce qu'il y a de mieux. *C'est le* nec plus ultra.

NÉCR(O)-. ● Élément savant signifiant « mort ». ▼ **NÉCROLOGIE** [nekʀɔlɔʒi]. *n. f.* ● **1°** Notice biographique consacrée à une personne morte récemment. ● **2°** Liste ou avis des décès publié par un journal. ▼ **NÉCROLOGIQUE.** adj. *Notice nécrologique.* ▼ **NÉCROMANCIE.** *n. f.* Évocation des morts par l'occultisme.

NÉCROPOLE [nekʀɔpɔl]. *n. f.* ● En parlant de l'Antiquité ou *littér.* Grand cimetière.

NÉCROSE [nekʀoz]. *n. f.* ● Mort (des tissus vivants), gangrène.

NECTAR [nɛktaʀ]. *n. m.* ● **1°** Breuvage des dieux dans la mythologie. — *Littér.* Boisson exquise. ● **2°** Substance sucrée que sécrètent les fleurs, les feuilles. *Abeilles qui butinent le nectar.*

NÉERLANDAIS, AISE [neɛʀlɑ̃dɛ, ɛz]. *adj.* et *n.* ● Des Pays-Bas. V. **Hollandais.**

1. NEF [nɛf]. *n. f.* ● *Vx.* Grand navire à voiles.

2. NEF. *n. f.* ● Partie comprise entre le portail et le chœur d'une église dans le sens longitudinal. *Nef centrale, principale. Les nefs latérales.* V. **Bas-côté.**

NÉFASTE [nefast(ə)]. *adj.* ● **1°** *Littér.* Marqué par des événements malheureux. *Jour, année néfaste.* ‖ Contr. **Faste.** ‖ ● **2°** Qui cause du mal. V. **Funeste, mauvais.** *Influence néfaste. Ce climat lui est néfaste. Cette démarche peut vous être néfaste. Une personne néfaste.*

NÈFLE [nɛfl(ə)]. *n. f.* ● Petite baie comestible. — Fam. *Des nèfles !* rien du tout. ▼ **NÉFLIER.** *n. m.* Arbre des régions tempérées qui produit les nèfles.

NÉGATEUR, TRICE [negatœʀ, tʀis]. *n.* et *adj.* ● *Littér.* Personne qui nie, a l'habitude de nier. — *Esprit négateur.*

NÉGATIF, IVE. *adj.* ★ **I.** (*Opposé à affirmatif*). ● **1°** Qui exprime un refus.

Réponse négative. — Loc. *Dans la négative,* dans le cas où la réponse serait non. • 2° Qui exprime la négation. *Phrase négative. Particule négative* (ne, non). ★ **II.** (*Opposé à positif*). • 1° Qui est dépourvu d'éléments constructifs, se définit par le refus. *Une attitude négative.* — *(Personnes)* Qui ne fait que des critiques. *Il s'est montré très négatif.* • 2° Qui ne se définit que par l'absence de son contraire. *Qualités négatives.* • 3° *Réaction négative de l'organisme* (à un antigène donné), qui ne se produit pas. *Cuti négative.* • 4° *Nombre algébrique négatif,* nombre relatif affecté du signe —. *Le nombre —2 est négatif.* • 5° Se dit de tout ce qui peut être considéré comme inverse. *Électricité négative des électrons. Pôle négatif.* V. **Cathode.** — *Image, épreuve négative,* subst. *Un négatif,* image sur laquelle les parties lumineuses des objets correspondent à des taches sombres et inversement. ▼ **NÉGATIVEMENT.** *adv.*

NÉGATION [negasjɔ̃]. *n. f.* • 1° Acte de l'esprit qui consiste à nier, à rejeter un rapport, une proposition, une existence. *Négation des valeurs.* • 2° Action, attitude qui s'oppose à (qqch.). *Cette méthode est la négation de la science.* • 3° Manière de nier, de refuser ; mot ou groupe de mots qui sert à nier. *Adverbes de négation.* V. **Ne, non.** || Contr. **Affirmation.** ||

NÉGLIGÉ. *n. m.* • 1° État d'une personne négligée. V. **Débraillé ; négliger.** • 2° Tenue légère que les femmes portent dans l'intimité. V. **Déshabillé.** *Elle était en négligé. Un négligé.*

NÉGLIGEABLE [negliʒabl(ə)]. *adj.* • Qui peut être négligé, qui ne vaut pas la peine qu'on en tienne compte. V. **Dérisoire, insignifiant.** || Contr. **Important.** || *Considérer un danger comme négligeable. Considérer, traiter qqn comme quantité négligeable.*

NÉGLIGENCE [negliʒɑ̃s]. *n. f.* • 1° Attitude, état d'une personne dont l'esprit ne s'applique pas à ce qu'elle fait ou devrait faire. || Contr. **Application.** || — Manque de précautions. *Négligence coupable, criminelle.* • 2° *Une, des négligence(s),* faute ou défaut dus au manque de soin. *Négligences de style.* ▼ **NÉGLIGENT, ENTE.** *adj.* et *n.* Qui fait preuve de négligence. V. **Inattentif.** *Cette employée est négligente, toujours en retard dans son travail.* || Contr. **Appliqué, consciencieux.** || ▼ **NÉGLIGEMMENT** [negliʒamɑ̃]. *adv.* • 1° *Vx.* D'une manière négligente, sans soin. • 2° Avec indifférence ; d'un air indifférent, distrait. *Répondre négligemment.* • 3° Avec une fausse négligence élégante. *Écharpe négligemment nouée de côté.*

NÉGLIGER [negliʒe]. *v. tr.* (3) • 1° Laisser (une chose) manquer du soin, de l'application, de l'attention qu'on lui devrait ; ne pas accorder d'importance à. V. *fam.* **Ficher** (se). *Négliger ses intérêts, ses affaires, sa santé.* V. **Désintéresser** (se). *Se négliger* (pronom.), être mal habillé, mal tenu. *Elle se néglige, elle est trop négligée.* — NÉGLIGER DE : ne pas prendre soin de. *Vous ne négligerez pas de vous vêtir chaudement.* V. **Manquer, oublier.** • 2° Porter à (qqn) moins d'attention, d'affection qu'on le devrait. *Il commence à négliger sa femme.* V. **Abandonner, délaisser.** • 3° Ne pas tenir compte, ne faire aucun cas de. *Négliger un avis salutaire. Cet avantage n'est pas à négliger.* — Laisser passer. *Il ne néglige rien pour m'être agréable.*

NÉGOCE [negɔs]. *n. m.* • *Vieilli.* Commerce.

NÉGOCIANT, ANTE. *n.* • Personne qui se livre au commerce en grand. V. **Commerçant, marchand.**

NÉGOCIER [negɔsje]. *v.* (7) • 1° *V. intr.* Discuter, agir pour arriver à un accord, à une décision commune. *Gouvernement qui négocie avec une puissance étrangère.* V. **Traiter.** • 2° *V. tr.* Établir, régler (un accord) entre deux parties. *Négocier une affaire.* • 3° *V. tr.* Transmettre à un tiers (un effet de commerce). ▼ **NÉGOCIABLE.** *adj.* Qui peut être négocié (effet de commerce). V. **Cessible.** *Titre négociable.* ▼ **NÉGOCIATEUR, TRICE.** *n.* Personne qui a la charge de négocier. *Il a été le négociateur de cet accord. Les négociateurs du traité de paix.* ▼ **NÉGOCIATION.** *n. f.* Série d'entretiens, de démarches qu'on entreprend pour parvenir à un accord, pour conclure une affaire. V. **Tractation.** *Négociations pour l'achat d'une usine. Ouverture de négociations internationales.*

NÈGRE, NÉGRESSE [nɛgʀ(ə) ; negʀɛs]. *n.* et *adj.* • 1° *Vieilli* ou *péj.* (on dit : NOIR). Homme, femme de race noire. *Une vieille négresse.* — Loc. *Travailler comme un nègre,* très durement. • 2° *Tête de nègre.* — *Loc. adj.* Brun foncé. • 3° PETIT NÈGRE : français incorrect, parlé avec une syntaxe simplifiée. • 4° *Adj.* (fém. NÈGRE). Qui appartient, est relatif à la race noire. *Art nègre. Sculpture nègre.* ▼ **NÉGRIER** [negʀije]. *n. m.* Celui qui se livrait à la traite des Noirs, marchand d'esclaves. — Personne qui traite ses subordonnés comme des esclaves. ▼ **NÉGRILLON, ONNE.** n. *Vieilli* ou *péj.* Enfant nègre. ▼ **NÉGRITUDE.** n. f. *Littér.* Ensemble des caractères propres à la race noire ; appartenance à la race noire. ▼ **NÉGROÏDE** [negʀɔid]. *adj.* Qui rappelle les Noirs par son aspect. ▼ **NÉGRO-SPIRITUAL** [negʀospiʀitɥol] ou **SPIRITUAL.** *n. m.* Chant religieux chrétien des Noirs des États-Unis. *Des négro-spirituals.*

NÉGUS [negys]. *n. m.* • Titre porté par les souverains éthiopiens.

NEIGE [nɛʒ]. *n. f.* • 1° Eau congelée dans les hautes régions de l'atmosphère, et qui tombe en flocons blancs et légers. *Il tombe de la neige. Tempêtes de neige. Neige fondue. Boule, bonhomme de neige.* — *Classes de neige,* écoles installées en montagne et où les élèves étudient et pratiquent des sports d'hiver. • 2° *Neige artificielle,* substance chimique qui simule la neige (au cinéma). *Neige carbonique.* • 3° *Œuf à la neige, en neige.* V. **Œuf.** • 4° *Barbe, cheveux* DE NEIGE tout blancs. ▼ **NEIGER.** *v. impers.* (3) Tomber, en parlant de la neige. *Il a neigé très tôt cette année.* ▼ **NEIGEUX, EUSE** *adj.* Couvert de neige, constitué par de la neige. *Cimes neigeuses.*

NÉNUPHAR [nenyfaʀ]. *n. m.* ● Plante aquatique à grandes feuilles rondes étalées sur l'eau.

NÉO-. ● Élément savant signifiant « nouveau » (ex. : *néo-capitalisme*, n. m., *néo-classicisme*, n. m., *néo-gothique*, adj., *néo-réalisme*, n. m., *etc.*).

NÉO-COLONIALISME. *n. m.* ● Nouvelle forme de colonialisme qui impose la domination économique à un pays. V. **Impérialisme.**

NÉOLITHIQUE [neɔlitik]. *adj.* ● Se dit de la période la plus récente de l'âge de pierre et de ce qui appartient à cette période. *Âge, époque néolithique. Le néolithique.*

NÉOLOGISME. *n. m.* ● Mot nouveau ; sens nouveau. || Contr. **Archaïsme.** ||

NÉON [neɔ̃]. *n. m.* ● Gaz rare de l'air, employé dans l'éclairage. *Enseigne lumineuse au néon. — Tube au néon*, fluorescent.

NÉOPHYTE [neɔfit]. *n.* et *adj.* ● Personne qui a récemment adopté une doctrine, un système, ou qui vient d'entrer dans un parti, une association. V. **Adepte.** *Le zèle d'un néophyte.*

NÉOPLASME [neɔplasm]. *n. m.* ● *Didact.* Cancer.

NÉPHR(O)-. ● Élément savant signifiant « rein » (ex. : *néphrectomie*, n. f. [ablation d'un rein], etc.). ▼ **NÉPHRÉTIQUE.** *adj.* Des reins (médecine). ▼ **NÉPHRITE** [nefʀit]. *n. f.* Maladie inflammatoire et douloureuse du rein. *Néphrite aiguë.*

NÉPOTISME [nepɔtism(ə)]. *n. m.* ● Favoritisme à l'égard de ses parents, de ses amis.

NÉRÉIDE [neʀeid]. *n. f.* ● Nymphe de la mer.

NERF [nɛʀ]. *n. m.* ★ **I.** ● **1°** Ligament, tendon des muscles. *Se froisser un nerf.* ● **2°** NERF DE BŒUF : dont on se sert notamment pour frapper. ● **3°** Force active, vigueur physique. *Avoir du nerf, manquer de nerf. — Fam.* Énergie. *Allons, du nerf, un peu de nerf ! Un style qui a du nerf.* ★ **II.** ● **1°** Chacun des filaments qui mettent les diverses parties du corps en communication avec le cerveau et la moelle épinière (centres nerveux). *Le nerf sciatique.* ● **2°** LES NERFS : ce qui supporte les excitations physiques ou extérieures et les tensions intérieures de la personnalité. *Avoir les nerfs fragiles, irritables. — C'est un paquet de nerfs*, une personne très nerveuse. *Porter sur les nerfs.* V. **Agacer, énerver, irriter.** *Avoir les nerfs à vif, en boule*, être très énervé. *Être, vivre sur les nerfs*, n'agir que par des efforts de volonté. *Être à bout de nerfs*, surexcité. — *Crise de nerfs*, cris, pleurs, gestes désordonnés (V. **Hystérie**). *Maladie de nerfs.*

NERVEUX, EUSE [nɛʀvø, øz]. *adj.* et *n.* ★ **I.** ● **1°** Qui a des tendons vigoureux, apparents. *Mains nerveuses. — Viande nerveuse*, trop dure. ● **2°** Qui a du nerf (I, 2°), de l'énergie. V. **Vigoureux.** *Un cheval, un coureur nerveux. Voiture nerveuse*, qui a une grande vitesse d'accélération, de bonnes reprises. — *Style nerveux.* V. **Énergique, vigoureux.** ★ **II.** ● **1°** Relatif au nerf, aux nerfs (II). *Cellule nerveuse*, neurone. *Système nerveux*, ensemble des organes, des éléments de tissu nerveux qui commandent les fonctions de sensibilité, motilité, nutrition et, chez les vertébrés supérieurs, les facultés intellectuelles et affectives. ● **2°** Qui concerne les nerfs, supports de l'émotivité, des tensions psychologiques. *Rire nerveux. — Maladies, affections nerveuses.* V. **Hystérie, névrose.** *Dépression nerveuse.* ● **3°** *(Personnes).* Émotif et agité, qui ne peut garder son calme, au physique et au moral. V. **Émotif.** *Un tempérament nerveux. L'attente me rend nerveux.* V. **Énervé, fébrile, impatient.** — *N.* Personne de tempérament nerveux. *C'est un grand nerveux.* ▼ **NERVEUSEMENT.** *adv.* D'une manière nerveuse, excitée. *Marcher nerveusement de long en large.* || Contr. **Calmement.** ||

NERVI [nɛʀvi]. *n. m.* ● Homme de main, tueur.

NERVOSITÉ. *n. f.* ● État d'excitation nerveuse passagère. V. **Énervement, irritation, surexcitation.** *Être dans un état de grande nervosité.* || Contr. **Calme.** ||

NERVURE [nɛʀvyʀ]. *n. f.* ● **1°** Fine saillie traversant la feuille d'une plante. ● **2°** Filet corné qui se ramifie et soutient la membrane de l'aile (insectes). *Les fines nervures des ailes de la libellule.* ● **3°** Moulure arrondie, arête saillante (d'une voûte). *Les nervures d'une voûte gothique.* ▼ **NERVURÉ, ÉE.** *adj.* Qui présente des nervures.

N'EST-CE PAS ? *adv. interrog.* ● Formule par laquelle on requiert l'adhésion d'un auditeur. *Vous êtes de mon avis, n'est-ce pas ? N'est-ce pas que j'ai raison ?*

NET, NETTE [nɛt]. *adj.* et *adv.* ★ **I.** *Adj.* ● **1°** Que rien ne ternit ou ne salit. V. **Propre.** || Contr. **Sale, souillé.** || *Linge net.* V. **Immaculé.** — Loc. *Avoir les mains nettes*, n'avoir rien à se reprocher. ● **2°** Qui est débarrassé (de ce qui encombre). *Faire place nette*, vider les lieux. — *Je veux en avoir le cœur net*, en être assuré. ● **3°** Dont on a déduit tout élément étranger (*opposé à* brut). *Bénéfice, produit net. Poids net.* — (Invar.) *Il reste net 140 francs.* ● **4°** *(Abstrait).* Clair et précis ; qui n'est ni douteux ni ambigu. *Avoir des idées nettes. Explication claire et nette.* V. **Lumineux.** || Contr. **Confus, équivoque, flou.** || — *Nette amélioration*, très sensible. *Une différence très nette.* V. **Marqué.** — Qui ne laisse pas de place au doute, à l'hésitation. *Je veux une réponse nette, sans équivoque.* V. **Catégorique.** *Aimer les situations nettes.* ● **5°** Qui frappe par des contours fortement marqués. V. **Distinct, précis.** *Dessin, caractères parfaitement nets. Cassure nette.* V. **Régulier.** — Subst. *Mettre* AU NET : recopier de façon claire et lisible. ★ **II.** *Adv.* ● **1°** D'une manière précise, tout d'un coup. *S'arrêter net. La balle l'a tué net.* ● **2°** *Je lui ai dit* TOUT NET *ce que j'en pensais*, franchement. ▼ **NETTEMENT.** *adv.* ● **1°** Avec clarté (dans le domaine intellectuel). *Expliquer nettement qqch. C'est nettement mieux maintenant.* ● **2°** *(Concret).* D'une manière claire, très visible. *Les feuillages se découpent nettement sur le ciel. Je le vois très nettement avec ces jumelles.* V. **Distinc-**

tement. || Contr. **Confusément, vaguement.** || ▼ **NETTETÉ.** *n. f.* • 1° Clarté et précision. *Netteté des idées.* • 2° Caractère de ce qui est clairement visible, bien marqué. *La netteté de l'image* (photo, cinéma, télévision).

NETTOYER [nɛtwaje]. *v. tr.* (8) • 1° Rendre propre. *Nettoyer des vêtements. Nettoyer la maison,* faire le ménage. — *Se nettoyer la figure, les mains.* • 2° Débarrasser (un lieu) de gens dangereux, d'ennemis. *L'armée a nettoyé la région.* — *Fam.* Vider en prenant, en volant. *Les voleurs ont nettoyé la maison.* • 3° *Se faire nettoyer,* se faire prendre tout son argent. V. **Lessiver.** ▼ **NETTOIEMENT.** *n. m.* Ensemble des opérations ayant pour but de nettoyer. *Service de nettoiement* (enlèvement des ordures). ▼ **NETTOYAGE.** *n. m.* • 1° Action de nettoyer ; son résultat. *Nettoyage d'une façade.* V. **Ravalement.** *Nettoyage du linge.* V. **Blanchissage, lavage.** *Nettoyage à sec, à la vapeur,* en teinturerie. • 2° Action de débarrasser un lieu d'ennemis. *Nettoyage d'une position.* ▼ **NETTOYEUR, EUSE.** *n.* Personne qui nettoie. *Nettoyeur de vitres* (V. **Laveur**), *de parquets.*

1. **NEUF** [nœf]. *adj.* et *n. m. invar.* • 1° Adj. numéral cardinal (9). *Le chiffre neuf, vingt-neuf. Neuf ans* [nœvɑ̃] ; *neuf années* [nœfane]. • 2° *Ordinal.* Neuvième. *Le chapitre neuf.* • 3° *N. m.* Le nombre neuf. *Preuve par neuf.* — Le chiffre, le numéro neuf. *Neuf arabe* (9), *romain* (IX). • 4° Carte à jouer marquée de neuf points. *Le neuf de carreau.*

2. **NEUF, NEUVE** [nœf, nœv]. *adj.* et *n.* ★ **I.** *Adj.* • 1° Qui vient d'être fait et n'a pas encore servi. || Contr. **Vieux ; usé.** || *Étrenner un costume neuf, une robe neuve. Acheter des livres neufs et des livres d'occasion. Ma nouvelle voiture n'est pas neuve.* — *À l'état neuf, tout neuf, flambant neuf,* en très bon état, qui semble n'avoir jamais servi. • 2° *(Choses abstraites).* Qui est nouveau, n'a jamais servi. *Un amour tout neuf. Des idées, des images neuves.* V. **Nouveau, original.** • 3° Fam. *Qqch.* DE NEUF : des faits récents pouvant amener un changement. *Rien de neuf dans cette affaire. Alors, quoi de neuf aujourd'hui ?* ★ **II.** *N. m. invar.* • 1° *Le neuf,* ce qui est neuf (1°). *Il n'achète que du neuf.* • 2° DE NEUF : avec qqch. de neuf. *Être habillé de neuf.* • 3° À NEUF : de manière à rendre l'état ou l'apparence du neuf. *Il a remis son appartement à neuf.* V. **Rénover.**

NEUR(O)-. • Élément savant signifiant « nerf » (ex. : *neurochirurgie, neurophysiologie, neuropsychiatrie* (tous n. f.), *neurovégétatif,* adj., *etc.*).

NEURASTHÉNIE [nøʀasteni]. *n. f.* • État durable d'abattement accompagné de tristesse. *Faire de la neurasthénie.* ▼ **NEURASTHÉNIQUE.** *adj.* Abattu, triste, sans motifs précis. *Devenir, être neurasthénique.* — Subst. *Un, une neurasthénique.*

NEUROLOGIE [nøʀɔlɔʒi]. *n. f.* • Branche de la médecine qui étudie le système nerveux. ▼ **NEUROLOGIQUE.** *adj.* ▼ **NEUROLOGUE.** *n.* Médecin spécialiste en neurologie.

NEURONE [nøʀɔn]. *n. m.* • Cellule nerveuse (terme scientifique).

NEUTRALISER [nøtʀalize]. *v. tr.* (1) • 1° Rendre neutre (un État, un territoire, une ville). • 2° Empêcher d'agir, par une action contraire qui tend à annuler les efforts ou les effets ; rendre inoffensif. *Neutraliser les effets d'une substance chimique ; les efforts de l'opposition. Neutraliser l'adversaire. Neutraliser un projet de loi par des amendements.* ▼ **NEUTRALISATION.** *n. f.* • 1° Action de neutraliser, d'équilibrer. • 2° Action de déclarer la neutralité (d'un pays) envers tout belligérant.

NEUTRALISTE [nøtʀalist(ə)]. *adj.* et *n.* • Favorable à la neutralité. *Attitude neutraliste. Les pays neutralistes, les neutralistes.* ▼ **NEUTRALISME.** *n. m.*

NEUTRALITÉ. *n. f.* • 1° Caractère, état d'une personne qui reste neutre (2°). *Rester dans la neutralité.* • 2° État d'une nation qui ne participe pas à une guerre.

NEUTRE. *adj.* et *n.* • 1° Qui ne participe pas à un conflit. *État, pays neutre.* — *N.* LES NEUTRES : les nations neutres. • 2° Qui s'abstient de prendre parti. *Information neutre et objective. Rester neutre.* • 3° Qui appartient à une catégorie grammaticale différente du masculin et du féminin, dans laquelle se rangent en principe les noms d'objets. *Le genre neutre, le neutre, en anglais. Pronoms neutres,* qui, en français, remplacent aussi bien un nom féminin qu'un nom masculin ou une phrase, mais entraînent l'accord au masculin. • 4° Qui n'est ni acide, ni alcalin, en chimie. *Combinaison, milieu, sel neutre.* — Qui n'a pas de charge électrique. • 5° *Couleur neutre,* indécise, sans éclat. || Contr. **Vif.** || • 6° Dépourvu de passion, qui reste froid, objectif. *Style neutre, inexpressif.*

NEUTRON [nøtʀɔ̃]. *n. m.* • Particule élémentaire, électriquement neutre du noyau atomique (sauf du noyau d'hydrogène normal).

NEUVAINE [nœvɛn]. *n. f.* • Série d'exercices de piété et de prières, qu'on fait pendant neuf jours.

NEUVIÈME [nœvjɛm]. *adj.* et *n.* • 1° *Adj. numéral ordinal* qui succède au huitième. *La neuvième Symphonie de Beethoven.* — N. *Il est le neuvième.* • 2° (Fraction). *La neuvième partie de son volume.* ▼ **NEUVIÈMEMENT.** *adv.* En neuvième lieu.

NÉVÉ [neve]. *n. m.* • Masse de neige durcie qui alimente un glacier de montagne.

NEVEU [n(ə)vø]. *n. m.* • Fils du frère, de la sœur et, par alliance, du beau-frère ou de la belle-sœur (*opposé à* oncle, tante). *Son neveu et sa nièce. Neveu à la mode de Bretagne,* fils de cousin germain.

NÉVR(O)-. V. NEUR(O)-.

NÉVRALGIE [nevʀalʒi]. *n. f.* • 1° Douleur ressentie sur le trajet des nerfs (II). *Névralgie faciale.* • 2° Mal de tête. ▼ **NÉVRALGIQUE.** *adj.* • 1° Relatif à la névralgie. *Douleur, point névralgique.* • 2° Loc. *Le point névralgique d'une situation.* V. **Sensible.**

NÉVRITE [nevʀit]. *n. f.* • Lésion des nerfs.

NÉVROPATHE [nevʀɔpat]. *adj.* et *n.* • Qui souffre d'une maladie nerveuse.

NÉVROSE [nevʀoz]. *n. f.* • Affection nerveuse, sans base anatomique connue, intimement liée à la vie psychique du malade mais n'altérant pas autant la personnalité que les *psychoses. L'hystérie, la neurasthénie, l'obsession sont des névroses.* ▼ **NÉVROSÉ, ÉE.** *adj.* et *n.* Qui a une névrose. *C'est un névrosé.* ▼ **NÉVROTIQUE.** *adj.* Relatif à une névrose. *Troubles névrotiques.*

NEZ [ne]. *n. m.* • **1°** Partie saillante du visage, entre le front et la lèvre supérieure, et qui abrite l'organe de l'odorat (fosses nasales) ; Cf. *pop.* Pif, tarin. *Les ailes, le bout de nez.* — Fam. *Trous de nez,* les narines. — *Long nez. Nez droit, grec. Nez aquilin, en bec d'aigle. Nez pointu, retroussé, en trompette.* — *Se boucher le nez,* pour ne pas sentir une odeur désagréable. — *Parler du nez.* V. **Nasiller.** — *Ça sent le gaz à plein nez,* très fort. — *Saigner du nez. Avoir le nez bouché. Nez qui coule. Mouche ton nez,* mouche-toi. • **2°** Loc. *Mener qqn par le bout du nez,* le mener à sa guise. — *Ne pas voir plus loin que le bout de son nez,* être borné. — *À vue de nez,* à première estimation. Fam. *Les doigts dans le nez,* sans aucune difficulté. — *Cela lui pend au nez,* cela va lui arriver. — *Se bouffer le nez* (pop.), se disputer violemment, se battre. *Avoir un verre dans le nez,* être éméché. — *Cela se voit comme le nez au milieu de la figure,* c'est très apparent. *Montrer le bout de son nez,* se montrer à peine. *Mettre le nez, son nez à la fenêtre.* — Fam. *Nous n'avons pas mis le nez dehors depuis deux jours,* nous ne sommes pas sortis. — *Piquer du nez,* laisser tomber sa tête en avant (en s'endormant). *Il fourre son nez partout,* il est curieux, indiscret. *Il n'a pas levé le nez de son travail,* il y est resté plongé. — *Avoir le nez sur qqch.,* être tout près. — *Se casser le nez à la porte de qqn,* trouver porte close. *Fermer la porte au nez de qqn,* le congédier. — *Se trouver nez à nez* [neane] *avec qqn,* le rencontrer brusquement, à l'improviste. — *Au nez de qqn,* devant lui, sans se cacher (avec une idée de bravade, d'impudence). *Il lui avait ri au nez.* — *Passer sous le nez,* échapper à qqn après avoir semblé être à sa portée. — Pop. *Avoir qqn dans le nez,* le détester. — Fam. *Faire un pied de nez.* V. **Pied de nez.** • **3°** Flair, perspicacité. *Ils se sont bien débrouillés, ils ont eu du nez.* • **4°** *(Animaux).* V. **Mufle, museau ; groin.** • **5°** Partie saillante située à l'avant de qqch. V. **Avant.** *L'avion pique du nez.*

NI [ni]. *conj.* • Conjonction servant à lier ET et OU. ★ **I.** NI accompagné de NE. • **1°** Joignant deux (ou plusieurs) mots ou groupes de mots à l'intérieur d'une proposition négative (avec *ne... pas, point, rien*). *Je n'ai pas de cigarettes ni de feu. Elle n'a rien de doux ni d'agréable.* — (Avec *ne* seul ; *ni* est répété devant chaque terme) *Il ne dit ni oui ni non. Ce n'est ni bon ni mauvais. Il ne veut ni manger ni boire.* REM. Le verbe est au pluriel *(ni l'un ni l'autre ne me plaisent)* ou au singulier pour exprimer l'exclusion *(ni l'un ni l'autre n'acceptera).* • **2°** *Littér.* NI joignant plusieurs propositions négatives. *Ni l'intelligence n'est preuve de talent, ni le talent n'est preuve de génie.* ★ **II.** NI, sans NE. • **1°** Dans des propositions sans verbe. *Viendrez-vous ? Ni ce matin ni ce soir. Rien de si mal écrit ni de si ennuyeux que ce livre.* • **2°** Loc. (Après *Sans, sans que*). *Du thé sans sucre ni lait. Des gens sans feu ni lieu.*

NIABLE [njabl(ə)]. *adj.* • Qui peut être nié (*rare,* sauf au négatif). *Cela n'est pas niable.* || Contr. **Indéniable.** ||

NIAIS, NIAISE [njɛ, njɛz]. *adj.* • Dont la simplicité, l'inexpérience va jusqu'à la bêtise. *Elle est un peu niaise.* — Subst. *C'est une niaise.* — *Air, sourire niais.* V. **Béat.** || Contr. **Malin.** || ▼ **NIAISEMENT.** *adv.* ▼ **NIAISERIE.** *n. f.* • **1°** Caractère d'une personne ou d'une chose niaise. V. **Bêtise, sottise.** • **2°** UNE NIAISERIE : action, parole de niais (V. **Ânerie, bêtise**). — Futilité, sottise. *Il ne s'occupe que de niaiseries.*

1. NICHE [niʃ]. *n. f.* • **1°** Enfoncement pratiqué dans l'épaisseur d'une paroi pour abriter un objet décoratif. • **2°** Abri en forme de petite maison où couche un chien. *Chien de garde à la niche.*

2. NICHE. *n. f.* • Tour malicieux destiné à attraper qqn. V. **Farce, tour.** *Faire des niches.*

NICHER [niʃe]. *v.* (1) • **1°** *V. intr.* Se tenir dans son nid, y couver (oiseaux). • **2°** *Fam.* Demeurer. *Où niche-t-il ?* V. **Loger.** • **3°** SE NICHER. *v. pron.* Faire son nid. — Se blottir, se cacher. *Où est-il allé se nicher ?* — Au p. p. *Ce village niché dans la forêt.* ▼ **NICHÉE.** *n. f.* • **1°** Les oiseaux d'une même couvée qui sont encore au nid. V. **Couvée.** *Une nichée de poussins.* • **2°** Troupe (d'enfants).

NICHON [niʃɔ̃]. *n. m.* • *Fam.* Sein (de femme).

NICKEL [nikɛl]. *n. m.* • **1°** Métal d'un blanc argenté, malléable et ductile. • **2°** Adj. *Pop.* D'une propreté parfaite. *C'est drôlement nickel chez eux.* ▼ **NICKELER.** *v. tr.* (4). Couvrir d'une mince couche de nickel. — Au p. p. *Poignée nickelée.*

NICOTINE [nikɔtin]. *n. f.* • Alcaloïde du tabac. *Doigts jaunis par la nicotine.*

NID [ni]. *n. m.* • **1°** Abri que les oiseaux se construisent pour y pondre, couver leurs œufs et élever leurs petits (V. **Nicher**). *Nid d'alouette, d'hirondelle.* NID D'AIGLE : construction en un lieu élevé, escarpé. PROV. *Petit à petit, l'oiseau fait son nid,* les choses se font progressivement. • **2°** Abri de certains animaux. *Nid de fourmis* (fourmilière), *de guêpes* (guêpier). • **3°** NIDS D'ABEILLES : garniture, broderie en forme d'alvéoles de ruche. • **4°** Logis intime. *Un nid douillet.*

NIÈCE [njɛs]. *n. f.* • Fille du frère ou de la sœur ou, par alliance, du beau-frère ou de la belle-sœur (*opposé à* oncle, tante). *Neveux et nièces.*

1. NIELLE [njɛl]. *n. m.* • Incrustation décorative d'émail noir. ▼ **NIELLER.** *v. tr.* (1). Orner, incruster de nielles.

2. NIELLE. *n. f.* • Maladie du blé.

NIÈME ou **ÉNIÈME** [ɛnjɛm]. *adj.* et *n.* • D'ordre indéterminé (ordinal du nombre *n*). *Je vous le répète pour la nième, la énième fois.*

NIER [nje]. *v. tr.* (7) • Rejeter (un rapport, une proposition) ; penser, se représenter (qqch.) comme inexistant. ‖ Contr. **Affirmer, reconnaître.** ‖ *Nier l'évidence. Nier un fait, un événement. L'accusé persiste à nier* (ce dont on l'accuse). — (Et l'inf.) *Il nia avoir vu l'accident.* — NIER QUE (et l'indic.). *Il nie qu'il est venu à quatre heures.* — REM. Si le verbe est à l'interrogatif ou au négatif, le verbe complément est au subjonctif.

NIGAUD, AUDE [nigo, od]. *adj.* • Qui se conduit d'une manière niaise. ‖ Contr. **Fin, malin.** ‖ — Subst. V. **Benêt, niais.** — Avec une nuance affectueuse, en parlant à un enfant. V. **Bêta.** *Allons, gros nigaud, ne pleure pas !*

NIGRI-, NIGRO-. • Éléments savants signifiant « noir ».

NIHILISME [niilism(ə)]. *n. m.* • Idéologie d'un parti libertaire, niant les valeurs imposées (par la société...). ▼ **NIHILISTE.** *adj.* et *n.*

NIMBE [nɛ̃b]. *n. m.* • Zone lumineuse qui entoure la tête des représentations de Dieu, des anges, des saints. V. **Auréole.** ▼ **NIMBÉ, ÉE.** *adj.* Entouré d'un nimbe (littér.). *Apparition nimbée de lumière*, auréolée.

NIMBUS [nɛ̃bys]. *n. m.* • Gros nuage de pluie.

N'IMPORTE (QUI, QUEL...). V. IMPORTER.

NIPPES [nip]. *n. f. pl.* • Vêtements pauvres et usés. V. **Hardes.** *Vendre ses vieilles nippes.* — *Pop.* V. **Fringues.** ▼ **NIPPER.** *v. tr.* (1). Habiller. V. **Fringuer.** *Se nipper. Elle s'était nippée comme une princesse.*

NIPPON, ONE ou **ONNE** [nipɔ̃, ɔn]. *adj.* • Japonais.

NIQUE [nik]. *n. f.* • *Faire la nique à qqn*, faire un signe de mépris, de bravade. V. **Moquer** (se).

NIRVANA [nirvana]. *n. m.* • Dans le bouddhisme, Extinction du désir humain, entraînant la fin du cycle des naissances et des morts.

NITOUCHE (SAINTE). V. SAINTE NITOUCHE.

NITRATE [nitrat]. *n. m.* • Sel de l'acide nitrique (ou azotique). *Nitrates naturels de soude.* — *Nitrate d'argent*, utilisé comme caustique, cicatrisant. — *Nitrates utilisés comme engrais.* ▼ **NITRIQUE.** *adj. m.* V. **Azotique.** ▼ **NITROBENZÈNE.** *n. m.* Dérivé du benzène utilisé dans la fabrication d'explosifs. ▼ **NITROGLYCÉRINE.** *n. f.* Explosif violent que contient la dynamite (nitrate triple de glycérine).

NIVEAU [nivo]. *n. m.* ★ **I.** Instrument qui sert à donner l'horizontale, à vérifier l'horizontalité. *Niveau de maçon. Niveau d'eau.* ★ **II.** • 1° Degré d'élévation, par rapport à un plan horizontal (d'une ligne ou d'un plan). V. **Hauteur.** *Niveau d'un liquide dans un vase. Jauge indiquant le niveau d'essence. Inégalité de niveau* (dénivellation). *Être au même niveau que...*, à fleur, à ras de. *Mettre de niveau*, niveler. — *Passage à niveau.* — *Niveau de la mer*, niveau zéro à partir duquel on évalue les altitudes. — AU NIVEAU DE : à la même hauteur. *L'eau lui arrivait au niveau de la taille.* À côté de. *Arrivé au niveau du groupe, il ralentit le pas.* • 2° *(Abstrait).* Élévation comparative, degré comparatif. *Mettre au même niveau*, sur le même plan. — *Niveau intellectuel*, degré des connaissances ou de l'intelligence. *Des élèves de même niveau.* • 3° Degré hiérarchique. *Rencontre internationale à un niveau élevé.* • 4° Valeur (intellectuelle, artistique). *Le niveau des études.* • 5° NIVEAU DE VIE : façon de vivre de celui qui a un revenu moyen, dans un pays. *Haut niveau de vie des pays riches.*

NIVELER [nivle]. *v. tr.* (4) • 1° Mettre de niveau, rendre horizontal, uni. V. **Aplanir, égaliser.** *L'érosion tend à niveler les reliefs.* — Faire un nivellement. • 2° Mettre au même niveau, rendre égal. V. **Égaliser.** *Niveler les fortunes.* ▼ **NIVELAGE.** *n. m.* ▼ **NIVELEUR, EUSE.** *adj.* ▼ **NIVELEUSE.** *n. f.* Engin de terrassement utilisé pour niveler les terres. ▼ **NIVELLEMENT.** *n. m.* • 1° Mesure des hauteurs relatives de différents points d'un terrain. • 2° Action d'égaliser (une surface). *Nivellement d'un terrain par des travaux de terrassement.* • 3° *Le nivellement des classes sociales.*

NIV(O)-. • Élément savant signifiant « neige ».

NOBILIAIRE [nɔbiljɛr]. *adj.* • Qui appartient ou qui est propre à la noblesse. *Titres nobiliaires. Particule nobiliaire.*

NOBLE [nɔbl(ə)]. *adj.* et *n.* ★ **I.** • 1° *Littér.* Dont les qualités morales sont grandes. V. **Beau, élevé, généreux.** ‖ Contr. **Mesquin, vil.** ‖ *Un noble désintéressement. Son geste est très noble.* • 2° LE NOBLE ART : la boxe. • 3° Qui commande le respect, l'admiration, par sa distinction, son autorité naturelle. V. **Imposant.** *Une beauté noble et imposante. Ton noble.* • 4° (*Opposé à* commun, familier). *Genre, style noble* (V. **Élevé, soutenu**), qui rejette les mots et expressions jugés vulgaires par le goût du temps. • 5° *Matières nobles*, précieuses. *Métaux nobles* (argent, or, platine). ★ **II.** • 1° Qui appartient à une classe privilégiée (sociétés hiérarchisées, féodales, etc.) ou qui descend d'un membre de cette classe. ‖ Contr. **Roturier.** ‖ • 2° N. *Un noble.* V. **Aristocrate.** *Les nobles.* V. **Noblesse.** • 3° Qui appartient, qui est propre aux nobles. *Être de naissance, de sang noble.* ▼ **NOBLAILLON, ONNE ; NOBLIAU.** n. *Péj.* Noble de petite noblesse. ▼ **NOBLEMENT.** *adv.* D'une manière noble (I), avec noblesse. *Il lui avait pardonné noblement.*

NOBLESSE. *n. f.* ★ **I.** • 1° Grandeur des qualités morales, de la valeur humaine. *Noblesse d'âme, de caractère, d'esprit.* • 2° Caractère noble (du comportement, de l'expression ou de l'aspect physique). V. **Dignité, distinction.** *La noblesse de son visage, de ses traits.* ★ **II.** • 1° Condition du noble. *Titre de noblesse. Noblesse d'épée, de robe.* — Loc. prov. *Noblesse oblige*, la noblesse crée le devoir de faire honneur à son nom. • 2° Classe de nobles. V. **Aristocratie.** *Noblesse d'Empire*, celle qui tient ses titres de Napoléon Ier. *Petite noblesse ; haute noblesse.*

1. NOCE [nɔs]. *n. f.* • 1° LES NOCES (dans des loc.) : mariage. *Épouser qqn en secondes noces*, contracter un second mariage. *Justes noces*, le mariage légitime. *Nuit de noces.* • 2° Ensemble des réjouissances qui accompagnent un mariage. *Aller, être invité à la noce de qqn. Repas de noce.* — Loc. *N'être pas à la noce*, être dans une mauvaise situation. *Noce d'or, d'argent* (anniversaires de mariage).

2. NOCE. *n. f.* • *Fam.* Vie dissipée. *Faire la noce.* V. **Bombe, bringue 2, foire.** ▼ **NOCEUR, EUSE.** n. et adj. *Fam.* Personne qui aime faire la noce. V. **Viveur.** — Adj. *Il est un peu trop noceur.*

NOCIF, IVE [nɔsif, iv]. *adj.* • *(Choses).* Qui peut nuire. V. **Dangereux, nuisible.** || Contr. **Inoffensif.** || *Gaz nocif.* V. **Délétère.** — (Abstrait) *Théories, influences nocives.* V. **Pernicieux.** ▼ **NOCIVITÉ.** *n. f.* Caractère de ce qui est nuisible.

NOCTAMBULE [nɔktɑ̃byl]. *n.* et *adj.* • Personne qui se promène ou se divertit la nuit.

NOCTURNE [nɔktyʀn(ə)]. *adj.* et *n.* • 1° *Adj.* Qui est propre à la nuit. Qui a lieu pendant la nuit. || Contr. **Diurne.** || *Tapage nocturne.* • 2° *(Animaux).* Qui veille, se déplace, chasse pendant la nuit. *Papillons nocturnes* ou *de nuit.* — Subst. *Les grands nocturnes* (oiseaux de nuit). • 3° *N. m.* Morceau de piano mélancolique, de forme libre. *Les nocturnes de Chopin.* • 4° *N. m.* Course, match qui se dispute de nuit (on dit aussi : match *en nocturne*).

NODOSITÉ [nɔdozite]. *n. f.* • Nœud (2) d'un végétal. — Grosseur qui se forme aux articulations, etc.

NOËL [nɔɛl]. *n. m.* • 1° Fête que les chrétiens célèbrent le 25 décembre, en commémoration de la naissance du Christ. V. **Nativité.** *Messes de Noël* (*spécialt.* messe de minuit). *Arbre, réveillon de Noël. Joyeux Noël !* Au fém. *La Noël*, la fête de Noël. — PÈRE NOËL : personnage imaginaire qui est censé déposer des cadeaux dans les souliers des enfants. *Croire au père Noël*, être très naïf. • 2° Cantique de Noël. • 3° Fam. *Le noël, le petit noël*, cadeau de Noël.

1. NŒUD [nø]. *n. m.* ★ **I.** • 1° Enlacement d'une chose flexible (fil, corde, cordage) ou entrelacement de deux objets flexibles qui se resserre si l'on tire sur les extrémités. *Faire un nœud.* V. **Nouer.** *Nœud simple, double nœud. Nœud coulant*, pour serrer, étrangler. *Corde à nœuds*, utilisée pour le grimper. — *Nœud de cravate*, qui assujettit la cravate autour du cou. — *Loc.* NŒUD GORDIEN : difficulté, problème quasi insoluble. • 2° Ruban noué ; ornement en forme de nœud. *Mettre des nœuds dans les cheveux. Nœud papillon.* • 3° Enroulement d'un reptile. V. **Anneau.** — *Nœud de vipères*, emmêlement de vipères dans le nid. ★ **II.** *(Abstrait).* • 1° *Littér.* Attachement très étroit entre des personnes. V. **Chaîne, lien.** *Les nœuds solides de leur amitié.* • 2° Point essentiel (d'une affaire difficile). *Voilà le nœud de l'affaire.* • 3° LE NŒUD DE L'ACTION : péripétie qui amène l'action dramatique à son point culminant. ★ **III.** Endroit où se croisent plusieurs grandes lignes, d'où partent plusieurs embranchements. *Nœud ferroviaire, routier.*

2. NŒUD. *n. m.* • Protubérance à la partie externe d'un arbre. *Nœuds d'un tronc, d'un bâton.* V. **Nodosité ; noueux.** — Partie très dense et dure, à l'intérieur de l'arbre.

3. NŒUD. *n. m.* • En marine, Unité de vitesse des bateaux correspondant à un mille (1 852 m) à l'heure. *Navire qui file vingt nœuds*, vingt milles à l'heure.

NOIR, NOIRE [nwaʀ]. *adj.* et *n.* ★ **I.** *Adj.* • 1° Se dit de l'aspect d'un corps dont la surface ne réfléchit aucune radiation visible ; de la couleur la plus foncée qui existe. || Contr. **Blanc.** || *Noir comme (du) jais, de l'encre, du charbon. Yeux, cheveux noirs. Chat noir. Mettre un costume noir.* — *Épaisse fumée noire. Un café noir, bien noir.* V. **Fort.** • 2° Qui est plus sombre (dans son genre). *Du pain noir ou du pain blanc. Savon noir. Lunettes noires.* • 3° Qui, pouvant être blanc, se trouve sali. V. **Sale.** *Les ongles noirs.* — NOIR DE... *Mur noir de suie.* • 4° Privé de lumière. V. **Obscur, sombre.** *Cabinet noir, chambre noire. Il fait noir comme dans un four. Nuit noire*, sans lune, sans étoiles. • 5° *Pop.* Ivre. *Il est complètement noir.* • 6° *(Abstrait).* Assombri par la mélancolie. *Il était d'une humeur noire.* V. **Triste.** *Avoir, se faire des idées noires.* || Contr. **Gai, optimiste.** || *Regarder qqn d'un œil noir*, avec irritation. • 7° Marqué par le mal, par une atmosphère macabre, horrible. V. **Mauvais, méchant.** *Magie noire. Messe noire. Roman, film noir. Humour noir.* • 8° *Marché noir*, clandestin. ★ **II.** *N. m.* • 1° Couleur noire. *Habillé, vêtu de noir. Elle était tout en noir.* — *C'est écrit noir sur blanc*, de façon incontestable. *Film en noir et blanc* (*opposé à* en couleurs). • 2° L'obscurité, la nuit. *Enfant qui a peur dans le noir.* • 3° Matière colorante noire. *Noir animal. Noir de fumée.* — *Avoir du noir sur la joue*, être sali de noir. — *Se mettre du noir aux yeux* (maquillage). • 4° *Voir tout en noir*, être pessimiste. ★ **III.** *Adj.* et *n.* • 1° *Adj.* Qui appartient à la race des Africains et des Mélanésiens à peau très pigmentée (V. **Nègre**). *Une femme noire. Race noire, peuples noirs.* — Propre aux personnes de cette race. *Le problème noir aux États-Unis.* • 2° *N.* Homme, femme de race noire. *Les Noirs d'Afrique. Une Noire américaine.* ▼ **NOIRÂTRE.** *adj.* D'une couleur tirant sur le noir. *Teinte noirâtre.* ▼ **NOIRAUD, AUDE.** *adj.* et *n.* Qui est noir de teint, de type très brun.

NOIRCEUR. *n. f.* • 1° *Littér.* Couleur de ce qui est noir. *Noirceur de l'encre.* • 2° Méchanceté odieuse. *La noirceur d'un tel crime, d'une trahison.* V. **Horreur.** • 3° Littér. *Une, des noirceur(s)*, acte, parole témoignant de cette méchanceté. *Il méditait quelque noirceur.*

NOIRCIR [nwaʀsiʀ]. *v.* (2) ★ **I.** *V. intr.* Devenir noir ou plus foncé. *Sa peau noircit facilement au soleil.* V. **Brunir.** ★ **II.** *V. tr.* • 1° Colorer ou enduire de noir. *La fumée a noirci les murs.* V. **Salir.** — Fam. *Noircir du papier*, écrire. • 2° *Littér.* Calomnier, dire du mal de (qqn). ▼ **NOIRCISSEMENT.** *n. m.* Action de noircir (concret).

NOIRE. *n. f.* • 1° V. **Noir** (III). • 2° En musique, Note à corps noir et à queue simple dont la valeur est de deux croches, d'une demi-blanche.

NOISE [nwaz]. *n. f.* • *Loc.* CHERCHER NOISE *à qqn.* V. **Dispute, querelle.**

1. NOISETTE [nwazɛt]. *n. f.* • Fruit constitué par une coque ronde contenant une amande comestible. *Chocolat aux noisettes. Casser des noisettes.* ▼ **NOISETIER** [nwaztje]. *n. m.* Arbrisseau des bois et des haies, qui produit la noisette. V. **Coudrier.** *Baguette, tige souple de noisetier.*

2. NOISETTE. *adj. invar.* • Brun clair. *Elle a de beaux yeux noisette.*

NOIX [nwa(ɑ)]. *n. f.* • 1° Fruit du noyer, constitué d'une écale verte, d'une coque et d'une amande comestible, formée de quatre quartiers. *Noix fraîche, sèche. Coquille de noix.* • 2° *Une noix de beurre,* un morceau de la grosseur d'une noix. • 3° Se dit d'autres fruits comestibles à coque. *Noix de coco,* fruit du cocotier, grosse noix dont l'intérieur est blanc. *Noix de cajou. Noix muscade.* • 4° *Noix de veau,* partie arrière du cuisseau. *La noix d'une côtelette,* la partie centrale. • 5° *Fam.* Imbécile. *Quelle noix ! Une vieille noix.* — Adj. *Elle n'est pas plus noix qu'une autre.* — À LA NOIX, *à la noix de coco* : sans valeur. *C'est une histoire à la noix.*

NOLISER [nɔlize]. *v. tr.* • Affréter (un bateau, un avion). *Avion nolisé* (anglicisme : *charter*).

NOM [nɔ̃]. *n. m.* ★ **I.** Mot ou groupe de mots servant à désigner un individu. • 1° Mot servant à nommer (une personne). *Avoir, porter tel nom.* V. **Nommer** (se) ; **appeler** (s'). *Connaître qqn de nom,* ne le connaître que de réputation. — *Nom de famille. Nom de baptême* ou *petit nom* (V. **Prénom**). *Se cacher sous un faux nom. Prendre un nom d'emprunt.* V. **Pseudonyme, surnom.** — *Agir* AU NOM *de qqn, en son nom,* comme son représentant, son interprète. • 2° Prénom. *Nom de garçon, de fille.* • 3° Nom de famille (transmis de père à enfants). *Nom, prénom et domicile. Nom de jeune fille d'une femme mariée.* • 4° (Dans quelques expressions). Nom célèbre, renommée. *Se faire un nom. Laisser un nom.* • 5° (Interjections). *Nom de Dieu !* — Pop. *Nom de nom ! Nom d'une pipe ! Nom d'un chien !* • 6° Désignation individuelle d'un animal, d'un lieu, d'un objet. *Noms de rues, de bateaux. — Noms de produits, de marques. Nom déposé,* qui désigne un produit déposé. ★ **II.** • 1° Forme du langage, mot servant à désigner les êtres, les choses d'une même catégorie. V. **Appellation, dénomination, désignation.** *Quel est le nom de cet arbre ? Appeler les choses par leur nom,* avec franchise, précision, d'une manière crue. *Une laideur sans nom,* qu'on ne peut qualifier. V. **Innommable.** *Le nom et la chose. Le nom ne fait rien à la chose.* — Loc. *Traiter qqn de tous les noms,* l'accabler d'injures. • 2° AU NOM DE... : en considération de..., en invoquant... *Au nom de la loi.* ★ **III.** Mot (partie du discours) qui peut être le sujet d'un verbe, être précédé d'un déterminatif (article, etc.). V. **Substantif.** *Noms propres. Noms communs. Complément de nom.*

NOMADE [nɔmad]. *adj.* et *n.* • 1° Qui n'a pas d'habitation fixe, en parlant d'un groupe humain. *Peuple nomade.* ‖ Contr. **Sédentaire.** ‖ — Se dit aussi d'un animal qui change de région avec les saisons. • 2° *Vie nomade,* d'une personne en déplacements continuels. V. **Errant, vagabond.** • 3° N. *Peuple de nomades. Les nomades du désert.* ▼ **NOMADISME.** *n. m.* Genre de vie des nomades. *Le nomadisme au Sahara.*

NO MAN'S LAND [nomanslɑ̃d]. *n. m.* • Zone comprise entre les premières lignes de deux armées ennemies. — Terrain neutre.

NOMBRE [nɔ̃bʀ(ə)]. *n. m.* • 1° Symbole caractérisant une unité ou une collection d'unités considérée comme une somme. *Les chiffres servent à représenter les nombres. Le nombre 3, 427. Nombres entiers (pairs, impairs), fractionnaires. Élever un nombre au carré. Nombre cardinal* (sept) ; *ordinal* (septième). • 2° Concept de base des mathématiques, notion fondamentale que l'on peut rapporter aux idées (de pluralité, d'ensemble, de correspondance). *Nombres algébriques, imaginaires, irrationnels.* • 3° Nombre concret. *Le nombre des habitants d'un pays. Nombre de fois* (V. **Fréquence**). *Un certain nombre de...,* plusieurs. *Un petit nombre,* peu. *Un grand nombre,* beaucoup. — Loc. prép. *Être* AU NOMBRE DE *dix* : être dix. — AU NOMBRE DE..., DU NOMBRE DE... V. **Parmi ; entre.** *Serez-vous au, du nombre des invités ?* Ellipt. *Serez-vous du nombre?* — SANS NOMBRE (sans possibilité d'être dénombré). V. **Innombrable.** *Il a eu des occasions sans nombre de se faire connaître.* • 4° *Le nombre,* pluralité, grand nombre. V. **Quantité.** *Ils succombèrent sous le nombre. Faire nombre,* faire un ensemble nombreux. — EN NOMBRE : en grande quantité. *Les candidats se sont présentés en nombre.* — NOMBRE DE... : beaucoup, maint. *Depuis nombre d'années.* • 5° Catégorie grammaticale du singulier et du pluriel. *L'adjectif s'accorde en genre et en nombre.*

NOMBREUX, EUSE. *adj.* • 1° Qui est formé d'un grand nombre d'éléments. V. **Abondant, considérable.** *Foule nombreuse. Famille nombreuse.* V. **Grand.** ‖ Contr. **Petit.** ‖ • 2° En grand nombre. *Ils vinrent nombreux à notre appel.* — (*Épithète :* avant le nom) *Dans de nombreux cas.* V. **Beaucoup.**

NOMBRIL [nɔ̃bʀil]. *n. m.* • 1° Cicatrice arrondie sur la ligne médiane du ventre des mammifères, à l'endroit où le cordon ombilical a été sectionné. • 2° Loc. fam. *Se prendre pour le nombril du monde,* pour une personne des plus importantes.

NOMENCLATURE [nɔmɑ̃klatyʀ]. *n. f.* • Termes employés dans une science, une technique, un art ; classement de ces termes. V. **Terminologie.** *La nomenclature chimique.* — Ensemble des termes répertoriés dans un dictionnaire.

NOMINAL, ALE, AUX [nɔminal, o] *adj.* ★ **I.** Relatif au nom de personnes ou d'objets individuels. *Liste nominale.* ★ **II.** • 1° Relatif aux mots, aux noms (II) et non aux choses. *Définition nominale.* • 2° Qui existe seulement de nom, et pas en réalité. *Autorité nominale.* • 3° *Valeur nominale d'une action,* sa valeur d'émission, *par oppos. à* son cours actuel. *Salaire nominal* (en unités monétaires) *et salaire réel* (pouvoir d'achat). ★ **III.** En grammaire, Qui a la fonction d'un nom. *Emploi nominal d'un verbe à l'infinitif.*

1. NOMINATIF [nɔminatif]. *n. m.* • Cas d'un substantif, adjectif ou pronom qui est sujet ou attribut (dans les langues à déclinaisons : latin, grec, russe, etc.).

2. NOMINATIF, IVE. *adj.* • Qui contient le nom, les noms (I). *État nominatif, liste nominative. Titre nominatif,* qui porte le nom du propriétaire (*opposé à* « au porteur »).

NOMINATION [nɔminɑsjɔ̃]. *n. f.* • 1° Action de nommer (qqn) à un emploi, à une fonction, à une dignité. V. **Désignation.** *Nomination à un grade, à un poste supérieur.* • 2° L'acte portant nomination, le fait d'être ainsi nommé. *Il vient d'obtenir sa nomination.* • 3° Action de désigner par un nom. V. **Dénomination.**

NOMMER [nɔme]. *v. tr.* (1) ★ **I.** Désigner par un nom. V. **Appeler.** • **1°** Distinguer (une personne) par un nom ; donner un nom à (qqn). V. **Dénommer.** *Ses parents l'ont nommé Paul.* V. **Prénommer.** • 2° Distinguer (une chose, un concept) par un vocable particulier. *Nommer un corps chimique nouvellement découvert. — Ce que les hommes ont nommé amitié.* • 3° Indiquer (une personne, une chose) en disant ou en écrivant son nom. V. **Citer, désigner, indiquer.** *Cet individu, Dupont, pour ne pas le nommer.* • 4° *Pronom.* SE NOMMER... : avoir pour nom. V. **Appeler** (s'). ★ **II.** • **1°** Désigner, choisir (une personne) pour remplir une fonction, élever à une dignité (*opposé à* élire). *On l'a nommé directeur. — Nommer qqn son héritier,* le désigner. • 2° Établir par nomination. *Nommer des fonctionnaires, des magistrats.* ▼ **NOMMÉ, ÉE.** *adj.* • 1° (Suivi du nom propre). Qui a pour nom. *Un homme nommé Dubois.* • 2° Désigné par son nom. *Les personnes nommées plus haut.* V. **Susdit.** • 3° *Loc.* À POINT NOMMÉ : au moment voulu, à propos. *Il est arrivé à point nommé.* • 4° Désigné, choisi par nomination. *Magistrats nommés et magistrats élus.* ▼ **NOMMÉMENT.** *adv.* En nommant, en désignant par son nom. *Désigner nommément qqn.*

1. NON [nɔ̃]. *adv. de négation.* ★ **I.** *Adv.* • 1° (Réponse négative, refus). *Non, rien à faire, n'insistez pas. Mais non ! Non merci. — Fam.* (interrogatif) N'est-ce pas ? *C'est effrayant, non, de penser à cela ?* • 2° (Complément direct d'un verbe déclaratif). *Il répond toujours non.* Fam. *Je ne dis pas non, je veux bien. — Je vous dis que non.* • 3° *Fam.* ou *pop.* Exclamatif, marquant l'indignation, la protestation. *Non, par exemple ! Non, mais !* — Marquant l'étonnement. *Il va se marier. Non ! Sans blague !* ★ **II.** (En phrase coordonnée ou juxtaposée). ET NON, MAIS NON... *C'est pour moi et non pour vous.* — OU NON : marquant une alternative. *Que vous le vouliez ou non. Êtes-vous décidé ou non ? Content ou non, il acceptera.* — (En fin de phrase) V. **Pas.** *On excuse les caprices des enfants, ceux des adultes, non,* on ne les excuse pas. — NON PLUS remplace *aussi* dans une proposition négative. *Je ne sais pas, et lui non plus.* — NON, NON PAS (POINT), NON SEULEMENT... MAIS... *Une voix non pas servile, mais soumise.* — NON SANS... (affirmation atténuée). *Non sans hésitation,* avec une certaine hésitation. — *Loc. conj.* NON QUE sert à écarter une explication possible. *Il parut le croire, non qu'il lui fît entièrement confiance, mais...* ★ **III.** NON, en emploi adverbial. Qui n'est pas, est le contraire. *Un personnage non négligeable.* V. **Non 2.** ★ **IV.** N. m. invar. *Un non, des non. Un non catégorique.* V. **Refus.** *Pour un oui ou pour un non,* pour un rien. || Contr. **Oui, si.** ||

2. NON-. • Élément indiquant l'absence, le défaut ou le refus (ex. : *non-activité, non-agression, non-assistance, non-conciliation, non-engagé, non-exécution, non-intervention, etc.*).

NONAGÉNAIRE [nɔnaʒenɛʀ]. *adj.* et *n.* • Qui est parvenu à l'âge de quatre-vingt-dix ans. *Vieillard nonagénaire. — Un(e) nonagénaire.*

NON-AGRESSION [nɔnagʀesjɔ̃]. *n. f.* • Le fait de ne pas recourir à l'agression, de ne pas attaquer tel ou tel pays. *Pacte de non-agression.*

NON-ASSISTANCE [nɔnasistɑ̃s]. *n. f.* • Délit qui consiste à ne pas secourir, volontairement. *Non-assistance à personne en danger.*

NONCE [nɔ̃s]. *n. m.* • Archevêque accrédité comme ambassadeur du Vatican auprès d'un gouvernement. V. **Légat.** *Nonce apostolique* (V. **Nonciature**).

NONCHALANT, ANTE [nɔ̃ʃalɑ̃, ɑ̃t]. *adj.* • Qui manque d'activité, d'ardeur, par insouciance, indifférence. V. **Indolent, mou.** *Écolier nonchalant.* V. **Fainéant, paresseux.** *Pas, geste nonchalant.* V. **Lent, alangui.** || Contr. **Actif, vif.** || ▼ **NONCHALAMMENT.** *adv.* Avec nonchalance. ▼ **NONCHALANCE.** *n. f.* • 1° Caractère, manière d'agir nonchalante ; manque d'ardeur, de soin. V. **Apathie, indolence, langueur, mollesse, paresse.** || Contr. **Ardeur, entrain, vivacité.** || *Faire un travail avec nonchalance.* • 2° Grâce alanguie. *Nonchalance d'un geste, d'une pose.* V. **Abandon.**

NONCHALOIR [nɔ̃ʃalwaʀ]. *n. m.* • *Vieilli* et *littér.* Nonchalance.

NONCIATURE [nɔ̃sjatyʀ]. *n. f.* • Charge, fonction de nonce. — Résidence du nonce.

NON-CONFORMISTE [nɔ̃kɔ̃fɔʀmist(ə)]. *n.* et *adj.* • Personne qui ne se conforme pas aux usages habituels. V. **Original.** — *Une attitude non conformiste.* ▼ **NON-CONFORMISME.** *n. m.*

NON EUCLIDIEN, IENNE [nɔnøklidjɛ̃, jɛn]. *adj.* • Qui n'obéit pas au postulat d'Euclide sur les parallèles. *Les géométries non euclidiennes. Espace non euclidien.*

NON-INTERVENTION [nɔnɛ̃tɛʀvɑ̃sjɔ̃]. *n. f.* • Attitude d'un gouvernement qui s'abstient d'intervenir dans les affaires intérieures et extérieures d'un pays étranger.

NON-LIEU [nɔ̃ljø]. *n. m.* • Décision par laquelle le juge d'instruction déclare qu'il n'y a pas lieu de poursuivre un inculpé. *Arrêt, ordonnance de non-lieu.*

NONNE [nɔn]. *n. f.* • *Vx* ou *plaisant.* Religieuse.

NONOBSTANT [nɔnɔpstɑ̃]. *prép.* et *adv.* • (Vx ou terme administratif). • 1° *Prép.* Sans être empêché par qqch., sans s'y arrêter. V. **Dépit** (en dépit de), **malgré.** *Nonobstant cela, il le crut.* • 2° *Adv.* V. **Cependant, néanmoins.**

NON-SENS [nɔ̃sɑ̃s]. *n. m. invar.* • 1° Défi au bon sens, à la raison. V. **Absurdité.** *C'est un non-sens.* • 2° Ce qui ne signifie rien, est dépourvu de sens (phrase, proposition, raisonnement). *Faire un non-sens dans une version latine.* V. **Contresens.**

NON-VIOLENCE. *n. f.* • Doctrine qui exclut toute action violente en politique.

NORD [nɔʀ]. *n. m.* et *adj.* • 1° *N. m.* Direction du pôle qui est situé dans le même hémisphère que l'Europe et la majeure partie de l'Asie (un des quatre points cardinaux). || Contr. **Sud.** || *Vents du nord. Pièce exposée au nord, en plein nord.* — AU NORD DE (par rapport à un lieu). *Au nord de la Loire.* • 2° Ensemble géographique proche ou, relativement, le plus proche du nord. *Peuples du Nord.* V. **Nordique.** *Afrique, Amérique du Nord. — Le Grand Nord,* la partie du globe terrestre très froide, située près du pôle nord. V. **Arctique.** — (En parlant de la France, *opposé à* Midi) *Les gens du Nord.* • 3° *Adj. invar.* Qui se trouve au nord. V. **Septentrional.** *Hémisphère nord.* V. **Boréal.** *Pôle Nord.* • 4° (Dans des noms de peuples). *Nord-Africain* (d'Afrique du Nord), *Nord-Vietnamien, Nord-Coréen. Des Nord-Africaines.* ▼ **NORD-EST** [nɔʀɛst]. *n. m.* et *adj.* • 1° Point de l'horizon situé à égale distance entre le nord et l'est. • 2° Région située dans cette direction. *Le Nord-Est de la France.* ▼ **NORDIQUE.** *adj.* et *n.* Des pays du nord de l'Europe. *Langues nordiques. Race, type nordique.* — N. *Un, une Nordique.* V. **Scandinave.** ▼ **NORDISTE.** *n.* et *adj.* Partisan des États du Nord, pendant la guerre de sécession (États-Unis). || Contr. **Sudiste.** || ▼ **NORD-OUEST** [nɔʀwɛst]. *n.* et *adj.* • 1° Point de l'horizon situé à égale distance entre le nord et l'ouest. *Vent du nord-ouest.* • 2° Région située dans cette direction. *Le Nord-Ouest de la France.*

NORIA [nɔʀja]. *n. f.* • Machine hydraulique à godets, pour monter l'eau, irriguer, etc.

1. NORMAL, ALE, AUX [nɔʀmal, o]. *adj.* et *n.* • 1° Qui est conforme au type le plus fréquent (V. **Norme**) ; qui se produit selon l'habitude. V. **Habituel.** || Contr. **Extraordinaire, spécial.** || *Tout est normal, les circonstances sont très normales. En temps normal,* quand les circonstances sont normales. — *(Êtres vivants)* Conforme aux normes de son espèce. || Contr. **Anormal.** || *Un enfant normal.* — N. *Les normaux.* • 2° Se dit des conséquences qui correspondent à leurs causes, des moyens qui correspondent à leurs fins. *La fatigue est normale après un tel effort. Il est inquiet, c'est assez normal.* • 3° *N. f.* LA NORMALE. *Intelligence au-dessus, au-dessous de la normale. S'écarter de la normale, revenir à la normale.* ▼ **NORMALEMENT.** *adv.* D'une manière normale, en temps normal. V. **Habituellement.** ▼ **NORMALITÉ.** n. f. *Didact.* Caractère de ce qui est normal.

2. NORMALE. *adj. fém.* • ÉCOLE NORMALE : école destinée à la formation des instituteurs. — *École normale supérieure,* grande école d'enseignement supérieur. — N. f. *Entrer à Normale.* ▼ **NORMALIEN, IENNE.** *n.* Élève de l'École normale supérieure. Élève d'une École normale.

NORMALISER [nɔʀmalize]. *v. tr.* (1) • 1° Soumettre (une production) à des normes (3°) tendant à réduire le nombre des types d'un même article, afin d'abaisser les prix de revient et de rendre les produits uniformes. V. **Standardiser.** • 2° Faire devenir ou redevenir normal. *Normaliser les relations diplomatiques avec un pays étranger.* ▼ **NORMALISATION.** *n. f.*

NORMAND, ANDE [nɔʀmɑ̃, ɑ̃d]. *adj.* • De Normandie. — Subst. *Les Normands.* Loc. *Une réponse de Normand,* qui ne dit ni oui ni non.

NORMATIF, IVE. *adj.* • Qui constitue une norme (1°), est relatif aux règles, impose des règles. Grammaire normative. || Contr. **Descriptif.** ||

NORME [nɔʀm(ə)]. *n. f.* • 1° (En sciences, philosophie, etc.). Type concret ou formule abstraite de ce qui doit être. V. **Idéal, loi, modèle, principe, règle.** *Norme juridique, sociale.* • 2° État habituel, conforme à la majorité des cas (Cf. La moyenne, la normale). *S'écarter de la norme.* • 3° Formule qui définit un type d'objet, un produit, un procédé technique en vue de simplifier, de rendre plus efficace et plus rationnelle la production. *Objet conforme aux normes* (standard, type).

NORVÉGIEN, IENNE [nɔʀveʒjɛ̃, jɛn]. *adj.* • De Norvège. — Subst. *Les Norvégiens.*

NOSTALGIE [nɔstalʒi]. *n. f.* • Regret mélancolique (d'une chose révolue ou de ce qu'on n'a pas connu) ; désir insatisfait. V. **Mélancolie.** *Il avait la nostalgie de cette époque. Il était envahi d'une grande nostalgie.* ▼ **NOSTALGIQUE.** *adj.* Mélancolique, triste. *Chanson nostalgique.*

NOTA [nɔta], **NOTA BENE** [nɔtabene]. *loc. lat.* et *n. m.* • Mots latins signifiant « Notez », « Notez bien » (abrév. N. B.). — N. m. invar. *Des nota bene.*

NOTABLE [nɔtabl(ə)]. *adj.* et *n. m.* ★ **I.** *Adj.* • 1° Qui est digne d'être noté, remarqué. *Un fait notable. Il a fait de notables progrès.* V. **Appréciable, important, sensible.** • 2° *(Personnes).* Qui occupe une situation sociale importante. V. **Considérable.** *C'était qqn de très notable.* ★ **II.** *N. m.* Personne à laquelle sa situation sociale confère une certaine autorité dans les affaires publiques. *Les notables d'une ville.* V. **Notabilité, personnalité.** ▼ **NOTABLEMENT.** *adv.* ▼ **NOTABILITÉ** [nɔtabilite]. *n. f.* Personne notable, qui occupe un rang supérieur dans une hiérarchie.

V. **Personnalité.** *La mairie était remplie des notabilités de la ville.*

NOTAIRE [nɔtɛʀ]. *n. m.* • Officier public établi pour recevoir tous les actes et contrats auxquels il faut (ou auxquels on veut) donner le caractère authentique (1°) attaché aux actes de l'autorité publique. *Cabinet, étude de notaire. Clercs de notaire. Comparaître par-devant notaire. Maître Suzanne X, notaire. Elle est notaire.* ▼ NOTARIÉ, ÉE [nɔtaʀje]. *adj.* Fait par un notaire, devant notaire. *Actes notariés.* V. **Authentique.**

NOTAMMENT [nɔtamɑ̃]. *adv.* • En remarquant parmi d'autres. V. **Particulièrement, spécialement.** *Les mammifères, et notamment l'homme.*

NOTATION [nɔtasjɔ̃]. *n. f.* • 1° Action, manière de noter, de représenter par des symboles ; système de symboles. *Notation des nombres, notation numérique ; notation par lettres. Notation algébrique. — Notation musicale. — Notation sténographique, phonétique.* • 2° *Une notation,* ce qui est noté (par écrit); courte remarque. V. **Noté.** • 3° Action de donner une note (2, II). *Notation des devoirs par le professeur.*

1. NOTE [nɔt]. *n. f.* ★ I. • 1° Signe qui sert à caractériser un son. *Savoir lire ses notes.* • 2° Son figuré par une note. *Les notes de la gamme* (do, ré, mi, fa, sol, la, si). *Fausse note.* V. **Canard, couac.** — Son musical. *Note cristalline.* • 3° Touche d'un clavier. *Taper sur deux notes à la fois.* ★ II. Loc. *Note juste,* détail vrai, approprié. *Fausse note,* élément qui ne convient pas à un ensemble. — *Forcer la note,* exagérer. *Les rideaux blancs mettaient une note gaie dans la chambre. Donner la note,* donner le ton. — *Être dans la note,* dans le style, en accord avec. *Cet objet... cette remarque étaient bien dans la note.*

2. NOTE. *n. f.* ★ I. • 1° Mot, phrase se rapportant à un texte et qui figure à côté de ce texte pour l'éclaircir. V. **Annotation.** *Note marginale. Commentaire en note. Notes et variantes.* • 2° Brève communication écrite. V. **Avis, communiqué, notice.** *Faire passer une note. Note officielle. Note de service.* • 3° Brève indication recueillie par écrit (en écoutant, en étudiant, en observant). *Voici quelques notes sur la question.* V. **Aperçu, observation, réflexion.** *Cahier, carnet de notes* (V. **Bloc-notes**). — *Prendre en note une référence. Prendre note d'une adresse.* V. **Noter.** *J'en prends note. Prendre des notes pendant un cours.* • 4° Détail d'un compte ; papier sur lequel il est écrit. V. **Compte, facture.** *Note de blanchisseuse. Note d'hôtel* (au restaurant, on dit *Addition*). *Demander, payer sa note.* ★ II. Appréciation chiffrée donnée selon un barème préalablement choisi. *Note sur 10, sur 20. Mettre une note à un devoir. Carnet de notes d'un écolier.* ▼ NOTER. *v. tr.* (1) • 1° Marquer ou écrire (ce dont on veut garder l'indication, se souvenir). *Noter les passages intéressants d'un livre. Noter une adresse.* V. **Inscrire, marquer.** — *Notez que nous serons absents jusqu'à la fin du mois.* • 2° Prêter attention à (qqch.). V. **Constater** *Ceci mérite d'être noté. Il faut bien noter ceci* (Cf. Faire attention, prendre garde, se rendre compte). • 3° Apprécier par une observation, une note chiffrée. *Noter un élève, un employé.*

NOTICE [nɔtis]. *n. f.* • 1° Préface d'un livre. • 2° Bref exposé écrit, ensemble d'indications sommaires. V. **Abrégé.** *Notice explicative.*

NOTIFIER [nɔtifje]. *v. tr.* (7) • Faire connaître expressément. *On lui notifia son renvoi.* V. **Signifier.** ▼ NOTIFICATION. *n. f.*

NOTION [nosjɔ̃]. *n. f.* • 1° Connaissance élémentaire. V. **Élément, rudiment.** *Il avait des notions de chimie.* • 2° Connaissance intuitive, assez imprécise (d'une chose). *Notions du bien et du mal.* • 3° Objet abstrait de connaissance. V. **Concept, idée, pensée.** *Le mot et la notion.* ▼ NOTIONNEL, ELLE. adj. *Didact.* Relatif à une notion, à un concept. V. **Conceptuel.**

NOTOIRE [nɔtwaʀ]. *adj.* • 1° Qui est connu d'une manière sûre par un grand nombre de personnes. V. **Connu, évident.** *Il est d'une bêtise notoire.* — Impers. *Il est notoire que...* • 2° *(Personnes).* Reconnu comme tel. *Un criminel notoire.* ▼ NOTOIREMENT. *adv.*

NOTORIÉTÉ [nɔtɔʀjete]. *n. f.* • 1° Le fait d'être connu d'une manière certaine et générale. *Notoriété d'un fait.* — Loc. *Il est de notoriété publique que...,* tout le monde le sait. • 2° Fait d'être connu avantageusement. V. **Célébrité, renom.** *Son livre lui a donné de la notoriété. La notoriété d'un lieu, d'une œuvre.*

NOTRE [nɔtʀ(ə)], *plur.* NOS [no]. *adj.* • Adjectif possessif de la première personne du pluriel et des deux genres, correspondant au pronom personnel *Nous.* ★ I. Qui est à nous, qui nous appartient. • 1° (Se référant à deux ou plusieurs personnes, dont celui qui parle). *Nous devrions donner chacun notre avis, nos avis.* • 2° (Se référant à un groupe de personnes ou à tous les humains). *Notre bonne ville. Notre esprit.* ★ II. *(Emplois stylistiques).* • 1° Marquant la sympathie personnelle, l'intérêt. *Comment va notre malade ? Notre héros arriva à s'échapper.* • 2° Pour *mon (ma, mes),* représentant une seule personne. *Tel est notre bon plaisir.*

NÔTRE, NÔTRES [notʀ(ə)]. *adj., pron. poss.* et *n.* • Qui est à nous, nous appartient. • 1° Adj. poss. *(Littér.).* À nous, de nous. *Nous avons fait nôtres ces opinions.* • 2° LE NÔTRE, *la nôtre, les nôtres,* pron. poss. : l'être ou l'objet qui est en rapport de possession, de parenté, d'intérêt, etc., avec le groupe formé par celui qui parle *(je, moi)* et une ou plusieurs autres personnes *(nous). Ils ont leurs soucis, et nous les nôtres.* • 3° N. *Nous y mettons chacun du nôtre. — Les nôtres,* nos parents, amis. *Soyez des nôtres,* venez avec nous, chez nous.

NOTRE-DAME [nɔtʀədam]. *n. f.* • Désignation traditionnelle de la Vierge Marie, parmi les catholiques. — Nom d'églises dédiées à la Vierge.

NOUBA [nuba]. *n. f.* • *Pop.* Bombance, fête. *Faire la nouba.*

NOUER [nwe]. *v. tr.* (1) ★ **I.** • **1°** Arrêter (une corde, un fil, un lien) ou unir (les deux bouts d'une corde, d'un lien) en faisant un nœud. V. **Attacher.** *Nouer ses lacets.* • **2°** Envelopper (qqch.), réunir (un ensemble de choses) en faisant un ou plusieurs nœuds. V. **Lier.** *Nouer un bouquet avec un lien.* ★ **II.** • **1°** Serrer comme par un nœud. *Un sanglot lui noua la gorge.* — Adj. *Avoir la gorge nouée.* • **2°** Établir, former (un lien moral). *Nouer une alliance.* • **3°** Établir le « nœud » d'une action au théâtre pour l'amener à son point culminant. — Pronom. *L'intrigue se noue au IIe acte.*

NOUEUX, EUSE. *adj.* • **1°** *Bois, arbre noueux*, qui a beaucoup de nœuds, de nodosités. *Racines noueuses.* • **2°** Qui présente des nœuds, a des articulations saillantes. *Mains noueuses.* — Maigre et sec. *Un vieillard noueux.*

NOUGAT [nuga]. *n. m.* • **1°** Confiserie fabriquée avec des amandes (ou des noix, des noisettes) et du sucre caramélisé, du miel. *Nougat dur, mou.* • **2°** Loc. pop. *C'est du nougat !* V. **Nanan.** • **3°** Pop. *Les nougats*, les pieds. ▼ **NOUGATINE.** *n. f.* Sorte de nougat brun, dur, utilisé en confiserie et en pâtisserie.

NOUILLE [nuj]. *n. f.* • **1°** *(Plur.).* Pâtes alimentaires, plates ou rondes, coupées en morceaux de longueur moyenne. *Nouilles au jus, au gratin, au fromage.* • **2°** *Fam.* Personne molle et niaise. *C'est une vraie nouille !* — Adj. *Ce qu'il peut être nouille !*

NOUNOU [nunu]. *n. f.* • Nourrice (dans le lang. enfantin). *Sa vieille nounou. Les nounous.*

NOUNOURS [nunuʀs]. *n. m.* • Ours en peluche (lang. enfantin).

1. NOURRICE [nuʀis]. *n. f.* • **1°** Mère qui allaite un enfant en bas âge *(un nourrisson).* • **2°** Femme qui, par profession, garde et élève des enfants en bas âge. *Confier un enfant à une nourrice, à la campagne. — Mettre un enfant* EN NOURRICE : le confier à une nourrice. • **3°** ÉPINGLE DE NOURRICE : de sûreté.

2. NOURRICE. *n. f.* • Réservoir mobile (pour l'essence). V. **Bidon.**

1. NOURRICIER, IÈRE. *adj.* • *Père nourricier*, père adoptif.

2. NOURRICIER, IÈRE. *adj.* • **1°** Qui nourrit, procure la nourriture. *La terre nourricière.* • **2°** Qui contribue à la nutrition. V. **Nutritif.** *Suc nourricier.*

NOURRIR [nuʀiʀ]. *v. tr.* (2) ★ **I.** • **1°** Entretenir, faire vivre (une personne, un animal) en lui donnant à manger. V. **Alimenter, sustenter.** *Nourrir un enfant à la cuiller. Nourrir un malade*, qui ne peut se nourrir lui-même. — Procurer, fournir les aliments. V. **Ravitailler.** *La pension loge et nourrit dix personnes.* • **2°** Élever, alimenter (un enfant nouveau-né) en l'allaitant. *Mère qui nourrit ses enfants.* V. **Nourrice.** • **3°** Pourvoir (qqn) de moyens de subsistance. V. **Entretenir.** *Avoir trois personnes à nourrir*, à sa charge. • **4°** Donner de quoi vivre à. *Ce métier ne nourrit pas son homme.* • **5°** Constituer une subsistance pour l'organisme. *Le pain nourrit.* • **6°** Entretenir (une chose) en augmentant l'importance, ou en faisant durer plus longtemps. *Nourrir le feu, une lampe.* V. **Alimenter.** ★ **II.** *(Abstrait).* • **1°** Remplir de substance, de matière. *Nourrir un exposé.* — Au p. p. *Un devoir très nourri.* • **2°** Pourvoir (l'esprit) d'une nourriture spirituelle. *La lecture nourrit l'esprit.* • **3°** Entretenir en soi (un sentiment, une pensée). *Nourrir un désir. Nourrir l'illusion que...*, espérer. • **4°** *Être nourri dans les bons principes*, élevé. ★ **III.** SE NOURRIR. *v. pron.* • **1°** Absorber (des aliments). *Se nourrir de légumes, de viande. — Se nourrir, bien se nourrir*, manger. • **2°** V. **Abreuver** (s'), **repaître** (se). *Se nourrir d'illusions, de rêves.* ▼ **NOURRISSANT, ANTE.** adj. *(Choses).* Qui nourrit (I) plus ou moins bien. V. **Nutritif.** *Aliments peu, très nourrissants.* — Qui nourrit beaucoup. V. **Substantiel.** *C'est nourrissant mais indigeste.*

NOURRISSON. *n. m.* • Enfant nourri au lait, qui n'a pas atteint l'âge du sevrage. V. **Bébé.**

NOURRITURE. *n. f.* • **1°** Tout ce qui entretient la vie d'un organisme en lui procurant des substances à assimiler (V. **Alimentation, subsistance**) ; ces substances. V. **Aliment.** *Absorber, prendre de la nourriture*, manger, se nourrir. *Nourriture pauvre, riche.* • **2°** Ce qu'on mange habituellement aux repas. *Il dépensait beaucoup pour la nourriture* (*pop.* Becquetance, bouffe, boustifaille, croûte). • **3°** Littér. *Nourriture de l'esprit.*

NOUS [nu]. *pron. pers.* • Pronom personnel de la première personne du pluriel (représente la personne qui parle et une ou plusieurs autres, ou un groupe auquel celui qui parle appartient. V. **On**). ★ **I.** *Pron. pers. plur.* • **1°** Employé seul (sujet). *Vous et moi, nous sommes de vieux amis.* — (Attribut) *C'est nous qui l'avons appelé.* — Compl. *Il nous regarde.* — Compl indir. *Vous nous le donnerez. Il nous a écrit* (= à nous). *Il est venu à nous, vers nous. Chez nous, pour nous.* — Pron. réfléchi (ou réciproque). *Nous nous sommes regardés sans rien dire.* • **2°** Nous, renforcé. NOUS-MÊME(s). — NOUS AUTRES : marque une distinction très forte ou s'emploie avec un terme en apposition. *Nous autres, étudiants, nous pensons cela.* — (Précisé par un numéral cardinal) *C'est pour nous deux. À nous trois, nous y arriverons.* ★ **II.** Emplois stylistiques. • **1°** (1re pers. du sing.). Employé pour *je* (plur. de modestie ou de majesté). *Le Roi dit : nous voulons. Comme nous le montrerons dans ce livre* (écrit l'auteur). • **2°** (2e pers.). V. **Toi, vous.** *Eh bien, petit, nous avons bien travaillé ?*

NOUVEAU [nuvo], **NOUVEL** [nuvɛl] (devant subst. avec voyelle ou *h* muet), **NOUVELLE** [nuvɛl]. *adj.* et *n.* ★ **I.** • **1°** *(Après le subst.).* Qui apparaît pour la première fois ; qui vient d'apparaître. V. **Récent.** *Pommes de terre nouvelles. Vin nouveau. Un modèle nouveau.* PROV. *Tout nouveau, tout beau*, ce qui est nouveau est apprécié (et puis délaissé ensuite). *Quoi de nouveau ?* Fam. *Ça alors, c'est nouveau !* on ne s'y attendait pas. — Subst. *Il y a* *du nouveau dans l'affaire X.* — *Un homme nouveau*, connu ou arrivé depuis peu de temps. • 2° *(Devant le subst.)*. Qui est depuis peu de temps ce qu'il est. *Les nouveaux riches. Les nouvelles recrues*, les soldats nouvellement incorporés (V. **Bleu**). — (Devant un participe) *Les nouveaux mariés*. V. **Jeune.** *Des nouveaux venus.* • 3° *N.* LE NOUVEAU, LA NOUVELLE : celui, celle qui vient d'arriver (dans un collège, un bureau, une collectivité). *Il y avait deux nouveaux dans la classe.* • 4° (*Après le subst.*, et souvent qualifié). Qui tire de son caractère récent une valeur d'invention. V. **Hardi, insolite, original.** *Un art tout à fait nouveau.* • 5° NOUVEAU (POUR qqn) : qui était jusqu'ici inconnu de (qqn) ; dont on n'a pas l'habitude. V. **Inaccoutumé, inhabituel, inusité.** *C'est pour moi une chose nouvelle.* ★ **II.** (Devant *le subst.*, en épithète). • **1°** Qui apparaît après un autre qu'il remplace, au moins provisoirement, dans notre vision, dans nos préoccupations (*opposé à* ancien, vieux). — *Le Nouvel An. La nouvelle lune*, le croissant, quand il commence à grandir. *Le Nouveau Monde. Le Nouveau Testament.* • 2° Qui a succédé, s'est substitué à un autre. *Il a une nouvelle voiture, mais elle n'est pas neuve. Son nouveau mari. Une nouvelle édition.* V. **Second.** ★ **III.** *Loc. adv.* • 1° DE NOUVEAU : pour la seconde fois, une fois de plus. V. **Encore.** *Faire qqch. de nouveau*, recommencer. • 2° À NOUVEAU : d'une manière différente, sur de nouvelles bases. *Examiner à nouveau une question.*

NOUVEAU-NÉ, NOUVEAU-NÉE [nuvone]. *adj.* et *n.* • 1° Qui est né depuis peu de temps. *Un enfant nouveau-né. Une fille nouveau-née. Des faons nouveau-nés.* • 2° *N. m.* Enfant qui vient de naître. V. **Bébé.** — Petit d'un animal.

NOUVEAUTÉ. *n. f.* • 1° Caractère de ce qui est nouveau. *Objet qui plaît par sa nouveauté.* V. **Originalité.** • 2° Ce qui est nouveau. *Le charme, l'attrait de la nouveauté.* • 3° *Une nouveauté*, chose nouvelle. *Tiens, vous ne fumez pas ? C'est une nouveauté !* • 4° Ouvrage nouveau qui vient de sortir. *On a présenté plusieurs nouveautés.* • 5° Production nouvelle de l'industrie de la mode. *Magasin de nouveautés*, d'articles de mode.

1. NOUVELLE [nuvɛl]. *n. f.* • 1° Premier avis qu'on donne ou qu'on reçoit (d'un événement récent) ; cet événement porté pour la première fois à la connaissance de la personne intéressée, ou du public. *Annoncer une nouvelle. Répandre, divulguer une nouvelle. Connaissez-vous la nouvelle ?* — *Bonne, mauvaise nouvelle*, annonce d'un événement heureux, malheureux. — Loc. *Première nouvelle !* en parlant d'une chose qui surprend. • 2° *Les nouvelles*, tout ce que l'on apprend par la rumeur publique, par la presse. V. **Information.** *Aller aux nouvelles. Dernières nouvelles, nouvelles de dernière heure*, les plus récentes. • 3° *(Plur.)*. Renseignements concernant l'état ou la situation (d'une personne qu'on n'a pas vue depuis quelque temps). *Avoir des nouvelles de qqn. Ne plus donner de ses nouvelles.* V. **Signe** (de vie). Loc. prov. *Pas de nouvelles, bonnes nouvelles*, quand on ne reçoit pas de nouvelles de qqn, on peut supposer qu'elles sont bonnes. — *Vous aurez, vous entendrez de mes nouvelles !* avertissement menaçant. — *Vous m'en direz des nouvelles*, vous m'en ferez compliment.

2. NOUVELLE. *n. f.* • Récit généralement bref, de construction dramatique, et présentant des personnages peu nombreux. V. **Conte.** *Romans et nouvelles.* ▼ **NOUVELLISTE.** *n.* Auteur de nouvelles.

3. NOUVELLE. V. NOUVEAU (I, 3°).

NOUVELLEMENT [nuvɛlmɑ̃]. *adv.* • Depuis peu de temps. V. **Récemment.** — (Seul. devant un p. p., un passif) *Il est nouvellement arrivé.*

NOVATEUR, TRICE [nɔvatœʀ, tʀis]. *n.* • Personne qui innove. V. **Créateur.** — Adj. *Esprit novateur.* V. **Audacieux, révolutionnaire.** ‖ Contr. **Conservateur, rétrograde.** ‖

NOVEMBRE [nɔvɑ̃bʀ(ə)]. *n. m.* • Onzième mois de l'année. *Les pluies, les brouillards de novembre. Le 1er novembre, fête de la Toussaint. Le 11 Novembre, anniversaire de l'armistice de 1918.*

NOVICE [nɔvis]. *n.* et *adj.* • 1° *N.* Personne qui a pris récemment l'habit religieux, et passe un temps d'épreuve dans un couvent, avant de prononcer des vœux définitifs. • 2° Personne qui aborde une chose dont elle n'a aucune habitude. *Pour un novice, il se débrouillait bien.* V. **Apprenti, débutant.** • 3° *Adj.* Qui manque d'expérience (dans la vie ou dans l'exercice d'une activité). V. **Ignorant, inexpérimenté.** *Il est encore bien novice dans le métier.* ‖ Contr. **Habile.** ‖ ▼ **NOVICIAT** [nɔvisja]. *n. m.* Temps d'épreuve imposé aux novices (1°).

NOYADE [nwajad]. *n. f.* • Le fait de se noyer ; mort accidentelle par immersion dans l'eau. *Sauver qqn de la noyade.*

1. NOYAU [nwajo]. *n. m.* ★ **I.** Partie dure dans un fruit, renfermant l'amande (V. **Graine**) ou les amandes de certains fruits. *Fruits à noyau et fruits à pépins. Noyaux d'abricots, de cerises, d'olives.* ★ **II.** Partie centrale, fondamentale (d'un objet). — En géologie, Partie centrale du globe terrestre. En biologie, Corpuscule sphérique ou ovoïde baignant dans le cytoplasme de la cellule. *Cellules à un seul noyau* (mononucléaire), *à plusieurs noyaux* (polynucléaire). En physique, Partie centrale de l'atome. ★ **III.** *(Abstrait)*. Ce vers quoi tout converge ou d'où tout émane. V. **Centre.**

2. NOYAU. *n. m.* • 1° Groupe humain, considéré quant à sa permanence, à la fidélité de ses membres. *Il faisait partie d'un petit noyau d'aristocrates.* • 2° Très petit groupe considéré par rapport à sa cohésion, à l'action qu'il mène (au sein d'un milieu hostile). *Noyaux de résistance.* ▼ **NOYAUTAGE** [nwajotaʒ]. *n. m.* Système qui consiste à introduire dans un milieu neutre ou hostile des propagandistes isolés chargés de le désorganiser et, le cas échéant, d'en prendre la direction. ▼ **NOYAUTER.** *v. tr.* (1). Soumettre au noyautage.

NOYÉ, ÉE. *adj.* et *n.* ★ **I.** *Adj.* • 1° *Marins noyés en mer.* V. **Disparu.** • 2° *Être noyé,* dépassé par la difficulté d'un travail. V. **Perdu.** • 3° *Des yeux noyés de pleurs. Regard noyé,* vague, hagard. ★ **II.** *N.* Personne morte noyée ou qui est en train de se noyer. *Repêcher un noyé.*

1. NOYER [nwaje]. *v. tr.* et *pron.* (8) ★ **I.** *V. tr.* • 1° Tuer par asphyxie en immergeant dans un liquide. *Noyer des chatons.* — Loc. *Noyer le poisson,* embrouiller volontairement une affaire. • 2° Recouvrir d'eau. V. **Engloutir, inonder, submerger.** *L'inondation a noyé toute la région. Noyer le carburateur* (par excès d'essence). — *Noyer son chagrin dans l'alcool,* s'enivrer pour oublier son chagrin. • 3° Faire disparaître dans un ensemble vaste ou confus. *Noyer les contours, les couleurs. Ses cris étaient noyés dans le tumulte.* V. **Étouffer.** ★ **II.** • 1° SE NOYER. *v. pron.* Mourir asphyxié par l'effet de l'immersion dans un liquide. V. **Noyade.** *Baigneur qui se noie.* — Loc. *Se noyer dans un verre d'eau,* être incapable de surmonter les moindres obstacles. • 2° Se perdre. *L'orateur se noyait dans un flot de paroles.*

2. NOYER [nwaje]. *n. m.* • 1° Arbre de grande taille, dont le fruit est la noix. • 2° Bois de cet arbre. *Meubles en noyer.*

NU, NUE [ny]. *adj.* et *n.* ★ **I.** *Adj.* • 1° Qui n'est couvert d'aucun vêtement. *Femme nue. Complètement nu, tout nu. Être nu comme un ver,* complètement. *Vivre nu.* V. **Nudisme.** *À demi-nu. Bras nus. Torse nu. Être nu-pieds, nu-tête.* || Contr. **Couvert, habillé, vêtu.** || • 2° *(Dans des loc.).* Dépourvu de son complément habituel. *Épée nue,* hors du fourreau. — Loc. *À l'œil nu,* sans instrument d'optique. *Ça se voit à l'œil nu,* tout de suite. *Boxer à main nue,* sans gant. • 3° Dépourvu d'ornement. *Un arbre nu,* sans feuilles. *Une chambre nue,* sans meubles. *C'est un peu nu, ici, ça manque de tableaux au mur.* • 4° Sans apprêt. *La vérité toute nue.* || Contr. **Déguisé.** || • 5° À NU. *loc. adv.* À découvert. *Mettre à nu.* V. **Dénuder, dévoiler.** *Mettre à nu un fil électrique.* ★ **II.** *N. m.* Corps humain ou partie du corps humain dépouillé(e) de tout vêtement. — Genre qui consiste à dessiner, à peindre, à sculpter le corps humain nu ; œuvre de ce genre. *Album de nus.*

NUAGE [nɥaʒ]. *n. m.* • 1° Amas de vapeur d'eau condensée en fines gouttelettes qui se forme et se maintient en suspension dans l'atmosphère (*ex :* cumulus, nimbus, stratus...). *Nuages de grêle, de pluie,* qui portent la grêle, la pluie. *Les nuages obscurcissent le ciel.* V. **Nuée** (littér.). *Ciel sans nuage.* — Loc. *Être dans les nuages,* être distrait. V. **Lune** (dans la). • 2° *Nuage de fumée, de poussière.* — *Nuage de mousseline, de tulle* (tissu léger). *Nuage de lait.* — *Nuage de sauterelles.* V. **Nuée.** • 3° Ce qui trouble la sérénité. *Bonheur sans nuages,* qui n'est pas troublé. ▼ **NUAGEUX, EUSE.** *adj.* Couvert de nuages. V. **Nébuleux.** *Ciel, temps nuageux.* || Contr. **Pur, serein.** ||

NUANCE [nɥɑ̃s]. *n. f.* ★ **I.** Chacun des degrés par lesquels peut passer une même couleur. V. **Tonalité.** *Toutes les nuances de bleu.* ★ **II.** • 1° État intermédiaire (par lequel peut passer une chose, un sentiment, une personne) ; faible différence. *Nuances imperceptibles. Esprit tout en nuances.* — Ce qui s'ajoute à l'essentiel pour le modifier légèrement. *Il y avait dans son regard une nuance de complicité.* • 2° Degré divers de douceur ou de force à donner aux sons. *Indications et nuances en musique.* ▼ **NUANCER.** *v. tr.* (3) • 1° Assortir les nuances (I). • 2° Exprimer en tenant compte des différences les plus délicates. *Nuancer sa pensée.* ▼ **NUANCÉ, ÉE.** *adj.* Qui tient compte de différences ; qui n'est pas net, tranché. *Ses opinions sont très nuancées.*

NUBILE [nybil]. *adj.* • *(Êtres humains).* Qui est en âge d'être marié, est apte à la reproduction. V. **Pubère.** *Âge nubile,* fin de la puberté. || Contr. **Impubère.** || ▼ **NUBILITÉ.** *n. f.*

NUCLÉ(O)-. • Élément savant signifiant « noyau ».

NUCLÉAIRE [nykleɛʀ]. *adj.* • 1° Relatif au noyau de la cellule. • 2° Relatif au noyau de l'atome. *Particules nucléaires.* — *Énergie nucléaire,* fournie par la fission nucléaire. *Physique nucléaire,* partie de la physique atomique qui étudie le noyau. • 3° Qui utilise l'énergie nucléaire. V. **Atomique.** *Guerre nucléaire. Puissances nucléaires,* qui possèdent des bombes atomiques.

NUCLÉIQUE [nykleik]. *adj.* • Se dit en sciences d'acides contenus dans le noyau des cellules vivantes.

NUDISME [nydism(ə)]. *n. m.* • Doctrine prônant la vie au grand air dans un état de complète nudité. V. **Naturisme.** Pratique de cette doctrine. *Faire du nudisme.* ▼ **NUDISTE.** adj. et n. *Camp de nudistes.*

NUDITÉ. *n. f.* • 1° État d'une personne nue. • 2° Corps humain dévêtu ; partie du corps dénudée. • 3° *(Choses).* État de ce qui n'est pas recouvert, pas orné. *Nudité d'un mur.* — (Abstrait) *Vices qui s'étalent dans toute leur nudité,* avec impudence.

NUE [ny]. *n. f.* • (Ancien sens, *nuage*). *Loc.* PORTER AUX NUES : louer avec enthousiasme. — TOMBER DES NUES : être extrêmement surpris, décontenancé par un événement inopiné.

NUÉE [nɥe]. *n. f.* • 1° *Littér.* Gros nuage. V. **Nuage.** *Nuées d'orage.* • 2° Multitude formant un groupe compact (comparé à un nuage). *Des nuées de sauterelles s'étaient abattues sur les récoltes.* — Très grand nombre (de choses, de personnes). *Des nuées de photographes l'environnaient.*

NUE-PROPRIÉTÉ [nypʀɔpʀijete]. *n. f.* • Propriété d'un bien sur lequel une autre personne a un droit d'usufruit, d'usage ou d'habitation. *Des nues-propriétés.*

NUIRE [nɥiʀ]. *v. tr. ind.* (38) • NUIRE À. • 1° Faire du tort, du mal (à qqn). *Nuire à qqn auprès de ses amis* (V. **Desservir**). *Nuire à la réputation de qqn. Cela a été dit avec l'intention de nuire.* || Contr. **Aider, servir.** || • 2° *(Choses).* Constituer un danger ; causer du tort. *Cette accusation lui a beaucoup nui.* • 3° SE NUIRE. v. pron. *(Réfl.).* Se faire du mal. *Il se nuisait en disant sans cesse du mal des autres. Ils se sont nui.*

NUISIBLE [nɥizibl(ə)]. *adj.* • Qui nuit (à qqn, à qqch.). *Cela pourrait être nuisible à votre santé.* V. **Néfaste, nocif.** — *Animaux nuisibles*, animaux parasites, venimeux et destructeurs (d'animaux ou de végétaux utiles), ou qui transmettent des maladies. — Subst. *Les nuisibles.*

NUIT [nɥi]. *n. f.* ★ **I.** • **1°** Obscurité résultant de la rotation de la Terre sur la moitié qui n'est pas exposée aux rayons solaires. *Le jour et la nuit. Il fait nuit. La nuit tombe. À la nuit tombante.* V. **Crépuscule, soir.** *Nuit noire*, très obscure. *Nuit étoilée.* — Loc. *C'est le jour et la nuit*, deux choses, deux personnes entièrement opposées. • **2°** Loc. *La nuit des temps*, se dit d'une époque très reculée, dont on ne sait rien. ★ **II.** (Temps où il fait noir). • **1°** Espace de temps qui s'écoule depuis le coucher jusqu'au lever du soleil. *Jour et nuit, nuit et jour* [nɥiteʒuʀ], continuellement. *En pleine nuit. Toute la nuit.* — *Nuit sans sommeil* ou *nuit blanche.* V. **Veille, veillée.** *Il en rêve la nuit.* — *Je vous souhaite une bonne nuit. Bonne nuit !* V. **Bonsoir.** — *Nuit de noces*, la première nuit après les noces, que les époux passent ensemble. • **2°** DE NUIT : qui a lieu, se produit la nuit. V. **Nocturne.** *Travail, service de nuit. Vol de nuit.* Qui travaille la nuit. *Veilleur de nuit, gardien, garde de nuit.* — Qui sert pendant la nuit. *Chemise de nuit.* — Qui est ouvert la nuit, qui fonctionne la nuit. *Sonnette de nuit d'une pharmacie.* — Qui vit, reste éveillé la nuit. *Oiseaux de nuit.* ▼ **NUITAMMENT** [nɥitamɑ̃]. adv. *Littér.* Pendant la nuit, à la faveur de la nuit.

1. NUL, NULLE [nyl]. *adj.* et *pron.* • **1°** *Littér.* (Adjectif indéfini placé devant le nom). Pas un. V. **Aucun.** — (Avec NE) *Nul homme n'en sera exempté.* V. **Personne.** *Je n'en ai nul besoin.* V. **Pas.** — (Sans négation exprimée) *Des choses de nulle importance.* — (Sans verbe exprimé) *Nul doute qu'il viendra.* — (Avec SANS) *Sans nul doute.* — NULLE PART. V. **Part.** • **2°** (Pronom indéfini sing. employé comme sujet). Pas une personne. V. **Aucun, personne.** *Nul n'est censé ignorer la loi.* Loc. *À l'impossible nul n'est tenu.* ▼ **NULLEMENT.** *adv.* Pas du tout, en aucune façon. V. **Aucunement.** *Cela ne me gêne nullement.*

2. NUL, NULLE. *adj.* • (Après le nom). • **1°** Qui est sans existence, se réduit à rien, à zéro. *Différence nulle. Les risques sont nuls. Résultats nuls.* V. **Négatif.** *Match nul*, où il n'y a ni gagnant ni perdant. • **2°** Qui ne vaut rien, pour la qualité, en parlant d'un ouvrage, d'un travail, etc. *Un devoir nul, qui mérite zéro.* — (Personnes) Sans mérite intellectuel, sans valeur. *Elle est nulle.* V. **Nullité.** — *Être nul, en, dans...*, très mauvais dans (un domaine particulier). *Élève nul en latin.* || Contr. **Fort.** || ▼ **NULLARD, ARDE.** adj. *Fam.* Tout à fait nul, qui n'y connaît rien. — Subst. *C'est un vrai nullard.* ▼ **NULLITÉ.** *n. f.* • **1°** Inefficacité (d'un acte juridique). *Nullité d'un acte, d'un legs.* • **2°** Caractère de ce qui est nul, sans valeur. *La nullité d'un raisonnement.* — Défaut de talent, de connaissances, de compétence (d'une personne). *La nullité d'un élève.* V. **Faiblesse.** • **3°** *Une, des nullité(s)*, personne nulle. *C'est une vraie nullité.*

NUMÉRAIRE [nymeʀɛʀ]. *n. m.* • Monnaie ayant cours légal. *Payer en numéraire*, en argent liquide.

NUMÉRAL, ALE, AUX [nymeʀal, o]. *adj.* • Qui désigne, représente un nombre, des nombres arithmétiques. *Système numéral.* — *Adjectifs numéraux*, indiquant le nombre (*adjectifs numéraux cardinaux :* trois) ou le rang (*adjectifs numéraux ordinaux :* troisième). — Subst. *Un numéral, les numéraux.*

NUMÉRATEUR [nymeʀatœʀ]. *n. m.* • Nombre supérieur (d'une fraction). *Numérateur et dénominateur d'une fraction.*

NUMÉRATION [nymeʀasjɔ̃]. *n. f.* • **1°** Système permettant d'écrire et de nommer les divers nombres. *Numération décimale.* • **2°** *Numération globulaire*, évaluation du nombre de globules rouges dans un millimètre cube de sang.

NUMÉRIQUE [nymeʀik]. *adj.* • **1°** Qui est représenté par un nombre, des nombres arithmétiques (chiffres). *Partie numérique et partie littérale d'une formule.* • **2°** Qui concerne les nombres arithmétiques. *Calcul numérique.* • **3°** Évalué en nombre. *La supériorité numérique de l'ennemi.* ▼ **NUMÉRIQUEMENT.** *adv.* Relativement au nombre. *L'ennemi était numériquement inférieur*, inférieur en nombre.

NUMÉRO [nymeʀo]. *n. m.* • **1°** Nombre attribué à une chose pour la caractériser parmi des choses semblables, ou la classer (Abrév. N°, n° devant un nombre). *Numéro d'une maison. Numéro d'immatriculation d'une automobile.* — *Numéro de téléphone. Faire, demander un numéro.* — *Tirer le bon, le mauvais numéro* dans un tirage au sort. • **2°** *Adj.* NUMÉRO UN : principal. *L'ennemi public numéro un.* • **3°** Fam. *Un numéro*, une personne bizarre, originale. *Quel numéro !* V. **Phénomène.** • **4°** Partie d'un ouvrage périodique qui paraît en une seule fois et porte un numéro. *Numéro d'une revue, d'un journal. Ce numéro est épuisé.* — *La suite au prochain numéro*, la suite de l'article paraîtra dans le numéro suivant ; *fam.* La suite à une autre fois. • **5°** Petit spectacle faisant partie d'un programme de variétés, de cirque, de music-hall. *Numéro de chant.* — *Fam.* Spectacle donné par une personne qui se fait remarquer. *Il nous a fait son numéro habituel.* ▼ **NUMÉROTER.** *v. tr.* (1). Marquer, affecter d'un numéro. *Numéroter les pages d'un manuscrit*, — *Siège numéroté.* ▼ **NUMÉROTAGE.** *n. m.* Action de numéroter. ▼ **NUMÉROTATION.** *n. f.* Ordre des numéros. *Changer la numérotation d'une collection.*

NUMISMATE [nymismat]. *n.* • Spécialiste, connaisseur des médailles et monnaies anciennes. ▼ **NUMISMATIQUE.** *n. f.* Connaissance des médailles et des monnaies anciennes. — Adj. *Point de vue numismatique.*

NUPTIAL, ALE, AUX [nypsjal, o]. *adj.* • Relatif aux noces, à la célébration du mariage. *Bénédiction nuptiale. Chambre nuptiale.* ▼ **NUPTIALITÉ.** *n. f.* Nombre relatif ou statistique des mariages.

NUQUE [nyk]. *n. f.* • Partie postérieure du cou, au-dessous de l'occiput. *Coiffure dégageant la nuque.*

NURSE [nœʀs(ə)]. *n. f.* • Domestique qui s'occupe exclusivement des enfants. V. **Bonne** (d'enfants), **gouvernante.**

NUTRITIF, IVE [nytʀitif, iv]. *adj.* • **1°** Qui a la propriété de nourrir. *Principes nutritifs d'un aliment.* — Qui nourrit beaucoup. *Aliments, mets nutritifs.* V. **Nourrissant, riche.** • **2°** Relatif à la nutrition. *Les besoins nutritifs de l'homme.*

NUTRITION. *n. f.* • **1°** Transformation et utilisation des aliments dans l'organisme. *Mauvaise nutrition* (malnutrition). • **2°** En physiologie, Ensemble des phénomènes d'échange entre un organisme et le milieu, permettant la production d'énergie vitale. *La respiration est une fonction de nutrition.*

NYCTALOPE [niktalɔp]. *adj.* • *Didact.* Qui voit la nuit.

NYLON [nilɔ̃]. *n. m.* • Fibre synthétique (polyamide). *Étoffe de nylon. — Du nylon. Bas de nylon* ou *bas nylon.*

NYMPHE [nɛ̃f]. *n. f.* ★ **I.** • **1°** Déesse mythologique d'un rang inférieur ; son image sous la forme d'une jeune femme nue. • **2°** *(Plaisant.).* Jeune fille ou jeune femme, au corps gracieux. ★ **II.** Deuxième stade de la métamorphose des insectes. *Nymphe de papillon.* V. **Chrysalide.**

NYMPHÉA [nɛ̃fea]. *n. m.* • Nénuphar blanc.

O

O [o]. *n. m.* • 1° Quinzième lettre de l'alphabet, voyelle. *Ô accent circonflexe (ô).* — O *ouvert* ([ɔ] : sole) ; o *fermé* ([o] : rose) ; o *nasalisé* ([ɔ̃] : bon). • 2° Abrév. de *Ouest.*

Ô [o]. *interj.* • 1° Interjection servant à invoquer. *Ô ciel !* • 2° Interjection traduisant un vif sentiment. *Ô non !*

OASIS [ɔazis]. *n. f.* ou *m.* • 1° Endroit d'un désert qui présente de la végétation, un point d'eau. *Une belle oasis* (ou : *un bel oasis*). *Les oasis sahariennes.* • 2° Lieu ou moment reposant, chose agréable (dans un milieu hostile, une situation pénible).

OBÉDIENCE [ɔbedjɑ̃s]. *n. f.* • 1° *Littér.* Obéissance ou soumission. • 2° D'OBÉDIENCE, DANS L'OBÉDIENCE... : sous la domination (politique) ou l'influence. *Les pays d'obédience communiste.*

OBÉIR [ɔbeiʀ]. *v. tr. ind.* (2) • OBÉIR À. • 1° Se soumettre (à qqn) en se conformant à ce qu'il ordonne ou défend. *Enfant qui obéit à ses parents.* V. **Écouter.** — (Sans compl.) *Il faut obéir.* V. **Soumettre** (se). *Je commande, obéissez !* || Contr. **Désobéir, résister.** || • 2° Se conformer, se plier (à ce qui est imposé par autrui, ou par soi-même). *Obéir à un ordre,* l'exécuter. *Obéir à sa conscience. Il obéissait à un mouvement de pitié.* • 3° *(Choses).* Être soumis à (une volonté). *L'outil obéit à la main.* — Être soumis à (une nécessité, une force, une loi naturelle). *Les corps matériels obéissent à la loi de la gravitation.* ▼ **OBÉISSANCE** [ɔbeisɑ̃s]. *n. f.* Le fait d'obéir ; action, état de celui qui obéit. V. **Soumission.** *Vous lui devez l'obéissance. Jurer obéissance à qqn.* ▼ **OBÉISSANT, ANTE.** *adj.* Qui obéit volontiers. V. **Discipliné, docile, soumis.** *Enfant obéissant.* V. **Sage.**

OBÉLISQUE [ɔbelisk]. *n. m.* • 1° Dans l'art égyptien, Colonne en forme d'aiguille quadrangulaire surmontée d'une pointe pyramidale. *L'obélisque de Louksor.* • 2° Monument ayant cette forme.

OBÉRÉ, ÉE [ɔbeʀe]. *adj.* • Chargé (de dettes).

OBÈSE [ɔbɛz]. *adj.* et *n.* • *(Personnes).* Qui est anormalement gros. V. **Énorme.** *Il est devenu obèse.* — N. *Un, une obèse.* || Contr. **Maigre.** || ▼ **OBÉSITÉ.** *n. f.* État d'une personne obèse. || Contr. **Maigreur.** ||

OBJECTER [ɔbʒɛkte]. *v. tr.* (1) • 1° Opposer (une objection) pour réfuter (une opinion, une affirmation). *Objecter de bonnes raisons à, contre un argument. Objecter que.* V. **Répondre, rétorquer.** *Vous ne pouvez rien m'objecter.* • 2° Opposer (un fait, un argument) à un projet, une demande, pour les repousser. *Objecter la fatigue pour ne pas sortir.* V. **Prétexter.** *Il nous a objecté qu'il n'avait pas le temps.* — Alléguer comme un obstacle ou un défaut, pour rejeter la demande de qqn. *On lui objecta son jeune âge ; qu'il était trop jeune.* || Contr. **Approuver.** || ▼ **OBJECTEUR DE CONSCIENCE.** *n. m.* Celui qui refuse d'accomplir ses obligations militaires, en alléguant que ses convictions lui enjoignent le respect absolu de la vie humaine.

1. OBJECTIF, IVE. *adj.* • 1° En philosophie, Qui existe hors de l'esprit, comme un objet indépendant de l'esprit. *L'espace et le temps n'ont pour Kant aucune réalité objective.* || Contr. **Subjectif.** || — Qui repose sur l'expérience. V. **Scientifique.** • 2° Se dit d'une description de la réalité (ou d'un jugement sur elle) indépendante des intérêts, des goûts, des préjugés de celui qui la fait. *Faire un rapport objectif des faits. Il a écrit un article objectif sur les conflits sociaux.* • 3° *(Personnes).* Dont les jugements ne sont altérés par aucune préférence d'ordre personnel. V. **Impartial.** *Historien objectif. Soyez plus objectif.* || Contr. **Partial.** || ▼ **OBJECTIVEMENT.** *adv.* D'une manière objective. ▼ **OBJECTIVITÉ.** *n. f.* • 1° Caractère de ce qui existe indépendamment de l'esprit, en philosophie. • 2° Caractère de ce qui représente fidèlement un objet. *Objectivité de la science.* • 3° Qualité de ce qui est impartial. *Vous manquez d'objectivité.* V. **Impartialité.**

2. OBJECTIF. *n. m.* • Système optique formé de lentilles qui donne une image photographique des objets. *Objectif d'un appareil photographique, d'une caméra. Obturateur, diaphragme d'un objectif.* — *Braquer son objectif sur qqn,* pour le photographier.

3. OBJECTIF. *n. m.* • 1° But à atteindre. Point contre lequel est dirigée une opération stratégique ou tactique. *Nos troupes ont atteint leur objectif.* • 2° But précis que se propose l'action. *Ce sera notre premier* *objectif. Il met tout en œuvre pour atteindre son objectif.*

OBJECTION. *n. f.* • **1°** Argument que l'on oppose à une opinion, à une affirmation pour la réfuter. *Faire, formuler une objection.* V. **Objecter.** • **2°** Ce que l'on oppose à une suggestion, une proposition pour la repousser. *Si vous n'y voyez pas d'objection.* V. **Inconvénient, obstacle.**

OBJECTIVITÉ. V. OBJECTIF 1.

OBJET [ɔbʒɛ]. *n. m.* ★ **I.** *(Concret).* Chose solide ayant unité et indépendance et répondant à une certaine destination. V. **Chose** (Cf. *fam.* Machin, truc). *Forme, matière, grandeur d'un objet. Manier un objet avec précaution. — Bureau des objets trouvés,* où leurs propriétaires peuvent les réclamer. OBJETS D'ART : ayant une valeur artistique (à l'exception de ce qu'on appelle *œuvre d'art,* et des meubles). *Magasin d'antiquités et d'objets d'art.* ★ **II.** *(Abstrait).* • **1°** Tout ce qui se présente à la pensée, qui est occasion ou matière pour l'activité de l'esprit. *L'objet de ses réflexions.* V. **Matière, sujet.** • **2°** Ce qui est donné par l'expérience, existe indépendamment de l'esprit (*opposé au* sujet qui pense). *Le sujet et l'objet.* • **3°** OBJET DE... : être ou chose à quoi s'adresse (un sentiment). *La curiosité dont il est l'objet.* • **4°** Ce vers quoi tendent les désirs, la volonté, l'effort et l'action. V. **But, fin.** *L'objet de nos vœux. — Cette plainte est dès lors sans objet,* n'a plus de raison d'être. *Remplir son objet,* atteindre son but. *— Cette circulaire a pour objet la salubrité publique,* elle concerne la salubrité. — FAIRE, ÊTRE L'OBJET DE : subir. *Ce malade est l'objet d'une surveillance constante.* • **5°** *Complément d'objet d'un verbe,* désignant la chose, la personne, l'idée sur lesquelles porte l'action marquée par le verbe. *Complément d'objet direct,* directement rattaché au verbe sans l'intermédiaire d'une préposition (*ex. :* je prends *un crayon*). *Complément d'objet indirect,* rattaché au verbe par l'intermédiaire d'une préposition (*ex. :* j'obéis *à vos ordres*).

OBJURGATION [ɔbʒyʀgasjɔ̃]. *n. f.* • *Surtout au plur.* • **1°** Parole vive par laquelle on critique qqn et on essaie de le détourner d'agir comme il se propose de le faire. V. **Admonestation, remontrance.** *Céder aux objurgations de qqn.* • **2°** Prière instante. *Il s'épuise en objurgations inutiles.*

OBLAT, ATE [ɔbla, at]. *n.* • Personne qui s'est agrégée à une communauté religieuse, mais sans prononcer les vœux.

OBLIGATION [ɔbligasjɔ̃]. *n. f.* ★ **I.** • **1°** Ce qui contraint une personne à donner, à faire ou à ne pas faire qqch. *Contracter une obligation juridique.* • **2°** Lien moral qui assujettit l'individu à une loi religieuse, morale ou sociale. V. **Devoir.** *Se soustraire à ses obligations de citoyen.* • **3°** *Obligation de* (et inf.). V. **Nécessité.** *Il est dans l'obligation d'emprunter de l'argent.* ★ **II.** *(Surtout au plur.).* Lien moral envers qqn pour qui on a de la reconnaissance. *J'ai bien des obligations envers lui,* je suis son obligé (V. **Obliger 2**).

OBLIGATOIRE [ɔbligatwaʀ]. *adj.* • **1°** Qui a la force d'obliger, qui a un caractère d'obligation (1°, 2°). *Instruction gratuite et obligatoire.* • **2°** *Fam.* Inévitable, nécessaire. V. **Forcé, obligé.** *Il a raté son examen, c'était obligatoire !* ▼ **OBLIGATOIREMENT.** *adv.* D'une manière obligatoire. — *Fam.* Forcément.

1. OBLIGER [ɔbliʒe]. *v. tr.* (3) • **1°** Contraindre ou lier (qqn) par une obligation d'ordre juridique ou moral. *La loi, l'honneur nous oblige à faire cela.* — Pronom. *S'obliger à,* se lier par une obligation, promettre. *Je m'oblige à vous rembourser.* • **2°** Mettre (qqn) dans la nécessité (de faire qqch.). V. **Astreindre, contraindre, forcer.** *Rien ne vous oblige à venir.* ▼ **OBLIGÉ, ÉE.** adj. *(Choses).* Qui résulte d'une obligation ou d'une nécessité. V. **Indispensable, obligatoire.**

2. OBLIGER. *v. tr.* (3) • Rendre service, faire plaisir à (qqn) de sorte qu'il ait de la reconnaissance, des obligations (II). V. **Aider.** *Vous m'obligeriez en faisant ceci, si vous faisiez ceci.* — Au p. p. *Je vous suis très obligé.* — Subst. *Je suis, je reste votre obligé.* ▼ **OBLIGEANT, OBLIGEANTE** [ɔbliʒɑ̃, ɑ̃t]. *adj.* Qui aime à obliger, à faire plaisir en rendant service. V. **Complaisant, serviable.** *C'est un garçon très obligeant.* ▼ **OBLIGEAMMENT** [ɔbliʒamɑ̃]. adv. *Il nous a aidés très obligeamment.* ▼ **OBLIGEANCE.** *n. f.* Disposition à rendre service, à se montrer obligeant. *Nous vous remercions de votre obligeance.*

OBLIQUE [ɔblik]. *adj.* • **1°** Qui n'est pas perpendiculaire (à une ligne, à un plan réels ou imaginaires), et, notamment, Qui n'est ni vertical ni horizontal. *Ligne oblique. Position oblique d'un store, d'un dossier de chaise longue.* V. **Incliné.** *Rayons obliques du soleil couchant.* • **2°** *Loc. adv.* EN OBLIQUE : dans une direction oblique, en diagonale. ▼ **OBLIQUEMENT.** *adv.* Dans une direction ou une position oblique. V. **Biais** (de), **côté** (de). ▼ **OBLIQUER.** *v. intr.* (1). Aller, marcher en ligne oblique. V. **Dévier.** *La voiture a obliqué vers la gauche.* ▼ **OBLIQUITÉ.** *n. f.* Caractère ou position de ce qui est oblique. V. **Inclinaison.** *Obliquité des rayons du soleil.*

1. OBLITÉRER [ɔbliteʀe]. *v. tr.* (6) • *Oblitérer un timbre,* l'annuler par l'apposition d'un cachet qui le rend impropre à servir une seconde fois. — *Timbre oblitéré.* ▼ **1. OBLITÉRATION.** n. f. *L'oblitération de ce timbre est très nette.*

2. OBLITÉRER. *v. tr.* (6) • Terme de médecine, Obstruer (un canal, un vaisseau). ▼ **2. OBLITÉRATION.** *n. f.*

OBLONG, ONGUE [ɔblɔ̃, ɔ̃g]. *adj.* • **1°** Qui est plus long que large. V. **Allongé.** *Un visage oblong.* • **2°** *(Livres, albums).* Qui est moins haut que large. *Format oblong.*

OBNUBILER [ɔbnybile]. *v. tr.* (1) • **1°** Obscurcir (l'esprit). • **2°** ÊTRE OBNUBILÉ PAR : être fasciné, obsédé par (qqn, qqch.) et en oublier tout le reste. *Il est complètement obnubilé par cette idée, par l'examen qu'il doit passer.*

OBOLE [ɔbɔl]. *n. f.* • Modeste offrande, petite contribution en argent. *Apporter son obole à une souscription.*

OBSCÈNE [ɔpsɛn]. *adj.* • Qui blesse délibérément la pudeur par des représentations d'ordre sexuel. V. **Licencieux, pornographique.** *Geste obscène.* V. **Impudique, indécent.** ▼ **OBSCÉNITÉ** [ɔpsenite]. *n. f.* • 1° Caractère de ce qui est obscène. V. **Immoralité, indécence.** • 2° Parole, action obscène. *Dire des obscénités.*

OBSCUR, URE [ɔpskyʀ]. *adj.* ★ **I.** • 1° Qui est privé (momentanément ou habituellement) de lumière. V. **Noir, sombre.** *Des ruelles obscures.* || Contr. **Clair, lumineux.** || • 2° Qui est foncé, peu lumineux. V. **Sombre.** *Teinte obscure.* ★ **II.** *(Abstrait).* • 1° Qui est difficile à comprendre, à expliquer (par sa nature ou par la faute de celui qui expose). V. **Incompréhensible.** *Des phrases embrouillées et obscures. Déchiffrer, éclaircir un texte obscur.* • 2° Qui n'est pas net ; que l'on sent, perçoit ou conçoit confusément. V. **Vague.** *Un sentiment obscur, un obscur sentiment d'envie.* • 3° *(Personnes).* Qui n'a aucun renom. V. **Ignoré, inconnu.** || Contr. **Célèbre, illustre.** || • 4° *Littér.* Simple, humble. *Vie obscure. Besognes obscures.*

OBSCURANTISME. *n. m.* • Le fait d'empêcher la diffusion de l'instruction, de la culture. ▼ **OBSCURANTISTE.** *adj.* et *n.*

OBSCURCIR [ɔpskyʀsiʀ]. *v. tr.* (2) ★ **I.** • 1° Priver de lumière, de clarté. V. **Assombrir.** *Ce gros arbre obscurcit la pièce.* — Pronom. *Le ciel s'obscurcit, il va pleuvoir.* • 2° Troubler, affaiblir (la vue). *Ses yeux obscurcis par la fumée.* V. **Voilé.** ★ **II.** *(Abstrait).* Rendre peu intelligible. *Il obscurcissait tout ce qu'il voulait expliquer.* ▼ **OBSCURCISSEMENT.** *n. m.* • 1° Action d'obscurcir ; perte de lumière, d'éclat. *Obscurcissement du ciel.* • 2° Le fait de rendre peu intelligible ou peu clairvoyant.

OBSCURÉMENT. *adv.* • 1° D'une manière vague, insensible. *Il sentait obscurément qu'il allait mourir.* • 2° De manière à rester ignoré. *Il a choisi de vivre obscurément.*

OBSCURITÉ [ɔpskyʀite]. *n. f.* ★ **I.** Absence de lumière ; état de ce qui est obscur. V. **Noir, nuit, ténèbres.** *Obscurité complète. Il a peur dans l'obscurité.* ★ **II.** *(Abstrait).* • 1° Défaut de clarté, d'intelligibilité. *L'obscurité d'un poème.* — État de ce qui est mal connu. *L'obscurité des origines de l'Homme.* • 2° *Une, des obscurité(s)*, passage, point obscur. *Il fallait expliquer les obscurités de ce texte.* • 3° Situation sans éclat, où l'on reste obscur. V. **Médiocrité.** *Il vit dans l'obscurité après avoir eu un moment de célébrité.*

OBSÉDER [ɔpsede]. *v. tr.* (6) • Tourmenter de manière incessante ; s'imposer sans répit à la conscience. V. **Hanter, poursuivre ; obsession.** *Le remords l'obsède. Il est obsédé par la peur d'échouer.* ▼ **OBSÉDANT, ANTE.** *adj.* ▼ **OBSÉDÉ, ÉE.** *n.* Personne qui est en proie à une idée fixe, à une obsession. *Un obsédé sexuel.*

OBSÈQUES [ɔpsɛk]. *n. f. pl.* • Cérémonie et convoi funèbre (surtout dans le lang. officiel). V. **Enterrement, funérailles.** *Obsèques nationales.*

OBSÉQUIEUX, EUSE [ɔpsekjø, øz]. *adj.* • Qui exagère les marques de politesse, par servilité ou hypocrisie. V. **Plat, rampant.** *Je déteste les gens obséquieux. — Une politesse obséquieuse.* ▼ **OBSÉQUIEUSEMENT.** *adv.* ▼ **OBSÉQUIOSITÉ.** *n. f.* Attitude, comportement d'une personne obséquieuse. V. **Platitude, servilité.**

OBSERVABLE [ɔpsɛʀvabl(ə)]. *adj.* • Qui peut être observé.

OBSERVANCE [ɔpsɛʀvɑ̃s]. *n. f.* • 1° Action de pratiquer (une règle religieuse). V. **Observation, pratique.** *L'observance de la règle.* • 2° Manière dont la règle est observée dans une communauté religieuse. *Un monastère d'une sévère observance.*

OBSERVATEUR, TRICE [ɔpsɛʀvatœʀ, tʀis]. *n.* et *adj.* • 1° Personne qui observe un événement ou une catégorie d'événements. V. **Témoin.** *Il a été un observateur attentif.* • 2° Personne chargée d'observer (notamment dans l'armée, la diplomatie). *Observateur d'artillerie.* • 3° *Adj.* Qui aime à observer. *Il est très observateur.*

OBSERVATION [ɔpsɛʀvɑsjɔ̃]. *n. f.* ★ **I.** Action d'observer ce que prescrit une loi, une règle. V. **Obéissance, observance.** *L'observation d'un règlement.* ★ **II.** • 1° Action de considérer avec une attention suivie la nature, l'homme, la société. V. **Examen.** • 2° *Une observation*, remarque, écrit exprimant le résultat de cette considération attentive. V. **Note, réflexion.** *Une observation très juste.* • 3° Parole, déclaration par laquelle on fait remarquer qqch. à qqn. *Elle lui en a fait l'observation.* V. **Objection.** — Remarque par laquelle on reproche à qqn son attitude, ses actes. V. **Avertissement, réprimande, reproche.** *Son père lui fait sans cesse des observations.* • 4° Action d'observer scientifiquement (un phénomène) ; compte rendu des phénomènes constatés, décrits, mesurés. *Appareils, instruments d'observation. Observations météorologiques, astronomiques.* • 5° *(En loc.).* Surveillance attentive à laquelle on soumet un être vivant, un organe. *Il est à l'hôpital, en observation.* • 6° Surveillance systématique des activités d'un suspect, d'un ennemi. *Observation aérienne.*

OBSERVATOIRE [ɔpsɛʀvatwaʀ]. *n. m.* • 1° Établissement scientifique destiné aux observations astronomiques et météorologiques. *Coupole, télescope d'un observatoire.* • 2° Lieu élevé, favorable à l'observation ou aménagé en poste d'observation. *Observatoire d'artillerie.*

OBSERVER [ɔpsɛʀve]. *v. tr.* (1) ★ **I.** Se conformer de façon régulière à (une prescription). *C'est une loi qu'il faut observer.* || Contr. **Enfreindre, violer.** || ★ **II.** • 1° Considérer avec attention, afin de connaître, d'étudier. V. **Contempler, examiner, regarder.** *Il observe tout.* — Soumettre à l'observation scientifique. *Observer un phénomène, une réaction.* • 2° Examiner en contrôlant, en surveillant. *Il observait tous nos gestes.*

• 3° Épier. *Attention, on nous observe.* — *Observer les mouvements de l'ennemi.* • 4° Constater, remarquer par l'observation. V. **Noter.** *Je n'ai rien observé.* • 5° *Pronom.* Se prendre pour sujet d'observation. *Il s'observe et se décrit.* — Se surveiller, se contrôler. *Elle doit s'observer pour ne pas faire d'erreur.*

OBSESSION [ɔpsesjɔ̃]. *n. f.* • **1°** Idée, image, mot qui obsède, s'impose à l'esprit de façon répétée et incoercible. V. **Hantise, idée** (fixe). *Cette idée devenait une obsession.* • **2°** En psychologie, Représentation, accompagnée d'états émotifs pénibles, qui tend à accaparer tout le champ de la conscience. V. **Manie, phobie.** ▼ **OBSESSIONNEL, ELLE.** *adj.* Propre à l'obsession. *Des idées obsessionnelles. Névrose obsessionnelle.*

OBSIDIENNE [ɔpsidjɛn]. *n. f.* • Pierre, lave ressemblant au verre, de couleur foncée. *Bracelet en obsidienne.*

OBSTACLE [ɔpstakl(ə)]. *n. m.* • **1°** Ce qui s'oppose au passage, gêne le mouvement. *Heurter un obstacle.* — Chacune des difficultés (haies, murs, rivières, etc.) semées sur le parcours des chevaux. *Course d'obstacles.* • **2°** Ce qui s'oppose à l'action, à l'obtention d'un résultat. *Il a rencontré beaucoup d'obstacles avant de réussir.* V. **Difficulté, empêchement.** *Faire obstacle à,* empêcher, gêner. *Sans rencontrer d'obstacle,* sans encombre. *Mes parents ont fait obstacle à ce voyage.* V. **Opposition.**

OBSTÉTRIQUE [ɔpstetrik]. *adj.* et *n. f.* • **1°** *Adj.* Relatif aux accouchements. *Clinique obstétrique.* • **2°** *N. f.* Partie de la médecine relative aux accouchements.

OBSTINER (S') [ɔpstine]. *v. pron.* (1) • Persister dans une idée, une décision, sans vouloir changer. V. **Entêter** (s'). *Il s'obstine dans son idée.* V. **Buter** (se). || Contr. **Céder.** || *S'obstiner à mentir.* ▼ **OBSTINATION.** *n. f.* Caractère, comportement d'une personne qui s'obstine. V. **Entêtement, opiniâtreté, ténacité.** ▼ **OBSTINÉ, ÉE.** *adj.* • **1°** Qui s'attache avec énergie et de manière durable à une manière d'agir, à une idée. V. **Opiniâtre ; entêté, têtu.** • **2°** *(Choses).* Qui marque de l'obstination. *Travail obstiné.* ▼ **OBSTINÉMENT.** *adv.* Avec obstination. *Refuser obstinément.*

OBSTRUCTION [ɔpstryksjɔ̃]. *n. f.* • **1°** Gêne ou obstacle à la circulation (dans un conduit de l'organisme). V. **Engorgement, occlusion.** *Obstruction de l'artère pulmonaire.* • **2°** Tactique qui consiste à entraver les débats (dans une assemblée, un parlement). *Faire de l'obstruction pour empêcher le vote d'une loi.* ▼ **OBSTRUCTIONNISME.** *n. m.* Tactique parlementaire d'obstruction systématique.

OBSTRUER [ɔpstrɥe]. *v. tr.* (1) • **1°** Engorger, boucher (un canal, un vaisseau dans l'organisme). • **2°** Faire obstacle à, en entravant ou en arrêtant la circulation. V. **Barrer, boucher, encombrer.** *Des branches obstruaient le passage. Tuyaux obstrués.*

OBTEMPÉRER [ɔptɑ̃pere]. *v. tr. ind.* (6) • Obéir, se soumettre (à une injonction, un ordre). *Il finit par obtempérer.*

OBTENIR [ɔptənir]. *v. tr.* (22) • **1°** Parvenir à se faire accorder, à se faire donner (ce qu'on veut avoir). V. **Acquérir, conquérir, décrocher** *(fam.),* **recevoir.** || Contr. **Manquer.** || *Il a obtenu une augmentation. J'ai obtenu de partir tout de suite, que ma sœur m'accompagne.* • **2°** Réussir à atteindre (un résultat), à produire (qqch.). *Nous n'avons obtenu aucune amélioration. Cette opération permet d'obtenir le métal à l'état pur.* ▼ **OBTENTION** [ɔptɑ̃sjɔ̃]. n. f. *Didact.* Le fait d'obtenir. *Formalités à remplir pour l'obtention d'un visa.*

OBTURER [ɔptyre]. *v. tr.* (1) • Boucher (une ouverture, un trou). *Obturer avec un ciment la cavité d'une dent cariée.* ▼ **OBTURATEUR, TRICE.** *adj.* et *n. m.* • **1°** *Adj.* Qui sert à obturer. *Plaque obturatrice.* • **2°** *N. m.* Appareil utilisé pour fermer une ouverture. — Dans un appareil photographique, Dispositif grâce auquel la lumière traversant l'objectif impressionne la surface sensible au moment voulu. ▼ **OBTURATION.** *n. f.* Action d'obturer. *Obturation dentaire.*

1. OBTUS, USE [ɔpty, yz]. *adj.* • Qui manque de finesse, de pénétration. V. **Borné, bouché.** *Esprit obtus. Elle est un peu obtuse.* || Contr. **Aigu, pénétrant.** ||

2. OBTUS. *adj. m.* • ANGLE OBTUS : plus grand qu'un angle droit.

OBUS [ɔby]. *n. m.* • Projectile d'artillerie, le plus souvent creux et rempli d'explosif. *Obus incendiaires, fumigènes. Éclat d'obus. Trou d'obus.* ▼ **OBUSIER** [ɔbyzje]. *n. m.* Canon court pouvant exécuter un tir courbe. V. **Mortier.**

OBVIER [ɔbvje]. *v. tr. ind.* (7) • *Littér.* OBVIER À : mettre obstacle, parer à (un mal, un inconvénient). V. **Remédier.**

OC (LANGUE D') [lɑ̃gdɔk]. • Ensemble des dialectes des régions où *oui* se disait *oc* au Moyen Âge (*opposé à* langue d'oïl). V. **Occitan, provençal.**

OCARINA [ɔkarina]. *n. m.* • Petit instrument à vent, en terre cuite ou en métal, de forme ovoïde.

OCCASION [ɔka(a)zjɔ̃]. *n. f.* • **1°** Circonstance qui vient à propos, qui convient. *Je n'ai jamais eu l'occasion de la rencontrer. Il a sauté sur l'occasion* (fam.). *Il ne manquait jamais une occasion d'en parler. Profitons de cette occasion pour en parler. Occasion inespérée.* V. **Aubaine, chance.** PROV. *L'occasion fait le larron,* dans certaines circonstances, la tentation incite à mal agir. — *Loc. adv.* À L'OCCASION : quand l'occasion se présente. V. **Éventuellement.** *J'irai vous voir, à l'occasion. — Il reviendra à la première occasion,* dès que l'occasion se présentera. • **2°** Marché avantageux pour l'acheteur, objet de ce marché. *J'ai trouvé une belle occasion* (*fam.* occase). — D'OCCASION : qui n'est pas neuf. *Livres, voitures d'occasion,* de seconde main. • **3°** *Occasion de,* circonstance qui détermine (une action), provoque (un événement). V. **Cause.** *C'était l'occasion de grandes discussions.* — *Loc. prép.* À L'OCCASION DE. *À l'occasion de son anniversaire nous avons donné une réception.* V. **Pour.** • **4°** Cir constance. *Je l'ai rencontré en plusieurs, en maintes occasions. D'occasion*, accidentel, occasionnel. *Les amitiés d'occasion. — Dans, pour les grandes occasions*, les circonstances importantes de la vie sociale. *Elle ne porte ce collier que dans les grandes occasions.* ▼ **OCCASIONNEL, ELLE.** *adj.* Qui résulte d'une occasion (4°), se produit, se rencontre par hasard. V. **Fortuit.** ▼ **OCCASIONNELLEMENT.** *adv.*

OCCASIONNER [ɔkazjɔne]. *v. tr.* (1) • Être l'occasion (3°) de (qqch. de fâcheux). V. **Causer, déterminer.** *Cela nous occasionnait bien des soucis, bien des dépenses.*

OCCIDENT [ɔksidɑ̃]. *n. m.* • 1° Un des quatre points cardinaux ; côté où le soleil se couche. V. **Couchant, ouest.** ‖ Contr. **Orient.** ‖ • 2° Région située vers l'ouest, par rapport à un lieu donné. Partie de l'ancien monde située à l'ouest. *L'Empire romain d'Occident.* • 3° En politique, l'Europe de l'Ouest et les États-Unis. ▼ **OCCIDENTAL, ALE, AUX.** *adj.* et *n.* • 1° Qui est à l'ouest. *L'Europe occidentale.* • 2° Qui se rapporte à l'Occident. *La culture occidentale. — N.* Habitant de l'Occident. ▼ **OCCIDENTALISER.** *v. tr.* (1). Modifier conformément aux habitudes de l'Occident. *Les Japonais sont occidentalisés.*

OCCIPUT [ɔksipyt]. *n. m.* • Partie postérieure et inférieure de la tête. ▼ **OCCIPITAL, ALE, AUX.** *adj.* Qui appartient à l'occiput. *Os occipital*, et subst. *L'occipital.*

OCCIRE [ɔksiʀ]. *v. tr.* [Seulement inf. et p. p. (temps comp.) : *occis, ise.*] • *Vx* ou *plaisant.* Tuer.

OCCITAN, ANE [ɔksitɑ̃, an]. *adj.* • Relatif aux parlers français de langue d'oc (V. **Oc**). *Littérature occitane.*

OCCLUSION [ɔklyzjɔ̃]. *n. f.* • Fermeture complète (d'un conduit du corps). *Occlusion intestinale. Occlusion du canal buccal dans la prononciation des occlusives.* ▼ **OCCLUSIVE.** *n. f.* Consonne dont l'articulation comporte une occlusion du canal buccal, suivie d'une ouverture brusque *(p, t, k, b, d, g).*

OCCULTE [ɔkylt(ə)]. *adj.* • 1° Qui est caché et inconnu par nature. V. **Secret.** *Des forces, des puissances occultes.* • 2° Qui se cache, garde le secret ou l'incognito. V. **Clandestin.** *Un conseiller occulte. Comptabilité occulte.* • 3° *Sciences occultes*, doctrines et pratiques secrètes faisant intervenir des forces suprasensibles qui ne sont reconnues ni par la science ni par la religion. ▼ **OCCULTISME.** *n. m.* Ensemble des sciences occultes et des pratiques qui s'y rattachent. V. **Spiritisme.**

OCCULTER [ɔkylte]. *v. tr.* (1) • Cacher ou rendre peu visible (une source lumineuse). ▼ **OCCULTATION.** n. f. *Occultation d'une étoile par la Lune.*

1. OCCUPER [ɔkype]. *v. tr.* (1) • 1° Prendre possession de (un lieu). *Occuper le terrain*, le tenir en s'y installant solidement. *Occuper un pays vaincu*, le soumettre à une occupation militaire. • 2° Remplir, couvrir (une certaine étendue, d'espace ou de temps) *Une activité qui occupe une bonne part de mon temps.* • 3° Habiter. *Ils occupent le rez-de-chaussée. — Appartement occupé.* ‖ Contr. **Libre.** ‖ • 4° Employer, meubler (du temps). *Occuper ses loisirs à chanter.* ▼ **OCCUPANT, ANTE.** *n.* et *adj.* • 1° *N.* Personne qui occupe un lieu. *Le premier occupant*, celui qui a pris le premier possession d'un lieu. • 2° *Adj.* Qui occupe militairement un pays, un territoire. *L'armée, l'autorité occupante.* — N. *Les occupants.* ▼ **1. OCCUPATION.** *n. f.* • 1° Action d'occuper, de s'installer par la force. *Armée d'occupation.* — Période pendant laquelle la France fut occupée par les Allemands. • 2° Prise de possession (d'un lieu). ▼ **1. OCCUPÉ, ÉE.** adj. *(Choses).* Dont on a pris possession ; où qqn se trouve. *Siège occupé, place occupée.* ‖ Contr. **Vide.** ‖ *Ce taxi est occupé.* ‖ Contr. **Libre.** ‖ *J'ai voulu téléphoner, mais la ligne était occupée.*

2. OCCUPER. *v. tr.* et *pron.* (1) ★ **I.** *V. tr.* Employer qqn (à un travail). *Je l'ai occupé à classer mes livres. Ça t'occupera.* ★ **II.** S'OCCUPER. v. pron. *S'occuper d'une affaire*, y employer son temps, ses soins. *S'occuper de politique. Ne vous occupez pas de ça*, n'en tenez pas compte. — *S'occuper de qqn*, veiller sur lui ou le surveiller. *Il s'occupe*, il trouve qqch. à faire. ▼ **2. OCCUPATION.** *n. f.* Ce à quoi on consacre son activité, son temps. *Nous avons de multiples occupations.* — Travail susceptible d'occuper. *Elle voudrait avoir une occupation.* ▼ **2. OCCUPÉ, ÉE.** adj. *(Personnes).* Qui se consacre (à un travail). *Il est occupé à la rédaction de ses mémoires, à repeindre sa maison.* — Qui est très pris. *Il est très occupé.* ‖ Contr. **Désœuvré, inactif.** ‖

OCCURRENCE [ɔkyʀɑ̃s]. *n. f.* • 1° *Littér.* Cas, circonstance. • 2° *Loc.* EN L'OCCURRENCE : dans le cas présent.

OCÉAN [ɔseɑ̃]. *n. m.* • Vaste étendue d'eau salée qui couvre une grande partie de la surface du globe terrestre. V. **Mer.** *L'océan Atlantique, Indien, Pacifique. — Les plages de l'Océan* (atlantique). ▼ **OCÉANIQUE** [ɔseanik]. *adj.* • 1° Qui appartient, est relatif à l'océan. • 2° Qui est au bord de la mer, qui subit l'influence de l'océan. *Climat océanique.* ▼ **OCÉANOGRAPHIE** [ɔseanɔgʀafi]. *n. f.* Étude scientifique des mers et océans. ▼ **OCÉANOGRAPHE.** *n.* ▼ **OCÉANOGRAPHIQUE.** *adj.*

OCELLE [ɔsɛl]. *n. m.* • Tache arrondie dont le centre et le tour sont de deux couleurs différentes (ailes de papillons, plumes d'oiseaux). ▼ **OCELLÉ, ÉE.** *adj.* Parsemé d'ocelles. *Paon ocellé.*

OCELOT [ɔslo]. *n. m.* • Grand chat sauvage à pelage roux tacheté de brun. V. **Chat-tigre.** — Fourrure de cet animal. *Manteau d'ocelot.*

OCRE [ɔkʀ(ə)]. *n. f.* • 1° Colorant minéral naturel, jaune-brun ou rouge. • 2° Couleur d'un brun-jaune ou orange. — Adj. *Poudre ocre, rosée, pour fards.* ▼ **OCRÉ, ÉE.** *adj.* et *n. m.* Teint en ocre.

OCT(A)-, OCTI-, OCTO-. • Éléments savants signifiant « huit ».

OCTAÈDRE [ɔktaɛdʀ(ə)]. *n. m.* • Polyèdre à huit faces.

OCTANE [ɔktan]. *n. m.* • INDICE D'OCTANE : pourcentage d'un élément des carburants (essence) qui caractérise leur pouvoir antidétonant.

1. OCTAVE [ɔktav]. *n. f.* • En musique, Intervalle parfait de huit degrés de l'échelle diatonique (par ex., de *do* à *do*).

2. OCTAVE. *n. f.* • *(Terme de religion).* Huitième jour après une grande fête. *L'octave de Pâques.*

OCTOBRE [ɔktɔbʀ(ə)]. *n. m.* • Dixième mois de l'année.

OCTOGÉNAIRE [ɔktɔʒenɛʀ]. *adj.* et *n.* • Âgé de quatre-vingts ans.

OCTOGONE [ɔktɔgɔn]. *n. m.* • Polygone à huit côtés. ▼ **OCTOGONAL, ALE, AUX.** *adj.* Qui a huit angles et huit côtés.

OCTOSYLLABE [ɔktɔsi(l)lab]. *adj.* et *n. m.* • Qui a huit syllabes. — *N. m.* Vers de huit syllabes.

1. OCTROI [ɔktʀwa]. *n. m.* • Contribution indirecte que certaines municipalités étaient autorisées à percevoir sur les marchandises de consommation locale (droits d'entrée). V. **Douane.** — Administration qui était chargée de cette contribution. *Le bureau, la barrière de l'octroi.*

OCTROYER [ɔktʀwaje]. *v. tr.* (8) • Accorder à titre de faveur, de grâce. V. **Concéder.** — Pronom. *Il s'octroie encore quelques jours.* ▼ **2. OCTROI.** n. m. *Littér.* Action d'octroyer. *L'octroi de cette faveur.*

OCULAIRE [ɔkylɛʀ]. *adj.* et *n. m.* ★ **I.** *Adj.* • **1°** *Témoin oculaire*, qui a vu de ses propres yeux. • **2°** De l'œil, relatif à l'œil. *Globe oculaire.* ★ **II.** *N. m.* Dans un instrument d'optique, Lentille ou système de lentilles près duquel on applique l'œil.

OCULISTE [ɔkylist(ə)]. *n.* • Médecin spécialiste des troubles de la vision. V. **Ophtalmologiste.**

ODALISQUE [ɔdalisk]. *n. f.* • Femme d'un harem.

ODE [ɔd]. *n. f.* • **1°** Poème lyrique destiné à être chanté ou dit avec accompagnement de musique (dans la littérature grecque). *Les odes de Pindare.* • **2°** Poème lyrique d'inspiration élevée. *Les Cinq grandes Odes*, de Claudel.

ODEUR [ɔdœʀ]. *n. f.* • **1°** Émanation volatile, susceptible de provoquer des sensations dues à l'excitation d'organes spécialisés (V. **Odorat**). *Avoir une bonne, une mauvaise odeur.* V. **Sentir** (bon, mauvais). *Odeur de brûlé, de moisi, de renfermé.* • **2°** *Loc.* EN ODEUR DE SAINTETÉ : dans un état de perfection spirituelle. *Mourir en odeur de sainteté.*

ODIEUX, EUSE [ɔdjø, øz]. *adj.* • **1°** Qui excite la haine, le dégoût, l'indignation. V. **Antipathique, détestable, exécrable.** *Il s'est rendu odieux à tout le monde.* — *Un crime particulièrement odieux.* • **2°** Très désagréable, insupportable. *Le gosse a été odieux aujourd'hui.* || Contr. **Adorable, aimable, charmant.** || ▼ **ODIEUSEMENT.** adv. *Il a été odieusement traité.*

-ODONTE, ODONT(O)-. • Éléments savants signifiant « dent ». ▼ **ODONTOLOGIE** [ɔdɔ̃tɔlɔʒi]. *n. f.* Étude et traitement des dents.

ODORANT, ANTE [ɔdɔʀɑ̃, ɑ̃t]. *adj.* • Qui exhale une odeur. *Des fleurs très odorantes.* V. **Odoriférant.**

ODORAT [ɔdɔʀa]. *n. m.* • Sens par lequel on perçoit les odeurs, situé dans les fosses nasales. *Une odeur qui chatouille agréablement l'odorat. De l'odorat.* V. **Olfactif.**

ODORIFÉRANT, ANTE [ɔdɔʀiferɑ̃, ɑ̃t]. *adj.* • Qui répand une odeur agréable. *Plantes odoriférantes.*

ODYSSÉE [ɔdise]. *n. f.* • Voyage particulièrement mouvementé ; vie agitée à l'image d'un tel voyage.

ŒCUMÉNIQUE [ekymenik]. *adj.* • Universel (en religion). *Congrès œcuménique.* ▼ **ŒCUMÉNISME.** *n. m.* Mouvement favorable à la réunion de toutes les Églises chrétiennes en une seule.

ŒDÈME [edɛm]. *n. m.* • Gonflement indolore et sans rougeur au niveau de la peau, causé par une infiltration de sérosités. ▼ **ŒDÉMATEUX, EUSE.** *adj.* Atteint d'œdème. — De la nature de l'œdème.

ŒIL [œj], *plur.* **YEUX** [jø]. *n. m.* ★ **I.** • **1°** Organe de la vue (globe oculaire et ses annexes, nerf optique). *Le globe de l'œil est logé dans l'orbite. Avoir de bons yeux*, qui voient bien. *S'user les yeux à lire. Perdre un œil, les deux yeux*, devenir borgne, aveugle. — Ce que l'on voit de l'œil. *De grands, de petits yeux. Yeux globuleux, enfoncés, bridés. Ses yeux brillent.* — Loc. *Ce n'est pas pour ses beaux yeux qu'elle a fait cela*, ce n'est pas par amour pour lui. — *Lever, baisser les yeux.* V. **Regard.** *Rouler des yeux furibonds. Faire les gros yeux à qqn*, le regarder d'un air mécontent, sévère. — (Loc. avec OUVRIR, FERMER) *Ouvrir, fermer les yeux. Des yeux ronds*, agrandis par l'étonnement. *Écarquiller les yeux* (même sens). — *Ouvrir l'œil*, (fam.) *l'œil et le bon*, être très attentif, vigilant. *Il m'a ouvert les yeux*, il m'a fait comprendre ce que je ne savais pas. — *Ne pas fermer l'œil de la nuit*, ne pas dormir. *Fermer les yeux de qqn* (qui vient de mourir). — *Fermer les yeux*, faire, par tolérance, lâcheté, etc., comme si on n'avait pas vu. *Je ferme les yeux sur ses mensonges. J'irais là-bas les yeux fermés*, sans avoir besoin de la vue (tant le chemin m'est familier). *Accepter qqch. les yeux fermés*, en toute confiance. — (Dans l'action de la vue) *Voir une chose de ses yeux, de ses propres yeux. Objet visible* À L'ŒIL NU : sans l'aide d'aucun instrument d'optique. À VUE D'ŒIL : d'une manière très visible. — *Regarder qqn dans les yeux. Lorgner, surveiller* DU COIN DE L'ŒIL : d'un regard en coin. Pop. *Avoir, ne pas avoir les yeux en face des trous*, y voir, ne pas y voir clair. • **2°** Regard. *Chercher, suivre qqn des yeux. Sous mes yeux*, à ma vue, devant moi. *Aux yeux de tous. Je lui ai mis sous les yeux tous les documents*, je les lui ai montrés. — MAUVAIS ŒIL : regard auquel on attribue la propriété de porter malheur. *Croire au mauvais œil.* • **3°** COUP D'ŒIL :

regard rapide, prompt. *Remarquer qqch. au premier coup d'œil. Jeter un coup d'œil sur le journal*, le parcourir rapidement. — L'art d'observer promptement et exactement ; discernement. *La justesse et la sûreté du coup d'œil.* — Vue qu'on a d'un point sur un paysage. *D'ici, le coup d'œil est très beau.* • **4°** *(Dans des expressions).* Attention portée par le regard. *Cela attire l'œil du touriste.* — *Être tout yeux, tout oreilles*, regarder, écouter très attentivement. *N'avoir pas les yeux dans sa poche*, tout observer. — *Elle n'a d'yeux que pour son fiancé*, elle ne voit que lui. — Fam. *Avoir, tenir qqn à l'œil*, sous une surveillance qui ne se relâche pas. — *Avoir l'œil à tout*, veiller à tout. *L'œil du maître. L'œil de Dieu.* • **5°** *(Abstrait).* Disposition, état d'esprit, jugement. *Voir qqch. d'un bon œil, d'un mauvais œil*, d'une manière favorable ou défavorable. *Il considère tout avec un œil critique. Tout cela n'avait aucun intérêt à ses yeux*, selon son appréciation. • **6°** Loc. *Faire de l'œil*, des œillades amoureuses. — *Tourner de l'œil*, s'évanouir. — *Entre quatre yeux* (fam. *entre quatre-z-yeux* [ɑ̃tʀəkatzjø]), en tête à tête. *Œil pour œil, dent pour dent*, expression de la loi du talion. — *Loc. adv.* À L'ŒIL : gratuitement. *J'ai pu entrer à l'œil au cinéma.* — *(Fam.)* MON ŒIL ! se dit pour marquer l'incrédulité, le refus. ★ **II.** • **1°** *Œil de verre*, œil artificiel. • **2°** *Œil électrique*, cellule photo-électrique. ★ **III.** • **1°** Se dit d'ouvertures, de trous ronds. *Œil d'une aiguille.* V. **Chas.** — *Yeux du fromage de gruyère*, trous qui se forment dans la pâte. • **2°** Plur. *Les yeux du bouillon*, les petits ronds de graisse qui surnagent. • **3°** Bourgeon naissant. ▼ **ŒIL-DE-BŒUF.** *n. m.* Fenêtre, lucarne ronde ou ovale. *Des œils-de-bœuf.* ▼ **ŒIL-DE-PERDRIX.** *n. m.* Cor entre les doigts de pied. *Des œils-de-perdrix.* ▼ **ŒILLADE** [œjad]. *n. f.* Regard, clin d'œil plus ou moins furtif, de connivence ou de coquetterie. *Lancer, faire une œillade.*

ŒILLÈRE [œjɛʀ]. *n. f.* • **1°** Plaque de cuir attachée au montant de la bride et empêchant le cheval de voir sur le côté. • **2°** AVOIR DES ŒILLÈRES : ne pas voir certaines choses par étroitesse d'esprit ou par parti pris.

1. ŒILLET [œjɛ]. *n. m.* • Petit trou pratiqué dans une étoffe, du cuir, etc., souvent cerclé, servant à passer un lacet, à attacher un bouton. *Œillets d'une chaussure, d'une ceinture.*

2. ŒILLET. *n. m.* • **1°** Plante cultivée pour ses fleurs rouges, roses, blanches, très odorantes ; ces fleurs. • **2°** *Œillet d'Inde*, plante ornementale à fleurs orangées ou jaunes.

ŒILLETON [œjtɔ̃]. *n. m.* • Petit viseur circulaire.

ŒILLETTE [œjɛt]. *n. f.* • Variété de pavot cultivée pour ses graines dont on extrait une huile comestible. Cette huile.

ŒN-, ŒNO-. • Éléments savants signifiant « vin ». ▼ **ŒNOLOGIE** [enɔlɔʒi]. *n. f.* Étude des techniques de fabrication et de conservation des vins. ▼ **ŒNOLOGIQUE.** *adj.*

ŒSOPHAGE [ezɔfaʒ]. *n. m.* • Partie de l'appareil digestif, canal qui va du pharynx à l'estomac.

ŒUF, ŒUFS [œf, ø]. *n. m.* ★ **I.** • **1°** Corps plus ou moins gros, dur et arrondi que produisent les femelles des oiseaux et qui contient le germe de l'embryon et les substances destinées à le nourrir pendant l'incubation. *Coquille d'œuf; blanc, jaune de l'œuf. Œuf de poule, de pigeon.* — Œuf de poule, spécialement destiné à l'alimentation. *Marchand de beurre, œufs et fromages. Œufs frais, du jour. Œuf dur*, cuit dans sa coquille jusqu'à ce que le blanc et le jaune soient durs. *Œufs brouillés*, mêlés sans être battus. *Œufs au plat, frits. Œufs en neige*, blancs d'œufs battus. • **2°** Produit des femelles ovipares (autres que les oiseaux). *Œuf de serpent, de grenouille. Œufs de poisson* (ex. : caviar). • **3°** Loc. *Tête d'œuf* (terme d'injure). — *Plein comme un œuf*, rempli. — *Marcher sur des œufs*, en touchant le sol avec précaution. — Loc. prov. *Mettre tous ses œufs dans le même panier*, mettre tous ses moyens dans une même entreprise (et s'exposer ainsi à tout perdre). — DANS L'ŒUF : dans le principe, avant la naissance, l'apparition de qqch. *Il faut étouffer cette affaire dans l'œuf.* — Fam. *Quel œuf !* quel imbécile ! — Pop. *Va te faire cuire un œuf !* formule pour se débarrasser d'un importun. • **4°** Confiserie en forme d'œuf. *Œuf de Pâques*, en chocolat ou en sucre. ★ **II.** Première cellule d'un être vivant à reproduction sexuée (animal ou végétal), née de la fusion des noyaux de deux cellules reproductrices. *Caractères héréditaires transmis à l'œuf.*

ŒUVRE [œvʀ(ə)]. *n. f.* et *m.* ★ **I.** *N. f.* • **1°** Activité, travail (dans certaines locutions). — À L'ŒUVRE. *Être à l'œuvre*, au travail. *Se mettre à l'œuvre.* — D'ŒUVRE. *Maître d'œuvre*, personne qui dirige un travail intellectuel. — METTRE EN ŒUVRE : employer en vue d'une application pratique (des matériaux) ; employer de façon ordonnée. *Il mettait tout en œuvre pour que son projet réussisse.* • **2°** *Plur.* Action humaine, jugée au regard de la loi religieuse ou morale. *Chaque homme sera jugé selon ses œuvres. Bonnes œuvres*, charités que l'on fait. — *Une œuvre*, organisation ayant pour but de faire du bien à titre non lucratif. *Collecte au profit d'une œuvre.* • **3°** Ensemble d'actions effectuées par qqn ou qqch. *Quand le médecin arriva, la mort avait déjà fait son œuvre.* V. **Effet.** *La satisfaction de l'œuvre accomplie.* • **4°** Ensemble organisé de signes et de matériaux propres à un art, mis en forme par l'esprit créateur ; production littéraire, artistique, etc. V. **Ouvrage.** *L'œuvre d'un savant. Composer une œuvre musicale, picturale. Une œuvre capitale, maîtresse.* V. **Chef-d'œuvre.** *Œuvres choisies.* — *L'œuvre d'un écrivain, d'un artiste*, l'ensemble de ses œuvres. — ŒUVRE D'ART : œuvre qui manifeste la volonté esthétique d'un artiste. ★ **II.** *N. m.* • **1°** LE GROS ŒUVRE : en architecture, les fondations, les murs et la toiture d'un bâtiment. • **2°** *Littér.* Ensemble des œuvres d'un artiste. *L'œuvre gravé de Rembrandt.*

• 3° LE GRAND ŒUVRE : en alchimie, la transmutation des métaux en or, la recherche de la pierre philosophale.

ŒUVRER. *v. intr.* (1) • *Littér.* Travailler, agir.

OFFENSANT, ANTE. *adj.* • Qui offense. V. **Blessant, injurieux.** *Une remarque offensante.*

OFFENSE [ɔfɑ̃s]. *n. f.* • 1° Parole ou action qui offense, qui blesse qqn dans son honneur, dans sa dignité. V. **Affront, injure, insulte, outrage.** — Péché (qui offense Dieu). « *Pardonne-nous nos offenses* » (prière du Pater). • 2° Outrage envers un chef d'État.

OFFENSER [ɔfɑ̃se]. *v. tr.* (1) • 1° Blesser (qqn) dans sa dignité ou dans son honneur. V. **Froisser, humilier, injurier, outrager, vexer.** *Il l'a offensé volontairement. Je ne voulais pas vous offenser. Soit dit sans vous offenser.* • 2° *Offenser Dieu*, lui déplaire par le péché. • 3° Manquer gravement à (une règle, une vertu). V. **Braver.** *Sa conduite offense le bon sens, le bon goût.* • 4° *Littér.* Blesser (les sens) par une sensation pénible. *Sa voix criarde offensait nos oreilles.* V. **Écorcher.** • 5° S'OFFENSER. *v. pron.* Réagir par un sentiment d'amour-propre, d'honneur blessé (à ce que l'on considère comme une offense). V. **Fâcher** (se), **formaliser** (se), **froisser** (se), **vexer** (se). ▼ **OFFENSÉ, ÉE.** *adj.* et *n.* Qui a subi, qui ressent une offense. *Il prend toujours l'air offensé.* — *N.* La personne qui a subi une offense. *Dans un duel, l'offensé a le choix des armes.* ▼ **OFFENSEUR.** *n. m.* Celui qui fait une offense. V. **Agresseur.**

OFFENSIF, IVE [ɔfɑ̃sif, iv]. *adj.* • 1° Qui attaque, sert à attaquer. *Armes offensives. Guerre offensive*, où l'on attaque l'ennemi. • 2° Qui constitue une attaque. *Le retour offensif de l'hiver, d'une épidémie.*

OFFENSIVE. *n. f.* • 1° Action d'attaquer l'ennemi, en prenant l'initiative des opérations. V. **Attaque.** *Reprendre l'offensive. Préparer, déclencher une offensive.* • 2° Attaque, campagne d'une certaine ampleur. *Offensive diplomatique, publicitaire.*

OFFERTOIRE [ɔfɛʀtwaʀ]. *n. m.* • Partie de la messe, rites et prières qui accompagnent la bénédiction du pain et du vin.

OFFICE [ɔfis]. *n. m.* et *f.* ★ **I.** • 1° Fonction que qqn doit remplir. *Loc.* (Choses) *Remplir son office*, jouer pleinement son rôle. *Faire office de*, tenir lieu de. • 2° Fonction publique conférée à vie. *Office public, ministériel. Office d'avoué, de notaire.* • 3° *Loc.* D'OFFICE : par le devoir général de sa charge ; sans l'avoir demandé soi-même. *Avocat, expert commis, nommé d'office.* — Par l'effet d'une mesure générale. *Être mis à la retraite d'office.* • 4° Lieu où l'on remplit les devoirs d'une charge ; agence, bureau. *Office commercial, de publicité.* — Service doté de la personnalité morale, de l'autonomie financière et confié à un organisme spécial. *Office national, départemental.* ★ **II.** *N. m.* ou *f.* Pièce ordinairement attenante à la cuisine où l'on met les provisions, etc. *Les domestiques prenaient leur repas à l'office.* ★ **III.** • 1° *Office (divin)*, ensemble des prières de l'Église, réparties aux heures de la journée. — Une de ces prières. *Office des morts.* • 2° Cérémonie du culte. *Célébrer un office. L'office du dimanche.* V. **Messe.** ★ **IV.** BONS OFFICES : démarches d'un État, pour amener des États en litige à négocier. V. **Conciliation, médiation.** *La France a proposé ses bons offices.* — Loc. *Je vous remercie de vos bons offices*, de vos services.

OFFICIANT, ANTE [ɔfisjɑ̃, ɑ̃t]. *n.* • Personne qui officie. V. **Célébrant, prêtre.**

OFFICIEL, ELLE [ɔfisjɛl]. *adj.* et *n.* • 1° Qui émane d'une autorité reconnue, constituée (gouvernement, administration). *Actes, documents officiels.* — Certifié par l'autorité. *La nouvelle est officielle depuis hier.* • 2° *Péj.* Donné pour vrai par l'autorité. *La version officielle de l'incident.* • 3° Organisé par les autorités compétentes. *La visite officielle d'un souverain.* • 4° *(Personnes).* Qui a une fonction officielle. *Porte-parole officiel du gouvernement.* V. **Autorisé.** — Réservé aux personnages officiels. *Voitures officielles.* • 5° *N. m.* Personnage officiel, autorité. *La tribune des officiels.* — Celui qui a une fonction dans l'organisation, la surveillance des épreuves sportives. ▼ **OFFICIALISER.** *v. tr.* (1). Rendre officiel. *Officialiser une nomination.* ▼ **OFFICIELLEMENT.** *adv.* À titre officiel, de source officielle. *Il en a été officiellement avisé.*

1. OFFICIER [ɔfisje]. *v. intr.* (7) • Célébrer l'office divin, présider une cérémonie sacrée. V. **Officiant.**

2. OFFICIER [ɔfisje]. *n. m.* • 1° Militaire ou marin titulaire d'un grade égal ou supérieur à celui de sous-lieutenant ou d'enseigne de seconde classe, et susceptible d'exercer un commandement. *Officiers et soldats. Officiers subalternes, supérieurs et généraux. Officiers de marine*, du corps de la marine militaire. • 2° Titulaire d'un grade dans un ordre honorifique. *Officier d'académie. Officier de la Légion d'honneur.* • 3° *Officier public, ministériel*, celui qui a un office (I, 2°) : avoué, notaire...

OFFICIEUX, EUSE [ɔfisjø, øz]. *adj.* • Communiqué à titre de complaisance par une source autorisée mais sans garantie officielle. *Nouvelle officieuse.* ▼ **OFFICIEUSEMENT.** *adv.* D'une manière officieuse.

OFFICINE [ɔfisin]. *n. f.* • 1° Endroit où se prépare, où s'élabore qqch. *Une officine de fausses nouvelles.* • 2° Laboratoire de pharmacien. ▼ **OFFICINAL, ALE, AUX.** *adj.* Qui est utilisé en pharmacie. *Plantes, herbes officinales.*

OFFRANDE [ɔfʀɑ̃d]. *n. f.* • 1° Don que l'on offre à la divinité ou aux représentants de la religion. *Recueillir les offrandes des fidèles.* • 2° Don, présent. *Apporter son offrande.* V. **Obole, présent.**

OFFRANT. *n. m.* • Loc. *Le* PLUS OFFRANT : l'acheteur qui offre le plus haut prix. *Vendre, adjuger au plus offrant.*

OFFRE [ɔfʀ(ə)]. *n. f.* • 1° Action d'offrir ; ce que l'on offre. *Une offre avantageuse. Offres de service. Offre d'emploi.* • 2° Quantité de produits ou de services offerts sur le marché. *L'offre dépasse la demande. En* *économie libérale, les prix et les salaires dépendent de la loi de l'offre et de la demande.*

OFFRIR [ɔfʀiʀ]. *v. tr.* (18) • 1° Donner en cadeau. *Je lui ai offert des fleurs pour sa fête.* — Pronom. *Je voudrais pouvoir m'offrir des vacances.* V. **Payer** (se). • 2° Proposer ou présenter (une chose) à qqn ; mettre à la disposition. *Offrir des rafraîchissements. Offrir ses services.* Loc. *Offrir ses vœux.* V. **Présenter.** — *Pronom.* Se proposer. *Il s'offrit comme guide.* • 3° Mettre à la portée de qqn. *On ne lui a pas offert l'occasion de se racheter. Je vous offre de venir chez moi pour les vacances. Cette situation offre bien des avantages.* — Pronom. *Tout ce qui s'offre à notre esprit.* V. **Présenter** (se), **rencontrer** (se). • 4° Proposer en contrepartie de qqch. *Je vous offre cent francs, pas un sou de plus.* • 5° Exposer à la vue. V. **Montrer.** *Son visage n'offrait rien d'accueillant.* — Pronom. *Une vue superbe s'offrait à nos yeux. — (Abstrait)* Présenter à l'esprit. *Les aventures dont ce livre nous offre le récit.* • 6° Exposer (à qqch. de pénible, de dangereux). *Il allait offrir sa vie pour elle.* — Pronom. *S'offrir aux coups.*

OFFSET [ɔfsɛt]. *n. m.* • Impression par report sur caoutchouc. V. **Imprimerie.**

OFFUSQUER [ɔfyske]. *v. tr.* (1) • Porter ombrage, indisposer, choquer. *Vos idées l'offusquent. Il est offusqué. — Pronom.* Se froisser, se formaliser. *Elle s'est offusquée de vos plaisanteries.*

OFLAG [ɔflag]. *n. m.* • Camp allemand pour les officiers alliés prisonniers.

OGIVE [ɔʒiv]. *n. f.* • 1° Arc diagonal sous une voûte, qui en marque l'arête. *Arc d'ogives. Croisée d'ogives*, partie de la voûte où se croisent les deux ogives (au sommet). • 2° Arc brisé (*opposé à* arc en plein cintre). ▼ **OGIVAL, ALE, AUX.** *adj.* Caractérisé par l'emploi des ogives, de l'ogive. V. **Gothique.** *Voûte ogivale.*

OGRE [ɔgʀ(ə)], **OGRESSE** [ɔgʀɛs]. *n.* • Géant des contes de fées, à l'aspect effrayant, se nourrissant de chair humaine. — Loc. *Manger comme un ogre.*

OH ! [o]. *interj.* • 1° Interjection marquant la surprise, l'admiration, l'emphase. *Oh ! que c'est beau !* • 2° Interjection renforçant l'expression d'un sentiment. *Oh ! quelle chance !* • 3° Subst. *Pousser des oh ! et des ah !*

OHÉ ! [ɔe]. *interj.* • Interjection servant à appeler. *Ohé ! là-bas ! Venez ici.*

OHM [om]. *n. m.* • Unité de résistance électrique.

-OÏDE, -OÏDAL. • Éléments savants signifiant « qui a telle forme ».

OIE [wa]. *n. f.* • 1° Oiseau palmipède, au long cou, dont une espèce est depuis très longtemps domestiquée. La femelle de cette espèce. V. **Jars** (mâle), **oison** (petit). *Gardeuse d'oies. Engraisser des oies. Confit d'oie. Pâté de foie d'oie. — Plume d'oie*, utilisée autrefois pour écrire. — Loc. *Patte d'oie.* V. **Patte-d'oie.** • 2° JEU DE L'OIE : jeu où chaque joueur fait avancer un pion, selon le coup de dés, sur un tableau formé de cases numérotées. • 3° Loc. *Couleur caca d'oie. — Bête comme une oie*, très bête. • 4° Personne très sotte, niaise. *C'est une vraie oie. — Une oie blanche*, une jeune fille très innocente, niaise.

OIGNON [ɔɲɔ̃]. *n. m.* ★ **I.** • 1° Plante potagère voisine de l'ail, vivace, à bulbe comestible ; ce bulbe. *Éplucher, hacher des oignons. Veau aux oignons. Soupe à l'oignon. Petits oignons.* — Loc. *En rang d'oignons*, sur une ligne. — Loc. fam. *Aux petits oignons*, parfait, très bien. *Occupe-toi de tes oignons*, mêle-toi de ce qui te regarde. • 2° Partie renflée de la racine de certaines plantes ; cette racine. *Oignon de tulipe, de lis.* ★ **II.** Grosseur recouverte de derme et d'épiderme épaissis, qui se développe au niveau des articulations du pied (surtout du gros orteil). V. **Cor, durillon.**

OÏL (LANGUE D') [lɑ̃gdɔjl] • Langue des régions où *oui* se disait *oïl* au Moyen Âge (*opposé à* langue d'oc).

OINDRE [wɛ̃dʀ(ə)]. *v. tr.* (49) • 1° *Vx.* Frotter (d'huile). • 2° Toucher une partie du corps (le front, les mains) avec les saintes huiles pour bénir ou sacrer. V. **Chrême, extrême-onction.** ▼ **OINT, OINTE** [wɛ̃, wɛ̃t]. *adj.* et *n. m.* Frotté d'huile. — Consacré par une huile sainte.

OISEAU [wazo]. *n. m.* • 1° Animal (vertébré à sang chaud) au corps recouvert de plumes, dont les membres antérieurs sont des ailes, les membres postérieurs des pattes, dont la tête est munie d'un bec. *Étude des oiseaux.* V. **Ornitho-.** *Oiseaux à longues pattes* (Échassiers), *à pattes palmées* (Palmipèdes). *Oiseaux percheurs, sauteurs, coureurs. Oiseaux diurnes, nocturnes. Jeune oiseau.* V. **Oisillon.** — *Être léger comme un oiseau. Être gai, libre comme un oiseau.* — Loc. prov. *Petit à petit l'oiseau fait son nid*, les choses se font progressivement. *Oiseau de malheur*, celui qui fait des prédictions funestes. — À VOL D'OISEAU *(loc. adv.)* : en ligne droite d'un point à un autre (distance théorique la plus courte). *Distance à vol d'oiseau.* • 2° *Fam.* et *péj.* Individu. *C'est un drôle d'oiseau ! Un oiseau rare*, une personne étonnante (surtout *iron.*). ▼ **OISEAU-LYRE** [wazoliʀ]. *n. m.* Bel oiseau d'Australie à queue en forme de lyre. V. **Ménure.** *Des oiseaux-lyres.* ▼ **OISEAU-MOUCHE** [wazomuʃ]. *n. m.* Nom courant du *colibri. Des oiseaux-mouches.* ▼ **OISELEUR.** *n. m.* Celui qui faisait métier de prendre les oiseaux.

OISELLE [wazɛl]. *n. f.* • *Fam.* Jeune fille niaise.

OISEUX, EUSE [wazø, øz]. *adj.* • Qui ne sert à rien, ne mène à rien (paroles, discours). V. **Inutile, vain.** *Dispute, question oiseuse.* || Contr. **Important, utile.** ||

OISIF, IVE [wazif, iv]. *adj.* et *n.* • 1° *Adj.* Qui est dépourvu d'occupation, n'exerce pas de profession. V. **Désœuvré, inactif, inoccupé.** *Ne restez pas oisif. — Mener une vie oisive.* • 2° *N.* Personne qui dispose de beaucoup de loisir. *De riches oisifs.* || Contr. **Laborieux, travailleur.** || ▼ **OISIVEMENT.** *adv.* ▼ **OISIVETÉ.** *n. f.* État d'une personne oisive. V. **Désœuvrement, inaction.**

Vivre dans l'oisiveté. — PROV. *L'oisiveté est la mère de tous les vices.*

OISILLON [wazijɔ̃]. *n. m.* • Petit oiseau ; jeune oiseau.

OISON [wazɔ̃]. *n. m.* • 1° Petit de l'oie. • 2° *Vieilli.* Personne très crédule, facile à mener.

O.K. ! [okɛ]. *interj.* • Fam. *(Américanisme).* D'accord.

OKOUMÉ [ɔkume]. *n. m.* • Bois d'un arbre du Gabon utilisé en ébénisterie.

OLÉ(I)-, OLÉ(O)-. • Éléments savants signifiant « huile » ou « pétrole » (ex. : *oléiculture*, n. f. Culture des plantes à huile [olivier, etc.] ; *oléoduc*, n. m. Conduite de pétrole).

OLÉAGINEUX, EUSE [ɔleaʒinø, øz]. *adj.* et *n.* • Qui contient de l'huile. *Graines, plantes oléagineuses.* — *N. m.* Plante susceptible de fournir de l'huile. *L'arachide, le colza, la navette sont des oléagineux.*

OLFACTIF, IVE [ɔlfaktif, iv]. *adj.* • Relatif à l'odorat, à la perception des odeurs. *Sens olfactif* (ou OLFACTION, *n. f.*). V. **Odorat.**

OLIBRIUS [ɔlibʀijys]. *n. m.* • *Fam.* et *vx.* Homme qui se fait fâcheusement remarquer par sa conduite, ses propos bizarres. V. **Original, phénomène.**

OLIFANT ou **OLIPHANT** [ɔlifɑ̃]. *n. m.* • Cor d'ivoire, taillé dans une défense d'éléphant, dont les chevaliers se servaient à la guerre ou à la chasse. *L'olifant de Roland.*

OLIG(O)-. • Élément savant signifiant « petit, peu nombreux ».

OLIGARCHIE [ɔligaʀʃi]. *n. f.* • Régime politique dans lequel la souveraineté appartient à une classe restreinte et privilégiée. — Ce groupe. ▼ **OLIGARCHIQUE.** *adj.*

OLIVE [ɔliv]. *n. f.* • 1° Petit fruit oblong, verdâtre puis noirâtre à maturité, à peau lisse, dont on extrait de l'huile. *Huile d'olive.* • 2° Petit interrupteur en forme d'olive. • 3° Adj. invar. *Vert olive, olive,* d'une couleur verte tirant sur le brun. *Des étoffes olive.* ▼ **OLIVÂTRE** [ɔlivɑtʀ(ə)]. *adj.* Qui tire sur le vert olive. *Grive à dos gris olivâtre.* — Se dit d'un teint bistre, généralement mat et foncé. ▼ **OLIVERAIE.** *n. f.* ou **OLIVETTE.** *n. f.* Plantation d'oliviers. ▼ **OLIVIER** [ɔlivje]. *n. m.* • 1° Arbre ou arbrisseau à tronc noueux, à feuilles vert pâle et dont le fruit est l'olive. *Culture de l'olivier.* V. **Oliveraie ; oléiculture.** *Le rameau d'olivier, symbole de la paix.* — *Le jardin des Oliviers, le mont des Oliviers* (Gethsémani), où Jésus pria, délaissé par ses disciples, avant d'être arrêté. • 2° Bois de cet arbre, utilisé en ébénisterie.

OLYMPIADE [ɔlɛ̃pjad]. *n. f.* • 1° Période de quatre ans entre deux jeux Olympiques. • 2° Jeux Olympiques. *Athlète qui se prépare pour les prochaines olympiades.*

OLYMPIEN, IENNE [ɔlɛ̃pjɛ̃, jɛn]. *adj.* • 1° Relatif à l'Olympe, à ses dieux. *Temple de Jupiter Olympien.* • 2° Noble, majestueux avec calme et hauteur. *Air, calme olympien.*

OLYMPIQUE [ɔlɛ̃pik]. *adj.* • Se dit de rencontres sportives internationales réservées aux meilleurs athlètes amateurs, et ayant lieu tous les quatre ans (V. **Olympiade**). *Jeux Olympiques d'hiver* (ski, patinage). — *Record, champion olympique.* — Conforme aux règlements des jeux Olympiques. *Piscine olympique.*

OMBELLE [ɔ̃bɛl]. *n. f.* • Ensemble de petites fleurs groupées formant coupole, sphère. ▼ **OMBELLIFÈRES.** *n. f. pl.* Famille de plantes à fleurs en ombelles (*ex. :* carotte, cerfeuil, persil).

OMBILIC [ɔ̃bilik]. *n. m.* • 1° Cicatrice arrondie, consécutive à la chute du cordon ombilical. V. **Nombril.** • 2° *Littér.* Point central. V. **Centre.** *L'ombilic de la terre.* ▼ **OMBILICAL, ALE, AUX.** *adj.* Relatif à l'ombilic, au nombril. *Cordon ombilical.*

OMBLE [ɔ̃bl(ə)]. *n. m.* • Poisson de rivière, lac, voisin du saumon. *Omble chevalier.* — On dit aussi OMBRE (*n. m.* ou *n. f.*).

1. OMBRAGE [ɔ̃bʀaʒ]. *n. m.* • 1° *Littér.* Ensemble de branches et de feuilles qui donnent de l'ombre. *Se reposer sous l'ombrage.* • 2° L'ombre que donnent les feuillages. *L'ombrage que fait ce marronnier est agréable.* ▼ **OMBRAGER.** *v. tr.* (3). Faire, donner de l'ombre (en parlant des feuillages). *Arbres qui ombragent une allée, une terrasse.* — *Jardin ombragé.*

2. OMBRAGE. *n. m.* • Loc. • 1° PRENDRE OMBRAGE *de qqch.* : en concevoir du dépit, de la jalousie. • 2° PORTER OMBRAGE À QQN : l'éclipser, lui donner du dépit (en réussissant mieux que lui, etc.). ▼ **OMBRAGEUX, EUSE.** *adj.* Qui est porté à prendre ombrage (2), s'inquiète (V. **Défiant, inquiet**) ou se froisse aisément (V. **Susceptible**). *Caractère ombrageux.*

OMBRE [ɔ̃bʀ(ə)]. *n. f.* ★ **I.** • 1° Zone sombre créée par un corps opaque qui intercepte les rayons d'une source lumineuse ; obscurité, absence de lumière (surtout celle du Soleil) dans une telle zone. || Contr. **Clarté, éclairage, lumière.** || *Faire de l'ombre. L'ombre des arbres. Ruelle pleine d'ombre.* • 2° *Loc.* À L'OMBRE. *Il fait 30 degrés à l'ombre. Rue à l'ombre.* — Fam. *Mettre qqn à l'ombre,* l'enfermer, l'emprisonner. — *À l'ombre de,* tout près de, sous la protection de. *Il grandit à l'ombre de sa mère.* — DANS L'OMBRE. *Vivre dans l'ombre de qqn,* constamment près de lui, dans l'effacement de soi. — *Vivre dans l'ombre,* dans une situation obscure, ignorée. V. **Caché, inconnu.** *Sortir de l'ombre.* V. **Oubli.** — *Laisser une chose dans l'ombre,* dans l'incertitude, l'obscurité. • 3° Représentation d'une zone sombre, en peinture. *Les ombres et les clairs* (V. **Clair-obscur**). *Terre d'ombre,* couleur servant à ombrer. • 4° Tache sombre sur une surface claire. *Un duvet faisait une ombre sur sa lèvre.* — Loc. *Il y a une ombre au tableau,* la situation comporte un élément d'inquiétude. ★ **II.** (UNE OMBRE, LES OMBRES). • 1° Zone sombre limitée par le contour plus ou moins déformé (d'un corps qui intercepte la lumière). V. **Contour, image.** *Les ombres bleues des peupliers.* — Loc. *Avoir peur de son ombre,* être très craintif. *Suivre qqn comme son ombre.* • 2° *Plur.* Ombres projetées sur un écran pour constituer un spectacle. *Théâtre d'ombres.* — OMBRES CHINOISES : projection sur un écran de silhouettes découpées. • 3° Apparence, forme imprécise dont on ne discerne que les contours. *Entrevoir deux ombres qui s'avancent.* • 4° Apparence changeante et trompeuse d'une réalité. — Loc. *Abandonner, lâcher, laisser la proie pour l'ombre*, un avantage pour une espérance vaine. — UNE OMBRE DE : la plus petite quantité de (souvent en tournure négative). V. **Soupçon, trace.** *Il n'y a pas l'ombre d'un doute.* • 5° Dans certaines croyances, Apparence d'une personne qui survit après sa mort. V. **Âme, fantôme.** *Le royaume des ombres.* • 6° Reflet affaibli (de ce qui a été). *Un vieillard qui n'est plus que l'ombre de lui-même.* ▼ **OMBRER.** *v. tr.* (1). Marquer de traits ou de couleurs figurant les ombres, en dessinant ou en peignant. *Ombrer un dessin, un tableau. Partie ombrée.* ▼ **OMBREUX, EUSE.** *adj.* • 1° *Littér.* Qui donne de l'ombre. *Les hêtres ombreux.* • 2° Qui est à l'ombre ; où il y a beaucoup d'ombre. *Bois ombreux.* V. **Sombre, ténébreux.** || Contr. **Ensoleillé.** ||

OMBRELLE [ɔ̃bʀɛl]. *n. f.* • Petit parasol portatif de femme. *S'abriter du soleil sous une ombrelle.*

-OME. • Élément signifiant « maladie ».

OMÉGA [ɔmega]. *n. m.* • Dernière lettre de l'alphabet grec.

OMELETTE [ɔmlɛt]. *n. f.* • Œufs battus et cuits à la poêle auxquels on peut ajouter divers éléments. *Omelette aux champignons, au jambon.* — Loc. *On ne fait pas d'omelettes sans casser des œufs*, pour obtenir certains résultats, des moyens brutaux sont parfois nécessaires.

OMETTRE [ɔmɛtʀ(ə)]. *v. tr.* (56) • S'abstenir ou négliger de considérer, de mentionner ou de faire (ce qu'on pourrait, qu'on devrait considérer, mentionner, faire). V. **Oublier, taire.** *N'omettre aucun détail. Il a omis de nous prévenir.* ▼ **OMISSION** [ɔmisjɔ̃]. *n. f.* Le fait, l'action d'omettre qqch. ; la chose omise. *Omission volontaire ; involontaire.* V. **Absence, lacune, manque, négligence, oubli.** *Sauf erreur ou omission*, si l'on n'a rien oublié, si l'on ne s'est pas trompé. *Mensonge par omission.*

OMN(I)-. • Élément savant signifiant « tout ».

OMNIBUS [ɔmnibys]. *n. m.* et *adj.* • Train qui dessert toutes les stations. *Prendre un omnibus* (*opposé à* express). — *Train omnibus.*

OMNIPOTENCE [ɔmnipɔtɑ̃s]. *n. f.* • Puissance absolue, sans limitation ; toute-puissance. ▼ **OMNIPOTENT, ENTE.** *adj.* Tout-puissant.

OMNIPRATICIEN, IENNE. *n.* • Médecin de médecine générale. — Syn. *Généraliste.* | Contr. **Spécialiste.** ||

OMNIPRÉSENCE. *n. f.* • *Littér.* Présence en tout lieu. V. **Ubiquité.** *L'omniprésence de Dieu.* ▼ **OMNIPRÉSENT, ENTE.** adj. *Littér.* Qui est partout, ou toujours. *Une préoccupation omniprésente.*

OMNISCIENCE. *n. f.* • *Littér.* Science de toute chose. ▼ **OMNISCIENT, ENTE.** adj. *Littér.* Qui sait tout. *Nul n'est omniscient.* V. **Universel.**

OMNIUM [ɔmnjɔm]. *n. m.* ★ **I.** Société financière ou commerciale qui s'occupe de toutes les branches d'un secteur économique. *L'omnium des pétroles.* ★ **II.** Compétition cycliste sur piste, combinant plusieurs courses.

OMNIVORE [ɔmnivɔʀ]. *adj.* • Qui se nourrit indifféremment d'aliments d'origine animale ou végétale. *L'homme, le chien sont omnivores.* || Contr. **Carnivore, herbivore.** ||

OMOPLATE [ɔmɔplat]. *n. f.* • 1° Os plat triangulaire de l'épaule, en haut du dos. • 2° Le plat de l'épaule. *Il a reçu un coup sur l'omoplate.*

ON [ɔ̃]. *pron. indéf.* • Pronom personnel indéfini de la 3e personne, invariable, faisant toujours fonction de sujet. ★ **I.** • 1° Les hommes en général, les gens, l'opinion. *On dit que*, le bruit court. *C'est, comme on dit, un beau brin de fille* (V. **On-dit**). *On a souvent besoin d'un plus petit que soi.* • 2° Une personne quelconque, qqn. *On apporta le dessert*, le dessert fut apporté. ★ **II.** (Représentant la 1re ou la 2e personne ; emplois stylistiques). • 1° *Fam.* Tu, toi, vous. *Eh bien ! on ne s'en fait pas !* • 2° Je, moi. *Oui, oui ! on y va.* — (Dans un écrit) *On montrera dans ce livre que...* • 3° *Fam.* Nous. *Nous, vous savez, on ne fait pas toujours ce qu'on veut. On ira au cinéma. On est toujours les derniers.*

ONAGRE [ɔnagʀ(ə)]. *n. m.* • Âne sauvage de grande taille.

ONCE [ɔ̃s]. *n. f.* • 1° Mesure de poids anglaise qui vaut la seizième partie de la livre. • 2° UNE ONCE DE... : très petite quantité. *Il n'a pas une once de bon sens.* V. **Grain.**

ONCLE [ɔ̃kl(ə)]. *n. m.* • Le frère du père ou de la mère et aussi le mari de la tante. *Oncle paternel, maternel. Oncle par alliance. L'oncle et ses neveux.*

ONCTION [ɔ̃ksjɔ̃]. *n. f.* • 1° Rite qui consiste à oindre une personne ou une chose (avec de l'huile sainte) en vue de lui conférer un caractère sacré. *L'onction dans les sacrements du baptême, de la confirmation, etc.* • 2° *Littér.* Douceur dans les gestes, les paroles, qui dénote de la piété, de la dévotion et y incite. *Des gestes pleins d'onction.* ▼ **1. ONCTUEUX, EUSE** [ɔ̃ktɥø, øz]. adj. *Littér.* ; ou *iron.* Qui a de l'onction. *Des manières onctueuses.* || Contr. **Sec.** || ▼ **ONCTUEUSEMENT.** adv. *Littér.* Avec onction. ▼ **1. ONCTUOSITÉ.** *n. f.*

2. ONCTUEUX, EUSE [ɔ̃ktɥø, øz]. *adj.* • Qui est assez épais et doux au toucher, au palais. *Liquide onctueux. Potage onctueux.* V. **Moelleux, velouté.** ▼ **2. ONCTUOSITÉ.** *n. f.*

1. ONDE [ɔ̃d]. *n. f.* • *Littér.* et *vieilli.* L'eau de la mer, les eaux (courantes ou stagnantes). *Onde limpide, transparente.* ▼ **ONDÉE** [ɔ̃de]. *n. f.* Pluie soudaine et de peu de durée. *Être surpris par une ondée.* V. **Averse.**

2. ONDE. *n. f.* • 1° En sciences, Déformation, ébranlement ou vibration dont l'amplitude est une fonction périodique des variables de temps et d'espace. *Crête, creux d'une onde.* — *Ondes liquides,* ondes concentriques qui se propagent dans l'eau quand on y jette une pierre. V. **Rond.** — *Ondes sonores.* V. **Son ; résonance.** — ONDES ÉLECTROMAGNÉTIQUES : famille d'ondes qui ne nécessite aucun milieu matériel connu pour leur propagation. ONDES HERTZIENNES ou *radio-électriques* (V. **Radio).** *Ondes courtes, petites ondes, grandes ondes. Écouter une émission sur ondes courtes.* — Fam. *Être sur la même longueur d'onde,* se comprendre. • 2° LES ONDES : la radiodiffusion. *Sur les ondes ou dans la presse. Il passe sur les ondes mardi à 14 h.*

ONDINE. *n. f.* • Déesse des eaux, dans la mythologie nordique.

ON-DIT [ɔ̃di]. *n. m. invar.* • Bruit qui court. V. **Racontar, rumeur.** *Ce ne sont que des on-dit.*

ONDOYER [ɔ̃dwaje]. *v.* (8) ★ **I.** *V. intr.* Remuer, se mouvoir en s'élevant et s'abaissant alternativement. *Drapeau qui ondoie dans le vent.* V. **Flotter, onduler.** ★ **II.** *V. tr.* Baptiser par ondoiement. *Ondoyer un nouveau-né.* ▼ **ONDOIEMENT** [ɔ̃dwamɑ̃]. *n. m.* • 1° Mouvement de ce qui ondoie. *L'ondoiement des herbes dans le vent.* • 2° Baptême provisoire, sans les rites et prières habituels. ▼ **ONDOYANT, ANTE.** *adj.* • 1° Qui ondoie, a le mouvement de l'onde. *Les blés ondoyants. Une démarche ondoyante.* V. **Ondulant.** • 2° Littér. *(Abstrait).* Qui est mobile, change aisément. *Caractère ondoyant.* V. **Changeant, inconstant, variable.**

ONDULATION. *n. f.* • 1° Mouvement alternatif de ce qui s'élève et s'abaisse en donnant l'impression d'un déplacement ; mouvement sinueux. *Ondulation des vagues, des blés.* • 2° Ligne, forme sinueuse, faite de courbes alternativement concaves et convexes. *Les ondulations des cheveux.* V. **Cran.** — *Ondulation du sol, du terrain,* suite de dépressions et de saillies dues à un plissement. V. **Pli.** • 3° Action de faire onduler, de friser (les cheveux).

ONDULER [ɔ̃dyle]. *v.* (1) • 1° *V. intr.* Avoir un mouvement sinueux d'ondulation. V. **Ondoyer.** *Images qui ondulent dans l'eau.* • 2° Présenter des ondulations (2°). *Ses cheveux ondulent naturellement.* • 3° V. tr. *Onduler des cheveux au fer* (V. **Friser**). — ONDULÉ, ÉE. *p. p. adj.* Qui fait des ondulations. ▼ **ONDULANT, ANTE.** *adj.* Qui ondule. *Démarche ondulante.* V. **Ondoyant.** ▼ **ONDULATOIRE.** *adj.* • 1° Qui a les caractères d'une onde (2). *Mouvement ondulatoire du son.* • 2° Qui se rapporte aux ondes. *Mécanique ondulatoire,* théorie selon laquelle toute particule est considérée comme associée à une onde périodique. ▼ **ONDULEUX, EUSE.** *adj.* • 1° Qui présente de larges ondulations. V. **Courbe, ondulé, sinueux.** *Plaine onduleuse.* || Contr. **Plat.** || • 2° Qui ondule. V. **Ondoyant, ondulant.** *Un mouvement onduleux.*

ONÉREUX, EUSE [ɔneʀø, øz]. • 1° Qui impose des frais, des dépenses. V. **Cher, coûteux, dispendieux.** *C'est trop onéreux pour nous.* || Contr. **Gratuit ; avantageux, économique.** || • 2° À TITRE ONÉREUX : sous la condition d'acquitter une charge, une obligation (terme de droit). || Contr. **Gracieux.** ||

ONGLE [ɔ̃gl(ə)]. *n. m.* • 1° Partie cornée à l'extrémité des doigts. V. **Onycho-.** *Ongle des mains, des pieds. Ronger ses ongles. Se curer, se brosser les ongles. Brosse à ongles. Vernis, rouge à ongles. Donner un coup d'ongle,* griffer. — Loc. *Être qqch. jusqu'au bout des ongles,* l'être tout à fait. *Connaître, savoir qqch. sur le bout des ongles,* à fond. • 2° Griffe des carnassiers. — Serre des rapaces.

ONGLÉE [ɔ̃gle]. *n. f.* • Engourdissement douloureux de l'extrémité des doigts, provoqué par le froid (surtout dans *Avoir l'onglée*).

ONGLET [ɔ̃glɛ]. *n. m.* • Petite bande de papier (repliée sur le côté ou rapportée) permettant d'insérer dans un ouvrage une feuille isolée. *Monter des gravures sur onglet.* — Entaille, échancrure (sur un instrument, sur la lame d'un canif, d'un couteau, pour permettre de tirer la lame).

ONGULÉ, ÉE [ɔ̃gyle]. *adj.* et *n. m. pl.* • Se dit des animaux dont les pieds sont terminés par des productions cornées.

ONGUENT [ɔ̃gɑ̃]. *n. m.* • Médicament de consistance pâteuse, composé de substances grasses ou résineuses, et que l'on applique sur la peau. V. **Crème, liniment, pommade.** *Appliquer un onguent sur une brûlure.*

ONIR(O)-. • Élément savant signifiant « rêve ». ▼ **ONIRIQUE** [ɔniʀik]. *adj.* • 1° Relatif aux rêves. *Visions de l'état onirique.* • 2° Qui évoque un rêve, semble sorti d'un rêve. *Atmosphère, décor onirique.*

ONOMASTIQUE [ɔnɔmastik]. *adj.* • Relatif aux noms propres, à leur étude.

ONOMATOPÉE [ɔnɔmatɔpe]. *n. f.* • Mot qui imite par le son la chose dénommée (son ou cause d'un son). *Gazouillis, boum, crac, vrombir... sont des onomatopées.* ▼ **ONOMATOPÉIQUE** [ɔnɔmatɔpeik]. *adj.*

ONTO-. • Élément savant signifiant « l'être, ce qui est ». ▼ **ONTOLOGIE** [ɔ̃tɔlɔʒi]. *n. f.* Partie de la métaphysique qui traite de l'*être,* indépendamment de ses déterminations particulières. ▼ **ONTOLOGIQUE.** adj. *Preuve ontologique de l'existence de Dieu.*

O.N.U. [ɔny ; ɔɛny]. *n. f.* • Abréviation de *Organisation des Nations unies.*

ONYCH(O)-. • Élément savant signifiant « ongle ».

-ONYME, -ONYMIE, -ONYMIQUE. • Éléments savants signifiant « nom ».

ONYX [ɔniks]. *n. m.* • Variété d'agate présentant des zones concentriques régulières de diverses couleurs. *Coupe en onyx.*

ONZE [ɔ̃z]. *adj.* et *n. m.* ★ **I.** • 1° *Adj. num. cardinal invar.* Nombre correspondant à dix plus un (11). *Un enfant de onze ans. Il n'y a qu'onze pages* ou *que onze pages. Onze cents* (ou *mille cent*). • 2° *Adj. ordinal.* V. **Onzième.** *Louis XI (onze). Chapitre onze.* ★ **II.** N. m. *Onze plus deux. Le onze. Le onze novembre,* le onzième jour. — Équipe de onze joueurs, au football. *Les joueurs sélectionnés pour le onze de France.* ▼ **ONZIÈME**

[ɔ̃zjɛm]. *adj.* et *n.* • 1° *Adj.* Qui vient immédiatement après le dixième. *Le onzième jour. Les ouvriers de la onzième heure*, ceux qui arrivent en dernier. — Subst. *Il est le onzième.* • 2° *N. m.* La onzième partie. *Un onzième de l'héritage.* ▼ **ONZIÈMEMENT.** *adv.*

OOCYTE [ɔɔsit]. *n. m.* • Nom savant de l'ovule.

OPACIFIER, OPACITÉ. V. OPAQUE.

OPALE [ɔpal]. *n. f.* • Pierre précieuse opaque ou translucide, blanche à reflets irisés. *Opale noble, opale de feu, opale miellée.* ▼ **OPALESCENT, ENTE.** adj. *Littér.* Qui a la couleur, les reflets de l'opale. ▼ **OPALIN, INE.** *adj.* Qui a l'aspect de l'opale. V. **Blanchâtre, laiteux.** ▼ **OPALINE.** *n. f.* Substance vitreuse dont on fait des vases, des ornements.

OPAQUE [ɔpak]. *adj.* • 1° Qui s'oppose au passage de la lumière. *Verre opaque.* || Contr. **Translucide, transparent.** || • 2° OPAQUE À... : qui s'oppose au passage de (certaines radiations). *Corps opaque aux rayons ultraviolets, aux rayons X.* • 3° Impénétrable, très sombre. || Contr. **Clair.** || *Nuit opaque.* ▼ **OPACIFIER.** *v. tr.* (7). Rendre opaque. ▼ **OPACITÉ.** *n. f.* Propriété d'un corps qui ne se laisse pas traverser par la lumière.

OPÉRA [ɔpeʀa]. *n. m.* • 1° Ouvrage dramatique mis en musique, composé de récitatifs, d'airs, de chœurs et parfois de danses avec accompagnement d'orchestre. *Grand opéra. Opéra bouffe*, dont les personnages et le sujet sont empruntés à la comédie. V. **Opéra-comique, opérette.** *Le livret, la musique d'un opéra.* — Genre musical constitué par ces ouvrages. *Aimer l'opéra.* • 2° Théâtre où l'on joue ces sortes d'ouvrages. *La Scala de Milan, célèbre opéra italien.* ▼ **OPÉRA-COMIQUE** [ɔpeʀakɔmik]. *n. m.* Drame lyrique composé d'airs chantés avec accompagnement orchestral, alternant parfois avec des dialogues parlés. V. *aussi* **Opérette.**

OPÉRABLE, OPÉRANT, OPÉRATEUR. V. OPÉRER.

OPÉRATION [ɔpeʀɑsjɔ̃]. *n. f.* • 1° Action d'un pouvoir, d'une fonction, d'un organe qui produit un effet. *Les opérations de la digestion.* — Loc. *Par l'opération du Saint-Esprit*, par un moyen mystérieux et efficace. *Il s'est enrichi très vite, comme par l'opération du Saint-Esprit.* • 2° Acte ou série d'actes (matériels ou intellectuels) en vue d'obtenir un résultat déterminé. V. **Entreprise, exécution, travail.** *Opérations industrielles, chimiques.* • 3° En mathématiques, Processus de nature déterminée qui, à partir d'éléments connus, permet d'en engendrer un nouveau. V. **Calcul.** *Opérations fondamentales*, addition, soustraction, multiplication, division (les *quatre opérations*), élévation à une puissance, extraction d'une racine. • 4° *Opération (chirurgicale)*, toute action mécanique sur une partie du corps vivant en vue de la modifier. V. **Intervention.** *Subir une opération. Opération sous anesthésie. Table d'opération* (V. **Billard**). • 5° Ensemble de mouvements, de manœuvres militaires, de combats (V. **Bataille, campagne**). *Avoir, prendre l'initiative des opérations.* — *Opération de police.* — *Fam.* Série de mesures coordonnées en vue d'atteindre un résultat. *Opération « baisse des prix ».* • 6° Affaire commerciale, spéculation. *Opération commerciale, financière. Opérations de bourse.* — Fam. *Vous n'avez pas fait là une belle opération !* ▼ **OPÉRATIONNEL, ELLE.** *adj.* • 1° Relatif aux opérations militaires. *Base opérationnelle.* • 2° *Recherche opérationnelle*, technique d'analyse scientifique (mathématique) des phénomènes d'organisation.

OPERCULE [ɔpɛʀkyl]. *n. f.* • Ce qui forme couvercle (pièces du corps d'animaux, etc.).

OPÉRER [ɔpeʀe]. *v. tr.* (6) • 1° Faire effet. V. **Agir.** *Le remède commence à opérer.* • 2° Accomplir (une action), effectuer (une transformation) par une suite ordonnée d'actes, une opération. V. **Exécuter, faire, réaliser.** *Il faut opérer un choix. Il faut opérer de cette manière.* V. **Procéder.** • 3° Soumettre à une opération chirurgicale (une personne, un organe). *Opérer qqn de l'appendicite.* — *Opérer un œil de la cataracte.* — Au p. p. *Malade opéré; tumeur opérée.* — N. *Les opérés en convalescence.* • 4° S'OPÉRER. *v. pron.* V. **Produire** (se). *L'expropriation publique s'opère par autorité de justice.* ▼ **OPÉRABLE.** *adj.* Qui peut être opéré (3°), est en état de l'être. *Malade opérable. Cancer opérable.* ▼ **OPÉRANT, ANTE.** *adj.* Qui produit un effet. *Nos mesures ont été opérantes.* V. **Agissant, efficace.** ▼ **OPÉRATEUR, TRICE.** *n.* Personne qui exécute des opérations techniques déterminées, fait fonctionner un appareil. *Opérateur sur machines électriques. Opérateur de prise de vues*, ou *opérateur*, caméraman. *Chef opérateur.* ▼ **OPÉRATOIRE.** *adj.* • 1° Relatif aux opérations chirurgicales. *Bloc opératoire*, locaux et installations d'un centre chirurgical. — *Choc opératoire*, phénomènes morbides observés à la suite d'opérations. • 2° Qui concerne une opération (2°, 3°).

OPÉRETTE [ɔpeʀɛt]. *n. f.* • Petit opéra-comique dont le sujet et le style, légers et faciles, sont empruntés à la comédie (Cf. Opéra bouffe). *Chanteuse d'opérette.* — Par plaisant. *Héros, armée d'opérette*, qu'on ne peut prendre au sérieux.

OPHICLÉIDE [ɔfikleid]. *n. m.* • Gros instrument de musique en cuivre.

OPHIDIENS [ɔfidjɛ̃]. *n. m. pl.* • Serpents.

OPHTALM(O)-, -OPHTALMIE. • Éléments savants signifiant « œil ».

OPHTALMIE [ɔftalmi]. *n. f.* • Affection, maladie inflammatoire de l'œil. V. **Conjonctivite.** ▼ **OPHTALMIQUE.** *adj.* Relatif à l'œil, aux yeux. V. **Oculaire.** *Nerf ophtalmique.* ▼ **OPHTALMOLOGIE.** *n. f.* Étude de l'œil ; médecine de l'œil. ▼ **OPHTALMOLOGIQUE.** *adj.* Relatif à l'ophtalmologie. — *Clinique ophtalmologique.* ▼ **OPHTALMOLOGISTE** ou **OPHTALMOLOGUE.** *n.* Anatomiste, physiologiste, médecin spécialiste de l'œil. *Consulter un ophtalmologiste.* ▼ **OPHTALMOSCOPIE.** *n. f.* Examen du fond de l'œil.

OPINER [ɔpine]. *v. intr.* (1) • Littér. *Opiner à,* donner son assentiment. V. **Adhérer, approuver.** — Loc. *Opiner du bonnet,* manifester qu'on est d'accord.

OPINIÂTRE [ɔpinjɑtʀ(ə)]. *adj.* • **1°** *Littér.* Tenace dans ses idées, ses résolutions. V. **Acharné, obstiné, persévérant, tenace.** *Esprit, caractère opiniâtre.* • **2°** *(Choses).* Qui ne cède pas, que rien n'arrête. *Opposition opiniâtre.* V. **Irréductible, obstiné.** *Travail opiniâtre. Toux opiniâtre.* V. **Persistant.** ▼ **OPINIÂTREMENT.** *adv.* Obstinément. ▼ **OPINIÂTRETÉ.** *n. f.* Persévérance tenace. V. **Détermination, fermeté, ténacité.** *Travailler, lutter, résister avec opiniâtreté.* V. **Acharnement.**

OPINION [ɔpinjɔ̃]. *n. f.* ★ **I.** • **1°** Manière de penser, de juger. V. **Appréciation, avis; conviction, croyance, idée, jugement, pensée, point de vue.** *Avoir une opinion, l'opinion que...* V. **Considérer, croire, estimer, juger, penser** *(verbes d'opinion). Adopter, suivre une opinion. Avoir la même opinion que qqn. Il partage les opinions de son frère. Être de l'opinion du dernier qui a parlé. Divergences d'opinions. — Donner, exprimer son opinion.— Défendre, soutenir une opinion. Avoir le courage de ses opinions,* les soutenir avec franchise. — *Opinions toutes faites.* V. **Préjugé.** — *C'est une affaire d'opinion,* où intervient le jugement subjectif de chacun. • **2°** *Plur.* ou *collectif.* Idée ou ensemble des idées que l'on a, dans un domaine déterminé. V. **Doctrine, système, théorie.** *Opinions philosophiques, politiques. Opinions avancées, subversives. — Liberté d'opinion.* • **3°** *Avoir bonne, mauvaise opinion de qqn,* le juger bien ou mal. — *Avoir bonne opinion de soi,* être content de soi. ★ **II.** • **1°** Jugement collectif, ensemble de jugements de valeur (sur qqch. ou qqn). *L'opinion des autres, du monde. — L'opinion,* les jugements portés par la majorité d'un groupe social. *Braver l'opinion.* • **2°** Ensemble des opinions d'un groupe social. *L'opinion ouvrière. L'opinion française.* — Ensemble des attitudes d'esprit dominantes dans une société, de ceux qui partagent ces attitudes. *L'opinion publique. Sondages d'opinion. L'opinion est unanime, divisée.*

OPIUM [ɔpjɔm]. *n. m.* • Suc du fruit d'un pavot, utilisé comme stupéfiant. *Prendre de l'opium pour dormir.* — Loc. *La religion est l'opium du peuple* (Karl Marx), elle l'endort, l'éloigne des problèmes réels. ▼ **OPIOMANE** [ɔpjɔman]. *n.* Toxicomane qui fume ou mange de l'opium. ▼ **OPIOMANIE.** *n. f.*

OPOSSUM [ɔpɔsɔm]. *n. m.* • Espèce de sarigue à beau pelage noir, blanc et gris ; sa fourrure. *Manteau d'opossum.*

OPPORTUN, UNE [ɔpɔʀtœ̃, yn]. *adj.* • Qui vient à propos. V. **Convenable.** *Au moment opportun.* V. **Bon, favorable, propice.** *Il lui parut opportun de céder.* ▼ **OPPORTUNÉMENT.** *adv.* À propos. ▼ **OPPORTUNITÉ.** *n. f.* Caractère de ce qui est opportun. V. **À-propos.** *Discuter de l'opportunité d'une mesure.*

OPPORTUNISME [ɔpɔʀtynism(ə)]. *n. m.* • Comportement ou politique qui consiste à tirer parti des circonstances, en transigeant, au besoin, avec les principes. ▼ **OPPORTUNISTE.** *n.* et *adj.*

OPPOSABLE. *adj.* • Qui peut être opposé. *Le pouce est opposable aux autres doigts de la main. — Raison opposable à une décision.*

OPPOSANT, ANTE. *adj.* et *n.* • **1°** Qui s'oppose à (un acte juridique, un jugement, une mesure, une autorité). *La minorité opposante.* • **2°** *N.* Personne opposante. V. **Adversaire.** *Les opposants au régime. Une opposante.* ‖ Contr. **Défenseur, soutien.** ‖

OPPOSÉ, ÉE. *adj.* et *n. m.* ★ **I.** *Adj.* • **1°** Se dit *(au plur.)* de choses situées de part et d'autre et qui sont orientées face à face, dos à dos (V. **Symétrique**) ; se dit *(au sing.)* d'une de ces choses par rapport à l'autre. *Les pôles sont diamétralement opposés. Du côté opposé. — Sens opposé.* V. **Contraire, inverse.** • **2°** Qui fait contraste. *Couleurs opposées.* • **3°** Qui est aussi différent que possible (dans le même ordre d'idées). V. **Contraire.** *Ils ont des goûts opposés, des opinions opposées. Concilier des intérêts opposés.* ‖ Contr. **Analogue, identique, semblable.** ‖ — *Nombres opposés,* de même valeur absolue et de signe contraire (+ 5 et — 5). • **4°** Qui s'oppose (à), se dresse contre. V. **Adversaire, ennemi** (de), **hostile.** *Être opposé à tous les excès.* ★ **II.** *N. m.* • **1°** Côté opposé, sens opposé. *L'opposé du nord est le sud.* • **2°** *(Abstrait).* Ce qui est opposé. V. **Contraire.** *Soutenir l'opposé d'une opinion.* V. **Contrepartie, contre-pied.** — Fam. *Cet enfant est tout l'opposé de son frère* (Cf. C'est le jour et la nuit). • **3°** *Loc. adv.* À L'OPPOSÉ : du côté opposé. *La gare est à l'opposé. — Loc. prép.* À L'OPPOSÉ DE... : du côté opposé à. — D'une manière opposée à. V. **Contradiction** (en). *À l'opposé de X, Y pense que rien n'est perdu.* V. **Contrairement** (à).

OPPOSER [ɔpoze]. *v. tr.* (1) ★ **I.** *V. tr.* • **1°** Alléguer (une raison qui fait obstacle à ce qu'une personne a dit, pensé). V. **Objecter, prétexter.** *Il n'y a rien à opposer à cela.* V. **Répondre.** ‖ Contr. **Acquiescer.** ‖ • **2°** Mettre en face, face à face pour le combat. *Opposer une armée puissante à l'ennemi. — Opposer une personne à une autre.* V. **Dresser, exciter** (contre). *Des questions d'intérêt les opposent.* V. **Diviser.** • **3°** Placer (qqch.) en face pour faire obstacle. *Opposer une digue aux crues d'un fleuve.* — Présenter (un obstacle). *La résistance qu'oppose le mur.* • **4°** Placer en face de ; mettre vis-à-vis. *Opposer deux objets, un objet à un autre.* — Juxtaposer (des éléments opposés). *Opposer deux couleurs, le noir au blanc.* • **5°** Montrer ensemble, comparer (deux choses totalement différentes) ; présenter comme contraire. *Opposer l'ordre à (et) la liberté.* — Mettre en comparaison, en parallèle avec. *Quels orateurs pouvait-on opposer à Cicéron, à Sénèque?* ★ **II.** S'OPPOSER. *v. pron.* • **1°** Faire obstacle ou mettre obstacle *(personnes).* V. **Contrarier, contrecarrer, empêcher, interdire.** *Ses parents s'opposent à son mariage. Je m'y oppose formellement.* — Agir contre, résister (à qqn) ; agir à l'inverse de (qqn). V. **Braver.**

résister. *Pour toutes les choses importantes, je m'oppose à lui.* • 2° *(Choses).* Faire obstacle. V. **Empêcher, entraver.** *Leur religion s'y oppose.* V. **Défendre, interdire.** • 3° Faire contraste. *Couleurs qui s'opposent.* — Être totalement différent. V. **Opposé.** Être le contraire. *Haut s'oppose à bas, est opposé à bas.*

OPPOSITE (À L') [alɔpozit]. *loc.* • À L'OPPOSITE (DE) : dans une direction opposée. *Leurs maisons sont situées à l'opposite l'une de l'autre.* V. **Face** (en face), **vis-à-vis.**

OPPOSITION [ɔpozisjɔ̃]. *n. f.* ★ **I.** • 1° Rapport de choses opposées qui ne peuvent coexister sans se nuire ; de personnes que leurs opinions, leurs intérêts dressent l'une contre l'autre. V. **Désaccord, heurt, lutte.** || Contr. **Accord, alliance.** || *Opposition de deux adversaires.* V. **Hostilité, rivalité.** — EN OPPOSITION. *Entrer en opposition avec qqn.* V. **Conflit, dispute.** • 2° Position de deux choses opposées, d'une chose opposée (à une autre). • 3° Effet produit par des objets, des éléments très différents juxtaposés. V. **Contraste.** *Opposition de couleurs, de sons.* || Contr. **Harmonie.** || • 4° Rapport de deux choses opposées, qu'on oppose ou qui s'opposent. V. **Différence.** *Opposition des contraires. Opposition de deux vérités, de deux principes.* V. **Antithèse.** || Contr. **Conformité, correspondance.** || — EN OPPOSITION. *Sa conduite est en opposition avec ses idées.* — PAR OPPOSITION *(loc. adv.)* ; PAR OPPOSITION À *(loc. prép.)* : par contraste avec, d'une manière opposée à. ★ **II.** • 1° Action, fait de s'opposer en mettant obstacle, en résistant. *Opposition de qqn à une action.* || Contr. **Adhésion, consentement.** || *Faire, mettre opposition à qqch. Faire de l'opposition.* • 2° Manifestation de volonté destinée à empêcher l'accomplissement d'un acte juridique. *Faire opposition à un chèque perdu.* • 3° Les personnes qui luttent contre, s'opposent à un gouvernement, un régime politique. V. **Opposant.** *Les partis de l'opposition.*

OPPRESSER [ɔpʀese]. *v. tr.* (1) • 1° Gêner (qqn) dans ses fonctions respiratoires, comme en lui pressant fortement la poitrine. *L'effort, la chaleur l'oppressaient.* — OPPRESSÉ, ÉE. adj. *Se sentir oppressé.* • 2° Accabler, étreindre. *Sa douleur l'oppresse et l'empêche d'agir.* V. **Étouffer.** ▼ **OPPRESSANT, ANTE.** *adj.* Qui oppresse. *Il fait une chaleur oppressante.*

OPPRESSEUR. *n. m.* • Celui qui opprime. V. **Tyran.** *L'oppresseur et les opprimés.* — Adj. *Un régime oppresseur.* V. **Oppressif.**

OPPRESSIF, IVE. *adj.* • Qui tend ou sert à opprimer. *Autorité oppressive.* V. **Tyrannique.**

OPPRESSION. *n. f.* • 1° Action, fait d'opprimer. *Oppression du faible par le fort.* V. **Domination.** *L'oppression d'un régime policier.* • 2° Gêne respiratoire, sensation d'un poids qui oppresse la poitrine. V. **Suffocation.**

OPPRIMER [ɔpʀime]. *v. tr.* (1) • 1° Soumettre à une autorité excessive et injuste, persécuter par des mesures de violence. V. **Asservir, écraser, tyranniser.** *Opprimer un peuple, les faibles.* || Contr. **Libérer.** || • 2° Empêcher de s'exprimer, de se manifester. V. **Étouffer.** *Opprimer les consciences.* • 3° Oppresser (se dit d'une sensation pénible). ▼ **OPPRIMÉ, ÉE.** *adj.* et *n.* Qui subit une oppression. *Populations opprimées.* — N. *Défendre, libérer les opprimés.* || Contr. **Oppresseur.** ||

OPPROBRE [ɔpʀɔbʀ(ə)]. *n. m.* • *Littér.* • 1° Ce qui humilie à l'extrême, publiquement. V. **Honte.** *Accabler, couvrir qqn d'opprobre. Jeter l'opprobre sur qqn.* • 2° Sujet de honte, cause de déshonneur. *Elle est l'opprobre de sa famille.*

OPTATIF, IVE. *adj.* • Qui exprime le souhait (terme de linguistique). — Subst. *L'optatif,* mode du verbe qui exprime le souhait.

OPTER [ɔpte]. *v. intr.* (1) • Faire un choix, prendre parti (entre deux ou plusieurs choses qu'on ne peut avoir ou faire ensemble). V. **Adopter, choisir, décider** (se). *Opter pour la nationalité française.* V. **Option.**

OPTICIEN, IENNE [ɔptisjɛ̃, jɛn]. *n.* • Personne qui fabrique, vend des instruments d'optique. *Faire faire ses lunettes chez l'opticien.* — Adj. *Diplôme d'ingénieur opticien.*

OPTIMISME [ɔptimism(ə)]. *n. m.* • 1° Tournure d'esprit qui dispose à prendre les choses du bon côté, en négligeant leurs aspects fâcheux. • 2° Sentiment de confiance heureuse, dans l'issue d'une situation particulière. *Envisager la situation avec optimisme.* || Contr. **Pessimisme.** || ▼ **OPTIMISTE.** *adj.* Qui est naturellement disposé à voir tout en beau, qui envisage l'avenir favorablement. *Il est optimiste.* — Subst. *C'est un optimiste, il est toujours content de son sort.* — *Le docteur n'est pas très optimiste* (pour le cas en question).

OPTIMUM [ɔptimɔm]. *n. m.* • État considéré comme le plus favorable pour atteindre un but déterminé ou par rapport à une situation donnée. *Optimum de production. Des optimums* ou *des optima.* — Adj. *Température optimum* ou *optima.* (On emploie aussi l'adj. OPTIMAL, ALE, AUX.)

OPTION [ɔpsjɔ̃]. *n. f.* • 1° Possibilité de choisir, d'opter. V. **Choix.** *Une option difficile à prendre. Matières, textes* À OPTION *dans le programme d'un examen.* V. **Facultatif.** • 2° Promesse unilatérale de vente à un prix déterminé sans engagement de la part du futur acheteur. *Prendre une option sur une place d'avion.*

OPTIQUE [ɔptik]. *adj.* et *n.* ★ **I.** *Adj.* et *n. f.* • 1° Relatif à l'œil, à la vision. *Nerf optique. Angle optique* ou *angle de vision.* • 2° Relatif à l'optique (II). *Verres optiques.* — *N. f.* L'OPTIQUE : partie optique (d'un appareil ; *opposé à* monture, accessoires). *L'optique d'une caméra.* ★ **II.** *N. f.* • 1° Science qui a pour objet l'étude de la lumière et des lois de la vision. *Appareils, instruments d'optique,* lunettes, jumelles, télescopes, microscopes... — Commerce, fabrication, industrie des appareils d'optique. *Optique médicale, astronomique, photographique.* • 2° Aspect particulier que prend un objet vu à distance d'un point déterminé. V. **Perspective.** *L'optique du théâtre, du cinéma.* — *(Abstrait)* Manière de voir. *Dans cette optique, il faut faire d'autres projets.*

OPULENCE [ɔpylɑ̃s]. *n. f.* • 1° Grande abondance de biens. V. **Abondance, fortune, richesse.** *Vivre dans le luxe et l'opulence.* || Contr. **Pauvreté.** || • 2° Ampleur des formes. ▼ **OPULENT, ENTE.** *adj.* • 1° Qui est très riche, qui est dans l'opulence. *Une région opulente,* qui produit beaucoup. *Vie opulente.* • 2° Qui a de l'ampleur dans les formes. *Poitrine opulente.* V. **Fort, gros.**

OPUS [ɔpys]. *n. m.* • Indication utilisée pour désigner un morceau de musique avec son numéro dans l'œuvre complète d'un compositeur (Abrév. *Op.*).

OPUSCULE [ɔpyskyl]. *n. m.* • Petit ouvrage, petit livre. V. **Brochure.**

1. OR [ɔʀ]. *n. m.* ★ **I.** • 1° Métal précieux jaune brillant. *L'or est inaltérable, inoxydable et malléable. Pépites, poudre d'or. Chercheur d'or. Or pur, or fin. Or jaune, or blanc.* — *Lingot d'or. Bijoux en or massif. Pièce, louis d'or.* • 2° Monnaie métallique faite avec ce métal. *Étalon or.* • 3° (Symbole de richesse, de fortune). *Le pouvoir de l'or.* — Loc. *Acheter, vendre, payer à prix d'or,* très cher. — *Valoir son pesant d'or,* valoir très cher, et être très précieux. — *J'ai fait une affaire d'or.* V. **Avantageux.** — *Rouler sur l'or,* être dans la richesse. *Je ne ferais pas cela pour tout l'or du monde,* à aucun prix. V. **Jamais.** • 4° Substance ayant l'apparence de l'or véritable. V. **Doré.** *L'or d'un cadre, d'une décoration.* ★ **II.** • 1° (En parlant de ce qui a une couleur jaune, un éclat comparable à celui de l'or). *L'or des blés. Cheveux d'or,* d'un blond doré. • 2° *(En loc.).* Chose précieuse, rare, excellente. *Parler d'or,* dire des choses très sages. — *Le silence est d'or,* il est encore meilleur que la parole (qui est *d'argent*). — *Être franc, bon comme l'or. Cœur d'or,* bon, généreux. — *Fam.* EN OR : excellent. *Elle a un mari en or.* — ÂGE D'OR : temps heureux d'une civilisation (ancien ou à venir). *Siècle d'or,* se dit d'une époque brillante de prospérité et de culture (*spécialt.* en Espagne). • 3° L'OR NOIR : le pétrole.

2. OR [ɔʀ]. *conj.* • Marque un moment particulier d'une durée ou d'un raisonnement. *Or, tout à coup, elle le vit dans le jardin.* V. **Alors.** — Ne pas confondre avec l'ancien adv. ORES.

ORACLE [ɔʀɑkl(ə)]. *n. m.* • 1° Dans l'Antiquité, Réponse qu'une divinité donnait à ceux qui la consultaient en certains lieux sacrés ; ce sanctuaire. V. **Divination.** *Les oracles de la pythie, de la sibylle. L'oracle de Delphes.* • 2° *Littér.* Opinion exprimée avec autorité et qui jouit d'un grand crédit. • 3° Personne qui parle avec autorité ou compétence. *C'est l'oracle de sa génération.*

ORAGE [ɔʀaʒ]. *n. m.* • 1° Perturbation atmosphérique violente, caractérisée par des phénomènes électriques (éclairs, tonnerre), souvent accompagnée de pluie, de vent. V. **Bourrasque, ouragan, tempête.** *Il va faire de l'orage. L'orage menace, éclate.* • 2° Trouble qui éclate ou menace d'éclater. Littér. *Les orages des passions. Il y a de l'orage dans l'air,* une nervosité qui laisse présager une dispute. || Contr. **Calme.** || ▼ **ORAGEUX, EUSE.** *adj.* • 1° Qui annonce l'orage ; qui a les caractères de l'orage. *Le temps est orageux. Chaleur, pluie orageuse.* — Troublé par l'orage. *Mer orageuse.* • 2° Tumultueux. *Discussion orageuse.* V. **Agité, mouvementé.**

ORAISON [ɔʀɛzɔ̃]. *n. f.* • 1° Prière. *L'oraison dominicale.* • 2° ORAISON FUNÈBRE : discours religieux prononcé à l'occasion des obsèques d'un personnage illustre.

ORAL, ALE, AUX [ɔʀal, o]. *adj.* • 1° (*Opposé à* écrit). Qui se fait, se transmet par la parole. V. **Verbal.** *Tradition orale.* — *Épreuves orales d'un examen.* Subst. *Il a réussi à l'écrit, mais échoué à l'oral.* • 2° De la bouche. V. **Buccal.** *Cavité orale. Voyelle orale* (*opposé à* nasale), en phonétique. ▼ **ORALEMENT.** *adv.* D'une manière orale. *Interroger un élève oralement.*

-ORAMA. • Second élément savant de mots signifiant « vue », parfois simplifié en *-rama.*

1. ORANGE [ɔʀɑ̃ʒ]. *n. f.* • Fruit comestible de l'oranger (agrume), d'un jaune tirant sur le rouge. *Quartier d'orange. Écorce d'orange.* V. **Zeste.** *Orange sanguine. Jus d'orange.* ▼ **ORANGEADE.** *n. f.* Boisson préparée avec du jus d'orange, du sucre et de l'eau. ▼ **ORANGER.** *n. m.* Arbre fruitier qui produit les oranges. *Eau de fleur d'oranger,* liqueur obtenue par la distillation des fleurs de l'oranger. ▼ **ORANGERAIE.** *n. f.* Plantation d'orangers cultivés en pleine terre. ▼ **ORANGERIE.** *n. f.* • 1° Serre où l'on met à l'abri, pendant la saison froide, les orangers cultivés dans des caisses. • 2° Partie d'un jardin où les orangers son[t] placés pendant la belle saison.

2. ORANGE. *adj. invar.* • D'une couleu[r] semblable à celle de l'orange. *Des ruban[s] orange.* — Subst. m. *Un orange clair, soutenu* ▼ **ORANGÉ, ÉE.** *adj.* et *n. m.* • 1° D'un[e] couleur formée par la combinaison du jaun[e] et du rouge. V. **Orange.** *Soie orangée.* • • 2° *N. m.* Cette couleur.

ORANG-OUTAN, ORANG-OUTAN[G] [ɔʀɑ̃utɑ̃]. *n. m.* • Grand singe anthropoïd[e] d'Asie, à longs poils, aux membres antérieur[s] très longs. *Des orangs-outans.*

ORATEUR, TRICE [ɔʀatœʀ, tʀis]. *n. m* • *Rare* au fém. ; on peut employer le masc en parlant d'une femme. • 1° Personne qu[i] compose et prononce des discours. V. **Conférencier.** *Orateur éloquent.* — Personne qu[i] est amenée occasionnellement à prendre [la] parole. *À la fin du banquet, l'orateur a é[té] très applaudi.* • 2° Personne éloquente, qu[i] sait parler en public. *Ce conférencier n'e[st] pas un orateur.*

1. ORATOIRE [ɔʀatwaʀ]. *adj.* • Q[ui] appartient ou convient à l'orateur, à l'a[rt] de parler en public ; qui a le caractère d[es] ouvrages d'éloquence. *Art oratoire. Dévelo[p]pement oratoire,* discours. *Joute oratoire.*

2. ORATOIRE [ɔʀatwaʀ]. *n. m.* • [1°] Petite chapelle. • 2° Nom de congrégatio[n] religieuses. ▼ **ORATORIEN** [ɔʀatɔʀjɛ̃]. *n. m.* Membre de la congrégation religieuse de l'Oratoire. *Malebranche, Massillon, oratoriens célèbres.*

ORATORIO [ɔʀatɔʀjo]. *n. m.* • Drame lyrique sur un sujet en général religieux. *L'oratorio de Noël, de Bach. Des oratorios et des cantates.*

ORBE [ɔʀb(ə)]. *n. m.* • *Didact.* • **1°** Espace circonscrit par l'orbite d'une planète ou de tout corps céleste. *Surface d'un orbe elliptique.* • **2°** Globe, sphère (d'un astre).

1. ORBITE [ɔʀbit]. *n. f.* • Cavité osseuse dans laquelle se trouvent placés l'œil et ses annexes. *Avoir les yeux qui sortent des orbites.* V. **Exorbité.**

2. ORBITE. *n. f.* • **1°** Trajectoire courbe d'un corps céleste ayant pour foyer un autre corps céleste. *La Terre parcourt son orbite autour du Soleil en 365 jours 6 h 9 mn. — L'orbite d'un satellite artificiel.* • **2°** Milieu où s'exerce une activité, l'influence de qqn. V. **Sphère.** *Attirer, entraîner qqn dans son orbite.* ▼ **ORBITAL, ALE, AUX.** *adj.* De l'orbite (1°). *Vitesse orbitale.*

1. ORCHESTRE [ɔʀkɛstʀ(ə)]. *n. m.* • Dans une salle de spectacle, Ensemble des places du rez-de-chaussée les plus proches de la scène ou de l'écran. *Fauteuil d'orchestre.*

2. ORCHESTRE. *n. m.* • Groupe d'instrumentistes qui exécute de la musique polyphonique. *Grands et petits orchestres.* V. **Ensemble, formation.** *Orchestre symphonique. Concerto pour violon et orchestre. Orchestre (de musique) de chambre. Orchestre de jazz, de danse. — La fosse d'orchestre,* où est l'orchestre, dans un théâtre. ▼ **ORCHESTRAL, ALE, AUX.** *adj.* Propre à l'orchestre symphonique. *Musique orchestrale.* — Qui a les qualités de l'orchestre. *Style orchestral.* ▼ **ORCHESTRATION.** *n. f.* • **1°** Action, manière d'orchestrer. V. **Instrumentation.** • **2°** Adaptation (d'une œuvre musicale) pour l'orchestre. V. **Arrangement.** ▼ **ORCHESTRER.** *v. tr.* (1) • **1°** Composer (une partition) en combinant les parties instrumentales. *Œuvre puissamment orchestrée.* — Adapter pour l'orchestre. V. **Arranger.** *Ravel a orchestré les « Tableaux d'une exposition » de Moussorgsky.* • **2°** Organiser en cherchant à donner le maximum d'ampleur. *Orchestrer une campagne de presse.*

ORCHIDÉE [ɔʀkide]. *n. f.* • Plante dont les fleurs groupées en grappes parfumées sont recherchées pour leur beauté. *Offrir des orchidées.*

ORDINAIRE [ɔʀdinɛʀ]. *adj.* et *n. m.* ★ **I.** *Adj.* • **1°** Conforme à l'ordre normal, habituel des choses. V. **Courant, usuel.** || Contr. **Anormal, exceptionnel, extraordinaire.** || *Trajet, horaire ordinaire.* Fam. *Une histoire pas ordinaire* [paɔʀdinɛʀ]. — Coutumier (à qqn). *Sa maladresse ordinaire.* • **2°** Dont la qualité est courante, qui n'a aucun caractère spécial. *De l'eau ordinaire ou de l'eau minérale ? Du papier ordinaire. Un objet de série ordinaire.* V. **Standard.** • **3°** *Péj.* Dont la qualité ne dépasse pas le niveau moyen. V. **Banal, commun.** *Les génies et les hommes ordinaires. Des gens très ordinaires,* de condition sociale très modeste, ou peu distingués. || Contr. **Remarquable.** || ★ **II.** *N. m.* • **1°** Le degré habituel, moyen (d'une chose). *Il est d'une intelligence très au-dessus de l'ordinaire.* • **2°** Ce que l'on mange, ce que l'on sert habituellement aux repas dans une communauté, dans l'armée, etc. V. **Alimentation.** *Un bon ordinaire.* • **3°** *Ordinaire de la messe,* ensemble des prières invariables. ★ **III.** *Loc. adv.* D'ORDINAIRE, À L'ORDINAIRE : de façon habituelle, le plus souvent. V. **Habitude** (d'). — *À son ordinaire,* comme il le fait d'habitude. ▼ **ORDINAIREMENT.** *adv.* D'une manière ordinaire (1°), habituelle. V. **Généralement, habituellement.** *Il vient ordinairement le matin.*

ORDINAL, ALE, AUX [ɔʀdinal, o]. *adj.* et *n. m.* • Qui marque l'ordre, le rang. *Nombre ordinal et nombre cardinal.* — Se dit en grammaire d'un adjectif numéral qui exprime le rang d'un élément dans un ensemble. — Subst. *Les ordinaux.*

ORDINATEUR [ɔʀdinatœʀ]. *n. m.* • Calculateur électronique doté de mémoires à grande capacité et de moyens de calcul ultra-rapides, pouvant adapter son programme aux circonstances et prendre des décisions complexes. *Programme d'un ordinateur.*

ORDINATION [ɔʀdinasjɔ̃]. *n. f.* • Acte par lequel est administré le sacrement de l'ordre et surtout la prêtrise (V. **Ordonner**).

1. ORDONNANCE [ɔʀdɔnɑ̃s]. *n. f.* • Disposition selon un ordre. V. **Agencement, arrangement, disposition, organisation.** *Ordonnance des mots dans la phrase. L'ordonnance d'un repas,* la suite des plats. — Groupement et équilibre des parties, en peinture, en architecture. *Ordonnance d'un appartement,* disposition des pièces.

2. ORDONNANCE. *n. f.* ★ **I.** Textes législatifs émanant de l'Exécutif (roi, gouvernement). V. **Constitution, loi.** ★ **II.** Prescriptions d'un médecin ; écrit qui les contient. *Médicament délivré seulement sur ordonnance.*

3. ORDONNANCE. *n. f.* • Autrefois, Domestique militaire, soldat attaché à un officier.

ORDONNER [ɔʀdɔne]. *v. tr.* (1) ★ **I.** Disposer, mettre dans un certain ordre. V. **Agencer, arranger, classer, organiser, ranger.** ★ **II.** Élever qqn à l'un des ordres de l'Église. V. **Consacrer.** *Ordonner un diacre, un prêtre.* ★ **III.** Prescrire par un ordre. V. **Commander, enjoindre, prescrire.** *Ordonner qqch. à qqn. Je vous ordonne de vous taire.* V. **Sommer.** ▼ **ORDONNATEUR, TRICE.** *n.* Personne qui dispose, met en ordre. *Ordonnateur d'une fête. — Ordonnateur des pompes funèbres,* qui accompagne et dirige les convois mortuaires. ▼ **ORDONNÉ, ÉE.** *adj.* • **1°** En bon ordre. *Maison bien ordonnée.* • **2°** *(Personnes).* Qui a de l'ordre et de la méthode. *Un enfant ordonné.* || Contr. **Confus ; brouillon.** ||

1. ORDRE [ɔʀdʀ(ə)]. *n. m.* ★ **I.** Relation intelligible entre plusieurs termes. V. **Organisation, structure.** • **1°** Disposition, succession régulière (de caractère spatial, temporel, logique, esthétique, moral). V. **Distribution.**

L'ordre des mots dans la phrase. Ordre chronologique, logique. Procédons par ordre. Dans l'ordre d'entrée en scène. — Disposition d'une troupe sur le terrain. *Ordre de marche, de bataille.* — ORDRE DU JOUR : sujets dont une assemblée doit s'occuper, dans un certain ordre. *Voter l'ordre du jour.* — Loc. adj. *À l'ordre du jour*, d'actualité. • 2° Disposition qui satisfait l'esprit, semble la meilleure possible. || Contr. **Chaos, confusion, désordre.** || *Mettre sa chambre, ses idées en ordre. — Mettre bon ordre à* (une situation), faire cesser le désordre. • 3° Qualité d'une personne qui a une bonne organisation, de la méthode, qui range les choses à leur place. *Cette maîtresse de maison a beaucoup d'ordre.* V. **Ordonné.** • 4° Principe de causalité ou de finalité du monde. *C'est dans l'ordre des choses, dans l'ordre*, c'est normal, inévitable. • 5° Organisation sociale. *Ébranler, renverser l'ordre établi.* || Contr. **Anarchie.** || Respect de la société établie. *Les partisans de l'ordre. — Le service d'ordre*, qui maintient l'ordre dans une réunion. *Les forces de l'ordre*, chargées de réprimer une émeute. • 6° Norme, conformité à une règle. *Tout est rentré dans l'ordre*, redevenu normal. *Rappeler qqn à l'ordre*, à ce qu'il convient de faire. ★ **II.** Catégorie, classe d'êtres ou de choses. V. **Groupe.** • 1° Espèce (choses abstraites). V. **Nature, sorte.** *Choses de même ordre. — Dans le même ordre, dans un autre ordre d'idées.* • 2° *(En loc.)*. Qualité, valeur. V. **Plan.** *C'est un écrivain de premier ordre. Une œuvre de second, de troisième ordre*, mineure. • 3° Système architectural antique ayant une unité de style. *Ordres grecs*, dorique, ionique, corinthien. • 4° Division de la société sous l'Ancien Régime. *Les trois ordres*, noblesse, clergé, tiers état. • 5° Groupe de personnes soumises à certaines règles professionnelles, morales. V. **Corporation, corps.** *L'ordre des médecins, des avocats.* • 6° Association de personnes vivant dans l'état religieux après avoir fait des vœux solennels. *Ordres monastiques. Règle d'un ordre. L'ordre des bénédictins, des carmélites.* LE TIERS ORDRE : association dont les membres, vivant dans le monde, pratiquent une règle religieuse. • 7° L'un des degrés de la hiérarchie cléricale catholique. *Ordres mineurs. Ordres majeurs.* V. **Prêtrise.** *Entrer dans les ordres.* V. **Ordination.**

2. ORDRE. *n. m.* • 1° Acte par lequel une autorité manifeste sa volonté, disposition impérative. V. **Commandement, prescription.** *Ordre formel. Donner un ordre.* V. **Commander, ordonner ; imposer.** *Exécuter, transgresser un ordre. — Être aux ordres de qqn*, être, se mettre à sa disposition. — *Être sous les ordres de qqn*, être son inférieur, dans la hiérarchie. — (Sans article) *Par ordre du ministre... Elle lui a donné ordre de ne pas sortir.* — JUSQU'À NOUVEL ORDRE : jusqu'à ce qu'un ordre, un fait nouveau vienne modifier la situation. • 2° Décision entraînant une opération commerciale. *Ordre d'achat, de vente. Billet à ordre.* • 3° MOT D'ORDRE : consigne, résolution commune aux membres d'un parti.

ORDURE [ɔʀdyʀ]. *n. f.* • 1° Matière qui souille et répugne. *De l'ordure, des ordures.* V. **Immondice, saleté.** • 2° *(Plur.)*. Choses de rebut dont on se débarrasse. *Ordures ménagères. Pelle à ordures. Tas d'ordures. Boîte à ordures.* V. aussi **Vide-ordures.** *Jeter, mettre aux ordures*, se débarrasser de... • 3° Propos, écrit, action vile, sale ou obscène. V. **Cochonnerie, grossièreté, saleté.** *Dire, écrire des ordures.* • 4° *Vulg.* Injure très violente. V. **Fumier.** ▼ **ORDURIER, IÈRE.** *adj.* Qui dit ou écrit des choses sales, obscènes. V. **Grossier.** — *Plaisanteries ordurières.* V. **Obscène, sale.**

ORÉE [ɔʀe]. *n. f.* • *L'orée du bois, de la forêt*, la bordure.

OREILLE [ɔʀɛj]. *n. f.* ★ **I.** • 1° L'un des deux organes constituant l'appareil auditif (V. *pop.* **Esgourdes, portugaises**). *Tintement d'oreilles.* — Par plaisant. *Les oreilles ont dû vous tinter* (tellement nous avons parlé de vous). — Loc. *Écoutez de toutes vos oreilles. N'écouter que d'une oreille, d'une oreille distraite. Prêter l'oreille*, écouter. *Faire la sourde oreille*, feindre de ne pas entendre, d'ignorer une demande. — *Casser les oreilles à qqn*, en faisant trop de bruit. *Parler, dire qqch. à l'oreille de qqn, dans le creux de l'oreille*, de sorte qu'il soit seul à entendre. *Dire de bouche à oreille. Si cela venait à ses oreilles*, à sa connaissance. *Cela lui entre par une oreille et lui sort par l'autre*, il ne fait pas attention à ce qu'on lui dit, ne le retient pas. PROV. *Ventre affamé n'a pas d'oreilles*, celui qui a faim n'écoute plus rien. — *Avoir l'oreille de qqn*, en être écouté. • 2° Ouïe. *Avoir l'oreille fine*, exercée, délicate. — *Avoir de l'oreille*, distinguer les sons avec précision. *Il chante faux, il n'a pas d'oreille.* • 3° Pavillon (partie extérieure) de l'oreille. *Oreilles pointues, décollées. Boucles, pendants d'oreilles. Rougir jusqu'aux oreilles*, beaucoup. *Tirer l'oreille, les oreilles à un enfant* (pour le punir). — *Se faire tirer l'oreille*, se faire prier. *Dormir sur ses deux oreilles*, sans inquiétude. — *Montrer le bout de l'oreille*, se trahir. ★ **II.** • 1° Chacun des deux appendices symétriques de récipients et ustensiles, par lesquels on les prend. V. **Anse.** *Les oreilles d'une marmite, d'une tasse* • 2° Partie latérale du dossier de certains fauteuils, sur laquelle on peut appuyer sa tête. • 3° Oreillette (I). ▼ **OREILLER** *n. m.* Pièce de literie qui sert à soutenir la tête, coussin rembourré, généralement carré *Taie d'oreiller.*

OREILLETTE. *n. f.* ★ **I.** Partie d'un chapeau qui protège les oreilles. *Toque à oreillettes.* ★ **II.** Chacune des deux cavités supérieures du cœur. *Oreillettes et ventricules du cœur.*

OREILLONS. *n. m. pl.* • Maladie infectieuse, épidémique et contagieuse, caractérisée par une inflammation et des douleurs dans l'oreille.

ORÉMUS [ɔʀemys]. *n. m.* • *Vx.* Prière

ORES [ɔʀ]. *adv.* • *Vx.* Maintenant *Littér.* D'ORES ET DÉJÀ [dɔʀzedeʒa] : dès maintenant, dès à présent. *Les ordres sont d'ores et déjà donnés.*

ORFÈVRE [ɔʀfɛvʀ(ə)]. *n. m.* • Fabricant d'objets en métaux précieux, en étain, en alliage ; marchand de pièces d'orfèvrerie. *Orfèvre-joaillier, orfèvre-bijoutier.* — Loc. *Être orfèvre en la matière*, s'y connaître parfaitement. ▼ **ORFÈVRERIE.** *n. f.* • 1° Art, métier, commerce de l'orfèvre. • 2° Ouvrages de l'orfèvre. *Orfèvrerie d'argent massif.*

ORFRAIE [ɔʀfʀɛ]. *n. f.* • Oiseau de proie diurne. — Loc. *Pousser des cris d'orfraie*, crier, hurler.

ORGANDI [ɔʀgɑ̃di]. *n. m.* • Toile de coton, très légère et empesée. *Robe d'été en organdi.*

ORGANE [ɔʀgan]. *n. m.* ★ **I.** • 1° Voix (surtout d'un chanteur, d'un orateur). *Organe bien timbré.* • 2° Voix autorisée d'un porte-parole, d'un interprète. *Le ministère public est l'organe de l'accusation.* — Publication périodique. *L'organe d'un parti, d'une société savante.* V. **Journal, revue.** ★ **II.** • 1° Partie d'un être vivant (organisme) remplissant une fonction particulière. *Lésion d'un organe. Organe de la digestion, de la respiration. Organes sexuels, les organes.* V. **Partie(s), sexe.** — *L'œil, organe de la vue.* • 2° Institution chargée de faire fonctionner une catégorie déterminée de services. *Les organes directeurs de l'État*, le gouvernement. • 3° Mécanisme. *Organes de commande d'une machine.*

ORGANIQUE. *adj.* • 1° Qui a rapport ou qui est propre aux organes, aux organismes vivants. *Trouble organique.* • 2° Qui provient de tissus vivants. *Engrais organiques* (*opposé à* chimiques). — *Chimie organique*, qui a pour objet l'étude des composés du carbone, corps contenu dans tous les êtres vivants (*opposé à* chimie minérale). • 3° Relatif à l'organisation d'ensemble. *Loi organique.* ▼ **ORGANIQUEMENT.** *adv.*

ORGANISATEUR, TRICE. *n.* • Personne qui organise, sait organiser. *L'organisatrice de cette fête.* — Adj. *Puissance organisatrice.*

ORGANISATION. *n. f.* • 1° Action d'organiser (qqch.) ; son résultat. V. **Agencement, arrangement.** *Manque d'organisation. Avoir l'esprit d'organisation.* • 2° Façon dont un ensemble est constitué en vue de son fonctionnement. V. **Ordre, structure.** • 3° Association qui se propose des buts déterminés. V. **Assemblée, groupement, organisme, société.** *Organisation politique. Organisation de tourisme, de voyage. Organisation des Nations unies (O.N.U.).*

ORGANISÉ, ÉE. *adj.* • 1° Pourvu d'organes. *Les êtres organisés.* • 2° Qui est disposé ou se déroule suivant un ordre, des méthodes ou des principes déterminés. *Voyage organisé.* — *Esprit organisé*, méthodique. *Personne bien organisée*, qui organise bien sa vie, son emploi du temps. • 3° Qui appartient à une organisation. *Citoyens organisés en Partis.*

ORGANISER [ɔʀganize]. *v. tr.* (1) • 1° Doter d'une structure, d'une constitution déterminée, d'un mode de fonctionnement. *Organiser les parties d'un ensemble.* V. **Agencer, disposer, ordonner.** *Organiser la résistance.* • 2° Soumettre à une façon déterminée de vivre ou de penser. *Organiser son temps, sa vie.* — S'ORGANISER. v. pron. *(Personnes).* Organiser ses activités. *Il ne sait pas s'organiser.* • 3° Préparer (une action) selon un plan. *Organiser un voyage, une fête.*

ORGANISME. *n. m.* ★ **I.** • 1° Ensemble des organes qui constituent un être vivant. — Le corps humain. *Les besoins, les fonctions de l'organisme.* • 2° Tout être vivant. ★ **II.** • 1° Ensemble organisé. *Une nation est un organisme.* • 2° Ensemble des services, des bureaux affectés à une tâche. V. **Organisation.**

ORGANISTE [ɔʀganist(ə)]. *n.* • Musicien qui joue de l'orgue. *J.-S. Bach fut un remarquable organiste.*

ORGASME [ɔʀgasm(ə)]. *n. m.* • Le plus haut point du plaisir sexuel.

ORGE [ɔʀʒ(ə)]. *n. f.* • 1° Plante à épis simples, cultivée comme céréale. *Champ d'orge.* • 2° Grain de cette céréale, utilisé surtout en brasserie. — Au masc. *Orge perlé.* • 3° *Sucre d'orge.* V. **Sucre.** ▼ **ORGEAT** [ɔʀʒa]. *n. m.* Sirop préparé autrefois avec une décoction d'orge.

ORGELET [ɔʀʒəlɛ]. *n. m.* • Petite tumeur sur le bord de la paupière. V. **Compère-loriot.**

ORGIE [ɔʀʒi]. *n. f.* • 1° Partie de débauche. — Repas long et bruyant, copieux et arrosé à l'excès. V. **Beuverie, ripaille.** • 2° ORGIE DE : usage excessif de (ce qui plaît). V. **Excès.** *Des orgies de couleurs.* ▼ **ORGIAQUE.** adj. *Littér.* Qui tient de l'orgie, évoque l'orgie.

ORGUE [ɔʀg(ə)]. *n.* [*masc.* au sing. et plus souvent *fém.* au plur.] ★ **I.** • 1° Grand instrument à vent composé de nombreux tuyaux que l'on fait résonner par l'intermédiaire de claviers, en y introduisant de l'air au moyen d'une soufflerie. *Pédale d'orgue. Jeux d'orgue.* — (Dans une église) *Les grandes orgues. Monter aux orgues, à l'orgue*, à la tribune où est l'orgue. *Orgue de Barbarie*, instrument portatif, dont on joue au moyen d'une manivelle. — *Orgue électrique* (sans tuyau), muni d'amplificateurs et de haut-parleurs, et produisant les sons au moyen de circuits électriques. *Orgue de cinéma*, orgue électrique. • 2° POINT D'ORGUE : temps d'arrêt qui suspend la mesure sur une note dont la durée peut être prolongée à volonté. ★ **II.** *Orgues basaltiques*, coulées de basalte en forme de tuyaux d'orgue.

ORGUEIL [ɔʀgœj]. *n. m.* • 1° Opinion très avantageuse, le plus souvent exagérée, qu'on a de sa valeur personnelle aux dépens de la considération due à autrui. V. **Arrogance, présomption, suffisance.** ‖ Contr. **Humilité, modestie.** ‖ *Être gonflé d'orgueil. Il est d'un orgueil ridicule, insupportable.* • 2° L'ORGUEIL DE : la satisfaction d'amour-propre (que donne qqch.). V. **Fierté.** *Avoir l'orgueil de ses enfants. Il tire grand orgueil de sa réussite.* V. **Gloire, vanité.** ‖ Contr. **Honte.** ‖ ▼ **ORGUEILLEUX, EUSE.** *adj.* Qui a, montre de l'orgueil. *Nature orgueilleuse.* V. **Arrogant, fier, hautain, prétentieux, vani-**

teux. *Orgueilleux comme un paon.* || Contr. **Humble, modeste.** || — Subst. *C'est une orgueilleuse.* — Qui dénote de l'orgueil, inspiré par l'orgueil. *Il ressentait une joie orgueilleuse.* ▼ **ORGUEILLEUSEMENT.** *adv.* Avec orgueil, d'une manière orgueilleuse.

1. ORIENT [ɔʀjɑ̃]. *n. m.* • 1° *Poét.* Un des quatre points cardinaux, côté de l'horizon où le soleil se lève. V. **Levant ; est.** • 2° Région située vers l'est par rapport à un lieu donné. — (En prenant l'Europe comme référence) L'Asie et parfois certains pays du bassin méditerranéen ou de l'Europe centrale. ▼ **ORIENTAL, ALE, AUX.** *adj.* et *n.* • 1° Qui est situé à l'est d'un lieu. *Pyrénées orientales.* • 2° Originaire de l'Orient. — *Peuples orientaux. Langues orientales.* — N. *Les Orientaux et les Occidentaux.* • 3° Qui est propre à l'Orient ou le rappelle. *Style oriental, musique orientale.* ▼ **ORIENTALISME.** *n. m.* • 1° Science, goût des choses de l'Orient. • 2° Caractère oriental. ▼ **ORIENTALISTE.** *n.* Spécialiste de l'étude de l'Orient, de l'Asie.

2. ORIENT. *n. m.* • Reflet nacré (d'une perle). *Des perles d'un bel orient.*

ORIENTER [ɔʀjɑ̃te]. *v. tr.* (1) ★ **I.** • 1° Disposer une chose par rapport aux points cardinaux, à une direction, un objet déterminé. *Orienter une maison au sud.* — Au p. p. *Appartement bien orienté, orienté au sud.* • 2° Indiquer à (qqn) la direction à prendre. V. **Conduire, diriger, guider.** *Orienter un voyageur égaré.* — (Abstrait) *Orienter un élève vers les sciences.* ★ **II.** S'ORIENTER. *v. pron.* • 1° Déterminer la position que l'on occupe par rapport aux points cardinaux, à des repères. *Elle ne sait pas s'orienter dans cette ville.* V. **Repérer** (se). • 2° Diriger son activité (vers qqch.). *S'orienter vers la recherche.* — *Le parti s'oriente à gauche.* — Au p. p. *Un ouvrage très orienté,* qui a une tendance doctrinale déterminée. ▼ **ORIENTABLE.** *adj.* Qui peut être orienté. *Store à lames orientables.* ▼ **ORIENTATION** [ɔʀjɑ̃tɑsjɔ̃]. *n. f.* • 1° Détermination des points cardinaux d'un lieu. *Avoir le sens de l'orientation.* • 2° Action de donner une direction déterminée. *L'orientation des études. L'orientation professionnelle.* • 3° Fait d'être orienté de telle ou telle façon. V. **Situation.** *Orientation d'une maison.* V. **Exposition.**

ORIFICE [ɔʀifis]. *n. m.* • 1° Ouverture qui fait communiquer une cavité avec l'extérieur. *Orifice d'un puits, d'un tuyau.* — *Boucher, agrandir un orifice.* • 2° Ouverture servant d'entrée ou d'issue à certains organes.

ORIFLAMME [ɔʀifla(ɑ)m.] *n. f.* • Bannière d'apparat ou utilisée comme ornement.

ORIGAN [ɔʀigɑ̃]. *n. m.* • Marjolaine (plante aromatique).

ORIGINAIRE [ɔʀiʒinɛʀ]. *adj.* • 1° Qui tire son origine (d'un pays, d'un lieu). V. **Natif.** *La bouillabaisse est originaire de Marseille.* • 2° Qui est à l'origine (d'une chose). V. **Premier.** — Qui apparaît à l'origine, date de l'origine. *Vice originaire.* ▼ **ORIGINAIREMENT.** *adv.* Primitivement, à l'origine. V. **Originellement.**

1. ORIGINAL, AUX [ɔʀiʒinal, o]. *n. m.* • 1° Ouvrage (texte, œuvre d'art...) de la main de l'homme, dont il est fait des reproductions. *Copie conforme à l'original.* • 2° Personne réelle, objet naturel représentés ou décrits par l'art. V. **Modèle.** *La ressemblance du portrait et de l'original est frappante.*

2. ORIGINAL, ALE, AUX. *adj.* ★ **I.** • 1° *Littér.* Primitif. V. **Originaire, originel.** *Le sens original d'un pot.* • 2° Qui émane directement de l'auteur, est l'origine des reproductions. *Documents originaux. Édition originale,* première édition en librairie d'un texte inédit. — N. f. *L'originale des « Liaisons dangereuses ».* ★ **II.** • 1° Qui paraît ne dériver de rien d'antérieur, qui est unique. V. **Inédit, neuf, nouveau, personnel.** *Avoir des vues, des idées originales.* — (Personnes) *Esprits très originaux. Artiste original.* || Contr. **Banal, commun ; conformiste.** || • 2° Bizarre, peu normal. V. **Étrange, singulier, spécial.** — Subst. *C'est un original.* V. **Numéro, phénomène.** ▼ **ORIGINALEMENT.** *adv.* D'une manière originale (II). ▼ **ORIGINALITÉ.** *n. f.* • 1° Caractère de ce qui est original (II), de celui qui est original (V. **Hardiesse**). *L'originalité d'un écrivain, d'une œuvre* (V. **Nouveauté**). || Contr. **Banalité, conformisme.** || — Étrangeté, excentricité, singularité. *Il se fait remarquer par son originalité.* • 2° Élément original. *C'est une des originalités de ce nouveau modèle.*

ORIGINE [ɔʀiʒin]. *n. f.* ★ **I.** • 1° Ancêtres ou milieu humain primitif auquel remonte la généalogie (d'un individu, d'un groupe). V. **Ascendance, extraction, souche.** *Être d'origine modeste. Il est d'origine française. Pays d'origine.* • 2° Temps, milieu d'où vient (qqch.). *Une coutume d'origine ancienne.* — *Origine d'un mot.* V. **Étymologie.** • 3° Point de départ (de ce qui est envoyé). V. **Provenance.** *L'origine d'un appel téléphonique.* ★ **II.** • 1° Commencement, première apparition ou manifestation. V. **Création, naissance.** *À l'origine du monde, des temps.* — À L'ORIGINE *(loc. adv.)* : dès l'origine, au début. — *(Au plur.)* Commencements d'une réalité qui se modifie. *Les origines de la vie.* • 2° Ce qui explique l'apparition ou la formation d'un fait nouveau. V. **Cause, source.** *Origine d'une révolution.*

ORIGINEL, ELLE [ɔʀiʒinɛl]. *adj.* • Qui date de l'origine, qui vient de l'origine. V. **Originaire, original 2** (I) ; **premier, primitif.** *Sens originel d'un mot.* — Du premier homme créé par Dieu (relig. chrét.). *Le péché originel.* ▼ **ORIGINELLEMENT.** *adv.* Dès l'origine, à l'origine. V. **Primitivement.**

ORIPEAUX [ɔʀipo]. *n. m. pl.* • Vêtements voyants et excentriques, vieux habits.

ORLON [ɔʀlɔ̃]. *n. m.* • Fibre textile synthétique (nom déposé). *Pull-over en orlon.*

ORME [ɔʀm(ə)]. *n. m.* • 1° Grand arbre à feuilles dentelées. *Allée d'ormes.* • 2° Bois de cet arbre. ▼ **ORMAIE** [ɔʀmɛ]. *n. f.* Lieu planté d'ormes. ▼ **1. ORMEAU** [ɔʀmo]. *n. m.* Petit orme, jeune orme.

2. ORMEAU. *n. m.* • Mollusque comestible, à large coquille arrondie et plate.

ORNEMENT [ɔʀnəmɑ̃]. *n. m.* • 1° Action d'orner ; résultat de cette action. V. **Déco-**

ration. *Arbres, plantes d'ornement.* V. **Ornemental ; décoratif.** • 2° Ce qui orne, s'ajoute à un ensemble pour l'embellir. *Ornements de passementerie, de tapisserie. Une toilette sans aucun ornement.* • 3° Motif accessoire (d'une composition artistique). *Les ornements d'un édifice.* • 4° Note ou ensemble de notes, trait instrumental ou vocal, qui s'ajoute à une mélodie sans modifier la ligne mélodique. ▼ **ORNEMENTAL, ALE, AUX.** *adj.* Qui a rapport à l'ornement, qui utilise des ornements. *Style ornemental.* — Qui sert à orner. V. **Décoratif.** *Motif ornemental. Cheminée ornementale.*

ORNEMENTER. *v. tr.* (1) • Garnir d'ornements ; embellir par des ornements. V. **Décorer, orner.** ▼ **ORNEMENTATION.** *n. f.* Ensemble d'éléments qui ornent.

ORNER [ɔʀne]. *v. tr.* (1) • 1° Mettre en valeur, embellir (une chose). V. **Agrémenter, décorer.** *Orner un livre d'enluminures.* V. **Illustrer.** • 2° ORNÉ DE : qui a pour ornement. *Un chemisier orné de dentelles.* — LETTRES ORNÉES : enluminées. *Un discours trop orné,* où il y a trop d'effets de style.

ORNIÈRE [ɔʀnjɛʀ]. *n. f.* • 1° Trace, creux que les roues des voitures creusent dans les chemins. • 2° *(Abstrait).* Chemin tout tracé, habituel, où l'on s'enlise. *Il reste dans l'ornière.* V. **Routine.** — *Sortir de l'ornière,* d'une situation pénible, difficile.

ORNITHO-. • Élément savant signifiant « oiseau ».

ORNITHOLOGIE [ɔʀnitɔlɔʒi]. *n. f.* • Partie de la zoologie qui étudie les oiseaux. ▼ **ORNITHOLOGIQUE.** *adj.* ▼ **ORNITHOLOGISTE** ou **ORNITHOLOGUE.** *n.* Spécialiste de l'ornithologie.

ORNITHORYNQUE [ɔʀnitɔʀɛ̃k]. *n. m.* • Mammifère australien, amphibie et ovipare, à bec corné, à longue queue plate, aux pattes munies de cinq doigts palmés et armés de griffes.

ORO-. • Élément savant signifiant « montagne » (ex. : *orographie,* n. f. « géographie des reliefs montagneux »).

ORONGE [ɔʀɔ̃ʒ]. *n. f.* • Champignon appelé aussi amanite. *Oronge vineuse, oronge vraie,* espèces comestibles. *Fausse oronge,* à chapeau rouge taché de blanc, vénéneuse.

ORPAILLEUR [ɔʀpajœʀ]. *n. m.* • Ouvrier qui recueille par lavage les paillettes d'or dans les fleuves ou les terres aurifères. — Chercheur d'or. ▼ **ORPAILLAGE.** *n. m.* Travail des orpailleurs.

ORPHELIN, INE [ɔʀfəlɛ̃, in]. *n.* • Enfant qui a perdu son père et sa mère, ou l'un des deux. *Un orphelin de père et de mère.* — Loc. fam. *Il défend la veuve et l'orphelin,* se dit de tout protecteur des opprimés. — Adj. *Un enfant orphelin.* ▼ **ORPHELINAT.** *n. m.* Établissement destiné à élever des orphelins.

ORPHÉON [ɔʀfeɔ̃]. *n. m.* • Fanfare. ▼ **ORPHÉONISTE.** *n.* Membre d'un orphéon.

ORPHISME [ɔʀfism(ə)]. *n. m.* • Doctrine ou secte religieuse de l'Antiquité qui s'inspire de la pensée d'Orphée. ▼ **ORPHIQUE.** *adj.*

ORTEIL [ɔʀtɛj]. *n. m.* • Doigt de pied. *Les cinq orteils. Le gros orteil.*

O.R.T.F. [ɔɛʀteɛf]. *n. m.* • Office de radiodiffusion et de télévision françaises.

ORTH(O)-. • Élément savant signifiant « droit, correct ».

ORTHODOXE [ɔʀtɔdɔks(ə)]. *adj.* et *n.* • 1° Conforme au dogme, à la doctrine d'une religion. *Théologien orthodoxe.* — N. *Les orthodoxes et les hérétiques.* • 2° Conforme à une doctrine, aux opinions et usages établis. V. **Conformiste, traditionnel.** *Morale orthodoxe. Cette manière de procéder n'est pas très orthodoxe.* • 3° Se dit des Églises chrétiennes des rites d'Orient (séparées de Rome au XIe s.). *Église orthodoxe russe, grecque.* — Qui appartient à ces Églises. *Rite orthodoxe.* — Subst. *Les orthodoxes grecs.* ▼ **ORTHODOXIE.** *n. f.* • 1° Ensemble des doctrines, des opinions considérées comme vraies par la fraction dominante d'une Église, et enseignées officiellement. V. **Dogme.** *L'orthodoxie catholique.* — Ensemble des principes traditionnellement ou généralement admis (en matière d'art, de science, de morale). • 2° Caractère orthodoxe (d'une proposition, d'une personne). *L'orthodoxie d'une déclaration.*

ORTHOGONAL, ALE, AUX [ɔʀtɔgɔnal, o]. *adj.* • En géométrie, Qui forme un angle droit, se fait à angle droit. V. **Perpendiculaire.** *Droites orthogonales.* — *Projection orthogonale,* projection d'une figure obtenue au moyen de perpendiculaires abaissées sur une surface. ▼ **ORTHOGONALEMENT.** *adv.* À angle droit.

ORTHOGRAPHE [ɔʀtɔgʀaf]. *n. f.* • 1° Manière d'écrire un mot qui est considérée comme la seule correcte. *Chercher l'orthographe d'un mot dans le dictionnaire. Faute d'orthographe.* • 2° Manière particulière dont on écrit les mots. V. **Graphie.** *Orthographe fautive. Il a une très mauvaise orthographe.* — *L'orthographe du XVIe s.* ▼ **ORTHOGRAPHIER.** *v. tr.* (7). Écrire du point de vue de l'orthographe. *Il orthographie ce mot correctement.* ▼ **ORTHOGRAPHIQUE.** *adj.* Relatif à l'orthographe. *Réforme orthographique.*

ORTHOPÉDIE [ɔʀtɔpedi]. *n. f.* • Partie de la médecine qui a pour objet de prévenir ou de corriger les difformités du corps, et notamment des membres inférieurs. ▼ **ORTHOPÉDIQUE.** *adj.* D'orthopédie. *Appareil orthopédique.* ▼ **ORTHOPÉDISTE.** *n.* et *adj.* Médecin qui pratique l'orthopédie. — Personne qui fabrique ou vend des appareils orthopédiques.

ORTHOPHONIE [ɔʀtɔfɔni]. *n. f.* • Traitement qui vise à la correction des défauts de prononciation.

ORTIE [ɔʀti]. *n. f.* • Plante dont les feuilles sont couvertes de poils fins qui renferment un liquide irritant (acide formique). *Piqûre d'ortie.*

ORTOLAN [ɔʀtɔlɑ̃]. *n. m.* • Petit oiseau à chair très estimée. — Loc. *Manger des ortolans,* une nourriture délicate et recherchée.

ORVET [ɔʀvɛ]. *n. m.* • Reptile saurien (proche des lézards), dépourvu de membres. *On confond souvent l'orvet avec les serpents.*

OS [ɔs] ; *plur.* [ɔ]. *n. m.* • 1° Chacune des pièces rigides du squelette de l'homme et de la plupart des animaux vertébrés (V. **Osseux, ostéo-**). — (Personnes) *Avoir de gros os, de petits os* (V. **Ossature**). *Avoir des os saillants,* être maigre, osseux. *N'avoir que la peau sur les os. C'est un sac d'os, un paquet d'os* [ɔs], une personne très maigre. *Se rompre les os,* faire une chute dangereuse. — Loc. *En chair et en os* [ɔs], en personne. — *Il ne fera pas de vieux os,* il ne vivra pas longtemps. — *Être mouillé, trempé jusqu'aux os,* complètement trempé. — Loc. vulg. *L'avoir dans l'os,* être trompé, volé. — (Animaux) *Viande vendue avec os, sans os* (V. **Désossé**). *Os à moelle. Des os à moelle. Ronger un os.* — Loc. fam. *Tomber sur un os ; il y a un os !* une difficulté. • 2° Les os : restes d'un être vivant, après sa mort. V. **Carcasse, ossements.** • 3° Matière d'objets faits avec des os. *Couteaux à manches en os.* • 4° *Os de seiche,* lame calcaire qui soutient le dos de la seiche.

OSCAR [ɔskaʀ]. *n. m.* • Récompense décernée par un jury dans des domaines divers (cinéma, etc.). *Oscar de la chanson, de la publicité.*

OSCILLER [ɔsile]. *v. intr.* (1) • 1° Aller de part et d'autre d'une position moyenne par un mouvement alternatif ; se mouvoir par va-et-vient. *Pendule qui oscille.* V. **Balancer** (se). *Le courant d'air fit osciller la flamme.* V. **Vaciller.** • 2° *(Abstrait).* Varier en passant par des alternatives. *Osciller entre deux positions, deux partis.* V. **Hésiter.** ▼ **OSCILLANT, ANTE.** *adj.* • 1° Qui oscille, qui a un rythme alterné. • 2° Qui passe par des alternatives. V. **Incertain.** ▼ **OSCILLATION** [ɔsilasjɔ̃]. *n. f.* • 1° Mouvement d'un corps qui oscille. V. **Balancement.** *Oscillation d'un pendule.* V. **Battement.** • 2° Mouvement de va-et-vient. — Fluctuation, variation. *Les oscillations de l'opinion.*

OSÉ, ÉE [oze]. *adj.* • 1° Qui est fait avec audace. *Démarche, tentative osée.* V. **Hardi, risqué.** *C'est bien osé de votre part.* V. **Audacieux, téméraire.** — Qui risque de choquer les bienséances. *Plaisanteries osées.* • 2° *(Personnes).* Qui montre de la hardiesse ou de l'effronterie. V. **Audacieux.**

OSEILLE [ozɛj]. *n. f.* • 1° Plante cultivée pour ses feuilles comestibles au goût acide. *Soupe à l'oseille.* — Pop. *Il veut nous la faire à l'oseille,* nous tromper. • 2° *Pop.* Argent. V. **Fric.** *Ils ont piqué l'oseille.*

OSER [oze]. *v. tr.* (1) • 1° *Littér.* Oser qqch. : entreprendre avec assurance (une chose considérée comme difficile, insolite ou périlleuse). V. **Risquer.** • 2° Oser faire *qqch.* : avoir l'audace, le courage, la hardiesse de. *Je n'ose plus rien dire. Allez-y ! Je n'ose pas.* — (Négatif, sans *pas,* avec un sens plus faible) *Il n'osait faire un mouvement.* — Avoir l'impudence de. *Il a osé me faire des reproches.* — (Précaution oratoire) V. **Permettre** (se). *Si j'ose dire.* — (Comme souhait) *J'ose l'espérer.* • 3° *(Sans compl.).* Se montrer audacieux, téméraire, prendre des risques. (Cf. *fam.* Prendre son courage à deux mains.) *Il faut oser !* ‖ Contr. **Craindre, hésiter.** ‖

OSIER [ozje]. *n. m.* • 1° Saule de petite taille, aux rameaux flexibles. *Branche d'osier.* • 2° Rameau d'osier, employé pour la confection de liens et d'ouvrages de vannerie. *Panier d'osier* ▼ **OSERAIE** [ozʀɛ]. *n. f.* Endroit, terrain planté d'osiers.

OSMOSE [ɔsmoz]. *n. f.* • 1° Phénomène de diffusion entre deux liquides ou deux solutions séparés par une membrane semi-perméable laissant passer le solvant mais non la substance dissoute. • 2° Interpénétration, influence réciproque. *Il y a eu une sorte d'osmose entre ces deux courants de pensée.* ▼ **OSMOTIQUE.** adj. *Didact.* De l'osmose (1°). *Pression osmotique.*

OSSATURE [ɔsatyʀ]. *n. f.* • 1° Ensemble des os, tels qu'ils sont disposés dans le corps. V. **Squelette.** *Une ossature robuste.* V. **Charpente.** • 2° Ensemble de parties essentielles et résistantes qui soutient un tout. V. **Charpente.** *L'ossature en béton d'un immeuble.* — *Ce discours n'est pas construit, il n'a pas d'ossature.*

OSSELET [ɔslɛ]. *n. m.* • 1° *Les osselets de l'oreille,* les petits os de la caisse du tympan. • 2° Chacun des petits os qu'on doit lancer, puis rattraper sur le dos de la main dans un jeu appelé : *les osselets.*

OSSEMENTS [ɔsmɑ̃]. *n. m. pl.* • Os décharnés et desséchés de cadavres d'hommes ou d'animaux. *Des ossements blanchis.*

OSSEUX, EUSE [ɔsø, øz]. *adj.* • 1° Qui est propre aux os. *Tissu osseux,* formé de *cellules osseuses.* • 2° *Poisson osseux* (*opposé à* cartilagineux), qui possède des arêtes dures. • 3° Qui est constitué par des os. *Carapace osseuse.* • 4° Dont les os sont saillants, très apparents. V. **Maigre.** *Un visage émacié, osseux.* ‖ Contr. **Dodu, gras.** ‖

OSSIFIER [ɔsifje]. *v. tr.* (7) • 1° Convertir en tissu osseux. • 2° S'ossifier. *v. pron.* Se transformer en tissu osseux. *Cartilage qui s'ossifie.* ▼ **OSSIFICATION.** *n. f.* Formation des os, de tissu osseux. *Ossification des fontanelles.*

OSSO BUCO [ɔsɔbuko]. *n. m.* • Jarret de veau servi avec l'os à moelle, et accompagné de riz à la tomate (plat italien).

OSSUAIRE [ɔsɥɛʀ]. *n. m.* • 1° Amas d'ossements. • 2° Excavation, bâtiment où sont conservés des ossements humains. *Ossuaires des cloîtres romans.*

-OSTE, OSTÉ(O)-. • Éléments savants signifiant « os ».

OSTÉITE [ɔsteit]. *n. f.* • Inflammation des os, du tissu osseux.

OSTENSIBLE [ɔstɑ̃sibl(ə)]. *adj.* • Qui est fait sans se cacher ou avec l'intention d'être remarqué. V. **Apparent, ouvert, visible.** *Attitude, démarche ostensible.* ‖ Contr. **Caché, discret, secret.** ‖ ▼ **OSTENSIBLEMENT.** *adv.* D'une manière ostensible. *Il en parle ostensiblement.*

OSTENSOIR [ɔstɑ̃swaʀ]. *n. m.* • Pièce d'orfèvrerie destinée à contenir l'hostie consacrée et à l'exposer.

OSTENTATION [ɔstɑ̃tasjɔ̃]. *n. f.* • Mise en valeur excessive et indiscrète d'un avantage. V. **Étalage.** *Agir par ostentation, avec ostentation.* V. **Orgueil, vanité.** ‖ Contr. **Discrétion, modestie.** ‖ ▼ **OSTENTATOIRE.**

adj. *Littér.* Qui est fait, montré avec ostentation. *Charité ostentatoire.* || Contr. **Discret.** ||

OSTÉO-. • Élément de mots savants, signifiant « os ».

OSTRACISME [ɔstʀasism(ə)]. *n. m.* • Décision d'exclure ou d'écarter d'un groupe (une personne ou un groupement). V. **Exclusion.** *Etre frappé d'ostracisme par la majorité.*

OSTRÉI-. • Élément savant signifiant « huître ». ▼ **OSTRÉICULTURE** [ɔstʀeikyltyʀ]. *n. f.* Élevage des huîtres. ▼**OSTRÉICULTEUR, TRICE.** *n.* Personne qui pratique l'ostréiculture.

OSTROGOTH, -GOTHE ou **OSTROGOT, -GOTE** [ɔstʀɔgo, gɔt]. *n.* et *adj.* • Homme malappris, ignorant et bourru. *Quel ostrogoth !* — Personnage extravagant.

OTAGE [ɔtaʒ]. *n. m.* • Personne livrée ou arrêtée comme garantie de l'exécution d'une promesse, d'un traité (militaire ou politique) ou qu'on détient pour obtenir ce qu'on exige. V. **Gage, garant.** *Servir d'otage. Les armées d'occupation fusillent des otages pour empêcher la population de se révolter.*

OTARIE [ɔtaʀi]. *n. f.* • Mammifère marin du Pacifique et des mers du Sud, au cou plus allongé que le phoque. — Sa peau, sa fourrure (dite *loutre de mer*).

ÔTER [ote]. *v. tr.* (1) • Synonyme moins courant de : ENLEVER. • 1° Enlever (un objet) de la place qu'il occupait. V. **Déplacer, retirer.** *Ôter les assiettes en desservant. — Cela m'ôte un poids de dessus la poitrine.* V. **Soulager.** *On ne m'ôtera pas de l'idée que c'est un mensonge*, j'en suis convaincu. • 2° Enlever (ce qui habille, couvre, protège). *Ôter son chapeau, ses gants.* • 3° Faire disparaître (ce qui gêne, salit). *Ôter une tache.* • 4° Enlever (une partie d'un ensemble) en séparant. *Ôter un passage d'un ouvrage.* V. **Retrancher, soustraire.** *6 ôté de 10 égale 4.* • 5° Mettre hors de la portée, du pouvoir ou de la possession (de qqn). V. **Enlever, retirer.** *Ôter un enfant à sa mère. — Ôter à qqn ses forces, son courage.* • 6° S'ÔTER. v. pron. *Ôtez-vous de là.* — Loc. fam. *Ôte-toi de là que je m'y mette*, se dit lorsqu'une personne prend une place avec sans-gêne.

OT(I)-, OT(O)-. • Éléments savants signifiant « oreille ».

OTITE [ɔtit]. *n. f.* • Inflammation aiguë ou chronique de l'oreille.

OTO-RHINO-LARYNGOLOGIE [ɔtɔʀinɔlaʀɛ̃gɔlɔʒi]. *n. f.* • Partie de la médecine qui s'occupe des maladies de l'oreille, du nez et de la gorge. ▼**OTO-RHINO-LARYNGOLOGISTE,** ou **OTO-RHINO.** *n.* Médecin spécialisé en oto-rhino-laryngologie.

1. OTTOMAN [ɔtɔmɑ̃]. *n.* • Étoffe de soie à trame de coton formant de grosses côtes.

2. OTTOMAN, ANE. *adj.* • *Vx* ou *Terme d'histoire.* Turc.

OU [u]. *conj.* • Conjonction qui joint des termes, membres de phrases ou propositions ayant même rôle ou même fonction, en séparant les idées exprimées. • 1° (Équivalence de formes désignant une même chose). Autrement dit. *Le patronyme, ou nom de famille.* • 2° (Indifférence entre deux éventualités opposées). *Donnez-moi le rouge ou le noir,* OU BIEN *le noir, peu importe.* • 3° (Évaluation approximative par deux numéraux). *Un groupe de quatre ou cinq hommes* (V. **À**). • 4° (Alternative). *C'est l'un ou l'autre*, si c'est l'un, ce n'est pas l'autre. *Il faut qu'une porte soit ouverte ou fermée. C'est tout ou rien. Acceptez-vous, oui ou non ?* — OU, après un impératif ou un subjonctif introduisant la conséquence qui doit résulter si l'ordre n'est pas observé. V. **Sans** (sans ça), **sinon.** *Donne-moi ça ou je me fâche, ou alors je me fâche.* — OU... OU... (pour souligner l'exclusion d'un des deux termes). *Ou bien c'est lui ou bien c'est moi, il faut choisir.*

OÙ [u]. *pron., adv. relat.* et *interrog.* ★ **I.** *Pron., adv. relatif.* • 1° Dans le lieu indiqué ou suggéré par l'antécédent. V. **Dans** (dans lequel), **sur** (sur lequel). *Le pays où il est né. Elle le retrouva là où elle l'avait laissé.* (REM. Avec *c'est là..., c'est à...*, on emploie *que* et non *où*.) — *(Avec inf.)* Littér. *Je cherche une villa où passer mes vacances*, où je passerai... • 2° (Indiquant l'état, la situation de qqn, de qqch.). *On ne peut le transporter dans l'état où il est.* (*Où* représentant d'autres prépositions : *à, pour, etc.*) *Au prix où est le beurre. Du train, au train où vont les choses.* • 3° (Indiquant le temps). *Au cas où il viendrait. Au moment où il arriva.* ★ **II.** *Adv.* • 1° Là où, à l'endroit où. V. **Là.** *J'irai où vous voudrez. On est puni par où l'on a péché.* — OÙ QUE... indéfini (avec le subj.). *Où que vous alliez*, en quelque lieu que vous alliez. • 2° (Sens temporel). *Mais où ma colère éclata, ce fut quand il nia tout.* • 3° D'OÙ, marquant la conséquence. *D'où vient, d'où il suit que...* — (Sans verbe exprimé) *Il ne m'avait pas prévenu de sa visite : d'où mon étonnement.* V. **Là** (de là). ★ **III.** *Adv. interrog.* • 1° *(Interrogation directe).* En quel lieu ? en quel endroit ? *Où est votre frère ? Où trouver cet argent ? D'où vient-il ? Par où est-il passé ?* • 2° (Interrogation indirecte). *Dis-moi où tu vas. Je ne sais où aller. Je vois où il veut en venir.* — *N'importe où*, dans n'importe quel endroit.

OUAILLES [waj]. *n. f. pl.* • Les chrétiens, par rapport à l'un de leurs pasteurs. *Le curé et ses ouailles.*

OUAIS! [wɛ]. *interj.* • *Fam.* Se dit pour *oui* (ironique ou sceptique).

OUATE [wat]. *n. f.* • 1° Laine, soie ou coton préparés pour garnir les doublures (de vêtements), pour rembourrer. *De l'ouate* ou *de la ouate.* • 2° Coton spécialement préparé pour servir aux soins d'hygiène. V. **Coton.** *Tampon d'ouate.* ▼ **OUATER.** *v. tr.* (1). Doubler, garnir d'ouate. *Il faut l'ouater, le ouater.* ▼**OUATÉ, ÉE.** *adj.* Garni d'ouate. — *Un pas ouaté*, étouffé. V. **Feutré.** ▼**OUATINE.** *n. f.* Étoffe molletonnée utilisée pour doubler certains vêtements. *Manteau doublé de ouatine.* ▼**OUATINER.** *v. tr.* (1). Doubler de ouatine.

OUBLI [ubli]. *n. m.* • 1° Défaillance de la mémoire, portant soit sur des connaissances ou aptitudes acquises, soit sur les souvenirs ; le fait d'oublier (V. **Absence, lacune, trou** (de mémoire). *Oubli d'un nom,* *d'une date, d'un événement.* — Absence de souvenirs dans la mémoire collective. *Tomber dans l'oubli. Sauver, tirer une œuvre de l'oubli.* • 2° UN OUBLI : fait de ne pas effectuer ce qu'on devait faire (involontairement). V. **Distraction, étourderie.** *Excusez-le de ne pas vous avoir prévenu : c'est un oubli. Commettre, réparer un oubli.* • 3° Fait de ne pas prendre en considération, par indifférence ou mépris. *Oubli de soi-même,* par altruisme, désintéressement. V. **Abnégation.** — Pardon. *Pratiquer l'oubli des injures.*

OUBLIER [ublije]. *v. tr.* (7) ★ **I.** • 1° Ne pas avoir, ne pas retrouver le souvenir (d'une chose, d'un événement, d'une personne). *J'ai oublié le titre de cet ouvrage,* je ne m'en souviens plus. *J'ai oublié qui doit venir, pourquoi et comment ils ont pris cette décision. Il oublie tout.* ‖ Contr. **Rappeler** (se), **souvenir** (se). ‖ • 2° Ne plus savoir pratiquer (un ensemble de connaissances, une technique). *Oublier la pratique d'un métier. Il apprend vite et oublie de même.* • 3° *Être oublié,* ne plus être connu (Cf. Tomber dans l'oubli). *Mourir complètement oublié. Se faire oublier,* faire en sorte qu'on ne parle plus de vous (en mal). • 4° Cesser de penser à (ce qui est désagréable). *Oubliez vos soucis. — Boire pour oublier.* • 5° Ne pas avoir à l'esprit (ce qui devrait tenir l'attention en éveil). V. **Négliger, omettre.** *Oublier l'heure,* ne pas s'apercevoir de l'heure qu'il est, se mettre en retard. — (Avec inf.) *Il a oublié de nous prévenir.* — (Avec QUE) *Vous oubliez que c'est interdit.* • 6° Négliger de mettre. V. **Omettre.** *Oublier le vinaigre dans la salade.* — Négliger de prendre. V. **Laisser.** *Oublier son parapluie au cinéma.* • 7° Négliger (qqn) en ne s'occupant pas de lui. *Oublier ses amis.* V. **Délaisser, désintéresser** (se), **détacher** (se), **laisser.** ‖ Contr. **Penser** (à), **songer** (à). ‖ — Ne pas donner qqch. à (qqn). *N'oubliez pas le guide, s'il vous plaît !* (donnez-lui un pourboire). • 8° Refuser sciemment de faire cas d'une personne, de tenir compte d'une chose. *Vous oubliez vos promesses. Vous oubliez qui je suis,* vous manquez aux égards qui me sont dus. — Pardonner. *N'en parlons plus, j'ai tout oublié.* ★ **II.** S'OUBLIER. *v. pron.* • 1° *(Sens passif).* Être oublié. • 2° *(Sens réfl.).* Ne pas penser à soi, à ses propres intérêts. — Iron. *Il ne s'est pas oublié,* il a su se réserver sa part d'avantages, de bénéfices. • 3° Manquer aux égards dus à (autrui ou soi-même). — Faire ses besoins là où il ne le faut pas. *Le chat s'est oublié dans la maison.* ▼ **OUBLIEUX, EUSE.** *adj.* Qui oublie (4° et 5°), néglige de se souvenir de. OUBLIEUX DE... *Oublieuse de ses devoirs* (V. **Négligent**).

OUBLIETTE. *n. f.* • *(Souvent au plur.).* Cachot où l'on enfermait autrefois les personnes condamnées à la prison perpétuelle, ou celles dont on voulait se débarrasser. *Les oubliettes d'un château.* — Fam. *Jeter, mettre aux oubliettes,* laisser de côté (qqn, qqch.).

OUED [wɛd]. *n. m.* • Cours d'eau temporaire dans les régions arides (Afrique du Nord, etc.). *Des oueds.*

OUEST [wɛst]. *n. m.* et *adj.* ★ **I.** *N. m.* • 1° Celui des quatre points cardinaux qui est situé au soleil couchant. V. **Couchant, occident.** ‖ Contr. **Est.** ‖ *Chambre exposée, orientée à l'ouest.* — À L'OUEST DE : dans la direction de l'ouest par rapport à. *Dreux est à l'ouest de Paris.* • 2° Partie d'un ensemble géographique qui est la plus proche de l'Ouest. *La France de l'Ouest. — (Politique internationale)* L'Europe occidentale et les États-Unis. V. **Occident.** *Les rapports entre l'Est et l'Ouest. — L'Allemagne de l'Ouest.* (Cf. l'adj. *Ouest-allemand.*) ★ **II.** *Adj. invar.* Qui se trouve à l'ouest, en direction de l'ouest. *La côte ouest de la Corse.* V. **Occidental.**

OUF! [uf]. *interj.* • Interjection exprimant le soulagement. *Ouf ! bon débarras.* — Loc. *Il n'a pas eu le temps de dire ouf,* de prononcer un seul mot.

OUI [wi]. *Particule d'affirmation invar.* ★ **I.** Adverbe équivalant à une proposition affirmative qui répond à une interrogation non accompagnée de négation. S'il y a négation (V. **Si**). • 1° (Dans une réponse positive à une question). *Venez-vous avec moi ? Oui, oui, Monsieur.* V. **Certainement, certes** (Cf. Comment donc, bien sûr, sans aucun doute ; d'accord, entendu, volontiers). *Êtes-vous satisfait ? Oui et non,* à demi. — (Renforcé par un adverbe, une loc. adv., une exclamation) *Mais oui. Mon Dieu oui. Oui, bien sûr. Ma foi, oui. Eh ! oui. Ah oui, alors ! Eh bien oui.* • 2° (Comme interrogatif). *Ah oui ?* vraiment ? Fam. *Tu viens, oui ? — Est-ce lui, oui ou non ?* • 3° (Complément direct) *Il dit toujours oui* (V. **Accepter**). — *Ne dire ni oui, ni non. Répondez-moi par oui ou par non. — Il semblerait que oui. En voulez-vous ? Si oui, prenez-le. — Sont-ils Français ? Lui, non, mais elle, oui.* ★ **II.** N. m. *Les millions de oui d'un référendum.* — Loc. *Pour un oui pour un non,* à tout propos.

OUÏ-DIRE [widiʀ]. *n. m. invar.* • Ce qu'on ne connaît que pour l'avoir entendu dire. — Loc. *Par ouï-dire,* par la rumeur publique.

OUÏE [wi]. *n. f.* • Le sens qui permet la perception des sons. V. **Audition.** *Organes de l'ouïe.* V. **Oreille.** *Son perceptible à l'ouïe,* audible. *Avoir l'ouïe fine. — Fam.* (Plaisant.) *Je suis tout ouïe* [tutwi], j'écoute attentivement (Cf. Tout oreilles).

OUÏES. *n. f. pl.* • Orifices externes de l'appareil branchial des poissons, sur les côtés de la tête. *Attraper un poisson par les ouïes.*

OUÏE ! ou **OUILLE !** [uj]. *exclam.* • Interjection exprimant la douleur. V. **Aïe.**

OUÏR [wiʀ]. *v. tr.* (10). [Seulement. inf. et p. p.] • *Vx.* Entendre, écouter. *J'ai ouï dire que...*

OUISTITI [wistiti]. *n. m.* • Singe de petite taille, à longue queue. — Fam. *Un drôle de ouistiti,* un drôle de type.

OURAGAN [uʀagɑ̃]. *n. m.* • 1° Forte tempête caractérisée par un vent très violent. V. **Cyclone, tornade, typhon.** *La mer des Antilles est souvent agitée par des ouragans.* — Vent violent accompagné de pluie, d'orage. V. **Bourrasque, tourmente.** *Arbres arrachés par l'ouragan.* • 2° Mouvement violent, impétueux. *Un ouragan d'injures.*

OURDIR [uRdiR]. *v. tr.* (2) • 1° Réunir les fils de chaîne en nappe et les tendre, avant le tissage ; tisser, croiser ces fils avec les fils de trame. V. **Tramer.** • 2° *Littér.* Disposer les premiers éléments d'une intrigue. *C'est son habitude d'ourdir ces sortes d'affaires.* V. **Tramer.** ▼ **OURDISSAGE.** *n. m.* Préparation de la chaîne pour le tissage.

OURLER [uRle]. *v. tr.* (1) • Border d'un ourlet. *Ourler un mouchoir.* ▼ **OURLÉ, ÉE.** *adj.* Bordé d'un ourlet. *Mouchoirs ourlés.* — Littér. *Oreilles finement ourlées.*

OURLET [uRlɛ]. *n. m.* • 1° Repli d'étoffe cousu, terminant un bord. *Faire un ourlet à un mouchoir.* — *Faux ourlet*, bande de tissu rapporté. • 2° Bord replié (de certains objets métalliques). V. **Rebord.** *Ourlet d'une gouttière.* — *Ourlet de l'oreille*, bord replié du pavillon.

OURS [uRs]. *n. m.* • 1° Mammifère carnivore de grande taille, au pelage épais, aux membres armés de griffes, au museau allongé ; le mâle adulte. *Femelle* (V. **Ourse**), *petit* (V. **Ourson**) *de l'ours.* — *Ours brun, d'Europe et d'Asie. Ours gris. Ours polaire, ours blanc* (carnivore). • 2° Loc. *Vendre la peau de l'ours*, disposer d'une chose que l'on ne possède pas encore. *Se dandiner, tourner comme un ours en cage*, aller et venir par inaction. • 3° Jouet d'enfant (en peluche, etc.) ayant l'apparence d'un ourson (V. **Nounours**). • 4° Homme insociable, hargneux, qui fuit la société. V. **Misanthrope, sauvage.** *C'est un vieil ours.* — Adj. *Il devient de plus en plus ours.* ▼ **OURSE.** *n. f.* • 1° Femelle de l'ours. *Une ourse et ses petits.* • 2° *La Grande Ourse ou* Grand chariot, constellation. *L'étoile polaire appartient à la Petite Ourse.* ▼ **OURSON.** *n. m.* Jeune ours.

OURSIN [uRsɛ̃]. *n. m.* • Animal marin, échinoderme, sphérique, muni de piquants. *Manger des huîtres et des oursins.*

OUST, OUSTE ! [ust(ə)]. *interj.* • *Fam.* Interjection pour chasser ou presser qqn. *Allez, ouste, dépêche-toi !*

OUTARDE [utaRd(ə)]. *n. f.* • Oiseau échassier au corps massif, à pattes fortes et à long cou.

OUTIL [uti]. *n. m.* • 1° Objet fabriqué qui sert à agir sur la matière, à faire un travail. V. **Engin, instrument.** *Outils à travailler le bois. Outils de jardinage* (V. **Ustensile**). *Boîte, trousse à outils.* — (Abstrait) *Cet homme n'est plus qu'un outil entre ses mains*, un instrument. • 2° *Fam.* Chose. *Qu'est-ce que c'est que cet outil ?* V. **Machin.**

OUTILLER [utije]. *v. tr.* (1) • 1° Munir des outils nécessaires à un travail, à une production. V. **Équiper.** *Outiller un atelier, une usine.* — Pronom. *Il faudra vous outiller pour ce travail.* — Adj. *Ouvrier bien, mal outillé. Vous n'êtes pas outillé pour cela !* • 2° Donner à (qqn) les moyens matériels de faire qqch. ; équiper (un local, un objet) en vue d'une destination particulière. ▼ **OUTILLAGE.** *n. m.* Assortiment d'outils nécessaires à l'exercice d'un métier, d'une activité, à la marche d'une entreprise. V. **Équipement, matériel.** *L'outillage perfectionné d'une usine moderne.*

OUTRAGE [utRaʒ]. *n. m.* • 1° Offense ou injure extrêmement grave (de parole ou de fait). V. **Affront, insulte.** *Les outrages qu'on leur a fait subir.* — *Faire subir les derniers outrages à une femme*, la violer. — *Littér.* Ce qui atteint, endommage. *Les outrages du temps.* • 2° Délit par lequel on met en cause l'honneur d'un personnage officiel (magistrat, etc.) dans l'exercice de ses fonctions. *Outrage à magistrat.* • 3° Acte gravement contraire (à une règle, à un principe). V. **Violation.** *Outrage à la raison, au bon sens. Outrage aux bonnes mœurs*, délit de nature sexuelle.

OUTRAGER [utRaʒe]. *v. tr.* (3) • 1° Offenser gravement par un outrage (actes ou paroles). V. **Bafouer, injurier, insulter, offenser.** *Il l'a outragée.* — Au p. p. *Elle a pris un air outragé.* • 2° Contrevenir gravement à (qqch.). *Outrager les bonnes mœurs, la morale.* ▼ **OUTRAGEANT, ANTE.** *adj.* Qui outrage. V. **Injurieux, insultant.** *Critique, propos outrageants.*

OUTRAGEUSEMENT. *adv.* • Excessivement. *Femme outrageusement fardée.*

OUTRANCE [utRɑ̃s]. *n. f.* • 1° Chose ou action outrée, excessive. V. **Excès.** *Une outrance de langage.* — Démesure, exagération. *L'outrance de son langage.* • 2° *Loc. adv.* À OUTRANCE : avec exagération, avec excès. ▼ **OUTRANCIER, IÈRE.** *adj.* Qui pousse les choses à l'excès. V. **Excessif, outré.** *Caractère outrancier.*

1. OUTRE [utR(ə)]. *n. f.* • Peau de bouc cousue en forme de sac et servant de récipient. — Loc. *Être gonflé, plein comme une outre*, avoir trop bu, mangé.

2. OUTRE [utR(ə)]. *prép.* et *adv.* • 1° *(Dans des expressions adverbiales).* Au delà de (par rapport à la France). *Outre-Atlantique*, en Amérique (du Nord). *Outre-Manche*, en Grande-Bretagne. — Subst. *L'outre-Manche. Les peuples d'outre-mer* (Afrique, Orient, Amérique). • 2° *Adv. de lieu.* PASSER OUTRE : aller au delà, plus loin. — PASSER OUTRE À (qqch.) : ne pas tenir compte de (une opposition, une objection). V. **Braver, mépriser.** *Je passai outre à son interdiction.* • 3° En plus de. *Outre les bagages, nous avions les chiens avec nous.* — *Loc. conj.* OUTRE QUE... (Cf. Non seulement... mais encore). *Outre le fait que*, sans parler du fait que. • 4° OUTRE MESURE *(loc. adv.)* : excessivement. V. **Excès** (à l'excès), **trop.** *Ce travail ne l'a pas fatigué outre mesure.* • 5° EN OUTRE *(loc. adv.)* : en plus de cela. V. **Aussi, également.** *Il est tombé malade (et) en outre, il a perdu sa place.*

OUTRÉ, ÉE [utRe]. *adj.* • 1° Poussé au delà de la mesure. V. **Exagéré, excessif, outrancier.** *Flatterie outrée.* • 2° *(Personnes).* V. **Indigné, révolté, scandalisé.** *Je suis outré de, par son ingratitude.* V. **Outrer** (2°).

OUTRECUIDANCE [utRəkɥidɑ̃s]. *n. f.* • *Littér.* • 1° Confiance excessive en soi. V. **Fatuité, orgueil, présomption.** *Parler de soi avec outrecuidance.* ‖ Contr. **Modestie, réserve.** ‖ • 2° Désinvolture impertinente envers autrui. V. **Audace, effronterie.** *Répondre* *à qqn avec outrecuidance.* ▼ **OUTRECUIDANT, ANTE.** adj. *Littér.* Qui montre de l'outrecuidance. V. **Fat, impertinent, prétentieux.** — Subst. *C'est un outrecuidant.*

OUTREMER [utʀəmɛʀ]. *n. m.* • Couleur d'un bleu intense. — Adj. *Bleu outremer.*

OUTREPASSER [utʀəpɑse]. *v. tr.* (1) • Aller au delà de (une limite permise). V. **Dépasser.** *Outrepasser ses droits.*

OUTRER [utʀe]. *v. tr.* (1) • 1° *Littér.* Exagérer, pousser (qqch.) au delà des limites raisonnables. *Outrer une pensée, une attitude.* V. **Forcer.** • 2° *(Aux temps comp. et sans compl.).* Indigner, mettre (qqn) hors de soi. V. **Scandaliser.** *Votre façon de parler de sa mort m'a outré.* V. **Outré.**

OUVERT, ERTE [uvɛʀ, ɛʀt(ə)]. *adj.* ★ **I.** (V. **Ouvrir**). • 1° Disposé de manière à laisser le passage. *Porte, fenêtre ouverte. Grand ouvert,* ouvert le plus possible. • 2° Où l'on peut entrer (local) ; qui n'est pas fermé (récipient). *Magasin ouvert. Le musée est ouvert. Coffre ouvert.* • 3° Disposé de manière à laisser communiquer avec l'extérieur. *Bouche ouverte, yeux ouverts. — Sons ouverts,* prononcés avec la bouche assez ouverte. *O ouvert* [ɔ]. — *Robinet ouvert,* qui laisse passer l'eau. *Le gaz est ouvert.* • 4° Dont les parties sont écartées, séparées. *Main ouverte* (*opposé à* poing fermé). *Fleur ouverte,* épanouie. *À bras ouverts* [abʀazuvɛʀ]. — *Lire le latin à livre ouvert,* couramment. • 5° Percé, troué, incisé. *Avoir le crâne ouvert. Opération à cœur ouvert,* intervention à l'intérieur du muscle du cœur. • 6° Accessible (à qqn, qqch.), que l'on peut utiliser (moyen, voie). V. **Libre.** *Canal ouvert à la navigation. — Bibliothèque ouverte à tous.* — Qui n'est pas protégé, abrité. *Des espaces ouverts.* V. **Découvert.** *Ville ouverte,* qui n'est pas défendue militairement. • 7° Commencé. *La chasse, la pêche est ouverte,* permise. *Les paris sont ouverts,* autorisés. ★ **II.** *(Personnes ; actions).* • 1° Communicatif et franc (air, mine...). V. **Confiant, expansif.** || Contr. **Froid, renfermé.** || — Loc. *Il nous a parlé à cœur ouvert,* en toute franchise. • 2° *(Sentiments, etc.).* Qui se manifeste, se déclare publiquement. V. **Déclaré, manifeste, public.** • 3° Qui s'ouvre facilement aux idées nouvelles. *Un garçon ouvert et intelligent.* || Contr. **Buté, étroit.** || *Un esprit ouvert,* éveillé. V. **Vif.** ▼ **OUVERTEMENT.** *adv.* D'une manière ouverte, sans dissimulation. V. **Franchement.** *Agir ouvertement.*

OUVERTURE. *n. f.* ★ **I.** *L'ouverture (de)...* • 1° Action d'ouvrir ; état de ce qui est ouvert. || Contr. **Fermeture.** || *L'ouverture des portes du magasin se fait à telle heure. Heures, jours d'ouverture.* — Caractère de ce qui est plus ou moins ouvert (dispositifs réglables). *Ouverture d'un objectif ; régler l'ouverture.* • 2° Le fait de rendre praticable, utilisable. *Ouverture d'une route.* • 3° (Abstrait). *Ouverture d'esprit,* qualité de l'esprit ouvert. • 4° Le fait d'être commencé, mis en train. || Contr. **Clôture.** || *Ouverture de la session, d'un débat.* V. **Commencement, début.** *Ouverture d'une exposition, d'une école. — Ouverture de la chasse, de la pêche,* le premier des jours où il est permis de chasser, de pêcher. *Faire l'ouverture* (de la chasse), aller chasser ce jour-là. • 5° *Plur.* Premier essai en vue d'entrer en pourparlers. *Faire des ouvertures de paix, de négociation.* ★ **II.** Morceau de musique d'orchestre par lequel débute un ouvrage lyrique. || Contr. **Finale.** || ★ **III.** *Une, des ouverture(s),* ce qui fait qu'une chose est ouverte. • 1° Espace libre, vide par lequel s'établit la communication ou le contact entre l'extérieur et l'intérieur. V. **Accès, entrée, issue, passage, trou.** *Les ouvertures d'un bâtiment. — Ouverture d'une grotte, d'un puits* (orifice)... • 2° *(Abstrait).* Voie d'accès ; moyen de comprendre. *C'est une ouverture sur un monde inconnu.*

OUVRABLE [uvʀabl(ə)]. *adj. m.* • Se dit des jours consacrés au travail (*opposé à* jours fériés).

OUVRAGE [uvʀaʒ]. *n. m.* • 1° Ensemble d'actions coordonnées par lesquelles on met qqch. en œuvre, on effectue un travail. V. **Œuvre ; besogne, tâche, travail.** *Avoir de l'ouvrage.* V. **Occupation.** *Un ouvrage difficile. Se mettre à l'ouvrage. Ouvrages manuels. Ouvrages de dames,* travaux de couture, broderie, tricot, tapisserie. *Boîte, corbeille à ouvrage,* où l'on met les travaux de couture, etc. • 2° Objet produit par le travail d'un ouvrier, d'un artisan, d'un artiste. *Ouvrage d'orfèvrerie.* — Construction. *Le gros de l'ouvrage.* — OUVRAGES D'ART : constructions (ponts, tranchées, tunnels) nécessaires à l'établissement d'une voie. • 3° Texte scientifique, technique ou littéraire. V. **Écrit, œuvre.** — *Publication d'un ouvrage. Ouvrages de philosophie.* — Livre. *Ouvrages à la vitrine d'un libraire.* • 4° *Littér.* Ensemble d'opérations tendant à une fin ; ce qui est fait, accompli par qqn. V. **Œuvre, travail.** *Cette dégradation est l'ouvrage du temps.*

OUVRAGER [uvʀaʒe]. *v. tr.* (3) • *Littér.* Enrichir d'ornements, façonner de manière délicate, compliquée. V. **Orner.** *Ouvrager un panneau décoratif.* ▼ **OUVRAGÉ, ÉE.** *adj.* Très orné.

OUVRANT, ANTE. *adj.* • Qui s'ouvre (surtout : *toit ouvrant* d'une voiture).

OUVRÉ, ÉE [uvʀe]. *adj.* • Travaillé, façonné (lang. technique ou littéraire).

OUVRE-BOÎTE(S) [uvʀəbwat]. *n. m.* • Instrument coupant, servant à ouvrir les boîtes de conserves.

OUVRE-BOUTEILLE(S) [uvʀəbutɛj]. *n. m.* • Instrument servant à ouvrir les bouteilles capsulées.

OUVREUR, EUSE [uvʀœʀ, øz]. *n.* (surtout fém.). • Personne chargée de placer les spectateurs dans une salle de spectacle. *Des ouvreuses de cinéma.*

OUVRIER, IÈRE [uvʀije, jɛʀ]. *n.* et *adj.* ★ **I.** *N.* • 1° Personne qui exécute un travail manuel, exerce un métier manuel ou mécanique moyennant un salaire (en particulier : travailleur manuel de la grande industrie). V. **Prolétaire.** *Ouvrier agricole, ouvrier d'usine. Ouvriers travaillant en équipe, à la chaîne. — Embaucher, employer des ouvriers.* V. **Main-d'œuvre, personnel.** *Ouvriers sans travail,* chômeurs. *Salaire, paye d'un* *ouvrier. Ouvriers syndiqués. Ouvriers qui font grève*, grévistes. • 2° *Littér.* Artisan, artiste. *À l'œuvre on reconnaît l'ouvrier.* ★ **II.** *Adj.* • 1° Qui a rapport aux ouvriers, qui est constitué par des ouvriers ou est destiné au prolétariat industriel. *La classe ouvrière. Force ouvrière* (F.O.), nom d'une centrale syndicale. *Section française de l'Internationale ouvrière* (S.F.I.O.). • 2° *Cheville ouvrière.* V. **Cheville.**

OUVRIÈRE. *n. f.* • *(Abeille, fourmi...).* Insecte neutre (femelle dont l'appareil génital n'est pas développé), dans une ruche.

OUVRIR [uvʀiʀ]. *v.* (18). [V. **Ouvert.**] ★ **I.** *V. tr.* • 1° Disposer (une ouverture) en déplaçant, en écartant ses éléments mobiles, de manière à mettre en communication l'extérieur et l'intérieur. || Contr. **Fermer.** || *Ouvrir une porte à deux battants. Ouvrir la fenêtre. Clef qui ouvre une porte*, qui permet de l'ouvrir. — (Avec ellipse du complément « la porte ») *Va ouvrir. Ouvrez, au nom de la loi !* • 2° Mettre en communication (un contenant, un local) avec l'extérieur par le déplacement ou le dégagement de l'élément mobile. *Ouvrir une armoire, une boîte.* — Rendre accessible (un local). *Ouvrir un magasin. Nous ouvrirons toute la matinée de dimanche.* • 3° Mettre (un objet) dans une disposition qui assure la communication ou le contact avec l'extérieur. *Ouvrir les lèvres, la bouche.* — Fam. *L'ouvrir*, parler. *Il n'y a pas moyen de l'ouvrir, avec lui.* — *Ouvrir l'œil*, être attentif. — *Ouvrir un sac, un portefeuille.* — *Ouvrir un robinet.* — *Ouvrir le gaz*, le faire fonctionner. — *Ouvrir l'appétit à qqn*, donner faim. • 4° Écarter, séparer (des éléments mobiles). *Ouvrir les rideaux. Ouvrir les bras. Ouvrir un parapluie. Ouvrir un livre.* • 5° Former (une ouverture) en creusant, en trouant. *Ouvrir une fenêtre dans un mur.* || Contr. **Boucher.** || — S'OUVRIR *les veines. S'ouvrir le crâne en tombant.* • 6° Créer ou permettre d'utiliser (un moyen d'accéder, d'avancer une voie). *Ouvrir, s'ouvrir un chemin, une voie.* V. **Frayer.** || Contr. **Barrer.** || — *Ouvrir des horizons, des perspectives.* • 7° Découvrir, présenter. *Il nous a ouvert le fond de son cœur* (Cf. Parler à cœur ouvert). *Cela ouvre à l'esprit des horizons.* • 8° *Ouvrir l'esprit* (à qqn), lui rendre l'esprit ouvert, large. • 9° Commencer. *Ouvrir les hostilités. Ouvrir une discussion. Ouvrir un compte, un crédit à qqn*, l'accorder. — Être le premier à faire, à exercer (une activité, etc.). *Ouvrir la danse, le bal.* • 10° Créer, fonder (un établissement *ouvert* au public). *Ouvrir un magasin, des écoles.* ★ **II.** *V. intr.* • 1° Être ouvert. *Cette porte n'ouvre jamais. Magasin, théâtre qui ouvre le lundi. Ouvrir sur*, donner accès. • 2° Commencer, débuter. *Les cours ouvriront la semaine prochaine.* || Contr. **Finir, terminer.** || ★ **III.** S'OUVRIR. *v. pron.* • 1° Devenir ouvert. *La porte s'ouvre. Le toit de cette voiture s'ouvre.* V. **Ouvrant.** — *Sa bouche s'ouvre. La fleur s'ouvre.* V. **Éclore, épanouir** (s'). • 2° S'OUVRIR SUR : être percé, de manière à donner accès ou vue sur. V. **Donner.** *La porte s'ouvre directement sur le jardin.* • 3° S'offrir comme une voie d'accès, un chemin. *Le chemin, la route qui s'ouvre devant nous.* — *(Abstrait)* Apparaître comme accessible. *Une vie nouvelle s'ouvrait devant lui.* • 4° (*Personnes* ou *choses humaines*). S'OUVRIR À (qqch.) : devenir accessible à, se laisser pénétrer par (un sentiment, une idée). *Son esprit s'ouvre peu à peu à cette idée.* — *Son esprit commence à s'ouvrir.* — *S'ouvrir à qqn*, lui ouvrir son cœur, sa pensée. V. **Confier** (se). • 5° *(Choses).* Commencer. *L'exposition qui allait s'ouvrir.* — *S'ouvrir par*, commencer par.

OUVROIR [uvʀwaʀ]. *n. m.* • Lieu réservé aux ouvrages de couture, de broderie..., dans une communauté de femmes, un couvent, etc.

OVAIRE [ɔvɛʀ]. *n. m.* • 1° Organe où se forme l'ovule qui, après fécondation, peut devenir un œuf (II). • 2° *(Plantes).* Partie inférieure du pistil qui contient les ovules destinés à devenir des graines après la fécondation. V. **Fleur, fruit.** ▼ **OVARIEN, IENNE** [ɔvaʀjɛ̃, jɛn]. *adj.* De l'ovaire. *Glande, sécrétion ovarienne. Cycle ovarien.*

OVALE [ɔval]. *adj.* et *n. m.* • 1° *Adj.* Qui a la forme d'une courbe fermée et allongée analogue à celle d'un œuf de poule. V. **Elliptique, ovoïde.** • 2° *N. m.* Courbe formée par le raccordement de quatre arcs de cercle ; forme analogue. *L'ovale du visage.* ▼ **OVALISÉ, ÉE.** *adj.* Qui a pris une forme ovale (canon de fusil).

OVATION [ɔvasjɔ̃]. *n. f.* • Acclamations publiques rendant honneur à un personnage, à un orateur. V. **Acclamation, cri.** *Faire une ovation à qqn.* ▼ **OVATIONNER.** *v. tr.* (1). Acclamer, accueillir (qqn) par des ovations. *Il s'est fait ovationner.*

OVIDÉS [ɔvide]. *n. m. pl.* • Nom savant des moutons. Au sing. *Un ovidé.* ▼ **OVIN, INE** [ɔvɛ̃, in]. *adj.* Relatif au mouton, au bélier, à la brebis. *La race ovine.* — Subst. *Les ovins.*

OVIPARE [ɔvipaʀ]. *adj.* • Se dit des animaux qui pondent des œufs (I). *Les oiseaux, les crustacés, la plupart des insectes, des poissons, des reptiles sont ovipares.* — Subst. *Les ovipares et les vivipares.*

OVO-, OV-, OVI-. • Éléments savants signifiant « œuf ».

OVOÏDE [ɔvɔid]. *adj.* • Qui a la forme d'un œuf. V. **Ovale.** *Crâne ovoïde.*

OVULE [ɔvyl]. *n. m.* ★ **I.** • 1° Cellule reproductrice femelle (gamète) élaborée par l'ovaire. *Les ovules et les spermatozoïdes, cellules germinales.* • 2° *(Plantes).* Cellule reproductrice femelle qui se transforme en graine. ★ **II.** Petit solide de forme ovoïde, constitué de glycérine ou de beurre de cacao, enrobant des substances médicamenteuses (V. **Suppositoire**). ▼ **OVULAIRE.** *adj.* Relatif à l'ovule. *Ponte ovulaire.* ▼ **OVULATION.** *n. f.* Se dit, chez les mammifères, de la libération de l'ovule. *L'ovulation, fonction essentielle de l'ovaire.*

OX-, OXY-, OXYD-. • Éléments savants signifiant « acide ».

OXFORD [ɔksfɔʀ]. *n. m.* • Tissu de coton à fils de deux couleurs.

OXYDE [ɔksid]. *n. m.* • Composé résultant de la combinaison d'un corps avec l'oxygène. *Oxyde de carbone. Oxyde de cuivre.* ▼ **OXYDER.** *v. tr.* (1). Transformer plus ou moins complètement en oxyde. — Pronom. *Le fer s'oxyde rapidement.* V. **Rouiller.** ▼ **OXYDABLE.** *adj.* Susceptible d'être oxydé. ▼ **OXYDATION.** *n. f.* Combinaison avec l'oxygène pour donner un oxyde.

OXYGÈNE [ɔksiʒɛn]. *n. m.* • Gaz invisible, inodore qui constitue approximativement 1/5 de l'air atmosphérique. *L'oxygène est indispensable à la plupart des êtres vivants. Étouffer par manque d'oxygène* (asphyxie). *Ballon d'oxygène.*

OXYGÉNER [ɔksiʒene]. *v. tr.* (6) • **1°** Ajouter de l'oxygène à (une substance), par dissolution. *Oxygéner de l'eau.* — Pronom. *S'oxygéner les poumons* (fam.), respirer de l'air pur. — *Au p. p. adj.* EAU OXYGÉNÉE : solution de peroxyde d'hydrogène. *L'eau oxygénée est un antiseptique, un hémostatique et un décolorant puissant.* • **2°** *Oxygéner les cheveux*, les passer à l'eau oxygénée. — *Cheveux blonds oxygénés.* ▼ **OXYGÉNATION.** *n. f.*

OZONE [ozɔn]. *n. m.* • Gaz bleu et odorant qui se forme dans l'air (ou l'oxygène) soumis à une décharge électrique. *L'ozone a des propriétés antiseptiques.*

P

P [pe]. *n. m.* • Seizième lettre et douzième consonne de l'alphabet.

PACAGE [pakaʒ]. *n. m.* • **1°** Action de faire paître le bétail. • **2°** Terrain où l'on fait paître les bestiaux. V. **Pâturage.**

PACHA [paʃa]. *n. m.* • **1°** Gouverneur d'une province de l'ancien empire ottoman. — Titre honorifique que portaient en Turquie certains hauts personnages. • **2°** Fam. *Mener une vie de pacha*, mener une vie fastueuse. *Faire le pacha*, se faire servir.

PACHYDERME [paʃ(k)idɛʀm(ə)]. *n. m.* • Éléphant. *Une démarche de pachyderme*, lourde.

PACIFIER [pasifje]. *v. tr.* (7) • **1°** Ramener à l'état de paix (un pays, un peuple). • **2°** *(Abstrait)*. Rendre calme. *Pacifier les esprits*. V. **Apaiser.** ▼ **PACIFICATEUR, TRICE.** *n.* et *adj.* Personne qui pacifie, ramène la paix. — *Adj.* (Choses) *Mesures pacificatrices*. ▼ **PACIFICATION.** n. f. *La pacification d'une zone dangereuse* (parfois euphémisme pour « répression »).

PACIFIQUE. *adj.* • **1°** *(Personnes)*. Qui aime la paix, qui aspire à la paix. *C'était un chef d'État pacifique.* || Contr. **Belliqueux.** || — *Un esprit pacifique.* • **2°** *(Choses)*. Qui a la paix pour objet. *Utilisation pacifique de l'énergie nucléaire.* • **3°** Qui se passe dans le calme, la paix. V. **Paisible.** *La coexistence pacifique entre États.* ▼ **PACIFIQUEMENT.** *adv.*

PACIFISME. *n. m.* • Doctrine des partisans de la paix. *Pacifisme et neutralisme.* ▼ **PACIFISTE.** n. et adj. *Les pacifistes et les non-violents.* — Adj. *Un idéal pacifiste.*

PACOTILLE [pakɔtij]. *n. f.* • Objets fabriqués de mauvaise qualité, de peu de valeur. V. **Camelote.** — DE PACOTILLE : sans valeur. *Bijou de pacotille.*

PACTE [pakt(ə)]. *n. m.* • Convention de caractère solennel entre deux ou plusieurs parties. V. **Marché.** *Conclure, sceller, signer un pacte.* — Document qui constate la convention. ▼ **PACTISER.** *v. intr.* (1) • **1°** Conclure un pacte, un accord (avec qqn). *Pactiser avec l'ennemi.* • **2°** Agir de connivence (avec qqn) ; composer (avec qqch.). V. **Transiger.** *Pactiser avec le crime.*

PACTOLE [paktɔl]. *n. m.* • *Littér.* Source de richesse, de profit. *C'est un vrai pactole.*

PADDOCK [padɔk]. *n. m.* • **1°** Dans un hippodrome, Enceinte réservée dans laquelle les chevaux sont promenés par la bride. • **2°** *Pop.* Lit.

PAELLA [paeja ; paela]. *n. f.* • Plat espagnol composé de riz avec des crustacés, des viandes, etc.

1. PAF! [paf]. *interj.* • Interjection qui exprime un bruit de chute, de coup. *Paf ! Il est tombé par terre.*

2. PAF. *adj. invar.* • *Pop.* Ivre. *Elles sont complètement paf.*

PAGAIE [pagɛ]. *n. f.* • Aviron court en forme de pelle, pour les pirogues, les canoës. *Ramer avec des pagaies.* V. **Pagayer.**

PAGAÏE, PAGAILLE ou **PAGAYE** [pagaj]. *n. f.* • **1°** *Fam.* EN PAGAÏE : en grande quantité. *Des livres, il en a en pagaïe.* • **2°** *Fam.* Grand désordre. *Quelle pagaïe ! C'est la pagaïe.* — EN PAGAÏE : en désordre. *La chambre est en pagaïe.*

PAGANISME [paganism(ə)]. *n. m.* • Nom donné par les chrétiens aux cultes polythéistes (V. **Païen**). *Le paganisme hellénique.*

PAGAYE. V. PAGAÏE.

PAGAYER [pageje]. *v. intr.* (8) • Ramer à l'aide d'une pagaie. ▼ **PAGAYEUR, EUSE.** *n.*

1. PAGE [paʒ]. *n. f.* • **1°** Chacun des deux côtés d'une feuille de papier, susceptible de recevoir un texte ou un dessin. *Les pages d'un livre. Page blanche*, vierge. *Une double page.* — MISE EN PAGES : opération par laquelle on dispose définitivement le texte, les illustrations d'un livre. — Loc. *Être à la page*, être au courant de l'actualité ; suivre la dernière mode. • **2°** Le texte inscrit sur une page. *Il est payé à la page.* • **3°** Double page, feuille. *Feuilleter les pages d'un livre.* — Loc. *Tourner la page*, passer à autre chose. • **4°** Passage d'une œuvre littéraire ou musicale. *Les plus belles pages d'un écrivain.* • **5°** Partie de la vie ou de l'histoire d'une nation. V. **Fait.** *Une page glorieuse de l'histoire de France.*

2. PAGE [paʒ]. *n. m.* • Jeune noble qui était placé auprès d'un seigneur, d'une grande dame pour apprendre le métier des armes, faire le service d'honneur.

PAGEOT ou **PAJOT** [paʒo], **PAGE** [paʒ]. *n. m.* • *Pop.* Lit. ▼ **PAGEOTER (SE).**

v. pron. (1). Pop. *C'est l'heure de se pageoter*, de se mettre au lit.

PAGINER [paʒine]. *v. tr.* (1) • Numéroter les pages de. ▼ **PAGINATION.** n. f. *Erreur de pagination.*

PAGNE [paɲ]. *n. m.* • Vêtement primitif d'étoffe ou de feuilles, qu'on ajuste autour des reins. *Pagne des Tahitiennes.* V. **Paréo.**

PAGODE [pagɔd]. *n. f.* • 1° Temple des pays d'Extrême-Orient. • 2° *Manches pagode*, très larges du bas.

PAIE. V. PAYE.

PAIEMENT [pɛmɑ̃] ou **PAYEMENT** [pɛjmɑ̃]. *n. m.* • Action de payer. *Faire un paiement. Paiement par chèque. Facilités de paiement*, crédit.

PAÏEN, ÏENNE [pajɛ̃, jɛn]. *adj.* et *n.* • 1° D'une religion autre que le christianisme, le judaïsme et l'islamisme. V. **Idolâtre.** *La Rome païenne. Dieux, rites païens.* — N. *Les païens.* V. **Paganisme.** • 2° Sans religion. V. **Impie.** *Mener une vie païenne.*

PAIERIE [peʀi]. *n. f.* • Services, bureau d'un trésorier-payeur. *Paierie générale de la Seine.*

PAILLARD, ARDE [pajaʀ, aʀd(ə)]. *adj.* et *n.* • 1° (Personnes). *Plaisant.* Qui est débauché avec gaieté. *Un moine paillard.* • 2° *(Choses).* Qui a un caractère de paillardise, de grivoiserie vulgaire. *Chansons paillardes.* ▼ **PAILLARDISE.** *n. f.* Action ou parole paillarde. *Débiter des paillardises.*

1. PAILLASSE [p(ɑ)ajas]. *n. f.* • 1° Enveloppe garnie de paille, de feuilles sèches, qui sert de matelas. *Coucher sur une paillasse.* • 2° Loc. pop. *Crever la paillasse à qqn*, le tuer en l'éventrant.

2. PAILLASSE. *n. f.* • Partie d'un évier à côté de la cuve, où l'on pose la vaisselle.

3. PAILLASSE [pajas]. *n. m.* • *Littér.* Clown.

PAILLASSON [pɑ(a)jasɔ̃]. *n. m.* • 1° Natte de paille, destinée à protéger certaines cultures des intempéries. • 2° Natte épaisse et rugueuse servant à s'essuyer les pieds. V. **Tapis.**

PAILLE [pɑj]. *n. f.* • 1° Ensemble des tiges des céréales quand le grain en a été séparé. V. **Chaume.** *Brin de paille.* — Loc. *Coucher, être sur la paille*, dans la misère. *Mettre qqn sur la paille*, le ruiner. • 2° Ces tiges, filées et tressées, utilisées en vannerie. *Chapeau de paille.* • 3° UNE PAILLE : brin de paille. *Tirer à la courte paille*, tirer au sort au moyen de brins de paille de longueur inégale. — Petit cylindre analogue. *Boire avec une paille en papier.* — Fam. et iron. *Une paille*, peu de chose. *Il en demande dix millions : une paille !* • 4° HOMME DE PAILLE : celui qui sert de prête-nom dans une affaire plus ou moins honnête. • 5° PAILLE DE FER : filaments de métal réunis en paquet. *Nettoyer un parquet à la paille de fer.* • 6° Défaut dans une pièce de métal, de verre. ▼**PAILLÉ, ÉE.** *adj.* • 1° Qui a des pailles, des défauts (terme technique). *Acier paillé.* • 2° Garni de paille. *Chaise paillée.* ▼**PAILLER.** *v. tr.* (1) • 1° Garnir de paille tressée. *Pailler des chaises.* • 2° Couvrir ou envelopper de paille, de paillassons. ▼ **PAILLON.** *n. m.* Enveloppe de paille pour les bouteilles.

PAILLETTE [pajɛt]. *n. f.* • 1° Lamelle brillante (de métal, de nacre, de plastique), que l'on peut coudre à un tissu. *Un voile semé de paillettes.* • 2° Parcelle d'or qui se trouve dans des sables aurifères. • 3° Lamelle (de différentes matières). *Lessive en paillettes.* ▼ **PAILLETER** [pajte]. *v. tr.* (4). Orner, parsemer de paillettes (1°). ▼**PAILLETÉ, ÉE.** adj. *Robe pailletée.*

PAILLOTE [pɑjɔt]. *n. f.* • Cabane, hutte de paille ou d'une matière analogue. V. **Case.**

PAIN [pɛ̃]. *n. m.* • 1° Aliment fait de farine, d'eau, de sel et de levain, pétri, fermenté et cuit au four. *Manger du pain. Un pain*, masse déterminée de cet aliment ayant une forme donnée. *Croûte, mie de pain. Miettes de pain. Pain de seigle. Pain de campagne. Pain de mie*, pour faire des toasts. *Gros pain*, vendu au poids. *Pain frais ; pain rassis. Pain grillé. Pain sec*, sans aucun accompagnement. — Loc. *Je ne mange pas de ce pain-là*, je n'accepte pas ces procédés. *Avoir du pain sur la planche*, avoir beaucoup de travail devant soi. *Pour une bouchée de pain*, pour un prix dérisoire. *Objets qui se vendent comme des petits pains*, très facilement. *Ôter, retirer à qqn le pain de la bouche*, le priver de sa subsistance. *Long comme un jour sans pain*, interminable. • 2° PAIN D'ÉPICE, D'ÉPICES : gâteau fait avec de la farine de seigle et du miel. • 3° Masse (d'une substance) comparée à un pain. *Pain de savon.* EN PAIN DE SUCRE : en forme de cône. *Montagne en pain de sucre.* • 4° *Pop.* Coup, gifle. *Il lui a collé un pain.*

1. PAIR [pɛʀ]. *n. m.* • 1° HORS DE PAIR, HORS PAIR : sans égal. ALLER DE PAIR : ensemble, sur le même rang. • 2° Personne semblable, quant à la fonction, la situation sociale. *Il ne peut attendre aucune aide de ses pairs.* • 3° En Angleterre, Membre de la *Chambre des pairs* ou Chambre des lords. • 4° AU PAIR : en échangeant un travail contre le logement et la nourriture (sans salaire). *Travailler au pair.* ▼ **PAIRESSE.** *n. f.* En Grande-Bretagne, Celle qui possède une pairie. — Épouse d'un pair (3°). ▼ **PAIRIE.** *n. f.* Titre et dignité de pair (3°).

2. PAIR, AIRE [pɛʀ]. *adj.* • Se dit d'un nombre divisible exactement par deux. *Numéro pair. Jours pairs.* ‖ Contr. **Impair.** ‖

PAIRE [pɛʀ]. *n. f.* • 1° Réunion (de deux choses, de deux êtres semblables qui vont ensemble). *Une paire de souliers. Une paire de jambes. — Une paire d'amis.* • 2° Objet unique composé de deux parties semblables et symétriques. *Une paire de lunettes, de ciseaux.* • 3° Pop. *Se faire la paire*, s'enfuir.

PAISIBLE [pezibl(ə)]. *adj.* • 1° Qui demeure en paix, ne trouble pas la paix. V. **Calme, tranquille.** *Un homme paisible.* • 2° *(Choses).* Qui ne trouble pas la paix. V. **Pacifique.** *Mœurs paisibles.* — Dont rien ne vient troubler la paix. *Sommeil, vie paisible.* V. **Tranquille.** ▼ **PAISIBLEMENT.** adv. *Il dort paisiblement.*

PAÎTRE [pɛtʀ(ə)]. *v. intr.* (57). [Défectif pas de passé simple ni de subj. imparf.

pas de p. p.] • 1° *(Animaux)*. Manger l'herbe sur pied, les fruits tombés. *Il mène paître son troupeau.* • 2° Loc. fam. *Envoyer paître qqn*, l'envoyer promener.

PAIX [pɛ]. *n. f.* ★ **I.** • 1° Rapports entre personnes qui ne sont pas en conflit, en querelle. V. **Accord, concorde.** || Contr. **Conflit, dispute.** || *Avoir la paix chez soi. Faire la paix*, se réconcilier. *Vivre en paix avec tout le monde.* • 2° Rapports calmes entre citoyens ; absence de troubles, de violences. *La justice doit faire régner la paix. Les gardiens de la paix.* || Contr. **Trouble, violence.** || ★ **II.** • 1° Situation d'une nation, d'un État qui n'est pas en guerre ; rapports entre États qui jouissent de cette situation. || Contr. **Guerre.** || *En temps de paix. Aimer la paix.* V. **Pacifique.** • 2° Traité entre belligérants qui fait cesser l'état de guerre. *Faire la paix.* ★ **III.** • 1° État d'une personne que rien ne vient troubler. V. **Repos, tranquillité.** *Débrancher le téléphone pour avoir la paix. Laisser la paix à qqn, le laisser en paix.* Fam. *Foutez-moi la paix !* — Interj. *La paix !* • 2° État de l'âme qui n'est troublée par aucun conflit, aucune inquiétude. V. **Calme, quiétude.** *Goûter une paix profonde. Avoir la conscience en paix.* • 3° État d'un lieu, d'un moment où il n'y a ni agitation ni bruit. V. **Calme, tranquillité.** *La paix des champs.*

PAL [pal]. *n. m.* • Longue pièce de bois ou de métal aiguisée par un bout. V. **Pieu.** *Le pal, ancien instrument de supplice.*

PALABRE [palabʀ(ə)]. *n. f.* ou *m.* • Discussion interminable et oiseuse. *Assez de palabres !* V. **Discours.** ▼ **PALABRER.** v. intr. (1). *Il fallut palabrer un grand moment pour les persuader.*

PALACE [palas]. *n. m.* • Grand hôtel de luxe. *La vie de palace.*

PALADIN [paladɛ̃]. *n. m.* • Chevalier errant du Moyen Âge, en quête d'actions généreuses.

1. PALAIS [palɛ]. *n. m.* • 1° Grande et somptueuse résidence. V. **Château.** — Vaste édifice public. V. **Monument.** *Le Palais du Louvre.* • 2° *Palais de Justice*, édifice où siègent les cours et tribunaux. *Le Palais. Gens du* ou *de Palais*, juges, avocats.

2. PALAIS. *n. m.* • 1° Partie supérieure interne de la bouche. *Voûte du palais* (V. **Palatal**). *Voile du palais.* • 2° Organe du goût. *C'est un gourmet qui a le palais fin.*

PALAN [palɑ̃]. *n. m.* • Appareil de levage utilisé pour soulever et déplacer des fardeaux.

PALANQUIN [palɑ̃kɛ̃]. *n. m.* • Sorte de chaise ou de litière portée à bras d'hommes (parfois à dos de chameau ou d'éléphant) dans les pays orientaux.

PALATAL, ALE, AUX [palatal, o]. *adj.* • Relatif au palais (2).

PALE [pal]. *n. f.* • Partie d'une hélice qui agit sur l'air. *Hélice à deux, trois pales.*

PÂLE [pɑl]. *adj.* • 1° Blanc, très peu coloré, en parlant du teint, de la peau, du visage (V. **Pâleur, pâlir**). *Un peu pâle.* V. **Pâlichon, pâlot.** *Très pâle.* V. **Blafard, blême.** — *(Personnes)* Qui a le teint pâle. *Elle est devenue pâle comme un linge.* • 2° Qui a peu d'éclat. *Lueurs pâles.* — Peu vif ou mêlé de blanc. V. **Clair.** || Contr. **Foncé.** || *Bleu pâle.* • 3° *(Abstrait)*. Sans éclat. V. **Fade, terne.** *Une pâle imitation.* Fam. *Un pâle crétin.*

PALEFRENIER [palfʀənje]. *n. m.* • Valet, ouvrier chargé du soin des chevaux.

PALEFROI [palfʀwa]. *n. m.* • Autrefois, Cheval de marche, de parade, de cérémonie (*opposé à* destrier).

PALÉ(O)-. • Élément savant signifiant « ancien ».

PALÉOGRAPHIE [paleɔgʀafi]. *n. f.* • Connaissance, science des écritures anciennes. ▼ **PALÉOGRAPHE.** *n.* Personne qui s'occupe de paléographie. ▼ **PALÉOGRAPHIQUE.** *adj.*

PALÉOLITHIQUE [paleɔlitik]. *adj.* et *n. m.* • Relatif à l'âge de la pierre taillée. N. m. *Le paléolithique*, période où apparurent les premières civilisations humaines.

PALÉONTOLOGIE [paleɔ̃tɔlɔʒi]. *n. f.* • Science des êtres vivants ayant existé sur la terre avant la période historique, fondée sur l'étude des fossiles. ▼ **PALÉONTOLOGIQUE.** *adj.* ▼ **PALÉONTOLOGISTE** ou **PALÉONTOLOGUE.** *n.* Savant spécialiste de la paléontologie.

PALET [palɛ]. *n. m.* • Pierre plate et ronde, avec laquelle on vise un but (dans un jeu). *Palet de marelle.*

PALETOT [palto]. *n. m.* • 1° Vêtement de dessus, généralement assez court, boutonné par-devant. • 2° Pop. *Tomber sur le paletot de qqn*, se jeter sur lui (pour l'insulter, etc.).

PALETTE [palɛt]. *n. f.* • Plaque mince percée d'un trou pour y passer le pouce et sur laquelle le peintre étend et mélange ses couleurs. — L'ensemble des couleurs propres à un peintre. *La palette de Rubens.*

PALÉTUVIER [paletyvje]. *n. m.* • Nom de divers grands arbres des régions tropicales, à racines aériennes.

PÂLEUR. *n. f.* • Couleur, aspect d'une personne, d'une chose pâle. *Une pâleur mortelle.*

PÂLICHON, ONNE. *adj.* • *Fam.* Un peu pâle. V. **Pâlot.**

PALIER [palje]. *n. m.* • 1° Plate-forme entre deux volées d'un escalier, en haut d'un perron ou entre deux déclivités. *Portes donnant sur le palier. Mes voisins de palier.* • 2° PAR PALIERS : progressivement. *Progresser par paliers.* ▼ **PALIÈRE.** adj. f. *Porte palière*, qui s'ouvre sur le palier.

PALIMPSESTE [palɛ̃psɛst(ə)]. *n. m.* • Parchemin manuscrit dont on a effacé la première écriture pour pouvoir écrire un nouveau texte.

PALIN-. • Élément savant signifiant « de nouveau ».

PALINGÉNÉSIE [palɛ̃ʒenezi]. *n. f.* • *Didact.* Renaissance des êtres ou des sociétés conçue comme source d'évolution. ▼ **PALINGÉNÉSIQUE.** *adj.*

PALINODIES [palinɔdi]. *n. f. pl.* • *Littér.* Changement d'opinion. *Les palinodies d'un homme politique.* V. **Revirement.**

PÂLIR. *v.* (2) ★ **I.** *V. intr.* • 1° *(Personnes)*. Devenir pâle. *Il pâlit de colère.* V. **Blêmir.** — Loc. *Pâlir sur les livres, sur un travail*, y consacrer de longues heures. • 2° *(Choses).* Perdre son éclat. *Les couleurs ont pâli.* V. **Passer.** ★ **II.** *V. tr.* Rendre pâle, plus pâle. *Ses joues pâlies par la fatigue.* ▼ **PÂLISSANT, ANTE.** adj. *Elle était pâlissante d'émotion.*

PALISSADE [palisad]. *n. f.* • Clôture faite d'une rangée serrée de perches ou de planches. *Palissade d'un jardin.*

PALISSANDRE [palisɑ̃dʀ(ə)]. *n. m.* • Bois exotique odorant, d'une couleur violacée, nuancée de noir et de jaune. *Une armoire en palissandre.*

PALLADIUM [paladjɔm]. *n. m.* • Métal précieux, blanc, très dur.

PALLIER [palje]. *v. tr.* (7) • PALLIER : atténuer faute de remède véritable ; n'apporter qu'une solution provisoire. *Il faut pallier les difficultés du moment.* ▼ **PALLIATIF** [paljatif]. *n. m.* Expédient, mesure qui n'a qu'un effet passager. *Avoir recours à des palliatifs.*

PALMARÈS [palmaʀɛs]. *n. m.* • Liste des lauréats (d'une distribution de prix), liste de récompenses. *Son nom figure au palmarès.*

1. PALME [palm(ə)]. *n. f.* • 1° Feuille de palmier. • 2° *Vin de palme, huile de palme,* de palmier. • 3° *La palme,* symbole de victoire. *Remporter la palme.* — Insigne d'une décoration en forme de feuille de palmier. *Palmes académiques.*

2. PALME. *n. f.* • Chaussure de caoutchouc palmée, utilisée pour la nage sous l'eau.

PALMÉ, ÉE. *adj.* • Dont les doigts sont réunis par une membrane. *Les pattes palmées du canard.* V. **Palmipède.**

PALMIER. *n. m.* • Arbre des régions chaudes, à tige simple, nue et rugueuse, à grandes feuilles en éventail. *Palmier dattier. Cœur de palmier,* bourgeon terminal très tendre de certains palmiers, comestible. ▼ **PALMERAIE.** *n. f.* Plantation de palmiers. *Les palmeraies de Marrakech.*

PALMIPÈDE. *adj.* et *n. m.* • Dont les pieds sont palmés. *Oiseaux palmipèdes.* — N. m. *Les Palmipèdes.*

PALOMBE [palɔ̃b]. *n. f.* • Nom du pigeon ramier, dans le sud de la France. *Chasse à la palombe.*

PALONNIER [palɔnje]. *n. m.* • Dispositif de commande du gouvernail de direction d'un avion.

PÂLOT, OTTE [pɑlo, ɔt]. *adj.* • Un peu pâle (surtout en parlant des enfants). V. **Pâlichon.**

PALOURDE [paluʀd(ə)]. *n. f.* • Mollusque aquatique comestible.

PALPER [palpe]. *v. tr.* (1) • 1° Examiner en touchant, en tâtant avec la main, les doigts. *L'aveugle palpe les objets pour les reconnaître.* • 2° *Fam.* Toucher, recevoir (de l'argent). *Il a déjà assez palpé dans cette affaire.* ▼ **PALPABLE.** *adj.* • 1° Dont on peut s'assurer par les sens, le toucher. V. **Concret, tangible.** || Contr. **Impalpable.** || • 2° Que l'on peut vérifier avec certitude. || Contr. **Douteux.** || *Preuves solides et palpables.*

PALPITANT, ANTE. *adj.* • 1° Qui palpite. *Être tout palpitant d'émotion,* violemment ému. • 2° *(Choses).* Qui excite l'émotion, un vif intérêt. *Un film palpitant.*

PALPITER [palpite]. *v. intr.* (1) • 1° Être agité de frémissements. *Blessure qui palpite.* • 2° Battre très fort (cœur). ▼ **PALPITATION.** *n. f.* • 1° Frémissement convulsif. *La palpitation des paupières.* • 2° Battement de cœur plus sensible et plus rapide que dans l'état normal. *Avoir des palpitations.*

PALTOQUET [paltɔkɛ]. *n. m.* • *Vx.* Homme insignifiant et prétentieux.

PALUCHE [palyʃ]. *n. f.* • *Pop.* Main.

PALUDISME [palydism(ə)]. *n. m.* • Maladie infectieuse caractérisée par des accès de fièvre, due à un parasite transmis par la piqûre de certains moustiques (anophèles). *Accès de paludisme.* ▼ **PALUDÉEN, EENNE** [palydeɛ̃, eɛn]. *adj.* Atteint de paludisme. — Subst. *Un(e) paludéen(ne).*

PÂMER (SE) [pɑme]. *v. pron.* (1) • 1° *Vx.* Perdre connaissance. V. **Défaillir, évanouir** (s'). • 2° Être comme paralysé sous le coup d'une sensation, d'une émotion très agréable. *Se pâmer d'aise.* ▼ **PÂMOISON.** n. f. *Vx* ou *plaisant.* Fait de se pâmer. *Tomber en pâmoison.*

PAMPA [pɑ̃pa]. *n. f.* • Vaste plaine d'Amérique du Sud.

PAMPHLET [pɑ̃flɛ]. *n. m.* • Court écrit satirique, qui attaque avec violence les institutions, un personnage connu. ▼ **PAMPHLÉTAIRE.** *n.* Auteur de pamphlets.

PAMPILLE [pɑ̃pij]. *n. f.* • Chacune des petites pendeloques groupées en franges, servant d'ornement. *Galon à pampilles.*

PAMPLEMOUSSE [pɑ̃pləmus]. *n. m.* • Fruit de grande taille (agrumes), jaune, de goût acide. V. **Grape-fruit.** *Jus de pamplemousse.* ▼ **PAMPLEMOUSSIER.** *n. m.* Arbre à pamplemousses.

PAMPRE [pɑ̃pʀ(ə)]. *n. m.* • Branche de vigne avec ses feuilles et ses grappes.

PAN [pɑ̃]. *n. m.* • 1° Grand morceau d'étoffe ; partie flottante ou tombante d'un vêtement. *Se promener en pan de chemise,* avec une chemise à pans flottants. • 2° *Pan de mur,* partie plus ou moins grande d'un mur.

PAN ! [pɑ̃]. *interj.* • Mot qui exprime un bruit sec, un coup de fusil.

PAN-, PANT(O)-. • Éléments savants signifiant « tout ».

PANACÉE [panase]. *n. f.* • Ce qu'on croit capable de guérir tous les maux ; formule par laquelle on prétend tout résoudre. *La dévaluation n'est pas une panacée.*

PANACHE [panaʃ]. *n. m.* • 1° Faisceau de plumes serrées à la base et flottantes en haut, qui sert à orner une coiffure, un dais. *Les chevaliers portaient un panache à leurs casques.* — *Queue en panache d'un écureuil.* • 2° Loc. *Avoir du panache,* avoir fière allure. *Amour du panache,* amour pour la gloire militaire.

PANACHER. *v. tr.* (1) • 1° Bigarrer, orner de couleurs variées. • 2° Composer d'éléments divers. *Panacher une liste électorale.* ▼ **PANACHAGE.** *n. m.* • 1° Action de panacher. *Un panachage de couleurs.*

• 2° Dans une élection, Mélange sur une même liste de candidats qui appartiennent à des partis différents. ▼ **PANACHÉ, ÉE.** *adj.* • 1° Qui présente des couleurs variées. *Œillet panaché.* • 2° Composé d'éléments différents. — *Un demi panaché, un panaché,* mélange de bière et de limonade.

PAN-. • Élément signifiant « tout ». ▼ **PANAFRICAIN, AINE** [panafʀikɛ̃, ɛn]. *adj.* Relatif à l'unité des peuples d'Afrique. ▼ **PANAMÉRICAIN, AINE** [panameʀikɛ̃, ɛn]. *adj.* Qui concerne les nations du continent américain tout entier. *Congrès panaméricain.* ▼ **PANARABE** [panaʀab]. *adj.* Qui concerne et tend à unir tous les peuples de langue ou de civilisation arabe.

PANADE [panad]. *n. f.* • 1° Soupe faite de pain, d'eau et de beurre. • 2° Fam. *Être, tomber dans la panade,* dans la misère. V. **Purée.**

PANARD [panaʀ]. *n. m.* • *Pop.* Pied.

PANARIS [panaʀi]. *n. m.* • Inflammation aiguë d'un doigt ou d'un orteil, située près de l'ongle.

PANATHÉNÉES [panatene]. *n. f. pl.* • Fêtes données à Athènes, dans l'Antiquité, en l'honneur de la déesse Athéna.

PANCARTE [pɑ̃kaʀt(ə)]. *n. f.* • Carton qu'on applique contre un mur, un panneau, etc., pour donner un avis au public. V. **Écriteau.** *Porter une pancarte dans un défilé.*

PANCRACE [pɑ̃kʀas]. *n. m.* • Ancien sport qui combinait la lutte et le pugilat.

PANCRÉAS [pɑ̃kʀeas]. *n. m.* • Glande mixte située dans l'abdomen, entre la rate et l'anse duodénale. ▼ **PANCRÉATIQUE.** *adj.* Relatif au pancréas. *Suc pancréatique,* sécrétion du pancréas qui joue un rôle important dans la digestion.

PANDÉMONIUM [pɑ̃demɔnjɔm]. *n. m.* • *Littér.* Lieu où règnent la corruption et le désordre.

PANDIT [pɑ̃di(t)]. *n. m.* • Titre honorifique donné dans l'Inde à un fondateur de secte, à un savant et religieux (brahmane). *Le pandit Nehru.*

PANDORE [pɑ̃dɔʀ]. *n. m.* • *Vx* et *iron.* Gendarme.

PANÉGYRIQUE [paneʒiʀik]. *n. m.* • Parole, écrit à la louange de qqn. V. **Apologie.** *Faire le panégyrique de qqn.* ▼ **PANÉGYRISTE.** *n. m.* Celui qui loue, qui vante qqn ou qqch. (souvent *iron.*).

PANER [pane]. *v. tr.* (1) • Couvrir de panure, de chapelure. ▼ **PANÉ, ÉE.** adj. *Escalopes panées.*

PANIER [panje]. *n. m.* • 1° Réceptacle de vannerie (osier, etc.) servant à contenir, à transporter des marchandises. *Panier à provisions. Panier à ouvrage.* V. **Corbeille.** — *Mettre au panier,* jeter aux ordures. • 2° PANIER À SALADE : récipient métallique à claire-voie pour égoutter la salade. — *Fam.* Voiture cellulaire. • 3° *Loc.* PANIER PERCÉ : dépensier incorrigible. *C'est un vrai panier percé, il a déjà tout dépensé.* • 4° Contenu d'un panier. Loc. *Panier-repas,* repas froid distribué à des voyageurs. • 5° Sorte de corps de jupe baleiné qui servait à faire gonfler les jupes. *Robe à paniers.* V. **Crinoline.** • 6° Au basket-ball, Filet ouvert en bas, fixé à un panneau de bois. ▼ **PANIÈRE.** *n. f.* Malle en osier.

PANIFIER [panifje]. *v. tr.* (7) • Transformer en pain. *Panifier de la farine de blé.* ▼ **PANIFIABLE.** *adj.* Qui peut servir de matière première dans la fabrication du pain. *Céréales panifiables.* ▼ **PANIFICATION.** *n. f.*

PANIQUE [panik]. *adj.* et *n. f.* • 1° *Adj.* Qui trouble subitement et violemment l'esprit. *Peur, terreur panique.* • 2° *N. f.* Terreur extrême et soudaine, généralement irraisonnée, et souvent collective. V. **Effroi, épouvante ; affolement.** *Ils furent pris de panique. Semer la panique dans les rangs de l'ennemi.* ▼ **PANIQUARD.** *n. m.* Celui qui se laisse lâchement gagner par la panique. ▼ **PANIQUER.** v. tr. (1). *Fam.* Affoler, angoisser. *Ne te laisse pas paniquer par l'examinateur. Elle est complètement paniquée.*

1. PANNE [pan]. *n. f.* • 1° Arrêt de fonctionnement dans un mécanisme, un moteur ; impossibilité accidentelle de fonctionner. *Panne d'automobile. Tomber en panne. Panne d'essence* (ou *panne sèche*). — *Panne d'électricité.* • 2° Fam. *Être en panne,* momentanément arrêté. *Les travaux sont en panne.* — *Être en panne de qqch.,* en être dépourvu.

2. PANNE. *n. f.* • Graisse qui se trouve sous la peau du cochon.

3. PANNE. *n. f.* • Étoffe semblable au velours.

PANNEAU [pano]. *n. m.* • 1° Partie d'une construction, constituant une surface délimitée. *Panneau mobile. Panneaux préfabriqués.* • 2° Surface plane (de bois, de métal, de toile tendue) destinée à servir de support à des inscriptions. *Panneaux électoraux. Panneaux de signalisation.* • 3° Élément d'une jupe faite de plusieurs morceaux. V. **Lé.** • 4° Loc. *Tomber, donner dans le panneau,* dans le piège (surtout, se laisser tromper par de beaux discours).

PANONCEAU [panɔ̃so]. *n. m.* • 1° Écusson, plaque métallique placée à la porte d'un officier ministériel. *Panonceau de notaire.* • 2° Enseigne, panneau (2°) d'un magasin, etc.

PANOPLIE [panɔpli]. *n. f.* • 1° Ensemble d'armes présenté sur un panneau et servant de trophée, d'ornement. • 2° Jouet d'enfant; déguisement et instruments présentés sur un carton. *Panoplie de pompier.*

PANORAMA [panɔʀama]. *n. m.* • 1° Vaste paysage que l'on peut contempler de tous côtés ; vue circulaire. • 2° *(Abstrait).* Étude successive et complète d'une catégorie de questions. *Panorama de la littérature contemporaine.* ▼ **PANORAMIQUE.** *adj.* • 1° Qui offre les caractères d'un panorama, permet d'embrasser l'ensemble d'un paysage. *Vue panoramique.* • 2° Qui permet une grande visibilité. *Carrosserie panoramique. Écran panoramique,* grand écran de cinéma.

PANSE [pɑ̃s]. *n. f.* • 1° *Fam.* Gros ventre. *S'en mettre plein la panse,* manger beaucoup. • 2° Premier compartiment de l'estomac des ruminants. • 3° Partie renflée. *Panse d'une cruche.* ▼ **PANSU, UE.** adj. *Un vase pansu.*

1. PANSER [pɑ̃se]. *v. tr.* (1) • Mettre des linges et des médicaments sur (une plaie). *Panser la main de qqn.* V. **Bander.** *L'infirmière est en train de panser ses blessures. — Panser un blessé.* ▼ **PANSEMENT.** *n. m.* Linges, etc., servant à assujettir les produits placés sur une plaie. *Blessé couvert de pansements.*

2. PANSER. *v. tr.* (1) • Soigner (un cheval) en lui donnant les soins de propreté. V. **Étriller.** ▼ **PANSAGE.** *n. m.*

PANTAGRUÉLIQUE [pɑ̃tagʀɥelik]. *adj.* • Digne de Pantagruel. *Un repas pantagruélique.* V. **Gargantuesque.**

PANTALON [pɑ̃talɔ̃]. *n. m.* • Culotte longue descendant jusqu'aux pieds. V. **Falzar, froc** *(pop.). Mettre, enfiler son pantalon. Jambes d'un pantalon.*

PANTALONNADE. *n. f.* • Manifestation hypocrite (de dévouement, de loyauté, de regret).

PANTELANT, ANTE [pɑ̃tlɑ̃, ɑ̃t]. *adj.* • 1° Qui respire avec peine, convulsivement. V. **Haletant.** • 2° Suffoqué d'émotion. *Cette mauvaise nouvelle l'a laissé tout pantelant.*

PANTHÉISME [pɑ̃teism(ə)]. *n. m.* • Attitude d'esprit qui tend à diviniser la nature. ▼ **PANTHÉISTE.** *adj.* et *n.*

PANTHÉON [pɑ̃teɔ̃]. *n. m.* • Monument consacré à la mémoire des grands hommes d'une nation.

PANTHÈRE [pɑ̃tɛʀ]. *n. f.* • 1° Grand mammifère carnassier d'Afrique et d'Asie, au pelage noir ou jaune moucheté de taches noires. • 2° Fourrure de cet animal. *Manteau de panthère.*

PANTIN [pɑ̃tɛ̃]. *n. m.* • 1° Jouet d'enfant, figurine burlesque en carton dont on agite les membres au moyen d'un fil. • 2° Personne versatile, qui change d'opinions, d'attitudes sous l'influence d'autrui. V. **Girouette.** *Elle a fait de lui un pantin.*

PANTOIS [pɑ̃twa]. *adj. m.* • Dont le souffle est coupé par l'émotion, la surprise. V. **Ahuri, déconcerté, interdit, stupéfait.** *Ils sont restés tout pantois.*

PANTOMIME [pɑ̃tɔmim]. *n. f.* • Jeu du mime ; art de s'exprimer par la danse, le geste, la mimique, sans recourir au langage.

PANTOUFLE [pɑ̃tufl(ə)]. *n. f.* • 1° Chaussure d'intérieur, en matière souple. V. **Chausson, savate.** *Mettre ses pantoufles, se mettre en pantoufles.* • 2° Loc. *Passer sa vie dans ses pantoufles,* mener une existence casanière, retirée. ▼ **PANTOUFLARD, ARDE.** adj. et n. *Fam.* Qui aime à rester chez soi, qui tient à ses habitudes, à ses aises. V. **Casanier.**

PANURE [panyʀ]. *n. f.* V. CHAPELURE.

PAON [pɑ̃] (fém. *rare* **PAONNE** [pan]). *n.* • 1° Oiseau originaire d'Asie, de la taille d'un faisan, dont le mâle porte une longue queue que l'animal peut redresser et déployer en éventail. *Paon qui fait la roue.* • 2° Loc. *Pousser des cris de paon,* très aigus. *Être vaniteux, fier comme un paon* (V. **Pavaner** [se]). *— Se parer des plumes du paon,* se prévaloir de mérites qui appartiennent à autrui.

PAPA [papa]. *n. m.* • 1° Terme affectueux par lequel les enfants désignent leur père, et dont se servent familièrement les personnes qui leur parlent de lui. V. **Père.** *Oui, papa. Où est ton papa ? Son papa. — Grand-papa, bon-papa,* grand-père. • 2° *Loc. fam.* À LA PAPA : sans hâte, sans peine, sans risques. V. **Tranquillement.** — DE PAPA. *Fam.* Désuet, périmé. *Le cinéma de papa.*

PAPE [pap]. *n. m.* • Chef suprême de l'Église catholique romaine. V. **Pontife** (souverain). *Sa Sainteté le pape. Bulle, encyclique du pape.* ▼ **PAPABLE.** adj. *Cardinaux papables,* qui peuvent devenir pape. ▼ **PAPAL, ALE, AUX.** *adj.* Du pape. V. **Pontifical.** ▼ **PAPAUTÉ.** *n. f.* • 1° Dignité, fonction de pape. V. **Pontificat.** • 2° Gouvernement ecclésiastique dans lequel l'autorité suprême est exercée par le pape. *Histoire de la papauté.*

1. PAPELARD, ARDE [paplaʀ, aʀd(ə)]. *adj.* • *Littér.* Faux, doucereux, mielleux. *Il était retors et papelard.* ▼ **PAPELARDISE.** *n. f.* Hypocrisie.

2. PAPELARD [paplaʀ]. *n. m.* • *Fam.* Morceau de papier ; écrit.

PAPERASSE [papʀas]. *n. f.* • Papier écrit, considéré comme inutile ou encombrant. *Chercher dans ses paperasses. — La paperasse administrative.* ▼ **PAPERASSERIE.** *n. f.* Accumulation de paperasses. ▼ **PAPERASSIER, IÈRE.** *adj.* Qui conserve, écrit des paperasses. *Administration paperassière.*

PAPETERIE [papetʀi ; paptʀi]. *n. f.* • 1° Fabrication du papier. — Fabrique de papier. • 2° Magasin où l'on vend du papier, des fournitures de bureau, d'école. *Librairie-papeterie.* ▼ **PAPETIER, IÈRE** [paptje, jɛʀ]. *n.* Personne qui fabrique, vend du papier.

PAPIER [papje]. *n. m.* ★ **I.** • 1° Matière fabriquée avec des fibres végétales réduites en pâte, étendue et séchée pour former une feuille mince. *Du papier, une feuille de papier. Pâte à papier. Papier à lettres. Papier à dessin. Papier à musique. Papier à cigarettes. Papier de soie. Papier buvard. Papier d'emballage. — Papier hygiénique.* — PAPIER TIMBRÉ : feuille de papier portant la marque du sceau de l'État et le prix de la feuille en filigrane (opposé à *papier libre*). — PAPIER-MONNAIE : billet de banque. — (Le papier servant de support à un produit quelconque) *Papier carbone. Papier collant. Papier-émeri, papier de verre. Papier peint.* — PAPIER MÂCHÉ : pâte à papier malléable formant une substance plastique. Loc. *Une mine de papier mâché,* un teint blafard. • 2° *Le papier,* support de ce qu'on écrit. *Jeter une phrase sur le papier. Sur le papier, tout est résolu, mais concrètement il y aura des difficultés.* • 3° Feuille très mince (de métal), servant à envelopper. *Papier d'argent. Papier doré.* ★ **II.** UN, DES PAPIER(S). • 1° Feuille, morceau de papier. *Notez cela sur un papier.* • 2° Article de journal, de revue. *Envoyer un papier à son journal.* • 3° Écrit officiel. *Signer un papier.* — PAPIERS D'IDENTITÉ, PAPIERS : ensemble des papiers (cartes, livrets, passeports...) qui prouvent l'identité. *Vos papiers ! Avoir ses papiers en règle.* • 4° Loc. *Être dans les petits papiers de qqn,* jouir de sa faveur.

PAPILLE [papij ; -il]. *n. f.* • Petite éminence à la surface du derme ou d'une muqueuse, qui correspond à une terminaison vasculaire ou nerveuse. *Papilles gustatives.*

PAPILLON [papijɔ̃]. *n. m.* • 1° Insecte ayant quatre ailes recouvertes d'écailles sous la forme adulte. V. **Lépidoptère.** *Papillons de nuit. Chasse aux papillons. Collection de papillons.* — Loc. fam. *Minute papillon !* une minute ; attendez ! • 2° *Nœud papillon,* nœud plat servant de cravate, en forme de papillon. • 3° Feuille de papier jointe à un livre, un texte. — Avis de contravention. *J'ai trouvé un papillon au pare-brise de ma voiture.* • 4° Écrou à ailettes. *Papillons d'une roue de bicyclette.*

PAPILLONNER. *v. intr.* (1) • Aller d'une personne, d'une chose à une autre sans nécessité. V. **Folâtrer.** *Elle papillonnait en chantant.* — Passer d'un sujet à l'autre, sans rien approfondir. ▼ **PAPILLONNANT, ANTE.** adj. *Esprit papillonnant.* ▼ **PAPILLONNEMENT.** *n. m.*

PAPILLOTE [papijɔt]. *n. f.* • 1° Bigoudi en papier. — Loc. *Tu peux en faire des papillotes* (d'un papier, d'un écrit), cela ne vaut rien. • 2° Papier beurré ou huilé enveloppant certaines viandes à griller. *Cailles en papillotes.*

PAPILLOTER. *v. intr.* (1) • 1° Se dit des yeux, entraînés dans un mouvement qui les empêche de se fixer sur un objet particulier. — *(Suj. personne)* Cligner des paupières. • 2° Avoir des reflets, scintiller comme des paillettes. ▼ **PAPILLOTANT, ANTE.** *adj.* • 1° Qui éblouit par un grand nombre de lumières. • 2° Qui papillote (en parlant de l'œil, du regard). ▼ **PAPILLOTEMENT.** *n. m.* Éparpillement de points lumineux qui papillotent ; effet produit par cet éparpillement.

PAPISME. *n. m.* • *Péj.* et *vx.* Soumission à l'autorité du pape, dans le catholicisme romain. ▼ **PAPISTE.** *n.*

PAPOTER [papɔte]. *v. intr.* (1) • Parler beaucoup en disant des choses insignifiantes. V. **Bavarder.** ▼ **PAPOTAGE.** *n. m.* V. **Bavardage.** *Elle perd son temps en papotages.*

PAPOUILLE [papuj]. *n. f.* • *Fam.* Chatouille. *Il lui fait des papouilles.*

PAPRIKA [papʀika]. *n. m.* • Variété de piment utilisé en poudre. *Bœuf au paprika.*

PAPYRUS [papiʀys]. *n. m.* • 1° Plante des bords du Nil dont la tige servait à fabriquer des feuilles pour écrire. • 2° *Un papyrus,* un manuscrit sur papyrus.

PÂQUE [pɑk]. *n. f.* • Fête judaïque qui commémore l'Exode, où l'on mange le pain azyme.

PÂQUES [pɑk]. *n. f. pl.* et *n. m. sing.* • 1° *n. f. pl.* Fête chrétienne célébrée le premier dimanche suivant la pleine lune de l'équinoxe de printemps, pour commémorer la résurrection du Christ. *Souhaiter de joyeuses Pâques à qqn.* • 2° *N. m. sing.* (sans article). Le jour, la fête de Pâques. *Pâques précède la Pentecôte. Vacances de Pâques.* — Loc. *À Pâques ou à la Trinité,* très tard, jamais.

PAQUEBOT [pakbo]. *n. m.* • Grand bateau (navire de commerce) principalement affecté au transport des passagers.

PÂQUERETTE [pɑkʀɛt]. *n. f.* • Petite marguerite blanche des prairies. *Une pelouse émaillée de pâquerettes.*

PAQUET [pakɛ]. *n. m.* • 1° Assemblage de plusieurs choses attachées ou enveloppées ensemble ; objet enveloppé pour être transporté plus commodément ou pour être protégé. *Un paquet de linge. Envoyer un paquet par la poste.* V. **Colis.** — *Paquet de cigarettes. Il fume plus d'un paquet par jour,* le contenu d'un paquet de cigarettes. • 2° PAQUET DE : grande quantité de. *Il a touché un paquet de billets.* — Masse informe. *Des paquets de neige.* — Fam. *Paquet de nerfs,* personne nerveuse. • 3° Loc. fam. *Donner, lâcher son paquet à qqn,* une critique sévère et méritée. — *Mettre le paquet,* employer les grands moyens ; donner son maximum. ▼ **PAQUETAGE.** *n. m.* Effets d'un soldat pliés et placés de manière réglementaire. *Faire son paquetage.* V. **Barda.**

PAR [paʀ]. *prép.* ★ **I.** • 1° *(Lieu).* À travers. *Regarder par la fenêtre. Il est passé par la Suisse.* — (En parcourant un lieu) V. **Dans.** *Voyager par le monde, de par le monde.* — (Sans mouvement) *Être assis par terre* (V. **À**). — (Avec ou sans mouvement) *Voitures qui se heurtent par l'avant. Par en bas. Par ici, par là.* — *Loc.* PAR-CI, PAR-LÀ : un peu partout. (Exprimant la répétition.) *Il m'agace avec ses : Cher Monsieur par-ci ; cher Monsieur par-là.* • 2° *(Temps).* Durant, pendant. *Par une belle matinée.* • 3° (Emploi distributif). *Plusieurs fois par jour. Marcher deux par deux.* ★ **II.** • 1° Grâce à l'action de. *Faire faire qqch. par qqn. J'ai appris la nouvelle par mes voisins. L'exploitation de l'homme par l'homme.* • 2° (Moyen ou manière). *Obtenir qqch. par la force.* V. **Moyen** (au moyen de). *Répondre par oui ou par non. Envoyer une lettre par la poste. À force d'en parler, ça va finir par arriver !* — *Fidèle par devoir.* — *Nettoyage par le vide.* — Loc. *Par exemple. Par conséquent. Par suite. Par ailleurs. Par contre.* ★ **III.** DE PAR *le roi, de par la loi :* de la part, au nom du roi, de la loi. ★ **IV.** *Adv.* PAR TROP : vraiment trop. *Il est par trop égoïste.*

1. PARA-. • Élément savant signifiant « à côté de » (ex. : *paraphrase*).

2. PARA-. • Élément qui exprime l'idée de « protection contre » (ex. : *parachute*).

PARABELLUM [paʀabelɔm]. *n. m. invar.* • Pistolet automatique de fort calibre.

1. PARABOLE [paʀabɔl]. *n. f.* • Récit allégorique des livres saints sous lequel se cache un enseignement. *Les paraboles de l'Évangile.* — *Parler par paraboles,* d'une manière détournée, obscure.

2. PARABOLE. *n. f.* • Ligne courbe dont chacun des points est situé à égale distance d'un point fixe *(foyer)* et d'une droite fixe *(directrice).* ▼ **PARABOLIQUE.** *adj.* et *n. m.* • 1° Relatif à la parabole. • 2° En forme de parabole. *Miroir parabolique.* • 3° *Radiateur parabolique,* à miroir parabolique. — N. m. *Un parabolique.*

PARACHEVER [paʀaʃve]. *v. tr.* (5) • Conduire au dernier point de perfection.

V. **Parfaire.** *Parachever une œuvre.* ▼ **PARACHÈVEMENT.** n. m. *Littér.*

PARACHUTE [paʀaʃyt]. *n. m.* • Appareil permettant de ralentir la chute d'une personne ou d'un objet qui tombe d'un avion, de diminuer la vitesse d'un avion, etc. *Saut en parachute.* ▼ **PARACHUTER.** *v. tr.* (1) • 1° Lâcher d'un avion avec un parachute. *Parachuter des soldats.* • 2° *Fam.* Nommer (une personne) à l'improviste dans un emploi pour lequel elle n'est pas spécialement apte. — On emploie aussi PARACHUTAGE, *n. m.* ▼ **PARACHUTISME.** *n. m.* Technique du saut en parachute. ▼ **PARACHUTISTE.** *n.* et *adj.* Personne qui pratique le saut en parachute. — Soldat qui fait partie d'unités spéciales dont les éléments sont destinés à combattre après avoir été parachutés. Abrév. *Para.*

1. PARADE [paʀad]. *n. f.* • Action, manière de parer un coup. V. **Défense, riposte.** *Une belle parade.*

2. PARADE. *n. f.* • 1° Étalage que l'on fait d'une chose, afin de se faire valoir. *Désir de parade.* — *Loc.* FAIRE PARADE DE *qqch.* V. **Étaler, exhiber.** *Il fait parade de ses connaissances.* — DE PARADE : destiné à être utilisé comme ornement. *Habit de parade.* — (Abstrait) *Amabilité de parade*, purement extérieure. • 2° Cérémonie militaire où les troupes en grande tenue défilent. V. **Revue.** • 3° Exhibition avant une représentation, pour attirer les spectateurs. *Les comédiens firent une parade dans les rues. Parade foraine.* ▼ **PARADER.** *v. intr.* (1). Se montrer en se donnant un air avantageux. *Il parade au milieu des jolies femmes.*

PARADIS [paʀadi]. *n. m.* • 1° Lieu où les âmes des justes jouissent de la béatitude éternelle, selon certaines religions. V. **Ciel.** ‖ Contr. **Enfer.** ‖ *Aller au paradis.* • 2° Séjour enchanteur. *Cette île est un vrai paradis.* • 3° *Le* PARADIS TERRESTRE : jardin où, dans la Genèse, Dieu place Adam et Ève. V. **Éden.** ▼ **PARADISIAQUE.** *adj.* Qui appartient au paradis. — Délicieux. *Un endroit paradisiaque.*

PARADISIER. *n. m.* • Oiseau de la Nouvelle-Guinée, aux jolies couleurs. *Le paradisier* ou *oiseau de paradis.*

PARADOXE [paʀadɔks(ə)]. *n. m.* • Opinion qui va à l'encontre de l'opinion communément admise. *Avancer, soutenir un paradoxe.* ▼ **PARADOXAL, ALE, AUX.** *adj.* • 1° Qui tient du paradoxe. *Des raisonnements paradoxaux.* • 2° *(Personnes).* Qui aime, qui recherche le paradoxe. *Esprit paradoxal.* ▼ **PARADOXALEMENT.** *adv.* Contrairement à ce qu'on attendrait.

PARAFE ou **PARAPHE** [paʀaf]. *n. m.* • 1° Trait ajouté au nom d'une signature. • 2° Signature abrégée. ▼ **PARAFER** ou **PARAPHER.** *v. tr.* (1). Marquer, signer d'un paraphe (2°). *Parapher toutes les pages d'un contrat.*

PARAFFINE [paʀafin]. *n. f.* • Substance solide blanche, constituée d'hydrocarbures, utilisée dans la fabrication de bougies, et pour imperméabiliser le papier. — *Huile de paraffine*, utilisée comme lubrifiant. ▼ **PARAFFINER.** *v. tr.* (1). Enduire de paraffine ▼ **PARAFFINAGE.** *n. m.* ▼ **PARAFFINÉ, ÉE.** adj. *Papier paraffiné.*

PARAGES [paʀaʒ]. *n. m. pl.* • 1° Espace maritime. *Les parages du cap Horn.* • 2 DANS LES PARAGES (DE) : aux environs de dans les environs.

PARAGRAPHE [paʀagʀaf]. *n. m.* • 1 Division d'un écrit en prose, où l'on pass à la ligne. *Paragraphes d'un chapitre.* • 2° Signe typographique (§) présentant l numéro d'un paragraphe.

PARAGRÊLE [paʀagʀɛl]. *adj.* • Qu protège les cultures contre la grêle. *Cano paragrêle.*

PARAÎTRE [paʀɛtʀ(ə)]. *v. intr.* (57) ★ I Devenir visible. • 1° Se présenter à la vue V. **Apparaître.** ‖ Contr. **Disparaître.** ‖ *L soleil paraît à l'horizon. Il parut sur le seui* • 2° Se dit d'un imprimé mis en vent *Faire paraître un ouvrage*, l'éditer, le publie *Son livre est paru, vient de paraître.* ★ II Être visible, être vu. • 1° (Avec un ad ou à la forme négative). *Il en paraîtr toujours quelque chose. Dans quelques jou il n'y paraîtra plus.* — FAIRE, LAISSER PARA TRE : manifester, montrer. *Laisser paraît ses sentiments.* • 2° *(Personnes).* Se montr dans des circonstances où l'on doit rempl quelque obligation. *Il n'a pas paru à s travail depuis deux jours.* • 3° *(Personnes* Se donner en spectacle. V. **Briller.** *Elle ai un peu trop paraître.* ★ **III.** *(Verbe d'état* Être vu sous un certain aspect. • 1° Semble avoir l'air. *Il paraît satisfait. Ces chaussur la font paraître plus grande. Cela me para louche. Il me paraît douter de lui-même.* 2° (*Opposé à* « être effectivement »). Se fai passer pour. *Ils veulent paraître ce qu'ils sont pas.* • 3° Impers. *Il me paraît préférab que vous sortiez.* — IL PARAÎT, IL PARA TRAIT QUE (suivi de l'ind.) : le bruit court qu *Il paraît qu'on va doubler les impôts. C' trop tard, paraît-il.* ★ **IV.** Subst. *Litt* Apparence. *L'être et le paraître.*

PARALLÈLE [paʀa(l)lɛl]. *adj.* et *n.* ★ **I.** 1° Se dit de lignes, de surfaces qui, en gé métrie euclidienne, ne se rencontrent p *Deux droites parallèles*, et subst. fé *Deux parallèles.* ‖ Contr. **Convergent, div gent.** ‖ • 2° *N. m.* Petit cercle imaginaire de sphère terrestre, parallèle au plan de l'éq teur servant à mesurer la latitude. ★ **II.** 1° Qui a lieu en même temps, porte sur même objet. *Marché, cours parallèle* marché officiel). *Police parallèle*, pol secrète qui double la police officielle. • 2° dit de choses qui peuvent être comparé V. **Semblable.** ‖ Contr. **Divergent.** ‖ *menaient des expériences parallèles.* • 3° *N.* UN PARALLÈLE : comparaison suivie er deux ou plusieurs sujets. *Établir un parall entre deux questions.* — Loc. *Mettre d choses en parallèle*, les comparer. ▼ **PARA LÈLEMENT.** *adv.* ▼ **PARALLÉLISM** [paʀa(l)lelism(ə)]. *n. m.* • 1° État de lign de plans parallèles. *Parallélisme des ro d'une automobile.* • 2° Progression sembla ou ressemblance suivie entre choses com rables.

PARALLÉLÉPIPÈDE [paʀa(l)lelepipɛd]. *n. m.* ● Prisme dont les bases sont des paral-
élogrammes.

PARALLÉLOGRAMME [paʀa(l)lelɔ-
gʀam]. *n. m.* ● Quadrilatère dont les côtés
pposés sont parallèles deux à deux. *Le
ectangle est un parallélogramme.*

PARALYSER [paʀalize]. *v. tr.* (1) ● **1°**
rapper de paralysie. *L'attaque qui l'a para-
ysé.* — Immobiliser. *Le froid paralyse les
nembres.* ● **2°** Frapper d'inertie ; rendre
ncapable d'agir ou de s'exprimer. *J'étais
aralysé par la terreur. — Grève qui paralyse
'activité économique d'un pays.* ▼ **PARA-
LYSANT, ANTE.** adj. *Émotion paralysante.*
▼ **PARALYSÉ, ÉE.** *adj.* et *n.* Atteint de
aralysie. *Bras, jambes paralysés.* — N. *Les
aralysés.* V. **Paralytique.**

PARALYSIE [paʀalizi]. *n. f.* ● **1°** Dimi-
ution ou arrêt de la motricité, de la sensi-
ilité. *Paralysie complète, partielle* (V.
araplégie). ● **2°** Impossibilité d'agir, de
'extérioriser, de fonctionner. *La paralysie
e l'esprit.* ▼ **PARALYTIQUE** [paʀalitik].
dj. et *n.* Qui est atteint de paralysie. *Un
ieillard paralytique.* V. **Impotent.** — N. *Un,
ne paralytique.*

PARAMÈTRE [paʀamɛtʀ(ə)]. *n. m.* ●
uantité fixée, maintenue constante, dont
épend une fonction de variables indépen-
antes.

PARAMILITAIRE [paʀamilitɛʀ]. *adj.* ●
ui est organisé selon la discipline et la
ructure d'une armée. *Formations para-
ilitaires.*

PARANGON [paʀɑ̃gɔ̃]. *n. m.* ● *Littér.*
odèle. *Des parangons de vertu.*

PARANOÏA [paʀanɔja]. *n. f.* ● Maladie
entale, délire systématisé avec conserva-
on de la clarté et de l'ordre dans la pensée.
PARANOÏAQUE. *adj.* et *n.* Relatif à la
ranoïa. *Psychose paranoïaque.* — N. *Un,
e paranoïaque.*

PARAPET [paʀapɛ]. *n. m.* ● Mur à hau-
ur d'appui destiné à empêcher les chutes.
Garde-fou. *S'accouder au parapet d'un
nt.*

PARAPHE, PARAPHER. V. PARAFE,
RAFER.

PARAPHRASE [paʀafʀɑz]. *n. f.* ● Reprise
un texte sous une autre forme (plus ou
oins explicative). ▼ **PARAPHRASER.**
tr. (1). Faire une paraphrase de (un texte).

PARAPLÉGIE [paʀapleʒi]. *n. f.* ● Para-
sie des membres, et particulièrement des
embres inférieurs. ▼ **PARAPLÉGIQUE.**
j. et n. *La rééducation des paraplégiques.*

PARAPLUIE [paʀaplɥi]. *n. m.* ● Objet
rtatif constitué par une étoffe tendue sur
e armature pliante à manche, et qui sert
bri contre la pluie. V. *pop.* **Pébroque,
in.** *S'abriter sous un parapluie. Un para-
ie et une ombrelle.*

1. PARASITE [paʀazit]. *n.* et *adj.* ★ **I.** *N.*
rsonne qui vit dans l'oisiveté, aux dépens
ne communauté, alors qu'elle pourrait
venir à ses besoins. ★ **II.** *N. m.* et *adj.*
e vivant en association durable avec un
re dont il se nourrit, sans le détruire ni
apporter aucun avantage. *Le gui est une
plante parasite. Ver parasite de l'homme.*
▼ **PARASITAIRE.** *adj.* Causé par les parasites (2°). *Maladie parasitaire.* ▼ **1. PARA-
SITER.** *v. tr.* (1). Habiter (un être vivant)
en parasite (II). ▼ **PARASITISME.** *n. m.* ●
1° Mode de vie du parasite (I). ● **2°** État
d'un être vivant qui vit sur un autre en parasite (II).

2. PARASITE. *adj.* et *n. m.* ● *Bruits
parasites,* et subst. *Parasites,* perturbations
dans la réception des signaux radioélectriques. *Parasites qui empêchent d'écouter
une émission.* ▼ **2. PARASITER.** *v. tr.* (1).
Perturber par des parasites.

PARASOL [paʀasɔl]. *n. m.* ● **1°** Objet
pliant semblable à un vaste parapluie et
fixé à un support, que l'on installe en un
endroit pour se protéger du soleil. *Parasol
de plage.* — V. aussi **Ombrelle.** ● **2°** *Pin
parasol,* dont les branches sont en forme de
parasol.

PARATONNERRE [paʀatɔnɛʀ]. *n. m.* ●
Appareil destiné à préserver les bâtiments
des effets de la foudre, tige(s) métallique(s)
fixée(s) au toit et reliée(s) au sol.

PARAVENT [paʀavɑ̃]. *n. m.* ● Meuble
d'appartement fait de panneaux qu'on
dispose en ligne brisée, destiné à protéger
contre les courants d'air, à isoler. *Se déshabiller derrière un paravent.*

PARBLEU ! [paʀblø]. *interj.* ● *Vx.* Exclamation pour exprimer l'assentiment, l'évidence. V. **Pardi !**

1. PARC [paʀk]. *n. m.* ● **1°** Étendue de
terrain boisé entièrement clos, dépendant
généralement d'un château, d'une grande
habitation. *Les allées d'un parc. Parc public.*
V. **Jardin** (public). *Parc zoologique.* V. **Zoo.**
● **2°** PARC NATIONAL : grande étendue de
terrain où l'on protège la flore et la faune du
lieu.

2. PARC. *n. m.* ● **1°** Enclos où est enfermé
le bétail. — Bassin où sont engraissés des
coquillages. *Parc à huîtres.* ● **2°** *Parc de
stationnement pour les voitures.* V. **Parking.** ●
3° Petite clôture basse et pliante formant
une enceinte dans laquelle les enfants en
bas âge apprennent à marcher.

PARCELLE [paʀsɛl]. *n. f.* ● **1°** Très petit
morceau. ● **2°** Portion de terrain de même
culture, constituant l'unité cadastrale. ▼
PARCELLAIRE. *adj.* Fait par parcelles.
Plan parcellaire.

PARCE QUE [paʀsk(ə)]. *loc. conj.* ●
Exprime la cause. V. **Attendu** (que), **car,
puisque.** *Nous partons parce qu'on nous
attend. Plus fragile parce que plus petit.
— Absolt.* Marque le refus d'une explication.
« *Pourquoi dites-vous cela ? — Parce que,
répondit-elle* ».

PARCHEMIN [paʀʃəmɛ̃]. *n. m.* ● **1°** Peau
d'animal (mouton, agneau, chèvre, chevreau)
préparée spécialement pour l'écriture, la
reliure. ● **2°** UN, DES PARCHEMIN(S). *Fam.*
Diplôme (sur papier). ▼ **PARCHEMINÉ,
ÉE.** *adj.* Qui a la consistance ou l'aspect
du parchemin. *Cuir, papier parcheminé.
Le visage parcheminé d'un vieillard.*

PARCIMONIE [paʀsimɔni]. *n. f.* ● *Donner, distribuer* AVEC PARCIMONIE : en petites

quantités, en économisant. ▼ **PARCIMONIEUX, EUSE.** adj. *Distribution parcimonieuse.* V. **Mesquin.** ▼ **PARCIMONIEUSEMENT.** *adv.* Avec parcimonie.

PAR-CI, PAR-LÀ. *loc.* V. PAR.

PARCOURIR [paʀkuʀiʀ]. *v. tr.* (11) • 1° Aller dans toutes les parties de (un lieu, un espace). V. **Traverser, visiter.** *J'ai parcouru toute la région.* • 2° Accomplir (un trajet déterminé). *Distance à parcourir.* • 3° Lire rapidement. *Parcourir un journal.*

PARCOURS [paʀkuʀ]. *n. m.* • 1° Chemin pour aller d'un point à un autre. V. **Itinéraire, trajet.** *Le parcours d'un autobus.* • 2° Distance déterminée (dans une épreuve). *Incident de parcours.* — Loc. *Il y a eu un incident de parcours,* une difficulté imprévue.

PAR-DERRIÈRE, PAR-DESSOUS, PAR-DESSUS. V. DERRIÈRE, DESSOUS, DESSUS.

PARDESSUS [paʀdəsy]. *n. m.* • Vêtement chaud que les hommes portent par-dessus les autres vêtements pour se garantir des intempéries. V. **Manteau.**

PAR-DEVANT, PAR-DEVERS. V. DEVANT, DEVERS.

PARDI ! [paʀdi]. *interj.* • *Fam.* Exclamation par laquelle on renforce une déclaration. *Tiens, pardi! ce n'est pas étonnant.*

PARDIEU ! [paʀdjø]. *interj.* • *Vx.* Exclamation qui renforce. *Pardieu oui !* V. **Parbleu.**

PARDON [paʀdɔ̃]. *n. m.* • 1° Action de pardonner. V. **Absolution, grâce, indulgence.** *Demander pardon à qqn. Accorder son pardon à qqn.* • 2° *Je vous demande pardon,* ou ellipt. *Pardon,* formule de politesse par laquelle on s'excuse. — *Pardon ?* pouvez-vous répéter ? V. **Comment, hein** *(fam.).* • 3° *Pop.* Sorte d'exclamation superlative. *Le père était déjà costaud, mais alors le fils, pardon !*

PARDONNER [paʀdɔne]. *v. tr.* (1) ★ **I.** • 1° Tenir (une offense, une faute) pour non avenue, renoncer à tirer vengeance de. V. **Oublier.** *Pardonner les péchés.* V. **Remettre.** PROV. *Faute avouée est à moitié pardonnée.* — PARDONNER QQCH. À QQN : supporter qqch. de qqn. *Je lui pardonne tout.* — PARDONNER À QQN : oublier ses fautes, ses torts. V. **Absoudre.** || Contr. **Accuser, condamner.** || *Il cherche à se faire pardonner.* • 2° Juger avec indulgence, en minimisant la faute de. V. **Excuser.** — (Dans une formule de politesse) *Pardonnez-moi, mais je ne suis pas d'accord.* • 3° Au négatif *(Choses).* Épargner. *C'est une maladie qui ne pardonne pas,* mortelle. — Fam. *Une erreur qui ne pardonne pas,* irréparable. ★ **II.** SE PARDONNER. *v. pron.* (Réfl.). *Je ne me le pardonnerai jamais !* ▼ **PARDONNABLE.** *adj.* • 1° *(Choses).* Que l'on peut pardonner. *Une méprise bien pardonnable.* • 2° *(Personnes).* Qui mérite le pardon. V. **Excusable.** || Contr. **Impardonnable, inexcusable.** || *Cet enfant est pardonnable.*

1. -PARE, -PARITÉ. • Éléments savants signifiant « engendrer » (ex. : *ovipare*).

2. PARE-. • Élément signifiant « éviter, protéger contre ».

PARE-BALLES [paʀbal]. *n. m. invar.* • Plaque de protection contre les balles.

PARE-BOUE [paʀbu]. *n. m.* • Dispositif qui empêche les projections de boue (bande de caoutchouc derrière la roue d'un véhicule).

PARE-BRISE [paʀbʀiz]. *n. m. invar.* • Paroi transparente à l'avant d'un véhicule pour protéger les occupants de l'air, du vent, des poussières. — Vitre avant d'une automobile.

PARE-CHOCS [paʀʃɔk]. *n. m. invar.* • Garniture placée à l'avant et à l'arrière d'un véhicule (*spécialt.* d'une automobile) e[t] destinée à amortir les chocs.

PARE-FEU [paʀfø]. *n. m. invar.* • Dispositif de protection contre la propagation du feu.

PARÉGORIQUE [paʀegɔʀik]. *adj.* et *n. m.* • *Élixir parégorique :* médicament à base d'opium utilisé contre les douleurs d'intestin.

PAREIL, EILLE [paʀɛj]. *adj.* et *n.* ★ **I.** *Adj.* • 1° Semblable par l'aspect, la grandeur, la nature. V. **Semblable.** || Contr. **Différent.** *Ils ne sont pas pareils. C'est, ce n'est pa[s] pareil,* la même chose. — *À nul autre pare[il],* sans égal. • 2° De cette nature, de cett[e] sorte. V. **Tel.** *En pareil cas. À une heur[e] pareille !* si tard. ★ **II.** *N.* • 1° *N. m.* et [f.] Personne de même sorte. V. **Pair, semblabl[e].** — *Ne pas avoir son pareil, sa pareille,* êt[re] extraordinaire, unique. — SANS PAREIL(LE) qui n'a pas son égal. • 2° *N. f.* RENDRE L[A] PAREILLE : faire subir à qqn un traiteme[nt] analogue à celui qu'on a reçu. • 3° *N.* [m.] (Fam.). *C'est du pareil au même,* c'est [la] même chose. ▼ **PAREILLEMENT.** *a[dv.]* De la même manière. *La santé est bonne [et] l'appétit pareillement.* V **Aussi, égalemen[t].**

PAREMENT [paʀmɑ̃]. *n. m.* • 1° Fa[ce] extérieure d'un mur revêtue de pierres [de] taille. • 2° Revers sur le col, les manch[es] d'un vêtement. *Une veste à parements.*

PARENCHYME [paʀɑ̃ʃim]. *n. m.* [•] *Didact.* Tissu cellulaire spongieux et m[ou] des végétaux.

PARENT, PARENTE [paʀɑ̃, paʀɑ̃t]. *n.* [•] 1° *Plur.* LES PARENTS : le père et la mè[re.] *Un enfant qui obéit à ses parents.* • 2° *Si[ng.]* ou *plur.* Personne avec laquelle on a un li[en] de parenté (V. **Famille**). *Ils sont paren[ts.] C'est un proche parent, un parent éloig[né.]* — Loc. *Traiter qqn en parent pauvre,* mo[ins] bien que les autres. • 3° En biologie, In[di]vidu par rapport à ceux qu'il a engendr[és.] *Le parent mâle d'un animal,* le père. • [4°] *Adj.* Analogue, semblable. *Des intelligen[ces] parentes.* ▼ **PARENTAL, ALE, AUX.** a[dj.] *Autorité parentale,* des parents.

PARENTÉ. *n. f.* • 1° Rapport entre p[er]sonnes descendant les unes des aut[res] ou d'un ancêtre commun. *Liens de paren[té.]* V. **Sang.** • 2° Rapport équivalent établi [par] la société. *Parenté par alliance. Pare[nté] adoptive.* • 3° L'ensemble des parents [et] des alliés de qqn, considéré abstraiteme[nt.] *Toute sa parenté.* • 4° Rapport d'affin[ité,] d'analogie. *La parenté d'inspiration de d[eux] poèmes.*

PARENTHÈSE [paʀɑ̃tɛz]. *n. f.* • [1°] Insertion, dans le corps d'une phrase, d['un] élément accessoire qui interrompt la co[ns]truction syntaxique ; cet élément. V. **Dig[ression.]**

sion. *Je fais une parenthèse.* • 2° Chacun des deux signes typographiques entre lesquels on place l'élément qui constitue une parenthèse : ( ). *Mettre entre parenthèses. Ouvrir, fermer la parenthèse.* — (Abstrait) ENTRE PARENTHÈSES : en passant. *Entre parenthèses, il ne m'a pas rendu mon argent.*

PARÉO [paʀeo]. *n. m.* • Pagne tahitien. *Des paréos.*

1. PARER [paʀe]. *v. tr.* (1) ★ **I.** • 1° Vêtir (qqn) avec recherche (V. **Parure**). *Parer qqn de ses plus beaux atours.* — Au p. p. *Une femme très parée.* • 2° Attribuer (une qualité). *Parer qqn de toutes les vertus.* V. **Orner.** ★ **II.** SE PARER *(sens réfl.)* : se vêtir avec recherche. V. **Pomponner** (se).

2. PARER. *v. tr.* (1) • 1° *Parer un (le) coup*, l'éviter ou le détourner (V. **Parade 1**). • 2° *Trans. indir.* PARER À : faire face à. *Parer à toute éventualité*, prendre toutes les dispositions nécessaires. *Il faut parer au plus pressé.* — PARÉ CONTRE : protégé de. *Nous sommes parés contre le froid.*

PARE-SOLEIL [paʀsɔlɛj]. *n. m. invar.* • Écran protégeant le conducteur des rayons du soleil, dans une automobile.

PARESSE [paʀɛs]. *n. f.* • 1° Goût pour l'oisiveté ; comportement de celui qui évite l'effort. V. **Fainéantise ;** *fam.* **Flemme.** *Il était d'une paresse incurable. Solution de paresse*, celle qui exige le moins d'effort. *Paresse d'esprit.* • 2° Lenteur anormale à fonctionner, à réagir. *Paresse intestinale.* ▼ **PARESSER.** *v. intr.* (1). Se laisser aller à la paresse ; ne rien faire. V. **Fainéanter.**

PARESSEUX, EUSE. *adj.* et *n.* • 1° Qui montre habituellement de la paresse ; qui évite l'effort. V. **Fainéant, flemmard.** || Contr. **Travailleur.** || *Être paresseux comme une couleuvre. Il est paresseux pour se lever.* • 2° *(Organes).* Qui fonctionne, réagit avec une lenteur anormale. *Estomac paresseux.* • 3° *N.* Personne paresseuse. V. **Tire-au-flanc.** *Cet élève est un paresseux.* • 4° Mammifère édenté, à mouvements très lents, qui vit dans les arbres. ▼ **PARESSEUSEMENT.** *adv.* • 1° Avec paresse. • 2° Avec lenteur. *Fleuve qui coule paresseusement.*

PARFAIRE [paʀfɛʀ]. *v. tr.* (60). [Inf. et temps comp. seulement.] • Achever, de manière à conduire à la perfection. *Parfaire un ouvrage.* V. **Parachever, polir.** *Parfaire sa culture.*

PARFAIT, AITE. *adj.* et *n. m.* ★ **I.** *Adj.* • 1° *(Choses).* Qui est au plus haut, dans l'échelle des valeurs ; qui est tel qu'on ne puisse rien concevoir de meilleur. || Contr. **Imparfait.** || *Beauté parfaite. Filer le parfait amour.* V. **Idéal.** *Vivre en parfait accord. Une ressemblance parfaite.* V. **Total.** *Parfaite exécution d'une sonate.* — PARFAIT ! très bien ! • 2° *(Personnes).* Sans défaut, sans reproche. *Il est loin d'être parfait.* • 3° *(Avant le nom).* Qui correspond exactement à tel ou tel type, à tel ou tel emploi. V. **Accompli.** *Un parfait gentleman. Un parfait imbécile.* V. **Fieffé.** ★ **II.** *N. m.* En grammaire, Le passé (simple ou composé), *opposé à* l'imparfait.

PARFAITEMENT. *adv.* • 1° D'une manière parfaite, très bien. V. **Admirablement.** *Il sait parfaitement son rôle.* • 2° Absolument. *Être parfaitement heureux.* V. **Très.** • 3° Oui, certainement, bien sûr. *Parfaitement, c'est comme ça.*

PARFOIS [paʀfwa]. *adv.* • À certains moments, dans certains cas. V. **Quelquefois.** || Contr. **Jamais, toujours.** || *Il a parfois des malaises. Parfois, il rentre tard. Il y va parfois. Il est parfois gai, parfois triste.* V. **Tantôt.**

PARFUM [paʀfœ̃]. *n. m.* • 1° Odeur agréable et pénétrante. V. **Arôme, senteur.** *Le parfum de la rose.* • 2° Goût de ce qui est aromatisé. *Des glaces à tous les parfums.* • 3° Substance aromatique, solide ou liquide. V. **Essence.** *Un flacon de parfum.* • 4° Arg. *Être au parfum (de qqch.)*, être informé.

PARFUMER [paʀfyme]. *v. tr.* (1) • 1° Remplir, imprégner d'une odeur agréable. V. **Embaumer.** *La lavande qui parfume le linge.* • 2° Imprégner de parfum (3°). *Parfumer son mouchoir.* — Pronom. *Femme qui se parfume.* — Au p. p. *Une femme parfumée.* • 3° Aromatiser. — Au p. p. *Une glace parfumée au café.*

PARFUMERIE. *n. f.* • 1° Industrie de la fabrication des parfums et des produits de beauté. — Les produits de cette industrie. *Vente de parfumerie en gros.* • 2° Usine où l'on fabrique des produits de parfumerie. Boutique d'un parfumeur. ▼ **PARFUMEUR, EUSE.** *n.* Fabricant ou marchand de parfums.

PARI [paʀi]. *n. m.* • 1° Convention par laquelle deux ou plusieurs personnes s'engagent à verser une certaine somme au profit de celle qui aura raison. *Faire un pari. Tenir un pari*, l'accepter. • 2° Forme de jeu où le gain dépend de l'issue d'une épreuve sportive, d'une course de chevaux ; action de parier. *Pari mutuel.* V. **P.M.U.**

PARIA [paʀja]. *n. m.* • 1° Aux Indes, Individu hors caste, dont le contact est considéré comme une souillure. V. **Intouchable.** • 2° Personne méprisée, écartée d'un groupe. *Vivre en paria.*

PARIER [paʀje]. *v. tr.* (7) • 1° Engager (un enjeu) dans un pari. *Je parie une bouteille de champagne avec toi qu'il acceptera. Il avait parié cent francs sur le favori.* V. **Jouer.** Absolt. *Parier aux courses.* • 2° Affirmer avec vigueur ; être sûr. *Je parie que c'est lui. Je l'aurais parié. Vous avez soif, je parie ?* je suppose, j'imagine. ▼ **PARIEUR.** *n. m.* Personne qui parie (1°). V. **Turfiste.**

PARIÉTAL, ALE, AUX [paʀjetal, o]. *adj.* • 1° *Os pariétal*, chacun des deux os plats constituant la partie moyenne et supérieure du crâne. • 2° *Peintures pariétales*, faites sur une paroi de roche (Syn. *Rupestre*).

PARIGOT, OTE [paʀigo, ɔt]. *adj.* et *n.* • *Fam.* Parisien. *Accent parigot.* — N. *Les Parigots.*

PARISIEN, IENNE [paʀizjɛ̃, jɛn]. *n.* et *adj.* • 1° *N.* Natif ou habitant de Paris. V. **Parigot.** • 2° *Adj.* De Paris. *Banlieue parisienne.*

PARITÉ [paʀite]. *n. f.* • 1° Le fait d'être pareil (en parlant de deux choses). *La parité entre les salaires.* • 2° Égalité de la valeur d'échange des monnaies de deux pays dans chacun de ces pays. *Parité de change.* ▼ **PARITAIRE.** *adj.* Se dit d'une assemblée où employeurs et salariés ont un nombre égal de représentants élus. *Commission paritaire.*

PARJURE [paʀʒyʀ]. *n.* • 1° *Littér.* Faux serment, violation de serment. • 2° *Littér.* Personne qui commet un parjure. V. **Traître.** — Adj. *Un témoin parjure.* ▼ **PARJURER (SE).** *v. pron.* (1). Faire un parjure, violer son serment.

PARKING [paʀkiŋ]. *n. m.* • *Anglicisme.* • 1° Action de parquer (une voiture). V. **Stationnement.** *Parking autorisé.* • 2° Parc de stationnement pour les automobiles. *Parking souterrain.*

PARLANT, ANTE. *adj.* • 1° Qui reproduit, après enregistrement, la parole humaine. *Horloge parlante. — Cinéma parlant.* • 2° *(Choses).* Éloquent, qui se passe de commentaires. *Les chiffres sont parlants.*

PARLÉ, ÉE [paʀle]. *adj.* • Qui se réalise par la parole. *Langue parlée. Journal parlé,* nouvelles radiophoniques.

PARLEMENT [paʀləmɑ̃]. *n. m.* • Nom donné à l'assemblée ou aux chambres qui détiennent le pouvoir législatif dans les pays à gouvernement représentatif. V. **Sénat, chambre** (des députés). ▼ **1. PARLEMENTAIRE.** *adj.* et *n.* • 1° Relatif au Parlement. *Gouvernement parlementaire.* V. **Constitutionnel.** • 2° *N.* Membre du Parlement. V. **Député, sénateur.** ▼ **PARLEMENTARISME.** *n. m.* Régime, gouvernement parlementaire.

PARLEMENTER [paʀləmɑ̃te]. *v. intr.* (1) • 1° Entrer en pourparlers avec l'ennemi en vue d'une convention quelconque. V. **Négocier, traiter.** • 2° Discuter en vue d'un accommodement. *Les deux associés parlementèrent longuement.* ▼ **2. PARLEMENTAIRE.** *n.* Personne chargée de parlementer avec l'ennemi. V. **Délégué.**

1. PARLER [paʀle]. *v.* (1) ★ **I.** *V. intr.* • 1° Articuler des sons pour s'exprimer. ‖ Contr. **Taire** (se). ‖ *Cet enfant commence à parler. Parler distinctement. Parler bas, haut. Parler en français. Parler à la radio. Ils sont en train de parler.* — Loc. *C'est une façon, une manière de parler !* il ne faut pas prendre à la lettre, exactement, ce qui vient d'être dit. *Il parle d'or,* très bien, sagement. • 2° Révéler ce qu'on tenait caché. *Son complice a parlé.* • 3° PARLANT (précédé d'un adv.) : en s'exprimant de telle manière. *Généralement parlant.* • 4° S'exprimer. *Les muets parlent par gestes.* • 5° *(Suj. chose).* Être éloquent. *Les faits parlent d'eux-mêmes.* ★ **II.** *V. tr. ind.* • 1° PARLER DE (QQCH., QQN). *Parlez-nous de vos projets. Tout le monde en parle.* Loc. *Sans parler de...* (V. **Outre**). *N'en parlons plus !* que ce soit fini. *Il fait beaucoup parler de lui.* • 2° PARLER DE (suivi d'un inf.) : annoncer l'intention de. *Il parlait d'émigrer aux Antilles.* • 3° PARLER À QQN : lui adresser la parole. *Laissez-moi lui parler. Il lui parle brutalement. Trouver à qui parler,* avoir affaire à un adversaire difficile. • 4° *Fam.* TU PARLES ! VOUS PARLEZ ! (dubitatif ou méprisant). *Tu parles d'un idiot !* quel idiot ! *Sa reconnaissance, tu parles ! Tu parles si je m'en fiche !* ★ **III.** *V. tr. dir.* • 1° Pouvoir s'exprimer au moyen de (telle ou telle langue). *Parler le français.* • 2° *(Sans art.).* Aborder un sujet. *Parler politique.*

2. PARLER. *n. m.* • 1° Manière de parler. *Les mots du parler de tous les jours.* • 2° Ensemble des moyens d'expression particuliers à une région. V. **Dialecte, patois.**

PARLEUR. *n. m.* • *Péj.* BEAU PARLEUR : celui qui aime à faire de belles phrases. V. **Phraseur.**

PARLOIR. *n. m.* • Local où sont admis les visiteurs qui veulent s'entretenir avec un pensionnaire d'un établissement (religieux, scolaire, etc.). *Élève appelé au parloir.*

PARLOTE ou **PARLOTTE.** *n. f.* • Échange de paroles insignifiantes. *Faire la parlotte avec une voisine.* V. **Causette.**

PARMESAN [paʀməzɑ̃]. *n. m.* • Fromage fabriqué dans les environs de Parme, consommé surtout râpé.

PARMI [paʀmi]. *prép.* • 1° Au milieu de. V. **Entre.** *Des maisons disséminées parmi les arbres. Nous souhaitons vous avoir bientôt parmi nous.* V. **Avec, près** (de). • 2° (Appartenance à un ensemble). *C'est une solution parmi d'autres.* • 3° (Appartenance d'une chose abstraite à un ensemble d'êtres vivants). V. **Chez.** *L'inégalité parmi les hommes.*

PARNASSE [paʀna(a)s]. *n. m.* • Mouvement littéraire français issu de « l'Art pour l'Art » (fin XIXe s.). *Poètes du Parnasse.* ▼ **PARNASSIEN, IENNE.** *adj.* et *n. m.* Nom des poètes du Parnasse. *Les Parnassiens et les Symbolistes.*

PARODIE [paʀɔdi]. *n. f.* • 1° Imitation burlesque (d'une œuvre sérieuse). • 2° Contrefaçon grotesque. V. **Caricature.** *Une parodie de réconciliation.* ▼ **PARODIER.** *v. tr.* (7). Imiter (une œuvre, un auteur) en faisant une parodie. ▼ **PARODIQUE.** *adj.* Qui a le caractère de la parodie.

PAROI [paʀwa]. *n. f.* • 1° Séparation intérieure d'une maison (V. **Cloison**) ou face intérieure d'un mur. *Appuyer son lit contre la paroi.* • 2° Terrain à pic, comparable à une muraille. *Paroi rocheuse.* • 3° Surface interne d'une cavité destinée à contenir qqch. *Les parois d'un vase.*

PAROISSE [paʀwas]. *n. f.* • Circonscription ecclésiastique où s'exerce le ministère d'un curé, d'un pasteur. *Les pauvres de la paroisse.* ▼ **PAROISSIAL, IALE, IAUX.** *adj.* De la paroisse. ▼ **PAROISSIEN, IENNE.** *n.* • 1° Personne qui dépend d'une paroisse. *Le curé et ses paroissiens.* • 2° Livre de messe.

PAROLE [paʀɔl]. *n. f.* ★ **I.** UNE, DES PAROLE(S) : éléments de langage parlé. • 1° Élément simple du langage articulé. V. **Mot ; expression.** *Des paroles aimables. Voilà une bonne parole !* V. **Discours, propos.** *Peser ses paroles.* — Loc. *En paroles,* d'une manière purement verbale. *Il est courageux en paroles. — De belles paroles,* promesses. • 2° *(Plur.).* Texte (d'un morceau de musique vocale). *L'air et les paroles d'une chanson. — Histoire sans paroles,* dessins qui se passent de légende. • 3° Pensée exprimée à haute voix, en quelques mots. *Parole historique.* • 4° *(Sing.).* Engagement, promesse sur l'honneur. *Donner sa parole. Tenir parole.* — *Sur parole,* sans autre garantie que la parole donnée. — Interj. *(Ma) parole d'honneur ! — Ma parole ! Parole !* je le jure. ★ II. LA PAROLE : expression verbale de la pensée. • 1° Faculté de communiquer la pensée par un système de sons articulés émis par la voix. *Perdre la parole,* devenir muet. Loc. *Il ne lui manque que la parole* (d'un animal intelligent). • 2° Exercice de cette faculté, le fait de parler. *Avoir la parole facile,* être éloquent. *Adresser la parole à qqn. Prendre la parole. Couper la parole à qqn.* V. **Interrompre.** • 3° Le discours (oral ou écrit), opposé en linguistique au système de la langue. ▼ **PAROLIER, IÈRE.** *n.* Auteur des paroles (I, 2°) d'une chanson, d'un livret d'opéra. V. **Librettiste.**

PARONYME [paʀɔnim]. *adj.* et *n. m.* • *Didact.* Se dit de mots presque homonymes (*ex. :* éminent, imminent).

PAROUSIE [paʀuzi]. *n. f.* • Second avènement attendu du Christ glorieux (terme de religion).

PAROXYSME [paʀɔksism(ə)]. *n. m.* • Le plus haut degré (d'une sensation, d'un sentiment). V. **Exacerbation.** *La douleur, la jalousie atteint son paroxysme.*

PARPAILLOT, OTE [paʀpajo, ɔt]. *n.* • *Vx* ou *plaisant.* Protestant.

PARPAING [paʀpɛ̃]. *n. m.* • Bloc (de plâtre, de ciment) formant l'épaisseur d'une paroi. *Un mur en parpaings.*

PARQUER [paʀke]. *v. tr.* (1) • 1° Mettre (des bestiaux, des animaux) dans un parc. • 2° Placer, enfermer (des personnes) dans un espace étroit et délimité. V. **Entasser.** • 3° Ranger (une voiture) dans un parc de stationnement. V. **Garer.**

1. PARQUET. *n. m.* • Assemblage d'éléments de bois (lames, lattes) qui garnissent le sol d'une pièce. V. **Plancher.** *Parquet de chêne ciré.* ▼ **PARQUETER** [paʀkəte]. *v. tr.* (4). Garnir d'un parquet.

2. PARQUET [paʀkɛ]. *n. m.* • Groupe des magistrats exerçant les fonctions du Ministère public (procureurs généraux, substituts).

PARRAIN [pa(ɑ)ʀɛ̃]. *n. m.* • 1° Celui qui tient (ou a tenu) un enfant sur les fonts du baptême. *Le parrain et la marraine. Mon parrain.* • 2° Celui qui préside au lancement d'un navire. • 3° Celui qui présente qqn dans un cercle, un club, pour l'y faire inscrire. ▼ **PARRAINAGE.** *n. m.* • 1° Fonction, qualité de parrain (1°, 3°) ou de marraine. • 2° Appui moral qu'une personnalité ou un groupe accorde à une œuvre. V. **Patronage.** *Comité de parrainage.* ▼ **PARRAINER.** *v. tr.* (1). Accorder son parrainage à. *Parrainer une entreprise. Il m'a parrainé dans cette soirée.*

PARRICIDE [paʀisid]. *n. m.* • 1° Meurtre du père ou de la mère. • 2° Personne qui a commis un parricide. — Adj. *Fils parricide.*

PARSEMER [paʀsəme]. *v. tr.* (5) • 1° Couvrir par endroits. • 2° *(Choses).* Être répandu çà et là sur (qqch.). *Les fautes qui parsèment un devoir.*

PART [paʀ]. *n. f.* ★ I. Ce qui revient à qqn. • 1° Ce qu'une personne possède ou acquiert en propre. *Avoir la meilleure part.* — AVOIR PART À : participer. *Un acte où la volonté a peu de part.* — PRENDRE PART À : jouer un rôle dans (une affaire). *Prendre part à un travail.* V. **Contribuer.** — S'associer aux sentiments d'une autre personne. *Je prends part à votre douleur.* — POUR MA PART : en ce qui me concerne. • 2° FAIRE PART : partager (*seul.* dans *faire part à deux*). Ellipt. *Part à deux !* — FAIRE PART DE QQCH. À QQN : faire connaître. *Faire part d'une naissance, d'un mariage.* V. **Faire-part.** • 3° Partie attribuée à qqn ou consacrée à tel ou tel emploi. V. **Portion, morceau.** *Diviser en parts,* partager. — *Assigner à qqn une part dans un legs.* — Partie du capital d'une société, qui appartient à l'un des associés. — Ce que chacun doit donner. *Il faut que chacun paye sa part.* • 4° FAIRE LA PART DE : tenir compte de. *Faire la part des choses,* tenir compte des contingences. ★ II. Partie (d'un tout, d'un ensemble, d'un groupe). *Il a perdu une grande part de sa fortune. Pour une large part,* en grande partie. ★ III. (Partie d'un lieu). • 1° *(Dans des loc.).* DE LA PART DE : indique la personne de qui émane un ordre, une démarche. V. **Nom** (au nom de). *Je viens de la part de son mari.* — DE TOUTES PARTS ou DE TOUTE PART : de tous les côtés. — D'UNE PART... D'AUTRE PART : pour mettre en parallèle, pour opposer deux idées ou deux faits. V. **Côté.** — D'AUTRE PART (en début de phrase). V. **Ailleurs** (d'), **outre** (en). — DE PART ET D'AUTRE : des deux côtés. *On se disait, de part et d'autre, des injures grossières.* — DE PART EN PART : d'un côté à l'autre. V. **Travers** (à). — PRENDRE EN BONNE, EN MAUVAISE PART : interpréter en bien, en mal. • 2° (Avec un adj. indéf.). NULLE PART : en aucun lieu. — AUTRE PART : dans un autre lieu. — QUELQUE PART : en un lieu indéterminé. *Elle l'avait déjà vu quelque part.* • 3° *Loc. adv.* À PART : à l'écart. *Mettre à part,* écarter. *Prendre qqn à part pour lui parler.* V. **Particulier** (en), **séparément.** — *Loc. prép.* V. **Excepté.** *À part lui, nous ne connaissons personne.* — À PART *(adj.)* : qui est séparé d'un ensemble. *Occuper une place à part.*

PARTAGE. *n. m.* ★ I. L'action de partager ou de diviser ; son résultat. • 1° Division d'un tout en plusieurs parts pour une distribution. *Partage d'un domaine.* • 2° Le fait de partager qqch. (avec qqn). • 3° SANS PARTAGE : sans réserve. *Une amitié sans partage.* ★ II. La part qui revient à qqn (dans des loc.). LE PARTAGE DE QQN : le lot, le sort de qqn. — EN PARTAGE. *Donner, recevoir en partage.*

PARTAGER [paʀtaʒe]. *v. tr.* (3) ★ I. • 1° Diviser (un ensemble) en éléments qu'on peut distribuer, employer à des usages différents. *Partager une propriété entre des héritiers.* V. **Morceler ; partage.** *Partager son temps entre plusieurs occupations.* • 2° *Partager qqch. avec qqn,* lui en donner une partie. • 3° Avoir part à (qqch.) en même temps que d'autres. *Partager le repas de qqn.* — *(Abstrait)* Prendre part à. *Partager une responsabilité avec qqn. Les torts sont partagés. Un amour partagé*, mutuel. • 4° *(Suj. chose).* Diviser (un ensemble) de manière à former plusieurs parties distinctes effectivement séparées ou non. V. **Couper.** *Cloison qui partage une pièce en deux.* • 5° *(Suj. personne).* ÊTRE PARTAGÉ : être divisé entre plusieurs sentiments contradictoires. *Il était partagé entre l'amitié et la rancune.* — *(Suj. chose)* Loc. *Les avis sont partagés*, sont très divers. ★ **II.** SE PARTAGER. *v. pron.* • 1° Être partagé. • 2° (Réfl.). *Se partager entre diverses tendances.* • 3° (Récipr.). *Ils se sont partagé l'héritage.* ▼ **PARTAGEUR, EUSE.** *adj.* Qui partage volontiers ce qu'il (elle) possède. *Cette gamine n'est pas partageuse.*

PARTANCE [paʀtɑ̃s]. *n. f.* • EN PARTANCE : qui va partir (bateaux, grands véhicules). *Avion en partance pour*, à destination de.

1. PARTANT [paʀtɑ̃]. *n. m.* • Celui qui part. || Contr. **Arrivant.** || — Coureur qui part. *Les partants d'une course cycliste.*

2. PARTANT. *conj.* • *Littér.* Marque la conséquence. V. **Ainsi, donc.** *Plus de travail, partant plus d'argent.*

PARTENAIRE [paʀtənɛʀ]. *n.* • Personne avec qui l'on est allié dans un exercice sportif, professionnel. *Partenaire d'un patineur.* || Contr. **Adversaire.** ||

1. PARTERRE [paʀtɛʀ]. *n. m.* • Partie d'un parc, d'un jardin d'agrément où l'on a planté des fleurs de façon régulière. *Parterre de bégonias.*

2. PARTERRE. *n. m.* • Partie du rez-de-chaussée d'une salle de théâtre, derrière les fauteuils d'orchestre.

PARTHÉNOGÉNÈSE [paʀtenɔʒenɛz]. *n. f.* • Reproduction sans mâle dans une espèce sexuée (*ex.* : chez les pucerons).

1. PARTI [paʀti]. *n. m.* ★ **I.** • 1° *Littér.* Solution proposée ou choisie pour résoudre une situation. *Il hésitait entre deux partis.* • 2° PRENDRE LE PARTI DE : se décider à. V. **Décision, résolution.** *Hésiter sur le parti à prendre.* — PRENDRE PARTI : choisir, prendre position. *Il ne veut pas prendre parti.* — PRENDRE SON PARTI : se déterminer. *Prendre son parti de qqch., en prendre son parti*, s'y résigner, s'en accommoder. — PARTI PRIS (parfois *parti-pris*) : opinion préconçue, choix arbitraire. V. **Préjugé, prévention.** *Juger sans parti pris. Être de parti pris*, partial. ★ **II.** *Loc.* TIRER PARTI DE : exploiter, utiliser. *Il a su tirer parti de cette situation difficile.*

2. PARTI. *n. m.* • 1° Groupe de personnes défendant la même opinion. V. **Camp.** *Se ranger du parti de qqn*, défendre la même opinion. • 2° Organisation dont les membres mènent une action commune à des fins politiques. *Être inscrit à un parti. Militant d'un parti. Le parti communiste.*

3. PARTI. *n. m.* • Personne à marier, considérée du point de vue de la situation sociale. *Elle a trouvé, épousé un beau parti.*

4. PARTI, IE. *adj.* • *Fam.* Un peu ivre; éméché. V. **Gai.** *Après l'apéritif, elle était déjà un peu partie.*

PARTIAL, ALE, AUX [paʀsjal, o]. *adj.* • Qui prend parti pour ou contre qqn ou qqch., sans souci de justice ni de vérité, avec parti pris. || Contr. **Impartial.** || *Un juge ne doit pas être partial.* ▼ **PARTIALEMENT.** *adv.* ▼ **PARTIALITÉ.** *n. f.* Attitude partiale. || Contr. **Impartialité.** || *Partialité en faveur de qqn* (favoritisme), *contre qqn* (parti pris).

PARTICIPANT, ANTE. *adj.* et *n.* • Qui participe à qqch. — N. *Liste des participants à une compétition.* V. **Concurrent.**

PARTICIPATION. *n. f.* • 1° Action de participer à qqch. ; son résultat. || Contr. **Abstention.** || *Cet acteur promet sa participation au gala.* V. **Collaboration.** *Participation aux frais.* V. **Contribution.** • 2° Action de participer à un profit ; son résultat. *Participation aux bénéfices.* • 3° Droit de regard et de libre discussion dans une communauté.

PARTICIPE [paʀtisip]. *n. m.* • Forme modale impersonnelle qui « participe » de l'adjectif et du verbe. *Participe présent à valeur verbale* (ex. : *étant* de *être*), *à valeur d'adjectif* (ex. : *brillantes* de *briller*). *Participe passé à valeur verbale* (ex. : *été* de *être*), *à valeur d'adjectif* (ex. : *fardées* de *farder*). ▼ **PARTICIPIAL, IALE, IAUX.** adj. *Proposition participiale*, proposition ayant son sujet propre, et son verbe au participe présent ou passé.

PARTICIPER [paʀtisipe]. *v. tr. ind.* (1) ★ **I.** PARTICIPER À. • 1° Prendre part à (qqch.). *Participer à un jeu.* V. **Participant.** *Participer à un travail.* V. **Collaborer, coopérer.** *Participer au chagrin d'un ami*, s'y associer par amitié. V. **Partager.** • 2° Payer une part de. *Convives qui participent aux frais.* • 3° Avoir part à qqch. *Associés qui participent aux bénéfices.* ★ **II.** *Littér.* PARTICIPER DE... : tenir de la nature de. *Cette fête participe des plus anciennes traditions populaires.*

PARTICULARISER (SE). *v. pron.* (1) • Se singulariser. ▼ **PARTICULARISATION.** *n. f.*

PARTICULARISME. *n. m.* • Attitude d'une communauté qui veut conserver, à l'intérieur d'un État ou d'une fédération, ses libertés régionales, son autonomie. ▼ **PARTICULARISTE.** *n.*

PARTICULARITÉ [paʀtikylaʀite]. *n. f.* • Caractère particulier à qqn, qqch. V. **Caractéristique.** *Le requin offre la particularité d'être vivipare.*

PARTICULE [paʀtikyl]. *n. f.* • 1° Très petite partie, infime quantité d'un corps. — Les constituants de l'atome. *Le neutron, le photon sont des particules élémentaires de l'atome. Particules radioactives.* • 2° *Particule nobiliaire*, ou *Particule*, préposition *de* précédant un nom patronymique (V. **De**). *Il a un nom à particule.*

PARTICULIER, IÈRE [paʀtikylje, jɛʀ]. *adj.* et *n.* ★ **I.** *Adj.* • 1° Qui appartient en propre (à qqn, qqch. ou à une catégorie de personnes, de choses). V. **Personnel.** || Contr. **Courant.** || — PARTICULIER À. V. **Propre** (à). *L'insouciance qui lui est particulière*

• 2° Qui ne concerne qu'un individu (ou un petit groupe) et lui appartient. V. **Individuel.** || Contr. **Collectif, commun.** || *C'est un cas particulier. À titre particulier.* — EN PARTICULIER *(loc. adv.)* : à part. *Je voudrais vous parler en particulier*, seul à seul. • 3° Qui présente des caractères hors du commun. *Un être doué de qualités particulières.* V. **Remarquable, spécial.** *J'ai pour vous une affection toute particulière.* — EN PARTICULIER : spécialement, surtout. *Un élève très doué, en particulier pour les mathématiques.* • 4° Qui concerne un cas précis (*opposé à* général). *Sur ce point particulier. Je ne veux rien de particulier.* V. **Spécial.** — Subst. *Aller du général au particulier.* — EN PARTICULIER : d'un point de vue particulier. || Contr. **Général** (en). || ★ **II.** *N.* Personne privée, simple citoyen. *De simples particuliers.* — *Fam.* et *péj.* Individu. *Tu le connais toi, ce particulier?* ▼ **PARTICULIÈREMENT.** *adv.* • 1° D'une manière particulière (3°). V. **Surtout.** *Il aime tous les arts, particulièrement la peinture.* • 2° D'une façon peu commune. V. **Spécialement.** *J'attire tout particulièrement votre attention sur ce point. « Vous aimez cela? — Pas particulièrement. »*

1. PARTIE [parti]. *n. f.* • 1° Élément d'un tout envisagé dans ses rapports avec lui. V. **Morceau, parcelle, part.** || Contr. **Ensemble, tout.** || *Un objet fait de plusieurs parties. Voilà une partie de la somme.* — Loc. *Une petite, une grande partie de*, un peu, beaucoup. *La majeure partie.* V. **Plupart** (la). *Il passe la plus grande partie de son temps à la campagne.* — *Loc.* EN PARTIE. V. **Partiellement.** *Une ville en partie détruite. Il a en partie raison.* • 2° FAIRE PARTIE DE : être du nombre de, compter parmi. V. **Appartenir.** *Tu fais partie de ma famille. Cela ne fait pas partie de mes attributions.* • 3° Un des éléments successifs (d'une œuvre). *Les trois parties d'une dissertation.* • 4° Élément constitutif (d'un être vivant). *Les parties du corps.* • 5° Domaine particulier (d'une science, d'une activité). V. **Branche.** — *Connaître sa partie.* V. **Métier.**

2. PARTIE. *n. f.* • 1° Personne qui participe à un acte juridique, est engagée dans un procès. V. **Plaideur.** *La partie adverse.* — Loc. *Être juge et partie*, avoir à juger une affaire où l'on est personnellement intéressé. • 2° *Loc.* PRENDRE QQN À PARTIE : s'en prendre à qqn, l'attaquer. • 3° Adversaire. — Loc. *Avoir affaire à forte partie*, à un adversaire redoutable.

3. PARTIE. *n. f.* • 1° Durée (d'un jeu) à l'issue de laquelle sont désignés gagnants et perdants. *Faire une partie de cartes. Gagner, perdre la partie.* — Lutte, combat. *J'abandonne la partie.* • 2° Divertissement concerté à plusieurs. *Une partie de chasse. Partie de plaisir.* — Loc. *Se mettre, être de la partie. Ce n'est que partie remise.*

PARTIEL, ELLE [parsjɛl]. *adj.* • Qui n'existe qu'en partie, ne concerne qu'une partie. || Contr. **Complet, général.** || *Des informations partielles. Élection partielle* (*opposé à* élections générales), qui ne porte que sur un ou quelques sièges. ▼ **PARTIELLEMENT.** adv. *Il a été remboursé partiellement.* || Contr. **Entièrement.** ||

1. PARTIR [partir]. *v. intr.* (16) ★ **I.** • 1° Se mettre en mouvement pour quitter un lieu ; s'éloigner. V. **Aller** (s'en), **retirer** (se). || Contr. **Arriver.** || *Partir de chez soi. Partir en hâte.* V. **Enfuir** (s'), **sauver** (se). *Partir sans laisser d'adresse. Partir à pied.* — PARTIR POUR. *Partir pour la chasse. Partir pour Londres.* — PARTIR À (critiqué). *Partir à la guerre. Partir à Paris.* — PARTIR (suivi d'un inf.). *Il est parti faire un tour.* • 2° Passer de l'immobilité à un mouvement rapide (par rapport à un point initial). || Contr. **Rester.** || *À vos marques ! Prêts? partez ! La voiture ne peut pas partir.* V. **Démarrer.** • 3° *(Choses).* Se mettre à progresser, à marcher. *L'affaire est bien, mal partie.* V. **Commencer, démarrer.** *C'est assez mal parti.* • 4° *(Projectiles).* Être lancé, commencer sa trajectoire. *Le coup n'est pas parti.* • 5° *Fam.* Commencer (à faire qqch.). V. **Mettre** (se). *Il est parti pour parler au moins un quart d'heure.* ★ **II.** PARTIR DE... • 1° Venir, provenir (d'une origine). *La course est partie de Milan.* • 2° Avoir son principe dans. *Mot qui part du cœur.* • 3° Commencer un raisonnement, une opération. *En partant de ce principe.* • 4° À PARTIR DE : en prenant pour point de départ dans le temps. V. **De, depuis, dès.** *À partir d'aujourd'hui*, désormais. ★ **III.** *(Choses).* Disparaître, ne plus se manifester. *La tache ne part pas.* V. **Effacer** (s'), **enlever** (s').

2. PARTIR. *v. tr.* [Seul. inf.] • *Loc.* AVOIR MAILLE À PARTIR (à partager) *avec qqn* : avoir une difficulté, un sujet de querelle.

PARTISAN, ANE [partizɑ̃, an]. *n.* et *adj.* • 1° N. *(Rare au fém.).* Personne qui prend parti pour une doctrine. V. **Adepte, défenseur.** || Contr. **Adversaire.** || *Partisans du féminisme.* — Adj. *Ils sont partisans d'accepter.* • 2° *N. m.* Soldat de troupes irrégulières faisant une guerre d'avant-postes. V. **Franc-tireur.** *Guerre de partisans.* V. **Guérilla.** • 3° *Adj.* Qui témoigne d'un parti pris, d'une opinion préconçue. *Les haines partisanes.*

PARTITIF, IVE [partitif, iv]. *adj.* • En grammaire, Qui considère une partie par rapport au tout. *Article partitif.* V. **De 2, du.**

PARTITION [partisjɔ̃]. *n. f.* • Notation d'une composition musicale. *Partition de piano. Jouer sans partition*, de mémoire.

PARTOUT [partu]. *adv.* • En tous lieux ; en de nombreux endroits. *On ne peut être partout à la fois. Il souffre de partout.* || Contr. **Part** (nulle part). ||

PARTURITION [partyrisjɔ̃]. *n. f.* • En médecine, Accouchement. ▼ **PARTURIENTE.** *n. f.* Femme qui accouche (terme de médecine).

PARURE [paryr]. *n. f.* • 1° L'ensemble des vêtements, des ornements, des bijoux d'une personne en grande toilette. • 2° Ensemble de bijoux assortis. *Une parure de diamants.* • 3° Ensemble assorti de pièces de linge.

PARUTION [parysjɔ̃]. *n. f.* • Moment de la publication. *Dès sa parution, ce roman a eu beaucoup de succès.*

PARVENIR (À) [paʀvəniʀ]. *v. tr. ind.* (22) • **1°** Arriver (en un point déterminé), dans un déplacement. V. **Atteindre.** *Après deux heures de marche, nous parvenons à la ferme.* • **2°** *(Choses).* Arriver à destination. V. **Arriver.** *Ma lettre vous est-elle parvenue ?* — Se propager à travers l'espace jusqu'à un lieu donné. *Le bruit de la rue lui parvenait à peine.* • **3°** *(Personnes).* Arriver à (tel résultat qu'on se proposait). *Parvenir à ses fins, à la fortune.* V. **Accéder** (à). *Je ne parviens pas à le convaincre.* V. **Réussir** (à). • **4°** En venir, par un processus naturel (à un certain stade de développement). V. **Atteindre.** *Parvenir à un âge avancé.*

PARVENU, UE. *n.* • Personne qui s'est élevée à une condition supérieure sans en acquérir les manières. V. **Riche** (nouveaux riches). — Adj. *Des bourgeois parvenus.*

PARVIS [paʀvi]. *n. m.* • Place située devant la façade d'une église, d'une cathédrale. *Le parvis de Notre-Dame.*

1. PAS [pɑ]. *n. m.* ★ **I.** UN, DES PAS. • **1°** Action de faire passer l'appui du corps d'un pied à l'autre, dans la marche. *Faire un pas en avant. Un enfant qui fait ses premiers pas. Avancer à grands pas.* — *Approcher à pas de loup*, silencieusement. — *À chaque pas*, à chaque instant. — *Pas à pas* [pɑzapɑ], lentement, avec précaution. — *Faire les cent pas*, attendre en marchant de long en large. • **2°** FAUX PAS : pas où l'appui du pied manque ; fait de trébucher. — *(Abstrait)* Écart de conduite. • **3°** Trace laissée par un pied humain. *Des pas dans la neige.* — Endroit où l'on est passé. *Revenir sur ses pas*, en arrière. • **4°** Longueur d'un pas. *C'est à deux pas d'ici.* V. **Près.** • **5°** *(Abstrait).* Chaque élément, chaque temps d'une progression, d'une marche. V. **Étape.** *Les discussions ont fait un pas en avant.* Loc. *Faire les premiers pas*, prendre l'initiative. V. **Avance**(s). — PROV. *Il n'y a que le premier pas qui coûte.* ★ **II.** • **1°** LE PAS : façon de marcher. V. **Allure, démarche.** *Allonger, ralentir le pas.* — Loc. *J'y vais de ce pas*, sans plus attendre. AU PAS. *Aller, avancer au pas*, à l'allure du pas normal. *Au pas de gymnastique, au pas de course*, rapidement. — Façon réglementaire de marcher dans l'armée. *Marcher au pas.* — Loc. *Mettre qqn au pas*, le forcer à obéir. • **2°** *Le pas, un pas*, ensemble des pas d'une danse. *Esquisser un pas de tango. Pas de deux*, partie d'un ballet dansée par deux danseurs. • **3°** Allure, marche d'un animal. ★ **III.** (Passage, *en loc.*). • **1°** *Prendre le pas sur qqn*, le précéder. *Céder le pas à qqn*, le laisser passer devant. • **2°** Lieu que l'on doit passer, passage. *Franchir le pas.* — Détroit. *Le pas de Calais.* • **3°** Loc. *Se tirer, sortir d'un mauvais pas*, d'une situation périlleuse, grave. • **4°** LE PAS DE LA PORTE : le seuil. — *Loc.* PAS DE PORTE : somme payée au détenteur d'un bail pour avoir accès à un fonds de commerce. • **5°** Tours d'une rainure en spirale. *Pas de vis.*

2. PAS [pɑ]. *adv. de nég.* ★ **I.** PAS, auxiliaire de la négation, avec NE. V. **Point.** *Je ne parle pas. Je ne vous ai pas vu.* — (Avec l'inf.) *Il espère ne pas le rencontrer, qu'il ne le rencontrera pas. Il n'est pas encore arrivé. Ce n'est pas tellement difficile.* — Loc. *Ce n'est pas que* (pour introduire une restriction). *Ce n'est pas qu'il ait peur, mais...* ★ **II.** Employé seul. • **1°** *Ellipt.* (réponses, exclamations). *Pas de chance ! Pourquoi pas ? Ils viennent ou pas ?* V. **Non.** — PAS UN (V. **Aucun, nul**). *Il est paresseux comme pas un.* • **2°** Devant un adj. ou un participe. *Une femme pas sérieuse.* • **3°** *Fam.* (sans Ne). *Pleure pas !*

PASCAL, ALE, AUX [paskal, o]. *adj.* • Relatif à la fête de Pâques des chrétiens. *Communion pascale.*

PASO DOBLE [pasodɔbl(ə)]. *n. m. invar.* • Danse sur une musique de caractère espagnol à mouvement rapide.

PASSABLE [pɑsabl(ə)]. *adj.* • Qui peut passer, est d'une qualité suffisante sans être très bon, très beau. V. **Acceptable, moyen.** *Un travail à peine passable.* ▼ **PASSABLEMENT.** *adv.* • **1°** Pas trop mal. *Il joue passablement cette sonate.* V. **Correctement.** • **2°** Plus qu'un peu, assez. *Il a passablement voyagé.*

PASSADE [pɑsad]. *n. f.* • Goût passager, caprice. *C'est une simple passade.*

PASSAGE [pɑsaʒ]. *n. m.* ★ **I.** Action, fait de passer. • **1°** (En traversant un lieu, en passant par un endroit). *Passage interdit. Heures de passage des trains.* — AU PASSAGE : au moment où qqn ou qqch. passe à un endroit. — (Abstrait) *Il faut saisir les occasions au passage.* — DE PASSAGE : qui ne fait que passer, ne reste pas longtemps. *Un étranger de passage à Paris.* • **2°** Traversée sur un navire. *Payer le passage.* • **3°** *Examen de passage*, que subissent les élèves, pour monter d'une classe dans une autre. • **4°** Le fait de passer d'un état à un autre. *Le passage de la joie à l'abattement.* ★ **II.** • **1°** Endroit par où l'on passe. *Il se frayait un passage parmi les broussailles.* — SUR LE PASSAGE DE : sur le chemin de qqn. *L'ennemi semait la terreur sur son passage.* • **2°** Petite voie, généralement couverte, qui unit deux artères. • **3°** PASSAGE À NIVEAU : croisement sur le même plan d'une voie ferrée et d'une route. — PASSAGE SOUTERRAIN : tunnel sous une voie de communication. PASSAGE CLOUTÉ : passage limité sur la chaussée (par des clous), où doivent traverser les piétons. ★ **III.** Fragment d'une œuvre. V. **Extrait, morceau.** *Elle relisait ses passages préférés.*

1. PASSAGER, ÈRE [pɑ(a)saʒe, ɛʀ]. *n.* • Personne transportée à bord d'un navire, d'un avion, d'une voiture, et qui ne fait pas partie de l'équipage.

2. PASSAGER, ÈRE. *adj.* ★ **I.** Dont la durée est brève. V. **Court, éphémère.** ‖ Contr. **Durable.** ‖ *Un bonheur passager.* V. **Fugace.** ★ **II.** (D'une rue, d'un lieu où l'on passe). Très fréquenté [emploi critiqué]. V. **Passant 1.** *Une rue très passagère.* ▼ **PASSAGÈREMENT.** *adv.* Pour peu de temps seulement.

1. PASSANT, ANTE [pɑsɑ̃, ɑ̃t]. *adj.* • Où il passe beaucoup de gens, de véhicules. V. **Fréquenté, passager 2.** *Une rue passante.*

2. PASSANT, ANTE. *n. m.* et *f.* • Personne qui passe dans un lieu, dans une rue. V. **Promeneur.** *Le camelot interpellait les passants.*

3. PASSANT. *n. m.* • Anneau aplati autour d'une courroie, pour recevoir et maintenir celle des extrémités de la courroie qui est passée dans la boucle. *Les passants d'une ceinture.*

PASSATION [pɑ(a)sasjɔ̃]. *n. f.* • 1° En droit, Action de passer (un acte). *Passation d'un contrat.* • 2° *Passation des pouvoirs*, action de passer les pouvoirs à un autre, à d'autres. V. **Transmission.**

1. PASSE. *n. m.* • Abrév. de *Passe-partout. Ouvrir une porte avec un passe.*

2. PASSE. *n. f.* ★ **I.** (Action de passer). • 1° Action d'avancer sur l'adversaire en escrime. • 2° PASSE D'ARMES : échange d'arguments, de répliques vives. • 3° MOT DE PASSE : formule convenue qui permet de passer librement. • 4° MAISON DE PASSE : de prostitution. • 5° *Passes magnétiques*, mouvements de la main du magnétiseur qui agit sur qqn. • 6° Action de passer la balle à un partenaire. *Une passe de basket.* ★ **II.** Endroit où l'on passe (V. **Passage**). • 1° Passage étroit ouvert à la navigation. V. **Canal, chenal.** • 2° ÊTRE EN PASSE DE : en position, sur le point de. *Nous ne sommes pas encore riches, mais nous sommes en passe de l'être.* • 3° ÊTRE DANS UNE BONNE, UNE MAUVAISE PASSE : dans une période de chance, de bonheur ; dans une période d'ennuis.

1. PASSÉ. *n. m.* ★ **I.** • 1° Ce qui a été, relativement à un moment présent donné. || Contr. **Futur.** || *Avoir le culte du passé*, être conservateur, traditionaliste. *Oublions le passé.* Fam. *Tout ça, c'est du passé.* • 2° Vie passée, considérée comme un ensemble de souvenirs. *Elle vivait dans le passé.* ★ **II.** • 1° Partie du temps, cadre où chaque chose passée aurait sa place. *Le passé, le présent et l'avenir. Le passé le plus reculé.* — PAR LE PASSÉ : autrefois. • 2° Temps révolu où se situe l'action ou l'état exprimé par le verbe ; formes de ce verbe (V. aussi **Imparfait**). *Le passé simple* (je vins), *composé* (je suis venu).

2. PASSÉ. *prép.* • Après, au delà, dans l'espace ou le temps. || Contr. **Avant.** || *Passé minuit, les rues sont désertes.*

3. PASSÉ, ÉE. *adj.* • 1° Qui n'est plus, est écoulé. *Le temps passé. Il est midi passé*, plus de midi. • 2° Éteint, fané. *Couleur passée.*

PASSE-DROIT [pasdʀwa]. *n. m.* • Faveur accordée contre le règlement. *Profiter de passe-droits.*

PASSE-LACET [paslasɛ]. *n. m.* • 1° Grosse aiguille servant à introduire un lacet dans un œillet, une coulisse. *Des passe-lacets.* • 2° Fam. *Être raide comme un passe-lacet*, sans un sou.

PASSEMENTERIE. *n. f.* • 1° Ensemble des ouvrages de fil destinés à l'ornement des vêtements, des meubles. • 2° Commerce, industrie des ouvrages de passementerie.

PASSE-MONTAGNE [pasmɔ̃taɲ]. *n. m.* • Coiffure de tricot ne laissant que le visage découvert. *Des passe-montagnes.*

PASSE-PARTOUT [paspaʀtu]. *n. m. invar.* • 1° Clé servant à ouvrir plusieurs serrures. V. **Crochet.** • 2° *Adj. invar.* Qui convient partout. *Une tenue passe-partout.*

PASSE-PASSE [paspas]. *n. m. invar.* • TOUR DE PASSE-PASSE : tour d'adresse des prestidigitateurs. — *(Abstrait)* Tromperie habile.

PASSE-PLAT [paspla]. *n. m.* • Guichet pour passer les plats, les assiettes. *Des passe-plats.*

PASSEPOIL [paspwal]. *n. m.* • Liséré, bordure de tissu formant un dépassant entre deux pièces cousues.

PASSEPORT [paspɔʀ]. *n. m.* • Pièce certifiant l'identité, délivrée à une personne d'une certaine nationalité pour lui permettre de se rendre à l'étranger.

1. PASSER [pase]. *v.* (1) ★ **I.** *V. intr* (Auxil. *avoir* ou *être ; être* est plus cour.). Se déplacer d'un mouvement continu (par rapport à un lieu fixe, à un observateur). • 1° Être momentanément (à tel endroit), en mouvement. || Contr. **Rester, arrêter** (s'). || *Passer à un endroit, dans un lieu. Où passe-t-il ? Le train va passer ; il est passé.* — *Ne faire que passer*, rester très peu de temps quelque part. — EN PASSANT : sans s'arrêter ou en s'arrêtant très peu de temps. *Venez me voir en passant.* — Loc. *Dire, remarquer qqch. en passant*, au cours d'un récit, sans s'y arrêter. • 2° *Trans.* (Littér.). PASSER SON CHEMIN : aller, continuer sans s'arrêter. *Passez votre chemin*, allez-vous-en. • 3° Être projeté sur un écran, en parlant d'un film. *Ce film passe dans mon quartier.* • 4° (Avec certaines prép.). PASSER SOUS, DESSOUS. *Passer sous un porche.* — Fam. *Passer sous une voiture*, être écrasé. — PASSER SUR, DESSUS. *Passer sur un pont.* Loc. *Passer sur le corps, le ventre de qqn*, lui nuire sans aucun scrupule pour parvenir à ses fins. — Ne pas s'attarder sur (un sujet). *Passer rapidement sur des détails.* Absolt. *Passons !* — Ne pas tenir compte de, oublier volontairement (qqch.). *Passer sur les fautes de qqn.* V. **Pardonner.** — PASSER OUTRE. V. **Outre.** — PASSER À (AU) TRAVERS : traverser. *Passer à travers bois.* — *Il passe au travers des difficultés*, il les évite, y échappe. — PASSER PRÈS, À CÔTÉ, LE LONG DE. *Passer à côté de qqn, près de qqn.* — PASSER ENTRE (deux personnes, deux choses). — PASSER DEVANT, DERRIÈRE : précéder ; suivre (espace). *Je passe devant pour vous montrer le chemin.* — PASSER AVANT, APRÈS : précéder, suivre (temps). *Passer avant qqn. Passez donc ! Après vous !* — (Abstrait) *Passer avant*, être plus important. *Sa mère passe avant sa femme.* • 5° *(Sans compl.).* Passer dans un endroit difficile, dangereux, interdit. *Halte ! on ne passe pas !* — LAISSEZ PASSER : faire en sorte qu'une personne, une chose passe. V. **Laissez-passer.** — *(Choses)* Traverser un filtre, en parlant d'un liquide. *Le café est en train de passer.* — Être digéré, en parlant des aliments. *Mon déjeuner ne passe pas.* — Fam. *Le, la sentir passer*, subir qqch. de pénible. *On lui a ouvert son abcès, il l'a senti passer !* • 6° (Sans compl.; choses abstraites). Être accepté, admis. *Cette scène ne passe pas*, elle est mauvaise. — PASSE, PASSE ENCORE : cela peut passer, peut encore passer. • 7° PASSER PAR : traverser (un lieu) à un moment de son trajet. *Passer par Calais pour se rendre en Angleterre. Il est passé par l'université*, il y a fait des études. — Loc. *Une idée m'est passée par la tête*, m'a traversé l'esprit. — Utiliser (une personne, un bureau) comme intermédiaire. *Pour le voir il faut passer par son secrétaire.* — Subir (qqch.). *Je suis passé par-là*, j'ai eu les mêmes difficultés. — Y PASSER : passer par-là, subir nécessairement (une peine, un sort commun). *Il n'épargne personne dans ses critiques, tout le monde y passe.* • 8° *Passer inaperçu*, rester, être inaperçu. ★ **II.** *V. intr.* Aller. • 1° PASSER DE... À, DANS, EN... : quitter (un lieu) pour aller dans (un autre). V. **Rendre** (se). *Passer d'une pièce dans une autre. Nouvelle qui passe de bouche en bouche.* — (Changement d'état) *Passer de vie à trépas*, mourir. *Il passe d'un extrême à l'autre.* • 2° (Sans *de*). PASSER À, DANS, EN, CHEZ... PASSER QUELQUE PART : aller. *Passons à table. Je passerai chez vous.* — (Le passage étant définitif) *Passer à l'étranger. Passer à l'ennemi. Usage qui passe dans les mœurs.* • 3° PASSER (et *inf.*) : aller (faire qqch.). *Je passerai vous prendre demain.* • 4° *(Choses).* Y PASSER : être consacré à. *Il aime le cinéma, tout son argent y passe.* • 5° PASSER À : en venir à. *Passer à l'action. Passons à autre chose.* • 6° (Suivi d'un attribut). Devenir. *Il est passé maître dans cet art.* ★ **III.** V. intr. *(Au sens temporel).* • 1° S'écouler (temps). *Les jours passaient. Déjà huit heures ! Comme le temps passe !* • 2° Cesser d'être ou avoir une durée limitée. V. **Disparaître.** *La douleur va passer. Faire passer à qqn le goût, l'envie de qqch.* • 3° *(Couleurs).* Perdre son intensité, son éclat. V. **Pâlir.** *Le bleu passe au soleil.* ★ **IV.** (Verbe d'état ; conjugué avec *Avoir*). • 1° PASSER POUR... : être considéré comme, avoir la réputation de. *Elle passait pour coquette, pour une écervelée. Il a longtemps passé pour un génie.* — *(Choses)* Être pris pour. *Cela peut passer pour vrai.* • 2° FAIRE PASSER POUR... *Elle le fait passer pour un idiot. Elle s'est fait passer pour une étrangère.* ★ **V.** *V. tr.* Traverser ou dépasser. • 1° Traverser (un lieu, un obstacle). V. **Franchir.** *Passer une rivière. Passer la frontière.* • 2° *Passer un examen*, en subir les épreuves. • 3° Employer (un temps), se trouver dans telle situation pendant (une durée). *Passer la soirée chez qqn.* — Loc. fam. *Passer un mauvais quart d'heure*, traverser un moment pénible. *Pour passer le temps*, pour s'occuper. — *Passer le temps à...* (et inf.). V. **Employer.** *Passer sa vie à manger.* • 4° Abandonner (un élément d'une suite). V. **Oublier, sauter.** *Passer une ligne en copiant.* • 5° PASSER (QQCH.) À QQN. V. **Permettre.** *Ses parents lui passent tout. Passez-moi l'expression* (se dit pour s'excuser). — (En emploi réfl.) *Se passer la fantaisie de...*, se l'accorder. • 6° Dépasser (dans l'espace). *Passer un col, une montagne.* Loc. *Passer le cap de*, franchir (un âge critique, une difficulté). — *Passer les limites, les bornes*, aller trop loin. V. **Outrepasser.** — (Dans le temps) *Il a passé la limite d'âge pour ce concours.* ★ **VI.** *V. tr.* Faire passer. • 1° *(Passer qqch.).* Faire traverser. *Passer des marchandises en transit.* — Faire mouvoir, faire aller. *Il passa la tête à la portière.* • 2° *Passer* (qqch.) *sur.* Étendre. *Passer une couche de peinture sur une porte.* • 3° *Passer* (qqn, qqch.) *par, à...*, soumettre à l'action de. *Passer qqn par les armes*, le fusiller. • 4° Faire traverser un filtre (en parlant d'un liquide). *Passer le café.* • 5° Projeter (un film). • 6° Mettre rapidement. V. **Enfiler.** *Passer une veste.* • 7° Enclencher (les commandes de vitesse d'un véhicule). *Passer sa troisième.* • 8° PASSER QQCH. À QQN : remettre. *Passe-moi une cigarette.* Récipr. *Ils se sont passé le mot*, ils se sont mis d'accord. — *Passer la parole à qqn*, la lui donner après qu'on a parlé. Fam. *Passer un coup de téléphone à qqn*, mettre en communication téléphonique avec (qqn). *Passez-moi M. le Directeur.* — *Passer une maladie à qqn*, la lui donner par contagion.

2. PASSER (SE). *v. pron.* ★ **I.** • 1° S'écouler. V. **Passer** (I). *Des moments qui se passent dans l'attente.* — Prendre fin. • 2° Être (en parlant d'une action, d'un événement, qui a une certaine durée). V. **Produire** (se). *L'action se passe au XVIe s. Cela s'est bien, mal passé.* Fam. *Ça ne se passera pas comme ça*, je ne le tolérerai pas. — Impers. *Que se passe-t-il ?* qu'est-ce qu'il y a ? ★ **II.** SE PASSER DE... • 1° Vivre sans... (en s'accommodant de cette absence, qu'elle soit voulue ou subie). *Se passer d'argent.* — *Nous nous passerons d'aller au théâtre.* V. **Abstenir** (s'). • 2° *(Choses).* Ne pas avoir besoin. *Voilà qui se passe de commentaires !* qui est évident, en parlant plus spécialement de ce qu'on réprouve.

PASSEREAU [pasʀo]. *n. m.* • Oiseau du genre représenté par l'alouette, l'hirondelle, le moineau, etc. — *Les passereaux*, les oiseaux de ce genre.

PASSERELLE [pasʀɛl]. *n. f.* • 1° Pont étroit, réservé aux piétons. *Rambardes d'une passerelle.* • 2° Plan incliné mobile par lequel on peut accéder à un navire, un avion. • 3° Superstructure la plus élevée d'un navire. *Le commandant est sur la passerelle.*

PASSE-TEMPS [pastɑ̃]. *n. m. invar.* • Ce qui fait passer agréablement le temps. V. **Amusement, divertissement.**

PASSEUR, EUSE [pasœʀ, øz]. *n.* • 1° Personne qui conduit un bac. V. **Batelier.** • 2° Personne qui fait passer une frontière, traverser une zone interdite, etc.

PASSIBLE [pasibl(ə)]. *adj.* • *Passible de*, qui doit subir (une peine). *Être passible d'une amende.* V. **Encourir.**

1. PASSIF [pasif]. *n. m.* • Ensemble de dettes et charges. || Contr. **Actif.** || *Le passif.*

2. PASSIF, IVE [pasif, iv]. *adj.* • 1° Qui se contente de subir, ne fait preuve d'aucune activité, d'aucune initiative. || Contr. **Actif.** || *Une femme passive.* — *Résistance passive*, sans action. • 2° *Défense passive.* V. **Défense.**

3. PASSIF, IVE. *adj.* et *n. m.* • Se dit des formes verbales présentant l'action comme subie par le sujet. || Contr. **Actif.** || — N. m.

Le passif se forme avec l'auxiliaire être et le participe passé (Ex. : Pierre aime Marie — Marie *est aimée* de [par] Pierre).

PASSIFLORE [pasiflɔʀ]. *n. f.* • Plante à larges fleurs étoilées.

PASSIM [pasim]. *adv.* • Çà et là (dans tel ouvrage), en différents endroits (d'un livre). *Page neuf et passim.*

PASSION [pɑ(a)sjɔ̃]. *n. f.* ★ **I.** • **1°** *(Surtout plur.).* États affectifs et intellectuels assez puissants pour dominer la vie de l'esprit. *Obéir, résister à ses passions, vaincre ses passions.* • **2°** L'amour, quand il apparaît comme une inclination puissante et durable. *Déclarer sa passion. L'amour-passion. Passion subite.* • **3°** *La passion de...,* vive inclination vers un objet que l'on poursuit, auquel on s'attache de toutes ses forces. *La passion du jeu, des voyages.* • **4°** Affectivité violente, qui nuit au jugement. || Contr. **Lucidité, raison.** || *Il faut résoudre ces problèmes sans passion.* — Opinion irraisonnée affective et violente. V. **Fanatisme.** *Céder aux passions politiques.* • **5°** *La passion,* ce qui, de la sensibilité, de l'enthousiasme de l'artiste, passe dans l'œuvre. V. **Émotion, vie.** *Œuvre pleine de passion.* ★ **II.** *(Religion).* Souffrance et supplice du Christ.

PASSIONNANT, ANTE. *adj.* • Qui passionne. V. **Émouvant, palpitant.** *Des romans passionnants. Des films passionnants.*

PASSIONNÉ, ÉE. *adj.* • **1°** *(Personnes).* Animé, rempli de passion. *Un amoureux passionné.* Subst. *C'est un passionné.* — *Passionné de, pour...,* qui a une vive inclination pour (qqch.). V. **Fanatique.** — Subst. *C'est un passionné de catch.* • **2°** (Choses). *Le récit passionné d'une aventure.* ▼ **PASSIONNÉMENT.** *adv.* Avec passion. *Il l'aime passionnément.*

PASSIONNEL, ELLE [pɑ(a)sjɔnɛl]. *adj.* • **1°** Relatif aux passions, qui dénote la passion. *États passionnels.* • **2°** Inspiré par la passion amoureuse. *Crime, drame passionnel.*

PASSIONNER [pɑ(a)sjɔne]. *v. tr.* (1) ★ **I.** • **1°** Éveiller un très vif intérêt. *Ce film m'a passionné.* V. **Passionnant.** • **2°** Empreindre de passion (4°). *Passionner un débat.* ★ **II.** SE PASSIONNER. *Se passionner pour,* prendre un intérêt très vif. *Se passionner pour une science.*

PASSIVEMENT [pasivmɑ̃]. *adv.* • D'une manière passive (1). || Contr. **Activement.** || *Il supporte passivement les humiliations.*

PASSIVITÉ [pasivite]. *n. f.* • État ou caractère de celui ou de ce qui est passif. V. **Inertie.** || Contr. **Activité, dynamisme.** || *La passivité d'un élève.*

PASSOIRE [pɑswaʀ]. *n. f.* • Récipient percé de trous, utilisé pour écraser ou égoutter des aliments, pour filtrer des liquides. — (Abstrait) *Sa mémoire est une passoire,* il (elle) ne retient rien.

PASTEL. *n. m.* • **1°** Pâte faite de pigments colorés pulvérisés, agglomérés et façonnés en bâtonnets (V. **Crayon**). *Des portraits au pastel.* • **2°** Appos. *Bleu pastel. Tons pastel,* doux et clairs comme ceux du pastel. • **3°** Œuvre faite au pastel. ▼ **PASTELLISTE.** *n.* Peintre en pastel.

PASTÈQUE [pastɛk]. *n. f.* • Gros fruit lisse comestible, à chair juteuse. *Syn.* Melon d'eau. *Tranche de pastèque.*

PASTEUR [pastœʀ]. *n. m.* • **1°** *Littér.* Celui qui garde, qui fait paître le bétail. V. **Berger, pâtre.** • **2°** Chef spirituel. LE BON PASTEUR : le Christ. • **3°** Ministre d'un culte protestant.

PASTEURISER [pastœʀize]. *v. tr.* (1) • Stériliser un liquide en le portant à haute température et en le refroidissant brusquement. — *Lait pasteurisé.* ▼ **PASTEURISATION.** *n. f.*

PASTICHE [pastiʃ]. *n. m.* • Imitation ou évocation du style, de la manière d'un écrivain, d'un artiste, d'une école (V. **Plagiat**). *Faire, écrire des pastiches des classiques.* ▼ **PASTICHER.** *v. tr.* (1). Imiter la manière, le style de. *Il s'amusait à pasticher Hugo.* ▼ **PASTICHEUR.** *n. m.* Auteur de pastiches ; imitateur.

PASTILLE [pastij]. *n. f.* • **1°** Petit morceau d'une pâte pharmaceutique ou d'une préparation de confiserie, généralement en forme de disque. *Pastille de menthe.* V. **Bonbon.** • **2°** Dessin en forme de petit disque. V. **Pois.** *Tissu, robe à pastilles.*

PASTIS [pastis]. *n. m.* • Boisson alcoolisée à l'anis, qui se consomme avec de l'eau.

PASTORAL, ALE, AUX [pastɔʀal, o]. *adj.* et *n. f.* • **1°** *Littér.* Relatif aux pasteurs, aux bergers. *Les mœurs pastorales.* • **2°** *N. f.* PASTORALE : ouvrage littéraire ou pictural dont les personnages sont des bergers.

PASTOUREAU, ELLE [pasturo, ɛl]. *n.* • *Littér.* Petit berger, petite bergère.

PATACHE [pataʃ]. *n. f.* • Autrefois, Diligence à bon marché.

PATACHON [pataʃɔ̃]. *n. m.* • Fam. *Mener une vie de patachon,* agitée, toute en parties de plaisir.

PATAPOUF [patapuf]. *interj.* et *n. m.* • **1°** *Interj.* Exprime un bruit de chute. V. **Patatras.** • **2°** N. m. *Fam.* Personne, enfant gros et gras. *Regardez-moi ce gros patapouf.*

PATAQUÈS [patakɛs]. *n. m.* • *Fam.* Faute grossière de langage.

PATATE [patat]. *n. f.* • **1°** PATATE DOUCE : plante des régions chaudes, cultivée pour ses gros tubercules comestibles à chair douceâtre; le tubercule. • **2°** *Fam.* Pomme de terre. *Éplucher les patates.* • **3°** *Pop.* Personne niaise, stupide. *Quelle patate, ce type !* • **4°** Loc. pop. *En avoir gros sur la patate,* sur le cœur.

PATATI, PATATA [patati, patata]. *onomat.* • *Fam.* Évoque un long bavardage. *Et patati ! et patata ! elles n'arrêtent pas.*

PATATRAS! [patatʀa]. *interj.* • Mot exprimant le bruit d'un corps qui tombe avec fracas. *Patatras ! Voilà le vase cassé !* V. **Patapouf.**

PATAUD, AUDE [pato, od]. *n.* et *adj.* • **1°** *N.* Enfant, individu à la démarche pesante et aux manières embarrassées. *Gros pataud.* • **2°** *Adj.* Qui est lent et lourd dans ses mouvements. V. **Gauche, maladroit.** *Il a une allure pataude.*

PATAUGER [patoʒe]. *v. intr.* (3) • 1° Marcher sur un sol détrempé, dans une eau boueuse. V. **Barboter.** *Enfants qui pataugent dans les ruisseaux.* • 2° *(Abstrait).* S'embarrasser, se perdre dans des difficultés. *Je n'arrive pas à parler en public, je m'embrouille, je patauge.* ▼ **PATAUGEAGE** [patoʒaʒ]. *n. m.* Le fait de patauger.

PATCHOULI [patʃuli]. *n. m.* • Parfum extrait d'une plante tropicale.

PÂTE [pɑt]. *n. f.* ★ **I.** • 1° Préparation plus ou moins consistante, à base de farine délayée, que l'on consomme après cuisson. *Pétrir une pâte. Pâte à pain.* • 2° PÂTES, PÂTES ALIMENTAIRES : petits morceaux de pâte préparés avec de la semoule de blé dur et vendus prêts pour la cuisine. *Un paquet de pâtes. Manger des pâtes.* V. **Nouille, spaghetti.** • 3° Loc. *Mettre la main à la pâte*, travailler soi-même à qqch. — *Être comme un coq en pâte*, mener une vie très confortable, très heureuse. ★ **II.** • 1° Préparation, mélange plus ou moins mou. *La pâte d'un fromage. Pâte de fruits*, friandise faite de fruits. — *Pâte dentifrice. Pâte à modeler.* • 2° *(Employé seul).* Matière molle, collante. V. **Bouillie.** *Du riz trop cuit, une vraie pâte.* • 3° Matière formée par les couleurs travaillées. *Ce peintre a une pâte extraordinaire.* • 4° Loc. *Une bonne pâte*, personne accommodante, très bonne. — *Une pâte molle*, personne sans caractère.

1. **PÂTÉ** [pɑte]. *n. m.* • Préparation de charcuterie, hachis de viandes épicées cuit dans une terrine et consommé froid. *Pâté de campagne. Pâté de foie, de lapin. — Pâté en croûte* (enveloppé dans une croûte).

2. **PÂTÉ.** *n. m.* • 1° *Pâté de maisons*, ensemble de maisons formant bloc. • 2° *Pâté de sable*, et absolt. *Pâté*, sable moulé à l'aide d'un seau, d'un moule (jeu d'enfant). • 3° Grosse tache d'encre. *Un devoir couvert de pâtés.*

PÂTÉE [pɑte]. *n. f.* • 1° Mélange de farine, de son, d'herbes, etc., dont on engraisse la volaille, les porcs. • 2° Soupe très épaisse dont on nourrit les chiens, les chats.

1. **PATELIN, INE** [patlɛ̃, in]. *adj.* • *Littér.* Doucereux, flatteur. *Elle était toute pateline. Ton patelin.* V. **Hypocrite, mielleux.**

2. **PATELIN.** *n. m.* • *Fam.* Village, localité, pays. *Il est allé passer ses vacances dans un patelin perdu.* V. **Bled.**

PATELLE [patɛl]. *n. f.* • Mollusque à coquille conique qui vit fixé aux rochers. V. **Bernicle.**

PATÈNE [patɛn]. *n. f.* • Vase sacré, petite assiette servant à présenter l'hostie avant de la consacrer.

PATENÔTRE [patnotʀ(ə)]. *n. f.* • *Iron.* Prière. *Les vieilles marmottaient leurs patenôtres.*

PATENT, ENTE [patɑ̃, ɑ̃t]. *adj.* • *Littér.* Évident, manifeste. || Contr. **Douteux.** || *Une injustice patente.*

PATENTE. *n. f.* • 1° Écrit émanant du roi qui établissait un droit ou un privilège. (Aussi adj. : LETTRE PATENTE.) • 2° Impôt direct annuel, auquel sont assujettis les commerçants, artisans, etc. V. **Contribution.** *Payer sa patente.* ▼ **PATENTÉ, ÉE.** *adj.* • 1° Soumis à la patente ; qui paye patente. • 2° *Fam.* Attitré, reconnu. *Les grammairiens patentés.*

PATER [patɛʀ]. *n. m. invar.* • Prière qui commence (en latin) par les mots *Pater noster* (Notre Père). *Dire des* Pater *et des* Ave.

PATÈRE [patɛʀ]. *n. f.* • Pièce de bois ou de métal fixée à un mur, qui sert à suspendre les vêtements. *Accrocher son pardessus à une patère.*

PATERNALISME [patɛʀnalism(ə)]. *n. m.* • Tendance à imposer un contrôle, une domination, sous couvert de protection. ▼ **PATERNALISTE.** adj. *La politique paternaliste des pays colonialistes.*

PATERNE [patɛʀn(ə)]. *adj.* • *Littér.* Qui montre ou affecte une bonhomie doucereuse. *Un air paterne.*

PATERNEL, ELLE [patɛʀnɛl]. *adj.* et *n. m.* • 1° Qui est propre au père, du père. *Amour paternel. Autorité paternelle.* • 2° N. m. *Pop.* Père. *Attention ! voilà mon paternel !* ▼ **PATERNELLEMENT.** adv. *Il l'accueillit paternellement.*

PATERNITÉ [patɛʀnite]. *n. f.* • 1° État, qualité de père ; sentiment paternel. *Les soucis de la paternité.* • 2° Lien qui unit le père à son enfant. *Paternité légitime. Paternité civile* (de l'adoption). • 3° Fait d'être l'auteur (de qqch.). *Revendiquer la paternité d'un ouvrage.*

PÂTEUX, EUSE [pɑtø, øz]. *adj.* • 1° Qui a une consistance semblable à celle de la pâte. • 2° *Style pâteux*, lourd. • 3° Loc. *Avoir la bouche, la langue pâteuse*, une salive épaisse qui empêche de prononcer nettement les mots.

PATHÉTIQUE [patetik]. *adj.* et *n. m.* • • 1° *Adj.* Qui excite une émotion intense, souvent pénible (douleur, pitié, horreur, terreur, tristesse). V. **Touchant.** *Un film pathétique.* • 2° N. m. *Littér.* Caractère pathétique ; expression de ce qui est propre à émouvoir fortement. *Il donne dans le pathétique et le mélodrame.* ▼ **PATHÉTIQUEMENT.** *adv.*

-PATHIE, -PATHIQUE, -PATHE. • Éléments signifiant « ce qu'on éprouve » (*ex.* : antipathie, apathique, névropathe).

PATHO-. • Élément savant signifiant « maladie ».

PATHOGÈNE [patɔʒɛn]. *adj.* • Qui peut causer une maladie. *Microbe pathogène.*

PATHOLOGIE [patɔlɔʒi]. *n. f.* • Science qui a pour objet l'étude et la connaissance des causes et des symptômes des maladies. ▼ **PATHOLOGIQUE.** *adj.* • 1° Relatif à la pathologie ou à la maladie. *Anatomie pathologique. État pathologique.* V. **Morbide.** • 2° *Fam.* Anormal, irrépressible (d'un comportement). *Je ne peux m'en empêcher, c'est pathologique.* V. **Maladif.** ▼ **PATHOLOGISTE.** *n.* Personne qui étudie la pathologie.

PATHOS [patos]. *n. m.* • *Littér.* et *péj* Ton pathétique excessif, dans un discours un écrit. *L'avocat faisait du pathos.*

PATIBULAIRE [patibylɛʀ]. *adj.* • Relati à un homme qui semble digne de la potence

V. **Inquiétant, sinistre.** *Une mine patibulaire*, de bandit.

PATIENCE [pasjɑ̃s]. *n. f.* ★ **I.** • **1°** Vertu qui consiste à supporter les désagréments, les malheurs. V. **Résignation ; courage.** *S'armer de patience. Prendre patience. Souffrir avec patience.* V. **Endurer.** • **2°** Qualité qui fait qu'on persévère dans une activité, un travail de longue haleine, sans se décourager. V. **Constance.** — *Ouvrage de patience*, qui demande de la minutie et de la persévérance. • **3°** Qualité de celui qui sait attendre, en gardant son calme. *Après une heure d'attente, il a perdu patience. La patience a des limites!* • **4°** PATIENCE ! interjection pour exhorter à la patience. • **5°** JEU DE PATIENCE : qui consiste à remettre en ordre des pièces irrégulièrement découpées. ★ **II.** UNE PATIENCE : combinaison de cartes à jouer. V. **Réussite.** *Je fais des patiences.*

PATIENT, ENTE. *adj.* et *n.* ★ **I.** *Adj.* • **1°** Qui a de la patience, fait preuve de patience. *Soyez patient, je reviens tout de suite. Un chercheur patient.* V. **Persévérant.** • **2°** *(Choses).* Qui manifeste ou exige de la patience. *Un patient labeur.* ★ **II.** *N.* Personne qui subit ou va subir une opération chirurgicale ; malade qui est l'objet d'un traitement, d'un examen médical. *Le médecin et ses patients.* V. **Client.** ▼ **PATIEMMENT** [pasjamɑ̃]. *adv.* Avec patience, d'une manière patiente. || Contr. **Impatiemment.** || *Elle l'attendit patiemment.* ▼ **PATIENTER** [pasjɑ̃te]. *v. intr.* (1). Attendre (avec patience). *Faites-le patienter un instant.*

PATIN [patɛ̃]. *n. m.* • **1°** Pièce de tissu sur laquelle on pose le pied pour avancer sans salir le parquet. • **2°** PATINS (À GLACE) : dispositif formé d'une lame verticale fixée à la chaussure et destiné à glisser sur la glace. — *Le patin*, le patinage. V. **Patiner 2.** *Faire du patin.* — PATINS À ROULETTES : dispositif monté sur trois ou quatre roulettes et qui s'adapte au pied. • **3°** *Patin de frein*, organe mobile dont le serrage, contre la jante d'une roue, permet de freiner.

PATINE [patin]. *n. f.* • Dépôt qui se forme sur certains objets anciens ; couleur qu'ils prennent avec le temps. *La patine d'un meuble.* ▼ **1. PATINER.** *v. tr.* (1). Couvrir de patine. — Pronom. *Des sculptures qui commencent à se patiner.*

2. PATINER [patine]. *v. intr.* (1) • **1°** Glisser sur la glace avec des patins. *Apprendre à patiner* (V. **Patineur**). • **2°** *(D'une roue de véhicule).* Glisser sans tourner ; tourner sans avancer. V. **Chasser, déraper.** *Les roues du camion patinent dans la boue.* ▼ **PATINAGE.** *n. m.* Technique du patin (2°). *Patinage artistique. Piste de patinage*, patinoire. ▼ **PATINEUR, EUSE.** *n.* Personne qui patine (sur la glace) ou qui fait du patin à roulettes. ▼ **PATINOIRE.** *n. f.* Piste de patinage, sur glace ou sur ciment (patins à roulettes). — Espace très glissant.

PATINETTE. *n. f.* • Jouet d'enfant formé d'une plate-forme allongée montée sur deux roues. V. **Trottinette.**

PATIO [patjo]. *n. m.* • Cour intérieure à ciel ouvert d'une maison de style espagnol.

PÂTIR [pɑtiʀ]. *v. intr.* (2) • PÂTIR DE : souffrir à cause de ; subir les conséquences fâcheuses, pénibles de. *Pâtir de l'injustice.* V. **Endurer.** *Sa santé pâtira de ses excès. Il en pâtira.*

PÂTISSERIE [pɑ(a)tisʀi]. *n. f.* • **1°** Préparation de la pâte travaillée destinée surtout à la confection des gâteaux. *Four, moule, rouleau à pâtisserie.* • **2°** UNE PÂTISSERIE : préparation sucrée de pâte travaillée. V. **Gâteau.** *Aimer les pâtisseries*, (collect.) *la pâtisserie.* • **3°** Commerce, industrie de la pâtisserie ; fabrication et vente des gâteaux. *Boulangerie-pâtisserie.* ▼ **PÂTISSER.** *v. intr.* (1). Faire de la pâtisserie (1°). ▼ **PÂTISSIER, IÈRE.** *n.* et *adj.* • **1°** Personne qui fait, qui vend de la pâtisserie, des gâteaux. *Boulanger-pâtissier.* • **2°** Adj. *Crème pâtissière*, utilisée pour garnir certaines pâtisseries (choux, éclairs).

PATOIS [patwa]. *n. m.* • Parler local (dialecte) employé par une population généralement peu nombreuse, souvent rurale et dont la culture, le niveau de civilisation sont inférieurs à ceux du milieu environnant (qui emploie la langue commune). *Des paysans qui parlent encore patois.* — Adj. *Mot patois.* ▼ **PATOISANT, ANTE** [patwazɑ̃, ɑ̃t]. *adj.* Qui emploie, parle le patois.

PATRAQUE [patʀak]. *adj.* • *Fam.* Un peu malade, en mauvaise forme. V. **Fichu** (mal), **souffrant.** *Il est un peu patraque. Je me sens patraque.*

PÂTRE [pɑtʀ(ə)]. *n. m.* • *Littér.* Celui qui garde, fait paître le bétail. V. **Berger, pasteur.**

PATRIARCAL, ALE, AUX [patʀijaʀkal, o]. *adj.* • **1°** Relatif aux patriarches ou qui en rappelle la simplicité, les mœurs paisibles. *Une petite île aux mœurs patriarcales.* • **2°** Qui est organisé selon les principes du patriarcat. *Une société patriarcale.*

PATRIARCAT. *n. m.* • **1°** Dignité de patriarche. Circonscription d'un patriarche (1°). • **2°** Forme de famille fondée sur la parenté par les mâles, et sur la puissance paternelle ; structure, organisation sociale fondée sur la famille patriarcale (*opposé à* Matriarcat).

PATRIARCHE [patʀijaʀʃ(ə)]. *n. m.* • **1°** Chef d'une Église séparée de l'Église romaine (schismatique ou hérétique). • **2°** Vieillard qui mène une vie simple et paisible, entouré d'une nombreuse famille. V. **Patriarcal.** *Mener une vie de patriarche.*

PATRICIEN, ENNE [patʀisjɛ̃, ɛn]. *adj.* et *n.* • Personne qui appartenait, de par sa naissance, à la classe supérieure des citoyens romains. || Contr. **Plébéien.** || — *Littér.* Noble.

PATRIE [patʀi]. *n. f.* • **1°** Nation, communauté politique à laquelle on appartient ou à laquelle on a le sentiment d'appartenir ; pays habité par cette communauté. *Amour de la patrie.* V. **Patriotisme.** *Ils ont la même patrie.* V. **Compatriote.** — *L'art n'a pas de patrie*, concerne tous les hommes. *C'est ma seconde patrie*, le pays qui m'est le plus cher après le mien. • **2°** Lieu (ville) où l'on est né. *Clermont-Ferrand est la patrie de Pascal.*

PATRIMOINE [patʀimwan]. *n. m.* • **1°** Biens de famille, biens que l'on a hérités de ses ascendants. V. **Fortune.** *Dilapider le patrimoine paternel.* • **2°** Ce qui est considéré comme une propriété transmise par les ancêtres. *Le patrimoine culturel d'un pays.*

PATRIOTE [patʀijɔt]. *n.* et *adj.* • Personne qui aime sa patrie et la sert avec dévouement. — Adj. *Être très patriote.* ▼ **PATRIOTARD, ARDE.** *n.* et *adj.* Qui affecte un patriotisme exagéré, chauvin. ▼ **PATRIOTIQUE.** *adj.* Qui exprime l'amour de la patrie ou est inspiré par lui. *Avoir le sentiment patriotique. Des chants patriotiques.* ▼ **PATRIOTIQUEMENT.** *adv.* ▼ **PATRIOTISME.** *n. m.* Amour de la patrie ; désir, volonté de se dévouer, de se sacrifier pour la défendre. *Les résistants luttèrent avec patriotisme.*

1. PATRON, ONNE [patʀɔ̃, ɔn]. *n.* ★ **I.** Se dit du saint ou de la sainte dont on a reçu le nom au baptême, qu'un pays, une corporation reconnaît pour protecteur ; du saint à qui est dédiée une église. *Sainte Geneviève, patronne de Paris.* ★ **II.** Personne qui commande à des employés, des serviteurs. • **1°** Maître, maîtresse de maison, par rapport à ses domestiques. *La bonne a la confiance de ses patrons.* • **2°** Personne qui dirige une maison de commerce ; chef d'une entreprise industrielle ou commerciale privée. *Le patron, la patronne d'un restaurant. Patron d'une usine.* • **3°** Tout employeur, par rapport à ses subordonnés. || Contr. **Ouvrier.** || *Rapports entre patrons et employés* (V. **Patronat**). • **4°** Professeur de médecine, chef de clinique. *Les grands patrons.* • **5°** Celui qui dirige des travaux intellectuels, artistiques. *Patron de thèse.*

2. PATRON. *n. m.* • Modèle de papier ou de toile préparé pour tailler un vêtement. *Le patron d'un manteau.*

PATRONAGE. *n. m.* • **1°** Appui donné par un personnage puissant ou un organisme. V. **Protection.** *Gala placé sous le patronage du Président de la République.* V. **Parrainage.** • **2°** Œuvre, société de bienfaisance visant à assurer une formation morale à des enfants, des adolescents. V. **Foyer.** *Patronage laïque, paroissial. — Un spectacle de patronage,* naïf et enfantin.

PATRONAL, ALE, AUX. *adj.* • **1°** Qui a rapport au saint patron (I) d'une paroisse. *Fête patronale.* • **2°** Qui a rapport ou qui appartient aux chefs d'entreprise aux patrons (II, 3°). *Intérêts patronaux. Cotisation patronale.* || Contr. **Ouvrier.** ||

PATRONAT. *n. m.* • Ensemble des chefs d'entreprise. *Confédération nationale du patronat français* (C.N.P.F.).

PATRONNER [patʀɔne]. *v. tr.* (1) • Donner sa protection à (V. **Patronage**). *Être patronné par un personnage influent.* V. **Protéger.** *Patronner une candidature.* V. **Appuyer.**

PATRONNESSE. *adj.* • (Iron.). *Dame patronnesse,* qui se consacre à des œuvres de bienfaisance.

PATRONYME [patʀɔnim]. *n. m.* • *Littér.* Nom de famille.

PATROUILLE [patʀuj]. *n. f.* • **1°** Ronde de surveillance faite par un détachement de police militaire ou civile ; ce détachement. • **2°** *(Au combat).* Déplacement d'un groupe de quelques soldats chargé de remplir une mission ; ce groupe. *Patrouille de reconnaissance. — Avions envoyés en patrouille. Patrouille de chasse.* ▼ **PATROUILLER.** *v. intr.* (1). Aller en patrouille, faire une patrouille. *Les garde-côtes patrouillent dans les eaux territoriales.* ▼ **PATROUILLEUR.** *n. m.* • **1°** Soldat qui fait partie d'une patrouille. • **2°** Avion de chasse, navire de guerre qui effectue une patrouille.

PATTE [pat]. *n. f.* • **1°** Chez l'animal, Membre ou appendice qui supporte le corps, sert à la marche (V. **Jambe**). *Chien qui donne la patte.* — Loc. *Marcher à quatre pattes* (personnes), en posant les mains et les pieds (ou les genoux) par terre. • **2°** *Fam.* Jambe. *Être bas, court sur pattes. — Avoir une patte folle,* boiter légèrement. *Il traînait la patte.* • **3°** *Fam.* Main. *Bas les pattes !* n'y touchez pas, ne me touchez pas. — Loc. fam. *Coup de patte,* coup de main habile. *Ce peintre a le coup de patte, a de la patte,* est habile. • **4°** Loc. fam. *Coup de patte,* trait malveillant qu'on décoche à qqn en passant. V. **Critique.** — *Retomber sur ses pattes,* se tirer sans dommage d'une affaire fâcheuse. — *Montrer patte blanche,* montrer un signe de reconnaissance convenu, dire le mot de passe nécessaire pour entrer quelque part. — *Tirer dans les pattes de qqn,* lui susciter des difficultés, s'opposer sournoisement. • **5°** Long favori. *Cet homme porte des pattes.* • **6°** Languette d'étoffe, de cuir (servant à fixer, à fermer). *Patte d'une poche, d'un portefeuille.*

PATTE(-)D'OIE [patdwa]. *n. f.* • **1°** Carrefour d'où partent plusieurs routes. • **2°** Petites rides divergentes à l'angle externe de l'œil. *Des pattes-d'oie.*

PATTEMOUILLE [patmuj]. *n. f.* • Linge humecté dont on se sert pour repasser les vêtements.

PÂTURAGE [pɑtyʀaʒ]. *n. m.* • Lieu couvert d'une herbe qui doit être consommée sur place par le bétail. V. **Prairie ; herbage.** *Mener les vaches au pâturage.* V. **Pré.**

PÂTURE. *n. f.* • **1°** Tout ce qui sert à la nourriture des animaux. *L'oiseau apporte leur pâture à ses petits.* • **2°** *(Abstrait).* Ce qui sert d'aliment (à une faculté, à un besoin, à une passion) ; ce sur quoi une activité s'exerce. *Avide de connaissance, il fait sa pâture de tout. Livrer un fait divers en pâture aux journalistes.*

PATURON [patyʀɔ̃]. *n. m.* • Partie du bas de la jambe du cheval. — *Fam.* Jambe.

PAUCI-. • Élément savant signifiant « un petit nombre de ».

PAULOWNIA [polɔnja]. *n. m.* • Arbre de grande taille à fleurs bleues ou mauves en clochettes.

1. PAUME [pom]. *n. f.* • Le dedans l'intérieur de la main. V. **Creux.** *Il avait le paumes couvertes d'ampoules.*

2. PAUME. *n. f.* • Jeu, sport qui consistai à se renvoyer une balle de part et d'autr d'un filet, au moyen de la main ou d'u instrument et selon certaines règles. — *Je* *de paume*, terrain de jeu, clos et souvent couvert.

PAUMER. *v. tr.* (1) • 1° *Pop.* Arrêter, prendre qqn. *Il s'est fait paumer juste à la frontière.* V. **Pincer.** • 2° *Pop.* Perdre. *J'ai paumé le fric.* — *(Pronom.)* Se perdre. *Il s'est paumé en route.* • 3° *Pop.* Recevoir, attraper (un coup). *Il a dû paumer un drôle de coup de poing.* ▼ **PAUMÉ, ÉE.** adj. *Pop.* Perdu, égaré. *Il est complètement paumé*, il ne sait plus où il en est. — *Subst.* (Terme d'injure). *Va donc, eh, paumé !*

PAUPÉRISATION [popeʀizasjɔ̃]. *n. f.* • Abaissement du niveau de vie, diminution du pouvoir d'achat d'une classe sociale défavorisée, par rapport à l'ensemble de la société. ▼ **PAUPÉRISME.** *n. m.* État permanent de pauvreté, d'indigence dans une partie de la société.

PAUPIÈRE [popjɛʀ]. *n. f.* • Chacune des parties mobiles qui recouvrent et protègent la partie antérieure de l'œil. *Fermer les paupières*, s'endormir, dormir ; mourir.

PAUPIETTE [popjɛt]. *n. f.* • Tranche de viande roulée et farcie. *Paupiettes de veau.*

PAUSE [poz]. *n. f.* • 1° Interruption momentanée (d'une activité, d'un travail, d'une marche, etc.). V. **Arrêt, halte.** *La pause de midi.* Fam. *La pause café* (pour prendre le café). *Faire une pause, la pause. Cinq minutes de pause.* • 2° Temps d'arrêt dans les paroles, le discours. V. **Silence.** • 3° En musique, Silence correspondant à la durée d'une ronde ; figure, signe qui sert à le noter. *Une pause vaut quatre soupirs.*

PAUVRE [povʀ(ə)]. *adj.* et *n.* ★ **I.** *Adj.* • 1° (Attribut ou épithète après le nom). Qui manque du nécessaire ou n'a que le strict nécessaire ; qui n'a pas suffisamment d'argent pour subvenir à ses besoins. V. **Fauché** *(fam.)*, **indigent, nécessiteux.** || Contr. **Riche.** || *Il est très pauvre, pauvre comme Job.* V. **Misérable, miséreux.** *Les pays pauvres.* V. **Sous-développé.** • 2° *(Choses).* Qui a l'apparence de la pauvreté. *Une pauvre maison.* • 3° PAUVRE DE : qui n'a guère de. V. **Dénué, dépourvu, privé.** *Pauvre d'esprit.* — PAUVRE EN. *Un village pauvre en distractions.* • 4° Qui est insuffisant, fournit ou produit trop peu. *Terre pauvre.* V. **Maigre, stérile.** • 5° (Épithète, avant le subst.). Qui inspire de la pitié. V. **Malheureux.** *Un pauvre malheureux. Ayez pitié d'un pauvre aveugle ! La pauvre bête. Un pauvre sourire*, triste, forcé. — (En s'adressant à qqn) *Ma pauvre chérie ! Mon pauvre ami !* (affectueux ou méprisant). — Loc. *Pauvre de moi !* — Subst. *Le pauvre, il n'a vraiment pas de chance ! Mon pauvre, ma pauvre*, exprime la commisération. • 6° Pitoyable, lamentable. *C'est un pauvre type.* ★ **II.** *N.* • 1° UN PAUVRE, UNE PAUVRESSE *(vieilli)* : personne qui vit de la charité publique. V. **Indigent, mendiant.** • 2° LES PAUVRES (*opposé à* riches) : les personnes sans ressources, qui ne possèdent rien. ▼ **PAUVREMENT.** *adv.* D'une manière pauvre, indigente. *Vivre pauvrement.* V. **Misérablement.** — *Être pauvrement vêtu*, d'une manière qui trahit la pauvreté.

PAUVRET, ETTE. *n.* et *adj.* • Pauvre petit, pauvre petite (dimin. de commisération et d'affection).

PAUVRETÉ. *n. f.* • 1° État d'une personne qui manque de moyens matériels, d'argent ; insuffisance de ressources. V. **Indigence, misère, nécessité ;** *fam.* et *pop.* **Débine, dèche, mouise.** || Contr. **Fortune, richesse.** || Loc. prov. *Pauvreté n'est pas vice.* — Aspect pauvre, misérable. *La pauvreté d'un quartier ouvrier.* • 2° Insuffisance matérielle ou morale. *Pauvreté du sol.* V. **Stérilité.** *Pauvreté intellectuelle.*

PAVAGE [pavaʒ]. *n. m.* • 1° Travail qui consiste à paver. *Travailler au pavage d'une rue.* • 2° Revêtement d'un sol (pavés, mosaïque, etc.) pour le rendre dur et uni. V. **Carrelage, dallage.**

PAVANE [pavan]. *n. f.* • Ancienne danse, de caractère lent et solennel (XVIe et XVIIe s.); musique de cette danse.

PAVANER (SE) [pavane]. *v. pron.* (1) • Marcher avec orgueil, avoir un maintien fier et superbe (comme un paon qui fait la roue). V. **Parader.**

PAVÉ [pave]. *n. m.* • 1° LE PAVÉ : ensemble des blocs qui forment le revêtement du sol. V. **Pavage, pavement.** *Le pavé de marbre d'une église.* • 2° La partie d'une voie publique ainsi revêtue, la rue. *Pavé humide, glissant.* — Loc. *Tenir le haut du pavé*, occuper le premier rang. — *Être sur le pavé*, sans domicile, sans emploi. *Mettre, jeter qqn sur le pavé.* • 3° UN PAVÉ : chacun des blocs de pierre, de bois, spécialement taillés et préparés pour revêtir un sol. *Arracher les pavés pour faire une barricade.* — Fam. *C'est un pavé dans la mare*, un événement inattendu qui dérange les habitudes, fait scandale. • 4° *Fam.* Article de journal imprimé d'une manière massive ; article trop long et lourdement rédigé.

PAVER. *v. tr.* (1) • Couvrir (un sol) d'un revêtement formé d'éléments, de blocs assemblés (pavés, pierres, mosaïque). *Paver un chemin.* — Au p. p. *Une route pavée.* ▼ **PAVEMENT.** *n. m.* Pavage, pavés. *Un pavement de mosaïque.* ▼ **PAVEUR.** *n. m.* Ouvrier qui fait les travaux de pavage.

1. PAVILLON [pavijɔ̃]. *n. m.* • 1° Petit bâtiment isolé ; petite maison dans un jardin, un parc. V. **Villa.** *Pavillon de chasse. Habiter un pavillon de banlieue.* • 2° Corps de bâtiment qui se distingue du reste de l'édifice dont il fait partie. *Le pavillon d'angle d'un château.*

2. PAVILLON. *n. m.* • 1° Extrémité évasée (de certains instruments à vent). *Pavillon d'une trompette.* — *Pavillon d'un haut-parleur.* • 2° Partie visible de l'oreille externe (de l'homme et des mammifères). V. **Oreille.**

3. PAVILLON. *n. m.* • Pièce d'étoffe que l'on hisse sur un navire pour indiquer sa nationalité, la compagnie de navigation à laquelle il appartient ou pour faire des signaux. V. **Drapeau.** *Pavillon de guerre. Amener, baisser le pavillon.* — Loc. *Baisser pavillon devant qqn*, céder.

PAVOIS [pavwa]. *n. m.* • 1° Grand bouclier long, au Moyen Âge. — Loc. *Élever, hisser qqn sur le pavois*, lui donner le pouvoir, le glorifier. • 2° GRAND PAVOIS : ensemble des pavillons hissés sur un navire comme signal de réjouissance. *Hisser le grand pavois.*

PAVOISER. *v. tr.* (1) • Orner de drapeaux (un édifice public, une maison, une ville, etc.), à l'occasion d'une fête, d'une cérémonie. Absolt. *Pavoiser pour la fête nationale.* Loc. *Il n'y a pas de quoi pavoiser*, se réjouir.

PAVOT [pavo]. *n. m.* • Plante cultivée pour ses fleurs ornementales, ses graines et ses capsules. *Le pavot somnifère fournit l'opium.*

PAYABLE. *adj.* • Qui doit être payé (dans certaines conditions de temps, de lieu, etc.). *Des marchandises payables en espèces.*

PAYANT, ANTE [pɛjɑ̃, ɑ̃t]. *adj.* • 1° Qui paie. *Spectateurs payants* (Subst. *Les payants*). • 2° Qu'il faut payer. *Billet payant.* ‖ Contr. **Gratuit.** ‖ • 3° Qui profite, rapporte. *Le coup n'est pas payant. C'est payant.* V. **Rentable.**

PAYE [pɛj] ou **PAIE** [pɛ]. *n. f.* • 1° Action de payer (les militaires, les ouvriers). *Le jour de paye, de la paie.* • 2° *Loc. fam.* (Temps écoulé entre deux payes). *Il y a une paye qu'on ne l'a pas vu*, il y a longtemps. • 3° Ce qu'on paie aux militaires (V. **Solde**), aux ouvriers (V. **Salaire**). *Toucher sa paye. Une feuille de paye. Voilà toute ma paie.*

PAYEMENT. V. PAIEMENT.

PAYER [peje]. *v. tr.* (8) ★ **I.** • 1° PAYER QQN : mettre (qqn) en possession de ce qui lui est dû en exécution d'une obligation, d'un marché. *Payer un employé.* V. **Rémunérer.** *Être payé à l'heure. Payer qqn en espèces.* — Fam. *Je suis payé pour savoir que*, j'ai appris à mes dépens que. — *Payer qqn de retour*, reconnaître ses procédés, ses sentiments par des procédés et des sentiments semblables. • 2° PAYER QQCH. : s'acquitter, par un versement de (ce qu'on doit). *Payer ses dettes.* V. **Rembourser.** • 3° Verser de l'argent en contrepartie de (qqch. : objet, travail). — Au p. p. *Travail bien, mal payé.* • 4° Fam. *Payer qqch. à qqn*, offrir. *Viens, je te paie un verre.* • 5° Entraîner en contrepartie, des sacrifices, une punition. *Il faudra payer.* V. **Expier.** *Il m'a joué un vilain tour, mais il me le paiera.* • 6° *Absolt.* Verser de l'argent. *Payer comptant. Avoir de quoi payer*, être solvable. — PAYER DE : payer avec. *Payer de sa poche*, avec son propre argent. Loc. *Payer de sa personne*, faire un effort, se dépenser ou subir qqch. — PAYER POUR QQN : à la place de qqn. *Payer pour qqn, pour qqch.*, subir les conséquences fâcheuses de, expier. • 7° *Absolt.* Rapporter, être profitable. *Le crime ne paie pas.* V. **Payant.** ★ **II.** SE PAYER. • 1° (Réfl. dir.). *Voilà mille francs, payez-vous et rendez-moi la monnaie.* — *Se payer de mots*, se contenter de vaines paroles. • 2° *(Réfl. ind.).* S'offrir. *On va se payer un bon repas.* — Fam. *Se payer la tête de qqn*, se moquer de lui.

PAYEUR, EUSE. *n.* • 1° Personne qui paie ce qu'elle doit. *Mauvais payeur.* • 2° Personne chargée de payer pour une administration. *Trésorier-payeur général.*

1. PAYS [pei]. *n. m.* • 1° Territoire habité par une collectivité et constituant une réalité géographique dénommée ; nation. V. **État.** *Pays industriels, pays en voie de développement.* • 2° Région, province. *Il n'est pas du pays. Vins du pays.* V. **Cru, terroir.** • 3° Les gens, les habitants du pays (nation ou région). V. **Région, village.** *Tout le pays en a parlé.* • 4° LE PAYS DE QQN, SON PAYS : sa patrie. *Mourir pour son pays. Avoir le mal du pays.* • 5° LE PAYS DE QQCH. : terre d'élection, milieu particulièrement favorable à, riche en. *La France est le pays du vin.* • 6° Région géographique, considérée surtout dans son aspect physique. V. **Contrée.** *Les pays tempérés. Voir du pays*, voyager. — Loc. *Pays de Cocagne*, pays fabuleux où tous les biens sont en abondance. • 7° Petite ville ; village. *Il habite un petit pays.* V. **Bled, patelin, trou** *(fam.).*

2. PAYS, PAYSE. *n.* • *Fam.* Personne du même pays (surtout à la campagne). V. **Compatriote.** *C'est ma payse, nous sommes nés dans le même village.*

PAYSAGE [peizaʒ]. *n. m.* • 1° Partie d'un pays que peut voir un observateur. V. **Site, vue.** *Paysage champêtre ; urbain. Paysage méditerranéen.* • 2° *Un paysage*, tableau représentant la nature. *Peintre de paysages.* — Loc. fam. *Cela fait bien dans le paysage*, produit un bon effet. ▼ **PAYSAGISTE.** *n. m.* • 1° Peintre de paysages. *Les paysagistes hollandais.* • 2° *Jardinier, architecte paysagiste*, qui dessine des jardins.

PAYSAN, ANNE [peizɑ̃, an]. *n.* et *adj.* • 1° *N.* Homme, femme vivant à la campagne et s'occupant des travaux des champs. V. **Agriculteur, cultivateur, fermier** ; *péj.* **péquenot.** • 2° *Adj.* Propre aux paysans, relatif aux paysans. V. **Rural, rustique, terrien.** ‖ Contr. **Citadin.** ‖ *Mœurs paysannes. Revendications paysannes.* — *Péj.* Qui a des manières grossières V. **Rustre.** ▼ **PAYSANNAT.** *n. m.* Paysannerie. *Le paysannat français.* ▼ **PAYSANNERIE.** *n. f.* Ensemble des paysans.

P.D.G. [pedeʒe]. *n. m. invar.* • *Fam.* Président-directeur général. *C'est un restaurant pour P.D.G.*, très cher.

PÉAGE [peaʒ]. *n. m.* • Droit que l'on paye pour emprunter une voie de communication. *Autoroute à péage.* — L'endroit où se perçoit le péage.

PEAU [po]. *n. f.* • 1° Enveloppe extérieure du corps des animaux vertébrés, constituée par une partie profonde (V. **Derme**) et par une couche superficielle (V. **Épiderme**). *Relatif à la peau.* V. **Cutané.** *Enlever, détacher la peau d'un animal.* • 2° L'épiderme humain. Loc. *N'avoir que la peau et les os.* V. **Os.** *Se faire crever la peau*, se faire tuer. *Attraper qqn par la peau du cou, du dos*, le retenir au dernier moment. Pop. *Avoir qqn dans la peau*, l'aimer passionnément. • 3° *(Dans des loc.).* Apparence extérieure, personnalité. *Se sentir bien (mal) dans sa peau*, satisfait ou non de ce qu'on est. *Je ne voudrais pas être dans sa* *peau*, à sa place. *Faire peau neuve*, changer complètement. • 4° *(Dans des loc. fam.)*. Vie, existence. *Jouer, risquer sa peau. Sauver sa peau*. Pop. *On lui fera la peau*, on le tuera. • 5° Pop. *Vieille peau*, injure adressée à une femme. • 6° Filet, morceau de peau. *Couper les peaux autour d'un ongle*. V. **Envie.** • 7° Dépouille d'animal destinée à fournir la fourrure, le cuir. V. **Peausserie.** *Ouvriers des cuirs et peaux*, corroyeurs, mégissiers, tanneurs. *Les peaux d'un manteau de fourrure*. — *Absolt*. Cuir fin et souple. *Gants de peau*. — *Fam*. PEAU D'ÂNE : diplôme, parchemin. • 8° Enveloppe extérieure (des fruits). *Enlever la peau d'un fruit*. V. **Peler.** — *Peau du lait*, pellicule qui se forme sur le lait au repos • 9° Pop. *Peau de balle*, rien du tout. *La peau !* exclam. de refus, de mépris.

PEAU-ROUGE [poʀuʒ]. *n.* • Indien d'Amérique. *Les Peaux-Rouges se teignaient le visage en ocre.*

PEAUSSERIE. *n. f.* • 1° Commerce, métier, travail des peaux, des cuirs. • 2° *Une, des peausserie(s)*, peau travaillée. ▼ **PEAUSSIER.** *n.* et *adj. m.* Artisan, ouvrier qui prépare les peaux pour les transformer en cuirs.

PÉCARI [pekaʀi]. *n. m.* • 1° Sorte de sanglier, cochon sauvage d'Amérique. *Des pécaris*. • 2° Cuir de cet animal. *Des gants de pécari.*

PECCADILLE [pekadij]. *n. f.* • *Littér*. Péché, faute sans gravité. *Il se fâche pour des peccadilles.*

PECHBLENDE [pɛʃblɛ̃d]. *n. f.* • Minerai renfermant une forte proportion d'uranium.

1. PÊCHE [pɛʃ]. *n. f.* • 1° Fruit du pêcher, à noyau très dur et à chair fine. V. **Brugnon.** *Pêche-abricot*. — Loc. *Peau, teint de pêche*, rose et velouté. • 2° *Pop*. Coup, gifle. *Il va te flanquer une pêche.*

2. PÊCHE. *n. f.* • 1° Action ou manière de prendre les poissons. *Ouverture, fermeture de la pêche*, de la période où la pêche est autorisée. *Pêche à la ligne* (absolt. *pêche*). *Aller à la pêche. Pêche sous-marine*. • 2° Poissons, produits pêchés. *Rapporter une belle pêche.*

PÉCHÉ [peʃe]. *n. m.* • 1° Acte conscient par lequel on contrevient aux lois religieuses, aux volontés divines. *Commettre, faire un péché. Confesser ses péchés. Absolution des péchés*. — *La gourmandise est son péché mignon*, son faible. — *Péché mortel* (*opposé à* péché véniel). *Les sept péchés capitaux*, avarice, colère, envie, gourmandise, luxure, orgueil, paresse. — *Péché originel*, commis par Adam et Ève et dont tout être humain est coupable en naissant. • 2° LE PÉCHÉ : l'état où se trouve celui qui a commis un péché mortel (*opposé à* état de grâce). *Tomber vivre dans le péché*. V. **Mal.**

PÉCHER [peʃe]. *v. intr.* (6) • 1° Commettre un péché, des péchés. *Pécher par orgueil*. • 2° PÉCHER CONTRE QQCH. V. **Manquer** (à). *Pécher contre la bienséance*. • 3° *(Suj. chose)*. Commettre une erreur, être en défaut. *Ce devoir pèche par une grande confusion d'idées*. ▼ **PÉCHEUR, PÉCHERESSE.** *n.* Personne qui est dans l'état de péché, commet habituellement de graves péchés. *Un pécheur endurci.*

1. PÊCHER [peʃe]. *n. m.* • Arbre d'origine exotique, acclimaté et cultivé pour ses fruits, les pêches. *Un pêcher en fleur.*

2. PÊCHER [peʃe]. *v. tr.* (1) • 1° Prendre ou chercher à prendre (du poisson). *Pêcher la truite*. Absolt. *Pêcher en mer*. — Loc. *Pêcher en eau trouble*, profiter d'un état de désordre, de confusion. • 2° *Fam*. Chercher, prendre, trouver (une chose inattendue) d'une manière incompréhensible. *Je me demande où il va pêcher ces histoires*. ▼ **PÊCHERIE** [pɛʃʀi]. *n. f.* Lieu aménagé pour une entreprise de pêche. *Les pêcheries de Terre-Neuve*. ▼ **PÊCHEUR, PÊCHEUSE.** *n.* Personne qui s'adonne à la pêche, par métier ou par plaisir. *Je suis un pêcheur à la ligne. Pêcheurs de corail.*

PECNOT. V. PÉQUENOT.

PÉCORE [pekɔʀ]. *n. f.* • Femme sottement prétentieuse et impertinente. V. **Pimbêche.**

PECTORAL, ALE, AUX [pɛktɔʀal, o]. *adj.* et *n. m.* • 1° De la poitrine. *Muscles pectoraux*, ou n. m. pl. *Les pectoraux*. • 2° De la face ventrale des animaux. *Nageoires pectorales*. • 3° Qui combat les affections pulmonaires, celles des bronches. *Sirop pectoral.*

PÉCULE [pekyl]. *n. m.* • 1° Somme d'argent économisée peu à peu. *Amasser un pécule*. • 2° Argent qu'on acquiert par son travail, mais dont on ne peut disposer que dans certaines conditions. *Pécule d'un détenu.*

PÉCUNIAIRE [pekynjɛʀ]. *adj.* • 1° Qui a rapport à l'argent. *Embarras pécuniaires*. V. **Financier.** • 2° Qui consiste en argent. *Une aide pécuniaire*. ▼ **PÉCUNIAIREMENT.** adv. *Aider qqn pécuniairement.*

PÉD-. V. PÉDI-, PÉDO-.

PÉDAGOGIE [pedagɔʒi]. *n. f.* • 1° Science de l'éducation des enfants ; méthode d'enseignement. • 2° Qualité du bon pédagogue. ▼ **PÉDAGOGIQUE.** *adj.* • 1° Qui a rapport à la pédagogie. *Méthodes pédagogiques nouvelles*. • 2° Conforme aux règles de la pédagogie. *Cet instituteur a un grand sens pédagogique*. ▼ **PÉDAGOGIQUEMENT.** *adv.* ▼ **PÉDAGOGUE.** *n.* et *adj* Personne qui a le sens de l'enseignement. *Bon, mauvais pédagogue*. — Adj. *Un professeur peu pédagogue.*

PÉDALE [pedal]. *n. f.* • 1° Organe de commande ou de transmission qui s'actionne avec le pied. *La pédale d'une machine à coudre. La pédale d'embrayage d'une voiture. Les pédales d'une bicyclette. Lâcher les pédales*. — Loc. fam. *Perdre les pédales*, perdre ses moyens, se tromper dans une explication. • 2° Touche d'un instrument de musique actionné au pied. *Les pédales d'un piano*. ▼ **PÉDALER.** *v. intr.* (1) • 1° Actionner les pédales d'une bicyclette : rouler à bicyclette. • 2° *Fam*. Aller vite. ▼ **PÉDALIER.** *n. m.* • 1° Clavier inférieur de l'orgue, actionné au pied. • 2° Ensemble formé par les pédales, le grand pignon et la roue dentée d'une bicyclette.

PÉDALO. *n. m.* • Petite embarcation à flotteurs mue par une roue à pales qu'on actionne au moyen de pédales. *Faire du pédalo sur un lac.*

PÉDANT, ANTE [pedɑ̃, ɑ̃t]. *n.* et *adj.* • Personne qui fait étalage d'une érudition affectée et livresque. V. **Cuistre.** *Quelle pédante !* V. **Bas-bleu.** — Adj. *Il est un peu pédant.* — (Choses) *Un ton pédant.* ▼ **PÉDANTERIE.** n. f. *Littér.* V. **Pédantisme.** ▼ **PÉDANTESQUE.** adj. *Littér.* Propre au pédant. V. **Emphatique.** *Un langage pédantesque.* ▼ **PÉDANTISME.** *n. m.* Affectation propre au pédant ; caractère de ce qui est pédant. *Il est d'un pédantisme ridicule.*

-PÈDE. • Élément savant signifiant « pied ».

PÉDÉRASTE [pederast(ə)]. *n. m.* • Homosexuel. *Abrév. fam.* PÉDÉ. ▼ **PÉDÉRASTIE.** *n. f.* Homosexualité masculine.

PÉDESTRE [pedɛstʀ(ə)]. *adj.* • Qui se fait à pied. *Randonnée pédestre.*

PÉD(I)-, -PÉDIE. • Éléments savants signifiant « pied ».

PÉDIATRE [pedjatʀ(ə)]. *n.* • Médecin qui soigne les enfants. — Spécialiste des maladies infantiles. ▼ **PÉDIATRIE.** *n. f.* Médecine des enfants.

PÉDICULE [pedikyl]. *n. m.* • 1° Support allongé et grêle (d'une plante). V. **Queue, tige.** *Pédicule d'un champignon.* V. **Pied, stipe.** • 2° Ensemble de conduits aboutissant à un organe. *Pédicules pulmonaires.*

PÉDICURE [pedikyʀ]. *n.* • Personne qui soigne les pieds.

PEDIGREE [pedigʀe]. *n. m.* • Origine généalogique (d'un animal de race pure). *Établir le pedigree d'un chien de luxe.*

PÉD(O)-. • Élément savant signifiant « enfant, jeune garçon ». ▼ **1. PÉDOLOGIE** [pedɔlɔʒi]. *n. f.* Étude physiologique et psychologique de l'enfant. *Pédologie, pédiatrie et pédagogie.*

2. PÉDOLOGIE. *n. f.* • Branche de la géologie appliquée qui étudie les caractères chimiques et physiques des sols.

PÉDONCULE [pedɔ̃kyl]. *n. m.* • 1° Cordon de substance nerveuse unissant deux organes ou deux parties d'organes. *Pédoncules cérébraux.* • 2° *Littér.* Queue d'une fleur ; axe supportant les ramifications qui portent les fleurs. ▼ **PÉDONCULÉ, ÉE.** *adj.*

PEDZOUILLE [pɛdzuj]. *n.* • *Pop.* et *péj.* Personne naïve et ignorante des usages de la ville (V. **Paysan, péquenot**).

PÉGASE [pegɑz]. *n. m.* • Cheval ailé (animal mythologique).

PÈGRE [pɛgʀ(ə)]. *n. f.* • Voleurs, escrocs considérés comme formant une sorte de classe sociale. V. **Canaille.** *La pègre d'un port. La pègre et le milieu.*

PEIGNAGE [pɛɲaʒ]. *n. m.* • Action de peigner les fibres textiles.

PEIGNE [pɛɲ]. *n. m.* ★ **I.** • 1° Instrument à dents fines et serrées qui sert à démêler et à lisser la chevelure. *Peigne de corne, d'écaille. Gros peigne.* V. **Démêloir.** *Se donner un coup de peigne.* — Loc. *Passer au peigne fin*, examiner qqch. sans en omettre un détail. — Instrument analogue servant à retenir les cheveux des femmes. *Coiffure maintenue par des peignes et des barrettes.* • 2° Instrument pour peigner les fibres textiles (lin, chanvre, laine) dans le filage à la main. ★ **II.** Mollusque dont certaines variétés, comme la coquille Saint-Jacques, sont comestibles.

PEIGNE-CUL. *n. m.* • *Pop.* Homme mesquin, ennuyeux ; ou grossier, inculte.

PEIGNER [peɲe]. *v. tr.* (1) ★ **I.** • 1° Démêler, lisser (les cheveux) avec un peigne. V. *aussi* **Coiffer.** — *Peigner qqn.* • 2° Démêler (des fibres textiles). *Peigner la laine, le chanvre.* V. **Peignage.** — Au p. p. *Laine peignée.* ★ **II.** SE PEIGNER. *v. pron.* (Réfl.). *Elle s'habille, se peigne.*

PEIGNOIR [pɛɲwaʀ]. *n. m.* • 1° Vêtement en tissu éponge, long, à manches, que l'on met en sortant du bain. *Se sécher dans son peignoir.* — *Un peignoir de plage.* • 2° Vêtement léger d'intérieur que les femmes portent lorsqu'elles ne sont pas habillées. V. **Déshabillé.** *Un peignoir en soie.*

PEINARD, ARDE [pɛnaʀ, aʀd(ə)] ou **PÉNARD, ARDE.** *n.* et *adj.* • *Pop.* Paisible, qui se tient à l'écart des ennuis. V. **Tranquille.** *Je me tiens peinard.* — *Un boulot peinard.* V. **Pépère.** ▼ **PEINARDEMENT** ou **PÉNARDEMENT.** adv. *Pop.* Tranquillement.

PEINDRE [pɛ̃dʀ(ə)]. *v. tr.* (52) ★ **I.** • 1° Couvrir, colorer avec de la peinture. *Peindre un mur en bleu. Peindre de plusieurs couleurs.* V. **Barioler, peinturlurer.** — Au p. p. *Une statue en bois peint. Papier peint.* • 2° *Se peindre* (le visage), se maquiller exagérément. ★ **II.** • 1° Figurer au moyen de peinture, de couleurs. *Peindre un numéro sur une plaque.* • 2° Représenter, reproduire par l'art de la peinture. *Peindre des paysages.* — *Absolt.* Faire de la peinture. *Il peint et il sculpte.* ★ **III.** • 1° Représenter par le discours, en s'adressant à l'imagination. V. **Décrire, dépeindre, montrer.** *Un roman qui peint la société.* • 2° *Pronom.* Revêtir une forme sensible ; se manifester à la vue. V. **Apparaître.** *La consternation se peignit sur les visages.*

PEINE [pɛn]. *n. f.* ★ **I.** Punition. • 1° Sanction appliquée à titre de punition ou de réparation pour une action jugée répréhensible. V. **Châtiment, condamnation, pénalité.** *Peine sévère, juste.* • 2° Sanction prévue par la loi et applicable aux personnes ayant commis une infraction. V. **Pénal** (droit). *Être passible d'une peine. Infliger une peine*, condamner. *Peines pécuniaires.* V. **Amende.** *Peine capitale, peine de mort.* • 3° *Loc.* SOUS PEINE DE. *Défense d'afficher sous peine d'amende.* ★ **II.** • 1° Souffrance morale. V. **Chagrin, douleur, mal, malheur, souci, tourment.** || Contr. **Joie, plaisir.** || *Peine de cœur*, chagrin d'amour. • 2° LA PEINE : état psychologique fait d'un sentiment de tristesse et de dépression. V. **Douleur.** *Avoir de la peine. Je partage votre peine.* — *Faire de la peine à qqn.* V. **Affliger, peiner.** • 3° Loc. *Être comme une âme en peine*, très triste, inconsolable. *Il errait comme une âme en peine*, seul et tristement. ★ **III.** • 1° Activité qui coûte, qui fatigue. V. **Effort.** *Ce travail* *demande de la peine.* — (Formule de politesse) *Veuillez vous donner la peine d'entrer.* • 2° Loc. *N'être pas au bout de ses peines*, avoir encore des difficultés à surmonter. *Pour votre peine, pour la peine*, en compensation. *Homme de peine*, qui effectue des travaux de force. *Valoir la peine.* V. **Valoir.** *C'était bien la peine de tant travailler*, le résultat ne valait pas tant de travail. *C'est peine perdue*, c'est inutile, vain. • 3° Difficulté qui gêne (pour faire qqch.). V. **Embarras, mal.** *Avoir de la peine à parler, à marcher. J'ai de la peine à le croire.* • 4° Loc. *Avec peine. À grand-peine.* V. **Difficilement.** *Sans peine.* V. **Aisément, facilement.** *Je le crois sans peine.* — *Il n'est pas en peine pour*, il n'est pas gêné pour. • 5° À PEINE (loc. adv.) : presque pas, très peu. *Il y avait à peine de quoi manger.* — *(Avec un numéral)* Tout au plus. *Il y a à peine huit jours.* — Depuis très peu de temps. V. **Juste.** *J'ai à peine commencé, je commence à peine.* — (Dans une propos. subordonnée, coordonnée ou juxtaposée) *Elle était à peine remise qu'elle retomba malade. À peine endormi, il se mit à ronfler.* (Avec ellipse du verbe.) *À peine dans la voiture, il s'endormit.*

PEINER [pene]. *v.* (1) • 1° *V. intr.* Se donner de la peine, du mal. *Il peinait pour s'exprimer.* — *La voiture peine dans les montées.* • 2° *V. tr.* Donner de la peine à (qqn). V. **Affliger, attrister, fâcher.** || Contr. **Consoler.** || *Cette nouvelle m'a beaucoup peiné.*

PEINTRE [pɛ̃tʀ(ə)]. *n. m.* • 1° Ouvrier ou artisan qui applique de la peinture sur une surface, un objet. *Peintre en bâtiment(s)* ou *peintre*, qui fait les peintures d'une maison, colle les papiers. • 2° Personne, artiste qui fait de la peinture. *Ce peintre est un bon paysagiste, portraitiste. Les tableaux, les toiles d'un peintre. Peintre figuratif; peintre abstrait. Elle est peintre.* • 3° *Littér.* (Avec un compl.). Écrivain, orateur qui peint par le discours. *Le poète romantique est un peintre du cœur humain.*

PEINTURE [pɛ̃tyʀ]. *n. f.* ★ **I.** Action, art de peindre. • 1° Opération qui consiste à couvrir de couleur une surface. *Peinture en bâtiment. Peinture au rouleau.* • 2° EN PEINTURE : en portrait peint, en effigie. Loc. *Je ne peux pas le voir en peinture*, je ne peux absolument pas le supporter. • 3° Description qui parle à l'imagination. *Ce roman est une peinture de la société.* ★ **II.** • 1° LA PEINTURE : représentation, suggestion du monde visible ou imaginaire sur une surface plane au moyen de couleurs ; organisation d'une surface par la couleur ; œuvres qui en résultent (V. **Pictural**). *Peinture à l'huile. Peinture à l'eau* (V. **Aquarelle, fresque, gouache, lavis**). *Peinture figurative, abstraite. La peinture flamande, italienne. Exposition, galerie de peinture* (V. **Musée**). • 2° UNE PEINTURE : ouvrage de peinture. V. **Tableau, toile.** *Une mauvaise peinture.* V. **Croûte.** ★ **III.** • 1° Couche de couleur dont une chose est peinte. *Faire un raccord de peinture. Peinture qui s'écaille.* • 2° Couleur préparée avec un liquide pour pouvoir être étendue. *Acheter un pot de peinture mate. Appliquer plusieurs couches de peinture. Peinture fraîche*, qui vient d'être posée. *Attention à la peinture !*

PEINTURLURER. *v. tr.* (1) • *Fam.* Peindre avec des couleurs criardes. V. **Barbouiller.** — Pronom. *Se peinturlurer* (le visage), se maquiller à l'excès et mal.

PÉJORATIF, IVE [peʒɔʀatif, iv]. *adj.* • Se dit d'un mot, d'une expression qui comporte une idée de mal, déprécie la chose ou la personne désignée. *Mot péjoratif. Les suffixes -ard (criard), -âtre (bellâtre) sont péjoratifs.* ▼ **PÉJORATIVEMENT.** adv. *Employer un mot péjorativement.*

PÉKIN ou **PÉQUIN** [pekɛ̃]. *n. m.* • Fam. *(Péj.* et *vx).* Civil (*opposé à* militaire). *Deux militaires et un pékin.*

PÉKINOIS [pekinwa]. *n. m.* • Petit chien de luxe à tête ronde, face aplatie, oreilles pendantes et à poil long.

PELADE [pəlad]. *n. f.* • Maladie qui fait tomber par places les poils et les cheveux. V. **Teigne.**

PELAGE [pəlaʒ]. *n. m.* • Ensemble des poils (d'un mammifère), considéré du point de vue de son aspect extérieur. V. **Fourrure, poil, robe, toison.** *Le pelage du léopard.*

PÉLAGIQUE [pelaʒik]. *adj.* • *Didact.* Relatif à la haute mer ; aux fonds marins.

PÉLARGONIUM [pelaʀgɔnjɔm]. *n. m.* • Plante ornementale de la famille du géranium, à grosses fleurs (souvent appelé *géranium*).

PÊLE-MÊLE [pɛlmɛl]. *adv.* • Dans un désordre complet. *Jeter des objets pêle-mêle. Des marchandises présentées pêle-mêle.* V. **Vrac** (en vrac).

PELER [pəle]. *v.* (5) • 1° *V. tr.* Dépouiller (un fruit) de sa peau. *Peler une pomme.* V. **Éplucher.** • 2° *V. intr.* Perdre son épiderme par parcelles. *Cet enfant a pris un coup de soleil, il pèle.* ▼ **PELÉ, ÉE.** *adj.* et *n.* • 1° Qui a perdu ses poils, ses cheveux. — N. *Ce pelé, ce galeux.* • 2° Loc. fam. *Il n'y a que quatre pelés et un tondu*, un très petit nombre de personnes.

PÈLERIN [pɛlʀɛ̃]. *n. m.* • Personne qui fait un pèlerinage. *Les pèlerins de Lourdes.* ▼ **PÈLERINAGE.** *n. m.* • 1° Voyage qu'on fait à un lieu saint pour des motifs religieux et dans un esprit de dévotion. *Aller en pèlerinage. Faire un pèlerinage à Jérusalem.* • 2° Voyage fait pour rendre hommage à un lieu, à un grand homme.

PÈLERINE [pɛlʀin]. *n. f.* • 1° Vêtement de femme en forme de grand collet rabattu sur les épaules et la poitrine. • 2° Manteau sans manches, ample, souvent muni d'un capuchon. V. **Cape.** *La pèlerine des gardiens de la paix.*

PÉLICAN [pelikɑ̃]. *n. m.* • Oiseau palmipède au bec très long et crochu, muni d'une poche où il emmagasine la nourriture de ses petits.

PELISSE [pəlis]. *n. f.* • Vêtement de dessus (manteau) orné ou doublé d'une peau garnie de ses poils. V. **Fourrure.**

PELLAGRE [pe(ɛl)lagʀ(ə)]. *n. f.* • Maladie due à une déficience en vitamine S, caractérisée par un érythème de la face, des mains, des troubles digestifs, nerveux.

1. PELLE [pɛl]. *n. f.* • 1° Outil composé d'une plaque mince ajustée à un manche. *Pelle à charbon, pelle à ordures. — Pelle à tarte.* • 2° *Pelle mécanique*, machine qui sert à exécuter les gros travaux de terrassement. V. **Excavateur, pelleteuse.** • 3° *Loc.* À LA PELLE. *Remuer l'argent à la pelle*, être très riche. *On en ramasse à la pelle*, on en trouve en abondance. ▼ **PELLETÉE.** *n. f.* La quantité de matière qu'on peut prendre d'un seul coup de pelle. *Une pelletée de sable.*

2. PELLE. *n. f.* • Loc. fam. *Ramasser une pelle*, tomber ; échouer.

PELLETER [pɛlte]. *v. tr.* (4) • Déplacer, remuer avec la pelle (1). *Pelleter le blé, le grain pour l'aérer.* ▼ **PELLETAGE.** n. m. *Le pelletage du blé.* ▼ **PELLETEUR.** *n. m.* Ouvrier qui travaille avec la pelle. ▼ **PELLETEUSE.** *n. f.* Pelle mécanique pour charger, déplacer des matériaux.

PELLETERIE [pɛltʀi]. *n. f.* • Préparation et commerce des fourrures. ▼ **PELLETIER, IÈRE.** *n.* Personne qui prépare et fait le commerce des fourrures.

PELLICULE [pe(ɛl)likyl]. *n. f.* ★ **I.** Petite écaille qui se détache du cuir chevelu. *Elle a toujours les épaules couvertes de pellicules.* ★ **II.** • 1° Couche fine à la surface d'un liquide, sur un solide. *Mince pellicule de boue séchée.* • 2° Feuille mince formant un support souple à la couche sensible (en photo et cinéma). V. **Film; bande.** *Acheter un rouleau de pellicule.*

1. PELOTE [p(ə)lɔt]. *n. f.* • 1° Boule formée de fils, ficelles, cordes roulés sur eux-mêmes. V. **Peloton 1.** *Le chat joue avec une pelote de laine.* — Loc. *Avoir les nerfs en pelote*, être très enervé. • 2° Coussinet sur lequel on peut planter des épingles, des aiguilles. Loc. *C'est une vraie pelote d'épingles*, une personne désagréable. • 3° Balle du jeu de pelote basque.

2. PELOTE ou **PELOTE BASQUE.** *n. f.* • Jeu, sport où les joueurs divisés en deux équipes envoient alternativement la balle rebondir contre un mur (fronton), à main nue ou à l'aide de la chistera. ▼ **PELOTARI** [plɔtaʀi]. *n. m.* Joueur de pelote basque.

PELOTER [plɔte]. *v. tr.* (1) • *Fam.* et *péj.* Caresser, palper, toucher indiscrètement (le corps de qqn, qqn). ▼ **PELOTAGE.** n. m. *Fam.* Caresses indiscrètes. V. **Papouille.** ▼ **PELOTEUR, EUSE.** n. *Fam.*

1. PELOTON [plɔtɔ̃]. *n. m.* • Petite pelote de fils roulés. *Dévider un peloton de ficelle.*

2. PELOTON. *n. m.* • 1° Groupe de soldats, troupe en opérations. — *Pelotons de sapeurs-pompiers. Peloton d'instruction. Suivre les pelotons* (formation des gradés). — *Peloton d'exécution*, groupe chargé de fusiller un condamné. • 2° Groupe compact (de coureurs, de chevaux) dans une course. *Le gros du peloton. Être dans le peloton de tête*, dans les premiers.

PELOTONNER (SE) [p(ə)lɔtɔne]. *v. pron.* (1) • Se ramasser en boule, en tas. V. **Blottir** (se). *Il se pelotonnait contre sa mère. — Les enfants pelotonnés sous les draps.*

PELOUSE [p(ə)luz]. *n. f.* • 1° Terrain couvert d'une herbe courte et serrée. V. **Gazon.** *Les pelouses d'un jardin. Tondre une pelouse.* • 2° Partie d'un champ de courses, généralement gazonnée, ouverte au public. *La pelouse et le pesage.*

PELUCHE [plyʃ]. *n. f.* • 1° Tissu à poils moins serrés et plus longs que ceux du velours. *Peluche de laine. — Ours en peluche* (jouet d'enfant). • 2° *Peluche* ou *fam.* PLUCHE : flocon de poussière ; poil détaché d'une étoffe. • 3° *Fam.* Épluchure (V. **Pluches**). ▼ **PELUCHER** ou **PLUCHER.** *v. intr.* (1). Devenir poilu comme la peluche. *Une vieille robe de chambre qui commence à pelucher.* ▼ **PELUCHEUX** ou **PLUCHEUX, EUSE.** *adj.* Qui donne au toucher la sensation de la peluche ; qui peluche. *Étoffe pelucheuse.*

PELURE [p(ə)lyʀ]. *n. f.* • 1° Peau (d'un fruit, d'un légume pelé). V. **Épluchure.** *Une pelure de fruit, d'orange.* • 2° *Fam.* Habit, vêtement ; manteau. *Je vais enlever ma pelure.* • 3° *Papier pelure*, très fin et légèrement translucide.

PELVIEN, ENNE [pɛlvjɛ̃, ɛn]. *adj.* • En anatomie, Relatif au bassin ou *pelvis.*

PÉNAL, ALE, AUX [penal, o]. *adj.* • Relatif aux peines, aux délits qui entraînent des peines. *Les lois pénales. Code pénal.* ▼ **PÉNALEMENT.** *adv.* En matière pénale, en droit pénal.

PÉNALISER [penalize]. *v. tr.* (1) • Infliger une peine, une punition, une *pénalisation* à. — Au p. p. *Une infraction au code de la route sévèrement pénalisée*, frappée d'une pénalité fiscale. ▼ **PÉNALISATION.** *n. f.* Dans un match, Désavantage infligé à un concurrent qui a contrevenu à une règle. *En football, le coup franc, le penalty sont des pénalisations.*

PÉNALITÉ. *n. f.* • 1° Peine ; sanctions applicables à un délit fiscal. • 2° Pénalisation. *Coup de pied de pénalité* (au rugby).

PENALTY [penalti]. *n. m.* • Au football, Coup de pied (penalty) tiré directement au but, en face du seul gardien (pénalisation sanctionnant une faute grave). *Des penalties.*

PÉNARD. V. PEINARD. — **PÉNARDEMENT.** V. PEINARDEMENT.

PÉNATES [penat]. *n. m. pl.* • 1° Dieux domestiques chez les anciens Romains. — Loc. *Porter, emporter ses pénates dans tel endroit*, s'y installer. • 2° Demeure. V. **Foyer, maison.** *Regagner ses pénates.*

PENAUD, AUDE [pəno, od]. *adj.* • Honteux à la suite d'une maladresse ; interdit à la suite d'une déception. V. **Confus, déconfit.**

PENCE. *plur.* de PENNY.

PENCHANT [pɑ̃ʃɑ̃]. *n. m.* • 1° Inclination naturelle (vers un objet ou une fin). V. **Faible, goût, tendance.** *Mauvais penchants* (V. **Défaut, vice**). *Avoir un penchant à la paresse, pour la paresse*, y être enclin. • 2° *Littér.* Mouvement de sympathie (pour qqn). *Le penchant qu'ils ont l'un pour l'autre.*

PENCHER [pɑ̃ʃe]. *v.* (1) ★ **I.** *V. intr.* • 1° Être ou devenir oblique, cesser d'être vertical en prenant un équilibre instable ou une position anormale. *Mur qui penche. — La Tour penchée de Pise.* • 2° S'abaisser par rapport à l'horizontale. *Son écriture penche*, est penchée. — Loc. *Faire pencher la balance* (en appuyant sur un plateau, en le chargeant) ; emporter la décision. • 3° PENCHER VERS (vieilli), POUR *(suj. personne)* : être porté, avoir une tendance à choisir, à préférer qqch., qqn. *Il penche pour la deuxième hypothèse*. V. **Préférer.** ★ **II.** *V. tr.* Rendre oblique (par rapport à la verticale ou à l'horizontale) ; faire aller vers le bas. V. **Incliner.** *Pencher une carafe pour verser de l'eau. Pencher la tête*. V. **Courber.** — *Au p. p.* Loc. *Avoir, prendre des airs penchés* (iron.), avoir l'air rêveur, pensif. ★ **III.** SE PENCHER. *v. pron.* • 1° S'incliner. *Défense de se pencher par la portière.* • 2° *(Abstrait).* SE PENCHER SUR... : s'occuper de qqn avec sollicitude ; s'intéresser (à qqn ou à qqch.) avec curiosité. *Se pencher sur un problème*. V. **Étudier, examiner.**

PENDABLE [pɑ̃dabl(ə)]. *adj.* • Loc. *C'est un cas pendable*, une action coupable. — *Jouer un tour pendable à qqn*, un méchant tour.

PENDAISON [pɑ̃dɛzɔ̃]. *n. f.* • 1° Action de pendre qqn. *Le supplice de la pendaison.* • 2° Action de se pendre (suicide). • 3° *Pendaison de crémaillère*, action de pendre la crémaillère. V. **Crémaillère.**

1. PENDANT, ANTE. *adj.* • 1° Qui pend. *Les bras pendants. Les chiens haletaient, la langue pendante.* • 2° *Affaire, question pendante*, qui n'a pas reçu de solution.

2. PENDANT. *n. m.* • 1° *Pendants d'oreilles*, paire de bijoux suspendus à l'oreille par une boucle. • 2° LE PENDANT DE..., DES PENDANTS : chacun des deux objets d'art formant la paire. *Cette estampe est le pendant de l'autre.* • 3° FAIRE PENDANT À, *se faire pendant :* être symétrique. *Les deux tours du château se font pendant.*

3. PENDANT [pɑ̃dɑ̃]. *prép.* • 1° En même temps que, dans le temps de. *Pendant l'hiver.* V. **Cours** (au cours de), **durant.** *Pendant ce temps.* V. **Cependant.** — *Ellipt.* (adverbial) *Avant la guerre et pendant.* • 2° *Loc. conj.* PENDANT QUE : dans le même temps que ; dans tout le temps que. *Amusons-nous pendant que nous sommes jeunes. Pendant que j'y pense, je dois vous dire...*, puisque j'y pense. Iron. *C'est ça, pendant que vous y êtes, prenez aussi mon portefeuille !* — (Alors que, tandis que) *Les uns s'amusent pendant que d'autres souffrent.*

PENDARD, ARDE [pɑ̃daʀ, aʀd(ə)]. *n.* • *Vx.* Coquin, fripon, vaurien (qui mérite d'être pendu).

PENDELOQUE [pɑ̃dlɔk]. *n. f.* • 1° Bijou suspendu à une boucle d'oreille. • 2° Ornement suspendu à un lustre. *Pendeloques de cristal.*

PENDENTIF [pɑ̃dɑ̃tif]. *n. m.* • Bijou qu'on porte suspendu au cou par une chaînette, un collier. V. **Sautoir.**

PENDERIE [pɑ̃dʀi]. *n. f.* • Petite pièce, placard où l'on suspend des vêtements. V. **Garde-robe.**

PENDILLER [pɑ̃dije]. *v. intr.* (1) • Être suspendu en se balançant, en s'agitant en l'air. *Linge qui pendille sur une corde.* ▼ **PENDOUILLER.** v. intr. (1). *Fam.* Pendre d'une manière ridicule, mollement.

PENDRE [pɑ̃dʀ(ə)]. *v.* (41) ★ **I.** V. intr. *(Choses).* • 1° Être fixé par le haut, la partie inférieure restant libre. V. **Tomber.** *Laisser pendre ses bras, ses jambes.* • 2° Descendre plus bas qu'il ne faudrait, s'affaisser. *Une jupe qui pend par-derrière. Il a les joues qui pendent.* • 3° Loc. fam. *Ça lui pend au nez*, se dit d'un désagrément, d'un malheur dont qqn est menacé (par sa faute). ★ **II.** *V. tr.* • 1° Fixer (qqch.) par le haut de manière que la partie inférieure reste libre. V. **Suspendre.** *Pendre un jambon au plafond. Le linge pendu aux fenêtres.* • 2° Mettre à mort (qqn) en suspendant par le cou au moyen d'une corde. V. **Pendaison.** *Pendre un condamné à une potence.* • 3° (Dans des expressions). *Dire pis que pendre de qqn*, plus qu'il n'en faudrait pour le faire pendre. V. **Médire.** — Fam. *Qu'il aille se faire pendre ailleurs*, se dit de qqn dont on a à se plaindre, mais qu'on ne veut pas punir soi-même. — *Je veux être pendu si...*, se dit pour appuyer énergiquement une déclaration. • 4° *Loc.* (au p. p.). *Avoir la langue bien pendue*, être très bavard. ★ **III.** SE PENDRE. *v. pron.* • 1° Se tenir en laissant pendre (I) son corps. *Se pendre par les mains à une barre fixe.* V. **Suspendre** (se). • 2° *Au p. p.* ÊTRE PENDU À : ne pas quitter, ne pas laisser. *Il est tout le temps pendu au téléphone.* • 3° *Absolt.* Se suicider par pendaison. *Il s'est pendu par désespoir.* ▼ **PENDU, UE.** *n.* Personne qui a été mise à mort par pendaison, ou qui s'est pendue.

1. PENDULE [pɑ̃dyl]. *n. m.* • 1° Masse suspendue à un point fixe par un fil tendu oscillant dans un plan fixe. *Oscillations, fréquence, période d'un pendule. Pendule d'une horloge*, balancier. • 2° *Pendule de sourcier, de radiesthésiste*, servant, comme la baguette du sourcier, à déceler les « ondes ». ▼ **PENDULAIRE.** adj. *Mouvement pendulaire.*

2. PENDULE. *n. f.* • 1° Petite horloge, souvent munie d'une sonnerie, qu'on pose ou qu'on applique. • 2° *Pendule astronomique*, instrument servant à établir les étalons de temps. ▼ **PENDULETTE.** *n. f.* Petite pendule portative. *Pendulette de voyage.*

PÊNE [pɛn]. *n. m.* • Pièce mobile d'une serrure, qui s'engage dans une cavité et tient fermé l'élément (porte, fenêtre) auquel la serrure est adaptée.

PÉNÉPLAINE [peneplɛn]. *n. f.* • Région faiblement onduleuse (terme de géographie).

PÉNÉTRABLE [penetʀabl(ə)]. *adj.* • 1° Où il est possible de pénétrer. *Pénétrable à l'eau, à la lumière.* V. **Perméable.** • 2° Qu'on peut comprendre. *Secret difficilement pénétrable.*

PÉNÉTRANT, ANTE. *adj.* • 1° Qui transperce les vêtements, contre quoi on ne peut se protéger. *Pluie pénétrante et fine.* • 2° Qui procure une sensation, une impression puissante. *Odeur pénétrante. Regard pénétrant.* V. **Perçant.** • 3° Qui pénètre dans la compréhension des choses. V. **Clair, clairvoyant, perspicace.** || Contr. **Obtus.** || *Vue pénétrante. Esprit pénétrant.*

PÉNÉTRATION. *n. f.* • **1°** Mouvement par lequel un corps matériel pénètre dans un autre. *Force de pénétration d'un projectile.* • **2°** Facilité à comprendre, à connaître. V. **Clairvoyance, perspicacité.**

PÉNÉTRÉ, ÉE. *adj.* • Rempli, imprégné profondément (d'un sentiment, d'une conviction). V. **Imbu, plein.** *Une mère pénétrée de ses devoirs. Être pénétré de son importance, de soi-même.* V. **Vaniteux.** — Souv. iron. *Air, ton pénétré,* convaincu.

PÉNÉTRER [penetʀe]. *v.* (6) ★ **I.** *V. intr.* • **1°** *(Choses).* Entrer profondément en passant à travers ce qui fait obstacle. V. **Enfoncer** (s'), **insinuer** (s'). ‖ Contr. **Effleurer.** ‖ *La balle a pénétré dans les chairs. Le soleil pénètre dans la chambre. Faire pénétrer,* enfoncer, introduire. • **2°** *(Êtres vivants).* Entrer. *Pénétrer dans une maison, chez soi. Les envahisseurs qui pénètrent dans un pays.* • **3°** (Abstrait). *Une habitude qui pénètre dans les mœurs.* ★ **II.** *V. tr.* • **1°** *(Suj. chose).* Passer à travers, entrer profondément dans. *Liquide qui pénètre une substance.* V. **Imbiber, imprégner.** — Procurer une sensation forte, intense (froid, humidité, etc.). V. **Transpercer.** *Le froid nous pénètre jusqu'aux os.* — (Abstrait) *Votre bonté me pénètre d'admiration.* V. **Remplir.** • **2°** *(Suj. personne).* Parvenir à connaître, à comprendre d'une manière poussée. V. **Approfondir, percevoir, saisir.** *Pénétrer un mystère.* V. **Découvrir.** *Pénétrer les intentions de qqn.* V. **Sonder.** ★ **III.** SE PÉNÉTRER. v. pron. *Se pénétrer de,* s'imprégner (d'une idée). *Il n'arrive pas à se pénétrer de l'utilité de ce travail.* V. **Pénétré.**

PÉNIBLE [penibl(ə)]. *adj.* • **1°** Qui se fait avec peine, fatigue. V. **Ardu, difficile.** *Travail pénible. Respiration pénible.* • **2°** Qui cause de la peine, de la douleur ou de l'ennui ; qui est moralement difficile. V. **Désagréable ; cruel, déplorable, dur, triste.** *Vivre des moments pénibles. Pénible à qqn. Il m'est pénible de vous voir dans cet état.* • **3°** (Personnes). *Fam.* Difficile à supporter. *Il a un caractère pénible, il est pénible.* ▼ **PÉNIBLEMENT.** *adv.* • **1°** Avec peine, fatigue ou difficulté. ‖ Contr. **Aisément, facilement.** ‖ *Il y est arrivé péniblement.* • **2°** Avec douleur, souffrance. *Il en a été péniblement affecté.* V. **Cruellement.** • **3°** À peine, tout juste. *Un journal qui tire péniblement à trente-cinq mille exemplaires.*

PÉNICHE [peniʃ]. *n. f.* • Bateau fluvial, à fond plat. V. **Chaland.** *Train de péniches remorquées.*

PÉNICILLINE [penisi(l)lin]. *n. f.* • Substance de la série des antibiotiques, provenant d'une moisissure, et très active contre les microbes.

PÉNINSULE [penɛ̃syl]. *n. f.* • Grande presqu'île ; région ou pays qu'entoure la mer de tous côtés sauf un. *La péninsule Ibérique,* l'Espagne et le Portugal. ▼ **PÉNINSULAIRE.** *adj.* Relatif à une péninsule, à ses habitants.

PÉNIS [penis]. *n. m.* • L'organe de la copulation chez l'homme. V. **Phallus, verge.**

PÉNITENCE [penitɑ̃s]. *n. f.* • **1°** *La pénitence,* profond regret, remords d'avoir offensé Dieu, accompagné de l'intention de réparer ses fautes. V. **Contrition.** *Faire pénitence,* se repentir. — Rite par lequel le prêtre donne l'absolution. V. **Confession.** • **2°** *Une pénitence,* peine que le confesseur impose au pénitent ; pratique pénible que l'on s'impose pour expier ses péchés. — Châtiment. V. **Punition.** • **3°** Loc. *Par pénitence,* pour se punir. *Pour ta pénitence, tu copieras cent lignes. Mettre un enfant en pénitence.* ▼ **PÉNITENT, ENTE.** *n.* • **1°** Personne qui confesse ses péchés. • **2°** Membre d'une confrérie s'imposant volontairement des pratiques de pénitence. V. **Ascète.** *Les Pénitents blancs.*

PÉNITENCIER [penitɑ̃sje]. *n. m.* • Prison ; maison de correction. ▼ **PÉNITENTIAIRE.** *adj.* Qui a rapport aux détenus. *Régime, système pénitentiaire, établissement pénitentiaire. Colonie pénitentiaire.*

PENNE [pɛn]. *n. f.* • Grandes plumes des ailes et de la queue des oiseaux.

PENNY [peni]. *n. m.* • Monnaie anglaise, valant le douzième du shilling. Plur. *Des pence* [pɛns(ə)].

PÉNOMBRE [penɔ̃bʀ(ə)]. *n. f.* • Lumière faible, tamisée. V. **Demi-jour ; clair-obscur.** *Apercevoir une forme dans la pénombre.*

PENSABLE [pɑ̃sabl(ə)]. *adj.* • (Surtout négatif). Qu'on peut envisager, croire. *Ce n'est pas pensable, c'est à peine pensable.* V. **Impensable.**

PENSANT, ANTE [pɑ̃sɑ̃, ɑ̃t]. *adj.* • **1°** Qui a la faculté de penser. V. **Intelligent.** *L'homme est un être pensant.* • **2°** BIEN PENSANT : qui pense conformément à l'ordre établi ; MAL PENSANT (moins *cour.*) : qui a des idées subversives. *Les gens riches et bien pensants. Une revue bien pensante.*

PENSE-BÊTE [pɑ̃sbɛt]. *n. m.* • Chose, marque destinée à rappeler ce que l'on a projeté de faire. *Des pense-bêtes.*

1. PENSÉE [pɑ̃se]. *n. f.* ★ **I.** • **1°** Tout ce qui affecte la conscience ; ce que qqn pense, sent, veut. *Deviner la pensée de qqn.* — L'esprit, qui pense, désire, etc. *Dans la pensée de...,* dans l'intention, le dessein de. • **2°** LA PENSÉE : activité psychique, faculté ayant pour objet la connaissance. V. **Esprit, intelligence, raison ; entendement.** *La pensée abstraite. Expression de la pensée par le langage.* • **3°** LA PENSÉE DE QQN : sa réflexion, sa façon de penser ; sa capacité intellectuelle ; sa position intellectuelle. *La pensée de Marx, de Gandhi.* V. **Philosophie.** *Je partage votre pensée là-dessus.* V. **Point de vue ; opinion.** *Aller jusqu'au bout de sa pensée,* ne pas craindre de penser (de dire) tout ce qu'implique une idée, un jugement. • **4°** *En pensée, par la pensée,* en esprit (et non réellement). *Se transporter quelque part par la pensée,* par l'imagination. • **5°** Manière de penser. *Pensée claire. Pensée engagée.* • **6°** Ensemble d'idées, de doctrines communes à plusieurs. ★ **II.** UNE, DES PENSÉE(S). • **1°** Tout ensemble de représentations, d'images, dans la conscience. V. **Idée, sentiment.** *J'ai découvert le fond de ses pensées. Avoir une* *pensée émue pour qqn. Recevez nos plus affectueuses pensées.* • 2° Phénomène psychique à caractère représentatif et objectif. V. **Idée.** *Pensées profondes. Il reste absorbé dans ses pensées.* V. **Méditation, réflexion.** • 3° Expression brève d'une idée. V. **Maxime, sentence.** *Les Pensées de Pascal.* ★ **III.** LA PENSÉE DE (qqn, qqch.) : le fait de penser à. *La pensée de l'être aimé. Elle était effrayée à la seule pensée de prendre l'avion.* — LA PENSÉE QUE : le fait de penser, de savoir que. *La pensée que cette maison était à lui l'enthousiasmait.*

2. PENSÉE. *n. f.* • Plante cultivée dans les jardins pour ses grandes fleurs veloutées. *Pensées violettes, jaunes.*

PENSER [pɑ̃se]. *v.* (1) ★ **I.** *V. intr.* • 1° Appliquer l'activité de son esprit aux éléments fournis par la connaissance ; former, combiner des idées et des jugements. V. **Juger, raisonner, réfléchir.** *La faculté de penser,* la raison. *Penser sur un sujet.* V. **Méditer, réfléchir.** *Penser juste. La façon de penser de qqn,* sa pensée. — *Une chose qui donne, qui laisse à penser,* qui fait réfléchir. • 2° Exercer son esprit, son activité consciente (d'une manière globale : sentir, vouloir, réfléchir). *Penser tout haut,* dire ce qu'on a en tête. *Penser dans une langue.* • 3° Avoir un esprit. V. **Pensant** (adj.). *Les animaux pensent-ils ?* ★ **II.** PENSER À : • 1° Appliquer sa réflexion, son attention à. V. **Réfléchir, songer** (à). *Pensez à ce que vous dites. N'y pensons plus,* oublions cela. *Faire une chose sans y penser,* machinalement. • 2° Évoquer par la mémoire, ou l'imagination. V. **Imaginer, rappeler, souvenir** (se). *Il s'efforçait de ne plus penser à elle.* — FAIRE PENSER À. V. **Évoquer, suggérer.** *Son visage fait penser aux pastels anglais.* • 3° S'intéresser à. V. **Occuper** (s'occuper de). *Penser aux autres. Penser à l'avenir. Elle ne pense qu'à s'amuser.* • 4° Avoir en tête, en mémoire ; ou considérer en vue d'une action. *J'essaierai d'y penser.* V. **Souvenir** (se). *J'ai pensé à tout.* V. **Prévoir.** *Je n'avais pas pensé à cela.* V. **Attention** (faire), **garde** (prendre). — *Sans penser à mal,* innocemment. ★ **III.** *V. tr.* • 1° Avoir pour opinion, pour conviction. V. **Estimer.** *Penser du bien, du mal de qqn, de qqch. Qu'en pensez-vous ? Il ne dit rien mais il n'en pense pas moins,* il ne dit pas ce qu'il sait. • 2° (Dans un sens affaibli et moins affirmatif). Avoir l'idée de. V. **Croire, imaginer, soupçonner, supposer.** *Jamais je n'aurais pu penser cela !* m'en douter. *Il n'est pas si désintéressé qu'on le pense. Exclam.* (Fam.) *Tu penses !* tu parles ! *Penses-tu ! Pensez-vous !* mais non, pas du tout. — PENSER QUE : croire, avoir l'idée, la conviction que. *Vous pensez bien que je n'aurais jamais accepté ! Je pense qu'il peut ; je ne pense pas qu'il puisse. — Nous pensons avoir résolu ces problèmes.* V. **Espérer.** • 3° Avoir dans l'esprit (comme idée, pensée, image, sentiment, volonté, etc.). *Dire ce que l'on pense. Il lui a flanqué un coup de pied où vous pensez,* au derrière. — PENSER QUE : imaginer. *Pensez qu'elle n'a que vingt ans !* • 4° (Suivi de l'inf.). Avoir l'intention, avoir en vue de. V. **Compter.** *Que pensez-vous faire à présent ?* • 5° *Littér.* Considérer clairement, embrasser par la pensée. V. **Concevoir.** *Penser l'histoire, un problème.* ▼ **PENSEUR.** *n. m.* • 1° Celui qui s'occupe, s'applique à penser. — Celui qui a des pensées neuves et personnelles sur les problèmes généraux. V. **Philosophe.** *Les penseurs du XVIII*[e] *siècle.* • 2° LIBRE PENSEUR. V. **Libre.**

PENSIF, IVE [pɑ̃sif, iv]. *adj.* • Qui est absorbé dans ses pensées. V. **Songeur.** *Un homme pensif. — Un air pensif.* V. **Préoccupé, soucieux.** ▼ **PENSIVEMENT.** *adv.* D'une manière pensive, d'un air pensif.

1. PENSION [pɑ̃sjɔ̃]. *n. f.* • Allocation périodique (versée à une personne). V. **Dotation, retraite.** *Une pension alimentaire. Avoir droit à une pension.* ▼ **PENSIONNER.** *v. tr.* (1). Pourvoir (qqn) d'une pension. ▼ **PENSIONNÉ, ÉE.** *n.* et *adj.* Qui bénéficie d'une pension.

2. PENSION. *n. f.* • 1° *(Dans des express.).* Le fait d'être nourri et logé chez qqn. *Prendre pension dans un hôtel.* — EN PENSION. *Prendre qqn chez soi en pension. Mettre un enfant en pension dans un collège. — Payer la pension,* les frais de pension. • 2° UNE PENSION : établissement où l'on prend pension. *Une pension de jeunes filles.* V. **Pensionnat.** — Ensemble des élèves d'une pension. V. **Pensionnaire.** *Toute la pension était en promenade.* • 3° PENSION DE FAMILLE : établissement hôtelier où les conditions d'hébergement, de nourriture ont un aspect familial. ▼ **PENSIONNAIRE.** *n.* • 1° Personne qui prend pension chez un particulier, dans un hôtel. • 2° Élève logé et nourri dans l'établissement scolaire qu'il fréquente. V. **Interne.** *Les pensionnaires, les demi-pensionnaires et les externes.* ▼ **PENSIONNAT.** *n. m.* • 1° École, maison d'éducation privée où les élèves sont logés et nourris. V. **Internat.** *Dortoir d'un pensionnat.* • 2° Les élèves de cet établissement.

PENSUM [pɛ̃sɔm]. *n. m.* • 1° Travail supplémentaire imposé à un élève par punition. • 2° Travail pénible, ennuyeux. *Quel pensum !*

PENT(A)-. • Élément savant signifiant « cinq » (ex. : *Pentaèdre,* n. m. Polyèdre à cinq côtés. *Pentamètre,* n. m. Vers de cinq pieds).

1. PENTAGONE [pɛ̃tagɔn]. *n. m.* et *adj.* • Polygone qui a cinq angles et cinq côtés.

2. PENTAGONE. *n. m.* • L'état-major des armées des États-Unis.

PENTATHLON [pɛ̃tatlɔ̃]. *n. m.* • Ensemble de cinq épreuves sportives (courses de deux cents et de quinze cents mètres, saut en longueur, lancement du disque et du javelot).

PENTE [pɑ̃t]. *n. f.* ★ **I.** Disposition oblique, penchée. • 1° Inclinaison (d'un terrain, d'une surface) par rapport au plan de l'horizon. V. **Déclivité.** *Pente douce, raide, rapide d'un chemin, d'un terrain. Une pente de deux pour cent.* • 2° Direction de l'inclinaison selon laquelle une chose est entraînée. *Suivre la pente du terrain.* Loc. *Suivre sa pente,* son penchant dominant, son goût. • 3° EN

PENTE : qui n'est pas horizontal. *Terrain en pente. Chemin en pente raide.* ★ **II.** UNE PENTE : surface oblique. • 1° Surface inclinée. *Descendre, monter une pente. En haut, au bas de la pente. La pente d'une colline.* V. **Côté, versant.** • 2° *(Abstrait).* Ce qui incline la vie vers la facilité, le mal. Loc. *Être sur une mauvaise pente. Remonter la pente,* cesser de s'abandonner à une facilité.

PENTECÔTE [pɑ̃tkot]. *n. f.* • Fête chrétienne célébrée le septième dimanche après Pâques pour commémorer la descente du Saint-Esprit sur les apôtres.

PENTHOTAL [pɛ̃tɔtal]. *n. m.* • Barbiturique qui plonge le sujet dans un état de demi-sommeil artificiel (narcose). V. **Sérum** (de vérité).

PENTURE [pɑ̃tyʀ]. *n. f.* • Bande de fer (souvent décorative) fixée à plat sur le battant d'une porte ou d'un volet de manière à le soutenir sur le gond. V. **Ferrure.**

PÉNULTIÈME [penyltjɛm]. *adj.* et *n. f.* • Avant-dernier. — *N. f.* Avant-dernière syllabe. V. **Antépénultième.**

PÉNURIE [penyʀi]. *n. f.* • Manque de ce qui est nécessaire. *Pénurie de blé.* V. **Défaut, rareté.** || Contr. **Abondance.** || *Pénurie de main-d'œuvre. Pénurie de devises.*

PÉON [peɔ̃]. *n. m.* • Paysan pauvre, journalier, pâtre en Amérique du Sud.

PÉPÉ [pepe]. *n. m.* • *Fam.* Grand-père, dans le lang. enfantin. *Le pépé et la mémé.*

PÉPÉE [pepe]. *n. f.* • 1° Poupée, dans le lang. enfantin. • 2° *Pop.* Femme, jeune fille. *Une jolie pépée.*

PÉPÈRE [pepɛʀ]. *n. m.* et *adj.* • 1° *Fam.* Gros homme, gros enfant paisible, tranquille. *Un gros pépère.* • 2° Adj. *(Pop.).* Agréable, tranquille. *Un petit coin pépère. Vie, travail pépère.* V. **Peinard.**

PÉPÈTES [pepɛt]. *n. f. pl.* • Pop. *Les pépètes, des pépètes,* de l'argent.

PÉPIE [pepi]. *n. f.* • Fam. *Avoir la pépie,* avoir très soif.

PÉPIER [pepje]. *v. intr.* (7) • Pousser de petits cris (en parlant des jeunes oiseaux). ▼ **PÉPIEMENT.** n. m. *Les pépiements des moineaux, des poussins.*

1. PÉPIN [pepɛ̃]. *n. m.* • Graine de certains fruits (raisins, baies, agrumes, pommes, poires, etc.). *Fruits à pépins et à noyaux.*

2. PÉPIN. *n. m.* • Ennui, complication, difficulté. *Pourvu qu'il n'ait pas de pépin !*

3. PÉPIN. *n. m.* • *Fam.* Parapluie.

PÉPINIÈRE [pepinjɛʀ]. *n. f.* • 1° Terrain où l'on fait pousser de jeunes végétaux destinés à être repiqués ou à recevoir des greffes. • 2° Ce qui fournit un grand nombre de personnes propres à une profession, un état. *Ce pays est une pépinière de savants.* ▼ **PÉPINIÉRISTE.** *n.* et *adj.* Jardinier qui cultive une pépinière (1°). V. **Arboriculteur.**

PÉPITE [pepit]. *n. f.* • Morceau d'or pur naturel, sans gangue. *Les chercheurs d'or ont trouvé des pépites dans ce ruisseau.*

PÉPLUM [peplɔm]. *n. m.* • Dans l'Antiquité, Vêtement de femme, sans manches, qui s'agrafait sur l'épaule.

-PEPSIE. • Élément savant signifiant « digestion ».

PEPSINE [pɛpsin]. *n. f.* • Ferment soluble, diastase du suc gastrique. ▼ **PEPTIQUE.** *adj.* Qui concerne la chimie de la digestion. *Troubles peptiques.*

PÉQUENAUD, AUDE [pɛkno, od]. *n.* ; **PÉQUENOT** [pɛkno]. *n. m.* • *Pop.* et *péj.* Paysan. — Adj. *Ce qu'il est péquenaud !*

PERBORATE [pɛʀbɔʀat]. *n. m.* • Sel de bore, oxydant, utilisé comme désinfectant et produit de blanchiment.

PERCALE [pɛʀkal]. *n. f.* • Tissu de coton, fin et serré.

PERÇANT, ANTE. *adj.* • 1° Qui voit au loin. *Vue perçante ; regard perçant.* — *Yeux perçants,* vifs et brillants. • 2° Aigu et fort (son). *Des cris perçants.* V. **Strident.** *Voix perçante.* V. **Criard.**

PERCÉE. *n. f.* • 1° Ouverture qui ménage un passage ou donne un point de vue. *Ouvrir une percée dans une forêt.* V. **Chemin, trouée.** • 2° Action de percer, de rompre les défenses de l'ennemi. *Tenter une percée.*

PERCEMENT [pɛʀsəmɑ̃]. *n. m.* • Action de percer, de pratiquer (une ouverture, un passage). *Percement d'un tunnel.*

PERCE-NEIGE [pɛʀsənɛʒ]. *n. m.* ou *f.* • Plante à fleurs blanches qui s'épanouissent en hiver. *Des perce-neige.*

PERCE-OREILLE [pɛʀsɔʀɛj]. *n. m.* • Insecte dont l'abdomen porte une sorte de pince. *Des perce-oreilles.*

PERCEPTEUR [pɛʀsɛptœʀ]. *n. m.* • Fonctionnaire chargé de la perception, du recouvrement des impôts, des amendes. *Recevoir un avertissement de son percepteur.*

1. PERCEPTIBLE. *adj.* • 1° Qui peut être perçu par les organes des sens ; qui peut déterminer une perception. V. **Visible ; audible ; appréciable, sensible.** || Contr. **Imperceptible.** || *Des détails perceptibles à l'œil. Des différences peu perceptibles.* • 2° Qui peut être compris, saisi par l'esprit.

2. PERCEPTIBLE. *adj.* • Qu'on peut percevoir (2). *Impôt perceptible.*

PERCEPTIF, IVE. *adj.* • Relatif à la perception. *Interprétation perceptive de la sensation.*

1. PERCEPTION [pɛʀsɛpsjɔ̃]. *n. f.* • Fonction par laquelle l'esprit se représente les objets ; acte par lequel s'exerce cette fonction. V. **Percevoir 1.** *Perception et sensation. Perception et imagination.* — *Verbes de perception* (regarder, écouter, voir, entendre, sentir...).

2. PERCEPTION. *n. f.* • 1° Opération par laquelle l'Administration perçoit (2), recouvre les impôts directs. V. **Recouvrement.** — Impôt, taxe, redevance. • 2° Emploi, bureau du percepteur.

PERCER [pɛʀse]. *v.* (3) ★ **I.** *V. tr.* • 1° Faire un trou dans (un objet). V. **Perforer, trouer.** *Percer un mur. Un clou a percé le pneu.* Au p. p. *Souliers percés.* — Traverser, trouer (une partie du corps). *On lui a percé les oreilles pour y mettre des anneaux. Percer un abcès.* V. **Ouvrir.** • 2° Blesser (qqn) à l'aide d'une arme pointue. V. **Blesser, tuer.** *Percer de coups.* V. **Cribler.** — *Cœur percé d'une flèche,* symbole de l'amour. — Loc. *Percer le cœur,* affliger, faire souffrir.

• 3° Pratiquer dans (qqch.) une ouverture pouvant servir de passage. *Percer un rocher pour pratiquer un tunnel. Percer un coffre-fort.* • 4° Traverser (une protection, un milieu intermédiaire). V. **Transpercer.** *Le soleil perçait les nuages.* • 5° *(Suj. personne).* Se frayer un passage dans. *Percer le front des armées ennemies. Percer la foule.* • 6° Parvenir à découvrir (un secret, un mystère). V. **Déceler, pénétrer.** *Percer un complot.* — Loc. *Percer à jour*, parvenir à connaître (ce qui était tenu caché, secret). • 7° Pratiquer, faire (un trou, une ouverture). *Percer un trou. Percer une avenue. Percer une fenêtre.* ★ **II.** *V. intr.* • 1° Se frayer un passage en faisant une ouverture, un trou. — (Choses) *Quatre dents qui percent. Abcès qui perce.* V. **Crever.** — (Personnes) *Les ennemis n'ont pas pu percer.* V. **Percée.** • 2° Se déceler, se manifester, se montrer. *Rien n'a percé de leur entretien.* V. **Transpirer.** • 3° *(Personnes).* Acquérir la notoriété. V. **Réussir.** *Un jeune chanteur qui commence à percer.* ▼ **PERCEUR, EUSE.** *n.* Personne qui perce (I, 1°, 3°). *Perceur de coffre-fort.* ▼ **PERCEUSE.** *n. f.* Machine-outil utilisée pour percer des pièces métalliques, pour la finition des pièces. V. **Foreuse.**

1. PERCEVOIR [pɛʀsəvwaʀ]. *v. tr.* (28) • 1° Comprendre, parvenir à connaître. V. **Apercevoir, discerner, distinguer, saisir.** *Percevoir une intention, une nuance.* • 2° Avoir conscience de (une sensation). V. **Éprouver, sentir ; perception 1.** *Malade qui perçoit les battements de son cœur.* V. **Écouter, entendre.** • 3° Constituer et reconnaître comme objet par l'acte de la perception. *Percevoir l'étendue.*

2. PERCEVOIR. *v. tr.* (28) • 1° Recevoir (une somme d'argent). V. **Empocher** *(fam.). Percevoir un loyer.* V. **Toucher.** || Contr. **Payer.** || • 2° Recueillir (le montant d'un impôt, d'une taxe). V. **Lever ; percepteur, perception 2.** *Droits perçus.* ▼ **PERCEVABLE.** *adj.* Qui peut être perçu. *Taxe percevable.*

1. PERCHE [pɛʀʃ(ə)]. *n. f.* • Poisson d'eau douce, à chair estimée.

2. PERCHE. *n. f.* • 1° Pièce de bois, de métal, longue et mince, de section circulaire. — *Saut à la perche*, saut en hauteur en prenant appui sur une longue perche. • 2° Loc. *Tendre la perche à qqn*, lui fournir une occasion de se tirer d'embarras. • 3° *Fam.* Personne grande et maigre. V. **Échalas.** *Quelle grande perche !* ▼ **PERCHISTE.** *n.* Sauteur à la perche.

PERCHER [pɛʀʃe]. *v.* (1) ★ **I.** *V. intr.* • 1° (En parlant d'un oiseau). Se mettre, se tenir sur une branche, un perchoir. • 2° Fam. *(Personnes).* Loger, habiter. V. **Demeurer.** *Où est-ce que tu perches ? — (Choses)* Être situé, placé. ★ **II.** V. tr. *Fam.* Placer à un endroit élevé. *Quelle idée d'avoir été percher ce vase sur l'armoire !* ★ **III.** *V. pron.* SE PERCHER : se mettre, se tenir sur un endroit élevé. V. **Jucher** (se), **grimper.** — PERCHÉ, ÉE. *Les cigognes perchées au bord des nids.* ▼ **PERCHEUR, EUSE.** adj. *Oiseau percheur*, qui a l'habitude de se percher. ▼**PERCHOIR.** *n. m.* • 1° Endroit où viennent se percher les oiseaux domestiques, les volailles. *Perchoir de perroquet.* • 2° *Fam.* Endroit où qqn est perché, juché. *Descends de ton perchoir !*

PERCHERON [pɛʀʃəʀɔ̃]. *n. m.* • Grand et fort cheval de trait, de labour (provenant de la région du *Perche*).

PERCLUS, USE [pɛʀkly, yz]. *adj.* • Qui a de la peine à se mouvoir. V. **Impotent.** *Être tout perclus de rhumatismes. Perclus de douleurs.* — Littér. *Un vieillard perclus.*

PERCOLATEUR [pɛʀkɔlatœʀ]. *n. m.* • Appareil qui sert à faire du café en grande quantité. *Installer un percolateur dans un café.*

PERCUSSION [pɛʀkysjɔ̃]. *n. f.* • 1° Action de frapper, de se heurter. V. **Choc.** • 2° *Instrument à percussion* ou *de percussion*, dont on joue en le frappant et dont le rôle est surtout rythmique (*ex. :* cymbales, grosse caisse, tambour). ▼ **PERCUSSIONNISTE.** *n.* Musicien qui joue d'un instrument de percussion. V. **Batteur.**

PERCUTANT, ANTE. *adj.* • 1° Qui donne un choc. — *Un obus percutant*, ou subst. *Un percutant*, qui éclate à la percussion. • 2° *(Abstrait).* Qui frappe par sa netteté brutale, qui produit un choc psychologique. *Un article percutant. Une formule percutante.*

PERCUTER [pɛʀkyte]. *v.* (1) ★ **I.** *V. tr.* Frapper, heurter (qqch.). *La voiture a percuté un arbre.* ★ **II.** *V. intr.* • 1° Heurter en explosant. *Obus qui vient percuter contre le sol.* • 2° Heurter violemment un obstacle, un véhicule. *La voiture est allée percuter contre un camion.*

PERCUTEUR. *n. m.* • Pièce métallique qui, dans une arme à feu, est destinée à frapper l'amorce et à la faire détoner.

PERDANT, ANTE. *n.* et *adj.* • 1° Personne qui perd au jeu, dans une affaire, une compétition. V. **Battu.** || Contr. **Gagnant.** || *Match nul, où il n'y a ni perdant ni gagnant. — Vous serez perdant.* • 2° *(Choses).* Qui perd. *Les numéros perdants.*

PERDITION. *n. f.* • 1° Éloignement de l'Église et des voies du salut ; ruine de l'âme par le péché. || Contr. **Salut.** || — *Lieu de perdition*, de débauche. • 2° *Navire en perdition*, en danger de faire naufrage.

PERDRE [pɛʀdʀ(ə)]. *v. tr.* (41) ★ **I.** Être privé de la possession ou de la disposition de (qqch.). • 1° Ne plus avoir (un bien). *Perdre une somme d'argent au jeu.* || Contr. **Gagner ; acquérir.** || Absolt. *Il ne supporte pas de perdre. — Perdre sa place, sa situation.* Loc. *N'avoir rien à perdre, mais tout à gagner. Vous ne perdez rien pour attendre*, vous finirez par obtenir ce que vous méritez (formule de menace). Fam. *Tu ne le connais pas ? tu n'y perds rien !* il ne mérite pas d'être connu. • 2° Être séparé de (qqn) par la mort. *Elle avait perdu son père à douze ans.* — Ne plus avoir (un compagnon, un ami, etc.). *Depuis qu'il boit il a perdu tous ses amis.* • 3° Cesser d'avoir (une partie de soi ; un caractère inhérent). *Perdre ses cheveux. — Perdre du poids*, maigrir. *Perdre ses forces*, s'affaiblir. *Perdre la vie*, mourir. — *Perdre la raison*, devenir fou. *Perdre la mémoire. Perdre connaissance*, s'évanouir. *Perdre courage. Perdre patience.* — (Choses) *Mot qui* *perd son sens.* • **4°** Ne plus avoir en sa possession (ce qui n'est ni détruit ni pris). V. **Égarer.** *Il est terrible, il perd tout !* • **5°** Laisser s'échapper. *Il perd son pantalon,* son pantalon tombe. — *Absolt.* (Choses) *Tonneau qui perd.* V. **Fuir.** • **6°** (En parlant de ce qui échappe à la portée des sens). *Ne pas perdre une bouchée, une miette d'une conversation,* n'en rien perdre. — Loc. *Perdre* (qqn, qqch.) *de vue,* ne plus voir, oublier ; ne plus fréquenter qqn. *Nous nous sommes perdus de vue.* • **7°** Ne plus pouvoir suivre, contrôler. *Perdre son chemin. Perdre pied,* être dans l'embarras. *Perdre le nord,* s'affoler. • **8°** Ne pas profiter de (qqch.), en faire mauvais usage. V. **Dissiper ; gâcher, gaspiller.** *Perdre du temps. Vous n'avez pas un instant à perdre. — Il a perdu une bonne occasion de se taire,* il aurait mieux fait de se taire. • **9°** Ne pas obtenir ou ne pas garder (un avantage). *Perdre l'avantage.* — Ne pas obtenir l'avantage dans. *Perdre la partie. Perdre une bataille. Perdre un procès.* Absolt. *Il a perdu,* il s'est fait battre. — *Perdre du terrain,* aller moins vite que son adversaire. *L'analphabétisme perd du terrain,* recule. ★ **II.** *(Compl. personne).* Priver de la possession ou de la disposition de biens, d'avantages. • **1°** *(Suj. personne).* Causer la ruine totale, ou même la mort de (qqn). *Il cherche à me perdre.* • **2°** *(Suj. chose).* Priver de sa réputation, de son crédit (auprès de qqn) ; priver de sa situation. *Son excès d'ambition le perdra.* — Faire condamner. *C'est le témoignage de sa femme qui l'a perdu.* • **3°** *Littér.* Corrompre ; rendre mauvais. *Ses mauvaises fréquentations l'ont perdu.* — Damner. V. **Perdition.** • **4°** Mettre hors du bon chemin. V. **Désorienter, égarer.** *J'ai l'impression que notre guide nous a perdus.* V. **Perdu** (III). ★ **III.** SE PERDRE. *v. pron.* • **1°** Être réduit à rien ; cesser d'exister ou de se manifester. *Les traditions se perdent.* • **2°** Être mal utilisé, ne servir à rien. *Laisser (se) perdre une occasion.* • **3°** Cesser d'être perceptible. V. **Disparaître.** *Des silhouettes qui se perdent dans la nuit.* • **4°** *(Personnes).* S'égarer; ne plus retrouver son chemin. V. **Fourvoyer** (se). *Un enfant qui s'est perdu.* — *(Abstrait)* Être incapable de se débrouiller, d'expliquer, ne voir plus clair dans. *Plus je pense à ce problème, plus je m'y perds.* — SE PERDRE DANS, EN : appliquer entièrement son esprit au point de n'avoir conscience de rien d'autre. V. **Absorber** (s'), **plonger** (se). *Se perdre dans ses pensées.*

PERDRIX [pɛʀdʀi]. *n. f.* • Oiseau de taille moyenne, au plumage roux ou gris cendré, très apprécié comme gibier. ▼ **PERDREAU.** *n. m.* Jeune perdrix de l'année. *Des perdreaux.*

PERDU, UE. *adj.* ★ **I.** Qui a été perdu (V. **Perdre,** I). • **1°** Dont on n'a plus la possession, la disposition, la jouissance. *Argent perdu au jeu. Tout est perdu,* il n'y a plus d'espoir, plus de remède. — *Le temps perdu,* le temps passé, dont nous ne disposons plus. — Loc. prov. *Pour un perdu* (ou : *Un de perdu*) *deux* (ou *dix*) *de retrouvés,* se dit de personnes ou de choses dont on pense que la perte sera facilement réparable. • **2°** Égaré. *Objets perdus.* — *(D'un lieu)* Écarté ; éloigné, isolé. *Pays perdu. Un coin perdu.* • **3°** Mal contrôlé, abandonné au hasard. *Balle perdue,* qui a manqué son but et peut en atteindre un autre par hasard. • **4°** Qui a été mal utilisé ou ne peut plus être utilisé. *Verre, emballage perdu* (*opposé à* consigné). *Occasion perdue.* V. **Manqué.** *Ce n'est pas perdu pour tout le monde,* il y a des gens qui en ont profité. — *C'est du temps perdu,* inutilement employé. *Je joue du piano à mes moments perdus,* à mes moments de loisir. *À temps perdu,* dans les moments où l'on a du temps à perdre. • **5°** Où on a eu le dessous. *Bataille perdue.* ★ **II.** Qui a été perdu (II), atteint sans remède (par le fait d'une personne ou d'une chose). • **1°** *(Personnes).* Atteint dans sa santé. *Le malade est perdu.* V. **Condamné, incurable ;** *(pop.)* **Fichu, foutu.** — Atteint dans sa fortune, sa situation, son avenir... *C'est un homme perdu.* V. **Cuit, fini, flambé.** — *Fille perdue* (*spécialt.* prostituée). • **2°** *(Choses).* Abîmé, endommagé. *Récoltes perdues à cause de la grêle.* ★ **III.** • **1°** Qui se perd (III), qui s'est perdu. V. **Paumé** (pop.). *J'étais perdu,* égaré. *Se sentir perdu.* (Abstrait) *Je suis perdu, je ne m'y retrouve plus.* — Subst. *Courir comme un perdu,* un fou. • **2°** Absorbé. *Perdu dans ses pensées, dans sa douleur,* plongé.

PÈRE [pɛʀ]. *n. m.* • **1°** Homme qui a engendré, donné naissance à un ou plusieurs enfants. *Être père. Être le père de deux enfants. Le père de qqn* (*pop.* paternel, vieux). Loc. prov. *Tel père, tel fils.* — Appellatif. V. **Papa.** *Oui, père !* • **2°** PÈRE DE FAMILLE : qui a un ou plusieurs enfants qu'il élève. V. **Chef** (de famille). *Les responsabilités du père de famille.* • **3°** Le parent mâle (de tout être vivant sexué). *Le père de ce poulain était un pur-sang.* • **4°** (Plur.). *Littér.* Ancêtre. *Nos pères.* V. **Aïeul.** • **5°** *Dieu le Père,* la première personne de la Sainte-Trinité. • **6°** *Le père de qqch.* V. **Créateur, fondateur, inventeur.** • **7°** Celui qui se comporte comme un père, est considéré comme un père. *Père légal, adoptif.* • **8°** (Titre de respect). Nom donné à certains religieux. *Les Pères Blancs.* — *Le Saint-Père, notre saint-père le pape.* — *Les Pères de l'Église,* les docteurs de l'Église (du Ier au VIe siècle). — *Mon Père,* se dit en s'adressant à certains religieux. • **9°** *Fam.* (Avant le nom de famille). Désignant un homme mûr de condition modeste. *Le père Goriot.* — Loc. *Le coup du père François,* un coup sur la nuque. — Loc. *Un gros père,* un gros homme placide. V. **Pépère.** Fam. *Alors, mon petit père, comment ça va ? Un père tranquille,* un homme paisible.

PÉRÉGRINATION [peʀegʀinasjɔ̃]. *n. f.* • *(Surtout plur.).* Déplacements incessants en de nombreux endroits.

PÉREMPTION [peʀɑ̃psjɔ̃]. *n. f.* • Anéantissement (des actes de procédure) après un certain délai (terme de droit).

PÉREMPTOIRE. *adj.* • Qui détruit d'avance toute objection ; contre quoi on ne peut rien répliquer. V. **Décisif, tranchant.** *Argument péremptoire. Un ton péremptoire.*

— *Il a été péremptoire.* ▼ **PÉREMPTOIREMENT.** *adv.*

PÉRENNITÉ [peʀe(ɛn)nite]. *n. f.* • État, caractère de ce qui dure toujours (V. **Continuité, éternité, immortalité**) ou très longtemps (V. **Durée**). *Il croyait à la pérennité de son amour.*

PÉRÉQUATION [peʀekwasjɔ̃]. *n. f.* • Rajustement des traitements, pensions, impôts destinés à les adapter au coût de la vie ou à établir entre eux certaines proportions. V. **Répartition.**

PERFECTIBLE [pɛʀfɛktibl(ə)]. *adj.* • Susceptible d'être amélioré. || Contr. **Imperfectible.** || *La science est perfectible.* ▼ **PERFECTIBILITÉ.** *n. f.*

PERFECTION [pɛʀfɛksjɔ̃]. *n. f.* • 1° État, qualité de ce qui est parfait. || Contr. **Imperfection.** || *Atteindre, s'élever à la perfection morale. La perfection n'est pas de ce monde.* • 2° *Loc. adv.* À LA PERFECTION : d'une manière parfaite, excellente. V. **Parfaitement.** *Elle danse à la perfection.* • 3° (Plur.). *Littér.* Qualités remarquables. *On ne voit que des perfections chez la personne qu'on aime.* • 4° UNE PERFECTION : personne parfaite qui a toutes les qualités requises. *Cette jeune fille est une perfection.* V. **Perle.**

PERFECTIONNER. *v. tr.* (1) ★ **I.** Rendre meilleur, plus proche de la perfection. V. **Améliorer, parfaire.** *Perfectionner un procédé, une technique.* ★ **II.** SE PERFECTIONNER. *v. pron.* Acquérir plus de qualités, de valeur. *Les techniques se perfectionnent.* — (Personnes) *Se perfectionner en anglais*, faire des progrès. ▼ **PERFECTIONNÉ, ÉE.** *adj.* Muni des dispositifs les plus modernes. *Une machine perfectionnée.* ▼ **PERFECTIONNEMENT.** *n. m.* Action de perfectionner, de rendre meilleur ; amélioration. V. **Progrès.** *Le perfectionnement des moyens de production. Brevet de perfectionnement. — Un, des perfectionnement(s).*

PERFIDE [pɛʀfid]. *adj.* et *n.* • *Littér.* • 1° Qui manque à sa parole, trahit celui qui lui faisait confiance. V. **Déloyal.** *Femme perfide*, infidèle. • 2° *(Choses).* Dangereux, nuisible sans qu'il y paraisse. *De perfides promesses.* V. **Fallacieux.** *Une insinuation perfide.* V. **Sournois.** ▼ **PERFIDEMENT.** *adv.* Littér. *Il vous a perfidement induit en erreur.* ▼**PERFIDIE.** n. f. *Littér.* • 1° Action, parole perfide. • 2° Caractère perfide. V. **Déloyauté, fourberie.** *Un hypocrite d'une étonnante perfidie.*

PERFORATEUR, TRICE. *adj.* et *n. m.* ★ **I.** *Adj.* Qui perfore. *Marteau perforateur.* ★ **II.** *N. m.* • 1° Instrument servant à perforer. • 2° Ouvrier qui perfore. ▼ **PERFORATRICE.** *n. f.* • 1° Machine-outil destinée à percer profondément les roches, le sol. *Perforatrice à air comprimé.* • 2° Machine destinée à établir des cartes, des bandes perforées.

PERFORATION. *n. f.* • 1° Action de perforer. • 2° État de ce qui est perforé. — Ouverture accidentelle dans un organe. *Perforation intestinale.* • 3° Chacun des petits trous (d'une carte, d'une bande perforée).

PERFORER [pɛʀfɔʀe]. *v. tr.* (1) • Traverser en faisant un ou plusieurs petits trous. V. **Percer, trouer.** *La balle lui a perforé l'intestin. Perforer un billet de métro. — Machine à perforer*, composteur, poinçonneuse ; perforatrice. ▼ **PERFORÉ, ÉE.** *adj.* • 1° Percé. • 2° Qui présente des trous selon une disposition convenue, pour transmettre une information. *Cartes, bandes perforées* (au moyen desquelles les machines peuvent faire automatiquement des calculs, des classements, selon un programme). V. **Mécanographie.**

PERFORMANCE [pɛʀfɔʀmɑ̃s]. *n. f.* • 1° Résultat obtenu par un cheval de course, un athlète, dans une compétition. *Les performances d'un champion.* • 2° Exploit, succès. *C'est une belle performance !*

PERFUSION [pɛʀfyzjɔ̃]. *n. f.* • Injection lente et continue de sérum. — *Perfusion sanguine*, transfusion continue.

PERGOLA [pɛʀgɔla]. *n. f.* • Petite construction de jardin qui sert de support à des plantes grimpantes.

PÉRI-. • Élément signifiant « autour ».

PÉRICARDE [peʀikaʀd(ə)]. *n. m.* • Membrane qui enveloppe le cœur et l'origine des gros vaisseaux.

PÉRICARPE [peʀikaʀp(ə)]. *n. m.* • Partie du fruit qui enveloppe la graine (ou les graines).

PÉRICLITER [peʀiklite]. *v. intr.* (1) • Aller à sa ruine, à sa fin. *Son affaire, son commerce périclite.* V. **Décliner, dépérir.** || Contr. **Prospérer.** ||

PÉRIL [peʀil]. *n. m.* • 1° *Littér.* État, situation où l'on court de grands risques ; ce qui menace l'existence. V. **Danger** (plus courant). || Contr. **Sûreté.** || *S'exposer au péril. Affronter les périls avec audace.* • 2° *Un péril*, risque qu'une chose fait courir. *Les périls d'une situation.* • 3° *Au péril de sa vie*, en risquant sa vie. — *Faire qqch. à ses risques et périls*, en acceptant d'en subir toutes les conséquences.

PÉRILLEUX, EUSE [peʀijø, øz]. *adj.* • 1° Où il y a des risques, du danger. V. **Dangereux, difficile.** || Contr. **Sûr.** || *Une entreprise périlleuse. Vous abordez là un sujet périlleux.* V. **Délicat.** • 2° Loc. *Saut périlleux*, où le corps fait un tour complet sur lui-même, dans un plan vertical. ▼**PÉRILLEUSEMENT.** *adv.*

PÉRIMÉ, ÉE [peʀime]. *adj.* • 1° Qui n'a plus cours. V. **Ancien, démodé.** || Contr. **Actuel.** || *Des conceptions périmées.* • 2° Dont le délai de validité est expiré. || Contr. **Valide.** || *Passeport, billet périmé.* ▼ **PÉRIMER (SE).** *v. pron.* (1). Être annulé après l'expiration du délai fixé. (Avec ellipse de *se.*) *Laisser périmer un billet de chemin de fer.*

PÉRIMÈTRE [peʀimɛtʀ(ə)]. *n. m.* • 1° Ligne qui délimite le contour d'une figure plane. • 2° Zone, surface délimitée. *Mise en valeur des périmètres irrigués.*

PÉRINÉE [peʀine]. *n. m.* • Partie inférieure du petit bassin, qui s'étend entre l'anus et les parties génitales.

1. PÉRIODE [peʀjɔd]. *n. f.* ★ **I.** • 1° Espace de temps. V. **Durée.** *La période des* *vacances.* • 2° *Période électorale*, qui précède le jour du scrutin. — *Période d'instruction* ou *Période*, pendant laquelle les réservistes complètent leur instruction militaire. *Faire une période.* • 3° Division du temps marquée par des événements importants. V. **Époque.** *La période révolutionnaire.* • 4° Espace de temps, de durée déterminée, caractérisé par un certain phénomène. V. **Phase, stade.** *La période de l'ovulation.* ★ **II.** En sciences, Temps écoulé entre deux passages successifs d'un système oscillant (onde) dans la même position et avec la même vitesse. *Période d'un pendule.* — V. *aussi* **Périodique** (3°).

2. PÉRIODE. *n. f.* • Phrase dont les éléments sont assemblés harmonieusement. *Une période oratoire.*

PÉRIODIQUE. *adj.* • 1° Qui se reproduit à des époques déterminées, à des intervalles réguliers. *Phases périodiques de prospérité et de marasme.* V. **Alternatif.** • 2° Qui paraît chaque semaine, chaque mois, etc. *Un journal périodique. Presse périodique.* — Subst. UN PÉRIODIQUE. V. **Journal, magazine, revue.** • 3° *Fonction périodique*, qui reprend la même valeur lorsqu'on ajoute à la variable une quantité fixe, dite *période.* ▼ **PÉRIODICITÉ.** *n. f.* Caractère de ce qui est périodique, retour d'un fait à des intervalles plus ou moins réguliers. ▼ **PÉRIODIQUEMENT.** *adv.*

PÉRIOSTE [peʀjɔst(ə)]. *n. m.* • Membrane qui enveloppe les os.

PÉRIPATÉTICIENNE [peʀipatetisjɛn]. *n. f.* • *Fam.* Prostituée, femme qui « fait le trottoir ».

PÉRIPÉTIE [peʀipesi]. *n. f.* • 1° Changement subit de situation dans une action dramatique, un récit. • 2° Événement imprévu. V. **Incident.** *Une vie pleine de péripéties.*

PÉRIPHÉRIE [peʀifeʀi]. *n. f.* • 1° Ligne qui délimite une figure courbe, une surface. V. **Bord, contour, pourtour.** || Contr. **Centre.** || *Périphérie d'un cercle.* • 2° Les quartiers éloignés du centre (d'une ville). *Les usines situées à la périphérie de Paris.* V. **Banlieue, faubourg.** ▼ **PÉRIPHÉRIQUE.** *adj.* Qui est situé à la périphérie. *Quartiers périphériques. Boulevard périphérique*, subst. *Le périphérique* (à Paris).

PÉRIPHRASE [peʀifʀɑz]. *n. f.* • Expression par plusieurs mots d'une notion qu'un seul mot pourrait exprimer. V. **Circonlocution, détour.** *User de périphrases pour toucher à un sujet délicat.* ▼ **PÉRIPHRASTIQUE.** *adj.* Didact. *Tournure périphrastique.*

PÉRIPLE [peʀipl(ə)]. *n. m.* • 1° Voyage d'exploration maritime autour d'une mer, d'un continent. • 2° Voyage, randonnée. V. **Tournée.** *Faire un périple en Grèce pendant les vacances.*

PÉRIR [peʀiʀ]. *v. intr.* (2) • *Littér.* • 1° Mourir. *Périr noyé. — Il périt d'ennui, il s'ennuie à périr.* • 2° *(Choses).* Disparaître. V. **Anéantir** (s'), **finir.** *Les civilisations périssent.*

PÉRISCOPE [peʀiskɔp]. *n. m.* • Instrument d'optique permettant à un observateur de voir un objet dont il est séparé par un obstacle. *Périscopes des sous-marins.*

PÉRISSABLE. *adj.* • 1° *Littér.* Qui est sujet à périr ; qui n'est pas durable. V. **Court, éphémère, fugace.** || Contr. **Impérissable.** || *Les sentiments les plus sincères sont périssables.* • 2° *Denrées périssables*, qui se conservent difficilement.

PÉRISSOIRE [peʀiswaʀ]. *n. f.* • Embarcation longue et étroite qui se manœuvre à la pagaie double. V. **Canot.**

PÉRISTALTIQUE [peʀistaltik]. *adj.* • *Mouvements péristaltiques*, contractions par lesquelles les matières alimentaires progressent dans le tube digestif. V. **Déglutition, digestion.**

PÉRISTYLE [peʀistil]. *n. m.* • Colonnade entourant la cour intérieure d'un édifice ou disposée autour d'un édifice. — Colonnade qui décore la façade d'un édifice.

PÉRITOINE [peʀitwan]. *n. m.* • Membrane qui tapisse les parois intérieures de l'abdomen et les surfaces extérieures des organes qui y sont contenus. ▼ **PÉRITONITE.** *n. f.* Inflammation du péritoine. *La péritonite peut résulter d'une appendicite.*

PERLE [pɛʀl(ə)]. *n. f.* • 1° Concrétion ronde, dure et brillante, précieuse, formée de couches de nacre sécrétées par certains mollusques (huître, etc.) pour enrober et isoler un parasite. *Pêcheurs de perles*, d'huîtres perlières. *Collier de perles. Perles de culture*, obtenues par l'introduction d'un grain de nacre dans une coquille d'huître d'élevage. — Loc. *Jeter des perles aux cochons*, accorder à qqn une chose dont il est incapable d'apprécier la valeur. • 2° Petite boule percée d'un trou. *Perles d'un chapelet.* V. **Grain.** *Perle de verre.* • 3° Personne de grand mérite. *Leur bonne est une perle.* — Chose de grande valeur. *Cet ouvrage est la perle de sa collection.* • 4° Erreur grossière et ridicule. *Perles relevées dans des copies d'élèves.*

PERLÉ, ÉE. *adj.* • GRÈVE PERLÉE : qui interrompt l'activité d'une entreprise par des arrêts ou des ralentissements de travail à une phase, à un stade de la production.

PERLER [pɛʀle]. *v.* (1) ★ **I.** *V. tr.* Exécuter avec un soin minutieux. *Perler un travail. Travail perlé.* ★ **II.** *V. intr.* Se présenter sous forme de petites gouttes arrondies (liquide). V. **Suinter.** *Quelques gouttes de sueur perlaient sur son front.*

PERLIER, IÈRE. *adj.* • *Industrie perlière. — Huître perlière*, qui peut sécréter des perles.

PERMANENCE [pɛʀmanɑ̃s]. *n. f.* • 1° Caractère de ce qui est durable ; longue durée (de qqch.). V. **Continuité, stabilité.** *La permanence des habitudes.* • 2° Service chargé d'assurer le fonctionnement ininterrompu d'un organisme. *Assurer, tenir une permanence. La permanence d'un commissariat de police.* • 3° *Absolt.* Salle d'études où est constamment assurée la surveillance des élèves. • 4° *Loc. adv.* EN PERMANENCE : sans interruption. V. **Constamment, toujours.** *Assemblée qui siège en permanence.*

PERMANENT, ENTE. *adj.* • 1° Qui dure, demeure sans discontinuer ni changer.

V. **Constant, stable.** || Contr. **Éphémère, fugitif.** || *La matière, l'espace sont conçus comme permanents. — Cinéma permanent de 14 h à 24 h,* où le même film est projeté plusieurs fois de suite. • 2° (*Opposé à* provisoire). Qui ne cesse pas, qui ne se relâche pas. V. **Continu.** *Établir une liaison permanente entre des services.* • 3° Qui exerce une activité permanente. *Un comité permanent.* — (*Opposé à* spécial, extraordinaire) *Le représentant permanent de la France à l'O.N.U.* — N. *Les permanents d'un syndicat, d'un parti,* membres rémunérés pour se consacrer à l'administration.

PERMANENTE. *n. f.* • Traitement qui permet d'onduler les cheveux de façon durable. V. **Indéfrisable.** ▼ **PERMANENTER.** *v. tr.* (1). Faire une permanente à (qqn).

PERMANGANATE [pɛʀmɑ̃ganat]. *n. m.* • Sel violet d'un acide (permanganique) et du potassium, utilisé pour désinfecter l'eau.

PERME [pɛʀm(ə)]. *n. f.* V. PERMISSION.

PERMÉABLE [pɛʀmeabl(ə)]. *adj.* • 1° Qui se laisse traverser ou pénétrer par un fluide, par l'eau. || Contr. **Étanche, imperméable.** || *Roches, terrains perméables. — Perméable à qqch. Corps perméable à la lumière.* • 2° Qui reçoit facilement (des impressions, etc.). *Un homme perméable à toutes les influences.* ▼ **PERMÉABILISER.** *v. tr.* (1). Rendre perméable. — Au p. p. *Être perméabilisé à une influence.* ▼ **PERMÉABILITÉ.** *n. f.* Propriété des corps perméables. || Contr. **Imperméabilité.** || *La perméabilité du sol.*

PERMETTRE [pɛʀmɛtʀ(ə)]. *v. tr.* (56) ★ **I.** • 1° Laisser faire (qqch.), ne pas empêcher. V. **Autoriser, tolérer.** || Contr. **Défendre, empêcher, interdire.** || *Si les circonstances le permettent.* — PERMETTRE QUE (suivi du subj.) V. **Admettre, consentir.** *Ma mère ne permet pas que nous sortions.* — PERMETTRE QQCH. À QQN. V. **Accorder, autoriser.** *Son médecin lui permet le tabac.* — (Pass.) *Il se croit tout permis.* — PERMETTRE DE (suivi de l'inf.) : donner le droit, le pouvoir de. *Son patron lui a permis de ne pas venir travailler ce matin.* • 2° *(Suj. chose).* V. **Autoriser.** *Sa santé ne lui permet aucun excès.* — PERMETTRE DE (suivi de l'inf.). *Mes moyens ne me permettent pas d'acheter une voiture.* — Impers. *Autant qu'il est permis d'en juger.* V. **Possible.** • 3° *Permettez ! Vous permettez ?* formules pour contredire qqn, protester ou imposer sa volonté avec une apparence de courtoisie. *Permettez-moi de vous présenter M. X,* acceptez que je vous le présente. ★ **II.** SE PERMETTRE. *v. pron.* • 1° S'accorder (qqch.). *Se permettre quelques petites douceurs.* • 2° SE PERMETTRE DE (et inf.) : prendre la liberté de. V. **Aviser** (s'), **oser.** *Il s'était permis de répliquer.* — (Par politesse) *Puis-je me permettre de vous offrir une cigarette ?*

PERMIS. *n. m.* • 1° Autorisation officielle écrite. *Permis de construire. Permis de chasse.* V. **Licence.** • 2° PERMIS DE CONDUIRE : certificat de capacité, nécessaire pour la conduite des automobiles, motocyclettes... — Épreuve qui donne le permis. *Passer son permis.*

PERMISSION [pɛʀmisjɔ̃]. *n. f.* • 1° Action de permettre ; son résultat. V. **Autorisation.** *Obtenir la permission de faire qqch. Avec votre permission* (formule de politesse), si vous le permettez. *Permission de stationnement.* V. **Permis.** • 2° Congé accordé à un militaire (*abrév. fam.* PERME). ▼ **PERMISSIONNAIRE.** *n. m.* Soldat en permission.

PERMUTER [pɛʀmyte]. *v.* (1) • 1° *V. tr.* Mettre une chose à la place d'une autre (et réciproquement). *Permuter deux mots dans la phrase.* V. **Intervertir.** • 2° *V. intr.* Changer de place réciproquement. *Ces deux officiers veulent permuter.* ▼ **PERMUTABLE.** *adj.* Qui peut être déplacé par rapport à une autre personne ou chose par une permutation. ▼ **PERMUTANT, ANTE.** *n.* Personne qui change d'emploi avec une autre. ▼ **PERMUTATION.** *n. f.* • 1° Changement réciproque de deux choses (ou de plusieurs choses deux à deux). *Permutations de lettres ou de syllabes.* • 2° Échange d'un emploi, d'un poste contre un autre. *Permutation de deux fonctionnaires.*

PERNICIEUX, EUSE [pɛʀnisjø, øz]. *adj.* • 1° *(Choses).* Dangereux pour la santé. *Fièvres pernicieuses.* • 2° *Littér.* Nuisible moralement. V. **Mauvais, nocif.** *Erreur pernicieuse. Doctrines, théories pernicieuses.*

PÉRONÉ [peʀɔne]. *n. m.* • Os long et mince, situé en dehors du tibia avec lequel il forme l'ossature de la jambe. *Fracture du péroné.*

PÉRONNELLE [peʀɔnɛl]. *n. f.* • *Fam.* Jeune femme, jeune fille sotte et bavarde.

PÉRORAISON [peʀɔʀɛzɔ̃]. *n. f.* • Conclusion (d'un discours). || Contr. **Exorde.** || *La péroraison d'un plaidoyer.*

PÉRORER. *v. intr.* (1) • Discourir, parler d'une manière prétentieuse, avec emphase.

PEROXYDE [pɛʀɔksid]. *n. m.* • Combinaison (Cf. Oxyde) renfermant le plus grand nombre d'atomes d'oxygène. *Peroxyde d'hydrogène,* eau oxygénée.

PERPENDICULAIRE [pɛʀpɑ̃dikylɛʀ]. *adj.* • *Perpendiculaire à,* qui fait un angle droit avec (une droite ou un plan). V. **Orthogonal.** *Plans perpendiculaires* (entre eux). — Subst. *Tirer une perpendiculaire.* ▼ **PERPENDICULAIREMENT.** *adv.* À angle droit.

PERPÈTE, PERPETTE (À) [apɛʀpɛt]. *loc. adv.* • *Pop.* À perpétuité, pour toujours. *Je ne vais pas l'attendre jusqu'à perpète.*

PERPÉTRER [pɛʀpetʀe]. *v. tr.* (6) • Faire, exécuter (un acte criminel) [langage du droit]. V. **Commettre, consommer.** *Le crime fut perpétré à minuit.* ▼ **PERPÉTRATION.** n. f. *Littér.* ou *dr.* Accomplissement (d'un crime, d'un forfait).

PERPÉTUEL, ELLE [pɛʀpetɥɛl]. *adj.* • 1° Qui dure toujours, indéfiniment. V. **Éternel.** || Contr. **Éphémère.** || — *Mouvement perpétuel,* qui, une fois déclenché, continuerait éternellement (ce qui est impossible). • 2° Qui dure, doit durer toute la vie. *Une perpétuelle jeunesse. Secrétaire perpétuel,* à vie. • 3° Qui ne s'arrête, ne s'interrompt pas. V. **Incessant.** || Contr. **Passager.** || *C'était une obsession, une angoisse perpétuelle.* • 4° *(Au plur.).* Qui se renouvellent souvent.

V. **Continuel, habituel.** *Des jérémiades perpétuelles.* ▼ **PERPÉTUELLEMENT.** *adv.* • 1° Toujours, sans cesse. • 2° Fréquemment, souvent. *Il arrive perpétuellement en retard.*

PERPÉTUER [pɛʀpetɥe]. *v. tr.* (1) ★ **I.** Faire durer constamment, toujours ou très longtemps. V. **Continuer, éterniser.** *Monument qui perpétue le souvenir d'un grand homme.* V. **Immortaliser.** *Perpétuer une tradition.* ★ **II.** SE PERPÉTUER. *v. pron.* Se continuer. V. **Durer.** *Les espèces se perpétuent.* V. **Reproduire** (se). *Se perpétuer dans son œuvre.* ▼ **PERPÉTUATION.** *n. f.* Littér. *La perpétuation de l'espèce par la reproduction des individus.*

PERPÉTUITÉ. *n. f.* • 1° *Littér.* Durée infinie ou très longue. V. **Pérennité.** • 2° À PERPÉTUITÉ *(loc. adv.)* : pour toujours. *Les travaux forcés à perpétuité. Être condamné à perpétuité.* V. **Perpète.**

PERPLEXE [pɛʀplɛks(ə)]. *adj.* • Qui hésite, ne sait pas comment se comporter dans une situation embarrassante. V. **Inquiet ; hésitant, indécis.** *Cette demande me rend perplexe, m'a laissé perplexe. — Un air perplexe.* ▼ **PERPLEXITÉ.** *n. f.* Embarras, incertitude. *Être dans la plus complète perplexité.*

PERQUISITION [pɛʀkizisjɔ̃]. *n. f.* • Recherche de caractère policier au domicile de qqn. ▼ **PERQUISITIONNER.** *v. intr.* (1). Faire une perquisition. *La police a perquisitionné chez lui.* V. **Fouiller.**

PERRON [pɛʀɔ̃]. *n. m.* • Petit escalier extérieur se terminant par une plate-forme, de plain-pied avec l'entrée principale. *Il nous a accueillis sur le perron.*

1. PERROQUET [pɛʀɔkɛ]. *n. m.* • Oiseau grimpeur au plumage vivement coloré, à gros bec très recourbé, capable d'imiter la parole humaine. *Perroquet d'Afrique. — Répéter comme un perroquet,* sans comprendre.

2. PERROQUET. *n. m.* • Mât gréé sur une hune. Voile carrée supérieure au hunier. *Grand, petit perroquet.*

PERRUCHE [pe(ɛ)ʀyʃ]. *n. f.* • Oiseau grimpeur, de petite taille, au plumage vivement coloré, à longue queue. *Un couple de perruches en cage.* — Femme bavarde.

PERRUQUE [pe(ɛ)ʀyk]. *n. f.* • Coiffure de faux cheveux, chevelure postiche. V. **Moumoute.** *Porter une perruque. Porter perruque* (habituellement). ▼ **PERRUQUIER.** *n. m.* Fabricant de perruques et de postiches.

PERS [pɛʀ]. *adj. m.* • *Littér.* Se dit de diverses couleurs où le bleu domine (surtout en parlant des yeux).

PERSAN, ANE [pɛʀsɑ̃, an]. *adj.* et *n.* • 1° De Perse. V. **Iranien.** — Subst. *Un Persan.* • 2° *Le persan,* langue iranienne principale, notée en caractères arabes.

PERSÉCUTER [pɛʀsekyte]. *v. tr.* (1) • 1° Tourmenter sans relâche par des traitements injustes et cruels. V. **Martyriser, opprimer.** — *Un peuple persécuté.* — N. *Les persécutés et les opprimés.* V. **Victime.** • 2° Poursuivre en importunant. V. **Harceler.** *Des journalistes qui persécutent une vedette.* ▼ **PERSÉCUTEUR, TRICE.** *n.* Personne qui persécute. *Il s'est vengé de ses persécuteurs.*

PERSÉCUTION. *n. f.* • 1° *Une, des persécutions,* traitement injuste et cruel infligé avec acharnement. *Les chrétiens victimes des persécutions.* — Mauvais traitement. *Il se croit victime de persécutions.* • 2° Loc. *Manie, folie de la persécution, délire de la persécution,* de celui qui se croit persécuté.

PERSÉVÉRER [pɛʀsevere]. *v. intr.* (6) • Continuer de faire, d'être ce qu'on a résolu, par un acte de volonté renouvelé. V. **Insister, persister, poursuivre.** || Contr. **Abandonner, renoncer.** || *Persévérer dans l'effort.* V. **Acharner** (s'). ▼ **PERSÉVÉRANCE.** *n. f.* Action de persévérer, qualité, conduite de celui qui persévère. V. **Obstination, opiniâtreté.** *Il travaille avec persévérance.* ▼ **PERSÉVÉRANT, ANTE.** *adj.* Qui persévère ; qui a de la persévérance. *Un homme persévérant.* V. **Obstiné, opiniâtre, patient.** || Contr. **Changeant, versatile.** ||

PERSIENNE [pɛʀsjɛn]. *n. f.* • Châssis extérieur et mobile, muni d'un panneau à claire-voie, qui sert à protéger une fenêtre du soleil et de la pluie. V. **Volet.**

PERSIFLER [pɛʀsifle]. *v. tr.* (1) • *Littér.* Tourner (qqn) en ridicule en employant un ton de plaisanterie ironique. V. **Moquer** (se), **railler.** *Persifler les gens avec mépris.* ▼ **PERSIFLAGE.** *n. m.* V. **Moquerie, raillerie.** *Des persiflages insolents.* ▼ **PERSIFLEUR, EUSE.** *n.* et *adj.* Personne qui a l'habitude de persifler. — *Adj.* (plus cour.) *Un ton persifleur.* V. **Moqueur.**

PERSIL [pɛʀsi]. *n. m.* • Plante potagère très aromatique, utilisée comme assaisonnement. *Un bouquet de persil.* ▼ **PERSILLADE.** *n. f.* Assaisonnement à base de persil haché, d'huile, de vinaigre. ▼ **1. PERSILLÉ, ÉE.** *adj.* Accompagné de persil haché. *Carottes persillées.*

2. PERSILLÉ, ÉE. *adj.* • *Viande persillée,* parsemée d'infiltrations de graisse.

PERSISTER [pɛʀsiste]. *v. intr.* (1) • 1° Demeurer inébranlable (dans ses résolutions, ses sentiments, ses opinions). V. **Obstiner** (s'), **persévérer.** *Je persiste dans mon opinion. Je persiste à croire que tout va s'arranger.* • 2° *(Choses).* Durer, rester malgré tout. V. **Continuer, subsister.** *Sa douleur persiste malgré tous les soins.* ▼ **PERSISTANCE.** *n. f.* • 1° Action de persister. V. **Constance, fermeté.** *C'est ce qu'il affirmait avec persistance.* V. **Entêtement, obstination.** • 2° Caractère de ce qui est durable, de ce qui persiste. *La persistance du mauvais temps.* ▼ **PERSISTANT, ANTE.** *adj.* Qui persiste, continue sans faiblir. V. **Constant, durable.** *Une odeur persistante.* V. **Tenace.** *Neige persistante.* V. **Éternel.** *Feuilles persistantes (opposé à* caduques), qui ne tombent pas en hiver.

PERSONA GRATA [pɛʀsɔnagʀata]. • *(Mots latins).* Représentant d'un État lorsqu'il est agréé par un autre État. — (Dans le sens opposé) PERSONA NON GRATA. *Ce diplomate a été déclaré* persona non grata.

PERSONNAGE [pɛʀsɔnaʒ]. *n. m.* • 1° Personne qui joue un rôle social important et en vue. V. **Personnalité ;** *fam.* **Bonnet** (gros), **manitou, ponte.** *C'est un personnage* *influent. Un personnage connu.* V. **Célébrité.** • 2° Personne qui figure dans une œuvre théâtrale et qui doit être incarnée par un acteur, une actrice. V. **Rôle ; héros, protagoniste.** *L'arlequin est un personnage de la comédie italienne.* — Fam. *Se mettre, entrer dans la peau de son personnage*, l'incarner avec conviction, vérité. • 3° Personne considérée quant à son comportement. *Un drôle de personnage.* — Rôle que l'on joue dans la vie. *Jouer son propre personnage.* • 4° Être humain représenté dans une œuvre d'art. *Les personnages d'un tableau.*

PERSONNALISER [pɛʀsɔnalize]. *v. tr.* (1) • 1° Rendre personnel. *Personnaliser l'impôt.* — *Personnaliser une voiture, un appartement*, leur donner une note personnelle. • 2° Donner la qualité de personne morale à. *Association personnalisée.* ▼ **PERSONNALISATION.** *n. f.* Action de personnaliser.

PERSONNALISME. *n. m.* • Systèmes philosophiques pour lesquels la personne est la valeur suprême. ▼ **PERSONNALISTE.** *adj.* et *n.*

PERSONNALITÉ [pɛʀsɔnalite]. *n. f.* ★ **I.** *La personnalité.* • 1° Ce qui différencie une personne de toutes les autres. *La personnalité de qqn. Affirmer, développer sa personnalité. Avoir une forte personnalité. Un être banal, sans personnalité*, sans caractère, sans originalité. • 2° Ce qui fait l'individualité (d'une personne). *Étude de la personnalité par les tests. Troubles de la personnalité.* • 3° *Personnalité juridique*, aptitude à être sujet de droit. V. **Personne 1** (II). ★ **II.** *Une, (des) personnalité(s)*, personne en vue, remarquable par sa situation sociale, son activité. V. **Notabilité, personnage.**

1. PERSONNE [pɛʀsɔn]. *n. f.* ★ **I.** • **1°** Individu de l'espèce humaine (lorsqu'on ne peut ou ne veut préciser ni l'apparence, ni l'âge, ni le sexe). V. **Être.** *Une personne.* V. **Quelqu'un ; on.** *Des personnes.* V. **Gens.** *Distribuer une part, une portion par personne.* V. **Tête.** *Une personne de connaissance. Une personne âgée.* — Femme ou jeune fille. *Il vit avec une jolie personne.* • 2° GRANDE PERSONNE : adulte. • 3° *La personne de qqn*, la personnalité, le moi. *Faire grand cas de sa personne. La personne et l'œuvre d'un écrivain.* • 4° Le corps, l'apparence extérieure. *Il est bien de sa personne.* — *Exposer sa personne*, sa vie. • 5° EN PERSONNE : soi-même, lui-même. *Le ministre en personne.* — *C'est vraiment le calme en personne*, le calme incarné, personnifié. • 6° Individu qui a une conscience claire de lui-même et qui agit en conséquence. V. **Moi, sujet.** *La personne humaine.* ★ **II.** Être auquel est reconnue la capacité d'être sujet de droit. *Personne civile.* — PERSONNE MORALE : groupement ou établissement possédant la personnalité morale (*opposé à* personne physique : individu).

2. PERSONNE. *n. f.* • Indication du rôle que tient celui qui est en cause dans l'énoncé, suivant qu'il parle en son nom (*première personne :* je, nous), qu'on s'adresse à lui (*deuxième personne :* tu, vous) ou qu'on parle de lui (*troisième personne :* il, elle, ils, elles). *Roman écrit à la première personne.*

3. PERSONNE. *pron. indéf.* [nominal]. • 1° Quelqu'un (dans une subordonnée dépendant d'une principale négative). *Il n'est pas question que personne sorte.* — (En phrase comparative) *Vous le savez mieux que personne.* V. **Quiconque.** • 2° Avec *Ne.* Aucun être humain. *Personne ne le sait.* V. **Nul.** *Il n'y avait personne.* — (Sans *ne*) *Qui m'appelle ? Personne.* — *Personne de* (suivi d'un adj. ou participe au masc.). *Personne d'autre que lui. Je ne trouve personne de sérieux.*

1. PERSONNEL, ELLE [pɛʀsɔnɛl]. *adj.* • 1° Qui concerne une personne, lui appartient en propre. V. **Individuel, particulier.** || Contr. **Commun, général.** || *L'intérêt personnel de chacun. Fortune personnelle.* • 2° Qui s'adresse à qqn en particulier. *Lettre personnelle.* • 3° Qui concerne les personnes, la personne en général. *Impôt personnel. Morale personnelle.* • 4° Qui constitue une personne. *Dieu personnel.* ▼ **PERSONNELLEMENT.** adv. *Je vais m'en occuper personnellement*, moi-même. *Personnellement, je ne suis pas d'accord.*

2. PERSONNEL, ELLE. *adj.* • 1° Se dit des formes du verbe, lorsqu'elles caractérisent une personne réelle. || Contr. **Impersonnel.** || Il chante *est personnel, et* il neige *est impersonnel.* • 2° Qui prend l'indication de la personne grammaticale. *Modes personnels du verbe.* • 3° *Pronom personnel*, qui désigne un être en marquant la personne grammaticale.

3. PERSONNEL. *n. m.* • Ensemble des personnes employées (dans une maison, une entreprise, un service). *Le personnel d'une usine.* V. **Main-d'œuvre.** *Chef, directeur du personnel.*

PERSONNIFIER [pɛʀsɔnifje]. *v. tr.* (7) • 1° Évoquer, représenter (une chose abstraite ou inanimée) sous les traits d'une personne. *Harpagon personnifie l'avarice.* • 2° Réaliser dans sa personne (un caractère), d'une manière exemplaire. — Au p. p. *C'est l'honnêteté personnifiée.* ▼ **PERSONNIFICATION.** *n. f.* • 1° Action de personnifier, de représenter sous les traits d'un personnage ; ce personnage. • 2° (Personne réelle). *Néron fut la personnification de la cruauté.* V. **Incarnation, type.**

PERSPECTIVE [pɛʀspɛktiv]. *n. f.* ★ **I.** *(Concret).* • 1° Art de représenter les objets sur une surface plane, de telle sorte que leur représentation coïncide avec la perception visuelle qu'on peut en avoir dans l'espace, compte tenu de leur position par rapport à l'observateur. *Les lois de la perspective.* • 2° Aspect esthétique que présente un ensemble, un paysage vu à distance. *Une belle perspective.* ★ **II.** *(Abstrait).* • 1° Événement ou succession d'événements qui se présente comme probable ou possible. V. **Expectative ; éventualité.** *La perspective de partir en voyage l'enchantait. Des perspectives d'avenir.* • 2° EN PERSPECTIVE : dans l'avenir ; en projet. *Il a un bel avenir en perspective.* • 3° Aspect sous lequel une chose se présente ; manière de considérer qqch. V. **Optique, point de vue.** *Dans une perspective marxiste.*

PERSPICACE [pɛʀspikas]. *adj.* ● Doué d'un esprit pénétrant, subtil. V. **Intelligent ; clairvoyant.** *C'est un observateur lucide et perspicace.* ▼ **PERSPICACITÉ.** *n. f.*

PERSUADER [pɛʀsɥade]. *v. tr.* (1) ● 1° *Persuader qqn de qqch.*, amener (qqn) à croire, à penser, à vouloir, à faire qqch. par une adhésion complète. V. **Convaincre.** || Contr. **Dissuader.** || *Il m'a persuadé de sa sincérité. Il faut le persuader de venir.* V. **Décider, déterminer.** *Il a fini par persuader beaucoup de gens qu'il était compétent.* — Au p. p. *J'en suis persuadé.* ● 2° SE PERSUADER. *v. pron.* Se rendre certain de. *Elle s'est persuadé* (ou *persuadée*) *que son devoir était de se sacrifier.* ▼ **PERSUASIF, IVE.** *adj.* Qui a le pouvoir de persuader. *Ton persuasif.* V. **Éloquent.** *Vous êtes si persuasif que je finis par vous croire.* V. **Convaincant.** ▼ **PERSUASION** [pɛʀsɥazjɔ̃]. *n. f.* Action de persuader ; fait d'être persuadé. || Contr. **Dissuasion.** || *Cet orateur a un grand pouvoir de persuasion.*

PERTE [pɛʀt(ə)]. *n. f.* ★ **I.** ● 1° Le fait de perdre (une personne), d'être séparé par l'éloignement ou par la mort. *La perte d'un enfant. La perte cruelle qu'il vient d'éprouver.* — Pluriel. *Infliger des pertes sévères à l'ennemi.* ● 2° Le fait d'être privé (d'une chose dont on avait la propriété ou la jouissance), de subir un dommage. *Faire subir une perte à qqn. Perte d'argent.* — Excédent des dépenses sur les recettes. V. **Déficit.** — Loc. *Passer une chose aux profits et pertes*, la considérer comme perdue. — *Perte sèche*, qui n'est compensée par aucun bénéfice. ● 3° Le fait d'égarer, de perdre (qqch.). *La perte d'un parapluie.* ● 4° À PERTE DE VUE : si loin que la vue ne peut plus distinguer les objets. ● 5° Le fait de gaspiller ; ce qui est perdu, gaspillé. V. **Gaspillage.** *Une perte de forces et de temps.* — EN PURE PERTE : inutilement, sans aucun profit. ● 6° Quantité (d'énergie, chaleur) qui se dissipe inutilement. V. **Déperdition.** *Perte de vitesse.* ★ **II.** Le fait de perdre, d'être vaincu. *La perte d'une bataille.* ★ **III.** Le fait de périr, de se perdre. V. **Ruine.** *Courir à sa perte, jurer la perte de qqn.*

PERTINENT, ENTE [pɛʀtinɑ̃, ɑ̃t]. *adj.* ● 1° Qui convient exactement à l'objet dont il s'agit, qui dénote du bon sens. *Une remarque pertinente.* V. **Judicieux ; approprié.** *Une étude pertinente.* ● 2° *(En sciences).* Qui est propre à rendre compte de la structure d'un élément, ou d'un ensemble. *Oppositions pertinentes.* ▼ **PERTINEMMENT.** adv. *Savoir pertinemment qqch.*, en être informé exactement. ▼ **PERTINENCE.** *n. f.* ● 1° Caractère de ce qui est pertinent. *L'avocat avait parlé avec pertinence.* ● 2° Caractère d'un élément pertinent.

PERTUISANE [pɛʀtɥizan]. *n. f.* ● Ancienne arme munie d'un long fer triangulaire. V. **Hallebarde, lance.**

PERTURBER [pɛʀtyʀbe]. *v. tr.* (1) Empêcher de fonctionner normalement. V. **Déranger.** *Grève qui perturbe les transports.* — *Au p. p.* Fam. *Il avait l'air tout perturbé*, troublé. ▼ **PERTURBATEUR, TRICE.** *n.* et *adj.* Personne qui trouble, met en désordre. *Expulser les perturbateurs.* — Adj. *Éléments perturbateurs.* ▼ **PERTURBATION.** *n. f.* ● 1° Irrégularité dans le fonctionnement d'un système. — *Perturbation atmosphérique*, mouvement violent de l'atmosphère. ● 2° Bouleversement (dans la vie sociale). V. **Crise.**

PERVENCHE [pɛʀvɑ̃ʃ]. *n. f.* et *adj.* ● Plante à fleurs d'un bleu-mauve, qui croît dans les lieux ombragés. — Adj. *Bleu pervenche.*

PERVERS, ERSE [pɛʀvɛʀ, ɛʀs(ə)]. *adj.* et *n.* ● 1° *Littér.* Qui se plaît à faire le mal ou à l'encourager. *Une âme perverse.* ● 2° Qui témoigne de perversité ou de perversion. *Il a des tendances perverses. Il est un peu pervers.* ● 3° *N.* Personne qui accomplit systématiquement des actes immoraux, antisociaux. V. **Perversion** (2°). ▼ **PERVERSITÉ.** *n. f.* ● 1° Goût pour le mal, recherche du mal. *Perversité des mœurs.* V. **Corruption, dépravation.** ● 2° Tendance pathologique à accomplir des actes immoraux, agressifs ; malveillance systématique.

PERVERSION. *n. f.* ● 1° *Littér.* Action de pervertir ; changement en mal. V. **Dépravation.** *La perversion des mœurs.* V. **Corruption, dérèglement.** ● 2° Déviation des tendances, des instincts, due à des troubles psychiques. V. **Anomalie.** *Perversions sexuelles.*

PERVERTIR [pɛʀvɛʀtiʀ]. *v. tr.* (2) ● 1° Faire changer en mal, rendre mauvais. V. **Corrompre.** *Pervertir qqn.* V. **Débaucher, dépraver, dévoyer.** — Au p. p. *La jeunesse pervertie.* ● 2° Modifier en dérangeant ou en détournant (de sa fin, de son sens). V. **Altérer, dénaturer.** — Au p. p. *Des institutions perverties.* — Pronom. SE PERVERTIR. ▼ **PERVERTISSEMENT.** n. m. *Littér.* Perversion. *Le pervertissement de la jeunesse après une guerre.*

PESAGE. *n. m.* ● 1° Détermination, mesure des poids. V. **Pesée.** *Appareils de pesage.* V. **Bascule ; balance.** ● 2° Action de peser les jockeys avant une course. — Endroit où s'effectue le pesage.

PESANT, ANTE. *adj.* ● 1° Qui pèse lourd. || Contr. **Léger.** || *Un fardeau pesant.* ● 2° Qui est soumis à la pesanteur. *Les corps pesants.* ● 3° *(Abstrait).* Pénible à supporter. V. **Lourd.** *Dormir d'un sommeil pesant. Un chagrin pesant.* ● 4° Qui donne une impression de lourdeur. *Une architecture pesante. Une marche pesante.* ● 5° Qui manque de vivacité. *Un esprit pesant.* || Contr. **Agile, vif.** || ▼ **PESAMMENT.** *adv.* Lourdement. *Retomber pesamment.*

PESANTEUR [pəzɑ̃tœʀ]. *n. f.* ● 1° Caractère de ce qui a un poids; application de la force d'attraction de la Terre à un corps. *Pesanteur de l'air.* — Absolt. LA PESANTEUR : force qui entraîne les corps vers le centre de la Terre. V. **Attraction, gravitation, gravité.** ● 2° Caractère de ce qui paraît lourd, pesant. *Il a la pesanteur d'un bœuf.* || Contr. **Légèreté.** — Manque de vivacité. *Pesanteur d'esprit.*

PÈSE-BÉBÉ [pɛzbebe]. *n. m.* ● Balance dont l'un des plateaux est disposé de manière qu'on puisse y placer un jeune enfant. *Des pèse-bébés.*

PESÉE. *n. f.* • 1° Quantité pesée en une fois. • 2° Opération par laquelle on détermine le poids de qqch. *Effectuer une pesée à l'aide d'une balance.*

PÈSE-LETTRE [pɛzlɛtʀ(ə)]. *n. m.* • Balance à lettres. *Des pèse-lettres.*

PESER [pəze]. *v.* (5) ★ **I.** *V. tr.* • 1° Déterminer le poids de (qqch.), en le comparant à un poids connu. *Peser un objet avec une balance. Peser dans sa main.* V. **Soupeser.** — Pronom. *Il se pèse tous les matins.* • 2° Apprécier, examiner avec attention. V. **Considérer, estimer.** *Peser le pour et le contre.* V. **Comparer.** — Au p. p. *Tout bien pesé,* après mûre réflexion. ★ **II.** V. intr. *(Concret).* • 1° Avoir tel ou tel poids. V. **Faire.** *Peser peu* (léger), *beaucoup* (lourd, pesant). *Les cent kilos qu'il a pesé autrefois.* • 2° PESER SUR, CONTRE. V. **Appuyer.** — *Aliment indigeste, qui pèse sur l'estomac.* ★ **III.** *V. intr.* (Abstrait). • 1° PESER À : être pénible, difficile à supporter. V. **Ennuyer, fatiguer, importuner.** *Ses enfants lui pèsent.* • 2° PESER SUR : constituer une charge pénible. V. **Accabler.** *Le remords qui pèse sur la conscience.* • 3° Avoir de l'importance. *C'est cet élément qui pèse le plus dans notre décision.*

PESETA [pez(s)eta]. *n. f.* • Unité monétaire espagnole. *Des pesetas.*

PESO [pez(s)o]. *n. m.* • Unité monétaire de plusieurs pays d'Amérique latine.

PESSIMISME [pesimism(ə)]. *n. m.* • Disposition d'esprit qui porte à prendre les choses du mauvais côté, à être persuadé qu'elles tourneront mal. || Contr. **Optimisme.** || ▼ **PESSIMISTE.** *adj.* et *n.* Qui est porté à être mécontent du présent et inquiet pour l'avenir. V. **Défaitiste.** || Contr. **Optimiste.** || *Ses malheurs l'ont rendue pessimiste. Une vue pessimiste du monde.* — N. m. *Un pessimiste invétéré.*

PESTE [pɛst(ə)]. *n. f.* • 1° Très grave maladie infectieuse, épidémique et contagieuse. *Être atteint de la peste.* V. **Pestiféré.** *La peste de Londres.* • 2° Loc. fam. *Fuir, craindre qqch. ou qqn comme la peste.* • 3° *Vx.* Interjection marquant l'étonnement. *Peste ! Ça c'est un homme !* • 4° Femme, fillette insupportable, méchante. V. **Gale.** *Quelle petite peste !*

PESTER [pɛste]. *v. intr.* (1) • Manifester son mécontentement, sa colère, par des paroles. V. **Fulminer, jurer, maugréer.** *Pester contre le mauvais temps.*

PESTIFÉRÉ, ÉE. *adj.* et *n.* • Infecté ou atteint de la peste. — N. *Les pestiférés.*

PESTILENCE [pɛstilɑ̃s]. *n. f.* • Odeur infecte, miasme putride. V. **Infection, puanteur.** *Pestilence qui se dégage d'un tas d'ordures.* ▼ **PESTILENTIEL, ELLE.** *adj.*

PET [pɛ]. *n. m.* • *Vulg.* Gaz intestinal qui s'échappe de l'anus avec bruit. V. **Vent.** *Lâcher un pet.* V. **Péter.** — Loc. fam. *Ça ne vaut pas un pet, un pet de lapin,* cela n'a aucune valeur. — *Filer comme un pet,* rapidement.

PÉTALE [petal]. *n. m.* • Chacune des parties colorées qui composent la corolle d'une fleur. *Rose qui perd ses pétales.*

PÉTANQUE [petɑ̃k]. *n. f.* • Variante provençale du jeu de boules.

PÉTANT, ANTE [petɑ̃, ɑ̃t]. *adj.* • *Pop.* (Après *heure*). Exact. *À neuf heures pétantes.* V. **Sonnant.**

PÉTARADE [petaʀad]. *n. f.* • Suite de détonations. *Les pétarades d'une motocyclette.* ▼ **PÉTARADER.** *v. intr.* (1). Faire entendre une pétarade. *Le camion démarre en pétaradant.* ▼ **PÉTARADANT, ANTE.** adj. *Des motos pétaradantes.*

PÉTARD [petaʀ]. *n. m.* • 1° Charge d'explosif placée dans une enveloppe. *Des enfants qui font claquer des pétards.* • 2° *Fam.* Bruit, tapage. *Qu'est-ce qu'ils font comme pétard ! Il va y avoir du pétard !* de la bagarre. *Être en pétard,* en colère. • 3° *Fam.* Revolver. *Il sortit son pétard.* • 4° *Pop.* Derrière. V. **Cul.**

PÉTAUDIÈRE [petodjɛʀ]. *n. f.* • Assemblée où, faute de discipline, règnent la confusion et le désordre. *Cette réunion est une vraie pétaudière.*

PET-DE-NONNE [pɛdnɔn]. *n. m.* • Beignet soufflé fait avec de la pâte à choux.

PÉTER [pete]. *v.* (6) • 1° V. intr. *Vulg.* Faire un pet, lâcher des vents. — Loc. *Péter plus haut que son derrière,* être prétentieux. • 2° V. tr. *Fam.* (mais sans vulgarité). *Péter du feu, des flammes,* déborder d'entrain, de vitalité. *Ça va péter des flammes,* ça va barder. • 3° *Fam.* Éclater avec bruit. V. **Exploser.** *Des obus pétaient dans tous les coins.* — Se rompre brusquement, se casser. *Tous les boutons de ma veste ont pété.* — *L'affaire va vous péter dans la main,* échouer, rater.

PÈTESEC ou **PÈTE-SEC** [pɛtsɛk]. *n.* et *adj. invar.* • *Fam.* Personne autoritaire au ton hargneux et cassant. *Une institutrice pète-sec.*

PÉTEUX, EUSE. *n.* • *Fam.* Peureux.

PÉTILLER [petije]. *v. intr.* (1) • 1° Éclater avec de petits bruits secs et répétés. V. **Crépiter.** • 2° Produire de nombreuses bulles en bruissant (liquide). *Le champagne pétille dans les coupes.* • 3° *Littér.* Briller d'un éclat très vif. *La joie pétille dans ses yeux.* — (Abstrait) *Il pétille d'esprit,* il a un esprit plein de vivacité et d'agrément. ▼ **PÉTILLANT, ANTE.** *adj.* • 1° *Une eau de source pétillante.* • 2° *Avoir le regard pétillant de malice. Un esprit pétillant.* ▼ **PÉTILLEMENT.** *n. m.*

PÉTIOLE [pesjɔl]. *n. m.* • Partie rétrécie de certaines feuilles vers la tige. V. **Queue.**

PETIOT, OTE [pətjo, ɔt]. *adj.* et *n.* • *Fam.* Petit, tout petit. — *N.* Petit enfant.

PETIT, ITE [p(ə)ti, it]. *adj., n.* et *adv.* ★ **I.** Adj. (*Dans l'ordre physique :* quantité mesurable). • 1° *(Êtres vivants).* Dont la hauteur, la taille est inférieure à la moyenne. || Contr. **Grand.** || *Un homme très petit.* V. **Minuscule.** *Rendre plus petit.* V. **Rapetisser.** — Loc. *Se faire tout petit,* éviter de se faire remarquer. — Qui n'a pas encore atteint toute sa taille. V. **Jeune.** *Quand vous étiez petit. Petit frère, petite sœur,* frère, sœur plus jeune. • 2° Dont les dimensions (longueur, surface, volume) sont inférieures à la moyenne. *Une petite maison. On a fait* *un petit tour.* — Subst. *L'infiniment petit.* — (Désignant, avant le nom, une catégorie particulière de la chose) *Petits pois.* • 3° Dont la grandeur, l'importance, l'intensité est faible. V. **Faible, infime.** *Je vous demande une petite minute. Petites sommes.* V. **Maigre.** *Les petites et moyennes entreprises.* • 4° (Qualifiant ce qu'on trouve aimable, charmant, attendrissant). Fam. *Comment va cette petite santé ? Un petit coup de rouge. Des petits plats.* — (Condescendant ; méprisant ou exprimant la familiarité) *Qu'est-ce qu'elle veut la petite dame ?* — (Affectueux, après un possessif) *Ma petite maman.* — Loc. fam. *Son petit ami, sa petite amie,* son amant, sa maîtresse. ★ **II.** *N.* • 1° Enfant ou être humain jeune. *Le petit, ce petit. Les tout-petits.* V. **Bébé.** *La cour des petits et celle des grands. Hé, petit ! va porter ça à ta mère.* • 2° Jeune animal. *La chatte a fait ses petits.* — Loc. fam. *Son argent a fait des petits,* a rapporté. • 3° Enfant (d'une personne). *Les petites Durand,* les filles Durand. ★ **III.** Adj. (*Dans l'ordre qualitatif :* non mesurable). • 1° De peu d'importance. V. **Minime.** *Des petits inconvénients. Encore un petit effort ! — Le petit nom.* V. **Prénom.** • 2° *(Personnes).* Qui a une condition, une situation peu importante. *Les petites gens. Les petits commerçants.* — Subst. *C'est toujours le petit qui trinque.* • 3° Qui a peu de valeur (quant au mérite, aux qualités intellectuelles ou morales). *Les petits poètes.* V. **Mineur.** • 4° *Petits soins.* V. **Soin.** ★ **IV.** *Adv.* • 1° Petit à petit [ptitapti] : peu à peu. V. **Progressivement.** *Petit à petit il aménageait sa maison.* • 2° En petit : d'une manière analogue, mais sans grandeur. *Il voit tout en petit. Je voudrais le même modèle, mais en petit.* V. **Réduit.** ▼ **PETITEMENT.** *adv.* • 1° *Être logé petitement,* à l'étroit. • 2° *Fig.* Chichement. *Il vivait petitement de son salaire.* • 3° *Se venger petitement,* mesquinement.

PETIT-BEURRE [p(ə)tibœʀ]. *n. m.* • Gâteau sec de forme rectangulaire fait au beurre.

PETIT-BOURGEOIS, PETITE-BOURGEOISE [p(ə)tibuʀʒwa, p(ə)titbuʀʒwaz]. *n.* et *adj.* • Personne qui appartient à la partie la moins aisée de la bourgeoisie et qui en possède les défauts traditionnels. — *Adj.* (Péj.) *Des réactions petites-bourgeoises.*

PETITE-FILLE. *n. f.* V. Petit-fils.

PETITESSE [p(ə)titɛs]. *n. f.* • 1° Caractère de ce qui est de petite dimension. || Contr. **Grandeur, hauteur.** || *La petitesse de ses mains. La petitesse de ses revenus.* V. **Modicité.** • 2° Caractère mesquin, sans grandeur. *Petitesse d'esprit.* V. **Étroitesse, mesquinerie.** • 3° *Une petitesse,* trait, action dénotant un esprit mesquin. *Les petitesses d'un grand homme.*

PETIT-FILS [p(ə)tifis], **PETITE-FILLE** [p(ə)titfij]. *n.* • Fils, fille d'un fils ou d'une fille par rapport à un grand-père ou à une grand-mère.

PETIT FOUR [p(ə)tifuʀ]. *n. m.* • Petit gâteau très délicat fait par le pâtissier. *Offrir des petits fours avec le thé.*

PETIT-GRIS [p(ə)tigʀi]. *n. m.* • 1° Fourrure d'un écureuil de Russie d'un gris ardoise. *Un manteau en petit-gris.* • 2° Variété d'escargot à petite coquille brunâtre. *Des petits-gris.*

1. PÉTITION [petisjɔ̃]. *n. f.* • Écrit adressé aux pouvoirs publics pour exprimer son opinion, formuler une demande. *Faire signer une pétition pour la paix.* ▼ **PÉTITIONNAIRE.** *n.* Personne qui fait, signe une pétition.

2. PÉTITION DE PRINCIPE. *n. f.* • Faute logique par laquelle on tient pour admise la proposition qu'il s'agit de démontrer.

PETIT-LAIT. V. Lait; Babeurre.

PETIT-NÈGRE. V. Nègre.

PETIT-NEVEU [p(ə)tinvø], **PETITE-NIÈCE** [p(ə)titnjɛs]. *n.* • Fils, fille d'un neveu ou d'une nièce par rapport à un grand-oncle ou à une grand-tante.

PETITS-ENFANTS [p(ə)tizɑ̃fɑ̃]. *n. m. pl.* • Les enfants d'un fils ou d'une fille. *Les grands-parents et leurs petits-enfants.*

PETITS POIS. *n. m. pl.* V. Pois.

PETIT-SUISSE [p(ə)tisɥis]. *n. m.* • Fromage frais à la crème, en forme de petit cylindre. *Des petits-suisses.*

PÉTOCHE [petɔʃ]. *n. f.* • *Pop.* Peur. *Avoir la pétoche.* ▼ **PÉTOCHARD, ARDE.** adj. et n. *Pop.* Peureux.

PÉTOIRE [petwaʀ]. *n. f.* • *Fam.* Mauvais fusil.

PETON [pətɔ̃]. *n. m.* • *Fam.* Petit pied. *L'enfant joue avec ses petons.*

PÉTONCLE [petɔ̃kl(ə)]. *n. m.* • Coquillage comestible à coquille presque circulaire, brune et striée.

PÉTREL [petʀɛl]. *n. m.* • Oiseau palmipède très vorace, qui vit en haute mer.

PÉTRIFIER [petʀifje]. *v. tr.* (7) • 1° Changer en pierre. Rendre minérale (une structure organique). *La silice pétrifie le bois. — Fossile pétrifié.* • 2° Recouvrir d'une couche de pierre. *Les eaux calcaires pétrifient les corps.* • 3° *(Abstrait).* Immobiliser (qqn) par une émotion violente. V. **Glacer, méduser.** *Cette nouvelle la pétrifia. Être pétrifié de terreur.* • 4° Se pétrifier. *v. pron.* Devenir minéral. ▼ **PÉTRIFIANT, ANTE.** *adj.* Qui a la faculté de pétrifier (en parlant des eaux). *Une fontaine pétrifiante.* ▼ **PÉTRIFICATION.** *n. f.* • 1° Formation d'une couche pierreuse sur des corps séjournant dans l'eau calcaire. • 2° *Une pétrification,* corps, objet entouré d'une couche pierreuse.

PÉTRIN [petʀɛ̃]. *n. m.* • 1° Coffre, dispositif dans lequel on pétrit le pain. *Pétrin mécanique.* • 2° *Fam.* Situation embarrassante d'où il semble impossible de sortir. *Se fourrer dans le pétrin. Quel pétrin !*

PÉTRIR [petʀiʀ]. *v. tr.* (2) • 1° Presser, remuer fortement et en tous sens (une pâte consistante). *Boulanger qui pétrit la pâte.* — *Pétrir de l'argile.* V. **Façonner, modeler.** • 2° Palper fortement en tous sens. *Il pétrissait son chapeau entre ses doigts. Le masseur lui pétrit les mollets.* • 3° *(Abstrait).* Donner une forme à, façonner. *Nous avons été pétris par notre éducation.* • 4° (*Passif* et *p. p.*) Être pétri de : formé, fait avec. *Être pétri d'orgueil,* très orgueilleux. *Il est pétri* *de bonne volonté.* ▼ **PÉTRISSAGE.** n. m. *Pétrissage à main, mécanique.*

PÉTRO-. • Élément savant signifiant « pierre ».

PÉTROCHIMIE [petʀɔʃimi] ou (mieux) **PÉTROLOCHIMIE** [petʀɔlɔʃimi]. *n. f.* • Branche de la chimie industrielle qui étudie les dérivés du pétrole.

PÉTROGRAPHIE [petʀɔgʀafi]. *n. f.* • Science qui décrit les roches. V. **Minéralogie.** ▼ **PÉTROGRAPHIQUE.** *adj.*

PÉTROLE [petʀɔl]. *n. m.* • **1°** Huile minérale naturelle (bitume liquide) accumulée en gisements et utilisée comme source d'énergie, notamment sous forme d'essence. *Gisements de pétrole du Moyen-Orient. Puits de pétrole. Pétrole brut.* V. **Naphte.** • **2°** Une des fractions de la distillation du pétrole. *Poêle à pétrole.* • **3°** Appos. *Bleu pétrole,* nuance où entrent du bleu, du gris et du vert. ▼ **PÉTROLIER, IÈRE.** *n. m.* et *adj.* ★ **I.** *N. m.* • **1°** Navire-citerne conçu pour le transport en vrac du pétrole. *Un pétrolier géant.* • **2°** Industriel, financier des sociétés pétrolières. ★ **II.** *Adj.* • **1°** Relatif au pétrole. *Industrie pétrolière.* • **2°** *(Personnes).* Spécialisé dans la prospection pétrolière. *Géologue pétrolier.* ▼ **PÉTROLIFÈRE.** *adj.* Qui contient naturellement, fournit du pétrole. ▼ **PÉTROLOCHIMIE.** *n. f.* V. **Pétrochimie.**

PÉTROLETTE. *n. f.* • *Fam.* Petite moto, vélomoteur.

PÉTULANT, ANTE [petylɑ̃, ɑ̃t]. *adj.* • Qui manifeste une ardeur exubérante. V. **Fougueux, impétueux, turbulent, vif.** *Une bande de petits garçons pétulants. — Une joie pétulante.* ▼ **PÉTULANCE.** n. f. *La pétulance des jeunes gens.* V. **Fougue, turbulence.**

PÉTUNIA [petynja]. *n. m.* • Plante ornementale des jardins, à fleurs violettes, roses, blanches.

PEU [pø]. *adv.* ★ **I.** *(En fonction de nom ou de nominal).* Faible quantité. • **1°** Précédé d'un déterminatif. LE PEU *que, de... Le peu que je sais, je le dois à mon père. Son peu de fortune.* • **2°** UN PEU DE. V. **Brin, grain, miette.** *Un peu de sel. Un tout petit peu de vin.* V. **Goutte** (une). — *Loc. adv.* POUR UN PEU (avec un verbe au condit.) : il aurait suffi de peu de chose pour que. *Pour un peu il se serait mis en colère.* • **3°** (Employé seul, sans complément). *Ce n'est pas peu dire,* c'est dire beaucoup, sans exagération. *Éviter de peu.* V. **Justesse** (de). *À peu près.* V. **Près.** Fam. *Très peu pour moi,* formule de refus. — (Attribut) *C'est peu, trop peu.* — PEU À PEU : en progressant par petites quantités, par petites étapes. V. **Doucement, progressivement.** *Peu à peu le feu gagnait les étages.* • **4°** PEU DE... (suivi d'un complément). *En peu de temps. Cela a peu d'importance.* PEU DE CHOSE : une petite chose, qqch. d'insignifiant. V. **Bagatelle.** *À peu de chose près,* presque. — (Compl. au plur.) *Il dit beaucoup en peu de mots.* • **5°** *Ellipt.* Peu de temps. *Dans peu, sous peu, avant peu.* V. **Bientôt.** *Depuis peu, d'ici peu.* — Un petit nombre (des choses ou des gens dont il est question). *Bien peu pourraient travailler comme il le fait. Je ne vais pas me décourager pour si peu !* ★ **II.** *Adv.* • **1°** *(Avec un verbe).* En petite quantité, dans une faible mesure seulement. V. **Modérément, peine** (à). ‖ Contr. **Beaucoup, fort.** ‖ *Lampe qui éclaire peu.* V. **Mal.** *Peu importe. (Avec un adj.)* Pas très. *Ils sont peu nombreux. Il n'était pas peu fier,* il était très fier. (Avec un adv.) *Peu souvent.* — SI PEU QUE (et subj.). *Si peu que ce soit,* en quelque petite quantité que ce soit. — TANT SOIT PEU. Subst. *Tu me parais un tant soit peu susceptible. — Loc. conj.* POUR PEU QUE (avec le subj.) : si peu que ce soit. *Pour peu qu'on le contrarie, il devient agressif.* • **2°** UN PEU : dans une mesure faible, mais non négligeable. *Elle fume un peu.* UN PETIT PEU : un peu. *Il va un petit peu mieux.* — QUELQUE PEU *(littér.)* : assez. *Il se sentait quelque peu malade.* — Pour atténuer un ordre ou souligner une remarque. *Je vous demande un peu ! Sors donc un peu que je te corrige !* — *(Poli* ou *iron.)* Bien trop. *C'est un peu fort ! Un peu beaucoup,* vraiment beaucoup trop. — (Pour accentuer une affirmation) *Tu ferais ça ? — Un peu !* ▼ **PEU OU PROU.** *loc. adv.* V. **Prou.**

PEUCHÈRE ! [pøʃɛʀ]. *interj.* • Exclamation méridionale exprimant une commisération affectueuse ou ironique.

PEUH ! [pø]. *interj.* • Interjection exprimant le mépris, le dédain ou l'indifférence. *Peuh ! Ça m'est égal.*

PEUPLADE. *n. f.* • Groupement humain de faible ou de moyenne importance, dans une société primitive. V. **Horde, tribu.** *Une peuplade d'Amazonie.*

PEUPLE [pœpl(ə)]. *n. m.* ★ **I.** Ensemble d'hommes vivant en société, habitant un territoire défini et ayant en commun un certain nombre de coutumes, d'institutions. V. **Nation, pays, population, société.** *Le droit des peuples à disposer d'eux-mêmes. Le peuple français. — Le peuple élu,* le peuple juif. ★ **II.** • **1°** LE PEUPLE, UN PEUPLE : l'ensemble des personnes soumises aux mêmes lois et qui forment une communauté. *Relatif au peuple.* V. **Populaire.** *Gouvernement du peuple.* V. **Démocratie.** *Le peuple* (la nation) *en armes.* • **2°** LE PEUPLE : le plus grand nombre (opposé aux classes supérieures, dirigeantes ou aux éléments les plus cultivés de la société). V. **Masse, multitude ;** *péj.* **populace, populo.** *Le peuple et la bourgeoisie.* V. **Prolétariat.** *Homme, femme, gens du peuple.* • **3°** *Adj. invar.* Populaire. *Elle est jolie, mais elle fait peuple.* ★ **III.** • **1°** Foule, multitude de personnes assemblées. *Place encombrée de peuple.* — Fam. *Il y a du peuple,* du monde. • **2°** Loc. fam. *Se ficher, se foutre du peuple,* du monde, des gens. • **3°** Littér. *Un peuple de...,* un grand nombre de... *S'entourer de tout un peuple d'admirateurs.*

PEUPLER [pœple]. *v. tr.* (1) ★ **I.** Pourvoir (un pays, une contrée) d'une population. ‖ Contr. **Dépeupler.** ‖ *Peupler une région de colons. — Peupler un pays de gibier.* ★ **II.** • **1°** Habiter, occuper (une contrée, un pays). *Les hommes qui peuplent la terre.* • **2°** Habiter ou occuper (un lieu). *Les étudiants qui peuplent les universités.* — Littér. *Ces visions qui peuplaient ses nuits.* V. **Hanter.** • 3° SE PEUPLER. *v. pron.* Se remplir d'habitants. ▼ **PEUPLÉ, ÉE.** *adj.* Où il y a une population, des habitants. V. **Habité, populeux, surpeuplé.** || Contr. **Dépeuplé.** || ▼ **PEUPLEMENT.** *n. m.* • 1° Action de peupler. *Le peuplement des terres vierges.* — (Animaux) *Peuplement d'un étang.* • 2° État d'un territoire peuplé. *Évolution du peuplement.* || Contr. **Dépeuplement.** ||

PEUPLIER [pøplije]. *n. m.* • 1° Arbre élancé, de haute taille, à petites feuilles. *Peupliers blancs. Route bordée de peupliers. Peuplier tremble.* V. **Tremble.** • 2° Bois de peuplier (bois blanc). ▼ **PEUPLERAIE** [pøplərɛ]. *n. f.* Plantation de peupliers.

PEUR [pœʀ]. *n. f.* • 1° LA PEUR : émotion qui accompagne la prise de conscience d'un danger, d'une menace. V. **Crainte, effroi, épouvante, frayeur, terreur.** *Inspirer de la peur. Être transi, vert, mort de peur,* à cause de la peur. — Loc. *Avoir plus de peur que de mal.* — LA PEUR DE... (suivi du nom de la personne ou de l'animal qui éprouve la peur). *La peur du gibier devant le chasseur. Il cherche à cacher sa peur.* — (Suivi du nom de l'être ou de l'objet qui inspire la peur, ou d'un verbe) *La peur de la mort.* V. **Hantise.** *La peur de mourir.* • 2° UNE PEUR : l'émotion de peur qui saisit qqn dans une occasion précise. *Une peur bleue, intense.* Fam. *J'ai eu ; il m'a fait une de ces peurs !* (j'ai eu peur de lui ou pour lui). • 3° *Loc.* (Sans article). *Prendre peur.* — AVOIR PEUR. V. **Craindre.** *N'ayez pas peur, n'aie pas peur,* formule pour rassurer. — *Avoir peur de qqch.* V. **Redouter.** *N'avoir peur de rien.* — *Avoir très peur.* — (Sens atténué) *N'ayez pas peur d'insister sur ce point.* — FAIRE PEUR : donner de la peur. *Être laid à faire peur,* horrible. *Faire plus de peur que de mal,* être effrayant, mais inoffensif. *Faire peur à qqn.* V. **Intimider.** *Tout lui fait peur.* — PAR PEUR *de,* DE PEUR *de. Ils se cachaient de (ou par) peur du scandale.* — DE, PAR PEUR *que... Il fermait les yeux de peur que l'illusion ne cesse.*

PEUREUX, EUSE [pœʀø, øz]. *adj.* • 1° Qui a facilement peur. V. **Couard, craintif, lâche, poltron, pusillanime,** et aussi *pop.* **Dégonflé, froussard, trouillard.** || Contr. **Brave, courageux.** || *Un enfant peureux.* — Subst. *C'est un peureux.* • 2° Qui est sous l'empire de la peur. *Il alla se cacher dans un coin, tout peureux.* ▼ **PEUREUSEMENT.** *adv.*

PEUT-ÊTRE [pøtɛtʀ(ə)]. *adv.* • 1° Adverbe indiquant que l'idée exprimée par la proposition ou une partie de la proposition est une simple possibilité. || Contr. **Sûrement.** || *Ils ne viendront peut-être pas. Je vais peut-être partir. Vous partez peut-être ?* — *Peut-être bien,* marquant une possibilité. *Il a dit ça ? Peut-être ; peut-être bien. Peut-être..., mais...* V. **Doute** (sans). *Qui sait ? Peut-être aurons-nous la chance de réussir.* • 2° PEUT-ÊTRE QUE. *Peut-être bien que oui, peut-être bien que non. Peut-être que je ne pourrai pas venir.*

PÈZE [pɛz]. *n. m.* • *Arg.* Argent. V. **Fric.** *Je n'ai pas d'pèze.*

PFF(T) [pf(t)] ; **PFUT...** [pfyt]. *onomat.* • Interjection exprimant l'indifférence, le mépris. *Pfft... ! il en est bien incapable.*

pH [peaʃ]. *n. m.* • Indice exprimant l'activité ou la concentration de l'ion hydrogène dans une solution. *Le pH sanguin.*

-PHAGE, -PHAGIE, -PHAGIQUE, PHAG(O)-. • Éléments savants signifiant « manger ». V. **-Vore.** (*Ex. :* aérophagie, anthropophage.)

PHAGOCYTE [fagɔsit]. *n. m.* • Cellule possédant la propriété d'englober et de détruire les microbes en les digérant. ▼ **PHAGOCYTER.** *v. tr.* (1) • 1° Détruire par phagocytose. • 2° Absorber et détruire. ▼ **PHAGOCYTOSE.** *n. f.* Processus de défense cellulaire, fonction destructrice des phagocytes.

1. PHALANGE [falɑ̃ʒ]. *n. f.* • 1° Formation de combat dans l'armée grecque. — *Littér.* Armée, corps de troupes. • 2° *Littér.* Groupe dont les membres sont étroitement unis.

2. PHALANGE. *n. f.* • 1° Chacun des os longs qui soutiennent les doigts et les orteils. • 2° Partie d'un doigt soutenue par une phalange. *La seconde phalange de l'index.*

PHALANSTÈRE [falɑ̃stɛʀ]. *n. m.* • Groupe qui vit en communauté. ▼ **PHALANSTÉRIEN, IENNE.** *adj.*

PHALÈNE [falɛn]. *n. f.* ou *m.* • Grand papillon nocturne ou crépusculaire.

PHALLUS [fa(l)lys]. *n. m.* • 1° Membre viril (V. **Pénis**); son image symbolique. • 2° Variété de champignons. ▼ **PHALLIQUE.** *adj.* Du phallus (1°).

PHANÉROGAME [faneʀɔgam]. *adj.* et *n. f. pl.* • Se dit des plantes qui ont des fleurs apparentes. — *N. f. pl.* LES PHANÉROGAMES.

PHANTASME. V. FANTASME.

PHARAMINEUX. V. FARAMINEUX.

PHARAON [faʀaɔ̃]. *n. m.* • Ancien souverain égyptien. *Momies des pharaons.*

PHARE [faʀ]. *n. m.* • 1° Haute tour élevée sur une côte ou un îlot, munie à son sommet d'un feu qui guide les navires. *Phare tournant. Gardien de phare.* • 2° Projecteur placé à l'avant d'un véhicule, d'une voiture automobile. *Appels de phares,* pour signaler. — Position où le phare éclaire le plus (*opposé à* code).

PHARISIEN, IENNE [faʀizjɛ̃, jɛn]. *n.* • Personne qui croit incarner la perfection et la vérité, du moment qu'elle observe strictement un dogme, des rites, et qui juge sévèrement autrui. ▼ **PHARISAÏSME** [faʀizaism(ə)]. *n. m.* Ostentation de la dévotion, de la piété, de la vertu. V. **Hypocrisie.** ▼ **PHARISAÏQUE.** adj. *Orgueil pharisaïque.*

PHARMACEUTIQUE. *adj.* • Relatif à la pharmacie. *Produit pharmaceutique. Formules pharmaceutiques.*

PHARMACIE [faʀmasi]. *n. f.* • 1° Science des remèdes et des médicaments, art de les préparer et de les contrôler. *Préparateur en pharmacie.* • 2° Local où l'on vend les médicaments, des produits, objets et instruments destinés aux soins du corps. *Médicament vendu en pharmacie.* • 3° Assorti ment de produits pharmaceutiques usuels. *Pharmacie portative.* • 4° Armoire où l'on range ces produits. ▼ **PHARMACIEN, ENNE.** *n.* Personne qui exerce la pharmacie, tient une pharmacie.

PHARMACO-. • Élément de mots savants, signifiant « remède ».

PHARMACOLOGIE [farmakɔlɔʒi]. *n. f.* • Étude des médicaments, de leur action (propriétés thérapeutiques, etc.) et de leur emploi. ▼ **PHARMACOLOGIQUE.** *adj.* ▼ **PHARMACOPÉE.** *n. f.* Liste de médicaments.

PHARYNX [farɛ̃ks]. *n. m.* • Cavité où aboutissent les conduits digestifs et respiratoires. ▼ **PHARYNGÉ, ÉE.** *adj.* Du pharynx. *Affections pharyngées.* ▼ **PHARYNGIEN, IENNE.** *adj.* Du pharynx. *Nerfs pharyngiens.* ▼ **PHARYNGITE.** *n. f.* Inflammation, angine du pharynx. ▼ **PHARYNGO-.** Élément de mots de médecine, signifiant « pharynx ».

PHASE [fɑz]. *n. f.* • 1° Chacun des états successifs (d'une chose en évolution). V. **Période.** *Les phases d'une maladie.* V. **Stade.** *Il énuméra les différentes phases de l'opération.* • 2° Chacun des aspects que présentent la Lune et les planètes à un observateur terrestre, selon leur éclairement par le Soleil. *Les phases de la Lune.* • 3° Constante angulaire caractéristique d'un mouvement périodique. • 4° Dans un système chimique, Chacune des différentes parties homogènes, mais distinctes, qui sont limitées par des surfaces de séparation. *La glace, l'eau liquide, et la vapeur d'eau sont trois phases distinctes d'un même composé chimique, l'eau.*

1. PHÉNIX [feniks]. *n. m.* • 1° Oiseau unique de son espèce, qui, selon la mythologie, vivait plusieurs siècles et, brûlé, renaissait de ses cendres. • 2° Personne unique en son genre, supérieure par ses dons. *Ce n'est pas un phénix !*

2. PHÉNIX ou **PHŒNIX** [feniks]. *n. m.* • Palmier ornemental cultivé dans le midi de la France.

PHÉNOL [fenɔl]. *n. m.* • 1° Solide cristallisé blanc, soluble dans l'eau, corrosif et toxique, à odeur forte. *Le phénol est un antiseptique.* • 2° *Phénols,* série de composés organiques analogues au phénol. ▼ **PHÉNIQUÉ, ÉE.** *adj.* Qui contient du phénol. *Eau phéniquée.*

PHÉNOMÉNAL, ALE, AUX [fenɔmenal, o]. *adj.* • 1° En philosophie, De la nature du phénomène (1°). • 2° Qui sort de l'ordinaire. V. **Étonnant, surprenant.** *Un acrobate phénoménal.*

PHÉNOMÈNE [fenɔmɛn]. *n. m.* • 1° Tout ce qui se manifeste à la conscience, par l'intermédiaire des sens *(phénomènes extérieurs, physiques, sensibles)* ou non *(phénomènes psychologiques, affectifs).* V. **Fait.** *Phénomènes économiques, sociaux, moraux.* • 2° Fait, événement anormal ou surprenant. • 3° *Fam.* Individu, personne bizarre. V. **Excentrique, original.** *Quel phénomène tu fais !*

PHÉNOMÉNOLOGIE [fenɔmenɔlɔʒi]. *n. f.* • Philosophie qui procède par la description des choses elles-mêmes (phénomènes), en dehors de toute construction conceptuelle portant sur les essences. ▼ **PHÉNOMÉNOLOGIQUE.** *adj.* ▼ **PHÉNOMÉNOLOGUE.** *n.*

PHIL-, PHILO-. • Éléments savants signifiant « ami », ou « aimer ». V. *aussi* **-Phile.**

PHILANTHROPE [filɑ̃trɔp]. *n.* • 1° Personne qui aime tous les hommes. || Contr. **Misanthrope.** || • 2° Personne qui a une conduite désintéressée. *Je suis un commerçant, je ne suis pas un philanthrope !* ▼ **PHILANTHROPIE.** *n. f.* • 1° Amour de l'humanité. • 2° Désintéressement. ▼ **PHILANTHROPIQUE.** *adj.*

PHILATÉLIE [filateli]. *n. f.* • Connaissance des timbres-poste ; art de les collectionner. ▼ **PHILATÉLIQUE.** adj. *Journal philatélique.* ▼ **PHILATÉLISTE.** *n.* Collectionneur de timbres-poste.

-PHILE, -PHILIE. • Éléments savants signifiant « ami ». (*Ex. :* anglophile, xénophile ; bibliophile.) || Contr. **-Phobe, -phobie.** ||

PHILHARMONIQUE [filarmɔnik]. *adj.* • Se dit de sociétés d'amateurs de musique, d'orchestres. *Orchestre philharmonique.*

PHILISTIN [filistɛ̃]. *n.* et *adj. m.* • Personne de goût vulgaire, fermée aux arts et aux lettres, aux nouveautés. V. **Béotien.** — Adj. m. *Il est un peu philistin.*

PHILO [filo]. *n. f.* • *Fam.* Philosophie.

PHILOLOGIE [filɔlɔʒi]. *n. f.* • Étude historique d'une langue par l'analyse critique des textes. V. *aussi* **Linguistique.** ▼ **PHILOLOGIQUE.** *adj.* ▼ **PHILOLOGUE.** *n.* Spécialiste de l'étude historique (grammaticale, linguistique, etc.) des textes.

PHILOSOPHALE [filɔzɔfal]. *adj. f.* • *Pierre philosophale,* substance recherchée par les alchimistes, et qui devait posséder des propriétés merveilleuses (transmuer les métaux en or, etc.).

PHILOSOPHE [filɔzɔf]. *n.* et *adj.* ★ **I.** *N.* • 1° Personne qui élabore une doctrine philosophique. V. **Penseur.** • 2° Au XVIIIe siècle, Personne qui, par le culte de la raison, cherchait à répandre le libre examen. • 3° Personne qui pratique la sagesse. V. **Sage.** *Il vit en philosophe.* — Personne détachée et optimiste. ★ **II.** *Adj.* Qui montre de la sagesse, du détachement et un certain optimisme. *Pourquoi se lamenter ? Il faut être un peu plus philosophe que cela !*

PHILOSOPHER. *v. intr.* (1) • Penser, raisonner (sur des problèmes philosophiques, abstraits).

PHILOSOPHIE [filɔzɔfi]. *n. f.* ★ **I.** La philosophie. • 1° Ensemble des études, des recherches visant à saisir les causes premières, la réalité absolue, les fondements des valeurs humaines (V. **Esthétique, éthique, logique, métaphysique, morale, ontologie**). • 2° Classe terminale des lycées où est enseignée la philosophie (abrév. *philo*). ★ **II.** Une philosophie. • 1° Se dit d'un ensemble de conceptions (ou d'attitudes) philosophiques. V. **Doctrine, système, théorie ;** *ex.* marxisme, matérialisme, existentialisme, phénoménologie, etc. • 2° Ensemble des conceptions philosophiques communes à un groupe social. *La philosophie orientale.* V. **Pensée.** • 3° Conception générale, vision du monde et de la vie. *La philosophie de Hugo.* V. **Idée (s).** • 4° *Absolt.* Élévation d'esprit, détachement. V. **Sagesse.** *Supporter les revers de fortune avec philosophie.* V. **Résignation.** ▼ **PHILOSOPHIQUE.** *adj.* • 1° Relatif à la philosophie. *Doctrine philosophique.* Qui touche à des problèmes de philosophie. *Roman philosophique.* • 2° Qui dénote de la sagesse, de la résignation. *Un mépris philosophique de l'argent.* ▼ **PHILOSOPHIQUEMENT.** *adv.* • 1° D'une manière philosophique, en philosophe. • 2° En philosophe (3°). *Accepter philosophiquement son sort.*

PHILTRE [filtʀ(ə)]. *n. m.* • Breuvage magique destiné à inspirer l'amour (ne pas confondre avec *filtre*). *Le philtre de Tristan et Iseut.* V. **Charme.**

PHLÉB(O)-. • Élément savant signifiant « veine ». ▼ **PHLÉBITE** [flebit]. *n. f.* Inflammation d'une veine.

PHLEGMON [flɛgmɔ̃]. *n. m.* • Inflammation du tissu conjonctif qui sépare les organes. V. **Abcès, anthrax, furoncle, tumeur.** *Phlegmon des doigts.* V. **Panaris.**

-PHOBE, -PHOBIE. • Éléments savants signifiant « qui déteste ; crainte, haine » (*ex. :* anglophobe, xénophobe, xénophobie). || Contr. **-Phile, -philie.** ||

PHOBIE [fɔbi]. *n. f.* • 1° Peur morbide, angoisse de certains objets, actes, situations ou idées (agoraphobie, claustrophobie, etc.). *Obsessions et phobies.* • 2° Peur ou aversion instinctive. V. **Haine, horreur.** *Il a la phobie des réunions familiales.* ▼ **PHOBIQUE.** *adj.* et *n.* En médecine, Relatif à la phobie. — N. *Les phobiques et les obsédés.*

PHON-, PHONO-, -PHONE, -PHONIE. • Éléments savants signifiant « voix, son » (*ex. :* aphone, cacophonie, radiophonie, saxophone).

PHONATION [fɔnasjɔ̃]. *n. f.* • Production des sons de la voix. V. **Parole.** ▼ **PHONATEUR, TRICE** ou **PHONATOIRE.** *adj.* Qui concourt à la phonation. *L'appareil phonateur, phonatoire.*

PHONÈME [fɔnɛm]. *n. m.* • Élément sonore du langage articulé, considéré comme une unité distinctive. *Le phonème /ʃ/ de chat.*

PHONÉTIQUE [fɔnetik]. *adj.* et *n. f.* • 1° *Adj.* Qui a rapport aux sons du langage. *Alphabet phonétique international. Transcription phonétique.* • 2° *N. f.* Partie de la linguistique qui étudie les sons de la parole. *Phonétique descriptive. — Phonétique fonctionnelle.* V. **Phonologie.** ▼ **PHONÉTICIEN, IENNE.** *n.* Linguiste spécialisé dans la phonétique. ▼ **PHONÉTIQUEMENT.** adv. *Texte transcrit phonétiquement.*

PHONOGRAPHE [fɔnɔgʀaf] ou **PHONO.** *n. m.* • Appareil acoustique qui reproduit les sons (remplacé par les appareils électriques : électrophones, etc.).

PHONOLOGIE [fɔnɔlɔʒi]. *n. f.* • Science qui étudie les phonèmes quant à leur fonction dans la langue. ▼ **PHONOLOGIQUE.** *adj.*

PHOQUE [fɔk]. *n. m.* • Mammifère amphibie, aux membres antérieurs courts et palmés, au cou très court, au pelage ras. — Loc. *Souffler comme un phoque,* respirer avec effort, avec bruit. — Fourrure de phoque ou d'otarie. *Manteau de phoque.*

-PHORE. • Élément de mots savants, signifiant « porter ».

PHOSPHATE [fɔsfat]. *n. m.* • 1° Sel résultant de l'action d'un des acides phosphoriques avec une base. • 2° Phosphate de calcium (engrais). ▼ **PHOSPHATÉ, ÉE.** *adj.* Qui contient du phosphate de calcium. *Engrais phosphaté.* ▼ **PHOSPHATER.** *v. tr.* (1). Fertiliser avec du phosphate de calcium.

PHOSPHORE [fɔsfɔʀ]. *n. m.* • Élément chimique dont on connaît six isotopes radioactifs et qui existe sous plusieurs formes : *phosphore blanc* (solide, très facilement inflammable, luminescent et très toxique), *phosphore rouge* (non toxique). *Bombes au phosphore.* ▼ **PHOSPHORÉ, ÉE.** *adj.* Qui contient du phosphore, qui est enduit de phosphore. ▼ **PHOSPHORIQUE.** *adj.* Qui contient du phosphore. *Acide phosphorique.*

PHOSPHORESCENCE [fɔsfɔʀesɑ̃s]. *n. f.* • 1° Luminescence du phosphore. • 2° Propriété qu'ont certains corps d'émettre des radiations lumineuses sous l'excitation de radiations (visibles ou non). ▼ **PHOSPHORESCENT, ENTE.** *adj.* Doué de phosphorescence. V. **Fluorescent, luminescent.** *Mer phosphorescente. Lueur phosphorescente.*

-PHOTE, 1. PHOTO-. • Éléments savants signifiant « lumière » (ex. : *Photochimie,* n. f. ; *phototropisme,* n. m.).

PHOTO. *n. f.* V. PHOTOGRAPHIE.

2. PHOTO-. • Élément signifiant « photographie » (ex. : *Photogénique*).

PHOTOCOPIE [fɔtɔkɔpi]. *n. f.* • Reproduction photographique d'un document. V. **Copie, microfilm.** ▼ **PHOTOCOPIER.** v. tr. (7). *Faire photocopier un diplôme.*

PHOTO-ÉLECTRIQUE [fɔtɔelɛktʀik]. *adj.* • 1° *Effet photo-électrique,* phénomène d'émission d'électrons sous l'influence de la lumière visible, des rayons X ou des rayons γ. • 2° *Cellule photo-électrique,* instrument utilisant l'effet photo-électrique pour mesurer, sous forme de courant, l'intensité lumineuse qu'il reçoit. V. **Œil** (électrique).

PHOTOGÉNIQUE [fɔtɔʒenik]. *adj.* • Qui produit, au cinéma, en photographie, un effet supérieur à l'effet produit au naturel. *Un visage photogénique.*

PHOTOGRAPHE. *n.* • 1° Personne qui prend des photographies. *Le reporter photographe d'un journal.* • 2° Professionnel, commerçant qui se charge du développement, du tirage des clichés (et généralement de la vente d'appareils, d'accessoires). *Studio de photographe.*

PHOTOGRAPHIE [fɔtɔgʀafi] ou **PHOTO** [fɔto]. *n. f.* • 1° Procédé, technique permettant d'obtenir l'image durable des objets, par l'action de la lumière sur une surface sensible. • 2° (Surtout PHOTO). La technique, l'art de prendre des images photographiques.

Aimer la photo, faire de la photo. Appareil de photo. • 3° UNE PHOTO : image obtenue par le procédé de la photographie (le cliché positif). V. **Épreuve ; diapositive.** *Faire, prendre une photo. Photo d'identité.* — EN PHOTO. *Prendre en photo,* photographier. *Il est mieux en photo qu'au naturel* (V. **Photogénique**). ▼ **PHOTOGRAPHIER.** *v. tr.* (7). Obtenir l'image de (qqn, qqch.) par la photographie. *Se faire photographier.* ▼ **PHOTOGRAPHIQUE.** *adj.* Relatif à la photographie ; obtenu par la photographie. *Technique photographique. Épreuve photographique.* — Aussi exact que la photographie. *Un tableau d'un réalisme photographique.* ▼ **PHOTOGRAPHIQUEMENT.** *adv.*

PHOTOGRAVURE [fɔtɔgʀavyʀ]. *n. f.* • Procédé de gravure en relief ; cliché métallique, gravure obtenu(e) par ce procédé. ▼ **PHOTOGRAVEUR.** *n. m.*

PHOTOMÉTRIE. *n. f.* • Mesure de l'intensité des rayonnements.

PHOTON [fɔtɔ̃]. *n. m.* • Corpuscule, quantum d'énergie dont le flux constitue le rayonnement électromagnétique, la lumière.

PHOTOPHORE [fɔtɔfɔʀ]. *n. m.* • Lampe munie d'un réflecteur. *Mineur portant un photophore à son casque.*

PHOTOSYNTHÈSE [fɔtɔsɛ̃tɛz]. *n. f.* • Synthèse des hydrates de carbone par les végétaux à chlorophylle sous l'effet de la lumière.

PHRASE [fʀɑz]. *n. f.* • **1°** Tout assemblage d'éléments linguistiques capables de représenter pour l'auditeur l'énoncé complet d'une idée. *La phrase peut consister en un terme unique ou prédicat* (*ex. :* viens !), *mais contient habituellement un second terme qui est le sujet de l'énoncé* (*ex. :* tu viens). *Ordre et construction de la phrase.* V. **Syntaxe.** *Dire, prononcer une phrase. Échanger quelques phrases.* V. **Propos.** • **2°** Plur. *Faire des phrases,* avoir recours à des façons de parler recherchées ou prétentieuses. — *Sans phrases,* sans commentaire, sans détour. • **3°** Succession ordonnée de périodes musicales. *Phrase mélodique.*

PHRASÉOLOGIE [fʀazeɔlɔʒi]. *n. f.* • **1°** Système d'expressions (terminologie et particularités syntactiques) propre à un usage, un milieu, une époque. V. **Style.** *La phraséologie administrative.* • **2°** *Littér.* Emploi de phrases, de grands mots vides de sens. V. **Bavardage.** *Il est dupe de leur phraséologie révolutionnaire.*

PHRASER [fʀɑze]. *v. tr.* (1) • Délimiter ou ponctuer par l'exécution (les périodes successives d'une partition musicale). *Pianiste qui phrase un passage.* ▼ **PHRASÉ.** *n. m.* Manière de phraser, en musique.

PHRASEUR, EUSE. *n.* • Faiseur de phrases, de vains discours. V. **Bavard.** — Adj. *Il est un peu phraseur.*

PHRYGIEN, ENNE [fʀiʒjɛ̃, ɛn]. *adj.* • *Bonnet phrygien* (porté par les révolutionnaires de 1789) et par Marianne (personnification de la République française).

PHTISIE [ftizi]. *n. f.* • **1°** *Vx.* Tuberculose pulmonaire. • **2°** *Phtisie galopante,* forme rapide de la phtisie ulcéreuse. ▼ **PHTISIQUE.** adj. et n. *Vx.* Tuberculeux. ▼ **PHTISIOLOGUE.** *n. m.* Médecin spécialiste de la tuberculose pulmonaire.

PHYLL-, PHYLLO- ; -PHYLLE. • Éléments savants signifiant « feuille » (*ex. :* chlorophylle).

PHYLLOXÉRA [filɔkseʀa]. *n. m.* • Puceron parasite des racines de la vigne. — Maladie de la vigne due à cet insecte.

PHYSICIEN, IENNE [fizisjɛ̃, jɛn]. *n.* • Savant qui s'occupe de physique. *Les physiciens et les chimistes. Physiciens de l'atome.*

PHYSICO-CHIMIQUE. *adj.* • À la fois physique et chimique. *Les phénomènes biologiques et leurs conditions physico-chimiques.*

PHYSIO-. • Élément savant signifiant « nature ».

PHYSIOLOGIE [fizjɔlɔʒi]. *n. f.* • Science qui étudie les fonctions et les propriétés des organes et des tissus des êtres vivants ; ces fonctions. *Physiologie végétale, animale, humaine.* ▼ **PHYSIOLOGISTE.** *n.* et *adj.* Savant qui fait des recherches de physiologie. — Adj. *L'expérimentateur physiologiste.* ▼ **PHYSIOLOGIQUE.** *adj.* • **1°** Relatif à la physiologie. • **2°** (*Opposé à* psychique). *L'état physiologique du malade.* V. **Physique, somatique.** ▼ **PHYSIOLOGIQUEMENT.** *adv.* D'une manière, d'un point de vue physiologique.

PHYSIONOMIE [fizjɔnɔmi]. *n. f.* • **1°** Ensemble des traits, aspect du visage (surtout d'après leur expression). V. **Face, faciès, physique.** *Sa physionomie s'anima. Jeux de physionomie,* mimique. • **2°** Aspect particulier (d'une chose, d'un objet). V. **Apparence.** *La physionomie de ce pays a changé.* ▼ **PHYSIONOMISTE.** *adj.* Qui est capable de reconnaître au premier coup d'œil une personne déjà rencontrée. *Vous ne le reconnaissez pas ? Vous n'êtes pas physionomiste.*

1. PHYSIQUE [fizik]. *adj.* et *n. m.* ★ **I.** *Adj.* • **1°** Qui se rapporte à la nature. V. **Matériel.** *Le monde physique.* || Contr. **Abstrait, mental.** || *Géographie physique* (*opposé à* humain). • **2°** Qui concerne le corps humain. || Contr. **Moral, psychologique; psychique.** || *Éducation, culture physique,* gymnastique, sport. *État physique,* de santé. *Troubles physiques* (V. **Organique, physiologique**). *Souffrance physique.* — *Dégoût, horreur physique,* que la volonté ne contrôle pas. • **3°** Charnel, sexuel. *Amour physique.* • **4°** Qui se rapporte à la nature, à l'exclusion des êtres vivants. *Sciences physiques,* la physique et la chimie. • **5°** Qui concerne la physique (2). *Propriétés physiques et chimiques d'un corps.* ★ **II.** *N. m.* • **1°** Ce qui est physique dans l'homme. — AU PHYSIQUE : en ce qui concerne le physique, le corps. *Il est brutal, au physique comme au moral.* • **2°** Aspect général (de qqn). V. **Physionomie.** *Il, elle a un physique agréable.* — Loc. *Avoir le physique de l'emploi,* un physique adapté à la situation, au rôle social. ▼ **PHYSIQUEMENT.** *adv.* • **1°** D'une manière physique, d'un point de vue physique. *Une souffrance physiquement supportable.* • **2°** En ce qui concerne l'aspect physique d'une personne. *Il est plutôt bien physiquement.* || Contr. **Moralement.** ||

2. PHYSIQUE [fizik]. *n. f.* • 1° Science qui étudie les propriétés générales de la matière et établit des lois qui rendent compte des phénomènes matériels (*distinguée de* la physiologie, *des* sciences naturelles). *Physique expérimentale. Physique atomique, nucléaire*, science qui étudie la constitution intime de la matière, l'atome, le noyau. *Parties de la physique :* acoustique, électricité, électronique, magnétisme, mécanique, optique, thermodynamique, etc. • 2° Étude physique d'un problème. *Physique du globe* (géophysique), *des astres* (astrophysique), *de la vie* (biophysique).

-PHYTE, PHYTO-. • Éléments savants signifiant « plante » (*ex. :* zoophytes).

PI [pi]. *n. m.* • Symbole (π) qui représente le rapport constant de la circonférence d'un cercle à son diamètre (nombre incommensurable, irrationnel [3,1415926...]).

PIAF [pjaf]. *n. m.* • *Pop.* Moineau.

PIAFFER [pjafe]. *v. intr.* (1) • 1° Se dit d'un cheval qui, sans avancer, frappe la terre des pieds de devant. • 2° Frapper du pied, piétiner. *Piaffer d'impatience.* V. **Trépigner.** ▼ **PIAFFANT, ANTE.** adj. *Ils sont piaffants d'impatience.* ▼ **PIAFFEMENT.** *n. m.* Mouvement, bruit du cheval qui piaffe.

PIAILLER [pjaje]. *v. intr.* (1) • 1° Fam. *(Oiseaux).* Pousser de petits cris aigus. • 2° *(Personnes).* Fam. *Enfant, marmot qui piaille.* V. **Crier, piauler, pleurer.** ▼ **PIAILLEMENT.** *n. m.* • 1° Action, fait de piailler. • 2° Cri poussé en piaillant. *Les piaillements d'une bande d'enfants.* ▼ **PIAILLEUR, EUSE.** *n.* et *adj.* Fam. *Quel piailleur !* — Adj. *Des mioches piailleurs.*

PIANISSIMO [pjanisimo]. *adv.* • Très doucement (en jouant de la musique). V. **Piano 2.** || Contr. **Fortissimo.** || — Subst. *Un pianissimo.*

PIANISTE [pjanist(ə)]. *n.* • Personne qui joue du piano avec talent. *Un, une pianiste* (professionnel). *Elle est très bonne pianiste.*

1. PIANO [pjano]. *n. m.* • Instrument de musique à clavier, dont les cordes sont frappées par des marteaux (différent du clavecin). *Des pianos. Touches, pédales d'un piano.* — *Piano droit*, à table d'harmonie verticale. *Piano à queue*, à table d'harmonie horizontale. *Accorder un piano. Jouer du piano.* — *Piano mécanique*, dont les marteaux sont actionnés par un mécanisme (bande perforée, etc.).

2. PIANO [pjano]. *adv.* • 1° Doucement (en musique). *Ce passage doit être joué* piano. || Contr. **Forte.** || — Subst. *Un* piano *suivi d'un* forte. • 2° *Fam. Allez-y* piano!

PIANOTER [pjanɔte]. *v. intr.* (1) • 1° Jouer du piano maladroitement, sans talent. • 2° Tapoter sur qqch. avec les doigts. *Pianoter sur une table.* ▼ **PIANOTAGE.** *n. m.*

PIASTRE [pjastʀ(ə)]. *n. f.* • Monnaie (actuelle ou ancienne) de divers pays. *La piastre indochinoise.*

PIAULE [pjol]. *n. f.* • *Pop.* Chambre, logement. *Rentrer dans sa piaule.*

PIAULER [pjole]. *v. intr.* (1) • 1° Crier (petits oiseaux). • 2° Fam. *Enfant qui piaule.* V. **Piailler.** ▼ **PIAULEMENT.** *n. m.* Piaillement.

1. PIC [pik]. *n. m.* • Pivert.

2. PIC. *n. m.* • Instrument composé d'un fer pointu et d'un manche, pour creuser le roc, casser des cailloux, etc. (V. **Pioche**).

3. PIC. *n. m.* • Montagne dont le sommet dessine une pointe aiguë ; cette cime. *Les pics enneigés des Alpes.*

4. PIC (À) [apik]. *loc. adv.* • 1° Verticalement. *Rochers qui s'élèvent à pic au-dessus de la mer.* — Adj. *Montagne à pic.* V. **Escarpé.** — *Un bateau qui coule à pic*, droit au fond de l'eau. • 2° *Loc. fam.* À point nommé, à propos. *Vous arrivez à pic. Ça tombe à pic.*

PICADOR [pikadɔʀ]. *n. m.* • Cavalier qui, dans les courses de taureaux, fatigue l'animal avec une pique. *Des picadors.*

PICAILLONS [pikajɔ̃]. *n. m. pl.* • *Pop.* Argent. *Aboulez les picaillons.* V. **Pépètes.**

PICARESQUE [pikaʀɛsk(ə)]. *adj.* • *Roman picaresque*, qui met en scène des « picaros » ou aventuriers espagnols.

PICCOLO ou **PICOLO** [pikɔlo]. *n. m.* • Petite flûte en ré.

PICHENETTE [piʃnɛt]. *n. f.* • Chiquenaude, petit coup donné avec un doigt.

PICHET [piʃɛ]. *n. m.* • Petit broc à grosse panse (récipient pour la boisson). *Boire un pichet de vin.*

PICKLES [pikœls]. *n. m. pl.* • Petits légumes, fruits et graines aromatiques macérés dans du vinaigre, servis comme condiment. *Bocal de pickles.*

PICKPOCKET [pikpɔkɛt]. *n. m.* • Voleur à la tire.

PICK-UP [pikœp]. *n. m. invar.* • Électrophone ; tourne-disques. *Mettre un disque sur le pick-up.*

PICOLER [pikɔle]. *v. intr.* (1) • *Pop.* Boire (du vin, de l'alcool) avec excès. *Il s'est mis à picoler.* ▼ **PICOLEUR, EUSE.** *adj.* et *n.*

PICOLO. V. PICCOLO.

PICORER [pikɔʀe]. *v.* (1) • 1° *V. intr.* Chercher sa nourriture avec le bec (oiseaux). *Les poules qui picorent sur le fumier.* • 2° *(Personnes).* Manger très peu, sans appétit. V. **Pignocher.** • 3° *V. tr.* Piquer, prendre de-ci de-là avec le bec. V. **Becqueter.** *Des poussins qui picorent des miettes de pain.*

PICOTER [pikɔte]. *v. tr.* (1) • 1° Piquer légèrement et à petits coups répétés. — (Oiseaux) V. **Becqueter, picorer.** • 2° Irriter comme par de légères piqûres répétées. *Fumée qui picote les yeux.* ▼ **PICOTEMENT.** *n. m.* Sensation de légères piqûres répétées. *Éprouver des picotements dans la gorge.*

PICOTIN [pikɔtɛ̃]. *n. m.* • Portion de nourriture (surtout avoine) donnée à un cheval.

1. PICRATE [pikʀat]. *n. m.* • *Fam.* Vin rouge de mauvaise qualité. *Il buvait ses deux litres de picrate.*

PICRIQUE [pikʀik]. *adj. m.* • *Acide picrique* (ou trinitrophénol), dérivé nitré du phénol, solide cristallisé jaune, toxique et détonant quand il est chauffé brusquement. ▼ **2. PICRATE.** *n. m.* Sel de l'acide picrique.

PICTURAL, ALE, AUX [piktyʀal, o]. *adj.* • Qui a rapport ou appartient à la peinture. *Art pictural. Œuvre picturale.*

1. PIE [pi]. *n. f.* • Oiseau à plumage noir et blanc, ou bleu et blanc, à longue queue. *La pie jacasse, jase.* — Loc. fam. *Femme bavarde comme une pie. C'est une vraie pie,* une bavarde. V. **Perruche.** — V. *aussi* **Pie-grièche.**

2. PIE. *adj. invar.* • *Cheval, jument pie,* à robe noire et blanche, ou fauve et blanche.

3. PIE. *adj. f.* • Loc. *Œuvre pie.* V. **Pieux.**

1. PIÈCE [pjɛs]. *n. f.* ★ **I.** • **1°** (Seulement dans quelques emplois). Chaque objet, chaque élément ou unité (d'un ensemble). *Marchandises vendues en gros ou à la pièce. Travail aux pièces,* rémunéré selon le nombre des pièces exécutées par l'ouvrier. — *Les pièces d'une collection. C'est une pièce de musée,* un objet de grande valeur. — *Un costume trois-pièces* (veston, pantalon, gilet). V. *aussi* **Deux-pièces.** • **2°** Quantité déterminée (d'une substance formant un tout). *Une pièce de soie.* • **3°** Loc. *Une pièce de bétail.* V. **Tête.** ★ **II.** *(Emplois spéciaux).* • **1°** PIÈCE DE TERRE : espace de terre cultivable. V. **Champ.** — PIÈCE D'EAU : grand bassin ou petit étang. • **2°** *Pièce de vin.* V. **Barrique, tonneau.** • **3°** PIÈCE MONTÉE : grand ouvrage de pâtisserie et de confiserie, aux formes architecturales. • **4°** PIÈCE (D'ARTILLERIE). V. **Canon.** ★ **III.** Écrit servant à établir un droit, à faire la preuve d'un fait. V. **Acte, document.** *Pièces d'identité.* V. **Papier(s).** — *Pièces à conviction,* tout écrit ou objet permettant d'établir une preuve. — Loc. *Juger, décider sur pièces, avec pièces à l'appui.* ★ **IV.** • **1°** Chacun des éléments dont l'agencement, l'assemblage forme un tout organisé. *Les pièces d'une machine.* • **2°** Élément destiné à réparer une déchirure, une coupure. *Mettre une pièce à un vêtement.* V. **Rapiécer.** • **3°** Loc. *Être fait d'une seule pièce, tout d'une pièce,* être d'un seul tenant. *Être tout d'une pièce,* franc et direct, ou sans souplesse. — *Fait de pièces et de morceaux,* se dit de tout ce qui manque d'unité, d'homogénéité. V. **Disparate.** — *Créer, forger, inventer de toutes pièces,* entièrement, sans rien emprunter à la réalité. ★ **V.** Loc. *Littér.* FAIRE PIÈCE à qqn : lui faire échec, s'opposer à lui.

2. PIÈCE. *n. f.* • Dans un appartement, une maison, Chaque partie isolée, entourée de cloisons ou nettement séparée (à l'exclusion des entrées, couloirs...). *Un appartement de trois pièces.* — Ellipt. *Un deux pièces cuisine.*

3. PIÈCE. *n. f.* • *Pièce (de monnaie),* morceau de métal, plat, circulaire, revêtu d'une empreinte distinctive et servant de valeur d'échange. *Pièces d'or. Une pièce de cinq francs.* — Fam. *Donner la pièce à qqn,* lui donner un pourboire. ▼ **PIÉCETTE.** *n. f.* Petite pièce de monnaie.

4. PIÈCE. *n. f.* • **1°** Ouvrage littéraire ou musical. *Une pièce de vers.* — *Une pièce instrumentale.* • **2°** PIÈCE (DE THÉÂTRE) : ouvrage dramatique. *Pièce en cinq actes. Une jeune troupe qui monte une pièce engagée.*

5. PIÈCE (EN). *loc. adv.* • En morceaux. *Mettre en pièces,* casser, déchirer. *Tailler en pièces l'ennemi,* le détruire.

1. PIED [pje]. *n. m.* ★ **I.** • **1°** Partie inférieure articulée à l'extrémité de la jambe, pouvant reposer à plat sur le sol et permettant la station verticale et la marche. V. *pop.* **Panard, pinceau, ripaton ; peton.** *Cou-de-pied, plante du pied. Doigts de pied. Pied plat* (malformation). *Être pieds nus, nu-pieds. Passer une rivière à pied sec,* sans se mouiller les pieds. — COUP DE PIED : coup donné avec le pied. *Recevoir un coup de pied.* — Loc. fam. *Il est bête comme ses pieds,* très bête. *J'ai joué comme un pied,* très mal. — *Marcher sur les pieds de qqn,* lui manquer d'égards, chercher à l'évincer. — *Casser les pieds.* V. **Casse-pieds.** — *Ça vous fera les pieds,* ce sera pour vous une bonne leçon. — *Avoir un pied dans la tombe,* être très vieux ou moribond. — *Mettre les pieds dans le plat,* aborder une question délicate avec une franchise maladroite. — *Je n'y ai jamais mis les pieds,* je n'y suis jamais allé. — *Il s'est levé du pied gauche,* il est de mauvaise humeur. — *Pieds et poings liés,* réduit à l'impuissance, à l'inaction totale. — *Faire des pieds et des mains,* se démener. — *Attendre qqn de pied ferme,* avec détermination. — *Au pied levé,* sans préparation. • **2°** *Loc.* (avec *sur, à, en*). SUR LES PIEDS, SUR UN PIED. V. **Debout.** — *Retomber sur ses pieds,* se tirer à son avantage d'une situation difficile. — SUR PIED. *Dès cinq heures, il est sur pied,* debout, levé. — *Mettre sur pied une entreprise,* la monter. — À PIED : en marchant. *Allons-y à pied. Course à pied* (*opposé à* course cycliste, automobile). — *Il a été mis à pied,* suspendu dans ses fonctions. — À PIEDS JOINTS : en gardant les pieds rapprochés (pour sauter). — EN PIED : représenté debout, des pieds à la tête. *Un portrait en pied.* — AUX PIEDS DE QQN : devant lui (en étant baissé, prosterné). *Se jeter, tomber aux pieds de qqn,* pour le supplier. • **3°** (Sans article). *Avoir pied,* pouvoir, en touchant du pied le fond, avoir la tête hors de l'eau. *Perdre pied,* n'avoir plus pied, et *abstrait* Se troubler, être emporté par qqch. qu'on ne contrôle plus. — *Lâcher pied,* céder, reculer. • **4°** *Avoir bon pied, bon œil,* être encore solide, agile, et avoir bonne vue. — *Pied à pied,* pas à pas. • **5°** Emplacement des pieds. *Pied et tête d'un lit.* • **6°** *(Chez l'animal).* Extrémité inférieure de la jambe (des chevaux), de la patte (des mammifères et oiseaux). V. *suff.* **-Pède, -pode.** — *Pieds de veau, de mouton, de porc* (vendus en boucherie). ★ **II.** • **1°** Partie par laquelle un objet touche le sol. V. **Bas, base.** *Caler le pied d'une échelle. Le pied d'un mur.* — (Végétaux) *Fruits vendus sur pied,* avant la récolte. • **2°** Chaque individu, chaque plant (de certains végétaux cultivés). *Pied de vigne.* V. **Cep.** *Pied de salade.* • **3°** Partie d'un objet servant de support. *Un verre à pied. Pied de table.*

2. PIED. *n. m.* ★ **I.** • **1°** Ancienne unité de mesure de longueur (0,324 m). V. **Pouce, toise.** — Loc. fig. *Il aurait voulu être (à) cent pieds sous terre,* il avait envie de se cacher (par honte). • **2°** Mesure de longueur anglo-saxonne (304,8 mm), utilisée en France en aviation. ★ **II.** SUR *(le, un)* PIED. *Être traité, reçu sur le pied de...,* comme..., au rang de... *Sur un pied d'égalité,* comme égal. *Mettre sur le même pied,* sur le même plan. — *Armée sur le pied de guerre,* équipée et préparée pour la guerre. ★ **III.** PIED À COULISSE : instrument pour mesurer les épaisseurs et les diamètres.

3. PIED. *n. m.* • En poésie, Unité rythmique constituée par un groupement de syllabes d'une valeur déterminée (quantité, accentuation). *Les pieds d'un vers latin.* (En poésie française, se dit à tort pour *syllabe.*)

PIED-À-TERRE [pjetatɛʀ]. *n. m. invar.* • Logement qu'on occupe en passant, occasionnellement. *Avoir un pied-à-terre à Paris* (V. **Garçonnière**).

PIED-BOT. V. BOT.

PIED-DE-BICHE [pjedbiʃ]. *n. m.* • Levier à tête fendue. — Dans une machine à coudre, Pièce qui maintient l'étoffe et entre les branches de laquelle passe l'aiguille.

PIED DE NEZ [pjedne]. *n. m.* • Geste de dérision qui consiste à étendre la main, doigts écartés, en appuyant le pouce sur son nez (un nez d'un pied [2, I] de long). *Il lui a fait un pied de nez.*

PIED-DE-POULE [pjedpul]. *n. m.* • Tissu d'armure croisée formant une sorte de damier. — Adj. invar. *Un manteau pied-de-poule.*

PIÉDESTAL, AUX [pjedɛstal, o]. *n. m.* • **1°** Support assez élevé (d'une colonne, d'une statue, d'un élément décoratif). V. **Socle.** • **2°** Loc. *Mettre qqn sur un piédestal,* lui vouer une grande admiration. *Tomber de son piédestal,* perdre tout son prestige.

PIED-NOIR [pjenwaʀ]. *n. m.* et *f.* • *Fam.* Français(e) d'Algérie. *Les pieds-noirs rapatriés.*

PIED-PLAT [pjepla]. *n. m.* • *Vx.* Personne grossière, inculte, ou servile.

PIÈGE [pjɛʒ]. *n. m.* • **1°** Dispositif destiné à prendre les animaux terrestres ou les oiseaux. *Dresser, tendre un piège. Un renard pris au piège.* • **2°** Artifice pour mettre qqn dans une situation périlleuse ou désavantageuse ; danger caché où l'on risque de tomber par ignorance ou par imprudence. V. **Feinte, ruse, traquenard.** *On lui a tendu un piège. Il est tombé dans le piège.*

PIÉGER. *v. tr.* (3) • **1°** Chasser, prendre au moyen de pièges. • **2°** Munir (une mine, un engin) d'un dispositif spécial qui déclenche l'explosion au premier contact. — Au p. p. *Engins piégés.* ▼ **PIÉGEAGE.** *n. m.*

PIE-GRIÈCHE [pigʀijɛʃ]. *n. f.* • Femme acariâtre et querelleuse. *Ce sont des pies-grièches.*

PIERRAILLE. *n. f.* • **1°** Petites pierres ; éclats de pierre. • **2°** Étendue de pierres. V. **Caillasse.**

PIERRE [pjɛʀ]. *n. f.* ★ **I.** • **1°** Matière minérale solide, dure, qui se rencontre à l'intérieur ou à la surface de l'écorce terrestre en masses compactes. V. **Lith(o)-.** *Un bloc de pierre. Pierre de taille,* apte à être taillée. *Escalier de pierre, cheminée en pierre.* — Loc. *Un cœur de pierre,* dur et impitoyable. — *Âge de pierre,* période de la préhistoire caractérisée par la fabrication d'outils de pierre. • **2°** *Une pierre,* bloc ou fragment rocheux. V. **Roc, rocher ; caillou, galet.** *Un tas de pierres. Casseur de pierres.* — Loc. *Malheureux comme les pierres,* très malheureux et seul. *Faire d'une pierre deux coups,* obtenir deux résultats par la même action. *Jeter la pierre à qqn,* l'accuser, le blâmer. • **3°** Fragment de pierre servant à un usage particulier. *Une pierre à aiguiser.* — PIERRE DE TOUCHE : fragment de jaspe utilisé pour essayer l'or et l'argent ; ce qui sert à reconnaître la valeur d'une personne ou d'une chose. — Bloc de roche pour la construction. *Une carrière de pierres. Tailleur de pierres. Construction en pierres sèches,* non liées par le ciment ou le mortier. • **4°** Bloc constituant un monument. V. **Mégalithe, monolithe.** *Pierres levées.* V. **Dolmen, menhir.** *Inscription gravée sur une pierre tombale.* ★ **II.** PIERRE (PRÉCIEUSE) : minéral auquel sa rareté, son éclat confèrent une grande valeur ; fragment de ce minéral (brut ou travaillé). V. **Gemme, pierreries ; diamant, émeraude, rubis, saphir.** *Pierres fines* (*ex. :* Améthyste, opale, topaze, turquoise, etc.). ★ **III.** Concrétion, plus grosse que le calcul, qui se forme dans les reins, la vessie ou la vésicule biliaire.

PIERRERIES. *n. f. pl.* • Pierres précieuses travaillées, employées comme ornement. V. **Joyau.** *Une couronne sertie de pierreries.*

PIERREUX, EUSE. *adj.* • **1°** Couvert de pierres. V. **Rocailleux.** *Chemin pierreux. Le lit pierreux du ruisseau.* • **2°** Qui ressemble à de la pierre. *Concrétion pierreuse.*

PIERROT [pjɛʀo]. *n. m.* • **1°** Moineau. V. **Piaf.** • **2°** Homme travesti en Pierrot, personnage de pantomime, vêtu de blanc et le visage enfariné.

PIETÀ [pjeta]. *n. f. invar.* • Statue ou tableau représentant la Vierge tenant sur ses genoux le corps du Christ mort.

PIÉTAILLE [pjetɑj]. *n. f.* • *Plaisant.* • **1°** L'infanterie ; les subalternes. • **2°** Les piétons.

PIÉTÉ [pjete]. *n. f.* • **1°** Fervent attachement aux devoirs et aux pratiques de la religion. V. **Dévotion, ferveur.** ‖ Contr. **Impiété.** ‖ *Des livres de piété.* • **2°** *Littér.* Attachement fait de tendresse et de respect. V. **Affection, amour, culte.** *La piété filiale.*

PIÉTINER [pjetine]. *v.* (1) ★ **I.** *V. intr.* • **1°** S'agiter sur place en frappant les pieds contre le sol. *Un enfant qui piétine de colère.* V. **Trépigner.** — Remuer les pieds sans avancer ou en avançant péniblement. *La foule piétinait sur les trottoirs.* • **2°** Avancer peu, ne faire aucun progrès. *Il a l'impression de piétiner, de perdre son temps. L'affaire piétine.* • **3°** *(Foule, troupeau).* Marcher ou courir en martelant le sol avec un bruit sourd. ★ **II.** *V. tr.* • **1°** Fouler, écraser (qqch.) en piétinant. *Il jeta la lettre et la piétina. Ils piétinent l'herbe.* • **2°** Ne pas respecter, malmener. *Dans son article, il piétine les traditions.* ▼ **PIÉTINEMENT.** *n. m.* • **1°** Action de piétiner. — Bruit d'une multitude qui piétine. • **2°** Absence de progrès, stagnation.

PIÉTON [pjetɔ̃]. *n. m.* • Personne qui circule à pied. *Les piétons marchent sur les trottoirs.*

PIÈTRE [pjɛtʀ(ə)]. *adj.* • *Littér.* (Toujours devant le nom). Très médiocre. V. **Dérisoire, minable.** *C'est un piètre réconfort. Il ferait piètre figure.* ▼ **PIÈTREMENT.** *adv.*

1. PIEU [pjø]. *n. m.* • Pièce de bois droite et rigide, dont l'un des bouts est pointu et destiné à être enfoncé en terre. V. **Épieu, piquet.** *Pieux d'une clôture.*

2. PIEU. *n. m.* • *Pop.* Lit. *Au pieu ! il est temps de dormir.* ▼ **PIEUTER (SE).** v. pron. (1). *Pop.* Se mettre au lit.

PIEUVRE [pjœvʀ(ə)]. *n. f.* • 1° Poulpe commun, de grande taille. • 2° Personne insatiable qui ne lâche jamais sa proie.

PIEUX, PIEUSE [pjø, pjøz]. *adj.* • 1° Qui est animé ou inspiré par des sentiments de piété. V. **Dévot.** *C'est une femme très pieuse.* || Contr. **Impie.** || • 2° *Littér.* Plein d'une respectueuse affection. *Des soins pieux.* ▼ **PIEUSEMENT.** *adv.* • 1° Avec piété. • 2° Avec un pieux respect. *Elle conserve pieusement des souvenirs de sa mère.*

1. PIF ! [pif]. *interj.* • Onomatopée, presque toujours redoublée ou suivie de *paf*, exprimant un bruit sec.

2. PIF [pif]. *n. m.* • *Pop.* Nez.

PIFER ou **PIFFER.** *v. tr.* [inf. seul.] • Pop. *(Négatif).* Sentir. *Je ne peux pas le pifer, ce type-là !*

PIFOMÈTRE (AU) [pifɔmɛtʀ(ə)]. *loc. adv.* • *Fam.* Par le simple flair (sans calcul). *J'ai choisi au pifomètre.*

1. PIGE [piʒ]. *n. f.* • 1° *Arg.* Année. *Il a bien quarante-cinq piges.* V. **Berge 2.** • 2° Mode de rémunération d'un typographe, d'un journaliste rétribué à la ligne. *Être payé à la pige.* ▼ **PIGISTE.** n. m. *Fam.* Compositeur, journaliste payé à la pige.

2. PIGE. *n. f.* • Pop. *Faire la pige à qqn,* faire mieux que lui, le dépasser, le surpasser. *Pour le travail, il leur faisait la pige à tous.*

1. PIGEON [piʒɔ̃]. *n. m.* • Oiseau au bec très grêle, aux ailes courtes, au plumage blanc (V. **Colombe**), gris ou brun, commun dans les grandes villes ; le mâle adulte. *Des pigeons roucoulaient.* — *Pigeon voyageur,* dressé pour porter des messages entre deux lieux éloignés. ▼**PIGEONNEAU.** *n. m.* Jeune pigeon. *Des pigeonneaux rôtis.* ▼ **PIGEONNIER.** *n. m.* • 1° Petit bâtiment où l'on élève les pigeons. V. **Colombier.** • 2° *Plaisant.* Petit logement situé aux étages supérieurs.

2. PIGEON. *n. m.* • *Fam.* Homme qu'on attire dans une affaire pour le dépouiller. V. **Dupe.** *Il a été le pigeon dans l'affaire.* ▼ **PIGEONNER.** v. tr. (1). *Fam.* Duper, rouler. *Il s'est fait pigeonner.*

PIGER [piʒe]. *v. tr.* (3) • *Fam.* Saisir, comprendre. *Je n'ai rien pigé à ce livre.*

PIGMENT [pigmɑ̃]. *n. m.* • 1° Substance chimique (protide) donnant à la peau, aux tissus et liquides de l'organisme leur coloration (*ex. :* hémoglobine). • 2° Substance colorante insoluble qui ne pénètre pas dans les matières sur lesquelles on l'applique. *Utilisation des pigments dans la préparation des peintures.* ▼ **PIGMENTAIRE.** adj. *Cellules pigmentaires.* ▼ **PIGMENTATION.** n. f. *La pigmentation de la peau,* sa couleur naturelle. ▼ **PIGMENTÉ, ÉE.** adj. *Peau foncée, fortement pigmentée.* ▼**PIGMENTER.** *v. tr.* (1). Colorer avec un pigment.

PIGNOCHER [piɲɔʃe]. *v. intr.* (1) • Manger sans appétit. *Elle pignoche dans les plats.* V. **Picorer.**

1. PIGNON [piɲɔ̃]. *n. m.* • Partie haute et triangulaire d'un mur, entre les deux versants d'un toit (en façade ou sur le côté). V. **Fronton.** *Des maisons flamandes à pignons.* — Loc. *Avoir pignon sur rue,* être connu et solvable (parce qu'on est propriétaire).

2. PIGNON. *n. m.* • Roue dentée (d'un engrenage). V. **Tympan.** *Pignons d'un changement de vitesse.*

3. PIGNON. *n. m.* • 1° Graine comestible de la pomme de pin. • 2° (Appos.). *Pin pignon,* pin parasol.

PIGNOUF [piɲuf]. *n. m.* • *Pop.* Individu mal élevé, sans aucune délicatesse. V. **Goujat, rustre.**

PILAF [pilaf]. *n. m.* • Riz au gras, servi fortement épicé, avec des morceaux de mouton, de volaille, de poisson, etc.

PILASTRE [pilastʀ(ə)]. *n. m.* • Pilier engagé, colonne plate formant une légère saillie. *Cheminée à pilastres.*

1. PILE [pil]. *n. f.* • 1° Pilier de maçonnerie soutenant les arches (d'un pont). • 2° Tas plus haut que large d'objets mis les uns sur les autres. *Une pile d'assiettes, de bois, de livres, de torchons. Mettre en pile* (V. **Empiler**).

2. PILE. *n. f.* • 1° Appareil transformant de l'énergie chimique en énergie électrique. V. **Générateur.** *La pile d'une lampe de poche.* • 2° *Pile atomique,* réacteur nucléaire.

3. PILE. *n. f.* • *Fam.* Volée de coups. V. **Rossée.** *Il lui a fichu une pile.*

4. PILE. *n. f.* • PILE OU FACE : revers ou face (d'une monnaie qu'on jette en l'air) pour remettre une décision au hasard. *Pile,* le coup où la pièce tombe en montrant son revers. *Il joua son départ à pile ou face.*

5. PILE. *adv.* • *Il s'est arrêté pile,* net, brusquement. *Ça tombe pile,* juste comme il faut. V. **Pic** (à). *On est arrivé pile pour le train d'onze heures,* juste.

PILER [pile]. *v. tr.* (1) • 1° Réduire en menus fragments, en poudre, en pâte, par des coups répétés. V. **Broyer, écraser ; pilon.** *Elle pilait du maïs, de l'ail.* • 2° *Fam.* Flanquer une pile à (qqn). V. **Battre.** *Notre équipe s'est fait piler,* écraser. ▼ **PILAGE.** n. m. *Le pilage du mil.*

PILEUX, EUSE [pilø, øz]. *adj.* • Qui a rapport aux poils. *Le système pileux,* l'ensemble des poils et des cheveux.

PILIER [pilje]. *n. m.* • 1° Massif de maçonnerie, support vertical isolé dans une construction. V. **Colonne, pilastre.** *Les piliers d'un temple.* — Poteau, pylône servant de support. *Piliers de fer.* • 2° Personne ou chose qui assure la solidité, la stabilité. *Les piliers du parti.* • 3° *Péj.* Habitué qui fréquente assidûment un lieu. *Un pilier de café.* • 4° Au rugby, Chacun des deux avants de première ligne.

PILLER [pije]. *v. tr.* (1) • **1°** Dépouiller (une ville, un local) des biens qu'on trouve, d'une façon violente et destructive. V. **Dévaster, ravager, saccager.** — Au p. p. *Des magasins pillés au cours d'une émeute.* • **2°** Voler (un bien) dans un pillage. *Des objets pillés dans un magasin.* • **3°** Emprunter à un auteur qu'on plagie. *Les passages qu'il a pillés chez un auteur étranger.* ▼ **PILLAGE.** *n. m.* V. **Déprédation, sac.** *Une ville livrée au pillage.* ▼ **PILLARD, ARDE.** *n.* et *adj.* • **1°** *N.* Personne qui pille (1°). V. **Brigand, maraudeur, pirate, voleur.** *Une bande de pillards affamés.* • **2°** *Adj.* Qui pille, a l'habitude de piller. *Des nomades pillards.* ▼ **PILLEUR, EUSE.** *n.* Personne qui pille (2° et 3°).

PILON [pilɔ̃]. *n. m.* • **1°** Instrument cylindrique, arrondi sur une face, servant à piler. *Broyer de l'ail avec un pilon.* V. **Piler.** — Loc. *Mettre un livre au pilon*, en détruire l'édition. • **2°** Extrémité d'une jambe de bois. • **3°** Partie inférieure d'une cuisse de poulet.

PILONNER [pilɔne]. *v. tr.* (1) • **1°** Écraser avec un pilon. • **2°** Écraser sous les obus, les bombes. *L'artillerie pilonnait les lignes ennemies.* ▼ **PILONNAGE.** n. m. *Le pilonnage d'une ville par l'aviation.*

PILORI [pilɔʀi]. *n. m.* • **1°** Poteau auquel on attachait le condamné à l'exposition publique. *Il fut condamné au pilori*, à cette peine. • **2°** Loc. *Mettre, clouer qqn* AU PILORI : le signaler à l'indignation, au mépris publics.

PILOSITÉ [pilozite]. *n. f.* • Présence de poils sur un tissu, une région du corps.

PILOTAGE [pilɔtaʒ]. *n. m.* • **1°** Manœuvre, art du pilote (1°). *Le pilotage des navires dans un canal, un port.* • **2°** Action de diriger un avion, un planeur, un hélicoptère, etc. *Poste de pilotage. Pilotage téléguidé.*

1. PILOTE [pilɔt]. *n. m.* • **1°** Marin autorisé à assister les capitaines dans la manœuvre et la conduite des navires, à l'intérieur des ports ou dans les parages difficiles. *Bateau-pilote*, petit bateau du pilote. • **2°** Personne qui conduit un avion, un hélicoptère, etc. *Pilote de ligne. Pilote d'essai.* • **3°** Conducteur d'une voiture de course ▼ **PILOTER.** *v. tr.* (1) • **1°** Conduire en qualité de pilote (un navire, un avion). • **2°** Servir de guide à (qqn). *Je l'ai piloté dans Paris.* V. **Guider.**

2. PILOTE. *adj.* • Qui sert de modèle (après un nom de chose). *Usine pilote. Des boucheries pilotes.*

PILOTIS [pilɔti]. *n. m.* • Ensemble de pieux enfoncés en terre pour asseoir les fondations d'une construction sur l'eau ou en terrain meuble. *Des maisons bâties sur pilotis.*

PILOU [pilu]. *n. m.* • Tissu de coton pelucheux.

PILULE [pilyl]. *n. f.* • **1°** Médicament façonné en petite boule et destiné à être avalé. *Un tube de pilules homéopathiques. Pilule (anticonceptionnelle). Elle prend la pilule.* — Loc. fam. *Avaler la pilule*, supporter une parole, une chose désagréable. • **2°** Fam. *Il a pris la pilule*, il a été battu. V. **Pile 3.**

PIMBÊCHE [pɛ̃bɛʃ]. *n. f.* • Femme, petite fille déplaisante, qui prend de grands airs. *C'est une petite pimbêche.* — Adj. *Elle est un peu pimbêche.*

PIMENT [pimɑ̃]. *n. m.* • **1°** Fruit d'une plante potagère originaire des régions chaudes, servant de condiment. *Piment rouge*, à saveur très forte, brûlante. *Piment doux.* V. **Poivron.** • **2°** Ce qui relève, donne du piquant. V. **Sel.** *Ses plaisanteries, ses allusions ont mis du piment dans la conversation.* ▼ **PIMENTER.** *v. tr.* (1) • **1°** Assaisonner de piment, épicer fortement. *Une cuisine très pimentée.* • **2°** Relever, rendre piquant.

PIMPANT, ANTE [pɛ̃pɑ̃, ɑ̃t]. *adj.* • Qui a un air de fraîcheur et d'élégance. V. **Fringant, gracieux.** *Une jeune fille pimpante.* — *Une pimpante petite ville.*

PIN [pɛ̃]. *n. m.* • Arbre résineux à feuilles persistantes (aiguilles). *Pin sylvestre, pin maritime, pin parasol. Pommes de pin.*

PINACLE [pinakl(ə)]. *n. m.* • **1°** Sommet d'un édifice. • **2°** Haut degré d'honneurs. *Porter qqn au pinacle*, le porter aux nues. V. **Louer.**

PINACOTHÈQUE [pinakɔtɛk]. *n. f.* • Nom de certains musées de peinture (en Italie, en Allemagne).

PINAILLER [pinɑje]. *v. intr.* (1) • *Pop.* Ergoter sur des vétilles, se perdre dans les subtilités. ▼ **PINAILLEUR, EUSE.** *n.*

PINARD [pinaʀ]. *n. m.* • *Fam.* Vin. ▼ **PINARDIER.** n. m. *Fam.* et *péj.* Commerçant en vins.

PINCE [pɛ̃s]. *n. f.* • **1°** Outil, instrument composé de deux leviers articulés, servant à saisir et à serrer. V. **Pincette, tenaille.** *Branches, mâchoires d'une pince.* — *Pince à épiler. Pince à sucre. Pince à cheveux. Pince à linge.* — Levier. *Pince-monseigneur*, levier pour forcer une porte, utilisé par les voleurs. • **2°** Partie antérieure des grosses pattes de certains crustacés. *Pinces d'un homard, d'un crabe.* • **3°** Pop. *Serrer la pince à qqn*, la main. — *Aller à pinces*, à pied. • **4°** Pli cousu sur l'envers de l'étoffe destiné à diminuer l'ampleur. *Faire des pinces à une veste.*

PINCÉ, ÉE. *adj.* • **1°** Qui a qqch. de contraint, de prétentieux, ou de mécontent. *Elle est antipathique avec son air pincé.* • **2°** *(Concret).* Mince, serré. *Son petit nez pincé. Bouche pincée.* • **3°** *Instrument de musique à cordes pincées* (ex. : guitare). V. **Pincer** (1°).

PINCEAU [pɛ̃so]. *n. m.* • **1°** Objet composé d'un faisceau de poils ou de fibres fixé à l'extrémité d'un manche, dont on se sert pour appliquer des couleurs, du vernis, de la colle, etc. *Pinceau de peintre. Coup de pinceau.* • **2°** *Pinceau lumineux*, faisceau passant par une ouverture étroite. • **3°** *Pop.* Pied.

PINCÉE. *n. f.* • Quantité (d'une substance en poudre, en grains) que l'on peut prendre entre les doigts. *Une pincée de sel.*

PINCE-FESSE(S) [pɛ̃sfɛs]. *n. m. invar.* • *Fam.* Bal, surprise-partie, réception où les invités se tiennent mal.

PINCEMENT. *n. m.* • **1°** *Pincement de cœur*, sensation brève de douleur et d'angoisse. • **2°** Action de pincer (les cordes d'un instrument).

PINCE-NEZ [pɛ̃sne]. *n. m. invar.* • Lorgnon qu'un ressort pince sur le nez (lunettes sans branches).

PINCER [pɛ̃se]. *v. tr.* (3) • **1°** Serrer (surtout une partie de la peau, du corps) entre les extrémités des doigts, entre les branches d'une pince ou d'un objet analogue. *Sa sœur l'a pincé jusqu'au sang.* — Pronom. *Il s'est pincé en fermant la porte.* — *Pincer les cordes d'un instrument*, les faire vibrer. • **2°** Affecter désagréablement (en parlant du froid). V. **Mordre.** — *Absolt.* (Fam.) *Ça pince dur, ce matin !* • **3°** Serrer fortement de manière à rapprocher, à rendre plus étroit, plus mince. *Pincer les lèvres.* V. **Pincé** (2°). • **4°** EN PINCER POUR QQN : être amoureux. *Il en pince pour sa secrétaire.* • **5°** *Fam.* Arrêter, prendre (un malfaiteur) ; prendre en faute. V. **Piquer 2.** *Il s'est fait pincer cette nuit.*

PINCE-SANS-RIRE [pɛ̃ssɑ̃RiR]. *n. invar.* • Personne qui pratique l'humour, l'ironie à froid. *Il a l'air sinistre, mais c'est un pince-sans-rire.*

PINCETTE. *n. f.* ou **PINCETTES.** *n. f. pl.* • **1°** Petite pince. *Pincette d'horloger.* • **2°** *Plur.* Longue pince à deux branches pour attiser le feu, déplacer les bûches, les braises. • **3°** *Il n'est pas à prendre avec des pincettes*, il est très sale ; ou de très mauvaise humeur et inabordable.

PINÇON [pɛ̃sɔ̃]. *n. m.* • Marque qui apparaît sur la peau qui a été pincée.

PINÈDE [pinɛd]. *n. f.* • Bois, plantation de pins. *L'odeur de résine des pinèdes.*

PINGOUIN [pɛ̃gwɛ̃]. *n. m.* • Gros oiseau marin palmipède, à plumage blanc et noir, habitant les régions arctiques. V. *aussi* **Manchot.**

PING-PONG [piŋpɔ̃g]. *n. m.* • Tennis de table. *Joueur de ping-pong* (ou *pongiste*).

PINGRE [pɛ̃gR(ə)]. *n.* et *adj.* • Avare particulièrement mesquin. *C'est un vieux pingre.* — Adj. *Elle est très pingre.* ▼ **PINGRERIE.** *n. f.* Avarice mesquine. *Il est d'une pingrerie révoltante.*

PIN-PON ! [pɛ̃pɔ]. *interj.* • Répété plusieurs fois, exprime le bruit des avertisseurs à deux tons des voitures de pompiers.

PINSON [pɛ̃sɔ̃]. *n. m.* • Petit oiseau passereau, à plumage bleu verdâtre et noir, à bec conique, bon chanteur. — Loc. *Gai comme un pinson.*

PINTADE [pɛ̃tad]. *n. f.* • Oiseau gallinacé de la taille de la poule, au plumage sombre semé de taches claires. *Servir des pintades rôties.* ▼ **PINTADEAU.** *n. m.* Petit de la pintade.

PINTE [pɛ̃t]. *n. f.* • **1°** Ancienne mesure de capacité pour les liquides (0,93 l). • **2°** Loc. *Se payer une pinte de bon sang*, bien s'amuser. • **3°** Mesure de capacité, en Angleterre (0,568 l). ▼ **PINTER.** v. intr. (1). *Pop.* Boire beaucoup.

PIN-UP [pinœp]. *n. f. invar.* • Jolie fille qui a du « sex-appeal ».

PIOCHE [pjɔʃ]. *n. f.* • **1°** Outil de terrassier ou de cultivateur, composé d'un fer à pointe (ou deux pointes) et à houe, assemblé à un manche par son milieu. *Pioche de terrassier.* • **2°** Fam. *Une tête de pioche*, une personne entêtée, qui a la tête dure.

PIOCHER. *v. tr.* (1) • **1°** Creuser, remuer avec une pioche. *Il piocha la terre.* • **2°** *Fam.* Étudier avec ardeur. V. **Bûcher.** *Je me mettais à piocher mon histoire.* • **3°** Fouiller (dans un tas) pour saisir qqch. ▼ **PIOCHEUR, EUSE.** *n.* Travailleur assidu. V. **Bûcheur.**

PIOLET [pjɔlɛ]. *n. m.* • Bâton d'alpiniste, garni à l'une de ses extrémités d'un petit fer de pioche.

1. PION [pjɔ̃]. *n. m.* • *Fam.* et *péj.* Surveillant, maître d'internat. *La permanence est surveillée par un pion.* ▼ **PIONNE.** n. f. *Fam.* Surveillante dans un établissement de jeunes filles.

2. PION. *n. m.* • **1°** Aux échecs, Chacun des huit éléments que chaque joueur place au début en première ligne devant les figures. — Chacune des pièces au jeu de dames, et à divers autres jeux. • **2°** *N'être qu'un pion sur l'échiquier*, être manœuvré. — *Damer le pion.* V. **Damer.**

PIONCER [pjɔ̃se]. *v. intr.* (3) • *Pop.* Dormir (surtout : dormir profondément).

PIONNIER [pjɔnje]. *n. m.* • **1°** Colon qui s'installe sur des terres inhabitées pour les défricher. • **2°** Homme qui est le premier à se lancer dans une entreprise, qui fraye le chemin. V. **Créateur.** *Les pionniers de l'aviation.* • **3°** Enfant membre d'une organisation de jeunesse communiste (U.R.S.S., etc.).

PIOUPIOU [pjupju]. *n. m.* • *Fam.* et *vx.* Simple soldat.

PIPE [pip]. *n. f.* • **1°** Tuyau terminé par un petit fourneau qu'on bourre de tabac (ou d'une autre substance à fumer). V. **Bouffarde, brûle-gueule, calumet.** *Bourrer une pipe. Fumer la pipe.* • **2°** Loc. fam. *Par tête de pipe*, par personne. — *Casser sa pipe*, mourir. — *Se fendre la pipe*, rire. — *Nom d'une pipe !* juron familier. • **3°** *Pop.* Cigarette. V. **Sèche.**

PIPEAU [pipo]. *n. m.* • Petite flûte à bec.

PIPELET, ETTE [piplɛ, ɛt]. *n.* • *Pop.* Concierge. *Il est bavard comme une pipelette.*

PIPE-LINE [pajplajn ; piplin]. *n. m.* • Tuyau servant au transport à grande distance de fluides, de substances pulvérisées. *Transport du pétrole par des pipe-lines* (oléoducs).

PIPER [pipe]. *v.* (1) • **1°** V. intr. *Ne pas piper*, ne pas souffler mot. • **2°** V. tr. *Piper des dés, des cartes*, les truquer. — Loc. *Les dés sont pipés*, le jeu est faussé.

PIPERADE [pipeRad]. *n. f.* • Plat de cuisine basque, œufs battus assaisonnés de tomates et de poivrons.

PIPETTE [pipɛt]. *n. f.* • Petit tube (gradué) dont on se sert en laboratoire pour prélever une petite quantité de liquide.

PIPI [pipi]. *n. m.* • *Fam.* ou *lang. enfantin.* Urine. — FAIRE PIPI : uriner. V. **Pisser.** — *Du pipi de chat*, une mauvaise boisson ; une chose sans intérêt.

PIQUAGE. *n. m.* • Opération consistant à piquer (1, 5°). *Le piquage d'une veste à la machine.*

1. PIQUANT, ANTE. *adj.* • **1°** Qui présente une ou plusieurs pointes acérées capables de piquer. V. **Pointu.** • 2° Qui donne une sensation de piqûre. *L'air était vif et piquant.* — (Au goût) *Sauce piquante*, sauce cuite, à la moutarde, au vinaigre et aux cornichons. • 3° *Littér.* Qui stimule agréablement l'intérêt, l'attention. *Une petite brune piquante. La rencontre est piquante !* V. **Amusant.** — Subst. *Le piquant de l'aventure.* V. **Sel.**

2. PIQUANT. *n. m.* • Excroissance dure et acérée (des végétaux et animaux). V. **Aiguillon, épine.** *Les piquants des oursins, des cactus.*

1. PIQUE [pik]. *n. f.* • Arme formée d'une longue hampe garnie d'un fer plat et pointu. V. **Hallebarde, lance.** *Des bandes armées de piques.*

2. PIQUE. *n. m.* • Aux cartes, Une des couleurs représentée par un fer de pique noir stylisé. *Un as de pique. J'ai encore du pique.*

3. PIQUE. *n. f.* • Parole ou allusion blessante. *Envoyer, lancer des piques à qqn.*

1. PIQUÉ, ÉE. *adj.* ★ **I.** • 1° Cousu ou orné par un point de piqûre. *Des couvre-pieds piqués.* • 2° Marqué de petites taches sombres, de moisissures. *Glace ancienne piquée.* • 3° Altéré, aigri. *Ce vin est piqué.* ★ **II.** *Fam.* Un peu fou. V. **Cinglé, timbré, toqué.** *Il est complètement piqué !*

2. PIQUÉ. *n. m.* • Tissu qui forme des côtes ou des dessins en relief. *Une robe en piqué de coton.*

3. PIQUÉ. *n. m.* • Mouvement par lequel un avion se laisse tomber presque à la verticale. *Bombardement en piqué.*

PIQUE-ASSIETTE [pikasjɛt]. *n. invar.* • Personne qui se fait partout inviter à dîner.

PIQUE-FEU [pikfø]. *n. m. invar.* • Tisonnier.

PIQUE-NIQUE [piknik]. *n. m.* • Repas en plein air dans la nature. *On organisa des pique-niques sur l'herbe.* ▼ **PIQUE-NIQUER.** *v. intr.* (1). Faire un pique-nique. ▼ **PIQUE-NIQUEUR, EUSE.** *n.*

1. PIQUER [pike]. *v. tr.* (1) ★ **I.** • 1° Entamer légèrement ou percer avec une pointe. *Il m'a piqué le doigt avec une aiguille.* • 2° Faire une piqûre (4°) à (qqn). Fam. *On l'a piqué contre la variole*, on l'a vacciné. • 3° *(Insectes, serpents, etc.).* Percer en enfonçant un dard, un stylet, un crochet à venin. *Elle a été piquée par un scorpion.* • 4° *(Compl. chose).* Percer pour prendre, pour attraper. *Piquer sa viande avec une fourchette.* — Fixer en traversant avec une pointe. *Piquer une photo au mur.* • 5° Coudre à la machine. *Bâtir une robe avant de la piquer.* • 6° Parsemer de petits trous. — Au p. p. *Meuble ancien piqué des vers.* V. **Vermoulu.** Loc. fam. *Ce n'est pas piqué des hannetons*, ou *des vers*, c'est très fort, remarquable en son genre. — Semé de points, de petites taches. *Un visage piqué de taches de rousseur.* • 7° Donner la sensation d'entamer avec une pointe. *La fumée piquait les yeux.* Fam. *Ça me pique*, ça me démange. — *Fam.* (Enfants) *De l'eau qui pique*, gazeuse. • 8° Faire une vive impression sur. V. **Exciter.** *Son attitude piqua ma curiosité.* — PIQUER AU VIF : irriter l'amour-propre de. • 9° Enfoncer (qqch.) par la pointe. *Elle piqua son aiguille dans son ouvrage.* — *Piquer une tête*, se jeter la tête la première en avant. ★ **II.** *V. intr.* Tomber, descendre brusquement. *Un avion qui pique*, qui descend en piqué (3). — *Il piqua du nez*, il tomba le nez en avant. *Le navire piquait de l'avant.* ★ **III.** *V. pron.* • 1° Se blesser avec une pointe, un piquant. *Elle s'est piquée en poussant son aiguille.* • 2° Se faire une piqûre. *Morphinomane qui se pique.* • 3° Se couvrir de petites taches, de moisissures. *Les livres se piquent. Vin qui se pique*, s'aigrit. • 4° SE PIQUER DE : prétendre avoir et mettre son point d'honneur à posséder (une qualité, un avantage). *Elle se piquait de littérature. Il se pique d'être désintéressé.*

2. PIQUER. *v. tr.* (1) • 1° *Pop.* Prendre, chiper, voler. *On lui a piqué son portefeuille.* • 2° Arrêter (qqn). V. **Pincer.** *La police l'a piqué à la sortie du métro.*

3. PIQUER. *v. tr.* (1) • *(Fam.).* Prendre, faire, avoir brusquement. *Piquer un cen[t] mètres. — Piquer un roupillon. — Piquer un fard*, rougir brusquement.

1. PIQUET [pikɛ]. *n. m.* • 1° Petit pieu destiné à être fiché en terre. *Piquets de tente. Attacher un cheval à un piquet. — Droit raide, planté comme un piquet*, immobile. • 2° Loc. *Mettre un élève au piquet*, le punir en le faisant rester debout et immobile.

2. PIQUET. *n. m.* • *Piquet d'incendie* soldats désignés pour le service de protec tion contre les incendies. — *Piquet de grève* grévistes veillant sur place à l'exécution de ordres de grève.

3. PIQUET. *n. m.* • *Vx.* Jeu de carte[s] *Jouer au piquet.*

PIQUETER [pikte]. *v. tr.* (4) • Parseme de points, de petites taches.

1. PIQUETTE. *n. f.* • Vin ou cidre acid[e] médiocre.

2. PIQUETTE. *n. f.* • *Pop.* Raclée, défai[te] écrasante. V. **Pile.** *On leur a flanqué un[e] piquette.*

1. PIQUEUR, EUSE. *n.* • 1° Dans [la] chasse à courre, Valet qui poursuit la bête [à] cheval. • 2° Ouvrier, ouvrière qui pique à [la] machine. • 3° Adj. *Insectes piqueurs*, q[ui] piquent pour se défendre.

2. PIQUEUR. *n. m.* • Mineur travailla[nt] au pic. — Ouvrier utilisant un marteau pne[u]matique.

PIQÛRE [pikyʀ]. *n. f.* • 1° Petite blessu[re] faite par ce qui pique. *Une piqûre d'éping[le]. Des piqûres de moustiques.* — Sensation pr[o]duite par ce qui brûle et démange. *Piqû[re] d'ortie.* • 2° *Piqûre* ou *point de piqûre*, po[int] servant de couture ou d'ornement. *Piqûres [à] la machine.* • 3° Petit trou. *Piqûre de v[er].* — Petite tache. V. **Rousseur.** • 4° Introdu[c]tion d'une aiguille creuse dans une par[tie] du corps pour en retirer un liquide organiq[ue] (ponction, prise de sang), ou pour y injec[ter] un liquide médicamenteux (injection). *Je vi[ens] de lui faire sa piqûre.*

PIRANHA [piʀana]. *n. m.* • Petit poiss[on] carnassier des fleuves de l'Amérique du S[ud] réputé pour son extrême voracité.

PIRATE [piʀat]. *n. m.* • 1° Aventurier qui courait les mers pour piller les navires de commerce. V. **Corsaire, flibustier, forban.** — *Bateau pirate*, navire monté par des pirates. • 2° Individu sans scrupules, qui s'enrichit aux dépens d'autrui, dans la spéculation. V. **Escroc, requin, voleur.** • 3° Adj. *Émetteur pirate*, poste d'émission non autorisé. ▼ **PIRATERIE.** *n. f.* • 1° Acte de pirate ; activité des pirates. • 2° Escroquerie.

PIRE [piʀ]. *adj.* ★ **I.** Plus mauvais, plus nuisible, plus pénible. || Contr. **Meilleur, mieux.** || *Le remède est pire que le mal. — Je ne connais pas de pire désagrément.* — Pis (2). *Il n'y a rien de pire.* ★ **II.** (Superlatif). LE PIRE, LA PIRE, LES PIRES. • 1° *Adj.* Le plus mauvais. *Les pires voyous. La meilleure et la pire des choses.* • 2° *Subst.* Ce qu'il y a de plus mauvais. V. **Pis.** *Le pire de tout, c'est l'ennui.* — Absolt. *Époux unis pour le meilleur et le pire. Je m'attends au pire. La politique du pire*, celle qui consiste à rechercher le pire pour en tirer parti.

PIROGUE [piʀɔg]. *n. f.* • Longue barque étroite et plate, qui avance à la pagaie ou à la voile, utilisée en Afrique et en Océanie. ▼ **PIROGUIER.** *n. m.* Conducteur d'une pirogue.

PIROUETTE [piʀwɛt]. *n. f.* • 1° Tour ou demi-tour qu'on fait sur soi-même, sans changer de place. *Pirouettes de danseur.* — Loc. fam. *Répondre par des pirouettes*, éluder une question sérieuse par des plaisanteries. • 2° *Fam.* Culbute. ▼ **PIROUETTER.** *v. intr.* (1). Faire une, plusieurs pirouettes (1°).

1. PIS [pi]. *n. m.* • Mamelle (d'une bête laitière). *Les pis de la vache, de la chèvre.*

2. PIS [pi]. *adv.* et *adj.* ★ **I.** *Littér.* ou *loc.* • 1° *Adv.* Plus mal. || Contr. **Mieux.** || Loc. *Les choses vont de mal en pis*, empirent. • 2° Adj. neutre. *Littér.* Plus mauvais, plus fâcheux. *C'est bien pis.* — Loc. *Qui pis est* [kipizе]. *Elle est paresseuse, ou qui pis est, très bête*, ce qui est plus grave. • 3° *(Nominal).* Une chose pire. Loc. *Dire pis que pendre de qqn*, répandre sur lui les pires médisances ou calomnies. ★ **II.** (Superlatif). • 1° *Littér.* LE PIS : la pire chose, ce qu'il y a de plus mauvais. V. **Pire** (II). *Le pis qui puisse vous arriver. Mettre les choses au pis*, les envisager sous l'aspect le plus mauvais. • 2° *Loc. adv.* AU PIS ALLER : en supposant que les choses aillent le plus mal possible.

PIS-ALLER [pizale]. *n. m. invar.* • Personne, solution, moyen à quoi on a recours faute de mieux. *Des pis-aller.*

PISCI-. • Élément savant signifiant « poisson ».

PISCICULTURE [pisikyltyʀ]. *n. f.* • Ensemble des techniques de production et d'élevage des poissons. ▼ **PISCICULTEUR.** *n. m.*

PISCINE [pisin]. *n. f.* • 1° Grand bassin de natation, et ensemble des installations qui l'entourent. *Une piscine couverte. Piscine olympique*, conforme aux règlements des épreuves olympiques. *Aller à la piscine.* • 2° Bassin pour les rites de purification.

PISÉ [pize]. *n. m.* • Maçonnerie faite de terre argileuse, délayée avec des cailloux, de la paille, et comprimée. *Des maisons en pisé.*

PISSALADIÈRE [pisaladjɛʀ]. *n. f.* • Mets provençal, fait de pâte salée sur laquelle on place des tomates, des anchois, etc. (Cf. Pizza).

PISSE [pis]. *n. f.* • *Vulg.* Urine. V. **Pipi** (fam.). ▼ **PISSAT** [pisa]. *n. m.* Urine (d'âne, de cheval).

PISSE-FROID [pisfʀwa]. *n. m. invar.* • *Fam.* Homme froid et morose, ennuyeux.

PISSENLIT [pisɑ̃li]. *n. m.* • Plante vivace à feuilles longues et dentées, à fleurs jaunes. *Salade de pissenlit.* — Loc. fam. *Manger les pissenlits par la racine*, être mort.

PISSER [pise]. *v.* (1) • 1° V. intr. *Vulg.* Uriner. V. **Pipi** (faire). — Loc. pop. *Il pleut comme vache qui pisse*, à verse. *Ça l'a pris comme une envie de pisser*, brusquement. *Laisser pisser le mérinos.* V. **Mérinos.** *C'est comme si on pissait dans un violon*, se dit d'une action, d'une démarche absolument inutile. • 2° V. tr. *Fam.* Évacuer avec l'urine. *Pisser du sang.* — Laisser s'écouler (un liquide). *Ce réservoir pisse l'eau de tous les côtés*, fuit. ▼ **PISSEMENT.** n. m. *Pissement de sang.* ▼ **PISSEUR, EUSE.** n. *Vulg.* Personne qui pisse souvent. — PISSEUSE. *n. f.* Petite fille. ▼ **PISSEUX, EUSE.** *adj.* • 1° *Fam.* Imprégné d'urine, qui sent l'urine. *Du linge pisseux.* • 2° D'une couleur passée, jaunie. *Des rideaux d'un blanc pisseux.*

PISSOTIÈRE [pisɔtjɛʀ]. *n. f.* • *Fam.* Urinoir (surtout, urinoir public). V. **Vespasienne.** (Cf. région. *Pissoir*, n. m.)

PISTACHE [pistaʃ]. *n. f.* • Fruit du pistachier ; graine de ce fruit, amande verdâtre qu'on utilise en confiserie. *Glace à la pistache.* — *Adj.* (invar.) *Vert pistache.* ▼ **PISTACHIER.** *n. m.* Arbre résineux dont le fruit contient la pistache. V. **Lentisque, térébinthe.**

PISTE [pist(ə)]. *n. f.* • 1° Trace que laisse un animal sur le sol où il a marché. V. **Foulée, voie.** — Chemin qui conduit à qqn ou à qqch. ; ce qui guide dans une recherche. *Brouiller les pistes*, rendre les recherches difficiles, faire perdre sa trace. *La police est sur sa piste.* • 2° Terrain tracé et aménagé pour les courses de chevaux, les épreuves d'athlétisme, les courses cyclistes, etc. *Piste d'un vélodrome.* • 3° Emplacement souvent circulaire, disposé pour certaines activités (spectacles, sports). *La piste d'un cirque. Piste de danse.* • 4° Chemin non revêtu (notamment en pays peu développé). — *Piste pour skieurs*, tracée sur la neige. • 5° Partie d'un terrain d'aviation aménagée pour que les avions y roulent. *Piste d'envol.* • 6° *Piste sonore*, bande d'enregistrement des sons, synchronisée avec un film de cinéma. ▼ **PISTER.** *v. tr.* (1). Suivre la piste ; épier. *Attention, on nous piste !* V. **Filer.**

PISTIL [pistil]. *n. m.* • Organe femelle des plantes à fleurs, renfermant l'ovaire.

PISTOLE [pistɔl]. *n. f.* • Ancienne monnaie d'or d'Espagne, d'Italie, ayant même poids que le louis.

1. PISTOLET [pistɔlɛ]. *n. m.* • 1° Arme à feu courte et portative. V. *aussi* **Revolver.**

Une paire de pistolets. — Jouet analogue. *Pistolet à bouchon, à air.* • 2° Pulvérisateur de peinture, de vernis. *Peinture au pistolet.* ▼ **PISTOLET-MITRAILLEUR** [pistɔlɛmitʀajœʀ]. *n. m.* Arme automatique individuelle pour le combat rapproché. V. **Mitraillette.**

2. PISTOLET. *n. m.* • Fam. *Un drôle de pistolet*, un individu bizarre.

1. PISTON [pistɔ̃]. *n. m.* • **1°** Pièce cylindrique qui se déplace dans un tube où elle reçoit et transmet une pression exercée par un fluide. *Piston de pompe.* • **2°** Pièce mobile réglant le passage de l'air dans certains instruments à vent (cuivres). *Cornet à pistons.*

2. PISTON. *n. m.* • Appui, recommandation qui décide d'une nomination, d'un avancement. *Pour réussir, il faut avoir du piston.* ▼ **PISTONNER.** *v. tr.* (1). Appuyer, protéger (un candidat à une place). *Il s'est fait pistonner par le ministre.*

PITANCE [pitɑ̃s]. *n. f.* • *Péj.* Nourriture (pauvre, insuffisante). *On leur servit une maigre pitance. Pour toute pitance, des pommes de terre bouillies.*

PITCHPIN [pitʃpɛ̃]. *n. m.* • Bois de plusieurs espèces de pins d'Amérique du Nord, de couleur orangée, utilisé en menuiserie. *Armoire en pitchpin.*

PITEUX, EUSE [pitø, øz]. *adj.* • *Iron.* Qui excite une pitié mêlée de mépris par son caractère misérable, dérisoire. V. **Pitoyable.** *Les résultats sont piteux.* — *En piteux état*, en mauvais état. ▼ **PITEUSEMENT.** adv. *Il a échoué piteusement.*

PITHÉCANTHROPE [pitekɑ̃tʀɔp]. *n. m.* • Grand singe fossile présentant des caractères humains.

PITHÉC(O)-, -PITHÈQUE. • Éléments savants signifiant « singe ».

PITIÉ [pitje]. *n. f.* • **1°** Sympathie qui naît au spectacle des souffrances d'autrui et fait souhaiter qu'elles soient soulagées. V. **Commisération, compassion.** *Inspirer, exciter la pitié. Il me fait pitié. J'ai pitié de lui. Prenez-le en pitié.* — *Par pitié, laissez-moi tranquille*, je vous en prie. *Pitié!* grâce ! *Sans pitié.* V. **Impitoyable.** • **2°** Sentiment de commisération méprisante. *Un sourire de pitié*, condescendant. — *Quelle pitié !* quelle chose pitoyable, dérisoire !

PITON [pitɔ̃]. *n. m.* ★ **I.** Clou, vis dont la tête forme un anneau ou un crochet. *Cadenas passant dans deux pitons.* ★ **II.** Éminence isolée en forme de pointe. V. **Pic.** *Piton volcanique.*

PITOYABLE [pitwajabl(ə)]. *adj.* ★ **I.** • **1°** Digne de pitié. V. **Déplorable.** *Après son accident, il était dans un état pitoyable.* • **2°** Qui inspire, mérite une pitié méprisante. V. **Piteux ; lamentable.** *Sa réponse aux interpellations a été pitoyable.* ★ **II.** *Vx.* Qui éprouve de la pitié. V. **Humain.** || Contr. **Impitoyable.** || ▼ **PITOYABLEMENT.** *adv.* D'une manière pitoyable (I). *C'est pitoyablement rédigé.*

PITRE [pitʀ(ə)]. *n. m.* • Personne qui fait rire par des facéties. V. **Clown.** *Quel pitre ! Arrête de faire le pitre !* ▼ **PITRERIE.** *n. f.* Plaisanterie, facétie de pitre. V. **Clownerie.** *Faire des pitreries.*

PITTORESQUE [pitɔʀɛsk(ə)]. *adj.* • **1°** Qui attire l'attention, charme ou amuse par un aspect original. *Un quartier pittoresque. Un personnage pittoresque.* • **2°** Qui dépeint bien, exprime les choses d'une manière imagée. *Des expressions, des détails pittoresques.* • **3°** *Subst.* Caractère pittoresque, expressif. V. **Couleur.** ▼ **PITTORESQUEMENT.** *adv.*

PIVERT [pivɛʀ]. *n. m.* • Oiseau au plumage jaune et vert, qui se niche dans les trous d'arbres et qui frappe les troncs avec son bec pour en faire sortir les larves dont il se nourrit. — On dit aussi PIC-VERT [pikvɛʀ].

PIVOINE [pivwan]. *n. f.* • Plante à bulbe, cultivée pour ses larges fleurs rouges, roses, blanches ; sa fleur. — Loc. *Elle devint rouge comme une pivoine*, très rouge.

PIVOT [pivo]. *n. m.* • **1°** Extrémité amincie d'un arbre tournant vertical. V. **Axe.** *Le pivot sur lequel repose l'aiguille de la boussole.* • **2°** *(Abstrait).* Ce sur quoi repose et tourne tout le reste. V. **Base, centre.** *Il est le pivot de cette entreprise.* • **3°** Support d'une dent artificielle, enfoncé dans la racine. ▼ **PIVOTER.** *v. intr.* (1). Tourner sur un pivot, comme autour d'un pivot. *Il pivota sur ses talons.* ▼ **PIVOTANT, ANTE.** adj. *Fauteuil pivotant.*

PIZZA [pidza]. *n. f.* • Tarte italienne de pâte à pain garnie de tomates, anchois, olives, etc. (Cf. Pissaladière.) *Des pizzas.* ▼ **PIZZERIA** [pidzeʀja]. *n. f.* Restaurant où l'on sert des pizzas.

PIZZICATO [pidzikato]. *n. m.* • Manière de jouer d'un instrument en pinçant les cordes, sans utiliser l'archet. *Des pizzicati* ou *pizzicatos.*

P.J. [peʒi]. *n. f.* • *Fam.* Police judiciaire. *Les inspecteurs de la P.J.*

PLACAGE [plakaʒ]. *n. m.* • Application sur une matière d'une plaque de matière plus précieuse ; cette plaque. *Placage de marbre.* V. **Revêtement.**

1. PLACARD [plakaʀ]. *n. m.* • Écrit qu'on affiche sur un mur, un panneau, pour donner un avis au public. V. **Écriteau, pancarte.** — Insertion d'un texte (ou d'illustrations) séparé, dans un périodique. *Placard publicitaire.* ▼ **PLACARDER.** v. tr. (1). *Placarder un avis, une affiche.*

2. PLACARD. *n. m.* • Enfoncement, recoin de mur ou assemblage de menuiserie fermé par une porte et constituant une armoire fixe. *Mettre des vêtements dans un placard. Placard-penderie.*

PLACE [plas]. *n. f.* ★ **I.** • **1°** Lieu public, espace découvert, généralement entouré de constructions. V. **Esplanade, rond-point.** *Une place rectangulaire. Sur la place publique*, en public. • **2°** PLACE FORTE, ou PLACE. V. **Forteresse.** *Commandant d'armes d'une place.* — Loc. *Être maître de la place*, agir en maître, faire ce qu'on veut. *Avoir des complicités dans la place.* • **3°** Ensemble des banquiers, des commerçants, des négociants qui exercent leur activité dans une ville. *Sur la place de Paris.* • **4°** *Voiture de place.* V. **Taxi.** ★ **II.** • **1°** Partie d'un espace ou d'un lieu (surtout avec une prép. de lieu). V. **Emplace-**

ment, endroit, lieu. *À la même place. De place en place, par places.* — EN PLACE. *Ne pas tenir en place*, bouger sans cesse. — SUR PLACE. *Rester sur place*, immobile. — *Subst.* Fam. *Voiture qui fait du sur place.* À l'endroit où un événement a eu lieu. *Faire une enquête sur place.* • 2° Endroit, position qu'une personne occupe, qu'elle peut ou doit occuper. *Faites-moi une petite place près de vous. Aller s'asseoir à sa place. À vos places! en place!* — *Loc.* (Sans article) *Prendre place*, se placer. *Faire place à qqn*, se ranger pour lui permettre de passer. • 3° Siège qu'occupe ou que peut occuper une personne (dans une salle de spectacle, un véhicule, etc.). *Louer, retenir, réserver sa place dans un train. Payer demi-place, place entière.* • 4° Espace libre où l'on peut mettre qqch. *(de la place)*; portion d'espace qu'une chose occupe *(une place, la place de...). Gain de place. Un meuble encombrant qui tient trop de place.* • 5° Endroit, position qu'une chose occupe, peut ou doit occuper dans un lieu, un ensemble. V. **Emplacement, position.** *Changer la place des meubles. La place des mots dans la phrase.* V. **Disposition, ordre.** — EN PLACE : à la place qui convient. *Il faut tout remettre en place.* — MISE EN PLACE : arrangement, installation. ★ **III.** *(Abstrait).* • 1° Le fait d'être admis dans un ensemble, d'être classé dans une catégorie; situation dans laquelle on se trouve. *Avoir sa place au soleil*, profiter des mêmes avantages que les autres. — *Place aux jeunes!* — *Il ne donnerait pas sa place pour un empire*, et pop. *pour un boulet de canon* (pour rien au monde). — *Se mettre* À LA PLACE *de qqn :* supposer qu'on est soi-même dans la situation où il est. *À votre place, je refuserais*, si j'étais vous. • 2° Position, rang dans une hiérarchie, un classement. *Être reçu dans les premières places.* • 3° Emploi (généralement modeste). *Une place d'employé de bureau. Perdre sa place.* — *Être* EN PLACE : jouir d'un emploi, d'une charge qui confère à son titulaire de l'autorité, de la considération. *Les gens en place.* • 4° (Exprime l'idée de *remplacement*). *Prendre la place de qqn.* V. **Substituer** (se). *Laisser la place à qqn. Faire place à (qqn, qqch.)*, être remplacé par. — *Loc.* À LA PLACE DE : au lieu de. V. **Pour.** *Employer un mot à la place d'un autre.* • 5° *La place de qqn*, celle qui lui convient. *Être à sa* place, être fait pour la fonction qu'on occupe; être adapté à son milieu, aux circonstances. Loc. *Remettre qqn à sa place*, le rappeler à l'ordre. V. **Reprendre, réprimander.**

PLACÉ, ÉE. *adj.* • 1° Mis à une place. • 2° Qui est dans telle situation. *Personnage haut placé.* — *Je suis bien placé pour le savoir. C'est de la fierté mal placée*, hors de propos.

PLACEMENT [plasmɑ̃]. *n. m.* • 1° L'action, le fait de placer de l'argent; l'argent ainsi placé. V. **Investissement ; placer 1** (I, 7°). *Vous avez fait un bon placement.* • 2° *Agence, bureau de placement*, qui se charge de répartir les offres et les demandes d'emploi.

PLACENTA [plasɛ̃ta]. *n. m.* • Masse charnue et spongieuse qui adhère à l'utérus et qui, chez les mammifères *placentaires*, enveloppe le fœtus. ▼ **PLACENTAIRE.** *adj.* et *n. m. pl.* • 1° *Membranes placentaires.* • 2° *N. m. pl.* Mammifères dont le fœtus est enveloppé dans un placenta.

1. PLACER [plase]. *v. tr.* (3) ★ **I.** • 1° Mettre (qqn) à une certaine place, en un certain lieu; conduire à sa place. V. **Caser** *(fam.)*, **installer.** *L'ouvreuse de cinéma place les spectateurs.* • 2° Mettre (qqch.) à une certaine place, en un certain lieu; disposer. *Placer une pendule sur une cheminée. Placer les choses bien en ordre.* V. **Classer, ordonner, ranger.** || Contr. **Déplacer, déranger.** || ★ **II.** • 1° Mettre (qqn) dans une situation déterminée. — Au p. p. *L'équipe placée sous mes ordres.* • 2° *Placer qqn*, lui procurer une place, un emploi. *Placer un apprenti chez un boucher.* • 3° *(Abstrait).* Mettre (qqch.) dans une situation, à une place; faire consister en. *Placer le bonheur dans la sagesse.* • 4° Faire se passer (en un lieu) un récit. V. **Localiser, situer.** *Les lieux où Rousseau a placé la Nouvelle Héloïse.* — Situer (un événement) en un point du temps. • 5° Introduire dans un récit, une conversation. *Placer une réflexion. Il n'a pas pu placer un seul mot*, il n'a rien pu dire. • 6° S'occuper de vendre. *Un représentant qui place des marchandises.* V. **Placier.** • 7° Employer (un capital) afin d'en tirer un revenu ou d'en conserver la valeur. V. **Investir ; placement.** *Placer son argent en fonds d'État.* ★ **III.** SE PLACER. *v. pron.* • 1° Se mettre à une place. — *(Personnes)* V. **Installer** (s'). *Placez-vous de face.* — *(Choses)* Être placé. • 2° (Abstrait). *Se placer à un certain point de vue.* • 3° Prendre une place, un emploi (notamment comme personnel de maison).

2. PLACER [plasɛʀ]. *n. m.* • Gisement d'or. *Les placers de Californie, d'Australie.*

PLACET [plasɛ]. *n. m.* • *Vx.* Écrit adressé à un roi, à un ministre pour se faire accorder une grâce, une faveur.

PLACEUR, EUSE. *n.* • 1° Personne qui, dans une salle de spectacle, conduit chaque spectateur à sa place. V. **Ouvreur** (euse). • 2° Personne qui tient un bureau de placement.

PLACIDE [plasid]. *adj.* • Qui est doux et calme. V. **Paisible.** *Il restait placide sous les injures.* V. **Flegmatique, imperturbable.** ▼ **PLACIDEMENT.** adv. *Il répondit placidement à toutes les attaques.* ▼ **PLACIDITÉ.** *n. f.* Caractère placide. V. **Calme, flegme, sérénité.**

PLACIER, IÈRE. *n.* • Agent qui vend qqch. pour une maison de commerce. V. **Courtier, représentant.** *Placier en librairie.*

PLAFOND [plafɔ̃]. *n. m.* ★ **I.** Surface horizontale qui limite intérieurement une pièce dans sa partie supérieure. *Chambre basse de plafond.* — Loc. fam. *Avoir une araignée au plafond*, être fou. ★ **II.** • 1° Limite supérieure d'altitude à laquelle peut voler un avion. • 2° Maximum qu'on ne peut dépasser (limite d'émission des billets de banque; base des cotisations...). *Le plafond de la Sécurité sociale.* ▼ **PLAFONNER** [plafɔne]. *v.* (1) ★ **I.** *V. tr.* Garnir (une pièce) d'un plafond en plâtre. *Aucune pièce n'est encore plafonnée.* ★ **II.** *V. intr.* • 1° Atteindre son altitude maximum (en parlant d'un avion). • 2° Atteindre un plafond (II, 2°). *Salaires qui plafonnent.*

PLAFONNIER. *n. m.* • Appareil d'éclairage fixé au plafond sans être suspendu. *Plafonnier d'un vestibule.*

1. PLAGE [plaʒ]. *n. f.* • 1° Endroit plat et bas d'un rivage où les vagues déferlent. V. **Grève.** *Plage de sable, de galets. Plage publique, privée. Nous sommes allés à la plage nous baigner.* — Rive sableuse (d'un lac, d'une rivière). • 2° Lieu, ville où une plage est fréquentée par les baigneurs. *Les casinos des plages à la mode.* ▼ **PLAGISTE.** *n.* Personne qui exploite une plage payante.

2. PLAGE. *n. f.* • 1° *Plage lumineuse,* surface éclairée également. • 2° Chacun des espaces gravés d'un disque phonographique, séparés par un intervalle.

PLAGIER [plaʒje]. *v. tr.* (7) • Copier (un auteur) en s'attribuant indûment des passages de son œuvre. V. **Imiter, piller.** *Plagier une œuvre.* ▼ **PLAGIAIRE** [plaʒjɛʀ]. *n.* Personne qui pille ou démarque les ouvrages des auteurs. V. **Imitateur.** ▼ **PLAGIAT.** *n. m.* Action de plagier, vol littéraire. V. **Copie, imitation.** *Ce chapitre est un plagiat.*

PLAID [plɛd]. *n. m.* • Couverture de voyage en lainage écossais. *S'envelopper les jambes dans un plaid.*

PLAIDER [plede]. *v.* (1) ★ **I.** *V. intr.* • 1° Soutenir ou contester qqch. en justice. *Plaider contre qqn,* lui intenter un procès. • 2° Défendre une cause devant les juges. *Un avocat qui plaide pour son client.* • 3° PLAIDER POUR, EN FAVEUR DE : défendre par des arguments justificatifs ou des excuses. *Il a plaidé en sa faveur auprès de ses parents.* — (Suj. chose) *Sa sincérité plaide pour lui, plaide en sa faveur,* joue en sa faveur. ★ **II.** *V. tr.* • 1° Défendre (une cause) en justice. *Avocat qui plaide la cause d'un accusé.* — *Plaider la cause de qqn,* parler en sa faveur. • 2° Soutenir, faire valoir (qqch.) dans une plaidoirie. *Avocat qui plaide la légitime défense.* Ellipt. *Plaider coupable, non coupable.* — Loc. *Plaider le faux pour savoir le vrai,* déguiser sa pensée pour amener qqn à dire la vérité, à se découvrir. ▼ **PLAIDEUR, EUSE.** *n.* Personne qui plaide en justice. V. **Partie 2.** *Les plaideurs d'un procès.*

PLAIDOIRIE [plɛdwaʀi]. *n. f.* • Action de plaider, exposition orale des faits d'un procès et des prétentions du plaideur (faite en général par son avocat). V. **Défense, plaidoyer.** || Contr. **Accusation, réquisitoire.** || *Une longue plaidoirie.*

PLAIDOYER [plɛdwaje]. *n. m.* • 1° Plaidoirie pour défendre les droits de qqn. • 2° Défense passionnée. *Ce roman est un plaidoyer pour les opprimés. Un plaidoyer en faveur du mariage.*

PLAIE [plɛ]. *n. f.* • 1° Ouverture dans les chairs (V. **Blessure, lésion**). *Plaie profonde. Les lèvres de la plaie. Désinfecter, panser une plaie. La plaie se cicatrise.* • 2° *(Abstrait).* Blessure, déchirement. *Les plaies du cœur.* — Loc. *Retourner le fer dans la plaie,* faire souffrir en attisant une cause de douleur morale. • 3° *Les sept plaies d'Égypte,* fléaux dévastateurs. • 4° Fam. *C'est une vraie plaie, quelle plaie !* c'est une chose, une personne insupportable.

PLAIGNANT, ANTE [plɛɲɑ̃, ɑ̃t]. *adj.* et *n.* • Qui dépose une plainte en justice. *La partie plaignante, le plaignant, dans un procès.*

PLAIN-CHANT [plɛ̃ʃɑ̃]. *n. m.* • Musique vocale rituelle de la liturgie catholique romaine.

PLAINDRE [plɛ̃dʀ(ə)]. *v. tr.* et *pron.* (52) ★ **I.** *V. tr.* • 1° Considérer (qqn) avec un sentiment de pitié, de compassion ; témoigner de la compassion à. *Je te plains d'avoir tant de malheurs. Être à plaindre,* mériter d'être plaint. *Il est plus à plaindre qu'à blâmer.* • 2° Loc. *Il ne plaint pas sa peine,* il travaille avec zèle, sans se ménager. ★ **II.** SE PLAINDRE. *v. pron.* • 1° Exprimer sa peine ou sa souffrance par des pleurs, des gémissements, des paroles... V. **Lamenter** (se) ; **plainte.** *Il ne se plaignait jamais. Elle se plaint de maux de tête.* • 2° Exprimer son mécontentement (au sujet de qqn, qqch.). V. **Protester, râler, rouspéter** (fam.). *Se plaindre de qqn,* lui reprocher son attitude. *Se plaindre de son sort.* Absolt. *Il se plaint sans cesse.* — *Se plaindre à qqn,* protester, récriminer auprès de lui, au sujet d'une personne ou d'une chose. *J'irai me plaindre de cet employé au chef de service.* — *Se plaindre de* (et inf.). *Elle se plaignit d'avoir trop à faire.* — *Se plaindre que* (avec subjonctif ou indicatif). *Il se plaint qu'on l'ait calomnié. Il se plaignait qu'on ne lui donnait pas assez à manger.* — *Le professeur se plaint de ce que vous n'obéissez pas.*

PLAINE [plɛn]. *n. f.* • Vaste étendue de pays plat ou faiblement ondulé (V. **Pénéplaine**) et moins élevée que les pays environnants. *Pays de plaines. Une immense plaine. Dans les plaines.* — (Collectif) *La plaine et la montagne.*

PLAIN-PIED (DE) [plɛ̃pje]. *loc. adv.* • Au même niveau. *Des pièces ouvertes de plain-pied sur une terrasse.* — Loc. *Être de plain-pied avec qqn,* être sur le même plan, en relations aisées et naturelles avec lui.

PLAINTE [plɛ̃t]. *n. f.* • 1° Expression vocale de la douleur. V. **Gémissement, hurlement, lamentation, pleur ; plaindre** (se). *Les blessés poussaient des plaintes déchirantes.* — Son qui évoque la plainte. *La plainte du vent.* • 2° Expression d'un mécontentement. V. **Blâme, doléance, grief.** *Les plaintes et les revendications des ouvriers.* • 3° Dénonciation en justice d'une infraction par la personne qui affirme en être la victime. *Si ça continue, je porte plainte. Elle a déposé une plainte contre son agresseur.*

PLAINTIF, IVE. *adj.* • Qui a l'accent, la sonorité d'une plainte [1°] (généralement douce, faible). *Une voix plaintive.* ▼ **PLAINTIVEMENT.** adv. *Elle réclama plaintivement à boire.*

PLAIRE [plɛʀ]. *v. tr. ind.* (54) ★ **I.** *(Personnes).* • 1° PLAIRE À : être d'une fréquentation agréable à (qqn), lui procurer une satisfaction. V. **Captiver, charmer, séduire.** || Contr. **Déplaire.** || *Chercher à* *plaire à qqn. Cet individu ne me plaît pas du tout.* • 2° Éveiller l'amour, le désir de qqn. *Elle lui plut, il l'épousa.* • 3° (Sans objet précisé). Plaire aux autres, aux gens à qui on a affaire. *Il plaît,* il est aimable, charmant. ★ II. *(Choses).* • 1° Être agréable à. V. **Convenir.** *Cette situation lui plaît, il s'en trouve bien. Ce spectacle m'a beaucoup plu.* V. **Enchanter, ravir, réjouir.** *Si ça vous plaît.* Cf. Si ça vous chante. *Cela vous plaît à dire* (mais je n'en crois rien). • 2° Absolt. *La pièce a plu.* V. **Réussir.** *Un modèle qui plaît.* ★ III. *(Impers.).* • 1° IL... PLAÎT. *Il me plaît de commander.* V. **Aimer, vouloir.** *Tant qu'il vous plaira,* tant que vous voudrez. *Faites ce qu'il vous plaît,* ce que vous voudrez. *Faites ce qui vous plaît,* ce que vous aimez. • 2° S'IL VOUS PLAÎT : formule de politesse, dans une demande, un conseil, un ordre. *Comment dites-vous cela, s'il vous plaît ?* • 3° *Vieilli.* PLAÎT-IL ? (employé pour faire répéter ce qu'on a mal entendu ou compris). V. **Comment, pardon.** • 4° Littér. *(Au subj.).* PLAISE..., PLÛT... (en tête de phrase). *Plaise, plût à Dieu, au ciel que...,* pour marquer qu'on souhaite qqch. ★ IV. SE PLAIRE. *v. pron.* • 1° *(Réfl.).* Plaire à soi-même, être content de soi. *Je me plais bien avec les cheveux longs.* • 2° *(Récipr.).* Se plaire l'un à l'autre. *Ils se sont plu.* • 3° SE PLAIRE À : prendre plaisir à. V. **Aimer, intéresser** (s'). *Il se plaît au travail, à travailler.* • 4° Trouver du plaisir, de l'agrément à être dans (un lieu, une compagnie, un milieu). *Il se plaît beaucoup à la campagne. Je me plais avec toi.*

PLAISANCE (DE) [plɛzɑ̃s]. *loc. adj.* • *Un bateau de plaisance; navigation de plaisance,* pour l'agrément ou le sport. ▼ **PLAISANCIER.** *n. m.* Personne qui pratique la navigation de plaisance.

PLAISANT, ANTE. *adj.* et *n. m.* ★ I. *Adj.* • 1° Qui plaît, procure du plaisir. V. **Agréable, attrayant.** || Contr. **Déplaisant.** || *Une maison plaisante.* V. **Aimable, gai.** *Ce n'est guère plaisant.* V. **Engageant.** — *(Personnes)* Assez agréable, charmant. *C'est une femme plaisante.* • 2° Qui plaît en amusant, en faisant rire. V. **Comique, drôle, rigolo** *(fam.). Je vais vous raconter une anecdote assez plaisante.* • 3° *Iron.* et *littér.* Bizarre, risible. *Je vous trouve plaisant d'oser me dire cela à moi.* ★ II. *N. m.* • 1° Littér. *Le plaisant (de qqch.),* ce qui plaît, ce qui amuse. • 2° MAUVAIS PLAISANT : personne qui fait des plaisanteries de mauvais goût. V. **Plaisantin.** ▼ **PLAISAMMENT.** *adv.* • 1° *Causer plaisamment et agréablement.* • 2° *Une colère plaisamment simulée.* V. **Drôlement.** || Contr. **Sérieusement.** ||

PLAISANTER [plɛzɑ̃te]. *v.* (1) ★ I. *V. intr.* • 1° Faire ou (plus souvent) dire des choses destinées à faire rire ou à amuser. V. **Blaguer.** *Je ne suis pas d'humeur à plaisanter. Ils ont plaisanté à propos de tout, et sur tout le monde.* • 2° Dire ou faire qqch. par jeu, sans penser être pris au sérieux. V. **Charrier** *(pop.),* **rire.** *C'est un homme qui ne plaisante pas,* qui prend tout au sérieux. *Ne plaisantez pas avec cela !* ★ II. V. tr. *(Compl. personne).* Railler légèrement, sans méchanceté. V. **Taquiner.**

PLAISANTERIE. *n. f.* • 1° Propos destinés à faire rire, à amuser. *Il ne fait que des plaisanteries de mauvais goût. Savoir manier la plaisanterie* (V. **Humour**). • 2° Propos ou actes visant à se moquer. V. **Quolibet, taquinerie.** *C'était une plaisanterie à l'adresse de ta famille. Être victime d'une mauvaise plaisanterie.* V. **Farce.** *Il ne comprend pas la plaisanterie.* • 3° Chose peu sérieuse, dérisoire, très facile. V. **Bêtise.** *Faire des réformes ? La bonne plaisanterie ! Ce sera pour lui une plaisanterie de battre ce record.* V. **Bagatelle.**

PLAISANTIN. *n.* et *adj. m.* • Personne qui fait des plaisanteries d'un goût douteux. V. **Plaisant** (mauvais). *C'est un plaisantin, mais il n'est pas méchant. — Vous êtes un petit plaisantin !*

PLAISIR [pleziʀ]. *n. m.* ★ I. Sensation ou émotion agréable, liée à la satisfaction d'une tendance, d'un besoin, à l'exercice harmonieux des activités vitales. • 1° LE PLAISIR. V. **Bien-être, contentement.** || Contr. **Déplaisir, douleur.** || *Le plaisir esthétique. La recherche du plaisir.* V. **Désir.** *Éprouver du plaisir. — Je vous souhaite bien du plaisir,* formule de politesse ironique. — FAIRE PLAISIR : être agréable (à qqn) en rendant service, etc. *Voulez-vous me faire le plaisir de dîner avec moi ?* (Par menace) *Fais-moi le plaisir de te taire !* • 2° Absolt. *Le plaisir,* le plaisir des sens, de la chair. V. **Volupté.** • 3° UN PLAISIR, LES PLAISIRS : émotion, sentiment agréable (correspondant à des circonstances particulières). *Les plaisirs de l'alpinisme.* • 4° *Le plaisir de (qqch.),* le plaisir causé par (une chose, un objet, ou une espèce d'objets). *Le plaisir du devoir accompli.* V. **Satisfaction.** • 5° Loc. *Avoir du plaisir à* (suivi de l'inf.), être charmé, ravi de. *J'espère que nous aurons bientôt le plaisir de vous voir.* V. **Avantage.** — *Ce sera un plaisir de les voir. — Au plaisir de vous revoir,* formule aimable d'adieu. *Ellipt.* (Pop.) *Au plaisir !* • 6° POUR LE PLAISIR, POUR SON PLAISIR, PAR PLAISIR : sans autre raison que le plaisir qu'on y trouve. *Il ment pour le plaisir, par plaisir.* • 7° AVEC PLAISIR. *Travailler avec plaisir. Viendrez-vous ? Avec grand plaisir.* ★ II. *(Surtout plur.).* • 1° Ce qui peut donner une émotion ou une sensation agréable (objets ou actions). V. **Agrément, amusement, distraction, divertissement.** *Il est jeune, il court après les plaisirs de la vie. Réserver une part de son budget pour ses menus plaisirs.* — (Au sing.) *Un plaisir coûteux.* • 2° Les plaisirs sensuels. *Mener une vie de plaisirs,* de débauche. — (Sing. collectif) *Fréquenter les lieux de plaisir.* ★ III. (Dans des expressions). • 1° *Si c'est votre plaisir, si c'est votre bon plaisir,* ce qu'il vous plaît de faire, d'ordonner. • 2° À PLAISIR : en obéissant à un caprice, sans justification raisonnable. V. **Raison** (sans). *Vous dramatisez à plaisir.*

1. PLAN, PLANE [plɑ̃, plan]. *adj.* • 1° Sans aspérité, inégalité, ni courbure (d'une surface). V. **Plat, uni.** || Contr. **Courbe.** || *Surface, figure plane.* • 2° *Géométrie plane,* qui étudie les figures planes (*opposé à* dans l'espace).

2. PLAN. *n. m.* • **1°** Surface plane (dans quelques emplois). PLAN INCLINÉ. *Toit en plan incliné.* — PLAN D'EAU : surface d'eau calme et unie. • **2°** En géométrie, Surface contenant entièrement toute droite joignant deux de ses points. *Plans parallèles; perpendiculaires.* • **3°** Chacune des surfaces planes, perpendiculaires à la direction du regard, représentant les profondeurs, les éloignements (dessin, peinture, photo). *Au premier plan,* à peu de distance. — Loc. *Mettre (qqch.) au premier plan,* lui accorder une importance primordiale, essentielle. *Je les mets tous sur le même plan. — Sur le plan de...* (suivi d'un subst.), *sur le plan* (suivi d'un adj. abstrait), au point de vue (de). *Sur le plan logique, moral. Au plan...* (même sens). • **4°** Image (photo), succession d'images (cinéma) définie par l'éloignement de l'objectif et de la scène à photographier, et par le contenu de cette image (dimension des objets). *Gros plan de visage, dans un film.* — Prise de vue effectuée sans interruption ; les images qui en résultent. *Plan séquence,* plan qui dure pendant une séquence entière.

3. PLAN. *n. m.* ★ **I.** • **1°** Représentation (d'une construction, d'un jardin, etc.) en projection horizontale. *Plan d'un bâtiment. Tracer un plan.* • **2°** Carte à grande échelle (d'une ville, d'un réseau de communications). *Plan de Paris.* • **3°** Reproduction en projection orthogonale (d'une machine). *Plans et maquettes d'un prototype d'avion.* ★ **II.** • **1°** Projet élaboré, comportant une suite ordonnée d'opérations destinée à atteindre un but. *Plan d'action. Avoir, exécuter un plan. Plan stratégique.* • **2°** *Plan d'une œuvre, d'un ouvrage,* disposition, organisation de ses parties. V. **Canevas.** *Faites le plan de votre dissertation.* • **3°** Ensemble des dispositions arrêtées en vue de l'exécution d'un projet. V. **Planification, planning.** *Plan économique. Les services du Plan,* de l'administration qui prépare les grands plans d'équipement, en France. • **4°** *Fam.* EN PLAN : sur place, sans s'en occuper. V. **Abandonner, planter** (là). *Tous les projets sont restés en plan.* V. **Suspens** (en).

1. PLANCHE [plɑ̃ʃ]. *n. f.* • **1°** Pièce de bois plane, plus longue que large. V. **Latte, planchette.** *Scier des planches dans un tronc d'arbre.* — Loc. *Planche à dessin,* panneau de bois parfaitement plan sur lequel on fixe une feuille de papier à dessin. *Planche à laver, à repasser. Planche à pain,* sur laquelle on pose le pain pour le couper. — Loc. *Être cloué entre quatre planches,* mort et enfermé dans le cercueil. — Loc. *Planche de salut,* suprême appui ; ultime ressource, dernier moyen. — *Faire la planche,* flotter sur le dos. • **2°** LES PLANCHES : le plancher de la scène, au théâtre. *Monter sur les planches,* en scène ; faire du théâtre. • **3°** Pièce de bois plate et mince; plaque, feuille de métal poli, destinée à la gravure. *Les planches d'imprimerie.* • **4°** Estampe tirée sur une planche gravée. — Feuille ornée d'une gravure. *Les planches en couleurs d'un livre.* • **5°** *Fam.* Ski.

2. PLANCHE. *n. f.* • Espace de terre cultivée, plus long que large, dans un jardin. *Les planches d'un carré de légumes.*

PLANCHÉIER [plɑ̃ʃeje]. *v. tr.* (7) • Garnir (le sol, les parois intérieures d'une construction) d'un assemblage de planches. — Au p. p. *Une chambre toute planchéiée.*

1. PLANCHER [plɑ̃ʃe]. *n. m.* • **1°** Ouvrage qui, dans une construction, constitue une plate-forme horizontale au rez-de-chaussée, ou une séparation entre deux étages. • **2°** Sol de la pièce constitué d'un assemblage de bois (plus grossier que le *parquet*). *Lattes, lames d'un plancher. Plancher de chêne.* — Sol (d'un véhicule, etc.). *Plancher d'un ascenseur.* — Loc. *Débarrasser le plancher,* sortir, être chassé. — Fam. *Le plancher des vaches,* la terre ferme. • **3°** En anatomie, Paroi inférieure. *Plancher buccal.*

2. PLANCHER. *v. intr.* (1) • *Arg. scol.* Subir une interrogation, faire un travail au tableau (la « planche »). *Il m'a fait plancher pendant une heure.*

PLANCHETTE. *n. f.* • Petite planche. V. **Tablette.**

PLANCTON [plɑ̃ktɔ̃]. *n. m.* • Ensemble des organismes (en général de très petite taille) qui vivent en suspension dans l'eau de mer. *Plancton végétal, animal.*

PLANER [plane]. *v. intr.* (1) • **1°** Se soutenir en l'air sans remuer ou sans paraître remuer les ailes (en parlant des oiseaux). V. **Voler.** *Des faucons planaient.* • **2°** *Littér.* Considérer de haut, dominer du regard. *L'œil plane sur la ville entière.* • **3°** Dominer par la pensée. *Planer au-dessus des querelles.* — Rêver, être perdu dans l'abstraction. *Il a toujours l'air de planer.* • **4°** *(Choses).* Flotter en l'air. *Une vapeur épaisse planait.* • **5°** *(Abstrait).* Constituer une présence menaçante. *Un danger planait sur nous.* ▼ **PLANÉ, ÉE.** *adj.* VOL PLANÉ (d'un oiseau qui plane ; d'un avion dont les moteurs sont arrêtés). — Fam. *Faire un vol plané,* une chute.

PLANÈTE [planɛt]. *n. f.* • Corps céleste du système solaire, décrivant autour du Soleil une orbite elliptique peu allongée dans un plan voisin de l'écliptique (Mercure, Vénus, la Terre, Mars, Jupiter, Saturne, Uranus, Neptune et Pluton). *La trajectoire d'une planète. Les planètes empruntent leur lumière au Soleil.* ▼ **PLANÉTAIRE.** *adj.* • **1°** Relatif aux planètes. *Système planétaire.* • **2°** Relatif à toute la planète Terre. V. **Mondial.** *Expansion planétaire de la technique.* ▼ **PLANÉTARIUM** [planetaʀjɔm]. *n. m.* Représentation de la voûte céleste, des astres, etc., sur une voûte.

PLANEUR. *n. m.* • Appareil semblable à un avion léger, mais sans moteur, et destiné à planer. *Pilotage des planeurs,* vol à voile.

PLANI-. • Élément signifiant « plan ».

PLANIFIER [planifje]. *v. tr.* (7) • Organiser suivant un plan. *Planifier l'économie d'une région.* — Au p. p. *Économie planifiée.* ▼ **PLANIFICATEUR, TRICE.** *n.* Personne qui organise selon un plan (3). — Adj. *Mesures planificatrices.* ▼ **PLANIFICATION.** *n. f.* Organisation selon un plan. *La planification* *en régime capitaliste* (V. **Dirigisme**) ; *en régime socialiste.*

PLANISPHÈRE [planisfɛʀ]. *n. m.* • Carte où l'ensemble du globe terrestre est représenté en projection plane. V. **Mappemonde.**

PLANNING [planiŋ]. *n. m.* • *Anglicisme.* • **1°** Plan de travail détaillé, programme chiffré de l'activité d'une entreprise. *Planning industriel.* • **2°** *Planning familial*, contrôle des naissances dans un foyer.

PLANQUE [plɑ̃k]. *n. f.* • **1°** *Pop.* Lieu où l'on cache qqch. ou qqn. V. **Cachette.** • **2°** Place abritée, peu exposée ; place où le travail est facile. V. **Combine, filon.** *Il a trouvé une bonne planque.*

PLANQUER. *v. tr.* (1) • **1°** Cacher, mettre à l'abri. *Il a planqué le fric.* • **2°** SE PLANQUER. *v. pron.* Se mettre à l'abri du danger. V. **Embusquer** (s'). — Au p. p. *Planqué, ée.* Subst. *Il ne risque rien, c'est un planqué.*

PLANT [plɑ̃]. *n. m.* • **1°** Ensemble de végétaux de même espèce plantés dans un même terrain ; ce terrain. V. **Pépinière.** *Un plant de rosiers.* • **2°** Végétal au début de sa croissance, destiné à être repiqué ou qui vient de l'être. *Il faut repiquer les plants de salades.*

PLANTAIN [plɑ̃tɛ̃]. *n. m.* • Herbe très commune, dont la semence sert à nourrir les oiseaux.

PLANTAIRE. *adj.* • Qui appartient à la plante (2) du pied. *Douleurs plantaires.*

PLANTATION. *n. f.* ★ **I.** Action, manière de planter. *Plantation à la bêche. C'est la saison des plantations.* ★ **II.** • **1°** Ensemble de végétaux plantés (généralement au plur.). *L'orage a saccagé les plantations.* V. **Culture.** • **2°** Terrain, champ planté. *Une plantation de légumes* (potager), *d'arbres fruitiers* (verger). • **3°** Exploitation agricole de produits tropicaux. V. **Planteur.** *Une plantation ou l'on cultive le café.* ★ **III.** *Plantation des cheveux*, manière dont ils sont plantés (I, 4°), ligne qui délimite la chevelure.

1. PLANTE [plɑ̃t]. *n. f.* • Végétal (surtout végétal à racine, tige, feuilles [*opposé à* mousse, etc.], de petite taille [*opposé à* arbre]). *Les animaux et les plantes. Étude des plantes.* V. **Botanique.** *Plantes d'un lieu, d'un pays.* V. **Flore, végétation.** *Plante grimpante, naine, rampante. Plantes grasses*, les cactus. *Plantes ornementales.* V. **Fleur.** *Plantes d'appartements, plantes vertes*, sans fleurs, à feuilles toujours vertes.

2. PLANTE. *n. f.* • Face inférieure (du pied) ; la partie comprise entre le talon et la base des orteils. V. **Plantaire.** — (Plus courant) *La plante du pied, des pieds.*

PLANTÉ, ÉE. *adj.* • *(Personnes).* • **1°** *Bien planté*, droit et ferme sur ses jambes, bien bâti. • **2°** *Planté quelque part*, debout et immobile. *Ne restez pas planté là à me regarder.*

PLANTER [plɑ̃te]. *v. tr.* (1) ★ **I.** • **1°** Mettre, fixer (un plant, une plante) en terre. ‖ Contr. **Arracher, déraciner.** ‖ *Planter des salades.* V. **Repiquer.** • **2°** Mettre en terre (des graines, bulbes, tubercules). V. **Semer.** *Planter des haricots.* • **3°** *Planter un lieu*, garnir de végétaux qu'on plante par plants ou semences. V. **Ensemencer.** *Avenue plantée d'arbres.* • **4°** Enfoncer, faire entrer en terre (un objet). V. **Ficher.** *Planter un pieu. Planter des clous.* — Au p. p. *Être planté* (cheveux, poils de barbe, dents), pousser d'une certaine façon. *Cheveux plantés serrés.* • **5°** Mettre, placer debout, droit. V. **Dresser.** *Planter une échelle.* V. **Poser.** *Planter les décors*, les disposer sur scène. • **6°** PLANTER LÀ : abandonner brusquement (une personne, une chose en un endroit). *Il l'a planté là et s'est enfui en courant. Elle est décidée à tout planter là.* ★ **II.** SE PLANTER. *v. pron.* • **1°** (Sens passif). *Arbuste qui se plante en automne.* • **2°** *(Personnes).* Se tenir debout et immobile (par rapport à qqch.) *Il est venu se planter devant nous.*

PLANTEUR, EUSE. *n.* • Agriculteur, arboriculteur qui possède et exploite une plantation dans les pays tropicaux.

PLANTIGRADE [plɑ̃tigʀad]. *adj.* et *n. m.* • Se dit d'un animal qui marche sur la plante des pieds. *L'ours est plantigrade. — Les Plantigrades.*

PLANTON [plɑ̃tɔ̃]. *n. m.* • **1°** Soldat de service auprès d'un officier supérieur, pour porter ses ordres ; sentinelle sans armes. • **2°** Fam. *Rester de planton une heure pour voir qqn*, attendre debout.

PLANTUREUX, EUSE [plɑ̃tyʀø, øz]. *adj.* • **1°** Très abondant. *Repas plantureux et bien arrosé.* V. **Copieux.** • **2°** *Femme plantureuse*, grande et bien en chair. ▼ **PLANTUREUSEMENT.** *adv.*

PLAQUAGE [plakaʒ]. *n. m.* • **1°** Action de plaquer (I, 4°) un adversaire, au rugby. • **2°** *Pop.* Abandon.

PLAQUE [plak]. *n. f.* ★ **I.** • **1°** Feuille d'une matière rigide, plate et peu épaisse. *Plaque d'égout. Plaque de propreté*, appliquée autour des poignées de portes. *Plaques chauffantes d'une cuisinière. — Plaque de chocolat.* • **2°** Plaque portant une inscription. *Plaque d'identité. Plaque d'immatriculation.* • **3°** PLAQUE TOURNANTE : plate-forme tournante, servant à déplacer le matériel roulant ; carrefour, centre. *Paris est la plaque tournante de la France.* • **4°** *Plaque sensible (photographique)*, support rigide recouvert d'une émulsion sensible. ★ **II.** Tache. *Avoir des plaques rouges sur le visage.*

PLAQUER [plake]. *v. tr.* (1) ★ **I.** • **1°** Appliquer (une plaque) sur qqch. (V. **Coller ; contre-plaqué**). • **2°** Mettre (qqch.) à plat. *Se plaquer les cheveux.* • **3°** *Plaquer un accord*, en maintenir les notes ensemble avec force. • **4°** *Plaquer qqn contre, sur qqch.*, l'y appuyer avec force. — En sports, Faire tomber (le porteur du ballon) en le saisissant par les jambes. V. **Plaquage.** ★ **II.** *Pop.* Abandonner (qqn, qqch.). *Elle a plaqué son mari. Il a tout plaqué pour elle.* V. **Lâcher.** ★ **III.** Couvrir (qqch.) d'une couche plate (de métal). — *Bijoux plaqués* (*opposé à* massif). ▼ **PLAQUÉ.** *n. m.* Métal recouvert d'un autre plus précieux. *Plaqué or, argent.*

PLAQUETTE. *n. f.* • **1°** Petite plaque. *Plaquette de marbre.* • **2°** Petit livre très mince. *Lire une plaquette de vers.*

PLASMA [plasma]. *n. m.* • 1° *Plasma sanguin*, partie liquide du sang. V. **Sérum.** • 2° Gaz entièrement ionisé.

PLAST-, -PLASTE, -PLASTIE. • Éléments signifiant « modeler » (*ex. :* galvanoplastie, rhinoplastie).

PLASTIC [plastik]. *n. m.* • Masse d'explosif ayant la consistance du mastic. *Attentat au plastic* (plasticage). V. **Plastiquer.**

PLASTIFIER [plastifje]. v. tr. (7) • Donner les propriétés d'une matière plastique à (une substance). — Couvrir, enrober de matière plastique. *Fils plastifiés.*

1. PLASTIQUE [plastik]. *adj.* et *n. f.* ★ **I.** • 1° Relatif aux arts qui élaborent des formes. *Arts plastiques*, sculpture, architecture, dessin, peinture. *La beauté plastique d'une œuvre.* • 2° N. f. *Les règles de la plastique.* • 3° Beau de forme. *Des gestes plastiques.* ★ **II.** Flexible, malléable, mou. ‖ Contr. **Rigide.** ‖ *L'argile est plastique.* ▼ **PLASTICITÉ** [plastisite]. n. f. *Plasticité de la cire. — La plasticité du caractère de l'enfant.* ▼ **PLASTIQUEMENT.** *adv.*

2. PLASTIQUE. *adj.* et *n. m.* • MATIÈRE PLASTIQUE, UN PLASTIQUE *(n. m.)* : mélange contenant une matière de base susceptible d'être moulée (bakélite, cellulose, galalithe, nylon, résine, silicone...). *Vaisselle en matière plastique, en plastique.*

PLASTIQUER [plastike]. *v. tr.* (1) • Faire exploser au plastic. *Terroristes qui plastiquent une maison.* ▼ **PLASTIQUEUR.** *n. m.* ▼ **PLASTICAGE** ou **PLASTIQUAGE.** *n. m.* Attentat au plastic.

PLASTRON [plastʀɔ̃]. *n. m.* • Partie de certains vêtements qui recouvre la poitrine. *Plastron de chemise. — Plastron d'escrimeur* (protection).

PLASTRONNER. *v. intr.* (1) • 1° Bomber le torse. • 2° V. **Parader, poser.** *Il plastronne pour la galerie.*

1. PLAT, PLATE [pla, plat]. *adj.* ★ **I.** *(Concret).* • 1° Qui présente une surface plane ; horizontale. *Les anciens croyaient que la Terre était plate. Pays plat*, plaine, plateau. ‖ Contr. **Accidenté, montagneux.** ‖ • 2° Dont le fond est plat ou peu profond. *Assiette plate.* • 3° Peu saillant. *Poitrine plate. — Talons plats* (*opposé à* hauts). • 4° *Loc. adv.* À PLAT VENTRE : étendu, couché sur le ventre, la face contre terre. *Se coucher, se mettre à plat ventre*, sur le ventre. *Ils sont à plat ventre devant leurs supérieurs*, ils s'abaissent servilement. • 5° De peu d'épaisseur. *Avoir la bourse plate*, vide. • 6° *Loc. adv.* À PLAT : horizontalement, sur la surface plate. — *Pneu à plat.* V. **Dégonflé.** *(Personnes)* Fam. *Être à plat*, déprimé, épuisé. *Sa maladie l'a mis à plat. — Tomber à plat*, être un échec complet. *Ses astuces tombent toujours à plat.* • 7° *Rimes plates*, alternance de deux vers à rime masculine et deux vers à rime féminine. ★ **II.** *(Abstrait).* • 1° Sans caractère saillant ni qualité frappante. *Style plat.* V. **Fade, médiocre.** • 2° *(Personnes).* Obséquieux. *Il est toujours très plat devant ses supérieurs. De plates excuses.* • 3° *De l'eau plate*, non gazeuse.

2. PLAT. *n. m.* • 1° La partie plate de qqch. *Le plat de la main*, la paume et les doigts non repliés. ‖ Contr. **Dos.** ‖ • 2° *Fam.* FAIRE DU PLAT *à qqn.* V. **Courtiser, flatter.** *Faire du plat à une femme*, tenter de la séduire par de belles paroles. • 3° Chacun des deux côtés de la reliure d'un livre.

3. PLAT. *n. m.* ★ **I.** • 1° Pièce de vaisselle plus grande que l'assiette, dans laquelle on sert les aliments à table. *Plats à poissons, à légumes. — Œufs au plat, sur le plat*, qu'on fait cuire sur un plat sans les brouiller. — Loc. *Mettre les pieds dans le plat*, intervenir maladroitement. *Mettre les petits plats dans les grands*, se mettre en frais en l'honneur de qqn. • 2° PLAT À BARBE [pla(t)abaʀb] : plat ovale échancré utilisé autrefois par les barbiers. ★ **II.** Mets d'un repas. *Plats régionaux.* V. **Spécialité.** — *Plat garni*, composé de viande ou de poisson et de légumes. *Plat du jour*, au restaurant, plat qui varie selon les jours. *Plat de résistance*, plat principal. — Fam. *Faire tout un plat de qqch.*, en faire toute une affaire. ▼ **PLATÉE.** *n. f.* Contenu d'un plat. *Une platée de purée.*

PLATANE [platan]. *n. m.* • 1° Arbre élevé, au feuillage épais, à écorce lisse se détachant par plaques irrégulières. *Avenue de platanes.* — Fam. *Rentrer dans un platane*, heurter un arbre (en voiture). • 2° FAUX PLATANE : variété d'érable (sycomore).

PLATEAU [plato]. *n. m.* • 1° Support plat servant à poser et à transporter divers objets. *Servir le déjeuner sur un plateau.* Loc. *Il voudrait qu'on lui apporte tout sur un plateau* (ou sur un plat), sans avoir d'effort à faire. — *Plateaux d'une balance. — Plateau (d'un tourne-disques)*, plateau tournant où l'on pose les disques. • 2° Étendue de pays assez plate et dominant les environs. *Plateau calcaire* (causse). *Plateau continental*, partie relativement plate et surélevée des fonds marins. • 3° Plate-forme où est présenté un spectacle, etc. *Plateau d'un théâtre*, les planches, la scène. *Plateau d'un studio de cinéma.* — Ensemble des installations, du personnel nécessaires à la prise de vue en studio. *Frais de plateau.*

PLATE-BANDE [platbɑ̃d]. *n. f.* • Bande de terre cultivée, dans un jardin. — Loc. fam. *Marcher sur les plates-bandes de qqn*, empiéter sur son domaine.

1. PLATE-FORME [platfɔʀm(ə)]. *n. f.* • 1° Surface plane, horizontale, plus ou moins surélevée. *Toit en plate-forme.* V. **Terrasse.** *Plate-forme de quai.* • 2° Partie ouverte, non munie de sièges (d'un véhicule public). *Rester en plate-forme.* • 3° Plateau (2°). *Plate-forme d'érosion.*

2. PLATE-FORME. *n. f.* • Ensemble d'idées, sur lesquelles on s'appuie pour présenter une politique commune. V. **Base.** *La plate-forme électorale d'un parti.*

PLATEMENT. *adv.* • D'une manière plate, banalement. *C'est écrit platement.*

1. PLATINE [platin]. *n. f.* • Se dit de pièces, de supports plats. *La platine d'une pendule.* — Mince lame utilisée comme support (dans des appareils scientifiques). *Platine de microscope.*

2. PLATINE [platin]. *n. m.* • 1° Métal précieux, blanc grisâtre, utilisé en bijouterie. • 2° *Adj. invar.* De la couleur du platine. *Des cheveux platine.* ▼ **1. PLATINÉ, ÉE.** *adj.* Teint en blond presque blanc. *Une blonde platinée, à cheveux platinés.*

2. PLATINÉ, ÉE. *adj.* • VIS PLATINÉES : dans un moteur d'automobile, Pièces de contact pour l'allumage.

PLATITUDE [platityd]. *n. f.* • 1° Caractère de ce qui est plat, sans originalité. V. **Médiocrité.** • 2° UNE PLATITUDE. V. **Banalité, fadaise.** *Débiter des platitudes.* • 3° Acte qui témoigne de servilité. *Il est incapable de faire des platitudes.*

PLATONICIEN, IENNE [platɔnisjɛ̃, jɛn]. *adj.* • Qui s'inspire de la philosophie de Platon (et de ses disciples) ou *platonisme. Philosophes platoniciens,* et subst. *Les platoniciens.*

PLATONIQUE. *adj.* • 1° Qui a un caractère purement idéal. *Amour platonique,* chaste. || Contr. **Charnel.** || • 2° Qui a un caractère théorique, n'a pas d'effet concret. *Une décision platonique et inapplicable.* ▼ **PLATONIQUEMENT.** adv. *Il l'aime platoniquement.*

PLÂTRAGE [plɑtʀaʒ]. *n. m.* • Action de plâtrer. *Le plâtrage d'un mur.*

PLÂTRAS [plɑtʀa]. *n. m.* • 1° Morceau d'un ouvrage en plâtre détaché. V. **Débris, gravats.** *De gros plâtras se détachaient.* • 2° Chose informe et lourde. *Avoir un plâtras sur l'estomac,* l'estomac chargé.

PLÂTRE [plɑtʀ(ə)]. *n. m.* • 1° Gypse. *Carrière de plâtre.* • 2° Poudre blanche tirée du gypse et servant de matériau. *Pierre à plâtre,* le gypse. *Sac de plâtre.* — Loc. *Battre qqn comme plâtre,* avec violence. • 3° LES PLÂTRES : les revêtements, les ouvrages de plâtre. *Refaire les plâtres.* Loc. *Essuyer les plâtres.* V. **Essuyer.** • 4° *Un plâtre,* objet moulé en plâtre. • 5° Appareil formé de pièces de tissus imprégnées de plâtre, pour maintenir un organe immobile. *On lui enlève son plâtre demain.* ▼ **PLÂTRER.** *v. tr.* (1) • 1° Couvrir de plâtre ; sceller avec du plâtre (V. **Plâtrage**). *La muraille est plâtrée d'un crépi à la chaux.* • 2° Mettre (un membre fracturé) dans un plâtre. *Jambe plâtrée.* • 3° Fam. *Se plâtrer,* se farder de blanc, exagérément et mal. ▼ **PLÂTRERIE.** *n. f.* • 1° Entreprise, usine où l'on fabrique le plâtre. V. **Plâtrière.** • 2° Travail du plâtrier. V. **Bâtiment, maçonnerie.** ▼ **PLÂTREUX, EUSE.** *adj.* • 1° Couvert de plâtre. • 2° D'une blancheur de plâtre. *Teint plâtreux.* ▼ **PLÂTRIER.** *n. m.* Ouvrier qui utilise le plâtre gâché pour le revêtement et divers ouvrages (V. **Maçon**). *Plâtrier peintre.* ▼ **PLÂTRIÈRE.** *n. f.* • 1° Carrière de gypse, de plâtre. • 2° Four à plâtre.

PLAUSIBLE [plozibl(ə)]. *adj.* • Qui semble devoir être admis. V. **Admissible, vraisemblable.** *C'est une raison très plausible.* V. **Probable.**

PLAY-BACK [plɛbak]. *n. m.* • *Anglicisme.* Procédé d'enregistrement du son en plusieurs fois (réenregistrement).

PLAY-BOY [plɛbɔj]. *n. m.* • *Anglicisme.* Homme jeune, élégant, riche, qui mène une vie de plaisirs. *Des play-boys.*

PLÈBE [plɛb]. *n. f.* • 1° Second ordre du peuple romain. V. **Plébéien.** • 2° *Péj.* et *littér.* Le bas peuple. V. **Populace, racaille.** ▼ **PLÉBÉIEN, IENNE.** *n.* et *adj.* • 1° Romain(e) de la plèbe. || Contr. **Patricien.** || • 2° *Adj.* Littér. *Des goûts plébéiens.* V. **Populaire.** || Contr. **Aristocratique.** ||

PLÉBISCITE [plebisit]. *n. m.* • Vote direct du corps électoral par *oui* ou par *non* sur la confiance qu'il accorde à celui qui a pris le pouvoir. V. **Référendum.** ▼ **PLÉBISCITAIRE.** adj. *Consulter les électeurs par voie plébiscitaire.* ▼ **PLÉBISCITER.** *v. tr.* (1) • 1° Voter (qqch.), désigner (qqn) par plébiscite. *Les Français plébiscitèrent Louis-Napoléon Bonaparte.* • 2° Élire (qqn) ou approuver (qqch.) à une majorité écrasante.

-PLÉGIE. • Élément signifiant « frapper » (noms de maladies).

PLÉIADE [plejad]. *n. f.* • 1° (Avec la majuscule). Chacune des six étoiles qui forment un groupe dans la constellation du Taureau. • 2° (P majuscule). Groupe de sept grands poètes français de la Renaissance. *Les poètes de la Pléiade.* • 3° Groupe de personnes remarquables. *Une pléiade de compositeurs.*

1. PLEIN, PLEINE [plɛ̃, plɛn]. *adj.* ★ **I.** • 1° *(Sens fort).* Qui contient toute la quantité possible. V. **Rempli.** || Contr. **Vide.** || *Un verre plein à ras bords. Une valise pleine à craquer.* — *Parler la bouche pleine. Avoir l'estomac plein.* • 2° (Personnes). *Un convive plein comme une barrique.* Fam. *Un gros plein de soupe,* un homme gros, vulgaire et riche. — Se dit d'une femelle animale en gestation. V. **Gros.** • 3° (Avant le nom). *Un plein panier de légumes,* le contenu d'un panier. — *À pleine main,* avec la main pleine. — *Sentir à plein nez,* très fort. • 4° Qui contient autant de personnes qu'il est possible. V. **Bondé.** *Les autobus sont pleins.* V. **Complet.** • 5° (Temps). *Une journée pleine,* bien occupée. • 6° *(Abstrait).* Qui éprouve entièrement (un sentiment), est rempli (de connaissances, d'idées). *Avoir le cœur plein,* avoir du chagrin. — *(Personnes)* PLEIN DE... pénétré de. *Être plein de son sujet, d'une préoccupation.* — PLEIN DE SOI : occupé et content de soi-même. V. **Imbu, infatué.** • 7° *Fam.* PLEIN AUX AS : très riche. ★ **II.** • 1° Dont la matière occupe tout le volume. || Contr. **Creux.** || *Une sphère pleine.* — (Formes humaines) Rond. V. **Dodu, potelé.** *Des joues pleines.* • 2° Qui est entier, à son maximum. *La pleine lune. Reliure pleine peau,* entièrement en peau. — *Un jour plein,* de 24 heures. *Travailler à plein temps, à temps plein.* • 3° Qui a sa plus grande force. V. **Total.** *Plein succès. Donner pleine satisfaction.* • 4° *Loc. adv.* À PLEIN, EN PLEIN. V. **Pleinement, totalement.** *Argument qui porte à plein.* • 5° EN PLEIN(E), suivi d'un subst. : au milieu de. *Vivre en plein air.* V. **Dehors.** *En pleine mer,* au large. *Se réveiller en pleine nuit.* — Exactement (dans, sur). *Visez en plein milieu.* • 6° *Loc.*

adv. EN PLEIN SUR, EN PLEIN DANS *(fam.)* : juste, exactement. *La bombe est tombée en plein sur la gare.* • 7° *La pleine mer*, le large. *Le plein air*, l'extérieur. ★ **III.** *(Sens faible).* PLEIN DE : qui contient, qui a beaucoup de. *Pré plein de fleurs*, qui abonde, regorge de fleurs. *Des yeux pleins de larmes. Les rues sont pleines de monde.* — (Personnes) *Être plein de santé.* — *Fam.* TOUT PLEIN DE... *Expression toute pleine de candeur.* ★ **IV.** (Confondu avec *plain*). Loc. *Se heurter de plein fouet*, se jeter en ligne droite l'un contre l'autre. ▼ **PLEINEMENT.** *adv.* Entièrement, totalement. *Jouir pleinement d'un bien. Il est pleinement responsable.* V. **Parfaitement.**

2. PLEIN. *n. m.* ★ **I.** LE PLEIN (DE). • 1° État de ce qui est plein. *La lune était dans son plein.* • 2° BATTRE SON PLEIN : être à son point culminant. *Les fêtes battaient leur plein.* • 3° La plénitude, le maximum. *C'était le plein de la bousculade.* • 4° *Faire le plein de*, emplir totalement un réservoir. *Faire le plein (d'essence).* ★ **II.** UN PLEIN. • 1° Endroit plein (d'une chose). *Les pleins et les vides.* • 2° Trait épais, dans l'écriture calligraphiée. *Un écolier qui fait des pleins et des déliés.*

3. PLEIN. *prép.* et *adv.* • 1° *(Prép.).* En grande quantité dans. *Avoir de l'argent plein les poches*, beaucoup. — Loc. *En avoir plein la bouche* (de qqn, qqch.), en parler fréquemment. Fam. *En avoir plein les bottes*, être fatigué d'avoir marché. *En avoir plein le dos*, en avoir assez. — *Fam.* Partout sur. *Il avait du poil plein la figure.* • 2° *(Fam.).* PLEIN DE. *Loc. prép.* V. **Beaucoup.** *Il y avait plein de monde.* • 3° Adv. *Fam.* TOUT PLEIN. V. **Très.** *C'est mignon tout plein, tout plein mignon.*

PLEIN-EMPLOI ou **PLEIN EMPLOI** [plɛnɑ̃plwa]. *n. m.* • Emploi de la totalité des travailleurs. || Contr. **Chômage.** || *Politique de plein-emploi.*

PLÉNIER, IÈRE [plenje, jɛʀ]. *adj.* • *Assemblée plénière*, où siègent tous les membres.

PLÉNIPOTENTIAIRE [plenipɔtɑ̃sjɛʀ]. *n. m.* et *adj.* • Agent diplomatique qui a pleins pouvoirs pour l'accomplissement d'une mission. V. **Envoyé.** — Adj. *Ministre plénipotentiaire*, titre immédiatement inférieur à celui d'ambassadeur.

PLÉNITUDE [plenityd]. *n. f.* • 1° *Littér.* Ampleur, épanouissement. *La plénitude des formes.* • 2° État de ce qui est complet, dans toute sa force. *Un homme dans la plénitude de ses facultés.* V. **Intégrité, totalité.**

PLÉONASME [pleɔnasm(ə)]. *n. m.* • Terme ou expression qui répète ce qui vient d'être énoncé. V. **Redondance, tautologie.** *Pléonasme fautif* (*ex. :* monter en haut ; le jour d'aujourd'hui). ▼ **PLÉONASTIQUE.** adj. *Didact.* Du pléonasme. *Tour pléonastique.*

PLÉTHORE [pletɔʀ]. *n. f.* • Abondance, excès. || Contr. **Pénurie.** || *La pléthore d'un produit sur le marché engendre la mévente.* ▼ **PLÉTHORIQUE.** *adj.* Abondant, surchargé. *Classes pléthoriques*, trop pleines.

PLEUR [plœʀ]. *n. m.* • Plur. (*Vx* ou *littér.*). Le fait de pleurer, les larmes ; cris, plaintes dus à une vive douleur. *Répandre, verser des pleurs.* — EN PLEURS. *Elle était tout en pleurs.*

PLEURAL, ALE, AUX [plœʀal, o]. *adj.* • Qui concerne la plèvre. *Épanchement pleural.*

PLEURARD, ARDE. *adj.* et *n.* • 1° *Fam.* Qui pleure à tout propos. *Gamin pleurard.* V. **Pleurnicheur, (-ard).** — N. *Un pleurard insupportable.* • 2° *Air, ton pleurard.* V. **Plaintif.**

PLEURER [plœʀe]. *v. intr.* (1) ★ **I.** • 1° Répandre des larmes, sous l'effet d'une émotion. V. **Chialer** *(pop.)*, **pleurnicher, sangloter.** || Contr. **Rire.** || *J'ai envie de pleurer. Il pleurait à chaudes larmes, comme un veau*, beaucoup. — *Elle pleurait de rage. Un bébé qui pleure parce qu'il a faim.* V. **Crier.** — Loc. *C'est Jean qui pleure et Jean qui rit*, il passe facilement de la tristesse à la gaieté. • 2° À PLEURER : *à faire pleurer*, au point de pleurer, de faire pleurer (déplorable). *C'est triste à pleurer*, extrêmement. • 3° (En parlant d'un écoulement de larmes physiologique). *À force d'éplucher les oignons, on a les yeux qui pleurent.* ★ **II.** • 1° Être dans un état d'affliction. *Consoler ceux qui pleurent*, les affligés. — PLEURER SUR : s'affliger à propos de (qqn, qqch.). *Pleurer sur son sort.* V. **Gémir, lamenter** (se). • 2° Présenter une demande d'une manière plaintive et pressante. *Il va pleurer auprès de son patron pour obtenir une augmentation.* — Pop. *Pleurer après qqch.*, réclamer avec insistance. ★ **III.** *Trans.* • 1° Regretter, se lamenter sur. *Pleurer sa jeunesse enfuie*, la regretter. — Fam. *Pleurer misère*, se plaindre. • 2° *Fam.* Accorder, dépenser à regret. *Pleurer le pain qu'on mange*, être avare. • 3° Laisser couler (des larmes, des pleurs). *Elle pleura des larmes de joie.* V. **Répandre, verser.**

PLEURÉSIE [plœʀezi]. *n. f.* • Inflammation de la plèvre. *Pleurésie sèche, sans épanchement* (ou : *pleurite*, n. f.). ▼ **PLEURÉTIQUE.** *adj.* • 1° Relatif à la pleurésie. • 2° Qui souffre de pleurésie. — Subst. *Un pleurétique.*

PLEUREUR. *adj.* • *Saule pleureur*, dont les branches s'inclinent.

PLEUREUSE. *n. f.* • Femme payée pour pleurer aux funérailles. *Des pleureuses corses.*

PLEURNICHER [plœʀniʃe]. *v. intr.* (1) • *Fam.* Pleurer sans raison, d'une manière affectée ; se plaindre sur un ton geignard. V. **Larmoyer.** ▼ **PLEURNICHEMENT.** *n. m.* ou **PLEURNICHERIE.** n. f. *Fam.* Le fait de pleurnicher. V. **Larmoiement.** ▼ **PLEURNICHEUR, EUSE** ou **PLEURNICHARD, ARDE.** n. et adj. *Fam.* Personne qui pleurniche. — Adj. *Gamin pleurnicheur.* V. **Geignard, pleurard.**

PLEURO-. • Élément savant signifiant « côté » (mots de médecine). V. **Plèvre.**

PLEUTRE [pløtʀ(ə)]. *n. m.* et *adj.* • *Littér.* Homme sans courage. V. **Lâche, poltron.** || Contr. **Courageux.** || — Adj. *Il est très pleutre.* ▼ **PLEUTRERIE.** n. f. *Littér.* Lâcheté.

PLEUVOIR [pløvwaʀ]. *v. impers.* et *intr.* (23) ★ **I.** *V. impers.* • 1° Tomber, en parlant de l'eau de pluie. V. **Flotter** *(pop.). Il pleut légèrement.* V. **Bruiner, pleuviner.** *Il pleuvait à verse, à flots, à seaux, à torrents. Ça pleut* (pop.), il pleut. • 2° Tomber. *Il pleut de grosses gouttes.* — Loc. fam. *Il ramasse de l'argent comme s'il en pleuvait.* V. **Beaucoup.** ★ **II.** V. personnel *(intr.).* • 1° S'abattre, en parlant de ce que l'on compare à la pluie. *Les obus pleuvaient.* • 2° Affluer, arriver en abondance. *Les médisances pleuvent.* ▼ **PLEUVASSER, PLEUVOTER.** *v. impers.* (1). Pleuvoir légèrement, par petites averses. V. **Crachiner.** ▼ **PLEUVINER** ou **PLUVINER.** *v. intr.* (1). Bruiner, faire du crachin.

PLÈVRE [plɛvʀ(ə)]. *n. f.* • Chacune des deux membranes séreuses qui enveloppent les poumons. *Inflammation de la plèvre.* V. **Pleurésie.**

PLEXIGLAS [plɛksiglɑs]. *n. m.* • Verre de sécurité.

PLEXUS [plɛksys]. *n. m.* • Réseau de nerfs ou de vaisseaux. *Plexus solaire*, au creux de l'estomac.

PLI [pli]. *n. m.* • 1° Partie d'une matière souple rabattue sur elle-même et formant une double épaisseur. *Jupe à plis.* V. **Plissé.** • 2° Ondulation (d'un tissu flottant). *Les plis des drapeaux.* — Mouvement (de terrain) qui forme une ondulation. *Un pli de terrain.* V. **Plissement.** • 3° Marque qui reste à ce qui a été plié. V. **Pliure.** *Faire le pli d'un pantalon*, le repasser. — FAUX PLI, ou PLI : endroit froissé ou mal ajusté ; pliure qui ne devrait pas exister. — Loc. fam. *Cela ne fait (ne fera) pas un pli*, c'est une affaire faite. • 4° MISE EN PLIS : opération qui consiste à donner aux cheveux mouillés la forme, la frisure qu'ils garderont une fois secs. *Je me suis fait une mise en plis.* • 5° Loc. PRENDRE UN (LE) PLI : acquérir une habitude. *Elle a pris un mauvais pli.* • 6° Endroit de la peau qui forme une sorte de repli ou qui porte une marque semblable ; cette marque. *Les plis et les rides du visage.* • 7° Papier replié servant d'enveloppe. *Envoyer un message sous pli cacheté.* • 8° Levée aux cartes.

PLIABLE. *adj.* • Qui peut être plié aisément. V. **Flexible, souple.** *Un carton pliable.* ▼ **PLIAGE.** n. m. *Le pliage du linge.* || Contr. **Dépliage.** ||

PLIANT, ANTE. *adj.* et *n. m.* • 1° Articulé de manière à pouvoir se plier. *Un lit pliant.* • 2° *N. m.* Siège de toile sans dossier ni bras, à pieds articulés en X.

PLIE [pli]. *n. f.* • Poisson plat comestible.

PLIER [plije]. *v.* (7) ★ **I.** *V. tr.* • 1° Rabattre (une chose souple) sur elle-même, mettre en double une ou plusieurs fois. || Contr. **Déplier.** || *Plie ta serviette. Chose pliée en deux.* — Fam. *Plier ses affaires*, les ranger. *Plier bagage*, faire ses bagages, s'apprêter à partir, à fuir. • 2° Courber une chose flexible. V. **Ployer, recourber.** *Plier une branche. — Être plié en deux par l'âge.* V. **Courbé.** • 3° Rabattre l'une sur l'autre (les parties d'un ensemble articulé) ; fermer (cet ensemble). V. **Replier.** *Plier une chaise longue. Plier les genoux.* • 4° *(Compl. personne).* Forcer à s'adapter. *Il plie ses élèves à une discipline sévère.* • 5° SE PLIER. *v. pron.* Suivre, s'adapter par force. V. **Céder, soumettre** (se). *Elle se plie à toutes ses volontés.* V. **Obéir.** || Contr. **Résister.** || *Il faut se plier aux circonstances.* ★ **II.** *V. intr.* • 1° Se courber, fléchir. V. **Céder.** *L'arbre plie sous le poids des fruits.* V. **Affaisser** (s'). • 2° *(Personnes).* Céder, faiblir. *Rien ne le fit plier.* V. **Mollir.**

PLINTHE [plɛ̃t]. *n. f.* • Bande plate de menuiserie au bas d'une cloison, d'un lambris.

PLISSER [plise]. *v. tr.* (1) • Couvrir de plis. • 1° Modifier (une surface souple) en y faisant un arrangement de plis. *Plisser une jupe.* — Déformer par des faux plis. *Plisser ses vêtements en dormant tout habillé.* V. **Chiffonner, froisser.** • 2° Contracter les muscles de... en formant un pli. V. **Froncer.** *Plisser les yeux*, fermer à demi les yeux. ▼ **PLISSAGE.** *n. m.* Action de former des plis sur (une étoffe). ▼ **PLISSÉ, ÉE.** *adj.* et *n. m.* • 1° *Adj.* À plis. *Jupe plissée.* • 2° Qui forme des plis. *Il a la peau toute plissée.* • 3° *N. m.* Ensemble, aspect des plis. *Le plissé d'une jupe.* ▼ **PLISSEMENT.** *n. m.* • 1° Action de plisser (la peau de). V. **Froncement.** *Le plissement de son front. Plissement d'yeux.* • 2° Déformation des couches géologiques par pression latérale produisant un ensemble de plis. *Le plissement alpin.*

PLIURE [plijyʀ]. *n. f.* • Endroit où se forme un pli, où une partie se replie sur elle-même. *À la pliure du bras.* — Marque formée par un pli. *La pliure d'un ourlet.*

PLOIEMENT [plwamɑ̃]. *n. m.* • *Littér.* L'action de ployer, de plier (qqch.) ; le fait de se ployer, d'être ployé. || Contr. **Déploiement.** ||

PLOMB [plɔ̃]. *n. m.* ★ **I.** (DU PLOMB). • 1° Métal très dense d'un gris bleuâtre, mou, facilement fusible, se laissant bien travailler et laminer. — SOLDATS DE PLOMB : figurines représentant des soldats (à l'origine, en plomb). — (Symbole de pesanteur, *opposé à plume*) *Lourd comme du plomb.* Loc. *Avoir du plomb dans l'estomac*, un poids sur l'estomac. *N'avoir pas de plomb dans la tête*, être léger, étourdi. *Ça lui mettra du plomb dans la tête*, ça le rendra plus réfléchi. • 2° DE PLOMB, EN PLOMB : lourd. *Avoir, se sentir des jambes en plomb. Sommeil de plomb*, très profond. *Un soleil de plomb.* ★ **II.** (UN PLOMB). • 1° *Plomb (de sonde)*, masse de plomb attachée à l'extrémité d'une corde (pour sonder). • 2° Chacun des grains sphériques qui garnissent une cartouche de chasse. *Des plombs de chasse.* • 3° Grains de plomb lestant un bas de ligne, un filet. — Petit disque de plomb portant une marque, qui sert à sceller un colis, etc. V. **Sceau.** • 4° Baguette de plomb qui maintient les verres d'un vitrail. • 5° *Plomb fusible* ou ellipt. *Plomb*, fusible. *Le moteur a fait sauter les plombs.* ★ **III.** À PLOMB. *loc. adv.* Verticalement (terme technique). *Mettre un mur à plomb.* V. **Aplomb.** *Fil à plomb.* V. **Fil.**

PLOMBER [plɔ̃be]. *v. tr.* (1) • 1° Garnir de plomb (pour lester, etc.). *Une ligne plombée.* • 2° *V. pron.* Devenir livide. *Sa peau se plombait. Teint plombé.* • 3° Sceller avec un sceau de plomb. *Plomber un colis.* • 4° Obturer (une dent) avec un alliage argentétain (amalgame). — Au p. p. *Une dent plombée.* ▼ **PLOMBAGE.** *n. m.* Action de plomber (une dent). V. **Obturation.** — *Fam.* Plomb, amalgame qui bouche le trou d'une dent. *Mon plombage est parti.*

PLOMBERIE. *n. f.* • 1° Industrie de la fabrication des objets de plomb. • 2° Pose des couvertures en plomb, en zinc, des conduites et des appareils de distribution d'eau, de gaz, d'un édifice. *Entrepreneur de plomberie.* • 3° Installations, canalisations. *La plomberie est en mauvais état.* ▼ **PLOMBIER.** *n. m.* Ouvrier, entrepreneur qui exécute des travaux de plomberie (2°). *Plombier-couvreur. Le plombier a réparé les robinets.*

PLOMBIÈRES [plɔ̃bjɛʀ]. *n. f.* • Glace garnie de fruits confits.

PLONGE. *n. f.* • Travail des plongeurs dans un restaurant, etc. *Faire la plonge.* V. **Vaisselle.**

PLONGEANT, ANTE. *adj.* • Qui est dirigé vers le bas (dans quelques express.). *Vue plongeante.* — *Décolleté plongeant*, très profond.

PLONGÉE [plɔ̃ʒe]. *n. f.* • Action de plonger et de séjourner sous l'eau (plongeur, sous-marin). *Sous-marin en plongée.*

PLONGEOIR. *n. m.* • Tremplin, dispositif au-dessus de l'eau, permettant de plonger. *Il a sauté du deuxième plongeoir.*

PLONGEON. *n. m.* • 1° Action de plonger. *Faire un plongeon. Plongeon acrobatique.* • 2° Loc. fam. *Faire le plongeon*, perdre beaucoup d'argent et être en difficulté. • 3° *Fam.* Salut profond, révérence. • 4° Détente du gardien de but pour saisir ou détourner le ballon, au football.

PLONGER [plɔ̃ʒe]. *v.* (3) ★ **I.** *V. tr.* • 1° Faire entrer dans un liquide, entièrement tV. **Immerger, noyer**) ou en partie (V. **Baigner, (remper**). *Il plongea sa tête dans la cuvette.* — Pronom. *Se plonger dans l'eau*, y entrer tout entier. • 2° Enfoncer (une arme). *Il lui plongea son poignard dans le cœur.* • 3° Mettre, enfoncer une partie du corps (dans une chose creuse ou molle). V. **Enfouir.** *Plonger la main dans une boîte.* — Mettre qqn brusquement dans. *Nous avons été brusquement plongés dans l'obscurité.* • 4° *Plonger ses yeux, son regard dans*, regarder au fond de. • 5° Mettre (qqn) d'une manière brusque et complète (dans une situation). V. **Précipiter.** *Vous me plongez dans l'embarras!* — Pronom. *Se plonger dans une lecture, dans un livre.* V. **Absorber** (s'). — *Au p. p.* Entièrement absorbé par. *Plongé dans sa douleur.* ★ **II.** *V. intr.* • 1° S'enfoncer tout entier dans l'eau, descendre au fond de l'eau. V. **Plongeur.** *Un scaphandrier qui plonge.* • 2° Se jeter dans l'eau la tête et les bras en avant ; faire un plongeon. *Plonger du plongeoir.* • 3° (Abstrait). *Plonger dans ses pensées.* • 4° *(En parlant du regard).* S'enfoncer au loin, vers le bas. — *Fam.* Voir aisément (d'un lieu plus élevé). *De cette fenêtre, on plonge chez les voisins.*

PLONGEUR, EUSE. *n.* ★ **I.** Personne qui plonge sous l'eau. *Un plongeur qui pêche des perles* (V. **Pêcheur**). — Personne qui plonge, se jette dans l'eau la tête la première. ★ **II.** Personne chargée de laver la vaisselle (dans un restaurant). V. **Plonge.**

PLOT [plo]. *n. m.* • Pièce métallique permettant d'établir un contact, une connexion électrique. *Les plots d'un commutateur.*

PLOUF ! [pluf]. *interj.* et *n. m.* • Onomatopée évoquant le bruit d'une chute dans l'eau. *On entendit un plouf sonore.*

PLOUTO-. • Élément signifiant « richesse ». ▼ **PLOUTOCRATE** [plutɔkʀat]. *n. m.* Personnage très riche qui exerce par son argent une influence politique. ▼ **PLOUTOCRATIE.** *n. f.* Gouvernement par les plus fortunés. ▼ **PLOUTOCRATIQUE.** *adj.*

PLOYER [plwaje]. *v.* (8) ★ **I.** V. tr. *Littér.* Plier, tordre en abaissant. V. **Courber.** || Contr. **Déployer.** || — *Ployer les genoux*, les plier, étant debout. V. **Fléchir.** ★ **II.** *V. intr.* • 1° Se courber, se déformer sous une force. V. **Céder, fléchir.** || Contr. **Résister.** || *Le vent faisait ployer les arbres. Ses jambes ployèrent sous lui.* V. **Faiblir.** • 2° *Littér.* Céder à une force. V. **Fléchir.** *Ployer sous le joug.*

PLUCHES [plyʃ]. *n. f. pl.* • *Fam.* Épluchage des légumes. *Corvée de pluches. Aux pluches !*

PLUCHER, PLUCHEUX. V. PELUCHER, PELUCHEUX.

PLUIE [plɥi]. *n. f.* • 1° Eau qui tombe en gouttes des nuages sur la terre. V. **Flotte** *(fam.)* ; **pleuvoir.** *La pluie tombe à verse. Gouttes de pluie. Pluie fine.* V. **Bruine, crachin.** *Pluie diluvienne. Recevoir la pluie*, en être mouillé. *Le temps est à la pluie*, il va pleuvoir. *Jour de pluie.* V. **Pluvieux.** • 2° Loc. *Ennuyeux comme la pluie*, très ennuyeux. *Après la pluie, le beau temps*, après la tristesse, vient la joie. *Faire la pluie et le beau temps*, être très influent. *Parler de la pluie et du beau temps*, dire des banalités. • 3° UNE PLUIE : chute d'eau sous forme de pluie. V. **Averse, déluge, ondée, saucée** *(fam.)* ; **giboulée, grain.** • 4° EN PLUIE : en gouttes dispersées. *Liquide qui retombe en pluie.* • 5° Ce qui tombe d'en haut, comme une pluie. *S'enfuir sous une pluie de pierres.* • 6° Ce qui est dispensé en grande quantité. V. **Avalanche, déluge.** *Une pluie de coups, d'injures.*

PLUMAGE [plymaʒ]. *n. m.* • L'ensemble des plumes recouvrant le corps d'un oiseau. V. **Livrée.**

PLUMARD [plymaʀ] ou **PLUME.** *n. m.* • *Pop.* Lit. *Aller au plumard. Au plume !* au lit !

PLUME [plym]. *n. f.* ★ **I.** • 1° Chacun des appendices qui recouvrent la peau des oiseaux, formé d'un axe (tuyau) et de barbes (7°) latérales, fines et serrées. *Gibier à plumes et gibier à poil. L'oiseau lisse ses plumes.* V. **Plumage.** • 2° Loc. fam. *Voler dans les plumes*, se jeter sur qqn, l'attaquer. — Fam. *Y laisser, perdre des plumes*, essuyer une perte (*concret*, perdre ses cheveux. V. **Déplumer** [se]). — (Symbole de légèreté, *opposé à* plomb) *Léger comme une plume. Se sentir léger comme une plume*, allègre. — POIDS PLUME : se dit d'une catégorie de boxeurs légers. • 3° Plume d'oiseau utilisée comme ornement, etc. *Chapeau à plumes.* V. **Aigrette, panache,**

plumet. — *Lit de plumes, de plume.* Pop. *Se mettre dans les plumes,* dans son lit. V. **Plumard.** ★ **II.** • **1°** Grande plume de certains oiseaux, dont le tuyau taillé en pointe servait à écrire. *Plume d'oie.* • **2°** Petite lame de métal, terminée en pointe, adaptée à un *porte-plume,* un stylo, et qui, enduite d'encre, sert à écrire. *Un stylo à plume.* • **3°** Instrument de celui qui s'exprime par écrit, de l'écrivain. — *Vivre de sa plume,* faire métier d'écrire.

PLUMEAU [plymo]. *n. m.* • Ustensile de ménage formé d'un manche court auquel sont fixées des plumes, et qui sert à épousseter. *Donner un coup de plumeau.*

PLUMER [plyme]. *v. tr.* (1) • **1°** Dépouiller (un oiseau) de ses plumes en les arrachant. *Volaille plumée.* • **2°** Dépouiller, voler. *Il s'est laissé plumer.*

PLUMET [plymɛ]. *n. m.* • Touffe de plumes garnissant une coiffure.

PLUMIER. *n. m.* • Boîte oblongue dans laquelle on met plumes (II, 2°), porte-plume, crayons, gommes. *Plumier d'écolier.*

PLUMITIF. *n. m.* • **1°** Greffier, commis aux écritures ; bureaucrate. V. **Gratte-papier.** • **2°** *Fam.* Mauvais écrivain.

PLUPART (LA) [laplypaʀ]. *n. f.* • **1°** LA PLUPART DE (avec un sing.) : la plus grande part de. *La plupart du temps.* V. **Ordinairement.** *Je passais la plupart de mon temps dehors. La plupart de* (avec un pluriel), le plus grand nombre de. V. **Majorité.** *La plupart des hommes. Dans la plupart des cas,* presque toujours. — Loc. adv. *Pour la plupart,* quant à la majorité. *Les convives étaient, pour la plupart, des marchands.* • **2°** *Pron. indéf.* LA PLUPART : le plus grand nombre. *La plupart s'en vont,* (littér.) *s'en va.* || Contr. **Peu.** ||

PLURAL, ALE, AUX [plyʀal, o]. *adj.* • *Didact.* Qui contient plusieurs unités, plusieurs éléments. *Vote plural,* système de vote où certains votants ont plusieurs voix.

PLURALISME [plyʀalism(ə)]. *n. m.* • Système politique qui repose sur plusieurs organes de direction. *Le pluralisme syndical.* ▼ **PLURALISTE.** *adj.*

PLURALITÉ [plyʀalite]. *n. f.* • Le fait d'exister en grand nombre, de n'être pas unique. V. **Multiplicité.** *La pluralité des partis politiques.* || Contr. **Singularité.** ||

PLURI-. • Élément signifiant « plusieurs ». V. *aussi* **Multi-, poly-** (ex. : *pluricellulaire,* adj. Qui a plusieurs cellules ; *pluridisciplinaire,* adj. Qui concerne plusieurs disciplines ou sciences).

PLURIEL [plyʀjɛl]. *n. m.* • Catégorie grammaticale (V. **Nombre**) comprenant les mots (noms, pronoms) qui désignent une collection d'objets, lorsqu'ils peuvent être envisagés un à un, et les mots qui s'accordent avec eux. — Catégorie comprenant tous les mots affectés de la marque morphologique du pluriel (normalement *s,* en français). || Contr. **Singulier.** || *Mettre un mot au pluriel.*

1. PLUS [ply]. *adv.* • (Comparatif de supériorité. V. **Beaucoup.** || Contr. **Moins.** ||). ★ **I.** *(Adverbial).* • **1°** PLUS ([ply] devant consonne, [plyz] devant voyelle, [plys] à la finale), modifiant un verbe, un adjectif, un adverbe. *Je t'aime plus maintenant.* V. **Davantage.** *Plus grand. Plus souvent. De plus près.* — EN PLUS (suivi d'un adj.). *C'est comme chez lui en plus grand.* • **2°** PLUS... QUE. *Il est plus bête que méchant.* V. **Plutôt.** *Aimer qqch. plus que tout.* V. **Surtout.** *Plus* [ply(s)] *que jamais. Plus qu'il ne faudrait.* V. **Trop.** *Un résultat plus qu'honorable.* — PLUS, avec un adv. ou un numéral. *Beaucoup plus. Encore plus. Deux ans plus tôt, plus tard.* • **3°** (En corrélation avec *plus* ou *moins*). *Plus on est de fous, plus on s'amuse. C'est d'autant plus cher qu'on en produit moins* (V. **Autant**). • **4°** Loc. PLUS OU MOINS. *Réussir plus ou moins bien,* avec des résultats incertains, ou moyennement. — NI PLUS NI MOINS : exactement tel. *C'est du vol, ni plus ni moins.* • **5°** DE PLUS EN PLUS : toujours plus, toujours davantage. *Aller de plus en plus vite.* — ON NE PEUT PLUS : au plus haut point (devant l'adj. ou l'adv.). V. **Extrêmement.** *Je suis on ne peut plus heureux.* ★ **II.** *(Nominal)* [ply devant consonne, plyz devant voyelle, plys à la finale]. V. **Davantage.** • **1°** Absolt. *Demander plus. Il était plus de minuit.* V. **Passé.** *Plus d'une fois.* V. **Plusieurs.** *Pour plus d'une raison.* V. **Beaucoup, bien.** • **2°** PLUS DE, avec un complément partitif. *Elle avait plus de charme que de beauté.* • **3°** DE PLUS : en excès, en supplément. *Une fois de plus.* V. **Encore.** *Une minute de plus.* — DE PLUS, QUI PLUS EST : en outre. • **4°** EN PLUS. V. **Avec, aussi, également.** — *En plus de,* loc. prép. V. **Outre** (en). *En plus de son travail, il suit des cours.* — SANS PLUS : sans rien de plus. *Elle est mignonne, sans plus,* elle n'est pas vraiment belle. • **5°** (Subst.). *Qui peut le plus peut le moins.* ★ **III.** • **1°** *(Conj.* [plys]*).* En ajoutant. V. **Et.** *Deux plus trois font cinq* (2 + 3 = 5). • **2°** S'emploie pour désigner une quantité positive, ou certaines grandeurs au-dessus du point zéro. *Le signe plus* (+). ★ **IV.** *adv.* (Superlatif). LE, LA, LES PLUS [même prononc. que I et II]. • **1°** Adverbial. *Ce qui frappe le plus. La plus grande partie.* V. **Majeur.** *C'est le plus important. Le plus qu'il peut.* — CE QUE... DE PLUS. *Ce que j'ai de plus précieux.* — DES PLUS : parmi les plus, très. *Une situation des plus embarrassantes.* • **2°** *(Nominal).* LE PLUS DE : la plus grande quantité. *Les gens qui ont rendu le plus de services.* — AU PLUS, TOUT AU PLUS [tutoplys]. V. **Maximum** (au). *Dix francs au plus.*

2. PLUS. *adv. de négation.* • **1°** [Toujours : ply]. PAS PLUS QUE. *Pas plus haut qu'une botte. On ne doit pas mentir pas plus qu'on ne doit dissimuler.* • **2°** NON PLUS : pas plus que (telle autre personne ou chose dont il est question ; remplace *aussi,* en propos. négative). *Tu n'attends pas ? Moi non plus.* • **3°** NE... PLUS : désormais... ne pas. *On ne comprend plus. Il n'y en a plus. Ne plus dire un mot. Elle n'est plus,* elle est morte. *Il n'y a plus personne. Je ne le ferai jamais plus, plus jamais.* — SANS PLUS... *Sans plus se soucier de rien.* — NON PLUS. *Compter non plus par syllabes, mais par mots.*

PLUSIEURS [plyzjœʀ]. *adj.* et *nominal indéf. plur.* • 1° *Adj.* Plus d'un, un certain nombre. V. **Quelque(s).** *Plusieurs personnes. Plusieurs fois. En plusieurs endroits.* V. **Différent, divers.** • 2° (Nominal). *Nous en avons plusieurs. — (Indéterminé)* Plusieurs personnes. V. **Certain**(s), **quelque** (quelques-uns). *Ils s'y sont mis à plusieurs.*

PLUS-QUE-PARFAIT [ply(s)kəpaʀfɛ]. *n. m.* • *Plus-que-parfait de l'indicatif*, temps corrélatif de l'imparfait (auxiliaire à l'imparfait et participe passé) exprimant généralement une action accomplie et antérieure à une autre action passée (*ex. :* quand il *avait dîné*, il nous quittait ; si j'*avais pu*, je vous aurais aidé). *Le plus-que-parfait du subjonctif.*

PLUS-VALUE [plyvaly]. *n. f.* • 1° Augmentation de la valeur d'une chose (bien ou revenu), qui n'a subi aucune transformation matérielle. • 2° Différence entre la valeur des biens produits et le prix des salaires dont bénéficient les capitalistes (terme marxiste).

PLUTONIUM [plytɔnjɔm]. *n. m.* • Élément radioactif. *Bombes (atomiques) au plutonium.*

PLUTÔT [plyto]. *adv.* • 1° De préférence. — (Appliqué à une action) *Les grandes misères frappent plutôt les faibles. Plutôt que de se plaindre, il ferait mieux de se soigner. Plutôt mourir !* — (Appliqué à une appréciation plus juste) V. **Plus.** *Plutôt moins que trop.* — Ou plutôt : pour être plus précis. *Elle a l'air méchant, ou plutôt revêche.* Mais plutôt. *Ce n'est pas lui, mais (bien) plutôt elle qui en porte la responsabilité.* • 2° Passablement, assez. *La vie est plutôt monotone. — Fam.* Très. *Il est plutôt barbant, celui-là !*

PLUVIAL, ALE, AUX [plyvjal, o]. *adj.* • Qui a rapport à la pluie. — *Eau pluviale*, de pluie.

PLUVIER [plyvje]. *n. m.* • Oiseau échassier migrateur, vivant au bord de l'eau.

PLUVIEUX, EUSE [plyvjø, øz]. *adj.* • Caractérisé par la pluie. || Contr. **Sec.** || *Temps pluvieux. Les jours pluvieux. — Pays pluvieux.*

PLUVINER. V. Pleuviner.

PLUVIOMÈTRE [plyvjɔmɛtʀ(ə)]. *n. m.* • Instrument qui sert à mesurer la quantité de pluie tombée dans un lieu, en un temps donné.

PLUVIOSITÉ. *n. f.* • Caractère pluvieux. Régime des pluies.

P.M.U. [peɛmy]. *n. m.* • Pari Mutuel Urbain (sur les courses de chevaux). V. **Tiercé.**

1. PNEU [pnø]. *n. m.* • Bandage en creux formé d'une carcasse enduite de caoutchouc, contenant de l'air (dans une chambre à air ou non). *Les pneus d'une automobile. Gonfler un pneu.*

2. PNEU ou **PNEUMATIQUE.** *n. m.* • Lettre rapide, envoyée dans un réseau de tubes à air comprimé. *Envoyez-lui un pneu ou un télégramme.*

PNEUMATIQUE [pnømatik]. *adj.* • 1° Qui fonctionne à l'air comprimé. *Marteau pneumatique.* • 2° Qui se gonfle à l'air comprimé. *Canot pneumatique.*

PNEUMAT(O)-. • Élément de mots savants signifiant « souffle » (ex. : *Pneumatothérapie*, cure d'air).

PNEUMO-. • Élément savant signifiant « poumon ». V. **Pneumothorax.**

PNEUMOCOQUE [pnømɔkɔk]. *n. m.* • Microbe de la pneumonie.

PNEUMONIE [pnømɔni]. *n. f.* • Inflammation aiguë du poumon, maladie infectieuse due au pneumocoque. V. **Fluxion** (de poitrine). *Pneumonie double, compliquée* (V. **Broncho-pneumonie**). ▼ **PNEUMONIQUE.** *n.* Personne atteinte de pneumonie. *Un, une pneumonique.*

PNEUMOTHORAX [pnømɔtɔʀaks] ou **PNEUMO.** *n. m.* • Insufflation d'air, d'azote dans la cavité pleurale d'un tuberculeux (pour la cicatrisation des cavernes du poumon).

POCHADE [pɔʃad]. *n. f.* • 1° *Littér.* Croquis en couleur exécuté en quelques coups de pinceau. • 2° Œuvre littéraire écrite rapidement (souvent sur un ton burlesque).

POCHARD, ARDE [pɔʃaʀ, aʀd(ə)]. *n.* • *Fam.* Ivrogne misérable. *Une vieille pocharde.*

POCHE [pɔʃ]. *n. f.* • 1° Chacune des parties d'un vêtement où l'on met les objets qu'on porte sur soi (petit sac sur le côté non apparent de l'étoffe ou pièce rapportée). Cf. *arg.* Fouille, profonde. *Les poches d'un veston. Poche-revolver d'un pantalon*, placée derrière. *Mettre qqch. dans ses poches.* V. **Empocher.** Fam. *Faire les poches à qqn*, lui prendre ce qui s'y trouve ou en faire l'inventaire. — Loc. *Les mains dans les poches*, sans rien faire (ou sans effort). — De poche : de dimensions restreintes, pouvant tenir dans une poche. *Livre de poche. — Argent de poche*, destiné aux dépenses personnelles. — Loc. *Se remplir les poches*, s'enrichir malhonnêtement. *Payer de sa poche*, avec son argent. Fam. *En être de sa poche*, perdre de l'argent dans une affaire. *Connaître comme sa poche*, à fond. — Fam. *N'avoir pas les yeux dans sa poche*, regarder avec curiosité. *Mettre qqn dans sa poche*, lui être très supérieur (par la force physique, la ruse). Pop. *C'est dans la poche*, c'est une affaire faite, c'est facile. • 2° Déformation de ce qui est détendu, mal tendu. *Ce pantalon fait des poches aux genoux. — Poches sous les yeux*, formées par la peau distendue. • 3° Petit sac en papier, en matière plastique. V. **Pochette.** • 4° Partie, compartiment (d'un cartable, d'un portefeuille). • 5° Organe creux, cavité de l'organisme. • 6° Cavité remplie (d'une substance). *Une poche d'eau, de pétrole.*

POCHER [pɔʃe]. *v. tr.* (1) • 1° *Pocher un œil à qqn*, meurtrir par un coup violent. • 2° Plonger dans un liquide très chaud. *Pocher un poisson dans un court-bouillon. — Œufs pochés.*

POCHETTE. *n. f.* • 1° Petite enveloppe (d'étoffe, de papier...). *Pochette d'allumettes. Pochette-surprise*, qu'on achète ou qu'on gagne sans en connaître le contenu. • 2° Petite pièce d'étoffe qu'on dispose dans la poche de poitrine pour l'orner.

POCHOIR. *n. m.* • Plaque de carton, de métal découpée sur laquelle on passe une brosse ou un pinceau pour peindre des dessins, des inscriptions. *Dessin au pochoir.*

-PODE. • Élément savant signifiant « pied, organe de locomotion » (pied, patte, membre, etc.). *Ex. :* pseudopode. V. **-Pède.**

PODIUM [pɔdjɔm]. *n. m.* • Plate-forme, estrade sur laquelle on fait monter le vainqueur après une épreuve sportive.

PODZOL [pɔdzɔl]. *n. m.* • Sol cendreux, très délavé, des climats humides et froids (terme de géographie).

1. POÊLE ou **POËLE** [pwal]. *n. m.* • Appareil de chauffage clos, où brûle un combustible. V. **Fourneau.** *Poêle à mazout.*

2. POÊLE [pwal]. *n. f.* • Ustensile de cuisine en métal, plat, à bords bas, et muni d'une longue queue. *Une poêle à frire. Faire revenir des légumes à la poêle.* — Loc. *Tenir la queue de la poêle,* avoir la direction d'une affaire.

3. POÊLE [pwal]. *n. m.* • Drap recouvrant le cercueil, pendant les funérailles (seulement dans : *tenir les cordons du poêle*).

POÊLER [pwale]. *v. tr.* (1) • Cuire dans une casserole fermée, avec un corps gras. *Poêler un morceau de viande.*

POÊLON [pwalɔ̃]. *n. m.* • Casserole de métal ou de terre à manche creux, dans laquelle on fait revenir (IV) et mijoter.

POÈME [pɔɛm]. *n. m.* • 1° Ouvrage de poésie, en vers ou en prose rythmée (ballade, élégie, épopée, fable, sonnet, etc.). V. **Poésie** (3°). *Strophes, quatrains d'un poème. Un recueil de poèmes. Poème en prose.* • 2° *Loc. fam.* (Iron.). *C'est tout un poème,* cela semble extraordinaire. • 3° *Poème symphonique,* œuvre musicale à programme, sans forme fixe, pour orchestre.

POÉSIE [pɔezi] *n. f.* • 1° Art du langage, visant à exprimer ou à suggérer qqch. par le rythme (surtout le vers), l'harmonie et l'image. || Contr. **Prose.** || *Le vers, la rime* (V. **Prosodie, versification**), *le rythme en poésie. Poésie lyrique.* — Manière propre à un poète, une école, de pratiquer cet art. *La poésie symboliste.* • 2° Poème. *Réciter une poésie. Un choix de poésies.* V. **Anthologie.** • 3° Caractère de ce qui éveille l'émotion poétique. V. **Beauté.** *La poésie des ruines.* • 4° Aptitude d'une personne à éprouver l'émotion poétique. *Il manque de poésie,* il est terre à terre.

POÈTE [pɔɛt]. *n. m.* • 1° Écrivain qui fait de la poésie. *L'inspiration du poète. Les poètes romantiques. — Cette femme est un grand poète.* — Adj. *Il, elle est poète.* • 2° Auteur dont l'œuvre est pénétrée de poésie. *Ce romancier est un poète.* • 3° Homme doué de poésie (4°). ▼ **POÉTESSE.** *n. f.* Femme poète *(souvent péj.).*

1. POÉTIQUE. *adj.* • 1° Relatif, propre à la poésie. *Style, image poétique. L'inspiration poétique. Art poétique.* V. **Poétique 2.** • 2° Empreint de poésie. V. **Lyrique.** *Une prose poétique.* • 3° *Émotion, état poétique,* analogue à ceux que suscite la poésie chez ceux qui y sont sensibles. — Qui émeut par la beauté, le charme, la délicatesse. *Un paysage très poétique.* || Contr. **Banal, prosaïque.** || ▼ **POÉTIQUEMENT.** adv. *Cet ouvrage n'a poétiquement aucun intérêt.*

2. POÉTIQUE. *n. f.* • Traité de poésie. Théorie, science de la littérature en général.

POÉTISER [pɔetize]. *v. tr.* (1) • Rendre poétique (2°, 3°), embellir, idéaliser. — Au p. p. *Des souvenirs poétisés.*

POGNON [pɔɲɔ̃]. *n. m.* • *Pop.* Argent. *Il a du pognon plein les poches.*

POGROM ou **POGROME** [pɔgʀɔm]. *n. m.* • Soulèvement violent, souvent meurtrier, organisé contre une communauté juive.

POIDS [pwa(ɑ)]. *n. m.* ★ **I.** Force due à l'application de la pesanteur sur les corps matériels ; sa mesure. • 1° Force exercée par un corps matériel, proportionnelle à sa masse (V. **Masse**) et à l'intensité de la pesanteur au point où se trouve le corps. *D'un poids faible* (V. **Léger**), *d'un grand poids* (V. **Lourd, pesant**). — *Poids spécifique,* poids de l'unité de volume. V. **Densité.** • 2° Caractère, effet de ce qui pèse. V. **Lourdeur, pesanteur.** *Le poids d'un fardeau. Peser de tout son poids,* le plus possible. • 3° Mesure du poids (de la masse). *Denrée qui se vend au poids ou à la pièce. Poids utile,* que peut transporter un véhicule. — (D'une personne) *Prendre, perdre du poids,* grossir, maigrir. • 4° Catégorie d'athlètes (haltérophiles), de boxeurs d'après leur poids. *Poids plume, poids légers, poids moyens, lourds, etc.* — Loc. *Il ne fait pas le poids,* il n'a pas les capacités requises (contre un adversaire, dans un rôle). ★ **II.** • 1° Corps matériel pesant. V. **Masse ; charge, fardeau.** *Une horloge à poids.* • 2° Objet de masse déterminée servant à peser. — POIDS ET MESURES : administration chargée du contrôle et de la vérification des poids. • 3° Masse de métal d'un poids déterminé, en sports. *Poids et haltères. — Lancement du poids.* • 4° Sensation d'un corps pesant. *Avoir un poids sur l'estomac.* ★ **III.** • 1° Charge pénible. *Un vieillard courbé sous le poids des années.* — Souci, remords. *Cela m'ôte un poids de la conscience.* — POIDS MORT : chose, personne inutile, inactive et qui gêne. • 2° Force, influence (de qqch.). *Le poids d'un argument. Un homme de poids,* influent.

POIDS LOURD. *n. m.* • Véhicule automobile de fort tonnage. V. **Camion.**

POIGNANT, ANTE [pwaɲɑ̃, ɑ̃t]. *adj.* • Qui cause une impression très vive et pénible ; qui serre, déchire le cœur. V. **Déchirant.** *Un souvenir poignant.*

POIGNARD [pwaɲaʀ]. *n. m.* • Arme blanche à lame courte et assez large, pointue du bout. *Il le frappa d'un coup de poignard, à coups de poignard.* ▼ **POIGNARDER.** *v. tr.* (1). Frapper, blesser ou tuer avec un poignard, un couteau.

POIGNE [pwaɲ]. *n. f.* • 1° La force du poing, de la main, pour empoigner, tenir. *Avoir de la poigne.* • 2° *(Abstrait).* Énergie, fermeté. *Un homme, un gouvernement à poigne.*

POIGNÉE [pwaɲe]. *n. f.* • 1° Quantité (d'une chose) que peut contenir une main fermée. *Une poignée de sel. — À poignées,* *par poignées*, à pleines mains. • 2° Petit nombre (de personnes). *Une poignée de mécontents.* • 3° Partie (d'un objet : arme, ustensile) spécialement disposée pour être tenue avec la main serrée. *Une poignée de porte.* • 4° POIGNÉE DE MAIN : geste par lequel on serre la main de qqn, pour saluer amicalement.

POIGNET [pwaɲɛ]. *n. m.* • 1° Articulation qui réunit l'avant-bras à la main. *Poignets et chevilles.* V. **Attache.** — Loc. *À la force du poignet, des poignets*, en se hissant à la force des bras ; et par ses seuls moyens, et en faisant de grands efforts. *Fortune acquise à la force du poignet.* • 2° Extrémité de la manche, couvrant le poignet. *Des poignets de chemise.*

POIL [pwal]. *n. m.* • 1° Chacune des productions filiformes qui poussent sur la peau de certains animaux (surtout mammifères). *Un chat qui perd ses poils.* — Poils d'animaux utilisés dans la confection d'objets. *Les poils d'une brosse.* • 2° Peau d'animal garnie de ses poils et ne méritant pas le nom de fourrure. V. **Pelage.** *Bonnet en poil de lapin.* • 3° Cette production chez l'homme, lorsqu'elle n'est ni un cheveu, ni un cil. *Les poils du visage* (V. **Barbe, moustache, sourcil ; duvet**). Fam. *Ne pas avoir un poil sur le caillou*, être chauve. — LE POIL, DU POIL : l'ensemble des poils. *Avoir du poil sur le corps* (V. **Poilu, velu**). • 4° Loc. fam. *Avoir un poil dans la main*, être très paresseux. *Tomber sur le poil de qqn*, se jeter brutalement sur lui. — *Reprendre du poil de la bête*, se ressaisir. — *De tout poil* (ou *de tous poils*), de toute espèce (personnes). *Ils reçoivent des gens de tout poil.* — À POIL *(fam.)* : tout nu. *Se mettre à poil*, se déshabiller. — *À un poil près*, à très peu de chose près. *Il s'en est fallu d'un poil.* • 5° *Adv.* (Fam.). AU POIL : exactement. *Au petit poil, au quart de poil*, tout juste. — *Adj.* Fam. *Être au poil*, très bien, très satisfaisant. Exclam. *Au poil !* parfait ! • 6° Fam. *Être de bon, de mauvais poil*, être de bonne, de mauvaise humeur. • 7° POIL À GRATTER : bourre piquante des fruits du rosier. • 8° Partie velue d'un tissu. *Les poils d'un tapis.*

POILER (SE). *v. tr.* (1) • *Pop.* Rire aux éclats. ▼ **POILANT, ANTE.** adj. *Pop.* Très drôle. *C'était poilant.*

POILU. *n. m.* • Soldat combattant de la guerre de 1914-1918.

POILU, UE. *adj.* • Qui a des poils très apparents. V. **Velu.** *Il est poilu comme un singe.* ‖ Contr. **Glabre.** ‖

POINÇON [pwɛ̃sɔ̃]. *n. m.* • 1° Instrument métallique terminé en pointe, pour percer, entamer les matières dures. *Poinçon de sellier.* V. **Alène.** • 2° Tige d'acier trempé terminée par une face gravée, pour imprimer une marque. — La marque gravée. V. **Estampille.** *Le poinçon d'un bijou contrôlé.* ▼ **POINÇONNER** [pwɛ̃sɔne]. *v. tr.* (1) • 1° Marquer d'un poinçon (une marchandise, un poids, une pièce d'orfèvrerie). • 2° Perforer avec une pince (un billet de chemin de fer, de métro). *Billet poinçonné.* ▼ **POINÇONNAGE.** *n. m.* • 1° *Le poinçonnage de l'argent.* • 2° *Le poinçonnage des tickets.* ▼ **POINÇONNEUR, EUSE.** *n.* Employé(e) qui poinçonne les billets de chemin de fer, de métro, à l'accès des quais. ▼ **POINÇONNEUSE.** *n. f.* Machine-outil pour perforer ou découper, munie d'un poinçon.

POINDRE [pwɛ̃dʀ(ə)]. *v.* (49). [Surtout à l'inf., aux troisièmes pers. du prés. et de l'imparf. et au p. prés.] ★ **I.** V. tr. *Littér.* Blesser, faire souffrir. *L'angoisse le point, le poignait.* V. **Poignant.** ★ **II.** V. intr. *Littér.* Apparaître. V. **Pointer.** *Vous verrez bientôt poindre les jacinthes.* V. **Sortir.** *L'aube commence à poindre.* ‖ Contr. **Disparaître.** ‖

POING [pwɛ̃]. *n. m.* • 1° Main fermée. *Revolver au poing*, dans la main serrée. *Serrer le poing. Donner des coups de poing à qqn.* — *Dormir à poings fermés*, très profondément. *Montrer le poing*, le tendre en signe de menace. • 2° COUP DE POING : arme qui s'ajuste sur le poing, pour frapper.

1. POINT [pwɛ̃]. *n. m.* ★ **I.** Portion de l'espace déterminée avec précision (V. **Ponctuel 2**). • 1° Endroit, lieu. *En divers, en plusieurs points. Aller d'un point à un autre.* — POINT D'ATTACHE *d'un bateau. C'est son point d'attache*, l'endroit où il demeure. — POINT D'EAU : endroit où l'on trouve de l'eau (source, puits). — *Point culminant*, crête, sommet. — *Point chaud*, endroit où ont lieu des combats, des événements graves. — *C'est son point faible*, sa faiblesse. — POINT DE CÔTÉ : douleur localisée au côté. • 2° POINT GÉOMÉTRIQUE : en géométrie, La plus petite portion concevable d'espace. *Les points sont généralement représentés par des lettres* (le point A, le point M'). *Point d'intersection. Points d'une trajectoire.* • 3° *Le point*, la position d'un navire en mer. — *Loc.* FAIRE LE POINT : préciser la situation où l'on se trouve. • 4° POINT MORT : dans une voiture, Position du levier de changement de vitesse, de l'embrayage, où l'effort du moteur n'est plus transmis aux organes de propulsion. Loc. *L'affaire est au point mort*, elle n'évolue plus. • 5° AU POINT : de façon que l'image se forme à l'endroit convenable. *Mettre un appareil de photo au point.* MISE AU POINT : réglage précis. *Ce projet demande une mise au point*, des remaniements, des éclaircissements. *Nous avons eu une mise au point*, une explication. ★ **II.** Partie précise et définie d'une durée. V. **Instant, moment.** • 1° À POINT, À POINT NOMMÉ : au moment opportun. V. **Propos** (à). *Vous arrivez à point.* • 2° SUR LE POINT DE : au moment de. *Il était sur le point de partir.* V. **Prêt** (à). • 3° LE POINT DU JOUR : le moment où le jour point. ★ **III.** Marque, signe, objet visible extrêmement petit. • 1° Objet visible aux contours imperceptibles. *Un point lumineux.* • 2° Chaque unité attribuée à un joueur (aux jeux, en sports). *Compter les points*, juger qui est vainqueur dans une lutte. *Marquer des points*, prendre un avantage. *Victoire aux points*, accordée à un boxeur après décompte des points. • 3° Chaque unité d'une note attribuée à un élève. *Enlever un point par faute, dans une* *dictée.* — BON POINT : image ou petit carton servant de récompense. • 4° Signe ponctuel ou comportant un point. — Signe (.) servant à marquer la séparation des phrases. V. **Ponctuation.** *Les points et les virgules. Point, à la ligne. Points de suspension* (...). *Les deux-points* (:). *Deux-points, ouvrez les guillemets. Point-virgule* (;). *Point d'exclamation* (!) ; *point d'interrogation* (?). — Petit signe qui surmonte les lettres i et j minuscules. Loc. *Mettre les points sur les i,* préciser ou insister.

2. POINT. *n. m.* • Degré, état (d'une chose qui change), dans des expressions. • 1° À POINT, AU POINT : dans tel état, situation. *Au point où nous en sommes.* — *Loc. adv.* À POINT : dans l'état convenable. *Un steak à point,* cuit moyennement. — MAL EN POINT : en mauvais état, malade. • 2° Degré particulier d'une échelle (quantitativement). *Le plus haut point.* V. **Apogée, comble, sommet, summum.** — Après À, AU. *Au plus haut point.* V. **Éminemment, extrêmement.** *Ils se détestent au plus haut point. À ce point,* aussi, tellement. *Je n'ai jamais souffert à ce point. À quel point,* combien. *Vous voyez à quel point ça va mal. À tel point,* tellement, autant. *À un certain point, jusqu'à un certain point,* dans une certaine mesure. *Au point de. Ce n'est pas grave au point de se désespérer. À ce point, au point, à tel point que,* si bien que, tellement que. • 3° En sciences, Degré d'intensité d'une variable définissant les conditions auxquelles un phénomène se produit. *Point d'ébullition.*

3. POINT. *n. m.* • 1° Chaque partie (d'un discours, d'un texte). *Les différents points d'une dissertation, d'une loi.* V. **Article.** • 2° Question. *Un point litigieux. Il y a un point noir dans cette affaire,* une question dangereuse, obscure. — *C'est un point commun entre eux,* un caractère commun. — *Sur ce point, je ne suis pas d'accord.* — *En tous points,* absolument. — *De point en point,* à la lettre. *Exécuter des ordres de point en point.*

4. POINT. *n. m.* • 1° Chaque longueur de fil entre deux piqûres de l'aiguille. *Bâtir à grands points. Points d'un tricot* (V. **Maille 1**). — *Faire un point à un vêtement,* le réparer sommairement. • 2° Manière d'exécuter une suite de points. *Le point mousse est un point de tricot.*

5. POINT. *adv.* • *Vx* ou *littér.* Deuxième élément de la négation, employé normalement avec *ne.* V. **Pas.** *Je n'irai point. Point du tout.* V. **Nullement.**

POINTAGE [pwɛ̃taʒ]. *n. m.* • 1° Action de pointer (1, I). *Pointage du personnel à l'entrée d'une usine.* • 2° Le fait de pointer (1, II), de diriger. V. **Tir.** *Le pointage d'un canon.*

POINT DE VUE [pwɛ̃dvy]. *n. m.* • 1° Endroit où l'on doit se placer pour voir un objet le mieux possible. • 2° Endroit où l'on jouit d'une vue pittoresque. *Un beau point de vue.* • 3° Manière particulière dont une question peut être considérée. V. **Aspect, optique, perspective.** *Adopter, choisir un point de vue.* • 4° Opinion particulière. *Je partage votre point de vue,* je suis d'accord. *Du point de vue de la politique. Au point de vue social.* — *Fam.* (Suivi d'un nom, sans *de*) *Au point de vue santé.*

POINTE [pwɛ̃t]. *n. f.* ★ **I.** • 1° Extrémité allongée (d'un objet qui se termine par un angle très aigu) servant à piquer, percer. *La pointe d'une aiguille. Aiguiser la pointe d'un outil.* • 2° Extrémité aiguë ou plus fine. *La pointe d'un paratonnerre. Les pointes d'un col. En pointe,* pointu. • 3° Partie extrême qui s'avance. *La pointe d'une armée,* son extrémité. — Loc. *Être à la pointe du combat, du progrès.* V. **Avant-garde.** • 4° LA POINTE DES PIEDS : l'extrémité. *Marchez sans bruit, sur la pointe des pieds.* ★ **II.** Objet pointu. • 1° Objet en forme d'aiguille, de lame. *Casque à pointe. Les pointes de fer d'une grille.* • 2° Clou à tige de grosseur constante. • 3° Outil servant à gratter, percer, tracer, etc. V. **Poinçon, pointeau.** — POINTE SÈCHE ou POINTE : outil qui sert à graver les traits fins sur le cuivre. V. **Burin, ciseau.** *Gravure à la pointe sèche. Une pointe sèche,* l'estampe ainsi obtenue. • 4° POINTES DE FEU : petites brûlures faites avec un cautère (traitement médical). ★ **III.** • 1° Opération qui consiste à avancer en territoire ennemi. *Pousser une pointe jusqu'à,* prolonger son chemin jusqu'à. • 2° Allusion ironique, parole blessante. V. **Moquerie, raillerie.** *Ils se disputent, se lancent des pointes.* ★ **IV.** Petite quantité d'une chose piquante ou forte. V. **Soupçon** *(fig.). Une pointe d'ail.* — (Abstrait) *Une pointe d'ironie. Il parlait avec une pointe d'accent.* ★ **V.** Moment où une activité, un phénomène atteint un maximum d'intensité. *La vitesse de pointe d'une automobile.* — HEURES DE POINTE : période de consommation maxima de gaz, d'électricité, etc. ; période où le nombre des voyageurs utilisant un moyen de transport est le plus élevé.

1. POINTER [pwɛ̃te]. *v. tr.* (1) ★ **I.** Marquer d'un point. • 1° Marquer d'un point (qqch.) pour faire un contrôle. V. **Pointage** (1°). *Il examinait la liste et pointait les noms.* • 2° Contrôler les entrées et les sorties (des employés d'un bureau, d'une usine). — Intrans. *Un ouvrier qui pointe au chômage.* • 3° SE POINTER. *Fam.* Arriver. *Il s'est pointé à trois heures.* ★ **II.** • 1° Diriger. *Il pointait son index vers moi.* • 2° Braquer, viser. *L'ennemi pointa le canon sur l'objectif.* ▼ **POINTÉ, ÉE.** *adj.* • 1° Marqué d'un point. • 2° *Note pointée,* dont la valeur est augmentée de moitié. • 3° *Zéro pointé,* éliminatoire. ▼ **POINTEUR, EUSE.** *n.* • 1° Personne qui fait une opération de pointage, enregistre des noms, des résultats. • 2° Celui qui procède au pointage d'une bouche à feu. V. **Artilleur.** • 3° Joueur chargé de pointer, aux boules, à la pétanque.

2. POINTER. *v.* (1) ★ **I.** *V. tr.* Dresser en pointe. *Cheval qui pointe les oreilles.* ★ **II.** *V. intr.* S'élever en formant une pointe. *Des cyprès qui pointent vers le ciel.*

3. POINTER. *v. intr.* (1) • Commencer d'apparaître (aube, jour). V. **Point 1** (II : *point du jour*).

POINTILLÉ [pwɛ̃tije]. *n. m.* • 1° Dessin, gravure au moyen de points. *Gravure au pointillé.* • 2° Groupe de petits points. — Trait formé de petites perforations. *Détachez suivant le pointillé.*

POINTILLEUX, EUSE. *adj.* • Qui est d'une minutie excessive, dans ses exigences. V. **Minutieux.** *Il est très pointilleux sur le protocole.* V. **Formaliste.**

POINTILLISME [pwɛ̃tijism(ə)]. *n. m.* • Peinture par petites touches, par points juxtaposés de couleurs pures. ▼ **POINTILLISTE.** *n.* et *adj.*

POINTU, UE. *adj.* • 1° Qui se termine en pointe(s). V. **Aigu.** *Clocher, clou, chapeau pointu. Menton pointu.* • 2° *Un caractère pointu.* V. **Pointilleux, susceptible.** *Un air pointu,* désagréable et sec. • 3° *(D'un son, d'une voix).* Qui a un timbre aigu, désagréable. *Parler sur un ton pointu. — Accent pointu,* se dit dans le Midi de la France de l'accent parisien.

POINTURE [pwɛ̃tyʀ]. *n. f.* • Nombre qui indique la dimension des chaussures, des coiffures, des gants, des vêtements. V. *aussi* **Taille.** *Quelle pointure chaussez-vous ? La pointure 42,* ellipt. : *du 42.*

POIRE [pwaʀ]. *n. f.* • 1° Fruit du poirier, charnu, à pépins, de forme oblongue. *Une tarte aux poires.* — Loc. *Garder une poire pour la soif,* économiser pour les besoins à venir ; se réserver un moyen d'action. • 2° Objet de forme analogue. *Une poire à lavement. — Poire électrique,* commutateur de forme oblongue et renflée, muni d'un bouton. • 3° *Pop.* Face, figure. *Il a pris un coup en pleine poire.* • 4° *Fam.* Personne qui se laisse tromper facilement. V. **Naïf.** *Quelle poire, ce type !* V. **Imbécile, sot.** — Adj. *Tu es aussi poire que moi.*

POIREAU [pwaʀo]. *n. m.* • 1° Plante, variété d'ail à bulbe peu développé, cultivée pour son pied ; ce pied comestible. *Soupe aux poireaux.* • 2° Loc. fam. *Rester planté comme un poireau, faire le poireau,* attendre. V. **Poireauter.**

POIREAUTER ou **POIROTER.** *v. intr.* (1) • *Fam.* Attendre (V. **Poireau,** 2°). *Ça fait deux heures que je poirote.*

POIRIER. *n. m.* • 1° Arbre de taille moyenne, cultivé pour ses fruits, les poires. • 2° Bois de poirier, rougeâtre, utilisé en ébénisterie. *Meubles en poirier.* • 3° Loc. *Faire le poirier,* se tenir en équilibre la tête au sol.

POIS [pwa(ɑ)]. *n. m.* ★ **I.** • 1° Plante dont certaines variétés potagères sont cultivées pour leurs graines. • 2° Le fruit (gousse, cosse) des plantes appelées pois ; chacune des graines farineuses enfermées dans cette gousse. *Écosser des pois. Pois verts, pois à écosser,* ou *(plus cour.)* PETITS POIS. *Petits pois frais, de conserve. — Pois cassés,* pois secs divisés en deux. • 3° POIS CHICHE : plante à fleurs blanches, à gousses contenant chacune deux graines ; graine jaunâtre de cette plante. • 4° POIS DE SENTEUR (cultivé pour ses fleurs) : nom courant de la gesse odorante. ★ **II.** Petit cercle, pastille (sur une étoffe). *Une cravate à pois.*

POISON [pwazɔ̃]. *n. m.* • 1° Substance capable de troubler gravement ou d'interrompre les fonctions vitales d'un organisme. *Un poison mortel, violent. Assassiner par le poison.* V. **Empoisonner.** — Substance dangereuse pour l'organisme (toxines, venins...) • 2° *Littér.* Ce qui est pernicieux, dangereux. *Le poison de la calomnie.* V. **Venin.** • 3° *Fam.* UN, UNE POISON : personne acariâtre ou insupportable. *Cet enfant est un peti[t] poison.* — Chose très ennuyeuse. *Quel poiso[n] de retourner là-bas !*

POISSARD, ARDE [pwasaʀ, aʀd(ə)]. *adj.* et *n. f.* • Littér. • 1° *Adj.* Qui emploie o[u] imite le langage du bas peuple. *Un argo[t] poissard.* V. **Grossier, populacier.** • 2[°] POISSARDE. *n. f.* Autrefois, Femme du ba[s] peuple.

POISSE [pwas]. *n. f.* • Malchance. *Quell[e] poisse !* V. **Guigne.**

POISSER [pwase]. *v. tr.* (1) • 1° Sali[r] avec une matière gluante. *Se poisser le[s] mains. — Avoir les cheveux tout poissés.* • 2° *Pop.* Arrêter, attraper, prendre (qqn). *On risque de se faire poisser.*

POISSEUX, EUSE. *adj.* • Gluant, collan[t] (comme de la poix). *Des papiers de bonbon[s] poisseux.* — Sali par une matière poisseus[e]. *Mains poisseuses.*

POISSON [pwasɔ̃]. *n. m.* • 1° Anima[l] vertébré inférieur, vivant dans l'eau et mun[i] de nageoires. *Poissons de rivière ; de me[r]. Jeunes poissons.* V. **Alevin.** *Élevage des poi[s]sons.* V. **Pisciculture.** *Prendre, attraper d[es] poissons.* V. **Pêche, pêcher.** — DU, LE POISSO[N] (collectif). *Prendre du poisson. Marchand d[e] poisson.* — POISSON(-)CHAT : poisson à long[s] barbillons. POISSON VOLANT : se dit d[e] certains poissons, capables de bondir ho[rs] de l'eau. POISSON ROUGE : le carassin o[u] cyprin doré. • 2° Loc. *Être heureux comm[e] un poisson dans l'eau,* se trouver dans so[n] élément. — Fam. *Engueuler qqn comme u[n] poisson pourri,* l'invectiver. — *Finir en* QUEU[E] DE POISSON : sans conclusion satisfaisant[e]. *Automobiliste qui fait une queue de poisso[n] en doublant un véhicule,* qui se rabat brusquement devant lui. • 3° *Les Poissons,* nom d[u] douzième signe du Zodiaque. ▼ **POISSONNERIE.** *n. f.* Commerce du poisson [et] des produits animaux de la mer et des rivière[s]. ▼ **POISSONNEUX, EUSE.** *adj.* Qui contie[nt] de nombreux poissons. *Une rivière poissonneuse.* ▼ **POISSONNIER, IÈRE.** *n.* Person[ne] qui fait le commerce de détail des poisson[s], des fruits de mer.

POITRAIL [pwatʀaj]. *n. m.* • 1° Deva[nt] du corps du cheval et de quelques animau[x] domestiques, entre l'encolure et les membr[es] antérieurs. • 2° *Plaisant.* Poitrine humain[e].

POITRINAIRE. *adj.* • *Vx.* Tuberculeu[x] pulmonaire. — Subst. *Un, une poitrinair[e].*

POITRINE [pwatʀin]. *n. f.* • 1° Partie d[u] corps humain qui s'étend des épaules [à] l'abdomen et qui contient le cœur et l[es] poumons. V. **Thorax ; buste, torse.** *Tour [de] poitrine,* mesure de la poitrine à l'endroit [le] plus large. — *Respirer à pleine poitrin[e],* inspirer fortement. *Il gonflait sa poitrine. Partir, s'en aller de la poitrine.* V. **Cais[se]**

(fam.). Fluxion de poitrine, pneumonie. • 2° Partie antérieure du thorax. Bomber la poitrine. • 3° Partie inférieure du thorax du bœuf, du veau, du mouton, du porc. La poitrine de bœuf sert à faire le pot-au-feu. • 4° Seins de femme. V. **Sein(s)**; **gorge.** Une belle poitrine. Elle a beaucoup de poitrine.

POIVRE [pwavʀ(ə)]. *n. m.* • 1° Épice à saveur très forte, piquante, faite des fruits séchés du poivrier. *Poivre en grains. Moulin à poivre. Steack au poivre*, couvert de poivre concassé. • 2° Loc. *Cheveux* POIVRE ET SEL : bruns mêlés de blancs. V. **Grisonnant.** ▼ **POIVRADE.** *n. f.* Sauce, préparation au poivre. ▼ **POIVRÉ, ÉE.** *adj.* • 1° Assaisonné de poivre. *Un mets très poivré.* • 2° *(Abstrait).* Grossier ou licencieux. *Une plaisanterie poivrée.* ▼ **POIVRER.** *v. tr.* (1) • 1° Assaisonner de poivre. • 2° Pronom. *Fam.* SE POIVRER : s'enivrer (V. **Poivrot**). ▼ **POIVRIER.** *n. m.* Arbrisseau grimpant des régions tropicales, produisant le poivre. ▼ **1. POIVRIÈRE.** *n. f.* Boîte à poivre cylindrique.

2. POIVRIÈRE. *n. f.* • Guérite de forme conique (comme certaines boîtes à poivre), à l'angle d'un bastion. — *Toit* EN POIVRIÈRE : conique.

POIVRON [pwavʀɔ̃]. *n. m.* • Fruit du piment ou du piment doux. *Poivron vert, rouge.*

POIVROT, OTE [pwavʀo, ɔt]. *n.* • *Pop.* Ivrogne. *Une vieille poivrote.*

POIX [pwa(ɑ)]. *n. f.* • Matière visqueuse à base de résine ou de goudron de bois. *La poix est utilisée dans l'encollage des papiers.*

POKER [pɔkɛʀ]. *n. m.* ★ **I.** • 1° Jeu de cartes basé sur des combinaisons (cinq cartes par joueur) et où l'on mise de l'argent. *Jouer au poker.* — Partie de poker. *Faire un poker.* • 2° Carré, ou quatre cartes de même valeur. *Poker d'as.* ★ **II.** POKER D'AS : jeu de dés. *Le poker d'as se joue avec cinq dés.*

POLAIRE [pɔlɛʀ]. *adj.* et *n. f.* • Des pôles. • 1° Relatif aux pôles (terrestres, célestes) ; situé près d'un pôle. *Étoile polaire.* • 2° Propre aux régions arctiques et antarctiques, froides et désertes. *Climat polaire. Expédition polaire*, au pôle. • 3° Didact. *Coordonnées polaires*, d'un point par rapport à un point d'origine. • 4° Relatif aux pôles magnétiques, électriques (terme de science).

POLARI-. • Élément savant signifiant « tourner ».

POLARISATION [pɔlaʀizɑsjɔ̃]. *n. f.* • 1° Séparation des charges électriques, positive et négative, dans un corps, sous l'influence d'un champ électrique. — Dans l'électrolyse, formation dans le voisinage des électrodes, de produits qui modifient l'intensité du courant. • 2° *(Abstrait).* Action de concentrer en un point (des forces, des influences). ▼ **POLARISER.** *v. tr.* (1) • 1° Soumettre au phénomène de la polarisation. — *Lumière polarisée.* • 2° *(Abstrait).* Attirer, réunir en un point. *Ces problèmes polarisent toutes leurs activités.* — Fam. *Il est complètement polarisé*, obsédé.

POLDER [pɔldɛʀ]. *n. m.* • Marais littoral endigué et asséché. *Les polders du Zuyderzee.*

-POLE, -POLITE. • Éléments signifiant « ville » (*ex.* : métropole, nécropole).

PÔLE [pol]. *n. m.* • 1° Un des deux points de la surface terrestre formant les extrémités de l'axe de rotation de la Terre. *Pôle arctique* (Pôle Nord) ; *antarctique, austral* (Pôle Sud). • 2° Région géographique située près d'un pôle, entre le cercle polaire et le pôle. *Aplatissement de la Terre aux pôles.* • 3° *Pôle céleste*, extrémité de l'axe autour duquel la sphère céleste semble tourner. • 4° Chacun des deux points de l'aimant qui correspondent aux pôles nord et sud. *Pôles de l'aiguille aimantée d'une boussole.* • 5° Chacune des deux extrémités d'un circuit électrique (V. **Électrode**), chargée l'une d'électricité positive (*pôle positif, pôle* +. V. **Anode**), l'autre d'électricité négative (*pôle négatif, pôle* —. V. **Cathode**). • 6° *(Abstrait).* Se dit de deux points principaux et opposés. *Les deux pôles de l'opinion.*

POLÉMIQUE [pɔlemik]. *adj.* et *n. f.* • 1° *Adj.* Qui manifeste une attitude critique ou agressive. *Un style polémique.* • 2° *N. f.* Débat par écrit, vif ou agressif. V. **Controverse, débat, discussion.** *Une polémique avec les journalistes.* ▼ **POLÉMIQUER.** *v. intr.* (1). Faire de la polémique. *Polémiquer contre qqn.* ▼ **POLÉMISTE.** *n.* Personne qui pratique, aime la polémique. V. **Pamphlétaire.**

POLENTA [pɔlɛnta]. *n. f.* • Galette de farine de maïs (Italie) ou de châtaignes (Corse).

1. POLI, IE [pɔli]. *adj.* • 1° Dont le comportement, le langage sont conformes aux règles de la politesse. V. **Civil, courtois.** || Contr. **Impoli.** || *Enfant poli, bien élevé. Il a été tout juste poli avec moi* (V. **Correct**). — Loc. prov. *Il est trop poli pour être honnête*, ses manières trop affables font supposer des intentions malhonnêtes. • 2° (Choses). *Un refus poli*, qui s'accompagne des formes de la politesse.

2. POLI, IE. *adj.* et *n. m.* • 1° *Adj.* Lisse et brillant. *Un caillou poli.* || Contr. **Rugueux.** || • 2° *N. m.* Aspect d'une chose lisse et brillante. *Donner un beau poli à du marbre.* V. **Polir.**

1. POLICE [pɔlis]. *n. f.* • 1° Ensemble d'organes et d'institutions assurant le maintien de l'ordre public et la répression des infractions. *Police judiciaire* (abrév. P.J.). *Police secrète, polices parallèles. Inspecteurs de police; agents de police. Police secours*, chargée de porter secours dans les cas d'urgence. — *Commissariat de police. Dénoncer qqn à la police. Se faire arrêter par la police.* • 2° Organisation rationnelle de l'ordre public. *Police de la circulation. Police intérieure d'un groupe, d'un lycée.* V. **Discipline.**

2. POLICE. *n. f.* • Écrit rédigé pour prouver la conclusion et les conditions d'un contrat d'assurance. *Souscrire à une police d'assurance*, à une assurance.

POLICER [pɔlise]. *v. tr.* (3) • *Littér.* Civiliser, adoucir les mœurs par des institutions, par la culture. — Au p. p. *Les sociétés les plus policées.*

POLICHINELLE [pɔliʃinɛl]. *n. m.* • 1° Personnage bossu de la comédie italienne. — Loc. *C'est un secret de Polichinelle*, un faux secret bien vite connu de tous. • 2° Personne irréfléchie et ridicule (V. **Guignol**).

POLICIER, IÈRE [pɔlisje, jɛʀ]. *adj.* et *n.* ★ **I.** *Adj.* • 1° Relatif à la police ; appartenant à la police. *Mesures policières.* — *Chien policier.* — *Régime policier*, où la police a une grande importance. • 2° Se dit des formes de littérature, de spectacle qui concernent des activités criminelles plus ou moins mystérieuses, et leur découverte. *Un film policier. Un roman policier ;* subst. *Lire des policiers.* ★ **II.** *N. m.* Personne qui appartient à un service de police (agent de police, inspecteur, détective privé, etc.). *Un policier en civil.*

POLIMENT [pɔlimɑ̃]. *adv.* • D'une manière polie, avec courtoisie. || Contr. **Impoliment.** || *Refuser poliment.*

POLIOMYÉLITE [pɔljɔmjelit] ou **POLIO.** *n. f.* • Se dit de maladies causées par une lésion de l'axe gris de la moelle épinière. *La poliomyélite s'accompagne ordinairement de paralysie.* ▼ **POLIOMYÉLITIQUE.** *adj.* et *n.* Qui est relatif à la poliomyélite. Qui est atteint de poliomyélite. — N. *Un(e) poliomyélitique* ou *polio.*

POLIR [pɔliʀ]. *v. tr.* (2) • 1° Rendre lisse et luisant par frottement (une substance dure). V. **Limer, poncer.** || Contr. **Dépolir.** || *Polir qqch. avec un abrasif. Se polir les ongles.* • 2° Parachever (un ouvrage) avec soin. V. **Parfaire, perfectionner.** *Polir son style.* ▼ **POLISSAGE.** *n. m.* Opération qui consiste à donner une apparence lisse et luisante (à une surface). *Le polissage du bois.* V. **Ponçage.**

POLISSON, ONNE [pɔlisɔ̃, ɔn]. *n.* et *adj.* • 1° Enfant espiègle, désobéissant. *Cet écolier est un polisson.* — Adj. *Elle est polissonne, cette mioche !* • 2° Adj. *(Choses).* Un peu grivois, licencieux. V. **Canaille, égrillard.** *Une chanson polissonne.* — *Des yeux polissons.* V. **Fripon.** ▼ **POLISSONNER.** *v. intr.* (1). Être polisson (enfant). ▼ **POLISSONNERIE.** *n. f.* • 1° Action d'un enfant espiègle, turbulent. • 2° Acte ou propos licencieux.

POLITESSE [pɔlitɛs]. *n. f.* • 1° Ensemble de règles qui régissent le comportement, le langage considérés comme les meilleurs dans une société ; le fait et la manière d'observer ces usages (V. **Civilité, courtoisie, éducation, savoir-vivre**). || Contr. **Impolitesse.** || *Formules de politesse*, employées dans la conversation, dans une lettre (*ex. :* s'il vous plaît). — Loc. *Brûler la politesse*, partir brusquement. • 2° UNE POLITESSE : action, parole exigée par les bons usages. *Échange de politesses. Rendre une politesse à qqn.*

POLITICIEN, IENNE [pɔlitisjɛ̃, jɛn]. *n.* • Personne qui exerce une action politique dans le gouvernement ou dans l'opposition. V. **État** (homme d'État), **politique.** — Souvent péj. : *Un politicien véreux* (ou *politicard*, n. m.).

POLITICO-. • Élément signifiant « politique », formant des adj. *(politico-économique, -social, etc.).*

1. POLITIQUE [pɔlitik]. *adj.* et *n. m.* ★ **I.** *Adj.* • 1° Relatif à l'organisation et à l'exercice du pouvoir dans une société organisée. *Pouvoir politique*, pouvoir de gouverner. *Les institutions politiques d'un État.* V. **Constitution.** *Un homme politique.* • 2° Relatif à la théorie du gouvernement. *La pensée politique d'un chef d'État. Les grandes doctrines politiques.* — Relatif à la connaissance scientifique des faits politiques. *Institut d'Études politiques.* • 3° Relatif aux rapports du gouvernement et de son opposition ; au pouvoir et à la lutte autour du pouvoir. *La vie politique française. Les procès politiques. Les partis politiques.* • 4° Relatif à un État aux États et à leurs rapports. *Unité politique. Géographie politique*, partie de la géographie humaine. • 5° *Littér.* Habile. *Ce n'est pas très politique.* V. **Diplomatique.** • 6° ÉCONOMIE POLITIQUE. V. **Économie.** ★ **II.** *N. m.* • 1° *Littér.* Homme de gouvernement *Un fin politique. Les grands politiques.* — Personne qui sait gouverner autrui. *Il étai trop mauvais politique.* • 2° Ce qui est politique. *Le politique et le social.* ▼ **POLITIQUEMENT.** *adv.* • 1° En ce qui concern le pouvoir politique. *Pays unifié politiquement* • 2° *Littér.* Avec habileté. *Agir politiquement*

2. POLITIQUE. *n. f.* • 1° Manière d gouverner un État *(politique intérieure,* ou de mener les relations avec les autre États *(politique extérieure). Politique conservatrice, libérale, de droite, de gauche. L politique d'un parti.* • 2° Ensemble des affaire publiques. *S'occuper, se mêler de politiqu Faire de la politique.* — La carrière politiqu *Il se destine à la politique.* • 3° Manièr concertée de conduire une affaire. V. **Tactique.** *Pratiquer la politique du moindre effor*

POLITISER. *v. tr.* (1) • Donner un carac tère, un rôle politique à. || Contr. **Dépolitiser.** *Politiser des élections syndicales.* ▼ **POLITISATION.** n. f. *Politisation des syndica ouvriers, des grèves.*

POLKA [pɔlka]. *n. f.* • Ancienne dans (et air de danse) d'origine polonaise o tchèque, à l'allure vive et très rythmé *Jouer une polka.*

POLLEN [pɔl(l)ɛn]. *n. m.* • Poussiè fécondante, constituée de grains microsco piques produits dans l'anthère des fleu (partie supérieure des étamines). *Grain d pollen.*

POLLUER [pɔl(l)ɥe]. *v. tr.* (1) • Sal en rendant malsain, dangereux. *Les gaz q polluent l'atmosphère des villes.* V. **Infecte** — Au p. p. *Eaux polluées. Air pollué*, vici ▼ **POLLUTION.** *n. f.* Action de polluer, fait d'être pollué. V. **Souillure.** *La polluti des eaux d'une rivière. Lutter contre la poll tion de l'air.*

1. POLO [pɔlo]. *n. m.* • Sport dans lequ des cavaliers, divisés en deux équipes, essaie de pousser une boule de bois dans le cam adverse avec un maillet à long manche.

2. POLO. *n. m.* • Chemise de sport tricot, à col ouvert.

POLOCHON [pɔlɔʃɔ̃]. *n. m.* • Pc Traversin. *Les enfants se battaient à coups polochon.*

POLONAIS, AISE [pɔlɔnɛ, ɛz]. *adj.* et *n.* • 1° *Adj.* De Pologne. — Subst. *Les Polonais.* — N. m. *Le polonais, langue slave.* • 2° Loc. fam. *Être soûl comme un Polonais*, au dernier point. ▼ **POLONAISE.** *n. f.* • 1° Danse nationale des Polonais ; sa musique. • 2° Gâteau meringué, dont l'intérieur contient des fruits confits.

POLONIUM [pɔlɔnjɔm]. *n. m.* • Élément radioactif.

POLTRON, ONNE [pɔltʀɔ̃, ɔn]. *adj.* et *n.* • Qui manque de courage physique. V. **Couard, lâche, peureux ;** et *fam.* **Froussard, trouillard.** ‖ Contr. **Courageux.** ‖ — N. *Un poltron, une poltronne.* ▼ **POLTRONNERIE.** *n. f.*

POLY-. • Préfixe savant signifiant « nombreux ; abondant » (ex. : *polyacide*, n. m; *polyalcool*, n. m. Corps possédant plusieurs fois la fonction acide, la fonction alcool).

POLYAMIDE [pɔliamid]. *n. m.* • Corps chimique, constituant de nombreuses matières plastiques (*ex. :* nylon).

POLYANDRE [pɔljɑ̃dʀ(ə) ; pɔli-]. *adj.* • *Didact.* Qui a plusieurs maris. V. **Polygame.** *Femme polyandre.* ▼ **POLYANDRIE.** *n. f.*

POLYCHROME [pɔlikʀom]. *adj.* • Qui est de plusieurs couleurs ; décoré de plusieurs couleurs. ‖ Contr. **Monochrome.** ‖ *Une statue polychrome.* ▼ **POLYCHROMIE.** *n. f.* Application de la couleur à la statuaire, à l'architecture.

POLYCLINIQUE [pɔliklinik]. *n. f.* • Clinique où se donnent toutes sortes de soins.

POLYCOPIE [pɔlikɔpi]. *n. f.* • Procédé de reproduction graphique par report (décalque), encrage et tirage. ▼ **POLYCOPIER** [pɔlikɔpje]. *v. tr.* (7). Reproduire en polycopie. ▼ **POLYCOPIÉ, ÉE.** adj. et n. m. *Cours polycopié.*

POLYCULTURE [pɔlikyltyʀ]. *n. f.* • Culture simultanée de différents produits sur un même domaine, dans une même région. ‖ Contr. **Monoculture.** ‖

POLYÈDRE [pɔljɛdʀ(ə) ; pɔli-]. *n. m.* • En géométrie, Solide limité de toutes parts par des polygones plans. *Polyèdre régulier.*

POLYESTER [pɔliɛstɛʀ]. *n. m.* • Composé chimique (ester) à poids moléculaire élevé (enchaînement de nombreuses molécules d'esters). *Certains polyesters sont les constituants de matières plastiques.*

POLYGAME [pɔligam]. *n.* et *adj.* • Homme uni à plusieurs femmes, femme unie à plusieurs hommes à la fois (V. **Polyandre**), en vertu de liens légitimes. ‖ Contr. **Monogame.** ‖ — Adj. *Un musulman polygame.* ▼ **POLYGAMIE.** *n. f.* Situation d'une personne polygame.

POLYGLOTTE [pɔliglɔt]. *adj.* et *n.* • Qui parle plusieurs langues. *Interprète polyglotte.* — *Un(e) polyglotte.*

POLYGONE [pɔligɔn]. *n. m.* • 1° Figure formée par des segments de droite. *Polygone régulier*, à côtés et angles égaux. • 2° Polygone formant le tracé d'une place de guerre, d'une fortification. — *Polygone de tir*, champ de tir pour l'artillerie. ▼ **POLYGONAL, ALE, AUX.** *adj.* Qui a plusieurs angles et plusieurs côtés.

POLYMÉRISATION [pɔlimeʀizasjɔ̃]. *n. f.* • Union de plusieurs molécules d'un composé pour former une grosse molécule. *Résines de polymérisation*, matières plastiques. (On emploie aussi *Polymériser*, v. tr.)

POLYMORPHE [pɔlimɔʀf(ə)]. *adj.* • *Littér.* Qui peut se présenter sous des formes différentes. ▼ **POLYMORPHIE.** *n. f.* ou **POLYMORPHISME.** n. m. *Polymorphisme des virus, d'une maladie.*

POLYNÉVRITE [pɔlinevʀit]. *n. f.* • Névrite qui atteint plusieurs nerfs.

POLYNÔME [pɔlinom]. *n. m.* • Expression algébrique constituée par une somme algébrique de monômes (séparés par les signes + et —). Ex. : *binôme, trinôme.*

1. POLYPE [pɔlip]. *n. m.* • Animal *(Cœlentérés)* formé d'un tube dont une extrémité porte une bouche entourée de tentacules (hydres, méduses). *Colonie de polypes.* ▼ **POLYPIER.** *n. m.* Squelette calcaire des polypes (*ex. :* le corail).

2. POLYPE. *n. m.* • Tumeur, excroissance fibreuse ou muqueuse, implantée par un pédicule. *Polype de l'œsophage.*

POLYPHONIE [pɔlifɔni]. *n. f.* • Combinaison de plusieurs voix, de plusieurs parties dans une composition musicale. V. **Contrepoint.** ▼ **POLYPHONIQUE.** adj. *Pièce polyphonique vocale.*

POLYTECHNIQUE [pɔlitɛknik]. *adj.* et *n. f.* • 1° *Vx.* Qui embrasse plusieurs sciences. • 2° *École polytechnique*, ou (n. f.) *Polytechnique* (*arg.* L'X), grande École scientifique française. ▼**POLYTECHNICIEN.** *n. m.* Élève, ancien élève de Polytechnique.

POLYTHÉISME [pɔliteism(ə)]. *n. m.* • Doctrine qui admet l'existence de plusieurs dieux. *Le polythéisme grec.* ‖ Contr. **Monothéisme.** ‖ ▼ **POLYTHÉISTE.** n. et adj. *Religion polythéiste.*

POLYVALENT, ENTE [pɔlivalɑ̃, ɑ̃t]. *adj.* et *n. m.* • 1° Qui a plusieurs fonctions, plusieurs activités différentes. *Inspecteur polyvalent des contributions.* — N. m. *Les polyvalents.* • 2° En chimie, Qui a plusieurs valences.

POMÉLO [pɔmelo]. *n. m.* • Fruit appelé couramment *pamplemousse.*

POMI-. V. Pomo-.

POMMADE [pɔmad]. *n. f.* • Substance grasse à mettre sur la peau (médicament, etc.). *Un tube de pommade.* — Loc. *Passer de la pommade à qqn*, le flatter grossièrement. ▼ **POMMADER.** v. tr. (1). *Plaisant.* et *péj.* Enduire de pommade. *Se pommader les cheveux.*

1. POMME [pɔm]. *n. f.* ★ **I.** • 1° Fruit du pommier, rond, à pulpe ferme et juteuse. *Pomme de reinette. Pommes à cidre. Eau-de-vie de pommes.* V. **Calvados.** *Pommes cuites. Compote de pommes.* • 2° *Appos.* Vert pomme : assez vif et clair. • 3° Loc. fam. *Aux pommes*, très bien, très beau. — *Tomber dans les pommes*, s'évanouir. — Pop. *Ma, sa pomme*, moi, lui. • 4° Pomme d'Adam : saillie à la partie antérieure du cou des hommes, formée par le cartilage thyroïdien du larynx. • 5° Pomme de pin : organe reproducteur du pin, formé d'écailles ligneuses qui protègent les graînes. ★ **II.** *Pomme d'arrosoir*, partie arrondie percée de petits trous qui permet de verser l'eau en pluie.

2. POMME. *n. f.* • Pomme de terre (T. de restaurant et de gastronomie). *Des pommes frites. Des pommes vapeur.*

POMMÉ, ÉE [pɔme]. *adj.* • Qui a une forme arrondie (plantes). *Un chou pommé.*

POMMEAU [pɔmo]. *n. m.* • Tête arrondie de la poignée d'un sabre, d'une épée. — Boule à l'extrémité d'une canne, d'un parapluie.

POMME DE TERRE [pɔmdətɛʀ]. *n. f.* • 1° Tubercule comestible d'une plante dicotylédone (famille des *solanées*). V. **Patate** *(pop.)*, **pomme 2.** *Elle épluche des pommes de terre. Pommes de terre à l'eau, sautées. Purée de pommes de terre. Pommes de terre frites.* V. **Frite.** — Plaisant. *Nez en pomme de terre*, gros et rond. • **2°** La plante cultivée pour ses tubercules. *Champ de pommes de terre.*

POMMELÉ, ÉE [pɔmle]. *adj.* • **1°** Couvert ou formé de petits nuages ronds. *Un ciel pommelé.* • **2°** Couvert de taches rondes grises ou blanches (robe de cheval). *Cheval pommelé, gris pommelé.* ▼**POMMELER (SE).** *v. pron.* (4). Se couvrir de petits nuages ronds (ciel). V. **Moutonner.**

POMMETTE [pɔmɛt]. *n. f.* • Partie plus ou moins saillante de la joue, au-dessous de l'angle extérieur de l'œil. *Un visage aux pommettes saillantes.*

POMMIER [pɔmje]. *n. m.* • **1°** Arbre de taille moyenne dont le fruit est la pomme. *Pommier commun; pommier à cidre.* • **2°** *Pommiers du Japon, de Chine*, variété exotique cultivée pour ses fleurs roses.

POMO-, POMI-, • Éléments savants signifiant « fruit ».

1. POMPE [pɔ̃p]. *n. f.* • **1°** *Littér.* Déploiement de faste dans un cérémonial. V. **Apparat, magnificence.** — Loc. cour. *En grande pompe.* • **2°** POMPES FUNÈBRES : assurant le transport des corps et l'apprêt de la tombe. V. **Funérailles.** • **3°** Loc. religieuse. *Renoncer à Satan, à ses pompes, et à ses œuvres*, aux vanités du monde.

2. POMPE. *n. f.* • **1°** Appareil destiné à déplacer un liquide, de l'eau. *Pompe aspirante; foulante. Amorçage d'une pompe. Aller chercher de l'eau à la pompe. Pompe à incendie. Bateau-pompe*, muni de lances à incendie. • **2°** *Pompe (à essence)*, pour amener l'essence d'une cuve-réservoir aux véhicules. Distributeur d'essence. V. **Poste** (d'essence) ; **pompiste.** • **3°** Appareil déplaçant les fluides (pompe, aspirateur, compresseur, soufflerie, etc.). *Pompe de bicyclette.* • **4°** *Pop.* Chaussure. *Une paire de pompes.* • **5°** Pop. *Avoir le, un* COUP DE POMPE : se sentir brusquement épuisé. V. **Pomper** (6°). • **6°** Fam. À TOUTE POMPE : à toute vitesse. *Je me tire à toute pompe.* • **7°** Arg. *Soldat de* DEUXIÈME POMPE; ellipt. *Un deuxième pompe*, un simple soldat, un deuxième classe.

POMPER. *v. tr.* (1) • **1°** Déplacer (un fluide) à l'aide d'une pompe. *Pomper de l'eau*, en tirer à la pompe. V. *aussi* **Puiser.** Absolt. *Pomper pour tirer de l'eau.* • **2°** Aspirer (un liquide). *Les moustiques pompent le sang.* • **3°** *Pop.* Boire. *Il pompe bien.* • **4°** Absorber (un liquide). • **5°** *Arg. scol.* Copier. *Il a encore pompé sur son voisin.* • **6°** *Pop.* Épuiser. *Cet effort l'a pompé.* — Au p. p. POMPÉ, ÉE : épuisé, « claqué ». ▼ **POMPAGE.** *n. m.* (V. **Pomper,** 1°) *Stations de pompage d'un pipe-line.*

POMPETTE [pɔ̃pɛt]. *adj.* • *Fam.* Un peu ivre, éméché. *Il était rentré pompette.*

POMPEUX, EUSE [pɔ̃pø, øz]. *adj.* • Qui affecte une solennité plus ou moins ridicule. *Un ton pompeux.* V. **Déclamatoire, sentencieux.** || Contr. **Simple.** || ▼ **POMPEUSEMENT.** *adv.*

1. POMPIER [pɔ̃pje]. *n. m.* • Homme appartenant au corps des *sapeurs-pompiers*, chargé de combattre incendies et sinistres *Avertisseur des voitures de pompiers.* V. **Pinpon.** *Échelle de pompiers. Le pompier de service*, dans une salle de spectacle.

2. POMPIER, IÈRE [pɔ̃pje, jɛʀ]. *adj.* • Emphatique et prétentieux. *Un écrivain pompier. Ça fait terriblement pompier.* ▼ **POMPIÉRISME.** *n. m.* Emphase ridicule

POMPISTE [pɔ̃pist(ə)]. *n.* • Personne préposée à la distribution de l'essence.

POMPON [pɔ̃pɔ̃]. *n. m.* • **1°** Touffe de laine, de soie, servant d'ornement. V. **Houppe** *Bonnet à pompon rouge des marins.* • **2** *Rose pompon*, variété de petite rose, à fleu sphérique. • **3°** *Avoir le pompon*, l'emporte (souvent *iron.*). *C'est le pompon !* c'est comble !

POMPONNER [pɔ̃pɔne]. *v. tr.* (1) • Pare avec soin. V. **Bichonner.** — Au p. p. *Elle éta pomponnée pour sortir.*

PONANT [pɔnɑ̃]. *n. m.* • *Vx* ou *littér* Couchant (n. m.) *opposé à* levant. V. **Occ dent, ouest.**

PONCE [pɔ̃s]. *adj. f.* • PIERRE PONCE roche volcanique poreuse, très légère, servar au nettoyage.

PONCEAU [pɔ̃so]. *adj. invar.* • De couleur (rouge vif foncé) d'un coquelic appelé aussi *ponceau* (n. m.).

PONCER [pɔ̃se]. *v. tr.* (3) • Décape polir au moyen d'une substance abrasiv V. **Frotter, polir.** — *Au p. p.* Nettoyé à fon ▼ **PONÇAGE.** *n. m.* V. **Polissage.** *Le ponçag du bois.*

PONCHO [pɔ̃tʃo]. *n. m.* • Mantea d'homme formé d'une pièce d'étoffe perc d'un trou (en usage en Amérique du Sud *Des ponchos.*

PONCIF [pɔ̃sif]. *n. m.* • Thème, expre sion littéraire ou artistique dénué(e) d'orig nalité. V. **Banalité, cliché, lieu** (commur *Les poncifs romantiques.*

PONCTION [pɔ̃ksjɔ̃]. *n. f.* • **1°** Opératic chirurgicale qui consiste à piquer les tiss enveloppant une cavité pour en retirer liquide qu'elle contient. *Ponction lombair* qui permet de retirer du liquide céphal rachidien. • **2°** Prélèvement (d'argent, etc ▼ **PONCTIONNER.** v. tr. (1). *Ponctionr un épanchement pleural.*

PONCTUALITÉ. *n. f.* • **1°** Soin, exac tude dans l'accomplissement de ses devoi *La ponctualité d'un employé.* V. **Assiduité.** **2°** *(Plus courant).* Qualité de celui qui toujours à l'heure. V. **Exactitude.** *Il arrivait à l'heure, avec ponctualité.* V. **Ponctuel 1.**

PONCTUATION [pɔ̃ktɥasjɔ̃]. *n. f.* • Système de signes servant à indiquer les divisions d'un texte, à noter certains rapports syntaxiques. *Signes de ponctuation,* crochet, guillemet, parenthèse, point, tiret, virgule... — Manière d'utiliser ces signes. *Mettre, oublier la ponctuation.*

1. PONCTUEL, ELLE [pɔ̃ktɥɛl]. *adj.* • Qui dénote ou qui a de la ponctualité. *Un employé ponctuel.* V. **Assidu, régulier.** || Contr. **Inexact.** || ▼ **PONCTUELLEMENT.** adv. *Je me lève tous les matins à huit heures ponctuellement.*

2. PONCTUEL, ELLE. *adj.* • Qui peut être assimilé à un point (terme de sciences). *Source lumineuse ponctuelle.*

PONCTUER [pɔ̃ktɥe]. *v. tr.* (1) • 1° Diviser (un texte) au moyen de la ponctuation. *Dictée mal ponctuée.* • 2° PONCTUER... DE : marquer (ses phrases) d'une exclamation, d'un geste. *Elle ponctuait ses phrases de soupirs.*

PONDÉRABLE [pɔ̃deʀabl(ə)]. *adj.* • Qui peut être pesé ; qui a un poids mesurable. || Contr. **Impondérable.** ||

PONDÉRATION [pɔ̃deʀasjɔ̃]. *n. f.* • 1° Calme, équilibre et mesure dans les jugements. *Faire preuve de pondération.* • 2° Équilibre des forces sociales et politiques. *Pondération des pouvoirs.* V. **Balance.**

PONDÉRÉ, ÉE. *adj.* • Calme, équilibré. *Un esprit pondéré.* || Contr. **Déraisonnable, extrémiste.** ||

PONDÉRER [pɔ̃deʀe]. *v. tr.* (6) • *Littér.* Équilibrer (les forces). V. **Pondération** (2°).

PONDEUR, EUSE [pɔ̃dœʀ, øz]. *n.* et *adj.* • 1° *N. f.* Femelle d'oiseau qui pond beaucoup. *Cette poule est une bonne pondeuse.* — Adj. *Poule pondeuse.* • 2° Loc. fam. *Un pondeur de romans,* un écrivain qui pond (2°) beaucoup de romans.

PONDRE [pɔ̃dʀ(ə)]. *v. tr.* (41) • 1° Déposer, faire (ses œufs), en parlant d'une femelle d'ovipare. V. **Ponte 1**. *Les oiseaux pondent les œufs.* — Au p. p. *Un œuf frais pondu.* • 2° *Fam.* et *péj.* Écrire, produire (une œuvre).

PONEY [pɔnɛ]. *n. m.* • Cheval d'une race de très petite taille.

PONGÉ ou **PONGÉE** [pɔ̃ʒe]. *n. m.* • Taffetas léger de soie ou de déchets de soie.

1. PONT [pɔ̃]. *n. m.* • 1° Construction, ouvrage reliant deux points séparés par une dépression ou par un obstacle (V. **Viaduc**). *Pont franchissant un canal, une voie ferrée. Sous un pont,* abrité par le tablier du pont. *Le pont de chemin de fer. Pont pour les piétons.* V. *aussi* **Passerelle.** *Franchir, passer, traverser un pont. Ponts mobiles.* V. **Pont-levis.** — *Pont de graissage,* sur lequel on soulève les automobiles pour les graisser. — Loc. *Il est solide comme le Pont-Neuf,* très vigoureux. *Il coulera (passera) de l'eau sous les ponts,* il se passera un long temps. — *Couper, brûler les ponts,* s'interdire tout retour en arrière. • 2° PONTS ET CHAUSSÉES [pɔ̃zeʃose] : service public chargé principalement de la construction et de l'entretien des voies publiques. *Ingénieur des Ponts et chaussées,* ou (abrév.) *des ponts.* • 3° PONT AUX ÂNES [pɔ̃tozɑn] : la démonstration du théorème du carré de l'hypothénuse ; banalité connue de tous. • 4° *Faire un* PONT D'OR *à qqn* : lui offrir une forte somme, pour le décider à occuper un poste. • 5° Dans une automobile, Ensemble des organes qui transmettent le mouvement aux roues. *Pont arrière.* • 6° Pièce d'étoffe qui se rabat (dans : À PONT). *Culotte à pont.* • 7° FAIRE LE PONT : chômer entre deux jours fériés. • 8° PONT AÉRIEN : liaison aérienne quasi ininterrompue (par-dessus une zone interdite, dangereuse, etc.). • 9° TÊTE DE PONT : point où une armée prend possession d'un territoire à conquérir.

2. PONT. *n. m.* • Ensemble des bordages recouvrant entièrement la coque d'un navire. *Navire à trois ponts.* Ellipt. *Un trois-ponts.* — *Pont d'envol,* sur un porte-avions. — *Absolt.* Pont supérieur. *Tout le monde sur le pont !* (appel). ▼ **1. PONTER.** *v. tr.* (1). Munir d'un pont (un navire en construction). — Au p. p. *Une barque pontée, non pontée.* ▼ **PONTAGE.** *n. m.*

1. PONTE [pɔ̃t]. *n. f.* • Action (pour une femelle ovipare) de déposer ses œufs. V. **Pondre.** *La ponte des poules.* — Les œufs pondus en une fois.

2. PONTE [pɔ̃t]. *n. m.* • Au baccara, à la roulette, etc., Chacun des joueurs qui jouent contre le banquier. ▼ **2. PONTER.** *v.* (1) • 1° *V. intr.* Jouer contre celui qui tient la banque ; être ponte, au baccara, à la roulette. • 2° *V. tr.* Miser. *Ponter une somme.*

3. PONTE. *n. m.* • *Fam.* Personnage important. *C'est un gros ponte.* V. **Pontife** (3°).

PONTIFE [pɔ̃tif]. *n. m.* • 1° Ministre du culte religieux, dans l'Antiquité romaine. • 2° Se dit des hauts dignitaires catholiques, évêques ou prélats. *Le souverain pontife,* le pape (V. **Pontifical**). • 3° *Fam.* (souvent *iron.*). Personnage qui fait autorité et qui est gonflé de son importance. *Les grands pontifes de la Faculté.* V. **Ponte 3; pontifier.**

PONTIFICAL, ALE, AUX [pɔ̃tifikal, o]. *adj.* • Relatif au souverain pontife, au pape. V. **Papal.** *Le trône pontifical. Messe pontificale.* ▼ **PONTIFICAT.** *n. m.* Dignité de souverain pontife ; règne (d'un pape). *Cardinal élevé au pontificat.* V. **Papauté.**

PONTIFIER [pɔ̃tifje]. *v. intr.* (7) • Faire le pontife (3°), dispenser sa science, ses conseils avec prétention et emphase. *Il pontifiait, entouré de ses disciples.* ▼ **PONTIFIANT, ANTE.** *adj.* Qui pontifie. *Un ton pontifiant.* V. **Doctoral.**

PONT-L'ÉVÊQUE [pɔ̃levɛk]. *n. m. invar.* • Fromage fermenté à pâte molle, de la région de Pont-l'Évêque (Calvados).

PONT-LEVIS [pɔ̃lvi]. *n. m.* • Pont mobile qui se lève ou s'abaisse à volonté au-dessus du fossé d'un bâtiment fortifié (surtout au Moyen Âge).

PONTON [pɔ̃tɔ̃]. *n. m.* • 1° Construction flottante formant plate-forme. *Ponton d'accostage.* • 2° Chaland ponté servant aux gros travaux des ports. *Ponton d'abattage. Ponton-grue.*

PONTONNIER. *n. m.* • Soldat du génie chargé de la pose, du démontage, de l'entretien, etc., des ponts militaires.

POOL [pul]. *n. m.* • Groupement de producteurs exploitant en commun l'ensemble de leurs moyens matériels (terme d'économie). *Le pool du charbon et de l'acier* (marché commun du charbon et de l'acier).

POP [pɔp]. *adj.* • *Anglicisme.* Se dit de l'art, de la musique à la mode (depuis 1960) dans les pays anglo-saxons. *Festival de musique pop.*

POP-CORN [pɔpkɔʀn]. *n. m.* • Grains de maïs soufflés et sucrés.

POPE [pɔp]. *n. m.* • Prêtre de l'Église orthodoxe slave.

POPELINE [pɔplin]. *n. f.* • Tissu de coton ou de laine et soie, à armure taffetas. *Chemise en popeline.*

POPOTE [pɔpɔt]. *n. f.* et *adj.* ★ **I.** *N. f.* • 1° Table commune d'officiers. V. **Mess ; cantine.** • 2° *Fam.* Soupe, cuisine. *Faire la popote.* ★ **II.** *Adj.* (invar.). *Fam.* Qui est trop exclusivement occupé par les travaux, les devoirs du foyer. V. **Pot-au-feu.** *Elles sont très popote.*

POPOTIN [pɔpɔtɛ̃]. *n. m.* • *Pop.* Le derrière. — Loc. fam. *Se manier le popotin,* se dépêcher.

POPULACE [pɔpylas]. *n. f.* • *Péj.* Bas peuple. V. **Masse, populo.** ▼ **POPULACIER, IÈRE.** *adj.* Propre à la populace. V. **Commun, vulgaire.** *Langage populacier.* V. **Poissard.** *Une allure populacière.* V. **Canaille.**

POPULAIRE [pɔpylɛʀ]. *adj.* • 1° Qui appartient au peuple, émane du peuple (surtout du prolétariat, des travailleurs). *La volonté populaire. Démocraties populaires, socialistes. Front populaire,* union des forces de gauche. • 2° Propre au peuple. *Les traditions populaires. — (Langage)* Qui est employé surtout par le peuple, n'est guère en usage dans la bourgeoisie. *Mot, expression populaire.* • 3° À l'usage du peuple (et qui en émane ou non). *Un spectacle populaire. Art populaire* (V. **Folklore ;** et *aussi* **Pop**). — *(Personnes)* Qui s'adresse au peuple. *Un romancier populaire.* • 4° Qui se recrute dans le peuple, que fréquente le peuple. *Les milieux populaires. Bals populaires.* • 5° Qui plaît au peuple, au plus grand nombre. V. **Popularité.** *Ce chanteur est plus populaire en Amérique qu'en France. Henri IV était un roi populaire.* || Contr. **Impopulaire.** || ▼ **POPULAIREMENT.** *adv.* D'une manière populaire, dans le langage populaire. *S'exprimer populairement.*

POPULARISER [pɔpylaʀize]. *v. tr.* (1) • Faire connaître parmi le peuple, le grand nombre. *Les mots* enliser, pieuvre *ont été popularisés par V. Hugo.* V. **Répandre.**

POPULARITÉ. *n. f.* • Le fait d'être connu et aimé du peuple, du plus grand nombre. *La popularité d'un chef d'État.* V. **Célébrité, gloire, renommée.** || Contr. **Impopularité.** || — Faveur. *Il jouit d'une certaine popularité dans la maison.*

POPULATION [pɔpylɑsjɔ̃]. *n. f.* • 1° Ensemble des personnes qui habitent un espace, une terre. *La population de la France. Recensement de la population. Région à population dense.* • 2° Ensemble des personnes d'une catégorie particulière. *La population active,* des travailleurs. *Les populations laborieuses.*

POPULEUX, EUSE. *adj.* • Très peuplé. || Contr. **Désert.** || *Les villes populeuses. Des rues populeuses.*

POPULISME. *n. m.* • École littéraire qui cherche, dans les romans, à dépeindre avec réalisme la vie des gens du peuple. ▼ **POPULISTE.** n. et adj. *Un écrivain populiste.*

POPULO [pɔpylo]. *n. m.* • Fam. • 1° Peuple. *C'est encore le populo qui trinque.* • 2° Grand nombre de gens. V. **Foule.** *C'est plein de populo !*

PORC [pɔʀ]. *n. m.* • 1° Animal (mammifère) au corps épais, dont la tête est terminée par un groin, qui est domestiqué et élevé pour sa chair ; se dit surtout du mâle adulte, *par oppos. à* truie ; *à* goret, porcelet. V. **Cochon, verrat ; porcher, porcin.** *Poils, soies du porc.* — Loc. *Il est gras, sale comme un porc. Manger comme un porc. — C'est un vrai porc,* un homme débauché, grossier. • 2° Viande de cet animal. *Un rôti de porc. Graisse de porc.* V. **Lard, saindoux.** • 3° Peau tannée de cet animal. *Une valise en porc.* ▼ **PORCELET.** *n. m.* Jeune porc. V. **Cochonnet, goret.**

PORCELAINE [pɔʀsəlɛn]. *n. f.* • 1° Substance translucide, imperméable, qu'on utilise en céramique fine. *Vaisselle en porcelaine, de porcelaine.* • 2° Objet en porcelaine. *Casser une porcelaine.* • 3° Mollusque coquillage univalve luisant et poli, aux couleurs vives. ▼ **PORCELAINIER, -LAINIÈRE** [pɔʀsəlenje, -lɛnjɛʀ]. *n.* • 1° Marchand(e), fabricant(e) de porcelaine. • 2° Adj. *L'industrie porcelainière de Limoges.*

PORC-ÉPIC [pɔʀkepik]. *n. m.* • Petit mammifère rongeur, au corps recouvert de longs piquants. *Dans le danger, le porc-épic se hérisse. Des porcs-épics. — C'est un véritable porc-épic,* une personne irritable.

PORCHE [pɔʀʃ(ə)]. *n. m.* • Construction en saillie qui abrite la porte d'entrée d'un édifice. *Le porche principal d'une cathédrale.*

PORCHER, ÈRE [pɔʀʃe, ɛʀ]. *n.* • Gardien, gardienne de porcs ; ouvrier agricole qui s'occupe des porcs. ▼ **PORCHERIE.** *n.* • 1° Bâtiment où l'on élève, où l'on engraisse les porcs. • 2° Local très sale. *C'est une vraie porcherie, ici !*

PORCIN, INE [pɔʀsɛ̃, in]. *adj.* et *n.* • 1° Relatif au porc. *Race porcine.* — N. *Un porcin, les porcins.* • 2° Dont l'aspect rappelle celui du porc. *Des yeux porcins.*

PORE [pɔʀ]. *n. m.* • 1° Chacun des minuscules orifices de la peau où aboutissent les sécrétions des glandes sudoripares et sébacées (V. **Sébum**). — Loc. *Par tous les pores de toute sa personne. Il respire la joie par tous les pores.* • 2° *Les pores d'une plante.* • Interstice d'une matière poreuse. ▼ **POREUX, EUSE.** *adj.* Qui présente une multitude de pores, de petits trous (roche, matière min rale, terre cuite, etc.). ▼ **POROSITÉ.** *n. f.* Didact. *La porosité d'une roche.*

PORION [pɔʀjɔ̃]. *n. m.* ● Agent de maîtrise, contremaître dans les mines de charbon, les gisements de pétrole.

PORNOGRAPHIE [pɔʀnɔgʀafi]. *n. f.* ● Représentation (par écrits, dessins, peintures, photos) de choses obscènes destinées à être communiquées au public. Obscénité en littérature, dans les spectacles. ▼ **PORNOGRAPHIQUE.** adj. *Des romans, des films pornographiques.* (Abrév. fam. *porno.*)

PORPHYRE [pɔʀfiʀ]. *n. m.* ● Roche volcanique (andésite) rouge foncé, compacte, mêlée de cristaux blancs. *Des colonnes de porphyre.*

PORRIDGE [pɔʀidʒ(ə)]. *n. m.* ● Bouillie ou soupe épaisse de flocons d'avoine. *On lui donnait du porridge le matin.*

1. PORT [pɔʀ]. *n. m.* ● 1° Abri naturel ou artificiel aménagé pour recevoir les navires, pour l'embarquement et le débarquement de leur chargement. *Un port maritime, fluvial. Port de commerce, de pêche. Port d'attache d'un bateau,* où il est immatriculé. *Port franc,* non soumis au service des douanes. — Loc. *Arriver à bon port,* arriver au but d'un voyage sans accident ; et *(choses)* Arriver à destination en bon état. ● 2° *Littér.* Lieu de repos ; abri. V. **Havre, refuge.** *Chercher un port après une vie agitée.* ● 3° Ville qui possède un port. *Marseille, port de la Méditerranée.*

2. PORT. *n. m.* ● Col, dans les Pyrénées.

3. PORT. *n. m.* ★ **I.** Action de porter (dans quelques expressions). ● 1° Le fait de porter sur soi. *Le port illégal de décorations. Port d'armes,* le fait d'être armé. ● 2° PORT D'ARMES : position du soldat qui présente son arme. *Soldat qui se met au port d'armes.* ● 3° PORT DE VOIX : passage effectué insensiblement d'un son à un autre. ★ **II.** Prix du transport (d'une lettre, d'un colis). *Un colis expédié franc de port, franco de port. Port dû, payé.* ★ **III.** Manière naturelle de se tenir. V. **Allure, maintien.** *Elle avait un port de déesse, de reine. — Un gracieux port de tête.*

PORTABLE [pɔʀtabl(ə)]. *adj.* ● 1° *(D'un vêtement).* Qu'on peut porter. V. **Mettable.** *Ce manteau est encore portable.* ● 2° *Anglicisme.* Transportable. *Machine à écrire portable.*

PORTAGE [pɔʀtaʒ]. *n. m.* ● Transport à dos d'homme.

PORTAIL [pɔʀtaj]. *n. m.* ● Grande porte, parfois de caractère monumental. *Le portail du parc d'un château. — Le porche et le portail d'une cathédrale.*

1. PORTANT, ANTE [pɔʀtɑ̃, ɑ̃t]. *adj.* ★ **I.** Dont la fonction est de porter, de soutenir. *Les murs portants d'un édifice.* ★ **II.** ÊTRE BIEN, MAL PORTANT : en bonne, en mauvaise santé. V. **Porter** (se). — Subst. *Les bien portants.*

2. PORTANT. *n. m.* ● 1° Montant qui soutient un élément de décor, un appareil d'éclairage, au théâtre. — Cette partie de décor. ● 2° Montant (d'une ouverture).

PORTATIF, IVE [pɔʀtatif, iv]. *adj.* ● Qui peut être utilisé n'importe où, transporté facilement. Transportable. *Poste de radio portatif à transistors.*

1. PORTE [pɔʀt(ə)]. *n. f.* ★ **I.** *(D'une ville).* ● 1° Autrefois, Ouverture spécialement aménagée dans l'enceinte d'une ville pour permettre le passage. — *L'ennemi est à nos portes,* à nos frontières, tout près. ● 2° Lieu où se trouvait autrefois une porte de l'enceinte d'une ville. *Le métro dessert les portes de Paris.* ★ **II.** ● 1° Ouverture spécialement aménagée dans un mur, une clôture, etc., pour permettre le passage ; l'encadrement de cette ouverture. *Porte d'une maison. Porte d'entrée, de secours. Le seuil d'une porte. Entrer par la porte. Franchir, passer la porte. Sur le pas de sa porte.* — Loc. *De porte en porte,* de maison en maison, d'appartement en appartement. *Faire du* PORTE À PORTE : se dit d'un agent commercial, d'un quêteur, etc., qui passe de logement en logement. *Ils habitent porte à porte,* dans des immeubles, des appartements contigus. — *Cela s'est passé à ma porte,* tout près de chez moi. *Parler à qqn, recevoir qqn entre deux portes,* lui parler rapidement sans le faire entrer. *Mettre, flanquer* (fam.) *qqn à la porte.* V. **Chasser, congédier, renvoyer.** Ellipt. *À la porte ! — Être à la porte,* ne pas pouvoir entrer. *Prendre la porte.* V. **Partir, sortir.** *Entrer, passer par la grande porte,* accéder directement à un haut poste. *Entrer par la petite porte. — Se ménager, se réserver une porte de sortie.* V. **Échappatoire, issue.** ● 2° Panneau mobile permettant d'obturer l'ouverture d'une porte (II, 1°). *Une porte vitrée. Poignée de porte. Porte grande ouverte, entrebâillée. Trouver porte close. Écouter aux portes,* derrière les portes. — Loc. *Frapper à la bonne, à la mauvaise porte,* s'adresser au bon, au mauvais endroit, à la bonne, à la mauvaise personne. *Ouvrir, fermer sa porte à qqn,* accepter, refuser de l'admettre chez soi. *C'est la porte ouverte à tous les abus,* l'accès libre. ● 3° (D'un véhicule). V. **Portière.** — (D'un meuble) *Porte d'une armoire.* ★ **III.** ● 1° Passage étroit dans une région montagneuse. V. **Défilé, gorge.** ● 2° Espace compris entre deux piquets où le skieur doit passer, dans un slalom.

2. PORTE [pɔʀt(ə)]. *adj. f.* ● *Veine porte,* qui ramène au foie le sang des organes digestifs abdominaux.

PORTE-. ● Élément signifiant « qui porte ». V. *aussi* **-Fère, -phore** (*ex. :* Porte-aiguilles ; porte-allumettes).

PORTE(-)À(-)FAUX [pɔʀtafo]. *n. m. invar.* ● 1° Disposition d'une chose (construction, assemblage) hors d'aplomb. *Un mur en porte à faux, en porte-à-faux.* — (Abstrait) *En porte à faux,* dans une situation instable. ● 2° Construction, objet en porte à faux. *Des porte-à-faux.*

PORTE À PORTE [pɔʀtapɔʀt]. *n. m.* V. PORTE 1 (II, 1°).

PORTE-AVIONS [pɔʀtavjɔ̃]. *n. m. invar.* ● Grand bateau de guerre dont le pont supérieur constitue une plate-forme d'envol et d'atterrissage pour les avions.

PORTE-BAGAGES [pɔʀtbagaʒ]. *n. m. invar.* • Dispositif accessoire d'un véhicule, destiné à recevoir des bagages. *Porte-bagages d'une bicyclette.* — Filet, galerie métallique où l'on place les bagages, dans un train, un car.

PORTE-BONHEUR [pɔʀtbɔnœʀ]. *n. m. invar.* • Objet que l'on considère comme porteur de chance. V. **Amulette, fétiche.** || Contr. **Porte-malheur.** || *Le trèfle à quatre feuilles, le fer à cheval sont des porte-bonheur.*

PORTE-BOUTEILLES [pɔʀtbutɛj]. *n. m. invar.* • Casier ou égouttoir à bouteilles.

PORTE-CARTES ou **PORTE-CARTE** [pɔʀtəkaʀt(ə)]. *n. m. invar.* • Petit portefeuille à loges transparentes où l'on range cartes d'identité, d'abonnement, photographies.

PORTE-CIGARETTES [pɔʀtsigaʀɛt]. *n. m. invar.* • Étui à cigarettes.

PORTE-CLEFS ou **PORTE-CLÉS** [pɔʀtəkle]. *n. m. invar.* • Anneau ou étui pour porter des clés. — Anneau pour clés, orné d'une breloque. *Collectionner les porte-clés.*

PORTE-COUTEAU [pɔʀtkuto]. *n. m.* • Ustensile de table sur lequel on pose l'extrémité du couteau. *Des porte-couteau(x) en argent.*

PORTE-DOCUMENTS [pɔʀtdɔkymɑ̃]. *n. m. invar.* • Serviette très plate, sans soufflet. *Un porte-documents à fermeture éclair.*

PORTE-DRAPEAU [pɔʀtdʀapo]. *n. m.* • **1°** Celui qui porte le drapeau d'un régiment. *Des porte-drapeau(x).* • **2°** Chef reconnu et actif. *Le porte-drapeau de l'insurrection était un tout jeune homme.*

1. PORTÉE [pɔʀte]. *n. f.* • Ensemble des petits qu'une femelle de mammifère porte et met bas en une fois. *Les lapins d'une même portée.*

2. PORTÉE. *n. f.* • Les cinq lignes horizontales et parallèles qui portent la notation musicale. *Les portées d'une partition musicale. Notes au-dessus de la portée.*

3. PORTÉE. *n. f.* • Distance à laquelle porte une chose. • **1°** Distance à laquelle peut être lancé un projectile ; amplitude du jet. *Un canon à longue portée. — La portée d'une voix.* • **2°** *Loc.* À (LA) PORTÉE (DE) : à la distance convenable pour que ce dont il est question puisse porter. *À portée de sa vue,* visible pour lui. *À portée de la main,* accessible sans se déplacer. *À la portée de qqn. Mettre un verre à la portée d'un malade.* — HORS DE (LA) PORTÉE. *Être hors de portée de voix.* V. **Atteinte.** • **3°** *(Abstrait).* À (LA) PORTÉE, HORS DE (LA) PORTÉE DE : accessible ou non. *Ce plaisir est hors de ma portée. — Spectacle à la portée de toutes les bourses,* bon marché. • **4°** Aptitude (d'un esprit) à atteindre et comprendre des objets plus ou moins nombreux, complexes ; capacités intellectuelles. *Cela passe la portée de son esprit.* V. **Étendue, force.** — À LA PORTÉE. *La vulgarisation met la science à la portée de tous.* V. **Niveau.** • **5°** Aptitude à avoir des effets en atteignant (en parlant d'une idée, de la pensée). *La portée d'un argument, d'une réflexion.* V. **Force.** — (D'une action, d'un événement) *Une décision sans portée pratique.* V. **Effet.** *Je sens la portée de ma faute.* V. **Importance.**

PORTEFAIX [pɔʀtəfɛ]. *n. m. invar.* • Celui qui faisait métier de porter des fardeaux. V. **Docker, porteur.**

PORTE-FENÊTRE [pɔʀtfənɛtʀ(ə)]. *n. f.* • Fenêtre qui descend jusqu'au niveau du sol, faisant office de porte. *Des portes-fenêtres.*

PORTEFEUILLE [pɔʀtəfœj]. *n. m.* • **1°** Objet qu'on porte sur soi, qui se plie et qui est muni de poches où l'on range billets de banque, papiers, etc. V. **Porte-carte.** *Portefeuille de cuir. Avoir un portefeuille bien garni,* être riche. V. **Porte-monnaie.** • **2°** *Faire un lit en portefeuille,* avec un seul drap plié d'un côté du lit (pour faire une farce). • **3°** Titre, fonctions de ministre. *Le portefeuille des Affaires étrangères.* • **4°** Ensemble des effets de commerce détenus par une personne ou une entreprise. *Portefeuille d'une banque.*

PORTE-GREFFE [pɔʀtəgʀɛf]. *n. m.* • Végétal sur lequel on fixe le greffon. *Des pommiers utilisés comme porte-greffe(s).*

PORTE-JARRETELLES [pɔʀtʒaʀtɛl]. *n. m. invar.* • Sous-vêtement féminin qui s'ajuste autour des hanches et qui est muni de quatre jarretelles pour attacher les bas.

PORTE-MALHEUR [pɔʀtmalœʀ]. *n. m. invar.* • Chose ou personne que l'on considère comme portant malheur. || Contr. **Porte-bonheur** (plus courant). ||

PORTEMANTEAU [pɔʀtmɑ̃to]. *n. m.* • Dispositif pour suspendre les vêtements. *Mettez votre pardessus au portemanteau. Les portemanteaux d'un vestiaire.* — Fam. *Épaules en portemanteau,* très carrées.

PORTE-MINE ou **PORTEMINE** [pɔʀtəmin]. *n. m.* • Instrument servant à écrire, à dessiner, dans lequel on place des mines de crayon très fines. *Des porte-mine* ou *des porte-mines ; des portemines.*

PORTE-MONNAIE [pɔʀtmɔnɛ]. *n. m. invar.* • Petit sac rigide à fermoir, de forme variable, où l'on met l'argent de poche. *Faire appel au porte-monnaie de qqn,* à sa générosité. *Avoir le porte-monnaie bien garni,* être riche. V. **Portefeuille.**

PORTE-PARAPLUIES [pɔʀtpaʀaplɥi]. *n. m. invar.* • Ustensile disposé pour recevoir les parapluies, les cannes.

PORTE-PAROLE [pɔʀtpaʀɔl]. *n. m. invar.* • Personne qui prend la parole au nom de qqn d'autre, d'une assemblée, d'un groupe. *Les porte-parole officiels du ministre. — Ce journal est le porte-parole de l'opposition.* V. **Interprète.**

PORTE-PLUME [pɔʀtəplym]. *n. m. invar.* • Tige au bout de laquelle on assujettit une plume à écrire. *Encrier et porte-plume.*

1. PORTER [pɔʀte]. *v. tr.* (1) ★ **I.** (Supporter le poids de). • **1°** Soutenir, tenir (ce qui pèse). *La mère portait son enfant dans ses bras. Porter une valise à la main.* • **2°** *(Abstrait).* Supporter. *Nous portons la responsabilité de nos fautes.* • **3°** *(Suj. chose).* Soutenir. *Ses jambes ne le portaient plus.* • **4°** Produire en soi (un petit, un rejeton). *Les juments portent onze mois. L'arbre qui porte les plus beaux fruits.* • **5°** Avoir en soi, dans l'esprit, le cœur. *Je ne le porte pas dans mon cœur*, je ne l'aime pas, je lui en veux. • 6° Avoir sur soi. *Porter la barbe. — Porter des lunettes. Porter un costume bleu. — Le nom que l'on porte.* • 7° *(Choses).* Être revêtu d'une inscription, d'une marque. *La lettre porte la date du 20 mai.* ★ **II.** *(Suj. personne).* • 1° Prendre pour emporter, déposer. *Ils la portèrent sur le lit.* V. **Mettre, transporter.** *Va lui porter ce paquet.* V. **Apporter.** • 2° Orienter, diriger le corps (une partie du corps). *Porter le corps en avant. Porter la main sur qqn*, le toucher ou le frapper. V. **Lever.** • 3° Loc. *Porter atteinte à l'honneur, à la réputation de qqn. Porter témoignage. Porter plainte contre qqn.* • 4° Mettre par écrit. V. **Inscrire.** *Porter une somme sur un registre. — Se faire porter malade*, inscrire comme malade. • 5° PORTER À : amener, faire arriver (à un état élevé, extrême). *Porter un homme au pouvoir. Porter qqn aux nues*, le louer beaucoup. • 6° Donner, apporter (un sentiment, une aide, ... à qqn). *L'amitié que je lui porte. Cet événement lui porte ombrage.* PROV. *La nuit porte conseil. — Porter un jugement sur* (qqn, qqch.), le formuler, l'émettre. • 7° PORTER À (qqch.) : pousser, inciter qqn à. (Avec l'inf.) *Tout porte à croire que c'est faux.* — ÊTRE PORTÉ À (et inf.) : être naturellement poussé à. *Nous sommes portés à croire qu'il a raison.* — ÊTRE PORTÉ SUR (qqch.) : avoir un goût marqué, un faible pour. V. **Aimer.** *Être porté sur la boisson.* ★ **III.** (Suj. chose). *V. tr. ind.* • 1° PORTER SUR : peser, appuyer sur (qqch.). *Tout l'édifice porte sur ces colonnes. L'accent porte sur la dernière syllabe*, est placé sur elle. — Fam. *Cela me porte sur les nerfs*, m'agace. — Avoir pour objet. *Une discussion qui porte sur des problèmes politiques.* • 2° *Absolt.* Avoir une portée (tir). *Un canon qui porte loin.* • 3° Toucher le but. *Le coup a porté juste. Une voix qui porte*, qui s'entend loin. • 4° Avoir de l'effet. *Vos observations ont porté*, on en a tenu compte. ★ **IV.** SE PORTER. *v. pron.* • 1° *Se porter (bien, mal)*, être en bonne, en mauvaise santé. V. **Aller.** *Comment vous portez-vous ? Je me porte beaucoup mieux.* • 2° *(D'un vêtement, d'une parure).* Être porté. *Les jupes se porteront plus courtes, plus longues cette année. — Cela se porte encore*, c'est encore à la mode. • 3° *Littér.* Se diriger (vers). *Se porter à la rencontre de qqn.* V. **Aller.** • 4° SE PORTER À : se laisser aller à. *Empêchez-le de se porter à cette extrémité.* • 5° *(Dans quelques expressions).* Se présenter (à, comme). *Se porter acquéreur. Il se porte garant* (V. **Répondre**).

2. PORTER [pɔʀtɛʀ]. *n. m.* • Bière brune assez amère (mot anglais).

PORTE-SAVON [pɔʀtsavɔ̃]. *n. m.* • Support ou emplacement destiné à recevoir un savon. *Des porte-savon(s).*

PORTE-SERVIETTES [pɔʀtsɛʀvjɛt]. *n. m. invar.* • Support pour les serviettes de toilette.

PORTEUR, EUSE. *n.* et *adj.* • 1° Personne chargée de remettre des lettres, des messages, des colis à leurs destinataires. V. **Facteur, messager.** *Un porteur de télégrammes, de journaux.* • 2° *Absolt.* PORTEUR : homme d'équipe chargé de porter les bagages des voyageurs, dans une gare, etc. *Appeler un porteur sur le quai d'une gare.* — Homme qui porte les bagages, les équipements (V. **Portage**). • 3° Personne qui porte effectivement (un objet). *Le porteur du ballon.* • 4° Personne qui détient (certains papiers, titres). V. **Détenteur.** *Il était porteur de faux papiers.* — Celui qui détient un titre n'indiquant pas le titulaire du droit. *Chèque au porteur, payable au porteur.* • 5° Personne ou chose qui apporte, transmet. *Le porteur d'une maladie contagieuse.* Adj. *Être porteur de microbes.* • 6° *Adj.* Qui porte. *Fusée porteuse* (d'un appareil).

PORTE-VOIX [pɔʀtəvwa]. *n. m. invar.* • Tube ou cornet à pavillon évasé, destiné à amplifier la voix. — *Mettre ses mains en porte-voix*, en cornet autour de sa bouche.

PORTIER [pɔʀtje]. *n. m.* • Concierge qui surveille les entrées et les sorties à la porte principale d'un établissement ouvert au public. *Le portier de l'hôtel.*

PORTIÈRE. *n. f.* • 1° Tenture qui ferme l'ouverture d'une porte, ou en couvre le panneau. • 2° Porte (d'une voiture, d'un train). *Défense de se pencher à la portière des trains en marche.*

PORTILLON [pɔʀtijɔ̃]. *n. m.* • Porte à battant plus ou moins bas. *Les portillons automatiques du métro.* — Loc. fam. *Ça se bouscule au portillon*, il parle trop vite et s'embrouille.

PORTION [pɔʀsjɔ̃]. *n. f.* • 1° Part qui revient à qqn. — Partie (d'un mets) destinée à une personne. V. **Ration.** *Une portion de gâteau.* V. **Tranche.** — Part (d'argent, de biens) attribuée à qqn. *Sa portion de l'héritage.* • 2° Partie. *Portion de terrain cultivé.* V. **Parcelle.**

PORTIQUE [pɔʀtik]. *n. m.* • 1° Galerie ouverte soutenue par deux rangées de colonnes, ou par un mur et une rangée de colonnes. *Un portique d'église.* V. **Narthex.** • 2° Poutre horizontale soutenue à ses extrémités par deux poteaux verticaux, et à laquelle on accroche des agrès.

PORTO [pɔʀto]. *n. m.* • Vin de liqueur portugais très estimé. *Porto rouge, blanc.*

PORTRAIT [pɔʀtʀɛ]. *n. m.* ★ **I.** • 1° Représentation (d'une personne réelle) par le dessin, la peinture, la gravure. *Faire le portrait de qqn. Un portrait en pied*, de tout le corps, debout. *Un portrait de face. — Le portrait*, le genre du portrait. • 2° Photographie (d'une personne). • 3° Loc. *C'est (tout) le portrait de son père*, il lui ressemble beaucoup. • 4° *Fam.* Figure. *Se faire abîmer le portrait*, se faire défigurer. ★ **II.** Description orale, écrite (d'une personne). ▼ **PORTRAITISTE.** *n.* Peintre, dessinateur de portraits. *Les grands portraitistes flamands.* ▼ **PORTRAITURER.** v. tr. (1). *Iron.* Faire le portrait de. *Se faire portraiturer.*

PORT-SALUT [pɔʀsaly]. *n. m. invar.* • Fromage affiné de lait de vache, à pâte ferme et de saveur douce.

PORTUAIRE [pɔrtyɛr]. *adj.* • Qui appartient à un port. *Équipement portuaire.*

PORTUGAIS, AISE [pɔrtygɛ, ɛz]. *adj.* et *n.* • 1° Du Portugal. *Les côtes portugaises.* — Subst. *Un Portugais, une Portugaise.* • 2° *Le portugais,* langue romane parlée au Portugal, au Brésil. ▼ **PORTUGAISE.** *n. f.* • 1° Variété d'huître commune, qui vit dans l'Atlantique, du Portugal à la Loire. • 2° *Pop.* Oreille.

POSE [poz]. *n. f.* • 1° Action de poser, mise en place. *Cérémonie de la pose de la première pierre d'un édifice.* • 2° Attitude que prend le modèle qui pose (II, 2°). V. **Position.** *Une pose académique.* — Attitude du corps. *Prendre une pose, essayer des poses.* • 3° *La pose,* affectation dans le maintien, le comportement. V. **Prétention, recherche, snobisme; poseur.** || Contr. **Simplicité.** || • 4° Exposition de la surface sensible à l'action des rayons, en photographie. *Temps de pose,* nécessaire à la formation d'une image correcte. — Pose longue (*opposé à* instantané). *Appareil faisant la pose et l'instantané.*

POSÉ, ÉE [poze]. *adj.* • 1° Calme, pondéré. *Un homme posé.* V. **Réfléchi.** • 2° *Bien posé, mal posé* (d'une voix), capable ou non d'émettre des sons fermes dans toute son étendue. ▼ **POSÉMENT.** *adv.* Calmement. *Parler posément.* V. **Doucement.**

POSER [poze]. *v.* (1) ★ **I.** *V. tr.* • 1° Mettre (une chose) en un endroit qui peut naturellement la recevoir et la porter. || Contr. **Enlever.** || *Posez cela par terre. Il posa sa tête sur l'oreiller. — Elle posa son regard sur lui.* V. **Arrêter.** • 2° Mettre en place à l'endroit approprié. V. **Installer; pose** (1°). *Poser des rideaux.* — Écrire (un chiffre dans une opération). *Quatorze, je pose quatre et je retiens un.* • 3° *(Abstrait).* Établir. *Poser un principe,* en faire le fondement de qqch. V. **Affirmer, énoncer.** *Ceci posé,* ceci étant admis. • 4° Formuler (une question, un problème). POSER UNE QUESTION À QQN : l'interroger, le questionner. *Se poser une question.* V. **Interroger** (s'). — (Suj. chose) *Cela pose un problème.* V. **Soulever.** • 5° *Poser sa candidature,* se déclarer officiellement candidat. • 6° *(Suj. chose).* Mettre en crédit, en vue ; donner de l'importance à (qqn). *Une maison comme ça, ça vous pose !* ★ **II.** *V. intr.* • 1° Être posé (sur qqch.). V. **Porter, reposer.** *Les poutres posent sur une traverse.* • 2° *(D'un modèle).* Rester dans l'attitude voulue par le peintre. V. **Pose** (2°). *Le peintre la faisait poser des heures.* • 3° Prendre des attitudes étudiées pour se faire remarquer. V. **Pose** (3°). *Il pose pour la galerie.* — Fam. POSER À... : tenter de se faire passer pour. *Poser au justicier.* V. **Jouer.** ★ **III.** SE POSER. • 1° *(Réfl.).* Se mettre doucement (quelque part). *L'oiseau se pose sur une branche.* || Contr. **Envoler** (s'). || Absolt. *Un avion qui se pose.* V. **Atterrir.** — S'arrêter. *Son regard se posa sur nous.* • 2° *Se poser comme, en tant que...,* prétendre qu'on est... *Se poser en...,* prétendre jouer le rôle de. V. **Ériger** (s'). *Il se pose en chef.* • 3° Passif *(Choses).* Être, devoir être posé. — Exister (question, problème). *La question qui se pose.*

POSEUR, EUSE. *n.* • Personne qui prend une attitude affectée pour se faire valoir. V. **Poser** (II, 3°) ; **fat, pédant.** — Adj. *Elle est un peu poseuse.* V. **Maniéré, prétentieux.** || Contr. **Naturel, simple.** ||

POSITIF, IVE [pozitif, iv]. *adj.* et *n. m.* ★ **I.** • 1° Qui a un caractère de certitude. V. **Évident, sûr.** *Un fait positif,* attesté, assuré. || Contr. **Imprécis, vague.** || *Il n y a rien de positif dans son rapport.* • 2° Qui a un caractère d'utilité pratique. *Ceci présente des avantages positifs.* V. **Concret, effectif.** • 3° *(Personnes).* Qui donne la préférence aux faits, aux réalités. *C'est un esprit positif.* • 4° *N. m.* LE POSITIF : ce qui est rationnel. *Il lui faut du positif.* || Contr. **Abstrait, imaginaire.** || ★ **II.** Qui est imposé à l'esprit par les faits. *Connaissance positive.* || Contr. **Intuitif, métaphysique.** || — Fondé sur la connaissance positive. *Sciences positives. La philosophie positive.* V. **Positivisme.** ★ **III.** • 1° Qui affirme qqch. || Contr. **Négatif.** || *Une réponse positive. Proposition positive.* — (Emploi critiqué) Qui affirme du bien de qqn, qqch. *La critique de ce film a été positive.* • 2° *Réaction positive,* effective, qui se produit. *Cuti-réaction positive.* • 3° *Nombres positifs,* plus grands que zéro. *Le signe* + (plus), *symbole des nombres positifs.* • 4° *Électricité positive. Charge positive. Pôle positif.* • 5° *Épreuve positive,* image photographique dont les parties claires et sombres correspondent aux parties éclairées et sombres du sujet.

POSITION [pozisjɔ̃]. *n. f.* ★ **I.** • 1° Manière dont une chose, une personne est posée, placée, située ; lieu où elle est placée. V. **Disposition, emplacement, place.** *Position horizontale, verticale. Position stable, instable.* — FEU DE POSITION : signalant la position d'un navire, d'un avion, d'une automobile. *Allumez vos feux de position.* — Place relative (d'une syllabe, d'un phonème, d'un mot) dans un énoncé. *Voyelle en position forte.* • 2° Emplacement de troupes, d'installations ou de constructions militaires. *Position stratégique.* Loc. *Guerre de positions* (*opposé à :* de mouvement). • 3° Maintien du corps ou d'une partie du corps. V. **Attitude, pose, posture, station.** *La position assise, couchée. Rester dans une position inconfortable. La position réglementaire du soldat.* — EN POSITION : dans telle ou telle position. *On se mit en position de combat.* — Absolt. *En position !* • 4° *(Abstrait).* Ensemble des circonstances où l'on se trouve. *Une position critique, délicate, fausse.* — Loc. *Être en position de* (et inf.), pouvoir. • 5° Situation dans la société. V. **Condition.** *Occuper telle position sociale. Un homme dans sa position ne peut pas se compromettre,* dans sa haute situation. • 6° Ensemble des idées qu'une personne soutient et qui la situe par rapport à d'autres personnes. *Quelle est sa position politique ? Prendre position,* exprimer sa position. *Il prit position de façon violente. Rester sur ses positions,* refuser toute concession. ★ **II.** Le fait de poser comme une chose admise ou à débattre. *La position d'un problème.*

POSITIVEMENT. *adv.* • 1° D'une manière positive. *Je ne le sais pas positivement. C'est positivement insupportable.* V. **Réellement.** • 2° Avec de l'électricité positive. *Particules chargées positivement.*

POSITIVISME. *n. m.* • Doctrine qui se réclame de la seule connaissance (notamment scientifique) des faits. *Le positivisme d'Auguste Comte.* ▼ **POSITIVISTE.** adj. et n. *Les positivistes sont agnostiques.*

POSITON [pozitɔ̃]. *n. m.* • En physique, Particule élémentaire à charge positive, de même masse que l'électron négatif.

POSOLOGIE [pozɔlɔʒi]. *n. f.* • En thérapeutique, Étude des doses des médicaments suivant les malades. *La posologie d'un médicament.*

POSSÉDANT, ANTE [pɔsedɑ̃, ɑ̃t]. *adj.* et *n.* • Qui possède des biens, des richesses, des capitaux. V. **Capitaliste.** *Classe possédante.* — N. *Les possédants.*

POSSÉDER [pɔsede]. *v. tr.* (6) • 1° Avoir (qqch.) à sa disposition de façon effective et généralement exclusive (qu'on en soit ou non propriétaire). V. **Détenir.** *Il possède une fortune, une maison. Ce pays possède de grandes richesses naturelles.* • 2° Avoir en propre (une chose abstraite). *Il croit posséder la vérité.* V. **Détenir.** — Avoir (une qualité). *Il possède une mémoire excellente.* • 3° Avoir une connaissance sûre de (qqch.). V. **Connaître.** *Cet auteur possède parfaitement sa langue.* • 4° *Posséder une femme,* accomplir avec elle l'acte sexuel. • 5° *Pop.* Tromper, duper. *Il nous a bien possédés !* V. **Avoir, feinter, rouler.** *Se faire posséder.* • 6° *(Suj. chose abstraite).* Dominer moralement. *La jalousie le possède,* le tient, le subjugue. • 7° *Littér.* Maîtriser (ses propres états). — Pronom. *Se posséder.* V. **Dominer** (se), **maîtriser** (se). *Il ne se possède plus de joie,* il ne peut contenir sa joie. • 8° S'emparer du corps et de l'esprit de qqn (force occulte). *Un démon le possédait.* ▼ **POSSÉDÉ, ÉE.** *adj.* et *n.* • 1° Se dit d'une personne dominée par une puissance occulte. *On croyait les hystériques possédés du démon.* • 2° N. *Un, une possédé(e).* V. **Démoniaque.** *Exorciser un possédé.* — Loc. *Se démener, jurer comme un possédé,* avec une violence incontrôlée.

POSSESSEUR [pɔsesœʀ]. *n. m.* • 1° Personne qui possède (un bien). *L'heureux possesseur de cette maison.* • 2° Personne qui peut jouir (de qqch.). *Les possesseurs d'un secret.* V. **Dépositaire.**

POSSESSIF, IVE [pɔsesif, iv]. *adj.* et *n. m.* • Qui marque une relation d'appartenance, un rapport (de possession, de dépendance, etc.). *Adjectifs possessifs.* V. **Mon** (ma, mes), **ton** (ta, tes), **son** (sa, ses), **notre** (nos), **votre** (vos), **leur.** *Pronoms possessifs.* V. **Mien, tien, sien, nôtre, vôtre, leur.** — N. m. *Un possessif. L'emploi du possessif.*

POSSESSION [pɔsesjɔ̃]. *n. f.* ★ **I.** Le fait, l'action de posséder, d'être possédé. • 1° Faculté d'user d'un bien dont on dispose. *La possession d'une fortune. Possession et usufruit.* V. **Jouissance.** *S'assurer la possession de,* se procurer. — EN (LA, SA...) POSSESSION (sens actif). *Avoir des biens en sa possession.* V. **Détenir.** *Gardez-le en votre possession.* — (Sens passif) *Être en la possession de qqn.* V. **Appartenir, être** (à). — PRENDRE POSSESSION DE (un lieu) : s'installer comme chez soi dans. *Prendre possession d'une chambre.* • 2° (Abstrait). *La possession de la vérité.* V. **Connaissance, maîtrise.** • 3° Le fait de posséder l'amour, l'affection (de qqn). — Le fait de posséder une femme. • 4° Maîtrise (des facultés, des possibilités humaines). *Il avait repris possession de lui-même. Être* EN POSSESSION *de toutes ses facultés* : dans son état normal. *Être en pleine possession de ses moyens,* dans sa meilleure forme. • 5° Forme de délire dans lequel le malade se croit habité par un démon (V. **Possédé**), avec sentiment de dédoublement et hallucinations. • 6° Mode de relation exprimé par les *possessifs* (*mon* livre, *sa* mère) ou les prépositions *à* et *de* (le bureau du ministre). V. **Appartenance.** ★ **II.** • 1° *Une, des possession(s),* chose(s) possédée(s) par qqn. V. **Avoir, bien.** • 2° Dépendance coloniale d'un État. *Les possessions de la couronne britannique.*

POSSIBILITÉ [pɔsibilite]. *n. f.* • 1° Caractère de ce qui peut se réaliser. *La possibilité d'une guerre.* V. **Éventualité.** || Contr. **Impossibilité.** || *Il n'y a entre eux aucune possibilité d'échanges.* • 2° Chose possible. *Envisager toutes les possibilités.* V. **Cas.** • 3° Capacité (de faire). V. **Faculté, moyen, occasion.** *Je viendrai, si j'en ai la possibilité. La possibilité de refuser.* • 4° *Plur.* Moyens dont on peut disposer ; ce qu'on peut tirer d'une personne ou d'une chose. *Chacun doit payer selon ses possibilités.*

POSSIBLE [pɔsibl(ə)]. *adj.* et *n. m.* ★ **I.** *Adj.* • 1° *(Activités, réalités humaines).* Qui peut exister, qu'on peut faire. V. **Faisable, réalisable.** || Contr. **Impossible.** || *Votre plan est à peine possible. Ce n'est pas possible autrement,* il n'y a pas d'autre moyen. *Venez demain si c'est possible,* ellipt. *si possible. Il est possible d'y parvenir, qu'on y parvienne.* — (Pour marquer l'étonnement) *Est-ce possible ? Ce n'est pas possible ! ;* ellipt. et fam. *Pas possible !* • 2° Qui constitue une limite extrême. *Il a fait toutes les sottises possibles et imaginables. Je suis heureux autant qu'il est possible de l'être.* Ellipt. *Il a arrangé cela aussi bien que possible.* — LE PLUS, LE MOINS POSSIBLE. *Parlez le moins possible. Le moins souvent possible.* (Avec un nom) *Le plus, le moins de... possible. Prendre le moins de risques possible* ou *possibles. Le meilleur des mondes possibles.* • 3° Qui peut se réaliser, être vrai ; qui peut être ou ne pas être. *Une aggravation possible de la maladie.* — (Dans une réponse) *Irez-vous à la mer cet été ? Possible. — Il est possible que* (et subj.), il se peut que. *Il est possible qu'il fasse froid cette nuit.* • 4° Qui est peut-être ou peut devenir (tel). *C'est un concurrent possible.* V. **Éventuel.** • 5° Fam. *(Choses* ou *personnes).* Acceptable, convenable, supportable. *Ces conditions de travail ne sont vraiment plus possibles.* ★ **II.** *N. m.* • 1° *(Dans quelques emplois).* Ce qui est possible.

Dans la mesure du possible, autant qu'on le peut. *Faire tout son possible.* — Loc. adv. AU POSSIBLE. V. **Beaucoup, extrêmement.** *Il est gentil au possible.* • 2° Ce qui est réalisable ; ce qui est conçu comme non contradictoire avec le réel. *Les limites du possible.* • 3° *(Plur.).* Les choses qu'on peut faire, qui peuvent arriver. *Envisager tous les possibles.*

POST-. • Élément signifiant « après », dans le temps (ex. : *postclassique, postromantique*, adj. ; *postdater* v.) et dans l'espace (ex. : *postposer*).

POSTDATER [pɔstdate]. *v. tr.* (1) • Dater par une date postérieure à la date réelle. || Contr. **Antidater.** || *Postdater une lettre.* — Au p. p. *Chèque postdaté.*

1. POSTE [pɔst(ə)]. *n. f.* • 1° Administration (en France, P. et T. : *Postes et Télécommunications*) chargée du service de la correspondance et parfois d'opérations bancaires. *Bureau de poste. Employé des postes.* V. **Postier.** *Un colis expédié par la poste.* • 2° Bureau de poste. *Mettre une lettre à la poste*, dans la boîte du bureau, ou dans une boîte à lettres publique. V. **Poster 1.** — POSTE RESTANTE : suscription indiquant que la correspondance est adressée à la poste même, au guichet où le destinataire doit venir la chercher. • 3° Autrefois, Relais de chevaux, étape pour le transport des voyageurs et du courrier. *Chevaux de poste.* ▼ **POSTAL, ALE, AUX.** *adj.* Qui concerne la poste, l'administration des postes. *Service postal. Colis postal.*

2. POSTE [pɔst(ə)]. *n. m.* ★ **I.** • 1° Lieu où un soldat, un corps de troupes se trouve placé par ordre supérieur, en vue d'une opération militaire. *Poste avancé.* V. **Avant-poste.** *Poste de commandement* (P.C.) où se tient le chef. — Loc. *Être, rester* À SON POSTE : là où le devoir l'exige, là où il faut être. — Fam. *Être solide au poste*, rester à son poste, à son travail sans faiblir ; être d'une santé robuste. • 2° Groupe de soldats, corps de troupes placé en ce lieu. *Relever un poste. Poste de police, de garde, etc.*, corps de garde à l'entrée d'une caserne, d'un camp, etc. • 3° *(Dans une ville).* POSTE DE POLICE ou POSTE : corps de garde d'un commissariat de police. *Conduire un manifestant au poste.* • 4° Emploi auquel on est nommé dans une hiérarchie ; lieu où on l'exerce. V. **Charge, fonction.** *Professeur titulaire d'un poste. Poste vacant.* ★ **II.** *(Dans des expressions).* Emplacement aménagé pour recevoir des appareils, des dispositifs destinés à un usage particulier. *Poste de pilotage d'un avion. Des postes d'essence.* V. **Distributeur, pompe.** *Poste d'incendie.* — Ensemble de ces appareils. *Réparer un poste d'incendie.*

3. POSTE. *n. m.* • Appareil récepteur (de radio, de télévision). *Ouvrir le poste*, la radio, la télévision.

1. POSTER. *v. tr.* (1) • Remettre à la poste. *Il avait posté ses lettres.* ▼ **POSTAGE.** n. m. *Le postage du courrier.*

2. POSTER. *v. tr.* (1) • 1° Placer (des soldats) à un poste déterminé. V. **Établir.** *Poster des sentinelles.* • 2° SE POSTER. *v. pron.* Se placer (quelque part) pour une action déterminée, pour observer, guetter. *Il était posté à l'entrée du village.*

3. POSTER [pɔstɛʀ]. *n. m.* • *Anglicisme.* Grande photo à afficher.

1. POSTÉRIEUR, EURE [pɔsteʀjœʀ]. *adj.* • 1° *Adjectif comparatif.* Qui vient après, dans le temps. || Contr. **Antérieur.** || *Le document est très postérieur à l'année 1800. Nous verrons cela à une date postérieure.* V. **Futur, ultérieur.** • 2° Qui est derrière, dans l'espace. *Partie postérieure et partie antérieure.* ▼ **POSTÉRIEUREMENT.** *adv.* À une date postérieure. V. **Après.** *Un acte établi postérieurement à un autre.* || Contr. **Antérieurement.** || ▼ **POSTÉRIORITÉ.** *n. f.* Caractère de ce qui est postérieur à qqch. || Contr. **Antériorité.** ||

2. POSTÉRIEUR. *n. m.* • *Fam.* Derrière (d'une personne). V. **Arrière-train, cul.** *Tomber sur son postérieur.*

POSTERIORI (A). V. A POSTERIORI.

POSTÉRITÉ [pɔsteʀite]. *n. f.* • 1° *Littér.* Suite de personnes de même descendance. V. **Enfant, fils, lignée.** *Mourir sans postérité.* — *La postérité d'un artiste*, ceux qui sont dans sa lignée. • 2° Suite des générations à venir. *Travailler pour la postérité. Œuvre qui passe à la postérité*, qui vit dans la mémoire des hommes. V. **Immortalité.**

POSTFACE [pɔstfas]. *n. f.* • Commentaire placé à la fin d'un livre (*opposé à* préface).

POSTHUME [pɔstym]. *adj.* • 1° Qui est né après la mort de son père. *Enfant posthume.* • 2° *Œuvres posthumes*, publiées après la mort de l'écrivain, du musicien. — Qui a lieu après la mort de qqn. *Décoration posthume*, donnée à un mort.

POSTICHE [pɔstiʃ]. *adj.* et *n.* ★ **I.** • 1° *Adj.* Se dit d'un objet que l'on porte pour remplacer artificiellement qqch. de naturel (ne se dit pas des appareils de prothèse). V. **Factice, faux.** *Des cheveux postiches.* • 2° *N. m.* Mèche que l'on adapte à volonté à sa coiffure. V. **Moumoute.** ★ **II.** *Adj.* Faux, inventé. *Talents postiches.*

POSTIER, IÈRE [pɔstje, jɛʀ]. *n.* • Employé(e) du service des postes.

1. POSTILLON [pɔstijɔ̃]. *n. m.* • Autrefois, Conducteur d'une voiture des postes (V. **Cocher**). *Le postillon de la diligence.*

2. POSTILLON. *n. m.* • Gouttelette de salive projetée en parlant. *Arrête de m'envoyer des postillons !* ▼ **POSTILLONNER.** *v. intr.* (1). Envoyer des postillons. *Il me postillonnait dans la figure.*

POSTOPÉRATOIRE [pɔstɔpeʀatwaʀ]. *adj.* • Qui se produit ou se fait après une opération (terme de médecine).

POSTPOSER [pɔstpoze]. *v. tr.* (1) • *Didact.* Placer après (un autre mot). ▼ **POSTPOSITION.** *n. f.* V. **Inversion.**

POST-SCRIPTUM [pɔstskʀiptɔm]. *n. m. invar.* • Complément ajouté au bas d'une lettre, après la signature (abrév. P.-S.). *Je lui ai donné ma nouvelle adresse en post-scriptum.*

POSTSYNCHRONISER [pɔstsɛ̃kʀɔnize]. *v. tr.* (1) • Ajouter le son et la parole après le tournage d'un film, notamment pour le doublage. — *Film postsynchronisé,* doublé *(courant).* ▼ **POSTSYNCHRONISATION.** *n. f.*

POSTULANT, ANTE [pɔstylɑ̃, ɑ̃t]. *n.* • Candidat (à une place, un emploi...).

POSTULAT [pɔstyla]. *n. m.* • Principe indémontrable (d'un système déductif) qui paraît légitime, incontestable. V. **Axiome, hypothèse.** *Le postulat d'Euclide.*

POSTULER [pɔstyle]. *v. tr.* (1) • **1°** Demander, solliciter (un emploi). • **2°** *Didact.* Poser (une proposition) comme postulat.

POSTURE [pɔstyʀ]. *n. f.* • **1°** Attitude particulière du corps (surtout lorsqu'elle est peu naturelle ou peu convenable). V. **Position.** *Essayer une posture pour dormir. Dans une posture comique.* • **2°** (Abstrait). *Être, se trouver en bonne, en mauvaise posture,* dans une situation favorable ou défavorable.

POT [po]. *n. m.* ★ **I.** • **1°** Récipient de ménage, destiné surtout à contenir liquides et aliments. — POT À... : destiné à contenir qqch. *Pot à lait. Pot à eau* [pɔtao]. *Des pots à eau* [pɔtao]. — POT DE... : contenant effectivement qqch. *Pot de yaourt.* — POT (DE FLEURS) : récipient de terre dans lequel on fait pousser des plantes ornementales. *Fleurs en pots.* — Loc. *C'est le pot de terre contre le pot de fer,* une lutte inégale. — *Découvrir le* POT AUX ROSES [pɔtoʀoz] : découvrir le secret d'une affaire. — *Payer les pots cassés,* réparer les dommages qui ont été faits. — *Être sourd comme un pot,* très sourd. • **2°** *Vx.* Marmite servant à faire cuire les aliments. *Poule au pot,* poule bouillie. Loc. fam. *En deux coups de cuiller à pot,* en un tour de main. — *Tourner autour du pot,* parler avec des circonlocutions, ne pas se décider à dire ce que l'on veut dire. • **3°** POT (DE CHAMBRE) : vase de nuit. *Mettre un enfant sur le pot.* • **4°** Contenu d'un pot. Absolt. et fam. *Boire, prendre un pot,* une consommation. V. **Verre.** • **5°** POT D'ÉCHAPPEMENT : tuyau muni de chicanes qui, à l'arrière d'une voiture, d'une moto, laisse échapper les gaz brûlés après leur détente. V. **Silencieux.** ★ **II.** *Pop.* et *vulg.* Postérieur, derrière. *Se manier le pot,* se dépêcher. ★ **III.** *Fam.* Chance, veine. *Un coup de pot. Manque de pot !* pas de chance. *J'ai eu du pot.*

POTABLE [pɔtabl(ə)]. *adj.* • **1°** Qui peut être bu sans danger pour la santé. *Eau non potable.* • **2°** *Fam.* Qui passe à la rigueur ; assez bon. V. **Acceptable, passable.** *Un travail potable. C'est tout juste potable.*

POTACHE [pɔtaʃ]. *n. m.* • *Fam.* Collégien, lycéen.

POTAGE [pɔtaʒ]. *n. m.* • Bouillon dans lequel on a fait cuire des aliments solides, le plus souvent coupés fin ou passés. V. **Soupe.** *Prendre du potage, un potage au restaurant. Un potage aux légumes.*

POTAGER, ÈRE. *adj.* et *n. m.* ★ **I.** *Adj.* • **1°** Se dit des plantes dont certaines parties peuvent être utilisées dans l'alimentation humaine (à l'exclusion des céréales). V. **Légume.** *Plantes potagères.* • **2°** Où l'on cultive des plantes potagères pour la consommation. *Un jardin potager.* — Relatif aux légumes. *Culture potagère.* ★ **II.** *N. m.* Jardin destiné à la culture des légumes (et de certains fruits) pour la consommation.

POTAMO-, -POTAME. • Éléments savants signifiant « fleuve ». (*ex. :* hippopotame).

POTARD [pɔtaʀ]. *n. m.* • *Fam.* et *vx.* Pharmacien.

POTASSE [pɔtas]. *n. f.* • Composé de potassium, solide blanc, soluble dans l'eau, susceptible de former des hydrates. *La potasse sert à la fabrication de certains savons, de détergents, etc.* ▼ **POTASSIQUE.** *adj.* Se dit des composés du potassium. *Engrais potassiques.*

POTASSER [pɔtase]. *v. tr.* (1) • *Fam.* Étudier avec acharnement. *Il potasse un examen.*

POTASSIUM [pɔtasjɔm]. *n. m.* • Métal alcalin mou, blanc argenté, qui s'oxyde facilement. *Le cyanure de potassium est un poison violent.*

POT-AU-FEU [pɔtofø]. *n. m. invar.* • **1°** Plat composé de viande de bœuf bouillie avec des carottes, des poireaux, des navets, des oignons... *Des pot-au-feu.* • **2°** Le morceau de bœuf qui sert à faire le pot-au-feu. • **3°** *Adj.* Fam. *Une personne pot-au-feu,* qui aime avant tout le calme et le confort du foyer. V. **Popote** (II).

POT-DE-VIN [podvɛ̃]. *n. m.* • Somme d'argent qui se donne en dehors du prix convenu, dans un marché, ou pour obtenir qqch. (d'une façon souvent illégale). *Des pots-de-vin.*

POTE [pɔt]. *n. m.* • *Pop.* Ami, copain fidèle. *C'est un bon pote.*

POTEAU [pɔto]. *n. m.* • **1°** Pièce de charpente dressée verticalement pour servir de support. *Poteau de bois ; de béton.* V. **Pilier.** • **2°** Pièce de bois, de métal, etc., dressée verticalement. *Poteau indicateur,* portant la direction des routes. *Poteau télégraphique,* portant les fils et leurs isolateurs. — Dans une course, *Poteau de départ, d'arrivée.* • **3°** *Poteau (d'exécution),* où l'on attache ceux que l'on va fusiller. *Mettre, envoyer au poteau,* condamner à la fusillade. *Au poteau !* à mort !

POTÉE [pɔte]. *n. f.* • Plat composé de viande de porc ou de bœuf bouillie et de légumes variés. *Potée aux choux.*

POTELÉ, ÉE [pɔtle]. *adj.* • Qui a des formes rondes et pleines. V. **Dodu, grassouillet.** *Un bébé potelé. Main potelée.*

POTENCE [pɔtɑ̃s]. *n. f.* • **1°** Pièce d'appui constituée par un montant vertical et une traverse placée en équerre. — *Lanterne en potence,* soutenue par une potence. • **2°** Instrument de supplice (pour l'estrapade, la pendaison), formé d'une potence, soutenant une corde. V. **Gibet.** — Le supplice lui-même. *Mériter la potence.* V. **Corde.**

POTENTAT [pɔtɑ̃ta]. *n. m.* • **1°** Celui qui a la souveraineté absolue dans un grand État. V. **Monarque, tyran.** • **2°** Homme qui possède un pouvoir excessif, absolu.

POTENTIEL, ELLE [pɔtɑ̃sjɛl]. *adj.* et *n. m.* ★ **I.** *Adj.* • **1°** Qui existe en puissance ou exprime la possibilité (*opposé à* actuel). V. **Virtuel.** • **2°** *Énergie potentielle,* celle d'un corps capable de fournir un travail. ★ **II.** POTENTIEL. *n. m.* • **1°** *Potentiel électrique,* énergie potentielle des forces électriques. *L'unité pratique de potentiel est le volt.* V. **Voltage.** *Différence de potentiel* (charge, tension) *entre les bornes d'un générateur.* • **2°** Capacité d'action, de production. V. **Puissance.** *Le potentiel économique et militaire d'un pays.* ▼ **POTENTIALITÉ.** n. f. *Didact.* ou *littér.* • **1°** Caractère de ce qui est potentiel. *Le subjonctif peut exprimer la potentialité.* • **2°** *Une, des potentialité(s),* qualité, chose potentielle. V. **Possibilité, virtualité.** *Potentialités héréditaires.*

POTERIE [pɔtʀi]. *n. f.* • Fabrication des objets en céramique non vitrifiée, faits d'une pâte rougeâtre (vernissée ou non). — Objet ainsi fabriqué ; matière dont ils sont faits. V. **Terre** (cuite). *Façonner une poterie au tour.*

POTERNE [pɔtɛʀn(ə)]. *n. f.* • Porte dérobée dans la muraille d'enceinte (d'un château, de fortifications).

POTICHE [pɔtiʃ]. *n. f.* • **1°** Grand vase de porcelaine. *Des potiches chinoises.* • **2°** *Fam.* Personnage à qui l'on donne une place honorifique, sans aucun rôle actif. *Jouer les potiches.*

POTIER [pɔtje]. *n. m.* • Celui qui fabrique et vend des objets en céramique, des poteries. V. **Céramiste.** *Tour, four de potier.*

POTIN [pɔtɛ̃]. *n. m.* • **1°** *Surtout au plur.* Bavardage, commérage. V. **Cancan.** *Faire des potins sur qqn,* de petites médisances. • **2°** *Au sing.* Bruit, tapage, vacarme. *Faire du potin, un potin du diable.* ▼ **POTINER** [pɔtine]. *v. intr.* (1). Faire des potins (1°), des commérages. V. **Médire.**

POTION [posjɔ̃]. *n. f.* • Médicament liquide destiné à être bu. *Une potion calmante. Quelle potion !* V. **Drogue, purge.**

POTIRON [pɔtiʀɔ̃]. *n. m.* • Grosse courge (variété plus grosse que la citrouille). *Soupe au potiron.*

POT-POURRI [popuʀi]. *n. m.* • Pièce de musique légère faite de thèmes empruntés à diverses sources.

POU [pu]. *n. m.* • **1°** Insecte qui vit en parasite sur l'homme. *Être couvert de poux.* V. **Pouilleux.** *Chercher les poux.* V. **Épouiller.** — Loc. fam. *Être laid comme un pou,* très laid. *Chercher des poux dans la tête de qqn, à qqn,* le chicaner, lui chercher querelle. *Être orgueilleux comme un pou,* très orgueilleux. • **2°** Insecte parasite des animaux. *Pou du mouton.*

POUAH ! [pwa]. *interj.* • *Fam.* Interjection qui exprime le dégoût, le mépris.

POUBELLE [pubɛl]. *n. f.* • Récipient destiné aux ordures ménagères (d'un immeuble, d'un appartement). *Les poubelles sont vidées par les éboueurs. J'ai jeté les détritus à la poubelle.*

POUCE [pus]. *n. m.* • **1°** Le plus gros et le plus court des doigts de la main de l'homme, opposable aux autres doigts. *Il suçait son pouce.* — Loc. *Mettre les pouces,* cesser de résister. V. **Céder.** — Fam. *Manger un morceau sur le pouce,* sans assiette et debout. — *Tourner ses pouces, se tourner les pouces,* rester sans rien faire. *Donner le coup de pouce,* la dernière main à un ouvrage. *Il a donné un coup de pouce à l'histoire,* il a déformé légèrement la réalité. — *Pouce !* interjection (employée par les enfants) servant à se mettre momentanément hors du jeu. *Pouce cassé !* le jeu reprend. • **2°** Le gros orteil. • **3°** Ancienne mesure de longueur qui valait un peu moins de 3 centimètres. *Mesurer cinq pieds six pouces.* — Loc. *Ne pas reculer, bouger, avancer d'un pouce,* rester immobile. • **4°** Pop. *Et le pouce,* encore plus, avec qqch. en plus. *Ça coûte au moins cinq cents francs. Oui, et le pouce !*

POUDING. V. PUDDING.

POUDRAGE [pudʀaʒ]. *n. m.* • Action de poudrer. *Traitement chimique des cultures par poudrage ou pulvérisation.*

1. POUDRE [pudʀ(ə)]. *n. f.* • **1°** Substance solide divisée en très petites particules. *Poudre fine. — En poudre,* pulvérisé. *Sucre en poudre. Lait en poudre.* — Loc. *Poudre de perlimpinpin,* que les charlatans vendaient en la donnant pour une panacée. — Loc. *Jeter de la poudre aux yeux,* chercher à éblouir. • **2°** Substance pulvérulente utilisée sur la peau comme fard (et autrefois sur les cheveux). *Se mettre de la poudre.* • **3°** *Vx.* Poussière. ▼ **POUDRER.** *v. tr.* (1) • **1°** Couvrir légèrement de poudre. V. **Saupoudrer.** • **2°** Couvrir (ses cheveux, sa peau) d'une fine couche de poudre (2°). Pronom. *Se poudrer.* — Au p. p. POUDRÉ, ÉE : au visage poudré. *Une femme fardée, poudrée.* ▼ **POUDREUSE.** *n. f.* • **1°** Sucrier à couvercle perforé, pour le sucre en poudre. • **2°** Instrument servant à répandre sur les plantes une substance pulvérulente (poudrage). ▼ **POUDREUX, EUSE.** *adj.* Qui a la consistance d'une poudre. *Neige poudreuse,* neige fraîche, bonne pour le ski. ▼ **POUDRIER.** *n. m.* Récipient à poudre (2°). *Elle tira un poudrier de son sac.*

2. POUDRE. *n. f.* • Mélange explosif pulvérulent. *Poudre à canon. De la poudre et des balles. — Mettre le feu aux poudres,* déclencher un événement violent. *Il n'a pas inventé la poudre,* il n'est pas très intelligent. ▼ **POUDRIÈRE.** *n. f.* Magasin à poudre, à explosifs.

POUDROYER [pudʀwaje]. *v. intr.* (8) • **1°** *Littér.* Produire de la poussière ; s'élever en poussière. *Le chemin poudroie au passage d'une voiture. La neige poudroie.* • **2°** Avoir une apparence de poudre brillante, sous l'effet d'un éclairage vif. • **3°** Faire briller les grains de poussière en suspension (se dit du soleil, de la lumière). ▼ **POUDROIEMENT.** *n. m.* Effet produit par la poussière soulevée et éclairée ou par la lumière éclairant les grains d'une poudre.

1. POUF [puf]. *interj.* • Exclamation exprimant un bruit sourd de chute. *Et pouf ! le voilà qui s'étale par terre.* — *Subst.* (lang. enfantin) *Faire pouf,* tomber.

2. POUF. *n. m.* • Siège bas, gros coussin capitonné, posé à même le sol. *Des enfants assis sur des poufs.*

POUFFER [pufe]. *v. intr.* (1) • *Pouffer (de rire)*, éclater de rire malgré soi. V. **Esclaffer** (s').

POUFFIASSE ou **POUFIASSE** [pufjas]. *n. f.* • *Vulg.* Femme, fille épaisse, vulgaire. *Une grosse pouffiasse.*

POUILLES [puj]. *n. f. pl.* • *Littér.* CHANTER POUILLES *à qqn.* : l'accabler d'injures, de reproches.

POUILLEUX, EUSE [pujø, øz]. *adj.* et *n.* • 1° Couvert de poux, de vermine. *Un vieux mendiant pouilleux.* • 2° Qui est dans une extrême misère. — N. *Un pouilleux, une pouilleuse.* V. **Gueux.** • 3° *(Choses).* Misérable, sordide. *Un quartier pouilleux.* ▼ **POUILLERIE** [pujʀi]. *n. f.* Pauvreté sordide; lieu, chose misérable.

POULAILLER [pulaje]. *n. m.* • 1° Abri où on élève des poules (ou d'autres volailles). — Ensemble des poules qui logent dans cet abri. • 2° *Fam.* Galerie supérieure d'un théâtre, où sont les places les moins chères. *Prendre une place au poulailler.*

POULAIN [pulɛ̃]. *n. m.* • 1° Petit du cheval, mâle ou femelle (jusqu'à trente mois). • 2° Sportif, étudiant, écrivain débutant (par rapport à son entraîneur, son professeur, son éditeur).

POULAINE (À LA) [pulɛn]. *loc. adj.* • *Souliers à la poulaine*, chaussures à l'extrémité allongée en pointe, généralement relevée (fin du Moyen Âge).

POULARDE [pulaʀd(ə)]. *n. f.* • Jeune poule engraissée.

POULBOT [pulbo]. *n. m.* • Enfant pauvre de Montmartre. *Les petits poulbots.*

1. POULE [pul]. *n. f.* ★ **I.** • 1° La femelle du coq, oiseau de basse-cour, à ailes courtes et arrondies, à queue courte, à crête dentelée et petite. *Une poule qui picore. Le gloussement des poules. Poule pondeuse. Œuf de poule. Les poules couvent. Ce soir nous mangerons de la poule au riz.* V. **Poularde.** • 2° Loc. *Quand les poules auront des dents*, jamais. *Tuer la poule aux œufs d'or*, détruire par avidité ou impatience la source d'un profit important. *Se coucher, se lever comme (avec) les poules*, très tôt. — MÈRE POULE : mère affairée et timorée; mère qui aime à être entourée de ses enfants. — POULE MOUILLÉE : personne poltronne, timorée. Adj. *Il est un peu trop poule mouillée.* — *Bouche en cul-de-poule.* V. **Cul-de-poule.** • 3° Femelle de certains gallinacés. *Poule faisane.* — POULE D'EAU : oiseau de la taille d'un pigeon. ★ **II.** Fam. *Poule*, terme d'affection. *Viens, ma poule.* V. **Poulet, poulette** *(pop.).* ★ **III.** *Fam.* Fille de mœurs légères. — (Avec un possessif) Maîtresse (d'un homme).

2. POULE. *n. f.* • 1° Enjeu déposé au début de la partie; somme constituée par le total des mises qui revient au gagnant. *Gagner la poule.* • 2° Au rugby, Groupe d'équipes destinées à se rencontrer, dans la première phase du championnat. *Poule A, Poule B.*

1. POULET. *n. m.* ★ **I.** • 1° Petit de la poule (de trois à dix mois). *Une poule et ses poulets.* • 2° Poule, coq jeune et destiné à l'alimentation. V. **Chapon, poularde.** *Un poulet de grain. Poulet rôti. Manger du poulet*, de la viande de poulet. ★ **II.** *Mon poulet, mon petit poulet*, terme d'affection. V. **Poule, poulette.**

2. POULET. *n. m.* • *Vx.* Billet doux. — *Fam.* Lettre. *J'ai reçu un poulet.*

3. POULET. *n. m.* • *(Fam.).* Policier. *Il s'est fait pincer par les poulets.*

POULETTE. *n. f.* ★ **I.** Jeune poule; poulet. ★ **II.** *Fam.* Jeune fille ou jeune femme. — Terme d'affection. V. **Poulet.** *Oui, ma poulette.*

POULICHE [puliʃ]. *n. f.* • Jument qui n'est pas encore adulte (mais qui n'est plus un poulain).

POULIE [puli]. *n. f.* • Petite roue qui porte sur sa jante une corde, une courroie et sert à soulever des fardeaux, à transmettre un mouvement.

POULINIÈRE [pulinjɛʀ]. *adj. f.* • *Jument poulinière*, destinée à la reproduction (V. **Poulain**). — Subst. *Une poulinière.*

POULPE [pulp(ə)]. *n. m.* • Mollusque appelé aussi *pieuvre*, à longs bras armés de ventouses. *Tentacules du poulpe.*

POULS [pu]. *n. m.* • Battement des artères produit par les vagues successives du sang projeté du cœur (perceptible au toucher, notamment sur la face interne du poignet). *Prendre le pouls*, en compter les pulsations. — L'endroit où l'on sent le pouls. *Tâter le pouls.*

POUMON [pumɔ̃]. *n. m.* • 1° Chacun des deux viscères placés dans la cage thoracique, organes de la respiration où se font les échanges gazeux (V. **Pulmonaire**). *Maladies du poumon*, pneumonie, tuberculose. — *Aspirer à pleins poumons*, profondément. *Chanter, crier à pleins poumons.* V. **Époumoner** (s'). • 2° POUMON D'ACIER : appareil qui permet d'entretenir artificiellement la ventilation pulmonaire d'un malade.

POUPARD [pupaʀ]. *n. m.* et *adj.* • 1° *N. m.* Bébé gros et joufflu. V. **Poupon.** • 2° Adj. *Une physionomie pouparde.* V. **Poupin.**

POUPE [pup]. *n. f.* • Arrière d'un navire. — Loc. *Avoir le vent en poupe*, être poussé vers le succès.

POUPÉE [pupe]. *n. f.* • 1° Figurine humaine servant de jouet d'enfant, d'ornement. *La petite fille joue à la poupée. Un visage de poupée* (V. **Poupin**). — *Jardin de poupée*, en miniature, très petit. • 2° *Pop.* Jeune femme, jeune fille. V. **Pépée.** *Une chouette poupée.* • 3° Doigt malade, entouré d'un pansement; le pansement.

POUPIN, INE. *adj.* • Qui a les traits d'une poupée. *Un visage poupin.* V. **Poupard.**

POUPON. *n. m.* • Bébé, très jeune enfant. V. **Poupard.** *Un joli poupon rose.* ▼ **POUPONNER.** *v. intr.* (1). Dorloter maternellement des bébés. *Elle adore pouponner.* ▼ **POUPONNIÈRE.** *n. f.* Établissement où l'on garde les nouveau-nés, les enfants jusqu'à trois ans. V. **Crèche.**

POUR [puʀ]. *prép.* et *n. m.* ★ **I.** (Marquant l'idée d'échange, d'équivalence, de correspondance, de réciprocité). • 1° En échange de ; à la place de. *Vendre qqch. pour telle somme.* V. **Contre, moyennant.** *Je l'ai eu pour presque rien.* — Loc. *Il en a été pour son argent, pour ses frais,* il n'a rien eu en échange. — *Dix... pour cent* (°/₀), *pour mille* (°/₀₀). — *Prendre, dire un mot pour un autre,* au lieu de. — (Avec le même nom avant et après) *Dans un an, jour pour jour,* exactement. *Elle lui ressemble trait pour trait.* • 2° (Avec un nom ou un infinitif redoublé marquant la possibilité d'un choix entre deux choses). *Mourir pour mourir, autant que ce soit de mort subite.* • 3° (Exprimant un rapport d'équivalence entre deux termes). V. **Comme.** *Avoir la liberté pour principe.* — *Pour tout avantage, pour tous avantages, il avait...,* en fait d'avantages. *Prendre pour femme. Pour le moins,* au moins, au minimum. — Loc. fam. *Pour de bon,* d'une façon authentique. Pop. *Pour de vrai,* vraiment. • 4° En prenant la place de. *Payer pour qqn,* à sa place. • 5° En ce qui concerne. *En tout et pour tout,* seulement, uniquement. — Par rapport à. *Il fait froid pour la saison.* • 6° Servant à mettre en valeur le sujet, l'attribut ou un compl. d'objet. *Pour moi, je pense que...* V. **Quant** (à). *Pour ma part. Pour ce qui est de,* en ce qui concerne. — *Pour un artiste, c'est un artiste ! Pour m'aider, elle m'a aidé !* pour ce qui est de m'aider. • 7° En ce qui concerne (une personne en tant que sujet). *Ce n'est un secret pour personne.* ★ **II.** (Direction, destination, résultat, intention). • 1° Marquant la direction, le but dans l'espace. *Partir pour le Japon. Les voyageurs pour Lyon.* • 2° Marquant le terme dans le temps. *C'est pour ce soir.* — *Pour six mois,* pendant six mois à partir de maintenant. *Pour le moment,* momentanément. *Pour quand ? Pour dans 8 jours. Pour une fois, pour cette fois, on vous pardonne. Pour le coup,* cette fois-ci. • 3° (Marquant la destination figurée, le but...). Destiné à (qqn, qqch.). *C'est pour vous. Film pour adultes.* — Destiné à combattre. V. **Contre.** *Médicament pour la grippe.* — En vue de. *C'est pour son bien.* — *Pour le cas où,* dans le cas où. — À l'égard de. V. **Envers.** *Sa haine pour lui. Par égard pour lui.* — *Tant mieux, tant pis pour lui. C'est bien fait pour elle !* — En faveur de, pour l'intérêt, le bien de... *Prier pour qqn. Chacun pour soi.* — ÊTRE POUR... : être partisan de (qqn, qqch.). || Contr. **Contre.** || *Je suis pour cette décision;* ellipt. *Je suis pour.* • 4° POUR (suivi de l'inf.) : afin de pouvoir. *Faire l'impossible pour réussir. Travailler pour vivre. Pour quoi faire ?* — *Loc. fam.* (sens affaibli). *Ce n'est pas, c'est pas pour dire, mais il a du culot,* il a vraiment du culot. *C'est pour rire.* • 5° POUR QUE : afin que. *Unissons-nous pour que cela réussisse.* Iron. *C'est ça ! laisse ton porte-monnaie sur la table, pour qu'on te le vole !* — POUR QUE... NE PAS. *Il ferma les volets pour que la chaleur n'entre pas.* ★ **III.** *(Conséquence).* • 1° En ayant pour résultat (qqch.). *Pour son malheur, il a cédé.* — *(Suivi de l'inf.)* Afin de. *Pour réussir, il a besoin d'être plus sûr de lui.* — (Forme négative) *Ce projet n'est pas pour me déplaire,* ne me déplaît pas. • 2° POUR QUE (avec une subordonnée de conséquence). *Assez, trop... pour que... Il faut, il suffit... pour que...* ★ **IV.** *(Cause).* • 1° À cause de. *On l'admire pour ses qualités. Pour un oui, pour un non,* à toute occasion. *Pour sa peine,* en considération de. *Pour quoi ? pour quelle raison ?* V. **Pourquoi.** *Le magasin est fermé pour cause de maladie.* Absolt. *Et pour cause !* pour une raison trop évidente. • 2° (Suivi d'un inf. passé ou passif). *Il a été puni pour avoir menti,* parce qu'il avait menti. ★ **V.** (Valeur d'opposition ou de concession). • 1° *Littér.* POUR... QUE (avec indic. ou subj.) V. **Aussi, si.** *Pour intelligent qu'il soit, il ne réussira pas sans travail.* — Loc. *Pour peu que.* V. **Peu.** *Pour autant que,* dans la mesure où. • 2° *Pour être riches, ils n'en sont pas plus heureux,* bien qu'ils soient riches. ★ **VI.** Subst. LE POUR ET LE CONTRE : les bons et les mauvais aspects.

POURBOIRE [purbwar]. *n. m.* • Somme d'argent remise, à titre de gratification, de récompense, par le client à un travailleur salarié. *Le pourboire est compris* (V. **Service**).

POURCEAU [purso]. *n. m.* • *Vx* ou *littér.* Cochon, porc.

POURCENTAGE [pursɑ̃taʒ]. *n. m.* • 1° Taux (d'un intérêt, d'une commission) calculé sur un capital de cent unités. *Il touche un pourcentage sur la recette.* • 2° Proportion pour cent. *Un faible pourcentage de l'opinion.*

POURCHASSER [purʃase]. *v. tr.* (1) • 1° Poursuivre, rechercher (qqn) avec obstination. V. **Chasser, poursuivre.** *Être pourchassé par des créanciers, par la police.* — Pronom. *Ils se pourchassaient les uns les autres.* • 2° Poursuivre (qqch.). *Il pourchasse les honneurs.*

POURFENDRE [purfɑ̃dr(ə)]. *v. tr.* (41) • 1° *Vx.* Fendre complètement, couper. • 2° *Littér.* ou *plais.* Attaquer violemment. *Pourfendre les capitalistes.*

POURLÉCHER [purleʃe]. *v. tr.* (6) • SE POURLÉCHER : se passer la langue sur les lèvres (en signe de contentement avant ou après un bon repas). *On s'en pourlèche.*

POURPARLER [purparle]. *n. m.* • *(Surtout au plur.).* Conversation entre plusieurs États, groupes, etc., pour arriver à un accord. V. **Tractation.** *De longs pourparlers. Être en pourparlers.*

POURPOINT [purpwɛ̃]. *n. m.* • Partie du vêtement d'homme qui couvrait le torse jusqu'au-dessous de la ceinture (V. **Justaucorps**).

POURPRE [purpr(ə)]. *n.* et *adj.* ★ **I.** *N. f.* • 1° Matière colorante d'un rouge vif, extraite d'un mollusque et utilisée dans l'antiquité méditerranéenne. • 2° *Littér.* Étoffe teinte de pourpre (chez les Anciens), d'un rouge vif, symbole de richesse ou d'une haute dignité sociale. *La pourpre royale.* — La dignité de cardinal. • 3° *Littér.* Couleur rouge vif. *La pourpre de ses lèvres.* ★ **II.** *N. m.* Couleur rouge foncé, tirant sur le violet (V. *aussi* **Amarante**). ★ **III.** *Adj.* D'une couleur rouge foncé. *Velours pourpre.* ▼ **POURPRÉ, ÉE.** adj. *Littér.* Coloré de pourpre.

POURQUOI [puʀkwa]. *adv., conj.* et *n. m. invar.* ★ **I.** *Adv.* et *conj.* • **1°** *(Interrog. dir.).* Pour quelle raison, dans quelle intention ? *Pourquoi partez-vous? Pourquoi veux-tu donc que j'y aille?* Fam. *Pourquoi est-ce que vous la saluez?* pourquoi la saluez-vous? — *(Suivi de l'inf.)* À quoi bon? *Mais pourquoi crier ?* —(Sans verbe) *Pourquoi? Pourquoi non ? Pourquoi pas ?* • **2°** *(Interrog. ind.).* Pour quelle cause, dans quelle intention. *Je ne comprenais pas pourquoi je devais me taire. Je vous demande pourquoi vous riez. Explique-moi pourquoi.* • **3°** *Voilà, voici pourquoi. — C'est pourquoi...,* c'est pour cela que. ★ **II.** *N. m. invar.* • **1°** Cause, motif, raison. *Il demandait le pourquoi de toute cette agitation.* • **2°** Question par laquelle on demande la raison d'une chose. *Les pourquoi des enfants.*

POURRI, IE. *adj.* et *n. m.* ★ **I.** *Adj.* • **1°** Corrompu ou altéré par la décomposition. *Des fruits pourris. — (Aliments)* Avarié. *De la viande pourrie.* • **2°** Désagrégé. *Pierre pourrie* (humide et effritée). • **3°** Humide et mou. *Un climat pourri.* V. **Malsain.** *Un été pourri,* très pluvieux. • **4°** *(Personnes).* Moralement corrompu. *Une société pourrie. — Subst.* et *pop.* Terme d'injure. *Bande de pourris !* • **5°** *Fam.* POURRI DE : rempli de, qui a beaucoup de. *Il est pourri de fric.* ★ **II.** *N. m.* Ce qui est pourri. *Sentir le pourri. Une odeur de pourri* (V. **Putride**).

POURRIR [puʀiʀ]. *v.* (2) ★ **I.** *V. intr.* • **1°** Se décomposer, en parlant d'une matière organique. V. **Corrompre** (se), **putréfier** (se). *Ce bois pourrit à l'humidité.* • **2°** *(Personnes).* Rester dans une situation où l'on se dégrade. *Pourrir dans l'ignorance* (V. **Croupir**). *Pourrir en prison.* V. **Moisir.** — Se dégrader (d'une situation politique, etc.). *Laisser pourrir une grève.* ★ **II.** *V. tr.* • **1°** Attaquer, corrompre en faisant pourrir. V. **Gâter.** *La pluie pourrit les végétaux.* — Pronom. *Se pourrir,* devenir pourri. • **2°** Gâter extrêmement (un enfant). *Sa mère finira par le pourrir.* ▼ **POURRISSANT, ANTE.** *adj.* Qui est en train de pourrir. ▼ **POURRISSEMENT.** *n. m.* Dégradation progressive d'une situation.

POURRITURE. *n. f.* • **1°** Altération profonde, décomposition des tissus organiques (V. **Putréfaction**) ; état de ce qui est pourri. *Une odeur de pourriture.* • **2°** Ce qui est complètement pourri. *Une répugnante pourriture.* • **3°** *(Abstrait).* État de grande corruption morale. *La pourriture de la société.* • **4°** Personne corrompue, ignoble (T. d'injure violente). V. **Pourri.** *Quelle pourriture, ce type !*

POURSUITE [puʀsɥit]. *n. f.* ★ **I.** Action de poursuivre. • **1°** Action de suivre (qqn, un animal) pour le rattraper, l'atteindre, s'en saisir. *Scènes de poursuite d'un film d'aventures. La police s'est lancée* À LA POURSUITE *du malfaiteur.* • **2°** Effort pour atteindre (une chose qui semble inaccessible). V. **Recherche.** *La poursuite de l'argent, de la vérité.* • **3°** Acte juridique dirigé contre qqn qui a enfreint une loi, n'a pas respecté une obligation. *Poursuite judiciaire. Poursuites contre qqn.* V. **Accusation.** *Engager des poursuites.* ★ **II.** LA POURSUITE DE (qqch.) : action de continuer sans relâche. V. **Continuation.** *La poursuite d'un travail, des négociations.* || Contr. **Arrêt, cessation.** ||

POURSUIVANT, ANTE [puʀsɥivɑ̃, ɑ̃t]. *n.* • Personne qui poursuit qqn. *Le malfaiteur a échappé à ses poursuivants.*

POURSUIVRE [puʀsɥivʀ(ə)]. *v. tr.* (40) ★ **I.** Suivre pour atteindre. • **1°** Suivre de près pour atteindre (ce qui fuit). *Poursuivre qqn.* V. **Courir** (après), **pourchasser.** *Poursuivre les fugitifs.* V. **Traquer.** • **2°** Tenter de rejoindre (qqn qui se dérobe). V. **Presser, relancer.** *Il est poursuivi par ses créanciers.* • **3°** Tenter d'obtenir les faveurs amoureuses de (qqn). V. **Courir** (courir après, *fam.*). Loc. *Il la poursuit de ses assiduités.* • **4°** *Poursuivre qqn de,* s'acharner contre lui par... V. **Harceler.** *Elle le poursuivait de sa colère.* • **5°** *(Choses).* Hanter, obséder. *Ces images lugubres me poursuivirent longtemps.* • **6°** Agir en justice contre (qqn). V. **Accuser.** *Je vous poursuivrai devant les tribunaux !* • **7°** Chercher à obtenir (qqch.). V. **Briguer, rechercher.** *Poursuivre son intérêt. Nous poursuivons l'idéal sans jamais l'atteindre.* ★ **II.** Continuer sans relâche. || Contr. **Abandonner, arrêter.** || *Poursuivre son voyage, son chemin. Il poursuit ses études. Poursuivre un récit.* Absolt. *Poursuivez, cela m'intéresse !* — Pronom. *(Réfl.).* Se continuer. *Un drame se poursuivait.*

POURTANT [puʀtɑ̃]. *adv.* • Adverbe marquant l'opposition entre deux choses liées, deux aspects contradictoires d'une même chose. V. **Cependant, mais, néanmoins, toutefois.** *Il faut pourtant avancer. C'est pourtant bien simple. — Et pourtant,* unissant deux mots, deux propositions tout en les opposant. *Elle est assez laide et pourtant pleine de charme.*

POURTOUR [puʀtuʀ]. *n. m.* • **1°** Ligne formant le tour d'un objet, d'une surface. V. **Circonférence.** • **2°** Partie qui fait le tour (d'un lieu), qui forme les bords (d'une chose). *Le pourtour de la place était planté d'arbres.* || Contr. **Centre.** ||

POURVOI [puʀvwa]. *n. m.* • Action par laquelle on attaque devant une juridiction supérieure la décision d'un tribunal inférieur. V. **Appel.** *Pourvoi en cassation. Pourvoi en grâce.* V. **Recours.**

POURVOIR [puʀvwaʀ]. *v. tr.* (25) ★ **I.** *V. tr. ind.* POURVOIR À : faire ou fournir le nécessaire pour. *Pourvoir à l'entretien de la famille.* V. **Assurer.** *Pourvoir aux besoins de qqn* (V. **Subvenir**). *Pourvoir à un emploi,* y mettre qqn. ★ **II.** *V. tr. dir.* • **1°** Mettre (qqn) en possession (de ce qui est nécessaire). V. **Donner** (à), **munir, nantir.** *Son père l'a pourvu d'une recommandation.* • **2°** *Pronom.* SE POURVOIR DE : faire en sorte de posséder, d'avoir (une chose nécessaire). *Il faut se pourvoir de provisions pour le voyage.* • **3°** Munir (une chose). *Pourvoir un atelier d'outils, de matériel.* V. **Approvisionner, fournir.** • **4°** *(Suj. chose).* Littér. *La nature l'a pourvu de grandes qualités.* V. **Doter, douer.** • **5°** *(Passif* et *p. p.).* ÊTRE POURVU, UE : avoir, posséder. || Contr.

Dépourvu. || *Le voilà bien pourvu*, il a tout ce qu'il faut. • 6° SE POURVOIR. *v. pron.* En droit, Recourir à une juridiction supérieure ; former un pourvoi. ▼ **POURVOYEUR, EUSE.** *n.* • 1° Littér. *Pourvoyeur de...*, personne, chose, qui fournit (qqch.) ou munit (une chose). *La misère est une grande pourvoyeuse de crimes.* • 2° Soldat, artilleur chargé de l'approvisionnement d'une pièce. V. **Servant.** *Le pourvoyeur d'une mitrailleuse.*

1. POURVU, UE. V. POURVOIR (II, 4°).

2. POURVU QUE [puʀvyk(ə)]. *loc. conj.* (Avec le subj.). • 1° (Servant à présenter une condition comme étant à la fois nécessaire et suffisante). À condition de, si. *Pourvu qu'il ait le nécessaire, il est content. Moi, pourvu que je mange à ma faim...* (sous-entendu : cela me suffit). • 2° (Exprimant le souhait qu'une chose soit ou non, lorsqu'on redoute la possibilité contraire). Espérons que... *Pourvu qu'on arrive à temps !*

POUSSAH [pusa]. *n. m.* • 1° Buste de magot porté par une demi-sphère lestée qui le ramène à la position verticale lorsqu'on le pousse. • 2° Gros homme mal bâti.

1. POUSSE [pus]. *n. f.* • Action de pousser, développement de ce qui pousse. *Une lotion pour la pousse des cheveux.*

2. POUSSE. *n. f.* • Bourgeon naissant, germe de la graine. *Les jeunes pousses des arbres.*

POUSSE-CAFÉ [puskafe]. *n. m. invar.* • Petit verre d'alcool que l'on prend après le café. *Café, pousse-café et cigare.*

POUSSÉE [puse]. *n. f.* • 1° Action d'une force qui pousse. V. **Pression.** *Résister aux poussées de l'ennemi.* V. **Attaque.** • 2° (Abstrait). *La poussée de l'instinct.* V. **Impulsion, pulsion.** • 3° Force exercée par un élément pesant (arc, voûte, etc.) sur ses supports, et qui tend à les renverser. *La poussée d'une voûte sur les murs.* • 4° Manifestation subite (d'une force). *La poussée révolutionnaire.* • 5° Manifestation subite (d'un mal). *Une poussée de fièvre.* V. **Accès, crise.**

POUSSE-POUSSE [puspus] ou **POUSSE** [pus]. *n. m. invar.* • Voiture légère à deux roues, à une place, tirée par un homme et en usage en Extrême-Orient.

1. POUSSER [puse]. *v. tr.* (1) ★ **I.** • 1° Soumettre (qqch., qqn) à une force agissant par pression ou par choc et permettant de mettre en mouvement, et de déplacer dans une direction. || Contr. **Tirer.** || *Pousser un meuble, Poussez la porte. On nous a poussés dehors. Pousser qqn du coude, du genou*, pour le mettre en garde. — Intrans. *Ne poussez pas !* — *Loc. adv.* Fam. *À la va comme je te pousse*, n'importe comment. *Ce travail a été fait à la va comme je te pousse.* • 2° Faire aller (un être vivant) devant soi, dans une direction déterminée, par une action continue. *Le berger pousse son troupeau devant lui.* — Entraîner (se dit d'une force). *Je me sens poussé par l'ambition.* • 3° POUSSER (QQN), POUSSER (QQN) À : inciter. V. **Conduire, entraîner.** || Contr. **Détourner, retenir.** || *Pousser qqn à faire qqch. Le marchand nous pousse à la consommation.* — Aider à atteindre une position meilleure ; faciliter la réussite de (qqn). V. **Favoriser.** *Pousser un élève*, le faire travailler. — POUSSER À BOUT : acculer, exaspérer (qqn). *La contrariété le poussait à bout.* • 4° Faire avancer (qqch.). *Pousser une brouette.* — *Pousser l'aiguille*, coudre. • 5° *(Abstrait).* Faire aller jusqu'à un certain point, un certain degré, une limite (une activité, un travail, etc.). *Il poussa ses recherches jusqu'au bout.* V. **Terminer.** *Il pousse la plaisanterie un peu trop loin.* V. **Exagérer.** *Plaisanterie un peu poussée. Elle pousse le dévouement jusqu'à les servir comme une domestique. Un amour maternel poussé jusqu'à la passion*, qui n'est plus de l'amour maternel, mais de la passion. • 6° *(Sans compl. ind.).* Faire parvenir à un degré supérieur de développement, d'intensité. *Pousser son travail.* V. **Avancer** (faire), **poursuivre.** — *Pousser un moteur*, chercher à lui faire rendre le maximum. *Un moteur poussé.* • 7° *V. pron.* SE POUSSER : s'écarter pour laisser passer. — Avancer en poussant. ★ **II.** • 1° (Suj. nom d'être animé). Produire avec force ou laisser échapper avec effort par la bouche (un son). *Pousser des cris.* V. **Crier.** *Elle poussa un soupir.* V. **Exhaler.** *Pousser de grands éclats de rire.* — Fam. *Un ténor poussa la chansonnette.* V. **Chanter.** • 2° *Intrans.* Faire un effort pour expulser de son organisme un excrément.

2. POUSSER. *v. intr.* (1) • 1° *(Végétation).* Croître, se développer, grandir. *Un bon champ où tout pousse.* V. **Venir.** *Faire pousser.* V. **Cultiver.** *L'herbe commence à pousser* (V. **Pousse 2**). *Ses premières dents ont toutes poussé.* • 2° S'accroître, se développer (en parlant de villes, de constructions). *Des villes qui poussent comme des champignons.*

POUSSETTE. *n. f.* • 1° Petite voiture d'enfant très basse, généralement pliante. — Châssis à roulette pour transporter les provisions, etc. • 2° *Fam.* Le fait d'avancer très lentement (véhicules).

POUSSIER [pusje]. *n. m.* • 1° Poussière de charbon. • 2° Débris pulvérulents. *Poussier de paille, de foin.*

POUSSIÈRE [pusjɛʀ]. *n. f.* • 1° Terre desséchée réduite en particules très fines, très légères. *La poussière des routes. Un tourbillon de poussière.* — Loc. *Réduire en poussière*, pulvériser ; anéantir, détruire. *Tomber en poussière*, se désagréger. • 2° *Littér.* Les restes matériels de l'homme, après la mort. V. **Cendre(s), débris.** • 3° UNE POUSSIÈRE : un rien. Fam. *Cela m'a coûté deux cents francs et des poussières*, et un peu plus. — *Une poussière de*, un grand nombre, une multiplicité (d'éléments). *La voie lactée est une poussière d'étoiles.* • 4° Matière réduite en fines particules. V. **Poudre** *Poussière de charbon.* V. **Poussier.** *Les poussières qui polluent l'atmosphère des villes Poussières radioactives.* ▼ **POUSSIÉREUX, EUSE.** *adj.* • 1° Couvert, rempli de poussière (1°). *Une chambre poussiéreuse.* • 2° Qui semble couvert, gris de poussière *Un teint poussiéreux.* • 3° *(Abstrait).* Vieux, à l'abandon. *Cette administration poussiéreuse*

POUSSIF, IVE [pusif, iv]. *adj.* • 1° Qui respire difficilement, manque de souffle. *Un homme poussif.* • 2° *Une voiture poussive*, qui marche par à-coups.

POUSSIN [pusɛ̃]. *n. m.* • 1° Jeune poulet, nouvellement sorti de l'œuf, encore couvert de duvet. *Une poule entourée de poussins qui piaillent.* • 2° *Fam.* Terme d'affection. *Mon poussin.*

POUSSOIR [puswaʀ]. *n. m.* • Bouton sur lequel on appuie pour déclencher un mécanisme, etc. *Le poussoir d'une sonnette.*

POUTRE [putʀ(ə)]. *n. f.* • 1° Grosse pièce de bois équarrie servant de support (dans une construction, une charpente). V. **Madrier.** *Un plafond aux poutres apparentes. La maîtresse poutre*, la poutre principale. — Loc. prov. *Il voit la paille dans l'œil du voisin et ne voit pas la poutre dans le sien*, il voit et critique les moindres défauts d'autrui et ne se rend pas compte qu'il en a de plus graves. • 2° Élément de construction allongé (en fer, en ciment armé, etc.). ▼ **POUTRELLE.** *n. f.* • 1° Petite poutre. • 2° Barre d'acier allongée entrant dans la construction d'une charpente métallique.

1. POUVOIR [puvwaʀ]. *v. auxil.* et *tr.* (33) ★ **I.** *(Devant un inf.).* Auxiliaire, servant à exprimer la modalité du possible, l'hypothèse, le souhait, etc. • 1° Avoir la possibilité de (faire qqch.). *Il ne peut pas parler. Je ne pourrai plus le faire. Qui peut savoir ? Dire qu'il a pu faire une chose pareille ! Si vous pouvez ; dès que vous pourrez. Comme ils peuvent.* — Loc. adv. et adj. *On ne peut mieux*, le mieux possible. *On ne peut plus*, le plus possible. *Il est on ne peut plus serviable.* — (Suj. chose) *Qu'est-ce que ça pouvait bien lui faire ?* • 2° Avoir le droit, la permission de (faire qqch.). *Les élèves peuvent sortir. On ne peut quand même pas l'abandonner.* — Avoir raisonnablement la possibilité de. *On peut tout supposer. Si l'on peut dire.* • 3° (De ce qui est incertain). *Les malheurs qui peuvent nous arriver.* • 4° *Littér.* PUISSE *(subj.)* : exprime un souhait. *Puisse le ciel nous être favorable !* • 5° IL PEUT, IL POURRA, impersonnel. V. **Peut-être.** *Il peut y avoir, il ne peut pas y avoir la guerre. Il peut arriver que.* — *Autant que faire se peut, se pourrait*, autant que cela est, serait possible. *Il, cela se peut*, c'est possible. *Il se peut que* (et subj.). *Cela ne se peut pas*, c'est impossible. Fam. *Ça se peut ; je ne dis pas le contraire. Ça se pourrait bien.* ★ **II.** *V. tr.* • 1° (Le pronom neutre *le* remplaçant l'inf. complément). *Résistez, si vous le pouvez*, si vous pouvez résister. *Dès qu'il le put.* • 2° Être capable, être en mesure de faire (qqch.). *Je fais ce que je peux, j'ai fait ce que j'ai pu. Qu'y puis-je ? On n'y peut rien.* — *Pouvoir* (qqch.) *sur...*, avoir de l'autorité sur. • 3° Loc. *N'en pouvoir plus*, être dans un état d'extrême fatigue, de souffrance ou de nervosité. *Je n'en peux plus, je m'en vais.*

2. POUVOIR [puvwaʀ]. *n. m.* • 1° Le fait de pouvoir (I, 1° et 2°), de disposer de moyens qui permettent une action. V. **Faculté, possibilité.** ‖ Contr. **Impossibilité.** ‖ *Si j'avais le pouvoir de connaître l'avenir !* V. **Don.** *Cet élève possède un grand pouvoir de concentration.* — POUVOIR D'ACHAT : ce qu'il est possible de se procurer avec une quantité déterminée de l'unité monétaire. — *Cela n'est pas en mon pouvoir. Cela dépasse son pouvoir*, ses possibilités. — (Plur.) *Des pouvoirs extraordinaires.* • 2° Capacité légale (de faire une chose). V. **Droit;** et *aussi* **Mandat, mission.** *Avoir plein(s) pouvoir(s).* V. **Carte** (blanche). *Fondé de pouvoir* (d'une société). V. **Fondé de pouvoir.** — Procuration. *Avoir un pouvoir par-devant notaire. Vérification des pouvoirs.* • 3° *(Avec un adj.).* Propriété physique d'une substance placée dans des conditions déterminées. *Pouvoir calorifique*, quantité de chaleur produite par la combustion complète de l'unité de masse d'une substance. • 4° Possibilité d'agir sur qqn, qqch. V. **Autorité, puissance.** *Le pouvoir moral qu'il a sur nous.* V. **Ascendant.** *Un pouvoir irrésistible.* — *Vous êtes en notre pouvoir*, à notre discrétion. *Tomber au pouvoir de qqn*, sous sa domination. • 5° Situation de celui, de ceux qui dirigent ; puissance politique. *Le pouvoir suprême, souverain.* V. **Souveraineté.** *Pouvoir supérieur.* V. **Hégémonie.** *Pouvoir absolu.* V. **Toute-puissance.** *Le peuple prit le pouvoir.* — *Pouvoir législatif*, chargé d'élaborer la loi. *Pouvoir exécutif*, chargé du gouvernement et de l'administration. *Pouvoir judiciaire*, chargé de la fonction de juger. V. **Justice.** *Division, séparation des pouvoirs* (régime parlementaire, présidentiel). • 6° Organes, hommes qui exercent le pouvoir. *Les pouvoirs publics*, les autorités pouvant imposer des règles aux citoyens. *L'opinion et le pouvoir.*

P.P.C.M. [pepeseɛm]. • Abrév. de *plus petit commun multiple.*

PRÆSIDIUM [pʀezidjɔm]. *n. m.* • Organisme directeur du Conseil suprême des Soviets (ou Soviet suprême).

PRAGMATIQUE [pʀagmatik]. *adj.* • Qui est adapté à l'action concrète, qui concerne la pratique (terme didactique). *Une politique pragmatique.* ▼ **PRAGMATISME.** *n. m.* Doctrine qui donne la valeur pratique comme critère de la vérité (d'une idée). ▼**PRAGMATISTE.** *adj.* et *n.*

PRAIRE [pʀɛʀ]. *n. f.* • Mollusque comestible, coquillage arrondi, voisin des palourdes.

PRAIRIE [pʀeʀi]. *n. f.* • Surface couverte de plantes herbacées qui fournit du fourrage au bétail. V. **Pré 2; herbage, pâturage.**

PRALINE [pʀalin]. *n. f.* • Bonbon fait d'une amande rissolée dans du sucre bouillant. ▼**PRALINÉ, ÉE.** *adj.* Rissolé dans du sucre. *Amandes pralinées.* — Mélangé de pralines. *Du chocolat praliné*, ou subst. *Du praliné.*

1. PRATICABLE. *adj.* • 1° Où l'on peut passer sans danger, sans difficulté. *Un chemin praticable pour les voitures.* V. **Carrossable.** ‖ Contr. **Impraticable.** ‖ • 2° Qu'on peut mettre à exécution. V. **Possible, réalisable.** *Un plan difficilement praticable.*

2. PRATICABLE. *n. m.* • Décor où l'on peut se mouvoir, au théâtre. — Élément supportant des projecteurs, des caméras et le personnel qui s'en occupe (cinéma, télévision).

PRATICIEN, IENNE [pʀatisjɛ̃, jɛn]. *n.* • **1°** Personne qui connaît la pratique d'un art, d'une technique. *Les théoriciens et les praticiens.* • **2°** Médecin qui exerce, qui soigne les malades (*opposé à* chercheur, théoricien).

PRATIQUANT, ANTE. *adj.* et *n.* • Qui observe exactement les pratiques (d'une religion). *Il est croyant mais peu pratiquant.* — N. *Un pratiquant, une pratiquante.*

1. PRATIQUE [pʀatik]. *n. f.* • **1°** Activités volontaires visant des résultats concrets (*opposé à* théorie). *Dans la pratique, dans la pratique de chaque jour,* dans la vie. • **2°** Manière concrète d'exercer une activité (*opposé à* règle, principe). *La pratique d'un art, d'une technique. Je n'en ai pas la pratique.* V. **Expérience.** — EN PRATIQUE : dans l'exécution. *Des décisions qu'il faut mettre en pratique,* exécuter. • **3°** *Littér.* Le fait de suivre une règle d'action (sur le plan moral ou social). *La pratique religieuse.* — *Les pratiques,* les exercices extérieurs de la piété. V. **Culte.** • **4°** *Une pratique, des pratiques,* manière habituelle d'agir (propre à une personne, un groupe). *La vente à crédit est devenue une pratique courante.* V. **Mode, usage.**

2. PRATIQUE [pʀatik]. *adj.* • **1°** Qui s'applique aux réalités, aux situations concrètes, aux intérêts matériels. *Une ménagère doit avoir le sens pratique. — (Personnes)* Qui a le sens pratique. *Une femme pratique.* • **2°** *(Choses, action).* Ingénieux et efficace, bien adapté à son but. *Un outil pratique. C'est pratique. Approchez-vous, ce sera plus pratique.* V. **Commode.** • **3°** Qui concerne la réalité matérielle, banale, utilitaire. *La vie pratique,* quotidienne. *Des considérations pratiques.* • **4°** Qui concerne l'action. || Contr. **Théorique; spéculatif.** || *La connaissance pratique d'une langue. Exercices, travaux pratiques* (abrév. T.P.), les exercices d'applications dans l'enseignement d'une matière.

PRATIQUEMENT. *adv.* • **1°** Dans la pratique. || Contr. **Théoriquement.** || • **2°** En fait. • **3°** Virtuellement, presque (emploi critiqué). *Il est pratiquement incapable de se déplacer.*

PRATIQUER [pʀatike]. *v. tr.* (1) • **1°** Mettre en application (une prescription, une règle). V. **Observer.** *Pratiquer le pardon des injures.* — *Absolt.* Observer les pratiques religieuses. V. **Pratiquant.** *Il ne pratiquait plus.* • **2°** Mettre en action, appliquer (une théorie, une méthode). — Exercer (un métier, une activité, un sport...). • **3°** Employer (un moyen, un procédé) d'une manière habituelle. *Il pratique le chantage, le bluff.* — *Pronom.* (Sens passif) *Comme cela se pratique en général.* • **4°** Exécuter (une opération manuelle) selon les règles prescrites. V. **Opérer.** *Pratiquer une opération chirurgicale.* • **5°** Ménager (une ouverture, un abri, etc.). *De nombreuses fenêtres étaient pratiquées dans les murs.* • **6°** *Vx.* Fréquenter. — Littér. *C'est un auteur, un ouvrage que je pratique,* que je consulte, que j'utilise volontiers.

1. PRÉ-. • Élément signifiant « devant, en avant », et marquant l'antériorité (*ex. :* préavis, préconçu, prédire). || Contr. **Post-.** ||

2. PRÉ [pʀe]. *n. m.* • **1°** Terrain produisant de l'herbe qui sert à la nourriture du bétail. V. **Prairie.** *Mener les vaches au pré.* V. **Pâturage.** — Étendue d'herbe à la campagne. *On courait dans les prés.* • **2°** *Sur le pré,* sur le terrain (du duel). *Aller sur le pré,* se battre en duel.

PRÉALABLE [pʀealabl(ə)]. *adj.* et *n. m.* • **1°** Qui a lieu, se fait ou se dit avant autre chose, dans une suite de faits liés entre eux. *Cette décision demande une réflexion préalable.* — *Préalable à... L'enquête préalable à une opération publicitaire.* • **2°** Qui doit précéder (qqch.). *Question préalable.* • **3°** *N. m.* Condition ou ensemble de conditions auxquelles est subordonnée l'ouverture de négociations. *Être prêt à discuter sans préalable.* • **4°** AU PRÉALABLE. *loc. adv.* V. **Abord** (d'), **auparavant.** *Il faudrait l'en avertir au préalable.* ▼ **PRÉALABLEMENT.** *adv.* Au préalable. *Vous ne ferez rien sans m'avoir préalablement averti.*

PRÉAMBULE [pʀeɑ̃byl]. *n. m.* • **1°** Ce dont on fait précéder un texte de loi pour en exposer les motifs, les buts. — Exposé d'intentions par quoi s'ouvre un discours, un écrit. || Contr. **Conclusion, péroraison.** || *Un interminable préambule.* • **2°** Paroles, démarches qui ne sont qu'une entrée en matière. *Assez de préambules ! Il m'a demandé sans préambule ce que je venais faire ici.*

PRÉAU [pʀeo]. *n. m.* • Partie couverte d'une cour d'école. *Un préau où l'on faisait la gymnastique.*

PRÉAVIS [pʀeavi]. *n. m.* • Avertissement préalable que la loi impose de donner dans un délai et des conditions déterminés. *Préavis de congé, de licenciement. Le syndicat a déposé un préavis de grève.*

PRÉBENDE [pʀebɑ̃d]. *n. f.* • Revenu fixe qui était accordé à un ecclésiastique.

PRÉCAIRE [pʀekɛʀ]. *adj.* • **1°** Dont l'avenir, la durée, la stabilité ne sont pas assurés. V. **Incertain.** *Nous jouissons d'un bonheur précaire. Sa santé est précaire.* V. **Fragile.** || Contr. **Solide.** || *Être dans une situation précaire.* • **2°** Révocable selon la loi. *Possession précaire, à titre précaire.* ▼ **PRÉCARITÉ.** n. f. *Littér.* Caractère ou état de ce qui est précaire. V. **Fragilité, instabilité.**

PRÉCAUTION [pʀekosjɔ̃]. *n. f.* • **1°** Disposition prise pour éviter un mal ou en atténuer l'effet. V. **Garantie.** *Prendre des précautions, ses précautions. Avec de grandes précautions. Par précaution contre un accident possible.* • **2°** (Surtout dans *avec, sans précaution*). Manière d'agir prudente, circonspecte. V. **Circonspection, ménagement.** ▼ **PRÉCAUTIONNER (SE).** v. pron. (1) *Se précautionner contre,* prendre ses précautions. V. **Assurer** (s'), **prémunir** (se). ▼ **PRÉCAUTIONNEUX, EUSE.** *adj.* Qui a l'habitude de prendre des précautions. V. **Prudent.** ▼ **PRÉCAUTIONNEUSEMENT.** *adv.* Avec précaution.

PRÉCÉDENT, ENTE [pʀesedɑ̃, ɑ̃t]. *adj.* et *n. m.* ★ **I.** *Adj.* Qui précède, s'est produi antérieurement, qui vient avant. || Contr. **Suivant.** || *Dans un précédent ouvrage.* V. **Antérieur.** *Le jour précédent*, la veille. *Relisez cette page et la précédente.* ★ **II.** *N. m.* • **1°** Fait antérieur qui permet de comprendre un fait analogue ; décision, manière d'agir dont on peut s'autoriser ensuite dans un cas semblable. *Cette décision va créer un précédent. C'est un précédent dangereux.* • **2°** SANS PRÉCÉDENT : inouï, jamais vu. *C'est un événement sans précédent.* ▼ **PRÉCÉDEMMENT** [presedamɑ̃]. *adv.* Antérieurement, auparavant. *Comme nous l'avions dit précédemment.*

PRÉCÉDER [presede]. *v. tr.* (6) ★ **I.** *(Choses).* • **1°** Exister, se produire avant dans le temps. || Contr. **Suivre.** || *Dans la semaine qui précéda la crise. Ceux qui nous ont précédés.* V. **Prédécesseur.** • **2°** Être avant, selon l'ordre logique, la place occupée. *L'avant-propos qui précède cet ouvrage.* • **3°** Être connu ou perçu avant. *Sa mauvaise réputation l'avait précédé. La voiture arrivait, précédée d'un bruit de ferraille.* ★ **II.** *(Personnes).* • **1°** Être, marcher devant (qqn, qqch.). *Je vais vous précéder pour vous montrer le chemin.* • **2°** Arriver à un endroit avant (qqn, qqch.). *Il ne m'a précédé que de cinq minutes.* • **3°** *(Abstrait).* Devancer (qqn). *Il l'a précédé dans cette voie.*

PRÉCEPTE [presɛpt(ə)]. *n. m.* • Formule qui exprime un enseignement, une règle (art, science, morale, religion, etc.). V. **Leçon, principe ;** et *aussi* **Commandement.** *Les préceptes de la morale, de l'Évangile. Il suit les préceptes de son maître.*

PRÉCEPTEUR, TRICE [presɛptœr, tris]. *n.* • Personne chargée de l'éducation, de l'instruction d'un enfant (de famille noble, riche...) qui ne fréquente pas un établissement scolaire. *Le précepteur d'un jeune prince.*

PRÉCESSION [presesjɔ̃]. *n. f.* • *Précession des équinoxes*, avance du moment de l'équinoxe, due à la rotation de la ligne des équinoxes.

PRÊCHE [prɛʃ]. *n. m.* • **1°** Discours religieux prononcé par un ministre protestant. — Sermon. • **2°** *Fam.* Discours moralisateur et ennuyeux.

PRÊCHER. *v.* (1) ★ **I.** *V. tr.* • **1°** Enseigner (la révélation religieuse). *Prêcher l'Évangile. — Prêcher le Carême*, prononcer une série de sermons à l'occasion du Carême. • **2°** Conseiller, vanter (qqch.) par des paroles, des écrits. V. **Préconiser, prôner.** *Prêcher la haine. Ils prêchaient l'union des travailleurs.* ★ **II.** *V. intr.* Prononcer un sermon ou une série de sermons. *Le curé a bien prêché.* ★ **III.** *V. tr.* PRÊCHER QQN : lui enseigner la parole de Dieu. V. **Évangéliser.** *Prêcher les infidèles. — Fam.* Essayer de convaincre, faire la morale à (qqn). V. **Sermonner.** ▼ **PRÊCHEUR, EUSE.** *n.* et *adj.* • **1°** *Les Frères prêcheurs*, les dominicains. • **2°** *Péj.* Personne qui aime à faire la morale aux autres. *Une vieille prêcheuse.* ▼ **PRÊCHI-PRÊCHA** [prɛʃiprɛʃa]. n. m. invar. *Fam.* Radotage d'un sermonneur. *Il nous ennuie avec son prêchi-prêcha !*

1. PRÉCIEUX, EUSE [presjø, øz]. *adj.* • **1°** *Adj.* De grand prix, d'une grande valeur. *Des bijoux précieux.* • **2°** Auquel on attache une grande valeur (pour des raisons sentimentales, intellectuelles, morales). *Les droits les plus précieux de l'homme.* — Particulièrement cher, ou utile (à qqn). *Mes amis sont ce que j'ai de plus précieux. Perdre un temps précieux. Un précieux collaborateur.* ▼ **PRÉCIEUSEMENT.** *adv.* Avec le plus grand soin, comme pour un objet précieux. *Conserver précieusement une lettre.*

2. PRÉCIEUX, EUSE. *n. f.* et *adj.* ★ **I.** *N. f.* Nom donné, au XVIIe s., aux femmes qui adoptèrent une attitude nouvelle et raffinée envers les sentiments, et un langage recherché. ★ **II.** *Adj.* Relatif aux Précieuses et à leur idéal. *La littérature précieuse.* ▼ **PRÉCIOSITÉ.** *n. f.* • **1°** Ensemble des traits qui caractérisent les Précieuses et le mouvement précieux du XVIIe s. — Caractères esthétiques, moraux de mouvements analogues. • **2°** Caractère affecté, recherché du langage, du style. V. **Affectation.** || Contr. **Simplicité.** ||

PRÉCIPICE [presipis]. *n. m.* • Vallée ou anfractuosité du sol très profonde, aux flancs abrupts. V. **Abîme, gouffre.** *Une route en corniche au bord d'un précipice.*

PRÉCIPITAMMENT. *adv.* • En grande hâte ; avec précipitation. *Il s'enfuit précipitamment.* V. **Brusquement.** || Contr. **Lentement.** ||

1. PRÉCIPITATION. *n. f.* • **1°** Grande hâte, hâte excessive. *Il faut décider sans précipitation. Ne confondez pas vitesse et précipitation.* • **2°** Caractère hâtif et improvisé. *Dans la précipitation du départ, il a oublié son passeport.*

2. PRÉCIPITATION. *n. f.* • **1°** Phénomène physique ou chimique à la suite duquel un corps solide insoluble, dit *précipité* (2), prend naissance dans une phase liquide. || Contr. **Dissolution.** || • **2°** *Précipitations atmosphériques*, ou *précipitations*, chute d'eau provenant de l'atmosphère.

1. PRÉCIPITÉ, ÉE. *adj.* • **1°** Très rapide dans son allure, son rythme. *Il s'éloigna à pas précipités.* || Contr. **Lent.** || • **2°** Qui a un caractère de précipitation. *Tout cela est bien précipité.* V. **Hâtif.**

2. PRÉCIPITÉ. *n. m.* • Dépôt obtenu quand se produit la précipitation.

PRÉCIPITER [presipite]. *v. tr.* (1) ★ **I.** • **1°** *Littér.* Jeter ou faire tomber d'un lieu élevé dans un lieu bas ou profond. — *(Abstrait)* Faire tomber d'une situation élevée ou avantageuse ; entraîner la décadence de... • **2°** Faire tomber, faire déposer (le corps en solution dans un liquide) par précipitation [2] (en parlant d'un corps chimique). • **3°** Pousser, entraîner avec violence. *Ils ont été précipités contre la paroi.* • **4°** Faire aller plus vite. V. **Accélérer, hâter.** *Précipiter ses pas, sa marche.* || Contr. **Ralentir.** || *Précipiter son départ.* V. **Avancer, brusquer.** || Contr. **Différer, retarder.** || *Il ne faut rien précipiter*, il faut avoir de la patience. ★ **II.** SE PRÉCIPITER. *v. pron.* • **1°** *(Personnes* ou *choses).* Se jeter de haut dans un lieu bas ou profond. V. **Tomber.** *Le torrent se précipite du haut d'un rocher.* • 2° *(Personnes).* S'élancer brusquement, impétueusement. V. **Foncer, lancer** (se), **ruer** (se). *Elle se leva et se précipita au-devant de sa mère.* V. **Accourir, courir.** — *Absolt.* V. **Dépêcher** (se), **hâter** (se). *Inutile de tant se précipiter !* • 3° *(Choses).* Prendre un rythme accéléré. *Les battements du cœur se précipitaient.*

1. PRÉCIS, ISE[presi, iz]. *adj.* • 1° Qui ne laisse place à aucune indécision dans l'esprit. V. **Clair.** || Contr. **Imprécis.** || *Des idées, des indications précises. Renseignez-moi de façon précise. Sans raison précise.* V. **Particulier.** *Des faits précis.* • 2° Perçu nettement. *Des contours précis.* — Déterminé avec exactitude. *Un point précis.* • 3° Qui est exécuté ou qui opère d'une façon sûre. *Un geste précis. Un homme précis,* qui agit avec précision. • 4° *(Grandeurs, mesures).* Qui, à la limite, est exact ; qui est exactement calculé. V. **Exact.** *À quatre heures et demie très précises.* V. **Juste, pile, sonnant.** ▼ **PRÉCISÉMENT.** *adv.* • 1° D'une façon précise. *Répondre précisément.* — À proprement parler. *Les blessés, les malades plus précisément,* plus exactement, plutôt. • 2° *Ellipt.* (Dans une réponse). Oui, c'est cela même. *C'est lui qui vous en a parlé ? — Précisément.* — (En loc. négative) *Ma vie n'est pas précisément distrayante,* n'est guère... • 3° *(Sens affaibli).* S'emploie pour souligner une concordance entre deux séries de faits ou d'idées distinctes. V. **Justement.** *C'est précisément pour cela que je viens vous voir.*

2. PRÉCIS [presi]. *n. m.* • 1° Exposé précis et succinct. V. **Abrégé.** *Composer un précis des événements,* un bref historique. • 2° Petit manuel. *Acheter un précis de géographie générale.*

PRÉCISER [presize]. *v. tr.* (1) • 1° Exprimer, présenter de façon précise, plus précise. *Précisez votre idée.* Absolt. *Précisez ! Il précisa certains points.* V. **Établir.** — Dire de façon plus précise pour clarifier. V. **Souligner.** *Le ministre de l'Information a précisé que...* • 2° Pronom. *(Pass.).* Devenir plus précis, plus net. *Le danger se précise.*

PRÉCISION [presizjɔ̃]. *n. f.* ★ **I.** • 1° Caractère, netteté de ce qui est précis. V. **Clarté.** || Contr. **Imprécision; confusion.** || *Des renseignements d'une grande précision. Il revoyait toute la scène avec précision.* • 2° Façon précise d'agir, d'opérer. V. **Sûreté.** *Une précision mathématique. La précision d'un tir.* V. **Justesse.** • 3° Qualité de ce qui est calculé d'une manière précise. V. **Exactitude.** *La précision d'un calcul. Une balance de précision.* ★ **II.** *Plur.* Détails, faits précis, explications précises permettant une information sûre. *Demander des précisions sur tel ou tel point.*

PRÉCOCE[prekɔs]. *adj.* • 1° *(Végétaux).* Qui est mûr avant le temps normal ; qui produit (des fruits, des fleurs) avant la pleine saison. *Un pêcher précoce.* — *(Animaux)* Dont la croissance est très rapide. *Races précoces.* • 2° Qui survient, se développe plus tôt que d'habitude. || Contr. **Tardif.** || *Un automne précoce. Des rides précoces. Sénilité précoce.* • 3° Qui se produit, se fait plus tôt qu'il n'est d'usage. *Un mariage précoce.* • 4° *(Personnes).* Dont le développement est très rapide. *Un enfant précoce.* V. **Avancé.** || Contr. **Arriéré, attardé.** || ▼ **PRÉCOCEMENT.** adv. *Littér.* D'une manière précoce, de bonne heure. || Contr. **Tardivement.** || ▼ **PRÉCOCITÉ.** *n. f.* Caractère de ce qui est précoce.

PRÉCOLOMBIEN, IENNE [prekɔlɔ̃bjɛ̃, jɛn]. *adj.* • Relatif à l'Amérique, à son histoire, à ses civilisations avant la venue de Christophe Colomb. *Arts précolombiens* (surtout Amérique centrale et du Sud).

PRÉCONÇU, UE [prekɔ̃sy]. *adj.* • Péj. *(Opinion, idée...).* Formé avant toute expérience, sans jugement critique.

PRÉCONISER [prekɔnize]. *v. tr.* (1) • Recommander vivement (une méthode, un remède, etc.). V. **Prôner.**

PRÉCURSEUR[prekyrsœr]. *n.* et *adj. m.* • 1° Personne dont la doctrine, les œuvres ont frayé la voie à un grand homme, à un mouvement. *Les précurseurs de la science moderne. Être salué comme un précurseur.* • 2° *Adj. m.* Annonciateur. V. **Avant-coureur.** *Les signes précurseurs de l'orage.*

PRÉDATEUR [predatœr]. *n. m.* • Qui se nourrit de proies (animaux) ; qui pousse aux dépens d'autres végétaux (plantes).

PRÉDÉCESSEUR [predesesœr]. *n. m.* • 1° Personne qui a précédé (qqn) dans une fonction, une charge. || Contr. **Successeur.** || • 2° *Plur.* Ancêtres, précurseurs.

PRÉDESTINATION[predɛstinasjɔ̃]. *n. f.* • 1° Selon certains théologiens, Choix fait d'avance par Dieu qui destine certaines créatures au salut par la seule force de sa grâce et voue les autres à la damnation éternelle. • 2° *Littér.* Détermination préalable d'événements ayant un caractère de fatalité. ▼ **PRÉDESTINÉ, ÉE.** *adj.* • 1° Qui est soumis à la prédestination divine. • 2° PRÉDESTINÉ À... : voué à (un destin particulier). — *Absolt.* Voué à un destin exceptionnel. *Le poète romantique se considère comme prédestiné.*

PRÉDÉTERMINER[predetɛrmine]. *v. tr.* (1) • Didact. *(Cause, raison).* Déterminer d'avance (une décision, un acte). ▼ **PRÉDÉTERMINATION.** *n. f.*

PRÉDICAT[predika]. *n. m.* • (Terme de logique). Ce qui, dans un énoncé, est affirmé à propos d'un autre terme (sujet). *Ex. :* Le cheval *(sujet)* galope *(prédicat).*

PRÉDICATEUR [predikatœr]. *n. m.* • Celui qui prêche (V. **Prêcheur**). *Le prédicateur monte en chaire.* ▼ **PRÉDICATION** *n. f.* • 1° Action de prêcher. • 2° *Littér.* Sermon.

PRÉDICTION [prediksjɔ̃]. *n. f.* • 1° Action de prédire ; paroles par lesquelles on prédit. *Faire des prédictions.* V. **Prophétie** • 2° Ce qui est prédit. *Vos prédictions se sont réalisées.*

PRÉDILECTION [predilɛksjɔ̃]. *n. f.* • Préférence marquée (pour qqn, qqch.) || Contr. **Aversion.** || *La prédilection d'une mère pour un de ses enfants.* — DE PRÉDI

LECTION : préféré. *C'est mon sport de prédilection.*

PRÉDIRE [predir]. *v. tr.* (37). [Sauf *vous prédisez* (2e pers. plur. prés. ind.) ; et (imper.) *prédisez.*] • 1° Annoncer comme devant se produire (un événement qui n'a pas une forte probabilité). *Elle se flattait de prédire l'avenir. On m'a prédit que je mourrai à trente-deux ans.* • 2° Annoncer (une chose probable) comme devant se produire, en se fondant sur le raisonnement, l'intuition, etc. *On lui prédisait le plus brillant avenir.*

PRÉDISPOSER [predispoze]. *v. tr.* (1) • Disposer d'avance (qqn à qqch.), mettre dans une disposition favorable. V. **Incliner.** *L'attitude de l'accusé ne prédisposait pas le tribunal à l'indulgence.* — Au p. p. *Prédisposé à la paresse.* V. **Enclin.** ▼ **PRÉDISPOSITION.** *n. f.* Tendance, état d'une personne prédisposée (à qqch.). V. **Penchant.**

PRÉDOMINER [predɔmine]. *v. intr.* (1) • *(Choses).* Être le plus important, avoir le plus d'action. V. **Emporter** (l'), **prévaloir.** *Ce qui prédomine en lui, c'est l'imagination.* ▼ **PRÉDOMINANCE.** *n. f.* Caractère prédominant. *La prédominance d'un groupe social.* V. **Prépondérance.** ▼ **PRÉDOMINANT, ANTE.** *adj.* Qui prédomine. V. **Principal.** *Les tendances prédominantes de l'art à une époque donnée.*

PRÉÉMINENCE [preeminɑ̃s]. *n.f.* • Supériorité absolue de ce qui est au premier rang, au premier plan. V. **Primauté ; suprématie.** || Contr. **Infériorité.** || *Donner la prééminence à qqch.*, placer au-dessus.

PRÉEMPTION [preɑ̃psjɔ̃]. *n. f.* • En droit, Action d'acheter avant un autre. *Droit de préemption.*

PRÉÉTABLI, IE [preetabli]. *adj.* • Établi à l'avance, une fois pour toutes. *Réaliser un plan préétabli.*

PRÉEXISTER [preɛgziste]. *v. intr.* (1) • Exister antérieurement (à qqch.). ▼ **PRÉEXISTANT, ANTE.** *adj.* ▼ **PRÉEXISTENCE.** *n. f.*

PRÉFABRIQUÉ, ÉE [prefabrike]. *adj.* • 1° Se dit d'une maison montée avec des éléments faits au préalable. — *Élément préfabriqué*, chacun des panneaux dont l'assemblage forme une construction. • 2° *Péj.* Composé à l'avance, peu naturel. *Une décision préfabriquée.*

PRÉFACE [prefas]. *n. f.* • Texte placé en tête d'un livre et qui sert à le présenter au lecteur. V. **Avant-propos, avertissement, introduction.** || Contr. **Postface.** || ▼ **PRÉFACER.** *v. tr.* (3). Présenter par une préface. *Écrivain qui préface le roman d'un jeune auteur.* ▼ **PRÉFACIER.** *n. m.* Auteur d'une préface.

PRÉFECTURE [prefɛktyr]. *n. f.* • 1° Charge de préfet. — Ensemble des services du préfet ; local où ils sont installés. • 2° Ville où siège cette administration. — Circonscription administrée par le préfet (V. **Département**). • 3° PRÉFECTURE DE POLICE : à Paris, services de direction de la police. ▼ **PRÉFECTORAL, ALE, AUX.** *adj.* Relatif au préfet, à l'administration par les préfets. *Un arrêté préfectoral.*

PRÉFÉRABLE [preferabl(ə)]. *adj.* • Qui mérite d'être préféré, choisi. V. **Meilleur.** *Cette solution me paraît préférable, bien préférable à la première. Il est préférable que... de...*, il vaut mieux.

PRÉFÉRÉ, ÉE [prefere]. *adj.* et *n.* • 1° Jugé meilleur. *C'est son disque préféré.* • 2° *N.* Personne qui est préférée, mieux aimée. V. **Favori.** *Cet élève est son préféré.* V. **Chouchou.**

PRÉFÉRENCE [preferɑ̃s]. *n. f.* • 1° Jugement ou sentiment par lequel on place une personne, une chose au-dessus des autres. *Les préférences de chacun. Il a une préférence nette, marquée pour son fils cadet.* V. **Prédilection.** — *Je n'ai pas de préférence*, cela m'est égal. — *Accorder, donner la préférence à*, donner l'avantage dans une comparaison, un choix. V. **Préférer.** — *Par ordre de préférence*, en classant chaque chose selon ses préférences. — *Loc. adv.* DE PRÉFÉRENCE. V. **Plutôt.** *Je sors le matin, de préférence.* — Loc. prép. *De préférence à, par préférence à.* V. **Plutôt** (que). • 2° Le fait d'être préféré. *Avoir, obtenir la préférence sur qqn.*

PRÉFÉRENTIEL, IELLE [preferɑ̃sjɛl]. *adj.* • 1° Qui établit une préférence. *Tarif préférentiel.* • 2° *Vote préférentiel*, dans lequel un signe distinctif marquant certains candidats détermine le classement des membres de la liste.

PRÉFÉRER [prefere]. *v. tr.* (6) • Considérer comme meilleure, supérieure, plus importante (une chose, une personne parmi plusieurs) ; se déterminer en sa faveur. V. **Aimer** (mieux). *Préférer une personne, une chose à une autre. Si tu préfères, si vous préférez*, si vous aimez mieux. — PRÉFÉRER (et inf.). *Préférer faire qqch.*, aimer mieux. *Je préfère me taire ! Faites comme vous préférez*, comme vous voudrez. *Il préférait souffrir que d'être seul.* — SE PRÉFÉRER. *v. pron.* (Réfl.). *Je me préfère avec les cheveux longs.*

PRÉFET [prefɛ]. *n. m.* • 1° Fonctionnaire représentant le pouvoir central à la tête d'un département (V. **Préfecture**). *Le préfet et les sous-préfets.* — *Préfet de police*, placé à la tête de la Préfecture de police (à Paris). • 2° Prêtre chargé de la discipline dans certains collèges religieux. *Préfet des études.* ▼ **PRÉFÈTE.** *n. f.* Femme d'un préfet. *Madame la préfète.*

PRÉFIGURER [prefigyre]. *v. tr.* (1) • *Littér.* Présenter par avance tous les caractères de (une chose à venir). *Ces troubles préfiguraient les journées révolutionnaires.* ▼ **PRÉFIGURATION.** n. f. *Littér.* Ce qui préfigure qqch.

PRÉFIXE [prefiks(ə)]. *n. m.* • Élément de formation (affixe) placé devant une base, un radical (*opposé à* suffixe). ▼ **PRÉFIXER.** *v. tr.* (1). Joindre (un élément) comme préfixe ; composer avec un préfixe. ▼ **PRÉFIXATION.** *n. f.*

PRÉFORMER [prefɔrme]. *v. tr.* (1) • Former d'avance.

PRÉHENSION [preɑ̃sjɔ̃]. *n. f.* • *Didact.* Faculté de saisir avec un organe approprié. ▼ **PRÉHENSEUR.** adj. m. *Didact.* Qui sert à prendre, à saisir. *Organe préhenseur.* ▼ **PRÉHENSILE.** adj. *Didact.* Qui peut servir à prendre, saisir.

PRÉHISTOIRE [preistwar]. *n. f.* • Ensemble des événements concernant l'humanité avant l'apparition de l'écriture et du travail des métaux ; étude de ces événements. ▼ **PRÉHISTORIEN, IENNE.** *n.* Spécialiste de la préhistoire. ▼ **PRÉHISTORIQUE.** *adj.* • 1° Qui appartient à la préhistoire. *Les temps préhistoriques.* — Relatif à la préhistoire. *Animaux préhistoriques.* • 2° Très ancien, suranné (V. **Antédiluvien**). *Une voiture préhistorique.*

PRÉJUDICE [prezydis]. *n. m.* • 1° Perte d'un bien, d'un avantage par le fait d'autrui ; acte ou événement nuisible aux intérêts de qqn. *Causer un préjudice à qqn. Porter préjudice*, causer du tort. *Subir un préjudice.* AU PRÉJUDICE *de qqn* : contre son intérêt. V. **Détriment.** • 2° Ce qui est nuisible pour, ce qui va contre (qqch.). *Au préjudice de la vérité.* V. **Contre, malgré.** Littér. *Sans préjudice de*, sans porter atteinte, sans renoncer à... *Sans préjudice des questions qui pourront être soulevées plus tard.* ▼**PRÉJUDICIABLE.** *adj.* Qui porte, peut porter préjudice (à qqn, à qqch.). V. **Nuisible.** *Un travail préjudiciable à la santé de qqn.*

PRÉJUGÉ. *n. m.* • 1° Croyance, opinion préconçue souvent imposée par le milieu, l'époque ; parti pris. *Les préjugés bourgeois. Il est sans préjugés.* • 2° Indice qui permet de se faire une opinion provisoire. *C'est un préjugé en sa faveur.*

PRÉJUGER [prezyze]. *v. tr. ind.* (3) • *Littér.* ou *terme de droit.* PRÉJUGER DE : porter un jugement prématuré sur (qqch.) ; considérer comme résolue une question qui ne l'est pas. *Je ne peux pas préjuger de la décision.*

PRÉLASSER (SE) [prela(a)se]. *v. pron.* (1) • Se détendre, se reposer nonchalamment et béatement. *Se prélasser dans un fauteuil.*

PRÉLAT [prela]. *n. m.* • Haut-dignitaire ecclésiastique (cardinal, archevêque, etc.). ▼ **PRÉLATURE.** n. f. *Littér.* Dignité d'un prélat.

PRÉLATIN, INE [prelatɛ̃, in]. *n. m.* et *adj.* • *Didact.* Antérieur à la civilisation latine, au latin (langue), dans son domaine.

PRÊLE, PRÊLE ou **PRESLE** [prɛl]. *n. f.* • Plante à tige creuse et à épis, qui pousse dans des endroits humides.

PRÉLEVER [prelve]. *v. tr.* (5) • Prendre (une partie d'un ensemble, d'un total). V. **Enlever, retenir, retrancher.** *Prélever un échantillon. Prélevez cette somme sur la succession.* ▼ **PRÉLÈVEMENT.** *n. m.* L'action de prélever ; la quantité qu'on prélève. *Un prélèvement de sang.* Absolt. *Faire un prélèvement* (d'organe, de tissu, etc.).

PRÉLIMINAIRE [preliminer]. *n. m.* et *adj.* ★ **I.** *N. m. pl.* • 1° Ensemble des négociations qui précèdent et préparent un armistice, un traité de paix. *Les préliminaires de la paix.* • 2° Ce qui prépare un acte, un événement plus important. V. **Commencement.** *Abréger les préliminaires.* ★ **II.** *Adj.* Qui précède, prépare une autre chose considérée comme plus importante. *Discours préliminaire*, introduction, préambule.

PRÉLUDE [prelyd]. *n. m.* • 1° Suite de notes qu'on chante ou qu'on joue pour se mettre dans le ton. • 2° Pièce instrumentale ou orchestrale de forme libre. *Préludes de Chopin.* • 3° *(Abstrait).* Ce qui précède, annonce (qqch.) ; ce qui constitue le début (d'une œuvre, d'une série d'événements...). V. **Commencement, prologue.** *Le prélude des hostilités.* ▼**PRÉLUDER.** *v.* (1) • 1° V. intr. *Préluder par*, chanter, jouer (tel morceau) pour commencer. • 2° *V. tr. ind.* PRÉLUDER À *(choses)* : se produire dans l'attente d'autre chose. V. **Annoncer.** *Les incidents qui ont préludé aux hostilités.*

PRÉMATURÉ, ÉE [prematyre]. *adj.* • 1° Qu'il n'est pas encore temps d'entreprendre. *Je crains que ce ne soit une démarche prématurée.* — *Une nouvelle prématurée*, annoncée avant sa réalisation. • 2° Qui arrive avant le temps normal. V. **Précoce.** || Contr. **Tardif.** || *Une mort prématurée.* • 3° *Un enfant prématuré*, né avant terme. — Subst. *Un prématuré en couveuse.* ▼ **PRÉMATURÉMENT.** *adv.* Avant le temps habituel ou convenable. || Contr. **Tard.** ||

PRÉMÉDITER [premedite]. *v. tr.* (1) • Décider, préparer avec calcul. V. **Projeter.** *Il avait prémédité sa fuite, de s'enfuir.* — Au p. p. *C'est un crime prémédité.* ▼ **PRÉMÉDITATION.** *n. f.* Dessein réfléchi d'accomplir une action (surtout une action mauvaise, délit ou crime). *Meurtre avec préméditation.*

PRÉMICES [premis]. *n. f. pl.* • 1° (Chez les Anciens, les Hébreux, etc.). Premiers fruits de la terre, premiers animaux nés du troupeau, qu'on offrait à la divinité. • 2° *Littér.* Commencement, début. *Les prémices de l'hiver.*

PREMIER, IÈRE [prəmje, jɛr]. *adj.*, *n.* et *adv.* ★ **I.** *Adj.* (Épithète le plus souvent avant le nom). Qui vient avant les autres, dans un ordre. || Contr. **Dernier.** || • 1° Qui est le plus ancien ou parmi les plus anciens dans le temps ; qui s'est produit, apparaît avant. V. **Initial.** *Le premier jour du mois.* Subst. *Le premier Janvier. Les premiers pas. Son premier amour. La première fois. Au premier, du premier coup*, au premier essai. *À première vue*, tout d'abord. *La première jeunesse*, le commencement de la jeunesse. *Première nouvelle !* je ne le savais pas ! — (Attribut) *Arriver premier, bon premier*, avant les autres. V. **Tête** (en). — Subst. *Parler le premier. Il est parmi les premiers.* • 2° (Dans le futur). Prochain. *À la première occasion.* • 3° Qui se présente avant (dans une série, un ordre conventionnel). *La première personne du singulier, du pluriel. Première partie.* V. **Commencement, début.** *De la première ligne à la dernière.* • 4° (Après le nom). *Littér.* Qui est dans l'état de son origine, de son début. V. **Originel, primitif.** *Il ne retrouvait plus sa ferveur première.* • 5° Qui se présente d'abord (dans l'espace) par rapport à un observateur, un point de repère. *La première (rue) à droite. Au premier rang. Montez au premier (étage).* — *Il tomba la tête la première*, en avant. • 6° Qui vient en tête pour l'importance, la valeur, est plus remarquable que les autres. V. **Meilleur, principal.** *Première qualité, premier choix. De premier ordre. Jouer le premier rôle. Voyager en première (classe).* — (Personnes) *Premier ministre. Premier violon.* (Attribut.) Qui vient avant les autres, dans un classement. *Sortir premier d'une école.* Subst. LE PREMIER *de sa classe.* • 7° *(Après le nom).* Qui n'est pas déduit, qui n'est pas défini au moyen d'autre chose. *Les vérités premières.* • 8° *(Après le nom).* Qui contient en soi la raison d'être des autres réalités. *Cause première.* ★ **II.** *N.* • 1° (Personnes). *Le premier. Le premier venu*, le premier qui est venu ou viendra ; n'importe qui. • 2° JEUNE PREMIER (fém. *Jeune première*) : comédien (ienne) qui joue les premiers rôles d'amoureux. • 3° Premier ministre (en Grande-Bretagne). • 4° *N. m.* Premier terme d'une charade. *Mon premier...* ★ **III.** EN PREMIER *(loc. adv.)* : d'abord. *C'est ce qui doit passer en premier*, au premier rang.

PREMIÈRE. *n. f.* • 1° Première représentation d'une pièce ou projection d'un film. *La générale et la première.* • 2° Loc. fam. *De première !* de première qualité ; remarquable, exceptionnel. • 3° Classe qui précède les classes terminales des études secondaires. *Entrer en première.*

PREMIÈREMENT. *adv.* • D'abord, en premier lieu (dans une énumération).

PREMIER-NÉ [pʀəmjene], **PREMIÈRE-NÉE** [pʀəmjɛʀne]. *adj.* et *n.* • Le premier enfant. V. **Aîné** (*opposé à* dernier-né). *Les premiers-nés.*

PRÉMILITAIRE [pʀemilitɛʀ]. *adj.* • Qui précède le service militaire légal. *Formation prémilitaire.*

PRÉMISSE [pʀemis]. *n. f.* • 1° En logique, Chacune des deux propositions initiales d'un syllogisme, dont on tire la conclusion. • 2° Affirmation dont on tire une conclusion ; commencement d'une démonstration.

PRÉMOLAIRE [pʀemɔlɛʀ]. *n. f.* • Chacune des dents situées entre la canine et les grosses molaires.

PRÉMONITION [pʀemɔnisjɔ̃]. *n. f.* • Avertissement inexplicable qui fait connaître un événement à l'avance ou à distance. V. **Pressentiment.** *Je me méfie des prémonitions.* ▼ **PRÉMONITOIRE.** *adj.* Qui a rapport à la prémonition, constitue une prémonition. *Un rêve prémonitoire.*

PRÉMUNIR [pʀemyniʀ]. *v. tr.* (2) • *Littér.* Protéger (qqn), mettre en garde contre qqch. *Je voudrais vous prémunir contre ce danger.* — Pronom. *Comment nous prémunir contre leurs intrigues ?*

PRENANT, ANTE [pʀənɑ̃, ɑ̃t]. *adj.* • 1° PARTIE PRENANTE : en droit, partie qui reçoit de l'argent ou une fourniture. • 2° Qui captive en émouvant, en intéressant profondément. *Un film prenant.* V. **Passionnant.**

PRÉNATAL, ALE, ALS [pʀenatal]. *adj.* • Qui précède la naissance. *Allocations prénatales*, perçues pendant la grossesse.

1. PRENDRE [pʀɑ̃dʀ(ə)]. *v. tr.* (58) ★ **I.** Mettre avec soi ou faire sien. • 1° Mettre dans sa main (pour avoir avec soi, pour faire passer d'un lieu dans un autre, pour utiliser...). *Prendre un objet à pleine main. Je te défends de prendre ce livre. Prendre qqch. des mains de qqn.* V. **Arracher, enlever.** — Loc. *Prendre une affaire en main*, décider de s'en occuper. • 2° Mettre avec soi, amener à soi. ‖ Contr. **Laisser.** ‖ *N'oublie pas de prendre ton parapluie.* V. **Emporter.** — (Compl. personne) V. **Accueillir.** *On n'a pas voulu le prendre au lycée. Le coiffeur m'a pris à 5 heures.* • 3° PRENDRE QQCH. SUR SOI, *sous sa responsabilité* : en accepter la responsabilité. V. **Assumer.** — PRENDRE SUR SOI DE : s'imposer de... • 4° Aborder, se mettre à considérer (qqch., qqn) de telle façon. *Prendre la vie du bon côté*, par ce qu'elle a d'agréable. *On ne sait par où le prendre*, il est susceptible. — *Prendre une expression à la lettre.* — (Sans compl. de manière) V. **Considérer.** *Prenons cet exemple.* — À TOUT PRENDRE : somme toute. — PRENDRE BIEN OU MAL *qqch.* : l'accepter ou en souffrir. — *Prendre les choses comme elles viennent. Prendre qqch. au sérieux, à la légère. Le prendre de haut. Si vous le prenez ainsi*, si c'est là votre attitude, votre manière de voir. — PRENDRE EN... : avoir en. *Prendre qqn en amitié.* • 5° Faire sien (une chose abstraite). *Il a pris un surnom. Prendre (un) rendez-vous. Prendre une habitude.* • 6° Évaluer, définir (pour connaître). *Prendre les mesures. Prenez votre température.* • 7° Inscrire ou reproduire. *Prendre des notes, une photo.* • 8° S'adjoindre (une personne). *On ne prend plus personne à l'usine.* V. **Embaucher, engager.** — *Prendre pour, comme, à, en*, s'adjoindre, se servir de (qqn) en tant que... *Prendre pour associé. Il l'a prise comme secrétaire.* • 9° PRENDRE POUR : croire qu'une personne, une chose est (autre ou autrement). *Prendre une personne pour une autre.* V. **Confondre.** *On le prenait pour un savant*, on le considérait comme un savant. *Pour qui me prenez-vous ? Prendre ses désirs pour des réalités.* • 10° Absorber. *Prendre son café. Prendre un verre, un pot. Prendre un cachet.* — *Prendre le frais. Prendre un bain.* ★ **II.** Agir de façon à avoir, à posséder (qqch., qqn). • 1° Se mettre en possession de ; se rendre maître de. V. **Approprier** (s'). *Prendre qqch. par force, par ruse.* • 2° Demander, exiger. *Combien prend-il ?* quel est son prix ? — Exiger, employer (du temps). *Ce travail me prend tout mon temps.* • 3° *Fam.* Recevoir, supporter. *Prendre des coups. Qu'est-ce qu'il a pris !* • 4° Se rendre maître par force ; conquérir. ‖ Contr. **Perdre.** ‖ *Prendre d'assaut*, en attaquant de vive force. V. **Enlever.** *Prendre le pouvoir.* — Loc. fam. *C'est autant de pris (sur l'ennemi)*, se dit d'un petit avantage dont on est assuré. • 5° PRENDRE QQCH. À QQN : s'emparer de (ce qui appartient à qqn). V. **Voler.** *Il lui a pris son argent. Prendre la place de qqn.* • 6° Se saisir de (ce qui fuit, se dérobe : animal, personne).

Prenez-le vivant ! V. **Attraper, capturer.** *Il s'est fait prendre par la police.* V. **Arrêter.** — *(Passif)* Être attrapé. *Être pris dans l'engrenage.* • 7° Amener (qqn) à ses vues, à faire ce qu'on veut. *Prendre qqn par la douceur*, en le traitant doucement. *On ne m'y prendra plus !* je ne serai plus dupe. — Absolt. *Savoir prendre qqn*, agir envers lui avec diplomatie pour obtenir de lui ce qu'on veut. • 8° PRENDRE QQN... (de telle ou telle manière). V. **Surprendre.** *Prendre qqn en faute, en flagrant délit. Prendre au dépourvu. Je vous y prends !* • 9° *(Sensation, sentiment...).* Saisir (qqn), faire sentir à (qqn). *Les douleurs la prirent brusquement. Être pris de vertiges.* — Fam. *Qu'est-ce qui vous prend ? Ça vous prend souvent ?* se dit à une personne dont l'attitude est inattendue ou déplacée. — (Impersonnel) *Il me prend l'envie d'aller le voir.* • 10° BIEN, MAL *(lui, vous, etc.)* PREND DE : cela a de bonnes, de fâcheuses conséquences. *Mal lui en a pris.* ★ **III.** • 1° Se mettre à utiliser, à avoir (sans idée d'appropriation). *Prendre son chapeau et ses gants.* Loc. *Prendre des gants*, agir avec délicatesse pour ne pas froisser (qqn). *Prendre le deuil*, mettre des vêtements de deuil. *Prendre la plume*, écrire. *Prendre le lit*, s'aliter. — Faire usage de (un véhicule). *Prendre l'avion, sa voiture.* — S'engager dans. *Prendre un virage. Prendre la porte*, sortir. *Prendre la mer.* V. **Embarquer** (s'). • 2° User à son gré de. *Prendre le temps de, prendre son temps. Prendre congé.* • 3° Se mettre à avoir, se donner. *Prendre une attitude. Prendre la fuite. Prendre du repos. Prendre la parole*, commencer à parler. *Prendre l'avantage. Prendre possession. Prendre position*, choisir. *Prendre une décision. Prendre soin de... Prendre garde. Prenez la peine d'entrer*, veuillez entrer. • 4° Commencer à avoir (une façon d'être). *Prendre forme. Prendre une bonne ou mauvaise tournure.* — (*Personnes*, désignant une action involontaire) *Prendre de l'âge*, vieillir. *Prendre de l'assurance. Il y prend goût. Prendre peur.* • 5° Subir l'effet de. *Prendre feu*, s'enflammer. *Prendre froid; prendre du mal.* ★ **IV.** SE PRENDRE. *v. pron.* • 1° *(Sens pass.).* Être mis en main. *Cela se prend par le milieu.* — Être absorbé. *Médicament qui se prend avant les repas.* • 2° *(Sens réfl.).* Se laisser attraper. *Moucheron qui se prend dans une toile d'araignée. Il se prenait à son jeu.* • 3° S'EN PRENDRE À : s'attaquer à, en rendant responsable. V. **Incriminer.** *Il ne pourra s'en prendre qu'à lui-même*, il est responsable de ses propres malheurs. • 4° SE PRENDRE DE : se mettre à avoir. *Se prendre d'amitié pour qqn.* V. **Éprouver.** • 5° S'Y PRENDRE : agir d'une certaine manière en vue d'obtenir un résultat. *Il s'y prit mal.* V. **Procéder.** *S'y prendre à deux fois*, tâtonner. *Savoir s'y prendre.* — (Avec une précision de temps) Se mettre à s'occuper de. *Il faudra s'y prendre à l'avance.* • 6° Se considérer. *Se prendre au sérieux.* — SE PRENDRE POUR : estimer qu'on est. V. **Croire** (se). *Se prendre pour un génie. Se prendre pour qqn.* — Péj. *Pour qui se prend-il ?* • 7° *(Récipr.).* Se tenir l'un l'autre. *Se prendre par la main.* • 8° *(Récipr.).* S'ôter l'un à l'autre. *Joueurs qui cherchent à se prendre le ballon.*

2. PRENDRE. *v. intr.* (58) • 1° *(Substances).* Durcir, épaissir. *La mayonnaise commence à prendre.* — Attacher, coller. *Aliment qui prend au fond de la casserole.* • 2° *(Végétaux).* Pousser des racines, continuer sa croissance après transplantation. *La bouture a pris.* • 3° *(Feu).* Se mettre à consumer une substance. *Le feu s'éteint, ne prend pas.* • 4° Produire son effet, l'effet recherché. V. **Réussir.** *Vaccin qui prend. C'est une mode qui ne prendra pas.* — Être cru, accepté. *À d'autres, ça ne prend pas !* • 5° *(Personnes).* Se mettre à suivre une direction, un chemin. *Prenez à gauche.*

PRENEUR, EUSE [pʀənœʀ, øz]. *n.* • Personne qui achète qqch. V. **Acheteur, acquéreur.** *Je suis preneur à tel prix.*

PRÉNOM [pʀenɔ̃]. *n. m.* • Chacun des noms particuliers joints au nom de famille et servant à distinguer les différentes personnes d'une même famille. *Prénom usuel*, donné à une personne dans la vie courante. V. **Nom** (petit nom, nom de baptême). ▼ **PRÉNOMMER.** *v. tr.* (1). Appeler d'un prénom. *Il se prénomme Jean, on l'a prénommé, il est prénommé Jean.*

PRÉNUPTIAL, ALE, AUX [pʀenypsjal, o]. *adj.* • Qui précède le mariage. *Examen prénuptial.*

PRÉOCCUPER [pʀeɔkype]. *v. tr.* (1) • 1° Inquiéter fortement. V. **Tourmenter, tracasser.** *Ces problèmes me préoccupent depuis longtemps.* • 2° Occuper exclusivement (l'esprit, l'attention). V. **Absorber, obséder.** *Cette idée le préoccupe.* • 3° *V. pron.* SE PRÉOCCUPER : s'occuper (de qqch.) en y attachant un vif intérêt mêlé d'inquiétude. ‖ Contr. **Désintéresser** (se). ‖ *Il ne s'en préoccupait guère.* ▼ **PRÉOCCUPANT, ANTE.** *adj.* Qui préoccupe, inquiète. *La situation est très préoccupante.* ▼ **PRÉOCCUPÉ, ÉE.** *adj.* Qui est sous l'effet d'une préoccupation. V. **Absorbé, anxieux, inquiet.** *Il a l'air préoccupé en ce moment.* ‖ Contr. **Indifférent, insouciant.** ‖ *Préoccupé de...*, soucieux de. ▼ **PRÉOCCUPATION.** *n. f.* Souci, inquiétude qui occupe l'esprit. *C'est leur préoccupation majeure. Elle avait des préoccupations futiles.*

PRÉPARATEUR, TRICE [pʀepaʀatœʀ, tʀis]. *n.* • Assistant(e) d'un chercheur (physicien, chimiste, biologiste, etc.), d'un professeur de sciences. — *Préparateur en pharmacie*, employé d'un pharmacien chargé de travaux de laboratoire.

PRÉPARATIFS [pʀepaʀatif]. *n. m. pl.* • Dispositions prises en vue de préparer qqch. V. **Arrangement, disposition.** *Préparatifs de guerre. On fait les préparatifs du départ.*

PRÉPARATION [pʀepaʀasjɔ̃]. *n. f.* ★ **I.** • 1° Action de préparer (qqch.). *La préparation des plats, du repas.* — Chose préparée. V. **Composition.** *Des préparations pharmaceutiques.* • 2° Arrangement, organisation ayant pour effet de préparer. *La préparation d'une fête. Roman en préparation.* — Préparation d'une explication de texte. • 3° Manière de préparer en rendant naturel. *La préparation d'un dénouement.* ★ **II.** Action de préparer (qqn) ou de se préparer. V. **Formation.** *La préparation au baccalauréat. — Préparation militaire* (P.M.), enseignement militaire donné avant le service.

PRÉPARATOIRE [preparatwar]. *adj.* • Qui prépare (qqch. ou qqn). *Travail préparatoire. — Cours préparatoire*, premier cours de l'enseignement primaire élémentaire.

PRÉPARER [prepare]. *v. tr.* (1) ★ **I.** • **1°** Mettre, par un travail préalable, en état d'être utilisé, de remplir sa destination. V. **Apprêter, arranger, disposer.** *Je vais préparer votre chambre. Préparer la table* (V. **Mettre**). *Préparer la voie, le terrain. Elle prépare le repas.* • **2°** Faire tout ce qu'il faut en vue de (une opération à réaliser, une œuvre à accomplir, etc.). V. **Organiser.** *Il a préparé soigneusement son voyage. Un coup préparé de longue main.* V. **Machiner, monter.** — Travailler (à). *Le professeur a préparé son cours. Préparer un examen. — Préparer une grande École*, le concours d'entrée à cette École. • **3°** Rendre possible, par son action. *Préparer l'avenir. Préparer qqch. à qqn*, faire que la chose lui arrive. V. **Réserver.** *On lui a préparé une surprise. — (Suj. chose)* Rendre possible ou probable. *Cela ne nous prépare rien de bon.* • **4°** (Dans une œuvre, etc.). Rendre possible ou naturel en enlevant le caractère arbitraire. V. **Amener, ménager.** *Préparer ses effets.* ★ **II.** • PRÉPARER QQN À : rendre (qqn) capable de, prêt à, par une action préalable et concertée. *Préparer un élève à l'examen.* — Mettre dans les dispositions d'esprit requises. *On a voulu le préparer à cette triste nouvelle.* ★ **III.** SE PRÉPARER. v. pron. *(Réfl.).* • **1°** Se mettre en état, en mesure de faire (qqch.). *Se préparer au combat, à combattre. Elle se préparait pour le bal.* • **2°** *(Pass.).* Être préparé. *La cuisine où se prépare le repas.* — Être près de se produire. *Je crois qu'un orage se prépare.* V. **Imminent.** *Il se prépare quelque chose de grave.*

PRÉPONDÉRANT, ANTE [prepɔ̃derɑ̃, ɑ̃t]. *adj.* • Qui a plus de poids, qui l'emporte en autorité, en influence. V. **Dominant.** *Jouer un rôle prépondérant. La voix du président est prépondérante*, décisive en cas de partage des voix. ▼ **PRÉPONDÉRANCE.** *n. f.*

PRÉPOSER [prepoze]. *v. tr.* (1) • *Préposer à...*, charger (qqn) d'assurer (un service, une fonction). V. **Employer.** *Ils étaient préposés au nettoyage de l'immeuble.* ▼ **PRÉPOSÉ, ÉE.** *n.* • **1°** Personne qui accomplit une fonction déterminée (généralement subalterne). V. **Agent, commis, employé.** *La préposée au vestiaire.* • **2°** Nom administratif du facteur des postes (courant : *facteur*).

PRÉPOSITION [prepozisjɔ̃]. *n. f.* • Mot invariable, indiquant une relation grammaticale, introduisant un complément (d'un substantif, d'un verbe, d'un adjectif, d'un adverbe). Ex. : *à, de.* ▼ **PRÉPOSITIF, IVE.** *adj.* Qui est de la nature de la préposition. *À cause de, à côté de, à force de, sont des locutions prépositives.*

PRÉPUCE [prepys]. *n. m.* • Repli de peau qui entoure le gland de la verge. *Excision du prépuce* (circoncision).

PRÉROGATIVE [prerɔgativ]. *n. f.* • **1°** Avantage dû à une fonction, un état. V. **Privilège ; honneur.** *Les prérogatives dont jouissaient les nobles.* • **2°** Avantage, faculté que possèdent exclusivement les êtres d'une certaine espèce. V. **Attribut.** *Les prérogatives de l'artiste.*

PRÉROMANTIQUE [prerɔmɑ̃tik]. *adj.* • Qui précède et annonce l'époque romantique. ▼ **PRÉROMANTISME.** *n. m.*

PRÈS [prɛ]. *adv.* • Adverbe marquant la proximité, indiquant une petite distance. ★ **I.** • **1°** À une distance (d'un observateur ou d'un point d'origine) considérée comme petite. ‖ Contr. **Loin.** ‖ *Il habite assez près, tout près.* • **2°** DE PRÈS. *loc. adv.* (dans l'espace). *Regarder de près, de trop près. Se raser de près*, au ras des poils. — *Connaître qqn de près*, très bien. *Examiner de près*, attentivement. Loc. *Ne pas y regarder de si près, de trop près*, se contenter de ce qu'on a. — (Dans le temps) *Deux événements qui se suivent de près.* • **3°** *Loc. prép.* PRÈS DE (dans l'espace) : à petite distance de. *Près d'ici. Tout près de Paris*, aux abords de. *S'asseoir près de qqn*, auprès de, aux côtés de. *Ils étaient l'un près de l'autre, tout près l'un de l'autre.* — Loc. fam. *Être près de son argent, de ses intérêts*, être intéressé. — (Pour indiquer une mesure approximative) Un peu moins de. *Près de la moitié.* ★ **II.** (Exprimant l'idée d'une différence, dans des loc.). • **1°** À PEU PRÈS : indiquant l'approximation. *L'hôtel était à peu près vide.* V. **Presque.** *À peu près six mille hommes. Il y a à peu près vingt minutes.* • **2°** À PEU DE CHOSE(s) PRÈS. V. **Presque.** *Il y en a mille, à peu de choses près.* — À BEAUCOUP PRÈS : avec de grandes différences. — À CELA PRÈS : cela étant mis à part. V. **Excepté, sauf.** *Il se sentait heureux, à cela près qu'il n'avait pas un sou.* • **3°** À *(qqch.)* PRÈS : indiquant le degré de précision d'une évaluation. *Chaque jour, ils calculaient leurs bénéfices à un franc près. — Il n'en est pas à cent francs près*, une différence de cent francs ne le gêne pas. *Je ne suis pas à ça près !*

PRÉSAGE [prezaʒ]. *n. m.* • **1°** Signe d'après lequel on pense prévoir l'avenir. V. **Augure.** *Croire aux présages.* • **2°** Ce qui annonce (un événement à venir). *Les présages d'une catastrophe.* ▼ **PRÉSAGER.** *v. tr.* (3) • **1°** *Littér.* Être le présage de. V. **Annoncer.** — Faire présumer, supposer. *Cela ne présage rien de bon.* • **2°** Littér. *(Personnes).* Prévoir. *Cela laisse présager le pire.*

PRÉ-SALÉ [presale]. *n. m.* • Mouton engraissé dans des pâturages côtiers périodiquement inondés par la mer ; viande de ce mouton.

PRESBYTE [prɛsbit]. *n.* et *adj.* • Personne atteinte de presbytie. Syn. savant : *Hypermétrope.* ‖ Contr. **Myope.** ‖

PRESBYTÈRE [prɛsbitɛr]. *n. m.* • Habitation du curé dans une paroisse. V. **Cure.**

PRESBYTÉRIEN, IENNE. *n.* et *adj.* • Se dit des protestants adeptes d'une secte de l'Église réformée issue de la doctrine calviniste.

PRESBYTIE [presbisi]. *n. f.* • Anomalie de la vision, défaut d'un œil qui ne voit plus les objets rapprochés.

PRESCIENCE [presjɑ̃s]. *n. f.* • *Littér.* Faculté ou action de prévoir des événements à venir. V. **Prévision, pressentiment.**

PRÉSCOLAIRE [preskɔlɛr]. *adj.* • Relatif à la période qui précède celle de la scolarité obligatoire.

1. PRESCRIPTION [preskripsjɔ̃]. *n. f.* • Moyen d'acquérir un droit, une propriété, ou de se libérer d'une obligation après un délai et sous les conditions déterminées par la loi (terme de droit). *On ne peut plus le poursuivre, il y a prescription.*

PRESCRIRE [preskrir]. *v. tr.* (39) • 1° Ordonner ou recommander expressément ; indiquer avec précision (ce qu'on exige, ce qu'on impose). *Les formes que la loi a prescrites.* V. **Fixer.** — Recommander, conseiller formellement. *Le médecin a prescrit des remèdes, un traitement.* • 2° *(Choses).* Demander impérieusement. *L'honneur, les circonstances nous prescrivent de continuer le combat.* V. **Obliger.** ▼ **2. PRESCRIPTION.** *n. f.* Ordre expressément formulé, avec toutes les précisions utiles. *Les prescriptions d'un médecin,* recommandations consignées sur l'ordonnance. ▼ **PRESCRIT, ITE.** *adj.* Qui est imposé, fixé. *Au jour prescrit. — Ne pas dépasser la dose prescrite.*

PRÉSÉANCE [preseɑ̃s]. *n. f.* • Droit de précéder (qqn) dans une hiérarchie protocolaire. *Respecter les préséances.*

PRÉSENCE [prezɑ̃s]. *n. f.* ★ **I.** • 1° *(Personnes).* Le fait d'être dans le lieu dont on parle. || Contr. **Absence.** || *Sa présence chez moi me réconfortait. Fuir, éviter la présence de qqn. Faire acte de présence,* être présent, sans plus. *Signer la feuille de présence,* la feuille qui atteste la présence effective (à une réunion, etc.). — *Croire à la présence réelle* (du Christ dans l'Eucharistie). — *(Nation)* Fait de manifester son influence dans un pays. *La présence française en Afrique.* • 2° *(Abstrait).* Caractère toujours actuel, encore vivant. *Présence de Shakespeare.* • 3° (D'un acteur). Qualité qui consiste à manifester avec force sa personnalité. *Cette comédienne a de la présence.* • 4° PRÉSENCE D'ESPRIT : qualité d'esprit qui fait qu'on est toujours prêt à répondre et réagir avec à-propos. • 5° *(Choses).* Le fait qu'une chose soit dans le lieu où l'on est ou dont on parle. *Les sondages ont révélé la présence d'une nappe de pétrole.* ★ **II.** • 1° *Loc. prép.* EN PRÉSENCE DE : en face de ; devant. *Dresser un acte en présence de témoins. En ma (ta, sa...) présence.* — *Mettre qqn en présence de (qqn, qqch.).* • 2° *Loc. adv.* EN PRÉSENCE : dans le même lieu, face à face. *Laisser deux personnes en présence.* — Adj. *Les deux armées, les parties en présence,* confrontées.

1. PRÉSENT, ENTE [prezɑ̃, ɑ̃t]. *adj.* ★ **I.** || Contr. **Absent.** || • 1° Qui est dans le lieu, le groupe où se trouve la personne qui parle ou de laquelle on parle. *Les personnes ici présentes. Être présent à une réunion.* V. **Assister.** *Les soldats présents à l'appel* (qui répondent : *Présent !*). — *Être présent en pensée.* • 2° (Choses). *Métal présent dans un minerai.* • 3° (Abstrait). *Présent à l'esprit, à la mémoire,* à quoi l'on pense, dont on se souvient. ★ **II.** (*Opposé à* futur *ou à* passé). • 1° Qui existe, se produit au moment, à l'époque où l'on parle ou dont on parle. *Les circonstances présentes.* V. **Actuel.** *L'instant présent, la minute présente.* • 2° *(Avant le nom).* Dont il est actuellement question, qu'on fait en ce moment même. *Au moment où s'ouvre le présent récit. La présente lettre.* — Subst. *Par la présente,* par cette lettre. • 3° Qui est au présent. *Participe présent.* ▼ **PRÉSENTEMENT.** adv. *Littér.* Au moment, à l'époque où l'on est. V. **Actuellement.**

2. PRÉSENT. *n. m.* ★ **I.** • 1° Partie du temps, durée distincte opposable au passé et au futur. *Vivre dans le présent,* sans se préoccuper du passé ni de l'avenir. — Ce qui existe ou se produit dans cette partie du temps. *Le présent me suffit, me satisfait.* • 2° Cette partie de la durée, en tant qu'on y situe une action ou un état exprimé par un verbe ; ensemble des formes verbales temporelles qui servent à exprimer cette durée. *Conjuguer un verbe au présent. Présent de l'indicatif, du subjonctif.* ★ **II.** *Loc. adv.* À PRÉSENT : au moment où l'on parle ; au moment dont on parle. V. **Maintenant.** *À présent, allons-nous-en ! Jusqu'à présent, il n'a pas fait ses preuves. Dès à présent.* — *Loc. conj.* À PRÉSENT QUE : maintenant que. *À présent qu'ils dormaient on n'entendait plus rien.* — Littér. *Loc. adj.* D'À PRÉSENT : actuel. *La jeunesse d'à présent.*

3. PRÉSENT. *n. m.* • *Littér.* Cadeau.

PRÉSENTABLE [prezɑ̃tabl(ə)]. *adj.* • 1° *(Choses).* Qui est digne d'être présenté, donné. *Ce plat n'est pas présentable.* • 2° *(Personnes).* Qui peut paraître en public. V. **Sortable.**

PRÉSENTATEUR, TRICE [prezɑ̃tatœr, tris]. *n.* • 1° Personne qui présente qqch. au public, pour la vente. • 2° Personne qui présente une émission, un spectacle (radio, télévision). V. **Speaker.**

PRÉSENTATION [prezɑ̃tasjɔ̃]. *n. f.* • 1° *(Surtout au plur.).* Action de présenter une personne à une autre, de l'introduire dans une famille, un cercle, etc. *La maîtresse de maison fit les présentations.* • 2° *Fam.* Apparence d'une personne. *Avoir une bonne, une mauvaise présentation.* • 3° Action de présenter (qqch.) à qqn. *La présentation d'une pièce d'identité est obligatoire.* • 4° Manifestation au cours de laquelle on présente qqch. au public. *Présentation de modèles chez un grand couturier.* • 5° Manière dont une chose est présentée. *La présentation des marchandises dans un magasin.* • 6° Manière de présenter une thèse, ses idées, etc. • 7° En médecine, Manière particulière dont le fœtus se présente pour l'accouchement.

PRÉSENTER [prezɑ̃te]. *v.* (1) ★ **I.** *V. tr.* • 1° *Présenter une personne à une autre,* l'amener en sa présence et la faire connaître en énonçant son nom, ses titres, etc., selon les usages de la politesse. *Permettez-moi de vous présenter mon ami M. X. Cette personne ne m'a pas été présentée.* • 2° Faire inscrire (à un examen, à un concours, à une élection). *Le parti présente des candidats dans la plupart des circonscriptions.* • 3° Mettre (qqch.) à la portée, sous les yeux de qqn. *Présenter son billet au contrôleur.* V. **Montrer.** — *Présenter les armes,* rendre les honneurs en restant au garde-à-vous et en tenant les armes d'une certaine manière. — (Suj. chose) *La baie de Naples présente un spectacle splendide.* • 4° Faire connaître au public par une manifestation spécialement organisée. *Présenter une émission, un spectacle,* prononcer quelques mots pour annoncer au public le titre, le nom des acteurs, etc. (V. **Présentateur**). • 5° Disposer (ce qu'on expose à la vue du public). *Présenter un étalage.* • 6° Remettre (qqch.) à qqn en vue d'un examen, d'une vérification, d'un jugement, etc. *Présenter une note, un devis.* — *Présenter sa candidature à un poste.* • 7° Exprimer, faire l'exposé de... *Savoir présenter ses idées. Permettez-moi de vous présenter mes condoléances, mes félicitations...* • 8° Montrer, définir comme... *Il vaut mieux présenter les choses telles qu'elles sont.* • 9° Avoir telle apparence, tel caractère (par rapport à un observateur, un utilisateur). *Le malade présentait des symptômes inquiétants. Ceci présente des inconvénients.* ★ **II.** *V. intr.* (Fam.). PRÉSENTER BIEN (MAL) : faire bonne (mauvaise) impression par son physique, sa tenue. ★ **III.** SE PRÉSENTER. *v. pron.* • 1° Arriver en un lieu, paraître (devant qqn). *Vous êtes prié de vous présenter d'urgence à la Direction.* • 2° Se faire connaître à qqn, en énonçant son nom selon les usages de la politesse. « *Je me présente : Pierre Dupuy* ». • 3° Venir se proposer au choix, à l'appréciation de qqn. *Un candidat s'était présenté.* Subir les épreuves (d'un examen, d'un concours). V. **Passer.** *Se présenter au bachot.* — Être candidat. *Il se présente aux prochaines élections.* • 4° *(Suj. chose).* Apparaître, venir. *Deux noms se présentent aussitôt à l'esprit. Profiter des occasions qui se présentent.* V. **Offrir** (s'). • 5° Apparaître sous un certain aspect ; être disposé d'une certaine manière. *Se présenter bien (mal),* faire bonne (mauvaise) impression dès le début. *Cette affaire se présente plutôt mal.*

PRÉSENTOIR. *n. m.* • Dispositif pour présenter des marchandises.

PRÉSERVATIF [prezɛrvatif]. *n. m.* • Enveloppe protectrice employée par l'homme contre les maladies vénériennes et comme moyen anticonceptionnel.

PRÉSERVER [prezɛrve]. *v. tr.* (1) • Garantir, mettre à l'abri ou sauver (d'un danger, d'un mal). *Un auvent qui nous préservait de la pluie.* V. **Abriter.** *Ce produit préserve vos chaussures.* — Pronom. *Comment se préserver de la contagion.* ▼ **PRÉSERVATION.** *n. f.* Action ou moyen de préserver.

PRÉSIDENCE [prezidɑ̃s]. *n. f.* • 1° Fonction de président. *La présidence de la République.* — Durée de ses fonctions. • 2° Action de présider. *La présidence de la séance.* • 3° Résidence, bureau(x) d'un président. *Aller à la présidence.*

PRÉSIDENT [prezidɑ̃]. *n. m.* • 1° Celui qui préside (une assemblée, une réunion, un groupement organisé) pour diriger les travaux. *Le président d'un jury d'examen. Président-directeur général d'une société* (abrév. P.D.G.). • 2° Le chef de l'État dans une république. *Le président de la République française, des États-Unis.* — PRÉSIDENT DU CONSEIL : sous les IIIe et IVe Républiques, le chef du gouvernement. ▼ **PRÉSIDENTE.** *n. f.* Femme qui préside. *La présidente de l'Association.* ▼ **PRÉSIDENTIEL, ELLE, ELS.** *adj.* Relatif au président. *Élections présidentielles ;* subst. *Les présidentielles.* — *Régime présidentiel,* dans lequel le pouvoir exécutif est entre les mains du président de la République.

PRÉSIDER [prezide]. *v. tr.* (1) ★ **I.** *V. tr. dir.* • 1° Diriger à titre de président. *Il a été désigné pour présider la séance.* • 2° Occuper la place d'honneur dans (une manifestation). ★ **II.** *V. tr. ind.* (Choses). PRÉSIDER À... : être présent en tant qu'élément actif dans... *La volonté d'aboutir qui a présidé à nos entretiens.*

PRÉSIDIAL, ALE, AUX [prezidjal, o]. *n. m.* • Tribunal d'appel, sous l'Ancien Régime.

PRÉSIDIUM. V. PRÆSIDIUM.

PRESLE. V. PRÈLE.

PRÉSOMPTIF, IVE [prezɔ̃ptif, iv]. *adj.* • *Héritier présomptif, héritière présomptive,* personne qui, du vivant de qqn, a vocation de lui succéder.

PRÉSOMPTION [prezɔ̃psjɔ̃]. *n. f.* • 1° Opinion, supposition fondée seulement sur la vraisemblance. *Vous n'avez contre lui que des présomptions, mais aucune preuve.* • 2° *Littér.* Opinion trop avantageuse que l'on a de soi-même. V. **Prétention, suffisance.** ‖ Contr. **Modestie.** ‖

PRÉSOMPTUEUX, EUSE [prezɔ̃ptɥø, øz]. *adj.* • Qui fait preuve ou témoigne de présomption. V. **Prétentieux.** ‖ Contr. **Modeste.** ‖ ▼ **PRÉSOMPTUEUSEMENT.** *adv.*

PRESQUE [prɛsk(ə)]. *adv.* • 1° À peu près ; pas exactement ou pas tout à fait. *C'est presque sûr. Elle pleurait presque. Cela fait presque dix kilomètres,* un peu moins de. *Presque toujours. Presque personne, presque rien. Presque pas,* très peu, à peine. — Ellipt. *Tout le monde ou presque. Presque à chaque pas.* • 2° *Littér.* (Modifiant un substantif abstrait). V. **Quasi.** *La presque totalité des êtres.*

PRESQU'ÎLE [prɛskil]. *n. f.* • Partie saillante d'une côte, rattachée à la terre par un isthme, une langue de terre. *La presqu'île de Quiberon.* V. *aussi* **Cap.**

PRESSANT, ANTE [prɛsɑ̃, ɑ̃t]. *adj.* • 1° Qui sollicite avec insistance. *Une demande pressante.* — (Personnes) *Il a beaucoup insisté : il a été pressant.* • 2° Qui oblige ou incite à agir sans délais. V. **Urgent.** *Un pressant besoin d'argent.*

1. PRESSE. *n. f.* • 1° Mécanisme destiné à exercer une pression sur un solide pour le comprimer ou y laisser une impression. *Presse hydraulique. Presse à emboutir.* • 2° Machine destinée à l'impression typographique. — Loc. *Mettre sous presse*, donner, commencer à imprimer.

2. PRESSE. *n. f.* • 1° Le fait d'imprimer ; impression de textes. *Liberté de la presse*, liberté d'imprimer et de diffuser. *Délits de presse*, fausses nouvelles, diffamation, etc. • 2° *La presse*, l'ensemble des publications périodiques et des organismes qui s'y rattachent. *Agence de presse*, chargée de fournir des informations aux journaux. *La grande presse, la presse à grand tirage. La presse du cœur*, les magazines sentimentaux. *Campagne de presse.* • 3° Loc. *Avoir bonne, mauvaise presse*, avoir des commentaires flatteurs ou défavorables dans la presse ; avoir bonne, mauvaise réputation.

3. PRESSE. *n. f.* • 1° *Littér.* Foule très dense. • 2° Se dit, dans le commerce et l'industrie, des activités plus intenses dans certaines périodes. *Les moments de presse.*

PRESSÉ, ÉE [prese]. *adj.* • 1° Qui montre de la hâte. *Il est bien pressé.* • 2° Urgent, pressant. *Une lettre pressée.* — Subst. *Aller au plus pressé*, à ce qui est le plus urgent, le plus important.

PRESSE-CITRON [pressitrɔ̃]. *n. m. invar.* • Ustensile servant à presser les citrons, les oranges pour en extraire le jus.

PRESSENTIMENT [presɑ̃timɑ̃]. *n. m.* • Connaissance intuitive et vague d'un événement qui ne peut être connu par le raisonnement. V. **Intuition, prémonition.** *Le pressentiment d'un danger. J'ai le pressentiment qu'il ne viendra pas.*

PRESSENTIR [presɑ̃tir]. *v. tr.* (16) • 1° Prévoir vaguement. V. **Deviner, sentir.** *Il pressentait un malheur.* — Entrevoir (une intention cachée, une intrigue). • 2° Sonder (qqn) sur ses intentions, sur ses dispositions, avant de lui confier certaines responsabilités. *On l'a pressenti. Il a été pressenti pour être ministre.*

PRESSE-PAPIERS [prespapje]. *n. m. invar.* • Ustensile de bureau, objet lourd qu'on pose sur les papiers pour les maintenir.

PRESSE-PURÉE [prespyre]. *n. m. invar.* • Ustensile de cuisine servant à réduire les légumes en purée.

PRESSER [prese]. *v. tr.* (1) ★ **I.** • 1° Serrer (qqch.) de manière à extraire un liquide. *Presser des citrons.* Loc. *On presse l'orange et on jette l'écorce*, on rejette (qqn) après s'en être servi au maximum. • 2° Serrer ou appuyer fortement. *Il la pressait dans ses bras, contre, sur sa poitrine.* V. **Étreindre.** — Au p. p. *Pressés les uns contre les autres.* • 3° Exercer une poussée sur. V. **Appuyer.** *Pressez le bouton, la sonnette.* ★ **II.** *(Abstrait).* • 1° Pousser vivement (qqn) à faire qqch. *Il presse ses amis d'agir.* • 2° Inciter, obliger (qqn) à se hâter. V. **Bousculer.** *Rien ne vous presse.* • 3° Presser qqn de questions, le questionner avec insistance. • 4° *(Compl. chose).* Mener plus activement. *Il faut presser les choses.* V. **Accélérer, activer.** *Presser le pas*, marcher plus vite. ★ **III.** *Pronom.* • 1° S'appuyer fortement. *L'enfant se pressait contre elle.* V. **Blottir** (se). • 2° Être ou se disposer en foule compacte. V. **Entasser** (s'). *Les gens se pressaient à l'entrée.* • 3° Se hâter. *Sans se presser*, en prenant son temps. — *Presse-toi de finir ton travail. Pressez-vous un peu ! — Fam.* (ellipse de *se*). *Allons, pressons !* ★ **IV.** *Intrans.* Être urgent ; ne laisser aucun délai. *Le temps presse. Rien ne presse.*

PRESSING [presiŋ]. *n. m.* • Repassage à la vapeur ; établissement où l'on repasse les vêtements à la vapeur.

1. PRESSION [presjɔ̃]. *n. f.* ★ **I.** • 1° Force qui agit sur une surface donnée ; mesure de la force qui agit par unité de surface. *La pression des gaz, de la vapeur...* — SOUS PRESSION. *Locomotive sous pression*, où la vapeur, à une pression supérieure à la pression atmosphérique, est capable d'assurer le fonctionnement. Loc. *Il est toujours sous pression*, pressé d'agir. — *Pression atmosphérique*, exercée par l'atmosphère terrestre en un point. *Hautes, basses pressions.* • 2° Action de presser ; force (de ce qui presse). *Une légère pression de la main.* • 3° *Bière (à la) pression*, mise sous pression en récipients et tirée directement dans les verres, au café. ★ **II.** *(Abstrait).* Influence, action insistante qui tend à contraindre. *La pression des événements. Sa famille exerce une très forte pression sur lui. Faire pression sur qqn. Groupe de pression* (lobby).

2. PRESSION. *n. f.* ou *m.* • Petit bouton qui se ferme par pression.

PRESSOIR [preswar]. *n. m.* • 1° Machine servant à presser (certains fruits ou graines). *Pressoir à huile, à olives.* — *Absolt.* Machine à presser les raisins pour la fabrication du vin. • 2° Bâtiment abritant cette machine.

PRESSURER [presyre]. *v. tr.* (1) • 1° Presser (des fruits, des graines, certains fromages). [Opération dite *pressurage.*] • 2° Tirer de (qqn, qqch.) tout ce qu'on peut tirer. V. **Exploiter.** *L'occupant pressurait la population.* • 3° Fam. *Se pressurer le cerveau*, se torturer.

PRESSURISER [presyrize]. *v. tr.* (1) • *Anglicisme.* Maintenir à une pression normale (un avion, un véhicule spatial). — Au p. p. *Cabine pressurisée.*

PRESTANCE [prestɑ̃s]. *n. f.* • Aspect imposant (d'une personne). *Il a de la prestance.*

PRESTATION [prestasjɔ̃]. *n. f.* ★ **I.** • 1° Ce qui doit être fourni ou accompli en vertu d'une obligation. V. **Impôt, tribut.** • 2° Allocation en espèces que l'État verse aux assurés dans certaines circonstances. *Les prestations de la Sécurité sociale.* ★ **II.** Action de prêter (serment). *La prestation de serment d'un avocat.* ▼ **PRESTATAIRE.** *n. m.* (Terme de droit). Contribuable assujetti à la prestation en nature. — Personne qui bénéficie d'une prestation.

PRESTE [prest(ə)]. *adj.* • *Littér.* Prompt et agile. *Avoir la main preste.* ▼ **PRESTEMENT.** *adv.* ▼ **PRESTESSE.** n. f. *Littér.* Agilité.

PRESTIDIGITATEUR, TRICE [prestidiʒitatœr, tris]. *n.* • Artiste qui, par l'adresse de ses mains et divers trucages, produit des illusions en faisant disparaître, apparaître, changer de place ou d'aspect des objets. V. **Escamoteur, illusionniste.** *Un tour de prestidigitateur.* ▼ **PRESTIDIGITATION.** *n. f.* Technique, art du prestidigitateur. *Un numéro de prestidigitation.*

PRESTIGE [pʀɛstiʒ]. *n. m.* • Attrait particulier de ce qui frappe l'imagination, impose le respect ou l'admiration. *Ce chef d'État a un grand prestige, jouit d'un grand prestige.* V. **Gloire.** *Le prestige de l'uniforme.* — Loc. *Politique de prestige,* qui vise à acquérir du prestige par des opérations ou réalisations spectaculaires. ▼ **PRESTIGIEUX, EUSE.** *adj.* Qui a du prestige.

PRESTO [pʀɛsto]. *adv.* • 1° Vite (indication de mouvement musical ; superlat. *prestissimo*). • 2° *Fam.* Rapidement. *Il faut le payer* presto. V. **Subito.** ▼ **PRESTISSIMO.** *adv.* Très vite (musique).

PRÉSUMER [pʀezyme]. *v. tr.* (1) • 1° *V. tr. dir.* Supposer comme probable. *On ne le voit plus, je présume qu'il est vexé.* (Pass.) *Tout homme est présumé innocent s'il n'a pas été déclaré coupable.* • 2° V. tr. ind. *Trop présumer de...,* avoir trop bonne opinion de, compter trop sur. *Il a trop présumé de ses forces, de son habileté.*

PRÉSUPPOSER [pʀesypoze]. *v. tr.* (1) • Littér. *(Choses).* Supposer préalablement. *L'adjectif présuppose le nom.* ▼ **PRÉSUPPOSITION.** n. f. *Littér.* Supposition préalable, non formulée (on dit aussi : *un présupposé*).

PRÉSURE [pʀezyʀ]. *n. f.* • Substance qui fait cailler le lait.

1. PRÊT, PRÊTE [pʀɛ, pʀɛt]. *adj.* • 1° Qui est en état, est devenu capable (de faire qqch.) grâce à une préparation matérielle ou morale. *Il est prêt, fin prêt.* « *À vos marques. Prêts ? Partez !* » (formule de départ des courses à pied). — Habillé, paré (pour sortir, paraître en société). *Elle est prête, on peut partir.* — PRÊT À (et inf.) : disposé à. *Il est prêt à partir, prêt à la suivre. Prêt à tout,* disposé à n'importe quel acte pour arriver à ses fins, ou décidé à tout supporter. • 2° *(Choses).* Mis en état (pour telle ou telle utilisation). *Tout est prêt pour les recevoir. Le café est prêt.*

2. PRÊT [pʀɛ]. *n. m.* • 1° Action de prêter qqch. ; ce qui est prêté. *Prêt à intérêt. Prêt d'honneur,* sans intérêt, qu'on s'engage sur l'honneur à rembourser. *Les prêts à la construction.* • 2° Somme allouée par l'État pour la subsistance et l'entretien d'un soldat, d'un sous-officier.

PRÊT-À-PORTER [pʀɛtapɔʀte]. *n. m.* • *Collectif.* Vêtements de confection (*opposé à* sur mesure).

PRÊTÉ [pʀete]. *n. m.* • Loc. *C'est un prêté pour un rendu,* s'emploie pour constater un échange de bons ou de mauvais procédés.

PRÉTENDANT [pʀetɑ̃dɑ̃]. *n. m.* • 1° Prince qui prétend à un trône. • 2° *Littér.* Celui qui aspire à la main d'une femme.

PRÉTENDRE [pʀetɑ̃dʀ(ə)]. *v. tr.* (41) • 1° Avoir la ferme intention de (avec la conscience d'en avoir le droit, le pouvoir). V. **Vouloir.** *Je prétends être obéi. Que prétendez-vous faire ? Je ne prétends pas faire fortune,* je n'ai pas la prétention de... • 2° Affirmer ; oser donner pour certain (sans nécessairement convaincre autrui). V. **Déclarer, soutenir.** *Il prétend m'avoir prévenu, qu'il m'a prévenu. À ce qu'il prétend...,* à ce qu'il dit (mais je n'en crois rien). — Pronom. *Il se prétend persécuté,* il prétend qu'il est persécuté. • 3° *V. tr. ind.* Littér. PRÉTENDRE À : aspirer ouvertement à (ce que l'on considère comme un droit, un dû). *Prétendre à un titre, à une responsabilité,* les revendiquer. ▼ **PRÉTENDU UE.** *adj.* (Placé avant le nom). Que l'on prétend à tort être tel ; qui passe à tort pour. ‖ Contr. **Authentique, vrai.** ‖ *La prétendue justice, les prétendues libertés.* ▼ **PRÉTENDUMENT.** *adv.* Faussement. V. **Soi-disant.** ‖ Contr. **Vraiment.** ‖

PRÊTE-NOM [pʀɛtnɔ̃]. *n. m.* • Personne qui assume personnellement les responsabilités d'une affaire, d'un contrat, où le principal intéressé ne veut ou ne peut pas apparaître. V. **Mandataire.** *Des prête-noms.*

PRÉTENTAINE [pʀetɑ̃tɛn] ou **PRETANTAINE** [pʀətɑ̃tɛn]. *n. f.* • Loc. vieillie. *Courir la prétentaine,* faire sans cesse des escapades ; avoir de nombreuses aventures galantes.

PRÉTENTIEUX, EUSE [pʀetɑ̃sjø, øz]. *adj.* • Qui affiche de la prétention, est trop satisfait de ses mérites. V. **Présomptueux, vaniteux.** ‖ Contr. **Modeste.** ‖ — Subst. *C'est un petit prétentieux.* — Qui dénote de la prétention. *Il parlait sur un ton prétentieux.* V. **Affecté, maniéré.** *Une villa prétentieuse.* ▼ **PRÉTENTIEUSEMENT** *adv.*

PRÉTENTION [pʀetɑ̃sjɔ̃]. *n. f.* ★ **I.** • 1° Le fait de revendiquer qqch. en vertu d'un droit que l'on affirme, d'un privilège que l'on réclame. V. **Exigence, revendication ; prétendre** (3° : prétendre à). *Il a des prétentions sur cet héritage. Il en veut dix mille francs, mais il devra rabattre de ses prétentions.* • 2° Le fait de revendiquer pour soi une qualité, un avantage ou de se flatter d'obtenir un résultat. V. **Ambition.** *Sa prétention à l'élégance. Je n'ai pas la prétention d'être savant. Sans prétention(s), sans aucune prétention.* — (Choses) *Une maison coquette, mais sans prétention.* V. **Simple.** ★ **II.** Estime trop grande de soi-même qui pousse à des ambitions excessives. V. **Fatuité, présomption, vanité ; prétentieux.** ‖ Contr. **Modestie, simplicité.** ‖ *Il est d'une prétention insupportable.*

1. PRÊTER [pʀete]. *v. tr.* (1) ★ **I.** *V. tr. dir.* • 1° Fournir (une chose) à la condition qu'elle sera rendue. ‖ Contr. **Emprunter.** ‖ *Prêter des livres. Prêter de l'argent.* V. **Avancer.** *Prêter sur gage.* • 2° Mettre (qqch.) à la disposition de qqn pour un temps déterminé. V. **Donner, fournir.** *Prêter son concours.* Loc. *Prêter attention. Prêter l'oreille. Prêter serment.* V. **Prestation** (II). — *Pronom.* SE PRÊTER À : consentir à, supporter. *Je ne me prêterai pas à cette manœuvre. (Choses.)* Pouvoir s'adapter à. *Une terre qui se prête à certaines cultures.* • 3° Attribuer ou proposer d'attribuer (un caractère, un acte) à qqn. V. **Donner.** *On me prête des propos que je n'ai jamais tenus. Prêter de* *l'importance à qqch.* PROV. *On ne prête qu'aux riches,* si on prête aux gens certains propos, certaines actions, c'est qu'ils ont souvent fait la preuve qu'ils en étaient capables. ★ **II.** *V. tr. ind.* PRÊTER À : donner matière à. *Prêter aux commentaires, à discussion. Prêter à rire.*

2. PRÊTER. *v. intr.* (1) • *(Matière non élastique).* Pouvoir s'étirer, s'étendre. *Tissu qui prête à l'usage.*

PRÉTÉRIT [pʀeteʀit]. *n. m.* • Forme temporelle du passé, en anglais, en allemand (passé simple).

PRÉTÉRITION [pʀeteʀisjɔ̃]. *n. f.* • *Didact.* Procédé de rhétorique par lequel on attire l'attention sur une chose en déclarant n'en pas parler (*ex. :* je ne dirai rien de... ; Dupont, pour ne pas le nommer).

PRÉTEUR [pʀetœʀ]. *n. m.* • Magistrat romain chargé de la juridiction civile.

PRÊTEUR, EUSE [pʀɛtœʀ, øz]. *n.* • Personne qui prête de l'argent, consent un prêt. ‖ Contr. **Emprunteur.** ‖ — Personne qui fait métier de prêter à intérêt. *Un prêteur sur gages.*

1. PRÉTEXTE [pʀetɛkst(ə)]. *n. m.* • 1° Raison alléguée pour dissimuler le véritable motif d'une action. *Il trouvait toujours des prétextes. Ce n'est qu'un prétexte, un mauvais prétexte. Saisir, prendre un prétexte. Donner, fournir des prétextes (à qqn). Notre petit retard leur a servi de prétexte pour refuser.* — SOUS... PRÉTEXTE. *Sous un prétexte quelconque. Ne sortez sous aucun prétexte,* en aucun cas. *Il ne sort plus, sous prétexte qu'il fait trop froid.* • 2° Ce qui permet de faire qqch. ; occasion. *Cet événement fut le prétexte de son roman.* ▼ **PRÉTEXTER.** *v. tr.* (1). Alléguer, prendre pour prétexte. V. **Objecter.** *Elle prétexta un malaise, et se retira. Il a prétexté qu'il n'était pas assez riche.* V. **Prétendre.**

2. PRÉTEXTE. *adj.* • *Toge prétexte,* toge blanche bordée de pourpre des jeunes patriciens romains.

PRÉTOIRE [pʀetwaʀ]. *n. m.* ★ **I.** Habitation du préteur (devenu gouverneur de province). ★ **II.** *Littér.* Salle d'audience d'un tribunal.

PRÉTORIEN, IENNE [pʀetɔʀjɛ̃, jɛn]. *adj.* • *Garde prétorienne,* garde personnelle d'un empereur romain.

PRÊTRE [pʀɛtʀ(ə)]. *n. m.* • 1° Membre du clergé (en particulier, celui qui a reçu le troisième ordre majeur de la religion catholique). *Un prêtre qui célèbre la messe.* V. **Ecclésiastique ;** *fam.* **Curé.** *Se faire prêtre. Prêtre-ouvrier,* qui partage la condition des travailleurs dans une entreprise. • 2° Ministre d'une religion, dans une société quelconque (ne se dit pas quand il existe un mot spécial : *pasteur, rabbin, etc.*). ▼ **PRÊTRESSE.** *n. f.* Femme ou jeune fille attachée au culte d'une ancienne divinité païenne. ▼ **PRÊTRISE.** *n. f.* La fonction, la dignité de prêtre catholique. *Recevoir la prêtrise,* le sacrement qui confère le troisième ordre majeur.

PREUVE [pʀœv]. *n. f.* • 1° Ce qui sert à établir qu'une chose est vraie. *Donner comme preuve,* alléguer. *Si vous ne me croyez pas, je fournirai des preuves. Démontrer preuve en main,* par une preuve matérielle. *Croire une chose jusqu'à preuve du contraire,* jusqu'à ce qu'on ait la preuve qu'il faut croire le contraire. *Preuve par l'absurde,* qui résulte d'une démonstration par l'absurde. — Acte qui atteste un sentiment, une intention. *Recevoir une preuve d'amour.* V. **Marque.** — Fam. *À preuve..., la preuve...,* en voici la preuve. *Tu te sens coupable, la preuve, tu as rougi. C'est la preuve que,* cela prouve que. *La preuve en est que,* cela est prouvé par le fait que... — FAIRE PREUVE DE : donner des preuves, des marques de... V. **Montrer.** *Faire preuve de tolérance.* — *Faire ses preuves,* montrer sa valeur, ses capacités. — *Vous en êtes la preuve, la preuve vivante,* votre cas, votre personne illustre parfaitement la chose. • 2° Démonstration de l'existence d'un fait matériel ou d'un acte juridique dans les formes admises par la loi. *Des preuves matérielles. On n'a aucune preuve contre lui.* • 3° *Preuve d'une opération,* opération autre, avec les mêmes données, et qui en vérifie le résultat.

PREUX [pʀø]. *adj.* et *n. m.* • *Vx.* Brave, vaillant. — N. m. *Charlemagne et ses preux,* ses chevaliers.

PRÉVALOIR [pʀevalwaʀ]. *v. intr.* (29). [Sauf subj. prés. : *que je prévale, que tu prévales, qu'ils prévalent.*] • 1° Littér. *(Choses).* L'emporter. *L'éducation ne prévaut pas contre les instincts.* — Absolt. *Les vieux préjugés prévalaient encore.* • 2° SE PRÉVALOIR DE... *v. pron.* Faire valoir (qqch.) pour en tirer avantage ou parti. — Tirer vanité (de qqch.). V. **Enorgueillir** (s'). *C'est un homme modeste, qui ne se prévaut jamais de ses titres.*

PRÉVARICATION [pʀevaʀikɑsjɔ̃]. *n. f.* • *Littér.* Acte de mauvaise foi commis dans une gestion. — Grave manquement d'un fonctionnaire aux devoirs de sa charge. ▼ **PRÉVARICATEUR, TRICE.** *adj.* et *n.* Qui se rend coupable de prévarication. ▼ **PRÉVARIQUER** [pʀevaʀike]. *v. intr.* (1). Se rendre coupable de prévarication.

PRÉVENANT, ANTE [pʀevnɑ̃, ɑ̃t]. *adj.* • Qui va au-devant des désirs d'autrui, est plein d'attentions délicates. V. **Attentionné.** ▼ **PRÉVENANCE.** *n. f.* • 1° Disposition à se montrer prévenant. • 2° Action, parole qui témoigne de cette disposition. *Elle l'entourait de prévenances.* V. **Attention, gentillesse, soin.**

PRÉVENIR [pʀɛvniʀ]. *v. tr.* (22). [Avec auxil. *avoir.*] ★ **I.** • 1° Mettre (qqn) au courant d'une chose, d'un fait à venir. V. **Avertir.** *Ne fais rien sans me prévenir.* — Absolt. *Partir sans prévenir. Te voilà prévenu, à toi de faire attention.* • 2° Informer (qqn) d'une chose fâcheuse ou illégale pour qu'il y remédie. *Prévenez vite le médecin ! On a prévenu la police.* ★ **II.** *Prévenir contre, en faveur de,* mettre par avance dans une disposition d'esprit hostile ou favorable à... *Des mauvaises langues vous ont prévenu contre lui. Son air sérieux nous prévenait en sa faveur.* ★ **III.** • 1° Aller au-devant de (un besoin, un désir) pour mieux le satisfaire. *Il essaie de prévenir tous nos désirs.* • 2° Empêcher par ses précautions (un mal, un abus). Absolt. *Mieux vaut prévenir que guérir.* — Éviter (une chose considérée comme gênante) en prenant les devants. *Prévenir une objection,* la réfuter avant qu'elle ait été formulée.

PRÉVENTIF, IVE [prevɑ̃tif, iv]. *adj.* • 1° Qui tend à empêcher (une chose fâcheuse) de se produire. V. **Prévenir** (III, 2°). *Prendre des mesures préventives.* — *Médecine préventive,* moyens mis en œuvre pour prévenir le développement des maladies, la propagation des épidémies. • 2° Qui est appliqué aux prévenus. *Détention préventive.* V. **Prévention** (2°). ▼ **PRÉVENTIVEMENT.** *adv.*

PRÉVENTION [prevɑ̃sjɔ̃]. *n. f.* • 1° Opinion, sentiment irraisonné d'attirance ou de répulsion antérieur à tout examen (V. **Parti** [pris], **préjugé**). *Examiner les choses sans prévention. Avoir des préventions contre qqn.* • 2° Situation d'une personne prévenue d'une infraction. — Temps passé en prison entre l'arrestation et le jugement (détention *préventive*). • 3° Ensemble de mesures préventives contre certains risques ; organisation chargée de les appliquer. *La prévention routière.*

PRÉVENTORIUM [prevɑ̃tɔrjɔm]. *n. m.* • Établissement de cure, où sont admis des sujets menacés de tuberculose. Plur. *Des préventoriums.*

PRÉVENU, UE [prevny]. *adj.* et *n.* • 1° Qui a de la prévention, des préventions (pour ou contre qqn, qqch.). *J'étais prévenu en ta faveur.* • 2° Qui est considéré comme coupable. *Être prévenu d'un délit.* — *N.* Inculpé. *Citer un prévenu devant le tribunal.*

PRÉVISIBLE [previzibl(ə)]. *adj.* • Qui peut être prévu. *La chose était prévisible.* || Contr. **Imprévisible.** ||

PRÉVISION [previzjɔ̃]. *n. f.* • 1° Action de prévoir. *La prévision des recettes et des dépenses dans l'établissement d'un budget. La prévision économique.* V. **Prospective.** • 2° *Loc. prép.* EN PRÉVISION DE : pensant que telle chose sera, arrivera. *Elle fit ses valises en prévision de son départ.* • 3° Opinion formée par le raisonnement sur les choses futures (*rare* au sing.). *Se tromper dans ses prévisions. Prévisions météorologiques,* indications données sur l'état probable de l'atmosphère pour le ou les jours à venir. ▼ **PRÉVISIONNEL, ELLE.** *adj.* Qui est du domaine de la prévision. *Le ministre a demandé une étude prévisionnelle.*

PRÉVOIR [prevwar]. *v. tr.* (24) • 1° Imaginer à l'avance comme probable (un événement futur). *Il faut prévoir le pire. On ne peut pas tout prévoir. Il était facile de prévoir qu'il échouerait.* • 2° Envisager (des possibilités). *Les cas prévus par la loi.* • 3° Organiser d'avance, décider pour l'avenir. *L'État a prévu la construction de logements. Tout était prévu. Ellipt.* (Fam.) *L'opération s'est déroulée comme prévu.* — *Être prévu pour,* être fait pour, destiné à.

PRÉVÔT [prevo]. *n. m.* • 1° Nom de divers officiers et magistrats, sous l'Ancien Régime. *Le prévôt des marchands.* • 2° Officier du service de gendarmerie aux armées. • 3° Second d'un maître d'armes. • 4° Détenu faisant office de surveillant. ▼ **PRÉVÔTÉ.** *n. f.* Service de gendarmerie aux armées (police militaire).

PRÉVOYANT, ANTE [prevwajɑ̃, ɑ̃t]. *adj.* • Qui prévoit avec perspicacité ; qui prend des dispositions en vue de ce qui doit ou peut arriver. V. **Prudent.** *Une ménagère organisée, prévoyante.* || Contr. **Imprévoyant, insouciant.** || ▼ **PRÉVOYANCE.** *n. f.* Qualité d'une personne prévoyante. || Contr. **Imprévoyance.** || *Société de prévoyance,* société privée de secours mutuel. *Caisse de prévoyance.*

PRIE-DIEU [pridjø]. *n. m. invar.* • Siège bas, au dossier terminé en accoudoir, sur lequel on s'agenouille pour prier.

PRIER [prije]. *v.* (7) ★ **I.** • 1° *V. intr.* Élever son âme à Dieu par la prière. *Il priait avec ferveur. Priez pour les morts.* • 2° *V. tr.* S'adresser à (Dieu, un être surnaturel) par une prière. *Prions le ciel qu'il nous aide.* ★ **II.** *V. tr.* • 1° S'adresser à (qqn) en lui demandant avec humilité ou déférence. V. **Supplier.** *Il le priait de passer chez lui.* — *Se faire prier,* n'accorder qqch. qu'après avoir opposé résistance aux prières. *Elle ne se fait pas prier,* elle le fait volontiers. *Sans se faire prier,* sans difficulté, de plein gré. • 2° *(Sens faible).* Demander à (qqn). *Je te prie, je vous prie, je vous en prie,* formules de politesse. *Vous êtes prié d'assister à...* — *Ellipt.* (Après une interrogation). *Dites-moi, je vous prie, où est la mairie* (Cf. S'il vous plaît). *Je peux entrer ? Je vous en prie.* • 3° Demander avec fermeté à (qqn). *Elle me pria de me taire.* — Iron. *Ah non, je t'en prie, ça suffit !* • 4° *Littér.* Inviter. *Il fut prié à déjeuner.*

PRIÈRE [prijɛr]. *n. f.* • 1° Mouvement de l'âme tendant à une communication spirituelle avec Dieu. *Une prière d'action de grâces. Être en prière,* prier. • 2° Suite de formules exprimant ce mouvement de l'âme et consacrées par le culte et la liturgie. *Faire, dire sa prière, des prières.* • 3° Action de prier qqn ; demande instante. *Il finit par céder à sa prière. C'est une prière que j'ai à vous faire.* — À LA PRIÈRE *de qqn* : sur sa demande. — Ellipt. PRIÈRE DE : vous êtes prié de. *Prière de répondre par retour du courrier.*

PRIEUR, EURE [prijœr]. *n.* • Supérieur(e) de certains couvents. ▼ **PRIEURÉ.** *n. m.* Couvent dirigé par un(e) prieur(e) ; église de ce couvent ; maison du prieur.

PRIMA DONNA [primadɔn(n)a]. *n. f. invar.* • Première chanteuse d'un opéra. *Des prima donna.*

1. PRIMAIRE [primɛr]. *adj.* • 1° Qui est du premier degré, en commençant. *Élections primaires.* — *Enseignement primaire,* et subst. *Le primaire,* enseignement du premier degré, des petites classes à la 6ᵉ. • 2° Qui est, qui vient en premier dans l'ordre temporel ou sériel. *Accidents primaires,* qui apparaissent les premiers dans une maladie. *Ère primaire* et subst. *Le primaire*, ère géologique, période de formation des terrains (dits *primaires*) où se rencontrent les plus anciens fossiles. • 3° Se dit des activités économiques productrices de matières non transformées (notamment l'agriculture). *Le secteur primaire.*

2. PRIMAIRE. *adj.* • Simpliste et peu ouvert (esprit, idées...). *Un raisonnement un peu primaire.*

1. PRIMAT [pʀima]. *n. m.* • Prélat ayant la prééminence sur plusieurs archevêchés et évêchés. ▼**PRIMATIAL, ALE, AUX** [pʀimasjal, o]. *adj.*

2. PRIMAT. *n. m.* • *Littér.* Primauté. *Le primat de la pensée.*

PRIMATE [pʀimat]. *n. m.* • 1° *Didact.* Animal (mammifère) à dentition complète et à main préhensile. *Les grands singes et l'homme sont des primates.* • 2° *Fam.* Homme grossier, inintelligent (comparé à un singe).

PRIMAUTÉ [pʀimote]. *n. f.* • Caractère, situation de ce qu'on met au premier rang. *Une Église qui refuse la primauté de Rome.* V. **Prééminence, suprématie.**

1. PRIME [pʀim]. *adj.* • 1° (*En loc.* V. **Abord, jeunesse**). Premier. • 2° Se dit en mathématique d'un symbole (lettre) qui est affecté d'un seul signe (en forme d'accent). *A, A prime (A').*

2. PRIME [pʀim]. *n. f.* • 1° Somme que l'assuré doit payer à l'assureur. *Payer une prime d'assurance.* • 2° Somme d'argent allouée à titre d'encouragement, d'aide ou de récompense. *Prime de transport*, destinée à couvrir les frais de transport. *Prime de fin d'année. — Prime à la construction.* • 3° Objet remis à titre gratuit à un acheteur. *Un paquet de lessive avec un porte-clés en prime.* — Plaisant. *En prime*, en plus, par-dessus le marché. • 4° *Faire prime*, être le plus recherché, être considéré comme le plus avantageux.

1. PRIMER [pʀime]. *v. intr.* (1) • *(Choses).* L'emporter. *Chez lui, c'est l'intelligence qui prime.* V. **Dominer.** — Trans. *Il estime que la force prime le droit.*

2. PRIMER. *v. tr.* • Récompenser par une prime. — (Surtout passif et p. p.) *Animaux primés à un concours agricole.*

PRIMEROSE [pʀimʀoz]. *n. f.* • Rose trémière.

PRIMESAUTIER, IÈRE [pʀimsotje, jɛʀ]. *adj.* • Qui obéit au premier mouvement, agit, parle spontanément. V. **Spontané.** *Elle était gaie, primesautière.*

1. PRIMEUR [pʀimœʀ]. *n. f.* • *Littér.* Caractère de ce qui est tout nouveau. *Vous en aurez la primeur, je vous en réserve la primeur*, vous serez le premier à l'avoir, à en bénéficier.

2. PRIMEURS. *n. f. pl.* • Fruits, légumes consommables avant la saison normale. *Marchand de primeurs.*

PRIMEVÈRE [pʀimvɛʀ]. *n. f.* • Plante herbacée à fleurs jaunes qui fleurissent au printemps. V. **Coucou.**

PRIMITIF, IVE [pʀimitif, iv]. *adj.* et *n.* ★ I. *Adj.* • 1° Qui est à son origine ou près de son origine. *L'homme primitif*, tel qu'il était à l'apparition de l'espèce. • 2° Qui est le premier, le plus ancien. *Dans sa forme primitive.* V. **Initial, originaire, originel.** || Contr. **Actuel.** || *Cette étoffe a perdu sa couleur primitive.* • 3° Qui est la source, l'origine (d'une autre chose de même nature). *Sens primitif d'un mot* (*opposé à* extension, à sens figuré). — *Temps primitifs d'un verbe*, à partir desquels sont formés les autres. • 4° Se dit des groupes humains qui ignorent l'écriture, les formes sociales et les techniques des sociétés plus complexes. *Les sociétés primitives, les peuples primitifs.* — Relatif à ces peuples. *L'art primitif.* • 5° Qui a les caractères de simplicité ou de grossièreté qu'on attribue aux hommes des sociétés dites primitives. V. **Fruste, inculte.** *Il est un peu primitif.* ★ II. *N.* • 1° Homme appartenant à un groupe social dit primitif. *Les primitifs d'Australie.* • 2° Artiste (surtout peintre) antérieur à la Renaissance, en Europe occidentale. *Les primitifs flamands, italiens.* ▼**PRIMITIVEMENT.** *adv.* À l'origine, initialement.

PRIMO [pʀimo]. *adv.* • D'abord, en premier lieu. V. **Premièrement.**

PRIMO-INFECTION [pʀimɔɛ̃fɛksjɔ̃]. *n. f.* • Infection qui se produit pour la première fois. (Se dit surtout pour la tuberculose.) *Des primo-infections.*

PRIMORDIAL, ALE, AUX [pʀimɔʀdjal, o]. *adj.* • Qui est de première importance. V. **Capital, essentiel.** *Son rôle a été primordial.*

PRINCE [pʀɛ̃s]. *n. m.* • 1° *Littér.* Celui qui possède une souveraineté (à titre personnel et héréditaire) ; celui qui règne. V. **Monarque, roi, souverain.** *Les courtisans d'un prince. — Le fait du prince*, acte du gouvernement, du pouvoir (surtout considéré comme astreignant et arbitraire). • 2° Celui qui appartient à une famille souveraine, sans régner lui-même ; titre porté par les membres de la famille royale, en France. *Le prince héritier. Les princes du sang*, les proches parents du souverain. — *Le Prince Charmant*, des contes de fées. • 3° Celui qui possède un titre conféré par un souverain ; (en France) Titulaire du plus haut titre de noblesse. • 4° Souverain régnant sur un État portant le nom de *principauté*. *Le Prince de Monaco.* • 5° Loc. *Être habillé, vêtu comme un prince*, richement. ÊTRE BON PRINCE : faire preuve de générosité, de bienveillance, de tolérance.

PRINCE DE GALLES [pʀɛ̃sdəgal]. *adj.* et *n. m. invar.* • Tissu de laine, à lignes fines croisées, de teinte uniforme sur fond clair.

PRINCESSE. *n. f.* • 1° Fille ou femme d'un prince, fille d'un souverain. *La princesse Palatine.* • 2° Loc. fam. *Aux frais de la princesse*, de l'État, d'une collectivité. *Il fait un voyage aux frais de la princesse.*

PRINCIER, IÈRE. *adj.* • 1° *Littér.* De prince, de princesse. *Titre princier.* • 2° Digne d'un prince. V. **Luxueux, somptueux.** *Un train de vie princier.* ▼**PRINCIÈREMENT.** adv. *Il nous a reçus princièrement.*

1. PRINCIPAL, ALE, AUX [pʀɛ̃sipal, o]. *adj.* • 1° Qui est le plus important, le premier parmi plusieurs. V. **Capital, essentiel.**

Les principales puissances du monde. V. **Premier.** *Il joue le rôle principal. Résidence principale* (*opposé à* secondaire). — *Proposition principale*, qui ne dépend syntaxiquement d'aucune autre, et dont dépendent une ou plusieurs autres (subordonnées). — Subst. *La principale.* • 2° *Subst.* (neutre). *C'est le principal*, la chose essentielle. *Le principal est de réussir.* • 3° (Personnes). *Elle est la principale intéressée dans cette affaire.* ▼ **PRINCIPALEMENT.** *adv.* Avant les autres choses, par-dessus tout. V. **Surtout.** *Elle en voulait principalement à son père.*

2. PRINCIPAL. *n. m.* • 1° Nom que portaient naguère les directeurs de collèges. • 2° Premier clerc d'un notaire.

PRINCIPAUTÉ [prɛ̃sipote]. *n. f.* • Petit État indépendant dont le souverain porte le titre de prince.

PRINCIPE [prɛ̃sip]. *n. m.* ★ **I.** • 1° Cause première originelle. *Dieu considéré comme le principe de l'univers.* • 2° Cause agissante d'une chose (surtout en parlant des causes naturelles). V. **Origine, source.** || Contr. **Conséquence, effet.** || *Nos actions ont pour principe notre liberté. Remonter jusqu'au principe. — Deux qualités qui procèdent du même principe.* • 3° Élément matériel qui entre dans la composition ou l'élaboration (de qqch.) de par son action propre. *Les principes constituants d'un remède.* ★ **II.** • 1° Proposition première, posée et non déduite (dans un système déductif). V. **Hypothèse, postulat, prémisse.** *Principe posé à priori.* • 2° Notion importante à laquelle est subordonné le développement d'un ordre de connaissance. *Les principes de la physique. — (Plur.)* Connaissances élémentaires et essentielles. V. **Rudiment.** *Apprendre les premiers principes d'une science.* ★ **III.** • 1° Règle d'action s'appuyant sur un jugement de valeur et constituant un modèle ou un but. V. **Loi.** *Ériger, poser en principe que... Partir d'un principe. Une déclaration de principes. J'ai toujours eu pour principe de.* — Loc. *Faire, demander qqch. pour le principe*, pour une raison absolue et théorique (et non par intérêt, etc.). • 2° *(Plur.).* Les règles morales auxquelles une personne, un groupe est attaché. *Manquer à ses principes. Il n'est pas dans mes principes de...* — Absolt. *Avoir des principes. Une personne sans principes.* ★ **IV.** *Loc.* PAR PRINCIPE : par une décision, une détermination à priori. *Il critique tout par principe. — Une hostilité de principe.* — EN PRINCIPE : théoriquement, d'après les principes. *Il avait raison en principe. En principe, il est d'accord, mais il peut changer d'avis.*

PRINTANIER, IÈRE [prɛ̃tanje, jɛr]. *adj.* • Du printemps. *Un temps printanier. Une tenue printanière*, légère, claire, fleurie. Fam. *Vous êtes bien printanière, avec cette robe !*

PRINTEMPS [prɛ̃tɑ̃]. *n. m.* • 1° La première des quatre saisons, qui va du 21 mars au 21 juin dans l'hémisphère nord, et où la température s'adoucit, la végétation renaît. *Équinoxe de printemps. Un printemps précoce, tardif.* • 2° *Littér.* Jeune âge. — *Une jeune fille de seize printemps*, de seize ans.

PRIORITÉ [prijɔrite]. *n. f.* • 1° Qualité de ce qui vient, passe en premier, dans le temps. *Il faut en discuter en priorité*, en premier lieu. • 2° Droit de passer le premier. *Laisser la priorité à une voiture. — Carte de priorité*, accordée à certaines personnes, dans les files d'attente. Fam. *Laissez passer les priorités !* les titulaires de cette carte. ▼ **PRIORITAIRE.** *adj.* Qui a la priorité, bénéficie de la priorité.

PRIS, PRISE [pri, priz]. *adj.* • 1° Occupé. || Contr. **Libre.** || *Cette place est-elle prise ? Il a toute sa semaine prise. — (Personnes)* Qui a des occupations. *Nous ne pouvons pas sortir ce soir, je suis prise.* • 2° Littér. *Pris de vin*, ivre. • 3° Atteint d'une affection. *Avoir la gorge prise*, enflammée. • 4° BIEN PRIS : bien fait, mince. *Elle a la taille bien prise.* • 5° Durci, coagulé. *La crème est prise.*

1. PRISE [priz]. *n. f.* ★ **I.** • 1° Manière de saisir et d'immobiliser l'adversaire. *Faire une prise de catch. — Loc.* ÊTRE AUX PRISES : se battre avec, être en lutte contre. *Être aux prises avec qqn. Se trouver aux prises avec des difficultés. Mettre aux prises*, faire s'affronter. — LÂCHER PRISE : cesser de tenir, de serrer ; abandonner. *Ce n'est pas le moment de lâcher prise !* • 2° Endroit, moyen par lequel une chose peut être prise, tenue. — Endroit d'une paroi où l'on peut se tenir, prendre un point d'appui. *Chercher une prise. — Loc.* DONNER PRISE : être exposé (à un danger, un inconvénient). *Son silence donne prise aux soupçons.* — AVOIR PRISE SUR : avoir un moyen d'agir sur. *Ils sont si désinvoltes qu'on n'a pas prise sur eux.* • 3° Action de s'emparer. *La prise de la Bastille. — Prise de corps*, le fait pour la justice de s'assurer de la personne d'un inculpé. • 4° Capture ; personne, chose dont on s'est emparé. *Une belle prise.* ★ **II.** PRISE DE... (action d'utiliser, de prendre). • 1° PRISE D'ARMES : parade militaire en présence de soldats en armes pour une revue, une cérémonie. • 2° PRISE DE VUE(s) : tournage d'un plan, entre le déclenchement de la caméra et son arrêt (cinéma, télévision). — PRISE DE SON : opération par laquelle on règle le son pour le transmettre ou l'enregistrer. • 3° PRISE DE SANG : prélèvement de sang pour l'analyse, la transfusion. • 4° PRISE DIRECTE : position du changement de vitesse dans laquelle la transmission du mouvement moteur est directe. Loc. *Être en prise directe sur...*, avoir une action directe sur... ★ **III.** PRISE DE... (dispositif qui prend). • 1° PRISE D'EAU : robinet, tuyau, vanne où l'on peut prendre de l'eau. • 2° PRISE DE COURANT ; PRISE *(électrique)* : dispositif de contact, permettant de brancher une lampe, un appareil électrique. ★ **IV.** *Prise de conscience, prise de position... Prise en charge, prise en considération.*

1. PRISER [prize]. *v. tr.* (1) • *Littér.* Apprécier, estimer. — Au p. p. *Une qualité fort prisée.*

2. PRISER. *v. tr.* (1) • Prendre, aspirer (du tabac) par le nez. *Tabac à priser.* ▼ **2. PRISE.** *n. f.* Dose, pincée (de tabac) que l'on aspire par le nez.

PRISME [pʀism(ə)]. *n. m.* • 1° Solide (polyèdre) ayant deux bases égales et parallèles et dont les faces latérales sont des parallélogrammes. • 2° *Prisme (optique)*, prisme en matière transparente, qui a la propriété de dévier et de décomposer les radiations. — (Abstrait) *Voir à travers un prisme*, voir la réalité déformée. ▼ **PRISMATIQUE.** *adj.* • 1° Du prisme ; qui a la forme d'un prisme. • 2° Qui est muni d'un prisme optique. *Jumelles prismatiques.* • 3° *Couleurs prismatiques*, du spectre.

PRISON [pʀizɔ̃]. *n. f.* ★ **I.** • 1° Établissement fermé aménagé pour recevoir des condamnés à une peine privative de liberté ou des prévenus en instance de jugement. *Être en prison.* V. *(pop.)* **Cabane, tôle.** *Mettre en prison*, emprisonner, incarcérer. — Loc. fam. *Aimable comme une porte de prison*, se dit d'une personne très peu aimable. • 2° Tout local où l'on garde des individus enfermés. ★ **II.** Peine privative de liberté subie dans ce local. V. **Emprisonnement, réclusion.** *Risquer la prison. Condamné à cinq ans de prison.* ▼ **PRISONNIER, IÈRE.** *n.* et *adj.* • 1° Personne privée de sa liberté. *Prisonnier de guerre*, personne tombée aux mains de l'ennemi et maintenue en captivité. *Il a été fait prisonnier.* • 2° Personne qui est détenue dans une prison. V. **Détenu.** — Personne que prend, qu'arrête la police. *Se constituer prisonnier*, se livrer à la police. • 3° *Adj.* Qui est séquestré ou maintenu dans une position où il perd toute liberté d'action. — (Abstrait) *Il était prisonnier de ses préjugés.* V. **Esclave** *Le voilà prisonnier de ses mensonges.*

PRISUNIC [pʀizynik]. *n. m.* • Magasin à nombreuses succursales. V. **Monoprix.** *Des prisunics.*

PRIVATIF, IVE [pʀivatif, iv]. *adj.* • 1° Se dit, en grammaire, d'un élément qui marque la privation, l'absence d'un caractère donné. *Préfixes privatifs* (V. **A- ; in-**). • 2° Qui entraîne la privation de. *Peine privative de liberté*, la prison.

PRIVATION [pʀivɑsjɔ̃]. *n. f.* • 1° Action de priver (d'une chose dont l'absence entraîne un dommage) ; le fait d'être privé ou de se priver. V. **Défaut, manque.** *La privation d'un bien. Endurer diverses privations.* • 2° (Souvent *plur.*). Le fait d'être privé de choses nécessaires ou de s'en priver volontairement. *Les privations qu'il s'impose. Elle menait une vie de privations.*

PRIVAUTÉS [pʀivote]. *n. f. pl.* • Trop grandes familiarités, libertés excessives (en particulier à l'égard d'une femme). *Prendre des privautés avec qqn.*

PRIVÉ, ÉE. *adj.* • 1° Où le public n'a pas accès, n'est pas admis. || Contr. **Public.** || *Voie privée. Propriété privée, entrée interdite. Une représentation, une séance privée.* — Qui se tient, se déroule à part. *Des entretiens privés.* — EN PRIVÉ *(loc. adv.)* : seul à seul. *Puis-je vous parler en privé ?* • 2° Individuel, particulier (*opposé à* collectif, commun, public). *Des intérêts privés.* • 3° Personnel. V. **Intime.** *Sa vie privée ne regarde que lui.* • 4° Qui n'a aucune part aux affaires publiques. *En tant que personne privée*, en tant que simple citoyen. V. **Particulier.** — (*Opposé à* officiel) *C'est à titre privé qu'il participait à la cérémonie. De source privée, on apprend que...* V. **Officieux.** • 5° (*Opposé à* public). Qui n'est pas d'État, ne dépend pas de l'État. *Enseignement privé.* V. **Libre.** *Les entreprises privées, le secteur privé* (*par oppos. au* secteur public, nationalisé). Fam. *Dans le privé*, dans le secteur privé.

PRIVER [pʀive]. *v. tr.* (1) • 1° Empêcher (qqn) de jouir, de profiter (d'un bien, d'un avantage présent ou futur). *On l'a privé de ses droits. Ses bourreaux le privaient de nourriture, de sommeil.* — (Suj. chose) *La peur le prive de tous ses moyens.* • 2° SE PRIVER. *v. réfl.* Renoncer à qqch. volontairement. V. **Refuser** (se). *Il se prive de tout.* — *Elle ne se prive pas de vous dénigrer*, elle vous dénigre souvent. — *Absolt.* S'imposer des privations. *Il n'aime pas se priver.*

PRIVILÈGE [pʀivilɛʒ]. *n. m.* • 1° Droit, avantage particulier accordé à un seul individu ou à une catégorie, en dehors de la loi commune. *Les privilèges des nobles et du clergé sous l'Ancien Régime.* V. **Prérogative.** • 2° Avantage que confère qqch. *Les privilèges de la fortune.* • 3° Apanage exclusif de (un être, une chose). *La pensée est le privilège de l'espèce humaine. Il avait le privilège d'être bien vu dans les deux camps.*

PRIVILÉGIÉ, ÉE [pʀivileʒje]. *adj.* • 1° Qui bénéficie d'un ou de divers privilèges. • 2° Qui jouit d'avantages matériels et sociaux considérables. || Contr. **Défavorisé.** || *Les classes privilégiées.* Subst. *Les privilégiés.* — Qui a de la chance. *Nous avons été privilégiés, nous avons eu un temps splendide.* • 3° Littér. *(Choses)* Qui convient mieux que tout autre (à telle personne, à telle chose). *Un lieu privilégié.* ▼ **PRIVILÉGIER.** v. tr. (7). *Littér.* ou *didact.* Considérer (qqch.) comme privilégié, comme particulièrement favorable. *On a tort de privilégier ces méthodes.*

PRIX [pʀi]. *n. m.* ★ **I.** • 1° Rapport de valeur (d'un bien) à un autre bien ; rapport d'échange avec la monnaie. V. **Coût, valeur.** *Le prix d'une marchandise. À quel prix est ce manteau ?* combien coûte-t-il, vaut-il ? *Payer le prix de qqch, y mettre le prix. Vendre à bas, à vil prix. Dernier prix*, celui qui n'est plus modifié, dans un marchandage. *Un prix exorbitant. Au prix fort*, très cher. *Ça coûte un prix fou*, excessif. *Prix d'ami*, consenti par faveur (plus bas). *Prix de revient*, comprenant tout ce qui constitue la valeur du bien produit (achats, transport, etc.). *N'avoir pas de prix, être hors de prix*, être de très grande valeur. — *Mettre à prix*, proposer en vente. *Mise à prix*, prix initial dans une vente aux enchères. *Mettre à prix la tête de qqn*, promettre une récompense en argent à qui le capturera, le tuera. *À prix d'or*, contre une forte somme. • 2° Valeur relative, ce qu'il en coûte pour obtenir qqch. *Le prix du succès, de la réussite.* V. **Importance.** — Loc. *J'apprécie votre geste à son juste prix. Donner du prix à*, de la valeur. *Ils ne céderont à aucun prix*, quelles que puissent être les compensations. *À tout prix*, quoi qu'il puisse en coûter. *Au prix de*, en échange de (tel ou tel sacrifice). ★ **II.** • **1°** Récompense destinée à honorer la personne qui l'emporte dans une compétition. *Prix littéraires. Les prix Nobel, le prix Goncourt.* — Récompenses décernées aux premiers, dans chaque discipline, dans un établissement scolaire. *Prix d'excellence. Distribution des prix.* • **2°** Le lauréat. *C'est un premier prix du Conservatoire.* • **3°** L'ouvrage couronné. *Avez-vous lu le prix Goncourt ?* • **4°** Épreuve à l'issue de laquelle est décernée cette récompense. *Grand prix automobile.*

PRO-. • Élément signifiant « en avant » *(propulsion)*, ou « en faveur de » (ex. : *pro-français, procommuniste, etc.* ‖ Contr. **Anti-.** ‖).

PRO. *n.* V. PROFESSIONNEL (2°).

PROBABILITÉ [pʀɔbabilite]. *n. f.* • **1°** Caractère de ce qui est probable. *Selon toute probabilité.* V. **Vraisemblance.** • **2°** Grandeur numérique par laquelle on exprime le caractère possible et non certain (d'un phénomène). *La probabilité d'un événement.* — *Calcul des probabilités* (appliqué à la physique, l'économie, etc.). • **3°** Apparence, indice qui laisse à penser qu'une chose est probable. *Opinion fondée sur de simples probabilités.*

PROBABLE [pʀɔbabl(ə)]. *adj.* • **1°** Qui, sans être absolument certain, peut ou doit être tenu pour vrai plutôt que pour faux. *Une hypothèse probable.* • **2°** Qu'il est raisonnable de prévoir. *Son échec n'est pas certain, mais il est probable.* V. **Vraisemblable.** ‖ Contr. **Improbable.** ‖ *Il est probable qu'il viendra, peu probable qu'il vienne.* — Ellipt. *Probable*, c'est probable. *Probable que c'est la première fois.* ▼ **PROBABLEMENT.** *adv.* Vraisemblablement. *C'est probablement ce qui va arriver. Probablement que...*, il est probable que...

PROBANT, ANTE [pʀɔbɑ̃, ɑ̃t]. *adj.* • Qui prouve sérieusement. *Un argument probant.* V. **Concluant, convaincant, décisif.** *Ce n'est pas très probant.*

PROBATOIRE [pʀɔbatwaʀ]. *adj.* • Qui permet de vérifier le niveau d'un candidat. *Examen, test, stage probatoire.*

PROBE [pʀɔb]. *adj.* • Littér. *(Personnes).* Honnête, intègre. ▼ **PROBITÉ.** *n. f.* Vertu qui consiste à observer scrupuleusement les règles de la morale sociale, les devoirs imposés par la justice. V. **Honnêteté, intégrité.** *Doutez-vous de ma probité ?*

PROBLÉMATIQUE [pʀɔblematik]. *adj.* et *n. f.* • **1°** Dont l'existence, la vérité, la réussite est douteuse. *La victoire est problématique.* • **2°** *N. f.* Ensemble de questions posées dans un domaine de la science, de la philosophie, de la politique.

PROBLÈME [pʀɔblɛm]. *n. m.* • **1°** Question à résoudre qui prête à discussion, dans une science. *Poser, résoudre un problème. C'est la clef du problème.* — Question à résoudre, portant soit sur un résultat inconnu à trouver à partir de certaines données, soit sur la détermination de la méthode à suivre pour obtenir un résultat supposé connu. *Faire un problème d'algèbre.* • **2°** Difficulté qu'il faut résoudre pour obtenir un résultat ; situation instable ou dangereuse exigeant une décision. *Les problèmes de la circulation. Les problèmes du Moyen-Orient.* — Fam. *Il n'y a pas de problème*, c'est une chose simple, évidente. — *Problèmes psychologiques*, ou absolt. *Problèmes*, conflit affectif, difficulté à trouver un bon équilibre psychologique. *Il est à l'âge où l'on a des problèmes.*

PROCÉDÉ [pʀɔsede]. *n. m.* • **1°** Façon d'agir à l'égard d'autrui. V. **Comportement, conduite.** — Loc. *Échange de bons procédés*, services rendus réciproquement. • **2°** Méthode employée pour parvenir à un certain résultat. *Un procédé technique.* — (Péj.) *Cela sent le procédé*, la recette, l'artifice.

1. PROCÉDER [pʀɔsede]. *v. intr.* (6) • *Littér.* PROCÉDER DE : tirer son origine de. V. **Découler, dépendre.** *Ces œuvres procèdent du même courant d'idées.*

2. PROCÉDER. *v. tr. ind.* (6) • **1°** PROCÉDER À : faire, exécuter (un travail complexe, une opération). *Les constructeurs ont d'abord fait procéder à une étude géologique. On a procédé à une enquête.* • **2°** *Intrans.* Agir d'une certaine manière. *Procédons par ordre.*

PROCÉDURE [pʀɔsedyʀ]. *n. f.* • **1°** Manière de procéder juridiquement ; série de formalités qui doivent être remplies. *Quelle est la procédure à suivre ? Engager, intenter, introduire une procédure de divorce.* • **2°** Branche du droit qui détermine ou étudie les règles d'organisation judiciaire (compétence, instruction des procès, exécution des décisions de justice...). *Code de procédure civile.* ▼ **PROCÉDURIER, IÈRE.** adj. *Péj.* Qui est enclin à la procédure, à la chicane.

1. PROCÈS [pʀɔsɛ]. *n. m.* • **1°** Litige soumis à un tribunal. V. **Instance.** *Faire, intenter un procès à qqn. Être en procès avec qqn. Gagner, perdre un procès.* • **2°** (Abstrait). *Faire le procès de*, faire la critique systématique de (une personne, une chose). V. **Accuser, attaquer, condamner.** • **3°** Loc. *Sans autre forme de procès*, sans autre formalité, sans plus de façon. *On l'a renvoyé sans autre forme de procès.*

2. PROCÈS. *n. m.* • Nom donné, en linguistique, à l'action ou l'état exprimé par le verbe.

PROCESSION [pʀɔsesjɔ̃]. *n. f.* • **1°** Défilé religieux qui s'effectue en chantant et en priant. *La procession de la Fête-Dieu.* • **2°** Longue suite de personnes qui marchent à la file ou qui se succèdent à brefs intervalles. *Que de visites ! une vraie procession.* ▼ **PROCESSIONNEL, ELLE.** adj. *Littér.* Qui a le caractère d'une procession.

PROCESSUS [pʀɔsesys]. *n. m.* • En sciences, Ensemble de phénomènes, conçu comme actif et organisé dans le temps. V. **Évolution.** *Un processus biologique.*

PROCÈS-VERBAL, AUX [pʀɔsɛvɛʀbal, o]. *n. m.* • **1°** Acte dressé par une autorité compétente, et qui constate un fait entraînant des conséquences juridiques (V. **Constat**). *L'huissier est venu faire le procès-verbal de la saisie. Avoir des procès-verbaux pour excès de vitesse.* (*Fam.* P.-V.) V. **Contravention.**

Dresser procès-verbal (verbaliser). • 2° Relation officielle écrite de ce qui a été dit ou fait dans une réunion, une assemblée, etc.

1. PROCHAIN, AINE [pʀɔʃɛ̃, ɛn]. *adj.* • 1° Qui est près de se produire. *J'irai à la prochaine occasion. Prochain départ, dans une heure !* • 2° (Date). Qui suit immédiatement. *La semaine prochaine. L'été prochain. La prochaine fois,* la première fois que la chose se reproduira. *À la prochaine fois,* fam. *À la prochaine !* formule de départ, de séparation. — Suivant. *Je descends à la prochaine station.* Fam. *Vous descendez à la prochaine ?* ▼ **PROCHAINEMENT.** *adv.* V. **Bientôt.** *Je reviendrai prochainement.*

2. PROCHAIN. *n. m. sing.* • Personne, être humain considéré comme un semblable. *L'amour du prochain. Dire du mal de son prochain,* des autres.

1. PROCHE [pʀɔʃ]. *adj.* • Qui est à peu de distance. || Contr. **Lointain ; éloigné.** || • 1° *(Dans l'espace).* Voisin. *La gare est proche, tout proche de la ville.* • 2° (Dans le temps). *Littér.* Qui va bientôt arriver, qui est arrivé il y a peu de temps. *La fin est proche. Des événements tout proches de nous.* • 3° *(Abstrait).* Qui est peu différent. *Une prose lyrique proche de la poésie.* • 4° Dont les liens de parenté sont étroits. *Un proche parent.* — *Subst.* LES PROCHES : les parents. *Tous ses proches l'ont abandonné.*

2. PROCHE (DE PROCHE EN PROCHE) [dəpʀɔʃɑ̃pʀɔʃ]. *loc. adv.* • En avançant par degré, peu à peu.

PROCLAMER [pʀɔklame]. *v. tr.* (1) • 1° Publier ou reconnaître solennellement, par un acte officiel. *Proclamer le résultat d'un scrutin. La République est proclamée !* • 2° Annoncer ou déclarer hautement auprès d'un vaste public. V. **Clamer, crier.** *L'accusé a proclamé son innocence. Ils proclament que la justice triomphera.* ▼ **PROCLAMATION.** *n. f.* • 1° Action de proclamer. V. **Annonce, déclaration, publication.** *La proclamation de la République.* • 2° Discours ou écrit public contenant ce qu'on proclame. *Afficher une proclamation.*

PROCONSUL [pʀɔkɔ̃syl]. *n. m.* • Nom donné à Rome aux anciens consuls qui recevaient le gouvernement d'une province.

PROCRÉER [pʀɔkʀee]. *v. tr.* (1) • *Littér.* Engendrer (en parlant de l'espèce humaine). ▼ **PROCRÉATEUR, TRICE.** *n.* ▼ **PROCRÉATION.** *n. f.*

PROCURATION. *n. f.* • 1° Écrit constatant un mandat et en déterminant l'étendue. *Je vais vous signer une procuration.* • 2° *Par procuration,* en remettant à un autre le soin d'agir, de parler à sa place.

PROCURER [pʀɔkyʀe]. *v. tr.* (1) • 1° Faire obtenir à qqn (qqch. d'utile ou d'agréable) par ses soins. V. **Donner, fournir.** *Il faut lui procurer un emploi.* V. **Trouver.** • 2° Pronom. *Se procurer,* faire en sorte d'avoir en sa possession, à sa disposition. V. **Acquérir.** *Se procurer de l'argent.* • 3° *(Suj. chose).* Être la cause ou l'occasion de (pour qqn qui en retire l'avantage). V. **Causer, occasionner.** *Le plaisir que nous procure la lecture.*

PROCUREUR. *n. m.* • 1° Celui qui a le pouvoir de gérer les affaires d'une autre personne ou de la représenter en justice. • 2° PROCUREUR DE LA RÉPUBLIQUE : représentant du ministère public près du tribunal de première instance. *Procureur général,* représentant du ministère public devant la Cour de cassation, la Cour des comptes et les cours d'appel.

PRODIGALITÉ [pʀɔdigalite]. *n. f.* • 1° Caractère d'une personne prodigue. || Contr. **Avarice.** || • 2° *(Souvent au plur.).* Dépense excessive. *Il s'est ruiné par ses prodigalités.*

PRODIGE [pʀɔdiʒ]. *n. m.* ★ **I.** • 1° Événement extraordinaire, de caractère magique ou surnaturel. — Loc. *Tenir du prodige,* se dit d'une chose extraordinaire dans son genre, inexplicable. • 2° Action très difficile qui émerveille. *Vous avez fait des prodiges ! Un, des prodiges de,* action, chose extraordinaire en matière de... *Des prodiges de courage.* ★ **II.** Personne extraordinaire par ses dons, ses talents. *C'est un petit prodige.* Par appos. *Enfant prodige,* exceptionnellement doué pour son âge.

PRODIGIEUX, EUSE [pʀɔdiʒjø, øz]. *adj.* • Extraordinaire. V. **Étonnant, surprenant.** *Une quantité prodigieuse.* V. **Considérable.** *Sa force était prodigieuse. Un artiste, un talent prodigieux.* ▼ **PRODIGIEUSEMENT.** *adv.*

PRODIGUE [pʀɔdig]. *adj.* • 1° Qui fait des dépenses excessives ; qui dilapide son bien. V. **Dépensier ; prodigalité.** — *Subst.* Personne reconnue prodigue par le tribunal. • 2° *Prodigue de,* qui distribue, donne abondamment (qqch.). V. **Prodiguer.** *Il est prodigue de compliments.* || Contr. **Économe.** ||

PRODIGUER [pʀɔdige]. *v. tr.* (1) • 1° Accorder, distribuer sans compter, en grand nombre. *On lui a pourtant prodigué des recommandations. Les soins que sa mère lui prodigue...* • 2° SE PRODIGUER. *v. pron.* Se dépenser sans compter.

PRODROME [pʀɔdʀom]. *n. m.* • 1° *Littér.* Ce qui annonce un événement. *Les prodromes d'une guerre.* • 2° *(Plur.).* En médecine, Symptômes qui précèdent une maladie.

PRODUCTEUR, TRICE [pʀɔdyktœʀ, tʀis]. *adj.* et *n.* ★ **I.** *Adj.* Qui produit, qui crée (qqch.). *Les forces productrices. Pays producteur d'électricité.* ★ **II.** *N.* • 1° (*Opposé à* consommateur). Personne ou entreprise qui produit des biens ou assure des services. *Directement du producteur au consommateur,* sans intermédiaire. • 2° Personne ou société qui assure le financement d'un film.

PRODUCTIF, IVE. *adj.* • Qui produit, crée ; qui est d'un bon rapport. || Contr. **Improductif.** || *Un travail productif. Capital productif d'intérêts.* ▼ **PRODUCTIVITÉ.** *n. f.* • 1° Caractère productif. • 2° Rapport du produit aux facteurs de production. *Accroître la productivité du travail.* V. **Rendement.**

PRODUCTION [pʀɔdyksjɔ̃]. *n. f.* • 1° Action de provoquer (un phénomène) ; fait ou manière de se produire. *Il y a eu production de gaz carbonique.* • 2° Ouvrage (de l'art ou de l'esprit) ; ensemble des œuvres (d'un artiste, d'un genre ou d'une époque). *La production dramatique du XVIIe siècle.*

• 3° Le fait de produire plus ou moins (en parlant d'une terre, d'une entreprise) ; les biens créés par l'agriculture ou l'industrie. *Une production élevée. La production annuelle de cette mine. Les productions du sol, du sous-sol.* V. **Produit.** *La production d'un nouveau modèle.* V. **Fabrication.** — Absolt. (*Opposé à* la consommation). Le fait de produire des biens matériels et d'assurer des « services » ; l'ensemble des activités, des moyens qui le permettent. *Les moyens de production*, terre, instruments, machines. • 4° Le fait de produire (un film). *La société X a assuré la production de ce film.* — Le film lui-même. *Une production à grand spectacle* (superproduction).

PRODUIRE [pʀɔdɥiʀ]. *v. tr.* (38) ★ **I.** (Faire exister). • 1° Causer, provoquer (un phénomène) ; avoir pour conséquence. *Cette nouvelle produisit sur lui une vive impression.* V. **Faire.** *L'effet produit a été désastreux.* • 2° Composer (une œuvre). V. **Écrire.** — Absolt. *Un romancier qui produit beaucoup.* • 3° Former naturellement, faire naître. *Cet arbre produit de beaux fruits.* V. **Donner.** *La Grèce a produit beaucoup de grands hommes.* • 4° Faire exister, par une activité économique. *Un pays qui produit dix millions de tonnes d'acier par an.* V. **Producteur.** ‖ Contr. **Consommer.** ‖ • 5° Assurer la réalisation matérielle de (un film, une émission), par le financement et l'organisation. ★ **II.** Présenter (un document). *Produire un certificat.* V. **Fournir.** ★ **III.** SE PRODUIRE. *v. pron.* • 1° Jouer, paraître en public au cours d'une représentation. *C'est la première fois qu'il se produit sur cette scène.* • 2° *(Choses).* Arriver, survenir. *Cela peut se produire.* Impers. *Il se produisit un incident.*

PRODUIT [pʀɔdɥi]. *n. m.* ★ **I.** LE PRODUIT (DE). • 1° Ce que rapporte (une propriété, une activité). V. **Bénéfice, profit, rapport.** *Vivre du produit de ses terres. Produit brut*, avant déduction des taxes, frais. *Produit net*, après déduction des charges et des frais. • 2° Nombre qui est le résultat d'une multiplication. *Le produit de deux facteurs.* — Résultat (de diverses opérations mathématiques). ★ **II.** • 1° UN, LES PRODUIT(S) (DE) : chose qui résulte d'un processus naturel, d'une opération humaine. *Les produits de la terre.* V. **Fruit.** *Les produits de la distillation du pétrole.* • 2° Production de l'agriculture ou de l'industrie. *Produits fabriqués, manufacturés* (*opposé à* matières premières). *Produits bruts, finis ; semi-finis. Produits pharmaceutiques, chimiques. Produits d'entretien*, nécessaires à l'entretien des objets ménagers. *Un nouveau produit pour la vaisselle.* — V. **Sous-produit.**

PROÉMINENT, ENTE [pʀɔeminɑ̃, ɑ̃t]. *adj.* • Qui dépasse en relief ce qui l'entoure, forme une avancée. V. **Saillant.** *Nez, front proéminent.* ▼ **PROÉMINENCE.** n. f. *Littér.* Caractère proéminent ; protubérance, saillie.

PROF [pʀɔf]. *n.* • *Fam.* V. **Professeur.**

PROFANE [pʀɔfan]. *adj.* et *n.* • 1° *Littér.* Qui est étranger à la religion (*opposé à* religieux, sacré). *L'art profane.* — Subst. *Le profane et le sacré.* • 2° *N. m.* et *f.* Personne qui n'est pas initiée à une religion. • 3° *Adj.* Qui n'est pas initié à un art, une science, etc. V. **Ignorant.** *Expliquez-moi, je suis profane en la matière.* — Subst. *Je suis une profane en musique.* ‖ Contr. **Connaisseur.** ‖ *Aux yeux du profane*, des gens profanes.

PROFANER [pʀɔfane]. *v. tr.* (1) • 1° Traiter sans respect (un objet, un lieu sacré), en violant le caractère sacré. *Les envahisseurs ont profané plusieurs églises.* • 2° Faire un usage indigne, mauvais de (qqch.), en violant le respect qui est dû. V. **Avilir, dégrader.** *C'est profaner les plus beaux sentiments.* ▼ **PROFANATEUR, TRICE.** *n.* et *adj.* Personne qui profane. ▼ **PROFANATION.** *n. f.* Action de profaner. *Profanation de sépulture.*

PROFÉRER [pʀɔfeʀe]. *v. tr.* (6) • Articuler à voix haute, prononcer avec force. *Il partit en proférant des menaces, des injures.*

PROFESSER [pʀɔfese]. *v.* (1) • 1° V. tr. *Littér.* Déclarer hautement avoir (un sentiment, une opinion). *Ils professaient envers leur maître la plus vive admiration.* • 2° *V. intr.* Enseigner en qualité de professeur. *Il professe dans un lycée parisien.*

PROFESSEUR [pʀɔfɛsœʀ]. *n. m.* • Personne qui enseigne une discipline, un art, une technique ou des connaissances, d'une manière habituelle et le plus souvent organisée. V. **Enseignant, instituteur, maître.** — Abrév. fam. *Prof. Professeur de collège, de lycée, de faculté. Elle est professeur d'anglais.* ▼ **PROFESSORAL, ALE, AUX.** *adj.* Propre aux professeurs. *Le corps professoral.* — Péj. *Un ton professoral*, pédant. ▼ **PROFESSORAT.** *n. m.* État de professeur. V. **Enseignement.**

1. PROFESSION [pʀɔfɛsjɔ̃]. *n. f.* • 1° *Littér.* Loc. *Faire profession de* (une opinion, une croyance), la déclarer publiquement, ouvertement. • 2° PROFESSION DE FOI : manifeste.

2. PROFESSION. *n. f.* • 1° Occupation déterminée dont on peut tirer ses moyens d'existence. *Quelle est votre profession ? Femme mariée sans profession.* • 2° Métier qui a un certain prestige social ou intellectuel. V. **Carrière.** *La profession d'avocat. Les professions libérales. Embrasser, exercer une profession.* • 3° DE PROFESSION : professionnel. *Un chanteur de profession.* ▼ **PROFESSIONNEL, ELLE.** *adj.* et *n.* • 1° Relatif à la profession, au métier. *L'orientation professionnelle. Enseignement professionnel.* V. **Technique.** *Certificat d'aptitude professionnelle* (C.A.P.). • 2° De profession. *Sportif professionnel.* — Subst. *Les professionnels* (*par oppos. aux* amateurs), en football, cyclisme, tennis, etc. Abrév. fam. PRO. *Il est passé pro.* • 3° *N.* Personne de métier (*opposé à* amateur). — Ouvrier qualifié (appelé P1, P2, etc.). • 4° N. f. *Fam.* Prostituée. ▼ **PROFESSIONNELLEMENT.** *adv.* De façon professionnelle ; du point de vue de la profession. ▼ **PROFESSIONNALISME.** *n. m.* Condition des sportifs professionnels (*opposé à* amateurisme).

PROFIL [pʀɔfil]. *n. m.* • 1° Aspect d'un visage vu par un de ses côtés. V. **Contour.** *Dessiner le profil de qqn. Profil grec*, conforme aux règles de la beauté antique. *Profil perdu*, aspect, représentation d'un visage vu de côté et aux trois quarts caché par l'arrière de la tête. • 2° DE PROFIL : en étant vu par le côté (en parlant d'un visage, d'un corps). *Un portrait de profil.* • 3° Représentation ou aspect d'une chose dont les traits, le contour se détachent. V. **Silhouette.** *Le profil de la cathédrale se découpait sur le ciel.* • 4° Coupe perpendiculaire (d'un bâtiment ou d'une de ses parties). — Coupe géologique. *Profil d'un lit de rivière.* • 5° Courbe dont les éléments proviennent des résultats de tests.

PROFILER [pʀɔfile]. *v. tr.* (1) ★ **I.** • 1° *(Choses).* Présenter (ses contours) avec netteté. • 2° Établir en projet ou en exécution le profil de. *Profiler une carlingue.* ★ **II.** SE PROFILER. *v. pron.* • 1° *(Construction).* Avoir un profil déterminé. • 2° Se montrer en silhouette, avec des contours précis. V. **Découper** (se), **dessiner** (se), **détacher 1** (se). *Les tours se profilaient sur le ciel.* ▼**PROFILÉ, ÉE.** *adj.* et *n. m.* Auquel on a donné un profil déterminé. — *N. m.* Pièce fabriquée suivant un profil déterminé. *Profilés métalliques.*

PROFIT [pʀɔfi]. *n. m.* • 1° Augmentation des biens que l'on possède, ou amélioration de situation qui résulte d'une activité. V. **Avantage, bénéfice.** || Contr. **Dommage, perte.** || *Il ne cherche que son profit.* — Loc. *Il y a du profit, il y a profit à* (telle chose, faire telle chose). *Avoir le profit de* (qqch.), en profiter. *Tirer profit de qqch.*, en faire résulter qqch. de bon pour soi. V. **Exploiter, utiliser.** *Mettre à profit*, utiliser de manière à tirer tous les avantages possibles. — AU PROFIT DE *qqn, qqch.* : de sorte que la chose en question profite à. *Fête donnée au profit d'œuvres.* V. **Bénéfice** (au). En agissant pour le bien, l'intérêt de qqn. *Trahir qqn au profit d'un ami.* — *Fam.* (Choses). *Faire du profit, beaucoup de profit*, être d'un usage économique. V. **Durer, servir.** • 2° *Un, les profits*, gain, avantage pécuniaire que l'on retire d'une chose ou d'une activité. — *Le profit*, ce que rapporte une activité économique en plus des salaires payés aux travailleurs. *La loi du profit.*

PROFITER [pʀɔfite]. *v. tr. ind.* (1) • 1° PROFITER DE : tirer avantage de. || Contr. **Gâcher, négliger.** || *Il faut profiter de l'occasion.* V. **Saisir.** — PROFITER DE *(qqch.)* POUR... : y trouver une occasion pour. *Il en a profité pour se sauver. Il profita de ce que je ne le voyais pas.* • 2° *Fam.* Se développer, se fortifier. *Cet enfant a bien profité.* • 3° *(Choses).* PROFITER À *(qqn)* : apporter du profit ; être utile (à). V. **Servir.** *Vos conseils m'ont bien profité. Absolt.* Loc. prov. *Bien mal acquis ne profite jamais.* — *Fam.* Être d'un usage avantageux, économique. *C'est un plat qui profite.* ▼ **PROFITABLE.** *adj.* Qui apporte un profit, un avantage. V. **Avantageux, utile.** *Cette leçon lui sera peut-être profitable.* || Contr. **Néfaste.** || ▼**PROFITEUR, EUSE.** n. *Péj.* Personne qui tire des profits malhonnêtes ou immoraux de qqch. *Les profiteurs de guerre.*

PROFITEROLE [pʀɔfitʀɔl]. *n. f.* • Petit chou (pâtisserie) garni d'une préparation sucrée ou salée. *Des profiteroles au chocolat.*

PROFOND, ONDE [pʀɔfɔ̃, ɔ̃d]. *adj.* ★ **I.** • 1° Dont le fond est très bas par rapport à l'orifice, aux bords. *Un puits profond. Profond de...*, qui a une profondeur de (tant). — *(Eaux)* Dont le fond est très loin de la surface. *Un endroit profond*, où il y a du fond. • 2° Qui est loin au-dessous de la surface du sol ou de l'eau. V. **Bas.** *Une cave profonde.* — *Au plus profond de*, tout au fond de. • 3° Dont le fond est loin de l'orifice, des bords, dans quelque direction que ce soit. *Un placard profond. La rade est profonde. Un fauteuil profond.* • 4° *(Trace, empreinte...).* Très marqué. *Des rides profondes.* • 5° Qui évoque la profondeur de l'eau. *Un regard profond. Une nuit profonde.* V. **Épais.** *D'un vert profond*, foncé, intense. — *Tomber dans un profond sommeil.* • 6° *(Mouvement, opération).* Qui descend très bas ou pénètre très avant. *Un forage profond. Un profond salut*, où l'on s'incline très bas. • 7° Qui va au fond ou vient du fond des poumons. *Une aspiration profonde. Une voix profonde.* V. **Grave.** ★ **II.** *(Abstrait).* • 1° Qui va au fond des choses (en parlant de l'esprit, de ses activités). *C'est un esprit profond.* V. **Pénétrant.** || Contr. **Superficiel.** || *De profondes réflexions.* — *Un écrivain profond, un profond penseur.* • 2° Intérieur, difficile à atteindre. *La signification profonde d'une œuvre. Nos tendances profondes.* • 3° Très grand, extrême en son genre. *Un profond silence. Une profonde erreur. Éprouver une joie profonde.* V. **Intense.** ★ **III.** *Adv.* Profondément ; bas. *Creuser très profond.* ▼ **PROFONDÉMENT.** *adv.* D'une manière profonde. *Creuser profondément la terre.* — *Dormir profondément. Respirez profondément*, à fond. *J'en suis profondément convaincu.* V. **Intimement.** *Je l'aime profondément.* V. **Vivement.** — *C'est profondément différent.* V. **Foncièrement.** *Il est profondément vexé.* V. **Extrêmement.**

PROFONDEUR [pʀɔfɔ̃dœʀ]. *n. f.* ★ **I.** • 1° Caractère de ce qui a le fond très bas ou éloigné des bords. *La profondeur du fossé.* — Endroit profond, très au-dessous de la surface. *Les profondeurs de l'océan, de la mine.* • 2° Dimension verticale d'un corps, d'un espace à trois dimensions, mesurée de haut en bas (V. **Hauteur**). — Distance au-dessous de la surface (du sol, de l'eau). *À deux mètres de profondeur.* — Dimension (horizontale) perpendiculaire à la face extérieure, au plan de l'orifice. *La profondeur d'un tiroir.* — PROFONDEUR DE CHAMP *d'un objectif photographique, d'une caméra* (dans les limites duquel les images sont nettes). • 3° Suggestion d'un espace à trois dimensions sur une surface. *La profondeur est rendue par la perspective.* • 4° Caractère de ce qui s'enfonce. *La profondeur d'un forage.* ★ **II.** *(Abstrait).* • 1° Qualité de ce qui va au fond des choses, au delà des apparences. *Un esprit, une œuvre sans profondeur.* • 2° *(Vie affective).* Caractère de ce qui est durable, intense. *La profondeur d'un sentiment.* • 3° EN PROFONDEUR : se dit de ce qui affecte la réalité d'une chose par-delà les apparences superficielles. *Nous devons agir en profondeur.* • 4° Partie la plus intérieure et la plus difficile à pénétrer. *La psychologie des profondeurs*, de l'inconscient (la psychanalyse).

PROFUS, USE [pʀɔfy, yz]. *adj.* • *Littér.* Qui se répand en abondance. V. **Abondant.** *Une lumière profuse.* ▼ **PROFUSÉMENT.** *adv.*

PROFUSION [pʀɔfyzjɔ̃]. *n. f.* • 1° Grande abondance. *Une profusion de cadeaux.* — Abondance excessive. V. **Surabondance.** *Une profusion d'ornements, de détails.* V. **Débauche.** • 2° *Loc. adv.* À PROFUSION : en abondance. *Vous aurez tout à profusion.*

PROGÉNITURE [pʀɔʒenityʀ]. *n. f.* • *Littér.* Les êtres engendrés (par un homme, un animal). V. **Enfant, petit.** — Plaisant. *Le père promenait sa progéniture.*

PROGRAMMATION [pʀɔgʀamasjɔ̃]. *n. f.* • 1° Établissement, organisation des programmes (de cinéma, radio, télévision). • 2° Élaboration et codification de la suite d'opérations formant un programme sur machine. ▼ **PROGRAMMATEUR, TRICE.** *n.* Personne chargée de la programmation d'un spectacle.

PROGRAMME [pʀɔgʀam]. *n. m.* • 1° Écrit annonçant et décrivant les diverses parties d'une cérémonie, d'un spectacle, etc. *Un programme de télévision.* — Ce qui est ainsi annoncé. *Changement de programme.* • 2° Ensemble des matières qui sont enseignées dans un cycle d'études ou qui forment les sujets d'un examen. *Le programme de la licence. Œuvres inscrites au programme.* • 3° Suite d'actions que l'on se propose d'accomplir pour arriver à un résultat. V. **Projet.** *Il s'est donné un programme de travail. C'est tout un programme,* se dit d'une annonce qui suffit à faire prévoir la suite. • 4° Exposé général des intentions, des objectifs d'un homme ou d'un parti politique. *Un programme de réformes.* • 5° Ensemble ordonné (et formalisé) des opérations nécessaires et suffisantes pour obtenir un résultat ; dispositif permettant à un mécanisme d'effectuer ces opérations. *Le programme d'un ordinateur.* ▼ **PROGRAMMER.** *v.* (1) • 1° *V. tr.* Inclure dans un programme de cinéma, de radio. *Cette émission a été programmée à une heure trop tardive.* • 2° *V. intr.* Élaborer un programme (5°) sur machine. ▼ **PROGRAMMEUR, EUSE.** *n.* Spécialiste qui établit le programme d'un calculateur électronique, d'un ordinateur.

PROGRÈS [pʀɔgʀɛ]. *n. m.* • 1° Changement d'état qui consiste en un passage à un degré supérieur. V. **Développement.** || Contr. **Recul.** || *La criminalité est en progrès, fait des progrès.* V. **Progresser.** *Les progrès de la maladie.* • 2° Développement en bien. V. **Amélioration.** *Cet élève ne fait aucun progrès. Le progrès social, scientifique.* — Fam. *Il y a du progrès,* cela va mieux. • 3° Absolt. *Le progrès,* l'évolution de l'humanité, de la civilisation (vers un terme idéal). *Croire au progrès, nier le progrès.* • 4° Le fait de se répandre, de s'étendre dans l'espace, de gagner du terrain. V. **Propagation.** *Les progrès de l'incendie, d'une épidémie.* ▼ **PROGRESSER.** *v. intr.* (1) • 1° Se développer, être en progrès. || Contr. **Décroître, reculer.** || *Le mal progresse.* V. **Empirer.** — *(Personnes)* Faire des progrès, être dans un état meilleur. || Contr. **Régresser.** || • 2° Avancer, gagner régulièrement du terrain. *L'ennemi progresse.*

PROGRESSIF, IVE. *adj.* • 1° Qui s'effectue d'une manière régulière et continue. V. **Graduel.** *Un développement progressif.* • 2° Qui suit une progression, un mouvement par degrés. *Impôt progressif.* || Contr. **Dégressif.** || ▼ **PROGRESSIVEMENT.** *adv.* D'une manière progressive, par degrés ; petit à petit. V. **Graduellement.** ▼ **PROGRESSIVITÉ.** n. f. *Progressivité de l'impôt.*

PROGRESSION [pʀɔgʀɛsjɔ̃]. *n. f.* • 1° Suite de nombres dans laquelle chaque terme est déduit du précédent par une loi constante. *Progression arithmétique* (2-4-6-8...), *géométrique* (2-6-18-54...). • 2° Suite ininterrompue, graduelle correspondant à un développement. V. **Gradation.** • 3° Mouvement dans une direction déterminée, mouvement en avant. *La lente progression des glaciers.* — *Progression d'une armée.* V. **Avance, marche.** • 4° Développement par degrés, régulier et continu. V. **Progrès.**

PROGRESSISTE [pʀɔgʀesist(ə)]. *adj.* et *n.* • Qui est partisan du progrès politique, social, économique, généralement par des réformes de type libéral. *Parti progressiste* (mot qui désigne, selon les pays et les époques, des positions politiques diverses). || Contr. **Conservateur.** ||

PROHIBER [pʀɔibe]. *v. tr.* (1) • Défendre, interdire par une mesure légale. || Contr. **Autoriser.** || ▼ **PROHIBÉ, ÉE.** *adj.* Interdit par la loi. *Armes prohibées,* dont l'usage, le port sont interdits. ▼ **PROHIBITION.** *n. f.* • 1° Interdiction légale. || Contr. **Autorisation.** || • 2° Interdiction d'importer, de fabriquer, de vendre certaines marchandises, certaines denrées. — *Absolt.* LA PROHIBITION : celle de l'alcool, naguère, aux États-Unis.

PROHIBITIF, IVE. *adj.* • 1° *Littér.* Qui défend, interdit légalement. *Des mesures prohibitives.* • 2° *Droits, tarifs douaniers prohibitifs,* si élevés qu'ils équivalent à la prohibition d'une marchandise. — *(Courant)* Trop élevé, excessif (d'un prix) ; trop cher.

PROIE [pʀwa(ɑ)]. *n. f.* • 1° Être vivant dont un animal s'empare pour le dévorer. — DE PROIE : qui se nourrit surtout de proies vivantes. *Oiseau de proie,* rapace. V. **Prédateur.** • 2° Bien dont on s'empare par force ; personne qu'on dépouille. • 3° ÊTRE LA PROIE DE... : *(Personnes)* être la victime de. *Il a été la proie de ces escrocs.* — Être absorbé, pris par (un sentiment, une force hostile). *Être la proie du malheur.* — *(Choses)* Être livré à, détruit par. *La forêt fut en un instant la proie des flammes.* • 4° EN PROIE (À)... : tourmenté par (un mal, un sentiment, une pensée). *Il était en proie au désespoir.*

PROJECTEUR [pʀɔʒɛktœʀ]. *n. m.* • 1° Appareil d'optique dans lequel les rayons d'une source lumineuse intense sont réfléchis et projetés en un faisceau parallèle. *Des projecteurs de théâtre.* • **2°** Appareil servant à projeter des images sur un écran.

PROJECTILE [pʀɔʒɛktil]. *n. m.* • Objet lancé par une arme ou à la main contre qqn, qqch. *Les projectiles d'artillerie.*

PROJECTION [pʀɔʒɛksjɔ̃]. *n. f.* ★ **I.** (En sciences). • **1°** Action de projeter, de lancer en avant ; lancement (de projectiles). *L'éruption commença par une projection de cendres.* — *(Plur.)* Matières projetées. • **2°** Opération par laquelle on fait correspondre à un point (ou à un ensemble de points) de l'espace, un point (ou un ensemble de points) d'une droite ou d'une surface suivant un procédé géométrique défini ; le point ou l'ensemble de points ainsi définis. *Projection orthogonale.* • **3°** Action de projeter des radiations ; ces rayons. • **4°** Action de projeter (1, 3°) un sentiment sur qqn. ★ **II.** Action de projeter une image sur un écran. *Appareil de projection. La projection d'un film* (cinéma).

PROJET [pʀɔʒɛ]. *n. m.* • **1°** Image d'une situation, d'un état que l'on pense atteindre. V. **Dessein, intention, plan.** *Faire des projets au lieu d'agir. Nous allons réaliser nos projets. Quels sont vos projets pour cet été ? Projets de vacances.* • **2°** Travail, rédaction préparatoire ; premier état. *Ce travail est resté à l'état de projet. Un projet de roman.* V. **Ébauche.** *Projet de loi,* texte de loi rédigé par un ministre, un parlementaire, et déposé sur le bureau d'une assemblée qui décidera de son adoption. — Dessin d'un édifice à construire. — Dessin, modèle antérieur à la réalisation. *Étude d'un projet.*

1. PROJETER [pʀɔʒte]. *v. tr.* (4) • **1°** Jeter en avant et avec force. V. **Lancer.** *Le volcan projetait une pluie de pierres.* • **2°** Envoyer sur une surface (des rayons lumineux, une image). *Les silhouettes projetées sur le mur.* — *Projeter un film.* • **3°** En psychologie. *Projeter un sentiment sur qqn,* lui attribuer un sentiment, un état affectif qu'on a soi-même.

2. PROJETER. *v. tr.* (4) • Former l'idée de (ce que l'on veut faire et des moyens pour y parvenir). *Il projetait un voyage. Ils projetèrent de monter une affaire ensemble.*

PROLÉGOMÈNES [pʀɔlegɔmɛn]. *n. m. pl.* • *Littér.* ou *didact.* • **1°** Ample préface. • **2°** Principes préliminaires à l'étude d'une question.

PROLÉTAIRE [pʀɔletɛʀ]. *n. m.* • Personne qui ne possède pour vivre que les revenus de son travail (salaire), et ne détient aucune part des moyens de production. V. **Ouvrier.** || Contr. **Capitaliste ; bourgeois.** || ▼ **PROLÉTARIAT.** *n. m.* Classe sociale des prolétaires. *Prolétariat urbain.* ▼ **PROLÉTARIEN, IENNE.** *adj.* Relatif au prolétariat ; formé par le prolétariat. *La révolution prolétarienne.* ▼ **PROLÉTARISER.** *v. tr.* (1). Réduire à la condition de prolétaire (d'anciens producteurs indépendants, artisans, paysans, etc.).

PROLIFÉRER [pʀɔlifeʀe]. *v. intr.* (6) • **1°** Se multiplier, se reproduire (cellules vivantes) ; engendrer, produire un organe, un tissu par des divisions cellulaires. • **2°** Se multiplier en abondance, rapidement. *Le gibier prolifère dans cette région.* • **3°** Naître en grand nombre, foisonner. *On voit proliférer les agences immobilières.* ▼ **PROLIFÉRATION.** *n. f.*

PROLIFIQUE [pʀɔlifik]. *adj.* • **1°** Qui se multiplie rapidement. *Les lapins sont prolifiques.* • **2°** Plaisant. *Un romancier prolifique,* particulièrement fécond. ▼ **PROLIFICITÉ.** *n. f.*

PROLIXE [pʀɔliks(ə)]. *adj.* • Qui est trop long, qui a tendance à délayer dans ses écrits ou ses discours. V. **Bavard, verbeux.** *Un orateur prolixe.* — *Style prolixe.* || Contr. **Concis, sobre.** || ▼ **PROLIXITÉ.** *n. f.* Littér. *Expliquer qqch. avec prolixité.*

PROLOGUE [pʀɔlɔg]. *n. m.* • **1°** Première partie (d'un roman, d'une pièce, d'un film) présentant des événements antérieurs à l'action proprement dite. || Contr. **Épilogue.** || • **2°** Texte introductif. V. **Introduction.** — Préliminaire, prélude. *Cette rencontre fut le prologue à la conférence.*

PROLONGATION [pʀɔlɔ̃gasjɔ̃]. *n. f.* • **1°** Action de prolonger dans le temps ; résultat de cette action. *Obtenir une prolongation de congé.* • **2°** Temps accordé en plus. V. **Délai.** — Chacune des deux périodes supplémentaires qui prolongent un match de football en vue de départager deux équipes à égalité. *Jouer les prolongations.*

PROLONGEMENT. *n. m.* • **1°** Action de prolonger dans l'espace ; augmentation de longueur. V. **Allongement.** *Décider le prolongement d'une autoroute.* || Contr. **Raccourcissement.** || • **2°** Ce par quoi on prolonge une chose ; ce qui prolonge la partie principale d'une chose. *Les prolongements de la cellule nerveuse.* • **3°** *Dans le prolongement de,* dans la direction qui prolonge... • **4°** Ce par quoi un événement, une situation se prolonge. V. **Continuation, suite.** *Les prolongements d'une affaire.*

PROLONGER [pʀɔlɔ̃ʒe]. *v. tr.* (3) • **1°** Faire durer plus longtemps (V. **Prolongation**). || Contr. **Abréger.** || *Nous ne pouvons prolonger notre séjour.* — *Pronom.* Durer plus longtemps que prévu. *La leçon s'est prolongée jusqu'à neuf heures.* • **2°** Faire aller plus loin dans le sens de la longueur (V. **Prolongement**). *Il faudra prolonger certaines lignes de métro au delà de Paris.* — *Pronom.* Aller plus loin. V. **Continuer.** *Le chemin se prolonge à travers bois.* • **3°** *(Choses).* Être le prolongement de. *Les bâtiments qui prolongent les ailes du château.* ▼ **PROLONGÉ, ÉE.** *adj.* • **1°** Qui se prolonge dans le temps. • **2°** Fam. *Une jeune fille prolongée,* non mariée à un âge où elle devrait l'être.

PROMENADE [pʀɔmnad]. *n. f.* • **1°** Action de se promener ; trajet que l'on fait en se promenant. V. **Balade, excursion, tour ;** et *pop.* **Vadrouille, virée.** *Faire une promenade à pied, en voiture. Les enfants sont allés en promenade.* • **2°** Lieu aménagé dans une ville pour les promeneurs. V. **Avenue, cours.** *La promenade des Anglais,* à Nice.

PROMENER [pʀɔmne]. *v.* (5) ★ **I.** *V. tr.* • **1°** Faire aller dans plusieurs endroits, pour le plaisir, le délassement. *Je dois promener un ami étranger à travers Paris. Promener son chien.* — Fam. *Cela vous promènera,* cela vous fera faire une promenade. • 2° Déplacer, faire aller et venir (qqch.). *Promener un archet sur les cordes. Je promenais mon regard sur le paysage.* • 3° Faire aller avec soi. *Il promène partout son ennui.* ★ **II.** SE PROMENER. *v. pron.* • 1° Aller d'un lieu à un autre pour se détendre, prendre l'air, etc. V. **Balader** (se), **marcher.** *Je vais me promener un peu.* V. **Sortir.** *Viens te promener avec papa.* • 2° Fam. *Envoyer promener (qqn),* le repousser sans ménagement. — *J'ai tout envoyé promener,* j'ai tout abandonné, j'ai complètement renoncé. ▼ **PROMENEUR, EUSE.** *n.* Personne qui se promène à pied, dans les rues et les promenades publiques. V. **Flâneur, passant.** *Il y avait encore quelques promeneurs attardés.* ▼ **PROMENOIR.** *n. m.* • 1° Lieu destiné à la promenade dans l'enceinte d'un édifice clos (couvent, hôpital, etc.). • 2° Partie de certaines salles de spectacle où les spectateurs, à l'origine, se tenaient debout et pouvaient circuler.

PROMESSE [pʀɔmɛs]. *n. f.* • 1° Action de promettre ; ce que l'on s'engage à faire. *Il m'a fait des promesses qu'il n'a pas tenues. Manquer à sa promesse.* V. **Parole.** *J'ai votre promesse,* vous me l'avez promis. • 2° Engagement de contracter une obligation ou d'accomplir un acte. *Promesse d'achat. Promesse de mariage.* • 3° *Littér.* Espérance que donne qqch. *Un livre plein de promesses,* qui laisse espérer de belles œuvres.

PROMETTEUR, EUSE [pʀɔmɛtœʀ, øz]. *adj.* • Plein de promesses. *Cette jeune chanteuse fait des débuts prometteurs.*

PROMETTRE [pʀɔmɛtʀ(ə)]. *v. tr.* (56) ★ **I.** • 1° S'engager envers qqn à... *Il lui a promis son aide. Je te promets de me taire, que je me tairai.* — Absolt. *Promettre et tenir font deux* (sont deux choses bien différentes). • 2° Affirmer, assurer. *Je vous promets qu'il s'en repentira.* • 3° S'engager envers qqn à donner (qqch.). *On leur promet une récompense.* Loc. *Promettre la lune, monts et merveilles,* des choses impossibles. • 4° Annoncer, prédire. *Je vous promets du beau temps pour demain.* • 5° *(Choses).* Faire espérer (un développement, des événements). *Cela ne nous promet rien de bon.* • 6° *Promettre beaucoup,* ou absolt. *Promettre,* donner de grandes espérances. *C'est un enfant qui promet.* — Fam. *De la neige en septembre, ça promet pour cet hiver !* ça va être encore pire. ★ **II.** SE PROMETTRE. *v. pron.* • 1° *Réfl. ind.* Espérer, compter sur. *Les joies qu'il s'était promises.* — *Se promettre de* (et inf.), faire le projet de. *Il se promit de ne plus recommencer.* • 2° *Récipr.* Se faire des promesses mutuelles. *Elles se sont promis de garder le secret.* ▼ **PROMIS, E.** *adj.* ★ **I.** • 1° Loc. *Chose promise, chose due,* on doit faire, donner ce qu'on a promis. — LA TERRE PROMISE : la terre de Chanaan que Dieu avait promise au peuple hébreu. Pays, milieu dont on rêve. • 2° PROMIS À : destiné à, voué à. *Jeune homme promis à un brillant avenir.* ★ **II.** N. *Région.* Fiancé(e). *Il est venu avec sa promise.*

PROMISCUITÉ [pʀɔmiskɥite]. *n. f.* • Situation qui oblige à se mêler et à vivre côte à côte des personnes qui, dans des conditions normales, seraient séparées ; voisinage choquant ou désagréable. *La promiscuité des taudis.*

PROMONTOIRE [pʀɔmɔ̃twaʀ]. *n. m.* • Pointe de relief élevé s'avançant en saillie au-dessus de la mer. V. **Cap.**

PROMOTEUR, TRICE [pʀɔmɔtœʀ, tʀis]. *n.* • 1° *Littér.* Personne qui donne la première impulsion (à qqch.). V. **Animateur, instigateur.** *Il a été le promoteur de cette réforme.* • 2° Homme d'affaires qui assure et finance la construction d'immeubles.

PROMOTION [pʀɔmosjɔ̃]. *n. f.* • 1° Accession à un grade, un emploi supérieur. V. **Avancement.** — *Promotion sociale,* accession à un rang social supérieur. *Promotion ouvrière,* accession du travailleur à une qualification et des responsabilités supérieures. • 2° Ensemble des candidats admis la même année à certaines grandes Écoles. *Camarades de promotion* (fam. *de promo*). • 3° *Promotion des ventes,* développement des ventes, par la publicité, les efforts de vente exceptionnels ; ensemble des techniques, des services chargés de ce développement. ▼ **PROMOTIONNEL, ELLE.** *adj.* (Du sens 3°). *Vente promotionnelle* (mot critiqué).

PROMOUVOIR [pʀɔmuvwaʀ]. *v. tr.* (27). [Rare, sauf inf. et p. p.] • 1° Élever à une dignité, un grade... supérieur. *Il vient d'être promu officier de la Légion d'honneur.* • 2° Encourager (qqch.), provoquer la création, l'essor de. *Il est indispensable de promouvoir la recherche scientifique.*

PROMPT, PROMPTE [pʀɔ̃, pʀɔ̃t]. *adj.* ★ **I.** • 1° *Littér.* Qui agit, fait (qqch.) sans tarder. ‖ Contr. **Lent.** ‖ — PROMPT À... : que son tempérament entraîne rapidement à... *Il était prompt à la colère, à riposter.* • 2° *(Choses).* Qui ne tarde pas à se produire. *Je vous souhaite un prompt rétablissement.* ★ **II.** *Littér.* Qui met peu de temps à ce qu'il fait, se meut avec rapidité. *Prompt comme l'éclair, comme la foudre,* très rapide, instantané. ▼ **PROMPTEMENT** [pʀɔ̃tmɑ̃]. *adv.* Littér. ▼ **PROMPTITUDE** [pʀɔ̃tityd]. *n. f.* Littér. • 1° Manière d'agir, réaction d'une personne prompte. V. **Rapidité.** ‖ Contr. **Lenteur.** ‖ • 2° Caractère de ce qui survient vite ou se fait en peu de temps. *La promptitude de leur riposte.*

PROMULGUER [pʀɔmylge]. *v. tr.* (1) • Rendre (une loi) effective en attestant officiellement et formellement son existence et en lui donnant tous ses effets. V. **Édicter.** ▼ **PROMULGATION.** *n. f.*

PRÔNE [pʀon]. *n. m.* • Sermon du dimanche (terme de religion).

PRÔNER [pʀone]. *v. tr.* (1) • Louer et recommander sans réserve et avec insistance. V. **Vanter.** *Ils prônent la tolérance.* V. **Préconiser.**

PRONOM [pʀɔnɔ̃]. *n. m.* • Mot grammatical qui a les fonctions du nom et qui, dans la plupart des cas, peut remplacer le nom. *Pronoms démonstratifs* (ce, cette...), *interrogatifs* (qui, quoi...), *personnels* (je, tu, il...), *possessifs* (mon, ton, son...), *relatifs* (que, qui...). ▼ **PRONOMINAL, ALE, AUX.** *adj.* • 1° Relatif au pronom. • 2° *Verbe pronominal*, verbe qui est précédé d'un pronom personnel réfléchi *(je* me *promène, tu* te *promènes, etc.)* et qui, en français, se conjugue obligatoirement avec l'auxiliaire *être* aux temps composés. *Verbe pronominal réfléchi* (je me baigne), *réciproque* (elles se sont fâchées), *à sens passif* (ce plat se mange froid). ▼ **PRONOMINALEMENT.** *adv.* En emploi pronominal ; à la forme pronominale.

PRONONCÉ, ÉE. *adj.* • Très marqué, très visible. V. **Accentué.** *Avoir les traits du visage très prononcés. Un goût prononcé pour la musique.*

PRONONCER [pʀɔnɔ̃se]. *v.* (3) ★ **I.** *V. tr.* • 1° Dire (un mot, une phrase). *Elle ne pouvait prononcer un mot.* • 2° Articuler d'une certaine manière (les sons du langage). V. **Prononciation.** *Il prononce les « o » très ouverts. Il prononce correctement l'anglais.* — Articuler (tel mot). *C'est un mot impossible à prononcer*, imprononçable. *Ce mot s'écrit comme il se prononce.* • 3° Faire entendre, dire ou lire publiquement (un texte). *Le maire prononça un discours.* • 4° En droit, Rendre, lire (un jugement) ; faire connaître (une décision). *Le président a prononcé la clôture des débats.* ★ **II.** *V. intr.* Rendre un arrêt, un jugement. *Le tribunal n'a pas encore prononcé.* V. **Juger.** ★ **III.** SE PRONONCER. *v. pron.* Se décider, se déterminer. *Se prononcer en faveur de qqn, pour qqch.* ▼ **PRONONÇABLE.** *adj.* Qu'on peut prononcer. ▼ **PRONONCIATION.** *n. f.* La manière dont les sons du langage sont articulés, dont un mot est prononcé ; les sons qui correspondent dans le langage parlé à une lettre ou un groupe de lettres (V. **Phonétique**). — Manière d'articuler, de prononcer (propre à une personne, un milieu, une région, une époque). *Avoir une bonne prononciation.*

PRONOSTIC [pʀɔnɔstik]. *n. m.* • 1° Jugement que porte un médecin (après le diagnostic) sur la durée et l'issue d'une maladie. • 2° (Souvent *plur.*). Conjecture sur ce qui doit arriver, sur l'issue d'une affaire, etc. *Se tromper dans ses pronostics. Les partants des courses et les pronostics de la presse.* ▼ **PRONOSTIQUER.** *v. tr.* (1) • 1° Émettre un pronostic, en médecine. • 2° Émettre un pronostic sur (ce qui doit arriver). V. **Annoncer, prévoir.** *Les journaux avaient pronostiqué la victoire de ce boxeur.* ▼ **PRONOSTIQUEUR, EUSE.** *n.* Personne qui fait des pronostics. — Celui qui établit les pronostics sportifs.

PROPAGANDE [pʀɔpagɑ̃d]. *n. f.* • Action exercée sur l'opinion pour l'amener à avoir et à appuyer certaines idées (religieuses, politiques, sociales...). *La propagande électorale. Instruments, moyens de propagande.* — *C'est de la propagande !* des affirmations ou des nouvelles peu sérieuses, faites pour influencer l'opinion. ▼ **PROPAGANDISTE.** *n.* Personne, partisan qui fait de la propagande.

PROPAGER [pʀɔpaʒe]. *v. tr.* (3) ★ **I.** Répandre, faire accepter, faire connaître à de nombreuses personnes, en de nombreux endroits. *Propager une nouvelle.* V. **Colporter.** *C'est la presse féminine qui a propagé cette mode.* ★ **II.** *V. pron.* • 1° Se multiplier par reproduction. *Cette espèce s'est propagée en France.* • 2° Se répandre. *L'incendie se propage.* V. **Étendre** (s'), **gagner.** *La nouvelle s'est propagée rapidement.* • 3° S'éloigner de son origine (en parlant d'un phénomène vibratoire, d'un influx, etc.). *La vitesse à laquelle le son se propage.* ▼ **PROPAGATEUR, TRICE.** *n.* Personne qui propage (une religion, une opinion, une méthode...). ▼ **PROPAGATION.** *n. f.* • 1° Le fait de propager. *La propagande de la foi chrétienne par les missionnaires.* • 2° Le fait de se propager ; progression par expansion, communication dans un milieu. *La propagation de l'épidémie. La propagation du son, de la lumière.*

PROPANE [pʀɔpan]. *n. m.* • Hydrocarbure saturé, gaz inflammable, un des constituants du gaz naturel dont il est extrait.

PROPÉDEUTIQUE [pʀɔpedøtik]. *adj.* • *Didact.* Qui prépare — *N. f.* S'est dit de cours préparatoires (fam. *Propé*).

PROPENSION [pʀɔpɑ̃sjɔ̃]. *n. f.* • Tendance naturelle. V. **Inclination, penchant.** *Il a une certaine propension à la mélancolie, à douter de lui.*

PROPERGOL [pʀɔpɛʀgɔl]. *n. m.* • Substance dont la décomposition ou la réaction chimique produit de l'énergie utilisée pour la propulsion des fusées.

PROPHÈTE, PROPHÉTESSE [pʀɔfɛt ; pʀɔfetɛs]. *n.* • 1° Personne inspirée qui prédit l'avenir et révèle des vérités cachées. *Les prophètes hébreux. Le tombeau du Prophète*, de Mahomet. *Faux prophètes*, imposteurs. • 2° Loc. prov. *Nul n'est prophète en son pays*, il est plus difficile d'être écouté considéré par ses compatriotes ou ses proches que par les étrangers. Fam. *Pas besoin d'être prophète pour prévoir, pour savoir que...* tout le monde peut prévoir que... — *Prophète de malheur*, celui qui annonce, prédit des événements fâcheux. ▼ **PROPHÉTI[E]** [pʀɔfesi]. *n. f.* • 1° Action de prophétiser ce qui est prédit par un prophète. *Le don d[e] prophétie.* • 2° Ce qui est annoncé par de[s] personnes qui prétendent connaître l'avenir • 3° Expression d'une conjecture sur de[s] événements à venir. V. **Prédiction.** *Tes prophéties se sont réalisées.* ▼ **PROPHÉTIQU[E].** *adj.* Qui a rapport au prophète, a le caractèr[e] de la prophétie. *Il prononça alors ces parole[s] prophétiques...*, que l'avenir devait confirme[r]. ▼ **PROPHÉTISER.** *v. tr.* (1) • 1° Prédire en se proclamant inspiré de Dieu. *Ils prophétisaient la venue du Messie.* • 2° Prédire annoncer (ce qui va arriver).

PROPHYLAXIE [pʀɔfilaksi]. *n. f.* • En[-]semble des mesures à prendre pour préven[ir] les maladies. ▼ **PROPHYLACTIQUE.** *ad[j.]*

PROPICE [pʀɔpis]. *adj.* • 1° *Litté[r.]* (Divinité). Bien disposé, favorable. *Que* *sort nous soit propice !* • 2° (Choses). *Propice à...,* qui se prête tout particulièrement à. V. **Bon.** *Un climat propice à sa santé.* — Opportun, favorable. *L'occasion était propice. Choisir le moment propice.*

PROPITIATOIRE [pʀɔpisjatwaʀ]. *adj.* • *Littér.* Qui a pour but de rendre la divinité propice. *Une offrande propitiatoire.*

PROPORTION [pʀɔpɔʀsjɔ̃]. *n. f.* • 1° Rapport de grandeur entre les parties d'une chose, entre une des parties et le tout, défini par référence à un idéal esthétique ; *(plur.)* dimensions relatives des parties et du tout. ‖ Contr. **Disproportion.** ‖ *La proportion entre la hauteur et la largeur d'une façade. Une statue aux proportions harmonieuses.* • 2° Rapport ou ensemble de rapports de grandeurs. *Les proportions des nombres.* — Égalité de deux rapports mathématiques $\left(ex. : \frac{a}{b} = \frac{c}{d}\right)$. • 3° Rapport quantitatif (entre deux ou plusieurs choses). *Il y a une proportion égale de réussites et d'échecs. La proportion des décès est élevée dans ce pays.* V. **Pourcentage.** • 4° *Loc.* À PROPORTION DE... : suivant l'importance, la grandeur relative de. V. **Proportionnellement.** *Chose qui augmente à proportion de,* en raison directe de. À PROPORTION QUE... : à mesure que (et dans la mesure où). À PROPORTION : suivant la même proportion. — EN PROPORTION DE. V. **Selon, suivant.** *Le travail était payé en proportion des risques. C'est peu de chose, en proportion du service qu'il vous avait rendu.* V. **Comparaison** (en), **relativement.** EN PROPORTION : suivant la même proportion. *Il est grand, et gros en proportion.* — HORS DE PROPORTION, *hors de toute proportion* : qui n'est pas en proportion. V. **Disproportionné.** • 5° *(Plur.).* Dimensions (par référence implicite à une échelle, une mesure). *Le déficit a pris des proportions considérables.*

PROPORTIONNEL, ELLE. *adj.* • 1° Se dit de grandeurs mesurables qui sont dans des rapports égaux (formant *une proportion,* 2°). • 2° Qui est, reste en rapport avec, varie dans le même sens que (qqch.). *Un traitement proportionnel à l'ancienneté.* — *Absolt.* Déterminé par une proportion. *Impôt proportionnel,* à taux invariable (opposé *à* progressif). • 3° *Représentation proportionnelle,* et subst. *la proportionnelle,* système électoral où les élus de chaque parti sont en nombre proportionnel à celui des voix obtenues par leur parti. ▼**PROPORTIONNALITÉ.** n. f. *Terme de droit* ou *littér.* • 1° Caractère des grandeurs qui sont ou restent proportionnelles entre elles. • 2° Le fait de répartir (qqch.) selon une juste proportion. *La proportionnalité de l'impôt.* ▼ **PROPORTIONNELLEMENT.** *adv.* Suivant une proportion ; d'une manière proportionnelle. *Il calcule ses dépenses proportionnellement à son salaire. Un petit État peut être proportionnellement plus fort qu'un grand.* V. **Comparativement, relativement.**

PROPORTIONNER [pʀɔpɔʀsjɔne]. *v. tr.* (1) • Rendre (une chose) proportionnelle (à une autre) ; établir un rapport convenable, normal entre (plusieurs choses). ▼**PROPORTIONNÉ, ÉE.** *adj.* • 1° *Proportionné à...,* qui a un rapport normal avec. • 2° BIEN PROPORTIONNÉ : qui a de belles proportions ; bien fait.

1. PROPOS [pʀɔpo]. *n. m.* ★ **I.** *Littér.* Ce qu'on propose ; ce qu'on se fixe pour but. V. **Dessein, intention.** *Son propos est de...* ★ **II.** UN, DES PROPOS : paroles dites au sujet de qqn, qqch., mots échangés. V. **Parole.** *Ce sont des propos en l'air. Il lui tint des propos blessants.*

2. PROPOS. *n. m.* [Dans des expressions avec À.] • 1° À PROPOS DE : au sujet de. V. **Concernant.** *Je n'ai rien à ajouter à propos de cette affaire, à ce propos. À quel propos ?* — *À propos de tout et de rien,* sans motif. — *Il se met en colère* À TOUT PROPOS. — À PROPOS, *à ce propos* : sert à introduire dans la suite du discours une idée qui surgit brusquement à l'esprit. *Ah ! à propos, je voulais vous demander...* — *Mal à propos,* de manière intempestive, inopportune. • 2° À PROPOS : de la manière, au moment, à l'endroit convenable ; avec discernement. *Voilà qui tombe à propos. Il a jugé à propos de démissionner,* il a jugé convenable, opportun.

PROPOSER [pʀɔpoze]. *v. tr.* (1) ★ **I.** PROPOSER QQCH. (À QQN). • 1° Faire connaître à qqn, soumettre à son choix. *Quel menu nous proposez-vous ? On proposa un nouveau projet.* V. **Présenter.** • 2° Soumettre (un projet) en demandant d'y prendre part. *Il nous a proposé un arrangement, de partager les frais.* • 3° Demander à qqn d'accepter. *Il m'a proposé de l'argent.* V. **Offrir.** • 4° Donner (un sujet, un thème). *Le sujet proposé cette année aux candidats.* ★ **II.** • 1° Faire connaître, promettre de donner (ce qui sera le prix, la récompense du vainqueur). • 2° Désigner (qqn) comme candidat pour un emploi. *On l'a proposé pour ce poste.* ★ **III.** SE PROPOSER. *v. pron.* • 1° Se fixer (un but) ; former le projet de... *Je me propose de vous démontrer le contraire.* • 2° Poser sa candidature à un emploi, offrir ses services. *Elle s'est proposée pour garder les enfants.*

PROPOSITION. *n. f.* • 1° Action de proposer, d'offrir, de suggérer qqch. à qqn ; ce qui est proposé. V. **Offre.** *Ils ont fait des propositions de paix. Sa proposition avait été rejetée. Faire des propositions (déshonnêtes) à une femme. Sur la proposition de Jean,* conformément à ce qu'a proposé Jean, sur son conseil. — *Proposition de loi,* texte qu'un ou plusieurs parlementaires déposent sur le bureau de leur Assemblée pour qu'il soit transformé en loi après un vote du Parlement. • 2° Expression d'un jugement ; énoncé exprimant une relation entre deux ou plusieurs termes. • 3° Unité syntaxique et logique constituant une phrase simple ou entrant comme élément dans la formation d'une phrase complexe. *Sujet, verbe d'une proposition. Proposition principale, subordonnée, indépendante.*

1. PROPRE [pʀɔpʀ(ə)]. *adj.* et *n. m.* ★ **I.** • 1° *(Après le nom).* Qui appartient d'une manière exclusive ou particulière à une personne, une chose. *Vous lui remettrez ces papiers en mains propres.* — *Nom propre* (*opposé à* nom commun), nom qui s'applique à une personne, à un lieu, etc., qu'il désigne. — *Sens propre* (*opposé à* figuré), sens d'un mot considéré comme antérieur aux autres (logiquement ou historiquement). V. **Littéral.** — PROPRE À... *C'est un trait de caractère qui lui est propre.* • **2°** (Sens affaibli avec un possessif, avant le nom). *Il rentrera par ses propres moyens. Dans leur propre intérêt.* — *Ce sont ses propres mots,* exactement les mots qu'il a employés. V. **Même.** • **3°** *(Après le nom).* Qui convient particulièrement. V. **Approprié, convenable.** || Contr. **Impropre.** || *Le mot propre.* V. **Exact, juste.** *Une atmosphère propre au recueillement.* — *(Personnes)* Apte (par sa personnalité, ses capacités). *Je le crois propre à remplir cet emploi.* — *Subst.* PROPRE À RIEN : personne qui ne sait rien faire ou ne veut rien faire, qui ne peut se rendre utile. V. **Incapable.** ★ **II.** *N. m.* • **1°** EN PROPRE : possédé à l'exclusion de tout autre. *Avoir un bien en propre,* à soi. V. **Propriété.** • **2°** LE PROPRE DE : la qualité distinctive qui caractérise, qui appartient à (une chose, une personne). *C'est le propre du régime actuel.* V. **Particularité.** • **3°** AU PROPRE : au sens propre, littéral. *Se dit au propre et au figuré.* ▼ **1. PROPREMENT.** *adv.* • **1°** D'une manière spéciale à qqn ou à qqch. ; en propre. *Le gouvernement affirme que c'est une affaire proprement française.* • **2°** *Littér.* Au sens propre du mot, à la lettre. V. **Exactement, précisément.** — À PROPREMENT PARLER : en nommant les choses exactement par le mot propre. *Ce château est à proprement parler une grande maison.* — PROPREMENT DIT : au sens exact et restreint, au sens propre. *On arriva enfin au village proprement dit.*

2. PROPRE. *adj.* • **1°** *(Choses).* Qui n'a aucune trace de crasse, de poussière, de souillure. V. **Impeccable, net.** || Contr. **Malpropre, sale.** || *Un hôtel modeste mais propre. Des draps bien propres.* V. **Immaculé.** *Avoir les mains propres.* — (D'une action, d'une occupation) *Ne mange pas avec les doigts, ce n'est pas propre.* • **2°** *(Personnes).* Qui se lave souvent ; dont le corps et les vêtements sont débarrassés de toute impureté. Loc. *Propre comme un sou neuf,* très propre. — Abstrait *(par antiphr.). Nous voilà propres!* dans une mauvaise situation. V. **Frais.** • **3°** Qui a l'aspect convenable, net. || Contr. **Négligé.** || *Une copie propre.* —Subst. *Recopier au propre* (*opposé à :* au brouillon). — Fait convenablement. *Voilà du travail propre.* V. **Correct.** • **4°** *(Personnes).* Qui est honnête, dont la réputation est sans tache. Fam. *Je le connais, c'est pas grand-chose de propre.* — (Choses) *Une affaire pas très propre.* Subst. *C'est du propre !* se dit par antiphrase d'un comportement indécent, immoral (Cf. C'est du beau, du joli !). ▼ **2. PROPREMENT.** *adv.* • **1°** D'une manière propre, soigneuse. || Contr. **Salement.** || *Veux-tu manger proprement ! Proprement vêtu. L'appartement est tenu très proprement.* • **2°** Comme il faut, sans plus. V. **Convenablement, correctement.** || Contr. **Mal.** || *Travail proprement exécuté.* • **3°** Avec honnêteté, décence. *Se conduire proprement.* ▼ **PROPRET, ETTE.** *adj.* Bien propre dans sa simplicité. *Une petite auberge proprette.* ▼ **PROPRETÉ.** *n. f.* • **1°** État, qualité de ce qui est propre. || Contr. **Saleté, malpropreté.** || *La propreté des maisons hollandaises.* • **2°** Qualité d'une personne qui est propre et soigneuse sur elle, qui veille à ce que les objets dont elle se sert soient propres. *Manger avec propreté.*

PROPRIÉTAIRE [pʀɔpʀijetɛʀ]. *n.* • **1°** *Le propriétaire de qqch.,* personne qui possède en propriété. *Le propriétaire d'une auto. Faire le tour du propriétaire,* visiter sa maison, son domaine. • **2°** *Un propriétaire,* personne qui possède en propriété des biens immeubles. *Propriétaire terrien. Les grands, les petits propriétaires.* • **3°** Personne qui possède une maison en propriété et la loue (pop. PROPRIO). *Le loyer dû au propriétaire.*

PROPRIÉTÉ [pʀɔpʀijete]. *n. f.* ★ **I.** • **1°** Droit d'user, de jouir et de disposer d'une chose d'une manière exclusive et absolue sous les restrictions établies par la loi. *Titre de propriété. En toute propriété,* par oppos. à *copropriété. Le goût, l'amour de la propriété,* de la possession. — Monopole temporaire d'exploitation d'une œuvre, d'une invention par son auteur. *Propriété littéraire.* • **2°** Ce qu'on possède en vertu de ce droit. *C'est ma propriété, la propriété de l'État.* • **3°** Terre, construction ainsi possédée. *Il vit du revenu de ses propriétés.* Collect. *La grande propriété et la petite.* • **4°** Riche maison d'habitation avec un jardin, un parc. *Il habite une superbe propriété dans les environs de Paris.* ★ **II.** *(Abstrait).* • **1°** Qualité propre, caractère qui appartient à tous les individus d'une espèce. *Les propriétés de la matière. Propriétés physiques, chimiques.* • **2°** Qualité du mot propre, de l'expression qui convient exactement. || Contr. **Impropriété.** ||

PROPRIO [pʀɔpʀi(j)o]. *n. m.* • *Pop.* Propriétaire.

PROPULSER [pʀɔpylse]. *v. tr.* (1) • **1°** Faire avancer par une poussée (V. **Propulsion**). *Missile propulsé par une fusée.* • **2°** Projeter au loin, avec violence. • **3°** Fam. SE PROPULSER. *v. pron.* Se déplacer, se promener. ▼ **PROPULSEUR.** *n. m.* Engin de propulsion assurant le déplacement d'un bateau, d'un avion. *Propulseur à gaz, à réaction.* ▼ **PROPULSION.** *n. f.* Action de pousser en avant, de mettre en mouvement. — Production d'une force qui assure le déplacement d'un mobile. *La propulsion par réaction. Propulsion nucléaire.*

PRORATA [pʀɔʀata]. *n. m. invar.* • AU PRORATA DE *(loc. prép.)* : en proportion de, proportionnellement à. *Le partage des bénéfices se fait au prorata des fonds engagés.*

PROROGER [pʀɔʀɔʒe]. *v. tr.* (3) • **1°** Renvoyer à une date ultérieure. *Proroger une échéance.* — Faire durer au delà de la date d'expiration fixée. V. **Prolonger.** *Le traité a été prorogé.* • **2°** *Proroger une assemblée,* en suspendre les séances et en reporter la suite à une date ultérieure. ▼ **PROROGATION.** *n. f.*

PROSAÏQUE [pRozaik]. *adj.* • Qui manque d'idéal, de noblesse. V. **Commun, plat.** || Contr. **Poétique.** || *Nous menons une vie prosaïque. C'est un homme prosaïque,* terre-à-terre. ▼ **PROSAÏQUEMENT.** *adv.* ▼ **PROSAÏSME.** n. m. *Littér.* Caractère prosaïque. *Le prosaïsme de la vie quotidienne.*

PROSATEUR. *n. m.* • Auteur qui écrit en prose.

PROSCRIRE [pRɔskRiR]. *v. tr.* (39) • 1° Bannir, exiler. • 2° *Littér.* Interdire formellement (une chose que l'on condamne, l'usage de qqch.). *Il y a des mots que les convenances proscrivent.* || Contr. **Autoriser.** || ▼ **PROSCRIPTION** [pRɔskRipsjɔ̃]. *n. f.* • 1° Mesure de bannissement, prise à l'encontre de certaines personnes en période d'agitation civile ou de dictature (V. **Exil**). • 2° *Littér.* Action de proscrire (2°) qqch. ; son résultat. V. **Condamnation, interdiction.** ▼ **PROSCRIT, ITE.** *adj.* et *n.* Qui est frappé de proscription. V. **Banni, exilé.**

PROSE [pRoz]. *n. f.* • 1° Forme ordinaire du discours oral ou écrit, manière de s'exprimer qui n'est soumise à aucune des règles de la versification. || Contr. **Poésie, vers.** || *Un drame en prose.* — Style ; texte en prose. *La prose française du XVIII*e *siècle.* • 2° *Fam.* (souvent *iron.*). Manière propre à une personne ou à certains milieux d'utiliser le langage écrit ; texte où se reconnaît cette manière. *La prose administrative. Je reconnais sa prose.* V. **Style.** *J'ai lu votre prose,* votre lettre, votre texte.

PROSÉLYTE [pRɔzelit]. *n.* • 1° Nouveau converti à une religion. • 2° Personne récemment gagnée à une doctrine, un parti, une nouveauté. V. **Adepte.** ▼ **PROSÉLYTISME.** *n. m.* Zèle déployé pour faire des prosélytes, recruter des adeptes.

PROSODIE [pRɔzɔdi]. *n. f.* • *Didact.* • 1° Caractères quantitatifs (durée) et mélodiques des sons en tant qu'ils interviennent dans la poésie (V. **Métrique**) ; règles concernant ces caractères. • 2° Règles concernant les rapports de quantité, d'intensité, entre les temps de la mesure et les syllabes des paroles, dans la musique vocale. • 3° Phénomènes de modulation et d'intonation intervenant dans l'expression linguistique. ▼ **PROSODIQUE.** adj. *Didact.* De la prosodie.

PROSOPOPÉE [pRɔzɔpɔpe]. *n. f.* • *Didact.* Procédé de rhétorique qui consiste à faire parler un être absent ou mort, ou une chose personnifiée.

PROSPECTER [pRɔspɛkte]. *v. tr.* (1) • 1° Examiner, étudier (un terrain) pour rechercher les richesses naturelles. • 2° Parcourir (une région) pour y découvrir une source de profit. *Nos agents commerciaux ont prospecté cette région.* ▼ **PROSPECTEUR, TRICE.** *n.* Personne qui prospecte. ▼ **PROSPECTION.** *n. f.* Recherche, voyage de celui qui prospecte.

PROSPECTIF, IVE [pRɔspɛktif, iv]. *adj.* • Qui concerne l'avenir, sa connaissance. ▼ **PROSPECTIVE.** *n. f.* Ensemble de recherches concernant l'évolution future des sociétés modernes et permettant de dégager des éléments de prévision.

PROSPECTUS [pRɔspɛktys]. *n. m.* • Annonce publicitaire (brochure ou simple feuille, dépliant) destinée à vanter un produit, un commerce, une affaire... V. **Réclame.** *Les prospectus d'un hôtel.*

PROSPÈRE [pRɔspɛR]. *adj.* • Qui est dans un état de prospérité. V. **Florissant.** *Une santé prospère. Le commerce était prospère.* ▼ **PROSPÉRER.** *v. intr.* (6) • 1° Être, devenir prospère. *Un terrain où prospèrent certaines cultures.* • 2° (Affaire, entreprise...). Réussir, progresser dans la voie du succès. V. **Développer** (se), **marcher.** *Une entreprise qui prospère.* || Contr. **Péricliter.** ||

PROSPÉRITÉ [pRɔspeRite]. *n. f.* • 1° État heureux, situation favorable d'une personne quant à la santé, à la fortune et aux agréments qui en découlent. *Je vous souhaite bonheur et prospérité.* • 2° État d'abondance, augmentation des richesses d'une collectivité ; heureux développement d'une production, d'une entreprise ; progrès dans le domaine économique. || Contr. **Marasme.** || *Une industrie en pleine prospérité.* V. **Essor.**

PROSTATE [pRɔstat]. *n. f.* • Organe glandulaire, situé au niveau de la portion initiale de l'urètre. *Opération de la prostate (prostatectomie),* ablation de la prostate ou de tumeurs de la prostate. ▼ **PROSTATIQUE.** *adj.* et *n. m.* • 1° *Adj.* De la prostate. • 2° *N. m.* Homme atteint d'une maladie de la prostate.

PROSTERNER (SE) [pRɔstɛRne]. *v. pron.* (1) • 1° S'incliner en avant et très bas dans une attitude d'adoration, de supplication, d'extrême respect. *Les fidèles se prosternaient devant les reliques.* • 2° (Abstrait). *Se prosterner devant qqn,* faire preuve d'une humilité excessive, de servilité envers lui. V. **Humilier** (s'). *Pourquoi se prosterner devant le pouvoir ?* ▼ **PROSTERNATION.** *n. f.* ou **PROSTERNEMENT.** *n. m.*

PROSTITUER [pRɔstitɥe]. *v. tr.* (1) • 1° Livrer (une personne) ou l'inciter à se livrer aux désirs sexuels de qqn, pour un motif d'intérêt. — Faire d'une femme une prostituée. — SE PROSTITUER. *v. pron.* Se livrer à la prostitution. • 2° *Littér.* Déshonorer, avilir. *Prostituer son talent, sa plume,* l'abaisser à des besognes indignes, déshonorantes. — *Pronom.* S'abaisser, se dégrader. ▼ **PROSTITUÉE.** *n. f.* Femme qui se livre à la prostitution, en se donnant à quiconque la paie. V. **Putain.** ▼ **PROSTITUTION.** *n. f.* • 1° Le fait de livrer son corps aux plaisirs sexuels d'autrui pour de l'argent et d'en faire métier ; l'exercice de ce « métier » et le phénomène social qu'il représente. *La lutte contre la prostitution.* • 2° *Littér.* Action d'avilir, de s'avilir dans un comportement dégradant.

PROSTRATION [pRɔstRasjɔ̃]. *n. f.* • État d'abattement extrême, de faiblesse et d'inactivité totale. ▼ **PROSTRÉ, ÉE.** *adj.* Qui est dans un état de prostration. V. **Abattu, accablé, effondré.**

PROTAGONISTE [pRɔtagɔnist(ə)]. *n. m.* • Personne qui joue le premier rôle dans une affaire.

PROTE [pʀɔt]. *n. m.* • Contremaître dans un atelier d'imprimerie.

PROTECTEUR, TRICE [pʀɔtɛktœʀ, tʀis]. *n.* et *adj.* ★ **I.** *N.* • **1°** Personne qui protège, qui défend (les faibles, les pauvres, etc.). *Il veut être le protecteur des enfants martyrs.* Loc. iron. *Le protecteur de la veuve et de l'orphelin*, un avocat. V. **Défenseur.** ‖ Contr. **Oppresseur, persécuteur.** ‖ • **2°** Personne qui protège, qui patronne qqn. *Un protecteur puissant.* • **3°** Personne qui favorise la naissance ou le développement (de qqch.). *Il s'est fait le protecteur des arts.* ★ **II.** *Adj.* • **1°** Qui remplit son rôle de protection à l'égard de qqn, qqch. *Société protectrice des animaux.* • **2°** *Péj.* Qui exprime une intention bienveillante et condescendante. *Un ton protecteur.*

PROTECTION [pʀɔtɛksjɔ̃]. *n. f.* • **1°** Action de protéger, de défendre qqn ou qqch. (contre un agresseur, un danger, etc.) ; le fait de se protéger ou d'être protégé. V. **Aide, défense, secours.** *La protection de l'enfance. Prendre qqn sous sa protection. La protection contre les maladies.* — *De protection*, servant à protéger. *Écran de protection.* • **2°** Personne ou chose qui protège. *C'est une bonne protection contre le froid.* • **3°** Action d'aider, de patronner qqn. *C'est une place qu'il a eue par protection*, grâce aux appuis dont il dispose. • **4°** Action de favoriser la naissance ou le développement de qqch. *Une œuvre qui bénéficie de la protection de l'État.* ▼ **PROTECTIONNISME.** *n. m.* Politique douanière qui vise à protéger l'économie nationale contre la concurrence étrangère. ‖ Contr. **Libre-échange.** ‖ ▼ **PROTECTIONNISTE.** *adj.* et *n.* Relatif au protectionnisme (*opposé à* libre-échangiste). — Partisan du protectionnisme.

PROTECTORAT [pʀɔtɛktɔʀa]. *n. m.* • Régime juridique établi par un traité international, selon lequel un État exerçait un contrôle sur un autre, spécialement en ce qui concernait ses relations extérieures et sa sécurité. — Pays ainsi soumis au contrôle d'un autre.

PROTÉE [pʀɔte]. *n. m.* • *Littér.* Homme qui change sans cesse d'opinions, joue toutes sortes de personnages.

PROTÈGE-CAHIER [pʀɔtɛʒkaje]. *n. m.* • Couverture en matière souple qui sert à protéger un cahier d'écolier. *Des protège-cahiers.*

PROTÉGER [pʀɔteʒe]. *v. tr.* (6 et 3) • **1°** Aider (une personne) de manière à la mettre à l'abri d'une attaque, des mauvais traitements, du danger (physique ou moral). V. **Défendre, secourir.** ‖ Contr. **Attaquer, menacer.** ‖ *Que Dieu vous protège !* formule de souhait. V. **Assister.** — Défendre contre toute atteinte. *La loi doit protéger les libertés individuelles.* • **2°** *(Choses).* Couvrir de manière à arrêter ce qui peut nuire, à mettre à l'abri. V. **Abriter, garantir, préserver.** *Gants de caoutchouc qui protègent les mains. Des arbres qui nous protègent du vent, du soleil, contre le vent, contre le soleil...* • **3°** Aider (une personne), faciliter la carrière, la réussite de (qqn) par des recommandations, un appui matériel ou moral. V. **Patronner, pistonner** *(fam.)*, **recommander.** • **4°** Favoriser la naissance ou le développement de (une activité). V. **Encourager, favoriser.** *Louis XIV a protégé les arts.* • **5°** Favoriser la production, la vente de (produits) par des mesures protectionnistes. ▼ **PROTÉGÉ, ÉE.** *n.* La personne qu'on prend sous sa protection. *C'est mon petit protégé.*

PROTÉINE [pʀɔtein]. *n. f.* • Classe de molécules organiques azotées, très complexes, qui entrent pour une forte proportion dans la constitution des êtres vivants et libèrent par hydrolyse des acides aminés naturels. V. **Albuminoïde.**

PROTESTANT, ANTE [pʀɔtɛstɑ̃, ɑ̃t]. *n.* et *adj.* • Chrétien appartenant à la religion réformée. — Adj. *Temple, culte protestant.* ▼ **PROTESTANTISME.** *n. m.* • **1°** La religion réformée, ses croyances ; l'ensemble des Églises protestantes. • **2°** Les protestants (d'une région, d'un pays). *Le protestantisme français.*

PROTESTATAIRE [pʀɔtɛstatɛʀ]. *adj.* • *Littér.* Qui proteste. — Subst. *Les protestataires.*

PROTESTATION [pʀɔtɛstɑsjɔ̃]. *n. f.* • **1°** Déclaration par laquelle on atteste (ses bons sentiments, sa bonne volonté envers qqn). *Il me faisait des protestations d'amitié.* • **2°** Déclaration formelle par laquelle on s'élève contre ce qu'on déclare illégitime, injuste. *Rédiger, signer une protestation.* • **3°** Témoignage de désapprobation, d'opposition, de refus. *Une protestation énergique, violente. Il se contenta d'un geste de protestation.* ‖ Contr. **Approbation, assentiment.** ‖

1. PROTESTER [pʀɔtɛste]. *v.* (1) • **1°** *V. tr. dir.* Littér. PROTESTER DE : donner l'assurance formelle de. *L'accusé protestait de son innocence.* • **2°** *V. intr.* Déclarer formellement son opposition, son refus. ‖ Contr. **Approuver.** ‖ — Exprimer son opposition à qqch. *Ils protestèrent avec indignation contre cette injustice. Vous avez beau protester.* V. **Rouspéter.** *Vous avez été courageux, ne protestez pas !* ne refusez pas ce compliment. (En incise.) *Mais non, protesta-t-il.*

PROTÊT [pʀɔtɛ]. *n. m.* • Acte par lequel le porteur d'un effet de commerce fait constater que cet effet n'a pas été accepté par son tireur ou qu'il n'a pas été payé à l'échéance. ▼ **2. PROTESTER.** *v. tr.* (1). Faire un protêt contre (un billet, un chèque).

PROTHÈSE [pʀɔtɛz]. *n. f.* • **1°** Remplacement d'organes, de membres (en tout ou en partie) par des appareils artificiels. *Des appareils de prothèse.* • **2°** Appareil de ce genre. *Une prothèse dentaire.*

PROT(O)-. • Élément savant signifiant « premier, primitif » (*ex. :* prototype, protozoaire).

PROTOCOLE [pʀɔtɔkɔl]. *n. m.* • **1°** Document portant les résolutions d'une assemblée, d'une conférence internationale, le texte d'un engagement. • **2°** Recueil de règles à observer en matière d'étiquette, de préséances, dans les cérémonies et les relations officielles. — Service chargé des questions d'étiquette. *Chef du protocole.* ▼ **PROTOCOLAIRE.**

adj. • 1° Relatif au protocole. • 2° Conforme au protocole, respectueux du protocole et, en général, des formes dans la vie sociale. *Il a une manière de recevoir qui n'est pas très protocolaire.*

PROTON [pʀɔtɔ̃]. *n. m.* • Particule de charge électrique positive, constitutive du noyau atomique.

PROTOPLASME [pʀɔtɔplasm(ə)]. *n. m.* • Substance organisée, composé chimique complexe et variable qui constitue l'essentiel de la cellule vivante.

PROTOTYPE [pʀɔtɔtip]. *n. m.* • 1° Premier exemplaire d'un modèle (de mécanisme, de véhicule) construit avant la fabrication en série. *Un prototype de voiture de course.* • 2° *Littér.* Type, modèle originel ou principal. V. **Archétype.**

PROTOZOAIRE [pʀɔtɔzɔɛʀ]. *n. m.* • Être vivant formé d'une seule cellule, classé traditionnellement dans le règne animal.

PROTUBÉRANT, ANTE [pʀɔtybeʀɑ̃, ɑ̃t]. *adj.* • Qui forme saillie. *Une pomme d'Adam protubérante.* V. **Proéminent, saillant.** ▼ **PROTUBÉRANCE.** *n. f.* • 1° Saillie à la surface d'un os, d'un organe, d'un tissu. • 2° Saillie quelconque. || Contr. **Cavité.** ||

PROU (PEU OU) [pøupʀu]. *loc. adv.* • *Littér.* Plus ou moins. *Il est peu ou prou ruiné.*

PROUE [pʀu]. *n. f.* • Avant d'un navire (*opposé à* poupe).

PROUESSE [pʀuɛs]. *n. f.* • 1° *Littér.* Acte de courage, d'héroïsme ; action d'éclat. V. **Exploit.** *Les prouesses des pionniers de l'aviation.* • 2° *(Souvent iron.).* Action remarquable. *Il raconte partout ses prouesses sportives.*

PROUVER [pʀuve]. *v. tr.* (1) • 1° Faire apparaître ou reconnaître (qqch.) comme vrai, réel, certain, au moyen de preuves. V. **Démontrer, établir.** *Prouvez-le ! Cela reste à prouver.* — Impers. *Il est prouvé que...* — Pronom. *C'est une chose qui ne peut se prouver,* être prouvée. • 2° Exprimer (une chose) par une attitude, des gestes, des paroles. V. **Montrer.** *Comment vous prouver ma reconnaissance ? Cet enfant prouve qu'il a le sens de l'humour.* • 3° *(Suj. chose).* Servir de preuve, être (le) signe de. V. **Révéler, témoigner.** *Les derniers événements prouvent que la crise n'est pas terminée. Cela ne prouve rien. Qu'est-ce que cela prouve ?*

PROVENANCE [pʀɔvnɑ̃s]. *n. f.* • 1° Endroit d'où vient ou provient une chose. *J'ignore la provenance de cette lettre. Un avion en provenance de Paris* (*opposé à :* à destination de). — Origine. *Des éléments de toutes provenances.* • 2° *Pays de provenance,* celui d'où une marchandise est importée (et qui peut être distinct du pays d'origine).

PROVENÇAL, ALE, AUX [pʀɔvɑ̃sal, o]. *adj.* et *n. m.* • 1° Qui appartient ou qui a rapport à la Provence. — Subst. *Les Provençaux.* • 2° N. m. *Le provençal,* la langue d'oc (V. **Occitan**) ; sa variété parlée en Provence. • 3° *Loc. adv.* À LA PROVENÇALE : à la manière de Provence. *Tomates (à la) provençale.*

PROVENIR [pʀɔvniʀ]. *v. intr.* (22) • 1° *(Choses).* Venir (de). V. **Provenance.** *D'où provient ce colis ?* • 2° *(Choses).* Avoir son origine dans, tirer son origine de. *Personne ne savait d'où provenait leur fortune. Huiles provenant de la distillation des goudrons.* V. **Dériver.** — (Sentiments, idées) Découler, émaner. *Des habitudes qui proviennent de l'éducation.*

PROVERBE [pʀɔvɛʀb(ə)]. *n. m.* • Vérité d'expérience, ou conseil de sagesse pratique commun à tout un groupe social, exprimé en une formule généralement imagée (V. **Adage, aphorisme, dicton**). *Passer en proverbe,* devenir proverbial. ▼ **PROVERBIAL, IALE, IAUX.** *adj.* • 1° Qui est de la nature du proverbe. *Phrase proverbiale.* — Qui tient du proverbe par la forme, l'emploi. *Locution proverbiale.* • 2° Qui est aussi généralement connu et aussi frappant qu'un proverbe ; qui est cité comme type, comme exemplaire. *Sa bonté est proverbiale.* ▼ **PROVERBIALEMENT.** *adv.*

PROVIDENCE [pʀɔvidɑ̃s]. *n. f.* • 1° Sage gouvernement de Dieu sur la création ; (avec la majuscule) Dieu gouvernant la création. *Les décrets de la Providence.* • 2° *Être la providence de qqn,* être la cause de son bonheur, combler ses désirs. ▼ **PROVIDENTIEL, ELLE.** *adj.* • 1° Qui est un effet heureux de la providence. • 2° Qui arrive opportunément, par un heureux hasard. *Il fit alors une rencontre providentielle.* — *Homme providentiel,* grand homme dont l'action apparaît providentielle. ▼ **PROVIDENTIELLEMENT.** *adv.*

PROVINCE [pʀɔvɛ̃s]. *n. f.* • 1° Région traditionnelle. *La Bretagne, la Normandie, la Provence... provinces françaises.* • 2° Partie d'un pays ayant un caractère propre, à l'exclusion de la capitale. *Il arrive de sa province.* — LA PROVINCE : en France, l'ensemble du pays, les villes, les bourgs, à l'exclusion de la capitale. *Vivre en province.* • 3° Fam. *(Adj.).* Provincial. *Cela fait province.* ▼ **PROVINCIAL, ALE, AUX.** *adj.* et *n.* • 1° *Adj.* Qui appartient, est relatif à la province dans ce qu'on lui trouve de typique. *La vie provinciale.* — *Avoir des manières provinciales,* qui ne sont pas à la mode de Paris. • 2° *N.* Personne qui vit en province. *Les provinciaux et les Parisiens.*

PROVISEUR [pʀɔvizœʀ]. *n. m.* • Fonctionnaire de l'administration scolaire qui dirige un lycée de garçons. V. **Directeur.**

PROVISION [pʀɔvizjɔ̃]. *n. f.* ★ **I.** • 1° Réunion de choses utiles ou nécessaires à la subsistance, à l'entretien ou à la défense. V. **Approvisionnement, réserve, stock.** *Avoir une provision de charbon. Faire provision de qqch.,* s'en pourvoir en abondance. *Avoir des provisions.* V. **Vivres.** *Faire des provisions pour l'hiver. Une armoire à provisions.* • 2° *(Plur.).* Achat de choses nécessaires à la vie (nourriture, produits d'entretien) ; les choses que l'on achète. *Une ménagère qui fait ses provisions.* V. **Course(s).** *Un filet à provisions.* ★ **II.** • 1° Somme versée à titre d'acompte (à un avocat, un avoué...). • 2° Somme déposée chez un banquier pour assurer le paiement d'un titre. — *Chèque sans provision*, tiré sur un compte insuffisamment alimenté. ▼ **PROVISIONNEL, ELLE.** adj. *Acompte, tiers provisionnel*, défini par rapport aux impôts de l'année précédente, et payé d'avance.

PROVISOIRE [pʀɔvizwaʀ]. *adj.* • 1° Qui existe, qui se fait en attendant autre chose, qui est destiné à être remplacé. || Contr. **Définitif.** || V. **Transitoire.** *Une solution provisoire. À titre provisoire*, provisoirement. — *Gouvernement provisoire*, destiné à gouverner pendant un intervalle, avant la constitution d'un régime stable. — (Choses matérielles) *Une installation provisoire.* V. **Fortune** (de). — Subst. *Le provisoire risque de durer longtemps !* • 2° En droit, Prononcé ou décidé avant le jugement définitif. *Liberté provisoire.* ▼ **PROVISOIREMENT.** *adv.* V. **Momentanément.** *Je me suis installé chez lui provisoirement.*

PROVOCANT, ANTE [pʀɔvɔkɑ̃, ɑ̃t]. *adj.* • 1° Qui provoque ou tend à provoquer qqn, à le pousser à des sentiments ou à des actes violents. *Attitude provocante.* V. **Agressif.** • 2° Qui incite au désir, au trouble des sens. *Elle lui jeta un regard provocant.*

PROVOCATEUR, TRICE [pʀɔvɔkatœʀ, tʀis]. *n.* et *adj.* • 1° *(Rare au fém.)*. Personne qui provoque, incite à la violence, aux troubles. V. **Meneur.** • 2° Personne qui incite qqn ou un groupe à la violence, à l'illégalité, dans l'intérêt du pouvoir ou d'un parti opposé pour lesquels il travaille secrètement. — Adj. *Agent provocateur.*

PROVOCATION [pʀɔvɔkɑsjɔ̃]. *n. f.* • 1° Action de provoquer. V. **Appel, incitation.** *Poursuivi pour provocation de militaires à la désobéissance. Provocation en duel.* — *Absolt.* Défi. *Elle y mettait de la provocation.* • 2° Action, parole qui provoque, qui émane d'un provocateur. *Les manifestants ont été mis en garde contre toute provocation.*

1. PROVOQUER [pʀɔvɔke]. *v. tr.* (1) • PROVOQUER (QQN) À... • 1° Inciter, pousser (qqn) par une sorte de défi ou d'appel, particulièrement à une action violente (meurtre, émeute...). V. **Entraîner, inciter.** *Provoquer qqn en duel.* — Absolt. *Provoquer qqn*, l'inciter à la violence. V. **Attaquer, défier.** *Arrête, ne le provoque pas.* • 2° Exciter le désir de (qqn) par son attitude. *C'est une femme qui provoque les hommes*, une femme provocante.

2. PROVOQUER. *v. tr.* (1) • 1° Être volontairement ou non la cause de (qqch.). *Nous avons eu une franche explication, que j'avais d'ailleurs provoquée. Provoquer la colère, des troubles.* V. **Causer, susciter.** • 2° (Suj. chose). *Les bouleversements que provoque une invention.* V. **Apporter, occasionner.**

PROXÉNÈTE [pʀɔksenɛt]. *n.* • 1° *Littér.* Entremetteur, entremetteuse. • 2° *N. m.* Celui qui tire des revenus de la prostitution d'autrui. V. **Maquereau, souteneur.** ▼ **PROXÉNÉTISME.** *n. m.* Le fait de tirer des revenus de la prostitution d'autrui (délit).

PROXIMITÉ [pʀɔksimite]. *n. f.* • 1° *Littér.* Situation d'une chose qui est à peu de distance d'une ou plusieurs autres. V. **Contiguïté.** || Contr. **Éloignement.** || *La proximité de la ville.* • 2° À PROXIMITÉ *(loc. adv.)* : tout près. *A proximité de...* (loc. prép.), à faible distance de. V. **Auprès, environs** (aux), **près.** *Il habite à proximité de son bureau.* • 3° Caractère de ce qui est proche dans le temps passé ou futur. *Il avait conscience de la proximité du danger.*

PRUDE [pʀyd]. *adj.* • Qui est d'une pudeur affectée et outrée. V. **Bégueule, pudibond.** — *N. f.* V. **Sainte nitouche.** ▼ **PRUDERIE.** *n. f.* Littér.

PRUDENCE [pʀydɑ̃s]. *n. f.* • Attitude d'esprit de celui qui, réfléchissant aux conséquences de ses actes, prend ses dispositions pour éviter des erreurs, des malheurs possibles, s'abstient de tout ce qu'il croit pouvoir être source de dommage. || Contr. **Imprudence.** || *Annoncez-lui la nouvelle avec beaucoup de prudence.* V. **Ménagement, précaution.** *Conseils de prudence aux automobilistes. Je vais faire vacciner mes enfants par prudence.* PROV. *Prudence est mère de sûreté.*

PRUDENT, ENTE [pʀydɑ̃, ɑ̃t]. *adj.* • 1° Qui a de la prudence, montre de la prudence. V. **Circonspect, prévoyant.** || Contr. **Imprudent.** || *Il était trop prudent pour brusquer les choses. Soyez prudents, ne roulez pas trop vite.* • 2° *(Choses).* Inspiré par la prudence, empreint de prudence. *Une démarche prudente. Prenez une assurance tous risques, c'est plus prudent. Ce n'est pas prudent. Il jugea prudent de se retirer*, il jugea qu'il était prudent de... ▼ **PRUDEMMENT.** *adv.*

PRUD'HOMME [pʀydɔm]. *n. m.* • Magistrat de l'ordre juridictionnel, membre élu d'un *Conseil des prud'hommes*, qui est chargé de juger des différends d'ordre professionnel entre employeurs et employés.

PRUDHOMMESQUE. *adj.* • Qui a un caractère de banalité emphatique et ridicule.

PRUINE [pʀɥin]. *n. f.* • Fine pellicule cireuse à la surface de certains fruits (prune, raisin).

PRUNE [pʀyn]. *n. f.* et *adj.* • 1° Fruit du prunier, de forme ronde ou allongée, à peau fine, de couleur variable, à chair juteuse et sucrée (V. **Mirabelle, prunelle 1, quetsche, reine-claude**). *Tarte aux prunes. Eau-de-vie de prunes. Un petit verre de prune*, d'eau-de-vie de prunes. • 2° Loc. pop. *Pour des prunes*, pour rien. *Je me suis dérangé pour des prunes.* • 3° *Adj. invar.* D'une couleur violet foncé rappelant celle de certaines prunes. *Une robe prune.*

PRUNEAU [pʀyno]. *n. m.* • 1° Prune séchée. *Pruneaux d'Agen.* — Fam. *Elle est noire comme un pruneau.* • 2° *Pop.* Projectile, balle de fusil.

1. PRUNELLE [pʀynɛl]. *n. f.* • Fruit d'un arbrisseau épineux dit *prunellier*, petite prune globuleuse bleu ardoise, de saveur âcre, dont on tire une eau-de-vie.

2. PRUNELLE. *n. f.* • La pupille de l'œil, considérée surtout quant à son aspect. — Loc. *Il y tient comme à la prunelle de ses yeux*, tout particulièrement, plus qu'à tout.

PRUNIER [pRynje]. *n. m.* • Arbre fruitier qui produit les prunes. — Loc. fam. *Secouer qqn comme un prunier*, très vigoureusement.

PRURIT [pRyRit]. *n. m.* • 1° Trouble fonctionnel des nerfs de la peau, produisant des démangeaisons sans qu'il y ait de lésion. • 2° *Abstrait.* et *littér.* Désir irrépressible. *Le prurit de la gloire.*

PRUSSIQUE [pRysik]. *adj. m.* • *Acide prussique*, cyanhydrique.

PRYTANÉE [pRitane]. *n. m.* • Établissement d'éducation gratuite pour fils de militaires.

P.-S. [peɛs]. *n. m.* • Post-scriptum.

PSALMODIER [psalmɔdje]. *v. intr.* (7) • 1° Dire ou chanter les psaumes. — Trans. *Psalmodier les offices.* • 2° Parler ou dire d'une façon monotone.

PSAUME [psom]. *n. m.* • 1° L'un des poèmes religieux qui constituent un livre de la Bible et qui servent de prières et de chants religieux dans la liturgie juive et chrétienne. *Chanter, réciter des psaumes.* • 2° Composition musicale (vocale), sur le texte d'un de ces poèmes. ▼ **PSAUTIER** [psotje]. *n. m.* Recueil de psaumes.

PSEUD(O)-. • Élément savant signifiant « faux ».

PSEUDONYME [psødɔnim]. *n. m.* • Dénomination choisie par une personne pour masquer son identité.

PSEUDOPODE [psødɔpɔd]. *n. m.* • Chacun des prolongements rétractiles de certains protozoaires, qui leur permettent de se déplacer, de se nourrir.

PSITT ! [psit] ou **PST !** [pst]. *interj.* • *Fam.* Interjection servant à appeler, à attirer l'attention, etc.

PSITTACISME [psitasism(ə)]. *n. m.* • *Didact.* Répétition mécanique de phrases, de notions que le sujet ne comprend pas. (Cf. Répéter comme un perroquet.)

PSYCH(O)-. • Élément savant signifiant « âme, esprit ».

PSYCHANALYSE [psikanaliz]. *n. f.* • 1° Méthode de psychologie clinique, investigation des processus psychiques profonds, de l'inconscient. • 2° Traitement de troubles psychiques (surtout névroses) et psychosomatiques par cette méthode. (On dit aussi ANALYSE, dans ce sens.) V. **Psychothérapie.** • 3° Étude psychanalytique (d'une œuvre d'art, de thèmes...). *La psychanalyse des textes littéraires.* ▼ **PSYCHANALYSER** ou **ANALYSER.** *v. tr.* (1) • 1° Traiter par la psychanalyse. *Se faire psychanalyser.* • 2° Étudier, interpréter par la psychanalyse. ▼ **PSYCHANALYSTE** ou **ANALYSTE.** *n.* Spécialiste de la psychanalyse ; personne qui exerce la thérapeutique par la psychanalyse. ▼ **PSYCHANALYTIQUE.** *adj.* Propre ou relatif à la psychanalyse.

PSYCHÉ [psiʃe]. *n. f.* • Grande glace mobile montée sur un châssis à pivots.

PSYCHÉDÉLIQUE [psikedelik]. *adj.* • Qui évoque l'état psychique produit par certaines drogues.

PSYCHIATRE [psikjatR(ə)]. *n.* • Médecin spécialiste des maladies mentales. V. **Aliéniste.** *Psychiatre expert près les tribunaux.* ▼ **PSYCHIATRIE.** *n. f.* Partie de la médecine qui étudie et traite les maladies mentales, les troubles pathologiques de la vie psychique. V. **Neurologie, psychopathologie, psychothérapie.** ▼ **PSYCHIATRIQUE.** *adj.* Relatif à la psychiatrie. *Hôpital psychiatrique.*

PSYCHIQUE [psiʃik]. *adj.* • *Didact.* Qui concerne l'esprit, la pensée, en tant que principe auquel on rattache une catégorie de faits d'expérience. V. **Mental, psychologique.** *Phénomènes psychiques.* ▼ **PSYCHISME** [psiʃism]. n. m. *Didact.* • 1° La vie psychique. • 2° Ensemble particulier de faits psychiques. *Le psychisme morbide.*

PSYCHODRAME [psikɔdRam]. *n. m.* • Représentation théâtrale thérapeutique où le patient joue lui-même un rôle approprié à sa situation.

PSYCHOLOGIE [psikɔlɔʒi]. *n. f.* • 1° Étude scientifique des phénomènes de l'esprit (au sens le plus large). *Psychologie subjective. Psychologie expérimentale. — Psychologie génétique, descriptive. La psychologie des profondeurs*, psychanalyse. *Licence de psychologie.* (Abrév. fam. PSYCHO.) • 2° Connaissance spontanée des sentiments d'autrui ; aptitude à comprendre, à prévoir les comportements. V. **Intuition ; psychologue** (2°). *Il manque de psychologie.* • 3° Analyse des états de conscience, des sentiments, dans une œuvre. • 4° Ensemble d'idées, d'états d'esprit caractéristiques d'une collectivité. — *Fam.* Mentalité (d'une personne). ▼ **PSYCHOLOGIQUE.** *adj.* • 1° Qui appartient à la psychologie. *L'analyse psychologique. Un roman psychologique.* • 2° Étudié par la psychologie ; qui concerne les faits psychiques, la pensée. V. **Mental, psychique.** ‖ Contr. **Physiologique, physique.** ‖ ▼ **PSYCHOLOGIQUEMENT.** *adv.* Du point de vue psychologique. ▼ **PSYCHOLOGUE.** *n.* • 1° Spécialiste de la psychologie, en particulier de la psychologie appliquée (psychotechnique, psychologie de l'enfant, psychothérapie, etc.). • 2° *Adj.* Qui a une connaissance empirique des sentiments, des réactions d'autrui. *Vous n'êtes pas psychologue !* vous n'avez rien compris à son comportement.

PSYCHOMOTEUR, TRICE [psikɔmɔtœR, tRis]. *adj.* • *Didact.* Qui concerne à la fois les fonctions motrices et psychiques. *Troubles psychomoteurs.*

PSYCHOPATHE [psikɔpat]. *n.* • Malade mental.

PSYCHOPATHOLOGIE [psikɔpatɔlɔʒi]. *n. f.* • *Didact.* Étude des troubles mentaux, dont la connaissance conditionne la psychiatrie.

PSYCHOPHYSIOLOGIE [psikɔfizjɔlɔʒi]. *n. f.* • *Didact.* Étude scientifique des rapports entre l'activité physiologique et le psychisme.

PSYCHOSE [psikoz]. *n. f.* • 1° Maladie mentale dont le malade ne reconnaît pas le caractère morbide (à la différence des *névroses*). *La paranoïa, la schizophrénie sont des psychoses.* — V. **Démence, folie.** • 2° Obsession, idée fixe. *Psychose collective.* ▼ **PSY-**

CHOSÉ, ÉE ou **PSYCHOTIQUE.** *adj.* et *n.* Qui a une psychose (1°) ; malade mental.

PSYCHOSOMATIQUE [psikɔsɔmatik]. *adj.* • Se dit de la médecine qui étudie les maladies physiques liées à des causes psychiques, à des conflits psychologiques (généralement inconscients) ; se dit des troubles qui font l'objet de cette médecine.

PSYCHOTECHNIQUE [psikɔtɛknik]. *n. f.* • Discipline qui régit l'application aux problèmes humains (orientation professionnelle, organisation du travail, etc.) des données de la psychophysiologie et de la psychologie expérimentale. — Adj. *Examens psychotechniques.* V. **Test.** ▼ **PSYCHOTECHNICIEN, IENNE.** *n.* Spécialiste de la psychotechnique.

PSYCHOTHÉRAPIE [psikɔteʀapi]. *n. f.* • *Didact.* Toute thérapeutique par des procédés psychiques (psychanalyse, etc.). ▼ **PSYCHOTHÉRAPEUTE.** *n.*

PTÉR(O)-. • Élément savant signifiant « aile ».

PUANT, ANTE [pɥɑ̃, ɑ̃t]. *adj.* • 1° Qui pue. • 2° *Abstrait.* Qui est odieux de prétention, de vanité. ▼ **PUANTEUR.** *n. f.* Odeur infecte. V. **Infection.** *Une puanteur d'égouts.*

PUBERTÉ [pybɛʀte]. *n. f.* • Passage de l'enfance à l'adolescence ; ensemble des modifications physiologiques et psychologiques qui se produisent à cette époque. ▼ **PUBÈRE** [pybɛʀ]. adj. *Littér.* Qui a atteint l'âge de la puberté. || Contr. **Impubère.** ||

PUBIS [pybis]. *n. m.* • Renflement triangulaire à la partie inférieure du bas-ventre.

1. PUBLIC, IQUE [pyblik]. *adj.* • 1° Qui concerne le peuple pris dans son ensemble ; qui appartient à la collectivité sociale, politique et en émane ; qui appartient à l'État ou à une personne administrative. *La vie, les affaires publiques.* V. **Politique.** *L'intérêt public.* V. **Commun, général.** || Contr. **Privé ; particulier.** || *L'opinion publique.* — Relatif aux collectivités sociales juridiquement définies, à l'État. *Les pouvoirs publics. L'instruction publique. Les services publics.* • 2° Accessible, ouvert à tous. *La voie publique. Jardin public. Les lieux publics.* • 3° Qui a lieu en présence de témoins, n'est pas secret. *Scrutin public.* • 4° Qui concerne la fonction, plus ou moins officielle, qu'on remplit dans la société. *La vie publique et la vie privée. — Un homme public*, investi d'une fonction officielle. • 5° Connu de tous. V. **Notoire, officiel.** *Le scandale est devenu public.* ▼ **PUBLIQUEMENT.** *adv.* En public, au grand jour. *Il l'a injurié publiquement.* || Contr. **Secrètement.** ||

2. PUBLIC. *n. m.* • 1° Les gens, la masse de la population. *Le public est informé des décisions du gouvernement. Bâtiments interdits au public.* • 2° L'ensemble des gens qui lisent, voient, entendent (les œuvres littéraires, artistiques, musicales, les spectacles). *Livrer son ouvrage au public. Il a son public*, un public qu'il touche, qui le suit. • 3° Ensemble de personnes qui assistent effectivement (à un spectacle, une réunion...). V. **Assistance, auditoire ; spectateur.** *Le public applaudissait. Un bon public.* — Les personnes devant lesquelles on parle ou on se donne en spectacle. V. **Galerie.** *Il lui faut toujours un public.* • 4° *Loc. adv.* EN PUBLIC : en présence d'un certain nombre de personnes. *Parler en public.*

PUBLICATION [pyblikɑsjɔ̃]. *n. f.* • 1° Action de publier (un ouvrage, un écrit) ; son résultat. *Dès la publication de son dernier roman.* V. **Apparition, parution.** — Écrit publié (brochures, périodiques). • 2° Action de publier (2°), de porter à la connaissance de tous. *La publication des résultats d'un examen. Les publications de mariage.*

PUBLICISTE [pyblisist(ə)]. *n.* • 1° *Littér.* Journaliste. • 2° *(Emploi abusif).* Agent publicitaire.

PUBLICITAIRE [pyblisitɛʀ]. *adj.* et *n.* • 1° Qui sert à la publicité, présente un caractère de publicité. *Un film publicitaire. Vente publicitaire.* • 2° Qui s'occupe de publicité. *Rédacteur, dessinateur publicitaire.* — N. *Un publicitaire.*

PUBLICITÉ [pyblisite]. *n. f.* ★ **I.** • 1° Le fait, l'art d'exercer une action psychologique sur le public à des fins commerciales. V. **Réclame.** *Agence de publicité. Campagne de publicité.* • 2° Affiche, texte, etc., à caractère publicitaire. *Il y a deux pages entières de publicité dans ce journal.* ★ **II.** Caractère de ce qui est public, connu de tous. *Donner une regrettable publicité à une affaire privée.*

PUBLIER [pyblije]. *v. tr.* (7) • 1° Faire paraître (un texte) dans un livre, un journal. V. **Éditer.** *Publier un article dans une revue. Cet éditeur publie des dictionnaires.* • 2° Faire connaître au public ; annoncer publiquement. V. **Divulguer.** *On a publié les bans à l'église.*

PUBLIQUEMENT. *adv.* V. PUBLIC 1.

PUCE [pys]. *n. f.* • 1° Insecte sauteur, de couleur brune, parasite de l'homme et de quelques animaux. *Être piqué, mordu par une puce.* Fam. *Sac à puces*, lit (V. **Pucier**). • 2° Loc. fam. *Mettre la puce à l'oreille à qqn*, l'intriguer, éveiller ses doutes ou ses soupçons. — *Secouer ses puces, se secouer les puces*, s'agiter, se dépêcher. *Secouer les puces à qqn*, le réprimander, l'attraper. — *Le marché aux puces*, et ellipt. *Les puces*, marché où l'on vend toutes sortes d'objets d'occasion. • 3° *Fam.* Personne de très petite taille. • 4° *(En appos.).* D'un brun-rouge assez foncé (rappelant la couleur de la puce). *Des habits puce.* ▼ **PUCERON** [pysʀɔ̃]. *n. m.* Petit insecte parasite des plantes. *Puceron du rosier.* — *Fam.* Enfant très petit.

PUCELLE [pysɛl]. *n.* et *adj. f.* • 1° *Vx* ou *plais.* Jeune fille. *La pucelle d'Orléans*, Jeanne d'Arc. • 2° *Fam.* Fille vierge. ▼ **PUCEAU.** n. et adj. m. *Fam.* Garçon, homme vierge. ▼ **PUCELAGE.** n. m. *Fam.* Virginité.

PUDDING [pudiŋ]. *n. m.* • Gâteau à base de farine, d'œufs, de graisse de bœuf et de raisins secs, traditionnel en Angleterre.

PUDEUR [pydœʀ]. *n. f.* • 1° Sentiment de honte, de gêne qu'une personne éprouve à faire, à envisager des choses de nature sexuelle ; disposition permanente à éprouver un tel sentiment. V. **Chasteté, décence,**

pudicité. || Contr. **Impudeur.** || *Des propos qui blessent la pudeur. — Attentat, outrage public à la pudeur* (puni par la loi). • **2°** Gêne qu'éprouve une personne délicate devant ce que sa dignité semble lui interdire. V. **Discrétion, réserve, retenue.** *Ayez au moins la pudeur de vous taire ! Elle cachait son chagrin par pudeur.*

PUDIBOND, ONDE [pydibɔ̃, ɔ̃d]. *adj.* • Qui a une pudeur exagérée jusqu'au ridicule. V. **Prude.** ▼ **PUDIBONDERIE.** *n. f.*

PUDIQUE [pydik]. *adj.* • **1°** Qui a de la pudeur, montre de la pudeur. V. **Chaste, sage.** *Une femme pudique. Un geste pudique.* || Contr. **Impudique.** || • **2°** Plein de discrétion, de réserve. *Il a fait une allusion pudique à leurs querelles.* ▼ **PUDICITÉ.** n. f. *Littér.* Pudeur, caractère pudique. || Contr. **Impudicité.** || ▼ **PUDIQUEMENT.** *adv.* D'une manière pudique. *Elle tourna la tête pudiquement.* — En termes pudiques, par euphémisme. *Ce qu'on appelle pudiquement* « rétablir l'ordre ».

PUER [pɥe]. *v.* (1) • **1°** *V. intr.* Sentir très mauvais, exhaler une odeur infecte. V. **Empester ; puant.** • **2°** *V. tr.* Répandre une très mauvaise odeur de... V. **Empoisonner.** *Il a encore bu, il pue l'alcool.*

PUÉRICULTURE [pɥeʀikyltyʀ]. *n. f.* • Ensemble des méthodes propres à assurer la croissance et le plein épanouissement du nouveau-né et de l'enfant (jusque vers trois ou quatre ans). ▼ **PUÉRICULTRICE.** *n. f.* Infirmière diplômée spécialiste de puériculture.

PUÉRIL, ILE [pɥeʀil]. *adj.* • **1°** Qui évoque l'enfant, l'enfance. *Elle a quelque chose de puéril dans le visage.* • **2°** Qui ne convient qu'à un enfant, n'est pas digne d'un adulte, manque de sérieux. V. **Enfantin.** *Des propos, des arguments puérils.* ▼ **PUÉRILEMENT.** *adv.* ▼ **PUÉRILITÉ.** *n. f.* • **1°** Caractère puéril, peu sérieux. V. **Futilité.** • **2°** *Littér.* Action, parole, idée puérile. V. **Enfantillage.** *Cessez vos puérilités !*

PUERPÉRAL, ALE, AUX [pɥɛʀpeʀal, o]. *adj.* • En médecine, Relatif à l'accouchement. *Fièvre puerpérale,* due à une infection de l'utérus.

PUGILAT [pyʒila]. *n. m.* • Bagarre à coups de poing. V. **Rixe.** *Un pugilat en règle.* ▼ **PUGILISTE.** n. m. *Littér.* Boxeur.

PUIS [pɥi]. *adv.* • **1°** (Succession dans le temps). Après cela, dans le temps qui suit. V. **Ensuite.** *Ils entraient, puis sortaient. Il convoqua sa secrétaire, puis le chef du personnel.* • **2°** Plus loin, dans l'espace. V. **Après.** *On aperçoit la cathédrale, puis les tours du château.* • **3°** (ET) PUIS (introduisant le second, le troisième... terme d'une énumération). V. **Et.** *Il y avait ses amis, son frère et puis sa sœur.* • **4°** ET PUIS (servant à introduire une nouvelle raison). V. **Ailleurs** (d'). *Je n'ai pas le temps, et puis ça m'embête. — Et puis ?* s'emploie pour demander quelle importance peut bien avoir la chose en question. *Fam.* (Dans le même sens). *Et puis quoi ? Et puis après ?*

PUISARD [pɥizaʀ]. *n. m.* • Puits en pierres sèches destiné à recevoir et absorber les résidus liquides. V. **Égout.**

PUISATIER [pɥizatje]. *n. m.* • Ouvrier qui creuse des puits.

PUISER [pɥize]. *v. tr.* (1) • **1°** Prendre dans une masse liquide (une portion de liquide). *Puiser de l'eau à une source. — Puiser dans son sac, dans son porte-monnaie,* y prendre de l'argent. • **2°** *(Abstrait).* Emprunter, prendre. *Il a puisé ses exemples dans les auteurs classiques. Une documentation puisée dans des revues.*

PUISQUE [pɥisk(ə)]. *conj.* • Conjonction de subordination à valeur causale. • **1°** (Introduisant une cause, en faisant reconnaître comme logique le rapport de cause à effet). Dès l'instant où, du moment que... *Puisque l'expérience a été concluante, nous pouvons affirmer ceci.* • **2°** (Servant à justifier une assertion). *Il ne viendra sûrement plus, puisqu'il devait être là à dix heures.* (Exclam.) *Puisque je vous le dis !* • **3°** (Introduisant la cause qui explique non pas le fait énoncé dans la proposition principale, mais son énonciation). *Puisque vous voulez me parler, venez dans mon bureau.*

PUISSANCE [pɥisɑ̃s]. *n. f.* ★ **I.** • **1°** État de celui qui peut beaucoup, qui a une grande action sur les personnes, les choses ; domination qui en résulte. *Puissance spirituelle et puissance temporelle. La puissance paternelle.* • **2°** Grand pouvoir de fait exercé dans la vie politique d'une collectivité. *La puissance d'une caste, d'un parti.* • **3°** Caractère de ce qui peut beaucoup, de ce qui produit de grands effets. V. **Efficacité, force.** *La puissance des signes.* • **4°** En physique, Quantité de travail fourni par une unité de temps. V. **Énergie.** *Unités de puissance.* • **5°** En électricité, Produit, en watts, de l'intensité du courant (ampères) par la force électromotrice (volts). • **6°** Pouvoir d'action (d'un appareil) ; intensité (d'un phénomène). *Augmenter, diminuer la puissance d'un poste de radio.* • **7°** En mathématiques, *Puissance d'un nombre,* produit de plusieurs facteurs égaux à ce nombre, le nombre de facteurs étant indiqué par l'exposant. 10^5 *se lit dix puissance cinq. Élever un nombre à la puissance deux* (V. **Carré**), *trois* (V. **Cube**). Fam. *À la* $n^{\text{ième}}$ *puissance,* au plus haut degré. ★ **II.** *Une, des puissance(s).* • **1°** *Littér.* Chose qui a un grand pouvoir, produit de grands effets. *L'or est une puissance.* • **2°** Catégorie, groupement de personnes qui ont un grand pouvoir de fait dans la société. *Les puissances d'argent.* • **3°** État souverain (surtout quand il est très puissant). V. **Nation, pays.** *Les grandes puissances.* ★ **III.** En philosophie (*opposé à* acte), Possibilité. EN PUISSANCE *(loc. adj.)* : qui existe sans produire d'effet, sans se réaliser. *C'est un talent en puissance.*

PUISSANT, ANTE [pɥisɑ̃, ɑ̃t]. *adj.* • **1°** Qui a un grand pouvoir de la puissance. *Un personnage puissant.* V. **Considérable, influent.** — Subst. *Les puissants de ce monde.* — Qui a de grands moyens militaires. *Pays menacé par un puissant voisin.* • **2°** Qui est très actif, produit de grands effets. *Administrer un remède puissant.* V. **Énergique.** *Un senti-*

ment puissant. V. **Profond.** — *(Personnes)* Qui s'impose par sa force, son action. || Contr. **Faible.** || *Une puissante personnalité.* • 3° Qui a de la force physique (quand cette force semble permanente, en réserve). *Des muscles puissants.* • 4° *(Moteur, machine).* Qui a de la puissance, de l'énergie. *Une voiture puissante. Attention, freins puissants !* (inscription à l'arrière de camions). • 5° Qui a une grande intensité. V. **Fort.** *Il parlait d'une voix puissante.* V. **Haut.** ▼ **PUISSAMMENT.** *adv.* • 1° Avec des moyens puissants, avec une action efficace. || Contr. **Faiblement.** || • 2° Avec force, intensité. Iron. *C'est puissamment raisonné !* fortement. — *Fam.* Extrêmement. *Il était puissamment riche.*

PUITS [pɥi]. *n. m.* • 1° Cavité circulaire, profonde et étroite, à parois maçonnées, pratiquée dans le sol pour atteindre une nappe d'eau souterraine. V. **Puisard.** *Puiser, tirer de l'eau au puits.* • 2° Excavation pratiquée dans le sol ou le sous-sol pour l'exploitation d'un gisement. *Puits de mine. — Le forage d'un puits de pétrole.* • 3° *Un puits de science,* une personne d'un immense savoir.

PULL-OVER [pulɔvœʀ ; pylɔvɛʀ] ou **PULL** [pul ; pyl]. *n. m.* • Tricot de laine ou de coton avec ou sans manches, qu'on met en le passant par la tête.

PULLULER [pylyle]. *v. intr.* (1) • 1° Se multiplier ; se reproduire en grand nombre et très vite. *Des égouts où pullulent les rats.* • 2° Se manifester en très grand nombre. V. **Grouiller.** *Les petits mendiants pullulent dans cette ville.* — *(Choses)* Abonder, foisonner. ▼ **PULLULEMENT.** *n. m.*

PULMONAIRE [pylmɔnɛʀ]. *adj.* • 1° Qui affecte, atteint le poumon. *Congestion pulmonaire.* • 2° Qui appartient au poumon. *Les alvéoles pulmonaires.*

PULPE [pylp(ə)]. *n. f.* • 1° *La pulpe des dents,* le tissu conjonctif qui remplit la cavité dentaire. • 2° Partie juteuse des fruits charnus. V. **Chair.** — Partie charnue et comestible de certains légumes. *La peau et la pulpe.* ▼ **PULPEUX, EUSE.** *adj.*

PULSATION [pylsɑsjɔ̃]. *n. f.* • Battement (du cœur, des artères). V. **Pouls.**

PULSÉ [pylse]. *adj. m.* • *Air pulsé,* poussé par une soufflerie.

PULSION [pylsjɔ̃]. *n. f.* • En psychologie, Tendance instinctive partielle ; élément dynamique de l'activité psychique inconsciente. *Pulsions sexuelles.* V. **Libido.**

PULVÉRISER [pylveʀize]. *v. tr.* (1) • 1° Réduire (un solide) en poudre, en très petites parcelles ou miettes. V. **Broyer, piler.** • 2° Projeter (un liquide) en fines gouttelettes. V. **Vaporiser.** *Il faut pulvériser de l'insecticide sur les arbres.* • 3° *(Abstrait).* Détruire complètement, réduire à néant. V. **Anéantir.** *Il a pulvérisé vos arguments.* — Fam. *Le record a été pulvérisé,* battu de beaucoup. ▼ **PULVÉRISATEUR.** *n. m.* Appareil servant à projeter une poudre, un liquide pulvérisé. V. **Atomiseur, vaporisateur.** ▼ **PULVÉRISATION.** *n. f.* • 1° Réduction en poudre. • 2° *(Plus courant).* Projection en poudre ou en fines gouttelettes.

PULVÉRULENT, ENTE [pylveʀylɑ̃, ɑ̃t]. *adj.* • Qui est à l'état de poudre ou se réduit facilement en poudre. *La chaux est pulvérulente.* ▼ **PULVÉRULENCE.** *n. f.*

PUMA [pyma]. *n. m.* • Mammifère carnassier d'Amérique de la famille des félins, à pelage fauve et sans crinière. V. **Couguar.**

1. PUNAISE [pynɛz]. *n. f.* • Petit insecte à corps aplati et d'odeur infecte. *Punaise des bois. Punaise des lits,* parasite de l'homme. *Une chambre sordide, pleine de punaises.*

2. PUNAISE. *n. f.* • Petit clou à tête plate et ronde, à pointe courte, servant à fixer des feuilles de papier sur une surface.

1. PUNCH [pɔ̃ʃ]. *n. m.* • Boisson alcoolisée à base de rhum parfumé de citron et de cannelle.

2. PUNCH [pœnʃ]. *n. m.* • 1° Aptitude d'un boxeur à porter des coups secs et décisifs. • 2° Efficacité, dynamisme. *Il manque de punch.* ▼ **PUNCHEUR.** *n. m.* Boxeur qui a du punch. ▼ **PUNCHING-BALL** [pœnʃiŋbol]. *n. m.* Ballon fixé par des attaches élastiques, servant à l'entraînement des boxeurs.

PUNIQUE [pynik]. *adj.* • Carthaginois. *Les guerres puniques,* menées par Rome contre Carthage.

PUNIR [pyniʀ]. *v. tr.* (2) • 1° Frapper (qqn) d'une peine pour avoir commis un délit ou un crime. V. **Châtier, condamner.** *Être puni de prison.* — Frapper d'une sanction pour un acte répréhensible. || Contr. **Récompenser.** || *Sa mère, son maître l'a puni.* • 2° Sanctionner (une faute) par une peine, une punition. • 3° (Au passif, au p. p. PUNI, IE). *Il est bien puni de sa curiosité,* il supporte les conséquences fâcheuses de sa curiosité. *Être puni par où l'on a péché,* trouver sa punition dans la faute ou l'erreur même qu'on a commise. — Mal récompenser. *Sa générosité a été bien punie.* ▼ **PUNISSABLE.** *adj.* Qui entraîne ou peut entraîner une peine. *Un crime punissable de mort.* ▼ **PUNITIF, IVE.** *adj.* Propre ou destiné à punir. (*Rare,* sauf *expédition punitive.*) *Faire une expédition punitive contre les rebelles.* ▼ **PUNITION** [pynisjɔ̃]. *n. f.* • 1° Action de punir. V. **Châtiment.** *En punition de ses péchés.* • 2° Ce que l'on fait subir à l'auteur d'une simple faute (non d'un crime ou délit grave). || Contr. **Récompense.** || *Des punitions corporelles. Les élèves qui n'ont pas appris leur leçon auront une punition.* • 3° Conséquence pénible (d'une faute, d'un défaut dont on semble puni). *Son impopularité est la punition de ses mensonges.*

1. PUPILLE [pypil ; *cour.* pypij]. *n.* • 1° Orphelin(e) mineur(e) en tutelle. • 2° Enfant privé de son soutien naturel et pris en charge par une collectivité. *Pupilles de la Nation,* enfants de victimes de la guerre.

2. PUPILLE [pypil ; *cour.* pypij]. *n. f.* • Orifice central de l'iris de l'œil, par où passent les rayons lumineux. V. **Prunelle.**

PUPITRE [pypitʀ(ə)]. *n. m.* • 1° Petit meuble en forme de plan incliné, sur lequel on pose, à hauteur de vue, un livre, du papier. *Il posa sa partition sur le pupitre.*

• 2° Petite table à couvercle incliné, servant à écrire. *Pupitres d'écoliers.*

PUR, PURE [pyʀ]. *adj.* ★ **I.** *(Concret).* • **1°** Qui n'est pas mêlé avec autre chose, qui ne contient en soi aucun élément étranger. *Substance chimiquement pure. Du vin pur,* sans eau. *Tissu pure laine,* en laine pure. *Métal pur,* sans alliage. — *Couleur pure,* franche. *Son pur,* simple. — *Cheval de pur sang.* V. **Pur-sang.** • **2°** Qui ne renferme aucun élément mauvais ou défectueux. *Eau pure,* claire, bonne à boire. *Air pur,* salubre. *Ciel pur,* limpide. ★ **II.** *(Abstrait).* • **1°** Qui est sans mélange, s'interdit toute préoccupation étrangère à sa nature. V. **Absolu.** *Science pure* (*opposé à* appliquée). *Recherche pure,* fondamentale. *Musique pure* (*opposé à* descriptive). *Poésie pure.* • **2°** *(Devant le nom).* Qui est seulement et complètement tel. V. **Simple.** *Un ouvrage de pure imagination. Un pur hasard.* Loc. *De pure forme. En pure perte.* — (Après le nom) *Pur et simple,* sans restriction. *Je vous demande une acceptation pure et simple.* • **3°** *Subst.* Personne rigoureusement fidèle à un parti, à une orthodoxie, sans mélange ni concession. *C'est un pur.* • **4°** Sans défaut d'ordre moral, sans corruption, sans tache. V. **Innocent.** || Contr. **Impur.** || *Un cœur pur. Ses intentions étaient pures,* bonnes et désintéressées. *Pur de tout soupçon,* à l'abri de tout soupçon. — Très chaste. *Une jeune fille pure.* • **5°** Sans défaut d'ordre esthétique. V. **Parfait.** *Un profil, des traits purs.* — *(Langue, style)* D'une correction élégante. V. **Châtié.** ▼ **PUREMENT.** *adv.* Intégralement, exclusivement (V. **Pur,** II, 2°). *Une éducation purement négative.* — Loc. *Vous pouvez refuser purement et simplement,* sans condition ni réserve.

PURÉE [pyʀe]. *n. f.* • **1°** Légumes cuits et écrasés. *Purée de pommes de terre, de pois cassés...* Par appos. *Pommes purée.* V. **Mousseline.** — Loc. *Purée de pois,* brouillard très épais. • **2°** Fam. *Être dans la purée,* dans la gêne, la misère. V. **Mouise, panade.** — *Exclam.* (Pop.) *Purée !* misère !

PURETÉ [pyʀte]. *n. f.* ★ **I.** • **1°** État d'une substance ne contenant, en principe, aucune trace d'une autre substance (en pratique, aucune impureté décelable). • **2°** État de ce qui est sans défaut, sans altération. V. **Limpidité, netteté.** *Diamant d'une grande pureté. La pureté de l'air des montagnes. La pureté de sa voix.* ★ **II.** • **1°** *Littér.* État de ce qui est pur, sans souillure morale. V. **Honnêteté, innocence.** *La pureté de l'enfance.* — État de chasteté parfaite. • **2°** État de ce qui est sans mélange. *C'est la foi dans toute sa pureté.* • **3°** État de ce qui se conforme avec élégance à des règles, à un type de perfection. V. **Correction.** *Veiller à la pureté de la langue* (V. **Purisme**).

PURGATIF, IVE [pyʀgatif, iv]. *adj.* et *n. m.* • Qui a la propriété de purger. V. **Laxatif.** — N. m. *Un purgatif.*

PURGATOIRE [pyʀgatwaʀ]. *n. m.* • **1°** D'après la théologie catholique, Lieu où les âmes des justes expient leurs péchés avant d'accéder à la félicité éternelle. • **2°** Lieu ou temps d'épreuve, d'expiation. *Faire son purgatoire sur terre.*

PURGE [pyʀʒ(ə)]. *n. f.* • **1°** Action de purger ; remède purgatif. *Prendre une purge.* • **2°** Évacuation d'un liquide, dont la présence dans une conduite nuit au bon fonctionnement d'un appareil. V. **Vidange.** • **3°** Élimination autoritaire d'éléments politiquement indésirables. V. **Épuration.**

PURGER [pyʀʒe]. *v. tr.* (3) • **1°** Débarrasser de ce qui altère, gêne. *Purger un radiateur, une conduite,* en évacuer tout fluide pouvant gêner le fonctionnement. • **2°** *Littér.* Débarrasser (d'une chose mauvaise ou d'êtres dangereux). *Il faut purger la société de tous ces profiteurs.* • **3°** Administrer un purgatif à... — Pronom. *Se purger,* prendre un purgatif. • **4°** Faire disparaître en subissant (une condamnation, une peine). *Je dois purger ma peine.* ▼ **PURGEUR.** *n. m.* Robinet ou dispositif automatique de purge (d'une tuyauterie, d'une machine).

PURIFIER [pyʀifje]. *v. tr.* (7) • **1°** Débarrasser (une substance matérielle) de ses impuretés. V. **Clarifier, filtrer.** • **2°** *Littér.* Rendre pur, débarrasser de la corruption, de la souillure morale. *La souffrance l'avait purifié.* — Pronom. *Se purifier,* par les rites purificatoires. • **3°** Rendre plus pur, plus correct (la langue, le style). ▼ **PURIFICATEUR, TRICE.** *adj.* Qui purifie. ▼ **PURIFICATION.** *n. f.* Action de purifier, de se purifier, en cas d'impureté selon la loi religieuse. ▼ **PURIFICATOIRE.** adj. *Littér.* Propre à la purification. V. **Lustral.** *Rites purificatoires.*

PURIN [pyʀɛ̃]. *n. m.* • Partie liquide du fumier, constituée par les urines et la décomposition des parties solides. *Une fosse à purin.*

PURISME [pyʀism(ə)]. *n. m.* • **1°** Souci excessif de la pureté du langage, de la correction grammaticale, par rapport à un modèle idéal. • **2°** Souci de pureté, de conformité totale à un type idéal (art, idées, etc.). || Contr. **Laxisme.** || ▼ **PURISTE.** *adj.* et *n.*

PURITAIN, AINE [pyʀitɛ̃, ɛn]. *n.* et *adj.* • **1°** Membre d'une secte (presbytériens) qui voulaient pratiquer un christianisme plus pur. *Les puritains qui émigrèrent en Amérique.* • **2°** Personne qui montre ou affiche une pureté morale scrupuleuse, un respect rigoureux des principes. V. **Rigoriste.** — Adj. *Il a reçu une éducation puritaine.* V. **Austère, rigide.** ▼ **PURITANISME.** *n. m.* Esprit, conduite des puritains.

PUROTIN [pyʀɔtɛ̃]. *n. m.* • *Pop.* Homme qui est dans la purée (2°). V. **Fauché, pauvre.**

PUR-SANG [pyʀsɑ̃]. *n. m. invar.* • Cheval de course de pure race.

PURULENT, ENTE [pyʀylɑ̃, ɑ̃t]. *adj.* • Qui contient ou produit du pus. *Une plaie purulente.* ▼ **PURULENCE.** n. f. *Didact.* Caractère de ce qui est purulent.

PUS [py]. *n. m.* • Liquide blanchâtre ou jaunâtre, contenant des microbes, qui se forme aux points d'infection de l'organisme. V. **Suppuration.**

PUSILLANIME [pyzi(l)lanim]. *adj.* • *Littér.* Qui manque d'audace, craint le risque, les responsabilités. V. **Craintif, timoré.** || Contr. **Audacieux.** || ▼ **PUSILLANIMITÉ.** *n. f.*

PUSTULE [pystyl]. *n. f.* • 1° Petite tumeur inflammatoire et purulente à la surface de la peau. V. **Bouton.** *Les pustules de la variole.* • 2° Chacune des petites vésicules ou saillies qui couvrent le dos du crapaud, les feuilles ou tiges de certaines plantes. ▼ **PUSTULEUX, EUSE.** adj. *Éruption pustuleuse.*

PUTAIN [pytɛ̃]. *n. f.* • 1° *Vulg.* Prostituée. — Femme facile, sans moralité. *Enfant, fils de putain,* termes d'injure. • 2° Adj. *Fam.* Qui se prostitue, cherche à plaire à tout le monde. *Il n'est pas sans talent, mais il est très putain.* • 3° (Suivi de *de* et d'un nom). S'emploie pour maudire qqch. qu'on déteste. *Putain de temps !* • 4° Vulg. *Putain !* exclamation marquant l'étonnement.

PUTATIF, IVE [pytatif, iv]. *adj.* • En droit. *Enfant, père putatif,* celui qui est supposé être l'enfant, le père de tel ou tel.

PUTOIS [pytwa]. *n. m.* • 1° Petit mammifère carnivore, à fourrure brune, à odeur nauséabonde. — Loc. *Crier comme un putois,* crier, protester très fort. • 2° Fourrure de cet animal.

PUTRÉFACTION [pytʀefaksjɔ̃]. *n. f.* • Décomposition des matières organiques sous l'action des microbes. V. **Pourriture.** *Un cadavre en état de putréfaction avancée.* ▼**PUTRÉFIER** [pytʀefje]. *v. tr.* (7). Faire tomber en putréfaction. — *Pronom.* Se décomposer, pourrir.

PUTRESCIBLE [pytʀesibl(ə)]. *adj.* • Qui peut se putréfier.

PUTRIDE [pytʀid]. *adj.* • 1° Qui est en putréfaction. • 2° *(Miasme, odeur).* Qui résulte de la putréfaction.

PUTSCH [putʃ]. *n. m.* • Soulèvement, coup de main d'un groupe politique armé, en vue de prendre le pouvoir. V. **État** (coup d').

PUY [pɥi]. *n. m.* • Nom de montagnes, en Auvergne.

PUZZLE [pœzl(ə)]. *n. m.* • 1° Jeu de patience, composé d'éléments à assembler pour reconstituer un dessin. • 2° Multiplicité d'éléments qu'un raisonnement logique doit assembler pour reconstituer la réalité des faits. *Les pièces du puzzle commençaient à s'ordonner dans sa tête.*

P.-V. [peve]. *n. m. invar.* • *Fam.* Procès-verbal, contravention. *Attraper un p.-v.*

PYGMÉE [pigme]. *n. m.* • Individu appartenant à certaines races d'hommes de très petite taille, d'Afrique et d'Insulinde. — *Littér.* Homme tout petit, ou tout à fait insignifiant. || Contr. **Géant.** ||

PYJAMA [piʒama]. *n. m.* • Vêtement léger de nuit ou d'intérieur. *Veste, pantalon de pyjama. Être en pyjama(s).*

PYLÔNE [pilon]. *n. m.* • 1° Construction (en fer, béton, etc.) ayant la forme d'une tour, destinée à supporter un échafaudage, des câbles aériens, des antennes de T.S.F., etc. *Des pylônes électriques.* • 2° Chacun des piliers quadrangulaires ornant l'entrée d'une avenue, d'un pont.

PYLORE [pilɔʀ]. *n. m.* • Orifice faisant communiquer l'estomac avec le duodénum.

PYORRHÉE [pjɔʀe]. *n. f.* • Écoulement de pus.

PYRAMIDE [piʀamid]. *n. f.* • 1° Grand monument à base quadrangulaire et quatre faces triangulaires (qui servait de tombeau aux pharaons d'Égypte, de base aux temples mexicains, etc.). *La pyramide de Chéops.* • 2° Polyèdre qui a pour base un polygone quelconque et pour faces latérales des triangles possédant un sommet commun. • 3° Entassement (d'objets) qui repose sur une large base et s'élève en s'amincissant. *Des pyramides de fruits et de légumes.* • 4° *Pyramide des âges,* représentation graphique de la répartition par âges d'une population. ▼**PYRAMIDAL, ALE, AUX.** *adj.* En forme de pyramide.

PYREX [piʀɛks]. *n. m.* (nom déposé). • Verre très résistant pouvant aller au feu.

PYRO-. • Élément savant signifiant « feu ».

PYROGRAVURE [piʀɔgʀavyʀ]. *n. f.* • Procédé de décoration du bois consistant à graver un dessin à l'aide d'une pointe métallique portée au rouge. ▼**PYROGRAVER.** *v. tr.* (1). Décorer, exécuter à la pyrogravure. ▼ **PYROGRAVEUR, EUSE.** *n.* Artiste en pyrogravure.

PYROMANE [piʀɔman]. *n.* • Incendiaire qui obéit à une impulsion morbide (dite *pyromanie*).

PYROTECHNIE [piʀɔtɛkni]. *n. f.* • *Didact.* Technique de la fabrication et de l'utilisation des matières explosives et des pièces d'artifice (pour les feux d'artifice, illuminations, fusées, etc.).▼ **PYROTECHNIQUE.** *adj.*

PYRRHONISME [piʀɔnism(ə)]. *n. m.* • Scepticisme philosophique (des *Pyrrhoniens,* partisans du philosophe grec *Pyrrhon*).

PYTHIE [piti]. *n. f.* • *Didact.* Prêtresse de l'oracle d'Apollon à Delphes.

PYTHON [pitɔ̃]. *n. m.* • Serpent de très grande taille, non venimeux, qui broie sa proie entre ses anneaux avant de l'avaler.

PYTHONISSE [pitɔnis]. *n. f.* • *Littér.* ou *plais.* Prophétesse, voyante.

Q

Q [ky]. *n. m.* • Dix-septième lettre de l'alphabet. (Le groupe Qu se prononce : [k] *quarante ;* [kw] *équation ;* ou [kɥ] *équilatéral.*)

Q.G. [kyʒe]. *n. m. invar.* • *Fam.* Quartier général.

QUADR-, QUADRI-, QUADRU-. • Éléments signifiant « quatre ». V. **Tétra** (ex. : *Quadrangulaire*, adj. Qui a quatre angles).

QUADRAGÉNAIRE [kwadʀaʒenɛʀ]. *adj.* et *n.* • Dont l'âge est compris entre quarante et cinquante ans. *Elle épouse un quadragénaire.*

QUADRATURE [kwadʀatyʀ]. *n. f.* • Opération qui consiste à construire un carré équivalant à une surface donnée. — Loc. *La quadrature du cercle*, problème insoluble, chose irréalisable.

QUADRIENNAL, ALE, AUX [kwadʀije(ɛn)nal, o]. *adj.* • Qui dure quatre ans.

QUADRIGE [kadʀiʒ ; kwadʀiʒ]. *n. m.* • Char antique attelé de quatre chevaux de front.

QUADRILATÈRE [k(w)adʀilatɛʀ]. *n. m.* • Polygone convexe à quatre côtés. V. **Carré, losange, parallélogramme, rectangle, trapèze.**

QUADRILLE [kadʀij]. *n. m.* • Danse à la mode au XIXe s. où les danseurs exécutent une série de figures. *Le quadrille des lanciers.*

QUADRILLER [kadʀije]. *v. tr.* (1) • 1° Couvrir de lignes droites, de bandes qui se coupent de manière à former des carreaux, des rectangles. — *Papier quadrillé.* • 2° Diviser (un territoire) en compartiments où l'on répartit des troupes, pour en garder le contrôle. ▼ **QUADRILLAGE.** *n. m.* • 1° Dessin d'une surface quadrillée. • 2° Action de quadriller un territoire. *Le quadrillage d'une ville en insurrection.*

QUADRIMOTEUR, QUADRIRÉACTEUR [k(w)adʀi-]. *adj.* et *n. m.* • Se dit d'un avion muni de quatre moteurs, réacteurs.

QUADRUMANE [k(w)adʀyman]. *adj.* et *n.* • Dont les quatre membres sont terminés par une main, un organe de préhension. — N. *Un quadrumane*, un singe.

QUADRUPÈDE [k(w)adʀypɛd]. *adj.* et *n.* • Qui a quatre pattes *(animaux).* — N. *Un quadrupède*, mammifère terrestre possédant quatre pattes (excluant le quadrumane).

QUADRUPLE [k(w)adʀypl(ə)]. *adj.* • Qui est répété quatre fois, qui vaut quatre fois (la quantité désignée). — Subst. *Le quadruple de la production d'avant-guerre.* ▼ **QUADRUPLER.** *v.* (1) • 1° *V. tr.* Multiplier par quatre. *Quadrupler la production.* • 2° *V. intr.* Devenir quatre fois plus élevé. *La production a quadruplé.* ▼ **QUADRUPLÉS, ÉES.** *n. pl.* Jumeaux, jumelles au nombre de quatre.

QUAI [ke]. *n. m.* • 1° Ouvrage d'accostage d'un port, chaussée aménagée au bord de l'eau. *Quai de débarquement, d'embarquement.* V. **Débarcadère, embarcadère.** *Le navire est à quai*, rangé le long du quai. • 2° Levée de terre le long d'un cours d'eau, d'un canal. — Voie publique aménagée le long de cet ouvrage. *Se promener sur les quais.* • 3° *Le Quai (d'Orsay)*, le ministère des Affaires étrangères (à Paris). • 4° Plate-forme longeant la voie dans une gare. *Quai n° 4. Billet de quai.*

QUALIFICATIF, IVE [kalifikatif, iv]. *adj.* et *n. m.* • 1° *Adj.* Qui sert à qualifier, à exprimer une qualité. *Adjectif qualificatif.* • 2° *N. m.* Mot ou groupe de mots servant à qualifier qqn ou qqch. V. **Épithète.**

QUALIFICATION [kalifikasjɔ̃]. *n. f.* • 1° Action ou manière de qualifier. V. **Appellation, épithète, nom, titre.** • 2° Fait, pour un cheval, un athlète, d'être qualifié. || Contr. **Disqualification, élimination.** || • 3° *Qualification professionnelle*, formation et aptitudes de l'ouvrier qualifié.

QUALIFIER [kalifje]. *v. tr.* (7) • 1° Caractériser par un mot, une expression. V. **Appeler, désigner, nommer.** *Comment qualifier sa conduite ?* — (Avec un attribut) *Ce réduit qualifié de laboratoire*, baptisé laboratoire. • 2° Faire que (un cheval, un sportif, une équipe) ait le droit de disputer une épreuve (en remplissant des conditions, en remportant une épreuve préliminaire). || Contr. **Disqualifier.** || — *Pronom.* Obtenir sa qualification. *Se qualifier pour la finale.* • 3° *(Compl. personne).* Donner qualité de faire qqch. *Cela ne le qualifie nullement pour ce travail.* — *Vous n'êtes pas qualifié pour* *cela.* — *Ouvrier qualifié*, ayant une formation professionnelle poussée. ▼ **QUALIFIÉ, ÉE.** *adj.* (V. **Qualifier**). — *Vol qualifié*, assimilé à un crime (en droit) ; vol évident, manifeste.

QUALITATIF, IVE [kalitatif, iv]. *adj.* • Relatif à la qualité, qui est du domaine de la qualité. || Contr. **Quantitatif.** || ▼ **QUALITATIVEMENT.** *adv.*

QUALITÉ [kalite]. *n. f.* ★ **I.** • **1°** *(Choses).* Manière d'être caractéristique et qui confère une valeur plus ou moins grande. *Marchandise de bonne, de mauvaise qualité ; de première qualité. Améliorer la qualité.* — Absolt. *La qualité* (*opposé à* quantité). • **2°** Bonne qualité (1°). *Un produit de qualité*, excellent, supérieur. *Tout le monde s'accorde sur la qualité de ses travaux.* • **3°** Trait de caractère auquel on attribue une valeur morale, sociale. || Contr. **Défaut.** || *La bonté, la prudence sont des qualités.* V. **Vertu.** *Elle a toutes les qualités.* ★ **II.** *(Personnes).* Condition sociale, civile, juridique. V. **État.** *Nom, prénom, qualité.* — EN SA QUALITÉ DE : comme ayant telle qualité. V. **Titre** (à titre de). *En sa qualité de chef du gouvernement,...*

QUAND [kɑ̃]. *conj.* et *adv.* ★ **I.** *Conj.* • **1°** À (ce) moment. V. **Lorsque.** *J'attendais depuis dix minutes, quand il* [kɑ̃til] *est arrivé.* — *Quand je pense que son fils a 20 ans !* (je suis étonné). *Quand je vous le disais !* (j'avais raison). — Fam. *Je n'aime pas quand vous criez.* • **2°** Chaque fois que, toutes les fois que. *Quand l'un disait oui, l'autre disait non.* • **3°** *Littér.* (Exprimant une opposition ou introduisant une hypothèse). *Quand il l'aurait voulu, il ne l'aurait pas pu.* V. **Si.** — QUAND (BIEN) MÊME... (même sens). — Loc. adv. QUAND MÊME : cependant, pourtant. *Il l'aime quand même. Fam.* Tout de même. *Ce serait quand même plus agréable si vous veniez.* ★ **II.** *Adv.* (d'interrog. sur le temps). À quel moment... ? Dans quel temps... ? *Quand partez-vous ? Jusqu'à quand ? C'est pour quand ? Alors, à quand le mariage ? — Je ne sais pas quand.*

QUANTA. V. QUANTUM.

QUANT (À) [kɑ̃ta]. *loc. prép.* • Pour ce qui est de, relativement à. *Quant à vous, attendez ici.* ▼ **QUANT-À-SOI** [kɑ̃taswa]. *n. m.* Réserve un peu fière de celui qui garde pour soi ses sentiments. *Rester sur son quant-à-soi*, garder ses distances.

QUANTIÈME [kɑ̃tjɛm]. *n. m.* • *Littér.* Désignation du jour du mois par son chiffre.

QUANTIQUE [k(w)ɑ̃tik]. *adj.* • Relatif aux quanta, à la théorie des quanta. *Physique quantique.*

QUANTITATIF, IVE [kɑ̃titatif, iv]. *adj.* • Qui appartient au domaine de la quantité et des valeurs numériques. || Contr. **Qualitatif.** || ▼ **QUANTITATIVEMENT.** *adv.*

QUANTITÉ [kɑ̃tite]. *n. f.* • **1°** Nombre d'unités ou mesure qui sert à déterminer une collection de choses homogènes, ou une portion de matière. *Quelle quantité de farine doit-on mettre ? En grande, en petite quantité.* • **2°** *Une, des quantité(s) de...*, grand nombre, abondance. V. **Foule, masse.** *Une grande quantité de livres. Quantité de gens le pensent.* V. **Beaucoup.** — *En quantité*, en abondance. • **3°** Propriété des grandeurs mesurables. *Adverbes de quantité.* || Contr. **Qualité.** || • **4°** Chose qui est susceptible d'être mesurée. *Une quantité positive, négative.* — Loc. *Considérer qqn comme une quantité négligeable*, n'en pas tenir compte.

QUANTUM [kwɑ̃tɔm], *(plur.)* **QUANTA** [kwɑ̃ta]. *n. m.* • Valeur discontinue à laquelle correspond une manifestation d'énergie. *Théorie des quanta*, ensemble des théories (de la lumière, de l'atome) et des procédés de calcul issus de l'hypothèse des quanta d'énergie.

1. QUARANTAINE [kaʀɑ̃tɛn]. *n. f.* • **1°** Nombre d'environ quarante. *Une quarantaine de personnes.* • **2°** Âge d'environ quarante ans.

2. QUARANTAINE. *n. f.* • Isolement de durée variable (de quarante jours à l'origine) qu'on impose aux voyageurs et aux marchandises en provenance de pays où règnent certaines maladies contagieuses. — Loc. *Mettre, laisser qqn en quarantaine*, mettre à l'écart, refuser d'avoir des relations avec qqn.

QUARANTE [kaʀɑ̃t]. *adj. numér.* et *n. m. invar.* • **1°** *(Cardinal).* Quatre fois dix (40). *Semaine de quarante heures.* — *(Ordinal)* Quarantième. *Page quarante.* • **2°** *N. m. invar.* Le nombre quarante. ▼ **QUARANTIÈME.** *adj.* et *n.* • **1°** Numéral ordinal de quarante. *Dans sa quarantième année.* • **2°** Se dit de la fraction d'un tout divisé également en quarante. — N. *Deux quarantièmes.*

QUART [kaʀ]. *n. m.* • **1°** Fraction d'un tout divisé en quatre parties égales. *Chacun a reçu un quart de la succession.* — *Un quart de beurre*, quart de livre. — *Un quart de vin*, quart de litre. • **2°** QUART D'HEURE : quinze minutes. *Une heure moins le quart, deux heures et (un) quart.* — Loc. *Un mauvais quart d'heure*, un moment pénible, une épreuve. *Le dernier quart d'heure*, la dernière phase d'une bataille, d'une guerre. • **3°** Période de quatre heures (autrefois de six heures), pendant laquelle une partie de l'équipage est de service. *Officier, matelot de quart*, de service. *Prendre le quart.* • **4°** Partie appréciable de qqch. *Je n'ai pas fait le quart de ce que j'avais à faire.* — LES TROIS QUARTS : la plus grande partie. *Les trois quarts du temps*, le plus souvent.

QUARTE [kaʀt(ə)]. *n. f.* • En musique. Intervalle de quatre degrés dans la gamme diatonique (*ex.* : do-fa).

QUARTERON [kaʀtəʀɔ̃]. *n. m.* • Petit nombre, poignée (souvent *péj.*).

QUARTETTE [kwaʀtɛt]. *n. m.* • Ensemble de jazz à quatre musiciens. (Cf. Quatuor.)

1. QUARTIER [kaʀtje]. *n. m.* • **1°** Portion d'environ un quart (de fruits, animaux de boucherie). *Un quartier de pomme. Un quartier de bœuf.* • **2°** Chacune des quatre phases de la Lune. V. **Croissant.** *Premier, dernier quartier.* • **3°** *Cette institution a maintenant ses quartiers de noblesse*, elle est adoptée et en honneur depuis longtemps.

2. QUARTIER. *n. m.* • **1°** Partie d'une ville ayant une certaine unité. *Le quartier*

Latin, à Paris. Les beaux, les vieux quartiers. Cinéma de quartier, fréquenté par les gens du quartier. • 2° *(Plur.)*. Cantonnement. *Quartiers d'hiver*, lieu où logent les troupes pendant l'hiver. — *Quartier général* (abrév. Q. G.), emplacement où sont installés les logements et bureaux du commandant d'une armée et de son état-major. — Loc. *Avoir quartier libre*, être autorisé à sortir de la caserne.

QUARTIER-MAÎTRE [kaRtjemɛtR(ə)]. *n. m.* • Marin du premier grade au-dessus de celui de matelot, correspondant au grade de caporal. *Des quartiers-maîtres.*

QUARTZ [kwaRts]. *n. m.* • Minéral transparent du groupe de la silice, présent dans presque toutes les roches.

QUASAR [kazaR]. *n. m.* • Source céleste produisant une émission d'ondes radio, comparable à celle des étoiles (quasi-étoiles).

1. QUASI(-) [kazi]. *adv.* • *Région.* ou *littér.* Presque, pour ainsi dire. *Le raisin est quasi mûr.* — (Devant un nom) *Quasi-contrat, quasi-délit* (t. de droit). ▼ **QUASIMENT** [kazimɑ̃]. adv. *Fam.* ou *région.* Presque, à peu près. *Vous pourriez être quasiment mon père.*

2. QUASI [kazi]. *n. m.* • Morceau du haut de la cuisse du veau, très apprécié. *Quasi de veau.*

QUASIMODO [kazimɔdo]. *n. m.* • Dans la liturgie chrétienne, Dimanche après Pâques.

QUATERNAIRE [kwatɛRnɛR]. *adj.* • 1° Formé de quatre éléments. • 2° *Ère quaternaire*, et subst. *Le quaternaire*, ère géologique la plus récente (environ un million d'années) où est apparu l'homme.

QUATORZE [katɔRz(ə)]. *adj. numér.* et *n. m. invar.* • 1° *(Cardinal)*. Dix plus quatre (14). — *(Ordinal)* Quatorzième. *Louis quatorze* (XIV). • 2° *N. m. invar.* Le nombre, le numéro ainsi désigné. ▼**QUATORZIÈME.** *adj.* et *n.* • 1° Ordinal de quatorze. *Le quatorzième siècle.* • 2° Se dit d'une partie d'un tout également divisé en quatorze. ▼ **QUATORZIÈMEMENT.** *adv.*

QUATRAIN [katRɛ̃]. *n. m.* • Strophe de quatre vers. *Le premier quatrain d'un sonnet.*

QUATRE [katR(ə)]. *adj. numér.* et *n. m. invar.* ★ **I.** • 1° *(Cardinal)*. Trois plus un (4). V. **Quadri-, tétra-.** *Les quatre saisons.* — Loc. *Se mettre en quatre*, se donner beaucoup de mal. V. **Décarcasser** (se). *Manger comme quatre*, énormément. *Descendre un escalier quatre à quatre*, très vite (quatre marches à la fois). • 2° *(Ordinal)*. Quatrième. *Page quatre.* ★ **II.** *N. m. invar.* Le nombre, le numéro ainsi désigné. *Habiter au quatre.* — Carte, face de dé, de domino présentant quatre marques.

QUATRE-CENT-VINGT-ET-UN [kat(Rə)-sɑ̃vɛ̃teœ̃]. *n. m. invar.* • Jeu de dés où la combinaison la plus forte est composée d'un quatre, d'un deux et d'un as. Abrév. *Quatre-vingt-et-un* [katvɛ̃teœ̃].

QUATRE-QUARTS [katkaR]. *n. m. invar.* • Gâteau où, pour une livre, il entre un quart de beurre, un de farine, un de sucre, et un d'œufs.

QUATRE-VINGT(S) [katRəvɛ̃]. *adj. numér.* et *n. m.* • 1° *(Cardinal)*. Huit fois dix (80). *Âgé de quatre-vingts ans* (octogénaire), *de quatre-vingt-deux ans* — QUATRE-VINGT-DIX : neuf fois dix (90). — *(Ordinal)* Quatre-vingtième. *Page quatre-vingt.* • 2° *N. m.* Le nombre, le numéro ainsi désigné. ▼ **QUATRE-VINGTIÈME.** *adj.* et *n.*

QUATRIÈME [katRijɛm]. *adj.* et *n.* • 1° *Adj.* et *n.* Ordinal de quatre. *Habiter au quatrième* (étage). — Loc. *En quatrième vitesse*, très vite. • 2° *N. f.* Classe de l'enseignement secondaire (la troisième du premier cycle). ▼ **QUATRIÈMEMENT.** *adv.* En quatrième lieu.

QUATUOR [kwatɥɔR]. *n. m.* • 1° Œuvre de musique d'ensemble écrite pour quatre instruments ou quatre voix. *Quatuor à cordes*, œuvre pour deux violons, alto et violoncelle. • 2° Les quatre musiciens ou chanteurs qui exécutent un quatuor. (Cf. Quartette.)

1. QUE [k(ə)]. *conj.* • 1° Introduisant une subordonnée complétive (à l'ind. ou au subj. suivant le verbe de la principale, ou la nuance à rendre). *Je crois qu'il est là. Je pense que tout ira bien. C'est dommage qu'il soit malade.* • 2° Servant à former des locutions conjonctives. *À condition, à mesure que...* • 3° Introduisant une proposition circonstancielle. — (Temporelle) *Il avait à peine fini qu'il s'en allait.* — (Finale) *Venez là que nous causions.* — (Causale) *Il reste au lit, non qu'il soit vraiment malade, mais il le croit.* — (Hypothétique) *Qu'il commence ou qu'il finisse...* — QUE... NE... : sans que, avant que. *Il ne se passait pas une semaine qu'il ne vienne.* • 4° Substitut d'un autre mot grammatical (quand, si, comme...), dans une coordonnée. *Quand il la rencontra et qu'elle lui apprit la nouvelle.* • 5° Introduisant le second terme d'une comparaison. *Autant, plus, moins que, etc.* • 6° En corrélation avec *ne*, pour marquer la restriction. NE... QUE... V. **Seulement.** *Je n'aime que toi. Cela ne fait que cent francs.* — (Renforcement) *Il n'en est que plus coupable.* • 7° Introduisant une indépendante au subj. (ordre, souhait...). *Qu'il entre !*

2. QUE [k(ə)]. *adv.* • 1° Interrog. *(en loc.)*. Pourquoi, en quoi ? *Que m'importe son opinion ? Que ne venez-vous ?* • 2° *Exclam.* Comme, combien ! *Que c'est beau ! Que de gens !* Fam. *Ce qu'il est bête !*

3. QUE [k(ə)]. *pron.* ★ **I.** Pronom relatif désignant une personne ou une chose (au masc. ou au fém., au sing. ou au plur.). • 1° (Objet direct). *Celle que j'aime. Les cadeaux que tu me feras.* • 2° (Compl. indir. ou circonstanciel). *Depuis dix ans que nous habitons ici. L'été qu'il a fait si chaud*, où il a fait si chaud. • 3° (Attribut). *L'homme que vous êtes.* ★ **II.** Pronom interrogatif (désignant une chose). • 1° *(Objet direct)*. Quelle chose ? *Que faisiez-vous ? Qu'en dites-vous ?* (en concurrence avec *qu'est-ce que...*). *Que faire ? Que se passe-t-il ?* — (Interrog. indirect) V. **Quoi.** *Il ne savait plus que dire.* • 2° (Attribut). *Qu'est-ce ? Que deviens-tu ?* — QU'EST-CE QUE... ? [kɛskə]. *Qu'est-ce que vous dites ? Qu'est-ce* *que c'est que ça ?* — QU'EST-CE QUI... ? *Voyons, qu'est-ce qui vous prend ?*

QUEL, QUELLE [kɛl]. *adj.* ★ **I.** Adjectif interrogatif (servant généralement à questionner sur la nature ou l'identité d'une personne ou d'une chose). • **1°** *Interrog. dir.* (Attribut). *Quelle est donc cette jeune fille ?* V. **Qui.** — (Épithète) *Quels amis inviterez-vous ? Il a fait des observations, mais quelles observations ?* • **2°** (Interrog. indir.). *J'ignore quelle est la situation. Il ne savait pas quelle route prendre.* • **3°** Exclam. *Quelle jolie maison ! Quel dommage qu'elle soit partie ! Quelle idée !* (absurde, saugrenue). ★ **II.** Pronom interrogatif (seulement avec un partitif). V. **Lequel, qui.** *De nous deux, quel est le plus grand ?* ★ **III.** Adjectif relatif. QUEL... QUE, avec le v. *être* au subj. (loc. concessive). *Quelle que soit la route qu'on prenne...* (Ne pas confondre avec *Quelque.*)

QUELCONQUE [kɛlkɔ̃k]. *adj.* • **1°** *Adj. indéf.* N'importe lequel, quel qu'il soit. *Un point quelconque du cercle. Pour une raison quelconque.* — Qui n'a aucune propriété particulière. *Triangle quelconque.* • **2°** *Adj. qualif.* Tel qu'on peut en trouver partout, sans qualité ou valeur particulière. V. **Insignifiant, ordinaire.** *Un homme quelconque,* un homme insignifiant. *C'est très quelconque.* ‖ Contr. **Remarquable.** ‖

QUELQUE [kɛlk(ə)]. *adj.* ★ **I.** *Littér.* QUELQUE... QUE (concessif). • **1°** (Qualifiant un subst.). *Quelque(s) progrès que vous fassiez, vous ne serez jamais fort en maths,* quel que soit le progrès, quels que soient les progrès. • **2°** (Adverbial, qualifiant un adj.). V. **Pour, si.** *Quelque méchants que soient les hommes.* ★ **II.** *Adj. indéfini.* • **1°** QUELQUE : un, certain. *Il sera allé voir quelque copain. Quelque part. Quelque autre chose.* — Un peu de... *Depuis quelque temps.* • **2°** QUELQUES : un petit nombre, un certain nombre de... V. **Plusieurs.** *J'ai vu quelques amis. Cent et quelques francs.* • **3°** Adv. *(invar.).* Environ. *Un livre de quelque cinquante francs.*

QUELQUE CHOSE. V. CHOSE.

QUELQUEFOIS [kɛlkəfwa]. *adv.* • Un certain nombre de fois. *Il est venu quelquefois.* — Dans un certain nombre de cas. V. **Parfois.** *Il est quelquefois drôle.*

QUELQU'UN, UNE [kɛlkœ̃, yn] ; **QUELQUES-UNS, UNES** [kɛlkəzœ̃, yn]. *pron. indéf.* ★ **I.** *Au sing.* • **1°** Une personne (absolument indéterminée). *On dirait que quelqu'un joue du piano quelque part. Il y a quelqu'un ?* • **2°** (Avec un qualificatif). *Quelqu'un de sûr,* quelqu'un qui soit sûr. • **3°** Un homme ou une femme de valeur, remarquable. *Ah, c'est quelqu'un !* ★ **II.** *Au plur.* (Accompagné d'un partitif). Un petit nombre indéterminé de... (parmi plusieurs). *Quelques-uns des assistants se mirent à rire. Quelques-unes de ses poésies sont belles.* — Absolt. *Quelques-uns,* un petit nombre indéterminé de personnes. *C'est l'avis de quelques-uns.*

QUÉMANDER [kemɑ̃de]. *v. tr.* (1) • Demander humblement et avec insistance (de l'argent, une faveur). ▼ **QUÉMANDEUR, EUSE.** *n.* Personne qui quémande.

QU'EN-DIRA-T-ON [kɑ̃diʀatɔ̃]. *n. m. sing.* • L'opinion (malveillante) d'autrui, de la société. *Avoir peur du, se moquer du qu'en-dira-t-on.*

QUENELLE [kənɛl]. *n. f.* • Boulette légère de pâte où est incorporé du poisson (de la volaille, etc.) haché menu.

QUENOTTE [kənɔt]. *n. f.* • *Fam.* Petite dent d'enfant.

QUENOUILLE [kənuj]. *n. f.* • Petit bâton garni en haut d'une matière textile, que les femmes filaient en la dévidant au moyen du fuseau ou du rouet.

QUERELLE [kəʀɛl]. *n. f.* • Vive opposition entre personnes qui ne sont pas d'accord. V. **Dispute, dissension.** *Querelle de famille. Chercher querelle à qqn,* le provoquer. — Lutte d'idées, contestation intellectuelle. ▼ **QUERELLER.** *v. tr.* (1) • **1°** *Littér.* Adresser des reproches à (qqn). V. **Gronder.** • **2°** SE QUERELLER *(récipr.)* : avoir une querelle, une dispute vive. V. **Chamailler** (se), **disputer** (se). *Jamais ils ne se querellaient.* ▼ **QUERELLEUR, EUSE.** *adj.* Qui aime les querelles. V. **Batailleur.** *D'humeur querelleuse,* agressive.

QUÉRIR [keʀiʀ]. *v. tr.* [conjug. seul. inf.] • Littér. *Aller quérir qqn, qqch.,* aller chercher.

QUESTEUR [kɥɛstœʀ]. *n. m.* • En politique, Membre du bureau d'une assemblée parlementaire, chargé d'ordonner les dépenses, de veiller au maintien de la sécurité.

QUESTION [kɛstjɔ̃]. *n. f.* • **1°** Demande qu'on adresse à qqn en vue d'apprendre qqch. de lui. V. **Interrogation.** *Poser une question à qqn.* — Ce qu'un examinateur demande au candidat qu'il interroge. — Demande d'explication à un ministre, adressée par un parlementaire. • **2°** Sujet qui implique des difficultés, donne lieu à discussion. V. **Affaire, matière, point, problème.** *La question est difficile. Les divers aspects d'une question. Les questions économiques, sociales.* — *C'est toute la question,* c'est là la difficulté essentielle. *Il n'y a pas de question,* c'est sûr (Cf. Il n'y a pas de problème). *Ce n'est pas la question,* il ne s'agit pas de cela. — *Il est question de...,* on parle de..., il s'agit de... *Il n'est pas question ici de s'amuser.* — (Introduisant une éventualité qu'on envisage) *Il est question de lui comme directeur. Il n'est pas question que l'État prenne à sa charge cette dépense,* on ne peut envisager que... — EN QUESTION. *La personne, la chose en question,* dont il s'agit. • **3°** Autrefois, Torture infligée aux accusés ou aux condamnés pour leur arracher des aveux. *Infliger la question. Soumettre qqn à la question.* ▼ **QUESTIONNAIRE.** *n. m.* Série de questions (1°) méthodiquement posées en vue d'une enquête ; formulaire. *Remplissez ce questionnaire.* ▼ **QUESTIONNER.** *v. tr.* (1). Poser des questions (1°) à (qqn), d'une manière suivie. V. **Interroger.** *Questionner un candidat.*

1. QUÊTE. *n. f.* • Action de demander et de recueillir de l'argent pour des œuvres pieuses ou charitables. *Faire la quête dans* *une église.* ▼ **QUÊTER** [kete]. *v.* (1) • 1° *V. intr.* Faire la quête. • 2° V. tr. *Littér.* Demander ou rechercher comme un don, une faveur. V. **Mendier, solliciter.** *Il quêtait son affection, un regard.* ▼ **QUÊTEUR, EUSE.** *n.* Personne chargée de faire la quête.

2. QUÊTE [kɛt]. *n. f.* • *Vx.* Recherche. *La quête du Graal.* — *Loc.* EN QUÊTE DE... : à la recherche de... *Il se met en quête d'un restaurant.*

QUETSCHE [kwɛtʃ(ə)]. *n. f.* • Grosse prune oblongue de couleur violet sombre. *Tarte aux quetsches.* — Eau-de-vie tirée de cette prune.

QUEUE [kø]. *n. f.* ★ **I.** • 1° Appendice plus ou moins long et poilu qui prolonge la colonne vertébrale de nombreux mammifères. *La queue d'un chat, d'un écureuil.* — Loc. *Rentrer la queue basse,* piteusement. — À LA QUEUE LEU LEU *(loc. adv.)* : l'un derrière l'autre. • 2° Extrémité postérieure allongée du corps des poissons, reptiles, etc. *La queue du lézard. Queues de langoustines,* l'abdomen (qui est la meilleure partie). • 3° Ensemble des plumes du croupion (d'un oiseau). • 4° *Loc.* QUEUE DE MORUE, DE PIE : longues basques d'une veste d'habit. — QUEUE DE CHEVAL : formée par les cheveux (coiffure féminine). • 5° Pédoncule qui attache (un fruit) à la branche, la tige. *Queue de cerise.* — Pétiole de la feuille. — Pédoncule (d'une fleur). ★ **II.** • 1° Partie terminale, prolongement. *La queue d'une comète,* traînée lumineuse qui suit le corps céleste. — *La queue d'un avion,* la partie postérieure du fuselage. — PIANO À QUEUE : dont les cordes disposées horizontalement forment un prolongement au clavier. • 2° *Queue de billard,* long bâton arrondi qui sert à pousser les billes. ★ **III.** • 1° Derniers rangs, dernières personnes (d'un groupe en ordre de progression). *La tête et la queue du cortège. Être à la queue de sa classe,* se dit d'un élève qui est dans les derniers. • 2° File de personnes qui attendent leur tour. *Il y avait une queue de vingt mètres devant le cinéma. Faire la queue.* • 3° Arrière d'une file de véhicules (surtout : *de queue, en queue*). *Les wagons de queue. Monter en queue.* • 4° Loc. *Commencer par la queue,* par la fin. *Sans queue ni tête,* qui semble n'avoir ni début ni fin.

QUEUX [kø]. *n. m.* • *Vx.* MAÎTRE QUEUX : cuisinier.

QUI [ki]. *pron.* ★ **I.** Pronom relatif des deux nombres, masculin ou féminin, désignant une personne ou une chose. • 1° *(Sujet).* [Avec antécédent exprimé.] *Les gens qui nous intéressent. Celui qui, ce qui... Moi qui suis, toi qui es... Le voilà qui arrive.* — [Sans antécédent exprimé] Quiconque. *Qui va lentement va sûrement. Nous sommes attirés par qui nous flatte.* Loc. *C'était à qui des deux serait le plus aimable.* — Ce qui. *Voilà qui doit être très agréable.* • 2° *(Complément).* Celui, celle qui... *Embrassez qui vous voudrez. Qui vous savez,* la personne (connue) qu'on ne veut pas nommer. — *(Compl. indir.* ou *circonst.)* V. **Lequel.** *L'homme à qui j'ai parlé, de qui je vous parle* (V. **Dont**), *pour qui je vote.* ★ **II.** Pronom interrogatif désignant une personne. • 1° *(Interrog. dir.).* [Sujet, attribut.] *Qui te l'a dit? Qui sait? Qui donc décide? Qui est-ce?* quelle personne est-ce ! — [Compl.] *Qui demandez-vous? De qui parlez-vous?* • 2° (Interrog. indir.). *Dis-moi qui tu fréquentes, et je te dirai qui tu es.* • 3° Loc. *Qui que tu sois,* que tu sois tel ou tel. *Qui que ce soit,* n'importe qui.

QUICHE [kiʃ]. *n. f.* • Sorte de tarte garnie d'une préparation à base de crème et d'œufs avec du lard. *Quiche lorraine.*

QUICONQUE [kikɔ̃k]. *pron. rel.* et *indéf.* • 1° *(Relatif).* Toute personne qui... ; qui que ce soit qui. *Quiconque a des préjugés est incapable d'analyser la situation. Donnez-le à quiconque le voudra.* • 2° *(Indéfini).* N'importe qui, personne. *Je n'en parlerai à quiconque.*

QUIDAM [k(ɥ)idam]. *n. m.* • *Plaisant.* Un certain individu. *Qui est ce quidam?*

QUIET, QUIÈTE [kjɛ, kjɛt]. *adj.* • *Vx.* Paisible, tranquille. ▼ **QUIÉTISME** [kjetism(ə)]. *n. m.* Doctrine mystique qui faisait consister la perfection chrétienne dans un état continuel de quiétude. ▼**QUIÉTUDE.** [kjetyd]. *n. f.* • 1° En religion, Paix mystique de l'âme. • 2° *Littér.* Calme paisible. *En toute quiétude,* en toute tranquillité. || Contr. **Agitation, inquiétude.** ||

QUIGNON [kiɲɔ̃]. *n. m.* • *Quignon de pain,* gros morceau, coin de pain.

1. QUILLE [kij]. *n. f.* • 1° Chacun des morceaux de bois longs et ronds qu'on dispose à une certaine distance pour les renverser avec une boule lancée à la main. *Un jeu de quilles* (V. **Bowling**). • 2° *Fam.* Jambe.

2. QUILLE. *n. f.* • Pièce située à la partie inférieure d'un bateau, dans l'axe de la longueur, et qui sert à l'équilibrer. *Barque retournée, la quille en l'air.*

3. QUILLE. *n. f.* • *Arg. milit.* Libération de la classe, fin du service. V. **Classe.**

QUINCAILLERIE [kɛ̃kɑjʀi]. *n. f.* • 1° Ensemble des ustensiles, produits en métal (fer, fer-blanc, cuivre, zinc, etc.). *Quincaillerie d'outillage, d'ameublement.* • 2° Industrie ou commerce de ces objets. ▼**QUINCAILLIER, IÈRE.** *n.* Personne qui vend de la quincaillerie.

QUINCONCE [kɛ̃kɔ̃s]. *n. m.* • EN QUINCONCE : se dit d'objets disposés par groupes de cinq, dont quatre aux quatre angles d'un carré et le cinquième au centre.

QUININE [kinin]. *n. f.* • Sulfate d'une substance extraite de l'écorce de quinquina, remède du paludisme.

QUINQU(A)-. • Élément signifiant « cinq ». ▼**QUINQUAGÉNAIRE** [kɛ̃kaʒenɛʀ]. *adj.* et *n.* Âgé de cinquante à soixante ans. ▼**QUINQUENNAL, ALE, AUX** [kɛ̃kenal, o]. *adj.* • 1° Qui a lieu tous les cinq ans. • 2° Qui dure, qui s'étale sur cinq ans. *Plan quinquennal.*

QUINQUET [kɛ̃kɛ]. *n. m.* • 1° Ancienne lampe à réservoir. • 2° *Pop.* Œil (surtout avec *ouvrir, fermer*).

QUINQUINA [kɛ̃kina]. *n. m.* • Écorce amère aux propriétés toniques et fébrifuges. — Vin apéritif contenant du quinquina.

QUINTAL, AUX [kɛ̃tal, o]. *n. m.* • Poids de cent kilogrammes (symb. *q*).

1. QUINTE [kɛ̃t]. *n. f.* • **1°** Cinquième degré de la gamme diatonique. Intervalle musical de cinq degrés. • **2°** Suite de cinq cartes de même couleur.

2. QUINTE. *n. f.* • *Quinte (de toux)*, accès de toux.

QUINTESSENCE [kɛ̃tesɑ̃s]. *n. f.* • Ce en quoi se résument l'essentiel et le plus pur de qqch. V. **Meilleur** (le), **principal** (le). ▼ **QUINTESSENCIÉ, IÉE.** adj. *Littér.* Raffiné et subtil à l'excès. V. **Alambiqué, sophistiqué.**

QUINTETTE [k(ɥ)ɛ̃tɛt]. *n. m.* • **1°** Œuvre de musique d'ensemble, écrite pour cinq instruments ou cinq voix. • **2°** Orchestre de jazz composé de cinq musiciens.

QUINTUPLE [kɛ̃typl(ə)]. *adj.* • **1°** Cinq fois plus grand. *Somme quintuple d'une autre.* — Subst. *Le quintuple.* • **2°** Constitué de cinq éléments semblables. ▼ **QUINTUPLER.** *v.* (1) • **1°** *V. tr.* Rendre quintuple. • **2°** *V. intr.* Devenir quintuple. *Les prix ont quintuplé.* ▼ **QUINTUPLÉS, ÉES.** *n. pl.* Jumeaux, jumelles né(e)s au nombre de cinq.

QUINZAINE [kɛ̃zɛn]. *n. f.* • **1°** Nombre de quinze ou environ. • **2°** Espace de quinze jours, ou de deux semaines. *Dans une quinzaine.*

QUINZE [kɛ̃z]. *adj. numér.* et *n. m. invar.* ★ **I.** • **1°** *(Cardinal).* Quatorze plus un (15). *Quinze minutes.* V. **Quart** (d'heure). *Quinze cents francs* (ou mille cinq cents). — *Quinze jours.* V. **Quinzaine.** • **2°** *(Ordinal).* Quinzième. *Page quinze.* ★ **II.** *N. m. invar.* • **1°** Le nombre, le numéro ainsi désigné. • **2°** Équipe de quinze joueurs, au rugby. *Les internationaux du quinze de France.* ▼ **QUINZIÈME.** *adj.* et *n.* • **1°** Ordinal de quinze. • **2°** Se dit de ce qui est également partagé en quinze. ▼ **QUINZIÈMEMENT.** *adv.* En quinzième lieu.

QUIPROQUO [kipʀɔko]. *n. m.* • Méprise qui fait qu'on prend une personne ou une chose pour une autre ; situation qui en résulte. V. **Malentendu.** *Des quiproquos comiques.*

QUITTANCE [kitɑ̃s]. *n. f.* • Écrit par lequel un créancier reconnaît que le débiteur a acquitté sa dette. V. **Récépissé.** *Quittance de loyer.*

QUITTE [kit]. *adj.* • **1°** (Surtout avec le v. *être*). Libéré d'une obligation juridique, d'une dette (matérielle ou morale). *Être quitte envers qqn. Nous sommes quittes.* • **2°** (Avec quelques verbes : *tenir, considérer, estimer, etc.*). Libéré d'une obligation morale (par l'accomplissement de ce qu'on doit). *S'estimer quitte envers qqn.* • **3°** ÊTRE QUITTE (DE) : débarrassé (d'une situation désagréable, d'obligations). *J'en suis quitte à bon compte*, je m'en tire à bon compte. — Loc. *En être quitte pour la peur.* • **4°** QUITTE À... (suivi de l'inf.) : qui court, accepte le risque de. *J'irai jusqu'au bout, quitte à tout perdre.* — Au risque de. *Amusons-nous, quitte à le regretter plus tard.* • **5°** Loc. *Jouer (à) quitte ou double*, une nouvelle partie dont le résultat sera d'annuler ou de doubler les gains et les pertes.

QUITTER [kite]. *v. tr.* (1) • **1°** Laisser (qqn) en s'éloignant, en prenant congé. *Allons, il faut que je vous quitte.* • **2°** Laisser (qqn) pour très longtemps, rompre avec (qqn). — Pronom. *Ils viennent de se quitter.* • **3°** *(Suj. chose).* Cesser d'habiter, d'affecter (qqn). *Cette pensée ne le quittait pas.* • **4°** Laisser (un lieu) en s'éloignant, cesser d'y être. *Quitter son pays.* — Sortir de... *Le médecin lui interdit de quitter la chambre.* • **5°** Loc. *Ne pas quitter des yeux*, regarder longuement. *Ne quittez pas l'écoute*, continuez à écouter. *Ne quittez pas !* (au téléphone). • **6°** *(Surtout négatif).* Cesser d'avoir sur soi, avec soi. V. **Ôter.** *Il ne quittait pas ses gants.* • **7°** Abandonner (une activité, un genre de vie). *Il quitta son métier, sa situation.* || Contr. **Garder.** ||

QUI-VIVE ? [kiviv]. *loc. interj.* et *n. m. invar.* • **1°** *Interj.* Cri par lequel une sentinelle, une patrouille interroge en entendant ou en voyant qqch. de suspect. • **2°** (N. m.). *Loc. adv.* SUR LE QUI-VIVE : sur ses gardes. *Nous étions toujours sur le qui-vive.*

QUOI [kwa]. *pron. rel.* et *interrog.* ★ **I.** Relatif désignant une chose. • **1°** *La chose à quoi tu penses* (V. **Lequel**). — (Se rapportant à l'idée précédemment exprimée) V. **Cela.** *Il fallut d'abord payer l'amende ; après quoi on nous a laissés partir.* Sans quoi. V. **Autrement, sinon.** *Faute de quoi, moyennant quoi.* • **2°** (Dans une relative à l'infinitif). *Il n'a pas de quoi vivre*, ce qu'il faut pour vivre. « *Je vous remercie beaucoup. — Il n'y a pas de quoi* ». ★ **II.** Interrogatif désignant une chose. • **1°** (Interrog. indirecte). *Je ne sais quoi penser. Je saurai à quoi m'en tenir.* • **2°** (Interrog. directe). *Quoi faire ? À quoi pensez-vous ?* • **3°** *Fam.* Pour demander un complément d'information. *Quoi, qu'est-ce que tu dis ?* V. **Comment.** — Pop. *De quoi ?* expression de menace, de défi. • **4°** Interjection. V. **Comment.** *Quoi ! Vous osez protester ?* • **5°** QUOI QUE (loc. concessive). *Quoi qu'il arrive*, quel que soit ce qui arrive. *Quoi qu'il en soit*, de toute façon. — *Quoi que ce soit*, qqch. de quelque nature que ce soit. *Il n'a jamais pu vendre quoi que ce soit.* (Ne pas confondre avec *Quoique.*)

QUOIQUE [kwak(ə)]. *conj.* • **1°** Introduisant une proposition circonstancielle d'opposition ou de concession (suivi du subj.). V. **Bien** (que), **encore** (que). *Je lui confierai ce travail quoiqu'il soit bien jeune.* — (Avec ellipse du verbe). *Il était simple, quoique riche.* • **2°** Introduisant une objection faite après coup. *Je passerai mes vacances à la montagne, quoique j'aime bien la mer (quoique j'aimerais autant la mer, quoique aimant bien la mer).*

QUOLIBET [kɔlibɛ]. *n. m.* • *Littér.* Propos gouailleur, plaisanterie à l'adresse de qqn. V. **Raillerie.**

QUORUM [k(w)ɔʀɔm]. *n. m.* • Nombre minimum de membres présents, pour qu'une assemblée puisse valablement délibérer (terme de politique, d'administration).

QUOTA [k(w)ɔta]. *n. m.* • Contingent ou pourcentage déterminé (terme administratif). *Quota d'immigration.*

QUOTE-PART [kɔtpaʀ]. *n. f.* • Part qui revient à chacun dans une répartition. *Leurs quote-parts sont inégales.*

QUOTIDIEN, ENNE [kɔtidjɛ̃, ɛn]. *adj.* et *n. m.* ★ **I.** *Adj.* De chaque jour : qui se fait, revient tous les jours. *Son travail quotidien.* V. **Habituel, journalier.** ★ **II.** *N. m.* Journal qui paraît chaque jour. *Vous trouverez la nouvelle dans les quotidiens.* ▼ **QUOTIDIENNEMENT.** *adv.* Tous les jours.

QUOTIENT [kɔsjɑ̃]. *n. m.* • **1°** Résultat d'une division (en arithmétique, en algèbre). • **2°** *Quotient intellectuel* ou *mental*, rapport de l'âge mental à l'âge réel (= 1, chez un sujet normal).

R

R [ɛʀ]. *n. m.* • Dix-huitième lettre et quatorzième consonne de l'alphabet. — Loc. *Les mois en R,* ceux dont le nom contient un *r* (pendant lesquels on peut consommer les huîtres, les coquillages, sans danger).

RABÂCHER [ʀabɑʃe]. *v.* (1) • 1° *V. intr.* Revenir sans cesse sur ce qu'on a déjà dit. *Les vieilles gens rabâchent.* V. **Radoter.** • 2° *V. tr.* Répéter continuellement, d'une manière fastidieuse. *Ils rabâchaient toujours les mêmes choses.* V. **Ressasser.** — Apprendre en répétant sans cesse. *Rabâcher ses leçons.* ▼ **RABÂCHAGE.** *n. m.* ▼ **RABÂCHEUR, EUSE.** *n.* Personne qui a l'habitude de rabâcher.

RABAIS [ʀabɛ]. *n. m.* • Diminution faite sur le prix d'une marchandise, le montant d'une facture. V. **Réduction.** — AU RABAIS. *Vente au rabais.* V. **Solde.**

RABAISSER [ʀabese]. *v. tr.* (1) • 1° Rabattre, diminuer. *Rabaisser les prétentions, l'orgueil de qqn.* • 2° Ramener à un état ou à un degré inférieur. V. **Abaisser, ravaler.** *Rabaisser l'homme au niveau de la brute.* — Estimer ou mettre très au-dessous de la valeur réelle. V. **Déprécier ; dénigrer.** *Rabaisser les mérites de qqn.* — Pronom. *Se rabaisser.* V. **Humilier** (s').

RABANE [ʀaban]. *n. f.* • Tissu de raphia.

RABAT [ʀaba]. *n. m.* • 1° Large cravate formant plastron, portée par les magistrats, certains religieux. • 2° Partie rabattue ou qui peut se replier. *Poche à rabat.*

RABAT-JOIE [ʀabaʒwa]. *n. m. invar.* • Personne chagrine, ennemie de la joie des autres. V. **Trouble-fête.** *Quel rabat-joie !* — Adj. *Elles sont un peu rabat-joie.*

1. RABATTRE [ʀabatʀ(ə)]. *v. tr.* (41) • 1° Diminuer en retranchant (une partie de la somme). V. **Déduire, défalquer.** *Il n'a pas voulu rabattre un centime de la somme demandée.* — EN RABATTRE : abandonner de ses prétentions ou de ses illusions. • 2° Amener vivement à un niveau plus bas, faire retomber. *Rabattre une balle.* • 3° Mettre à plat, appliquer contre qqch. *Rabattre le col de son pardessus.* — Refermer. *Rabattre un couvercle, le capot d'une voiture.* ▼ **RABATTEMENT.** *n. m.* ▼ **RABATTU, UE.** *adj.* Qui est abaissé, ou replié. *Un chapeau rabattu, aux bords rabattus. Poches rabattues* (V. **Rabat**).

2. RABATTRE. *v. tr.* (41) • 1° Ramener par force dans une certaine direction. *Rabattre le gibier* (vers les chasseurs). — *Pronom.* Changer de direction en se portant brusquement de côté. *Voiture qui se rabat après un dépassement.* • 2° *V. pron.* SE RABATTRE (SUR) (qqn, qqch.) : en venir à accepter, faute de mieux. *L'aînée l'ayant évincé, il s'est rabattu sur la cadette.* ▼ **RABATTAGE.** *n. m.* ▼ **RABATTEUR, EUSE.** *n.* • 1° Personne chargée de rabattre le gibier. • 2° Personne qui fournit des clients à un vendeur, des marchandises à un acheteur.

RABBIN [ʀabɛ̃]. *n. m.* • Chef religieux d'une communauté juive, qui préside au culte. *Grand rabbin,* chef d'un consistoire israélite. ▼ **RABBINIQUE** [ʀabinik]. *adj.* Qui concerne les rabbins. *École rabbinique.*

RABELAISIEN, IENNE [ʀablɛzjɛ̃, jɛn]. *adj.* • Qui rappelle la verve truculente de Rabelais. V. **Gaulois.**

RABIBOCHER [ʀabibɔʃe]. *v. tr.* (1) • *Fam.* • 1° Rafistoler. • 2° Réconcilier. — Pronom. *Ils se sont rabibochés.* ▼ **RABIBOCHAGE.** *n. m.*

RABIOT [ʀabjo]. *n. m.* • *Fam.* • 1° Supplément ou surplus dans une distribution (de vivres). *Rabiot de vin, de cigarettes. Il y a du rabiot* (abrév. RAB [ʀab]). • 2° Temps de travail supplémentaire. *Faire du rabiot, du rab.* ▼ **RABIOTER.** v. intr. (1). *Fam.* Faire de petits profits supplémentaires. — *Trans.* S'approprier à titre de petit profit.

RÂBLE [ʀɑbl(ə)]. *n. m.* • 1° Partie charnue du dos, chez certains quadrupèdes (lapin, lièvre). • 2° *Fam.* Bas du dos. *Ils nous sont tombés sur le râble,* ils nous ont attaqués. ▼ **RABLÉ, ÉE.** *adj.* • 1° Qui a le râble épais. *Cheval râblé.* • 2° *(Personnes).* Trapu et vigoureux. *Un garçon râblé.*

RABOT [ʀabo]. *n. m.* • Outil de menuisier, servant à enlever les inégalités d'une surface de bois. V. **Varlope.** ▼ **RABOTER.** *v. tr.* (1). Aplanir au rabot. *Raboter une pièce de bois.* — *Plancher raboté.* ▼ **RABOTAGE.** *n. m.*

RABOTEUX, EUSE. *adj.* • Qui présente des inégalités, des aspérités (surface, sol). V. **Inégal.** *Plancher raboteux. Des sentiers raboteux.*

RABOUGRIR (SE) [ʀabugʀiʀ]. *v. pron.* (2) • Se recroqueviller sous l'effet de la sécheresse (végétaux), de l'âge (personnes). ▼ **RABOUGRI, IE.** *adj.* • **1°** Se dit d'une plante qui s'est peu développée. *Arbre au tronc rabougri.* • **2°** *(Personnes).* Mal conformé, chétif. V. **Ratatiné.** ▼ **RABOUGRISSEMENT.** *n. m.*

RABROUER [ʀabʀue]. *v. tr.* (1) • Traiter avec rudesse (qqn qu'on désapprouve, dont on veut se débarrasser). V. **Rembarrer.** *Il s'est fait vertement rabrouer.* ▼ **RABROUEMENT.** n. m. *Littér.* Action de rabrouer.

RACAILLE [ʀakɑj]. *n. f.* • Populace méprisable. — Ensemble de fripouilles. *Jetez-moi cette racaille en prison !*

1. RACCOMMODER [ʀakɔmɔde]. *v. tr.* (1) • **1°** Réparer à l'aiguille (du linge, des vêtements). V. **Rapiécer, repriser.** *Raccommoder une veste de laine. — Gants raccommodés.* • **2°** *Vx.* Réparer. ▼ **RACCOMMODABLE.** *adj.* Qui peut être raccommodé. ▼ **RACCOMMODAGE.** *n. m.* Action de raccommoder, manière dont est raccommodé (le linge, un vêtement). V. **Rapiéçage, reprise.** *Faire du raccommodage.* ▼ **RACCOMMODEUR, EUSE.** *n.* • **1°** Ouvrier, ouvrière qui raccommode (du linge, des vêtements). *Raccommodeur de filets de pêche.* • **2°** Réparateur. *Raccommodeur de faïence et de porcelaine.*

2. RACCOMMODER. *v. tr.* (1) • *Fam.* Réconcilier. *Raccommoder deux amis. — Pronom.* (Réfl.). *Il s'est raccommodé avec son frère.* — (Récipr.) *Ils se sont raccommodés.* ▼ **RACCOMMODEMENT.** *n. m.* Le fait de se raccommoder. V. **Réconciliation.**

RACCOMPAGNER [ʀakɔ̃paɲe]. *v. tr.* (1) • Accompagner (qqn qui s'en retourne, rentre chez lui). V. **Reconduire.**

RACCORD [ʀakɔʀ]. *n. m.* • **1°** Le fait de rétablir une continuité entre deux choses, deux parties. *Raccord de maçonnerie. — Faire un raccord,* refaire un peu son maquillage. • **2°** Manière dont deux plans d'un film s'enchaînent. • **3°** Pièce servant à réunir deux éléments qui doivent communiquer. V. **Assemblage.** *Raccord de pompe, de tuyau.*

RACCORDER [ʀakɔʀde]. *v. tr.* (1) • **1°** Relier par un raccord (des choses dissemblables ou disjointes). *Raccorder deux tuyaux. — (Choses)* Former raccord. *Le tronçon qui raccorde les deux voies.* • **2°** Pronom. *Cette route se raccorde à l'autoroute.* — Se rattacher. *Discours qui ne se raccorde à rien.* ▼ **RACCORDEMENT.** *n. m.* Action, manière de raccorder. *Voie de raccordement, reliant deux voies ferrées.*

RACCOURCI [ʀakuʀsi]. *n. m.* • **1°** EN RACCOURCI : en abrégé. *L'histoire en raccourci.* • **2°** Ce qui est exprimé de façon ramassée, elliptique. *De saisissants raccourcis.* • **3°** Chemin plus court que le chemin ordinaire pour aller quelque part. *Prendre un raccourci.*

RACCOURCIR [ʀakuʀsiʀ]. *v.* (2) • **1°** *V. tr.* Rendre plus court. *Raccourcir une robe.* V. **Couper.** *Jupe raccourcie. Il faut raccourcir ce texte.* V. **Abréger.** • **2°** *V. intr.* Devenir plus court. *Cette jupe a raccourci au lavage.* — Fam. *Les robes raccourcissent cette année,* se portent plus courtes. — (Temps) *Les jours commencent à raccourcir.* V. **Diminuer.** || Contr. **Allonger.** || ▼ **RACCOURCISSEMENT.** *n. m.*

RACCROC (PAR) [ʀakʀo]. *loc. adv.* • Par hasard, sans l'avoir prévu. *Il a réussi par raccroc.*

RACCROCHER [ʀakʀɔʃe]. *v. tr.* (1) • **1°** Remettre en accrochant (ce qui était décroché). *Raccrocher un tableau. — Raccrocher le récepteur* (du téléphone). *Il raccrocha,* il remit en place l'écouteur. • **2°** Rattraper par un coup heureux (ce qui semble perdu). *Raccrocher une affaire.* • **3°** Arrêter pour retenir (qqn qui passe). V. **Racoler.** *Le camelot raccrochait les passants. Raccrocher le client.* • **4°** *Pronom.* Se retenir (à un point d'appui). *Se raccrocher à une branche. — Ce à quoi il se raccroche,* en quoi il espère encore. *Se raccrocher à qqn* (comme à une bouée de sauvetage). — *(Suj. chose)* Se rapporter, se rattacher à. *Cette idée se raccroche bien au sujet.* ▼ **RACCROCHAGE.** *n. m.* Action de raccrocher (qqn). V. **Racolage.**

RACE [ʀas]. *n. f.* ★ **I.** • **1°** Famille illustre, considérée dans la suite des générations et la continuité de ses caractères. V. **Sang.** *Être de race noble.* V. **Ascendance, origine.** — Loc. adj. *Fin de race,* décadent. *Un homme distingué, un peu fin de race.* — Génération. *Les races futures.* • **2°** Catégorie de personnes apparentées par des comportements communs. V. **Espèce.** *Être de la race des seigneurs. Nous ne sommes pas de la même race. C'est une race qui s'éteint.* Fam. *Quelle sale race !* V. **Engeance.** ★ **II.** Subdivision de l'espèce zoologique, constituée par des individus réunissant des caractères communs héréditaires. *Races de chiens, de chats. Races chevalines. Animal de race pure.* — Loc. adj. *De race,* de race pure. *Animal, chiens de race.* ★ **III.** • **1°** Groupe ethnique qui se différencie des autres par un ensemble de caractères physiques héréditaires (couleur de la peau, etc.). V. **Racial.** *Race blanche, jaune, noire. Croisement entre races,* métissage. • **2°** Groupe naturel d'hommes qui ont des caractères semblables (physiques, psychiques, culturels, etc.) provenant d'un passé commun (emploi abusif du mot). *Races latine, germanique.* • **3°** Loc. *Avoir de la race,* être racé. ▼ **RACÉ, ÉE.** *adj.* • **1°** *(Animaux).* Qui présente les qualités propres à sa race. *Un cheval racé.* • **2°** *(Personnes).* Qui a une distinction, une élégance naturelles.

1. RACHETER [ʀaʃte]. *v. tr.* (5) • **1°** Acheter de nouveau. *Il faudra racheter du pain.* — Récupérer par achat (un bien vendu). *Faire racheter un immeuble.* || Contr. **Revendre.** || • **2°** Acheter à qqn qui a acheté. *Vous l'avez payé cent francs, je vous le rachète cent cinquante.* ▼ **1. RACHAT.** *n. m.* Action de racheter qqch.

2. RACHETER. *v. tr.* (5) • **1°** Sauver (les hommes) par la rédemption (se dit de la divinité). • **2°** Réparer, effacer par sa conduite ultérieure (ses fautes, ses erreurs). *Il a racheté ses péchés. Ceci rachète cela,* fait pardonner oublier cela. V. **Compenser.** • **3°** SE RACHETER *v. pron.* Se réhabiliter (après une faute) faire oublier par sa conduite les erreurs passées. ▼ **2. RACHAT.** *n. m.* Fait de se racheter, d'être racheté.

RACHIDIEN, IENNE [raʃidjɛ̃, jɛn]. *adj.* • De la colonne vertébrale. *Bulbe rachidien. Canal rachidien*, la totalité des trous vertébraux contenant la moelle épinière et ses annexes.

RACHITISME [raʃitism(ə)]. *n. m.* • Maladie de la période de croissance, qui se manifeste par des déformations variables du squelette. — Développement incomplet (d'un végétal). ▼ **RACHITIQUE.** *adj.* Atteint de rachitisme. Très malingre, chétif.

RACIAL, IALE, IAUX [rasjal, jo]. *adj.* • Relatif à la race, aux races (III). *Caractères raciaux. La question, la politique raciale* (dans certains États). *Discrimination raciale et racisme.*

RACINE [rasin]. *n. f.* ★ **I.** • **1°** Partie des végétaux par laquelle ils se fixent au sol et absorbent les éléments dont ils se nourrissent. *Racines comestibles* (carottes, navets...). • **2°** Loc. plaisant. *Prendre racine*, à force de rester debout longtemps, sur place. *Depuis que je t'attends, je commence à prendre racine !* • **3°** *Littér.* Principe profond. *Les racines de l'orgueil. Détruire, couper le mal à la racine.* ★ **II.** Partie par laquelle un organe est implanté. *La racine du nez. — Racine d'une dent*, fixée au maxillaire dans une cavité ou alvéole. *Dents à une, deux, trois racines. — Racine des cheveux*, partie la plus proche du cuir chevelu. ★ **III.** • **1°** *Racine carrée, cubique d'un nombre*, nombre dont le carré, le cube est égal à ce nombre. *Racine carrée de 10* $(\sqrt{10})$; *racine cubique de 10* $(\sqrt[3]{10})$. *Extraire une racine*, la calculer. • **2°** Élément irréductible d'un mot, obtenu par élimination des désinences, des préfixes ou des suffixes. V. **Radical.**

RACISME [rasism(ə)]. *n. m.* • Théorie de la hiérarchie des races, qui reconnaît à une seule race le droit de dominer les autres. — Ensemble de réactions qui, consciemment ou non, s'accordent avec cette théorie. *Ligue internationale contre le racisme et l'antisémitisme.* ▼ **RACISTE.** *n.* et *adj.* Partisan du racisme. *C'est un raciste ; il est raciste. — Politique raciste.* || Contr. **Antiraciste.** ||

RACKET [rakɛt]. *n. m.* • Association de malfaiteurs organisant l'extorsion de fonds, par chantage, intimidation ou terreur ; activité de ce genre de malfaiteurs (dits *racketters, racketteurs*).

RACLÉE [rɑkle]. *n. f.* • *Fam.* Volée de coups. V. **Correction.** *Recevoir, flanquer une raclée.* — Défaite complète. V. **Pile.** *Ils ont pris une belle raclée aux élections.*

RACLER [rɑkle]. *v. tr.* (1) • **1°** Frotter rudement (une surface) avec qqch. de dur ou de tranchant, de manière à égaliser ou à détacher ce qui adhère. V. **Gratter.** *Le chirurgien a dû racler l'os. Racler une casserole, un plat*, en gratter le fond. *Racler la semelle de ses souliers. — Se racler la gorge*, la débarrasser de ses mucosités par une expiration brutale. • **2°** Enlever (qqch.) en frottant de cette façon. *Racler une tache de boue sur son pantalon.* • **3°** Frotter en entrant rudement en contact. *Les pneus raclent le bord du trottoir. — Ce vin racle le gosier.* V. **Râper.** • **4°** Jouer en raclant les cordes maladroitement. *Racler du violon.* ▼ **RACLAGE.** *n. m.* Action de nettoyer en raclant. *Le raclage des peaux.* ▼ **RACLEMENT.** *n. m.* Action de racler ; son résultat (bruit, trace). *Raclement de gorge.* ▼ **RACLURE.** *n. f.* Déchet de ce qui a été raclé. V. **Rognure.**

RACOLER [rakɔle]. *v. tr.* (1) • **1°** Attirer, recruter par des moyens publicitaires ou autres. *Racoler des partisans, des clients.* • **2°** Accoster (qqn) en vue de l'attirer (se dit surtout des prostituées). V. **Raccrocher.** ▼ **RACOLAGE.** *n. m.* Action de racoler. V. **Retape.** ▼ **RACOLEUR, EUSE.** *n.* • **1°** *N. m.* Recruteur ou propagandiste peu scrupuleux. • **2°** *N.* Personne qui racole (2°).

RACONTER [rakɔ̃te]. *v. tr.* (1) • **1°** Exposer par un récit (des faits vrais ou présentés comme tels). V. **Conter, narrer, relater ; rapporter.** *Raconter une histoire. Raconter ce qui s'est passé. Il a entendu raconter que...* • **2°** Dire, débiter à la légère ou de mauvaise foi. *Je sais ce qu'on raconte.* V. **Dire.** *Qu'est-ce que tu me racontes ?* V. **Chanter.** • **3°** SE RACONTER. *v. pron.* (Réfl.). Se décrire, se dépeindre. *Se raconter avec complaisance*, aimer parler de soi. ▼ **RACONTABLE.** *adj.* Qui peut être raconté (surtout au négatif). *Cela n'est guère racontable en public.* ▼ **RACONTAR** [rakɔ̃tar]. *n. m.* Propos médisant ou sans fondement sur le compte de qqn. V. **Bavardage, cancan, commérage, ragot.** *Ce ne sont que des racontars.* ▼ **RACONTEUR, EUSE.** *n.* (Avec un compl.). *Un intarissable raconteur d'histoires.*

RACORNIR [rakɔrnir]. *v. tr.* (2) • Rendre dur, coriace, ou dessécher. *La chaleur a racorni ce cuir.* ▼ **RACORNI, IE.** *adj.* • **1°** Durci comme de la corne. *Un vieux bout de viande tout racorni*, desséché. • **2°** Rendu insensible, sec (cœur, esprit...). ▼ **RACORNISSEMENT.** *n. m.*

RADAR [radar]. *n. m.* • Système ou appareil de détection, qui émet un faisceau d'ondes électromagnétiques très courtes et en reçoit l'écho, permettant ainsi de déterminer la direction et la distance d'un objet (avion, etc.).

RADE [rad]. *n. f.* • **1°** Bassin naturel de vastes dimensions, ayant issue vers la mer et où les navires s'abritent. *La flotte est en rade, à Toulon.* • **2°** Loc. fam. *Laisser* EN RADE, abandonner. *Le projet est resté en rade*, a été abandonné. V. **Panne** (en).

RADEAU [rado]. *n. m.* • Plate-forme formée de pièces de bois assemblées, servant au transport de personnes ou de marchandises.

RADIAL, ALE, AUX [radjal, o]. *adj.* • Du radius (anatomie) ou du rayon (physique, etc.). — *Voie radiale*, qui joint une voie extérieure au centre.

RADIANT, ANTE [radjɑ̃, ɑ̃t]. *adj.* • Qui rayonne, émet des radiations. *Chaleur radiante.*

1. RADIATEUR [radjatœr]. *n. m.* • Appareil de chauffage à grande surface de rayonnement. *Radiateur de chauffage central,* formé d'éléments juxtaposés. *Radiateur électrique.*

2. RADIATEUR. *n. m.* • Organe de refroidissement des moteurs à explosion (tubes où l'eau circule et se refroidit).

1. RADIATION [ʀadjasjɔ̃]. *n. f.* • Action de radier qqn ou qqch. d'une liste, d'un registre. || Contr. **Inscription.** ||

2. RADIATION. *n. f.* • Énergie émise et propagée sous forme d'ondes à travers un milieu matériel. *Période, fréquence, longueur d'onde d'une radiation.*

1. RADICAL, ALE, AUX [ʀadikal, o]. *adj.* et *n.* ★ **I.** *Adj.* • **1°** Qui tient à l'essence, au principe (d'une chose, d'un être). V. **Foncier, fondamental ; essentiel.** *Une impuissance radicale à agir. Changement radical.* V. **Complet, total.** • **2°** Qui vise à agir sur la cause profonde de ce que l'on veut modifier. *Méthode radicale. Prendre des mesures radicales. Moyen radical.* ★ **II.** • **1°** *Adj.* Partisan de réformes radicales. — *Parti radical,* de nos jours, parti de réformes modérées, laïque et démocrate. • **2°** N. *Les radicaux.* ▼ **RADICALEMENT.** *adv.* Dans son principe, d'une manière radicale. V. **Absolument, complètement, totalement.** *Ce que vous dites est radicalement faux. Il a été radicalement guéri.* ▼ **RADICALISME.** *n. m.* Doctrine des radicaux et radicaux-socialistes (radical-socialisme). ▼ **RADICAL-SOCIALISTE.** *adj.* Qui est propre au *Parti Républicain Radical et Radical-Socialiste.* — Subst. *Les radicaux-socialistes* (Abrév. *Rad.-soc.*).

2. RADICAL. *n. m.* • **1°** Élément commun à une série de mots apparentés, qui correspond à un élément de sens commun à tous ces mots. V. **Racine.** • **2°** Symbole ($\sqrt[n]{\ }$) qui indique, en algèbre, qu'on doit extraire la racine de degré *n* de la quantité qui se trouve sous la barre horizontale du signe.

RADICELLE [ʀadisɛl]. *n. f.* • Petit filament d'une racine.

RADIER [ʀadje]. *v. tr.* (7) • Faire disparaître d'une liste, d'un registre, d'un compte. V. **Effacer, rayer.** *On l'a radié de la liste électorale.* V. **Radiation 1.** || Contr. **Inscrire.** ||

RADIESTHÉSIE [ʀadjɛstezi]. *n. f.* • Réceptivité particulière à des radiations qu'émettraient différents corps. ▼ **RADIESTHÉSISTE.** *n.* Personne qui pratique la radiesthésie. V. **Sourcier.**

RADIEUX, EUSE [ʀadjø, øz]. *adj.* • **1°** Qui rayonne, brille d'un grand éclat. V. **Brillant.** *Un soleil radieux.* — Très lumineux. *Une journée radieuse.* • **2°** *(Personnes).* Rayonnant de joie, de bonheur. V. **Heureux, ravi.** *Une jeune femme radieuse.* — *Visage, sourire radieux.* ▼ **RADIEUSEMENT.** *adv.*

RADIN, INE [ʀadɛ̃, in]. *adj.* • *Fam.* Un peu avare. *Ce qu'elle est radine !* (ou invar. *radin*). ▼ **RADINERIE.** n. f. *Fam.* Avarice.

RADINER [ʀadine]. *v. intr.* (1) ou **RADINER (SE).** *v. pron.* (1) • *Pop.* Arriver.

1. RADIO [ʀadjo]. *n. f.* • Radiodiffusion. V. **T.S.F.** *Écouter la radio. La Maison de la Radio,* à Paris, immeuble de l'O.R.T.F. — *Poste (récepteur) de radio. Avoir la radio et la télé.* — *Une radio,* un poste de radio.

2. RADIO. *n. f.* • Radioscopie ou radiographie. *Passer à la radio,* à la radioscopie. *Se faire faire une radio,* une radiographie.

1. RADIO-. • Élément signifiant « rayon ». — Devant le nom d'un corps chimique a la valeur de « radioactif ».

2. RADIO-. • Élément signifiant « radiodiffusion ». Ex. : *Radiotélévisé.*

RADIOACTIF, IVE [ʀadjɔaktif, iv]. *adj.* • Capable de se désintégrer par radioactivité. *Éléments radioactifs, substances radioactives* (radium, uranium, plutonium, etc.). ▼ **RADIOACTIVITÉ.** *n. f.* Propriété que possèdent certains éléments de se transformer par désintégration en d'autres éléments en émettant divers rayonnements.

RADIODIFFUSION [ʀadjɔdifyzjɔ̃]. *n. f.* • Émission et transmission, par ondes hertziennes, de programmes variés ; organisation qui prépare et effectue cette transmission. *Programmes, chaînes de radiodiffusion. Office de radiodiffusion-télévision française* (O.R.T.F.). ▼ **RADIODIFFUSER.** *v. tr.* (1). Émettre et transmettre par radiodiffusion. *Radiodiffuser un concert.* — *Conférence radiodiffusée.*

RADIOÉLECTRIQUE [ʀadjɔelɛktʀik]. *adj.* • *Ondes radioélectriques,* ondes électromagnétiques de longueur supérieure aux radiations visibles et infrarouges. — Qui se rapporte à ces ondes, à leur utilisation. V. **Hertzien.**

RADIOGRAPHIE [ʀadjɔgʀafi]. *n. f.* • Enregistrement photographique de la structure interne d'un corps traversé par des rayons X. V. **Radio 2.** ▼ **RADIOGRAPHIER.** *v. tr.* (7). Faire une radiographie de. *Radiographier un malade, un organe. Se faire radiographier.*

RADIOGUIDAGE [ʀadjɔgidaʒ]. *n. m.* • Guidage des navires, des avions par des méthodes radioélectriques.

RADIOLOGIE [ʀadjɔlɔʒi]. *n. f.* • Science traitant de l'étude et des applications (médicales, industrielles, scientifiques) de diverses radiations (notamment des rayons X et γ). V. **Radiographie, radioscopie, radiothérapie.** ▼ **RADIOLOGUE** [ʀadjɔlɔg]. *n.* Spécialiste de la radiologie. — Médecin spécialiste de la radiographie et de la radioscopie.

RADIOPHONIQUE [ʀadjɔfɔnik]. *adj.* • Qui concerne la radiodiffusion. *Programmes radiophoniques* ou *de radio* (1).

RADIOREPORTAGE. *n. m.* • Reportage radiodiffusé.

RADIOSCOPIE [ʀadjɔskɔpi]. *n. f.* • Examen de l'image que forme, sur un écran fluorescent, un corps traversé par des rayons X. *Passer à la radioscopie.* V. **Radio 2.**

RADIOTÉLÉVISÉ, ÉE. *adj.* • Qui est à la fois radiodiffusé et télévisé. *Reportage radiotélévisé.*

RADIOTHÉRAPIE [ʀadjɔteʀapi]. *n. f.* • *Didact.* Application thérapeutique des rayons X.

RADIS [ʀadi]. *n. m.* • **1°** Plante cultivée pour ses racines comestibles ; cette racine que l'on mange crue. *Une botte de radis.* • **2°** *Pop.* (En loc. négative). *N'avoir plus un radis,* plus un sou, plus d'argent.

RADIUM [ʀadjɔm]. *n. m.* • Élément radioactif (symb. *Ra*), de la famille de l'uranium

Le radium a été découvert par Pierre et Marie Curie.

RADIUS [radjys]. *n. m.* • En anatomie, Os long, situé à la partie externe de l'avant-bras, en dehors du cubitus.

RADJAH. V. RAJAH.

RADOTER [radɔte]. *v. intr.* (1) • Tenir, par sénilité, des propos décousus et peu sensés. V. **Divaguer.** *Vieillard qui radote.* — Rabâcher. *Cesse donc de radoter !* ▼ **RADOTAGE.** *n. m.* V. **Rabâchage.** ▼ **RADOTEUR, EUSE.** *n.* Personne qui radote.

RADOUBER [radube]. *v. tr.* (1) • Réparer la coque de (un navire) dans un bassin spécial (*bassin de* RADOUB [radu]).

RADOUCIR [radusiʀ]. *v. tr.* (2) • 1° Rendre plus doux (le temps). *Le vent d'ouest a radouci le temps.* V. **Réchauffer.** • 2° SE RADOUCIR. *v. pron.* Devenir plus doux. *La température s'est beaucoup radoucie.* — (Personnes) *Sa colère tomba soudain, il se radoucit. Son ton se radoucit,* devint plus aimable. ▼ **RADOUCISSEMENT.** *n. m.*

RAFALE [rafal]. *n. f.* • 1° Coup de vent soudain et brutal. V. **Bourrasque.** *Rafale de pluie, de neige. Le vent souffle par rafales, en rafales.* • 2° Succession de coups tirés rapidement (par une batterie, une arme automatique). *Rafale de mitrailleuse. Tirer par courtes rafales.*

RAFFERMIR [rafɛrmiʀ]. *v. tr.* (2) • 1° Rendre plus ferme. V. **Durcir.** *La douche froide raffermit les tissus.* • 2° Remettre dans un état plus stable. V. **Fortifier.** *Le gouvernement est sorti raffermi de la crise.* ▼ **RAFFERMISSEMENT.** *n. m.*

RAFFINEMENT [rafinmɑ̃]. *n. m.* • 1° Caractère de ce qui est raffiné (V. **Raffiner 2**). *Le raffinement des manières.* — *Un, des raffinement(s),* acte, chose qui dénote ou exige de la recherche, une grande finesse de goût. • 2° *Un raffinement de...,* manifestation extrême (d'un sentiment). *Par un raffinement de cruauté.*

1. RAFFINER [rafine]. *v. tr.* (1) • Procéder au raffinage de (une substance, un corps brut). — *Sucre raffiné. Pétrole raffiné.* || Contr. **Brut.** || ▼ **RAFFINAGE.** *n. m.* Opération par laquelle on sépare un mélange de substances, de manière à obtenir un corps pur ou un mélange doué de propriétés déterminées. V. **Épuration.** *Raffinage du sucre. Raffinage du pétrole,* permettant d'obtenir les produits commerciaux. ▼ **RAFFINERIE.** *n. f.* Usine où s'effectue le raffinage (du sucre, du pétrole).

2. RAFFINER. *v. intr.* (1) • Rechercher la délicatesse ou la subtilité la plus grande. *Raffiner avec excès.* V. **Raffinement.** — RAFFINER SUR (qqch.). *Raffiner sur l'élégance, sur la présentation,* y apporter un excès de recherche, de raffinement. ▼ **RAFFINÉ, ÉE.** *adj.* Qui est d'une extrême délicatesse, témoigne d'une recherche ou d'une subtilité remarquable. *Politesse, élégance raffinée. Une éducation raffinée.* — (Personnes) *Un homme raffiné.*

RAFFOLER (DE) [rafɔle]. *v. tr. ind.* (1) • Aimer à la folie, avoir un goût très vif pour (qqn, qqch.). V. **Adorer.** *Elles raffolent toutes de lui. Cet enfant raffole des sucreries.*

RAFFUT [rafy]. *n. m.* • *Fam.* Tapage, vacarme. *Faire du raffut. Quel raffut !*

RAFIOT [rafjo]. *n. m.* • Mauvais bateau. *Un vieux rafiot.*

RAFISTOLER [rafistɔle]. *v. tr.* (1) • *Fam.* Raccommoder, réparer grossièrement, avec des moyens de fortune (concret et abstrait). ▼ **RAFISTOLAGE.** *n. m.*

RAFLE [rɑfl(ə)]. *n. f.* • Arrestation massive opérée à l'improviste par la police. V. **Descente** (de police). *Être pris dans une rafle.*

RAFLER [rɑfle]. *v. tr.* (1) • *Fam.* Prendre et emporter promptement sans rien laisser.

RAFRAÎCHIR [rafreʃiʀ]. *v.* (2) ★ **I.** *V. tr.* • 1° Rendre frais, refroidir modérément. *La pluie a rafraîchi l'atmosphère.* — Pronom. *Le temps s'est bien rafraîchi.* • 2° Donner une sensation de fraîcheur à. *Cette boisson m'a rafraîchi.* — *Pronom.* Fam. *Se rafraîchir,* boire un rafraîchissement. ★ **II.** *V. tr.* • 1° Rendre la fraîcheur, l'éclat du neuf à (qqch.). *Rafraîchir un manteau en changeant les boutons, le col. Rafraîchir les cheveux,* les couper légèrement. • 2° Fam. *Je vais vous rafraîchir la mémoire, les idées,* vous rappeler certaines choses que vous semblez avoir oubliées. ★ **III.** *V. intr.* Devenir plus frais. *Mettre du vin, un melon à rafraîchir.* ▼ **RAFRAÎCHI, IE.** *adj.* Rendu frais. Loc. *Fruits rafraîchis,* fruits mélangés servis froids. ▼ **RAFRAÎCHISSANT, ANTE.** *adj.* Qui rafraîchit, donne une sensation de fraîcheur. *Une petite brise rafraîchissante.* — Qui désaltère. *Boissons rafraîchissantes* (jus de fruit, limonades, etc.).

RAFRAÎCHISSEMENT [rafreʃismɑ̃]. *n. m.* • 1° Action de rafraîchir, fait de devenir plus frais. *Rafraîchissement de la température.* • 2° Boisson fraîche prise en dehors des repas. *Prendre un rafraîchissement dans un café.* — *Au plur.* Boissons fraîches, glaces, fruits rafraîchis, etc., offerts à des invités. *Servir des rafraîchissements.*

RAGAILLARDIR [ragajardiʀ]. *v. tr.* (2) • Rendre de la vitalité, de l'entrain à (une personne fatiguée, déprimée). V. **Réconforter, revigorer.** *Cette nouvelle nous a ragaillardis.* — *Se sentir tout ragaillardi.*

1. RAGE [raʒ]. *n. f.* • 1° État, mouvement de colère, de dépit extrêmement violent, qui rend agressif. V. **Fureur.** *Être fou de rage. Cri de rage. Être, se mettre en rage.* • 2° RAGE DE... : envie violente, besoin passionné de... V. **Fureur.** *Cette rage de tout détruire.* — Loc. fam. *C'est plus de l'amour, c'est de la rage* (il est amoureux comme un fou). • 3° *Rage de dents,* mal de dents insupportable. • 4° FAIRE RAGE *(suj. chose)* : se déchaîner, atteindre la plus grande violence. *La tempête faisait rage. Incendie qui fait rage.* ▼ **RAGER.** v. intr. (3). *Fam.* Enrager. *Cela me fait rager,* cela m'exaspère. (On dit aussi *c'est* RAGEANT, adj.) ▼ **RAGEUR, EUSE.** *adj.* • 1° Sujet à des accès de colère. *C'est un enfant très rageur.* V. **Hargneux.** • 2° Qui dénote la colère, la mauvaise humeur. *Ton rageur.* ▼ **RAGEUSEMENT.** *adv.*

2. RAGE. *n. f.* • Maladie mortelle transmise à l'homme par certains animaux (chiens, surtout), caractérisée par des convulsions et de la paralysie. *Vaccin contre la rage*, dit *antirabique*.

RAGLAN [ʀaglɑ̃]. *n. m.* • Pardessus assez ample, à manches sans couture sur les épaules et remontant jusqu'au col. — Adj. *Des manches raglan*, de ce type. *Un imperméable raglan*, à manches raglan.

RAGONDIN [ʀagɔ̃dɛ̃]. *n. m.* • Fourrure très estimée d'un petit rongeur qui porte le même nom. *Un manteau de ragondin.*

RAGOT [ʀago]. *n. m.* • *Fam.* Bavardage malveillant, racontar. V. **Cancan.** *Faire des ragots.*

RAGOÛT [ʀagu]. *n. m.* • Plat composé de morceaux de viande (bœuf, veau, mouton) et de légumes cuits ensemble dans une sauce plus ou moins relevée. *Un ragoût de mouton.*

RAGOÛTANT, ANTE. *adj.* • Appétissant (en tours négatifs ou exclamatifs). *Cette histoire est peu ragoûtante.* || Contr. **Dégoûtant.** ||

RAI ou **RAIS** [ʀɛ]. *n. m.* • *Littér.* Rayon (de lumière). *Un rais de lumière sous la porte.*

RAID [ʀɛd]. *n. m.* • 1° Opération éclair en territoire ennemi, menée par des éléments très mobiles. V. **Commande, coup** (de main). — Attaque aérienne. *Un raid de bombardiers.* • 2° Épreuve de longue distance, destinée à mettre en valeur la résistance du matériel et l'endurance des hommes (Cf. Rallye). *Raids aériens.*

RAIDE [ʀɛd]. *adj.* ★ **I.** • 1° Qui ne se laisse pas plier, manque de souplesse. V. **Rigide.** *Cheveux raides.* — Raidi, engourdi. *Avoir les jambes raides.* • 2° *(Personnes).* Qui se tient droit et ferme sans plier. *Il est, il se tient raide comme un échalas, comme un piquet, comme la justice. — Avoir le cou, la tête raide.* • 3° Tendu au maximum. *Une corde raide.* • 4° Très incliné par rapport au plan horizontal, difficile à gravir ou à descendre. V. **Abrupt.** *Un escalier, une pente très raide.* ★ **II.** • 1° *Littér.* Qui manque d'abandon, de spontanéité. V. **Compassé, guindé.** *Un maintien raide.* • 2° (Choses). *Fam.* Difficile à accepter, à croire ou à supporter. V. **Fort.** *Elle est raide celle-là ! C'est un peu raide !* • 3° Pop. *(Personnes).* Sans argent. V. **Fauché.** ★ **III.** *Adv.* • 1° Violemment, sèchement. V. **Fort.** *Frapper raide une balle.* • 2° En pente raide. *Un sentier qui grimpe raide.* V. **Dur.** • 3° RAIDE MORT (s'accorde comme un adj.) : mort soudainement. *Elles sont tombées raides mortes.* ▼ **RAIDEUR.** *n. f.* • 1° État de ce qui est raide ou raidi. V. **Rigidité.** *La blessure lui avait laissé une certaine raideur dans le bras.* • 2° *(Abstrait).* Caractère rigide, manque de souplesse. V. **Rigueur.** ▼ **RAIDIR.** *v. tr.* (2) • 1° Faire devenir raide ou tendu, priver de souplesse. *Raidir ses muscles.* • 2° *Pronom.* Tendre ses forces pour résister. *Se raidir contre le malheur.* — Se montrer plus intransigeant. *Des deux côtés on se raidit, la négociation risque d'échouer.*

RAIDILLON [ʀɛdijɔ̃]. *n. m.* • Partie d'un chemin qui est en pente raide sur une faible longueur. V. **Côte.** *Gravir un raidillon.*

1. RAIE [ʀɛ]. *n. f.* • 1° Ligne droite, bande mince et longue tracée sur qqch. V. **Rayure, trait.** *De fines raies blanches. Tissu à raies*, rayé. — Ligne ou bande naturelle. • 2° Ligne de séparation entre les cheveux, où le cuir chevelu est apparent. *Porter la raie au milieu.*

2. RAIE. *n. f.* • Poisson cartilagineux, au corps aplati en losange, à queue hérissée de piquants, à la chair délicate. *Raie au beurre noir.*

RAIFORT [ʀɛfɔʀ]. *n. m.* • Racine comestible d'une plante de même nom, à goût de moutarde.

RAIL [ʀɑj]. *n. m.* • 1° Chacune des barres d'acier installées en deux lignes parallèles sur des traverses pour constituer une voie ferrée ; bandes continues ainsi formées. V. **Voie.** *Remplacer un rail. Écartement des rails. Rails mobiles d'un aiguillage. Sortir des rails.* V. **Dérailler.** — Loc. *Remettre sur les rails*, sur la bonne voie ; rendre capable (une entreprise, etc.) de marcher à nouveau. • 2° *(Au sing.).* Transport par voie ferrée. V. **Chemin de fer.** *La concurrence entre le rail et la route.*

RAILLER [ʀɑje]. *v. tr.* (1) • *Littér.* Tourner en ridicule (qqn, qqch.) par des moqueries, des plaisanteries. V. **Moquer** (se). — *Aimer à railler*, à se moquer. ▼ **RAILLERIE** [ʀɑjʀi]. *n. f.* • 1° Habitude, art de railler (les gens, les choses). V. **Moquerie, persiflage.** *Un ton de raillerie.* • 2° *Une, des raillerie(s)*, propos ou écrit par lesquels on raille (qqn ou qqch.). V. **Quolibet, sarcasme.** *Je n'apprécie pas du tout vos railleries.* ▼ **RAILLEUR, EUSE.** *adj.* Qui raille, exprime la raillerie. V. **Ironique, narquois, persifleur.** *Ton, air railleur.*

RAINETTE [ʀɛnɛt]. *n. f.* • Petite grenouille aux doigts munis de ventouses.

RAINURE [ʀenyʀ]. *n. f.* • Entaille faite en long (à la surface d'un objet). *Rainure de parquet. Panneau qui glisse dans des rainures.* V. **Coulisse.**

RAIS. V. RAI.

RAISIN [ʀɛzɛ̃]. *n. m.* • *Le raisin* (collectif), *les raisins*, fruit de la vigne, ensemble de baies *(grains)* réunies en grappes. *Raisin blanc, noir. — Cueillir, manger du raisin. Cure de raisins.* V. **Uval.** — *Raisins secs* (de Corinthe, de Malaga...). *Un petit pain aux raisins. — Jus de raisin.* ▼ **RAISINÉ.** *n. m.* Jus de raisin concentré et pris en gelée. Confiture (de poires, de coings,...) préparée avec ce jus.

1. RAISON [ʀɛzɔ̃]. *n. f.* ★ **I.** *(Pensée, jugement).* • 1° La faculté qui permet à l'homme de connaître, juger et agir conformément à des principes (V. **Compréhension, entendement, esprit, intelligence**), et *spécialt.* de bien juger et d'appliquer ce jugement à l'action. V. **Discernement, jugement, sens** (bon). *Conforme, contraire à la raison.* V. **Raisonnable ; déraisonnable.** *L'âge de raison*, l'âge auquel on considère que l'enfant a l'essentiel de la raison (environ 7 ans). *Ramener qqn à la raison*, à une attitude raisonnable. *Mettre à la raison*, par la force ou l'autorité. — (*Opposé à* instinct, intuition, sentiment) Pensée logique. *La raison et la passion. Un mariage de raison* (et non d'amour). • 2° Les facultés intellectuelles (d'une personne), dans leur fonctionnement. *La raison* *de qqn.* V. **Lucidité.** *Perdre la raison*, devenir fou. *Il n'a plus toute sa raison.* • 3° Loc. *Plus que de raison*, au delà de la mesure raisonnable. *Il a bu plus que de raison.* • 4° Connaissance naturelle (*opposé à* ce qui vient de la révélation ou de la foi). *Les lumières naturelles de la raison. Raison et mysticisme.* • 5° Principes *a priori* qui règlent la pensée (*opposé à* expérience). *La raison pure.* • 6° (Dans des loc. où le mot est opposé à *tort*). Jugement, comportement en accord avec les faits. AVOIR RAISON : être dans le vrai, ne pas se tromper. *Prouver qu'on a raison. — Vous avez raison de dire...*, vous êtes dans le vrai en disant... — *Je lui donne raison*, je reconnais qu'il a raison. ★ **II.** *(Principe, cause).* • 1° Principe d'explication (d'un événement, d'un objet nouveau). *La raison d'un phénomène. — Demander, donner la raison de* (qqch.). — Ce qui permet d'expliquer (un acte, un sentiment). V. **Motif.** *Un mouvement d'humeur dont on s'explique mal la raison. Crier sans raison. — Loc.* PAR, POUR LA RAISON QUE. V. **Parce que.** *Je ne l'ai pas vu pour la (simple) raison que je me trouvais absent. Pour une raison ou pour une autre*, sans raison déterminée. EN RAISON DE... : en tenant compte de, en considération de... V. **Cause** (à). SE FAIRE UNE RAISON : se résigner à admettre ce qu'on ne peut changer, prendre son parti. *S'il le faut, je me ferai une raison.* • 2° Motif légitime qui justifie (qqch.) en expliquant. V. **Fondement, sujet.** *Avoir une raison d'agir, d'espérer. Cet enfant est sa raison de vivre.* V. **But.** *Avoir de bonnes, de fortes raisons de croire, de penser... Ce n'est pas une raison ! Raison de plus*, c'est une raison de plus (pour). — *Loc.* (au sing.) AVEC (JUSTE) RAISON : en ayant une raison valable. V. **Titre** (à juste). À PLUS FORTE RAISON : avec des raisons encore plus fortes, meilleures. V. **A fortiori.** SANS RAISON : sans motif, sans justification raisonnable. *Il s'est fâché, non sans raison*, avec raison. • 3° Argument destiné à prouver. *Se rendre aux raisons de qqn*, à ses arguments. • 4° *(Loc. verb.).* AVOIR RAISON DE (qqn, qqch.) : vaincre la résistance, venir à bout. *Le malheur a eu raison de moi.* ★ **III.** *La* RAISON SOCIALE *d'une Société* : sa désignation (noms des associés).

2. RAISON. *n. f.* • *(Idée de compte, proportion).* • 1° Rapport entre deux grandeurs, deux quantités (V. **Rationnel 2**). *Raison d'une progression*, terme constant, qui, multiplié par un terme d'une progression ou additionné avec lui, donne le terme suivant (2, dans 1, 3, 5, 7 et 2, 4, 8, 16). *Raison directe de deux quantités*, rapport tel que, quand l'une des quantités augmente, l'autre augmente aussi. *Raison inverse* (quand l'une des quantités augmente, l'autre diminue). V. **Proportion.** • 2° *Loc. prép.* À RAISON DE : en comptant, sur la base de. *Dix paquets à raison de deux francs le paquet.*

RAISONNABLE [rɛzɔnabl(ə)]. *adj.* • 1° Doué de raison (1, I), de jugement. V. **Intelligent, pensant.** *L'homme, animal raisonnable.* • 2° *(Personnes).* Qui pense et agit selon la raison. V. **Réfléchi, sensé.** *Un enfant raisonnable. Soyez donc raisonnable !* — (Choses) *Opinion, conduite raisonnable.* V. **Judicieux, sage.** — (Impers.) *Il est raisonnable de croire, de dire...* V. **Naturel, normal.** • 3° Qui consent des conditions modérées (commerçant, homme d'affaires, etc.). — *Prix raisonnable.* V. **Acceptable.** ▼ **RAISONNABLEMENT.** *adv.* D'une manière raisonnable. *Agir raisonnablement. — C'est ce qu'on peut raisonnablement demander*, sans prétention excessive.

RAISONNEMENT [rɛzɔnmɑ̃]. *n. m.* • 1° L'activité de la raison (1, I), la manière dont elle s'exerce. *Opinion fondée sur le raisonnement ou l'expérience. — Le raisonnement, opposé à* la foi, à la passion, à l'intuition. • 2° Le fait de raisonner en vue de parvenir à une conclusion. *Principe, conclusion d'un raisonnement. Raisonnement juste ; faux.* — Fam. *Ce n'est pas un raisonnement !* votre raisonnement est mauvais. *D'après ce raisonnement...*, à ce compte-là...

RAISONNER [rɛzɔne]. *v.* (1) ★ **I.** *V. intr.* • 1° Faire usage de sa raison pour former des idées, des jugements. V. **Penser.** *Raisonner sur des questions générales.* V. **Philosopher.** — Au p. p. *Bien, mal raisonné*, conforme ou non aux règles du raisonnement. • 2° Employer des arguments pour convaincre, prouver ou réfuter. *La manie de raisonner.* — Loc. fam. *Raisonner comme un panier percé, comme une pantoufle*, mal. • 3° Enchaîner les diverses parties d'un raisonnement pour aboutir à une conclusion. *Raisonner faux, juste.* ★ **II.** *V. tr.* • 1° *Raisonner qqn*, chercher à l'amener à une attitude raisonnable. *On ne peut pas le raisonner.* • 2° *V. pron.* SE RAISONNER : écouter la voix de la raison. — *(Pass.)* Pouvoir être contrôlé par la raison (sentiment, impulsion). *L'amour ne se raisonne pas.* ▼ **RAISONNANT, ANTE.** adj. *Folie raisonnante*, délire appuyé de raisonnements. ▼ **RAISONNÉ, ÉE.** *adj.* • 1° Appuyé de raisons, de preuves. *Projet raisonné*, étudié, réfléchi. • 2° Qui explique par des raisonnements (et ne se contente pas d'affirmer). V. **Rationnel.** *Méthode raisonnée de grammaire, d'anglais.* ▼ **RAISONNEUR, EUSE.** *n.* et *adj.* Personne qui discute, réplique. *Faire la raisonneuse. Un insupportable raisonneur.* — Adj. *Une petite fille raisonneuse et désobéissante.*

RAJA(H) [raʒa] ou **RADJA(H)** [radʒa]. *n. m.* • Aux Indes, Souverain brahmanique d'une principauté indépendante. V. **Maharadjah.**

RAJEUNIR [raʒœnir]. *v.* (2) ★ **I.** *V. tr.* • 1° Rendre une certaine jeunesse à (qqn d'âgé). — Abaisser l'âge (de recrutement d'un personnel). *Rajeunir les cadres d'une entreprise.* • 2° Attribuer un âge moins avancé à. *Vous me rajeunissez de cinq ans !* — (Suj. chose) *Voilà qui ne me rajeunit pas !* qui souligne mon âge ! • 3° Faire paraître plus jeune (aspect physique). *Cette coiffure la rajeunit. — Pronom.* SE RAJEUNIR : se faire paraître plus jeune qu'on est. *Elle essaie de se rajeunir par tous les moyens.* • 4° Ramener à un état de nouveauté. *Rajeunir une installa-*

tion, un équipement (V. **Moderniser**). ★ **II.** *V. intr.* Reprendre les apparences de la jeunesse. *Il a rajeuni.* — Au p. p. *Je le trouve rajeuni.* || Contr. **Vieillir.** || ▼**RAJEUNISSANT, ANTE.** *adj.* Propre à rajeunir. *Suivre un traitement rajeunissant.* ▼**RAJEUNISSEMENT.** *n. m.* Action de rajeunir, état de ce qui est ou paraît rajeuni. *Cure de rajeunissement.* — *Rajeunissement d'un thème littéraire.*

RAJOUTER [ʀaʒute]. *v. tr.* (1) • **1°** Ajouter de nouveau. *Rajouter du sel, du poivre.* — *Rajouter quelques détails.* • **2°** *Loc.* En rajouter : en dire ou en faire plus qu'il n'en faut. V. **Remettre** (en). *Il faut toujours qu'il en rajoute !* ▼**RAJOUT** [ʀaʒu]. *n. m.* Ce qui est rajouté.

RAJUSTER [ʀaʒyste]. *v. tr.* (1) • **1°** Remettre en bonne place, en ordre. *Rajuster ses lunettes, sa coiffure.* • **2°** Remettre en accord, en harmonie. *Rajuster* (ou *réajuster*) *les salaires*, les relever pour qu'ils demeurent proportionnés au coût de la vie. ▼**RAJUSTEMENT** ou **RÉAJUSTEMENT.** *n. m.* Le fait de rajuster (surtout 2°).

1. RÂLE [ʀɑl]. *n. m.* • **1°** Bruit rauque de la respiration chez certains moribonds. V. **Râler 1.** • **2°** Altération du bruit respiratoire.

2. RÂLE. *n. m.* • Oiseau, petit échassier migrateur. *Râle d'eau.*

RALENTI, IE. *adj.* et *n. m.* ★ **I.** *Adj.* Dont le rythme est plus lent. *Mouvement ralenti.* || Contr. **Accéléré.** || ★ **II.** *N. m.* • **1°** Régime le plus bas d'un moteur. *Régler le ralenti.* • **2°** Rythme de projection ralenti qui est le résultat d'un tournage accéléré (cinéma). • **3°** Loc. *Au ralenti*, en ralentissant le rythme, l'action. *Il travaille au ralenti.*

RALENTIR [ʀalɑ̃tiʀ]. *v.* (2) ★ **I.** *V. tr.* • **1°** Rendre plus lent (un mouvement, une progression dans l'espace). || Contr. **Accélérer.** || *Ralentir le pas, l'allure.* — Pronom. *L'avance de l'ennemi s'est ralentie.* • **2°** Rendre plus lent (le déroulement d'un processus). *Les difficultés qui ralentissent l'expansion, la production.* ★ **II.** *V. intr.* Réduire la vitesse du véhicule que l'on conduit (V. **Freiner**). *Il ralentissait à chaque croisement. Ralentir, travaux.* ▼ **RALENTISSEMENT.** n. m. *Ralentissement d'un véhicule ; de l'expansion.* || Contr. **Accélération.** ||

1. RÂLER [ʀɑle]. *v. intr.* (1) • Faire entendre un râle (1) en respirant. *Le moribond râlait.*

2. RÂLER. *v. intr.* (1) • *Fam.* Manifester sa mauvaise humeur. V. **Grogner, rouspéter.** *Ça me fait râler.* V. **Enrager.** ▼**RÂLEUR, EUSE.** n. et adj. *Fam.* Personne qui râle à tout propos. *Quelle râleuse !* — Adj. *Ce qu'il peut être râleur !*

RALLIEMENT [ʀalimɑ̃]. *n. m.* • **1°** Le fait de rallier une troupe, de se rallier. V. **Rassemblement.** — Le fait de se rallier (à un parti, une cause, etc.). V. **Adhésion.** • **2°** *Point de ralliement*, où des troupes, des personnes doivent se réunir, où des efforts peuvent se conjuguer... • **3°** *Signe de ralliement*, drapeau, enseigne, etc., autour duquel les soldats devaient se rallier dans la bataille ; objet qui sert aux membres d'une association à se reconnaître.

RALLIER [ʀalje]. *v. tr.* (7) ★ **I.** • **1°** Regrouper (des gens dispersés). *Chef qui rallie ses soldats.* V. **Rassembler.** • **2°** Unir (des personnes) pour une cause commune ; convertir à sa cause. V. **Gagner.** — (Suj. chose) *Cette proposition a rallié tous les suffrages.* • **3°** Rejoindre (une troupe, un parti, etc.). *Les opposants ont rallié la majorité.* ★ **II.** *V. pron.* • **1°** Se regrouper. *Troupes qui se rallient.* • **2°** *Se rallier à*, adhérer (après s'être opposé). *Se rallier à un parti.* — *Se rallier à l'avis de qqn.*

RALLONGE [ʀalɔ̃ʒ]. *n. f.* • **1°** Planche qui sert à augmenter la surface d'une table. *Table à rallonges.* • **2°** Loc. fam. *Nom à rallonges*, nom noble, à particule, à plusieurs éléments. • **3°** *Fam.* Ce qu'on paye ou reçoit en plus du prix convenu ou officiel. V. **Supplément.** — Supplément de congé. *Obtenir une rallonge.*

RALLONGER [ʀalɔ̃ʒe]. *v.* (3) • **1°** *V. tr.* Rendre plus long en ajoutant une partie. V. **Allonger.** *Rallonger une robe.* • **2°** *V. intr.* (Fam.). Allonger. *Les jours rallongent.* || Contr. **Raccourcir.** || ▼**RALLONGEMENT.** *n. m.*

RALLUMER [ʀalyme]. *v. tr.* (1) • **1°** Allumer de nouveau (ce qui s'est éteint, ce qu'on a éteint). *Rallumer le feu. Rallumer une cigarette éteinte.* • **2°** Redonner de l'ardeur, de la vivacité à. V. **Ranimer.** *Rallumer le conflit.* — Pronom. *Les haines se sont rallumées.*

RALLYE [ʀali]. *n. m.* • Compétition où les concurrents (automobilistes) doivent, de points différents, rallier un lieu déterminé. *Le rallye de Monte-Carlo.*

-RAMA. V. -Orama.

RAMADAN [ʀamadɑ̃]. *n. m.* • Mois pendant lequel les musulmans doivent s'astreindre au jeûne entre le lever et le coucher du soleil.

1. RAMAGE [ʀamaʒ]. *n. m.* • *Littér.* Chant des oiseaux.

2. RAMAGES. *n. m. pl.* • Dessins décoratifs de rameaux fleuris et feuillus. *Étoffe à ramages.*

RAMASSER [ʀamɑse]. *v. tr.* (1) ★ **I.** • **1°** Resserrer, tenir serré (surtout *p. p.* [V. **Ramassé**] et *pron.*). — *Se ramasser*, se mettre en masse, en boule. V. **Pelotonner** (se). *Chat qui se ramasse avant de bondir.* • **2°** Réunir (des choses éparses). *Ramasser les ordures* (V. **Enlever**). *Ramasser les cartes, au jeu. Ramasser de l'argent à une quête.* • **3°** *Fam.* Ramasser qqn : l'arrêter (en parlant de la police, des autorités). *Se faire ramasser.* ★ **II.** • **1°** Prendre par terre (des choses éparses) pour les réunir. V. **Amasser.** *Ramasser du bois, des marrons. Des champignons ramassés dans les bois.* V. **Cueillir.** • **2°** Prendre par terre (une chose qui s'y trouve naturellement ou qui est tombée). *Ramasser un caillou. Ramasser une balle de tennis, un mouchoir.* — (En parlant d'une personne dans l'impossibilité de se relever ou d'un mort) *On l'a ramassé ivre mort.* — Péj. *Il a épousé une fille qu'il a ramassée dans le ruisseau.* • **3°** *Pop.* Prendre, attraper. *Il* *ramassé une volée. J'ai ramassé un de ces rhumes !* ▼ **RAMASSAGE.** *n. m.* • **1°** Action de ramasser. *Ramassage du foin. Ramassage du lait dans les fermes.* • **2°** *Ramassage scolaire*, opération par laquelle un service routier transporte les écoliers de lieux éloignés ou isolés. ▼ **RAMASSÉ, ÉE.** *adj.* Resserré en une masse, roulé en boule. V. **Pelotonné.** *Un aspect ramassé.* V. **Trapu.** — *Style, expression ramassée*, concise, dense. ▼ **RAMASSE-MIETTES.** *n. m.* Ustensile pour nettoyer les miettes sur une table. ▼ **RAMASSEUR.** *n. m.* • **1°** Personne qui ramasse. *Ramasseur de mégots.* • **2°** Personne qui va chercher chez les producteurs (les denrées destinées à la vente). *Ramasseur de lait.*

RAMASSIS [ʀamɑsi]. *n. m.* • *Péj.* Réunion (de choses, de gens de peu de valeur). *Un ramassis d'incapables et de paresseux.*

RAMBARDE [ʀɑ̃baʀd(ə)]. *n. f.* • Garde-corps placé autour des gaillards et des passerelles d'un navire. — Rampe métallique, garde-fou. *Rambarde d'une jetée.*

1. RAME [ʀam]. *n. f.* • Longue barre de bois aplatie à une extrémité, qu'on manœuvre pour diriger une embarcation. V. **Aviron.** *Une paire de rames.*

2. RAME. *n. f.* • Loc. fam. *Ne pas en fiche une rame* (ou *une ramée*), ne rien faire.

3. RAME. *n. f.* • **1°** Ensemble de cinq cents feuilles de papier. • **2°** File de wagons attelés (surtout du métro). *La dernière rame vient de passer.*

RAMEAU [ʀamo]. *n. m.* • **1°** Petite branche d'arbre. • **2°** Les rameaux : fête chrétienne qui commémore l'accueil triomphal (avec des rameaux de palmier) fait à Jésus entrant à Jérusalem, et qui se célèbre huit jours avant Pâques.

RAMÉE [ʀame]. *n. f.* • *Littér.* Ensemble des branches à feuilles d'un arbre. V. **Feuillage.** *Sous la ramée.*

RAMENER [ʀamne]. *v. tr.* (5) ★ **I.** • **1°** Amener de nouveau. *Ramenez-moi le malade après-demain.* • **2°** Faire revenir (qqn, un animal) au lieu qu'il avait quitté. *Je vais le ramener chez lui.* V. **Reconduire.** *Ramener un cheval à l'écurie.* — Provoquer le retour de... *Le mauvais temps le ramena à la maison.* • **3°** Faire revenir (à un sujet). *Il ramena la question sur...* — Faire revenir (à un état). *Ramener un noyé à la vie.* V. **Ranimer.** *Ramener qqn à de meilleurs sentiments.* • **4°** Faire renaître (une chose là où elle n'était manifestée). *Mesures propres à ramener la paix.* V. **Restaurer, rétablir.** • **5°** Amener (qqn), apporter (qqch.) avec soi, au lieu qu'on avait quitté. *Il a ramené de là-bas une femme charmante. Bibelot ramené de Chine.* • **6°** Faire prendre une certaine position à (qqch.) ; remettre en place. *Ramener la couverture sur ses pieds.* — Au p. p. *Cheveux ramenés sur le front.* • **7°** Porter à un certain point de simplification ou d'unification. V. **Réduire.** *Ramener une fraction à sa plus simple expression. Ramener tout à soi*, être égoïste. ★ **II.** Se ramener. *v. pron.* • **1°** Se réduire, être réductible. *Toutes les difficultés se ramènent à une seule. Tout ça se ramène à une question d'argent.* • **2°** Pop. *(Réfl.).* Venir. V. **Amener** (s').

RAMER [ʀame]. *v. intr.* (1) • Manœuvrer les rames, avancer à la rame. ▼ **RAMEUR, EUSE.** *n.* Personne qui rame, qui est chargée de ramer. *Rang, banc de rameurs.*

RAMI [ʀami]. *n. m.* • Jeu de cartes consistant à réunir des combinaisons de cartes qu'on étale sur la table.

RAMIER [ʀamje]. *n. m.* • Gros pigeon sauvage. — Adj. *Pigeon ramier.*

RAMIFIER (SE) [ʀamifje]. *v. pron.* (7) • **1°** Se diviser en plusieurs branches ou rameaux. *Tige qui se ramifie.* • **2°** Se subdiviser. *Les veines, les nerfs se ramifient.* — Au p. p. *Prolongement ramifié de la cellule nerveuse.* • **3°** *(Abstrait).* Avoir des prolongements secondaires. *Secte qui se ramifie.* ▼ **RAMIFICATION** [ʀamifikɑsjɔ̃]. *n. f.* • **1°** Fait de se ramifier ; son résultat. *Ramification d'un tronc d'arbre.* • **2°** Subdivision des artères, des veines, des nerfs... *Ramifications nerveuses.* — *Ramifications d'un souterrain, d'une voie ferrée.* • **3°** Groupement secondaire dépendant d'un organisme central. *Cette société a des ramifications à l'étranger.*

RAMOLLIR [ʀamɔliʀ]. *v. tr.* (2) • Rendre mou ou moins dur. V. **Amollir.** *Ramollir du cuir.* — *Pronom.* Devenir plus mou ; devenir ramolli. ▼ **RAMOLLI, IE.** *adj.* et *n.* • **1°** Devenu mou *(choses). Des biscuits tout ramollis.* — Fam. *Cerveau ramolli*, faible, sans idées. • **2°** Fam. *(Personnes).* Dont le cerveau est ramolli. V. **Gâteux.** *Il est un peu ramolli !* ▼ **RAMOLLISSEMENT.** *n. m.* Action de se ramollir, état de ce qui est ramolli. — *Ramollissement cérébral*, lésion qui prive une partie du cerveau de l'irrigation sanguine. ▼ **RAMOLLO.** adj. et n. *Fam.* Ramolli (2°). *Il est un peu ramollo.*

RAMONER [ʀamɔne]. *v. tr.* (1) • Nettoyer en raclant pour débarrasser de la suie (les cheminées, les tuyaux). ▼ **RAMONAGE.** *n. m.* ▼ **RAMONEUR.** *n. m.* Celui dont le métier est de ramoner les cheminées.

RAMPANT, ANTE [ʀɑ̃pɑ̃, ɑ̃t]. *adj.* • **1°** Qui rampe. — Littér. *Animal rampant.* — *Plantes rampantes.* • **2°** *(Plus courant).* Obséquieux, servile (personnes). V. **Ramper** (2°).

1. RAMPE [ʀɑ̃p]. *n. f.* • **1°** Plan incliné entre deux plans horizontaux. *Rampe pour voitures dans un garage.* — Partie en pente d'un terrain, d'une route, d'une voie ferrée. *Gravir, monter une rampe.* V. **Montée.** • **2°** Plan incliné permettant le lancement d'avions catapultés, de fusées. *Rampes de lancement de fusées.*

2. RAMPE. *n. f.* • **1°** Balustrade à hauteur d'appui ; barre sur laquelle on peut s'appuyer, le long d'un escalier. *S'accrocher à la rampe.* — Loc. fam. *Tenir bon la rampe*, tenir bon, s'accrocher. • **2°** Rangée de lumières disposées au bord de la scène. *Les feux de la rampe.* — Loc. *Ne pas passer la rampe*, ne pas produire son effet, ne pas atteindre son public (en parlant d'un dialogue de théâtre, d'une réplique,...).

RAMPER [rɑ̃pe]. *v. intr.* (1) • 1° Progresser par un mouvement de reptation (en parlant des reptiles, des vers, etc.). — (En parlant d'animaux, de l'homme) Progresser lentement le ventre au sol, les membres repliés. *Fauve qui rampe en approchant de sa proie.* — Subst. *Exercice de ramper.* — Se dit de plantes dont les rameaux, les tiges se développent au sol, ou qui s'étendent sur un support. *Vigne, lierre qui rampe le long d'un mur.* • 2° *(Personnes).* S'abaisser, être humblement soumis. *Ramper devant ses supérieurs.* V. **Rampant.**

RAMPON(N)EAU [rɑ̃pɔno]. *n. m.* • *Pop.* Bourrade, coup. *Recevoir un ramponneau.*

RAMURE [ramyr]. *n. f.* • 1° *Littér.* Ensemble des branches et rameaux (d'un arbre). V. **Branchage, ramée.** • 2° Ensemble des bois des cervidés. V. **Andouiller.**

RANCARD [rɑ̃kar]. *n. m.* • *Pop.* Renseignement ou rendez-vous secret. ▼ **RANCARDER.** v. tr. (1). *Pop.* Renseigner confidentiellement.

RANCART [rɑ̃kar]. *n. m.* • Loc. fam. *Mettre au rancart*, jeter, se débarrasser (d'une chose inutile ou usée). V. **Rebut.** — *Mise au rancart d'un projet.* V. **Abandon.**

RANCE [rɑ̃s]. *adj.* • Se dit d'un corps gras qui a pris une odeur forte et un goût âcre. *Beurre rance.* — Subst. *Beurre qui sent le rance.* ▼ **RANCIR.** *v. intr.* (2). Devenir rance. *Beurre qui rancit.* — *Huile rancie.* ▼ **RANCISSEMENT.** *n. m.*

RANCH [rɑ̃tʃ]. *n. m.* • Ferme de la prairie, aux États-Unis ; exploitation d'élevage qui en dépend. *Des ranchs* ou *ranches.*

RANCŒUR [rɑ̃kœr]. *n. f.* • *Littér.* Ressentiment, amertume que l'on garde après une désillusion, une injustice, etc. V. **Aigreur, rancune.** *Avoir de la rancœur contre qqn.*

RANÇON [rɑ̃sɔ̃]. *n. f.* • 1° Prix que l'on exige pour délivrer une personne captive. *Payer une rançon. Les ravisseurs exigent une rançon.* • 2° *La rançon de...*, les inconvénients que comporte (un avantage, un plaisir). V. **Compensation.** *La rançon de la gloire.* ▼ **RANÇONNER.** *v. tr.* (1). Exiger une certaine somme d'argent sous la contrainte. *Brigands qui rançonnaient les voyageurs.* ▼**RANÇONNEMENT.** *n. m.*

RANCUNE [rɑ̃kyn]. *n. f.* • Souvenir tenace que l'on garde d'une offense, d'un préjudice, avec de l'hostilité et un désir de vengeance. V. **Rancœur, ressentiment.** *Avoir de la rancune contre qqn. Entretenir, nourrir sa rancune.* — Ellipt. *Sans rancune !* formule de réconciliation. ▼**RANCUNIER, IÈRE.** *adj.* Porté à la rancune (V. **Vindicatif**).

RANDONNÉE [rɑ̃dɔne]. *n. f.* • Longue promenade. *Une randonnée à bicyclette, en auto, à pied.*

1. RANG [rɑ̃]. *n. m.* • 1° Suite (de personnes, de choses) disposée sur une même ligne, en largeur (*par oppos. à* file, disposée en longueur). V. **Rangée.** *Collier à trois rangs de perles. Les rangs d'un cortège.* — *Se mettre* EN RANG(s) : sur un ou plusieurs rangs. *Disposés en rangs serrés.* — Ligne de sièges les uns à côté des autres. *Les premiers, les derniers rangs.* — Suite de mailles constituant une même ligne d'un ouvrage de tricot, de crochet. *Un rang* (tricoté) *à l'endroit, un rang à l'envers.* • 2° Suite de soldats placés les uns à côté des autres. V. **Front.** *En ligne sur deux rangs. Sortir des rangs.* • 3° LES RANGS *d'une armée* : les hommes qui y servent. *Servir dans les rangs de tel régiment.* — Masse, nombre. *Grossir les rangs des mécontents. Nous l'avons admis dans nos rangs*, parmi nous. • 4° *Loc.* ÊTRE, SE METTRE SUR LES RANGS : entrer en concurrence avec d'autres, pour obtenir (un poste). — LE RANG : l'ensemble des hommes de troupes. *Servir dans le rang. Officiers sortis du rang*, qui ont fait carrière sans passer par une école de formation des officiers.

2. RANG. *n. m.* • Situation dans une série. V. **Ordre.** • 1° Place d'un dignitaire, d'un fonctionnaire, dans l'ordre des préséances. *Avoir rang avant, après qqn. Se présenter par rang d'ancienneté, d'âge.* • 2° *(Abstrait).* Place, position dans un ordre, une hiérarchie. V. **Classe, échelon.** *Rang le plus bas, le plus haut. Officier d'un certain rang.* V. **Grade.** • 3° Place qu'une personne occupe dans la société par droit de naissance, position ou célébrité. V. **Condition.** *Le rang social.* — (Se dit surtout des *rangs* les plus élevés) *Titre qui confère un haut rang. Garder, tenir son rang.* — *Loc.* (des personnes ou des choses). *Être du même rang*, de même valeur. *Mettre sur le même rang*, sur le même plan. • 4° Place dans un groupe, un ensemble (sans idée de hiérarchie). *Loc.* AU RANG DE : parmi. METTRE AU RANG DE : compter parmi. V. **Ranger.**

RANGÉE [rɑ̃ʒe]. *n. f.* • Suite (de choses ou de personnes) disposée côte à côte sur la même ligne. V. **Alignement, rang 1.** *Une double rangée d'arbres. Rangées de fauteuils d'un cinéma.*

RANGER [rɑ̃ʒe]. *v. tr.* (3) ★ **I.** • 1° Disposer à sa place, avec ordre. V. **Classer, ordonner.** *Ranger ses affaires.* — (Au p. p.) *Tout est bien rangé. Mots rangés par ordre alphabétique.* • 2° (Sans idée d'ordre, de classement). Mettre au nombre de, au rang de. *Ce livre est à ranger parmi les bons ouvrages.* • 3° Mettre de côté pour laisser le passage. *Ranger sa voiture.* V. **Garer.** ★ **II.** SE RANGER. *v. pron.* • 1° Se placer, se disposer. *Se ranger autour d'une table.* • 2° Se mettre en rangs (1). *Rangez-vous par trois !* • 3° S'écarter pour laisser le passage. *Taxi qui se range contre le trottoir.* V. **Garer** (se). • 4° *Loc.* SE RANGER DU CÔTÉ DE (qqn) : prendre son parti. SE RANGER À L'AVIS DE (qqn) se déclarer de son avis. V. **Adopter.** • 5° *Fam.* Adopter un genre de vie plus régulier, une conduite plus raisonnable. ▼ **RANGÉ, ÉE.** *adj.* Qui s'est rangé (II, 5°), qui mène une vie régulière, réglée. V. **Sérieux.** *Un homme rangé.* Fam. *Être rangé des voitures*, être assagi. — *Vie rangée.* ▼**RANGEMENT.** *n. m.* Action de ranger (I, 1°), de mettre en ordre son résultat. *Faire des rangements.*

RANIMER [ranime]. *v. tr.* (1) • 1° Rendre la conscience, le mouvement à. *Ranimer une personne évanouie.* (On dit aussi RÉANIMER.

— Revigorer. *Cet air vivifiant m'a ranimé.* • 2° *(Au moral).* Redonner de l'énergie à. V. **Réconforter.** *Ce discours ranima les troupes.* — *Ranimer l'ardeur de qqn. Ranimer la douleur, de vieilles rancunes.* V. **Réveiller.** • 3° Redonner de la force, de l'éclat (au feu). V. **Attiser, rallumer.** ▼ **RANIMATION.** *n. f.* V. **Réanimation.**

RAOUT [raut]. *n. m.* • *Vieilli.* Fête mondaine.

1. RAPACE [rapas]. *n. m.* • Oiseau carnivore, aux doigts armés d'ongles forts et crochus (les serres), au bec puissant, arqué et pointu. *Rapaces diurnes* (aigle, vautour...), *nocturnes* (chouette, hibou...).

2. RAPACE. *adj.* • Qui cherche à s'enrichir rapidement et brutalement, au détriment d'autrui. V. **Avide, cupide.** *Homme d'affaires rapace.* ▼ **RAPACITÉ.** *n. f.* Avidité brutale.

RAPATRIER [rapatrije]. *v. tr.* (7) • Assurer le retour (d'une personne) sur le territoire du pays auquel elle appartient par sa nationalité. *Le consul a dû le rapatrier. Rapatrier des prisonniers de guerre.* ▼ **RAPATRIÉ, ÉE.** *adj.* et *n.* Qu'on fait rentrer dans son pays. — (En parlant des prisonniers de guerre libérés, des coloniaux contraints de revenir en métropole, etc.) *Aide aux rapatriés.* ▼ **RAPATRIEMENT.** n. m. *Le rapatriement des prisonniers de guerre.*

RÂPE [rap]. *n. f.* • Outil, ustensile de cuisine, hérissé d'aspérités, qui sert à râper une substance. *Râpe de menuisier. Râpe à fromage.*

RÂPER [rape]. *v. tr.* (1) • 1° Réduire en poudre grossière, en petits morceaux (au moyen d'une râpe). *Carottes râpées. Gruyère râpé;* subst. *du râpé.* • 2° (Choses). *Râper la gorge, le gosier.* V. **Racler.** ▼ **RÂPÉ, ÉE.** *adj.* Se dit d'un tissu usé par le frottement, qui a perdu ses poils, son velouté. *Vêtement râpé.* V. **Élimé.**

RAPETASSER [raptase]. *v. tr.* (1) • *Fam.* • 1° Réparer sommairement, grossièrement (un vêtement, etc.). V. **Raccommoder, rapiécer.** • 2° *Péj.* Remanier, corriger par fragments. *Rapetasser un manuscrit.* ▼ **RAPETASSAGE.** *n. m.*

RAPETISSER [raptise]. *v.* (1) ★ **I.** *V. tr.* • 1° Faire paraître plus petit (par un effet d'optique). *La distance rapetisse les objets.* • 2° Diminuer le mérite de (une personne). *On a voulu rapetisser ce grand homme.* ★ **II.** *V. intr.* Devenir plus petit, plus court (dans l'espace ou dans le temps). *On rapetisse avec l'âge.* ▼ **RAPETISSEMENT.** *n. m.* Diminution, réduction de ce qui rapetisse.

RÂPEUX, EUSE [rapø, øz]. *adj.* • 1° Hérissé d'aspérités, rude au toucher comme une râpe. V. **Rugueux.** *Langue râpeuse d'un chat.* • 2° Qui râpe la gorge. V. **Âpre.**

RAPHIA [rafja]. *n. m.* • Palmier d'Afrique et d'Amérique équatoriales, à très longues feuilles. — La fibre, les liens qu'on tire de ces feuilles. *Sac en raphia.* V. **Rabane.**

RAPIAT, ATE [rapja, at]. *adj.* et *n.* • *Fam.* Avare, cupide (avec une idée de mesquinerie, de goût pour les petites économies). *Elle est rapiat* ou *rapiate.* — N. *Un vieux rapiat.*

RAPIDE [rapid]. *adj.* ★ **I.** • 1° Qui se meut à une vitesse élevée. *Il est rapide à la course. Rapide comme une flèche. Voiture rapide et nerveuse. Train rapide.* V. **Rapide** *(n. m.).* — *Courant rapide d'une rivière.* • 2° (Sans idée de déplacement). Qui exécute vite. *Il est rapide dans son travail.* V. **Expéditif, prompt.** — Qui comprend vite. *Esprit rapide.* • 3° (D'une allure, d'un mouvement, etc.). Qui s'accomplit à une vitesse, une cadence accélérée. *Allure, pas rapide.* — *Pouls rapide,* dont les battements sont très rapprochés. *Respiration rapide.* • 4° (D'une action, d'un processus, etc.). Dont les différentes phases se succèdent à des intervalles rapprochés, qui a un rythme vif. V. **Prompt.** *Faire une fortune rapide. Guérison rapide. Nous espérons une réponse rapide. Sa décision a été bien rapide.* — Qui conduit vite au but désiré. *Moyen rapide.* || Contr. **Lent.** || ★ **II.** Fortement incliné par rapport au plan horizontal. *Pente rapide.* V. **Abrupt, raide.** *Descente rapide.* ▼ **RAPIDE.** *n. m.* • 1° Partie d'un cours d'eau où le courant est rapide et agité de tourbillons. *Les rapides du Saint-Laurent. Descente d'un rapide.* • 2° Train qui va plus vite que l'express. ▼ **RAPIDEMENT.** *adv.* D'une manière rapide, à une grande vitesse, en un temps bref. V. **Vite.** || Contr. **Lentement.** || ▼ **RAPIDITÉ.** *n. f.* Caractère de ce qui est rapide (personnes, choses, actes...). *Agir avec rapidité.* V. **Promptitude.** *Rapidité des mouvements. Rapidité d'esprit. Il a fait des progrès d'une rapidité déconcertante.*

RAPIÉCER [rapjese]. *v. tr.* (3 et 6) • Réparer ou raccommoder en mettant une pièce. *Rapiécer du linge, des chaussures.* V. **Rapetasser.** — Au p. p. *Vêtement tout rapiécé. Pneu rapiécé.* ▼ **RAPIÉÇAGE.** *n. m.*

RAPIÈRE [rapjɛr]. *n. f.* • Ancienne épée longue et effilée.

RAPIN [rapɛ̃]. *n. m.* • Artiste peintre (au XIXe siècle).

RAPINE [rapin] *n. f.* • *Littér.* Vol, pillage. *Vivre de rapines.*

RAPLAPLA [raplapla]. *adj. invar.* • *Fam.* Fatigué, sans force, « à plat ». *Se sentir tout raplapla.*

RAPPEL [rapɛl]. *n. m.* ★ **I.** • 1° Action d'appeler pour faire revenir. *Rappel de réservistes* (sous les drapeaux). V. **Mobilisation.** — *Loc.* BATTRE LE RAPPEL : essayer de rassembler les choses, réunir les gens nécessaires. — *(Plur.)* Applaudissements par lesquels on rappelle un comédien, etc., à la fin d'une représentation pour l'acclamer. • 2° RAPPEL À : action de faire revenir (abstrait), de rappeler (1, 2°). *Rappel à l'ordre,* à ce qu'il convient de faire. *Rappel à la raison, à la réalité.* • 3° Répétition qui renvoie à une même chose. *Un rappel de couleurs.* — *Vaccination de rappel.* • 4° Paiement d'une portion d'appointements, etc., restée en suspens. *Toucher un rappel.* • 5° *(Alpinisme).* Le fait de ramener à soi, en la faisant glisser, la corde que l'on avait assujettie pour descendre. *Descente en rappel.* ★ **II.** Action de rappeler (qqch.). V. **Évocation.** *Il rougit au rappel de cette aventure.* — Action de faire penser de nouveau à. *Signal de rappel de limitation de vitesse.*

1. RAPPELER [ʀaple]. *v. tr.* (4) • 1° Appeler pour faire revenir. *Rappeler son chien en le sifflant. — On l'a rappelé auprès de sa mère malade. Ambassadeur rappelé d'urgence.* — Loc. *Dieu l'a rappelé à lui* (euphémisme), il est mort. • 2° RAPPELER (QQN) À : le faire revenir à. *Rappeler qqn à la vie*, le faire revenir d'un évanouissement. — *Rappeler qqn au sentiment du devoir. Se faire rappeler à l'ordre.* V. **Rappel.** • 3° Appeler de nouveau au téléphone. *Je vous rappellerai plus tard.*

2. RAPPELER. *v. tr.* (4) ★ **I.** • 1° Faire revenir à l'esprit, à la conscience (une qualité, un sentiment, etc.). *Je rappelle à moi tous mes souvenirs.* • 2° Faire souvenir de. *Je vous rappelle votre promesse. Je ne veux pas rappeler le passé.* • 3° *(Suj. chose).* Faire venir à l'esprit par associations d'idées. V. **Évoquer.** *Ces lieux me rappellent mon enfance. Cela ne vous rappelle rien ?* — Faire penser, ressembler à. *Un paysage qui rappelle les bords de la Loire.* ★ **II.** SE RAPPELER. *v. pron.* • 1° Rappeler (un souvenir) à sa mémoire, avoir présent à l'esprit. V. **Souvenir** (se) ; **remémorer** (se). *Je me le rappelle. Je ne me rappelle plus rien*, j'ai oublié. *Rappelez-vous qu'on vous attend.* • 2° SE RAPPELER DE est fautif (V. **Souvenir** : se souvenir de), mais on peut dire : *Une histoire dont on se rappelle le dénouement (se rappeler le dénouement de...).* • 3° (Réfléchi). *Se rappeler à...*, faire souvenir de soi. *Se rappeler à qqn, au bon souvenir de qqn.*

RAPPLIQUER [ʀaplike]. *v. intr.* (1) • *Pop.* Venir, arriver. *Ils ont rappliqué chez nous.*

1. RAPPORT [ʀapɔʀ]. *n. m.* ★ **I.** Le fait de rapporter (1, II) un profit. V. **Rendement.** *Vivre du rapport d'une terre. Être d'un bon rapport. Immeuble, maison de rapport*, dont le propriétaire tire profit par la location. ★ **II.** • 1° Action de rapporter (ce qu'on a vu, entendu) ; ce que l'on rapporte. V. **Récit, relation, témoignage.** *Rapports indiscrets.* — Compte rendu plus ou moins officiel. *Faire un rapport écrit, oral sur une question.* V. **Exposé.** *Rédiger un rapport. Rapport confidentiel, secret. Rapport de police. Rapport de médecin légiste.* • 2° Dans l'armée, Communication d'instructions, distribution du courrier, etc. *Au rapport !*

2. RAPPORT. *n. m.* ★ **I.** • 1° Lien entre plusieurs objets distincts. *Faits liés par un rapport. Rapports de parenté. Établir des rapports entre deux événements* (V. **Rapporter 2**). • 2° Relation de ressemblance ; traits, éléments communs. V. **Affinité, analogie, parenté.** *Avoir beaucoup de rapport avec (qqch.). Être sans rapport avec*, tout à fait différent de. — EN RAPPORT AVEC : qui correspond, convient à. *Chercher une place en rapport avec ses goûts*, en conformité, en harmonie avec. • 3° Relation de cause à effet. V. **Corrélation.** *Établir le rapport entre deux choses, deux événements. Ces deux choses n'ont aucun rapport.* — AVOIR RAPPORT À... : se rapporter à. *Ce texte a rapport à ce que vous cherchez*, il convient, répond à. V. **Concerner.** • 4° Quotient de deux grandeurs de même espèce. V. **Fraction.** *Dans le rapport de un à dix, de cent contre un.* — EN RAPPORT DE... : dans la mesure de. *Vivre en rapport de ses moyens.* • 5° PAR RAPPORT À... *(loc. prép.)* : pour ce qui regarde... V. **Relativement** (à). *Considérer deux objets l'un par rapport à l'autre. Considérer une grandeur par rapport à une autre.* V. **Fonction** (en). • 6° RAPPORT À... (*pop.* ; emploi fautif) : en ce qui concerne, à propos de... *Je t'écris, rapport à ma sœur.* • 7° SOUS LE RAPPORT DE... *Considérer une chose sous tel ou tel rapport*, par tel ou tel côté, à tel ou tel égard. V. **Aspect.** *Sous tous les rapports*, à tous égards. ★ **II.** • 1° *(Plur.).* Relation entre des personnes. V. **Commerce.** *Les rapports sociaux. Entretenir de bons rapports. — Avoir des rapports (sexuels) avec qqn.* • 2° Relation avec des collectivités. *Rapports entre les États, entre les peuples.*

1. RAPPORTER [ʀapɔʀte]. *v. tr.* (1) ★ **I.** • 1° Apporter (une chose qui avait été déplacée) à l'endroit initial. V. **Remettre** (à sa place). *Rapporter ce qu'on a pris.* V. **Rendre.** • 2° Apporter (qqch.) d'un lieu en revenant. *Tu rapporteras du pain. Rapporter une réponse* • 3° Ajouter (une chose) pour compléter qqch. *Rapporter une poche, un morceau de tissu...*, les coudre sur un autre. — *Veste à poches rapportées.* ★ **II.** *(Suj. chose).* Produire un gain, un bénéfice. *Rapporter un revenu. Argent qui ne rapporte rien. — Ce métier me rapporte.* ★ **III.** • 1° Venir dire, répéter (ce qu'on a appris, entendu). *On m'a rapporté que... — Citer, rapporter un mot célèbre.* • 2° Répéter par indiscrétion ou malice une chose de nature à nuire à qqn. — Fam. *(Sans compl.).* Moucharder. V. **Cafarder.** ▼ **RAPPORTAGE.** n. m. *Fam.* (Langage des écoliers). Action de rapporter (III, 2°). ▼ **RAPPORTEUR, EUSE.** *n.* et *adj.* • 1° Personne qui rapporte (III, 2°). V. **Mouchard.** — Adj. *Elle est rapporteuse et sournoise.* • 2° *N. m.* Celui qui rend compte d'un procès au tribunal, d'un projet de loi devant une assemblée. *Désigner un rapporteur.*

2. RAPPORTER. *v. tr.* (1) ★ **I.** RAPPORTER (qqch.) À : rattacher (une chose à une autre) par une relation logique. *Un événement qu'on ne peut comprendre sans le rapporter à son époque.* V. **Situer.** ★ **II.** SE RAPPORTER. *v. pron.* • 1° Avoir rapport à, être en relation logique avec. V. **Concerner.** *La réponse ne se rapporte pas à la question.* • 2° S'EN RAPPORTER À (qqn) : lui faire confiance pour décider, juger, agir. V. **Remettre** (s'en). *Je m'en rapporte à vous, à votre jugement.* V. **Fier** (se).

3. RAPPORTER. *v. tr.* (1) • Abroger, annuler. *Rapporter un décret, une nomination, une mesure.*

RAPPRENDRE [ʀapʀɑ̃dʀ(ə)] ou **RÉAPPRENDRE** [ʀeapʀɑ̃dʀ(ə)]. *v. tr.* (58) • Apprendre de nouveau. *Réapprendre sa leçon.*

RAPPROCHEMENT [ʀapʀɔʃmɑ̃]. *n. m.* • 1° Action de rapprocher, de se rapprocher. *Le rapprochement de deux objets.* • 2° *(Plus courant).* Établissement ou rétablissement de relations plus cordiales. *Travailler au rapprochement franco-allemand.* • 3° Acti d'établir un rapport ; ce rapport. *Rapprochement de mots.* V. **Association.** *Je n'avais pas fait le rapprochement entre ces deux événements.* V. **Relation.**

RAPPROCHER [ʀapʀɔʃe]. *v. tr.* (1) ★ **I.** • **1°** Mettre plus près de (qqn, qqch.). || Contr. **Éloigner.** || *Rapprochez votre siège du mien.* — Faire paraître plus proche. *Jumelles qui rapprochent les objets.* • **2°** Faire approcher d'un temps, d'un état à venir. *Chaque jour nous rapproche de la mort.* • **3°** Disposer (des personnes) à des rapports amicaux. *Le besoin rapproche les hommes.* • **4°** Rattacher par des rapports logiques ; comparer. *Ce sens est à rapprocher du précédent.* ★ **II.** SE RAPPROCHER. *v. pron.* • **1°** Venir plus près. *Se rapprocher de qqn ; les uns des autres.* • **2°** Devenir plus proche. *Le bruit se rapproche.* • **3°** En venir à des relations meilleures. *Depuis quelque temps ils se sont rapprochés.* • **4°** Tendre à être plus près de (un but, un principe). *Se rapprocher de son idéal.* • **5°** SE RAPPROCHER DE : présenter une conformité avec. *C'est ce qui se rapproche le plus de la vérité.* V. **Ressembler.**

RAPT [ʀapt]. *n. m.* • Enlèvement illégal (d'une personne). *Rapt d'un enfant* (kidnappage).

RAQUETTE [ʀakɛt]. *n. f.* • **1°** Instrument formé d'un cadre, de forme ovale tendu de cordes, d'un manche, et permettant de lancer une balle. *Cordes d'une raquette de tennis. Raquette de ping-pong.* • **2°** Large semelle ovale à claire-voie, pour marcher dans la neige.

RARE [ʀa(ɑ)ʀ]. *adj.* • **1°** Qui se rencontre peu souvent, dont il existe peu d'exemplaires. || Contr. **Commun, courant.** || *Objet rare. Plantes, animaux rares.* — *Un sentiment rare,* peu commun. — (Dans une situation, des circonstances données) *La main-d'œuvre était rare.* — *Au plur.* Peu nombreux, en petit nombre. *À de rares exceptions près.* — *Un des rares hommes qui...,* suivi du subj. • **2°** Qui se produit peu souvent. V. **Exceptionnel ; rarissime.** || Contr. **Fréquent.** || *Ces moments sont rares. Vos visites se font rares.* — (Personnes) *Devenir, se faire rare,* se manifester moins qu'avant. — *Cela arrive, mais c'est rare. Il est rare de pouvoir faire exactement ce qu'on veut. Il est rare que nous puissions nous absenter en semaine.* • **3°** *(Avant le nom).* Qui sort de l'ordinaire. V. **Remarquable.** *Il est d'une rare énergie. Exprimer avec un rare bonheur.* • **4°** *Cheveux rares. Herbe rare,* peu fournie. V. **Clairsemé.** *Jour, lumière rare,* parcimonieux. ▼**RAREMENT.** *adv.* Peu souvent. ▼ **RARETÉ.** *n. f.* • **1°** Qualité de ce qui est rare, peu commun. *Édition de la plus grande rareté.* • **2°** Caractère de ce qui arrive peu souvent. ▼**RARISSIME.** *adj.* Extrêmement rare. *Pièce rarissime.*

RARÉFIER [ʀa(ɑ)ʀefje]. *v. tr.* (7) • **1°** Rendre moins dense (en augmentant le volume). *Raréfier l'air contenu dans un récipient.* — Pronom. *Air qui se raréfie.* — Au p. p. *Atmosphère raréfiée. Gaz raréfié,* gaz sous une très faible pression. • **2°** Rendre rare. — *(Surtout pronom)* Devenir rare. *Les denrées se raréfient sur le marché.* ▼ **RARÉFACTION.** *n. f.* • **1°** *Raréfaction de l'air, etc.* • **2°** Diminution de quantité (d'un produit, d'une denrée).

RAS, RASE [ʀɑ, ʀɑz]. *adj.* • Se dit d'une surface de laquelle rien ne dépasse. • **1°** Tondu. *Tête rase.* — *Cheveux ras,* coupés près de la racine. || Contr. **Long.** || — *Animal à poil ras,* dont le poil est naturellement très court. — Qui s'élève peu au-dessus du sol (végétation). *Herbe rase.* • **2°** Loc. *En* RASE CAMPAGNE : en terrain découvert (plat, uni). • **3°** *Loc. adv.* RAS, et À RAS : de très près, très court. *Cheveux coupés (à) ras.* — À RAS BORDS : jusqu'au niveau des bords. *Verre rempli à ras bords.* • **4°** *Loc. prép.* À RAS, AU RAS DE : au plus près de la surface de, au même niveau. *Au ras des eaux, du sol. À ras de terre.* • **5°** Loc. *Ras le cou,* au ras du cou. — Fam. *En avoir ras le bol,* en avoir assez (Cf. Plein le dos, par-dessus la tête).

RASADE [ʀazad]. *n. f.* • Quantité de boisson servie à ras bords. *Rasade de vin. Boire une grande rasade.*

RASAGE. V. RASER 1. — **RASANT.** V. RASER 2 et 4.

RASCASSE [ʀaskas]. *n. f.* • Poisson à grosse tête, qu'on pêche en Méditerranée.

RASE-MOTTES. V. RASER 4.

1. RASER [ʀɑze]. *v. tr.* (1) • **1°** Couper (le poil) au ras de la peau. V. **Tondre.** *Raser la barbe, les cheveux de qqn.* — Couper le poil de. *Raser le menton de qqn. Crème à raser,* passée sur la peau avant le rasoir. • **2°** Dépouiller (qqn) de son poil en le rasant. *Coiffeur qui rase un client.* — Pronom. *Se raser,* se faire la barbe. — Au p. p. *Tu es mal rasé.* ▼**RASAGE.** *n. m.* ▼**1. RASOIR.** *n. m.* Instrument servant à raser. *Rasoir mécanique,* à lames amovibles. *Rasoir électrique.*

2. RASER. *v. tr.* (1) • *Fam.* Ennuyer, fatiguer (*spécialt.* par des propos oiseux). V. **Assommer, barber, embêter.** *Ça me rase d'aller les voir.* — Pronom. *Se raser,* s'ennuyer. ▼**1. RASANT, ANTE.** adj. *Fam.* Ennuyeux. V. **Barbant, rasoir 2.** *Un discours, un auteur rasant.* ▼**RASEUR, EUSE.** n. et *adj. Fam.* Personne qui ennuie. ▼ **2. RASOIR.** adj. invar. *Fam.* Ennuyeux, assommant. *Elle est un peu rasoir. Ce que c'est rasoir !*

3. RASER. *v. tr.* (1) • Abattre à ras de terre. *Raser une fortification.* V. **Démolir, détruire.** *Tout le quartier a été rasé par un bombardement.*

4. RASER. *v. tr.* (1) • Passer très près de (qqch.). V. **Frôler.** *Raser les murs pour n'être pas vu. L'avion rase le sol* (V. **Rase-mottes**). ▼**2. RASANT, ANTE.** *adj.* Qui rase, passe tout près. *Lumière rasante. Balles rasantes,* à trajectoire horizontale. ▼**RASE-MOTTES.** n. m. *Vol en rase-mottes,* très près du sol. *Faire du rase-mottes.* ▼**RASIBUS** [ʀazibys]. adv. *Pop.* À ras, tout près. *Passer rasibus.*

RASSASIER [ʀasazje]. *v. tr.* (7) • **1°** Satisfaire entièrement la faim de (qqn). *On ne peut pas le rassasier.* — *Un plat qui rassasie.* — Pronom. *Je me rassasie vite.* • **2°** *Littér.* Satisfaire pleinement les aspirations (de l'âme, du cœur). *Rassasier sa vue d'un* *beau spectacle. — Je n'en suis pas rassasié,* ou (pronom.) *je ne m'en rassasie pas,* j'en tire toujours autant de plaisir, sans connaître la satiété. ▼ **RASSASIEMENT.** n. m. *Littér.* Satisfaction qui va jusqu'à la satiété.

RASSEMBLEMENT [ʀasɑ̃bləmɑ̃]. *n. m.* • 1° Action de rassembler des choses dispersées. • 2° Le fait de se rassembler ; groupe. *Disperser un rassemblement.* • 3° Action de rassembler des troupes ; sonnerie pour les rassembler. *Faites sonner le rassemblement. Rassemblement !* • 4° Union pour une action commune. *Rassemblement de la gauche.* — Parti politique qui groupe divers éléments.

RASSEMBLER [ʀasɑ̃ble]. *v. tr.* (1) ★ **I.** • 1° *(Compl. personne).* Assembler de nouveau. *Le général rassemble ses troupes avant l'attaque.* Faire venir au même endroit. V. **Réunir.** *Famille rassemblée pour le repas.* — Recruter pour une action commune. *Rassembler tous les mécontents.* V. **Grouper, unir.** • 2° Mettre ensemble (des choses concrètes). V. **Réunir.** *Rassembler des papiers épars, des matériaux.* • 3° Réunir (ses facultés, etc.). *Rassembler ses idées. Rassembler ses esprits,* reprendre son sang-froid. — *Rassembler son courage,* y faire appel. ★ **II.** Se rassembler. *v. pron.* • 1° S'assembler de nouveau. *Ils se rassemblèrent après s'être séparés.* • 2° S'assembler. *La foule se rassemble sur la place.*

RASSEOIR (SE) [ʀaswaʀ]. *v. pron.* (26) • S'asseoir de nouveau. *Il s'est levé et s'est rassis aussitôt.* — Avec ellipse de *se. Faire rasseoir qqn.*

RASSÉRÉNER [ʀaseʀene]. *v. tr.* (6) • *Littér.* Ramener au calme, à la sérénité (surtout *p. p.* et *pron.*). *— Je me sens rasséréné par ce que vous me dites. Son visage s'est rasséréné.*

RASSIR [ʀasiʀ]. *v. intr.* et *pron.* (2) • Devenir rassis. *Ce pain commence à rassir, à se rassir.* ▼ **1. RASSIS, ISE** [ʀasi, iz]. *adj.* Qui n'est plus frais sans être encore dur. *Du pain rassis. Une brioche rassise* (fam. *rassie*).

2. RASSIS, ISE. *adj.* • Pondéré, réfléchi. *Un homme de sens rassis. Un esprit rassis.*

RASSURER [ʀasyʀe]. *v. tr.* (1) • Rendre la confiance, la tranquillité d'esprit à (qqn). V. **Tranquilliser.** *Le médecin l'a rassuré. Ça me rassure.* — Au p. p. *Je n'étais pas rassuré,* j'avais peur. — Se rassurer. *v. pron.* Se libérer de ses craintes. *Rassurez-vous, je ne vous reproche rien.* ▼ **RASSURANT, ANTE.** *adj.* De nature à rassurer. *Nouvelles rassurantes. Un individu peu rassurant,* menaçant.

RASTAQUOUÈRE [ʀastakwɛʀ]. *n. m.* • *Fam.* Étranger aux allures voyantes, affichant une richesse suspecte (Abrév. fam. *rasta.*)

1. RAT [ʀa]. *n. m.* • 1° Petit mammifère rongeur, à museau pointu et à très longue queue ; le mâle adulte de cette espèce. *Rat d'égout,* d'espèce commune. *Être mordu par un rat. Rat femelle* (Rate, *n. f.*). *Jeune rat.* V. **Raton.** — Loc. *Être fait comme un rat,* être pris au piège. — T. d'affection. *Mon rat, mon petit rat. — Face de rat,* terme d'injure. • 2° Nom donné couramment à certains animaux ressemblant au rat. *Rat musqué, rat d'Amérique.* V. **Ragondin.** • 3° Rat d'hôtel : personne qui s'introduit dans les chambres des grands hôtels pour dévaliser les clients. • 4° *Petit rat (de l'Opéra),* jeune danseuse (ou danseur) de la classe de danse, employée dans la figuration.

2. RAT. *adj.* (sans fém.). • Radin. *Ce qu'il (elle) peut être rat !* V. **Avare ; rapia.**

RATA [ʀata]. *n. m.* • *Vx.* Ragoût grossier servi aux soldats, autrefois. V. **Ratatouille.**

RATAGE [ʀataʒ]. *n. m.* • Échec.

RATAPLAN [ʀataplɑ̃]. • Onomatopée exprimant le roulement du tambour.

RATATINER (SE) [ʀatatine]. *v. pron.* (1) • Se réduire, se tasser en se déformant. *Une petite vieille qui se ratatine de plus en plus.* ▼ **RATATINÉ, ÉE.** *adj.* • 1° Rapetissé et déformé. *Une pomme toute ratatinée.* • 2° *Fam.* Démoli, fichu. *Nous l'avons échappé belle, mais la voiture est complètement ratatinée.*

RATATOUILLE [ʀatatuj]. *n. f.* • 1° *Fam.* Ragoût grossier. • 2° *Ratatouille niçoise,* plat fait de légumes (aubergines, courgettes, tomates...) cuits à l'étouffée.

RATE [ʀat]. *n. f.* • Glande située à gauche de l'estomac des vertébrés. — Loc. fam. *Dilater la rate,* faire rire. *Je me suis dilaté la rate,* j'ai bien ri. *Ne pas se fouler la rate.* V. **Fouler.**

RÂTEAU [ʀɑto]. *n. m.* • Traverse munie de dents séparées, et ajustée en son milieu à un long manche. *Ramasser des feuilles, ratisser une allée avec un râteau.*

1. RÂTELIER [ʀɑtəlje]. *n. m.* • 1° Sorte d'échelle, inclinée contre le mur, qui ser[t] à recevoir le fourrage du bétail. *Mettre de la paille, du foin dans le râtelier.* • 2° Loc. *Manger à plusieurs (à tous les) râteliers,* tirer profit de plusieurs situations sans hésiter à servir des camps opposés.

2. RÂTELIER. *n. m.* • *Fam.* Dentier.

RATER [ʀate]. *v.* (1) ★ **I.** *V. intr.* • 1° Ne pas partir (coup de feu, arme). *Coup d[e] fusil qui rate.* • 2° Échouer. *L'affaire a raté.* — Fam. *Ça n'a pas raté !* c'était inévitable[,] prévisible. ★ **II.** *V. tr.* • 1° Ne pas atteindr[e] (ce qu'on vise, ce qu'on cherche à obten[ir] ou réussir). *Chasseur qui rate un lièvre. J'a[i] raté la balle. — Rater son train.* V. **Louper**. — *Rater qqn,* ne pas le rencontrer. Fam[.] *Je ne le raterai pas !* je lui donnerai la leço[n] qu'il mérite. — *Rater une occasion.* Fam[.] et iron. *Il n'en rate pas une,* il n'arrête pa[s] de faire des gaffes. • 2° Ne pas réussir, [ne] pas mener à bien. *Rater son affaire, son cou[p,] son effet. — Rater sa vie* (V. **Raté, II**).

RATÉ, ÉE. *n.* ★ **I.** *N. m.* Bruit anorma[l] révélant le mauvais fonctionnement d'u[n] moteur à explosion. ★ **II.** *N.* Personne q[ui] a raté sa vie, sa carrière. *Ce n'est qu'u[n] raté.*

RATIBOISER [ʀatibwaze]. *v. tr.* (1) *Fam.* Rafler au jeu. Prendre, voler. *Ils m'o[nt] ratiboisé mille francs.* — Au p. p. *Il est com[plètement] ratiboisé,* il a perdu tout s[on] argent.

RATIER [ʀatje]. *n.* et *adj.* • Chien q[ui] chasse les rats. — Adj. *Un chien ratier.*

RATIÈRE [ʀatjɛʀ]. *n. f.* • Piège à rats. V. **Souricière.**

RATIFIER [ʀatifje]. *v. tr.* (7) • 1° Approuver ou confirmer par un acte authentique. V. **Homologuer.** *Le Président de la République négocie et ratifie les traités.* • 2° Confirmer formellement. ▼ **RATIFICATION.** *n. f.* Action de ratifier. — Accord formel d'un organe (politique, administratif), indispensable à la validité d'un acte. V. **Approbation.** *Sous réserve de ratification par les Chambres.* — Acte par lequel la procédure de conclusion d'un traité international est close. *Ratification d'un traité de paix.*

RATINE [ʀatin]. *n. f.* • Tissu de laine épais, dont le poil est tiré en dehors et frisé. *Manteau de ratine.*

RATIOCINER [ʀasjɔsine]. *v. intr.* (1) • *Littér.* Se perdre en raisonnements, en considérations interminables. V. **Ergoter.** ▼ **RATIOCINATION** [ʀasjɔsinɑsjɔ̃]. *n. f.*

RATION [ʀɑ(a)sjɔ̃]. *n. f.* • 1° Quantité (d'aliments) qui revient à un homme, à un animal pendant une journée. *Une maigre ration. Rations imposées en temps de guerre.* V. **Rationner.** • 2° *Ration alimentaire,* quantité et nature des aliments nécessaires à un organisme pour son alimentation rationnelle de vingt-quatre heures. • 3° RATION DE... : quantité exigée, normale. *J'ai reçu ma ration (d'épreuves, d'ennuis).* V. **Lot.**

RATIONALISER [ʀasjɔnalize]. *v. tr.* (1) • 1° *Didact.* Rendre rationnel, conforme à la raison. • 2° *(Plus courant).* Organiser scientifiquement. *Rationaliser le travail, la production.* ▼ **RATIONALISATION.** *n. f.* Action de rationaliser ; son résultat. — Organisation rationnelle d'une activité économique en vue d'un résultat optimum.

RATIONALISME [ʀasjɔnalism(ə)]. *n. m.* • 1° En philosophie, Doctrine selon laquelle toute connaissance certaine vient de la raison (*opposé à* empirisme). • 2° Croyance et confiance dans la raison (*opposé à* mysticisme, révélation religieuse). ▼ **RATIONALISTE.** *adj.* et *n.*

1. RATIONNEL, ELLE [ʀa(ɑ)sjɔnɛl]. *adj.* • 1° Qui appartient à la raison, relève de la raison. *Activité rationnelle. La pensée rationnelle.* • 2° Qui provient de la raison et non de l'expérience. *Philosophie rationnelle.* — *Mécanique rationnelle,* ensemble des questions de mécanique étudiées d'une manière déductive, mathématique. • 3° Conforme au bon sens, organisé avec méthode. V. **Logique, raisonnable, sensé.** || Contr. **Irrationnel** (1°). || *Méthode rationnelle. Agir d'une manière rationnelle.* ▼ **RATIONALITÉ.** *n. f.* En philosophie, Caractère rationnel. ▼ **RATIONNELLEMENT.** adv. *Agir rationnellement,* raisonnablement. *Organiser rationnellement la production.*

2. RATIONNEL, ELLE. *adj.* • (V. **Raison 2**). *Nombre rationnel,* qui peut être mis sous la forme d'un rapport entre deux nombres entiers. || Contr. **Irrationnel** (2°). ||

RATIONNER [ʀa(ɑ)sjɔne]. *v. tr.* (1) • 1° Distribuer des rations limitées de (qqch.). *Rationner les vivres, l'eau potable.* • 2° Mesurer la nourriture à (qqn). *Rationner des pensionnaires.* — Pronom. *Se rationner,* s'imposer un régime restrictif. ▼ **RATIONNEMENT.** *n. m.* Action de rationner ; son résultat. *Cartes, tickets de rationnement.*

RATISSER [ʀatise]. *v. tr.* (1) • 1° Nettoyer à l'aide d'un râteau, passer le râteau sur. *Ratisser une allée.* — Recueillir en promenant le râteau. *Ratisser les feuilles mortes.* • 2° Fam. *Se faire ratisser au jeu.* V. **Ratiboiser, ruiner.** • 3° *(Armée, police).* Fouiller méthodiquement. *La police a ratissé tout le quartier.* ▼ **RATISSAGE.** *n. m.* Le fait de ratisser.

RATON [ʀatɔ̃]. *n. m.* • 1° Jeune rat. • 2° RATON LAVEUR : mammifère carnivore qui lave ses aliments (poissons, mollusques) avant de les absorber.

RATTACHER [ʀataʃe]. *v. tr.* (1) • 1° Attacher de nouveau (un être, une chose). || Contr. **Détacher.** || *Rattacher un chien.* — *Rattacher ses bas, ses cheveux.* • 2° Attacher, lier entre eux (des objets). *Tentures rattachées par des cordons.* — *Rattacher une province à un État.* V. **Incorporer.** — *(Choses)* Constituer une attache. *Le dernier lien qui le rattachait à la vie.* • 3° *(Abstrait).* Attacher, relier. *Rattacher deux idées l'une à l'autre.* — *Pronom.* (Passif) V. **Dépendre.** *Ce qui se rattache à une question.* ▼ **RATTACHEMENT.** n. m. *Le rattachement de l'Alsace-Lorraine à la France.*

RATTRAPER [ʀatʀape]. *v. tr.* (1) ★ **I.** • 1° Attraper de nouveau (qqn ou qqch. qu'on avait laissé échapper). V. **Reprendre.** *Rattraper un prisonnier évadé. Rattraper une maille.* • 2° Regagner, récupérer. *On ne peut rattraper le temps perdu. Rattraper un retard.* • 3° *Rattraper une imprudence* (qui a échappé), *une erreur.* V. **Réparer.** • 4° Rejoindre (qqn ou qqch. qui a de l'avance). V. **Atteindre.** *Partez devant, je vous rattraperai.* — (Langue scolaire) Rejoindre (des élèves plus avancés). ★ **II.** SE RATTRAPER. *v. pron.* • 1° SE RATTRAPER À (qqch.) : se raccrocher à. *Se rattraper à une branche.* • 2° Regagner ce qu'on avait perdu. • 3° Réparer (ou éviter *in extremis*) une bévue, une gaffe. ▼ **RATTRAPAGE.** n. m. *Cours de rattrapage,* destinés à des enfants retardés dans leurs études.

RATURE [ʀatyʀ]. *n. f.* • Trait que l'on tire sur un ou plusieurs mots pour les annuler. *Manuscrit surchargé de ratures.* ▼ **RATURER.** *v. tr.* (1). Annuler par des ratures. V. **Barrer, biffer, rayer.** *Raturer un mot.* — Au p. p. *Des épreuves raturées,* corrigées de ratures.

RAUQUE [ʀok]. *adj.* • Se dit d'une voix rude et âpre, produisant des sons voilés. V. **Éraillé.** *Un cri rauque.*

RAVAGE [ʀavaʒ]. *n. m.* • 1° Dégâts importants causés par des hommes avec violence et soudaineté. V. **Dévastation.** *Les ravages de la guerre.* V. **Ruine.** • 2° Destructions causées par les forces de la nature. *Les ravages d'un incendie.* — (Sing. collectif) *La grêle a fait du ravage.* — Littér. *Les ravages du temps,* dus à l'action du temps, de la vieillesse. • 3° Fam. *Faire des ravages,* se faire aimer et faire souffrir (Cf. Être le bourreau des cœurs). ▼ **RAVAGER.** *v. tr.* (3) • 1° Faire des ravages dans. V. **Dévaster.** *La guerre a ravagé la contrée.* — (Forces naturelles) *Tornades qui ravagent les récoltes.* V. **Détruire.** • 2° Apporter à (qqn) de graves perturbations physiques ou morales. *Toutes ces épreuves l'ont ravagé.* ▼ **RAVAGÉ, ÉE.** *adj.* • 1° *Visage ravagé,* profondément marqué par les épreuves, les excès. • 2° *Fam.* Fou, cinglé. ▼ **RAVAGEUR, EUSE.** *adj.* • 1° Qui détruit, ravage. *Les insectes ravageurs du blé.* • 2° Qui ravage (2°). *Passion ravageuse,* dévastatrice.

1. RAVALER [ʀavale]. *v. tr.* (1) • Nettoyer, refaire le parement de (un mur, un ouvrage de maçonnerie). *Ravaler un mur* (V. **Crépir**). ▼ **RAVALEMENT.** n. m. *Le ravalement des façades.*

2. RAVALER. *v. tr.* (1) • *Littér.* Abaisser, déprécier. *Ravaler la dignité humaine.* — Au p. p. *Être, se sentir ravalé au rang de la brute.* — SE RAVALER. *v. pron.* S'abaisser, s'avilir moralement.

3. RAVALER. *v. tr.* (1) • 1° Avaler de nouveau, avaler (ce qu'on a dans la bouche). *Ravaler sa salive.* • 2° S'empêcher d'exprimer. *Ravaler sa colère, son dégoût.*

RAVAUDER [ʀavode]. *v. tr.* (1) • Raccommoder à l'aiguille (le plus souvent en parlant de vieux vêtements). V. **Rapiécer, repriser.** *Ravauder des bas.* ▼ **RAVAUDAGE.** *n. m.*

RAVE [ʀav]. *n. f.* • Plante potagère cultivée pour sa racine comestible. — Appos. *Céleri rave.*

RAVI, IE [ʀavi]. *adj.* • (V. **Ravir 2**). Très content. V. **Enchanté.** || Contr. **Navré.** || *Je suis ravie de faire ce voyage. Il est ravi que je lui fasse ce cadeau. Vous m'en voyez ravi.*

RAVIER [ʀavje]. *n. m.* • Petit plat creux et oblong, dans lequel on sert les hors-d'œuvre.

RAVIGOTER [ʀavigɔte]. *v. tr.* (1) • *Fam.* Rendre plus vigoureux, redonner de la force à (qqn). V. **Revigorer.** *Un air frais qui vous ravigote. Se sentir tout ravigoté.* ▼ **RAVIGOTANT, ANTE.** adj. *Fam.* Qui ravigote. ▼ **RAVIGOTE.** *n. f.* Sauce vinaigrette très relevée. *Tête de veau (à la) ravigote.*

RAVIN [ʀavɛ̃]. *n. m.* • Petite vallée étroite à versants raides. *Tomber au fond d'un ravin, dans un ravin.*

RAVINER [ʀavine]. *v. tr.* (1) • 1° *(Eaux).* Creuser (le sol) de sillons. *Pluies, ruisseaux qui ravinent une pente.* • 2° Au p. p. *Visage raviné,* marqué de rides profondes. ▼ **RAVINEMENT.** *n. m.*

RAVIOLI [ʀavjɔli]. *n. m. pl.* • Petits carrés de pâte farcis de viande hachée ou de légumes. *Ravioli à la sauce tomate.*

1. RAVIR [ʀaviʀ]. *v. tr.* (2) • Plaire beaucoup à. *Ce spectacle m'a ravi.* V. **Emballer** *(fam.)*, **enchanter, enthousiasmer.** — *Loc. adv.* À RAVIR : admirablement, à merveille. *Sa coiffure lui va à ravir.* ▼ **RAVISSANT, ANTE.** *adj.* Qui plaît beaucoup, touche par la beauté, le charme. *Une robe, une peinture ravissante.* — (D'un enfant, d'une femme) Très joli. *Ce bébé est ravissant.* ▼ **RAVISSEMENT.** *n. m.* Émotion éprouvée par une personne transportée de joie. V. **Enchantement.** *Il l'écoutait avec ravissement.*

2. RAVIR. *v. tr.* (2) • *Littér.* Prendre, enlever de force. ▼ **RAVISSEUR, EUSE.** *n.* Personne qui a commis un rapt. *Elle a échappé à ses ravisseurs.*

RAVISER (SE) [ʀavize]. *v. pron.* (1) • Changer d'avis, revenir sur sa décision. *Se raviser au dernier moment.*

RAVITAILLER [ʀavitaje]. *v. tr.* (1) • 1° Assurer la fourniture en vivres, munitions de (une armée, une communauté, etc.). *Ravitailler une ville en carburant.* — *Ravitailler un avion en vol.* • 2° SE RAVITAILLER. v. pron. *Avoir du mal à se ravitailler.* V. **Approvisionner** (s'). ▼ **RAVITAILLEMENT.** *n. m.* • 1° Action de ravitailler (une armée, etc.). • 2° Approvisionnement (d'une personne, d'une communauté) en vivres, denrées. Le *ravitaillement des grandes villes.* — Fam. *Aller au ravitaillement,* aller faire ses provisions, son marché. ▼ **RAVITAILLEUR.** *n. m.* Véhicule, navire, avion employés au ravitaillement.

RAVIVER [ʀavive]. *v. tr.* (1) • *Littér.* • 1° Rendre plus vif. *Raviver le feu, la flamme.* V. **Ranimer.** *Raviver des couleurs.* V. **Aviver.** • 2° Ranimer, faire revivre. *Ce spectacle a ravivé une douleur ancienne.* V. **Réveiller.**

RAVOIR [ʀavwaʀ]. *v. tr.* [Seulement inf.] • 1° Avoir de nouveau (qqch.). V. **Récupérer.** *Il voudrait bien ravoir son jouet.* • 2° *Fam.* Remettre en bon état de propreté. *Je ne peux pas ravoir cette casserole.*

RAYER [ʀeje]. *v. tr.* (8) • 1° Marquer de raies (en entamant la surface, etc.). *Le diamant raye le verre.* • 2° Tracer un trait sur (un mot, un groupe de mots, etc.) pour l'annuler. V. **Barrer, raturer.** — Ôter le nom de (qqn) sur une liste ou un registre. V. **Radier.** *Rayer qqn des cadres.* V. **Exclure.** ▼ **RAYÉ, ÉE.** *adj.* • 1° Qui porte des raies, des rayures. *Pantalon rayé. Papier rayé.* • 2° Qui porte des éraflures. *La carrosserie est rayée.*

1. RAYON [ʀɛjɔ̃]. *n. m.* • 1° Trace de lumière en ligne ou en bande. V. **Rai.** *Un rayon de soleil, de lune. Les rayons du soleil,* la clarté, la lumière. *Émettre, répandre des rayons.* V. **Rayonner 1.** • 2° Trajet rectiligne d'une radiation lumineuse visible, à partir d'un point de sa source. *Rayons convergents, divergents* (V. **Faisceau**). *Rayons réfractés, réfléchis.* — *Rayon visuel,* rayon lumineux qui vient impressionner l'œil. • 3° RAYONS : radiations. V. **Radio-.** *Rayons infrarouges, ultraviolets. Rayons X* [ʀɛjɔ̃iks], rayonnement électromagnétique de longueur d'onde beaucoup plus petite que celle de la lumière (V. **Radiographie, radioscopie**). • 4° Tout ce qui éclaire, répand la connaissance, le bonheur, etc. *Un rayon d'espérance, de joie.* V. **Rayonner 1.**

2. RAYON. *n. m.* • 1° Chacune des pièces divergentes qui relient le moyeu d'une roue à sa jante. *Rayons métalliques d'une roue de bicyclette.* — Chacun des éléments qui s'écartent à partir d'un centre. *Disposition en rayons.* V. **Rayonner 2.** • 2° Segment de valeur constante joignant un point quelconque d'un cercle (ou d'une sphère) à son centre. *Le rayon est égal au demi-diamètre.* — *Loc.* DANS UN RAYON DE : dans un espace circulaire déterminé à partir d'un point d'origine. *Dans un rayon de dix, vingt kilomètres.* RAYON D'ACTION : distance maximum qu'un navire, un avion peut parcourir sans être ravitaillé en combustible ; zone d'activité. *Cette entreprise a étendu son rayon d'action.*

3. RAYON. *n. m.* ★ **I.** Gâteau de cire fait par les abeilles. *Les rayons d'une ruche.* ★ **II.** Planche, tablette de rangement. V. **Étagère, rayonnage.** *Rayons d'une bibliothèque.* ★ **III.** • 1° Partie d'un grand magasin réservée à une marchandise. *Le rayon de la parfumerie. Chef de rayon.* • 2° *C'est votre rayon*, c'est une chose qui vous concerne, vous regarde. V. **Domaine.** *Je regrette, ce n'est pas mon rayon.* ▼ **RAYONNAGE.** *n. m.* Rayons (II) d'un meuble de rangement ; rayons assemblés. V. **Étagère.**

RAYONNANT, ANTE [ʀɛjɔnɑ̃, ɑ̃t]. *adj.* • 1° Qui se propage par rayonnement. *Chaleur rayonnante.* • 2° RAYONNANT DE... : qui exprime vivement qqch. d'heureux ou de bienfaisant. *Visage rayonnant de joie. Un enfant rayonnant de santé.* — *Il était rayonnant*, il avait un air de parfait bonheur.

RAYONNE [ʀɛjɔn]. *n. f.* • Textile artificiel, dit aussi *Soie artificielle.*

RAYONNEMENT [ʀɛjɔnmɑ̃]. *n. m.* • 1° Action de rayonner (1). V. **Radiation.** *Le rayonnement solaire.* • 2° Influence heureuse, éclat excitant l'admiration. *Le rayonnement qui émane de sa personne. Le rayonnement d'une œuvre, d'un pays.*

1. RAYONNER [ʀɛjɔne]. *v. intr.* (1) • 1° Émettre des rayons lumineux, des radiations. V. **Irradier.** • 2° Se propager par rayonnement. *La chaleur rayonne.* • 3° Émettre comme une lumière, un rayonnement. V. **Rayonnant** (2°) *Rayonner de joie, de bonheur.*

2. RAYONNER. *v. intr.* (1) • 1° Être disposé en rayons, en lignes divergentes autour d'un centre. *Place d'où rayonnent de grandes avenues.* — Se répandre, se manifester dans toutes les directions. *La douleur rayonne.* • 2° Se déplacer dans un certain rayon (à partir d'un point d'attache). *Nous rayonnerons dans la région.*

RAYURE [ʀejyʀ]. *n. f.* • 1° Chacune des bandes, des lignes qui se détachent sur un fond de couleur différente. *Étoffe à rayures. Rayures sur le pelage d'un animal.* V. **Zébrure.** • 2° Éraflure ou rainure (sur une surface). *Rayures sur un meuble.*

RAZ(-)DE(-)MARÉE [ʀɑdmaʀe]. *n. m. invar.* • Vague isolée et très haute, d'origine sismique ou volcanique, qui pénètre profondément dans les terres. — Bouleversement moral ou social irrésistible.

RAZZIA [ʀazja]. *n. f.* • 1° Attaque de nomades pillards, en pays arabe. • 2° Fam. *Faire (une) razzia sur*, s'abattre sur (des choses qu'on emporte, qu'on prend rapidement). *On a fait une razzia sur le buffet.* ▼ **RAZZIER.** *v. tr.* (1). Prendre dans une razzia. Rafler.

RE-, RÉ-, R-. • Éléments qui expriment : le fait de ramener en arrière (ex. : *rabattre, recourber*), le retour à un état antérieur (ex. : *refermer, rhabiller*), la répétition (ex. : *redire, réaffirmer*), le renforcement, l'achèvement (ex. : *réunir, ramasser*) ou qui équivalent à la forme simple vieillie (ex. : *raccourcir*).

RÉ [ʀe]. *n. m.* • Deuxième note de la gamme d'ut ; ton correspondant. *Sonate en ré mineur.*

RÉABONNER [ʀeabɔne]. *v. tr.* (1) • Abonner de nouveau. *Se réabonner à un journal.* ▼ **RÉABONNEMENT.** *n. m.*

RÉACCOUTUMER [ʀeakutyme]. *v. tr.* (1) • *Littér.* Réhabituer.

RÉACTEUR [ʀeaktœʀ]. *n. m.* • Moteur, propulseur à réaction (1).

RÉACTIF [ʀeaktif]. *n. m.* • Substance chimique qui prend part à une réaction (1).

1. RÉACTION [ʀeaksjɔ̃]. *n. f.* ★ **I.** • 1° Force qu'un corps agissant sur un autre détermine en retour chez celui-ci. *Principe de l'égalité de l'action et de la réaction.* — *Propulsion par réaction*, dans laquelle des gaz chassés vers l'arrière d'un engin le projettent par réaction vers l'avant. V. **Réacteur.** *Avion à réaction*, à un ou plusieurs réacteurs (anglicisme : *jet*). • 2° Action réciproque de deux ou plusieurs substances, qui entraîne des transformations chimiques. *Réaction d'un mélange chimique.* — *Réaction nucléaire*, désintégration du noyau d'un atome. — *Réaction en chaîne*, réaction par étapes pouvant se reproduire indéfiniment ; suite de répercussions provoquée par un fait initial. • 3° Modification de la matière vivante de l'organisme produite par une excitation, une cause morbide, un remède, etc. *Réactions de défense de l'organisme.* ★ **II.** • 1° Réponse à une action par une action contraire tendant à l'annuler. *Décision prise en réaction contre..., par réaction.* • 2° Comportement d'une personne qui répond à une action extérieure. *Réaction de qqn à une catastrophe, une injure. Avoir une réaction de peur, de colère. Réaction lente ; vive, soudaine* (V. **Réflexe, sursaut**). *Être sans réaction*, rester inerte. Fam. *Il a protesté ? — Non, aucune réaction. Provoquer des réactions.* • 3° Réponse (d'une machine, d'un véhicule) aux commandes. *Cette voiture a de bonnes réactions.*

2. RÉACTION. *n. f.* • *Péj.* • 1° Action politique qui s'oppose aux changements, au progrès social. *Les forces de la réaction.* • 2° La droite politique. *À bas la réaction !* ▼ **RÉACTIONNAIRE.** adj. et n. *Péj.* Qui concerne ou soutient la réaction (abrév. fam. RÉAC). *Opinions réactionnaires. Écrivain réactionnaire.* — N. *Un vieux réactionnaire.*

RÉADAPTER [ʀeadapte]. *v. tr.* (1) • Adapter (ce qui ne l'était plus). — Pronom. *Laissez-lui le temps de se réadapter.* ▼ **RÉADAPTATION.** *n. f.* Adaptation nouvelle. *Réadaptation d'un soldat à la vie civile.*

RÉAFFIRMER [ʀeafiʀme]. *v. tr.* (1) • Affirmer de nouveau, dans une autre occasion.

RÉAGIR [ʀeaʒiʀ]. *v. tr. ind.* (2) ★ **I.** RÉAGIR SUR, CONTRE : avoir une réaction, des réactions (mécanique, chimique, biologique). *L'organisme réagit contre les maladies* *infectieuses.* ★ **II.** • 1° RÉAGIR SUR (qqn, qqch.) : agir en retour ou réciproquement sur. *Les troubles psychologiques réagissent sur l'organisme.* V. **Répercuter** (se). • 2° RÉAGIR CONTRE : s'opposer (à une action) par une action contraire. *Réagir contre une mode, un usage.* — Absolt. *Ils essayèrent de réagir et de rétablir l'ordre.* — Faire effort pour sortir d'une situation pénible. V. **Secouer** (se). *Réagissez ! ne vous laissez pas abattre !* • 3° Avoir une réaction. *Réagir brutalement, violemment... Je ne sais pas comment je réagirais,* quelle serait ma réaction.

RÉAJUSTER. V. RAJUSTER.

1. RÉALISER [realize]. *v. tr.* (1) ★ **I.** • 1° Faire exister à titre de réalité concrète (ce qui n'existait que dans l'esprit). V. **Accomplir, exécuter.** *Réaliser un projet,* le rendre effectif. — Pronom. *Ses prévisions se sont réalisées. Réaliser une ambition, un idéal.* V. **Atteindre.** • 2° *Réaliser (en soi) un type, un modèle,* en présenter un exemple réel, concret. V. **Personnifier.** • 3° Pronom. *Se réaliser,* atteindre son idéal personnel. ★ **II.** • 1° Faire. *Réaliser un achat, une vente. — Réaliser un film,* en être le réalisateur. • 2° Convertir, transformer en argent. *Réaliser des biens, un capital.* V. **Vendre.** ▼**RÉALISABLE.** *adj.* • 1° Susceptible d'être réalisé, de se réaliser. V. **Possible.** *Plan, projet réalisable.* • 2° Transformable en argent. *Une fortune entièrement réalisable.* ▼**RÉALISATEUR, TRICE.** *n.* • 1° Personne qui réalise, sait réaliser (un projet, une œuvre...). • 2° Personne responsable de la réalisation d'un film ou d'une émission. V. **Metteur** (en scène). ▼**RÉALISATION.** *n. f.* • 1° Action de rendre réel, effectif. • 2° Chose réalisée ; création, œuvre. • 3° Transformation (d'un bien) en argent. • 4° Mise en scène (d'un film), mise en image (d'une émission).

2. RÉALISER. *v. tr.* (1) • (Emploi critiqué). Se rendre compte avec précision ; se faire une idée nette de. *Je réalise soudain ce que vous me dites. — Tu réalises!* tu saisis, tu te rends compte.

RÉALISME [realism(ə)]. *n. m.* • 1° Conception selon laquelle l'artiste doit peindre la réalité telle qu'elle est, même dans ses aspects déplaisants. Caractère d'une œuvre qui procède de cette conception. *Réalisme littéraire* (*opposé à* romantisme, symbolisme). V. **Naturalisme.** • 2° Attitude de celui qui tient compte de la réalité, l'apprécie avec justesse. *Réalisme politique.* ▼ **RÉALISTE.** *n.* et *adj.* • 1° Qui représente le réalisme, en art, en littérature ; qui dépeint le réel sans complaisance. *Un écrivain, un peintre réaliste. Portrait réaliste.* • 2° Qui a le sens des réalités. *Homme d'État réaliste.* Subst. *Un réaliste. — Une analyse réaliste.*

RÉALITÉ [realite]. *n. f.* • 1° Caractère de ce qui est réel, de ce qui existe effectivement (et n'est pas seulement une invention ou une apparence). V. **Vérité.** *Douter de la réalité, de la matérialité d'un fait.* • 2° *La réalité,* ce qui est réel. *Connaissance de la réalité par la science. La réalité intérieure.* • 3° La vie, l'existence réelle (*opposé à* désirs, illusions, rêve). *Le rêve et la réalité. La réalité quotidienne.* — Ce qui existe (*opposé à* l'imagination). *La réalité dépasse la fiction,* est plus extraordinaire que ce que l'on peut imaginer. *Dans la réalité,* dans la vie réelle. — EN RÉALITÉ : en fait, réellement. • 4° UNE, DES RÉALITÉ(s) : chose réelle, fait réel. *Les réalités de tous les jours. Avoir le sens des réalités* (V. **Réaliste**). Loc. *Prendre ses désirs pour des réalités,* se faire des illusions.

RÉANIMATION [reanimasjɔ̃]. *n. f.* • Action qui consiste à rendre les mouvements au cœur ou à l'appareil respiratoire venant de s'arrêter. *Réanimation d'un asphyxié.* — Action de ranimer.

RÉAPPARAÎTRE [reaparɛtʀ(ə)]. *v. intr.* (57) • Apparaître, paraître de nouveau. ▼**RÉAPPARITION.** *n. f.*

RÉAPPRENDRE. V. RAPPRENDRE.

RÉAPPROVISIONNER [reapʀɔvizjɔne]. *v. tr.* (1) • Approvisionner de nouveau.

RÉARMER [reaʀme]. *v.* (1) • 1° *V. tr.* Recharger (une arme). *Réarmer un fusil, un pistolet.* • 2° *V. intr.* (En parlant d'un État). Recommencer à s'équiper pour la guerre. ▼ **RÉARMEMENT.** n. m. *Politique de réarmement.* || Contr. **Désarmement.** ||

RÉASSORTIR [reasɔʀtiʀ]. *v. tr.* (2) • 1° Reconstituer un assortiment (en remplaçant ce qui manque). *Réassortir un service de verres.* • 2° Fournir un nouvel assortiment (d'un certain modèle). *Je crains de ne pouvoir vous réassortir.* ▼ **RÉASSORTIMENT.** *n. m.* Nouvel assortiment.

RÉBARBATIF, IVE [rebaʀbatif, iv]. *adj.* • Qui rebute par un aspect rude, désagréable. *Mine rébarbative.* — Difficile et ennuyeux. *Études, sujets rébarbatifs.* V. **Ingrat.**

REBÂTIR [ʀ(ə)batiʀ]. *v. tr.* (2) • Bâtir de nouveau (ce qui était détruit). V. **Reconstruire.** *Rebâtir une maison. — Rebâtir une société.*

REBATTRE [ʀ(ə)batʀ(ə)]. *v. tr.* (41) • *Loc.* REBATTRE LES OREILLES *à qqn de qqch.* : lui en parler continuellement jusqu'à l'excéder. *Vous me rebattez sans cesse les oreilles de vos vertus !* ▼**REBATTU, UE.** *adj.* Dont on a parlé inlassablement. *Sujet rebattu,* ressassé.

REBELLE [ʀəbɛl]. *adj.* et *n.* • REBELLE (À). • 1° Qui ne reconnaît pas l'autorité de, se révolte contre (qqn). *Des sujets rebelles à leur souverain.* Absolt. *Troupes rebelles.* —N. *Négocier avec des rebelles.* V. **Insurgé.** • 2° Qui est réfractaire à (qqch.). *Rebelle à toute discipline, à tout effort.* V. **Opposé.** *Il est rebelle aux mathématiques.* V. **Fermé.** — *(Choses)* Qui résiste à. *Organisme rebelle à certains remèdes.* Absolt. *Fièvre rebelle.* • 3° *(Choses concrètes ; sans compl.).* Qui ne se laisse pas facilement manier. *Mèches de cheveux rebelles.* V. **Indiscipliné.**

REBELLER (SE) [ʀ(ə)bele ou ʀəbɛlle]. *v. pron.* (1) • Faire acte de rebelle (1°) en se révoltant. *Se rebeller contre l'autorité paternelle.* V. **Braver.** — Protester, regimber. *À la fin je me suis rebellé, je lui ai dit ce que je pensais.* ▼ **RÉBELLION** [rebeljɔ̃]. *n. f.* Action de se rebeller ; acte de rebelle (1°). V. **Insurrection, révolte.** Tendance à se rebeller. V. **Désobéissance, insubordination.** *Esprit de rébellion.*

REBIFFER (SE) [ʀ(ə)bife]. *v. pron.* (1) • *Fam.* Refuser brusquement, avec vivacité de se laisser mener plus longtemps. V. **Révolter** (se). *Le gosse, qu'on envoyait faire toutes les courses, s'est rebiffé.*

REBIQUER [ʀ(ə)bike]. *v. intr.* (1) • *Fam.* Se dresser, se retrousser en faisant un angle. *Les pointes de son col rebiquent.*

REBOISER [ʀ(ə)bwaze]. *v. tr.* (1) • Planter d'arbres (un terrain qui a été déboisé). ▼**REBOISEMENT.** *n. m.*

REBONDIR [ʀ(ə)bɔ̃diʀ]. *v. intr.* (2) • **1°** Faire un ou plusieurs bonds après avoir heurté un obstacle. *Ballon qui rebondit sur le sol.* • **2°** Prendre un nouveau développement après un arrêt, une pause (V. **Rebondissement**). *Les derniers témoignages pourraient faire rebondir l'affaire. L'action rebondit au troisième acte.* ▼**REBOND.** *n. m.* Le fait de rebondir (1°) ; mouvement d'un corps qui rebondit. ▼**REBONDISSEMENT.** *n. m.* Action de rebondir (surtout 2°). *Le rebondissement d'une affaire en justice.*

REBONDI, IE [ʀ(ə)bɔ̃di]. *adj.* • De forme arrondie (se dit d'une partie du corps). V. **Dodu, gras, rond.** *Joues rebondies.* V. **Plein.** — *(Personnes)* Gros et gras.

REBORD [ʀ(ə)bɔʀ]. *n. m.* • Bord en saillie. V. **Bordure.** *Le rebord d'une fenêtre.*

REBOUCHER [ʀ(ə)buʃe]. *v. tr.* (1) • Boucher de nouveau. *Rebouchez le flacon après usage.* — Pronom. *Le siphon de l'évier s'est rebouché.*

REBOURS (À) [aʀ(ə)buʀ]. *loc. adv.* • **1°** Dans le sens contraire au sens normal, habituel ; à l'envers. *Tourner les pages d'un livre à rebours. Brosser une étoffe à rebours,* à rebrousse-poil. — *Loc.* COMPTE (ou *Comptage*) À REBOURS : vérification successive des opérations de mise à feu d'un engin, d'une fusée, avec essai systématique des appareils, aboutissant au *zéro* du départ. • **2°** D'une manière contraire à la nature, à la raison, à l'usage. *Faire tout à rebours.* — *Loc. prép.* À REBOURS DE, AU REBOURS DE : contrairement à, à l'inverse de.

REBOUTEUX, EUSE [ʀ(ə)butø, øz]. *n.* • *Fam.* Guérisseur qui fait métier de remettre les membres démis, etc.

REBOUTONNER [ʀ(ə)butɔne]. *v. tr.* (1) • Boutonner de nouveau (un vêtement). — Pronom. *Se reboutonner,* reboutonner ses vêtements.

REBROUSSER [ʀ(ə)bʀuse]. *v. tr.* (1) • **1°** Relever (les cheveux, le poil) dans un sens contraire à la direction naturelle. *Rebrousser les poils d'un tapis.* — Pronom. *Le poil de sa moustache se rebrousse.* • **2°** REBROUSSER CHEMIN : s'en retourner en sens opposé. *Ne pouvant passer, il dut rebrousser chemin,* revenir sur ses pas. ▼**REBROUSSE-POIL** [aʀbʀuspwal]. *loc. adv.* En rebroussant le poil. *Caresser un chat à rebrousse-poil.* — Fam. *Prendre qqn à rebrousse-poil,* de telle sorte qu'il se hérisse, se rebiffe.

REBUFFADE [ʀ(ə)byfad]. *n. f.* • *Littér.* Refus hargneux, méprisant. *Essuyer une rebuffade.*

RÉBUS [ʀebys]. *n. m. invar.* • **1°** Suite de dessins, de mots, de chiffres, de lettres évoquant par le son ce qu'on veut exprimer (*ex. :* nez rond, nez pointu, main = Néron n'est point humain). • **2°** Se dit d'une écriture difficile à lire. *Votre lettre est un vrai rébus !*

REBUT [ʀəby]. *n. m.* • **1°** Ce qu'il y a de plus mauvais dans un ensemble. *Le rebut de la société, du genre humain.* • **2°** *Loc.* AU REBUT : parmi ce dont on ne veut pas, ou plus. *Mettre qqch. au rebut,* s'en débarrasser. V. **Rancart** (au).

REBUTER [ʀəbyte]. *v. tr.* (1) • **1°** Dégoûter (qqn) par les difficultés ou le caractère ingrat d'une entreprise. *Ce travail me rebute. Rien ne le rebute.* V. **Décourager.** • **2°** Choquer (qqn), inspirer de la répugnance à. *La vulgarité de ses façons me rebute.* ▼**REBUTANT, ANTE.** *adj.* Qui rebute, ennuie. *Travail rebutant. Démarches rebutantes.*

RÉCALCITRANT, ANTE [ʀekalsitʀɑ̃, ɑ̃t]. *adj.* et *n.* • Qui résiste avec entêtement. *Cheval récalcitrant.* V. **Rétif.** *Caractère, esprit récalcitrant.* V. **Indocile, rebelle.** — N. *Tenter de convaincre les récalcitrants.*

RECALER [ʀ(ə)kale]. *v. tr.* (1) • *Fam.* Refuser à un examen. V. **Coller.** *Il s'est fait recaler au bac.* ‖ Contr. **Recevoir.** ‖ — (Au p. p.) *Il est recalé.* — Subst. *Les recalés de juillet.*

RÉCAPITULER [ʀekapityle]. *v. tr.* (1) • Répéter en énumérant les points principaux. V. **Résumer.** *Récapituler un compte.* — Redire en examinant de nouveau, point par point. *Voyons, récapitulons les faits !* ▼**RÉCAPITULATIF, IVE.** *adj.* Qui sert à récapituler. *Liste récapitulative.* ▼**RÉCAPITULATION.** *n. f.*

RECASER [ʀ(ə)kɑze]. *v. tr.* (1) • *Fam.* Caser de nouveau (qqn qui a perdu sa place).

RECELER [ʀəs(ə)le]. *v. tr.* (5) • **1°** *(Choses).* Garder, contenir en soi. V. **Renfermer.** *Tout ce que l'âme recèle... Cet ouvrage recèle de grandes beautés.* • **2°** Détenir, garder par un recel. *Receler des objets volés.* ▼**RECEL** [ʀəsɛl]. *n. m.* Action de receler ; détention de mauvaise foi (de choses volées). *Recel de bijoux.* ▼**RECELEUR, EUSE.** *n.* Personne qui se rend coupable de recel.

RECENSER [ʀ(ə)sɑ̃se]. *v. tr.* (1) • Dénombrer en détail, avec précision. ▼**RECENSEMENT.** *n. m.* Compte ou inventaire détaillé. *Le recensement général des ressources.* — Dénombrement détaillé (des habitants d'un pays). *Les recensements renseignent sur le mouvement de la population.*

RÉCENT, ENTE [ʀesɑ̃, ɑ̃t]. *adj.* • Qui s'est produit ou qui existe depuis peu de temps. ‖ Contr. **Ancien, vieux.** ‖ *Événements récents. Nouvelle toute récente.* V. **Frais.** *Une invention assez récente.* V. **Nouveau.** ▼**RÉCEMMENT** [ʀesamɑ̃]. *adv.* À une époque récente. V. **Dernièrement.** *Quelqu'un disait récemment... Tout récemment.*

RÉCÉPISSÉ [ʀesepise]. *n. m.* • Écrit par lequel on reconnaît avoir reçu des objets, de l'argent, etc. V. **Reçu.**

RÉCEPTACLE [ʀesɛptakl(ə)]. *n. m.* • Contenant qui reçoit son contenu de diverses provenances. *La mer est le réceptacle des eaux fluviales.*

1. RÉCEPTEUR [ʀeseptœʀ]. *n. m.* • Appareil qui reçoit et amplifie les ondes. *Un récepteur de radio.* V. **Poste.** *Récepteur de téléphone*, partie de l'appareil téléphonique où l'on écoute. V. **Écouteur.** *Décrocher le récepteur.* ▼ **2. RÉCEPTEUR, TRICE.** *adj.* Qui reçoit (des ondes). *Organe récepteur de l'oreille interne. Antenne réceptrice.*

RÉCEPTIF, IVE [ʀeseptif, iv]. *adj.* • Susceptible de recevoir des impressions. — RÉCEPTIF À (qqch.). *Les enfants sont particulièrement réceptifs à la suggestion.*

RÉCEPTION [ʀesepsjɔ̃]. *n. f.* ★ **I.** • **1°** Action de recevoir (une marchandise transportée). ‖ Contr. **Envoi, expédition.** ‖ *Réception d'une commande. Accuser réception d'un paquet.* • **2°** Action de recevoir (des ondes). V. **Récepteur.** ‖ Contr. **Émission.** ‖ ★ **II.** • **1°** Action de recevoir (une personne). V. **Accueillir.** *Réception d'un ambassadeur, d'un chef d'État.* — Manière de recevoir, d'accueillir (qqn). *Une réception cordiale.* V. **Accueil.** • **2°** *Absolt.* Bureau affecté à la réception des clients (local et employés). *Réception d'un hôtel. Adressez-vous à la réception.* • **3°** Action de recevoir des amis chez soi. *Avoir son jour de réception.* — Réunion mondaine (chez qqn). *Donner une, des réceptions. Salle de réception, réception*, pièce où l'on donne des réceptions. V. **Salon.** • **4°** Le fait de recevoir ou d'être reçu dans une assemblée, un cercle, etc., en tant que membre. *Réception à l'Académie française. Séance, discours de réception.*

RÉCEPTIONNER. *v. tr.* (1) • Recevoir, vérifier et enregistrer (une livraison). *Réceptionner des marchandises.*

RÉCEPTIVITÉ [ʀeseptivite]. *n. f.* • **1°** Caractère de ce qui est réceptif. V. **Sensibilité.** *Être en état de réceptivité*, sensibilisé à (une influence). • **2°** Aptitude à contracter (une maladie). ‖ Contr. **Résistance.** ‖

RÉCESSION [ʀesesjɔ̃]. *n. f.* • Régression des ventes, de la production, des investissements. V. **Crise.**

1. RECETTE [ʀ(ə)sɛt]. *n. f.* • **1°** Total des sommes d'argent reçues. *La recette journalière d'un théâtre. Toucher un pourcentage sur la recette.* V. **Bénéfice.** Loc. *Faire recette*, avoir beaucoup de succès (spectacle, exposition). — *(Plur.)* Rentrées (d'argent). *Les recettes couvrent les dépenses.* • **2°** Bureau d'un receveur des impôts (où se fait la centralisation des impôts). *Recette des finances.*

2. RECETTE. *n. f.* • **1°** Procédé pour réussir une opération domestique (notamment un plat) ; indication détaillée qui s'y rapporte. *Recette de cuisine. Avoir une bonne recette.* • **2°** Moyen, procédé. *Une recette infaillible pour réussir.*

RECEVEUR, EUSE [ʀəsvœʀ, øz ; ʀsəvœʀ, øz]. *n.* • **1°** Comptable public chargé d'effectuer les recettes et certaines dépenses publiques. *Receveur des contributions. Receveur des postes.* • **2°** Employé préposé à la recette dans les transports publics. *Receveur d'autobus.*

RECEVOIR [ʀəsvwaʀ ; ʀsəvwaʀ]. *v. tr.* (28) ★ **I.** *(Sens passif).* RECEVOIR QQCH. • **1°** Être mis en possession de (qqch.) par un envoi, un don, un paiement, etc. *Recevoir une lettre, un colis.* ‖ Contr. **Envoyer.** ‖ *Recevoir de l'argent, un salaire. Recevoir une récompense.* V. **Obtenir.** — (Abstrait) *Recevoir un conseil. Recevez, Monsieur, mes salutations* (formule). • **2°** Être l'objet de (qqch. que l'on subit, que l'on éprouve). *Recevoir des coups, des blessures. Qu'est-ce qu'il a reçu !* V. **Attraper, prendre.** *Recevoir la pluie.* — *Recevoir un affront* (V. **Essuyer**), *des injures.* — *(Choses abstraites)* Être l'objet de. *Cette affaire recevra une heureuse solution*, elle aura... ★ **II.** *(Sens actif).* RECEVOIR QQN, QQCH. • **1°** Laisser ou faire entrer (qqn qui se présente). V. **Accueillir.** *Recevoir qqn à dîner, à sa table. Se déranger pour recevoir un ami qui arrive.* — Réserver un accueil (bon ou mauvais). V. **Traiter.** *Recevoir qqn avec empressement. Être bien, mal reçu.* — *Absolt.* Accueillir habituellement des amis, des invités ; donner une réception. *Voilà une femme qui sait recevoir.* — Accueillir les visiteurs. *Le directeur reçoit de telle heure à telle heure.* • **2°** Laisser entrer (qqn) à certaines conditions, après certaines épreuves. V. **Admettre.** — *Être reçu à un examen, un concours. Candidats admissibles, reçus.* • **3°** Admettre (qqch.) en son esprit (comme vrai, légitime). V. **Accepter.** *Recevoir les suggestions de qqn. Recevoir des excuses.* — *Coutumes, usages reçus.* — Accueillir, accepter (plus ou moins bien). *Son initiative a été mal reçue.* • **4°** *(Suj. chose).* RECEVOIR UNE CHOSE : la laisser entrer. *Pièce qui reçoit le jour. Ce salon peut recevoir plus de cinquante personnes.* ★ **III.** SE RECEVOIR. *v. pron.* • **1°** (Récipr.). *Ils se reçoivent beaucoup.* • **2°** *(Réfl.).* Retomber d'une certaine façon, après un saut. *Athlète qui se reçoit sur la jambe droite.* ▼ **RECEVABLE.** *adj.* Qui peut être reçu (II, 3°), accepté. *Cette excuse n'est pas recevable.* V. **Acceptable, admissible.**

RECHANGE (DE) [dəʀ(ə)ʃɑ̃ʒ]. *loc. adj.* • Qui est destiné à remplacer un objet ou un élément identique. *Pièces de rechange. Vêtements de rechange.* — *Roue de rechange*, de secours. — De remplacement. *Une solution de rechange.*

RÉCHAPPER [ʀeʃape]. *v. tr. ind.* (1) • RÉCHAPPER DE... (surtout EN RÉCHAPPER) : échapper à un péril pressant, menaçant. *Personne n'en a réchappé, n'en est réchappé* (état), n'en est sorti vivant. V. **Rescapé.**

RECHARGER [ʀ(ə)ʃaʀʒe]. *v. tr.* (3) • **1°** Charger de nouveau. *Recharger un camion.* • **2°** Remettre une charge dans (une arme). *Recharger son fusil.* — Approvisionner de nouveau. *Recharger un appareil photographique, un briquet.* ▼ **RECHARGE.** *n. f.* Seconde charge que l'on met dans une arme. — *Recharge de stylo. Recharge pour un tube de rouge à lèvres.* ▼ **RECHARGEABLE** [ʀ(ə)ʃaʀʒabl(ə)]. *adj.* Qui peut être rechargé.

RÉCHAUD [ʀeʃo]. *n. m.* • Ustensile de cuisine portatif, servant à chauffer ou à faire cuire les aliments. *Réchaud à alcool.*

RÉCHAUFFER [reʃofe]. *v. tr.* (1) • 1° Chauffer (ce qui s'est refroidi). *Réchauffer un potage. Se réchauffer les doigts.* — Au p. p. *Dîner réchauffé.* Absolt. *La marche, ça réchauffe !* • 2° Ranimer (les esprits, les cœurs, les sentiments). *Cela réchauffe le cœur.* V. **Réconforter.** • 3° SE RÉCHAUFFER. v. pron. *(Réfl.).* Redonner de la chaleur à son corps. *Courir pour se réchauffer.* — Devenir plus chaud. *La température commence à se réchauffer.* || Contr. **Refroidir.** || ▼ **RÉCHAUFFÉ.** n. m. *Du réchauffé,* se dit d'une chose vieille, artificiellement rajeunie, ou trop connue. *Ça sent le réchauffé, c'est du réchauffé.* ▼ **RÉCHAUFFEMENT.** *n. m.* Action de réchauffer, de se réchauffer. *Le réchauffement de la température.*

RÊCHE [rɛʃ]. *adj.* • Rude au toucher, légèrement râpeux. *Un tweed un peu rêche.*

1. RECHERCHE [r(ə)ʃɛrʃ(ə)]. *n. f.* • Action de chercher, de rechercher. • 1° Effort pour trouver (qqch.). *Recherche de renseignements,* enquête. — Absolt. *Abandonner les recherches.* — Action de rechercher (qqn). *Il a échappé aux recherches de la police.* • 2° Effort de l'esprit vers la connaissance. *La recherche de la vérité.* — UNE RECHERCHE, DES RECHERCHES : les travaux faits pour trouver des connaissances nouvelles (dans un domaine déterminé). *Recherches scientifiques.* • 3° LA RECHERCHE : l'ensemble des travaux qui tendent à la découverte de connaissances nouvelles. *Goût pour la recherche.* • 4° Action de chercher à obtenir. *La recherche du bonheur, de la gloire.* V. **Poursuite.** • 5° Loc. *Être, se mettre à la recherche de...,* être occupé, se mettre à chercher...

2. RECHERCHE. *n. f.* • Caractère de ce qui est recherché. V. **Raffinement.** *Être vêtu avec recherche. Recherche dans le style.* V. **Préciosité.** ▼ **1. RECHERCHÉ, ÉE.** *adj.* Qui témoigne de recherche. V. **Raffiné.** *Une mise recherchée.*

RECHERCHER [r(ə)ʃɛrʃe]. *v. tr.* (1) • 1° Chercher à découvrir, à retrouver (qqn ou qqch.). V. **Recherche 1.** *On recherche les témoins de l'accident. Il est recherché pour meurtre. — Rechercher un objet égaré, une lettre.* • 2° Chercher à connaître, à découvrir. *Rechercher la cause d'un phénomène. Rechercher comment, pourquoi.* • 3° Chercher une seconde fois. • 4° Tenter d'obtenir, d'avoir. *Rechercher l'amour de qqn, une faveur.* ▼ **2. RECHERCHÉ, ÉE.** *adj.* Que l'on cherche à obtenir ; à quoi l'on attache du prix. *Édition recherchée.* V. **Rare.** — *(Personnes)* Que l'on cherche à connaître, à fréquenter. *C'est un joueur de bridge très recherché.*

RECHIGNER [r(ə)ʃiɲe]. *v. intr.* (1) • RECHIGNER À : témoigner de la mauvaise volonté pour. *Rechigner à la besogne.* V. **Renâcler.** *Faire qqch. en rechignant.*

RECHUTE [r(ə)ʃyt]. *n. f.* • 1° Reprise d'une maladie, après le début de la convalescence. *Faire, avoir une rechute. Rechute et récidive* (2°). • 2° Le fait de retomber dans le péché, le vice, etc. ▼ **RECHUTER.** *v. intr.* (1). Faire une rechute (1°).

RÉCIDIVE [residiv]. *n. f.* • 1° Le fait de commettre une nouvelle infraction, après une condamnation. *Escroquerie avec récidive.* — Le fait de retomber dans la même faute, la même erreur. *En cas de récidive, vous serez renvoyé.* • 2° Nouvelle manifestation d'une maladie, pour une cause nouvelle (à la différence de la *rechute*). ▼ **RÉCIDIVER.** *v. intr.* (1) • 1° Se rendre coupable de récidive. • 2° Réapparaître (se dit d'une maladie). ▼ **RÉCIDIVISTE.** *n.* Personne qui est en état de récidive. *Une récidiviste trois fois condamnée.*

RÉCIF [resif]. *n. m.* • Rocher ou groupe de rochers à fleur d'eau, dans la mer. V. **Écueil.** *Faire naufrage sur un récif. Récif de corail.*

RÉCIPIENDAIRE [resipjɑ̃dɛr]. *n. m.* • *Littér.* • 1° Personne qui est reçue officiellement dans une assemblée, une compagnie. • 2° Personne qui reçoit un diplôme, une nomination, etc. *Signature du récipiendaire.*

RÉCIPIENT [resipjɑ̃]. *n. m.* • Ustensile creux qui sert à recueillir, à contenir des substances solides, liquides ou gazeuses. *Remplir, vider un récipient.*

RÉCIPROQUE [resiprɔk]. *adj.* et *n. f.* ★ I. *Adj.* • 1° Qui implique entre deux personnes, deux groupes, deux choses, un échange de même nature. V. **Mutuel.** *Confiance réciproque. Se faire des concessions réciproques. Un amour réciproque.* V. **Partagé.** • 2° *Verbe (pronominal) réciproque,* qui indique une action exercée par plusieurs sujets les uns sur les autres (*ex. :* séparer deux enfants qui *se battent*). ★ **II.** *N. f.* Littér. *Rendre la réciproque à qqn,* la pareille. ▼ **RÉCIPROCITÉ.** *n. f.* Caractère de ce qui est réciproque (I, 1°). *La réciprocité d'un sentiment. À charge, à titre de réciprocité.* ▼ **RÉCIPROQUEMENT.** *adv.* • 1° Mutuellement. • 2° ET RÉCIPROQUEMENT : et on peut retourner la proposition. V. **Vice versa.** *Il aime tout le monde, et réciproquement (il est aimé de tous).*

RÉCIT [resi]. *n. m.* • Relation orale ou écrite (de faits vrais ou imaginaires). V. **Exposé, narration.** *Récit d'aventures. Récit véridique des faits.*

RÉCITAL, ALS. *n. m.* • Séance musicale, artistique au cours de laquelle un seul artiste se fait entendre, se produit. *Récital de piano, de danse. Donner des récitals.*

RÉCITANT, ANTE. *n.* • 1° Personne qui chante un récitatif. • 2° Personne qui commente les passages destinés à relier des morceaux isolés (cinéma, théâtre, radio).

RÉCITATIF. *n. m.* • Dans la musique vocale accompagnée, Chant qui se rapproche des inflexions de la voix parlée.

RÉCITER [resite]. *v. tr.* (1) • 1° Dire à haute voix (ce qu'on sait par cœur). *Réciter sa prière. Réciter un poème à qqn.* • 2° Dire sans sincérité ni véracité. *Les témoins récitent tous la même leçon.* ▼ **RÉCITATION.** *n. f.* • 1° *La récitation de,* action de réciter (qqch.). *Récitation d'une leçon.* • 2° Exercice scolaire qui consiste à réciter un texte littéraire appris par cœur.

RÉCLAMATION [reklɑ(a)masjɔ̃]. *n. f.* • 1° Action de réclamer, de s'adresser à une autorité pour faire reconnaître l'existence d'un droit. V. **Plainte, revendication.** *Faire, déposer une réclamation.* • 2° Protestation. *Assez de réclamations !* V. **Récrimination.**

RÉCLAME [ʀekla(ɑ)m]. *n. f.* • 1° UNE, DES RÉCLAMES : article publicitaire recommandant qqch. ou qqn, inséré dans un journal. *Réclame pour une marque d'automobiles.* • 2° LA RÉCLAME : la publicité. *Faire de la réclame* (pour une marque, un produit). • 3° EN RÉCLAME : en vente à prix réduits. *Ces articles sont en réclame.* Par appos. *Vente-réclame.* • 4° Publicité particulière (annonces, affiches, prospectus, etc.). *Des réclames lumineuses.* • 5° Ce qui fait valoir, ce qui assure le succès. *Cela ne lui fait pas de réclame.*

RÉCLAMER [ʀekla(ɑ)me]. *v.* (1) ★ **I.** *V. tr.* • 1° Demander (comme une chose indispensable) en insistant. *On lui a donné ce qu'il réclamait. Réclamer le silence. Réclamer qqn,* sa présence. *Enfant qui réclame sa mère.* • 2° Demander comme dû, comme juste. V. **Exiger, revendiquer.** *Réclamer sa part. Il réclame une indemnité à la compagnie.* • 3° *(Suj. chose).* Requérir, exiger, nécessiter. *Ce travail réclame beaucoup de soin.* ★ **II.** *V. intr.* Faire une réclamation. V. **Protester.** ★ **III.** SE RÉCLAMER (DE...). *v. pron.* Invoquer en sa faveur le témoignage ou la caution de (qqn). V. **Recommander** (se). *Vous avez bien fait de vous réclamer de moi.*

RECLASSER [ʀ(ə)klɑse]. *v. tr.* (1) • 1° Classer de nouveau selon une nouvelle méthode. *Reclasser des fiches.* • 2° Procéder au reclassement de (qqn). *Reclasser des fonctionnaires.* ▼ **RECLASSEMENT.** *n. m.* • 1° Nouveau classement. • 2° Classement d'après une nouvelle échelle des salaires (dans la fonction publique). Nouvelle affectation de personnes qui ne sont plus aptes à exercer leur emploi.

RECLUS, USE [ʀəkly, yz]. *n.* • *Littér.* Personne qui vit enfermée, retirée du monde. *Il ne sort plus, il vit en reclus.*

RÉCLUSION [ʀeklyzjɔ̃]. *n. f.* • Privation de liberté, avec obligation de travailler. V. **Détention, prison.** *Condamné à dix ans de réclusion criminelle.*

RECOIFFER [ʀ(ə)kwafe]. *v. tr.* (1) • Coiffer de nouveau. *Se recoiffer avant de sortir.*

RECOIN [ʀəkwɛ̃]. *n. m.* • 1° Coin caché, retiré. *Les recoins d'un grenier. Explorer les coins et les recoins.* • 2° *(Abstrait).* Partie secrète, intime. V. **Repli.** *Les recoins de la conscience.*

RÉCOLLECTION [ʀekɔlɛksjɔ̃]. *n. f.* • *Littér.* Action de se recueillir, méditation religieuse.

RECOLLER [ʀ(ə)kɔle]. *v. tr.* (1) • Coller de nouveau ; raccommoder en collant. *Recoller une assiette cassée.*

RÉCOLTE [ʀekɔlt(ə)]. *n. f.* • 1° Action de recueillir (les produits de la terre). *Faire la récolte des pêches.* • 2° Les produits recueillis. *L'abondance des récoltes.* • 3° Ce qu'on recueille à la suite d'une recherche. *Récolte de documents.* ▼ **RÉCOLTER.** *v. tr.* (1) • 1° Faire la récolte de. V. **Recueillir.** *Récolter des fruits, des pommes de terre. Ces fraises se récoltent en juin.* • 2° *Fam.* Recevoir. *Récolter des coups. Dans cette affaire, je n'ai récolté que des désagréments.*

RECOMMANDER [ʀ(ə)kɔmɑ̃de]. *v. tr.* (1) ★ **I.** • 1° Désigner (qqn) à l'attention bienveillante, à la protection d'une personne. *Recommander un ami à un employeur. Il a été chaudement recommandé auprès du ministre.* V. **Appuyer, patronner.** — Loc. *Recommander son âme à Dieu,* prier pour son âme avant de mourir. • 2° Désigner (une chose) à l'attention de qqn ; vanter les avantages de. V. **Conseiller, préconiser.** *Recommander un produit, une méthode.* • 3° Demander avec insistance (qqch.) à qqn. *Je vous recommande la discrétion. Je vous recommande de bien l'accueillir. Il est recommandé de...* Fam. *Ce n'est pas très recommandé,* c'est déconseillé. • 4° Soumettre (un envoi postal) à une taxe spéciale qui garantit son bon acheminement. *Recommander un paquet. — Lettre recommandée.* Subst. *Envoi en recommandé.* ★ **II.** SE RECOMMANDER. *v. pron.* • 1° *Se recommander de,* invoquer l'appui, le témoignage de. V. **Réclamer** (se). *Vous pouvez vous recommander de moi.* • 2° *Se recommander à,* réclamer la protection de. *Se recommander à Dieu.* ▼ **RECOMMANDABLE.** *adj.* Digne d'être recommandé, estimé. *Personne recommandable à tous égards.* — (Plus courant au négatif et avec *peu*) *Un individu peu recommandable.* ▼ **RECOMMANDATION.** *n. f.* • 1° Action de recommander qqn. V. **Appui, protection ; piston** *(fam.). Solliciter une recommandation. Lettre de recommandation.* • 2° Action de recommander (qqch.) avec insistance. V. **Exhortation.** *Faire des recommandations à qqn.*

RECOMMENCER [ʀ(ə)kɔmɑ̃se]. *v.* (3) ★ **I.** *V. tr.* • 1° Commencer de nouveau (ce qu'on avait interrompu, abandonné ou rejeté). V. **Reprendre.** *Recommencer la lutte.* — *Absolt.* Reprendre au commencement. *Vous m'avez interrompu, je recommence.* — RECOMMENCER À... V. **Remettre** (se). *Il recommença à l'injurier.* — Impers. *Voilà qu'il recommence à pleuvoir !* • 2° Faire de nouveau (ce qu'on a déjà fait). V. **Refaire.** *Recommencer un travail mal fait. Recommencer dix fois la même chose. Tout est à recommencer ! Si c'était à recommencer...* (j'agirais tout autrement). ★ **II.** *V. intr.* • 1° *Littér.* Avoir de nouveau un commencement. *Tout renaît et recommence.* V. **Renouveler** (se). • 2° Se produire de nouveau (après une interruption). V. **Reprendre.** *L'orage recommence.* ‖ Contr. **Cesser.** ‖ ▼ **RECOMMENCEMENT.** *n. m.* Action de recommencer. *Un perpétuel recommencement.*

RÉCOMPENSE [ʀekɔ̃pɑ̃s]. *n. f.* • Bien matériel ou moral donné ou reçu pour une bonne action, un service rendu, des mérites. *Recevoir une récompense. Recevoir (qqch.) en récompense. Décerner une récompense.* ▼ **RÉCOMPENSER.** *v. tr.* (1). Gratifier d'une récompense. *Récompenser qqn de qqch., pour ce qu'il a fait. Être récompensé de ses efforts. — Récompenser le travail de qqn. — Sa patience est enfin récompensée.*

RECOMPTER [rəkɔ̃te]. *v. tr.* (1) • Compter de nouveau. *Il recompta ce qu'il avait en poche.*

RÉCONCILIER [rekɔ̃silje]. *v. tr.* (7) • 1° Remettre en accord, en harmonie (des personnes qui étaient brouillées). V. **Raccommoder.** *Réconcilier une personne avec (et) une autre.* — Pronom. *Se réconcilier avec qqn,* et (récipr.) *Ils se sont réconciliés.* • 2° Concilier (des opinions, des doctrines foncièrement différentes). *Réconcilier la politique et la morale.* — Faire revenir (qqn) sur une hostilité, une prévention. *Cette exposition me réconcilie avec la peinture moderne.* ▼ **RÉCONCILIATION.** *n. f.* Action de réconcilier ; fait de se réconcilier. V. **Raccommodement.**

1. RECONDUIRE [r(ə)kɔ̃dɥir]. *v. tr.* (38). [p. p. *reconduit.*] • 1° Accompagner (une personne) à son domicile. V. **Raccompagner, ramener.** • 2° Accompagner (un visiteur) jusqu'à la porte, par civilité.

2. RECONDUIRE. *v. tr.* (38). [p. p. *reconduit.*] • En terme de droit, d'administration, Renouveler ou proroger (un contrat, etc.). *Reconduire des mesures temporaires de sécurité.* ▼ **RECONDUCTION.** *n. f.* Acte par lequel on continue, on renouvelle (une location, un bail à terme...). *Tacite reconduction,* qui se fait par accord tacite.

RÉCONFORT [rekɔ̃fɔr]. *n. m.* • Ce qui redonne du courage, de l'espoir. V. **Consolation.** *Avoir besoin d'un réconfort moral. Apporter un grand réconfort à un malade.*

RÉCONFORTER [rekɔ̃fɔrte]. *v. tr.* (1) • 1° Donner, redonner (à qqn qui en a besoin) du courage. de l'énergie. V. **Soutenir ; réconfort.** *Réconforter un ami dans la peine. Votre exemple me réconforte.* • 2° Redonner momentanément des forces physiques à (une personne affaiblie). V. **Remonter, revigorer.** *Ce petit vin m'a réconforté. J'ai besoin de me réconforter,* de prendre qqch. ▼ **RÉCONFORTANT, ANTE.** *adj.* Qui réconforte, console. *Idée réconfortante.*

RECONNAISSABLE [r(ə)kɔnɛsabl(ə)]. *adj.* • Qui peut être aisément reconnu, distingué. *Son parfum est reconnaissable entre tous. Reconnaissable à tel signe. Il est à peine reconnaissable, tant il est changé.* V. **Méconnaissable.**

RECONNAISSANCE [r(ə)kɔnɛsɑ̃s]. *n. f.* ★ **I.** Action de reconnaître (I). *La reconnaissance des souvenirs.* — *Signe de reconnaissance,* par lequel des personnes se reconnaissent. ★ **II.** Action de reconnaître, d'accepter, d'admettre. • 1° *Littér.* Aveu, confession (d'une faute). • 2° Examen (d'un lieu). V. **Exploration.** *Reconnaissance d'un pays inconnu, d'une côte.* — Opération militaire dont le but est de recueillir des renseignements. *Mission, patrouille de reconnaissance.* — Loc. EN RECONNAISSANCE. *Envoyer un détachement en reconnaissance. Partir en reconnaissance.* • 3° Action de reconnaître formellement, juridiquement. *Reconnaissance d'un État. Reconnaissance d'enfant,* acte par lequel une personne reconnaît être le père ou la mère d'un enfant. *Reconnaissance de dette.* ★ **III.** • 1° Action de reconnaître (un bienfait reçu). *Il l'a faite son héritière en reconnaissance de ses services.* • 2° Gratitude. *Éprouver de la reconnaissance.* ▼ **RECONNAISSANT, ANTE.** *adj.* Qui a de la reconnaissance (III, 2°). *Je vous suis très reconnaissant de m'avoir aidé.*

RECONNAÎTRE [r(ə)kɔnɛtr(ə)]. *v. tr.* (57) ★ **I.** Identifier (un objet) par la mémoire, le jugement. • 1° Penser (un objet présent) comme ayant déjà été saisi par la pensée. V. **Souvenir** (se). *Reconnaître un lieu. Reconnaître qqn après l'avoir perdu de vue. Le chien reconnaît son maître.* • 2° Penser (un objet, une abstraction) comme compris dans une catégorie. V. **Identifier.** *Reconnaître une plante,* l'espèce à laquelle elle appartient. *Reconnaître une voix,* en identifiant celui qui parle. *Reconnaître l'injustice là où elle se manifeste.* — (Avec un compl. au plur.) *Des jumeaux impossibles à reconnaître.* V. **Distinguer.** — Retrouver (une chose, une personne) telle qu'on l'a connue. *Je reconnais bien là sa paresse. On ne le reconnaît plus,* il a changé. — RECONNAÎTRE (qqch., qqn) À... : l'identifier grâce à (tel caractère, tel signe). *Reconnaître qqn à sa démarche, un arbre à ses feuilles.* ★ **II.** Accepter. • 1° Admettre, avouer qu'on a commis (un acte blâmable). V. **Confesser.** *Reconnaître ses torts. L'accusé a reconnu les faits.* • 2° Admettre (qqn) pour chef, pour maître. *C'est le chef reconnu de la rébellion.* • 3° Admettre (qqch.). *Reconnaître la valeur, la supériorité de qqn.* — *Je reconnais qu'il a fait ce qu'il a pu.* V. **Convenir** (de). — *Reconnaître une qualité à qqn,* considérer qu'il la possède. • 4° Admettre, après une recherche. V. **Découvrir.** *Reconnaître peu à peu les difficultés d'un sujet.* • 5° Effectuer une reconnaissance militaire dans (un lieu). *Reconnaître le terrain, les positions.* • 6° Admettre officiellement l'existence juridique de... *Reconnaître un gouvernement, la compétence d'un tribunal.* — *Reconnaître un enfant. Reconnaître une dette.* ★ **III.** SE RECONNAÎTRE. *v. pron.* • 1° *(Réfl.).* Retrouver son image, s'identifier. *Ne plus se reconnaître en se regardant dans une glace.* — *Se reconnaître dans, en qqn,* trouver de la ressemblance entre une personne et soi-même. • 2° *(Réfl.).* Reconnaître les lieux où l'on se trouve. V. **Retrouver** (se). *Ne plus se reconnaître quelque part.* — *Se reconnaître dans un raisonnement. Ne plus s'y reconnaître.* V. **Embrouiller** (s'). • 3° (Récipr.). *Ils ne se sont pas reconnus, après dix ans de séparation.* • 4° *(Passif).* Être reconnu ou reconnaissable. *L'homme du monde se reconnaît à ses manières.* ▼ **RECONNU, UE.** *adj.* Admis pour vrai. *C'est un fait reconnu,* certain, avéré.

RECONQUÉRIR [r(ə)kɔ̃kerir]. *v. tr.* (21) • 1° Reprendre par une conquête. — *Village conquis, perdu et reconquis.* • 2° Conquérir de nouveau par une lutte. *Reconquérir sa liberté.* ▼ **RECONQUÊTE.** *n. f.* Action de reconquérir.

RECONSIDÉRER [r(ə)kɔ̃sidere]. *v. tr.* (6) • Considérer de nouveau (une question, un projet). *Il faut reconsidérer le problème.*

RECONSTITUER [ʀ(ə)kɔ̃stitɥe]. *v. tr.* (1) • **1°** Constituer, former de nouveau. *Reconstituer une armée. Reconstituer sa fortune. Le parti s'est reconstitué.* • **2°** Rétablir dans sa forme, dans son état d'origine (en réalité ou par la pensée) une chose disparue. *Reconstituer fidèlement un quartier d'une ville détruite. Reconstituer les faits, après enquête.* • **3°** Rétablir dans son état antérieur et normal. *Reconstituer un organe.* V. **Régénérer.** ▼**RECONSTITUANT, ANTE.** *adj.* et *n. m.* Propre à reconstituer, à redonner des forces à l'organisme. *Aliment, régime reconstituant.* — N. m. *Un reconstituant.* V. **Tonique.** ▼ **RECONSTITUTION** [ʀ(ə)kɔ̃stitysjɔ̃]. *n. f.* Action de reconstituer, de se reconstituer. *Reconstitution historique* (dans un spectacle, etc.), évocation historique précise et fidèle. — *Reconstitution d'un crime, d'un accident.*

RECONSTRUIRE [ʀ(ə)kɔ̃stʀɥiʀ]. *v. tr.* (38). [p. p. *reconstruit.*] • **1°** Construire de nouveau. *Reconstruire une ville.* V. **Rebâtir.** • **2°** Réédifier, refaire. *Reconstruire sa fortune. Il veut reconstruire la société à son idée.* ▼ **RECONSTRUCTION.** *n. f.*

RECONVERSION [ʀ(ə)kɔ̃vɛʀsjɔ̃]. *n. f.* • **1°** *Reconversion économique, technique,* réadaptation à des conditions nouvelles (notamment quand on revient de l'économie de guerre à l'économie de paix). • **2°** Affectation (de qqn) à un nouvel emploi. ▼ **RECONVERTIR.** *v. tr.* (2). Procéder à la reconversion de.

RECOPIER [ʀ(ə)kɔpje]. *v. tr.* (7) • Copier un texte déjà écrit. V. **Transcrire.** *Recopier une adresse dans son carnet.*— Mettre au propre (un brouillon). *Recopier un devoir.* ▼ **RECOPIAGE.** *n. m.*

RECORD [ʀ(ə)kɔʀ]. *n. m.* • **1°** Exploit sportif qui dépasse ce qui a été fait avant dans le même genre. *Établir, détenir, améliorer, battre un record. Record d'Europe, du monde.* — *Battre tous les records,* l'emporter sur les autres. • **2°** *Par appos.* Jamais atteint. *Production record. Atteindre le chiffre record de...*

RECORS [ʀ(ə)kɔʀ]. *n. m.* • Autrefois, Personne qui aidait l'huissier à faire les saisies.

RECOUCHER [ʀ(ə)kuʃe]. *v. tr.* (1) • Coucher de nouveau. — *Se recoucher.*

RECOUDRE [ʀ(ə)kudʀ(ə)]. *v. tr.* (48) • Coudre (ce qui est décousu). *Recoudre un bouton.* — Coudre les lèvres d'une plaie, d'une incision. *Recoudre la peau du visage.*

1. RECOUPER [ʀ(ə)kupe]. *v. tr.* (1) • **1°** Couper de nouveau. — *Recouper un habit,* en modifier la coupe. • **2°** *Absolt.* Couper une seconde fois les cartes.

2. RECOUPER. *v. tr.* (1) • **1°** Coïncider en confirmant. *Votre témoignage recoupe le sien.* • **2°** Se recouper. *v. pron.* Coïncider en un ou plusieurs points. *Les détails provenant de ces deux sources se recoupent.* ▼ **RECOUPEMENT.** *n. m.* Rencontre de renseignements de sources différentes qui permettent d'établir un fait. *Faire un recoupement. C'est par recoupement que j'ai su cela.* V. **Vérification.**

RECOURBER [ʀ(ə)kuʀbe]. *v. tr.* (1) • Courber à son extrémité, rendre courbe. *Recourber une branche, une tige de métal.* — *Bec recourbé.* V. **Crochu.**

RECOURIR [ʀ(ə)kuʀiʀ]. *v. tr. ind.* (11) • Recourir à. • **1°** Demander une aide à (qqn). *Recourir à un ami. Recourir à une agence pour vendre un appartement.* V. **Adresser** (s'). • **2°** Mettre en œuvre (un moyen). *Il dut recourir à un mensonge. Recourir à la violence.*

RECOURS [ʀ(ə)kuʀ]. *n. m.* • **1°** Action de recourir à (qqn, qqch.). *Le recours à la violence.* — *Loc. verb.* Avoir recours à... : faire appel à. *Avoir recours à qqn.* V. **Adresser** (s'). *Il a eu recours à des moyens extrêmes.* • **2°** Ce à quoi on recourt, dernier moyen efficace. V. **Ressource.** *C'est notre dernier, notre suprême recours. C'est sans recours,* c'est irrémédiable. • **3°** Procédé destiné à obtenir d'une juridiction le nouvel examen d'une question. V. **Pourvoi.** *Recours en cassation.* — *Recours en grâce,* adressé au chef de l'État.

RECOUVRER [ʀ(ə)kuvʀe]. *v. tr.* (1) • **1°** *Littér.* Rentrer en possession de (qqch.). *Recouvrer son bien, son argent.* V. **Récupérer.** *Recouvrer la santé,* guérir. • **2°** Recevoir le paiement de (une somme due). V. **Encaisser.** ▼ **1. RECOUVREMENT.** *n. m.* Action de recouvrer des sommes dues. *Recouvrement d'une créance.*

RECOUVRIR [ʀ(ə)kuvʀiʀ]. *v. tr.* (18) ★ **I.** Couvrir de nouveau par une couverture, un revêtement. *Recouvrir un livre, un parapluie.* ★ **II.** • **1°** *(Suj. chose).* Couvrir entièrement. *La neige recouvre le sol.* • **2°** (Suj. personne). *Recouvrir un mur de papier peint.* V. **Tapisser.** *Recouvrir des sièges* (de tissu). • **3°** *(Suj. chose).* Cacher, masquer. *Sa désinvolture recouvre une grande timidité.* — S'appliquer à, correspondre à. *Concept qui recouvre deux idées différentes.* V. **Embrasser.** ▼ **2. RECOUVREMENT.** *n. m.* En technique, Partie qui recouvre. Action de recouvrir.

RECRACHER [ʀ(ə)kʀaʃe]. *v. tr.* (1) • Rejeter de la bouche ce qu'on y a mis. *Recracher un bonbon.*

RECRÉER [ʀ(ə)kʀee]. *v. tr.* (1) • Créer de nouveau. — Reconstruire mentalement (ce qui est donné par la réalité). ▼ **RECRÉATION.** *n. f.* Action de recréer. *Une recréation poétique.*

RÉCRÉER (SE) [ʀekʀee]. *v. pron.* (1) • *Littér.* Se délasser par une occupation agréable. V. **Amuser, distraire, divertir** (se). ▼ **RÉCRÉATIF, IVE.** *adj.* Qui a pour objet ou pour effet de divertir. *Séance récréative pour des enfants.* ▼ **RÉCRÉATION.** *n. f.* • **1°** Temps de liberté accordé aux élèves pour qu'ils puissent jouer, se délasser. *Aller, être en récréation. Cour de récréation.* Fam. *Pendant la récré.* • **2°** *Littér.* Distraction, divertissement.

RÉCRIER (SE) [ʀekʀije]. *v. pron.* (7) • *Littér.* S'exclamer sous l'effet d'une vive émotion. *Il se récria d'admiration.*

RÉCRIMINER [ʀekʀimine]. *v. intr.* (1) • *Récriminer contre* (qqn, qqch.), critiquer avec amertume et âpreté. V. **Protester.** ▼ **RÉCRIMINATION.** *n. f.* Protestation, réclamation vive. *Vos récriminations sont inutiles.*

RÉCRIRE [ʀekʀiʀ] ou **RÉÉCRIRE** [ʀeekʀiʀ]. *v. tr.* (39) • Écrire ou rédiger de nouveau. *Récrire une pièce.*

RECROQUEVILLER (SE) [ʀ(ə)kʀɔkvije]. *v. pron.* (1) • 1° Se rétracter, se recourber en se desséchant. V. **Racornir** (se), **ratatiner** (se). *Cuir qui se recroqueville à la chaleur.* • 2° *(Suj. personne).* Se replier, se ramasser sur soi-même. *Malade recroquevillé dans son lit.* • 3° Trans. *Le froid recroqueville les plantes.*

RECRU, UE [ʀ(ə)kʀy]. *adj.* • *Littér.* Fatigué jusqu'à l'épuisement. V. **Éreinté, fourbu.** (On dit surtout : *Être* RECRU DE FATIGUE.)

RECRUDESCENCE [ʀ(ə)kʀydesɑ̃s]. *n. f.* • 1° Aggravation (d'une maladie) après une amélioration. V. **Récidive.** *Recrudescence de fièvre. Recrudescence d'une épidémie,* augmentation du nombre des cas. • 2° Brusque réapparition, sous une forme plus violente. *Recrudescence des combats, d'un incendie.*

RECRUE [ʀ(ə)kʀy]. *n. f.* • 1° Soldat qui vient d'être recruté. V. **Conscrit.** *Les nouvelles recrues.* V. **Bleu.** • 2° Personne qui vient s'ajouter à un groupe. *Faire une nouvelle recrue* (dans un cercle, un parti...).

RECRUTER [ʀ(ə)kʀyte]. *v. tr.* (1) • 1° Engager (des hommes) pour former une troupe ; former (une troupe). *Soldats recrutés.* V. **Recrue.** *Recruter une armée.* — Amener (qqn) à faire partie d'un groupe. *Recruter des partisans, des collaborateurs.* • 2° SE RECRUTER. *v. pron.* Être recruté. *Membres qui se recrutent par élection. Se recruter dans, parmi...,* provenir de. *Se recruter dans tous les milieux.* ▼ **RECRUTEMENT.** *n. m.* Action de recruter (des soldats, etc.). *Bureau, service de recrutement.* ▼ **RECRUTEUR.** *n. m.* Celui qui est chargé de recruter. — Adj. *Agent recruteur.*

RECT(I)-. • Préfixe signifiant « droit ».

RECTA [ʀɛkta]. *adv.* • *Fam.* Ponctuellement, très exactement. *Payer recta.*

RECTANGLE [ʀɛktɑ̃gl(ə)]. *adj.* et *n. m.* • 1° Dont un angle au moins est droit. *Triangle rectangle.* • 2° N. m. (*Opposé à* carré). Figure à quatre angles droits dont les côtés sont égaux seulement deux à deux. ▼ **RECTANGULAIRE.** *adj.* Qui a la forme d'un rectangle. *Pièce rectangulaire.*

RECTEUR [ʀɛktœʀ]. *n. m.* • 1° Universitaire qui est à la tête d'une académie (V. **Rectorat**). • 2° Supérieur d'un collège religieux.

RECTIFIER [ʀɛktifje]. *v. tr.* (7) • 1° Rendre droit. *Rectifier un alignement.* • 2° Rendre conforme à sa destination. *Rectifier un tracé. Rectifier la position,* reprendre la position réglementaire (soldat). • 3° Rendre exact. V. **Corriger.** *Rectifier un calcul. Texte à rectifier.* — Loc. *Rectifier le tir,* changer sa façon d'agir pour mieux réussir. • 4° Faire disparaître en corrigeant. V. **Redresser.** *Rectifier une erreur. Ce que vous dites est faux, permettez-moi de rectifier.* ▼ **RECTIFIABLE.** *adj.* Qui peut être rectifié. ▼ **RECTIFICATIF, IVE.** *adj.* et *n. m.* Qui a pour objet de rectifier (une chose inexacte). *État, compte rectificatif.* — N. m. *Communiquer à la presse un rectificatif,* une note rectificative. ▼ **RECTIFICATION.** *n. f.* • 1° Action de rectifier. • 2° Correction. *Veuillez noter cette rectification.*

RECTILIGNE [ʀɛktiliɲ]. *adj.* • 1° Qui est ou se fait en ligne droite. *Allées rectilignes. Mouvement rectiligne.* • 2° Limité par des droites ou des segments de droite. *Figure rectiligne.*

RECTITUDE [ʀɛktityd]. *n. f.* • *Littér.* Qualité de ce qui est droit, rigoureux (intellectuellement et moralement). *Rectitude morale. Rectitude d'un raisonnement.* V. **Justesse.**

RECTO [ʀɛkto]. *n. m.* • Première page d'un feuillet (dont l'envers est appelé *verso*). V. **Endroit.** *Le début est au recto.* — *Recto verso,* au recto et au verso.

RECTORAT [ʀɛktɔʀa]. *n. m.* • Fonction, poste de recteur d'université.

RECTUM [ʀɛktɔm]. *n. m.* • En anatomie, Portion terminale du gros intestin, qui aboutit à l'anus.

1. REÇU, UE. V. RECEVOIR.

2. REÇU [ʀ(ə)sy]. *n. m.* • Écrit par lequel une personne reconnaît avoir reçu (qqch.) à titre de paiement, de prêt, etc. V. **Quittance, récépissé.** *Donner, remettre un reçu.*

RECUEIL [ʀ(ə)kœj]. *n. m.* • Ouvrage réunissant des écrits, des documents. *Recueil de poèmes, de morceaux choisis* (V. **Anthologie**). *Recueil de renseignements* (V. **Répertoire**).

RECUEILLIR [ʀ(ə)kœjiʀ]. *v. tr.* (12) ★ **I.** RECUEILLIR QQCH. • 1° Prendre en cueillant ou en ramassant, pour utiliser ultérieurement. *Les abeilles recueillent le pollen.* V. **Récolter.** *Recueillir le fruit de ses efforts.* • 2° Rassembler, réunir (des éléments dispersés). *Recueillir des fonds, des matériaux.* • 3° Faire entrer et séjourner dans un récipient. *Recueillir du sang pour le faire analyser.* • 4° Recevoir (comme information) pour conserver. V. **Enregistrer.** *Recueillir des renseignements, les dépositions de témoins.* • 5° Recevoir (par voie d'héritage, etc.). *Recueillir une bonne part des biens.* — Obtenir. *Recueillir des voix, des suffrages,* dans une élection. ★ **II.** RECUEILLIR QQN : offrir un refuge à (qqn dans le besoin, le malheur). *Recueillir un enfant de l'Assistance.* — *Recueillir des chats, des chiens.*

RECUEILLIR (SE). *v. pron.* (12) • 1° Concentrer sa pensée sur la vie spirituelle. — Au p. p. *Une âme recueillie. Visage recueilli.* • 2° S'isoler du monde extérieur pour mieux réfléchir, se concentrer. V. **Méditer.** *Avoir besoin de se recueillir.* ▼ **RECUEILLEMENT.** *n. m.* • 1° Action de se recueillir. V. **Méditation.** • 2° État de l'esprit qui s'isole du monde extérieur. *Écouter de la musique avec recueillement.*

RECUIRE [ʀ(ə)kɥiʀ]. *v. intr.* (38). [p. p. *recuit.*] • Subir une nouvelle cuisson. *Faire recuire un gigot trop saignant.*

RECUL [ʀ(ə)kyl]. *n. m.* • 1° (En parlant d'un mécanisme). *Recul d'un canon, d'une* *arme à feu*, mouvement vers l'arrière après le départ du coup. • 2° Action de reculer, mouvement ou pas en arrière. *Le recul d'une armée. Avoir un recul, un mouvement de recul. — (Abstrait)* Régression. *Un recul de la civilisation.* • 3° Position éloignée (dans l'espace ou dans le temps) permettant une appréciation meilleure. *On ne voit bien cela qu'avec le recul. — Avoir, prendre du recul*, s'éloigner par l'esprit d'une situation pour en juger plus objectivement. • 4° Espace libre, permettant (au tennis, au ping-pong) de reculer pour reprendre la balle. *Ce court n'a pas assez de recul.*

RECULER [ʀ(ə)kyle]. *v.* (1) ★ **I.** *V. intr.* • 1° Aller, faire mouvement en arrière. *Reculer d'un pas. Reculer d'horreur. — Voiture qui recule pour manœuvrer.* • 2° *(Choses).* Perdre du terrain. *L'épidémie a reculé.* • 3° Se dérober devant une difficulté ; revenir à une position plus sûre. V. **Renoncer.** *Il s'est trop avancé pour reculer. Plus moyen de reculer !* Loc. prov. *Reculer pour mieux sauter* (la difficulté devant être de toute façon affrontée). — RECULER DEVANT (qqch.) : craindre, fuir (un danger, une difficulté). *Il ne recule devant rien.* — Hésiter (à faire qqch.). *Il y a de quoi faire reculer les plus audacieux.* ★ **II.** *V. tr.* • 1° Porter en arrière. *Reculez un peu votre chaise.* — Pronom. *Elle se recula pour mieux voir.* — Reporter plus loin. *Reculer les frontières d'un pays.* V. **Repousser.** • 2° Reporter à plus tard. V. **Ajourner, différer.** *Reculer une décision, une échéance.* ‖ Contr. **Avancer.** ‖ ▼ **RECULADE.** n. f. *Péj.* Action de qqn qui recule, cède. V. **Dérobade.** *Honteuse, lâche reculade.* ▼ **RECULÉ, ÉE.** *adj.* • 1° Lointain et difficile d'accès. V. **Isolé.** *Village reculé.* • 2° Éloigné (temps). V. **Ancien.** *Les temps les plus reculés.* ▼ **RECULONS (À)** [aʀkylɔ̃]. *loc. adv.* En reculant, en allant en arrière. *S'éloigner à reculons. — Aller, marcher à reculons*, rétrograder.

RÉCUPÉRER [ʀekypeʀe]. *v. tr.* (6) ★ **I.** RÉCUPÉRER QQCH. • 1° Rentrer en possession de (ce qu'on avait perdu, dépensé). *Récupérer de l'argent, ses affaires, un livre prêté. — Récupérer ses forces.* Absolt. *Athlète qui récupère vite* (après un grand effort). • 2° Recueillir (ce qui serait perdu ou inutilisé). *Récupérer de la ferraille, du matériel.* • 3° *Récupérer des heures, des journées de travail*, les faire en remplacement de celles qui ont été perdues. • 4° Utiliser politiquement en faisant tourner à son profit (des initiatives prises par d'autres). ★ **II.** RÉCUPÉRER QQN : employer autrement qqn qui n'est plus en état de poursuivre son activité passée. *Récupérer et reclasser des accidentés.* — Pouvoir employer, utiliser de nouveau. *J'ai récupéré ma dactylo de l'an dernier.* ▼ **RÉCUPÉRABLE.** *adj.* Qui peut être récupéré. *Heures récupérables.* ▼ **RÉCUPÉRATION.** *n. f.* Action de récupérer (surtout au sens I, 2°).

RÉCURER [ʀekyʀe]. *v. tr.* (1) • Nettoyer en frottant. *Récurer des casseroles, un évier. Poudre à récurer.* ▼ **RÉCURAGE.** *n. m.*

RÉCUSER [ʀekyze]. *v. tr.* (1) • 1° Refuser d'accepter (qqn) comme juge, arbitre, témoin. *Récuser un témoin. Récuser la compétence d'un tribunal.* • 2° Repousser comme inexact. *Récuser un argument. Ce témoignage ne peut être récusé.* • 3° SE RÉCUSER. *v. pron.* Affirmer son incompétence sur une question. ▼ **RÉCUSABLE.** *adj.* En droit, Qu'on peut récuser. *Juré, témoignage récusable.* ▼ **RÉCUSATION.** *n. f.*

RECYCLAGE [ʀ(ə)siklaʒ]. *n. m.* • 1° Changement de l'orientation scolaire (d'un enfant) vers un autre cycle d'études. • 2° Formation complémentaire pour adapter qqn à de nouvelles fonctions ou de nouvelles connaissances. (On emploie aussi le verbe RECYCLER.)

RÉDACTION [ʀedaksjɔ̃]. *n. f.* • 1° Action ou manière de rédiger un texte. *La rédaction d'un article.* • 2° Ensemble des rédacteurs d'un journal, d'une œuvre collective ; locaux où ils travaillent. *Salle de rédaction.* • 3° Exercice scolaire élémentaire, pour apprendre aux élèves à rédiger. V. **Composition** (française). ▼ **RÉDACTEUR, TRICE.** *n.* Professionnel de la rédaction d'un texte (publicitaire, littéraire) ou d'articles de journaux (V. **Journaliste**). — *Rédacteur en chef*, directeur de la rédaction d'un journal. ▼ **RÉDACTIONNEL, ELLE.** *adj.* Relatif à la rédaction.

REDDITION [ʀedisjɔ̃ ; ʀeddisjɔ̃]. *n. f.* • Le fait de se rendre, de capituler. *La reddition d'une armée.*

REDEMANDER [ʀədmɑ̃de ; ʀdəmɑ̃de]. *v. tr.* (1) • 1° Demander de nouveau. *Redemander d'un plat à table.* • 2° Demander (ce qu'on a laissé, ce qu'on a prêté à qqn). *Je lui ai redemandé mon stylo.*

RÉDEMPTION [ʀedɑ̃psjɔ̃]. *n. f.* • Rachat du genre humain par le Christ. V. **Salut.** *Le mystère de la Rédemption.* — Le fait de racheter qqn, de se racheter (au sens religieux ou moral). ▼ **RÉDEMPTEUR, TRICE** [ʀedɑ̃ptœʀ, tʀis]. *n.* et *adj.* • 1° N. m. *Le Rédempteur*, le Christ considéré en tant qu'il a racheté le genre humain par sa mort. V. **Sauveur.** • 2° *Adj.* Qui rachète, au sens moral ou religieux. *Souffrance rédemptrice.*

REDESCENDRE [ʀ(ə)desɑ̃dʀ(ə)]. *v.* (41) ★ **I.** *V. intr.* Descendre de nouveau ou après être monté. *Attendez-moi, je redescends.* ★ **II.** V. tr. *Redescendre des bagages.* ▼ **REDESCENTE.** *n. f.*

REDEVABLE [ʀədvabl(ə) ; ʀdəvabl(ə)]. *adj.* • 1° Qui est ou qui demeure débiteur de qqn. *Être redevable d'une somme à un créancier.* • 2° *Être redevable de qqch. à qqn*, avoir une obligation envers lui. *Je vous suis redevable de cette faveur.*

REDEVANCE [ʀədvɑ̃s ; ʀdəvɑ̃s]. *n. f.* • 1° Somme qui doit être payée à échéances déterminées (à titre de rente, de dette). • 2° Taxe due en contrepartie de l'utilisation d'un service public, d'une concession, etc. V. **Impôt.** *Payer une redevance.*

REDEVENIR [ʀədvəniʀ ; ʀdəvniʀ]. *v. intr.* (22) • Devenir de nouveau, recommencer à être (ce qu'on était et qu'on a cessé d'être). *Redevenir étudiant après avoir exercé un métier.*

RÉDHIBITOIRE [ʀedibitwaʀ]. *adj.* • *Littér.* ou *didact.* Qui constitue un défaut, un empêchement absolu, radical. *Un vice rédhibitoire. C'est un cas rédhibitoire.*

RÉDIGER [ʀediʒe]. *v. tr.* (3) • Écrire (un texte) sous la forme définitive, selon la formule prescrite (V. **Rédacteur, rédaction**). *Rédiger un article de journal, une ordonnance. Une revue très bien rédigée.* — Absolt. *Il rédige bien.*

REDINGOTE [ʀ(ə)dɛ̃gɔt]. *n. f.* • **1°** Autrefois, Long vêtement d'homme, à basques. • **2°** Manteau de femme, ajusté à la taille.

REDIRE [ʀ(ə)diʀ]. *v. tr.* (37) ★ **I.** • **1°** Dire (qqch.) plusieurs fois. V. **Répéter.** *Il redit toujours la même chose.* V. **Rabâcher, ressasser.** • **2°** Dire (ce qu'un autre a déjà dit). V. **Répéter.** *Redites-le après moi. N'allez pas le lui redire !* V. **Rapporter.** ★ **II.** *Avoir, trouver, ...* À REDIRE À (trans. ind.) : avoir, trouver qqch. à blâmer, à critiquer dans... *Je ne vois rien à redire à cela. Trouver à redire à tout.*

REDISTRIBUER [ʀ(ə)distʀibɥe]. *v. tr.* (1) • Distribuer une seconde fois. — Répartir une seconde fois et autrement. ▼ **REDISTRIBUTION.** n. f. *La Sécurité sociale permet une redistribution du revenu social.*

REDITE [ʀ(ə)dit]. *n. f.* • Chose répétée inutilement (dans un texte, un discours). *Un texte plein de redites. Éviter les redites.*

REDONDANCE [ʀ(ə)dɔ̃dɑ̃s]. *n. f.* • **1°** Abondance excessive dans le discours (développements, redites). V. **Verbiage.** — Ces développements, répétitions. *Ce discours est plein de redondances.* • **2°** Le fait d'apporter une information déjà donnée sous une autre forme. ▼ **REDONDANT, ANTE.** *adj.* Qui présente des redondances (1°).

REDONNER [ʀ(ə)dɔne]. *v. tr.* (1) • **1°** Donner de nouveau (une même chose ou une chose semblable). *Redonner à qqn ce qu'on lui avait pris.* V. **Restituer.** • **2°** Rendre (une force) à une personne qui l'a perdue. *Redonner du courage, redonner confiance à qqn. — Médicament qui redonne des forces.*

REDOUBLER [ʀ(ə)duble]. *v.* (1) ★ **I.** *V. tr.* • **1°** Rendre double. V. **Doubler.** *Redoubler une syllabe.* • **2°** Recommencer. *Redoubler (une classe)*, y accomplir une nouvelle année de scolarité. • **3°** Renouveler en augmentant sensiblement. *Redoubler ses efforts.* ★ **II.** *V. tr. ind.* REDOUBLER DE... : apporter, montrer encore plus de... *Redoubler d'amabilité, d'efforts.* ★ **III.** *V. intr.* Recommencer de plus belle, augmenter de beaucoup. *La tempête redouble.* ▼ **REDOUBLANT, ANTE.** *n.* Élève qui redouble une classe. ▼ **REDOUBLÉ, ÉE.** *adj.* Répété deux fois. *Lettre redoublée. — Frapper à coups redoublés*, violents et précipités. ▼ **REDOUBLEMENT.** *n. m.* Action de redoubler. *Le redoublement d'une lettre. Un redoublement d'attention, d'efforts.*

REDOUTER [ʀ(ə)dute]. *v. tr.* (1) • **1°** Craindre beaucoup. *Redouter qqn. Il est très redouté de son personnel. Redouter le jugement de qqn.* • **2°** Appréhender. *Redouter l'avenir.* — REDOUTER DE... (et inf.), REDOUTER QUE... (et subj.). *Elle redoutait d'être surprise, qu'on la surprenne.* ▼ **REDOUTABLE.** *adj.* Qui est à redouter. *Adversaire redoutable.* V. **Dangereux.** *Une arme redoutable.*

REDRESSE (À LA) [alaʀdʀɛs]. *loc. adj.* • *Pop.* Qui se fait respecter par la force. *Un gars à la redresse*, un dur.

REDRESSER [ʀ(ə)dʀese]. *v. tr.* (1) • **1°** Remettre dans une position droite. *Redresser un poteau. Redresser la tête.* — Hausser le nez (d'un avion) à l'envol et à l'atterrissage. *Redresser l'appareil avant d'atterrir.* — Remettre les roues d'une voiture en ligne droite après un virage. *Braquer et redresser.* • **2°** Redonner une forme droite à. *Redresser une tôle tordue, déformée.* • **3°** Remettre droit ou corriger (qqch.). *Redresser la situation*, rattraper une situation compromise. • **4°** SE REDRESSER. *v. pron.* Se remettre droit, vertical, debout. V. **Relever** (se). — *L'économie du pays s'est redressée après la guerre*, a retrouvé son niveau normal. — Se tenir très droit. *Redresse-toi !* ▼ **REDRESSEMENT.** *n. m.* Action de redresser ou de se redresser. *Le redressement du pays, de l'économie.* — Loc. *Maison de redressement*, où étaient détenus les enfants délinquants (V. **Correction**). ▼ **REDRESSEUR.** *n. m.* et *adj.* • **1°** *N. m.* REDRESSEUR DE TORTS *(iron.)* : celui qui s'érige en justicier. • **2°** Adj. *Mécanisme redresseur*, qui redresse (1°).

RÉDUCTIBLE [ʀedyktibl(ə)]. *adj.* • **1°** Transformable en chose plus simple (V. **Réduire 1** [I, 2°]). *Fraction réductible.* • **2°** Qui peut être diminué. *Quantité réductible.*

RÉDUCTION. *n. f.* V. RÉDUIRE 1 et 2.

1. RÉDUIRE [ʀedɥiʀ]. *v. tr.* (38). [p. p. *réduit.*] ★ **I.** • **1°** RÉDUIRE (qqn) À, EN : amener à, dans (un état d'infériorité, de soumission). *Réduire des populations en esclavage, au désespoir. Sa maladie le réduit à l'inaction.* V. **Contraindre.** — *Réduire une résistance, l'opposition*, l'anéantir. — EN ÊTRE RÉDUIT À : être contraint, forcé. *Il en est réduit à mendier.* • **2°** RÉDUIRE (qqch.) À : ramener à ses éléments, à un état plus simple. V. **Réduction.** *Réduire des fractions au même dénominateur.* — Loc. *Réduit à sa plus simple expression*, simplifié à l'extrême. • **3°** RÉDUIRE (qqch.) EN... : *réduire en miettes, en morceaux, en pièces ; en bouillie, en poudre*, briser, broyer, pulvériser. • **4°** Faire épaissir par évaporation (un jus, une sauce). V. **Concentrer.** ★ **II.** Ramener à un nombre plus petit, rendre moins nombreux. V. **Diminuer, restreindre.** *Réduire le nombre de trains. Réduire ses frais. Réduire la vitesse.* — Diminuer la dimension. *Réduire un dessin, une photographie*, les reproduire en un format inférieur. — Écourter, abréger. *Réduire un texte.* ★ **III.** SE RÉDUIRE. *v. pron.* • **1°** SE RÉDUIRE À : consister seulement en..., se limiter à... *Ses économies se réduisent à peu de chose.* • **2°** SE RÉDUIRE EN : se transformer en (éléments très petits). *Se réduire en poudre, en cendres.* • **3°** (Personnes). *Se réduire*, restreindre ses dépenses. *Je vais être obligé de me réduire.* ▼ **1. RÉDUCTION.**

n. f. • 1° Le fait de résoudre, de réduire (une chose en une autre plus simple). *Réduction à des éléments simples.* V. **Analyse.** *Réduction de fractions au même dénominateur,* recherche du dénominateur commun le plus faible. • 2° Action de réduire en quantité. V. **Diminution.** *Réduction des dépenses. du personnel.* — *Absolt.* Diminution accordée sur un prix. V. **Rabais, remise, ristourne.** *Faire une réduction. Carte de réduction.* • 3° Reproduction à petite échelle. *Réduction d'une carte, d'une gravure.* V. **Maquette, miniature.** — *Loc. adv.* EN RÉDUCTION : en plus petit, en miniature. ▼ **1. RÉDUIT, ITE.** *adj.* • 1° De dimension restreinte. *Modèle réduit d'une voiture.* • 2° Pour lequel on a consenti une diminution, une réduction (2°). *Prix, tarif réduit.* • 3° Restreint (en nombre, en importance). *Aller à vitesse réduite.* V. **Faible.**

2. RÉDUIRE. *v. tr.* (38). [p. p. *réduit.*] • En médecine, Remettre en place (un os, un organe déplacé). *Réduire une fracture.* ▼ **2. RÉDUCTION.** n. f. *Réduction d'une fracture.*

2. RÉDUIT. *n. m.* • 1° Local exigu, généralement sombre et pauvre. *Vivre dans un réduit.* • 2° Recoin, enfoncement dans une pièce. *Réduit servant de placard.*

RÉÉCRIRE. V. RÉCRIRE.

RÉÉDITER [ʀeedite]. *v. tr.* (1) • 1° Donner une nouvelle édition de. *Rééditer un ouvrage épuisé.* • 2° *Fam.* Répéter. *Cette situation réédite celle de l'an dernier.* ▼ **RÉÉDITION.** *n. f.* Nouvelle édition. — Répétition (d'une situation).

RÉÉDUQUER [ʀeedyke]. *v. tr.* (1) • Refaire l'éducation de (une fonction lésée). *Rééduquer un mutilé, un paralysé* (en l'entraînant à certains mouvements). ▼ **RÉÉDUCATION.** n. f. *La rééducation des blessés, des handicapés.*

RÉEL, ELLE [ʀeɛl]. *adj.* et *n. m.* ★ **I.** *Adj.* • 1° Qui existe en fait. *Personnage réel.* || Contr. **Imaginaire, irréel.** || *Des difficultés réelles. Un fait réel et incontestable.* V. **Certain.** *Des avantages bien réels.* V. **Tangible.** • 2° Qui est bien conforme à sa définition. V. **Véritable, vrai.** || Contr. **Faux.** || *La valeur, la signification réelle* (d'un mot, d'une chose...). *Salaire réel* (comprenant les primes, suppléments, etc., et compte tenu des sommes retenues). • 3° *(Avant le nom).* Sensible, notable. *Éprouver un réel bien-être, un réel plaisir.* • 4° En mathématiques, *Nombres réels* (*opposé à* imaginaire). ★ **II.** *N. m.* Les faits réels, la vie réelle, ce qui est, existe réellement. V. **Réalité.** *Le réel et l'imaginaire.* ▼ **RÉELLEMENT.** *adv.* En fait, en réalité. V. **Effectivement, véritablement.** *Voir qqn tel qu'il est réellement. Réellement, je ne pense pas que...* V. **Vraiment.**

RÉÉLIRE [ʀeeliʀ]. *v. tr.* (43) • Élire de nouveau (qqn) à une fonction à laquelle il avait déjà été élu. *Réélire un député.* — *Président réélu.* ▼ **RÉÉLECTION.** *n. f.* ▼ **RÉÉLIGIBLE.** *adj.* Légalement apte à être réélu.

RÉEMPLOYER [ʀeɑ̃plwaje]. *v. tr.* (8) • Employer de nouveau. ▼ **RÉEMPLOI** ou **REMPLOI.** *n. m.* Le fait d'employer de nouveau (notamment de placer à nouveau des capitaux disponibles).

RÉENTENDRE [ʀeɑ̃tɑ̃dʀ(ə)]. *v. tr.* (41) • Entendre de nouveau.

RÉÉVALUER [ʀeevalɥe]. *v. tr.* (1) • Évaluer sur de nouvelles bases ▼ **RÉÉVALUATION.** *n. f.* Action de réévaluer (la valeur financière de qqch.).

RÉEXAMINER [ʀeɛgzamine]. *v. tr.* (1) • Procéder à un nouvel examen de. *Nous allons réexaminer la question.* V. **Reconsidérer.**

RÉEXPÉDIER [ʀeɛkspedje]. *v. tr.* (7) • Expédier à une nouvelle destination. — Renvoyer (une chose) d'où elle vient. *Réexpédier une lettre.* ▼ **RÉEXPÉDITION.** *n. f.*

REFAIRE [ʀ(ə)fɛʀ]. *v. tr.* (60) ★ **I.** • 1° Faire de nouveau (ce qu'on a déjà fait, ou ce qui a déjà été fait). V. **Recommencer.** *Refaire un travail. Refaire un pansement.* • 2° Faire tout autrement. *Ton éducation est à refaire. Refaire sa vie. Si c'était à refaire !* si je pouvais recommencer. • 3° Remettre en état. V. **Réparer, restaurer ; réfection.** *Donner des fauteuils à refaire. Refaire son maquillage.* — *Refaire ses forces, sa santé.* V. **Rétablir.** • 4° Fam. *Refaire qqn.* V. **Duper, rouler.** *Je suis refait !* ★ **II.** SE REFAIRE. *v. pron.* • 1° Réparer ses forces. V. **Récupérer.** — *(Au jeu)* Regagner ce qu'on a perdu. • 2° *(Négatif).* Se faire autre qu'on est, changer complètement. *Je suis comme ça, je ne peux pas me refaire. On ne se refait pas !*

RÉFECTION [ʀefɛksjɔ̃]. *n. f.* • Action de refaire (3°), de réparer, de remettre à neuf. *Réfection d'un mur, d'une route.*

RÉFECTOIRE [ʀefɛktwaʀ]. *n. m.* • Salle à manger réservée aux membres d'une communauté. *Réfectoire d'une école.*

RÉFÉRÉ [ʀefeʀe]. *n. m.* • En droit, Procédure rapide et simplifiée pour régler provisoirement une contestation. *Assigner, plaider en référé.* — Arrêt rendu selon cette procédure.

RÉFÉRENCE [ʀefeʀɑ̃s]. *n. f.* • 1° Action de se référer (à un texte, à une opinion, etc.). *Faire référence à un auteur. Ouvrages de référence,* auxquels on se réfère habituellement. • 2° UNE RÉFÉRENCE : indication par laquelle on renvoie. *Références au bas des pages,* notes donnant les passages des œuvres auxquelles on se réfère. *La référence d'une lettre, d'une facture.* • 3° *Loc.* PAR RÉFÉRENCE : par rapport. *Indemnité calculée par référence au traitement.* — En sciences, *Système* DE RÉFÉRENCE : système par rapport auquel on définit un point dans l'espace, une grandeur, etc. • 4° RÉFÉRENCES. *(n. f. pl.)* : attestation servant de garantie, fournie par qqn (qui cherche un emploi, propose une affaire, etc.). *Avoir de sérieuses références.* V. **Certificat.** • 5° Fait permettant de reconnaître la valeur de qqn. *Être loué par ce critique, ce n'est pas une référence !*

REFERENDUM ou **RÉFÉRENDUM** [ʀefeʀɛ̃dɔm]. *n. m.* • Vote de l'ensemble des citoyens pour approuver ou rejeter une mesure proposée par le pouvoir exécutif.

Des référendums. ▼ **RÉFÉRENDAIRE.** adj. *Un projet de loi référendaire.*

RÉFÉRER [ʀefeʀe]. *v.* (6) • 1° SE RÉFÉRER À (qqn, qqch.). *v. pron.* Recourir à, comme à une autorité. *Se référer à l'avis de qqn. Se référer à une définition, à un texte,* les prendre comme référence. — *(Suj. chose)* Se rapporter. • 2° *V. tr. ind.* EN RÉFÉRER À (qqn) : lui soumettre un cas pour qu'il décide. *En référer à son chef.*

REFERMER [ʀ(ə)fɛʀme]. *v. tr.* (1) • Fermer (ce qu'on avait ouvert ou ce qui s'était ouvert). *Refermer la porte ; un livre.* — SE REFERMER. v. pron. *Sa plaie se referme.*

REFILER [ʀ(ə)file]. *v. tr.* (1) • *Pop.* Remettre, donner (qqch. dont on veut se débarrasser). *On m'a refilé un faux billet.*

1. RÉFLÉCHI, IE [ʀefleʃi]. *adj.* • *Verbe pronominal réfléchi,* exprimant que l'action émanant du sujet fait retour à lui-même *(je me lave).* — *Pronom réfléchi,* pronom personnel représentant, en tant que complément, la personne qui est sujet du verbe (je *me* suis trouvé un appartement ; il ne pense qu'à *lui*).

2. RÉFLÉCHI, IE. *adj.* [V. **Réfléchir 2**]. • Qui a l'habitude de la réflexion, marque de la réflexion (2). *Un homme réfléchi.* V. **Pondéré, prudent, raisonnable.** *Action, décision réfléchie.* — Loc. *Tout bien réfléchi. C'est tout réfléchi,* pas besoin d'y réfléchir davantage.

1. RÉFLÉCHIR [ʀefleʃiʀ]. *v. tr.* (2) • Renvoyer par réflexion (1). *La Lune réfléchit une partie de la lumière qu'elle reçoit du Soleil. Glace qui réfléchit une image.* V. **Refléter ; réflecteur.** — *Image réfléchie.* ▼ **RÉFLÉCHISSANT, ANTE.** *adj.* Qui réfléchit (la lumière, une onde). *Surface réfléchissante.*

2. RÉFLÉCHIR. *v. intr.* (2) • 1° Faire usage de la réflexion (2). V. **Penser ; concentrer** (se), **méditer.** *Il rêvassait au lieu de réfléchir. Réfléchir avant de parler, d'agir* (V. **Réfléchi 2**). *Prendre le temps de réfléchir. Cela donne à réfléchir,* engage à la prudence. *Je réfléchirai, je demande à réfléchir,* je déciderai plus tard. • 2° *V. tr. ind.* RÉFLÉCHIR À QQCH. V. **Examiner, peser.** *Réfléchissez à ce que vous faites.* V. **Songer.** — *Réfléchir sur un sujet, une question,* délibérer à leur propos. • 3° *V. tr.* RÉFLÉCHIR QUE... : s'aviser, juger après réflexion. *Je n'ai pas réfléchi que je ne pourrais pas venir.*

RÉFLECTEUR [ʀeflɛktœʀ]. *n. m.* • Appareil destiné à réfléchir (les ondes lumineuses, calorifiques) au moyen de miroirs, de surfaces prismatiques.

REFLET [ʀ(ə)flɛ]. *n. m.* • 1° Lumière atténuée réfléchie par un corps. *Reflets métalliques. Cheveux à reflets roux.* — *Des reflets d'incendie,* provenant d'un incendie. • 2° Image réfléchie. *Reflet d'un visage dans la vitre.* • 3° (Abstrait). *Littér.* Éclat qui rejaillit. *Sa beauté est le reflet de son âme.* — Image, représentation affaiblie (d'une pensée, d'une personnalité...).

REFLÉTER [ʀ(ə)flete]. *v. tr.* (6) • 1° Réfléchir (un corps) en produisant des reflets. *Ce miroir reflète les objets. Flaque d'eau où se reflète le ciel.* • 2° Être, présenter une image de. V. **Traduire.** *Mes paroles ne reflètent pas mes sentiments. Son visage ne reflète rien.* V. **Exprimer.** *Les écrits où se reflète la nature de son esprit.*

REFLEURIR [ʀ(ə)flœʀiʀ]. *v. intr.* (2) • Fleurir de nouveau. *Le rosier a refleuri.* — *Abstrait* (Littér.). *Une amitié qui refleurit.*

REFLEX [ʀeflɛks]. *adj.* et *n. m. invar.* • *Visée reflex,* en photographie, fournissant à l'œil l'image même qui va être enregistrée sur la pellicule. *Appareil reflex,* utilisant cette visée. — N. m. *Un reflex,* appareil reflex.

RÉFLEXE [ʀeflɛks(ə)]. *n. m.* • 1° Réaction automatique et involontaire d'un organisme vivant à une excitation. *Réflexe rotulien.* — *Réflexe conditionné,* réflexe provoqué, en l'absence de l'excitation normale, par une autre excitation qui lui a été associée (chien qui salive quand il entend un son que l'on a associé à la présentation de viande). — Adj. *Acte, mouvement réflexe.* • 2° Réaction spontanée à une situation nouvelle. *Avoir de bons réflexes en conduisant. Il a manqué de réflexe quand on lui a fait cette remarque.*

1. RÉFLEXION [ʀeflɛksjɔ̃]. *n. f.* • Changement de direction des ondes (lumineuses, sonores, etc.) qui rencontrent un corps interposé. *Réflexion de la lumière par un miroir. Réflexion et réfraction. Réflexion des ondes sonores.* V. **Écho.**

2. RÉFLEXION. *n. f.* • 1° Retour de la pensée sur elle-même en vue d'examiner plus à fond une idée, une situation, un problème. V. **Délibération, méditation.** *S'absorber dans ses réflexions. Avoir, donner matière à réflexion. J'en étais là de mes réflexions quand...* — *Loc.* RÉFLEXION FAITE : après y avoir réfléchi. *Réflexion faite, je ne partirai pas aujourd'hui.* À LA RÉFLEXION : quand on y réfléchit bien, tout compte fait. • 2° LA RÉFLEXION : la capacité de réfléchir. V. **Discernement, intelligence.** *Affaire menée avec réflexion.* • 3° UNE, DES RÉFLEXION(s) : pensée exprimée d'une personne qui a réfléchi. *Recueil de réflexions.* V. **Maxime, pensée.** *Cela m'amène à certaines réflexions.* V. **Remarque.** — Remarque adressée à qqn et qui le concerne personnellement. *Une réflexion désobligeante.*

REFLUER [ʀ(ə)flye]. *v. intr.* (1) • Se mettre à couler en sens contraire. *L'eau reflue à marée basse.* V. **Retirer** (se) ; **reflux.** ‖ Contr. **Affluer.** ‖ *Il lui sembla que son sang refluait vers le cœur.* — (D'un flot de personnes) *La foule refluait lentement. Faire refluer,* faire reculer. V. **Refouler.** ▼ **REFLUX** [ʀəfly]. *n. m.* • 1° Mouvement des eaux qui refluent. *Le flux et le reflux de la mer.* • 2° *Période de reflux,* de recul (pour un mouvement, une action collective...).

REFONDRE [ʀ(ə)fɔ̃dʀ(ə)]. *v. tr.* (41) • Refaire (un ouvrage) en fondant des parties les unes avec les autres, en donnant une meilleure forme. *Refondre un texte,* le remanier complètement. ▼ **REFONTE.** n. f. *La refonte d'un ouvrage.*

1. RÉFORME [ʀefɔʀm(ə)]. *n. f.* • 1° Modification pour améliorer (dans le domaine moral, social...). *Réformes sociales, politiques... La réforme de l'orthographe. Faire,* *envisager des réformes.* V. **Amélioration.** — Changement progressif (*opposé à* révolution). • 2° LA RÉFORME : mouvement religieux du XVIe s., qui fonda le protestantisme. ▼ **REFORMÉ, ÉE.** *adj.* Issu de la Réforme (2°). *Religion réformée.* V. **Protestant.**

2. RÉFORME. V. RÉFORMER 2.

REFORMER [ʀ(ə)fɔʀme]. *v. tr.* (1) • Former de nouveau, refaire (ce qui était défait). *Le parti se reforme.* V. **Reconstituer.**

1. RÉFORMER [ʀefɔʀme]. *v. tr.* (1) • 1° Rétablir dans sa forme primitive (une règle, une discipline qui s'est corrompue). • 2° *Littér.* Corriger, ramener (qqn) à la vertu. • 3° Changer en mieux (une institution). V. **Amélioration ; réforme 1.** *Réformer la constitution.* • 4° Supprimer pour améliorer. *Réformer les abus.* ▼ **RÉFORMABLE.** *adj.* Qui peut ou doit être réformé. ▼ **RÉFORMATEUR, TRICE.** *n.* et *adj.* • 1° *N.* Personne qui réforme ou veut réformer. *Réformateur des mœurs, d'une société.* — Fondateur d'une Église réformée. *Luther et les autres réformateurs.* • 2° *Adj.* Qui réforme. *Des mesures réformatrices.* ▼ **RÉFORMISME.** *n. m.* Doctrine politique de ceux qui préconisent des réformes plutôt qu'une transformation radicale des structures. ▼ **RÉFORMISTE.** n. (*Opposé à* révolutionnaire). — Adj. *Socialisme réformiste.*

2. RÉFORMER. *v. tr.* (1) • Libérer des obligations militaires pour inaptitude. — *Soldat réformé,* et subst. *Un réformé.* ▼ **2. RÉFORME.** *n. f.* Position du militaire réformé. *Conseil de réforme. Réforme temporaire, définitive.*

REFOULER [ʀ(ə)fule]. *v. tr.* (1) • 1° Faire reculer, refluer (des personnes). *Refouler des envahisseurs.* V. **Chasser, repousser.** • 2° Faire rentrer en soi (ce qui veut s'extérioriser, s'exprimer). V. **Réprimer, retenir.** *Refouler ses larmes. Colère refoulée.* — Rejeter, éliminer inconsciemment (un désir, une idée). || Contr. **Défouler.** || *Refouler son agressivité.* ▼ **REFOULÉ, ÉE.** adj. *Fam.* Se dit d'une personne qui a refoulé ses instincts (notamment sexuels). *Un vieux garçon refoulé.* — Subst. *Un, une refoulé(e).* ▼ **REFOULEMENT.** *n. m.* • 1° Action de refouler (des personnes). • 2° Action de refuser l'accès de la conscience (à des désirs que l'on ne peut ou ne veut pas satisfaire). || Contr. **Défoulement.** ||

RÉFRACTAIRE [ʀefʀaktɛʀ]. *adj.* ★ **I.** • 1° RÉFRACTAIRE À : qui résiste à, refuse d'obéir (à un ordre, une autorité...). — Subst. *Des réfractaires.* V. **Rebelle.** — Qui résiste, est insensible à. *Être réfractaire aux influences.* • 2° *Prêtre réfractaire,* qui avait refusé de prêter serment à la constitution civile du clergé (en 1790). ★ **II.** *(Choses).* Qui résiste à de très hautes températures. *Brique réfractaire.*

RÉFRACTION [ʀefʀaksjɔ̃]. *n. f.* • Déviation d'un rayon lumineux ou d'une onde électromagnétique qui franchit la surface de séparation de deux milieux où la vitesse de propagation est différente (V. **Réfringent**). *Réfraction et réflexion. Angle de réfraction,* que forme le rayon réfracté avec la normale à la surface de séparation. *L'arc-en-ciel est dû à la réfraction.* ▼ **RÉFRACTER** [ʀefʀakte]. *v. tr.* (1). Faire dévier (un rayon) par réfraction.

REFRAIN [ʀ(ə)fʀɛ̃]. *n. m.* • 1° Suite de mots ou de phrases répétés à la fin de chaque couplet d'une chanson. *Reprendre le refrain en chœur.* • 2° Paroles, idées qui reviennent sans cesse. V. **Rengaine.** *Avec lui, c'est toujours le même refrain.* V. **Chanson.** *Changez de refrain !* parlez d'autre chose !

REFRÉNER [ʀ(ə)fʀene ou ʀefʀene]. *v. tr.* (6) • Réprimer par une contrainte ; mettre un frein à. V. **Freiner.** *Refréner son impatience, son envie.* (On écrit parfois *Réfréner,* cette prononciation étant plus courante.)

RÉFRIGÉRER [ʀefʀiʒeʀe]. *v. tr.* (6) • 1° Refroidir artificiellement. V. **Congeler, frigorifier.** — Fam. *Il est complètement réfrigéré,* gelé. • 2° Fam. *(Abstrait).* Refroidir, glacer (qqn). ▼ **RÉFRIGÉRANT, ANTE.** *adj.* • 1° Qui sert à produire du froid. *Mélange réfrigérant.* • 2° Fam. *(Personnes, comportements).* Qui refroidit, glace. V. **Glacial.** *Un accueil, un air réfrigérant.* ▼ **RÉFRIGÉRATEUR.** *n. m.* Appareil muni d'un organe producteur de froid et destiné à conserver certaines denrées. (Syn. *Frigidaire,* nom de marque.) *Dégivrer un réfrigérateur.* ▼ **RÉFRIGÉRATION.** *n. f.* Abaissement de la température par un moyen artificiel. V. **Congélation.** *Appareils de réfrigération,* glacières, réfrigérateurs.

RÉFRINGENT, ENTE [ʀefʀɛ̃ʒɑ̃, ɑ̃t]. *adj.* • Qui produit la réfraction. *La cornée est un milieu réfringent.*

REFROIDIR [ʀ(ə)fʀwadiʀ]. *v.* (2) ★ **I.** *V. tr.* • 1° Rendre plus froid ou moins chaud ; faire baisser la température de (qqch.). || Contr. **Réchauffer.** || • 2° SE REFROIDIR. *v. pron.* Devenir plus froid. *Le temps se refroidit.* || Contr. **Réchauffer** (se). || — *(Personnes)* Prendre froid. *N'attends pas dehors, tu vas te refroidir* (V. **Refroidissement**). • 3° *Refroidir qqn,* diminuer son ardeur. *Son accueil nous a refroidis.* V. **Glacer ; réfrigérant.** *Refroidir l'enthousiasme, le zèle de qqn.* — Pronom. *Son zèle s'est bien refroidi.* ★ **II.** *V. intr.* Devenir plus froid, moins chaud. *Eau chaude qui refroidit. Faire refroidir un plat.* — Fam. *Laisser refroidir qqch.,* ne pas s'en occuper. ▼ **REFROIDISSEMENT.** *n. m.* • 1° Abaissement de la température. *Refroidissement de l'air.* || Contr. **Réchauffement.** || • 2° Malaise causé par un abaissement de la température. V. **Grippe, rhume.** *Prendre un refroidissement.* • 3° Diminution (des sentiments). *Refroidissement de l'amitié.*

REFUGE [ʀ(ə)fyʒ]. *n. m.* • 1° Lieu où l'on se retire pour échapper à un danger, se mettre en sûreté. V. **Abri, asile.** *Chercher refuge. Demander refuge à qqn.* • 2° Lieu où se rassemblent des personnes qui ne peuvent ou ne veulent pas aller ailleurs. *Son salon était le refuge de l'aristocratie.* • 3° Emplacement au milieu de la chaussée qui permet aux piétons de s'abriter des voitures. • 4° Abri de haute montagne dans lequel les alpinistes peuvent passer la nuit.

RÉFUGIER (SE) [ʀefyʒje]. *v. pron.* (7) • Se retirer (en un lieu) pour s'y mettre à l'abri (V. **Refuge**). *Se réfugier à l'étranger. Surpris par la pluie, je me suis réfugié sous un arbre. L'enfant court se réfugier dans les bras de sa mère.* V. **Blottir** (se). — (Abstrait) *Se réfugier dans l'indifférence, dans le travail...* (pour oublier, etc.). ▼ **RÉFUGIÉ, ÉE.** *adj.* et *n.* Se dit d'une personne qui a dû fuir son pays afin d'échapper à un danger (guerre, persécutions, etc.). — N. *Des réfugiés politiques. Aide aux réfugiés.*

REFUS [ʀ(ə)fy]. *n. m.* • L'action, le fait de refuser. || Contr. **Acceptation.** || *Le refus des louanges. Refus d'obéir, d'obéissance. — Opposer un refus à qqn. Se heurter à un refus.* — Loc. fam. *Ce n'est pas de refus*, j'accepte volontiers.

REFUSER [ʀ(ə)fyze]. *v. tr.* (1) ★ **I.** *V. tr.* • **1°** Ne pas accorder (ce qui est demandé). *Refuser une permission à un soldat, une augmentation à un ouvrier.* • **2°** Ne pas vouloir reconnaître (une qualité) à qqn. V. **Contester.** *On ne peut lui refuser certains dons.* • **3°** REFUSER DE... (et inf.) : ne pas consentir à (faire qqch.). *Refuser d'obéir. Elle refuse de reconnaître ses torts. — Il refusera sûrement* (de faire ce qui est demandé). V. **Opposer** (s'). • **4°** Ne pas accepter (ce qui est offert). *Refuser un cadeau, une invitation. — Refuser le combat*, ne pas l'accepter. • **5°** Ne pas accepter (ce qui semble défectueux ou insuffisant). *Refuser une marchandise. L'éditeur refuse ce manuscrit.* • **6°** *(Personnes).* Ne pas laisser entrer. *La pièce marche bien, on refuse du monde.* — Ne pas recevoir à un examen. *Refuser un candidat.* V. **Coller, recaler** *(fam.). Il est refusé.* ★ **II.** SE REFUSER. *v. pron.* • **1°** (Passif). *Ça ne se refuse pas*, ce n'est pas une chose qu'on refuse. — *(Réfl.)* Refuser à soi-même. *Il ne se refuse rien.* V. **Priver** (se). • **2°** SE REFUSER À... : ne pas consentir à (faire qqch.), à admettre... *Je me refuse à envisager cette solution.*

RÉFUTER [ʀefyte]. *v. tr.* (1) • Repousser (un raisonnement) en prouvant sa fausseté. || Contr. **Approuver.** || *Réfuter une théorie, des objections. — Réfuter un auteur.* ▼ **RÉFUTATION.** *n. f.* Action de réfuter, raisonnement par lequel on réfute. *La réfutation d'un argument.* || Contr. **Approbation.** ||

REGAGNER [ʀ(ə)gaɲe]. *v. tr.* (1) ★ **I.** Reprendre, retrouver (ce qu'on avait perdu : argent, temps, terrain...). ★ **II.** Revenir, retourner à un endroit. *Regagner sa place.*

1. REGAIN [ʀ(ə)gɛ̃]. *n. m.* • Herbe qui repousse dans une prairie après la première coupe.

2. REGAIN. *n. m.* • *Regain de...*, retour de ce qui était compromis, avait disparu). *Regain de vie, d'activité... Un regain de tendresse.*

RÉGAL [ʀegal]. *n. m.* • **1°** Nourriture délicieuse. *Ce rôti est un vrai régal.* V. **Délice.** *Des régals.* • **2°** *Fam.* Ce qui cause un grand plaisir. *Un régal pour les yeux.*

RÉGALADE (À LA) [alaʀegalad]. *loc. adv.* *Boire* À LA RÉGALADE : en renversant la tête en arrière et en faisant couler le liquide dans la bouche sans que le récipient touche les lèvres.

RÉGALER [ʀegale]. *v. tr.* (1) • **1°** Offrir un bon repas, un bon plat à (qqn). *Elle les a régalés d'un gâteau.* — Absolt. *Fam.* Payer à boire ou à manger. *C'est moi qui régale.* • **2°** (Plus courant). SE RÉGALER. *v. pron.* Manger ce qu'on aime. *Je me régale ! —* Se donner, éprouver un grand plaisir. *Quand j'entends cet air, je me régale.*

REGARD [ʀ(ə)gaʀ]. *n. m.* • **1°** Action de regarder ; expression des yeux de celui qui regarde. *Parcourir, fouiller, suivre... du regard*, examiner, explorer. *Dérober, soustraire aux regards*, cacher. — LE REGARD (DE QQN). *Son regard se posa sur moi.* — L'expression habituelle des yeux. *Regard doux, dur. Gaieté du regard.* — UN REGARD : un coup d'œil. *Un regard rapide, furtif, en coin. — Lancer, jeter un regard sur qqch. Tourner ses regards vers qqch. — Un regard étonné, inquiet. Un regard noir*, furieux. • **2°** *Avoir droit de regard sur...*, avoir le droit de surveiller, de contrôler. • **3°** *(Loc. prép.).* AU REGARD DE : en ce qui concerne, par rapport à. *Au regard de la loi, de la morale.* — EN REGARD DE : comparativement à... *Ce qu'il a vu n'est rien en regard du reste. — (Loc. adv.)* EN REGARD : en face, vis-à-vis. *Texte latin avec la traduction en regard.*

REGARDANT, ANTE. *adj.* • Qui regarde (II) à la dépense ; qui est très économe.

REGARDER [ʀ(ə)gaʀde]. *v. tr.* (1) ★ **I.** *V. tr. dir.* • **1°** Faire en sorte de voir, s'appliquer à voir (qqn, qqch.). V. **Examiner, observer.** *Regarder sa montre*, regarder l'heure. *Regarder par la fenêtre. J'ai regardé partout.* V. **Chercher.** *Regarder qqn avec attention, insistance* (V. **Dévisager**). *Regarder du coin de l'œil, à la dérobée, par en dessous.* V. **Lorgner.** *Regarder qqn de travers*, avec hostilité. • **2°** Loc. fam. *Regardez voir !* (regardez pour voir). — *Regardez-moi ça ! regardez-moi ce travail !* constatez, jugez vous-même. — *Vous ne m'avez pas regardé !* ne comptez pas sur moi. • **3°** REGARDER (et inf.). *Regardez-moi faire. Il regardait la pluie tomber, tomber la pluie.* • **4°** Envisager (de telle ou telle façon). *Regarder le danger en face*, l'affronter fermement. *Regarder la vie par ses bons côtés.* — Considérer. *Il ne regarde que son intérêt.* V. **Rechercher.** — *Regarder* (qqn, qqch.) *comme...* V. **Juger, tenir** (pour). • **5°** *(Suj. chose).* Avoir rapport à. V. **Concerner.** *Cela ne vous regarde pas*, ce n'est pas votre affaire. *Mêlez-vous de ce qui vous regarde !* ★ **II.** *V. tr. ind.* REGARDER À qqch. : considérer attentivement, tenir compte de... *Ne regardez pas à la dépense. Y regarder de près, y regarder à deux fois*, avant de juger, de se décider. ★ **III.** SE REGARDER. *v. pron.* • **1°** (Réfl.). *Se regarder dans une glace.* — Loc. *Il ne s'est pas regardé !* Il a justement les défauts qu'il reproche aux autres. • **2°** (Récipr.). *Ils ne peuvent pas se regarder sans rire.*

RÉGATES [ʀegat]. *n. f. pl.* • Course de bateaux, à la voile ou à l'aviron.

RÉGENCE [ʀeʒɑ̃s]. *n. f.* • **1°** Gouvernement d'une monarchie par un régent.

Exercer la régence pendant la minorité du roi. — *La Régence* (du duc d'Orléans, 1715-1723). *Les mœurs de la Régence.* • 2° *Appos.* Qui appartient à l'époque de la Régence ou en rappelle le style souple et gracieux. *Lit Régence.* • 3° *Adj.* Qui a des manières élégantes rappelant celles de l'Ancien Régime. *Il est très régence.*

RÉGÉNÉRER [ʀeʒeneʀe]. *v. tr.* (6) • Renouveler en redonnant les qualités perdues. ▼ **RÉGÉNÉRATEUR, TRICE.** adj. *Littér.* Qui régénère. ▼ **RÉGÉNÉRATION.** *n. f.*

RÉGENT, ENTE [ʀeʒɑ̃, ɑ̃t]. *n.* • 1° Personne qui assume la régence pendant la minorité ou l'absence du souverain. — Adj. *Le prince régent. Le Régent.* • 2° Personne qui régit, administre. *Le régent de la Banque de France.*

RÉGENTER [ʀeʒɑ̃te]. *v. tr.* (1) • Diriger avec une autorité excessive ou injustifiée. *Il veut tout régenter.*

RÉGICIDE [ʀeʒisid]. *n.* et *adj.* • 1° *N. m.* et *f.* Assassin d'un roi. — Adj. *Les révolutions régicides.* • 2° Meurtre (ou condamnation à mort) d'un roi. *Commettre un régicide.*

RÉGIE [ʀeʒi]. *n. f.* • 1° Entreprise gérée par les fonctionnaires d'une collectivité publique. *Régie française des tabacs; cigarettes de la Régie.* — Nom d'entreprises nationalisées. *Régie autonome des Transports parisiens* (R.A.T.P.). *La régie Renault.* • 2° Administration chargée de l'organisation matérielle d'un spectacle. *Adressez-vous à la régie.* V. **Régisseur.**

REGIMBER [ʀ(ə)ʒɛ̃be]. *v. intr.* (1) • Résister en refusant. *Inutile de regimber.*

1. RÉGIME [ʀeʒim]. *n. m.* • 1° Organisation politique, économique, sociale d'un État. *L'Ancien Régime,* celui de la monarchie avant 1789. *Changement de régime. Régime constitutionnel, parlementaire, présidentiel. Régime libéral; totalitaire. Régime féodal, capitaliste, socialiste. Régime économique libéral.* • 2° Ensemble de dispositions qui organisent une institution; cette organisation. *Régime dotal* (du mariage). *Régime fiscal, douanier.*

2. RÉGIME. *n. m.* • 1° Conduite à suivre en matière d'hygiène, de nourriture. *Le régime d'entraînement d'un sportif.* — *À ce régime, il ne tiendra pas longtemps.* • 2° Alimentation raisonnée. *Elle suit un régime pour maigrir. Se mettre au régime.* — *Régime sec,* sans alcool.

3. RÉGIME. *n. m.* • 1° En sciences, Se dit de la manière dont se produisent certains mouvements, certains phénomènes (météorologiques, hydrographiques...). *Régimes d'écoulement d'un fluide. Le régime d'un fleuve.* • 2° *(D'un moteur).* Nombre de tours en un temps donné. V. **Marche.** *Régime normal. Lancer le moteur à plein régime.* Loc. *À plein régime,* à pleine force.

4. RÉGIME. *n. m.* • Réunion en grappe (des bananes, des dattes). *Faire mûrir un régime de bananes.*

RÉGIMENT [ʀeʒimɑ̃]. *n. m.* • 1° Corps de troupe placé sous la direction d'un colonel. *Régiment d'infanterie, de chars.* — Fam. *Le régiment,* l'armée. *Partir pour le régiment. Aller au régiment,* être incorporé. • 2° Grand nombre (de personnes, de choses). V. **Quantité**; et *fam.* **Bataillon, ribambelle.** *Un régiment de gosses pleurnichards.* — *Il y en a pour un régiment,* pour beaucoup de gens.

RÉGION [ʀeʒjɔ̃]. *n. f.* • 1° Territoire qui se distingue des territoires voisins par des caractères particuliers. V. **Contrée, province.** *Région désertique. Région à forte population.* — *Dans nos régions,* nos climats, nos pays. — Unité territoriale administrative groupant plusieurs départements (en France). *Régions militaires, économiques.* • 2° Étendue de pays autour d'une ville. *Aller en vacances dans telle région.* • 3° *(Abstrait).* Domaine, sphère (de la pensée, la science...). • 4° Zone déterminée (d'un organisme, d'un organe). *Douleurs dans la région du cœur.* ▼ **RÉGIONAL, ALE, AUX.** *adj.* et *n. m.* • 1° Relatif à une région, une province. *Les parlers régionaux. Coutumes régionales* (V. **Folklore**). *Réseau express régional* (du métro, autour de Paris). • 2° Qui groupe plusieurs nations voisines (*opposé à* mondial). *Les accords régionaux de l'Europe des six.* • 3° N. m. *Le régional,* réseau téléphonique desservant les alentours d'un grand centre. ▼ **RÉGIONALISATION.** *n. f.* Réforme administrative allant dans le sens du régionalisme. V. **Décentralisation.** ▼ **RÉGIONALISME.** *n. m.* Tendance à favoriser les traits particuliers d'une région; à donner aux régions, aux provinces, une certaine autonomie. ▼ **RÉGIONALISTE.** *adj.* et *n.* Partisan du régionalisme. — *Écrivain régionaliste,* dont les œuvres concernent une région en tant que telle.

RÉGIR [ʀeʒiʀ]. *v. tr.* (2) • Déterminer (en parlant d'une loi, d'une règle). *Les lois qui régissent le mouvement des astres. Sociétés régies par des règles strictes.*

RÉGISSEUR [ʀeʒisœʀ]. *n. m.* • 1° Celui qui administre, qui gère (une propriété). V. **Intendant.** • 2° *Régisseur d'un théâtre,* celui qui organise matériellement les représentations.

1. REGISTRE [ʀəʒistʀ(ə)]. *n. m.* • Gro cahier sur lequel on note des faits, des noms des chiffres dont on veut garder le souvenir V. **Livre, répertoire.** *Inscrire sur, dans u registre.* V. **Enregistrer.** *Tenir un registre.* — *Registre du commerce,* où doivent s'inscrir les commerçants. *Registres publics d'éta civil* (naissances, mariages).

2. REGISTRE. *n. m.* • 1° Chacun de étages de la voix d'un chanteur, quant la hauteur des sons. *Le registre aigu, hau moyen, grave.* — Étendue totale (de la voix de l'échelle musicale). • 2° Caractères pa ticuliers (d'une œuvre, du discours). V. **To** *Ceci est écrit dans un tout autre registr*

RÉGLABLE [ʀeglabl(ə)]. *adj.* • Qu'o peut régler. *Sièges réglables d'une voitur*

RÉGLAGE [ʀeglaʒ]. *n. m.* • Opératio qui consiste à régler (un appareil, un méc nisme). *Réglage d'une machine. Réglage c tir.* — Manière dont un appareil, un méc nisme est réglé. *Mauvais réglage du ca burateur.*

1. RÈGLE [ʀɛgl(ə)]. *n. f.* • Instrument allongé qui sert à tirer des traits, mesurer une longueur, etc. *Tracer des lignes à la règle.* — *Règle à calcul*, permettant d'effectuer rapidement certaines opérations.

2. RÈGLE. *n. f.* • 1° Ce qui est imposé ou adopté comme ligne directrice de conduite ; formule qui indique ce qui doit être fait dans un cas déterminé. V. **Loi, principe.** *Ensemble de règles.* V. **Règlement, réglementation.** *Adopter une règle de conduite.* V. **Ligne.** *J'ai pour règle de...*, pour principe. *Les règles de la politesse, de la bienséance. Règles de grammaire.* — Loc. *La règle, les règles du jeu*, celles en usage dans une certaine situation, une certaine activité. — *Établir, prescrire une règle. Observer la règle.* • 2° Loc. *Selon les règles, dans les règles de l'art*, comme il se doit. — *En règle générale*, dans la majorité des cas. V. **Généralement.** *C'est la règle*, c'est ainsi (que les choses se passent). — DE RÈGLE : conforme à l'usage, aux convenances. *Il est de règle qu'on fasse cela.* — *Loc. adj.* EN RÈGLE : conforme aux règles, aux usages. *Une bataille en règle. Faire une cour en règle à une femme.* — Établi, exécuté conformément aux prescriptions légales. *Quittances en règle. Être, se mettre en règle avec...*, dans la situation requise par le règlement. • 3° Ensemble des préceptes disciplinaires auxquels est soumis un ordre religieux (V. **Régulier**). ▼ **RÉGLÉ, ÉE.** *adj.* Soumis à des règles. *Une vie réglée.* V. **Organisé.** — *Fam.* (jeu de mots avec *Régler* 1) *C'est réglé comme du papier à musique*, cela arrive avec une régularité mathématique.

3. RÈGLE(S). V. RÈGLES.

RÈGLEMENT [ʀɛgləmɑ̃]. *n. m.* ★ **I.** • 1° Le fait, l'action de régler (2) une affaire, un différend. *Règlement d'un conflit.* • 2° Action de régler (un compte). *Le règlement d'une dette. Faire un règlement par chèque.* ★ **II.** • 1° Décision administrative qui pose une règle générale, V. **Arrêté, décret.** • 2° Ensemble de règles, auxquelles sont soumis les membres d'un groupe, d'un organisme. *Règlement intérieur d'une association.* V. **Statut.** *C'est le règlement.* V. **Consigne.** *Enfreindre le règlement.* ▼ **RÉGLEMENTAIRE.** *adj.* Conforme au règlement ; imposé, fixé par un règlement. *Ce certificat n'est pas réglementaire.* V. **Régulier.** *Tenue réglementaire d'un soldat.* ▼ **RÉGLEMENTAIREMENT.** *adv.* ▼ **RÉGLEMENTER** [ʀɛglə-mɑ̃te]. *v. tr.* (1). Assujettir à un ensemble de règles, organiser. *Réglementer le droit de grève.* ▼ **RÉGLEMENTATION.** *n. f.* 1° Action de réglementer. *Réglementation des prix.* V. **Taxation.** • 2° Ensemble de règlements qui concernent un domaine particulier. *La réglementation du travail.*

1. RÉGLER [ʀegle]. *v. tr.* (6) • Couvrir de lignes droites parallèles, appelées *réglures* (pour écrire, etc.). V. **Règle 1.** — Surtout au p. p. *Papier réglé ou quadrillé.*

2. RÉGLER. *v. tr.* (1) ★ **I.** • 1° RÉGLER... SUR. *Régler sa conduite sur qqn.*, le prendre pour modèle. *Je règle mon pas sur le vôtre. Se régler sur qqn.* V. **Suivre.** • 2° Fixer, définitivement ou exactement. *Régler le sort de qqn, les modalités d'une entrevue.* V. **Établir.** • 3° Mettre au point le fonctionnement de (un mouvement, un dispositif, un mécanisme, etc.). V. **Réglage.** *Régler le débit d'un robinet, le régime d'une machine. Régler sa montre.* ‖ Contr. **Dérégler.** ‖ — Au p. p. *Un carburateur mal réglé.* ★ **II.** • 1° Résoudre définitivement, terminer. *Régler une question, un problème* (V. **Règlement**). *Régler une affaire. L'affaire s'est réglée à l'amiable.* — *C'est une affaire réglée*, conclue, sur laquelle il n'y a pas à revenir. • 2° Loc. *Régler un compte.* V. **Compte.** • 3° Payer (une note). *Régler sa note d'hôtel, ses factures.* V. **Acquitter.** — Payer (un fournisseur). *Régler le boucher, le boulanger.*

RÈGLES. *n. f. pl.* • Écoulement menstruel. *Elle a eu ses règles. La période des règles.*

RÉGLISSE [ʀeglis]. *n. f.* ou *m.* • Plante à racine comestible. *Mâcher un bâton de réglisse.* — *Pâte de réglisse*, tirée de la réglisse. *Bâtons, bonbons de réglisse*, faits de cette pâte. *Sucer du réglisse.*

RÈGNE [ʀɛɲ]. *n. m.* ★ **I.** • 1° Exercice du pouvoir souverain ; période pendant laquelle s'exerce ce pouvoir. *Le règne de Louis XIV. Sous le règne de Napoléon. Un long règne.* • 2° Pouvoir absolu d'une personne ou d'une chose. *Le règne de l'argent, des banquiers.* ★ **II.** *Règne minéral, végétal, animal*, les trois grandes divisions de la nature.

RÉGNER [ʀeɲe]. *v. intr.* (6) ★ **I.** Exercer le pouvoir monarchique. *Régner (pendant) vingt ans.* — Loc. prov. *Diviser pour régner*, créer des rivalités entre ceux qu'on gouverne, pour mieux les dominer. ★ **II.** • 1° Exercer un pouvoir absolu. V. **Dominer.** *Il règne en maître dans la maison.* • 2° *(Choses).* Avoir une influence prédominante. *Il voudrait faire régner la justice sur le monde.* — *(Opinions)* Avoir cours. ★ **III.** Dans un sens très affaibli *(suj. chose).* Exister, s'être établi (quelque part). *Le bon accord qui règne entre nous. Faire régner l'ordre, le silence.* Iron. *Vous vérifiez tous les comptes ? La confiance règne !* ▼ **RÉGNANT, ANTE.** *adj.* Qui règne. *Le prince régnant. Famille régnante*, dont un membre règne.

REGONFLER [ʀ(ə)gɔ̃fle]. *v. tr.* (1) • Gonfler de nouveau qqch. *Regonfler un ballon, des pneus.* — Fam. *Regonfler qqn*, lui redonner du courage.

REGORGER [ʀ(ə)gɔʀʒe]. *v. intr.* (3) • REGORGER DE : avoir en surabondance. V. **Abonder.** *Région qui regorge de richesses.*

RÉGRESSION [ʀegʀesjɔ̃]. *n. f.* • Évolution qui ramène à un degré moindre. V. **Recul.** *La mortalité infantile est en régression, en voie de régression.* V. **Diminution.** ‖ Contr. **Progression.** ‖ ▼ **RÉGRESSER.** *v. intr.* (1). Subir une régression. ‖ Contr. **Progresser.** ‖ ▼ **RÉGRESSIF, IVE.** *adj.* Qui constitue une régression, résulte d'une régression. *Formes régressives.* ‖ Contr. **Progressif.** ‖

REGRET [ʀ(ə)gʀɛ]. *n. m.* ★ **I.** État de conscience douloureux causé par la perte d'un bien. *Regret du pays natal. Le regret du passé. Regrets éternels*, formule d'inscription funéraire. *Quitter une personne avec* *regret.* ★ **II.** • 1° Mécontentement ou chagrin (d'avoir fait, de n'avoir pas fait, dans le passé). V. **Remords, repentir.** *Je n'ai qu'un regret, c'est... — Le regret d'une faute, d'avoir commis une faute.* • 2° Déplaisir causé par une réalité contrariante. *Le regret de n'avoir pas réussi.* — *Loc. adv.* À REGRET : contre son désir. *Accepter à regret.* • 3° Déplaisir qu'on exprime d'être dans la nécessité de. *J'ai le regret de ne pouvoir vous recevoir. Tous mes regrets.* V. **Excuse.** *Je suis au regret.*

REGRETTER [ʀ(ə)gʀete]. *v. tr.* (1) ★ **I.** Éprouver le désir douloureux (d'un bien qu'on a eu et qu'on n'a plus). *Regretter le temps passé, sa jeunesse. — Nous le regretterons longtemps,* nous regretterons son absence, sa mort. — Au p. p. *Notre regretté président,* notre président mort récemment. ★ **II.** • 1° Être mécontent (d'avoir fait ou de n'avoir pas fait). V. **Repentir** (se). *Elle regrette d'être venue. Je ne regrette rien. Il me ferait regretter ma patience.* — (Comme incitation à agir) *Vous ne le regretterez pas !* — Désavouer (sa conduite passée). *Je regrette mon geste.* • 2° Être mécontent de (ce qui contrarie une attente, un désir). V. **Déplorer.** *Je regrette cette décision. Nous regrettons son absence.* • 3° REGRETTER DE (et inf.) : éprouver du mécontentement ou du regret. *Je regrette de vous avoir fait attendre,* je m'en excuse. *Je regrette,* formule pour contredire ou s'excuser. V. **Pardon.** *Je regrette,* ce n'est pas ce que j'ai dit. • 4° REGRETTER QUE (et subj.). *Je regrette qu'il soit sorti.* ▼**REGRETTABLE.** *adj.* Qui est à regretter. V. **Fâcheux.** *Un incident, une erreur regrettable. Conséquences regrettables.* V. **Déplorable.** *Il est regrettable qu'il l'ait appris si tard.* V. **Dommage, malheureux.**

REGROUPER [ʀ(ə)gʀupe]. *v. tr.* (1) • 1° Grouper de nouveau (ce qui s'était dispersé). *Regrouper les membres d'un parti. Se regrouper autour de qqn, derrière qqn.* • 2° Grouper (des éléments dispersés), réunir. *Regrouper les populations.* ▼ **REGROUPEMENT.** *n. m.* Action de regrouper ; groupe formé en regroupant.

RÉGULARISER [ʀegylaʀize]. *v. tr.* (1) • 1° Rendre conforme aux lois ; mettre en règle. *Régulariser sa situation* (financière, administrative...). • 2° Rendre régulier (ce qui est inégal, intermittent). *Régulariser le fonctionnement d'un appareil* (V. **Régler**). *Régulariser le régime d'un fleuve.* ▼ **RÉGULARISATION.** *n. f.*

RÉGULARITÉ [ʀegylaʀite]. *n. f.* • 1° Caractère régulier (d'un mouvement). *La régularité de son pas, de son allure.* ‖ Contr. **Irrégularité.** ‖ — Caractère égal, uniforme. *Faire preuve de régularité dans son travail.* V. **Ponctualité.** *Une régularité d'horloge.* • 2° Le fait de présenter des proportions régulières. *Régularité d'une façade* (V. **Symétrie**). • 3° Conformité aux règles. *Régularité d'une élection.*

RÉGULATEUR, TRICE [ʀegylatœʀ, tʀis]. *adj.* et *n. m.* ★ **I.** *Adj.* Qui règle, qui régularise. *Force régulatrice. Mécanisme régulateur d'une horloge.* ★ **II.** *N. m.* Système de commande destiné à maintenir la régularité d'un mécanisme. *Régulateur de vitesse, de température.*

RÉGULATION [ʀegylasjɔ̃]. *n. f.* • Le fait d'assurer le fonctionnement correct (d'un système complexe). *Régulation du trafic* (chemin de fer, etc.). *Régulation des naissances.* V. **Contrôle.** — *Régulation thermique,* processus qui maintient la chaleur à un degré uniforme chez les animaux à température constante.

RÉGULIER, IÈRE [ʀegylje, jɛʀ]. *adj.* et *n. m.* ★ **I.** *(Choses).* • 1° Qui est conforme aux règles. ‖ Contr. **Irrégulier.** ‖ V. **Normal.** *Verbes réguliers,* qui suivent les règles ordinaires de la conjugaison. — Établi ou accompli conformément aux dispositions légales, réglementaires. *Gouvernement régulier. Coup régulier,* permis (au jeu). — *Fam.* Loyal, correct. *Le coup est dur, mais régulier.* • 2° Qui présente un caractère de symétrie, d'ordre. *Rues droites et régulières. Écriture régulière,* bien formée, nette. *Visage régulier.* • 3° *(Mouvement, phénomène).* Dont la vitesse, le rythme, l'intensité est uniforme. *Vitesse régulière. Rythme régulier. Progrès réguliers,* suivis. • 4° Qui se renouvelle à intervalles égaux. *Frapper des coups réguliers. Visites, inspections régulières.* Loc. *À intervalles réguliers,* régulièrement. • 5° Qui n'est pas occasionnel, mais habituel. *Être en correspondance régulière avec qqn. Service régulier de cars.* • 6° Qui reste conforme aux mêmes principes, ne change pas. *Habitudes régulières. Vie régulière.* ★ **II.** *(Personnes).* • 1° Qui appartient à un ordre religieux. *Clergé régulier et clergé séculier.* • 2° *Armées, troupes régulières,* contrôlées par le pouvoir central (*par oppos. aux* troupes improvisées, milices, etc.). • 3° Ponctuel, réglé. *Il est régulier dans ses habitudes, son travail.* — Qui obtient des résultats d'un niveau constant. *Élève régulier.* • 4° *Fam.* Qui respecte les règles en vigueur dans une profession, une activité. *Un homme très régulier en affaires.* V. **Correct.** ▼ **RÉGULIÈRE.** n. f. *Pop.* Épouse ; maîtresse en titre (avec un possessif). ▼**RÉGULIÈREMENT.** *adv.* • 1° D'une manière régulière, légale. *Fonctionnaire régulièrement nommé.* ‖ Contr. **Irrégulièrement.** ‖ • 2° Avec régularité. *Couche de terre répartie régulièrement.* V. **Uniformément.** *S'approvisionner régulièrement au même endroit.* • 3° Normalement, d'ordinaire. *Régulièrement, il ne devrait pas être battu.*

RÉGURGITER [ʀegyʀʒite]. *v. tr.* (1) *Didact.* Faire revenir de l'estomac dans la bouche. — Répéter sans modification (ce qu'on vient d'apprendre). ▼ **RÉGURGITATION.** *n. f.*

RÉHABILITER [ʀeabilite]. *v. tr.* (1) 1° Rendre à (un condamné) ses droits perdus et l'estime publique, en reconnaissant son innocence. • 2° Rétablir dans l'estime, dans la considération d'autrui. *Réhabiliter la mémoire d'un ami.* — Pronom. *Se réhabiliter.* V. **Racheter** (se). ▼ **RÉHABILITATION.** *n. f.* Le fait de réhabiliter.

RÉHABITUER [ʀeabitɥe]. *v. tr.* (1) • Habituer de nouveau, faire reprendre un habitude perdue. V. **Réaccoutumer.** — Pronom. *Se réhabituer à un travail.*

REHAUSSER [Rəose]. *v. tr.* (1) • 1° Hausser davantage ; élever à un plus haut niveau. *Rehausser un mur.* — Faire valoir davantage. *Rehausser le prestige, la beauté.* • 2° *(Suj. chose).* Faire valoir davantage par sa présence. *Le fard rehausse l'éclat de son teint.* — REHAUSSÉ DE : mis en valeur par, orné de. *Habit rehaussé de broderies.* • 3° Donner plus de relief à (un dessin) en accentuant certains éléments. *Portrait rehaussé de couleurs vives.* ▼**REHAUT** [Rəo]. *n. m.* Touche claire qui accuse les lumières, en peinture (terme technique).

REICHSTAG [Rɛʃstag ou, à l'allemande, Rajʃtak]. *n. m.* • Assemblée législative allemande (jusqu'en 1945).

RÉIMPRESSION [Reɛ̃pResjɔ̃]. *n. f.* • Nouvelle impression (d'un livre) sans changements (à la différence de la *réédition*).

REIN [Rɛ̃]. *n. m.* • 1° LES REINS : la partie inférieure du dos, au niveau des vertèbres lombaires. V. **Lombes.** *Cambrure des reins. Une belle chute de reins.* — *Coup de reins*, violent effort des muscles de la région lombaire. *Tour de reins*, lumbago. — Loc. *Avoir les reins solides*, être de taille à triompher d'une épreuve. *Casser les reins à qqn*, briser sa carrière. • 2° L'un des deux organes qui sécrètent l'urine (V. **Rognon**). *Rein droit, gauche. Rein flottant*, mobile. *Ablation d'un rein ou* néphrectomie. *Greffe du rein.* — V. aussi **Rénal.**

RÉINCARNER (SE) [Reɛ̃kaRne]. *v. pron.* (1) • S'incarner dans un nouveau corps. ▼**RÉINCARNATION.** *n. f.* Nouvelle incarnation (d'une âme qui avait été unie à un autre corps). V. **Métempsycose.**

REINE [Rɛn]. *n. f.* • 1° Épouse d'un roi. *Le roi et la reine.* — *La reine mère*, mère du souverain régnant. *Plais.* La belle-mère (ou la mère de famille). *Pas un mot à la reine mère !* • 2° Femme qui détient l'autorité souveraine dans un royaume. V. **Souveraine.** *La reine Victoria.* — Loc. *Avoir un port de reine*, majestueux, imposant. *Une dignité de reine offensée*, exagérée et pointilleuse. • 3° La seconde pièce du jeu d'échecs, à l'action la plus étendue. • 4° *La, une reine de...*, femme qui l'emporte sur les autres par une éminente qualité. *La reine du bal, de la fête.* — *Reine de beauté.* V. **Miss.** • 5° Femelle féconde (d'abeille, de guêpe, etc.) unique dans la colonie.

REINE-CLAUDE [Rɛnklod]. *n. f.* • Variété de prune, verte, à chair fondante. *Des reine-claudes* ou *des reines-claudes.*

REINE-MARGUERITE [RɛnmaRgəRit]. *n. f.* • Plante aux fleurs roses ou mauves. *Des reines-marguerites.*

REINETTE [Rɛnɛt]. *n. f.* • Variété de pomme très parfumée. *Reinette grise. Reinette du Canada*, très grosse et verte.

RÉINSTALLER [Reɛ̃stale]. *v. tr.* (1) • Installer de nouveau. *On l'a réinstallé dans ses fonctions.* ▼**RÉINSTALLATION.** *n. f.*

REINTÉGRER [Reɛ̃tegRe]. *v. tr.* (6) • 1° *(Compl. chose).* Revenir dans (un lieu qu'on avait quitté). *Réintégrer son logis. Réintégrer le domicile conjugal*, reprendre la vie commune avec son conjoint. • 2° Rétablir (qqn) dans la jouissance d'un bien, d'un droit. *Réintégrer un fonctionnaire après une mise en congé.* ▼**RÉINTÉGRATION.** *n. f.*

RÉINTRODUIRE [Reɛ̃tRɔdɥiR]. *v. tr.* (38) • Introduire de nouveau. ▼**RÉINTRODUCTION.** *n. f.*

RÉITÉRER [Reitere]. *v. tr.* (6) • Faire de nouveau, faire plusieurs fois. V. **Renouveler.** *Réitérer sa demande, un ordre.* Absolt. V. **Recommencer.** *Il avait juré de ne plus boire, mais il a réitéré.* — Au p. p. *Attaques réitérées, efforts réitérés*, répétés. ▼**RÉITÉRATION.** *n. f.* Renouvellement (d'une action).

REÎTRE [RɛtR(ə)]. *n. m.* • *Littér.* Guerrier brutal. V. **Soudard.**

REJAILLIR [R(ə)ʒajiR]. *v. intr.* (2) • 1° *(D'un liquide).* Jaillir en étant renvoyé par un obstacle ou sous l'effet d'une pression. *La boue rejaillit sous les roues de la voiture.* • 2° REJAILLIR SUR (qqn) : se reporter sur (par un prolongement de l'effet). *Sa honte a rejailli sur nous tous.* ▼**REJAILLISSEMENT.** *n. m.*

1. REJET [R(ə)ʒɛ]. *n. m.* • 1° Action de rejeter, de renvoyer au point de départ ; son résultat. — Expulsion. *Phénomène de rejet*, d'intolérance de l'organisme à l'assimilation d'un organe greffé. • 2° Renvoi au début du vers suivant d'un ou plusieurs mots de la proposition, dans un souci d'expressivité (*ex. :* Ma douleur, donne-moi la main ; viens par ici, *Loin d'eux*). • 3° Action de rejeter, refuser ; son résultat. V. **Abandon.** *Rejet d'une requête, d'un recours en grâce.*

2. REJET. *n. m.* • Branche nouvelle, pousse (d'un arbre).

REJETER [Rəʒte ; Rʒəte]. *v. tr.* (4) ★ **I.** • 1° Jeter en sens inverse (ce qu'on a reçu, ce qu'on a pris). V. **Relancer.** *Rejeter un poisson à la mer. La mer rejette les épaves à la côte.* • 2° Évacuer, expulser. *Rejeter un caillot de sang. Son estomac rejette toute nourriture.* V. **Rendre, vomir.** • 3° Faire retomber (sur un autre). *Rejeter un tort, une responsabilité sur qqn.* ★ **II.** Jeter, porter ou mettre ailleurs. *Rejeter un mot à la fin d'une phrase.* — (En changeant la position) *Rejeter la tête, les épaules en arrière.* — Pronom. *Se rejeter en arrière.* ★ **III.** Ne pas admettre. • 1° Écarter (qqch.) en refusant. *Rejeter une offre, une proposition.* V. **Décliner.** *L'Assemblée a rejeté ce projet de loi.* V. **Repousser.** • 2° Écarter (qqn) en repoussant. *Individus rejetés par leur milieu.*

REJETON [Rəʒtɔ̃ ; Rʒətɔ̃]. *n. m.* • 1° Nouvelle pousse sur la souche, le tronc ou la tige d'une plante, d'un arbre. • 2° *Fam.* ou *iron.* Enfant, fils. *Être fier de ses rejetons.*

REJOINDRE [R(ə)ʒwɛ̃dR(ə)]. *v. tr.* (49) • 1° Se joindre de nouveau à (une ou plusieurs personnes). *Rejoindre sa famille, son régiment.* — *Pronom.* (Récipr.). *Nous devons nous rejoindre chez lui.* V. **Retrouver** (se). • 2° Regagner (un lieu). — *(Choses)* Venir en contact avec. *La rue rejoint le boulevard à cet endroit.* • 3° Avoir une grande ressemblance avec. *L'art de Rodin rejoint celui de Michel-Ange.* • 4° Atteindre (qqn qui a de l'avance). V. **Rattraper.** *Il allait si vite que je n'ai pas pu le rejoindre.*

RÉJOUIR [ʀeʒwiʀ]. *v. tr.* (2) ★ **I.** *V. tr.* Rendre joyeux. V. **Plaisir** (faire). *Choses qui réjouissent le cœur, le regard.* — Mettre en gaieté. V. **Amuser, égayer.** *Sa conversation me réjouit.* ★ **II.** SE RÉJOUIR. *v. pron.* Éprouver de la joie, de la satisfaction. *Se réjouir du malheur des autres. — Avoir tout lieu de se rejouir. Je me réjouis à la pensée de vous revoir. — Je me réjouis de votre succès.* V. **Féliciter** (se). *Il se réjouissait de l'entendre. Je me réjouis que vous soyez là.* — Au p. p. *Une mine réjouie.* V. **Gai, joyeux.** ▼ **RÉJOUISSANCE** [ʀeʒwisɑ̃s]. *n. f.* • 1° Joie collective. *Les occasions de réjouissance ne manquaient pas.* • 2° *Au plur.* Fêtes. *Réjouissances publiques, officielles. Le programme des réjouissances,* des distractions. ▼ **RÉJOUISSANT, ANTE.** *adj.* Qui réjouit, est propre à réjouir. *Une nouvelle qui n'a rien de réjouissant.* — Iron. *Eh bien, c'est réjouissant !* (en parlant d'une chose désagréable).

1. RELÂCHE [ʀ(ə)lɑʃ]. *n. m.* et *f.* • 1° Vx. *N. (m.* ou *f.).* Répit. *Prendre du relâche. — Loc.* SANS RELÂCHE : sans répit. V. **Interruption, trêve.** *Travailler sans relâche.* • 2° *N. f.* Fermeture momentanée d'une salle de spectacle. *Jour de relâche. Faire relâche.*

1. RELÂCHER [ʀ(ə)lɑʃe]. *v.* (1) ★ **I.** *V. tr.* • 1° Rendre moins tendu ou moins serré. V. **Détendre, desserrer.** *Relâcher son étreinte. — Relâcher les muscles,* les décontracter. • 2° Reposer et détendre. *Relâcher son attention.* ★ **II.** SE RELÂCHER. *v. pron.* • 1° Devenir plus lâche. *Les liens entre nous se relâchent.* • 2° Devenir moins rigoureux. V. **Faiblir.** *La discipline s'est relâchée. — (Personnes)* Montrer moins d'ardeur, d'exactitude. *Se relâcher dans son travail.* ▼ **RELÂCHÉ, ÉE.** *adj.* Qui a perdu de sa vigueur, ou de sa rigueur. *Style relâché. Conduite, morale relâchée.* ▼ **RELÂCHEMENT.** n. m. *Le relâchement de l'attention, de la discipline.*

2. RELÂCHER. *v. tr.* (1) • Remettre en liberté. *Relâcher un prisonnier.* V. **Relaxer 2.**

3. RELÂCHER. *v. intr.* (1) • En marine, S'arrêter dans un port, faire escale. ▼ **2. RELÂCHE.** *n. f.* Action de relâcher (dans un port). *Bateau qui fait relâche.*

RELAIS [ʀ(ə)lɛ]. *n. m.* • 1° Lieu où des chevaux étaient postés pour remplacer les chevaux fatigués. *Relais de poste.* • 2° *Course de relais,* épreuve disputée entre équipes de quatre coureurs qui se relayent à des distances déterminées. — *Le relais 4 fois cent mètres.* • 3° Mode d'organisation d'un travail continu où les ouvriers se remplacent par roulement. *Équipes de relais.* — PRENDRE LE RELAIS DE : relayer, remplacer. • 4° Dispositif servant à retransmettre un signal radioélectrique en l'amplifiant. *Relais de télévision.*

RELANCER [ʀ(ə)lɑ̃se]. *v. tr.* (3) • 1° Lancer de nouveau, lancer à son tour (une chose reçue). *Relancer la balle.* V. **Renvoyer.** • 2° Remettre en marche, en route, lancer de nouveau. *Relancer un moteur. — Relancer un projet. Relancer l'économie du pays.* • 3° Poursuivre (qqn) avec insistance, pour obtenir de lui qqch. *J'ai dû le relancer pour qu'il me rembourse.* • 4° *(Jeu).* Mettre un enjeu supérieur à celui de l'adversaire. ▼ **RELANCE.** *n. f.* • 1° *(Jeu).* Action de relancer. *Limiter la relance dans une partie de poker.* • 2° Reprise (d'une idée, d'un projet... en sommeil).

RELAPS, APSE [ʀ(ə)laps, aps(ə)]. *adj.* • Retombé dans l'hérésie, après l'avoir abjurée (terme de religion). *Être condamné comme relaps.*

RELATER [ʀ(ə)late]. *v. tr.* (1) • *Littér.* Raconter d'une manière précise et détaillée. V. **Rapporter ; relation 2.** *Les historiens relatent le fait, relatent que... — Écrit qui relate des événements importants.*

1. RELATIF, IVE [ʀ(ə)latif, iv]. *adj.* • 1° Qui est défini par rapport à une autre chose, n'est ni absolu, ni indépendant (V. **Relation 1**). *Toute connaissance est relative. Valeur relative,* évaluée par comparaison. *Tout est relatif !* on ne peut juger de rien en soi. — Subst. *Avoir le sens du relatif.* V. **Relativité** (I) — *(Plur.)* Qui ont une relation mutuelle. *Positions relatives,* considérées l'une par rapport à l'autre. • 2° Incomplet, imparfait. *Il est d'une honnêteté relative. Un silence relatif.* • 3° RELATIF À... : se rapportant à..., concernant. *Discussions relatives à un sujet, à une question.*

2. RELATIF, IVE. *adj.* • Se dit des mots servant à établir une relation entre un nom ou un pronom qu'ils représentent et une subordonnée. *Pronoms relatifs* (dont, que, qui...). *Adjectifs relatifs (ex. :* lequel). — *Proposition relative,* ou subst. RELATIVE *(n. f.)* : proposition introduite par un pronom relatif.

1. RELATION [ʀ(ə)lasjɔ̃]. *n. f.* • 1° Rapport de dépendance entre des choses, des phénomènes... *Relation de cause à effet. Étroite relation entre les diverses parties d'un tout. Ce que je dis est sans relation avec ce qui précède.* • 2° *(Surtout plur.).* Lien de dépendance ou d'influence réciproque (entre personnes) ; fait de se fréquenter. V. **Commerce** (II), **contact, rapport.** *Les relations humaines. Relations d'amitié. Relations professionnelles, mondaines. Nouer, avoir des relations avec qqn. Bonnes, mauvaises relations.* V. **Terme** (être en bons, mauvais termes). *Cesser, interrompre ses relations. — Relations épistolaires.* V. **Correspondance.** — Loc. EN RELATION(S). *Être, se mettre, rester en relation avec qqn.* • 3° Connaissance, fréquentation d'une personne. *Se faire beaucoup de relations,* connaître beaucoup de gens influents. • 4° Personne avec laquelle on est en *relation,* avec qui on a des *relations* d'habitude, d'intérêt. V. **Connaissance(s).** *Ce n'est pas un ami, seulement une relation.* • 5° Lien officiel entre groupes (peuples, nations). *Tension, détente dans les relations internationales. Relations diplomatiques. Relations culturelles entre pays.* — RELATIONS PUBLIQUES (angl. *Public relations*) : ensemble des techniques et des activités d'information propres à favoriser les contacts à l'intérieur de l'entreprise, entre l'entreprise et les collectivités ou le public. V. **Propagande, publicité.** • 6° En sciences, Tout ce qui, dans l'activité d'un être vivant, implique une interdépendance, une interaction (avec un milieu). *Fonctions de relation*, qui mettent l'organisme en relation avec le milieu.

2. RELATION. *n. f.* Le fait de relater ; récit. *Selon la relation d'un témoin.* V. **Témoignage.** *Faire la relation des événements.* — Récit fait par un voyageur, un explorateur. *Relation d'un voyage en Chine.*

RELATIVEMENT [ʀ(ə)lativmɑ̃]. *adv.* • 1° D'une manière relative. *C'est relativement rare. — Il est relativement honnête*, jusqu'à un certain point. • 2° RELATIVEMENT À... : par une relation, un rapport de comparaison. *C'est moins cher relativement à l'an dernier.* V. **Rapport** (par).

RELATIVITÉ [ʀ(ə)lativite]. *n. f.* ★ **I.** • 1° Caractère que présente la connaissance de ne pouvoir saisir que des relations et non la réalité même. *Relativité de la connaissance.* • 2° Caractère de ce qui dépend d'autre chose. *La relativité du fait historique, des lois morales...* ★ **II.** *Théorie de la relativité* d'Einstein (1905), selon laquelle certaines lois physiques se conservent dans des systèmes en mouvement relatif les uns par rapport aux autres, mais non dans tous. *La Relativité a remis en question la conception de l'espace et du temps.*

RELAXATION [ʀ(ə)laksɑsjɔ̃]. *n. f.* • *Anglicisme.* Méthode thérapeutique de détente (musculaire) et de maîtrise des fonctions corporelles par des procédés psychologiques actifs. — Repos, détente. ▼ **1. RELAXER (SE).** v. pron. (1). *Anglicisme.* Se détendre physiquement et intellectuellement.

2. RELAXER [ʀ(ə)lakse]. *v. tr.* • En droit, Remettre en liberté (un détenu), par une décision appelée RELAXE (n. f.).

RELAYER [ʀ(ə)leje]. *v. tr.* (8) • 1° Remplacer (qqn) dans une tâche qui ne souffre pas d'interruption. *Relayer un ami auprès d'un malade.* • 2° SE RELAYER. *v. pron.* Se remplacer l'un l'autre, alternativement (dans une activité, une course...).

RELECTURE [ʀ(ə)lɛktyʀ]. *n. f.* • Action de relire. *Relecture des épreuves d'imprimerie.*

RELÉGATION [ʀ(ə)legɑsjɔ̃]. *n. f.* • Peine criminelle ou correctionnelle qui maintenait un délinquant hors du territoire métropolitain.

RELÉGUER [ʀ(ə)lege]. *v. tr.* (6) • 1° Envoyer, maintenir (dans un endroit écarté ou médiocre). *On l'a relégué dans la chambre du fond.* — (Choses) *Reléguer un objet au grenier.* • 2° (Abstrait). *Être relégué au second plan.*

RELENT [ʀ(ə)lɑ̃]. *n. m.* • Mauvaise odeur qui persiste. *Relents d'alcool.*

RELÈVE [ʀ(ə)lɛv]. *n. f.* • 1° Remplacement d'une ou plusieurs personnes par d'autres, dans un travail continu. *La relève de la garde. Assurer, prendre la relève.* Les personnes qui assurent ce remplacement. • 2° Remplacement (dans une action, une tâche collective). *La jeunesse prendra la relève.*

RELEVÉ. *n. m.* • Action de relever, noter ; ce qu'on a noté. *Relevé des dépenses. — Faire le relevé d'un compteur.*

RELÈVEMENT [ʀ(ə)lɛvmɑ̃]. *n. m.* • 1° Redressement, rétablissement. *Le relèvement d'un pays, d'une économie.* • 2° Action de relever (III), de hausser. ‖ Contr. **Abaissement.** ‖ *Relèvement d'un sol.* — Action d'augmenter. *Le relèvement des salaires.* V. **Hausse, majoration.**

1. RELEVER [ʀəlve ; ʀləve]. *v. tr.* (5) ★ **I.** • 1° Remettre debout, dans sa position naturelle (qqn, qqch. qui est tombé). • 2° Remettre en bon état (ce qui est au plus bas). *Il nous faut relever le pays, l'économie. Relever le courage, le moral de qqn.* • 3° V. **Ramasser.** *Professeur qui relève les cahiers, les copies.* — Loc. *Relever le défi*, y répondre. ★ **II.** • 1° Faire remarquer ; mettre en relief. V. **Noter, souligner.** *Relever des fautes. On ne peut relever aucune charge contre lui.* • 2° Répondre vivement à (une parole). *Cette accusation ne mérite pas d'être relevée. Je n'ai pas voulu relever l'allusion.* • 3° Noter par écrit ou par un croquis. *Relever une citation, une adresse, un dessin. — Relever un compteur*, le chiffre d'un compteur (de gaz, d'électricité). Fam. *Relever le gaz, l'électricité.* ★ **III.** Remettre plus haut. • 1° Diriger, orienter vers le haut (une partie du corps, du vêtement). *Relever la tête, le front. Relever son col, ses jupes* (V. **Retrousser**). *Manches relevées. — Virage relevé*, dont l'extérieur est plus haut que l'intérieur. • 2° Donner plus de hauteur à, porter à un niveau supérieur. V. **Élever.** *Relever le niveau de vie, les salaires.* • 3° *Littér.* Donner une valeur plus haute à. V. **Rehausser.** *Cette action le relevait à ses propres yeux.* • 4° Donner plus de goût (par des condiments, des épices). *Relever une sauce.* — Au p. p. *Un plat relevé.* V. **Épicé.** • 5° *Littér.* Donner du relief à..., mettre en valeur. *Les anecdotes qui relèvent ces mémoires.* V. **Pimenter ; agrémenter.** ★ **IV.** • 1° Assurer la relève de (qqn). V. **Relayer.** *Relever une sentinelle. Équipe qui en relève une autre.* • 2° RELEVER QQN DE : le libérer (d'une obligation). *Relever un religieux de ses vœux.* V. **Délier.** *Relever qqn de ses fonctions.* V. **Destituer.** ★ **V.** SE RELEVER. *v. pron.* • 1° Se remettre debout, reprendre la position verticale. *Aider qqn à se relever. — (Abstrait)* Se remettre d'une situation difficile, pénible. *Pays qui se relève (de ses ruines, de ses cendres). Je ne m'en relèverai jamais.* • 2° Se diriger vers le haut. *Les coins de sa bouche se relèvent.* — (Intrans.) *Jupe qui relève d'un côté*, se relève. ★ **VI.** *Intrans.* RELEVER DE : se rétablir, se remettre de. *Relever de maladie. Relever de couches.*

2. RELEVER (DE). *v. tr. ind.* (5) • 1° Dépendre (d'une autorité). *Les seigneurs relevaient directement du roi.* • 2° Être du ressort, de la compétence de. *Affaire qui relève du tribunal correctionnel.* • 3° Être du domaine de. *Ce qui relève du cœur.*

RELEVEUR, EUSE. *adj.* et *n.* ★ **I.** En anatomie, Qui relève (un organe, etc.). *Muscle releveur de la paupière.* ★ **II.** *N.* Professionnel qui relève (1, II, 3°), note. *Releveur de compteurs.*

1. RELIEF [ʀəljɛf]. *n. m.* • 1° Caractère d'une image comportant des différences de profondeur, la figuration de plans différents ; perception qui y correspond. *Le relief d'une peinture. Sensation de relief.* • 2° UN RELIEF : ce qui fait saillie sur une surface. *La paroi ne présentait aucun relief.* — Ouvrage comportant des éléments qui se détachent plus ou moins sur un fond plan. *Façade ornée de reliefs* (V. **Bas-relief, haut-relief**). • 3° Forme de la surface terrestre, comportant des saillies et des creux. *Le relief de la France.* • 4° EN RELIEF : qui forme un relief. *Caractères en relief du braille.* — *Photographie, cinéma en relief*, qui donne l'impression du relief. • 5° *(Abstrait).* Apparence plus nette, plus vive, du fait des oppositions. *Donner du relief au style.* — *Mettre en relief*, faire valoir en mettant en évidence.

2. RELIEFS. *n. m. pl.* • *Vieilli* ou *plaisant.* Ce qui reste d'un repas. V. **Reste(s).**

1. RELIER [rəlje]. *v. tr.* (7) • Attacher ensemble (les feuillets formant un ouvrage) et les couvrir avec une matière rigide. V. **Reliure.** *Relier un livre.* — *Livre relié en basane, en maroquin.* ▼ **RELIEUR, EUSE.** *n.* Personne dont le métier est de relier des livres. *Relieur d'art.*

2. RELIER. *v. tr.* (7) • 1° Lier ensemble. V. **Attacher.** *Relier des anneaux par une corde.* • 2° Mettre en communication avec. V. **Joindre, raccorder.** *Route qui relie deux villes.* • 3° *(Abstrait).* Mettre en rapport avec (autre chose). *Relier le présent au passé.*

RELIGIEUX, EUSE [ʀ(ə)liʒjø, øz]. *adj.* et *n.* ★ **I.** *Adj.* • 1° Qui concerne la religion, les rapports entre l'homme et un pouvoir surnaturel. *Le sentiment religieux. Pratiques religieuses. Édifice religieux. Cérémonies religieuses. Mariage religieux* (*opposé à* civil). *Art religieux.* V. **Sacré.** || Contr. **Profane.** || — *Conceptions religieuses.* V. **Dogme, théologie.** • 2° *(Personnes* ou *choses).* Consacré à la religion, à Dieu, par des vœux. *La vie religieuse.* V. **Monastique.** — *Communautés, congrégations religieuses; ordres religieux.* • 3° *(Personnes).* Qui pratique une religion, a de la religion. V. **Croyant.** *Il est religieux sans être dévot.* • 4° Qui présente les caractères du sentiment ou du comportement religieux. *Respect religieux. Un silence religieux*, respectueux et attentif. ★ **II.** *N.* Personne qui a prononcé des vœux dans un ordre monastique. V. **Moine, nonne, sœur.** *Communautés de religieux.* V. **Congrégation, couvent, monastère, ordre.** ▼ **RELIGIEUSEMENT.** *adv.* • 1° Avec religion. Avec une exactitude religieuse. V. **Scrupuleusement.** *Observer religieusement le règlement.* • 2° Avec une attention recueillie. *Écouter religieusement un orateur.*

RELIGIEUSE. *n. f.* • Pâtisserie faite de pâte à choux fourrée de crème pâtissière (au café, au chocolat).

RELIGION [ʀ(ə)liʒjɔ̃]. *n. f.* ★ **I.** Ensemble d'actes rituels destinés à mettre l'âme humaine en rapport avec Dieu, avec le surnaturel. • 1° LA RELIGION : reconnaissance par l'homme d'un principe supérieur de qui dépend sa destinée ; attitude intellectuelle et morale qui en résulte. — Attitude particulière dans les relations avec Dieu. *Une religion profonde, sincère.* — *Avoir de la religion*, être croyant, pieux. • 2° UNE RELIGION : système de croyances et de pratiques propre à un groupe social. V. **Culte.** *Pratiquer une religion. Se convertir à une religion. Adeptes d'une religion. Ministres, prêtres des diverses religions.* — *Religions révélées. Religions « primitives ». Religion chrétienne* (V. **Christianisme**), *musulmane* (V. **Islamisme**). *La religion catholique, apostolique et romaine. La religion réformée.* V. **Protestantisme.** • 3° Culte, attachement mystique (à certaines valeurs). *La religion de la science, de l'art.* ★ **II.** Loc. *Entrer en religion*, prononcer ses vœux de religieux, entrer dans les ordres.

RELIGIOSITÉ [ʀ(ə)liʒjozite]. *n. f.* • Inclination sentimentale vers la religion.

RELIQUAT [ʀ(ə)lika]. *n. m.* • Ce qui reste d'une somme (à payer, à percevoir). V. **Reste.** *Toucher un reliquat.*

RELIQUE [ʀ(ə)lik]. *n. f.* • 1° Fragment du corps d'un saint (ou objet associé à la vie du Christ ou d'un saint) auquel on rend un culte. *La vénération des reliques.* — *Garder un objet comme une relique*, soigneusement, précieusement. • 2° Objet auquel on attache moralement le plus grand prix comme témoin d'un passé cher. ▼ **RELIQUAIRE.** *n. m.* Coffret précieux renfermant des reliques. V. **Châsse.**

RELIRE [ʀ(ə)liʀ]. *v. tr.* (43) • 1° Lire de nouveau (ce qu'on a déjà lu). *Relire un chapitre à haute voix.* • 2° Lire en vue de corriger, de vérifier (ce qu'on vient d'écrire). *Écrivain qui relit son manuscrit.* — Pronom. *Se relire avant de cacheter sa lettre.*

RELIURE [ʀəljyʀ]. *n. f.* • 1° Action ou art de relier (les feuillets d'un livre). *Donner un livre à la reliure.* • 2° Manière dont un livre est relié ; couverture d'un livre relié. *Plats, dos, nerfs d'une reliure. Reliure en maroquin.*

RELOGER [ʀ(ə)lɔʒe]. *v. tr.* (3) • Procurer un nouveau logement à (qqn qui a perdu le sien). *Le propriétaire devra reloger les locataires expulsés.*

RELUIRE [ʀəlɥiʀ]. *v. intr.* (38) • Luire en réfléchissant la lumière, en produisant des reflets. V. **Briller.** — Luire après avoir été soigneusement nettoyé et frotté. *Faire reluire des cuivres, des meubles. Brosse à reluire.* V. **Brosse.** ▼ **RELUISANT, ANTE.** *adj.* • 1° Qui reluit de propreté. • 2° (En phrase négative). V. **Brillant.** *Un avenir peu reluisant. Une famille pas très reluisante.*

RELUQUER [ʀ(ə)lyke]. *v. tr.* (1) • Regarder du coin de l'œil, avec intérêt et curiosité. V. **Lorgner.** *Reluquer les filles.* — Guigner. *Il reluque votre héritage.*

REMÂCHER [ʀ(ə)maʃe]. *v. tr.* (1) • Revenir sans cesse en esprit sur (qqch. qui inspire de l'amertume). V. **Ressasser, ruminer.** *Remâcher ses soucis, sa rancune.*

REMAILLER [ʀəmaje]. *v. tr.* (1) • Réparer les mailles de (un tricot, un filet, etc.). V. **Remmailler.**

REMAKE [ʀimɛk]. *n. m.* • *Anglicisme.* Nouvelle version (d'un film ancien).

RÉMANENT, ENTE [remanɑ̃, ɑ̃t]. *adj.* • En sciences, Qui subsiste après la disparition de la cause. *Magnétisme rémanent, aimantation rémanente.*

REMANIER [r(ə)manje]. *v. tr.* (7) • 1° Modifier (un ouvrage de l'esprit) par un nouveau travail. V. **Corriger, retoucher.** *Remanier un texte.* • 2° Modifier la composition de (un groupe). *Remanier le cabinet, le ministère. L'équipe de France a été profondément remaniée.* ▼ **REMANIEMENT.** n. m. *Remaniement ministériel.*

REMARIER (SE) [r(ə)marje]. *v. pron.* (7) • Se marier à nouveau. ▼ **REMARIAGE.** *n. m.*

REMARQUABLE. *adj.* • 1° Digne d'être remarqué, d'attirer l'attention. V. **Marquant, notable.** *Un événement remarquable. Être remarquable par...* V. **Signaler** (se). *Il est remarquable que* (avec subj.). *Propriété remarquable.* • 2° Digne d'être remarqué par son mérite, sa qualité. V. **Éminent.** *Un des hommes les plus remarquables de ce temps. Exploit remarquable.* V. **Extraordinaire.** ▼ **REMARQUABLEMENT.** *adv.* D'une manière remarquable. *Une fille remarquablement belle.* V. **Très.** *Il a remarquablement réussi.*

REMARQUE [r(ə)mark(ə)]. *n. f.* • 1° Action de remarquer (qqch.). *C'est une remarque que j'ai souvent faite,* une chose que j'ai souvent remarquée. *Digne de remarque,* remarquable. • 2° Mots prononcés pour attirer l'attention de qqn sur qqch. et comportant notamment une critique. *Faire une remarque à qqn.* V. **Observation.** • 3° Notation, réflexion qui attire l'attention du lecteur. *Ce livre est plein de remarques pertinentes.*

REMARQUER [r(ə)marke]. *v. tr.* (1) • 1° Avoir la vue, l'attention frappée par (qqch.). V. **Apercevoir, découvrir.** *Remarquer du premier coup d'œil. Remarquer la présence, l'absence de qqn. Avez-vous remarqué ceci ?* — *Pronom.* (Sens passif). *Détails qui se remarquent à peine.* — REMARQUER QUE (et l'indic.). *Je n'ai pas remarqué qu'il vous faisait la cour. Remarquez, remarquez bien que...,* j'attire tout spécialement votre attention sur le fait qué... V. **Noter.** *Permettez-moi de vous faire remarquer que...,* de vous faire observer... • 2° Distinguer particulièrement (une personne, une chose parmi d'autres). *Je remarquai un individu à la mine louche. Un roman qui mérite à peine d'être remarqué.* — Au p. p. *Un discours très remarqué.* — *(Suj. chose)* FAIRE REMARQUER : être cause qu'on remarque. *D'une distinction qui la fait remarquer partout.* • 3° *Péj.* SE FAIRE REMARQUER : attirer sur soi l'attention. *Il cherche à se faire remarquer.*

REMBALLER [rɑ̃bale]. *v. tr.* (1) • Remettre dans son emballage (ce qu'on a déballé). *Le représentant a remballé sa marchandise.* — Fam. *Remballer ses compliments,* les garder pour soi. ▼ **REMBALLAGE.** *n. m.* Action de remballer (qqch.).

REMBARQUER [rɑ̃barke]. *v.* (1) • 1° *V. tr.* Embarquer de nouveau (ce qu'on avait débarqué). • 2° *Se rembarquer* (v. pron.) ou *Rembarquer* (v. intr.), s'embarquer de nouveau. ▼ **REMBARQUEMENT.** *n. m.*

REMBARRER [rɑ̃ba(ɑ)re]. *v. tr.* (1) • Repousser brutalement (qqn) par un refus, une réponse désobligeante. *Il s'est fait rembarrer.* V. **Rabrouer.**

REMBLAI [rɑ̃blɛ]. *n. m.* • 1° Opération de terrassement, consistant à rapporter des terres pour faire une levée ou combler une cavité. *Travaux de remblai.* • 2° Terres rapportées à cet effet. *Mur de soutènement d'un remblai.* ▼ **REMBLAYER** [rɑ̃bleje]. *v. tr.* (8). Faire des travaux de remblai sur... *Remblayer une route* (la hausser), *un fossé* (le combler). || Contr. **Déblayer.** ||

REMBOURRER [rɑ̃bure]. *v. tr.* (1) • Garnir d'une matière molle (laine, crin, etc.). V. **Capitonner, matelasser.** *Rembourrer un siège.* — *Un coussin bien rembourré.* ▼ **REMBOURRAGE.** *n. m.*

REMBOURSER [rɑ̃burse]. *v. tr.* (1) • REMBOURSER QQCH. : rendre à qqn (la somme qu'il a déboursée). — *Les billets de loterie se terminant par tel chiffre sont remboursés.* — *Remboursez ! (les places),* cri de mécontentement, à un mauvais spectacle. — REMBOURSER QQN : lui rendre ce qu'il a déboursé. *Rembourser tous ses créanciers.* ▼ **REMBOURSABLE.** *adj.* Qui peut ou qui doit être remboursé. ▼ **REMBOURSEMENT.** *n. m.* Action de rembourser. — *Envoi contre remboursement,* contre paiement à la livraison.

REMBRUNIR (SE) [rɑ̃brynir]. *v. pron.* (2) • Prendre un air sombre, chagrin. *Son visage se rembrunit.*

REMÈDE [r(ə)mɛd]. *n. m.* • 1° Substance employée au traitement d'une maladie. V. **Médicament.** *Composition d'un remède. Prescrire, administrer un remède. Prendre un remède.* Loc. *Remède de bonne femme,* simple et populaire. *Remède de cheval,* brutal. • 2° Ce qui est employé pour atténuer ou guérir une souffrance morale. Loc. prov. *Aux grands maux, les grands remèdes,* quand le mal est grave, il faut employer un remède énergique. — *Un remède à l'ennui, contre l'ennui,* qui guérit de l'ennui. *Porter remède à...* V. **Remédier.** — *C'est un remède contre l'amour,* se dit d'une personne très laide. — *Sans remède,* irrémédiable.

REMÉDIER (À) [r(ə)medje]. *v. tr. ind* (7) • Apporter un remède (2°) à. *Remédier à des abus. Pour remédier à cette situation.*

REMEMBREMENT [r(ə)mɑ̃brəmɑ̃]. *n. m.* • Opération visant à constituer des domaines d'un seul tenant par échange de parcelles non contiguës entre divers propriétaires.

REMÉMORER (SE) [r(ə)memɔre]. *v. pron.* (1) • Reconstituer avec précision dans sa mémoire. V. **Rappeler** (se). *J'essaie de me remémorer toute cette histoire.*

1. REMERCIER [r(ə)mɛrsje]. *v. tr.* (7) • Dire merci, témoigner de la reconnaissance à (qqn). *Tu le remercieras de ma part. Remercier Dieu, le ciel. Je ne sais comment vous remercier. Voilà comment il me remercie !* se dit de qqn qui fait preuve d'ingratitude. — REMERCIER DE, POUR. *Je vous remercie de votre obligeance, pour votre cadeau. Il l'a remercié d'être venu.* — *Je vous remercie,* formule de refus poli : non, merci. ▼ **REMER-**

CIEMENT. n. m. *Avec tous mes remerciements. Lettre de remerciement.*

2. REMERCIER. *v. tr.* (7) • *Remercier qqn*, se dit, par euphémisme, pour *congédier, renvoyer. Il a remercié sa secrétaire.*

REMETTRE [ʀ(ə)mɛtʀ(ə)]. *v. tr.* (56) ★ **I.** Mettre de nouveau. • **1°** Mettre à sa place antérieure. *Remettre une chose en place. Remettre un objet dans sa poche.* — (Compl. personne) *Remettre un enfant en pension.* — (Abstrait) *Remettre qqn sur la bonne voie.* • **2°** *Remettre en esprit, en mémoire*, rappeler (une chose oubliée). *Je vais vous remettre cette affaire en esprit.* — Fam. *Remettre qqn*, le reconnaître. *Ah, maintenant, je vous remets !* • **3°** Replacer (dans la position antérieure). *Remettre une chose d'aplomb*, la redresser. • **4°** Porter de nouveau sur soi. *Remettre son chapeau, ses gants.* • **5°** Rétablir. *Remettre de l'ordre.* • **6°** Mettre une seconde fois, encore. V. **Ajouter.** *Remettre de l'eau dans un radiateur.* — *Fam.* EN REMETTRE : en rajouter. • **7°** REMETTRE *(qqch.)* À..., EN... : faire passer dans un autre état, ou à l'état antérieur. *Remettre une pendule à l'heure, un moteur en marche. Remettre en état, en ordre.* — *Remettre en cause, en question.* V. **Reconsidérer.** ★ **II.** Mettre en la possession ou au pouvoir de qqn qui doit le recevoir. *Remettre un paquet au destinataire. Remettre un coupable à la justice.* — (Abstrait) *Remettre sa démission.* V. **Donner.** *Je remets mon sort entre vos mains.* — Faire grâce de (une obligation). *Je vous remets votre dette*, je vous en tiens quitte. *Dieu remet les péchés*, les absout. ★ **III.** Renvoyer (qqch.) à plus tard. V. **Ajourner, différer.** *Remettre une chose au lendemain.* — *Remettre à plus tard de faire qqch.* ★ **IV.** *Pop.* REMETTRE ÇA : recommencer. *Et dire qu'il va falloir remettre ça ! On remet ça !* on boit une autre tournée. ★ **V.** SE REMETTRE. *v. pron.* • **1°** Se mettre de nouveau. *Se remettre en route.* — *Le temps s'est remis au beau.* Absolt. *Le temps va se remettre.* • **2°** SE REMETTRE À... (suivi d'un nom ou d'un inf.) : reprendre (une activité). V. **Recommencer.** *Se remettre à l'équitation. Il s'est remis à fumer.* • **3°** SE REMETTRE DE : revenir à un état meilleur après (une maladie, une épreuve). *Se remettre d'une maladie, de ses fatigues.* V. **Rétablir** (se). — *Il (s') est remis de son émotion, de sa frayeur. Il ne s'en est jamais remis.* Absolt. *Allons, remettez-vous !* reprenez vos esprits. • **4°** *Se remettre avec qqn, se remettre ensemble*, habiter de nouveau ensemble (en parlant d'un couple). • **5°** S'EN REMETTRE À QQN, *à sa décision, à son avis* : lui faire confiance, s'y fier. V. **Rapporter** (s'en). *S'en remettre à qqn du soin de...*, lui laisser le soin.

RÉMIGE [ʀemiʒ]. *n. f.* • Grande plume de l'aile des oiseaux.

REMILITARISER [ʀ(ə)militaʀize]. *v. tr.* (1) • Militariser de nouveau (un pays démilitarisé). V. **Réarmer.** ▼ **REMILITARISATION.** *n. f.*

RÉMINISCENCE [ʀeminisɑ̃s]. *n. f.* • *Littér.* Souvenir imprécis, où domine la tonalité affective. *Je n'en ai que des réminiscences. Une œuvre pleine de réminiscences.*

REMIS, ISE. V. REMETTRE.

1. REMISE [ʀ(ə)miz]. *n. f.* • Action de remettre. • **1°** *Remise en...*, action de mettre à sa place antérieure, dans son état antérieur. *Remise en place, en marche, en ordre.* — *Remise en question, en jeu.* • **2°** Action de mettre en la possession de (qqn). V. **Livraison.** *Remise d'un colis. Remise des prix aux lauréats.* • **3°** Renonciation à (une créance). *Remise de dette.* • **4°** Diminution de prix. V. **Rabais, réduction.** *Faire, consentir une remise à qqn.* — *Remise de peine*, réduction de la peine infligée à un condamné.

2. REMISE. *n. f.* • Local où l'on peut abriter des voitures, des objets, des instruments divers. ▼ **REMISER.** *v. tr.* (1). Ranger (un véhicule) dans une remise. V. **Garer.** — Ranger (une chose dont on ne se sert pas pendant un certain temps). *Remiser sa valise.*

RÉMISSION [ʀemisjɔ̃]. *n. f.* • **1°** Action de remettre, de pardonner (les péchés). *La rémission des péchés.* V. **Absolution.** • **2°** *Loc.* SANS RÉMISSION : sans plus d'indulgence, de faveur. *Je vous accorde encore 24 heures, sans rémission. C'est sans rémission !* sans appel. • **3°** Diminution momentanée (d'un mal).

REMMAILLER [ʀɑ̃maje]. *v. tr.* (1) • Réparer en reconstituant, en remontant les mailles. V. **Remailler.** *Remmailler des bas.* ▼ **REMMAILLAGE.** *n. m.* ▼ **REMMAILLEUSE.** *n. f.* Ouvrière qui remmaille.

REMONTAGE. *n. m.* • Action de remonter (un mécanisme, un moteur... qu'on avait démonté).

REMONTANT, ANTE. *adj.* • Qui remonte, redonne de la vigueur. V. **Fortifiant, reconstituant.** — *Subst.* UN REMONTANT : remède, boisson qui redonne des forces. V. **Tonique.** *J'aurais besoin d'un petit remontant.*

REMONTÉE. *n. f.* • **1°** Action de remonter. *La remontée de l'eau dans un siphon.* — Le fait de remonter (une pente, une rivière). • **2°** Action de regagner du terrain perdu. *Ce cycliste a fait une belle remontée.* • **3°** Dispositif servant à remonter les skieurs. *Les remontées mécaniques*, remonte-pentes, télésièges, etc.

REMONTE-PENTE. *n. m.* • Câble servant à hisser les skieurs en haut d'une pente, au moyen d'amarres. V. **Remontée, télésiège, téléski.** *Des remonte-pentes.*

REMONTER [ʀ(ə)mɔ̃te]. *v.* (1) ★ **I.** *V. intr* • **1°** Monter de nouveau ; regagner l'endroit d'où l'on est descendu. ‖ Contr. **Redescendre.** ‖ *Remonter au premier étage. Remonter en voiture.* — *Remonter sur le trône.* • **2°** *(Choses).* Aller de nouveau en haut. *Remonter à la surface.* Absolt. *Le baromètre remonte.* — (Abstrait) *Souvenirs qui remontent à la mémoire.* — (En parlant de ce qui ne reste pas à sa place) *Gaine qui remonte.* — S'élever de nouveau. *La route descend, puis remonte.* • **3°** Aller vers la source, à contre-courant. *Remonter jusqu'à la source*, en amont (d'un fleuve) ; et *aussi*, vers l'origine, la cause première (de qqch.). — *Remonter de l'effet à la cause. Aussi loin que remontent mes souvenirs.* • **4°** Avoir sa source, être localisé dans le passé. V. **Dater.** *Ceci remonte aux croisades.* ★ **II.** *V. tr.* • 1° Parcourir de nouveau vers le haut. *Remonter l'escalier.* — (Dans une course) *Remonter le peloton*, regagner le terrain perdu sur lui. • 2° Aller vers l'amont (d'un cours d'eau). *Remonter le Rhône.* — Loc. *Remonter le courant*, redresser une situation compromise. • 3° Porter de nouveau en haut. *Remonter une malle au grenier.* • 4° Mettre à un niveau plus élevé. *Remonter son pantalon, son col.* V. **Relever.** • 5° Tendre de nouveau le ressort (d'un mécanisme). *Remonter une horloge, une montre.* • 6° Rendre plus fort. V. **Raffermir.** *Remonter le moral de qqn.* — Redonner de la force à (qqn). V. **Réconforter.** *Ce cordial vous remontera.* V. **Remontant.** • 7° Monter de nouveau (ce qui était démonté). *J'ai eu du mal à remonter le carburateur* (V. **Remontage**). • 8° Pourvoir à nouveau de ce qui est nécessaire. *Il faut que je remonte ma garde-robe.* ▼ **REMONTOIR.** *n. m.* Dispositif servant à remonter (II, 5°) un mécanisme. *Montre à remontoir.*

1. REMONTRER [R(ə)mɔ̃tRe]. *v. tr.* (1) • Montrer de nouveau. *Remontrez-moi ce modèle.*

2. REMONTRER. *v. intr.* (1) • EN REMONTRER À (qqn) : se montrer supérieur, être capable de donner des leçons à... *Il prétend en remontrer à son maître.* ▼ **REMONTRANCE.** *n. f.* Observation adressée directement à qqn, comportant une critique raisonnée et une exhortation à se corriger. V. **Réprimande.** *Faire des remontrances à un élève.*

REMORDS [R(ə)mɔR]. *n. m.* • Sentiment douloureux, accompagné de honte, que cause la conscience d'avoir mal agi. V. **Regret, repentir.** *Avoir des remords. Être en proie au remords. Plaisir mêlé de remords. Le remords de son crime le poursuivait.*

REMORQUE [R(ə)mɔRk(ə)]. *n. f.* • 1° Véhicule sans moteur, destiné à être tiré par un autre. *Remorque de camion. Remorque de camping.* V. **Caravane.** • 2° Loc. *Prendre* EN REMORQUE : remorquer (un bateau, un véhicule). • 3° Loc. *Être, se mettre à la remorque de qqn*, se laisser mener par lui. *Être toujours à la remorque*, en arrière, à la traîne. • 4° Câble de remorquage. *La remorque vient de casser.*

REMORQUER [R(ə)mɔRke]. *v. tr.* (1) • 1° Tirer (un bateau) au moyen d'une remorque (4°). V. **Remorqueur.** • 2° Tirer (un véhicule sans moteur ou en panne). *Camion qui remorque une voiture accidentée.* • 3° *Fam.* Tirer, traîner derrière soi (qqn). *Il faut toujours le remorquer.* ▼ **REMORQUAGE.** n. m. *Remorquage des péniches.* ▼ **REMORQUEUR.** *n. m.* Navire de faible tonnage, à machines puissantes, muni de dispositifs de remorquage.

RÉMOULADE [Remulad]. *n. f.* • Sauce piquante, faite d'huile, de moutarde, d'ail, etc. Appos. *Céleri rémoulade.*

RÉMOULEUR [RemulœR]. *n. m.* • Artisan, généralement ambulant, qui aiguise les instruments tranchants.

REMOUS [R(ə)mu]. *n. m.* • 1° Tourbillon qui se produit à l'arrière d'un navire. — Tourbillon provoqué par le refoulement de l'eau au contact d'un obstacle. *Les remous d'une rivière.* — Tourbillon dans un fluide quelconque. *Les remous de l'atmosphère.* • 2° Mouvement confus et massif d'une foule. • 3° *(Abstrait).* Agitation. *Les grands remous sociaux.*

REMPAILLER [Rɑ̃paje]. *v. tr.* (1) • Garnir (un siège) d'une nouvelle paille. *Rempailler des chaises.* ▼ **REMPAILLAGE.** *n. m.* ▼ **REMPAILLEUR, EUSE.** *n.* Personne qui rempaille des sièges.

REMPART [Rɑ̃paR]. *n. m.* • 1° Forte muraille qui forme l'enceinte d'une forteresse, d'une ville fortifiée. *Remparts d'un château fort.* • 2° *(Plur.).* Zone comprise entre cette enceinte et les habitations les plus proches. *Se promener sur les remparts.* • 3° *Littér.* Ce qui sert de défense, de protection. *Se faire un rempart du corps de qqn.* — *(Abstrait)* Littér. *Le rempart de la foi.*

REMPILER [Rɑ̃pile]. *v. intr.* (1) • *Arg. milit.* Se rengager.

REMPLACER [Rɑ̃plase]. *v. tr.* (3) • 1° *Remplacer qqch.*, mettre une autre chose à sa place. — *Remplacer qqn*, lui donner un remplaçant, un successeur. — Mettre à la place de (qqch.) une chose semblable et en bon état. *Remplacer un carreau cassé.* V. **Changer.** • 2° Être mis, venir à la place de (qqch.). V. **Succéder** (à). *Le piano a remplacé le clavecin.* • 3° Tenir la place de. V. **Suppléer.** *Le miel remplace le sucre*, tient lieu de... • 4° Exercer temporairement les fonctions de (qqn). *Remplacer qqn à une cérémonie. Acteur qui se fait remplacer* (V. **Doublure**). ▼ **REMPLAÇABLE.** *adj.* Qui peut être remplacé. ‖ Contr. **Irremplaçable.** ‖ ▼ **REMPLAÇANT, ANTE.** *n.* Personne qui en remplace une autre (à un poste, une fonction). V. **Suppléant.** — *Être nommé à titre de remplaçant.* ▼ **REMPLACEMENT.** *n. m.* L'action, le fait de remplacer (chose ou personne). *En remplacement de (qqch., qqn)*, à la place de. *Produit de remplacement* (V. **Ersatz, succédané**). — *Faire un remplacement.* V. **Intérim, suppléance.**

1. REMPLIR [Rɑ̃pliR]. *v. tr.* (2) ★ **I.** • 1° Rendre (un espace disponible) plein (d'une substance, d'éléments quelconques). V. **Emplir.** *Remplir une casserole d'eau.* — *Remplir une salle* (de spectateurs, d'auditeurs). Pronom. *La salle commence à se remplir.* — *Remplir (qqn) de* (un sentiment), rendre plein de. *Ce succès l'a rempli d'orgueil.* • 2° Faire en sorte qu'une chose contienne beaucoup de. *Remplir un discours de citations.* • 3° Compléter par des indications dans les espaces laissés en blanc. *Remplir un questionnaire.* ★ **II.** • 1° Rendre plein par sa présence (une portion d'espace). *L'eau remplissait les réservoirs.* — *Remplir un vide.* • 2° *(Abstrait).* Occuper entièrement. *La colère qui remplit son cœur.* — (Temps) *Toutes les occupations qui remplissent sa vie.* • 3° Couvrir entièrement (une feuille, une page, etc.). *Remplir des pages et des pages.* ▼ **REMPLI, IE.** *adj.* • 1° Plein (de qqch.). *Bol rempli de lait.* — *(Temps)* Occupé dans toute sa durée. *Journée bien remplie.* —

(Littér.) *Il est tout rempli de son importance* (V. **Gonflé**). • 2° Qui contient en grande quantité. *Un texte rempli d'erreurs.* ▼ **REMPLISSAGE.** *n. m.* • 1° Opération qui consiste à remplir (un récipient, etc.) ; le fait de se remplir. • 2° *Péj.* Ce qui allonge un texte inutilement. *Faire du remplissage.*

2. REMPLIR. *v. tr.* (2) • *(Suj. personne* ou *chose)* Exercer, accomplir effectivement. *Remplir une fonction. Il a rempli ses engagements.* V. **Tenir.** *La tragédie classique devait remplir certaines conditions.* V. **Satisfaire** (à).

REMPLUMER (SE) [rɑ̃plyme]. *v. pron.* (1) • *Fam.* • 1° Rétablir sa situation financière. • 2° Reprendre du poids (après un amaigrissement sensible).

1. REMPORTER [rɑ̃pɔrte]. *v. tr.* (1) • Emporter (ce qu'on avait apporté). *Le livreur a dû remporter la marchandise.*

2. REMPORTER. *v. tr.* (1) • Obtenir, s'assurer après compétition. V. **Gagner.** *Remporter une victoire, un prix, un succès.*

REMUER [r(ə)mɥe]. *v.* (1) ★ **I.** *V. tr.* • 1° Faire changer de position. V. **Bouger, déplacer.** *Objet lourd à remuer.* — Mouvoir (une partie du corps). *Remuer les lèvres.* • 2° Déplacer dans ses parties, ses éléments. *Remuer la terre.* V. **Retourner.** *Remuer la pâte.* V. **Pétrir.** *Remuer la salade.* V. **Retourner.** • 3° Agiter moralement, émouvoir. — Au p. p. *Il se sent tout remué.* ★ **II.** SE REMUER. *v. pron.* Se mouvoir, faire des mouvements. *Avoir de la peine à se remuer.* — Agir en se donnant de la peine. V. **Démener** (se), **dépenser** (se). *Se remuer pour faire aboutir un projet.* Fam. *Allons, remue-toi !* V. **Grouiller** (se). ★ **III.** *V. intr.* • 1° Bouger, changer de position. *Il souffre dès qu'il remue. Il ne peut rester sans remuer.* Fam. *Ton nez remue !* tu mens. • 2° (D'un groupe d'opposants). S'agiter, menacer de passer à l'action. V. **Bouger.** ▼ **REMUANT, ANTE.** adj. *(Personnes).* Qui remue beaucoup, s'agite. *Un enfant remuant.* — Qui a des activités multiples et un peu brouillonnes. ▼ **REMUE-MÉNAGE** [rəmymenaʒ]. *n. m. invar.* Mouvements, déplacements bruyants et désordonnés. *Il fait un de ces remue-ménage !* V. **Chahut.** — Agitation (dans un groupe, un parti...). ▼ **REMUEMENT** [r(ə)mymɑ̃]. *n. m.* Mouvement de ce qui remue.

REMUGLE [r(ə)mygl(ə)]. *n. m.* • *Littér.* Odeur de renfermé.

RÉMUNÉRER [remynere]. *v. tr.* (6) • Récompenser en argent, payer (un travail, qqn pour un travail). V. **Rétribuer.** ▼ **RÉMUNÉRATEUR, TRICE.** *adj.* Qui paie bien, procure des bénéfices. *Un travail rémunérateur.* V. **Lucratif.** ▼ **RÉMUNÉRATION.** *n. f.* Rétribution (d'un travail). V. **Salaire.**

RENÂCLER [r(ə)nakle]. *v. intr.* et *tr. ind.* (1) • Témoigner de la répugnance (devant une contrainte, une obligation). *Renâcler à la besogne.* V. **Rechigner.**

RENAISSANCE [r(ə)nɛsɑ̃s]. *n. f.* ★ **I.** Réapparition ou nouvel essor (d'une chose humaine). V. **Renouveau.** *La renaissance de la poésie française au XIX*e *siècle.* ★ **II.** LA RENAISSANCE : essor intellectuel provoqué, à partir du XVe s. en Italie, puis dans toute l'Europe, par le retour aux idées et à l'art antiques. — Période historique allant du XIVe ou du XVe s. à la fin du XVIe s. *Tableau, édifice de la Renaissance.* — *Par appos.* (Invar.). *Châteaux Renaissance des bords de la Loire.* ▼ **1. RENAISSANT, ANTE.** *adj.* En arts, De la Renaissance.

RENAÎTRE [r(ə)nɛtr(ə)]. *v. intr.* (59). [pas de p. p.] • 1° *Littér* RENAÎTRE À : revenir dans (tel ou tel état) *Renaître à la vie*, retrouver la santé, la joie de vivre. *Renaître à l'espoir.* • 2° Revivre, reprendre des forces (au physique ou au moral). *Se sentir renaître.* • 3° *(Choses).* Recommencer à vivre, à se développer. V. **Reparaître.** *L'espoir renaît.* — *Faire renaître le passé,* le faire revivre. ▼ **2. RENAISSANT, ANTE.** *adj.* Qui renaît (choses abstraites). *Discussions sans cesse renaissantes.*

RÉNAL, ALE, AUX [renal, o]. *adj.* • Relatif au rein et à sa région. *Tuberculose rénale.*

RENARD [r(ə)nar]. *n. m.* • 1° Mammifère carnivore à la tête triangulaire et effilée, à la queue touffue ; le mâle adulte. *Renard argenté, bleu.* • 2° Fourrure de cet animal. *Manteau à col de renard.* • 3° Personne rusée, subtile. *Un fin renard.* ▼ **RENARDE.** *n. f.* Femelle du renard. ▼ **RENARDEAU.** *n. m.* Petit du renard.

RENCARD. V. RANCARD.

1. RENCHÉRIR [rɑ̃ʃerir]. *v. intr.* (2) • *Littér.* Devenir encore plus cher. *Les prix ont renchéri.* ▼ **RENCHÉRISSEMENT.** *n. m.*

2. RENCHÉRIR. *v. intr.* (2) • *Littér.* RENCHÉRIR SUR : aller encore plus loin, en action ou en paroles. V. **Surenchérir 1.** *Il renchérit sur tout ce que dit son frère.*

RENCONTRE [rɑ̃kɔ̃tr(ə)]. *n. f.* • 1° Le fait, pour deux personnes, de se trouver (par hasard ou non) en contact. *Rencontre inattendue. Mauvaise rencontre*, celle d'une personne dangereuse. *Ménager une rencontre entre deux personnes.* V. **Entrevue, rendez-vous.** — À LA RENCONTRE DE (qqn)... : au-devant de. *Aller à la rencontre de qqn, à sa rencontre.* • 2° Engagement, combat, match. • 3° *(Choses).* Le fait de se trouver en contact. V. **Jonction.** *Point de rencontre de deux cours d'eau. Rencontre brutale.* V. **Collision.** • 4° *Loc. adj.* Littér. DE RENCONTRE : formé par le hasard, fortuit ; rencontré par hasard.

RENCONTRER [rɑ̃kɔ̃tre]. *v. tr.* (1) ★ **I.** • 1° Se trouver en présence de (qqn) par hasard. *Je l'ai rencontré au coin de la rue.* V. **Tomber** (sur). • 2° Se trouver après rendez-vous en contact avec (qqn). *Rencontrer un émissaire.* — Être opposé en compétition à (un adversaire). • 3° Se trouver pour la première fois avec (qqn). V. **Connaissance** (faire la). *Je l'ai rencontré dans un bal.* • 4° Trouver (parmi d'autres). *Un serviteur comme on n'en rencontre plus.* ★ **II.** *(Compl. chose).* Se trouver en présence de, en contact avec (qqch.). *Un des plus beaux sites qu'il m'ait été donné de rencontrer.* V. **Voir.** — (D'un obstacle) *Sa tête a rencontré le mur.* V. **Heurter.** — (Abstrait) *Rencontrer une occasion, une forte opposition.* ★ **III.** SE

RENCONTRER. *v. pron.* • 1° *(Personnes).* Se trouver en même temps au même endroit. *Ils se sont rencontrés dans la rue.* — Faire connaissance. *Nous nous sommes déjà rencontrés.* — Avoir une entrevue. • 2° *(Personnes).* Partager, exprimer les mêmes idées, les mêmes sentiments. Iron. *Les grands esprits se rencontrent,* se dit quand deux personnes émettent le même avis. • 3° *(Choses).* Entrer en contact. *Leurs regards se rencontrèrent.* • 4° *(Passif).* Se trouver, être constaté. V. **Exister.** *Les petitesses qui se rencontrent dans les grands caractères.* — Impers. *Il se rencontre des gens qui...* V. **Trouver** (se).

RENDEMENT [ʀɑ̃dmɑ̃]. *n. m.* • 1° Production de la terre, évaluée par rapport à l'unité de surface cultivée. *Rendement à l'hectare.* — Production évaluée par rapport à des données de base (matériel ; capital, travail, etc.). V. **Productivité.** *Diminuer, augmenter le rendement.* • 2° Produit effectif d'un travail. V. **Efficacité.** *Il s'applique, mais le rendement est faible.*

RENDEZ-VOUS [ʀɑ̃devu]. *n. m. invar.* • 1° Rencontre convenue entre deux ou plusieurs personnes. *Avoir (un) rendez-vous avec qqn. Je lui ai donné rendez-vous, j'ai pris rendez-vous avec lui. Recevoir sur rendez-vous.* — *Rendez-vous amoureux, galant.* — *Maison de rendez-vous,* qui accueille des couples illégitimes. • 2° Lieu fixé pour cette rencontre. *Être le premier au rendez-vous.* — Lieu où certaines personnes se rencontrent habituellement. *Ce café est le rendez-vous des étudiants.* — *Rendez-vous de chasse,* pavillon où les chasseurs se retrouvent.

RENDORMIR (SE) [ʀɑ̃dɔʀmiʀ]. *v. pron.* (16) • Recommencer à dormir après avoir été réveillé. *J'ai eu du mal à me rendormir.*

RENDRE [ʀɑ̃dʀ(ə)]. *v.* (41) ★ **I.** *V. tr.* • 1° Donner en retour (ce qui est dû). *Je vous rends votre argent, votre livre.* — Abstrait. *Le culte qu'on rend à la divinité.* • 2° Donner (sans idée de restitution). *Rendre des services. Rendre un jugement, un arrêt.* V. **Prononcer.** • 3° Redonner (ce qui a été pris ou reçu). V. **Restituer.** *Rendre ce qu'on a volé. Rendre un cadeau,* le renvoyer. — *Rendre à qqn sa parole, sa liberté,* le délier d'un engagement. • 4° Rapporter au vendeur (ce qu'on a acheté). *Article qui ne peut être ni rendu ni échangé.* • 5° *(Abstrait).* Donner à nouveau (à son possesseur ce qu'il a perdu). *Ce traitement m'a rendu des forces, le sommeil.* • 6° Donner (une chose semblable en échange de ce qu'on a reçu). *Recevoir un coup et le rendre. Rendre la monnaie* (sur un billet). *Rendre un salut. Rendre à qqn sa visite.* ★ **II.** *V. tr.* Laisser échapper (ce qu'on ne peut garder, retenir). • 1° Vomir. *Il a rendu tout son dîner.* Absolt. *Avoir envie de rendre.* • 2° Loc. *Rendre l'âme, le dernier soupir,* mourir. • 3° Faire entendre, émettre (un son). *Rendre des sons grêles.* • 4° Céder, livrer. *Rendre les armes. Le commandant a dû rendre la place.* ★ **III.** *(Suivi d'un attribut du compl.).* Faire devenir. *Il me rend fou. Rendre une femme heureuse.* ★ **IV.** *V. tr.* Présenter après interprétation. • 1° Traduire. *Il est difficile de rendre en français cette tournure.* • 2° Exprimer par le langage. *Le mot qui rend le mieux ma pensée...* • 3° Représenter par un moyen plastique, graphique. *Rendre avec vérité un paysage.* ★ **V.** *V. intr.* Rapporter. *Ces terres rendent peu.* V. **Rendement.** *La pêche a bien rendu.* — Fam. *Ça n'a pas rendu,* ça n'a pas marché, ça n'a rien donné. ★ **VI.** SE RENDRE. *v. pron.* • 1° Se soumettre, céder. *Se rendre aux prières, aux ordres de qqn.* V. **Obéir.** — Se soumettre (en *rendant* ses armes). *Mourir plutôt que de se rendre. Se rendre sans conditions.* V. **Capituler.** — (D'un criminel) Se livrer. • 2° Se transporter, aller. *Se rendre à l'étranger.* — Au p. p. *Nous voilà rendus,* arrivés. • 3° *(Suivi d'un attribut).* Se faire tel, devenir par son propre fait. *Chercher à se rendre utile. Vous allez vous rendre malade.*

1. RENDU, UE. *adj.* • Très fatigué. *Je me sens rendu.*

2. RENDU. *n. m.* • Objet rendu à un commerçant.

RÊNE [ʀɛn]. *n. f.* • Chacune des courroies fixées aux harnais d'une bête de selle, et servant à la diriger. V. **Bride, guide.** — (Abstrait) *Prendre les rênes d'une affaire,* la diriger. *Lâcher les rênes,* tout abandonner.

RENÉGAT, ATE [ʀənega, at]. *n.* • Personne qui a renié sa religion. — Personne qui a trahi ses opinions, son parti, sa patrie, etc.

RENFERMER [ʀɑ̃fɛʀme]. *v. tr.* (1) • 1° *(Choses).* Tenir contenu dans un espace, en soi. *Tiroir qui renferme des papiers importants.* — Comprendre, contenir. *Combien cette phrase renferme-t-elle de mots ?* • 2° Tenir caché (un sentiment). V. **Dissimuler.** *Il renferme son chagrin.* — Pronom. *Se renfermer en soi-même,* ne rien livrer de ses sentiments (V. **Renfermé**). ▼ **1. RENFERMÉ, ÉE.** *adj.* Qui ne montre pas ses sentiments. V. **Dissimulé, secret.** *Il est assez renfermé.* ▼ **2. RENFERMÉ.** *n. m.* Mauvaise odeur d'un lieu mal aéré. *Cette chambre sent le renfermé.*

RENFLER [ʀɑ̃fle]. *v. tr.* (1) • Rendre convexe, bombé. — Pronom. *Se renfler.* ▼ **RENFLÉ, ÉE.** *adj.* Qui présente une partie bombée. *Forme renflée d'un vase.* ▼ **RENFLEMENT.** *n. m.* État de ce qui est renflé ; partie renflée.

RENFLOUER [ʀɑ̃flue]. *v. tr.* (1) • 1° Remettre en état de flotter. *Renflouer un navire échoué.* • 2° Sauver (qqn, une entreprise...) de difficultés financières en fournissant des fonds. ▼ **RENFLOUAGE** ou **RENFLOUEMENT.** *n. m.* Action de renflouer (1° ou 2°).

RENFONCEMENT [ʀɑ̃fɔ̃smɑ̃]. *n. m.* • Ce qui forme un creux. *Se cacher dans le renfoncement d'une porte.* — Recoin, partie en retrait.

RENFORCER [ʀɑ̃fɔʀse]. *v. tr.* (3) • 1° Rendre plus fort, plus résistant. V. **Consolider.** — Au p. p. *Bas à talons renforcés.* • 2° Rendre plus fort, plus efficace. *Renforcer une armée, une équipe.* • 3° Rendre plus intense, plus énergique. *Mot qui sert à renforcer l'expression.* • 4° Rendre plus certain, plus solide. V. **Fortifier.** *Ceci renforce mes* *soupçons. — Renforcer qqn dans une opinion,* lui fournir de nouvelles raisons de s'y tenir. ▼ **RENFORCEMENT.** *n. m.*

RENFORT [ʀɑ̃fɔʀ]. *n. m.* • 1° Effectifs, et matériel destinés à renforcer une armée. *Envoyer des renforts. — Fam.* Aide. *J'aurais besoin de renforts pour ma réception de ce soir.* • 2° À GRAND RENFORT DE... : à l'aide d'une grande quantité de. *Il discutait à grand renfort de gestes.*

RENFROGNER (SE) [ʀɑ̃fʀɔɲe]. *v. pron.* (1) • Témoigner son mécontentement par une expression contractée du visage. *À cette proposition, il se renfrogna.* — Au p. p. *Visage, air renfrogné.* V. **Maussade.**

RENGAGER [ʀɑ̃gaʒe]. *v. intr.* ou **RENGAGER (SE).** *v. pron* (3) • Reprendre du service volontaire dans l'armée. V. **Rempiler.** — Au p. p. *Soldat rengagé.* Subst. *Un rengagé.*

RENGAINE [ʀɑ̃gɛn]. *n. f.* • 1° Formule répétée à tout propos. *C'est toujours la même rengaine.* V. **Refrain.** • 2° Chanson ressassée. *Une rengaine à la mode.*

RENGAINER [ʀɑ̃gene]. *v. tr.* (1) • 1° Remettre dans la gaine le fourreau. *Rengainer son épée.* || Contr. **Dégainer.** || • 2° *Fam.* Rentrer (ce qu'on avait l'intention de manifester). *Rengainer son compliment, son discours.*

RENGORGER (SE) [ʀɑ̃gɔʀʒe]. *v. pron.* (3) • Prendre une attitude avantageuse, manifester une satisfaction vaniteuse.

RENIER [ʀənje]. *v. tr.* (7) • 1° Déclarer faussement qu'on ne connaît pas ou plus (qqn). *Saint Pierre renia trois fois Jésus. Renier sa famille* (par honte). • 2° Renoncer à (ce à quoi on aurait dû rester fidèle). *Renier sa foi, ses opinions. Renier ses engagements,* s'y dérober. — Pronom. *Se renier,* renier ses opinions. ▼ **RENIEMENT.** n. m. *Un reniement honteux.*

RENIFLER [ʀ(ə)nifle]. *v.* (1) • 1° *V. intr.* Aspirer bruyamment par le nez. *Cesse de renifler et mouche-toi.* • 2° *V. tr.* Aspirer par le nez. • 3° Sentir (qqch.) avec insistance. *Renifler qqch. de louche.* V. **Flairer.** ▼ **RENIFLEMENT.** *n. m.* Action de renifler ; bruit que l'on fait en reniflant.

RENNE [ʀɛn]. *n. m.* • Mammifère ruminant de grande taille, aux bois aplatis, qui vit dans les régions froides de l'hémisphère Nord. *Troupeau de rennes.*

RENOM [ʀ(ə)nɔ̃]. *n. m.* • 1° *Littér.* Opinion répandue dans le public, sur qqn ou qqch. V. **Réputation.** • 2° Opinion favorable et largement répandue. V. **Célébrité, renommée.** *Le renom des grandes Écoles. Une maison en renom.* V. **Réputé.** ▼ **RENOMMÉ, ÉE.** *adj.* Qui a du renom. V. **Célèbre, réputé.** *La mode française est renommée dans le monde entier. Un restaurant renommé pour sa cave.*

RENOMMÉE [ʀ(ə)nɔme]. *n. f.* • 1° Le fait (pour une personne, une chose) d'être très favorablement et largement connu. V. **Célébrité, gloire, notoriété, renom.** — *Un savant de renommée internationale. La renommée dont jouit la cuisine française.* • 2° *Littér.* Opinion publique répandue. *Si l'on en croit la renommée...*

RENONCER [ʀ(ə)nɔ̃se]. *v. tr. ind.* (3) • RENONCER À (qqch.). • 1° Abandonner un droit sur (qqch.). *Renoncer à une succession.* — Abandonner l'idée de. *Renoncer à un voyage, à un projet.* — (Suivi d'un inf.) *Je renonce à comprendre ! J'y renonce ! C'est impossible !* • 2° Abandonner volontairement (ce qu'on a). V. **Dépouiller** (se). *Renoncer au pouvoir,* abdiquer. *Il devra renoncer à ses prétentions. — (Suivi d'un inf.)* Cesser volontairement de. *Renoncer à fréquenter qqn.* • 3° Cesser de pratiquer, d'exercer. *Renoncer à un métier, à ses habitudes.* • 4° Cesser d'employer. *Renoncer au tabac, au vin.* • 5° En terme de religion, *Renoncer au monde,* cesser d'être attaché aux choses de ce monde. Loc. *Renoncer à Satan, à ses pompes et à ses œuvres,* au péché et aux occasions de pécher. ▼ **RENONCEMENT.** n. m. *Littér.* Le fait de renoncer volontairement aux biens terrestres. *Vivre dans le renoncement. Le renoncement à soi-même,* l'abnégation, le sacrifice. ▼ **RENONCIATION** [ʀ(ə)nɔ̃sjasjɔ̃]. *n. f.* • 1° Le fait de renoncer (à un droit, une charge) ; l'acte par lequel on y renonce. V. **Abandon.** *Renonciation à une succession. — Renonciation au trône.* V. **Abdication.** • 2° Action de renoncer à (un bien moral). *Renonciation à la liberté.*

RENONCULE [ʀ(ə)nɔ̃kyl]. *n. f.* • Plante herbacée, à petites fleurs serrées de couleurs vives (en particulier jaunes. V. **Bouton-d'or**).

RENOUER [ʀənwe]. *v. tr.* (1) • 1° Refaire un nœud à ; nouer ce qui est dénoué. *Renouer ses lacets de chaussures.* • 2° *(Abstrait).* Rétablir après une interruption. *Renouer la conversation.* • 3° Trans. ind. *Renouer avec...,* reprendre des relations avec... *Renouer avec un ami après une brouille. — Cet artiste renoue avec les traditions populaires.*

RENOUVEAU [ʀ(ə)nuvo]. *n. m.* • 1° Apparition de formes entièrement nouvelles. V. **Renaissance.** *Le théâtre connaît un renouveau.* • 2° *Littér.* Retour du printemps.

RENOUVELER [ʀ(ə)nuvle]. *v. tr.* (4) ★ **I.** • 1° Remplacer par une chose nouvelle et semblable (ce qui a servi, est altéré, diminué). V. **Changer.** *Renouveler l'air d'une pièce. Renouveler le matériel, l'outillage.* — Remplacer une partie des membres de (un groupe). *Renouveler le personnel d'une entreprise.* • 2° Rendre nouveau en transformant. *L'auteur a renouvelé le genre.* V. **Rajeunir.** • 3° Donner une validité nouvelle à (ce qui expire). *Renouveler un passeport.* • 4° Faire de nouveau. V. **Réitérer.** *Il a renouvelé sa promesse.* — (Terme de religion) *Renouveler (sa communion),* refaire sa communion solennelle un an après la cérémonie. V. **Renouvellement** (4°). ★ **II.** SE RENOUVELER. *v. pron.* • 1° Être remplacé par des éléments nouveaux et semblables. *Les membres de cette assemblée se renouvellent par tiers chaque année.* • 2° Apporter des changements dans son activité créatrice, se montrer inventif. *Dans ce métier, il faut sans cesse se renouveler.* • 3° Recommencer. V. **Reproduire** (se). *Souhaitons que cet incident ne se renouvelle pas.* ▼ **RENOUVELABLE.** *adj.* Qui peut être renouvelé. *Passeport renouvelable.* ▼ **RENOUVELLEMENT** [ʀ(ə)nuvɛlmɑ̃]. *n. m.* • 1° Action de renouveler. *Renouvellement d'un stock.* • 2° Changement complet des formes qui crée un état nouveau. *Besoin de renouvellement de certaines structures.* • 3° Remise en vigueur. *Renouvellement d'un bail.* • 4° Confirmation de la communion solennelle (par les *renouvelants*).

RÉNOVER [ʀenɔve]. *v. tr.* (1) • Améliorer en donnant une forme nouvelle, moderne. V. **Moderniser, transformer.** ▼ **RÉNOVATEUR, TRICE.** *n.* et *adj.* Personne qui rénove. ▼ **RÉNOVATION.** *n. f.* Action de rénover. — Opération d'urbanisme consistant à raser un vieux quartier et à le reconstruire sur un nouveau plan. *Délimiter un îlot de rénovation dans une ville.*

RENSEIGNEMENT [ʀɑ̃sɛɲmɑ̃]. *n. m.* • 1° Ce par quoi on renseigne (qqn) ; la chose portée à sa connaissance. V. **Information, tuyau** *(fam.). Donner, fournir un renseignement. Chercher des renseignements sur* (qqch.). V. **Documentation.** *Demander à titre de renseignement. Aller aux renseignements,* à leur recherche. — *Prendre des renseignements sur le compte d'une personne, d'une entreprise,* pour juger de sa valeur. *Fournir de bons renseignements,* des références. —(Commerce, administration) *Bureau, guichet des renseignements.* • 2° Information concernant la sécurité du territoire ; recherche de telles informations. *Agent, service de renseignements.* V. **Espionnage.**

RENSEIGNER [ʀɑ̃seɲe]. *v. tr.* (1) • Éclairer sur un point précis, fournir un renseignement à... V. **Informer, instruire.** *Je regrette de ne pouvoir vous renseigner. Être bien, mal renseigné,* savoir ou ignorer ce dont il est question. — *(Choses)* Constituer une source d'information. — SE RENSEIGNER. *v. pron.* Prendre, obtenir des renseignements. *Se renseigner auprès de qqn.* V. **Informer** (s'), **interroger.** *Renseignez-vous avant de signer le contrat.*

RENTABLE. *adj.* • 1° Qui donne un bénéfice suffisant. *Une affaire rentable.* • 2° *Fam.* Qui donne des résultats. V. **Payant.** ▼ **RENTABILISER.** *v. tr.* (1). Rendre rentable (1°). ▼ **RENTABILITÉ.** *n. f.*

RENTE [ʀɑ̃t]. *n. f.* • 1° Revenu périodique d'un bien, d'un capital. *Avoir des rentes.* — *Vivre de ses rentes,* ne pas travailler. • 2° Somme d'argent qu'une personne est tenue de donner périodiquement à une autre personne. — *Rente viagère,* pension payable pendant la vie de celui qui la reçoit. • 3° Emprunt de l'État, représenté par un titre qui donne droit à un intérêt. *Le cours de la rente.* ▼ **RENTIER, IÈRE.** *n.* Personne qui a des rentes, qui vit de ses rentes. — *Mener une vie de rentier,* ne pas travailler.

RENTRÉE. *n. f.* ★ **I.** *(Êtres vivants).* • 1° Le fait de rentrer. || Contr. **Sortie.** || *La rentrée des vacanciers à Paris. Heure de rentrée.* • 2° Reprise des activités de certaines institutions après une interruption. *La rentrée parlementaire. La rentrée des classes,* après les grandes vacances. — *Absolt.* L'époque de la *rentrée* des classes (qui est aussi celle de la reprise des activités après les vacances). *Nous reparlerons de cela à la rentrée.* • 3° Retour d'un acteur à la scène, après une interruption. *Faire sa rentrée sur une scène parisienne.* — *Préparer sa rentrée politique.* ★ **II.** *(Choses).* • 1° Mise à l'abri (de ce qui était dehors). *La rentrée des foins.* • 2° *Rentrée d'argent,* somme d'argent qui entre en caisse. V. **Recette.** || Contr. **Sortie.** || Absolt. *Les rentrées de l'impôt.*

RENTRER [ʀɑ̃tʀe]. *v.* (1) ★ **I.** *V. intr.* (Avec l'auxil. *être*). • 1° Entrer de nouveau (dans un lieu où l'on a déjà été). || Contr. **Ressortir.** || *Je l'ai vu sortir, puis rentrer précipitamment dans la maison.* — *(Abusif)* Entrer (sans idée de répétition ni de retour). • 2° Revenir chez soi. *Nous rentrerons tard. Rentrer dîner.* • 3° Reprendre ses activités, ses fonctions. *Les tribunaux, les classes rentrent à telle date.* • 4° Loc. *Rentrer dans ses droits.* V. **Recouvrer.** *Rentrer dans ses dépenses, ses frais,* les récupérer ou en retrouver l'équivalent. — (Choses) *Tout est rentré dans l'ordre,* l'ordre est revenu. • 5° Littér. *Rentrer en soi-même,* faire retour sur soi-même. V. **Recueillir** (se). • 6° Se jeter avec violence. *Sa voiture est rentrée dans un arbre. Rentrer dedans.* V. **Dedans.** — *Faire rentrer qqch. dans la tête,* faire comprendre ou apprendre avec peine, en insistant. • 7° *(Choses).* S'emboîter, s'enfoncer. *Clé qui rentre dans la serrure.* — *Le cou lui rentre dans les épaules. Les jambes lui rentraient dans le corps* (de fatigue). • 8° Être compris dans. V. **Entrer.** *Cela ne rentre pas dans mes attributions.* • 9° Être perçu, gagné (se dit de l'argent). *Faire rentrer l'impôt.* ★ **II.** *V. tr.* (Avec l'auxil. *avoir*). • 1° Mettre ou remettre à l'intérieur, dedans. *Rentrer les foins. Il a rentré sa voiture* (au garage). — *Rentrer le ventre,* le faire plat. • 2° Dissimuler, faire disparaître sous (ou dans). *Rentrer sa chemise dans son pantalon. Le chat rentre ses griffes.* — Refouler. *Rentrer ses larmes, sa rage.* — Au p. p. *Colère rentrée.* ▼ **RENTRANT, ANTE.** adj. *Train d'atterrissage rentrant.* V. **Escamotable.** — *Angle rentrant,* de plus de 180°.

RENVERSANT, ANTE. *adj.* • Qui renverse (6°), frappe de stupeur. *Une nouvelle renversante.*

RENVERSE (À LA). *loc. adv.* • *Tomber à la renverse,* sur le dos.

RENVERSEMENT [ʀɑ̃vɛʀsəmɑ̃]. *n. m.* ★ **I.** Action de mettre à l'envers. • 1° Passage en bas de la partie haute. *Renversement des images.* • 2° Passage à un ordre inverse. *Renversement des termes d'un rapport.* • 3° Changement complet en l'inverse. *Renversement des alliances,* lorsque les alliés deviennent ennemis et inversement. *Renversement de la situation.* V. **Retournement.** ★ **II.** • 1° Le fait de renverser, de jeter bas. *Le renversement du régime.* V. **Chute.** • 2° Rejet en arrière (d'une partie du corps). *Renversement du buste, de la tête.*

RENVERSER [ʀɑ̃vɛʀse]. *v. tr.* (1) • 1° Mettre de façon que la partie supérieure devienne inférieure. *Renverser un seau.* — CRÈME RENVERSÉE : prise et retournée pour la servir. — Loc. *C'est le monde renversé !* c'est contraire au bon sens, à la normale. — Pronom. *La barque s'est renversée.* • 2° Disposer ou faire mouvoir en sens inverse. V. **Inverser.** *Renverser les termes d'une proposition. Renverser le courant, la vapeur.* • 3° Faire tomber à la renverse, jeter à terre (qqn). *Piéton renversé par une voiture.* — Faire tomber (qqch.). *Renverser une chaise.* — Répandre (un liquide) en faisant tomber le récipient. *Renverser du vin sur la nappe.* • 4° Faire tomber, démolir. V. **Abattre.** *Renverser tous les obstacles. — Renverser un ministre, un cabinet,* le faire démissionner en lui refusant la confiance. • 5° Incliner en arrière (la tête, le buste). *Tenir la tête renversée.* — Pronom. *Il se renversa en arrière.* • 6° *(Compl. personne).* Étonner extrêmement. *Cela me renverse* (V. **Renversant**).

RENVOI [ʀɑ̃vwa]. *n. m.* • Action de renvoyer ; son résultat. • 1° Le fait de porter une affaire devant un autre juge (que celui qui en était saisi). • 2° Marque invitant le lecteur à se reporter (à tel mot ou passage). V. **Référence.** • 3° Le fait de renvoyer qqn. V. **Congédiement, expulsion, licenciement.** *Décider le renvoi d'un élève.* • 4° Le fait de retourner (une lettre, une marchandise...) à l'expéditeur. • 5° Le fait de renvoyer par la bouche des gaz provenant de l'estomac. V. **Rot ; éructation.** • 6° Ajournement, remise.

RENVOYER [ʀɑ̃vwaje]. *v. tr.* (8). [Sauf futur *Je renverrai* et condit. *Je renverrais.*] • 1° Faire retourner (qqn) là où il était précédemment. *Il est guéri, vous pouvez le renvoyer en classe.* — Faire repartir (qqn) dont on ne souhaite plus la présence. *Elle désirait se reposer et renvoya tout le monde.* • 2° Faire partir (en faisant cesser une fonction). *Renvoyer un domestique.* V. **Chasser, congédier.** *Renvoyer un employé.* V. **Licencier.** — *Il est renvoyé du lycée.* • 3° Faire reporter (qqch. à qqn). *Renvoyer un cadeau.* V. **Rendre.** • 4° Relancer (un objet qu'on a reçu). *Renvoyer un ballon.* — Réfléchir, répercuter (la lumière, le son). • 5° Envoyer, adresser à une autorité plus compétente. *On m'a renvoyé à un autre service. Renvoyer un prévenu devant la cour d'assises.* — Faire se reporter. *Je renvoie le lecteur à mon précédent ouvrage.* — (Suj. chose) *Notes qui renvoient à certains passages* (V. **Renvoi**). • 6° Remettre à une date ultérieure (V. **Ajourner, différer**). *Renvoyer l'affaire à huitaine.*

RÉOCCUPER [ʀeɔkype]. *v. tr.* (1) • Occuper de nouveau. *Réoccuper un territoire.* ▼ **RÉOCCUPATION.** *n. f.*

RÉORGANISER [ʀeɔʀganize]. *v. tr.* (1) • Organiser de nouveau, d'une autre manière. *Réorganiser un service.* ▼ **RÉORGANISATION.** *n. f.*

RÉOUVERTURE [ʀeuvɛʀtyʀ]. *n. f.* • Le fait de rouvrir (un établissement qui a été quelque temps fermé). *Réouverture d'un théâtre.*

REPAIRE [ʀ(ə)pɛʀ]. *n. m.* • 1° Lieu qui sert de refuge aux bêtes sauvages (surtout féroces). V. **Antre, tanière.** • 2° Lieu qui sert de refuge à des individus dangereux. *Un repaire de brigands.*

REPAÎTRE [ʀəpɛtʀ(ə)]. *v. tr.* (57) ★ **I.** (Abstrait). *Littér.* Nourrir, rassasier (ses yeux, son esprit). ★ **II.** SE REPAÎTRE. *v. pron.* • 1° Assouvir sa faim *(animaux).* • 2° Littér. *Ce tyran ne se repaît que de sang et de carnage. Se repaître de chimères, d'illusions.*

RÉPANDRE [ʀepɑ̃dʀ(ə)]. *v. tr.* (41) ★ **I.** • 1° Verser (un liquide). *Répandre du vin sur une nappe.* V. **Renverser.** *Répandre des larmes,* pleurer. • 2° *(Choses).* Produire et envoyer autour de soi (de la lumière, de la chaleur, etc.). V. **Diffuser, émettre.** *Répandre une odeur.* V. **Dégager, exhaler.** ★ **II.** • 1° *Littér.* Donner avec profusion (une chose abstraite). V. **Dispenser, prodiguer.** *Répandre des bienfaits.* • 2° Faire régner (un sentiment) autour de soi. *Répandre l'effroi.* V. **Jeter, semer.** *Répandre la joie, l'allégresse.* • 3° Diffuser, étendre à un plus grand nombre. *Répandre une doctrine, une mode.* V. **Propager, vulgariser.** • 4° Rendre public. *Répandre une nouvelle, un bruit.* V. **Colporter.** ★ **III.** SE RÉPANDRE. *v. pron.* • 1° *(Choses).* Couler, s'étaler sur un plus grand espace. *La fumée se répand dans la pièce.* — (Abstrait) *La consternation se répandit sur tous les visages.* • 2° Se propager. *Cet usage se répand peu à peu.* V. **Gagner.** — *Le bruit s'est répandu qu'il avait disparu.* V. **Courir.** • 3° (Personnes). *Se répandre* (ou *être répandu*) *dans la société,* avoir une vie mondaine très active. • 4° *(Personnes).* SE RÉPANDRE EN... : extérioriser ses sentiments par une abondance de... *Se répandre en injures, en menaces.* ▼ **RÉPANDU, UE.** *adj.* • 1° Épars, dispersé. • 2° *(Abstrait).* Qui est commun à un grand nombre de personnes (pensées, opinions). V. **Courant.** *Un préjugé très répandu.*

RÉPARABLE. *adj.* • 1° Qu'on peut réparer. *Cette montre est réparable.* • 2° Qu'on peut corriger, compenser, etc. *C'est une perte facilement réparable.*

REPARAÎTRE [ʀ(ə)paʀɛtʀ(ə)]. *v. intr.* (57) • 1° Se montrer de nouveau à la vue. V. **Apparaître** (de nouveau), **réapparaître.** — Paraître de nouveau (devant qqn). *Ne reparais jamais devant moi !* • 2° Redevenir sensible, se manifester de nouveau. *Tel caractère reparaît après plusieurs générations.*

RÉPARATEUR, TRICE. *n.* et *adj.* • 1° *N.* Artisan qui répare des objets. *Réparateur de tapis, de postes de radio...* • 2° *Adj.* Qui répare les forces. *Sommeil réparateur. — Chirurgie réparatrice,* qui reconstitue les formes, après une lésion grave.

RÉPARATION [ʀepaʀɑsjɔ̃]. *n. f.* • 1° Opération, travail qui consiste à réparer qqch. *La réparation d'une montre. — En réparation,* qu'on est en train de réparer. *L'ascenseur est en réparation.* — *(Plur.)* Travaux effectués pour réparer ou entretenir un bâtiment. • 2° L'action de réparer (un accident, etc.). *Réparation d'une avarie.* • 3° Action de réparer (une faute, une offense, etc.). V. **Expiation.** *Demander, obtenir réparation* (d'une offense). V. **Satisfaction.** — *Surface de réparation,* partie du terrain de football où une faute donne lieu à un penalty. • 4° Dédommagement, indemnité. *Réparations imposées à un pays vaincu.*

RÉPARER [ʀepaʀe]. *v. tr.* (1) • 1° Remettre en état (ce qui a été endommagé, ce qui s'est détérioré). *Réparer un poste de radio, une bicyclette... Donner ses chaussures à réparer.* • 2° *Réparer ses forces, sa santé,* se rétablir. • 3° Faire disparaître (les dégâts causés à qqch.). *Réparer un accroc.* — Corriger (en supprimant les conséquences). *Réparer une perte, un oubli.* V. **Remédier** (à). *Réparer sa faute, ses torts.* — *Absolt.* Épouser une jeune fille qu'on a séduite.

RÉPARLER [ʀ(ə)paʀle]. *v. intr.* (1) • Parler de nouveau (de qqch. ou de qqn). *Nous aurons le temps d'en reparler.* Fam. *On en reparlera,* se dit pour exprimer son scepticisme et marquer que l'avenir risque de donner tort à l'interlocuteur.

REPARTIE [ʀəpaʀti ; ʀepaʀti]. *n. f.* • Réponse rapide et juste. V. **Réplique, riposte.** *Il a de la repartie. Esprit de repartie.*

REPARTIR [ʀ(ə)paʀtiʀ]. *v. intr.* (16) • 1° Partir de nouveau (après un temps d'arrêt). • 2° Recommencer. *Nous avons dû repartir à zéro.* — Reprendre. *L'affaire repart bien.*

RÉPARTIR [ʀepaʀtiʀ]. *v. tr.* (2) • 1° Partager (selon des conventions précises) une quantité ou un ensemble. *Répartir une somme, un travail... entre plusieurs personnes.* — Pronom. *Les rôles se répartiront ainsi,* seront répartis... • 2° Distribuer dans un espace. V. **Disposer.** *Répartir ses troupes.* — *Chargement mal réparti.* • 3° Étaler (dans le temps). *Répartir un programme sur plusieurs années.* V. **Échelonner.** ▼ **RÉPARTITION.** *n. f.* • 1° Opération qui consiste à répartir qqch. ; manière dont une chose est répartie. V. **Distribution.** *La répartition de la richesse nationale.* • 2° Distribution dans un espace, à l'intérieur d'un volume. V. **Disposition.** *Répartition géographique d'une espèce.*

REPAS [ʀ(ə)pɑ]. *n. m.* • 1° Nourriture prise en une fois à heures réglées. *Faire un repas copieux, plantureux, pantagruélique.* V. **Festin.** *Repas léger.* V. **Casse-croûte.** *Repas froid,* fait de plats froids. *Préparer, servir le repas.* — *Repas à la carte, à prix fixe* (dans un restaurant). • 2° Action de se nourrir, répétée quotidiennement à heures réglées. *Repas du matin* (petit déjeuner), *de midi* (V. **Déjeuner**), *du soir* (V. **Dîner, souper**). — Le déjeuner ou le dîner. *Être chez soi à l'heure des repas. Repas de noces* (V. **Banquet**). *Repas champêtre.* V. **Pique-nique.**

1. REPASSER [ʀ(ə)pɑse]. *v.* (1) ★ **I.** *V. intr.* Passer de nouveau. *Je repasserai vous voir.* V. **Revenir.** Fam. *Il peut toujours repasser !* il n'aura rien, quoi qu'il fasse. *Vous n'êtes pas obligé de repasser par le même chemin. Passer et repasser.* — (Abstrait) *Des souvenirs repassaient dans sa mémoire.* ★ **II.** *V. tr.* • 1° Passer, franchir de nouveau ou en retournant. *Repasser les monts, les mers.* — *Repasser un examen,* en subir de nouveau les épreuves. • 2° Passer de nouveau (qqch.). *Repasser un film,* le projeter à nouveau. — Faire passer à nouveau (qqch. à qqn). *Repasse-moi le plat, le pain...* — Faire passer à nouveau (dans son esprit). V. **Évoquer.** *Repasser les événements de sa vie.* • 3° *Fam.* Passer (ce qu'on a reçu de qqn d'autre). V. **Refiler** *(fam.). Repasser un travail à qqn.*

2. REPASSER. *v. tr.* (1) ★ **I.** Affiler, aiguiser (une lame). *Repasser des ciseaux.* ★ **II.** Rendre lisse et net (du linge, du tissu, etc.), au moyen d'un instrument approprié. *Repasser une chemise.* Absolt. *Fer à repasser.* ▼ **REPASSAGE.** *n. m.* ▼ **REPASSEUSE.** *n. f.* Ouvrière qui repasse le linge, les vêtements. V. **Blanchisseuse.**

3. REPASSER. *v. tr.* (1) • Relire, apprendre en revenant plusieurs fois sur le même sujet. V. **Potasser.** *Repasser ses leçons.* — *Repasser son rôle, un pas de danse,* le répéter.

REPÊCHER [ʀ(ə)peʃe]. *v. tr.* (1) • 1° *Repêcher un noyé,* le retirer de l'eau. • 2° Fam. *Repêcher un candidat,* le recevoir malgré un total de points inférieur au total exigé. — *Repêcher un concurrent,* le qualifier pour les épreuves suivantes quand il n'a pas été désigné directement par les éliminatoires. ▼ **REPÊCHAGE.** *n. m.*

REPEINDRE [ʀ(ə)pɛ̃dʀ(ə)]. *v. tr.* (52) • Peindre de nouveau, peindre à neuf. *Repeindre son appartement.* — Au p. p. *Parties repeintes d'un tableau* (les *repeints*).

REPENSER [ʀ(ə)pɑ̃se]. *v. tr.* (1) • 1° *Trans. ind.* Penser de nouveau, réfléchir encore plus (à qqch.). *J'y repenserai.* • 2° *Trans. dir.* Reconsidérer. *Repenser un problème.*

1. REPENTIR (SE) [ʀ(ə)pɑ̃tiʀ]. *v. pron.* (16) • 1° Ressentir le regret (d'une faute), avec le désir de ne plus la commettre, de réparer. V. **Regretter.** *Se repentir d'une faute, d'avoir commis une faute.* — Absolt. *Il s'est repenti.* • 2° Regretter vivement, souhaiter n'avoir pas fait ou dit (qqch.). *Se repentir d'un acte. Se repentir amèrement d'avoir trop parlé. Il s'en repentira,* se dit par menace. ▼ **REPENTANT, ANTE.** *adj.* Qui se repent de ses fautes, de ses péchés. V. **Contrit.** *Un pécheur repentant.* — *Un air repentant.* ▼ **REPENTI, IE.** *adj.* Qui s'est repenti de ses fautes, qui a commencé à réparer. *Pécheur repenti.*

2. REPENTIR. *n. m.* • 1° Vif regret d'une faute, accompagné d'un désir d'expiation, de réparation. V. **Remords ; contrition.** *Un repentir sincère.* • 2° Regret d'une action quelconque. • 3° *Littér.* Changement apporté à une œuvre d'art en cours d'exécution. V. **Correction.**

REPÉRAGE [ʀ(ə)peʀaʒ]. *n. m.* • Opération par laquelle on repère. *Repérage des avions par radar. Les difficultés du repérage dans le tirage en couleurs.*

RÉPERCUTER [ʀepɛʀkyte]. *v. tr.* (1) • 1° Renvoyer dans une direction nouvelle (un son, une onde). V. **Réfléchir.** *Échos répercutés par les montagnes.* • 2° *(Abstrait).* SE RÉPERCUTER : se transmettre, se propager par une suite de réactions. *La majoration des transports se répercute sur le prix des marchandises.* ▼ **RÉPERCUSSION.** *n. f.* Le fait d'être renvoyé, répercuté. — Effets secondaires.

REPÈRE [ʀ(ə)pɛʀ]. *n. m.* • 1° Marque, signe... utilisé pour retrouver un endroit dans un travail avec précision. *Tracer des repères. Choisir un repère.* • 2° POINT DE REPÈRE : objet ou endroit précis reconnu et choisi pour s'orienter, se retrouver (dans l'espace ou dans le temps).

REPÉRER [ʀ(ə)peʀe]. *v. tr.* (6) • 1° Situer avec précision, en se servant de repères ou par rapport à des points de repère. *Repérer un emplacement, une batterie ennemie.* — Fam. SE REPÉRER. *v. pron.* Reconnaître où l'on est. *Se repérer facilement dans une ville.* — *(Abstrait)* Reconnaître où l'on en est, grâce à des points de repère. *Se repérer difficilement dans un problème.* • 2° *Fam.* Découvrir (qqch.) ; reconnaître (qqn). *Repérer un coin tranquille. Repérer qqn dans la foule.* V. **Apercevoir, remarquer.** — *Être repéré, se faire repérer*, être découvert (alors qu'on cherche à échapper à une surveillance).

RÉPERTOIRE [ʀepɛʀtwaʀ]. *n. m.* • 1° Inventaire (liste, recueil...) où les matières sont classées dans un ordre qui permet de les retrouver facilement. *Répertoire alphabétique* (V. **Dictionnaire, index**). — Carnet permettant une consultation rapide. *Répertoire d'adresses.* • 2° Liste des pièces qui forment le fonds d'un théâtre et sont susceptibles d'être reprises. *Le répertoire de la Comédie-Française.* — *Le répertoire d'un artiste*, l'ensemble des œuvres qu'il a l'habitude d'interpréter. — Fam. *Tout un répertoire d'injures.* ▼ **RÉPERTORIER** [ʀepɛʀtɔʀje]. *v. tr.* (7). Inscrire dans un répertoire.

RÉPÉTER [ʀepete]. *v. tr.* (6) ★ **I.** • 1° Dire de nouveau (ce qu'on a déjà dit). V. **Redire.** *Répéter toujours la même chose.* V. **Rabâcher, ressasser.** — *Répéter que* (et indic.). *Il avait beau se répéter qu'il ne risquait rien...* • 2° Exprimer, dire (ce qu'un autre a dit). *Répéter mot pour mot. Ne le répétez pas.* — Exprimer comme étant de soi (qqch. emprunté à qqn d'autre). *Il répète ce qu'il a entendu dire.* • 3° *Au p. p.* Qui se produit en série. V. **Réitéré.** *Coups de tonnerre répétés.* • 4° *(Personnes).* Recommencer (une action, un geste). *Répéter une expérience.* V. **Recommencer.** — *Des tentatives répétées.* • 5° Redire ou refaire pour s'exercer, pour fixer dans sa mémoire. V. **Apprendre, repasser.** *Répéter un rôle.* — Absolt. *Les comédiens sont en train de répéter* (V. **Répétition**). ★ **II.** SE RÉPÉTER. *v. pron.* • 1° *(Personnes).* Redire les mêmes choses sans nécessité. *Vous vous répétez !* • 2° *(Choses ; passif).* Être répété ; se reproduire. *Que cela ne se répète pas !*

RÉPÉTITEUR, TRICE. *n.* • Personne qui explique à des élèves la leçon d'un professeur, les fait travailler.

RÉPÉTITION [ʀepetisjɔ̃]. *n. f.* • 1° Le fait (pour un mot, une idée...) d'être dit, exprimé plusieurs fois. V. **Redite.** *Répétitions inutiles.* — *Répétition d'un thème* (V. **Leitmotiv**). • 2° Le fait de recommencer (une action, un processus). *La répétition d'un acte crée l'habitude.* — (D'un mécanisme) *Armes à répétition*, pouvant tirer plusieurs coups sans être rechargées. • 3° Le fait de répéter pour s'exercer. *Répétition d'un rôle, d'un numéro de cirque.* — Séance de travail pour mettre au point les divers éléments d'un spectacle. *Pièce en répétition. Répétition générale* (V. **Générale** [3°]). • 4° Leçon particulière (V. **Répétiteur**).

REPEUPLER [ʀəpœple]. *v. tr.* (1) • Peupler de nouveau. *Les immigrants qui repeuplèrent ce pays.* — *Repeupler un étang, une forêt.* ▼ **REPEUPLEMENT.** *n. m.*

1. REPIQUER [ʀ(ə)pike]. *v. tr.* (1) • Mettre en terre (des plants provenant de semis, de pépinière). V. **Replanter.** *Repiquer des salades.* ▼ **REPIQUAGE.** *n. m.*

2. REPIQUER. *v. tr. ind.* (1) • *Fam.* REPIQUER À... : reprendre de (un plat), revenir à (une occupation).

RÉPIT [ʀepi]. *n. m.* • Arrêt d'une chose pénible ; temps pendant lequel on cesse d'être menacé ou accablé par elle. V. **Repos.** *Je n'ai pas un instant de répit.* — SANS RÉPIT : sans arrêt, sans cesse.

REPLACER [ʀ(ə)plase]. *v. tr.* (3) • Remettre en place, à sa place. V. **Ranger.** *Replacer une histoire dans son cadre, dans son époque.*

REPLANTER [ʀ(ə)plɑ̃te]. *v. tr.* (1) • 1° Planter de nouveau dans une autre terre. V. **Repiquer.** • 2° Repeupler de végétaux. *Replanter une forêt en chênes.*

REPLÂTRER [ʀ(ə)plɑtʀe]. *v. tr.* (1) • *Fam.* Réparer ou remanier d'une manière superficielle, maladroite (une œuvre humaine). ▼ **REPLÂTRAGE.** n. m. *Fam.* Arrangement sommaire. — *Replâtrage ministériel*, remaniement sommaire, avec une nouvelle distribution des portefeuilles. — Réconciliation fragile (d'un couple).

REPLET, ÈTE [ʀəplɛ, ɛt]. *adj.* • Qui est bien en chair, qui a assez d'embonpoint. V. **Dodu, grassouillet.** *Une petite vieille replète. Visage replet.*

1. REPLIER [ʀ(ə)plije]. *v. tr.* (7) • 1° Plier de nouveau (ce qui avait été déplié). *Replier un journal.* • 2° Ramener en pliant (ce qui a été étendu, déployé). *L'oiseau replie ses ailes.* — *Il dort les jambes repliées.* ▼ **1. REPLI.** *n. m.* • 1° Pli qui se répète (d'une étoffe, d'un drapé). — *Les replis de l'intestin.* • 2° Partie dissimulée, secrète. *Les replis du cœur, de la conscience.*

2. REPLIER. *v. tr.* (7) • 1° Ramener en arrière, en bon ordre (une troupe en contact avec l'ennemi). • 2° SE REPLIER. *v. pron.* Reculer en bon ordre. *Ordre aux troupes de se replier.* — (Abstrait) *Se replier sur soi-même*, rentrer en soi-même, s'isoler de l'extérieur. V. **Renfermer** (se). ▼ **2. REPLI.** *n. m.* Action de se replier (troupes). V. **Recul.** *Repli stratégique* (euphémisme pour *retraite*).

1. RÉPLIQUE [ʀeplik]. *n. f.* • 1° Réponse vive, marquant une opposition. V. **Riposte.** — Objection. *Argument sans réplique. Obéissez sans réplique*, sans protestation ni discussion. • 2° Ce qu'un acteur doit dire en réponse aux paroles qui lui sont adressées ; chaque élément du dialogue. *Oublier une réplique.* • 3° DONNER LA RÉPLIQUE : lire, réciter un rôle pour permettre à un acteur de dire le sien. — *Se donner la réplique*, se répondre, discuter.

2. RÉPLIQUE. *n. f.* • 1° En art, Nouvel exemplaire d'une œuvre, anciennement exécuté dans la tradition de l'original. *Les répliques romaines des statues grecques.* V. **Copie.** • 2° Chose ou personne qui semble être le double d'une autre. V. **Sosie.** *Une vivante réplique de son frère.*

RÉPLIQUER [replike]. *v. tr.* (1) • 1° RÉPLIQUER QQCH. À QQN : répondre à qqn par une réplique. *Que pouvais-je lui répliquer ? Je lui ai répliqué qu'il mentait.* • 2° *(Trans. ind.).* RÉPLIQUER À : répondre avec vivacité, en s'opposant à... *Il n'admet pas qu'on lui réplique. Répliquer à une critique.* • 3° Répondre avec impertinence. *Je te défends de répliquer !* — Riposter. *Il a répliqué par un direct du gauche.*

REPLONGER [r(ə)plɔ̃ʒe]. *v. tr.* (3) • Plonger de nouveau. *Replonger un pays dans l'anarchie.* — Pronom. *Il s'est replongé dans sa lecture.*

RÉPONDANT, ANTE. *n.* • Personne qui donne une garantie pour qqn. V. **Caution.** *Servir de répondant à qqn.* — Fam. *Avoir du répondant*, de l'argent derrière soi.

1. RÉPONDRE [repɔ̃dr(ə)]. *v. tr. dir.* et *ind.* (41) ★ **I.** RÉPONDRE À QQN (verbalement ou par écrit) : faire connaître en retour sa pensée (à celui qui s'adresse à vous). *Répondez-moi par oui ou par non.* — (En s'opposant) V. **Répliquer, riposter.** *Enfant qui répond à son père.* ★ **II.** RÉPONDRE À QQCH. • 1° *Répondre à une question, à une lettre.* • 2° (En se défendant). *Répondre à des objections, à des attaques.* • 3° Réagir (à un appel). *Nous avons sonné, personne n'a répondu. Ça ne répond pas* (au téléphone). *Répondre au nom de Jean*, avoir pour nom Jean. ★ **III.** RÉPONDRE QQCH. À QQN : dire ou écrire (à celui qui s'adresse à vous). *Et que lui répondrez-vous ?* Fam. *Bien répondu ! Répondre présent à l'appel* (soldat, élève). *Je vais lui répondre que je ne peux pas venir. Il m'a répondu de faire ce que je voulais, que je fasse ce que je voulais.*

2. RÉPONDRE. *v. tr. ind.* (41) ★ **I.** RÉPONDRE À. • 1° *(Choses).* Être en accord avec, conforme à (une chose). V. **Correspondre.** *Sa voix répondait à sa physionomie. Cette politique répond à un besoin.* • 2° *(Personnes).* Réagir par un certain comportement à... *Répondre à la force par la force.* — Payer de retour, par un comportement semblable. *Répondre à un salut.* V. **Rendre.** *Répondre aux avances de qqn.* • 3° *(Choses).* Produire les effets attendus. *L'organisme répond aux excitations extérieures. Des freins qui répondent bien.* ★ **II.** *(Personnes).* RÉPONDRE DE. • 1° S'engager en faveur de (qqn), envers un tiers. *Je réponds de lui.* • 2° Se porter garant de (qqch.). *Répondre de l'innocence de qqn. Je ne réponds pas des dettes de ma femme. Je ne réponds pas de pouvoir maintenir l'ordre.* • 3° S'engager en affirmant. V. **Assurer, garantir.** *Je ne réponds de rien*, je ne vous garantis rien. Fam. *Je vous en réponds* (renforce une affirmation). — *Je vous réponds que ça ne se passera pas comme cela !*

RÉPONS [repɔ̃]. *n. m. invar.* • Chant liturgique exécuté par un soliste et répété par le chœur.

RÉPONSE [repɔ̃s]. *n. f.* ★ **I.** • 1° Action de répondre (verbalement ou par écrit) ; son résultat. *Faire, donner une réponse. Obtenir, recevoir une réponse. Notre demande est restée sans réponse. Réponse affirmative, négative*, oui, non. *Réponse de Normand*, équivoque (ni oui ni non). *En réponse à votre lettre du 20 mai.* — Loc. *Avoir réponse à tout*, avoir de la repartie ; faire face à toutes les situations. • 2° Solution apportée à une question par le raisonnement. *Noter les réponses d'un élève.* • 3° Réfutation qu'on oppose aux attaques, aux critiques de qqn. *Droit de réponse*, droit de faire insérer une réponse dans un journal. ★ **II.** • 1° Riposte. *Ce sera ma réponse à ses manœuvres.* • 2° Réaction à un appel. *J'ai sonné, mais pas de réponse.* • 3° En sciences, Réaction à une excitation. *Réponse musculaire.* V. *aussi* **Réflexe.**

REPORT [r(ə)pɔr]. *n. m.* • 1° Le fait de reporter, de renvoyer à plus tard. V. **Ajournement, renvoi.** • 2° Opération qui consiste à reporter un nombre en tête d'une colonne ; le nombre ainsi reporté. — Transport d'un dessin sur un autre support.

REPORTAGE [r(ə)pɔrtaʒ]. *n. m.* • 1° Article ou ensemble d'articles où un journaliste relate de manière vivante ce qu'il a vu et entendu. *Faire un reportage.* — (Par l'image) *Reportage télévisé.* • 2° Le métier de reporter ; le genre journalistique qui s'y rapporte. ▼ **REPORTER** [r(ə)pɔrtɛr]. *n. m.* Journaliste spécialisé dans le reportage.

REPORTER [r(ə)pɔrte]. *v. tr.* (1) ★ **I.** Porter (une chose) à l'endroit où elle se trouvait. V. **Rapporter.** ★ **II.** Porter plus loin ou ailleurs (espace ou temps). • 1° Faire un report (2°). *Reporter le solde d'un compte.* • 2° Renvoyer à plus tard. V. **Remettre.** • 3° REPORTER SUR : appliquer à une chose ou à une personne (ce qui revenait à une autre). *J'ai reporté sur lui l'affection que j'avais pour vous. Reporter ses voix sur un autre candidat.* — Miser (un gain sur un nouveau numéro, un nouveau cheval). • 4° SE REPORTER. *v. pron.* Revenir en esprit (à une époque antérieure). *Il faut se reporter à l'époque pour bien comprendre cette œuvre.* — Se référer (à qqch.). *Se reporter au texte d'une loi.*

REPOS [r(ə)po]. *n. m.* • 1° Le fait de se reposer, l'état d'une personne qui se repose ; le temps pendant lequel on se repose. *Prendre du repos, un jour de repos. Maison de repos*, clinique où des gens malades, surmenés se reposent. • 2° L'une des positions militaires réglementaires ; commandement ordonnant cette position. *Garde à vous !... Repos !* • 3° *Loc.* EN REPOS : dans l'inaction. *Ne pas pouvoir rester en repos*, tranquille. — AU REPOS : immobile. *Animal au repos.* • 4° État d'une personne que rien ne vient troubler, déranger. V. **Paix, tranquillité.** *Ne pas pouvoir trouver le repos. Laissez-moi en repos.*

— De tout repos : sûr, assuré. *C'est une situation, une affaire de tout repos.* • 5° Moment de calme (dans les événements, la nature, etc.). V. **Accalmie, détente, répit.** • 6° Littér. *Le repos de la mort.* — *Le repos éternel*, l'état de béatitude des âmes qui sont au ciel.

1. REPOSER [ʀ(ə)poze]. *v.* (1) ★ **I.** *V. intr.* • 1° *Littér.* Rester immobile ou allongé de manière à se délasser. *Il ne dort pas, il repose.* — (Suj. chose) *Tout reposait dans la ville.* V. **Dormir.** • 2° Être étendu mort. — Être enterré (à tel endroit). *Ici repose...* V. **Ci-gît.** *Qu'il repose en paix !* • 3° Reposer sur... : être établi sur (un support), être fondé sur. *Cette affirmation ne repose sur rien.* • 4° *Laisser reposer un liquide*, le laisser immobile afin qu'il se clarifie. *Laisser reposer la pâte*, cesser de la travailler. ★ **II.** *V. tr.* • 1° Mettre dans une position qui délasse ; appuyer (sur). *Reposer sa tête sur un oreiller.* • 2° Délasser (le corps, l'esprit). *Cette lumière douce repose la vue.* — Absolt. *Ça repose.* V. **Reposant.** ★ **III.** Se reposer. *v. pron.* • 1° Cesser de se livrer à une activité fatigante. V. **Délasser** (se), **détendre** (se). *Laissez-moi un peu me reposer* (V. **Souffler**). • 2° *Laisser (se) reposer la terre*, la laisser en jachère. • 3° Se reposer sur qqn : faire confiance à (une personne), se décharger sur elle d'un travail. V. **Compter** (sur). *Il se repose entièrement sur moi.* ▼ **REPOSANT, ANTE.** *adj.* Qui repose. V. **Délassant.** *Vacances reposantes.* || Contr. **Fatigant.** || ▼ **REPOSÉ, ÉE.** *adj.* • 1° Qui s'est reposé, qui est frais. — *Visage reposé.* • 2° Qui est dans un état de calme, de repos. — *Loc. adv.* À tête reposée : à loisir, en prenant le temps de réfléchir. *Prendre une décision à tête reposée.*

2. REPOSER. *v. tr.* (1) • 1° Poser de nouveau (ce qu'on a soulevé). *Reposez arme !* commandement militaire. • 2° Poser de nouveau (ce qu'on a enlevé) ; remettre en place. • 3° Poser de nouveau (une question). — Pronom. *Le problème se repose dans les mêmes termes.*

REPOSOIR. *n. m.* • Support en forme d'autel sur lequel le prêtre dépose le saint sacrement au cours d'une procession.

REPOUSSANT, ANTE. *adj.* • Qui inspire la répulsion. V. **Dégoûtant, répugnant.** *Il est d'une saleté repoussante, il est repoussant.*

REPOUSSÉ. *adj. m.* • *Cuir, métal repoussé*, travaillé pour y faire apparaître des reliefs.

1. REPOUSSER [ʀ(ə)puse]. *v. tr.* (1) • 1° Pousser (qqn) en arrière, faire reculer loin de soi. V. **Écarter, éloigner.** *Repousser l'ennemi, les attaques.* • 2° Ne pas accueillir, ou accueillir mal. V. **Éconduire, rabrouer.** *Repousser qqn avec dédain.* • 3° Pousser (qqch.) en arrière ou en sens contraire. — Pronom. *Les corps électrisés s'attirent ou se repoussent.* • 4° Refuser d'accepter, de céder à. V. **Rejeter.** *Repousser les offres de qqn.* V. **Décliner.** • 5° Remettre à plus tard. V. **Différer.** *Voulez-vous que nous repoussions le rendez-vous ?*

2. REPOUSSER. *v. intr.* (1) • Pousser de nouveau. *Laisser repousser sa barbe.*

REPOUSSOIR. *n. m.* • Se dit de toute chose ou personne qui en fait valoir une autre par contraste. *Servir de repoussoir.* — Fam. *C'est un vrai repoussoir*, se dit d'une femme laide.

RÉPRÉHENSIBLE [ʀepʀeɑ̃sibl(ə)]. *adj.* • Qui mérite d'être blâmé (se dit des actions). V. **Blâmable, condamnable.** *Actes, conduites répréhensibles.*

1. REPRENDRE [ʀ(ə)pʀɑ̃dʀ(ə)]. *v.* (58) ★ **I.** *V. tr.* • 1° Prendre de nouveau (ce qu'on a cessé d'avoir ou d'utiliser). *Reprendre ses instruments de travail après la pause. Reprendre sa route.* — Loc. *Reprendre ses esprits.* V. **Revenir** (à soi). *Reprendre haleine*, se reposer un instant. • 2° Prendre à nouveau (ce qu'on avait donné ou perdu). *Il a repris sa liberté.* — *Reprendre des forces.* • 3° Prendre et rembourser le prix de (ce qui a été vendu). *Cet article ne peut être ni échangé, ni repris.* — Racheter d'occasion. *Le garagiste m'a repris ma vieille voiture.* • 4° *Reprendre de* (qqch.), en prendre une seconde fois. *Reprendre d'un plat.* • 5° Prendre de nouveau (qqn qu'on avait abandonné ou laissé échapper). — Loc. *On ne m'y reprendra plus*, je ne me laisserai plus prendre, tromper. — *Que je ne vous y reprenne pas !* (menace), ne recommencez pas. — (Suj. chose) *Mon rhumatisme m'a repris. Voilà que ça le reprend !* • 6° Recommencer (après une interruption). V. **Remettre** (se). *Reprendre un travail, la lutte. Reprendre une pièce*, la jouer de nouveau. — (Suj. chose) *La vie reprend son cours.* • 7° Prendre de nouveau la parole pour dire (telle ou telle chose). *Il reprit d'une voix sourde ; « oui », reprit-il.* — Redire, répéter. *Reprendre un refrain en chœur. Reprenons l'histoire depuis le début.* • 8° Remettre la main à (qqch.) pour améliorer. *Reprendre un article*, le corriger, le refaire. • 9° Adopter de nouveau en modernisant. *Reprendre un programme.* ★ **II.** *V. intr.* • 1° Reprendre vie, vigueur (après un temps d'arrêt, de faiblesse). *Le petit a bien repris. Les affaires reprennent.* • 2° Recommencer. *Les cours reprendront à telle date.* ★ **III.** Se reprendre. *v. pron.* • 1° Se ressaisir. • 2° *S'y reprendre à deux fois, à plusieurs fois*, recommencer. *On se reprend à espérer*, on se remet à...

2. REPRENDRE. *v. tr.* (58) • Littér. *Reprendre qqn*, lui faire une observation sur une erreur ou une faute commise. V. **Critiquer, réprimander.** — *Reprendre qqch.* V. **Blâmer, condamner.** *Il n'y a rien à reprendre à sa conduite.*

REPRÉSAILLES [ʀ(ə)pʀezaj]. *n. f. pl.* • 1° Mesures de violence prises par un État pour répondre à un acte jugé illicite d'un autre État. *User de représailles.* • 2° Se dit de toute riposte individuelle à un mauvais procédé. *Exercer des représailles.* V. **Venger** (se).

REPRÉSENTANT. *n. m.* ★ **I.** • 1° Personne qui représente qqn et agit en son nom. V. **Agent, délégué, mandataire.** *La mission d'un représentant.* • 2° Personne désignée par un groupe, une société, etc., pour agir en son nom. *Le représentant d'un syndicat.* — Personne élue par le peuple pour le représenter. V. **Député.** • 3° Personne désignée pour représenter un État, un gouvernement, auprès d'un autre (V. **Ambassadeur, consul...**). *Le représentant de la France a fait valoir que...* • 4° Personne qui représente une ou plusieurs maisons de commerce. V. **Voyageur** (de commerce). ★ **II.** Personne, animal, chose que l'on considère comme type (d'une classe, d'une catégorie).

REPRÉSENTATIF, IVE. *adj.* • 1° Qui représente, rend sensible (qqch. d'autre). *Emblème représentatif d'une idée.* • 2° Qui concerne, assure la représentation du peuple, d'un groupe... par des élus. *Assemblée représentative.* V. **Parlementaire.** • 3° Propre à représenter une classe, qui la représente bien. V. **Typique.** *Un garçon représentatif de la jeune génération.* ▼**REPRÉSENTATIVITÉ.** n. f. *Didact.* Caractère représentatif (2° ou 3°).

REPRÉSENTATION [ʀ(ə)pʀezɑ̃tasjɔ̃]. *n. f.* ★ **I.** • 1° Le fait de rendre sensible (un objet absent ou un concept) au moyen d'une image, d'un signe, etc. — Action de représenter (la réalité extérieure) dans les arts plastiques ; l'image, le signe qui représente. *Représentation réaliste, stylisée...* • 2° En psychologie, Processus par lequel une image est présentée aux sens. V. **Perception.** • 3° Le fait de représenter une pièce en public. V. **Spectacle.** *Donner des représentations. Première représentation.* V. **Première.** ★ **II.** Train de vie auquel certaines personnes sont tenues, en raison de leur situation. *Allocation pour frais de représentation.* ★ **III.** • 1° Le fait de représenter (le peuple, la nation), dans l'exercice du pouvoir (V. **Délégation, mandat**). — Ceux qui représentent le peuple. V. **Représentant.** *La représentation nationale.* • 2° Métier de représentant de commerce. *Faire de la représentation.*

REPRÉSENTER [ʀ(ə)pʀezɑ̃te]. *v. tr.* (1) ★ **I.** • 1° Présenter à l'esprit (un objet absent ou une chose abstraite) au moyen d'un autre objet (signe) qui lui correspond. V. **Évoquer, exprimer.** — En parlant du signe lui-même. *La monnaie représente la valeur des biens.* • 2° Évoquer par un procédé graphique, plastique. V. **Dessiner, figurer, peindre.** *Représenter un objet, un paysage.* — (En parlant de l'image) *Ce tableau représente des ruines.* • 3° Faire apparaître, à l'esprit, par le moyen du langage. V. **Décrire, dépeindre.** *Représenter les faits dans toute leur complexité.* • 4° Rendre présent à l'esprit, à la conscience (un objet qui n'est pas perçu directement). *Ce que représente un mot.* — SE REPRÉSENTER QQCH. : former dans son esprit (l'image d'une réalité absente), évoquer (une réalité passée). V. **Concevoir, imaginer** (s'). *Je me représente mal cette situation. Représentez-vous ma surprise.* • 5° Présenter (une chose) à l'esprit par simple association d'idées. V. **Évoquer.** *Il représente pour moi la société d'avant-guerre.* — (Choses équivalentes) V. **Constituer.** *L'épargne représente une privation. Cela représente plus d'un million.* • 6° Montrer (une action) à un public par des moyens scéniques. *Troupe qui représente une pièce.* V. **Interpréter, jouer.** • 7° V. intr. *(Littér.).* Donner à autrui une impression d'importance par son maintien, son comportement social. V. **Imposer** (en). ★ **II.** *V. tr.* • 1° Tenir la place de qqn, agir en son nom..., en vertu d'un droit, d'une charge qu'on a reçu(e). *Le ministre s'était fait représenter.* • 2° Être représentant de. *Il représente diverses compagnies d'assurances.* ★ **III.** Présenter de nouveau. — SE REPRÉSENTER. v. pron. *Se représenter à un examen.* — (Choses) *Si l'occasion se représente.*

RÉPRESSION [ʀepʀesjɔ̃]. *n. f.* • 1° Action de réprimer. V. **Châtiment, punition.** *Répression d'un crime.* • 2° Le fait d'arrêter par la violence un mouvement de révolte collectif. *Police, troupes chargées de la répression.* ▼ **RÉPRESSIF, IVE.** *adj.* Qui réprime, sert à réprimer. *Loi répressive.*

RÉPRIMANDE [ʀepʀimɑ̃d]. *n. f.* • Blâme adressé avec sévérité à un inférieur. V. **Observation, remontrance, reproche.** ▼ **RÉPRIMANDER.** *v. tr.* (1). Faire des réprimandes à (qqn). V. **Blâmer.**

RÉPRIMER [ʀepʀime]. *v. tr.* (1) • 1° Empêcher (un sentiment, une tendance) de se développer, de s'exprimer. V. **Contenir, refréner.** *Réprimer sa colère, son envie.* • 2° Empêcher (une chose dangereuse pour la société) de se manifester, de se développer. V. **Châtier, punir.** *Réprimer une insurrection.*

REPRIS, ISE. V. REPRENDRE.

REPRIS DE JUSTICE [ʀ(ə)pʀidʒystis]. *n. m.* • Individu qui a été l'objet d'une ou de plusieurs condamnations pour infraction à la loi pénale. V. **Récidiviste.**

1. REPRISE [ʀ(ə)pʀiz]. *n. f.* ★ **I.** • 1° Action de prendre (ce qu'on avait laissé, donné...). • 2° Action de faire de nouveau après une interruption ; résultat de cette action. *La reprise des hostilités.* — *Reprise d'une pièce de théâtre,* le fait de la jouer de nouveau. — À *deux, trois..., plusieurs, maintes* REPRISES, *loc. adv.* marquant la répétition. V. **Fois.** • 3° Chaque partie d'une action qui se déroule en plusieurs fois (leçon d'équitation, assaut d'escrime, match de boxe...). • 4° *(D'une automobile, d'un moteur).* Accélération après un ralentissement. *Voiture qui a de bonnes reprises.* • 5° Objets mobiliers rachetés ou somme d'argent équivalente versée pour succéder au locataire d'un appartement. *Payer une bonne reprise.* ★ **II.** Le fait de prendre un nouvel essor après un moment de crise. *La reprise des affaires.*

2. REPRISE. *n. f.* • Raccommodage d'un tissu dont on cherche à reconstituer le tissage. *Faire des reprises à un pantalon.* ▼**REPRISER.** *v. tr.* (1). Raccommoder en faisant une ou plusieurs reprises. *Repriser des chaussettes.* — Absolt. *Aiguille à repriser.*

RÉPROBATION [ʀepʀɔbasjɔ̃]. *n. f.* • Désapprobation vive, sévère. V. **Condamnation.** *Encourir la réprobation de ses amis.* ▼ **RÉPROBATEUR, TRICE.** *adj.* Qui exprime la réprobation. *Ton, regard réprobateur.*

REPROCHE [ʀ(ə)pʀɔʃ]. *n. m.* • 1° Blâme formulé pour inspirer la honte ou le regret. V. **Remontrance, réprimande ; observation, remarque.** *Faire des reproches à qqn.*

Accabler (qqn) de reproches. — SANS REPROCHE(S) : à qui on ne peut adresser de reproches. V. **Irréprochable.** *Une vie sans reproche.* — *Loc. adv.* Sans prétendre faire de reproches. *Soit dit sans reproche.* • 2° Littér. *Être un vivant reproche (pour qqn)*, se dit d'une chose, d'une personne qui a l'air de lui reprocher sa conduite.

REPROCHER [ʀ(ə)pʀɔʃe]. *v. tr.* (1) • *Reprocher qqch. à qqn*, le blâmer pour une chose dont on le tient pour coupable ou responsable. *Je ne vous reproche rien*, se dit pour atténuer une observation qui pourrait passer pour un reproche. — SE REPROCHER QQCH. : se considérer comme responsable de qqch. *Il n'a rien à se reprocher. Je me reproche d'avoir manqué d'audace.* — (Avec un compl. de chose) *Ce que je reproche à cette théorie, c'est sa banalité.*

REPRODUCTEUR, TRICE. *adj.* • Qui sert à la reproduction (animale, végétale). *Organes reproducteurs.*

REPRODUCTION [ʀ(ə)pʀɔdyksjɔ̃]. *n. f.* ★ **I.** Fonction par laquelle les êtres vivants se reproduisent ; action de se reproduire. ★ **II.** • **1°** Action de reproduire fidèlement une chose existante ; ce qui est ainsi reproduit. *La reproduction de l'image, du son. Procédés de reproduction.* — Image obtenue à partir d'un original. *Une excellente reproduction.* • 2° Nouvelle publication d'un texte. — Copie (d'un écrit, d'un objet). *Reproduction interdite.*

REPRODUIRE [ʀ(ə)pʀɔdɥiʀ]. *v. tr.* (38) ★ **I.** • **1°** Répéter, rendre fidèlement (qqch.). V. **Imiter, représenter.** *Un récit qui reproduit la réalité.* • **2°** Faire qu'une chose déjà produite paraisse de nouveau ; faire exister, par un procédé technique approprié, des choses semblables à (un modèle). V. **Copier.** *Reproduire* (un dessin, un texte...) *à des milliers d'exemplaires.* • **3°** Constituer une image de. *Objets qui reproduisent un modèle.* ★ **II.** SE REPRODUIRE. *v. pron.* • **1°** Produire des êtres vivants semblables à soi-même, par la génération. V. **Multiplier** (se), **proliférer.** • **2°** Se produire de nouveau. V. **Recommencer.** *Veillez à ce que cela ne se reproduise plus.*

RÉPROUVER [ʀepʀuve]. *v. tr.* (1) • **1°** Rejeter en condamnant (qqch., qqn). V. **Blâmer, désapprouver.** || Contr. **Approuver.** || *Ceux que la société réprouve.* — *Réprouver l'attitude de qqn.* • **2°** Rejeter et destiner aux peines éternelles. ▼ **RÉPROUVÉ, ÉE.** *n.* Personne rejetée par la société. *Vivre en réprouvé.* — Personne rejetée par Dieu. V. **Damné.**

REPS [ʀɛps]. *n. m.* • Tissu d'ameublement en grosse toile.

REPTATION [ʀɛptasjɔ̃]. *n. f.* • Action de ramper (animaux, reptiles...).

REPTILE [ʀɛptil]. *n. m.* • **1°** UN REPTILE : un serpent. • **2°** *N. m. pl.* LES REPTILES : classe d'animaux vertébrés, à peau couverte d'écailles (serpents, lézards, tortues...).

REPU, UE [ʀəpy]. *adj.* • Qui a mangé à satiété. V. **Gavé, rassasié.**

RÉPUBLICAIN, AINE [ʀepyblikɛ̃, ɛn]. *adj.* et *n.* • **1°** Qui est partisan de la république. *Journal républicain.* — Subst. *Une bonne républicaine.* • **2°** Relatif à une république ; de la république. *Constitution républicaine.*

RÉPUBLIQUE [ʀepyblik]. *n. f.* • Forme de gouvernement où le chef de l'État (V. **Président**) n'est pas seul à détenir le pouvoir qui n'est pas héréditaire. *République démocratique, populaire, socialiste.* — Fam. *On est en république !* se dit pour protester contre une interdiction, une contrainte. — LA RÉPUBLIQUE FRANÇAISE : le régime politique français actuel *(Vᵉ République)*, la France sous ce régime. — État qui est gouverné par une république. *L'Union des républiques socialistes soviétiques* (U.R.S.S.).

RÉPUDIER [ʀepydje]. *v. tr.* (7) • **1°** (Dans certaines civilisations). Renvoyer (sa femme) en rompant le mariage selon les formes légales et par une décision unilatérale. • **2°** *Littér.* Rejeter, repousser (un sentiment, une idée, etc.). *Répudier ses engagements.* V. **Renier.** ▼ **RÉPUDIATION.** *n. f.*

RÉPUGNANCE [ʀepyɲɑ̃s]. *n. f.* • **1°** Vive sensation d'écœurement que provoque une chose dont on ne peut supporter la vue, l'odeur, le contact. V. **Répulsion.** • **2°** *(Abstrait).* Vif sentiment de mépris, de dégoût qui fait qu'on évite (qqn, qqch.). V. **Horreur.** *Avoir une grande répugnance pour le mensonge.* — Manque d'enthousiasme ou difficulté psychologique à faire qqch. *Éprouver une invincible répugnance à faire, à dire qqch.* ▼ **RÉPUGNANT, ANTE.** *adj.* • **1°** Qui inspire de la répugnance physique. V. **Dégoûtant, écœurant, repoussant.** • **2°** *(Au moral).* Abject, ignoble. *Individu répugnant.*

RÉPUGNER [ʀepyɲe]. *v. tr. ind.* (1) • RÉPUGNER À. • **1°** *Littér.* Éprouver de la répugnance pour (qqch.). *Il ne répugnait pas à cette perspective, à admettre cette perspective.* • **2°** Inspirer de la répugnance à (qqn) ; faire horreur. *Cette nourriture lui répugne.* V. **Dégoûter.** *Ce type me répugne !*

RÉPULSION [ʀepylsjɔ̃]. *n. f.* • Répugnance physique ou morale à l'égard d'une chose ou d'un être qu'on repousse. V. **Dégoût, écœurement.**

RÉPUTATION [ʀepytasjɔ̃]. *n. f.* • **1°** Le fait d'être honorablement connu du point de vue moral. *Nuire à la réputation de qqn. Perdre qqn de réputation*, le déshonorer. — *La réputation d'une femme*, son honneur. • **2°** Le fait d'être connu, célèbre. V. **Renommée.** *Il doit soutenir sa réputation. La réputation de notre maison.* V. **Renom.** • **3°** Le fait d'être connu (honorablement ou fâcheusement). *Avoir bonne, mauvaise réputation. Connaître de réputation*, pour en avoir entendu parler. • **4°** RÉPUTATION DE : le fait d'être considéré comme..., de passer pour... *Une réputation d'homme d'esprit.*

RÉPUTER [ʀepyte]. *v. tr.* (1) • *Littér.* (Suivi d'un attribut). Tenir pour, considérer comme. — (Surtout passif) *Il est réputé intelligent, réputé pour être intelligent*, il passe pour être intelligent ; on dit qu'il l'est. ▼ **RÉPUTÉ, ÉE.** *adj.* Connu, fameux.

REQUÉRIR [ʀəkeʀiʀ]. *v. tr.* (21) • **1°** *Littér.* Demander, solliciter (une chose abstraite). *Requérir l'aide de qqn.* • **2°** En droit, Réclamer au nom de la loi. *Le procureur requiert la peine de mort pour l'accusé.* • **3°** Littér. *(Suj. chose).* Demander, réclamer. *Ce travail requiert toute notre attention.*

REQUÊTE [ʀəkɛt]. *n. f.* • **1°** *Littér.* Demande instante, verbale ou écrite. V. **Prière.** *Présenter, adresser une requête.* • **2°** En droit, Demande écrite présentée sous certaines formes juridiques. *Requête en cassation soumise à la Chambre des requêtes. Citations faites à la requête du ministère public.*

REQUIEM [ʀekɥijɛm]. *n. m. invar.* • **1°** Prière, chant pour les morts, dans la liturgie catholique. *Messe de requiem,* pour le repos de l'âme d'un mort. • **2°** Partie de la messe des morts mise en musique. *Le Requiem de Mozart, de Verdi.*

REQUIN [ʀ(ə)kɛ̃]. *n. m.* • **1°** Poisson du type *squale,* de grande taille, très puissant et très vorace. • **2°** Personne cupide et impitoyable en affaires. *Les requins de la finance.*

REQUINQUER [ʀ(ə)kɛ̃ke]. *v. tr.* (1) • *Fam.* Redonner des forces, de l'entrain. *Ce petit vin me requinque.* V. **Remonter.** — Pronom. *Se requinquer,* reprendre des forces, retrouver sa forme.

REQUIS, ISE [ʀəki, iz]. *adj.* et *n. m.* • **1°** Demandé, exigé comme nécessaire. V. **Prescrit.** *Satisfaire aux conditions requises. Avoir tout juste l'âge requis.* • **2°** *N. m.* Civil mobilisé pour un travail, par réquisition.

RÉQUISITION [ʀekizisjɔ̃]. *n. f.* • Opération par laquelle l'Administration exige qu'une personne ou un bien soit mis à sa disposition pour une cause publique. ▼ **RÉQUISITIONNER.** *v. tr.* (1) • **1°** Se procurer (une chose) par voie de réquisition. *Les autorités ont réquisitionné des locaux pour les réfugiés.* • **2°** Utiliser par réquisition les services (d'une personne). *Le gouvernement a réquisitionné les mineurs en grève. — Fam.* Utiliser d'autorité (une personne). *Je vous réquisitionne tous pour m'aider.*

RÉQUISITOIRE [ʀekizitwaʀ]. *n. m.* • **1°** Développement oral, par le représentant du ministère public, des moyens de l'accusation. *Le procureur a prononcé un violent réquisitoire.* • **2°** Discours, écrit contenant de violentes attaques.

RESCAPÉ, ÉE [ʀɛskape]. *n.* • Personne qui est réchappée d'un accident, d'un sinistre. *Les rescapés d'un naufrage.*

RESCOUSSE (À LA) [alaʀɛskus]. *loc. adv.* • (Avec des verbes comme *appeler, venir...*). Au secours, à l'aide.

RÉSEAU [ʀezo]. *n. m.* • **1°** Ensemble de lignes, de bandes, de fils, etc., entrelacés plus ou moins régulièrement. *Réseau des mailles d'un filet. Réseau de veines apparentes sous la peau.* • **2°** Ensemble de voies de communication, conducteurs électriques, etc., qui desservent une même unité géographique, dépendent de la même compagnie. *Réseau ferroviaire, routier. Réseau téléphonique.* • **3°** Répartition des éléments d'une organisation en différents points ; ces éléments. *Réseau commercial. Réseau de télévision* (stations émettrices et relais). — Organisation clandestine formée par un certain nombre de personnes obéissant aux mêmes directives. *Réseau d'espionnage, de résistance.* • **4°** *Littér.* Ce qui retient, serre comme un filet. *Un réseau d'habitudes.*

RÉSECTION [ʀesɛksjɔ̃]. *n. f.* • Opération chirurgicale qui consiste à couper, enlever. ▼ **RÉSÉQUER** [ʀeseke]. *v. tr.* (6). Enlever, couper par résection.

RÉSÉDA [ʀezeda]. *n. m.* • Plante aux fleurs odorantes disposées en grappes.

RÉSERVATION [ʀezɛʀvasjɔ̃]. *n. f.* • Le fait de réserver une place, une chambre..., sans faire de location ferme.

1. RÉSERVE [ʀezɛʀv(ə)]. *n. f.* ★ **I.** Restriction qui préserve l'avenir. • **1°** *Faire, émettre des réserves* (sur une opinion, un projet...), ne pas donner son approbation pleine et entière. — *Loc.* SOUS TOUTES RÉSERVES : sans garantie. *Nouvelle donnée sous toutes réserves.* — SOUS RÉSERVE DE : en réservant (un recours), en mettant à part (une éventualité). *J'accepte sous réserve de vérification.* • **2°** SANS RÉSERVE *(loc. adv.* et *adj.)* : sans restriction, sans réticence. *Il lui est dévoué sans réserve. Une admiration sans réserve.* ★ **II.** RÉSERVE(S). • **1°** Quantité accumulée pour en disposer au moment le plus opportun. V. **Provision.** *Réserves de vivres, d'argent. Les réserves de graisse de l'organisme.* — Quantité non encore exploitée (d'une substance minérale). *Les réserves mondiales de pétrole.* • **2°** Loc. *Avoir, mettre, tenir qqch. en réserve.* V. **Côté** (de). — DE RÉSERVE : qui constitue une réserve. *Vivres de réserve.* • **3°** *Les* RÉSERVES : troupe qu'on garde disponible pour la faire intervenir au moment voulu. — LA RÉSERVE (*opposé à* l'armée active) : portion des forces militaires d'un pays qui n'est pas maintenue sous les drapeaux mais peut y être rappelée. V. **Réserviste.** *Officiers de réserve.* ★ **III.** • **1°** Territoire choisi pour la protection de la flore et de la faune. *Réserve zoologique.* • **2°** Local (d'une bibliothèque, d'un musée...) où l'on garde à part certains objets.

2. RÉSERVE. *n. f.* • Qualité qui consiste à se garder de tout excès dans les propos, les jugements. V. **Circonspection, discrétion.** *Garder une certaine réserve.* Loc. *Se tenir sur la réserve,* garder une attitude réservée. — (Conduite) V. **Décence, retenue.** ▼ **RÉSERVÉ, ÉE.** adj. *(Personnes).* Qui fait preuve de réserve.

RÉSERVER [ʀezɛʀve]. *v. tr.* (1) • **1°** Destiner exclusivement ou spécialement (à une personne ou un groupe). *On vous a réservé ce bureau. Places réservées aux mutilés.* • **2°** S'abstenir d'utiliser immédiatement (qqch.), en vue d'une occasion plus favorable. V. **Garder.** *Réserver le meilleur pour la fin.* — SE RÉSERVER DE : conserver pour l'avenir le droit ou la possibilité de (faire qqch.). *Il se réserve de prendre les dispositions qui s'imposent. — Réserver l'avenir,* faire en sorte de garder sa liberté d'action pour l'avenir. • **3°** Mettre de côté (une marchandise, une place, pour la tenir à la disposition de qqn). *Pouvez-vous me réserver deux mètres de cette étoffe ?* — Faire mettre à part (ce qu'on veut trouver disponible). *Il est prudent de réserver ses places dans le train.* V. **Louer.** *Cette table est réservée.* V. **Retenir.** • 4° *(Abstrait).* Destiner, faire que qqch. arrive à (qqn). *Le sort, l'accueil qui nous est réservé. Cette soirée me réservait bien des surprises.* • 5° SE RÉSERVER. *v. pron.* S'abstenir d'agir, de s'engager, de manière à conserver toutes possibilités pour plus tard. *Je préfère me réserver pour une meilleure occasion.* V. **Attendre.**

RÉSERVISTE [ʀezɛʀvist(ə)]. *n. m.* • Homme de l'armée de réserve. *Rappel de réservistes.*

RÉSERVOIR [ʀezɛʀvwaʀ]. *n. m.* • 1° Cavité où un liquide peut s'accumuler, être gardé en réserve. *Réservoir d'eau.* V. **Citerne.** *Réservoir d'essence* (d'une voiture). • 2° Endroit contenant en réserve (un grand nombre de personnes, de choses). *Ce pays est un inépuisable réservoir d'hommes.*

RÉSIDENCE [ʀezidɑ̃s]. *n. f.* • 1° Le fait de demeurer habituellement en un lieu ; ce lieu. V. **Demeure, habitation.** *Changer de résidence.* — Lieu où une personne habite effectivement durant un certain temps. *Certificat de résidence. Résidence principale,* le lieu d'habitation. *Résidence secondaire,* maison de campagne, de vacances. • 2° Lieu construit, généralement luxueux, où l'on réside. *Une somptueuse résidence.* — Groupe d'immeubles résidentiels assez luxueux. *La Résidence X...* • 3° En droit, Séjour obligatoire. *Être assigné à résidence. Résidence surveillée.* ▼ **RÉSIDENT, ENTE.** *n.* Personne établie dans un autre pays que son pays d'origine. V. **Étranger.** *Les résidents espagnols en France.* ▼ **RÉSIDENTIEL, IELLE.** *adj.* Propre à l'habitation, à la résidence (en parlant des beaux quartiers). *Immeubles, quartiers résidentiels.*

RÉSIDER [ʀezide]. *v. intr.* (1) • 1° *(Personnes).* Être établi d'une manière habituelle dans un lieu ; y avoir sa résidence. • 2° *(Choses abstraites).* Avoir son siège, son principe. *La difficulté réside en ceci.*

RÉSIDU [ʀezidy]. *n. m.* • 1° *Péj.* Reste peu utilisable, sans valeur. V. **Déchet, détritus.** • 2° Ce qui reste après une opération physique ou chimique. *Utilisation des résidus par l'industrie.*

RÉSIGNATION. *n. f.* • Le fait d'accepter sans protester (la volonté d'un supérieur, de Dieu, le sort) ; tendance à se soumettre, à subir sans réagir. V. **Soumission.** || Contr. **Révolte.** ||

1. RÉSIGNER [ʀeziɲe]. *v. tr.* (1) • *Littér.* Abandonner (une fonction). V. **Démettre** (se). *Résigner sa place, son emploi.*

2. RÉSIGNER (SE). *v. pron.* (1) • SE RÉSIGNER (À) : accepter sans protester (une chose pénible mais inévitable). *Je ne peux me résigner à son départ, à la voir partir.* — *Absolt.* Adopter une attitude d'acceptation ; se soumettre. V. **Incliner** (s'). *Il faut se résigner, c'est la vie !* ▼ **RÉSIGNÉ, ÉE.** *adj.* Qui accepte avec résignation, est empreint de résignation. *Il est résigné. Un courage résigné.* — Subst. *Les résignés.*

RÉSILIER [ʀezilje]. *v. tr.* (7) • Dissoudre (un contrat) soit par l'accord des parties, soit par la volonté d'un seul. *Résilier un bail, un marché.* ▼ **RÉSILIATION.** *n. f.*

RÉSILLE [ʀezij]. *n. f.* • Tissu de mailles formant une poche dans laquelle on enserre les cheveux. V. **Filet.**

RÉSINE [ʀezin]. *n. f.* • 1° Produit collant et visqueux qui suinte de certains végétaux, notamment des conifères. *Résine du pin.* • 2° Se dit de nombreuses matières plastiques. *Résines synthétiques* (*ex* : nylon). *Dent artificielle en résine.* ▼ **RÉSINEUX, EUSE.** *adj.* et *n. m.* • 1° Qui produit de la résine, contient de la résine (1°). *Arbres, bois résineux.* • 2° Propre à la résine (1°). *Odeur résineuse.*

RÉSIPISCENCE [ʀesipisɑ̃s]. *n. f.* • *Littér.* Reconnaissance de sa faute ou de ses péchés avec amendement. V. **Regret, repentir.** — Loc. *Amener qqn à résipiscence. Venir à résipiscence,* se repentir.

RÉSISTANCE [ʀezistɑ̃s]. *n. f.* ★ I. *(Phénomène physique).* • 1° Fait de résister, d'opposer une force à (une autre) ; cette force. *Résistance d'un corps au choc. La résistance de l'air.* — Capacité d'annuler ou de diminuer l'effet d'une force. *Résistance mécanique. Résistance des matériaux,* leur comportement face à des forces, des contraintes. • 2° *Résistance électrique,* quotient de la puissance perdue dans un circuit sous forme de chaleur par le carré de l'intensité du courant. *Unité de résistance,* ohm. — *Une résistance,* un conducteur qui dégage une puissance thermique déterminée. *Les résistances d'un fer à repasser.* • 3° Qualité (d'un être vivant) qui résiste (à des épreuves, des fatigues). V. **Force, solidité.** *Manquer de résistance, n'avoir aucune résistance.* • 4° *Plat de résistance* (dont on ne vient pas à bout aisément), plat principal d'un repas. ★ II. *(Action humaine).* • 1° Action par laquelle on essaie de rendre sans effet (une action dirigée contre soi). *La résistance à l'oppression. Il n'opposa aucune résistance. Résistance passive,* refus d'obéir (sans action). — Ce qui s'oppose à notre volonté. V. **Difficulté, obstacle.** *Venir à bout d'une résistance.* • 2° Action de s'opposer à une attaque par les moyens de la guerre. — *La Résistance,* l'opposition des Français à l'action de l'occupant allemand pendant la Seconde Guerre mondiale, l'organisation qui s'ensuivit.

RÉSISTANT, ANTE. *adj.* et *n.* • 1° Qui résiste à une force contraire ; qui résiste à l'effort, à l'usure. *Un tissu très résistant.* V. **Solide.** • 2° *(Êtres vivants).* Endurant, robuste. • 3° *Un résistant, une résistante,* patriote qui appartenait à la Résistance (II, 2°), à un mouvement de résistance.

RÉSISTER [ʀeziste]. *v. tr. ind.* (1) ★ I. *(Valeur passive).* • 1° *(Choses).* Ne pas céder, ne pas s'altérer sous l'effet de. *Quelques arbres ont résisté à la tempête. Des couleurs qui résistent au lavage.* • 2° *(Êtres vivants).* Ne pas être détruit, altéré (par ce qui menace l'organisme). *Résister à la fatigue, à la maladie.* V. **Supporter.** — Supporter sans faiblir (ce qui est moralement pénible). • 3° *(Choses abstraites).* Se maintenir, survivre. *L'amour ne résiste pas à l'habitude. L'argument ne résiste pas à l'examen.* ★ **II.** *(Valeur active).* • 1° Faire effort contre l'usage de la force. *Il résista aux agents qui tentaient de l'empoigner.* V. **Débattre** (se). — S'opposer (à une attaque armée). V. **Défendre** (se). *Résister à des assauts répétés.* • 2° S'opposer (à ce qui contrarie les désirs, menace la liberté). V. **Lutter** (contre). *Résister à l'oppression.* V. **Révolter** (se). *Personne n'ose lui résister.* • 3° Repousser les sollicitations de (qqn). *Elle n'a pas su lui résister.* • 4° S'opposer (à ce qui plaît, tente...). *Résister à une passion, à une tentation. Je n'ai pas pu résister à l'envie de venir.*

RÉSOLU, UE [ʀezɔly]. *adj.* • Qui sait prendre une résolution et s'y tenir. V. **Décidé.** ▼ **RÉSOLUMENT.** *adv.* Par une ferme résolution. *S'opposer résolument à une décision.*

1. RÉSOLUTION [ʀezɔlysjɔ̃]. *n. f.* • 1° Décision volontaire arrêtée après délibération. *Prendre la résolution de...* V. **Décider.** *Bonnes résolutions,* résolutions de bien faire, de se corriger. *Ma résolution est prise.* • 2° Comportement d'une personne résolue. V. **Énergie, fermeté.**

2. RÉSOLUTION. *n. f.* • Solution (d'une difficulté, d'un problème). *La résolution d'une équation.*

3. RÉSOLUTION. *n. f.* • *Didact.* Transformation physique d'une substance qui se résout (2). *Résolution de l'eau en vapeur.*

RÉSONANCE [ʀezɔnɑ̃s]. *n. f.* • 1° Prolongement ou amplification des sons, des vibrations ; augmentation d'amplitude. *Caisse de résonance.* — Propriété d'un lieu où ce phénomène se produit. *La résonance d'une voûte.* • 2° *Littér.* Effet de ce qui se répercute dans l'esprit. V. **Écho.** *Ce thème éveillait en moi des résonances profondes.*

RÉSONATEUR. *n. m.* • Appareil où peut se produire un phénomène de résonance.

RÉSONNER [ʀezɔne]. *v. intr.* (1) • 1° Produire un son accompagné de résonances. *Cloche qui résonne. Des pas résonnaient sur la chaussée.* • 2° *(Sons, voix).* Retentir en s'accompagnant de résonances. • 3° S'emplir d'échos, de résonances. *La rue résonnait de cris d'enfants.*

RÉSORBER [ʀezɔʀbe]. *v. tr.* (1) • Opérer la résorption de. — *Pronom.* Disparaître par résorption. *Les excédents se sont résorbés.*

RÉSORPTION [ʀezɔʀpsjɔ̃]. *n. f.* • 1° Disparition (d'un produit pathologique repris par la circulation sanguine ou lymphatique). *Résorption d'un abcès.* • 2° Suppression (d'un phénomène nuisible). *Résorption du chômage.*

1. RÉSOUDRE [ʀezudʀ(ə)]. *v. tr.* (51). [p. p. *résolu, ue.*] ★ **I.** Découvrir la solution de. *Résoudre un problème, une équation, une énigme.* V. **Résolution 2.** ★ **II.** • 1° Déterminer (qqn) à prendre une résolution. *Il faut le résoudre à abandonner.* — (Surtout passif) *Être résolu à faire qqch. Être résolu à tout,* à prendre tous les risques. • 2° Décider (qqch. à exécuter). *Je ferai ce que j'ai résolu. J'ai résolu de voyager.* • 3° *Pronom.* SE RÉSOUDRE À (et inf.) : se décider à. *Il ne peut pas se résoudre à y renoncer.*

2. RÉSOUDRE. *v. tr.* (51). [p. p. *résolu, ue* ou *résous, oute,* rare.] • Transformer en ses éléments. — (Surtout pronom.) *Brouillard qui se résout en pluie.* V. **Résolution 3.**

RESPECT [ʀɛspɛ]. *n. m.* • 1° Sentiment qui porte à accorder à qqn de la considération en raison de sa supériorité, son âge, etc. *Inspirer le respect* (V. **Respectable**). *Témoigner du respect à qqn,* être respectueux. *J'ai beaucoup de respect pour lui. Manquer de respect à qqn,* ne pas le traiter avec le respect qu'on lui doit. *Marques de respect.* V. **Politesse.** — Loc. *Sauf votre respect, sauf le respect que je vous dois,* se dit pour s'excuser d'une parole trop libre, un peu choquante. • 2° Sentiment de vénération (dû au sacré, à Dieu...). V. **Culte, piété.** *Le respect pour les morts. Le respect de soi-même.* V. **Dignité, honneur.** • 3° *(Au plur.).* Témoignage de respect (formule de politesse). *Présenter ses respects à un supérieur.* • 4° Considération que l'on porte à une chose jugée bonne, avec le souci de ne pas l'enfreindre. *Le respect de la parole donnée.* • 5° RESPECT HUMAIN [ʀɛspɛ(k)ymɛ̃] : crainte du jugement des hommes, qui conduit à se garder de certains actes. • 6° *Tenir qqn en respect,* dans une soumission forcée (en montrant sa force, une arme, en menaçant...).

RESPECTABLE. *adj.* ★ **I.** Qui est digne de respect. *Un homme respectable.* V. **Estimable, honorable.** *Vos scrupules sont respectables.* ★ **II.** *(Quantité).* Assez important, digne de considération. *Une somme respectable.* ▼ **RESPECTABILITÉ.** *n. f.* État d'une personne respectable, socialement respectée. *Il a le souci de sa respectabilité.*

RESPECTER [ʀɛspɛkte]. *v. tr.* (1) • 1° Considérer avec respect. V. **Honorer, vénérer.** *Respecter ses parents. Un chef qui sait se faire respecter. — Respecter certaines valeurs.* — Au p. p. *Un nom respecté.* • 2° Ne pas porter atteinte à. V. **Observer.** *Respecter les convenances. Respecter le sommeil de ses voisins,* ne pas le troubler. • 3° SE RESPECTER. *v. pron.* Agir de manière à conserver l'estime de soi-même. — *Fam.* QUI SE RESPECTE : digne de ce nom. *Un ouvrier qui se respecte n'acceptera jamais ces conditions de travail.*

RESPECTIF, IVE [ʀɛspɛktif, iv]. *adj.* • Qui concerne chaque chose, chaque personne (parmi plusieurs). *Les droits respectifs des époux. — La position respective des astres,* de chaque astre parmi tous. ▼ **RESPECTIVEMENT.** *adv.* Chacun en ce qui le concerne. *Deux enfants âgés respectivement de six et de quatre ans.*

RESPECTUEUX, EUSE [ʀɛspɛktɥø, øz]. *adj.* • 1° Qui éprouve ou témoigne du respect, de la déférence. *Une foule respectueuse et silencieuse. Ils sont respectueux envers leurs parents.* • 2° Qui marque du respect. *Ton respectueux.* — (Formule de politesse) *Veuillez agréer mes sentiments respectueux.* • 3° RESPECTUEUX DE : soucieux de ne pas porter atteinte à. *Être respectueux des formes.* ▼ **RESPECTUEUSEMENT.** *adv.*

RESPIRABLE. *adj.* • Qu'on peut respirer (surtout négatif, *peu respirable*, *pas respirable*, au sens de *irrespirable*).

RESPIRATION [ʀɛspiʀasjɔ̃]. *n. f.* ★ **I.** • **1°** Le fait de respirer. *Respiration difficile, haletante, essoufflée. Respiration bruyante.* • **2°** *Respiration artificielle*, ensemble de manœuvres pratiquées pour rétablir les fonctions respiratoires, chez les asphyxiés. ★ **II.** Fonction biologique, absorption d'oxygène, rejet de gaz carbonique et d'eau. *Respiration pulmonaire. Respiration interne* (des cellules vivantes ou des tissus). — Fonction chlorophyllienne des végétaux.

RESPIRATOIRE [ʀɛspiʀatwaʀ]. *adj.* • **1°** Qui permet la respiration. *Appareil respiratoire. Les voies respiratoires* (bronches, larynx, poumons, etc.). • **2°** De la respiration. *Les échanges respiratoires des plantes.*

RESPIRER [ʀɛspiʀe]. *v.* (1) ★ **I.** • **1°** *V. intr.* Absorber l'air dans la cage thoracique, puis l'en rejeter. V. **Aspirer, expirer.** *Respirer par le nez, par la bouche. Respirer avec difficulté.* V. **Haleter.** — Exercer la fonction de la respiration (II). *Les plantes respirent.* • **2°** *(Personnes).* Avoir un moment de calme, de répit, éprouver une sensation de soulagement. *Laissez-moi respirer ! Ouf ! on respire !* on se sent mieux. ★ **II.** *V. tr.* Aspirer, attirer par les voies respiratoires. *Respirer le grand air. On lui fit respirer de l'éther.* — Absolt. *Respirer profondément.* ★ **III.** Avoir un air de, dégager une impression de. *Il respire la santé. Sa conversation respire l'intelligence.*

RESPLENDIR [ʀɛsplɑ̃diʀ]. *v. intr.* (2) • *Littér.* Briller d'un vif éclat. ▼ **RESPLENDISSANT, ANTE.** *adj.* Qui resplendit. — *Visage resplendissant de bonheur.* V. **Éclatant.** *Vous avez une mine resplendissante* (de santé).

RESPONSABILITÉ [ʀɛspɔ̃sabilite]. *n. f.* • **1°** Obligation de réparer le dommage que l'on a causé par sa faute, dans certains cas déterminés par la loi. *La responsabilité de l'employeur dans les accidents du travail.* • **2°** Obligation morale de réparer une faute, de remplir un devoir, d'assumer les conséquences de ses actes. *Avoir de lourdes responsabilités. Accepter, assumer une responsabilité. Prendre la responsabilité de qqch.*, accepter d'en être tenu pour responsable. *Prendre ses responsabilités*, agir, se décider en acceptant toutes les responsabilités qui en découlent. *Décliner toute responsabilité.* • **3°** Situation d'une autorité politiquement responsable. *Le Premier ministre a engagé la responsabilité du gouvernement.*

RESPONSABLE. *adj.* • **1°** Qui a des responsabilités, doit répondre de ses actes. *Les experts jugeront si l'accusé est responsable. Être responsable de qqn*, de sa vie, de sa conduite. *Rendre qqn responsable de qqch.*, le considérer comme responsable. • **2°** Qui est la cause volontaire et consciente (de qqch.). — *Subst. fam.* V. **Auteur, coupable.** *Qui est le responsable de cette plaisanterie ?* • **3°** Qui doit rendre compte de sa politique (en particulier, pour les ministres, se retirer après le vote d'une motion de censure par l'Assemblée). *Le gouvernement est responsable devant le parlement.* • **4°** Chargé de, en tant que chef qui prend les décisions. *Le ministre responsable de la Défense nationale.* — Subst. *Un responsable*, dans une organisation, un dirigeant élu. *Les responsables syndicaux.*

RESQUILLER [ʀɛskije]. *v.* (1) • **1°** *V. intr.* Entrer sans payer (spectacles, transports). — Obtenir une chose sans y avoir droit, sans rien débourser. V. **Carotter.** • **2°** *V. tr.* Obtenir (qqch.) sans y avoir droit. *Il a resquillé sa place.* ▼ **RESQUILLE.** *n. f.* Action de resquiller. *C'est de la resquille.* ▼ **RESQUILLEUR, EUSE.** *adj.* et *n.* Qui resquille, a l'habitude de resquiller.

RESSAC [ʀəsak]. *n. m.* • Retour violent des vagues sur elles-mêmes, après un choc, lorsqu'elles ont frappé un obstacle.

RESSAISIR (SE) [ʀ(ə)seziʀ]. *v. pron.* (2) • Rentrer en possession de son calme, redevenir maître de soi. *Un instant affolé, il n'a pas tardé à se ressaisir.* — Se rendre de nouveau maître de la situation par une attitude plus ferme. *Le boxeur s'est ressaisi au quatrième round.*

RESSASSER [ʀ(ə)sase]. *v. tr.* (1) • **1°** Revenir sur (les mêmes choses), faire repasser dans son esprit. V. **Remâcher.** *Ressasser ses griefs.* • **2°** Répéter de façon lassante. V. **Rabâcher.** *Ressasser les mêmes plaisanteries.* — *Des histoires ressassées.*

RESSAUT [ʀ(ə)so]. *n. m.* • Saillie, petite avancée.

RESSAYER. V. Réessayer.

RESSEMBLANCE [ʀ(ə)sɑ̃blɑ̃s]. *n. f.* • **1°** Rapport entre des objets présentant des éléments identiques en nombre suffisant. || Contr. **Différence.** || *Ressemblance de deux objets, entre deux objets, d'un objet avec un autre.* — *Au plur.* Traits communs. • **2°** *(Personnes).* Similitude de traits physiques (surtout ceux du visage) ou de traits de caractère. *Il y a une ressemblance frappante entre la mère et la fille.* • **3°** Rapport entre la chose et son modèle. *Ce portraitiste cherche la ressemblance.* ▼ **RESSEMBLANT, ANTE.** *adj.* Qui a de la ressemblance avec son modèle. *Un portrait très ressemblant.* — Fam. *Il est très ressemblant* (sur une photo, une caricature...), on le reconnaît bien (Cf. C'est bien lui).

RESSEMBLER [ʀ(ə)sɑ̃ble]. *v. tr. ind.* (1) ★ **I.** *(Personnes).* • **1°** *(Au physique).* Avoir de la ressemblance, des traits communs (avec qqn). *Un enfant qui ressemble à sa mère.* — Fam. *À quoi ressemble-t-il ?* comment est-il, au physique ? — *Pronom.* (Récipr.) *Ils se ressemblent comme deux gouttes d'eau.* • **2°** (Au moral). *Elle ressemble plus à son père qu'à sa mère.* V. **Tenir** (de). *Il lui ressemble, en plus cinglé !* — *Pronom.* PROV. *Qui se ressemble s'assemble*, les personnes qui ont des traits de caractère communs sont attirées les unes vers les autres. ★ **II.** *(Choses).* • **1°** Avoir de la ressemblance, un aspect semblable... — Loc. *Cela ne ressemble à rien*, c'est très original ; ou *péj.* c'est informe. *Je vous demande un peu à quoi ça ressemble !*

(même sens). — *Pronom.* PROV. *Les jours se suivent et ne se ressemblent pas*, une situation change d'un jour à l'autre (en bien ou en mal). • 2° Être conforme au caractère de (qqn), digne de (qqn). *Cela lui ressemble tout à fait*, c'est bien de lui. *Cela ne lui ressemble pas*, il n'a pas l'habitude de se comporter ainsi.

RESSEMELER [ʀ(ə)səmle]. *v. tr.* (4) • Garnir de semelles neuves. *Faire ressemeler ses chaussures.* ▼ **RESSEMELAGE.** n. m. *Combien coûte le ressemelage ?*

RESSENTIMENT [ʀ(ə)sɑ̃timɑ̃]. *n. m.* • Le fait de se souvenir avec animosité des torts qu'on a subis (comme si on les ressentait, ou les « sentait » encore). V. **Rancœur, rancune.** *Éprouver, garder du ressentiment* (de qqch.).

RESSENTIR [ʀ(ə)sɑ̃tiʀ]. *v. tr.* (16) ★ **I.** • 1° *Littér.* Éprouver vivement l'effet de... *Ressentir une injure, une privation.* • 2° Être pleinement conscient de (un état affectif qu'on éprouve). *Ressentir de la sympathie, de la colère.* — Éprouver (une douleur). ★ **II.** SE RESSENTIR (DE). *v. pron.* • 1° Subir l'influence de. *Mon travail se ressent de mon humeur.* • 2° Continuer à éprouver les effets (d'une maladie, d'un mal). *Se ressentir d'une chute, d'une opération. Le pays se ressent de la guerre.*

RESSERRE [ʀ(ə)sɛʀ]. *n. f.* • Endroit où l'on range certaines choses. V. **Remise.** *Ranger du bois, des outils dans une resserre.*

RESSERRER [ʀ(ə)seʀe]. *v. tr.* (1) • 1° Diminuer le volume, la surface de (qqch.), en rapprochant les éléments. V. **Contracter.** *Lotion astringente qui resserre les pores.* • 2° Rapprocher de nouveau ou davantage (des parties disjointes, les éléments d'un lien) ; serrer davantage. || Contr. **Desserrer.** || *Resserrer un nœud, un boulon. — Ce malheur a resserré leurs liens*, les a unis davantage. ▼ **RESSERREMENT** [ʀ(ə)sɛʀmɑ̃]. *n. m.*

RESSERVIR [ʀ(ə)sɛʀviʀ]. *v.* (14) • 1° *V. tr.* Servir de nouveau (un plat). — Fam. *Ce sont les mêmes boniments qu'il nous ressert depuis dix ans !* • 2° *V. intr.* Être encore utilisable. *Cela peut resservir.*

1. RESSORT [ʀ(ə)sɔʀ]. *n. m.* • 1° Pièce d'un mécanisme qui utilise les propriétés élastiques de certains corps pour produire un mouvement. *Tendre un ressort. Ressort d'une montre, d'un jouet mécanique. Ressorts de sommier. Ressorts de suspension d'une auto.* • 2° *Littér.* Énergie, force (généralement occulte) qui fait agir. *Les ressorts cachés de nos actes.* • 3° Loc. *Avoir du ressort*, une grande capacité de résistance morale ou de réaction. *Un être sans aucun ressort.*

2. RESSORT. *n. m.* • 1° *Loc.* EN DERNIER RESSORT : sans qu'on puisse faire appel à une juridiction supérieure. — En définitive, finalement. *En dernier ressort, il l'a emporté.* • 2° *Loc.* DU RESSORT DE : de la compétence, du domaine de... *Cette affaire est du ressort de la cour d'appel.* V. **Ressortir 2.** *Cela n'est pas de mon ressort.*

1. RESSORTIR [ʀ(ə)sɔʀtiʀ]. *v. intr.* (16) ★ **I.** Sortir (d'un lieu) peu après y être entré. *Il ressortait de chez lui. La balle est ressortie par le cou.* ★ **II.** • 1° Paraître avec plus de relief, être saillant. V. **Détacher** (se). — Paraître nettement, par contraste. *La couleur ressort mieux sur ce fond. Faire ressortir qqch.*, mettre en évidence, en valeur. • 2° Apparaître comme conséquence. V. **Résulter.** *Il ressortait de nos échanges de vues que nous étions d'accord sur les objectifs.*

2. RESSORTIR. *v. tr. ind.* (2) • RESSORTIR À. • 1° *(En droit).* Être du ressort, de la compétence de (une juridiction). *Ce procès ressortissait à une autre juridiction.* • 2° *Littér.* Être naturellement relatif à. V. **Dépendre, relever** (de). *Tout ce qui ressortit au théâtre.*

RESSORTISSANT, ANTE. *n.* • Personne qui, dans un pays étranger, relève des représentants d'un autre pays.

RESSOURCE [ʀ(ə)suʀs(ə)]. *n. f.* ★ **I.** UNE RESSOURCE : ce qui peut améliorer une situation fâcheuse. V. **Expédient, recours.** *Je n'ai d'autre ressource que de partir.* SANS RESSOURCE : sans remède. *Cette situation apparaît sans ressource.* ★ **II.** DES RESSOURCES. • 1° Moyens matériels d'existence. V. **Argent, fortune, richesse**(s). *Ses ressources sont modestes. Être sans ressources.* V. **Pauvre.** *Les ressources de l'État.* • 2° Moyens (en hommes, en matériel, en réserves d'énergie...) dont dispose ou peut disposer une collectivité. • 3° Moyens intellectuels et possibilités d'action qui en découlent. *Il a dû faire appel à toutes les ressources de son talent.* — Loc. *Un homme de ressources*, habile, apte à trouver des expédients en toute circonstance. — (Au sing.) *Il a de la ressource*, il n'a pas épuisé ses moyens. *Avec lui, il y a de la ressource. — Les ressources d'un art, d'une technique*, ses possibilités. *Les ressources d'une langue*, les moyens d'expression qu'elle fournit à l'utilisateur.

RESSOUVENIR (SE) [ʀ(ə)suvniʀ]. *v. pron.* (22) • *Littér.* Se souvenir (d'une chose très ancienne).

RESSUSCITER [ʀesysite]. *v.* (1) ★ **I.** *V. intr.* • 1° Être de nouveau vivant. V. **Résurrection.** — Au p. p. *Le Christ ressuscité.* • 2° Revenir à la vie normale, après une grave maladie. — Reprendre vie, manifester une vie nouvelle. *Pays qui ressuscite après une catastrophe.* V. **Relever** (se). ★ **II.** *V. tr.* • 1° Ramener de la mort à la vie. • 2° *(Suj. chose).* Guérir d'une grave maladie, sortir d'un état de mort apparente. *Ce traitement l'a ressuscité.* • 3° Faire revivre en esprit, par le souvenir. *Ressusciter les héros du passé.* — Faire renaître (un art, un sentiment...).

1. RESTANT [ʀɛstɑ̃]. *n. m.* • Reste (d'une somme, d'une quantité). *Je vous paierai le restant dans un mois.*

2. RESTANT, ANTE. *adj.* • 1° (Après un nom précédé d'un numéral). Qui reste, qui est encore disponible. *Les cent francs restants. La seule personne restante.* • 2° POSTE RESTANTE. V. **Poste.**

RESTAURANT [ʀɛstɔʀɑ̃]. *n. m.* • Établissement où l'on sert des repas moyennant paiement. V. **Auberge, hôtel.** *Aller au restaurant. Un bon restaurant. Café-restaurant.*

V. **Brasserie.** *Restaurant libre-service.* ▼ **1. RESTAURATEUR.** *n. m.* Celui qui tient un restaurant. V. **Hôtelier.** ▼ **1. RESTAURATION.** *n. f.* Métier de restaurateur.

1. RESTAURER [rɛstɔre]. *v. tr.* (1) • 1° *Littér.* Rétablir en son état ancien ou en sa forme première *(choses abstraites). Restaurer la liberté, la paix.* V. **Ramener.** • 2° Réparer (des objets d'art ou des monuments anciens) en respectant l'état primitif, le style. ▼ **2. RESTAURATEUR, TRICE.** *n.* Spécialiste de la restauration des œuvres d'art. ▼ **2. RESTAURATION.** *n. f.* • 1° Action de restaurer (une dynastie, un régime). — Absolt. *La Restauration*, celle des Bourbons, après la chute du Premier Empire (1814-1830). • 2° Action de restaurer (une œuvre d'art, un monument).

2. RESTAURER (SE). *v. pron.* (1) • Reprendre des forces en mangeant.

RESTE [rɛst(ə)]. *n. m.* ★ **I.** Le reste de... : ce qui reste de (un tout dont une ou plusieurs parties ont été retranchées). • 1° (D'un objet ou d'une quantité mesurable). *Le reste d'une somme d'argent.* V. **Reliquat, restant 1, solde.** *Mettez le reste du lait dans un pot.* — Loc. *Partir sans demander son reste*, sans insister, comme qqn qui a son compte (de reproches, d'ennuis, etc.). • 2° (D'un espace de temps). *Le reste de sa vie.* — Loc. adv. *Le reste du temps*, aux autres moments, dans les autres occasions. • 3° (D'une pluralité d'êtres ou de choses). *Vivre isolé du reste des hommes, du monde. Le reste (des gens) se casa où il put.* • 4° (D'une chose non mesurable). *Le reste de l'ouvrage. Laissez-moi faire le reste.* • 5° *Absolt.* Le reste : tout ce qui n'est pas la chose précédemment mentionnée. *Ne t'occupe pas du reste. Pour le reste, quant au reste.* — (En fin d'énumération) *Et le reste*, et ce qui s'ensuit. V. **Et caetera.** ★ **II.** *Loc. adv.* De reste : plus qu'il n'en faut. *Avoir de l'argent, du temps de reste*, en avoir à perdre et les prodiguer inutilement. — En reste. *Être, demeurer en reste*, être le débiteur, l'obligé (de qqn). — Au reste *(littér.)*, Du reste : quant au reste, quant à ce qui n'est pas mentionné. V. **Ailleurs** (d'). *Elle vivait, du reste, très simplement.* ★ **III.** Un reste, Des restes : élément(s) restant (en plus ou moins grand nombre) d'un tout qui a disparu. • 1° (Concret). *Les restes d'une vieille cité, d'une fortune, d'un repas...* V. **Débris, vestige.** *Un reste de beurre*, un peu de beurre qui reste. Absolt. *Utilisation des restes en cuisine.* • 2° Littér. *Les restes de qqn*, son cadavre. • 3° (Abstrait). *C'est un reste de l'ancien langage. Aucun reste d'espoir.* — Loc. *Avoir de beaux restes*, des restes de beauté (en parlant d'une femme). • 4° Péj. *Les restes de qqn, ses restes*, ce qu'il a négligé, méprisé. *Il n'a eu que vos restes !* • 5° Dans un calcul, Élément restant d'une quantité, après soustraction (V. **Différence**) ou après division.

RESTER [rɛste]. *v. intr.* (1) ★ **I.** Continuer d'être dans un lieu. V. **Demeurer.** • 1° (Suj. personne). *Nous sommes restés là plus d'une heure. Rester au lit, à table. Rester auprès de qqn.* — Loc. fam. *Il a failli y rester*, mourir. *Rester en chemin, en plan* (fam.), ne pas aller jusqu'au bout. — Absolt. (*Opposé à* partir, s'en aller). *Je resterai (pour) garder la maison. Restez donc dîner avec nous.* • 2° (Suj. chose). *La voiture est restée au garage. L'arête est restée en travers de sa gorge.* — Loc. *Cela me reste sur l'estomac*, je ne peux le digérer. *Cela m'est resté sur le cœur*, j'en garde du ressentiment. *Cela doit rester entre nous* (d'un secret, d'une chose confiée). ★ **II.** Continuer d'être (dans une position, une situation, un état). *Rester debout, sans bouger. Rester en place, en fonction. La voiture est restée en panne sur la route. Rester dans l'ignorance.* V. **Croupir.** — Rester à (et l'inf.) : en passant son temps à. *Elle resta seule à attendre.* — (Suivi d'un attribut) *Rester immobile. Le magasin restera ouvert en août.* — Impers. *Il reste entendu que...* ★ **III.** Subsister à travers le temps. *C'est une œuvre qui restera.* V. **Durer.** prov. *Les paroles s'envolent, les écrits restent.* ★ **IV.** Rester à (qqn) : continuer d'être, d'appartenir à qqn. *L'avantage est resté à nos troupes. Ce nom lui est resté.* ★ **V.** En rester à... : s'arrêter, être arrêté à (un moment d'une action, d'une évolution). *Où en es-tu resté de ta lecture ? Dans cette région, les gens en sont restés aux lampes à pétrole.* — En rester là : ne pas aller plus loin, ne pas continuer. V. **Tenir** (s'en tenir là). *Inutile de poursuivre, restons-en là.* — Rester sur... *Rester sur sa faim.* V. **Faim.** *Rester sur la bonne bouche*, ne plus manger après une bonne chose. — *Rester sur une impression*, avoir encore cette impression. ★ **VI.** *Fam.* Habiter. *Il reste en banlieue.* ★ **VII.** *(En parlant d'éléments d'un tout).* • 1° Être encore présent (après élimination des autres éléments). V. **Subsister.** *Rien ne reste de cette œuvre. Le seul bien qui me reste.* — (Impers.) *Il en reste un fond de bouteille. Il nous reste encore de quoi vivre.* • 2° Rester à... (et l'inf.). *Une trentaine de mille francs restaient à payer*, étaient encore à payer. — Impers. *Il reste beaucoup à faire. Le temps qu'il me reste à vivre. Il ne me reste plus qu'à vous remercier*, je dois encore vous remercier (formule de remerciement). *Il reste à savoir si..., reste à savoir si...* • 3° Il reste que, Il n'en reste pas moins que... : il n'en est pas moins vrai que... V. **Toujours** [3°] (toujours est-il que).

RESTITUER [rɛstitɥe]. *v. tr.* (1) • 1° Rendre à qqn (une chose dérobée ou retenue indûment). • 2° Reconstituer à l'aide de fragments subsistants, de documents, etc. *Restituer un texte altéré, une inscription.* • 3° Libérer (ce qui a été absorbé, accumulé). *Énergie restituée par un système mécanique.* ▼ **RESTITUTION.** *n. f.*

RESTREINDRE [rɛstrɛ̃dr(ə)]. *v. tr.* (52) • 1° Rendre plus petit, ramener à des limites plus étroites. V. **Diminuer, limiter, réduire.** *Restreindre ses dépenses, ses ambitions.* • 2° Se restreindre. *v. pron.* Devenir plus petit, moins étendu. *Le champ de nos recherches se restreint.* — *Se restreindre dans ses dépenses.* Absolt. *Il va falloir se restreindre.* ▼ **RESTREINT, EINTE.** *adj.* • 1° Étroit ;

limité. *Auditoire, personnel restreint.* • 2° RESTREINT À : limité à.

RESTRICTION [ʀɛstʀiksjɔ̃]. *n. f.* • 1° Ce qui restreint le développement, la portée de qqch. *Il faut apporter des restrictions à ce principe.* — *Faire des restrictions,* faire des réserves, des critiques. — SANS RESTRICTION *(loc. adv.)* : entièrement ; sans réserve. *Je l'admire, sans restriction.* — *Restriction mentale,* acte par lequel on restreint mentalement la portée, le sens de ce qu'on dit à qqn. • 2° Action de restreindre ; fait de devenir moindre, moins étendu. V. **Limitation.** *Restriction des naissances.* • 3° *Plur.* Mesures propres à réduire la consommation en période de pénurie ; privations qui en résultent. V. **Rationnement.** *Les restrictions en temps de guerre.* ▼ **RESTRICTIF, IVE** [ʀɛstʀiktif, iv]. *adj.* Qui restreint, qui apporte une restriction. *Clause, condition restrictive. Expression restrictive* (*ex.* : ne... que...).

RESUCÉE [ʀ(ə)syse]. *n. f.* • *Fam.* • 1° Nouvelle quantité (d'une chose qu'on boit). *Encore une petite resucée ?* • 2° Reprise (d'un sujet déjà traité).

RÉSULTANTE [ʀezyltɑ̃t]. *n. f.* • Conséquence, résultat de plusieurs facteurs (surtout quand il s'agit de forces, d'actions complexes).

RÉSULTAT [ʀezylta]. *n. m.* • 1° Tout ce qui arrive et qui est produit par une cause. V. **Conséquence, effet.** *Avoir pour résultat,* produire, causer. Fam. *Il a sauté par la fenêtre ; résultat, il s'est foulé la cheville.* • 2° Ce que produit une activité consciente dirigée vers une fin ; cette fin. *Le résultat d'une expérience. Arriver à un bon résultat.* V. **Réussite, succès.** — *(Au plur.)* Réalisations concrètes. *Exiger, obtenir des résultats.* • 3° Solution (d'un problème). — Ce qui sort d'une opération mathématique. *Le résultat d'une division.* • 4° *(Plur.).* L'admission ou l'échec à un examen ; la liste de ceux qui ont réussi. *Affichage, proclamation des résultats.* — Issue (d'une compétition). *Les résultats d'une élection. Résultats d'un match, des courses.* ▼ **RÉSULTER** [ʀezylte]. *v. intr.* (1). [Seulement inf., p. prés. et 3ᵉ pers.] • 1° Être le résultat de. V. **Découler, naître, provenir.** *Fatigue qui résulte du surmenage. Je ne sais ce qui en résultera.* • 2° (Impers.). *Il résulte de ceci que, il en est résulté que...*

RÉSUMER [ʀezyme]. *v. tr.* (1) • 1° Rendre en moins de mots. V. **Abréger.** *Résumer un discours, la pensée d'un auteur.* — Présenter brièvement. *Je vais essayer de résumer la situation.* • 2° SE RÉSUMER. *v. pron.* Reprendre en peu de mots ou abréger ce qu'on a dit. *Pour nous résumer...* — *(Passif)* Se manifester par un seul caractère. *Sa vie se résume à son travail. En lui se résume toute une époque.* ▼ **RÉSUMÉ.** *n. m.* • 1° Abrégé, condensé. *Faire un résumé (de). Le résumé des nouvelles.* — Ouvrage succinct, aide-mémoire. • 2° *Loc. adv.* EN RÉSUMÉ : en peu de mots. V. **Bref** (en). — À tout prendre, somme toute. *En résumé, il est assez satisfait.*

RÉSURGENCE [ʀezyʀʒɑ̃s]. *n. f.* • *Didact.* Eaux souterraines qui ressortent à la surface.

RÉSURRECTION [ʀezyʀɛksjɔ̃]. *n. f.* • 1° Retour de la mort à la vie (V. **Ressusciter**). *La résurrection du Christ.* Absolt. *Le mystère de la Résurrection.* — *La résurrection de la chair, des corps* (au jugement dernier). • 2° Retour quasi miraculeux à la vie, guérison surprenante. — Fait de ressusciter (le passé). *L'histoire conçue comme résurrection du passé.*

RETABLE [ʀətabl(ə)]. *n. m.* • Partie postérieure et décorée d'un autel, qui surmonte verticalement la table ; la peinture qui la décore.

RÉTABLIR [ʀetabliʀ]. *v. tr.* (2) ★ **I.** • 1° Établir de nouveau (ce qui a été oublié, altéré). *Rétablir un texte dans son intégralité.* V. **Restituer.** *Rétablir les faits, la vérité.* • 2° RÉTABLIR (qqn, qqch.) DANS : remettre en une situation, un état (ce qui n'y était plus). *On l'a rétabli dans son emploi, dans ses droits.* • 3° Faire exister ou fonctionner de nouveau. *Rétablir des communications, le courant. Le contact est rétabli. Rétablir l'ordre.* V. **Ramener.** ★ **II.** Remettre (qqn) en bonne santé. *Ce traitement le rétablira en peu de temps.* ★ **III.** SE RÉTABLIR. *v. pron.* • 1° Se produire de nouveau. V. **Revenir.** *Le silence se rétablit.* • 2° Guérir, se remettre. — Au p. p. *Il est tout à fait rétabli.*

RÉTABLISSEMENT [ʀetablismɑ̃]. *n. m.* • 1° Action de rétablir (ce qui était altéré, interrompu, compromis...). • 2° Retour à la santé. V. **Guérison.** *Je fais des vœux pour votre prompt rétablissement.* • 3° Mouvement de gymnastique qui consiste, pour une personne suspendue par les mains, à se hisser par la force des bras jusqu'à ce qu'elle se retrouve les bras à la verticale, les mains en bas et en appui. — (Abstrait) *Opérer un rétablissement,* retrouver l'équilibre après une crise.

1. RÉTAMER [ʀetame]. *v. tr.* (1) • Étamer de nouveau (des ustensiles). *Faire rétamer des casseroles.* ▼ **RÉTAMAGE.** *n. m.* ▼ **RÉTAMEUR.** *n. m.*

2. RÉTAMER. *v. tr.* (1) • *Fam.* • 1° *(Surtout p. p.).* Enivrer ; épuiser. *Je me sens complètement rétamé !* • 2° Démolir, esquinter. *Ma voiture est complètement rétamée.* — Dépouiller au jeu. *Ils m'ont rétamé !*

RETAPE [ʀ(ə)tap]. *n. f.* • *Pop.* Racolage.

RETAPER [ʀ(ə)tape]. *v. tr.* (1) • 1° Remettre dans sa forme. *Retaper un lit,* taper, défroisser la literie. • 2° Réparer, arranger sommairement. *Retaper une vieille maison.* • 3° Fam. *Se retaper,* se rétablir, retrouver ses forces. *Il a bien besoin de se retaper !*

RETARD [ʀ(ə)taʀ]. *n. m.* • 1° Le fait d'arriver trop tard, après le moment fixé, attendu. || Contr. **Avance.** || *Le retard d'un train. Arriver, être en retard à un rendez-vous.* — Temps écoulé entre le moment où une personne, une chose arrive et le moment où elle aurait dû arriver. *Avoir du retard, une heure de retard.* • 2° Le fait d'agir trop tard, de n'avoir pas encore fait ce qu'on aurait dû faire. *Retard dans un paiement. J'ai du courrier en retard.* — EN RETARD SUR (qqn, qqch.) : plus lent que. *Je suis en retard sur lui.* • 3° Mécanisme qui permet de ralentir la marche d'une horloge, d'une montre. • 4° Action de retarder, de remettre à plus tard. V. **Ajournement, atermoiement.** *Il s'est décidé après bien des retards.* — SANS RETARD : sans délai, sans tarder. • 5° État de celui qui est moins avancé dans un développement, un progrès ; temps qui sépare le moins avancé des autres. *Comment rattraperai-je mon retard ? Ce pays a du retard sur le nôtre. Un enfant en retard.* V. **Retardé ; arriéré.** *Un pays en retard de cinquante ans.* ▼ **RETARDATAIRE.** *adj.* et *n.* • 1° Qui arrive en retard. — N. *Les retardataires seront punis.* • 2° Qui a du retard dans son développement. *Enfants retardataires*, en retard dans leurs études. — *Un enseignement retardataire.* V. **Archaïque.**

RETARDER [ʀ(ə)taʀde]. *v.* (1) ★ **I.** *V. tr.* • 1° Faire arriver en retard. *Je ne veux pas vous retarder.* V. **Attarder.** — *Pronom.* Se mettre en retard. — (Suj. chose) *Cet incident m'a retardée.* — *Retarder qqn dans* (une activité), faire aller plus lentement. *Ne le retardez pas dans son travail.* • 2° *Retarder une montre*, la mettre à une heure moins avancée que celle qu'elle indique. || Contr. **Avancer.** || • 3° Faire se produire plus tard. V. **Ajourner, différer.** *Retarder le départ de qqn.* ★ **II.** *V. intr.* • 1° *(Horloge, pendule).* Aller trop lentement, marquer une heure moins avancée que l'heure réelle. *Ma montre* (ou fam. *je*) *retarde de cinq minutes.* • 2° *Retarder sur son temps*, ne pas avoir les idées, le goût de son temps. • 3° Fam. *Retarder*, n'être pas au courant, découvrir qqch. longtemps après les autres. *Sa femme ? Vous retardez, il a divorcé l'an dernier.* ▼ **RETARDÉ, ÉE.** *adj.* Qui est en retard dans ses études, son développement. ▼ **RETARDEMENT (À).** loc. adj. et adv. *Engin à retardement*, dont la déflagration est différée et réglée par un mécanisme spécial. — *Fam.* D'une manière tardive, trop tard. *Comprendre à retardement.*

RETENIR [ʀətniʀ ; ʀtəniʀ]. *v. tr.* (22) ★ **I.** • 1° Garder (une partie d'une somme) pour un usage particulier. V. **Déduire, prélever.** *On lui retient tant pour cent de son salaire.* V. **Retenue.** • 2° Faire réserver (ce qu'on veut trouver disponible). *Retenir une chambre dans un hôtel.* — Engager d'avance (qqn pour un travail). — *Fam.* (Iron.) *Celui-là, je le retiens !* je n'aurai pas recours à ses services. • 3° Conserver dans sa mémoire. V. **Souvenir** (se). *Retenir sa leçon. Retenez bien ce que je vais vous dire.* • 4° Prendre comme élément d'appréciation ou objet d'étude. *Nous regrettons de ne pouvoir retenir votre proposition.* • 5° Faire une retenue (arithmétique). *Je pose 4 et je retiens 3.* ★ **II.** • 1° Faire rester (qqn) avec soi. V. **Garder.** *Il m'a retenu plus d'une heure. Je ne vous retiens pas*, vous pouvez partir (congédiement). — *Retenir qqn comme otage.* — (Choses) V. **Immobiliser.** *Le mauvais temps nous a retenus ici.* • 2° Être un objet d'intérêt pour (le regard, l'attention... de qqn). *Votre offre a retenu notre attention.* • 3° Maintenir (qqch.) en place, dans une position fixe. V. **Attacher, fixer.** *Cheveux retenus par un ruban.* • 4° *(Suj. chose).* Ne pas laisser passer ; contenir. *Une écluse retient l'eau.* • 5° *(Suj. personne).* S'empêcher d'émettre, de prononcer... *Retenir son souffle. Retenir un cri, une insulte.* • 6° Maintenir, tirer en arrière, afin d'empêcher de tomber, d'aller trop vite. V. **Arrêter.** *Retenir qqn par le bras.* — *Retenir un cheval*, modérer son allure. • 7° Empêcher d'agir (une personne sur le point de faire qqch.). *Retenir qqn de faire une bêtise.* — *(Suj. chose)* Empêcher d'agir, de parler. *Une invincible timidité me retenait. Je ne sais pas ce qui me retient de te flanquer une gifle !* ★ **III.** SE RETENIR. *v. pron.* • 1° Faire effort pour ne pas tomber. *Se retenir sur une pente. Se retenir à qqch.* V. **Accrocher** (s'). • 2° Différer de céder à un désir, une impulsion. V. **Contenir** (se). *Elle se retenait pour ne pas pleurer.* — Différer de satisfaire ses besoins naturels.

RÉTENTION [ʀetɑ̃sjɔ̃]. *n. f.* • En médecine, Se dit du séjour prolongé dans une cavité ou un conduit de l'organisme d'une substance destinée à être évacuée ou expulsée. *Rétention d'urine.*

RETENTIR [ʀ(ə)tɑ̃tiʀ]. *v. intr.* (2) • 1° Se faire entendre avec force (en parlant d'un son). V. **Résonner.** *Le timbre de l'entrée retentit.* • 2° *Littér.* Être rempli par (un bruit). *La salle retentissait d'acclamations.* • 3° (Abstrait). *Retentir sur...*, avoir un retentissement, une répercussion sur... ▼ **RETENTISSANT, ANTE.** *adj.* • 1° Qui retentit, résonne. V. **Bruyant, sonore.** • 2° Qui a un grand retentissement dans l'opinion. *Succès retentissant.* V. **Éclatant.** ▼ **RETENTISSEMENT.** *n. m.* • 1° *Littér.* Bruit, son répercuté. • 2° Effet indirect ou effet en retour ; série de conséquences. V. **Contrecoup, répercussion.** *Ces mesures auront un retentissement sur la situation économique.* • 3° Le fait de susciter l'intérêt ou les réactions du public. *Ce manifeste a eu un grand retentissement.*

1. RETENUE [ʀətny ; ʀtəny]. *n. f.* ★ **I.** • 1° Prélèvement sur une rémunération. *Les retenues pour la retraite, la Sécurité sociale.* • 2° Chiffre qu'on réserve pour l'ajouter à la colonne suivante, dans une addition, une soustraction, etc. ★ **II.** Punition scolaire qui consiste à faire rester ou revenir un élève en dehors des heures de cours, à le priver de sortie. V. **Colle, consigne.** *Deux heures de retenue. Être en retenue.*

2. RETENUE. *n. f.* • Attitude de celui qui sait se contenir, se modérer. V. **Mesure, réserve.** *Il a beaucoup de retenue.* — *Rire sans retenue*, sans se retenir.

RÉTICENCE [ʀetisɑ̃s]. *n. f.* • 1° Omission volontaire d'une chose qu'on devrait dire ; la chose omise. *Il y a bien des réticences dans cette partie de ses mémoires. Parler sans réticence.* • 2° Témoignage de réserve, dans les discours, le comportement. V. **Hésitation.** *Montrer une certaine réticence.* ▼ **RÉTICENT, ENTE.** *adj.* • 1° Qui comporte des réticences. *Être réticent*, ne pas dire tout ce qu'on devrait. • 2° Qui manifeste de la réticence, des hésitations. *Je le sens réticent.*

1. RÉTICULE [ʀetikyl]. *n. m.* • En sciences, Système de fils croisés placé dans le plan focal d'un instrument d'optique.

2. RÉTICULE. *n. m.* • Petit sac à main.

RÉTIF, IVE [ʀetif, iv]. *adj.* • 1° Qui s'arrête, refuse d'avancer (en parlant d'une monture). *Un cheval rétif.* • 2° *(Personnes).* Qui est difficile à entraîner, à conduire, à persuader. V. **Récalcitrant.**

RÉTINE [ʀetin]. *n. f.* • Tunique interne de l'œil, membrane destinée à recevoir les impressions lumineuses et à les transmettre au nerf optique.

RETIRER [ʀ(ə)tiʀe]. *v. tr.* (1) ★ **I.** • 1° RETIRER (qqch.) À (un être vivant) : enlever. *On lui a retiré son permis. Retirer sa selle à un cheval.* • 2° Enlever (ses propres vêtements). V. **Ôter.** *Retirer ses gants, ses lunettes.* ★ **II.** RETIRER (qqn, qqch.) DE. • 1° Faire sortir de. *Retirer un corps des décombres. Elle retira son fils du collège.* Fam. *On me retirera difficilement de l'idée que...,* quoi qu'on fasse, je continuerai à penser que... • 2° Faire sortir à son profit (un objet qui était déposé, engagé). *Retirer de l'argent de la banque.* • 3° Éloigner, faire reculer. *Retire tes doigts !* • 4° Cesser de formuler, de présenter. V. **Annuler ; retrait.** *Retirer sa candidature, une plainte. Je retire ce que j'ai dit.* V. **Rétracter** (se). ★ **III.** RETIRER (qqch.) DE : obtenir pour soi qqch. qui provient de... V. **Recueillir.** *Retirer un bénéfice d'une affaire. Je n'en ai retiré que des désagréments.* ★ **IV.** SE RETIRER. *v. pron.* • 1° Partir, s'éloigner. *Il est temps de se retirer. Se retirer discrètement.* • 2° Aller (dans un lieu) pour y trouver un abri, un repos. *Se retirer dans sa chambre.* — Prendre sa retraite. • 3° SE RETIRER DE... : quitter (une activité). *Se retirer de la partie, des affaires.* • 4° Refluer, revenir vers son origine (en parlant d'un liquide, d'un gaz). *Les eaux se retirent.* ▼ **RETIRÉ, ÉE.** *adj.* • 1° *(Personnes).* Qui s'est retiré (du monde, des affaires...). *Vivre retiré,* loin des hommes. *Vie retirée.* • 2° *(Choses).* Éloigné, situé dans un lieu isolé. *Quartier retiré et tranquille.*

RETOMBÉES. *n. f. pl.* • 1° *Retombées radioactives,* substances radioactives qui retombent après l'explosion aérienne d'une bombe atomique. • 2° Conséquences indirectes, applications possibles (de recherches, de mesures d'un autre ordre).

RETOMBER [ʀ(ə)tɔ̃be]. *v. intr.* (1) ★ **I.** *(Êtres vivants).* • 1° Tomber de nouveau. — Toucher terre après s'être élevé. *Le chat est retombé sur ses pattes.* — Fam. *Retomber sur ses pieds,* rétablir une situation, une affaire en difficulté. • 2° Tomber de nouveau dans une situation mauvaise (après en être sorti). *Retomber malade.* V. **Rechute.** — (Sens moral) *Retomber dans l'erreur.* ★ **II.** *(Choses).* • 1° Tomber après s'être élevé. V. **Redescendre.** *La fusée est retombée.* — Fam. *Ça lui retombera sur le nez,* il en sera puni, il en subira les conséquences. • 2° S'abaisser (après avoir été levé). *Laisser retomber les bras.* • 3° Pendre (en parlant de ce qui est soutenu par le haut). *Cheveux qui retombent sur les épaules.* • 4° Revenir dans tel état, telle situation. *Retomber dans l'oubli.* — Cesser de se soutenir, d'agir. *L'intérêt ne doit pas retomber.* • 5° *(Abstrait).* RETOMBER SUR (qqn) : être rejeté sur. *C'est sur lui que retombent toutes les responsabilités.*

RETORDRE [ʀ(ə)tɔʀdʀ(ə)]. *v. tr.* (41) • 1° Assembler (des fils) en les tordant (terme technique). • 2° *Donner du fil à retordre.* V. **Fil.**

RÉTORQUER [ʀetɔʀke]. *v. tr.* (1) • 1° *Vx.* Retourner contre qqn (un argument). • 2° *Rétorquer que...,* répliquer que.

RETORS, ORSE [ʀətɔʀ, ɔʀs(ə)]. *adj.* • Plein de ruse, d'une habileté tortueuse. *Un homme de loi retors. — Des manières, des manœuvres retorses.*

RÉTORSION [ʀetɔʀsjɔ̃]. *n. f.* • Le fait, pour un État, de prendre contre un autre État des mesures coercitives analogues à celles que celui-ci a prises contre lui. *Mesures de rétorsion.*

RETOUCHER [ʀ(ə)tuʃe]. *v. tr.* (1) • 1° Reprendre (un travail, une œuvre) en faisant des changements partiels. V. **Corriger, remanier.** *Il a retouché son tableau, son texte. — Photo retouchée.* • 2° Faire des retouches à (un vêtement). ▼ **RETOUCHE.** *n. f.* • 1° Action de retoucher, correction. • 2° Modification partielle d'un vêtement de confection, pour l'adapter aux mesures de l'acheteur. ▼ **RETOUCHEUR, EUSE.** *n.* Spécialiste qui effectue des retouches. *Retoucheur photographe.*

RETOUR [ʀ(ə)tuʀ]. *n. m.* ★ **I.** *(Personnes).* • 1° Le fait de repartir pour l'endroit d'où l'on est venu. *Il faut songer au retour. Sans esprit de retour,* sans intention de revenir. *Être sur le chemin du retour. Prendre un (billet d') aller et retour.* • 2° Le fait de retourner, d'être revenu à son point de départ. — *Loc.* À MON, TON... RETOUR ; AU RETOUR DE... : au moment du retour ou après le retour. *À son retour du service militaire.* — ÊTRE DE RETOUR : être revenu. — RETOUR DE : au retour de (tel endroit). *Retour d'Amérique, j'ai changé de situation.* ★ **II.** *(Choses).* Mouvement inverse d'un précédent. • 1° RETOUR OFFENSIF (d'une armée) : qui attaque après avoir reculé. *Retour offensif du froid* (après un début d'amélioration). — RETOUR DE FLAMME : mouvement accidentel de gaz enflammés, qui remontent vers le carburateur ; et *(abstrait)* contrecoup d'une action qui se retourne contre son auteur. — RETOUR DE MANIVELLE : mouvement brutal en sens inverse de la manivelle, qui peut se produire quand on met en marche un moteur à explosion ; et *(abstrait)* revirement, changement brutal. • 2° *Match retour,* match opposant deux équipes qui se sont déjà rencontrées dans la première partie d'un championnat. • 3° *Effet en retour,* qui s'exerce une deuxième fois en sens inverse de la première. V. **Contrecoup.** • 4° L'action de retourner, le fait d'être réexpédié. *Retour à l'envoyeur* (d'un objet, d'une lettre, etc.). — *Par retour (du courrier),* par le courrier qui suit immédiatement. ★ **III.** *(Abstrait).* • 1° RETOUR À... : le fait de retourner ou d'être retourné (à son état habituel, à un état antérieur). *Le retour au calme. Retour aux sources.* • 2° ÊTRE SUR LE RETOUR *(de* *l'âge)* : commencer à prendre de l'âge, vieillir. — RETOUR D'ÂGE : l'âge de la ménopause. • 3° *Retour en arrière*, le fait de remonter à un point antérieur de la suite des événements. *Faire un retour en arrière.* — *Retour sur soi-même*, réflexion sur sa conduite, sur sa vie passée. • 4° Loc. *Par un juste retour des choses*, par un juste retournement de la situation. • 5° Le fait de revenir, de réapparaître. *Le retour de la belle saison. Le retour de la paix.* — Répétition, reprise. *Retour régulier, périodique.* V. **Rythme.** • 6° FAIRE RETOUR À : revenir (à son possesseur de droit). *Ces biens doivent faire retour à la communauté.* • 7° EN RETOUR *(loc. adv.)* : en échange, en compensation.

RETOURNER [ʀ(ə)tuʀne]. *v.* (1) ★ **I.** *V. tr.* • 1° Tourner en sens contraire, à l'envers. *Retourner un matelas. Retourner un morceau de viande sur le gril.* Fam. *Retourner qqn*, lui faire changer d'avis facilement. — *Retourner une carte* (pour la faire voir, et notamment fixer l'atout). — *Retourner la terre*, la travailler de manière à la mettre sens dessus dessous (V. **Labourer**). *Retourner la salade.* — Fam. *Il a retourné toute la maison* (pour trouver ce qu'il cherchait). • 2° Mettre la face intérieure à l'extérieur. *Retourner ses poches. Retourner un vêtement*, en mettant l'envers de l'étoffe à l'endroit. — *Retourner sa veste.* V. **Veste.** • 3° Modifier (une phrase) par la permutation des éléments. *On peut retourner le proverbe et dire...* • 4° Diriger dans le sens opposé à la direction antérieure (une arme, un argument...). *On peut retourner l'argument contre vous.* • 5° Renvoyer. *Retourner une marchandise.* — (Iron.) *Je vous retourne le compliment*, les paroles (désagréables) que vous m'adressez. • 6° *Tourner et retourner.* V. **Tourner.** • 7° Bouleverser (qqn). *Cette nouvelle m'a tout retourné.* ★ **II.** *V. intr.* • 1° Aller au lieu d'où l'on est venu, où l'on devrait être normalement (et qu'on a quitté). V. **Rentrer, revenir.** *Retourner à son poste.* • 2° Aller de nouveau (là où on est déjà allé). *Je retournerai à Venise cette année.* • 3° *(Abstrait).* RETOURNER À : retrouver (son état initial), se remettre à (une activité). *Retourner à la vie sauvage. Retourner à son ancien métier, à ses premières amours.* • 4° Impers. *Savoir de quoi il retourne*, savoir de quoi il s'agit, quelle est la situation. ★ **III.** SE RETOURNER. *v. pron.* • 1° S'EN RETOURNER : repartir pour le lieu d'où l'on est venu. V. **Revenir.** — *Absolt.* S'en aller. *S'en retourner comme on est venu*, sans avoir rien obtenu, rien fait. • 2° Changer de position en se tournant dans un autre sens, dans le sens inverse. *Se retourner sur le dos.* — (Abstrait) *Laissez-moi le temps de me retourner*, de m'adapter à cette situation nouvelle. • 3° Tourner la tête en arrière (pour regarder). *Il est parti sans se retourner. On se retournait sur son passage.* • 4° SE RETOURNER CONTRE : combattre (qqn, qqch. dont on avait pris le parti). — (Choses) *Ses procédés se retourneront contre lui.* ▼ **RETOURNEMENT.** *n. m.* • 1° Changement brusque et complet d'attitude, d'opinion. V. **Revirement.** • 2° *(Choses).* Transformation soudaine et complète (d'une situation). V. **Renversement.**

RETRACER [ʀ(ə)tʀase]. *v. tr.* (3) • Raconter de manière à faire revivre. *Retracer la vie d'un grand homme.*

1. RÉTRACTER [ʀetʀakte]. *v. tr.* (1) • 1° *Littér.* Nier, retirer (ce qu'on avait dit). • 2° SE RÉTRACTER. *v. pron.* Revenir sur des aveux, des déclarations qu'on ne reconnaît plus pour vrais. V. **Dédire** (se). ▼ **RÉTRACTATION.** n. f. *Littér.*

2. RÉTRACTER. *v. tr.* (1) • Contracter en tirant en arrière. *L'escargot rétracte ses cornes.* — Pronom. *Se rétracter*, se contracter. *Le muscle s'est rétracté, est rétracté.* ▼ **RÉTRACTILE.** *adj.* • 1° *(Ongles, griffes...).* Que l'animal peut rentrer. • 2° Susceptible de rétraction. *Organes rétractiles.* ▼ **RÉTRACTION.** *n. f.* Acte par lequel certains animaux, certains organes se rétractent en présence de situations déterminées. — Raccourcissement et rétrécissement que présentent certains tissus ou organes malades. V. **Contraction.** *Rétraction musculaire.*

RETRAIT [ʀ(ə)tʀɛ]. *n. m.* ★ **I.** Le fait de se retirer. • 1° (Choses). *Retrait des eaux après une inondation.* • 2° (Personnes). *Le retrait des troupes d'occupation.* V. **Évacuation.** — *Il annonça son retrait de la compétition.* • 3° *Loc.* EN RETRAIT : en arrière de l'alignement. — (Abstrait) *Être, rester en retrait*, ne pas se mettre en avant. ★ **II.** Action de retirer (un objet déposé, confié...). *Retrait des bagages de la consigne. Retrait du permis de conduire.*

1. RETRAITE [ʀ(ə)tʀɛt]. *n. f.* • 1° Recul délibéré et méthodique d'une armée qui ne peut se maintenir sur ses positions. V. **Repli.** — *Battre en retraite*, reculer ; céder momentanément devant un adversaire, abandonner provisoirement certaines prétentions. *Il a prudemment battu en retraite.* • 2° RETRAITE AUX FLAMBEAUX : défilé militaire avec fanfare, la nuit, ou défilé populaire avec des lampions.

2. RETRAITE. *n. f.* • 1° Action de se retirer de la vie active. *Une période de retraite forcée.* • 2° État d'une personne qui s'est retirée d'un emploi, et qui a droit à une pension. *Prendre sa retraite. Être à la retraite.* V. **Retraité.** *Avoir l'âge de la mise à la retraite.* — Pension assurée aux personnes admises à la retraite. *Toucher une retraite.* • 3° Période passée dans la prière et le recueillement. *Faire, suivre une retraite.* • 4° *Littér.* Lieu où l'on se retire, pour échapper aux dangers, aux tracas ou aux mondanités. V. **Asile, refuge.** ▼ **RETRAITÉ, ÉE.** *adj.* et *n.* Qui est à la retraite (2°). *Les petits retraités*, ceux qui touchent une petite retraite.

RETRANCHER [ʀ(ə)tʀɑ̃ʃe]. *v. tr.* (1) ★ **I.** Enlever d'un tout (une partie, un élément). V. **Éliminer, enlever, ôter.** • 1° Enlever d'un texte. *Retrancher certains détails.* V. **Biffer.** • 2° Soustraire d'une quantité. V. **Déduire.** ‖ Contr. **Ajouter.** ‖ ★ **II.** SE RETRANCHER. *v. pron.* Se fortifier, se protéger par des moyens de défense. *Nos troupes se sont retranchées derrière le fleuve.* — (Abstrait) *Se retrancher dans un mutisme farouche. Se* *retrancher derrière l'autorité d'un chef, derrière le secret professionnel.* ▼ **RETRANCHEMENT.** *n. m.* Position utilisée pour protéger les défenseurs (dans une place de guerre) ; obstacle, fortification employés à la défense. — Loc. *Attaquer, forcer, poursuivre qqn dans ses derniers retranchements,* l'attaquer violemment, l'acculer.

RETRANSMETTRE [ʀ(ə)tʀɑ̃smɛtʀ(ə)]. *v. tr.* (56) • Diffuser plus loin, sur un autre réseau (un message, une émission, etc.). ▼ **RETRANSMISSION.** *n. f.*

RÉTRÉCIR [ʀetʀesiʀ]. *v.* (2) ★ **I.** *V. tr.* • 1° Rendre plus étroit, diminuer la largeur de (qqch.). || Contr. **Élargir.** || *Rétrécir une jupe.* • 2° (Abstrait). *Son éducation lui a rétréci l'esprit. — Idées rétrécies, esprit rétréci,* borné, étriqué. ★ **II.** *V. intr.* Devenir plus étroit, plus court. *Ce tissu rétrécit au lavage.* ★ **III.** SE RÉTRÉCIR. *v. pron.* Devenir de plus en plus étroit. *Passage qui va en se rétrécissant.* V. **Resserrer** (se). ▼ **RÉTRÉCISSEMENT.** *n. m.* • 1° Le fait de se rétrécir. • 2° Diminution permanente des dimensions (d'un conduit, d'un orifice naturel). *Souffrir d'un rétrécissement de l'aorte.*

RETREMPER (SE) [ʀ(ə)tʀɑ̃pe]. *v. pron.* (1) • *Se retremper dans,* reprendre des forces en se replongeant dans. *Se retremper dans le milieu familial.*

RÉTRIBUER [ʀetʀibɥe]. *v. tr.* (1) • 1° Donner de l'argent en contrepartie de (un service, un travail). V. **Payer, rémunérer.** — *Travail bien, mal rétribué.* • 2° *Rétribuer qqn,* le payer pour un travail. V. **Appointer.** ▼ **RÉTRIBUTION.** *n. f.* Paiement, rémunération.

RÉTRO-. • Élément savant signifiant « en arrière ».

RÉTROACTIF, IVE [ʀetʀɔaktif, iv]. *adj.* • *(Loi, acte juridique...).* Qui exerce une action sur ce qui est antérieur, sur le passé. *Effet rétroactif.* ▼ **RÉTROACTIVITÉ.** *n. f.*

RÉTROCÉDER [ʀetʀɔsede]. *v. tr.* (6) • Céder à qqn (un bien, un droit qu'on avait reçu de lui). ▼ **RÉTROCESSION.** *n. f.*

RÉTROFUSÉE [ʀetʀɔfyze]. *n. f.* • Fusée servant au freinage ou au recul. *Les rétrofusées d'un engin lunaire.*

RÉTROGRADATION [ʀetʀɔgʀadasjɔ̃]. *n. f.* • 1° Mesure disciplinaire par laquelle une personne (sous-officier, fonctionnaire) doit reculer dans la hiérarchie. • 2° Sanction faisant reculer un cheval, un coureur dans le classement à l'arrivée d'une course.

RÉTROGRADE. *adj.* • 1° Qui revient vers son point de départ. *Mouvement rétrograde.* • 2° Qui s'oppose au progrès, veut rétablir un état précédent. *Une politique rétrograde.* V. **Réactionnaire.** *Esprit rétrograde.*

RÉTROGRADER [ʀetʀɔgʀade]. *v.* (1) ★ **I.** *V. intr.* • 1° Marcher vers l'arrière, revenir en arrière. V. **Reculer.** • 2° Aller contre le progrès ; perdre les acquisitions apportées par une évolution. V. **Régresser.** *Une civilisation menacée de rétrograder.* • 3° Passer à la vitesse inférieure, en conduisant une automobile. ★ **II.** *V. tr.* Faire subir une rétrogradation à...

RÉTROSPECTIF, IVE [ʀetʀɔspɛktif, iv]. *adj.* • 1° Qui regarde en arrière, dans le temps ; qui concerne le passé. *Examen rétrospectif.* • 2° Se dit d'un sentiment actuel qui s'applique à des faits passés. *Jalousie, peur rétrospective.* ▼ **RÉTROSPECTIVEMENT.** *adv.* ▼ **RÉTROSPECTIVE.** *n. f.* Exposition présentant l'ensemble des œuvres d'un auteur, d'une école, depuis ses débuts. — Présentation des films d'un réalisateur, d'un acteur célèbre.

RETROUSSER [ʀ(ə)tʀuse]. *v. tr.* (1) • Replier vers le haut et vers l'extérieur. V. **Relever.** *Retroussons nos manches !* (pour travailler). — Pronom. *Se retrousser,* retrousser ses jupes, sa robe. ▼ **RETROUSSÉ, ÉE.** *adj.* • 1° Qui est remonté, relevé. *Manches retroussées.* • 2° *Nez retroussé,* court et au bout relevé.

RETROUVAILLES [ʀ(ə)tʀuvɑj]. *n. f. pl.* • Le fait, pour des personnes séparées, de se retrouver. *Il nous faut fêter nos retrouvailles.*

RETROUVER [ʀ(ə)tʀuve]. *v. tr.* (1) ★ **I.** • 1° Voir se présenter de nouveau. *C'est une occasion que tu ne retrouveras pas.* • 2° Découvrir de nouveau (ce qui a été découvert, puis oublié). *Retrouver un secret de fabrication.* • 3° Trouver de nouveau (quelque part, en un état). *Gare à vous si je vous retrouve ici.* • 4° Trouver quelque part (ce qui existe déjà ailleurs). *On retrouve chez le fils l'expression du père.* V. **Reconnaître.** — Pronom. *Ce mot se retrouve dans plusieurs langues.* ★ **II.** • 1° Trouver (une personne qui s'est échappée, qui est partie). *On a retrouvé les fugitifs.* — (Choses) *Retrouver une voiture volée.* — Loc. prov. *Une chienne n'y retrouverait pas ses petits ; une poule n'y retrouverait pas ses poussins,* se dit d'un endroit en désordre. • 2° Recouvrer (une qualité, un état perdu). *Retrouver le sommeil.* • 3° Être de nouveau en présence de (qqn dont on était séparé). *J'irai les retrouver là-bas à la fin du mois.* V. **Rejoindre.** — (Avec un attribut) Revoir sous tel aspect. *Elle le retrouva grandi.* ★ **III.** SE RETROUVER. *v. pron.* • 1° *(Récipr.).* Être de nouveau en présence l'un de l'autre. *Tiens ! comme on se retrouve !* (dans une rencontre inattendue). — *On se retrouvera !* j'aurai ma revanche (menace). • 2° *(Réfl.).* Retrouver son chemin après s'être perdu. — (Abstrait) *Se retrouver dans ; s'y retrouver,* s'y reconnaître. *On a du mal à s'y retrouver.* • 3° Fam. *S'y retrouver,* rentrer dans ses débours ; tirer profit, avantage. *Il a des frais, mais il s'y retrouve.* • 4° Être de nouveau (dans un lieu qu'on a quitté, dans une situation qui avait cessé). *Il se retrouva sur le trottoir. Se retrouver devant les mêmes difficultés.*

RÉTROVISEUR [ʀetʀɔvizœʀ]. *n. m.* • Petit miroir qui permet au conducteur de voir derrière lui sans avoir à se retourner. Abrév. pop. RÉTRO.

RETS [ʀɛ]. *n. m.* • *Vx.* Filet, réseau (pour la chasse).

RÉUNIFIER [ʀeynifje]. *v. tr.* (7) • Unifier (un pays divisé en plusieurs parties). ▼ **RÉUNIFICATION.** *n. f.*

RÉUNION [ʀeynjɔ̃]. *n. f.* ★ **I.** *(Choses).* • 1° Le fait de réunir (une province à un

État). V. **Annexion, rattachement.** • 2° Le fait de réunir (des choses séparées), de rassembler (des choses éparses). V. **Assemblage, combinaison.** ★ **II.** *(Personnes).* • **1°** Le fait de se retrouver ensemble ; groupe de personnes réunies. *La réunion des hommes en groupes ; une réunion d'hommes* (V. **Communauté, société**). • **2°** Fait de réunir des personnes (pour le plaisir ou le travail) ; les personnes ainsi réunies ; temps pendant lequel elles sont ensemble. V. **Assemblée.** *Organiser une réunion. Participer à une réunion. Réunion d'athlétisme. La réunion s'est prolongée.* — Groupement momentané de personnes, hors de la voie publique. *Réunions privées*, sur invitations. *Réunions publiques*, où tout le monde peut se rendre. *Réunion électorale.*

RÉUNIR [reynir]. *v. tr.* (2) ★ **I.** • **1°** Mettre ensemble (des choses séparées) ; joindre ou rapprocher suffisamment pour unir (des choses entre elles). V. **Assembler, grouper, rassembler.** *Réunir dans une vitrine des pièces de collection.* • **2°** Rapprocher par l'esprit (des éléments abstraits). V. **Rassembler.** *Réunir des renseignements, des faits, des preuves.* • **3°** Comporter (plusieurs éléments d'origines diverses et parfois opposés). *Il réunit en lui d'étonnants contrastes.* ★ **II.** Mettre ensemble, faire communiquer (des personnes). *Réunir des amis autour d'une table. Le destin qui les avait séparés les a à nouveau réunis.* ★ **III.** SE RÉUNIR. *v. pron.* • **1°** Se rapprocher ou se joindre de façon à être ensemble. *États qui se réunissent en une fédération.* V. **Associer** (s'). • **2°** Avoir une réunion. *Nous nous réunissons dans cette salle.* — *Se réunir entre amis.* V. **Retrouver** (se). Absolt. *L'assemblée va se réunir*, tenir sa séance.

RÉUSSIR [reysir]. *v.* (2) ★ **I.** *V. intr.* • **1°** *(Choses).* Avoir une heureuse issue, un bon résultat, du succès. *L'affaire, la pièce a réussi.* — RÉUSSIR À *(qqn)* : avoir (pour lui) d'heureux résultats. *Tout lui réussit.* • **2°** *(Personnes).* Obtenir un bon résultat. *Réussir dans une entreprise. Il est convaincu qu'il va réussir où les autres ont échoué.* — RÉUSSIR À (et inf.). V. **Arriver, parvenir.** *Il n'a pas réussi à me convaincre.* • **3°** *(Personnes).* Avoir du succès (dans un milieu social, une profession). *Ses enfants ont tous réussi.* — Être reçu à un examen. ‖ Contr. **Échouer.** ‖ ★ **II.** *V. tr.* Exécuter, faire avec bonheur, avec succès. *Il réussit tout ce qu'il entreprend.* V. **Mener** (à bien). *Réussir un plat. Réussir son coup, son effet.* ▼ **RÉUSSI, IE.** *adj.* Exécuté avec bonheur, succès. *Une œuvre tout à fait réussie. Une soirée réussie, un spectacle réussi*, excellent, qui a du succès. — *Fam.* (Iron.) *Eh bien, c'est réussi !* (le résultat est contraire à celui qu'on cherchait).

RÉUSSITE. *n. f.* ★ **I.** • **1°** Succès (de qqch.). — *C'est une réussite*, une chose réussie. • **2°** Le fait, pour qqn, de réussir ou d'avoir réussi. *Il est fier de sa réussite. Réussite éclatante, méritée.* ‖ Contr. **Échec.** ‖ ★ **II.** Combinaison de cartes soumise à des règles définies ; jeu qui consiste à réussir (seul) cette combinaison. *Faire une réussite pour se distraire.* V. **Patience** (II).

REVALOIR [r(ə)valwar]. *v. tr.* (29). [Rare sauf inf. et futur, condit.] • Rendre la pareille à qqn, en bien (récompenser, remercier) ou en mal (se venger). *Je vous revaudrai ça un jour. Je vous le revaudrai.*

REVALORISER [r(ə)valɔrize]. *v. tr.* (1) • Rendre sa valeur à (une monnaie). — Rendre son pouvoir d'achat à (un salaire). — *(Abstrait)* Donner une valeur nouvelle à (une doctrine). ▼ **REVALORISATION.** *n. f.*

REVANCHE [r(ə)vɑ̃ʃ]. *n. f.* • **1°** Le fait de reprendre l'avantage (sur qqn) après avoir eu le dessous. V. **Vengeance.** *Prendre sa revanche, une éclatante revanche sur qqn.* — *(Jeu, sports)* Partie, match qui donne au perdant une nouvelle chance de gagner. *La première manche, la revanche et la belle.* — *Loc.* À CHARGE DE REVANCHE : à condition qu'on rendra la pareille. *Je t'aiderai, mais à charge de revanche.* • **2°** *Loc. adv.* EN REVANCHE : inversement, en contrepartie. *Il y fait froid, mais en revanche c'est très vivifiant.* ▼ **REVANCHARD, ARDE.** adj. et n. *Péj.* Qui cherche à prendre une revanche (surtout d'ordre militaire). *Politique revancharde.* — N. *Les revanchards.*

RÊVASSER [rɛvase]. *v. intr.* (1) • Penser vaguement à des sujets imprécis, s'abandonner à une rêverie. *Aimer à rêvasser.* ▼ **RÊVASSERIE.** *n. f.* Le fait de rêvasser. — Idée chimérique et vaine. V. **Chimère, utopie.**

RÊVE [rɛv]. *n. m.* • **1°** Suite de phénomènes psychiques (d'images, en particulier) se produisant pendant le sommeil. *Rêve agréable. Rêve pénible.* V. **Cauchemar.** Loc. *S'évanouir, disparaître comme un rêve*, sans laisser de trace. — LE RÊVE : l'activité psychique pendant le sommeil. *Théorie freudienne du rêve.* Loc. *En rêve*, au cours d'un rêve. V. **Songe.** • **2°** Construction imaginaire destinée à échapper au réel, à satisfaire un désir, à refuser une réalité pénible. V. **Phantasme.** *Caresser, poursuivre un rêve. Rêves irréalisables, fous.* V. **Chimère, utopie.** *C'était un beau rêve*, un projet trop beau pour se réaliser. V. **Illusion.** — Loc. *La femme de ses rêves*, celle qu'il avait rêvée, la femme idéale. — *De rêve*, qui paraît irréel à force de perfection. *Une voiture de rêve.* — LE RÊVE : l'imagination créatrice, la faculté de former des représentations imaginaires. *Le rêve et la réalité.* • **3°** *Fam.* Chose ravissante. *C'est le rêve, ce n'est pas le rêve*, l'idéal.

RÊVÉ, ÉE. *adj.* • Qui convient tout à fait. V. **Idéal.** *C'est l'endroit rêvé pour passer des vacances.*

REVÊCHE [rəvɛʃ]. *adj.* • Peu accommodant, qui manifeste un mauvais caractère. V. **Acariâtre, hargneux.**

RÉVEIL [revɛj]. *n. m.* • **1°** Passage du sommeil à l'état de veille. *Un réveil brusque, pénible.* — *Au réveil*, au moment du réveil. — *Sonner le réveil*, l'heure du lever à la caserne (par une sonnerie de clairon). • **2°** Le fait de reprendre une activité. *Le réveil de la nature*, le retour du printemps. *Le réveil d'un volcan éteint.* • **3°** Le fait de revenir à la réalité (après un beau rêve). *N'ayez pas trop d'illusions, le réveil serait pénible.*

RÉVEILLE-MATIN. *n. m. invar.* ou **RÉVEIL.** *n. m.* • Pendule munie d'une sonnerie qui réveille à l'heure indiquée par une aiguille spéciale. *Mettre son réveil à sept heures*, le régler pour qu'il sonne à sept heures.

RÉVEILLER [reveje]. *v. tr.* (1) ★ **I.** • **1°** Tirer du sommeil. V. **Éveiller** (moins courant). *Vous me réveillerez à six heures.* PROV. *Il ne faut pas réveiller le chat qui dort*, ranimer une affaire désagréable qui est en sommeil. Loc. fam. *Un bruit à réveiller les morts*, très fort. • **2°** Ramener à l'activité (une personne). *Réveiller (qqn) de sa torpeur.* — (Compl. chose) *Réveiller une douleur, de vieux souvenirs.* V. **Ranimer.** ★ **II.** SE RÉVEILLER. *v. pron.* • **1°** Sortir du sommeil. V. **Éveiller** (s'). *Se réveiller en sursaut.* • **2°** Reprendre une activité après une longue inaction. *Allons, réveille-toi, secoue-toi !* — *(Choses)* Reprendre de la vigueur. *Toute leur animosité s'est réveillée.*

RÉVEILLON. *n. m.* • Repas de fête que l'on fait la nuit de Noël et la nuit du 31 décembre ; la fête elle-même. ▼ **RÉVEILLONNER.** *v. intr.* (1). Faire (un) réveillon.

RÉVÉLATEUR, TRICE. *n. m.* et *adj.* • **1°** *N. m.* Solution chimique employée pour le développement photographique et qui rend visible l'image latente. • **2°** *Adj.* Qui révèle qqch. V. **Caractéristique, significatif.** *Son attitude est révélatrice.*

RÉVÉLATION [revelasjɔ̃]. *n. f.* • **1°** Le fait de révéler (ce qui était secret). V. **Divulgation.** *La révélation d'un secret.* — Information qui apporte des éléments nouveaux, permet d'éclaircir une question obscure. *Ouvrage précieux pour les révélations qu'il contient. Faire des révélations à la police.* • **2°** Phénomène par lequel des vérités cachées sont révélées aux hommes d'une manière surnaturelle. — *La Révélation*, les vérités révélées par Dieu. • **3°** Tout ce qui apparaît brusquement comme une connaissance nouvelle, un principe d'explication ; cette prise de conscience. *Il eut soudain la révélation de..., que... Cela a été pour moi une véritable révélation.* • **4°** Personne qui révèle soudain de grands talents. *Il a été la révélation de la saison.*

RÉVÉLER [revele]. *v. tr.* (6) ★ **I.** • **1°** Faire connaître, par une voie surnaturelle. V. **Révélation.** • **2°** Faire connaître (ce qui était inconnu, secret). V. **Dévoiler.** *Révéler des secrets. Il n'a pas encore révélé ses véritables intentions. L'épreuve nous révèle à nous-mêmes*, nous apprend ce que nous sommes réellement. • **3°** Faire connaître, laisser deviner (par un signe manifeste). V. **Indiquer, témoigner.** *Une démarche qui révèle de bons sentiments.* ★ **II.** SE RÉVÉLER. *v. pron.* • **1°** Se manifester par une révélation, en parlant de la divinité. • **2°** Se manifester par des signes, des résultats. *Son talent s'est révélé cette année.* — (Avec un attribut) *Ce travail s'est révélé plus facile qu'on ne pensait.*

REVENANT, ANTE [rəvnɑ̃, ɑ̃t]. *n.* • **1°** Âme d'un mort qu'on suppose revenir de l'autre monde sous une forme physique. V. **Apparition, fantôme.** • **2°** Personne qui revient (après une longue absence).

REVENDEUR, EUSE. *n.* • Personne qui achète au détail pour revendre (d'occasion).

REVENDIQUER [r(ə)vɑ̃dike]. *v. tr.* (1) • **1°** Réclamer (une chose sur laquelle on a un droit). *Revendiquer sa part d'héritage.* • **2°** *(Groupe, collectivité).* Demander avec force, comme un dû. V. **Exiger.** *Les syndicats revendiquent une augmentation de salaire.* — Assumer pleinement (une responsabilité). ▼ **REVENDICATIF, IVE.** *adj.* Qui comporte des revendications (sociales). *Mouvement revendicatif.* ▼ **REVENDICATION.** *n. f.* Le fait de revendiquer (un bien, un droit, une chose considérée comme due) ; ce qu'on revendique. *Les revendications ouvrières.*

REVENDRE [r(ə)vɑ̃dr(ə)]. *v. tr.* (41) • **1°** Vendre ce qu'on a acheté (notamment, sans être commerçant soi-même). *J'ai pu revendre ma voiture.* • **2°** Loc. *Avoir qqch. à revendre*, en avoir en excès. — *Il a de l'esprit à revendre.*

REVENEZ-Y [rəvnezi ; r(ə)vənezi]. *n. m. invar.* • Fam. *Un goût de revenez-y*, un goût agréable, qui incite à y revenir, à en reprendre.

REVENIR [rəvnir]. *v. intr.* (22) ★ **I.** • **1°** Venir de nouveau là où l'on était déjà venu. V. **Repasser.** *Le docteur promit de revenir le lendemain.* • **2°** *(Abstrait).* REVENIR SUR : examiner à nouveau, reprendre (une question, une affaire). *À quoi bon revenir là-dessus ?* — Annuler (ce qu'on a dit, promis). V. **Dédire** (se). *Revenir sur sa décision.* • **3°** *(Choses).* Apparaître ou se manifester de nouveau. *Un mot qui revient souvent dans la conversation.* ★ **II.** *(Avec un compl.).* Venir d'un lieu, d'une situation (au lieu ou à la situation d'origine). • **1°** (Personnes). *Revenir chez soi, à la maison.* V. **Rentrer, retourner.** *Son mari lui est revenu* (après une fugue, une rupture). — Absolt. *Je reviens dans une minute.* • **2°** *(Abstrait).* Reprendre (ce qu'on avait laissé). *Revenir aux anciennes méthodes. Revenons(-en) à notre sujet. Nous y reviendrons*, nous en parlerons plus tard. • **3°** *(Chose abstraite).* Se présenter de nouveau (après être sorti de l'esprit). *Ça me revient !* je m'en souviens à l'instant. • **4°** Être rapporté à qqn (rumeur, nouvelle). *Cela lui revint aux oreilles. Il me revient que...*, j'ai appris que. • **5°** REVENIR À SOI : reprendre conscience. • **6°** Devoir être donné (à titre de profit, d'héritage). V. **Échoir.** *La propriété doit lui revenir à sa majorité. Il me revient tant.* — Échoir, en vertu d'un droit, d'une prérogative. V. **Appartenir.** *Cet honneur vous revient.* Impers. *C'est à lui qu'il revient de...* V. **Incomber.** • **7°** Plaire. *Il a une tête qui ne me revient pas*, il ne m'est pas sympathique. • **8°** *(En loc.).* Équivaloir. *Cela revient au même*, c'est la même chose. *Cela revient à dire que*, c'est comme si on disait que. • **9°** Coûter au total (à qqn). *Le dîner m'est revenu à tant.* ★ **III.** REVENIR DE. • **1°** V. **Rentrer.** *Les enfants reviennent de l'école.* — Loc. *Il revient de loin*, il a failli perdre, mourir. • **2°** Sortir (d'un état). *Revenir de son étonnement, de sa surprise.* N'EN PAS REVENIR : être très étonné. *Il n'en* *revenait pas.* — Abandonner, cesser d'entretenir en soi (une erreur, une illusion). *Il est revenu de tout*, il est désabusé, blasé. *J'en suis bien revenu !* j'en suis bien dégoûté, je n'y crois plus. ★ **IV.** *Faire revenir un aliment*, le passer dans un corps gras chaud pour en dorer et en rendre plus ferme la surface, avant de le cuire. V. **Rissoler.** ★ **V.** *V. pron.* S'EN REVENIR. *Littér.* Revenir. *Ils s'en revenaient tranquillement.*

REVENU [ʀəvny ; ʀ(ə)vəny]. *n. m.* • Ce qui revient à qqn, à titre d'intérêt, de rente, de salaire, etc. *Avoir de gros revenus. Revenu d'un capital.* V. **Intérêt.** *Impôt sur le revenu*, calculé sur les revenus annuels d'un contribuable. — *Revenu national*, ensemble des biens et des services obtenus par une économie nationale pendant une période donnée.

RÊVER [ʀeve]. *v.* (1) ★ **I.** *V. intr.* • **1°** Faire des rêves. *Je rêve rarement.* Loc. *Je me demande si je rêve* (tant ce que je perçois est incroyable). *On croit rêver*, c'est une chose incroyable (exprime souvent l'indignation). — *(Trans. ind.)* RÊVER DE. *Rêver d'une personne, d'une chose*, la voir, l'entendre en rêve. *Il en rêve la nuit*, cela l'obsède. • **2°** Laisser aller son imagination. V. **Rêvasser.** — *(Trans. ind.)* RÊVER À : penser vaguement à, imaginer. *Je rêve aux vacances.* • **3°** S'absorber dans ses désirs, ses souhaits. *On rêve, on fait des châteaux en Espagne.* — *(Trans. ind.)* RÊVER DE... : songer à, en souhaitant ardemment. *La maison dont je rêve.* ★ **II.** *V. tr.* • **1°** *Littér.* Imaginer, désirer idéalement. *Ce n'est pas la vie que j'avais rêvée.* • **2°** (Compl. indéterminé). Former en dormant (telle image, telle représentation). *Nous avons rêvé la même chose.* — RÊVER QUE. *J'ai rêvé que je mourais.*

RÉVERBÈRE [ʀevɛʀbɛʀ]. *n. m.* • Appareil destiné à l'éclairage de la voie publique. *Réverbères à gaz, électriques.*

RÉVERBÉRER [ʀevɛʀbeʀe]. *v. tr.* (6) • Renvoyer (la lumière, la chaleur). V. **Réfléchir.** *Le mur blanc réverbérait la chaleur.* ▼ **RÉVERBÉRATION.** n. f. *Être ébloui par la réverbération des murs blanchis à la chaux.*

REVERDIR [ʀ(ə)vɛʀdiʀ]. *v. intr.* (2) • Redevenir vert, retrouver sa verdure. *Arbres qui reverdissent au printemps.*

1. RÉVÉRENCE [ʀeveʀɑ̃s]. *n. f.* • *Littér.* Grand respect. Loc. *Révérence parler*, sauf votre respect. ▼ **RÉVÉRENCIEUX, IEUSE.** adj. *Littér.*

2. RÉVÉRENCE. *n. f.* • Salut cérémonieux, conservé pour les femmes en certains cas, et qu'on exécute en inclinant le buste et en pliant les genoux. *Faire une révérence devant la reine.* — Loc. fam. *Tirer sa révérence à qqn*, le quitter, s'en aller.

RÉVÉREND, ENDE [ʀeveʀɑ̃, ɑ̃d]. *adj.* • **1°** Épithète honorifique devant les mots *père, mère*, en parlant de religieux. *La révérende Mère.* — Subst. *Mon révérend.* • **2°** Titre des pasteurs dans l'Église anglicane.

RÉVÉRER [ʀeveʀe]. *v. tr.* (6) • *Littér.* Traiter avec révérence (1), honorer particulièrement. V. **Respecter.** *Révérer les saints.* V. **Vénérer.** — Au p. p. *Un maître révéré.*

RÊVERIE [ʀɛvʀi]. *n. f.* • **1°** Activité mentale qui n'est pas dirigée par l'attention, et se soumet à des causes subjectives et affectives ; manifestation de cette activité. V. **Imagination, songerie.** *Se laisser aller à la rêverie.* • **2°** *(Péj.).* Idée vaine et chimérique. V. **Illusion.** *Ces rêveries ne mènent à rien.*

REVERS [ʀ(ə)vɛʀ]. *n. m.* ★ **I.** • **1°** Le côté opposé à celui qui se présente d'abord ou est considéré comme le principal. V. **Envers, verso.** *Le revers de la main*, le dos (*opposé à* paume). • **2°** Côté (d'une médaille, d'une monnaie) qui est opposé à la face principale (avers). — Loc. *Le revers de la médaille*, l'aspect déplaisant d'une chose qui paraissait sous son beau jour. • **3°** Partie d'un vêtement qui est repliée et montre l'autre face du tissu. — Chacune des deux parties rabattues sur la poitrine, qui prolongent le col. *Les revers d'un veston.* • **4°** Loc. *Prendre à revers*, de flanc ou par derrière. V. **Tourner.** *Il prit les troupes ennemies à revers.* • **5°** *Revers de main*, geste par lequel on écarte, on frappe, etc., avec le dos de la main. — Au tennis, Coup de raquette effectué le dos de la main en avant. ★ **II.** Coup du sort qui change une situation en mal. V. **Défaite, échec.** *Revers militaires. Revers de fortune*, altération de la situation pécuniaire, perte d'argent.

REVERSER [ʀ(ə)vɛʀse]. *v. tr.* (1) • **1°** Verser de nouveau (un liquide) ou le remettre dans le même récipient. • **2°** Reporter. *Reverser un excédent sur un compte.*

RÉVERSIBLE [ʀevɛʀsibl(ə)]. *adj.* • **1°** Qui peut se reproduire en sens inverse. *Mouvement réversible. L'histoire n'est pas réversible.* • **2°** Qui peut se porter à l'envers comme à l'endroit ; qui n'a pas d'envers. *Étoffe, manteau réversible.*

REVÊTEMENT [ʀ(ə)vɛtmɑ̃]. *n. m.* • Élément extérieur qui recouvre une surface, pour la protéger, la consolider. *Le revêtement d'une paroi, d'une route, d'un four.*

REVÊTIR [ʀ(ə)vetiʀ]. *v. tr.* (20) ★ **I.** • **1°** Couvrir (qqn) d'un vêtement particulier. V. **Parer.** *Acteur revêtu de son costume de scène.* • **2°** *(Abstrait).* Investir. *Revêtir qqn d'une dignité, d'une autorité.* — Couvrir (d'un aspect). *L'air paradoxal dont il revêt ses idées.* • **3°** Mettre sur (un acte, un document) les signes matériels de sa validité. *Revêtir un dossier des signatures prévues par la loi.* ★ **II.** Orner ou protéger par un revêtement. V. **Garnir, recouvrir.** ★ **III.** • **1°** Mettre sur soi (un habillement spécial). V. **Endosser.** *Revêtir l'uniforme.* • **2°** Avoir, prendre (un aspect). *Le conflit revêtait un caractère dangereux.*

RÊVEUR, EUSE [ʀɛvœʀ, øz]. *adj.* et *n.* • **1°** Qui se laisse aller à la rêverie. V. **Romanesque, songeur.** *Un air rêveur.* — N. *C'est un rêveur, un poète.* — *Péj.* Penseur chimérique, dépourvu de réalisme. V. **Utopiste.** • **2°** Loc. *Cela me laisse rêveur, rêveuse*, perplexe. ▼ **RÊVEUSEMENT.** *adv.*

REVIGORER [ʀ(ə)vigɔʀe]. *v. tr.* (1) • Redonner de la vigueur à (qqn). V. **Ragaillardir, ravigoter, remonter.** *Cette bonne douche* *m'a revigoré.* ▼ **REVIGORANT, ANTE.** *adj.* Qui revigore.

REVIREMENT [R(ə)viRmɑ̃]. *n. m.* • Changement brusque et complet dans les dispositions, les opinions. V. **Retournement, volte-face.** *Un revirement d'opinion.*

RÉVISER [Revize]. *v. tr.* (1) • 1° Procéder à la révision de. *Réviser un traité, la constitution.* — *Réviser son jugement,* le modifier d'après ce qu'on a appris. • 2° Revoir (ce qu'on a appris). V. **Repasser.** *Réviser des matières d'examen.* • 3° Vérifier le fonctionnement de (qqch.). *Réviser un moteur.* ▼ **RÉVISEUR.** *n. m.* Personne qui révise ou qui revoit.

RÉVISION [Revizjɔ̃]. *n. f.* • 1° Action d'examiner de nouveau en vue de corriger ou de modifier (un texte). *Révision de la constitution.* — Acte par lequel une juridiction supérieure peut infirmer, après examen, la décision d'une juridiction inférieure. *Révision d'un procès, d'un jugement.* • 2° Mise à jour par un nouvel examen. *Révision des listes électorales,* permettant l'inscription d'électeurs nouveaux. • 3° Examen par lequel on vérifie qu'une chose est bien dans l'état où elle doit être. *Révision d'un véhicule.* • 4° Action de revoir (un programme d'études) en vue d'une composition, d'un examen. *Faire des révisions.* ▼ **RÉVISIONNISTE.** *adj.* Qui est partisan d'une révision de la constitution ou d'une doctrine politique (attitude dite RÉVISIONNISME). *Les marxistes orthodoxes le traitent de révisionniste.*

REVIVRE [RəvivR(ə)]. *v.* (46) ★ **I.** *V. intr.* • 1° Vivre de nouveau (après la mort). V. **Ressusciter.** — *Littér.* Se continuer (en la personne d'un autre). *Il revit dans son fils,* son fils lui ressemble, agit comme lui. • 2° Recouvrer ses forces, son énergie. *Je commence à revivre depuis que j'ai reçu de ses nouvelles.* V. **Respirer.** • 3° FAIRE REVIVRE : redonner vie à (qqch. de passé) dans les institutions ou les œuvres d'art. ★ **II.** *V. tr.* Vivre ou ressentir de nouveau (qqch.). *Je ne veux pas revivre cette épreuve.*

RÉVOCABLE. *adj.* • Qui peut être révoqué.

RÉVOCATION [Revɔkɑsjɔ̃]. *n. f.* • Action de révoquer (une chose, une personne). *La révocation de l'Édit de Nantes.* V. **Abrogation.** *Révocation d'un fonctionnaire.* V. **Destitution.**

REVOICI [R(ə)vwasi], **REVOILÀ** [R(ə)vwala]. *prép.* • *Fam.* Voici, voilà de nouveau. *Me revoici, c'est encore moi !*

REVOIR [R(ə)vwaR]. *v. tr.* (30) ★ **I.** • 1° Être de nouveau en présence de (qqn). V. **Retrouver.** *Je l'ai souvent revu depuis* (cette époque). *Au plaisir de vous revoir !* (en prenant congé de qqn). — AU REVOIR [ɔRvwaR] : locution interjective par laquelle on prend congé de qqn que l'on pense revoir. *Au revoir Monsieur. Dire au revoir.* — Subst. *Ce n'est qu'un au revoir et non un adieu.* • 2° Retourner dans (un lieu qu'on avait quitté). *Revoir sa patrie.* • 3° Regarder de nouveau, assister de nouveau à (un spectacle). *Un film qu'on aimerait revoir.* • 4° Voir de nouveau en imagination, par la mémoire. *Je revois les lieux de mon enfance.* ★ **II.** • 1° Examiner de nouveau pour parachever, corriger. *Revoir un texte de près.* — *Édition revue et corrigée.* • 2° Apprendre de nouveau pour se remettre en mémoire. V. **Repasser, réviser.** *J'ai revu tout le programme.*

RÉVOLTANT, ANTE. *adj.* • Qui révolte. *Une injustice révoltante.* V. **Criant.**

RÉVOLTE. *n. f.* • 1° Action violente par laquelle un groupe se révolte contre l'autorité politique, la règle sociale établie. V. **Émeute, guerre** (civile), **insurrection, rébellion, révolution.** *Inciter, pousser à la révolte.* • 2° Attitude de refus et d'hostilité devant une autorité, une contrainte. *Esprit de révolte. Cri, sursaut de révolte.* V. **Indignation.** — *La révolte des sens, de l'instinct* (contre la raison).

RÉVOLTER [Revɔlte]. *v. tr.* (1) ★ **I.** Soulever (qqn) d'indignation, remplir de réprobation. V. **Écœurer ; indigner.** *Ces procédés me révoltent.* ★ **II.** SE RÉVOLTER. *v. pron.* Se dresser, entrer en lutte contre le pouvoir, l'autorité établie. V. **Insurger** (s'), **soulever** (se). — Se dresser contre (une autorité). *Enfant qui se révolte contre ses parents.* — *Toute sa nature se révoltait,* rejetait violemment (cette contrainte, cette réalité...). ▼ **RÉVOLTÉ, ÉE.** *adj.* et *n.* • 1° Qui est en révolte contre (l'autorité, le pouvoir). V. **Dissident, insurgé, rebelle.** — Qui a une attitude de révolte contre (une autorité, une contrainte). *C'est un révolté.* • 2° Rempli d'indignation. V. **Outré.** *Vous me voyez révolté !*

RÉVOLU, UE [Revɔly]. *adj.* • Écoulé, terminé (espace de temps). *À l'âge de 18 ans révolus. Une époque révolue.* V. **Disparu.**

1. RÉVOLUTION [Revɔlysjɔ̃]. *n. f.* • 1° Retour périodique d'un astre à un point de son orbite ; mouvement d'un tel astre, temps qu'il met à l'accomplir. • 2° Rotation complète d'un corps mobile autour de son axe *(axe de révolution).*

2. RÉVOLUTION. *n. f.* • 1° Changement très important dans l'ordre humain. V. **Bouleversement, transformation.** *Une révolution morale, artistique. La révolution industrielle de la fin du XIXe s.* • 2° Ensemble des événements historiques qui ont lieu lorsqu'un besoin de transformation radicale de la société provoque le renversement du régime en place. *La Révolution française* (de 1789). Absolt. *Avant la Révolution,* sous l'Ancien Régime. *La révolution russe* (de 1917). — Les forces révolutionnaires, le pouvoir issu d'une révolution. *La victoire de la révolution sur la réaction.* • 3° *Fam.* Vive agitation, effervescence. *Tout le quartier est en révolution.* ▼ **RÉVOLUTIONNAIRE.** *adj.* et *n.* • 1° Qui vise à une révolution. ‖ Contr. **Conservateur.** ‖ *Mouvement, parti révolutionnaire.* — Issu de la révolution, propre à la révolution (française en particulier). *Le gouvernement révolutionnaire. Les chants révolutionnaires.* • 2° Qui apporte des changements radicaux et soudains, dans quelque domaine que ce soit. *Une théorie, une technique révolutionnaire.*

RÉVOLUTIONNER [Revɔlysjɔne]. *v. tr.* (1) • 1° Agiter violemment, mettre en émoi. *Cette nouvelle a révolutionné le quartier.* • 2° Transformer radicalement, profondément. V. **Bouleverser.** *La machine à vapeur a révolutionné l'industrie.*

REVOLVER [ʀevɔlvɛʀ]. *n. m.* • Arme à feu courte et portative, à approvisionnement automatique par barillet. Se dit abusivement pour *pistolet. Tirer un coup de revolver sur qqn.*

RÉVOQUER [ʀevɔke]. *v. tr.* (1) • 1° Destituer (un fonctionnaire, un magistrat...). V. **Casser** (I, 7°), **relever** (de ses fonctions). • 2° Annuler (un acte juridique) au moyen de formalités déterminées. *Révoquer un testament.*

REVOYURE (À LA) [alaʀvwajyʀ]. *Loc. interj.* • *Fam.* Au revoir.

1. REVUE [ʀ(ə)vy]. *n. f.* ★ **I.** • 1° Examen qu'on fait (d'un ensemble matériel ou abstrait) en considérant successivement chacun des éléments. V. **Inventaire.** — *Revue de (la) presse*, ensemble d'extraits d'articles qui donne un aperçu des différentes opinions sur l'actualité. — PASSER EN REVUE : examiner successivement. *Nous avons passé en revue les divers problèmes.* • 2° *Loc. fam.* ÊTRE DE REVUE : avoir l'occasion de se revoir. *Ce sera pour une autre fois, nous sommes de revue.* — *Pop.* ÊTRE DE LA REVUE : être frustré, n'avoir rien obtenu. ★ **II.** Cérémonie militaire au cours de laquelle les troupes sont présentées à des personnalités civiles ou militaires. V. **Défilé, parade.** *La revue du 14 Juillet.* — PASSER EN REVUE : inspecter des militaires qui stationnent ou défilent à cette intention. *Le général passa le régiment en revue.* ★ **III.** Pièce satirique passant en revue l'actualité ; spectacle de variétés ou de music-hall.

2. REVUE. *n. f.* • Publication périodique (mensuelle, trimestrielle, etc.). V. **Magazine, périodique.** *Revue littéraire, scientifique. S'abonner à une revue.*

RÉVULSER [ʀevylse]. *v. tr.* (1) • 1° Indigner avec force. *Ça me révulse !* • 2° SE RÉVULSER. *v. pron.* Se contracter violemment (sous l'effet d'une émotion). *Visage qui se révulse, révulsé*, bouleversé. — *Yeux révulsés*, tournés de telle sorte qu'on ne voit presque plus la pupille.

RÉVULSION [ʀevylsjɔ̃]. *n. f.* • Procédé thérapeutique qui consiste à produire un afflux de sang dans une région déterminée afin de dégager un organe atteint de congestion ou d'inflammation. ▼ **RÉVULSIF.** *n. m.* Remède qui produit la révulsion (cataplasme, friction, etc.).

REZ-DE-CHAUSSÉE [ʀedʃose]. *n. m. invar.* • Partie d'un édifice dont le plancher est sensiblement au niveau de la rue, du sol.

RHABILLER [ʀabije]. *v. tr.* (1) • Habiller de nouveau. — Pronom. *Les baigneurs se rhabillaient.* — Fam. *Il peut aller se rhabiller*, se dit d'un acteur, d'un athlète qui est mauvais, et qu'on engage à retourner au vestiaire, de qqn qui n'a plus qu'à s'en aller, à renoncer. *Va te rhabiller !*

RHAPSODE ou **RAPSODE** [ʀapsɔd]. *n. m.* • Chanteur de la Grèce antique qui allait de ville en ville récitant des poèmes épiques.

RHAPSODIE ou **RAPSODIE** [ʀapsɔdi]. *n. f.* • Pièce musicale instrumentale de composition très libre et d'inspiration nationale et populaire. *Rhapsodies hongroises*, de Liszt.

RHÉOSTAT [ʀeɔsta]. *n. m.* • Appareil qui, intercalé dans un circuit, permet de régler l'intensité du courant électrique.

RHÉSUS [ʀezys]. *n. m.* ★ **I.** En sciences naturelles, Singe du genre macaque, qui vit dans le nord de l'Inde. ★ **II.** En médecine, *Facteur rhésus*, substance découverte dans le sang du singe rhésus, présente dans 85 % des sangs humains et qui peut causer des accidents quand on mélange (par transfusion, etc.) du sang à *rhésus positif* avec du sang à *rhésus négatif* (qui n'a pas cette substance).

RHÉTEUR [ʀetœʀ]. *n. m.* • 1° Maître de rhétorique, dans l'Antiquité. • 2° *Péj.* Orateur, écrivain sacrifiant à la rhétorique. V. **Phraseur.**

RHÉTORIQUE [ʀetɔʀik]. *n. f.* • 1° Art de bien parler ; technique de la mise en œuvre des moyens d'expression (par la composition, les figures). *Les anciens traités de rhétorique.* • 2° *Péj.* Éloquence creuse, purement formelle. V. **Déclamation, emphase.** ▼ **RHÉTORICIEN, IENNE.** *n.* Spécialiste de rhétorique.

RHIN-, RHINO-. • Éléments savants signifiant « nez ».

RHINOCÉROS [ʀinɔseʀɔs]. *n. m.* • Mammifère de grande taille au corps couvert d'une peau épaisse et rugueuse, armé d'une ou deux cornes sur le nez.

RHIZO-, -RHIZE. • Éléments savants signifiant « racine ».

RHIZOME [ʀizom]. *n. m.* • *Didact.* Tige souterraine (de certaines plantes, comme l'iris).

RHODODENDRON [ʀɔdɔdɛ̃dʀɔ̃]. *n. m.* • Arbuste à feuilles persistantes, à fleurs roses ou rouges.

RHOMBO-. • Élément savant signifiant « losange ».

RHUBARBE [ʀybaʀb(ə)]. *n. f.* • Plante à larges feuilles portées par de gros pétioles comestibles. *Confiture de rhubarbe.*

RHUM [ʀɔm]. *n. m.* • Eau-de-vie obtenue par fermentation et distillation du jus de canne à sucre, ou de mélasses. *Boisson au rhum.* V. **Grog, punch.** ▼ **RHUMERIE** [ʀɔmʀi]. *n. f.* • 1° Distillerie de rhum. • 2° Café spécialisé dans les boissons au rhum.

RHUMATISME [ʀymatism(ə)]. *n. m.* • Affection aiguë ou chronique, caractérisée généralement par des douleurs dans les articulations. V. **Arthrite.** ▼ **RHUMATISANT, ANTE.** *adj.* et *n.* Atteint de rhumatisme, sujet aux rhumatismes. ▼ **RHUMATISMAL, ALE, AUX.** *adj.* Propre au rhumatisme.

RHUME [ʀym]. *n. m.* • Inflammation générale des muqueuses des voies respiratoires (nez, gorge, bronches). *Rhume de cerveau*, inflammation des fosses nasales. V. **Coryza.** *Avoir, attraper un rhume.* V. **Enrhumer** (s').

RIANT, RIANTE [ʀjɑ̃, ʀjɑ̃t ; ʀijɑ̃, ʀijɑ̃t]. *adj.* • 1° Qui exprime la gaieté. V. **Gai.**

|| Contr. **Triste.** || *Visage riant.* • 2° Qui semble respirer la gaieté et y inciter. *Une campagne riante.*

RIBAMBELLE [ʀibɑ̃bɛl]. *n. f.* • Longue suite (de personnes ou de choses en grand nombre). *Une ribambelle d'enfants.*

RIBOTE [ʀibɔt]. *n. f.* • *Être en ribote,* en état d'ivresse.

RIBOULDINGUE [ʀibuldɛ̃g]. *n. f.* • *Fam.* Partie de plaisir, noce. V. **Bombe.** *Faire la ribouldingue.*

RICANER [ʀikane]. *v. intr.* (1) • 1° Rire à demi de façon méprisante ou sarcastique. • 2° Rire de façon stupide, sans motif ou par gêne. ▼ **RICANEMENT.** *n. m.* ▼ **RICANEUR, EUSE.** *adj.* et *n.* Qui ricane.

RICHARD, ARDE [ʀiʃaʀ, aʀd(ə)]. *n.* • *Fam.* et *péj.* Personne riche. *Un gros richard.*

RICHE [ʀiʃ]. *adj.* et *n. m.* • 1° *Adj.* Qui a de la fortune, possède des richesses. V. **Fortuné, opulent, rupin** *(fam.).* || Contr. **Pauvre.** || *Ce sont des gens très riches.* V. **Richissime.** *Faire un riche mariage* (avec une personne riche). *Pays riches.* V. **Prospère.** • 2° *N. m.* Les riches. V. **Milliardaire, millionnaire, richard.** — Nouveau riche : personne récemment enrichie, qui étale sa fortune sans modestie et sans goût. V. **Parvenu.** — *Péj.* Gosse de riche(s) : enfant de riches, plus ou moins gâté. • 3° *(Choses).* Qui suppose la richesse, a l'apparence de choses coûteuses. V. **Somptueux.** *De riches tapis.* Fam. *Ça fait riche.* • 4° *(Choses).* Riche en... : qui possède beaucoup de (choses utiles ou agréables). *Un aliment riche en vitamines.* — Riche de... (surtout *abstrait*) : qui a beaucoup de, est plein de. *Un livre riche d'enseignements.* • 5° *(Choses).* Qui contient de nombreux éléments, ou des éléments importants en abondance. *Un sol, une terre riche.* V. **Fertile.** *Langue riche* (en moyens d'expression). — Fam. *C'est une riche nature,* une personne pleine de possibilités, énergique. *Une riche idée,* excellente. ▼ **RICHEMENT.** *adv.* • 1° De manière à rendre ou à devenir riche. *Il a marié richement ses filles.* • 2° Avec magnificence. *Richement vêtu.* || Contr. **Pauvrement.** ||

RICHELIEU [ʀiʃəljø]. *n. m.* • Chaussure basse et lacée.

RICHESSE [ʀiʃɛs]. *n. f.* ★ **I.** • 1° Possession de grands biens (en nature ou en argent). V. **Argent, fortune, opulence.** || Contr. **Pauvreté.** || *Vivre dans la richesse.* • 2° Qualité de ce qui est coûteux ou le paraît. *La richesse des tentures, du décor.* • 3° Richesse en : état de ce qui est riche en. *La richesse de ce pays en pétrole.* • 4° Qualité de ce qui a en abondance les éléments requis. *Richesse du sous-sol. La richesse de sa documentation.* V. **Abondance, importance.** ★ **II.** Les richesses. • 1° L'argent, les possessions matérielles. *Accumuler les richesses.* — Objets de grande valeur. *Les richesses d'un musée.* • 2° Ressources d'un pays ; produits de l'activité économique dont profite la collectivité. *La répartition des richesses.* • 3° *(Abstrait).* Biens, ressources (d'ordre intellectuel, esthétique). V. **Trésor.**

RICHISSIME. *adj.* • Extrêmement riche.

RICIN [ʀisɛ̃]. *n. m.* • Plante dont le fruit renferme des graines oléagineuses. — Huile de ricin : employée comme purgatif.

RICOCHER [ʀikɔʃe]. *v. intr.* (1) • Faire ricochet. V. **Rebondir.** *La balle a dû ricocher sur le mur.* ▼ **RICOCHET** [ʀikɔʃɛ]. *n. m.* • 1° Rebond d'une pierre lancée obliquement sur la surface de l'eau, ou d'un projectile renvoyé par un obstacle. *Faire des ricochets.* • 2° Par ricochet : par contrecoup, indirectement.

RICTUS [ʀiktys]. *n. m.* • Contraction de la bouche, qui donne l'aspect de rire forcé, de sourire grimaçant.

RIDE [ʀid]. *n. f.* • 1° Petit pli de la peau du front, de la face et du cou (dû à l'âge, à l'amaigrissement, ou au froncement). V. **Ridule.** *Visage sillonné de rides.* • 2° Légère ondulation à la surface de l'eau ; pli, sillon sur une surface.

RIDEAU [ʀido]. *n. m.* • 1° Pièce d'étoffe (mobile) destinée à tamiser la lumière, à abriter ou décorer qqch. *Rideaux de fenêtres.* V. **Voilage.** *Doubles rideaux,* rideaux en tissu épais, par-dessus des rideaux transparents. — *Fermer, ouvrir, écarter, tirer les rideaux.* • 2° Grande draperie (ou toile peinte) qui sépare la scène de la salle. *Lever, baisser le rideau. Rideau !* exclamation des spectateurs mécontents (pour demander qu'on baisse le rideau). • 3° Rideau de fer : rideau métallique séparant la scène de la salle en cas d'incendie ; fermeture métallique de la devanture d'un magasin. *Baisser le rideau de fer.* — *(Abstrait)* Ligne qui isole en Europe les pays communistes des pays non communistes. *Au delà du rideau de fer.* • 4° Loc. *Tirer le rideau sur qqch.,* cesser de s'en occuper, d'en parler. • 5° Rideau de... : chose susceptible d'intercepter la vue, de mettre à couvert. V. **Écran.** *Un rideau de verdure.* — *Rideau de feu,* tirs d'artillerie protégeant la progression des troupes.

RIDELLE [ʀidɛl]. *n. f.* • Châssis à claire-voie disposé de chaque côté d'une charrette, d'un camion, etc., afin de maintenir la charge.

RIDER [ʀide]. *v. tr.* (1) • 1° Marquer, sillonner de rides. V. **Flétrir.** — Pronom. *Peau qui se ride.* • 2° Marquer d'ondulations, de plis. — Au p. p. *Une pomme ridée.*

RIDICULE [ʀidikyl]. *adj.* et *n.* ★ **I.** *Adj.* • 1° Qui mérite d'exciter le rire et la moquerie. V. **Grotesque, risible.** *Une personne ridicule, qui se rend ridicule. Cette mode est ridicule. Prétention ridicule. C'est ridicule !* absurde, idiot. Impers. *Ce serait ridicule.* V. **Déraisonnable.** • 2° Insignifiant. *Une somme, une quantité ridicule.* V. **Dérisoire.** ★ **II.** *N. m.* • 1° Loc. *Tourner qqn en ridicule,* le rendre ridicule. V. **Moquer** (se), **ridiculiser.** • 2° Trait qui rend ridicule, ce qu'il y a de ridicule. *Montrer les ridicules (de qqn).* V. **Défaut.** *Sentir tout le ridicule d'une situation. Se donner le ridicule de discuter sans rien savoir,* se rendre ridicule en discutant... — Absolt. *Le ridicule,* ce qui excite le rire et la risée. *C'est le comble du ridicule. Avoir la peur du ridicule.* — *Le ridicule tue (ne tue pas),* on ne se relève pas (on supporte très bien) d'avoir été ridicule. ▼ **RIDICULEMENT.** adv. *Ridiculement* *accoutré.* — *Salaire ridiculement bas.* ▼ **RIDICULISER** [ridikylize]. *v. tr.* (1). Rendre ridicule. V. **Moquer.** — Pronom. *Il se ridiculise.*

RIDULE [ridyl]. *n. f.* • Petite ride (euphémisme pour *ride*).

RIEN [rjɛ̃]. *pron. indéf., n. m.* et *adv.* ★ **I.** *Nominal indéfini* (Dans cet emploi, on fait la liaison, ex. : *rien à dire* [rjɛ̃nadir]). • **1°** Quelque chose (dans un contexte négatif). *Il fut incapable de rien dire,* de dire quoi que ce soit. *Je ne crois pas qu'il puisse rien prouver contre moi. Rester sans rien dire. A-t-on jamais rien vu de pareil ?* • **2°** (Employé avec *Ne*). Aucune chose, nulle chose. *Je n'ai rien vu.* PROV. *Qui ne risque rien n'a rien. Vous n'aurez rien du tout,* absolument rien. *Il ne comprend rien à rien. Cela ne fait rien,* cela n'a pas d'importance. *On n'y peut rien. Je n'ai rien que mon salaire.* V. **Seulement.** *Il n'y a rien de mieux. Il n'en est rien,* rien n'est vrai de cela. *Comme si de rien n'était,* comme si rien ne s'était passé. — N'AVOIR RIEN DE... : aucun des caractères de... *Elle n'a rien d'une ingénue.* — *(Avec adj.)* N'être pas du tout. *Cela n'a rien d'impossible.* — (Comme sujet) *Rien n'est trop beau pour lui. Rien ne va plus* (au jeu : « il est trop tard pour miser »). — (En attribut) N'ÊTRE RIEN : n'avoir aucun pouvoir, aucune importance. *N'être rien en comparaison de (qqn, qqch.). Ce n'est rien,* c'est sans importance, sans gravité. — *Littér.* RIEN MOINS (QUE). *Ce n'est rien moins que sûr,* ce n'est pas du tout sûr. — Pas moins. *Il ne s'agissait de rien moins que de...* ou (dans le même sens) *de rien de moins que de...* • **3°** *Loc. adv.* EN RIEN (positif) : en quoi que ce soit. *Sans gêner en rien son action.* — NE... EN RIEN : d'aucune manière, pas du tout. *Cela ne nous touche en rien.* • **4°** (Sans particule négative, dans une phrase elliptique, une réponse). Nulle chose. « *À quoi penses-tu ?* — *À rien* ». — *Rien à dire. Rien de tel pour se distraire,* rien n'est si bien. *Rien à faire,* la chose est impossible. « *Je vous remercie.* — *De rien* », je vous en prie. *C'est tout ou rien,* il n'y a pas de demi-mesure. *C'est cela ou rien,* il n'y a pas d'autre choix. *Ce que nous faisons ou rien, c'est la même chose,* nous ne faisons rien d'utile. *Rien de plus, rien de moins,* exactement (ceci). *C'est mieux que rien,* c'est quelque chose. *C'est moins que rien,* c'est nul. *En moins de rien,* en très peu de temps, très rapidement. — RIEN QUE... V. **Seulement.** *C'est à moi, rien qu'à moi.* V. **Uniquement.** *Rien que d'y penser,* à cette seule pensée. • **5°** (Après une prép.). Chose ou quantité (quasi) nulle. *Faire qqch. de rien. Se réduire à rien.* V. **Zéro** (à). — POUR RIEN : pour un résultat nul. V. **Inutilement.** *Se déranger pour rien. Ce n'est pas pour rien que...,* ce n'est pas sans raison que... — Sans payer. V. **Gratuitement.** *Je l'ai eu pour rien. On n'a rien pour rien.* — *C'est pour rien !* c'est donné. — DE RIEN, DE RIEN DU TOUT (compl. de nom) : sans valeur, sans importance. *Un petit bobo de rien du tout. Une fille de rien,* de mauvaise conduite. *C'est deux, trois fois rien,* une chose insignifiante. ★ **II.** *N. m.* (Dans cet emploi, on ne fait pas de liaison. Ex. : *un rien effraie* [rjɛ̃efrɛ] *cet enfant*). • **1°** UN RIEN : peu de chose. *Un rien l'amuse, l'habille.* — (Au plur.) *Perdre son temps à des riens.* V. **Bagatelle, bêtise, niaiserie.** — POUR UN RIEN : pour une raison insignifiante. *Il se fait de la bile pour un rien.* — *Fam.* COMME UN RIEN : très facilement. *Il saute 1,50 m comme un rien.* • **2°** UN RIEN DE... : un petit peu de. « *En reprenez-vous ?* — *Un rien* », une goutte, une miette. *Un rien de fantaisie.* — EN UN RIEN DE TEMPS : en très peu de temps. V. **Promptement.** — UN RIEN *(loc. adv.)* : un petit peu, légèrement. *C'est un rien trop grand.* • **3°** UN, UNE RIEN(-) DU(-) TOUT : une personne méprisable (socialement, moralement). *Ce sont des riens du tout...* ★ **III.** *Adv.* RIEN. Pop. *(par antiphrase).* Très. V. **Rudement.** *C'est rien chouette ici !*

RIEUR, RIEUSE [rjœr, rjøz ; rijœr, rijøz]. *n.* et *adj.* • **1°** *N.* Personne qui rit, est en train de rire. — Loc. *Avoir, mettre les rieurs de son côté, avec soi,* faire rire aux dépens de son adversaire. • **2°** *Adj.* Qui aime à rire, à s'amuser. V. **Gai ; enjoué.** *Un enfant rieur.* — Qui exprime la gaieté. *Yeux rieurs. Expression rieuse.*

RIFIFI [rififi]. *n. m.* • *Arg.* Bagarre.

RIFLARD [riflar]. *n. m.* • *Fam.* Parapluie. V. **Pépin.**

RIGIDE [riʒid]. *adj.* • **1°** *(Choses).* Qui garde sa forme, ne se déforme pas. V. **Raide.** || Contr. **Souple.** || *Armature rigide. Livre à couverture rigide.* • **2°** *(Personnes).* Qui se refuse aux concessions, aux compromis. V. **Inflexible, rigoureux.** *Un moraliste, une morale rigide.* — Qui manque de souplesse. *Structure rigide d'une société.* ▼ **RIGIDITÉ.** n. f. *Rigidité des principes.* V. **Austérité, rigorisme.** || Contr. **Souplesse.** || — *Rigidité cadavérique.*

RIGOLADE [rigɔlad]. *n. f.* • **1°** *Fam.* Amusement, divertissement. *Prendre qqch. à la rigolade,* comme une plaisanterie. • **2°** Chose ridicule, ou sans importance. V. **Farce.** *C'est une vaste rigolade.*

RIGOLE [rigɔl]. *n. f.* • **1°** Petit conduit creusé dans une pierre, ou petit fossé aménagé dans la terre pour l'écoulement des eaux. V. **Caniveau, ruisseau.** • **2°** Filet d'eau qui ruisselle par terre. *La pluie forme des rigoles.*

RIGOLER [rigɔle]. *v. intr.* (1) • *Fam.* Rire, s'amuser. *On a bien rigolé.* — Plaisanter. *Il ne faut pas rigoler avec ça* (V. **Rigolade**). ▼ **RIGOLARD, ARDE.** adj. *Fam.* Gai. *Un air rigolard.* ▼ **RIGOLO, OTE.** adj. et n. *Fam.* • **1°** Qui fait rigoler. V. **Amusant, drôle,** et *fam.* **Marrant.** *Elle est rigolote.* — *N.* Personne amusante. Péj. *C'est un petit rigolo,* un farceur. • **2°** Curieux, étrange.

RIGORISME [rigɔrism(ə)]. *n. m.* • Respect exagéré des règles de la religion ou des principes moraux. V. **Austérité, puritanisme, rigidité.** ▼ **RIGORISTE.** *n.* et *adj.*

RIGOUREUX, EUSE [rigurø, øz]. *adj.* • **1°** Qui fait preuve de rigueur. *Une morale rigoureuse.* V. **Rigoriste.** • **2°** Dur à supporter. *Un hiver rigoureux.* V. **Rude.** • **3°** D'une exactitude inflexible. *Observation rigoureuse des consignes.* V. **Étroit, strict.** *Une rigoureuse neutralité.* V. **Absolu.** ▼ **RIGOUREUSE-**

MENT. *adv.* D'une manière rigoureuse, stricte. *Il est rigoureusement interdit de fumer.* V. **Strictement.** — Absolument, totalement. *C'est rigoureusement exact.*

RIGUEUR [rigœr]. *n. f.* • 1° Sévérité, dureté extrême. *La rigueur de la répression.* — Loc. TENIR RIGUEUR *à qqn* : ne pas lui pardonner, lui garder rancune. — *(Plur.)* Littér. *Les rigueurs de l'hiver.* • 2° Exactitude, logique implacable. *Son exposé manque de rigueur.* • 3° DE RIGUEUR : imposé par les usages, les règlements. V. **Obligatoire.** *Tenue de soirée de rigueur.* • 4° *Loc. adv.* À LA RIGUEUR : en cas de nécessité absolue. *On peut à la rigueur se passer de lui.*

RILLETTES [rijɛt]. *n. f. pl.* • Charcuterie faite de viande de porc ou d'oie hachée et cuite dans la graisse.

RIME [rim]. *n. f.* • 1° Disposition de sons identiques à la finale de mots placés à la fin de deux ou plusieurs vers. *Rime riche*, comprenant au moins une voyelle et sa consonne d'appui (*ex. :* image - hommage). *Rime pauvre* (*ex. :* ami - pari). — *Rime féminine, masculine*, terminée par *e* muet ou non. • 2° SANS RIME NI RAISON : d'une manière incompréhensible, absurde. *Ça n'a ni rime ni raison*, aucun sens. ▼ **RIMER.** *v.* (1) ★ **I.** *V. intr.* • 1° Faire des vers. • 2° Constituer une rime. Vent *rime avec* souvent. — Loc. *Cela ne rime à rien*, n'a aucun sens. ★ **II.** *V. tr.* Mettre en vers rimés. *Rimer une chanson.* ▼ **RIMÉ, ÉE.** *adj.* Pourvu de rimes. ▼ **RIMEUR.** *n. m.* Poète sans inspiration (var. péj. *Rimailleur*).

RIMMEL [rimɛl]. *n. m.* • Fard pour les cils (nom de marque).

RINCEAU [rɛ̃so]. *n. m.* • Ornement en forme d'arabesque.

RINCER [rɛ̃se]. *v. tr.* (3) • 1° Nettoyer à l'eau (un récipient). V. **Laver.** *Rincer des verres, des bouteilles.* • 2° Passer à l'eau (ce qui a été lavé) pour enlever les produits de lavage. *Rincer du linge.* — *Se rincer la bouche après s'être lavé les dents.* • 3° Pop. *Se rincer l'œil*, regarder avec plaisir ce qui excite les sens. ▼ **RINÇAGE.** n. m. *Le rinçage des verres.* ▼ **RINCE-DOIGTS.** *n. m. invar.* Petit récipient contenant de l'eau (parfumée de citron, etc.), servant à se rincer les doigts au cours d'un repas. ▼ **RINÇURE.** *n. f.* Eau sale qui a servi à rincer.

RING [riŋ]. *n. m.* • Estrade entourée de trois rangs de cordes, sur laquelle combattent des boxeurs, des catcheurs. *Monter sur le ring.* — La boxe. *L'une des plus grandes figures du ring.*

RIPAILLE [ripaj]. *n. f.* • *Fam.* Repas où l'on mange beaucoup et bien. V. **Festin.** *Faire ripaille.* V. **Bombance, bombe.** ▼ **RIPAILLER.** *v. intr.* (1). Faire ripaille.

RIPATON [ripatɔ̃]. *n. m.* • *Pop.* Pied.

RIPOLIN [ripɔlɛ̃]. *n. m.* • Marque déposée de peinture laquée. ▼ **RIPOLINER.** *v. tr.* (1). Peindre au ripolin.

RIPOSTE [ripɔst(e)]. *n. f.* • 1° Réponse vive, instantanée, faite à un interlocuteur agressif. *Être prompt à la riposte.* • 2° Vive réaction de défense, contre-attaque vigoureuse. *Une riposte foudroyante.* ▼ **RIPOSTER.** *v. intr.* (1) • 1° Adresser une riposte. V. **Répondre.** — Trans. *Il riposta qu'il n'en savait rien.* V. **Répliquer.** • 2° Répondre par une attaque (à une attaque). V. **Contre-attaquer, défendre** (se). *Riposter à coups de grenade.*

RIQUIQUI [rikiki]. *adj.* • *Fam.* Petit, mesquin, pauvre. *Ça fait riquiqui.*

1. RIRE [rir]. *v.* (36) ★ **I.** *V. intr.* • 1° Exprimer la gaieté par un mouvement de la bouche, accompagné d'expirations saccadées plus ou moins bruyantes. V. **Esclaffer** (s'), et *fam.* **Marrer** (se), **rigoler.** *Se mettre à rire* (Cf. Éclater de rire [2]). *Rire aux éclats, à gorge déployée, aux larmes.* V. *fam.* **Bidonner** (se), **gondoler** (se), **tordre** (se). *Avoir toujours le mot pour rire*, plaisanter à tout propos. *Il m'a bien fait rire.* — RIRE DE... : à cause de. *Nous avons bien ri de ces plaisanteries. Il n'y a pas de quoi rire.* • 2° Se réjouir. — Loc. prov. *Rira bien qui rira le dernier*, se dit pour marquer qu'on prendra sa revanche sur la personne qui a l'air de triompher maintenant. — S'amuser. V. **Divertir** (se). *Elle ne pense qu'à rire.* • 3° *(Dans des loc.).* Ne pas parler ou ne pas faire qqch. sérieusement. V. **Badiner, plaisanter.** *Vous voulez rire? C'est pour rire.* — *Histoire de rire*, en manière de plaisanterie. — *Sans rire, est-ce que...?* sérieusement... • 4° RIRE DE : se moquer de. *Faire rire de soi. Il vaut mieux en rire qu'en pleurer.* • 5° *Littér.* Avoir un aspect joyeux. V. **Riant.** ★ **II.** *V. pron.* Littér. SE RIRE DE : se jouer de. *Il se rit des difficultés.*

2. RIRE. *n. m.* • Action de rire. *Un rire bruyant. Un gros rire. Éclater, pouffer, se tordre, mourir... de rire.* — *Avoir le fou rire*, ne plus pouvoir s'arrêter de rire. — *Un éclat de rire.* — *Rire nerveux, forcé, méchant.* V. **Ricanement.**

RIS [ri]. *n. m.* • Nom donné au thymus du veau (de l'agneau et du chevreau), plat apprécié. *Ris de veau.*

RISÉE [rize]. *n. f.* • Moquerie collective envers une personne (dans quelques expressions). *Être un objet de risée. S'exposer à la risée du public.* — *Être la risée de tous*, être un objet de risée.

RISETTE [rizɛt]. *n. f.* • *Faire risette, des risettes à qqn*, des sourires (surtout en parlant des enfants). — *Fam.* Sourire de commande, de flatterie.

RISIBLE. *adj.* • Propre à exciter une gaieté moqueuse. V. **Grotesque, ridicule.** *Il est risible. Attitude risible.*

RISOTTO [rizɔto]. *n. m.* • Riz préparé à l'italienne (assaisonné de parmesan).

RISQUE [risk(ə)]. *n. m.* • 1° Danger éventuel plus ou moins prévisible. *Une entreprise pleine de risques. Ce sont les risques du métier.* V. **Inconvénient.** *C'est un risque à courir*, c'est risqué, mais il faut le tenter. — RISQUE DE. *Un risque d'aggravation. Courir le risque de se voir trahi*, s'exposer à... — *Au risque de*, en s'exposant à. *Au risque de se tuer, il sauta dans le vide.* • 2° Éventualité d'un événement préjudiciable à la santé, la vie de qqn, la possession de qqch. *Assurance tous risques.* • 3° Le fait de s'exposer à un danger (dans l'espoir d'obtenir un avantage).

Avoir le goût du risque. Prendre un risque, des risques. V. **Oser.**

RISQUER [riske]. *v. tr.* (1) • 1° Exposer à un risque. V. **Aventurer.** *Risquer sa vie,* s'exposer à la mort. *Risquer le paquet,* tout ce qu'on peut. PROV. *Qui ne risque rien n'a rien.* Absolt. *Risquer gros,* en jouant gros jeu, en prenant des risques. — Pronom. *Je ne m'y risquerai pas,* c'est un danger auquel je ne m'exposerai pas. — *Fam.* Mettre (une partie du corps) là où il y a risque d'être surpris, vu, etc. *Risquer un œil à la fenêtre.* • 2° Tenter (qqch. qui comporte des risques). V. **Entreprendre.** *Je ne suis pas d'avis de risquer le coup.* — Avancer (un mot, une remarque) avec la conscience du risque couru. *Si je peux risquer cette comparaison... Je veux bien risquer une démarche en ce sens.* • 3° S'exposer ou être exposé à (un danger, un inconvénient). *Je risquais la mort, les pires ennuis. Après tout, qu'est-ce qu'on risque ?* — (Choses) *Marchandise qui ne risque rien.* • 4° RISQUER DE (et inf.) : — *(Suj. personne)* Courir le risque de. *Tu risques de tomber, de t'estropier...* — *(Suj. chose)* Pouvoir (en tant que possibilité dangereuse ou fâcheuse). *Le rôti risque de brûler.* — (Sans idée d'inconvénient ; emploi critiqué) Avoir une chance de. *La seule chose qui risque de l'intéresser, c'est de gagner cet argent.* ▼ **RISQUÉ, ÉE.** *adj.* Plein de risques. V. **Dangereux, hasardeux.** *Démarche risquée. C'est trop risqué.* — Scabreux, osé. *Plaisanteries risquées.* ▼ **RISQUE-TOUT.** *n. invar.* Personne qui pousse l'audace jusqu'à l'imprudence. V. **Casse-cou.**

RISSOLE [risɔl]. *n. f.* • Petit pâté frit.

RISSOLER [risɔle]. *v. tr.* (1) • Faire cuire (une viande, des légumes, etc.) de manière à en dorer la surface. — Au p. p. *Pommes de terre rissolées.*

RISTOURNE [risturn(ə)]. *n. f.* • Commission, remise plus ou moins licite. *Faire une ristourne à qqn.* ▼ **RISTOURNER.** *v. tr.* (1). Remettre (une somme) à titre de ristourne.

RITE [rit]. *n. m.* • 1° Ensemble des cérémonies en usage dans une communauté religieuse ; organisation traditionnelle de ces cérémonies. V. **Culte.** (On écrit aussi RIT, en religion.) • 2° Cérémonie réglée ou geste particulier prescrit par la liturgie d'une religion. V. **Rituel.** *Rites funèbres.* • 3° Pratique réglée, invariable. *Les rites de la politesse. C'est devenu un rite,* une habitude.

RITOURNELLE [riturnɛl]. *n. f.* • Air à couplets répétés. — *C'est toujours la même ritournelle,* le même refrain.

RITUEL, ELLE [ritɥɛl]. *adj.* et *n. m.* • 1° *Adj.* Qui constitue un rite ; a rapport aux rites. *Chants rituels.* — Réglé comme par un rite, habituel et précis. *Il faisait sa promenade rituelle.* • 2° *N. m.* Livre liturgique, recueil des divers rites du culte (catholique). — Ensemble d'habitudes, de règles immuables. ▼ **RITUELLEMENT.** *adv.*

RIVAGE [rivaʒ]. *n. m.* • 1° Partie de la terre qui borde une mer. V. **Côte, littoral.** *S'éloigner du rivage.* • 2° Zone soumise à l'action des vagues, des marées. V. **Grève, plage.** *Épaves rejetées sur le rivage.*

RIVAL, ALE, AUX [rival, o]. *n.* et *adj.* ★ I. *N.* • 1° Personne qui dispute à autrui ce qu'un seul peut obtenir. V. **Adversaire, concurrent.** *Il a évincé tous ses rivaux.* — Personne qui dispute l'amour, les faveurs d'une personne. • 2° Personne qui dispute le premier rang ; qui est égale ou comparable. *N'avoir pas de rival (en qqch.). — Sans rival,* inégalable. ★ **II.** *Adj.* Qui est opposé (à qqn ou à qqch.) pour disputer un avantage, sans recourir à la violence. *Nations rivales.* ▼ **RIVALISER.** *v. intr.* (1). Disputer avec qqn à qui sera le meilleur, être le rival de. *Il rivalise avec son frère. Rivaliser (avec qqn) d'élégance, de générosité.* ▼ **RIVALITÉ.** *n. f.* Situation d'une personne rivale d'une ou plusieurs autres (dans un domaine déterminé). V. **Compétition, concurrence.** *Rivalité politique, amoureuse. — Une rivalité.* V. **Opposition.** *Des rivalités d'intérêts.*

RIVE [riv]. *n. f.* • 1° Bande de terre qui borde un cours d'eau important. V. **Berge, bord.** *Rive droite et rive gauche* (dans le sens du courant). *Habiter Rive gauche,* dans l'un des quartiers de la rive gauche de la Seine, à Paris. • 2° Bord (d'une mer fermée, d'un lac, d'un étang).

RIVER [rive]. *v. tr.* (1) ★ I. • 1° *River un clou, une pointe,* en aplatir l'extrémité en la rabattant sur le bord de la pièce assujettie (V. **Rivet**). — Loc. *River son clou à qqn,* le réduire au silence par une critique, une réponse. • 2° Fixer, assujettir par des rivets, des clous que l'on rive. V. **Riveter.** ★ **II.** • 1° Attacher solidement et étroitement, au moyen de pièces de métal. V. **Enchaîner.** *On rivait les forçats à des chaînes.* • 2° *(Abstrait).* Attacher fermement, fixer. *Il est rivé à son travail. — Le regard rivé sur l'horizon.*

RIVERAIN, AINE [rivrɛ̃, ɛn]. *n.* • 1° Personne qui habite sur la rive d'un cours d'eau, d'un lac. • 2° *Les riverains d'une rue, d'une route,* ceux dont les maisons, les terres bordent cette rue.

RIVET [rivɛ]. *n. m.* • Tige cylindrique munie d'une tête à une extrémité et dont l'autre extrémité est aplatie *(rivée)* au moment de l'assemblage. ▼ **RIVETER.** *v. tr.* (4). Fixer au moyen de rivets. V. **River.**

RIVIÈRE [rivjɛr]. *n. f.* • 1° Cours d'eau naturel de moyenne importance. *Cette rivière est l'affluent d'un fleuve. Rivière navigable. Se baigner dans la rivière. Poissons de rivière.* • 2° Fossé rempli d'eau que doivent sauter les chevaux dans un steeple-chase. • 3° *Littér.* Flots, ruisseau. *Des rivières de sang.* • 4° RIVIÈRE DE DIAMANTS : collier de diamants.

RIXE [riks(ə)]. *n. f.* • Querelle violente accompagnée de coups dans un lieu public. V. **Bagarre.**

RIZ [ri]. *n. m.* • 1° Céréale *(Graminées)* originaire d'Extrême-Orient, riche en amidon. *Chapeau en paille de riz.* • 2° Le grain de cette plante décortiqué et préparé pour la consommation. *Poule au riz. Riz au carry. Riz au lait,* sucré et servi comme entremets. *Gâteau de riz.* ▼ **RIZIÈRE.** *n. f.* Terrain périodiquement inondé où l'on cultive le riz.

ROBE [rɔb]. *n. f.* ★ I. • 1° Vêtement féminin de dessus, d'un seul tenant, avec ou sans manches, de longueur variable. *Robe longue, courte. Robe de lainage, de soie. — Robe d'après-midi, du soir, de bal. — Robe de mariée.* • 2° Vêtement d'enfant en bas âge. *Robe de baptême.* • 3° Vêtement distinctif de certains états ou professions (hommes). *Robe de magistrat, d'avocat.* — LA ROBE : sous l'Ancien Régime, les hommes de loi, la justice. *Les gens de robe.* • 4° ROBE DE CHAMBRE : long vêtement d'intérieur, pour homme ou femme, à manches, non ajusté. V. **Déshabillé, peignoir.** — *Pommes de terre en robe de chambre* (ou *des champs*), cuites avec leur peau. ★ **II.** Pelage de certains animaux (cheval).

ROBIN [ʀɔbɛ̃]. n. m. • *Péj.* Autrefois, Magistrat. V. **Robe** (3°).

ROBINET [ʀɔbinɛ]. *n. m.* • Appareil placé sur un tuyau de canalisation permettant de régler à volonté le passage d'un fluide. *Robinet d'eau froide, d'eau chaude. Robinet à gaz, du gaz. — Ouvrir, fermer un robinet.*

ROBOT [ʀɔbo]. *n. m.* • 1° Mécanisme automatique pouvant se substituer à l'homme pour effectuer certaines opérations. *L'utilisation des robots dans l'exploration spatiale. Avion-robot,* sans pilote, téléguidé. • 2° PORTRAIT-ROBOT : portrait d'un individu, établi sur la base de témoignages par combinaison de types de physionomie déterminés. • 3° Homme réduit à l'état d'automate.

ROBUSTE [ʀɔbyst(ə)]. *adj.* • 1° Fort et résistant, de par sa solide constitution. *Un homme robuste.* V. **Costaud.** *Avoir une santé robuste. Plante robuste.* V. **Vivace.** • 2° (Choses). *Un moteur robuste.* V. **Solide.** — (Abstrait) *Avoir une foi robuste.* ▼ **ROBUSTESSE.** *n. f.*

ROC [ʀɔk]. *n. m.* • 1° *Littér.* Rocher. — Loc. *Un homme dur, ferme comme un roc. C'est un roc !* • 2° LE ROC : matière rocheuse et dure. *Corniche taillée dans le roc.*

ROCAILLE [ʀɔkɑj]. *n. f.* • 1° Pierres qui jonchent le sol ; terrain plein de pierres. V. **Pierraille.** • 2° Pierres cimentées, utilisées avec des coquillages, etc., pour construire des décorations de jardin (grottes, etc.). *Fontaine en rocaille.* V. **Rococo.** ▼ **ROCAILLEUX, EUSE.** *adj.* • 1° Qui est plein de pierres. V. **Pierreux ; caillouteux.** *Chemin rocailleux.* • 2° Dur et heurté. *Un style rocailleux. Une voix rocailleuse,* rauque.

ROCAMBOLESQUE [ʀɔkɑ̃bɔlɛsk(ə)]. *adj.* • Extravagant, plein de péripéties extraordinaires. *Aventures rocambolesques.*

ROCHE [ʀɔʃ]. *n. f.* • 1° *Littér.* Rocher. *Des éboulis de roches.* • 2° LA ROCHE : la pierre (surtout dure). *Quartier de roche.* — Loc. *Eau de roche,* eau de source très limpide. *C'est clair comme de l'eau de roche,* c'est évident. • 3° Assemblage de minéraux définis par leurs éléments chimiques. *Étude des roches* (V. **Géologie, minéralogie, pétrographie**). *Les roches de l'écorce terrestre. Roches sédimentaires* (calcaire, sable...), *volcaniques* (basalte...).

ROCHER [ʀɔʃe]. *n. m.* • 1° Grande masse de roche formant une éminence généralement abrupte. *Les rochers de la forêt de Fontainebleau.* • 2° LE ROCHER : la paroi rocheuse. *À flanc de rocher.* • 3° Partie massive (« pierreuse ») de l'os temporal. *Une fracture du rocher.*

ROCHEUX, EUSE. *adj.* • 1° Couvert, formé de rochers. *Côte rocheuse.* • 2° Formé de roche, de matière minérale dure. *Un fond rocheux.*

ROCK (AND ROLL) [ʀɔk(ɛnʀɔl)]. *n. m.* • *Anglicisme.* Danse à deux ou quatre temps sur un rythme très marqué. — Musique populaire américaine issue du jazz.

ROCKING-CHAIR [ʀɔkiŋ(t)ʃɛʀ]. *n. m.* • Fauteuil à bascule que l'on peut faire osciller d'avant en arrière par un simple mouvement du corps. *Des rocking-chairs.*

ROCOCO [ʀɔkɔ(o)ko ; ʀokoko]. *n. m.* et *adj.* • 1° *N. m.* Style rocaille du XVIIIᵉ s. V. **Baroque.** *Le rococo dans l'ameublement.* — Adj. *L'art rococo.* • 2° *Adj. invar.* Démodé et un peu ridicule.

RODAGE. *n. m.* • Le fait de roder (un moteur, un véhicule). *Voiture en rodage,* dont le moteur n'est pas encore rodé.

RODEO ou **RODÉO** [ʀɔdeo]. *n. m.* • Aux États-Unis, Fête donnée pour le marquage du bétail, et qui comporte des jeux (maîtriser un cheval sauvage, un bœuf, en se tenant d'une main, etc.).

RODER [ʀɔde]. *v. tr.* (1) • 1° Faire fonctionner (un moteur neuf, une voiture neuve) avec précaution, de manière que les pièces puissent s'user régulièrement et s'adapter ainsi les unes aux autres. • 2° *Fam.* Mettre au point (une chose nouvelle) par des essais, par la pratique. *Encore quelques jours pour roder le spectacle.* — (Personnes) *Être rodé,* au courant, capable de remplir une fonction.

RÔDER [ʀode]. *v. intr.* (1) • 1° Errer avec des intentions suspectes. *Voyou qui rôde dans une rue.* • 2° Errer au hasard. ▼ **RÔDEUR, EUSE.** *n.* Individu qui rôde en quête d'un mauvais coup. *Crime de rôdeur.*

RODOMONTADE [ʀɔdɔmɔ̃tad]. *n. f.* • Action, propos de *rodomont* (vx), de fanfaron. V. **Vantardise.**

ROGATIONS [ʀɔgɑsjɔ̃]. *n. f. pl.* • *(Relig. cathol.).* Cérémonies dont le but est d'attirer les bénédictions divines sur les travaux des champs.

ROGATOIRE [ʀɔgatwaʀ]. *adj.* • *Commission rogatoire,* adressée à un tribunal par un autre pour un acte de procédure ou d'instruction dont il ne peut se charger (terme de droit).

ROGATON [ʀɔgatɔ̃]. *n. m.* • *Fam.* Bribe de nourriture ; reste d'un repas (surtout au plur.).

ROGNE [ʀɔɲ]. *n. f.* • Fam. *En rogne,* en colère, de mauvaise humeur. *Être en rogne. Ça m'a mis en rogne.*

ROGNER [ʀɔɲe]. *v. tr.* (1) • 1° Couper sur les bords, de manière à rectifier les contours ou à prélever une partie. *Le relieur a rogné les feuillets. — Rogner les griffes à un chat.* • 2° Diminuer d'une petite quantité (pour un profit mesquin). *L'État va encore rogner leurs maigres bénéfices.* — ROGNER SUR *(qqch.)* : retrancher difficilement qqch. de (une somme, une dépense).

ROGNON [ʀɔɲɔ̃]. *n. m.* • Rein d'un animal destiné à la cuisine. *Des rognons de mouton, de porc.*

ROGNURE [ʀɔɲyʀ]. *n. f.* • Ce que l'on enlève, ce qui tombe quand on rogne qqch. V. **Déchet.** *Des rognures de cuir.*

ROGUE [ʀɔg]. *adj.* • Qui est plein de morgue, à la fois méprisant, froid et rude. — *Un ton rogue.* V. **Arrogant, hargneux.**

ROI [ʀwa(ɑ)]. *n. m.* • 1° Chef souverain de certains États (V. **Royaume**), accédant au pouvoir par voie héréditaire (V. **Dynastie**). *Le Roi-Soleil*, Louis XIV. *Le roi très-chrétien*, le roi de France. — *Les rois mages.* V. **Mage.** *Fête des rois.* V. **Épiphanie.** *Tirer les rois*, se réunir pour manger la galette traditionnelle *(galette des rois)* à la fête de l'Épiphanie. — Loc. *Morceau de roi*, de choix. *Travailler pour le roi de Prusse*, pour un profit nul. • 2° Celui qui règne quelque part, dans un domaine. *L'homme, le roi de la création.* — Magnat qui s'est assuré la maîtrise (d'un secteur ,économique). *Les rois du pétrole.* • 3° Chef, représentant éminent (d'un groupe ou d'une espèce). *Le roi des animaux*, le lion. — *Fam.* Le plus grand de. *C'est le roi des imbéciles.* • 4° Aux échecs, La pièce la plus importante, qu'il s'agit de mettre échec et mat. *Échec au roi.* — Carte figurant un roi. *Roi de carreau.* • 5° Appos. *Bleu roi*, bleu très vif, outremer.

1. **ROITELET** [ʀwatlɛ]. *n. m.* • *Plaisant.* Roi peu important.

2. **ROITELET.** *n. m.* • Oiseau passereau plus petit que le moineau.

RÔLE [ʀol]. *n. m.* ★ **I.** • 1° Partie d'un texte que doit dire sur scène un acteur ; le personnage qu'il représente. *Rôle tragique, comique. Jouer, interpréter un rôle.* • 2° Conduite sociale de qqn qui joue dans le monde un certain personnage. Loc. *Avoir le beau rôle*, apparaître à son avantage dans telle ou telle situation. • 3° Influence que l'on exerce, fonction que l'on remplit. *Avoir, jouer un rôle important dans une affaire. Un rôle de premier plan. C'est, ce n'est pas mon rôle de...* (et l'inf.), ce n'est pas à moi de... — *(Choses)* Fonction. *Rôle du verbe dans la phrase.* ★ **II.** • 1° En droit, Registre où sont portées les affaires qui doivent venir devant un tribunal. — Liste des contribuables avec mention de leur impôt. — Liste des jeunes gens appelés au service militaire. *Être inscrit au rôle de la conscription.* • 2° À TOUR DE RÔLE (loc. adv.): chacun à son tour.

ROMAIN, AINE [ʀɔmɛ̃, ɛn]. *adj.* • 1° Qui appartient à l'ancienne Rome et à son empire. V. **Latin.** — Subst. *Les Romains.* Loc. fam. *Un travail de Romain*, une œuvre longue et difficile, supposant un effort gigantesque. • 2° Qui appartient à la Rome moderne (depuis la chute de l'Empire romain). *La campagne romaine.* — *Caractères romains*, à traits perpendiculaires, les plus courants en typographie. Subst. *Imprimer un texte en romain et en italique.* • 3° Qui a rapport à Rome considérée comme le siège de la papauté. *Église catholique, apostolique et romaine.*

ROMAINE [ʀɔmɛn]. *n. f.* • Variété de laitue, à feuilles allongées, rigides et croquantes. — Loc. pop. *Il est bon comme la romaine*, cuit, refait.

1. **ROMAN** [ʀɔmɑ̃]. *n. m.* • 1° Œuvre d'imagination en prose qui présente des personnages donnés comme réels, dans leur psychologie, leur destin, leurs aventures. *Roman d'amour, d'aventures. Roman noir, policier. Roman fantastique, d'anticipation.* — *Roman-fleuve*, très long, avec de nombreux personnages de plusieurs générations. — Loc. *Cela n'arrive que dans les romans*, c'est invraisemblable. *C'est tout un roman*, une longue histoire invraisemblable ou très compliquée. • 2° Le genre littéraire que constituent ces œuvres. *Le roman et la nouvelle. Il a réussi au théâtre plus que dans le roman.* — *Le nouveau roman*, tendance récente du roman français, hostile au roman psychologique et narratif. • 3° En histoire littéraire, Poème médiéval contant les aventures de héros. *Les romans de chevalerie.* ▼ **ROMANCER** [ʀɔmɑ̃se]. *v. tr.* (3). Présenter sous forme de roman, en déformant plus ou moins les faits. — Au p. p. *Biographie romancée.* ▼ **ROMANCIER, IÈRE.** *n.* Auteur de romans.

2. **ROMAN, ANE** [ʀɔmɑ̃, an]. *adj.* • 1° *La langue romane* ou subst. *Le roman*, la langue issue du latin qui a précédé l'ancien français. — *Les langues romanes*, issues du latin populaire (français, italien, espagnol, portugais, roumain, etc.). • 2° *Architecture romane*, architecture médiévale d'Europe occidentale (de la fin de l'État carolingien à la diffusion du style gothique). *L'art roman. Églises romanes.* ▼ **ROMANISTE.** *n.* Linguiste spécialiste des langues romanes.

ROMANCE [ʀɔmɑ̃s]. *n. f.* • Chanson sentimentale. *Pousser la romance.*

ROMAND, ANDE [ʀɔmɑ̃, ɑ̃d]. *adj.* • Se dit de la partie de la Suisse où l'on parle le français. *La Suisse romande.*

ROMANESQUE [ʀɔmanɛsk(ə)]. *adj.* • 1° Qui offre les caractères traditionnels du roman (*par oppos. à* la vie courante). *Une passion romanesque.* — Qui a des idées, des sentiments dignes des romans. *Une personne romanesque.* V. **Sentimental.** • 2° *Littér.* Propre au roman en tant que genre littéraire. *Le récit romanesque.*

ROMANICHEL, ELLE [ʀɔmaniʃɛl]. *n.* • *Péj.* Tzigane nomade. V. **Bohémien.** *Roulotte de romanichels.*

ROMANTIQUE [ʀɔmɑ̃tik]. *adj.* • 1° Qui appartient au romantisme, en a les caractères. *La poésie romantique.* — Subst. *Les classiques et les romantiques.* • 2° Qui évoque les attitudes et les thèmes chers aux romantiques (sensibilité, exaltation, rêverie, etc.). *Un paysage, une beauté romantique.* ▼ **ROMANTISME.** *n. m.* • 1° Mouvement de libération littéraire et artistique qui s'est développé dans la première moitié du XIXe s., par réaction contre le caractère classique et rationaliste des siècles précédents. • 2° Caractère, esprit romantique. *Le romantisme de l'adolescence.*

ROMARIN [ʀɔmaʀɛ̃]. *n. m.* • Petit arbuste aromatique.

ROMBIÈRE [ʀɔ̃bjɛʀ]. *n. f.* • *Péj.* Bourgeoise d'âge mûr, ennuyeuse, prétentieuse et un peu ridicule.

ROMPRE [ʀɔ̃pʀ(ə)]. *v.* (41) ★ **I.** *V. tr.* • 1° *Littér.* Casser. *Les esclaves ont rompu leurs chaînes.* — Loc. *Applaudir à tout rompre*, très fort. • 2° *Littér.* Enfoncer par un effort violent. *La mer a rompu les digues.* • 3° Défaire un arrangement, un ordre (de personnes ou de choses). *Rompre les rangs*, les quitter de manière à ne plus former un rang. — Absolt. *Rompez !* ordre donné à une troupe ou à un soldat de se disperser, de partir. • 4° Arrêter le cours de. V. **Interrompre.** *Rompre le silence*, le faire cesser en parlant. *Rompre l'équilibre*, le faire perdre. — Interrompre (des relations). *Rompre les relations diplomatiques.* — Cesser de respecter (un engagement, une promesse). V. **Rupture.** *Rompre un traité, un marché.* • 5° Littér. *Rompre qqn à un exercice*, l'y accoutumer. V. **Rompu** (2°). ★ **II.** *V. intr.* • 1° *Littér.* Casser. *La corde a rompu.* • 2° Reculer (escrime, boxe). • 3° Renoncer soudain à des relations d'amitié (avec qqn). V. **Brouiller** (se). — Se séparer (en parlant d'amoureux). *Il n'a pas le courage de rompre. Ils ont rompu.* — *Rompre avec* (qqch.), cesser de pratiquer. *Rompre avec des traditions.* ★ **III.** V. pron. *Littér.* Se briser, se casser. *Les attaches se sont rompues.* ▼ **ROMPU, UE.** *adj.* (V. **Rompre**). — *(Personnes).* • 1° Extrêmement fatigué. V. **Fourbu.** • 2° *Littér.* ROMPU À : qui a une grande expérience de (un art, un métier, une discipline...).

ROMSTECK, RUMSTECK [ʀɔmstɛk]. *n. m.* • Partie de l'aloyau qui se mange rôtie ou braisée.

RONCE [ʀɔ̃s]. *n. f.* • 1° Mûrier sauvage, arbuste épineux aux fruits comestibles (V. **Mûre**). • 2° Branche épineuse. *S'égratigner en passant dans des ronces.* • 3° Nœuds, veines de certains bois ; ces bois. *Meuble en ronce de noyer.* ▼ **RONCERAIE.** *n. f.* Terrain inculte où croissent les ronces (1°).

RONCHONNER [ʀɔ̃ʃɔne]. *v. intr.* (1) • *Fam.* Manifester son mécontentement en protestant avec humeur. V. **Bougonner, grogner, râler.** ▼ **RONCHON.** adj. et n. m. *Fam.* Ronchonneur. *C'est un vieux ronchon.* ▼ **RONCHONNEMENT.** *n. m.* ▼ **RONCHONNEUR, EUSE.** *n.* et *adj.* Qui ronchonne sans cesse.

ROND, RONDE [ʀɔ̃, ʀɔ̃d]. *adj.* et *n. m.* ★ **I.** *Adj.* • 1° Dont la forme extérieure constitue une circonférence. V. **Circulaire, sphérique.** *La Terre est ronde. Une table ronde.* — *Des yeux ronds*, écarquillés (par l'étonnement, etc.). • 2° En arc de cercle. *Tuiles rondes.* — Arrondi, voûté. *Avoir le dos rond.* • 3° Charnu, sans angles (partie du corps). *Joues rondes.* V. **Rebondi.** — *(Personnes)* Gros et court. *Un petit bonhomme tout rond.* • 4° *(Quantité).* Entier, sans décimales, et se terminant de préférence par un ou plusieurs zéros. *Ça fait sept cents francs en chiffres ronds* (V. **Arrondir**). • 5° *(Personnes).* Qui agit sans détours. *Un homme rond en affaires.* • 6° *Pop.* Ivre, soûl. *Il était complètement rond.* ★ **II.** Adv. *Tourner rond*, d'une manière régulière. *Moteur qui tourne rond.* — *Ça ne tourne pas rond*, il y a qqch. d'anormal. ★ **III.** *N. m.* • 1° Figure circulaire. V. **Cercle, circonférence.** *Tracer un rond. Faire des ronds dans l'eau*, des ondes circulaires et concentriques. *Loc. adv.* EN ROND : en cercle. *S'asseoir en rond autour d'une table.* • 2° Objet matériel de forme ronde. *Rond de serviette*, anneau pour enserrer une serviette roulée. • 3° Tranche ronde. V. **Rondelle.** *Manger quelques ronds de saucisson.* • 4° En termes de danse, *Rond de bras, de jambe*, mouvement circulaire (des bras, des jambes). — Loc. *Faire des ronds de jambe*, des manières affectées. • 5° Fam. *Ils ont des ronds*, de l'argent. *Il n'a pas le rond.* V. **Sou.**

ROND-DE-CUIR [ʀɔ̃dkɥiʀ]. *n. m.* • *Péj.* Employé de bureau (par allusion aux ronds de cuir qui garnissaient les sièges des bureaux). *Des ronds-de-cuir.*

RONDE [ʀɔ̃d]. *n. f.* • 1° *Loc.* À LA RONDE : dans un espace circulaire. V. **Alentour.** *À dix lieues à la ronde.* — Tour à tour, parmi des personnes installées en rond. • 2° Inspection militaire pour s'assurer que tout va bien. *Faire une ronde.* — Visite de surveillance. *La ronde d'un gardien de nuit.* • 3° Danse où plusieurs personnes forment un cercle et tournent. *Entrer dans la ronde.* — Chanson de cette danse. *Ronde enfantine.* • 4° Écriture à jambages courbes, à boucles arrondies. • 5° Figure de note évidée et sans queue. *La ronde vaut deux blanches.*

RONDEAU [ʀɔ̃do]. *n. m.* • Poème à forme fixe sur deux rimes avec des vers répétés. *Les rondeaux de Charles d'Orléans.*

RONDE-BOSSE ou **RONDE BOSSE** [ʀɔ̃dbɔs]. *n. f.* • Sculpture en relief qui se détache du fond, à la différence du *bas-relief.*

RONDELET, ETTE [ʀɔ̃dlɛ, ɛt]. *adj.* • Qui a des formes arrondies. V. **Dodu, rondouillard.** *Une femme rondelette.* — *Une somme rondelette*, assez importante. V. **Coquet** (II).

RONDELLE [ʀɔ̃dɛl]. *n. f.* • 1° Pièce ronde, peu épaisse, généralement évidée. *Rondelle en caoutchouc.* • 2° Petite tranche ronde. *Une rondelle de saucisson.* V. **Rond.**

RONDEMENT [ʀɔ̃dmɑ̃]. *adv.* • 1° Avec vivacité et efficacité. *Une affaire rondement menée.* • 2° D'une manière franche et directe. *Parler rondement.*

RONDEUR [ʀɔ̃dœʀ]. *n. f.* • 1° Forme ronde (d'une partie du corps). *La rondeur des bras.* — UNE RONDEUR : partie ronde. Fam. *Elle a des rondeurs bien placées.* • 2° Caractère rond (V. **Bonhomie**).

RONDIN [ʀɔ̃dɛ̃]. *n. m.* • 1° Morceau de bois de chauffage (cylindrique). • 2° Tronc d'arbre employé dans les travaux de construction. *Une cabane en rondins.*

RONDO [ʀɔ̃do]. *n. m.* • Dans la sonate et la symphonie classique, Pièce brillante servant de finale. *Des rondos.*

RONDOUILLARD, ARDE [ʀɔ̃dujaʀ, aʀd(ə)]. *adj.* • *Fam.* et *iron.* Qui a de l'embonpoint. V. **Grassouillet, rond, rondelet.**

ROND-POINT [Rɔ̃pwɛ̃]. *n. m.* • Place circulaire d'où rayonnent plusieurs avenues. V. **Carrefour.** *Des ronds-points.*

RONÉO [Rɔneo]. *n. f.* • Marque déposée de machine à reproduire un texte dactylographié au moyen de stencils. ▼ **RONÉOTYPER.** *v. tr.* (1). Reproduire à la ronéo.

RONFLANT, ANTE. *adj.* • *Fam.* Grandiloquent, plein d'emphase. *Phrases ronflantes. Titre ronflant.*

RONFLER [Rɔ̃fle]. *v. intr.* (1) • Faire, en respirant pendant le sommeil, un certain bruit du nez. — *(Choses)* Produire un bruit comparable. V. **Ronronner, vrombir.** *Le poêle commence à ronfler.* ▼ **RONFLEMENT.** n. m. *Des ronflements sonores. — Le ronflement du moteur* V. **Ronron.** ▼ **RONFLEUR, EUSE.** *n.* Personne qui a l'habitude de ronfler.

RONGER [Rɔ̃ʒe]. *v. tr.* (3) • 1° User en coupant avec les dents (incisives) par petits morceaux. *Souris qui rongent du pain.* V. **Grignoter.** *Le chien rongeait un os. Se ronger les ongles. — (Vers, insectes)* Détériorer peu à peu. *Meuble rongé par les vers*, vermoulu. *Mendiant rongé de vermine.* — Mordiller (un corps dur). *Le cheval rongeait son frein, son mors.* Loc. *Ronger son frein.* V. **Frein** (3°). • 2° *(Choses).* Détruire peu à peu (qqch). *La rouille ronge le fer. — Le mal qui le ronge.* V. **Miner.** *Cette pensée me ronge.* V. **Torturer.** Pop. *Se ronger (les sangs)*, se faire du souci, se tourmenter. ▼ **RONGEUR, EUSE.** *adj.* et *n.* • 1° Qui ronge. *Des bêtes rongeuses.* • 2° *N. m. pl.* Ordre de mammifères dépourvus de canines, munis d'incisives tranchantes *(lapin, rat,...).* Sing. *Un rongeur.*

RONRON [Rɔ̃Rɔ̃]. *n. m.* • 1° *Fam.* Ronflement sourd et continu. V. **Ronronnement.** *Le ronron d'un moteur.* • 2° Petit grondement continu et régulier du chat lorsqu'il est content. *Faire ronron.* V. **Ronronner.** • 3° (Abstrait). *Le ronron de la vie quotidienne*, sa monotonie assoupissante. ▼ **RONRONNER.** *v. intr.* (1). ▼ **RONRONNEMENT.** *n. m.* Ronron.

ROQUEFORT [Rɔkfɔʀ]. *n. m.* • Fromage fait de lait de brebis et ensemencé d'une moisissure spéciale.

ROQUER [Rɔke]. *v intr.* (1) • Aux échecs, Placer l'une de ses tours à côté du roi et faire passer ce dernier de l'autre côté de la tour, lorsqu'il n'y a aucune pièce entre eux.

ROQUET [Rɔkɛ]. *n. m.* • Petit chien hargneux qui aboie pour un rien.

ROQUETTE [Rɔkɛt]. *n. f.* • Projectile autopropulsé. V. **Fusée.** *Roquette antichar. Tube lance-roquettes* (ou bazooka).

ROSACE [Rozas]. *n. f.* • 1° Figure symétrique faite de courbes inscrites dans un cercle. — Ornement qui a cette forme. *Plafond à rosace.* • 2° Grand vitrail d'église, de forme circulaire.

ROSACÉES [Rozase]. *n. f. pl.* • En botanique, Famille de plantes aux feuilles dentées, dont la fleur porte des étamines nombreuses soudées à la base (*ex. :* aubépine, rosier). Sing. *Une rosacée.*

ROSAIRE [RozɛR]. *n. m.* • Grand chapelet composé de quinze dizaines d'*Ave Maria* précédées chacune d'un *Pater.* — Les prières elles-mêmes. *Dire, réciter son rosaire.*

ROSÂTRE [RozɑtR(ə)]. *adj.* • Qui est d'un rose peu franc.

ROSBIF [Rɔsbif]. *n. m.* • Morceau de bœuf rôti, généralement coupé dans l'aloyau. *Une tranche de rosbif.*

1. ROSE [Roz]. *n. f.* • 1° Fleur du rosier, décorative et odorante. *Des roses rouges, blanches. Rose pompon*, de petite taille. *Bouton de rose. — Eau de rose*, essence de roses diluée dans l'eau. — Loc. *Être frais, fraîche comme une rose*, avoir un teint éblouissant. *Pas de roses sans épines*, toute joie comporte une peine. Fam. *Envoyer sur les roses*, envoyer au diable. *Un roman à l'eau de rose*, sentimental et mièvre. • 2° ROSE TRÉMIÈRE : nom courant de la guimauve rose. • 3° *Bois de rose*, bois de placage de couleur rosée utilisé en ébénisterie et en marqueterie. • 4° ROSE DES VENTS : étoile à 32 divisions représentant les trente-deux aires du vent sur le cadran d'une boussole. • 5° ROSE DE SABLE : cristallisation de gypse, en forme de rose, dans le Sahara.

2. ROSE. *adj.* et *n. m.* • 1° *Adj.* Qui est d'un rouge très pâle, comme de nombreuses roses. *Robe rose. Son visage devenait tout rose.* V. **Rosir.** • 2° Loc. *Ce n'est pas rose*, ce n'est pas gai, pas agréable (difficultés, corvées). *Voir la vie en rose, voir tout en rose*, avec optimisme (*opposé à* en noir). • 3° *N. m.* Couleur rose. *Une écharpe d'un rose vif, pâle. Rose bonbon*, vif. ▼ **ROSÉ, ÉE.** *adj.* Légèrement teinté de rose. *Beige rosé. — Vin rosé*, et subst. *Du rosé*, vin rouge clair. *Rosé de Provence, d'Anjou.*

ROSEAU [Rozo]. *n. m.* • Plante aquatique à tige droite et lisse.

ROSÉE [Roze]. *n. f.* • Condensation de la vapeur en fines gouttelettes d'eau, sous l'effet du rayonnement de la terre ; ces gouttelettes. *Herbe humide de rosée.*

ROSÉOLE [Rozeɔl]. *n. f.* • Éruption de taches rosées (Cf. Rubéole), qui s'observe dans certaines maladies infectieuses et intoxications.

ROSERAIE [RozRɛ]. *n. f.* • Terrain planté de rosiers.

ROSETTE [Rozɛt]. *n. f.* • Insigne (en forme de rose) du grade d'officier, dans certains ordres. V. **Décoration.** Absolt. *Avoir la rosette* (de la Légion d'honneur).

ROSIER [Rozje]. *n. m.* • Arbrisseau épineux portant les roses. *Rosier grimpant Rosier sauvage.* V. **Églantier.**

ROSIÈRE [RozjɛR]. *n. f.* • Jeune fille à laquelle on décernait une couronne de roses pour sa vertu. *Ce n'est pas une rosière* elle n'est pas très vertueuse.

ROSIR [RoziR]. *v. intr.* (2) • Prendre une couleur rose. *Son visage rosit de plaisir.*

1. ROSSE [Rɔs]. *n. f.* • *Vieilli.* Mauvais cheval.

2. ROSSE. *n. f.* et *adj.* • Personne dont on subit les méchancetés, la dureté. V. **Vache.** *Sale rosse. Ah ! les rosses ! — Adj*

Dur et injuste. *Vous avez été rosse avec lui.* ▼ **ROSSERIE.** *n. f.* Parole ou action rosse.

ROSSER [ʀɔse]. *v. tr.* (1) • Battre violemment ; vaincre complètement. ▼ **ROSSÉE.** n. f. *Fam.* Volée. *Flanquer, recevoir une rossée.*

1. ROSSIGNOL [ʀɔsiɲɔl]. *n. m.* • Oiseau passereau, au chant varié et très harmonieux.

2. ROSSIGNOL. *n. m.* • Instrument pour crocheter les portes. *Rossignol de cambrioleur.*

3. ROSSIGNOL. *n. m.* • *Fam.* Livre invendu, sans valeur. — Objet démodé. *De vieux rossignols en solde.*

ROSTRE [ʀɔstʀ(ə)]. *n. m.* • Éperon des navires antiques.

ROT [ʀo]. *n. m.* • *Pop.* Expulsion plus ou moins bruyante de gaz de l'estomac par la bouche. V. **Éructation, renvoi.**

RÔT [ʀo]. *n. m.* • *Littér.* Rôti. *La fumée du rôt.*

ROTATION [ʀɔtasjɔ̃]. *n. f.* • 1° *Didact.* Mouvement d'un corps autour d'un axe (matériel ou non). *Rotation de la Terre.* — Mouvement circulaire. V. **Cercle, tour.** • 2° *(Abstrait).* Série périodique d'opérations. *La rotation des équipes.* Fréquence des voyages à partir d'un même lieu. *Rotation des avions d'une ligne.* — *Rotation du stock*, succession des renouvellements d'un stock (de marchandises). ▼ **ROTATIF, IVE.** *adj.* Qui agit en tournant, par une rotation. *Foreuse rotative.* ▼ **ROTATIVE.** *n. f.* Presse à imprimer continue, agissant au moyen de cylindres. ▼ **ROTATOIRE.** *adj.* Qui est caractérisé par une rotation. *Mouvement rotatoire.* V. **Circulaire.**

ROTER [ʀɔte]. *v. intr.* (1) • *Pop.* Faire un, des rot(s). V. **Éructer.** — Pop. *En roter*, supporter de mauvais traitements, un travail pénible. V. **Baver** (en).

RÔTI [ʀo(ɔ)ti]. *n. m.* • Morceau de viande de boucherie, cuit à sec et à feu vif. *Rôti de bœuf, de veau.*

RÔTIE [ʀo(ɔ)ti]. *n. f.* • Tranche de pain grillé. V. **Toast.**

1. ROTIN [ʀɔtɛ̃]. *n. m.* • Partie de la tige des branches d'une variété de palmier, utilisée pour faire des sièges cannés. *Meubles en rotin.*

2. ROTIN. *n. m.* • Sou (en emploi négatif). *Vous n'aurez pas un rotin !*

RÔTIR [ʀo(ɔ)tiʀ]. *v.* (2) • 1° *V. tr.* Faire cuire (de la viande) à feu vif. — Au p. p. *Poulet rôti.* — *Fam.* Exposer à une forte chaleur. Pronom. *Se rôtir au soleil.* • 2° *V. intr.* Cuire à feu vif. *Mettre la viande à rôtir.* — *Fam.* Supporter une chaleur qui incommode. *On rôtit, ici.* V. **Cuire.** ▼ **RÔTISSERIE.** *n. f.* Nom de certains restaurants où l'on mange des viandes rôties. Magasin où l'on prépare des viandes rôties. ▼ **RÔTISSEUR, EUSE.** *n.* Personne qui prépare et vend des viandes rôties. ▼ **RÔTISSOIRE.** *n. f.* Ustensile de cuisine qui sert à faire rôtir la viande.

ROTONDE [ʀɔtɔ̃d]. *n. f.* • Édifice circulaire (à dôme et à colonnes).

ROTONDITÉ [ʀɔtɔ̃dite]. *n. f.* • 1° *Littér.* Caractère de ce qui est rond, sphérique. *La rotondité d'un globe.* • 2° *Fam.* Rondeur, embonpoint.

ROTULE [ʀɔtyl]. *n. f.* • Os court, plat, situé à la partie antérieure du genou. ▼ **ROTULIEN, IENNE.** *adj.* Relatif à la rotule. *Réflexe rotulien*, mouvement de la jambe obtenu en frappant la rotule.

ROTURE [ʀɔtyʀ]. *n. f.* • *Littér.* Condition, classe des roturiers (*opposé à* noblesse). ▼ **ROTURIER, IÈRE** [ʀɔtyʀje, jɛʀ]. *adj.* et *n.* Qui n'est pas noble, qui est de condition inférieure, dans la société féodale et sous l'Ancien Régime. — Subst. *Un roturier.* V. **Bourgeois, manant.**

ROUAGE [ʀwaʒ]. *n. m.* • 1° Chacune des pièces d'un mécanisme (d'horlogerie, etc.). *Rouages d'une montre.* • 2° *(Abstrait).* Chaque partie essentielle d'une chose qui fonctionne. *Les rouages de la machine sociale.*

ROUBLARD, ARDE [ʀublaʀ, aʀd(ə)]. *adj.* et *n.* • *Fam.* Qui fait preuve d'astuce et de ruse dans la défense de ses intérêts. ▼ **ROUBLARDISE.** *n. f.* Caractère, conduite de roublard.

ROUBLE [ʀubl(ə)]. *n. m.* • Unité monétaire de l'U.R.S.S.

ROUCOULER [ʀukule]. *v. intr.* (1) • 1° Faire entendre son cri (pigeon, tourterelle). • 2° Tenir des propos tendres et langoureux. *Des amoureux qui roucoulent.* ▼ **ROUCOULEMENT.** *n. m.*

ROUDOUDOU [ʀududu]. *n. m.* • *Fam.* Caramel coulé dans une petite boîte de bois ronde.

ROUE [ʀu]. *n. f.* • 1° Disque plein ou évidé tournant sur un axe et utilisé comme organe de déplacement. *Véhicule à deux, quatre roues. Roues avant, arrière. Roue de secours*, de rechange. *Chapeau de roue*, pièce qui protège le moyeu. Fam. *Virage sur les chapeaux de roue*, à toute allure. ROUE LIBRE : dispositif permettant au cycliste de rouler sans pédaler. — Loc. *Pousser à la roue*, aider qqn à réussir. *Être la cinquième roue du carrosse, de la charrette*, être inutile, insignifiant. • 2° Disque tournant sur son axe, servant d'organe de transmission, d'élévation, etc. V. **Poulie, rouage.** • 3° *Supplice de la roue*, qui consistait à attacher le criminel sur une roue après lui avoir rompu les membres. V. **Rouer.** • 4° Disque tournant. *Roue de loterie*, disque vertical portant des numéros, que l'on fait tourner. • 5° FAIRE LA ROUE : tourner latéralement sur soi-même en faisant reposer le corps alternativement sur les mains et sur les pieds. — *(Oiseaux)* Déployer en rond les plumes de la queue. *Paon qui fait la roue.* — *Péj.* Déployer ses séductions. V. **Pavaner** (se).

ROUÉ, ÉE [ʀwe, ʀue]. *n.* et *adj.* • *N.* Personne rusée qui ne s'embarrasse d'aucun scrupule pour arriver à ses fins. — *Adj.* V. **Malin, rusé.** ▼ **ROUERIE** [ʀuʀi]. *n. f.* Finesse et habileté sans scrupule. V. **Ruse.**

ROUELLE [ʀwɛl]. *n. f.* • Partie de la cuisse de veau au-dessus du jarret, coupée en rond.

ROUER [ʀwe]. *v. tr.* (1) • 1° Autrefois, Supplicier sur la roue. • 2° Loc. *Rouer qqn de coups*, le frapper à coups redoublés. V. **Battre.**

ROUET [ʀwɛ]. *n. m.* • Autrefois, Machine à roue servant à filer (chanvre, laine, lin, etc.). *Une fileuse à son rouet.*

ROUF [ʀuf]. *n. m.* • Petite construction élevée sur le pont d'un navire (terme de marine).

ROUFLAQUETTES [ʀuflakɛt]. *n. f. pl.* • *Fam.* Favoris, poils que les hommes laissent pousser sur les côtés du visage.

ROUGE [ʀuʒ]. *adj.* et *n.* ★ **I.** *Adj.* • 1° Qui est de la couleur du sang, du rubis, etc. (extrémité du spectre solaire). V. **Carmin, écarlate, pourpre.** *Corriger un texte au crayon rouge. Rose rouge. Le drapeau rouge*, révolutionnaire. — VIN ROUGE : fait avec des raisins noirs. *Un bordeaux rouge.* — Subst. *Boire un coup de rouge.* • 2° Qui a pour emblème le drapeau rouge ; qui est d'extrême gauche. V. **Communiste.** *La banlieue rouge.* — *Subst.* (Vieilli) *Les rouges*, les communistes. — *L'Armée rouge.* V. **Soviétique.** • 3° Qui est porté à l'incandescence. *Fer rouge.* V. **Fer.** • 4° *(Personnes).* Dont la peau est de cette couleur, par l'afflux du sang (*opposé à* blanc, pâle). V. **Congestionné, rougeaud.** *Rouge comme un coq, un coquelicot, une pivoine*, rouge d'émotion, de confusion. — Adv. *Se fâcher tout rouge*, devenir rouge de colère. *Voir rouge*, avoir un accès de colère qui incite au meurtre (voir du sang). ★ **II.** *N. m.* LE ROUGE. • 1° La couleur rouge. *Un rouge vif, foncé.* • 2° Colorant rouge ; pigment donnant une couleur rouge. *Broyer du rouge sur sa palette.* — Fard rouge. *Rouge à lèvres*, pour les lèvres. *Tube de rouge.* • 3° Couleur, aspect du métal incandescent. *Barre de fer portée au rouge.* • 4° Teinte rouge que prend la peau sous l'effet d'une émotion. V. **Feu.** *Le rouge lui montait aux joues, au front.* ▼ **ROUGEÂTRE** [ʀuʒɑtʀ(ə)]. *adj.* Légèrement rouge. *Lueur rougeâtre.* ▼ **ROUGEAUD, AUDE** [ʀuʒo, od]. *adj.* Haut en couleur (teint) ; qui a le teint trop rouge. V. **Congestionné, rubicond.** *Une figure rougeaude.*

ROUGE-GORGE [ʀuʒgɔʀʒ(ə)]. *n. m.* • Oiseau de petite taille, dont la gorge et la poitrine sont d'un roux vif. *Des rouges-gorges.*

ROUGEOLE [ʀuʒɔl]. *n. f.* • Maladie infectieuse caractérisée par une éruption de taches rouges sur la peau. ▼ **ROUGEOLEUX, EUSE.** adj. et n. *Un enfant rougeoleux.*

ROUGEOYER [ʀuʒwaje]. *v. intr.* (8) • Prendre une teinte rougeâtre ; produire des reflets rougeâtres. ▼ **ROUGEOIEMENT** [ʀuʒwamɑ̃]. *n. m.* ▼ **ROUGEOYANT, ANTE** [ʀuʒwajɑ̃, ɑ̃t]. *adj.*

ROUGET [ʀuʒɛ]. *n. m.* • Poisson de mer de couleur rouge, très estimé. *Une friture de rougets.*

ROUGEUR [ʀuʒœʀ]. *n. f.* • 1° Coloration du visage causée par la chaleur, l'émotion. *Une brusque rougeur.* • 2° ROUGEURS : taches rouges sur la peau, de nature inflammatoire.

ROUGIR [ʀuʒiʀ]. *v.* (2) ★ **I.** *V. intr.* • 1° Devenir rouge, plus rouge. *Les écrevisses rougissent à la cuisson.* • 2° Devenir rouge sous l'effet d'une émotion. ‖ Contr. **Pâlir.** ‖ *Rougir jusqu'aux oreilles*, beaucoup. V. **Fard** (piquer un...). *Rougir de colère, de honte*, sous l'effet de... — Au p. p. *Yeux rougis* (de pleurs). — (Par pudeur) *Ces propos grivois la faisaient rougir* — Éprouver un sentiment de culpabilité, de confusion. *Je n'ai pas à rougir de cela.* ★ **II.** *V. tr.* Rendre rouge. — Littér. *Rougir ses mains* (de sang), commettre un crime. — *Rougir une barre de fer*, chauffer au rouge. — *Rougir son eau*, y mettre un peu de vin rouge. ▼ **ROUGISSANT, ANTE.** *adj.* Qui rougit d'émotion. *Timide et rougissant.*

ROUILLE [ʀuj]. *n. f.* • 1° Produit de la corrosion du fer en présence de l'oxygène de l'air, en milieu humide. *Tache de rouille. Couvert, rongé de rouille.* — *Adj. invar.* D'un rouge-brun. V. **Roux.** • 2° Nom de certaines maladies des végétaux. • 3° *Rouille intellectuelle.* V. **Rouiller** (2°). ▼ **ROUILLER** [ʀuje]. *v. tr.* (1) • 1° Ronger de rouille. — Pronom. *Outil qui se rouille.* — Au p. p. *Barre de fer rouillée.* • 2° Rendre moins alerte (le corps, l'esprit) par manque d'activité. — Pronom. *Il s'est rouillé pendant ces longues vacances.*

ROUIR [ʀwiʀ]. *v. tr.* (2) • Préparer (le lin, le chanvre) en faisant macérer. (terme technique). ▼ **ROUISSAGE.** *n. m.*

ROULADE [ʀulad]. *n. f.* • Succession de notes chantées rapidement et légèrement sur une seule syllabe. *Faire des roulades.*

ROULAGE [ʀulaʒ]. *n. m.* • Transport de marchandises par voitures automobiles (V. **Camionnage**).

1. ROULANT, ANTE [ʀulɑ̃, ɑ̃t]. *adj.* • 1° Qui roule (sur roues, roulettes). *Table roulante*, servant de desserte, de bar, etc. — *Matériel roulant* (*opposé à* matériel fixe) dans les chemins de fer, les mines, etc. — *Le personnel roulant*, subst. (fam.) *Les roulants.* • 2° Se dit de surfaces animées d'un mouvement continu, servant à transporter d'un point à un autre. *Trottoir, escalier roulant* ou *mécanique.* • 3° Où l'on roule avec facilité (route, voie). • 4° *Feu roulant* tir continu. — *Un feu roulant de questions* ▼ **ROULANTE.** n. f. *Fam.* Cuisine roulante de l'armée.

2. ROULANT, ANTE. *adj.* • *Fam.* Très drôle. V. **Tordant.** *Il est roulant ; ses histoires sont roulantes.*

ROULÉ, ÉE [ʀule]. *adj.* • 1° Enroulé mis en rouleau. *Pull à col roulé. Épaule roulée* (viande de boucherie), désossée et enroulée • 2° *Fam.* (Personnes). *Bien roulé*, bien fait, qui a un beau corps.

ROULEAU [ʀulo]. *n. m.* ★ **I.** • 1° Bande enroulée de forme cylindrique. *Rouleau de papier peint. Rouleau de pellicules photographiques.* V. **Bobine.** — *Être au bout de son rouleau, du rouleau*, n'avoir plus rien à dire plus d'argent, plus d'énergie. • 2° Ensemble d'objets roulés en forme de cylindre. *Rouleau de pièces de monnaie.* — Cheveux enroulés. • 3° Lame qui se brise sur la côte en s recourbant. ★ II. • 1° Cylindre allongé de bois, de métal, etc., que l'on fait rouler. *Rouleau à pâtisserie. — Rouleau compresseur*, servant à aplanir le revêtement d'une route. — *Rouleau de peintre en bâtiment*, servant à appliquer la peinture. • 2° Objet cylindrique destiné à recevoir ce qui s'enroule. *Le rouleau d'une machine à écrire.*

ROULÉ-BOULÉ. *n. m.* • Culbute par laquelle on tombe en se roulant en boule pour amortir le choc.

ROULEMENT [rulmɑ̃]. *n. m.* • 1° Action de rouler (III, 1°). — *Roulement à billes.* V. **Bille.** • 2° Bruit d'un véhicule, etc., qui roule, ou bruit analogue. *Un roulement de tambour.* • 3° Mouvement de ce qui tourne. *Roulement d'yeux.* • 4° Action de circuler (argent). *Fonds de roulement.* • 5° Alternance de personnes qui se relayent dans un travail. *Ils travaillent par roulement.*

1. ROULER [rule]. *v.* (1) ★ **I.** *V. tr.* • 1° Déplacer (un corps arrondi) en le faisant tourner sur lui-même. *Rouler un tonneau. — Rouler des croquettes dans la farine.* • 2° Déplacer (un objet muni de roues, de roulettes). *Roulez la table jusqu'ici.* • 3° Mettre en rouleau. *Rouler des tapis. Rouler une cigarette*, en enroulant le tabac dans la feuille de papier. • 4° Imprimer un mouvement circulaire, rotatoire à. *Rouler les hanches en marchant. — Se rouler les pouces* (fam. *Se les rouler*), se tourner les pouces, ne rien faire. • 5° *Littér.* Tourner et retourner. *Rouler mille projets dans sa tête.* • 6° *Rouler les r*, les faire vibrer. ★ **II.** Se rouler. *v. pron.* • 1° Se tourner de côté et d'autre en position allongée. *Se rouler par terre, dans l'herbe.* • 2° S'envelopper (dans). V. **Enrouler** (s'). *Se rouler dans une couverture.* ★ **III.** *V. intr.* • 1° Avancer en tournant sur soi-même. *Faire rouler un cerceau. Larme qui roule sur la joue.* V. **Couler.** — Tomber et tourner sur soi-même par l'élan pris dans la chute. V. **Dégringoler.** *Rouler du haut d'un talus.* • 2° Avancer au moyen de roues, de roulettes, sur un véhicule à roues. *Rouler à 100 à l'heure.* • 3° *(Bateau).* Être agité de roulis. • 4° *(Personnes).* Errer de lieu en lieu sans s'arrêter. *Elle a pas mal roulé dans sa vie.* • 5° *(Argent).* Circuler. • 6° Faire entendre un bruit sourd, comme un roulement. *Le tonnerre roule.* V. **Gronder.** • 7° (Conversation, propos...). Rouler sur : avoir pour sujet. *L'entretien a roulé sur la politique.*

2. ROULER. *v. tr.* (1) • *Fam.* Duper (qqn). V. **Avoir, posséder.** *Il a voulu me rouler. Vous vous êtes fait rouler.*

ROULETTE [rulɛt]. *n. f.* • 1° Petite roue permettant le déplacement d'un objet. *Table, patins à roulettes. Marcher, aller comme sur des roulettes* (d'une affaire), très bien, sans difficultés. • 2° Fraise (de dentiste). — Petit outil à roue dentée. • 3° Jeu de hasard où une petite boule d'ivoire, lancée dans une cuvette tournante à cases numérotées rouges ou noires, décide du gagnant. *Jouer un numéro à la roulette.*

ROULIER [rulje]. *n. m.* • Autrefois, Voiturier.

ROULIS [ruli]. *n. m.* • Mouvement alternatif transversal (à la différence du *tangage*) d'un navire sous l'effet de la houle. *Un coup de roulis.*

ROULOTTE [rulɔt]. *n. f.* • Voiture aménagée en maison, où vivent des nomades (forains, bohémiens).

ROULURE [rulyr]. *n. f.* • *Vulg.* Prostituée (terme d'injure).

ROUMAIN, AINE [rumɛ̃, ɛn]. *adj.* • De Roumanie. — Subst. *Les Roumains.*

ROUND [rawnd ; rund]. *n. m.* • Reprise d'un combat de boxe. *Combat en dix rounds.*

1. ROUPIE [rupi]. *n. f.* • *Vx.* Morve. — Loc. fam. *De la roupie de sansonnet*, une chose insignifiante.

2. ROUPIE. *n. f.* • Unité monétaire de l'Inde et du Pakistan.

ROUPILLER [rupije]. *v. intr.* (1) • *Fam.* Dormir. ▼ **ROUPILLON.** n. m. *Fam.* Petit somme. *Faire, piquer un roupillon.*

ROUQUIN, INE [rukɛ̃, in]. *adj.* et *n.* • Fam. *(Personnes).* Roux. *Une belle rouquine.*

ROUSCAILLER [ruskaje]. *v. intr.* (1) • *Pop.* Rouspéter.

ROUSPÉTER [ruspete]. *v. intr.* (6) • *Fam.* Protester, réclamer (contre qqch.). V. **Râler, rouscailler.** *Être toujours à rouspéter.* ▼ **ROUSPÉTANCE.** *n. f.* ▼ **ROUSPÉTEUR, EUSE.** *n.* Personne qui aime à rouspéter. V. **Râleur.**

ROUSSÂTRE [rusatr(ə)]. *adj.* • Qui tire sur le roux.

ROUSSETTE [rusɛt]. *n. f.* • 1° Chien de mer (poisson). • 2° Grande chauve-souris des régions tropicales.

ROUSSEUR [rusœr]. *n. f.* • 1° Couleur rousse. — Tache de rousseur : tache rousse qui peut apparaître sur la peau (du visage, des mains...). • 2° Tache roussâtre qui apparaît sur le papier.

ROUSSIR [rusir]. *v.* (2) • 1° *V. tr.* Rendre roussâtre (surtout en brûlant légèrement). *Roussir du linge en repassant.* • 2° *V. intr.* Devenir roux. *Faire roussir des oignons dans le beurre.* V. **Revenir.** ▼ **ROUSSI.** *n. m.* Odeur d'une chose qui a légèrement brûlé. — Loc. *Sentir le roussi*, se dit d'une affaire qui tourne mal, d'une situation qui se gâte.

ROUTAGE [rutaʒ]. *n. m.* • Expédition d'imprimés groupés.

ROUTE [rut]. *n. f.* • 1° Voie de communication terrestre de première importance. *Une bonne, une mauvaise route. Routes nationales, départementales. La route de Paris*, qui va à Paris. *La grande* (ou *grand-*) *route*, nom donné, à la campagne, à la route principale. V. *aussi* **Autoroute.** — Absolt. *La route*, l'ensemble des routes ; le moyen de communication qu'elles constituent. *Arriver par la route*, par voiture, autocar. *Faire de la route*, rouler beaucoup. *Accidents de la route.* • 2° Chemin à suivre dans une direction déterminée pour parcourir un espace. V. **Itinéraire.** *Changer de route. Perdre sa route. À moitié route.* — Ligne que suit un navire, un avion. *Le navire a dû changer de route*, a été dérouté. — Faire

FAUSSE ROUTE : se tromper dans les moyens à employer pour parvenir à ses fins. • 3° Marche, voyage. *Se mettre en route. En route ! En cours de route*, pendant le voyage. *Bonne route ! — Feuille de route*, délivrée à des militaires se déplaçant isolément. • 4° METTRE EN ROUTE : mettre en marche (un moteur, une machine). Absolt. *Au moment de mettre en route*. V. **Démarrer.** — (Abstrait) *Mise en route*, mise en train (d'une affaire). • 5° *(Abstrait)*. Chemin. *La route est toute tracée*, on sait ce qu'il faut faire.

1. ROUTIER [ʀutje]. *n. m.* • *Vieux routier*, homme habile, plein d'expérience. *Un vieux routier de la politique.*

2. ROUTIER, IÈRE [ʀutje, jɛʀ]. *adj.* et *n. m.* • 1° *Adj.* Relatif aux routes. *Carte routière.* — Qui se fait sur route. *Transports routiers.* • 2° *N. m.* Conducteur de poids lourds effectuant de longs trajets. V. **Camionneur.** *Restaurant de routiers.*

ROUTINE [ʀutin]. *n. f.* • 1° Habitude d'agir ou de penser devenue mécanique. *Son travail est devenu une espèce de routine. — La routine*, l'ensemble des habitudes et des préjugés, considérés comme faisant obstacle au progrès. *La routine qui règne dans l'administration.* • 2° Anglicisme. *Examen, opérations de routine*, habituels. ▼ **ROUTINIER, IÈRE.** adj. *Esprit routinier.*

ROUVRIR [ʀuvʀiʀ]. *v.* (18) ★ **I.** *V. tr.* Ouvrir de nouveau (ce qui a été fermé). || Contr. **Refermer.** || *Rouvrir son magasin. Rouvrir les yeux.* — Pronom. *La plaie s'est rouverte. — Rouvrir un débat.* ★ **II.** *V. intr.* Être de nouveau ouvert après une période de fermeture. *La boulangerie rouvre demain.*

ROUX, ROUSSE [ʀu, ʀus]. *adj.* et *n.* • 1° D'une couleur entre l'orangé et le rouge. V. **Roussâtre.** *Des cheveux roux.* — N. *Le roux*, la couleur rousse. • 2° Dont les cheveux sont roux. *Une belle fille rousse. — N.* V. **Rouquin.** • 3° N. m. *Un roux*, sauce faite de farine roussie dans du beurre. • 4° LUNE ROUSSE : la lune d'avril (qui est censée roussir, geler la végétation).

ROYAL, ALE, AUX [ʀwajal, o]. *adj.* • 1° Du roi ; qui concerne le roi. *Palais royal. Prince royal*, héritier présomptif. *La famille royale.* • 2° Qui est digne d'un roi. V. **Magnifique.** *Un cadeau royal. — Un salaire royal*, très élevé. *Une indifférence royale*, parfaite. ▼ **ROYALEMENT.** *adv.* • 1° Avec magnificence. *Être royalement traité.* • 2° Fam. *S'en moquer royalement*, tout à fait. ▼ **ROYALISME.** *n. m.* Attachement à la monarchie, à la doctrine monarchiste. ▼ **ROYALISTE.** *n.* et *adj.* Partisan du roi, du régime monarchique. V. **Monarchiste.** — Loc. *Être plus royaliste que le roi*, défendre les intérêts de qqn, d'un parti, avec plus d'ardeur qu'il ne le fait lui-même.

ROYALTIES [ʀwajalti]. *n. f. pl.* • *(Anglicisme)*. Somme que l'utilisateur d'un brevet étranger verse à l'inventeur. — Redevance payée au pays producteur par une compagnie pétrolière étrangère.

ROYAUME [ʀwajom]. *n. m.* • 1° État gouverné par un roi ; territoire d'une monarchie. — *Le Royaume-Uni*, union de la Grande-Bretagne et de la partie orientale de l'Irlande du Nord (Ulster). • 2° *Le royaume de Dieu*, le ciel, le paradis.

ROYAUTÉ [ʀwajote]. *n. f.* • 1° Dignité de roi. *Aspirer à la royauté.* V. **Couronne, trône.** • 2° Pouvoir royal. V. **Monarchie** *Chute de la royauté.*

-RRAGIE. • Élément savant signifiant « épanchement » (*ex. :* hémorragie).

-RRH(É)E. • Élément savant signifiant « écoulement, flux » (*ex. :* séborrhée).

RU [ʀy]. *n. m.* • Petit ruisseau (mot régional).

RUADE [ʀɥad]. *n. f.* • Mouvement par lequel les chevaux, les ânes, etc., lancent vivement en arrière leurs membres postérieurs en soulevant leur train arrière. *Décocher, lancer une ruade.* V. **Ruer** (II).

RUBAN [ʀybɑ̃]. *n. m.* • 1° Étroite bande de tissu, servant d'ornement, d'attache. *Ses cheveux sont retenus par un ruban de velours. Nœud de rubans.* • 2° Bande de tissu servant d'insigne à une décoration. *Le ruban de la Légion d'honneur.* • 3° Bande mince et assez étroite d'une matière flexible. *Ruban encreur d'une machine à écrire.*

RUBÉOLE [ʀybeɔl]. *n. f.* • Maladie éruptive contagieuse proche de la rougeole.

RUBICOND, ONDE [ʀybikɔ̃, ɔ̃d]. *adj.* • Très rouge de peau (visage). *Une face rubiconde.*

RUBIS [ʀybi]. *n. m.* • 1° Pierre précieuse d'un beau rouge ; cette pierre taillée en bijou. • 2° Monture de pivot en pierre dure, dans un rouage d'horlogerie. *Montre trois rubis.* • 3° Loc. *Payer rubis sur l'ongle*, payer ce qu'on doit jusqu'au dernier sou et séance tenante. V. **Comptant.**

RUBRIQUE [ʀybʀik]. *n. f.* • 1° Titre indiquant la matière des articles de presse. *La rubrique des spectacles, des sports.* — Série régulière d'articles sur un sujet déterminé. *Tenir la rubrique littéraire.* • 2° Sous (TELLE) RUBRIQUE : sous tel titre, telle désignation. *Classer, mettre deux choses différentes sous la même rubrique.*

1. RUCHE [ʀyʃ]. *n. f.* • 1° Abri aménagé pour un essaim d'abeilles. *Ruche en paille, en bois.* • 2° La colonie d'abeilles qui l'habite. *Bourdonnement de ruche.* — (Symbole d'activité collective) *Le centre de la ville est une véritable ruche où chacun s'affaire.* ▼ **RUCHER** [ʀyʃe]. *n. m.* Emplacement où sont disposées des ruches ; ensemble de ruches.

2. RUCHE. *n. f.* ou **RUCHÉ** [ʀyʃe]. *n. m.* • Garniture d'étoffe plissée ou froncée.

RUDE [ʀyd]. *adj.* ★ **I.** *(Personnes)*. • 1° Simple et grossier ; proche de la nature. *Un homme rude.* • 2° *Littér.* Dur, sévère. — Redoutable. *Un rude adversaire.* ★ **II.** *(Choses)*. • 1° Qui donne du mal, est dur à supporter. V. **Pénible.** *Être à rude épreuve.* — Subst. *En voir de rudes*, en supporter beaucoup, de dures. — *Un hiver très rude.* V. **Rigoureux.** • 2° Dur au toucher (*opposé à* doux). V. **Rugueux.** *Barbe rude.* — Dur ou désagréable à l'oreille. • 3° Fam. *(Avant* *le nom)*. Remarquable en son genre. V. **Drôle, fameux, sacré.** *Il a eu une rude veine. Un rude appétit.* V. **Solide.** ▼ **RUDEMENT.** *adv.* • 1° De façon brutale. *Heurter rudement.* • 2° Avec dureté, sans ménagement. *Traiter (qqn) rudement.* V. **Rudoyer.** • 3° *Fam.* Beaucoup, très. V. **Drôlement.** *Il est rudement bien. Elle a rudement changé.*

RUDESSE [ʀydɛs]. *n. f.* • 1° *(Personnes).* Caractère rude (I, 1° ou 2°) ; sévérité. *Rudesse du ton.* V. **Brutalité, dureté.** *Traiter (qqn) avec rudesse.* • 2° *(Choses).* Caractère primitif. *La rudesse de leurs mœurs.*

RUDIMENT [ʀydimɑ̃]. *n. m.* ★ **I.** Ébauche ou reste (d'un organe). *Un rudiment de queue.* ★ **II.** *(Au plur.).* • 1° Notions élémentaires (d'une science, d'un art). V. **A B C.** *Rudiments de grammaire.* • 2° Premiers éléments (d'une organisation, d'un système...). ▼ **RUDIMENTAIRE.** *adj.* • 1° *(Organe).* Qui est à l'état d'ébauche ou de résidu. • 2° Qui n'a atteint qu'un développement très limité. V. **Élémentaire.** *L'architecture rudimentaire de l'homme préhistorique.* — Sommaire, insuffisant. *Connaissances rudimentaires.*

RUDOYER [ʀydwaje]. *v. tr.* (8) • Traiter rudement, avec des paroles dures. *Il rudoyait ses domestiques.*

RUE [ʀy]. *n. f.* • 1° Voie bordée de maisons, dans une agglomération. V. **Artère, avenue, boulevard, impasse, ruelle, venelle.** *Les rues de Paris. La rue de Rivoli. Une rue calme, animée, commerçante. Marcher, se promener dans les rues. Prendre une rue. Traverser la rue.* • 2° *La rue, les rues,* symbole de la vie urbaine, des milieux populaires. *Scènes de la rue. L'homme de la rue. Fille des rues,* prostituée. — *En pleine rue, dans la rue,* dans la ville. *Descendre, manifester dans la rue.* — Population de la ville. *La rue s'agitait, se soulevait.* • 3° Loc. *Être à la rue,* sans domicile, sans abri. *Jeter qqn à la rue,* dehors.

RUÉE [ʀɥe]. *n. f.* • Mouvement rapide d'un grand nombre de personnes dans la même direction. *La ruée vers les gares à l'époque des départs en vacances.*

RUELLE [ʀɥɛl]. *n. f.* ★ **I.** Petite rue étroite. ★ **II.** Espace libre entre un lit et le mur ou entre deux lits. — Au XVIIe s., Chambre, alcôve où certaines femmes de haut rang recevaient.

RUER [ʀɥe]. *v.* (1) ★ **I.** SE RUER. *v. pron.* S'élancer avec violence, impétuosité. V. **Précipiter** (se). *Fou de colère, il s'est rué sur moi.* — (En masse) *Les gens se ruaient vers la sortie, sur le buffet. Les troupes se ruèrent à l'assaut.* ★ **II.** *V. intr.* Lancer une, des ruade(s). — Loc. *Ruer dans les brancards,* regimber, opposer une vive résistance à un ordre, à une discipline.

RUFIAN ou **RUFFIAN** [ʀyfjɑ̃]. *n. m.* • Autrefois, Entremetteur, souteneur.

RUGBY [ʀygbi]. *n. m.* • Sport d'équipe dans lequel il faut poser un ballon ovale sur la ligne de but de l'adversaire (V. **Essai**), ou le faire passer entre les poteaux de but. *Ballon, terrain de rugby. Équipe de rugby.* V. **Quinze** (II, 2°). — *Rugby à treize,* joué avec des équipes de treize joueurs. ▼ **RUGBYMAN** [ʀygbiman]. *n. m.* Joueur de rugby. *Des rugbymen* [ʀygbimɛn].

RUGIR [ʀygiʀ]. *v.* (2) • 1° *V. intr.* (Lion, fauves). Pousser des rugissements. — *(Personnes)* V. **Hurler.** • 2° *V. tr.* Proférer avec violence (des menaces, des injures...). ▼ **RUGISSEMENT.** *n. m.* • 1° Cri du lion et de certains fauves (tigres, panthères, etc.). • 2° Cri rauque. *Des rugissements de colère.* • 3° *(Choses).* Grondement sourd et violent. V. **Mugissement.**

RUGUEUX, EUSE [ʀygø, øz]. *adj.* • Dont la surface présente de petites aspérités, et qui est rude au toucher. V. **Rêche.** || Contr. **Lisse.** || *Écorce rugueuse.* ▼ **RUGOSITÉ.** *n. f.* État d'une surface rugueuse ; petite aspérité sur cette surface.

RUINE [ʀɥin]. *n. f.* ★ **I.** *Une, des ruine(s).* • 1° Débris d'un édifice ancien ou écroulé. V. **Décombres.** *Des ruines gallo-romaines. Les habitants ont été ensevelis sous les ruines. Pays qui se relève de ses ruines,* répare les dommages subis. • 2° Loc. *N'être plus qu'une ruine,* être dans un état de complète déchéance. ★ **II.** • 1° Écroulement partiel ou total d'un édifice ; état de ce qui s'écroule (V. **Délabrement, vétusté**). *La maison tombe en ruine,* se dégrade et s'écroule par morceaux. *Ce mur menace ruine,* menace de s'écrouler. • 2° Destruction, perte. *Le régime a précipité sa ruine. C'est la ruine de ses espérances.* • 3° Perte des biens, de la fortune. V. **Faillite.** *Être au bord de la ruine.* — *Une ruine,* une cause de ruine. V. **Ruineux.** *Cette propriété, quelle ruine !*

RUINER [ʀɥine]. *v. tr.* (1) • 1° Endommager gravement. *Ruiner sa santé.* V. **Altérer.** • 2° Causer la ruine, la perte de. V. **Anéantir, détruire.** *Ruiner le crédit de qqn.* • 3° Faire perdre la fortune (à qqn). *Ruiner un concurrent.* — Au p. p. *Il est complètement ruiné.* — Par exagér. *Tu veux me ruiner !* tu me fais faire une dépense excessive. *Ce n'est pas ça qui nous ruinera,* ce n'est pas cher. • 4° SE RUINER. *v. pron.* Causer sa propre ruine (argent). *Il s'est ruiné au jeu.* — Dépenser trop. *Se ruiner en remèdes.*

RUINEUX, EUSE. *adj.* • Qui amène la ruine (II, 3°), la faillite. *Dépenses ruineuses.* — Coûteux. *Ce n'est pas ruineux.*

RUISSEAU [ʀɥiso]. *n. m.* • 1° Petit cours d'eau. — PROV. *Les petits ruisseaux font les grandes rivières,* plusieurs petites sommes réunies finissent par en faire une grosse. — Par exagér. *Des ruisseaux de sang, de larmes.* V. **Torrent.** • 2° Eau qui coule le long des trottoirs pour se jeter dans les égouts ; caniveau destiné à recevoir cette eau. — Loc. *Tomber, rouler dans le ruisseau,* dans une situation dégradante. *Sortir qqn du ruisseau.* ▼ **RUISSELET** [ʀɥislɛ]. *n. m.* Petit ruisseau. V. **Ru.**

RUISSELER [ʀɥisle]. *v. intr.* (4) • 1° Couler sans arrêt en formant des ruisseaux. *La pluie ruisselle. Les larmes ruisselaient le long de ses joues.* — Se répandre à profusion. *Une pièce où ruisselle le soleil.* • 2° RUIS-

SELER DE... : être couvert d'un liquide qui ruisselle. *La vitre ruisselait de pluie. Il ruisselait de sueur.* ▼ **RUISSELANT, ANTE.** *adj.* Qui ruisselle. *Ruisselant d'eau*, trempé. *Ruisselant de sueur.* V. **Inondé.** ▼ **RUISSELLEMENT.** n. m. *Eaux de ruissellement*, eaux fluviales qui s'écoulent à la surface du sol et alimentent les ruisseaux, les cours d'eau.

RUMBA [rumba]. *n. f.* • Danse d'origine cubaine ; musique de cette danse.

RUMEUR [ʀymœʀ]. *n. f.* • **1°** Bruit confus de voix, de sons assourdis. — Bruit de voix qui protestent. *Des rumeurs s'élevaient dans le public.* • **2°** Bruit, nouvelles qui se répandent. *Ce n'est encore qu'une vague rumeur. Apprendre par la rumeur publique.*

RUMINANT [ʀyminɑ̃]. *n. m.* • *Un ruminant*, un animal qui rumine. — LES RUMINANTS : groupe de mammifères dont l'estomac complexe permet aux aliments de remonter dans la bouche.

RUMINER [ʀymine]. *v. tr.* (1) • **1°** En parlant des ruminants, Mâcher de nouveau des aliments revenus de l'estomac, avant de les avaler définitivement. *Les vaches ruminent l'herbe* (ou absolt. *ruminent*). • **2°** *(Personnes)*. Tourner et retourner lentement dans son esprit. V. **Remâcher.** *Ruminer son chagrin. Ruminer un projet.*

RUMSTECK. V. ROMSTECK.

RUPESTRE [ʀypɛstʀ(ə)]. *adj.* • **1°** Qui vit dans les rochers. *Plantes rupestres.* • **2°** *(Œuvre plastique)*. Qui est exécuté sur une paroi rocheuse. *Les peintures rupestres de la préhistoire. Art rupestre.*

RUPIN, INE [ʀypɛ̃, in]. *adj.* et *n.* • *Pop.* Riche.

RUPINER [ʀypine]. *v. intr.* (1) • *Fam.* Bien réussir (dans une matière scolaire). *Il a rupiné à l'écrit.*

RUPTEUR [ʀyptœʀ]. *n. m.* • Dispositif qui interrompt le courant électrique (terme technique). V. *aussi* **Interrupteur.**

RUPTURE [ʀyptyʀ]. *n. f.* • **1°** Fait de se casser. *La rupture d'un câble.* • **2°** Cessation brusque (de ce qui durait). *Rupture des relations diplomatiques.* — Opposition entre des choses qui se suivent. *Rupture de rythme*, changement brusque. — EN RUPTURE AVEC : en opposition affirmée à. *Être en rupture avec la société.* — Annulation (d'un engagement). *Rupture de contrat, de fiançailles.* • **3°** Séparation plus ou moins brusque entre des personnes qui étaient unies. V. **Brouille.** *Scène de rupture.*

RURAL, ALE, AUX [ʀyʀal, o]. *adj.* • Qui concerne la vie dans les campagnes. || Contr. **Urbain.** || *Exploitation rurale.* V. **Agricole.** *Communes rurales.* — Subst. *(plur.)*. Habitants de la campagne. *Les ruraux.* V. **Paysan.**

RUSE [ʀyz]. *n. f.* • **1°** Procédé habile pour tromper. V. **Artifice, feinte, machination, manœuvre, piège, subterfuge.** *Ruses de guerre*, par lesquelles on surprend l'ennemi, un adversaire. Loc. *Des ruses de Sioux*, très habiles. • **2°** LA RUSE : art de dissimuler, de tromper. V. **Habileté, rouerie.** *Recourir à la ruse. Obtenir par (la) ruse.* ▼ **RUSÉ, ÉE.** *adj.* Qui a ou exprime de la ruse. V. **Malin, roublard.** — Subst. *C'est une rusée.* ▼ **RUSER.** *v. intr.* (1). User de ruses, agir avec ruse. *Être obligé de ruser pour obtenir qqch.*

RUSH [ʀœʃ]. *n. m.* • *Anglicisme.* • **1°** *(Sports)*. Accélération d'un concurrent en fin de course. V. **Sprint.** • **2°** Afflux brusque d'un grand nombre de personnes. V. **Ruée.** *C'est le grand rush vers les plages.*

RUSSE [ʀys]. *adj.* et *n.* • De Russie. *La révolution russe.* Loc. *Danse russe*, dans laquelle le danseur accroupi lance une jambe puis l'autre en avant, sur le côté. — *Boire à la russe*, en faisant cul sec et en jetant le verre. — Subst. *Les Russes. Un Russe blanc*, un émigré russe. — N. m. *Le russe*, la langue slave parlée en Russie.

RUSTAUD, AUDE [ʀysto, od]. *adj.* et *n.* • Qui a des manières grossières et maladroites. — N. *Une espèce de gros rustaud. Quelle rustaude !*

RUSTINE [ʀystin]. *n. f.* • Petite rondelle de caoutchouc qui sert à réparer une chambre à air de bicyclette.

RUSTIQUE [ʀystik]. *adj.* et *n.* • **1°** *Littér.* De la campagne. V. **Agreste, champêtre.** *La vie rustique.* — *Péj.* Campagnard. • **2°** *Meuble rustique*, fabriqué à la campagne ou dans le style traditionnel de la province. • **3°** *(Plante)*. Qui demande peu de soins. V. **Résistant.** ▼ **RUSTICITÉ.** n. f. *Littér.* Caractère de ce qui est rustique.

RUSTRE [ʀystʀ(ə)]. *n. m.* • Homme grossier et brutal. V. **Brute, goujat, malotru.** *Quel rustre !*

RUT [ʀyt]. *n. m.* • Période d'activité sexuelle où les animaux *(mammifères)* cherchent à s'accoupler. *Femelle en rut*, en chaleur.

RUTABAGA [ʀytabaga]. *n. m.* • Plante dont la racine comestible (proche du navet) sert surtout à la nourriture du bétail ; cette racine.

RUTILANT, ANTE [ʀytilɑ̃, ɑ̃t]. *adj.* • (Souvent *péj.*). Qui brille, reluit. *Une rutilante voiture de sport.*

RYTHME [ʀitm(ə)]. *n. m.* • Caractère propre de la durée (dans l'utilisation du langage, des sons, dans une activité ou un processus). • **1°** Répartition des valeurs relatives (temps forts et temps faibles) dans le temps. En poésie, Mouvement du discours réglé par la métrique. Répartition des accents. *Le rythme d'une strophe, d'une phrase. Rythme et style.* — En musique, Répartition des sons dans le temps. V. **Mouvement.** *Le rythme et la mesure. Rythme régulier. Avancer au rythme de la musique militaire. Rythme souple, variable.* — *Absolt.* Rythme régulier et marqué. *Avoir du rythme, manquer de rythme* (se dit de la musique et des musiciens). • **2°** Mouvement périodique, régulier. *Le rythme cardiaque.* • **3°** Allure à laquelle s'exécute une action, se déroule un processus. *Le rythme de la production. Ne pas pouvoir suivre le rythme.* — AU RYTHME DE... : à la cadence de. *Il écrit au rythme de 5 à 6 pages par jour. Travailler à un rythme accéléré.*

▼ **RYTHMER.** *v. tr.* (1) • **1°** Soumettre à un rythme régulier et marqué. *Rythmer sa marche en chantant.* — Au p. p. *Prose rythmée. La musique très rythmée du jazz.* • **2°** Souligner le rythme (d'une phrase, d'un poème, d'un morceau de musique). V. **Scander.** ▼ **RYTHMIQUE.** *adj.* • **1°** Qui est soumis à un rythme régulier. — *Gymnastique rythmique*, par mouvements rythmés et enchaînés. *Danse rythmique* (subst. *La rythmique*), intermédiaire entre la danse classique et la gymnastique. • **2°** Qui est relatif au rythme. *Accent rythmique. Les valeurs rythmiques de la musique chinoise.* • **3°** Qui utilise les effets du rythme. *Versification rythmique*, fondée sur l'accent tonique. — Subst. *La rythmique*, l'étude des rythmes dans la langue.

S

S [ɛs]. *n. m.* • **1°** Dix-neuvième lettre et quinzième consonne de l'alphabet. • **2°** Forme sinueuse du s. *Un virage en s.*

SA. V. Son *(adj. poss.).*

SABBAT [saba]. *n. m.* • **1°** Repos que les juifs doivent observer le samedi, jour consacré au culte divin. • **2°** Assemblée nocturne et bruyante de sorciers et sorcières, dans les légendes anciennes.

SABIR [sabiʀ]. *n. m.* • Jargon mêlé d'arabe, de français, d'espagnol, d'italien, parlé en Afrique du Nord et dans le Levant. — *Péj.* Langue impure, remplie d'éléments étrangers.

SABLE [sɑbl(ə)]. *n. m.* • **1°** Ensemble de petits grains minéraux (quartz) séparés, recouvrant le sol. *Une plage de sable fin. Mer de sable*, ensemble de dunes de sable. *Sable mouvant*, sable mouillé qui s'enfonce sous un poids et où on peut s'enliser. • **2°** Loc. *Bâtir sur le sable*, entreprendre sur des bases peu solides. — Fam. *Être sur le sable*, se retrouver sans argent, être sans travail. — *Le marchand de sable a passé*, les enfants ont sommeil (les yeux leur piquent). • **3°** *Adj. invar.* Beige très clair. *Un manteau sable.*

SABLÉ, ÉE [sɑble]. *n. m.* et *adj.* • **1°** *N. m.* Petit gâteau sec à pâte friable. • **2°** *Adj.* Qui a la texture de ce gâteau. *Pâte sablée.*

1. SABLER [sɑble]. *v. tr.* (1) • Couvrir de sable. *Sabler des allées.* — *Allée sablée.* ▼ **SABLAGE.** *n. m.* ▼ **SABLEUR, EUSE.** *n.* • **1°** Ouvrier qui fait les moules en sable dans une fonderie. • **2°** *N. f.* Machine servant à décaper, dépolir...

2. SABLER. *v. tr.* (1) • *Sabler le champagne*, boire du champagne en abondance, lors d'une réjouissance.

SABLIER [sɑ(a)blije]. *n. m.* • Instrument fait de deux récipients de verre superposés, le récipient supérieur étant rempli de sable qui coule doucement dans l'autre (pour mesurer le temps).

SABLIÈRE [sɑ(a)blijɛʀ]. *n. f.* • Carrière de sable.

SABLONNEUX, EUSE [sɑ(a)blɔnø, øz]. *adj.* • Naturellement couvert ou constitué de sable. *Terrains sablonneux.*

SABORD [sabɔʀ]. *n. m.* • Ouverture rectangulaire servant, sur les vaisseaux de guerre, de passage à la bouche des canons.

SABORDER [sabɔʀde]. *v. tr.* (1) • **1°** Percer (un navire) au-dessous de la flottaison pour le faire couler. — Pronom. *Se saborder*, couler volontairement son navire. • **2°** *Saborder son entreprise, se saborder*, mettre fin volontairement aux activités de son entreprise. ▼ **SABORDAGE.** *n. m.*

SABOT [sabo]. *n. m.* • **1°** Chaussure paysanne faite généralement d'une seule pièce de bois évidée. V. **Galoche.** — Loc. *Je le vois* (ou *je l'entends*) *venir avec ses gros sabots*, ses allusions sont un peu trop grosses, ses intentions trop claires. • **2°** Enveloppe cornée qui entoure l'extrémité des doigts de certains animaux (cheval, âne, etc.). • **3°** Pièce servant à freiner ou arrêter un véhicule. — *Sabot de Denver*, que la police ajuste aux roues des véhicules en stationnement interdit. • **4°** Appos. *Baignoire sabot*, baignoire courte où l'on se baigne assis. • **5°** Instrument de musique, véhicule de mauvaise qualité. — Loc. *Travailler, jouer comme un sabot*, très mal.

SABOTER [sabɔte]. *v. tr.* (1) • **1°** Faire vite et mal. V. **Bâcler.** *L'orchestre a saboté ce morceau*, l'a très mal exécuté. • **2°** Détériorer ou détruire par un acte visant à empêcher le fonctionnement d'une machine, d'une installation. *L'avion a été saboté.* — Chercher à contrarier ou à neutraliser par malveillance. *Il a l'air de vouloir saboter la négociation.* ▼ **SABOTAGE.** *n. m.* Action de saboter. *Sabotage exécuté en territoire ennemi.* ▼ **SABOTEUR, EUSE.** *n.* Personne qui sabote.

SABOTIER, IÈRE. *n.* • Personne qui fabrique, qui vend des sabots.

SABRE [sɑbʀ(ə)]. *n. m.* • Arme blanche, à pointe et à tranchant, à lame plus ou moins recourbée. V. **Cimeterre, yatagan.** *Sabre de cavalerie. Escrime au sabre.* — Loc. péj. *Traîneurs de sabre*, militaires fanfarons et belliqueux. *Le sabre et le goupillon*, l'Armée et l'Église.

SABRER [sɑbʀe]. *v. tr.* (1) • **1°** Frapper à coups de sabre (les ennemis). • **2°** Pratiquer de larges coupures dans. *La rédaction a sabré l'article de son correspondant.* Fam. *Sabrer la moitié des candidats*, les refuser impitoyablement. V. **Sacquer.** ▼ **SABREUR.** *n. m.* Celui qui se bat au sabre. — Soldat courageux et brutal.

1. SAC [sak]. *n. m.* ★ **I.** • **1°** Contenant formé d'une matière souple et ouvert seulement par le haut. V. **Poche.** *Un sac de toile, de papier... Un sac de charbon,* contenant du charbon. *Sac de sable. Sac de couchage,* enveloppe cousue remplaçant les draps • **2°** Loc. *Être ficelé, fagoté comme un sac,* être mal habillé. — *Mettre dans le même sac,* englober dans la même réprobation. *Prendre qqn la main dans le sac,* le surprendre, le prendre sur le fait. *Il a plus d'un tour dans son sac,* il est malin. *L'affaire est dans le sac,* le succès est assuré. — *Vider son sac,* dire ce qu'on avait jusqu'ici caché. — Pop. *Sac de nœuds,* affaire confuse et embrouillée. — *Sac à vin,* ivrogne. — *Il a le sac,* beaucoup d'argent. *Il a épousé le gros sac,* une riche héritière. • **3°** Objet souple, fabriqué pour servir de contenant, où l'on peut ranger, transporter diverses choses. V. **Musette, saccoche.** *Sac de soldat, d'alpiniste, de campeur, d'écolier,* sacs portés sur le dos à l'aide d'un système d'attaches. *Sac à ouvrage,* où l'on range le matériel de couture. *Sac de voyage,* bagage à main souple et sans couvercle (à la différence de la valise). — SAC À MAIN, et absolt. *Sac* : sac où les femmes mettent l'argent, les papiers, les petits accessoires de toilette. • **4°** Contenu d'un sac de dimension déterminée. *Moudre cent sacs de blé.* ★ **II.** Cavité ou enveloppe en forme de poche. *Sac lacrymal,* à l'angle extrême de l'œil. *Sac embryonnaire,* partie de l'ovule des angiospermes.

2. SAC. *n. m.* • Pillage (d'une ville, d'une région). V. **Saccage.** *Mettre à sac,* piller, saccager.

SACCADE [sakad]. *n. f.* • Mouvement brusque et irrégulier. V. **À-coup, secousse, soubresaut.** *La voiture avançait par saccades.* ▼ **SACCADÉ, ÉE.** *adj.* Qui procède par saccades. *Des gestes saccadés,* heurtés.

SACCAGER [sakaʒe]. *v. tr.* (3) • **1°** *Littér.* Mettre à sac, en détruisant et en volant. V. **Piller, ravager.** • **2°** Mettre en désordre, abîmer. *Les enfants ont saccagé le jardin.* ▼ **SACCAGE.** n. m. *Littér.* État de ce qui est saccagé.

SACCHARIFIER [sakaʀifje]. *v. tr.* (7) • Transformer en sucre (glucose, saccharose). ▼ **SACCHARIFICATION.** *n. f.*

SACCHARINE [sakaʀin]. *n. f.* • Substance blanche utilisée comme succédané du sucre.

SACCHAROSE [sakaʀoz]. *n. m.* • Nom chimique du plus répandu des sucres (sucre de canne, de betterave).

SACERDOCE [sasɛʀdɔs]. *n. m.* • **1°** État ou dignité du ministre des dieux ou de Dieu. — Ministère du pape, des évêques, des prêtres. • **2°** Fonctions auxquelles on peut attacher un caractère quasi religieux. *Il voyait dans l'art un sacerdoce.* ▼ **SACERDOTAL, ALE, AUX** [sasɛʀdɔtal, o]. *adj.* Propre aux prêtres. *Les vêtements sacerdotaux.*

SACHET [saʃɛ]. *n. m.* • Petit sac de papier. *Un sachet de bonbons.*

SACOCHE [sakɔʃ]. *n. f.* • Sac de cuir ou de toile forte qu'une courroie permet de porter. *La sacoche du receveur.*

SACQUER ou **SAQUER** [sake]. *v. tr.* (1) • *Fam.* Renvoyer (un employé) ; refuser (un candidat). V. **Sabrer.**

SACRALISER [sakʀalize]. *v. tr.* (1) • *Didact.* Attribuer un caractère sacré à. *Une institution sacralisée.* ▼ **SACRALISATION.** *n. f.*

SACRAMENTEL, ELLE [sakʀamɑ̃tɛl]. *adj.* • Qui appartient à un sacrement, aux sacrements. *Les formules sacramentelles.*

SACRE [sakʀ(ə)]. *n. m.* • Cérémonie par laquelle l'Église consacre un souverain, un évêque.

1. SACRÉ, ÉE [sakʀe]. *adj.* • **1°** Qui appartient à un domaine interdit et inviolable (au contraire de ce qui est *profane*) et fait l'objet d'un sentiment de révérence religieuse. V. **Saint, tabou.** *Les livres, les vases sacrés.* — Qui appartient à la liturgie. *La musique sacrée.* — Subst. *Le sacré et le profane.* • **2°** Qui est digne d'un respect absolu, qui a un caractère de valeur absolue. V. **Inviolable, sacro-saint.** *Un dépôt sacré. Les dettes de jeu sont sacrées.* ▼ **SACRÉ-CŒUR.** *n. m.* Jésus-Christ considéré dans son amour pour les hommes ; son culte (relig. catholique).

2. SACRÉ, ÉE. *adj.* • Fam. *(Avant le nom).* Renforce un nom, avec le sens de « *grand* ». *Tu es un sacré menteur ! Tu as un sacré culot, une sacrée chance.* ▼ **SACRÉMENT.** *adv.* Beaucoup, très. *Il est sacrément prétentieux.*

SACREMENT [sakʀəmɑ̃]. *n. m.* • Dans la religion chrétienne, Signe et rite sacrés d'institution divine, pouvant produire ou augmenter la grâce dans les âmes. *Les sept sacrements. Les derniers sacrements, les sacrements de l'Église,* les sacrements administrés à un mourant. *Le saint sacrement (de l'autel),* l'eucharistie.

SACRER [sakʀe]. *v. tr.* (1) • Consacrer (qqn) par la cérémonie du sacre. *Il a été sacré roi dans la basilique.*

SACRIFICATEUR, TRICE [sakʀifikatœʀ, tʀis]. *n.* • Prêtre, prêtresse préposé(e) aux sacrifices.

SACRIFICE [sakʀifis]. *n. m.* • **1°** Offrande rituelle à la divinité, caractérisée par la destruction (réelle ou symbolique) ou l'abandon volontaire de la chose offerte. *Sacrifices humains,* d'êtres humains. • **2°** Renoncement ou privation volontaire (en vue d'une fin religieuse, morale). *Aller jusqu'au sacrifice de sa vie.* — Renoncement à un gain. *C'est pour moi un gros sacrifice !* • **3°** *Le sacrifice,* le fait de se sacrifier. V. **Abnégation, dévouement, renoncement.** *Le goût du sacrifice.*

SACRIFIER [sakʀifje]. *v.* (7) ★ **I.** *V. tr.* • **1°** Offrir en sacrifice. V. **Immoler.** • **2°** Abandonner ou négliger (qqch. ou qqn) en considération de ce qu'on fait passer avant. *Il a sacrifié son amour à son devoir. Une patrouille sacrifiée,* qu'on envoie à la mort pour sauver les autres. — Subst. *C'est toujours lui le sacrifié.* • **3°** *Fam.* Se défaire avec peine, ou à perte, de (qqch.). *Marchandises sacri-*

fiées, soldées. ★ **II.** *V. intr.* SACRIFIER À : offrir des sacrifices à (une divinité). — Littér. *(Compl. chose).* Se montrer soumis à..., obéir fidèlement à... *L'auteur a sacrifié à la mode.* ★ **III.** SE SACRIFIER : se dévouer par le sacrifice de soi, de ses intérêts. *Ceux qui se sacrifient à de nobles causes. Elle s'est toujours sacrifiée* (à sa famille, ses enfants...).

SACRILÈGE [sakʀilɛʒ]. *n.* et *adj.* • 1° *N. m.* Profanation d'objets, de lieux, de personnes revêtus d'un caractère sacré. — Attentat contre ce qui est particulièrement respectable. *C'est un sacrilège d'avoir démoli ce château.* • 2° *N.* Personne qui a commis un sacrilège. V. **Profanateur.** — *Adj.* Qui a un caractère de sacrilège. *Un attentat sacrilège.*

SACRIPANT [sakʀipɑ̃]. *n. m.* • *Fam.* Mauvais sujet, chenapan. V. **Vaurien.**

SACRISTIE [sakʀisti]. *n. f.* • Annexe d'une église, où sont déposés les vases sacrés, les vêtements sacerdotaux. — Pop. *Punaise de sacristie*, dévote qui hante les sacristies, les églises. ▼ **SACRISTAIN** [sakʀistɛ̃]. *n. m.* Celui qui est préposé à la sacristie, à l'entretien de l'église.

SACRO-SAINT, -SAINTE [sakʀɔsɛ̃, sɛ̃t]. *adj.* • Qui fait l'objet d'un respect exagéré ou même absurde. *Vous et vos sacro-saints principes !*

SACRUM [sakʀɔm]. *n. m.* • Os formé par la réunion de cinq vertèbres (dites *sacrées*) à la partie inférieure de la colonne vertébrale.

SADISME [sadism(ə)]. *n. m.* • 1° Perversion sexuelle où le plaisir est obtenu par la souffrance infligée à l'objet du désir. • 2° Plaisir moral qu'on prend à la souffrance d'autrui. V. **Cruauté.** ▼ **SADIQUE.** adj. *Elle est sadique. Plaisir sadique.* — N. *Un, une sadique.*

SADOMASOCHISME [sadɔmazɔʃism(ə)]. *n. m.* • Sadisme combiné au masochisme chez le même individu. ▼ **SADOMASOCHISTE.** *adj.* et *n.*

SAFARI [safaʀi]. *n. m.* • Expédition de chasse, en Afrique noire.

SAFRAN [safʀɑ̃]. *n. m.* • 1° Poudre aromatique orangée provenant d'une fleur du genre *crocus. Riz au safran.* • 2° Matière colorante jaune tirée de la même fleur. — Couleur jaune. ▼ **SAFRANÉ, ÉE.** *adj.* Teinté de safran.

SAGA [saga]. *n. f.* • Récit historique ou mythologique de la littérature médiévale scandinave.

SAGACE [sagas]. *adj.* • *Littér.* Doué de perspicacité et d'intuition. V. **Clairvoyant, subtil.** ▼ **SAGACITÉ.** *n. f.*

SAGAIE [sagɛ]. *n. f.* • Lance, javelot de tribus primitives. *Lancer des sagaies.*

SAGE [saʒ]. *adj.* • 1° Réfléchi et modéré. V. **Prudent, raisonnable, sensé, sérieux.** ‖ Contr. **Déraisonnable, fou.** ‖ *De sages conseils.* — Subst. *C'est un sage.* • 2° *Littér.* Qui a un art de vivre supérieur, qui représente un idéal de philosophie morale. — Subst. *Les saints et les sages.* • 3° Honnête et réservé dans la conduite sexuelle. *Elle viendra chez lui s'il promet d'être sage.* • 4° *(Enfants).* Calme et docile. *Un enfant sage, sage comme une image.* • 5° *(Choses).* Qui observe la mesure, fuit tout excès. *Un jeu, un art sage et classique.* ▼ **SAGEMENT.** adv. *Il a agi très sagement.*

SAGE-FEMME. *n. f.* • Accoucheuse.

SAGESSE [saʒɛs]. *n. f.* • 1° Modération et prudence dans la conduite. *Avoir la sagesse d'attendre. La voix de la sagesse.* • 2° *Littér.* Philosophie de sage (2°). — Prudence éclairée. *La sagesse du législateur. La sagesse des nations*, remarques, conseils de bon sens, résultant d'une longue expérience, que les nations mettent en proverbes. • 3° Tranquillité, docilité (d'un enfant). *Il a été d'une sagesse exemplaire, aujourd'hui.* • 4° *(Choses).* Caractère mesuré, classique. *La sagesse de cette peinture.*

SAGITTAIRE [saʒitɛʀ]. *n. m.* • 1° *Vx.* Archer. • 2° Signe du zodiaque.

SAGOUIN [sagwɛ̃]. *n. m.* • Homme, enfant malpropre.

SAHARIENNE [saaʀjɛn]. *n. f.* • Veste de toile à manches courtes.

SAIGNANT, ANTE [sɛɲɑ̃, ɑ̃t]. *adj.* • Se dit de la viande rôtie ou grillée, lorsqu'elle est peu cuite et qu'il y reste du sang. V. **Rouge.** *Les biftecks, saignants ou à point ? Très saignants*, « bleus ».

SAIGNÉE [seɲe]. *n. f.* ★ **I.** • 1° Évacuation provoquée d'une certaine quantité de sang. *Les anciens médecins faisaient des saignées.* • 2° Perte de substance, d'hommes que subit un pays (par la guerre, l'émigration, etc.). ★ **II.** Pli entre le bras et l'avant-bras.

SAIGNER [seɲe]. *v.* (1) ★ **I.** *V. intr.* Perdre du sang (en parlant du corps, d'un organe). *Il saignait comme un bœuf*, abondamment. *Le doigt, la plaie saigne.* — Poét. *Son cœur saigne encore*, il souffre encore. ★ **II.** *V. tr.* • 1° Faire une saignée à (qqn). • 2° Tuer (un animal) en le privant de son sang, par égorgement. V. **Égorger.** • 3° Épuiser (qqn) en retirant ses ressources. — *Pronom.* Loc. *Se saigner aux quatre veines*, se priver en donnant tout ce qu'on peut. — *Saigné à blanc*, vidé de toutes ressources. ▼ **SAIGNEMENT.** n. m. *Saignement de nez*, hémorragie nasale.

SAILLANT, ANTE [sajɑ̃, ɑ̃t]. *adj.* • 1° Qui avance, dépasse. V. **Proéminent.** *Des pommettes saillantes.* • 2° *(Abstrait).* Qui est en évidence, s'impose à l'attention. V. **Frappant, remarquable.** *Les traits, les événements saillants de cette période.*

1. SAILLIR [sajiʀ]. *v. intr.* (13) • *Littér.* Être en saillie, avancer en formant un relief. *Ses veines, ses muscles saillaient.* ▼ **1. SAILLIE** [saji]. *n. f.* Partie qui avance, dépasse le plan, l'alignement. V. **Avancée, relief.** *Les saillies d'un mur. Un balcon formant saillie, faisant saillie, en saillie.* V. **Saillant.**

2. SAILLIR. *v. tr.* (2) • (Suj. nom d'animal). Monter (la femelle). ▼ **2. SAILLIE.** *n. f.* Action de l'étalon qui monte la femelle.

3. SAILLIR. *v. intr.* (13) • *Vx.* Jaillir avec force. ▼ **3. SAILLIE.** n. f. *Littér.* Trait brillant et inattendu (dans la conversation, le style). V. **Boutade, trait** (d'esprit).

SAIN, SAINE [sɛ̃, sɛn]. *adj.* • 1° (Opposé à *malade*). *Sain de corps et d'esprit*, qui est en bonne santé. — SAIN ET SAUF : en bon état physique, exempt de dommage, après quelque danger, quelque épreuve. *Ils sont arrivés sains et saufs.* • 2° Qui jouit d'une bonne santé morale. *Un enfant parfaitement sain et équilibré. Un jugement sain. Des idées saines.* • 3° *(Choses).* Qui contribue à la bonne santé physique. V. **Salubre.** *Un climat sain. Une nourriture saine.* • 4° Normal, qui ne présente rien de dangereux ou de suspect. *C'est une affaire saine.* ▼**SAINEMENT.** *adv.*

SAINDOUX [sɛ̃du]. *n. m.* • Graisse de porc fondue.

SAINFOIN [sɛ̃fwɛ̃]. *n. m.* • Plante à fleurs rouges ou jaunâtres, cultivée comme fourrage.

SAINT, SAINTE [sɛ̃, sɛ̃t]. *n.* et *adj.* ★ **I.** *N.* • 1° Personne qui est après sa mort l'objet, de la part de l'Église, d'un culte particulier, en raison du très haut degré de perfection chrétienne qu'elle a atteint durant sa vie. — Loc. *Prêcher pour son saint*, avoir en vue son intérêt personnel en vantant qqn ou qqch. *Ne savoir à quel saint se vouer*, ne plus savoir comment se tirer d'affaire. *Ce n'est pas un (petit) saint*, il n'est pas parfait. — *Il vaut mieux s'adresser à Dieu qu'à ses saints*, il vaut mieux s'adresser au supérieur plutôt qu'aux subordonnés. • 2° Personne d'une vertu, d'une patience exemplaires. *Cette femme, c'est une sainte !* • 3° N. m. *Le saint des saints*, l'enceinte du Temple la plus sacrée. ★ **II.** *Adj.* • 1° S'emploie (devant le prénom) pour désigner un saint, des saints. *L'Évangile selon saint Jean.* — *La sainte Famille*, Jésus, Joseph et Marie. — (Avec une majuscule) *La Sainte Vierge.* — *La Saint-Sylvestre*, la veille du jour de l'an. • 2° Qui mène une vie en tous points conforme aux lois de la morale et de la religion. *C'est un saint homme.* • 3° *(Choses).* Qui a un caractère sacré, religieux ; qui appartient à l'Église. *La sainte table. L'histoire sainte. Les Lieux saints, la Terre sainte*, où le Christ a vécu. — Loc. *Toute la sainte journée*, pendant toute la journée, sans arrêt. • 4° Qui est inspiré par la piété. *Une sainte colère*, colère éminemment morale. ▼**SAINTEMENT.** *adv.* D'une manière sainte (I, 2°).

SAINT-BERNARD [sɛ̃bɛʀnaʀ]. *n. m. invar.* • Race de chiens de montagne, de grande taille, dressés à porter secours aux voyageurs perdus dans la montagne. — *C'est un vrai saint-bernard*, une personne toujours prête à secourir les autres.

SAINT-CYRIEN [sɛ̃siʀjɛ̃]. *n. m.* • Élève de l'École militaire de Saint-Cyr. *Des saint-cyriens.*

SAINTE NITOUCHE [sɛ̃tnituʃ]. *n. f.* • Femme, fillette qui affecte l'innocence. *Des saintes nitouches.*

SAINTETÉ [sɛ̃tte] *n. f.* • 1° Caractère d'une personne ou d'une chose sainte. • 2° *Sa, Votre Sainteté*, titre de respect qu'on emploie en parlant du pape ou en s'adressant à lui.

SAINT-FRUSQUIN [sɛ̃fʀyskɛ̃]. *n. m.* • *Fam.* Ce qu'on a d'argent, d'effets. — (À la fin d'une énumération) *...et tout le saint-frusquin*, et tout le reste.

SAINT-GLINGLIN (À LA) [alasɛ̃glɛ̃glɛ̃]. *loc. adv.* • *Fam.* À une date indéfiniment reportée. *Il me remboursera à la saint-glinglin. Je ne vais pas l'attendre jusqu'à la saint-glinglin.*

SAINT-HONORÉ [sɛ̃tɔnɔʀe]. *n. m.* • Gâteau garni de crème Chantilly et de petits choux.

SAINT-NECTAIRE [sɛ̃nɛktɛʀ]. *n. m.* • Fromage d'Auvergne, à pâte pressée.

SAINT-PAULIN [sɛ̃pɔlɛ̃]. *n. m.* Fromage à pâte pressée, voisin du port-salut. *Des saint-paulins.*

SAINT-SIÈGE [sɛ̃sjɛʒ]. *n. m.* • *Le Saint-Siège*, la papauté.

SAISIE [sezi]. *n. f.* • 1° Procédure par laquelle des biens sont remis à la justice ou à l'autorité administrative, dans un intérêt privé (d'un créancier) ou public. *Être sous le coup d'une saisie.* SAISIE-EXÉCUTION ou *Saisie mobilière* : saisie des meubles corporels appartenant au débiteur, en vue de la vente publique. • 2° Prise de possession (d'objets interdits par l'autorité publique). *La saisie d'un numéro d'un journal.*

SAISIR [seziʀ]. *v. tr.* (2) ★ **I.** • 1° Mettre en sa main (qqch.) avec force ou rapidité. V. **Attraper, empoigner, prendre.** *Le gardien de but a pu saisir le ballon.* — Prendre (un être animé), retenir brusquement ou avec force. *Il a été saisi à bras le corps.* • 2° Se mettre promptement en mesure d'utiliser, de profiter de. *Il faut saisir l'occasion. Il saisira le moindre prétexte.* • 3° Parvenir à comprendre, connaître (qqch.) par les sens, par la raison. *Il saisissait quelques mots de leur conversation.* — Fam. *Vous saisissez ?* vous comprenez ? • 4° *(Sensations, émotions, etc.).* S'emparer brusquement de la conscience, de l'esprit de (qqn). V. **Prendre.** *Un malaise la saisit.* — Faire une impression vive et forte sur (qqn). V. **Émouvoir, frapper, impressionner ; saisissant, saisissement.** *Sa pâleur m'a saisi.* • 5° Exposer sans transition à une forte chaleur (ce qu'on fait cuire). • 6° Procéder à la saisie de (certains biens). *On a saisi ses meubles.* — *On l'a saisi*, on a saisi ses biens. ★ **II.** Porter devant (une juridiction). — (Souvent au passif) *Le Conseil de sécurité a été saisi de la plainte de tel pays.* ★ **III.** SE SAISIR. *v. pron.* Mettre vivement en sa possession. V. **Emparer** (s'). *Les parachutistes se sont saisis d'un aérodrome.*

SAISISSANT, ANTE [sezisɑ̃, ɑ̃t]. *adj.* • Qui surprend. V. **Étonnant, frappant.** *Le contraste était saisissant.*

SAISISSEMENT [sezismɑ̃]. *n. m.* • Effet soudain d'une sensation (surtout de froid), d'une émotion. *Il était muet de saisissement.*

SAISON [sɛzɔ̃]. *n. f.* • 1° Chacune des quatre grandes divisions de l'année : printemps, été, automne et hiver. *Marchande des quatre saisons.* V. **Marchand.** • 2° Époque de l'année caractérisée par un certain climat et un certain état de la végétation. *La belle, la mauvaise saison. La saison des pluies en*

Afrique (hivernage). *C'est la saison des fruits, des foins. En toute saison*, pendant toute l'année. — *Loc.* ÊTRE DE SAISON *(abstrait)* : être convenable, de circonstance. *Cela est hors de saison*, hors de propos, déplacé. • 3° Chacune des époques où se renouvelle la mode. *Les nouveautés de la saison.* • 4° Époque où une activité est pratiquée, un lieu fréquenté. *La saison théâtrale. La grande saison d'une station thermale. Les prix baissent hors saison.* ▼ **SAISONNIER, IÈRE** [sɛzɔnje, jɛʀ]. *adj.* • 1° Propre à une saison. *Cultures saisonnières.* • 2° Qui ne dure qu'une saison, qu'une partie de l'année. *Un service saisonnier.* — *(Ouvrier)* Qui travaille une saison. — Subst. *Des saisonniers.*

SALACE [salas]. *adj.* • *Littér.* Porté à l'acte sexuel. (Se dit des hommes.) V. **Lascif, lubrique.** ▼ **SALACITÉ.** n. f. *Littér.*

SALADE [salad]. *n. f.* • 1° *De la salade ; une salade*, mets fait de feuilles d'herbes potagères crues, assaisonnées d'huile, de vinaigre et de sel. *Une salade de laitues, d'endives.* • 2° Plante cultivée dont on fait la salade (surtout laitue, scarole, frisée...). *Des salades braisées.* • 3° Plat froid fait de légumes, de viande (ou d'œufs, de crustacés, etc.) assaisonnés d'une vinaigrette. *Une salade de tomates. Salade niçoise* (olives, tomates, anchois, etc.). *Salade russe*, macédoine de légumes à la mayonnaise. — *En salade*, accommodé comme une salade. • 4° *Salade de fruits*, fruits coupés, servis froids avec un sirop, une liqueur. • 5° *Fam.* Mélange confus, réunion hétéroclite. *Quelle salade !* • 6° Pop. *Vendre sa salade*, se dit d'un camelot, d'un artiste médiocre qui se produit. —Plur. *(Pop.)* Histoires, mensonges. *Assez de salades !* ▼ **SALADIER.** *n. m.* Grande jatte où l'on sert la salade (1°), et d'autres mets.

SALAIRE [salɛʀ]. *n. m.* • 1° Rémunération d'un travail, d'un service. — Somme d'argent payable régulièrement par l'employeur à la personne qu'il emploie *(opposé à* émoluments, honoraires, indemnités). *Bulletin de salaire. Salaire de famine, de misère*, très bas. • 2° *Littér.* Ce par quoi on est payé (récompensé ou puni) de ce qu'on a fait. *Voilà le salaire de nos erreurs.*

SALAISON [salɛzɔ̃]. *n. f.* • 1° Opération par laquelle on sale (un produit alimentaire) pour le conserver. *La salaison du poisson.* • 2° Denrée alimentaire conservée par le sel.

SALAMALECS [salamalɛk]. *n. m. pl.* • *Fam.* Saluts, politesses exagérées. *Pas tant de salamalecs !*

SALAMANDRE [salamɑ̃dʀ(ə)]. *n. f.* • 1° Petit batracien noir taché de jaune, dont la peau sécrète une humeur très corrosive. • 2° Poêle à combustion lente qui se place dans une cheminée.

SALAMI [salami]. *n. m.* • Gros saucisson sec.

SALANT [salɑ̃]. *adj. m.* V. MARAIS.

SALARIAL, ALE, AUX [salaʀjal, o]. *adj.* • Du salaire, relatif aux salaires. *Masse salariale, revenus salariaux.*

SALARIÉ, ÉE [salaʀje]. *adj.* et *n.* • Qui reçoit un salaire. — *N.* Personne rétribuée par un employeur (patron, entrepreneur). V. **Employé, ouvrier.** ▼ **SALARIAT.** *n. m.* Condition de salarié.

SALAUD [salo]. *n. m.* • *(Insulte).* Se dit d'un homme dont la conduite envers ses semblables est très condamnable, révoltante ou, simplement, dont on est très mécontent. V. **Saligaud, salopard.** *Quel salaud !* — Adj. *Ils ont été salauds avec elle.*

SALE [sal]. *adj.* ★ **I.** • 1° Qui n'est pas propre. V. **Crasseux, dégoûtant, malpropre.** *Avoir les mains sales. Du linge sale.* — *(Personnes)* Mal tenu, qui se lave insuffisamment. *Il était sale comme un porc, comme un peigne.* • 2° *Couleur sale*, qui n'est pas franche, qui est ternie. ★ **II.** *(Abstrait, avant le nom).* Très désagréable. *C'est une sale histoire, un sale coup.* V. **Fâcheux, vilain.** Fam. *Il a une sale gueule*, très antipathique. — *(Personnes)* Mauvais, désagréable, méprisable. *Quel sale bonhomme ! Les sales gosses !*

1. SALÉ, ÉE [sale]. *adj.* ★ **I.** Qui contient naturellement du sel ; assaisonné ou conservé avec du sel. ★ **II.** • 1° Qui excite l'esprit par qqch. de licencieux. V. **Poivré.** *Une histoire assez salée.* • 2° *Fam.* Exagéré. *La note est salée*, trop élevée.

2. SALÉ. *n. m.* • Porc salé. PETIT SALÉ : morceau de poitrine de porc peu salé, que l'on mange bouilli.

SALEMENT [salmɑ̃]. *adv.* • 1° D'une manière sale, en salissant. ‖ Contr. **Proprement.** ‖ *Un enfant qui mange salement.* • 2° *Pop.* (Devant un adjectif). *Péj.* Très. *Je suis salement embêté.* V. **Vachement.**

SALER [sale]. *v. tr.* (1) • 1° Assaisonner avec du sel. —Imprégner de sel, pour conserver. • 2° *Fam.* Traiter sévèrement. *Il s'est fait saler.* • 3° Loc. *Saler la note.* V. **Salé 1** (II, 2°).

SALETÉ [salte]. *n. f.* • 1° Caractère de ce qui est sale. V. **Malpropreté.** • 2° Ce qui est sale, mal tenu ; ce qui salit. V. **Cochonnerie, crasse, ordure.** *Ils vivent dans la saleté. Avec ta peinture, tu en as fait des saletés !* — *(Euphémisme)* Excrément. *Le chat a fait ses saletés dans le couloir.* • 3° *Fam.* Chose immorale, indélicate. V. **Crasse, saloperie.** • 4° *Fam.* Chose sans aucune valeur, qui déplaît. *Pourquoi acheter toutes ces saletés ?* — Chose mauvaise au goût. *Manger des saletés pareilles !*

SALICYLIQUE [salisilik]. *adj.* • *Acide salicylique*, acide employé comme antiseptique et servant à la préparation de l'acide *acétyl-salicylique* (aspirine).

1. SALIÈRE [saljɛʀ]. *n. f.* • Petit récipient dans lequel on met le sel et qu'on place sur la table du repas.

2. SALIÈRES. *n. f. pl.* • Creux derrière les clavicules, chez les personnes maigres.

SALIGAUD [saligo]. *n. m.* • Fam. *(Insulte).* Salaud.

SALIN, INE [salɛ̃, in]. *adj.* • Qui contient naturellement du sel, est formé de sel. — *Air salin*, près de l'océan. ▼ **SALINE.** *n. f.* Établissement pour la production du sel. ▼ **SALINITÉ.** *n. f.* Proportion de sels dans l'eau.

SALIQUE [salik]. *adj.* • En histoire, LOI SALIQUE : loi qui excluait les femmes de la succession à la couronne de France.

SALIR [saliʀ]. *v. tr.* (2) • 1° Rendre sale. V. **Tacher.** *Tu as sali tes manches.* — Pronom. *Il s'est sali en tombant.* • 2° *(Abstrait).* Abaisser, souiller moralement. *Chercher à salir la réputation de qqn, à le salir.* ▼ **SALISSANT, ANTE.** *adj.* • 1° Qui se salit aisément. *Un tissu très salissant.* • 2° Qui salit, où on se salit. *Un métier salissant.* ▼ **SALISSURE.** *n. f.* Ce qui salit ; ordure.

SALIVE [saliv]. *n. f.* • Liquide produit par les glandes dites salivaires, dans la bouche. ▼ **SALIVAIRE.** *adj.* Qui produit la salive. ▼ **SALIVER.** *v. intr.* (1). Sécréter de la salive. *Une odeur de cuisine qui fait saliver.*

SALLE [sal]. *n. f.* • 1° Nom de certaines pièces, dans un appartement, une maison. SALLE À MANGER : pièce disposée pour y prendre les repas. SALLE DE BAIN(s) : pièce aménagée pour y prendre des bains. *Salle d'eau*, aménagée pour les lavages et pour la toilette. SALLE DE SÉJOUR : grande pièce où l'on se tient habituellement. V. **Living.** • 2° Vaste local, dans un édifice ouvert au public. *Salle de classe, d'audience, d'attente...* — *Salles d'armes*, où l'on enseigne et pratique l'escrime. *Salles de spectacle.* • 3° Le public d'une salle de spectacle. *Une bonne salle. Toute la salle applaudissait.*

SALMIGONDIS [salmigɔ̃di]. *n. m.* • *Littér.* Mélange, assemblage disparate et incohérent.

SALMIS [salmi]. *n. m.* • Plat de gibier rôti servi avec une sauce spéciale. *Un salmis de pintades.*

SALOIR [salwaʀ]. *n. m.* • Coffre ou pot destiné aux salaisons.

SALON [salɔ̃]. *n. m.* • 1° Pièce de réception (dans un logement privé). — *Salon d'attente* (d'un médecin, d'un dentiste, etc.). • 2° Lieu de réunion, dans une maison où l'on reçoit régulièrement ; la société qui s'y réunit. *Les salons du XVIIIe s.* • 3° Salle (d'un établissement ouvert au public). *Salon de coiffure*, boutique de coiffeur. *Salon de thé*, pâtisserie où l'on sert des consommations. • 4° Exposition périodique d'œuvres d'artistes vivants (peinture, sculpture, etc.). *Le Salon des artistes indépendants.* — Compte rendu de cette exposition. • 5° Exposition annuelle où l'on présente de nouveaux modèles. *Le Salon de l'Automobile.* ▼ **SALONARD** ou **SALONNARD, ARDE.** n. *Péj.* Habitué(e) des salons mondains.

SALOPARD [salɔpaʀ]. *n. m.* • Fam. *(Insulte).* Salaud.

SALOPE [salɔp]. *n. f.* • Vulg. *(Insulte).* Équivalent, au féminin, de *salaud.*

SALOPER [salɔpe]. *v. tr.* (1) • *Pop.* Faire très mal (un travail), exécuter très mal (un objet).

SALOPERIE [salɔpʀi]. *n. f.* • *Pop.* Saleté (aux sens 2°, 3°, 4°).

SALOPETTE [salɔpɛt]. *n. f.* • Vêtement de travail qu'on met par-dessus ses vêtements. V. **Bleu, combinaison.** — Pantalon à bretelles et à plastron sur le devant.

SALPÊTRE [salpɛtʀ(ə)]. *n. m.* • Couche de nitrates qui forme des efflorescences sur les vieux murs.

SALPINGITE [salpɛ̃ʒit]. *n. f.* • Inflammation d'une trompe de l'utérus (terme de médecine).

SALSIFIS [salsifi]. *n. m.* • Longue racine brune et comestible d'une plante appelée *salsifis. Des beignets de salsifis.*

SALTIMBANQUE [saltɛ̃bɑ̃k]. *n.* • Personne qui fait des tours d'adresse, des acrobaties en public. V. **Bateleur.**

SALUBRE [salybʀ(ə)]. *adj.* • *(Air, climat, milieu...).* Qui a une action favorable sur l'organisme. ▼ **SALUBRITÉ.** *n. f.* • 1° Caractère de ce qui est salubre. • 2° *Salubrité publique*, état d'une population préservée des maladies endémiques et contagieuses. *Des mesures de salubrité publique.*

SALUER [salɥe]. *v. tr.* (1) • 1° Adresser un salut à (qqn). *Je l'ai salué, mais il n'a pas eu l'air de me reconnaître.* — *J'ai bien l'honneur de vous saluer*, formule assez sèche pour conclure une lettre, un entretien. • 2° Faire le salut militaire à (un autre soldat). • 3° Accueillir par des manifestations extérieures. *Son apparition a été saluée d'applaudissements, de sifflets.* • 4° *Saluer qqn comme..., saluer en lui...*, l'honorer comme. *Je salue en lui un précurseur.*

1. SALUT [saly]. *n. m.* • 1° Le fait d'échapper à la mort, au danger, de garder ou de recouvrer un état heureux, prospère. *Chercher son salut dans la fuite.* — *Le salut public*, la sauvegarde de la nation. • 2° Le fait d'être sauvé de l'état naturel de péché et de la damnation qui en résulterait. *Pour le salut de son âme. L'Armée du Salut* (Salvation Army). Loc. *Hors de l'Église, point de salut.* ▼ **SALUTAIRE.** *adj.* Qui a une action favorable, dans le domaine physique ou moral. V. **Bienfaisant, bon, utile.** || Contr. **Fâcheux, mauvais.** || *Des conseils salutaires.*

2. SALUT. *n. m.* • 1° *Littér.* Formule exclamative par laquelle on rend hommage à qqch. • 2° *Fam.* Formule brève d'accueil ou d'adieu. *Salut les gars !* • 3° Démonstration de civilité (par le geste ou par la parole) qu'on fait en rencontrant qqn. V. **Courbette, inclination** (de tête), **révérence.** *Faire, rendre un salut.* • 4° *Salut militaire*, généralement geste de la main droite, portée à la tempe, à la coiffure. • 5° Cérémonie catholique qui comprend l'exposition du saint sacrement, certains chants, une bénédiction. ▼ **SALUTATION** [salytɑsjɔ̃]. *n. f.* • 1° *La salutation angélique*, le salut de l'ange Gabriel à la Vierge Marie. V. **Ave Maria.** • 2° Manière de saluer exagérée. • 3° (*Au plur.*, dans les formules de politesse écrites). *Veuillez agréer mes salutations distinguées.*

SALVE [salv(ə)]. *n. f.* • 1° Décharge simultanée d'armes à feu ou coups de canon successifs. • 2° *Des salves d'applaudissements*, des applaudissements qui éclatent comme des salves.

SAMBA [sɑ̃mba]. *n. f.* • Danse d'origine brésilienne, sur un rythme à deux temps.

SAMEDI [samdi]. *n. m.* • Septième jour de la semaine.

SAMOURAÏ [samuʀaj]. *n. m.* • Guerrier japonais des siècles passés.

SAMOVAR [samɔvaʀ]. *n. m.* • Bouilloire russe utilisée surtout pour la confection du thé.

SAMPAN [sɑ̃pɑ̃]. *n. m.* • Petite embarcation chinoise.

SANATORIUM [sanatɔʀjɔm] ou *abrév. fam.* **SANA.** *n. m.* • Maison de santé située dans des conditions climatiques déterminées, où l'on traite les tuberculeux pulmonaires. *Des sanatoriums.*

SANCTIFIER [sɑ̃ktifje]. *v. tr.* (7) • 1° Revêtir d'un caractère de sainteté. Mettre (qqn) en état de grâce. • 2° Révérer comme saint. *Sanctifier le dimanche*, le célébrer suivant la loi de l'Église. ▼ **SANCTIFIANT, ANTE.** *adj.* Qui sanctifie. *Grâce sanctifiante.* ▼ **SANCTIFICATION.** *n. f.*

1. SANCTION [sɑ̃ksjɔ̃]. *n. f.* • 1° Acte par lequel le chef du pouvoir exécutif approuve une mesure législative. • 2° Approbation ou ratification. *La sanction de la conscience.* ▼ **1. SANCTIONNER.** *v. tr.* (1). Confirmer par une sanction. — Confirmer légalement ou officiellement. V. **Entériner, homologuer, ratifier.** *Un abus que l'usage a sanctionné.*

2. SANCTION. *n. f.* • 1° *Littér.* Peine ou récompense attachée à l'exécution d'une loi. • 2° Peine établie pour réprimer un acte contraire à la loi, à un règlement, à une convention internationale. V. **Condamnation.** ▼ **2. SANCTIONNER.** *v. tr.* (1). Punir d'une sanction. *Les actes d'indiscipline seront sanctionnés.*

SANCTUAIRE [sɑ̃ktɥɛʀ]. *n. m.* • 1° Lieu le plus saint d'un temple, d'une église. • 2° Édifice consacré aux cérémonies du culte, lieu saint.

SANDALE [sɑ̃dal]. *n. f.* • Chaussure légère faite d'une simple semelle retenue par des cordons ou des lanières qui s'attachent sur le dessus du pied. — Chaussure très découpée, sans quartier. ▼ **SANDALETTE** [sɑ̃dalɛt]. *n. f.* Sandale légère.

SANDWICH [sɑ̃dwitʃ]. *n. m.* • 1° Mets constitué de deux tranches de pain, entre lesquelles on place des aliments froids (jambon, saucisson, salade, etc.). V. **Casse-croûte.** *Des sandwiches* ou *des sandwichs.* • 2° Fam. *Être pris en sandwich*, serré, coincé entre deux choses ou deux personnes (aussi, *abstrait*).

SANG [sɑ̃]. *n. m.* • 1° Liquide visqueux, de couleur rouge, qui circule dans les vaisseaux, à travers tout l'organisme, où il joue des rôles essentiels et multiples. V. **Héma- ; -émie ; sanguin.** *La circulation du sang. Animaux à sang chaud*, à température constante. *Sang artériel, veineux.* — Loc. *Le sang lui monte au visage*, il devient tout rouge. — *Mon sang n'a fait qu'un tour*, j'ai été bouleversé (indignation, peur, etc.). — *Coup de sang*, congestion. — *Avoir le sang chaud*, être irascible, impétueux. *Avoir du sang dans les veines*, être courageux, résolu. Fam. *Avoir du sang de navet*, être sans vigueur, être lâche. *Un apport de sang frais*, d'éléments nouveaux, jeunes. — *Se faire du mauvais sang*, s'inquiéter, se tourmenter dans l'incertitude et l'attente. — (Sang qui coule) *Verser, faire couler le sang.* V. **Tuer.** *Avoir du sang sur les mains*, avoir fait couler le sang. *Mettre à feu et à sang* saccager en brûlant, en massacrant. • 2° Le sang considéré comme porteur des caractères héréditaires. *Un personnage de sang royal. Les liens du sang. La voix du sang*, instinct affectif familial. • 3° BON SANG ! : juron familier.

SANG-FROID [sɑ̃fʀwa(ɑ)]. *n. m.* • Maîtrise de soi qui permet de ne pas céder à l'émotion et de garder sa présence d'esprit. V. **Calme, froideur, impassibilité.** *Garder, perdre son sang-froid. Il l'a tué de sang-froid*, de façon délibérée et en pleine conscience de son acte.

SANGLANT, ANTE [sɑ̃glɑ̃, ɑ̃t]. *adj.* • 1° En sang, couvert de sang. • 2° Qui fait couler le sang, s'accompagne d'effusion de sang. V. **Meurtrier.** *Une bataille sanglante.* • 3° Extrêmement dur et outrageant. *Des reproches sanglants.*

SANGLE [sɑ̃gl(ə)]. *n. f.* • Bande large et plate (de cuir, de toile, etc.) qu'on tend pour maintenir ou serrer qqch. — Bande de toile forte formant le fond d'un siège. *Lit de sangles.* ▼ **SANGLER.** *v. tr.* (1) • 1° Attacher en serrant avec des sangles. • 2° Serrer fortement comme avec une sangle. — Au p. p. *Il était sanglé dans son uniforme.*

SANGLIER [sɑ̃glije]. *n. m.* • Porc sauvage au corps massif, à peau épaisse garnie de soies dures, vivant dans les forêts (V. **Laie, marcassin**).

SANGLOT [sɑ̃glo]. *n. m.* • Respiration brusque et bruyante, presque toujours répétée, due à des contractions du diaphragme, qui se manifeste généralement dans les crises de larmes. *Il était secoué de sanglots. Éclater en sanglots. Avoir des sanglots dans la voix*, une voix étranglée par des sanglots retenus. ▼ **SANGLOTER.** *v. intr.* (1). Pleurer avec des sanglots.

SANG-MÊLÉ [sɑ̃mele]. *n. invar.* • Personne issue du croisement de races différentes. V. **Métis.** *Des sang-mêlé.*

SANGSUE [sɑ̃sy]. *n. f.* • 1° Genre de ver dont l'espèce la plus importante est la *sangsue médicinale*, utilisée pour les saignées locales. • 2° *Fam.* Personne importune, « collante ».

SANGUIN, INE [sɑ̃gɛ̃, in]. *adj.* • 1° Du sang, qui a rapport au sang, à sa circulation. *Les vaisseaux sanguins. Groupes sanguins.* • 2° *Tempérament sanguin*, défini par des éléments physiques (corpulence, rougeur de la face, etc.) et caractériels (violence, emportement, etc.). — Subst. *C'est un sanguin.*

SANGUINAIRE [sɑ̃ginɛʀ]. *adj.* • Qui se plaît à répandre le sang, à tuer. V. **Cruel.**

SANGUINE [sɑ̃gin]. *n. f.* • 1° Variété d'oxyde de fer, rouge. — Crayon fait de cette matière (d'un rouge ocre ou pourpre). Dessin exécuté avec ce crayon. *Une sanguine de Watteau.* • 2° Variété d'orange dont la pulpe est rouge.

SANGUINOLENT, ENTE [sɑ̃ginɔlɑ̃, ɑ̃t]. *adj.* • Couvert, teinté de sang. *Des pansements sanguinolents.*

SANIE [sani]. *n. f.* • Matière purulente (pus), mêlée de sang, qui s'écoule des plaies infectées.

SANITAIRE [sanitɛʀ]. *adj.* • **1°** Relatif à la santé publique et à l'hygiène. *Service sanitaire.* — Subst. *Les sanitaires*, les militaires du service de santé. • **2°** Se dit des appareils et installations d'hygiène destinés à distribuer et évacuer l'eau dans les habitations. *Appareils, installations sanitaires*, salles de bains, baignoires, lavabos, éviers, etc. — Subst. *Le sanitaire*, ces installations.

SANS [sɑ̃]. *prép.* • **1°** Préposition qui exprime l'absence, le manque, la privation ou l'exclusion. *Je le ferai sans vous.* || Contr. **Avec.** || *Être sans argent. Un document sans importance ; un homme sans scrupule.* — *Sans toi, j'étais mort !* si tu n'avais pas été là, j'étais mort. — (Formant des locutions adverbiales de valeur négative) *Sans cesse, sans exception. Non sans peine*, avec peine. — (Suivi d'un inf.) *Il partit sans dire un mot. Vous n'êtes pas sans savoir que*, vous n'ignorez pas. • **2°** *Loc. conj.* SANS QUE (et subj.). *Sans qu'on s'en soit aperçu*, de telle manière qu'on ne s'en est pas aperçu. • **3°** *Fam.* Employé comme adverbe. *Il avait son parapluie, il ne sort jamais sans.*

SANS-ABRI [sɑ̃zabʀi]. *n. invar.* • Personne qui n'a plus aucun logement. V. **Sans-logis.** *Reloger les sans-abri.*

SANS-CŒUR [sɑ̃kœʀ]. *n.* et *adj. invar.* • *Fam.* Personne qui est insensible à la souffrance d'autrui. *Elles sont sans-cœur.*

SANSCRIT, ITE ou **SANSKRIT, ITE** [sɑ̃skʀi, it]. *n. m.* et *adj.* • **1°** *N. m.* Langue indo-européenne, langue classique de la civilisation brahmanique de l'Inde. • **2°** *Adj.* Relatif à cette langue.

SANS-CULOTTE [sɑ̃kylɔt]. *n. m.* • Nom que se donnaient les républicains les plus ardents sous la Révolution française. *Les sans-culottes.*

SANS-FIL [sɑ̃fil]. *n. m.* • Message radio (transmis par télégraphie sans fil). *Envoyer des sans-fils.* ▼ **SANS-FILISTE.** *n.* • **1°** Opérateur de T.S.F. V. **Radio.** • **2°** Personne qui pratique la T.S.F. (en amateur).

SANS-GÊNE [sɑ̃ʒɛn]. *adj.* et *n. m. invar.* • **1°** *Adj.* Qui agit avec une liberté, une familiarité excessive. *Elles sont un peu sans-gêne.* • **2°** *N. m.* Attitude d'une personne qui ne se gêne pas pour les autres. V. **Désinvolture, impolitesse.** || Contr. **Discrétion.** || *Il est d'un sans-gêne !*

SANS-LE-SOU [sɑ̃lsu]. *n. invar.* • *Fam.* Personne sans argent.

SANS-LOGIS [sɑ̃lɔʒi]. *n. invar.* • Personne qui ne dispose pas pour se loger de local à usage d'habitation. V. **Sans-abri.**

SANSONNET [sɑ̃sɔnɛ]. *n. m.* • Autre nom de l'étourneau.

SANS-SOUCI [sɑ̃susi]. *adj. invar.* • Qui est insouciant par nature.

SANTAL [sɑ̃tal]. *n. m.* • Arbre exotique, à bois blanc ou rouge, dont on tire des teintures, des parfums.

SANTÉ [sɑ̃te]. *n. f.* • **1°** Bon état physiologique, fonctionnement régulier et harmonieux de l'organisme humain pendant une période appréciable. *Être plein de santé. Elle n'a pas de santé. C'est mauvais pour la santé.* — *Boire à la santé de qqn*, en son honneur. V. **Trinquer.** *À ta santé !* — *Service de santé*, ensemble du personnel médical attaché à une armée, un port. — *Maison de santé*, maison de repos privée où l'on reçoit des malades. • **2°** Fonctionnement plus ou moins harmonieux de l'organisme, sur une période assez longue. *Être en parfaite santé. Être en mauvaise santé. Comment va la santé ?* • **3°** Équilibre psychique. *La santé de l'esprit.*

SANTON [sɑ̃tɔ̃]. *n. m.* • Figurine provençale ornant les crèches de Noël.

SAOUL. V. SOÛL.

SAPAJOU [sapaʒu] ou **SAJOU** [saʒu]. *n. m.* • Petit singe de l'Amérique centrale et du Sud, à pelage court et à longue queue.

SAPE [sap]. *n. f.* • **1°** Tranchée (surtout, tranchée d'approche pour atteindre un obstacle ennemi, préparer un siège). • **2°** Action de saper. *Travaux de sape.*

1. SAPER [sape]. *v. tr.* (1) • **1°** Détruire les assises de (une construction) pour faire écrouler. • **2°** *(Abstrait).* Attaquer les bases, les principes pour ruiner. V. **Ébranler, miner.** *Le parti est accusé de saper les institutions.*

2. SAPER (SE) [sape]. *v. pron.* (1) • *Pop:* S'habiller. — Au p. p. *Être bien sapé*, être bien habillé.

SAPERLOTTE ! [sapɛʀlɔt], **SAPERLIPOPETTE !** [sapɛʀlipɔpɛt]. *interj.* • Juron familier et vieilli.

SAPEUR [sapœʀ]. *n. m.* • Soldat du génie employé à la sape et à d'autres travaux.

SAPEUR-POMPIER [sapœʀpɔ̃pje]. *n. m.* • Nom administratif des pompiers.

SAPHIR [safiʀ]. *n. m.* • **1°** Pierre précieuse très dure, transparente et bleue. — *Un saphir*, cette pierre taillée en ornement. • **2°** Petite pointe de cette matière qui a remplacé l'ancienne aiguille des phonographes et des tourne-disques.

SAPIN [sapɛ̃]. *n. m.* • **1°** Arbre résineux à tronc droit, à écorce épaisse écailleuse, à branches inclinées et à feuilles persistantes. *Un sapin de Noël*, petit sapin qu'on décore pour les fêtes de Noël. • **2°** Bois de cet arbre. *Une planche de sapin.* — *Loc. fam.* (Par allus. au cercueil de sapin). *Sentir le sapin*, n'avoir plus longtemps à vivre. ▼ **SAPINIÈRE.** *n. f.* Forêt, plantation de sapins.

SAPONIFIER [sapɔnifje]. *v. tr.* (7) • Opérer ou provoquer la saponification de... ▼ **SAPONIFICATION.** *n. f.* Production de savon et de glycérine, par action de la soude sur les corps gras. — Réaction chimique par laquelle les corps gras sont dédoublés en glycérine et acides gras.

SAPRISTI ! [sapʀisti]. *interj.* • Juron familier, exprimant l'étonnement, l'exaspération.

SAPROPHYTE [sapʀɔfit]. *adj.* et *n. m.* • Nom des végétaux qui vivent aux dépens de matières organiques en décomposition.

SAQUER. V. SACQUER.

SARABANDE [saʀabɑ̃d]. *n. f.* • **1°** Ancienne danse espagnole, vive et lascive. — Ancienne danse française à trois temps, grave et lente. • 2° File agitée et bruyante. *Une sarabande d'enfants.* — Tumulte fait en groupe.

SARBACANE [saʀbakan]. *n. f.* • Tube creux servant à lancer de petits projectiles, par la force du souffle.

SARCASME [saʀkasm(ə)]. *n. m.* • Moquerie, raillerie insultante. V. **Dérision.** — Trait d'ironie mordante. ▼**SARCASTIQUE** [saʀkastik]. *adj.* Moqueur et méchant. *Un air, un sourire sarcastique.* ▼ **SARCASTIQUEMENT.** *adv.*

SARCELLE [saʀsɛl]. *n. f.* • Oiseau palmipède plus petit que le canard commun.

SARCLER [saʀkle]. *v. tr.* (1) • 1° Arracher en extirpant les racines, avec un outil (dit *sarcloir*). • 2° Débarrasser (un terrain de culture, des plantes cultivées) des herbes nuisibles avec un outil. ▼**SARCLAGE.** *n. m.*

SARCOME [saʀkom]. *n. m.* • En médecine, Tumeur maligne, développée aux dépens du tissu conjonctif.

SARCOPHAGE [saʀkɔfaʒ]. *n. m.* • Cercueil de pierre.

SARDINE [saʀdin]. *n. f.* • Petit poisson de mer, consommé surtout en conserve. *Une boîte de sardines à l'huile.* — Loc. *Être serrés comme des sardines,* très serrés, dans un endroit comble. ▼ **SARDINIER, IÈRE.** *adj.* et *n.* • 1° Relatif à la pêche, à l'industrie de la conserve des sardines. • 2° *N.* Pêcheur de sardines. Ouvrier, ouvrière d'une conserverie de sardines (ou *sardinerie*).

SARDONIQUE [saʀdɔnik]. *adj.* • *Rire sardonique,* qui exprime une moquerie amère, froide et méchante.

SARI [saʀi]. *n. m.* • Longue étoffe drapée que portent les femmes, dans l'Inde.

SARIGUE [saʀig]. *n. f.* • Petit mammifère à queue longue et préhensile à laquelle s'accrochent les jeunes montés sur son dos.

SARMENT [saʀmɑ̃]. *n. m.* • Rameau de vigne qui porte des grappes. ▼**SARMENTEUX, EUSE.** adj. *(Plante).* Dont la tige longue et grêle s'appuie sur des supports.

1. SARRASIN, INE [saʀazɛ̃, in]. *adj.* et *n.* • Des Sarrasins (nom donné au moyen âge aux populations musulmanes de l'Orient, de l'Afrique et de l'Espagne). V. **Arabe.**

2. SARRASIN [saʀazɛ̃]. *n. m.* • Céréale appelée aussi blé noir. — Farine de cette céréale. *Galettes de sarrasin.*

SARRAU [saʀo]. *n. m.* • Blouse de travail, courte et ample, portée par-dessus les vêtements. *Un sarrau de peintre.*

SARRIETTE [saʀjɛt]. *n. f.* • Plante dont une variété est cultivée pour ses feuilles aromatiques.

SAS [sɑ]. *n. m.* • *(Terme technique).* • 1° Pièce de tissu montée sur un cadre de bois, servant à passer diverses matières liquides ou pulvérulentes. V. **Tamis.** • 2° Bassin d'une écluse ou entre deux écluses. • 3° Petite pièce étanche entre deux milieux différents, qui permet le passage. *Le sas d'un engin spatial.* ▼ **SASSER.** *v. tr.* (1) • 1° Passer au sas, au sasseur. • 2° Faire passer par le sas d'une écluse. ▼**SASSEUR.** *n. m.* Machine qui sépare des produits par l'action d'un courant d'air.

SATANÉ, ÉE [satane]. *adj.* • Devant un nom, Maudit. *Avec ces satanés embouteillages, je suis arrivé en retard.*

SATANIQUE [satanik]. *adj.* • 1° De Satan, inspiré par Satan. V. **Démoniaque, diabolique.** • 2° Qui évoque Satan, est digne de Satan. V. **Infernal.** *Une méchanceté satanique.*

SATELLITE [sate(ɛl)lit]. *n. m.* • 1° Corps céleste gravitant sur une orbite elliptique autour d'une planète. *La Lune est le satellite de la Terre.* — *Satellite artificiel,* corps artificiel destiné aux recherches spatiales, lancé de la Terre de façon à devenir son satellite. • 2° Personne ou nation qui vit sous l'étroite dépendance d'une autre et gravite autour d'elle. ▼ **SATELLISER.** *v. tr.* (1) • 1° Transformer en satellite (1°), mettre en orbite autour de la Terre. *Une fusée porteuse satellisée.* • 2° Transformer (un pays) en satellite (2°).

SATIÉTÉ [sasjete]. *n. f.* • État d'indifférence plus ou moins proche du dégoût, d'une personne dont un besoin, un désir est amplement satisfait (surtout : *à satiété*). *Manger, boire à satiété.* — *Répéter une chose à satiété,* jusqu'à fatiguer, incommoder l'auditoire.

SATIN [satɛ̃]. *n. m.* • Étoffe de soie moelleuse et lustrée sur l'endroit, sans trame apparente. — Tissu analogue présentant une surface lisse et brillante. *Du satin de coton.* ▼ **SATINER.** *v. tr.* (1). Lustrer (une étoffe, un papier) pour donner l'apparence du satin. ▼**SATINÉ, ÉE.** *adj.* Lisse et doux au toucher. *Peau satinée.* ▼ **SATINETTE.** *n. f.* Étoffe de coton qui a sur l'endroit l'aspect du satin.

SATIRE [satiʀ]. *n. f.* • 1° Poème où l'auteur attaque les vices, les ridicules de ses contemporains. • 2° Écrit, discours qui s'attaque à qqch., à qqn, en s'en moquant. V. **Pamphlet.** — Critique moqueuse. *Proust a fait la satire de la société mondaine.* ▼**SATIRIQUE.** *adj.* Qui appartient à la satire, constitue une satire. *Des chansons satiriques.*

SATISFACTION [satisfaksjɔ̃]. *n. f.* • 1° Acte par lequel qqn obtient la réparation d'une offense — Acte par lequel on accorde à qqn ce qu'il demande. *Les grévistes ont obtenu satisfaction.* • 2° Sentiment de bien-être, plaisir qui résulte de l'accomplissement de ce qu'on juge souhaitable. V. **Contentement, joie.** *Tout est résolu à la satisfaction générale. Je constate avec satisfaction que... Est-ce que ce nouveau projet vous donne satisfaction ?* — UNE SATISFACTION : un plaisir, une occasion de plaisir. *Laissons-lui quelques satisfactions d'amour-propre.* • 3° Action de satisfaire (un besoin, un désir).

SATISFAIRE [satisfɛʀ]. *v. tr.* (60) ★ **I.** *Trans. dir.* • 1° Faire ou être pour (qqn) ce qu'il demande, ce qui lui convient. *Il a pu satisfaire ses créanciers. Cet état de choses ne nous satisfait pas.* V. **Convenir, plaire.** • 2° Contenter (un besoin, un désir). *Je vais satisfaire votre curiosité.* ★ **II.** *Trans. ind.* SATISFAIRE À... : s'acquitter (de ce qui est exigé par qqch.), remplir (une exigence). *Vous devez satisfaire à vos engagements.* — (Suj. chose) *Le bâtiment prévu devra satisfaire* *à trois conditions.* ▼ **SATISFAISANT, ANTE** [satisfəzɑ̃, ɑ̃t]. *adj.* Qui satisfait, est conforme à ce qu'on peut attendre. V. **Acceptable, bon, honnête.** *Des résultats satisfaisants.* ▼ **SATISFAIT, AITE.** *adj.* • 1° Qui a ce qu'il veut. *Je m'estime satisfait. Un air satisfait.* • 2° SATISFAIT DE : content de (qqn, qqch.). *Il semble satisfait de son sort.*

SATISFECIT [satisfesit]. *n. m. invar.* • *Littér.* Attestation donnée à qqn dont on est content ; approbation.

SATRAPE [satʀap]. *n. m.* • 1° Gouverneur d'une province dans l'ancien empire perse. • 2° *Littér.* Homme despotique, riche et voluptueux.

SATURÉ, ÉE [satyʀe]. *adj.* • 1° Se dit d'un liquide ou d'une solution qui, à une température et une pression données, renferme la quantité maximale d'une substance dissoute. • 2° Qui ne peut contenir plus. V. **Rempli.** *Une éponge saturée d'eau. Le marché est saturé.* — (Abstrait) *Être saturé d'une chose,* en avoir à satiété. ▼ **SATURATION.** *n. f.* État de ce qui est saturé. *Point de saturation d'une solution. — Saturation du marché,* lorsque la demande d'un produit est arrivée à son maximum.

SATURNISME [satyʀnism(ə)]. *n. m.* • Intoxication par le plomb ou par les sels de plomb (terme de médecine).

SATYRE [satiʀ]. *n. m.* • 1° Divinité mythologique à corps humain, à cornes et pieds de bouc. • 2° Homme lubrique, qui entreprend brutalement les femmes ; exhibitionniste, voyeur.

SAUCE [sos]. *n. f.* • Préparation liquide ou onctueuse, qui sert à accommoder certains mets. *Sauce tomate. Sauce blanche,* à base de beurre et de farine. *Viande en sauce,* accommodée avec une sauce. *Rognons sauce madère.* — Loc. *À quelle sauce serons-nous mangés ?* de quelle façon serons-nous vaincus, dupés ? — *La sauce fait passer le poisson,* l'accompagnement fait supporter une chose médiocre. — *Mettre qqn à toutes les sauces,* l'employer à toutes sortes d'activités.

SAUCER [sose]. *v. tr.* (3) • 1° Essuyer en enlevant la sauce (pour la manger). *Saucer son assiette avec un morceau de pain.* • 2° Fam. *Se faire saucer, être saucé,* recevoir la pluie. ▼ **SAUCÉE.** n. f. *Fam.* Averse, forte pluie qui trempe. *Nous allons avoir une jolie saucée !*

SAUCIÈRE [sosjɛʀ]. *n. f.* • Récipient dans lequel on sert les sauces, les jus.

SAUCISSE [sosis]. *n. f.* • 1° Préparation de viande maigre hachée et de gras de porc *(chair à saucisse),* assaisonnée, et entourée d'un boyau, que l'on fait cuire ou chauffer. *Saucisses de Morteau, de Strasbourg, de Francfort.* — Loc. fam. *Il n'attache pas son chien avec des saucisses,* il regarde à la dépense. • 2° Ballon captif de forme allongée.

SAUCISSON [sosisɔ̃]. *n. m.* • 1° Préparation de viandes (porc, bœuf) hachées, assaisonnées, et présentées dans un boyau, destinée à être mangée sans cuisson. *Une tranche de saucisson. Saucisson sec ; saucisson à l'ail.* • 2° Pain de forme cylindrique. ▼ **SAUCISSONNÉ, ÉE** [sosisɔne]. adj. *Fam.* Serré dans ses vêtements. V. **Boudiné.** ▼ **SAUCISSONNER.** v. intr. (1). *Fam.* Manger du saucisson sur le pouce ; pique-niquer.

1. SAUF, SAUVE [sof, sov]. *adj.* • Indemne, sauvé (dans quelques expressions). *Sain et sauf. Laisser la vie sauve à qqn,* l'épargner. *L'honneur est sauf.*

2. SAUF. *prép.* • 1° À l'exclusion de. V. **Excepté.** *Tous, sauf lui, sauf un. — Sauf que...,* à cette exception près que. . — Sans exclure l'éventualité de, excepté s'il y a. V. **Moins** (à moins de). *Sauf avis contraire. Sauf erreur de notre part.* • 2° Loc. *Sauf le respect que je vous dois,* sans qu'il soit porté atteinte au respect... • 3° *Littér.* SAUF À (et inf.) : sans que soit exclu le risque ou la possibilité de. V. **Quitte** (à). *Il acceptera, sauf à s'en repentir plus tard.*

SAUF-CONDUIT [sofkɔ̃dɥi]. *n. m.* • Document délivré par une autorité et qui permet de se rendre en un lieu, de traverser un territoire, etc. V. **Laissez-passer.** *Des sauf-conduits.*

SAUGE [soʒ]. *n. f.* • Plante dont on cultive une espèce ornementale à fleurs rouges.

SAUGRENU, UE [sogʀəny]. *adj.* • Inattendu et quelque peu ridicule. V. **Absurde, bizarre.** *Quelle idée saugrenue !*

SAULE [sol]. *n. m.* • Arbre ou arbuste qui croît dans les lieux humides. *Saule pleureur,* à branches tombantes.

SAUMÂTRE [somɑtʀ(ə)]. *adj.* • 1° *Eau saumâtre,* qui est mélangée d'eau de mer, a un goût salé. • 2° Fam. *La trouver saumâtre,* la trouver mauvaise.

SAUMON [somɔ̃]. *n. m.* • 1° Gros poisson migrateur à chair rose, qui abandonne la mer et remonte les fleuves au moment du frai. • 2° *Adj. invar.* D'un rose tendre tirant légèrement sur l'orangé. ▼ **SAUMONÉ, ÉE** [somɔne]. *adj.* • 1° *Truite saumonée,* qui a la chair rose comme le saumon. • 2° *Rose saumoné,* rose légèrement orangé.

SAUMURE [somyʀ]. *n. f.* • Eau fortement salée dans laquelle on met des aliments pour en faire des conserves. *Mettre des olives dans la saumure.*

SAUNA [sona ; sauna]. *n. m.* • Établissement où l'on prend des bains de vapeur à la manière finlandaise.

SAUNIER [sonje]. *n. m.* • 1° *Rare.* Personne qui travaille à l'extraction du sel, dans un marais salant. • 2° FAUX SAUNIER : celui qui se livrait à la contrebande du sel (terme d'histoire).

SAUPOUDRER [sopudʀe]. *v. tr.* (1) • Couvrir d'une légère couche d'une substance pulvérulente. *Saupoudrer un beignet avec du sucre.* ▼ **SAUPOUDRAGE.** *n. m.*

SAUR [sɔʀ]. *adj. m.* • *Hareng saur,* hareng fumé.

SAURIEN [sɔʀjɛ̃]. *n. m.* • Reptile au corps recouvert d'écailles généralement imbriquées, et possédant souvent quatre membres apparents (lézards, iguanes, etc.). — *Les sauriens,* sous-ordre de reptiles.

SAUT [so]. *n. m.* • 1° Mouvement ou ensemble de mouvements par lesquels un homme, un animal s'élève au-dessus du sol ou se projette à distance de son appui. V. **Bond.** *Faire un saut par-dessus un obstacle. Le saut à la corde. Saut périlleux,* où le corps du sauteur effectue un tour complet. *Saut en hauteur, à la perche, en longueur; triple saut,* épreuves athlétiques. *Saut en skis,* exécuté d'un tremplin. *Saut en parachute.* — Loc. *Faire le saut,* prendre une décision, une résolution hasardeuse. • 2° Mouvement, déplacement brusque (pour changer de position). *Il s'est levé d'un saut.* — Loc. *Au saut du lit,* au sortir du lit, au lever. • 3° Action d'aller très rapidement et sans rester. *Faire un saut chez qqn.* • 4° *(Abstrait).* Passage d'un point à un autre sans intermédiaire. *Le narrateur fait ici un saut de deux années.*

SAUTE [sot]. *n. f.* • Brusque changement (dans quelques expressions). *Des sautes de vent, de température.* — *Des sautes d'humeur.*

SAUTÉ, ÉE [sote]. *adj.* et *n. m.* • 1° *Adj.* Cuit à la poêle ou à la cocotte, à feu vif et en remuant. *Pommes de terre sautées.* • 2° *N. m.* Aliment cuit dans un corps gras, à feu vif. *Un sauté de veau.*

SAUTE-MOUTON [sotmutɔ̃]. *n. m.* • Jeu où l'on saute par-dessus un autre joueur, qui se tient courbé (le « mouton »). *Jouer à saute-mouton.*

SAUTER [sote]. *v.* (1) ★ **I.** *V. intr.* • 1° Faire un saut. *Il saute à pieds joints sur le banc. Sauter dans l'eau. Affolé, il a sauté par la fenêtre. Il sautait de joie,* il était tout joyeux (au point de sauter sur place). • 2° Monter, descendre, se lever... vivement. *Il a sauté à bas du lit.* — Se jeter, se précipiter. *Elle lui a sauté au cou,* pour l'embrasser. — (Choses) *Sauter aux yeux,* frapper la vue, être ou devenir évident. • 3° *(Abstrait).* Aller, passer vivement (d'une chose à une autre) sans intermédiaire. *L'auteur saute d'un sujet à un autre.* • 4° *(Choses).* Être déplacé ou projeté avec soudaineté. *Attention, le bouchon va sauter.* V. **Partir.** *La chaîne du vélo sautait tout le temps.* — Fam. *Et que ça saute !* que cela soit vite fait. • 5° Exploser. *Le navire a sauté sur une mine. On fera sauter les ponts. Les plombs ont sauté,* ont fondu (par un court-circuit). — Fam. *Le directeur risque de sauter,* de perdre son poste. — *Se faire sauter la cervelle,* se tuer d'un coup de revolver. • 6° FAIRE SAUTER (un aliment) : le faire revenir à feu très vif. V. **Sauté.** ★ **II.** *V. tr.* • 1° Franchir par un saut. *Le cheval a bien sauté l'obstacle. Sauter le mur,* escalader un mur pour s'échapper. — *Loc.* (Abstrait). *Sauter le pas,* se décider malgré les risques. • 2° Ne pas lire, dire, faire... (qqch. par-dessus quoi on passe). *Vous avez sauté une page, une réplique. Un bon élève qu'on a autorisé à sauter une classe.* • 3° Pop. *La sauter,* avoir faim.

SAUTERELLE [sotʀɛl]. *n. f.* • 1° Insecte sauteur vert ou gris à grandes pattes postérieures repliées et à tarière. Criquet pèlerin. *Un nuage de sauterelles.* • 2° Personne maigre et sèche.

SAUTERIE [sotʀi]. *n. f.* • Réunion dansante d'un caractère simple et intime.

SAUTEUR, EUSE [sotœʀ, øz]. *n.* • 1° Spécialiste du saut. *Un sauteur en longueur.* — Appos. *Les insectes sauteurs,* qui se déplacent en sautant. • 2° Personne sans sérieux qui promet volontiers et sur qui l'on ne peut compter. *Quel sauteur !*

SAUTEUSE. *n. f.* • Casserole spéciale dans laquelle on fait sauter les viandes, les légumes.

SAUTILLER [sotije]. *v. intr.* (1) • Faire de petits sauts successifs. ▼ **SAUTILLANT, ANTE.** *adj.* Qui sautille. — *Musique sautillante,* au rythme rapide et saccadé. ▼ **SAUTILLEMENT.** n. m. *Le sautillement d'un moineau.*

1. SAUTOIR [sotwaʀ]. *n. m.* • Longue chaîne ou long collier qui se porte sur la poitrine. *Un sautoir de perles.* — *En sautoir,* porté en collier sur la poitrine.

2. SAUTOIR. *n. m.* • Emplacement aménagé pour les sauts des athlètes.

SAUVAGE [sovaʒ]. *adj.* et *n.* ★ **I.** • 1° *(Animaux).* Qui vit en liberté dans la nature. *On peut apprivoiser certains animaux sauvages.* — Non domestiqué (dans une espèce qui comporte des animaux domestiques). *Canard sauvage.* • 2° *(Hommes).* Primitif. — N. *La théorie du « bon sauvage »* (de Montaigne à Diderot). • 3° *(Végétaux).* Qui pousse et se développe naturellement sans être cultivé. • 4° *(Lieux).* Que la présence humaine n'a pas marqué ; d'un aspect peu hospitalier, parfois effrayant. ★ **II.** • 1° Qui fuit toute relation avec les hommes. V. **Farouche, insociable.** *Cet enfant est très sauvage,* timide. • 2° *N.* Personne d'une nature rude ou même brutale. *Il s'est conduit comme un sauvage.* V. **Brute.** *Faites attention, bande de sauvages !* • 3° Qui a qqch. d'inhumain, de barbare. *Des cris sauvages.* • 4° Spontané, ni contrôlé ni organisé. *Une grève sauvage.* ▼ **SAUVAGEMENT.** *adv.* D'une manière sauvage, barbare, cruelle.

SAUVAGEON, ONNE [sovaʒɔ̃, ɔn]. *n.* • 1° *N. m.* Arbre non greffé, employé comme sujet à greffer. • 2° *N. m.* et *f.* Enfant qui a grandi sans éducation, comme un petit animal.

SAUVAGERIE [sovaʒʀi]. *n. f.* • 1° Caractère sauvage (II, 1°), peu sociable. • 2° Caractère brutal et cruel. *L'agresseur l'a frappé avec sauvagerie.* V. **Barbarie, cruauté.**

SAUVAGINE [sovaʒin]. *n. f.* • *Littér.* Nom collectif donné par les chasseurs aux oiseaux sauvages.

SAUVEGARDE [sovgaʀd(ə)]. *n. f.* • 1° Protection et garantie (de la personne, des droits) assurées par l'autorité ou les institutions. *Être, se mettre sous la sauvegarde de la justice.* • 2° Ce qui protège, défend. V. **Appui, refuge.** ▼ **SAUVEGARDER.** *v. tr.* (1). Assurer la sauvegarde de. V. **Défendre, préserver, protéger.** *Sauvegarder les libertés.*

SAUVE-QUI-PEUT [sovkipø]. *n. m.* • 1° Cri de *sauve qui peut* (que se sauve qui le peut !). • 2° Fuite générale et désordonnée où chacun se tire d'affaire comme il le peut. V. **Débandade.**

SAUVER [sove]. *v. tr.* (1) ★ **I.** *V. tr.* • 1° Faire échapper (qqn) à quelque grave danger. *Il a pu sauver l'enfant qui se noyait. Il est sauvé,* hors de danger. — En religion, Assurer le salut éternel de... *Le Christ est* *venu sauver les hommes. — Sauver de...*, soustraire à..., préserver de (un danger). • 2° Empêcher la destruction, la perte de (qqch.). *Il m'a sauvé la vie.* Fam. *Il a réussi à sauver sa peau. Sauver les meubles*, sauver l'essentiel, ne pas tout perdre. — *Les acteurs ont du mal à sauver la pièce*, à l'empêcher d'échouer. ★ **II.** SE SAUVER. *v. pron.* • 1° S'enfuir pour échapper au danger. *Il se sauva à toutes jambes.* — *Fam.* Prendre congé promptement. *Sauve-toi vite, tu vas être en retard.* • 2° *(Lait).* Déborder du récipient en bouillant.

SAUVETAGE [sovtaʒ]. *n. m.* • Action de sauver (un navire en détresse ou ses occupants). *Bateau de sauvetage; ceinture de sauvetage.* — Action de sauver d'un sinistre quelconque (incendie, inondation) des hommes ou du matériel. ▼ **SAUVETEUR.** *n. m.* Personne qui prend part à un sauvetage.

SAUVETTE (À LA) [alasovɛt]. *loc. adv.* • *Vendre à la sauvette*, vendre en fraude sur la voie publique (des marchandises que les *marchands à la sauvette* peuvent facilement emporter en cas d'alerte). — *À la sauvette*, à la hâte, avec une précipitation suspecte. *Ils l'ont jugé à la sauvette.*

SAUVEUR [sovœʀ]. *n. m.* • 1° *(Terme de religion).* Celui qui a sauvé les hommes. V. **Messie, rédempteur.** • 2° Celui qui sauve (une personne, une collectivité). *Vous êtes mon sauveur ! Le sauveur de la patrie.*

SAVAMMENT [savamɑ̃]. *adv.* • 1° D'une manière savante, avec érudition. *Ils discutaient savamment.* — Fam. *J'en parle savamment*, en connaissance de cause. • 2° Avec une grande habileté. *Le gouvernement a savamment manœuvré.*

SAVANE [savan]. *n. f.* • Vaste prairie des régions tropicales, pauvre en arbres et en fleurs, fréquentée par de nombreux animaux.

SAVANT, ANTE [savɑ̃, ɑ̃t]. *adj.* et *n.* ★ **I.** *Adj.* • 1° Qui sait beaucoup, en matière d'érudition ou de science. V. **Docte, érudit, instruit.** *Un savant professeur. Il est très savant en la matière.* V. **Compétent, fort.** ‖ Contr. **Ignorant.** ‖ — Habile. *Chien savant*, dressé à faire des tours d'adresse. • 2° Où il y a de l'érudition. *Une édition savante. Mots savants*, composés d'éléments empruntés au grec et au latin. ‖ Contr. **Populaire.** ‖ • 3° Qui, par sa difficulté, n'est pas accessible à tous. V. **Compliqué, difficile.** *C'est trop savant pour moi.* ‖ Contr. **Simple.** ‖ • 4° Fait avec science, art ; où il y a une grande habileté. *La savante ordonnance de ce tableau.* ‖ Contr. **Facile, naïf.** ‖ ★ **II.** *N. m.* Personne qui, par ses connaissances et ses recherches, contribue à l'élaboration, au progrès d'une science et, plus spécialement, d'une science expérimentale ou exacte. V. **Chercheur.** *Un grand savant.*

SAVARIN [savaʀɛ̃]. *n. m.* • Gâteau en forme de couronne, fait d'une pâte molle imbibée d'un sirop à la liqueur (V. **Baba**).

SAVATE [savat]. *n. f.* • 1° Vieille pantoufle qui ne tient plus au pied. • 2° *Fam.* Injure à l'adresse d'une personne maladroite. *Il joue comme une savate !* • 3° Sorte de boxe où l'on peut porter des coups de pied à l'adversaire.

SAVETIER [savtje]. *n. m.* • *Vx.* Cordonnier.

SAVEUR [savœʀ]. *n. f.* • 1° Qualité perçue par le sens du goût. V. **Goût.** *Une saveur agréable. Une viande sans saveur*, fade. • 2° *(Abstrait).* Qualité comparable à qqch. d'agréable au goût. *La saveur de la nouveauté.* V. **Piment.**

1. SAVOIR [savwaʀ]. *v. tr.* (32) ★ **I.** • 1° Avoir présent à l'esprit (qqch. qu'on identifie et qu'on tient pour réel) ; pouvoir affirmer l'existence de. V. **Connaître.** *Je ne sais pas son nom. Il n'en sait rien.* — Pronom. *Tout finit par se savoir*, par être su, connu. *Ça se saurait !* (si cela était vrai, on en aurait entendu parler). — (Suivi d'une subordonnée) *Je sais qu'il est en voyage. Je sais bien que..., mais... Nous croyons savoir que...*, s'emploie quand l'information n'est pas absolument sûre. *Savez-vous s'il doit venir ?* • 2° Être conscient de ; connaître la valeur, la portée de (tel acte, tel sentiment). *Il ne sait plus ce qu'il dit. Vous ne savez pas ce que vous voulez !* • 3° Avoir dans l'esprit (des connaissances). *On disait qu'il savait tout et ne comprenait rien. Que sais-je ? Qu'en savons-nous ?* • 4° Être en mesure d'utiliser, de pratiquer. *Il sait son métier.* • 5° Avoir présent à l'esprit dans tous ses détails, de manière à pouvoir répéter. *Il sait son rôle, sa leçon.* ★ **II.** Loc. *Vous n'êtes pas sans savoir que...*, vous n'ignorez pas que... — *Sachez que...*, apprenez que... *Il est gentil, vous savez. Et puis, tu sais, nous t'aimons bien.* — *À savoir* ou *savoir*, c'est-à-dire. — *Savoir si ça va marcher !* je me demande si ça va marcher. *Qui sait ?* ce n'est pas impossible. — *Il est on ne sait où. Il y a je ne sais combien de temps*, très longtemps. — *Ne savoir que faire, quoi faire. Ne savoir que devenir, où se mettre...* — QUE JE SACHE : autant que je puisse savoir, en juger. ★ **III.** SAVOIR, *suivi d'un inf.* • 1° Être capable, par un apprentissage, par l'habitude, de (faire qqch.). *Il ne sait pas nager. Il a toujours su s'y prendre.* • 2° S'appliquer à, par effort de volonté. *C'est un homme qui sait écouter, attendre.* • 3° (Au condit. et en tour négatif avec *ne* seul). Pouvoir. *On ne saurait penser à tout*, il est impossible de penser à tout.

2. SAVOIR [savwaʀ]. *n. m.* • Ensemble de connaissances plus ou moins systématisées. V. **Culture, instruction, science.** *L'étendue de son savoir.*

SAVOIR-FAIRE [savwaʀfɛʀ]. *n. m. invar.* • Habileté à résoudre les problèmes pratiques ; compétence, expérience dans l'exercice d'une activité artistique ou intellectuelle. V. **Adresse, art.**

SAVOIR-VIVRE [savwaʀvivʀ(ə)]. *n. m. invar.* • Qualité d'une personne qui connaît et sait appliquer les règles de la politesse. V. **Éducation, tact.**

SAVON [savɔ̃]. *n. m.* • 1° Produit utilisé pour le dégraissage et le lavage, obtenu par l'action d'un alcali sur un corps gras. *Savon de toilette. Savon à barbe.* • 2° *Un savon*, morceau moulé de ce produit. • 3° Fam.

Passer un savon à qqn, l'attraper, le réprimander. ▼ **SAVONNER.** *v. tr.* (1) • 1° Laver en frottant avec du savon. • 2° Fam. *Savonner la tête de qqn*, lui passer un savon. ▼ **SAVONNAGE.** *n. m.* ▼ **SAVONNERIE** [savɔnʀi]. *n. f.* Usine où l'on fabrique du savon. ▼ **SAVONNETTE.** *n. f.* Petit pain de savon pour la toilette. ▼ **SAVONNEUX, EUSE.** *adj.* Qui contient du savon. *Une eau savonneuse.*

SAVOURER [savuʀe]. *v. tr.* (1) • 1° Manger, boire avec toute la lenteur et l'attention requises pour apprécier pleinement. V. **Déguster.** *Il savourait son cognac.* • 2° Apprécier en prolongeant le plaisir. *J'espère que vous avez savouré la scène !*

SAVOUREUX, EUSE [savuʀø, øz]. *adj.* • 1° Qui a une saveur agréable, riche et délicate. V. **Appétissant, succulent.** *Des fruits savoureux.* • 2° *(Abstrait).* Qui a de la saveur, du piquant. *Une aventure savoureuse.* ▼ **SAVOUREUSEMENT.** *adv.*

SAXOPHONE [saksɔfɔn]. *n. m.* • Instrument à vent, à anche simple et à clefs. *Saxophone ténor, alto* (abrév. *saxo ténor, alto*). ▼ **SAXOPHONISTE.** *n.* Joueur de saxophone. (Abrév. fam. SAXO.)

SAYNÈTE [sɛnɛt]. *n. f.* • *Vx.* Sketch.

SBIRE [sbiʀ]. *n. m.* • Policier sans scrupule ; homme de main.

SCABIEUSE [skabjøz]. *n. f.* • Plante herbacée à fleurs mauves, employée en médecine pour ses propriétés dépuratives.

SCABREUX, EUSE [skabʀø, øz]. *adj.* • 1° *Littér.* Embarrassant, délicat. *Nous touchons à un sujet scabreux.* • 2° Qui choque la décence. *Une histoire scabreuse.* V. **Indécent, licencieux.**

SCALÈNE [skalɛn]. *adj.* • En géométrie, *Triangle scalène*, dont les trois côtés sont inégaux.

SCALPEL [skalpɛl]. *n. m.* • Instrument tranchant destiné aux dissections.

SCALPER [skalpe]. *v. tr.* (1) • Dépouiller (qqn) du cuir chevelu par incision de la peau. *Les Indiens scalpaient leurs ennemis.* ▼ **SCALP.** *n. m.* • 1° Action de scalper. • 2° Trophée constitué par la peau du crâne avec sa chevelure.

SCANDALE [skɑ̃dal]. *n. m.* • 1° Effet produit par des actes, des propos condamnables, de mauvais exemples. *Un livre, un spectacle qui fait scandale.* — Émotion indignée qui accompagne cet effet. *Au grand scandale de sa famille.* • 2° Désordre, tapage. *Il a fait du scandale sur la voie publique.* • • 3° Grave affaire publique où des personnalités sont compromises. *Le scandale de Panama.* • 4° Fait immoral, injuste, révoltant. V. **Honte.** *Cette condamnation est un scandale !* ▼ **SCANDALEUX, EUSE.** *adj.* • 1° Qui cause du scandale. *Une conduite scandaleuse.* • 2° Excessif, honteux. *Le prix des terrains est scandaleux.* ▼ **SCANDALISER.** *v. tr.* (1). Apparaître scandaleux à... *Son attitude a scandalisé tout le monde.* — *Pronom.* S'indigner comme d'une chose scandaleuse. *Pourquoi se scandaliser d'une chose si naturelle ?*

SCANDER [skɑ̃de]. *v. tr.* (1) • 1° Déclamer (un vers) en analysant ses éléments métriques. • 2° Prononcer en détachant les syllabes, les groupes de mots. ▼ **SCANSION.** *n. f.* Action de scander (1°).

SCANDINAVE [skɑ̃dinav]. *adj.* • De Scandinavie. *Les pays scandinaves*, Norvège, Suède, Danemark. — Subst. *Les Scandinaves.*

SCAPHANDRE [skafɑ̃dʀ(ə)]. *n. m.* • Appareil de plongée individuel. — Appareil de forme semblable. *Le scaphandre des cosmonautes.* ▼ **SCAPHANDRIER.** *n. m.* Plongeur muni d'un scaphandre.

SCAPULAIRE [skapylɛʀ]. *n. m.* • Objet de dévotion composé de deux petits morceaux d'étoffe bénits réunis par des rubans qui s'attachent au cou.

SCARABÉE [skaʀabe]. *n. m.* • Insecte coléoptère noir à reflets mordorés.

SCARIFIER [skaʀifje]. *v. tr.* (7) • Inciser superficiellement (terme de médecine). ▼ **SCARIFICATION.** *n. f.*

SCARLATINE [skaʀlatin]. *n. f.* • Maladie contagieuse, caractérisée par une éruption sur les muqueuses de la bouche et sur la peau, en larges plaques écarlates.

SCAROLE [skaʀɔl]. *n. f.* • Salade à feuilles ondulées et croquantes.

SCATO-. • Élément de mots savants signifiant « excrément ». ▼ **SCATOLOGIQUE** [skatɔlɔʒik]. *adj.* Qui parle d'excréments. *Plaisanterie scatologique.*

SCEAU [so]. *n. m.* • 1° Cachet officiel dont l'empreinte est apposée sur des actes pour les rendre authentiques ou les fermer de façon inviolable. • 2° Empreinte faite par ce cachet ; cire, plomb portant cette empreinte. *Mettre, apposer son sceau.* — Morceau de cire, de plomb qui porte la marque d'un produit commercial. • 3° *Littér.* Marque qui authentifie, confirme. *Un ouvrage marqué au sceau de la bonne foi.* — Loc. *Sous le sceau du secret*, sous la condition d'une discrétion absolue.

SCÉLÉRAT, ATE [seleʀa, at]. *n.* • Criminel. — Adj. *Des lois scélérates.* ▼ **SCÉLÉRATESSE.** n. f. *Littér.*

SCELLÉ [sele]. *n. m.* • Cachet de cire sur bande de papier ou d'étoffe, au sceau de l'État, apposé par l'autorité de justice sur une fermeture. *Mettre les scellés.*

SCELLER [sele]. *v. tr.* (1) ★ **I.** • 1° Marquer (un acte) d'un sceau. *Le testament a été scellé.* — Fermer au moyen d'un sceau, d'un scellé. • 2° *(Abstrait).* Confirmer, comme par un sceau. *Cette petite fête a scellé leur réconciliation.* ★ **II.** • 1° Fermer hermétiquement (un contenant, une ouverture). • 2° Fixer avec du ciment, du plâtre... (un barreau, une chaîne, une glace, etc.). *Fenêtre à barreaux scellés.*

SCÉNARIO [senaʀjo]. *n. m.* • Description de l'action (d'un film), comprenant généralement des indications techniques et les dialogues. ▼ **SCÉNARISTE** [senaʀist(ə)]. *n.* Auteur de scénarios.

SCÈNE [sɛn]. *n. f.* ★ **I.** • 1° Emplacement d'un théâtre où les acteurs paraissent devant le public. V. **Planche(s), plateau.** *Ordre d'entrée en scène des acteurs. Elle fait ses* *débuts sur la scène.* METTRE EN SCÈNE : représenter par l'art dramatique. *Metteur en scène. Porter à la scène, adapter pour la scène. — (Abstrait)* Le monde considéré comme un théâtre. *Il occupe le devant de la scène*, une position importante, en vue. *La scène politique.* • 2° Le théâtre, l'art dramatique. *Les vedettes de la scène et de l'écran.* • 3° Décor du théâtre. *La scène représente une forêt.* — L'action. *La scène se passe à Londres, au XVIe s.* ★ **II.** • 1° Partie, division d'un acte ; l'action qui s'y déroule. *Acte III, scène* II. *La grande scène d'amour du second acte.* • 2° Toute action partielle, dans une œuvre (littéraire, radiophonique, cinématographique [V. **Séquence**]....). • 3° Composition représentée en peinture, lorsqu'elle suggère une action. *Scène de genre*, scène d'intérieur, de mœurs. • 4° Événement auquel on assiste et qui rappelle une scène (2°) de théâtre. *J'ai été témoin de la scène. Une scène comique.* • 5° Explosion de colère, dispute bruyante. *Une scène de ménage*, entre mari et femme. *Notre père nous fait des scènes*, se plaint de nous, se met en colère. ▼ **SCÉNIQUE** [senik]. *adj.* Propre à la scène, au théâtre.

SCEPTICISME [sɛptisism(ə)]. *n. m.* • 1° Doctrine des anciens philosophes sceptiques grecs, selon lesquels l'esprit humain ne peut atteindre aucune vérité générale. || Contr. **Dogmatisme.** || • 2° Doute religieux. || Contr. **Foi.** || • 3° Attitude critique faite de défiance, d'incrédulité, de refus de toute illusion. || Contr. **Conviction.** || *Il parle de notre influence avec scepticisme.*

SCEPTIQUE [sɛptik]. *n.* et *adj.* ★ **I.** *N.* • 1° Philosophe qui pratique le doute, l'examen critique systématique. • 2° Personne qui adopte une attitude de scepticisme (2° ou 3°). ★ **II.** *Adj.* • 1° Qui professe le scepticisme philosophique. • 2° Qui doute, est empreint de scepticisme. || Contr. **Contraint.** || *Je reste sceptique quant à l'issue de votre entreprise. Il a eu un sourire sceptique.*

SCEPTRE [sɛptʀ(ə)]. *n. m.* • 1° Bâton de commandement, signe d'autorité suprême. • 2° (Abstrait). *Littér.* L'autorité souveraine, la royauté.

SCHAH [ʃa]. *n. m.* • Le souverain de la Perse (Iran).

SCHÉMA [ʃema]. *n. m.* • 1° Figure donnant une représentation simplifiée et fonctionnelle (d'un objet, d'un mouvement, d'un processus, d'un organisme). *Schéma de la nutrition chez les plantes. Schéma d'un moteur.* • 2° Description ou représentation mentale réduite aux traits essentiels. V. **Esquisse.** *Voici en gros le schéma de l'opération.* ▼ **SCHÉMATIQUE.** *adj.* • 1° Qui constitue un schéma, est propre aux schémas. *Figure schématique.* • 2° Trop simplifié, qui manque de nuances. *Un tableau schématique de la situation.* ▼ **SCHÉMATIQUEMENT.** adv. *Voici schématiquement de quoi il s'agit.* ▼ **SCHÉMATISER.** *v. tr.* (1) • 1° Présenter en schéma. • 2° Présenter de façon schématique, simplifiée. ▼ **SCHÉMATISATION.** *n. f.*

SCHERZO [skɛʀts(dz)o]. *n. m.* • Morceau musical de caractère vif et gai, au mouvement rapide. *Le scherzo d'une sonate.*

SCHILLING [ʃiliŋ]. *n. m.* • Unité monétaire de l'Autriche. — REM. Ne pas confondre avec *shilling.*

SCHISME [ʃism(ə)]. *n. m.* • Séparation des fidèles d'une religion, qui reconnaissent des autorités différentes. *Le schisme d'Orient* (entre les Églises d'Occident et d'Orient). ▼**SCHISMATIQUE.** *adj.* Qui forme schisme ; qui ne reconnaît pas l'autorité du Saint-Siège.

SCHISTE [ʃist(ə)]. *n. m.* • Roche qui présente une structure feuilletée. *Des lames de schiste.* ▼ **SCHISTEUX, EUSE.** adj. *Roche schisteuse.*

SCHIZOPHRÉNIE [skizɔfʀeni]. *n. f.* • Psychose caractérisée par des contradictions affectives (division de la personnalité) et l'inadaptation du malade au réel. ▼**SCHIZOPHRÈNE.** *adj.* et *n.* Atteint de schizophrénie.

SCHLASS [ʃlɑ(a)s]. *adj. invar.* • *Pop.* Ivre.

SCHLINGUER [ʃlɛ̃ge]. *v. intr.* (1) • *Vulg.* Puer.

SCHLITTE [ʃlit]. *n. f.* • *Région.* Traîneau qui sert (en Forêt-Noire, dans les Vosges) à descendre *(schlitter)* dans les vallées le bois abattu sur les hauteurs.

SCHNAPS [ʃnaps]. *n. m.* • Eau-de-vie de pomme de terre ou de grain, fabriquée en Allemagne.

SCHNOCK ou **SCHNOQUE** [ʃnɔk]. *n.* • *Pop.* Imbécile. *Quel vieux schnoque !*

SCHOONER [ʃunœʀ]. *n. m.* • Ancien bateau à voiles, variété de goélette.

SCHUSS [ʃus]. *n. m.* • Descente directe que le skieur effectue en suivant la plus grande pente.

SCIAGE [sjaʒ]. *n. m.* • Action, manière de scier (le bois, la pierre, les métaux...).

SCIATIQUE [sjatik]. *adj.* et *n. f.* • 1° *Adj.* Du bassin (terme d'anatomie). *Nerf sciatique.* • 2° *N. f.* Douleur violente qui se fait sentir à la hanche et dans la jambe, le long du trajet du nerf sciatique.

SCIE [si]. *n. f.* • 1° Outil ou machine servant à couper des matières dures par l'action d'une lame dentée. *Scie à bois, à métaux. Scie circulaire*, disque à bord denté qui tourne à grande vitesse. • 2° POISSON-SCIE ou *scie* : squale semblable au requin dont le museau s'allonge en lame droite, flexible, portant deux rangées de dents. • 3° Instrument de musique fait d'une lame d'acier qu'on fait vibrer en la pliant. • 4° Rengaines ; argumentation ressassée et usée. • 5° Personne, chose désagréable ou ennuyeuse. *Quelle scie !*

SCIEMMENT [sjamɑ̃]. *adv.* • En connaissance de cause, volontairement. || Contr. **Involontairement.** || *Il n'a pas pu faire cela sciemment.*

SCIENCE [sjɑ̃s]. *n. f.* ★ **I.** • 1° Ensemble de connaissances générales. *C'est un puits de science.* • 2° *Littér.* Savoir-faire que donnent les connaissances, l'expérience, l'habileté. V. **Art.** *Il a manœuvré avec une science consommée. Sa science des couleurs, de la toilette.* ★ **II.** • 1° *(Plus courant).* UNE, LES SCIENCES : ensemble de connaissances, d'études d'une valeur universelle, caractérisées par un objet et une méthode déterminés, et fondées sur des relations objectives vérifiables. *Sciences expérimentales*, où l'objet d'étude est soumis à l'expérience. *Sciences naturelles*, sciences d'observation qui étudient les êtres vivants et les corps dans la nature. *Les sciences humaines*, qui étudient l'homme (*ex.* : psychologie, sociologie, linguistique). — *Absolt.* LES SCIENCES : les sciences où le calcul, l'observation ont une grande part (mathématiques, astronomie, physique, chimie, sciences naturelles, etc.). *Les sciences et les lettres. Faculté des sciences.* • 2° LA SCIENCE : ensemble des travaux des sciences ; connaissance exacte, universelle et vérifiable exprimée par des lois. *Dans l'état actuel de la science.*

SCIENCE-FICTION. *n. f.* • Américanisme par lequel on désigne l'imagination scientifique qui décrit un état futur du monde. *Film de science-fiction.*

SCIENTIFIQUE [sjɑ̃tifik]. *adj.* et *n.* • 1° Qui appartient à la science, concerne les sciences (*spécialt.* opposées aux lettres). *Travaux scientifiques.* • 2° Qui est conforme aux exigences d'objectivité, de précision, de méthode de la science. *Ce n'est pas une explication scientifique.* • 3° *N.* Personne qui étudie les sciences, savant spécialiste d'une science. *Les littéraires et les scientifiques.* ▼ **SCIENTIFIQUEMENT.** *adv.*

SCIENTISTE [sjɑ̃tist(ə)]. *adj.* • Qui prétend résoudre les problèmes philosophiques par la science. — Subst. *La philosophie des scientistes* (ou *scientisme*).

SCIER [sje]. *v. tr.* (7) • 1° Couper avec une scie. • 2° *Vx.* Ennuyer par qqch. de monotone. ▼ **SCIERIE** [siʀi]. *n. f.* Atelier, usine où des scies mécaniques débitent le bois, la pierre, etc. ▼ **SCIEUR** [sjœʀ]. *n. m.* Celui dont le métier est de scier (la pierre, le bois). *Scieur de long*, scieur de bois de charpente, qui scie les troncs en long.

SCINDER [sɛ̃de]. *v. tr.* (1) • Couper, diviser (qqch. qui n'est pas d'ordre matériel). — *Pronom.* (emploi le plus courant). *Le parti s'est scindé en deux après le vote.*

SCINTILLATION. *n. f.* • 1° Modification rapide et répétée de l'intensité et de la coloration de la lumière des étoiles, due à sa réfraction irrégulière dans l'atmosphère. • 2° Lumière émise par une substance phosphorescente.

SCINTILLER [sɛ̃tije]. *v. intr.* (1) • 1° *(Astres).* Briller d'un éclat caractérisé par le phénomène de la scintillation. • 2° Briller d'un éclat intermittent. ▼ **SCINTILLANT, ANTE.** *adj.* et *n. m.* • 1° Qui scintille. *Lumière scintillante.* • 2° Clinquant pour décorer les arbres de Noël. ▼ **SCINTILLEMENT.** *n. m.* Éclat de ce qui scintille.

SCISSION [sisjɔ̃]. *n. f.* • Action de se scinder. V. **Division, séparation.** *La scission du parti socialiste, au congrès de Tours.* ▼ **SCISSIONNISTE.** *n.* Personne qui, dans un parti ou une assemblée, fait scission (terme de politique). V. **Dissident.**

SCISSIPARITÉ [sisipaʀite]. *n. f.* • *Didact.* Reproduction par simple division de l'organisme, chez les êtres inférieurs.

SCIURE [sjyʀ]. *n. f.* • Poussière d'une matière qu'on scie, en particulier du bois.

SCLÉROSE [skleʀoz]. *n. f.* • 1° Durcissement pathologique d'un organe ou d'un tissu, due à l'hypertrophie du tissu conjonctif. • 2° *(Abstrait).* État, défaut de ce qui ne sait plus évoluer ni s'adapter ; qui a perdu toute souplesse. V. **Vieillissement.** *La sclérose de l'enseignement.* ▼ **SCLÉROSÉ, ÉE.** *adj.* ▼ **SCLÉROSER (SE).** *v. pron.* (1) • 1° Se durcir, être atteint de sclérose (organe, tissu). • 2° *(Abstrait).* Se figer, ne plus évoluer. *Un parti, une bureaucratie qui se sclérose.*

SCLÉROTIQUE [skleʀɔtik]. *n. f.* • Membrane fibreuse qui entoure le globe oculaire avec une ouverture dans laquelle se trouve la cornée (terme d'anatomie). V. **Blanc** (de l'œil).

SCOLAIRE [skɔlɛʀ]. *adj.* • 1° Relatif ou propre aux écoles, à l'enseignement et aux élèves. *Établissement, groupe scolaire. Année scolaire*, période allant de la rentrée à la fin des classes. *Âge scolaire*, âge légal de l'obligation scolaire. • 2° *Péj.* Qui évoque les exercices de l'école, qui a qqch. de livresque. *Cet exposé est trop scolaire.* ▼ **SCOLARISER.** *v. tr.* (1). Soumettre à un enseignement scolaire régulier. ▼ **SCOLARISATION.** n. f. *La scolarisation des jeunes Africains.* ▼ **SCOLARITÉ.** *n. f.* Le fait de suivre régulièrement les cours d'un établissement d'enseignement. *Certificat de scolarité.* — Temps pendant lequel joue l'obligation scolaire. *Prolongation de la scolarité jusqu'à 16 ans.*

SCOLASTIQUE [skɔlastik]. *n.* et *adj.* • *Didact.* ★ **I.** *N.* • 1° *N. f.* Philosophie et théologie enseignées au moyen âge par l'Université ; enseignement et méthode qui s'y rapportent. • 2° *N. m.* Celui qui enseignait la scolastique. ★ **II.** *Adj.* Relatif ou propre à la scolastique. — Qui rappelle la scolastique décadente, par le formalisme, la logomachie.

SCOLIOSE [skɔljoz]. *n. f.* • Déviation latérale de la colonne vertébrale.

1. SCOLOPENDRE [skɔlɔpɑ̃dʀ(ə)]. *n. f.* • Fougère à feuilles coriaces, qui croît sur les rochers, les vieux murs.

2. SCOLOPENDRE. *n. f.* • Animal arthropode, au corps formé de 21 anneaux portant chacun une paire de pattes. V. **Mille-pattes.**

SCOOTER [skutœʀ ; skutɛʀ]. *n. m.* • Motocycle léger, caréné, à cadre ouvert.

-SCOPE, -SCOPIE. • Éléments de mots savants, servant à désigner des instruments et techniques d'observation. ▼ **SCOPIE.** *n. f.* Abrév. de *Radioscopie.*

SCORBUT [skɔʀbyt]. *n. m.* • Maladie provoquée par l'absence ou l'insuffisance dans l'alimentation des vitamines C. ▼ **SCORBUTIQUE.** *adj.*

SCORE [skɔʀ]. *n. m.* • Marque, décompte des points au cours d'un match ; résultat indiqué par la marque.

SCORIES [skɔʀi]. *n. f. pl.* • 1° Résidu solide provenant de la fusion de minerais métalliques, de l'affinage des métaux, de la combustion de la houille, etc. • 2° Matières volcaniques ressemblant au mâchefer. • 3 *(Abstrait)*. Déchets, partie médiocre o mauvaise.

SCORPION [skɔʀpjɔ̃]. *n. m.* • Petit animal (famille des araignées) dont la queue est armée d'un aiguillon crochu et venimeux. — Huitième signe du zodiaque.

SCOTCH [skɔtʃ]. *n. m.* • 1° Whisky écossais. • 2° (Nom déposé). Ruban adhésif transparent.

SCOUT [skut]. *n.* et *adj.* • Jeune qui fait partie d'une organisation de scoutisme. — Adj. *Un camp scout. Fraternité scoute.* ▼ **SCOUTISME.** *n. m.* Mouvement éducatif destiné à compléter la formation que l'enfant reçoit dans sa famille et à l'école, en offrant aux jeunes des activités de plein air et des jeux.

SCRIBE [skʀib]. *n. m.* • 1° Celui qui écrivait les textes officiels, copiait les écrits, dans des civilisations sans imprimerie et où les lettrés étaient rares. • 2° Clerc de la classe sacerdotale juive qui, vers le temps de Jésus, était docteur de la Loi et maître d'école.

SCRIBOUILLARD [skʀibujaʀ]. *n. m.* • *Péj.* Petit employé de bureau. V. **Gratte-papier.**

SCRIPT [skʀipt]. *n. m.* • Type d'écriture à la main, proche des caractères d'imprimerie.

SCRIPT-GIRL [skʀiptgœʀl]. *n. f.* • Auxiliaire féminin du réalisateur et du directeur de production, responsable de la continuité du film (les scènes étant tournées séparément et sans ordre). *Abrév.* La SCRIPT.

SCROFULEUX, EUSE [skʀɔfylø, øz]. *adj.* • 1° *Vx.* Qui a des écrouelles. • 2° Lymphatique et prédisposé aux affections tuberculeuses de la peau, des muqueuses. *Enfant scrofuleux.*

SCRUPULE [skʀypyl]. *n. m.* • 1° Incertitude d'une conscience exigeante sur la conduite à adopter ; inquiétude sur un point de morale. V. **Cas** (de conscience). *Être dénué de scrupules, sans scrupules,* agir sans se poser de problèmes moraux. *Les scrupules ne l'étouffent pas. Je ne me ferais aucun scrupule de...,* je n'hésiterais pas à... • 2° Exigence morale très poussée ; tendance à juger avec rigueur sa propre conduite. *Exactitude poussée jusqu'au scrupule.* ▼ **SCRUPULEUX, EUSE.** *adj.* • 1° Qui a fréquemment des scrupules, qui est exigeant sur le plan moral. V. **Consciencieux.** — *(Choses)* Qui témoigne d'une grande exigence morale. • 2° Qui respecte strictement les règles qu'il s'impose dans son action, son travail. *Un élève, un employé scrupuleux.* ▼ **SCRUPULEUSEMENT.** *adv.*

SCRUTATEUR, TRICE [skʀytatœʀ, tʀis]. *adj.* et *n.* ★ **I.** Adj. *Littér.* Qui examine attentivement. *Un regard scrutateur.* ★ **II.** *N. m.* Personne appelée à participer au dépouillement d'un scrutin.

SCRUTER [skʀyte]. *v. tr.* (1) • Examiner avec une grande attention, fouiller du regard, pour découvrir ce qui est caché. *Les observateurs scrutaient la crête.*

SCRUTIN [skʀytɛ̃]. *n. m.* • 1° Vote au moyen de bulletins déposés dans un récipient fermé d'où on les tire ensuite pour les compter. • 2° L'ensemble des opérations électorales ; modalité particulière des élections. *Ouverture, clôture d'un scrutin. Scrutin uninominal,* où l'électeur désigne un seul candidat. *Scrutin de liste,* utilisé pour la représentation proportionnelle.

SCULPTER [skylte]. *v. tr.* (1) • 1° Produire (une œuvre d'art) par l'un des procédés de la sculpture. • 2° Façonner (une matière dure) par une des techniques de la sculpture. ▼ **SCULPTEUR.** *n. m.* Personne qui pratique l'art de la sculpture.

SCULPTURE [skyltyʀ]. *n. f.* 1° Représentation d'un objet dans l'espace, au moyen d'une matière à laquelle on impose une forme esthétique ; ensemble des techniques qui permettent cette représentation. *La sculpture grecque, romane.* • 2° Œuvre sculptée (V. **Statue**). ▼ **SCULPTURAL, ALE, AUX.** *adj.* • 1° Relatif à la sculpture. V. **Plastique.** • 2° Dont les formes rappellent la sculpture classique. *Une beauté sculpturale.*

SE [s(ə)] ou **S'.** *pron. pers.* • Pronom personnel réfléchi de la 3ᵉ personne du sing. et du plur. *Il se lave. Elle se donne de la peine. Ils se sont rencontrés. Ils se sont donné des coups. Les coups qu'ils se sont donnés.* — (Impers.) *Cela ne se fait pas. Comment se fait-il que... ?*

SÉANCE [seɑ̃s]. *n. f.* • 1° Réunion des membres d'un corps constitué siégeant en vue d'accomplir certains travaux ; durée réglée de cette réunion. — *Être en séance. Ouvrir, lever la séance.* • 2° *Loc. adv.* SÉANCE TENANTE : immédiatement et sans retard. *Il a obéi séance tenante.* • 3° Durée déterminée consacrée à une occupation qui réunit deux ou plusieurs personnes. *Une séance de travail.* • 4° Temps consacré à certains spectacles. Le spectacle lui-même. *Première, deuxième séance dans une salle de cinéma.* • 5° Spectacle donné par qqn qui se comporte de façon bizarre ou insupportable. *Il nous a fait une de ces séances !*

1. SÉANT [seɑ̃]. *n. m.* • Loc. *Se dresser sur son séant,* s'asseoir brusquement, en parlant d'une personne qui était allongée, couchée.

2. SÉANT, ANTE [seɑ̃, ɑ̃t]. *adj.* • *Littér.* Qui sied, est convenable. *Il n'est pas séant de quitter déjà l'assemblée.*

SEAU [so]. *n. m.* • Récipient cylindrique muni d'une anse servant à transporter des liquides ou diverses matières. *Seau de toilette. Seau à charbon. Seau à glace,* servant à faire rafraîchir les vins. — Son contenu. Fam. *Il pleut à seaux,* abondamment.

SÉBILE [sebil]. *n. f.* • Petite coupe de bois pour mendier de l'argent.

SÉBUM [sebɔm]. *n. m.* • Matière grasse sécrétée par la peau en certains endroits du corps, par les glandes dites *sébacées.*

SEC, SÈCHE [sɛk, sɛʃ]. *adj.* ★ **I.** • 1° Qui n'est pas ou peu imprégné de liquide. ‖ Contr. **Humide, mouillé.** ‖ *Du bois sec.* — Sans humidité atmosphérique, sans pluie. *Un froid sec.* — *Avoir la gorge sèche,* avoir soif. • 2° Loc. *N'avoir plus un poil de sec,* transpirer abondamment. — *Regarder d'un œil sec,* sans être ému. — *C'est une perte sèche,* sans compensation. — Pop. *L'avoir sec*, éprouver une contrariété. • 3° Déshydraté, séché en vue de la conservation. *Raisins secs.* • 4° Qui n'est pas accompagné du liquide auquel il est généralement associé. *Mur de pierres sèches*, sans ciment. *Toux sèche*, sans crachements. • 5° Qui a peu de graisse, qui est peu charnu. *Un petit vieillard tout sec.* Loc. *Il est sec comme un coup de trique.* • 6° Qui manque de moelleux ou de douceur. *Une voix sèche. Coup sec*, rapide et bref. *Tissu sec*, à tissage bien marqué. — *Vin sec*, peu sucré (*opposé à* vin doux). ★ **II.** *(Abstrait).* • 1° Qui manque de sensibilité, de gentillesse. V. **Dur.** *Un cœur sec. Répondre d'un ton sec*, cassant, désobligeant. • 2° Qui manque de grâce, de charme. V. **Austère.** *Un style un peu sec.* • 3° Fam. *Rester sec*, ne savoir que répondre. ★ **III.** *N. m.* • 1° Sécheresse ; endroit sec. *Le sec et l'humide. Une chose à tenir au sec.* • 2° À SEC : sans eau. *Le torrent est à sec.* — *Fam.* Sans argent. ★ **IV.** *Adv.* • 1° *Boire sec*, ne pas mettre d'eau dans son vin, être buveur. • 2° Rudement et rapidement. *Boxeur qui frappe sec.* • 3° Loc. adv. *Pop.* AUSSI SEC : immédiatement, sans hésiter et sans tarder.

SÉCANTE [sekɑ̃t]. *n. f.* • Droite qui coupe une ligne courbe en un ou plusieurs points.

SÉCATEUR [sekatœʀ]. *n. m.* • Gros ciseaux à ressort servant au jardinage.

SECCOTINE [sekɔtin]. *n. f.* • Colle forte (marque déposée).

SÉCESSION [sesesjɔ̃]. *n. f.* • Action par laquelle une partie de la population d'un État se sépare de l'ensemble de la collectivité en vue de former un État distinct. V. **Dissidence.** *La guerre de Sécession*, entre le Nord et le Sud des États-Unis. ▼ **SÉCESSIONNISTE.** *adj.*

SÉCHAGE [seʃaʒ]. *n. m.* • Action de faire sécher.

SÈCHE [sɛʃ]. *n. f.* • *Pop.* Cigarette.

SÈCHEMENT [sɛʃmɑ̃]. *adv.* • 1° D'une manière sèche, sans douceur. *Frapper sèchement la balle.* • 2° Avec froideur, dureté. *Il a répliqué sèchement.*

SÉCHER [seʃe]. *v.* (6) ★ **I.** *V. tr.* • 1° Rendre sec. V. **Dessécher.** ‖ Contr. **Mouiller.** ‖ *Le froid sèche la peau.* — Pronom. *Il se séchait avec sa serviette.* V. **Essuyer** (s'). — *Du poisson séché*, déshydraté. • 2° *Fam.* Manquer volontairement et sans être excusé (un cours, la classe...). *Il sèche le cours pour aller au cinéma.* ★ **II.** *V. intr.* • 1° Devenir sec par une opération ou naturellement. *Mettre à sécher du linge.* • 2° *(Abstrait).* Dépérir, languir. *Il sèche d'impatience.* — Loc. *Sécher sur pied* (comme une plante), s'ennuyer, se morfondre. • 3° Fam. *(Candidat).* Rester sec, être embarrassé pour répondre. *Il a séché en histoire.*

SÉCHERESSE [sɛ(e)ʃʀɛs]. *n. f.* • 1° État de ce qui est sec, de ce qui manque d'humidité. V. **Aridité.** — Temps sec, absence ou insuffisance des pluies. • 2° *Littér.* Dureté, insensibilité. • 3° Caractère de ce qui manque de charme, de richesse. *La sécheresse du style.*

SÉCHOIR [seʃwaʀ]. *n. m.* • 1° Local ou dispositif permettant de faire sécher (des matières ou objets divers). • 2° Appareil servant à faire sécher des matières humides par évaporation accélérée. *Séchoir à air chaud, électrique. Les séchoirs du coiffeur.*

SECOND, ONDE [s(ə)gɔ̃, ɔ̃d]. *adj.* et *n.* ★ **I.** *Adj.* et *n.* • 1° Qui vient après une chose de même nature ; qui suit le premier. V. **Deuxième.** *Pour la seconde fois. En second lieu*, après, ensuite, d'autre part. V. **Deuxièmement.** *Habiter au second étage*, ou subst. *au second. Passer la seconde vitesse*, ou subst. *la seconde.* • 2° Qui n'a pas la primauté, qui vient après le plus important, le meilleur (*opposé à* premier). *Article de second choix. Billet de seconde classe*, ou subst. *de seconde.* — EN SECOND *(loc. adv.)* : en tant que second dans un ordre, une hiérarchie. *Passer en second*, passer après. • 3° Qui constitue une nouvelle forme d'une chose unique. V. **Autre.** *L'habitude est une seconde nature.* — *Subst.* et *littér.* SANS SECOND, SANS SECONDE : sans pareil, inégalable. • 4° *État second*, état pathologique d'une personne qui se livre à une activité étrangère à sa personnalité manifeste, et généralement oubliée lorsque cet état cesse. ★ **II.** *N. m.* Celui qui aide qqn. V. **Adjoint, assistant, collaborateur.** — Officier de marine qui commande à bord, immédiatement après le commandant.

SECONDAIRE [s(ə)gɔ̃dɛʀ]. *adj.* • 1° Qui ne vient qu'au second rang, est de moindre importance. ‖ Contr. **Capital.** ‖ *Il joue un rôle tout à fait secondaire.* • 2° Qui constitue un second ordre dans le temps. ‖ Contr. **Primaire.** ‖ *Enseignement secondaire.* — *Ère secondaire*, et subst. *Le secondaire*, ère géologique qui succède au primaire, comprenant le trias, le jurassique et le crétacé. • 3° Qui se produit en un deuxième temps, une deuxième phase dérivant de la première. *Effets secondaires d'une réaction chimique.* — *Secteur secondaire*, et subst. *Le secondaire*, les activités productrices de matières transformées (*opposé à* Primaire et Tertiaire).

SECONDE [s(ə)gɔ̃d]. *n. f.* • 1° Soixantième partie de la minute. — Temps très bref. V. **Instant.** *Je reviens dans une seconde. Une seconde !* attendez un instant. • 2° Unité d'angle égale au 1/60 de la minute, au 1/3 600 du degré.

SECONDEMENT [səgɔ̃dmɑ̃]. *adv.* • Deuxièmement.

SECONDER [s(ə)gɔ̃de]. *v. tr.* (1) • 1° Aider (qqn) en tant que second. V. **Assister.** • 2° Favoriser (les actions de qqn). *J'ai secondé ses démarches.*

SECOUER [s(ə)kwe]. *v. tr.* (1) • 1° Remuer avec force, dans un sens puis dans l'autre (et généralement à plusieurs reprises). V. **Agiter.** *Secouez le flacon. La voiture nous secouait.* • 2° Mouvoir brusquement et à plusieurs reprises (une partie de son corps). *Secouer la tête*, en signe d'assentiment, de doute. V. **Hocher.** • 3° Se débarrasser de (qqch.) par des mouvements vifs et répétés. *Secouez la neige de votre manteau.* — Loc. *Secouer le joug*, se libérer de l'oppression. • 4° Ébranler par une commotion, une vive impression. *Cette opération l'a bien secoué*

— Fam. *Secouer qqn, lui secouer les puces*, le réprimander, l'inciter à l'action. — Pronom. *Se secouer*, sortir de son apathie, faire un effort. *Allons, secoue-toi !*

SECOURIR [s(ə)kuʀiʀ]. *v. tr.* (11) • *Littér.* Aider (qqn) à se tirer d'un danger pressant ; assister dans le besoin. ▼ **SECOURABLE.** adj. *Littér.* Qui secourt, aide volontiers les autres. Loc. *Prêter une main secourable.*

SECOURISTE [s(ə)kuʀist(ə)]. *n.* • Personne qui fait partie d'une organisation de secours aux blessés, victimes d'accidents, où l'on applique un ensemble de méthodes de sauvetage (dit *secourisme*).

SECOURS [s(ə)kuʀ]. *n. m.* • 1° Tout ce qui sert à qqn pour sortir d'une situation difficile, et qui vient d'un concours extérieur. V. **Aide, appui, assistance, soutien.** *Au secours !* cri d'appel à l'aide. *Porter secours à qqn. Je vais à votre secours.* • 2° Aide matérielle ou financière. *Associations de secours mutuel*, d'assistance et de prévoyance. *Envoyer des secours à des sinistrés*, des dons. • 3° Aide militaire, moyens de défense ; troupe envoyée pour aider la résistance (V. **Renfort**). • 4° Soins qu'on donne à un malade, à un blessé dans un état dangereux. *Premiers secours aux noyés. Poste de secours*, où l'on peut trouver médicaments, soins, etc. • 5° Aide surnaturelle. *Les secours de la religion*, les sacrements. • 6° *(Choses).* DE SECOURS : qui est destiné à servir en cas de nécessité, d'urgence, de danger. *Sortie de secours. Roue de secours*, de rechange.

SECOUSSE [s(ə)kus]. *n. f.* • 1° Mouvement brusque qui ébranle, met en mouvement un corps. V. **Choc.** *Une violente secousse. Secousses telluriques*, séismes. • 2° Choc psychologique. *Ça été pour lui une terrible secousse.* • 3° Loc. *Par secousses*, d'une manière irrégulière ; par accès. — Fam. *Il n'en fiche pas une secousse*, il ne fait rien.

1. SECRET, ÈTE [səkʀɛ, ɛt]. *adj.* • 1° Qui n'est connu que d'un nombre limité de personnes ; qui est ou doit être caché au public. *Garder, tenir une chose secrète. Des documents secrets.* V. **Confidentiel.** — POLICE SECRÈTE, ou *subst.* LA SECRÈTE : l'ensemble des policiers en civil dépendant de la Sûreté nationale, de la Préfecture de police. V. *aussi* **Parallèle.** *Un agent secret, des services secrets.* • 2° Qui appartient à un domaine réservé, ésotérique. *Rites secrets.* • 3° Qui n'est pas facile à trouver. V. **Dérobé, caché.** *Un tiroir secret.* • 4° Qui ne se manifeste pas, qui correspond à une réalité profonde. V. **Intérieur.** *Sa vie, ses pensées secrètes.* V. **Intime.** • 5° (Personnes). *Littér.* Qui ne se confie pas, sait se taire. V. **Renfermé, réservé.** *Un homme secret et silencieux.*

2. SECRET [s(ə)kʀɛ]. *n. m.* • 1° Ensemble de connaissances, d'informations qui doivent être réservées à quelques-uns et que le détenteur ne doit pas révéler. *J'ai gardé le secret qu'il m'avait confié. Je n'ai pas de secret pour vous*, je ne vous cache rien. *C'est un secret*, je ne peux vous le dire. Loc. *C'est le secret de Polichinelle*, un faux secret, connu de tous. — *Un secret d'État*, information dont la divulgation, nuisible aux intérêts de l'État, est punie. • 2° DANS LE SECRET DE : au courant de (une chose réservée). *Il m'a mis dans le secret.* • 3° Ce qui ne peut pas être connu ou compris. V. **Mystère.** *Les secrets de la nature.* • 4° Explication, raison cachée. *Trouver le secret de l'affaire.* V. **Clef.** • 5° Moyen pour obtenir un résultat, connu seulement de quelques personnes qui se refusent à le répandre. *C'est le secret de la fortune. Un secret de fabrication.* Loc. *Une de ces formules dont il avait le secret*, qu'il était seul à trouver. • 6° EN SECRET : dans une situation où l'on n'est pas observé. • 7° AU SECRET : dans un lieu caché, sans communication avec l'extérieur. *L'espion a été mis au secret.* • 8° Discrétion, silence sur une chose qui a été confiée ou que l'on a apprise. *Le ministre a exigé le secret absolu. Secret professionnel*, obligation (pour les médecins, avocats,...) de ne pas divulguer des faits confidentiels appris dans l'exercice de la profession.

1. SECRÉTAIRE [s(ə)kʀetɛʀ]. *n. m.* et *f.* • 1° Nom donné à divers personnages qui relevaient directement d'une haute autorité politique. — SECRÉTAIRE D'ÉTAT : titre de celui qui remplit la charge de chef politique d'un département ministériel. SECRÉTAIRE D'AMBASSADE : agent diplomatique d'un grade inférieur à celui d'ambassadeur. • 2° Celui qui s'occupe de l'organisation et du fonctionnement (d'une assemblée, d'une société, d'un service administratif). *Le secrétaire perpétuel de l'Académie française. Le secrétaire d'une section, d'une fédération* (politique, syndicale). — *Secrétaire général*, titre de certains fonctionnaires ou cadres qui assistent un directeur, un président. • 3° Employé(e) capable d'assurer la rédaction du courrier, de répondre aux communications téléphoniques, etc., pour le compte d'un patron. *Une secrétaire de direction. Secrétaire médicale*, qui assiste un médecin, un dentiste.

2. SECRÉTAIRE. *n. m.* • Meuble à tiroirs destiné à ranger des papiers et qui comprend un panneau qu'on peut rabattre et qui sert de table à écrire.

SECRÉTARIAT [s(ə)kʀetaʀja]. *n. m.* • 1° Fonction, temps de fonction d'un secrétaire. • 2° Services dirigés par un secrétaire (dans une administration, une assemblée, une société). — Le personnel d'un tel service. • 3° Métier de secrétaire (3°). *École de secrétariat.*

SECRÈTEMENT [səkʀɛtmɑ̃]. *adv.* • 1° D'une manière secrète, en secret. V. **Cachette** (en), **clandestinement, furtivement.** • 2° *Littér.* D'une manière non apparente, sans rien exprimer. *Il était secrètement déçu.*

SÉCRÉTER [sekʀete]. *v. tr.* (6) • Produire (une substance) par sécrétion. — (Abstrait) *Cette maison sécrétait l'ennui.*

SÉCRÉTION. *n. f.* • 1° Phénomène physiologique par lequel un tissu produit une substance spécifique. *Glandes à sécrétion interne, externe.* • 2° La substance ainsi produite (diastase, hormone, etc.).

SECTAIRE [sɛktɛʀ]. *n.* et *adj.* • Personne qui professe des opinions étroites, fait preuve d'intolérance (en politique, religion, philosophie). V. **Fanatique.** — Adj. *Une attitude sectaire.* ▼ **SECTARISME.** *n. m.*

SECTE [sɛkt(ə)]. *n. f.* • 1° Groupe organisé de personnes qui ont une même doctrine au sein d'une religion. • 2° *Péj.* Coterie, clan. ▼ **SECTATEUR, TRICE.** n. *Vx.* Adepte, partisan.

SECTEUR [sɛktœʀ]. *n. m.* • 1° Partie d'un front ou d'un territoire qui constitue le terrain d'opération d'une unité, en position défensive. — *Fam.* Endroit. *Il va falloir changer de secteur.* • 2° Division artificielle d'un territoire (en vue d'organiser une action d'ensemble, de répartir les tâches). V. **Zone.** — Subdivision administrative (d'une ville). — Subdivision d'un réseau de distribution d'électricité. • 3° Ensemble d'activités et d'entreprises qui ont un objet commun ou entrent dans la même catégorie. *Secteur privé*, ensemble des entreprises privées. *Secteur public*, ensemble des entreprises qui dépendent d'une collectivité publique, de l'État. • 4° *Secteur de cercle*, en géométrie, portion délimitée par deux rayons et l'arc de cercle correspondant.

SECTION [sɛksjɔ̃]. *n. f.* ★ **I.** • 1° Élément, partie (d'un groupe, d'un ensemble). *La section locale d'un parti.* — Subdivision d'une compagnie ou d'une batterie (de trente à quarante hommes). *Une section d'infanterie.* • 2° Partie (d'une ligne d'autobus, de tramway) qui constitue une unité pour le calcul du prix. • 3° Ensemble d'instruments dans un orchestre de jazz. *La section rythmique, mélodique.* ★ **II.** • 1° Figure géométrique produite par l'intersection de deux autres. *Sections coniques*, ellipse, hyperbole, parabole. • 2° Manière dont une chose est coupée. Aspect qu'elle présente à l'endroit où elle est coupée. V. **Coupe.**

SECTIONNER [sɛksjɔne]. *v. tr.* (1) • 1° Diviser (un ensemble) en plusieurs sections. V. **Fractionner.** • 2° Couper net. Couper accidentellement. *Il a eu un doigt sectionné par la machine.* ▼ **SECTIONNEMENT.** *n. m.*

SÉCULAIRE [sekylɛʀ]. *adj.* • Qui existe depuis un siècle (V. **Centenaire**), plusieurs siècles.

SÉCULIER, IÈRE [sekylje, jɛʀ]. *adj.* • 1° Qui appartient au « siècle » (4°), à la vie laïque (*opposé à* ecclésiastique). V. **Laïque.** • 2° Qui vit dans le siècle, dans le monde (*opposé à* régulier). *Le clergé séculier.* — Subst. *Un séculier*, un prêtre séculier (*opposé à* moine, religieux). ▼ **SÉCULARISER.** *v. tr.* (1). Faire passer à l'état séculier (terme de religion).

SECUNDO [s(ə)gɔ̃do]. *adv.* • En second lieu (s'emploie en corrélation avec *primo*). V. **Deuxièmement.**

SÉCURITÉ [sekyʀite]. *n. f.* • 1° État d'esprit confiant et tranquille de celui qui qui se croit à l'abri du danger. V. **Assurance, tranquillité.** *Sentiment de sécurité.* • 2° Situation tranquille qui résulte de l'absence réelle de danger. *Être en sécurité.* V. **Abri** (à l'). *Rechercher la sécurité matérielle, la sécurité de l'emploi.* — Cette situation dans la mesure où elle dépend de conditions politiques, d'une organisation collective. *La sécurité nationale, internationale. Conseil de sécurité*, un des organes principaux de l'O.N.U. • 3° *Sécurité sociale*, organisation destinée à garantir les travailleurs contre les risques (maladies, accidents...). • 4° DE SÉCURITÉ : se dit de choses capables d'assurer la sécurité des intéressés. V. **Sûreté.** *Ceinture de sécurité* (pour automobiliste). ▼ **SÉCURISER.** *v. tr.* (1). *Psychol.* Rassurer.

SÉDATIF [sedatif]. *n. m.* • *Didact.* Remède calmant.

SÉDENTAIRE [sedɑ̃tɛʀ]. *adj.* • 1° Qui se passe, s'exerce dans un même lieu, n'entraîne aucun déplacement. *Une vie, une profession sédentaire.* • 2° *(Personnes).* Qui ne quitte guère son domicile. V. **Casanier.** — (*Opposé à* nomade) *Une population sédentaire.*

SÉDIMENT [sedimɑ̃]. *n. m.* • 1° Dépôt dû à la précipitation de matières en suspension ou en dissolution dans un liquide. • 2° *(Surtout au plur.).* Dépôt naturel dont la formation est due à l'action des agents externes. V. **Alluvion.** *Les sédiments glaciaires.* ▼ **SÉDIMENTAIRE.** *adj.* Produit ou constitué par un sédiment. ▼ **SÉDIMENTATION.** *n. f.* • 1° Formation de sédiment. *Sédimentation sanguine*, chute des hématies qui forment un dépôt. • 2° Formation des sédiments.

SÉDITION [sedisjɔ̃]. *n. f.* • *Littér.* Révolte concertée contre l'autorité publique. V. **Insurrection, révolte.** ▼ **SÉDITIEUX, EUSE.** adj. *Littér.* Qui prend part à une sédition. V. **Factieux.** — Qui tend à la sédition. *Attroupements séditieux.*

SÉDUCTEUR [sedyktœʀ]. *n. m.* • Celui qui séduit une fille, une femme ; celui qui fait habituellement des conquêtes. V. **Don Juan.**

SÉDUCTION [sedyksjɔ̃]. *n. f.* • 1° Action de séduire, d'entraîner. V. **Attirance, fascination.** *Exercer une séduction irrésistible.* • 2° Charme ou attrait. *Les séductions de la nouveauté.*

SÉDUIRE [sedɥiʀ]. *v. tr.* (38). [p. p. *séduit.*] • 1° Gagner (qqn), en persuadant ou en touchant, en employant tous les moyens de plaire. V. **Conquérir.** ‖ Contr. **Déplaire.** ‖ *Elle séduit tous les hommes. Il a séduit jusqu'à ses adversaires.* • 2° Amener (une femme) à des rapports sexuels hors mariage. *Elle a été séduite et abandonnée avec son enfant.* • 3° *(Choses).* Attirer de façon puissante, irrésistible. V. **Captiver, charmer, fasciner, plaire.** *J'avoue que ses projets m'ont séduit.* ▼ **SÉDUISANT, ANTE.** *adj.* • 1° Qui séduit, ou peut séduire (1°) grâce à son charme. V. **Charmant.** *Une femme très séduisante.* • 2° *(Choses).* Qui attire ou tente fortement. *Ce sont des théories plus séduisantes que solides.*

SEGMENT [sɛgmɑ̃]. *n. m.* • 1° Portion (d'une figure géométrique). *Segment de droite, de cercle.* • 2° Partie (d'un organe) distincte des autres. *Les segments des membres des* *insectes*. • 3° Nom de diverses pièces mécaniques.

SEGMENTER. *v. tr.* (1) • Partager en segments. — Pronom. *L'œuf se segmente.* ▼ **SEGMENTATION.** *n. f.* Séparation spontanée des segments (d'un corps, d'un organe). — Divisions successives (de l'œuf).

SÉGRÉGATION [segʀegasjɔ̃]. *n. f.* • Séparation absolue, organisée et réglementée, de la population de couleur d'avec les Blancs (dans les écoles, les transports, les magasins, etc.). ▼ **SÉGRÉGATIONNISTE.** *adj.* et *n.* Partisan de la ségrégation.

SÉGUEDILLE [segədij]. *n. f.* • Danse espagnole, sur un rythme rapide et très marqué.

SEICHE [sɛʃ]. *n. f.* • Mollusque céphalopode à coquille interne *(os de seiche)* qui projette un liquide noirâtre pour s'abriter en cas d'attaque.

SEIGLE [sɛgl(ə)]. *n. m.* • Céréale dont les grains produisent une farine ; cette farine. *Pain de seigle.*

SEIGNEUR [sɛɲœʀ]. *n. m.* • 1° Maître, dans le système des relations féodales. *Les seigneurs féodaux.* — Plaisant. *Mon seigneur et maître*, mon mari. — PROV. *À tout seigneur tout honneur*, à chacun selon son rang, à chacun ce qu'on lui doit. • 2° Titre honorifique donné aux grands personnages de l'Ancien Régime. V. **Gentilhomme, noble.** — Ancien terme de civilité (Monsieur). • 3° Loc. *Vivre en grand seigneur*, dans le luxe. *Faire le grand seigneur*, être très généreux, ne pas compter. • 4° Nom donné à Dieu. *Notre-Seigneur Jésus-Christ. Le jour du Seigneur*, dimanche, sabbat. — *Seigneur Dieu ! Seigneur !* exclamations. ▼ **SEIGNEURIAL, ALE, AUX.** adj. *Littér.* Digne d'un seigneur. V. **Noble, magnifique.** ▼ **SEIGNEURIE.** *n. f.* • 1° Pouvoir, terre des anciens seigneurs. • 2° (Précédé d'un pron. : *Votre, Sa Seigneurie*). Titres donnés autrefois à certains dignitaires.

SEIN [sɛ̃]. *n. m.* • 1° *Littér.* La partie antérieure de la poitrine. *Serrer sur, contre son sein.* — *(Abstrait)* Cœur. *Le sein de Dieu*, le paradis. *Le sein de l'Église*, communion des fidèles de l'Église catholique. • 2° Chacune des mamelles de la femme. V. *fam.* **Nichon, téton.** *Les seins.* V. **Poitrine.** *Donner le sein à un enfant*, l'allaiter. • 3° *Littér.* Partie du corps féminin où l'enfant est conçu, porté. V. **Entrailles, flanc, ventre.** • 4° *Littér.* La partie intérieure, le milieu de. *Le sein de la terre. Au sein des flots.* — *Loc.* (courant) *Au sein de*, dans. *Chaque état garde son autonomie au sein de la fédération.*

SEING [sɛ̃]. *n. m.* • *Vx.* Signature. — *Loc.* SEING PRIVÉ : signature d'un acte non enregistré devant notaire. *Acte sous seing privé.*

SÉISME [seism(ə)]. *n. m.* • *Didact.* Tremblement de terre.

SÉISM-. V. SISM-.

SEIZE [sɛz]. *adj. numér.* • Quinze plus un (16). *Elle a seize ans.* — (Ordinal) *La page seize.* — Subst. *Il habite au seize*, au numéro 16. ▼ **SEIZIÈME.** *adj.* et *n.* • 1° *Adj. numér. ord.* Dont le numéro, le rang est seize (16e). — Subst. *Le seizième*, le seizième siècle ; le seizième arrondissement de Paris. • 2° *N. m.* Fraction d'un tout divisé également en seize. ▼ **SEIZIÈMEMENT.** *adv.*

SÉJOUR [seʒuʀ]. *n. m.* • 1° Le fait de séjourner, de demeurer un certain temps en un lieu. V. **Résidence.** *On leur a accordé le droit de passage, non de séjour.* — Temps pendant lequel on séjourne. *Nous avons prolongé notre séjour à la campagne.* • 2° *Littér.* Le lieu où l'on séjourne pendant un certain temps. V. **Demeure.** *Dans ce séjour enchanteur.* ▼ **SÉJOURNER.** *v. tr.* (1) • 1° Rester assez longtemps dans un lieu pour y avoir sa demeure, sans toutefois y être fixé. V. **Habiter.** *Nous avons séjourné chez des amis, à l'hôtel.* • 2° *(Choses).* Rester longtemps à la même place. *Des fonds où l'eau séjourne.*

SEL [sɛl]. *n. m.* • 1° Substance blanche, friable, soluble dans l'eau, d'un goût piquant, et qui sert à l'assaisonnement, à la conservation des aliments (chlorure de sodium). *Sel de cuisine* (*gros sel* ou *sel fin*). • 2° *(Abstrait).* Ce qui donne du piquant, de l'intérêt. *Une plaisanterie pleine de sel.* V. **Esprit.** *Cela ne manque pas de sel.* V. **Piquant.** • 3° Composé chimique dans lequel l'hydrogène d'un acide a été (en totalité ou en partie) remplacé par un métal.

SÉLECT, ECTE [selɛkt, ɛkt(ə)]. *adj.* • *Fam.* Choisi, distingué. *Une clientèle sélecte.* V. **Chic, élégant.**

SÉLECTIF, IVE. *adj.* • 1° Qui constitue ou opère une sélection. • 2° *Poste récepteur sélectif*, doué de sélectivité.

SÉLECTION [selɛksjɔ̃]. *n. f.* • 1° Action de choisir les objets, les individus qui conviennent le mieux. *Faire, opérer une sélection. Épreuve sportive de sélection.* — *Sélection naturelle*, théorie évolutionniste selon laquelle l'élimination naturelle des individus les moins aptes dans la « lutte pour la vie » permet à l'espèce de se perfectionner de génération en génération. • 2° Ensemble des choses choisies. V. **Choix.** *Une sélection de films.*

SÉLECTIONNER. *v. tr.* (1) • Choisir par sélection. ▼ **SÉLECTIONNÉ, ÉE.** *adj.* • 1° Qui a été choisi après une épreuve. *Les joueurs sélectionnés de l'équipe de France.* • 2° *(Choses).* Qui a été trié, choisi. *Des graines sélectionnées.* ▼ **SÉLECTIONNEUR, EUSE.** *n.* Personne dont le métier est de sélectionner (des choses, des gens).

SÉLECTIVITÉ [selɛktivite]. *n. f.* • Qualité d'un récepteur de radio capable de distinguer, par une discrimination des fréquences, le signal cherché des signaux de fréquences voisines.

SÉLÉNIUM [selenjɔm]. *n. m.* • Corps simple, métalloïde qui existe sous diverses formes.

SELF-INDUCTION [sɛlfɛ̃dyksjɔ̃] ou **SELF** [sɛlf]. *n. f.* • Propriété d'un courant électrique en vertu de laquelle il tend à s'opposer à un changement de son intensité.

SELF-MADE-MAN [sɛlfmɛdman]. *n. m.* • *Anglicisme.* Homme qui ne doit sa réussite matérielle et sociale qu'à lui-même.

SELF-SERVICE [sɛlfsɛʀvis]. *n. m.* • *Anglicisme.* Magasin à libre service.

1. SELLE [sɛl]. *n. f.* • **1°** Pièce de cuir incurvée, placée sur le dos du cheval et qui sert de siège au cavalier. *Cheval de selle*, qui sert de monture. *Se mettre en selle*, monter à cheval. — Loc. *Mettre qqn en selle*, l'aider à commencer une entreprise. • **2°** Petit siège de cuir, généralement muni de ressorts, adapté à une bicyclette, une moto. • **3°** Partie de la croupe (du mouton, du chevreuil) entre le gigot et la première côte. *De la selle d'agneau.* ▼ **SELLER.** *v. tr.* (1). Munir (un cheval) d'une selle.

2. SELLE. *n. f.* • **1°** *Aller à la selle*, expulser les matières fécales. • **2°** *Les selles*, les matières fécales.

SELLERIE [sɛlʀi]. *n. f.* • **1°** Métier, commerce du sellier. • **2°** Ensemble des selles et des harnais ; lieu où on les range.

SELLETTE [sɛlɛt]. *n. f.* • **1°** Petit siège bas sur lequel on faisait asseoir les accusés pour les interroger. Fam. *Être sur la sellette*, être la personne dont on parle, qu'on juge. • **2°** Petit siège de bois suspendu à une corde, utilisé par les ouvriers du bâtiment.

SELLIER [selje]. *n. m.* • Fabricant et marchand d'ouvrages de sellerie. V. **Bourrelier.**

SELON [s(ə)lɔ̃]. *prép.* • **1°** En se conformant à, en prenant pour modèle. V. **Conformément** (à), **suivant.** *Faire qqch. selon les règles.* — En prenant (une forme), en suivant (un chemin), en obéissant à (une loi naturelle), etc. — En proportion de. *À chacun selon ses mérites.* • **2°** Si l'on se rapporte à. *Selon l'expression consacrée.* — D'après. *Il a fait, selon moi, une bêtise.* — Si l'on juge d'après tel principe, tel critère. *Selon toute vraisemblance.* • **3°** Employé dans une phrase marquant l'alternative. *C'est rapide ou lent, selon les cas. Son humeur change selon qu'on l'admire ou la critique.* • **4°** C'EST SELON : cela dépend des circonstances.

SELTZ (EAU DE) [odsɛls]. *n. f.* • Eau gazéifiée artificiellement.

SEMAILLES [s(ə)mɑj]. *n. f. pl.* • Travail qui consiste à semer ; période de l'année où l'on sème.

SEMAINE [s(ə)mɛn]. *n. f.* • **1°** Chacun des cycles de sept jours dont la succession partage conventionnellement le temps en périodes égales. *Nous vous reverrons la semaine prochaine. La semaine sainte*, semaine qui précède le jour de Pâques. • **2°** Cette période, considérée du point de vue du nombre et de la répartition des heures de travail. *La semaine de quarante heures. La semaine anglaise*, où le samedi est jour de repos. — L'ensemble des jours ouvrables. *C'est une route moins encombrée en semaine qu'au week-end.* • **3°** Période de sept jours, quel que soit le jour initial. *Ce sera fini dans une semaine.* — À LA SEMAINE : pour une période d'une semaine, renouvelable. — À LA PETITE SEMAINE : sans plan d'ensemble, sans prévisions à long terme. — ÊTRE DE SEMAINE : assurer son service à son tour, pendant une semaine. • **4°** Salaire d'une semaine de travail.

SÉMANTIQUE [semɑ̃tik]. *n. f.* et *adj.* • **1°** *N. f.* Étude du sens, de la signification, des signes, notamment dans le langage. V. **Sémiologie.** • **2°** *Adj.* Qui concerne le sens. *Analyse sémantique.*

SÉMAPHORE [semafɔʀ]. *n. m.* • **1°** Poste établi sur le littoral, permettant de communiquer par signaux optiques avec les navires. • **2°** Dispositif qui indique si une voie de chemin de fer est libre ou non.

SEMBLABLE [sɑ̃blabl(ə)]. *adj.* • **1°** *Semblable à*, qui ressemble à. V. **Analogue, comparable.** ‖ Contr. **Différent.** ‖ *Une maison banale, semblable à beaucoup d'autres.* — Qui ressemble à la chose en question. V. **Pareil.** *En semblable occasion.* • **2°** *Au plur.* Qui se ressemblent entre eux. *Triangles semblables*, qui ont leurs angles égaux, chacun à chacun, et leurs côtés homologues proportionnels. • **3°** *Littér.* De cette nature. V. **Tel.** *De semblables propos sont inadmissibles.* • **4°** *Subst.* Être, personne semblable. *Vous et vos semblables.* — Être humain considéré comme semblable aux autres. V. **Prochain.** *Indifférent au sort de ses semblables.*

SEMBLANT [sɑ̃blɑ̃]. *n. m.* • **1°** Littér. *Faux semblant*, apparence trompeuse. — *Un semblant de...*, qqch. qui n'a que l'apparence de... V. **Simulacre.** *Manifester un semblant d'intérêt.* • **2°** *Loc. verb.* FAIRE SEMBLANT DE... : se donner l'apparence de, faire comme si. V. **Feindre.** *J'ai fait semblant d'avoir oublié.* — *Ne faire semblant de rien*, feindre l'ignorance ou l'indifférence.

SEMBLER [sɑ̃ble]. *v. intr.* (1) ★ **I.** *(Suivi d'un attribut).* Avoir l'air, présenter (une apparence) pour qqn. V. **Paraître.** *Les heures m'ont semblé longues.* — *(Suivi d'un inf.)* Donner l'impression, l'illusion de... *Vous semblez le regretter.* ★ **II.** *Impers.* • **1°** (Avec adj. attribut). *Il me semble inutile de revenir là-dessus. Quand bon me semblera*, quand il me plaira. • **2°** IL SEMBLE QUE... : les apparences donnent à penser que..., on a l'impression que... *Il semble qu'il n'y a, qu'il n'y ait plus rien à faire.* • **3°** IL ME (TE...) SEMBLE QUE... : je (tu...) crois que... *Il me semble que c'est assez grave.* • **4°** IL ME (TE, LUI...) SEMBLE... (suivi de l'inf.). *Il lui semblait connaître ce garçon.* • **5°** *Littér. Que te semble de...*, que penses-tu de...

SEMELLE [s(ə)mɛl]. *n. f.* • **1°** Pièce constituant la partie inférieure de la chaussure. *Des semelles de cuir, de caoutchouc.* — Pièce découpée (de feutre, liège...) qu'on met à l'intérieur d'une chaussure. — Partie d'un bas, d'une chaussette, correspondant à la plante du pied. • **2°** Loc. *Ne pas quitter qqn d'une semelle*, rester constamment avec lui.

SEMENCE [s(ə)mɑ̃s]. *n. f.* ★ **I.** • **1°** Graines qu'on sème ou qu'on enfouit. *Trier des semences.* • **2°** *Vx.* Sperme. ★ **II.** Petit clou de tapissier.

SEMER [s(ə)me]. *v. tr.* (5) • **1°** Répandre en surface ou mettre en terre (des semences). — Loc. *Semer le bon grain*, répandre de bons principes, des idées fructueuses. *Qui sème le vent récolte la tempête*, en prêchant la révolte on risque de déchaîner des catastrophes. • **2°** Répandre en dispersant. V. **Disséminer.** — (Abstrait) *Les envahisseurs ont* *semé la ruine sur leur passage.* — SEMÉ, ÉE *de* : parsemé(e). *Une mer semée d'écueils.* • 3° *Fam.* Se débarrasser de la compagnie de (qqn qu'on devance, qu'on prend de vitesse). *Il a semé tous ses concurrents.*

SEMESTRE [s(ə)mɛstʀ(ə)]. *n. m.* • **1°** Première ou deuxième moitié d'une année (civile ou scolaire) ; période de six mois consécutifs. • **2°** Rente, pension qui se paye tous les six mois. ▼ **SEMESTRIEL, IELLE.** *adj.* Qui a lieu, se fait chaque semestre.

SEMEUR, EUSE. *n.* • **1°** Personne qui sème du grain. • **2°** *Semeur de...*, personne qui répand, propage. *Un semeur de discordes.*

SEMI-. • Élément de composés savants signifiant « à demi ».

SEMI-CIRCULAIRE [səmisiʀkylɛʀ]. *adj.* • *Canaux semi-circulaires*, tubes osseux de l'oreille interne, jouant un rôle important dans l'équilibration du corps.

SEMI-CONDUCTEUR [səmikɔ̃dyktœʀ]. *n. m.* • Conducteur électronique dont la résistance se place entre celle des métaux et celle des isolants. *Les semi-conducteurs.*

SEMI-CONSONNE [səmikɔ̃sɔn]. *n. f.* • Voyelle ou groupe vocalique qui a une fonction de consonne (*par ex. :* y [j]).

SÉMILLANT, ANTE [semijɑ̃, ɑ̃t]. *adj.* • *Littér.* D'une vivacité, d'un entrain qui se remarque. V. **Fringant.** *Une sémillante jeune personne.*

SÉMINAIRE [seminɛʀ]. *n. m.* • **1°** Établissement religieux où étudient les jeunes clercs qui doivent recevoir les ordres (dit aussi *grand séminaire*). — *Petit séminaire*, école secondaire catholique fréquentée par des élèves qui ne se destinent pas nécessairement au sacerdoce. • **2°** Groupe de travail d'étudiants. — Réunion d'ingénieurs, de techniciens, pour l'étude de certaines questions. V. **Colloque.** *Séminaire de ventes.* ▼ **SÉMINARISTE.** *n. m.* Élève d'un séminaire religieux.

SÉMINAL, ALE, AUX [seminal, o]. *adj.* • Relatif au sperme.

SÉMIO- ou **SÉMÉIO-** • Élément de mots savants, signifiant « signe, signal ». ▼ **SÉMIOLOGIE** [semjɔlɔʒi]. *n. f.* • **1°** Partie de la médecine qui étudie les signes des maladies. • **2°** Science étudiant les systèmes de signes (langage et autres systèmes). *La sémiologie du geste.* ▼ **SÉMIOLOGIQUE.** *adj.* ▼ **SÉMIOTIQUE** [semjɔtik]. *n. f.* et *adj.* Sémiologie (2°). — *Adj.* Sémiologique.

SEMI-REMORQUE [səmiʀ(ə)mɔʀk(ə)]. *n. f.* • Remorque de camion dont la partie antérieure, sans roues, s'adapte au dispositif de traction ; ensemble formé par cette remorque et le tracteur. *Des semi-remorques.*

SEMIS [s(ə)mi]. *n. m.* • **1°** Action, manière de semer, en horticulture. • **2°** Terrain ensemencé de jeunes plantes qui y poussent. • **3°** Ornement fait d'un petit motif répété.

SÉMITE [semit]. *n.* • **1°** Nom donné à différents peuples appartenant à un groupe ethnique originaire d'Asie occidentale et parlant des langues apparentées dites *sémitiques* (arabe, hébreu, araméen, etc.). • **2°** *(Abusiv.).* Juif. (Cf. Antisémite.)

SEMOIR [səmwaʀ]. *n. m.* • Machine agricole destinée à semer le grain.

SEMONCE [səmɔ̃s]. *n. f.* • **1°** Ordre donné à un navire de montrer ses couleurs, de s'arrêter. *Coup de semonce*, coup de canon appuyant cet ordre. • **2°** Avertissement sous forme de reproches. V. **Réprimande.**

SEMOULE [s(ə)mul]. *n. f.* • Farine granulée qu'on tire des blés durs. *Gâteau de semoule.*

SEMPITERNEL, ELLE [sɛ̃pitɛʀnɛl]. *adj.* • Continuel et lassant. V. **Perpétuel.** *Il nous ennuie avec ses sempiternels reproches.* ▼ **SEMPITERNELLEMENT.** *adv.*

SÉNAT [sena]. *n. m.* • **1°** Conseil souverain de la Rome antique (dont les empereurs limitèrent considérablement les pouvoirs). V. **Curie.** • **2°** Nom donné à certains anciens conseils ou assemblées. • **3°** Assemblée législative élue au suffrage indirect ou dont les membres représentent des collectivités territoriales ; l'édifice où elle siège. ▼ **SÉNATEUR.** *n. m.* Membre d'un sénat. ▼ **SÉNATORIAL, ALE, AUX** [senatɔʀjal, o]. *adj.* Relatif à un sénat, aux sénateurs.

SENATUS-CONSULTE [senatyskɔ̃syl-t(ə)]. *n. m.* • Décret, décision du sénat romain. — (Consulat, Empire) Acte émanant du sénat et qui avait force de loi.

SÉNÉCHAL, AUX [seneʃal, o]. *n. m.* • Nom donné autrefois à divers officiers royaux.

SÉNESCENCE [senesɑ̃s]. *n. f.* • *Didact.* Ralentissement de l'activité vitale chez les individus âgés. V. **Vieillissement.**

SÉNEVÉ [sɛnve]. *n. m.* • Moutarde sauvage ; graine de cette plante.

SÉNILE [senil]. *adj.* • De vieillard, propre à la vieillesse. *Une voix sénile.* ▼ **SÉNILITÉ.** *n. f.* Ensemble des aspects pathologiques caractéristiques de la vieillesse avancée.

SENIOR [senjɔʀ]. *n.* et *adj.* • Sportif qui cesse d'être junior et appartient à la catégorie normale.

1. SENS [sɑ̃s]. *n. m.* ★ **I.** • **1°** Faculté d'éprouver les impressions que font les objets matériels, correspondant à un organe récepteur spécifique. *Les cinq sens traditionnels* (vue, ouïe, odorat, goût, toucher). *Reprendre (l'usage de) ses sens,* reprendre connaissance après un évanouissement, une émotion violente. • **2°** (Au plur.). *Littér.* Chez l'être humain, Instinct sexuel, besoin de le satisfaire. V. **Sensualité.** • **3°** LE SENS DE... : faculté de connaître d'une manière immédiate et intuitive. V. **Instinct.** *Un danseur qui a le sens du rythme. Vous n'avez pas le sens du ridicule.* — *Le sens moral*, la conscience morale. ★ **II.** • **1°** BON SENS : capacité de bien juger, sans passion. V. **Raison, sagesse.** *Un homme de bon sens.* — Fam. *Ça n'a pas de bon sens*, c'est déraisonnable. • **2°** SENS COMMUN : manière de juger commune et raisonnable. • **3°** *(En loc.).* Manière de juger (d'une personne). V. **Opinion, sentiment.** *À mon sens*, à mon avis. — Manière de voir. *En un sens*, d'un certain point de vue. ★ **III.** • **1°** Idée ou ensemble d'idées intelligible que représente un signe ou un ensemble de signes. V. **Signification.** *Ce symbole a un sens pro-*

fond. — Idée générale à laquelle correspond un mot (objet, sentiment, relation, etc.). V. **Acception, valeur.** *Ce mot a plusieurs sens. Sens propre, figuré.* • 2° Idée intelligible servant d'explication, de justification. *Ce qui donne un sens à la vie.*

2. SENS. *n. m.* • 1° Direction ; position d'une droite dans un plan, d'un plan dans un volume. *Dans le sens de la longueur. Tailler dans le sens du bois,* en suivant les fibres. — SENS DESSUS DESSOUS [sɑ̃dsydsu] : dans une position telle que ce qui devrait être dessus se trouve dessous et inversement ; dans un grand désordre, dans un état de confusion extrême. • 2° Ordre dans lequel un mobile parcourt une série de points ; mouvement orienté. *Voie à sens unique. Sens giratoire,* dans lequel on doit contourner un refuge. *Tourner le bouton dans le sens des aiguilles d'une montre.* • 3° *(Abstrait).* Direction que prend une activité. *Nous devons travailler dans le même sens.* — Succession ordonnée et irréversible des états (d'une chose en devenir). *Le sens de l'histoire.*

SENSATION [sɑ̃sasjɔ̃]. *n. f.* • 1° En psychologie, Phénomène à prédominance affective ou représentative, résultant d'une impression, et par lequel un sujet peut réagir à ce qui n'est pas lui. *Avoir une sensation auditive, visuelle.* • 2° État psychologique à forte composante affective (distinct du *sentiment* par son caractère immédiat et simple). V. **Émotion, impression.** *Il avait la sensation d'être traqué, qu'on le traquait.* • 3° Forte impression produite sur plusieurs personnes. *Son intervention a fait sensation.* — *Loc. adj.* À SENSATION : qui fait ou est destiné à faire sensation. *La presse à sensation.*

SENSATIONNEL, ELLE [sɑ̃sasjɔnɛl]. *adj.* • 1° Qui fait sensation (3°). *Une nouvelle sensationnelle.* • 2° *Fam.* Remarquable, d'une valeur exceptionnelle (*abrév. fam.* SENSASS [sɑ̃sas]). V. **Formidable.**

SENSÉ, ÉE [sɑ̃se]. *adj.* • Qui a du bon sens. V. **Raisonnable, sage.** — *(Choses)* Conforme à la raison. V. **Judicieux.** *Des observations justes et sensées.*

SENSIBILISER [sɑ̃sibilize]. *v. tr.* (1) • 1° Rendre sensible à l'action de la lumière (une plaque photographique). • 2° Déterminer la sensibilisation de (un organisme). • 3° Rendre (qqn, l'opinion) sensible à. *La masse n'est pas encore sensibilisée à ce problème.* ▼ **SENSIBILISATION.** *n. f.* • 1° Action de sensibiliser (une plaque photographique). • 2° Modification pathologique produite dans l'organisme par un agent physique, chimique ou biologique qui était précédemment supporté sans inconvénients. V. **Allergie, intolérance.** • 3° Action de sensibiliser (qqn, l'opinion).

SENSIBILITÉ. *n. f.* • 1° Propriété (d'un être vivant, d'un organe) de réagir d'une façon adéquate aux modifications du milieu. V. **Excitabilité.** • 2° Propriété de l'être humain sensible, traditionnellement distinguée de l'*intelligence* et de la *volonté.* V. **Affectivité, cœur.** *Une vive sensibilité. Un artiste, un ouvrage qui manque de sensibilité.* — Faculté d'éprouver la compassion, la sympathie. V. **Pitié, tendresse.** • 3° Propriété d'un objet sensible qui réagit rapidement. *La sensibilité d'une balance, d'un appareil.*

1. SENSIBLE [sɑ̃sibl(ə)]. *adj.* • 1° Capable de sensation et de perception. *Les êtres sensibles. L'oreille n'est pas sensible à certains sons.* — Que le moindre contact rend douloureux. *Endroit sensible. Il a les pieds sensibles.* • 2° Capable de sentiment, apte à ressentir profondément les impressions. *C'est un enfant très sensible.* V. **Émotif, impressionnable.** — SENSIBLE À... : qui se laisse toucher par, ressent vivement. *Je suis sensible à vos attentions.* • 3° *(Objets).* Qui réagit au contact. *Plaque sensible. Pellicule ultra-sensible.*

2. SENSIBLE. *adj.* • Qui peut être perçu et, par suite, non négligeable. V. **Appréciable, notable.** *Une baisse sensible des prix.* ▼ **SENSIBLEMENT.** *adv.* • 1° Autant que les sens ou l'intuition puissent en juger. *Nous étions sensiblement de la même taille,* à peu près de la même taille. • 2° D'une manière appréciable. V. **Notablement.**

SENSIBLERIE. *n. f.* • Sensibilité (2°) exagérée et déplacée ; compassion un peu ridicule.

SENSITIF, IVE [sɑ̃sitif, iv]. *adj.* et *n.* • 1° *Adj.* Qui transmet les sensations. *Nerfs sensitifs.* • 2° *N.* Personne particulièrement sensible, qu'un rien peut blesser.

SENSITIVE. *n. f.* • Variété de mimosa dont les feuilles se rétractent au contact.

SENSORIEL, ELLE [sɑ̃sɔʀjɛl]. *adj.* • Qui concerne la sensation (considérée sous son aspect objectif, représentatif).

SENSUALISME [sɑ̃sɥalism(ə)]. *n. m.* • Doctrine philosophique d'après laquelle toutes les connaissances viennent des sensations. ▼ **SENSUALISTE.** *adj.*

SENSUEL, ELLE [sɑ̃sɥɛl]. *adj.* • 1° Propre aux sens, émanant des sens. V. **Charnel.** *L'amour sensuel.* • 2° *(Personnes).* Porté à rechercher et à goûter tout ce qui flatte les sens (en particulier en amour). • 3° Qui annonce ou évoque un tempérament voluptueux. *Une bouche sensuelle.* ▼ **SENSUALITÉ** [sɑ̃sɥalite]. *n. f.* Tempérament, goûts d'une personne sensuelle.

SENTE [sɑ̃t]. *n. f.* • *Région.* Sentier.

SENTENCE [sɑ̃tɑ̃s]. *n. f.* • 1° Décision d'un juge, d'un arbitre. V. **Arrêt, jugement, verdict.** • 2° *Littér.* Maxime. ▼ **SENTENCIEUX, EUSE.** *adj.* Qui s'exprime comme par sentences (2°), avec qqch. de solennel et d'affecté. *Un ton sentencieux.* ▼ **SENTENCIEUSEMENT.** *adv.*

SENTEUR [sɑ̃tœʀ]. *n. f.* • *Littér.* Odeur agréable, parfum.

SENTI, IE [sɑ̃ti]. *adj.* • *Littér.* Empreint de sincérité, de sensibilité. — BIEN SENTI : exprimé avec conviction et habilement présenté. *Il a placé quelques mots bien sentis.*

SENTIER [sɑ̃tje]. *n. m.* • Chemin étroit (en montagne, à travers prés,...) pour les piétons et les bêtes. — *Loc.* (Abstrait). *Suivre les sentiers battus,* ne pas s'écarter des moyens et usages communs.

SENTIMENT [sɑ̃timɑ̃]. *n. m.* ★ **I.** • **1°** Conscience plus ou moins claire, connaissance comportant des éléments affectifs et intuitifs. V. **Impression.** *Il éprouvait un sentiment de solitude.* • **2°** Capacité d'apprécier (un ordre de choses ou de valeurs). *Il a le sentiment du comique.* • **3°** *Littér.* Avis, opinion. *C'est aussi mon sentiment.* ★ **II.** • **1°** État affectif complexe, assez stable et durable. V. **Émotion, passion.** *Le sentiment religieux, esthétique.* — Amour. *Un sentiment partagé.* Fam. *Ça n'empêche pas les sentiments,* ça ne veut pas dire qu'il n'y ait pas d'affection (souv. iron.). — *Les sentiments, les bons sentiments,* les sentiments généreux, les inclinations altruistes. — (Dans les formules de politesse) *L'expression de mes sentiments respectueux, les meilleurs.* • **2°** *Absolt.* La vie affective, la sensibilité (*opposé à* l'action *ou à* la réflexion). *Le sentiment ne suffit pas !* — Démonstrations sentimentales. *Pas tant de sentiment !* — Expression de la sensibilité. *Elle a chanté avec beaucoup de sentiment.*

SENTIMENTAL, ALE, AUX. *adj.* • **1°** Qui concerne l'amour. V. **Amoureux.** *Sa vie sentimentale est assez agitée.* • **2°** Qui provient de causes d'ordre affectif, n'est pas raisonné. *Une position plus sentimentale que politique.* • **3°** Qui est sensible, rêveur, donne de l'importance aux sentiments tendres et les manifeste volontiers. — Subst. *C'est un sentimental.* • **4°** Empreint d'une sensibilité mièvre, de sentiments romanesques. *Des romances sentimentales.* ▼ **SENTIMENTALEMENT.** *adv.* ▼ **SENTIMENTALITÉ.** *n. f.* Caractère sentimental (3° et 4°).

SENTINE [sɑ̃tin]. *n. f.* • **1°** Endroit de la cale d'un navire où s'amassent les eaux. • **2°** *Littér.* Lieu sale et humide.

SENTINELLE [sɑ̃tinɛl]. *n. f.* • Soldat qui a la charge de faire le guet devant un lieu occupé par l'armée, de protéger un lieu public, etc. V. **Factionnaire, guetteur.** *Relever les sentinelles.* — *En sentinelle,* en faction.

SENTIR [sɑ̃tiʀ]. *v. tr.* (16) ★ **I.** • **1°** Connaître, pouvoir réagir à (un objet, un fait, une qualité) par des sensations. V. **Percevoir.** *Je sens un courant d'air.* — Fam. *Ne plus sentir ses jambes,* les avoir presque insensibles à cause d'un excès de fatigue. — *Ne pas pouvoir sentir qqn,* le détester. • **2°** Avoir ou prendre conscience plus ou moins nettement de..., avoir l'intention de. V. **Pressentir.** *Il sentait le danger, que c'était grave. Ce sont des choses qu'on sent, qui se sentent.* • **3°** Avoir un sentiment esthétique de (qqch.). V. **Apprécier, goûter.** *Il en sentait la beauté.* • **4°** Être affecté agréablement ou désagréablement par (qqch.). V. **Éprouver, ressentir.** *Je ne m'en sens pas le courage, la force.* — Absolt. *Sa façon de sentir et de penser.* • **5°** *Faire sentir...,* faire qu'on se rende compte de... *Il m'a fait sentir que j'étais de trop. Se faire sentir,* devenir sensible, se manifester. *Les effets se feront bientôt sentir.* ★ **II.** • **1°** Dégager, répandre une odeur de... *Cette pièce sent le renfermé. Sentir bon, mauvais,* répandre une bonne, une mauvaise odeur. (Cf. Embaumer ; puer.) • **2°** Donner une impression de, évoquer à l'esprit l'idée de. *Des manières qui sentent le parvenu.* ★ **III.** *V. pron.* • **1°** *Ne pas se sentir de,* être transporté de... *Il ne se sentait plus de joie.* Fam. *Tu ne te sens plus ?* tu perds la tête ? — *(Avec un attribut)* Avoir l'impression, le sentiment d'être. *Il se sentait mieux.* • **2°** (Récipr.). *Ils ne peuvent pas se sentir,* ils se détestent.

SEOIR [swaʀ]. *v. intr.* (26). [3ᵉ pers. seul. prés., imp., fut., condit., et p. prés.] • *Littér.* Convenir. V. **Seyant.** — Impers. *Comme il sied.*

SÉPALE [sepal]. *n. m.* • Chaque pièce (foliole) du calice d'une fleur.

SÉPARABLE. *adj.* • Qui peut être séparé (d'autre chose, d'un ensemble).

SÉPARATEUR [sepaʀatœʀ]. *n. m.* • Appareil destiné à séparer des éléments (terme technique).

SÉPARATION [sepaʀɑsjɔ̃]. *n. f.* • **1°** Action de séparer, fait d'être séparé. *La séparation des produits de distillation. La séparation de l'Église et de l'État.* • **2°** *(Personnes).* Fait de se séparer, de se quitter (par suite d'un départ, ou d'une rupture). — *Séparation amiable,* état de deux époux qui ont convenu de vivre séparément. • **3°** Ce qui est entre deux choses pour empêcher l'union ou le contact.

SÉPARATISTE [sepaʀatist(ə)]. *n.* • Personne qui réclame une séparation d'ordre politique. V. **Autonomiste, dissident.** ▼ **SÉPARATISME.** *n. m.*

SÉPARÉMENT [sepaʀemɑ̃]. *adv.* • De façon séparée, à part l'un de l'autre. *Je les recevrai séparément.* ‖ Contr. **Ensemble.** ‖

SÉPARER [sepaʀe]. *v. tr.* (1) ★ **I.** • **1°** Faire cesser (une chose) d'être avec une autre ; faire cesser (plusieurs choses) d'être ensemble. V. **Détacher, disjoindre, isoler.** ‖ Contr. **Unir.** ‖ • **2°** Faire en sorte que (des personnes) ne soient plus ensemble, ne soient plus en contact. *On a dû la séparer de ses enfants. Des époux séparés. Vivre séparés. On a séparé les combattants.* — *(Abstrait)* Faire que (des personnes) ne soient plus ensemble. *La politique nous a séparés.* • **3°** Considérer (deux qualités ou notions) comme étant à part, comme ne devant pas être confondues. V. **Différencier, distinguer.** ‖ Contr. **Confondre.** ‖ *Vous avez tort de séparer théorie et pratique.* • **4°** *(Suj. chose).* Constituer une séparation entre (deux choses, deux personnes). *La cloison qui sépare les deux pièces.* ★ **II.** *V. pron.* • **1°** Cesser d'être avec, de vivre avec (qqn). V. **Quitter.** *Elle ne veut pas se séparer de l'enfant.* • **2°** *(Récipr.).* Cesser de vivre ensemble, de collaborer. *Ils se sont séparés à l'amiable.*

SÉPIA [sepja]. *n. f.* • **1°** Matière colorante d'un brun très foncé. • **2°** Dessin, lavis exécuté avec cette matière. *Des sépias.*

SEPT [sɛt]. *adj. num.* et *n.* • Six plus un. V. **Hepta-.** *Les sept jours de la semaine.* — *(Ordinal)* Septième. *Chapitre sept.* — N. *Il habite au sept,* au numéro sept. — Carte qui présente sept marques. *Le sept de carreau.* ▼ **SEPTANTE** [sɛptɑ̃t]. adj. num. *Région.* Soixante-dix.

SEPTEMBRE [sɛptɑ̃bʀ(ə)]. *n. m.* • Neuvième mois de l'année.

SEPTENNAT [sɛpte(ɛn)na]. *n. m.* • Durée de sept ans d'une fonction. *Le septennat du président de la République.*

SEPTENTRIONAL, ALE, AUX [sɛptɑ̃tʀijɔnal, o]. *adj.* • Du Nord, situé au nord (appelé autrefois *septentrion*). *L'Europe septentrionale.*

SEPTICÉMIE [sɛptisemi]. *n. f.* • Nom générique des maladies provoquées par l'introduction dans le sang d'un agent infectieux qui s'y développe sans susciter de réaction locale (appelées *aussi* Empoisonnement du sang).

SEPTIÈME [sɛtjɛm]. *adj.* • 1° Ordinal de sept. *Le septième art*, le cinéma. — Subst. *La septième*, classe préparatoire à la sixième. • 2° Se dit d'une fraction d'un tout divisé également en sept. — Subst. *Un septième de cette somme.* ▼ **SEPTIÈMEMENT.** *adv.* En septième lieu.

SEPTIQUE [sɛptik]. *adj.* • 1° Qui produit l'infection. *Les bactéries septiques.* • 2° *Fosse septique*, fosse d'aisances où les matières, sous l'action de microbes, deviennent inodores et inoffensives. || Contr. **Aseptique, antiseptique.** ||

SEPTUAGÉNAIRE [sɛptɥaʒenɛʀ]. *adj.* • Dont l'âge est compris entre soixante-dix et quatre-vingts ans. — Subst. *Un, une septuagénaire.*

SEPTUPLE [sɛptypl(ə)]. *adj.* • Qui vaut sept fois (la quantité désignée). — Subst. *Le septuple.*

SÉPULCRE [sepylkʀ(ə)]. *n. m.* • 1° Tombeau du Christ (ou *saint sépulcre*). — *Littér.* Tombeau. • 2° Loc. *Des sépulcres blanchis*, des êtres corrompus avec des dehors brillants (mots du Christ aux hypocrites). ▼ **SÉPULCRAL, ALE, AUX.** *adj.* Qui évoque la tombe, la mort. V. **Funèbre.** *Une voix sépulcrale.*

SÉPULTURE [sepyltyʀ]. *n. f.* • 1° *Littér.* Inhumation, considérée surtout dans les formalités et cérémonies qui l'accompagnent. • 2° Lieu où est déposé le corps d'un défunt. *Violation de sépulture.*

SÉQUELLE [sekɛl]. *n. f.* • *(Surtout au plur.).* Suites et complications plus ou moins tardives et durables d'une maladie, d'un accident. — Effet ou contrecoup inévitable, mais isolé et passager, d'un événement. *Les séquelles de la dévaluation.*

SÉQUENCE [sekɑ̃s]. *n. f.* • 1° Série d'au moins trois cartes qui se suivent. • 2° Suite de plans cinématographiques constituant un tout, une scène. • 3° Suite ordonnée de termes (en sciences).

SÉQUESTRE [sekɛstʀ(ə)]. *n. m.* • Dépôt d'une chose litigieuse entre les mains d'un tiers en attendant le règlement de la contestation. Loc. *Mettre qqch. sous séquestre. Des biens mis sous séquestre.* — Mainmise d'un État belligérant sur les biens que possède l'ennemi sur son territoire.

SÉQUESTRER. *v. tr.* (1) • Enfermer et isoler rigoureusement (qqn). — Tenir arbitrairement et illégalement (qqn) enfermé. ▼ **SÉQUESTRATION.** *n. f.*

SEQUIN [səkɛ̃]. *n. m.* • Ancienne monnaie d'or de Venise.

SÉQUOIA [sekɔja]. *n. m.* • Arbre conifère originaire de Californie, aux dimensions gigantesques.

SÉRAC [seʀak]. • Bloc de glace entouré de crevasses, dans un glacier.

SÉRAIL [seʀaj]. *n. m.* • 1° Palais du sultan, dans l'ancien Empire ottoman. • 2° *Vx.* Harem.

SÉRAPHIN [seʀafɛ̃]. *n. m.* • Ange. ▼ **SÉRAPHIQUE** [seʀafik]. *adj.* Angélique.

1. SEREIN, EINE [səʀɛ̃, ɛn]. *adj.* • 1° (Ciel, temps). *Littér.* Qui est à la fois pur et calme. V. **Beau.** • 2° *(Abstrait).* Dont le calme provient de la paix morale. V. **Paisible, tranquille.** *Il reste serein devant la mort.* — Insensible aux passions ou à l'esprit de système. *Un jugement serein.* ▼ **SEREINEMENT.** *adv.*

2. SEREIN [səʀɛ̃]. *n. m.* • *Région.* Humidité qui tombe avec le soir après une belle journée.

SÉRÉNADE [seʀenad]. *n. f.* • 1° Concert qui se donnait la nuit sous les fenêtres d'une femme aimée. — Composition musicale (de préférence pour instrument à vent). • 2° *Fam.* Charivari.

SÉRÉNITÉ [seʀenite]. *n. f.* • État, caractère d'une personne sereine. V. **Calme.** — Caractère d'un jugement serein, objectif.

SÉREUX, EUSE [seʀø, øz]. *adj.* • Se dit en médecine des liquides qui servent à faciliter le glissement de parties en contact, et de ce qui s'y rapporte.

SERF [sɛʀ(f)]. *n. m.* • Paysan privé de liberté personnelle, attaché à une terre, et assujetti à certaines obligations et redevances (sous la féodalité, les tsars...). V. **Servage.**

SERGE [sɛʀʒ(ə)]. *n. f.* • Lainage formant des côtes obliques.

SERGENT [sɛʀʒɑ̃]. *n. m.* • 1° Ancien officier de justice. SERGENT DE VILLE : ancien nom de l'agent de police. • 2° Sous-officier du grade le plus bas. *Sergent-major*, sous-officier chargé de la comptabilité d'une compagnie.

SÉRICICULTURE [seʀisikyltyʀ]. *n. f.* • Élevage des vers à soie.

SÉRIE [seʀi]. *n. f.* • 1° Suite de nombres ou d'expressions mathématiques formés suivant une loi connue et dont on considère la somme. — Suite de composés chimiques dérivés les uns des autres et qui ont une même formule générale. • 2° Suite déterminée et limitée (de choses de même nature). *Émission d'une série de timbres. Une série de catastrophes (une série noire).* — Collection de vêtements de confection, de chaussures, etc., comportant toutes les tailles. *Soldes de fins de séries.* • 3° Petit groupe constituant une subdivision d'un classement. V. **Catégorie.** — Chaque groupe de concurrents disputant une épreuve de qualification. • 4° Grand nombre d'objets identiques fabriqués à la chaîne. *Voiture de série.* — (Abstrait) *Hors série*, absolument différent du commun, d'une valeur exceptionnelle. ▼ **SÉRIER** [seʀje]. *v. tr.* (7). Classer, disposer par séries selon l'importance. *Il faut sérier les questions.*

SÉRIEL, ELLE [serjɛl]. *adj.* • Se dit de la musique qui utilise la série de douze sons (V. **Dodécaphonique**).

SÉRIEUX, EUSE [serjø, øz]. *adj.* et *n. m.* ★ **I.** *Adj.* • **1°** Qui ne peut prêter à rire, qui mérite considération. V. **Important.** || Contr. **Futile.** || — Qui compte, par la quantité ou la qualité. *Une sérieuse augmentation.* — Assez inquiétant. *La situation est sérieuse.* • **2°** Qui n'est pas fait, dit pour l'amusement. || Contr. **Amusant.** || *Des lectures sérieuses.* • **3°** *(Personnes).* Qui prend en considération ce qui mérite de l'être. V. **Posé, raisonnable, réfléchi.** *Un élève sérieux et appliqué.* — Qui est fait dans cet esprit, avec soin. *Un travail sérieux.* • **4°** *(Personnes).* Qui ne rit pas, ne manifeste aucune gaieté. V. **Grave.** Fam. *Il était sérieux comme un pape.* • **5°** *(Choses).* Sur qui (ou sur quoi) l'on peut compter. V. **Sûr.** *S'adresser à une maison sérieuse. Un renseignement sérieux.* • **6°** *(Personnes).* Qui ne prend pas de liberté avec la morale sexuelle. *Une jeune fille sérieuse.* ★ **II.** *N. m.* • **1°** État de celui qui ne rit pas. *J'avais de la peine à conserver mon sérieux.* • **2°** Qualité d'une personne posée, appliquée. *Il manque de sérieux dans son travail.* • **3°** Caractère d'une chose qu'on doit prendre en considération. — PRENDRE AU SÉRIEUX : prendre pour réel, pour sincère, pour important. — Pronom. *Il se prend au sérieux*, il attache une grande importance à ce qu'il dit, à ce qu'il fait. ▼ **SÉRIEUSEMENT.** *adv.* • **1°** Avec sérieux, avec réflexion et application. • **2°** Sans rire, sans plaisanter. *Parlez-vous sérieusement ?* • **3°** Fortement. *Il est sérieusement atteint.* V. **Gravement.**

SERIN [s(ə)rɛ̃]. *n. m.* • **1°** Petit passereau au plumage généralement jaune, qui vit bien en cage. V. **Canari.** • **2°** *Fam.* (parfois *serine* au fém. [s(ə)rin]). Niais, nigaud.

SERINER [s(ə)rine]. *v. tr.* (1) • Mettre dans la tête de qqn (un air, une leçon) en répétant inlassablement.

SERINGA [s(ə)rɛ̃ga]. *n. m.* • Arbrisseau à fleurs blanches très odorantes.

SERINGUE [s(ə)rɛ̃g]. *n. f.* • Petite pompe utilisée en médecine pour injecter des liquides dans l'organisme.

SERMENT [sɛrmɑ̃]. *n. m.* • **1°** Affirmation ou promesse solennelle faite en invoquant un être ou un objet sacré, une valeur morale reconnue. *Un serment sur l'honneur.* V. **Parole.** *Témoigner sous serment*, sous la foi du serment. Engagement solennel prononcé en public. *Serment professionnel*, prononcé par les magistrats, les officiers ministériels. • **2°** Promesse ou affirmation particulièrement ferme. *Je vous en fais le serment.* — *Des serments d'ivrogne*, des promesses jamais tenues. • **3°** *Vx.* Promesse d'amour durable, de fidélité. *Échanger des serments.*

SERMON [sɛrmɔ̃]. *n. m.* • **1°** Discours prononcé en chaire par un prédicateur. V. **Prêche.** • **2°** *Péj.* Discours moralisant, généralement long et ennuyeux. ▼ **SERMONNER.** *v. tr.* (1). Adresser des conseils ou des remontrances à (qqn). ▼ **SERMONNEUR, EUSE.** *adj.* et *n.* Qui aime à sermonner.

SÉRO-. • Élément tiré de *sérum.* Ex. : Sérothérapie, *n. f.*

SÉROSITÉ [serozite]. *n. f.* • Nom donné à certains liquides organiques, en particulier à des liquides non suppurés.

SERPE [sɛrp(ə)]. *n. f.* • Outil formé d'une large lame tranchante recourbée en croissant, montée sur un manche, et servant à tailler le bois, à élaguer, émonder. — Loc. *Visage taillé à coups de serpe*, aux lignes rudes, grossières.

SERPENT [sɛrpɑ̃]. *n. m.* • Reptile à corps cylindrique très allongé, dépourvu de membres apparents. *Serpent à lunettes*, naja. *Serpent à sonnette*, crotale. *Serpent d'eau*, espèce de couleuvre. — *Le serpent de mer*, monstre marin mythique (thème autrefois cher aux journalistes). — Incarnation du démon qui tenta Ève. — Loc. littér. *Un serpent que j'ai réchauffé dans mon sein*, qqn que j'ai choyé pour qu'un jour il se retourne contre moi.

SERPENTER [sɛrpɑ̃te]. *v. intr.* (1) • Aller ou être disposé suivant une ligne sinueuse. V. **Onduler.** *Le sentier serpente dans la campagne.*

SERPENTIN [sɛrpɑ̃tɛ̃]. *n. m.* • **1°** Tuyau en spirale ou à plusieurs coudes, utilisé dans les appareils de distillation. • **2°** Petit rouleau de papier coloré qui se déroule quand on le lance (fêtes, carnaval, etc.).

SERPILLIÈRE [sɛrpijɛr]. *n. f.* • Chiffon de grosse toile servant à laver les sols.

SERPOLET [sɛrpɔlɛ]. *n. m.* • Variété de thym.

SERRAGE [sɛraʒ]. *n. m.* • Action de serrer ; son résultat. *Collier de serrage.*

1. SERRE [sɛr]. *n. f.* • Construction vitrée où l'on met les plantes à l'abri pendant l'hiver, où l'on cultive les végétaux exotiques ou délicats. *Mettre une plante en serre.* — Loc. *En serre chaude*, se dit de ce qu'on place dans des conditions artificielles de développement.

2. SERRES. *n. f. pl.* • Griffes ou ongles puissants des oiseaux rapaces.

SERRÉ, ÉE. *adj.* • **1°** Qui s'applique étroitement sur le corps. V. **Ajusté.** *Un habit serré à la taille.* • **2°** *Au plur.* Placés l'un tout contre l'autre. *Nous étions serrés comme des harengs.* • **3°** Dont les éléments sont très rapprochés. V. **Compact, dense, épais.** *Herbe serrée.* • **4°** *(Abstrait).* Qui laisse peu de place à une échappatoire. *Une discussion serrée. La partie est serrée.* — Adv. *Il nous faut jouer serré.*

1. SERRER [se(ɛ)re]. *v. tr.* (1) • **1°** Saisir ou maintenir vigoureusement, de manière à comprimer. V. **Empoigner.** *Serrer la main à qqn*, lui donner une poignée de main. — Prendre (qqn) entre ses bras et tenir pressé (contre soi). V. **Embrasser, étreindre.** — *(Sensation)* Faire peser une sorte de pression sur (la gorge, le cœur). *Cela me serre le cœur*, j'en ai de la peine, cela me fait pitié. • **2°** Disposer (des choses) plus près les unes des autres. V. **Rapprocher.** *Serrez les rangs !* • **3°** Maintenir énergiquement fermé (le poing), rapprocher énergiquement (les mâchoires, les lèvres...). • **4°** *(Choses).*

Comprimer en entourant ou en s'appliquant. *Cette jupe me serre.* — Rendre plus étroit (un lien). *Serrez votre ceinture.* • 5° Faire mouvoir un organe de fixation, de manière à rapprocher deux choses. *Vous n'avez pas assez serré l'écrou.* — Loc. *Serrer la vis à qqn*, le traiter avec plus de sévérité. • 6° *Serrer qqn de près*, être tout près de qqn qu'on suit. *Ses concurrents le serraient de près.* • 7° *Serrez à droite, à gauche*, rapprochez-vous de la droite, de la gauche (voitures). • 8° SE SERRER : se mettre tout près, tout contre (qqn). V. **Blottir** (se), **coller** (se). — *(Récipr.)* Se rapprocher jusqu'à se toucher. *Serrez-vous, faites-nous un peu de place.* ▼ **SERREMENT.** *n. m.* Action de serrer. *Serrement de main.* — Fait d'être serré, contracté. *Serrement de cœur*, angoisse.

2. SERRER. *v. tr.* (1) • *Région.* Ranger. *Où as-tu serré tes affaires ?*

SERRE-TÊTE [sɛʀtɛt]. *n. m. invar.* • Bandeau, cercle qui enserre les cheveux.

SERRURE [seʀyʀ]. *n. f.* • Dispositif fixe de fermeture (d'une porte, un tiroir...) comportant un mécanisme qu'on manœuvre à l'aide d'une clef. *La clef est dans la serrure.* ▼ **SERRURIER.** *n. m.* • 1° Artisan qui pose des serrures, fabrique des clefs. • 2° Entrepreneur, ouvrier en serrurerie (2°). *Serrurier en bâtiment.* ▼ **SERRURERIE** [seʀyʀʀi]. *n. f.* • 1° Métier de serrurier. • 2° Confection d'ouvrages en fer. *Serrurerie d'art*, travail du fer forgé. V. **Ferronnerie.**

SERTIR [sɛʀtiʀ]. *v. tr.* (2) • 1° Enchâsser (une pierre précieuse). • 2° Assujettir, sans soudure (deux pièces métalliques). ▼ **SERTISSAGE.** *n. m.* ▼ **SERTISSEUR, EUSE.** *n.*

SÉRUM [seʀɔm]. *n. m.* • 1° Partie du sang formée d'eau. V. **Plasma.** • 2° Préparation composée de cette partie du sang d'un animal immunisé ou d'un convalescent, contenant un anticorps spécifique, utilisée en injections sous-cutanées à titre curatif ou préventif. *Sérum antitétanique.* — *Sérum de vérité*, barbiturique (V. **Penthotal**) plongeant le sujet dans un état qui permet de découvrir si ce qu'il dit est vrai ou non.

SERVAGE [sɛʀvaʒ]. *n. m.* • Condition du serf.

SERVANT [sɛʀvɑ̃]. *n. m.* • 1° Clerc ou laïque qui sert le prêtre pendant la messe basse. • 2° Artilleur chargé d'approvisionner la pièce.

SERVANTE [sɛʀvɑ̃t]. *n. f.* • *Vieilli.* Fille ou femme employée comme domestique. V. **Bonne.**

SERVEUR, EUSE [sɛʀvœʀ, øz]. *n.* • 1° Garçon de restaurant chargé du service de la table ; femme chargée du même service. — Domestique qu'on prend en extra pour servir à table. • 2° Personne qui distribue les cartes, met la balle en jeu (tennis, etc.).

SERVIABLE [sɛʀvjabl(ə)]. *adj.* • Qui est toujours prêt à rendre service. V. **Complaisant, obligeant.** ▼ **SERVIABILITÉ.** *n. f.*

1. SERVICE [sɛʀvis]. *n. m.* ★ **I.** • 1° Travail particulier que l'on doit accomplir. *Un service difficile. Assumer, faire un service. Être en service commandé*, occupé à un travail imposé par la fonction. *Être de service*, occupé par sa fonction à telle heure, tel jour. *Les heures de service, le temps du service.* • 2° SERVICE MILITAIRE : temps qu'un citoyen doit passer dans l'armée. *Il fait son service militaire, son service.* — ÉTATS DE SERVICE : carrière d'un militaire. • 3° En religion, Ensemble des devoirs envers la divinité. *Le service divin.* Cérémonie religieuse. *Service funèbre.* • 4° Obligations d'une personne dont le métier est de servir un maître ; fonction de domestique. *Être au service de qqn, en service chez qqn.* — Travail de celui qui est chargé de servir des clients. • 5° Action, manière de servir des convives, de servir les plats à table. *C'est la jeune fille de la maison qui fera le service.* • 6° Ensemble de repas servis à la fois (dans une cantine, un wagon-restaurant). *Premier service.* • 7° Au restaurant, au café, à l'hôtel, Pourboire. *Repas à 15 francs, service compris.* ★ **II.** • 1° *(Dans des expressions).* Fait de se mettre à la disposition de (qqn) par obligeance. *Je suis à votre service.* Fam. *Qu'y a-t-il pour votre service ?* que puis-je faire pour vous ? • 2° UN SERVICE : ce que l'on fait pour qqn, avantage qu'on lui procure bénévolement. V. **Aide, faveur.** *Puis-je vous demander un petit service ? Rendre un mauvais service à qqn*, lui nuire en croyant agir dans son intérêt. — RENDRE SERVICE *à qqn* (suj. personne et chose) : l'aider, lui être utile. Fam. *Ça peut toujours rendre service*, ça peut servir. • 3° *Plur.* Ce qu'on fait pour qqn contre rémunération. *Je serai obligé de me priver de vos services.* • 4° En économie, Activité qui présente une valeur économique sans correspondre à la production d'un bien matériel. ★ **III.** • 1° *(En loc.).* Usage, fonctionnement. *Mettre en service. Être hors service.* • 2° Ensemble d'opérations par lesquelles on fait fonctionner (qqch.). *Le service d'une pièce d'artillerie.* • 3° Coup par lequel on sert la balle (au tennis, au volley-ball). *Faute de service.* • 4° Expédition, distribution. *Service de presse* (d'un livre aux journalistes). ★ **IV.** • 1° Fonction d'utilité commune, publique ; activité organisée qui la remplit. *Les grands services publics. Le service des postes. Le service d'ordre*, personnes qui assurent le bon ordre (particuliers, police). • 2° Le travail dans les activités d'utilité publique. *Note de service. Il est à cheval sur le service*, très pointilleux. • 3° Organisation chargée d'une branche d'activités correspondant à une fonction d'utilité sociale. *Chef de service. Services administratifs. Le service social d'une entreprise.* • 4° Grande organisation de l'armée (à l'exclusion des unités combattantes). *Service des transmissions, de santé.*

2. SERVICE. *n. m.* • 1° Assortiment d'objets utilisés pour servir à table. *Service à café, à thé, à glaces...* • 2° Ensemble assorti de plats, assiettes, saladiers... V. **Vaisselle.** *Un service de porcelaine.* • 3° Linge de table, nappe et serviettes. *Un service brodé.*

SERVIETTE [sɛʀvjɛt]. *n. f.* • 1° Pièce de linge dont on se sert à table ou pour la toilette. *Serviette de table, de toilette.* • 2° *Serviettes hygiéniques*, utilisées par les femmes pendant les règles. • 3° Sac à compartiments, rectangulaire, généralement pliant, servant à porter des papiers, des livres. V. **Porte-documents.**

SERVILE [sɛʀvil]. *adj.* • *Littér.* • 1° Propre aux esclaves et aux serfs. • 2° Qui a un caractère de soumission avilissant. V. **Bas, obséquieux.** *De serviles flatteries.* • 3° Qui est étroitement soumis à un modèle, dépourvu d'originalité. *Une servile imitation.* ▼ **SERVILEMENT.** *adv.* ▼ **SERVILITÉ.** n. f. *Littér.*

1. SERVIR [sɛʀviʀ]. *v. tr.* (14) ★ **I.** SERVIR QQN. • 1° S'acquitter de certaines obligations ou de certaines tâches envers (qqn auquel on obéit). *Il a bien servi son pays, l'État.* — Absolt. *Servir,* être soldat. — (À titre de domestique) *On n'arrive plus à se faire servir,* à trouver des domestiques. — Loc. *On n'est jamais si bien servi que par soi-même,* le mieux est de faire soi-même les choses. • 2° Pourvoir du nécessaire. *Servir qqn à table,* lui donner à manger. *Servir un client,* lui fournir ce qu'il demande. — Loc. *En fait d'embêtements, nous avons été servis,* nous en avons eu beaucoup. • 3° Pronom. *Se servir,* prendre ce dont on a besoin (à table, dans un magasin). *Servez-vous en légumes, de légumes.* — *Se servir chez un tel,* acheter habituellement chez lui. • 4° Aider, appuyer (qqn), en y employant sa peine, son crédit. ‖ Contr. **Desservir.** ‖ *Je vous ai servi, j'ai servi vos intérêts.* — *(Suj. chose)* Être utile à. V. **Aider.** *Sa discrétion l'a servi.* ★ **II.** SERVIR QQCH. • 1° Mettre à la disposition de qqn pour tel ou tel usage. *On nous a servi des rafraîchissements. Servir* (la balle), la mettre en jeu (au tennis, etc.). V. **Serveur.** *On lui sert une petite rente. À table ! c'est servi !* • 2° *Servir la messe,* participer matériellement à son déroulement (enfants de chœur).

2. SERVIR (À). *v. tr. ind.* (14) • 1° *Servir à qqn,* lui être utile. *Cela peut vous servir à l'occasion.* • 2° *Servir à qqch.,* être utile à, avoir pour but. *À quoi sert cet instrument ? Il sert à ouvrir les bouteilles. Ne pleurez pas, cela ne sert à rien,* c'est vain, inutile.

3. SERVIR (DE). *v. tr. ind.* (14) • 1° Être utilisé comme, tenir lieu de. *La petite pièce sert de débarras. La personne qui lui sert de témoin.* • 2° *Pronom.* SE SERVIR DE : utiliser. *Nous nous servons des machines les plus récentes. Il s'est servi de son expérience.* — *Se servir de qqn* (péj.), l'utiliser à son insu pour ses intérêts.

SERVITEUR [sɛʀvitœʀ]. *n. m.* • 1° *Littér.* Celui qui sert (qqn envers lequel il a des devoirs). ‖ Contr. **Maître.** ‖ • 2° *Vx* ou *plaisant.* (En s'adressant à qqn). *Votre serviteur,* moi-même.

SERVITUDE [sɛʀvityd]. *n. f.* • 1° État de dépendance totale d'une personne ou d'une nation soumise à une autre. V. **Asservissement, sujétion.** • 2° Ce qui crée ou peut créer un état de dépendance. V. **Contrainte.** *Les servitudes d'une fonction.* • 3° Charge établie sur un immeuble pour l'utilité d'un immeuble appartenant à un autre propriétaire. V. **Hypothèque.** *Servitude d'écoulement des eaux.*

SERVO-. • Élément de mots savants désignant des mécanismes automatiques. Ex. : *Servo-frein, servo-mécanisme.*

1. SÉSAME [sezam]. *n. m.* • Plante oléagineuse originaire de l'Inde.

2. SÉSAME. *n. m.* • (Allus. au conte d'Ali Baba). *Le sésame, le « sésame ouvre-toi »,* le mot, la formule magique qui fait obtenir qqch.

SESSION [sesjɔ̃]. *n. f.* • Période pendant laquelle une assemblée délibérante, un tribunal est apte à tenir séance. — Période de l'année pendant laquelle siège un jury d'examen.

SESTERCE [sɛstɛʀs(ə)]. *n. f.* • Ancienne monnaie romaine.

SET [sɛt]. *n. m.* • Manche d'un match de tennis, de ping-pong, de volley-ball.

SETIER [sətje]. *n. m.* • Ancienne mesure pour les grains (entre 150 et 300 litres).

SETTER [setɛʀ]. *n. m.* • Chien de chasse à poils longs.

SEUIL [sœj]. *n. m.* • 1° Partie inférieure de la baie d'une porte. — Entrée d'une maison. V. **Pas** (de la porte). *La concierge se tenait sur le seuil.* • 2° (Abstrait). *Au seuil de...,* au commencement de... • 3° Limite de manifestation ou de variation d'un phénomène.

SEUL, SEULE [sœl]. *adj.* ★ **I.** *(Attribut).* • 1° Qui se trouve être sans compagnie, séparé des autres. *Parler tout seul,* sans interlocuteur. *Être seul avec qqn,* sans autre compagnie. *Il faut que je vous parle seul à seul,* en particulier. • 2° Qui a peu de relations avec d'autres hommes. V. **Solitaire.** *Il est seul dans la vie.* • 3° Unique. *Il est seul de son espèce.* ★ **II.** *(Épithète).* • 1° *(Après le substantif).* Qui n'est pas accompagné. *Il y avait à la table deux femmes seules.* • 2° *(Avant le nom).* Un (et pas plus). V. **Unique.** *D'un seul coup. Il n'y avait plus une seule place. C'est le seul avantage,* il n'y en a pas d'autre. ★ **III.** *(Valeur adverbiale).* • 1° (En fonction d'apposition). Équivalant à *seulement. Seuls doivent compter les faits. Dans la seule intention de...* • 2° Sans aide. *Je pourrai le faire seul, tout seul. Le feu ne prend pas tout seul,* sans cause extérieure. *Cela ira tout seul,* sans difficulté. ★ **IV.** *Subst.* UN, UNE SEUL(E) : une seule personne. *Par la volonté d'un seul...* — LE, LA SEUL(E) : la seule personne. *Vous n'êtes pas le seul !* il y en a bien d'autres dans votre cas !

SEULEMENT [sœlmɑ̃]. *adv.* • 1° Sans rien d'autre que ce qui est mentionné. V. **Rien** (que), **simplement, uniquement.** *L'homme ne vit pas seulement de pain.* — *Il vient seulement d'arriver,* il vient d'arriver à l'instant même. • 2° Même. *Sans avoir seulement le temps de dire un mot.* • 3° *(En tête de propos.).* Sert à introduire une restriction. V. **Mais.** *C'est une bonne voiture, seulement elle coûte cher.*

SÈVE [sɛv]. *n. f.* • 1° Liquide nutritif tiré du sol par les racines, qui circule dans les plantes vasculaires. • 2° *(Abstrait).* Vie, énergie.

SÉVÈRE [sevɛʀ]. *adj.* • 1° Qui n'admet pas qu'on manque à la règle ; prompt à punir ou à blâmer. V. **Dur, exigeant.** || Contr. **Indulgent.** || *Des parents sévères. — (Choses)* Qui punit, blâme sans indulgence. *Adresser de sévères critiques à qqn.* — Très rigoureux. *Des mesures sévères.* • 2° *Littér.* Qui ne cherche pas à plaire, a qqch. de strict. V. **Austère.** *La façade est sévère.* • 3° Très grave, très difficile. *Une sévère défaite.* V. **Lourd.** *La lutte sera sévère.* ▼ **SÉVÈREMENT.** *adv.* Avec sévérité. *Punir, critiquer sévèrement.* ▼ **SÉVÉRITÉ** [seveʀite]. *n. f.* • 1° Caractère ou comportement d'une personne sévère. V. **Dureté.** || Contr. **Indulgence.** || — Caractère rigoureux (d'une peine, d'une mesure). • 2° *Littér.* Caractère austère, sérieux. V. **Austérité.**

SÉVICES [sevis]. *n. m. pl.* • Mauvais traitements corporels exercés sur qqn qu'on a sous son autorité, sous sa garde. V. **Coup, violence.**

SÉVIR [seviʀ]. *v. intr.* (2) • 1° Exercer la répression avec rigueur. *Les autorités sont décidées à sévir.* V. **Punir.** • 2° Exercer ses ravages (en parlant d'un fléau). *L'épidémie sévissait depuis plusieurs mois.*

SEVRER [səvʀe]. *v. tr.* (5) • 1° Cesser progressivement d'alimenter en lait (un enfant), pour donner une nourriture plus solide. • 2° *Littér.* Priver (de qqch. d'agréable). V. **Frustrer.** ▼ **SEVRAGE.** *n. m.*

SEXAGÉNAIRE [sɛgz(ks)aʒenɛʀ]. *adj.* et *n.* • Qui a entre soixante et soixante-dix ans.

SEX-APPEAL [sɛksapil]. *n. m.* • Charme, attrait à base de sexualité, qui excite le désir.

SEXE [sɛks(ə)]. *n. m.* • 1° Conformation particulière qui distingue l'homme de la femme en leur assignant un rôle déterminé dans la génération. *Enfant du sexe masculin, féminin.* • 2° Ensemble des hommes ou des femmes. *Le sexe fort*, les hommes. *Le sexe faible, le deuxième sexe, le beau sexe*, les femmes. • 3° Sexualité (2°). • 4° Parties sexuelles. (Cf. Cache-sexe.) • 5° Constitution et fonction particulière de chacun des deux éléments complémentaires qui interviennent dans la reproduction dite sexuée. V. **Femelle, mâle.** *Le sexe des plantes.* ▼ **SEXOLOGIE.** *n. f.* Science qui étudie les problèmes relatifs à la sexualité.

SEXTANT [sɛkstɑ̃]. *n. m.* • Instrument composé d'un sixième de cercle gradué, qui permet de mesurer l'angle d'un astre au-dessus de l'horizon.

SEXTUOR [sɛkstɥɔʀ]. *n. m.* • Composition musicale à six parties. — Orchestre de chambre formé de six instruments.

SEXTUPLE [sɛkstypl(ə)]. *adj.* • Qui vaut six fois une quantité donnée. ▼ **SEXTUPLER.** *v.* (1) • 1° *V. tr.* Multiplier par six. • 2° *V. intr.* Devenir sextuple.

SEXUALITÉ [sɛksɥalite]. *n. f.* • 1° Caractère de ce qui est sexué. • 2° Ensemble des comportements relatifs à l'instinct sexuel et à sa satisfaction. V. **Libido.**

SEXUÉ, ÉE [sɛksɥe]. *adj.* • 1° Qui a un sexe, est mâle ou femelle. • 2° Qui se fait par la conjonction des sexes. *La reproduction sexuée.*

SEXUEL, ELLE [sɛksɥɛl]. *adj.* • 1° Relatif au sexe, aux conformations et fonctions particulières du mâle et de la femelle. V. **Génital.** • 2° *(Chez les humains).* Qui concerne l'accouplement, les comportements qu'il détermine et ceux qui en dérivent. *L'acte sexuel. Relations sexuelles.* ▼ **SEXUELLEMENT.** *adv.*

SEYANT, ANTE [sɛjɑ̃, ɑ̃t]. *adj.* • *Littér.* Qui va bien, flatte la personne qui le porte (en parlant des vêtements).

SHAKER [ʃɛkœʀ]. *n. m.* • *Anglicisme.* Récipient formé d'une double timbale, que l'on utilise pour la préparation des cocktails et boissons glacées.

SHAKO ou **SCHAKO** [ʃako]. *n. m.* • Coiffure militaire d'apparat, rigide, à visière, imitée de celle des hussards hongrois.

SHAMPOOING ou **SHAMPOING** [ʃɑ̃pwɛ̃]. *n. m.* • Lavage des cheveux et du cuir chevelu au moyen d'un produit approprié ; ce produit. ▼ **SHAMPOINGNER** [ʃɑ̃pwiŋe, -ne]. *v. tr.* (1). Faire un shampoing à (qqn). ▼ **SHAMPOINGNEUR, EUSE** [ʃɑ̃pwinœʀ, øz ou ʃɑ̃pwiŋœʀ, øz]. *n.*

SHANTOUNG ou **SHANTUNG** [ʃɑ̃tuŋ]. *n. m.* • Tissu de soie ou de soie sauvage, voisin du pongé.

SHÉRIF [ʃeʀif]. *n. m.* • 1° Magistrat anglais, responsable de l'application de la loi dans un comté. • 2° Officier de police élu, à la tête d'un comté, aux États-Unis.

SHETLAND [ʃɛtlɑ̃d]. *n. m.* • Tissu de laine d'Écosse.

SHILLING [ʃiliŋ ; ʃ(ə)lɛ̃]. *n. m.* • Unité monétaire anglaise, valant un vingtième de la livre. — REM. Ne pas confondre avec *schilling.*

SHIMMY [ʃimi]. *n. m.* • *Anglicisme.* Tremblement du train avant d'une automobile, en cas de mauvais équilibrage des roues.

SHOCKING [ʃɔkiŋ]. *adj. invar.* • Anglicisme. *Plaisant.* Choquant, inconvenant.

SHOOT [ʃut]. *n. m.* • *Anglicisme.* Au football, Tir ou dégagement puissant. ▼ **SHOOTER.** *v. intr.* (1).

SHOPPING [ʃɔpiŋ]. *n. m.* • *Anglicisme.* Le fait de parcourir les magasins pour faire des achats. (Cf. Lèche-vitrines.) *Faire du shopping.* — REM. Au Canada, on dit parfois *Magasinage.*

SHORT [ʃɔʀt]. *n. m.* • Culotte courte (pour le sport, les vacances).

SHOW [ʃo]. *n. m.* • *Anglicisme.* Spectacle de variétés centré sur une vedette.

1. SI [si]. *conj.* ★ **I.** SI, *hypothétique.* • 1° Introduit soit une condition (à laquelle correspond une conséquence dans la principale), soit une simple supposition ou éventualité. V. **Cas** (au cas où), **supposé** (que). *Si tu es libre, nous irons ensemble. Si tu lui en parlais, il accepterait peut-être. Si j'avais su, je ne me serais pas dérangé.* • 2° (En corrélation avec une proposition implicite). *Il se conduit comme s'il était fou*, comme il se conduirait s'il était fou. *Et si ça tourne mal ?* (*s. ent. :* que ferons-nous ?). *Si seulement, si au moins je pouvais me reposer ! S'il avait été plus prudent !* • 3° (Loc.). *Si on veut.*

Si on peut dire. — SI CE N'EST... : même si ce n'est pas..., en admettant que ce ne soit pas. V. **Sinon.** *Un des meilleurs, si ce n'est le meilleur. Si ce n'est que...*, sauf que... • 4° *(Subst. invar.).* Hypothèse, supposition. Loc. prov. *Avec des si, on mettrait Paris dans une bouteille*, on ferait des choses impossibles. ★ **II.** SI, *non hypothétique.* • 1° (Servant à marquer un lien logique). *S'il revient te voir, c'est qu'il n'a pas d'amour-propre.* • 2° (Introduisant une complétive, une interrogative indirecte). *Je dois m'assurer si tout est en ordre. Tu me diras si c'est lui. Vous pensez s'ils étaient fiers !*

2. SI. *adv.* ★ **I.** • 1° *Littér.* SI FAIT : mais oui. • 2° S'emploie pour contredire l'idée négative que vient d'exprimer l'interlocuteur. *Tu n'iras pas. — Si ! Tu n'en as pas besoin. — Mais si ! Que si !* ★ **II.** *(Intensif).* • 1° À un tel degré. V. **Tellement.** *Il est si bête !* • 2° (Avec une consécutive). *Ils ont si mal joué qu'ils ont été écrasés.* — *Loc. conj.* SI BIEN QUE... : de sorte que... ★ **III.** Au même degré. V. **Aussi.** *On n'est jamais si bien servi que par soi-même.* ★ **IV.** SI... QUE... : introduit une concessive impliquant une idée de degré variable. *Il échouera, si malin qu'il soit* (ou quelque malin qu'il soit).

3. SI. *n. m. invar.* • Septième note de la gamme d'ut.

SIAMOIS, OISE [sjamwa, waz]. *adj.* • 1° Du Siam ou Thaïlande. — Subst. *Les Siamois.* • 2° *Frères siamois, sœurs siamoises*, jumeaux, jumelles rattachés l'un à l'autre par une membrane. — *(Abstrait)* Frères, amis inséparables.

SIBÉRIEN, ENNE [sibeʀjɛ̃, ɛn]. *adj.* • De Sibérie. — *Un froid sibérien*, digne de la Sibérie ; extrême.

SIBYLLIN, INE [sibi(l)lɛ̃, in]. *adj.* • *Littér.* Dont le sens est caché, comme celui des oracles que rendaient les *sibylles*, devineresses de l'Antiquité. V. **Énigmatique, mystérieux, obscur.** *Des propos sibyllins.*

SIC [sik]. *adv.* • S'emploie à la suite d'une expression citée, et entre parenthèses, pour souligner qu'on cite textuellement, si étranges que paraissent les termes.

SIDE-CAR [sajdkaʀ]. *n. m.* • Habitacle à une roue et pour un passager, monté sur le côté d'une motocyclette. L'ensemble du véhicule.

SIDÉRAL, ALE, AUX [sideʀal, o]. *adj.* • Qui a rapport aux astres. V. **Astral.** — *Année sidérale*, intervalle de temps qui s'écoule entre deux passages successifs du Soleil au même point de la sphère céleste. *Jour sidéral*, durée d'une rotation complète de la Terre sur son axe par rapport aux étoiles fixes.

SIDÉRER [sideʀe]. *v. tr.* (6) • *Fam.* Frapper de stupeur. *Cette nouvelle m'a sidéré.* ▼ **SIDÉRANT, ANTE.** adj. *Fam.* V. **Stupéfiant.**

SIDÉRURGIE [sideʀyʀʒi]. *n. f.* • Métallurgie du fer, de la fonte, de l'acier et des alliages ferreux, industrie qui s'y rapporte. ▼ **SIDÉRURGIQUE.** *adj.*

SIÈCLE [sjɛkl(ə)]. *n. m.* • 1° Période de cent ans dont le début est déterminé par rapport à un moment arbitrairement défini, en particulier par rapport à l'ère chrétienne. • 2° Période de cent années environ considérée comme une unité historique présentant certains caractères. *Le Grand Siècle*, le XVIIe siècle français. *Le siècle des lumières*, le XVIIIe s. — Époque. *Il défendait les idées de son siècle, du siècle.* • 3° Durée de cent années. — Très longue période. *Depuis des siècles*, depuis très longtemps. • 4° (Langage religieux). *Le siècle*, le monde temporel.

1. SIÈGE [sjɛʒ]. *n. m.* ★ **I.** • 1° Lieu où se trouve la résidence principale (d'une autorité, d'une société). *Siège social*, lieu où se trouve concentrée la vie juridique d'une société. • 2° Lieu où réside, où se fait sentir (un phénomène). *Le siège de ces douleurs.* ★ **II.** Lieu où s'établit une armée, pour investir une place forte ; ensemble des opérations menées pour prendre une place forte. *Mettre le siège devant une ville. — Lever le siège*, cesser d'assiéger ; se retirer. — ÉTAT DE SIÈGE : régime spécial qui soumet les libertés individuelles à une emprise renforcée de l'autorité publique.

2. SIÈGE. *n. m.* ★ **I.** Objet fabriqué, meuble disposé pour qu'on puisse s'y asseoir. *Donner, offrir un siège à qqn. Prenez un siège*, asseyez-vous. *Siège avant, arrière, d'une automobile.* ★ **II.** • 1° Place à pourvoir par élection. *Le parti a gagné vingt sièges à l'Assemblée.* • 2° Dignité d'évêque, de pontife (V. **Saint-Siège**).

3. SIÈGE. *n. m.* • *Dans des expressions.* • Partie du corps humain sur laquelle on s'assied. V. **Postérieur.** *Bain de siège. Enfant qui se présente par le siège* (dans un accouchement).

SIÉGER [sjeʒe]. *v. intr.* (3 et 6) • 1° Tenir séance, être en séance. • 2° Avoir le siège de sa juridiction à tel endroit. — *Littér.* Résider, se trouver. *Voilà où siège le mal.*

SIEN, SIENNE [sjɛ̃, sjɛn]. *adj.* et *pron. poss.* • Possessif de la troisième personne. • 1° Adj. *Il a fait siennes les idées de son chef.* • 2° Pron. *De vos deux plans, je préfère le sien.* • 3° Subst. *Il y a mis du sien*, de la bonne volonté. *Il a encore fait des siennes*, il a encore fait ses bêtises, ses ravages habituels. — LES SIENS : sa famille, ses amis, ses partisans.

SIESTE [sjɛst(ə)]. *n. f.* • Repos (accompagné ou non de sommeil) pris après le repas de midi. *Faire la sieste.*

SIEUR [sjœʀ]. *n. m.* • Monsieur (en langage de procédure). — Péj. *À en croire le sieur Un tel...*

SIFFLER [sifle]. *v.* (1) ★ **I.** *V. intr.* • 1° Émettre un son aigu, modulé ou non, en faisant échapper l'air par une ouverture étroite (bouche, sifflet,...). — Sortir d'un orifice avec un son aigu. • 2° Produire un son aigu par un frottement, par un mouvement rapide de l'air. *Le sifflement du vent.* ★ **II.** *V. tr.* • 1° Moduler (un air) en émettant de tels sons. • 2° Appeler ou signaler par de tels sons. *L'arbitre a sifflé une faute.* • 3° *(Public).* Désapprouver bruyamment, par des sifflements, des cris, etc. *Le pianiste s'est fait siffler.* ‖ Contr. **Applaudir.** ‖ V.

Conspuer. • 4° *Fam.* Boire d'un trait. ▼ **SIFFLANT, ANTE.** *adj.* Qui s'accompagne d'un sifflement. *Consonne sifflante,* dont l'émission est caractérisée par un bruit de sifflement. ▼ **SIFFLEMENT.** *n. m.* • 1° Action de siffler, son émis en sifflant. • 2° Production d'un son aigu. — Bruit parasite perçu dans un récepteur de radio.

SIFFLET [siflɛ]. *n. m.* • 1° Petit instrument formé d'un tuyau court à ouverture en biseau, servant à émettre un son aigu. *Le sifflet de l'arbitre.* • 2° *Coup de sifflet* ou absolt. *Sifflet,* son produit en soufflant dans un sifflet. — Loc. fam. *Ça me coupe le sifflet,* ça m'interloque.

SIFFLEUR, EUSE. *adj.* • Qui siffle. *Merle siffleur.*

SIFFLOTER [siflɔte]. *v. intr.* (1) • Siffler négligemment en modulant un air. — Trans. *Il sifflotait la Marseillaise.* ▼ **SIFFLOTEMENT.** *n. m.*

SIGISBÉE [siʒisbe]. *n. m.* • *Vx; littér.* ou *plaisant.* Compagnon empressé et galant.

SIGLE [sigl(ə)]. *n. m.* • Initiale ou suite d'initiales servant d'abréviation (ex. : *H.L.M.*, *h*abitation à *l*oyer *m*odéré).

SIGNAL, AUX [siɲal, o]. *n. m.* • 1° Signe convenu (geste, son...) fait par qqn pour indiquer le moment d'agir. *Il a donné le signal des applaudissements.* — Fait annonçant le commencement d'un processus, ou déclenchant un certain comportement en réponse. • 2° Signe (ou système) conventionnel destiné à transmettre une information. *Signal d'alarme. Signaux optiques, acoustiques. Signaux de chemin de fer* (disques, feux réglant la circulation sur les voies). *Le conducteur n'a pas respecté le signal.* — Message ou effet à transmettre au moyen d'un système de communication.

SIGNALÉ, ÉE. *adj.* • *(En loc., devant le nom).* Remarquable, insigne. *Il m'a rendu un signalé service.*

SIGNALEMENT [siɲalmɑ̃]. *n. m.* • Description physique d'une personne qu'on veut faire reconnaître. *Son signalement a été donné à tous les postes frontières.*

SIGNALER [siɲale]. *v. tr.* (1) • 1° Annoncer par un signal (ce qui se présente, un mouvement). *Signaler un train.* • 2° Faire remarquer ou connaître en attirant l'attention. *Rien à signaler. On a signalé leur présence à Paris. Permettez-moi de vous signaler que...* • 3° Dénoncer pour faute commise. *La surveillante générale les a signalées.* • 4° Pronom. *Se signaler,* se faire remarquer, se distinguer (en bien ou en mal).

SIGNALÉTIQUE [siɲaletik]. *adj.* • Qui donne un signalement. *Fiche signalétique.*

SIGNALISER [siɲalize]. *v. tr.* (1) • Munir d'un ensemble de signaux coordonnés. ▼ **SIGNALISATION.** *n. f.* Emploi, disposition des signaux destinés à assurer la bonne utilisation d'une voie et la sécurité des usagers. *Panneaux de signalisation.* — Ensemble des signaux utilisés pour communiquer.

SIGNATAIRE [siɲatɛʀ]. *n.* • Personne, autorité qui a signé (une lettre, un acte, un traité).

SIGNATURE [siɲatyʀ]. *n. f.* • 1° Inscription qu'une personne fait de son nom en vue de certifier exact ou authentique, ou d'engager sa responsabilité. V. **Griffe, paraphe, seing.** *Une signature illisible.* — *Honorer sa signature,* l'engagement qu'on a signé. • 2° Action de signer (un écrit, un acte). *L'arrêté va être porté à la signature du ministre.*

SIGNE [siɲ]. *n. m.* ★ **I.** • 1° Chose perçue qui permet de conclure à l'existence ou à la vérité (d'une autre chose, à laquelle elle est liée). V. **Indice, manifestation, marque, signal, symbole, symptôme.** *C'est un signe qui ne trompe pas. Signes extérieurs de richesse,* ce qui, dans le train de vie, est pour le fisc un indice de richesse. Loc. *Ne pas donner signe de vie,* paraître mort ; ne donner aucune nouvelle. *C'est bon, mauvais signe,* c'est l'annonce que ça va bien, mal. *C'est signe que,* cela annonce, prouve que... • 2° Élément ou caractère (d'une personne, d'une chose) qui permet de distinguer, de reconnaître. *Son visage ne présente pas de signes particuliers. Un signe des temps,* une chose qui caractérise l'époque où l'on vit. ★ **II.** • 1° Mouvement ou geste destiné à communiquer avec qqn, à faire savoir qqch. *Un signe de tête affirmatif, négatif. Il me fit signe que non. Il m'a fait signe d'entrer. Je vous ferai signe,* j'entrerai en contact avec vous. — *En signe de...,* pour manifester, exprimer. *En signe d'adieu.* • 2° Objet matériel simple qu'une société reconnaît comme représentatif d'une réalité complexe. V. **Symbole.** *Signes naturels* (*ex. :* S pour un virage), *conventionnels* (*ex. :* le signe × « multiplié par »). — Élément du langage, associant un signifiant à un signifié (morphème, mot, expression). • 3° Emblème, insigne (d'une société, d'une fonction). *Le signe de la croix,* l'emblème des chrétiens. *Faire le signe de la croix, un signe de croix,* le geste qui l'évoque. • 4° Chacune des figures représentant en astrologie les douze parties de l'écliptique (zodiaque). *Être né sous le signe de Saturne.* — *Sous le signe de la bonne humeur,* dans une atmosphère de bonne humeur.

1. SIGNER [siɲe]. *v. tr.* (1) • Revêtir de sa signature (une lettre, une œuvre d'art, un traité). *Signer la paix,* le traité de paix. — (Abstrait) *C'est signé !* cela porte bien la marque de la personne en question.

2. SIGNER (SE). *v. pron.* (1) • Faire le signe de croix.

SIGNET [siɲɛ]. *n. m.* • Petit ruban servant à marquer tel ou tel endroit d'un livre.

SIGNIFIANT, ANTE [siɲifjɑ̃, ɑ̃t]. *adj.* et *n. m.* • 1° *Adj.* Qui signifie. • 2° *N. m.* Partie matérielle du signe (phonèmes, caractères).

SIGNIFICATIF, IVE [siɲifikatif, iv]. *adj.* • Qui signifie, exprime ou renseigne clairement. V. **Expressif, révélateur.** *Une indication, une remarque très significative.*

SIGNIFICATION [siɲifikasjɔ̃]. *n. f.* • 1° Ce que signifie (une chose, un fait). — Sens (d'un signe, d'un ensemble de signes).

• 2° En droit, Action de signifier (un jugement, un exploit). V. **Notification.**

SIGNIFIÉ [siɲifje]. *n. m.* • Contenu du signe. V. **Sens.**

SIGNIFIER [siɲifje]. *v. tr.* (7) • 1° Avoir un sens, être le signe de. V. **Dire** (vouloir). *Je ne sais pas ce que signifie ce mot. Votre conduite signifie que vous n'avez pas confiance en moi. Qu'est-ce que cela signifie ?* expression de mécontentement. • 2° Faire connaître par des signes, des termes exprès. *Il nous a signifié ses intentions.* — En droit, Faire savoir légalement. V. **Notifier.**

SILENCE [silɑ̃s]. *n. m.* ★ **I.** • 1° Fait de ne pas parler ; attitude d'une personne qui reste sans parler. V. **Mutisme.** *Garder le silence,* se taire. *En silence,* sans rien dire. *Faites silence !* taisez-vous ! *Minute de silence,* hommage que l'on rend aux morts en demeurant debout, immobile et silencieux. — *Un, des silence(s),* moment pendant lequel on ne dit rien. *Une conversation coupée de silences.* • 2° Le fait de ne pas exprimer, de ne pas divulguer (ce qu'on veut cacher). *Passer sous silence,* ne rien dire de, ne pas faire mention de... *Promettez-moi un silence absolu.* V. **Secret.** *La loi du silence,* qui interdit aux malfaiteurs de faire des révélations sur leurs complices. *Réduire au silence,* empêcher de se manifester. ★ **II.** • 1° Absence de bruit, d'agitation. *Dans le silence de la nuit.* • 2° Interruption du son d'une durée déterminée, indiquée dans la notation musicale ; signe qui l'indique. V. **Pause, soupir.**

SILENCIEUX, EUSE. *adj.* • 1° Où le silence et le calme règnent. — Qui se fait, fonctionne sans bruit. • 2° Qui garde le silence. V. **Muet.** *Nous restions silencieux.* — Qui ne s'accompagne pas de paroles. *Une rencontre silencieuse.* ▼ **SILENCIEUSEMENT.** *adv.*

SILENCIEUX. *n. m.* • 1° Pot d'échappement (d'un véhicule à moteur). • 2° Dispositif qui étouffe le bruit d'une arme à feu.

SILEX [silɛks]. *n. m. invar.* • 1° Roche constituée de silice plus ou moins cristallisée sous forme de quartz. • 2° Arme, outil préhistorique fait de cette roche taillée.

SILHOUETTE [silwɛt]. *n. f.* • 1° Forme qui se profile en noir sur un fond clair. — Forme ou dessin aux contours schématiques. • 2° Allure ou ligne générale d'une personne. *Sa silhouette est très jeune.* ▼ **SILHOUETTER.** *v. tr.* (1). Représenter en silhouette. — Pronom. *Se silhouetter.*

SILICE [silis]. *n. f.* • Oxyde de silicium, corps solide de grande dureté, blanc ou incolore, très abondant dans la nature. ▼ **SILICATE** [silikat]. *n. m.* Combinaison de silice avec divers oxydes métalliques. ▼ **SILICEUX, EUSE.** *adj.* ▼ **SILICIUM** [silisjɔm]. *n. m.* Corps simple de couleur grise, métalloïde du groupe du carbone, présent dans la silice et les silicates.

SILICONE [siliko(ɔ)n]. *n. f.* • Nom générique des dérivés du silicium se présentant sous forme d'huiles, de résines, de matières plastiques.

SILICOSE [silikoz]. *n. f.* • Maladie professionnelle des mineurs, due à l'action de poussières de silice sur les poumons.

SILLAGE [sijaʒ]. *n. m.* • 1° Trace qu'un bateau laisse derrière lui à la surface de l'eau. — Loc. *Dans le sillage de...,* à la suite de, derrière (qqn qui ouvre la voie). • 2° Partie perturbée d'un fluide (liquide, air) que laisse derrière lui un corps en mouvement.

SILLON [sijɔ̃]. *n. m.* • 1° Longue tranchée ouverte dans la terre par la charrue. — *Poét.* (au plur.). Champs cultivés. • 2° Ligne, ride. — En anatomie, *Les sillons du cerveau,* les rainures qui séparent les circonvolutions. • 3° Trace produite à la surface du disque par l'enregistrement phonographique. V. **Microsillon.**

SILLONNER [sijɔne]. *v. tr.* (1) • 1° Creuser en faisant des sillons, des fentes. *Un visage sillonné de rides.* • 2° Traverser d'un bout à l'autre. — Traverser, parcourir en tous sens. *Les routes qui sillonnent cette région.*

SILO [silo]. *n. m.* • Réservoir où l'on entrepose les produits agricoles pour les conserver.

SIMAGRÉE [simagʀe]. *n. f.* • *(Surtout au plur.).* Façons, petite comédie destinées à tromper. V. **Grimace, manière.** *Je me suis laissé prendre à vos simagrées.*

SIMIENS [simjɛ̃]. *n. m. pl.* • Sous-ordre de l'ordre des Primates, comprenant les singes proprement dits. ▼ **SIMIESQUE** [simjɛsk(ə)]. adj. *Littér.* Qui tient du singe, évoque le singe. *Un visage simiesque.*

SIMILAIRE [similɛʀ]. *adj.* • Qui est à peu près de même nature, de même ordre. V. **Analogue.**

SIMIL(I)-. • Élément savant marquant qu'il s'agit d'une imitation.

SIMILIGRAVURE [similigʀavyʀ]. *n. f.* • Photogravure en demi-teinte au moyen de trames à travers lesquelles sont photographiés les objets ; cliché ainsi obtenu. (Abrév. *Simili.*)

SIMILITUDE [similityd]. *n. f.* • Relation unissant deux choses exactement semblables. — Caractère de deux figures géométriques semblables.

SIMOUN [simun]. *n. m.* • Vent violent, chaud et sec, qui souffle sur les régions désertiques de l'Arabie, de la Perse et du Sahara. V. **Sirocco.**

1. SIMPLE [sɛ̃pl(ə)]. *adj.* ★ **I.** *(Personnes).* • 1° Qui agit selon ses sentiments, sans affectation, sans calcul, sans recherche. V. **Direct.** • 2° Dont les manières, les goûts ne dénotent aucune prétention. *Il a su rester simple dans les honneurs. — Les gens simples,* les petits bourgeois, etc. • 3° *Péj.* Qui a peu de finesse, se laisse facilement tromper. V. **Crédule, simplet.** *Il est un peu simple.* — SIMPLE D'ESPRIT : qui n'a pas une intelligence normalement développée. *Subst.* Débile mental. ★ **II.** *(Choses).* • 1° Qui n'est pas composé de parties, est indécomposable. *Corps chimiques simples. Un billet, un aller simple* (*opposé à* aller et retour). *Les temps simples d'un verbe. Varier du simple au double,* être multiplié par deux. • 2° Qui est uniquement ce que le substantif qui précède implique, et rien de plus. *Une simple formalité.* V. **Pur.** *Ce sont de simples salariés.* • 3° Qui est formé d'un petit nombre de parties ou d'éléments. • 4° Qui, étant formé de peu d'éléments, est aisé à comprendre, à utiliser (*opposé à* compliqué, difficile). V. **Commode, facile.** *Il y a un moyen bien simple. C'est simple comme bonjour* (comme de dire bonjour). Fam. *C'est bien simple,* se dit pour ramener une question à une évidence. • 5° Qui comporte peu d'éléments ajoutés, peu d'ornements. *Dans le plus simple appareil,* déshabillé, nu. *Une robe toute simple.* — Sans décorum, sans cérémonie. *Le mariage a été très simple.* ▼ **SIMPLEMENT.** *adv.* • 1° D'une manière simple, sans complication, sans affectation. V. **Naturellement.** • 2° Seulement. *Je voulais simplement vous dire...* ▼ **SIMPLET, ETTE.** *adj.* • 1° Qui est un peu simple d'esprit. V. **Naïf.** • 2° *(Choses).* Un peu trop simple, un peu pauvre. *Une musique assez simplette.*

2. SIMPLE. *n.* • 1° *N. f.* Plante médicinale. • 2° *N. m.* Partie de tennis entre deux adversaires (*opposé à* double).

SIMPLICITÉ [sɛ̃plisite]. *n. f.* ★ **I.** • 1° Sincérité sans détour. V. **Franchise.** — Comportement naturel et spontané. V. **Modestie, naturel.** • 2° Caractère d'une personne simple (2°). • 3° *Littér.* Naïveté exagérée. V. **Candeur.** *Je n'ai pas la simplicité de le croire.* ★ **II.** *(Choses).* • 1° Caractère de ce qui n'est pas composé ou décomposable. Caractère de ce qui est facile à comprendre, à utiliser. *Problème, mécanisme d'une grande simplicité.* • 2° Qualité de ce qui n'est pas chargé d'ornements superflus. *La simplicité de sa toilette.*

SIMPLIFIER [sɛ̃plifje]. *v. tr.* (7) • Rendre moins complexe, moins chargé d'éléments accessoires, plus facile. ‖ Contr. **Compliquer.** ‖ *Cela simplifie la question.* ▼ **SIMPLIFICATION.** *n. f.*

SIMPLISTE. *adj.* • Qui ne considère qu'un aspect des choses et simplifie outre mesure. *Un raisonnement simpliste.*

SIMULACRE [simylakʀ(ə)]. *n. m.* • *Littér.* Apparence sensible qui se donne pour une réalité. V. **Semblant.** *Il n'y a eu qu'un simulacre de combat.*

SIMULER [simyle]. *v. tr.* (1) • 1° Faire paraître comme réel, effectif (ce qui ne l'est pas). *Une vérité simulée.* — Donner pour réel en imitant l'apparence de (la chose à laquelle on veut faire croire). V. **Feindre.** *Il simulait l'ivresse.* • 2° *(Choses).* Être fait, disposé comme... V. **Imiter.** ▼ **SIMULATEUR, TRICE.** *n.* • 1° Personne qui simule un sentiment. — Personne qui simule une maladie. • 2° *N. m.* Appareil qui permet de représenter artificiellement un fonctionnement réel. *Un simulateur de vol.* ▼ **SIMULATION.** *n. f.* • 1° Fait de simuler (un acte juridique). • 2° Action de simuler (un sentiment, une maladie). • 3° *(Terme technique).* Représentation à l'aide d'un simulateur.

SIMULTANÉ, ÉE [simyltane]. *adj.* • 1° Se dit d'événements distincts ayant lieu au même moment. V. **Concomitant, synchrone.** ‖ Contr. **Successif.** ‖ • 2° *Traduction simultanée,* donnée en même temps que parle l'orateur. ▼ **SIMULTANÉITÉ.** *n. f.* Caractère simultané ; synchronisme absolu. ▼ **SIMULTANÉMENT.** *adv.* En même temps.

SINANTHROPE [sinɑ̃tʀɔp]. *n. m.* • Grand primate fossile dont les restes ont été découverts en Chine.

SINAPISME [sinapism(ə)]. *n. m.* • Traitement révulsif par application d'un cataplasme à base de farine de moutarde ; ce cataplasme. ▼ **SINAPISÉ, ÉE.** adj. *Cataplasme sinapisé,* à la moutarde.

SINCÈRE [sɛ̃sɛʀ]. *adj.* • 1° Qui est disposé à reconnaître la vérité et à faire connaître ce qu'il pense. *C'est un adversaire, mais je le crois sincère.* V. **Franc.** • 2° Qui est tel réellement et en toute bonne foi. V. **Véritable.** *Un sincère amateur d'art moderne.* • 3° *(Choses).* Réellement pensé ou senti. *Un repentir sincère.* — (Dans le lang. de la politesse) *Mes sincères condoléances.* ▼ **SINCÈREMENT.** *adv.* ▼ **SINCÉRITÉ** [sɛ̃seʀite]. *n. f.* • 1° Qualité d'une personne sincère. V. **Foi** (bonne), **franchise, loyauté.** *Je vous le dis en toute sincérité.* • 2° Caractère de ce qui est sincère.

SINÉCURE [sinekyʀ]. *n. f.* • Charge ou emploi où l'on est rétribué sans avoir rien (ou presque rien) à faire ; situation de tout repos. — Fam. *Ce n'est pas une sinécure,* ce n'est pas une mince affaire.

SINE DIE [sinedje]. *loc. adv.* • Sans fixer de date pour une autre réunion, une autre séance. *Le débat a été renvoyé* sine die.

SINGALETTE [sɛ̃galɛt]. *n. f.* • Tissu de coton (mousseline) très clair, qui sert à faire les patrons, en couture.

SINGE [sɛ̃ʒ]. *n. m.* • 1° Mammifère (primates) caractérisé par une face nue, un cerveau développé, des membres inférieurs plus petits que les membres supérieurs, et des mains. — Cet animal mâle (*par oppos. à* guenon). • 2° Loc. *On n'apprend pas à un vieux singe à faire la grimace,* on n'apprend pas les ruses à un homme plein d'expérience. *Payer en monnaie de singe,* récompenser ou payer par de belles paroles, des promesses creuses. — *Être laid, malin comme un singe. Faire le singe,* se comporter d'une manière déraisonnable. • 3° *Littér.* Imitateur ; celui qui contrefait, imite. • 4° *Pop.* Patron. • 5° *Pop.* Corned-beef. *Une boîte de singe.*

SINGER [sɛ̃ʒe]. *v. tr.* (3) • 1° Imiter (qqn) maladroitement ou d'une manière caricaturale. V. **Contrefaire.** • 2° Feindre, simuler (un sentiment). ▼ **SINGERIE** [sɛ̃ʒʀi]. *n. f.* Grimace, attitude comique. *Pas tant de singeries !*

SINGULARISER [sɛ̃gylaʀize]. *v. tr.* (1) • Distinguer des autres par qqch. de peu courant. — Pronom. *Se singulariser,* se faire remarquer par qqch. de bizarre.

SINGULARITÉ [sɛ̃gylaʀite]. *n. f.* • Caractère exceptionnel de ce qui se distingue (en bien ou en mal). V. **Étrangeté.** — Fait, trait singulier. V. **Bizarrerie.**

SINGULIER, IÈRE [sɛ̃gylje, jɛʀ]. *adj.* et *n. m.* • 1° Qui est digne d'être remarqué (en bien ou en mal) par des traits peu communs. V. **Bizarre, curieux, étonnant, étrange.** || Contr. **Banal.** || *Sa réaction a été tout à fait singulière. Singulière façon de voir les choses !* • 2° *Littér.* Différent des autres. V. **Particulier, spécial.** *Une nature singulière.* • 3° *Combat singulier,* duel. • 4° *N. m.* Catégorie grammaticale qui exprime l'unité (*opposé à* pluriel). ▼ **SINGULIÈREMENT.** *adv.* • 1° Beaucoup, très. *Un cas singulièrement troublant.* • 2° *Littér.* Bizarrement. *Il se conduit singulièrement.* • 3° *Littér.* Notamment.

1. SINISTRE [sinistʀ(ə)]. *adj.* • 1° Qui fait craindre un malheur, une catastrophe. *Des craquements sinistres.* • 2° *(Devant le nom).* Inquiétant, dangereux. *Un sinistre individu.* — (Intensif) *Un sinistre crétin.* • 3° Triste et ennuyeux. *La soirée a été sinistre.*

2. SINISTRE. *n. m.* • 1° Événement catastrophique naturel (incendie, inondation, tremblement de terre, etc.). *Le sinistre a fait de nombreuses victimes.* • 2° Accident, dommage couvert par une assurance. ▼ **SINISTRÉ, ÉE.** *adj.* et *n.* (Personne) qui est victime d'un sinistre. *Les sinistrés sont aidés par la Croix-Rouge.*

SINO-. • Élément savant signifiant « de la Chine ».

SINON [sinɔ̃]. *conj.* • 1° *(Après une propos. négative).* En dehors de... V. **Excepté, sauf.** *Il ne sentait rien, sinon une légère douleur. — (Après une propos. interrogative)* Si ce n'est. *Qu'est-ce qu'on peut faire sinon accepter ?* • 2° *(Concession).* En admettant que ce ne soit pas. *Sa conduite a rencontré sinon l'approbation, du moins l'indulgence. Une force indifférente, sinon ennemie.* • 3° *(Emploi absolu).* Si la supposition énoncée est fausse ou ne se réalise pas. V. **Autrement, sans** (quoi). *Il n'a pas eu votre lettre, sinon il serait venu.*

SINOQUE ou **CINOQUE** [sinɔk]. *adj.* • *Fam.* Fou, folle. V. **Cinglé.**

SINUEUX, EUSE [sinɥø, øz]. *adj.* • Qui présente une suite de courbes irrégulières et dans des sens différents. *Des ruelles étroites et sinueuses. — (Abstrait)* Tortueux. *Des raisonnements sinueux.* ▼ **SINUOSITÉ** [sinɥozite]. *n. f.* Ligne sinueuse, courbe. V. **Détour, méandre.** *Les sinuosités de la rivière.*

1. SINUS [sinys]. *n. m. invar.* • 1° Cavité irrégulière de l'os du maxillaire et du front, où peut siéger une infection. • 2° Renflements de certaines veines ou artères. ▼ **SINUSITE** [sinyzit]. *n. f.* Inflammation des sinus (1°), consécutive à l'inflammation de la muqueuse nasale.

2. SINUS [sinys]. *n. m.* • *Sinus d'un angle,* mesure de la projection sur un axe directement perpendiculaire à l'un de ses côtés d'un vecteur unitaire porté par son autre côté. ▼ **SINUSOÏDE** [sinyzɔid]. *n. f.* Courbe représentative de la fonction sinus ou cosinus. ▼ **SINUSOÏDAL, ALE, AUX.** *adj.* Qui a la forme ondulée d'une sinusoïde.

SIONISME [sjɔnism(ə)]. *n. m.* • Mouvement politique et religieux, visant à l'établissement puis à la consolidation d'un État juif en Palestine. ▼ **SIONISTE.** *adj.* et *n.*

SIPHON [sifɔ̃]. *n. m.* • 1° Tube courbé ou appareil permettant de transvaser un liquide ou de faire communiquer deux liquides. — Tube recourbé en forme de S, placé à la sortie des appareils sanitaires, de façon à empêcher la remontée des mauvaises odeurs. • 2° Bouteille contenant sous pression de l'eau gazéifiée et munie d'un bouchon à levier. *Un siphon d'eau de Seltz.*

SIPHONNÉ, ÉE [sifɔne]. *adj.* • *Fam.* Fou.

SIRE [siʀ]. *n. m.* • 1° Ancien titre honorifique. — Loc. *Un triste sire,* un triste individu. • 2° Titre qu'on donne à un souverain quand on s'adresse à lui.

1. SIRÈNE [siʀɛn]. *n. f.* • Être fabuleux, à tête et torse de femme et à queue de poisson, qui passait pour attirer, par la douceur de son chant, les navigateurs sur les écueils. *Écouter le chant des sirènes,* se laisser séduire. — Femme douée d'un dangereux pouvoir de séduction.

2. SIRÈNE. *n. f.* • Puissant appareil sonore destiné à produire un signal. *Sirène d'alarme. La sirène d'une usine,* annonçant la reprise et la cessation du travail.

SIROCCO [siʀɔko]. *n. m.* • Vent de sud-est extrêmement chaud et sec, d'origine saharienne. V. **Simoun.**

SIROP [siʀo]. *n. m.* • Solution très sucrée et parfumée, servant à préparer des boissons, ou contenant des médicaments. *Sirop de groseille. Sirop contre la toux. — Cette musique, c'est du sirop.* V. **Sirupeux** (2°).

SIROTER [siʀɔte]. *v. tr.* (1) • *Fam.* Boire à petits coups en savourant. V. **Déguster.**

SIRUPEUX, EUSE [siʀypø, øz]. *adj.* • 1° De la consistance du sirop (du miel, de la mélasse). • 2° *Musique sirupeuse,* facile et écœurante.

SIS, SISE [si, siz]. *adj.* • *(Lang. jurid.).* Situé. *Un domaine sis à tel endroit.*

SISM(O)- ou **SÉISM(O)-.** • Élément savant, signifiant « secousse ; tremblement ».

SISMIQUE [sismik]. *adj.* • Relatif aux séismes.

SISMOGRAPHE. *n. m.* • Instrument de mesure qui enregistre les mouvements d'un point de l'écorce terrestre. ▼ **SISMOGRAPHIE.** *n. f.*

SITE [sit]. *n. m.* • Paysage (considéré du point de vue de l'esthétique, du pittoresque). *Un site classé.* — Configuration du lieu où s'élève une ville, manière dont elle est située.

SITÔT. *adv.* • 1° *(En loc.).* Aussitôt. *Sitôt après. Sitôt entré, il se coucha,* dès qu'il fut entré. *Pas de sitôt,* pas bientôt. • 2° SITÔT QUE *(loc. conj.)* : aussitôt que. V. **Dès** (que).

SITUATION [sitɥasjɔ̃]. *n. f.* • 1° Emplacement (d'un édifice, d'une ville). • 2° Ensemble des circonstances dans lesquelles une personne se trouve. V. **Condition, position.** *Sa situation est délicate. Leur situation financière s'améliore.* — (Théâtre) *Des situations comiques.* • 3° Emploi, poste rémunérateur régulier et stable. V. **Fonction, place.** *Il a perdu sa situation.* • 4° *Loc.* ÊTRE EN SITUATION DE... *(suivi de l'inf.)* : en mesure de... ; être bien placé pour... • 5° Ensemble des circonstances dans lesquelles un pays, une collectivité se trouve. *La situation est grave.*

SITUER [sitɥe]. *v. tr.* (1) • Placer par la pensée en un lieu, à une époque, à une certaine place dans un ensemble. *L'auteur a situé l'action à Londres au XVI*e *siècle.* Fam. *On ne le situe pas bien,* on ne voit pas quelle sorte d'homme c'est, quel est son milieu. ▼ **SITUÉ, ÉE.** *adj.* Placé (à tel endroit, de telle ou telle façon). *Maison bien située.*

SIX [sis]. *adj. num.* ([si] devant consonne ; [siz] devant voyelle ; [sis] dans les autres cas.) • Cinq plus un. *Les six jours,* épreuve cycliste sur piste, disputée pendant six jours par des équipes de deux coureurs qui se relaient. — Subst. *Les Six,* les six pays membres de la Communauté économique européenne. — *(Ordinal)* Sixième. *Page six.* — *Subst.* Le nombre, le numéro six. Carte, face de dé, de domino présentant six marques. ▼ **SIXIÈME** [sizjɛm]. *adj. num.* et *n.* Ordinal de six. *Le sixième jour.* — *La sixième,* classe qui commence l'enseignement secondaire. — Se dit d'une fraction, d'un tout divisé également en six. *Le sixième de la somme.* ▼ **SIXIÈMEMENT.** *adv.* En sixième lieu.

SIX-QUATRE-DEUX (À LA) [alasiskatdø]. *loc. adv.* • *Fam.* À la hâte, sans soin.

SIXTE [sikst(ə)]. *n. f.* • Sixième degré de la gamme diatonique. — Intervalle de six degrés.

SKETCH [skɛtʃ]. *n. m.* • Courte scène, généralement comique et rapide, interprétée par un nombre restreint d'acteurs. V. **Saynète.**

SKI [ski]. *n. m.* • 1° Chacun des deux longs patins de bois, de métal ou de matière plastique, relevés à l'avant, dont on se chausse pour glisser sur la neige. *Aller en skis, à skis.* — *Le ski,* la locomotion, le sport en skis (descente, slalom, saut...). *Faire du ski. Station de ski.* • 2° SKI NAUTIQUE : sport nautique, rappelant l'aquaplane, mais dans lequel on chausse deux longs patins. ▼ **SKIER** [skje]. *v. intr.* (7). Aller en skis, faire du ski. ▼ **SKIEUR, SKIEUSE.** *n.*

SKIFF ou **SKIF** [skif]. *n. m.* • Bateau de sport très long, effilé, pour un seul rameur.

SLALOM [slalɔm]. *n. m.* • Course de ski, descente sinueuse avec passage obligatoire entre plusieurs paires de piquets (les « portes »). *Descente en slalom.* ▼ **SLALOMEUR, EUSE.** *n.* Skieur, skieuse qui pratique le slalom.

SLAVE [slav]. *adj.* et *n.* • Nom générique de peuples d'Europe centrale et orientale dont les langues sont apparentées (bulgare, polonais, russe, serbo-croate, slovène, slovaque, tchèque).

SLEEPING [slipiŋ]. *n. m.* • *Anglicisme.* Wagon-lit.

SLIP [slip]. *n. m.* • Culotte échancrée très haut sur les cuisses, à ceinture basse, que l'on porte comme sous-vêtement ou comme culotte de bains.

SLOGAN [slɔgɑ̃]. *n. m.* • Formule concise et frappante, utilisée par la publicité, la propagande politique, etc.

SLOW [slo]. *n. m.* • *Anglicisme.* Danse à pas glissés, sur une musique lente à quatre temps, apparentée au jazz ; cette musique. *Des slows.*

SMALA [smala]. *n. f.* • 1° Réunion de tentes abritant la famille, les bagages d'un chef arabe en déplacement. • 2° *Fam.* Famille ou suite nombreuse qui vit aux côtés de qqn, qui l'accompagne partout. *Il est venu avec toute sa smala.*

SMASH [smaʃ]. *n. m.* • Au tennis, au volley-ball, Coup violent pris au-dessus de la tête, et qui écrase la balle au sol.

S.M.I.G. [smig]. *n. m.* • Salaire minimum interprofessionnel garanti.

SMOCKS [smɔk]. *n. m. pl.* • Fronces décoratives, en couture.

SMOKING [smɔkiŋ]. *n. m.* • Tenue habillée comportant un veston à revers de soie, un gilet et un pantalon à galon de soie.

SNACK-BAR ou **SNACK** [snak(baʀ)]. *n. m.* • *Anglicisme.* Café-restaurant moderne où l'on sert des plats rapidement. *Des snacks.*

S.N.C.F. [ɛsɛnseɛf]. • *S*ociété *N*ationale des *C*hemins de fer *F*rançais.

SNOB [snɔb]. *n.* et *adj.* • Personne qui cherche à être assimilée aux gens distingués de la haute société, en faisant étalage des manières, des modes qu'elle lui emprunte sans discernement, ainsi que des relations qu'elle peut y avoir. ▼ **SNOBER** [snɔbe]. *v. tr.* (1). Impressionner en traitant de haut. ▼ **SNOBINARD, ARDE.** n. *Péj.* Petit, petite snob. Au fém., on dit aussi *snobinette.* ▼ **SNOBISME.** *n. m.* Comportement de snob.

SNOW-BOOT [snobut]. *n. m.* • *Vieilli.* Bottine de caoutchouc qui se met par-dessus la chaussure.

SOBRE [sɔbʀ(ə)]. *adj.* • 1° Qui mange; boit avec modération. V. **Tempérant.** — Qui boit peu ou ne boit pas d'alcool. • 2° Qui manifeste de la mesure, ne recherche pas l'effet. V. **Simple.** *Vêtement de coupe sobre. Une sobre éloquence.* ▼ **SOBREMENT.** *adv.* ▼ **SOBRIÉTÉ** [sɔbʀijete]. *n. f.* • 1° Comportement de celui qui est sobre. • 2° Mesure, réserve (dans un domaine quelconque).

SOBRIQUET [sɔbʀikɛ]. *n. m.* • Surnom familier, souvent moqueur.

SOC [sɔk]. *n. m.* • Lame de la charrue qui tranche horizontalement la terre.

SOCIABLE [sɔsjabl(ə)]. *adj.* • Qui est capable d'avoir des relations humaines faciles, qui recherche la compagnie de ses semblables. ▼ **SOCIABILITÉ.** *n. f.*

SOCIAL, ALE, AUX [sɔsjal, o]. *adj.* ★ **I.** • 1° Relatif à une société, à un groupe d'individus conçu comme une réalité distincte, aux rapports de ces individus entre eux. ‖ Contr. **Individuel.** ‖ *Les rapports sociaux. Les phénomènes sociaux. Les sciences sociales,* sciences humaines envisagées d'un point de vue sociologique. • 2° Propre à la société constituée. *Les classes sociales. L'échelle sociale.* • 3° Relatif aux rapports entre les classes de la société (et notamment aux conditions matérielles des travailleurs et à leur amélioration). *Les questions sociales. Conflits sociaux. Une politique, des mesures sociales.* • 4° Subst. *Le social et l'économique.* ★ **II.** Relatif à une société commerciale. *Le siège social.* ▼ **SOCIALEMENT.** *adv.* Quant aux rapports entre classes sociales.

SOCIAL-DÉMOCRATE. *adj.* et *n.* • Se dit de socialistes réformistes, libéraux.

SOCIALISER [sɔsjalize]. *v. tr.* (1) • Mettre sous régime communautaire, sous contrôle de la collectivité (des biens, des moyens de production). ▼**SOCIALISATION.** *n. f.*

SOCIALISME [sɔsjalism(ə)]. *n. m.* • 1° Doctrine d'organisation sociale qui repose sur l'appropriation collective des grands moyens de production et d'échange. V. **Collectivisme, communisme.** *Socialisme réformiste et socialisme révolutionnaire.* — Les partis qui se réclament de cette doctrine. • 2° Dans le schéma de l'évolution marxiste, Phase transitoire entre la disparition du capitalisme et l'instauration du communisme. ▼ **SOCIALISTE.** *adj.* et *n.* • 1° Relatif ou propre au socialisme ; qui fait profession de socialisme. *Les partis socialistes* (travaillistes, communistes, etc.). *Un régime, un État socialiste.* • 2° (En France). Qui appartient au parti socialiste SFIO (section française de l'Internationale ouvrière). *Députés socialistes et communistes.* — Subst. *Les socialistes.*

SOCIÉTAIRE [sɔsjetɛʀ]. *adj.* et *n.* • Qui fait partie d'une association, d'une société d'acteurs. *Les sociétaires de la Comédie-Française.*

SOCIÉTÉ [sɔsjete]. *n. f.* ★ **I.** • 1° *Littér.* Relations mondaines, sociales. *Aimer la société.* — Loc. *Jeux de société*, jeux distrayants qui peuvent se jouer à plusieurs. • 2° Compagnie habituelle. *Se plaire dans la société des femmes.* • 3° Ensemble de personnes qui se réunissent habituellement, en raison d'affinités de classe. *Les usages de la bonne société.* — Absolt. *La haute société*, le beau monde. *Être introduit, reçu dans la société.* ★ **II.** • 1° État particulier à certains êtres vivants, qui vivent en groupes organisés. *Les animaux qui vivent en société.* • 2° Ensemble des personnes entre lesquelles existent des rapports organisés (avec institutions, sanctions, etc.) ; ensemble des forces du milieu agissant sur les individus. V. **Communauté.** — UNE SOCIÉTÉ : groupe social limité dans le temps et dans l'espace. *Les sociétés primitives. La civilisation, la culture d'une société. Les sociétés modernes.* — Type d'état social. *La société d'abondance, de consommation.* ★ **III.** • 1° Compagnie ou association religieuse. • 2° Organisation fondée pour un travail commun ou une action commune. V. **Association.** *Les sociétés savantes. Société secrète*, association qui poursuit en secret des menées subversives. • 3° Personne juridique formée par un contrat (appelé contrat de société), considérée comme propriétaire d'un patrimoine. *Sociétés civiles* (non commerciales). *Société de crédit*, qui fournit des crédits à ses adhérents. — SOCIÉTÉ (COMMERCIALE) : qui accomplit des opérations commerciales à but lucratif. V. **Compagnie, entreprise, établissement.** *Sociétés par actions*, comportant des associés dont la part est représentée par des actions. *Société à responsabilité limitée* (S.A.R.L.), où la responsabilité des associés est limitée au montant de leur apport. *Société anonyme* (2°). • 4° Nom donné à certaines associations entre États (comme l'ancienne *Société des Nations*). V. **Organisation.**

SOCIO- • Élément de mots savants, signifiant « société ».

SOCIOLOGIE [sɔsjɔlɔʒi]. *n. f.* • Étude scientifique des faits sociaux humains, considérés comme spécifiques, et étudiés à un haut degré de généralité. — Étude de toutes les formes de sociétés (II). *Sociologie animale.* ▼**SOCIOLOGIQUE.** *adj.* ▼**SOCIOLOGUE.** *n.* Spécialiste des travaux sociologiques.

SOCLE [sɔkl(ə)]. *n. m.* • Base sur laquelle repose une construction, un objet. *Le socle d'une colonne, d'une statue.*

SOCQUE [sɔk]. *n. m.* • 1° *Didact.* Chaussure basse que portaient les acteurs de comédie à Rome. *Le socque et le cothurne.* • 2° Chaussure à semelle de bois.

SOCQUETTE [sɔkɛt]. *n. f.* • Petite chaussette arrivant au-dessus de la cheville.

SOCRATIQUE [sɔkʀatik]. *adj.* • Propre à Socrate, ou qui l'évoque.

SODA [sɔda]. *n. m.* • Boisson à base d'eau gazeuse, additionnée de sirop de fruits.

SODIUM [sɔdjɔm]. *n. m.* • Corps simple d'un blanc argenté, très mou, qui brûle à l'air et réagit violemment avec l'eau, avec formation de soude et dégagement d'hydrogène. *Chlorure de sodium* (sel). *Carbonate de sodium* (soude).

SODOMIE [sɔdɔmi]. *n. f.* • Homosexualité masculine. ▼ **SODOMITE.** *n.* Homosexuel.

SŒUR [sœʀ]. *n. f.* • 1° Personne de sexe féminin, considérée par rapport aux autres enfants des mêmes parents. *Sœur aînée (grande sœur), sœur cadette (petite sœur).* — Loc. pop. *Et ta sœur ?* se dit ironiquement pour inviter qqn à se mêler de ce qui le regarde, ou pour couper court à ses propos. — SŒUR DE LAIT : fille d'une nourrice, par rapport à un de ses nourrissons. • 2° *Littér.* Se dit d'une chose, d'une nation apparentée, quand elle est désignée par un nom féminin. *Théorie et pratique doivent être sœurs.* — ÂME SŒUR : se dit d'une personne qui est faite pour en bien comprendre une autre de sexe opposé. *Il n'a pas trouvé l'âme sœur.* • 3° Titre donné aux religieuses. *Fam.* BONNE SŒUR : religieuse d'un ordre charitable ou enseignant. ▼ **SŒURETTE.** *n. f.* Terme d'affection envers une petite sœur.

SOFA [sɔfa]. *n. m.* • Lit de repos à trois appuis, servant aussi de siège. V. **Canapé, divan.**

SOI [swa]. *pron. pers. réfléchi.* [3e personne.] ★ **I.** *(Personnes).* • 1° (Indéterminé).

Pour réussir, il faut avoir confiance en soi. La conscience de soi. Il fait bon rentrer chez soi. • 2° (Déterminé). V. **Lui, elle, eux.** *Il regardait droit devant soi. Une femme sûre de soi.* ★ **II.** (Choses). *C'est un régime qui n'est pas mauvais en soi*, de par sa nature. *Cela va de soi*, c'est bien évident, bien naturel. ★ **III.** SOI-MÊME. *Ici, on fait tout soi-même. Aimer son prochain comme soi-même. Il faut savoir sortir de soi-même.* ★ **IV.** *N. m.* En philosophie, La personnalité, le moi (du sujet).

SOI-DISANT [swadizɑ̃]. *adj. invar.* • 1° Qui dit, qui prétend être (telle ou telle chose). *Le soi-disant baron a commis de nombreuses escroqueries.* • 2° (*Choses; emploi critiqué*). Prétendu. *Cette soi-disant liberté est une illusion.* • 3° *Loc. adv.* Prétendument. *Il est venu à Paris, soi-disant pour affaires.*

SOIE [swa]. *n. f.* ★ **I.** • 1° Substance filiforme sécrétée par quelques chenilles de papillons *(vers à soie)*, utilisée comme matière textile. *Chemise, bas de soie.* — *Soie sauvage*, produite par certaines chenilles d'Extrême-Orient. • 2° *Papier de soie*, papier fin, translucide et brillant. ★ **II.** Poil long et rude de certains animaux (porc, sanglier). *Un pinceau en soies de sanglier.* ▼ **SOIERIE** [swaʀi]. *n. f.* Tissu de soie. — *La soierie*, l'industrie et le commerce de la soie.

SOIF [swaf]. *n. f.* • 1° Sensation correspondant à un besoin de l'organisme en eau. *Avoir soif, très soif*, être assoiffé. *Donner soif*, altérer. Fam. *Boire jusqu'à plus soif*, beaucoup. *Jusqu'à plus soif*, à satiété. *Rester sur sa soif*, n'être pas entièrement satisfait. — *(Terre, végétation)* Manquer d'eau. *Les rosiers ont soif.* • 2° Désir passionné et impatient. *La soif de connaître. J'ai soif d'indépendance.* ▼ **SOIFFARD, ARDE.** adj. et n. *Pop.* Qui est toujours prêt à boire, qui boit exagérément (du vin, de l'alcool).

SOIGNER [swaɲe]. *v. tr.* (1) • 1° S'occuper du bien-être et du contentement de (qqn), du bon état de (qqch.). || Contr. **Maltraiter, négliger.** || *Une maison qui soigne sa clientèle. Des rosiers bien soignés. Il soigne ses outils, ses livres*, il en prend grand soin. — Pronom. *Elle devrait se soigner davantage, être plus soignée*, s'occuper davantage de sa beauté, de sa toilette. • 2° Apporter du soin (III) à (ce qu'on fait). || Contr. **Bâcler.** || *Il faut soigner les détails.* V. **Fignoler.** — Au p. p. *Un travail soigné.* • 3° S'occuper de rétablir la santé de (qqn), d'entretenir la forme de (un sportif). V. **Soigneur.** *Le médecin qui me soigne.* — Pronom. *Soignez-vous bien.* V. **Traiter.** Fam. *Il faut te faire soigner !* tu es fou ! — S'occuper de guérir (un mal). *Soignez votre rhume.* Fam. *Il faut soigner ça !* ou pronom. *Ça se soigne !* se dit à qqn dont on juge le comportement peu normal. ▼ **SOIGNEUR.** *n. m.* Celui qui est chargé de soigner (3°) un sportif, un boxeur.

SOIGNEUX, EUSE [swaɲø, øz]. *adj.* • 1° Qui est fait avec soin, avec méthode. *Un travail peu soigneux.* • 2° Qui soigne son ouvrage. V. **Appliqué.** || Contr. **Négligent.** || *Une femme de ménage très soigneuse.* ▼ **SOIGNEUSEMENT.** *adv.* Avec soin.

SOIN [swɛ̃]. *n. m.* ★ **I.** • 1° *Littér.* Préoccupation relative à un objet auquel on s'intéresse. *Son premier soin a été de...* — AVOIR, PRENDRE SOIN DE (avec l'inf.) : penser à, s'occuper de. V. **Veiller** (à). *J'avais pris soin de l'avertir.* — Travail dont on est chargé. V. **Charge.** *On lui confia le soin de la maison.* • 2° AVOIR, PRENDRE SOIN DE ... (qqn, qqch.) : s'occuper du bien-être de (qqn), du bon état de (qqch.). ★ **II.** LES SOINS. • 1° Actes par lesquels on veille au bien-être, au bon état (de qqn, qqch.). *L'enfant a besoin des soins d'une mère. Les soins du ménage. Soins de toilette, de beauté.* — *Être aux petits soins pour qqn*, être très attentionné. • 2° Actions par lesquelles on conserve ou on rétablit la santé. V. **Soigner** (3°). *Le blessé a reçu les premiers soins.* ★ **III.** LE SOIN : manière appliquée, exacte, scrupuleuse (de faire qqch.). V. **Soigneux.** *Le soin qu'il met, qu'il apporte à... Il était habillé avec soin.* V. **Application, sérieux.**

SOIR [swaʀ]. *n. m.* • 1° Fin du jour, moments qui précèdent et qui suivent le coucher du soleil. || Contr. **Matin.** || *Le soir descend, tombe. Il fait frais le soir. Du matin au soir.* • 2° Les dernières heures du jour et les premières de la nuit (*opposé à* après-midi). *Il sort souvent le soir, le samedi soir.* — Temps qui va de 4 ou 5 heures à minuit. *Dix heures du soir. Robe du soir*, de soirée. — Loc. *Le grand soir*, celui de la révolution sociale.

SOIRÉE [swaʀe]. *n. f.* • 1° Temps compris entre le déclin du jour et le moment où l'on s'endort ; durée du soir (2°), manière de la passer. *Les chaudes soirées de juillet. Il passe sa soirée chez des amis. Toute la soirée.* • 2° Réunion mondaine ou intellectuelle, qui a lieu le soir, après le repas du soir. *Aller en soirée. Tenue de soirée*, très habillée. — Séance de spectacle qui se donne le soir (*opposé à* matinée). *Projeter un film en soirée.*

SOIT [swa]. *conj.* et *adv.* • 1° SOIT..., SOIT... : marque l'alternative. V. **Ou.** *Soit l'un, soit l'autre. Soit avant, soit après.* — *Soit que..., soit que...* (avec subj.). • 2° SOIT [swat]. *adv. d'affirmation* (valeur de concession). Bon, admettons. *Soit ! et après ?*

SOIXANTE [swasɑ̃t]. *adj. numér.* • 1° Six fois dix (60). *Soixante et un, soixante-deux. Soixante-dix* (70). *Soixante et onze, soixante-douze.* — (Ordinal) *Page soixante.* Ellipt. *La guerre de soixante-dix*, de 1870. • 2° *Subst.* Le nombre, le numéro soixante. ▼ **SOIXANTAINE** [swasɑ̃tɛn]. *n. f.* • 1° Nombre de soixante environ. • 2° Âge d'environ soixante ans. *Il approche de la soixantaine.* ▼ **SOIXANTIÈME** [swasɑ̃tjɛm]. *adj.* et *n.* Ordinal de *soixante.* — Se dit d'une fraction d'un tout divisé également en soixante.

SOJA [sɔʒa]. *n. m.* • Plante légumineuse d'origine exotique, semblable au haricot. *Huile, germes de soja.*

1. SOL [sɔl]. *n. m.* • 1° Partie superficielle de la croûte terrestre, à l'état naturel ou aménagée par l'homme. V. **Terre.** *Posé au sol, à même le sol. Vitesse au sol d'un avion. Un sol revêtu, cimenté. Les sols à bâtir.* • 2° Cette partie, considérée du point de vue géologique ou agricole. *La pédologie, science des sols. Sols argileux, calcaires. Sol riche, pauvre.*

2. SOL. *n. m.* • Cinquième degré de la gamme de do ; signe qui le représente.

SOLAIRE [sɔlɛʀ]. *adj.* • 1° Relatif au Soleil, à sa position ou à son mouvement apparent dans le ciel. *L'année solaire.* • 2° Du Soleil. *La lumière solaire. — Système solaire,* ensemble des corps célestes formé par le Soleil et son champ de gravitation (planètes, comètes...).

SOLARIUM [sɔlaʀjɔm]. *n. m.* • Lieu abrité où l'on prend des bains de soleil.

SOLDAT [sɔlda]. *n. m.* • 1° Homme qui sert dans une armée. *Le métier de soldat. Un grand soldat,* un grand homme de guerre. — Loc. *Jouer au petit soldat,* faire le malin. • 2° *Simple soldat,* ou *Soldat,* militaire non gradé des armées de terre et de l'air. V. *fam.* **Troufion ; bidasse.** *Les soldats et les marins. La tombe du soldat inconnu,* où repose la dépouille anonyme d'un soldat de la guerre de 14-18. • 3° (Abstrait). *Littér.* Combattant, défenseur au service d'une cause. *Les soldats de la foi.* • 4° *Soldats de plomb,* figurines (à l'origine en plomb) représentant des soldats. ▼ **SOLDATE** [sɔldat]. n. f. *Fam.* Auxiliaire de l'armée. ▼ **SOLDATESQUE.** adj. et n. f. *Péj.* • 1° *Adj.* Propre aux soldats. • 2° *N. f.* Ensemble de soldats brutaux et indisciplinés.

1. SOLDE [sɔld(ə)]. *n. f.* • 1° Rémunération (versée aux militaires). • 2° *Loc. péj.* À LA SOLDE DE QQN : payé par qqn, acheté par qqn. *On l'accusait d'être à la solde de l'étranger.*

2. SOLDE [sɔld(ə)]. *n. m.* • 1° Différence qui apparaît, à la clôture d'un compte, entre le crédit et le débit. *Solde créditeur, débiteur. — Absolt.* Ce qui reste à payer sur un compte. *Je vous paierai le solde demain.* • 2° EN SOLDE : vendu au rabais. *Plur.* SOLDES : articles mis en solde. *Des soldes intéressants, avantageux* (le fém. est incorrect). ▼**SOLDER.** *v. tr.* (1) • 1° Arrêter (un compte) en établissant le solde. — *Pronom.* (compte, budget). SE SOLDER EN, PAR : faire apparaître à la clôture un solde consistant en (un débit ou un crédit). *Le bilan se solde par un déficit de cinq millions. — (Abstrait)* Aboutir en définitive à. *Tous nos efforts se soldent par un échec.* • 2° Mettre, vendre en solde. ▼ **SOLDEUR, EUSE.** *n.* Personne qui fait le commerce d'articles en solde.

SOLE [sɔl]. *n. f.* • Poisson plat ovale couvert d'écailles fines, dont la chair est très estimée.

SOLÉCISME [sɔlesism(ə)]. *n. m.* • Emploi fautif, relativement à la syntaxe, de formes par ailleurs existantes (*opposé à* barbarisme).

SOLEIL [sɔlɛj]. *n. m.* • 1° Astre qui donne la lumière et la chaleur à la Terre, et qui rythme la vie à sa surface. *Le lever, le coucher du soleil.* PROV. *Le soleil brille pour tout le monde. Rien de nouveau sous le soleil,* sur la terre. — En sciences, Cet astre, étoile de la galaxie, autour de laquelle gravitent plusieurs planètes dont la Terre. *Le Soleil.* • 2° Lumière de cet astre ; temps ensoleillé. *Un beau soleil. Il fait soleil, du soleil,* beau temps. *Les pays du soleil,* ceux où il fait souvent un temps ensoleillé. — Rayons du soleil ; lieu exposé à ces rayons (*opposé à* ombre). *Se mettre au soleil, en plein soleil. Des lunettes de soleil,* qui protègent du soleil. — COUP DE SOLEIL : insolation, ou légère brûlure causée par le soleil. — Loc. *Avoir une place au soleil,* une situation où l'on profite de certains avantages. *Avoir des biens au soleil,* des propriétés immobilières. • 3° Image traditionnelle de cet astre, cercle entouré de rayons. • 4° (Abstrait). *Rayon de soleil,* ce qui réjouit, console. • 5° Pièce d'artifice, cercle monté sur pivot, garni de fusées qui le font tourner en lançant leurs feux. • 6° Tour acrobatique d'une personne autour d'un axe horizontal. *Faire le grand soleil à la barre fixe.* • 7° Grande fleur à pétales jaune vif entourant un cœur plus foncé. V. **Tournesol.** • 8° Fam. *Piquer un soleil,* rougir violemment.

SOLENNEL, ELLE [sɔlanɛl]. *adj.* • 1° Qui est célébré avec pompe, par des cérémonies publiques. *Des honneurs solennels lui ont été rendus.* • 2° Accompagné de formalités, d'actes publics qui lui donnent une importance particulière. *Un serment solennel.* • 3° *(Souvent péj.).* Qui a une gravité propre aux grandes occasions. *Un ton solennel.* V. **Cérémonieux, pompeux.** ▼ **SOLENNELLEMENT.** *adv.* ▼**SOLENNITÉ** [sɔlanite]. *n. f.* • 1° Fête solennelle. • 2° *(Souvent péj.).* Caractère solennel, pompeux.

SOLÉNOÏDE [sɔlenɔid]. *n. m.* • Bobine constituée par un fil conducteur enroulé et traversé par un courant qui crée sur son axe un champ magnétique (terme scientifique et technique).

SOLEX [sɔlɛks]. *n. m.* • (Nom déposé). Cyclomoteur d'une marque répandue.

SOLFATARE [sɔlfataʀ]. *n. m.* • Terrain volcanique qui dégage des émanations de vapeur et de gaz sulfureux chaud.

SOLFÈGE [sɔlfɛʒ]. *n. m.* • Étude des principes élémentaires de la musique et de sa notation. ▼ **SOLFIER** [sɔlfje]. *v. tr.* (7). Lire (un morceau de musique) en chantant et en nommant les notes.

SOLIDAIRE [sɔlidɛʀ]. *adj.* • 1° Se dit de personnes qui sont ou se sentent liées par une responsabilité et des intérêts communs. *Ouvriers qui se déclarent solidaires d'autres travailleurs en grève.* • 2° Se dit de choses qui dépendent l'une de l'autre, de pièces mécaniques liées dans un même mouvement. • 3° En droit, Se dit d'un acte juridique commun à plusieurs personnes, de manière que chacun réponde de tout. *Engagement solidaire* (*par ex. :* entre débiteurs dits aussi *solidaires*). ▼ **SOLIDAIREMENT.** *adv.* ▼ **SOLIDARISER (SE).** *v. pron.* (1). Se rendre, se déclarer solidaire (avec d'autres). ▼ **SOLIDARITÉ.** *n. f.* • 1° Fait d'être solidaire, relation entre personnes ayant conscience d'une communauté d'intérêts qui entraîne une obligation morale d'assistance mutuelle. *Solidarité de classe, professionnelle.* • 2° Interdépendance (de phénomènes, d'éléments).

1. SOLIDE [sɔlid]. *adj.* et *n. m.* ★ **I.** • 1° Qui a de la consistance, qui n'est pas liquide (tout en pouvant être plus ou moins mou). *Aliments solides*, qui se mangent. *Rendre solide.* V. **Solidifier.** • 2° Se dit d'un corps dans lequel les molécules sont très rapprochées les unes des autres, et qui garde une forme relativement constante lorsqu'il n'est pas soumis à des forces extérieures. *Les corps solides.* ★ **II.** *N. m.* Figure géométrique à trois dimensions, limitée par une surface fermée, à volume mesurable.

2. SOLIDE. *adj.* • 1° Qui résiste aux efforts, à l'usure. V. **Résistant, robuste.** || Contr. **Fragile.** || *Des meubles solides.* • 2° *(Abstrait).* Sur quoi l'on peut s'appuyer, compter; qui est à la fois effectif et durable. V. **Sérieux, sûr.** *Une amitié solide. Doué de solides qualités. J'ai de solides raisons pour croire cela. Sa position est solide.* • 3° *(Personnes).* Qui est massif, puissant. V. **Fort.** *Un solide gaillard.* — Qui a une santé à toute épreuve, une grande endurance. V. **Vigoureux.** *Il est toujours solide, solide comme un roc, comme le Pont-Neuf. Il n'a pas l'estomac très solide. Être solide au poste.* • 4° *Fam.* Bon, grand. *Il a un solide appétit.* ▼ **SOLIDEMENT.** *adv.* ▼ **SOLIDITÉ.** *n. f.* • 1° Robustesse, résistance (d'une chose). • 2° *(Abstrait).* Caractère de ce qui est solide (2°). — Qualité de ce qui est bien pensé, sérieux. *La solidité d'un raisonnement.*

SOLIDIFIER [sɔlidifje]. *v. tr.* (7) • Donner une consistance solide (1) à (une substance). — Pronom. *Se solidifier*, passer de l'état liquide à l'état solide. ▼ **SOLIDIFICATION.** *n. f.*

SOLILOQUE [sɔlilɔk]. *n. m.* • Discours d'une personne qui se parle à elle-même, ou qui est seule à parler. V. **Monologue.** ▼ **SOLILOQUER.** *v. intr.* (1). Se livrer à des soliloques. V. **Monologuer.**

SOLISTE [sɔlist(ə)]. *n.* • Musicien ou chanteur qui exécute une partie de solo, ou qui interprète une œuvre écrite pour un seul instrument ou une seule voix.

SOLITAIRE [sɔlitɛʀ]. *adj.* et *n.* ★ **I.** *Adj.* • 1° Qui vit seul, dans la solitude. — Qui vit dans la solitude et s'y complaît. *Un voyageur, un promeneur solitaire.* • 2° Qu'on accomplit seul, qui se passe dans la solitude. *Une enfance solitaire.* • 3° Où l'on est seul, qui est inhabité. V. **Écarté, retiré.** *C'est un endroit solitaire.* ★ **II.** *N.* • 1° Ermite; personne qui a l'habitude de vivre seule. • 2° Sanglier mâle (qui a quitté toute compagnie). *Chasser un vieux solitaire.* • 3° Diamant monté seul, en particulier sur une bague. ▼ **SOLITAIREMENT.** *adv.* Dans la solitude.

SOLITUDE [sɔlityd]. *n. f.* • 1° Situation d'une personne qui est seule (de façon momentanée ou durable). V. **Isolement.** *La solitude lui pèse. Nous avons troublé sa solitude. Solitude à deux*, d'un couple qui s'isole. — Situation de celui qui vit habituellement seul, qui a peu de contacts avec autrui. V. **Retraite.** *Vivre dans la solitude.* • 2° Littér. *Une solitude*, un lieu solitaire. — Atmosphère solitaire (d'un lieu). *Dans la solitude des forêts.*

SOLIVE [sɔliv]. *n. f.* • Chacune des pièces de charpente sur lesquelles repose le plafond. V. **Poutre.**

SOLLICITER [sɔ(l)lisite]. *v. tr.* (1) • 1° *Littér.* Appeler, tenter de manière pressante. — Chercher à éveiller (l'attention, la curiosité). • 2° Faire appel à (qqn) de façon pressante en vue d'obtenir qqch. • 3° Demander dans les formes officielles (qqch. qu'on veut obtenir d'une autorité). *Il a sollicité une audience, un poste.* ▼ **SOLLICITATION.** *n. f.* • 1° *Littér.* Incitation, tentation insistante. • 2° Demande instante, démarche pressante. ▼ **SOLLICITEUR, EUSE.** *n.* Personne qui sollicite qqch. d'une autorité, d'un personnage influent.

SOLLICITUDE [sɔ(l)lisityd]. *n. f.* • Attention, intérêt affectueux porté à qqn.

SOLO [sɔlo]. *n. m.* • Morceau joué ou chanté par un seul interprète *(soliste). Des solos de piano.*

SOLSTICE [sɔlstis]. *n. m.* • Chacune des deux époques où le Soleil atteint son plus grand éloignement angulaire du plan de l'équateur. *Solstice d'hiver, d'été*, jour le plus court et jour le plus long de l'année.

SOLUBLE [sɔlybl(ə)]. *adj.* • 1° Qui peut se dissoudre (dans un liquide). • 2° Qui peut être résolu. (Se dit d'un problème.) ▼ **SOLUBILISER.** *v. tr.* (1). Rendre soluble. — *Cacao solubilisé.* ▼ **SOLUBILITÉ.** *n. f.* Caractère de ce qui est soluble.

SOLUCAMPHRE [sɔlykɑ̃fʀ(ə)]. *n. m.* • Dérivé du camphre utilisé comme tonique pour le cœur.

SOLUTÉ [sɔlyte]. *n. m.* • Remède liquide contenant une substance en solution (2, 2°).

1. SOLUTION [sɔlysjɔ̃]. *n. f.* • 1° Opération mentale par laquelle on surmonte une difficulté, on résout un problème: son résultat. *Chercher, trouver la solution.* • 2° Ensemble de décisions et d'actes qui peuvent résoudre une difficulté. *Une solution de facilité*, qui exige le moindre effort. *Ce n'est pas une solution !* cela n'arrange rien ! — Manière dont une situation compliquée se dénoue. V. **Dénouement, issue.** *La solution de la crise est en vue.*

2. SOLUTION. *n. f.* • 1° Action de dissoudre (un solide) dans un liquide; le fait de se dissoudre. V. **Dissolution.** • 2° Mélange homogène de deux ou plusieurs sortes de molécules chimiques. *Une solution saturée.* — Liquide contenant un solide dissous.

3. SOLUTION (DE CONTINUITÉ). *n. f.* • Interruption (dans la continuité); rupture. *Des solutions de continuité.*

SOLVABLE [sɔlvabl(ə)]. *adj.* • Qui a les moyens de payer ses créanciers. ▼ **SOLVABILITÉ.** *n. f.*

SOLVANT [sɔlvɑ̃]. *n. m.* • Substance (le plus souvent liquide) qui a le pouvoir de dissoudre d'autres substances.

SOMATIQUE [sɔmatik]. *adj.* • Qui concerne le corps, l'organisme (*opposé à* psychique). ▼ **SOMATO-**. Élément de mots savants, signifiant « du corps, de l'organisme ».

SOMBRE [sɔ̃bʀ(ə)]. *adj.* ★ **I.** • **1°** Qui est peu éclairé, reçoit peu de lumière. V. **Noir, obscur.** || Contr. **Clair.** || *Cette pièce est très sombre. Il fait sombre*, il y a peu de lumière. • **2°** Foncé. *Une teinte sombre.* ★ **II.** • **1°** Empreint de tristesse, d'inquiétude. V. **Morne, morose, triste.** *Il était sombre et abattu. Son visage restait sombre. De sombres réflexions.* • **2°** *(Choses).* D'une tristesse tragique ou menaçante. V. **Inquiétant, sinistre.** *L'avenir est bien sombre. C'est une sombre histoire.* • **3°** *Fam.* Lamentable. *Une sombre brute.*

SOMBRER [sɔ̃bʀe]. *v. intr.* (1) • **1°** *(Bateau).* Cesser de flotter, s'enfoncer dans l'eau. V. **Couler.** • **2°** S'enfoncer ou se perdre. *Il a sombré dans un sommeil de plomb. Sa raison a sombré* (dans la folie).

SOMBRERO [sɔ̃bʀeʀo]. *n. m.* • Chapeau à larges bords, en usage en Espagne, en Amérique du Sud.

1. SOMMAIRE [sɔ(m)mɛʀ]. *adj.* • **1°** Qui est résumé brièvement. V. **Court.** || Contr. **Détaillé.** || *Un exposé sommaire*, élémentaire. *Procéder à un examen sommaire.* • **2°** Qui est fait promptement, sans formalité. *Coup d'État suivi d'exécutions sommaires.* ▼ **SOMMAIREMENT.** *adv.*

2. SOMMAIRE. *n. m.* • Résumé des chapitres d'un livre, en table des matières.

SOMMATION [sɔ(m)mɑsjɔ̃]. *n. f.* • Action de sommer qqn. *Après la troisième sommation, la sentinelle a tiré.*

1. SOMME [sɔm]. *n. f.* • **1°** Quantité formée de quantités additionnées ; résultat d'une addition. • **2°** Ensemble de choses qui s'ajoutent. Quantité considérée dans son ensemble. *Une somme d'efforts considérable.* — *Loc. adv.* EN SOMME : tout bien considéré. SOMME TOUTE : en résumé, après tout. • **3°** *Somme (d'argent)*, quantité déterminée d'argent. *Une grosse somme.* • **4°** Œuvre qui résume toutes les connaissances relatives à une science, à un sujet. *Ce traité est une somme.*

2. SOMME (BÊTE DE). *n. f.* • Bête de charge qui porte les fardeaux. — *Travailler comme une bête de somme*, durement.

3. SOMME [sɔm]. *n. m.* • Action de dormir, considérée dans sa durée. *Faire un petit somme.* V. **Roupillon.** *Ne faire qu'un somme*, dormir toute la nuit sans s'éveiller.

SOMMEIL [sɔmɛj]. *n. m.* • **1°** État d'une personne qui dort, caractérisé essentiellement par la suspension de la conscience et le ralentissement de certaines fonctions. *J'ai besoin de sommeil. Un sommeil profond, de plomb. Le premier sommeil*, les premières heures qui suivent le moment où l'on s'endort. *Sommeil provoqué.* V. **Hypnose, narcose.** — *Le sommeil éternel, le dernier sommeil*, la mort. — Envie de dormir. *Avoir sommeil. Tomber de sommeil.* • **2°** Ralentissement des fonctions vitales pendant les saisons froides, chez certains êtres vivants. *Le sommeil hivernal de la marmotte.* V. **Engourdissement.** • **3°** État de ce qui est provisoirement inactif. *Laisser une affaire en sommeil*, en suspens. ▼ **SOMMEILLER** [sɔmeje]. *v. intr.* (1). Dormir d'un sommeil léger et pendant peu de temps. V. **Somme 3.**

SOMMELIER, IÈRE [sɔməlje, jɛʀ]. *n.* • Personne chargée de la cave, des vins, dans un restaurant.

SOMMER [sɔme]. *v. tr.* (1) • Mettre en demeure, dans les formes établies ou de façon solennelle. V. **Requérir ; sommation.** *Je l'ai sommé de répondre.*

SOMMET [sɔmɛ]. *n. m.* • **1°** Partie qui se trouve en haut, point le plus élevé (d'une chose verticale). V. **Faîte, haut.** || Contr. **Bas, base.** || *Monter au sommet de la tour Eiffel.* — Point culminant (d'une montagne). V. **Cime.** *L'air pur des sommets.* • **2°** Ce qui est le plus haut ; degré le plus élevé. *Le sommet de la hiérarchie. Être au sommet de la gloire. Conférence au sommet*, entre dirigeants du niveau le plus élevé. • **3°** En géométrie, Intersection de deux côtés (d'un angle, d'un polygone).

SOMMIER [sɔmje]. *n. m.* • **1°** Partie souple d'un lit, sur laquelle s'étend le matelas. *Sommier à ressorts, métallique.* • **2°** Gros registre ou dossier (terme administratif). *Les sommiers de la police judiciaire.* • **3°** Support (terme technique).

1. SOMMITÉ [sɔ(m)mite]. *n. f.* • En botanique, Extrémité de la tige d'une plante.

2. SOMMITÉ. *n. f.* • Personnage éminent. *Les sommités de la science.*

SOMNAMBULE [sɔmnɑ̃byl]. *n.* • **1°** Personne qui, pendant son sommeil, effectue par automatisme des marches et autres actes coordonnés. • **2°** Personne qui, dans un sommeil hypnotique, peut agir ou parler. ▼ **SOMNAMBULISME.** *n. m.* État d'automatisme inconscient du somnambule. ▼ **SOMNAMBULIQUE.** *adj.*

SOMNIFÈRE [sɔmnifɛʀ]. *n. m.* • Médicament qui provoque le sommeil. V. **Soporifique.**

SOMNOLER [sɔmnɔle]. *v. intr.* (1) • Être dans un état de somnolence, dormir à demi. ▼ **SOMNOLENT, ENTE.** *adj.* Qui somnole. ▼ **SOMNOLENCE.** *n. f.* État intermédiaire entre la veille et le sommeil. — Tendance irrésistible à s'assoupir.

SOMPTUAIRE [sɔ̃ptɥɛʀ]. *adj.* • **1°** *Loi somptuaire*, loi qui, à Rome, restreignait les dépenses de luxe. • **2°** *Dépenses somptuaires*, de luxe.

SOMPTUEUX, EUSE [sɔ̃ptɥø, øz]. *adj.* • Qui est d'une beauté coûteuse, d'un luxe visible. V. **Fastueux, luxueux, magnifique.** *Un somptueux cadeau.* ▼ **SOMPTUEUSEMENT.** *adv.* ▼ **SOMPTUOSITÉ.** *n. f.*

1. SON [sɔ̃], **SA** [sa], **SES** [se]. *adj. poss.* [3e pers.] • Qui appartient, est relatif à la personne ou la chose dont il est question. *Il a perdu son parapluie. Il finit ses études. Ce n'est pas son genre. Il a comparu devant ses juges.* — *Une œuvre qui a perdu de son actualité.* — *On n'est jamais content de son sort. Chacun son tour.*

2. SON [sɔ̃]. *n. m.* • Sensation auditive créée par un mouvement vibratoire dans l'air ; ce phénomène. *Entendre, percevoir un son. Émettre des sons. Sons inarticulés,*

articulés. — *Vitesse du son. Sons musicaux. Enregistrement, reproduction du son. Ingénieur du son,* qui s'occupe de la *prise de son.*

3. SON. *n. m.* • 1° Résidu de la mouture provenant de l'enveloppe des grains. *Farine de son,* mêlée de son. • 2° Sciure servant à bourrer. *Poupée de son.* • 3° *Taches de son,* de rousseur.

SONAR [sɔnaʀ]. *n. m.* • Équipement de détection et de communications sous-marines par réflexion des ondes sonores.

SONATE [sɔnat]. *n. f.* • 1° Pièce instrumentale pour un ou deux instruments, à trois ou quatre mouvements et présentant la structure définie ci-dessous. *Sonate pour piano et violon.* • 2° *Forme sonate,* structure ternaire, à deux thèmes, qui sert de cadre à la plus grande partie de la musique instrumentale classique. ▼ **SONATINE.** *n. f.* Petite sonate de caractère facile.

SONDAGE [sɔ̃daʒ]. *n. m.* • 1° Exploration locale et méthodique d'un milieu (mer, atmosphère, sol) à l'aide d'une sonde, etc. • 2° Introduction d'une sonde dans l'organisme. • 3° *Sondage d'opinion,* enquête visant à déterminer la répartition des opinions sur une question, en recueillant des réponses auprès d'un échantillon de population.

SONDE [sɔ̃d]. *n. f.* • 1° Instrument (ligne à plomb) qui sert à mesurer la profondeur de l'eau et à reconnaître la nature du fond. *Naviguer à la sonde,* en utilisant la sonde. — Appareil de mesure des altitudes. *Sonde aérienne* (ou *ballon-sonde*). • 2° Instrument de chirurgie destiné à explorer les canaux naturels ou accidentels. *On lui a mis une sonde après son opération.* — Instrument servant à l'alimentation artificielle. • 3° Appareil servant aux forages et aux sondages du sol. V. **Tarière, trépan.**

SONDER [sɔ̃de]. *v. tr.* (1) • 1° Reconnaître au moyen d'une sonde ou d'un instrument de sondage. • 2° *(Abstrait).* Chercher à entrer dans le secret de... V. **Explorer, scruter.** *Sonder qqn,* chercher à connaître ses dispositions d'esprit.

SONGE [sɔ̃ʒ]. *n. m.* • *Littér.* Rêve.

SONGER [sɔ̃ʒe]. *v. tr. ind.* (3) • 1° *Vx.* Rêver ou s'abandonner à la rêverie (V. **Songeur**). • 2° SONGER À : penser à, réfléchir à. *Songez-y bien !* — Avoir présent à l'esprit. *Cela me fait songer que je suis en retard,* cela me le rappelle. — Envisager en tant que projet qui demande réflexion. *Il songe au mariage, à se marier. Il n'y faut pas songer, c'est impossible.* — S'intéresser à... *Il est temps qu'il songe à son avenir.* • 3° Prendre en considération. *Avez-vous songé qu'il y a un gros risque ?* ▼ **SONGERIE.** n. f. *Littér.* Rêverie. ▼ **SONGEUR, EUSE.** *adj.* Perdu dans une rêverie empreinte de préoccupation. V. **Pensif.** *Cette nouvelle le laissait songeur.*

SONNAILLE [sɔnɑj]. *n. f.* • Cloche ou clochette attachée au cou d'un animal domestique. — *(Plur.)* Son de ces cloches.

SONNANT, ANTE [sɔnɑ̃, ɑ̃t]. *adj.* • 1° *Espèces sonnantes et trébuchantes,* monnaie métallique. • 2° *(Heure).* Qui est en train de sonner. V. **Tapant.** *À cinq heures sonnantes.*

SONNER [sɔne]. *v.* (1) ★ **I.** *V. intr.* • 1° Retentir sous un choc. V. **Résonner, tinter.** *Cela sonne creux,* rend le son d'un objet creux (quand on le frappe). *Les cloches sonnent.* • 2° Produire le son commandé par une sonnerie. *Le téléphone a sonné.* — (Heure) *Minuit venait de sonner. Sa dernière heure a sonné,* l'heure de sa mort est arrivée. • 3° *Une phrase qui sonne mal,* peu harmonieuse. *Tout çela sonne faux,* donne une impression de fausseté, d'hypocrisie. • 4° Faire fonctionner une sonnerie. *Entrer sans sonner.* ★ **II.** *Trans. ind.* SONNER DE : jouer (du clairon, du cor...). ★ **III.** *V. tr.* • 1° Faire résonner. *Le sacristain sonnait les cloches.* — Loc. fam. *Il m'a sonné les cloches,* m'a réprimandé, attrapé. • 2° Faire entendre (une sonnerie particulière); signaler, annoncer par une sonnerie. *On a sonné le tocsin, l'alarme. L'horloge a sonné onze heures.* — Au p. p. *Il est midi sonné,* il est plus de midi. Loc. *Il a soixante ans bien sonnés,* révolus. • 3° Appeler (qqn) par une sonnerie, une sonnette. *Sonnez la femme de chambre.* — Pop. *On ne vous a pas sonné,* on ne vous a pas appelé, mêlez-vous de vos affaires. • 4° Assommer, étourdir d'un coup de poing. — Au p. p. *Le boxeur était sonné.* V. **Groggy.** ▼ **SONNÉ, ÉE.** *adj.* • 1° V. **Sonner.** • 2° *Fam.* Fou ; cinglé, toqué. *Il est complètement sonné.*

SONNERIE [sɔnʀi]. *n. f.* • 1° Son de ce qui sonne ou d'un instrument dont on sonne. *Une sonnerie de clairon. La sonnerie du téléphone.* • 2° Mécanisme qui fait sonner une horloge, un réveille-matin. V. **Sonnette.** — Appareil avertisseur, formé d'un timbre que fait vibrer un marteau.

SONNET [sɔnɛ]. *n. m.* • Petit poème à forme fixe (deux quatrains sur deux rimes embrassées et deux tercets).

SONNETTE [sɔnɛt]. *n. f.* • 1° Petit instrument métallique (clochette) qui sonne pour avertir. *Le président agitait sa sonnette.* — Timbre, sonnerie électrique ; objet matériel qui sert à déclencher la sonnerie. *Appuyez sur la sonnette. Donnez trois coups de sonnette. Sonnette d'alarme.* • 2° Son produit par une sonnette. *Je n'ai pas entendu la sonnette.*

SONNEUR [sɔnœʀ]. *n. m.* • Celui qui sonne les cloches. — Loc. *Dormir comme un sonneur* (que les cloches mêmes ne réveillent pas).

SONORE [sɔnɔʀ]. *adj.* • 1° Qui résonne fort. V. **Éclatant.** *Il parlait avec une voix sonore.* — *Consonne sonore,* et subst. *Une sonore* (opposé à *sourde*), dont l'émission s'accompagne de vibrations du larynx. • 2° Qui renvoie ou propage le son. *Une pièce trop sonore.* • 3° Relatif au son, phénomène physique ou sensation auditive. *Ondes sonores.* — *Film sonore,* qui comporte l'enregistrement des sons et des bruits. *Effets sonores,* bruits, sons spéciaux qui accompagnent l'image. ▼ **SONORISER.** *v. tr.* (1) • 1° Rendre sonore (une consonne sourde). [t] *peut se sonoriser en* [d]. • 2° Rendre sonore (un film muet, un spectacle). • 3° Munir (une salle) d'un matériel de diffusion du son. ▼ **SONORISATION.** *n. f.*

Action de sonoriser. Matériel de diffusion du son (*abrév. fam.* la SONO). ▼ **SONORITÉ.** *n. f.* • 1° Qualité du son. *Cet instrument, cette radio a une belle sonorité.* — *Au plur.* Inflexions, sons particuliers (d'une voix). • 2° Qualité acoustique (d'un local).

-SOPHE, -SOPHIE. • Éléments de mots savants signifiant « savant, science ».

SOPHISTE [sɔfist(ə)]. *n. m.* • 1° Chez les Grecs, Maître de rhétorique et de philosophie qui enseignait l'art de parler en public et de défendre par des raisonnements subtils n'importe quelle thèse. • 2° Personne qui use de raisonnements spécieux *(sophismes).* ▼ **SOPHISME.** *n. m.* Argument, raisonnement faux malgré une apparence de vérité.

SOPHISTIQUÉ, ÉE [sɔfistike]. *adj.* • 1° Alambiqué, affecté. *Un style sophistiqué.* • 2° Se dit d'un genre artificiel de beauté, d'élégance féminine. ▼ **SOPHISTICATION.** *n. f.* Caractère sophistiqué, artificiel.

SOPORIFIQUE [sɔpɔʀifik]. *adj.* et *n. m.* • 1° Qui provoque le sommeil. — N. m. *Un soporifique.* V. **Somnifère.** • 2° Endormant, ennuyeux.

SOPRANO [sɔpʀano ; sɔpʀan]. *n.* • 1° *N. m.* La plus élevée des voix. • 2° *N. f.* Personne qui a cette voix. *Une soprano de l'Opéra.*

SORBE [sɔʀb(ə)]. *n. f.* • Fruit du sorbier.

SORBET [sɔʀbɛ]. *n. m.* • Glace légère à base de jus de fruit. ▼ **SORBETIÈRE.** *n. f.* Appareil pour préparer les sorbets et les glaces.

SORBIER [sɔʀbje]. *n. m.* • Arbre sauvage ou ornemental, à petits fruits rouge orangé recherchés des oiseaux *(sorbes).* — *Sorbier cultivé,* à fruits comestibles.

SORBONNARD, ARDE [sɔʀbɔnaʀ, aʀd(ə)]. *n.* et *adj.* • *Péj.* Étudiant, professeur de la Sorbonne. — Adj. *Esprit sorbonnard.*

SORCELLERIE [sɔʀsɛlʀi]. *n. f.* • Pratique des sorciers. *Les anciens procès de sorcellerie.* — *C'est de la sorcellerie,* c'est inexplicable, extraordinaire.

SORCIER, IÈRE [sɔʀsje, jɛʀ]. *n.* • 1° Personne qui pratique une magie de caractère traditionnel, secret et illicite ou dangereux. V. **Magicien.** *Les sorciers du Moyen Âge. Sorciers et guérisseurs en Afrique.* • 2° *Fam.* Femme vieille, laide ou méchante. • 3° Loc. *Il ne faut pas être sorcier pour* (faire qqch.), il ne faut pas être spécialement malin. — Adj. *Ce n'est pas sorcier,* ce n'est pas difficile. V. **Malin.**

SORDIDE [sɔʀdid]. *adj.* • 1° D'une saleté repoussante, qui dénote une misère extrême. *Des taudis sordides.* • 2° Qui est bassement intéressé, d'une mesquinerie ignoble. *Une sordide affaire d'héritage.* ▼ **SORDIDEMENT.** *adv.* ▼ **SORDIDITÉ.** n. f. *Littér.* Caractère sordide.

SORGHO [sɔʀgo]. *n. m.* • Graminée des pays chauds.

SORNETTE [sɔʀnɛt]. *n. f.* • *(Surtout plur.).* Propos frivoles, affirmations qui ne reposent sur rien. V. **Baliverne.**

SORT [sɔʀ]. *n. m.* • 1° Ce qui échoit (à qqn) du fait du hasard, ou d'une prédestination supposée ; situation faite ou réservée (à une personne, une classe). *Les infirmités sont le sort de la vieillesse. Améliorer le sort du prolétariat. Abandonner qqn à son triste sort.* — FAIRE UN SORT À (qqch.) : mettre en valeur. Fam. *Faire un sort à un plat, une bonne bouteille,* ne rien en laisser. • 2° Puissance qui est supposée fixer le cours des choses. *C'est un coup, une ironie du sort. Conjurer le mauvais sort.* — *Fam.* (Juron méridional). *Coquin de sort !* • 3° Désignation par le hasard (*opposé à* choix, élection). *Le sort décidera. Le sort en est jeté,* les dés sont jetés. • 4° Loc. *Jeter un sort à qqn,* pratiquer sur lui une opération de sorcellerie. V. **Sortilège.**

SORTABLE [sɔʀtabl(ə)]. *adj.* • Que l'on peut sortir, présenter en public. *Tu n'es vraiment pas sortable.*

SORTANT, ANTE [sɔʀtɑ̃, ɑ̃t]. *adj.* • 1° Qui sort d'un tirage au sort. *Les numéros sortants.* V. **Gagnant.** • 2° Qui cesse de faire partie d'une assemblée. *Le député sortant a été réélu.* — Subst. *Les sortants.*

SORTE [sɔʀt(ə)]. *n. f.* • 1° Ensemble (de gens ou d'objets caractérisés par une certaine manière d'être). V. **Espèce, genre.** *Il y a plusieurs sortes de problèmes. Cette sorte de gens. On vend ici toutes sortes d'articles de sport.* • 2° UNE SORTE DE... : une espèce de... *Il a une sorte d'autorité naturelle.* • 3° *(En loc.).* Façon d'accomplir une action. DE LA SORTE : de cette façon, ainsi. DE SORTE À (et l'inf.) : de manière à. EN QUELQUE SORTE : d'une certaine manière, pour ainsi dire. DE (TELLE) SORTE QUE... : de telle manière que, si bien que. FAIRE EN SORTE QUE (et le subj.) : s'arranger pour que...

SORTIE [sɔʀti]. *n. f.* ★ **I.** • 1° Action de quitter un lieu ; moment où des personnes sortent. ‖ Contr. **Entrée.** ‖ *C'est l'heure de la sortie des ouvriers. À la sortie des théâtres,* lorsque les spectateurs sortent. *Acteur qui fait une fausse sortie,* qui sort pour rentrer en scène peu après. • 2° Action militaire pour sortir d'un lieu. *Les assiégés ont tenté une sortie.* • 3° Attaque verbale ; parole incongrue. *Elle est capable de n'importe quelle sortie devant les gens.* • 4° Action de sortir pour se distraire, faire une course. *C'est le jour de sortie des pensionnaires.* Fam. *Aujourd'hui, nous sommes de sortie,* nous devons sortir. • 5° *(Produits, capitaux).* Le fait de sortir d'un pays. *D'importantes sorties de devises.* • 6° Le fait d'être produit, livré au public. *La sortie d'un nouveau modèle de voiture.* • 7° Somme dépensée. *Il y a plus de sorties que de rentrées ce mois-ci.* • 8° *(Choses).* Action de s'écouler, de s'échapper. *La sortie des gaz d'échappement.* ★ **II.** Porte, endroit par où les personnes, les choses sortent. *Sortie de secours. Par ici la sortie ! Les sorties de Paris sont encombrées le samedi.* ★ **III.** *Sortie de bain,* peignoir que l'on porte après le bain.

SORTILÈGE [sɔʀtilɛʒ]. *n. m.* • Action, influence qui semble magique. V. **Charme.**

1. SORTIR [sɔʀtiʀ]. *v. intr.* (16) ★ **I.** Aller du dedans au dehors. ‖ Contr. **Entrer.** ‖ • 1° Aller hors (d'un lieu). *Les gens sortaient* *du cinéma.* — *Absolt.* Quitter une maison, une pièce. V. **Partir, retirer** (se). *Il est sorti discrètement. Sortez !* • **2°** Aller dehors, se promener. *Ce n'est pas un temps pour sortir !* — Aller hors de chez soi pour se distraire (dans le monde, au spectacle). *Nous sortons beaucoup.* • **3°** (Objets en mouvement, fluides...). Aller hors de... *Une eau qui sort de terre à 18 degrés.* V. **Échapper** (s'). — Aller hors du contenant ou de l'espace normal. *Rivière qui sort de son lit.* V. **Déborder.** *La voiture est sortie de la route. Le ballon est sorti en touche. Cela m'est sorti de la tête,* je l'ai oublié. • **4°** Apparaître en se produisant à l'extérieur. V. **Pousser; percer.** *Les bourgeons sortent.* — Être livré au public, édité. V. **Paraître.** *Son livre est sorti.* • **5°** Se produire (au jeu, au tirage au sort). *Un numéro, un tiercé qui n'est pas encore sorti.* ★ **II.** *(Personnes).* Cesser d'être dans tel lieu, dans tel état. • **1°** Quitter le lieu d'une occupation. *Sortir de table,* avoir fini de manger. — Absolt. *Les élèves sortent à cinq heures.* • **2°** Quitter, venir à bout de (une occupation). *Sortir d'un entretien, d'un travail difficile. J'ai trop à faire, je n'en sors pas.* — *Fam.* (Avec l'inf.) *Je sors de lui parler,* je viens de lui parler. *Merci bien, je sors d'en prendre !* je ne suis pas près de recommencer ! • **3°** Quitter (un état), faire ou voir cesser (une situation). *Je sors à peine de maladie,* je suis à peine guéri. *Nous ne sommes pas encore sortis d'affaire, d'embarras, de ce mauvais pas.* — Abandonner (un comportement habituel). *Il n'est pas sorti de sa froideur habituelle.* V. **Départir** (se). • **4°** Ne pas se tenir à (une chose fixée). V. **Écarter** (s'). *Vous sortez du sujet, de votre rôle.* — *(Choses)* Cesser de faire partie de..., être en dehors de... *Cela sort de ma compétence. C'est une chose qui sort de l'ordinaire,* qui n'est pas ordinaire. ★ **III.** Être issu de... • **1°** Avoir son origine, sa source dans. V. **Venir** (de). *Des mots qui sortent du cœur,* sincères. — Provenir en tant que conséquence, résultat. *Je ne sais pas ce qui sortira de nos recherches.* • **2°** *(Personnes).* Avoir pour ascendance. *Il sort d'une bonne famille.* V. **Descendre.** *D'où sort-il ?* se dit de qqn dont les manières ou les propos sont choquants. — Avoir été formé (quelque part). *Ingénieur qui sort d'une grande école. Officiers sortis du rang.* • **3°** Avoir été fait, fabriqué (quelque part). *Des robes qui sortent de chez les grands couturiers.* ★ **IV.** *Trans.* • **1°** Mener dehors (un être qui ne peut ou ne doit pas sortir seul). *Je vais sortir les enfants, le chien.* — *Fam.* Accompagner (qqn) au spectacle, dans le monde. *Elle voudrait bien que son mari la sorte davantage.* • **2°** Mettre dehors (qqch.), tirer (d'un lieu). *Je vais sortir la voiture du garage.* • **3°** *Fam.* Expulser, jeter dehors (qqn). *À la porte ! Sortez-le !* — Éliminer (un concurrent, une équipe). • **4°** Tirer d'un état, d'une situation. *Il faut le sortir de là.* — Pronom. S'EN SORTIR : venir à bout d'une situation pénible, dangereuse. • **5°** Produire pour le public, mettre dans le commerce. *Éditeur qui sort un livre.* V. **Publier.** • **6°** *Fam.* Dire, débiter. *Qu'est-ce qu'il va encore nous sortir ?*

2. SORTIR. *n. m.* • *Littér.* AU SORTIR DE : en sortant de (un lieu, un état, une occupation).

S.O.S. [ɛsoɛs]. *n. m.* • Signal de détresse (d'un bateau, d'un avion). *Envoyer, lancer un S.O.S.* — Appel à secourir d'urgence des personnes en difficulté.

SOSIE [sozi]. *n. m.* • Personne qui a une parfaite ressemblance avec une autre. *Il a un sosie. C'est votre sosie.*

SOT, SOTTE [so, sɔt]. *adj.* et *n.* • **1°** *Littér.* Qui a peu d'intelligence et peu de jugement. V. **Bête, idiot, stupide.** *Je ne suis pas assez sot pour lui en vouloir.* — Privé momentanément de jugement (du fait de la surprise, de l'embarras). V. **Confus.** *Se trouver tout sot.* V. **Penaud.** — N. *Tu n'es qu'un sot. Une petite sotte.* • **2°** (Choses). *Littér.* Qui ne dénote ni intelligence, ni jugement. V. **Absurde, inepte.** *Rien de plus sot que cette réponse !* ▼ **SOTTEMENT.** *adv.*

SOTIE [sɔti]. *n. f.* • Farce médiévale de caractère satirique et allégorique, jouée par des acteurs en costume de bouffon (appelés *sots*).

SOTTISE [sɔtiz]. *n. f.* • **1°** Manque d'intelligence et de jugement. V. **Bêtise, stupidité.** • **2°** Parole ou action qui dénote peu d'intelligence. *Dire des sottises.* V. **Ânerie ; absurdité.** *Commettre une sottise.* V. **Faute, maladresse.** — Acte d'un enfant désobéissant et turbulent. • **3°** *Fam.* Mots injurieux. *Il lui a dit des sottises.* ▼ **SOTTISIER.** *n. m.* Recueil de sottises (2°) ou de platitudes échappées à des auteurs connus.

SOU [su]. *n. m.* • **1°** Le vingtième de l'ancien franc ou cinq centimes. *Une pièce de cent sous. Machine à sous,* appareil où l'on jouait des pièces de monnaie. — Loc. *Dépenser jusqu'au dernier sou. N'avoir pas le sou,* pas du tout d'argent. *Être sans le sou,* sans argent. *Un bijou de quatre sous,* sans valeur. *Il n'est pas compliqué pour un sou...,* pas compliqué du tout. • **2°** Fam. *(Plur.).* Argent. *Il est près de ses sous,* intéressé, avare. *Une question de gros sous,* d'intérêt.

SOUBASSEMENT [subasmɑ̃]. *n. m.* • **1°** Partie inférieure (d'une construction, d'une colonne). V. **Base.** • **2°** Socle sur lequel reposent des couches géologiques.

SOUBRESAUT [subʀəso]. *n. m.* • **1°** Saut brusque, secousse imprévue. • **2°** Mouvement convulsif et violent du corps. V. **Haut-le-corps.**

SOUBRETTE [subʀɛt]. *n. f.* • Suivante ou servante de comédie. — *Fam.* Servante aimable et délurée.

SOUCHE [suʃ]. *n. f.* • **1°** Ce qui reste du tronc avec les racines, quand l'arbre a été coupé. *Rester comme une souche,* inerte. • **2°** *(En loc.).* Origine d'une lignée. *Faire souche,* avoir des descendants. *De vieille souche,* de vieille famille. — Origine commune (d'un groupe de peuples, de langues). • **3°** Partie d'un document qui reste fixée à un carnet, quand on en a détaché la partie à remettre à l'intéressé. V. **Talon.** *Un chéquier à souche(s).*

1. SOUCI [susi]. *n. m.* • **1°** État de l'esprit qui est absorbé par un objet, un projet et que cette préoccupation inquiète. V. **Contrariété, inquiétude, préoccupation, tracas.** *Être accablé de soucis. Cela vous épargnerait bien des soucis. Se faire du souci*, s'inquiéter. • **2°** Être, chose qui détermine cet état d'esprit. *Sa santé est pour moi un souci continuel.* • **3°** Intérêt soutenu. *Il a le souci de la perfection.* ▼ **SOUCIER (SE).** *v. pron.* (7). (Surtout négatif). Prendre intérêt à, avoir la préoccupation de. V. **Inquiéter** (s'), **préoccuper** (se). *Je ne m'en soucie guère. Il s'en soucie comme de sa première chemise*, pas du tout. ▼ **SOUCIEUX, EUSE.** *adj.* • **1°** Qui est absorbé, marqué par le souci. V. **Inquiet, préoccupé.** *Un air soucieux.* • **2°** SOUCIEUX DE... : qui se préoccupe, se soucie de. *Il est soucieux de notre bien-être.*

2. SOUCI. *n. m.* • Petite plante de jardin, à fleurs jaunes ou orangées.

SOUCOUPE [sukup]. *n. f.* • **1°** Petite assiette qui se place sous une tasse. — Loc. *Faire des yeux comme des soucoupes*, les écarquiller. • **2°** SOUCOUPE VOLANTE : objet volant non identifié.

1. SOUDAIN, AINE [sudɛ̃, ɛn]. *adj.* • Qui arrive, se produit en très peu de temps. V. **Brusque, subit.** ‖ Contr. **Lent.** ‖ *Une mort soudaine.* ▼ **SOUDAINEMENT.** *adv.* D'une manière soudaine (V. **Soudain 2**). ▼ **SOUDAINETÉ.** *n. f.*

2. SOUDAIN. *adv.* • Dans l'instant même, tout d'un coup. *Soudain, il s'enfuit.*

SOUDARD [sudaʀ]. *n. m.* • *Littér.* Homme de guerre brutal, grossier.

SOUDE [sud]. *n. f.* • **1°** Carbonate de sodium obtenu à partir du chlorure de sodium. *Cristaux de soude.* • **2°** *Soude caustique*, oxyde (hydroxyde) de sodium. • **3°** (En pharmacie). Sodium. *Sulfate de soude.*

SOUDER [sude]. *v. tr.* (1) • **1°** Joindre, ou faire adhérer (des pièces métalliques) en faisant une seule masse métallique indivise. • **2°** Unir étroitement et solidement. *Il faut souder ces divers groupes au sein d'une organisation.* ▼ **SOUDEUR, EUSE.** *n.* • **1°** Ouvrier spécialiste de la soudure. • **2°** *N. f.* Machine à souder. ▼ **SOUDURE.** *n. f.* • **1°** Alliage fusible servant à souder les métaux. • **2°** Opération par laquelle on réunit deux métaux. *Soudure autogène*, sans autre matière que celle des parties à souder. *Soudure au chalumeau.* — Partie soudée. • **3°** Loc. *Faire la soudure*, satisfaire à la demande des consommateurs au moment où les nouveaux produits ne sont pas encore sur le marché.

SOUDOYER [sudwaje]. *v. tr.* (8) • S'assurer à prix d'argent et d'une manière immorale le concours de (qqn). V. **Acheter.**

SOUFFLAGE [suflaʒ]. *n. m.* • Opération par laquelle on façonne le verre en y insufflant de l'air.

SOUFFLANT, ANTE [suflɑ̃, ɑ̃t]. *adj.* • *Fam.* Qui coupe le souffle. V. **Étonnant.**

SOUFFLE [sufl(ə)]. *n. m.* ★ **I.** • **1°** Mouvement de l'air que l'on produit en soufflant. *On le renverserait d'un souffle*, il est très faible. — Capacité de souffler fort, longtemps. *Pour jouer du clairon, il faut du souffle.* • **2°** Expiration ; air rejeté par la bouche. V. **Haleine.** *Jusqu'à son dernier souffle.* V. **Soupir.** — La respiration ; son bruit. *Retenir son souffle. Couper le souffle*, interrompre la respiration régulière ; étonner vivement. *Une virtuosité à vous couper le souffle. Avoir le souffle court*, être vite essoufflé. *Être à bout de souffle*, haletant de fatigue, épuisé. *Coureur qui a du souffle*, qui ne s'essouffle pas facilement. • **3°** Force qui anime, crée. V. **Inspiration.** *Quel souffle chez ce poète !* ★ **II.** • **1°** Mouvement naturel (de l'air) dans l'atmosphère. V. **Bouffée, courant.** *Pas un souffle d'air ! Ces feuilles frémissent au moindre souffle.* • **2°** Air, fluide déplacé (par une différence de pression). V. **Poussée.** *Le souffle d'un réacteur. Effet de souffle d'un explosif.* • **3°** (En médecine). *Bruit de souffle*, bruit perçu à l'auscultation dans l'appareil respiratoire et circulatoire. *Avoir un souffle au cœur*, une lésion des orifices des valvules déterminant ce bruit.

SOUFFLÉ [sufle]. *n. m.* • Mets ou entremets de pâte légère qui se gonfle à la cuisson (Cf. Soufflé, *adj.*). *Un soufflé au fromage.*

SOUFFLER [sufle]. *v.* (1) ★ **I.** *V. intr.* • **1°** Expulser de l'air par la bouche ou par le nez, par une action volontaire. *Souffler sur le feu*, pour l'attiser. • **2°** Respirer avec peine, en expirant fort, après un effort. V. **Haleter.** *Souffler comme un bœuf, comme un phoque. Laisser souffler son cheval*, lui laisser reprendre souffle. *Laissez-moi le temps de souffler*, de prendre un peu de repos. • **3°** *(Vent).* Produire un courant d'air. *Le vent souffle.* ★ **II.** *V. tr.* • **1°** Envoyer un courant d'air sur (qqch.). *Souffler une bougie*, l'éteindre. • **2°** Fam. *Souffler qqch. à qqn*, le lui enlever. — *Souffler un pion*, aux dames, prendre le pion à l'adversaire quand celui-ci ne s'en est pas servi pour prendre alors qu'il le pouvait. • **3°** Détruire par l'effet du souffle. *Maison soufflée par une explosion.* • **4°** Envoyer de l'air, du gaz dans (le verre qu'on façonne). • **5°** Dire à voix basse. *Souffler qqch. à l'oreille de qqn*, lui dire en confidence. V. **Chuchoter.** Loc. *Ne pas souffler mot*, ne rien dire. — Dire discrètement à qqn qu'on veut aider (une réplique, une réponse). V. **Souffleur.** • **6°** Fam. *(Compl. personne).* Stupéfier, ahurir. ▼ **SOUFFLÉ, ÉE.** *adj.* • **1°** Gonflé. *Des pommes (de terre) soufflées*, gonflées à la cuisson. — *Il a des traits soufflés, un visage soufflé*, bouffi. (Cf. Boursouflé.) • **2°** *(Personnes).* Stupéfait, ahuri.

SOUFFLERIE [sufləʀi]. *n. f.* • **1°** Machine servant à souffler et conduire un gaz. *La soufflerie d'une forge.* • **2°** Installation permettant d'étudier les mouvements d'un fluide autour d'un matériel qui doit être soumis à de grandes vitesses.

1. SOUFFLET [suflɛ]. *n. m.* • **1°** Instrument composé de deux tablettes reliées par un assemblage souple qui se déplie en faisant entrer l'air et se replie en le chassant. • **2°** Partie pliante ou souple entre deux parties rigides. *Aller d'un wagon à l'autre en passant par le soufflet.*

2. SOUFFLET. *n. m.* • *Littér.* Gifle. — *(Abstrait)* Insulte grave. ▼ **SOUFFLETER.** v. tr. (4). *Littér.* Gifler.

SOUFFLEUR, EUSE [suflœʀ, øz]. *n.* • Personne chargée d'aider la mémoire des acteurs en leur soufflant (II, 5°) leur rôle. *Le trou du souffleur.*

SOUFFRANCE [sufʀɑ̃s]. *n. f.* • **1°** Le fait de souffrir ; douleur physique ou morale. • **2°** EN SOUFFRANCE : se dit de marchandises qui n'ont pas été retirées à l'arrivée, ou d'une affaire qui reste en suspens.

SOUFFRANT, ANTE [sufʀɑ̃, ɑ̃t]. *adj.* • Légèrement malade. V. **Indisposé.**

SOUFFRE-DOULEUR [sufʀədulœʀ]. *n. m.* • Personne qui est en butte aux mauvais traitements, aux tracasseries de son entourage. *Des souffre-douleur* ou *des souffre-douleurs.*

SOUFFRETEUX, EUSE [sufʀətø, øz]. *adj.* • Qui est de santé débile, qui est habituellement souffrant. V. **Maladif, malingre.**

SOUFFRIR [sufʀiʀ]. *v.* (18) ★ **I.** *V. intr.* • **1°** Éprouver une souffrance, des douleurs physiques ou morales. *Où souffrez-vous ? Ses rhumatismes le font souffrir.* SOUFFRIR DE (origine, cause). *Nous avons souffert du froid. Il souffre de sa solitude, d'être seul.* — *Fam.* Avoir bien du mal, peiner. *J'ai souffert pour lui expliquer son problème.* • **2°** Éprouver un dommage. V. **Pâtir.** *Sa réputation en a souffert.* • **3°** Trans. *Souffrir le martyre,* souffrir beaucoup. ★ **II.** *V. tr.* • **1°** *Littér.* Supporter (qqch. de pénible ou de désagréable). V. **Endurer.** *Il ne peut souffrir d'être seul.* — *Fam.* (Compl. personne ; négatif) *Je ne peux pas souffrir ce type-là !* • **2°** *Littér.* Permettre. *Souffrez que...* (avec le subj.). — *(Choses)* Admettre. *Une règle qui ne souffre aucune exception.*

SOUFRE [sufʀ(ə)]. *n. m.* • Corps simple, solide, jaune clair, qui se rencontre dans la nature à l'état d'élément ou de *sulfures.* — Appos. *Jaune soufre.* ▼ **SOUFRER.** *v. tr.* (1) • **1°** Imprégner, enduire de soufre. *Des allumettes soufrées.* • **2°** Traiter au soufre, à l'anhydride sulfureux (la vigne, des étoffes...). ▼ **SOUFRAGE.** *n. m.*

SOUHAIT [swɛ]. *n. m.* • **1°** Désir d'obtenir qqch., de voir un événement se produire. V. **Vœu.** *Exprimer, former, faire des souhaits. Les souhaits de bonne année. À vos souhaits !* se dit à une personne qui éternue. • **2°** *Loc. adv.* À SOUHAIT : autant, aussi bien qu'on peut le souhaiter. *Tout marche à souhait.*

SOUHAITER [swete]. *v. tr.* (1) • Désirer, pour soi ou pour autrui, la possession, la présence de (qqch.), la réalisation de (un événement). V. **Espérer.** *Je souhaite sa réussite, qu'il réussisse. Je souhaite (de) le rencontrer. Je souhaite que tout aille bien. Ce n'est pas à souhaiter,* souhaitable. *Je vous souhaite bonne chance.* Iron. *Je vous souhaite bien du plaisir.* Fam. *Je vous en souhaite,* je prévois pour vous bien des désagréments. Fam. *Souhaiter la bonne année,* offrir ses vœux. ▼ **SOUHAITABLE.** *adj.* Qui peut ou qui doit être souhaité, recherché. V. **Désirable.** *C'est une négociation non seulement possible, mais souhaitable.*

SOUILLER [suje]. *v. tr.* (1) • **1°** *Littér.* Salir. • **2°** *(Abstrait).* Salir par le contact d'une chose mauvaise, immorale. ▼ **SOUILLURE.** *n. f.* • **1°** *Littér.* Saleté, tache. • **2°** *(Abstrait).* Tache morale, flétrissure. ▼ **SOUILLON.** n. f. *(Littér.).* Servante malpropre.

SOUK [suk]. *n. m.* • **1°** En pays arabe, Marché couvert réunissant, dans un dédale de ruelles, des boutiques et ateliers. V. **Bazar.** • **2°** *Pop.* Lieu où règne le désordre, le bruit. *Quel souk !*

1. SOÛL, SOÛLE [su, sul]. *adj.* • *Fam.* Ivre. V. **Plein.** *Il était soûl comme un cochon, comme une grive.*

2. SOÛL (TOUT MON, SON...). *loc. adv.* • À satiété, autant qu'on veut. *Vous pouvez fumer tout votre soûl.*

SOULAGER [sulaʒe]. *v. tr.* (3) • **1°** Débarrasser (qqn) d'une partie d'un fardeau, dispenser de (un effort, une fatigue). Plaisant. *Un pickpocket m'a soulagé de mon portefeuille.* • **2°** Débarrasser partiellement (qqn) de ce qui pèse sur lui (douleur, remords, etc.). *Ce remède a bien soulagé le malade. Parlez, cela vous soulagera.* • **3°** Rendre moins pesant, moins pénible à supporter (un mal). *Soulager la peine, la douleur de qqn.* • **4°** Pronom. *(Fam.).* Satisfaire un besoin naturel. ▼ **SOULAGEMENT** [sulaʒmɑ̃]. *n. m.* • **1°** Action ou manière de soulager ; chose qui soulage. V. **Adoucissement.** *Il a cherché dans la religion un soulagement à ses souffrances.* • **2°** État de celui qui se trouve soulagé. *Pousser un soupir de soulagement.*

SOÛLER [sule]. *v. tr.* (1) • **1°** *Fam.* Enivrer. — Pronom. *Il s'est encore soûlé !* • **2°** *Littér.* Griser. *On l'avait soûlé de beaux discours, de compliments.* • **3°** *Fam.* Ennuyer, fatiguer. *Il nous soûle, avec ses jérémiades !* ▼ **SOÛLANT, ANTE.** adj. *Fam.* Ennuyeux, lassant. ▼ **SOÛLARD, ARDE** où **SOÛLAUD, AUDE.** n. *Pop.* Ivrogne. ▼ **SOÛLERIE.** n. f. *Pop.* Le fait de se soûler. V. **Soûlographie.**

SOULÈVEMENT [sulɛvmɑ̃]. *n. m.* • **1°** Fait de se soulever (terrain, etc.). ‖ Contr. **Affaissement.** ‖ *Un soulèvement de terrain.* • **2°** Mouvement massif de révolte contre un oppresseur.

SOULEVER [sulve]. *v. tr.* (5) • **1°** Lever à une faible hauteur. *Elle soulevait de temps en temps le couvercle de la casserole.* — Relever. *J'ai soulevé le rideau.* • **2°** Faire s'élever. *La voiture soulevait de la poussière. Se soulever,* s'élever. — *Les terrains qui se sont soulevés à l'ère tertiaire* (V. **Soulèvement**). • **3°** *(Abstrait).* Transporter, exalter (qqn). *L'élan de gratitude qui la soulevait.* • **4°** Animer (qqn) de sentiments hostiles ; exciter et entraîner à la révolte. *Soulever le peuple contre un dictateur.* — *Pronom.* Se révolter. • **5°** Exciter puissamment (un sentiment, une réaction). V. **Provoquer.** *Son discours a soulevé l'enthousiasme.* • **6°** Faire que se pose (une question, un problème). V. **Poser.** *La question sera soulevée à la prochaine* *session.* • 7° *Pop.* Enlever, prendre. *Il veut lui soulever ses clients.*

SOULIER [sulje]. *n. m.* • Chaussure à semelle résistante, qui couvre le pied sans monter beaucoup plus haut que la cheville. *Souliers de marche, habillés, de sport.* — Loc. *Être dans ses petits souliers,* être mal à l'aise, dans l'embarras.

SOULIGNER [suliɲe]. *v. tr.* (1) • 1° Tirer une ligne, un trait sous (des mots qu'on veut signaler à l'attention). — Border d'un trait qui met en valeur. *Des paupières soulignées de noir.* • 2° *(Abstrait).* Accentuer ; mettre en valeur. V. **Appuyer.** *Les clins d'œil dont il soulignait ses allusions.* — Faire remarquer avec une insistance particulière. *L'auteur souligne l'importance de cet événement.*

SOÛLOGRAPHIE [sulɔgʀafi]. *n. f.* • *Fam.* Ivrognerie.

SOULTE [sult(ə)]. *n. f.* • Somme d'argent qui, dans un partage ou un échange, compense une inégalité.

1. SOUMETTRE [sumɛtʀ(ə)]. *v. tr.* (56) • 1° Mettre dans un état de dépendance, ramener à l'obéissance. *On l'a chargé de soumettre les rebelles.* • 2° Mettre dans l'obligation d'obéir à une loi, d'accomplir un acte. V. **Assujettir.** *Les revenus soumis à l'impôt.* — Exposer à un effet qu'on fait subir. *On l'a soumis à un entraînement sévère.* • 3° *Pronom.* Obéir, se conformer. ▼ **SOUMIS, ISE.** *adj.* • 1° Docile, obéissant. • 2° *Fille soumise,* prostituée qui était soumise à des contrôles. ▼ **1. SOUMISSION.** *n. f.* • 1° Fait de se soumettre, d'être soumis (à une autorité, une loi). V. **Obéissance.** — Docilité. • 2° Action de se soumettre, d'accepter une autorité contre laquelle on a lutté. *Les révoltés ont fait leur soumission.*

2. SOUMETTRE. *v. tr.* (56) • Proposer (qqch.) au jugement, au choix. *Le maire a soumis le cas au préfet. Soumettez-nous vos conditions.* ▼ **2. SOUMISSION.** *n. f.* Acte écrit par lequel un concurrent à un marché par adjudication fait connaître ses conditions. ▼ **SOUMISSIONNER.** *v. tr.* (1). Proposer de fournir ou d'entreprendre (qqch.) en faisant une soumission.

SOUPAPE [supap]. *n. f.* • Pièce mobile qu'une pression peut ouvrir momentanément. V. **Clapet, valve.** *Les soupapes d'un moteur d'automobile* (commandant l'admission et l'échappement). *Soupape de sûreté,* disposée sur la chaudière d'une machine à vapeur pour empêcher l'explosion.

SOUPÇON [supsɔ̃]. *n. m.* ★ **I.** Opinion qui fait attribuer à qqn des actes ou intentions blâmables. V. **Suspicion.** *Il est au-dessus de tout soupçon,* son honnêteté ne peut être mise en doute. — Idée, pressentiment. *Je n'en ai pas le moindre soupçon.* ★ **II.** *(Concret).* Apparence qui laisse supposer la présence d'une chose ; très petite quantité. *Elle mettait un soupçon de rouge.* V. **Ombre.** *C'est une grosse farce, avec un soupçon de vulgarité.* V. **Pointe.**

SOUPÇONNER [supsɔne]. *v. tr.* (1) • 1° Faire peser des soupçons sur (qqn). V. **Suspecter.** *On le soupçonne de vol, d'avoir volé.* • 2° Pressentir (qqch.) d'après certains indices. V. **Entrevoir, flairer.** *Je soupçonne une manœuvre de dernière heure.*

SOUPÇONNEUX, EUSE [supsɔnø, øz]. *adj.* • Enclin aux soupçons. V. **Méfiant.** *Un enquêteur soupçonneux. Air, regard soupçonneux.*

SOUPE [sup]. *n. f.* ★ **I.** • 1° Potage ou bouillon épaissi. *Soupe à l'oignon, aux légumes.* Pop. *Un gros plein de soupe,* un homme très gros, ventru. — Loc. *C'est une soupe au lait, il est soupe au lait,* il est irascible. • 2° Repas composé d'un plat unique (surtout de la soupe) qu'on servait aux soldats en campagne. V. **Rata.** *À la soupe ! — Soupe populaire,* servie aux indigents. • 3° Loc. fam. *Par ici la bonne soupe !* le profit. ★ **II.** *Vx.* Tranche de pain arrosée de bouillon. — Loc. *Être trempé comme une soupe,* complètement trempé.

SOUPENTE [supɑ̃t]. *n. f.* • Réduit aménagé dans la hauteur d'une pièce ou sous un escalier, pour servir de logement. *Il couche dans une soupente.*

1. SOUPER [supe]. *n. m.* • 1° *Région.* Repas du soir. V. **Dîner.** • 2° Repas ou collation qu'on prend à une heure avancée de la nuit, après le spectacle, au cours d'une soirée.

2. SOUPER [supe]. *v. intr.* (1) • 1° *Région.* Prendre le repas du soir. V. **Dîner.** • 2° Faire un souper. *Aller souper dans un cabaret.* • 3° Fam. *J'en ai soupé,* j'en ai assez.

SOUPESER [supəze]. *v. tr.* (5) • 1° Soulever et soutenir un moment dans la main (pour juger approximativement du poids). • 2° *(Abstrait).* Peser, évaluer. *Tout bien pesé, et soupesé.*

SOUPIÈRE [supjɛʀ]. *n. f.* • Récipient large et profond, dans lequel on sert la soupe ou le potage ; son contenu.

SOUPIR [supiʀ]. *n. m.* • 1° Inspiration ou respiration plus ou moins bruyante, dans les états d'émotion. *Pousser des soupirs, un profond soupir. Rendre le dernier soupir,* mourir. • 2° *Littér.* Plainte lyrique, mélancolique. • 3° Silence correspondant à une noire, en musique ; signe indiquant ce silence.

SOUPIRAIL, AUX [supiʀaj, o]. *n. m.* • Ouverture pratiquée dans le soubassement d'un rez-de-chaussée pour donner de l'air, du jour au sous-sol.

SOUPIRER [supiʀe]. *v.* (1) • 1° *V. intr.* Pousser un soupir, des soupirs. — Littér. *Soupirer après..., pour...,* désirer ardemment (qqch. dont on ressent la privation). • 2° V. tr. *Poét.* Chanter sur le mode élégiaque. — *(Surtout en incise)* Dire en soupirant. *Hélas ! soupira-t-il...* ▼ **SOUPIRANT.** n. m. *Iron.* Amoureux (qui soupire après celle qu'il aime). *Elle a tout un cortège de soupirants.*

SOUPLE [supl(ə)]. *adj.* • 1° Qu'on peut plier et replier facilement, sans casser ni détériorer. V. **Flexible.** ‖ Contr. **Raide.** ‖ *Un cuir souple. Chemise à col souple* (*opposé à* dur). — *(Membres, corps)* Qui se plie et se meut avec aisance. • 2° *(Personnes).* Capable de s'adapter adroitement à la volonté d'autrui, aux exigences de la situation. *Un esprit très souple.* ▼ **SOUPLESSE.** *n. f.*

• 1° Propriété de ce qui est souple, de ce qui plie ou se meut avec aisance. *La souplesse de poignet d'un escrimeur.* V. **Élasticité, flexibilité.** • 2° Caractère, action d'une personne souple. *Il a manœuvré avec souplesse.* V. **Adresse.** — Faculté d'adaptation, aisance dans le fonctionnement. *La souplesse d'une langue, d'une construction.*

SOUQUER [suke]. *v. intr.* (1) • Tirer fortement sur les avirons (terme de marine). V. **Ramer.** *Souquer dur.*

SOURCE [suʀs(ə)]. *n. f.* • 1° Eau qui sort de terre ; lieu où une eau souterraine se déverse à la surface du sol. *Les sources thermales. — La source d'un cours d'eau,* celle qui lui donne naissance. *Le fleuve prend sa source à (tel endroit).* • 2° *(Abstrait).* Origine, principe. *La source du mal est dans l'ignorance.* • 3° Origine (d'une information). *Tenir, savoir de bonne source, de source sûre. La critique des sources,* des documents originaux d'information. — Œuvre antérieure qui a fourni un thème, une idée (à un artiste). • 4° Corps, point d'où rayonne (une des formes de l'énergie). *Source de chaleur, source lumineuse.* ▼ **SOURCIER, IÈRE.** *n.* Personne à laquelle on attribue l'art de découvrir les sources et les nappes d'eau souterraines. V. **Radiesthésiste.** *La baguette, le pendule du sourcier.*

SOURCIL [suʀsi]. *n. m.* • Saillie arquée, garnie de poils, au-dessus de l'orbite ; ces poils. *Avoir de gros sourcils. Froncer les sourcils.*

SOURCILLER [suʀsije]. *v. intr.* (1) • *(En emploi négatif).* Manifester quelque émotion ou mécontentement. *Il n'a pas sourcillé, il a répondu sans sourciller.* ▼ **SOURCILLEUX, EUSE.** adj. *Littér.* Hautain, sévère, exigeant. *Un critique sourcilleux.*

1. SOURD, SOURDE [suʀ, suʀd(ə)]. *adj.* et *n.* • 1° Qui perçoit insuffisamment les sons ou ne les perçoit pas. *Il est sourd d'une oreille.* Loc. *Sourd comme un pot,* complètement sourd. — *N.* UN, UNE SOURD(E). *Les sourds et les muets.* Loc. *Frapper, cogner, crier comme un sourd,* de toutes ses forces. — *Dialogue de sourds,* où chacun ne comprend pas l'autre, ne tient pas compte de ses raisons. PROV. *Il n'est pire sourd que celui qui ne veut pas entendre,* l'incompréhension vient souvent d'un refus de comprendre. • 2° *Littér.* SOURD À... : qui refuse d'entendre, reste insensible. *Il reste sourd à nos appels.* ▼ **SOURD-MUET, SOURDE-MUETTE.** *n.* Personne atteinte de surdité congénitale entraînant la mutité. *Des sourds-muets.*

2. SOURD, SOURDE. *adj.* • *(Choses).* • 1° Peu sonore, qui ne retentit pas. *Un bruit sourd.* V. **Étouffé.** — *Consonne sourde* (*ex. :* p, t, k, f), dont l'émission ne comporte pas les vibrations des sonores. • 2° Qui est peu prononcé, ne se manifeste pas nettement. *Une douleur sourde. Une lutte sourde,* cachée, non déclarée. ▼ **SOURDEMENT.** adv. *Littér.* • 1° Avec un bruit sourd. • 2° D'une manière sourde, cachée.

SOURDINE [suʀdin]. *n. f.* • 1° Dispositif qu'on adapte à des instruments à vent ou à cordes, pour amortir le son. *Jouer avec la sourdine, en sourdine.* • 2° Loc. *En sourdine,* sans bruit, sans éclat. V. **Discrètement.** *Mettre une sourdine à...,* exprimer moins bruyamment.

SOURDRE [suʀdʀ(ə)]. *v. intr.* [Seul. inf. et *il sourd, ils sourdent ; il sourdait, ils sourdaient.*] • *Littér.* Sortir de terre (en parlant de l'eau). — *(Abstrait)* Naître, surgir. *La tristesse qui sourdait en lui.*

SOURIANT, ANTE [suʀjɑ̃, ɑ̃t]. *adj.* • Qui sourit, est aimable et gai.

SOURICEAU [suʀiso]. *n. m.* • Jeune souris.

SOURICIÈRE [suʀisjɛʀ]. *n. f.* • 1° Piège à souris. V. **Ratière.** • 2° Piège tendu par la police (qui cerne un endroit après s'être assurée que qqn s'y rendrait).

1. SOURIRE [suʀiʀ]. *v. intr.* (36) • 1° Prendre une expression rieuse ou ironique par un léger mouvement de la bouche et des yeux. V. *aussi* **Rire.** *Sourire à qqn,* lui adresser un sourire. — *Cela fait sourire,* cela amuse, paraît légèrement ridicule. • 2° *(Suj. chose).* SOURIRE À (qqn) : être agréable. V. **Plaire.** *Un projet qui ne me sourit guère.* — Être favorable. *Enfin la chance me sourit.*

2. SOURIRE [suʀiʀ]. *n. m.* • Action de sourire, mouvement et expression d'un visage qui sourit. Fam. *Avoir le sourire,* être enchanté de ce qui est arrivé. *Garder le sourire,* rester souriant en dépit d'une déception.

SOURIS [suʀi]. *n. f.* • 1° Petit mammifère rongeur voisin du rat. V. **Souriceau.** *Souris blanche,* variété de souris, élevée pour servir de sujet d'expérience en biologie. • 2° *Fam.* Jeune fille, jeune femme.

SOURNOIS, OISE [suʀnwa, waz]. *adj.* • Qui dissimule ses sentiments réels, souvent dans une intention malveillante. V. **Dissimulé.** — Subst. *C'est un sournois.* V. **Hypocrite.** — *Une méchanceté sournoise.* ▼ **SOURNOISEMENT.** *adv.* ▼ **SOURNOISERIE.** *n. f.* Littér.

SOUS [su]. *prép.* ★ **I.** Marque la position en bas par rapport à ce qui est en haut, ou en dedans par rapport à ce qui est en dehors. ‖ Contr. **Sur.** ‖ • 1° (Chose en contact). *Disposer un oreiller sous la tête d'un malade. Sous l'eau,* sous la surface des eaux. — (Chose qui recouvre) *Une lettre sous enveloppe.* — (Abstrait) *Sous une forme, sous un nom...* • 2° (Sans contact). *S'abriter sous un parapluie. Sous les fenêtres de qqn,* devant chez lui. — (Chose à quoi on est exposé) *Sous le canon des ennemis. Sous les yeux de tout le monde.* ★ **II.** • 1° (Rapport de subordination ou de dépendance). *Sous un régime capitaliste, socialiste. Sous sa direction. Sous condition,* avec des conditions. • 2° *(Valeur temporelle).* Pendant le règne de... *Sous Louis XIV.* — Avant que ne soit écoulé (tel espace de temps). *Je vous répondrai sous huitaine. Sous peu,* bientôt. • 3° Par l'effet de. *Sous la pression des événements. Sous cet angle, ce rapport.*

SOUS-. • Préfixe à valeur de préposition *(sous-main)* ou d'adverbe *(sous-jacent),* marquant la position *(sous-maxillaire, sous-sol),* la subordination *(sous-préfet)*, la subdivision *(sous-classe, sous-ensemble, sous-genre)*, le degré inférieur et l'insuffisance *(sous-alimenté)*. V. **Hypo-, infra-, sub-.**

SOUS-ALIMENTÉ, ÉE [suzalimɑ̃te]. *adj.* • Victime de la *sous-alimentation*, d'une insuffisance alimentaire capable de compromettre la santé ou la vie.

SOUS-BOIS [subwa(ɑ)]. *n. m. invar.* • Partie de la forêt où la végétation pousse sous les arbres.

SOUS-CHEF [suʃɛf]. *n. m.* • Celui qui vient immédiatement après le chef. *Des sous-chefs de bureau.*

SOUS-COMMISSION [sukɔmisjɔ̃]. *n. f.* • Commission secondaire qu'une commission nomme parmi ses membres. ▼ **SOUS-COMITÉ.** *n. m.* Comité constitué à l'intérieur d'un comité.

SOUSCRIRE [suskʀiʀ]. *v. tr.* (39) • **1°** *Trans. dir.* S'engager à payer, en signant. — *Capital entièrement souscrit.* • **2°** *Trans. ind.* SOUSCRIRE À *(littér.)* : donner son adhésion. V. **Acquiescer, consentir.** *Il a dû souscrire à nos exigences.* — S'engager à fournir une somme pour sa part. *Souscrire à une publication,* prendre l'engagement d'acheter, en versant une partie de la somme, un ouvrage en cours de publication. ▼ **SOUSCRIPTEUR, TRICE** [suskʀiptœʀ, tʀis]. *n.* • **1°** Personne qui souscrit (un billet, une lettre de change). • **2°** Personne qui souscrit (à une publication). ▼ **SOUSCRIPTION.** *n. f.* Action de souscrire (à une publication, un emprunt) ; somme versée par un souscripteur. *Ouvrage vendu par souscription.*

SOUS-CUTANÉ, ÉE [sukytane]. *adj.* • Qui est situé ou se fait sous la peau. *Piqûres sous-cutanées.*

SOUS-DÉVELOPPÉ, ÉE [sudevlɔpe]. *adj.* • Qui souffre d'une insuffisance de productivité et d'équipement *(sous-développement)* et, par suite, est pauvre en biens de consommation (d'un pays). *Les pays sous-développés ou en voie de développement.*

SOUS-DIACRE [sudjakʀ(ə)]. *n. m.* • Clerc promu au *sous-diaconat*, troisième des ordres ecclésiastiques.

SOUS-DIRECTEUR, TRICE [sudiʀɛktœʀ, tʀis]. *n.* • Directeur, directrice en second. *Le directeur général et les deux sous-directeurs.*

SOUS-EMPLOI [suzɑ̃plwa]. *n. m.* • Emploi d'un nombre de travailleurs inférieur au nombre des travailleurs disponibles (*opposé à* plein emploi). *Lutter contre le chômage et le sous-emploi.*

SOUS-ENTENDRE [suzɑ̃tɑ̃dʀ(ə)]. *v. tr.* (41) • Avoir dans l'esprit sans dire expressément. — Impers. *Il est sous-entendu que....* il va sans dire que... ▼ **SOUS-ENTENDU.** *n. m.* Action de sous-entendre ; ce qui est sous-entendu (souvent dans une intention malveillante). V. **Allusion, insinuation.**

SOUS-ESTIMER [suzɛstime]. *v. tr.* (1) • Estimer au-dessous de sa valeur, de son importance. || Contr. **Surestimer.** || ▼ **SOUS-ESTIMATION.** *n. f.*

SOUS-EXPOSER [suzɛkspoze]. *v. tr.* (1) • Exposer insuffisamment (une pellicule, un film). || Contr. **Surexposer.** || ▼ **SOUS-EXPOSITION.** *n. f.*

SOUS-FIFRE [sufifʀ(ə)]. *n. m.* • *Fam.* Subalterne, tout petit employé. *Des sous-fifres.*

SOUS-JACENT, ENTE [suʒasɑ̃, ɑ̃t]. *adj.* • Qui s'étend au-dessous. *La couche sous-jacente.* — *(Abstrait)* Caché, implicite.

SOUS-LIEUTENANT [suljøtnɑ̃]. *n. m.* • Officier du premier grade des officiers, au-dessous de lieutenant. *Des sous-lieutenants et des aspirants.*

SOUS-LOUER [sulwe]. *v. tr.* (1) • **1°** Donner à loyer (ce dont on est soi-même locataire principal). • **2°** Prendre à loyer du locataire principal. ▼ **SOUS-LOCATAIRE.** *n.* Personne qui prend un local en sous-location. ▼ **SOUS-LOCATION.** *n. f.* Action de sous-louer.

1. SOUS-MAIN (EN) [ɑ̃sumɛ̃]. *loc. adv.* • *Littér.* En secret.

2. SOUS-MAIN. *n. m. invar.* • Accessoire de bureau sur lequel on place le papier pour écrire.

SOUS-MARIN, INE [sumaʀɛ̃, in]. *adj.* et *n. m.* • **1°** Qui est dans la mer, s'effectue sous la mer. *La pêche sous-marine.* • **2°** *N. m.* Navire capable de naviguer sous l'eau, en plongée. V. **Submersible.**

SOUS-MULTIPLE [sumyltipl(ə)]. *adj.* • Se dit d'une grandeur contenue en un nombre entier de fois dans une autre. — Subst. *3 et 5 sont des sous-multiples de 15.*

SOUS-ŒUVRE (EN) [ɑ̃suzœvʀ(ə)]. *loc. adv.* • En reprenant les fondations, en reconstruisant les parties inférieures (sans abattre le bâtiment).

SOUS-OFFICIER [suzɔfisje]. *n. m.* • Militaire d'un grade qui fait de lui un auxiliaire de l'officier (de sergent à adjudant-chef). Abrév. fam. *Sous-off.*

SOUS-ORDRE [suzɔʀdʀ(ə)]. *n. m.* • Employé subalterne qui n'a guère de responsabilité.

SOUS-PRÉFET [supʀefɛ]. *n. m.* • Fonctionnaire représentant le pouvoir central dans un arrondissement (Cf. Préfet). *La sous-préfète, femme du sous-préfet.* ▼ **SOUS-PRÉFECTURE** [supʀefɛktyʀ]. *n. f.* Ville où réside le sous-préfet et où sont installés ses services ; bâtiment qui les abrite.

SOUS-PRODUCTION [supʀɔdyksjɔ̃]. *n. f.* • Production insuffisante. || Contr. **Surproduction.** ||

SOUS-PRODUIT [supʀɔdɥi]. *n. m.* • Produit secondaire obtenu au cours de la fabrication du produit principal. — *(Abstrait)* Mauvaise imitation.

SOUS-SECRÉTAIRE [sus(ə)kʀetɛʀ]. *n. m.* • *Sous-secrétaire d'État,* nom donné à certains membres du gouvernement auxquels est dévolue une partie de la compétence d'un ministre. ▼ **SOUS-SECRÉTARIAT.** *n. m.* Fonction de sous-secrétaire.

SOUSSIGNÉ, ÉE [susiɲe]. *adj.* • Qui a signé plus bas. *Je soussigné Un tel déclare...* — Subst. *Les soussignés s'engagent à respecter les conditions du contrat.*

SOUS-SOL [susɔl]. *n. m.* • **1°** Partie de l'écorce terrestre qui se trouve au-dessous du sol cultivable. • 2° Partie d'une construction aménagée au-dessous du rez-de-chaussée.

SOUS-TENDRE [sutɑ̃dʀ(ə)]. *v. tr.* (41) • 1° Constituer ou joindre les extrémités de (un arc, une voûte). • 2° *(Abstrait).* Servir de base plus ou moins nette à (un raisonnement, une politique). *Les hypothèses qui sous-tendent sa position.*

SOUS-TITRE [sutitʀ(ə)]. *n. m.* • 1° Titre secondaire (placé après le titre principal d'un ouvrage). • 2° Traduction condensée du dialogue d'un film (dit *sous-titré*), en bas de l'image. *Vous préférez voir le film doublé ou avec des sous-titres ?*

SOUSTRACTION [sustʀaksjɔ̃]. *n. f.* • 1° Opération inverse de l'addition, par laquelle on retranche un ensemble d'un autre, pour obtenir la « différence » entre les deux. • 2° Action de soustraire (2°). V. **Vol.**

SOUSTRAIRE [sustʀɛʀ]. *v. tr.* (50) • 1° Retrancher par soustraction (un nombre d'un autre). V. **Déduire, ôter.** || Contr. **Additionner.** || • 2° Enlever (qqch., surtout un document) le plus souvent par la ruse, la fraude. V. **Voler.** • 3° Faire échapper à (qqch. à quoi on est exposé). *On a pu soustraire la vedette à la curiosité, aux questions des journalistes.* — *Pronom.* Échapper à..., s'affranchir de...

SOUS-TRAITANT [sutʀɛtɑ̃]. *n. m.* • Celui qui est chargé d'un travail concédé à un entrepreneur principal.

SOUS-VERRE [suvɛʀ]. *n. m. invar.* • Image, photo que l'on place entre une plaque de verre et un fond rigide ; cet encadrement.

SOUS-VÊTEMENT [suvɛtmɑ̃]. *n. m.* • Vêtement de dessous (de tissu, tricot, etc.).

SOUTACHE [sutaʃ]. *n. f.* • Galon, ganse servant d'ornement.

SOUTANE [sutan]. *n. f.* • Longue robe boutonnée par-devant, pièce principale du costume ecclésiastique traditionnel. *Prêtre en soutane.* Loc. *Prendre la soutane*, devenir prêtre.

SOUTE [sut]. *n. f.* • Magasin situé dans la cale d'un navire ou sous le fuselage d'un avion de transport.

SOUTENABLE [sutnabl(ə)]. *adj.* • Qui peut être soutenu (6°) par des raisons plausibles (surtout en emploi négatif). *Sa position n'est guère soutenable.*

SOUTENANCE [sutnɑ̃s]. *n. f.* • Action de soutenir (une thèse de doctorat).

SOUTÈNEMENT [sutɛnmɑ̃]. *n. m.* • *Mur de soutènement*, qui soutient des terres, etc.

SOUTENEUR [sutnœʀ]. *n. m.* • Proxénète.

SOUTENIR [sutniʀ]. *v. tr.* (22) ★ **I.** • 1° Tenir (qqch.) par-dessous, en servant de support ou d'appui. V. **Porter.** *De fortes poutres soutiennent les solives.* • 2° Maintenir debout, empêcher (qqn) de tomber. *L'infirmier soutenait le blessé.* • 3° Empêcher de défaillir, en rendant des forces. V. **Fortifier.** *On lui a fait une piqûre pour soutenir le cœur.* • 4° Réconforter (qqn). V. **Aider, encourager.** *Son amitié m'a soutenu dans cette épreuve.* • 5° Appuyer, prendre parti en faveur de (qqn, qqch.). *Deux partis ont décidé de soutenir ce candidat.* • 6° Affirmer, faire valoir en appuyant par des raisons. *Il est décidé à soutenir ses droits. Soutenir une thèse*, présenter et défendre devant le jury une thèse de doctorat (V. **Soutenance**). *Je soutiens que...*, j'affirme, je prétends que. V. **Assurer ; soutenable.** • 7° Faire que (qqch.) continue sans faiblir. *Il sait soutenir l'intérêt de l'auditoire. Soutenez votre effort !* ★ **II.** Subir sans fléchir (une force, une action qui s'exerce). *Nos troupes ont soutenu le choc. Soutenir le regard de qqn*, ne pas baisser les yeux devant lui.

SOUTENU, UE [sutny]. *adj.* • 1° *(Style).* Qui se maintient à un certain niveau de pureté, d'élégance. V. **Élevé, noble.** • 2° Qui est constant, régulier. *Une attention soutenue.* • 3° Accentué, prononcé. *Un bleu plus soutenu.*

SOUTERRAIN, AINE [sutɛʀɛ̃, ɛn]. *adj.* et *n. m.* • 1° *Adj.* Qui est ou se fait sous terre. *Un passage souterrain. Une explosion atomique souterraine.* — *(Abstrait)* Caché, obscur. *Une évolution souterraine.* • 2° *N. m.* Passage souterrain, naturel ou pratiqué par l'homme.

SOUTIEN [sutjɛ̃]. *n. m.* • 1° Action ou moyen de soutenir (dans l'ordre financier, politique, militaire). V. **Aide, appui.** *Notre parti apportera son soutien au gouvernement. De soutien*, se dit d'une unité destinée à venir en aide à une autre unité militaire. • 2° Personne qui soutient (une cause, un parti). SOUTIEN DE FAMILLE : jeune homme dont l'activité est indispensable pour assurer la subsistance de sa famille.

SOUTIEN-GORGE [sutjɛ̃gɔʀʒ(ə)]. *n. m.* • Sous-vêtement féminin destiné à soutenir et embellir la poitrine. *Des soutiens-gorge.*

SOUTIER [sutje]. *n. m.* • Matelot chargé du service de la soute, de l'arrimage dans les cales, etc.

1. SOUTIRER [sutiʀe]. *v. tr.* (1) • Transvaser doucement (le vin, le cidre) d'un récipient à un autre, de façon à éliminer les dépôts qui doivent rester dans le premier. ▼**SOUTIRAGE.** *n. m.*

2. SOUTIRER. *v. tr.* (1) • *Soutirer qqch. à qqn*, obtenir de lui sans violence, mais par des moyens peu délicats. *Il m'a soutiré de l'argent, une promesse.*

SOUVENANCE [suvnɑ̃s]. *n. f.* • Littér. *Avoir, garder souvenance de* (qqch., qqn), s'en souvenir. *Je n'en ai pas souvenance.*

1. SOUVENIR [suvniʀ]. *v. pron.* et *intr.* (22) ★ **I.** *V. pron.* SE SOUVENIR (DE). • 1° Avoir de nouveau présent à l'esprit (qqch. qui appartient à une expérience passée). V. **Rappeler** (se). *Je m'en souviens*, je me le rappelle. || Contr. **Oublier.** || *Je me souviens de cette rencontre, de l'avoir rencontré, que je l'ai rencontré. Faire souvenir*, rappeler. *Se souvenir de qqn*, l'avoir encore présent à l'esprit, ou penser à lui. — (Avec reconnaissance ou rancune) *Je m'en souviendrai !* se dit par menace. • 2° *(À l'impératif).* Ne pas manquer de considérer, penser à. *Souvenez-vous de nos conventions, que vous me l'avez promis.* ★ **II.** *V intr.* (Impers.). *Littér.* IL ME SOUVIENT : j'ai le souvenir. *Il me souvient d'avoir lu cela, que j'ai lu cela autrefois.*

2. SOUVENIR [suvniʀ]. *n. m.* • 1° Mémoire ; fait de se souvenir. *Conserver, perdre le souvenir d'un événement.* • 2° Ce qui revient ou peut revenir à l'esprit des expériences passées ; image que garde et fournit la mémoire. V. **Réminiscence.** *Des souvenirs d'enfance, de lecture. Cette maison éveille en moi bien des souvenirs. J'en garde un mauvais souvenir.* — (Dans les formules de politesse) *Affectueux, meilleurs souvenirs.* — *Écrire ses souvenirs. Souvenirs.* titre de mémoires. • 3° EN SOUVENIR DE : pour garder le souvenir de (qqn, qqch.). • 4° *(Objets concrets).* Ce qui fait souvenir, ce qui reste comme un témoignage (de ce qui appartient au passé). *Il y avait là quelques souvenirs d'un temps meilleur.* • 5° Cadeau (qui fait qu'on pense à celui qui l'a donné). *Il nous a rapporté à chacun un petit souvenir.* — Bibelot qu'achètent les touristes. *Une marchande de souvenirs.*

SOUVENT [suvɑ̃]. *adv.* • 1° Plusieurs fois, à plusieurs reprises dans un espace de temps. V. **Fréquemment.** *J'ai souvent pensé à vous.* — Loc. *Plus souvent qu'à mon, qu'à son tour,* plus souvent qu'il n'est normal pour moi, pour lui. Pop. *Plus souvent !* sûrement pas ! • 2° En de nombreux cas. *On a souvent besoin d'un plus petit que soi. Le plus souvent,* dans la plupart des cas. V. **Généralement.**

1. SOUVERAIN, AINE [suvʀɛ̃, ɛn]. *adj.* • 1° Qui est au-dessus des autres, dans son genre. V. **Suprême.** *Le souverain bien. Un remède souverain.* • 2° Qui, dans son domaine, n'est subordonné à personne. *Le peuple souverain. Le souverain pontife,* le pape. — Qui possède la souveraineté internationale. *État souverain.* — Qui juge ou décide sans appel. *Assemblée souveraine.* • 3° Extrême (avec un sentiment de supériorité). *Un souverain mépris.* ▼ **SOUVERAINEMENT.** *adv.* • 1° *Littér.* Supérieurement. • 2° *Décider souverainement.* • 3° *Il était souverainement méprisant.*

2. SOUVERAIN, AINE. *n.* • Chef d'État monarchique. V. **Reine, roi.**

3. SOUVERAIN. *n. m.* • Monnaie d'or de la valeur de la livre sterling, en Grande-Bretagne.

SOUVERAINETÉ [suvʀɛnte]. *n. f.* • 1° Autorité suprême (d'un souverain, d'un prince). — Le principe d'autorité politique suprême. • 2° Caractère d'un État ou d'un organe qui n'est soumis à aucun autre État ou organe. V. **Indépendance.** *Atteinte à la souveraineté d'un État.*

SOVIET [sɔvjɛt]. *n. m.* • En Russie, Conseil de délégués ouvriers et soldats au moment de la révolution de 1917. — Aujourd'hui, Chambre des représentants de la nation *(Soviet de l'Union)*, chambre des républiques fédérées *(Soviet des nationalités)*, formant le parlement de l'U.R.S.S. (ou *Soviet suprême*). — *Les Soviets,* l'Union soviétique. ▼ **SOVIÉTIQUE.** *adj.* et *n.* Relatif à l'État fédéral socialiste, né de la révolution de 1917 (nommé *Union des Républiques Socialistes Soviétiques* [U.R.S.S.] ou *Union soviétique*).

SOYEUX, EUSE [swajø, øz]. *adj.* et *n. m.* • 1° *Adj.* Qui est doux et brillant comme la soie. • 2° *N. m.* À Lyon, Industriel de la soierie. *De riches soyeux.*

SPACIEUX, EUSE [spasjø, øz]. *adj.* • Où l'on a de l'espace, où l'on est au large. ‖ Contr. **Étroit.** ‖ *Une voiture spacieuse.*

SPADASSIN [spadasɛ̃]. *n. m.* • *Littér.* Autrefois, Assassin à gages.

SPAGHETTI [spage(ɛt)ti]. *n. m. pl.* • Variété de pâtes alimentaires fines et longues.

SPAHI [spai]. *n. m.* • Soldat des corps de cavalerie indigène organisés autrefois par l'armée française en Afrique du Nord. *Les spahis.*

SPARADRAP [spaʀadʀa]. *n. m.* • Adhésif, souvent combiné avec un petit pansement.

SPARTERIE [spaʀt(ə)ʀi]. *n. f.* • Fabrication d'objets en fibres végétales (jonc, alfa, crin) vannées ou tissées. — Ouvrage ainsi fabriqué.

1. SPARTIATE [spaʀsjat]. *adj.* • Qui évoque les anciens citoyens de Sparte ; leur frugalité, leur patriotisme. *Une simplicité toute spartiate.*

2. SPARTIATES. *n. f. pl.* • Sandales faites de lanières de cuir croisées.

SPASME [spasm(ə)]. *n. m.* • Contraction brusque et involontaire d'un ou de plusieurs muscles. V. **Convulsion.** ▼ **SPASMODIQUE.** *adj.* Convulsif. *Des frissons spasmodiques.*

SPATH [spat]. *n. m.* • Nom donné à différents minéraux cristallisés. *Spath d'Islande,* variété de calcite présentant le phénomène de double réfraction.

SPATIAL, ALE, AUX [spasjal, o]. *adj.* • 1° Qui est du domaine de l'espace (*opposé à* temporel). • 2° Relatif à l'espace interplanétaire, interstellaire, à son exploration. V. **Cosmique.** *Un engin spatial.*

SPATULE [spatyl]. *n. f.* • Instrument formé d'un manche et d'une lame large. *Spatule de sculpteur.* — Extrémité évasée (d'un manche de cuiller, de fourchette).

SPEAKER [spikœʀ]. *n. m.* • *Anglicisme.* • 1° Président de la Chambre des communes, en Angleterre. • 2° Celui qui, à la radio, à la télévision, annonce les programmes, présente les émissions, donne les nouvelles. V. **Annonceur, présentateur.** (Fém. *Speakerine* [spikʀin].)

SPÉCIAL, ALE, AUX [spesjal, o]. *adj.* • 1° Qui concerne une espèce, une sorte de choses (*opposé à* général). *Des connaissances spéciales.* • 2° Qui est particulier à (une personne, un groupe) ou destiné à leur usage exclusif. *Ces malades étaient hospitalisés dans un pavillon spécial.* V. **Particulier.** — Qui constitue une exception, est employé pour les circonstances extraordinaires. *L'envoyé spécial d'un grand quotidien* (*opposé à* permanent). • 3° Qui présente des caractères particuliers dans son genre, n'est pas commun, ordinaire. V. **Singulier.** *Il prenait alors une voix spéciale.* Fam. *C'est un peu spécial,* bizarre. — (Par euphém.) *Des mœurs spéciales,* d'homoxesuel. ▼ **SPÉCIALEMENT.** *adv.* • 1° D'une manière spéciale, en particulier. V. **Notamment.** • 2° D'une manière adéquate, tout exprès. *Des salles spécialement équipées.* • 3° D'une manière très caractéristique. Fam. *Il n'est pas spécialement beau*, pas tellement beau.

SPÉCIALISER [spesjalize]. *v. tr.* (1) • Employer, cantonner dans une spécialité. — Pronom. *Il s'est spécialisé dans la littérature médiévale.* — Au p. p. *Chercheurs spécialisés.* V. **Spécialiste.** ▼ **SPÉCIALISATION.** *n. f.* Action, fait de se spécialiser (en particulier dans un domaine de la science ou de la technique).

SPÉCIALISTE [spesjalist(ə)]. *n.* • **1°** Personne qui s'est spécialisée, qui a des connaissances approfondies dans un domaine déterminé et restreint (science, technique...). *Un spécialiste de l'art précolombien.* — Médecin qui se spécialise dans une branche particulière de la médecine. • **2°** *(Fam.)*. Personne qui est coutumière de (qqch.). *Un spécialiste de la gaffe.*

SPÉCIALITÉ [spesjalite]. *n. f.* • **1°** Ensemble de connaissances sur un objet d'étude limité. V. **Branche, domaine, partie.** *En dehors de sa spécialité, il ne sait rien.* • **2°** Production déterminée à laquelle se consacre qqn. *Les spécialités d'un restaurateur, d'un cuisinier*, les plats de son invention ou qu'il réussit parfaitement. — *Spécialité pharmaceutique*, médicament préparé industriellement par un laboratoire. • **3°** *Fam.* Art particulier et personnel. *Les insinuations, c'est sa spécialité.*

SPÉCIEUX, EUSE [spesjø, øz]. *adj* • *Littér.* Qui n'a qu'une belle apparence, qui est sans valeur. *Sous un prétexte spécieux. Raisonnement spécieux*, trompeur.

SPÉCIFIER [spesifje]. *v. tr.* (7) • Mentionner de façon précise. V. **Préciser.** *Vous n'avez pas spécifié la date, à quelle date vous viendrez.*

SPÉCIFIQUE [spesifik]. *adj.* • **1°** *Didact.* Propre à une espèce (commun à tous les individus et aux cas de cette espèce). *Remède spécifique*, propre à guérir une maladie particulière. • **2°** Qui a son caractère et ses lois propres, ne peut se rattacher à autre chose. ▼ **SPÉCIFICITÉ.** n. f. *Didact.* Caractère spécifique. ▼ **SPÉCIFIQUEMENT.** *adv.*

SPÉCIMEN [spesimɛn]. *n. m.* • **1°** Individu qui donne une idée de l'espèce ; unité d'un ensemble qui donne une idée du tout. V. **Échantillon, représentant.** *Des spécimens.* • **2°** Exemplaire ou feuille publicitaire (d'une revue, d'un manuel).

SPECTACLE [spɛktakl(ə)]. *n. m.* • **1°** Ensemble de choses ou de faits qui s'offre au regard. V. **Tableau.** *La maison dévastée offrait un triste spectacle. Au spectacle de*, à la vue de. *Donner en spectacle*, exhiber. Péj. *Se donner en spectacle*, se faire remarquer. • **2°** Représentation (théâtrale, cinématographique,...), ce qu'on présente au public au cours d'une même séance. *Allez-vous souvent au spectacle ?* — L'ensemble des activités concernant le théâtre, le cinéma, le music-hall, etc. *L'industrie du spectacle.* • **3°** *Pièce, revue à grand spectacle*, qui comporte une mise en scène somptueuse.

SPECTACULAIRE [spɛktakylɛʀ]. *adj.* • Qui parle aux yeux, en impose à l'imagination. V. **Frappant.** *Une réalisation, un exploit spectaculaire.*

SPECTATEUR, TRICE [spɛktatœʀ, tʀis]. *n.* • **1°** Témoin d'un événement, personne qui regarde ce qui se passe. || Contr. **Acteur.** || • **2°** Personne qui assiste à un spectacle (représentation, match, cérémonie, etc.).

1. SPECTRE [spɛktʀ(ə)]. *n. m.* • **1°** Apparition effrayante d'un mort. V. **Fantôme, revenant.** *Une pâleur de spectre.* • **2°** *Littér.* Perspective menaçante. *Le spectre de la guerre.* ▼ **1. SPECTRAL, ALE, AUX.** *adj.* De spectre (1°). *Une pâleur spectrale.*

2. SPECTRE. *n. m.* • Images juxtaposées formant une suite ininterrompue de couleurs, et correspondant à la décomposition de la lumière blanche. *Le spectre solaire.* — Variation dans l'intensité ou dans la phase d'un rayonnement complexe. ▼ **2. SPECTRAL, ALE, AUX.** *adj.* Relatif aux spectres, à leur étude. *Raies spectrales.* ▼ **SPECTROSCOPE.** *n. m.* Instrument pour produire ou examiner des spectres (de l'infrarouge aux rayons X). ▼ **SPECTROSCOPIE.** *n. f.* Théorie des spectres et techniques qui s'y rapportent.

SPÉCULATEUR, TRICE [spekylatœʀ, tʀis]. *n.* • Personne qui fait des spéculations (II) financières ou commerciales (souvent *péj.*).

SPÉCULER [spekyle]. *v. intr.* (1) ★ **I.** *Littér.* Méditer, se livrer à la recherche abstraite. ★ **II.** Faire des spéculations financières, commerciales. — SPÉCULER SUR (qqch.) : compter dessus pour réussir. ▼ **SPÉCULATIF, IVE.** *adj.* Relatif à la spéculation (I et II). ▼ **SPÉCULATION.** *n. f.* ★ **I.** *Littér.* Théorie, recherche abstraite. ★ **II.** Opération financière ou commerciale, fondée sur les fluctuations du marché ; pratique de ce genre d'opérations (V. **Spéculateur**). *La spéculation sur les terrains à bâtir.*

SPECULUM ou **SPÉCULUM** [spekylɔm]. *n. m.* • Instrument dont une face forme miroir, utilisé par les médecins et chirurgiens pour explorer certaines cavités de l'organisme. *Spéculum vaginal.*

SPEECH [spitʃ]. *n. m.* • Petite allocution de circonstance (notamment en réponse à un toast).

SPÉLÉO-. • Élément savant signifiant « caverne ». ▼ **SPÉLÉOLOGIE** [speleɔlɔʒi]. *n. f.* Exploration et étude scientifique des cavités du sous-sol (grottes, gouffres, eaux souterraines, etc.). ▼ **SPÉLÉOLOGIQUE.** *adj.* ▼ **SPÉLÉOLOGUE.** *n.* Spécialiste de la spéléologie. (Abrév. *Un* SPÉLÉO.)

SPERMAT(O)-, SPERM(O)-, -SPERME. • Éléments de mots savants signifiant « semence, graine ».

SPERMATOZOÏDE [spɛʀmatozɔid]. *n. m.* • Cellule reproductrice (gamète) mâle formée d'un noyau et d'un long filament.

SPERME [spɛʀm]. *n. m.* • Liquide physiologique, formé par les spermatozoïdes et par le produit des sécrétions des glandes génitales mâles.

SPHÈRE [sfɛʀ]. *n. f.* • **1°** Surface constituée par le lieu géométrique des points situés à une même distance d'un point donné ; solide délimité par cette surface. V. **Balle, bille, boule.** *Sphère céleste*, sphère fictive de très grand rayon à la surface de laquelle les corps célestes semblent situés. — Représentation matérielle de la sphère céleste ou terrestre. V. **Globe.** • 2° *(Abstrait)*. Domaine circonscrit à l'intérieur duquel s'exerce une activité, une science, un art. *Chacun travaille dans sa sphère.* — Domaine, milieu. *Sphère d'action*, espace où se manifeste un agent physique. V. **Champ.** *Sphère d'influence*, zone dans laquelle une puissance possède un droit d'intervention. ▼**SPHÉRIQUE.** *adj.* • 1° En forme de sphère (1°). V. **Rond.** • 2° Qui appartient à la sphère. *Calotte sphérique.* ▼ **SPHÉROÏDE.** *n. m.* Solide à peu près sphérique.

SPHINCTER [sfɛ̃ktɛʀ]. *n. m.* • Muscle annulaire disposé autour d'un orifice naturel qu'il ferme en se contractant. *Le sphincter de l'anus.*

1. SPHINX [sfɛ̃ks]. *n. m. invar.* • 1° Monstre fabuleux, lion ailé à tête et buste de femme, qui tuait les voyageurs quand ils ne résolvaient pas l'énigme qu'il leur proposait. — Statue de lion couché, à tête d'homme, de bélier ou d'épervier, représentant une divinité égyptienne. *Le grand sphinx de Gizeh.* • 2° Personne énigmatique, figée dans une attitude mystérieuse.

2. SPHINX. *n. m. invar.* • Grand papillon dont le thorax porte une tache rappelant une tête de mort.

SPIDER [spidɛʀ]. *n. m.* • Sorte de coffre aménagé à l'arrière d'un cabriolet automobile (pour un passager, des bagages).

SPINAL, ALE, AUX [spinal, o]. *adj.* • Qui appartient à la colonne vertébrale ou à la moelle épinière (terme d'anatomie).

SPIRALE [spiʀal]. *n. f.* • 1° Courbe plane qui décrit des révolutions autour d'un point fixe (ou pôle), en s'en écartant de plus en plus. • 2° Courbe qui tourne autour d'un axe, dans l'espace (appelée scientifiquement *hélice*). V. **Volute.** *Des spirales de fumée.* — *En spirale. Escalier en spirale*, en colimaçon.

SPIRE [spiʀ]. *n. f.* • Tour complet (d'une spirale ou d'une hélice). — Enroulement d'une coquille.

SPIRITE [spiʀit]. *adj.* et *n.* • 1° *Adj.* Relatif à l'évocation des esprits des morts. • 2° *N.* Personne qui évoque les esprits, s'occupe de spiritisme. ▼**SPIRITISME.** *n. m.* Science occulte fondée sur l'existence, les manifestations et l'enseignement des esprits.

SPIRITUAL. V. NEGRO SPIRITUAL.

SPIRITUALISER [spiʀitɥalize]. *v. tr.* (1) • *Littér.* Doter, imprégner de spiritualité. ▼ **SPIRITUALISATION.** *n. f.*

SPIRITUALISME [spiʀitɥalism(ə)]. *n. m.* • Doctrine selon laquelle l'esprit constitue une réalité indépendante et supérieure (*opposé à* matérialisme). ▼ **SPIRITUALISTE.** *adj.* et *n.*

1. SPIRITUEL, ELLE [spiʀitɥɛl]. *adj.* • 1° Qui est de l'ordre de l'esprit considéré comme un principe indépendant. V. **Immatériel.** • 2° Propre à l'âme, en tant qu'émanation d'un principe divin. *La vie spirituelle.* • 3° Qui est d'ordre moral, n'appartient pas au monde physique. *Pouvoir spirituel* (Église) *et pouvoir temporel* (État). *Les valeurs spirituelles d'une civilisation.* ▼ **SPIRITUALITÉ.** *n. f.* • 1° Caractère de ce qui est d'ordre spirituel, indépendant de la matière. • 2° Croyances et pratiques qui concernent la vie spirituelle. *La spiritualité hindoue.*

2. SPIRITUEL, ELLE. *adj.* • Qui est plein d'esprit, de fine drôlerie. V. **Fin, malicieux.** *Un causeur très spirituel. Une plaisanterie spirituelle.* V. **Piquant.** ▼ **SPIRITUELLEMENT.** *adv.* Avec esprit, finesse.

SPIRITUEUX, EUSE [spiʀitɥø, øz]. *adj.* et *n. m.* • Qui contient une forte proportion d'alcool. — *N. m.* Liqueur forte en alcool. *Taxe sur les spiritueux.*

SPLEEN [splin]. *n. m.* • *Littér.* Mélancolie passagère, sans cause apparente, caractérisée par le dégoût de toute chose. V. **Ennui.** *Avoir le spleen.* V. **Cafard 3.**

SPLENDEUR [splɑ̃dœʀ]. *n. f.* • 1° Beauté donnant une impression de luxe, de magnificence. V. **Somptuosité.** — Prospérité, gloire (d'un État). *Athènes au temps de sa splendeur.* Iron. *Voici Untel dans toute sa splendeur*, étalant tous ses ridicules. • 2° Chose splendide. *Cette tapisserie est une splendeur.*

SPLENDIDE [splɑ̃did]. *adj.* • 1° Plein d'éclat. V. **Clair, rayonnant.** *Il fait un temps splendide.* — Riche et beau. V. **Magnifique.** *Une fête splendide.* • 2° D'une beauté éclatante. V. **Superbe.** *C'est une fille splendide.* ▼ **SPLENDIDEMENT.** adv. *Littér.* Avec splendeur.

SPOLIER [spɔlje]. *v. tr.* (7) • Dépouiller d'un bien par violence, par fraude, par abus de pouvoir. ▼ **SPOLIATION.** *n. f.*

SPONGIEUX, EUSE [spɔ̃ʒjø, øz]. *adj.* • 1° Qui rappelle l'éponge, par sa structure et sa consistance molle. *Le tissu spongieux des poumons.* • 2° Qui est mou et s'imbibe, retient les liquides. *Un sol spongieux.*

SPONTANÉ, ÉE [spɔ̃tane]. *adj.* • 1° Que l'on fait soi-même, sans être incité ni contraint par autrui. *Une manifestation spontanée.* • 2° Qui se produit sans avoir été provoqué. V. **Naturel.** *Émission spontanée de rayonnement.* • 3° Qui se fait, s'exprime directement, sans réflexion ni calcul. V. **Instinctif.** *Sa réaction a été tout à fait spontanée.* — *(Personnes)* Qui obéit au premier mouvement, ne calcule pas. *Un artiste spontané.* ▼**SPONTANÉITÉ.** *n. f.* Caractère spontané (3°). *Il a beaucoup de spontanéité et de naturel.* ▼ **SPONTANÉMENT.** *adv.* Avec spontanéité. *Il a tout avoué spontanément.*

SPORADIQUE [spɔʀadik]. *adj.* • 1° Qui apparaît, se produit çà et là et de temps à autre, d'une manière irrégulière et isolée. *Des protestations sporadiques.* • 2° *Maladie sporadique*, qui atteint des individus isolés (*opposé à* épidémique *et à* endémique). ▼ **SPORADIQUEMENT.** *adv.*

SPORE [spɔʀ]. *n. f.* • Corpuscule reproducteur de nombreuses espèces végétales et de certains protozoaires. ▼ **SPORANGE.** *n. m.* Organe qui renferme ou produit les spores (terme de botanique).

SPORT [spɔʀ]. *n. m.* • 1° *Le sport*, activité physique exercée dans le sens du jeu et de l'effort, et dont la pratique suppose un entraînement méthodique, le respect de règles. *Faire du sport. Terrain de sport.* — *Chaussures* *de sport*, pour la promenade, la campagne (*opposé à* habillé). Fam. *Un complet sport.* — Loc. fam. *C'est du sport !* c'est un exercice, un travail très difficile ou dangereux. *Il va y avoir du sport !* de l'agitation, de la bagarre. • 2° *Un sport*, chacune des formes particulières et réglementées de cette activité. *Sports de combat* (boxe, lutte), *individuels* (athlétisme, cyclisme), *d'équipes* (football, rugby, etc.). *Sports d'hiver* (essentiellement le ski).

SPORTIF, IVE [spɔʀtif, iv]. *adj.* • 1° Propre ou relatif au sport, aux différents sports. *Épreuves sportives.* — Qui a un caractère de sport, de compétition (et non de simple exercice). *La natation sportive.* • 2° Qui pratique, qui aime le sport. — Subst. *C'est un grand sportif.* — Qui atteste la pratique du sport. *Une allure sportive.* • 3° Qui respecte l'esprit du sport. *Le public n'a pas été très sportif.* ▼ **SPORTIVEMENT.** *adv.* Avec un esprit sportif, loyal. *Accepter sportivement sa défaite.* ▼ **SPORTIVITÉ.** *n. f.* Esprit sportif.

SPOT [spɔt]. *n. m.* • 1° Point lumineux, tache lumineuse (sur un instrument de mesure, un écran...). • 2° Petit projecteur.

SPOUTNIK [sputnik]. *n. m.* • Nom des premiers satellites artificiels lancés par l'Union soviétique.

SPRAT [spʀat]. *n. m.* • Petit poisson de l'Atlantique, voisin du hareng, qui se mange surtout fumé. *Des sprats.*

SPRINT [spʀint]. *n. m.* • Allure la plus rapide possible, qu'un coureur prend à un moment déterminé (surtout à la fin) d'une course ; fin de la course. *Il a gagné au sprint.* — *(Athlétisme, cyclisme)* Course de vitesse sur petite distance. ▼ **1. SPRINTER** [spʀintœʀ]. *n.* Spécialiste des courses de vitesse, des sprints. ▼ **2. SPRINTER** [spʀinte]. *v. intr.* (1). Accélérer et soutenir l'allure la plus rapide possible, notamment en fin de course. — Fam. *Il va falloir sprinter*, se dépêcher.

SQUALE [skwal]. *n. m.* • Poisson de grande taille à corps allongé, cylindrique (notamment les requins).

SQUAME [skwam]. *n. f.* • 1° *Vx.* Écaille (de poisson, de serpent). • 2° Lamelle qui se détache de l'épiderme *(desquamation).* ▼ **SQUAMEUX, EUSE.** adj. *Didact.* Écailleux.

SQUARE [skwaʀ]. *n. m.* • Petit jardin public, aménagé au milieu d'une place.

SQUELETTE [skəlɛt]. *n. m.* • 1° Ensemble des os et des cartilages qui constituent la charpente des vertébrés. — Ces os, dépouillés de tous les tissus mous, et conservés dans la position qu'ils ont dans le corps. *Les fouilles ont fait découvrir de nombreux squelettes.* — Personne très maigre. • 2° Les grandes lignes (d'une œuvre). V. **Architecture, plan.** ▼ **SQUELETTIQUE.** *adj.* Qui évoque un squelette (par sa maigreur). — Très réduit, peu nombreux.

S.S. [ɛsɛs]. *n. m.* • Membre des formations policières et militaires spéciales de l'Allemagne nazie. (Terme employé pour accuser de brutalité des policiers, des militaires.)

STABILISER [stabilize]. *v. tr.* (1) . 1° Rendre stable (la monnaie, les prix, les institutions, une situation). • 2° Amener (un système, une substance) à la stabilité. • 3° Assurer la stabilité de (un navire, un avion, un véhicule). V. **Équilibrer.** ▼ **STABILISATEUR, TRICE.** *adj.* et *n. m.* • 1° *Adj.* Propre à stabiliser. • 2° *N. m.* Dispositif de correction automatique des écarts et des erreurs, destiné à stabiliser, équilibrer un véhicule. *Le stabilisateur d'une bicyclette d'enfant. Bateau de croisières muni de stabilisateurs.* ▼ **STABILISATION.** *n. f.* Action de rendre stable.

STABILITÉ [stabilite]. *n. f.* • 1° Caractère de ce qui tend à demeurer dans le même état. V. **Continuité, fermeté.** || Contr. **Instabilité.** || *La stabilité des institutions anglaises.* — *Assurer la stabilité de la monnaie.* • 2° État d'une construction capable de demeurer dans un équilibre permanent. — Propriété d'un véhicule de revenir à sa position d'équilibre. *La stabilité d'un avion.* • 3° Tendance (d'un composé chimique, d'un phénomène physique) à rester dans un état défini.

STABLE [stabl(ə)]. *adj.* • 1° Qui n'est pas sujet à changer ou à disparaître ; qui demeure dans le même état. V. **Durable, solide.** *Un régime stable.* • 2° *Équilibre stable.* V. **Équilibre.** • 3° Doué de stabilité (du point de vue chimique ou physique).

STACCATO [stakato]. *adv.* • *(Terme de musique).* En jouant les notes détachées (*opposé à* legato).

1. STADE [stad]. *n. m.* • Piste d'une longueur déterminée (un " stade " : 180 m) où l'on disputait les courses dans la Grèce ancienne ; terrain de sport et enceinte qui la complétaient. — Terrain aménagé pour la pratique des sports, et le plus souvent entouré de gradins, de tribunes.

2. STADE. *n. m.* • Chacune des étapes distinctes d'une évolution ; chaque forme que prend une réalité en devenir. V. **Phase, période.** *Cette entreprise en est encore au stade artisanal.*

STAFF [staf]. *n. m.* • Composition plastique de plâtre et de fibres végétales, employée dans la décoration, l'industrie.

STAGE [staʒ]. *n. m.* • 1° Période d'études pratiques imposée aux candidats à certaines professions. *Faire, suivre un stage d'avocat.* • 2° Période de formation ou de perfectionnement. ▼ **STAGIAIRE.** *adj.* et *n.* Qui fait son stage. *Avocat stagiaire.*

STAGNANT, ANTE [stagnɑ̃, ɑ̃t]. *adj.* • 1° Qui ne s'écoule pas, reste immobile (en parlant des fluides). V. **Dormant.** *Des eaux stagnantes.* • 2° *(Abstrait).* Inerte, inactif. *Le commerce est stagnant.* ▼ **STAGNATION** [stagnɑsjɔ̃]. *n. f.* • 1° État d'un fluide stagnant. • 2° *(Abstrait).* État fâcheux d'immobilité, d'inactivité. V. **Inertie, marasme.** *La stagnation de la production.* ▼ **STAGNER** [stagne]. v. intr. (1). *Littér.* Être stagnant.

STALACTITE [stalaktit]. *n. f.* • Concrétion calcaire qui se forme à la voûte d'une grotte. (Cf. Stalagmite.)

STALAG [stalag]. *n. m.* • Camp de prisonniers de guerre non officiers en Allemagne (1940-45).

STALAGMITE [stalagmit]. *n. f.* • Concrétion analogue à la stalactite, mais s'élevant en colonne sur le sol.

STALINIEN, IENNE [stalinjɛ̃, jɛn]. *adj.* • Propre à Staline, au stalinisme. — *Subst.* Partisan du stalinisme. ▼**STALINISME.** *n. m.* Politique stalinienne d'autorité absolue, de contrainte.

STALLE [stal]. *n. f.* • 1° Chacun des sièges de bois à dossier élevé réservés au clergé, des deux côtés du chœur d'une église. • 2° Dans une écurie, Compartiment cloisonné réservé à un cheval. V. **Box.**

STANCE [stɑ̃s]. *n. f.* • 1° *Vx.* Strophe. • 2° *(Au plur.).* Poème composé d'une suite de strophes lyriques d'inspiration grave.

1. STAND [stɑ̃d]. *n. m.* • Emplacement aménagé pour le tir à la cible. *Stand de tir.*

2. STAND. *n. m.* • 1° Emplacement réservé, dans une exposition ; ensemble des installations et des produits exposés. • 2° *Stand de ravitaillement*, emplacement aménagé en bordure de piste pour les coureurs cyclistes ou automobiles.

1. STANDARD [stɑ̃daʀ]. *n. m.* et *adj. invar.* ★ **I.** *N. m.* Type, norme de fabrication. ★ **II.** *Adj. invar.* • 1° Conforme à un type ou à une norme de fabrication en série. *Modèle standard et modèle de luxe.* • 2° Conforme au modèle habituel, sans originalité. *Les sourires standard des hôtesses.* ▼ **STANDARDISER.** *v. tr.* (1). Rendre conforme à un standard ; rendre standard. *Produits standardisés.* ▼ **STANDARDISATION.** *n. f.*

2. STANDARD. *n. m.* • Dispositif permettant, dans un réseau téléphonique, de mettre en relation les interlocuteurs. *Le standard intérieur d'une administration, d'une entreprise.* ▼ **STANDARDISTE.** *n.* Téléphoniste chargé(e) du service d'un standard.

STANDING [stɑ̃diŋ]. *n. m.* • *Anglicisme.* • 1° Position économique et sociale qu'occupe qqn aux yeux de l'opinion. • 2° *Immeuble de grand standing*, de grand confort.

STAPHYLOCOQUE [stafilɔkɔk]. *n. m.* • Se dit de microbes sphériques groupés en grappes, agents de diverses infections.

STAR [staʀ]. *n. f.* • Célèbre actrice de cinéma. V. **Étoile.** ▼ **STARLETTE.** *n. f.* Jeune actrice de cinéma qui rêve d'une carrière de star.

1. STARTER [staʀtɛʀ]. *n. m.* • Celui qui est chargé de donner le départ d'une course.

2. STARTER. *n. m.* • Dispositif destiné à faciliter le démarrage du moteur d'une automobile. *Des starters.*

STARTING-BLOCK [staʀtiŋblɔk]. *n. m.* • *Anglicisme* (souvent francisé en *bloc de départ*). Cales auxquelles les sprinters appuient leurs pieds au départ. *Des starting-blocks.*

STARTING-GATE [staʀtiŋgɛt]. *n. m.* • *Anglicisme.* Barrière qu'on relève au départ d'une course devant les chevaux. *Des starting-gates.*

STATION [stɑ(a)sjɔ̃]. *n. f.* ★ **I.** • 1° Fait de s'arrêter au cours d'un déplacement. V. **Arrêt, halte.** *Elle faisait de longues stations devant les boutiques de modes.* — *Les stations du chemin de la Croix*, commémorant les arrêts de Jésus. • 2° Le fait de se tenir (d'une certaine façon). *Rester en station verticale*, debout. ★ **II.** *(Lieu).* • 1° Endroit où l'on se place pour effectuer des observations scientifiques, des recherches ; installations qui y sont aménagées. — Centre de production de courant électrique. • 2° Endroit aménagé pour l'arrêt de véhicules. *Station de métro, d'autobus. Station de taxis*, emplacement réservé aux taxis, où ils attendent les clients. *Station d'autocar.* V. **Arrêt.** *Station de chemin de fer*, gare de peu d'importance. • 3° (Villes). *Station (thermale)*, lieu de séjour où l'on prend les eaux. — *Station balnéaire, de sports d'hiver.*

STATIONNAIRE [stasjɔnɛʀ]. *adj.* • 1° Qui reste un certain temps à la même place. *Ondes stationnaires.* • 2° Qui demeure un certain temps dans le même état ; qui n'évolue pas. *L'état du malade est stationnaire.*

STATIONNER [stasjɔne]. *v. intr.* (1) • Faire une station (I), rester à la même place sur la voie publique. || Contr. **Circuler.** || ▼**STATIONNEMENT.** *n. m.* Fait de stationner sur la voie publique (en parlant des véhicules). *Panneaux de stationnement interdit.*

STATION-SERVICE [stasjɔ̃sɛʀvis]. *n. f.* • Poste de distribution d'essence accompagné d'installations pour l'entretien des automobiles. V. **Garage.** *Des stations-service.*

STATIQUE [statik]. *n. f.* et *adj.* ★ **I.** *N. f.* Partie de la mécanique qui étudie les systèmes de points matériels soumis à l'action de forces, quand celles-ci ne créent aucun mouvement. ★ **II.** *Adj.* • 1° Relatif à l'équilibre des forces, aux états d'équilibre. • 2° Qui est fixé, qui n'évolue pas. || Contr. **Dynamique.** || *Un art statique.*

STATISTIQUE [statistik]. *n. f.* et *adj.* ★ **I.** *N. f.* • 1° *La statistique*, ensemble de techniques d'interprétation mathématique appliquées à des phénomènes pour lesquels une étude exhaustive est impossible, à cause de leur grand nombre ou de leur complexité. • 2° Données numériques concernant une catégorie de faits (et utilisable selon ces méthodes d'interprétation). *Les statistiques démographiques.* ★ **II.** *Adj.* • 1° Relatif à la statistique. *Les méthodes statistiques.* • 2° Qui concerne les grands nombres, les phénomènes complexes. *Prévisions d'ordre statistique.* ▼ **STATISTICIEN, IENNE.** *n.* Spécialiste de la statistique. ▼ **STATISTIQUEMENT.** *adv.* Par la statistique.

STATUAIRE [statɥɛʀ]. *n. f.* • Art de représenter en trois dimensions la figure humaine ou animale. V. **Sculpture.**

STATUE [staty]. *n. f.* • Ouvrage de sculpture représentant en entier un être vivant. — Loc. *Le malheureux était la statue du désespoir*, il personnifiait le désespoir. ▼**STATUETTE.** *n. f.* Statue de petite taille. ▼ **STATUFIER.** v. tr. (7). *Plaisant.* Élever une statue à (qqn). *Un ministre statufié dans sa ville natale.*

STATUER [statɥe]. *v. intr.* (1) • Prendre une décision (sur un cas, une affaire). *La Cour de cassation ne statue pas sur le fond.*

STATU QUO [statykwo]. *n. m.* • État actuel des choses. *Maintenir le* statu quo.

STATURE [statyʀ]. *n. f.* • 1° Le corps considéré dans sa taille et sa position debout. *Une stature d'athlète.* • 2° *(Abstrait).* Importance (de qqn). *C'est un homme d'État d'une tout autre stature.*

STATUT [staty]. *n. m.* • 1° Ensemble des lois et règlements qui définissent la situation d'une personne, d'un groupe; cette situation. *Le statut des fonctionnaires du corps préfectoral.* • 2° *Statut (social),* situation de fait, position dans la société. • 3° STATUTS : suite d'articles définissant une association, une société, et réglant son fonctionnement. *Rédiger, déposer les statuts.* ▼ **STATUTAIRE.** *adj.* Conforme aux statuts. ▼ **STATUTAIREMENT.** *adv.* Selon les statuts.

STEAK [stɛk]. *n. m.* • Morceau de bœuf grillé. V. **Bifteck.** *Des steaks saignants.*

STEAMER [stimœʀ]. *n. m.* • *Vx.* Bateau à vapeur.

STÉARINE [steaʀin]. *n. f.* • Corps solide, blanc, obtenu par saponification des graisses naturelles. *Une bougie en stéarine.*

STEEPLE-CHASE [stipəlʃɛz] ou **STEEPLE** [stipl(ə)]. *n. m.* • 1° Course d'obstacles pour les chevaux, comportant haies, murs, fossés, etc. *Des steeple-chases.* • 2° STEEPLE : course de fond (3 000 m) dans laquelle les coureurs ont à franchir divers obstacles.

STÈLE [stɛl]. *n. f.* • Monument monolithe qui porte une inscription, des ornements sculptés. *Une stèle funéraire.*

STELLAIRE [ste(ɛl)lɛʀ]. *adj.* • Des étoiles; relatif aux étoiles. *La lumière stellaire.*

STENCIL [stɛnsil]. *n. m.* • Papier paraffiné perforé à la main ou à la machine à écrire, servant à la polycopie. *Des stencils.*

STÉNO [steno]. V. STÉNOGRAPHE, STÉNOGRAPHIE.

STÉNODACTYLO [stenɔdaktilo]. *n. f.* • Dactylo qui connaît la sténographie.

STÉNOGRAPHIE [stenɔgʀafi]. *n. f.* • 1° Écriture abrégée et simplifiée, formée de signes qui permettent de noter la parole à la vitesse de prononciation normale. — Cour. STÉNO. *Prendre le texte d'une conférence en sténo.* • 2° Le métier de sténographe. ▼ **STÉNOGRAPHIQUE.** *adj.* ▼ **STÉNOGRAPHE.** *n.* ou **STÉNO.** *n. f.* Personne qui pratique à titre professionnel la sténographie. ▼ **STÉNOGRAPHIER.** *v. tr.* (7). Noter par la sténographie.

STÉNOTYPIE [stenɔtipi]. *n. f.* • Sténographie mécanique (au moyen d'une machine dite *sténotype*, utilisée par le ou la *sténotypiste*).

STENTOR [stɑ̃tɔʀ]. *n. m.* • *Voix de stentor,* voix forte, retentissante.

STEPPE [stɛp]. *n. f.* • Grande plaine inculte, au climat sec, à la végétation pauvre et herbeuse. *Les steppes d'Asie centrale. Art, civilisation des steppes,* des plaines de la Russie méridionale, à l'âge du bronze. ▼ **STEPPIQUE.** *adj.* Propre à la steppe.

STÈRE [stɛʀ]. *n. m.* • Unité de mesure (abrév. *st*) de 1 mètre cube, utilisée pour les bois de chauffage et de charpente.

STÉRÉO-. • Élément de mots savants, signifiant « solide ».

STÉRÉOPHONIE [steʀeɔfɔni]. *n. f.* • Enregistrement et reproduction du son permettant de donner l'impression du relief acoustique. *Émission en stéréophonie* (abrév. *en stéréo*). ▼ **STÉRÉOPHONIQUE.** *adj.*

STÉRÉOSCOPE [steʀeɔskɔp]. *n. m.* • Instrument d'optique où deux images simultanées donnent la sensation de la profondeur et du relief. ▼ **STÉRÉOSCOPIE.** *n. f.* Technique permettant d'obtenir l'impression de relief.

STÉRÉOTYPÉ, ÉE [steʀeɔtipe]. *adj.* • Qui paraît sortir d'un moule; tout fait, figé. *Des formules stéréotypées.*

STÉRILE [steʀil]. *adj.* ★ **I.** • 1° Inapte à la génération, à la reproduction. V. **Infécond.** *Le mulet est stérile.* • 2° Qui ne produit pas de végétaux utiles (se dit de la terre, du sol). • 3° Exempt de tout germe microbien. *En milieu stérile.* ★ **II.** *(Abstrait).* Qui ne produit rien, ne donne naissance à aucun résultat positif. *Des théories stériles. Cette discussion est stérile.* V. **Inutile, vain.** ▼ **STÉRILEMENT.** *adv.*

STÉRILISER [steʀilize]. *v. tr.* (1) • 1° *Littér.* Rendre stérile, inefficace. • 2° Opérer la stérilisation de (qqch.). V. **Aseptiser, désinfecter, pasteuriser.** *Stériliser soigneusement les instruments.* — Au p. p. *Lait stérilisé.* ▼ **STÉRILISANT, ANTE.** *adj.* Qui stérilise (1° ou 2°). ▼ **STÉRILISATION.** *n. f.* Opération qui consiste à détruire les germes. V. **Désinfection.** ▼ **STÉRILISATEUR.** *n. m.* Appareil à stériliser.

STÉRILITÉ [steʀilite]. *n. f.* • 1° Incapacité pour un être vivant de procréer ou de reproduire. • 2° Caractère de ce qui est stérile (I, 2°, 3°), improductif ou inutile.

STERLING [stɛʀliŋ]. *adj. invar.* V. LIVRE 3.

STERNUM [stɛʀnɔm]. *n. m.* • Os placé au milieu de la face antérieure du thorax et recevant les sept paires de côtes supérieures.

STERNUTATOIRE [stɛʀnytatwaʀ]. *adj.* • *Didact.* Qui provoque des éternuements.

STÉTHOSCOPE [stetɔskɔp]. *n. m.* • Instrument qui transmet à l'oreille du médecin les bruits internes du corps, notamment de la poitrine.

STEWARD [stjuwaʀd ; stiwaʀt]. *n. m.* • Maître d'hôtel ou garçon de service à bord d'un paquebot, d'un avion.

STICK [stik]. *n. m.* • Courte baguette souple; cravache.

1. STIGMATE [stigmat]. *n. m.* • 1° *Plur.* Blessures, marques miraculeuses, disposées sur le corps comme les cinq blessures du Christ. • 2° Marque laissée sur la peau (par une plaie, une maladie). V. **Cicatrice.** *Les stigmates de la petite vérole.* ▼ **STIGMATISÉ, ÉE.** *adj.* et *n.* Qui a reçu les stigmates (1°).

2. STIGMATE. *n. m.* • *(En sciences naturelles).* • 1° Chacun des orifices par où l'air pénètre dans les trachées des insectes. • 2° En botanique, Orifice du pistil.

STIGMATISER [stigmatize]. *v. tr.* (1) • *Littér.* Dénoncer comme infâme, condamner avec force. *Nous stigmatisons ces bombardements, cette répression.*

STIMULER [stimyle]. *v. tr.* (1) • 1° Augmenter l'énergie, l'activité de qqn ; pousser à faire qqch. V. **Encourager, exciter.** *Ces compliments l'ont stimulé, ont stimulé son zèle.* • 2° Augmenter l'activité (des fonctions organiques). Redonner des forces à. *La dévaluation stimulera les exportations.* ▼ **STIMULANT, ANTE.** *adj.* et *n. m.* • 1° Qui augmente l'activité, les fonctions organiques. V. **Fortifiant, tonique.** — Subst. *Un stimulant*, un médicament stimulant. • 2° Qui stimule, augmente l'ardeur de qqn. — *N. m.* Ce qui stimule, pousse à agir. *L'économie libérale considère la concurrence comme un stimulant.* ▼ **STIMULATION.** *n. f.* Action de stimuler; ce qui stimule.

STIMULUS [stimylys]. *n. m.* • En psychologie, Cause externe ou interne capable de provoquer la réaction d'un organisme vivant. V. **Excitant.** — Plur. *Les stimuli sensoriels.*

STIPE [stip]. *n. m.* • En botanique, Tige ligneuse (de plantes arborescentes et des fougères).

STIPENDIER [stipɑ̃dje]. *v. tr.* (7) • *Littér.* Corrompre, payer pour une action méprisable. — Au p. p. *Des politiciens stipendiés*, à la solde de qqn.

STIPULER [stipyle]. *v. tr.* (1) • 1° Énoncer comme condition (dans un contrat, un acte). • 2° Faire savoir expressément. V. **Préciser.** Impers. *Il est stipulé dans l'annonce qu'il faut écrire au journal.* ▼ **STIPULATION.** *n. f.* Clause, condition (énoncée dans un contrat). — Précision donnée expressément.

STOCK [stɔk]. *n. m.* • 1° Quantité (de marchandises en réserve). *Un stock de blé. Constituer, renouveler un stock.* V. **Provision, réserve.** • 2° *Fam.* Choses en réserve, provisions. — Choses possédées en grande quantité. *Gardez-le, j'en ai tout un stock.* ▼ **STOCKER.** *v. tr.* (1). Garder (qqch.) en stock, en réserve. ▼ **STOCKAGE.** *n. m.*

STOCK-CAR [stɔkkaʀ]. *n. m.* • *Anglicisme.* Course où de vieilles automobiles se heurtent à des obstacles, font des carambolages. *Des stock-cars.*

STOCKFISCH [stɔkfiʃ]. *n. m. invar.* • Morue séchée.

STOÏCISME [stɔisism(ə)]. *n. m.* • 1° Doctrine antique des *Stoïciens*, selon laquelle le bonheur est dans la vertu. • 2° Courage pour supporter la douleur, le malheur, les privations, avec les apparences de l'indifférence. V. **Héroïsme.**

STOÏQUE [stɔik]. *adj.* et *n.* • Qui fait preuve de stoïcisme (2°). V. **Courageux, héroïque, impassible.** *Il est resté stoïque devant le danger, sous les attaques.* ▼ **STOÏQUEMENT.** *adv.*

STOMACAL, ALE, AUX [stɔmakal, o]. *adj.* • De l'estomac. V. **Gastrique.**

STOMAT(O)-. • Élément de mots savants, signifiant « bouche ». ▼ **STOMATOLOGISTE** ou **STOMATOLOGUE** [stɔmatɔ-]. *n.* Médecin spécialiste des maladies de la bouche.

STOP ! [stɔp]. *interj.* et *n. m.* • 1° Commandement ou cri d'arrêt. — Mot employé dans les télégrammes pour séparer nettement les phrases. • 2° *N. m.* Feu arrière des automobiles, qui s'allume quand on freine ; signal routier obligeant à s'arrêter (feu rouge). *Il a brûlé un stop.* • 3° *Fam.* Auto-stop. *Il veut aller à Nice en stop.* ▼ **1. STOPPER.** *v.* (1) ★ **I.** *V. tr.* • 1° Faire s'arrêter (un navire, une machine). • 2° Arrêter, empêcher de se continuer. *Le gouvernement veut stopper le mouvement de grève.* ★ **II.** *V. intr.* S'arrêter (en parlant des véhicules).

2. STOPPER. *v. tr.* (1) • Réparer (une déchirure, un vêtement déchiré) en refaisant la trame et la chaîne. *J'ai donné ma veste à stopper.* ▼ **STOPPAGE.** *n. m.*

STORE [stɔʀ]. *n. m.* • Rideau ou assemblage souple d'éléments, destiné à abriter une fenêtre. *Stores vénitiens*, à lamelles orientables. — Grand rideau à la devanture d'un magasin.

STRABISME [stʀabism(ə)]. *n. m.* • *Didact.* Défaut de convergence des axes visuels ; le fait de loucher.

STRANGULATION [stʀɑ̃gylɑsjɔ̃]. *n. f.* • *Didact.* ou *littér.* Le fait d'étrangler (qqn). *Asphyxie par strangulation.*

STRAPONTIN [stʀapɔ̃tɛ̃]. *n. m.* • Siège à abattant (dans une voiture, une salle de spectacle). — *Ce pays a obtenu un strapontin à la conférence*, une place secondaire (d'observateur, etc.).

STRASS [stʀas]. *n. m.* • Sel de plomb imitant une pierre précieuse. *Un collier en strass.*

STRATAGÈME [stʀataʒɛm]. *n. m.* • Ruse habile, bien combinée.

STRATE [stʀat]. *n. f.* • Chacune des couches (d'un terrain sédimentaire, etc.) *Disposé en strates.* V. **Stratifié.**

STRATÉGIE [stʀateʒi]. *n. f.* • 1° (*Opposé à* tactique). Art de faire évoluer une armée sur un théâtre d'opérations jusqu'au moment où elle entre en contact avec l'ennemi. — Partie de la science militaire qui concerne la conduite générale de la guerre. *Stratégie navale, aérienne.* • 2° Plan d'actions coordonnées. *La stratégie d'un parti.* ▼ **STRATÈGE** [stʀatɛʒ]. *n. m.* Général qui conduit des opérations de grande envergure. — (*Opposé à* tacticien) Celui qui est spécialiste en stratégie. ▼ **STRATÉGIQUE.** *adj.* • 1° (*Opposé à* tactique). Qui concerne la stratégie. • 2° Relatif à l'art de la guerre ; qui présente un intérêt militaire (*opposé à* politique, économique). *Une position stratégique.*

STRATIFIÉ, ÉE [stʀatifje]. *adj.* • Disposé en couches superposées, en strates. ▼ **STRATIFICATION.** *n. f.* Disposition de matériaux par strates.

STRATIGRAPHIE [stʀatigʀafi]. *n. f.* • Partie de la géologie qui étudie la stratification des roches sédimentaires, l'âge relatif des terrains. ▼ **STRATIGRAPHIQUE.** *adj.*

STRATO-. • Élément de mots savants signifiant « étendu ».

STRATOSPHÈRE [stʀatɔsfɛʀ]. *n. f.* • Une des couches supérieures de l'atmosphère (jusqu'à 50 km d'altitude). ▼ **STRATOSPHÉRIQUE.** *adj.* Relatif à la stratosphère. — Qui sert à explorer la stratosphère.

STRATUS [stʀatys]. *n. m. invar.* • Nuage qui présente l'aspect d'un voile continu.

STREPTOCOQUE [stʀɛptɔkɔk]. *n. m.* • Se dit de bactéries, de forme arrondie, groupées en chaînettes.

STREPTOMYCINE [stʀɛptɔmisin]. *n. f.* • Antibiotique utilisé pour combattre diverses maladies, notamment la tuberculose.

STRESS [stʀɛs]. *n. m. invar.* • *(Anglicisme).* Action brutale sur un organisme (choc infectieux ou chirurgical, traumatisme).

STRICT, STRICTE [stʀikt(ə)]. *adj.* • **1°** Qui laisse très peu de liberté d'action ou d'interprétation. V. **Étroit.** *Des principes très stricts.* — Rigoureusement conforme aux règles, à un modèle. V. **Exact.** *La stricte observation du règlement.* • **2°** Qui ne tolère aucun relâchement, aucune négligence. V. **Sévère.** *Un père très strict.* • **3°** *(Choses).* Qui constitue un minimum. *C'est son droit strict, le plus strict. Dans la plus stricte intimité. Sens strict d'un mot,* le sens le moins étendu, le plus précisément défini. V. **Étroit ; stricto sensu.** • **4°** Très correct et sans ornements ; conforme à un type classique. *Une tenue très stricte.* ▼ **STRICTEMENT.** *adv.* • **1°** D'une manière stricte, exclusive de tout autre point de vue. V. **Rigoureusement.** *Une affaire strictement personnelle.* • **2°** D'une manière simple et sévère. *Strictement vêtu.*

STRICTO SENSU [stʀiktɔsɛ̃sy]. *adv.* • Au sens strict.

STRIDENT, ENTE [stʀidɑ̃, ɑ̃t]. *adj.* • Qui est à la fois aigu et intense (bruit, son). *Pousser des cris stridents.*

STRIE [stʀi]. *n. f.* • Petit sillon, ou rayure (quand il y en a plusieurs à peu près parallèles). ▼ **STRIÉ, ÉE** [stʀije]. *adj.* Couvert, marqué de stries. — *Muscles striés* (opposé à *lisses*), muscles qui présentent des stries transversales et dont la contraction s'effectue sous le contrôle de la conscience. ▼ **STRIER.** *v. tr.* (7). Marquer, orner de stries. ▼ **STRIURE.** *n. f.* Disposition par stries, manière dont une chose est striée.

STRIP-TEASE [stʀiptiz]. *n. m.* • *Anglicisme.* Spectacle de cabaret au cours duquel une ou plusieurs femmes *(strip-teaseuses)* se déshabillent progressivement, en musique.

STROBO-. • Élément de mots savants, signifiant « rotation ». *Ex. :* Stroboscope, *n. m.*

STRONTIUM [stʀɔ̃sjɔm]. *n. m.* • Métal blanc argent, mou comme le plomb, dont un isotope radioactif se trouve dans les produits des explosions atomiques.

STROPHE [stʀɔf]. *n. f.* • Ensemble cohérent formé par plusieurs vers, avec une disposition déterminée de mètres et de rimes. *Un poème composé de trois strophes.*

STRUCTURAL, ALE, AUX [stʀyktyʀal, o]. *adj.* • *Didact.* • **1°** Qui appartient à la structure. *État structural d'un organe* (*opposé* à fonctionnel). • **2°** Qui étudie les structures, en analyse les éléments. *Linguistique, grammaire structurale.* ▼ **STRUCTURALISME.** *n. m.* Théorie selon laquelle l'étude d'une catégorie de faits doit envisager principalement les structures (3°). ▼ **STRUCTURALISTE.** *adj.* et *n.*

STRUCTURE [stʀyktyʀ]. *n. f.* • **1°** Disposition, agencement des parties (d'une œuvre). • **2°** Manière dont un ensemble concret est envisagé dans ses parties ; forme analysable que présentent les éléments d'un objet ou d'un système. V. **Constitution.** *La structure cellulaire. La structure de l'atome. La structure d'un État. Des réformes de structure.* • **3°** En sciences, Tout ce qui est considéré comme un système défini par des relations réciproques. ▼ **STRUCTURER.** *v. tr.* (1). Donner une structure à (qqch.). — *Pronom.* Acquérir une structure.

STRYCHNINE [stʀiknin]. *n. f.* • Alcaloïde toxique qui se rencontre dans des arbres et des lianes tropicales (les *strychnées*).

STUC [styk]. *n. m.* • Composition de plâtre ou de poussière de marbre gâché avec de la colle, formant un enduit qui imite le marbre. V. **Staff.**

STUDIEUX, EUSE [stydjø, øz]. *adj.* • **1°** Qui aime l'étude, le travail intellectuel. ‖ Contr. **Paresseux.** ‖ *Un élève studieux.* V. **Appliqué.** • **2°** Favorable ou consacré à l'étude. *Une retraite studieuse.* ▼ **STUDIEUSEMENT.** *adv.*

STUDIO [stydjo]. *n. m.* • **1°** Atelier d'artiste, de photographe d'art. — Ensemble des locaux aménagés pour les prises de vue de cinéma, les enregistrements. *Tourner en studio ou en extérieur.* • **2°** Pièce servant de salon, de salle à manger et de chambre à coucher. — Logement formé d'une seule pièce principale. *Studios à louer.*

STUPÉFAIT, AITE [stypefɛ, ɛt]. *adj.* • Étonné au point de ne pouvoir agir ou réagir. V. **Interdit.** ▼ **STUPÉFACTION.** *n. f.* État d'une personne stupéfaite. V. **Stupeur.**

STUPÉFIER [stypefje]. *v. tr.* (7) • Étonner de manière à laisser sans réaction (V. **Stupéfait**). *Cela nous stupéfie. Il en est resté stupéfié.* ▼ **1. STUPÉFIANT, ANTE.** *adj.* Qui frappe de stupéfaction.

2. STUPÉFIANT. *n. m.* • Narcotique. *Trafic de stupéfiants.*

STUPEUR [stypœʀ]. *n. f.* • **1°** État d'inertie et d'insensibilité profondes lié à un engourdissement général. • **2°** Étonnement profond. V. **Stupéfaction.**

STUPIDE [stypid]. *adj.* • **1°** Atteint d'une sorte d'inertie mentale. V. **Abruti.** *Il est tout à fait stupide.* — Dénué d'intelligence ; absurde, inepte. V. **Bête, idiot.** ‖ Contr. **Intelligent.** ‖ *Il mène une vie stupide. Une remarque stupide. — C'est un accident stupide,* que rien ne laissait prévoir, qui aurait dû être évité. • **2°** *Litter.* Stupéfait, paralysé par l'étonnement. V. **Hébété.** ▼ **STUPIDEMENT.** *adv.* ▼ **STUPIDITÉ.** *n. f.* Caractère d'une personne, d'une chose stupide. V. **Absurdité, bêtise, idiotie.** — Action ou parole stupide. V. **Ânerie.**

STUPRE [stypʀ(ə)]. *n. m.* • *Littér.* Débauche honteuse.

1. STYLE [stil]. *n. m.* • **1°** Aspect de l'expression par le langage écrit (plus rarement, oral), propre à un genre littéraire ou à un écrivain. V. **Écriture.** *Style familier,* *noble. Style oratoire. Il a un style original, inimitable.* — Manière d'écrire présentant des qualités artistiques. *C'est un auteur qui manque de style.* — Aspect particulier de l'énoncé. *Style parlé, écrit ; familier.* • 2° Manière particulière de traiter la matière et les formes dans une œuvre d'art ; ensemble des caractères d'une œuvre qui permettent de la rapprocher d'autres œuvres. *Le style d'une école.* V. **Facture, genre, manière.** *Le style Louis XIII. Meubles de style anglais.* — DE STYLE : se dit d'un objet d'art appartenant à un style ancien bien défini. • 3° Manière personnelle d'agir, de se comporter. *C'est bien là son style. Style de vie. De grand style,* mettant en œuvre de puissants moyens d'action. *Une opération de grand style.* — Manière personnelle de pratiquer un sport, tendant à l'efficacité et la beauté. *Ce sauteur a un très beau style, a du style.*

2. STYLE. *n. m.* • (Terme savant). • 1° Poinçon avec lequel les anciens écrivaient sur la cire des tablettes. • 2° Tige verticale (d'un cadran solaire). • 3° En botanique, Partie allongée du pistil entre l'ovaire et les stigmates. ▼ **STYLET.** *n. m.* • 1° Autrefois, Poignard effilé. • 2° En zoologie, Pointe qui arme la bouche de certains insectes piqueurs.

STYLÉ, ÉE [stile]. *adj.* • *Domestique stylé,* qui accomplit un service dans les formes.

STYLISER [stilize]. *v. tr.* (1) • Représenter (un objet naturel) en simplifiant les formes en vue d'un effet décoratif. *Un décor de fleurs de lis stylisées.* ▼ **STYLISATION.** *n. f.*

STYLISTE [stilist(ə)]. *n.* • 1° Écrivain remarquable par son culte du style. • 2° Spécialiste de l'esthétique industrielle.

STYLISTIQUE [stilistik]. *n. f.* et *adj.* • 1° *N. f.* Étude linguistique du style, de ses procédés, de ses effets. • 2° *Adj.* Relatif au style et à la stylistique. — Qui appartient à l'expressivité, à l'aspect non grammatical de l'expression.

STYLOBATE [stilɔbat]. *n. m.* • Soubassement continu, supportant une colonnade (terme d'architecture).

STYLO [stilo]. *n. m.* • Porte-plume à réservoir d'encre (abrév. de *stylographe*). — *Stylo à bille,* stylo à encre grasse où la plume est remplacée par une bille de métal. ▼ **STYLOMINE.** *n. m.* Marque déposée de porte-mine.

SU. V. SAVOIR. ▼ **SU (AU SU DE)** [osydə]. loc. prép. *Littér.* La chose étant connue de... || Contr. **À l'insu de.** || *Elle vit avec lui au su de tout le monde.*

SUAIRE [sɥɛʀ]. *n. m.* • *Littér.* Linceul. *Un fantôme revêtu de son suaire. Le saint suaire,* le linceul dans lequel le Christ aurait été enseveli.

SUANT, ANTE. *adj.* • *Fam.* Qui fait suer (I, 2°). V. **Ennuyeux.**

SUAVE [sɥav]. *adj.* • *Littér.* Qui a une douceur délicieuse. *Un parfum, une musique suave.* ▼ **SUAVITÉ.** n. f. *Littér.* Caractère suave.

SUB-. • Préfixe qui exprime la position en dessous, le faible degré et l'approximation.

SUBALTERNE [sybaltɛʀn(ə)]. *adj.* et *n.* • 1° *Adj.* Qui occupe un rang inférieur, est dans une position subordonnée. *Un employé, un emploi subalterne.* — *Un rôle subalterne,* secondaire. • 2° *N.* Subordonné. || Contr. **Supérieur.** ||

SUBCONSCIENT, ENTE [sybkɔ̃sjɑ̃, ɑ̃t]. *adj.* • Faiblement conscient. — Subst. *Le subconscient,* l'inconscient.

SUBDIVISER [sybdivize]. *v. tr.* (1) • Diviser (un tout déjà divisé ; une partie d'un tout divisé). *Le roman est divisé en plusieurs livres subdivisés en chapitres.* ▼ **SUBDIVISION.** *n. f.* Fait d'être subdivisé ; partie obtenue en subdivisant.

SUBIR [sybiʀ]. *v. tr.* (2) • 1° Être l'objet sur lequel s'exerce (une action, un pouvoir). V. **Supporter.** *Il a subi un long interrogatoire. Nous avons subi une grave défaite.* — Avoir une attitude passive envers. *Nous ne devons pas subir les événements.* • 2° Se soumettre volontairement à (un traitement, un examen). • 3° *(Compl. personne).* Supporter effectivement (qqn qui déplaît, ennuie, agace). *Il a fallu subir l'orateur pendant deux heures.* • 4° *(Choses).* Être l'objet d'une action, d'une opération, d'une modification. *La tige a subi une déformation.*

SUBIT, ITE [sybi, it]. *adj.* • Qui arrive, se produit en très peu de temps, de façon soudaine. V. **Brusque, soudain.** *Un changement subit.* ▼ **SUBITEMENT.** *adv.* Brusquement, soudainement. *Il est mort subitement.* ▼ **SUBITO** [sybito]. adv. *Fam.* Subitement.

SUBJECTIF, IVE [sybʒɛktif, iv]. *adj.* • 1° Qui concerne le sujet en tant qu'être conscient. *La pensée, phénomène subjectif.* || Contr. **Objectif.** || • 2° Propre à un ou plusieurs sujets déterminés (et non à tous les autres) ; qui repose sur l'affectivité du sujet. V. **Personnel.** *Une vision subjective du monde. C'est une opinion toute subjective.* — Qui ne correspond pas à un objet extérieur. ▼ **SUBJECTIVEMENT.** *adv.* D'une façon subjective, toute personnelle. || Contr. **Objectivement.** || ▼ **SUBJECTIVISME.** *n. m.* • 1° Théorie philosophique qui ramène l'existence à celle de la pensée (idéalisme subjectif). • 2° Attitude de celui qui tient compte de ses sentiments personnels plus que de la réalité. ▼ **SUBJECTIVITÉ.** *n. f.* • 1° Caractère de ce qui appartient au sujet seul (à l'individu ou à plusieurs). || Contr. **Objectivité.** || • 2° Domaine des réalités subjectives. V. **Conscience.**

SUBJONCTIF [sybʒɔ̃ktif]. *n. m.* • Mode personnel du verbe, exprimant la subjectivité (doute, incertitude), la volonté, le sentiment ou caractérisant certaines subordonnées. *Subjonctif présent* (je veux *que tu viennes*), *passé, plus-que-parfait du subjonctif* (je veux *que tu aies fini* à temps ; je voulais *que tu eusses fini*).

SUBJUGUER [sybʒyge]. *v. tr.* (1) • 1° Séduire vivement par son talent, son charme. V. **Conquérir, envoûter.** *L'orateur a subjugué son auditoire.* • 2° *Littér.* Soumettre (par les armes, par sa force morale).

SUBLIME [syblim]. *adj.* et *n. m.* ★ I. *Adj.* • 1° Qui est très haut, dans la hiérarchi des valeurs (morales, esthétiques). V. **Admirable, beau, divin.** *Une musique, une scène sublime.* • 2° *(Personnes).* Qui fait preuve de génie ou d'une vertu exceptionnelle. *Un homme sublime de dévouement.* ★ **II.** N. m. *Littér.* • 1° Ce qu'il y a de plus élevé dans l'ordre moral, esthétique. V. **Grandeur.** • 2° Dans l'esthétique classique, Le style, le ton qui est propre aux sujets élevés. *Les romantiques ont préconisé le mélange du grotesque et du sublime.* ▼ **SUBLIMEMENT.** *adv.* Littér. ▼ **SUBLIMITÉ.** n. f. *Littér.* Caractère sublime.

1. SUBLIMER. *v. tr.* (1) • En chimie, Opérer le passage de l'état solide à l'état gazeux, sans passer par l'état liquide. ▼ **1. SUBLIMATION.** *n. f.* ▼ **SUBLIMÉ.** *n. m.* Composé de mercure obtenu par sublimation.

2. SUBLIMER. *v. tr.* (1) • En psychologie, Transposer (les pulsions) sur un plan supérieur. ▼ **2. SUBLIMATION.** *n. f.* En psychologie, Se dit de l'utilisation de l'énergie inconsciente des pulsions dans l'action, l'art, les sentiments élevés.

SUBMERGER [sybmɛʀʒe]. *v. tr.* (3) • 1° *(Liquide, flot...).* Recouvrir complètement. V. **Inonder, noyer.** *Le fleuve en crue a submergé la plaine. — Il a été entraîné, submergé par la foule.* • 2° *(Abstrait).* Envahir complètement. *La douleur le submergeait. Je suis submergé de travail.* V. **Débordé.**

SUBMERSIBLE [sybmɛʀsibl(ə)]. *adj.* et *n. m.* • 1° *Adj.* Qui peut être recouvert d'eau. • 2° *N. m.* Sous-marin à ballasts extérieurs, conçu pour mieux naviguer en surface. ▼ **SUBMERSION.** n. f. *Didact.* Le fait de submerger.

SUBODORER [sybɔdɔʀe]. *v. tr.* (1) • *Fam.* Deviner, pressentir. V. **Flairer.**

SUBORDINATION [sybɔʀdinasjɔ̃]. *n. f.* • 1° Fait d'être soumis (à une autorité). V. **Dépendance.** • 2° Le fait, pour un élément, d'être subordonné à l'ensemble. • 3° (*Opposé à* coordination). Construction grammaticale où une unité est subordonnée à une unité de niveau supérieur.

SUBORDONNER [sybɔʀdɔne]. *v. tr.* (1) • 1° Placer (une personne, un groupe) sous l'autorité de qqn, dans un ensemble hiérarchisé (surtout passif et p. p.). *Il est subordonné au chef de service.* • 2° Soumettre (à qqch. dont on doit tenir compte d'abord, à une condition préalable). *Nous devons subordonner toutes ces actions à notre stratégie.* ▼ **SUBORDONNÉ, ÉE.** *adj.* et *n.* • 1° Qui est dans une relation de dépendance syntaxique. *Propositions principales et propositions subordonnées.* — Subst. *Une subordonnée complétive.* • 2° *N.* Personne placée sous l'autorité d'une autre dans une hiérarchie. V. **Subalterne.** || Contr. **Supérieur.** || *Il ne sait pas se faire obéir de ses subordonnés.*

SUBORNER [sybɔʀne]. *v. tr.* (1) • 1° *Littér.* Séduire (une femme). • 2° Inciter (un témoin) à mentir. V. **Corrompre.** ▼ **SUBORNEUR.** n. m. *Plaisant.* Celui qui a séduit une jeune fille, une femme. V. **Séducteur.** *Un vil suborneur.*

SUBREPTICE [sybʀɛptis]. *adj.* • Qui est obtenu, qui se fait par surprise, à l'insu de qqn et contre sa volonté. V. **Clandestin, furtif.** *Par une manœuvre subreptice.* ▼ **SUBREPTICEMENT.** *adv.*

SUBROGÉ, ÉE [sybʀɔʒe]. *adj.* • En droit, *Subrogé tuteur, subrogée tutrice,* personne chargée de défendre les intérêts du pupille en cas de conflit avec le tuteur.

SUBSÉQUEMMENT [sypsekamɑ̃]. *adv.* • *Vx.* En conséquence de quoi.

SUBSIDE [sypzid]. *n. m.* • Somme versée à un particulier ou à un groupement à titre d'aide, de subvention, en rémunération de services. *Demander des subsides.*

SUBSIDIAIRE [sypsidjɛʀ]. *adj.* • Qui constitue un élément accessoire, qui doit venir à l'appui d'une chose plus importante. || Contr. **Principal.** || *Question subsidiaire, destinée à départager les gagnants d'un concours.* ▼ **SUBSIDIAIREMENT.** *adv.*

SUBSISTER [sybziste]. *v. intr.* (1) • 1° *(Choses).* Continuer d'exister, après élimination des autres éléments, ou malgré le temps. — Impers. *De l'ancienne église, il ne subsiste que la crypte.* V. **Rester.** • 2° *(Personnes).* Entretenir son existence, pourvoir à ses besoins essentiels. V. **Survivre.** *La famille arrivait à subsister tant bien que mal.* ▼ **SUBSISTANCE.** *n. f.* • 1° Le fait de subsister, ce qui sert à assurer l'existence matérielle. *Contribuer, pourvoir à la subsistance du ménage.* • 2° *(Plur.).* Ensemble des vivres et des objets qui permettent de subsister.

SUBSONIQUE [sypsɔnik]. *adj.* • *Vitesse subsonique,* inférieure à la vitesse du son. || Contr. **Supersonique.** || *Avion subsonique,* qui vole à une vitesse subsonique.

SUBSTANCE [sypstɑ̃s]. *n. f.* ★ **I.** • 1° Ce qu'il y a d'essentiel (dans une pensée, un discours). — EN SUBSTANCE : pour s'en tenir au fond, en résumé. *C'est, en substance, ce qu'a déclaré le ministre.* • 2° En philosophie, Ce qui est permanent, essentiel (par rapport à ce qui change, aux « *accidents* »). ★ **II.** • 1° Ce qui existe par soi-même (*opposé à* forme). V. **Être.** *La substance matérielle, immatérielle.* • 2° Matière. *La substance vivante. La substance* (ou matière) *grise* (du cerveau). *Perte de substance,* quantité de tissus manquant dans une plaie. — UNE SUBSTANCE : une matière caractérisée par ses propriétés. V. **Corps.**

SUBSTANTIEL, ELLE [sypstɑ̃sjɛl]. *adj.* • 1° Qui nourrit bien, abondant. V. **Nourrissant.** *Nous avons pris un petit déjeuner substantiel.* • 2° *(Abstrait).* Important. *Des avantages, des bénéfices substantiels.*

SUBSTANTIF [sypstɑ̃tif]. *n. m.* • Nom. *Substantif verbal,* dérivé d'un verbe. ▼ **SUBSTANTIVEMENT.** *adv.* Avec valeur de nom. *Un adjectif pris substantivement.* ▼ **SUBSTANTIVER.** *v. tr.* (1). Transformer en nom. *Le nom* sourire *est un infinitif substantivé.*

SUBSTANTIFIQUE [sypstɑ̃tifik]. *adj.* • Loc. *La substantifique moelle,* ce qui nourrit l'esprit, dans un écrit, une œuvre.

SUBSTITUER [sypstitɥe]. *v. tr.* (1) • Mettre (qqch., qqn) à la place (de qqch., qqn d'autre), pour faire jouer le même rôle.

Vous substituez vos rêves à la réalité. — Pronom. *Se substituer à qqn*, prendre sa place. ▼ **SUBSTITUTION.** *n. f.* • 1° Action de substituer ; son résultat. *La substitution d'un mot à un autre.* V. **Remplacement.** • 2° Remplacement, dans un composé chimique, d'atomes ou de radicaux par d'autres atomes ou radicaux, sans changement de constitution.

SUBSTITUT [sypstity]. *n. m.* • Magistrat du ministère public, chargé de suppléer un autre magistrat. *Le substitut du procureur.*

SUBSTRAT [sypstʀa]. *n. m.* • 1° Ce qui sert de support stable (à une existence, une action). *Le substrat physiologique de la conscience.* • 2° Langue anciennement parlée dans un pays où son influence reste perceptible. *Le substrat gaulois en France.*

SUBTERFUGE [syptɛʀfyʒ]. *n. m.* • Moyen habile et détourné pour se tirer d'embarras. V. **Échappatoire, ruse.** *Recourir à un habile subterfuge.*

SUBTIL, ILE [syptil]. *adj.* ★ **I.** • 1° Qui a de la finesse, qui est habile à percevoir des nuances ou à trouver des moyens ingénieux. *Un observateur subtil.* V. **Adroit, fin, perspicace.** • 2° Qui est dit ou fait avec finesse, habileté. V. **Ingénieux.** *Une remarque, une argumentation subtile.* ★ **II.** Qui est difficile à percevoir, à définir. *Une différence bien subtile.* V. **Ténu.** ▼ **SUBTILEMENT.** *adv.* D'une manière subtile (1° ou 2°). ▼ **1. SUBTILISER.** v. tr. (1). *Littér.* Faire des raisonnements trop subtils. ▼ **SUBTILITÉ.** *n. f.* • 1° Caractère d'une personne subtile, de ce qui est subtil. V. **Finesse.** *La subtilité d'un psychologue, d'une analyse.* • 2° Pensée, parole, nuance subtile. *Des subtilités de langage. Les subtilités de la politesse.*

2. SUBTILISER. *v. tr.* (1) • *(Fam.).* Dérober avec adresse; s'emparer avec habileté de (qqch.). *On lui a subtilisé un timbre rare de sa collection.*

SUBURBAIN, AINE [sybyʀbɛ̃, ɛn]. *adj.* • *Littér.* Qui est près d'une grande ville, qui l'entoure (V. **Banlieue, faubourg**).

SUBVENIR [sybvəniʀ]. *v. tr. ind.* (22) • Fournir en nature, en argent, de quoi satisfaire à (un besoin, une dépense). V. **Pourvoir.** *Il subvient aux besoins de toute la famille.*

SUBVENTION [sybvɑ̃sjɔ̃]. *n. f.* • Aide que l'État, qu'une association accorde à un groupement, à une personne. V. **Secours, subside.** *Le Parlement a voté une subvention à la commune sinistrée.* ▼ **SUBVENTIONNER.** *v. tr.* (1). Aider financièrement, soutenir par une subvention. — *Les théâtres subventionnés* (par l'État).

SUBVERSIF, IVE [sybvɛʀsif, iv]. *adj.* • Qui renverse ou menace de renverser l'ordre établi, les valeurs reçues. *Des opinions subversives.* ▼ **SUBVERSION.** *n. f.* Action subversive.

SUC [syk]. *n. m.* • 1° En sciences naturelles, Liquide susceptible d'être extrait des tissus animaux ou végétaux. — Nom de certains liquides cellulaires ou de sécrétion. *Le suc gastrique.* • 2° Littér. *(Abstrait).* Ce qu'il y a de plus substantiel (dans un écrit).

SUCCÉDANÉ [syksedane]. *n. m.* • 1° Médicament, produit ayant les mêmes propriétés qu'un autre qu'il peut remplacer. • 2° Ce qui remplace plus ou moins bien autre chose. *Un succédané de café, de sucre.* V. **Ersatz.**

SUCCÉDER [syksede]. *v. tr. ind.* (6) ★ **I.** SUCCÉDER À. • 1° Venir après (qqn) de manière à prendre sa charge, sa place. *Le fils aîné a succédé à son père à la tête de l'affaire* (V. **Successeur**). • 2° *(Choses).* Se produire, venir après, dans l'ordre chronologique. V. **Remplacer, suivre.** *Le découragement succédait à l'enthousiasme.* || Contr. **Précéder.** || — (Dans l'espace) *Des champs succédaient aux vignes.* ★ **II.** SE SUCCÉDER. *v. pron.* Venir l'un après l'autre. *Les gouvernements qui se sont succédé.* — (Époques, événements) *Les attractions se succédaient sans interruption.* V. **Suivre** (se). — (Dans l'espace) *Les tableaux se succèdent tout le long du mur.*

SUCCÈS [syksɛ]. *n. m.* • 1° Heureux résultat, caractère favorable de ce qui arrive. *Assurer le succès d'une entreprise. Avec succès.* — Le fait, pour qqn, de parvenir à un résultat souhaité. V. **Réussite.** || Contr. **Échec.** || *Il est sur le chemin du succès.* • 2° *Un, des succès*, événement(s) qui constitue(nt) un résultat très heureux pour qqn. *Obtenir, remporter des succès.* V. **Victoire.** • 3° Le fait d'obtenir une audience nombreuse et favorable, d'être connu du public. *L'auteur, la pièce a beaucoup de succès, un succès fou. Un auteur à succès*, qui a du succès. — Fam. *Un succès de librairie*, un livre qui a un grand succès. • 4° Le fait de plaire. *Elle a beaucoup de succès. Les succès féminins d'un don Juan.*

SUCCESSEUR [syksesœʀ]. *n. m.* • 1° Personne qui succède ou doit succéder (à qqn). || Contr. **Prédécesseur.** || *Il a désigné lui-même son successeur.* — Celui qui continue l'œuvre de. *Les successeurs de Molière.* • 2° Personne appelée à recueillir une succession. V. **Héritier.**

SUCCESSIF, IVE [syksesif, iv]. *adj.* • *(Au plur.).* Qui se succèdent. *Il était découragé par ces échecs successifs.* ▼ **SUCCESSIVEMENT.** *adv.* Selon un ordre de succession, par éléments successifs. *J'ai entendu successivement un choc et un cri. On l'a vu successivement joyeux et furieux*, tour à tour...

1. SUCCESSION [syksesjɔ̃]. *n. f.* • 1° Ensemble de faits qui occupent dans le temps des moments voisins, mais distincts, de manière à présenter un ordre ; cet ordre. V. **Série, suite.** *Une succession ininterrompue.* • 2° Suite de choses rapprochées dans l'espace, entre lesquelles un ordre peut être perçu.

2. SUCCESSION. *n. f.* • 1° Transmission du patrimoine laissé par une personne décédée à une ou plusieurs personnes vivantes ; manière dont se fait cette transmission. V. **Héritage.** *Léguer par voie de succession. Ouverture d'une succession. C'est sa part de succession*, du patrimoine. • 2° Le fait d'obtenir le pouvoir (d'un prédécesseur). *La succession par ordre de primogéniture.* ▼ **SUCCESSORAL, ALE, AUX.** *adj.* Relatif aux successions. *Les droits successoraux.*

SUCCINCT, INCTE [syksɛ̃, ɛ̃t]. *adj.* • Qui est dit, écrit en peu de mots. V. **Bref, schématique.** *Faites-moi un exposé succinct de la situation.* — Qui s'exprime brièvement. V. **Concis.** *Soyez succinct.* ▼ **SUCCINCTEMENT.** *adv.*

SUCCION [syksjɔ̃]. *n. f.* • *Didact.* Action de sucer, d'aspirer (en faisant le vide). *Bruit de succion.*

SUCCOMBER [sykɔ̃be]. *v. intr.* (1) • 1° Être vaincu dans une lutte. • 2° Mourir. *Le blessé a succombé pendant son transfert à l'hôpital.* • 3° S'affaisser (sous un poids trop lourd). • 4° SUCCOMBER À... : se laisser aller à..., ne pas résister. V. **Céder.** *Il a succombé à la tentation.*

SUCCULENT, ENTE [sykylɑ̃, ɑ̃t]. *adj.* • Qui a une saveur délicieuse. V. **Excellent, savoureux.** *Un plat succulent.* — *(Abstrait)* Plein de saveur. *Un récit succulent.*

SUCCURSALE [sykyʀsal]. *n. f.* • Établissement, commerce qui dépend d'un autre, mais qui jouit d'une certaine autonomie. V. **Annexe, filiale.** *Les succursales de banlieue d'une banque. Magasins à succursales multiples.*

SUCER [syse]. *v. tr.* (3) • 1° Exercer une pression et une aspiration avec les lèvres, la langue pour extraire un liquide, faire fondre. *Les joueurs suçaient des citrons à la mi-temps. Sucez plusieurs pastilles par jour.* — Loc. *Sucer qqn jusqu'à la moelle, jusqu'au dernier sou*, lui soutirer progressivement toute son énergie, tout son argent. • 2° Exercer la même pression sur (qqch. qu'on porte à la bouche). *Le bébé suçait son pouce.* • 3° *(Plantes, animaux).* Aspirer au moyen d'un suçoir. ▼ **SUCETTE.** *n. f.* Bonbon à sucer fixé à l'extrémité d'un bâtonnet. ▼ **SUCEUR, EUSE.** *n.* et *adj.* • 1° *N.* Littér. *Suceur de sang*, celui qui vit des autres en les exploitant. • 2° *Adj.* Se dit des insectes qui aspirent leur nourriture avec une trompe. ▼ **SUÇOIR.** *n. m.* • 1° Trompe d'un insecte suceur. • 2° Organe des plantes parasites qui s'implante dans les hôtes dont elles se nourrissent. ▼ **SUÇOTER.** *v. tr.* (1). Sucer longuement et délicatement. ▼ **SUÇOTEMENT.** *n. m.*

SUCRAGE [sykʀaʒ]. *n. m.* • Dans la fabrication des vins, Addition de sucre au moût avant la fermentation.

SUCRE [sykʀ(ə)]. *n. m.* • 1° Substance blanche (saccharose), de saveur très douce, soluble dans l'eau, employée en pâtisserie, confiserie, etc. *Sucre de canne, de betterave. Sucre en morceaux, cristallisé, en poudre. Un sucre*, un morceau de sucre. — Loc. *Être tout sucre tout miel*, se faire très doux, doucereux. • 2° Cette substance, préparée en confiserie. — SUCRE D'ORGE : sucre cuit et parfumé, présenté en petits bâtons. • 3° Nom chimique (suff. *-ose*) de substances qui possèdent plusieurs fonctions alcool et qui ont plus de 4 atomes de carbone dans leur molécule. ▼ **SUCRÉ, ÉE.** *adj.* • 1° Qui a le goût du sucre. V. **Doux.** *Des oranges très sucrées.* • 2° *(Abstrait).* Doucereux. *Un petit air sucré.* — Subst. *Faire le sucré*, se montrer aimable avec affectation. ▼ **SUCRER.** *v. tr.* (1) ★ **I.** • 1° Additionner de sucre. *Il ne sucre jamais son thé.* — Au p. p. *Eau sucrée.* • 2° Donner une saveur sucrée. ★ **II.** SE SUCRER. *v. pron.* • 1° *Fam.* Se servir en sucre (pour le café, le thé). • 2° *Fam.* Faire de gros bénéfices (au détriment des autres). *Il a dû se sucrer dans cette opération.*

SUCRERIE [sykʀəʀi]. *n. f.* • 1° Usine où l'on fabrique le sucre. V. **Raffinerie.** • 2° Friandise à base de sucre. V. **Bonbon, confiserie, douceur.**

SUCRIER, IÈRE [sykʀije, jɛʀ]. *adj.* et *n. m.* • 1° *Adj.* Qui a rapport au sucre et à sa production. *L'industrie sucrière.* • 2° *N. m.* Récipient où l'on met le sucre.

SUD [syd]. *n. m.* • 1° Celui des quatre points cardinaux qui est diamétralement opposé au nord. *Une façade exposée au sud.* — Adj. *(invar.)* Qui se trouve au sud. • 2° (*Sud*, avec majuscule). Ensemble des régions situées dans l'hémisphère sud. *L'Afrique du Sud.* — Région sud d'un pays. *Dans le Sud de la France.* V. **Midi.** — Dans des adjectifs et noms composés : *Sud-Africain, Sud-Américain, Sud-Coréen, Sud-Vietnamien.*

SUDATION [sydasjɔ̃]. *n. f.* • Production de sueur, provoquée dans un but hygiénique ou thérapeutique.

SUD-EST [sydɛst]. *n. m.* • Point de l'horizon situé à égale distance, entre le sud et l'est. — Partie d'un pays située dans cette direction. *Le Sud-Est asiatique.* — *Adj.* (invar.) *Région sud-est.*

SUDISTE [sydist(ə)]. *n.* et *adj.* • Partisan de l'esclavage des Noirs et de l'indépendance des États du Sud, pendant la guerre de Sécession américaine.

SUDORIPARE [sydɔʀipaʀ]. *adj.* • *Glandes sudoripares*, qui sécrètent la sueur.

SUD-OUEST [sydwɛst]. *n. m.* • Point de l'horizon situé à égale distance entre le sud et l'ouest. — Partie d'un pays située dans cette direction. *Le Sud-Ouest (de la France).* — Adj. invar. *Région sud-ouest.*

SUÉDÉ, ÉE [sɥede]. *adj.* et *n. m.* • Se dit d'une peau, d'un cuir dont le côté chair est à l'extérieur, ou d'un tissu *(suédine)* qui imite ce genre de peau.

SUÉDOIS, OISE [sɥedwa, waz]. *adj.* et *n.* • *Adj.* De Suède. *Gymnastique suédoise*, méthode de gymnastique (due au Suédois Ling) comportant une série de mouvements simples et rationnels. — Subst. *Les Suédois.* — N. m. *Le suédois*, langue du groupe germanique nordique.

SUÉE [sɥe]. *n. f.* • *Fam.* Transpiration abondante sous l'effet d'un travail, d'une inquiétude. *Prendre une suée.*

SUER [sɥe]. *v.* (1) ★ **I.** *V. intr.* • 1° Rendre beaucoup de sueur, être en sueur. V. **Transpirer.** *Il suait à grosses gouttes.* — Se fatiguer, se donner beaucoup de mal. V. **Peiner.** • 2° FAIRE SUER. *Fam.* Fatiguer, embêter (qqn). *Tu commences à me faire suer ! Se faire suer*, s'ennuyer. • 3° Dégager de l'humidité. *Les plâtres suent.* ★ **II.** *V. tr.* • 1° Rendre par les pores de la peau. — Loc. *Suer sang et eau*, faire de grands efforts, se donner beaucoup de peine. • 2° Exhaler. *Ce lieu sue l'ennui. Ce type sue la bêtise.*

SUEUR [sɥœʀ]. *n. f.* • 1° Produit de la sécrétion des glandes sudoripares, liquide odorant composé d'eau et d'acides organiques, qui, dans certaines conditions (chaleur, travail, émotion, etc.), s'amasse à la surface de la peau, sous forme de gouttes. V. **Transpiration.** *Couvert, trempé, ruisselant de sueur. En sueur.* V. **Eau** (en), **nage** (en). *Sueur froide,* accompagnée d'une sensation de froid et de frisson. • 2° UNE, DES SUEUR(s) : le fait de suer. V. **Suée.** *Des sueurs abondantes.* — Fam. *Cela me donne des sueurs froides,* me fait peur, m'inquiète vivement. • 3° *La sueur,* symbole du travail et de l'effort. *S'engraisser de la sueur du peuple.*

SUFFIRE [syfiʀ]. *v. tr. ind.* (37) ★ **I.** *(Choses).* • 1° SUFFIRE À..., POUR... : avoir juste la quantité, la qualité, la force nécessaire à, pour (qqch.). *Cela suffit à mon bonheur. Un jour suffit pour préparer, pour que nous préparions la rencontre.* • 2° Être de nature à contenter (qqn) sans qu'il ait besoin de plus ou d'autre chose. *Votre parole me suffit.* — Absolt. *Cela ne suffit pas.* — Fam. *Ça suffit (comme ça) !* expression exclamative pour dire qu'on en a assez. • 3° *Impers.* IL SUFFIT À (qqn) DE... : il n'a pas besoin d'autre chose que de... *Il ne leur a pas suffi de faire cela,* ils ne s'en sont pas contentés. — Absolt. *Il suffit d'une fois ! Il suffirait d'y penser. Il suffit que vous nous teniez au courant.* ★ **II.** *(Personnes).* SUFFIRE À. • 1° Être capable de fournir ce qui est nécessaire à, de satisfaire à (qqch.). *Le concierge suffisait à l'entretien de la maison. Je n'y suffis plus,* je suis débordé. • 2° Être pour qqn tel qu'il n'ait pas besoin d'une autre personne. *Sa famille lui suffit, il ne voit personne.* • 3° *V. pron.* SE SUFFIRE : trouver par ses propres moyens de quoi satisfaire à ses besoins. *Une famille paysanne qui arrive à se suffire.*

SUFFISAMMENT [syfizamɑ̃]. *adv.* • En quantité suffisante, d'une manière suffisante (I). V. **Assez.** *Vous n'avez pas affranchi suffisamment votre lettre. Suffisamment de...,* assez de.

SUFFISANT, ANTE [syfizɑ̃, ɑ̃t]. *adj.* ★ **I.** *(Choses).* Qui suffit. *Je n'ai pas la somme suffisante. C'est amplement suffisant, plus que suffisant. Aurez-vous le temps suffisant pour terminer le travail ?* ★ **II.** (Personnes). *Littér.* Qui a une trop haute idée de soi et tranche sur tout sans douter de rien. V. **Fat, prétentieux, vaniteux.** ▼ **SUFFISANCE.** *n. f.* ★ **I.** *Région.* Quantité suffisante (à qqn). *En avoir sa suffisance, à sa suffisance, en suffisance.* ★ **II.** *Littér.* Caractère, esprit suffisant, vaniteux. V. **Fatuité, vanité.** *Il est plein de suffisance.*

SUFFIXE [syfiks(ə)]. *n. m.* • Élément de formation des dérivés (affixe), placé après le radical. ▼ **SUFFIXER.** *v. tr.* (1). Pourvoir d'un suffixe. ▼ **SUFFIXATION.** *n. f.*

SUFFOQUER [syfɔke]. *v.* (1) ★ **I.** *V. tr.* • 1° *(Choses).* Empêcher (qqn) de respirer, rendre la respiration difficile. V. **Étouffer, oppresser.** *Une épaisse fumée nous suffoquait.* • 2° Remplir d'une émotion vive qui « coupe le souffle ». *L'émotion, la colère le suffoquait.* — Remplir d'étonnement et d'indignation. ★ **II.** *V. intr.* Respirer avec difficulté, perdre le souffle. V. **Étouffer.** — Être étouffé, oppressé par une émotion vive. *Suffoquer de colère.* ▼ **SUFFOCANT, ANTE.** *adj.* • 1° Qui suffoque, qui gêne ou empêche la respiration. V. **Étouffant.** *Une chaleur suffocante.* • 2° Qui étonne et indigne vivement. *Il a eu une réponse suffocante !* ▼ **SUFFOCATION.** *n. f.* Le fait de suffoquer ; impossibilité ou difficulté de respirer. V. **Asphyxie, étouffement, oppression.** *Une crise de suffocation. Elle souffre de suffocations.*

SUFFRAGE [syfʀaʒ]. *n. m.* • 1° Acte par lequel on déclare sa volonté, dans un choix, une délibération, notamment politique. V. **Vote.** *Suffrage restreint,* système où le droit de suffrage est réservé à certains citoyens. *Suffrage universel,* dans lequel l'électorat n'est pas restreint par des conditions de fortune, de capacité, d'hérédité. — Voix. *Suffrages exprimés,* par oppos. aux *abstentions* et aux *bulletins nuls.* • 2° *Littér.* Opinion, avis favorable. V. **Approbation.** ▼ **SUFFRAGETTE.** *n. f.* Militante qui réclamait le droit de voter, quand les femmes n'exerçaient pas ce droit.

SUGGÉRER [sygʒeʀe]. *v. tr.* (6) • 1° *(Personnes).* Faire penser (qqch.) sans exprimer ni formuler. V. **Insinuer, sous-entendre.** *Il posait la question de manière à suggérer la réponse.* — Présenter (une idée, un projet) en tant que suggestion, conseil. V. **Conseiller, proposer.** • 2° *(Choses).* Faire naître (une idée, un sentiment...) dans l'esprit. V. **Évoquer.**

SUGGESTIF, IVE [sygʒɛstif, iv]. *adj.* • 1° Qui a le pouvoir de suggérer des idées, des images, des sentiments. V. **Évocateur.** • 2° Qui suggère des idées érotiques.

SUGGESTION [sygʒɛstjɔ̃]. *n. f.* • 1° Idée, projet que l'on propose, en laissant la liberté d'accepter, de faire sien ou de rejeter. V. **Conseil, proposition.** *C'est une simple suggestion que je fais.* • 2° Idée, désir inspiré(e) par autrui. (Ne pas confondre avec *sujétion.*) ▼ **SUGGESTIONNER.** *v. tr.* (1). Influencer par la suggestion. *Il se laisse suggestionner par sa femme.*

SUICIDE [sɥisid]. *n. m.* • 1° Action de causer volontairement sa propre mort (ou de le tenter). • 2° Le fait de prendre des risques mortels, d'engager une action qui ne peut que nuire gravement. ▼ **SUICIDÉ, ÉE.** *adj.* et *n.* Qui s'est tué volontairement. ▼ **SUICIDER (SE).** *v. pron.* (1). Se tuer par un suicide. V. **Supprimer** (se).

SUIE [sɥi]. *n. f.* • Noir de fumée mêlé d'impuretés, dû à une combustion incomplète et qui se dépose dans les cheminées, les tuyaux. *Enlever la suie en ramonant.*

SUIF [sɥif]. *n. m.* • Graisse animale fondue. ▼ **SUIFFER.** *v. tr.* (1). Enduire de suif.

SUI GENERIS [sɥiʒeneʀis]. *loc. adj.* • Propre à une espèce, à une chose. V. **Spécial.** *Odeur* sui generis, spéciale (et désagréable).

SUINT [sɥɛ̃]. *n. m.* • Graisse que sécrète la peau du mouton, et qui se mêle à la laine.

SUINTER [sɥɛ̃te]. *v. intr.* (1) • 1° *(Liquide).* S'écouler très lentement, sortir goutte à goutte. • 2° Produire un liquide qui s'écoule goutte à goutte. *Un sous-sol où les murs suintent.* ▼ **SUINTEMENT.** *n. m.* Fait de suinter. — Liquide, humidité qui suinte.

SUISSE [sɥis]. *adj.* et *n.* ★ **I.** De la Suisse. — Subst. *Les Suisses.* ★ **II.** *N. m.* • **1°** Loc. *Manger, boire en suisse,* tout seul, sans inviter les amis. • **2°** Employé chargé de la garde de l'église, de l'ordonnance des processions, etc. V. **Bedeau.**

SUITE [sɥit]. *n. f.* ★ **I.** *(Dans des loc.).* • **1°** Situation de ce qui suit. *Prendre la suite de qqn,* lui succéder. FAIRE SUITE À... : venir après, suivre. À LA SUITE DE : en suivant. *À la suite de ces incidents,* après ces incidents et à cause d'eux. *À la suite,* successivement. • **2°** Ordre de ce qui se suit en formant un sens. *Des mots sans suite,* incohérents, incompréhensibles. *Esprit de suite,* aptitude à suivre une direction avec constance (dans le raisonnement ou l'action). *Avoir de la suite dans les idées,* se dit d'une personne persévérante. • **3°** DE SUITE : à la suite les uns des autres, sans interruption. *J'ai écrit quatre pages de suite.* ET AINSI DE SUITE : en continuant de la même façon. • **4°** TOUT DE SUITE : sans délai, sans plus attendre. *Venez tout de suite ! C'est tout de suite après le bureau de tabac,* immédiatement après... — *Fam.* (même sens ; emploi critiqué). *J'arrive de suite.* ★ **II.** • **1°** Personnes qui se déplacent avec une autre dont elles sont les subordonnées. V. **Équipage, escorte.** *Le roi d'Arabie est descendu au Grand-Hôtel avec sa suite.* • **2°** Ce qui suit qqch. ; ce qui vient après ce qui n'était pas terminé. *La suite du discours s'est perdue dans le vacarme. La suite au prochain numéro* (du journal). *Suite et fin,* suite qui termine l'histoire. *Apportez-nous la suite* (du repas). • **3°** Temps qui vient après le fait ou l'action dont il est question. *Attendons la suite.* — DANS, PAR LA SUITE : dans la période suivante, après cela. V. **Ensuite.** • **4°** Ce qui résulte (de qqch.). V. **Conséquence, effet, résultat.** *Ce sont les suites normales de leur erreur. Des suites fâcheuses. Les suites d'une maladie.* V. **Séquelle.** — DONNER SUITE À : poursuivre ou reprendre l'action en vue de faire aboutir (un projet, une demande). *(Comme) suite à votre lettre du...,* en réponse à votre lettre (premiers mots de lettres commerciales). — PAR SUITE DE... : à cause de, en conséquence de. • **5°** Ensemble de choses, de personnes qui se suivent (dans l'espace, et surtout dans le temps). V. **Série, succession.** *La conversation n'a été qu'une suite de banalités. La suite des nombres premiers.* • **6°** Composition musicale faite de plusieurs pièces de même tonalité. • **7°** Appartement de plusieurs pièces en enfilade, loué à un seul client, dans un hôtel de luxe.

1. SUIVANT, ANTE [sɥivɑ̃, ɑ̃t]. *adj.* • **1°** Qui vient immédiatement après. ‖ Contr. **Précédent.** ‖ *Les jours suivants.* — Subst. *Au suivant !* au tour de la personne qui suit. • **2°** Qui va suivre (dans un énoncé, une énumération). *L'exemple suivant,* ci-dessous, ci-après.

2. SUIVANT [sɥivɑ̃]. *prép.* • **1°** Conformément à... V. **Selon.** *Suivant l'usage. Suivant son habitude.* • **2°** En fonction de. *Suivant une proportion géométrique.* • **3°** Conformément à (des circonstances qui changent). *Suivant le jour, il est gai ou triste. Le point de vue change, suivant qu'on est d'un parti ou de l'autre.*

SUIVANTE. *n. f.* • Autrefois, Dame de compagnie.

SUIVEUR [sɥivœʀ]. *n. m.* • **1°** Homme qui suit les femmes, dans la rue. • **2°** Personne qui suit une course, à titre officiel (observateur, journaliste). *La caravane des suiveurs du Tour de France.* • **3°** Celui qui, sans esprit critique, ne fait que suivre (un mouvement intellectuel, etc.). V. **Imitateur.** ▼ **SUIVISME.** *n. m.* Attitude du suiveur (3°).

SUIVI, IE [sɥivi]. *adj.* • (V. **Suivre**). • **1°** Qui se fait d'une manière continue. V. **Régulier.** *Un travail suivi.* • **2°** Dont les éléments s'enchaînent pour former un tout. *Ce n'est pas une histoire suivie.*

SUIVRE [sɥivʀ(ə)]. *v. tr.* (40) ★ **I.** (Venir après). • **1°** Aller derrière (qqn qui marche, qqch. qui avance). ‖ Contr. **Précéder.** ‖ *Ne suivez pas la voiture de trop près. Suivez le guide !* — Pronom. *Ils se suivaient à la queue leu leu.* — *(Choses)* Être transporté après (qqn). *Faire suivre,* mention portée sur l'enveloppe d'une lettre afin que celle-ci puisse suivre le destinataire à sa nouvelle adresse. • **2°** Aller derrière pour rejoindre ou repérer. V. **Poursuivre.** *Le chasseur suivait la bête à la trace. Faire suivre un suspect.* V. **Filer.** • **3°** Aller avec (qqn qui a l'initiative d'un déplacement). V. **Accompagner.** *Si vous voulez me suivre par ici... Suivre qqn comme son ombre.* Loc. prov. *Qui m'aime me suive !* — Loc. *Suivre le mouvement,* aller avec les autres, faire comme eux. • **4°** *Suivre des yeux, du regard,* accompagner par le regard (ce qui se déplace). • **5°** Être placé ou considéré après, dans un ordre donné. *La démonstration qui suit le théorème. On verra dans l'exemple qui suit que...* — Impers. *Comme suit,* comme il est dit dans ce qui suit. — *Pronom.* Se présenter dans un ordre, sans qu'il manque un élément. *Cartes qui se suivent,* séquence. • **6°** Venir, se produire après, dans le temps. V. **Succéder** (à). *Plusieurs jours d'orage ont suivi les grosses chaleurs.* — *Pronom.* PROV. *Les jours se suivent et ne se ressemblent pas,* la situation change d'un jour à l'autre. • **7°** Venir après, comme effet (surtout impers.). *Il suit de là que ; d'où il suit que...* V. **Ensuivre** (s'). ★ **II.** (Garder une direction). • **1°** Aller dans (une direction, une voie). *Suivez ce chemin.* V. **Prendre.** *Les chiens suivaient sa piste.* — *Ces deux anciens camarades ont suivi des lignes bien différentes.* — Aller le long de... V. **Longer.** *Nous suivions le quai.* • **2°** *(Abstrait).* Garder (une idée, etc.) avec constance. *Vous auriez dû suivre votre idée. Le malade devra suivre un long traitement. Elle veut suivre des cours de sténo.* — (Choses) *La maladie, l'enquête suit son cours,* évolue normalement, sans changer de caractère. — À SUIVRE : mention indiquant que le texte se poursuivra dans d'autres numéros. ★ **III.** (Se conformer à). • **1°** Aller dans le sens de, obéir à (une force, une impulsion). *J'aurais dû suivre mon premier mouvement.* • **2°** Penser ou agir selon (les idées, la conduite de qqn). V. **Imiter.** *Un exemple à suivre. Une élégante qui suit la mode.* • **3°** Se conformer à (un ordre, une recommandation). V. **Obéir.** *Il faut suivre la consigne. — On ne m'a pas suivi,* on n'a pas fait ce que je recommandais, ce que je faisais. • **4°** Se conformer à (un modèle abstrait). *La méthode, la marche à suivre.* ★ **IV.** (Porter son attention sur). • **1°** Rester attentif à (un énoncé). *Je suivais leur conversation. Un élève qui ne suit pas* (la leçon). • **2°** Observer attentivement et continûment dans son cours. *Les spectateurs suivaient le match avec passion. C'est une affaire à suivre. — Suivre qqn,* être attentif à son comportement, pour le surveiller, le diriger. *Médecin qui suit un malade.* • **3°** Comprendre dans son déroulement (un énoncé). *Je ne suis pas votre raisonnement. Vous me suivez ?*

1. SUJET, ETTE [syʒɛ, ɛt]. *adj.* • Exposé à. *Je suis sujet au mal de mer.*

2. SUJET, ETTE. *n.* • **1°** Personne soumise à une autorité souveraine. *Les sujets et le souverain.* • **2°** Ressortissant d'un État. *Il est sujet britannique.*

3. SUJET. *n. m.* ★ **I.** • **1°** Sur quoi s'exerce (la réflexion). *Des sujets de méditation.* — Ce dont il s'agit, dans la conversation, dans un écrit. V. **Matière, point, question.** *Nous avons abordé une multitude de sujets. Revenons à notre sujet* (Cf. Revenons à nos moutons). *Assez sur ce sujet. Au sujet de...,* à propos de. • **2°** Ce qui, dans une œuvre littéraire, sert de base au talent créateur de l'auteur. V. **Idée, thème.** *Un bon sujet de roman.* — Ce à quoi s'applique la réflexion, dans un ouvrage didactique. *Une bibliographie par sujets.* — Ce qui est représenté dans une œuvre graphique, plastique. *On reconnaît mal le sujet de ce tableau.* V. **Motif.** ★ **II.** SUJET DE : ce qui fournit matière, occasion à (un sentiment, une action). V. **Motif, raison.** *Des sujets de mécontentement, de dispute.* — Littér. *Je n'ai pas sujet de me plaindre.* ★ **III.** Terme considéré comme le point de départ de l'énoncé, que l'on définit d'une manière logique (terme à propos duquel on affirme qqch.) ou formelle (terme avec lequel s'accorde le verbe). *Phrase minimale constituée d'un sujet et d'un verbe.* ★ **IV.** *(Personnes).* • **1°** *Loc.* BON, MAUVAIS SUJET : garçon, homme qui se conduit bien, mal. *Un brillant sujet,* un très bon élève. • **2°** Être vivant soumis à l'observation ; individu présentant tel ou tel caractère. *Les souris qui servent de sujets d'expérience.* • **3°** Terme philosophique désignant l'être pensant, considéré comme le siège de la connaissance (*opposé à* objet).

SUJÉTION [syʒesjɔ̃]. *n. f.* • **1°** *Littér.* Situation de qqn ou d'un pays qui est soumis à une domination souveraine. V. **Dépendance, soumission.** • **2°** Situation de celui qui est astreint à une nécessité ; obligation pénible, contrainte. (Ne pas confondre avec *suggestion.*) *C'est une sujétion que de travailler si loin de chez moi.*

SULF(O)-. • Élément de mots savants (chimie), signifiant « soufre ».

SULFAMIDE [sylfamid]. *n. m.* • Nom générique de médicaments utilisés dans le traitement de nombreuses maladies infectieuses.

SULFATE [sylfat]. *n. m.* • Sel de l'acide sulfurique. *Sulfate de cuivre,* utilisé pour sulfater les vignes. ▼ **SULFATER.** *v. tr.* (1). Traiter (la vigne) en pulvérisant sur ses tiges et ses feuilles (à l'aide d'une *sulfateuse*) une bouillie à base de sulfate de cuivre, afin de la protéger contre les maladies. ▼ **SULFATAGE.** *n. m.*

SULFURE [sylfyʀ]. *n. m.* • Composé du soufre (avec un métal, etc.), constituant de nombreux minerais. ▼ **SULFURÉ, ÉE.** *adj.* Combiné avec le soufre. *Hydrogène sulfuré.* ▼ **SULFURER.** *v. tr.* (1). Traiter (une vigne) au sulfure de carbone pour la débarrasser du phylloxéra. ▼ **SULFURAGE.** *n. m.*

SULFUREUX, EUSE [sylfyʀø, øz]. *adj.* • **1°** Qui contient du soufre ; relatif au soufre. *Vapeurs sulfureuses. Bains sulfureux,* bains d'eau sulfureuse. • **2°** *Gaz sulfureux,* gaz incolore, d'odeur suffocante, facilement liquéfiable, utilisé dans la fabrication de l'acide sulfurique, les industries de blanchiment, etc.

SULFURIQUE [sylfyʀik]. *adj.* • *Acide sulfurique,* acide corrosif, attaquant les métaux. V. **Vitriol.** ▼ **SULFURISÉ, ÉE.** *adj.* Traité à l'acide sulfurique. *Papier sulfurisé,* rendu imperméable par trempage dans l'acide sulfurique dilué.

SULKY [sylki]. *n. m.* • *Anglicisme.* Voiture légère à deux roues, sans caisse, utilisée pour les courses au trot attelé. *Des sulkies.*

SULTAN [syltɑ̃]. *n. m.* • Souverain de l'empire ottoman ou de certains pays musulmans.

SUMMUM [sɔm(m)ɔm]. *n. m.* • Le plus haut point, le plus haut degré. V. **Comble, sommet.**

SUNLIGHT [sœnlajt]. *n. m.* • *Anglicisme.* Projecteur puissant utilisé dans les studios de cinéma.

SUPER [sypɛʀ]. *n. m.* • Abrév. fam. de *Supercarburant. Donnez-moi vingt litres de super.*

SUPER-. • Préfixe de renforcement, accolé familièrement à des mots auxquels il donne une valeur de superlatif (un *super-champion,* un très grand champion ; les *supergrands,* les plus grandes puissances, États-Unis et U.R.S.S.).

1. SUPERBE [sypɛʀb(ə)]. *n. f.* • *Littér.* Assurance orgueilleuse, qui se manifeste par l'air, le maintien. *Il n'a rien perdu de sa superbe.*

2. SUPERBE. *adj.* • **1°** Très beau, d'une beauté éclatante. V. **Magnifique, splendide.** *La vue d'ici est superbe.* • **2°** Remarquable. *Il a une superbe situation.* ▼ **SUPERBEMENT.** *adv.*

SUPERCARBURANT [sypɛʀkaʀbyʀɑ̃]. *n. m.* • Carburant de qualité supérieure.

SUPERCHERIE [sypɛʀʃəʀi]. *n. f.* • Tromperie qui implique généralement la substitution du faux à l'authentique. V. **Fraude.** *Les supercheries des faussaires.*

SUPERFÉTATOIRE [sypɛʀfetatwaʀ]. *adj.* • *Littér.* Qui s'ajoute inutilement (à une autre chose utile). V. **Superflu.**

SUPERFICIE [sypɛʀfisi]. *n. f.* • 1° Surface d'un corps. — Nombre caractérisant l'étendue d'une surface. *Calculer la superficie d'un terrain.* • 2° (*Opposé à* fond). Aspect superficiel (2°). *Rester à la superficie des choses.*

SUPERFICIEL, ELLE [sypɛʀfisjɛl]. *adj.* • 1° Qui est propre à la surface ou n'appartient qu'à la surface d'un corps. *Les couches superficielles de l'écorce terrestre. Des brûlures superficielles.* • 2° *(Abstrait).* Qui n'est ni profond ni essentiel. V. **Apparent.** *Une amabilité superficielle.* — Qui, dans l'ordre de la connaissance, ne fait qu'effleurer sans approfondir. *Un esprit, un travail superficiel.* ▼ **SUPERFICIELLEMENT.** *adv.*

SUPERFLU, UE [sypɛʀfly]. *adj.* • 1° Qui est en plus de ce qui est nécessaire, qui n'est pas strictement nécessaire. *Ce sont des biens superflus.* — Subst. *Le nécessaire et le superflu.* • 2° Qui est en trop. V. **Inutile, oiseux.** *Ces explications sont superflues. Il est superflu d'insister.* ▼ **SUPERFLUITÉ** [sypɛʀflɥite]. n. f. *Littér.* Chose superflue, bien superflu.

SUPÉRIEUR, EURE [sypeʀjœʀ]. *adj.* et *n.* ★ **I.** Qui est plus haut, en haut. || Contr. **Inférieur.** || *Les étages supérieurs d'un immeuble. La lèvre supérieure.* ★ **II.** • 1° Qui a une valeur plus grande, occupe un degré au-dessus dans une hiérarchie. *Son nouvel ouvrage est nettement supérieur aux précédents.* — (Compl. chose) *Un homme supérieur à la situation, à sa tâche,* qui la domine. — *Absolt.* Qui est au-dessus des autres. V. **Suprême.** *Des intérêts supérieurs. Produit de qualité supérieure.* V. **Excellent.** *C'est un esprit supérieur.* V. **Éminent.** • 2° Plus grand que. *Une note supérieure à la moyenne.* • 3° Plus avancé dans une évolution. *Animaux supérieurs,* nom donné généralement aux vertébrés. • 4° Plus élevé dans une hiérarchie politique, administrative, sociale. *Les classes dites supérieures de la société.* V. **Dominant.** *L'enseignement supérieur. Officiers supérieurs.* • 5° *N. m.* Personne hiérarchiquement placée au-dessus d'autres qui sont sous ses ordres. *Il a consulté son supérieur hiérarchique.* • 6° *N. m.* et *f.* Religieux ou religieuse assurant la direction d'une communauté ou d'un couvent. *Madame la Supérieure.* ★ **III.** Qui témoigne d'un sentiment de supériorité (2°). V. **Condescendant, dédaigneux.** *Un air, un sourire supérieur.* ▼ **SUPÉRIEUREMENT.** *adv.* À un degré supérieur, éminent. *Un garçon supérieurement intelligent.* ▼ **SUPÉRIORITÉ.** *n. f.* • 1° Fait d'être supérieur, plus fort. || Contr. **Infériorité.** || *L'ennemi s'était assuré la supériorité numérique. La supériorité de leur équipe a été écrasante.* • 2° Qualité d'une personne supérieure. *Un sentiment, un complexe de supériorité.*

SUPERLATIF, IVE [sypɛʀlatif, iv]. *n. m.* • 1° Terme qui exprime le degré supérieur d'une qualité. *Les superlatifs italiens en -issime.* — Terme exagéré, hyperbolique. • 2° *Le superlatif,* l'ensemble des procédés grammaticaux qui expriment la qualité au degré le plus élevé. *Le superlatif absolu* (très grand), *relatif* (le plus grand).

SUPERMARCHÉ [sypɛʀmaʀʃe]. *n. m.* • Centre commercial à grande surface.

SUPERPHOSPHATE [sypɛʀfɔsfat]. *n. m.* • Engrais artificiel phosphaté.

SUPERPOSER [sypɛʀpoze]. *v. tr.* (1) • Poser au-dessus, par-dessus ; disposer l'un au-dessus de l'autre. — *Des couches superposées.* — Pronom. *Divers souvenirs s'étaient superposés dans sa mémoire.* — En géométrie, Placer (une figure) au-dessus d'une autre, pour en constater ou en vérifier l'égalité. ▼ **SUPERPOSABLE.** *adj.* Que l'on peut superposer. ▼ **SUPERPOSITION.** *n. f.* • 1° Action de superposer ; état de ce qui est superposé. — (Abstrait) *La superposition de plusieurs influences.* • 2° Ensemble de choses superposées.

SUPERPRODUCTION [sypɛʀpʀɔdyksjɔ̃]. *n. f.* • Film, spectacle réalisé à grands frais.

SUPERSONIQUE [sypɛʀsɔnik]. *adj.* • Se dit d'ondes de fréquence supérieure à celle du son. *Vitesse supersonique,* supérieure à celle du son. || Contr. **Subsonique.** || *Avion supersonique,* qui atteint cette vitesse.

SUPERSTITIEUX, EUSE [sypɛʀstisjø, øz]. *adj.* • Qui fait preuve ou témoigne de superstition. *Nous serons treize à table, j'espère que vous n'êtes pas superstitieux.*

SUPERSTITION [sypɛʀstisjɔ̃]. *n. f.* • 1° Comportement irrationnel, généralement formaliste, vis-à-vis du sacré. *La foi se garde de la superstition.* — Le fait de croire que certains actes, certains signes entraînent mystérieusement des conséquences bonnes ou mauvaises ; croyance ou pratique qui en résulte. *Les superstitions populaires.* • 2° Respect maniaque, instinctif (de qqch.). *Il a la superstition de l'ordre, de l'exactitude.*

SUPERSTRUCTURE [sypɛʀstʀyktyʀ]. *n. f.* • 1° Partie (d'une construction, d'une installation) située au-dessus du sol, d'un niveau. || Contr. **Infrastructure.** || *Les superstructures d'une voie de chemin de fer.* • 2° Selon les marxistes, Système d'institutions, d'idées..., correspondant à une forme déterminée de conscience sociale, et en relation avec la structure économique.

SUPERVISER [sypɛʀvize]. *v. tr.* (1) • Contrôler (un travail), sans entrer dans les détails. ▼ **SUPERVISION.** *n. f.* Action de superviser.

SUPIN [sypɛ̃]. *n. m.* • Substantif verbal latin, sur lequel s'est formé le participe passé en *-us.*

SUPPLANTER [syplɑ̃te]. *v. tr.* (1) • 1° Prendre la place de (qqn) en lui faisant perdre son crédit auprès de qqn. V. **Évincer.** *Il cherche à supplanter son rival.* • 2° *(Choses).* Éliminer (une chose) en la remplaçant dans la faveur du public. *La télévision n'a pas supplanté le cinéma.*

SUPPLÉANT, ANTE [sypleɑ̃, ɑ̃t]. *adj.* et *n.* • Qui supplée qqn ou est chargé de le suppléer dans ses fonctions. V. **Adjoint,**

remplaçant. *Elle n'est pas titulaire, mais suppléante. Un poste de suppléant.* ▼ **SUPPLÉANCE.** *n. f.*

SUPPLÉER [syplee]. *v. tr.* (1) ★ **I.** *V. tr. dir.* • 1° *Littér.* Ajouter (pour remplacer ce qui manque) ; combler (un vide), remédier à (un manque). *Il y a dans cette phrase un mot à suppléer.* • 2° Remplacer (qqn qui ne remplit plus ses fonctions ou ne suffit pas à la tâche). V. **Suppléant.** ★ **II.** *V. tr. ind.* SUPPLÉER À... • 1° Apporter ce qu'il faut pour remplacer ou pour fournir (ce qui manque). • 2° Remédier à (un défaut, une insuffisance) en remplaçant, en compensant. *La rapidité de ce joueur supplée à son manque de puissance.*

SUPPLÉMENT [syplemɑ̃]. *n. m.* • 1° Ce qui est ajouté à une chose déjà complète ; addition extérieure (à la différence du *complément*). V. **Surplus.** *Un supplément de salaire versé sous forme de prime.* — Ce qui est ajouté (à un livre, à une publication). *Le supplément d'un dictionnaire.* • 2° Dans un tarif (transports, théâtre, etc.), Somme payée en plus pour obtenir un bien ou un service dans la classe supérieure. *Pour prendre ce rapide, vous devez payer un supplément.* — EN SUPPLÉMENT : en sus (d'un nombre fixé, d'une quantité indiquée). *Vin en supplément* (au restaurant). ▼ **SUPPLÉMENTAIRE.** *adj.* Qui est en supplément. *Demander des crédits supplémentaires. Heures supplémentaires,* heures de travail faites en plus d'un horaire normal. ▼ **SUPPLÉMENTER.** *v. tr.* (1). Charger d'un supplément à payer. *Faites supplémenter votre billet.*

SUPPLÉTIF, IVE [sypletif, iv]. *adj.* et *n.* • *(Troupes, soldats).* Destiné à suppléer d'autres forces.

SUPPLIANT, ANTE [syplijɑ̃, ɑ̃t]. *adj.* et *n.* • 1° *Adj.* Qui exprime la supplication. *Un regard suppliant.* • 2° *N.* Personne qui supplie.

SUPPLICATION [syplikasjɔ̃]. *n. f.* • Prière faite avec soumission ; action de supplier.

SUPPLICE [syplis]. *n. m.* • 1° Peine corporelle grave, mortelle ou terrible, infligée par la justice à un condamné. *Les anciens instruments de supplice.* — *Supplice chinois,* particulièrement cruel et raffiné. — *Le dernier supplice,* la peine de mort. — Loc. *Le supplice de Tantale,* vive souffrance de qqn qui est proche de l'objet de ses désirs, sans pouvoir l'atteindre. • 2° Cruelle souffrance morale, très vif désagrément. V. **Calvaire, martyre.** *Ces visites sont pour moi un supplice.* — ÊTRE AU SUPPLICE : être dans une situation très pénible. ▼ **SUPPLICIER.** *v. tr.* (7) • 1° Livrer au supplice (un condamné). • 2° *Littér.* Torturer moralement.

SUPPLIER [syplije]. *v. tr.* (7) • Prier (qqn) avec insistance et humilité, en demandant qqch. comme une grâce. V. **Adjurer, implorer ; supplication.** *L'enfant suppliait son père de ne pas le punir.* — Prier instamment. *Je vous supplie de vous taire.*

SUPPLIQUE [syplik]. *n. f.* • Humble demande par laquelle on sollicitait une grâce ou une faveur d'un maître, d'un souverain.

SUPPORT [sypɔʀ]. *n. m.* • 1° Ce sur quoi repose ou s'appuie une chose pesante. *Supports de charpente.* — Assemblage destiné à recevoir un instrument. • 2° Élément matériel qui sert de base à une œuvre graphique. *Le support d'un dessin.* — *Support publicitaire,* moyen matériel (affiches, journaux, etc.) par lequel se fait une publicité.

SUPPORTABLE [sypɔʀtabl(ə)]. *adj.* • 1° Qu'on peut supporter. *C'est une douleur très supportable.* • 2° Qu'on peut tolérer, admettre. — Acceptable. V. **Passable.** *Il est tout juste supportable dans ce rôle.*

1. SUPPORTER [sypɔʀte]. *v. tr.* (1) ★ **I.** • 1° Recevoir le poids, la poussée de (qqch.) sur soi. V. **Soutenir ; porter.** • 2° Avoir (qqch.) comme charge, être assujetti à. *Vous en supporterez les conséquences.* ★ **II.** • 1° Subir les effets pénibles de (qqch.) sans faiblir. V. **Endurer.** *Les épreuves qu'il a supportées dans sa vie. Il supporte mal la critique.* • 2° Subir de la part d'autrui, sans réagir. *Ne vous imaginez pas que je vais supporter une chose pareille. Tout supporter de qqn,* tout lui passer. *Je ne supporte pas qu'on me mente.* • 3° *Supporter qqn,* admettre, tolérer sa présence, son comportement. *Je ne peux pas supporter ce type-là,* je le déteste. — Pronom. *Il faut se supporter quand on vit en commun.* • 4° Subir sans dommage (une action physique). V. **Résister.** *Il ne supporte pas l'alcool.* — Résister à une épreuve. *Cette idée ne supporte pas l'examen.*

2. SUPPORTER [sypɔʀtɛʀ]. *n. m.* • *Anglicisme.* Partisan (d'un sportif, d'une équipe), qui manifeste son appui.

SUPPOSER [sypoze]. *v. tr.* (1) ★ **I.** • 1° Poser à titre d'hypothèse de départ n'impliquant aucun jugement. *Supposons le problème résolu. La température étant supposée constante. Supposez que vous ayez un accident. En supposant, à supposer que ce soit possible.* • 2° Penser, admettre comme chose probable ou comme explication plausible. V. **Présumer.** *Je le suppose, mais je n'en suis pas sûr. On vous supposait averti. On supposait que vous étiez au courant.* V. **Croire.** ★ **II.** *(Choses).* Comporter comme condition nécessaire, comme nécessairement lié. V. **Impliquer.** *Un message suppose un expéditeur et un destinataire. Cela suppose du courage.* ★ **III.** Donner pour authentique, en trompant. — *Un testament supposé.*

SUPPOSITION [sypozisjɔ̃]. *n. f.* ★ **I.** Hypothèse de l'esprit. *Dans cette supposition,* si nous supposons cela. Fam. *Une supposition que...,* supposons que... — Conjecture de l'esprit qui suppose sans pouvoir affirmer. *Ce n'est pas une simple supposition.* ★ **II.** En droit, Substitution frauduleuse (du faux à l'authentique). *Supposition de testament.*

SUPPOSITOIRE [sypozitwaʀ]. *n. m.* • Préparation pharmaceutique, de forme conique, que l'on introduit dans l'anus.

SUPPÔT [sypo]. *n. m.* • *Littér.* Partisan (d'une personne ou chose nuisible). *Les suppôts de la réaction.* — *Suppôt de Satan,* démon, personne méchante.

SUPPRESSION [sypʀesjɔ̃]. *n. f.* • Action de supprimer ; son résultat. *La suppression* *de la peine de mort.* V. **Abolition.** *Un tel régime aboutit à la suppression des libertés. — Opérer des suppressions dans un texte.* V. **Retranchement.**

SUPPRIMER [sypʀime]. *v. tr.* (1) • 1° Faire disparaître, faire cesser d'être. V. **Détruire.** *En supprimant cette cloison, on agrandirait la pièce. Vous supprimez l'effet, vous ne supprimez pas la cause.* — Réduire considérablement. *L'avion supprime les distances.* • 2° Faire cesser d'être dans (un ensemble), avec (qqch.). V. **Ôter, retrancher.** *Un mot, un passage à supprimer.* • 3° Rendre sans effet légal ; enlever de l'usage. V. **Abolir, abroger.** • 4° *Supprimer qqn,* faire disparaître en tuant. — *Pronom.* Se tuer, se suicider.

SUPPURER [sypyʀe]. *v. intr.* (1) • Laisser écouler du pus. *La plaie suppure.* ▼ **SUPPURATION.** *n. f.*

SUPPUTER [sypyte]. *v. tr.* (1) • 1° Évaluer indirectement, par un calcul. V. **Calculer.** *Essayons de supputer les revenus que suppose un tel train de vie.* • 2° Évaluer empiriquement (les chances, la probabilité). *Il supputait ses chances.*

1. SUPRA [sypʀa]. *adv.* • Sert à renvoyer à un passage qui se trouve avant, dans un texte. (Cf. Ci-dessus, plus haut.)

2. SUPRA-. • Élément signifiant « au-dessus, au delà », entrant dans la formation de mots savants, d'adjectifs (ex. : *une réalité suprahumaine*).

SUPRANATIONAL, ALE, AUX [sypʀanasjɔnal, o]. *adj.* • Placé au-dessus des institutions nationales. *Un organisme supranational.*

SUPRATERRESTRE [sypʀatɛʀ(ʀ)ɛstʀ(ə)]. *adj.* • De l'au-delà.

SUPRÉMATIE [sypʀemasi]. *n. f.* • 1° Situation dominante (en matière politique). V. **Hégémonie, prééminence.** • 2° Domination (intellectuelle, morale).

1. SUPRÊME [sypʀɛm]. *adj.* • 1° Qui est au-dessus de tous, dans son genre, dans son espèce. V. **Supérieur.** *L'autorité suprême.* V. **Souverain.** *Le Soviet suprême.* — Le plus élevé en valeur. *Le bien, le bonheur suprême. Au suprême degré.* — Très grand. *Il a déployé une suprême habileté.* • 2° Le dernier (avec une idée de solennité ou de tragique). *L'instant suprême,* de la mort. *Il fit un suprême effort.* ▼ **SUPRÊMEMENT.** *adv.* Au suprême degré (souvent iron.). *Il restait suprêmement indifférent.*

2. SUPRÊME. *n. m.* • Filets (de gibier, de poisson) servis avec un velouté à la crème.

1. SUR [syʀ]. *prép.* ★ **I.** Marque la position « en haut » ou « en dehors ». || Contr. **Sous.** || • 1° (Surface, chose qui en porte une autre). *Poser un objet sur une table. La clé est sur la porte. Le terrain sur lequel on a construit cette maison. Sur terre et sur mer. Monter sur une bicyclette. Il portait sur lui un carnet,* sur son corps, dans sa poche. — (Accumulation) *Les uns sur les autres. Recevoir visite sur visite,* des visites ininterrompues. — *S'étendre sur...,* couvrir (telle distance). *Sur huit mètres de longueur.* — (Surface ou chose atteinte) *Appuyer sur un bouton. Recevoir un coup sur la tête. Tirer sur qqn. Écrire sur un registre.* • 2° (Sans contact). V. **Dessus** (au-dessus de). *Les ponts sur la Seine.* • 3° (Sélectionnant un ou quelques éléments d'un ensemble). *Un jour sur deux. Deux ou trois cas sur cent.* • 4° (Direction). *Sur votre droite. Foncer sur qqn.* ★ **II.** *(Abstrait).* • 1° (Introduisant le nom de ce qui sert de base, de fondement). *Juger les gens* ***sur la mine.*** *Jurer sur son honneur. Sur mesure.* — (Sujet) *Discuter sur un problème. Sur cette matière, sur ce point. Essai, considérations sur...* • 2° *(Valeur temporelle).* À la suite de... *Sur le coup. Sur ce,* après quoi, là-dessus. *Il nous a dit au revoir ; sur ce, il est parti.* — (Approximation) V. **Vers.** *Sur le soir. Être sur son départ,* près de partir. • 3° (Rapport de supériorité). *Prendre l'avantage sur qqn.*

2. SUR, SURE. *adj.* • Qui a un goût acide. *Pommes sures.*

SÛR, SÛRE [syʀ]. *adj.* ★ **I.** *(Personnes).* SÛR DE... • 1° Qui envisage avec confiance, qui tient pour assuré (un événement). V. **Certain, convaincu.** *Il est sûr de son coup, sûr de réussir.* — *Être sûr de qqn,* avoir confiance en lui, être assuré de sa fidélité. — SÛR DE SOI : qui se comporte avec assurance. • 2° Qui sait avec certitude, qui est assuré de ne pas se tromper. *J'en suis sûr. Je suis sûr que vous vous trompez. Sûr de son fait,* de ce qu'on pense, de ce qu'on dit. ★ **II.** • 1° *(Choses).* Où l'on ne risque rien, qui ne présente pas de danger. || Contr. **Dangereux.** || *Le quartier n'est pas très sûr, la nuit. Ce sera plus sûr,* cela constituera une garantie. Loc. *Le plus sûr est de...,* le meilleur parti est de... • 2° En qui l'on peut avoir confiance. *Un ami sûr.* — Sur quoi l'on peut compter. V. **Solide.** *Des valeurs sûres. Des bases peu sûres. C'est le plus sûr moyen de réussir.* — *Loc.* À COUP SÛR : sans risque d'échec. • 3° Qui fonctionne avec efficacité et exactitude. *Un projectile lancé d'une main sûre. Un goût très sûr.* • 4° Dont on ne peut douter, qui est considéré comme vrai ou inéluctable. V. **Assuré, certain, évident, indubitable.** *La chose est sûre.* || Contr. **Douteux.** || *Ce n'est pas si sûr. Ce qui est sûr, c'est que je n'irai pas.* • 5° *Loc. adv.* BIEN SÛR ! : c'est évident, cela va de soi. V. **Sûrement.** — Fam. *(Bien) sûr qu'on n'y peut rien.* — *Pop.* POUR SÛR : certainement.

SUR-. • Préfixe qui marque une situation au-dessus, ou un excès, un dépassement de la norme. || Contr. **Sous-.** ||

SURABONDER [syʀabɔ̃de]. *v. intr.* (1) • *Littér.* Exister en quantité plus grande qu'il n'est nécessaire. V. **Abonder.** ▼ **SURABONDANCE.** *n. f.* Abondance extrême ou excessive. V. **Pléthore, profusion.** *Une surabondance de détails.* ▼ **SURABONDANT, ANTE.** *adj.* Qui surabonde. ▼ **SURABONDAMMENT.** *adv.*

SURAH [syʀa]. *n. m.* • Étoffe de soie croisée, légère et souple.

SURAIGU, UË [syʀegy]. *adj.* • *(Son, voix...).* Très aigu.

SURAJOUTER [syʀaʒute]. *v. tr.* (1) • Ajouter (qqch.) à ce qui est déjà complet, ajouter après coup.

SURALIMENTER [syʀalimɑ̃te]. *v. tr.* (1) • **1°** Procurer à (qqn) une alimentation plus riche. • **2°** Fournir à (un moteur) une plus grande quantité de combustible que la normale. ▼ **SURALIMENTATION.** *n. f.* • **1°** Alimentation plus riche, plus abondante que la « ration d'entretien ». || Contr. **Sous-alimentation.** || • **2°** Action de suralimenter (un moteur).

SURANNÉ, ÉE [syʀane]. *adj.* • *Littér.* Qui a cessé d'être en usage, qui évoque une époque révolue. V. **Démodé, désuet, vieillot.** *Une galanterie surannée.*

SURBOUM [syʀbum]. *n. f.* • *Fam.* Surprise-partie.

SURCHARGE [syʀʃaʀʒ(ə)]. *n. f.* ★ **I.** • **1°** Charge ajoutée à la charge ordinaire, ou qui excède la charge permise. *Une surcharge de deux cents kilos. Le bateau avait pris des passagers en surcharge.* • **2°** *(Abstrait).* Excès, surabondance. *La chapelle est décorée avec une surcharge de dorures inimaginable.* ★ **II.** Mot écrit au-dessus d'un autre raturé. — Inscription imprimée en recouvrant une autre, et ajoutée après coup. *Timbre-poste portant une surcharge.*

SURCHARGER [syʀʃaʀʒe]. *v. tr.* (3) ★ **I.** • **1°** Charger d'un poids qui excède la charge ordinaire. — Au p. p. *Un taxi surchargé.* — (Abstrait) *Des connaissances qui ne font que surcharger la mémoire.* V. **Encombrer.** *Un emploi du temps surchargé.* • **2°** Charger (qqn) à l'excès. *Il se plaint d'être surchargé d'impôts, de travail.* ★ **II.** Marquer d'une surcharge (manuscrite ou imprimée).

SURCHAUFFE [syʀʃof]. *n. f.* • **1°** Action de porter la vapeur d'eau à une température supérieure ou de chauffer un liquide au-dessus de la température d'ébullition. • **2°** État de tension excessive dans l'activité économique. ▼ **SURCHAUFFÉ, ÉE.** *adj.* • **1°** Chaud ou chauffé au delà de ce qui convient. *Le wagon était surchauffé.* • **2°** *(Abstrait).* Surexcité, exalté. *Les esprits étaient surchauffés.*

SURCLASSER [syʀklɑse]. *v. tr.* (1) • **1°** Dominer (ses adversaires) au point de paraître d'une classe tout à fait supérieure. *Ce coureur, cet athlète surclasse tous ses concurrents.* • **2°** *(Choses).* Être nettement supérieur à... *Ce produit surclasse tous les autres.*

SURCOMPOSÉ, ÉE [syʀkɔ̃poze]. *adj.* • Se dit en grammaire d'un temps composé où l'auxiliaire est lui-même à un temps composé (ex. : quand *j'ai eu terminé*).

SURCOUPER [syʀkupe]. *v. tr.* (1) • Aux cartes, Couper avec un atout supérieur à celui avec lequel un autre joueur (dit alors « *en surcoupe* ») vient de couper.

SURCROÎT [syʀkʀwa(ɑ)]. *n. m.* • Ce qui apporte un accroissement, ce qui vient s'ajouter à ce qu'on a déjà. V. **Supplément.** *C'est un surcroît de travail.* — *Loc. adv.* Littér. DE SURCROÎT, PAR SURCROÎT : en plus, en outre.

SURDITÉ [syʀdite]. *n. f.* • Affaiblissement ou abolition complète du sens de l'ouïe (V. **Sourd**). ▼ **SURDI-MUTITÉ.** *n. f.* État de sourd-muet.

SUREAU [syʀo]. *n. m.* • Arbrisseau à baies rouges ou noires, dont la tige légère peut facilement s'évider.

SURÉLEVER [syʀɛlve]. *v. tr.* (5) • Donner plus de hauteur à. *On a surélevé d'un étage cette maison ancienne.* — Au p. p. *Rez-de-chaussée surélevé,* qui n'est pas de plain-pied.

SÛREMENT [syʀmɑ̃]. *adv.* ★ **I.** De façon sûre, sans risque d'échec, d'écart. PROV. *Qui va lentement va sûrement.* ★ **II.** (Adv. de phrase, modifiant tout l'énoncé). D'une manière certaine, évidente. V. **Certainement.** *Le tribunal va sûrement le condamner.* — (En réponse) *Sûrement ! Sûrement pas !*

SURENCHÈRE [syʀɑ̃ʃɛʀ]. *n. f.* • **1°** Enchère supérieure à la précédente. • **2°** *(Abstrait).* Promesse, offre supérieure. *La surenchère électorale.* ▼ **SURENCHÉRIR.** *v. intr.* (2) • **1°** Faire une surenchère. • **2°** Proposer, promettre plus qu'un autre. — Renchérir (sur qqch.).

SURESTIMER [syʀɛstime]. *v. tr.* (1) • Estimer au delà de son prix. — Apprécier, estimer au delà de son importance, de sa valeur. || Contr. **Sous-estimer.** || *Ne surestimons pas nos possibilités.* ▼ **SURESTIMATION.** *n. f.*

SÛRETÉ [syʀte]. *n. f.* ★ **I.** • **1°** *(Rare, sauf en loc.).* Absence de risque, de danger. V. **Sécurité.** — *Pour plus de sûreté,* pour augmenter la sécurité par une précaution supplémentaire. — EN SÛRETÉ : à l'abri du danger. *Les évadés sont à présent en sûreté.* — DE SÛRETÉ : qui est destiné à assurer une protection, à éviter un danger. *Un verrou de sûreté.* • **2°** Situation d'un groupe social qui est à l'abri du danger (ou des membres du groupe). *La sûreté publique. Complot contre la sûreté de l'État.* • **3°** *Sûreté nationale,* et absolt. *Sûreté,* direction du ministère de l'Intérieur, service d'information et de surveillance policière. ★ **II.** Caractère de ce qui est sûr, sans danger ou sans risque d'erreur. *La sûreté de son coup d'œil.* ★ **III** En droit, Garantie. *Donner des sûretés à qqn.*

SUREXCITER [syʀɛksite]. *v. tr.* (1) • Exciter à l'extrême. *Tous ces mystères sur excitaient la curiosité.* ▼ **SUREXCITÉ, ÉE** *adj.* Qui est dans un état d'excitation, de nervosité extrême. ▼ **SUREXCITATION.** *n. f*

SUREXPOSER [syʀɛkspoze]. *v. tr.* (1) • Exposer (la pellicule photographique) plus longtemps que la normale. ▼ **SUREXPOSITION.** *n. f.*

SURF [syʀf]. *n. m.* • *Anglicisme.* ★ **I.** Jeu sportif qui consiste à se laisser porter par le ressac sur une planche (on dit aussi *surf board*). ★ **II.** Danse moderne voisine du rock and roll.

SURFACE [syʀfas]. *n. f.* • **1°** Partie extérieure d'un corps, qui le limite en tous sens ; face apparente. *La surface de la Terre La surface de l'eau. Poissons qui nagent en surface,* près de la surface. *Sous-marin qui fait surface,* qui émerge. — *(Abstrait)* Ce qu'on observe, ce qu'on comprend d'abord avec le moins d'effort ; les apparences || Contr. **Fond.** || *Rester à la surface des choses* être superficiel. — Superficie. *Trente-cinq mètres carrés de surface. Magasins à grandes surfaces*, les supermarchés. • 2° Figure géométrique à deux dimensions qui peut être considérée comme l'ensemble des points de l'espace satisfaisant à une loi déterminée. *Surface plane, courbe.* • 3° Limite entre deux milieux physiques différents. *Surface de séparation.*

SURFAIT, AITE [syʀfɛ, ɛt]. *adj.* • Trop apprécié, inférieur à sa réputation. *C'est un livre bien surfait.*

SURFILER [syʀfile]. *v. tr.* (1) • Passer un fil qui chevauche le bord de (un tissu) pour l'empêcher de s'effilocher.

SURGELÉ, ÉE [syʀʒəle]. *adj.* • Se dit d'un aliment congelé rapidement et à très basse température, en vue de la conservation. *Des filets de poisson surgelés.* (On emploie aussi SURGELER, *v. tr.* [5].)

SURGIR [syʀʒiʀ]. *v. intr.* (2) • 1° Apparaître brusquement en s'élevant, en sortant de. *L'avion surgit des nuages.* — Au p. p. *Une forme surgie de l'ombre.* • 2° *(Abstrait).* Se manifester brusquement. V. **Naître.** *Le conflit qui vient de surgir.* ▼ **SURGISSEMENT.** n. m. *Littér.* Le fait de surgir.

SURHOMME [syʀɔm]. *n. m.* • Génie qui semble dépasser les limites des facultés humaines. ▼ **SURHUMAIN, AINE** [syʀymɛ̃, ɛn]. *adj.* Qui apparaît au-dessus des forces et des aptitudes normales. *Un travail surhumain. Une vertu surhumaine.*

SURIMPRESSION [syʀɛ̃pʀesjɔ̃]. *n. f.* • Impression de deux ou plusieurs images photographiques sur une même surface sensible.

SURINTENDANT [syʀɛ̃tɑ̃dɑ̃]. *n. m.* • Titre de certains ministres, sous l'Ancien Régime. *Le surintendant Fouquet.* ▼ **SURINTENDANCE.** *n. f.*

SURJET [syʀʒɛ]. *n. m.* • Point serré servant à assembler deux lisières, ou un tissu et une dentelle.

SURLENDEMAIN [syʀlɑ̃dmɛ̃]. *n. m.* • Jour qui suit le lendemain. *Le surlendemain de son arrivée.*

SURMENER [syʀməne]. *v. tr.* (5) • Fatiguer à l'excès (jusqu'au surmenage). — Pronom. *Il n'est pas raisonnable, il se surmène.* ▼ **SURMENAGE.** *n. m.* Ensemble des troubles résultant d'un exercice excessif, d'un excès de travail.

SURMONTER [syʀmɔ̃te]. *v. tr.* (1) • 1° Être placé, situé au-dessus de. *Le dais qui surmonte ce lit ancien.* • 2° *(Abstrait).* Aller au delà de (un obstacle, une difficulté), par un effort victorieux. V. **Franchir.** — Vaincre par un effort volontaire (une difficulté psychologique). *J'ai surmonté ma répugnance.* ▼ **SURMONTABLE.** *adj.* Qui peut être surmonté (2°). || Contr. **Insurmontable.** ||

SURNAGER [syʀnaʒe]. *v. intr.* (3) • 1° Se soutenir, rester à la surface d'un liquide. *Des nappes de mazout surnagent dans les ports.* • 2° *(Abstrait).* Subsister, se maintenir (parmi ce qui disparaît).

SURNATUREL, ELLE [syʀnatyʀɛl]. *adj.* • 1° D'origine divine. *L'action surnaturelle de la grâce.* • 2° Qu'on ne peut pas expliquer par des lois naturelles connues. V. **Magique.** *La croyance au pouvoir surnaturel des sorciers. Une apparition surnaturelle.* — Subst. *Ils admettent le surnaturel.* • 3° Extraordinaire, prodigieux. *Une beauté surnaturelle.*

SURNOM [syʀnɔ̃]. *n. m.* • 1° Nom ajouté (lorsqu'il ne s'agit pas du nom de famille). *Le Bel, surnom de Philippe IV.* • 2° Désignation caractéristique que l'on substitue au véritable nom d'une personne. ▼ **SURNOMMER.** *v. tr.* (1). Désigner par un surnom.

SURNOMBRE (EN) [ɑ̃syʀnɔ̃bʀ(ə)]. *loc. adv.* • En trop, par rapport à un nombre normal. *On a reproché au conducteur d'avoir pris des voyageurs en surnombre.*

SURNUMÉRAIRE [syʀnymeʀɛʀ]. *adj.* • Qui est en surnombre (terme de langage administratif).

SUROÎT [syʀwa]. *n. m.* ★ **I.** Vent du sud-ouest, dans le langage des marins. ★ **II.** Chapeau imperméable de marin, de pêcheur.

SURPASSER [syʀpɑse]. *v. tr.* (1) • Être supérieur à (qqn) sous certains rapports. *Les femmes de cette tribu surpassent en beauté toutes les autres.* — Pronom. SE SURPASSER : faire encore mieux qu'à l'ordinaire. *La cuisinière s'est surpassée.*

SURPEUPLÉ, ÉE [syʀpœple]. *adj.* • Dont les habitants sont trop nombreux. *Région, maison surpeuplée.* || Contr. **Dépeuplé.** || ▼ **SURPEUPLEMENT.** *n. m.* État d'un lieu surpeuplé. ▼ **SURPOPULATION.** *n. f.* Population trop nombreuse d'un lieu surpeuplé.

SURPLIS [syʀpli]. *n. m.* • Vêtement de lin à manches larges, souvent plissé, que les prêtres portent sur la soutane.

SURPLOMB [syʀplɔ̃]. *n. m.* • Partie d'un bâtiment qui est en saillie par rapport à la base. — EN SURPLOMB : qui présente un surplomb. *Une falaise en surplomb*, dont la base est creusée par l'action des vagues. ▼ **SURPLOMBER** [syʀplɔ̃be]. *v.* (1) • 1° *V. intr.* Dépasser par le sommet la ligne de l'aplomb. *Mur qui surplombe*, qui penche. • 2° *V. tr.* Faire saillie au-dessus de. *Le balcon de ce cinéma surplombe l'orchestre.*

SURPLUS [syʀply]. *n. m.* • 1° Ce qui excède la quantité, la somme voulue. V. **Excédent.** — Stock invendable, qui tend à faire baisser les cours. *Les surplus américains* (stocks de matériel militaire). • 2° *Littér.* AU SURPLUS : au reste, d'ailleurs.

SURPRENANT, ANTE [syʀpʀənɑ̃, ɑ̃t]. *adj.* • 1° Qui surprend, étonne. V. **Étonnant.** *Une surprenante nouvelle.* • 2° Remarquable. *Ses progrès ont été surprenants.*

SURPRENDRE [syʀpʀɑ̃dʀ(ə)]. *v. tr.* (58) • 1° Prendre sur le fait. *On les a surpris en train de s'embrasser.* — Découvrir (ce que qqn cache). • 2° Se présenter inopinément à (qqn). *Le commando a surpris l'ennemi en pleine nuit.* — (Suj. chose) *L'orage nous a surpris.* • 3° Frapper l'esprit (de qqn qui ne s'y attend pas ou s'attend à autre chose). *Vous me surprenez, cela semble incroyable. Cela me surprendrait*, je ne crois pas que ce soit possible. — (Passif) *J'en* *suis surpris, agréablement surpris. Il paraît surpris de nous trouver ici, que nous soyons ici.* • 4° *Pronom.* SE SURPRENDRE À (et l'inf.) : se découvrir soudain en train de (faire, penser qqch. sans l'avoir voulu). • 5° *Surprendre la bonne foi de qqn*, le tromper en lui faisant commettre de bonne foi une faute, une erreur.

SURPRISE [syʀpʀiz]. *n. f.* • 1° Action ou attaque inopinée (surtout dans la loc. : PAR SURPRISE). *Vous avez obtenu mon accord par surprise.* • 2° État de celui qui est surpris, émotion provoquée par qqch. d'inattendu. V. **Étonnement.** *Sa surprise n'était pas feinte. Une exclamation de surprise. À ma grande surprise...* • 3° Ce qui surprend; chose inattendue. *Une mauvaise surprise l'attend. Un voyage sans surprise*, qui se passe normalement. • 4° Plaisir ou cadeau fait à qqn de manière à le surprendre agréablement. *Il veut vous faire une surprise, vous apporter une petite surprise. Pochette-surprise.* V. **Pochette.**

SURPRISE-PARTIE [syʀpʀizpaʀti]. *n. f.* • Soirée ou après-midi dansante de jeunes gens, qui a lieu chez l'un d'entre eux. V. **Surboum** *(fam.). Des surprises-parties.*

SURPRODUCTION [syʀpʀɔdyksjɔ̃]. *n. f.* • Production excessive dans un équilibre économique donné. ‖ Contr. **Sous-production.** ‖

SURRÉALISME [syʀʀealism(ə)]. *n. m.* • Ensemble de procédés de création et d'expression utilisant des forces psychiques (automatisme, rêve, inconscient) libérées du contrôle de la raison ; mouvement littéraire et artistique recommandant ces formes. ▼ **SURRÉALISTE.** adj. et n. *La poésie surréaliste. Peintre surréaliste. — Les surréalistes.*

SURRÉNAL, ALE, AUX [syʀʀenal, o]. *adj.* • Placé au-dessus du rein. — Subst. *Les surrénales*, glandes endocrines qui produisent l'adrénaline.

SURSAUT [syʀso]. *n. m.* • 1° Mouvement involontaire qui fait qu'on se dresse brusquement, sous l'action d'une sensation brutale. *Il a eu un sursaut en entendant frapper à la fenêtre. Se réveiller en sursaut*, brusquement. • 2° Regain subit (d'un sentiment conduisant à une réaction vive). *Dans un dernier sursaut d'énergie.* ▼ **SURSAUTER.** *v. intr.* (1). Avoir un sursaut. *Sursauter de peur.*

SURSEOIR [syʀswaʀ]. *v. tr. ind.* (26). [Forme en *-oi.*] • SURSEOIR À : attendre l'expiration d'un délai pour procéder à (un acte juridique, l'application de certaines mesures...). V. **Différer, remettre.**

SURSIS [syʀsi]. *n. m.* • 1° Décision de surseoir à qqch., remise à une date postérieure. *Sursis (à l'exécution des peines)*, accordé sous condition par le tribunal au délinquant qui n'a pas subi de condamnation antérieure. *Trois mois de prison avec sursis. Sursis (d'appel, d'incorporation)*, remise de l'incorporation sous les drapeaux à une date postérieure à la date normale. *Étudiant qui demande un sursis.* • 2° Période de répit, délai. *Les vacances laissent un sursis au gouvernement.* ▼ **SURSITAIRE.** *adj.* et *n.* Qui bénéficie d'un sursis, notamment d'un sursis d'incorporation.

SURTAXE [syʀtaks(ə)]. *n. f.* • Majoration d'une taxe ; droit perçu en même temps qu'une autre taxe. *Surtaxe progressive*, impôt personnel sur les revenus.

1. SURTOUT [syʀtu]. *adv.* • 1° Avant tout, plus que tout autre chose. — (Renforçant un conseil, un ordre) *Surtout ne dites rien !* • 2° Plus particulièrement. V. **Principalement.** *Il aime le sport, surtout le football.* • 3° *Fam.* SURTOUT QUE... : d'autant plus que... (emploi critiqué).

2. SURTOUT [syʀtu]. *n. m.* • Pièce de vaisselle ou d'orfèvrerie décorative, qu'on place sur une table.

SURVEILLANCE [syʀvɛjɑ̃s]. *n. f.* • Le fait de surveiller ; ensemble des actes par lesquels on exerce un contrôle suivi. *La surveillance des gardiens s'était relâchée. Être sous la surveillance de qqn*, être surveillé par lui. *On lui a confié la surveillance des travaux.* — (Militaire) *Bâtiment, avion en surveillance*, qui effectue une mission de surveillance. *Direction de la surveillance du territoire* (D.S.T.), chargée de la répression de l'espionnage. — *Surveillance médicale*, situation d'un malade, d'un blessé dont l'état est suivi attentivement par les médecins.

SURVEILLANT, ANTE [syʀvɛjɑ̃, ɑ̃t]. *n.* • 1° Personne qui surveille ce dont elle a la responsabilité. V. **Garde, gardien.** — Agent chargé de surveiller des travaux. • 2° Personne chargée de la discipline dans un établissement d'enseignement, une communauté. *Surveillant d'internat.* V. **Pion** *(fam.). Surveillant(e) général(e)*, membre du personnel administratif d'un lycée, au-dessous du proviseur et du censeur.

SURVEILLER [syʀveje]. *v. tr.* (1) • 1° Observer (qqn) avec une attention soutenue, de manière à exercer un contrôle, maintenir l'ordre, éviter un danger. *Il nous surveille de près.* — Au p. p. *Liberté surveillée*, situation de délinquants laissés libres mais obligés de rendre compte de leurs activités à la police. • 2° Suivre avec attention (un travail) de manière à constater si tout se déroule comme il faut. V. **Contrôler, inspecter.** • 3° Être attentif à (qqch. de personnel). *Surveillez votre langage, votre ligne.* — Pronom. *Il ne se surveille pas assez quand il parle.*

SURVENIR [syʀvəniʀ]. *v. intr.* (22) • *(Personnes, choses).* Arriver, venir à l'improviste, brusquement. *Une grave crise est survenue.* — Impers. *S'il survient un visiteur, dites que je ne suis pas là.*

SURVÊTEMENT [syʀvɛtmɑ̃]. *n. m.* • Blouson, pantalon molletonné que les sportifs passent sur leur tenue de sport.

SURVIE [syʀvi]. *n. f.* • 1° Vie future, vie de l'âme. • 2° Le fait de survivre, de se maintenir en vie. *Une survie de quelques mois obtenue grâce à une greffe du cœur.*

SURVIVANCE [syʀvivɑ̃s]. *n. f.* • Ce qui survit, ce qui subsiste d'une chose disparue. *Cette institution est une survivance de l'Empire.*

SURVIVANT, ANTE [syʀvivɑ̃, ɑ̃t]. *n.* • 1° Personne qui survit à qqn., à d'autres. *La totalité des biens appartiendra au survi-*

vant, que ce soit le mari ou la femme. • 2° Personne qui survit à l'époque, à la société à laquelle elle appartenait. *Les rares survivants d'une époque révolue.* • 3° Personne qui a échappé à la mort là où d'autres sont morts. V. **Rescapé.** *Aucun survivant parmi les passagers de l'avion.*

SURVIVRE [syʀvivʀ(ə)]. *v. tr. ind.* (46) ★ **I.** SURVIVRE À. • **1°** Demeurer en vie après la mort de (qqn). *Il a survécu à tous les siens.* — Vivre encore après (un temps révolu, une chose passée). *Survivre à un conflit.* • **2°** *(Choses).* Exister encore après, durer plus longtemps que. *L'œuvre d'art survit à son auteur.* — Absolt. *Rien ne survivra de leur œuvre.* V. **Rester.** • **3°** Continuer à vivre après (une chose insupportable). *Il n'a pu survivre à la honte.* • **4°** Échapper à (une mort violente et collective). *Il a seul survécu à la catastrophe.* ★ **II.** SE SURVIVRE. *v. pron.* • **1°** Continuer à exercer une influence, après sa mort. *Il se survit dans ses enfants.* • **2°** Vivre encore alors qu'on n'est plus soi-même, qu'on a perdu ses qualités. *Cet auteur se survit, il n'écrit plus rien de bon.*

SURVOLER [syʀvɔle]. *v. tr.* (1) • **1°** Voler au-dessus de. *Nous avons survolé les Alpes* (en avion). • **2°** Examiner de façon rapide et superficielle. *Il n'a fait que survoler la question.* ▼ **SURVOL.** n. m. *Le survol des zones militaires est interdit.*

SURVOLTÉ, ÉE [syʀvɔlte]. *adj.* • **1°** Se dit d'un courant, d'un appareil électrique dont le potentiel est anormalement élevé. • **2°** Dont la tension nerveuse est extrême. V. **Surexcité.** *Il était survolté.*

SUS [sy(s)]. *adv.* • **1°** Littér. *Courir sus à* (qqn), l'attaquer. *Sus à l'ennemi !* • **2°** *Loc. prép.* EN SUS DE... : en plus de (une somme fixée par la loi).

1. SUSCEPTIBLE [sysɛptibl(ə)]. *adj.* • SUSCEPTIBLE DE... • **1°** Qui peut présenter (un caractère), recevoir (une impression), subir (une modification). *Cette phrase est susceptible de deux interprétations, d'être interprétée de deux façons.* • **2°** *(Suivi de l'inf.).* Capable de... (par capacité ou possibilité occasionnelle). *Des propositions susceptibles de vous intéresser.*

2. SUSCEPTIBLE. *adj.* • *(Personnes).* Particulièrement sensible dans son amour-propre ; qui se vexe, s'offense facilement. V. **Chatouilleux, ombrageux.** *Il est très susceptible.* ▼ **SUSCEPTIBILITÉ.** *n. f.* Caractère d'une personne susceptible. *Vous devrez ménager sa susceptibilité.*

SUSCITER [sysite]. *v. tr.* (1) • **1°** *Littér.* Faire exister (qqch.) pour aider ou pour contrecarrer, faire agir (qqn) en tant qu'ami ou ennemi. *On lui a suscité des ennuis, des adversaires.* • **2°** Faire naître (un sentiment, une idée). V. **Éveiller, soulever.** *L'affaire suscitait un intérêt profond.*

SUSCRIPTION [syskʀipsjɔ̃]. *n. f.* • (Terme administratif). Adresse d'une lettre.

SUSPECT, ECTE [syspɛ(kt), ɛkt(ə)]. *adj.* et *n.* • **1°** *(Personnes).* Qui est soupçonné ou éveille les soupçons. *Un individu suspect. Les opposants se sont rendus suspects au pouvoir.* — Subst. *Trois suspects ont été arrêtés.* — *Suspect de...*, qu'on soupçonne ou peut soupçonner de... V. **Douteux, louche; suspicion.** • **2°** *(Choses).* Qui éveille les soupçons ou le doute. *Un témoignage suspect. Son enthousiasme m'est suspect.* ▼ **SUSPECTER** [syspɛkte]. *v. tr.* (1). Tenir pour suspect (une personne ou une chose). V. **Soupçonner.** *Il s'indigne qu'on suspecte sa bonne foi.*

1. SUSPENDRE [syspɑ̃dʀ(ə)]. *v. tr.* (41) • **1°** Interrompre (une action) pour quelque temps. V. **Arrêter.** || Contr. **Continuer.** || *On a dû suspendre la séance. Les hostilités sont suspendues par une trêve.* V. **Suspension 1.** • **2°** Mettre un terme aux activités, aux effets de. *Les autorités ont suspendu certaines libertés, certains journaux.* — *Suspendre qqn*, le destituer provisoirement. • **3°** Remettre à plus tard, réserver. *Je suspends mon jugement.*

2. SUSPENDRE. *v. tr.* (41) • **1°** Tenir ou faire tenir (une chose, une personne), de manière à ce qu'elle pende. *Suspendre un tableau. Un lustre suspendu à un crochet.* — Pronom. *Il s'est suspendu au trapèze.* • **2°** *Être suspendu aux lèvres de qqn*, l'écouter avec avidité. (Cf. Boire ses paroles.) ▼ **SUSPENDU, UE.** *adj.* • **1°** *Véhicule* BIEN, MAL SUSPENDU : dont la suspension (2, I, 2°) est plus ou moins souple. • **2°** Qui semble être accroché à une certaine hauteur. *Un village suspendu aux rochers. Les jardins suspendus de Babylone*, en terrasses.

SUSPENS (EN) [ɑ̃syspɑ̃]. *loc. adv.* • Dans l'indécision, sans solution, sans achèvement. *La question reste en suspens. On a laissé les travaux en suspens.*

SUSPENSE [syspɛns]. *n. m.* • *Anglicisme.* Dans un film, un récit, etc., Moment ou passage de nature à faire naître un sentiment d'attente angoissée. Ce sentiment. *À la fin du match, il y a eu du suspense, un beau suspense.*

1. SUSPENSION [syspɑ̃sjɔ̃]. *n. f.* • **1°** Interruption ou remise à plus tard. *Suspension d'armes*, arrêt concerté, local et momentané, des opérations. V. **Trêve.** *Suspension d'audience*, décidée par le président du tribunal. • **2°** Fait de retirer ses fonctions (à un magistrat, à un fonctionnaire) à titre de sanction disciplinaire. • **3°** *Points de suspension* (...), qui remplacent une partie de l'énoncé ou interrompent l'énoncé.

2. SUSPENSION. *n. f.* ★ **I.** • **1°** Manière dont un objet suspendu est maintenu en équilibre stable. *La suspension du tablier d'un pont.* • **2°** Appui élastique d'un véhicule sur ses roues. *Une bonne suspension.* — Ensemble des pièces (amortisseurs, ressorts) assurant la liaison élastique du véhicule et des roues. • **3°** EN SUSPENSION : se dit d'une substance formée de particules solides finement divisées dans un liquide ou dans un gaz. ★ **II.** Appareil d'éclairage muni de lampes et d'un abat-jour. V. **Lustre.**

SUSPICION [syspisjɔ̃]. *n. f.* • *Littér.* Le fait de considérer comme suspect, de ne pas avoir confiance. V. **Défiance, méfiance.** *Un regard plein de suspicion. Il nous tient en suspicion.*

SUSTENTATION [systɑ̃tasjɔ̃]. *n. f.* • Fait de soutenir, de maintenir en équilibre stable. *Base de sustentation.* — Maintien en équilibre d'un appareil volant.

SUSTENTER (SE) [systɑ̃te]. *v. pron.* (1) • Se nourrir. V. **Restaurer** (se).

SUSURRER [sysyʀe]. *v. intr.* (1) • Murmurer doucement. V. **Chuchoter.** — Trans. *Il lui susurrait des mots doux à l'oreille.*

SUTURE [sytyʀ]. *n. f.* • Réunion, à l'aide de fils, de parties de chair coupées. *On a fait au blessé plusieurs points de suture.*

SUZERAIN, AINE [syzʀɛ̃, ɛn]. *n.* • Dans le système féodal, Seigneur qui avait concédé un fief à un vassal. ▼ **SUZERAINETÉ.** *n. f.* Qualité de suzerain. — *Littér.* Souveraineté.

SVELTE [svɛlt(ə)]. *adj.* • Qui produit une impression de légèreté, de souplesse, par sa forme élancée. V. **Fin, mince.** *Une svelte jeune fille. Une taille svelte.* ▼ **SVELTESSE.** *n. f.*

S.V.P. [ɛsvepe]. • Abrév. de *S'il vous plaît.*

SWEATER [switœʀ]. *n. m.* • Gilet (de laine, de coton, etc.) à manches longues. ▼ **SWEAT-SHIRT** [switʃœʀt]. *n. m.* Pullover de sport, en coton, tissu éponge, etc., enserrant la taille et les poignets. *Des sweat-shirts.*

SWEEPSTAKE [swipstɛk]. *n. m.* • Loterie où l'attribution des prix dépend à la fois d'un tirage et du résultat d'une course.

1. SWING [swiŋ]. *n. m.* • Coup de poing donné en ramenant horizontalement ou obliquement le bras, de l'extérieur à l'intérieur.

2. SWING. *n. m.* • 1° *Vieilli.* Danse sur une musique très rythmée, inspirée du jazz américain. *Orchestre de swing.* • 2° Qualité rythmique propre à la musique de jazz. *Cet orchestre a du swing.*

SYBARITE [sibaʀit]. *n.* • *Littér.* Personne qui recherche les plaisirs de la vie dans une atmosphère raffinée. V. **Jouisseur, voluptueux.** ▼ **SYBARITISME.** *n. m.*

SYCOMORE [sikɔmɔʀ]. *n. m.* • 1° Figuier originaire d'Égypte, au bois très léger et incorruptible. • 2° Nom d'une espèce d'érable.

SYLLABE [si(l)lab]. *n. f.* • Voyelle ou groupe de consonnes et de voyelles se prononçant d'une seule émission de voix. *Parler en détachant les syllabes. Des vers de douze syllabes* (alexandrins). *Il n'a pas prononcé une syllabe,* un seul mot. ▼ **SYLLABIQUE.** *adj.*

SYLLOGISME [si(l)lɔʒism(ə)]. *n. m.* • Raisonnement déductif rigoureux qui, ne supposant aucune proposition étrangère sous-entendue, lie des prémisses à une conclusion. ▼ **SYLLOGISTIQUE.** *adj.*

SYLPHE [silf(ə)]. *n. m.* • Génie aérien des mythologies gauloise et germanique. V. **Elfe.** ▼ **SYLPHIDE** [silfid]. *n. f.* Génie aérien féminin plein de grâce. *Elle a une taille de sylphide,* très mince.

SYLVESTRE [silvɛstʀ(ə)]. *adj.* • *Littér.* Propre aux forêts, aux bois.

SYLVICULTURE [silvikyltyʀ]. *n. f.* • Exploitation rationnelle des arbres forestiers (conservation, entretien, reboisement, etc.).

SYMBIOSE [sɛ̃bjoz]. *n. f.* • 1° Association biologique, durable et réciproquement profitable, entre deux ou plusieurs êtres vivants. *Les lichens sont formés d'algues et de champignons vivant en symbiose.* • 2° *Littér.* Étroite union. *Symbiose entre deux théories.*

SYMBOLE [sɛ̃bɔl]. *n. m.* ★ **I.** • 1° Être, objet ou fait qui, par sa forme ou sa nature, évoque spontanément (dans une société ou une civilisation donnée) qqch. d'abstrait ou d'absent. *La colombe est le symbole de la paix. L'interprétation freudienne des symboles dans le rêve. Les mythes et les symboles populaires.* — Élément ou énoncé descriptif ou narratif qui est susceptible d'une double interprétation, sur le plan réaliste et sur le plan des idées. V. **Allégorie, image, métaphore.** *Les symboles dans la poésie symboliste.* • 2° Ce qui, en vertu d'une convention, correspond à une chose, à une relation ou à une opération. V. **Signe.** *Les symboles algébriques, chimiques.* • 3° Personne qui représente, évoque (qqch.) de façon exemplaire. V. **Personnification.** ★ **II.** Formule dans laquelle l'Église résume sa foi. *Le symbole des apôtres.*

SYMBOLIQUE [sɛ̃bɔlik]. *adj.* et *n. f.* ★ **I.** *Adj.* • 1° Qui constitue un symbole, repose sur des symboles. V. **Allégorique, emblématique.** *Une peinture symbolique, à signification symbolique.* • 2° Qui, tout en étant réel, n'a pas d'efficacité ou de valeur en soi, mais en tant que signe d'autre chose. *Il a obtenu le franc symbolique de dommages et intérêts. Un salaire symbolique,* minuscule. ★ **II.** *N. f.* Théorie générale des symboles (en histoire des religions, mythologie, sociologie). — Système de symboles relatif à (un domaine déterminé, un peuple, une époque). *La symbolique romane.* ▼ **SYMBOLIQUEMENT.** *adv.*

SYMBOLISER [sɛ̃bɔlize]. *v. tr.* (1) • 1° Représenter par un symbole. *L'auteur a symbolisé le mal par un personnage.* • 2° *(Personnes* ou *choses).* Être le symbole de (une abstraction).

SYMBOLISME [sɛ̃bɔlism(ə)]. *n. m.* • 1° Figuration par des symboles, système de symboles. *Le symbolisme religieux. Le symbolisme des masques africains.* • 2° Mouvement littéraire et poétique qui, en réaction contre le naturalisme et le Parnasse, s'efforça de fonder l'art sur une vision symbolique et spirituelle du monde, traduite par des moyens d'expression nouveaux. ▼ **SYMBOLISTE.** *adj.* et *n.*

SYMÉTRIE [simetʀi]. *n. f.* • 1° Distribution régulière de parties, d'objets semblables de part et d'autre d'un axe, autour d'un centre. *La parfaite symétrie des deux ailes d'un château. La symétrie de deux points par rapport à un troisième* (qui se trouve au milieu du segment qui joint les deux autres). *Axe de symétrie,* droite par rapport à laquelle il y a symétrie. *La symétrie axiale de la tige.* • 2° *Littér.* Régularité et harmonie, dans les parties d'un objet ou dans la disposition d'objets semblables. ▼ **SYMÉTRIQUE.** *adj.* Qui présente une symétrie, est en rapport de symétrie (1°). ▼ **SYMÉTRIQUEMENT.** *adv.*

SYMPATHIE [sɛ̃pati]. *n. f.* • **1°** Relations entre personnes qui, ayant des affinités, se conviennent, se plaisent spontanément. *La sympathie qui existe entre eux. Il n'était pas en sympathie avec les habitants du village.* — Sentiment chaleureux et spontané qu'une personne éprouve (pour une autre). V. **Amitié, cordialité.** || Contr. **Antipathie.** || *Avoir de la sympathie pour qqn.* • **2°** Bonne disposition (à l'égard d'une action, d'une production humaine). *Accueillir un projet avec sympathie.* • **3°** Participation à la douleur d'autrui, fait de ressentir tout ce qui le touche. *Croyez à toute ma sympathie* (V. **Condoléance**). ▼ **1. SYMPATHIQUE.** *adj.* • **1°** Qui inspire la sympathie. V. **Agréable, aimable.** || Contr. **Antipathique.** || *Je le trouve très sympathique. Il m'est très sympathique.* • **2°** (Choses). *Fam.* Très agréable. *Une petite plage sympathique.* — Abrév. fam. (invar.). SYMPA. *Ils sont sympa. Une soirée assez sympa.* ▼ **SYMPATHIQUEMENT.** *adv.* Avec sympathie, d'une façon sympathique.

2. SYMPATHIQUE. *n. m.* • LE SYMPATHIQUE ou *grand sympathique* : système nerveux périphérique qui commande la vie organique et végétative.

SYMPATHISER [sɛ̃patize]. *v. intr.* (1) • S'entendre très bien du fait d'une sympathie mutuelle. *Nous avons tout de suite sympathisé.* ▼ **SYMPATHISANT, ANTE.** *n.* Personne qui, sans appartenir à un parti, approuve l'essentiel de sa politique. *Les militants et les sympathisants.*

SYMPHONIE [sɛ̃fɔni]. *n. f.* • **1°** Composition musicale à plusieurs mouvements, construite sur le plan de la sonate et exécutée par un nombre important d'instrumentistes. *Les neuf symphonies de Beethoven. — Symphonie concertante,* concerto à plusieurs solistes. • **2°** *Littér.* Ensemble harmonieux. *Une symphonie de parfums.* ▼ **SYMPHONIQUE.** *adj.* • **1°** *Poème symphonique,* composition musicale assez ample, écrite pour tout l'orchestre et illustrant un thème précis. • **2°** Qui appartient à la symphonie, à la musique classique pour grand orchestre. *Concert, musique symphonique.*

SYMPTÔME [sɛ̃ptom]. *n. m.* • **1°** Phénomène, caractère observable lié à un état ou à une évolution morbide qu'il permet de déceler. V. **Syndrome.** • **2°** Ce qui manifeste, révèle ou permet de prévoir (un état, une évolution). V. **Signe.** *Les symptômes avant-coureurs d'une crise.* ▼ **SYMPTOMATIQUE** [sɛ̃ptɔmatik]. *adj.* • **1°** Qui constitue un symptôme de maladie. *Une douleur symptomatique.* • **2°** Qui révèle ou fait prévoir (un état ou un processus caché). V. **Caractéristique.** *Leur réaction a été symptomatique.*

SYN- (SY-, SYL-, SYM-). • Élément de mots savants, qui marque l'idée de réunion dans l'espace ou le temps.

SYNAGOGUE [sinagɔg]. *n. f.* • Édifice consacré au culte israélite.

SYNCHRONE [sɛ̃kʀɔn]. *adj.* • Qui se produit dans le même temps ou à des intervalles de temps égaux. *Mouvements synchrones.* ▼ **SYNCHRONISER** [sɛ̃kʀɔnize]. *v. tr.* (1) • **1°** Rendre synchrones (des phénomènes, des mouvements, des mécanismes). — *Feux de signalisation synchronisés,* assurant une circulation régulière. *Voiture où les vitesses sont synchronisées* (par un dispositif qui évite le choc des engrenages). — Mettre en concordance la piste sonore et la bande des images d'un film. • **2°** Faire s'accomplir simultanément (plusieurs actions appartenant à des séries différentes). ▼ **SYNCHRONISATION.** *n. f.* ▼ **SYNCHRONISME** [sɛ̃kʀɔnism(ə)]. *n. m.* • **1°** Caractère de ce qui est synchrone (phénomènes physiques, mouvements) ou synchronisé (mécanismes, dispositifs). • **2°** Coïncidence de dates, identité ou concordance d'époques.

1. SYNCOPE [sɛ̃kɔp]. *n. f.* • Arrêt ou ralentissement marqué des battements du cœur, accompagné de la suspension de la respiration et de la perte de la conscience. V. **Évanouissement.** *Avoir une syncope, tomber en syncope.*

2. SYNCOPE. *n. f.* • Effet musical consistant dans la prolongation sur un temps fort d'un élément accentué d'un temps faible. ▼ **SYNCOPÉ, ÉE.** *adj.* Caractérisé par un emploi systématique de la syncope. *Le rythme syncopé du jazz traditionnel.*

SYNCRÉTISME [sɛ̃kʀetism(ə)]. *n. m.* • *Didact.* Combinaison peu cohérente de doctrines, de systèmes.

SYNDIC [sɛ̃dik]. *n. m.* • **1°** Chacun des représentants des habitants, dans les anciennes villes franches. • **2°** Membre du bureau du conseil municipal de Paris chargé de la surveillance des locaux, de l'organisation des fêtes. — Représentant de l'inscription maritime. — Membre d'une chambre de discipline chargé de surveiller les officiers ministériels. • **3°** *Syndic de faillite,* représentant légal de l'ensemble des créanciers du failli. • **4°** Mandataire choisi par les copropriétaires d'un immeuble pour faire exécuter les décisions de l'assemblée.

SYNDICAL, ALE, AUX [sɛ̃dikal, o]. *adj.* • **1°** Relatif à une association professionnelle. *Chambre syndicale,* syndicat patronal. • **2°** Relatif à un syndicat de salariés, au syndicalisme. *Les grandes centrales syndicales.* ▼ **SYNDICALISME.** *n. m.* Le fait social et politique que représentent l'existence et l'action des syndicats de travailleurs salariés ; leur mouvement, leur doctrine. — Activité exercée dans un syndicat. *Faire du syndicalisme.* ▼ **SYNDICALISTE.** *n.* Personne qui fait partie d'un syndicat et y joue un rôle actif. — Adj. *Le mouvement syndicaliste.*

SYNDICAT [sɛ̃dika]. *n. m.* • **1°** Association qui a pour objet la défense d'intérêts communs. *Un syndicat de propriétaires. Syndicat de communes,* qui gère des services communs. — SYNDICAT D'INITIATIVE : organisme destiné à développer le tourisme dans une localité ; service qui en dépend. • **2°** Association qui a pour objet la défense d'intérêts professionnels. *Syndicat patronal, d'employés.* • **3°** (Employé seul). *Syndicat,* syndicat ouvrier, de salariés. *Action sociale des syndicats.* V. **Syndicalisme.**

SYNDIQUER (SE). *v. pron.* (1) • Se grouper en un syndicat ; adhérer à un syndicat (surtout 3°). ▼ **SYNDIQUÉ, ÉE.** *adj.* Qui fait partie d'un syndicat.

SYNDROME [sɛ̃dʀo(ɔ)m]. *n. m.* • En médecine, Ensemble bien défini de symptômes qui peut s'observer dans plusieurs états pathologiques différents et qui ne permet pas à lui seul de déterminer la nature de la maladie.

SYNODE [sinɔd]. *n. m.* • Assemblée d'ecclésiastiques convoquée par l'évêque. — (Dans certaines Églises protestantes) Réunion de pasteurs. — *Le saint-synode*, le conseil suprême de l'Église russe.

SYNODIQUE [sinɔdik]. *adj.* • En astronomie, Relatif à une conjonction d'astres. *Année synodique*, temps que met la Terre pour revenir à la longitude d'une planète déterminée.

SYNONYME [sinɔnim]. *adj.* et *n. m.* • 1° *Adj.* Se dit de mots ou d'expressions qui qui ont un sens identique ou très voisin. — *Pour eux, modernisme est synonyme de décadence*, équivaut à... • 2° *N. m.* Mot ou expression synonyme (d'une autre). ▼ **SYNONYMIE.** *n. f.* Relation entre deux mots ou deux expressions synonymes. ▼ **SYNONYMIQUE.** *adj.*

SYNOPTIQUE [sinɔptik]. *adj.* • 1° Qui donne une vue générale. *Un tableau synoptique.* • 2° *Les Évangiles synoptiques*, ou subst. *Les synoptiques*, les trois Évangiles (de saint Matthieu, de saint Marc, de saint Luc) dont les plans sont à peu près semblables.

SYNOVIE [sinɔvi]. *n. f.* • Liquide d'aspect filant qui lubrifie les articulations mobiles (notamment au genou). ▼ **SYNOVIAL, ALE, AUX.** *adj.*

SYNTAGME [sɛ̃tagm(ə)]. *n. m.* • En linguistique, Groupe de mots formant une unité à l'intérieur de la phrase. *Syntagme nominal, verbal.*

SYNTAXE [sɛ̃taks(ə)]. *n. f.* • 1° Étude des règles qui président à l'ordre des mots et à la construction des phrases, dans une langue ; ces règles. V. **Grammaire.** *Respecter la syntaxe.* • 2° Étude descriptive des relations existantes entre les unités linguistiques et des fonctions qui leur sont attachées ; ouvrage consacré à cette étude. ▼ **SYNTAXIQUE** ou **SYNTACTIQUE.** *adj.* Grammatical.

SYNTHÈSE [sɛ̃tɛz]. *n. f.* • 1° Suite d'opérations mentales qui permettent d'aller des notions simples aux notions composées (*opposé à* analyse). • 2° Opération intellectuelle par laquelle on rassemble des éléments de connaissance en un ensemble cohérent. *Un effort de synthèse.* • 3° Formation d'un tout matériel au moyen d'éléments. — Préparation (d'un composé chimique) à partir des éléments constituants. • 4° Ensemble constitué par les éléments méthodiquement réunis. *L'auteur nous livre une vaste synthèse.* • 5° Notion philosophique qui réalise l'accord de la thèse et de l'antithèse en les faisant passer à un niveau supérieur (V. **Dialectique**). ▼ **SYNTHÉTIQUE.** *adj.* • 1° Qui constitue une synthèse ou provient d'une synthèse. • 2° Produit par synthèse chimique, artificiellement. *Les résines synthétiques.* • 3° *(Esprit).* Apte à la synthèse, aux efforts de synthèse. || Contr. **Analytique.** || ▼ **SYNTHÉTIQUEMENT.** *adv.* ▼ **SYNTHÉTISER.** *v. tr.* (1). Associer, combiner par une synthèse intellectuelle.

SYPHILIS [sifilis]. *n. f.* • Grave maladie vénérienne d'origine infectieuse. V. **Vérole** *(vulg.). Syphilis congénitale, acquise.* ▼ **SYPHILITIQUE.** *adj.* et *n.*

SYRIEN, ENNE [siʀjɛ̃, ɛn]. *adj.* • De Syrie. — Subst. *Les Syriens.*

SYSTÉMATIQUE [sistematik]. *adj.* • 1° Qui appartient à un système intellectuel. • 2° Qui procède dans un ordre défini, pour un but déterminé, sans se démentir. *Les pays victimes d'une exploitation systématique.* V. **Méthodique, organisé.** • 3° Qui pense selon un système. — *Péj.* Qui préfère son système à toute autre raison. V. **Dogmatique.** ▼ **SYSTÉMATIQUEMENT.** *adv.* D'une manière constante et méthodique. *Ils s'opposent systématiquement à toute réforme.*

SYSTÉMATISER [sistematize]. *v. tr.* (1) • Réunir (plusieurs éléments) en un système. *Il faut systématiser toutes ces mesures plus ou moins improvisées.* ▼ **SYSTÉMATISATION.** *n. f.*

SYSTÈME [sistɛm]. *n. m.* ★ **I.** • 1° Théorie générale présentant un ensemble d'objets de connaissance comme soumis à des lois. *Le système astronomique de Ptolémée.* — Construction théorique que forme l'esprit sur un vaste sujet philosophique. V. **Doctrine, philosophie.** *Le système philosophique de Descartes.* • 2° Ensemble coordonné de pratiques tendant à obtenir un résultat. V. **Méthode.** *Le système de défense d'un accusé.* — *Fam.* Moyen habile. V. **Combine.** *Je connais le système.* Le SYSTÈME D : qui permet de se débrouiller. • 3° Ensemble de pratiques et d'institutions. *Système politique, social.* V. **Régime.** • 4° ESPRIT DE SYSTÈME : tendance à organiser, à relier les connaissances particulières en ensembles cohérents ; et *(péj.)* tendance à faire prévaloir la conformité à un système sur une juste appréciation du réel. ★ **II.** • 1° Ensemble organisé d'éléments naturels de même espèce ou de même fonction. *La langue peut être considérée comme un système de signes.* V. **Structure.** *Le système solaire. Le système nerveux.* — Fam. *Il commence à me taper sur le système* (nerveux), à m'énerver. • 2° Dispositif formé par une réunion d'organes analogues. *Systèmes optiques.* — Appareil plus ou moins complexe. • 3° Ensemble structuré (de choses abstraites). *Système d'unités,* ensemble d'unités choisies de manière à pouvoir exprimer les mesures de grandeurs physiques rationnellement et simplement. *Le système décimal, métrique.*

SYSTOLE [sistɔl]. *n. f.* • Contraction du cœur (alternant avec la diastole).

T

T [te]. *n. m.* • 1° Vingtième lettre et seizième consonne de l'alphabet. • 2° Forme du T majuscule. *Antenne en T.* — V. **Té.**

TA. V. Ton.

1. TABAC [taba]. *n. m.* • 1° Plante originaire d'Amérique, haute et à larges feuilles, qui contient un alcaloïde, la nicotine. • 2° Produit manufacturé fait de feuilles de tabac séchées et préparées (pour priser, chiquer, fumer). *Tabac gris.* V. **Caporal.** *Régie française des tabacs. Débit de tabac* ou *bureau de tabac.* — Loc. fam. *C'est toujours le même tabac*, c'est toujours la même chose. • 3° *Un tabac*, un bureau de tabac. *Café-tabac.* ▼ **TABAGIE.** *n. f.* Endroit où l'on a beaucoup fumé. *Quelle tabagie, chez vous !* ▼ **TABATIÈRE.** *n. f.* • 1° Petite boîte pour le tabac à priser. • 2° Lucarne à charnière. *Châssis à tabatière.*

2. TABAC. *n. m.* • *Passage à tabac*, violences sur une personne qui ne peut se défendre. *Passer qqn à tabac.* ▼ **TABASSER.** v. tr. (1). *Pop.* Battre, rouer de coups, passer à tabac. *Tabasse-le. Ils se sont tabassés.*

TABELLION [tabɛljɔ̃]. *n. m.* • *Littér.* et *plaisant.* Notaire.

TABERNACLE [tabɛʀnakl(ə)]. *n. m.* • Petite armoire qui occupe le milieu de l'autel d'une église et contient le ciboire.

TABLATURE [tablatyʀ]. *n. f.* • 1° Figuration graphique des sons musicaux propres à un instrument. *Tablature d'orgue.* • 2° Loc. *Donner de la tablature à qqn*, des difficultés.

TABLE [tabl(ə)]. *n. f.* ★ **I.** • 1° Meuble sur pied comportant une surface plane. *Table de bois. Table ronde, rectangulaire ; à rallonges. Table basse. Table roulante.* — (Pour les repas) *Mettre la table*, disposer sur la table tout ce qu'il faut pour manger. — De table : qui sert au repas. *Linge de table*, nappe, serviette. *Service de table.* — Loc. *Se mettre, être à table*, attablé pour manger. *À table !* — Loc. fam. *Se mettre à table*, avouer, dire ce qu'on a sur la conscience. — Ceux qui prennent leur repas, qui sont à table. V. **Tablée.** *Présider la table.* — (Autres usages) *Table de travail.* V. **Bureau.** *Table à dessin. Table d'opérations.* — *Table à repasser*, planche montée sur pieds pliants pour repasser le linge. — *Table de jeu.* — Loc. *Jouer cartes sur table*, ne rien dissimuler. — *Tennis de table* (de l'angl.), le ping-pong. • 2° Table ronde : autour de laquelle peuvent s'asseoir (sans querelles de préséance) les représentants à un congrès, à une conférence. — Réunion pour discuter d'un problème. V. **Colloque.** • 3° Meuble comprenant, outre un support plat, différentes parties (tiroirs, coffre, tablettes). — Table de nuit : petit meuble placé au chevet du lit. On dit aussi *Table de chevet.* • 4° Table d'orientation : table circulaire de pierre, sur laquelle sont figurés les directions des points cardinaux et les principaux accidents topographiques visibles. • 5° Partie supérieure de l'autel. *La sainte table*, l'autel. ★ **II.** Surface plane. • 1° Partie plane ou légèrement incurvée d'un instrument de musique sur laquelle les cordes sont tendues. *Table (d'harmonie)*, sur laquelle repose le chevalet. • 2° *Table d'écoute*, poste d'écoute qui permet d'entendre les communications téléphoniques à l'insu des usagers. • 3° Surface plane naturelle. *Table calcaire.* ★ **III.** • 1° *(Dans quelques emplois).* Surface plane sur laquelle on peut écrire, graver, inscrire. V. **Tablette.** — Loc. *Faire table rase du passé*, le considérer comme inexistant, nul. — *Les tables de la Loi* (de Moïse), les commandements de Dieu. • 2° Présentation méthodique sous forme de liste. V. **Index.** *Table alphabétique. Table des matières*, dans un livre, énumération des chapitres, des questions traitées. • 3° Recueil d'informations, de données (numériques, expérimentales), groupées de façon systématique. *Tables de multiplication.*

TABLEAU [tablo]. *n. m.* ★ **I.** • 1° Peinture exécutée sur un support rigide et autonome (V. **Toile**). *Un mauvais tableau* (V. **Croûte**). *Un tableau abstrait. Exposer ses tableaux. Marchand de tableaux.* • 2° Tableau vivant : groupe de personnages immobiles évoquant un sujet de tableau. • 3° Image, scène réelle qui évoque une représentation picturale. *Un tableau touchant.* — Fam. *Vous voyez d'ici le tableau !* la scène. • 4° Tableau de chasse : ensemble des animaux abattus, rangés par espèces. • 5° Description ou évocation imagée, par la parole ou par écrit. V. **Récit.** *Brosser un tableau de la situation*, une rapide description. • 6° Subdivision d'un acte qui correspond à un changement de décor, au théâtre. *Un drame en vingt tableaux.* ★ **II.** Panneau plat. • **1°** Panneau destiné à recevoir une inscription, une annonce. *Un tableau d'affichage. Tableau des départs, des arrivées,* dans une gare. • **2°** (Emplacement où on mise de l'argent). — Loc. *Jouer, miser ; gagner sur les deux tableaux, sur tous les tableaux,* se réserver plusieurs chances. • **3°** TABLEAU NOIR : panneau sur lequel on écrit à la craie dans une salle de classe. *Aller au tableau,* se faire interroger. • **4°** Support plat réunissant plusieurs objets ou appareils. *Tableau des clés dans un hôtel.* • **5°** TABLEAU DE BORD : panneau où sont réunis les instruments de bord. *Le tableau de bord d'un avion, d'une voiture.* ★ **III.** Ce qui est écrit sur un tableau. • **1°** Liste par ordre (de personnes). *Tableau de l'Ordre des avocats. Tableau d'honneur,* liste des élèves les plus méritants. • **2°** Liste affichée ou consultable. *Tableau de service.* • **3°** Série de données, de renseignements, disposés d'une manière claire et ordonnée. *Tableau des conjugaisons. Tableau synoptique.* V. **Table** (III, 2°). ▼ **TABLEAUTIN.** *n. m.* Tableau (I) de petite dimension.

TABLÉE [table]. *n. f.* • Ensemble des personnes assises à une table, qui prennent ensemble leur repas.

TABLER [table]. *v. intr.* (1) • *Tabler sur qqch.,* baser une estimation, un calcul sur (ce qu'on croit sûr). V. **Compter.**

TABLETTE [tablɛt]. *n. f.* ★ **I.** Autrefois, Planchette, petite surface plane destinée à recevoir une inscription. — Loc. *Je l'écris, je le marque sur mes tablettes,* j'en prends note, je m'en souviendrai. ★ **II.** Petite planche horizontale. V. **Planchette.** *Les tablettes d'une armoire* (V. **Rayon**). — Plaque d'une matière dure, servant de support, d'appui, d'ornement. ★ **III.** Produit alimentaire présenté en petites plaques rectangulaires. *Tablette de chocolat* (V. **Plaque**), *de chewing-gum.*

TABLIER [tablije]. *n. m.* ★ **I.** • **1°** Vêtement de protection, pièce de matière souple qui garantit le devant du corps. *Tablier à bavette. Tablier de cuir. Tablier de domestique.* — Loc. *Rendre son tablier,* refuser de servir plus longtemps ; démissionner. • **2°** Blouse de protection. *Tablier d'écolier.* ★ **II.** • **1°** Dispositif (plaque ou assemblage de plaques) servant à protéger. *Le tablier de la cheminée.* V. **Rideau.** *Les tabliers de fer des magasins.* • **2°** Plate-forme qui constitue le plancher d'un pont.

TABOU [tabu]. *n. m.* et *adj.* • **1°** *N. m.* Système d'interdictions religieuses appliquées à ce qui est considéré comme sacré ou impur. — *Adj.* Qui est soumis au tabou, exclu de l'usage commun. *Des armes taboues.* • **2°** Ce sur quoi on fait silence, par crainte, pudeur. *Les tabous sexuels.* — *Adj.* (accordé ou invar.). Interdit. *Il vaut mieux ne pas aborder les sujets tabous.*

TABOURET [tabuʀɛ]. *n. m.* • Siège sans bras ni dossier, à pied(s). *Tabouret de bar.*

TABULATEUR [tabylatœʀ]. *n. m.* • Dispositif d'une machine de bureau (à écrire, à calculer), permettant d'aligner des signes en colonnes, en tableaux. ▼ **TABULATRICE.** *n. f.* Machine utilisant les cartes perforées.

TAC [tak]. *n. m.* et *interj.* • **1°** Bruit sec. • **2°** Loc. *Répondre, riposter* DU TAC AU TAC : répondre à un mot désagréable en rendant aussitôt la pareille.

TACHE [taʃ]. *n. f.* ★ **I.** • **1°** Petite étendue de couleur d'aspect différent du reste. *Taches de rousseur sur la peau. Les taches du léopard. Taches sombres, lumineuses, colorées.* • **2°** *Taches solaires,* zones relativement sombres qui apparaissent à la surface du Soleil. *Des taches de lumière.* • **3°** Chacune des touches de couleur uniforme, juxtaposées dans un tableau (V. **Tachisme**). ★ **II.** • **1°** Surface salie par une substance étrangère ; cette substance. V. **Éclaboussure, salissure, souillure; tacher.** *Une tache d'huile. Des taches de doigts gras.* V. **Marque.** *Faire des ratures et des taches en écrivant.* V. **Bavure, pâté.** *Enlever les taches d'un vêtement* (V. **Détacher**). • **2°** FAIRE TACHE : rompre une harmonie de couleurs ou toute autre harmonie. *Ce vase fait tache dans le salon.* • **3°** Souillure morale. V. **Déshonneur, tare.** *C'est une tache à sa réputation.* — *La tache originelle,* le péché originel.

TÂCHE [tɑʃ]. *n. f.* • **1°** Travail déterminé qu'on doit exécuter. V. **Besogne, ouvrage.** *Accomplir sa tâche quotidienne. Elle s'acquitte très bien de cette tâche.* • **2°** *Loc.* À LA TÂCHE : se dit des ouvriers, des artisans qui sont payés selon l'ouvrage exécuté. — Fam. *Je ne suis pas à la tâche,* laissez-moi prendre mon temps. • **3°** Ce qu'il faut faire ; conduite commandée par une nécessité ou dont on se fait une obligation. V. **Devoir, mission, rôle.** *Former les jeunes est une tâche difficile.*

TACHER [taʃe]. *v. tr.* (1) ★ **I.** Salir en faisant une tache, des taches. V. **Maculer, salir, souiller.** — (Suj. personne) *Il a taché ses vêtements.* — *Gilet taché,* qui a des taches. — *(Suj. chose)* Absolt. *Le vin rouge tache.* ★ **II.** SE TACHER. *v. pron.* • **1°** Faire des taches sur soi, sur ses vêtements. • **2°** Recevoir des taches, se salir (chose). *Une nappe blanche se tache vite.* • **3°** Se couvrir de taches. *Les bananes se tachent de points noirs en mûrissant.*

TÂCHER [tɑʃe]. *v. tr.* (1) • **1°** *V. tr. ind.* TÂCHER (DE) : faire des efforts, faire ce qu'il faut pour... V. **Efforcer** (s'), **essayer.** *Tâchez de nous rendre visite.* — À l'impér., par euphém., pour donner un ordre. *Et tâche de ne pas recommencer, de ne pas me répondre sur ce ton!* • **2°** *V. tr. dir.* TÂCHER QUE... : faire en sorte que. *Tâchez que ça ne se reproduise plus.* — Pop. *Tâcher moyen (de faire qqch.),* essayer.

TÂCHERON [tɑʃʀɔ̃]. *n. m.* • Personne qui travaille avec application, en effectuant sans initiative des travaux ingrats.

TACHETÉ, ÉE [taʃte]. *adj.* • Qui présente de nombreuses petites taches naturelles. *Chiens à robe tachetée de brun.* — Orné de petites taches de couleur. *Papier tacheté de points multicolores.* V. **Moucheté.** ▼ **TACHETER.** *v. tr.* (4). Marquer, couvrir de nombreuses petites taches.

TACHISME [taʃism(ə)]. *n. m.* • Façon de peindre par taches de couleur juxtaposées. ▼ **TACHISTE.** *n.*

TACHY-. • Élément savant signifiant « rapide ». ▼ **TACHYCARDIE** [takikaʀdi]. *n. f.* Accélération du rythme des battements du cœur.

TACITE [tasit]. *adj.* • Non exprimé, sous-entendu entre plusieurs personnes. V. **Implicite, inexprimé.** *Un consentement tacite.* ▼ **TACITEMENT.** *adv.* Implicitement.

TACITURNE [tasityʀn(ə)]. *adj.* • Qui parle peu, reste habituellement silencieux. — Qui n'est pas d'humeur à faire la conversation. V. **Morose, sombre.** *Il est bien taciturne aujourd'hui.* ▼ **TACITURNITÉ.** *n. f.*

TACOT [tako]. *n. m.* • *Fam.* Vieille automobile qui n'avance pas. V. **Guimbarde.**

TACT [takt]. *n. m.* ★ **I.** Sensibilité qui permet, au contact d'une surface, d'apprécier certains caractères (caractère lisse, soyeux ; rugueux ; sec, humide, gluant, etc.). V. **Toucher.** ★ **II.** Appréciation intuitive, spontanée et délicate, de ce qu'il convient de dire, de faire ou d'éviter dans les relations humaines. V. **Délicatesse, doigté.** *Avoir du tact. Il lui a annoncé la nouvelle avec tact.*

TACTILE [taktil]. *adj.* • Qui concerne les sensations du tact (I), du toucher. — *Poils tactiles*, qui chez certains animaux servent au tact (*ex. :* moustaches du chat).

TACTIQUE [taktik]. *n. f.* et *adj.* ★ **I.** *N. f.* • **1°** Art de combiner tous les moyens militaires (troupes, armements) au combat ; exécution des plans de la stratégie. *Tactique d'infanterie.* • **2°** Ensemble des moyens coordonnés que l'on emploie pour parvenir à un résultat. V. **Plan, stratégie.** *La tactique parlementaire. Il va falloir changer de tactique.* ★ **II.** *Adj.* Relatif à la tactique. *Arme atomique tactique.*

TÆNIA. V. TÉNIA.

TAFFETAS [tafta]. *n. m.* • **1°** Tissu de soie à armure unie. *Taffetas changeant*, dont la chaîne et la trame sont de nuances différentes. • **2°** *Taffetas, taffetas gommé*, morceau de tissu gommé recouvert d'une gaze, qu'on applique sur les petites plaies, les coupures.

TAÏAUT ! TAYAUT ! [tajo]. *interj.* • Dans la chasse à courre, Cri du veneur pour signaler la bête.

TAIE [tɛ]. *n. f.* • **1°** Enveloppe de tissu (d'un oreiller). • **2°** Tache opaque ou à demi-transparente de la cornée. *Avoir une taie sur l'œil.*

TAILLABLE [ta(a)jabl(ə)]. *adj.* • Qui est soumis à l'impôt de la taille. *Les serfs étaient taillables et corvéables à merci*, soumis aux impôts arbitraires du seigneur.

TAILLADER [ta(a)jade]. *v. tr.* (1) • Faire des coupures (dans les chairs, sur la peau). *Il s'est tailladé le menton en se rasant.* V. **Entailler.** — *Taillader sa table avec un canif.*

1. TAILLE [taj]. *n. f.* • **1°** Opération qui consiste à tailler qqch. ; forme qu'on donne à une chose en la taillant. *La taille des pierres. Pierre de taille*, taillée. *Un mur en pierres de taille.* — *La taille des arbres.* • **2°** Tranchant de l'épée, du sabre, qui sert à tailler (*opposé à* estoc). *Recevoir un coup de taille.* • **3°** Redevance payée au seigneur féodal, au roi par les serfs et les roturiers.

2. TAILLE. *n. f.* • **1°** Hauteur du corps humain, debout et droit. V. **Stature.** *Mensuration de la taille avec une toise. Une taille de 1,75 m. Un homme de petite taille.* • **2°** *Loc.* À LA TAILLE DE, DE LA TAILLE DE... : en rapport avec. *C'est un sujet à sa taille.* — ÊTRE DE TAILLE À *(et inf.)* : avoir la force suffisante, les qualités nécessaires pour. V. **Capable** (de). *Il est de taille à se défendre.* — *Absolt.* (Négatif). *Il n'est pas de taille.* • **3°** Grandeur, grosseur et conformation (du corps) par rapport aux vêtements. *Cette veste n'est pas à ma taille.* — Chacun des types standard dans une série de confection. *Taille 40. Il faudrait la taille au-dessus.* • **4°** Grosseur ou grandeur. *Photo de la taille d'une carte de visite.* V. **Dimension, format.** — *Fam.* DE TAILLE : très grand, très important. *Il est de taille, votre parapluie. C'est une erreur de taille.*

3. TAILLE. *n. f.* • **1°** Partie plus ou moins resserrée du tronc entre les côtes et les hanches. *Entrer dans l'eau jusqu'à la taille. Avoir la taille épaisse, fine.* Loc. *Taille de guêpe*, très fine. *Tour de taille*, mesuré à la ceinture. *Prendre qqn par la taille.* • **2°** Partie plus ou moins resserrée d'un vêtement à cet endroit du corps. *Manteau à taille ajustée.* • **3°** Loc. *Sortir en taille*, sans manteau.

TAILLÉ, ÉE [taje]. *adj.* • **1°** Fait (du corps humain). *Il est taillé en athlète.* V. **Bâti.** • **2°** Loc. *Être taillé pour*, être fait pour, apte à. *Il est taillé pour faire une belle carrière.* • **3°** Coupé, rendu moins long. *Moustache taillée.* — Élagué. *Arbres taillés.* — TAILLÉ EN : qu'on a taillé en donnant la forme de. *Cheveux taillés en brosse. Bâton taillé en pointe.*

TAILLE-CRAYON ou **TAILLE-CRAYONS.** *n. m.* • Petit instrument avec lequel on taille les crayons. *Des taille-crayons.*

TAILLE-DOUCE [tajdus]. *n. f.* • Gravure en creux. — (Par oppos. à *l'eau-forte*) Gravure sur cuivre au burin. *Des tailles-douces.*

1. TAILLER [taje]. *v. tr.* (1) • **1°** Couper, travailler (une matière, un objet) avec un instrument tranchant, de manière à lui donner une forme déterminée. *Tailler une pièce de bois. Tailler la pierre. Tailler un crayon*, le tailler en pointe pour dégager la mine. *Tailler un arbre*, ses branches. V. **Élaguer, émonder.** • **2°** Confectionner, obtenir (une chose) en découpant. *Tailler des torchons dans un drap usagé.* — *Tailler un vêtement*, découper les morceaux que l'on coud ensuite pour faire le vêtement. V. **Couper.** • **3°** *Se tailler un beau succès*, obtenir.

2. TAILLER (SE). *v. pron.* (1) • *Pop.* Partir, s'enfuir. V. **Tirer** (se). *Taillons-nous !*

TAILLEUR [tajœʀ]. *n. m.* ★ **I.** • **1°** Artisan, ouvrier qui fait des vêtements sur mesure pour hommes ; personne qui exploite et dirige l'atelier où on les confectionne. *Se faire faire un costume chez un tailleur. Le tailleur prend les mesures de son client.* • **2°** EN TAILLEUR. *S'asseoir en tailleur*, par terre, les jambes à plat sur le sol et repliées, les genoux écartés. • **3°** *Un tailleur*, costume de femme (veste et jupe de même tissu).

Un tailleur sport. ★ **II.** TAILLEUR DE... : ouvrier qui taille, qui façonne (qqch.) par la taille. *Tailleur de pierre(s).*

TAILLIS [taji]. *n. m.* • Partie d'un bois ou d'une forêt où il n'y a que des arbres de faible dimension , ces arbres. *Taillis et futaie.*

TAIN [tɛ̃]. *n. m.* • Amalgame métallique (étain ou mercure) qu'on applique derrière une glace pour qu'elle puisse réfléchir la lumière. *Le tain d'un miroir. Glace sans tain.*

TAIRE [tɛʀ]. *v. tr.* (54). [Sauf *il tait*, sans accent circonflexe, et p. p. fém. *tue*.] ★ **I.** SE TAIRE. *v. pron.* • **1°** Rester sans parler, s'abstenir de parler, de s'exprimer. *Savoir se taire*, être discret. *Se taire sur qqch.*, à propos de qqch. *Je préfère me taire là-dessus.* — Loc. fam. *Il a manqué, perdu une belle occasion de se taire*, il a parlé mal à propos. • **2°** Cesser de parler (ou de crier, de pleurer). *Il a fini par se taire. Tais-toi ! taisez-vous !* V. **Chut, silence.** — *Allez-vous vous taire ?* — (Avec ellipse de *se*) FAIRE TAIRE *qqn* : empêcher de parler, de crier, de pleurer ; forcer à se taire. *Faites-les taire.* — *Faire taire l'opposition.* V. **Museler.** • **3°** Ne plus se faire entendre. V. **Éteindre** (s'). *Les bruits se sont tus. L'orchestre s'était tu.* ★ **II.** V. tr. *(Moins cour.).* Ne pas dire ; s'abstenir ou refuser d'exprimer (qqch.). V. **Cacher, celer.** *Taire ses raisons. Une personne dont je tairai le nom.*

TALC [talk]. *n. m.* • Poudre (silicate naturel de magnésium). *Mettre du talc sur le corps d'un bébé.* V. **Talquer.**

TALÉ, ÉE [tale]. *adj.* • Meurtri, en parlant des fruits. *Pêches talées.* V. **Tapé.**

1. TALENT [talɑ̃]. *n. m.* • **1°** Aptitude particulière, dans une activité. Fam. *Montrez-nous vos talents*, ce que vous savez faire. *Talent de société*, qui intéresse, divertit en société. *Talent littéraire.* • **2°** *Absolt.* LE TALENT : aptitude remarquable dans le domaine intellectuel ou artistique. *Avoir du talent. Un écrivain de talent. Le talent d'un peintre.* • **3°** *(Au plur.).* Personne qui a du talent. *Il faut encourager les jeunes talents.* ▼ **TALENTUEUX, EUSE** [talɑ̃tɥø, øz]. *adj.* Qui a du talent. *Un peintre talentueux.* ▼ **TALENTUEUSEMENT.** *adv.* Avec talent.

2. TALENT. *n. m.* • Poids de 20 à 27 kg, dans la Grèce antique. Monnaie de compte équivalant à un talent d'or ou d'argent.

TALION [taljɔ̃]. *n. m.* • **1°** Châtiment qui consistait à infliger au coupable le même traitement qu'il avait fait subir à autrui. *La loi du talion* (œil pour œil, dent pour dent). • **2°** Le fait de rendre la pareille, de se venger.

TALISMAN [talismɑ̃]. *n. m.* • Objet (pierre, anneau, etc.) sur lequel sont gravés ou inscrits des signes, et auquel on attribue des vertus magiques de protection, de pouvoir. V. **Amulette.**

TALMUD [talmyd]. *n. m.* • Recueil des enseignements des grands rabbins. ▼ **TALMUDIQUE.** adj. *Recueil talmudique.*

TALOCHE [talɔʃ]. *n. f.* • *Fam.* Gifle (surtout à un enfant). *Si tu continues, tu vas recevoir une taloche.* V. **Calotte.** ▼ **TALOCHER.** v. tr. (1). *Fam.* V. **Calotter.**

1. TALON [talɔ̃]. *n. m.* • **1°** Partie postérieure du pied de l'homme, dont la face inférieure touche le sol pendant la marche. *Talon et pointe du pied. Pivoter sur ses talons. Le talon d'Achille* (le seul endroit où Achille pouvait être blessé), point vulnérable. *C'est son talon d'Achille.* — Loc. *Marcher, être sur les talons de qqn*, le suivre de tout près. *La police était sur ses talons* (V. **Talonner).** — *Montrer, tourner les talons*, s'en aller, partir, s'enfuir. — *Avoir l'estomac dans les talons*, avoir faim. • **2°** Partie d'un bas, d'une chaussette, etc., qui enveloppe le talon. *Bas à talons renforcés.* • **3°** Pièce rigide et saillante à l'arrière d'une chaussure. *Talons plats. Talons hauts.* ▼ **TALONNETTE.** *n. f.* Lame qui protège le talon (3°) de l'usure. Ruban qui renforce le bas d'un pantalon.

2. TALON. *n. m.* • **1°** Reste, bout (d'un pain, d'un fromage) où il y a beaucoup de croûte. — Extrémité (d'un jambon). • **2°** Ce qui reste d'un jeu de cartes après la première distribution. *Piocher dans le talon.* • **3°** Partie d'une feuille de carnet, de registre, qui demeure fixée à la souche après qu'on en a ôté la partie détachable (volant). *Le talon du chèque fait foi.*

TALONNER [talɔne]. *v. tr.* (1) • **1°** Suivre ou poursuivre de très près. *Ses poursuivants le talonnent.* V. **Serrer** (de près). • **2°** Presser vivement et sans relâche. V. **Harceler.** *Ses créanciers le talonnent.* — (Choses) *Talonné par la faim et la soif.* • **3°** Frapper du talon. — *Talonner (le ballon)*, au rugby, lors d'une mêlée, envoyer le ballon dans son camp d'un coup de talon. ▼ **TALONNAGE.** *n. m.* Action de talonner, au rugby. ▼ **TALONNEMENT.** *n. m.* Action de talonner (1° ou 2°).

TALONNETTE. *n. f.* • Ruban qui renforce le bas des jambes de pantalons.

TALQUER [talke]. *v. tr.* (1) • Enduire, saupoudrer de talc. — Au p. p. *Gants de caoutchouc talqués.*

TALUS [taly]. *n. m.* • Terrain en pente très inclinée, aménagé par des travaux de terrassement. *Talus de déblai*, qui borde une excavation. *Talus de remblai*, fait de terre rapportée et qui s'élève au-dessus du sol. *Les talus qui bordent un chemin.* — Ouvrage de fortifications. V. **Glacis.**

TALWEG. V. THALWEG.

TAMANOIR [tamanwaʀ]. *n. m.* • Mammifère communément appelé *grand fourmilier*, qui peut atteindre 2,50 m, à langue effilée et visqueuse, qui lui sert à capturer les fourmis dont il se nourrit.

TAMARINIER [tamaʀinje]. *n. m.* • Grand arbre exotique à fleurs en grappes, qui pousse dans les régions tropicales (son fruit s'appelle le *tamarin*).

TAMARIS [tamaʀis] ou **TAMARIN.** *n. m.* • Arbrisseau originaire d'Orient, à petites feuilles en écailles, à petites fleurs roses en épi, très décoratif. *Allée de tamaris.*

TAMBOUILLE [tɑ̃buj]. *n. f.* • **1°** *Fam.* Plat grossier, cuisine médiocre. V. **Ratatouille.** • **2°** *Pop.* Cuisine. *Faire la tambouille.*

TAMBOUR [tãbuʀ]. *n. m.* ★ **I.** • **1°** Instrument à percussion, formé de deux peaux tendues sur un cadre cylindrique (V. **Caisse**) et que l'on fait résonner à l'aide de baguettes. *Un roulement de tambour.* — Loc. *Sans tambour ni trompette*, sans attirer l'attention. — *Raisonner* (résonner) *comme un tambour*, très mal. • **2°** Celui qui bat le tambour. *Les tambours du régiment.* • **3°** Tout instrument à percussion à membrane tendue. V. **Timbale.** *Tambour de basque*, petit cerceau de bois muni d'une peau tendue et entouré de grelots. V. **Tambourin.** *Tambours africains.* V. **Tam-tam.** ★ **II.** • **1°** Petite entrée à double porte, servant à mieux isoler l'intérieur d'un édifice. *Tambour d'église.* — Tourniquet formé de quatre portes vitrées, en croix. • **2°** Métier circulaire pour broder à l'aiguille. *Broderie au tambour.* • **3°** Cylindre d'un treuil. *Tambour de moulinet* (pêche). — Cylindre (de machines). *Le tambour d'une machine à laver.* • **4°** *Tambour de frein*, pièce cylindrique solidaire de la roue, à l'intérieur de laquelle frottent les segments.

TAMBOURIN [tãbuʀɛ̃]. *n. m.* • **1°** Tambour de basque. • **2°** Tambour haut et étroit, que l'on bat d'une seule baguette. *Tambourin provençal.* ▼ **TAMBOURINAIRE.** *n. m.* Joueur de tambourin (2°).

TAMBOURINER [tãbuʀine]. *v.* (1) ★ **I.** *V. intr.* Faire un bruit de roulement, de batterie (avec un objet dur, avec ses poings, ses doigts). *Tambouriner contre une vitre.* ★ **II.** *V. tr.* Jouer (un air) sur un tambour, un tambourin. *Tambouriner une marche.* — Au p. p. *Langages tambourinés d'Afrique.* ▼ **TAMBOURINAGE** ou **TAMBOURINEMENT.** *n. m.* Action de tambouriner.

TAMBOUR-MAJOR [tãbuʀmaʒɔʀ]. *n. m.* • Sous-officier, du grade de sergent-major, qui commande les tambours et les clairons d'un régiment. *Des tambours-majors.*

TAMIS [tami]. *n. m.* • **1°** Instrument formé d'un réseau plus ou moins serré (toile, vannerie) ou d'une surface percée de petits trous, et d'un cadre, qui sert à passer et à séparer les éléments d'un mélange. V. **Crible, sas.** *Tamis de cuisinière.* • **2°** Loc. *Passer au tamis*, trier, ne conserver que certains éléments. *On a passé le personnel au tamis.* ▼ **TAMISER.** *v. tr.* (1) • **1°** Trier au tamis. V. **Cribler.** *Tamiser de la farine.* • **2°** Laisser passer (la lumière) en partie. V. **Voiler.** — Au p. p. *Lumière tamisée*, filtrée ; douce, voilée. ▼ **TAMISAGE.** *n. m.*

1. TAMPON [tãpɔ̃]. *n. m.* ★ **I.** • **1°** Petite masse dure ou d'une matière souple, pressée, qui sert à boucher un trou, à empêcher l'écoulement d'un liquide. V. **Bouchon.** *Tampon de liège.* • **2°** Cheville qu'on plante pour y fixer un clou, une vis. • **3°** Petite masse formée ou garnie de tissu, d'une matière souple, servant à étendre un liquide. *Tampon métallique à récurer*, formé d'une masse de fils métalliques. *Tampon encreur*, coussinet imprégné d'encre. — *Tampon buvard*, support courbe muni d'une poignée, et recouvert d'une feuille de buvard. • **4°** Petite masse de gaze, d'ouate, de charpie, servant à étancher le sang, nettoyer la peau, etc. *Un tampon imbibé d'éther.* • **5°** En tampon : froissé en boule (papier, tissu). *Son mouchoir roulé en tampon.* ★ **II.** Timbre (qu'on encre sur un tampon encreur) qui sert à marquer, à oblitérer. *Apposer le tampon sur une lettre.* — Cachet, oblitération. ▼ **1. TAMPONNER.** *v. tr.* (1) ★ **I.** Enduire d'un liquide ; essuyer, nettoyer avec un tampon (I, 3° et 4°). — Loc. fam. *Il s'en tamponne le coquillard* (l'œil), il s'en moque. ★ **II.** Timbrer. *Faire tamponner une autorisation.* ▼ **1. TAMPONNEMENT.** *n. m.*

2. TAMPON. *n. m.* • **1°** Plateau métallique vertical destiné à recevoir et à amortir les chocs. *Tampons d'une locomotive. Coup de tampon*, choc des tampons. • **2°** Ce qui amortit les chocs, empêche les heurts (dans un sens concret ou abstrait). *Servir de tampon entre deux personnes qui se disputent. État tampon*, dont la situation intermédiaire entre deux autres États empêche les conflits directs. ▼ **2. TAMPONNER.** *v. tr.* (1) • **1°** Heurter avec les tampons (1°). • **2°** Heurter violemment (en parlant de véhicules). *Les deux voitures se sont tamponnées.* ▼ **2. TAMPONNEMENT.** *n. m.* • **1°** Le fait de heurter avec les tampons. • **2°** Accident résultant du heurt de deux trains. ▼ **TAMPONNEUR, EUSE.** *adj.* Autos tamponneuses : attraction foraine où de petites voitures électriques circulent et se heurtent sur une piste.

TAM-TAM [tamtam]. *n. m.* • **1°** Tambour de bronze ou gong d'Extrême-Orient. V. **Gong.** • **2°** *(Plus courant).* Tambour en usage en Afrique noire comme instrument de musique et pour la transmission de messages. • **3°** Bruit, publicité tapageuse, scandale bruyant. *Faire du tam-tam autour d'un événement.*

TANCER [tãse]. *v. tr.* (3) • *Littér.* Réprimander. V. **Admonester, morigéner.** *Il le tança vertement.*

TANCHE [tãʃ]. *n. f.* • Poisson d'eau douce, à peau sombre et gluante, à chair délicate.

TANDEM [tãdɛm]. *n. m.* • **1°** Bicyclette à deux sièges et deux pédaliers placés l'un derrière l'autre. • **2°** *Fam.* Se dit de deux personnes associées.

TANDIS QUE [tãdik(ə)]. *loc. conj.* • **1°** Pendant le temps que, dans le même moment que. V. **Alors** (que), **comme, pendant** (que). *Ils sont arrivés tandis que je m'apprêtais à sortir.* • **2°** (Marquant l'opposition). V. **Alors** (que). *Tandis que l'un travaille, l'autre se repose.*

TANGAGE [tãgaʒ]. *n. m.* • Mouvement alternatif d'un navire dont l'avant et l'arrière plongent successivement (V. **Tanguer**). *Le tangage et le roulis. Il y a du tangage.* — *Le tangage d'un avion.*

1. TANGENT, ENTE [tãʒã, ãt]. *adj.* • **1°** Qui touche, sans la couper, une ligne, une surface en un seul point. *Droite tangente à un cercle. Courbe tangente à une autre, à un plan.* • **2°** Qui se fait de justesse. *Il a été reçu au bachot, mais c'était tangent.*

2. TANGENTE. *n. f.* • **1°** *Tangente à une courbe*, droite qui touche une courbe en un seul point. *Tangente à un cercle*, perpendiculaire au rayon du cercle en ce point. • 2° Loc. *Prendre la tangente*, se sauver sans être vu ; se tirer d'affaire adroitement en éludant la difficulté par un faux-fuyant. ▼ **TANGENCE.** *n. f.* Position de ce qui est tangent. ▼ **TANGENTIEL, IELLE.** *adj.* Qui a rapport aux tangentes. *Force tangentielle*, exercée dans le sens de la tangente à une courbe.

TANGIBLE [tɑ̃ʒibl(ə)]. *adj.* • 1° Qui tombe sous le sens du tact, que l'on peut connaître en touchant. *La réalité tangible.* V. **Matériel, palpable.** • 2° Dont la réalité est évidente. *Des preuves tangibles. Un fait tangible.*

1. TANGO [tɑ̃go]. *n. m.* • Danse originaire de l'Argentine, sur un rythme assez lent à deux temps. *Un tango langoureux. Jouer un tango.*

2. TANGO. *n.* et *adj. invar.* • Orange très vif, orange foncé. V. **Orangé.**

TANGUER [tɑ̃ge]. *v. intr.* (1) • 1° Se balancer par un mouvement de tangage (bateau). *Un navire qui roule et qui tangue. Ça tangue !* • 2° Remuer par un mouvement alternatif d'avant en arrière (et *abusiv.* par un mouvement latéral ; il faudrait dire *rouler*). *Tout tanguait autour de lui.*

TANIÈRE [tanjɛʀ]. *n. f.* • 1° Retraite d'une bête sauvage (caverne, lieu abrité ou souterrain). V. **Antre, gîte, repaire, terrier.** *Une bête tapie au fond de sa tanière.* • 2° Logis dans lequel on s'isole, on se cache. *Faire sortir un malfaiteur de sa tanière.*

TANIN ou **TANNIN** [tanɛ̃]. *n. m.* • 1° Substance d'origine végétale, rendant les peaux imputrescibles. • 2° Cette substance provenant des grappes de raisin, et qui entre dans la composition des vins rouges. *Ajouter du tanin à un moût.*

1. TANK [tɑ̃k]. *n. m.* • Citerne d'un navire pétrolier. — Petit réservoir métallique pour l'eau, utilisé par les campeurs. ▼ **TANKER.** *n. m.* Bateau-citerne transportant du pétrole. V. **Pétrolier.**

2. TANK. *n. m.* • 1° Char d'assaut. • 2° *Fam.* Grosse automobile. ▼ **TANKISTE.** *n. m.* Soldat d'une unité de tanks, de blindés.

TANNAGE. V. TANNER 1. — **TANNANT.** V. TANNER 2.

TANNÉ, ÉE. *adj.* • *(Personnes).* Dont la peau a pris une couleur brune par l'effet du soleil, des intempéries. *Un marin, un vigneron au visage tanné.* V. **Basané, hâlé.**

TANNÉE. *n. f.* • *Pop.* Volée de coups, raclée. *Elle lui a donné une de ces tannées !*

1. TANNER [tane]. *v. tr.* (1) • Préparer (les peaux) avec du tanin ou d'autres produits pour les rendre imputrescibles et en faire du cuir. — *Peaux tannées.* ▼ **TANNAGE.** *n. m.* Action de tanner les peaux. ▼ **TANNERIE.** *n. f.* • 1° Établissement où l'on tanne les peaux. • 2° Opérations par lesquelles on tanne les peaux. *La tannerie et le corroyage.* ▼ **TANNEUR.** *n. m.* Celui qui tanne les peaux ; celui qui possède une tannerie et vend des cuirs.

2. TANNER. *v. tr.* (1) • *Fam.* Agacer, importuner. *Tu nous tannes !* V. **Embêter.** *Il tanne son père pour avoir de l'argent.* ▼ **TANNANT, ANTE.** adj. *Fam.* Qui tanne, lasse. *Il est tannant avec ses questions.* V. **Fatigant.**

TAN-SAD [tɑ̃sad]. *n. m.* • Selle pour passager, derrière la selle d'une motocyclette. *Des tan-sads.*

TANT [tɑ̃]. *adv.* et *nominal.* ★ **I.** *Adv.* de quantité, marquant l'intensité. • 1° TANT QUE : exprime qu'une action ou qu'une qualité portée à un très haut degré devient la cause d'un effet. V. **Tellement.** *Il souffre tant qu'il ne peut plus se lever.* • 2° TANT DE... QUE... : une si grande quantité, un si grand nombre de... que... *Elle éprouvait tant de jalousie qu'elle en était malade.* — *Absolt.* Tant de choses. *Il a fait tant pour vous ! Il fit* TANT ET SI BIEN *que la corde cassa.* • 3° (Sans QUE). Tellement. *Il vous aimait tant. Je voudrais tant avoir fini.* • 4° TANT DE : une si grande, une telle quantité de. *Celui-là et tant d'autres. Tant de fois. Des gens comme il y en a tant.* Fam. *Vous m'en direz tant !* je ne suis plus étonné après ce que vous m'avez dit. — TANT SOIT PEU : si peu que ce soit. *S'il est tant soit peu délicat, il comprendra.* — TANT S'EN FAUT : il s'en faut de beaucoup. • 5° *Littér.* (Introduisant la cause). *Il n'ose plus rien entreprendre, tant il a été déçu.* — Loc. *Tant il est vrai que...*, introduit une vérité qui découle de ce qui vient d'être dit. ★ **II.** Une quantité qu'on ne précise pas. *Être payé à tant par mois, à tant la page. Tant pour cent.* — TANT ET PLUS : la quantité dont on parle et plus encore. *J'ai des amis tant et plus.* ★ **III.** (Exprimant une comparaison). • 1° TANT... QUE : exprime l'égalité dans des propositions négatives ou interrogatives. V. **Autant.** *Ce n'est pas tant l'isolement qui me fait peur que le silence.* — TANT QUE..., en phrase affirmative. V. **Autant.** *Il frappe tant qu'il peut.* — *Tant que ça*, tellement. — SI TANT EST QUE... (et *subj.*) : exprime une supposition très improbable. *Il a l'air d'un honnête homme si tant est qu'il en existe encore.* — TOUS TANT QUE (et verbe *être* au plur.) : tous, autant qu'il y en ait. *Tous tant que nous sommes, nous commettons des erreurs.* • 2° EN TANT QUE... : dans la mesure où... *La justice est bonne en tant qu'elle garantit la liberté.* — Considéré comme. *La photographie en tant qu'art. En tant que Français, je suis d'un autre avis.* • 3° TANT... QUE... : aussi bien que. *Ses activités tant sportives qu'artistiques...* — TANT BIEN QUE MAL (suivi d'un v. d'action) : ni bien ni mal et avec peine. *Il a réussi tant bien que mal à le réparer.* • 4° TANT QU'À... *(et l'inf.)* : puisqu'il faut... *Tant qu'à faire, faites-le bien.* • 5° TANT MIEUX, TANT PIS : locutions exprimant la joie ou le dépit. *Il est guéri, tant mieux ! Il n'est pas là, tant pis ! Tant pis pour vous*, c'est dommage, mais c'est votre faute. ★ **IV.** TANT QUE... : aussi longtemps que. *Je ne lui parlerai pas tant qu'il ne m'aura pas fait des excuses.* — *Tant que vous y êtes*, pendant que... *Et une voiture, tant que tu y es !* et tu pourrais aussi demander une voiture ! (*s.-ent.* : après avoir fait déjà des demandes exagérées).

1. TANTE [tɑ̃t]. *n. f.* • Sœur du père ou de la mère ; femme de l'oncle (*lang. enfant.*

Tata, tantine). *Tante paternelle, maternelle.* — *Grand-tante,* sœur du grand-père ou de la grand-mère ; femme du grand-oncle. — *Tante à la mode de Bretagne,* cousine germaine du père ou de la mère. ▼ **TANTINE.** n. f. *(Lang. enfantin).* Ma tante, en s'adressant à elle. *Bonjour, tantine.*

2. TANTE. *n. f.* • *Vulg.* Homosexuel (variante : *tantouze,* n. f.).

TANTIÈME [tɑ̃tjɛm]. *n. m.* • Pourcentage d'un tout.

TANTINET [tɑ̃tinɛ]. *n. m.* et *loc. adv.* • 1° *Un tantinet de,* un tout petit peu de. *Donnez-moi un tantinet de pain.* • 2° *Loc. adv.* Un petit peu, passablement. *Elles sont un tantinet ridicules.*

TANT MIEUX, TANT PIS. V. TANT.

TANTÔT [tɑ̃to]. *adv.* • 1° Cet après-midi. *Venez tantôt prendre le thé. À tantôt.* • 2° TANTÔT..., TANTÔT... : à un moment, puis à un autre moment (pour exprimer des états différents d'une même chose). V. **Parfois.** *Il se porte tantôt bien, tantôt mal. Tantôt elle pleure, tantôt elle rit.*

TAON [tɑ̃]. *n. m.* • Insecte piqueur et suceur, grosse mouche dont la femelle suce le sang des animaux.

TAPAGE [tapaʒ]. *n. m.* • 1° Bruit violent, désordonné produit par un groupe de personnes. V. **Boucan, chahut, potin, raffut, vacarme.** || Contr. **Silence.** || *Un tapage infernal. Arrêtez ce tapage ! — Tapage nocturne,* consistant à troubler la tranquillité des habitants en faisant du bruit, sans motif légitime. • 2° *(Abstrait).* Esclandre, scandale. *On a fait beaucoup de tapage autour de ce divorce.* ▼ **TAPAGEUR, EUSE.** *adj.* • 1° Qui fait du tapage. *Un enfant tapageur.* • 2° Qui fait du scandale. *Publicité tapageuse.* • 3° Qui se fait remarquer par l'outrance, le contraste des couleurs. V. **Criard, voyant.** || Contr. **Discret.** || *Un luxe tapageur.* ▼ **TAPAGEUSEMENT.** *adv.*

TAPANT, ANTE [tapɑ̃, ɑ̃t]. *adj.* • (Après le nom d'une heure). Qui est en train de sonner (une heure). *À midi tapant. À neuf heures tapantes.* V. **Juste, pétant, sonnant.**

TAPE [tap]. *n. f.* • Coup donné avec le plat de la main. *Une tape dans le dos.* V. **Claque.** *Il m'a donné une tape amicale.*

TAPÉ, ÉE [tape]. *adj.* • 1° Trop mûr, pourri par endroits (aux endroits des heurts). V. *aussi* **Talé.** *Pommes tapées. — Fam.* (D'une femme qui n'est plus jeune). *Elle est un peu tapée.* • 2° *Fam.* BIEN TAPÉ : réussi, bien fait. *Une réponse bien tapée,* bien envoyée. — Bien servi. *Un demi bien tapé.* • 3° *Fam.* Fou. *Il est complètement tapé.* V. **Sonné.**

TAPE-À-L'ŒIL [tapalœj]. *adj.* et *n. m. invar.* • 1° *Adj.* Qui attire l'attention par des couleurs voyantes, un luxe tapageur. *Une décoration un peu tape-à-l'œil.* • 2° N. m. invar. *C'est du tape-à-l'œil,* cela fait beaucoup d'effet mais a peu de valeur.

TAPECUL ou **TAPE-CUL** [tapky]. *n. m.* • 1° Voiture à cheval, automobile mal suspendue. • 2° Exercice de manège, à cheval. • 3° Brimade consistant à soulever qqn par les pieds et les épaules et à lui taper le derrière par terre.

TAPÉE [tape]. *n. f.* • *Fam.* Grande quantité. *Des ennuis, j'en ai des tapées.*

TAPER [tape]. *v.* (1) ★ **I.** *V. tr.* • 1° Frapper du plat de la main ; frapper, claquer. *Taper un enfant. — Taper des tapis,* les battre. — Loc. fam. *Se taper les cuisses de contentement.* — Pop. *Il y a de quoi se taper le derrière par terre,* c'est une chose risible, grotesque. — Fam. *C'est à se taper la tête contre les murs,* c'est une situation révoltante et sans issue. • 2° Produire (un bruit) en tapant. *Taper trois coups à la porte.* • 3° Écrire (un texte) au moyen de la machine à écrire. V. **Dactylographier ; frappe.** *Faire taper une lettre.* • 4° *Fam.* Emprunter de l'argent à (qqn). *Je l'ai tapé de cent francs.* ★ **II.** *V. intr.* • 1° Donner des coups. *Le boxeur tapait comme un sourd.* V. **Cogner.** *Arrête de taper sur ton frère. Taper des mains, dans ses mains.* • 2° Loc. *Taper sur qqn,* dire du mal de lui en son absence. V. **Critiquer, médire.** — *Taper sur le ventre de qqn,* le traiter avec une familiarité excessive. — *Taper sur les nerfs,* agacer. — *Taper dans l'œil de qqn,* lui plaire vivement. — *Taper dans le mille,* réussir ; deviner juste. • 3° Écrire au moyen d'une machine. *Taper à la machine. Cette dactylo tape vite.* • 4° *Le soleil tape dur,* chauffe très fort. *Ça tape, aujourd'hui !* • 5° Fam. *Taper dans,* prendre dans, se servir de. *Ils ont déjà tapé dans les provisions. Tapez dans le tas !* ★ **III.** SE TAPER. *v. pron.* • 1° *Récipr.* Se frapper l'un l'autre. • 2° (Réfl.). *Pop.* Manger, boire (qqch.). *Elle se tape son litre de rouge.* • 3° *Fam.* Faire (une corvée). *Se taper tout le travail. Il s'est tapé le trajet à pied.* ▼ **TAPEMENT.** *n. m.* Action de taper (I, 1° et 2°). *Des tapements de pieds.* Le bruit ainsi produit. *Un tapement sourd.*

1. TAPETTE [tapɛt]. *n. f.* • Raquette d'osier pour battre les tapis ; pour tuer les mouches.

2. TAPETTE. *n. f.* • *Fam.* Langue (qui parle). *Il a une de ces tapettes !* il est très bavard.

3. TAPETTE. *n. f.* • *Vulg.* Homosexuel.

TAPEUR, EUSE [tapœʀ, øz]. *n.* • Personne qui emprunte souvent de l'argent.

TAPINOIS (EN) [ɑ̃tapinwa]. *loc. adv.* • En se cachant, à la dérobée. V. **Catimini** (en), **sournoisement.** *Il avançait en tapinois.*

TAPIOCA [tapjɔka]. *n. m.* • Fécule extraite de la racine de manioc. *Potage au tapioca,* ou ellipt. *un tapioca.*

TAPIR (SE) [tapiʀ]. *v. pron.* (2) • Se cacher, se dissimuler en se blottissant. *Le chat s'est tapi sous le buffet.* — Au p. p. *Une bête tapie dans les buissons.*

TAPIR [tapiʀ]. *n. m.* • Mammifère ongulé, herbivore, d'assez grande taille (jusqu'à 2 m), bas sur pattes, dont le nez se prolonge en trompe.

TAPIS [tapi]. *n. m.* • 1° Ouvrage de fibres textiles, destiné à être étendu sur le sol. *Tapis de haute laine. Secouer les tapis. — Marchand de tapis,* marchand ambulant de tapis ; *péj.* vendeur, marchand trop insistant. • 2° Revêtement souple de sol. *Tapis de sparterie.* V. **Natte.** *Tapis de sol,* dans une tente de camping, etc. — TAPIS-BROSSE : paillasson. — *Envoyer son adversaire au tapis*, au sol. • 3° TAPIS-ROULANT : surface plane animée d'un mouvement de translation et servant à transporter des personnes, des marchandises. • 4° Couche, surface qui évoque un tapis. *Un tapis de neige.* • 5° Pièce de tissu recouvrant un meuble, une table. *Tapis de table.* V. **Dessus** (de table). — Loc. *Mettre une affaire, une question sur le tapis*, la faire venir en discussion. *Être sur le tapis*, être l'objet de la conversation.

TAPISSER [tapise]. *v. tr.* (1) • 1° Couvrir de tapisseries, tentures, étoffes, papiers, etc., pour orner. *Tapisser un mur, une chambre. Papier à tapisser.* • 2° *(Suj. chose).* Recouvrir (un mur, une paroi) en manière d'ornement. *Tenture qui tapisse un appartement.* — Recouvrir parfaitement. *Le lierre tapissait tout le mur.*

TAPISSERIE [tapisʀi]. *n. f.* • 1° Ouvrage d'art en tissu, effectué au métier, dans lequel le dessin résulte de l'armure même. *Tapisseries des Gobelins.* • 2° Loc. *Faire tapisserie dans un bal*, se dit d'une jeune fille, d'une femme qui n'est pas invitée à danser (et qui reste immobile le long du mur, comme une tapisserie). • 3° Ouvrage de dame à l'aiguille, dans lequel un canevas est entièrement recouvert par des fils de laine, de soie. *Faire une tapisserie, de la tapisserie.*

TAPISSIER, IÈRE [tapisje, jɛʀ]. *n.* • Personne qui tapisse une pièce, une maison, pose les papiers peints. *Tapissier-décorateur.*

TAPOTER [tapɔte]. *v. tr.* (1) • Frapper légèrement à petits coups répétés. *Tapoter la joue d'un enfant.* — Intrans. *Tapoter sur la table.* V. **Tambouriner.** ▼ **TAPOTEMENT** [tapɔtmɑ̃]. *n. m.*

TAQUET [takɛ]. *n. m.* • 1° Pièce de bois qui soutient l'extrémité d'un tasseau. Coin de bois pour caler un meuble. • 2° Morceau de bois qui tourne autour d'un axe et sert à maintenir une porte fermée. V. **Loquet.**

TAQUIN, INE [takɛ̃, in]. *adj.* • Qui prend plaisir à contrarier autrui dans les petites choses et sans désir de nuire. *Un enfant taquin. Un caractère taquin.* ▼ **TAQUINER.** *v. tr.* (1) • 1° S'amuser à contrarier dans de petites choses. V. **Asticoter, enrager** (faire). • 2° *(Suj. chose).* Être la cause de petites contrariétés, d'une douleur légère. *Ce retard me taquine.* V. **Inquiéter.** *J'ai une dent qui me taquine.* V. **Agacer.** • 3° Loc. fam. *Taquiner le goujon*, pêcher à la ligne. ▼ **TAQUINERIE.** *n. f.* • 1° Caractère d'une personne taquine. • 2° *Une taquinerie*, action de taquiner ; parole taquine.

TARABISCOTÉ, ÉE [taʀabiskɔte]. *adj.* • 1° Qui comprend beaucoup d'ornements. *Des meubles tarabiscotés.* • 2° *(Abstrait).* Affecté, contourné. *Style tarabiscoté.*

TARABUSTER [taʀabyste]. *v. tr.* (1) • 1° Importuner par des paroles, des interventions renouvelées. V. **Houspiller, tourmenter, tracasser.** *Mes patrons vont encore me tarabuster.* • 2° *(Suj. chose).* Causer de la contrariété, de l'inquiétude, de l'agitation. *C'est une idée qui me tarabuste.*

TARASQUE [taʀask(ə)]. *n. f.* • Animal fabuleux, sorte de dragon des légendes provençales.

TARATATA ! [taʀatata]. *interj.* • Onomatopée exprimant l'incrédulité, la défiance, le mépris. *Taratata ! tout ça, c'est des histoires !*

TARAUD [taʀo]. *n. m.* • Outil d'acier formé d'une mèche dont le pas est interrompu par des rainures longitudinales. ▼ **TARAUDER.** *v. tr.* (1) • 1° Creuser, percer (une matière dure) pour y pratiquer un pas de vis. *Tarauder une planche.* • 2° Percer avec une tarière. *Les insectes qui taraudent le bois.*

TARD [taʀ]. *adv.* • 1° Après le moment habituel ; après un temps considéré comme long. || Contr. **Tôt.** || *Se lever tard.* — PROV. *Mieux vaut tard que jamais.* — *Un peu tard, bien tard, trop tard*, après un temps trop long, après le moment convenable. *Votre lettre est arrivée trop tard, j'étais déjà parti.* — TÔT OU TARD : inévitablement, mais à un moment qu'on ne peut prévoir avec certitude. — (Avec *être*) *Il est, c'est trop tard.* PROV. *Il n'est jamais trop tard pour bien faire.* — *Au plus tard*, en prenant le délai le plus long, qu'on puisse admettre comme vraisemblable. *Je vous rembourserai dans un mois au plus tard.* — PLUS TARD : dans l'avenir. V. **Ultérieurement.** *Ce sera pour plus tard. Quelques minutes plus tard.* V. **Après.** *Pas plus tard qu'hier* (il y a si peu de temps). • 2° À la fin d'une période, à une heure avancée du jour ou de la nuit. *Tard dans la matinée, dans la nuit. Rentrer tard.* — Adj. *Il est, il se fait tard*, l'heure est avancée. • 3° *Subst.* SUR LE TARD : à un âge considéré comme avancé. *Il s'est mis à jouer du piano sur le tard.*

TARDER [taʀde]. *v. intr.* (1) • 1° Se faire attendre ; être lent à venir. *Ça n'a pas tardé !* • 2° Mettre beaucoup de temps ; rester longtemps avant de commencer à agir. *Ne tardez pas, décidez-vous. Venez sans tarder*, tout de suite. — TARDER À (et l'inf.). *Il n'a pas tardé à lui répondre.* • 3° Impers. IL ME (TE, LUI...) TARDE *(avec l'inf.)* : exprimant l'impatience de faire, de voir se produire qqch. *Il me tarde d'avoir les résultats.* — (Avec *que* et subj.) *Il lui tarde que ce soit terminé.*

TARDIF, IVE [taʀdif, iv]. *adj.* • 1° Qui apparaît, qui a lieu tard, vers la fin d'une période, d'une évolution. *Maturité tardive.* • 2° Qui a lieu tard dans la journée, la matinée ou la soirée. *Il est rentré à une heure tardive.* V. **Avancé.** — Qui vient, qui se fait trop tard. *Des remords tardifs.* • 3° (*Opposé à* précoce). Qui se forme, se développe plus lentement ou plus tard que la moyenne. *Un fruit tardif.* ▼ **TARDIVEMENT.** *adv.* Tard. *Elle s'en aperçut tardivement.*

1. TARE [taʀ]. *n. f.* • 1° Poids de l'emballage, du récipient pesé avec une marchandise. *Déduire la tare pour obtenir le poids net.* • 2° Poids équivalent de celui d'un objet qu'on ne veut pas compter dans un poids total. ▼ **TARER.** *v. tr.* (1). Peser (un emballage ou un récipient) avant de le remplir afin de pouvoir déduire son poids du poids brut.

2. TARE. *n. f.* • 1° Grave défaut (d'une personne, d'une société, d'une institution). *Les tares humaines.* • 2° Défectuosité physique ou psychologique, souvent considérée comme héréditaire et irrémédiable. ▼ **TARÉ, ÉE.** *adj.* • 1° Affecté de tares. *Un politicien taré. Régime taré.* • 2° Atteint d'une tare (2°).

TARENTELLE [taʀɑ̃tɛl]. *n. f.* • Danse du sud de l'Italie sur un air au rythme très rapide.

TARENTULE [taʀɑ̃tyl]. *n. f.* • Grosse araignée venimeuse des pays chauds.

TARGETTE [taʀʒɛt]. *n. f.* • Petit verrou, généralement à tige plate, que l'on manœuvre en poussant ou en tournant un bouton. *Mettre la targette.*

TARGUER (SE) [taʀge]. *v. pron.* (1) • *Littér.* Se prévaloir (de qqch.) avec ostentation, se vanter de... *Il se targue un peu trop de sa générosité.* — *Plus courant* (suivi d'un inf.). *Il se targue d'y parvenir. Il se targue de ce que tout lui réussit.*

TARGUI, IE [taʀgi]. *n.* et *adj.* • Forme du singulier de TOUAREG.

TARIÈRE [taʀjɛʀ]. *n. f.* • 1° Grande vrille pour percer le bois. • 2° Prolongement de l'abdomen (d'insectes) capable de creuser des trous.

TARIF [taʀif]. *n. m.* • 1° Tableau qui indique le montant de droits à acquitter, des prix fixés ; ces prix. *Tarif des chemins de fer. Tarif réduit.* V. **Demi-tarif.** *Payer plein tarif. Tarif syndical,* fixé par un syndicat. • 2° Le prix tarifé ou usuel (d'une marchandise, d'un travail). — Fam. *Il aura deux mois de prison, c'est le tarif,* la peine habituelle. ▼ **TARIFAIRE.** adj. *Dispositions tarifaires.* ▼ **TARIFER.** *v. tr.* (1). Fixer à un montant, à un prix déterminé ; déterminer le tarif de. *Faire tarifer une ordonnance.* — Au p. p. *Des marchandises tarifées.* ▼ **TARIFICATION.** *n. f.*

TARIN [taʀɛ̃]. *n. m.* • *Pop.* Nez.

TARIR [taʀiʀ]. *v.* (2) ★ **I.** *V. intr.* • 1° Cesser de couler, s'épuiser. *Source qui tarit. Ses larmes ne tarissent plus.* • 2° *L'entretien, la conversation tarit,* s'arrête parce qu'on n'a plus rien à se dire. — *(Personnes)* NE PAS TARIR : ne pas cesser de dire, de parler. *Il ne tarit pas sur ce sujet.* V. **Intarissable.** *Il ne tarit pas d'éloges sur vous.* ★ **II.** *V. tr.* Faire cesser de couler ; mettre à sec. V. **Assécher.** *Tarir un fleuve.* — Pronom. *La source s'est tarie.* — *Sa veine poétique s'est tarie.* V. **Épuiser** (s'). ▼ **TARI, IE.** adj. *Une rivière tarie.* ▼ **TARISSEMENT.** *n. m.*

TARLATANE [taʀlatan]. *n. f.* • Étoffe de coton très légère, très chargée d'apprêt. V. **Singalette.** *Jupe de danseuse en tarlatane.*

TAROT [taʀo]. *n. m.* • *Les tarots,* cartes à jouer portant des figures spéciales et plus longues que les cartes ordinaires, utilisées surtout en cartomancie. *Un jeu de tarots* (ou ellipt. *Un tarot*) *de soixante-dix-huit cartes.*

TARSE [taʀs(ə)]. *n. m.* • Partie du squelette du pied constituée par une double rangée d'os courts. ▼ **TARSIEN, IENNE.** adj. *Articulation, os tarsiens.*

TARTAN [taʀtɑ̃]. *n. m.* • Tissu écossais (imité des tissus traditionnels des clans écossais). *Imperméable doublé de tartan.*

TARTANE [taʀtan]. *n. f.* • Petit bateau à voile de la Méditerranée, utilisé pour la pêche et le cabotage.

TARTARE [taʀtaʀ]. *n.* et *adj.* • 1° Se disait des populations d'Asie centrale (Turcs et Mongols). • 2° *Sauce tartare,* mayonnaise aux câpres et à la moutarde. — *Un steak tartare,* ou subst. *Un tartare,* viande de bœuf crue et hachée, mêlée d'une sauce tartare.

TARTARIN [taʀtaʀɛ̃]. *n. m.* • *Fam.* Fanfaron, vantard (nom du héros d'A. Daudet).

TARTE [taʀt(ə)]. *n. f.* et *adj.* • 1° Pâtisserie formée d'un fond de pâte entouré d'un rebord et garni (de confiture, de fruits, de crème). *Tarte aux fruits. Tarte à la crème.* — Loc. *Tarte à la crème,* formule vide et prétentieuse par laquelle on prétend avoir réponse à tout. — Pop. *C'est pas de la tarte !* c'est désagréable ou difficile. • 2° *Pop.* Coup, gifle. • 3° Adj. *Fam.* Laid ; sot et ridicule, peu dégourdi. V. **Cloche.** (Avec ou sans accord.) *Ce qu'ils sont tarte !* — (D'une chose) *Il est un peu tarte, son chapeau !* V. **Mochard.** (Var. très fam. *Tartignolle.*) ▼ **TARTELETTE.** *n. f.* Petite tarte individuelle. V. *aussi* **Barquette.**

TARTINE [taʀtin]. *n. f.* • 1° Tranche de pain recouverte de beurre, de confiture... ou destinée à l'être. *Faire des tartines. Tartines grillées.* V. **Rôtie, toast.** • 2° *Fam.* Développement interminable sur un sujet quelconque. V. **Laïus, tirade.** *Il a fait là-dessus toute une tartine.* ▼ **TARTINER.** *v. tr.* (1). Étaler (du beurre, etc.) sur une tranche de pain.

TARTRE [taʀtʀ(ə)]. *n. m.* • 1° Dépôt qui se forme dans les récipients contenant du vin. • 2° Dépôt de phosphate de calcium qui s'attache au collet des dents. • 3° Croûte calcaire qui se forme sur les parois des chaudières, des bouilloires.

TARTUFE ou **TARTUFFE** [taʀtyf]. *n. m.* et *adj.* • Personne hypocrite. — Adj. *Il est un peu tartuffe.* ▼ **TARTUFERIE** ou **TARTUFFERIE.** *n. f.*

TAS [tɑ]. *n. m.* • 1° Amas (de matériaux, de morceaux, d'objets) s'élevant sur une large base. *Un tas de pierres, de sable ; de détritus.* V. **Monceau.** *Mettre en tas.* V. **Entasser.** • 2° Grande quantité, grand nombre (de choses). *Un tas de détails inutiles. Des tas de...,* beaucoup. *Il s'intéresse à des tas de choses.* V. **Masse.** — *Péj.* ou *fam.* Grand nombre (de gens). V. **Multitude.** *Un tas de gens. Dans le tas,* dans le grand nombre de gens en question. *Tirer, taper dans le tas,* dans un groupe, sans viser précisément qqn. —*Exclam.* (Injure à un groupe) *Tas de salauds !* • 3° *Loc.* SUR LE TAS : sur le lieu du travail, au travail. *Grève sur le tas.*

TASSE [tɑs]. *n. f.* • 1° Petit récipient à anse ou à oreille, servant à boire. *Une tasse de porcelaine. Des tasses à café.* — Son contenu. *Prendre une tasse de thé.* • 2° Loc. fam. *Boire une tasse, la tasse,* avaler involontairement de l'eau en se baignant.

TASSEAU [taso]. *n. m.* • Petite pièce de bois ou de métal destinée à soutenir l'extrémité d'une tablette. V. **Support.** *Une planche, supportée par deux tasseaux. Taquets soutenant un tasseau.*

TASSER [tase]. *v. tr.* (1)★ **I.** • 1° Comprimer le plus possible, en tapant, poussant, serrant. *Tasser le tabac dans la pipe.* V. **Bourrer.** • 2° *Fam.* BIEN TASSÉ : qui remplit bien le verre. *Un demi bien tassé.* V. **Tapé.** — *Un café, un pastis bien tassé,* très fort. • 3° (Compl. personne). *Tasser des prisonniers dans un wagon.* ★ **II.** *Pronom.* SE TASSER. • 1° S'affaisser sur soi-même. *Des terrains qui se tassent.* — Au p. p. *Terre tassée.* (Personnes.) *Une petite vieille toute tassée.* • 2° (Suj. chose). *Fam.* Revenir, après quelque incident, à un état normal. V. **Arranger** (s'). *Il y a des difficultés; ça se tassera! Les choses vont se tasser.* • 3° (Suj. personne). *Pop.* S'envoyer. *Qu'est-ce qu'on s'est tassé comme gâteaux!* V. **Taper** (se). ▼ **TASSEMENT.** *n. m.* V. **Affaissement.** *Le tassement du sol.*

TASTE-VIN [tastəvɛ̃] ou **TÂTE-VIN.** *n. m. invar.* • Petite tasse plate servant aux dégustateurs de vin.

TATA [tata]. *n. f.* • *Fam.* (ou enfantin). Tante.

TATANE [tatan]. *n. f.* • *Fam.* Chaussure.

TÂTER [tɑte]. *v. tr.* (1) • 1° Toucher attentivement avec la main, afin d'explorer, d'éprouver, de reconnaître. V. **Manier, palper.** *Il tâte les murs pour trouver son chemin. Tâter le pouls d'un malade.* — *Tâter le terrain,* le reconnaître ; s'assurer, avec précaution, des possibilités d'action. *Je ne sais s'il acceptera, il faut tâter le terrain,* s'assurer de ses intentions. • 2° Chercher à connaître les forces ou les dispositions de (qqn), en le questionnant avec prudence. V. **Sonder.** *Tâter qqn, l'opinion.* • 3° *Intrans.* TÂTER DE : faire l'expérience de. V. **Essayer.** *Il a tâté un peu de tous les métiers. Tâter de la prison.* — Pop. *Y tâter,* être expert à une activité, un jeu. • 4° SE TÂTER *(fig.)* : s'étudier avec attention ; s'interroger longuement, hésiter. *Il n'a rien décidé, il se tâte.*

TATILLON, ONNE [tatijɔ̃, ɔn]. *adj.* • Exagérément minutieux, exigeant, attaché aux détails des règlements. *Un bureaucrate tatillon.*

TÂTONNER [tɑtɔne]. *v. intr.* (1) • 1° Tâter plusieurs fois le sol, les objets autour de soi, pour se diriger ou trouver qqch. *Il tâtonnait dans l'obscurité.* • 2° Hésiter, faute de compréhension suffisante. — Faire divers essais pour découvrir une solution. V. **Essayer.** *La médecine tâtonne encore dans bien des domaines.* ▼ **TÂTONNANT, ANTE.** adj. *Un geste tâtonnant. Des recherches tâtonnantes.* ▼ **TÂTONNEMENT.** *n. m.* • 1° Action de tâtonner. • 2° Essai hésitant et renouvelé pour trouver qqch. *Nous trouverons certainement la solution après quelques tâtonnements.*

TÂTONS (À) [atɑtɔ̃]. *loc. adv.* • 1° En tâtonnant (1°). V. **Aveuglette** (à l'). *Avancer à tâtons dans l'obscurité.* • 2° Au hasard, sans méthode.

TATOU [tatu]. *n. m.* • Mammifère édenté d'Amérique du Sud, au corps recouvert d'une carapace. *Grand tatou.*

TATOUER [tatwe]. *v. tr.* (1) • 1° Marquer, orner (une partie du corps) d'inscriptions ou de dessins indélébiles en introduisant au moyen de piqûres des matières colorantes sous l'épiderme. *Un marin qui se fait tatouer la poitrine.* • 2° Exécuter (un dessin) par tatouage. *Il a une sirène tatouée dans le dos.* ▼ **TATOUAGE.** *n. m.* • 1° Action de tatouer. • 2° Signe, dessin exécuté en tatouant la peau. ▼ **TATOUEUR.** *n. m.*

TAUDIS [todi]. *n. m.* • 1° Logement misérable, sans confort ni hygiène. *Les taudis des grandes villes. Lutte contre les taudis.* • 2° Maison, pièce mal tenue. *Ta chambre est un vrai taudis!*

TAULE ou **TÔLE** [tol]. *n. f.* • 1° *Pop.* Chambre. V. **Piaule.** • 2° *Arg.* Prison. *Aller en taule.* ▼ **TAULIER, IÈRE** ou **TÔLIER, IÈRE.** n. *Pop.* Propriétaire ou gérant d'un hôtel. *Le taulier lui a réclamé la note.*

1. TAUPE [top]. *n. f.* • 1° Petit mammifère insectivore aux yeux très petits, qui vit sous terre en creusant de longues galeries (V. **Taupinière**). *La taupe vit dans l'obscurité, mais n'est pas aveugle.* — Loc. *Myope comme une taupe,* très myope. — *Vivre comme une taupe,* sans sortir de chez soi. — Fam. *Vieille taupe,* vieille femme désagréable. • 2° Fourrure à poil court et soyeux de cet animal. ▼ **TAUPINIÈRE.** *n. f.* Monticule de terre formé par la taupe lorsqu'elle creuse ses galeries.

2. TAUPE. *n. f.* • Dans les lycées, Classe de mathématiques spéciales préparant aux grandes Écoles scientifiques.

TAUPÉ [tope]. *n. m.* • Chapeau de feutre à poils dépassants (rappelant la fourrure de taupe).

TAUREAU [tɔʀo]. *n. m.* • 1° Mammifère ruminant domestique, mâle de la vache, apte à la reproduction (Cf. Bœuf). *Des taureaux qui mugissent, beuglent. Mener une vache au taureau.* — Loc. *Un cou de taureau,* épais et puissant. *Fort comme un taureau.* — TAUREAU DE COMBAT : taureau sélectionné pour les *courses de taureaux.* V. **Corrida ; tauromachie.** • 2° Deuxième signe du zodiaque. ▼ **TAURILLON.** *n. m.* Jeune taureau qui ne s'est pas encore accouplé. ▼ **TAURIN, INE.** *adj.* Relatif au taureau, au taureau de combat. ▼ **TAUROMACHIE** [tɔʀɔmaʃi]. *n. f.* Art de combattre les taureaux dans l'arène. ▼ **TAUROMACHIQUE.** *adj.*

TAUTO-. • Élément savant signifiant « le même ».

TAUTOLOGIE [totɔlɔʒi]. *n. f.* • Proposition logique dont les éléments ont le même sens exprimé sous des formes différentes. ▼ **TAUTOLOGIQUE.** adj. *Un raisonnement tautologique.*

TAUX [to]. *n. m.* • 1° Montant d'une imposition, d'un prix fixé par l'État. *Taux du change,* prix d'une monnaie étrangère. V. **Cours, pair.** — Montant de l'intérêt annuel. *Un taux de 4 %.* • 2° Proportion dans laquelle intervient un élément variable. *Le* *taux d'urée sanguin.* — Pourcentage. *Le taux de mortalité.*

TAVELÉ, ÉE [tavle]. *adj.* • Marqué de petites taches. *Un visage tavelé. Un fruit tavelé.* ▼ **TAVELURE.** n. f. *Les tavelures de la peau.*

TAVERNE [tavɛʀn(ə)]. *n. f.* • **1°** Lieu public où l'on mangeait et l'on buvait en payant. V. **Auberge.** • **2°** Café-restaurant de genre ancien et rustique (V. **Hostellerie**). ▼ **TAVERNIER, IÈRE.** n. *Vx* ou *plaisant.* Cafetier, restaurateur tenant une taverne.

TAXATION [taksɑsjɔ̃]. *n. f.* • Le fait de taxer (1). *Taxation de la viande.*

TAXE [taks(ə)]. *n. f.* • **1°** Imposition que doit payer un particulier. V. **Contribution, impôt.** • **2°** *(Plus courant).* Procédé de répartition des charges publiques proportionnellement aux services rendus ; somme établie par ce procédé. *Taxes postales.* — Imposition obligatoire, qui, lorsqu'elle correspond à un service, n'est pas proportionnelle à ce service. *Taxe sur le chiffre d'affaires,* impôts sur le chiffre d'affaires des entreprises. *Taxe sur la valeur ajoutée* (T.V.A.). ▼ **1. TAXER.** *v. tr.* (1) • **1°** Fixer à une somme déterminée (en parlant de l'État, d'un tribunal). *Taxer le prix d'une chose à tant. Prix taxés.* • **2°** Soumettre à une imposition, à une taxe (un service, une transaction...) ; percevoir une taxe sur... V. **Imposer.** *Taxer les objets de luxe, les boissons.*

2. TAXER. *v. tr.* (1) • **1°** TAXER QQN DE... : accuser de. *Elle le taxe de méchanceté.* • **2°** Qualifier (une personne, une chose) de. V. **Appeler.** *La fantaisie est toujours taxée de folie.*

TAXI [taksi]. *n. m.* • Voiture automobile munie d'un compteur qui indique le prix de la course (V. **Taximètre**). *J'ai pris un taxi. Hep taxi ! — Chauffeur de taxi,* personne qui conduit un taxi. *Station de taxis.* — Fam. *Il, elle fait le taxi,* il, elle est chauffeur de taxi.

TAXI-, TAXO-, -TAXIE. • Éléments savants signifiant « arrangement, ordre », ou « fixation d'une imposition ».

TAXIDERMIE [taksidɛʀmi]. *n. f.* • *Didact.* Art de préparer, d'empailler les animaux morts. (Syn. *Naturalisation.*)

TAXIMÈTRE [taksimɛtʀ(ə)]. *n. m.* • Compteur de taxi qui enregistre le temps écoulé et la distance, et détermine la somme à payer.

TAXIPHONE [taksifɔn]. *n. m.* • Téléphone public où l'on obtient la communication en introduisant un jeton, une pièce dans l'appareil.

TAXONOMIE [taksɔnɔmi] ou **TAXINOMIE** [taksinɔmi]. *n. f.* • *Didact.* Science des lois de la classification.

TAYLORISME [tɛlɔʀism(ə)]. *n. m.* • Méthode d'organisation scientifique du travail industriel, par l'utilisation maximale de l'outillage, la suppression des gestes inutiles.

TCHÈQUE [tʃɛk]. *adj.* • De Bohême et Moravie (Tchécoslovaquie). — Subst. *Les Tchèques.* — N. m. *Le tchèque,* langue slave.

TCHIN-TCHIN [tʃintʃin]. *interj.* • *Fam.* Interjection pour trinquer.

TE [t(ə)]. *pron. pers.* • Pronom personnel de la deuxième personne du singulier des deux genres, employé comme complément (V. **Toi, tu**). — REM. *Te* s'élide en *t'* devant une voyelle ou un *h* muet. • **1°** (Compl. d'objet direct ou attribut). *Je te quitte. Tu t'habilleras toi-même. Cela va te rendre malade.* • **2°** *(Compl. indir.).* À toi. *Je te donnerai cent francs. Je te l'ai promis.* — Fam. *Elle te court après,* après toi. — (Compl. de l'attribut) *Cela peut t'être utile.* • **3°** Avec un verbe de forme pronominale. *Tu te perdras. Ne t'en fais pas.*

1. TÉ [te]. *n. m.* • Règle plate, faite de deux branches en équerre.

2. TÉ ! [te]. *interj.* • Exclamation méridionale *(tiens !)* marquant généralement la surprise.

TECHNICIEN, IENNE [tɛknisjɛ̃, jɛn]. *n.* • **1°** Personne qui possède, connaît une technique particulière. V. **Professionnel, spécialiste.** *C'est un technicien de la peinture.* • **2°** (*Par oppos. au* théoricien). Personne qui connaît et contrôle professionnellement des applications pratiques, économiques d'une science. *Les pays en voie de développement ont besoin de techniciens.* • **3°** Agent spécialisé qui travaille sous les ordres directs de l'ingénieur.

-TECHNIE, -TECHNIQUE. • Éléments savants signifiant « art, métier » (*ex. :* zootechnie, polytechnique).

TECHNIQUE [tɛknik]. *adj.* et *n.* ★ **I.** *Adj.* • **1°** Qui appartient à un domaine particulier, spécialisé, de l'activité ou de la connaissance. V. **Spécial.** *Des revues techniques. Mots techniques,* qui ne sont employés que par les techniciens, les spécialistes. ‖ Contr. **Courant.** ‖ • **2°** Qui, dans le domaine de l'art, concerne les procédés de travail plus que l'inspiration. *Les difficultés techniques d'un morceau de piano.* • **3°** Qui concerne les applications de la connaissance théorique, dans le domaine de la production et de l'économie. *L'enseignement technique,* et subst. *La technique.* • **4°** Qui concerne les objets, les mécanismes nécessaires à une action. *Un incident technique,* dû à une défaillance du matériel. ★ **II.** *N. f.* • **1°** Ensemble de procédés employés pour produire une œuvre ou obtenir un résultat déterminé. V. **Art, métier.** *La technique du théâtre. Un musicien qui manque de technique.* • **2°** *Fam.* Manière de faire. *N'avoir pas la (bonne) technique,* ne pas savoir s'y prendre. • **3°** Ensemble de procédés méthodiques, fondés sur des connaissances scientifiques, employés à la production. *Les industries et les techniques.* — Absolt. *La technique.* ▼ **TECHNICITÉ.** n. f. *La technicité d'un terme.* ▼ **TECHNIQUEMENT.** *adv.*

TECHNO-. • Élément savant signifiant « métier, procédé ».

TECHNOCRATE [tɛknɔkʀat]. *n. m.* • Ministre, haut fonctionnaire technicien. ▼ **TECHNOCRATIE.** *n. f.* Système politique dans lequel les techniciens ont un pouvoir prédominant. ▼ **TECHNOCRATIQUE.** *adj.*

TECHNOLOGIE [tɛknɔlɔʒi]. *n. f.* • Étude des techniques, des outils, des machines, des matériaux. ▼ **TECHNOLOGIQUE.** adj. *Vocabulaire technologique.* V. **Technique.**

TECK ou **TEK** [tɛk]. *n. m.* • Bois brunâtre, dur, très dense, imputrescible, provenant surtout des régions tropicales.

TECKEL [tekɛl]. *n. m.* • Basset allemand, à pattes très courtes.

TECTONIQUE [tɛktɔnik]. *adj.* et *n. f.* • Relatif à la structure de l'écorce terrestre. — *N. f.* Étude géologique de cette structure.

TE DEUM [tedeɔm]. *n. m. invar.* • Chant religieux (catholique) de louange et d'action de grâces.

TÉGUMENT [tegymɑ̃]. *n. m.* • 1° Tissu vivant qui recouvre le corps (d'un animal), avec ses appendices (poils, plumes, écailles, piquants, etc.). • 2° Enveloppe protectrice (des végétaux).

TEIGNE [tɛɲ]. *n. f.* • 1° Petit papillon de couleur terne (*par ex. :* la mite). *Teigne des jardins.* • 2° Maladie parasitaire du cuir chevelu entraînant la chute des cheveux. V. **Pelade.** • 3° *C'est une teigne,* une personne méchante, hargneuse. V. **Gale, peste.** ▼ **TEIGNEUX, EUSE.** *adj.* Qui a la teigne. — Subst. *Un teigneux.*

TEINDRE [tɛ̃dʀ(ə)]. *v. tr.* (52) • 1° Imprégner d'une substance colorante par teinture. *Elle a teint ses cheveux.* — SE TEINDRE. *v. pron.* Teindre ses cheveux. • 2° *Littér.* Colorer. V. **Teinter.** — *Pronom.* (Suj. chose). *Les champs se teignent de pourpre.* ▼ **TEINT, TEINTE.** *adj.* Qu'on a teint. *Cheveux teints.*

TEINT [tɛ̃]. *n. m.* ★ **I.** Loc. *Tissu bon teint, grand teint,* dont la teinture résiste au lavage et à la lumière. — *(Personnes)* BON TEINT : qui ne change pas, solide. *Un catholique bon teint.* ★ **II.** Nuance ou aspect particulier de la couleur du visage. V. **Carnation.** *Un teint de blonde. Un teint basané. Avoir le teint frais, le teint pâle. — Fond de teint* (V. **Fond**).

TEINTE [tɛ̃t]. *n. f.* • 1° Couleur, le plus souvent complexe. V. **Nuance, ton.** *Les teintes de sa palette. — Une toilette aux teintes vives. Une teinte rougeâtre.* • 2° *(Abstrait).* Apparence peu marquée; petite dose. *Sa réponse avait une légère teinte d'ironie.*

TEINTER [tɛ̃te]. *v. tr.* (1) • 1° Couvrir uniformément d'une teinte légère, colorer légèrement. *Teinter un papier.* — Pronom. *Le ciel se teintait de rouge.* — Au p. p. *Blanc teinté de rose.* • 2° *V. pron.* Avoir une légère apparence. *Sa remarque se teinte d'un peu d'ironie.* ▼ **TEINTÉ, ÉE.** *adj.* Légèrement coloré. *Lunettes à verres teintés.*

TEINTURE [tɛ̃tyʀ]. *n. f.* • 1° Action de teindre (qqch.) en fixant une matière colorante. *La teinture du coton. Un produit pour la teinture des cheveux.* • 2° TEINTURE DE... : connaissance superficielle. V. **Vernis.** *Ils ont une petite teinture de philosophie.* • 3° Substance colorante pour teindre. *Une teinture acajou pour les cheveux.* • 4° Préparation pharmaceutique à base d'alcool, d'éther ou d'eau. *Teinture d'iode. Teinture d'arnica.* ▼ **TEINTURERIE.** *n. f.* • 1° Industrie de la teinture (1°). • 2° Magasin de teinturier (2°). *Donner un complet à la teinturerie.* V. **Pressing.** ▼ **TEINTURIER, IÈRE.** *n.* • 1° Personne qui assure les diverses opérations de la teinture. *Teinturier en cuirs et peaux.* • 2° *(Plus courant).* Personne dont le métier est d'entretenir les vêtements (nettoyage, dégraissage, repassage, teinture).

TEL, TELLE [tɛl]. *adj. pron.* et *nominal.* ★ **I.** (Marquant la ressemblance, la similitude). • 1° Semblable, du même genre. V. **Pareil.** *Je suis étonné qu'il tienne de tels propos,* ces propos-là. *S'ils ne sont pas avares, ils passent pour tels,* pour avares. *Telle est ma décision.* — COMME TEL : en cette qualité, à ce titre. *C'est votre aîné, respectez-le comme tel.* — EN TANT QUE TEL : en soi, par sa seule nature. — (Redoublé et représentant deux personnes ou deux choses différentes) Loc. prov. *Tel père, tel fils,* le père et le fils sont semblables. • 2° TEL QUE... : comme. *Une femme telle que sa mère. Les arbres tels que les pins, les cèdres, etc. Acceptez-vous tel que vous êtes.* • 3° *Littér.* Comme. *Elle avançait majestueusement, telle une reine... Tel je l'ai laissé, tel je le retrouve.* • 4° TEL QUEL : sans arrangement ; sans modification. *Laisser les choses telles quelles* (incorrect : *telles que*). ★ **II.** *(Exprimant l'intensité).* Si grand, si fort, qui atteint un degré si élevé. V. **Pareil, semblable.** *Je n'ai jamais eu une telle peur. — À tel point.* V. **Tellement.** — RIEN DE TEL : rien de si efficace. *Rien de tel que la marche pour se délasser l'esprit.* — (Introduisant une conséquence) *J'ai eu une peur telle que je me suis enfui.* — (Avec le subj. à la négative) *Je n'en ai pas un besoin tel que je ne puisse attendre.* ★ **III.** *(Indéf.).* Un... particulier. • 1° (*Adj.,* sans article). *Que m'importe que tel ou tel candidat soit élu !* un candidat ou un autre. — (Désignant une chose précise qu'on ne nomme pas) *Telle quantité de.* V. **Tant.** *Tel jour, à telle heure.* • 2° (Pron.). *Littér.* Certain, quelqu'un. *Tel veut être flatté, tel autre en a horreur.* • 3° UN TEL : tenant lieu d'un nom propre. *Monsieur un tel, Madame une telle. — La famille Untel. Les Untel.*

TÉLÉ-. • 1° Élément savant, signifiant « au loin, à distance » (*ex. :* télécommunication). • 2° Élément, abrév. de *télévision* (*ex. :* télécinéma).

TÉLÉ [tele]. *n. f.* • Abrév. fam. de « Télévision », « téléviseur ». *Regarder la télé.*

TÉLÉCINÉMA [telesinema]. *n. m.* • Transmission par télévision des films de cinéma.

TÉLÉCOMMANDER [telekɔmɑ̃de]. *v. tr.* (1) • 1° Commander à distance (une opération). V. **Téléguider.** *Télécommander la mise à feu d'une fusée.* • 2° *La manœuvre a été télécommandée de l'étranger,* inspirée par des influences étrangères. ▼ **TÉLÉCOMMANDE.** n. f. *Télécommande des avions.*

TÉLÉCOMMUNICATION [telekɔmynikasjɔ̃]. *n. f.* • Ensemble des procédés de transmission d'informations à distance (télégraphe, téléphone, télévision...).

TÉLÉFÉRIQUE ou **TÉLÉPHÉRIQUE** [teleferik]. *n. m.* • Dispositif de transport par cabine suspendue à un câble, en montagne surtout. *Station de téléphérique, de téléférique.*

TÉLÉGRAMME [telegʀam]. *n. m.* • Communication transmise par le télégraphe ou par radiotélégraphie. V. **Dépêche.** *Envoyer un télégramme.*

TÉLÉGRAPHE [telegʀaf]. *n. m.* • Système de transmission de messages écrits par une ligne électrique. ▼ **TÉLÉGRAPHIE.** *n. f.* • **1°** Technique, science de la transmission par télégraphe électrique. *Alphabet morse utilisé en télégraphie.* • **2°** Vx ou Admin. *Télégraphie sans fil.* V. **T.S.F. ; radio.** ▼ **TÉLÉGRAPHIER.** *v. tr.* (7). Transmettre par télégraphe. V. **Câbler.** *Télégraphier une nouvelle à un ami.* ▼ **TÉLÉGRAPHIQUE.** *adj.* • **1°** Du télégraphe. *Fils, poteaux télégraphiques.* • **2°** Expédié par télégraphe ou télégramme. *Un mandat télégraphique.* • **3°** *Style télégraphique*, abrégé comme dans les télégrammes. ▼ **TÉLÉGRAPHIQUEMENT.** adv. *Prévenir qqn télégraphiquement.* ▼ **TÉLÉGRAPHISTE.** *n.* Personne (souvent jeune garçon) qui délivre les télégrammes et les messages urgents.

TÉLÉGUIDER [telegide]. *v. tr.* (1) • **1°** Diriger, guider à distance (un véhicule, un engin). *Char, avion téléguidé.* • **2°** *Fam.* Inspirer, conduire par une influence lointaine, occulte. V. **Télécommandé.** ▼ **TÉLÉGUIDAGE.** *n. m.*

TÉLÉMÈTRE [telemɛtʀ(ə)]. *n. m.* • Appareil de mesure des distances par un procédé optique.

TÉLÉO-, TÉLO-. • Éléments savants signifiant « fin, but », et « complet, achevé » (V. **Téléologie**).

TÉLÉOBJECTIF [teleɔbʒɛktif]. *n. m.* • Objectif photographique capable d'agrandir l'image et servant à photographier des objets éloignés.

TÉLÉOLOGIE [teleɔlɔʒi]. *n. f.* • Étude de la finalité. — Doctrine qui considère le monde comme un système de rapports entre moyens et fins. ▼ **TÉLÉOLOGIQUE.** adj. *Argument téléologique de l'existence de Dieu.*

TÉLÉPATHIE [telepati]. *n. f.* • Sentiment de communication à distance par la pensée ; communication réelle extra-sensorielle. V. **Transmission** (de pensée). ▼ **TÉLÉPATHIQUE.** *adj.*

TÉLÉPHÉRIQUE. V. Téléférique.

TÉLÉPHONE [telefɔn]. *n. m.* • **1°** Instrument qui permet de transmettre à distance des sons, par l'intermédiaire d'un circuit électrique. — Ensemble des procédés et des dispositifs permettant la liaison d'un grand nombre de personnes au moyen de cet appareil (systèmes d'appel, d'interconnexion). *Téléphone automatique* (ellipt. *l'automatique*). *Les abonnés du téléphone*, personnes disposant d'un appareil téléphonique à domicile. *Numéro de téléphone*, indicatif d'un abonné. *Appeler qqn au téléphone* (V. **Appel ; allô!**). — Fam. *Coup de téléphone.* V. **Fil** (coup de). • **2°** Appareil constitué d'un combiné microphone-récepteur qui repose sur un support. *Mon téléphone est en dérangement. Téléphone public.* V. **Taxiphone.** ▼ **TÉLÉPHONER.** *v.* (1) • **1°** *V. tr.* Communiquer, transmettre par téléphone. *Téléphone-lui la nouvelle. — Message téléphoné.* • **2°** *V. tr. ind.* et *intr.* Se mettre, être en communication par téléphone. *Téléphonez-moi demain.* V. **Appeler.** *Il est en train de téléphoner.* ▼ **TÉLÉPHONIQUE.** adj. *Une communication, un appel téléphonique. Une cabine téléphonique.* ▼ **TÉLÉPHONISTE.** *n.* Personne chargée d'assurer les liaisons, les transmissions téléphoniques. V. **Standardiste.**

TÉLESCOPE [telɛskɔp]. *n. m.* • Instrument d'optique destiné à l'observation des objets éloignés, des astres. ▼ **TÉLESCOPIQUE.** *adj.* • **1°** Qui se fait à l'aide du télescope. *Observations télescopiques.* • **2°** Dont les éléments s'emboîtent les uns dans les autres, comme les éléments du tube d'une lunette d'approche, d'une longue-vue. *Une antenne télescopique.*

TÉLESCOPER [telɛskɔpe]. *v. tr.* (1) • Rentrer dans, enfoncer par un choc violent (de deux véhicules). V. **Heurter, tamponner.** *Le train a télescopé la voiture au passage à niveau. Ils se sont télescopés.* ▼ **TÉLESCOPAGE.** *n. m.*

TÉLÉSCRIPTEUR [teleskʀiptœʀ]. *n. m.* • Appareil télégraphique qui permet d'envoyer directement un texte dactylographié. V. **Télex.**

TÉLÉSIÈGE [telesjɛʒ]. *n. m.* • Téléférique constitué par une série de sièges suspendus à un câble unique.

TÉLÉSKI [teleski]. *n. m.* • Remonte-pente pour les skieurs.

TÉLÉSPECTATEUR, TRICE [telespɛktatœʀ, tʀis]. *n.* • Spectateur et auditeur de la télévision.

TÉLÉTYPE [teletip]. *n. m.* • Synonyme de *Téléscripteur.*

TÉLÉVISION [televizjɔ̃]. *n. f.* • **1°** Ensemble des procédés et techniques employés pour la transmission des images instantanées d'objets, après analyse de l'image et transformation en ondes hertziennes (abrév. fam. *Télé*). *Caméra de télévision.* • **2°** Ensemble des activités et des services assurant l'élaboration et la diffusion d'informations et de spectacles à un grand nombre de personnes. *Studios de télévision. Émissions, programmes de télévision. Télévision scolaire.* • **3°** *Fam.* Poste récepteur de télévision. V. **Téléviseur.** *Ils restent des heures devant la télévision.* ▼ **TÉLÉVISER.** *v. tr.* (1). Transmettre (des images, un spectacle) par télévision. — Au p. p. *Les spectacles télévisés. Journal télévisé.* ▼ **TÉLÉVISEUR.** *n. m.* Poste récepteur de télévision. V. **Télé.**

TÉLEX [telɛks]. *n. m.* • Service de dactylographie à distance avec le téléscripteur. *Les abonnés du télex.*

TELLEMENT [tɛlmɑ̃]. *adv.* • **1°** À un degré si élevé. V. **Aussi, si.** *C'est un spectacle tellement original. Tellement plus, mieux, moins...* Fam. *Pas tellement, plus tellement*, pas très, pas beaucoup. *Vous aimez ça ? Pas tellement.* — Tellement... que... *Il allait tellement vite qu'il ne nous a pas vus.* V. **Si.** — *Littér.*, avec le subj. à la négative. *Il n'est pas tellement vieux qu'il ne puisse* *travailler.* • 2° *Fam.* TELLEMENT DE... V. **Tant.** *J'ai tellement de soucis.* • 3° (Suivi d'une propos. de cause). Tant. *Je ne le reconnais plus, tellement il a changé.*

TELLURIQUE [te(ɛl)lyʀik]. *adj.* • *Secousse tellurique*, tremblement de terre.

TÉMÉRAIRE [temeʀɛʀ]. *adj.* • 1° Hardi à l'excès, avec imprudence. V. **Aventureux.** || Contr. **Lâche, timoré.** || *Il est téméraire dans ses jugements.* • 2° *(Plus cour.).* Qui dénote une hardiesse imprudente *(choses). Une entreprise téméraire.* V. **Hasardeux.** || Contr. **Prudent, sage.** || *Jugement téméraire. Il est téméraire de se lancer dans cette aventure.* ▼ **TÉMÉRAIREMENT.** adv. *Littér.* Avec une hardiesse imprudente.

TÉMÉRITÉ [temeʀite]. *n. f.* • Disposition à oser, à entreprendre sans réflexion ou sans prudence. V. **Audace, hardiesse.** || Contr. **Circonspection, prudence.** || *Une folle témérité.*

TÉMOIGNAGE [temwaɲaʒ]. *n. m.* • 1° Déclaration de ce qu'on a vu, entendu, servant à l'établissement de la vérité. V. **Attestation, rapport.** *Invoquer un témoignage* (pour prouver qqch.). *Selon son témoignage, cela s'est passé ainsi. Témoignage irrécusable. J'ai besoin de votre témoignage. Rendre témoignage à, pour qqn,* témoigner en sa faveur. • 2° Déclaration d'un témoin en justice. V. **Déposition.** *Des témoignages écrasants. Faux témoignage,* témoignage inexact et de mauvaise foi. • 3° Le fait de donner des marques extérieures ; ces marques (paroles ou actes). V. **Démonstration, manifestation, preuve.** *Je lui ai toujours donné des témoignages d'affection. — Recevez ce cadeau, en témoignage de mon amitié.* V. **Gage.** — Cadeau qui matérialise un sentiment. *Acceptez ce modeste témoignage de ma reconnaissance.*

TÉMOIGNER [temwaɲe]. *v. tr.* (1) ★ **I.** *V. tr. dir.* • 1° Certifier qu'on a vu ou entendu (avec QUE ou l'inf.). V. **Attester ; témoignage.** *Il a témoigné qu'il l'a vu, l'avoir vu.* — Déposer en tant que témoin. *Ils ont témoigné en sa faveur.* • 2° Exprimer, faire connaître ou faire paraître. V. **Manifester, montrer.** *Il lui témoignait ses sentiments par des petites attentions.* • 3° (Choses). *Littér.* Être l'indice, la preuve, le signe de... V. **Attester, montrer, révéler.** *Ce geste témoigne qu'il vous est attaché, combien il vous est attaché.* ★ **II.** *V. tr. ind.* TÉMOIGNER DE. • 1° *(Suj. personne).* Confirmer la vérité, la valeur de (qqch.), par des paroles, ou simplement par ses actes, son existence même. V. **Témoin.** *Il était d'accord, je peux en témoigner.* • 2° *(Suj. chose).* Être le témoignage (3°) de. *Ses œuvres témoignent d'une grande imagination. Il est courageux, sa conduite en témoigne.*

TÉMOIN [temwɛ̃]. *n. m.* ★ **I.** • 1° Personne qui certifie ou peut certifier qqch., qui peut en témoigner. *Un témoin oculaire,* direct. *Un témoin impartial.* — Loc. *Prendre à témoin,* invoquer le témoignage de. *Je vous prends à témoin que je ne suis pas responsable.* • 2° Personne en présence de qui s'est accompli un fait et qui est appelé à l'attester en justice. *Une déposition de témoins. Témoin à charge. Faux témoin,* personne qui fait un faux témoignage. • 3° Personne qui doit certifier les identités, l'exactitude des déclarations, lorsqu'un acte est dressé. *Les témoins d'un mariage.* • 4° *Témoin (de)...,* personne qui assiste involontairement à un événement, un fait. *J'ai été témoin de leurs disputes.* V. **Assister, voir.** *Les enfants sont des témoins gênants. Parlons sans témoins.* ★ **II.** Ce qui sert de preuve. • 1° *Littér.* Ce qui, par sa présence, son existence, atteste, permet de constater, de vérifier. *Les derniers témoins d'une civilisation disparue. — Butte-témoin,* qui a échappé à l'érosion. • 2° Bâtonnet que doivent se passer les coureurs de relais. *Le passage du témoin.* • 3° (En tête de phrase, *invar.*). À preuve. *Ils ne sont pas unis ; témoin leurs déclarations contradictoires.*

TEMPE [tɑ̃p]. *n. f.* • Côté de la tête, entre le coin de l'œil et le haut de l'oreille. *Os de la tempe* (V. **Temporal**). *Un homme mûr, aux tempes grisonnantes,* aux cheveux grisonnants sur les tempes.

1. TEMPÉRAMENT [tɑ̃peʀamɑ̃]. *n. m.* • 1° Ensemble de caractères innés chez une personne, complexe psychophysiologique qui détermine ses comportements. V. **Nature.** *Un tempérament nerveux ; sanguin et colérique. Il est d'un tempérament romanesque.* V. **Caractère.** *Un tempérament actif.* V. **Personnalité.** — Absolt. *C'est un tempérament,* une forte personnalité. • 2° *Avoir du tempérament,* des appétits sexuels. V. **Sensualité.**

2. TEMPÉRAMENT. *n. m.* ★ **I.** *Vente* À TEMPÉRAMENT : rendue plus aisée par la répartition du prix en plusieurs paiements partiels. *Achats à tempérament,* à crédit. ★ **II.** En musique, Organisation de l'échelle des sons, qui donne une valeur commune au dièse d'une note et au bémol de la note immédiatement supérieure.

TEMPÉRANCE [tɑ̃peʀɑ̃s]. *n. f.* • 1° *Littér.* Modération dans tous les plaisirs. V. **Continence.** || Contr. **Intempérance.** || • 2° Modération dans le boire (surtout dans la consommation d'alcool) et le manger. V. **Frugalité, sobriété.** ▼ **TEMPÉRANT, ANTE.** *adj.* Qui a de la tempérance. V. **Continent, sobre.** || Contr. **Intempérant.** ||

TEMPÉRATURE [tɑ̃peʀatyʀ]. *n. f.* • 1° Degré de chaleur ou de froid de l'atmosphère en un lieu (V. **Therm(o)-, -thermie**). *Courbes des températures. Température en hausse, en baisse. La température ambiante.* • 2° Chaleur du corps. *Animaux à température fixe* (à « sang chaud »), *variable* (à « sang froid »). *Prendre sa température avec un thermomètre. Avoir, faire de la température.* V. **Fièvre.** — Loc. *Prendre la température d'une assemblée, d'un groupe, etc.,* prendre connaissance de son état d'esprit.

TEMPÉRER [tɑ̃peʀe]. *v. tr.* (6) • 1° Adoucir l'intensité (du froid, de la chaleur). • 2° *Littér.* Adoucir et modérer. *Tempérer l'ardeur de qqn. Il faut tempérer son agressivité.* ▼ **TEMPÉRÉ, ÉE.** adj. *Climat tempéré,* ni très chaud ni très froid. V. **Doux.** *Zone tempérée,* où règne ce climat. *Les pays tempérés.*

TEMPÊTE [tɑ̃pɛt]. *n. f.* • 1° Violente perturbation atmosphérique ; vent rapide qui souffle en violentes rafales, souvent accompagné d'orage. V. **Bourrasque, cyclone, ouragan, tourmente.** — Ce temps sur mer, qui provoque l'agitation des eaux. V. **Houle.** || Contr. **Calme.** || *La tempête se lève. Affronter, essuyer des tempêtes.* — *Tempête de neige*, chutes de neige avec un vent violent. — *Lampe-tempête, briquet-tempête*, dont la flamme protégée ne s'éteint pas par grand vent. • 2° Loc. *Une tempête dans un verre d'eau*, beaucoup d'agitation pour rien. *Déchaîner la tempête, des tempêtes*, provoquer de vives protestations. — PROV. *Qui sème le vent récolte la tempête*, celui qui incite à la violence, à la révolte, s'expose à de grands périls. • 3° *Une tempête d'applaudissements, d'injures*, un grand bruit. V. **Tumulte.** ▼ **TEMPÉTUEUX, EUSE.** *adj.* • 1° *Littér.* Où les tempêtes sont fréquentes. • 2° Plein d'agitation.

TEMPÊTER [tɑ̃pete]. *v. intr.* (1) • Manifester à grand bruit son mécontentement, sa colère. V. **Fulminer, gueuler** (pop.). *Il tempêtait contre toute sa famille.*

TEMPLE [tɑ̃pl(ə)]. *n. m.* • 1° Édifice public consacré au culte d'une divinité. V. **Église, mosquée, pagode, synagogue.** *Profaner un temple. Les temples grecs, romains.* • 2° Édifice où les protestants célèbrent leur culte. *Aller au temple.*

TEMPLIER [tɑ̃plije]. *n. m.* • Chevalier de l'ordre religieux et militaire du *Temple*, au Moyen Âge.

TEMPO [tɛmpo; tɛ̃po]. *n. m.* • Notation d'un mouvement musical. — Vitesse d'exécution, dans la musique de jazz. *Un tempo trop lent.*

TEMPORAIRE [tɑ̃pɔʀɛʀ]. *adj.* • 1° Qui ne dure ou ne doit durer qu'un temps limité. V. **Momentané, passager, provisoire.** || Contr. **Définitif.** || *Une nomination à titre temporaire. Mesures temporaires.* • 2° Qui n'exerce ses activités que pour un temps. *Directeur temporaire.* ▼ **TEMPORAIREMENT.** *adv.*

TEMPORAL, ALE, AUX [tɑ̃pɔʀal, o]. *adj.* • Qui appartient aux tempes. *Os temporal*, ou subst. *Le temporal.*

TEMPOREL, ELLE [tɑ̃pɔʀɛl]. *adj.* • 1° En terme de religion, Qui est du domaine du temps, des choses qui passent (*opposé à* éternel). *Le bonheur temporel et la béatitude éternelle.* — Qui est du domaine des choses matérielles (*opposé à* spirituel). V. **Séculier, terrestre.** *La puissance temporelle de l'Église.* • 2° Qui concerne, qui marque le temps, les temps. *Subordonnées temporelles*, propositions circonstancielles de temps. • 3° Relatif au temps ; situé dans le temps (*surtout opposé à* spatial). *Le déroulement temporel.* ▼ **TEMPORALITÉ.** *n. f.* • 1° Caractère temporel, valeur temporelle. *La temporalité exprimée par les temps du verbe.* • 2° Caractère de ce qui est dans le temps. ▼ **TEMPORELLEMENT.** *adv.* • 1° Dans l'ordre temporel (*opposé à* spirituellement). • 2° Relativement au temps.

TEMPORISER [tɑ̃pɔʀize]. *v. intr.* (1) • Différer d'agir, par calcul, dans l'attente d'un moment plus favorable. V. **Attendre.** ▼ **TEMPORISATEUR, TRICE.** *adj.* ▼ **TEMPORISATION.** *n. f.* V. **Attentisme.**

1. TEMPS [tɑ̃]. *n. m.* ★ **I.** Milieu indéfini où paraissent se dérouler selon un ordre les existences dans leur changement, les événements et les phénomènes. *Le temps et l'espace. Temps réel et temps vécu.* • 1° Durée. *Nous avons du temps libre. Perdre du temps. Rattraper le temps perdu. Ça prend trop de temps. Dans peu de temps*, bientôt. *En peu de temps*, rapidement. *Un laps, un bout de temps.* — (Considéré comme une grandeur mesurable) *Unités de temps*, jour, heure, minute, seconde. • 2° Portion limitée de cette durée. V. **Moment, période.** *Trouver le temps long. Emploi du temps. Travailler à plein temps* (pendant toute la journée normale de travail), *à mi-temps. Temps mort*, sans activité ni occupation. — *Durant, pendant ce temps. Depuis quelque temps. Quelque temps après. Pour un temps. N'avoir qu'un temps*, être éphémère, provisoire. — Loc. conj. *Depuis le temps que... Voilà beau temps que...*, il y a longtemps que. — Employé comme adv. *Il attendit quelque temps*, pendant quelque temps. *C'est comme cela tout le temps*, continuellement. — LE TEMPS DE *(et inf.)* : le temps nécessaire pour. *On n'a pas le temps de s'amuser.* — Ellipt. *Vous avez tout le temps.* — MON, SON TEMPS... *Passer son temps à un travail, à ne rien faire. Perdre son temps. Prendre son temps*, ne pas se presser. — *Avoir fait son temps*, avoir terminé sa carrière ; être hors d'usage. *Ce vêtement a fait son temps.* • 3° Chacune des divisions égales de la mesure, en musique. *Une noire, une croche par temps.* — Loc. fam. *En deux temps, trois mouvements*, très rapidement. • 4° Chacune des phases (d'une manœuvre, d'une opération, d'un cycle de fonctionnement). *Moteur à quatre temps. Manœuvre en trois temps.* — AU TEMPS POUR LES CROSSES : recommencez la manœuvre. — *Au temps pour moi*, je me suis trompé. • 5° Durée chronométrée d'une course. *Réaliser le meilleur temps.* ★ **II.** (Dans une succession, une chronologie). • 1° Point repérable dans une succession par référence à un « avant » et un « après ». V. **Date, époque, moment.** *En ce temps-là. Depuis ce temps-là*, depuis lors. — Loc. *Chaque chose en son temps*, on ne peut s'occuper de tout en même temps. — *Adverbes, compléments de temps*, marquant le moment. *Subordonnées de temps.* V. **Temporel.** • 2° Époque. V. **Ère, siècle.** *Notre temps*, celui où nous vivons. *Être de son temps*, en avoir les mœurs, les idées. *Le temps passé ; l'ancien, le bon vieux temps.* — *Temps de...*, occupé, caractérisé par... *En temps de paix. En temps normal.* — LES TEMPS (avec une nuance d'indétermination). *Les temps modernes.* — Employé comme adv. *Je l'ai vu ces derniers temps, ces temps derniers.* • 3° Époque de la vie. — (Avec un poss.) *De mon temps*, quand j'étais jeune. • 4° BON TEMPS : moments agréables, de plaisir. *Se donner, se payer, prendre du bon temps*, s'amuser. • 5° LE TEMPS DE... *(et inf.)* : le temps où il convient de... *Le temps est venu de prendre des décisions.* — IL EST TEMPS DE : le moment est venu. *Il n'en est plus temps. Il est temps que...* (et subj. avec une idée d'urgence). *Il était temps que tu arrives!* • 6° *Loc. adv.* À TEMPS : juste assez tôt. *Nous sommes arrivés à temps.* — EN MÊME TEMPS : simultanément. *Ils arrivèrent en même temps.* — À la fois, aussi bien. *Cet outil sert en même temps à plusieurs usages.* — ENTRE TEMPS. V. **Entre-temps.** — DE TEMPS EN TEMPS [dətɑ̃zɑ̃tɑ̃], DE TEMPS À AUTRE [dətɑ̃zaotʀ(ə)] : à des intervalles de temps plus ou moins longs et irréguliers. V. **Parfois, quelquefois.** — DE TOUT TEMPS : depuis toujours. — EN TOUT TEMPS : toujours. — DANS LE TEMPS *(fam.)* : autrefois, jadis. — *Loc. conj.* DU TEMPS QUE... : lorsque. DANS LE TEMPS, AU TEMPS, DU TEMPS OÙ... quand. • 7° Forme verbale particulière à valeur temporelle. *Temps et modes. Temps simples*, présent, imparfait, passé simple, futur. *Temps composés*, formés avec les auxiliaires de temps : futur antérieur, passé composé, passé antérieur, plus-que-parfait. ★ **III.** LE TEMPS : entité (souv. personnifiée) représentative du changement continuel de l'univers. *La fuite du temps. L'action du temps. Tromper le temps, tuer le temps*, échapper à l'ennui, en s'occupant ou en se distrayant avec peu de chose.

2. TEMPS. *n. m.* • État de l'atmosphère à un moment donné, considéré surtout dans son influence sur la vie et l'activité humaines (V. **Air, ciel, température, vent**). *Un temps chaud, pluvieux. Il fait beau temps*, il y a du soleil. *Le mauvais temps. Temps gris. Temps lourd, pénible. Temps de saison*, normal pour l'époque de l'année. *Le temps se gâte. Sortir par tous les temps.*

TENABLE [t(ə)nabl(ə)]. *adj.* • Où l'on peut se tenir, demeurer (en emploi négatif). *Il fait trop chaud, ce n'est pas tenable.* V. **Supportable.** || Contr. **Intenable.** ||

TENACE [tənas]. *adj.* • 1° Dont on se débarrasse difficilement. *Une douleur tenace. Des préjugés tenaces.* V. **Durable.** *Odeur tenace.* V. **Persistante.** • 2° *(Personnes).* Qui respecte et fait respecter ses opinions, ses décisions avec fermeté. V. **Entêté, ferme, obstiné, persévérant.** *Un travailleur, un chercheur tenace.* — *(Actes)* Qui implique la ténacité, l'obstination. *Résistance, rancune tenace.* ▼ **TENACEMENT.** *adv.* ▼ **TÉNACITÉ** [tenasite]. *n. f.* • 1° Caractère de ce qui est tenace. *Ténacité d'une odeur. La ténacité d'un préjugé.* • 2° Attachement opiniâtre à une décision, un projet. V. **Fermeté, obstination, persévérance.** *Il est d'une ténacité à toute épreuve.*

TENAILLE [t(ə)nɑj]. *n. f.* • *(Surtout au plur.).* Outil de métal, formé de deux pièces assemblées en croix, dont une extrémité sert de manche et l'autre forme mâchoire *Arracher un clou avec des tenailles.*

TENAILLER [tənɑje]. *v. tr.* (1) • Faire souffrir moralement ou physiquement. V. **Torturer, tourmenter.** *La faim le tenaille; il est tenaillé par les remords.*

TENANCIER, IÈRE [tənɑ̃sje, jɛʀ]. *n.* • *Péj.* Personne qui dirige, qui gère un établissement soumis à la surveillance des pouvoirs publics (salles de jeux, lieux de prostitution, etc.).

1. TENANT, ANTE [tənɑ̃, ɑ̃t]. *adj.* • 1° *Séance tenante*, sur-le-champ. *Il accepta séance tenante.* • 2° *Chemise à col tenant*, qui tient, n'est pas séparé.

2. TENANT. *n. m.* ★ **I.** • 1° *Le tenant d'un titre sportif*, celui qui le détient. • 2° Personne qui soutient. V. **Adepte, partisan.** *Les tenants d'une doctrine.* ★ **II.** *(Choses).* • 1° D'UN (SEUL) TENANT : d'une seule pièce. *Deux hectares d'un seul tenant.* • 2° *Connaître* LES TENANTS ET LES ABOUTISSANTS *d'une affaire.* V. **Aboutissant.**

TENDANCE [tɑ̃dɑ̃s]. *n. f.* • 1° Ce qui porte à être, à agir, à se comporter de telle ou telle façon. V. **Disposition, inclination, penchant.** *Ils ont des tendances opposées.* — AVOIR TENDANCE À... *(et inf.)* : être enclin à. *J'ai plutôt tendance à grossir.* • 2° Orientation commune à une catégorie de personnes. *À quelle tendance politique appartient-il?* • 3° Évolution (de qqch.) dans un même sens. V. **Direction, orientation.** *Les tendances du cinéma.* — *Les prix ont tendance à monter.* • 4° *Faire à qqn un procès de tendance*, le juger sur les intentions qu'on lui prête, sans attendre les actes.

TENDANCIEUX, EUSE [tɑ̃dɑ̃sjø, øz]. *adj.* • *Péj.* Qui manifeste ou trahit une tendance (2°) intellectuelle inexprimée, des préjugés. V. **Partial.** *Récit tendancieux*, peu objectif. ▼ **TENDANCIEUSEMENT.** *adv.*

TENDER [tɑ̃dɛʀ]. *n. m.* • Wagon auxiliaire qui suit une locomotive à vapeur et contient le combustible et l'eau nécessaires à son approvisionnement.

TENDEUR [tɑ̃dœʀ]. *n. m.* • Appareil servant à tendre (une chaîne de bicyclette, des fils, etc.).

TENDON [tɑ̃dɔ̃]. *n. m.* • Organe conjonctif, fibreux, d'un blanc nacré, qui prolonge un muscle jusqu'à ses points d'insertion. *Tendon d'Achille*, tendon du talon. ▼ **TENDINEUX, EUSE** [tɑ̃dinø, øz]. *adj.* Qui contient beaucoup de tendons. *Viande tendineuse.*

1. TENDRE [tɑ̃dʀ(ə)]. *v. tr.* (41) • 1° Tirer sur (une chose souple ou élastique) en la rendant droite. V. **Tension.** || Contr. **Détendre.** || *Tendre une corde. Tendre un arc.* — *Tendre ses muscles*, les raidir. • 2° Déployer en allongeant en tous sens. *Tendre un filet. Tendre un piège.* • 3° Recouvrir d'une chose tendue (V. **Tenture**). *Tendre un mur de papier peint, de soie.* • 4° *Pronom.* Menacer de rompre, devenir tendu (liens, rapports). *Leurs rapports se tendirent.* • 5° Allonger ou présenter en avançant (une partie du corps). *Tendre les bras.* — *Tendre la main*, pour prendre (une autre main); pour saluer; pour demander l'aumône; pour aider, secourir. *Tendre une main secourable.* — Loc. *Tendre l'oreille*, écouter avec attention. • 6° Présenter (qqch.) à qqn. V. **Donner.** *Elle lui tend un paquet de cigarettes.* ▼ **TENDU, UE.** *adj.* • 1° Rendu droit par traction. *Le jarret tendu.* • 2° Tapissé. *Une chambre tendue d'un papier bleu.* • 3° *Esprit tendu, volonté tendue*, qui s'applique avec effort à un objet. — (Personnes) *Il était très tendu, soucieux.* || Contr. **Détendu.** || • 4° Qui menace de se dégrader.

de rompre. V. **Difficile.** *J'ai des rapports tendus avec eux.* • 5° Que l'on tend, que l'on avance. *Il s'approcha de moi la main tendue.*

2. TENDRE. *v. tr. ind.* (41) • 1° TENDRE À, VERS : avoir un but, une fin et s'en rapprocher d'une manière délibérée. V. **Viser** (à) ; **tendance.** *Tendre à la perfection. Tous leurs efforts tendent au même résultat.* • 2° *(Choses).* TENDRE À *(et inf.)* : avoir tendance à, évoluer de façon à (et inf.). *La situation tend à s'améliorer.* • 3° TENDRE À *(et inf.)* : conduire, mener à (un résultat) sans le réaliser pleinement. *Ceci tendrait à prouver que notre hypothèse était juste.*

3. TENDRE [tɑ̃dʀ(ə)]. *adj.* et *n. m.* • 1° *(Choses).* Qui se laisse facilement entamer, qui oppose une résistance relativement faible. || Contr. **Dur.** || *Une viande tendre. Pain tendre,* frais. • 2° Délicat, fragile. *Âge tendre,* jeune âge. *Tendre enfance.* • 3° *(Personnes).* Porté à la sensibilité, aux affections. V. **Sensible.** || Contr. **Dur.** || *Un cœur tendre. Une tendre épouse.* V. **Affectueux ; aimant, doux.** — Subst. *C'est un tendre.* — Fam. *N'être pas tendre pour qqn,* être sévère, impitoyable. • 4° *(Sentiments).* Qui présente un caractère de douceur et de délicatesse. *Une tendre amitié.* — Qui manifeste l'affection. *Un tendre aveu. Un regard tendre.* • 5° Doux, atténué (couleur). *Un rose tendre.* ▼ **TENDREMENT.** adv. *Ils s'embrassèrent tendrement.* ▼ **TENDRESSE.** *n. f.* • 1° Sentiment tendre pour qqn. V. **Affection, attachement.** *J'ai de la tendresse pour lui. La tendresse maternelle.* • 2° *(Au plur.).* Expressions, témoignages de tendresse.

1. TENDRON [tɑ̃dʀɔ̃]. *n. m.* • *Tendron de veau,* morceau de viande constituant la paroi inférieure du thorax.

2. TENDRON. *n. m.* • *Littér.* Très jeune fille.

TENDU, UE. V. TENDRE 1.

TÉNÈBRES [tenɛbʀ(ə)]. *n. f. pl.* • Obscurité profonde. V. **Noir, obscurité.** || Contr. **Lumière.** || *Dans les ténèbres d'un cachot.* — Littér. *Les ténèbres de l'inconscient.* ▼ **TÉNÉBREUX, EUSE.** *adj.* • 1° *Littér.* Où il y a des ténèbres, une obscurité menaçante. V. **Sombre.** || Contr. **Lumineux.** || *Un bois ténébreux.* • 2° Secret et dangereux V. **Mystérieux.** *Une ténébreuse affaire.* • 3° *(Personnes).* Sombre et mélancolique. — *Un beau ténébreux,* un bel homme à l'air sombre et profond.

TENEUR [tənœʀ]. *n. f.* • 1° Contenu exact, texte littéral (d'un écrit officiel ou important). *La teneur d'un article.* • 2° Ce que (un corps) contient (d'une substance déterminée). *La teneur en or d'un minerai.*

TÉNIA ou **TÆNIA** [tenja]. *n. m.* • Ver parasite de l'intestin des mammifères, au corps formé d'un grand nombre d'anneaux plats, muni de ventouses ou de crochets de fixation. *Le ténia de l'homme* ou *ver solitaire.*

TENIR [t(ə)niʀ]. *v.* (22) ★ **I.** *V. tr.* • 1° Avoir (un objet) avec soi en le serrant afin qu'il ne tombe pas, ne s'échappe pas. || Contr. **Lâcher.** || *Il tenait son chapeau à la main. Elle tenait un enfant dans ses bras.* — *Tenir un enfant par la main,* tenir sa main. • 2° *(Choses).* Faire rester en place. V. **Retenir.** *La courroie qui tient mes livres.* • 3° Faire rester (en telle situation, tel état) pendant un certain temps. V. **Maintenir.** *Tenir en respect, en échec. Ces travaux me tiennent occupé. Un vêtement qui tient chaud.* • 4° Saisir (un être qui s'échappe), s'emparer de. *Nous tenons les voleurs. Tenir qqn,* être maître de lui, pouvoir le punir, etc. *Si je le tenais !* • 5° Résister à (dans quelques expressions). *Tenir le vin,* être capable de boire beaucoup sans être ivre. — *Tenir tête à.* V. **Tête.** • 6° Avoir en sa possession (surtout abstrait). V. **Détenir.** *Ils croient tenir la vérité.* — Fam. *Je tiens un de ces rhumes !* — PROV. *Mieux vaut tenir que courir,* il vaut mieux avoir effectivement qqch. qu'entretenir de grands espoirs. — *Un tiens vaut mieux que deux tu l'auras,* mieux vaut avoir effectivement un bien, que la promesse de deux biens (ou d'un plus grand bien). • 7° TIENS, TENEZ ! prends, prenez. *Tenez, voilà votre argent.* — (Pour présenter qqch.) *Tenez, je l'ai vu hier.* — TIENS ! (pour marquer l'étonnement). *Tiens, vous voilà ? Tiens ! tiens ! C'est bien étrange.* • 8° TENIR EN : avoir en. *Tenir qqn en estime.* • 9° TENIR QQCH. DE QQN : l'avoir par lui. *De qui tenez-vous ce renseignement ?* — Avoir par hérédité. *Il tient cela de son père.* • 10° Occuper (un certain espace). *Le buffet tient toute la pièce.* — Contenir. *La voiture est trop petite pour nous tenir tous.* • 11° Occuper (un lieu), sans s'en écarter. *Conducteur qui tient sa droite. Tenir la route.* V. **Tenue.** • 12° Remplir (une activité). *Tenir son rôle.* — S'occuper de. *Tenir un hôtel.* V. **Diriger, gérer.** *Tenir la caisse, la comptabilité. Elle tient bien sa maison* (V. **Tenu**). • 13° S'exprimer (de telle façon). *Tenir des propos scandaleux.* • 14° TENIR... POUR... : considérer, croire. *Je le tiens pour un honnête homme. Tenir un fait pour certain. Tenez-vous-le pour dit.* • 15° Observer fidèlement (ce qu'on a promis). *Tenir parole, sa parole.* ★ **II.** *V. intr.* • 1° Être attaché, fixé, se maintenir dans la même position. *Mes lunettes ne tiennent pas bien. Je ne tiens plus debout* (de fatigue). Loc. *Votre histoire ne tient pas debout,* est invraisemblable. • 2° *(Choses).* Être solide, ne pas céder, ne pas se défaire. *Faites un double nœud, cela tiendra mieux. Une coiffure qui ne tient pas.* — *Il n'y a pas de raison qui tienne,* qui puisse s'opposer à... — Résister à l'épreuve du temps. *Leur union tient toujours. Fam.* (En parlant d'un projet). *Cela tient toujours pour jeudi ?* nous sommes toujours d'accord ? • 3° *(Personnes).* Résister. *Il faut tenir bon,* ne pas céder. *Ne plus pouvoir tenir, ne pouvoir y tenir,* être au comble de l'impatience, à bout, hors de soi. *Tenir pour une opinion,* la soutenir. • 4° Être compris, contenu dans un certain espace. V. **Entrer.** *Nous ne tiendrons pas tous dans la voiture.* ★ **III.** *V. tr. ind.* • 1° TENIR À QQN, À QQCH. : y être attaché par un sentiment durable. *Je ne tiens plus à rien ni à personne.* — *(Avec une propos.)* Vouloir absolument. *J'ai tenu à les inviter. Il ne tient pas à ce* *que je vienne. Si vous y tenez.* • 2° *(Suj. chose).* TENIR À QQCH. : avoir un rapport de dépendance, d'effet à cause. V. **Provenir, résulter.** *Leur dynamisme tient à leur jeunesse.* Impers. *Il ne tient qu'à moi qu'il obtienne satisfaction,* il ne dépend que de moi. *Qu'à cela ne tienne !* peu importe. • 3° TENIR DE QQN, DE QQCH. *Il tenait de sa mère.* V. **Ressembler** (à). *Il a de qui tenir,* ses parents ont bien ce trait qu'il possède. — Participer de la nature de (qqch.). *Cela tient du miracle.* ★ **IV.** *V. pron.* • 1° SE TENIR À QQCH. : tenir qqch. afin de ne pas tomber, de ne pas changer de position. *Tenez-vous à la rampe.* • 2° Être, demeurer (dans une position). *Se tenir debout. Tiens-toi droit ! — (Choses)* Être formé d'éléments cohérents qui entraînent la vraisemblance. *Une histoire qui se tient.* • 3° Être (quelque part). *Il se tenait au milieu de la chambre. Se tenir près, auprès de qqn. La salle où se tient la réunion.* • 4° Être et rester (d'une certaine manière, dans un certain état). *Se tenir tranquille,* ne pas bouger ; rester sage. — *Se tenir bien, mal,* se conduire en personne bien, mal élevée. — Absolt. *Il sait se tenir en société,* bien se tenir. • 5° *Littér.* NE POUVOIR SE TENIR DE... : ne pouvoir s'empêcher de... ; se retenir de (faire telle chose). *Ils ne pouvaient se tenir de rire.* • 6° S'EN TENIR À QQCH. : ne pas aller au delà, ne vouloir rien de plus. V. **Borner** (se). *Tenez-vous-en là. Savoir à quoi s'en tenir,* être fixé, informé. • 7° *(Récipr.).* Se tenir l'un l'autre. *Se tenir par la main, le bras. — (Choses)* Être dans une dépendance réciproque. *Dans cette affaire, tout se tient.*

TENNIS [tenis]. *n. m.* et *n. m. pl.* • 1° Sport dans lequel deux ou quatre joueurs se renvoient alternativement une balle, à l'aide de raquettes, de part et d'autre d'un filet, selon des règles précises et sur un terrain de dimensions déterminées. *Jouer au tennis. Une partie de tennis. — Tennis de table.* V. **Ping-pong.** • 2° Terrain de tennis. *Les tennis d'un club sportif.* • 3° *N. m. pl.* Chaussures basses en toile, à semelles de caoutchouc.

TENON [tənɔ̃]. *n. m.* • Partie saillante d'un assemblage, qui s'ajuste à une mortaise.

TÉNOR [tenɔʀ]. *n. m.* et *adj.* • 1° *N. m.* Voix d'homme la plus aiguë ; personne qui a ce type de voix. *Un ténor de l'opéra.* • 2° *Adj.* Se dit des instruments dont l'étendue correspond à celle de la voix de ténor. *Saxophone ténor.*

TENSION [tɑ̃sjɔ̃]. *n. f.* ★ **I.** *(Concret).* • 1° État d'une substance souple ou élastique tendue. *Tension d'un élastique. Régler la tension d'une corde de violon.* • 2° Force qui agit de manière à écarter, à séparer les parties constitutives d'un corps. • 3° *Tension (artérielle, veineuse),* pression du sang. *Prendre la tension de qqn* (V. aussi **Hypertension**). — *Absolt.* Hypertension. *Avoir de la tension.* • 4° Différence de potentiel électrique entre deux points d'un circuit. *Haute tension,* tension élevée (plusieurs milliers de volts). *Basse tension.* ★ **II.** *(Abstrait).* • 1° Effort intellectuel ; application soutenue. V. **Concentration.** *Tension d'esprit.* • 2° État de ce qui menace de rompre. *La tension des relations entre deux pays.* • 3° *Tension nerveuse,* énervement.

TENTACULE [tɑ̃takyl]. *n. m.* • Bras de certains mollusques (poulpes, calmars), organes allongés munis de ventouses. *Les tentacules d'une pieuvre.*

TENTATEUR, TENTATION. V. TENTER 1. — **TENTATIVE.** V. TENTER 2.

TENTE [tɑ̃t]. *n. f.* • Abri fait d'une matière souple tendue sur des supports (mâts, piquets). *Une tente de camping. La tente d'un cirque.* V. **Chapiteau.**

1. TENTER [tɑ̃te]. *v. tr.* (1) • 1° *(Religion).* Essayer d'entraîner au mal, au péché. *Le démon tenta Ève.* • 2° Éveiller le désir, l'envie de (qqn). V. **Séduire.** *Ça ne me tente guère.* V. **Plaire.** *Se laisser tenter par...,* céder à (une envie, un désir). — Au p. p. *Être tenté, très tenté,* avoir envie (d'une chose). Avoir envie de, tendance à. *Je suis tenté de penser que...* ▼ **TENTANT, ANTE.** *adj.* V. **Alléchant, séduisant.** *Un menu tentant. Une situation assez tentante.* ▼ **TENTATEUR, TRICE.** *n.* et *adj.* • 1° *N. m.* V. **Démon.** • 2° Plaisant. ou littér. *N.* Personne qui cherche à tenter, à séduire. — Adj. *Une beauté tentatrice.* ▼ **TENTATION.** *n. f.* • 1° *(Religion).* Impulsion qui pousse au péché, au mal. *Succomber à la tentation.* • 2° Ce qui incite à (une action) en éveillant le désir. V. **Envie.** *La tentation des voyages. Il n'a pu résister à la tentation d'ouvrir la lettre.*

2. TENTER. *v. tr.* (1) • Éprouver (les chances de réussite) ; commencer, en vue de réussir. *Il a tout tenté pour réussir. Tenter de* (et inf.). V. **Chercher** (à), **essayer** (de). *Il a tenté de se suicider.* — Loc. *Tenter sa chance,* tenter de gagner, de réussir. ▼ **TENTATIVE.** *n. f.* Action par laquelle on s'efforce d'obtenir un résultat (quand ce résultat est ou douteux ou nul). V. **Essai.** *Faire une tentative auprès de qqn,* essayer d'obtenir de lui qqch. V. **Démarche.** *Une tentative de suicide, d'assassinat. Tentative infructueuse.*

TENTURE [tɑ̃tyʀ]. *n. f.* • Pièce de tissu, de cuir, de papier, servant d'élément de décoration murale. V. **Tapisserie.** *Des tentures de cretonne.*

TENU, UE [t(ə)ny]. *p. p.* (V. **Tenir**) et *adj.* • 1° *(Pass.).* ÊTRE TENU À : être obligé à (une action). *Le médecin est tenu au secret professionnel.* Loc. prov. *À l'impossible nul n'est tenu.* • 2° ÊTRE TENU DE... *(avec l'inf.)* : être obligé de. *Vous êtes tenu d'obéir.* • 3° Adj. *Bien (mal) tenu,* bien (ou mal) arrangé, entretenu. *Maison mal tenue. Ses enfants sont bien tenus.*

TÉNU, UE [teny]. *adj.* • Très mince, très fin, de très petites dimensions. *Des particules ténues.* V. **Subtil.** || Contr. **Épais.** || ▼ **TÉNUITÉ.** *n. f.*

TENUE [t(ə)ny]. *n. f.* • 1° Le fait, la manière de tenir, de gérer (un établissement, etc.) ; la manière dont la discipline, l'économie y sont assurées. V. **Ordre.** *La tenue de la maison,* son entretien et l'organisation de la vie domestique. *La tenue des comptes.* • 2° Action de se tenir ; dignité de la conduite correction des manières. *Manquer de tenue. Allons, un peu de tenue ! Bonne tenue en classe.* — Attitude du corps. V. **Maintien.** • 3° Manière dont une personne est habillée ; son aspect, sa « présentation ». V. **Mise.** *Une tenue négligée. Quelle tenue !* — Habillement particulier (à une profession, à une circonstance). *Une tenue de sport. Tenue militaire.* V. **Uniforme.** *Militaire en tenue* (*opposé à* en civil). *Se mettre en tenue de travail.* — Fam. *Être en petite tenue*, peu vêtu. • 4° *Tenue de route*, aptitude d'un véhicule à se maintenir dans la direction commandée par le conducteur.

TER [tɛʀ]. *adv.* et *adj.* • Trois fois ; troisième. (Se place après un numéro pour indiquer que celui-ci est précédé de deux autres numéros semblables.) *Le douze ter de la rue.*

TÉRATO-. • Élément savant signifiant « monstre ». ▼ **TÉRATOLOGIE.** *n. f.* Étude des anomalies et des monstruosités des êtres vivants.

TERCET [tɛʀsɛ]. *n. m.* • Couplet, strophe de trois vers. *Les deux quatrains et les deux tercets d'un sonnet.*

TÉRÉBENTHINE [teʀebɑ̃tin]. *n. f.* • Résine qu'on recueille par l'incision de certains végétaux (conifères). *Essence de térébenthine.*

TÉRÉBRANT, ANTE [teʀebʀɑ̃, ɑ̃t]. *adj.* • 1° *Insecte térébrant*, qui perce des trous. • 2° *Douleur térébrante*, qui donne l'impression qu'une pointe s'enfonce dans la partie douloureuse.

TERGAL [tɛʀgal]. *n. m.* • *(Nom déposé).* Étoffe synthétique fabriquée en France. *Pantalon de tergal.*

TERGIVERSER [tɛʀʒivɛʀse]. *v. intr.* (1) • *Littér.* User de détours, de faux-fuyants pour éviter de donner une réponse nette, pour retarder le moment de la décision. V. **Atermoyer.** *Sans tergiverser*, sans hésiter. ▼ **TERGIVERSATION.** *n. f.* (Presque toujours au pluriel). *Assez de tergiversations !*

1. TERME [tɛʀm(ə)]. *n. m.* • 1° Limite fixée dans le temps. *Passé ce terme, les billets seront périmés. Mettre un terme à*, faire cesser. — À TERME : dont l'exécution correspond à un terme fixé. V. **Crédit** (à). *Emprunt à court terme. À court terme, à long terme*, qui doit se réaliser dans peu de temps, dans longtemps. *C'est un projet à court terme.* • 2° Époque fixée pour le paiement des loyers. V. **Délai, échéance.** — Somme due au terme. *Payer son terme.* • 3° *Littér.* Dernier élément, dernier stade (de ce qui a une durée). || Contr. **Commencement.** || *Le terme de la vie*, la mort. *Mener qqch. à son terme* (V. **Terminer**). • 4° *Accouchement à terme*, dans le temps normal de la naissance, neuf mois après la conception, chez la femme. — *Enfant né avant terme.* V. **Prématuré.**

2. TERME. *n. m.* • 1° Mot ou expression. *Le sens d'un terme. Chercher le terme exact.* • 2° TERMES. *n. m. pl.* Ensemble de mots et d'expressions choisis pour faire savoir qqch. ; manière de s'exprimer. *Les termes d'un contrat.* V. **Formule.** *En d'autres termes*, pour donner une équivalence à l'aide d'autres mots. • 3° Mot appartenant à un vocabulaire spécial. *Les termes techniques.* V. **Terminologie.** • 4° Chacun des éléments simples entre lesquels on établit une relation. *Les termes d'une comparaison. Les termes d'une équation.* — MOYEN TERME : solution, situation intermédiaire.

3. TERMES. *n. m. pl.* • Loc. *Être* EN *bons* TERMES, *en mauvais termes avec qqn* : entretenir de bonnes ou de mauvaises relations avec qqn.

TERMINER [tɛʀmine]. *v. tr.* (1) ★ **I.** • 1° Faire cesser (dans le temps) par une décision. *Terminer un débat.* V. **Clore, lever.** || Contr. **Ouvrir ; engager.** || • 2° Faire arriver à son terme, mener à terme (ce qui est fait en grande partie). V. **Achever.** *Terminer un travail.* || Contr. **Commencer.** || *En avoir terminé avec un travail*, avoir enfin fini. *La hâte d'en avoir terminé.* — Passer la dernière partie (d'un temps). *Nous terminerons la soirée au cinéma.* • 3° Constituer, former le dernier élément de (qqch.). *Terminer une phrase par un point d'exclamation. La formule qui termine la lettre. — Une fête terminée par un feu d'artifice.* ★ **II.** SE TERMINER. *v. pron.* • 1° Prendre fin. — (Dans l'espace) *Une rue qui se termine au boulevard Saint-Germain.* — (Dans le temps) *La soirée s'est plutôt mal terminée.* • 2° SE TERMINER PAR... : avoir pour dernier élément. *Les mots qui se terminent par un X. La soirée se termine par un bal.* • 3° SE TERMINER EN... *(Dans l'espace)* : avoir (telle forme) à son extrémité. *Les verbes qui se terminent en* -ER. — *(Dans le temps)* Prendre (tel aspect) à sa fin. *L'histoire se termine en drame.* ▼ **TERMINAISON.** *n. f.* • 1° Dernier élément d'un mot considéré sous un aspect quelconque (phonique, graphique, morphologique). V. **Finale.** *Les terminaisons des mots en fin de vers.* V. **Assonance, consonance, rime.** *Les terminaisons des formes conjuguées d'un verbe* (V. **Désinence**). *La terminaison « age » de breuvage* (V. **Suffixe**). • 2° Extrémité. *Les terminaisons nerveuses.* ▼ **TERMINAL, ALE, AUX.** *adj.* Qui forme le dernier élément, la fin. V. **Final.** *Les classes terminales des lycées.* — Subst. *Être en terminale.*

TERMINOLOGIE [tɛʀminɔlɔʒi]. *n. f.* • 1° Ensemble des mots techniques appartenant à une science, un art, à un chercheur ; étude de ces mots. *La terminologie de la médecine.* • 2° Vocabulaire didactique d'un groupe social. *La vieille terminologie humanitaire.*

TERMINUS [tɛʀminys]. *n. m.* • Dernière gare ou station (d'une ligne de transports). *Allez jusqu'au terminus. — Terminus ! Tout le monde descend.*

TERMITE [tɛʀmit]. *n. m.* • Insecte qui vit en société et ronge les pièces de bois par l'intérieur. — Loc. *Travail de termite*, travail de destruction lent et caché. ▼ **TERMITIÈRE.** *n. f.* Nid de termites, butte de terre percée de galeries.

TERNAIRE [tɛʀnɛʀ]. *adj.* • Composé de trois éléments, de trois unités. *Nombre ternaire. Mesure, rythme ternaire.*

TERNE [tɛʀn(ə)]. *adj.* • 1° Qui manque d'éclat, qui reflète peu ou mal la lumière. *Des couleurs ternes. Œil, regard terne,* sans éclat ni expression. • 2° Qui n'attire ni ne retient l'intérêt. V. **Fade, morne.** *Une conversation terne et languissante. Des journées ternes. — (Personnes)* Falot, insignifiant. *Des gens ternes.*

TERNIR [tɛʀniʀ]. *v. tr.* (2) • 1° Rendre (qqch.) terne. ‖ Contr. **Polir.** ‖ *La poussière ternissait les meubles.* — Pronom. *L'argenterie se ternit.* • 2° Porter atteinte à la valeur morale, intellectuelle de. V. **Flétrir.** *Ternir la réputation, l'honneur de qqn.*

TERRAIN [tɛʀɛ̃]. *n. m.* ★ **I.** • 1° Étendue de terre (considérée dans son relief ou sa situation). V. **Sol.** *Un terrain plat, accidenté. Accident de terrain. Un terrain fertile. Glissement de terrain.* • 2° Loc. adj. *(Invar.).* TOUT TERRAIN : se dit d'un véhicule capable de rouler hors des routes, sur toutes sortes de terrains. *Des voitures tout terrain.* • 3° Portion plus ou moins étendue et épaisse de l'écorce terrestre, considérée quant à sa nature, son âge ou son origine (souvent au *plur.*). *Les terrains primaires, secondaires. Terrains glaciaires.* • 4° *Le terrain,* la zone où se déroulent des opérations militaires. *Reconnaître le terrain,* le champ de bataille. Loc. *Sur le terrain,* en se rendant sur les lieux mêmes du combat ; sur place. — Loc. *Gagner, perdre du terrain,* avancer, reculer. *Être sur son terrain,* dans un domaine familier, où l'on est à l'aise. *Je ne vous suivrai pas sur ce terrain,* dans vos jugements. *Chercher, trouver un terrain d'entente,* une base, un sujet sur lequel on s'entende, lorsqu'on s'oppose. *Reconnaître, préparer, sonder, tâter le terrain,* la situation, l'état des choses et des esprits, avant d'agir. • 5° État d'un organisme, d'un organe, d'un tissu, quant à sa résistance à la maladie. ★ **II.** • 1° UN, (DES) TERRAIN(s) : espace, étendue de terres de forme et de dimensions déterminées. *Acheter, vendre un terrain. Un terrain cultivé. Terrains à bâtir. Spéculation sur les terrains. — Terrain vague,* sans cultures ni constructions, dans une ville. • 2° Emplacement aménagé ou disposé pour une activité particulière. *Terrain de camping, de sport. Terrain d'aviation.*

TERRASSE [tɛʀas]. *n. f.* • 1° Levée de terre formant plate-forme. *Les terrasses d'un parc. Cultures en terrasses,* en étages, soutenues par de petits murs. • 2° Plate-forme en plein air d'un étage de maison en retrait sur l'étage inférieur. *Appartement au 5ᵉ étage avec terrasse.* — Toiture plate (d'une maison). • 3° Partie d'un café qui déborde sur le trottoir (en plein air ou couverte). *Les Parisiens attablés aux terrasses des cafés. Voulez-vous vous mettre à la terrasse, en terrasse, ou à l'intérieur ?*

TERRASSEMENT. *n. m.* • 1° Opération par laquelle on creuse et on déplace la terre. *Travaux de terrassement.* • 2° Terres, matériaux déplacés; déblais ou remblais. *Les terrassements d'une voie ferrée.* ▼ **TERRASSIER.** *n. m.* Ouvrier employé aux travaux de terrassement.

TERRASSER [tɛʀase]. *v. tr.* (1) • 1° Abattre, renverser (qqn), jeter à terre dans une lutte. *Terrasser son adversaire.* • 2° *(Suj. chose).* Abattre, rendre incapable de réagir, de résister. V. **Foudroyer** (2°). *Être terrassé par la maladie.*

TERRE [tɛʀ]. *n. f.* ★ **I.** L'élément solide qui supporte les êtres vivants et où poussent les végétaux. • 1° Surface sur laquelle l'homme, les animaux se tiennent et marchent. V. **Sol.** *Se coucher sur la terre. Jeter, lancer, mettre* À TERRE, PAR TERRE : renverser. *Tomber par terre. Mettre pied à terre,* descendre de voiture, du lit, etc. — Loc. *Courir ventre à terre,* très vite. *Vouloir rentrer* SOUS TERRE (de honte). *Avoir les pieds* SUR TERRE : être réaliste (V. **Terre-à-terre**). • 2° Matière qui forme la couche superficielle de la croûte terrestre. *La terre d'un chemin. Un chemin de terre,* non revêtu. *Un sol de terre battue. Mottes de terre. Mettre un mort en terre.* V. **Enterrer.** — *(Au plur.)* Quantité de terre. *Des terres rapportées.* • 3° L'élément où poussent les végétaux ; étendue de cet élément. *Une terre aride. Terre végétale.* V. **Humus, terreau.** *Cultiver la terre. Les produits de la terre.* — Loc. EN PLEINE TERRE : se dit des plantes, des arbres qui poussent dans une terre qui n'est pas dans un contenant. — LES TERRES : étendue indéterminée de terrain où poussent les végétaux. *Terres à blé,* propres à cette culture. *Terres cultivées. Défricher les terres vierges.* • 4° LA TERRE : la vie paysanne. V. **Glèbe.** *Le retour à la terre,* aux activités agricoles. • 5° Étendue limitée de surfaces cultivables, considérée comme objet de possession. V. **Bien, domaine, propriété, terrain.** *Acquérir une terre.* — (Au plur.) *Vivre de ses terres. Se retirer sur ses terres.* • 6° Vaste étendue de la surface solide du globe. V. **Territoire, zone.** *Terres arctiques, australes.* • 7° LA TERRE, LES TERRES (*opposé à* la mer, *à* l'air). V. **Continent, île.** *La terre ferme. L'armée de terre* (*opposé à* la marine, l'aviation). *Un village breton dans les terres,* éloigné du rivage. • 8° La croûte terrestre. *Tremblement de terre.* V. **Séisme.** • 9° Le sol, considéré comme ayant un potentiel électrique égal à zéro. *Prise de terre.* ★ **II.** Le milieu où vit l'humanité ; notre monde. V. **Terrestre.** • 1° En astronomie, Planète appartenant au système solaire, animée d'un mouvement de rotation sur elle-même et de révolution autour du Soleil. *La Lune, satellite de la Terre. Le centre de la Terre.* • 2° L'ensemble de tous les lieux où l'homme peut aller sur la planète. *Il avait parcouru la terre entière.* • 3° Le milieu où vit l'humanité. *Être seul sur la terre,* au monde. *Être sur terre.* V. **Exister, vivre.** — Loc. *Remuer ciel et terre* (pour obtenir qqch.), se démener, s'adresser à tous ceux qu'on connaît. ★ **III.** • 1° Se dit de diverses matières pulvérulentes dans la composition desquelles entre généralement l'argile, et qui servent à fabriquer des objets. *Pipe en terre. Terre glaise.* TERRE CUITE : argile ordinaire ferrugineuse durcie par la chaleur. *Poteries de terre cuite.* • 2° Nom de différents colorants (couleurs minérales). *Terre de sienne*, colorant brun. V. **Ocre.** ▼ **TERREAU** [tɛʀo]. *n. m.* Engrais naturel, formé d'un mélange de terre végétale et de produits de décomposition. V. **Humus.**

TERRE À TERRE ou **TERRE-À-TERRE** [tɛʀatɛʀ]. *loc. adj. invar.* • Matériel et peu poétique. *Un esprit terre à terre. Les préoccupations terre-à-terre du ménage.*

TERRE-NEUVAS [tɛʀnœva] ou **TERRE-NEUVIER** [tɛʀnœvje]. *n. m.* • Navire, marin qui pêche à Terre-Neuve. *Des terres-neuvas* ou *neuviers.*

TERRE-NEUVE [tɛʀnœv]. *n. m. invar.* • Gros chien à tête large, à longs poils, dont la race est originaire de Terre-Neuve. *Des terre-neuve.*

TERRE-PLEIN [tɛʀplɛ̃]. *n. m.* • Plate-forme, levée de terre généralement soutenue par une maçonnerie. *Les terre-pleins d'une route.*

TERRER (SE) [tɛʀe]. *v. pron.* (1) • **1°** Se cacher dans un terrier ou se blottir contre terre (en parlant d'un animal). • **2°** Se mettre à l'abri, se cacher dans un lieu couvert ou souterrain. *Il se terre chez lui*, il ne se montre plus.

TERRESTRE [tɛʀɛstʀ(ə)]. *adj.* • **1°** De la planète Terre. *Le globe terrestre*, la Terre. • **2°** Des terres (*opposé à* marin). *Habitat terrestre. — Animaux terrestres.* • **3°** Qui est, qui se déplace sur le sol (*opposé à* aérien, maritime). *Locomotion, transport terrestre.* • **4°** (*Opposé à* céleste). Du monde où vit l'homme ; d'ici bas. *Les choses terrestres*, temporelles, matérielles.

TERREUR [tɛʀœʀ]. *n. f.* • **1°** Peur extrême qui bouleverse, paralyse. V. **Effroi, épouvante, frayeur.** *Une terreur panique. Inspirer de la terreur à qqn* (V. **Terrifier, terroriser**). *La terreur de...*, inspirée par... *La terreur des gendarmes.* • **2°** Peur collective qu'on fait régner dans une population, un groupe pour briser sa résistance ; régime, procédé politique fondé sur l'emploi des mesures d'exception et de la violence. V. **Terrorisme.** *Gouverner par la terreur. Le régime de terreur.* • **3°** *(Avec un compl.).* Être ou chose qui inspire une grande peur. *Ce chien est la terreur des voisins. Il saccage tout, c'est la terreur de l'école.* — Pop. *Il joue les terreurs.* V. **Dur.**

TERREUX, EUSE. *adj.* • **1°** Qui appartient à la terre (I, 2°, 3°), qui est de la nature de la terre. *Un goût terreux.* • **2°** Mêlé, souillé de terre. *Des bottes terreuses.* • **3°** D'une couleur dépourvue d'éclat et de fraîcheur. *Un teint terreux.* V. **Blafard.**

TERRIBLE [tɛʀibl(ə)]. *adj.* • **1°** *(Choses).* Qui inspire de la terreur (1°), qui amène ou peut amener de grands malheurs. V. **Effrayant, terrifiant.** *Une terrible catastrophe.* V. **Effroyable.** • **2°** Très pénible, très grave, très fort. *Il fait un froid terrible.* V. **Excessif.** *Il est d'une humeur terrible*, de très mauvaise humeur. *C'est terrible de ne pouvoir compter sur lui.* V. **Désolant.** • **3°** *(Personnes).* Agressif, turbulent, très désagréable. *Un enfant terrible.* • **4°** *Fam.* Extraordinaire, grand. V. **Formidable.** *J'ai un appétit terrible. Ce film n'a rien de terrible. C'est un type terrible*, très fort. V. **Étonnant.** — Adv. *Ça marche terrible.* ▼ **TERRIBLEMENT.** *adv.* D'une manière très intense ; à l'extrême. *C'est terriblement cher, ennuyeux.*

TERRIEN, IENNE [tɛʀjɛ̃, jɛn]. *adj.* et *n.* ★ **I.** *Adj.* • **1°** Qui possède des terres. *Propriétaire terrien.* V. **Foncier.** • **2°** *Littér.* Qui concerne la terre, la campagne, qui est propre aux paysans (*opposé à* citadin). *Un atavisme terrien.* — Subst. *C'est un terrien.* ★ **II.** *N.* Habitant de notre planète (*opposé* aux habitants supposés des autres planètes).

1. TERRIER [tɛʀje]. *n. m.* • Trous, galeries que certains animaux creusent dans la terre et qui leur sert d'abri. V. **Tanière.** *Faire sortir un lièvre de son terrier.*

2. TERRIER. *n. m.* • Chien qu'on peut utiliser pour la chasse des animaux à terrier. *Les terriers sont de bons chiens de garde.*

TERRIFIER [tɛ(ʀ)ʀifje]. *v. tr.* (7) • Frapper de terreur. V. **Effrayer, terroriser.** *Leurs cris terrifiaient l'enfant.* ▼ **TERRIFIANT, ANTE.** *adj.* V. **Terrible** (2° et 4°). *Des cris terrifiants. C'est terrifiant comme il a vieilli !*

TERRIL ou **TERRI** [tɛʀi(l)]. *n. m.* • Grand tas de déblais au voisinage d'une mine. V. **Crassier.**

TERRINE [tɛʀin]. *n. f.* • **1°** Récipient de terre assez profond, où l'on fait cuire et où l'on conserve certaines viandes ; son contenu (V. **Pâté**). • **2°** *Une terrine de pâté de foie.*

TERRITOIRE [tɛʀitwaʀ]. *n. m.* • **1°** Étendue de la surface terrestre sur laquelle vit un groupe humain. *Le territoire national français. En territoire ennemi. — Aménagement du territoire*, répartition des activités économiques selon un plan régional. • **2°** Étendue de pays sur laquelle s'exerce une autorité, une juridiction. *Le territoire de la commune.* • **3°** Pays qui jouit d'une personnalité, mais ne constitue pas un État souverain. *Les anciens territoires coloniaux.* ▼ **TERRITORIAL, ALE, AUX** [tɛʀitɔʀjal, o]. *adj.* • **1°** Qui consiste en un territoire, le concerne. *Puissance territoriale. — Eaux territoriales*, zone de la mer sur laquelle s'exerce la souveraineté d'un État riverain. • **2°** Qui concerne la défense du territoire national. *Armée territoriale.*

TERROIR [tɛʀwaʀ]. *n. m.* • **1°** Région rurale, provinciale, considérée comme influant sur ses habitants. *Accent du terroir. Poètes du terroir.* • **2°** *Goût de terroir*, goût particulier (d'un vin), dû au terrain.

TERRORISER [tɛʀɔʀize]. *v. tr.* (1) • Frapper, paralyser de terreur, faire vivre dans la terreur. V. **Effrayer, terrifier.** *Son patron le terrorise. Vous terrorisez cet enfant avec vos menaces.*

TERRORISME [tɛʀɔʀism(ə)]. *n. m.* • Emploi systématique de la violence pour atteindre un but politique ; actes de violence (attentats, destructions) destinés à déclencher des changements politiques. *Terrorisme et contre-terrorisme.* ▼**TERRORISTE.** *n.* et *adj.*

● 1° *N.* Membre d'une organisation politique qui use du terrorisme. *Un, une terroriste.* ● 2° *Adj.* Du terrorisme. *Un attentat terroriste.*

TERTIAIRE [tɛʀsjɛʀ]. *adj.* ● (V. **Troisième**). ● 1° *Ère tertiaire*, ou subst. *Le tertiaire*, ère géologique (environ 70 millions d'années) qui a succédé à l'ère secondaire. *Les plissements alpins datent du tertiaire.* — *Terrains tertiaires.* ● 2° *Secteur tertiaire*, secteur comprenant toutes les activités non directement productrices de biens de consommation (commerces, services, etc.).

TERTIO [tɛʀsjo]. *adv.* ● En troisième lieu (après *primo, secundo*). V. **Troisièmement.**

TERTRE [tɛʀtʀ(ə)]. *n. m.* ● Petite éminence isolée à sommet aplati. V. **Butte, monticule.** *Une maison sur un tertre.*

TES. V. Ton.

TESSITURE [tesityʀ]. *n. f.* ● Échelle des sons qui peuvent être émis normalement par une voix. V. **Registre.**

TESSON [tesɔ̃]. *n. m.* ● Débris (d'un objet de verre, d'une poterie). *Des tessons de bouteille.*

TEST [tɛst]. *n. m.* ● 1° Épreuve psychotechnique impliquant une tâche à remplir, avec une technique précise pour l'appréciation de la réussite. *Soumettre qqn à un test, faire passer des tests à qqn. Un test d'orientation professionnelle.* ● 2° Épreuve ou expérience décisive, opération témoin permettant de juger. ▼ **1. TESTER.** v. tr. (1). *Tester des élèves. Tester un procédé.*

TESTAMENT [tɛstamɑ̃]. *n. m.* ★ **I.** *(Avec majuscule).* Nom des deux parties de l'Écriture sainte. *L'Ancien et le Nouveau Testament.* V. **Bible.** ★ **II.** ● 1° Acte par lequel une personne dispose des biens qu'elle laissera en mourant (V. **Héritage**). *Mettre, coucher qqn sur son testament*, l'y inscrire comme légataire. — Loc. fam. *Il peut faire son testament*, il n'en a plus pour longtemps à vivre. ● 2° Dernière œuvre, dernier écrit, considérés comme la suprême expression de la pensée et de l'art de qqn. ▼ **TESTAMENTAIRE.** *adj.* Qui se fait par testament, se rapporte à un testament. *Dispositions testamentaires.* ▼ **TESTATEUR, TRICE.** *n.* Auteur d'un testament (terme de droit). ▼ **2. TESTER.** *v. intr.* (1). En droit, Disposer de ses biens par testament, faire un testament.

TESTICULE [tɛstikyl]. *n. m.* ● Gonade mâle, glande productrice des spermatozoïdes. — *(Chez l'homme)* Cet organe et ses enveloppes, en arrière du pénis. V. **Bourse.** *Les testicules.*

TÉTANOS [tetanos]. *n. m.* ● 1° Grave maladie infectieuse caractérisée par une contraction douloureuse des muscles du corps, avec des crises convulsives. ● 2° *Tétanos musculaire*, contraction prolongée d'un muscle. ▼ **TÉTANIQUE.** *adj.* ● 1° Atteint de tétanos. ● 2° Propre au tétanos musculaire. ▼ **TÉTANISER.** *v. tr.* (1). Mettre en état de tétanos (2°).

TÊTARD [tɛtaʀ]. *n. m.* ● 1° Larve de batracien, à grosse tête prolongée par un corps effilé, à respiration branchiale. *Un têtard qui devient grenouille.* ● 2° *Arg.* Enfant.

TÊTE [tɛt]. *n. f.* ★ **I.** ● 1° Extrémité antérieure (et supérieure chez les animaux à station verticale) du corps, qui porte la bouche et les principaux organes des sens (lorsque cette partie est distincte et reconnaissable). V. **Céphalo-.** *La tête d'un oiseau, d'un poisson. Une tête d'éléphant.* — Cette partie d'un animal préparée pour la consommation. *Tête de veau.* ● 2° Partie supérieure du corps de l'homme, contenant le cerveau, qui est de forme arrondie et tient au tronc par le cou. *Il a une grosse tête, une tête ronde, carrée. Des pieds à la tête, de la tête aux pieds.* V. **Pied.** *Se promener la tête haute. La tête haute*, avec fierté. *La tête basse*, en étant confus, honteux. *Détourner la tête. Hocher la tête. Signe de tête.* — *Donner tête baissée dans...*, se jeter sur qqch. ; se jeter naïvement, imprudemment, dans un piège. — *Ne savoir où donner de la tête*, ne savoir que faire, avoir trop d'occupations. V. **Submergé.** — Crâne. *Avoir un chapeau sur la tête. Être tête nue*, sans chapeau. *Donner un coup sur la tête.* V. *pop.* **Caboche, cassis, citron, coloquinte, tirelire.** — Tenir tête : résister (à l'adversaire) ; s'opposer avec fermeté (à la volonté de qqn). *Tenir tête à son père.* ● 3° (Sensations localisées à la tête). V. **Cerveau.** *Avoir mal à la tête*, la migraine. *La tête lui tourne*, il a un étourdissement. ● 4° (La tête étant considérée comme la partie vitale). V. **Vie.** *Je le jure sur la tête de mes enfants. L'accusé a sauvé sa tête* (de la peine capitale). *Risquer sa tête*, sa vie. ● 5° Le visage, quant aux traits et à l'expression. V. **Face, figure ; gueule** *(pop.). Il a une tête sympathique, une bonne tête. Il a, il fait une drôle de tête.* V. *(fam.).* **Bille, binette, bobine, fiole, poire, trombine, tronche.** — *Faire une tête de six pieds de long*, être triste, maussade. — Faire la tête. V. **Bouder.** ● 6° Représentation de cette partie du corps de l'homme, des animaux supérieurs. *Tête sculptée.* — Tête de pipe : tête formant le fourneau d'une pipe. Tête de turc. *Être la tête de Turc, servir de tête de Turc*, être sans cesse en butte aux plaisanteries de qqn. Tête de mort : représentation d'un crâne humain, emblème de la mort. *Le drapeau à tête de mort des pirates.* ● 7° Hauteur d'une tête d'homme. *Il a une tête de plus qu'elle.* — Longueur d'une tête de cheval, dans une course. *Cheval qui gagne d'une tête.* ● 8° Partie d'une chose où l'on pose la tête. V. **Chevet.** *La tête d'un lit.* ● 9° Coup de tête dans la balle au football. *Joueur qui fait une tête.* ★ **II.** ● 1° Le siège de la pensée, chez l'homme. V. **Cerveau, cervelle.** *N'avoir rien dans la tête. Avoir une petite tête.* — *Avoir une tête sans cervelle, une tête en l'air, une tête de linotte*, être étourdi. — Absolt. *Avoir de la tête*, du jugement et de la mémoire. *Une femme de tête* (même sens). — *De tête*, mentalement. *Calculer de tête.* — *Il a une idée derrière la tête*, une intention cachée. *Avoir la tête vide*, ne plus pouvoir réfléchir, se souvenir. *Mettre,* *fourrer qqch. dans la tête de qqn*, lui apprendre, lui expliquer. *Se mettre dans la tête, en tête de..., que...*, décider ou imaginer, se persuader. *Elle s'est mis dans la tête que vous viendriez la voir. Je n'ai plus son nom en tête*, je ne m'en souviens plus. • 2° Le siège des états psychologiques. — (Caractère) *Avoir la tête froide*, être calme. *Avoir une tête de cochon*, être têtu. — (États passagers) *Perdre la tête*, perdre son sang-froid. V. **Boule, boussole.** *Avoir la tête à ce qu'on fait*, y appliquer son esprit, son attention. *N'en faire qu'à sa tête*, agir selon sa fantaisie. — *Un* COUP DE TÊTE : une décision, une action inconsidérée, irréfléchie. • 3° Loc. *Être tombé sur la tête*, être un peu fou, déraisonner. *Perdre la tête*, devenir fou ou gâteux. ★ **III.** • 1° (Représentant une personne). *Tête couronnée*, prince. *Tête de cochon, de mule*, personne entêtée. *Une forte tête*, une personne qui s'oppose aux autres et fait ce qu'elle veut. *Une mauvaise tête*, une personne obstinée, querelleuse. Fam. *Salut, petite tête ! Cette tête-là ne m'est pas inconnue.* • 2° PAR TÊTE : par personne, individu. *Trente francs par tête.* Fam. *Par tête de pipe.* • 3° Personne qui conçoit et dirige (comme le cerveau fait agir le corps). *Il est la tête de l'entreprise.* • 4° Animal d'un troupeau. *Cent têtes de bétail.* ★ **IV.** • 1° Partie supérieure (d'une chose), notamment lorsqu'elle est arrondie. *La tête des arbres.* V. **Cime.** • 2° Partie terminale, arrondie, large, etc... *Tête d'un clou. Tête d'ail*, bulbe de l'ail. — *Tête de lecture d'un pick-up*, extrémité du bras qui porte le saphir. • 3° Partie antérieure (d'une chose qui se déplace). *La tête d'un train, d'un cortège. Fusée à tête chercheuse*, à tête munie d'un dispositif pouvant modifier sa trajectoire vers l'objectif. • 4° Partie antérieure (d'une chose orientée). *Tête de ligne*, point de départ d'une ligne de transport. *Tête de liste*, premier nom d'une liste. *Une tête d'affiche.* • 5° Place de ce qui est à l'avant ou au début (surtout : *de, en tête*). *Wagon de tête. Musique en tête. Article de tête d'un journal. Mot en tête de phrase.* • 6° *Être* À LA TÊTE *de* (qqch.), PRENDRE LA TÊTE : la première place (classement, compétition, direction). *Être à la tête de sa classe*, être le premier. *Le coureur a pris la tête du peloton. Il est à la tête d'une entreprise.* V. **Chef, directeur.**

TÊTE À QUEUE ou **TÊTE-À-QUEUE.** *n. m. invar.* • Volte-face d'un véhicule. *La voiture a fait plusieurs tête-à-queue.*

TÊTE À TÊTE ou **TÊTE-À-TÊTE.** *loc. adv.* et *n. m. invar.* ★ **I.** *Adv.* Ensemble et seuls (en parlant de deux personnes) ; seul (avec qqn). *On nous a laissés tête-à-tête.* ★ **II.** *N. m.* • 1° *Un tête à tête*, situation de deux personnes qui se trouvent seules ensemble, qui s'isolent ensemble. *Elle essaya de nous ménager un tête-à-tête.* V. **Entrevue.** • 2° EN TÊTE À TÊTE ou EN TÊTE-À-TÊTE *(loc. adv.)* : dans la situation de deux personnes qui se trouvent seules ensemble ou qui s'isolent. *Laissons ces amoureux en tête à tête !*

TÊTE-BÊCHE [tɛtbɛʃ]. *loc. adv.* • Dans la position de deux personnes dont l'une a la tête du côté où l'autre a les pieds ; parallèlement et en sens inverse, opposé. *Il fallait coucher tête-bêche pour y loger tous. Timbres tête-bêche.*

TÊTE-DE-LOUP ou **TÊTE DE LOUP** [tɛtdəlu]. *n. f.* • Brosse ronde munie d'un long manche, pour nettoyer les plafonds. *Des têtes-de-loup.*

TÊTE-DE-NÈGRE [tɛtdənɛgʀ(ə)]. *adj. invar.* • De couleur marron foncé.

TÉTER [tete]. *v. tr.* (6) • Se dit de l'enfant, du jeune animal qui boit (le lait) en suçant le mamelon ou une tétine. *Téter le lait. Téter sa mère.* — Absolt. *Donner à téter à son enfant*, l'allaiter. ▼ **TÉTÉE.** *n. f.* Action de téter ; quantité de lait que le nourrisson absorbe en tétant. *Donner six tétées par jour.*

TÉTINE [tetin]. *n. f.* • 1° Mamelle (de la vache, de la truie...). V. **Pis.** • 2° Bouchon allongé de caoutchouc ajusté à un biberon, que tète le nourrisson.

TÉTON [tetɔ̃]. *n. m.* • *Fam.* Sein (surtout de la femme).

TÉTRA-. • Élément savant signifiant « quatre ».

TÉTRAÈDRE [tetʀaɛdʀ(ə)]. *n. m.* • Polyèdre à quatre faces triangulaires.

TÉTRALOGIE [tetʀalɔʒi]. *n. f.* • *Littér.* Ensemble de quatre œuvres présentant une unité d'inspiration.

TÉTRAPODES [tetʀapɔd]. *n. m. pl.* • Ensemble des animaux vertébrés à quatre membres, apparents ou non (batraciens, reptiles, oiseaux, mammifères).

TÊTU, UE [tety]. *adj.* • Entêté, obstiné. *Il est têtu comme une mule.*

TEUF-TEUF [tœftœf]. *n. m.* • Bruit du moteur à explosion. — *Fam.* Ancienne automobile. V. **Tacot.**

-TEUR -TRICE. • Suffixes de noms tirés de verbes, signifiant « personne ou chose qui fait... » (*ex. :* producteur, productrice).

TEUTON, ONNE [tøtɔ̃, ɔn]. *adj.* et *n.* • *Péj.* Allemand, germanique. ▼ **TEUTONIQUE.** adj. *Ordre des chevaliers teutoniques*, ordre de chevalerie allemand, au Moyen Âge.

TEXTE [tɛkst(ə)]. *n. m.* • 1° LE TEXTE DE, UN TEXTE : les termes, les phrases qui constituent un écrit ou une œuvre. *Commenter, annoter, traduire un texte. Lire Platon dans le texte. Le texte d'une loi.* V. **Teneur.** *Le texte d'un opéra, d'une chanson* (*opposé à* musique). V. **Livret, parole.** — La composition, la page imprimée. *Illustration dans le texte* (*opposé à* hors-texte). • 2° UN TEXTE, DES TEXTES : écrit considéré dans sa rédaction originale et authentique. *L'édition des textes.* — Œuvre littéraire. *Un texte bien écrit.* • 3° Page, fragment d'une œuvre. *Textes choisis.* V. **Morceau.** *Une explication de textes.* ▼ **TEXTUEL, ELLE.** *adj.* Conforme au texte. *Traduction textuelle.* V. **Littéral.** *Voilà ce qu'il a dit, c'est textuel*, ce sont ses propres mots. ▼ **TEXTUELLEMENT.** adv. *Il m'a dit textuellement ceci.* V. **Exactement.**

TEXTILE [tɛkstil]. *adj.* et *n. m.* • 1° Susceptible d'être tissé, d'être divisé en fils que l'on peut tisser. *Matières textiles végétales* (*ex. :* chanvre, coton, jute, lin), *synthétiques* (*ex. :* nylon), *animales* (*ex. :* laine, poil, soie naturelle). — *N. m.* Fibre, matière textile. *Les textiles artificiels.* • **2°** Qui concerne la fabrication, la vente des tissus. *Industries textiles.* V. **Filature, tissage.** — N. m. *Il travaille dans le textile.*

TEXTURE [tɛkstyʀ]. *n. f.* • Arrangement, disposition (des éléments d'une matière, d'un tout). V. **Constitution, structure.** *La texture du marbre. La texture d'un roman.*

-THALAME, THALAMO-. • Éléments savants signifiant « lit, couche ».

THALAMUS [talamys]. *n. m.* • Noyaux de substance grise situés à la base du cerveau et qui constituent un relais pour les voies sensitives.

THALASSO-. • Élément savant signifiant « mer ». ▼ **THALASSOTHÉRAPIE** [talasɔteʀapi]. *n. f.* Usage thérapeutique des bains de mer, du climat marin.

THALLE [tal]. *n. f.* • En botanique, Partie végétative des plantes inférieures sans tige ni feuilles (algues, bactéries, champignons) appelées THALLOPHYTES, *n. f. pl.*.

THALWEG [talvɛg]. *n. m.* • Ligne de plus grande pente d'une vallée, suivant laquelle se dirigent les eaux (terme géographique et militaire).

THAUMATURGE [tomatyʀʒ(ə)]. *n. m.* • *Littér.* Faiseur de miracles. V. **Magicien.**

THÉ [te]. *n. m.* • **1°** Arbre ou arbrisseau d'Extrême-Orient, cultivé pour ses feuilles qui contiennent un alcaloïde, la *théine* (caféine du thé). V. **Théier.** *Culture du thé.* • **2°** Feuilles de thé servant à faire une boisson infusée. *Thés de Chine, de Ceylan.* — Cette boisson. *Une tasse de thé.* • **3°** Collation où l'on boit du thé. *Prendre le thé. Salon de thé.* — Réunion où l'on sert du thé, des gâteaux. *Thé dansant.* • **4°** Par appos. *Rose thé* ou *rose-thé* (de la couleur de la boisson). ▼ **THÉIER.** *n. m.* Arbre à thé. ▼ **THÉIÈRE.** *n. f.* Récipient dans lequel on fait infuser le thé.

THÉÂTRE [teɑtʀ(ə)]. *n. m.* ★ **I.** • **1°** Construction ou salle destinée aux spectacles se rattachant à l'art dramatique. *La salle et la scène d'un théâtre. Aller au théâtre,* voir un spectacle dans un théâtre. — Dans l'Antiquité, Construction en amphithéâtre généralement adossée à une colline creusée en hémicycle. *Les théâtres grecs.* • **2°** Entreprise de spectacles dramatiques (V. *aussi* **Troupe**). *Les théâtres subventionnés. Le répertoire d'un théâtre. Un homme de théâtre.* • **3°** *Théâtre de verdure,* aménagement artistique dans un parc. • **4°** Le cadre, le lieu où se passe un événement. *Le théâtre des opérations* (militaires). ★ **II.** • **1°** LE THÉÂTRE : art visant à représenter devant un public une suite d'événements où des êtres humains agissent et parlent ; genre littéraire, œuvres qui y correspondent. V. **Comédie, drame, tragédie.** *Un personnage de théâtre. Le théâtre de Corneille. Théâtre de boulevard,* comédies légères et faciles. *Critique de théâtre,* qui juge les spectacles. — PIÈCE DE THÉÂTRE : texte littéraire qui expose une action dramatique, généralement sous forme de dialogue entre des personnages. • **2°** Activités de l'acteur ; profession de comédien de théâtre. *Cours de théâtre,* d'art dramatique. *Faire du théâtre.* V. **Jouer.** • **3°** COUP DE THÉÂTRE : brusque changement imprévu dans une situation. *La déposition du nouveau témoin fut un coup de théâtre.* ▼ **THÉÂTRAL, ALE, AUX.** *adj.* • **1°** Qui appartient au théâtre ; de théâtre (II, 1°). V. **Dramatique.** *Une œuvre, une représentation théâtrale. Une situation théâtrale.* V. **Scénique, spectaculaire.** • **2°** Qui a le côté artificiel, emphatique, outré du théâtre. *Une attitude théâtrale.* — (Des personnes) *Il est un peu trop théâtral.* ▼ **THÉÂTRALEMENT.** *adv.* D'une manière théâtrale (2°). *Il gesticulait théâtralement.*

THÉISME [teism(ə)]. *n. m.* • Déisme. ‖ Contr. **Athéisme.** ‖ ▼ **THÉISTE.** adj. *Un philosophe théiste.* V. **Croyant, déiste.** *Théorie théiste.*

-THÉISME, -THÉISTE. • Éléments savants signifiant « Dieu » (V. **Théo-**) dans une doctrine *(monothéisme, polythéiste).*

THÈME [tɛm]. *n. m.* • **1°** Sujet, idée, proposition qu'on développe (dans un ouvrage) ; ce sur quoi s'exerce la réflexion ou l'activité. V. **Objet, sujet.** *Les thèmes favoris d'un écrivain. Proposer un thème de réflexion.* • **2°** Traduction (d'un texte) de sa langue maternelle dans une langue étrangère. *Thème et version.* — UN FORT EN THÈME : un très bon élève, et *péj.* une personne appliquée, de culture livresque. • **3°** Dessin mélodique qui constitue le sujet d'une composition musicale et qui est l'objet de variations. V. *aussi* **Motif.** *Faire des variations sur un thème.* ▼ **THÉMATIQUE.** *adj.* Relatif à un thème (1° et 3°).

THÉO-. • Élément savant signifiant « Dieu ».

THÉOCRATIE [teɔkʀasi]. *n. f.* • **1°** Gouvernement par un souverain considéré comme le représentant de Dieu. • **2°** Régime où l'Église, les prêtres jouent un rôle politique important. ▼ **THÉOCRATIQUE.** *adj.*

THÉOGONIE [teɔgɔni]. *n. f.* • Dans les religions polythéistes, Système, récit qui explique la naissance des dieux. V. **Mythologie.**

THÉOLOGALE, ALES [teɔlɔgal]. *adj. fém.* • (Relig. chrétienne). *Vertus théologales,* qui ont Dieu lui-même pour objet (foi, espérance, charité).

THÉOLOGIE [teɔlɔʒi]. *n. f.* • **1°** Étude des questions religieuses fondée sur les textes sacrés, les dogmes et la tradition. *Faculté, professeur de théologie. La théologie de Bossuet.* • **2°** Études de théologie. *Faire sa théologie.* ▼ **THÉOLOGIEN.** *n. m.* ▼ **THÉOLOGIQUE.** *adj.*

THÉORBE [teɔʀb(ə)]. *n. m.* • Autrefois, Luth à sonorité grave.

THÉORÈME [teɔʀɛm]. *n. m.* • Proposition démontrable qui résulte d'autres propositions déjà posées (*opposé à* définition, axiome, postulat, principe). *Démontrer un théorème. Théorème de géométrie, de mathématique. Le théorème de Pythagore.*

1. THÉORIE [teɔʀi]. *n. f.* • **1°** Ensemble organisé d'idées, de concepts abstraits prenant pour objet un domaine particulier qu'il décrit et explicite. V. **Conception, doctrine, système, thèse.** *Bâtir une théorie. Les théories politiques.*

— *Absolt.* LA THÉORIE : opposée à la pratique. EN THÉORIE : en envisageant la question d'une manière abstraite. *C'est très beau en théorie, mais en fait, c'est impossible.* • 2° Construction intellectuelle méthodique et organisée, de caractère hypothétique (au moins en certaines de ses parties) et synthétique. V. **Hypothèse, système.** *La théorie mathématique des ensembles.* — Éléments de connaissance organisée en système. *La théorie musicale.* ▼ **THÉORICIEN, IENNE.** *n.* • 1° Personne qui connaît la théorie (d'un art, d'une science). *Les théoriciens de l'électricité.* • 2° Personne qui élabore, défend une théorie sur un sujet. *Les théoriciens du socialisme.* • 3° *(Sans compl.).* Personne qui, dans un domaine déterminé, se préoccupe surtout de connaissance abstraite et non de la pratique, des applications. *Les théoriciens et les techniciens.* ▼ **THÉORIQUE.** *adj.* • 1° Qui consiste en connaissance abstraite ; qui élabore des théories. V. **Spéculatif.** || Contr. **Pratique.** || • 2° *(Souvent péj.).* Qui est considéré, défini, étudié d'une manière abstraite et souvent incorrecte (*opposé à* expérimental, réel, vécu). *Une égalité toute théorique.* ▼ **THÉORIQUEMENT.** adv. *Justifier théoriquement une œuvre. Théoriquement, vous avez raison.* || Contr. **Pratiquement.** ||

2. THÉORIE. *n. f.* • *Littér.* Groupe de personnes qui s'avancent les unes derrière les autres. V. **Cortège, défilé, procession.** *Des théories d'hommes et de femmes.*

THÉOSOPHE [teɔzɔf]. *n.* • Adepte de diverses doctrines, fortement imprégnées de magie et de mysticisme, qui visent à la connaissance de Dieu. ▼ **THÉOSOPHIE.** *n. f.*

-THÈQUE. • Élément signifiant « loge, réceptacle, armoire » (*ex. :* bibliothèque, cinémathèque, etc.).

THÉRAPEUTIQUE [teʀapøtik]. *adj.* et *n. f.* • 1° *Adj.* Qui concerne les actions et pratiques destinées à guérir, à traiter les maladies ; apte à guérir. V. **Curatif, médical, médicinal.** *Substances thérapeutiques* (V. **Médicament, remède**). • 2° *N. f.* LA THÉRAPEUTIQUE : partie de la médecine qui étudie et utilise les moyens propres à guérir et à soulager les malades. — UNE THÉRAPEUTIQUE. V. **Traitement.** *Une thérapeutique nouvelle.* ▼ **THÉRAPEUTE.** n. *Didact.* Personne qui soigne des malades.

-THÉRAPIE. • Élément signifiant « soin, cure » (*ex. :* psychothérapie).

THERM(O)-. • Premier élément savant signifiant « chaud », « chaleur ».

THERMES [tɛʀm(ə)]. *n. m. pl.* • 1° Établissement de bains publics de l'Antiquité. • 2° Établissement où l'on soigne par les eaux thermales. ▼ **THERMAL, ALE, AUX.** *adj.* • 1° *Eau thermale,* qui a une température élevée à la source et des propriétés thérapeutiques. V. **Minéral.** • 2° Où l'on utilise les eaux médicinales. *Station thermale. Cure thermale.*

THERMIE [tɛʀmi]. *n. f.* • Unité M.T.S. de quantité de chaleur, égale à un million de petites calories. Abrév. *th.*

-THERMIE, (-IQUE), -THERMANE. • Éléments savants signifiant « chaud » ou « chauffer ».

THERMIQUE [tɛʀmik]. *adj.* • 1° Relatif à la chaleur, qui se traduit par des sensations particulières (V. **Chaud, froid 2**), par des phénomènes physiques. *Effet thermique* (ou calorifique). *Énergie thermique,* chaleur. • 2° Qui concerne l'étude des phénomènes thermiques. V. **Thermodynamique.**

THERMOCAUTÈRE [tɛʀmɔkɔ(o)tɛʀ]. *n. m.* • Instrument pour cautériser par la chaleur intense.

THERMODYNAMIQUE. *n. f.* • Branche de la physique et de la chimie qui étudie les relations entre l'énergie thermique (chaleur) et mécanique (travail).

THERMOÉLECTRIQUE. *adj.* • *Effet thermoélectrique,* production de courant électrique dans un circuit comprenant deux conducteurs différents dont les deux soudures sont à des températures différentes. (On forme ainsi un *couple thermoélectrique.*)

THERMOGÈNE [tɛʀmɔʒɛn]. *adj.* • *Ouate thermogène,* coton imprégné d'une teinture de poivre dans l'alcool, pour congestionner la peau. V. **Sinapisme.**

THERMOMÈTRE [tɛʀmɔmɛtʀ(ə)]. *n. m.* • Instrument destiné au repérage des températures, généralement grâce à la dilatation d'un liquide (mercure, alcool, etc.) ou d'un gaz. *Thermomètre à mercure. Thermomètre médical,* destiné à repérer la température interne du corps. — *Le thermomètre monte, descend,* la colonne de liquide du thermomètre. ▼ **THERMOMÉTRIE.** *n. f.* Repérage des températures.

THERMONUCLÉAIRE [tɛʀmɔnykleɛʀ]. *adj.* • Se dit de l'énergie obtenue par la fusion de noyaux atomiques à des millions ou des dizaines de millions de degrés. *Bombe thermonucléaire,* bombe atomique à hydrogène (cour. *Bombe H*).

THERMOS [tɛʀmos]. *n. m.* ou *f. invar.* • Récipient isolant qui maintient durant quelques heures la température du liquide qu'il contient. *Mettre du café dans un thermos.* Par appos. *Une bouteille thermos.*

THERMOSTAT [tɛʀmɔsta]. *n. m.* • Appareil qui permet d'obtenir une température constante dans une enceinte fermée. *Four à thermostat.*

THÉSAURISER [tezɔʀize] *v.* (1) • *Littér.* • 1° *V. intr.* Amasser de l'argent pour le garder, sans le faire circuler ni l'investir. V. **Capitaliser, économiser.** *Il n'achète rien, il thésaurise.* • 2° *V. tr.* Amasser (de l'argent) de manière à se constituer un trésor. || Contr. **Dépenser.** || *Il a thésaurisé une petite fortune !* ▼ **THÉSAURISATION.** *n. f.* ▼ **THÉSAURISEUR, EUSE.** *n.*

THÈSE [tɛz]. *n. f.* • 1° Proposition ou théorie particulière qu'on tient pour vraie et qu'on s'engage à défendre par des arguments. *Avancer, soutenir une thèse.* V. **Doctrine, opinion.** — Littér. *Pièce, roman* À THÈSE : qui illustre une thèse (philosophique, morale, politique, etc.) que l'auteur propose au public. • 2° Ouvrage présenté pour l'obtention du doctorat. *Il prépare une thèse de doctorat.* — Soutenance de la thèse devant un jury. *Assister à la thèse d'un ami.* • 3° Premier moment de la démarche dialectique auquel s'oppose l'*antithèse*, jusqu'à ce que ces contraires soient conciliés par la *synthèse*.

THIBAUDE [tibod]. *n. f.* • Molleton de tissu grossier ou de feutre qu'on met entre le sol et les tapis. *Une moquette sur thibaude.*

THIO-. • Premier élément savant signifiant « soufre ».

THOMISME [tɔmism(ə)]. *n. m.* • Système théologique et philosophique de saint Thomas. ▼ **THOMISTE.** *n.* et *adj.*

THON [tɔ̃]. *n. m.* • Poisson de grande taille qui vit dans l'Atlantique et la Méditerranée. *Thon en boîte.* ▼ **THONIER.** *n. m.* Bateau pour la pêche au thon.

THORA ou **TORAH** [tɔʀa]. *n. f.* • Nom que les juifs donnent aux cinq premiers livres de la Bible (ou Pentateuque).

THORAC(O)-. • Élément savant signifiant « thorax ».

THORAX [tɔʀaks]. *n. m.* • 1° Chez l'homme, Région comprise entre les douze vertèbres dorsales, les douze paires de côtes et le sternum, renfermant le cœur et les poumons. V. **Poitrine, torse.** • 2° Partie du corps de l'insecte portant les organes locomoteurs. ▼**THORACIQUE.** adj. *Cage thoracique.*

THORIUM [tɔʀjɔm]. *n. m.* • Métal gris radioactif.

THROMB(O)-. • Élément savant signifiant « caillot ». ▼**THROMBOSE.** *n. f.* Formation d'un caillot dans un vaisseau sanguin ou dans le cœur.

THUNE [tyn]. *n. f.* • *Pop.* et *vx.* Pièce de cinq francs anciens.

THURIFÉRAIRE [tyʀifeʀɛʀ]. *n. m.* • *Littér.* Encenseur, flatteur.

THUYA [tyja]. *n. m.* • Arbre d'origine exotique, proche du cyprès.

THYM [tɛ̃]. *n. m.* • Plante aromatique des régions tempérées, abondant dans les garrigues et les maquis, utilisée en cuisine.

-THYMIE. • Élément savant signifiant « cœur, affectivité » (*ex. :* cyclothymie).

THYMUS [timys]. *n. m.* • Glande située à la partie inférieure du cou.

THYROÏDE [tiʀɔid]. *adj.* et *n. f.* • *Corps, glande thyroïde*, et subst. *La thyroïde*, glande endocrine située à la partie antérieure et inférieure du cou, et qui produit des hormones. *Action de la thyroïde sur la croissance. Tumeur de la thyroïde.* V. **Goitre.** ▼ **THYROÏDIEN, IENNE.** *adj.* De la thyroïde. *Insuffisance thyroïdienne.*

THYRSE [tiʀs(ə)]. *n. m.* • Bâton entouré de feuilles, attribut du dieu Bacchus.

TI [ti]. • Particule interrogative du langage populaire tirée du *t* de la 3e pers. verbale combiné avec le pronom *il* (du type *vient-il ?*). Ex. : *J'y va-ti, j'y va-ti pas ?*

TIARE [tjaʀ]. *n. f.* • Coiffure circulaire, entourée de trois couronnes, portée par le pape dans certaines circonstances solennelles. *La tiare pontificale.*

TIBIA [tibja]. *n. m.* • 1° Os du devant de la jambe, en forme de prisme triangulaire. *Tibia et péroné.* • 2° Partie antérieure de la jambe, où se trouve le tibia. *Tibias protégés par des jambières. Un coup de pied dans les tibias.*

TIC [tik]. *n. m.* • 1° Mouvement convulsif, geste bref automatique, répété involontairement. *Il a des tics.* • 2° Geste, attitude habituels, que la répétition rend plus ou moins ridicules ; manie. *Un tic de style. C'est devenu un tic.*

TICKET [tikɛ]. *n. m.* • Rectangle de carton, de papier, donnant droit à un service, à l'entrée dans un lieu, etc. V. **Billet.** *Un ticket de quai.* On dit : *Un ticket de métro* et *un billet de chemin de fer.* — (Pop. *Tickson*).

TIC-TAC ou **TIC TAC** [tiktak]. *interj.* et *n. m. invar.* • Bruit sec et uniformément répété d'un mécanisme d'horlogerie. *Le tic tac du réveil l'empêche de dormir.*

TIÈDE [tjɛd]. *adj.* • 1° Légèrement chaud, ni chaud ni froid. *De l'eau tiède. Café tiède*, refroidi. *Un vent tiède.* V. **Doux.** — Adv. *Boire tiède.* • 2° Qui a peu d'ardeur, de zèle, sans ferveur. V. **Indifférent.** *Un communiste tiède.* ‖ Contr. **Fervent, fanatique.** ‖ — Subst. *C'est un tiède.* ▼ **TIÉDASSE.** *adj.* D'une tiédeur désagréable. *Une boisson tiédasse.* ▼ **TIÈDEMENT.** *adv.* (Surtout sens 2°). *Il a réagi plutôt tièdement à ma proposition.* ▼ **TIÉDEUR.** *n. f.* • 1° État, température de ce qui est tiède. • 2° Défaut d'ardeur, de passion, de zèle. V. **Indifférence, nonchalance.** *La tiédeur des gens est exaspérante.* • 3° Douceur agréable. *La tiédeur de l'amour maternel.* ▼ **TIÉDIR.** *v.* (2) • 1° *V. intr.* Devenir tiède (1°). *Faire tiédir l'eau.* V. **Attiédir.** • 2° *V. tr.* Rendre tiède (1°). ▼ **TIÉDISSEMENT.** *n. m.*

TIEN, TIENNE [tjɛ̃, tjɛn]. *adj.* et *pron. poss.* de la deuxième pers. du sing. (V. *aussi* **Mien, sien**). ★ **I.** Adj. poss. *Littér.* De toi. V. **Ton.** *Un tien parent. Je suis tien, elle est tienne*, à toi. ★ **II.** Pron. poss. *Le tien, la tienne, les tiens, les tiennes*, l'objet ou l'être lié par un rapport à la personne à qui l'on s'adresse. *Ce sont mes affaires, occupe-toi des tiennes. C'est le tien !* — Fam. *À la tienne*, à ta santé ! ★ **III.** *Subst.* • 1° DU TIEN (partitif). *Il faut y mettre du tien*, il faut que tu fasses un effort. • 2° LES TIENS : tes parents, tes amis, tes partisans.

TIENS *(un tiens vaut mieux... ; tiens !)*. Forme du verbe TENIR.

TIERCE [tjɛʀs(ə)]. *n. f.* • 1° Intervalle musical de trois degrés (*ex. :* do-mi). *Tierce majeure.* • 2° Trois cartes de même couleur qui se suivent. • 3° Troisième et dernière épreuve d'imprimerie avant le tirage. • 4° Soixantième partie de la seconde de temps.

1. **TIERCÉ, ÉE** [tjɛʀse]. *adj.* • *Rimes tiercées*, ordonnées par groupe de trois vers.

2. **TIERCÉ.** *n. m.* • Pari mutuel où l'on parie sur trois chevaux, dans une course. *Gagner au tiercé. Toucher le tiercé dans l'ordre.*

TIERS, TIERCE [tjɛʀ, tjɛʀs(ə)]. *adj.* et *n.* ★ **I.** *Adj.* • 1° *Vx.* Troisième. — Loc. *Une tierce personne*, une troisième personne, un étranger. • 2° *Tiers monde*, le troisième groupe de nations, qui n'appartient ni au monde « occidental » ni au camp socialiste. ★ **II.** *N. m.* TIERS. • 1° Troisième personne

Loc. fam. *Se moquer, se ficher du tiers comme du quart* (du troisième comme du quatrième), des uns comme des autres. • 2° Personne étrangère (à une affaire, à un groupe). V. **Inconnu.** *Un tiers nous écoute.* • 3° Fraction d'un tout divisé en trois parties égales. *Il faut en supprimer les deux tiers.* • 4° *Tiers provisionnel,* acompte sur l'impôt, égal au tiers de l'imposition de l'année précédente.

TIF ou **TIFFE** [tif]. *n. m.* • Pop. *(généralement plur.).* Cheveu. *Il s'est fait couper les tifs.*

TIGE [tiʒ]. *n. f.* ★ **I.** • 1° Partie allongée des plantes, qui naît au-dessus de la racine et porte les feuilles. *Un bouquet avec de longues tiges* (V. aussi **Queue**). • 2° Jeune plant d'un arbre à une seule tige. *Ce pépiniériste peut fournir trois cents tiges.* ★ **II.** • 1° Partie (d'une chaussure, d'une botte) au-dessus du pied, et qui couvre la jambe. *Bottines à tige.* • 2° Pièce allongée droite et mince. V. **Barre, tringle.** *Des tiges de fer.*

TIGNASSE [tiɲas]. *n. f.* • Chevelure touffue, rebelle, mal peignée.

TIGRE [tigʀ(ə)]. *n. m.,* **TIGRESSE** [tigʀɛs]. *n. f.* • 1° Mammifère de grande taille, félin d'Asie au pelage jaune roux rayé de bandes noires transversales, dangereux carnassier. *Tigre royal* ou *du Bengale.* • 2° *Une tigresse,* une femme très agressive, très jalouse.

TIGRÉ, ÉE [tigʀe]. *adj.* • 1° Marqué de petites taches arrondies. V. **Moucheté, tacheté.** *Des bananes tigrées.* • 2° Marqué de bandes foncées. V. **Rayé, zébré.** *Un chat tigré.*

TILBURY [tilbyʀi]. *n. m.* • Ancienne voiture à cheval, cabriolet léger à deux places. *Des tilburys.*

TILDE [tild(ə) ; tilde]. *n. m.* • Signe en forme de S couché (~) qui se met au-dessus de certaines lettres.

TILLAC [tijak]. *n. m.* • Pont supérieur (des anciens navires).

TILLEUL [tijœl]. *n. m.* • 1° Grand arbre à feuilles simples, à fleurs blanches ou jaunâtres très odorantes. *Une allée de tilleuls.* • 2° La fleur de cet arbre, séchée pour faire des infusions ; cette infusion. *Une tasse de tilleul.* • 3° Le bois de cet arbre, tendre et léger. *Une table de tilleul.*

1. TIMBALE [tɛ̃bal]. *n. f.* • Instrument à percussion, sorte de tambour formé d'un bassin hémisphérique couvert d'une peau tendue. *Les timbales d'une batterie.* ▼ **TIMBALIER.** *n. m.* Musicien qui joue des timbales.

2. TIMBALE. *n. f.* • 1° Gobelet de métal de forme cylindrique, sans pied. — Fam. *Décrocher la timbale,* obtenir une chose disputée, un résultat important. • 2° Moule de cuisine de forme circulaire. — Préparation culinaire cuite dans ce moule. *Une timbale de queues d'écrevisses.*

1. TIMBRE [tɛ̃bʀ(ə)]. *n. m.* ★ **I.** Calotte de métal qui, frappée par un petit marteau, joue le rôle d'une sonnette. *Timbre de bicyclette. Timbre électrique.* V. **Sonnerie.** ★ **II.** Qualité spécifique des sons, indépendante de leur hauteur, de leur intensité et de leur durée. V. **Sonorité.** *Le timbre de la flûte.* — Absolt. *Une voix qui a du timbre,* dont la sonorité est pleine. ▼ **1. TIMBRÉ, ÉE.** adj. *Une voix bien timbrée,* qui a un beau timbre.

2. TIMBRE. *n. m.* • 1° Petite vignette, au verso enduit de gomme, vendue par l'administration des Postes et qui, collée sur un objet confié à la poste, a une valeur d'affranchissement égale au prix marqué sur son recto. (On dit aussi TIMBRE-POSTE.) *Un timbre-poste de quarante centimes. Acheter des timbres au bureau de tabac. Collection de timbres* (V. **Philatélie**). • 2° Vignettes vendues au profit d'œuvres. *Timbres antituberculeux.* • 3° Marque, cachet que doivent porter certains documents officiels, et qui donne lieu à la perception d'un droit au profit de l'État ; ce droit. *Acte soumis à l'obligation du timbre fiscal.* • 4° Marque apposée sur un document, une lettre, un colis pour en indiquer l'origine. V. **Cachet.** • 5° Instrument qui sert à imprimer cette marque. V. **Cachet, tampon.** ▼ **TIMBRER.** *v. tr.* (1) • 1° *Timbrer une lettre,* y coller un ou plusieurs timbres. V. **Affranchir.** • 2° Marquer (un acte, un document) du timbre fiscal. • 3° Marquer (un document, un objet) d'un cachet, d'un timbre. V. **Estampiller.** ▼ **2. TIMBRÉ, ÉE.** *adj.* • 1° *Enveloppe timbrée.* • 2° *Papier timbré.*

3. TIMBRÉ, ÉE. *adj.* • *Fam.* Un peu fou. V. **Piqué, toqué.**

TIMIDE [timid]. *adj.* • 1° Qui manque d'aisance et d'assurance dans ses rapports avec autrui. || Contr. **Assuré, effronté.** || *Un jeune homme timide. Un amoureux timide.* V. **Transi.** — Subst. *C'est un grand timide.* — *Elle parlait d'une voix timide.* • 2° Qui manque d'audace, de vigueur, d'énergie. V. **Timoré.** || Contr. **Audacieux, hardi.** || *Il a été bien timide dans ses revendications.* — *Une satire trop timide.* ▼ **TIMIDEMENT.** adv. *Il exposa timidement sa requête.* ▼ **TIMIDITÉ.** *n. f.* • 1° Manque d'aisance et d'assurance en société ; comportement, caractère du timide. V. **Confusion, embarras, gaucherie, gêne, modestie.** || Contr. **Aplomb, culot** *(fam).* || *Surmonter sa timidité.* • 2° Manque d'audace et de vigueur dans l'action ou la pensée. || Contr. **Audace.** ||

TIMON [timɔ̃]. *n. m.* • Longue pièce de bois disposée à l'avant d'une voiture, et de chaque côté de laquelle on attelle une bête de trait.

TIMONIER [timɔnje]. *n. m.* • Celui qui tient la barre du gouvernail, qui s'occupe de la direction du navire. ▼ **TIMONERIE.** *n. f.* • 1° Service dont sont chargés les timoniers. • 2° Partie du navire qui abrite les divers appareils de navigation.

TIMORÉ, ÉE [timɔʀe]. *adj.* • Qui est trop méfiant, trop attaché à ses habitudes, qui craint le risque, les responsabilités, l'imprévu. V. **Craintif, indécis, pusillanime, timide.** || Contr. **Courageux, entreprenant, téméraire.** ||

TINCTORIAL, ALE, AUX [tɛ̃ktɔʀjal, o]. *adj.* • Qui sert à teindre. — Relatif à la teinture.

TINETTES [tinɛt]. *n. f. pl.* • *Fam.* Lieux d'aisances.

TINTAMARRE [tɛ̃tamaʀ]. *n. m.* • Grand bruit discordant. *Le tintamarre des klaxons. Faire du tintamarre.* V. **Tapage.**

TINTER [tɛ̃te]. *v. intr.* (1) • **1°** Produire des sons aigus qui se succèdent lentement (se dit d'une cloche dont le battant ne frappe que d'un côté). V. **Résonner, sonner.** *La cloche tinte.* • **2°** Produire des sons clairs et aigus. *Il fit tinter sa monnaie dans sa poche.* • **3°** Loc. *Les oreilles ont dû vous tinter,* se dit à une personne dont on a beaucoup parlé en son absence. ▼ **TINTEMENT.** *n. m.* • **1°** Bruit de ce qui tinte. • **2°** *Tintement d'oreilles,* bruit interne analogue à celui d'une cloche.

TINTINNABULER [tɛ̃tinabyle]. *v. intr.* (1) • *Littér.* Se dit d'une clochette, d'un grelot qui sonne, et de ce qui tinte. ▼ **TINTINNABULANT, ANTE.** *adj.*

TINTOUIN [tɛ̃twɛ̃]. *n. m.* • **1°** *Fam.* Bruit fatigant, vacarme. *Quel tintouin dans la rue !* • **2°** *Fam.* Souci, tracas. *Les gosses, quel tintouin !*

TIQUE [tik]. *n. f.* • Insecte parasite du chien, du bœuf, du mouton, dont il suce le sang. *Ce chien a des tiques.*

TIQUER [tike]. *v. intr.* (1) • Manifester par la physionomie ou par un mouvement involontaire, son mécontentement, sa désapprobation, son dépit. *Ma proposition l'a fait tiquer.*

TIR [tiʀ]. *n. m.* ★ **I.** • **1°** Le fait de tirer (4), de lancer une flèche ou des projectiles (à l'aide d'une arme). *Tir à l'arc, au fusil. Arme à tir automatique, à tir courbe. Exercices de tir,* dans l'armée. *Canon en position de tir.* V. **Batterie** (en). *Ligne de tir.* • **2°** Direction selon laquelle une arme à feu lance ses projectiles ; leur trajectoire. *Un tir précis.* • **3°** Série de projectiles envoyés par une ou plusieurs armes. V. **Coup, salve, rafale.** *Tir de barrage.* • **4°** Au football, *Tir au but,* coup pour envoyer le ballon au but. V. **Shoot.** ★ **II.** Emplacement aménagé pour s'y exercer au tir à la cible. V. **Stand.** *Un tir forain.* — TIR AU PIGEON : dispositif pour s'exercer au tir des oiseaux au vol ; emplacement où l'on s'exerce à ce tir.

TIRADE [tiʀad]. *n. f.* • **1°** Longue suite de phrases, de vers, récitée sans interruption par un personnage de théâtre. *Les tirades de Phèdre.* • **2°** *(Souv. péj.).* Long développement, longue phrase emphatique. *Il nous a fait toute une tirade sur le bonheur.*

1. TIRAGE [tiʀaʒ]. *n. m.* • Le fait de tirer (1) ; son résultat. • **1°** Allongement, étirage. *Tirage de la soie.* • **2°** *Un cordon de tirage,* qui sert à tirer. • **3°** Loc. fam. *Il y a du tirage,* des difficultés, des frottements. • **4°** Mouvement de l'air qui est attiré vers une combustion, un foyer. *Régler le tirage d'un poêle.*

2. TIRAGE. *n. m.* • (V. **Tirer 3**). • **1°** Le fait d'imprimer, de reproduire par impression ; ce qui est imprimé. *Un beau tirage sur papier glacé.* • **2°** Ensemble des exemplaires, quantité d'exemplaires tirés en une fois. *Journal à grand tirage. Second tirage.* V. **Édition.** • **3°** Opération par laquelle on reproduit sous son aspect définitif (une œuvre gravée). • **4°** Opération par laquelle on obtient une image positive (épreuve) d'un cliché photographique. *Le tirage d'un film.*

3. TIRAGE. *n. m.* • (V. **Tirer 5**). • **1°** *Tirage du vin, etc.* • **2°** *Tirage au sort,* désignation par le sort. — Fait de tirer au hasard un ou plusieurs numéros. *Tirage d'une loterie. Demain le tirage !*

1. TIRAILLER [tiʀɑje]. *v. tr.* (1) • **1°** Tirer (1) à plusieurs reprises, en diverses directions. *Il le tiraillait par le bras.* • **2°** ÊTRE TIRAILLÉ PAR, ENTRE : être sollicité par (des demandes ou des désirs contradictoires). ▼ **TIRAILLEMENT.** *n. m.* • **1°** Le fait de tirailler (1°). • **2°** *(Abstrait).* Le fait d'être tiraillé (2°) entre divers sentiments, désirs, etc. • **3°** Sensation douloureuse, crampe. *Des tiraillements d'estomac.*

2. TIRAILLER. *v. intr.* (1) • Tirer (4) souvent, irrégulièrement, en divers sens ; tirer à volonté. ▼ **TIRAILLEUR.** *n. m.* • **1°** Soldat détaché pour tirer à volonté sur l'ennemi. *Soldats déployés en tirailleurs,* en lignes espacées, sans profondeur. • **2°** Soldats de certaines troupes d'infanterie, hors du territoire métropolitain, et qui étaient formés d'autochtones. *Tirailleurs algériens.*

TIRANT D'EAU [tiʀɑ̃do]. *n. m.* • Quantité, volume d'eau que déplace, « tire » un bateau ; distance verticale entre la ligne de flottaison et la quille.

1. TIRE (À LA) [alatiʀ]. *loc. adj.* • Fam. *Vol à la tire,* en tirant qqch. de la poche, du sac de qqn. *Voleur à la tire* (V. **Pickpocket**).

2. TIRE. *n. f.* • *Arg.* Voiture automobile.

TIRE-. • Premier élément de composés du v. *tirer.*

TIRE-AU-CUL [tiʀoky] *(vulg.)* ou **TIRE-AU-FLANC** *(fam.)* [tiʀoflɑ̃]. *n. m. invar.* • Soldat qui tire (2) au flanc, cherche à se défiler, à échapper aux travaux, aux corvées, etc.

TIRE-BOUCHON [tiʀbuʃɔ̃]. *n. m.* • **1°** Instrument, formé d'une hélice de métal et d'un manche, qu'on enfonce en tournant dans le bouchon d'une bouteille pour le tirer. *Des tire-bouchons.* • **2°** *En tire-bouchon,* en hélice (circulaire). *La queue en tire-bouchon* (des cochons). ▼ **TIRE-BOUCHONNER** ou **TIREBOUCHONNER.** *v. tr.* (1). Mettre en tire-bouchon, en spirale. — *Des pantalons tirebouchonnés.*

TIRE-D'AILE (À) [atiʀdɛl]. *loc. adv.* • **1°** Avec des coups d'ailes, des battements rapides et ininterrompus. *Les oiseaux s'envolent à tire-d'aile.* • **2°** *Littér.* Très vite, comme un oiseau. *Filer à tire-d'aile.* On écrit parfois À TIRE D'AILES.

TIRÉE [tiʀe]. *n. f.* • **1°** *Fam.* Longue distance pénible à parcourir (V. **Tirer 2**). • **2°** *Il y en a toute une tirée,* une tapée.

TIRE-FESSE [tiʀfɛs]. *n. m.* • *Très fam.* Téléski, remonte-pente.

TIRE-JUS [tiʀʒy]. *n. m. invar.* • *Pop.* Mouchoir.

TIRE-LAINE [tiʀlɛn]. *n. m. invar.* • Autrefois, Voleur qui détroussait les passants.

TIRE-LARIGOT (À) [atiʀlaʀigo]. *loc. adv.* • *Fam.* Beaucoup, en quantité. *Il boit à tire-larigot.* V. **Gogo** (à).

TIRE-LIGNE [tiʀliɲ]. *n. m.* • Petit instrument de métal servant à tracer des lignes de largeur constante.

TIRELIRE [tiʀliʀ]. *n. f.* • 1° Petit récipient percé d'une fente par où on introduit les pièces de monnaie. V. **Cagnotte.** • 2° *Fam.* Tête. *Avoir reçu un coup sur la tirelire.*

TIRE-NERF. *n. m.* • Instrument du dentiste pour extraire les nerfs (et dévitaliser la dent).

1. TIRER [tiʀe]. *v.* (1) ★ **I.** *V. tr. (dir.).* • 1° Amener vers soi une extrémité, ou éloigner les extrémités de (qqch.), de manière à étendre, à tendre. V. **Allonger, étirer.** *Tirer ses chaussettes. Tirer les cheveux, les oreilles de qqn. Se faire tirer l'oreille,* se faire prier. — Loc. *Tirer les cordes, les ficelles,* faire agir, manœuvrer. — *Tirer (qqch.) en longueur,* faire durer à l'excès. • 2° Faire aller dans une direction, en exerçant une action, une force sur la partie qu'on amène vers soi (tout en restant immobile). *Tirer un tiroir,* pour l'ouvrir. *Tirer l'échelle,* le haut de l'échelle. Loc. *Il faut tirer l'échelle,* il n'y a plus rien à faire, à espérer. — *Tirer l'aiguille,* travailler à l'aiguille, coudre. — TIRER (QQCH.) À SOI : vers soi, le prendre. *Tirer un auteur, un texte à soi,* lui faire dire ce qu'on veut. • 3° Faire mouvoir sur le côté pour ouvrir ou fermer. *Tirer les rideaux.* — Au p. p. *Un verrou tiré.* • 4° Faire avancer ; déplacer derrière soi. V. **Traîner ; entraîner.** *Tirer une charrette. Les bœufs tirent la charrue.* ‖ Contr. **Pousser.** ‖ • 5° Littér. *Tirer l'attention, le regard,* attirer. ★ **II.** *V. tr. ind.* ou *intr.* • 1° TIRER SUR... : exercer une traction, faire effort sur..., pour tendre ou pour amener vers soi. *Tirer sur une ficelle.* Loc. *Tirer sur la ficelle,* exagérer, aller trop loin. — Intrans. *Tirer de toutes ses forces.* • 2° TIRER SUR : exercer une forte aspiration sur. V. **Aspirer.** *Tirer sur une pipe.* — *Intrans.* Avoir une bonne circulation d'air. *Poêle qui tire bien.* V. **Tirage 1** (4°). ★ **III.** *V. intr.* Subir une tension, éprouver une sensation de tension. *La peau lui tire.*

2. TIRER. *v.* (1) • Aller (dans une direction ou le long de), s'approcher ; passer (le temps). ★ **I.** *V. intr.* • 1° Loc. pop. *Tirer au flanc,* s'en aller sur le côté, se défiler. V. **Tire-au-flanc.** — *Tirer à sa fin,* approcher de la mort, être à l'agonie. — *(Choses)* Approcher de sa fin. *Le spectacle tire à sa fin.* — *Cela ne tire pas à conséquence,* n'est pas grave. • 2° TIRER VERS, SUR : se rapprocher de (qqch.), avoir un rapport de ressemblance avec. *Un bleu tirant sur le vert.* ★ **II.** Trans. dir. *Fam.* Passer péniblement (une durée, un laps de temps). *Tirer six mois de prison.* V. **Faire.** ★ **III.** SE TIRER. *v. pron.* • 1° *Fam.* S'écouler lentement ; parvenir à sa fin. *La soirée finira par se tirer.* • 2° *Pop.* S'en aller, fuir. *Je me suis tiré en douce.*

3. TIRER. *v. tr.* (1) • 1° Allonger sur le papier (une figure). *Tirer un trait. Tirer un plan,* le tracer. • 2° *Se faire tirer le portrait,* dessiner, peindre, photographier. • 3° Imprimer (V. **Tirage 2**). — Au p. p. *Des exemplaires tirés à part.* Subst. *Un tiré à part.* — *Absolt.* BON À TIRER : mention portée sur les épreuves corrigées, bonnes pour l'impression. *Les bons à tirer,* ces épreuves. — *Journal qui tire à trente mille (exemplaires).*

4. TIRER. *v. tr.* (1) • 1° Envoyer au loin (une flèche, un projectile) au moyen d'une arme. V. **Tir, tirailler 2.** *Tirer une balle. Tirer un coup de feu, de revolver.* — *Des coups tirés au hasard.* — Intrans. *Tirez !* V. **Feu.** *Tirer à vue. Tirer au but,* faire mouche. *Tirer sur qqn,* le viser. *Tirer dans le tas.* — TIRER À : avec (telle arme). *Tirer à l'arc, au fusil.* • 2° Faire partir (une arme à feu), faire exploser. V. **Décharger.** *Tirer un feu d'artifice.* • 3° Chercher à atteindre (un animal) par un coup de feu, une flèche, etc. *Tirer un oiseau au vol.* ▼ **1. TIREUR, EUSE.** *n.* Personne qui se sert d'une arme à feu. *Un tireur d'élite.* V. *aussi* **Tirailleur.**

5. TIRER. *v. tr.* (1) ★ **I.** • 1° Faire sortir (une chose) d'un contenant. V. **Extraire, retirer, sortir.** ‖ Contr. **Mettre.** ‖ *Tirer un mouchoir de son sac. Tirer qqn du lit,* le forcer à se lever. — *Tirer la langue,* l'allonger hors de la bouche ; avoir très soif : manquer cruellement de ce qu'on souhaite. — *Tirer le vin* (du tonneau). Loc. prov. *Quand le vin est tiré, il faut le boire,* il faut supporter les conséquences de ses actes. — *Tirer les larmes à qqn,* le faire pleurer. • 2° Choisir parmi d'autres, dans un jeu de hasard. *Tirer le bon, le mauvais numéro à la loterie.* — *Tirer les cartes,* dire la bonne aventure, prédire l'avenir à l'aide des cartes, des tarots. • 3° *(Compl. personne).* Faire cesser d'être (dans un lieu, une situation où l'on est retenu). V. **Délivrer, sortir.** *Tirer qqn de prison, d'une situation dangereuse. Il faut le tirer d'affaire.* — Faire cesser d'être (dans un état). *Tirer qqn du sommeil,* réveiller. *Tirer qqn du doute, de l'erreur,* détromper. • 4° SE TIRER DE. *v. pron.* Échapper, sortir de... (un lieu où l'on est retenu, une situation fâcheuse). *Se tirer d'affaire, du pétrin* (fam.). V. **Sortir** (s'en). — Venir à bout de... (une chose difficile). V. **Dépêtrer** (se), **sortir** (se). *Se tirer avec habileté d'un sujet épineux.* • 5° S'EN TIRER : en réchapper, en sortir indemne ; réussir une chose délicate, difficile. *Il est gravement blessé mais il s'en tirera. Pour un premier essai, il s'en est bien tiré.* V. **Réussir.** — *Il s'en tire avec un mois de prison,* il en est quitte pour... ★ **II.** Obtenir en séparant, en sortant de. • 1° Obtenir (un produit) en utilisant une matière première, une source, une origine. V. **Extraire.** *L'opium est tiré d'un pavot* (V. **Provenir**). • 2° Obtenir (qqch.) d'une personne ou d'une chose (dans quelques loc.). *Il essaie de tirer parti de la situation.* V. **Profiter.** *Tirer vanité de,* s'enorgueillir, se prévaloir de. — Obtenir (des paroles, des renseignements, une action) de qqn. *On ne peut rien en tirer,* il reste muet. *Il n'y a pas grand-chose à en tirer.* • 3° Obtenir (de l'argent, un avantage matériel). V. **Retirer.** *Tirer de l'argent d'une terre.* — *Tirer un chèque sur un compte,* prélever une somme sur le crédit de ce compte. — Au p. p. *Un chèque tiré sur qqn.* • 4° Faire venir (une chose) de. V. **Dégager ; déduire.** *Tirer des conclusions.* • 5° Emprunter (son origine, sa raison d'être de qqch.). *Tirer son origine de*, descendre, venir de. V. **Provenir.** • 6° Élaborer, faire, en utilisant des éléments que l'on a extraits. — Au p. p. *Un roman tiré d'un fait divers.* ▼ **2. TIREUR, EUSE.** *n.* • 1° *N. m.* Personne qui tire un chèque. • 2° *N. f.* TIREUSE DE CARTES : cartomancienne.

TIRET [tiʀɛ]. *n. m.* • Petit trait que l'on place après un mot interrompu en fin de ligne pour renvoyer à la fin du mot, au début de la ligne suivante. — Trait un peu plus long qui fonctionne comme parenthèse. — Trait d'union.

TIRETTE. *n. f.* • Planchette mobile adaptée à certains meubles. *Une table à tirette.*

TIREUR, EUSE. *n.* V. TIRER (4 et 5).

TIROIR [tiʀwaʀ]. *n. m.* • 1° Compartiment coulissant emboîté dans un emplacement réservé (d'un meuble, etc.). *Les tiroirs d'une commode.* • 2° *Fond de tiroir*, ce qu'on oublie au fond des tiroirs ; chose vieille, sans valeur. *Auteur qui publie ses fonds de tiroirs.* • 3° Littér. *Pièce à tiroirs*, dont l'intrigue comprend des scènes étrangères à l'action principale, et emboîtées dedans. ▼ **TIROIR-CAISSE.** *n. m.* Caisse où l'argent est renfermé dans un tiroir qu'un mécanisme peut ouvrir lorsqu'un crédit est enregistré.

TISANE [tizan]. *n. f.* • Boisson contenant une substance médicamenteuse végétale (obtenue par macération, infusion, décoction de plantes). *Une tasse de tisane.*

TISON [tizɔ̃]. *n. m.* • Reste d'un morceau de bois, d'une bûche dont une partie a brûlé. ▼ **TISONNER.** *v. tr.* (1). Remuer les tisons, la braise de (un foyer, un feu) pour faire tomber la cendre. ▼ **TISONNIER.** *n. m.* Longue barre de fer à extrémité un peu relevée pour attiser le feu.

TISSER [tise]. *v. tr.* (1) • 1° (*Au p. p.* TISSÉ). Fabriquer (un tissu) par tissage. *Tisser une toile.* — Transformer (un textile) en tissu. *Tisser de la laine.* Absolt. *Métier à tisser.* • 2° (*Au p. p.* TISSU [*littér.*] et TISSÉ). Former, élaborer, disposer les éléments de (qqch.) comme par tissage. V. **Ourdir, tramer.** *Tisser des intrigues compliquées.* — Littér. *Un livre tissu d'aventures compliquées et invraisemblables.* ▼ **TISSAGE.** *n. m.* • 1° Action de tisser ; ensemble d'opérations consistant à entrelacer des fils textiles pour produire des étoffes ou tissus. • 2° Établissement, ateliers où s'exécutent ces opérations. *Le tissage est à côté de la filature.* ▼ **TISSERAND, ANDE.** *n.* Ouvrier qui fabrique des tissus sur métier à bras. ▼ **TISSEUR, EUSE.** *n.* Ouvrier sur métier à tisser.

TISSU [tisy]. *n. m.* ★ **I.** • 1° Surface souple et résistante constituée par un assemblage régulier de fils entrelacés, tissés ou à mailles. V. **Étoffe.** *Un tissu de coton. Robe en tissu imprimé. Du tissu-éponge. Tissus d'ameublement.* • 2° *(Abstrait).* Suite ininterrompue (de choses regrettables ou désagréables). V. **Enchaînement.** *Un tissu de mensonges, d'inepties.* ★ **II.** Ensemble des cellules ayant une même morphologie et se développant de manière identique. *Les tissus organiques, osseux, musculaires, nerveux. Tissus végétaux.* ▼ **TISSULAIRE.** adj. *Didact.* Relatif aux tissus cellulaires.

TITAN [titɑ̃]. *n. m.* • *Littér.* Géant. *Un travail de titan.* ▼ **TITANESQUE.** adj. *Littér.* Grandiose et difficile. *C'est une entreprise titanesque.*

TITANE [titan]. *n. m.* • Métal blanc brillant. *Le titane est employé en peinture (blanc de titane).*

TITI [titi]. *n. m.* • Gamin déluré et malicieux. V. **Gavroche.** *Un titi parisien.*

TITILLER [titije]. *v. tr.* (1) • *Littér.* ou *plaisant.* Chatouiller de manière à provoquer une démangeaison légère et agréable. ▼ **TITILLATION.** *n. f.*

1. TITRE [titʀ(ə)]. *n. m.* ★ **I.** • 1° Désignation honorifique exprimant une distinction de rang, une dignité. *Les titres de noblesse. Le titre de maréchal.* • 2° Désignation correspondant à une charge, une fonction, un grade. *Le titre de directeur. Les titres universitaires.* — EN TITRE : qui a effectivement le titre de la fonction qu'il exerce (*opposé à* auxiliaire, suppléant). *Professeur en titre.* V. **Titulaire.** *Le fournisseur en titre d'une maison.* V. **Attitré.** • 3° Qualité de gagnant, de champion (dans une compétition). *Remporter le titre dans un championnat.* • 4° À TITRE ; À TITRE DE *(loc. prép.)* : en tant que, comme. *Il travaille dans un magasin à titre de comptable. Argent remis à titre d'indemnité. Je vous raconte cela à titre d'exemple.* — *À ce titre*, pour cette qualité, cette raison (le titre donnant un droit). — AU MÊME TITRE : de la même manière. *Une hypothèse, un postulat sont au même titre des principes du raisonnement. Au même titre que* (loc. conj.), de la même manière que, de même que. *J'y ai droit au même titre que lui.* — À TITRE (et *adj.*). *À titre amical*, amicalement. *Une faveur accordée à titre exceptionnel. À plus d'un titre, à plusieurs titres*, pour plusieurs raisons. ★ **II.** (Cause qui établit un droit). • 1° Écrit qui constate un acte juridique ou un acte pouvant produire des effets juridiques. V. **Certificat, document, papier, pièce.** *Titres de propriété. Titres de transport*, billet, carte, ticket. — Certificat représentatif d'une valeur de bourse. V. **Valeur.** *Vendre des titres.* • 2° Loc. À JUSTE TITRE : à bon droit, avec fondement, raison. ▼ **1. TITRER.** *v. tr.* (1). Donner un titre de noblesse à (qqn).

2. TITRE. *n. m.* • (Désignation d'une proportion). • 1° Proportion d'or ou d'argent contenue dans un alliage. *Le titre d'une monnaie.* • 2° Rapport de la masse d'une substance dissoute à la masse ou au volume de solvant ou de solution. V. **Degré.** ▼ **2. TITRER.** v. tr. (1). *Titrer un alliage, un alcool.* — *Liqueur titrée* (utilisée comme réactif). ▼ **1. TITRAGE.** n. m. *Le titrage d'un alcool.*

3. TITRE. *n. m.* • 1° Désignation du sujet traité (dans un livre) ; nom donné (à une œuvre littéraire) par son auteur, et qui évoque plus ou moins clairement son contenu. *Les titres des livres. Page de titre. Faux-titre*, titre simple sur la page précédant la page de titre. • 2° Nom (d'un poème, d'une chanson, d'un film, d'une émission). • 3° Expression, phrase, généralement en gros caractères, qui présente un article de journal. V. **Rubrique.** *Titre sur cinq colonnes à la une.* V. **Manchette.** • 4° Subdivision du livre (dans un recueil juridique). ▼ **3. TITRER.** *v. tr.* (1). Donner un titre à. V. **Intituler.** *Titrer un film*, y joindre les textes de présentation des séquences, surtout dans les films muets. ▼ **2. TITRAGE.** n. m. *Le titrage d'un film.*

TITUBER [titybe]. *v. intr.* (1) • Vaciller sur ses jambes, aller de droite et de gauche en marchant. V. **Chanceler.** *Un malade qui titube.* ▼ **TITUBANT, ANTE.** adj. *Un ivrogne titubant. Une démarche titubante.*

TITULAIRE [titylɛʀ]. *adj.* et *n.* • 1° Qui a une fonction, une charge pour laquelle il a été personnellement nommé (V. **Titre 1**). *Un professeur titulaire.* ‖ Contr. **Auxiliaire, suppléant.** ‖ Subst. *Le titulaire d'un poste.* • 2° Qui possède juridiquement. *Les personnes titulaires du permis de conduire.* ▼ **TITULARISER.** *v. tr.* (1). Rendre (une personne) titulaire d'une fonction, d'une charge qu'elle remplit. *Titulariser un fonctionnaire.* ▼ **TITULARISATION.** *n. f.*

T.N.T. [teɛnte]. *n. m.* • Abrév. de TRINITROTOLUÈNE, explosif.

1. TOAST [tost]. *n. m.* • Action (fait de lever son verre) ou discours par quoi l'on propose de boire en l'honneur de qqn ou de qqch., à la santé de qqn, etc. *Porter un toast. Un toast de bienvenue.*

2. TOAST. *n. m.* • Tranche de pain de mie grillée en surface (V. **Rôtie**). *Du thé et des toasts beurrés.*

TOBOGGAN [tɔbɔgɑ̃]. *n. m.* • 1° Traîneau à longs patins métalliques. *Piste de toboggan.* • 2° Piste où l'on fait des descentes et qui est utilisée comme jeu (dans les foires, les parcs d'attractions). • 3° Appareil de manutention formé d'une glissière.

1. TOC [tɔk]. *interj.* • Onomatopée d'un bruit, d'un heurt (souv. répété). *Toc, toc ! qui est là ?*

2. TOC. *n. m.* • 1° *Le toc, du toc*, imitation d'une matière précieuse, d'un objet ancien. *C'est du toc !* V. **Camelote.** *Bijou en toc.* • 2° *Adj.* Fam. *Un meuble toc. Ça fait toc !* ▼ **TOCARD, ARDE.** *adj.* et *n.* • 1° Adj. *Fam.* Ridicule, laid. *Un salon tocard.* V. **Moche.** • 2° N. *Pop.* Personne incapable, sans valeur. *C'est un tocard.*

TOCANTE ou **TOQUANTE** [tɔkɑ̃t]. *n. f.* • *Fam.* Montre.

TOCADE. V. TOQUADE.

TOCCATA [tɔkata]. *n. f.* • Pièce de musique écrite pour le clavier, à rythme régulier et marqué. *Toccatas et fugues de J.-S. Bach.*

TOCSIN [tɔksɛ̃]. *n. m.* • Sonnerie de cloche répétée et prolongée, pour donner l'alarme. *Faire sonner le tocsin.*

TOGE [tɔʒ]. *n. f.* • 1° Ample pièce d'étoffe sans coutures dans laquelle les Romains se drapaient. • 2° Robe de cérémonie, dans certaines professions. *Une toge d'avocat, de professeur.*

TOHU-BOHU [tɔybɔy]. *n. m.* • Désordre, confusion de choses mêlées ; bruit confus. *Le tohu-bohu des voitures.*

TOI [twa]. *pron. pers.* et *nominal.* • Pronom personnel (forme tonique) de la 2e pers. du sing. et des deux genres, qui représente la personne à qui l'on s'adresse. V. **Tu.** • 1° Compl. d'un verbe pronominal à l'impér. *Dépêche-toi. Mets-toi là.* — REM. Devant *en* et *y*, *toi* s'élide en *t'*. V. **Te.** *Garde t'en bien. Mets t'y.* • 2° Suivi d'un verbe à l'inf. *Toi, nous quitter ?* — Sujet d'un participe. *Toi parti, la maison sera bien triste.* — Sujet d'une propos. elliptique. *Moi d'abord, toi après.* • 3° Sujet ou complément, coordonné à un nom, un pronom. *Toi ou moi* (nous) *irons. Il invitera tes parents et toi. Il est plus gentil que toi.* • 4° Renforçant le pronom. *Et toi, tu restes. T'épouser, toi, jamais !* • 5° TOI QUI... *Toi qui me comprends.* — TOI QUE. *Toi que j'estime. — Toi dont, à qui, pour qui...* • 6° (En fonction de vocatif). *Toi, viens avec moi.* • 7° TOI, attribut. *C'est toi. Si j'étais toi...*, à ta place. — *C'est toi qui l'as voulu.* • 8° (Précédé d'une préposition). *Prends garde à toi. — Chez toi. Je suis content de toi.* — (Renforçant le possessif TON) *Tes livres à toi.* • 9° TOI-MÊME. *Connais-toi toi-même.* — TOI SEUL... *Toi seule peux le faire. Toi aussi. Toi non plus.*

TOILE [twal]. *n. f.* ★ **I.** *(Sens général).* • 1° Tissu de l'armure la plus simple (armure unie), fait de fils de lin, de coton, de chanvre, etc. *Tisser la toile, une toile. Toile de jute. Toile à matelas. Une robe de toile.* • 2° *Une, des toile(s)*, pièce de toile. *Une toile de 3 m². Toile de tente.* — *Une toile cirée*, pièce de toile vernie servant de nappe, de revêtement. ★ **II.** • 1° Pièce de toile, montée sur un châssis, poncée et enduite d'un côté, et servant de support pour une œuvre peinte ; cette œuvre. V. **Peinture, tableau.** *Un musée où l'on expose des toiles de maître.* • 2° *Loc.* TOILE DE FOND : toile verticale, au fond de la scène, derniers plans des décors ; ce sur quoi se détache une description, etc. ★ **III.** Réseau de fils (d'araignée). *Une toile d'araignée. L'araignée tisse sa toile.*

1. TOILETTE [twalɛt]. *n. f.* • 1° Action de se préparer, de s'apprêter pour paraître en public (de se peigner, se farder, s'habiller). *Meuble, table de toilette. Produits de toilette.* • 2° Le fait de s'habiller et de se parer. V. **Ajustement, habillement.** *Avoir le goût de la toilette*, être coquet. • 3° Manière dont une femme est vêtue et apprêtée. V. **Mise, parure, vêtement.** *Être en grande toilette. Elle porte bien la toilette.* — UNE TOILETTE : les vêtements que porte une femme. *Une toilette élégante.* • 4° Ensemble des soins de propreté du corps. *Faire sa toilette avant de s'habiller. Faire un brin de toilette*, une toilette rapide. *Savon, gant de toilette. Trousse de toilette.* • 5° CABINET DE TOILETTE : petite pièce où est aménagé ce qu'il faut pour se la er (lavabo, douche, etc.). V. *aussi* **Salle** (de bains, d'eau).

2. TOILETTES. *n. f. pl.* • V. **Cabinet** (d'aisances), **W.-C.**

TOISE [twaz]. *n. f.* • 1° Ancienne mesure de longueur valant six pieds (près de deux mètres). • 2° Tige verticale graduée qui sert à mesurer la taille. *Passer des soldats à la toise.*

TOISER. *v. tr.* (1) • Regarder avec dédain, mépris. *Elle le toisa des pieds à la tête.*

TOISON [twazɔ̃]. *n. f.* • 1° Pelage laineux des moutons, etc. *La toison blanche et bouclée d'un agneau.* • 2° Chevelure très fournie. — Poils abondants.

TOIT [twa]. *n. m.* • 1° Surface supérieure d'un édifice ; matériaux recouvrant une construction et la protégeant contre les intempéries. V. **Couverture, toiture.** *Toit de tuiles, d'ardoises. Les toits de Paris. Toit en pente. Toit plat, en terrasse. — Habiter sous les toits,* au dernier étage d'un immeuble, dans une mansarde. — Loc. *Crier, publier qqch. sur les toits,* divulguer, répandre. • 2° Maison, abri où l'on peut vivre. V. **Domicile, logement.** *Posséder un toit. Recevoir qqn sous son toit,* chez soi. • 3° Paroi supérieure (d'un véhicule). *Le toit d'une automobile. Voiture à toit ouvrant.* ▼ **TOITURE.** *n. f.* Ensemble constitué par la couverture d'un édifice et son armature.

1. TÔLE [tol]. *n. f.* • 1° Feuille de fer ou d'acier obtenue par laminage *(une tôle)* ; fer ou acier laminé *(la tôle).* • 2° Tôle ondulée : qui sert à couvrir des hangars, des bâtiments industriels, etc. *Un toit en tôle ondulée.* — Sol, revêtement de route qui forme des plis transversaux. ▼ **TÔLERIE.** *n. f.* • 1° Fabrication, commerce de la tôle. • 2° Atelier où l'on travaille la tôle. • 3° *(Collectif).* Ensemble des tôles. *La tôlerie d'une automobile.* ▼ **1. TÔLIER.** *n. m.* Celui qui fabrique, travaille ou vend la tôle.

2. TÔLE, TÔLIER. V. Taule.

TOLÉRER [tɔleʀe]. *v. tr.* (6) ★ **I.** • 1° Laisser se produire ou subsister (une chose qu'on aurait le droit ou la possibilité d'empêcher). V. **Permettre.** *On tolère le stationnement sur ce trottoir.* || Contr. **Interdire.** || — Considérer avec indulgence (une chose qu'on n'approuve pas et qu'on pourrait blâmer). V. **Excuser, pardonner.** *J'ai toléré tes bêtises trop longtemps.* • 2° Supporter avec patience (ce qu'on trouve désagréable, injuste). V. **Endurer.** *Une douleur qu'on ne peut tolérer.* V. **Intolérable.** • 3° *Tolérer qqn,* admettre sa présence, le supporter malgré ses défauts. — Pronom. *Ils se tolèrent, mais ne s'aiment pas.* ★ **II.** Supporter sans réaction fâcheuse (en parlant de l'organisme). *Tolérer un médicament.* ▼ **TOLÉRABLE.** adj. *Vos négligences ne sont plus tolérables.* V. **Supportable.** || Contr. **Intolérable.** || ▼ **TOLÉRANCE.** *n. f.* ★ **I.** • 1° Attitude qui consiste à admettre chez autrui une manière de penser ou d'agir différente de celle qu'on adopte soi-même ; le fait de respecter la liberté d'autrui en matière d'opinions. *La tolérance religieuse, politique.* • 2° *Une tolérance,* ce qui est toléré, permis. *Ce n'est pas un droit, c'est une tolérance.* ★ **II.** • 1° Aptitude de l'organisme à supporter sans symptômes morbides l'action d'une substance, etc. • 2° Limite de l'écart admis entre les caractéristiques réelles d'un objet fabriqué ou d'un produit et les caractéristiques prévues. *Marge de tolérance.* ▼ **TOLÉRANT, ANTE.** *adj.* Qui manifeste de la tolérance (I, 1°). *Ses parents sont très tolérants.* V. **Compréhensif, indulgent.** || Contr. **Intolérant.** ||

TOLLÉ [tɔ(l)le]. *n. m.* • Clameur collective de protestation indignée. V. **Huée.** *Sa déclaration déclencha un tollé général.*

TOLUÈNE [tɔlɥɛn]. *n. m.* • Liquide inflammable (hydrocarbure), un des éléments du benzol.

TOMAHAWK [tɔmaok]. *n. m.* • Hache de guerre dont se servaient les Indiens de l'Amérique du Nord.

TOMAISON [tɔmɛzɔ̃]. *n. f.* • Indication du numéro du tome (sur les pages de titre, au dos des reliures).

TOMATE [tɔmat]. *n. f.* • Fruit sphérique rouge d'une plante annuelle, qui se consomme comme un légume. *Une salade de tomates. Des tomates farcies. Sauce tomate,* à la tomate. Loc. *Être rouge comme une tomate,* très rouge (de honte, de timidité).

TOMBE [tɔ̃b]. *n. f.* • 1° Lieu où l'on ensevelit un mort, fosse recouverte d'une dalle (parfois d'un monument). V. **Sépulture.** *Les tombes d'un cimetière. Il se recueille sur la tombe de sa mère. — S'il pouvait voir cela, il se retournerait dans sa tombe,* se dit d'un défunt qu'on imagine indigné par qqch. • 2° Loc. *Être au bord de la tombe, avoir déjà un pied dans la tombe,* être près de mourir. ▼ **TOMBAL, ALE, ALS.** adj. *Pierre tombale,* dalle qui recouvre une tombe. ▼ **TOMBEAU.** *n. m.* • 1° Monument funéraire servant de sépulture. V. **Caveau, mausolée, sépulcre, stèle.** *Un tombeau en marbre.* • 2° *Littér.* Lieu clos, sombre, d'aspect funèbre. *Cette maison est un vrai tombeau.* • 3° *Loc.* À tombeau ouvert : avec une telle vitesse qu'on risque un accident mortel. *Il roulait à tombeau ouvert.*

1. TOMBER [tɔ̃be]. *v. intr.* (1). [Avec auxil. *Être.*] ★ **I.** • 1° Être entraîné à terre en perdant son équilibre ou son assise. V. **Chute.** *Il est tombé par terre. Il tomba à la renverse. Il l'a fait tomber. Tomber mort, raide mort. Ils sont tombés au champ d'honneur.* — Loc. *Tomber de fatigue, de sommeil,* avoir du mal à se tenir debout. — (Sans aller à terre) Se laisser aller, choir. *Elle se laissa tomber dans un fauteuil. Tomber dans les bras de qqn. — (Choses)* S'écrouler. *Les murs tombèrent.* — Tomber en *(ruine, poussière)* : en se réduisant à l'état de ruine, etc. • 2° *(Personnes).* Cesser de régner, être déchu, renversé. *Le gouvernement est tombé.* • 3° *(Choses).* Être détruit ou disparaître. *La difficulté tombe.* — Échouer. *La pièce est tombée.* • 4° Perdre de sa force, ne pas se soutenir. V. **Diminuer.** *Le jour tombe.* V. **Décliner.** *Sa colère était tombée.* ★ **II.** • 1° Être entraîné vers le sol, d'un lieu élevé à un lieu bas ou profond. V. **Dégringoler.** *Il est tombé dans le ravin; il est tombé dans* *l'eau, à l'eau. L'avion tombe en chute libre. La pluie tombe.* Impers. *Il tombait de la neige.* — Au p. p. *Des fruits tombés. Laisser tomber un paquet. Attention ! cela va tomber. La plume me tombe des mains*, je lâche la plume (d'ennui, de fatigue). — *Loc.* LAISSER TOMBER : ne plus s'occuper de. V. **Abandonner.** *Laisser tomber qqn*, ne plus s'intéresser à lui. Pop. *Laisse, laissez tomber*, invitation à abandonner (un projet, une attitude). • 2° (Lumière, obscurité, son, paroles, etc.). Arriver, parvenir du haut. V. **Frapper.** *La nuit tombe. Les paroles qui tombent de la bouche de qqn.* • 3° Baisser. V. **Descendre.** *Les prix tombent.* • 4° Être en décadence. *Il est tombé bien bas.* • 5° *(Choses).* S'abaisser en certaines parties, tout en restant suspendu ou soutenu. *Une robe qui tombe bien*, en s'adaptant aux lignes du corps. — S'affaisser. *Des épaules qui tombent.* V. **Tombant.** ★ **III.** • 1° TOMBER SUR : s'élancer de toute sa force, et par surprise. V. **Attaquer, charger, foncer.** *L'ennemi tomba sur nous.* — *Tomber sur qqn*, l'accuser ou le critiquer sans ménagement, l'accabler. — (Choses) *Les malheurs tombent sur moi.* • 2° TOMBER EN..., DANS *un état* : se trouver entraîné dans (un état critique, une situation fâcheuse). *Tomber dans le désespoir. Il tombe d'un excès dans un autre. — Notre voiture est tombée en panne.* • 3° *(Personnes;* suivi d'un *adj.).* Être, devenir (après une évolution rapide). *Tomber malade. Tomber amoureux.* ★ **IV.** • 1° Arriver ou se présenter inopinément. V. **Survenir.** *On est tombé en pleine réunion.* — TOMBER SUR... (qqn, qqch.) : rencontrer ou toucher par hasard. *Je tombe alors sur un ancien camarade.* — TOMBER SOUS... : se présenter à portée de (la main). *Il attrape tout ce qui lui tombe sous la main.* — TOMBER BIEN, MAL, etc. *(choses, personnes)* : arriver à propos ou non. *Tiens ! tu tombes bien. Ça tombe à propos, à pic, pile.* • 2° Arriver, par une coïncidence. *Cette fête tombe un dimanche.* ▼ **TOMBANT, ANTE.** *adj.* • 1° *À la nuit tombante*, au crépuscule. • 2° Qui s'étend de haut en bas, en pente. *Avoir des épaules tombantes.* ▼ **TOMBÉE.** n. f. *Tombée de la nuit, du jour*, moment où la nuit tombe, où le jour décline. V. **Crépuscule.** *Il lui rendit visite à la tombée de la nuit.*

2. TOMBER. *v. tr.* (1). [Avec auxil. *Avoir.*] • 1° Vaincre (l'adversaire) en le faisant tomber et en lui faisant toucher les épaules. • 2° Fam. *Tomber une femme*, la séduire. • 3° Fam. *Tomber la veste*, l'enlever. ▼ **TOMBEUR.** *n. m.* Fam. *Un tombeur de femmes.* Absolt. *Un tombeur.* V. **Don Juan, séducteur.**

TOMBEREAU [tɔ̃bʀo]. *n. m.* • Grosse voiture à cheval faite d'une caisse montée sur deux roues, susceptible d'être déchargée en basculant à l'arrière ; son contenu.

TOMBOLA [tɔ̃bɔla]. *n. f.* • Loterie de société où chaque gagnant reçoit un lot en nature. *La tombola d'une kermesse.*

TOME [tɔm]. *n. m.* • 1° Division principale (d'un ouvrage). V. **Tomaison.** *Un livre divisé en quatre tomes et publié en deux volumes.* • 2° Volume.

-TOME, -TOMIE. • Éléments savants signifiant « couper, découper » (*ex.* : anatomie, dichotomie ; atome).

TOMETTE [tɔmɛt]. *n. f.* • Petite brique de carrelage, de forme hexagonale, souvent rouge sombre. *Des tomettes provençales.*

TOMME [tɔm]. *n. f.* • Fromage de Savoie, fermenté, à pâte pressée.

TOM-POUCE [tɔmpus]. *n. m.* • 1° *Fam.* Homme de très petite taille, nain. • 2° Petit parapluie à manche court.

1. TON [tɔ̃], **TA** [ta], **TES** [te]. *adj. poss.* • (V. **Tien**). ★ **I.** *(Sens subjectif).* • 1° Qui est à toi, t'appartient. *C'est ta veste, ton veston. Occupe-toi de ton avenir.* — (Devant un mot fém. commençant par une voyelle, *ton* au lieu de *ta*) *Ton erreur.* • 2° *(Devant un nom de personne).* Exprime des rapports de parenté, d'amitié, de vie sociale. *Ton père, ta mère. Ton épouse.* ★ **II.** (Sens objectif). *Ton juge*, celui qui te juge. *Ta condamnation. À ta vue*, en te voyant.

2. TON [tɔ̃]. *n. m.* ★ **I.** • 1° Hauteur de la voix. *Le ton aigu de sa voix. Changement de ton*, inflexion. • 2° Qualité de la voix humaine, en hauteur (*ton* proprement dit), en timbre et en intensité, caractéristique de l'expression des états psychologiques et du contenu du discours. V. **Accent, expression, intonation.** *Il annonça cela d'un ton détaché. Dire sur le ton de la conversation, de la plaisanterie, sur un ton calme. Hausser, baisser le ton*, parler avec plus, moins d'arrogance. — Loc *Ne le prenez pas sur ce ton*, de si haut. *Dire, répéter sur tous les tons*, de toutes les manières. • 3° Manière de s'exprimer, dans un écrit. *Le ton amical d'une lettre.* • 4° *Loc.* DE BON TON : de bon goût, en société. *Une élégance, une réserve de bon ton.* ★ **II.** • 1° En linguistique, Hauteur du son de la voix ; accent de hauteur. *Langues à ton*, où la signification dépend de la hauteur de certaines syllabes (*ex.* : chinois). • 2° Intervalle fondamental entre certains degrés successifs (V. **Note**) de l'échelle musicale. *Il y a un ton majeur entre do et ré, un ton mineur entre ré et mi, un demi-ton entre mi et fa.* • 3° Échelle musicale d'une hauteur déterminée (on lui donne le nom de sa tonique [3]) et possédant la même structure interne. *Le ton de si bémol majeur, mineur*, la modalité majeure, mineure du ton de si bémol. • 4° Hauteur des sons émis par la voix dans le chant ou par un instrument, définie par un repère. *Donner le ton, le la. Sortir du ton*, détonner. *Se mettre dans le ton*, s'accorder. ▼ **TONAL, ALE, ALS.** *adj.* • 1° Qui concerne ou définit un ton, une hauteur caractéristique. *Hauteur tonale des sons musicaux.* • 2° Qui concerne la tonalité (1). ▼ **1. TONALITÉ.** *n. f.* • 1° Organisation de l'ensemble des sons musicaux, selon une échelle type, où les intervalles (tons et demi-tons) se succèdent dans le même ordre. • 2° Ton (II, 3°). *La clef donne la tonalité principale du morceau.* • 3° Ensemble des caractères, hauteur, timbre (d'un ensemble de sons, d'une voix).

3. TON. *n. m.* • Couleur, considérée dans sa force, son intensité. V. **Teinte, nuance.**

Une robe aux tons criards. Ton sur ton, dans une même couleur nuancée. ▼ **2. TONALITÉ.** *n. f.* Ensemble de tons, de nuances de couleur ; impression qu'il produit. *Ce tableau est dans une tonalité verte.*

TONDRE [tɔ̃dʀ(ə)]. *v. tr.* (41) • **1°** Couper à ras (les poils, la laine). • **2°** Dépouiller (un animal) de ses poils, (une personne) de ses cheveux en les coupant ras. *Tondre un caniche.* V. **Tonte.** — *Se faire tondre la nuque, le crâne.* V. **Raser, tonsure.** • **3°** Couper à ras ; égaliser en coupant. *Tondre le gazon.* • **4°** Dépouiller (qqn). *Il s'est laissé tondre sans protester.* ▼ **TONDEUSE.** *n. f.* • **1°** Instrument destiné à tondre le poil des animaux, les cheveux de l'homme. • **2°** *Tondeuse à gazon*, petite faucheuse rotative. ▼ **TONDU, UE.** *adj.* Coupé à ras. *Des cheveux tondus.* V. **Ras.** — *Subst.* Loc. *Quatre pelés et un tondu.* V. **Pelé.**

TONIFIER [tɔnifje]. *v. tr.* (7) • Avoir un effet tonique sur. V. **Fortifier.** *Ce bain m'a tonifié. Une bonne lecture tonifie l'esprit.* ▼ **TONIFIANT, ANTE.** adj. *Une lotion tonifiante. Une promenade tonifiante.*

1. TONIQUE [tɔnik]. *adj.* et *n. m.* • **1°** Qui fortifie, reconstitue les forces. *Un médicament tonique.* • **2°** N. m. *Un tonique*, substance employée comme médicament tonique. V. **Fortifiant, remontant.** • **3°** Qui stimule, augmente la force vitale, rend plus vif. *Un froid sec et tonique. — Une idée tonique, réconfortante.* || Contr. **Débilitant.** || — Qui stimule la circulation du sang. *Une lotion tonique pour l'épiderme.* V. **Tonifiant.**

2. TONIQUE. *adj.* • **1°** *Voyelle, syllabe tonique*, qui porte l'accent de hauteur. V. **Ton 2** (II, 1°). — *Formes toniques des pronoms.* || Contr. **Atone.** || • **2°** *Accent tonique*, à la fois d'intensité et de hauteur, portant sur une syllabe.

3. TONIQUE. *n. f.* • Note fondamentale, premier degré de l'échelle des sons, dont la hauteur caractérise le ton qu'elle établit (*ex. :* do majeur).

TONITRUANT, ANTE [tɔnitʀyɑ̃, ɑ̃t]. *adj.* • *Fam.* Qui fait un bruit de tonnerre, énorme. *Une voix tonitruante.* V. **Tonnant.**

TONNAGE [tɔnaʒ]. *n. m.* • **1°** Capacité de transport (d'un navire de commerce). V. **Jauge.** *Un bâtiment d'un fort tonnage.* • **2°** Capacité totale des navires marchands (d'un port ou d'un pays).

TONNANT, ANTE [tɔnɑ̃, ɑ̃t]. *adj.* • Qui fait un bruit de tonnerre. *Une voix tonnante.* V. **Tonitruant.**

1. TONNE [tɔn]. *n. f.* • Grand récipient plus large que le tonneau. *Une énorme tonne de vin.*

2. TONNE. *n. f.* • **1°** Unité de masse, mesure valant 1 000 kilogrammes (abrév. *t*). *Commander deux tonnes de charbon.* • **2°** Énorme quantité (de choses). *Elle épluche des tonnes de légumes.* • **3°** Unité de poids de 1 000 kilogrammes servant à évaluer le déplacement ou le port en lourd d'un navire. *Un paquebot de 16 000 tonnes.* • **4°** Mesure du poids (des véhicules, des poids lourds). *Un camion de 7 tonnes*, et ellipt. *Un 7 tonnes.*

1. TONNEAU. *n. m.* • Grand récipient cylindrique en bois, renflé au milieu. V. **Barrique.** *Mettre le vin en tonneau.* — Tonneau de vin. *Mettre un tonneau en perce. Fond de tonneau*, ce qui reste au fond du tonneau, où il y a de la lie ; mauvais vin ; résidu. ▼ **TONNELET.** *n. m.* Petit tonneau, petit fût. V. **Baril.** *Un tonnelet d'eau-de-vie.* ▼ **TONNELIER.** *n. m.* Artisan, ouvrier qui fabrique et répare les tonneaux et récipients en bois.

2. TONNEAU. *n. m.* • Unité de volume employée pour déterminer la capacité des navires (V. **Jauge, tonnage**), et valant 2,83 mètres cubes.

3. TONNEAU. *n. m.* • **1°** Tour complet (d'un avion) autour de son axe longitudinal. *Le pilote a exécuté une série de tonneaux.* • **2°** Accident par lequel une automobile fait un tour complet sur le côté. *La voiture a fait plusieurs tonneaux sur la pente du ravin.*

TONNELLE [tɔnɛl]. *n. f.* • Petit abri circulaire à sommet arrondi, fait de lattes en treillis sur lequel on fait grimper des plantes. V. **Charmille.**

TONNER [tɔne]. *v. intr.* (1) • **1°** *Impers.* Éclater (tonnerre). *Il fait des éclairs et il tonne.* • **2°** Faire un bruit de tonnerre. *Les canons tonnaient.* • **3°** Exprimer violemment sa colère en parlant très fort. V. **Crier, fulminer, tonitruer ; tonnant.** *Tonner contre l'injustice.*

TONNERRE [tɔnɛʀ]. *n. m.* • **1°** Bruit de la foudre, accompagnant l'éclair. *On entend le tonnerre dans le lointain. Un coup de tonnerre.* • **2°** COUP DE TONNERRE : événement brutal et imprévu. *La mort de sa mère fut pour elle un coup de tonnerre.* • **3°** Bruit très fort. *Un tonnerre d'applaudissements. Une voix de tonnerre.* V. **Tonitruant.** • **4°** *Fam.* DU TONNERRE : s'emploie avec une valeur de superlatif exprimant l'admiration. V. **Formidable, terrible.** *Une fille du tonnerre. Il y avait une ambiance du tonnerre (de Dieu).* • **5°** *(Exclam.).* En interjection, pour exprimer la violence, la menace. *Tonnerre de Dieu ! Tonnerre !*

TONSURE [tɔ̃syʀ]. *n. f.* • **1°** Petit cercle rasé au sommet de la tête des ecclésiastiques, signe du premier degré dans la hiérarchie cléricale. *Porter la tonsure.* • **2°** *Fam.* Calvitie circulaire au sommet de la tête. ▼ **TONSURER.** *v. tr.* (1). Au p. p. *Clerc tonsuré.* — Subst. *Un tonsuré.*

TONTE [tɔ̃t]. *n. f.* • **1°** Action de tondre. *La tonte des moutons. L'époque de la tonte. — La tonte des gazons.* • **2°** Laine obtenue en tondant les moutons.

TONTON [tɔ̃tɔ̃]. *n. m.* • Oncle (lang. enfantin). *Tonton Pierre. Mon tonton.*

TONUS [tɔnys]. *n. m.* • **1°** *Tonus musculaire*, légère contraction permanente du muscle vivant. • **2°** Énergie, dynamisme. *Il manque de tonus.*

TOP [tɔp]. *n. m.* • Signal sonore qu'on donne pour déterminer un moment avec précision. *Au quatrième top, il sera exactement 8 heures 12 minutes.*

TOPAZE [tɔpɑz]. *n. f.* • Pierre fine (silicate), pâle ou jaune, transparente.

TOPER [tɔpe]. *v. intr.* (1) • *(Surtout impératif).* Accepter un défi, un enjeu ; taper dans la main, heurter le verre (du partenaire) pour signifier qu'on accepte, qu'on conclut le marché. *Topez là, affaire conclue !* ▼ **TOPE** ! *interj.*

TOPINAMBOUR [tɔpinɑ̃buʀ]. *n. m.* • Tubercule utilisé surtout pour la nourriture du bétail. *Pendant la guerre on mangeait des topinambours et des rutabagas.*

TOPIQUE [tɔpik]. *adj.* • *Didact.* Relatif à un lieu, à un endroit précis. *Médicament topique ;* subst. *Un topique,* médicament qui agit sur un point précis du corps.

TOPO [tɔpo]. *n. m.* • *Fam.* Discours, exposé.

TOPO-. • Élément savant signifiant « lieu ».

TOPOGRAPHIE [tɔpɔgʀafi]. *n. f.* • 1° Technique du levé des cartes et des plans de terrains faits en supposant la Terre plane. V. **Cartographie.** • 2° Configuration, relief (d'un lieu, terrain ou pays). *Avant de construire, il faut étudier la topographie des lieux.* ▼ **TOPOGRAPHE.** *n. m.* ▼ **TOPOGRAPHIQUE.** adj. *Des cartes topographiques.*

TOPOLOGIE [tɔpɔlɔʒi]. *n. m.* • Géométrie qui étudie les positions indépendamment des formes et des grandeurs (géométrie de situation).

TOPONYMIE [tɔpɔnimi]. *n. f.* • Étude des noms de lieux, de leur étymologie.

TOQUADE [tɔkad]. *n. f.* • *Fam.* Goût très vif, généralement passager, souvent bizarre et déraisonnable, pour une chose ou pour une personne. V. **Caprice.** *Avoir une toquade pour une femme.*

TOQUANTE. V. TOCANTE.

TOQUARD. V. TOCARD.

TOQUE [tɔk]. *n. f.* • Coiffure cylindrique sans bords. *Une toque de fourrure. La toque blanche d'un cuisinier.*

TOQUÉ, ÉE. *adj.* et *n.* • *Fam.* Un peu fou, bizarre. V. **Cinglé, timbré.** *Elle est toquée.* — N. *Ce sont des toqués.* — *Toqué de...,* amoureux fou de... V. **Toquade.** ▼ **1. TOQUER (SE).** *v. pron.* (1). Fam. *Se toquer de ...,* avoir une toquade pour (qqn). V. **Amouracher** (s'). *Il s'est toqué d'une coiffeuse.*

2. TOQUER. *v. intr.* (1) • *Fam.* Frapper légèrement, discrètement. *On toque à la porte.*

TORCHE [tɔʀʃ(ə)]. *n. f.* • 1° Flambeau grossier (bâton de bois résineux). — *Être transformé en torche vivante,* brûler vif. • 2° *Torche électrique,* lampe électrique de poche, de forme cylindrique.

TORCHER. *v. tr.* (1) • 1° *Pop.* Essuyer pour nettoyer. *Torcher un plat.* — Vulg. *Se torcher le derrière.* Pronom. *Se torcher.* — Loc. *Je m'en torche,* je m'en fiche totalement. • 2° Bâcler, faire vite et mal. *Torcher son travail.* V. **Torchonner.** ▼ **TORCHÉ, ÉE.** adj. *Fam.* • 1° *Ça, c'est torché ! bien torché,* réussi, bien enlevé. • 2° Bâclé, fait trop vite. *C'est du travail torché.*

TORCHÈRE. *n. f.* • Candélabre monumental ; applique qui porte plusieurs sources lumineuses.

TORCHIS [tɔʀʃi]. *n. m.* • Terre argileuse malaxée avec de la paille hachée et utilisée pour construire. *Des murs de torchis* (V. **Pisé**).

TORCHON [tɔʀʃɔ̃]. *n. m.* • 1° Morceau de toile qui sert à essuyer la vaisselle, les meubles. *Donner un coup de torchon sur la table.* • 2° Loc. fam. *Il ne faut pas mélanger les torchons et les serviettes,* il faut traiter différemment les gens selon leur condition sociale, les choses selon leur valeur. — *Le torchon brûle,* il y a une querelle entre les personnes dont on parle. • 3° *Fam.* Écrit sans valeur ; texte très mal présenté. *Votre devoir est un vrai torchon.* ▼ **TORCHONNER.** v. tr. (1). *Fam.* V. **Bâcler, torcher.** — Au p. p. *Du travail torchonné.*

TORDANT, ANTE [tɔʀdɑ̃, ɑ̃t]. *adj.* • *Fam.* Très drôle, très amusant. V. **Tordre** (se) ; **marrant.** *C'est une histoire tordante.*

TORD-BOYAUX [tɔʀbwajo]. *n. m. invar.* • *Fam.* Eau-de-vie très forte, de mauvaise qualité.

TORDRE [tɔʀdʀ(ə)]. *v. tr.* (41) ★ **I.** • 1° Déformer en tournant sur le côté (torsion), enrouler en hélice. *Elle tordit ses cheveux et fit un chignon. Tordre un chiffon mouillé.* • 2° Soumettre (un membre, une partie du corps) à une torsion. *Il m'a tordu le bras. Tordre le cou,* tuer. — *L'angoisse lui tord l'estomac.* • 3° Déformer par flexion ; plier. *Tordre une barre de fer. Le vent tordait les branches.* • 4° Plier brutalement (une articulation, en la forçant). *Se tordre le pied, la cheville.* ★ **II.** SE TORDRE. v. pron. *(Réfl.).* Se plier en deux (sous l'effet de la douleur, d'une émotion vive). *Se tordre de douleur.* — *Se tordre (de rire). Il y a de quoi se tordre* (V. **Tordant**). ▼ **TORDU, UE.** *adj.* • 1° Dévié, tourné de travers ; qui n'est pas droit. *Des jambes tordues.* • 2° *(Fam.).* Subst. *Un tordu,* un homme mal bâti. • 3° (Abstrait). *Avoir l'esprit tordu,* bizarre, mal tourné. — Fam. *Il est complètement tordu,* fou. — T. d'injure. *Va donc, eh, tordu !*

TORERO [tɔʀeʀo]. *n. m.* • Homme qui combat et doit tuer le taureau, dans une corrida. V. **Matador.** ▼ **TORÉADOR** [tɔʀeadɔʀ]. n. m. *Vx.* Torero. ▼ **TORÉER.** *v. intr.* (1). Combattre le taureau selon les règles de la tauromachie. ▼ **TORIL.** *n. m.* Enceinte où l'on tient enfermés les taureaux, avant la corrida.

TORGNOLE [tɔʀɲɔl]. *n. f.* • Coup, correction. *Son père lui a flanqué une torgnole.* V. **Raclée.**

TORNADE [tɔʀnad]. *n. f.* • Mouvement tournant de l'atmosphère, effet violent de certaines perturbations tropicales. V. **Bourrasque, cyclone, ouragan.** *La tornade a tout arraché.* — *Il est entré comme une tornade,* en coup de vent.

TORON [tɔʀɔ̃]. *n. m.* • Fils tordus ensemble, pour fabriquer les câbles, etc. (terme technique).

TORPÉDO [tɔʀpedo]. *n. f.* • *Vx.* Automobile décapotable de forme allongée.

TORPEUR [tɔʀpœʀ]. *n. f.* • Diminution de la sensibilité, de l'activité (sans perte de conscience). *Une sorte de torpeur l'envahit.*

V. **Somnolence.** *Faire sortir, tirer qqn de sa torpeur.*

TORPILLE [tɔʀpij]. *n. f.* • 1° Engin automobile rempli d'explosifs, lancé d'un navire pour frapper un objectif sous l'eau (V. **Lance-torpilles**). • 2° Poisson capable de produire une décharge électrique.

TORPILLER. *v. tr.* (1) • 1° Attaquer, faire sauter (à l'aide de torpilles). *Sous-marin qui torpille un navire.* • 2° Attaquer sournoisement. *Torpiller les négociations.* ▼ **TORPILLAGE.** n. m. *Le torpillage du « Lusitania ». — Le torpillage d'un plan de paix.* ▼ **TORPILLEUR.** *n. m.* Bateau de guerre plus léger et rapide que le croiseur.

TORRÉFIER [tɔʀ(ʀ)efje]. *v. tr.* (7) • Calciner superficiellement à feu nu (le tabac, le café). ▼ **TORRÉFACTEUR.** *n. m.* Appareil servant à torréfier. *Un torréfacteur à café.* ▼ **TORRÉFACTION.** *n. f.* Début de calcination à feu nu, que l'on fait subir à certaines matières organiques. *La torréfaction du café.*

TORRENT [tɔʀɑ̃]. *n. m.* • 1° Cours d'eau à forte pente, à rives encaissées, à débit rapide et irrégulier. *Un torrent impétueux.* • 2° (Écoulement rapide). *Il pleut à torrents,* abondamment. V. **Verse** (à). • 3° Grande abondance (de ce qui afflue violemment). *Elle versa des torrents de larmes. Un torrent d'injures.* ▼ **TORRENTIEL, ELLE.** *adj.* Qui coule comme un torrent. *Une pluie torrentielle.* V. **Diluvien.** ▼ **TORRENTUEUX, EUSE.** adj. *Littér.* Impétueux comme un torrent.

TORRIDE [tɔʀid]. *adj.* • Où la chaleur est extrême. V. **Brûlant, chaud.** *Un climat torride. Une chaleur torride,* extrême.

TORS, TORSE [tɔʀ, tɔʀs(ə)]. *adj.* • 1° *Colonne torse,* à fût contourné en spirale. • 2° *Jambes torses,* tordues, arquées.

TORSADE. *n. f.* • 1° Rouleau de fils, cordons tordus ensemble en hélice pour servir d'ornement. — *Une torsade de cheveux,* cheveux longs réunis et tordus ensemble. • 2° Motif ornemental en hélice. *Colonne à torsades.* ▼ **TORSADER.** *v. tr.* (1). Mettre en torsade. *Torsader des cheveux.*

TORSE [tɔʀs(ə)]. *n. m.* • Buste, poitrine. *Se mettre torse nu. Un beau torse.*

TORSION [tɔʀsjɔ̃]. *n. f.* • 1° Action de tordre (I) ; déformation que l'on fait subir à un objet allongé en faisant tourner une de ses extrémités dans un sens (les autres parties restant fixes ou étant soumises à un mouvement contraire). • 2° État, position de ce qui est tordu.

TORT [tɔʀ]. *n. m.* ★ **I.** (Employé sans article). • 1° AVOIR TORT : ne pas avoir le droit, la raison de son côté (*opposé à :* avoir raison). V. **Tromper** (se). *Il n'avait pas tort.* — AVOIR TORT DE... *Tu as tort de tant fumer.* — DONNER TORT À : accuser, désapprouver. *On lui a donné tort. Les faits vous ont donné tort,* ont montré que vous aviez tort. • 2° À TORT : pour de mauvaises, de fausses raisons ; injustement. *Soupçonner qqn à tort. C'est à tort qu'on a prétendu cela* (*opposé à* avec raison, à bon droit). — À TORT OU À RAISON : sans motifs ou avec de justes motifs. — À TORT ET À TRAVERS : sans raison ni justesse. V **Inconsidérément.** *Il dépense à tort et à travers. Parler à tort et à travers,* dire n'importe quoi. • 3° DANS SON TORT... : dans la situation de celui qui a tort (relativement à la loi, à un autre) ; *opposé à* dans son droit. *Il se met dans son tort en agissant ainsi. Se sentir dans son tort.* V. **Coupable.** — EN TORT. *Vous êtes en tort et passible d'amende.* ★ **II.** *(Un, des torts; le tort de...).* • 1° Action, attitude blâmable (envers qqn). *Il a des torts envers elle.* • 2° Action, attitude qui constitue une erreur, une faute. *Il avait le tort de parler trop.* V. **Défaut.** *Vous faites comme ceci ? C'est un tort.* • 3° Dommage causé indûment. V. **Préjudice.** *Demander réparation d'un tort.* — FAIRE DU TORT À... *Il nous a fait du tort. Ça ne fait de tort à personne.*

TORTICOLIS [tɔʀtikɔli]. *n. m.* • Torsion du cou avec inclinaison de la tête accompagnée de sensations douloureuses dans les muscles. *Nous avions une loge de côté, cela nous donnait le torticolis.*

TORTILLARD [tɔʀtijaʀ]. *n. m.* • Train d'intérêt local sur une voie de chemin de fer qui fait de nombreux détours.

TORTILLER [tɔʀtije]. *v.* (1) ★ **I.** *V. tr.* Tordre à plusieurs tours (une chose souple). *Tortiller ses cheveux.* ★ **II.** *V. intr.* • 1° Se remuer en ondulant. *Elle dansait en tortillant des hanches.* V. **Balancer.** • 2° Loc. fam. *Il n'y a pas à tortiller,* à hésiter. *Il n'y a pas à tortiller, il faut y aller !* ★ **III.** SE TORTILLER. *v. pron.* Se tourner de côté et d'autre sur soi-même. *Se tortiller comme un ver.* ▼ **TORTILLON.** *n. m.* Chose tortillée (tissu, papier...).

TORTIONNAIRE [tɔʀsjɔnɛʀ]. *n. m.* • Personne qui fait subir des tortures. V. **Bourreau.** — Adj. *Policiers tortionnaires.*

TORTUE [tɔʀty]. *n. f.* • Reptile à quatre pattes courtes, à corps enfermé dans une carapace, à tête munie d'un bec corné, à marche lente. *Tortue marine. Quelle tortue, c'est une vraie tortue !* se dit d'une personne très lente.

TORTUEUX, EUSE [tɔʀtɥø, øz]. *adj.* • 1° Qui fait des détours, présente des courbes irrégulières. V. **Sinueux.** *Des rues tortueuses.* || Contr. **Droit.** || • 2° *Péj.* Plein de détours, qui ne se manifeste pas franchement. *Des manœuvres tortueuses.* || Contr. **Direct.** || ▼ **TORTUEUSEMENT.** *adv.*

TORTURE [tɔʀtyʀ]. *n. f.* • 1° Souffrances physiques infligées à qqn pour lui faire avouer ce qu'il refuse de révéler. *Instruments de torture. Torture légale* (autrefois). V. **Question.** • 2° Loc. *Instruments de torture,* se dit d'instruments, d'objets qui font souffrir. *Les instruments de torture du dentiste. — Mettre qqn à la torture,* l'embarrasser ou le laisser dans l'incertitude. *Se mettre l'esprit à la torture,* faire des efforts pénibles. • 3° Souffrance physique ou morale intolérable. V. **Martyre, tourment.** *La torture de la soif. Les tortures de la jalousie.* ▼ **TORTURER.** *v. tr.* (1) • 1° Infliger la torture (1°), faire subir des tortures à (qqn). *Torturer un prisonnier.* V. **Supplicier.** • 2° Faire beaucoup souffrir. V. **Martyriser.** *Se torturer le cerveau, l'esprit*, le mettre à la torture. — (Suj. chose) *La faim, la jalousie le torturait.* V. **Tourmenter.** • 3° Transformer par force. *Torturer un texte*, l'altérer en le transformant. ▼ **TORTURANT, ANTE.** adj. *Un remords torturant.*

TORVE [tɔʀv(ə)]. *adj.* • *Œil torve, regard torve*, oblique et menaçant.

TORY [tɔʀi]. *adj.* et *n. m.* • En Angleterre, Se dit des membres du parti conservateur. *Les tories.*

TÔT [to]. *adv.* et *adj.* • 1° Au bout de peu de temps et sensiblement avant le moment habituel ou normal. *Vous êtes arrivés trop tôt.* ‖ Contr. **Tard.** ‖ — PLUS TÔT : avant le moment où l'on est ou dont on parle. V. **Auparavant.** *Un jour plus tôt. Il est arrivé plus tôt que moi. — Il ne viendra pas de si tôt*, pas dans un proche avenir et peut-être jamais. — *Adj.* (Impers.) *Il est trop tôt pour manger. — Nous n'étions pas plus tôt rentrés qu'il fallut repartir*, il fallut repartir immédiatement après. — LE (AU) PLUS TÔT... *Le plus tôt que vous pourrez*, dès que vous pourrez. — Subst. *Le plus tôt sera le mieux. Revenez au plus tôt*, le plus tôt possible. *Mon travail sera terminé dans quinze jours au plus tôt*, pas avant. • 2° Au commencement d'une portion déterminée de temps. *Se lever tôt*, de bonne heure. • 3° Loc. *Avoir tôt fait de.* V. **Vite.**

TOTAL, ALE, AUX [tɔtal, o]. *adj.* et *n.* • 1° *Adj.* Qui affecte toutes les parties, tous les éléments (de la chose ou de la personne considérée). V. **Absolu, complet, général.** *Une destruction totale. Dans l'obscurité totale. Une confiance totale.* V. **Entier, parfait.** — Pris dans son entier, dans la somme de toutes ses parties. ‖ Contr. **Partiel.** ‖ *La somme totale.* V. **Global.** • 2° *N. m.* Nombre total, quantité totale. V. **Montant, somme.** *Le total de la population. Faire le total*, additionner le tout. — AU TOTAL : en comptant tous les éléments. *Cela fait cent mille francs au total. — Au total*, tout compte fait, tout bien considéré. V. **Somme** (en). *Au total il vaut mieux attendre.* — Pop. *(adv.)* En conclusion, finalement. *Total, on s'est encore fait voler.* ▼ **TOTALEMENT.** *adv.* Complètement, entièrement. ‖ Contr. **Partiellement.** ‖ *Il est totalement guéri.* V. **Tout** (à fait). ▼ **TOTALISER.** *v. tr.* (1) • 1° Additionner. ‖ Contr. **Soustraire.** ‖ • 2° Compter au total. *L'équipe qui totalise le plus grand nombre de points.* ▼ **TOTALISATEUR, TRICE.** *adj.* et *n. m.* Se dit d'appareils donnant le total d'une série d'opérations. *Machine totalisatrice.* — N. m. *Un totalisateur.* ▼ **TOTALISATION.** *n. f.*

TOTALITAIRE [tɔtalitɛʀ]. *adj.* • 1° *Régime totalitaire*, régime à parti unique, n'admettant aucune opposition organisée et dans lequel le pouvoir politique tend à confisquer la totalité des activités sociales. *États totalitaires.* ‖ Contr. **Libéral.** ‖ • 2° *Didact.* Qui englobe la totalité des éléments (d'un ensemble). *Une conception totalitaire du monde.* ▼ **TOTALITARISME.** *n. m.* Système politique des régimes totalitaires.

TOTALITÉ [tɔtalite]. *n. f.* • Réunion totale des parties ou éléments constitutifs (d'un ensemble, d'un tout). V. **Intégralité, total.** ‖ Contr. **Fraction, partie.** ‖ *La totalité de ses biens. La totalité du personnel.* V. **Ensemble.** — EN TOTALITÉ. V. **Bloc** (en), **intégralement, totalement.**

TOTEM [tɔtɛm]. *n. m.* • Animal (ou quelquefois un végétal) considéré comme l'ancêtre et le protecteur d'un clan, objet de tabous et de devoirs particuliers. ▼ **TOTÉMIQUE.** *adj.* Du totem. *Clan totémique. Mât totémique.* ▼ **TOTÉMISME.** *n. m.* Organisation sociale, familiale fondée sur les totems et leur culte.

TOTO [tɔto]. *n. m.* • *Arg.* Pou. *Il a attrapé des totos à l'école.*

TOTON [tɔtɔ̃]. *n. m.* • *Littér.* Petite toupie. *Tourner comme un toton.*

TOUAREG [twaʀɛg]. *n.* et *adj.* • Nomade du Sahara (le mot est un pluriel ; il faudrait dire *un* TARGUI, *des* TOUAREG).

TOUBIB [tubib]. *n. m.* • *Fam.* Médecin. *C'est un bon toubib.* — Adj. *Elle est toubib.*

1. TOUCHANT [tuʃɑ̃]. *prép.* • *Littér.* Au sujet de... V. **Concernant, sur.** *Je ne sais rien touchant cette affaire.*

2. TOUCHANT, ANTE [tuʃɑ̃, ɑ̃t]. *adj.* • 1° *Littér.* Qui fait naître de la pitié, de la compassion. *Un récit touchant.* V. **Attendrissant, émouvant.** • 2° Qui émeut, attendrit d'une manière douce et agréable. *Ils se sont fait des adieux touchants. — (Personnes)* Attendrissant (iron.). *Il est touchant de maladresse.*

1. TOUCHE [tuʃ]. *n. f.* • 1° Action du poisson qui mord à l'hameçon. *Pas la moindre touche aujourd'hui, je n'ai rien pris.* • 2° Fam. *Faire une touche*, rencontrer qqn qui répond à une invite galante. *Avoir la touche, une touche*, plaire manifestement à qqn.

2. TOUCHE. *n. f.* ★ **I.** • 1° Action, manière de poser la couleur, les tons sur la toile. *Peindre à larges touches.* Couleur posée d'un coup de pinceau. *Une touche de rouge.* • 2° Loc. *Mettre une touche de gaieté, une touche exotique* (dans un décor, une toilette, une description, etc.). ★ **II.** *Fam.* Aspect d'ensemble. V. **Allure, dégaine, tournure.** *Tu as une drôle de touche.*

3. TOUCHE. *n. f.* • 1° Au rugby, au football. *Ligne de touche*, ou *Touche*, chacune des limites latérales du champ de jeu, perpendiculaire aux lignes de but. — Sortie du ballon en touche. *Il y a touche.* • 2° Loc. *Rester, être mis sur la touche*, dans une position de non-activité, de non-intervention.

4. TOUCHE. *n. f.* • Chacun des petits leviers que l'on frappe des doigts, qui constituent un clavier. *Les touches d'un piano. — Les touches d'une machine à écrire.*

TOUCHE-À-TOUT [tuʃatu]. *n. m. invar.* • 1° Personne, enfant qui touche à tout. • 2° Personne qui se disperse en activités multiples.

1. TOUCHER [tuʃe]. *v. tr.* (1) ★ **I.** (Avec mouvement). • 1° *(Êtres vivants).* Entrer en contact avec (qqn, qqch.) en éprouvant les sensations du tact. V. **Palper.** *Elle touche le radiateur. Il lui touche l'épaule. Je n'ai* *jamais touché une carte*, jamais joué. *Toucher la main*, pour dire bonjour. — *Lutteur qui touche le sol des deux épaules. Toucher le fond*, avoir pied. • 2° (Sans contact direct). V. **Atteindre.** *Il tira et toucha son adversaire à l'épaule.* V. **Blesser.** • 3° Joindre, arriver à rencontrer (qqn), par un intermédiaire (lettre, téléphone). V. **Atteindre.** *Où peut-on vous toucher?* • 4° *(Choses).* Entrer en contact avec (qqn, qqch.) au terme d'un mouvement. V. **Atteindre.** *Être touché par une balle*, blessé. *Le bateau a touché le port, a touché terre.* • 5° Entrer en possession de, prendre livraison de (une somme d'argent). V. **Recevoir.** *Toucher de l'argent. Toucher un traitement.* V. **Gagner.** — Percevoir. *Ils ont touché leurs cigarettes.* • 6° *(Abstrait).* Procurer une émotion à (qqn), faire réagir en suscitant l'intérêt affectif. V. **Intéresser.** *La musique le touche particulièrement. Ce reproche l'a touché.* — *Plus cour.* Émouvoir en excitant la compassion, la sympathie et une certaine tendresse. V. **Attendrir.** *Ses larmes m'ont touché.* • 7° Loc. *Toucher qqch., un mot de...*, dire un mot de... *Avant de décider, il faut lui en toucher un mot.* ★ **II.** *(Sans mouvement).* • 1° Se trouver en contact avec ; être tout proche de. *Sa maison touche l'église.* • 2° Concerner, avoir un rapport avec. V. **Regarder.** *C'est un problème qui les touche de près.* — Pronom. *(Récipr.)* Être en rapport étroit. *Les extrêmes se touchent.* ★ **III.** *Trans. ind.* TOUCHER À... • 1° Porter la main sur, pour prendre, utiliser. *Ne touche pas à ce vase, n'y touche pas!* Fam. *Pas touche! Cet enfant touche à tout.* V. **Touche-à-tout.** — *Il n'avait pas faim, il n'a pas touché à son repas*, il n'a rien mangé. *Il n'a jamais touché à un volant*, il n'a jamais conduit. • 2° *(Abstrait).* Se mêler, s'occuper de (qqch.). *Il vaut mieux ne pas toucher à ce sujet.* V. **Aborder.** — S'en prendre (à qqch.), pour modifier, corriger. *Ils n'osent pas toucher aux traditions. Il a l'air de ne pas y toucher*, un air innocent. • 3° *Littér.* Atteindre, arriver à (un point qu'on touche ou dont on approche). *Toucher au port. Nous touchons au but.* — (Dans le temps) *Toucher à sa fin.* • 4° Être en contact avec. *Un immeuble qui touche à la mairie.* • 5° Avoir presque le caractère de. V. **Confiner.** *Son goût pour le ménage touche à la névrose.*

2. TOUCHER. *n. m.* • 1° Un des cinq sens correspondant aux sensibilités qui interviennent dans l'exploration des objets par contact avec la peau, la main. V. **Tact.** • 2° Action ou manière de toucher. V. **Attouchement, contact.** *Le velours est doux au toucher.* • 3° Manière dont un(e) pianiste obtient la sonorité en frappant les touches. *Elle a un beau toucher.* • 4° En médecine, Exploration d'une cavité naturelle à la main.

TOUER [twe]. *v. tr.* (1) • Faire avancer (un navire, une embarcation) en tirant à bord sur une amarre. *Touer à bras, au cabestan.* ▼ **TOUAGE.** *n. m.*

TOUFFE [tuf]. *n. f.* • Assemblage naturel de plantes, de poils, de brins..., rapprochés par la base. V. **Bouquet.** *Une touffe d'herbe. Une touffe de poils, de cheveux.* V. **Épi, mèche.** ▼ **TOUFFU, UE.** *adj.* • 1° Qui est en touffes, qui est épais et dense. *Un bois touffu. Une barbe touffue.* • 2° Qui présente en trop peu d'espace des éléments abondants et complexes. *Un livre touffu.* ‖ Contr. **Concis, simple.** ‖

TOUILLER [tuje]. *v. tr.* (1) • *Fam.* et *région.* Remuer, agiter, mêler. *Touiller la lessive. Touiller la salade*, la tourner.

TOUJOURS [tuʒuʀ]. *adv. de temps.* • 1° Dans la totalité du temps considéré (la vie, le souvenir, etc.) ou pendant tout un ensemble d'instants discontinus ; à chaque instant, sans exception. V. **Constamment, continuellement.** ‖ Contr. **Jamais ; parfois.** ‖ *Je l'ai toujours pensé. Ça ne durera pas toujours. On ne peut pas toujours réussir. Il arrive toujours à l'heure. Les journées sont toujours trop courtes.* — *Toujours plus..., toujours moins* (et adj.), de plus en plus, de moins en moins. *Toujours plus nombreux.* — COMME TOUJOURS : de même que dans tous les autres cas. *Je pensais à elle comme toujours.* — PRESQUE TOUJOURS : très souvent. — DE TOUJOURS : qui est toujours le même. *Le public de toujours.* — DEPUIS TOUJOURS. *Ça se fait depuis toujours.* — POUR TOUJOURS. *Il est parti pour toujours.* • 2° Encore maintenant, encore au moment considéré. *Je l'aimais toujours. Il court toujours.* — *Il n'est toujours pas parti, toujours pas là.* • 3° Fam. *Il peut toujours courir, se fouiller...*, quoi qu'il fasse, il n'aura rien. *Cause toujours!* — *Interj.* (À la fin d'une phrase négative). *Qui a dit ça? Ce n'est pas moi, toujours!* — TOUJOURS EST-IL (QUE)... : sert à introduire un fait ou un jugement en opposition avec d'autres qui viennent d'être présentés. *Personne ne voulait y croire, toujours est-il que c'est arrivé.*

TOUNDRA [tundʀa]. *n. f.* • Steppe de la zone arctique, caractérisée par des associations végétales de mousses et de lichens, des bruyères. *La toundra sibérienne.*

1. TOUPET [tupɛ]. *n. m.* • Touffe de cheveux bouffant au-dessus du front.

2. TOUPET. *n. m.* • *Fam.* Hardiesse, assurance effrontée. V. **Aplomb, audace, culot** *(fam.). Il ne manque pas de toupet.*

TOUPIE [tupi]. *n. f.* • 1° Jouet d'enfant, formé d'une masse conique ou sphérique, munie d'une pointe sur laquelle elle peut se maintenir en équilibre en tournant. V. **Toton.** *Il tourne sur lui-même comme une toupie.* • 2° (Injure). *Vieille toupie*, se dit d'une femme désagréable.

1. TOUR [tuʀ]. *n. f.* • 1° Bâtiment construit en hauteur, dominant un édifice ou un ensemble architectural. *La tour d'un château.* V. **Donjon, tourelle.** *Tour de guet.* V. **Beffroi.** *Les tours d'une cathédrale*, clocher à sommet plat. — Immeuble moderne à nombreux étages. • 2° Construction en hauteur. *Tour métallique. La tour Eiffel.* — *Tour de contrôle*, local surélevé d'où s'effectue le contrôle des activités d'un aérodrome. • 3° Aux échecs, Pièce en forme de tour crénelée, qui avance en droite ligne. • 4° *Loc.* TOUR D'IVOIRE : retraite solitaire et hautaine de celui qui refuse de se compromettre. *Se retirer dans sa tour d'ivoire.* — *Une tour de Babel*, un lieu où l'on parle toutes les langues.

2. TOUR [tuʀ]. *n. m.* ★ **I.** • **1°** Limite circulaire. V. **Circonférence.** *Avoir soixante centimètres de tour de taille. Le tour d'un arbre.* • **2°** Chose qui en recouvre une autre en l'entourant (vêtements, garnitures). *Un tour de cou* (fourrure, foulard). • **3°** FAIRE LE TOUR (de qqch.) : aller autour (d'un lieu, d'un espace). *Faites le tour du pâté de maisons. Faire le tour du monde*, voyager dans le monde entier. — Passer en revue. *Faire le tour de la situation.* • **4°** FAIRE UN TOUR : une petite sortie. V. **Promenade.** *Elle était allée faire un tour au bois.* • **5°** TOUR DE... : parcours, voyage où l'on revient au point de départ. V. **Circuit, périple.** *Le Tour de France*, course cycliste disputée chaque année sur un long circuit de routes françaises. ★ **II.** • **1°** Mouvement giratoire. V. **Révolution, rotation.** *Un tour de manivelle.* — *Partir au quart de tour*, immédiatement et sans difficulté. *Fermer la porte à double tour*, en donnant deux tours de clé. • **2°** À TOUR DE BRAS : de toute la force du bras. *Il le frappe à tour de bras.* • **3°** EN UN TOUR DE MAIN : très vite. V. **Tournemain.** — *Tour de main*, mouvement adroit qu'accomplit la main. *Le tour de main d'un artisan.* • **4°** TOUR DE REIN : torsion, faux mouvement douloureux dans la région des lombes. ★ **III.** • **1°** Mouvement, exercice difficile à exécuter. *Les tours d'un prestidigitateur. Tours de cartes.* — TOUR DE FORCE : action qui exige de la force ou de l'habileté. *C'est un vrai tour de force.* V. **Exploit.** • **2°** Action ou moyen d'action qui suppose de l'adresse, de l'habileté, de la ruse. *Avoir plus d'un tour dans son sac.* — FAIRE, JOUER *(un, des...)* TOUR(s) : au détriment de qqn. *Il m'a joué un mauvais tour. Méfiez-vous, cela vous jouera des tours*, cela vous nuira. — *Le tour est joué*, c'est accompli, terminé. ★ **IV.** • **1°** Aspect que présente une chose selon la façon dont elle est faite, la manière dont elle évolue. V. **Tournure.** *Cela dépend du tour que vont prendre les événements.* • **2°** TOUR (DE PHRASE) : manière d'exprimer qqch. selon l'agencement des mots. • **3°** TOUR D'ESPRIT : manière d'être caractéristique d'un certain esprit. V. **Tournure.** ★ **V.** • **1°** *(En loc.).* Moment auquel (ou durant lequel) une personne se présente, accomplit qqch. dans un ordre, une succession d'actions du même genre. *À moi, c'est mon tour. Chacun parlera à son tour. Il s'invite plus souvent qu'à son tour*, plus souvent qu'il ne conviendrait. — *Chacun son tour*, à son tour. • **2°** *Loc.* TOUR À TOUR : l'un, puis l'autre (l'un après l'autre). *Nous lisions tour à tour.* — (États, action) V. **Alternativement, successivement.** *Je riais et pleurais tour à tour.* — À TOUR DE RÔLE. V. **Rôle.** • **3°** *Tour de chant*, série de morceaux interprétés par un chanteur, une chanteuse.

3. TOUR. *n. m.* • **1°** Dispositif, machine-outil qui sert à façonner des pièces par rotation. *Travailler au tour* (V. **Tourneur**). *Tour de potier.* • **2°** Armoire cylindrique tournant sur pivot (V. **Tourier**). *Tour pour passer les plats.*

1. TOURBE [tuʀb(ə)]. *n. f.* • *Péj.* et *vx.* La foule, la multitude. — Ramassis. *Une tourbe d'arrivistes.*

2. TOURBE [tuʀb(ə)]. *n. f.* • Matière combustible spongieuse et légère, qui résulte de la décomposition de végétaux à l'abri de l'air. *Un feu de tourbe.* ▼ **TOURBIÈRE.** *n. f.* Gisement de tourbe en quantité exploitable. *Les tourbières d'Irlande.*

TOURBILLON [tuʀbijɔ̃]. *n. m.* • **1°** Masse d'air qui tournoie rapidement. V. **Cyclone.** • **2°** Mouvement tournant et rapide (en hélice) d'un fluide, ou de particules entraînées par l'air. *Un tourbillon de poussière. Les tourbillons d'une rivière.* • **3°** Tournoiement rapide. *Le tourbillon d'une danse.* • **4°** *Littér.* Ce qui emporte, entraîne dans un mouvement rapide, irrésistible. *Le tourbillon du monde. Un tourbillon de plaisirs.* ▼ **TOURBILLONNER.** *v. intr.* (1) • **1°** Former un tourbillon ; être emporté en un tournoiement rapide. *La neige qui tourbillonnait.* • **2°** Être agité par un mouvement rapide, irrésistible. *Les souvenirs tourbillonnaient dans sa tête.* ▼ **TOURBILLONNANT, ANTE.** *adj.* Tournoyant. *Les jupes tourbillonnantes d'une danseuse.* ▼ **TOURBILLONNEMENT.** *n. m.*

TOURELLE [tuʀɛl]. *n. f.* • **1°** Petite tour. *Les tourelles du château.* • **2°** Abri blindé, fixe ou mobile, contenant des pièces d'artillerie. *La tourelle d'un char d'assaut.*

TOURIER, IÈRE [tuʀje, jɛʀ]. *n.* et *adj.* • Religieux, religieuse chargé(e) de faire passer au tour (3, 2°) les choses apportées au couvent et de s'occuper des relations avec l'extérieur. *La sœur tourière.*

TOURISME [tuʀism(ə)]. *n. m.* • **1°** Le fait de voyager, de parcourir pour son plaisir un lieu autre que celui où l'on vit habituellement. *Faire du tourisme. Avion, voiture* DE TOURISME : destinés aux déplacements privés et non utilitaires. • **2°** Ensemble des activités liées aux déplacements des touristes. *Office du tourisme.* ▼ **TOURISTE.** *n.* • **1°** Personne qui fait du tourisme. *Les touristes étrangers à Paris.* • **2°** *Classe touriste*, classe inférieure à la première classe (bateau, avion). ▼ **TOURISTIQUE.** *adj.* Relatif au tourisme. *Ville touristique*, que les touristes visitent. *Activités touristiques* (hôtellerie, agences de voyage, etc.). *Menu touristique, prix touristiques*, destinés en principe aux touristes.

TOURMENT [tuʀmɑ̃]. *n. m.* • **1°** *Littér.* Très grande souffrance physique ou morale. V. **Peine, supplice, torture.** *Les tourments de l'incertitude.* — Grave souci. *Cette affaire m'a donné bien du tourment.* • **2°** Ce qui cause de grands soucis, de graves ennuis. *Cet enfant est devenu un tourment pour moi.*

TOURMENTE [tuʀmɑ̃t]. *n. f.* • **1°** *Littér.* Tempête soudaine et violente. V. **Bourrasque, orage, ouragan.** *Une tourmente de neige. Être perdu dans la tourmente.* • **2°** Troubles (politiques ou sociaux) violents et profonds. *La tourmente révolutionnaire.*

TOURMENTER [tuʀmɑ̃te]. *v. tr.* (1) ★ **I.** • **1°** Affliger de souffrances physiques ou morales ; faire vivre dans l'angoisse. *Il* *tourmente toute la famille. Je le tourmente de reproches.* • 2° *(Suj. chose).* Faire souffrir ; être un objet de grave souci. *La faim me tourmente. Les préoccupations qui le tourmentaient.* V. **Obséder.** • 3° *Littér.* (En parlant d'un besoin, d'un désir). Exciter vivement. *L'envie d'écrire le tourmentait.* ★ **II.** SE TOURMENTER. *v. pron.* Se faire des soucis, éprouver de l'inquiétude, de l'angoisse. V. **Inquiéter** (se), **tracasser** (se). *Ne vous tourmentez pas pour si peu.* ▼ **TOURMENTÉ, ÉE.** *adj.* • 1° Qui est en proie aux tourments, aux soucis. V. **Anxieux, inquiet.** || Contr. **Calme.** || *Un être tourmenté. Un visage tourmenté.* • 2° *Littér.* Qui s'accomplit dans l'agitation, le tumulte. *Mener une vie tourmentée.* V. **Agité.** • 3° De forme très irrégulière. *Un relief tourmenté.*

TOURNAGE [tuʀnaʒ]. *n. m.* • Action de tourner, de faire un film. V. **Réalisation.**

1. TOURNANT, ANTE [tuʀnɑ̃, ɑ̃t]. *adj.* • 1° Qui tourne (II), pivote sur soi-même. *Plaque tournante.* • 2° Qui contourne, prend à revers. *Mouvement tournant,* pour cerner l'ennemi. • 3° Qui fait des détours, présente des courbes. V. **Sinueux.** *Un chemin tournant. Un escalier tournant,* en colimaçon.

2. TOURNANT [tuʀnɑ̃]. *n. m.* • 1° Endroit où une voie tourne ; courbe d'une rue, d'une route. V. **Coude.** *Un tournant dangereux, en épingle à cheveux.* V. **Virage.** • 2° Loc. fam. *Avoir qqn au tournant,* se venger dès que l'occasion s'en présente. *Je l'attends au tournant.* • 3° *(Abstrait).* Moment où ce qui évolue change de direction, devient autre. *Il est à un tournant de sa carrière. Il a su prendre le tournant,* s'adapter avec opportunisme.

TOURNEBOULER [tuʀnəbule]. *v. tr.* (1) • *Fam.* Mettre l'esprit à l'envers, bouleverser. *Cette nouvelle l'a tourneboulé. — Elle était toute tourneboulée.*

TOURNEBROCHE [tuʀnəbʀɔʃ]. *n. m.* • Mécanisme servant à faire tourner une broche. V. **Rôtissoire.**

TOURNE-DISQUE [tuʀnədisk(ə)]. *n. m.* • Appareil électrique composé d'un plateau tournant, d'une tête de lecture, d'un dispositif d'amplification, et qui sert à écouter des disques. V. **Électrophone, pick-up.** *Des tourne-disques.*

TOURNEDOS [tuʀnədo]. *n. m.* • Tranche de filet de bœuf à griller. *Des tournedos bien tendres.*

TOURNÉE [tuʀne]. *n. f.* • 1° Voyage à itinéraire fixé, comportant des arrêts, des visites déterminés. *Faire sa tournée. Un voyageur de commerce en tournée. — Tournée théâtrale,* voyage d'une compagnie d'artistes qui donnent des représentations dans plusieurs endroits. • 2° Tour dans lequel on visite des endroits de même sorte. V. **Virée.** *Faire la tournée des boîtes de nuit.* • 3° *Fam.* Ensemble des consommations offertes par qqn, au café. *C'est ma tournée.* • 4° *Pop.* Volée de coups, raclée. *Recevoir une tournée.*

TOURNEMAIN (EN UN) [ɑ̃nœ̃tuʀnəmɛ̃]. *loc. adv.* • En un instant. *Il a sauvé la situation en un tournemain.* V. **Tour** (de main).

TOURNER [tuʀne]. *v.* (1) ★ **I.** *V. tr.* • 1° Faire mouvoir autour d'un axe, d'un centre ; imprimer un mouvement de rotation à (qqch.). *Tourner une manivelle. Tourner et retourner (qqch.),* manier en tous sens. *Ce problème qu'il tournait et retournait dans sa tête.* • 2° Remuer circulairement. *Tourner une sauce.* • 3° Loc. *Ce vin lui tourne la tête,* l'étourdit, le grise. *Cette fille lui a tourné la tête,* l'a rendu fou tant il est amoureux d'elle. — Fam. *Tourner le sang, les sangs,* bouleverser. • 4° *Tourner les pages d'un livre,* les faire passer du recto au verso, en feuilletant. • 5° Mettre, présenter (qqch.) en sens inverse, sur une face opposée ou en accomplissant un mouvement approprié (demi-tour, mouvement latéral). *Tourner le dos à qqn, à qqch.* • 6° Diriger par un mouvement courbe. *Tournez la tête de ce côté. Tourner les yeux, son regard vers, sur qqn,* se mettre à le regarder. — (Abstrait) *Tourner toutes ses pensées vers...* V. **Appliquer.** *Il faut tourner nos efforts vers ce résultat.* • 7° Suivre, longer en changeant de direction. *Tourner le coin de l'avenue.* • 8° (Par allus. à la manivelle des premières caméras). *Tourner un film,* faire un film. Absolt. *Silence, on tourne !* ★ **II.** *V. tr.* • 1° Façonner (un objet) au tour (3). • 2° Agencer, arranger (les mots) d'une certaine manière, selon un certain style. *Tourner un compliment.* — Au p. p. *Une lettre bien tournée.* • 3° TOURNER EN..., À... : transformer (qqn ou qqch.) en donnant un aspect, un caractère différent. *Tourner un auteur en dérision. Il tourne tout à son avantage.* ★ **III.** *V. intr.* • 1° Se mouvoir circulairement (exécuter un mouvement de rotation) ou décrire une ligne courbe (autour de qqch.). *La Terre tourne. Voir tout tourner,* avoir le vertige. — (Personnes) *Il tourne autour de la maison. Il tourne en rond, ne sachant que faire.* • 2° TOURNER AUTOUR : évoluer sans s'éloigner. *Arrêtez de tourner autour de nous ! — Tourner autour d'une femme,* lui faire la cour. — *(Choses)* Avoir pour centre d'intérêt. *La conversation tourne autour de l'éducation des enfants.* • 3° Avoir un mouvement circulaire (sans que l'ensemble de l'objet se déplace). *Tourner sur soi-même comme une toupie. Faire tourner un disque.* — Se mouvoir autour d'un axe fixe. *La porte tourna aussitôt sur ses gonds.* • 4° Fonctionner, en parlant de mécanismes dont une ou plusieurs pièces ont un mouvement de rotation. *Le moteur tourne, tourne rond. Tourner à vide. — Faire tourner une entreprise,* la faire marcher. • 5° Loc. *La tête lui tourne,* il est étourdi, perd le sens de l'équilibre. *Ça me fait tourner la tête,* ça m'étourdit (Cf. Tourner [I, 3°] la tête à qqn). • 6° Changer de direction. *Tournez à gauche ! — La chance a tourné,* changé. • 7° TOURNER À..., EN... : changer d'aspect, d'état, pour aboutir à (un résultat). V. **Transformer** (se). *Le temps tourne au froid. — La discussion tournait à l'aigre,* tendait à s'envenimer. • 8° TOURNER BIEN, MAL. *Ça va mal tourner.* V. **Gâter** (se). — (Personnes) *Tourner mal,* se dit de qqn dont la conduite devient condamnable. *Elle a mal tourné. — Avoir l'esprit mal tourné,* disposé à prendre les choses en mauvaise part, à les interpréter de façon scabreuse. • 9° Devenir aigre. *Le lait a tourné.* ★ IV. SE TOURNER. *v. pron.* • 1° Aller, se mettre en sens inverse ou dans une certaine direction. V. **Retourner** (se). *Se tourner vers qqn. Tournez-vous un peu. Se tourner d'un autre côté.* V. **Détourner** (se). *Il se tourne et se retourne dans son lit.* • 2° Se diriger. *Elle s'était tournée vers les études.* V. **Orienter** (s'). *Se tourner contre qqn,* changer d'attitude en prenant parti contre lui.

1. TOURNESOL [turnəsɔl]. *n. m.* • Substance d'un bleu-violet qui vire au rouge sous l'action des acides et au bleu sous celle des bases. *Papier de tournesol,* réactif.

2. TOURNESOL. *n. m.* • Nom de plantes dont la fleur se tourne vers le soleil (héliotrope, grand soleil). *Huile de tournesol.*

TOURNEUR. *n. m.* • Artisan, ouvrier qui travaille au tour (à main ou automatique).

TOURNEVIS [turnəvis]. *n. m.* • Outil pour tourner les vis, tige d'acier aplatie à son extrémité et munie d'un manche.

TOURNIQUER. *v. intr.* (1) • Tourner, aller et venir sur place, sans but. ▼ **TOURNICOTER.** v. intr. (1). *Fam.* Tourniquer. *Il ne cesse de tournicoter dans toute la maison.*

TOURNIQUET [turnikɛ]. *n. m.* • 1° Appareil formé d'une croix horizontale tournant autour d'un pivot vertical, placé à l'entrée d'un chemin ou d'un édifice afin de livrer passage ; porte à tambour. • 2° Cylindre métallique, à volets, tournant sur un pivot, et servant à présenter des cartes postales, des cravates, etc. V. **Présentoir.** • 3° Arroseur qui tourne sous la force de l'eau. *La pelouse est arrosée par un tourniquet.*

TOURNIS [turni]. *n. m.* • 1° Maladie des bêtes à cornes qui se manifeste par le tournoiement de la bête atteinte. • 2° *Fam.* Vertige. *Vous me donnez le tournis.*

TOURNOI [turnwa]. *n. m.* • 1° Au Moyen Âge, Combat entre plusieurs chevaliers, en champ clos. • 2° *Littér.* Lutte d'émulation. V. **Assaut, concours.** *Un tournoi d'éloquence.* • 3° Compétition sportive à plusieurs séries d'épreuves ou de manches. *Un tournoi de tennis. Le tournoi des Cinq nations* (rugby).

TOURNOYER [turnwaje]. *v. intr.* (8) • 1° Décrire des courbes, des cercles inégaux sans s'éloigner. *Les oiseaux tournoient dans le ciel.* • 2° Tourner sur soi (V. **Pivoter**) ou tourner en spirale, en hélice (V. **Tourbillonner**). *Le vent fait tournoyer les feuilles.* ▼ **TOURNOIEMENT.** *n. m.* ▼ **TOURNOYANT, ANTE.** *adj.*

TOURNURE [turnyr]. *n. f.* • 1° Forme donnée à l'expression, quant à la construction et la syntaxe. *La tournure d'une phrase.* • 2° Air, apparence (d'une chose). *Repeinte, la façade a une autre tournure !* — Aspect général que prend une évolution. *La tournure des événements.* V. **Cours.** *Le projet commence à prendre tournure,* à se dessiner. • 3° TOURNURE D'ESPRIT : manière d'envisager, de juger les choses. *Je n'apprécie pas sa tournure d'esprit.*

TOURTE [turt(ə)]. *n. f.* et *adj.* • 1° *N. f.* Pâtisserie ronde (à la viande, au poisson...). • 2° *Adj.* et *n. f.* (Personnes). *Pop.* Peu intelligent. *Ce qu'il est tourte !* V. **Tarte; gourde.**

1. TOURTEAU [turto]. *n. m.* • Résidu de graines, de fruits oléagineux, servant d'aliment pour le bétail ou d'engrais.

2. TOURTEAU. *n. m.* • Gros crabe de l'Atlantique, à chair très estimée.

TOURTEREAUX [turtəro]. *n. m. pl.* • *Des tourtereaux,* de jeunes amoureux.

TOURTERELLE [turtərɛl]. *n. f.* • Oiseau voisin du pigeon, mais plus petit. *La tourterelle roucoule.*

TOUSSAINT [tusɛ̃]. *n. f.* • Fête catholique en l'honneur de tous les saints, le 1er novembre. *Un temps de Toussaint,* gris et froid.

TOUSSER [tuse]. *v. intr.* (1) • 1° Avoir un accès de toux. • 2° Se racler la gorge, volontairement (pour éclaircir sa voix avant de parler ou faire signe à qqn, l'avertir). ▼ **TOUSSAILLER.** *v. intr.* (1). Tousser un peu. ▼ **TOUSSOTER.** *v. intr.* (1). Tousser d'une petite toux peu bruyante. ▼ **TOUSSOTEMENT.** *n. m.*

1. TOUT [tu] ; **TOUTE** [tut] ; **TOUS** [tu] ; **TOUTES** [tut]. *adj., pron.* et *adv.* ★ **I.** TOUT, TOUTE (pas de pluriel), *adjectif qualificatif.* Complet, entier. • 1° (Devant un nom précédé d'un article, d'un possessif, démonstr.). TOUT LE, TOUTE LA (et nom). *Tout le jour, toute la nuit, tout le temps.* V. **Toujours.** — TOUT LE MONDE : l'ensemble des gens (selon le contexte) ; chacun d'eux. *Tout le reste,* l'ensemble des choses qui restent à mentionner. — TOUT UN, UNE. *Il a passé tout un hiver à voyager. C'est toute une affaire, toute une histoire,* une véritable, une grave affaire. — *J'ai lu tout* (ou *toute*) « *La Chartreuse de Parme* ». *Toute sa petite famille. Tout cet été.* — TOUT CE QU'IL Y A DE... (suivi d'un nom pluriel ; accord facultatif du verbe). *Tout ce qu'il y avait de professeurs était venu* ou *étaient venus.* — Fam. *Tout ce qu'il y a de plus...,* très. *C'est vrai ? Tout ce qu'il y a de plus vrai. Des gens tout ce qu'il y a de plus cultivé* (ou *cultivés*). • 2° *(Dans des loc.).* Devant un nom sans article. *Avoir tout intérêt,* un intérêt évident et grand. *À toute vitesse,* à la vitesse la plus grande possible. — *De toute beauté,* très beau. *En toute simplicité. Selon toute apparence,* d'une manière très probable. — POUR TOUT (et subst. sans article) : en fait de..., sans qu'il y ait rien d'autre. *Il n'eut qu'un sourire, pour toute récompense.* — *Lire tout Racine,* toute l'œuvre de Racine. — *De ma fenêtre, je vois tout Paris,* toute la ville. — LE TOUT-PARIS : les personnes les plus notables ou célèbres, tout ce qui compte à Paris. *Il fait partie du Tout-Paris.* • 3° TOUT, TOUTE À (employé en apposition). *Elle était toute à son travail,* entièrement absorbée par son travail. TOUT, TOUTE EN, DE : entièrement fait(e) de... *Une vie toute de soucis et de malheurs. Une robe toute en soie. Habillée toute en noir.* (REM. Dans : elle est *tout* en noir, *tout* est adverbe ; Cf. *ci-dessous* IV.) ★ **II.** *Adjectif indéfini.* • 1° TOUS [tu], TOUTES (toujours pluriel) : l'ensemble, la totalité de, sans excepter une unité. Le plus grand nombre de. *Tous les hommes.* || Contr. **Aucun, nul.** || *Tous les moyens sont bons. Toutes les fois que...*, chaque fois. *Je les aime tous les deux. Dans tous les sens.* — (Devant un nom sans article) *Toutes sortes de choses. Avoir tous pouvoirs sur qqn. Tous deux, tous trois. C'est tout un*, la même chose. — *Tous, toutes*, suivi d'un nom (sans article) et d'un participe ou d'un adjectif. *La voiture roulait tous feux éteints. Toutes proportions gardées.* • 2° TOUS [tu], TOUTES (pluriel de *chaque*). *Un anniversaire fêté tous les ans*, une fois par an, chaque année. *Il travaille tous les jours. Tous les trente-six du mois*, jamais. *Tous les combien? Toutes les dix minutes*, à chaque instant. • 3° TOUT, TOUTE (singulier suivi d'un nom sans article) : un quelconque, n'importe quel; un individu pris au hasard. *Tout homme qui se présentera... Toute personne.* V. **Quiconque.** *De tout côté. En tout cas. Avant toute chose, sur toute chose*, avant tout, plus que tout. — Loc. *Tout un chacun*, chaque homme, tout le monde. — TOUT(E) AUTRE... *Toute autre qu'elle aurait accepté.* ★ **III.** *Pron.* TOUT; TOUS [tus], TOUTES. • 1° TOUS, TOUTES (pluriel) : représentant un ou plusieurs noms, pronoms, exprimés avant. *Nous mourrons tous. Ce sont tous des voleurs. La première, la dernière de toutes. Tous ensemble. Regardez tous! Nous tous.* • 2° TOUS, TOUTES (en emploi nominal) : tous les hommes, tout le monde, ou une collectivité entière. *Tous furent tués. Il s'insurge contre tous. Il les méprise toutes.* • 3° TOUT (masc. sing.), pronom ou nominal : l'ensemble des choses dont il est question. *Le temps efface tout*, toutes choses. || Contr. **Rien.** || *Tout va bien.* Loc. prov. *Tout est bien qui finit bien*, ce qui finit bien peut être considéré comme entièrement bon, heureux (malgré les difficultés passagères). — *Tout est là*, là réside le problème. — *À tout prendre*, tout bien considéré. — TOUT : résumant une série de termes. *Ses amis, ses enfants, son travail... tout l'exaspère.* — TOUT, attribut. *Être tout pour (qqn)*, avoir une extrême importance. — C'EST TOUT : marque la fin d'une énumération ou d'une déclaration catégorique. *Et c'est tout. Ce sera tout pour aujourd'hui. Un point, c'est tout.* — *Ce n'est pas tout*, il reste encore qqch. — *Ce n'est pas tout de..., que de...*, ce n'est pas assez. Fam. *Ce n'est pas tout de s'amuser*, il y a autre chose à faire. — VOILÀ TOUT (pour marquer que ce qui est fini, borné, n'était pas très important). *Il est malade? Il a trop mangé, voilà tout.* — *Avant tout. Par-dessus tout* (V. **Surtout**). — EN TOUT : complètement. *Une histoire conforme en tout à la réalité. Il y avait en tout et pour tout trois personnes*, au total. • 4° TOUT DE... *Il ignore tout de cette affaire, de vous.* — Fam. *Avoir tout de...*, avoir toutes les qualités, les caractéristiques de... *Elle avait tout d'une mère.* ★ **IV.** *Adv.* TOUT (parfois TOUTE, TOUTES) : entièrement, complètement; d'une manière absolue, intégrale (V. **Absolument, bien, exactement, extrêmement**). • 1° Devant quelques adjectifs, des participes présents et passés. [REM. Sur l'accord de TOUT : 1) *Tout*, est invariable au masculin, et devant les adj. fém. commençant par une voyelle ou un h « muet ». *Il est tout jeune. Tout ému. Ils sont tout étonnés. Tout enfant, elle apprit la danse. Une fille tout humble. Tout entière.* 2) *Tout* est variable en genre et en nombre devant les adj. fém. commençant par une consonne, ou par un h « aspiré ». *Toute belle. Elles sont toutes contentes. Elle est toute honteuse.*] — *Tout autre*, complètement différent. *C'est une tout autre affaire. Les toutes premières pages d'un livre.* — TOUT... QUE... : exprime la concession. *Tout riches qu'ils sont, toutes riches qu'elles sont...*, bien que riches. — (Avec le subj.) *Tout intelligente qu'elle soit, elle s'est trompée.* • 2° TOUT, invariable, devant une préposition, un adverbe. *Elle est habillée tout en noir.* (REM. Dans : *toute* en noir, *tout* est adj. ; Cf. ci-dessus, I, 3°.) *Elle était tout en larmes. Parlez tout bas. J'habite tout près.* — *Tout à coup.* V. **Coup.** — *Tout à l'heure.* V. **Heure.** — *Tout au plus, au plus, au maximum.* — *Tout d'abord.* • 3° TOUT À FAIT [tutafɛ]. V. **Entièrement, totalement.** *Ce n'est pas tout à fait pareil.* V. **Exactement.** • 4° TOUT EN... (suivi d'un part. prés.) : marque la simultanéité. *Il chante tout en travaillant.* • 5° TOUT, invariable, pour renforcer un nom épithète ou attribut. *Je suis tout ouïe. Elle est tout yeux tout oreilles. Un tissu tout laine.*

2. TOUT, TOUTS [tu]. *n. m.* ★ **I.** • 1° LE TOUT : l'ensemble dont les éléments viennent d'être désignés. V. **Totalité.** *Vendez le tout. Risquer le tout pour le tout*, risquer de tout perdre pour pouvoir tout gagner. *Les touts et leurs parties.* • 2° UN, LE TOUT : l'ensemble des choses dont on parle; l'unité qu'elles forment. *Le tout et la partie. Ces divers éléments forment un tout.* • 3° LE TOUT : ce qu'il y a de plus important. *Le tout est d'être attentif.* Fam. *Ce n'est pas le tout de rigoler*, ça ne suffit pas. ★ **II.** *Loc adv.* • 1° DU TOUT AU TOUT : complètement, en parlant d'un changement (toutes les circonstances envisagées étant modifiées en leurs inverses). *Changer du tout au tout.* • 2° PAS DU TOUT : absolument pas. *Il ne fait pas froid du tout. Plus du tout. Rien du tout.* — Ellipt. *Vous y croyez, vous? Du tout.*

TOUT-À-L'ÉGOUT [tutalegu]. *n. m.* • Système de vidange qui consiste à envoyer directement à l'égout les eaux ménagères, résiduelles, les matières fécales.

TOUTEFOIS [tutfwa]. *adv.* • En considérant toutes les raisons, toutes les circonstances (qui pourraient s'opposer), et malgré elles. V. **Cependant, néanmoins, pourtant.** *Ce n'est pas grave, toutefois soignez-vous. Si toutefois vous vous décidez...*

TOUT-FOU [tufu]. *adj. m.* et *n.* • *Fam.* Très excité, un peu fou. *Ils sont tout-fous.*

TOUTOU [tutu]. *n. m.* • Chien, dans le langage enfantin. Loc. fam. *Suivre qqn comme un toutou*, pas à pas.

TOUT-PETIT [tup(ə)ti]. *n. m.* • Très jeune enfant; bébé. *Les tout-petits.*

TOUT-PUISSANT, TOUTE-PUISSANTE [tupɥisɑ̃; tutpɥisɑ̃t]. *adj.* • 1° Qui peut tout, dont la puissance est absolue, illimitée. V. **Omnipotent.** *Dieu est tout-puissant.* — Qui a un très grand pouvoir. *Un lien tout-puissant les unit.* • 2° Subst. *Le Tout-Puissant,* Dieu. ▼ TOUTE-PUISSANCE. *n. f.*

TOUT-VENANT [tuvnɑ̃]. *n. m.* • Tout ce qui se présente (sans triage, sans classement préalable). *Le tout-venant.*

TOUX [tu]. *n. f.* • Expiration forcée et bruyante à travers la glotte rétrécie, due le plus souvent à une irritation des muqueuses des voies respiratoires (V. **Tousser**). *Des quintes de toux.*

TOXICO-. • Élément savant signifiant « poison ».

TOXICOLOGIE. *n. f.* • Étude scientifique des poisons. ▼ **TOXICOLOGIQUE.** *adj.*

TOXICOMANIE. *n. f.* • Goût et besoin morbides, prolongés et tyranniques, pour des substances ou des médicaments toxiques (opium, cocaïne, haschisch, hypnotiques). V. **Intoxication.** ▼ TOXICOMANE. *adj.* et *n.*

TOXINE [tɔksin]. *n. f.* • Poison soluble sécrété par les bactéries, qui pénètre dans le sang et se fixe sur un tissu ou un organe où il produit des lésions ou des troubles fonctionnels. *Élimination des toxines par le foie.*

TOXIQUE [tɔksik]. *n. m.* et *adj.* • 1° *N. m.* Poison. • 2° *Adj.* Qui agit comme un poison. *Gaz toxiques.* V. **Délétère.** ▼ **TOXICITÉ.** *n. f.* Caractère toxique.

T.P. [tepe]. *n. m. pl.* • Abrév. de *Travaux pratiques. Les T.P. de chimie.*

TRAC [tʀak]. *n. m.* • Peur ou angoisse que l'on ressent avant d'affronter le public, de subir une épreuve, d'exécuter une résolution. *Ce comédien a le trac avant chaque représentation.*

TRAÇANT, ANTE [tʀasɑ̃, ɑ̃t]. *adj.* • 1° En botanique. *Racine traçante,* horizontale. • 2° *Balle traçante,* qui laisse un sillage lumineux derrière elle.

TRACAS [tʀaka]. *n. m.* • Souci ou dérangement causé par des préoccupations d'ordre matériel. V. **Difficulté, ennui.** *Les tracas du ménage. Se donner bien du tracas,* se donner du souci, du mal.

TRACASSER. *v. tr.* (1) • *(Suj. chose).* Tourmenter avec insistance, physiquement ou moralement, de façon agaçante. V. **Obséder.** *Cette affaire me tracasse.* — *Pronom.* S'inquiéter. *Ne vous tracassez pas.* ▼ **TRACASSERIE.** *n. f.* Ce qui tracasse. — Difficulté ou ennui qu'on suscite à qqn dans un esprit de chicane et de vexation mesquine. *Les tracasseries de l'administration.* ▼ **TRACASSIER, IÈRE.** *adj.* Qui se plaît à tracasser les gens.

TRACE [tʀas]. *n. f.* • 1° Empreinte ou suite d'empreintes, de marques, que laisse le passage d'un être ou d'un objet. *Des traces de pas sur la neige. Suivre, perdre la trace d'un fugitif.* • 2° Loc. *Suivre les traces, marcher sur les traces de qqn,* suivre son exemple. • 3° Marque. *Un visage qui porte les traces d'une longue fatigue. Des traces de sang, d'encre.* V. **Tache.** — Ce à quoi on reconnaît que qqch. a existé, ce qui subsiste d'une chose passée. V. **Reste, vestige.** *Retrouver des traces d'une civilisation disparue.* • 4° Très petite quantité perceptible. *L'autopsie a révélé des traces de poison.*

TRACER [tʀase]. *v. tr.* (3) • 1° Mener (une ligne) dans une direction ; former, dessiner (qqch.) en faisant plusieurs traits. *Tracer des cercles, une droite. Tracer le plan d'une ville.* — Former par les traits de l'écriture. *Tracer des lettres.* • 2° Indiquer et ouvrir plus ou moins (un chemin) en faisant une trace. V. **Frayer.** *Tracer une route.* — Loc. *Tracer le chemin, la voie,* indiquer la route à suivre, donner l'exemple. ▼ **TRACÉ.** *n. m.* • 1° Ensemble des lignes constituant le plan d'un ouvrage à exécuter. V. **Graphique, plan.** • 2° Contours d'un dessin au trait, d'une écriture. V. **Graphisme.** ▼ **TRAÇAGE.** *n. m.* Opération consistant à exécuter un tracé (1°).

TRACHÉE [tʀaʃe]. *n. f.* • Portion du conduit respiratoire comprise entre l'extrémité inférieure du larynx et l'origine des bronches. ▼ **TRACHÉE-ARTÈRE.** *n. f.* Trachée. *Des trachées-artères.* ▼ **TRACHÉITE** [tʀakeit]. *n. f.* Inflammation de la trachée, généralement liée à la laryngite ou à la bronchite. ▼ **TRACHÉOTOMIE** [tʀakeɔtɔmi]. *n. f.* Incision chirurgicale de la trachée.

TRACT [tʀakt]. *n. m.* • Petite feuille ou brochure de propagande. *Distribuer des tracts.*

TRACTATION [tʀaktɑsjɔ̃]. *n. f.* • Péj. *(Surtout au plur.).* Négociation de caractère officieux et occulte où interviennent des manœuvres et des marchandages.

TRACTER [tʀakte]. *v. tr.* (1) • Tirer par un tracteur, un véhicule à moteur.

TRACTEUR [tʀaktœʀ]. *n. m.* • Véhicule automobile destiné à tirer des instruments et machines agricoles, etc.

TRACTION [tʀaksjɔ̃]. *n. f.* • 1° Action de tirer en tendant, en étendant ; la force qui en résulte (terme technique). *Résistance des matériaux à la traction.* • 2° Mouvement de gymnastique consistant à tirer le corps (suspendu), en amenant les épaules à la hauteur des mains, ou à relever le corps (étendu à terre) en tendant et raidissant les bras. *Faire des tractions pour développer ses biceps.* • 3° Action de traîner, d'entraîner. V. **Remorquage.** *La traction animale. La traction électrique.* V. **Locomotion.** • 4° TRACTION AVANT, ARRIÈRE : qui commande les roues avant ou arrière d'une automobile. Ces deux types d'automobile.

TRADITION [tʀadisjɔ̃]. *n. f.* • 1° LA TRADITION : transmission à travers les siècles des coutumes, des opinions, usages, etc., par la parole ou l'exemple. *La tradition juive, cartésienne. Une longue tradition artistique.* • 2° Ensemble des notions relatives au passé, ainsi transmises de génération en génération. *Les traditions populaires.* V. **Folklore.** • 3° Manière de penser, de faire ou d'agir, qui est un héritage du passé. V. **Coutume, habitude.** *Il reste attaché aux traditions de sa famille. Les traditions académiques en peinture. Fidèle à la tradition.*

TRADITIONNEL, ELLE. *adj.* • 1° Qui est fondé sur la tradition, correspond à une tradition (religieuse, politique, etc.). V. **Orthodoxe.** *Des conceptions traditionnelles.* • 2° D'un usage ancien et familier, consacré par la tradition. V. **Habituel.** *La traditionnelle robe de mariée.* ▼ **TRADITIONALISME.** *n. m.* Attachement aux idées, aux notions, aux coutumes et aux techniques traditionnelles. V. **Conformisme.** ▼ **TRADITIONALISTE.** *adj.* et *n.* ▼ **TRADITIONNELLEMENT.** *adv.* Selon une tradition. *Une cérémonie traditionnellement célébrée à telle date.*

TRADUCTEUR, TRICE. *n.* • Auteur d'une traduction. — *Traducteur-interprète*, professionnel chargé de traduire des textes oralement et par écrit.

TRADUCTION. *n. f.* • 1° Action, manière de traduire. *Traduction fidèle, littérale. Faire une traduction* (V. **Thème, version**). *Traduction libre.* V. **Adaptation.** — *Traduction automatique*, opérée par des machines électroniques. • 2° Texte ou ouvrage traduit. *Se référer à une traduction de Shakespeare.*

1. TRADUIRE [tʀadɥiʀ]. *v. tr.* (38). [p. p. *traduit.*] • 1° *(Suj. personne).* Faire que ce qui était énoncé dans une langue le soit dans une autre, en tendant à l'équivalence de sens et de valeur des deux énoncés. *Traduire un texte russe en français.* • 2° Exprimer, de façon plus ou moins directe, en utilisant les moyens du langage ou d'un art. *Il ne sait pas traduire ses émotions en paroles. Les mots qui traduisent notre pensée.* • 3° *(Suj. chose).* Manifester aux yeux d'un observateur (un enchaînement, un rapport). *Les troubles politiques traduisent une crise économique.* — *La haine qui se traduisait sur son visage*, se manifestait. ▼ **TRADUISIBLE.** adj. *Ce jeu de mots n'est guère traduisible.* || Contr. **Intraduisible.** ||

2. TRADUIRE. *v. tr.* (38). [p. p. *traduit.*] • Citer, déférer. V. **Passer** (faire). *Traduire qqn en justice.*

1. TRAFIC [tʀafik]. *n. m.* • 1° Mouvement général des trains, des véhicules. *Trafic maritime, routier, aérien.* • 2° *(Anglicisme).* Circulation routière.

2. TRAFIC. *n. m.* • *Péj.* Commerce plus ou moins clandestin, honteux et illicite. *Trafic d'armes, de stupéfiants.* — *Trafic d'influence*, de celui qui use de son influence en faveur de qui le paie. V. **Malversation.** ▼ **TRAFICOTER.** v. intr. (1). *Fam.* Faire un petit trafic. V. **Trafiquer.**

TRAFIQUER. *v.* (1) • 1° *V. tr.* Faire du trafic (2), acheter et vendre (en réalisant des profits illicites). *Il a trafiqué pendant la guerre.* • 2° V. tr. *Fam.* Modifier (un objet, un produit), en vue de tromper sur la marchandise. *Trafiquer un vin.* V. **Frelater.** *Voiture d'occasion dont le moteur a été trafiqué.* ▼ **TRAFIQUANT, ANTE.** n. *Péj.* Personne qui trafique.

TRAGÉDIE [tʀaʒedi]. *n. f.* • 1° Œuvre lyrique ou dramatique en vers, représentant des personnages illustres aux prises avec un destin exceptionnel et malheureux ; genre de ce type de pièce. V. *aussi* **Drame.** || Contr. **Comédie.** || *Les tragédies d'Eschyle. Les tragédies de Corneille, de Racine.* • 2° Événement ou ensemble d'événements tragiques. *Sa vie est une véritable tragédie.* ▼ **TRAGÉDIEN, ENNE.** *n.* Acteur, actrice qui joue spécialement les rôles tragiques.

TRAGI-COMÉDIE. *n. f.* • 1° Tragédie dont l'action est romanesque et le dénouement heureux (*ex.* : Le Cid). • 2° Événement, situation où le comique se mêle au tragique. ▼ **TRAGI-COMIQUE.** adj. *Une aventure tragi-comique.*

TRAGIQUE [tʀaʒik]. *adj.* • 1° De la tragédie ; qui évoque une situation où l'homme prend douloureusement conscience d'un destin ou d'une fatalité. *La fatalité tragique.* — Subst. *Le tragique et le comique.* • 2° Qui inspire une émotion intense, par un caractère effrayant ou funeste. V. **Dramatique, émouvant, terrible.** *Actuellement, il est dans une situation tragique. Il a eu une fin tragique.* — Fam. *Ce n'est pas tragique*, ce n'est pas bien grave. — Subst. *Prendre une chose au tragique*, s'en alarmer à l'excès. ▼ **TRAGIQUEMENT.** *adv.*

TRAHIR [tʀaiʀ]. *v. tr.* (2) • 1° Cesser d'être fidèle à (qqn, une cause...) ; abandonner qqn, ou le livrer. *Trahir un ami. Trahir ses complices* (V. *aussi* **Dénoncer**). *Trahir sa patrie. Un soldat qui trahit* (V. **Déserter**). — *Trahir la confiance de qqn.* — *(Suj. chose)* Desservir par son caractère révélateur. *Sa voix l'a trahi.* • 2° *(Suj. chose).* Lâcher, cesser de seconder. *Ses forces le trahissent.* — Exprimer infidèlement. *Les mots trahissent notre pensée.* • 3° Livrer (un secret). V. **Divulguer, révéler.** *Trahir un secret.* — Être le signe, l'indice... (d'une chose peu évidente ou dissimulée). V. **Révéler.** *L'expression de son visage trahissait sa jalousie.* • 4° *Pronom.* Laisser apparaître, laisser échapper ce qu'on voulait cacher. *Il s'est trahi par cette question.* — Se manifester, se révéler. *Sa faiblesse s'est trahie en cette occasion.*

TRAHISON [tʀaizɔ̃]. *n. f.* • 1° Crime d'une personne qui trahit, passe à l'ennemi. V. **Défection, désertion.** — *Haute trahison*, intelligence (entente) avec une puissance étrangère ou ennemie, en vue de guerre ou en cours de guerre. • 2° Action de manquer au devoir de fidélité.

1. TRAIN [tʀɛ̃]. *n. m.* ★ **I.** • 1° La locomotive et l'ensemble des wagons qu'elle traîne. V. **Convoi, rame.** *Le train de Paris*, qui va à Paris, ou qui vient de Paris. *Prendre le train. Train omnibus, rapide. Train de marchandises.* • 2° Moyen de transport par rail. V. **Chemin de fer.** *Voyager par le train.* • 3° File de choses traînées ou entraînées. *Un train de péniches.* ★ **II.** • 1° Suite ou ensemble de choses semblables qui fonctionnent en même temps. — *Trains de pneus*, ensemble de pneus neufs d'une automobile. • 2° *Train des équipages*, matériel de transport des unités non autonomes de l'armée. — Absolt. *Le Train.* ★ **III.** Partie qui porte le corps d'une voiture et à laquelle sont attachées les roues. *Train avant, arrière d'une automobile.* — *Train d'atterrissage*, parties d'un avion destinées à être en contact avec le sol.

2. TRAIN. *n. m.* • 1° TRAIN D'AVANT, DE DERRIÈRE : partie de devant, de derrière des animaux de trait, des quadrupèdes (V. **Avant-train ; arrière-train**). • 2° *Pop.* Derrière. *Je vais te botter le train ! Se manier le train. Filer le train à qqn,* le suivre de près.

3. TRAIN. *n. m.* • 1° Manière d'aller, d'évoluer, marche (des choses). *Du train où vont les choses,* si les choses continuent comme cela. *Aller son train,* continuer de la même manière. V. **Cours** (suivre son). • 2° TRAIN DE VIE : manière de vivre, relativement aux dépenses de la vie courante que permet la situation des gens. — *Train de maison,* domesticité, dépenses d'une maison. *Mener grand train,* vivre dans le luxe. • 3° Allure du cheval, d'une monture, d'un véhicule ou d'un coureur, d'un marcheur. *Accélérer le train,* aller plus vite. *Aller à fond de train,* très vite. • 4° *Loc. adv.* EN TRAIN : en mouvement, en action ou en humeur d'agir. *Je ne suis pas en train,* je ne me sens pas bien disposé. — (Choses) *Mettre un travail en train,* commencer à l'exécuter. V. **Chantier** (en). *Mise en train.* • 5° *Loc. prép.* EN TRAIN DE... : marque l'action en cours. *Il est en train de travailler,* il travaille en ce moment.

TRAÎNAILLER ou **TRAÎNASSER.** *v. intr.* (1) • Traîner, être trop long (à faire qqch.). V. **Lambiner.** — Errer inoccupé. *Traînasser dans les cafés.*

TRAÎNANT, ANTE. *adj.* • Se dit d'une voix trop lente, qui traîne (II, 5°).

TRAÎNARD, ARDE. *n.* • 1° Personne qui traîne, reste en arrière d'un groupe en marche. • 2° Personne trop lente dans son travail. V. **Lambin.**

1. TRAÎNE (À LA) [alatʀɛn]. *loc. adv.* • 1° En arrière d'un groupe de personnes qui avance. *Il est toujours à la traîne.* • 2° En désordre (comme ce qui traîne à l'abandon). *Des vêtements à la traîne sur une chaise.*

2. TRAÎNE. *n. f.* • Bas d'un vêtement qui traîne à terre derrière une personne qui marche. V. **Queue.** *Robe de mariée à traîne.*

TRAÎNEAU [tʀɛno]. *n. m.* • Voiture à patins que l'on traîne (ou pousse) sur la neige. V. **Luge, troïka.** *Un traîneau tiré par des chevaux.*

1. TRAÎNÉE [tʀene]. *n. f.* • 1° Longue trace laissée sur le sol ou une surface par une substance répandue. *Traînées de sang.* • 2° Loc. *Se répandre comme une traînée de poudre* (se dit d'une nouvelle, etc.), très rapidement de proche en proche. • 3° Ce qui suit un corps en mouvement et semble émaner de lui. *Traînée lumineuse d'une comète.* — Bande allongée. *Des traînées rouges dans le ciel.*

2. TRAÎNÉE. *n. f.* • *Vulg.* Prostituée.

TRAÎNER [tʀene]. *v.* (1) ★ **I.** *V. tr.* • 1° Tirer après soi ; déplacer en tirant derrière soi sans soulever. *Il traîne une chaise près de moi.* ‖ Contr. **Pousser.** ‖ — *Traîner la jambe, la patte,* avoir de la difficulté à marcher. *Traîner les pieds,* marcher sans soulever les pieds du sol. • 2° Forcer (qqn) à aller (quelque part). *Il la traîne à des réunions fastidieuses.* • 3° Amener, avoir partout avec soi par nécessité (les gens ou les choses dont on voudrait pouvoir se libérer). V. **Trimbaler.** *Elle est obligée de traîner partout ses enfants.* — Supporter (une chose pénible qui se prolonge). *Elle traîne cette maladie depuis des années.* • 4° Faire durer, faire se prolonger. *Traîner les choses en longueur.* ★ **II.** *V. intr.* • 1° *(Suj. chose).* Pendre à terre en balayant le sol. *Vos lacets traînent par terre.* • 2° Être posé ou laissé sans être rangé. *Des vêtements qui traînent sur une chaise.* • 3° *(Abstrait).* Se trouver, subsister. *Les vieilles notions qui traînent dans les livres scolaires. Ça traîne partout,* c'est usé, rebattu. • 4° Durer trop longtemps, ne pas finir. *Cela traîne en longueur.* V. **Éterniser** (s'). *Ça n'a pas traîné !* ç'a été vite fait. V. **Tarder.** *Faire traîner qqch.* ‖ Contr. **Expédier.** ‖ • 5° Émettre des sons anormalement lents et bas. *Une voix qui traîne.* • 6° *(Suj. personne).* Aller trop lentement, s'attarder. *Ne traîne pas en rentrant de l'école.* — Agir trop lentement. *Le travail presse, il ne s'agit plus de traîner.* • 7° *Péj.* Aller sans but ou rester longtemps (en un lieu peu recommandable ou peu intéressant). V. **Errer, vagabonder.** *Traîner dans les rues.* ★ **III.** *V. pron.* • 1° Avancer, marcher avec peine (par infirmité, maladie, fatigue). *Elle se traîne de son lit au fauteuil. Il ne peut plus se traîner.* • 2° Avancer à plat ventre ou à genoux. *Arrête de te traîner par terre !* • 3° S'étirer en longueur dans le temps. *Une conversation qui se traîne.* ▼**TRAÎNEUR, EUSE (DE).** *n.* Celui, celle qui traîne (7°) quelque part. *Traîneuse de rues. Traîneur de cafés.*

TRAIN-TRAIN [tʀɛ̃tʀɛ̃]. *n. m.* • Marche régulière sans imprévu. V. **Routine.** *Le train-train de la vie quotidienne.*

TRAIRE [tʀɛʀ]. *v. tr.* (50) • Tirer le lait de (la femelle de certains animaux domestiques) en pressant le pis ou mécaniquement. *Traire une vache* (V. **Traite 4**). — *Traire le lait.*

1. TRAIT [tʀɛ]. *n. m.* ★ **I.** • 1° Action de dessiner une ligne ou un ensemble de lignes. — *Esquisser à grands traits,* en traçant rapidement les lignes principales. — *Décrire, raconter à grands traits,* sans entrer dans le détail. • 2° Ligne droite ou courbe surtout quand on la forme sans lever l'instrument. *Faire, tirer, tracer un trait. Copier, reproduire trait pour trait,* avec une parfaite exactitude. • 3° *Au plur.* Les lignes caractéristiques du visage. V. **Physionomie.** *Il a les traits réguliers. Les traits tirés par la fatigue.* ★ **II.** • 1° TRAIT DE... : acte, fait qui constitue une marque, un signe (d'une qualité, d'une capacité). *Un trait de bravoure. Un trait d'esprit,* une parole, une remarque vive et spirituelle. *Trait de génie.* • 2° *Loc. verb.* AVOIR TRAIT À *(suj. chose)* : se rapporter à... *Tout ce qui a trait à cette période de notre histoire.* • 3° Élément caractéristique qui permet d'identifier, de reconnaître. V. **Caractère, caractéristique.** *Les traits dominants d'une œuvre. Trait de caractère.*

2. TRAIT. *n. m.* ★ **I.** (Projectile). • 1° Loc. *Filer, partir comme un trait,* comme une flèche. • 2° *Littér.* Acte ou parole qui manifeste un esprit malveillant. *Décocher un trait à qqn.* ★ **II.** (En loc.). *Boire d'un trait, d'un seul trait*, en une seule fois, d'un seul coup. *Boire à longs traits*, à grandes gorgées. *Il dormit jusqu'à midi d'un seul trait*, d'une seule traite.

3. TRAIT. *n. m.* • **1°** *Bête, animal* DE TRAIT : destiné à tirer des voitures. • **2°** Corde servant à tirer les voitures.

TRAITABLE [tʀɛtabl(ə)]. *adj.* • *Littér.* Accommodant. *J'espère que mon créancier sera plus traitable que les vôtres.* ‖ Contr. **Intraitable.** ‖

TRAITANT [tʀɛtɑ̃]. *adj. m.* • Se dit du médecin qui traite les malades d'une manière suivie. *Un médecin traitant.*

TRAIT D'UNION [tʀɛdynjɔ̃]. *n. m.* • **1°** Signe en forme de petit trait horizontal, servant de liaison entre les éléments de certains composés (arc-en-ciel), entre le verbe et le pronom placé après (crois-tu ? Prends-le...). • **2°** Personne, chose qui sert d'intermédiaire, entre deux êtres ou objets.

1. TRAITE [tʀɛt]. *n. f.* • *Traite des nègres*, autrefois, commerce et transport des esclaves noirs. — *Traite des blanches*, le fait d'entraîner des femmes hors de leur pays en vue de les prostituer.

2. TRAITE. *n. f.* • Lettre de change ; billet, effet (de commerce). *Tirer une traite.*

3. TRAITE. *n. f.* • **1°** Trajet effectué sans s'arrêter. V. **Chemin, parcours.** *Il nous reste à faire une longue traite.* • **2°** *Loc.* D'UNE *(seule)* TRAITE : sans interruption. *Il a fait ce long voyage d'une seule traite.*

4. TRAITE. *n. f.* • Action de traire (les vaches, les femelles d'animaux domestiques).

TRAITÉ [tʀete]. *n. m.* ★ **I.** Ouvrage didactique, où un sujet est exposé d'une manière systématique. V. **Cours, manuel.** ★ **II.** Acte juridique par lequel des gouvernements d'États établissent des règles et des décisions. V. **Pacte.** *Les clauses d'un traité. Conclure, ratifier un traité de paix.*

TRAITEMENT [tʀɛtmɑ̃]. *n. m.* ★ **I.** • **1°** Comportement à l'égard de qqn ; actes traduisant ce comportement. *Un traitement de faveur. Mauvais traitements*, coups, sévices. • **2°** Manière de soigner (un malade, une maladie), ensemble des moyens employés pour guérir. *Suivre un traitement.* • **3°** Manière de traiter (une substance). *Traitement du minerai.* ★ **II.** Rémunération d'un fonctionnaire ; gain attaché à un emploi régulier d'une certaine importance sociale.

TRAITER [tʀete]. *v.* (1) ★ **I.** V. tr. *(Compl. personne).* • **1°** Agir, se conduire envers (qqn) de telle ou telle manière. *Traiter qqn très mal.* V. **Maltraiter.** *Traiter qqn d'égal à égal. Il la traite en gamine*, comme une gamine. • **2°** *Littér.* Convier ou recevoir à sa table. *Traiter qqn en lui offrant un bon repas.* • **3°** Soumettre à un traitement médical. *Le médecin qui le traite.* V. **Soigner.** • **4°** TRAITER *qqn* DE... : qualifier (qqn) de tel ou tel mot péjoratif. *Il l'a traité d'imbécile. Il l'a traité de tous les noms* (injurieux). ★ **II.** V. tr. *(Compl. chose).* • **1°** Régler (une affaire) en discutant, en négociant. • **2°** Soumettre (une substance) à diverses opérations de manière à la modifier. *Acier traité.* • **3°** Soumettre (un objet) à la pensée en vue d'étudier, d'exposer. V. **Examiner.** *Traiter une question. L'élève n'a pas traité le sujet.* ★ **III.** *V. intr.* • **1°** TRAITER DE (surtout *suj. chose*) : avoir pour objet. *Un livre qui traite des questions sociales.* V. **Parler.** • **2°** *(Suj. personne).* Entrer en pourparlers, pour régler une affaire, conclure un marché. V. **Traité.** *Je ne peux pas traiter avec vous. Les nations qui traitent entre elles...* V. **Négocier, parlementer.**

TRAITEUR. *n. m.* • Celui qui prépare des repas, des plats à emporter et à consommer chez soi, et fournit éventuellement le personnel pour le service. *Commander un dîner à un traiteur.*

TRAÎTRE [tʀɛtʀ(ə)]. *n.* et *adj.* ★ **I.** *N.* • **1°** Personne qui trahit, se rend coupable d'une trahison. V. **Délateur, parjure, renégat.** *Les traîtres seront jugés.* • **2°** Loc. *Prendre qqn* EN TRAÎTRE : agir avec lui de façon perfide, sournoise. • **3°** *Plaisant.* TRAÎTRE, TRAÎTRESSE : perfide. *Tu m'as menti, traîtresse !* ★ **II.** *Adj.* • **1°** Qui trahit ou est capable de trahir. *On accusa cette femme d'être traître à sa patrie.* — (Chose, action) *Un regard traître*, fourbe. • **2°** Qui est dangereux sans le paraître, sans qu'on s'en doute. *Le vin rosé est traître.* • **3°** Loc. fam. *Il n'a rien dit, pas* UN TRAÎTRE MOT : pas un seul mot. ▼ **TRAÎTREUSEMENT.** adv. *Littér.* Par traîtrise. ▼ **TRAÎTRISE.** *n. f.* • **1°** Caractère, comportement de traître. V. **Déloyauté, fourberie.** • **2°** UNE TRAÎTRISE : acte perfide, déloyal. *Cette traîtrise est digne de lui. Il l'a pris par traîtrise.*

TRAJECTOIRE [tʀaʒɛktwaʀ]. *n. f.* • Ligne décrite par le centre de gravité d'un mobile, par un projectile. — *La trajectoire d'une planète, d'un satellite*, son orbite.

TRAJET [tʀaʒɛ]. *n. m.* • Le fait de parcourir un certain espace, pour aller d'un lieu à un autre ; le chemin ainsi parcouru. V. **Parcours.** *Il a une heure de trajet pour se rendre à son bureau.*

TRALALA [tʀalala]. *n. m.* • *Fam.* Luxe recherché et voyant (dans quelques expressions). V. **Flafla.** *Recevoir à dîner en grand tralala.*

TRAM [tʀam]. *n. m.* • V. TRAMWAY.

TRAME [tʀam]. *n. f.* • **1°** Ensemble des fils passés au travers des fils de chaîne, dans le sens de la largeur, pour constituer un tissu. *Un tapis usé jusqu'à la trame.* V. **Corde.** • **2°** Ce qui constitue le fond et la liaison d'une chose organisée. V. **Texture.** *La trame d'un récit.*

TRAMER [tʀame] *v. tr.* (1) • Élaborer par des manœuvres cachées. V. **Combiner, machiner, ourdir.** *Ils trament un complot.* — *Pronom.* (Passif) *Il se trame quelque chose.*

TRAMONTANE [tʀamɔ̃tan]. *n. f.* • Vent du nord (sur la côte méditerranéenne), ou vent qui vient d'au delà des montagnes (Alpes, Pyrénées).

TRAMWAY [tʀamwɛ] ou **TRAM.** *n. m.* • Voiture publique qui circule sur des rails plats dans les rues des villes. *On a remplacé le tram par un autobus, par un trolleybus.*

TRANCHANT, ANTE [tʀɑ̃ʃɑ̃, ɑ̃t]. *adj.* et *n. m.* ★ **I.** *Adj.* • **1°** Qui est dur et effilé, peut diviser, couper. V. **Coupant.** *Le couteau, les ciseaux sont des instruments tranchants.* • **2°** Qui tranche, décide d'une manière péremptoire. V. **Cassant.** *C'est ce qu'il affirma d'un ton tranchant.* ★ **II.** *N. m.* Côté mince, destiné à couper, d'un instrument tranchant. *Un couteau à deux tranchants, à double tranchant.* — Loc. *À double tranchant,* se dit d'un argument, d'un procédé dont l'emploi peut provoquer des effets opposés (et se retourner contre celui qui les emploie).

TRANCHE [tʀɑ̃ʃ]. *n. f.* ★ **I.** *(Concret).* • **1°** Morceau coupé assez mince, sur toute la largeur d'une chose comestible. *Une tranche de gâteau.* V. **Part, portion.** *Tranche de pain,* tartine. *Une tranche de jambon.* • **2°** Partie moyenne de la cuisse de bœuf. *Bifteck dans la tranche.* • **3°** *Tranche napolitaine,* glace ayant la forme d'une tranche (de gâteau). • **4°** Partie des feuillets d'un livre qui est « tranchée » pour présenter une surface unie. *Livre doré sur tranche,* à tranches dorées. ★ **II.** *(Abstrait).* • **1°** Séries de chiffres. • **2°** Partie séparée arbitrairement (dans le temps) d'une opération de longue haleine. *Tranches d'émission d'une loterie.* • **3°** *Une tranche de vie,* scène réaliste de la vie quotidienne. • **4°** Loc. fam. *S'en payer une tranche* (de bon temps), s'amuser beaucoup.

TRANCHÉE [tʀɑ̃ʃe]. *n. f.* • **1°** Excavation pratiquée en longueur dans le sol. V. **Cavité, fossé.** *Creuser une tranchée, pour poser des canalisations, des fondations.* • **2°** Dispositif allongé, creusé à proximité des lignes ennemies, et où les soldats demeurent à couvert. *Une guerre de tranchées* (*opposé à* guerre de mouvement).

TRANCHER [tʀɑ̃ʃe]. *v.* (1) ★ **I.** *V. tr. dir.* • **1°** Diviser, séparer (une chose en parties, deux choses unies) d'une manière nette, au moyen d'un instrument dur et fin (instrument *tranchant*). V. **Couper.** *Trancher une corde.* — *Trancher la tête de qqn,* le décapiter. *Trancher la gorge,* égorger. • **2°** Terminer par une décision, un choix ; résoudre en terminant (une affaire, une question). *Trancher une difficulté.* — Au p. p. *Une question tranchée. Une opinion tranchée,* nette. ★ **II.** *V. intr.* • **1°** Loc. *Trancher dans le vif,* employer les grands moyens, agir de façon énergique. • **2°** Décider d'une manière tranche, catégorique. *Il faut trancher sans plus hésiter.* • **3°** *(Choses).* Se distinguer avec netteté ; former un contraste, une opposition. V. **Contraster, détacher** (se), **ressortir.** *Un rouge qui tranche sur un fond noir.* — Au p. p. *Des couleurs tranchées* (V. **Net**). — *Trancher avec..., sur... Son silence tranchait avec (sur) l'agitation générale.* ▼ **TRANCHET.** *n. m.* Outil formé d'une lame plate, sans manche, et qui sert à couper.

TRANQUILLE [tʀɑ̃kil]. *adj.* • **1°** Où se manifestent un ordre et un équilibre qui ne sont affectés par aucun changement soudain ou radical (mouvement, bruit...). V. **Calme, immobile, silencieux.** || Contr. **Agité, bruyant.** || *Un coin tranquille. Un quartier tranquille.* — Calme et régulier. *Un sommeil tranquille. Un pas tranquille.* • **2°** *(Êtres vivants).* Qui est, par nature, peu remuant, n'éprouve pas le besoin de mouvement, de bruit. V. **Paisible.** *Des voisins tranquilles. Un père tranquille.* • **3°** Qui est momentanément en repos, qui ne bouge pas. *Les enfants, restez tranquilles !* V. **Gentil, sage.** • **4°** Qui éprouve un sentiment de sécurité, de paix. || Contr. **Anxieux, inquiet.** || *Soyez tranquille,* ne vous inquiétez pas. — *Laisser qqn tranquille,* s'abstenir ou cesser de l'inquiéter, de le tourmenter. *Laisse ça tranquille,* n'y touche pas, ne t'en occupe plus. — *Avoir l'esprit, la conscience tranquille,* n'avoir rien à se reprocher. • **5°** Fam. *Être tranquille de qqch.,* ne pas se poser de problème quant à la réalité de la chose en question. *Il ne reviendra pas, je suis tranquille.* V. **Certain, sûr.** ▼ **TRANQUILLEMENT.** adv. *Il dormait tranquillement.*

TRANQUILLISER [tʀɑ̃kilize]. *v. tr.* (1) • Rendre tranquille ; délivrer de l'inquiétude. V. **Calmer, rassurer.** || Contr. **Inquiéter.** || *Cette idée me tranquillise.* — Pronom. *Tranquillisez-vous,* rassurez-vous. — Au p. p. *Je suis tranquillisé.* ▼**TRANQUILLISANT.** *n. m.* Médicament sédatif du système nerveux (provoquant notamment la disparition de l'anxiété). V. **Calmant.**

TRANQUILLITÉ. *n. f.* • **1°** État stable, constant, ou modifié régulièrement et lentement. *La tranquillité de son sommeil. La tranquillité de la nuit.* V. **Calme.** — *Troubler la tranquillité publique. En toute tranquillité,* sans être dérangé. • **2°** Stabilité morale ; état tranquille (4°). V. **Calme, paix, repos, sérénité.** *Il tient à sa tranquillité. La tranquillité d'esprit.*

TRANS-. • Élément signifiant « au delà de » *(transalpin),* « à travers » *(transpercer),* et qui marque le passage ou le changement *(transformation).*

TRANSACTION [tʀɑ̃zaksjɔ̃]. *n. f.* • **1°** Contrat où chacun renonce à une partie de ses prétentions. — Arrangement, compromis (V. **Transiger**). • **2°** Opération effectuée dans les marchés commerciaux, dans les bourses de valeurs. *Des transactions financières.*

TRANSALPIN, INE [tʀɑ̃zalpɛ̃, in]. *adj.* • Qui est au delà des Alpes.

1. TRANSATLANTIQUE [tʀɑ̃zatlɑ̃tik]. *adj.* et *n. m.* • **1°** *Adj.* Qui traverse l'Atlantique. *Paquebot transatlantique.* • **2°** N. m. *Un transatlantique,* paquebot faisant le service entre l'Europe et l'Amérique.

2. TRANSATLANTIQUE ou **TRANSAT** [tʀɑ̃zat]. *n. m.* • Chaise longue pliante en toile, employée sur les plages, les terrasses, dans les jardins.

TRANSBAHUTER [tʀɑ̃sbayte]. *v. tr.* (1) • *Fam.* Transporter, déménager. *Transbahuter une armoire.* — *Se transbahuter,* se déplacer. ▼ **TRANSBAHUTAGE.** *n. m.*

TRANSBORDER [tʀɑ̃sbɔʀde]. *v. tr.* (1) • Faire passer d'un navire à un autre, d'un train, d'un wagon à un autre (des voyageurs, des marchandises). ▼**TRANSBORDEMENT.** *n. m.* ▼**TRANSBORDEUR.** n. m. *Transbordeur* ou *Pont transbordeur,* pont mobile, plate-forme qui glisse le long d'un tablier.

TRANSCENDANT, ANTE [tʀɑ̃sɑ̃dɑ̃, ɑ̃t]. *adj.* • 1° Qui s'élève au-dessus du niveau moyen, des autres. V. **Sublime, supérieur.** *C'est un esprit transcendant.* • 2° Qui dépasse un ordre de réalités déterminé et suppose l'intervention d'un principe extérieur et supérieur à celui-ci. || Contr. **Immanent.** || *Dieu est transcendant. Les valeurs transcendantes. — Transcendant à... Le monde est transcendant à la conscience*, d'une tout autre nature. ▼ **TRANSCENDANCE.** *n. f.* • 1° Caractère de ce qui est transcendant ; existence de réalités transcendantes. • 2° Action de transcender ou de se transcender.

TRANSCENDER. *v. tr.* (1) • 1° Dépasser en étant supérieur ou d'un autre ordre, se situer au delà de... *L'art transcende la réalité.* • 2° Pronom. *Se transcender*, se dépasser, aller au delà des possibilités apparentes de sa propre nature.

TRANSCONTINENTAL, ALE, AUX [tʀɑ̃skɔ̃tinɑ̃tal, o]. *adj.* • Qui traverse un continent d'un bout à l'autre. *Chemin de fer transcontinental.*

TRANSCRIRE [tʀɑ̃skʀiʀ]. *v. tr.* (39) • 1° Copier très exactement, en reportant. V. **Copier, enregistrer.** *Transcrire un texte. Transcrire des noms sur un registre.* • 2° Reproduire (un texte, des mots) dans un autre alphabet. *Transcrire un texte grec en caractères latins.* • 3° Adapter une œuvre musicale pour d'autres instruments que ceux pour lesquels elle a été écrite. ▼ **TRANSCRIPTION** [tʀɑ̃skʀipsjɔ̃]. *n. f.* • 1° Action de transcrire (1°) ; son résultat. V. **Copie, enregistrement.** • 2° Action de transcrire (2°). (On dit aussi TRANSLITTÉRATION.) *Transcription phonétique.* • 3° Action de transcrire (3°) une œuvre musicale. V. **Arrangement.**

TRANSE [tʀɑ̃s]. *n. f.* • 1° *Plur.* Inquiétude ou appréhension extrêmement vive. V. **Affres.** *Être dans les transes.* • 2° EN TRANSE : dans un état d'hypnose. *Médium qui entre en transe. — Être, entrer en transe*, s'énerver, être hors de soi.

TRANSEPT [tʀɑ̃sɛpt]. *n. m.* • Nef transversale qui coupe la nef maîtresse d'une église et lui donne la forme symbolique d'une croix.

TRANSFÉRER [tʀɑ̃sfeʀe]. *v. tr.* (6) • 1° Transporter en observant les formalités prescrites. *Transférer un prisonnier. Le siège de l'organisation sera transféré à Strasbourg.* • 2° Étendre (un sentiment) à un autre objet, par un transfert (II). ▼ **TRANSFÈREMENT.** *n. m.* Action de transférer (1°).

TRANSFERT [tʀɑ̃sfɛʀ]. *n. m.* ★ **I.** Déplacement d'un lieu à un autre. V. **Transport.** *Le transfert des cendres de Napoléon.* ★ **II.** En psychologie, Phénomène par lequel un état affectif éprouvé pour un objet est étendu à un objet différent. V. *aussi* **Identification, projection.** *Transfert d'un malade en psychanalyse*, par lequel il revit une situation affective de son enfance dans sa relation avec le psychanalyste.

TRANSFIGURER [tʀɑ̃sfigyʀe]. *v. tr.* (1) • 1° Transformer en revêtant d'un aspect éclatant et glorieux. *Jésus fut transfiguré sur le mont Thabor.* • 2° Transformer en donnant une beauté et un éclat inhabituels. V. **Embellir.** *Le soleil qui transfigure tout. Le bonheur l'a transfiguré.* ▼ **TRANSFIGURATION.** *n. f.*

TRANSFORMATEUR. *n. m.* • Appareil servant à modifier la tension, l'intensité ou la forme d'un courant électrique (*abrév. fam.* TRANSFO [tʀɑ̃sfo]).

TRANSFORMATION. *n. f.* • 1° Action de transformer, opération par laquelle on transforme. V. **Conversion.** *La transformation des matières premières. Industrie de transformation. Faire des transformations dans une maison.* V. **Amélioration.** • 2° Le fait de se transformer, modification qui en résulte. V. **Changement.** *Transformation de l'énergie. La lente transformation de ses goûts.* — Action de se transformer en... ; passage d'une forme à une autre. *La transformation du mouvement en chaleur.*

TRANSFORMER [tʀɑ̃sfɔʀme]. *v. tr.* (1) ★ **I.** • 1° Faire passer d'une forme à une autre, donner un autre aspect, une autre forme. V. **Changer, modifier, renouveler.** *Transformer une maison. Transformer une matière première. L'art transforme le réel.* — (Au rugby) *Transformer un essai*, envoyer le ballon, qu'on a posé au sol, entre les poteaux du but adverse. • 2° TRANSFORMER EN... : faire prendre la forme, l'aspect, la nature de. V. **Convertir.** *Transformer un château en hôpital.* ★ **II.** SE TRANSFORMER. *v. pron.* • 1° Prendre une autre forme, un autre aspect. *Les animaux à métamorphoses se transforment au cours de leur vie.* — Devenir différent. V. **Changer, évoluer.** *Leurs rapports se sont transformés.* • 2° SE TRANSFORMER EN... : devenir différent ou autre en prenant la forme, l'aspect, la nature de. *Leur amitié s'est transformée en amour.* ▼ **TRANSFORMABLE.** *adj.* Qui peut être transformé, qui peut prendre une autre forme, une autre position. *Un fauteuil transformable* (en lit).

TRANSFORMISME. *n. m.* • Théorie de l'évolution des êtres vivants, selon laquelle les espèces dérivent les unes des autres par des transformations successives (V. **Évolutionnisme**). ▼ **TRANSFORMISTE.** n. et adj. *Les théories transformistes.*

TRANSFUGE [tʀɑ̃sfyʒ]. *n.* • 1° *N. m.* Militaire qui déserte en temps de guerre pour passer à l'ennemi. V. **Traître.** • 2° Personne qui abandonne son parti pour rallier le parti adverse ; personne qui trahit sa cause. V. **Dissident.** *Une transfuge. Les transfuges du parti socialiste.*

TRANSFUSER [tʀɑ̃sfyze]. *v. tr.* (1) • Faire passer (du sang d'un individu) dans le corps d'un autre. V. **Transfusion.** — Au p. p. *Sang transfusé.* ▼ **TRANSFUSION.** n. f. *Transfusion sanguine*, injection de sang humain qui passe de la veine du donneur à celle du récepteur (de bras à bras). V. *aussi* **Perfusion.**

TRANSGRESSER [tʀɑ̃sgʀese]. *v. tr.* (1) • Passer par-dessus (un ordre, une obligation, une loi). V. **Contrevenir** (à), **désobéir** (à), **violer.** *Transgresser des ordres.* ▼ **TRANSGRESSION.** *n. f.* Action de transgresser. V. **Désobéissance** (à), **violation.** *La transgression d'une interdiction.*

TRANSHUMER [tʀɑ̃zyme]. *v. intr.* (1) • Se dit des troupeaux que l'on mène paître en montagne pendant l'été. ▼ **TRANSHUMANCE.** *n. f.* Migration périodique du bétail de la plaine, qui s'établit en montagne pendant l'été. ▼ **TRANSHUMANT, ANTE.** adj. *Troupeaux transhumants.* — Subst. *Les transhumants.*

TRANSI, IE [tʀɑ̃zi]. *adj.* • Pénétré, engourdi de froid ou d'un sentiment qui paralyse. V. **Transir.** *Il fait froid, je suis transi. Il était transi de peur.* — Iron. *Un amoureux transi.*

TRANSIGER [tʀɑ̃ziʒe]. *v. intr.* (3) • **1°** Faire des concessions réciproques, de manière à régler, à terminer un différend. V. **Arranger** (s'), **composer ; transaction.** *Il nous faudra transiger.* • **2°** TRANSIGER SUR, AVEC (qqch.) : ne pas se montrer ferme, céder ou faire des concessions, par faiblesse. *Transiger avec l'injustice.* V. **Pactiser.** *Transiger avec sa conscience, son devoir. Je ne transige pas là-dessus.*

TRANSIR [tʀɑ̃ziʀ]. *v. tr.* (2). [Seulement prés. ind., temps composés, et inf.] • *Littér.* Pénétrer en engourdissant, transpercer (en parlant du froid, d'un sentiment). V. **Glacer, saisir.** *Le froid nous transit. La peur l'avait brusquement transi* (V. **Transi**).

TRANSISTOR [tʀɑ̃zistɔʀ]. *n. m.* • **1°** Dispositif électronique utilisé pour redresser ou amplifier les courants électriques. *Poste de radio à transistors.* • **2°** Poste récepteur portatif de radio. *Emporter son transistor en promenade.* ▼ **TRANSISTORISER.** *v. tr.* (1). Équiper de transistors. *Téléviseur portatif transistorisé.*

TRANSIT [tʀɑ̃zit]. *n. m.* • **1°** Situation d'une marchandise qui ne fait que traverser un lieu et ne paye pas de droits de douane ; passage en franchise. *Marchandises en transit. Port de transit.* • **2°** Situation de voyageurs à une escale (aérienne, maritime...), lorsqu'ils ne franchissent pas les contrôles de police, de douane. ▼ **TRANSITAIRE.** *adj.* et *n.* • **1°** De transit. *Pays transitaire.* — *Commerce transitaire.* • **2°** Commerçant qui s'occupe des transits. ▼ **TRANSITER.** *v.* (1) • **1°** *V. tr.* Faire passer (des marchandises, etc.) en transit. • **2°** *V. intr.* Passer, voyager en transit.

TRANSITIF, IVE [tʀɑ̃zitif, iv]. *adj.* • Se dit de tout verbe qui peut avoir un complément d'objet. *Verbes transitifs directs* (ex. : il *travaille* la terre). *Verbes transitifs indirects*, dont le complément est construit avec une préposition *(à, de).* Ex. : il *travaille à* son devoir. || Contr. **Intransitif.** || ▼ **TRANSITIVEMENT.** *adv.* Avec la construction d'un verbe transitif direct. *Employer transitivement un verbe intransitif* (*ex. :* vivre sa vie).

TRANSITION [tʀɑ̃zisjɔ̃]. *n. f.* • **1°** Manière de passer de l'expression d'une idée à une autre ; de lier les parties d'un discours. *Un orateur qui possède l'art des transitions.* • **2°** Passage d'un état à un autre, en général lent et graduel ; état intermédiaire. V. **Changement, évolution.** *La transition entre le froid et la chaleur. Il passe sans transition du désespoir à l'exaltation,* brusquement. — *De transition,* qui constitue un intermédiaire. V. **Transitoire.** *Régime de transition entre deux constitutions.* ▼ **TRANSITOIRE.** *adj.* Qui constitue une transition. *Un régime transitoire.* V. **Provisoire.**

TRANSLATION [tʀɑ̃slasjɔ̃]. *n. f.* • Déplacement, mouvement (d'un corps, d'une figure) au cours duquel les positions d'une même droite liée à la figure ou au corps restent parallèles.

TRANSLUCIDE [tʀɑ̃slysid]. *adj.* • Qui laisse passer la lumière, mais ne permet pas de distinguer nettement les objets (à la différence de ce qui est *transparent*). V. **Diaphane.** *Une coupe en opaline à peine translucide.* || Contr. **Opaque.** || ▼ **TRANSLUCIDITÉ.** *n. f.*

TRANSMETTRE [tʀɑ̃smɛtʀ(ə)]. *v. tr.* (56) • Faire passer d'une personne à une autre, d'un lieu à un autre (le plus souvent lorsqu'il y a des intermédiaires). V. **Transmission.** • **1°** Faire passer d'une personne à une autre (un bien, matériel ou moral). *Transmettre un héritage.* V. **Léguer.** *Transmettre son autorité, son pouvoir à qqn.* V. **Déléguer.** • **2°** Faire passer, laisser à ses descendants, à la postérité (un bien matériel ou moral). *Transmettre des traditions. Un secret de fabrication transmis de père en fils.* • **3°** Faire passer d'une personne à une autre (un écrit, des paroles, etc.) ; faire changer de lieu, en vue d'une utilisation. *Transmettre un message à qqn.* V. **Parvenir** (faire). *Transmettre une information, un ordre.* V. **Communiquer.** — (Dans une formule de politesse) *Transmettez mes amitiés à M. X.* • **4°** Faire parvenir (un phénomène physique) d'un lieu à un autre. V. **Conduire.** *Des corps qui transmettent l'électricité.* • **5°** Faire passer (un germe, une maladie) d'un organisme à un autre. *Il a transmis la rougeole à ses frères.* ▼ **TRANSMETTEUR.** *n. m.* et *adj.* Appareil qui sert à transmettre les signaux. ▼ **TRANSMISSIBLE** [tʀɑ̃smisibl(ə)]. adj. *Littér.* ou *dr.* Qui peut être transmis. || Contr. **Intransmissible.** ||

TRANSMISSION [tʀɑ̃smisjɔ̃]. *n. f.* ★ **I.** • **1°** Action de transmettre (1°). *La transmission d'un bien.* V. **Cession.** *La transmission des pouvoirs.* V. **Passation.** • **2°** Le fait de laisser à ses descendants, à la postérité. *La transmission des caractères héréditaires.* • **3°** Action de faire connaître. *Transmission d'un message, d'un ordre.* • **4°** *Transmission de pensée*, coïncidence entre les pensées de deux personnes, communication directe entre deux esprits. • **5°** Déplacement d'un phénomène physique ou de ses effets (V. **Propagation**) lorsque ce déplacement implique un où plusieurs facteurs intermédiaires. *La transmission de la lumière dans l'espace. Transmission des sons. La transmission d'un spectacle télévisé.* V. **Retransmission.** *Les organes de transmission d'une machine.* ★ **II.** LES TRANSMISSIONS. • **1°** Ensemble des moyens destinés à transmettre les informations (renseignements, troupes). V. **Communication(s), radio.** *Service des transmissions.* • **2°** Troupes spécialisées qui mettent en œuvre ces moyens. *Servir dans les transmissions.*

TRANSMUER [tʀɑ̃smɥe] ou **TRANSMUTER** [tʀɑ̃smyte]. *v. tr.* (1) • *Littér.* Transformer (qqch.) en altérant profondément sa nature ; changer en une autre chose.

TRANSMUTATION. *n. f.* • 1° Changement d'une substance en une autre. — En physique, Modification d'un corps simple ayant pour résultat un changement du nombre atomique. *La transmutation des atomes s'accompagne souvent de phénomènes radioactifs.* • 2° *Littér.* Changement de nature, transformation totale. *Le poète opère une véritable transmutation du langage.*

TRANSPARAÎTRE [tʀɑ̃spaʀɛtʀ(ə)]. *v. intr.* (57) • *Littér.* Se montrer au travers de qqch. V. **Apparaître, paraître.** *La forme du corps transparaît au travers d'un voile.* — *L'angoisse transparaît sur son visage.*

TRANSPARENT, ENTE [tʀɑ̃spaʀɑ̃, ɑ̃t]. *adj.* • 1° Qui laisse passer la lumière et paraître avec netteté les objets qui se trouvent derrière. *Le verre est transparent. Une eau transparente.* V. **Cristallin, limpide.** — *Tissus, papiers transparents.* • 2° Translucide, diaphane. *Avoir un teint transparent*, clair et délicat. • 3° *Littér.* Qui laisse voir clairement la réalité psychologique. *Son âme transparente et candide.* • 4° Qui laisse voir le sens. *C'est une allusion transparente.* V. **Clair, évident.** ▼ **TRANSPARENCE.** *n. f.* • 1° Qualité d'un corps transparent ; phénomène par lequel les rayons lumineux visibles sont perçus à travers certaines substances. *La transparence de l'eau.* V. **Limpidité.** *Un écran éclairé par transparence*, par-derrière (l'écran étant transparent ou translucide). • 2° *La transparence du teint.* • 3° *Littér.* Qualité de ce qui est transparent (3°). V. **Limpidité.**

TRANSPERCER [tʀɑ̃spɛʀse]. *v. tr.* (3) • 1° Percer de part en part. *Il le transperça de son épée.* • 2° Atteindre profondément, en faisant souffrir. V. **Percer.** *La douleur transperce son cœur.* • 3° Pénétrer ; passer au travers. *La pluie a transpercé mes vêtements.*

TRANSPIRER [tʀɑ̃spiʀe]. *v. intr.* (1) • 1° Sécréter la sueur par les pores de la peau. V. **Suer.** *Transpirer des pieds. Il transpirait à grosses gouttes.* • 2° *Littér.* (D'une information tenue cachée). Finir par être connu. *La nouvelle a transpiré.* ▼ **TRANSPIRATION.** *n. f.* • 1° Sécrétion de la sueur par les pores de la peau. V. **Sudation.** *La transpiration provoquée par la chaleur. Être en transpiration*, couvert de sueur. • 2° Sueur. *Une chemise humide de transpiration.*

TRANSPLANTER [tʀɑ̃splɑ̃te]. *v. tr.* (1) • 1° Sortir (un végétal) de la terre pour replanter ailleurs. *Transplanter un jeune arbre.* V. **Repiquer.** • 2° Opérer la transplantation de (un organe, un tissu vivant). • 3° Transporter d'un pays dans un autre, d'un milieu dans un autre. *Transplanter des populations.* — Pronom. *Cette famille s'est transplantée en Argentine.* — *Coutume transplantée.* ▼ **TRANSPLANTATION.** *n. f.* • 1° Action de transplanter (une plante, un arbre). • 2° Inclusion dans un organisme d'un organe, d'un fragment de tissu empruntés soit au même organisme, soit à un autre. V. **Greffe.** *Transplantation du rein, transplantation cardiaque.* • 3° Déplacement (de personnes, d'animaux) de leur lieu d'origine dans un autre lieu.

1. TRANSPORT [tʀɑ̃spɔʀ]. *n. m.* • Manière de déplacer ou de faire parvenir par un procédé particulier et sur une distance assez longue. *Le transport d'un blessé en ambulance. Transport de marchandises.* V. **Circulation.** *Transport des voyageurs par chemin de fer. Transports automobiles.* — *Avions de transport. Moyen de transport*, utilisé pour transporter les marchandises ou les personnes (véhicules, avions, navires). — *Transports en commun*, transport des voyageurs dans des véhicules publics. — *Les transports.* V. **Communication(s).**

2. TRANSPORT. *n. m.* ★ **I.** *Transport au cerveau*, congestion cérébrale. ★ **II.** *Littér.* Vive émotion, sentiment passionné (qui émeut, entraîne) ; état de celui qui l'éprouve. V. **Enthousiasme, exaltation, ivresse.** *Transports de colère.* V. **Emportement.**

1. TRANSPORTER [tʀɑ̃spɔʀte]. *v. tr.* (1) • Faire changer de place. • 1° (*Suj. chose* [nom de véhicule], ou *personne*). Déplacer (qqn, qqch.) d'un lieu à un autre en portant. *Transporter un colis chez qqn. Transporter un blessé. Transporter des marchandises, des voyageurs.* — *Les marchandises transportées. Transportez-vous par la pensée à Pékin.* • 2° Faire passer d'un point à un autre. V. **Transmettre.** *Les ondes transportent l'énergie à distance.* • 3° Faire passer dans un autre contexte. *Transporter un thème dans une œuvre.* V. **Introduire.** *Transporter un fait divers sur la scène* (V. **Porter**). ▼ **TRANSPORTABLE.** *adj.* Qui peut être transporté (dans certaines conditions). *Marchandise transportable par avion.* — *Malade transportable*, qui peut supporter sans danger un transport. ▼ **TRANSPORTEUR.** *n. m.* • 1° Celui qui se charge de transporter (des marchandises ou des personnes) ; entrepreneur de transports. • 2° Appareil, dispositif (comportant des éléments mobiles) servant à transporter des marchandises.

2. TRANSPORTER. *v. tr.* (1) • *(Suj. chose).* Agiter (qqn) par un sentiment violent (V. **Transport 2**) ; mettre hors de soi. V. **Enivrer, exalter.** *Ce spectacle l'a transporté.* V. **Enthousiasmer.** — *Être transporté.* V. **Enivré.**

TRANSPOSER [tʀɑ̃spoze]. *v. tr.* (1) ★ **I.** • 1° (Avec un compl. plur. ou collectif). Placer en intervertissant l'ordre. V. **Intervertir.** *Transposer les mots d'une phrase.* • 2° Faire changer de forme ou de contenu en faisant passer dans un autre domaine. *Transposer une intrigue romanesque dans une pièce de théâtre.* ★ **II.** Faire passer (une structure musicale) dans un autre ton sans l'altérer. ▼ **TRANSPOSABLE.** *adj.* ▼ **TRANSPOSITION.** *n. f.* • 1° Déplacement ou interversion dans l'ordre des éléments de la langue. *Transposition de lettres, de mots* (dans la phrase). • 2° Le fait de transposer, de faire passer dans un autre domaine. *La transposition de la réalité dans un livre.* • 3° Le fait de transposer un morceau de musique. — Morceau transposé. *Transposition pour baryton d'un lied pour ténor.*

TRANSSIBÉRIEN, ENNE [tʀɑ̃ssibeʀjɛ̃, ɛn]. *adj.* • Qui traverse la Sibérie. *Chemin de fer transsibérien,* et subst. *Le transsibérien.*

TRANSSUBSTANTIATION [tʀɑ̃ssypstɑ̃sjasjɔ̃]. *n. f.* • Changement du pain et du vin en la substance du corps de Jésus-Christ (terme de théologie chrétienne).

TRANSSUDER [tʀɑ̃ssyde]. *v. intr.* (1) • Passer au travers des pores, sortir des pores d'un corps en fines gouttelettes (comme fait la sueur). V. **Filtrer.**

TRANSVASER [tʀɑ̃svaze]. *v. tr.* (1) • Verser, faire couler d'un récipient dans un autre. *Transvaser du vin.* ▼ **TRANSVASEMENT.** *n. m.*

TRANSVERSAL, ALE, AUX [tʀɑ̃svɛʀsal, o]. *adj.* • 1° Qui traverse une chose en la coupant perpendiculairement à sa plus grande dimension (longueur ou hauteur). *Coupe transversale et coupe longitudinale.* • 2° Qui traverse, est en travers. *L'avenue et les rues transversales.* ▼ **TRANSVERSALEMENT.** adv. *Les poutres posées transversalement.* ▼ **TRANSVERSE.** *adj.* Se dit en anatomie d'un organe qui est en travers. *Côlon transverse.*

TRANSVIDER [tʀɑ̃svide]. *v. tr.* (1) • Faire passer (un contenu) dans un autre récipient. *Transvider le sucre d'un paquet dans le sucrier. Transvider un liquide.* V. **Transvaser.**

1. TRAPÈZE [tʀapɛz]. *n. m.* • Quadrilatère dont deux côtés sont parallèles (surtout lorsqu'ils sont inégaux). ▼ **TRAPÉZOÏDAL, ALE, AUX.** *adj.* En forme de trapèze.

2. TRAPÈZE. *n. m.* • Appareil de gymnastique, d'acrobatie ; barre horizontale suspendue par les extrémités à deux cordes. *Faire du trapèze ; du trapèze volant* (sauter d'un trapèze à l'autre en se balançant). ▼ **TRAPÉZISTE.** *n.* Acrobate spécialisé dans les exercices du trapèze. *Une trapéziste de cirque.*

1. TRAPPE [tʀap]. *n. f.* • 1° Ouverture pratiquée dans un plancher ou dans un plafond et munie d'une fermeture qui se rabat, pour donner accès à une cave, un grenier, etc. • 2° Piège formé d'un trou recouvert de branchages ou d'une bascule. V. **Chausse-trap(p)e.**

2. TRAPPE. *n. f.* • Ordre religieux institué en 1664. ▼ **TRAPPISTE.** *n. m.* Moine, religieux qui observe la règle réformée de la Trappe.

TRAPPEUR [tʀapœʀ]. *n. m.* • Chasseur professionnel qui fait commerce de fourrures, en Amérique du Nord.

TRAPU, UE [tʀapy]. *adj.* • 1° *(Personnes).* Qui est court et large, ramassé sur soi-même (souvent avec l'idée de robustesse, de force). *Un homme petit et trapu.* || Contr. **Élancé.** || — *(Choses)* Ramassé, massif. *Une construction trapue.* • 2° *Fam.* Fort. *Il est trapu en maths.* — Difficile. *Un problème trapu.*

TRAQUENARD [tʀaknaʀ]. *n. m.* • Piège. *Des questions d'examen pleines de traquenards.* V. **Embûche.**

TRAQUER [tʀake]. *v. tr.* (1) • 1° Poursuivre (le gibier d'un bois) en resserrant toujours le cercle qu'on fait autour de lui. V. **Forcer.** — Au p. p. *Un air de bête traquée.* • 2° Poursuivre (qqn), le forcer dans sa retraite. *Un homme traqué par la police.*

TRAUMATIQUE [tʀomatik]. *adj.* • *Didact.* Qui a rapport aux plaies, aux blessures. *Choc traumatique,* après une blessure grave, une opération. ▼ **TRAUMATISER.** *v. tr.* (1). Provoquer un traumatisme psychique. *La mort de sa mère l'a complètement traumatisé.* ▼ **TRAUMATISME.** *n. m.* • 1° Ensemble des troubles provoqués dans l'organisme par une lésion, un coup, une blessure grave. *Traumatismes crâniens.* • 2° Choc émotionnel très violent. ▼ **TRAUMATOLOGIE.** n. f. *Didact.* Partie de la médecine, de la chirurgie consacrée à soigner les blessures. *Service de traumatologie d'un hôpital.*

TRAVAIL, AUX [tʀavaj, o]. *n. m.* ★ **I.** • 1° *Le travail,* ensemble des activités humaines coordonnées en vue de produire ce qui est utile ; état, activité d'une personne qui agit avec suite en vue d'obtenir un tel résultat. V. **Action, activité, labeur.** || Contr. **Inaction, oisiveté, repos.** || *Le travail manuel, intellectuel. L'organisation du travail. Il est surchargé de travail.* • 2° *Le travail de qqch.,* action ou façon de travailler (I) une matière : de manier un instrument. *Le travail du bois.* • 3° *Un travail; le travail de qqn,* ensemble des activités manuelles ou intellectuelles exercées pour parvenir à un résultat utile déterminé. V. **Besogne** (2°), **boulot** *(fam.),* **tâche.** *Entreprendre un travail. Accomplir, faire un travail. Un travail de longue haleine.* — Loc. *Un travail de Romain,* long et dur. — Ouvrage de l'esprit (considéré comme le résultat d'une recherche, d'une étude). • 4° Manière dont un ouvrage, une chose ont été exécutés. *C'est du travail d'amateur,* mal fait, peu soigné. Iron. *C'est du beau travail !* ★ **II.** Les travaux. • 1° Suite d'entreprises, d'opérations exigeant l'activité physique suivie d'une ou de plusieurs personnes et l'emploi de moyens techniques. *Les travaux des champs. Les travaux ménagers. Gros travaux,* pénibles et n'exigeant pas une habileté particulière. *Pendant la durée des travaux, le magasin reste ouvert.* V. **Réparation.** *Attention ! ralentir, travaux !* — *Surveiller des travaux.* Par plaisant. *Inspecteur des travaux finis,* paresseux, qui se contente de regarder les autres travailler. • 2° Travaux publics : travaux de construction, de réparation, ou d'entretien d'utilité générale faits pour le compte d'une administration (*ex. :* routes, ponts, etc.). *Un ingénieur des Travaux publics. Le ministère des Travaux publics.* • 3° Travaux forcés : peine de droit commun qui s'exécutait dans les bagnes, et de nos jours par la réclusion de plus de dix ans. *Travaux forcés à perpétuité.* • 4° Suite de recherches dans un domaine intellectuel, scientifique. *Les travaux scientifiques.* • 5° Délibérations (d'une réunion) devant aboutir à une décision. *L'assemblée poursuit ses travaux.* ★ **III.** • **1°** Activité laborieuse professionnelle et rétribuée. V. **Emploi, fonction, gagne-pain, métier, profession, spécialité** (V. aussi *pop.* **Boulot, job, turbin**). ‖ Contr. **Chômage, loisir, vacances.** ‖ *Un travail à mi-temps, à plein temps. Arrêt de travail,* grève momentanée ; interruption de travail (pour cause de maladie). *Être sans travail.* V. **Chômeur.** *Aller au travail. Il est interdit de fumer pendant le travail.* V. **Service.** *Travail payé à l'heure, aux pièces. — Travail continu,* exécuté sans interruption par une équipe. *Travail à la chaîne. Travail à domicile* (exécuté chez soi). — *Contrat de travail,* convention par laquelle une personne s'engage à exercer pendant un certain temps, et moyennant salaire, son activité professionnelle au profit et sous la direction d'une autre personne (l'employeur). • **2°** L'ensemble des travailleurs, surtout dans les secteurs agricole et industriel. V. **Ouvrier, paysan, prolétariat ; main-d'œuvre.** *Le monde du travail. — Ministère du Travail.* ★ **IV.** *(En sciences).* • **1°** Action continue, progressive ; son effet. *Le travail d'érosion des eaux. — Le travail du temps. Le travail de l'inconscient.* • **2°** Le fait de produire un effet utile, par son activité. V. **Fonctionnement, force.** *Travail musculaire,* quantité d'énergie fournie par l'ensemble des muscles d'un organisme. • **3°** Produit d'une force par le déplacement de son point d'application (estimé suivant la direction de la force). *Quantité de travail que peut fournir une machine par unité de temps.* V. **Puissance.** ★ **V.** *Une femme en travail,* en train d'enfanter. *Salle de travail,* d'accouchement.

TRAVAILLER [tʀavaje]. *v.* (1) ★ **I.** *V. tr.* Modifier par le travail (I). • **1°** Soumettre à une action suivie, pour donner forme (ou changer de forme), rendre plus utile ou utilisable. *Travailler une matière première.* V. **Élaborer, façonner.** *Travailler la terre.* V. **Cultiver.** *Travailler la pâte.* • **2°** Soumettre à un travail intellectuel, pour améliorer. *Travailler son style. — Un style travaillé,* élaboré avec soin. • **3°** Chercher à acquérir ou perfectionner, par l'exercice, l'étude, la connaissance ou la pratique de (une science, un art). *Travailler la philosophie.* V. **Bûcher, potasser.** *Travailler un morceau de piano.* • **4°** Soumettre à des influences concertées, de manière à faire agir de telle ou telle façon. *Il travaillait l'opinion. Travailler les esprits,* les pousser au mécontentement, à la révolte. V. **Exciter.** • **5°** *(Suj. chose).* Faire souffrir. *Ses rhumatismes le travaillent.* — Inquiéter, préoccuper. *Cette histoire me travaille.* V. **Tracasser.** • **6°** *Trans. ind.* TRAVAILLER À... : faire tous ses efforts pour obtenir (un résultat), en vue de... *Travailler à la perte de qqn.* — Consacrer son activité, apporter ses soins à (un ouvrage). *Il travaille à un exposé.* V. **Préparer.** *Travailler ensemble à l'œuvre commune.* ★ **II.** *V. intr.* • **1°** Agir d'une manière suivie, avec plus ou moins d'effort, pour obtenir un résultat utile (intellectuellement, manuellement). V. *fam.* et *pop.* **Bosser, boulonner, bûcher 2, trimer.** ‖ Contr. **Amuser** (s'), **chômer, reposer** (se). ‖ *Travailler dur, d'arrache-pied. Travailler comme un forçat, un nègre, un bœuf, une bête de somme,* travailler à des ouvrages pénibles, en se fatiguant beaucoup. — Fam. *Faire travailler sa matière grise,* son esprit. — Étudier. *Élève qui ne travaille pas,* paresseux. • **2°** Exercer une activité professionnelle, un métier. *Il travaille en usine depuis l'âge de seize ans.* • **3°** S'exercer ; effectuer un exercice. *Les acrobates travaillent sans filet.* • **4°** Agir. *Le temps travaille pour nous, contre nous.* • **5°** Produire un revenu. *Faire travailler l'argent.* V. **Produire, rendre.** • **6°** Fonctionner pour la production. *Industrie qui travaille pour une clientèle. Travailler à perte.* • **7°** Loc. fam. *Il travaille du chapeau,* il est fou. ★ **III.** V. intr. *(Choses).* Subir une force, une action. • **1°** Subir une ou plusieurs forces (pression, traction, poussée) et se déformer. *Le bois a travaillé.* V. **Déformer** (se), **gondoler** (se). • **2°** Fermenter, subir une action interne. *Le vin travaille. La pâte travaille,* lève. ▼ **TRAVAILLOTER.** *v. intr.* (1). Travailler peu, sans se fatiguer.

TRAVAILLEUR, EUSE. *n.* et *adj.* ★ **I.** *N.* • **1°** Personne qui travaille, fait un travail physique ou intellectuel. *Les oisifs et les travailleurs.* • **2°** Personne qui exerce une profession, un métier. *Les travailleurs manuels.* V. **Ouvrier, paysan.** *Travailleurs intellectuels.* — REM. Dans ce sens le féminin est rare. — *Les travailleurs,* les salariés, surtout les ouvriers de l'industrie. V. **Prolétaire.** *La condition des travailleurs.* ★ **II.** *Adj.* • **1°** Qui aime le travail. V. **Laborieux.** *Un élève travailleur.* ‖ Contr. **Fainéant, paresseux.** ‖ • **2°** Des travailleurs. *Les masses travailleuses,* laborieuses.

TRAVAILLISTE. *n.* et *adj.* • Membre du Labour party (parti du *Travail*), en Grande-Bretagne. V. **Socialiste.** — *Député travailliste.*

TRAVÉE [tʀave]. *n. f.* • **1°** Portion de voûte, de comble, de pont... comprise entre deux points d'appui (colonne, piles, piliers, etc.). *Nef à cinq travées.* • **2°** Rangée de tables, de bancs placés les uns derrière les autres. *Les travées d'un amphithéâtre.*

TRAVEL(L)ING [tʀavliŋ]. *n. m.* • Mouvement de la caméra placée sur un chariot, qui glisse sur des rails. *Travelling avant, arrière.*

1. TRAVERS [tʀavɛʀ]. *n. m.* • (Dans des loc. adv., adj. et prép.) • **1°** EN TRAVERS : dans une position transversale par rapport à un axe. V. **Transversalement.** *Il dort en travers du lit. — Loc.* Littér. *Se mettre, se jeter en travers de,* s'opposer, faire obstacle à. *Il s'est mis en travers de ma route, de mon entreprise.* • **2°** À TRAVERS : par un mouvement transversal d'un bout à l'autre d'une surface ou d'un milieu (avec l'idée d'un obstacle passé). *Passer à travers champs, à travers la foule* (V. **Milieu** [au], **parmi**), couper, traverser. *Des objets distingués à travers une vitre. — À travers diverses péripéties.* • **3°** AU TRAVERS : en passant d'un bout à l'autre ; de part en part. *La maison est* *vieille, le vent passe au travers.* — Loc. *Passer au travers*, échapper à un danger, à une punition. *Il n'a pas eu d'ennuis, il est passé au travers.* • **4°** PAR LE TRAVERS : sur le côté. • **5°** DE TRAVERS : dans une direction, une position oblique par rapport à la normale ; qui n'est pas droit. V. **Traviole** (de). *Avoir le nez de travers.* V. **Dévié.** *Les ivrognes marchent de travers.* — Loc. *Regarder qqn de travers*, avec animosité, suspicion. — *Raisonner de travers, tout de travers.* V. **Mal.** • **6°** À TORT ET À TRAVERS : n'importe comment. *Il parle à tort et à travers.*

2. TRAVERS. *n. m.* • UN, DES TRAVERS : défaut qui fait qu'on ne réagit pas correctement, qu'on s'écarte du bon sens. *Chacun a ses qualités et ses travers.*

TRAVERSE [tʀavɛʀs(ə)]. *n. f.* • **1°** Barre ou pièce de bois, de fer, disposée en travers, servant à assembler, consolider des montants, des barreaux. *Les traverses d'une fenêtre.* • **2°** Pièce (de bois, de fer, de béton) placée en travers de la voie pour maintenir l'écartement des rails. • **3°** DE TRAVERSE. loc. adj. *Chemin de traverse*, chemin qui coupe. V. **Raccourci.**

TRAVERSÉE. *n. f.* • **1°** Action de traverser la mer (ou une grande étendue d'eau). *La traversée de Calais à Douvres.* • **2°** Action de traverser (un espace) d'un bout à l'autre. V. **Passage.** *La traversée d'une ville en voiture.*

TRAVERSER [tʀavɛʀse]. *v. tr.* (1) ★ **I.** • **1°** Passer, pénétrer de part en part, à travers (un corps, un milieu interposé). V. **Percer, transpercer.** *Traverser un mur à coups de pioche. L'eau traverse la toile.* V. **Filtrer.** • **2°** Se frayer un passage à travers (des personnes rassemblées). *Traverser la foule.* ★ **II.** • **1°** Parcourir (un espace) d'une extrémité, d'un bord à l'autre. V. **Franchir, parcourir.** *Traverser une ville. Les routes qui traversent une région.* — Couper (une voie de communication), aller d'un bord à l'autre. *Traverser la rue, la rivière.* Absolt. *Les piétons qui traversent.* • **2°** *(Choses).* Être, s'étendre, s'allonger au travers de... *La route traverse la voie ferrée.* V. **Croiser.** • **3°** Aller d'un bout à l'autre de (un espace de temps), dépasser (un état durable). *Traverser une période, une époque.* • **4°** Passer par (l'esprit, l'imagination). *Une idée me traversa l'esprit.* V. **Présenter** (se). ▼ **TRAVERSABLE.** adj. *Rivière traversable à gué.*

TRAVERSIN [tʀavɛʀsɛ̃]. *n. m.* • Long coussin de chevet, cyclindrique, qui tient toute la largeur du lit. V. **Polochon.**

TRAVESTI, IE. *adj.* et *n.* ★ **I.** • **1°** *Adj.* Revêtu d'un déguisement. *Un acteur travesti*, ou subst. *Un travesti*, un acteur qui se travestit, qui joue un rôle féminin. • **2°** *N.* Personne qui se déguise pour prendre l'apparence de l'autre sexe. ★ **II.** *N. m.* Déguisement pour une mascarade, un bal masqué. *Acheter, mettre un travesti.*

TRAVESTIR [tʀavɛstiʀ]. *v.* (2) • **1°** *V. pron.* SE TRAVESTIR : se déguiser pour un bal, un rôle de théâtre. • **2°** *V. tr.* Transformer en revêtant d'un aspect mensonger qui défigure, dénature. V. **Déformer, fausser.** *Travestir la pensée de qqn.* V. **Falsifier.** ▼ **TRAVESTISSEMENT.** *n. m.* • **1°** Action ou manière de travestir, de se travestir. V. **Déguisement.** • **2°** Déformation, parodie. *Le travestissement de la vérité.*

TRAVIOLE (DE) [d(ə)tʀavjɔl]. *loc. adv.* • *Fam.* De travers. *Avec son béret tout de traviole.*

TRÉBUCHER [tʀebyʃe]. *v. intr.* (1) • **1°** Perdre soudain l'équilibre, faire un faux pas. V. **Chanceler.** *Un ivrogne qui trébuche. Trébucher contre, sur une pierre.* V. **Buter.** • **2°** Être arrêté par une difficulté, faire une erreur. *Il trébuche sur les mots difficiles.* ▼ **TRÉBUCHANT, ANTE.** *adj.* • **1°** Qui trébuche. *Une démarche trébuchante.* • **2°** Qui hésite à chaque difficulté, dont le cours est incertain. *Une diction trébuchante.* • **3°** *Loc.* (Plaisant.). *Espèces sonnantes et trébuchantes* (pièces qui résonnent et qui pèsent le poids au trébuchet), argent liquide.

TRÉBUCHET [tʀebyʃɛ]. *n. m.* • **1°** Piège à prendre les petits oiseaux, muni d'une bascule. • **2°** Petite balance pour les pesées délicates.

TRÉFILER [tʀefile]. *v. tr.* (1) • Étirer (un métal) en le faisant passer au travers des trous d'une filière pour obtenir des fils de la grosseur requise. *Tréfiler du fer.* V. **Fileter.** ▼ **TRÉFILAGE.** *n. m.* ▼ **TRÉFILERIE.** *n. f.* Atelier, usine où se fait le tréfilage des métaux.

TRÈFLE [tʀɛfl(ə)]. *n. m.* • **1°** Plante, herbe aux feuilles composées de trois éléments (folioles), qui pousse dans les prairies des régions tempérées. *Un champ de trèfle.* — *Trèfle à quatre feuilles*, feuille de trèfle qui comporte anormalement quatre éléments et que l'on considère comme un porte-bonheur. • **2°** Motif décoratif évoquant cette feuille. — Aux cartes, Ce motif, de couleur noire. *Roi de trèfle. Jouer trèfle.* • **3°** *Croisement en trèfle*, ou *Trèfle*, croisement de grandes routes à niveaux séparés, à raccords courbes. V. **Échangeur.**

TRÉFONDS [tʀefɔ̃]. *n. m.* • *Littér.* Ce qu'il y a de plus profond, de plus secret. *Le tréfonds du cœur.*

TREILLE [tʀɛj]. *n. f.* • **1°** Berceau de ceps de vigne soutenus par un treillage ; tonnelle où grimpe la vigne. • **2°** Vigne que l'on fait pousser contre un support (treillage, mur, espalier,...). — Fam. *Le jus de la treille*, le vin. ▼ **TREILLAGE.** *n. m.* Assemblage de lattes, d'échalas posés parallèlement ou croisés dans un plan vertical. *Treillage en voûte.* V. **Berceau, tonnelle.**

1. TREILLIS [tʀeji]. *n. m.* • **1°** Toile de chanvre très résistante. *Pantalon de treillis.* • **2°** Tenue militaire d'exercice ou de combat.

2. TREILLIS. *n. m.* • Entrecroisement de lattes, de fils métalliques formant claire-voie. *Le treillis métallique d'un garde-manger.*

TREIZE [tʀɛz]. *adj. num.* et *n. m.* • **1°** *Adj. num. cardinal* (13 ou XIII). Dix plus trois. *Un garçon de treize ans. Treize cents ou mille trois cents* (1 300). Loc. *Treize à la douzaine*, treize choses pour le prix de douze. • **2°** *Adj. num. ordinal.* Treizième. *Louis treize* (XIII). *Treize heures.* • **3°** *N. m.* Le nombre, le numéro treize. *Treize est un nombre entier.* ▼ **TREIZIÈME.** *adj. num.*

ordin. Adjectif ordinal de treize. • 1° Qui vient après le douzième. *Le treizième arrondissement.* — Subst. *Être le treizième.* • 2° *La treizième partie.* — Subst. *Un treizième de la somme.* ▼ **TREIZIÈMEMENT.** *adv.* En treizième lieu.

TRÉMA [tʀema]. *n. m.* • Signe formé de deux points juxtaposés que l'on met sur les voyelles *e, i, u,* pour indiquer que la voyelle qui précède doit être prononcée séparément. Astéroïde [asteʀɔid] *s'écrit avec un i tréma,* aiguë *(fém.)* [egy] *avec un e tréma.*

TREMBLANT, ANTE. *adj.* • 1° Qui tremble. *Il était tout tremblant de froid. Une lueur tremblante.* V. **Vacillant.** *Une voix tremblante.* • 2° Qui tremble, craint, qui a peur. V. **Craintif.** *Effrayée et tremblante, elle se taisait.*

TREMBLE [tʀɑ̃bl(ə)]. *n. m.* • Peuplier à écorce lisse, à tige droite, dont les feuilles tremblent au moindre vent.

TREMBLEMENT [tʀɑ̃bləmɑ̃]. *n. m.* • 1° Secousses répétées qui agitent une chose. V. **Ébranlement.** — TREMBLEMENT DE TERRE : secousses en relation avec la déformation de l'écorce terrestre en un lieu. V. **Séisme.** • 2° Léger mouvement de ce qui tremble. *Le tremblement des feuilles. Avec un tremblement dans la voix. Tremblement des vitres lorsque passe un camion.* V. **Trépidation, vibration.** • 3° Agitation du corps ou d'une partie du corps par petites oscillations involontaires. V. **Frémissement, frisson.** *Être pris, agité de tremblements convulsifs.* • 4° Loc. fam. *Et tout le tremblement,* et tout le reste. *La vieille dame ne se déplaçait qu'avec sa bonne, ses chats, ses perruches, et tout le tremblement.*

TREMBLER [tʀɑ̃ble]. *v. intr.* (1) • 1° Faire une suite de petites oscillations, être agité de petits mouvements répétés autour d'une position d'équilibre. *L'explosion a fait trembler les vitres.* V. **Remuer, trépider, vibrer.** *Le feuillage tremble sous la brise.* V. **Frémir.** — *(Lumière)* Produire une image vacillante. — *(Voix)* Ne pas conserver la même intensité. • 2° *(Personnes).* Être agité par une suite de petites contractions involontaires des muscles. V. **Frissonner.** *Il tremblait de froid, de fièvre.* V. **Grelotter.** Loc. *Trembler comme une feuille,* beaucoup. *Ils tremblent de peur.* • 3° Éprouver une violente émotion, sous l'effet de la peur. *Tout le monde tremble devant lui. Je tremble pour vous,* j'ai peur pour vous, je vous vois en danger. *Il tremble de la perdre,* il craint de la perdre.

TREMBLOTER [tʀɑ̃blɔte]. *v. intr.* (1) • Trembler (1° ou 2°) légèrement. ▼ **TREMBLOTE.** n. f. *Fam.* Tremblement de froid, de fièvre, de peur. *Avoir la tremblote.* ▼ **TREMBLOTEMENT.** *n. m.* Léger tremblement.

TRÉMIE [tʀemi]. *n. f.* • 1° Sorte de grand entonnoir en forme de pyramide renversée. • 2° Entrée d'un parc de stationnement souterrain, pour les voitures.

TRÉMIÈRE [tʀemjɛʀ]. *adj. f.* V. ROSE.

TREMOLO ou **TRÉMOLO** [tʀemɔlo]. *n. m.* • 1° Effet musical obtenu par la répétition très rapprochée d'un son, d'un accord. • 2° TRÉMOLO : tremblement d'émotion (souvent affecté) dans la voix. *Déclamer avec des trémolos.*

TRÉMOUSSER (SE) [tʀemuse]. *v. pron.* (1) • S'agiter avec de petits mouvements vifs et irréguliers. V. **Frétiller, tortiller** (se). ▼ **TRÉMOUSSEMENT.** *n. m.*

TREMPAGE [tʀɑ̃paʒ]. *n. m.* • Action de tremper, de faire tremper (terme technique). *Le trempage du papier, du linge.*

TREMPE [tʀɑ̃p]. *n. f.* • 1° Immersion dans un bain froid (d'un métal, d'un alliage chauffé à haute température). *La trempe de l'acier.* — Qualité qu'un métal acquiert par cette opération. *Une lame de bonne trempe.* • 2° DE... TREMPE : qualité, caractère. *Un gars de sa trempe ne se laisse pas faire.* • 3° *Pop.* Volée de coups. V. **Raclée.**

TREMPER [tʀɑ̃pe]. *v.* (1) ★ **I.** *V. tr.* • 1° *(Liquide).* Mouiller fortement, imbiber. *La pluie a trempé sa chemise. — Une chemise trempée de sueur. Nous étions complètement trempés, après cet orage.* • 2° Faire entrer (un solide) dans un liquide pour imbiber, enduire. *Il trempait sa tartine dans son café au lait.* — Immerger, baigner. *Il trempe son bras dans la cuve.* — Pronom. *Se tremper,* prendre un bain rapide. • 3° Plonger l'acier dans un bain froid. V. **Trempe.** — Au p. p. *Acier* TREMPÉ : durci par la trempe. • 4° *Littér.* Aguerrir, fortifier. — *Un caractère bien trempé,* énergique. ★ **II.** *V. intr.* • 1° Rester plongé dans un liquide. *Les fleurs ne trempent pas bien dans ce vase. Faire tremper, mettre à tremper le linge,* le laisser plusieurs heures dans l'eau ou la lessive avant le lavage. • 2° *Loc.* (Suj. personne). *Tremper dans...* (une affaire malhonnête), y participer, en être complice. *Il a trempé dans cette escroquerie.*

TREMPETTE [tʀɑ̃pɛt]. *n. f.* • *Faire trempette,* prendre un bain (de mer, de rivière...) hâtif sans entrer complètement dans l'eau.

TREMPLIN [tʀɑ̃plɛ̃]. *n. m.* • Planche élastique sur laquelle on prend élan pour sauter. *Plonger du haut d'un tremplin.*

TRENCH-COAT [tʀɛnʃkot]. *n. m.* • Imperméable de sport, à ceinture.

TRENTE [tʀɑ̃t]. *adj. num.* et *n. m.* • 1° Trois fois dix (30). *Mois de trente jours.* — TRENTE-SIX : nombre utilisé familièrement pour désigner un grand nombre indéterminé. V. **Cent.** *Il n'y a pas trente-six façons de... Tous les trente-six du mois,* à peu près jamais. • 2° *N. m.* Nombre, numéro trente. — Loc. *Se mettre, être* SUR SON TRENTE ET UN : mettre ses plus beaux habits. ▼ **TRENTAINE.** *n. f.* Nombre de trente, d'environ trente. *Une trentaine d'années.* — Âge d'environ trente ans. *Il doit avoir dépassé la trentaine.* ▼ **TRENTIÈME.** *adj. num. ordin.* Ordinal de trente. *La trentième partie, le trentième,* partie d'un tout également divisé en trente.

TRÉPAN [tʀepɑ̃]. *n. m.* • 1° Instrument de chirurgie destiné à percer les os du crâne. • 2° Vilebrequin pour forer. V. **Foreuse.** *Trépan de sonde.*

TRÉPANER [tʀepane]. *v. tr.* (1) • Pratiquer un trou dans la boîte crânienne. ▼ **TRÉPANATION.** *n. f.*

TRÉPAS [trepa]. *n. m.* • Littér. *(En loc.).* Mort. *Passer de vie à trépas*, mourir. ▼ **TRÉPASSER.** v. intr. (1). *Littér.* Mourir. — *Les trépassés*, les morts.

TRÉPIDER [trepide]. *v. intr.* (1) • Être agité de petites secousses fréquentes, d'oscillations rapides. V. **Trembler, vibrer.** *Le plancher du wagon trépidait.* ▼ **TRÉPIDANT, ANTE.** *adj.* • 1° Qui est agité de petites secousses. • 2° Très rapide. *Rythme trépidant. La vie trépidante des grandes villes*, la vie agitée des gens pressés. ▼ **TRÉPIDATION.** *n. f.* Agitation de ce qui trépide. *La trépidation du moteur.*

TRÉPIED [trepje]. *n. m.* • Meuble ou support à trois pieds. *Le trépied d'un appareil photographique.*

TRÉPIGNER [trepiɲe]. *v. intr.* (1) • Piétiner ou frapper des pieds contre terre à plusieurs reprises, sous le coup d'une émotion. *La foule trépignait d'enthousiasme, d'impatience.* ▼ **TRÉPIGNEMENT.** *n. m.*

TRÈS [trɛ]. *adv.* • S'emploie pour marquer le superlatif absolu. V. **Bien, fort.** • 1° (Devant un adj.). *Il est très gentil. C'est très drôle.* — (Devant un terme, une expression à valeur d'adjectif) *Un monsieur très comme il faut. Elle est déjà très femme.* — (Devant un p. p.) *Un air très connu. J'étais très gêné.* • 2° (Devant un adv.). *Il se porte très bien. Ça ne va pas très vite.* • 3° (Dans des locutions verbales d'état). *Il faisait très chaud. Elle s'était fait très mal.* — (Emplois critiqués) V. **Grand.** *J'ai très faim, très soif. Faites très attention. J'en ai très envie.*

TRÉSOR [trezɔr]. *n. m.* ★ **I.** • 1° Ensemble de choses précieuses amassées et cachées. *On a découvert un trésor en démolissant le vieux quartier. L'île au trésor.* • 2° DES TRÉSORS : grandes richesses concrètes, objets de grand prix. *Les trésors artistiques des musées.* — LE TRÉSOR : ensemble des objets précieux d'une église, réunis dans une sorte de musée. • 3° *Trésor (public)*, ensemble des moyens financiers dont dispose un État. — Service financier d'exécution du budget. *Direction du Trésor*, au ministère des Finances. *Bons du Trésor.* ★ **II.** *(Abstrait).* • 1° *Un, des trésor(s) de*, accumulation de (choses utiles, belles ou précieuses). *Il faut des trésors de patience pour le supporter.* • 2° Bien précieux qui ne doit pas être dilapidé. • 3° *Mon trésor*, terme d'affection.

TRÉSORERIE [trezɔrri]. *n. f.* • 1° Administration du Trésor public. — Services financiers (de l'armée, d'une association...). • 2° État et gestion des fonds, des ressources. *Difficultés de trésorerie*, insuffisance de ressources pour faire face aux dépenses. ▼ **TRÉSORIER, IÈRE.** *n.* • Personne chargée de l'administration des finances (d'une organisation publique ou privée). *Le trésorier d'un parti.* — *Trésorier-payeur général*, chargé de la gestion du Trésor public dans un département.

TRESSAILLIR [tresajir]. *v. intr.* (13) • Éprouver un tressaillement. V. **Sursauter, tressauter.** *Il tressaillait au moindre bruit.* ▼ **TRESSAILLEMENT.** *n. m.* Ensemble de secousses musculaires qui agitent brusquement le corps, sous l'effet d'une émotion vive ou d'une sensation inattendue.

TRESSAUTER [tresote]. *v. intr.* (1) • 1° Tressaillir. • 2° Être agité de façon désordonnée. *La charrette tressautait sur le chemin défoncé.* ▼ **TRESSAUTEMENT.** *n. m.*

TRESSE [trɛs]. *n. f.* • 1° Assemblage de trois longues mèches de cheveux entrecroisées à plat et retenues par une attache. V. **Natte.** • 2° Cordon plat fait de fils entrelacés ; galon fait de plusieurs cordons. ▼ **TRESSER.** *v. tr.* (1) • 1° Entrelacer (des brins de paille, de jonc), de manière à former un réseau fait de tresses. • 2° Faire (un objet) en entrelaçant des fils, des brins. *Les gitans tressaient des paniers.* — Loc. *Tresser des couronnes à qqn*, le louer, le glorifier.

TRÉTEAU [treto]. *n. m.* • 1° Longue pièce de bois sur quatre pieds, servant de support (à une estrade, un étalage, etc.). • 2° *Littér.* LES TRÉTEAUX : théâtre de foire, scène sommairement installée.

TREUIL [trœj]. *n. m.* • Appareil de levage composé d'un cylindre qu'on fait tourner sur son axe (le tambour) à l'aide d'une manivelle et autour duquel s'enroule une corde, un câble. V. **Cabestan.**

TRÊVE [trɛv]. *n. f.* • 1° Cessation provisoire des combats, pendant une guerre, par convention des belligérants. V. **Cessez-le-feu.** • 2° Interruption dans une lutte. *Une trêve politique. Faisons trêve à nos querelles.* • 3° SANS TRÊVE : sans arrêt, sans interruption. *Travailler sans trêve. Il a plu sans trêve pendant une semaine.* — (Exclam.) TRÊVE DE... : assez de. *Trêve de plaisanterie !*

TRI [tri]. *n. m.* • Action de trier. V. **Triage.** *Le tri des lettres.*

TRI-. • Préfixe signifiant « trois ».

TRIAGE [trijaʒ]. *n. m.* • Le fait de trier dans un ensemble ou de répartir ; son résultat. V. **Tri, choix.** *Le triage du linge à laver.* — Séparation et regroupement des wagons pour former des convois. *Gare de triage.*

TRIANGLE [trijɑ̃gl(ə)]. *n. m.* • 1° Figure géométrique, polygone à trois côtés. *Triangle isocèle, équilatéral, rectangle. Des billes disposées en triangle.* — Objet de cette forme. *Découper un petit triangle blanc.* • 2° Instrument de musique à percussion, fait d'une tige d'acier repliée, sur laquelle on frappe avec une baguette.

TRIANGULAIRE [trijɑ̃gylɛr]. *adj.* • 1° En forme de triangle. *Une voile triangulaire.* • 2° Qui met en jeu trois éléments. *Élection triangulaire*, à trois candidats. ▼ **TRIANGULATION** [trijɑ̃gylasjɔ̃]. *n. f.* Division (d'un terrain) en triangles pour le mesurer.

TRIBAL, ALE, AUX [tribal, o]. *adj.* • *Didact.* De la tribu. *Guerres tribales.*

TRIBO-ÉLECTRICITÉ [tribɔelɛktrisite]. *n. f.* • Électricité statique produite par frottement. ▼ **TRIBO-ÉLECTRIQUE.** *adj.*

TRIBORD [tribɔr]. *n. m.* • Côté droit d'un navire (qu'on a à sa droite quand on regarde vers la proue, l'avant). *Opposé à* Babord.

TRIBU [tʀiby]. *n. f.* • 1° Division du peuple romain, des peuples grecs. — Chez les Hébreux, Groupe ethnique qui s'estimait issu d'un des douze fils de Jacob. • 2° Groupe social et politique fondé sur une parenté ethnique réelle ou supposée, chez les peuples primitifs. *Des tribus nomades.* • 3° Groupe nombreux ; grande et nombreuse famille. *Il part en vacances avec toute sa tribu.*

TRIBULATION [tʀibylɑsjɔ̃]. *n. f.* • 1° *Littér.* Tourment moral, épreuve imposée par Dieu. • 2° *(Plur.).* Aventures plus ou moins désagréables. *Il n'est pas au bout de ses tribulations.*

TRIBUN [tʀibœ̃]. *n. m.* • 1° Nom d'officiers *(tribuns militaires)* ou de magistrats *(tribuns de la plèbe)* dans l'ancienne Rome. • 2° *Littér.* Défenseur éloquent (d'une cause, d'une idée), orateur qui remue les foules.

TRIBUNAL, AUX [tʀibynal, o]. *n. m.* • 1° Lieu où l'on rend la justice. • 2° Magistrat ou corps de magistrats exerçant une juridiction (V. **Chambre, cour**). *Tribunaux administratifs, judiciaires. Tribunal de commerce. Tribunaux pour enfants. Porter une affaire devant les tribunaux.* • 3° Justice de Dieu, jugement de la postérité. *Comparaître devant le tribunal suprême. Le tribunal de l'histoire.*

TRIBUNE [tʀibyn]. *n. f.* • 1° Emplacement élevé où sont réservées des places (dans une église, une salle publique). *La tribune de la presse, à l'Assemblée nationale.* — Emplacement en gradins, dans un champ de courses, un stade. • 2° Emplacement élevé, estrade d'où l'orateur s'adresse à une assemblée. *Orateur qui monte à la tribune.* — L'éloquence parlementaire, politique (V. **Tribun**). • 3° Article de journal par lequel on s'adresse au public. *La tribune libre d'un journal.*

TRIBUT [tʀiby]. *n. m.* • 1° Contribution forcée, imposée par un État à un autre. • 2° *Littér.* Contribution payée à une autorité, un pouvoir. *Lever un tribut sur la population.* ▼ **TRIBUTAIRE.** *adj.* • 1° Qui paye tribut, est soumis à une autorité. • 2° Qui dépend (d'un autre pays). *L'Europe est tributaire des pays tropicaux pour certaines denrées.*

TRICH-, TRICHO-. • Éléments de mots savants signifiant « poil, cheveu ».

TRICHER [tʀiʃe]. *v. intr.* (1) • 1° Enfreindre les règles d'un jeu en vue de gagner. • 2° Enfreindre une règle, un usage en affectant de les respecter. *On le soupçonne d'avoir triché à l'examen.* • 3° Dissimuler un défaut dans la confection d'un ouvrage matériel. ▼ **TRICHE.** *n. f.* Fam. *C'est de la triche*, de la tricherie. ▼ **TRICHERIE.** *n. f.* • 1° Tromperie au jeu. V. **Triche.** • 2° Mauvaise foi de celui qui triche. ▼ **TRICHEUR, EUSE.** *n.* • 1° Personne qui triche au jeu. • 2° Personne qui enfreint secrètement les règles, est de mauvaise foi. *Ce politicien est un tricheur, un hypocrite.*

TRICHINE [tʀikin]. *n. f.* • Petit ver filiforme qui vit en parasite dans l'intestin de l'homme et de certains mammifères.

TRICHROMIE [tʀikʀɔmi]. *n. f.* • Procédé photographique basé sur la séparation des trois couleurs fondamentales : bleu, rouge, jaune.

TRICOLORE [tʀikɔlɔʀ]. *adj.* • 1° Qui est de trois couleurs. *Feux tricolores à un carrefour.* • 2° Des trois couleurs du drapeau français : bleu, blanc et rouge. *L'écharpe tricolore des députés.* — *L'équipe tricolore*, française. Subst. *Les tricolores.*

TRICORNE [tʀikɔʀn(ə)]. *n. m.* • Chapeau à trois cornes formées par ses bords.

TRICOT [tʀiko]. *n. m.* • 1° Tissu formé d'une matière textile disposée en mailles et confectionné avec des aiguilles. *Un gilet de tricot.* • 2° Action de tricoter ; ouvrage d'une personne qui tricote. *Faire du tricot.* • 3° Vêtement tricoté. V. **Chandail, pull-over.** *Un bon tricot bien chaud.* ▼ **TRICOTER.** *v.* (1) ★ **I.** *V. tr.* Exécuter au tricot. *Elle tricotait des chaussettes.* — Absolt. *Des aiguilles à tricoter.* ★ **II.** *V. intr.* (Pop.). *Tricoter (des jambes)*, courir vite, s'enfuir. ▼ **TRICOTAGE.** *n. m.* ▼ **TRICOTEUR, EUSE.** *n.* • 1° Personne qui tricote. *Les tricoteuses qui venaient assister aux séances de la Convention, pendant la Révolution française.* • 2° *N. f.* Machine, métier à tricoter.

TRICTRAC [tʀiktʀak]. *n. m.* • Jeu de dés, où l'on fait avancer des pions sur une surface à deux compartiments comportant chacun six cases triangulaires. V. **Jacquet.**

TRICYCLE [tʀisikl(ə)]. *n. m.* • Véhicule semblable à la bicyclette, mais à trois roues dont deux parallèles. *Tricycle de jeune enfant. Tricycle de livreur.* V. **Triporteur.**

TRIDENT [tʀidɑ̃]. *n. m.* • 1° Fourche à trois pointes. • 2° Engin de pêche, harpon à trois pointes.

TRIÈDRE [tʀi(j)ɛdʀ(ə)]. *n. m.* • Figure formée par trois plans qui se coupent deux à deux.

TRIENNAL, ALE, AUX [tʀi(j)ɛ(n)nal, o]. *adj.* • Qui a lieu tous les trois ans ou dure trois ans. *Plan triennal.*

TRIER [tʀije]. *v. tr.* (7) • 1° Choisir parmi d'autres ; extraire d'un plus grand nombre, après examen (V. **Tri, triage**). *Les semences qu'il a triées pour l'année suivante. Trier sur le volet*, sélectionner avec le plus grand soin. • 2° Traiter de manière à ôter ce qui est mauvais. *Trier des lentilles*, éliminer les grains non comestibles, les cailloux, etc. • 3° Répartir en plusieurs groupes sans rien éliminer. V. **Classer.** *Il était occupé à trier ses papiers.* ▼ **TRIEUR, TRIEUSE.** *n.* • 1° Ouvrier chargé de trier qqch. *Trieur de minerai.* • 2° *N. m.* Appareil servant au triage. — *N. f.* Machine à trier, à classer des fiches, etc.

TRIÈRE [tʀi(j)ɛʀ]. *n. f.* • Bateau grec (Antiquité) à trois rangs de rames. V. **Trirème.**

TRIFOUILLER [tʀifuje]. *v.* (1) • *Fam.* • 1° *V. tr.* Mettre en désordre, en remuant. *On a trifouillé mes papiers.* • 2° *V. intr.* Fouiller (dans). V. **Farfouiller.**

TRIGONOMÉTRIE [tʀigɔnɔmetʀi]. *n. f.* • Application du calcul à la détermination des éléments des triangles. ▼ **TRIGONOMÉTRIQUE.** *adj.*

TRIJUMEAU [tʀiʒymo]. *n. m.* • Cinquième nerf crânien qui se divise en trois branches, nerf ophtalmique, nerfs maxillaires supérieur et inférieur.

TRILLE [tʀij]. *n. m.* • Battement rapide et ininterrompu sur deux notes voisines. *Exécuter un trille sur la flûte.*

TRILLION [tʀiljɔ̃]. *n. m.* • Un milliard de milliards (soit 10^{18}).

TRILOGIE [tʀilɔʒi]. *n. f.* • 1° Ensemble de trois tragédies grecques sur un même thème. • 2° Groupe de trois pièces de théâtre, de trois œuvres dont les sujets se font suite.

TRIMBA(L)LER [tʀɛ̃bale]. *v. tr.* (1) • *Fam.* Mener, porter partout avec soi (souvent avec l'idée de difficulté). V. **Traîner, transporter.** *Il a fallu trimballer la cage toute la journée.* — Pop. *Qu'est-ce qu'il trimballe !* comme il est bête ! ▼ **TRIMBA(L)LAGE** ou **TRIMBA(L)LEMENT.** *n. m.*

TRIMER [tʀime]. *v. intr.* (1) • *Fam.* Travailler avec effort, à une besogne pénible. *Ce n'est pas une vie, de trimer du matin au soir !*

TRIMESTRE [tʀimɛstʀ(ə)]. *n. m.* • 1° Durée de trois mois. — Division de l'année scolaire (en France). • 2° Somme payée ou allouée tous les trois mois. ▼ **TRIMESTRIEL, IELLE.** *adj.* • 1° Qui dure trois mois. • 2° Qui a lieu, qui paraît tous les trois mois. *Bulletin trimestriel.* ▼ **TRIMESTRIELLEMENT.** *adv.*

TRIMOTEUR [tʀimɔtœʀ]. *adj.* et *n. m.* • Qui a trois moteurs (avion).

TRINGLE [tʀɛ̃gl(ə)]. *n. f.* • Tige métallique servant de support. *Tringle à rideaux. Cintres suspendus à une tringle.*

TRINITÉ [tʀinite]. *n. f.* • 1° Dans la doctrine chrétienne, Dieu unique en trois personnes. *La Sainte-Trinité.* • 2° Groupe de trois dieux (ou de trois principes, de trois objets considérés comme sacrés).

TRINÔME [tʀinom]. *n. m.* • Polynôme à trois termes.

TRINQUER [tʀɛ̃ke]. *v. intr.* (1) • 1° Boire en même temps que qqn, après avoir choqué les verres, pour souhaiter la santé, le succès, etc. *Trinquer avec des amis.* • 2° *Pop.* Subir des désagréments, des pertes. V. **Écoper.** *Ce sont toujours les mêmes qui trinquent !*

TRIO [tʀijo]. *n. m.* • 1° Morceau pour trois instruments ou trois voix. — Formation de trois musiciens. • 2° Groupe de trois personnes *(souvent péj.). Ils font un joli trio !*

TRIOLET [tʀijɔlɛ]. *n. m.* • En musique, Groupe de trois notes de valeur égale qui se jouent dans le temps de deux.

TRIOMPHAL, ALE, AUX [tʀijɔ̃fal, o]. *adj.* • 1° Qui a les caractères d'un triomphe, qui est accompagné d'honneurs, d'acclamations. *Un accueil triomphal.* • 2° Qui constitue un triomphe, une grande réussite. *Une élection triomphale.* ▼ **TRIOMPHALEMENT.** adv. *Il nous a montré triomphalement sa découverte.*

TRIOMPHANT, ANTE. *adj.* • 1° Qui triomphe, qui a remporté une éclatante victoire. V. **Victorieux.** • 2° Qui exprime le triomphe, est plein d'une joie éclatante. V. **Heureux, radieux.** *Un air triomphant.*

TRIOMPHATEUR, TRICE [tʀijɔ̃fatœʀ, tʀis]. *n.* • 1° Personne qui remporte une éclatante victoire. V. **Vainqueur.** *Les triomphateurs de la journée.* • 2° Général romain à qui l'on faisait les honneurs du triomphe (2°).

TRIOMPHE [tʀijɔ̃f]. *n. m.* • 1° Victoire éclatante à l'issue d'une lutte, d'une rivalité. — *(Choses)* Établissement, avènement éclatant (de ce qui était en lutte avec autre chose). *Le triomphe de notre cause.* • 2° Honneur décerné à un général romain qui avait remporté une grande victoire. *Arc de triomphe.* • 3° Loc. *Porter qqn en triomphe,* le hisser au-dessus de la foule pour le faire acclamer. • 4° Joie rayonnante que donne la victoire ; grande satisfaction. *Un cri de triomphe.* • 5° Approbation enthousiaste du public. *Il a remporté un vrai triomphe.* — Représentation qui déchaîne l'enthousiasme du public.

TRIOMPHER [tʀijɔ̃fe]. *v.* (1) ★ **I.** *V. tr. ind.* TRIOMPHER DE... : vaincre (qqn) avec éclat à l'issue d'une lutte. *Triompher de tous ses adversaires.* — Venir à bout de (qqch.). *Nous avons triomphé de sa résistance, de toutes les difficultés.* ★ **II.** *V. intr.* • 1° Remporter une éclatante victoire. — *(Choses)* S'imposer, s'établir de façon éclatante. *Leurs thèses ont triomphé.* • 2° Éprouver un sentiment de triomphe, crier victoire. *Vous avez tort de triompher !* • 3° Réussir brillamment. V. **Exceller.** — Être l'objet de l'enthousiasme du public.

TRIPARTI, IE [tʀipaʀti] ou **TRIPARTITE.** *adj.* • En politique, Qui réunit trois partis ou trois parties qui négocient. *Pacte tripartite.*

TRIPATOUILLER [tʀipatuje]. *v. tr.* (1) • 1° Remanier sans scrupule (un texte original) en ajoutant, retranchant. — Altérer, truquer (des écritures, des comptes). • 2° *(Concret).* Tripoter. ▼ **TRIPATOUILLAGE.** *n. m.* ▼ **TRIPATOUILLEUR.** *n. m.* et *adj.*

TRIPE [tʀip]. *n. f.* • 1° *Des tripes,* plat fait de boyaux de ruminants préparés. *Tripes à la mode de Caen.* • 2° *Pop.* Intestin de l'homme ; ventre. Loc. *Rendre tripes et boyaux,* vomir. • 3° Entrailles. Loc. *Avoir la tripe républicaine,* être républicain jusqu'aux entrailles. ▼ **TRIPERIE.** *n. f.* Commerce du tripier (Cf. Boucherie). ▼ **TRIPIER, IÈRE.** *n.* Commerçant qui vend des abats (tripes, etc.).

TRIPETTE [tʀipɛt]. *n. f.* • Loc. *Ça ne vaut pas tripette,* cela ne vaut rien.

TRIPLE [tʀipl(ə)]. *adj.* • 1° Qui équivaut à trois, se présente comme trois. *Un triple rang de perles. Un triple menton,* qui fait trois plis. — Qui concerne trois éléments. *Triple entente,* entente de trois puissances. — *Fam.* Sert de superlatif. *Triple sot,* grand sot. *Au triple galop.* • 2° Trois fois plus grand. *Prendre une triple dose.* — *Le triple,* quantité trois fois plus grande. *Neuf est le triple de trois.* ▼ **TRIPLER.** *v.* (1) • 1° *V. tr.* Rendre triple, multiplier par trois. • 2° *V. intr.* Devenir triple. *Les terrains ont triplé de valeur.* ▼ **TRIPLÉS, ÉES.** *n. plur.* Jumeaux, jumelles provenant de naissances triples.

TRIPORTEUR [tʀipɔʀtœʀ]. *n. m.* • Tricycle muni d'une caisse pour le transport des marchandises légères.

TRIPOT [tʀipo]. *n. m.* • *Péj.* Maison de jeu, café où l'on joue.

TRIPOTÉE [tʀipɔte]. *n. f.* • *Fam.* • 1° Raclée, volée. • 2° Grand nombre. *Avoir une tripotée d'enfants.*

TRIPOTER [tʀipɔte]. *v.* (1) • 1° *V. tr.* Manier, tâter sans délicatesse ou machinalement. *Ne tripotez pas ces fruits.* • 2° *V. intr.* Se livrer à des opérations et combinaisons peu avouables, malhonnêtes. V. **Fricoter, trafiquer.** *Il a tripoté dans pas mal d'affaires.* ▼ **TRIPOTAGE.** *n. m.* Arrangement, combinaison louche. V. **Trafic.** ▼ **TRIPOTEUR, EUSE.** *n.* Personne qui se livre à des tripotages.

TRIPTYQUE [tʀiptik]. *n. m.* • 1° Ouvrage de peinture ou de sculpture composé d'un panneau central et de deux volets mobiles susceptibles de se rabattre. — Œuvre littéraire en trois tableaux ou récits. • 2° Document douanier en trois feuillets.

TRIQUE [tʀik]. *n. f.* • Gros bâton utilisé pour frapper. *Mener les hommes à coups de trique*, par la brutalité.

TRIRÈME [tʀiʀɛm]. *n. f.* • Navire de guerre des Romains, des Carthaginois, etc., à trois rangées de rames superposées. V. **Trière.**

TRISAÏEUL, EULE [tʀizajœl]. *n.* • Père, mère du bisaïeul, ou de la bisaïeule.

TRISTE [tʀist(ə)]. *adj.* ★ **I.** • 1° Qui est dans la tristesse. V. **Affligé.** || Contr. **Gai, joyeux.** || *Il est triste d'avoir échoué, parce qu'il a échoué.* Fam. *Triste comme un bonnet de nuit.* — *Des gens tristes*, habituellement sans gaieté. V. **Mélancolique, morose.** • 2° Qui exprime la tristesse, est empreint de tristesse. V. **Malheureux, sombre.** *Un visage triste. Le chevalier à la triste figure*, Don Quichotte. *Rouler de tristes pensées.* • 3° *(Choses).* Qui répand la tristesse. V. **Morne, sinistre.** *Le ciel est triste. Des couleurs tristes.* ★ **II.** *(Choses).* • 1° Qui fait souffrir, fait de la peine. V. **Affligeant, attristant, douloureux, pénible.** || Contr. **Heureux.** || *C'est une triste nouvelle. Il a eu une vie bien triste.* — Qui raconte ou montre des choses pénibles. *Ce film est trop triste.* • 2° Qui suscite des jugements pénibles. V. **Déplorable.** *Ce malade est dans un triste état. C'est bien triste.* • 3° Péj. *(toujours devant le nom).* Dont le caractère médiocre ou odieux afflige. V. **Lamentable.** *Quelle triste époque ! Un triste sire.* ▼ **TRISTEMENT.** *adv.*

TRISTESSE [tʀistɛs]. *n. f.* • 1° État affectif pénible et durable ; envahissement de la conscience par une douleur morale ou par un malaise obscur qui empêche de se réjouir du reste. V. **Ennui, mélancolie, peine.** || Contr. **Gaieté, joie.** || *Des accès de tristesse. Il souriait avec tristesse.* • 2° *Une, des tristesse(s)*, moment où l'on est dans cet état ; ce qui le fait naître. *Une des tristesses de ma vie.* V. **Chagrin.** • 3° Caractère de ce qui exprime ou suscite cet état. *La tristesse de ces ruines.*

1. TRITON [tʀitɔ̃]. *n. m.* • Divinité mythologique à figure humaine et à queue de poisson. *Neptune et ses tritons.*

2. TRITON. *n. m.* • Batracien aquatique, proche de la salamandre, à queue aplatie.

TRITURER [tʀityʀe]. *v. tr.* (1) • 1° Réduire en poudre ou en pâte en écrasant par pression et frottement. V. **Broyer.** *Les molaires triturent les aliments.* • 2° Manier à fond. V. **Pétrir.** — Fam. *Se triturer les méninges, la cervelle*, se mettre l'esprit à la torture en cherchant qqch., en se faisant du souci. ▼ **TRITURATION.** *n. f.*

TRIUMVIR [tʀijɔmviʀ]. *n. m.* • Magistrat romain chargé, avec deux collègues, d'une mission administrative ou du gouvernement. ▼ **TRIUMVIRAT.** *n. m.* • 1° Fonction de triumvir. • 2° *Littér.* Association de trois personnes qui exercent un pouvoir, une influence.

TRIVIAL, ALE, AUX [tʀivjal, o]. *adj.* • 1° Qui est caractéristique d'une mauvaise éducation, qui est contraire aux bons usages. V. **Vulgaire.** *Des plaisanteries triviales.* — *(Mot)* Qui désigne, ouvertement et d'une manière populaire, des réalités que le bon ton passe sous silence. V. **Grossier, obscène.** • 2° *Littér.* ou *en sciences.* Ordinaire. ▼ **TRIVIALEMENT.** *adv.* ▼ **TRIVIALITÉ.** *n. f.*

TROC [tʀɔk]. *n. m.* • Échange direct d'un bien contre un autre. *Faire un troc.* V. **Troquer.** — Système économique primitif, excluant l'emploi de monnaie.

TROÈNE [tʀɔɛn]. *n. m.* • Arbuste à feuilles presque persistantes, à petites fleurs blanches très odorantes. *Une haie de troènes.*

TROGLODYTE [tʀɔglɔdit]. *n. m.* • Habitant d'une caverne, d'une grotte, ou d'une demeure aménagée dans le roc.

TROGNE [tʀɔɲ]. *n. f.* • *Fam.* Visage grotesque ; figure d'un buveur. *Une trogne rouge, enluminée, comique.*

TROGNON [tʀɔɲɔ̃]. *n. m.* • 1° Ce qui reste quand on a enlevé la partie comestible (d'un fruit, d'un légume). *Un trognon de pomme, de chou.* — Loc. pop. *Jusqu'au trognon*, jusqu'au bout, complètement. *On nous a eus jusqu'au trognon !* • 2° *Fam.* Terme d'affection désignant un enfant. *Qu'il est gentil, ce petit trognon !*

TROÏKA [tʀɔika]. *n. f.* • Grand traîneau russe, attelé à trois chevaux de front.

TROIS [tʀwa]. *adj. numér.* et *n. m.* • 1° *Adj. (cardinal).* Deux plus un (3). *Les trois dimensions. Frapper les trois coups*, qui au théâtre, précèdent le lever du rideau. *Trois cents, trois mille. Règle de trois*, par laquelle on cherche le quatrième terme d'une proportion, quand les trois autres sont connus. *Trois ou quatre*, un très petit nombre. • 2° *Adj. (ordinal).* Troisième. *Page trois.* — Subst. *Il sera là le trois* (du mois). • 3° (N. m.). *Multiplier par trois. Un, deux, trois partez !* — Numéro, carte, domino... marqué de trois signes. *Le trois a gagné. Le trois de carreau.* ▼ **TROISIÈME** [tʀwazjɛm]. *adj.* et *n.* Ordinal de trois. *La troisième personne. Habiter au troisième* (étage). ▼ **TROISIÈMEMENT.** *adv.* En troisième lieu. V. **Tertio.**

TROIS-MÂTS [tʀwama]. *n. m. invar.* • Navire à voiles à trois mâts.

TROIS-POINTS [tʀwapwɛ̃]. *loc. adj.* • Fam. *Les frères trois-points*, les francs-maçons (à cause des *trois-points* [∴] symbole de la franc-maçonnerie).

TROIS-QUARTS [trwakar]. *n. m. invar.* • Au rugby, Joueur de la ligne offensive placée entre les demis et l'arrière.

TROLLEY [trɔlɛ]. *n. m.* • Dispositif mobile servant à transmettre le courant d'un câble conducteur au moteur d'un véhicule. *Tramway à trolley.* ▼ **TROLLEYBUS** [trɔlɛbys]. *n. m.* Autobus à trolley.

TROMBE [trɔ̃b]. *n. f.* • **1°** Cyclone tropical déterminant la formation d'une sorte de colonne tourbillonnante qui soulève la surface des eaux ; cette colonne. • **2°** *Trombe d'eau*, pluie torrentielle. • **3°** Loc. *En trombe, comme une trombe*, avec un mouvement rapide et violent. *Il est arrivé en trombe.*

TROMBINE [trɔ̃bin]. *n. f.* • *Pop.* Tête, visage comique. *Il fait une drôle de trombine.*

TROMBLON [trɔ̃blɔ̃]. *n. m.* • **1°** Ancienne arme à feu portative au canon évasé en entonnoir. • **2°** *(Chapeau) tromblon*, ancien haut-de-forme évasé au sommet.

TROMBONE [trɔ̃bɔn]. *n. m.* ★ **I.** Instrument à vent à embouchure, qui fait partie des cuivres. *Trombone à coulisse*, dont le tube replié forme une longue coulisse qu'on allonge ou raccourcit pour produire des sons différents. — Joueur de trombone. *Il est trombone dans l'orchestre de la Garde républicaine.* ★ **II.** Petite agrafe de fil de fer repliée en deux boucles, servant à retenir plusieurs feuillets.

TROMPE [trɔ̃p]. *n. f.* ★ **I.** Instrument à vent à embouchure, formé d'un simple tube évasé en pavillon. *Trompe de chasse*, cor simple. — *Trompe de brume*, appareil sonore utilisé comme signal en cas de brume. ★ **II.** • **1°** Prolongement de l'appendice nasal de l'éléphant, organe tactile, préhensile, qui sert de tube de pompage. • **2°** Organe buccal de certains insectes. • **3°** *Trompe de Fallope*, chez la femme, conduit par lequel l'ovule quitte l'ovaire. — *Trompe d'Eustache*, canal qui relie au rhinopharynx la partie antérieure de la caisse du tympan. ★ **III.** Section de voûte formant saillie et supportant une construction en encorbellement. *Coupole sur trompes.*

TROMPE-L'ŒIL [trɔ̃plœj]. *n. m. invar.* • **1°** Peinture décorative visant à créer l'illusion d'objets réels en relief, par la perspective. *Fenêtre, colonne, statue en trompe-l'œil.* • **2°** *(Abstrait).* Apparence trompeuse, chose qui fait illusion. *Sa démonstration n'est que du trompe-l'œil.*

TROMPER [trɔ̃pe]. *v. tr.* (1) ★ **I.** *V. tr.* • **1°** Induire (qqn) en erreur quant aux faits ou quant à ses intentions, en usant de mensonge, de dissimulation, de ruse. V. **Berner, duper, leurrer, mystifier, rouler.** *Le vendeur a essayé de nous tromper.* • **2°** (Dans la vie amoureuse et conjugale). Être infidèle à... *Il l'a souvent trompée. Mari trompé.* V. **Cocu.** • **3°** Échapper (à une poursuite, une surveillance...). V. **Déjouer.** *Il a trompé tous ses poursuivants.* • **4°** *(Choses).* Faire tomber dans l'erreur, l'illusion. *La ressemblance vous trompe. C'est ce qui vous trompe*, c'est en quoi vous faites erreur. *Cela ne trompe personne.* • **5°** *Littér.* Être inférieur à (ce qu'on attend, ce qu'on souhaite). V. **Décevoir.** *L'événement a trompé notre attente. Un espoir toujours trompé.* • **6°** Donner une satisfaction illusoire ou momentanée à (un besoin, un désir). *Des pastilles qui trompent la soif.* ★ **II.** Se tromper. *v. pron.* Commettre une erreur. V. **Illusionner** (s'), **méprendre** (se), **tort** (avoir). *Tout le monde peut se tromper. Je me suis trompé sur ses intentions. Une cordialité à laquelle beaucoup de gens se trompent*, se laissent prendre. *Ne t'y trompe pas. Se tromper de cent francs dans un compte*, faire une erreur de cent francs. — *Se tromper de...* (suivi d'un substantif, sans article), faire une confusion de. *Je me suis trompé de route, de date...* Loc. fam. *Se tromper d'adresse*, ne pas s'adresser à la personne qui convient. — Loc. *Si je ne me trompe*, sauf erreur. ▼ **TROMPERIE** [trɔ̃pri]. *n. f.* Le fait de tromper, d'induire volontairement en erreur. V. **Imposture, mensonge.**

TROMPETTE [trɔ̃pɛt]. *n.* ★ **I.** *N. f.* • **1°** Instrument à vent à embouchure, qui fait partie des cuivres. *Une sonnerie de trompettes. Trompette de jazz. Trompette bouchée*, dont l'embouchure a été munie d'une sourdine. • **2°** *Loc.* En trompette. *Nez en trompette*, retroussé. *La queue en trompette*, relevée. • **3°** Nom de coquillages ; de champignons. *Trompette de la mort*, champignon noir (craterelle). ★ **II.** *N. m.* Musicien qui joue de la trompette dans une musique militaire. ▼ **TROMPETTISTE.** *n.* Musicien (ienne) qui joue de la trompette dans un orchestre. *Une excellente trompettiste.*

TROMPEUR, EUSE [trɔ̃pœr, øz]. *adj.* • **1°** Qui trompe, est capable de tromper par mensonge, dissimulation. V. **Déloyal, fourbe, hypocrite, perfide.** || Contr. **Sincère.** || *Subst.* (prov.) *À trompeur, trompeur et demi*, un trompeur en trouve toujours un autre pour le tromper. • **2°** *(Choses).* Qui induit en erreur. *Les apparences sont trompeuses.* || Contr. **Vrai.** || *Un calme trompeur.* ▼ **TROMPEUSEMENT.** *adv.*

1. TRONC [trɔ̃]. *n. m.* ★ **I.** • **1°** Partie inférieure et dénudée de la tige d'un arbre, entre les racines et les branches maîtresses. — (Abstrait) *Tronc commun*, partie commune appelée à se diviser, à se différencier. • **2°** Partie principale (d'un nerf, d'une artère, d'une veine). ★ **II.** Partie du corps humain où sont fixés la tête et les membres. ★ **III.** Partie comprise entre la base et une section plane parallèle (d'une figure solide). *Tronc de cône.* V. **Tronconique.**

2. TRONC. *n. m.* • Boîte percée d'une fente, où l'on dépose des offrandes, dans une église. *Le tronc des pauvres.*

TRONCHE [trɔ̃ʃ]. *n. f.* • *Pop.* et *péj.* Tête. *Il a une sale tronche.*

TRONÇON [trɔ̃sɔ̃]. *n. m.* • **1°** Partie d'un objet plus long que large qui a été coupé ou cassé. *Du bois débité en tronçons.* — Morceau coupé (de certains animaux à corps cylindrique). *Ver de terre coupé en trois tronçons.* • **2°** Partie (d'une route, d'une ligne de chemin de fer). *On vient d'achever un nouveau tronçon d'autoroute.* ▼ **TRONÇONNER** [trɔ̃sɔne]. *v. tr.* (1). Couper, diviser en tronçons. ▼ **TRONÇONNAGE.** *n. m.* ▼ **TRONÇONNEUSE.** *n. f.* Machine-outil servant à découper du bois, du métal, etc., en tronçons.

TRONCONIQUE [tʀɔ̃kɔnik]. *adj.* • Qui constitue un tronc de cône.

TRÔNE [tʀon]. *n. m.* • 1° Siège élevé sur lequel prend place un souverain dans des circonstances solennelles. • 2° Symbole de la puissance d'un souverain. *Il a été porté au trône, mis sur le trône. Les prétendants au trône.* V. **Souveraineté.** ▼ **TRÔNER.** *v. intr.* (1) • 1° Siéger sur un trône. — Être comme sur un trône, occuper la place d'honneur. • 2° *Péj.* Faire l'important ; s'étaler avec orgueil. *Il trônait au milieu de ses admirateurs.*

TRONQUER [tʀɔ̃ke]. *v. tr.* (1) • 1° Couper en retranchant une partie importante. — *Des colonnes tronquées.* • 2° *Péj.* Retrancher qqch. de (un discours). *Il s'est permis de tronquer le texte. Citation tronquée.*

TROP [tʀo]. *adv.* ★ **I.** • 1° D'une manière excessive, abusive ; plus qu'il ne faudrait. V. **Excessivement.** *C'est trop cher. On se levait trop tard. Trop peu,* pas assez. *J'ai trop chaud. Il a trop bu.* — TROP... POUR s'emploie pour exclure une conséquence. *C'est trop beau pour être vrai,* on n'ose y croire. *Le temps est trop précieux pour qu'on le gaspille.* — (Modifié par un adv.) *C'est un peu, beaucoup trop cher. Une goutte d'alcool, mais pas trop.* • 2° Beaucoup, très (sans idée d'excès). *Vous êtes trop aimable. Cet enfant est trop mignon.* — (Avec une négation) *Je ne sais pas trop,* pas bien. *Sans trop comprendre. Les choses ne vont pas trop bien.* ★ **II.** *(Nominal).* • 1° Une quantité excessive. *C'est trop !* (en remerciement pour un compliment, pour un cadeau). — DE TROP, EN TROP s'emploient pour exprimer la mesure de l'excès. *Je l'ai payé dix francs de trop. Boire un coup de trop. Je n'y comprends rien, j'ai de l'argent en trop.* — DE TROP *(en attribut)* : superflu. *Huit jours de travail ne seront pas de trop. Être de trop,* imposer une présence inutile ou inopportune. — TROP DE *(suivi d'un nom)* : une quantité excessive de... *Vous faites trop de bruit. Je n'ai montré que trop de patience,* plus de patience que j'aurais dû. *C'en est trop,* c'est assez, ce n'est plus supportable. • 2° Excès. *Le trop de lumière est gênant.*

TROPE [tʀɔp]. *n. m.* • *Littér.* Figure de rhétorique par laquelle un mot ou une expression sont détournés de leur sens propre.

-TROPE. • Élément d'adjectifs savants, signifiant « qui se tourne vers » (-TROPIE, -TROPISME servent à former des noms).

TROPHÉE [tʀɔfe]. *n. m.* • 1° Dépouille d'un ennemi vaincu ; ensemble d'objets attestant la victoire, un succès. *Trophée de chasse,* tête empaillée de l'animal abattu. • 2° Motif décoratif formé d'armes, de drapeaux, etc., groupés autour d'une armure, d'un casque.

TROPICAL, ALE, AUX [tʀɔpikal, o]. *adj.* • 1° Qui concerne les tropiques, les régions situées autour de chaque tropique. V. **Équatorial.** *Climat tropical,* type de climat chaud à faible variation annuelle de température. *La végétation tropicale.* • 2° Se dit d'une chaleur très forte, d'une température très élevée.

TROPIQUE [tʀɔpik]. *n. m.* • 1° Chacun des deux cercles de la sphère terrestre, parallèles à l'équateur, qui correspondent au passage du Soleil au zénith, à chacun des solstices. *Tropique du Cancer* (hémisphère Nord), *du Capricorne* (Sud). • 2° *Les tropiques,* la région située près des tropiques. *Le soleil des tropiques.*

TROPISME [tʀɔpism(ə)]. *n. m.* • Phénomène biologique par lequel la matière vivante s'oriente. *Les tropismes des plantes. Tropisme positif,* vers qqch.

TROP-PLEIN [tʀɔplɛ̃]. *n. m.* • 1° Ce qui excède la capacité d'un récipient, ce qui déborde. — Réservoir destiné à recevoir un liquide en excès. V. **Déversoir.** • 2° *(Abstrait).* Ce qui est en trop, ce qui excède la capacité. *Épancher le trop-plein de son cœur,* exprimer les sentiments que l'on ne peut garder en soi. *Un trop-plein de vie, d'énergie,* une surabondance.

TROQUER [tʀɔke]. *v. tr.* (1) • 1° Donner en troc. V. **Échanger.** • 2° Changer, faire succéder à. *Il avait troqué ses culottes courtes contre des pantalons.*

TROQUET [tʀɔkɛ]. *n. m.* • *Pop.* Petit bistrot.

TROT [tʀo]. *n. m.* • 1° Une des allures naturelles du cheval (et de quelques quadrupèdes) intermédiaire entre le pas et le galop. *Le cheval a pris le trot, est parti au trot, au petit trot, au grand trot. Courses de trot,* réservées aux trotteurs *(trot monté* ou *trot attelé).* • 2° Fam. *Au trot,* en marchant rapidement, sans traîner. *À l'école, et au trot !*

TROTTE [tʀɔt]. *n. f.* • *Fam.* Chemin assez long à parcourir à pied. *Ça fait une trotte !*

TROTTER [tʀɔte]. *v.* (1) ★ **I.** *V. intr.* • 1° Aller au trot. *Le poulain trottait.* • 2° Marcher rapidement à petits pas. — Faire de nombreuses allées et venues. *Il devait trotter d'un bout de la ville à l'autre.* • 3° *Un air qui me trotte par la tête,* qui me poursuit. ★ **II.** V. pron. *Pop.* Se sauver, partir. ▼ **TROTTEUR, EUSE.** *n.* Cheval dressé à trotter ; cheval entraîné pour les courses de trot. ▼ **TROTTEUSE.** *n. f.* Aiguille des secondes d'une montre. ▼ **TROTTINER.** *v. intr.* (1) • 1° Aller avec un trot très court. *Des ânes qui trottinent.* • 2° Marcher à petits pas courts et pressés.

TROTTINETTE [tʀɔtinɛt]. *n. f.* • 1° Jouet d'enfant composé d'une planchette montée sur deux roues et d'une tige de direction. V. **Patinette.** • 2° *Fam.* Petite automobile.

TROTTOIR [tʀɔtwaʀ]. *n. m.* • 1° Chemin surélevé réservé à la circulation des piétons (sur les côtés d'une rue). *Se promener sur les trottoirs.* — *Faire le trottoir,* se dit d'une prostituée. • 2° *Trottoir roulant,* plate-forme qui roule sur des rails ou des galets, et sert à transporter des personnes ou des marchandises.

TROU [tʀu]. *n. m.* ★ **I.** • 1° Abaissement ou enfoncement (naturel ou artificiel) de la surface extérieure de qqch. V. **Cavité.** *Faire un trou dans le bois, la pierre. Tomber dans un trou.* — *Trou d'air*, courant atmosphérique descendant qui fait que l'avion s'enfonce brusquement. • 2° Abri naturel ou creusé. V. **Terrier.** *Trou de souris.* — Loc. *Faire son trou*, se faire une place, réussir. — *Trou du souffleur*, loge sur le devant de la scène, où se tient le souffleur. • 3° Loc. *Il y a un trou dans sa comptabilité*, des sommes d'argent qui ont disparu sans trace comptable. *Avoir un trou de mémoire*, une lacune. *Il y a un trou dans son emploi du temps*, un espace de temps inoccupé. • 4° *Fam.* Petit village perdu, retiré. V. **Bled.** *N'être jamais sorti de son trou*, ne rien connaître du monde. *Un petit trou pas cher*, une petite localité où l'on peut passer des vacances à bon marché. • 5° Pop. *Être au trou*, en prison. ★ **II.** • 1° Ouverture pratiquée de part en part dans une surface ou un corps solide. — *Trou d'aération. Le trou d'une aiguille.* V. **Chas.** *Le trou de la serrure*, orifice par lequel on introduit la clé. • 2° Solution de continuité produite involontairement (du fait de l'usure, d'une brûlure, etc.). *Il y a un trou à ta manche.* • 3° Nom familier de certains orifices ou cavités. *Trous de nez.* Vulg. *Trou du cul.*

TROUBADOUR [tʀubaduʀ]. *n. m.* • Poète lyrique courtois de langue d'oc, aux XIIe et XIIIe siècles (Cf. Trouvère).

TROUBLANT, ANTE [tʀublɑ̃, ɑ̃t]. *adj.* • 1° Qui rend perplexe en inquiétant. *Une ressemblance troublante.* • 2° Qui excite le désir. *Un regard troublant.*

1. TROUBLE [tʀubl(ə)]. *adj.* • 1° *(Liquide).* Qui n'est pas limpide, qui contient des particules en suspension. ‖ Contr. **Clair.** ‖ *Cette eau est trouble.* — Qui n'est pas net. *L'image est trouble. Avoir la vue trouble*, voir les images troubles. • 2° Qui contient des éléments obscurs, équivoques. *Il y a qqch. de trouble dans son affection.*

2. TROUBLE [tʀubl(ə)]. *n. m.* • 1° *Littér.* État de ce qui cesse d'être en ordre. V. **Confusion, désordre.** *Jeter, porter, semer le trouble dans une famille.* — *(Au plur.)* Ensemble d'événements caractérisés par l'agitation, par l'opposition violente d'un groupe à l'intérieur d'une société. V. **Désordre, émeute, manifestation.** *Des troubles sanglants. Réprimer les troubles.* • 2° État affectif pénible, fait d'angoisse, de désirs et d'une activité mentale incontrôlée. V. **Agitation, émotion.** *Remettez-vous de votre trouble. Son trouble était visible.* • 3° Modification pathologique des activités de l'organisme ou du comportement de l'être vivant. V. **Dérèglement, perturbation.** *Les troubles de la vue. Troubles névrotiques.*

TROUBLE-FÊTE [tʀubləfɛt]. *n. invar.* • Personne qui trouble des réjouissances, qui empêche qqn de se réjouir, de s'amuser.

TROUBLER [tʀuble]. *v. tr.* (1) • 1° Modifier en altérant la clarté, la transparence, la netteté. *Troubler l'eau.* • 2° Modifier en empêchant que se maintienne (un état d'équilibre ou de paix). V. **Bouleverser, déranger, perturber.** *On les accusait de troubler l'ordre public. Rien ne troublait notre repos.* • 3° Interrompre ou gêner le cours normal de (qqch.). *La représentation a été troublée par des manifestants.* — Au p. p. *Une période troublée de notre histoire*, où des troubles se sont produits. • 4° *Littér.* Priver de lucidité (la raison, le jugement). V. **Égarer.** *Avoir l'esprit troublé par qqch.* • 5° *(Compl. personne).* Affecter, déconcerter en faisant naître le trouble. V. **Impressionner, inquiéter.** *L'hostilité de ses voisins ne le troublait pas.* — Rendre perplexe. V. **Embarrasser, gêner.** *Il y a un détail qui me trouble.* — Émouvoir en faisant naître le désir. *La voix de cette femme le troublait.* — *Se troubler.* v. pron. *Ne vous troublez pas, gardez votre sang-froid.* — Au p. p. *Le candidat paraissait troublé.*

TROUÉE [tʀue]. *n. f.* • 1° Large ouverture qui permet le passage, ou qui laisse voir. • 2° Ouverture faite dans les rangs d'une armée. V. **Percée.** • 3° Large passage naturel dans une chaîne de montagnes, entre deux massifs. *La trouée de Belfort.*

TROUER [tʀue]. *v. tr.* (1) • 1° Faire un trou, des trous dans. *Le gosse a encore troué sa culotte.* — *Des chaussettes trouées.* — Loc. *Se faire trouer la peau*, se faire tuer par des balles. • 2° Faire une trouée dans. *Le faisceau du projecteur trouait les ténèbres.*

TROUFION [tʀufjɔ̃]. *n. m.* • *Pop.* Simple soldat. V. **Troupier.**

TROUILLE [tʀuj]. *n. f.* • *Pop.* Peur. ▼ **TROUILLARD, ARDE.** adj. et n. *Pop.* Peureux, poltron.

TROUPE [tʀup]. *n. f.* • 1° Groupe régulier et organisé de soldats. *Rejoindre le gros de la troupe.* — LES TROUPES, LA TROUPE : la force armée, la force publique. *L'avance de nos troupes. La troupe dut intervenir.* — LA TROUPE : l'ensemble des soldats (*opposé à* officiers). V. **Troupier.** *Le moral de la troupe.* • 2° Réunion de gens qui vont ensemble. V. **Bande, groupe.** *Une troupe d'amis. En troupe*, à plusieurs, tous ensemble. — Groupe d'animaux de même espèce vivant naturellement ensemble. *Une troupe de singes.* • 3° Groupe de comédiens, d'artistes qui jouent ensemble. *Une troupe en tournée.*

TROUPEAU [tʀupo]. *n. m.* • 1° Réunion (d'animaux domestiques qu'on élève ensemble). *Un troupeau de taureaux, de moutons, d'oies.* — Troupe (de bêtes sauvages). *Un troupeau d'éléphants.* • 2° *Péj.* Troupe nombreuse et passive (de personnes). *De longs troupeaux de touristes.*

TROUPIER [tʀupje]. *n. m.* • *Vx* (sauf en loc.). Simple soldat. V. **Troufion.** — Loc. *Jurer comme un troupier.* — Adj. *Comique troupier*, genre comique grossier, à base d'histoires de soldats, à la mode vers 1900.

1. TROUSSE [tʀus]. *n. f.* • Autrefois, Haut-de-chausses relevé dans le bas. — Loc. *Avoir qqn à ses trousses* (V. **Basque**), qqn qui vous suit ou vous poursuit. *La police est à ses trousses.*

2. TROUSSE. *n. f.* • Étui à compartiments pour ranger un ensemble d'objets. *Trousse de médecin, d'écolier. Trousse de toilette*, contenant des objets de toilette.

TROUSSEAU [tʀuso]. *n. m.* • 1° *Trousseau de clefs*, réunion de plusieurs clefs attachées à un anneau, un porte-clefs. • 2° Vêtements, linge qu'emporte une jeune fille qui se marie, un enfant qui entre en pension.

TROUSSER [tʀuse]. *v. tr.* (1) • 1° En cuisine, *Trousser une volaille*, replier ses membres et les lier au corps avant de la faire cuire. • 2° *Littér.* Retrousser (un vêtement). — Fam. *Trousser les filles*, se dit d'un homme coureur et brutal *(un trousseur de jupons)*. • 3° *Littér.* Faire rapidement et habilement (un petit ouvrage). *Un compliment assez bien troussé.* V. **Torché.**

TROUVAILLE [tʀuvɑj]. *n. f.* • 1° Fait de trouver avec bonheur ; la chose ainsi trouvée. *J'ai fait une trouvaille au Marché aux puces.* • 2° Le fait de découvrir (une idée, une image, etc.) d'une manière heureuse ; idée, expression originale. V. **Création.** *Les trouvailles d'un écrivain.*

TROUVER [tʀuve]. *v. tr.* (1) ★ **I.** • 1° Apercevoir, rencontrer (ce que l'on cherchait ou ce que l'on souhaitait avoir). V. **Découvrir,** et *(fam.)* **Dégoter, dénicher.** *J'ai eu du mal à trouver sa maison.* • 2° Se procurer, parvenir à avoir. *Il a trouvé un appartement, une situation.* • 3° Parvenir à rencontrer, à être avec (qqn). *Où peut-on vous trouver ?* V. **Atteindre, joindre.** — *Aller trouver qqn*, aller le voir, lui parler. ★ **II.** Découvrir, rencontrer (qqn, qqch.) sans avoir cherché. *J'ai trouvé un parapluie dans le taxi. On trouve dans ce roman des mots régionaux. — Il a trouvé son maître*, il est tombé sur qqn de plus fort que lui. ★ **III.** • 1° Découvrir par un effort de l'esprit, de l'imagination. V. **Imaginer, inventer.** *Il faut trouver un moyen, un prétexte. As-tu trouvé la solution ? Eurêka ! J'ai trouvé !* Fam. *Où avez-vous trouvé cela ?* qu'est-ce qui vous fait croire cela ? • 2° Pouvoir disposer de (temps, occasion, etc.). *Si j'en trouve le temps, la force, je le ferai.* — *Littér.* TROUVER À... (et inf.) : trouver le moyen de... *Je trouverai bien à vous tirer de là.* • 3° TROUVER (un sentiment, un état d'âme) DANS, À, etc. : éprouver. *Il trouve du plaisir, un malin plaisir à nous taquiner.* ★ **IV.** • 1° (Le compl. étant accompagné d'un attribut). Voir (qqn, qqch.) se présenter d'une certaine manière. *J'ai trouvé la porte fermée. À cette heure, vous le trouverez au lit.* • 2° TROUVER (un caractère, une qualité) À (qqn, qqch.) : lui reconnaître un caractère, une qualité. *Je lui trouve mauvaise mine, bien du mérite.* ★ **V.** TROUVER *(qqn, qqch.)* et attribut : estimer, juger que (qqn, qqch.) est... V. **Juger, regarder** (comme), **tenir** (pour). *Je le trouve sympathique. Trouver le temps long*, être fatigué d'attendre. *La trouver mauvaise*, être mécontent. — TROUVER BON, MAUVAIS QUE... : approuver, ne pas approuver que... — TROUVER QUE... : juger, estimer que... *Vous trouvez ?* vous croyez ? ★ **VI.** SE TROUVER. *v. pron.* • 1° Être (en un endroit, en une circonstance, en présence de). *Les personnes qui se trouvaient là. Il ne faisait pas bon se trouver sur son chemin. — Le dossier se trouvait dans un tiroir secret.* • 2° Être (dans un état, une situation). *Nous nous trouvons dans une situation difficile. Je me trouve dans l'impossibilité de vous aider.* — SE TROUVER ÊTRE, AVOIR... : être, avoir, par hasard. *Il se trouvait habiter tout près de chez moi.* — Impers. *Il se trouve toujours des gens qui disent, pour dire...*, il y a toujours... *Il se trouve que c'est moi qui ai raison*, les choses font que c'est moi. Pop. *Si ça se trouve*, se dit pour présenter une chose qui peut très bien arriver. • 3° *(Avec un attribut).* Se sentir (dans un état). *Je me trouvais dépaysé. Comment vous trouvez-vous ce matin ?* — *Loc.* SE TROUVER MAL : s'évanouir. — SE TROUVER BIEN, MAL (DE QQCH.) : en tirer un avantage, en éprouver un désagrément. — Se croire. *Si tu te trouves malin !*

TROUVÈRE [tʀuvɛʀ]. *n. m.* • Au Moyen Âge, Poète et jongleur de la France du Nord, s'exprimant en langue d'oïl (Cf. Troubadour).

TRUAND, ANDE [tʀyɑ̃, ɑ̃d]. *n.* • 1° *Vx.* Mendiant professionnel. • 2° *N. m.* Homme du « milieu », souteneur ou voleur. ▼ **TRUANDER.** v. tr. (1). *Fam.* Voler, escroquer (qqn).

TRUBLION [tʀyblijɔ̃]. *n. m.* • Fauteur de troubles, agitateur.

TRUC [tʀyk]. *n. m.* • 1° *Fam.* Façon d'agir qui requiert de l'habileté, de l'adresse. V. **Combine, moyen.** *J'ai trouvé le truc. C'est un bon truc.* — Procédé habile pour obtenir un effet particulier. *Les trucs d'un prestidigitateur.* — Moyen concret, machine ou dispositif scénique destiné à créer une illusion. V. **Truquage.** • 2° *Fam.* Chose quelconque. V. **Machin.** *Qu'est-ce que c'est que ce truc-là ?*

TRUCAGE ou **TRUQUAGE.** *n. m.* V. TRUQUER.

TRUCHEMENT [tʀyʃmɑ̃]. *n. m.* • 1° *Vx.* Interprète. — *Littér.* Personne qui parle à la place d'une autre, exprime sa pensée. V. **Porte-parole.** • 2° Loc. *Par le truchement de qqn*, par l'intermédiaire de qqn.

TRUCIDER [tʀyside]. *v. tr.* (1) • *Plaisant.* Tuer.

TRUCULENT, ENTE [tʀykylɑ̃, ɑ̃t]. *adj.* • Haut en couleur, qui étonne et réjouit par ses excès. *Un personnage, un langage truculent.* V. **Pittoresque.** ▼ **TRUCULENCE.** *n. f.*

TRUELLE [tʀyɛl]. *n. f.* • Outil de maçon servant à étendre le mortier.

TRUFFE [tʀyf]. *n. f.* • 1° Tubercule souterrain de la famille des champignons, très apprécié comme garniture de certains mets (dinde, foie gras, etc.). — *Truffes en chocolat*, confiserie faite d'une pâte chocolatée. • 2° Extrémité du museau, chez le chien. • 3° Imbécile (Cf. Patate). ▼ **TRUFFER.** *v. tr.* (1) • 1° Garnir de truffes (1°). — *Pâté truffé.* • 2° Remplir, enrichir (de choses disséminées en abondance). *Il aimait truffer ses discours de citations et de proverbes.*

TRUIE [tʀɥi]. *n. f.* • Femelle du porc, du verrat. *Une truie et ses porcelets.*

TRUISME [tʀyism(ə)]. *n. m.* • *Littér.* Vérité d'évidence.

TRUITE [tʀɥit]. *n. f.* • Poisson à chair très estimée qui vit surtout dans les eaux pures et vives. *Pêcher la truite.*

TRUMEAU [trymo]. *n. m.* • Partie d'un mur, d'une cloison comprise entre deux ouvertures verticales ; panneau, revêtement (de menuiserie, de glace) qui l'occupe.

TRUQUER [tryke]. *v. tr.* (1) • Changer pour tromper, donner une fausse apparence à (qqch.). V. **Falsifier, maquiller.** *Il a truqué les cartes. Les élections ont été truquées. Un combat de boxe truqué*, arrangé d'avance. ▼ **TRUQUAGE** ou **TRUCAGE.** *n. m.* • 1° Le fait de truquer, de falsifier. • 2° Procédé employé au cinéma pour créer une illusion. *Les trucages d'un film fantastique.* ▼ **TRUQUEUR, EUSE.** *n.* • 1° Personne qui truque, triche. • 2° Technicien du truquage en laboratoire.

TRUST [trœst]. *n. m.* • 1° En économie, Combinaison financière réunissant plusieurs entreprises sous une direction unique. • 2° Entreprise assez puissante pour exercer une influence prépondérante dans un secteur économique. *Les grands trusts internationaux.* ▼ **TRUSTER** [trœste]. *v. tr.* (1). Accaparer, monopoliser, comme le font les trusts.

TSAR [dzar]. *n. m.* • Nom donné aux anciens empereurs de la Russie (et aux anciens souverains serbes et bulgares). ▼ **TSARINE** [dzarin]. *n. f.* Femme du tsar, impératrice de Russie. ▼ **TSARISME.** *n. m.* Régime autocratique des tsars ; période de l'histoire russe où ont régné les tsars. ▼ **TSARISTE.** *adj.*

TSÉ-TSÉ [tsetse]. *n. f.* • *Mouche tsé-tsé*, mouche d'Afrique qui peut transmettre diverses maladies (notamment la maladie du sommeil).

T.S.F. [teɛsɛf]. *n. f.* • 1° Émission, par procédés radioélectriques, de signaux en morse. • 2° *Vieilli.* Radiodiffusion ; poste récepteur. V. **Radio.**

TSIGANE [tsigan] ou **TZIGANE** [tzigan]. *n.* et *adj.* • 1° *Les Tsiganes*, nom d'un peuple venu de l'Inde, qui a mené une existence de nomades. V. **Bohémien, gitan.** • 2° *Musique tsigane, tzigane*, musique populaire de Bohême et de Hongrie, adaptée par les musiciens tsiganes.

TU [ty]. *pron. pers.* • Pronom personnel sujet de la deuxième personne du singulier et des deux genres. • 1° (Pronom). *Tu as tort.* Pop. *T'as* [ta] *tort.* • 2° (Nominal). *Je lui dis tu depuis l'enfance.* V. **Tutoyer.** *Être à tu et à toi avec qqn*, être très lié, intime avec lui.

TUANT, ANTE [tɥɑ̃, ɑ̃t]. *adj.* • Épuisant, très fatigant. — Énervant, assommant. *Ce gosse est tuant !*

TUB [tœb]. *n. m.* • Large cuvette où l'on peut se baigner ; ce bain. *Prendre un tub.*

TUBA [tyba]. *n. m.* • Gros instrument à vent à trois pistons et embouchure. *Des tubas.*

TUBAGE [tybaʒ]. *n. m.* • En médecine, Introduction d'un tube dans un organe. *Tubage gastrique.*

TUBARD, ARDE [tybar, ard(ə)]. *adj.* et *n.* • *Pop.* Tuberculeux.

1. TUBE [tyb]. *n. m.* • 1° Conduit à section circulaire, généralement rigide, ouvert à une extrémité ou aux deux. *Un tube de verre.* TUBE À ESSAI : tube de verre cylindrique et fermé à un bout. V. **Éprouvette.** — Tuyau de métal. *Les tubes d'une chaudière* (V. **Tubulure**). Loc. *À pleins tubes*, avec toute la puissance du moteur. — *Tube à décharges électriques*, muni d'électrodes, contenant un gaz ou une vapeur à une pression convenable. *Tube fluorescent*, pour l'éclairage. *Tube au néon.* • 2° En sciences naturelles, anatomie, Organe creux et allongé. *Tube digestif*, organe qui traverse le corps de la bouche à l'anus. • 3° Petit étui cylindrique, fermé par un bouchon, servant d'emballage. *Tube d'aspirine. Tube de dentifrice.*

2. TUBE. *n. m.* • *Fam.* Chanson à succès.

TUBERCULE [tybɛrkyl]. *n. m.* ★ **I.** (En anatomie, médecine). • 1° Protubérance anatomique. — Petite masse solide arrondie (dans certaines maladies). *Tubercules syphilitiques.* • 2° Agglomérat de cellules détruites ou modifiées autour d'une colonie de bacilles de Koch (notamment dans les poumons). V. **Tuberculose.** ★ **II.** Excroissance arrondie d'une racine, constituant une réserve nutritive de la plante. *Les tubercules comestibles* (*ex. :* pomme de terre).

TUBERCULEUX, EUSE [tybɛrkylø, øz]. *adj.* et *n.* • 1° Qui s'accompagne de tubercules (I) pathologiques. • 2° Relatif à la tuberculose. *Bacille tuberculeux. La radiographie a décelé une lésion tuberculeuse.* • 3° Atteint de tuberculose. — Subst. *Tuberculeux en traitement dans un sanatorium.* ▼ **TUBERCULINE.** *n. f.* Extrait d'une culture de bacilles tuberculeux utilisé pour diagnostiquer la tuberculose. V. **Cuti-réaction.**

TUBERCULOSE [tybɛrkyloz]. *n. f.* • Maladie infectieuse et contagieuse, causée par le bacille de Koch et caractérisée notamment par la formation de tubercules (I, 2°). *Tuberculose pulmonaire, osseuse, rénale.*

TUBÉREUSE [tyberøz]. *n. f.* • Plante herbacée, à hautes tiges portant des grappes de fleurs blanches très parfumées.

TUBULAIRE [tybylɛr]. *adj.* • 1° Qui a la forme d'un tube. • 2° Qui est fait de tubes métalliques. *Chaudière tubulaire.* ▼ **TUBULURE.** *n. f.* Tube métallique d'un ensemble tubulaire.

TUDESQUE [tydɛsk(ə)]. *adj.* • *Péj.* et *vx.* Germanique.

TUE-MOUCHE [tymuʃ]. *adj.* • *Papier tue-mouche*, qui sert à engluer et tuer les mouches.

TUER [tɥe]. *v. tr.* (1) ★ **I.** • 1° Faire mourir (qqn) de mort violente. *L'assassin l'a tué à coups de couteau.* Fam. *Il est à tuer !* on a envie de le tuer tant il est exaspérant. — *(Surtout au passif)* Faire mourir à la guerre. *Dix soldats et un officier ont été tués.* — Subst. *Les tués et les blessés.* — Donner involontairement la mort à (qqn). *Il a tué son ami au cours d'une partie de chasse.* • 2° Faire mourir volontairement (un animal). *Nous avons tué trois lièvres à la chasse.* • 3° *(Choses).* Causer la mort de. *Une bombe, une maladie qui a tué des centaines de personnes.* • 4° Causer la disparition de (qqch.), faire cesser plus ou moins brutalement. V. **Ruiner.**

La bureaucratie tue l'initiative. — Loc. *Tuer dans l'œuf*, étouffer (qqch.) avant tout développement. *Tuer le temps*, le passer en évitant de s'ennuyer (quand on n'a aucune occupation). • **5°** *(Suj. chose).* Épuiser (qqn) en brisant la résistance. *Ce bruit, ces escaliers me tuent.* — Plonger dans un désarroi ou une détresse extrême. V. **Désespérer.** *Tous ses mensonges me tuent.* ★ **II.** Se tuer. • **1°** Se suicider. — Être cause de sa propre mort par accident. *Il s'est tué dans un accident de voiture.* • **2°** User ses forces, compromettre sa santé. *Il se tue de travail, à la peine.* — Se donner beaucoup de mal. *Je me tue à vous le répéter.*

TUERIE [tyʀi]. *n. f.* • Action de tuer en masse, sauvagement. V. **Boucherie, carnage, massacre.** *Les affreuses tueries de la Grande Guerre.*

TUE-TÊTE (À) [atytɛt]. *loc. adv.* • D'une voix si forte qu'on casse la tête, qu'on étourdit.

TUEUR, EUSE [tɥœʀ, øz]. *n.* • **1°** Personne qui assassine par profession ou comme par profession. *Un tueur à gages. Il a une tête de tueur*, d'assassin. • **2°** Professionnel qui tue les bêtes dans un abattoir (terme technique).

TUF [tyf]. *n. m.* • **1°** Pierre poreuse provenant d'un dépôt de calcaire ou de la consolidation des cendres volcaniques. • **2°** *Littér.* L'élément originel que l'on découvre en profondeur, en creusant sous la surface (d'un être, d'une société).

TUILE [tɥil]. *n. f.* • **1°** Plaque (de terre cuite, etc.) servant à couvrir un édifice. *Un toit de tuiles.* • **2°** *Fam.* Désagrément inattendu (comparé à une tuile qui tombe sur la tête de qqn). V. **Accident, malchance.** *Ça, c'est une tuile !* ▼ **TUILERIE.** *n. f.* Fabrique de tuiles.

TULIPE [tylip]. *n. f.* • **1°** Plante à bulbe, aux feuilles allongées et dont la fleur renflée à la base est évasée à l'extrémité. • **2°** Objet (verre, globe, lampe...) dont la forme rappelle celle de cette fleur.

TULLE [tyl]. *n. m.* • Tissu léger, formé d'un réseau de mailles rondes ou polygonales. *Des rideaux de tulle.*

TUMÉFIER [tymefje]. *v. tr.* (7) • Causer une augmentation de volume anormale à (une partie du corps). V. **Enfler, gonfler.** *Le coup a tuméfié l'arcade sourcilière.* — (Surtout au p. p.) *Des doigts tuméfiés par les engelures.* ▼ **TUMÉFACTION** [tymefaksjɔ̃]. *n. f.* Fait de se tuméfier, d'être tuméfié. V. **Enflure.** — Partie tuméfiée.

TUMEUR [tymœʀ]. *n. f.* • **1°** Gonflement pathologique formant une saillie anormale. • **2°** En médecine, Production pathologique constituée par un tissu vivant de formation nouvelle. *Tumeurs bénignes*, à croissance lente et qui ne réapparaissent pas (après extirpation). *Tumeurs malignes*, qui ont tendance à se généraliser. V. **Cancer, sarcome.**

TUMULTE [tymylt(ə)]. *n. m.* • **1°** Désordre bruyant ; bruit confus que produisent des personnes assemblées. V. **Brouhaha, charivari, vacarme.** *L'orateur ne pouvait se faire entendre dans le tumulte.* — Agitation bruyante et incessante. *Le tumulte de la rue.* • **2°** *Littér.* Agitation, désordre (dans la vie psychique). *Le tumulte des passions.* ▼ **TUMULTUEUX, EUSE** [tymyltɥø, øz]. adj. *Littér.* • **1°** Agité et bruyant. *La discussion a été tumultueuse.* V. **Orageux.** • **2°** Agité et violent. *Les flots tumultueux.* • **3°** *(Abstrait).* Plein d'agitation, de trouble. *Une jeunesse tumultueuse.* ▼ **TUMULTUEUSEMENT.** *adv.*

TUMULUS [tymylys]. *n. m.* • (Terme d'archéologie). Tertre artificiel élevé au-dessus d'une tombe.

TUNGSTÈNE [tœ̃kstɛn]. *n. m.* • Métal gris, ne se déformant que très peu sous l'action des efforts mécaniques, même à température élevée. *Acier au tungstène, au carbure de tungstène.*

TUNIQUE [tynik]. *n. f.* ★ **I.** • **1°** Vêtement de dessous des Anciens, sorte de chemise longue avec ou sans manches. — *Tunique de danse rythmique*, rappelant la tunique des Anciens. • **2°** *Tunique d'armes*, ancienne veste d'armure, en mailles d'acier. — Veste ou redingote d'uniforme. • **3°** Vêtement féminin, sorte de long corsage. ★ **II.** Membrane qui enveloppe ou protège (un organe). *La tunique de l'œil.*

TUNNEL [tynɛl]. *n. m.* • Galerie souterraine destinée au passage d'une voie de communication. *Le tunnel sous le mont Blanc.* — Loc. *Arriver au bout du tunnel*, sortir d'une période difficile, pénible.

TURBAN [tyʀbɑ̃]. *n. m.* • **1°** En Orient, Coiffure d'homme faite d'une longue bande d'étoffe enroulée autour de la tête. • **2°** Coiffure de femme évoquant cette coiffure.

TURBIN [tyʀbɛ̃]. *n. m.* • *Pop.* Travail, métier. *Après le turbin, on ira au cinéma.* ▼ **TURBINER.** v. intr. (1). *Pop.* Travailler dur.

TURBINE [tyʀbin]. *n. f.* • Dispositif rotatif, destiné à utiliser la force d'un liquide ou d'un gaz et à transmettre le mouvement au moyen d'un arbre. *Les turbines d'une centrale hydro-électrique. Turbines à gaz* (V. **Turbo-**).

TURBO-. • Élément de mots techniques signifiant « turbine ». ▼ **TURBOCOMPRESSEUR** [tyʀbɔkɔ̃pʀesœʀ]. *n. m.* Organe mécanique constitué par une turbine et un compresseur montés sur le même axe. ▼ **TURBOMOTEUR.** *n. m.* Moteur dont l'élément principal est une turbine. ▼ **TURBOPROPULSEUR.** *n. m.* Moteur d'avion dans lequel une turbine à gaz fait tourner une ou deux hélices. ▼ **TURBORÉACTEUR.** *n. m.* Moteur à réaction dans lequel une turbine à gaz alimente les compresseurs.

TURBOT [tyʀbo]. *n. m.* • Poisson de mer, à corps plat et ovale, à chair très estimée.

TURBULENT, ENTE [tyʀbylɑ̃, ɑ̃t]. *adj.* ★ **I.** *(Personnes).* • **1°** Qui est porté à s'agiter physiquement, qui est souvent dans un état d'excitation bruyante. V. **Agité, bruyant, remuant.** *Un enfant turbulent.* • **2°** *Littér.* Qui aime le trouble, le désordre. *Une population turbulente.* ★ **II.** En physique, Se dit d'un fluide caractérisé par des turbulences (2°), des tourbillons. ▼ **TURBULENCE.** *n. f.* • **1°** Caractère d'une personne turbulente. • **2°** En physique, Formation de tourbillons, dans un fluide.

TURC, TURQUE [tyʀk(ə)]. *adj.* et *n.* • 1° *Adj.* De la Turquie (ottomane ou moderne). *Café turc*, noir et fort, servi avec le marc dans une très petite tasse. *Bain turc*, bain de vapeur suivi de massages. — *Être assis à la turque*, en tailleur. *Cabinets à la turque*, sans siège. • 2° Subst. *Les Turcs.* — *Les jeunes Turcs*, éléments jeunes qui souhaitent une évolution politique (comme les révolutionnaires turcs en 1908). — N. m. *Le turc*, langue apparentée aux langues ouralo-altaïques.

TURF [tyʀf]. *n. m.* • Les courses de chevaux, leur préparation, et les activités qui en dépendent (paris, etc.). V. **Hippisme.** ▼ **TURFISTE** [tyʀfist(ə)]. *n.* Personne qui aime les courses de chevaux et les paris.

TURGESCENT, ENTE [tyʀʒesɑ̃, ɑ̃t]. *adj.* • En médecine, Se dit d'un organe qui enfle, augmente de volume par rétention de sang veineux. ▼ **TURGESCENCE.** n. f. *Didact.* Gonflement d'un organe turgescent.

TURLUPINER [tyʀlypine]. *v. tr.* (1) • *Fam.* Tourmenter, tracasser. *Ça me turlupine.*

TURNE [tyʀn(ə)]. *n. f.* • *Pop.* Chambre ou maison sale et sans confort. — *Arg. scol.* Chambre, petite salle de travail.

TURPITUDE [tyʀpityd]. *n. f.* • *Littér.* Bassesse, indignité extrême. V. **Ignominie, infamie.** — *Une, des turpitude(s)*, action, parole, idée... d'une grande bassesse.

TURQUERIE [tyʀk(ə)ʀi]. *n. f.* • Objet, composition artistique ou littéraire de goût ou d'inspiration turcs, orientaux.

TURQUOISE [tyʀkwaz]. *n. f.* • Pierre fine d'un bleu tirant sur le vert ; bijou fait avec cette pierre. — *Adj. invar.* De la couleur de cette pierre. *Une écharpe turquoise.*

TUSSOR [tysɔʀ]. *n. m.* • Étoffe de *tussah*, soie sauvage de l'Inde. — Étoffe légère de soie, analogue au foulard.

TUTÉLAIRE [tyteleʀ]. *adj.* • *Littér.* Qui assure une protection. V. **Protecteur.** *Divinités tutélaires.*

TUTELLE [tytɛl]. *n. f.* • 1° En droit, Charge conférée par la loi à un tuteur. — *Tutelle administrative*, moyens de contrôle dont dispose le gouvernement sur les collectivités publiques. • 2° État de dépendance d'une personne soumise à une surveillance gênante. — Protection vigilante. *Être sous la tutelle des lois.*

1. TUTEUR, TRICE [tytœʀ, tʀis]. *n.* • Personne chargée de veiller sur un mineur ou une personne frappée d'interdiction (2°), de gérer ses biens, et de le représenter dans les actes juridiques.

2. TUTEUR. *n. m.* • Armature de bois ou de métal, fixée dans le sol pour soutenir ou redresser des plantes.

TUTOYER [tytwaje]. *v. tr.* (8) • S'adresser à (qqn) en employant la deuxième personne du singulier ; dire *tu* à (qqn). ‖ Contr. **Vouvoyer.** ‖ ▼ **TUTOIEMENT.** *n. m.*

TUTTI QUANTI [tu(t)tikwɑ̃ti]. *loc. nomin.* • *Iron.* (Après plusieurs noms de personnes). Et tous les gens de cette espèce.

TUTU [tyty]. *n. m.* • Jupe de gaze courte et évasée, portée par les danseuses de ballet.

1. TUYAU [tɥijo]. *n. m.* • 1° Conduit à section circulaire destiné à faire passer un liquide, un gaz. V. **Canalisation, conduite, tube.** *Tuyau d'arrosage. Tuyau d'échappement d'une automobile. Tuyau de refoulement des gaz.* V. **Tuyère.** *Tuyau de cheminée*, partie extérieure du conduit de cheminée, qui évacue la fumée. *Tuyau de poêle*, qui relie un poêle à une cheminée. • 2° Cylindre creux. *Le tuyau d'une plume.* — Loc. fam. *Dire, raconter qqch. à qqn dans le tuyau de l'oreille*, confier tout bas, de bouche à oreille. ▼ **TUYAUTERIE** [tɥijotʀi]. *n. f.* Ensemble des tuyaux d'une installation (eau, chauffage...).

2. TUYAU. *n. m.* • Pli ornemental en forme de tube. ▼ **1. TUYAUTER** [tɥijote]. *v. tr.* (1). Orner (du linge) de tuyaux (2). *Une coiffe régionale tuyautée.* — Subst. *Un tuyauté*, ensemble des tuyaux juxtaposés faits au fer à tuyauter.

3. TUYAU. *n. m.* • Indication confidentielle pour le succès d'une opération. V. **Renseignement.** *Avoir un bon tuyau aux courses.* Plaisant. *Un tuyau crevé*, un mauvais tuyau. ▼ **2. TUYAUTER.** v. tr. (1). *Fam.* Renseigner en donnant des tuyaux.

TUYÈRE [ty(ɥi)jɛʀ]. *n. f.* • Large tuyau d'admission ou de refoulement des gaz (dans une machine, un réacteur). *Les tuyères d'une fusée.*

T.V.A. [tevea]. *n. f.* • Taxe à la valeur ajoutée.

TWEED [twid]. *n. m.* • Épais tissu de laine cardée, d'aspect rugueux et de couleurs mélangées. *Une veste de tweed.*

TWIST [twist]. *n. m.* • Danse d'origine américaine, sur un rythme rapide, caractérisée par un mouvement de rotation des jambes et du bassin.

1. TYMPAN [tɛ̃pɑ̃]. *n. m.* • Espace délimité par des arcs ou des droites, dans un fronton ou un portail. *Le tympan sculpté d'une église romane.*

2. TYMPAN. *n. m.* • Membrane fibreuse translucide qui sépare le conduit auditif externe de l'oreille moyenne. *Crever le tympan*, se dit d'un bruit assourdissant.

TYMPANON [tɛ̃panɔ̃]. *n. m.* • Ancien instrument de musique composé de cordes tendues sur une caisse et que l'on frappait avec deux petits maillets.

TYPE [tip]. *n. m.* ★ **I.** • 1° Concept abstrait exprimant l'essence d'un ensemble d'objets ou d'être réels, ou un modèle à imiter ; ensemble d'images qui y correspondent. V. **Canon, idéal.** *Un type de beauté éternelle. L'auteur a créé un type. Conforme à un type* (V. **Typique**). • 2° Ensemble des caractères qui permettent de distinguer des catégories d'objets et de faits individuels. *Distinguer des types dans un ensemble. Les types humains*, considérés du point de vue ethnique, esthétique. *Elle a le type nordique.* — Fam. *Ce n'est pas mon type*, le type physique, esthétique qui m'attire. V. **Genre.** • 3° Ensemble des caractères d'une série d'objets fabriqués tel qu'il a été défini avant leur production. V. **Modèle, norme, standard.** *Conforme au type réglementaire.* • 4° *Un, le type de...*, personne ou chose qui réunit les principaux éléments d'un modèle abstrait.

et qui peut être donné en exemple. V. **Personnification, représentant.** *C'est le type de l'affaire louche !* — En appos. *Elle est la provinciale type.* ★ **II.** • **1°** Personnage remarquable ; original. *C'est vraiment un type.* • **2°** *Fam.* Homme quelconque. V. **Bonhomme, gars, homme.** *Quel pauvre type ! Un brave, un chic type.*

-TYPE, -TYPIE. • Éléments de mots savants signifiant « modèle » (*ex. :* prototype) ou « empreinte » (*ex. :* sténotypie). V. **Typo-.**

TYPÉ, ÉE [tipe]. *adj.* • Qui présente nettement les caractères d'un type. *Un personnage bien typé.*

TYPHIQUE [tifik]. *adj.* • Du typhus ou de la fièvre typhoïde.

TYPHOÏDE [tifɔid]. *adj.* et *n. f.* • *Fièvre typhoïde,* maladie infectieuse, contagieuse, caractérisée par des troubles nerveux et intestinaux et un état général d'abattement. — N. f. *Attraper la typhoïde.*

TYPHON [tifɔ̃]. *n. m.* • Cyclone des mers de Chine et de l'océan Indien.

TYPHUS [tifys]. *n. m.* • Maladie épidémique caractérisée par une fièvre intense et brutale et des rougeurs généralisées.

TYPIQUE [tipik]. *adj.* • **1°** Qui constitue un type, un exemple caractéristique. V. **Caractéristique, remarquable.** *Un cas typique.* • **2°** Qui présente suffisamment les caractères d'un type pour servir d'exemple, de repère (dans une classification). V. **Spécifique.** • **3°** *Musique typique,* musique de caractère sud-américain (danse, variétés). ▼ **TYPIQUEMENT.** *adv.* D'une manière typique. V. **Spécifiquement.** *Un comportement typiquement anglais.*

TYPO-. • Élément de mots techniques, signifiant « empreinte, type ; caractère (d'imprimerie), etc. ».

TYPOGRAPHIE [tipɔgʀafi]. *n. f.* • **1°** Ensemble des techniques permettant de reproduire des textes par l'impression d'un assemblage de caractères en relief (en particulier, les opérations de composition). V. **Imprimerie.** • **2°** Manière dont un texte est imprimé (quant au type des caractères, à la mise en pages, etc.). ▼ **TYPOGRAPHIQUE.** *adj.* ▼ **TYPOGRAPHE.** *n.* Professionnel qui exerce une des spécialités de la typographie ; en particulier, compositeur à la main. (*Abrév. fam.* UN TYPO.)

TYPOLOGIE [tipɔlɔʒi]. *n. f.* • *Didact.* Science de l'élaboration des types, facilitant l'analyse d'une réalité complexe et la classification. — Système de types. *Une typologie des langues.* ▼ **TYPOLOGIQUE.** *adj.*

TYRAN [tiʀɑ̃]. *n. m.* • **1°** Celui qui, ayant le pouvoir suprême, l'exerce de manière absolue, oppressive. V. **Autocrate, despote.** • **2°** Personne autoritaire qui impose sa volonté. *Un tyran domestique,* qqn qui tyrannise sa famille. ▼ **TYRANNEAU.** n. m. *Littér.* Petit tyran, tyran subalterne.

TYRANNIE [tiʀani]. *n. f.* • **1°** Gouvernement absolu et arbitraire, cruel. V. **Despotisme, dictature.** • **2°** Abus de pouvoir. *Se libérer de la tyrannie d'un père, d'un mari.* — Contrainte impérieuse. *La tyrannie de la mode.* ▼ **TYRANNIQUE.** *adj.* Qui exerce une tyrannie. ▼ **TYRANNISER.** *v. tr.* (1). Traiter (qqn) avec tyrannie, en abusant de son pouvoir ou de son autorité. V. **Opprimer, persécuter.** — *(Choses)* Exercer une contrainte qui asservit. *Les préjugés, les habitudes qui nous tyrannisent.*

TYROLIENNE [tiʀɔljɛn]. *n. f.* • Chant montagnard à trois temps originaire du Tyrol, caractérisé par le passage rapide de la voix de poitrine à la voix de tête.

U

U [y]. *n. m.* • Vingt et unième lettre de l'alphabet, cinquième voyelle. *U tréma* ou *ü*. — *En U*, en forme de U. *Tube en U.*

UBIQUITÉ [ybikɥite]. *n. f.* • Présence en plusieurs lieux à la fois. *Il a le don d'ubiquité*, on le voit partout.

UKASE [ykɑz] ou **OUKASE** [ukɑz]. *n. m.* • **1°** Édit promulgué par le tsar. • **2°** Décision arbitraire.

ULCÈRE [ylsɛʀ]. *n. m.* • Perte de substance de la peau et des muqueuses formant des plaies qui ont tendance à ne pas se cicatriser. *Ulcères variqueux. Ulcère à l'estomac.* ▼ **ULCÉRATION** [ylseʀɑsjɔ̃]. *n. f.* • **1°** Formation d'un ulcère. *Début d'ulcération.* • **2°** Altération de la peau et des muqueuses avec perte de substance. *Ulcérations cancéreuses.* ▼ **1. ULCÉRER.** *v. tr.* (6). Produire un ulcère sur (une partie du corps). ▼ **ULCÉREUX, EUSE.** *adj.* • **1°** Qui a la nature de l'ulcère ou de l'ulcération. *Plaie, lésion ulcéreuse.* • **2°** Couvert d'ulcères. *Membre ulcéreux.*

2. ULCÉRER. *v. tr.* (6) • Blesser (qqn) profondément. V. **Vexer.** *Ce manque de confiance l'a ulcéré.*

ULTÉRIEUR, EURE [ylteʀjœʀ]. *adj.* • Qui sera, arrivera plus tard. V. **Futur, postérieur.** || Contr. **Antérieur.** || ▼ **ULTÉRIEUREMENT.** *adv.* Plus tard. V. **Après, ensuite.** *Nous reparlerons de cette question ultérieurement.*

ULTIMATUM [yltimatɔm]. *n. m.* • Les dernières conditions présentées par un État à un autre et comportant une sommation. *Adresser, envoyer un ultimatum. Des ultimatums.*

ULTIME [yltim]. *adj.* • Dernier, final (dans le temps). *Faire une ultime tentative.*

ULTRA [yltʀa]. *adj.* et *n.* • Réactionnaire extrémiste. *Des ultras.*

ULTRA-. • Élément savant signifiant « au delà » ou « très » (ex. : *ultra-rapide*).

ULTRA-COURT, -COURTE [yltʀakuʀ, kuʀt(ə)]. *adj.* • Se dit en physique des ondes électromagnétiques de très grande fréquence (longueur d'onde de quelques centimètres), utilisées en télévision, en radar.

ULTRAMICROSCOPE. *n. m.* • Microscope optique très puissant.

ULTRAMODERNE. *adj.* • Très moderne. *Une architecture ultramoderne.*

ULTRAMONTAIN, AINE [yltʀamɔ̃tɛ̃, ɛn]. *adj.* et *n.* • Qui soutient la position traditionnelle de l'Église catholique italienne (pouvoir absolu du pape), *opposé à* gallican.

ULTRA-RAPIDE. *adj.* • Très rapide.

ULTRA-SENSIBLE. *adj.* • *(Choses).* Sensible à l'extrême. *Pellicule ultra-sensible.*

ULTRA-SON ou **ULTRASON** [yltʀasɔ̃]. *n. m.* • Ondes acoustiques de fréquence trop élevée pour correspondre à un son.

ULTRA-VIOLET ou **ULTRAVIOLET, ETTE.** *adj.* et *n. m.* • *Adj.* Se dit des radiations électromagnétiques dont la longueur d'onde se situe entre celle de la lumière visible (extrémité violette du spectre) et celle des rayons X. *Rayons ultra-violets.* — N. m. *Le visible et l'ultraviolet.*

ULULER. V. HULULER.

UN, UNE [œ̃, yn]. *adj. numér.* et *indéf.* ★ **I.** *Numéral*, expression de l'unité. • **1°** (Adj. cardinal). *Une ou deux fois. En un instant* [ɑ̃nœ̃nɛ̃stɑ̃]. — *Les Mille et Une Nuits. Un seul homme, pas un seul. Pas un*, aucun, nul. *Un à un* [œ̃naœ̃], *une à une, un par un*, à tour de rôle et un seul à la fois. • **2°** *(Nominal).* Une unité ; le chiffre notant l'unité. *Un et un* [œ̃eœ̃] *font deux.* • **3°** *Loc.* NE FAIRE QU'UN AVEC : se confondre avec. *Lui et son frère ne font qu'un.* — C'EST TOUT UN : c'est la même chose. • **4°** *(Ordinal).* Premier. *Livre un. La page un.* V. **Une** (la une). *Il est une heure.* — (Pour marquer le premier temps d'un mouvement, d'une sommation) *Une !... deux !...* — Fam. *Ne faire ni une ni deux*, agir sans hésitation. • **5°** (*Adj. qualificatif;* après le nom ou attribut). Qui n'a pas de parties et ne peut être divisé. *La République une et indivisible.* ★ **II.** *Indéfini.* • **1°** *Article.* (REM. *Un, une* sont absents dans des locutions figées, des phrases négatives, devant un attribut énonçant une condition sociale, une caractérisation, ou devant une apposition. Ex. : *être médecin ; la Règle du jeu, film de Jean Renoir.*) *Un jour. Un peu. Un autre, un certain.* — Avec *en*, désignant un homme en général. *En voilà un qui exagère.* — *(Devant un nom propre)* Une personne telle que ou comparable à... *Je ne fréquenterai jamais un Dupont ! C'est un Machiavel.*

— Une personne de (telle famille). *C'est une Saint-Simon.* • 2° (En fonction de pronom). UN, UNE. *Un de ces jours. Un, une des choses, personnes qui (que)...,* avec un verbe au pluriel, accordé avec le complément de *un (un des livres qui lui plaisent le plus),* ou un verbe au singulier accordé avec *un (une des plus belles villes que j'ai vue).* — L'UN, L'UNE... *L'un des artistes les plus connus de son époque. L'un(e) et l'autre. Aimez-vous les uns les autres. Ni l'un ni l'autre.* V. **Autre.** • 3° *(Nominal).* Un homme, une femme ; qqn. *Une qui était contente, c'était la petite.*

UNANIME [ynanim]. *adj.* • 1° *Plur.* Qui ont tous la même opinion, le même avis. *Être unanimes à penser, pour penser que...* • 2° Qui exprime un avis commun à plusieurs. V. **Commun, général.** *Consentement unanime.* — Qui est fait par tous, en même temps. ▼ **UNANIMEMENT.** *adv.* Par tous ; d'un commun accord. *Déclarer unanimement.* ▼ **UNANIMITÉ.** *n. f.* • 1° Conformité d'opinion ou d'intention entre tous les membres d'un groupe. V. **Accord ; consentement.** || Contr. **Contradiction.** || *Il y a unanimité dans cette assemblée. Faire l'unanimité contre soi.* • 2° Expression de la totalité des opinions dans le même sens. *Être élu à l'unanimité.* || Contr. **Minorité.** ||

UNDÉCI-. • Élément savant signifiant « onze ».

UNESCO [ynɛsko]. *n. f.* • Institution de l'Organisation des Nations unies pour l'éducation, les sciences et la culture.

UNGUI-. • Élément de mots savants signifiant « ongle ».

UNI, UNIE [yni]. *adj.* ★ **I.** • 1° Qui est avec *(uni à, avec)* ou qui sont ensemble *(unis)* de manière à former un tout ou à être en union. V. **Confondu.** *Cœurs unis* (par le sentiment, l'amour). *Ils sont unis par le mariage. — Les États-Unis d'Amérique. Les Nations unies.* • 2° Joint, réuni. *Il se tenait les talons unis. — Deux idées souvent unies.* • 3° Qui est formé d'éléments liés ; qui constitue une unité. *Le Royaume-Uni.* • 4° En bonne entente ; qui est dans la concorde. *Une famille unie.* ★ **II.** Dont les éléments sont semblables ; qui ne présente pas d'inégalité, de variation apparente. V. **Cohérent, homogène.** • 1° *(D'une surface).* Sans aspérités. V. **Égal, lisse.** || Contr. **Accidenté, inégal.** || — De couleur, d'aspect uniforme. *Couleur unie. Étoffe unie, tissu uni.* — Subst. *De l'imprimé et de l'uni.* — Sans ornement. *Une robe unie.* || Contr. **Orné.** || • 2° *Littér.* Qui s'écoule sans changement notable. V. **Calme, monotone, tranquille.** *Une vie unie.*

UNI-. • Élément savant signifiant « un ». || Contr. **Multi-, poly-.** ||

UNICELLULAIRE [ynise(ɛl)lylɛʀ]. *adj.* • Formé d'une seule cellule (terme de sciences). *Organismes unicellulaires.* — Subst. *Les unicellulaires.*

UNICITÉ [ynisite]. *n. f.* • *Littér.* Caractère de ce qui est unique. *L'unicité d'un cas.* || Contr. **Multiplicité, pluralité.** ||

UNIÈME [ynjɛm]. *adj. numér. ordinal.* • *(Après un numéral).* Qui vient en premier, immédiatement après une dizaine (sauf soixante-dix, quatre-vingt-dix), une centaine, un millier. *Vingt, trente... et unième. Cent unième.*

UNIFIER [ynifje]. *v. tr.* (7) • 1° Faire de (plusieurs éléments) une seule et même chose ; rendre unique, faire l'unité de. V. **Unir.** *Unifier des régions* (en un seul pays). V. **Fusionner, mêler.** || Contr. **Désunir, séparer.** || • 2° Rendre semblables (divers éléments que l'on rassemble). V. **Uniformiser.** *Unifier l'orthographe d'un texte ancien.* || Contr. **Diversifier.** || • 3° Rendre homogène ; faire l'unité morale de. *Unifier un parti.* • 4° S'UNIFIER. *v. pron.* Se fondre en un tout (de plusieurs éléments). ▼ **UNIFICATEUR, TRICE.** *adj.* Qui unifie, qui contribue à unifier. ▼ **UNIFICATION.** *n. f.* Le fait d'unifier (plusieurs éléments ; un ensemble d'éléments), de rendre unique ou uniforme ; le fait de s'unifier. V. **Intégration.** *Unification d'un pays.*

1. **UNIFORME** [ynifɔʀm(ə)]. *adj.* • 1° Qui présente des éléments tous semblables : dont toutes les parties sont ou paraissent identiques. || Contr. **Inégal, irrégulier.** || *Accélération uniforme.* • 2° Qui ne varie pas ou peu ; dont l'aspect reste le même. || Contr. **Changeant, divers.** || *Un ciel uniforme et gris.* • 3° Qui ressemble beaucoup aux autres. V. **Même, pareil.** *Caractères uniformes.* ▼ **UNIFORMÉMENT.** *adv.* • 1° Par un mouvement régulier. *Orbites décrites uniformément.* — Proportionnellement au temps. *Mouvement uniformément accéléré.* • 2° De la même façon dans toute sa durée ou son étendue. *Sa vie s'écoule uniformément.* • 3° Comme tous les autres. *Les enfants étaient vêtus uniformément.*

2. **UNIFORME.** *n. m.* • 1° Costume dont la forme, le tissu, la couleur sont définis par un règlement pour tous les hommes d'une même unité militaire. *Uniforme d'officier. En uniforme ou en civil. En grand uniforme,* en uniforme de cérémonie. — *L'uniforme,* la tenue militaire (symbole de l'armée). • 2° Vêtement déterminé, obligatoire pour un groupe. *Uniforme d'huissier, d'hôtesse de l'air.*

UNIFORMISER [ynifɔʀmize]. *v. tr.* (1) • 1° Rendre uniforme. *Uniformiser une teinte.* • 2° Rendre semblables ou moins différents. *Uniformiser les programmes.* ▼ **UNIFORMISATION.** *n. f.*

UNIFORMITÉ. *n. f.* • 1° Caractère de ce qui est uniforme. *Uniformité d'un mouvement.* || Contr. **Inégalité.** || • 2° Absence de changement, de variété ; monotonie de ce qui ne varie pas.

UNIJAMBISTE [ynizɑ̃bist(ə)]. *n.* et *adj.* • Personne qui a été amputée d'une jambe.

UNILATÉRAL, ALE, AUX [ynilateʀal, o]. *adj.* • 1° Qui ne se fait que d'un côté. *Appui unilatéral, dans la marche. — Stationnement unilatéral,* autorisé d'un seul côté d'une voie. • 2° Qui n'engage qu'une seule partie, en droit. *Contrat unilatéral.* • 3° Qui provient d'un seul, n'intéresse qu'un seul (lorsque deux personnes, deux éléments sont concernés). *Décision unilatérale,* prise sans consulter les partenaires. ▼ **UNILA-**

TÉRALEMENT. *adv.* D'une manière unilatérale (surtout 3°).

UNIMENT [ynimɑ̃]. *adv.* • (D'une manière unie). • 1° *Littér.* Semblablement ; avec régularité. V. **Également, régulièrement.** *Avancer uniment.* • 2° *Tout uniment*, avec simplicité. V. **Franchement, simplement.**

UNION [ynjɔ̃]. *n. f.* ★ **I.** • 1° Relation qui existe entre deux ou plusieurs personnes ou choses considérées comme formant un ensemble organique ou que l'on réunit. V. **Assemblage, association, réunion.** || Contr. **Désunion.** || *Union étroite, solide. Union des couleurs, des sons musicaux. — Union mystique*, de l'âme à Dieu. • 2° Relation réciproque qui existe entre deux ou plusieurs personnes ; sentiments réciproques, vie en commun. V. **Amitié, attachement, fraternité.** *Union des cœurs, des âmes. — Union conjugale*, mariage. *Union libre*, vie en couple hors des règles légales (concubinage). • 3° État dans lequel se trouvent des personnes, des groupes liés par un accord ou par des intérêts communs. *Union douanière*, entre États qui suppriment leurs frontières douanières. • 4° Entente entre plusieurs personnes, plusieurs groupes. *Resserrer l'union entre des partis.* || Contr. **Discorde, opposition.** || — PROV. *L'union fait la force*, l'entente, la communauté de vues et d'action engendrent la force. ★ **II.** Ensemble de ceux qui sont unis. V. **Association, groupement, entente, ligue.** *Union ouvrière. Union de syndicats*, groupement de plusieurs syndicats similaires ou de syndicats d'une ville, d'une région. V. **Confédération, fédération.**

UNIPRIX [ynipʀi]. *n. m.* • Magasin à succursales multiples. V. **Monoprix.**

UNIQUE [ynik]. *adj.* ★ **I.** *(Quantitatif).* • 1° *(Avant ou après le nom).* Qui est un seul, n'est pas accompagné par d'autres du même genre. || Contr. **Multiple, plusieurs.** || — REM. *Unique* a plus de force placé après le nom. *C'est son unique fils* (ou *son fils unique*). *Il est fils unique*, il n'a ni frères ni sœurs. *Rue à sens unique. Un cas unique.* V. **Isolé.** *Une seule et unique occasion. Salaire unique*, quand une seule personne est salariée dans un couple. • 2° *(Généralement après le nom).* Qui est un seul, qui répond seul à sa désignation et forme une unité. *La Trinité des catholiques est un Dieu unique en trois personnes.* — Qui est le même pour plusieurs choses, plusieurs cas. *Un principe unique. Prix unique* (Cf. Uniprix). ★ **II.** *(Qualitatif).* REM. Dans ce sens, le comparatif et le superlatif sont possibles. *C'est le plus unique en son genre.* • 1° *(Généralement après le nom).* Qui est le seul de son espèce ou qui dans son espèce présente des caractères qu'aucun autre ne possède. *Il faut essayer d'employer le mot juste, le mot unique.* • 2° *(Après le nom).* Qui est ou qui paraît foncièrement différent des autres. V. **Irremplaçable ; exceptionnel, remarquable.** || Contr. **Commun, courant.** || *Une œuvre unique. C'est un artiste unique. Unique en son genre*, extraordinaire. — *Fam.* Qui étonne beaucoup (en bien ou en mal). V. **Curieux, extravagant, inouï.** *Il est vraiment unique !* ▼ **UNIQUEMENT.** *adv.* • 1° À l'exclusion des autres. V. **Exclusivement, seul.** *Pour lui, le résultat compte uniquement.* • 2° Seulement. *Il désire uniquement réussir. Il veut uniquement les faire enrager.* V. **Rien** (que), **simplement.**

UNIR [yniʀ]. *v. tr.* (2) ★ **I.** • 1° Mettre ensemble (les éléments d'un tout) ou rapprocher (des éléments). V. **Assembler, réunir.** *Unir une province à un pays. Unir des mots pour former une phrase.* • 2° Faire exister, vivre ensemble (des personnes). *C'est le prêtre qui les a unis.* V. **Marier.** — *(Choses)* Constituer l'élément commun, la cause de l'union entre (des personnes). *Sentiment, affection qui unit deux êtres.* || Contr. **Diviser, opposer, séparer.** || • 3° Associer par un lien politique, économique. *Unir deux États.* V. **Allier.** • 4° Relier par un moyen de communication. *Ligne aérienne qui unit deux continents.* • 5° *Unir* (qqch.) *à*, avoir, posséder à la fois (des caractères différents et souvent en opposition). V. **Allier, associer, joindre.** *Il unit la force à la douceur.* ★ **II.** S'UNIR. *v. pron.* • 1° *(Réfl.).* Contracter une union (avec qqn), s'associer avec. *S'unir à, avec des amis pour former une association.* • 2° Récipr. *(Choses).* Ne plus former qu'un tout. V. **Fondre** (se), **joindre** (se), **mêler** (se). *Rivières qui s'unissent en mêlant leurs eaux. — (Personnes, groupes)* Faire cause commune. V. **Associer** (s'), **solidariser** (se). *S'unir contre l'envahisseur. États, nations qui s'unissent politiquement* (V. **Uni**). • 3° *(Passif).* Se trouver ensemble, de manière à former un tout. V. **Joindre** (se). *Couleurs qui s'unissent harmonieusement.* V. **Associer.** *Leurs idées s'unissent sans peine.*

UNISEXUÉ, ÉE [ynisɛksɥe]. *adj.* • En sciences naturelles, Qui n'a qu'un seul sexe (fleurs, animaux ; *opposé à* bisexué, hermaphrodite).

UNISSON [ynisɔ̃]. *n. m.* • 1° Son unique produit par plusieurs voix ou instruments. V. **Consonance.** *Un bel unisson. Chanter, jouer à l'unisson.* • 2° À L'UNISSON : en accord, en harmonie. *Nos cœurs sont à l'unisson.*

UNITAIRE [ynitɛʀ]. *adj.* • 1° Qui forme, qui concerne une unité politique. • 2° Relatif à l'unité, à un seul objet. *Le prix unitaire est de cent francs.* || Contr. **Total.** ||

UNITÉ [ynite]. *n. f.* ★ **I.** • 1° Caractère de ce qui est unique. *Unité et pluralité.* — UNITÉ DE... : caractère unique. *Unité de vues dans le gouvernement.* V. **Conformité, identité.** *Unité d'action*, principes d'action commune à plusieurs groupes. • 2° Caractère de ce qui n'a pas de parties, ne peut être divisé. *L'unité d'une classe d'êtres, d'une espèce.* — État de ce qui forme un tout organique, dont les parties sont unies par des caractères communs, par leur concours au fonctionnement de l'ensemble. *Faire, maintenir... briser, rompre l'unité. Formation de l'unité italienne.* • 3° Cohérence interne. V. **Cohésion, homogénéité.** *L'unité d'une œuvre. Ce texte manque d'unité.* ★ **II.** Élément. • 1° Élément simple (d'un ensemble homogène). *Le département est une unité administrative.* — Objet fabriqué (en série). *Une commande de tant d'unités. Prix à l'unité.*

V. **Unitaire.** • 2° Formation militaire ayant une composition, un armement, des fonctions déterminées et spécifiques. *Grande unité d'infanterie. Rejoindre son unité.* • 3° Élément arithmétique qui forme les nombres. *Mesure des unités.* V. **Quantité.** — Dans les nombres de 2 chiffres et plus, le chiffre placé à droite de celui des dizaines. • 4° Grandeur finie servant de base à la mesure des autres grandeurs de même espèce. Dans le système des unités *c. g. s., le centimètre est l'unité de longueur, le gramme est l'unité de poids, la seconde l'unité de temps. — Unité monétaire.*

UNIVALVE [ynivalv(ə)]. *adj.* • Dont la coquille n'est formée que d'une pièce. *Mollusque univalve.*

UNIVERS [ynivɛʀ]. *n. m.* ★ **I.** • **1°** L'ensemble des sociétés, des hommes sur la terre. *L'univers entier craint la guerre nucléaire. Citoyen de l'univers.* • **2°** L'ensemble de tout ce qui existe. V. **Monde (I), nature.** *Les lois de l'univers.* • **3°** Ensemble de la matière distribuée dans l'espace et dans le temps. *La structure de l'univers connu est étudiée par l'astronomie.* • **4°** *Un univers,* système planétaire ou galactique. ★ **II.** *(Abstrait).* Milieu réel, matériel ou moral *(univers mental). L'univers poétique et l'univers du rêve.*

UNIVERSALISER [ynivɛʀsalize]. *v. tr.* (1) • Rendre commun à tous les hommes ; répandre largement. V. **Diffuser, généraliser.** — Pronom. *Cette coutume tend à s'universaliser.* ▼ **UNIVERSALISATION.** *n. f.* • **1°** Le fait de répandre largement, d'étendre à tous les hommes. • **2°** Passage du particulier ou de l'individuel à l'universel (1°).

UNIVERSALITÉ [ynivɛʀsalite]. *n. f.* • **1°** Caractère de ce qui est universel (I, 1°) ou considéré sous son aspect de généralité universelle. *Universalité d'un jugement.* • **2°** Caractère d'un esprit universel (I, 2°). *L'universalité d'un auteur.* • **3°** Caractère de ce qui concerne la totalité des hommes, de ce qui s'étend à tout le globe. *L'universalité de la langue anglaise.*

UNIVERSEL, ELLE [ynivɛʀsɛl]. *adj.* et *n. m.* ★ **I.** *Adj.* • **1°** Qui s'étend, s'applique à la totalité des objets (personnes ou choses) que l'on considère, qui concerne tous les représentants d'une classe. *Jugement universel,* qui s'applique à tous les cas. *Un remède universel.* — Loc. *Clé universelle,* qui s'adapte à différents types de boulons, d'écrous. • **2°** *(Personnes).* Dont les connaissances, les aptitudes s'appliquent à tous les sujets. V. **Complet, omniscient.** *Un esprit universel.* • **3°** Qui concerne la totalité des hommes, l'univers entier. *Histoire universelle,* qui concerne tous les peuples. *Guerre, paix universelle.* V. **Mondial.** — *Suffrage universel,* étendu à tous les individus (sauf les exceptions prévues par la loi). — Commun à tous les hommes ou à un groupe donné ; qui peut s'appliquer à tous. *La science est universelle.* • **4°** Qui concerne l'univers tout entier. *Gravitation universelle.* ★ **II.** *N. m.* Ce qui comprend tous les objets dont il est question. *L'universel et le particulier.* ▼ **UNIVERSELLEMENT.** *adv.* Par tous les hommes, sur toute la terre. V. **Mondialement.** *Une chose universellement connue.*

UNIVERSITÉ [ynivɛʀsite]. *n. f.* • **1°** *L'Université,* les maîtres, professeurs, etc., de l'enseignement public des divers degrés. *Entrer dans l'Université.* • **2°** *Une université,* établissement public d'enseignement supérieur, constitué par l'ensemble des facultés établies dans une même Académie et administré par un *Conseil de l'université. Faire ses études à l'université de Lille.* ▼ **UNIVERSITAIRE.** *adj.* et *n.* • **1°** Qui appartient, est relatif à l'Université (1°). *Le corps universitaire.* — N. *Un universitaire,* un membre de l'Université. V. **Professeur.** • **2°** Des universités, de l'enseignement supérieur. *Diplômes universitaires. Cités, restaurants universitaires,* d'étudiants.

UNIVOQUE [ynivɔk]. *adj.* • Se dit en sciences d'une correspondance, d'une relation dans laquelle un terme entraîne toujours le même corrélatif (la relation est dite *biunivoque* s'il y a réciprocité). ▼ **UNIVOCITÉ.** n. f. *Didact.* Caractère univoque.

UPPERCUT [ypɛʀkyt]. *n. m.* • En boxe, Coup porté de bas en haut. V. **Crochet 4.**

URANIUM [yʀanjɔm]. *n. m.* • Élément radioactif naturel, métal gris, dur, présent dans plusieurs minerais où il est toujours accompagné de radium.

1. URBAIN, AINE [yʀbɛ̃, ɛn]. *adj.* • Qui est de la ville, des villes (*opposé à* rural). *Transports urbains. Populations urbaines.* ▼ **URBANISER.** *v. tr.* (1). Donner le caractère urbain, citadin à (un lieu). *Région urbanisée.* ▼ **URBANISATION.** n. f. *L'urbanisation des zones rurales autour des grandes villes.* ▼ **URBANISME.** *n. m.* Étude systématique des méthodes permettant d'adapter l'habitat urbain aux besoins des hommes. *Architecture et urbanisme.* ▼ **URBANISTE.** *n.* Architecte, technicien spécialisé dans l'urbanisme.

2. URBAIN, AINE. *adj.* • Littér. *(Personnes).* Affable, agréable en société. ▼ **URBANITÉ.** *n. f.* Politesse où entre beaucoup d'affabilité naturelle et d'usage du monde.

URBI ET ORBI [yʀbiɛtɔʀbi]. *loc. adv.* • Se dit de la bénédiction que le pape donne à toute la chrétienté. — Loc. *Publier, proclamer* urbi et orbi, partout.

URÉE [yʀe]. *n. f.* • Substance cristalline contenue dans l'urine, produit de la combustion des matières azotées dans l'organisme. *L'urée qui se forme dans le foie est éliminée par le rein.* — Excès d'urée (maladie). *Il a de l'urée.* ▼ **URÉMIE.** *n. f.* Intoxication due à l'accumulation de l'urée dans le sang. *Une crise d'urémie.* ▼ **URÉMIQUE.** *adj.* Qui a rapport à l'urémie. *Accidents urémiques.*

URETÈRE [yʀtɛʀ]. *n. m.* • Canal qui conduit l'urine du rein à la vessie.

URÈTRE [yʀɛtʀ(ə)]. *n. m.* • Canal excréteur de l'urine qui s'ouvre dans la vessie et aboutit à l'extérieur (V. **Méat** [urinaire]). ▼ **URÉTRAL, ALE, AUX.** *adj.* Qui a rapport à l'urètre.

URGENT, ENTE [yʀʒɑ̃, ɑ̃t]. *adj.* • Dont on doit s'occuper sans retard. *Des travaux urgents.* V. **Pressé.** *C'est urgent.* — Subst. *L'urgent était de savoir l'heure du train.* ▼

URGENCE. *n. f.* • 1° Caractère de ce qui est urgent. *L'urgence d'un travail.* • 2° Nécessité d'agir vite. *Il y a urgence,* c'est urgent. *En cas d'urgence.* — *Une urgence,* un malade à opérer, à soigner sans délai. *Service des urgences dans un hôpital.* • 3° D'URGENCE *(loc. adv.)* : sans délai, en toute hâte. *Venez d'urgence, de toute urgence.* ▼ **URGER.** *v. intr.* (3). [Seulement 3e pers. sing.] *Fam.* Être urgent. *Ça urge !* V. **Presser.**

URINE [yʀin]. *n. f.* • Liquide organique clair et jaune, odorant, qui se forme dans le rein, séjourne dans la vessie et est évacué par l'urètre. V. **Pipi** *(fam.),* **pisse** *(vulg.). Les urines,* l'urine évacuée. *Analyse d'urines.* ▼ **URINAIRE.** *adj.* Qui a rapport à l'urine. *Appareil urinaire,* qui forme et évacue l'urine (rein, uretère, urètre, vessie). *Voies urinaires. Appareil génital et urinaire.* ▼ **URINAL.** *n. m.* Récipient à col incliné où les malades peuvent uriner couchés. ▼ **URINER.** *v. intr.* (1). Évacuer l'urine. V. **Pisser** *(pop.)* ; **pipi** (faire pipi). ▼ **URINOIR.** *n. m.* Petit édifice où les hommes vont uriner. V. **Pissotière, vespasienne.**

URIQUE [yʀik]. *adj.* • ACIDE URIQUE : acide organique azoté dont on trouve de petites quantités dans l'urine humaine.

URNE [yʀn(ə)]. *n. f.* • 1° Vase qui sert à renfermer les cendres d'un mort. *Urne funéraire, cinéraire* (1). • 2° Vase antique à flancs arrondis. *Les urnes et les amphores.* • 3° Boîte dont le couvercle est muni d'une fente, dans laquelle les électeurs déposent leur bulletin de vote. *Aller aux urnes,* aller voter. V. **Élection.**

URO-. • Élément de mots de médecine signifiant « urine ». ▼ **UROGRAPHIE** [yʀɔgʀafi]. *n. f.* Radiographie de l'appareil urinaire. ▼ **UROLOGIE** [yʀɔlɔʒi]. *n. f.* Partie de la médecine qui s'occupe de l'appareil urinaire. *Service d'urologie dans un hôpital.* ▼ **UROLOGUE.** *n.* Médecin spécialiste de l'appareil urinaire.

U.R.S.S. [yeʀɛsɛs ; yʀs]. *n. f.* • Union des républiques socialistes soviétiques.

URTICAIRE [yʀtikɛʀ]. *n. f.* • Éruption passagère rosée ou rouge sur la peau (semblable à des piqûres d'ortie) accompagnée d'une sensation de brûlure.

US [ys]. *n. m. pl.* • Loc. *Les* US ET COUTUMES : les habitudes, les usages traditionnels.

U.S.A. [yɛsa]. *n. m. pl.* • *Anglicisme.* Initiales du nom anglais des États-Unis d'Amérique (*United States of America*).

USAGE [yzaʒ]. *n. m.* ★ **I.** • 1° Le fait d'appliquer, de faire agir (un objet, une matière), pour satisfaire un besoin, que cet objet, cette matière subsiste (V. **Utilisation**), disparaisse (V. **Consommation**) ou se modifie (V. **Usure**). *L'usage d'un outil, d'un instrument. Le bon, le mauvais usage de l'argent.* — (Compl. abstrait) *L'usage de la force.* • 2° Mise en activité effective (d'une faculté, d'une fonction physique ou mentale). V. **Exercice, fonctionnement.** *L'usage du raisonnement. L'usage des sens,* le fait de sentir, de percevoir. *Il a perdu l'usage de la parole.* • 3° *Loc.* FAIRE USAGE DE : se servir de. V. **Utiliser ; employer.** *Faire usage de faux noms.* — À L'USAGE : lorsqu'on s'en sert, lorsqu'on l'utilise. — EN USAGE : qui est encore employé. *Dispositifs encore en usage.* — Fam. *Faire de l'usage,* pouvoir être utilisé longtemps sans se détériorer. V. **Durer.** *Ce manteau m'a fait beaucoup d'usage.* • 4° Le fait de pouvoir produire un effet particulier et voulu. V. **Fonction, utilité.** *Un couteau à plusieurs usages.* — HORS D'USAGE : qui ne peut plus fonctionner, produire son effet. *Une vieille voiture hors d'usage.* — À USAGE (DE) : destiné à être utilisé (de telle ou telle façon). *Médicament à usage externe, interne.* • 5° À L'USAGE : destiné à être utilisé (par). V. **Pour.** *Des livres à l'usage des écoles.* • 6° Le fait d'employer les éléments du langage dans le discours, la parole. V. **Emploi.** *Mot en usage,* usité. *L'usage oral, écrit, courant, populaire.* — Absolt. *L'usage,* l'utilisation effective (normale, correcte) du langage (dans une langue, à une époque donnée, par tous les hommes qui la parlent). ★ **II.** • 1° Pratique que l'ancienneté ou la fréquence rend normale, courante, dans une société. V. **Coutume, habitude, mœurs.** *Un ancien usage qui se perd. Les usages,* les comportements considérés comme les meilleurs, ou les seuls normaux dans une société. *Conforme aux usages,* correct, courant, normal. *Contraire aux usages,* bizarre ou incorrect. — Habitude particulière (dans un groupe). *C'est un usage, dans ce collège, de donner une fête le dernier jour avant les vacances.* • 2° L'USAGE : ensemble des pratiques sociales. V. **Coutume, habitude.** *C'est l'usage,* c'est ce qu'il convient de faire, de dire. *Consacré par l'usage.* — *D'usage,* habituel, normal. *La formule d'usage.* • 3° *Littér.* Les bonnes manières. V. **Civilité, politesse.** *Manquer d'usage.* ★ **III.** Droit réel qui permet à son titulaire *(l'usager)* de se servir d'une chose appartenant à autrui (V. *aussi* **Usufruit**). *Avoir l'usage d'un bien.*

USAGÉ, ÉE. *adj.* • Qui a beaucoup servi (sans être forcément détérioré, à la différence de *usé*). *Vêtements usagés.*

USAGER. *n. m.* • 1° Qui a un droit réel d'usage (III). *Les usagers du chemin et son propriétaire.* • 2° Personne qui utilise (un service public, le domaine public). *Les usagers de la route.* — Utilisateur (de la langue). *Les usagers du français.*

USANT, ANTE [yzɑ̃, ɑ̃t]. *adj.* • *Fam.* Qui use la santé, les forces. *Cet enfant est usant.*

USÉ, ÉE. *adj.* • 1° Altéré par un usage prolongé, par des actions physiques (frottements, etc.). V. **Détérioré, vieux.** *Vêtements usés.* V. **Avachi, défraîchi, râpé.** *Usé jusqu'à la corde,* élimé. *Chaussure, semelle usée,* éculée. • 2° *Littér.* Diminué, affaibli par une action progressive. V. **Émoussé, éteint.** *Passion usée,* refroidie. • 3° *(Personnes).* Dont les forces, la santé sont diminuées. *Elle est épuisée, usée.* • 4° Qui a perdu son pouvoir d'expression, d'évocation par l'usage courant, la répétition. V. **Banal, commun, rebattu.** *Termes vagues et usés. Une comparaison usée.*

USER [yze]. *v. tr.* (1) ★ **I.** *V. tr. ind.* USER DE. • **1°** (Avec un compl. désignant une chose abstraite). Avoir recours à, mettre en œuvre. V. **Servir** (se), **utiliser ; usage.** *User d'un droit, d'un privilège. User d'un stratagème.* — Employer, se servir de (tel élément du langage). *User de termes ambigus.* • **2°** *Littér.* EN USER... *avec qqn* : agir, se conduire (d'une certaine manière). V. **Comporter** (se). *Il en use avec elle d'une façon désinvolte.* ★ **II.** *V. tr. dir.* • **1°** Détruire par la consommation ; utiliser (qqch.) jusqu'à l'épuiser. *Ce poêle use beaucoup de charbon.* V. **Consommer, dépenser.** • **2°** Modifier (qqch.) progressivement en enlevant certaines de ses parties, en altérant son aspect, par un usage prolongé. V. **Abîmer, élimer ; usure.** *User ses vêtements jusqu'à la corde.* Loc. *User ses fonds de culottes sur les bancs de l'école*, aller à l'école. — (En parlant du temps, d'effets naturels ou d'une action volontaire) Altérer ou entamer (qqch.). *Terrains usés par l'érosion.* • **3°** Diminuer, affaiblir (une sensation, la force de qqn) par une action lente, progressive. *User ses forces, sa santé.* V. **Miner.** *La lecture a usé ses yeux.* V. **Abîmer.** • **4°** Diminuer ou supprimer les forces (de qqn). V. **Épuiser.** *Le travail l'a usé.* ★ **III.** S'USER. *v. pron.* • **1°** Se détériorer à l'usage ; perdre de son effet, de son utilité. *Tissu, instrument, machine qui s'use vite.* • **2°** *(Abstrait).* S'affaiblir, être diminué avec le temps. *Les sentiments finissent par s'user.* • **3°** *(Réfl.).* Perdre sa force, sa santé *(personnes). Elle s'est usée au travail.* V. **Fatiguer** (se) ; **épuiser** (s'). — Perdre son ascendant, sa puissance, son influence. *Régime où les ministères s'usent vite.*

USINE [yzin]. *n. f.* • **1°** Établissement de la grande industrie destiné à la fabrication d'objets ou de produits, à la transformation de matières premières, à la production d'énergie. V. **Fabrique, industrie, manufacture.** *Travailler dans une usine, en usine. Usines de métallurgie. Usines textiles. Usine à gaz.* • **2°** *L'usine*, la grande industrie. *Des ouvriers d'usine.* • **3°** *Fam.* Local qui, par ses dimensions, son nombreux personnel et l'importance de son rendement, évoque une usine. *Ce restaurant est une véritable usine.* ▼ **USINIER, IÈRE.** *adj.* Qui a rapport à l'usine. *Industrie usinière.* — Où il y a des usines. *Un quartier usinier.*

USINER. *v. tr.* (1) • **1°** Façonner une pièce avec une machine-outil. • **2°** Fabriquer dans une usine. *Usiner des produits finis.* • **3°** Fam. *Intrans.* Travailler dur. ▼ **USINAGE.** n. m. *Usinage des pièces mécaniques.*

USITÉ, ÉE [yzite]. *adj.* • Qui est employé, en usage. *Un mot usité.* V. **Courant, usuel.** — *Peu usité*, rare.

USTENSILE [ystɑ̃sil]. *n. m.* • Objet ou accessoire d'usage domestique, dont l'utilisation n'exige pas la mise en mouvement d'un mécanisme. REM. Il se dit parfois pour des *appareils* ou *instruments* simples et d'usage très courant. *Ustensiles de cuisine. Ustensiles de toilette.*

USUEL, ELLE [yzɥɛl]. *adj.* • Qui est utilisé habituellement, qui est dans l'usage courant. *Un objet usuel.* V. **Commun, familier, ordinaire.** *La langue usuelle.* ▼ **USUELLEMENT.** *adv.* Communément. V. **Ordinaire** (d').

USUFRUIT [yzyfʀɥi]. *n. m.* • Jouissance légale d'un bien dont on n'a pas la propriété. *Avoir l'usufruit d'une maison, une maison en usufruit.* ▼ **USUFRUITIER, IÈRE.** *n.* Personne qui détient un usufruit.

1. USURE [yzyʀ]. *n. f.* • **1°** Détérioration par un usage prolongé, par le frottement, etc. V. **Dégradation.** *Résister à l'usure.* — Action de ce qui use, dégrade. *L'usure du temps.* • **2°** Diminution ou altération (d'une qualité, de la santé). *Usure des forces, de l'énergie.* V. **Fatigue.** — Fam. *Avoir qqn à l'usure*, prendre l'avantage sur lui en le fatiguant peu à peu. • **3°** État de ce qui est détérioré par l'usage (V. **Usagé**). *L'usure rendait son costume tout luisant.*

2. USURE. *n. f.* • Intérêt de taux excessif ; le fait de prendre un tel intérêt (V. **Usurier**). *Prêter à usure.* — *Loc. littér.* AVEC USURE : au delà de ce qu'on a reçu (comme dans le prêt à usure). *Je lui rendrai sa méchanceté avec usure.* ▼ **USURAIRE.** *adj.* Qui a le caractère de l'usure, est propre à l'usure. *Intérêt, taux usuraire.* ▼ **USURIER, IÈRE.** *n.* Prêteur qui exige un taux excessif (et souvent illégal).

USURPER [yzyʀpe]. *v. tr.* (1) • S'approprier sans droit, par la violence ou la fraude (un pouvoir, une dignité, un bien). V. **Arroger** (s'), **emparer** (s'). *Usurper un pouvoir, un titre, un nom, des honneurs.* — Obtenir de façon illégitime. *Une réputation usurpée.* ▼ **USURPATEUR, TRICE.** *n.* Personne qui usurpe (un pouvoir, un droit ; la souveraineté). *Se révolter contre un usurpateur.* ▼ **USURPATION.** *n. f.* Action d'usurper ; son résultat. V. **Appropriation.** — *Usurpation de pouvoir*, commise par un agent administratif qui empiète sur le domaine réservé aux autorités judiciaires.

UT [yt]. *n. m.* • Ton de do. *La Cinquième symphonie de Beethoven, en ut mineur. Clef d'ut.*

UTÉRUS [yteʀys]. *n. m.* • Chez la femme, Organe situé entre la vessie et le rectum, destiné à contenir l'œuf fécondé puis l'embryon jusqu'à son complet développement. V. **Matrice.** *Col de l'utérus.* — (Chez les animaux supérieurs vivipares) Organe de la gestation chez la femelle. ▼ **UTÉRIN, INE.** *adj.* De l'utérus, relatif à l'utérus. *Hémorragie utérine.*

UTILE [ytil]. *adj.* et *n. m.* • **1°** Dont l'usage, l'emploi est ou peut être avantageux (à qqn, à la société), satisfait un besoin (surtout matériel). V. **Bon, profitable, salutaire ; indispensable, nécessaire.** UTILE À... *Achetez ce livre, il vous sera utile.* — *Dépenses utiles ou inutiles.* — *Il serait plus utile de travailler que de discuter.* — *Il est utile que...* (et subj.). *Il est utile que vous appreniez l'anglais.* — *Utile à...* (suivi de l'inf.), qu'il est utile de... *Ouvrages utiles à consulter.* — *N. m.* L'UTILE. V. **Bien, utilité.** *Joindre l'utile à l'agréable.* • **2°** *(Personnes).* Dont l'activité est ou peut être avantageusement mise au service d'autrui. *Un collaborateur très utile*. V. **Précieux.** *Chercher à se rendre utile. — Animaux utiles* (*opposé à* nuisibles). • 3° *En temps utile*, au moment opportun. ▼ UTILEMENT. *adv.* D'une manière utile.

UTILISER [ytilize]. *v. tr.* (1) • 1° Rendre utile, faire servir à une fin précise (ce qui n'y était pas nécessairement ou spécialement destiné). V. **Exploiter.** *Utiliser une ficelle pour lacer sa chaussure. La manière d'utiliser les restes.* • 2° Employer. V. **Pratiquer, servir** (se), **user** (user de). *Utiliser un procédé, un moyen, un instrument.* ▼ UTILISABLE. *adj.* Qui peut être utilisé. *Les moyens utilisables.* ▼ UTILISATEUR, TRICE. *n.* Personne qui utilise (une machine, un appareil, etc.). V. **Usager.** ▼ UTILISATION. *n. f.* Action, manière d'utiliser. V. **Emploi.** *Les utilisations du charbon par les industries chimiques.*

UTILITÉ [ytilite]. *n. f.* • 1° Caractère de ce qui est utile, satisfait des besoins matériels. *Utilité d'un instrument, d'une méthode. Ce procédé n'est d'aucune utilité dans nos recherches.* V. **Secours.** — (Personnes) *Elle m'est d'une grande utilité.* • 2° Le bien ou l'intérêt (de qqn). *Pour mon utilité personnelle.* V. **Convenance.** — *Association reconnue d'utilité publique.* • 3° Emploi subalterne d'acteur (simplement utile). *Jouer les utilités.* ▼ UTILITAIRE. *adj.* et *n.* • 1° En philosophie, Qui professe que l'utilité est le principe des valeurs, pour la connaissance et l'action. *Doctrine utilitaire* ou *Utilitarisme.* • 2° Préoccupé des intérêts matériels. *Préoccupations utilitaires.* V. **Intéressé.**

UTOPIE [ytɔpi]. *n. f.* • 1° Idéal, vue politique ou sociale qui ne tient pas compte de la réalité. • 2° Conception ou projet qui paraît irréalisable. V. **Illusion, mirage.** ▼ UTOPIQUE. *adj.* Qui constitue une utopie, tient de l'utopie. V. **Imaginaire, irréalisable.** *Il a des idées utopiques.* ▼ UTOPISTE. *n.* Auteur de systèmes utopiques, esprit attaché à des vues utopiques. V. **Rêveur.**

UVAL, ALE, AUX [yval, o]. *adj.* • *Didact.* Du raisin.

V

V [ve]. *n. m.* • Vingt-deuxième lettre de l'alphabet, consonne. — *En V*, en forme de V majuscule. *Décolleté en V*, en pointe.

VA [va]. • **1°** V. **Aller.** • **2°** Interj. *Va!* s'emploie pour encourager ou menacer. *Tu peux rester, va!* — Pop. *Va donc!* s'emploie devant une injure. • **3°** Loc. *À la va-vite*, rapidement et sans soin. *À la va comme je te pousse*, n'importe comment (d'un travail).

VACANCES [vakɑ̃s]. *n. f. pl.* • **1°** Période pendant laquelle les écoles, les facultés rendent leur liberté aux élèves, aux étudiants. *Vacances scolaires.* || Contr. **Rentrée.** || *Les grandes vacances*, les deux ou trois mois d'été. *Les vacances de Pâques, de Noël. Colonie de vacances.* • **2°** Repos, cessation des occupations, du travail ordinaires. *Vous êtes fatigué, vous avez besoin de vacances.* — Temps de repos accordé aux employés. *Vacances payées.* V. **Congé.** *Prendre ses vacances en juillet. Passer ses vacances à la mer, à la montagne.* ▼ **VACANCIER.** *n. m.* Personne en vacances. V. **Estivant.**

VACANT, ANTE [vakɑ̃, ɑ̃t]. *adj.* • **1°** Qui n'a pas de titulaire. *Poste vacant, chaire vacante.* • **2°** Qui n'est pas rempli, qui est libre. V. **Libre ; inoccupé.** *Siège vacant. Logement vacant.* || Contr. **Occupé.** || ▼ **VACANCE.** *n. f.* État d'une charge, d'un poste vacant. *Vacance d'une chaire de faculté.* — Poste sans titulaire.

VACARME [vakaʀm(ə)]. *n. m.* • **1°** Grand bruit de gens qui crient, se querellent, s'amusent. V. **Clameur.** *Faire du vacarme.* V. **Chahut, tapage, tumulte.** • **2°** Bruit assourdissant. *Le vacarme d'un chantier.*

VACATION [vakɑsjɔ̃]. *n. f.* • **1°** En droit, Temps consacré par la justice à une affaire. V. **Séance.** • **2°** Vacances judiciaires, cessation du travail des tribunaux.

VACCIN [vaksɛ̃]. *n. m.* • Substance (microbe ou produit soluble) qui, inoculée à un individu, lui confère l'immunité contre une maladie microbienne ou parasitaire. *Sérum et vaccin. Injection, inoculation d'un vaccin. Vaccin antivariolique.* ▼ **VACCINE.** *n. f.* Maladie infectieuse qui donne à l'homme une immunité contre la variole. ▼ **VACCINER.** *v. tr.* (1) • **1°** Immuniser par un vaccin. *Vacciner qqn contre la fièvre typhoïde. Les enfants vaccinés.* — Subst. *Les vaccinés.* • **2°** Fam. *Être vacciné contre qqch.*, être préservé d'une chose désagréable, dangereuse pour en avoir fait la pénible expérience. *Plus d'affaires sentimentales, je suis vacciné pour un moment.* ▼ **VACCINATION.** *n. f.* Administration d'un vaccin pour combattre une maladie ou créer une immunité *(vaccination préventive).* ▼ **VACCINO-.** Élément de mots savants signifiant « vaccin ».

1. VACHE [vaʃ]. *n. f.* • **1°** Femelle du taureau. *La vache meugle, beugle. Les vaches paissent, ruminent. Bouse de vache. Vache laitière.* • **2°** Loc. *Vache à lait*, personne qu'on exploite, qui est une source de profit pour une autre. *Être gros comme une vache*, très gros. *Il pleut comme vache qui pisse*, très fort. — *Manger de la vache enragée*, en être réduit à de dures privations. • **3°** Peau de la vache apprêtée en fourrure, en cuir. *Sac en vache.* ▼ **VACHER, ÈRE.** *n.* Personne qui mène paître les vaches et les soigne. — Péj. *Des manières de vacher, de vachère*, de rustre. ▼ **VACHETTE.** *n. f.* • **1°** Jeune vache. • **2°** Cuir de génisse.

2. VACHE. *n. f.* et *adj.* • **1°** N. f. *Fam.* Personne méchante, qui se venge ou punit sans pitié. *C'est une vieille vache, une belle vache. Peau de vache* (vulg.). *Un coup en vache*, nuisible et hypocrite. — (En parlant d'une personne dont on a à se plaindre) *Ah! les vaches, ils m'ont oublié!* • **2°** Adj. *Fam.* Méchant ou sévère, injuste. *Il a été vache avec moi. Une réponse assez vache. C'est vache!* se dit aussi d'un contretemps, d'une malchance. • **3°** Adj. *(Avant le nom).* Remarquable, beau. V. **Terrible.** *Une vache moto.* ▼ **VACHEMENT.** adv. *Fam.* (Intensif, admiratif). Beaucoup ; très. V. **Drôlement, rudement.** *C'est vachement bien. Il nous aide vachement.* ▼ **VACHERIE.** n. f. *Fam.* Parole, action méchante. V. **Méchanceté.** *Dire, faire des vacheries.* — Caractère vache (2°), méchant. *Elle est d'une vacherie inouïe!* || Contr. **Gentillesse.** ||

VACHERIN. *n. m.* • Meringue à la crème fraîche, souvent servie glacée.

VACILLER [vasije]. *v. intr.* (1) • **1°** Être animé de mouvements répétés, alternatifs, être en équilibre instable et risquer de tomber. V. **Chanceler.** *Vaciller sur ses jambes.* • **2°** Trembler, être sur le point de s'éteindre ;

scintiller faiblement. V. **Trembloter.** *Bougie, flamme, lumière qui vacille.* • 3° Devenir faible, incertain ; manquer de solidité. *Mémoire, intelligence qui vacille.* ▼ **VACILLANT, ANTE.** *adj.* Qui vacille. *Démarche vacillante.* V. **Chancelant, tremblant.** *Flamme, lumière vacillante.* ▼ **VACILLATION.** *n. f.* ou **VACILLEMENT.** *n. m.* Mouvement, état de ce qui vacille. *Vacillation d'une flamme.*

VACUITÉ [vakɥite]. *n. f.* • 1° *Didact.* État de ce qui est vide. • 2° Vide moral, intellectuel. *La vacuité de ses propos.* || Contr. **Plénitude.** ||

VACUOLE [vakɥɔl]. *n. f.* • Petite cavité (terme scientifique).

VADE MECUM [vademekɔm]. *n. m.* • *Littér.* Livre (manuel, guide, aide-mémoire) que l'on garde sur soi pour le consulter.

VADROUILLER [vadʀuje]. *v. intr.* (1) • *Fam.* Se promener sans but précis, sans raison. ▼ **VADROUILLE.** n. f. *Fam.* Action de vadrouiller. V. **Balade.** *Être en vadrouille.*

VA-ET-VIENT [vaevjɛ̃]. *n. m. invar.* • 1° Dispositif servant à établir une communication en un sens et dans le sens inverse. — Dispositif électrique comportant deux interrupteurs (ou plus) montés en circuit, et permettant d'allumer, d'éteindre de plusieurs endroits. • 2° Mouvement alternatif. *Va-et-vient d'une balançoire.* • 3° Allées et venues de personnes. *Le va-et-vient perpétuel d'un café-tabac.*

VAGABOND, ONDE [vagabɔ̃, ɔ̃d]. *adj.* et *n.* ★ **I.** *Adj.* • 1° *Littér.* Qui mène une vie errante. *Tribus vagabondes de bohémiens.* • 2° *Imagination vagabonde,* qui va d'un objet à un autre. ★ **II.** *N.* Personne sans domicile fixe et sans ressources, qui se déplace à l'aventure. V. **Clochard, rôdeur.** ▼ **VAGABONDAGE.** *n. m.* • 1° Le fait ou l'habitude d'errer, d'être vagabond. • 2° État de l'imagination vagabonde. ▼ **VAGABONDER.** *v. intr.* (1) • 1° Circuler, marcher sans but, se déplacer sans cesse. V. **Errer.** *Vagabonder sur les chemins.* • 2° *Son imagination vagabondait.*

VAGIN [vaʒɛ̃]. *n. m.* • Conduit qui s'étend de l'utérus à la vulve. ▼ **VAGINAL, ALE, AUX.** *adj.* Du vagin. *Muqueuse vaginale.*

VAGIR [vaʒiʀ]. *v. intr.* (2) • Pousser de faibles cris. ▼ **VAGISSANT, ANTE.** *adj.* Qui vagit. ▼ **VAGISSEMENT.** *n. m.* Cri de l'enfant nouveau-né. — Cri plaintif et faible (de quelques animaux).

1. VAGUE [vag]. *n. f.* • 1° Inégalité de la surface d'une étendue liquide (mer, etc.) due aux courants, au vent, etc. ; masse d'eau qui se soulève et s'abaisse. V. **Houle, lame.** *Le bruit des vagues.* • 2° Phénomène comparable (par l'ampleur, la puissance, la progression...). *La vague d'enthousiasme pour cet auteur est passée.* — *La nouvelle vague,* la dernière génération ou tendance. — *Vague de chaleur, de froid,* afflux de masses d'air chaud, froid. — Masse (d'hommes, de choses) qui se répand brusquement. *Vagues successives d'immigrants.* • 3° Surface ondulée. *Les vagues de sa chevelure.* ▼ **VAGUELETTE.** *n. f.* Petite vague ; ride à la surface de l'eau.

2. VAGUE. *adj.* • *Terrain vague,* vide de cultures et de constructions, dans une ville.

3. VAGUE. *adj.* et *n. m.* ★ **I.** *Adj.* • 1° Que l'esprit a du mal à saisir, à cause de son caractère mouvant ou de son sens mal défini, mal établi. V. **Confus, imprécis, incertain.** *Il m'a donné des indications vagues.* || Contr. **Précis.** || *Il est resté vague,* il s'est contenté de propos vagues. *Une angoisse vague,* sans objet précis. V. **Indéfinissable.** — *(Avant le nom)* Insuffisant, faible. *Elle n'a qu'une vague idée de ce qui se passe. Elle a de vagues souvenirs de la guerre.* • 2° *Regard vague,* qui exprime des pensées, ou des sentiments indécis. V. **Distrait.** • 3° *(Réalité sensible).* Qui est perçu d'une manière imparfaite. V. **Indéfinissable, obscur.** *On apercevait dans l'obscurité une silhouette vague.* • 4° Qui n'est pas ajusté, serré. *Manteau vague.* • 5° *(Avant le nom).* Dont l'identité précise importe peu ; quelconque, insignifiant. *Il travaille dans un vague bureau. Un vague cousin.* ★ **II.** *N. m.* • 1° Ce qui n'est pas défini, fixé (espace, domaine intellectuel, affectif). *Regarder dans le vague. Rester dans le vague,* ne pas préciser sa pensée. • 2° Loc. *Avoir du vague à l'âme,* être dans un état mélancolique. ▼ **VAGUEMENT.** *adv.* • 1° D'une manière vague, en termes imprécis. *Il m'a vaguement dit de quoi il s'agit.* V. **Confusément.** || Contr. **Précisément.** || • 2° D'une manière incertaine ou douteuse. *Un geste vaguement désapprobateur.*

VAGUEMESTRE [vagmɛstʀ(ə)]. *n. m.* • Sous-officier (quartier maître) chargé du service de la poste dans l'armée (sur un navire).

VAGUER [vage]. *v. intr.* (1) • *Littér.* Aller au hasard, sans but précis. V. **Errer.** — *(Pensées, regards)* Errer, ne pas se fixer. *Laisser vaguer son imagination.* V. **Vagabonder.**

VAHINÉ [vaine]. *n. f.* • Femme de Tahiti.

VAILLANT, ANTE [vajɑ̃, ɑ̃t]. *adj.* • 1° *Littér.* Plein de bravoure, de courage pour se battre, pour le travail, etc. V. **Brave, courageux.** • 2° Vigoureux. *Il est guéri, mais pas encore bien vaillant.* || Contr. **Faible.** || • 3° Loc. *N'avoir pas un sou vaillant* (qui vaille qqch.). ▼ **VAILLAMMENT.** *adv.* Avec vaillance. V. **Bravement, courageusement.** ▼ **VAILLANCE.** *n. f.* • 1° *Littér.* Valeur guerrière, bravoure. *Un soldat dont la vaillance est connue.* || Contr. **Lâcheté.** || • 2° Courage d'une personne que la souffrance, les difficultés, le travail n'effraient pas. || Contr. **Faiblesse.** ||

VAIN, VAINE [vɛ̃, vɛn]. *adj.* ★ **I.** • 1° *Littér.* Dépourvu de valeur, de sens. V. **Dérisoire, insignifiant.** *Ce ne sont que de vains mots.* — Qui n'a pas de base sérieuse. V. **Chimérique, illusoire.** *Un vain espoir* [œ̃vɛnɛspwaʀ]. • 2° Qui est dépourvu d'efficacité. V. **Inefficace, inutile.** *Faire de vains efforts.* — Impers. *Il est vain de songer à cela.* ★ **II.** (Personnes). *Littér.* Fier de soi sans avoir de bonnes raisons de l'être. V. **Glorieux, vaniteux.** *Il est superficiel et* *vain.* ★ **III.** EN VAIN *(loc. adv.)* : sans obtenir de résultat, sans que la chose en vaille la peine. V. **Inutilement, vainement.** *J'ai protesté en vain,* en pure perte. *C'est en vain qu'elle lui a écrit.*

VAINCRE [vɛ̃kʀ(ə)]. *v. tr.* (42) • **1°** L'emporter par les armes sur (un ennemi). V. **Battre.** *Nous vaincrons* (l'ennemi). *Il faudra vaincre ou mourir.* — Dominer et réduire à sa merci, au terme d'une lutte. *Elle l'a vaincu par son acharnement.* • **2°** L'emporter sur (un adversaire, un concurrent) dans une compétition. V. **Battre.** *Le champion a vaincu tous ses challengeurs.* • **3°** Être plus fort que (une force naturelle), faire reculer ou disparaître. V. **Dominer, surmonter.** *Vaincre la maladie. Vaincre ses mauvais penchants.* ▼ **VAINCU, UE** [vɛ̃ky]. *adj.* Qui a subi une défaite (de la part d'un ennemi, d'un rival, d'une force). *S'avouer vaincu,* reconnaître sa défaite. *Il était vaincu d'avance,* sa défaite était inévitable. — Subst. *Malheur aux vaincus !* ▼ **VAINQUEUR.** *n. m.* • **1°** Celui qui a gagné la bataille, la guerre. — *Adj.* Victorieux. *Avoir un air vainqueur,* orgueilleux et satisfait. V. **Triomphant.** • **2°** Gagnant. V. **Champion, lauréat.** *Le vainqueur d'une épreuve sportive.* • **3°** Celui qui a triomphé (d'une force, d'une difficulté naturelle). *Le vainqueur de l'Everest.*

VAINEMENT. *adv.* • En vain, inutilement.

VAIR [vɛʀ]. *n. m.* • Fourrure de petit-gris.

1. VAIRON [vɛʀɔ̃]. *n. m.* • Petit poisson des eaux courantes, au corps cylindrique.

2. VAIRON [vɛʀɔ̃]. *adj. m.* • Se dit des yeux à l'iris cerclé d'une teinte blanchâtre, ou qui ont des couleurs différentes. *De petits yeux vairons.*

1. VAISSEAU [vɛso]. *n. m.* • **1°** Organe tubulaire permettant la circulation des liquides organiques. *Vaisseaux sanguins, lymphatiques* (V. **Vasculaire**). • **2°** UN VAISSEAU : conduit dans lequel circule le sang. V. **Artère, veine.**

2. VAISSEAU. *n. m.* ★ **I.** • **1°** Bateau d'une certaine importance. V. **Navire ; bâtiment.** *Capitaine, enseigne de vaisseau.* • **2°** *Vaisseau spatial, cosmique,* véhicule des astronautes. ★ **II.** Espace allongé que forme l'intérieur d'un grand bâtiment, d'un bâtiment voûté. V. **Nef.**

VAISSELLE [vɛsɛl]. *n. f.* • **1°** Ensemble des récipients qui servent à manger, à présenter la nourriture. *De la vaisselle de faïence, de porcelaine, de plastique. Pile de vaisselle.* • **2°** Ensemble des plats, assiettes, ustensiles de table à laver. *Faire la vaisselle,* la laver. — *Elle n'a pas fini sa vaisselle,* le lavage de sa vaisselle. ▼ **VAISSELIER.** *n. m.* Meuble rustique, où la vaisselle est exposée à la vue. V. **Dressoir.**

VAL, VAUX ou **VALS** [val, vo]. *n. m.* • **1°** *(Dans des noms de lieux).* Vallée. *Le Val de Loire. Les Vaux-de-Cernay.* • **2°** Loc. *À val,* en suivant la pente de la vallée. V. **Aval** (en). — *Par monts et par vaux.* V. **Mont.**

VALABLE [valabl(ə)]. *adj.* • **1°** Qui remplit les conditions requises (pour être reçu en justice, accepté par une autorité, etc.). V. **Valide.** *Acte, contrat valable. Ma carte d'identité n'est plus valable.* V. **Règle** (en). • **2°** Qui a une valeur, un fondement reconnu. V. **Acceptable, sérieux.** *Il n'a donné aucun motif valable.* • **3°** *(Emploi critiqué).* Qui a des qualités estimables. *Une solution valable.* V. **Bon.** *Interlocuteur valable,* qualifié, autorisé. ▼ **VALABLEMENT.** *adv.* • **1°** De manière à être reçu, à produire ses effets juridiques. *Valablement autorisé.* • **2°** À bon droit.

VALENCE [valɑ̃s]. *n. f.* • Nombre des liaisons chimiques qu'un atome peut avoir avec les atomes d'autres substances, dans une combinaison.

VALÉRIANE [valeʀjan]. *n. f.* • Plante à fleurs roses ou blanches, à la racine très ramifiée. *Valériane officinale* (herbe-aux-chats).

VALET [valɛ]. *n. m.* ★ **I.** • **1°** Domestique (autrefois). V. **Laquais, serviteur.** — VALET DE PIED : domestique de grande maison, en livrée. — VALET DE CHAMBRE : domestique masculin. • **2°** Salarié chargé de certains travaux. *Valet de ferme,* ouvrier agricole. *Valet d'écurie,* chargé des soins des chevaux. ★ **II.** Carte sur laquelle est représenté un jeune écuyer, et qui vient en général après le roi et la dame. *Valet de pique.* ▼ **VALETAILLE.** n. f. *Péj.* Ensemble des valets.

VALÉTUDINAIRE [valetydinɛʀ]. *adj.* et *n.* • *Littér.* Maladif. *Vieillard valétudinaire.*

VALEUR [valœʀ]. *n. f.* ★ **I.** • **1°** Caractère mesurable (d'un objet) en tant que susceptible d'être échangé, d'être désiré. V. **Prix.** *Valeur d'un bien. Objet de valeur, sans valeur.* — Loc. METTRE EN VALEUR : faire valoir, faire produire (un bien matériel, un capital) ; faire valoir (une personne, une chose) en la montrant à son avantage. *Mot mis en valeur dans la phrase.* • **2°** *Valeurs (mobilières),* titres cotés ou non en Bourse. V. **Action, billet, effet, obligation, titre.** ★ **II.** • **1°** Caractère de ce qui répond aux normes idéales de son type, qui a de la qualité. *La valeur de cet ouvrage vient de la sincérité de l'auteur.* • **2°** Ce en quoi une personne est digne d'estime. V. **Mérite.** *C'est un homme de grande valeur.* • **3°** JUGEMENTS DE VALEUR : par lesquels on affirme qu'un objet est plus ou moins digne d'estime. • **4°** Qualité de ce qui produit l'effet souhaité. V. **Efficacité, portée, utilité.** *La valeur d'une méthode.* • **5°** UNE VALEUR : ce qui est vrai, beau, bien (selon un jugement en accord avec celui de la société, de l'époque). *Les valeurs morales, sociales, esthétiques. Échelle des valeurs,* les valeurs classées de la plus haute à la plus faible, dans la conscience, et qui sert de référence dans les jugements, la conduite. ★ **III.** • **1°** Mesure (d'une grandeur ou d'une quantité variable). *Valeur de x.* — Quantité approximative. *Ajoutez la valeur d'un litre d'eau.* • **2°** Durée relative (d'une note, d'un silence), indiquée par sa figure, éventuellement modifiée par certains signes. *La valeur d'une blanche est deux noires.* • **3°** Qualité (d'un ton plus ou moins foncé).

VALEUREUX, EUSE [valœʀø, øz]. *adj.* • *Littér.* Brave, courageux. V. **Vaillant.**

VALIDE [valid]. *adj.* • 1° Qui est en bonne santé, capable de travail, d'exercice. || Contr. **Impotent, invalide, malade.** || • 2° Qui présente les conditions requises pour produire son effet. V. **Valable.** *Passeport valide.* || Contr. **Nul, périmé.** || ▼ **VALIDER.** *v. tr.* (1). Rendre ou déclarer valide (2°). V. **Entériner, homologuer, ratifier.** ▼ **VALIDATION.** *n. f.* ▼ **VALIDITÉ.** *n. f.* Caractère de ce qui est valide. *Durée de validité d'un billet de chemin de fer.*

VALISE [valiz]. *n. f.* • 1° Bagage de forme rectangulaire, relativement plat et pouvant être porté à la main. *Petite valise.* V. **Mallette.** *Faire sa valise, ses valises,* y disposer ce qu'on emporte ; s'apprêter à partir. • 2° *Valise diplomatique,* transport de correspondance ou d'objets sous le couvert de l'immunité diplomatique.

VALLÉE [vale]. *n. f.* • 1° Espace allongé entre deux zones plus élevées (pli concave ou espace situé de part et d'autre du lit d'un cours d'eau). V. **Val, vallon.** *Ce village est au fond de la vallée.* • 2° Région qu'arrose un cours d'eau. V. **Bassin.** *La vallée de la Loire, du Nil.*

VALLON [valɔ̃]. *n. m.* • Petite dépression allongée entre deux collines, deux coteaux. V. **Vallée.** ▼ **VALLONNÉ, ÉE.** *adj.* Parcouru de vallons. *Région vallonnée.* ▼ **VALLONNEMENT.** *n. m.* Relief d'un terrain où il y a des vallons et des collines.

VALOIR [valwaʀ]. *v.* (29) ★ **I.** *V. intr.* • 1° Correspondre à (une certaine valeur) ; avoir un rapport d'égalité avec (autre chose) selon l'estimation qui en est faite. V. **Coûter, faire.** *Valoir peu, beaucoup. Votre maison vaut deux cent mille francs. Cela ne vaut pas grand-chose.* — *Cela vaut de l'argent,* c'est une chose de prix. — Loc. *Cela vaut son pesant d'or !* (d'une chose étonnante, ridicule). *Il ne vaut plus les mille francs qu'il a valu* (p. p. invar.). • 2° Correspondre, dans le jugement des hommes, à (une qualité, une utilité). *Il a conscience de ce qu'il vaut. Prendre une chose pour ce qu'elle vaut,* ne pas se faire d'illusion à son sujet. • 3° *Absolt.* Avoir de la valeur, de l'intérêt, de l'utilité. *Cette loi vaut pour tout le monde.* — Loc. *Rien qui vaille,* rien de bon, rien d'important. *Cela ne me dit rien qui vaille,* cela m'inquiète. — *Vaille que vaille,* tant bien que mal. — *À valoir,* en constituant une somme dont la valeur est à déduire d'un tout. *Verser un acompte à valoir sur telle somme.* — FAIRE VALOIR : faire apprécier plus ; rendre plus actif, plus efficace. *Faire valoir ses droits,* les exercer, les défendre. — *Se faire valoir,* se montrer à son avantage. — Rendre productif (un bien). V. **Exploiter.** *Faire valoir son domaine, ses capitaux.* • 4° Être égal en valeur, en utilité, équivalant à (autre chose). *Cette façon de faire, qui en vaut bien une autre,* qui n'est pas inférieure à une autre. — *Pronom.* (Récipr.) SE VALOIR : avoir même valeur, être équivalent. Fam. *Ça se vaut,* ce n'est ni meilleur ni pire. — *Ne rien valoir,* être sans valeur, médiocre. *Elles ne valent rien, ces poires ! L'inaction ne lui vaut rien,* lui est nuisible. • 5° VALOIR MIEUX *que...* (suivi d'un nom) : avoir plus de valeur, être plus estimable, plus utile. *Le travail vau[t] mieux que l'ennui.* — Impers. *Il vaut mieux...* *mieux vaut,* il est préférable, meilleur de... *Il vaut mieux perdre de l'argent que la santé.* Fam. *Ça vaut mieux,* c'est préférable. *Ça vaut mieux que de se casser une jambe !* • 6° Être comparable en intérêt à (autre chose) ; mériter (tel effort, tel sacrifice). *Cela vaut l[e] dérangement.* Fam. *Ça vaut le coup,* la peine. — VALOIR LA PEINE : mériter qu'on prenn[e] la peine de... *Ça ne vaut pas la peine d'e[n] parler, qu'on en parle,* c'est insignifiant. ★ **II.** *V. tr.* Faire obtenir, avoir pour conséquence. V. **Procurer.** *Qu'est-ce qui nous vaut ce[t] honneur ? Les ennuis que lui a valus cett[e] aventure* (p. p. accordé).

VALORISER [valɔʀize]. *v. tr.* (1) • Fair[e] prendre de la valeur à (qqch., un bien) ; augmenter la valeur que l'on attribue [à] qqch. ▼ **VALORISATION.** n. f. *La valori[sation] sation de ses efforts.*

VALSE [vals(ə)]. *n. f.* • 1° Danse à troi[s] temps, où chaque couple tourne sur lui-mêm[e] tout en se déplaçant. *Valse viennoise, vals[e] lente. Valse musette.* — Morceau de musiqu[e] composé sur le rythme de cette danse. *Le[s] valses de Chopin.* • 2° *(Fam.).* Mouvemen[t] de personnel à des postes politiques o[u] administratifs que les titulaires ont l'ai[r] d'échanger entre eux. *La valse des ministres.* ▼ **VALSER.** *v. intr.* (1) • 1° Danser la valse, une valse. • 2° *Fam.* Être projeté. *Il es[t] allé valser sur le trottoir. Faire valser l'argent,* le dépenser sans compter. — *Faire valser de[s] employés,* les déplacer. *Envoyer valser,* congé[dier] dier (V. **Balancer**) ou rembarrer. ▼ **VAL-SEUR, EUSE.** *n.* Personne qui valse, qu[i] sait valser (bien ou mal). *Bon, mauvai[s] valseur.*

VALVE [valv(ə)]. *n. f.* • 1° Chacune de[s] deux parties de la coquille (dite *bivalve*) d[e] certains mollusques et crustacés. *Les valve[s] d'une moule.* • 2° Système de régulation d'u[n] courant de liquide ou de gaz (assurant sou[-] vent le passage du courant dans un seu[l] sens). — Soupape à clapet. • 3° Appare[il] laissant passer le courant électrique dans u[n] sens.

VALVULE [valvyl]. *n. f.* • Repli muqueu[x] ou membraneux qui empêche le reflux, règle le cours de liquides ou de matière[s] circulant dans les vaisseaux et conduits d[u] corps. *Valvules du cœur.*

VAMP [vɑ̃p]. *n. f.* • Femme fatale e[t] irrésistible. ▼ **VAMPER.** v. tr. (1). *Fam.* Séduire par des allures de vamp. *Elle v[a] essayer de le vamper.*

VAMPIRE [vɑ̃piʀ]. *n. m.* • 1° Fantôm[e] sortant la nuit de son tombeau pour alle[r] sucer le sang des vivants. • 2° Homme avid[e] d'argent. — Meurtrier cruel. • 3° Grand[e] chauve-souris insectivore de l'Amérique d[u] Sud (elle suce aussi le sang des animau[x] pendant leur sommeil). ▼ **VAMPIRISME.** *n. m.* Attirance perverse pour les cadavres.

VAN [vɑ̃]. *n. m.* • Sorte de panier à fon[d] plat, large, muni de deux anses, qui sert [à] vanner les grains.

VANADIUM [vanadjɔm]. *n. m.* • Métal lanc assez rare. *Acier au vanadium.*

VANDALE [vɑ̃dal]. *n.* • Destructeur brual, ignorant. *La collection a été saccagée ar des vandales.* ▼ **VANDALISME.** *n. m.*)estruction ou détérioration des œuvres 'art, des équipements publics.

VANILLE [vanij]. *n. f.* • **1°** Gousse llongée d'une plante tropicale *(vanillier)* ui, séchée, devient noire et aromatique. •) Substance aromatique (contenue dans cette ousse ou artificielle) utilisée en confiserie t en pâtisserie. *Crème, glace à la vanille.* ▼ **'ANILLÉ, ÉE.** *adj.* Aromatisé avec de la anille. *Sucre, chocolat vanillé.* ▼ **VANILIER.** *n. m.* Plante des régions tropicales à ge grimpante, dont le fruit est la vanille.

VANITÉ [vanite]. *n. f.* • **1°** Défaut d'une ersonne *vaine*, satisfaite d'elle-même et alant cette satisfaction. V. **Fatuité, orgueil, rétention, suffisance.** || Contr. **Modestie, mplicité.** || *Flatter, ménager la vanité de qn.* • **2°** Caractère de ce qui est frivole, signifiant ; chose futile, illusoire. *Les vanités e la vie mondaine.* ▼ **VANITEUX, EUSE.** *dj.* Plein de vanité (1°). V. **Orgueilleux, rétentieux, suffisant.** *Il est vaniteux comme paon. Un air vaniteux.* — Subst. *C'est un aniteux.* V. **Fat.** || Contr. **Modeste.** || ▼ **ANITEUSEMENT.** *adv.* Avec vanité.

VANNAGE. *n. m.* • Action de vanner es grains).

VANNE [van]. *n. f.* • Panneau vertical obile disposé dans une canalisation pour régler le débit. *Vannes d'une écluse, d'un oulin.*

VANNÉ, ÉE. *adj.* • *Fam.* Très fatigué. . **Crevé** *(fam.)*, **fourbu.**

VANNEAU [vano]. *n. m.* • Oiseau hassier de la taille du pigeon, à huppe oire.

VANNER [vane]. *v. tr.* (1) • Secouer dans n van (les grains), de façon à les nettoyer en s séparant de la paille, des poussières et es déchets. *Vanner du blé.* ▼ **VANNEUR, USE.** *n.* Personne qui vanne les grains.

VANNERIE [vanʀi]. *n. f.* • **1°** Fabrication es objets tressés avec des fibres végétales, es tiges. • **2°** Objets ainsi fabriqués. ▼ **ANNIER.** *n. m.* Ouvrier qui travaille, esse l'osier, le rotin, pour en faire des bjets de vannerie.

VANTAIL, AUX [vɑ̃taj, o]. *n. m.* • anneau mobile. V. **Battant.** *Les vantaux une fenêtre, d'une armoire.*

VANTARD, ARDE. *adj.* • Qui a l'habide de se vanter. V. **Bluffeur, fanfaron, bleur.** — Subst. *Quel vantard !* ▼**VANTARSE.** *n. f.* Caractère ou propos de vantard. **Bluff, fanfaronnade.**

VANTER [vɑ̃te]. *v.* (1) ★ **I.** V. tr. *Littér.* arler très favorablement de (qqn ou qqch.), louant publiquement et avec excès. V. **élébrer, exalter.** *Il vante sa femme, les mérites sa femme.* ★ **II.** SE VANTER. *v. pron.* • **1°** agérer ses mérites ou déformer la vérité r vanité. *C'est faux, elle se vante.* — *Sans e vanter*, soit dit sans vanité. • **2°** SE VANR DE : tirer vanité de, prétendre avoir fait. *vanter d'un succès, d'avoir réussi.* Fam. *Il ne s'en est pas vanté*, il l'a caché. *Il n'y a pas de quoi se vanter*, ce n'est pas très glorieux. *Et je m'en vante !* et j'en tire un sujet de satisfaction (bien loin d'en avoir honte). — Se déclarer, par vanité, capable de (faire qqch.). V. **Flatter** (se), **targuer** (se). *Il se vante de réussir sans travailler.*

VA-NU-PIEDS [vanypje]. *n. invar.* • Misérable qui vit en vagabond. V. **Gueux.**

1. VAPEUR [vapœʀ]. *n. f.* • **1°** Amas visible, en masses ou traînées blanchâtres, de très fines et légères gouttelettes d'eau suspendues dans l'air. V. **Brouillard, brume, nuage.** • **2°** *Vapeur d'eau*, ou *vapeur*, eau à l'état gazeux, état normal de l'eau au-dessus de son point d'ébullition. *Machine* À VAPEUR. *Locomotive, bateau à vapeur.* — Loc. *Renverser la vapeur*, la faire agir sur l'autre face du piston ; et *(abstrait)* Arrêter net une action qui se développait dans un sens dangereux et la mener dans un sens opposé. — *À toute vapeur*, en utilisant toute la vapeur possible, à toute vitesse. Fam. *Faire qqch. à la vapeur*, à la hâte, en se pressant. — *Bain de vapeur.* V. **Étuve.** *Pommes de terre cuites à la vapeur (pommes vapeur). Repassage à la vapeur.* • **3°** En sciences, Substance à l'état gazeux au-dessous de sa température critique. *Vapeur d'essence. Condensation de la vapeur.*

2. VAPEUR. *n. m.* • Bateau à vapeur.

3. VAPEURS. *n. f. pl.* • Troubles, malaises attribués à des exhalaisons. *Les vapeurs de l'ivresse.* — Iron. *Avoir ses vapeurs.*

VAPOREUX, EUSE. *adj.* • **1°** *Littér.* Où la présence de la vapeur est sensible ; que des vapeurs couvrent, voilent. V. **Nébuleux.** — *Des lointains vaporeux*, aux contours incertains. V. **Flou, fondu.** • **2°** Léger, fin et transparent. *Une robe de tulle vaporeux.*

VAPORISER. *v. tr.* (1) • **1°** En sciences, Faire passer (un liquide) à l'état gazeux. *Liquide qui se vaporise à telle température.* • **2°** *(Plus courant).* Disperser et projeter en fines gouttelettes. V. **Pulvériser.** ▼ **VAPORISATEUR.** *n. m.* Petit pulvérisateur. *Vaporisateur à parfum.* V. **Atomiseur.** ▼ **VAPORISATION.** *n. f.* Action de vaporiser (surtout 2°). V. **Pulvérisation.**

VAQUER (À) [vake]. *v. tr. ind.* (1) • S'occuper de, s'appliquer à. *Vaquer à ses occupations.*

VARAPPE [vaʀap]. *n. f.* • Ascension d'un couloir rocheux, d'une paroi abrupte, en montagne.

VARECH [vaʀɛk]. *n. m.* • Nom des algues, goémons, etc., rejetés par la mer et qu'on récolte sur le rivage.

VAREUSE [vaʀøz]. *n. f.* • **1°** Blouse courte en grosse toile. *Vareuse de marin, de pêcheur.* • **2°** Veste de certains uniformes. — Veste assez ample (d'intérieur, de sport).

VARIABLE [vaʀjabl(ə)]. *adj.* • **1°** Qui est susceptible de se modifier, de changer souvent au cours d'une durée. V. **Changeant, incertain, instable.** || Contr. **Constant, invariable.** || *Temps variable.* — *Vent variable*, qui change souvent de direction ou d'intensité. — (En sciences) Qui prend, peut prendre plusieurs valeurs distinctes. *Grandeur, quantité* *variable.* — *Subst.* UNE VARIABLE : symbole ou terme auquel on peut attribuer plusieurs valeurs numériques différentes. • 2° Qui prend plusieurs valeurs, plusieurs aspects (selon les cas individuels, les circonstances). • 3° Qui présente ou peut présenter des transformations, se réaliser diversement. *Les formes variables de l'art.* • 4° Qui est conçu, fabriqué pour subir des variations. *Lentilles à foyer variable.* ▼ **VARIABILITÉ.** *n. f.* Caractère de ce qui est variable. *Variabilité du temps, des goûts.*

VARIANTE [vaʀjɑ̃t]. *n. f.* • 1° Énoncé partiel d'un texte qui est un peu différent de celui qui est imprimé ; différence selon les versions. *Édition critique d'un texte accompagné des variantes.* • 2° Forme ou solution légèrement différente. *Cette formule publicitaire est une variante des précédentes.*

VARIATION [vaʀjasjɔ̃]. *n. f.* • 1° Passage d'un état à un autre ; différence entre deux états successifs. V. **Modification.** *Les variations de son caractère.* • 2° Écart entre deux valeurs numériques (d'une quantité variable) ; modification de la valeur (d'une quantité, d'une grandeur). *Variations de la température. Variations d'intensité* (d'un courant, etc.). • 3° Modification d'un thème musical par un procédé quelconque. — Composition formée d'un thème et de ses modifications. *Variations pour piano.*

VARICE [vaʀis]. *n. f.* • Dilatation permanente d'un vaisseau, d'une veine (surtout aux jambes). *Avoir des varices.* V. **Variqueux.**

VARICELLE [vaʀisɛl]. *n. f.* • Maladie infectieuse, contagieuse, caractérisée par des éruptions.

VARIER [vaʀje]. *v.* (7) ★ **I.** *V. tr.* • 1° Donner à (une seule chose) plusieurs aspects distincts, en changeant à plusieurs reprises certains de ses caractères ; rendre divers. *Elle cherche à varier le menu.* • 2° Rendre (plusieurs choses) nettement distinctes, diverses. *Varions un peu nos distractions.* Iron. *Pour varier les plaisirs,* en passant d'un ennui à l'autre. ★ **II.** *V. intr.* • 1° Présenter au cours d'une durée plusieurs modifications ; changer souvent. V. **Modifier** (se) ; **variation.** — *(Personnes)* Ne pas conserver la même attitude, les mêmes opinions. *Il n'a jamais varié sur ce point.* • 2° Se réaliser sous des formes différentes, diverses. *Les coutumes varient selon les lieux.* ▼ **VARIÉ, ÉE.** *adj.* • 1° Qui présente des aspects ou des éléments distincts. V. **Divers.** *Un répertoire varié.* — *Un programme de musique variée. Terrain varié,* accidenté. • 2° *(Au plur.).* Qui sont nettement distincts, donnent une impression de diversité. *Des arguments variés. Hors-d'œuvre variés.*

VARIÉTÉ [vaʀjete]. *n. f.* • 1° Caractère d'un ensemble formé d'éléments variés, qui donne une impression de changement ; différences qui existent entre ces éléments. V. **Diversité.** *Une grande variété de papillons. Il y a dans cette œuvre une grande variété de thèmes, de tons. Cela manque de variété.* • 2° Subdivision de l'espèce, délimitée par la variation de caractères individuels. V. **Type.** *Toutes les variétés de poires et de pommes.* • 3° *Plur.* Titre de divers recueils contenant de morceaux sur des sujets variés. V. **Mélange(s)** *Spectacle, émission de variétés,* comprenan des attractions variées (V. **Music-hall**).

VARIOLE [vaʀjɔl]. *n. f.* • Maladi infectieuse, épidémique et contagieuse, carac térisée par une éruption de boutons (tache rouges, vésicules, pustules). V. **Vérole** (petite) ▼ **VARIOLÉ, ÉE.** *adj.* Marqué de la variole ▼ **VARIOLEUX, EUSE.** *adj.* Qui a la variole —Subst. *Salle des varioleux.* ▼ **VARIOLIQUE** *adj.* De la variole. *Éruption variolique.*

VARIQUEUX, EUSE [vaʀikø, øz]. *adj* • Affecté ou accompagné de varices. *Ulcèr variqueux.*

VARLOPE [vaʀlɔp]. *n. f.* • Grand rabo à poignée, qui se manie à deux mains.

VASCULAIRE [vaskylɛʀ]. *adj.* • Qu appartient aux vaisseaux, contient des vais seaux (1). *Le système vasculaire sanguin.* - *Plantes vasculaires,* végétaux supérieurs tige, racine et feuilles. ▼ **VASCULARISA TION.** *n. f.* Développement, disposition de vaisseaux dans un organe. ▼ **VASCULARISÉ ÉE.** *adj.* Qui contient des vaisseaux.

1. VASE [vɑz]. *n. m.* • 1° Récipient servan à des usages nobles ou ayant une valeu historique, artistique. *Vases grecs.* • 2 Récipient destiné à recevoir des fleurs cou pées. *Un grand vase en cristal.* • 3° *Vase sacrés,* destinés à la célébration de la mess V. **Burette, calice, ciboire, patène.** • 4° Réc pient utilisé en chimie. *Principe des vase communicants.* • 5° Loc. *En vase clos,* san communication avec l'extérieur. *Sa théori s'est développée en vase clos.*

2. VASE [vɑz]. *n. f.* • Dépôt de terre et d particules organiques en décomposition, q se forme au fond des eaux stagnantes ou cours lent. V. **Boue, limon.** ▼ **1. VASEUX EUSE.** *adj.* Qui contient de la vase, est form de vase. *Fond vaseux.*

2. VASEUX, EUSE. *adj.* • *Fam.* • 1 *(Personnes).* Qui se trouve dans un état d malaise, de faiblesse. V. **Abruti, fatigué.** *J me sens vaseux ce matin.* • 2° Troubl embarrassé, obscur. *Un raisonnement vaseu* V. **Vasouillard.**

VASELINE [vazlin]. *n. f.* • Substanc molle, onctueuse, obtenue à partir des pétrol de la série des paraffines. ▼ **VASELINE** *v. tr.* (1). Enduire de vaseline.

VASISTAS [vazistɑs]. *n. m.* • Petit vanta pouvant s'ouvrir dans une porte ou un fenêtre.

VASO-. • Élément savant signifia « récipient ». ▼ **VASO-CONSTRICTEU** [vazɔkɔ̃stʀiktœʀ]. *adj. m.* Se dit des ner qui commandent la diminution du calib d'un vaisseau par contraction de ses fibr musculaires *(vaso-constriction).* ▼ **VASO DILATATEUR.** *adj. m.* Se dit des nerfs q commandent la dilatation des vaisseau *(vaso-dilatation).* ▼ **VASO-MOTEU TRICE.** *adj.* Relatif à la vaso-constrictio et à la vaso-dilatation.

VASOUILLER [vazuje]. *v. intr.* (1) *Fam.* Être hésitant, peu sûr de soi, maladro (dans une réponse, etc.). *Il vasouille à to* *ses oraux.* ▼ **VASOUILLARD, ARDE.** adj. *Fam.* Qui vasouille, est plutôt vaseux (2).

VASQUE [vask(ə)]. *n. f.* • Bassin ornemental peu profond qui peut être aménagé en fontaine. *Vasque de marbre.*

VASSAL, ALE, AUX [vasal, o]. *n.* • **1°** Au Moyen Âge, Homme lié personnellement à un seigneur, un suzerain qui lui concédait la possession effective d'un fief. • **2°** Homme, groupe dépendant d'un autre et considéré comme un inférieur. — Appos. *Pays vassaux.* V. **Satellite.**

VASTE [vast(ə)]. *adj.* • **1°** *(Surface).* Très grand, immense. *Une vaste forêt de pins.* • **2°** Très grand (d'une construction). || Contr. **Exigu, petit.** || *C'est une église très vaste.* — *Littér.* Spacieux, ample. *Il portait un vaste manteau.* • **3°** Important en quantité, en nombre. *Un vaste groupe d'étudiants.* • **4°** Étendu dans sa portée ou son action. *Il possède une vaste culture.* Fam. *C'est une vaste blague, une vaste plaisanterie,* je n'y crois pas.

VATICINER [vatisine]. *v. intr.* (1) • *Littér.* Prédire l'avenir (en parlant comme un oracle), prophétiser. ▼ **VATICINATION.** n. f. *Littér.* Prédiction de l'avenir. V. **Oracle, prophétie.**

VA-TOUT [vatu]. *n. m. invar.* • Aux cartes, Coup où l'on risque tout son argent. *Faire va-tout.* — JOUER SON VA-TOUT : risquer le tout pour le tout.

VAUDEVILLE [vodvil]. *n. m.* • Comédie légère, divertissante, fertile en intrigues et rebondissements. *Cette histoire est un vrai vaudeville,* elle est burlesque. ▼ **VAUDEVILLESQUE.** *adj.* Qui a le caractère léger et burlesque du vaudeville. ▼ **VAUDEVILLISTE.** *n. m.* Auteur de vaudevilles.

VAUDOU [vodu]. *n. m.* • Culte religieux des Antilles, d'Haïti, mélange de pratiques magiques, de sorcellerie et d'éléments chrétiens.

VAU-L'EAU. V. À VAU-L'EAU.

VAURIEN, ENNE [vorjɛ̃, ɛn]. *n.* • Mauvais sujet, petit voyou. V. **Chenapan, galapiat, garnement.**

VAUTOUR [votur]. *n. m.* • **1°** Oiseau rapace de grande taille, au bec crochu, à tête et au cou dénudés, qui se nourrit de charognes et de détritus. • **2°** Personne dure et rapace. *Son associé est un vautour.*

VAUTRER (SE) [votre]. *v. réfl.* (1) • **1°** Se coucher, s'étendre en se roulant, en prenant une position abandonnée. *Il reste des heures vautré sur son lit.* • **2°** Se complaire. *Ils se vautraient dans la débauche.*

VEAU [vo]. *n. m.* ★ **I.** • **1°** Petit de la vache, pendant sa première année, mâle ou femelle. — Loc. *Tuer le veau gras,* faire un festin à l'occasion de réjouissances familiales. — *Pleurer comme un veau,* en sanglotant bruyamment. — *Adorer le Veau d'or,* avoir le culte de l'argent. • **2°** Viande de cet animal (viande blanche). *Escalope, tête de veau. Blanquette de veau.* • **3°** Peau de cet animal (ou de génisse), tannée et apprêtée. *Chaussures, sacs en veau retourné.* ★ **II.** *Fam.* Mauvais cheval de course. — Automobile peu nerveuse.

VECTEUR [vɛktœr]. *n. m.* • Segment de droite orienté, formant un être mathématique sur lequel on peut effectuer des opérations. *Grandeur, direction, sens d'un vecteur.* ▼ **VECTORIEL, ELLE** [vɛktɔrjɛl]. *adj.* Des vecteurs. *Calcul vectoriel,* étude des opérations que l'on peut effectuer sur les vecteurs.

VÉCU, UE [veky]. *adj.* et *n. m.* • *Adj.* Qui appartient à l'expérience de la vie. V. **Réel.** *Histoire vécue.* V. **Vrai.** *Expérience vécue.* — N. m. *Le vécu,* l'expérience vécue.

VÉDA [veda]. *n. m.* • Textes religieux et poétiques de l'Inde ancienne. ▼ **VÉDIQUE.** *adj.* Relatif aux védas et à leurs commentaires.

1. VEDETTE [vədɛt]. *n. f.* • **1°** Autrefois, Sentinelle. • **2°** Petit navire de guerre chargé d'observations. — Canot rapide. *Les vedettes de la douane.*

2. VEDETTE. *n. f.* • **1°** *Mettre* EN VEDETTE : mettre en évidence, en valeur. *Son intelligence le mettait toujours en vedette.* • **2°** Au théâtre, Le fait d'avoir son nom imprimé en gros caractères. *Avoir, partager la vedette.* — *Avoir la vedette,* être au premier plan. *Le congrès du parti tient la vedette.* • **3°** Artiste qui a la vedette, personne qui jouit d'une grande renommée. *Les vedettes de la scène, du cinéma.* V. **Étoile, star.** *C'est une des vedettes de l'actualité.*

VÉGÉTAL, ALE, AUX [veʒetal, o]. *n. m.* et *adj.* ★ **I.** *N. m.* Être vivant caractérisé par rapport aux autres (les animaux) par des mouvements et une sensibilité plus faibles, une composition chimique particulière, une nutrition à partir d'éléments simples. V. **Plante, végétation.** ★ **II.** *Adj.* • **1°** Des plantes ; des êtres vivants appelés végétaux. *Règne végétal* (*opposé à* animal, minéral). • **2°** Qui provient d'organismes de végétaux. *Huiles végétales. Crin végétal.*

VÉGÉTARIEN, ENNE [veʒetarjɛ̃, ɛn]. *adj.* et *n.* • *Régime végétarien,* d'où sont exclus la viande, le poisson. — N. *Un(e) végétarien(ne),* personne qui suit ce régime.

VÉGÉTATIF, IVE [veʒetatif, iv]. *adj.* • **1°** Qui concerne les activités physiologiques involontaires. *Vie végétative* ou *organique* (opposé à *vie animale* ou *de relation*). — Relatif à la partie du système nerveux qui innerve les viscères. V. **Sympathique.** *Système végétatif centrifuge.* • **2°** Qui évoque la vie des végétaux, par son inaction. V. **Inactif.** *Mener une vie végétative,* végéter.

1. VÉGÉTATION [veʒetɑsjɔ̃]. *n. f.* • Ensemble des végétaux, des plantes qui poussent en un lieu. *Zones de végétation* (glaciale, tempérée, tropicale...).

2. VÉGÉTATIONS. *n. f. pl.* • Hypertrophie des replis de la peau ou des muqueuses. *Opérer un enfant des végétations,* d'une hypertrophie des tissus des amygdales.

VÉGÉTER [veʒete]. *v. intr.* (6) • Avoir une activité réduite ; vivre dans une morne inaction ou rester dans une situation médiocre. V. **Vivoter.**

VÉHÉMENCE [veemɑ̃s]. *n. f.* • *Littér.* Force impétueuse (des sentiments ou de leur expression). V. **Ardeur, emportement, fougue,**

impétuosité. *Il protesta avec véhémence.* || Contr. **Calme, froideur.** || ▼ **VÉHÉMENT, ENTE.** adj. *Littér.* Qui a une grande force expressive, qui entraîne ou émeut. V. **Entraînant, fougueux.** *Un discours véhément.* ▼ **VÉHÉMENTEMENT.** adv. *Littér.* Avec véhémence.

VÉHICULE [veikyl]. *n. m.* ★ **I.** Moyen de transport terrestre, le plus souvent autonome et muni de roues. V. **Voiture.** *Véhicule automobile, tracté.* ★ **II.** Ce qui sert à transmettre, à faire passer d'un lieu à un autre, à communiquer. *Le langage, véhicule de la pensée.* ▼ **VÉHICULAIRE.** *adj.* Se dit d'une langue servant aux communications entre des peuples de langue maternelle différente. ▼ **VÉHICULER.** *v. tr.* (1) • 1° Transporter (qqn) avec un véhicule (I). V. **Voiturer.** • 2° Constituer un véhicule (II) pour (qqch.). *Le sérum sanguin véhicule divers pigments.*

1. VEILLE [vɛj]. *n. f.* ★ **I.** • 1° Action de veiller (I, 1°) ; moment sans sommeil pendant le temps normalement destiné à dormir. *Les longues veilles passées à travailler.* • 2° Garde de nuit. *Elle a pris la veille cette nuit-là.* ★ **II.** État d'une personne qui ne dort pas (*opposé à* sommeil). ▼ **VEILLÉE.** *n. f.* • 1° Temps qui s'écoule entre le moment du repas du soir et celui du coucher, consacré à des réunions familiales ou de voisinage (surtout dans les campagnes). V. **Soirée.** • 2° *Loc.* VEILLÉE D'ARMES : préparation morale à une épreuve, une action difficile. • 3° Action de veiller un malade, un mort ; nuit passée à le veiller.

2. VEILLE. *n. f.* • Jour qui en précède un autre, qui précède celui dont il est question. *La veille au soir.* — Loc. fam. *Ce n'est pas demain la veille*, ce n'est pas pour bientôt. — À LA VEILLE DE (un événement) : dans la période qui le précède immédiatement. *À la veille de la Révolution française.*

VEILLER [veje]. *v.* (1) ★ **I.** *V. intr.* • 1° Rester volontairement éveillé pendant le temps habituellement consacré au sommeil. V. **Veille 1.** *Veiller au chevet d'un malade.* • 2° Être de garde. — Être en éveil, vigilant. • 3° Faire la veillée (1°). ★ **II.** *V. tr.* • 1° *Trans. dir.* Rester la nuit auprès de (un malade pour s'occuper de lui ; un mort). • 2° *Trans. ind.* VEILLER À *qqch.* : y faire grande attention et s'en occuper activement. *Veillez à ce que tout soit en ordre à mon retour.* — VEILLER SUR *qqn* : prêter grande attention à ce qu'il fait, à ce qui lui arrive (pour intervenir au besoin). *Veillez bien sur cet enfant.* ▼ **VEILLEUR.** *n. m.* • 1° Soldat de garde. • 2° *Veilleur de nuit*, gardien (d'un magasin, d'une banque, etc.), qui est de service la nuit ; employé d'hôtel chargé d'assurer le service et la réception pendant la nuit.

VEILLEUSE. *n. f.* • 1° Petite lampe qu'on laisse allumée pendant la nuit ou en permanence dans un lieu sombre. — Lanterne d'automobile. — *Mettre une lampe* EN VEILLEUSE : réduire la flamme, diminuer l'éclairage. *Ils se sont mis en veilleuse*, ils ont réduit leur activité. • 2° Petite flamme d'un chauffe-eau à gaz, d'un réchaud.

1. VEINE [vɛn]. *n. f.* • Vaisseau à ramifications convergentes, qui ramène le sang des capillaires au cœur. *Les veines et les artères.* — *S'ouvrir les veines*, se trancher les veines du poignet pour se donner la mort. ▼ **1. VEINÉ, ÉE.** *adj.* Qui présente des veines bleues apparentes sous la peau. ▼ **VEINEUX, EUSE.** *adj.* Qui a rapport aux veines. *Système veineux.* ▼ **VEINULE.** *n. f.* • 1° Petit vaisseau veineux qui, convergeant avec d'autres, forme les veines. • 2° Ramification extrême des nervures des feuilles.

2. VEINE. *n. f.* • 1° Filon mince (d'un minéral). *Veine de quartz, de houille. Exploiter une veine dans une mine.* • 2° Dessin coloré, mince et sinueux (dans le bois, les pierres dures). ▼ **2. VEINÉ, ÉE.** *adj.* Qui présente des veines, des filons. *Bois, marbre veiné.*

3. VEINE. *n. f.* ★ **I.** • 1° Inspiration de l'artiste. *La veine poétique, dramatique.* — *Être en veine*, inspiré. • 2° EN VEINE DE... : disposé à. *Il est en veine de travail.* ★ **II.** *Fam.* Chance. *Il a eu de la veine. C'est un coup de veine.* ▼ **VEINARD, ARDE.** adj. et n. *Fam.* Qui a de la veine. V. **Chanceux, verni.** — Subst. *Quel veinard !*

VÉLAIRE [velɛʀ]. *adj.* • Qui est articulé près du voile du palais. [k] *est une consonne vélaire.*

VÊLER [vele]. *v. intr.* (1) • Mettre bas, avoir son veau (en parlant de la vache). ▼ **VÊLAGE** ou **VÊLEMENT.** *n. m.*

VÉLIN [velɛ̃]. *n. m.* • 1° Peau de veau mort-né, plus fine que le parchemin ordinaire. *Manuscrit, ornements sur vélin.* — Cuir de veau. *Reliure de vélin.* • 2° Papier très blanc et de pâte très fine. *Exemplaire sur vélin.*

VELLÉITÉ [ve(ɛl)leite]. *n. f.* • Intention qui n'aboutit pas à une décision. *Il a eu des velléités de résister.* ▼ **VELLÉITAIRE.** *adj.* et *n.* Qui n'a que des intentions faibles, ne se décide pas à agir.

VÉLO [velo]. *n. m.* • Bicyclette. *Elle est à vélo, en vélo, sur son vélo.* — Le fait de monter, de rouler à bicyclette. *Faire du vélo, aimer le vélo.*

VÉLOCE [velɔs]. *adj.* • *Littér.* Agile, rapide. ▼ **VÉLOCITÉ.** *n. f.* • 1° *Rare.* Mouvement rapide, aptitude à aller vite. V. **Vitesse.** • 2° Agilité, vitesse dans le jeu d'un instrument de musique. *Exercice de vélocité au piano.*

VÉLOCIPÈDE. *n. m.* • Ancien appareil de locomotion, ancêtre de la bicyclette.

VÉLODROME. *n. m.* • Piste entourée de gradins, aménagée pour les courses de bicyclettes.

VÉLOMOTEUR. *n. m.* • Vélo à moteur de petite cylindrée, entre 50 et 125 cm^3 (Cf. Motocyclette).

VELOURS [v(ə)luʀ]. *n. m.* • 1° Tissu à deux chaînes superposées dont l'une produit le fond du tissu et l'autre le velouté ; tissu analogue dont le velouté est produit par une trame. *Velours de coton, de soie, de rayonne. Velours uni, côtelé, frappé. Costume de velours.* — *Velours de laine*, tissu de laine pelucheux sur l'endroit, utilisé dans l'ameublement. — Loc. *Jouer sur le velours*, agir sans risques. — *Chat qui fait patte de velours*, qui présente sa patte après avoir rentré ses griffes. *Faire patte de velours*, dissimuler un dessein de nuire sous une douceur affectée. • **2°** Ce qui donne une impression de douceur au tact, à la vue. V. **Velouté.** *Veau velours*, veau retourné. — Plaisant. *Faire des yeux de velours*, des yeux doux.

VELOUTÉ, ÉE [vəlute]. *adj.* et *n. m.* • **1°** Doux au toucher, comme du velours. V. **Duveté.** *Pêche veloutée.* • **2°** Doux et onctueux (au goût). *Potage velouté.* — Subst. *Un velouté d'asperges.* • **3°** *N. m.* LE VELOUTÉ : douceur de ce qui est velouté au toucher ou à l'aspect. *Le velouté de la peau.*

VELU, UE [vəly]. *adj.* • Qui a les poils très abondants. V. **Poilu.** *Mains velues.*

VELUM ou **VÉLUM** [velɔm]. *n. m.* • Grande pièce d'étoffe servant à tamiser la lumière ou à couvrir un espace sans toiture. *Des vélums.*

VENAISON [vənɛzɔ̃]. *n. f.* • Chair de grand gibier (cerf, chevreuil, daim, sanglier).

VÉNAL, ALE, AUX [venal, o]. *adj.* • Qui se laisse acheter au mépris de la morale. V. **Cupide.** *Un homme vénal*, qui n'agit que par intérêt. — (Choses) *Amour vénal.* ▼ **VÉNALEMENT.** *adv.* ▼ **VÉNALITÉ.** *n. f.* • **1°** Le fait d'être cédé pour de l'argent au mépris des valeurs morales. • **2°** Caractère ou comportement d'une personne vénale. V. **Bassesse, corruption.**

VENANT (À TOUT) [atuv(ə)nɑ̃]. *loc.* • À chacun, à tout le monde. *Il parle à tout venant.*

VENDABLE [vɑ̃dabl(ə)]. *adj.* • Qui peut être vendu. *Ces vieux livres sont encore vendables.*

VENDANGE [vɑ̃dɑ̃ʒ]. *n. f.* • **1°** Le fait de recueillir les raisins mûrs pour la fabrication du vin. *Faire la vendange, les vendanges.* V. **Vendanger.** — *Les vendanges*, l'époque des vendanges, en automne. • **2°** Raisin récolté pour faire le vin. ▼ **VENDANGER.** *v.* (3) • **1°** *V. tr.* Récolter (les raisins) pour faire le vin. • **2°** *V. intr.* Faire la vendange, cueillir les raisins et les transporter. ▼ **VENDANGEUR, EUSE.** *n.*

VENDETTA [vɑ̃de(ɛt)ta]. *n. f.* • Coutume corse, par laquelle les membres de deux familles ennemies poursuivent une vengeance réciproque jusqu'au crime.

VENDEUR, EUSE [vɑ̃dœʀ, øz]. *n.* • **1°** Personne qui vend ou a vendu qqch. || Contr. **Acheteur, client.** || *Le vendeur et l'acquéreur.* • **2°** Personne dont la profession est de vendre (surtout lorsqu'elle ne dispose pas de local fixe comme le *commerçant*). V. **Marchand.** *Vendeur ambulant. Vendeur à la sauvette.* • **3°** Employé chargé d'assurer la vente dans un établissement commercial. *Vendeuse de grand magasin.* • **4°** Personne qui connaît et applique les procédés de vente. *Ce directeur commercial est un excellent vendeur.*

VENDRE [vɑ̃dʀ(ə)]. *v. tr.* (41) • **1°** Céder à qqn en échange d'une somme d'argent. V. **Vente.** || Contr. **Acheter, acquérir.** || *Vendre ses livres. Vendre qqch. (à) tel prix, tant. Vendre cher. Vendre à perte.* — *À vendre*, offert pour la vente. *La maison est à vendre.* — Faire commerce de (ce qu'on a fabriqué ou acheté). *Vendre qqch. au détail ; en réclame, en solde.* V. **Brader, liquider, solder.** — Pronom. *(Pass.)* Être vendu. *Cela se vend bien.* • **2°** (Souvent *péj.*). Accorder ou céder (un avantage, un service) en faisant payer, ou contre un avantage matériel. *Vendre ses charmes.* • **3°** Exiger qqch. en échange de. *Vendre chèrement sa vie*, se défendre avec vaillance jusqu'à la mort. • **4°** Trahir, dénoncer par intérêt d'argent. V. **Trahir.** *Judas vendit Jésus pour trente deniers.* — Pronom. *(Réfl.)* Se mettre au service de qqn par intérêt matériel (V. **Vénal**). *Se vendre à un parti.* ▼ **VENDU, UE.** *adj.* • **1°** *(Choses).* Cédé pour de l'argent. V. **Acquis.** *Adjugé, vendu !* (aux enchères). • **2°** *(Personnes).* Qui a aliéné sa liberté, promis ses services pour de l'argent. *Juge vendu.* V. **Corrompu, vénal.** — *Subst.* Personne qui a trahi pour de l'argent. V. **Traître.** — Crapule, homme sans honneur (T. d'injure).

VENDREDI [vɑ̃dʀədi]. *n. m.* • Le sixième jour de la semaine. *Vendredi saint*, précédant le dimanche de Pâques.

VENELLE [vənɛl]. *n. f.* • Petite rue étroite. V. **Ruelle.**

VÉNÉNEUX, EUSE [venenø, øz]. *adj.* • *(Végétal).* Qui contient un poison, qui peut empoisonner. *Champignons vénéneux.*

VÉNÉRER [veneʀe]. *v. tr.* (6) • **1°** Considérer avec le respect dû aux choses sacrées. V. **Adorer, révérer.** *Vénérer un saint.* • **2°** *Littér.* Avoir un grand respect, empreint d'affection pour (qqn, qqch.). V. **Adorer.** ▼ **VÉNÉRABLE.** adj. *Littér.* ou *plaisant.* Digne de vénération. *Une vénérable dame.* — *D'un âge vénérable*, très vieux. V. **Respectable.** *Cette vénérable institution.* ▼ **VÉNÉRATION.** *n. f.* • **1°** Respect religieux. • **2°** Grand respect fait d'admiration et d'affection. V. **Adoration, culte, dévotion.** *Il a pour son père une véritable vénération.*

VÉNERIE [vɛnʀi]. *n. f.* • **1°** Art de la chasse à courre. *Petite, grande vénerie.* • **2°** Administration des officiers des chasses (V. **Veneur**).

VÉNÉRIEN, ENNE [veneʀjɛ̃, ɛn]. *adj.* et *n.* • *Maladies vénériennes*, maladies contagieuses qui se communiquent par les rapports sexuels (chancre, syphilis...). ▼ **VÉNÉROLOGIE** [veneʀɔlɔʒi]. *n. f.* Partie de la médecine qui s'occupe des maladies vénériennes.

VENEUR [vənœʀ]. *n. m.* • Celui qui organise les chasses à courre. — *Grand veneur*, chef d'une vénerie.

VENGER [vɑ̃ʒe]. *v. tr.* (3) • **1°** Dédommager moralement (qqn) en punissant son offenseur. *Venger qqn d'un affront. Venger la mémoire d'un ami.* — *(Suj. chose)* Constituer une vengeance ou une compensation pour (qqn). *Son échec me venge.* • **2°** Réparer (une offense) en punissant l'offenseur. *Venger un affront dans le sang.* • **3°** SE VENGER. *v. pron.* Rendre une offense (à qqn) pour se dédommager moralement. *Se venger de qqn. Je me vengerai.* — Se dédommager (d'une offense) en punissant son auteur. *Se venger d'une insulte, d'une injure.* ▼ **VENGEANCE.** *n. f.* Action de se venger ; dédommagement moral de l'offensé par punition de l'offenseur. *Tirer vengeance d'un affront. Une terrible vengeance. Soif, désir de vengeance*, rancune, ressentiment. — Loc. prov. *La vengeance est un plat qui se mange froid*, il faut savoir attendre pour se venger. ▼ **VENGEUR, GERESSE.** *n.* et *adj.* • **1°** Personne qui venge (une personne, sa mémoire, ses intérêts). — *Adj.* Littér. *Un bras vengeur*, animé par la vengeance. • **2°** Personne qui venge, punit.

VÉNIEL, ELLE [venjɛl]. *adj.* • *Péché véniel*, petite faute digne de pardon (*opposé à* péché mortel).

VENIN [vənɛ̃]. *n. m.* • **1°** Substance toxique sécrétée chez certains animaux par une glande spéciale, qu'ils injectent par piqûre ou morsure. *Crochets à venin d'un serpent. Venin de scorpion, d'araignée.* — Substance toxique des piquants de certaines plantes. • **2°** Haine, méchanceté perfide. *Lettre pleine de venin. Cracher son venin*, dire des méchancetés dans un accès de colère. ▼ **VENIMEUX, EUSE** [vənimø, øz]. *adj.* • **1°** *(Animaux)*. Qui a du venin. *Serpents venimeux.* • **2°** V. **Haineux, perfide.** *Des remarques, des allusions venimeuses.*

VENIR [v(ə)niʀ]. *v. intr.* (22) ★ **I.** *(Sens spatial)*. Se déplacer de manière à aboutir dans un lieu. V. **Aller, déplacer** (se), **rendre** (se). • **1°** (Sans compl. de lieu). *Venez avec moi*, accompagnez-moi. *Aller et venir, et repartir.* Fam. *Je ne fais qu'aller et venir*, je reviens tout de suite. — *Faire venir qqn*, le convoquer. — VOIR VENIR. *Je te vois venir*, je devine tes intentions. *Voir venir (les événements)*, attendre prudemment en observant l'évolution des événements. • **2°** (Avec un compl. marquant le terme du mouvement). VENIR À, CHEZ, DANS... *Demain vous viendrez chez moi. Venez ici. Il vient vers nous, jusqu'à nous.* — VENIR À *(qqn)* : aller vers lui, aller le trouver. — (Choses) *Mot qui vient aux lèvres, sous la plume.* • **3°** Parvenir à (un but, une étape d'un développement). *Venir à bout de qqch.* — *Il faudra bien qu'il y vienne*, il finira bien par s'y résoudre, par l'accepter. — VENIR À (un sujet, une question). V. **Aborder.** EN VENIR À : finir par faire, par employer, après une évolution. *En venir aux mains, aux coups*, engager la lutte. *Où veut-il en venir ?* que veut-il, que cherche-t-il en fin de compte ? • **4°** VENIR DE... (avec un compl. marquant le point de départ, l'origine). *Je viens de Paris. D'où venaient-ils ? Les nuages viennent de l'ouest.* — Provenir. *Son bracelet vient des Indes. Des biens qui lui venaient de son grand-père* (par héritage). • **5°** Provenir, sortir de. *La plupart des mots français viennent du latin.* V. **Dériver.** • **6°** *(Avec un complément de cause)*. Être l'effet de. V. **Découler.** *Son malheur vient de son imprévoyance. Cela vient de ce que* (avec l'indic.). — Impers. *De là vient que..., d'où vient que...*, c'est pourquoi. ★ **II.** (Semi-auxiliaire, suivi d'un inf.). • **1°** Se déplacer (pour faire). *J'irai la voir et ensuite je viendrai vous chercher. Viens m'aider ! Venez voir par ici !* • **2°** VENIR À *(surtout à la 3e pers.)* : se trouver en train de (faire, subir qqch.). *S'il venait à me perdre*, au cas où il me perdrait. Impers. *S'il venait à passer qqn.* • **3°** VENIR DE... *(avec l'inf.)* : avoir (fait) très récemment, avoir juste fini de... *Elle vient de sortir. Elle venait d'être malade.* ★ **III.** Arriver, se produire, survenir. • **1°** *(Personnes)*. Arriver (dans la vie). *Venir au monde.* V. **Naître.** *Ceux qui viendront après nous.* V. **Succéder.** — *(Événements)* Se produire. V. **Survenir.** *Prendre les choses comme elles viennent*, avec philosophie. — (Temps) *L'heure est venue de réfléchir. Le jour viendra où nous pourrons réussir. La nuit venue*, tombée. — Loc. adv. À VENIR. V. **Futur.** *Les générations à venir.* • **2°** Naître et se développer (végétaux, tissus vivants). V. **Pousser.** *Un sol où le blé vient bien.* • **3°** (Idées, créations). *Les idées ne viennent pas. Alors, ça vient ?* allez-vous répondre ? *L'idée lui est venue subitement.*

VENT [vɑ̃]. *n. m.* ★ **I.** Déplacement naturel de l'atmosphère. • **1°** Mouvement de l'atmosphère ressenti au voisinage du sol ; déplacement d'air. *Vent modéré* (V. **Brise**), *violent, glacial* (V. **Bise**). *Le vent du nord*, qui vient du nord. *Le vent souffle, se lève, tombe. Il y a du vent, il fait du vent. Coup, rafale de vent. Marcher contre le vent.* — Loc. *Au vent* (dans la direction du vent) ; *sous le vent* (dans la direction opposée). *Les îles Sous-le-Vent, en Polynésie.* — À VENT : mû par l'air. *Moulin à vent.* — *Les quatre vents*, les quatre points cardinaux (directions des vents). *Aux quatre vents ; à tous les vents*, partout, en tous sens. • **2°** L'atmosphère, l'air (généralement agité par des courants). *Flotter au vent. Voler au vent. Exposer au vent. En plein vent*, en plein air. *Le nez au vent*, le nez en l'air, d'un air étourdi. • **3°** Loc. (*Le vent*, symbole des impulsions, des influences). *Aller contre vents et marées*, envers et contre tout. *Avoir le vent en poupe, le vent dans le dos*, être bien parti, avoir une suite de succès. *Être dans le vent*, dans la direction générale (de la mode, etc.). — *Quel bon vent vous amène ?* quelle est la cause de votre venue ? (formule d'accueil). — *Le vent tourne*, les événements vont changer. *Le vent était à l'optimisme.* — (Symbole de vitesse) *Aller comme le vent, plus vite que le vent.* • **4°** *Du vent*, des choses vaines, vides. *C'est du vent, ce n'est que du vent*, se dit de promesses faites à la légère. • **5°** AVOIR VENT DE : avoir connaissance de. *J'ai eu vent de ses projets.* ★ **II.** Déplacement d'air, de gaz. • **1°** *Le ventilateur fait du vent.* Loc. fam. *Personne qui fait du vent*, fait l'importante. • **2°** *Instrument* (de musique) *à vent*, dans lequel on souffle. • **3°** *(Au plur.)*. Gaz intestinaux. V. **Pet.**

VENTE [vɑ̃t]. *n. f.* • **1°** Le fait d'échanger une marchandise contre de l'argent, de la transmettre en toute propriété à un acquéreur en la faisant payer (V. **Vendre**). *En vente*, pour être vendu, ou disponible dans le commerce. *Mettre en vente. Vente au comptant, à crédit, à tempérament. Prix de vente.* • **2°** Réunion des vendeurs et des acquéreurs éventuels, au cours de laquelle on vend publiquement. *Vente aux enchères. Salle des ventes*, où ont lieu les ventes publiques. — *Vente de charité*, au cours de laquelle on vend au bénéfice d'une œuvre des objets généralement donnés.

VENTER [vɑ̃te]. *v. impers.* (1) • Souffler, en parlant du vent. *Il vente*, il fait du vent. — Loc. *Qu'il pleuve ou qu'il vente*, par tous les temps. ▼**VENTEUX, EUSE.** *adj.* Où il y a beaucoup de vent. Voir **Éventé.** *Plaine venteuse.* (On dit aussi VENTÉ, ÉE.)

1. VENTILER [vɑ̃tile]. *v. tr.* (1) • Produire un courant d'air dans, sur. ▼ **VENTILATEUR.** *n. m.* Appareil servant à rafraîchir l'atmosphère en soufflant de l'air. *Ventilateur électrique à hélice.* ▼**1. VENTILATION.** *n. f.* Opération par laquelle l'air est brassé, renouvelé ou soufflé. *La ventilation de cette salle de cinéma est insuffisante.*

2. VENTILER. *v. tr.* (1) • Évaluer (une ou plusieurs parties) relativement au tout, dans une vente. — Répartir (une somme totale) entre plusieurs comptes. *Ventiler les dépenses.* ▼ **2. VENTILATION.** *n. f.* Répartition entre divers comptes. *Ventilation des frais généraux.*

VENTOUSE [vɑ̃tuz]. *n. f.* • 1° Petite cloche de verre appliquée sur la peau après qu'on y a raréfié l'air, pour provoquer une révulsion. *Poser des ventouses à un malade.* • 2° Organe où un vide partiel se fait, et qui sert à sucer, aspirer. *Ventouses des sangsues.* — *Faire ventouse*, adhérer. • 3° Dispositif (rondelle de caoutchouc, etc.) qui se fixe par vide partiel sur une surface plane.

VENTRAL, ALE, AUX. *adj.* • 1° Du ventre, de l'abdomen. V. **Abdominal.** *Nageoires ventrales.* • 2° Qui se porte sur le ventre. *Parachute ventral.*

VENTRE [vɑ̃tʀ(ə)]. *n. m.* ★ **I.** *(Chez l'homme).* • 1° Partie antérieure de la cavité qui contient l'intestin (V. **Abdomen**) ; paroi antérieure du bassin, au-dessous de la taille. *À plat ventre*, allongé sur le ventre. Loc. *Se mettre à plat ventre devant qqn*, s'humilier par intérêt. *Marcher, passer sur le ventre*, écraser, éliminer (qqn) pour arriver à ses fins. — BAS-VENTRE : le bas du ventre. — *Danse du ventre*, danse orientale où la danseuse remue les hanches et le bassin. • 2° *(Animaux).* Partie analogue au ventre humain chez les mammifères. Paroi inférieure du corps (*opposé à* dos). *Le ventre argenté d'un poisson.* — *Loc.* (D'un quadrupède, d'une personne) *Courir ventre à terre*, très vite. • 3° Proéminence que forme la paroi antérieure de l'abdomen, de la taille au bas-ventre. V. *(fam.* et *pop.)* **Bedaine, brioche, panse.** *Rentrer le ventre. Avoir, prendre du ventre*, un gros ventre. • 4° Les viscères qui reçoivent les aliments (estomac et intestins). *Se remplir le ventre.* — Loc. *Avoir le ventre creux*, l'estomac vide. *Avoir les yeux plus grands que le ventre*, vouloir manger plus que son appétit ne réclame. — *Avoir mal au ventre*, aux intestins. • 5° Partie où s'accomplit la gestation (chez la femme, les femelles de mammifères). V. **Sein** (3°), **utérus.** • 6° Loc. *Avoir, mettre du cœur au ventre*, de l'énergie, du courage. *Il n'a rien dans le ventre*, il est lâche. *Chercher à savoir ce que qqn a dans le ventre*, quels sont ses projets, ses intentions secrètes. V. **Sonder.** ★ **II.** Partie creuse, lorsqu'elle présente à l'extérieur un renflement. *Le ventre d'une cruche.* — Partie bombée de la coque d'un bateau.

VENTRICULE [vɑ̃tʀikyl]. *n. m.* • 1° Chacun des deux compartiments inférieurs (du cœur), séparés par une cloison. • 2° Se dit de quatre cavités du cerveau. *Ventricules latéraux, ventricule moyen.* ▼ **VENTRICULAIRE.** *adj.* D'un ventricule, des ventricules.

VENTRILOQUE [vɑ̃tʀilɔk]. *n.* et *adj.* • *N.* Personne qui peut articuler sans remuer les lèvres, d'une voix étouffée qui semble venir du ventre. — Adj. *Il est ventriloque.* ▼ **VENTRILOQUIE.** *n. f.*

VENTRIPOTENT, ENTE [vɑ̃tʀipɔtɑ̃, ɑ̃t]. *adj.* • Qui a un gros ventre. V. **Gros, ventru.**

VENTRU, UE. *adj.* • 1° Qui a un gros ventre. V. **Gros, pansu, ventripotent.** • 2° *(Choses).* Renflé, bombé. *Commode ventrue.*

VENU, UE [v(ə)ny]. *adj.* et *n.* • 1° Littér. *Être* BIEN, MAL VENU : arriver à propos (ou non) ; être bien (ou mal) accueilli. — *Être mal venu de* (et inf.), n'être pas fondé à. *Vous seriez mal venu d'insister.* • 2° BIEN, MAL VENU : qui s'est développé (bien, mal). *Un enfant mal venu, chétif.* • 3° N. *Le* PREMIER VENU : n'importe qui. — *Les nouveaux, les derniers venus.*

VENUE [v(ə)ny]. *n. f.* • 1° Action, fait de venir (I). V. **Arrivée.** • 2° *Littér.* Action, fait de venir (III), de se produire, d'arriver. *La venue du beau temps.* • 3° Loc. *D'une seule venue, tout d'une venue*, d'un seul jet (en parlant des plantes, des arbres).

VÊPRES [vɛpʀ(ə)]. *n. f. pl.* • En religion, L'une des heures de l'office qui se dit l'après-midi.

VER [vɛʀ]. *n. m.* • 1° Petit animal au corps mou (insecte, larve) sans pattes. — VER DE TERRE : lombric terrestre, petit animal annelé et rougeâtre très commun. — *Ver solitaire*, le ténia. *Cet enfant a des vers* (intestinaux). — *Ver blanc*, larve de hanneton ; asticot. — *Ver luisant*, femelle d'un coléoptère (le lampyre) qui brille la nuit (se dit aussi de la *luciole*). — *Ver à soie*, chenille du bombyx du mûrier, qui s'enferme dans un cocon fait d'un enroulement de fils de soie. • 2° Loc. *Se tortiller comme un ver* (de terre). *Être nu comme un ver*, tout nu. — *Tirer les vers du nez de qqn*, le faire parler, avouer. • 3° *Littér.* Vermine qui, selon la croyance populaire, ronge la chair des morts.

VÉRACITÉ [veʀasite]. *n. f.* • 1° *Littér.* Qualité de celui qui dit la vérité. *Décrire, raconter avec véracité.* V. **Exactitude, fidélité.** • 2° Qualité de ce qui est rapporté avec véracité (1°). *La véracité de son témoignage.* V. **Authenticité, sincérité.** || Contr. **Fausseté.** ||

VÉRANDA [veʀɑ̃da]. *n. f.* • Galerie vitrée contre une maison, servant généralement de petit salon.

VERBAL, ALE, AUX [vɛʀbal, o]. *adj.* ★ **I.** Du verbe (I) ; relatif au verbe. *Désinences verbales. Adjectif verbal*, participe présent du verbe, adjectivé. ★ **II.** • **1°** Qui se fait de vive voix (*opposé à* écrit). V. **Oral.** *Promesse verbale.* • **2°** Qui se fait, s'exprime par des mots et non par d'autres signes. *Expression verbale.* — Qui concerne les mots plutôt que la chose ou l'idée. *Une explication purement verbale.* V. **Formel.** ▼ **VERBALEMENT.** *adv.* • **1°** De vive voix et non par écrit. V. **Oralement.** • **2°** Par des mots. *S'exprimer verbalement.*

VERBALISER [vɛʀbalize]. *v. intr.* (1) • Dresser un procès-verbal (1°). *Agent de police qui verbalise.* ▼ **VERBALISATION.** *n. f.*

VERBALISME. *n. m.* • *Péj.* Utilisation des mots pour eux-mêmes au détriment de l'idée (et sans intention esthétique).

VERBE [vɛʀb(ə)]. *n. m.* ★ **I.** Mot qui exprime une action, un état, un devenir, et qui présente un système complexe de formes (V. **Conjugaison**). *Formes, temps, modes, personnes du verbe. Verbe transitif, intransitif, pronominal. Conjuguer un verbe.* ★ **II.** • **1°** Dans la théologie chrétienne, Parole (de Dieu) adressée aux hommes. *Le Verbe de Dieu.* • **2°** *Littér.* Expression de la pensée (oralement ou par écrit) au moyen du langage. V. **Langage, langue.** • **3°** Ton de voix. *Avoir le verbe haut,* parler très fort ; parler, décider avec hauteur.

VERBEUX, EUSE [vɛʀbø, øz]. *adj.* • Qui dit les choses en trop de paroles, trop de mots. *Un orateur verbeux.* V. **Bavard, prolixe.** *Commentaire verbeux.* ‖ Contr. **Bref, concis.** ‖ ▼ **VERBEUSEMENT.** *adv.* ▼ **VERBOSITÉ.** *n. f.* Défaut de celui, de ce qui est verbeux.

VERBIAGE [vɛʀbjaʒ]. *n. m.* • Abondance de paroles, de mots vides de sens ou qui disent peu de chose. V. **Bavardage, délayage.** *Un verbiage creux.*

VERDÂTRE [vɛʀdɑtʀ(ə)]. *adj.* • Qui tire sur le vert, est d'un vert un peu sale et trouble. *Teinte verdâtre.*

VERDEUR [vɛʀdœʀ]. *n. f.* • **1°** Vigueur de la jeunesse (chez qqn qui n'est plus jeune). • **2°** Acidité d'un fruit vert, d'un vin trop vert. • **3°** Liberté, spontanéité savoureuse dans le langage.

VERDICT [vɛʀdik(t)]. *n. m.* • **1°** Déclaration par laquelle le jury répond, après délibération, aux questions posées par le tribunal. *Verdict de culpabilité, d'acquittement.* • **2°** Jugement rendu par une autorité. V. **Décision, sentence.** — Jugement sévère.

VERDIER [vɛʀdje]. *n. m.* • Oiseau passereau, de la taille du moineau, à plumage verdâtre.

VERDIR [vɛʀdiʀ]. *v. intr.* (2) • Devenir vert. — *(Des végétaux)* Pousser, se couvrir de feuilles. — Devenir vert de peur. V. **Blêmir.** *Il a verdi en le voyant.* ▼ **VERDISSANT, ANTE.** *adj.* Qui verdit, est en train de verdir.

VERDOYER [vɛʀdwaje]. *v. intr.* (8) • Se dit des végétaux, des prés, de la campagne... qui donnent une sensation dominante de vert. ▼ **VERDOIEMENT.** *n. m.* ▼ **VERDOYANT, ANTE.** *adj.* Qui verdoie ; où la végétation est vivace. *Une verdoyante vallée.*

VERDURE. *n. f.* • **1°** Couleur verte de la végétation. • **2°** Arbres, plantes, herbes, feuilles. V. **Végétation.** *Un rideau de verdure. Se reposer dans la verdure.*

VÉREUX, EUSE [veʀø, øz]. *adj.* • **1°** Qui contient un ver, est gâté par des vers. *Fruits véreux.* • **2°** Foncièrement malhonnête. *Agent, financier véreux.* — Qui n'est pas sain. *Affaire véreuse.* V. **Louche, suspect.**

1. VERGE [vɛʀʒ(ə)]. *n. f.* • Organe de la copulation (chez l'homme et les mammifères). V. **Pénis, phallus.**

2. VERGE. *n. f.* • *Littér.* Baguette (pour frapper, battre).

VERGER [vɛʀʒe]. *n. m.* • Terrain planté d'arbres fruitiers.

VERGETÉ, ÉE [vɛʀʒəte]. *adj.* • Marqué de petites raies. V. **Rayé.** *Peau marquetée et vergetée.* ▼ **VERGETURE.** n. f. *(Surtout au plur.).* Petites marques qui sillonnent la peau aux endroits qui ont été distendus.

VERGLAS [vɛʀgla]. *n. m.* • Couche de glace naturelle très mince qui se forme sur le sol. ▼ **VERGLACÉ, ÉE.** *adj.* Couvert de verglas. *Route verglacée, dangereuse.*

VERGOGNE (SANS) [sɑ̃vɛʀgɔɲ]. *loc. adv.* • Sans honte, sans scrupule. *Il nous a menti sans vergogne.*

VERGUE [vɛʀg(ə)]. *n. f.* • Longue pièce de bois disposée sur l'avant des mâts, et servant à porter la voile qui y est fixée.

VÉRIDIQUE [veʀidik]. *adj.* • **1°** *Littér.* Qui dit la vérité, qui rapporte qqch. avec exactitude (V. **Véracité**). *Témoin véridique.* • **2°** Conforme à la vérité, à ce qui a été éprouvé, constaté. V. **Authentique, exact.** ‖ Contr. **Faux, trompeur.** ‖ *Témoignage, récit véridique.* ▼ **VÉRIDICITÉ.** n. f. *Littér.* Caractère véridique (d'une personne, d'une chose). V. **Véracité ; exactitude, vérité.** ▼ **VÉRIDIQUEMENT.** *adv.* D'une manière véridique, exacte.

VÉRIFIER [veʀifje]. *v. tr.* (7) • **1°** Examiner la valeur de (qqch.), par une confrontation avec les faits ou par un contrôle de la cohérence interne. V. **Examiner ; contrôler.** *Vérifier une nouvelle. Vérifier un compte. Vérifier l'exactitude, l'authenticité d'une assertion.* V. **Reconnaître.** — *Vérifier si...,* examiner de manière à constater que... *Il vérifie si le train part toujours à la même heure.* V. **Assurer** (s'). • **2°** Examiner (une chose) de manière à pouvoir établir si elle est conforme à ce qu'elle doit être, si elle fonctionne correctement. *Vérifier un poids. Vérifier ses freins.* • **3°** Reconnaître ou faire reconnaître (une chose) pour vraie. V. **Prouver.** *Vérifier une hypothèse.* — *(Suj. chose)* Constituer le signe non récusable de la vérité de (qqch.). *Les faits ont vérifié nos soupçons.* V. **Confirmer, justifier.** — *Pronom.* SE VÉRIFIER : s'avérer exact, juste. ▼ **VÉRIFIABLE.** *adj.* ▼ **VÉRIFICATEUR, TRICE.** *n.* Professionnel chargé de vérifier (1°). Celui qui vérifie des comptes, des déclarations. V. **Contrôleur.** ▼ **VÉRIFICATION.** *n. f.* • **1°** Le fait de vérifier. V. **Contrôle, épreuve.** *Faire des vérifications.* • **2°** Constatation qu'une chose est vraie. Le fait d'être vérifié (3°), de s'avérer exact. V. **Confirmation.** *Son attitude n'est que la vérification de ses affirmations.*

VÉRIN [verɛ̃]. *n. m.* • Appareil de levage à vis. V. **Cric.**

VÉRITABLE [veritabl(ə)]. *adj.* • **1°** Qui a lieu, qui existe réellement, en dépit de l'apparence. V. **Réel, vrai** (*opposé à* inventé, imaginé, faux, apparent...). *Toute cette histoire est véritable.* • **2°** *(Choses concrètes).* Qui est conforme à l'apparence, qui n'est pas imité. *De l'or véritable.* • **3°** (Choses abstraites ; personnes). *Généralement avant le nom,* Qui est conforme à l'idée qu'on s'en fait, qui mérite son nom et sa réputation. *Un véritable ami,* digne de ce nom. *Le véritable amour.* • **4°** *(Devant le nom).* Qui est exactement nommé ; qui mérite son nom. *Une véritable canaille.* — (Pour introduire une désignation figurée qui n'est justement pas « véritable » mais dont on veut souligner l'exactitude) *Cette maison est une véritable caserne.* ▼ **VÉRITABLEMENT.** *adv.* • **1°** D'une manière réelle, effective. V. **Réellement.** — *(En tête de phrase)* À la vérité. V. **Assurément ; effet** (en). • **2°** Conformément à l'apparence, au mot qui désigne. *C'est véritablement génial.*

VÉRITÉ [verite]. *n. f.* • **1°** Ce à quoi l'esprit peut et doit donner son assentiment (par suite d'un rapport de conformité avec l'objet de pensée, d'une cohérence interne de la pensée) ; connaissance à laquelle on attribue la plus grande valeur (*opposé à* erreur, illusion). *Chercher, prétendre posséder la vérité. La recherche de la vérité.* • **2°** Connaissance conforme au réel ; son expression (*opposé à* erreur, ignorance *ou à* invention, mensonge). *Connaître, dire la vérité sur qqch. C'est l'entière, la pure vérité ; la vérité vraie* (fam.). — *Dire la vérité, toute la vérité* (*opposé à* mentir). — Loc. prov. *La vérité sort de la bouche des enfants,* ce que disent spontanément les enfants apprend beaucoup sur ce que leurs proches cachent. — En vérité *(loc. adv.)* : sert à renforcer une affirmation, une assertion. V. **Assurément, certainement, vraiment.** • **3°** Caractère de ce qui s'accorde avec notre sentiment de la réalité. *Vérité d'un portrait* (V. **Ressemblance**), *d'un personnage de roman* (V. **Vraisemblance**). • **4°** *Une, des vérité(s),* idée ou proposition vraie, qui mérite un assentiment entier ou qui l'emporte. V. **Conviction, évidence.** *Vérités éternelles. Vérités premières,* évidentes mais indémontrables. *Dire, énoncer des vérités.* — *Dire ses vérités, ses quatre vérités à qqn,* lui dire sur son compte des choses désobligeantes avec une franchise brutale. • **5°** Le réel. V. **Réalité.** *Tout ce que l'on peut dire des camps d'extermination est au-dessous de la vérité.* • **6°** *Un accent, un air de vérité,* de sincérité.

VERJUS [vɛrʒy]. *n. m.* • Suc acide extrait de certaines espèces de raisin, ou de raisin cueilli vert.

1. VERMEIL, EILLE [vɛrmɛj]. *adj.* • D'un rouge vif et léger (du teint, de la peau). *Teint vermeil.* ‖ Contr. **Blafard, pâle.** ‖

2. VERMEIL. *n. m.* • Argent doré recouvert d'une dorure d'un ton chaud tirant sur le rouge. *Plats en vermeil.*

VERMICELLE [vɛrmisɛl]. *n. m.* • Pâtes à potage en forme de fils très minces. *Soupe au vermicelle.*

VERMICULAIRE [vɛrmikylɛr]. *adj.* • Qui a la forme, l'aspect d'un petit ver. *Appendice vermiculaire,* prolongement du cæcum.

VERMIFUGE [vɛrmifyʒ]. *adj.* • Propre à provoquer l'expulsion des vers intestinaux. — Subst. *Prendre un vermifuge.*

VERMILLON [vɛrmijɔ̃]. *n. m.* • Substance colorante ou couleur d'un rouge vif tirant sur le jaune. — *Adj.* (invar.). *Des robes vermillon.*

VERMINE [vɛrmin]. *n. f.* • **1°** Nom collectif désignant tous les insectes (puces, poux, etc.) parasites de l'homme et des animaux. • **2°** *Littér.* Ensemble nombreux d'individus méprisables, nuisibles à la société. V. **Canaille, racaille.**

VERMISSEAU [vɛrmiso]. *n. m.* • Petit ver, petite larve.

VERMOULU, UE [vɛrmuly]. *adj.* • Se dit du bois, d'un objet de bois rongé, mangé par les vers. V. **Piqué.** ▼ **VERMOULURE.** *n. f.* Fait de devenir vermoulu ; trace de vers (dans le bois).

VERMOUT ou **VERMOUTH** [vɛrmut]. *n. m.* • Apéritif à base de vin aromatisé de plantes amères et toniques. *Vermouth blanc, rouge.*

VERNACULAIRE [vɛrnakylɛr]. *adj.* • Du pays, propre au pays (terme savant). *Langue vernaculaire,* dialecte.

VERNI, IE. *adj.* • Fam. *(Personnes).* Qui a de la chance. V. **Veinard.**

VERNIS [vɛrni]. *n. m.* • **1°** Solution résineuse qui laisse sur le corps où on l'applique une pellicule brillante et qui sert à le décorer ou à le protéger. V. **Enduit, laque.** *Vernis d'un tableau. Vernis à ongles.* • **2°** *(Abstrait).* Connaissances superficielles, apparence de bonnes manières. V. **Teinture.** *Il a un vernis de littérature.* ▼ **VERNIR.** *v. tr.* (2). Enduire de vernis. *Vernir un tableau.* — Au p. p. *Souliers vernis.* ▼ **VERNISSAGE.** *n. m.* • **1°** Action de vernir (un tableau, une planche de gravure, etc.), de vernisser (une poterie). • **2°** Jour d'ouverture d'une exposition de peinture. ▼ **VERNISSER.** *v. tr.* (1). Enduire de vernis (une poterie, une faïence). — Au p. p. *Tuiles vernissées.*

VÉROLE [verɔl]. *n. f.* • **1°** *Petite vérole,* variole. • **2°** *Pop.* Syphilis. ▼ **VÉROLÉ, ÉE.** adj. *Pop.* Qui a la syphilis.

VÉRONAL [verɔnal]. *n. m.* • Barbiturique employé comme somnifère.

VERRAT [vɛra]. *n. m.* • Porc mâle employé comme reproducteur.

VERRE [vɛr]. *n. m.* • **1°** Substance fabriquée, dure, cassante et transparente, de structure « vitreuse » (formée de silicates alcalins). *Pot en verre. Panneau de verre d'une fenêtre.* V. **Vitre.** *Verre dépoli.* Loc. *Se briser, se casser comme (du) verre,* très facilement. — *Laine de verre,* matière composée de fils de verre, utilisée comme filtrant ou isolant. — *Papier de verre,* où des débris de verre sont fixés au papier, à la toile (abrasif). — Verre blanc ou *verre,* verre ordinaire (*opposé à* cristal). • **2°** *Un,* *des verre(s)*, plaque, lame, morceau ou objet de verre. *Verre de montre*, qui en protège le cadran. *Verre de lampe* (1°). Fam. *Il est souple comme un verre de lampe*, très raide. — *Verres optiques. Verres déformants, grossissants.* — *Des verres*, des verres optiques que l'on porte pour mieux voir (V. **Lorgnon, lunettes**). • **3°** Récipient à boire (en verre, cristal, matière plastique). *Verre à pied. Verre à vin, à liqueur. Emplir son verre. Lever son verre* (pour trinquer). *Verre à dents*, servant à se rincer la bouche quand on se lave les dents. • **4°** Contenu d'un verre. *Boire un verre d'eau.* — Boisson alcoolisée (hors des repas, au café). V. **Pot** *(pop.). Boire, prendre un verre. Un petit verre*, un verre d'alcool, de liqueur. ▼ **VERRERIE.** *n. f.* • **1°** Fabrique, usine où l'on fait et où l'on travaille le verre ; fabrication du verre. V. **Cristallerie, miroiterie, optique, vitrerie.** • **2°** Commerce du verre, des objets en verre ; ces objets. *Rayon de verrerie d'un grand magasin.* ▼ **VERRIER.** *n. m.* • **1°** Celui qui fabrique le verre, des objets en verre. • **2°** Artiste qui fait des vitraux ; peintre sur verre. ▼ **VERRIÈRE.** *n. f.* • **1°** Grande ouverture ornée de vitraux. *Les verrières de la cathédrale de Chartres.* • **2°** Grand vitrage ; toit vitré (d'une véranda, etc.). *La verrière d'une gare.*

VERROTERIE. *n. f.* • Verre coloré et travaillé, dont on fait des bijoux et des ornements. *De la verroterie. Bijoux en verroterie.*

VERROU [veʀu]. *n. m.* • Système de fermeture constitué par une pièce de métal allongée qui coulisse horizontalement de manière à s'engager dans un crampon ou une gâchette (comme le pêne d'une serrure). V. **Targette.** *Pousser, tirer le verrou* (pour fermer et ouvrir). — Loc. *Mettre qqn sous les verrous*, l'enfermer, l'emprisonner. ▼ **VERROUILLER.** *v. tr.* (1) • **1°** Fermer à l'aide d'un verrou. *Verrouiller une porte, une fenêtre.* • **2°** Enfermer, mettre (qqn) sous les verrous. ▼ **VERROUILLAGE.** *n. m.* Le fait de verrouiller ; manière dont une ouverture est verrouillée.

VERRUE [veʀy]. *n. f.* • **1°** Petite excroissance cornée de la peau (aux mains, aux pieds, à la face). • **2°** *Littér.* Ce qui défigure, enlaidit. *Ce quartier misérable est une verrue au milieu de la ville.* ▼ **VERRUQUEUX, EUSE.** *adj.* En forme de verrue ; qui a des verrues (1°).

1. VERS [vɛʀ]. *prép.* • **1°** En direction de. *Courir vers la sortie. Il venait vers moi. S'avancer, marcher vers l'ennemi.* V. **À, sur.** — *Tourner la tête vers qqn.* • **2°** (*Abstrait* ; pour marquer le terme d'une évolution ou d'une tendance). *C'est un pas vers la découverte de la vérité.* • **3°** Du côté de (sans mouvement). *Vers le nord, il y a un village.* — Aux environs de. *Nous nous sommes arrêtés vers Fontainebleau.* • **4°** À peu près (à telle époque). V. **Environ, sur.** *Vers les cinq heures. Vers le milieu de sa vie.*

2. VERS [vɛʀ]. *n. m.* • **1°** *Un vers*, fragment d'énoncé formant une unité rythmique définie par des règles concernant la longueur, l'accentuation, ou le nombre des syllabes. *Vers réguliers*, conformes aux règles de la versification traditionnelle. *Vers libres*, non rimés et irréguliers. • **2°** *Les vers*, l'écriture en vers. *Composer, écrire, faire des vers*, de la poésie. *Réciter des vers.*

VERSANT [vɛʀsɑ̃]. *n. m.* • Chacune des deux pentes d'une montagne ou d'une vallée.

VERSATILE [vɛʀsatil]. *adj.* • Qui change facilement de parti, d'opinion. V. **Changeant, inconstant.** *Une opinion publique versatile.* ‖ Contr. **Entêté, persévérant.** ‖ ▼ **VERSATILITÉ.** *n. f.* Caractère versatile.

VERSE (À) [avɛʀs(ə)]. *loc. adv.* • En abondance (se dit de la pluie qui tombe). *Il pleuvait à verse* (V. **Averse**).

VERSÉ, ÉE. *adj.* • Littér. *Versé dans*, expérimenté et savant (en une matière), qui en a une longue expérience. *Il est très versé dans la littérature chinoise.*

VERSEAU [vɛʀso]. *n. m.* • Onzième signe du zodiaque.

VERSER [vɛʀse]. *v.* (1) ★ **I.** *V. tr.* • **1°** Faire tomber, faire couler (un liquide) d'un récipient qu'on incline. *Verser du vin dans un verre.* — *Se verser du champagne.* • **2°** Répandre. *Verser des larmes, des pleurs*, pleurer. *Verser le sang*, le faire couler en blessant, en tuant. *Verser son sang*, être blessé, ou mourir pour une cause. • **3°** Déverser, répandre. *On a versé des camions entiers de fruits aux ordures.* — Donner en répandant. V. **Prodiguer.** *Verser l'or à pleines mains.* • **4°** Apporter (de l'argent) à titre de paiement, de dépôt, de mise de fonds. V. **Payer.** *Les sommes à verser.* • **5°** Affecter (qqn) à une arme, à un corps. V. **Incorporer.** *On l'a versé dans l'infanterie.* ★ **II.** *V. intr.* • **1°** Basculer et tomber sur le côté. V. **Culbuter.** *Sa voiture a versé dans le fossé.* • **2°** *(Abstrait)*. VERSER DANS... : tomber. *Dans ce roman, l'auteur a versé dans la facilité.* ▼ **VERSEMENT.** *n. m.* Action de verser de l'argent. V. **Paiement.** *S'acquitter en plusieurs versements.*

VERSET [vɛʀsɛ]. *n. m.* • **1°** Paragraphe (d'un texte sacré). *Versets de la Bible, d'un psaume.* • **2°** Dans la liturgie, Brève formule ou maxime, récitée ou chantée à l'office. • **3°** Phrase ou suite de phrases rythmées d'une seule respiration, découpées dans un texte poétique.

VERSEUR. *n.* et *adj. m.* • **1°** *N.* Appareil servant à verser (1°). • **2°** *Adj. m.* Qui sert à verser. *Bec verseur, bouchon verseur.* ▼ **VERSEUSE.** *n. f.* Cafetière en métal à poignée droite.

VERSIFIER [vɛʀsifje]. *v. tr.* (7) • Mettre en vers (surtout au p. p.). *Une œuvre versifiée.* ▼ **VERSIFICATEUR.** *n. m.* Faiseur de vers. ▼ **VERSIFICATION.** *n. f.* Technique du vers régulier (V. **Poésie**). *Les règles de la versification.* V. **Métrique, prosodie.**

VERSION [vɛʀsjɔ̃]. *n. f.* • **1°** Traduction (d'un texte en langue étrangère) dans sa propre langue (*opposé au* thème). *Version latine.* • **2°** Chacun des états d'un texte qui a subi des modifications. *Les différentes versions de la Chanson de Roland.* — *Film en version originale* (abrév. *V. O.*), avec la bande sonore originale. *Film américain en version française*, doublé. • **3°** Manière de rapporter, de présenter, d'interpréter un fait, une série de faits. V. **Interprétation.** *Selon la version du témoin.*

VERSO [vɛʀso]. *n. m.* • Envers d'un feuillet (*opposé à* recto). *Au verso.* V. **Dos.**

VERSOIR. *n. m.* • Pièce de la charrue qui rabat sur le côté la terre détachée par le soc.

VERSTE [vɛʀst(ə)]. *n. f.* • Ancienne mesure de longueur (un peu plus de 1 km), en Russie.

VERT, VERTE [vɛʀ, vɛʀt(ə)]. *adj.* et *n. m.* ★ **I.** *Adj.* • **1°** Intermédiaire entre le bleu et le jaune. *Couleur verte des plantes à chlorophylle* (V. **Verdure**). *Chêne vert*, à feuilles persistantes. *Lézard vert.* — *Feu, signaux verts*, indiquant que la voie est libre. *Donner le feu vert à...*, permettre d'entrer en action, d'agir. — Par exagér. *Teint vert d'un malade, vert de peur.* V. **Blême, bleu.** — *Bleu, gris-vert*, qui contient du vert. • **2°** Qui n'est pas mûr (des céréales, des fruits) ; qui a encore de la sève. || Contr. **Blet, passé, sec.** || *Blé vert. Bois vert. Légumes verts* (consommés non séchés). Loc. prov. *Ils sont trop verts* (ces raisins), se dit d'une chose qu'on affecte de dédaigner parce qu'on ne peut l'obtenir. — *En voir, en dire des vertes et des pas mûres*, dire, voir des choses scandaleuses, choquantes. • **3°** *(Personnes).* Qui a de la vigueur, de la verdeur. *Un vieillard encore vert.* V. **Gaillard, vaillant.** • **4°** *Langue verte.* V. **Argot.** ★ **II.** *N. m.* • **1°** Couleur verte. *Le vert est complémentaire du rouge. Vert foncé, vert tendre. Vert amande, vert pomme. Vert d'eau.* • **2°** Se dit de feuilles vertes, de verdure (dans des expressions). — Fourrage frais. *Mettre un cheval au vert*, le nourrir au fourrage frais. — Fam. *Se mettre au vert*, prendre du repos à la campagne.

VERT-DE-GRIS [vɛʀdəgʀi]. *n. m.* et *adj. invar.* • **1°** *N. m.* Dépôt verdâtre qui se forme à l'air humide sur le cuivre, le bronze, etc. • **2°** *Adj. invar.* D'un vert grisâtre. *Des uniformes vert-de-gris.* ▼ **VERT-DE-GRISÉ, ÉE.** *adj.* Couvert de vert-de-gris.

VERTÈBRE [vɛʀtɛbʀ(ə)]. *n. f.* • Chacun des os qui forment la colonne vertébrale (support du tronc chez les vertébrés, chez l'homme). *Se déplacer une vertèbre.* ▼ **VERTÉBRAL, ALE, AUX.** *adj.* Des vertèbres. *Colonne vertébrale.* ▼ **VERTÉBRÉ, ÉE.** *adj.* et *n.* • **1°** *Adj.* Qui a des vertèbres, un squelette. *Animaux vertébrés et invertébrés.* • **2°** *N. m. pl.* LES VERTÉBRÉS : embranchement du règne animal formé des animaux qui possèdent un squelette interne d'os ou de cartilages *(poissons, batraciens, reptiles, oiseaux, mammifères).*

VERTEMENT [vɛʀtəmɑ̃]. *adv.* • Avec vivacité, rudesse. *Reprendre vertement qqn.*

VERTICAL, ALE, AUX [vɛʀtikal, o]. *adj.* et *n.* • **1°** *Adj.* Qui suit la direction de la pesanteur, du fil à plomb en un lieu ; perpendiculaire à l'horizontale. *Ligne verticale. Station verticale de l'homme.* V. **Debout.** || Contr. **Horizontal, oblique.** || • **2°** *N. f.* Ligne, position verticale. *Une verticale. Falaise à la verticale.* ▼ **VERTICALEMENT.** *adv.* En suivant une ligne verticale. V. **Plomb** (à). *La pluie tombe verticalement.* ▼ **VERTICALITÉ.** *n. f.* Caractère, position de ce qui est vertical. *Vérifier la verticalité d'un mur.* V. **Aplomb.**

VERTIGE [vɛʀtiʒ]. *n. m.* • **1°** Impression par laquelle une personne croit que les objets environnants et elle-même sont animés d'un mouvement circulaire ou d'oscillations. V. **Éblouissement, étourdissement.** *Avoir un vertige, des vertiges.* • **2°** Peur pathologique de tomber dans le vide. *Je ne peux monter par cette échelle, j'ai le vertige. À donner le vertige*, très haut, très impressionnant. • **3°** État d'une personne qui ne sait plus ce qu'elle fait, où elle en est. V. **Égarement, trouble.** *Le vertige du succès*, la tentation. ▼ **VERTIGINEUX, EUSE.** *adj.* Très haut, très grand, en parlant de ce qui pourrait donner le vertige (2°). *Des hauteurs, des vitesses vertigineuses.* ▼ **VERTIGINEUSEMENT.** *adv.*

VERTU [vɛʀty]. *n. f.* ★ **I.** • **1°** Force avec laquelle l'homme tend au bien ; force morale appliquée à suivre la règle, la loi morale. — Loc. fam. *Il a de la vertu*, il a du mérite (à faire cela). • **2°** *Littér.* Conduite, vie vertueuse. • **3°** Chasteté ou fidélité sentimentale, conjugale (d'une femme). *Femme de petite vertu*, de mœurs légères. • **4°** UNE, LES VERTU(S) : disposition à accomplir des actes moraux par un effort de volonté ; qualité portée à un haut degré. *Parer qqn de toutes les vertus*, lui attribuer toutes les qualités. *Les quatre vertus cardinales* (relig. catholique), courage, justice, prudence, tempérance. *Les trois vertus théologales*, charité, espérance, foi. ★ **II.** • **1°** *Littér.* Principe qui, dans une chose, est considéré comme la cause des effets qu'elle produit. V. **Pouvoir, propriété.** *Vertu médicale, curative.* — *La vertu réparatrice du temps.* • **2°** *Loc. prép.* EN VERTU DE... : par le pouvoir de, au nom de. *Ce qu'on nous impose en vertu des principes moraux. En vertu de quoi accepterait-il ?* ▼ **VERTUEUX, EUSE.** *adj.* • **1°** *(Personnes).* Qui a des vertus, des qualités morales. V. **Honnête, moral, sage.** • **2°** *(D'une femme).* Qui est chaste ou fidèle. V. **Honnête, pur.** • **3°** (Choses). *Littér.* Qui a le caractère de la vertu. *Action, conduite vertueuse.* ▼ **VERTUEUSEMENT.** *adv.*

VERTUGADIN [vɛʀtygadɛ̃]. *n. m.* • Bourrelet, armature autrefois portée par les femmes pour faire bouffer la jupe autour des hanches. V. **Panier.**

VERVE [vɛʀv(ə)]. *n. f.* • Qualité brillante, imagination et fantaisie dans la parole. V. **Brio.** *Verve d'un orateur.* — *Être en verve*, être plus brillant qu'à l'ordinaire.

VERVEINE [vɛʀvɛn]. *n. f.* • **1°** Plante dont une espèce a des vertus calmantes. *Verveine odorante*, cultivée pour son parfum (citronnelle). • **2°** Infusion de verveine officinale. *Boire une tasse de verveine.*

VÉSICAL, ALE, AUX [vezikal, o]. *adj.* • De la vessie. *Artères vésicales. Calculs vésicaux.*

VÉSICATOIRE [vezikatwaʀ]. *n. m.* • Remède pour provoquer une révulsion locale et le soulèvement de l'épiderme.

VÉSICULE [vezikyl]. *n. f.* • Cavité, réservoir ou petit sac membraneux (comparés à de petites vessies). — *Vésicule (biliaire)*, réservoir membraneux situé à la face inférieure du foie et qui emmagasine la bile. ▼**VÉSICULAIRE.** *adj.* En forme de vésicule. — Qui constitue une vésicule.

VESPASIENNE [vɛspazjɛn]. *n. f.* • Urinoir public pour hommes. V. **Pissotière** *(vulg.)*.

VESPÉRAL, ALE, AUX [vɛspeʀal, o]. *adj.* • *Littér.* Du soir, du couchant. *Des lueurs vespérales.*

VESSE [vɛs]. *n. f.* • Gaz intestinal qui sort sans bruit et répand une mauvaise odeur. V. **Pet.**

VESSIE [vesi]. *n. f.* • 1° Réservoir dans lequel s'accumule l'urine. *Inflammation de la vessie*, cystite. *Calculs, pierres dans la vessie.* • 2° Vessie desséchée d'un animal, formant sac. *Vessie d'un ballon.* Loc. *Prendre des vessies pour des lanternes*, se tromper. • 3° Chez certains poissons, *Vessie natatoire*, sac membraneux relié à l'œsophage, qui, en se remplissant plus ou moins de gaz, règle l'équilibre de l'animal dans l'eau.

VESTALE [vɛstal]. *n. f.* • Dans l'antiquité romaine, Prêtresse de Vesta, vouée à la chasteté et chargée d'entretenir le feu sacré.

VESTE [vɛst(ə)]. *n. f.* • 1° Vêtement court (à la taille ou aux hanches), avec manches, ouvert devant, et qui se porte sur la chemise, le gilet. *Veste droite, croisée.* V. **Veston.** *Porter une veste.* — *Veste de pyjama*, partie du pyjama couvrant le torse. • 2° Loc. fam. *Ramasser, prendre une veste*, subir un échec. — Fam. *Retourner sa veste*, changer brusquement d'opinion, de parti.

VESTIAIRE [vɛstjɛʀ]. *n. m.* • 1° Lieu où l'on dépose momentanément les vêtements d'extérieur (manteaux), les parapluies, cannes, etc., dans certains établissements publics. *Vestiaire d'un théâtre, d'un restaurant. La dame du vestiaire.* — Endroit d'un logement aménagé pour déposer les vêtements. • 2° Ensemble de vêtements d'une garde-robe. *Renouveler son vestiaire.*

VESTIBULE [vɛstibyl]. *n. m.* • Pièce d'entrée (d'un édifice, d'une maison, d'un appartement). V. **Antichambre, entrée.** *Attendre dans un vestibule.*

VESTIGE [vɛstiʒ]. *n. m.* • 1° Ce qui demeure (d'une chose détruite, disparue, d'un groupe d'hommes, d'une société). *Les vestiges d'un temple, d'une armée.* • 2° Ce qui reste (d'une chose abstraite ; idée, sentiment, d'un caractère). *Vestiges de grandeur.* V. **Marque, reste, trace.**

VESTIMENTAIRE. *adj.* • Qui a rapport aux vêtements. *Dépense vestimentaire.*

VESTON [vɛstɔ̃]. *n. m.* • Veste d'un complet d'homme. *Être en veston. Des complets-veston.*

VÊTEMENT [vɛtmɑ̃]. *n. m.* • 1° Objets fabriqués pour couvrir le corps humain, le cacher, le protéger, le parer (coiffure, chaussures, linge, habits et divers accessoires). • 2° LES VÊTEMENTS : habillement (comprenant le linge mais non les chaussures) ; en particulier les vêtements de dessus (*opposé à sous-vêtements*). V. **Habillement, habits** et *fam.* **Fringues, frusques, nippe.** *Vêtements neufs, usés, en loques* (V. **Guenille, haillon**). *Vêtements de travail, de tous les jours, du dimanche. Vêtements habillés, de ville, de sport.* — LE VÊTEMENT *(sing. collectif)*, les vêtements. *Industrie, commerce du vêtement.* • 3° UN VÊTEMENT : une pièce de l'habillement de dessus (manteau, veste). *Je vais chercher un vêtement et je sors avec vous.*

VÉTÉRAN [veteʀɑ̃]. *n. m.* • 1° Ancien combattant. *Les vétérans de la guerre de 1[…]* • 2° Personne pleine d'expérience (dans un domaine). *Un vétéran de l'enseignement.* V. **Ancien.** || Contr. **Commençant, nouveau.**

VÉTÉRINAIRE [veteʀinɛʀ]. *adj.* et *n.* 1° *Adj.* Qui a rapport au soin des bêtes (animaux domestiques, bétail). *Art vétérinaire.* • 2° N. *Un, une vétérinaire*, médecin vétérinaire, qui soigne les animaux.

VÉTILLE [vetij]. *n. f.* • Chose insignifiante. V. **Bagatelle, détail, rien.** *Ergoter sur des vétilles.* ▼**VÉTILLEUX, EUSE.** *adj.* *Littér.* Qui s'attache à des détails, à des vétilles.

VÊTIR [vetiʀ]. *v. tr.* (20) • 1° *Littér.* Couvrir (qqn) de vêtements ; mettre un vêtement à (qqn). *Vêtir un enfant.* V. **Habiller.** • 2° Littér. *Pronom.* SE VÊTIR : s'habiller. ▼**VÊTU, UE.** *adj.* Qui porte un vêtement. V. **Habillé.** *Être bien vêtu, mal vêtu, à demi vêtu.* || Contr. **Nu.** ||

VETO [veto]. *n. m.* • Opposition à une décision. *Droit de veto. Mettre son veto à une décision.*

VÉTUSTE [vetyst(ə)]. *adj.* • Qui est vieux, n'est plus en parfait état (choses, bâtiments et installations). *Maison vétuste.* ▼**VÉTUSTÉ.** n. f. *Littér.* État de ce qui est vétuste, abîmé par le temps. V. **Délabrement.**

VEUF, VEUVE [vœf, vœv]. *adj.* et *n.* • 1° *Adj.* Dont le conjoint est mort. *Il est veuf de deux femmes.* • 2° *N.* Personne veuve. *Épouser un veuf.* — Loc. iron. *Défenseur de la veuve et de l'orphelin*, des personnes sans appui (se dit des avocats). ▼**VEUVAGE.** *n. m.* Situation, état d'une personne veuve et non remariée. *Se remarier après une année de veuvage.*

VEULE [vøl]. *adj.* • Qui n'a aucune énergie, aucune volonté. V. **Avachi, faible, lâche, mou.** *Il est veule et hypocrite.* — *Un air veule.* || Contr. **Énergique, ferme.** || **VEULERIE.** *n. f.* Caractère, état d'une personne veule. V. **Apathie, faiblesse, lâcheté.**

VEXER [vɛkse]. *v. tr.* (1) • 1° Blesser (qqn) dans son amour-propre. V. **Désobliger, froisser, humilier, offenser.** *Je ne voulais pas vous vexer.* • 2° SE VEXER. *v. pron.* Être vexé, se piquer. *Il se vexe d'un rien.* V. **Fâcher (se), formaliser (se), froisser (se).** ▼**VEXANT, ANTE.** *adj.* • 1° Qui contrarie, peine. V. **Contrariant, irritant.** *Nous avons raté le train, c'est vexant !* V. **Rageant.** • 2° Qui blesse l'amour-propre. *Une remarque, un refus vexant.* V. **Blessant.** ▼**VEXATION.** *n. f.* • 1° *Littér.* Action de maltraiter ; son résultat. V. **Brimade, persécution.** • 2° Blessure, froissement d'amour-propre. V. **Humilia[…]**

tion, mortification. *Essuyer des vexations.* ▼ **VEXATOIRE.** *adj.* Qui a le caractère d'une vexation (1°). *Mesure vexatoire.*

VIA [vja]. *prép.* • Par la voie, en passant par. V. **Par.** *Aller de Paris à Alger via Marseille.*

1. VIABILITÉ. *n. f.* • État d'un chemin, d'une route où l'on peut circuler. — Ensemble des travaux d'aménagement (voirie, égouts, adductions) à exécuter avant de construire sur un terrain.

VIABLE [vjabl(ə)]. *adj.* • 1° Apte à vivre ; qui peut avoir une certaine durée de vie. *Cet enfant n'est pas viable.* • 2° Qui présente les conditions nécessaires pour durer, se développer. V. **Durable.** *Entreprise viable.* ▼ **2. VIABILITÉ.** *n. f.* État d'un organisme (et notamment d'un embryon) viable.

VIADUC [vjadyk]. *n. m.* • Pont de grande longueur servant au passage d'une voie ferrée, d'une route. *La voie emprunte plusieurs viaducs.*

VIAGER, ÈRE [vjaʒe, ɛʀ]. *adj.* et *n. m.* • Qui doit durer pendant la vie d'une personne et pas au delà. *Rente viagère.* — N. m. *Le viager*, la rente viagère. *Vendre une maison en viager*, moyennant une rente viagère.

VIANDE [vjɑ̃d]. *n. f.* • 1° Chair des mammifères et des oiseaux que l'homme emploie pour sa nourriture (surtout des animaux de boucherie). *Viande rouge*, le bœuf, le cheval, le mouton. *Viande blanche*, la volaille, le veau, le porc. *Viande en sauce. Jus de viande. Viande froide. Viande bien cuite, à point ; viande saignante, bleue.* • 2° *Pop.* et *vulg.* Chair de l'homme, corps. *Amène ta viande !* viens !

VIATIQUE [vjatik]. *n. m.* • 1° Communion portée à un mourant. *Recevoir le viatique.* • 2° *Littér.* Soutien, secours indispensable.

VIBRANT, ANTE [vibʀɑ̃, ɑ̃t]. *adj.* • 1° Qui vibre (1°), est en vibration. *Consonne vibrante*, produite par la vibration de la langue *(l)* ou du gosier *(r)*. *Une voix forte et vibrante*, très sonore. • 2° Qui vibre (2°), exprime ou trahit une forte émotion.

VIBRAPHONE [vibʀafɔn]. *n. m.* • Instrument de musique formé de plaques métalliques vibrantes, que l'on frappe à l'aide de marteaux. ▼ **VIBRAPHONISTE.** *n.* Musicien qui joue du vibraphone.

VIBRATION [vibʀasjɔ̃]. *n. f.* • 1° Mouvement, état de ce qui vibre ; effet qui en résulte (son et ébranlement). *Vibration de moteur.* • 2° En physique, Mouvement de va-et-vient d'un point matériel déplacé de sa position d'équilibre et qui y est ramené par l'effet de forces complexes, analysées au moyen d'une fonction harmonique. *Vibrations lumineuses, sonores, électromagnétiques.* • 3° Tremblement. *La vibration d'une voix.* — *Vibration de l'air, de la lumière*, impression de tremblotement que donne l'air chaud. ▼ **VIBRATOIRE.** *adj.* • 1° Formé par une série de vibrations. *Phénomène vibratoire.* • 2° Qui s'effectue en vibrant, en faisant vibrer. *Massage vibratoire* (V. **Vibromasseur**).

VIBRATO [vibʀato]. *n. m.* • Tremblement rapide d'un son (V. **Trémolo**), utilisé dans la musique vocale ou par les instruments, en jazz.

VIBRER [vibʀe]. *v. intr.* (1) • 1° Se mouvoir périodiquement autour de sa position d'équilibre avec une très faible amplitude et une très grande rapidité ; être en vibration. *Faire vibrer un diapason, une cloche.* • 2° *(En parlant de la voix).* Avoir une sonorité tremblée qui dénote une émotion intense. *Sa voix vibrait d'émotion.* • 3° Être vivement ému, exalté. *Faire vibrer son auditoire.* ▼ **VIBREUR.** *n. m.* Élément qui produit, transmet une vibration. — Sonnerie sans timbre.

1. VIBRION [vibʀijɔ̃]. *n. m.* • Bactérie de forme incurvée (terme de sciences).

2. VIBRION. *n. m.* • *Fam.* Personne agitée. ▼ **VIBRIONNER.** v. intr. (1). *Fam.* S'agiter sans cesse. *Arrête de vibrionner autour de nous !*

VIBROMASSEUR [vibʀɔmasœʀ]. *n. m.* • Appareil électrique qui produit des massages par vibration.

VICAIRE [vikɛʀ]. *n. m.* • 1° Celui qui exerce en second les fonctions attachées à un office ecclésiastique. Prêtre qui aide et remplace éventuellement le curé. • 2° *Le vicaire de Dieu*, le pape. ▼ **VICARIAT.** *n. m.* Fonction, dignité de vicaire, durée de cette fonction.

VICE [vis]. *n. m.* ★ **I.** • 1° LE VICE : disposition habituelle au mal ; conduite qui en résulte. V. **Immoralité, mal, péché.** *Vivre dans le vice et la débauche.* — *Fam.* Dépravation du goût. *Il n'aime que les laiderons : c'est du vice !* • 2° UN VICE : mauvais penchant, défaut grave que réprouve la morale sociale. *Il a tous les vices ! Être pourri de vices.* — PROV. *L'oisiveté (la paresse) est mère de tous les vices. Pauvreté n'est pas vice.* — Perversion sexuelle. *Un vice contre nature.* • 3° Mauvaise habitude qu'on ne peut réprimer. *Le bavardage est notre vice familial.* V. **Faible, faiblesse, travers.** ★ **II.** Imperfection grave qui rend une chose plus ou moins impropre à sa destination. V. **Défaut, défectuosité.** *Vice de construction d'un bâtiment.* — *Vice de forme*, absence d'une formalité obligatoire qui rend nul un acte juridique.

VICE-. • Particule invariable signifiant « à la place de », formant des noms de grades, de fonctions immédiatement inférieures (ex. : *vice-amiral, vice-consul, vice-légat* [du pape], *etc.*).

VICE-PRÉSIDENT, ENTE [vispʀezidɑ̃, ɑ̃t]. *n.* • Personne qui seconde ou supplée le président, la présidente. *La vice-présidente d'une société.* ▼ **VICE-PRÉSIDENCE.** *n. f.* Fonction de vice-président.

VICE-ROI [visʀwa]. *n. m.* • Celui à qui un roi, un empereur a délégué son autorité pour gouverner un royaume, ou une province ayant eu titre de royaume. *Des vice-rois.*

VICE VERSA ou **VICE-VERSA** [viseveʀsa ; visveʀsa]. *loc. adv.* • Réciproquement, inversement.

VICHY [viʃi]. *n. m.* • 1° Toile de coton à carreaux ou rayée. *Tablier de vichy bleu et blanc.* • 2° Eau minérale de Vichy.

VICIER [visje]. *v. tr.* (7) • *Littér.* • 1° En droit, Rendre défectueux. *Incompatibilité* *qui ne vicie pas l'élection.* • 2° Corrompre. V. **Polluer.** *Des fumées d'usine qui vicient l'air.* — Pronom. *L'air s'est vicié.* ‖ Contr. **Purifier.** ‖ ▼ **VICIATION.** n. f. *Littér.* ▼ **VICIÉ, ÉE.** *adj.* Impur, pollué. *Air vicié.*

VICIEUX, EUSE [visjø, øz]. *adj.* ★ **I.** • 1° *Littér.* Qui a des vices, de mauvais penchants. V. **Corrompu, dépravé.** — Se dit d'une bête ombrageuse et rétive. *Cheval vicieux.* • 2° Qui a des mœurs sexuelles que la société réprouve. V. **Pervers** (*arg.* Vicelard). *Il est un peu vicieux.* — Subst. *Un vieux vicieux.* V. **Débauché, libertin, satyre.** • 3° *Fam.* Qui a des goûts dépravés, bizarres. *Il faut être vicieux pour aimer ça.* ★ **II.** *(Choses).* Défectueux, mauvais, entaché de vices (II). *Expression vicieuse.* V. **Fautif.**

VICINAL, ALE, AUX [visinal, o]. *adj.* • *Chemin vicinal,* route étroite qui met en communication des villages.

VICISSITUDES [visisityd]. *n. f. pl.* • *Littér.* Choses bonnes et mauvaises, événements heureux et surtout malheureux qui se succèdent dans la vie. *Les vicissitudes de l'existence.* V. **Tribulation.**

VICOMTE, ESSE [vikɔ̃t, ɛs]. *n.* • 1° *N. m.* Titre de noblesse au-dessous du comte. • 2° *N. f.* Titre de noblesse au-dessous de la comtesse. — Femme du vicomte.

VICTIME [viktim]. *n. f.* • 1° Créature vivante offerte en sacrifice aux dieux. *Immoler, égorger une victime.* • 2° Personne qui subit la haine, les injustices de qqn, ou qui souffre (d'un état de choses). *Les victimes d'un tyran. Se prendre pour une victime. Victime de la calomnie. Il est victime de son dévouement.* • 3° Personne tuée ou blessée. *La catastrophe a fait plus de cent victimes. Le corps de la victime* (d'un meurtre). — Personne arbitrairement condamnée à mort. *Les victimes du nazisme.*

VICTOIRE [viktwaʀ]. *n. f.* • 1° Succès obtenu dans un combat, une bataille, une guerre. ‖ Contr. **Défaite, déroute.** ‖ *Victoire éclatante. La fête nationale de la victoire* (de 1918), le 11 novembre. • 2° Heureuse issue d'une lutte, d'une opposition, d'une compétition, pour celui qui a eu l'avantage. V. **Triomphe.** *Une victoire facile.* ‖ Contr. **Échec.** ‖ *Crier, chanter victoire,* se glorifier d'une réussite. — Situation de celui qui gagne contre qqn (sports, jeux). *Victoire d'une équipe sportive.*

VICTORIA [viktɔʀja]. *n. f.* • Ancienne voiture à cheval découverte à quatre roues.

VICTORIEUX, EUSE [viktɔʀjø, øz]. *adj.* • 1° Qui a remporté une victoire (1°). V. **Vainqueur** *(adj.). Armée, troupes victorieuses.* • 2° Qui l'a emporté sur qqn. *Sortir victorieux d'une dispute. — L'équipe sportive victorieuse.* ▼ **VICTORIEUSEMENT.** *adv.*

VICTUAILLES [viktɥɑj]. *n. f. pl.* • Provisions de bouche. V. **Vivres.** *Nous avons partagé nos victuailles.*

VIDAGE [vidaʒ]. *n. m.* • Action de vider. — *Fam.* Action de vider (II, 2°), de faire sortir les indésirables.

VIDANGE [vidɑ̃ʒ]. *n. f.* • 1° Action de vider, surtout en parlant d'opérations techniques ou sales. *Vidange d'un fossé. Vidange du réservoir d'huile d'une automobile.* — Opération par laquelle on vide une fosse d'aisances. • 2° Ce qui est enlevé, vidé. *Évacuation des vidanges.* • 3° Mécanisme qui sert à vider, à évacuer l'eau. *La vidange d'un lavabo* (bonde à soupape). ▼ **VIDANGER.** *v. tr.* (3) • 1° Faire la vidange de (une fosse, un réservoir). • 2° Évacuer par une vidange. *Vidanger l'huile d'un moteur.* ▼ **VIDANGEUR.** *n. m.* Celui qui fait la vidange des fosses d'aisances.

VIDE [vid]. *adj.* et *n. m.* ★ **I.** *Adj.* • 1° Qui ne contient rien de perceptible ; dans lequel il n'y a ni solide, ni liquide. *Espace vide entre deux choses.* • 2° Dépourvu de son contenu normal. ‖ Contr. **Plein, rempli.** ‖ *Bouteille vide. Louer un appartement vide,* sans meubles (*opposé à* meublé). — Loc. *Avoir l'estomac, le ventre vide.* V. **Creux.** *Rentrer les mains vides,* sans rapporter ce que l'on allait chercher. • 3° *(Local, lieu).* Inoccupé. *La maison est vide,* il n'y a personne dedans. *Paris est à moitié vide au mois d'août.* V. **Désert.** • 4° *(Temps).* Qui n'est pas employé, occupé comme il pourrait l'être ; sans occupation. *Des journées vides, ennuyeuses.* • 5° *Avoir la tête vide,* ne plus avoir momentanément sa présence d'esprit, ses connaissances et ses souvenirs. • 6° Qui manque d'intérêt, de substance. V. **Creux.** *Des propos vides.* V. **Insignifiant.** • 7° VIDE DE : qui ne contient, ne renferme, ne possède pas... (ce qu'il devrait normalement contenir). V. **Sans.** *Rues vides de voitures. — Mots vides de sens.* ★ **II.** *N. m.* • 1° Espace qui n'est pas occupé par de la matière ; abaissement très important de la pression d'un gaz. *Faire le vide en aspirant l'air. Nettoyage par le vide.* • 2° Espace non occupé par des choses ou des personnes. *Faire le vide autour de qqn,* écarter tout le monde de lui. — Espace où il n'y a aucun corps solide susceptible de servir d'appui. *Nous étions au-dessus du vide. — Il regardait dans le vide,* dans le vague. — *Parler dans le vide,* sans objet ou sans auditeur. • 3° UN VIDE : espace vide ou solution de continuité. V. **Espace, fente, ouverture.** *Boucher un vide.* — Ce qui est ressenti comme un manque. *Son départ fait un grand vide.* • 4° Caractère de ce qui manque de réalité d'intérêt. *Le vide de l'existence.* V. **Néant, vacuité.** ‖ Contr. **Plénitude.** ‖ • 5° À VIDE *(loc. adv.)* : sans rien contenir. *L'autobus est parti à vide.* — Sans avoir l'effet (matériel) normalement attendu. *Rouage qui tourne à vide. Il raisonne à vide.*

VIDÉ, ÉE [vide]. *adj.* • *(Choses).* (V. **Vider**). — *(Personnes)* Épuisé de fatigue. V. **Fatigué, fourbu ; crevé** *(fam.).*

VIDE-ORDURES [vidɔʀdyʀ]. *n. m. invar.* • Conduit vertical dans lequel on peut jeter les ordures par une trappe ménagée à chaque étage.

VIDER [vide]. *v. tr.* (1) ★ **I.** • 1° Rendre vide (un contenant) en ôtant ce qui était dedans. *Vider un seau, un sac, ses poches, un meuble. — Vider son cœur,* s'épancher. — (En buvant) *Vider une bouteille.* — (En emportant, volant, dépensant) *Ils ont vidé les tiroirs.* — VIDER... DANS, SUR : répandre tout le contenu de... quelque part. V. **Verser.** *Vide le tiroir sur le lit !* • 2° Ôter les entrailles de (un poisson, une volaille) pour le faire cuire. *Vider et flamber un poulet.* • 3° VIDER... DE : débarrasser de. *Vider une maison de ses meubles.* • 4° *Vider les lieux*, partir. • 5° *Fam.* Épuiser les forces de (qqn). *Ce travail l'a vidé.* • 6° Faire en sorte qu'une question soit épuisée, réglée. V. **Résoudre, terminer.** *Vider une affaire, un débat.* ★ **II.** Enlever d'un lieu. • 1° Ôter (le contenu d'un contenant). V. **Évacuer, retirer.** *Aller vider les ordures.* — *Pronom.* S'écouler. *Les eaux sales se vident dans l'égout.* • 2° *Fam.* Faire sortir brutalement (qqn) d'un lieu, d'un emploi, d'une situation. V. **Chasser, renvoyer.** *Il s'est fait vider.*

VIE [vi]. *n. f.* ★ **I.** • 1° Fait de vivre, propriété essentielle des êtres organisés qui évoluent de la naissance à la mort (surtout en parlant des êtres humains). V. **Existence.** *Être en vie*, vivant. *Sans vie*, mort ou évanoui. *Revenir à la vie. Être entre la vie et la mort. Donner la vie à un enfant*, enfanter. *Sauver la vie de qqn. Donner, risquer sa vie pour son idéal. Lutte pour la vie. C'est une question de vie ou de mort. Assurance sur la vie.* — Animation que l'artiste donne à son œuvre. *Une œuvre pleine de vie.* • 2° LA VIE : ensemble des phénomènes (croissance, métabolisme, reproduction) que présentent tous les organismes, animaux ou végétaux, de la naisssance à la mort (V. **Biologie**). *Vie animale, végétale.* • 3° Espace de temps compris entre la naissance et la mort d'un individu. *Durée moyenne de la vie d'une espèce. Au commencement, à la fin de la vie. — Jamais de la vie.* V. **Jamais.** *De ma vie, je n'ai vu chose pareille !* jamais. — (Dans la religion) *Cette vie, la vie terrestre* (opposé à *l'autre vie, la vie future, éternelle*). — Temps qui reste à vivre à un individu. *Amis pour la vie.* Loc. *Nous sommes amis à la vie à la mort* (même sens). À VIE : pour tout le temps qui reste à vivre. *Être élu membre à vie.* • 4° Ensemble des activités et des événements qui remplissent pour chaque être cet espace de temps. V. **Destin, destinée.** *Il raconte sa vie à tout le monde.* — Manière de vivre (d'un individu, d'un groupe). *La vie rude des trappeurs.* V. **Mœurs.** *Mode, train, style de vie. Vie simple, rangée. Elle mène une vie agitée. Il nous fait, nous mène la vie dure*, il nous tourmente, nous fait souffrir. Fam. *Il nous fait la vie*, il nous querelle sans cesse. *Ce n'est pas une vie !* c'est insupportable. *C'est la belle, la bonne vie. Mener joyeuse vie. Vivre sa vie*, la vie pour laquelle on s'estime fait, en la menant à sa guise. *Femme de mauvaise vie*, prostituée. • 5° *(Suivi d'une épithète, d'un compl.).* Part de l'activité humaine, type d'activité. *Vie privée. Vie civile, militaire. Vie conjugale. Vie professionnelle. La vie politique.* — Le monde, l'univers où s'exerce une activité psychique. *La vie intérieure, spirituelle. La vie affective. Vie mentale. Vie intellectuelle.* • 6° Moyens matériels (nourriture, argent) d'assurer la subsistance d'un être vivant. *Gagner sa vie. La vie est chère. Niveau de vie.* • 7° *Absolt.* Le monde humain, le cours des choses humaines. *Expérience de la vie. Regarder la vie en face. Que voulez-vous, c'est la vie !* c'est comme ça ! (d'une chose déplaisante). ★ **II.** Existence dont le caractère temporel et dynamique évoque la vie. • 1° *La vie des sociétés. La vie du pays.* • 2° (Dans le monde matériel, inorganique). *Vie des étoiles.* ★ **III.** AVOIR LA VIE DURE : résister contre toute cause de mort ou de disparition. *Il a encore réchappé de cette maladie, il a la vie dure ! Une idée, une erreur qui a la vie dure.*

VIEIL, VIEILLE. V. VIEUX.

VIEILLARD [vjɛjaʀ]. *n. m.* • 1° Homme d'un grand âge. *Vieillard respectable. Vieillard impotent, gâteux.* • 2° *(Au plur.* ou *sing. indéterminé).* Personne (homme ou femme) d'un grand âge. *Les adultes et les vieillards. Hospice de vieillards.*

VIEILLERIE [vjɛjʀi]. *n. f.* • 1° Objet vieux, démodé, usé. *Un tas de vieilleries.* • 2° Idée, conception rebattue, usée. Œuvre démodée.

VIEILLESSE. *n. f.* • 1° Dernière période de la vie humaine, temps de la vie qui succède à la maturité et qui est caractérisé par le ralentissement des activités biologiques (sénescence). V. **Âge.** *Avoir une vieillesse triste, heureuse, une longue vieillesse.* • 2° Le fait, pour un être humain, d'être vieux. *Mourir de vieillesse*, par le seul effet du grand âge. • 3° (Considérée comme une puissance active parfois personnifiée). *La vieillesse arrive à grands pas.* • 4° Les personnes âgées, les vieillards. *Aide à la vieillesse.*

VIEILLIR [vjejiʀ]. *v.* (2) ★ **I.** *V. intr.* • 1° S'approcher de la vieillesse ou continuer à vivre alors qu'on est vieux. *Vieillir dans sa famille*, y passer sa vieillesse. — Demeurer longuement (dans tel état, telle situation). *Vieillir dans un métier.* • 2° Acquérir les caractères de la vieillesse ; changer par l'effet du vieillissement. V. **Décliner.** *Il a beaucoup vieilli depuis sa maladie.* — Au p. p. *Je l'ai trouvé vieilli.* — Perdre de sa force, de son intérêt, avec le temps. *Livre qui a vieilli, ne vieillit pas.* — Être en voie de disparition. *Mot, expression qui vieillit.* — Au p. p. *Mot vieilli.* • 3° Acquérir certaines qualités par le temps (produits). *Faire vieillir du vin, des alcools.* ★ **II.** *V. tr.* • 1° Faire paraître plus vieux ; donner les caractères (physiques, moraux) de la vieillesse. *La fatigue le vieillit. Ce vêtement la vieillit.* — Pronom. *Elle se vieillit à plaisir.* • 2° Attribuer à (qqn) un âge supérieur à son âge réel. *Vous me vieillissez d'un an !* || Contr. **Rajeunir.** || ▼ **VIEILLISSANT, ANTE.** *adj.* Qui vieillit, est en train de vieillir. *Des hommes vieillissants.* ▼ **VIEILLISSEMENT.** *n. m.* • 1° Le fait de devenir vieux, ou de s'affaiblir par l'effet de l'âge. *Lutter contre le vieillissement.* • 2° Fait de se démoder. *Le vieillissement d'une doctrine, d'un mot.* || Contr. **Actualité.** || • 3° Processus par lequel les vins se modifient, acquièrent leur bouquet. *Vieillissement forcé.*

VIEILLOT, OTTE. *adj.* • Qui a un caractère vieilli et un peu ridicule. V. **Désuet, suranné.** *Une installation démodée, vieillotte.*

VIELLE [vjɛl]. *n. f.* • Instrument à cordes, où une manivelle à roue remplace l'archet. ▼ **VIELLEUX.** *n. m.* Autrefois, Joueur de vielle.

VIERGE [vjɛʀʒ(ə)]. *n. f.* et *adj.* ★ **I.** *N. f.* • **1°** Fille qui n'a jamais eu de relations sexuelles. V. **Pucelle.** *Une pureté de vierge.* V. **Virginal.** • **2°** *La Vierge, la Sainte Vierge,* Marie, mère de Jésus. — Loc. *Fil de la vierge,* fil d'araignée des champs. — Représentation de la Sainte Vierge (tableau, statue). V. **Madone.** *Une Vierge romane, gothique.* • **3°** Un des signes du zodiaque (22 août-23 sept.). ★ **II.** *Adj.* • **1°** Qui n'a jamais eu de relations sexuelles. • **2°** Qui n'a jamais été touché, sali ou utilisé. V. **Blanc, net, pur.** *Cahier, feuille vierge,* sur quoi on n'a pas écrit. *Casier judiciaire vierge.* — Inculte, inexploité. *Sol, terre vierge. Forêt vierge,* se dit aussi d'une forêt tropicale, impénétrable.

VIEUX [vjø] ou **VIEIL** [vjɛj] (*plur.* **VIEUX**), **VIEILLE** (*plur.* **VIEILLES**) [vjɛj]. *adj.* et *n.* • REM. Au masc. sing. on emploie *vieil* devant un nom commençant par une voyelle ou un h « muet » : *un vieil homme, un vieil arbre* (mais *un homme vieux et malade*). ★ **I.** *Adj.* (Êtres vivants). ‖ Contr. **Jeune.** ‖ • **1°** Qui a vécu longtemps ; qui est dans la vieillesse. V. **Âgé.** *Un vieil homme. Les vieilles gens. Être, devenir vieux, vieille. Vivre vieux. Se faire vieux,* vieillir. — (En loc. avec des termes péj. ou des injures) *C'est un vieux schnock, une vieille bique. Vieille noix, vieux crétin.* • **2°** Qui a les caractères physiques ou moraux d'une personne âgée, d'un vieillard. *Vieux avant l'âge.* • **3°** *Sur ses vieux jours,* dans sa vieillesse. • **4°** Qui est depuis longtemps dans l'état indiqué. *C'est un vieil ami, un vieux copain. Vieux garçon, vieille fille,* célibataire d'un certain âge. ★ **II.** *(Choses).* ‖ Contr. **Neuf, nouveau, récent.** ‖ • **1°** Qui existe depuis longtemps, remonte à une date éloignée. *Une vieille demeure.* V. **Ancien.** *Vieux meubles. Un vieux mur croulant. Une vieille voiture.* — Se dit de certaines couleurs adoucies, rendues moins vives. *Vieil or. Vieux rose.* — (De boissons) Amélioré par le temps. *Vin vieux.* • **2°** Dont l'origine, le début est ancien. *C'est vieux comme le monde,* très ancien, très connu. *Vieille habitude.* V. **Invétéré.** Loc. *Le vieux Monde,* l'Europe. — *Péj.* Qui a perdu son intérêt, ses qualités, avec la nouveauté. *Vieilles sornettes.* — VIEUX JEU. *adj. invar.* Démodé. *Des idées vieux jeu. Il est gentil, mais un peu vieux jeu.* • **3°** Qui a existé autrefois, il y a longtemps. V. **Éloigné, lointain, révolu.** *Le bon vieux temps. La vieille France. Une politesse très vieille France,* raffinée et désuète. ★ **III.** *N.* • **1°** UN VIEUX, UNE VIEILLE : un vieil homme, une vieille femme. V. **Vieillard ;** et *pop.* **Croulant.** Fam. *Un petit vieux.* — Loc. *Un vieux de la vieille* (garde), un vieux soldat (sous le Premier Empire) ; un vieux travailleur. • **2°** Les gens plus âgés ou trop âgés. *Les vieux disent toujours la même chose.* • **3°** *Pop.* (Le plus souvent avec le possessif). Père, mère ; parents. *Ses vieux sont morts.* • **4°** *Fam.* Terme d'amitié (même entre personnes jeunes). *Mon (petit) vieux, ma vieille.* • **5°** Fam. *Coup de vieux,* vieillissement subit.

1. VIF, VIVE [vif, viv]. *adj.* ★ **I.** • **1°** Dont la vitalité se manifeste par la rapidité, la vivacité des mouvements et des réactions. V. **Agile, alerte, éveillé.** *Un enfant vif et intelligent.* ‖ Contr. **Apathique, mou.** ‖ *Œil, regard vif,* brillant, prompt à suivre, à saisir. *Mouvements, gestes vifs.* V. **Rapide.** • **2°** Qui est d'une ardeur excessive, qui s'emporte facilement. V. **Brusque, emporté, violent.** *Il a été un peu vif dans la discussion.* — *Échanger des propos très vifs,* qui ont qqch. de blessant. • **3°** Prompt dans ses opérations. *Esprit vif.* V. **Ouvert.** *Intelligence vive. Vive imagination.* ★ **II.** Loc. (où *vif* veut dire « vivant »). *Être plus mort que vif,* paralysé de peur, d'émotion. *Jeanne d'Arc a été brûlée vive.* ★ **III.** *(Choses).* • **1°** Mis à nu. *Pierre coupée à vive arête,* en formant une arête bien nette, aiguë. *Angles vifs,* nettement découpés. • **2°** *Eau vive,* eau pure qui coule. *Source vive.* — *Air vif,* frais et pur. • **3°** Très intense. *Lumière vive.* ‖ Contr. **Faible, pâle.** ‖ *Couleurs vives. Jaune vif. Il faisait un froid très vif.* — (Sensations, émotions) V. **Fort.** *Une vive douleur.* V. **Aigu.** *À mon vif regret. Éprouver une vive satisfaction.*

2. VIF. *n. m.* • **1°** LE VIF : en droit, Personne vivante. • **2°** *Loc.* SUR LE VIF : d'après nature. *Peindre, raconter qqch. sur le vif.* • **3°** *Tailler, couper* DANS LE VIF : dans la chair vivante. — *Entrer dans le vif du sujet, du débat,* toucher à l'essentiel. V. **Cœur.** • **4°** *Être atteint, touché, blessé, piqué* AU VIF : au point le plus sensible. — À VIF : avec la chair vive à nu. *Plaie, moignon à vif.* — *Avoir les nerfs, la sensibilité à vif,* être irrité, sensible à tout.

VIF-ARGENT [vifaʀʒɑ̃]. *n. m.* • Ancien nom du mercure. — *C'est du vif-argent,* se dit d'une personne très vive.

VIGIE [viʒi]. *n. f.* • **1°** Matelot placé en observation dans la mâture ou à la proue d'un navire. Son poste d'observation. • **2°** Poste d'observation des conducteurs de trains.

VIGILANT, ANTE [viʒilɑ̃, ɑ̃t]. *adj.* • Qui surveille avec une attention soutenue. V. **Attentif.** *Un observateur vigilant. Attention vigilante. Soins vigilants.* ▼ **VIGILANCE.** *n. f.* Surveillance attentive, sans défaillance. *Redoubler de vigilance.*

1. VIGILE [viʒil]. *n. f.* • Dans la religion catholique, Veille d'une fête importante. *La vigile de Noël.*

2. VIGILE [viʒil]. *n. m.* • *Didact.* Veilleur de nuit.

VIGNE [viɲ]. *n. f.* • **1°** Arbrisseau sarmenteux, grimpant, à fruits en grappe (V. **Raisin**) cultivé pour ce fruit et pour la production du vin. *Pied de vigne.* V. **Cep.** *Plant de vigne. Feuille de vigne. Cultiver la vigne.* — Loc. *Être dans les vignes du Seigneur,* être ivre. • **2°** Plantation de vignes. V. **Vignoble.** *Les vignes de Bourgogne. Cette vigne* *produit un bon cru.* • 3° VIGNE VIERGE : plante décorative qui s'accroche par des vrilles ou des crampons (ampélopsis). ▼ **VIGNERON, ONNE.** *n.* Personne qui cultive la vigne, fait le vin. *Les vignerons du Bordelais.* V. **Viticulteur.** ▼ **VIGNOBLE.** *n. m.* Plantation de vignes. — Ensemble des vignes (d'une région, d'un pays). *Le vignoble français, italien.*

VIGNETTE [viɲɛt]. *n. f.* • 1° Motif ornemental d'un livre à la première page ou à la fin des chapitres. • 2° Petit dessin, motif d'une marque de fabrique. — Petit carré de papier portant un dessin, une inscription, collé ou joint à un produit, un objet, et ayant valeur légale. *Vignette de l'impôt sur les automobiles. Vignettes de la Sécurité sociale,* portant le prix du médicament.

VIGOGNE [vigɔɲ]. *n. f.* • 1° Animal ruminant du genre lama, à pelage fin, d'un jaune rougeâtre. • 2° Laine de vigogne. *Un manteau de vigogne.*

VIGOUREUX, EUSE [viguʀø, øz]. *adj.* • 1° Qui a de la vigueur. *Un homme, un cheval vigoureux.* V. **Fort, robuste, solide.** || Contr. **Faible.** || *Des bras vigoureux. — Plante, végétation vigoureuse.* • 2° Qui s'exprime, agit sans contrainte, avec efficacité. *Style vigoureux. — Sentiments vigoureux. — Dessin vigoureux,* tracé avec vigueur. ▼ **VIGOUREUSEMENT.** *adv.* • 1° Avec vigueur, force. *Frotter, taper vigoureusement.* • 2° Avec de la vigueur dans l'expression.

VIGUEUR [vigœʀ]. *n. f.* • 1° Force, énergie d'un être en pleine santé et dans la plénitude de son développement. V. **Énergie, puissance, robustesse.** || Contr. **Faiblesse.** || *Appuyer, serrer avec vigueur.* • 2° Activité intellectuelle libre et efficace. *Vigueur de l'esprit, de la pensée. Vigueur du style, de l'expression.* • 3° Qualité de ce qui est dessiné, peint avec une netteté pleine de force. V. **Fermeté.** || Contr. **Mollesse.** || *Vigueur du coloris, de la touche.* • 4° EN VIGUEUR : en application actuellement. *Loi en vigueur. Entrer en vigueur,* en usage. || Contr. **Abandon, désuétude.** ||

VIL, VILE [vil]. *adj.* • 1° *Littér.* Qui inspire le mépris, qui est sans dignité, sans courage ou sans loyauté. V. **Indigne, lâche, méprisable.** || Contr. **Estimable.** || *Vil courtisan, vil flatteur. — Action vile.* V. **Vilenie.** • 2° À VIL PRIX : à très bas prix.

1. VILAIN, AINE [vilɛ̃, ɛn]. *adj.* et *n.* • 1° (Dans le vocabulaire affectif, surtout en parlant aux enfants). Qui ne se conduit pas bien, qui n'est pas « gentil ». V. **Méchant.** *Qu'il est vilain ! —* N. *Le vilain, la petite vilaine ! — Un vilain mot,* un mot grossier. • 2° Désagréable à voir. V. **Laid.** *Elle n'est pas vilaine,* elle est assez jolie. • 3° Mauvais, laid (du temps) ; déplaisant et dangereux. V. **Sale.** *Une vilaine blessure.* — (Au moral) *Vilaine affaire. Il lui a joué un vilain tour.* V. **Méchant.** — Subst. *Il va y avoir du vilain,* un éclat, une dispute. ▼ **VILAINEMENT.** *adv.* D'une manière laide, vilaine (3°).

2. VILAIN. *n. m.* • Au Moyen Âge, Paysan libre (qui n'était pas serf). V. **Manant.**

VILEBREQUIN [vilbʀəkɛ̃]. *n. m.* • 1° Outil formé d'une mèche que l'on fait tourner à l'aide d'une manivelle coudée, et qui sert à percer des trous. • 2° Dans un moteur à explosion, Arbre articulé avec des bielles, permettant de transformer le mouvement rectiligne des pistons en mouvement de rotation.

VILENIE [vil(ə)ni]. *n. f.* • *Littér.* • 1° Action vile et basse. *C'est une vilenie.* V. **Infamie, saleté.** • 2° Caractère vil. || Contr. **Noblesse.** ||

VILIPENDER [vilipɑ̃de]. *v. tr.* (1) • *Littér.* Dénoncer comme vil, méprisable.

VILLA [villa]. *n. f.* • Maison de plaisance ou d'habitation avec un jardin. *Petite villa de banlieue.* V. **Pavillon.** *Une belle villa.*

VILLAGE [vilaʒ]. *n. m.* • 1° Agglomération rurale ; groupe d'habitations assez important pour avoir une vie propre (à la différence des hameaux). *Un petit village isolé.* V. **Trou.** *Gros village.* V. **Bourg, bourgade.** *L'idiot, l'innocent du village. — Village de toile,* agglomération de tentes, munie de services communs organisés (pour des campeurs, etc.). • 2° Les habitants d'un village. *Tout le village était rassemblé sur la place.* ▼ **VILLAGEOIS, OISE.** *adj.* et *n.* • 1° *Adj.* D'un village, de ses habitants. V. **Campagnard, rural.** *Coutumes, danses, fêtes villageoises.* • 2° *N.* Habitant d'un village (dont on parle). *Une jeune villageoise.* V. **Paysan(ne).**

VILLE [vil]. *n. f.* • 1° Milieu géographique et social formé par une réunion importante de constructions et dont les habitants travaillent, pour la plupart, à l'intérieur de l'agglomération. V. **Agglomération, capitale, cité, métropole.** *Les grandes villes et leurs banlieues. Ville qui s'étend.* Loc. *La Ville lumière,* Paris. *La Ville éternelle,* Rome. *Villes saintes* (Jérusalem, Rome, La Mecque, Bénarès). — *Ville d'eau(x),* station thermale. — Partie d'une ville. *La vieille ville et les nouveaux quartiers.* — EN VILLE, À LA VILLE : dans la ville. *Aller en ville. Porter une lettre en ville* (abrév. E.V.). *En ville,* hors de chez soi, en étant invité. *Elle dîne très souvent en ville.* • 2° L'administration, la personne morale de la ville. V. **Municipalité.** *Travaux financés par la ville.* • 3° La vie, les habitudes sociales dans une grande ville (*opposé à* la campagne, la terre). *Les amusements, les lumières, le bruit de la ville.* • 4° Les habitants de la ville. *Toute la ville en parle.*

VILLÉGIATURE [vi(l)leʒjatyʀ]. *n. f.* • Séjour de repos, à la campagne ou dans un lieu de plaisance (ville d'eaux, plage...). *Aller en villégiature dans sa maison de campagne.* ▼ **VILLÉGIATURER.** *v. intr.* (1). Aller en villégiature.

VILLOSITÉ [vi(l)lɔzite]. *n. f.* • En anatomie, Saillie filiforme qui donne un aspect velu à une surface. *Les villosités intestinales.*

VIN [vɛ̃]. *n. m.* • 1° Boisson alcoolisée provenant de la fermentation du raisin. V. **Pinard** *(pop.). Fabrication, production du vin* (V. **Vinicole, vinification**). *Mettre le vin en tonneaux. Tirer le vin. Mise en bouteilles du vin. Vin nouveau,* consommé dès la fin de la fermentation. *Vin rouge, blanc, rosé. Vin de pays, vin du cru*, provenant d'un terroir non délimité. *Vins vieux, bons vins. Vins fins. Mauvais vin.* V. **Vinasse.** *Bouteille, litre, verre de vin. Sauce au vin, coq au vin. — Vins doux, vins de liqueur*, vins très chargés en sucre, auxquels on ajoute de l'alcool de raisin en cours de fermentation. — *Le vin*, symbole de l'ivresse. *Sac à vin*, ivrogne. *Cuver son vin. Ce vin est traître, il monte à la tête, tourne la tête. Être entre deux vins*, un peu gris. — *Avoir le vin gai, triste*, l'ivresse gaie, triste. • 2° Loc. *Vin d'honneur*, offert en l'honneur de qqn. • 3° Dans la religion catholique, L'une des deux espèces sous lesquelles se fait la consécration. V. **Eucharistie.** *Consacrer le pain et le vin. Vin de messe.* • 4° Liqueur alcoolisée obtenue par fermentation d'un produit végétal. *Vin de palme, de canne.*

VINAIGRE [vinɛgʀ(ə)]. *n. m.* • Liquide provenant du vin ou d'une solution alcoolisée modifié(e) par la fermentation, et utilisé comme assaisonnement, comme condiment. *Vinaigre de vin, d'alcool.* — Loc. *Tourner au vinaigre*, se dit d'une situation qui tourne mal, empire (comme le vin qui s'aigrit). *On ne prend pas les mouches avec du vinaigre*, on ne réussit pas par la dureté. ▼ **VINAIGRER.** *v. tr.* (1). Assaisonner avec du vinaigre. — Au p. p. *Salade trop vinaigrée.* ▼ **VINAIGRETTE.** *n. f.* Sauce faite d'huile, de vinaigre et de sel, qui sert à assaisonner la salade, les crudités. *Bœuf froid à la vinaigrette, en vinaigrette. Poireaux vinaigrette.* ▼ **VINAIGRIER.** *n. m.* • 1° Celui qui fait, qui vend du vinaigre. *Un vinaigrier en gros.* • 2° Flacon pour mettre le vinaigre.

VINASSE [vinas]. *n. f.* • Mauvais vin (surtout son odeur). *Cette sauce sent la vinasse.*

VINDICATIF, IVE [vɛ̃dikatif, iv]. *adj.* • Porté à la vengeance. V. **Rancunier.** *Un rival vindicatif.*

VINDICTE [vɛ̃dikt(ə)]. *n. f.* • Littér. *Désigner qqn à la vindicte publique*, le signaler au public comme coupable et méritant un châtiment.

VINEUX, EUSE [vinø, øz]. *adj.* • Qui a la couleur du vin rouge. — Qui a l'odeur du vin.

VINGT [vɛ̃]. *adj. num.* • REM. *Vingt* se prononce [vɛ̃] isolé ou devant consonne (ex. : *vingt jours* [vɛ̃ʒuʀ]), sauf dans les nombres de 22 à 29 [vɛ̃tdø...], [vɛ̃t] en liaison (*ex. :* vingt ans [vɛ̃tɑ̃], vingt et un [vɛ̃teœ̃]). • 1° *Num. cardinal.* Deux fois dix (20). *Vingt francs. Cinq heures moins vingt* (minutes). *Vingt-quatre heures*, un jour. *Vingt ans*, âge représentatif de la jeunesse. — *Je vous l'ai répété vingt fois*, de nombreuses fois. • 2° *Ordinal.* Vingtième. *Page, chapitre vingt. Les années vingt*, entre 1920 et 1930. • 3° *(Nominal masc.).* Le nombre, le numéro vingt. *Vingt pour cent. Miser sur le vingt. — Le vingt de chaque mois. — Vingt-deux !* attention ! *Vingt-deux (voilà) les flics !* ▼ **VINGTAINE** [vɛ̃tɛn]. *n. f.* Nombre approximatif de vingt. *Une vingtaine de mille francs.* ▼ **VINGTIÈME** [vɛ̃tjɛm]. *adj.* • 1° *(Ordinal de vingt).* Dont le numéro, le rang est vingt. *Le vingtième siècle.* • 2° Contenu vingt fois dans le tout. *La vingtième partie ;* (n. m.) *le vingtième.* ▼ **VINGTIÈMEMENT.** *adv.*

VINICOLE [vinikɔl]. *adj.* • Relatif à la production du vin (culture de la vigne et fabrication du vin). *Industrie vinicole.*

VINIFICATION. *n. f.* • 1° Procédé par lequel le jus de raisin (moût) est transformé en vin. • 2° Fermentation alcoolique, transformation des glucides (sucres) en alcool par des levures.

VINYLE [vinil]. *n. m.* • Radical chimique qui entre dans la composition des matières plastiques, etc.

VIOC ou **VIOQUE** [vjɔk]. *adj.* • *Pop.* Vieux. *Elles sont un peu vioques.*

VIOL [vjɔl]. *n. m.* • 1° Acte de violence par lequel un homme a des relations sexuelles avec une femme contre sa volonté. • 2° Le fait de violer (2°). *Le viol d'un sanctuaire.*

VIOLACÉ, ÉE [vjɔlase]. *adj.* • Qui tire sur le violet. *Rouge violacé ; nez, teint violacés* (à cause du froid, de la boisson).

VIOLATION [vjɔlasjɔ̃]. *n. f.* • Action de violer (un engagement, un droit), de profaner une chose sacrée (ou protégée par la loi). V. **Outrage.** *Violation de la loi.* V. **Infraction.** — *Violation de sépulture.* ▼ **VIOLATEUR, TRICE.** n. *Littér.* Personne qui profane ce qui doit être respecté. *Violateur de tombeau.*

VIOLE [vjɔl]. *n. f.* • Ancien instrument de musique à cordes et à archet. *Viole d'amour.* VIOLE DE GAMBE (de « jambe ») : ancien instrument d'où dérive le violoncelle.

VIOLEMMENT [vjɔlamɑ̃]. *adv.* • Avec violence (3°, 4°). V. **Brutalement.** *Heurter violemment un obstacle.* — Âprement, vivement. *Réagir, s'insurger violemment contre une injustice.*

VIOLENCE [vjɔlɑ̃s]. *n. f.* • 1° FAIRE VIOLENCE *à qqn* : agir sur qqn ou le faire agir contre sa volonté, en employant la force ou l'intimidation. *Se faire violence*, s'imposer une attitude contraire à celle qu'on aurait spontanément. V. **Contraindre** (se). — LA VIOLENCE : force brutale pour soumettre qqn. V. **Brutalité.** *Acte, mouvement de violence.* ‖ Contr. **Non-violence.** ‖ • 2° UNE VIOLENCE : acte violent. *Rêver de violences.* — Loc. *Se faire une douce violence*, accepter avec plaisir après une résistance affectée. • 3° Disposition naturelle à l'expression brutale des sentiments. V. **Brutalité.** ‖ Contr. **Calme, douceur.** ‖ *Parler avec violence. — Il a fait une déclaration d'une grande violence.* • 4° Force brutale (d'une chose, d'un phénomène). *La violence de la tempête, du vent.* V. **Fureur.** — Caractère de ce qui produit des effets brutaux. *La violence de ses crises de foie. — La violence d'un sentiment, d'une passion.* V. **Intensité, vivacité.** *La violence des désirs.* V. **Ardeur.**

VIOLENT, ENTE. *adj.* • 1° Impétueux ; qui agit ou s'exprime sans aucune retenue. *Un homme sans méchanceté, mais assez violent.* V. **Brutal, coléreux.** ‖ Contr. **Doux.** ‖ — Subst. *C'est un violent. — Une violente colère. Révolution violente* (*opposé à* pacifique). • 2° Qui a un intense pouvoir d'action ou d'expression. *Un violent orage qui éclate. Le choc a été violent.* V. **Fort, terrible.** *Remèdes violents*, très actifs et dangereux par leurs effets secondaires. || Contr. **Anodin, bénin.** || — Qui a un effet intense sur les sens. *Impression violente.* • **3°** Qui exige de la force, de l'énergie. *Faire de violents efforts.* — *Mort violente,* par accident, meurtre. • **4°** *Fam.* Excessif. *C'est un peu violent !*

VIOLENTER [vjɔlɑ̃te]. *v. tr.* (1) • **1°** *Violenter une femme,* la violer. • **2°** Dénaturer, altérer. *Violenter un texte.*

VIOLER [vjɔle]. *v. tr.* (1) ★ **I.** *(Compl. chose).* • **1°** Agir contre, porter atteinte à (ce qu'on doit respecter), faire violence à... *Violer les lois, la constitution.* V. **Enfreindre, transgresser.** *Violer un traité,* ne pas en respecter les clauses. • **2°** Ouvrir, pénétrer dans (un lieu sacré ou protégé par la loi). *Violer une sépulture.* V. **Profaner.** — *Violer les consciences,* pénétrer dans leur secret ou leur imposer certaines idées, contre leur volonté. ★ **II.** *Violer une femme,* la posséder contre sa volonté. V. **Viol.**

VIOLET, ETTE [vjɔlɛ, ɛt]. *adj.* et *n. m.* • **1°** *Adj.* D'une couleur qui s'obtient par le mélange du bleu et du rouge. *Iris violet.* — *Devenir violet de colère.* • **2°** *N. m.* Couleur violette. *Violet pâle* (V. **Lilas, mauve**). ▼ **VIOLINE.** *adj.* Violet pourpre, foncé (V. **Lie-de-vin**).

VIOLETTE [vjɔlɛt]. *n. f.* • Petite plante à fleurs violettes solitaires, à cinq pétales ; sa fleur. *Violette odorante, violette de Parme* (inodore). Loc. *L'humble violette* (symbole de modestie).

1. VIOLON [vjɔlɔ̃]. *n. m.* • **1°** Instrument de musique à quatre cordes que l'on frotte avec un archet, et qui se tient entre l'épaule et le menton. *Jouer du violon. Sonate pour piano et violon.* — Loc. *Accordez vos violons !* mettez-vous d'accord dans ce que vous dites. — VIOLON D'INGRES : activité artistique exercée en dehors d'une profession. *L'aquarelle est son violon d'Ingres.* • **2°** Musicien, musicienne qui joue du violon. V. **Violoniste.** *Le premier violon d'un orchestre,* celui qui dirige les violons. — Loc. *Aller plus vite que les violons,* aller trop vite, précipiter les choses. ▼ **VIOLONEUX.** *n. m.* Violoniste de village. ▼ **VIOLONISTE.** *n.* Musicien, musicienne qui joue du violon. *Une grande violoniste.*

2. VIOLON. *n. m.* • *Fam.* Prison d'un poste de police. *Passer la nuit au violon.*

VIOLONCELLE [vjɔlɔ̃sɛl]. *n. m.* • Instrument de musique à quatre cordes et à archet, semblable au violon mais plus gros, dont on joue assis en le tenant entre les jambes. (Cf. Viole [de gambe].) ▼ **VIOLONCELLISTE.** *n.* Musicien, musicienne qui joue du violoncelle.

VIORNE [vjɔʀn(ə)]. *n. f.* • Nom d'un arbrisseau à fleurs blanches. Clématite.

VIPÈRE [vipɛʀ]. *n. f.* • Serpent à tête triangulaire aplatie, à deux dents ou crochets à venin, qui vit dans les terrains broussailleux et ensoleillés. *La morsure (la piqûre) de vipère est très dangereuse. Sifflement de vipère.* — Loc. *C'est une vipère, une langue de vipère,* une personne méchante et médisante.

1. VIRAGE [viʀaʒ]. *n. m.* • **1°** Mouvement d'un véhicule qui tourne, change de direction. *Amorcer un virage. Virages d'un avion, virage sur l'aile.* • **2°** Courbure du tracé d'une route, d'une piste. V. **Coude, tournant.** *Virage dangereux. Véhicule qui aborde, prend un virage.*

2. VIRAGE. *n. m.* • Action de virer (1). • **1°** Transformation chimique que subit l'image photographique. — En chimie, Changement de couleur (d'un indicateur), marquant la fin d'une réaction. *Virage au bleu du papier de tournesol.* • **2°** Se dit de la cuti-réaction qui vire.

VIRAGO [viʀago]. *n. f.* • Femme d'allure masculine, aux manières rudes et autoritaires.

VIRAL, ALE, AUX [viʀal, o]. *adj.* • Qui se rapporte à un virus. — Provoqué par un virus. *Infections virales.*

VIRÉE [viʀe]. *n. f.* • *Fam.* Promenade, voyage rapide. *Faire une virée en voiture.* V. **Tour.**

VIRELAI [viʀlɛ]. *n. m.* • Poème du Moyen Âge, petite pièce sur deux rimes avec refrain.

VIREMENT. *n. m.* • Transfert de fonds du compte d'une personne au compte d'une autre personne. *Virement bancaire.*

1. VIRER [viʀe]. *v.* (1) ★ **I.** *V. tr.* • **1°** Transporter (une somme) d'un compte à un autre ; effectuer le virement de. *Virez la somme à mon compte.* • **2°** Fam. *Virer qqn,* le renvoyer. V. **Vider.** *Il s'est fait virer.* ★ **II.** *V. intr.* • **1°** Changer de couleur. *Épreuves qui virent bien. Les bleus de cette reproduction ont viré.* • **2°** *Cuti-réaction qui vire,* qui devient positive. • **3°** VIRER À : devenir. *Virer à l'aigre, au rouge.*

2. VIRER. *v. intr.* (1) • **1°** Tourner sur soi, tourner en rond. *Il la faisait tourner et virer.* • **2°** Changer de direction. *Virer de bord.* — Aller en tournant. *Braquer pour virer.*

VIREVOLTER [viʀvɔlte]. *v. intr.* (1) • Tourner rapidement sur soi. — Aller en tous sens sans nécessité. V. **Papillonner.** ▼ **VIREVOLTANT, ANTE.** *adj.* Qui virevolte, tourne sur soi. ▼ **VIREVOLTE.** *n. f.* • **1°** Mouvement de ce qui fait un demi-tour. *Les virevoltes d'une danseuse.* • **2°** Changement complet. V. **Volte-face.** — Changement d'avis, d'opinion. V. **Revirement.**

VIRGINAL, ALE, AUX [viʀʒinal, o]. *adj.* • D'une vierge ; propre à une vierge. *Pudeur, fraîcheur virginale.* ▼ **VIRGINITÉ.** *n. f.* État d'une personne vierge. *Perdre sa virginité.*

VIRGULE [viʀgyl]. *n. f.* • Signe de ponctuation (,) marquant une pause de peu de durée, qui s'emploie à l'intérieur de la phrase pour isoler des propositions ou des éléments de proposition. *Sans y changer une virgule,* sans faire le moindre changement. — POINT VIRGULE (;) : séparant des phrases sans les isoler.

VIRIL, ILE [viʀil]. *adj.* • **1°** Propre à l'homme adulte. V. **Mâle, masculin.** *Force virile.* • **2°** Qui a l'appétit sexuel d'un homme normal. *Il n'est pas très viril.* • **3°** Qui a les caractères moraux qu'on attribue plus spécialement à l'homme (actif, énergique, courageux). *Une femme virile.* ▼ **VIRILEMENT.** *adv.* ▼ **VIRILITÉ.** *n. f.* • **1°** Ensemble des attributs et caractères physiques et sexuels de l'homme. • 2° Puissance sexuelle chez l'homme.

VIROLE [viʀɔl]. *n. f.* • Petite bague de métal dont on garnit l'extrémité d'un manche pour assujettir ce qui y est fixé. *Virole d'un couteau.*

VIRTUEL, ELLE [viʀtɥɛl]. *adj.* • *Littér.* Qui est à l'état de simple possibilité ; qui a en soi toutes les conditions essentielles à sa réalisation. V. **Possible, potentiel.** *Réussite virtuelle. Le marché virtuel d'un produit.* ‖ Contr. **Effectif, réel.** ‖ ▼ **VIRTUALITÉ.** n. f. *Littér.* Caractère de ce qui est virtuel ; pouvoir, qualité à l'état virtuel. V. **Potentialité.** ▼ **VIRTUELLEMENT.** *adv.* D'une manière virtuelle, en puissance. — Selon toute probabilité. *Vous êtes virtuellement admis.* V. **Pratiquement.**

VIRTUOSE [viʀtɥoz]. *n.* • 1° Musicien, exécutant doué d'une technique brillante. *Virtuose du piano.* — Adj. *Il est plus virtuose qu'inspiré.* • 2° Personne, artiste extrêmement habile, dont le métier et la technique sont supérieurs. *Un virtuose du pinceau.* ▼ **VIRTUOSITÉ.** *n. f.* Talent, technique de virtuose. V. **Brio, vélocité.** — Technique brillante (d'un artiste, d'un écrivain, d'un artisan, etc.). V. **Maîtrise.** *C'est de la virtuosité pure*, cela manque de profondeur.

VIRULENT, ENTE [viʀylɑ̃, ɑ̃t]. *adj.* • 1° Plein d'âpreté, de violence. V. **Venimeux.** *Satire, critique virulente.* — (Personnes) *Il est très virulent contre le gouvernement.* • 2° Dangereux, actif (microbe, poison). ▼ **VIRULENCE.** *n. f.* • 1° Âpreté, violence. *Virulence d'une critique.* • 2° Aptitude des microbes à se développer et à sécréter des toxines dans un organisme. *Degré de virulence.* — Caractère nocif, dangereux. *Virulence d'un poison.*

VIRUS [viʀys]. *n. m.* • 1° Germe très petit d'une maladie. *Bactéries, microbes et virus. Le virus de la poliomyélite, de la rage.* • 2° Principe d'un mal moral.

VIS [vis]. *n. f.* • 1° Tige de métal, de bois, présentant une partie saillante en hélice (appelée *filet*) et que l'on fait pénétrer dans une pièce en la faisant tourner sur elle-même. *Tête d'une vis. Pas de vis. Vis à bois, à métaux. Serrer, desserrer une vis. Donner un tour de vis* (V. **Visser**). — Loc. *Serrer la vis à qqn*, le traiter avec une grande sévérité. • 2° *Escalier à vis*, en forme d'hélice.

VISA [viza]. *n. m.* • Formule ou sceau accompagné d'une signature, qu'on appose sur un acte pour le rendre régulier ou valable. *Visa de censure* (d'un film). *Donner, refuser un visa. Des visas.*

VISAGE [vizaʒ]. *n. m.* • 1° Partie antérieure de la tête de l'homme. V. **Face, figure, tête.** *Visage allongé, en lame de couteau. Visage rond, plein, joufflu. Visage pâle, blafard. Visage ridé. Un beau visage aux traits réguliers. Visage expressif, ouvert ; triste, maussade. La peur, la colère se lisait sur son visage. Soins du visage*, soins de beauté. — Loc. *À visage découvert*, sans se cacher. • 2° Expression du visage. *Faire bon visage*, prendre un air satisfait quand il n'y a pas lieu de l'être. *Faire bon visage à qqn*, être aimable avec lui, surtout lorsqu'on lui est hostile. • 3° La personne (considérée dans son visage). *Un visage inconnu, connu. Mettre un nom sur un visage. Je reconnais un visage ami.* — *Les Visages pâles*, les Blancs (pour les Indiens d'Amérique). • 4° Aspect particulier et reconnaissable (de qqch.). V. **Forme, image.** *Le vrai visage des États-Unis.* ▼ **VISAGISTE.** *n.* Esthéticien(enne), spécialisé(e) dans les soins de beauté du visage.

1. VIS-À-VIS [vizavi]. *loc. prép.* • 1° En face de... *Vis-à-vis l'un de l'autre.* • 2° En face de, en présence de..., devant (de manière à confronter). — En regard, en comparaison de... *Ma fortune est modeste vis-à-vis de la sienne.* • 3° Envers (qqn). V. **Avec.** *Il s'est engagé vis-à-vis d'elle.* — À l'égard de (qqch.). *Il est lâche vis-à-vis de ses responsabilités.*

2. VIS-À-VIS. *n. m.* • 1° Position de deux personnes, deux choses qui se font face. *Un long et pénible vis-à-vis.* V. **Tête-à-tête.** • 2° Personne placée en face d'une autre (à table, en voiture ; à la danse). *Mon vis-à-vis était charmant.* — Se dit des choses situées en face d'une personne, d'une propriété. *Nous avons le bois pour vis-à-vis.*

VISCÈRE [visɛʀ]. *n. m.* • Organe contenu dans une cavité du corps (cavités crânienne, thoracique et abdominale : cerveau, cœur, estomac, foie, intestin, poumon, rate, rein, utérus). *Les viscères*, ceux de l'abdomen. V. **Boyau(x), entrailles.** ▼ **VISCÉRAL, ALE, AUX.** *adj.* • 1° Relatif aux viscères. *Cavités viscérales.* • 2° Profond et irraisonné (sentiment). *Une haine viscérale.*

VISCOSITÉ [viskozite]. *n. f.* • 1° État de ce qui est visqueux (1°). *Viscosité d'un fluide.* • 2° État d'un corps dont la surface est visqueuse, gluante. *La viscosité d'un poisson.*

1. VISER [vize]. *v.* (1) ★ **I.** *V. intr.* • 1° Diriger attentivement son regard (un objet, une arme) vers le but, la cible à atteindre. *Visez bien, avant de tirer.* • 2° *Visez moins haut, plus haut*, ayez des ambitions plus modestes, plus grandes. ★ **II.** *V. tr. ind.* VISER À. • 1° Diriger un objet, une arme sur (qqch.). *Il a visé à la tête, au cœur.* • 2° Avoir en vue (une certaine fin). *C'est le but auquel cet examen vise.* ★ **III.** *V. tr. dir.* • 1° Regarder attentivement (un but, une cible) afin de l'atteindre d'un coup, d'un projectile. *Viser l'objectif en clignant de l'œil.* • 2° Avoir en vue, s'efforcer d'atteindre (un résultat). *Il visait ce poste depuis longtemps.* • 3° *(Suj. chose).* S'appliquer à. *Cette remarque vise tout le monde.* V. **Concerner.** *Être, se sentir visé*, être l'objet d'une allusion, d'une critique. • 4° *Pop.* Regarder. *Vise un peu cette figure.* ▼ **VISÉE.** *n. f.* • 1° Action de diriger la vue, le regard (ou une arme, un instrument d'optique) vers un but, un objectif. *Ligne de visée.* • 2° Direction de l'esprit, vers un but, un objectif qu'il se propose (surtout plur.). V. **Ambition, intention.** *Avoir des visées ambitieuses, des visées sur qqn.* ▼ **VISEUR.** *n. m.* Instrument, dispositif optique servant à effectuer une visée. *Viseur d'une arme à feu.* — Dispositif permettant de délimiter le champ (en photo, cinéma). *Le viseur de la caméra.*

2. VISER. *v. tr.* (1) • Voir, examiner (un acte) et le revêtir d'un *visa* ou d'une mention qui le rend valable. *Faire viser son passeport.*

VISIBILITÉ [vizibilite]. *n. f.* • **1°** Caractère de ce qui est perceptible par la vue, sensible à l'œil humain. • **2°** Qualité de l'atmosphère, permettant de voir à une plus ou moins grande distance. *Bonne, mauvaise visibilité.* • **3°** Possibilité, en un point donné, de voir plus ou moins bien les abords. *Virage sans visibilité.*

VISIBLE [vizibl(ə)]. *adj.* • **1°** Qui peut être vu. *La face visible de la Lune. Visible à l'œil nu, à la loupe, au microscope.* • **2°** Sensible à la vue, en parlant d'une réalité abstraite, mentale ou globale (*opposé à* caché, invisible). V. **Apparent, manifeste.** *Le monde, la nature visible.* — Subst. *Le visible et l'invisible.* • **3°** Qui se manifeste, peut être constaté par les sens. V. **Évident, manifeste.** *Il répondit avec un embarras, un plaisir visible.* — Impers. *Il est visible que...*, clair, évident. • **4°** *(Personnes).* En état de recevoir une visite. *Il n'est pas visible à cette heure-ci.* — *Fam.* En état d'être vu (habillé, apprêté). ▼ **VISIBLEMENT.** *adv.* • **1°** De manière à être vu ; en se manifestant à la vue. • **2°** D'une manière évidente, claire. V. **Manifestement.** *Il était visiblement préoccupé.*

VISIÈRE [vizjɛʀ]. *n. f.* • **1°** Partie d'une casquette, d'un képi qui abrite les yeux. • **2°** Pièce rigide qui protège les yeux et qui s'attache autour de la tête. *Visière en celluloïd.* • **3°** *Mettre sa main en visière devant ses yeux*, pour se protéger des reflets.

VISION [vizjɔ̃]. *n. f.* ★ **I.** • **1°** Perception du monde extérieur par les organes de la vue ; mécanisme physiologique par lequel les radiations lumineuses donnent naissance à des sensations. *Vision nette, indistincte.* • **2°** Action de voir, de se représenter en esprit. V. **Représentation.** *Avoir une vision confuse de l'avenir. Une vision réaliste, épique, poétique de la réalité.* ★ **II.** *Une, des vision(s).* • **1°** Chose surnaturelle qui apparaît aux yeux ou à l'esprit. V. **Apparition, révélation.** *Les visions des grands mystiques.* • **2°** Représentation imaginaire. V. **Hallucination, rêve.** *Visions hallucinatoires.* • **3°** (Fam.). *Avoir des visions*, déraisonner. *Tu as des visions !* ▼ **VISIONNAIRE.** *n.* et *adj.* • **1°** *N.* Personne qui a ou croit avoir des visions, des révélations surnaturelles, ou qui a des idées folles, extravagantes. V. **Halluciné, illuminé.** *Traiter qqn de visionnaire.* • **2°** Adj. *Fou visionnaire.*

VISIONNER. *v. tr.* (1) • Examiner (un film) d'un point de vue technique. *Visionner une séquence.* ▼ **VISIONNEUSE.** *n. f.* Appareil formé d'un dispositif optique grossissant, pour examiner un film, des diapositives.

VISITATION [vizitasjɔ̃]. *n. f.* • Dans la religion catholique, Visite que fit la Sainte Vierge à sainte Élisabeth, alors enceinte de saint Jean-Baptiste ; fête commémorant cet événement. *La Visitation.*

VISITE [vizit]. *n. f.* ★ **I.** • **1°** Le fait d'aller voir (qqn) et de rester avec lui un certain temps ; le fait de recevoir un visiteur. V. **Entrevue, rencontre.** *Quel est l'objet, le but de cette visite ? Une petite, une longue visite. On a sonné, c'est une visite. L'heure des visites* (dans une pension, un hôpital, une prison, etc.). *Faire, rendre une visite à qqn. Je suis allé lui rendre visite.* — Rencontre mondaine de personnes qui se reçoivent. *Être en visite chez qqn.* • **2°** Pour un médecin, le fait de se rendre auprès d'un malade. *Visites à domicile. Les visites et les consultations.* — Action de visiter (un client). *Visites d'un voyageur de commerce.* ★ **II.** • **1°** Le fait de se rendre (dans un lieu) pour voir, pour parcourir, visiter. *Visite touristique d'une ville. Visite d'un musée.* • **2°** Le fait de se rendre dans un lieu, pour procéder à un examen, une inspection. *Visite d'expert.* — *Visite de douane*, formalité d'examen des marchandises, des bagages. V. **Fouille.** • **3°** Examen de patients, de malades par un médecin à l'hôpital, en clinique, etc. *L'heure de la visite. Aller, passer à la visite médicale.*

VISITER. *v. tr.* (1) ★ **I.** Aller voir (qqn). • **1°** *(Rare).* Faire une visite à (qqn). *Il est allé visiter des amis*, leur rendre visite (plus courant). • **2°** Se rendre auprès de (qqn) pour l'assister, le soigner. *Visiter les indigents, les prisonniers, un malade.* • **3°** Agir sur, se manifester auprès de (l'homme). *Dieu l'a visité.* ★ **II.** Aller voir (qqch.), parcourir (un lieu) en examinant. V. **Voir.** *J'ai visité la Hollande l'été dernier.* ▼ **VISITEUR, EUSE.** *n.* ★ **I.** • **1°** Personne qui va voir qqn chez lui, lui fait une visite. *Accompagner, reconduire un visiteur.* • **2°** Personne qui visite (un pensionnaire, un malade, un prisonnier). *Les visiteurs sont admis au parloir.* ★ **II.** • **1°** Personne qui visite, inspecte, examine. *Visiteur, visiteuse des douanes.* • **2°** Personne qui visite un lieu. *Les visiteurs sont priés de s'adresser au guide.* V. **Touriste, voyageur.**

VISON [vizɔ̃]. *n. m.* • **1°** Mammifère voisin du putois, dont la variété d'Amérique du Nord est chassée et élevée pour sa fourrure très estimée. • **2°** Fourrure de cet animal. *Manteau, étole de vison.* — *Fam.* Manteau de vison. *Elle s'est fait offrir un vison.*

VISQUEUX, EUSE [viskø, øz]. *adj.* • **1°** Qui est épais et s'écoule avec difficulté (liquides). *L'écoulement des liquides visqueux.* V. **Viscosité.** *Goudrons plus ou moins visqueux.* V. **Collant, poisseux.** ‖ Contr. **Fluide.** ‖ • **2°** *Péj.* Dont la surface est couverte d'un liquide visqueux, d'une couche gluante. *La peau visqueuse d'un crapaud.* • **3°** *(Abstrait).* Répugnant par un caractère de bassesse, de traîtrise. *Des manières visqueuses.*

VISSER [vise]. *v. tr.* (1) • **1°** Fixer, faire tenir avec une vis, des vis. *Visser un interrupteur.* — Loc. *Il reste des heures vissé sur sa chaise*, sans se lever. • **2°** Serrer en tournant sur un pas de vis. *Visser un couvercle.* — Pronom. *Ce bouchon se visse.* • **3°** *Fam.* Traiter sévèrement (qqn). *Il se fera visser, au collège.* ▼ **VISSAGE.** *n. m.* Action de visser.

VISUALISER [vizɥalize]. *v. tr.* (1) • Rendre visible (un phénomène qui ne l'est pas). *Visualiser l'écoulement de l'air dans une soufflerie.* ▼ **VISUALISATION.** *n. f.*

VISUEL, ELLE [vizɥɛl]. *adj.* et *n.* • **1°** Relatif à la vue. *Champ visuel. Images, impressions, sensations visuelles. Mémoire visuelle,* des sensations visuelles. • **2°** *N.* Personne chez qui les sensations visuelles prédominent. *Les visuels et les auditifs.* • **3°** Qui fait appel au sens de la vue. *Méthodes visuelles,* dans l'enseignement (V. **Audiovisuel**). ▼ **VISUELLEMENT.** *adv.* Par le sens de la vue. *Constater visuellement.* V. **De visu.**

VITAL, ALE, AUX [vital, o]. *adj.* • **1°** Qui concerne, constitue la vie. *Propriétés, fonctions vitales.* — *Principe vital, force vitale,* énergie propre à la vie. • **2°** Essentiel à la vie d'un individu, d'une collectivité. V. **Indispensable.** — Qui touche à l'essentiel de la vie. *C'est un problème vital, une question vitale pour nous,* d'une importance extrême.

VITALITÉ [vitalite]. *n. f.* • Caractère de ce qui manifeste une santé, une activité remarquables. V. **Dynamisme, énergie, vigueur.** *Vitalité d'une personne, d'une plante. Un vieillard d'une étonnante vitalité.*

VITAMINE [vitamin]. *n. f.* • Substance organique, sans valeur énergétique, mais indispensable à l'organisme qui ne peut en faire la synthèse. *Vitamine A* (de croissance), *C* (antiscorbutique), *D* (antirachitique), etc. *Carence de vitamines.* V. **Avitaminose.** ▼ **VITAMINÉ, ÉE.** *adj.* Où l'on incorpore une ou plusieurs vitamines. *Biscuits vitaminés.*

VITE [vit]. *adv.* • **1°** En parcourant un grand espace en peu de temps. || Contr. **Lentement.** || *Aller vite.* V. **Filer, foncer.** *Marcher, courir vite, passer très vite* (Cf. Comme un éclair, une flèche). — À un rythme rapide. *Je sentis mon cœur battre plus vite.* • **2°** En peu de temps. V. **Promptement, rapidement.** *Faire vite,* se dépêcher. *Vous parlez trop vite.* V. **Précipitamment.** Loc. *Plus vite que le vent,* extrêmement vite. — *(Avec un impératif)* Sans plus attendre, immédiatement. *Partez vite. Allons vite, dépêchez-vous !* • **3°** Au bout d'une courte durée. V. **Bientôt.** *On sera plus vite arrivé.* — *Au plus vite,* dans le plus court délai. — *Il a eu vite fait de, il aura vite fait de* (et l'inf.), il n'a pas tardé, il ne tardera pas à. • **4°** *Adj.* Rapide. *Le coureur le plus vite du monde.*

VITELLUS [vitɛllys]. *n. m.* • *Didact.* Substances de réserve de l'œuf.

VITESSE [vitɛs]. *n. f.* • **1°** *(Sens absolu).* Le fait ou le pouvoir de parcourir un grand espace en peu de temps. V. **Célérité, rapidité, vélocité.** *Course de vitesse. L'avion prend de la vitesse.* — Le fait d'accomplir une action en peu de temps. V. **Hâte, promptitude.** Loc. *Prendre qqn de vitesse,* faire qqch. plus vite que lui. V. **Devancer.** — *Loc. fam.* EN VITESSE : au plus vite. • **2°** Le fait d'aller plus ou moins vite, de parcourir une distance plus ou moins grande par unité de temps. V. **Allure.** *Vitesse modérée de la marche. Vitesse d'une automobile,* appréciée en kilomètres-heure. *Compteur, indicateur de vitesse. À toute vitesse,* le plus vite possible, très vite. • **3°** *Loc.* PERTE DE VITESSE : se dit d'un avion dont la vitesse devient inférieure à la vitesse minimale nécessaire au vol. — *En perte de vitesse,* qui ne se développe plus, perd son dynamisme, son succès. *Mouvement politique en perte de vitesse.* • **4°** Rapport entre la vitesse de rotation de l'arbre moteur et celle des roues, assuré par le système de transmission. *Changement de vitesse,* dispositif permettant de changer ce rapport. *Première, seconde, troisième, quatrième vitesse.* — Loc. fam. *En quatrième vitesse,* très vite. — *Boîte de vitesses,* carter du changement de vitesse. *Changer de vitesse.*

VITI-. • Élément signifiant « vigne ». ▼ **VITICOLE** [vitikɔl]. *adj.* • **1°** Relatif à la culture de la vigne et à la production du vin. V. **Vinicole.** *Industrie, culture viticole.* • **2°** Qui produit de la vigne. *Région viticole.* ▼ **VITICULTEUR.** *n. m.* Celui qui cultive de la vigne, pour la production du vin. V. **Vigneron.** ▼ **VITICULTURE.** *n. f.* Culture de la vigne.

VITRE [vitʀ(ə)]. *n. f.* • **1°** Panneau de verre garnissant une ouverture (fenêtre, porte, etc.). V. **Carreau.** *Vitres d'une fenêtre. Nettoyer, laver, faire les vitres. Casser une vitre.* — Loc. fam. *Ça ne casse pas les vitres,* ce n'est ni très nouveau ni très intéressant (œuvre). • **2°** Panneau de verre permettant de voir à l'extérieur lorsqu'on est dans un véhicule. V. **Glace.** *Les vitres des portières, d'un train, d'une voiture. Baisser la vitre* (de la portière). ▼ **VITRAGE.** *n. m.* • **1°** Ensemble de vitres (d'une baie, d'une fenêtre, d'une marquise, d'une serre). • **2°** Châssis garni de vitres, servant de cloison, de toit, de paroi. *Vitrage d'une véranda.* V. **Verrière.** • **3°** Le fait de poser des vitres, de garnir de vitres. ▼ **VITRAIL, AUX** [vitʀaj, o]. *n. m.* Panneau constitué de morceaux de verre, généralement colorés, assemblés pour former une décoration. *Les vitraux d'une cathédrale.* V. **Rosace, verrière.** — *Le vitrail,* la technique de la fabrication des vitraux. ▼ **VITRER.** *v. tr.* (1). Garnir de vitres. *Vitrer une porte, un panneau.* — Au p. p. *Porte vitrée. Baie vitrée.* ▼ **VITRERIE.** *n. f.* Industrie des vitres ; fabrication, pose, façonnage, etc. ▼ **VITRIER.** *n. m.* Celui qui vend, coupe et pose les vitres, les pièces de verre.

VITRÉ, ÉE. *adj.* • En anatomie, *Corps vitré,* masse transparente entre la rétine et la face postérieure du cristallin. *Humeur vitrée de l'œil,* substance gélatineuse qui remplit le corps vitré.

VITREUX, EUSE. *adj.* • **1°** Qui ressemble au verre fondu, à la pâte de verre. *Humeur vitreuse.* • **2°** Dont l'éclat est terni. *Œil, regard vitreux.*

VITRIFIER [vitʀifje]. *v. tr.* (7) • **1°** Transformer en verre par fusion ou donner la consistance du verre à (une matière). • **2°** Recouvrir (un parquet) d'une matière plastique transparente pour le protéger. — *Parquet vitrifié.* ▼ **VITRIFIABLE.** *adj.* Qui peut prendre la structure vitreuse. *Enduit vitrifiable de la porcelaine.* ▼ **VITRIFICATION.** *n. f.* Transformation en verre ; acquisition de la structure vitreuse. *Vitrification de l'émail par fusion.* — Action de vitrifier (un parquet).

VITRINE [vitʀin]. *n. f.* • 1° Devanture vitrée d'un local commercial ; espace ménagé derrière cette vitre, où l'on expose des objets à vendre. V. **Étalage.** *Article exposé en vitrine. Regarder, lécher les vitrines.* V. **Lèche-vitrine.** — L'aménagement, le contenu d'une vitrine. *L'étalagiste fait des vitrines.* • 2° Petite armoire vitrée où l'on expose des objets de collection.

VITRIOL [vitʀijɔl]. *n. m.* • Acide sulfurique concentré, très corrosif. ▼ **VITRIOLER.** *v. tr.* (1). Lancer du vitriol sur (qqn) pour le défigurer.

VITUPÉRER [vitypeʀe]. *v.* (6) • 1° V. tr. *Littér.* Blâmer vivement. • 2° V. intr. *Vitupérer contre* (qqn, qqch.), élever de violentes protestations contre (qqn, qqch.). V. **Pester, protester.** *Elle vitupère toujours contre son mari.* ▼ **VITUPÉRATION.** n. f. *Littér.* Action de vitupérer. — *Une, des vitupération(s)*, blâme ou reproche violent.

VIVABLE [vivabl(ə)]. *adj.* • *Fam.* Que l'on peut vivre (II), supporter dans la vie. V. **Supportable.** *Cet endroit n'est pas vivable.*

1. VIVACE [vivas]. *adj.* • 1° *(Plantes, petits animaux).* Constitué de façon à résister longtemps à ce qui peut compromettre la santé ou la vie. V. **Résistant, robuste.** • 2° *Plante vivace*, qui vit plus de deux années. • 3° Qui se maintient sans défaillance, qu'il est difficile de détruire. V. **Durable, persistant, tenace.** *Il garde une haine vivace contre ses anciens ennemis.*

2. VIVACE [vivatʃe]. *adj.* • D'un mouvement vif, rapide, en musique. *Allegro vivace.*

VIVACITÉ. *n. f.* • 1° Caractère de ce qui a de la vie, est vif. V. **Activité, entrain.** || Contr. **Apathie, lenteur, mollesse.** || *Vivacité de geste et de parole. Vivacité d'esprit*, rapidité à comprendre, à concevoir. • 2° Caractère de ce qui est vif, a de l'intensité. *Vivacité du coloris, du teint.* V. **Éclat.** • 3° Caractère de l'air frais, vif. • 4° Caractère vif (I, 2°), emporté ou agressif. *Vivacité des propos. Il m'a répondu avec vivacité.*

VIVANDIÈRE [vivɑ̃djɛʀ]. *n. f.* • Autrefois, Femme qui suivait les troupes pour vendre aux soldats des vivres, des boissons. V. **Cantinière.**

1. VIVANT, ANTE. *adj.* • 1° Qui vit, est en vie. || Contr. **Mort.** || *Il est encore vivant.* — Loc. *C'est un cadavre vivant*, une personne très malade. — Subst. *Les vivants et les morts. Rayer qqn du nombre des vivants*, le faire mourir. • 2° Plein de vie. V. **Vif.** *Un enfant très vivant.* — *(Des œuvres)* Qui a l'expression, les qualités de ce qui vit. *Les personnages de Molière sont vivants.* || Contr. **Figé.** || • 3° Doué de vie. V. **Animé, organisé.** *Matière vivante*, possédant les caractères de la vie. *L'être vivant, les êtres vivants.* • 4° Constitué par un ou plusieurs êtres vivants. *Tableaux vivants. C'est le vivant portrait de sa mère.* • 5° Plein de vie, d'animation (lieu). *Des rues vivantes.* • 6° *(Choses).* Animé d'une sorte de vie (II) ; actif, actuel. *Langues vivantes. Un mot très vivant*, en usage. *Son souvenir est toujours vivant.* V. **Durable.**

2. VIVANT. *n. m.* • Du vivant de..., De son vivant : pendant la vie de (qqn), sa vie. *Cela ne serait pas arrivé du vivant du directeur.*

VIVAT! [viva]. *interj.* et *n. m.* • Acclamation. *Il y a eu des vivats en son honneur.*

1. VIVE [viv]. *n. f.* • Poisson aux nageoires épineuses, vivant surtout dans le sable des côtes.

2. VIVE! *exclam.* • Acclamation envers qqn, qqch. à qui l'on souhaite de vivre, de durer longtemps. *Vive la France, la République !* — (Avec un nom au plur., au lieu de : *vivent !) Vive les vacances !* || Contr. **Bas** (à). ||

VIVEMENT [vivmɑ̃]. *adv.* • 1° D'une manière vive ; avec vivacité, ardeur. V. **Promptement, rapidement.** *Mener vivement une affaire.* • 2° (Devant un souhait). *Vivement que cela finisse ! Vivement la fuite !* • 3° D'un ton vif, avec un peu de colère. *Il répliqua vivement.* • 4° Avec force, intensité. *J'ai été vivement affecté par sa mort. Regretter vivement.* V. **Beaucoup, intensément, profondément.**

VIVEUR [vivœʀ]. *n. m.* • Homme qui mène une vie de plaisirs. V. **Fêtard, noceur.**

VIVI-. • Élément savant signifiant « vivant » (ex. : *vivipare*).

VIVIER [vivje]. *n. m.* • Étang, bassin d'eau aménagé pour la conservation et l'élevage du poisson, des crustacés. *Truites en vivier.*

VIVIFIER [vivifje]. *v. tr.* (7) • Donner de la vitalité à (qqn). *Ce climat me vivifie.* ▼ **VIVIFIANT, ANTE.** adj. *Air vivifiant.* V. **Stimulant.**

VIVIPARE [vivipaʀ]. *adj.* • Se dit d'un animal dont l'œuf se développe complètement à l'intérieur de l'utérus maternel, de sorte qu'à la naissance le petit apparaît formé. — Subst. *Les vivipares.* ▼ **VIVIPARITÉ.** *n. f.*

VIVISECTION [vivisɛksjɔ̃]. *n. f.* • Opération pratiquée à titre d'expérience sur les animaux vivants. V. **Dissection.**

VIVOTER [vivɔte]. *v. intr.* (1) • Vivre au ralenti, avec de petits moyens. V. **Végéter.** — *(Choses)* Subsister ; avoir une activité faible, médiocre. *Son affaire vivote tant bien que mal.*

1. VIVRE [vivʀ(ə)]. *v.* (46) ★ **I.** *V. intr.* • 1° Être en vie ; exister. *La joie, le plaisir de vivre. Ne vivre que pour...*, se consacrer entièrement à... *Se laisser vivre*, vivre sans faire d'effort. • 2° *(Avec un compl. de durée).* Avoir une vie d'une certaine durée. *Vivre longtemps*, jusqu'à un âge avancé. *Les années qu'il a vécu*, pendant lesquelles il a vécu (le participe ne s'accorde pas). — Passer sa vie, une partie de sa vie en résidant habituellement (dans un lieu). V. **Habiter.** *Vivre à Paris, à la campagne. Il vit à l'hôtel.* • 3° Mener une certaine vie. *Vivre indépendant, libre. Vivre avec qqn* (dans le mariage, ou maritalement). V. **Cohabiter.** *Est-ce qu'ils vivent ensemble ? Vivre en paix.* — *Art de vivre*, de se conduire d'une certaine façon. *Vivre dangereusement. Vivre dans l'anxiété.* — *Être facile, difficile à vivre*, d'un caractère accommodant ou non. • 4° Disposer des moyens matériels qui permettent de subsister. *Travailler pour vivre.* — *Vivre pauvrement, petitement* (V. **Végéter, vivoter**) ; *largement.* — (Avec un compl. de moyen) *Vivre de lait, de fruits...* V. **Nourrir** (se). *Vivre de son travail, de ses rentes. Avoir de quoi vivre*, assez de ressources pour subsister. • 5° SAVOIR VIVRE : savoir se comporter comme le veut l'usage social. *Voilà des gens qui savent vivre*, qui vivent bien, agréablement. — *Je vais lui apprendre à vivre* (menace). • 6° Réaliser toutes les possibilités de la vie ; jouir de la vie. *Un homme qui a vécu, beaucoup vécu*, qui a eu une vie riche d'expérience. • 7° *(Choses).* Exister parmi les hommes. *Cette croyance vit encore dans les campagnes.* ★ **II.** *V. tr.* • **1°** Avoir, mener (telle ou telle vie). *Ils ont vécu une existence difficile.* — Passer, traverser (un espace de temps). *Vivre des jours heureux.* V. **Couler.** *Les jours difficiles qu'il a vécus* (le participe s'accorde). — Au p. p. *La durée vécue par la conscience* (*opposée au* temps abstrait). • **2°** Éprouver intimement, réellement par l'expérience même de la vie. *Vivre un sentiment.* — Traduire en actes réels. *Vivre sa foi, son art.*

2. VIVRES [vivʀ(ə)]. *n. m. pl.* • Ce qui sert à l'alimentation de l'homme. V. **Aliment, nourriture.** *Les vivres et les munitions d'une armée.* Loc. *Je vais lui couper les vivres*, le priver de ses moyens de subsistance (d'argent).

VIZIR [viziʀ]. *n. m.* • Ministre, sous l'empire ottoman.

VLAN! ou **V'LAN!** [vlɑ̃]. *interj.* • Onomatopée imitant un bruit fort et sec produit par une large surface.

VOCABLE [vɔkabl(ə)]. *n. m.* • Mot d'une langue, considéré dans sa signification, sa valeur expressive.

VOCABULAIRE [vɔkabylɛʀ]. *n. m.* • **1°** Dictionnaire succinct ou spécialisé. *Vocabulaire français-anglais.* • **2°** Ensemble de mots dont dispose une personne. *Enrichir son vocabulaire. Quel vocabulaire!* quelle manière étrange, grossière, de s'exprimer. • **3°** Termes spécialisés (d'une science, d'un art, ou qui caractérisent une forme d'esprit). *Vocabulaire juridique, sociologique, technique.* V. **Terminologie.**

VOCAL, ALE, AUX [vɔkal, o]. *adj.* • **1°** Qui produit la voix. *Organes vocaux.* • **2°** De la voix. *Technique vocale*, du chant. — Écrit pour le chant, chanté. *Musique vocale* (*opposé à* instrumentale). ▼ **VOCALEMENT.** *adv.*

VOCALIQUE. *adj.* • Qui a rapport aux voyelles. *Le système vocalique d'une langue.*

VOCALISER [vɔkalize]. *v. intr.* (1) • Chanter, en parcourant une échelle de sons et sur une seule syllabe. ▼ **VOCALISE.** *n. f.* Suite de sons de celui qui vocalise. *Faire des vocalises.*

VOCATIF [vɔkatif]. *n. m.* • Dans les langues à déclinaisons, Cas employé pour s'adresser directement à qqn, à qqch. *Vocatif latin, grec.* — Construction, phrase exclamative par laquelle on s'adresse directement à qqn, qqch.

VOCATION [vɔkasjɔ̃]. *n. f.* • **1°** Mouvement intérieur par lequel on se sent appelé par Dieu. *Vocations contrariées. Avoir, ne pas avoir la vocation.* • **2°** Inclination, penchant (pour une profession, un état). V. **Attirance, disposition, goût.** *Suivre sa vocation. Vocation artistique.* • **3°** Destination (d'une personne, d'un peuple, d'un pays). *La vocation industrielle, artistique de la France.*

VOCIFÉRER [vɔsifeʀe]. *v. intr.* (6) • Parler en criant et avec colère. V. **Hurler.** *Vociférer contre qqn.* — Trans. *Vociférer des injures.* ▼ **VOCIFÉRATION.** *n. f.* Parole bruyante, prononcée dans la colère. *Pousser des vociférations.* V. **Cri, hurlement.**

VODKA [vɔdka]. *n. f.* • Eau-de-vie de grain (seigle, orge). *Vodka russe, polonaise.*

VŒU [vø]. *n. m.* • **1°** Promesse faite à Dieu ; engagement religieux. *Les trois vœux* (pauvreté, chasteté, obéissance), prononcés par qqn qui entre en religion. *Faire vœu de pauvreté.* • **2°** Engagement pris envers soi-même. V. **Résolution.** *Faire le vœu de ne plus revoir qqn.* • **3°** Souhait que s'accomplisse qqch. *Faire, former des vœux pour la santé de qqn.* — Souhaits adressés à qqn. *Tous mes vœux ! Vœux de bonne année. Envoyer ses vœux.* • **4°** Demande, requête faite par qui n'a pas autorité ou pouvoir pour la satisfaire. *Les assemblées consultatives n'émettent que des vœux.* V. **Résolution.**

VOGUE [vɔg]. *n. f.* • État de ce qui est apprécié momentanément du public ; de ce qui est à la mode. *Avoir la vogue. Le scooter connaît une vogue extraordinaire.* V. **Succès.** — EN VOGUE : actuellement très apprécié, à la mode.

VOGUER [vɔge]. *v. intr.* (1) • *Littér.* Avancer avec des rames (V. **Ramer**). Avancer sur l'eau. V. **Naviguer.**

VOICI [vwasi]. *prép.* • **1°** Désigne une chose ou une personne relativement proche (*opposé*, en principe, *à* voilà). *Voici mon père, le voici qui arrive.* — *Littér.* (avec l'inf.). *Voici venir*, voici... qui vient. *Voici venir toute la famille.* • **2°** Désigne ce qui arrive, approche, commence à se produire. *Voici la pluie.* • **3°** Désignant les choses dont il va être question dans le discours (*opposé à* voilà). *Voici ce dont je veux te parler.* • **4°** (Présentant un nom, un pronom caractérisé par un adj.). V. **Voilà.** *Le voici tranquille. Voici nos amis enfin arrivés.* — *Littér.* (suivi d'une complétive) *Voici que la nuit tombe.* V. **Voilà.**

VOIE [vwa]. *n. f.* ★ **I.** *(Concret).* • **1°** Espace à parcourir pour aller quelque part. V. **Chemin, passage.** *Trouver, suivre, perdre, quitter une voie, la bonne voie.* — Loc. *Mettre sur la voie*, donner des indications, aider à trouver. • **2°** Cet espace, lorsqu'il est tracé et aménagé. V. **Chemin, route, rue.** *Les grandes voies de communication d'un pays*, routes et voies ferrées. *La voie publique* (faisant partie du domaine public). — Route ou rue. *Voie étroite, prioritaire, à sens unique.* — Partie d'une route de la largeur d'un véhicule. *Route à trois, quatre voies.* • **3°** Grande route pavée de l'Antiquité. *Les voies romaines.* — *Voie sacrée*, commémorant un itinéraire (religieux, militaire). • 4° VOIE (FERRÉE) : l'ensemble des rails mis bout à bout et à écartement fixe qui forment une voie, un chemin pour les convois de chemin de fer. *Ligne à voie unique*, où les trains ne peuvent se croiser. *Voie de garage*. • 5° *Voies navigables*, les fleuves et canaux. • 6° *La voie maritime, aérienne*, les déplacements, transports par mer, air. • 7° VOIE D'EAU : ouverture accidentelle par laquelle l'eau entre dans un navire. *Boucher, calfater une voie d'eau*. • 8° Se dit de passages, conduits anatomiques. V. **Canal.** *Les voies digestives, respiratoires, urinaires. Voies circulatoires. Par voie buccale, orale*, par la bouche. ★ **II.** *(Abstrait)*. • 1° Conduite, suite d'actes orientés vers une fin et considérée comme un chemin que l'on peut suivre. V. **Chemin, ligne, route.** *Aller, avancer, entrer, marcher dans telle ou telle voie. Préparer la voie*, faciliter les choses à faire en réduisant les obstacles. *Ouvrir la voie*. V. **Passage.** *Être dans la bonne voie*, commencer à réussir. *Trouver sa voie*, la conduité qui convient. — Les desseins, les commandements (de Dieu). *Les voies de Dieu, de la Providence*. • 2° Conduite suivie ou à suivre ; façon de procéder. V. **Moyen.** *Opérer par la voie la plus simple, par une voie détournée*. • 3° Intermédiaire qui permet d'obtenir ou de faire qqch. *Réclamer par la voie hiérarchique*. • 4° EN VOIE DE... : se dit de ce qui se modifie dans un sens déterminé. *Plaie en voie de cicatrisation*.

VOILÀ [vwala]. *prép.* • 1° Désigne une personne ou une chose, plus particulièrement quand elle est relativement éloignée (mais *voilà*, plus courant que *voici*, s'emploie dans tous les cas). *Voilà un homme courageux. Voilà de l'argent. Le voilà, c'est lui. Voilà notre ami qui vient, qui arrive*. — EN VOILÀ : voilà de ceci. *Vous en voulez ? En voilà*. Loc. adv. *De l'argent en veux-tu en voilà*, beaucoup, tant qu'on en veut. — Exclamatif pour mettre en relief. *En voilà un imbécile ! — Voilà !* interjection qui répond à un appel, à une demande. • 2° Désignant les choses dont il vient d'être question dans le discours (*opposé à* voici). *Voilà ce que c'est que de ne pas obéir*, telles en sont les conséquences. *Voilà tout. — En voilà assez*, cela suffit, je n'en supporterai pas davantage. — Construit avec QUI, en valeur neutre. *Voilà qui est bien*, c'est bien. — *(Avec une valeur exclamative)* C'est (ce sont) bien..., c'est vraiment. *Voilà bien les hommes. Ah ! voilà !* c'était donc ça. • 3° S'emploie pour présenter un substantif, un pronom caractérisé (par un adjectif, un participe). *Vous voilà content. La voilà partie*, enfin, elle est partie ! *Nous voilà bien ! nous voilà frais... !* — (Avec un compl. de lieu) *Nous voilà à la maison; nous y voilà*. Loc. *Nous y voilà*, nous abordons enfin le problème, la question. • 4° Pour présenter une circonstance nouvelle (suivi d'une complétive). *Soudain, voilà que l'orage éclate. Voilà comme, comment, pourquoi...* • 5° Employé pour présenter ou souligner un argument, une objection. *C'était simple, seulement voilà, personne n'y avait pensé*. • 6° Il y a (telle durée). *Voilà quinze jours que je suis partie*.

VOILAGE [vwalaʒ]. *n. m.* • Grand rideau de voile (I, 4°).

1. VOILE [vwal]. *n. m.* ★ **I.** Morceau d'étoffe destiné à cacher. • 1° Étoffe qui cache une ouverture ou dont on couvre un monument, une plaque... • 2° Morceau d'étoffe destiné à cacher le visage. *Voile des musulmanes. Porter le voile*. • 3° Coiffure féminine de tissu fin, flottante, qui recouvre la tête. *Voile de religieuse*. — Loc. *Prendre le voile*, se faire religieuse. — *Voile blanc de mariée, de communiante*. • 4° Tissu léger et fin, d'armure toile. *Voile de coton, de soie, de laine*. ★ **II.** *(Abstrait)*. • 1° Ce qui cache qqch. *Étendre, jeter un voile sur qqch.*, cacher ou condamner à l'oubli. *Lever le voile*, révéler qqch. (V. **Dévoiler**). • 2° Ce qui rend moins net, ou obscurcit. *Un léger voile de brume*. — Partie anormalement obscure d'une épreuve photographique, due à un excès de lumière. — *Voile au poumon*, diminution de la transparence d'une partie du poumon, visible à la radioscopie. ★ **III.** *Voile du palais*, cloison musculaire et membraneuse, à bord inférieur libre et flottant, qui sépare la bouche du pharynx. *Son articulé près du voile du palais*. V. **Vélaire.**

2. VOILE [vwal]. *n. f.* • 1° Morceau de forte toile destiné à recevoir l'action du vent pour faire avancer un bateau. *Bateau à voiles*. V. **Voilier.** *Naviguer à la voile. Hisser, larguer les voiles. — Mettre à la voile, mettre les voiles*, pour faire avancer le bateau. — Loc. *Avoir le vent dans les voiles*, se dit d'une personne dont les affaires vont bien, qui est en train de réussir. — Fam. *Mettre les voiles*, s'en aller, partir. • 2° *La voile*, navigation à voile. — Sport nautique sur voilier. *Faire de la voile*. • 3° VOL À VOILE : pilotage des planeurs.

1. VOILER [vwale]. *v. tr.* (1) ★ **I.** • 1° Couvrir, cacher d'un voile ; étendre un voile sur. *Voiler une statue. Se voiler le visage*, porter le voile. — Loc. *Se voiler la face*, refuser de voir ce qui indigne. • 2° *Littér.* Dissimuler. V. **Estomper, masquer.** *Il tente de voiler la vérité*. • 3° Rendre moins visible, moins net. V. **Obscurcir.** *Ses beaux yeux voilés de larmes*. ★ **II.** SE VOILER. *v. pron.* • 1° Porter le voile. *Beaucoup de musulmanes ne se voilent plus*. • 2° Perdre son éclat, se ternir. *Ses yeux, son regard se voile. Le ciel se voile*, se couvre. • 3° Perdre sa netteté, sa sonorité (en parlant de la voix). ▼ **VOILÉ, ÉE.** *adj.* • 1° Recouvert d'un voile. • 2° Rendu obscur, incompréhensible. *Sens voilé. S'exprimer en termes voilés*, par allusions. • 3° Qui a peu d'éclat, de netteté. *Ciel voilé. Regard voilé*, terne, trouble. — *Photo voilée*, qui présente un voile. • 4° Se dit d'une voix qui n'émet pas des sons clairs. V. **Enroué(e).** ‖ Contr. **Sonore.** ‖

2. VOILER (SE). *v. pron.* (1) • Se dit d'une roue qui se tord légèrement. — *Sa bicyclette a une roue voilée*.

VOILETTE. *n. f.* • Petit voile transparent que les femmes portaient à leur chapeau, et qui pouvait couvrir le visage.

VOILIER. *n. m.* • Bateau à voiles. *Les grands voiliers d'autrefois.* — Bateau de sport ou de plaisance, qui avance à la voile. *Faire du voilier. Course de voiliers.* V. **Régate.**

VOILURE. *n. f.* • 1° Ensemble des voiles d'un bâtiment. • 2° Ensemble des surfaces portantes d'un avion. — Toile d'un parachute.

VOIR [vwaʀ]. *v.* (30) ★ **I.** *V. intr.* Recevoir les images des objets par le sens de la vue. *Les aveugles ne voient pas. Voir trouble, confusément. Je ne vois pas clair. Les rapaces voient loin.* — *Voir loin,* prévoir. ★ **II.** *V. tr. dir.* • 1° Percevoir (qqch.) par les yeux. *Voir qqch. de ses yeux, de ses propres yeux. Il a tout vu, tout observé sans être vu. Je l'ai à peine vu.* V. **Apercevoir, entrevoir.** *Une femme agréable à voir,* jolie. *J'ai vu cela dans le journal.* V. **Lire.** — FAIRE VOIR : montrer. *Faites-moi voir le chemin.* — Pronom. *Se faire voir,* se montrer *(personnes).* Pop. *S'il n'est pas content, qu'il aille se faire voir !* qu'il aille au diable. — LAISSER VOIR : permettre qu'on voie ; ne pas cacher. *Ne pas laisser voir son trouble.* — VOIR QUE, COMME, SI... *J'ai vu qu'il allait tomber. Vous voyez comme c'est beau. Allons voir si elle est prête.* • 2° Avoir l'image de (dans l'esprit). V. **Représenter** (se). *Ma future maison, je la vois en Bretagne.* Fam. *Tu vois ça d'ici !* tu imagines. • 3° (Avec un compl. suivi d'un inf., d'un attribut). VOIR... (et inf.). *Je vois tout tourner. Les voitures que j'ai vues rouler* (ce sont les voitures qui roulent : accord du participe). *Les voitures que j'ai vu conduire* (le compl. de *voir* n'est pas le sujet du verbe à l'inf. : pas d'accord). — Loc. *On vous voit venir,* vos intentions sont connues. *Il faut voir venir,* attendre. — (Choses) *Le pays qui l'a vue naître,* où elle est née. — VOIR... (et attribut). *Quand je l'ai vue si malade, j'ai appelé le médecin. Je voudrais la voir heureuse.* — Fam. *Je voudrais vous y voir !* (dans cet état, cette situation), ce n'est guère facile. • 4° Être spectateur, témoin de (qqch.). *Voir une pièce de théâtre.* — *Voir une ville, un pays,* y aller, visiter. Loc. *Voir Naples et mourir* (parce qu'il n'y a rien de plus beau à voir). *Voir du pays,* voyager. — Loc. *On aura tout vu,* c'est le comble. *J'en ai vu bien d'autres !* j'ai vu pire. *Il en a vu, dans sa vie,* il a eu des malheurs. *En faire voir à qqn,* lui causer des tourments. *Il m'en fait voir de toutes les couleurs,* il me tourmente. • 5° Être, se trouver en présence de (qqn). *Je l'ai déjà vu.* V. **Rencontrer.** *Il ne veut voir personne.* V. **Recevoir ; fréquenter.** — Fam. *Je l'ai assez vu,* j'en suis las. *Je ne peux pas le voir,* le supporter (V. **Détester**). • 6° Regarder attentivement, avec intérêt. V. **Examiner.** *Il faut voir cela de plus près. Voyez ci-dessous. Voir un malade,* l'examiner. Absolt. *Il ne sait pas voir,* il est mauvais observateur. • 7° *(Abstrait).* Se faire une opinion sur (qqch.). *Voyons un peu cette affaire.* V. **Considérer, étudier.** Absolt. *Nous allons voir,* réfléchir (avant un choix). *C'est tout vu,* c'est tout décidé. PROV. *Qui vivra verra,* l'avenir seul permettra d'en juger. *On verra bien !* attendons la suite des événements. — POUR VOIR : pour se faire une opinion. En menace. *Essaie un peu, pour voir !* — VOIR QUE, COMME, COMBIEN... V. **Constater.** *Voyez comme le hasard fait bien les choses !* — VOIR SI... *Voyez si elle accepte,* informez-vous-en. — *Tu vois, vois-tu, voyez-vous,* appuie une opinion en invitant à la réflexion. *Ce qu'il faut, vois-tu, c'est...* — *Regardez voir, dites voir,* pour voir. Fam. *Voyons voir !* — VOYONS ! s'emploie pour rappeler à la raison, à l'ordre. *Un peu de bon sens, voyons !* • 8° Se représenter par la pensée. V. **Concevoir, imaginer.** *Voir la réalité telle qu'elle est. Ah ! je vois !* je comprends fort bien (souvent *iron.*). *Si vous n'y voyez pas d'inconvénient,* si vous êtes d'accord. — *Voir grand,* avoir de grands projets. — *Elle voyait en lui un ami,* elle le considérait comme... • 9° AVOIR QQCH. À VOIR *(avec, dans)* : avoir une relation, un rapport avec (seulement avec *pas, rien, peu*). *Je n'ai rien à voir dans cette affaire, là-dedans,* je n'y suis pour rien. *Cela n'a rien à voir !* c'est tout différent. ★ **III.** *V. tr. ind.* VOIR À *(et inf.)* : songer, veiller à. Littér. *Nous verrons à vous récompenser plus tard.* Fam. *Il faudrait voir à ne pas nous raconter d'histoires !* ★ **IV.** SE VOIR. *v. pron.* • 1° *(Réfl.).* Voir sa propre image. *Se voir dans une glace.* — (Avec l'attribut d'objet, un compl.) *Elle ne s'est pas vue mourir.* V. **Sentir.** *Elle s'est vue contrainte à renoncer,* elle fut, elle se trouva contrainte. *Ils se voyaient déjà morts,* ils se croyaient morts. • 2° *(Récipr.).* Se rencontrer, se trouver ensemble. *Des amoureux qui se voient en cachette.* — *Ils ne peuvent pas se voir,* ils se détestent. V. **Sentir** (se). • 3° *(Passif).* Être, pouvoir être vu. — Être remarqué, visible. *La retouche ne se voit pas.* — Se rencontrer, se trouver. *Cela se voit tous les jours,* c'est fréquent. *Cela ne s'est jamais vu,* c'est impossible.

VOIRE [vwaʀ]. *adv.* • (Employé pour renforcer une assertion, une idée). Et même. *Ce remède est inutile, voire dangereux.*

VOIRIE [vwaʀi]. *n. f.* • 1° Aménagement et entretien des voies, des chemins ; administration publique qui s'occupe de l'ensemble des voies de communication. • 2° *(Plus courant).* Enlèvement quotidien des ordures dans les villes. — Lieu où sont déposés ordures et immondices. V. **Dépotoir.**

VOISIN, INE [vwazɛ̃, in]. *adj.* et *n.* ★ **I.** *Adj.* • 1° Qui est à une distance relativement petite. V. **Proche, rapproché.** *La ville voisine.* ‖ Contr. **Distant, éloigné.** ‖ *Les régions voisines de l'équateur.* — Proche dans le temps. *Les années voisines de 1789.* • 2° Qui présente un trait de ressemblance, une analogie. *Des idées voisines.* — *Voisin de...,* qui se rapproche de. *Un véhicule voisin de la bicyclette.* V. **Semblable** (à). ‖ Contr. **Différent.** ‖ ★ **II.** *N.* • 1° Personne qui vit, habite le plus près. *Mes voisins de palier. Entre voisins, on peut se rendre quelques services.* — Personne qui occupe la place la plus proche. *Voisin de table.* — Habitants d'un pays contigu ou peu éloigné. *Nos voisins belges, allemands.* • 2° Autrui. *Jalouser le sort du voisin.* ▼

VOISINAGE. *n. m.* • 1° Ensemble des

voisins. V. **Entourage.** *Tout le voisinage a été averti.* • 2° Relations entre voisins. *Être, vivre en bon voisinage avec qqn.* • 3° Proximité. *Le voisinage de la mer.* • 4° Espace qui se trouve à proximité, à faible distance. *Les maisons du voisinage, qui sont dans le voisinage.* V. **Environ, parage.** ▼ **VOISINER.** *v. intr.* (1) • 1° *Littér.* Visiter, fréquenter ses voisins. • 2° *Voisiner avec,* être placé près de (qqn, qqch.).

VOITURE [vwatyʀ]. *n. f.* • 1° Véhicule monté sur roues tiré ou poussé par un animal, un homme. *Voiture à deux, quatre roues. Voiture à cheval, à âne. — Voiture à bras,* poussée ou tirée avec les bras. — *Voiture d'enfant,* dans laquelle on promène les bébés. V. **Landau, poussette.** *Voiture d'infirme. Quand je serai dans une petite voiture,* vieux et infirme. • 2° Véhicule automobile. V. **Automobile, bagnole** *(pop.). Voiture décapotable, à toit ouvrant. Voiture de course, de sport, de tourisme. Encombrement de voitures* (V. **Embouteillage**). — *Conduire, garer sa voiture. Voitures en stationnement.* • 3° Dans le langage des chemins de fer, Grand véhicule, roulant sur des rails, destiné aux voyageurs (appelé couramment *wagon*). *Voiture de tête, de queue ; de première, de seconde.* — Loc. *En voiture !* montez dans le train, le train va partir. ▼ **VOITURER.** *v. tr.* (1). Transporter dans une voiture. V. **Véhiculer.** — *Fam.* Transporter, mener en voiture, en automobile. ▼ **VOITURETTE.** *n. f.* Petite voiture. ▼ **VOITURIER.** n. m. *Vx* ou *en droit.* Transporteur.

VOIX [vwa(ɑ)]. *n. f.* ★ **I.** • 1° Dans l'espèce humaine, Sons produits par le larynx, quand les cordes vocales entrent en vibration (sous l'effet d'une excitation nerveuse rythmique). *Voix forte, puissante, bien timbrée. Une grosse voix,* grave et forte. *Voix faible, cassée, chevrotante. Voix aiguë, perçante. Voix de crécelle, de fausset. Voix grave, basse. Tremblement de la voix. Éclats de voix. — Avoir de la voix,* une voix appropriée au chant. *Forcer sa voix. Une belle voix.* — Loc. *Être sans voix,* être aphone ; rester interdit sous l'effet de l'émotion. V. **Muet.** *De vive voix,* en parlant ; oralement. *Parler à voix basse, à mi-voix, à voix haute ; à haute et intelligible voix. Élever la voix. Couvrir la voix de qqn,* parler plus fort que lui. *Baisser la voix. — Il l'exhorte de la voix et du geste,* de la parole et du geste. • 2° La personne qui parle, et qu'on ne voit pas (avec *dire, crier, faire...*). *Une voix lui cria d'entrer.* • 3° *Littér.* Cri (d'animal) ; bruit, son (d'instruments de musique, de phénomènes de la nature, de certains objets). *Les chiens donnent de la voix,* aboient. *On entend la voix du vent.* ★ **II.** *(Abstrait).* • 1° Ce que l'être humain ressent en lui-même, qui l'avertit, l'inspire. *La voix de la conscience, de la raison.* V. **Avis, conseil.** • 2° Expression de l'opinion. V. **Avis, jugement.** *La voix du peuple,* de l'opinion. — Droit de donner son opinion dans une assemblée. V. **Vote.** *Avoir voix consultative* (dans une assemblée). *Donner sa voix à un candidat,* voter pour lui. *Majorité, unanimité des voix. Gagner des voix.* ★ **III.** En grammaire, Aspect de l'action verbale dans ses rapports avec le sujet, suivant que l'action est considérée comme accomplie par lui *(voix active),* ou subie par lui *(voix passive).*

1. VOL [vɔl]. *n. m.* • 1° Action de voler (1) ; ensemble des mouvements coordonnés faits par les animaux capables de se maintenir et de se déplacer en l'air. *Prendre son vol,* s'envoler. — Loc. *Prendre son vol (son essor),* améliorer sa position, sa situation. AU VOL : rapidement au passage. *Attraper une balle au vol. Cueillir une impression au vol. — Dix kilomètres à vol d'oiseau,* en ligne droite. — *De haut vol,* de grande envergure. *Un filou, un escroc de haut vol.* • 2° Le fait, pour un engin, de se soutenir et de se déplacer dans l'air. *Altitude, vitesse de vol d'un avion, d'un planeur. Vol plané* (moteurs arrêtés). *En vol, en plein vol,* pendant le vol (se dit de l'engin, de son pilote, des passagers). — VOL À VOILE : manœuvre des planeurs. — *Un vol,* déplacement en vol. *Faire plusieurs vols en une journée.* • 3° Distance parcourue en volant (par un oiseau, un insecte) ; le fait de voler d'un lieu à un autre. *Les grands vols migrateurs des oies sauvages.* • 4° La quantité (d'oiseaux, d'insectes) qui se déplacent ensemble dans l'air. V. **Volée.** *Vol d'oiseaux migrateurs, de sauterelles* (V. **Nuage, nuée**).

2. VOL. *n. m.* • 1° Le fait de s'emparer du bien d'autrui, par la force ou à son insu ; action qui consiste à prendre frauduleusement le bien d'autrui. V. **Voler 2.** *Commettre un vol. Vol avec effraction, à main armée* (V. **Attaque, hold-up**). • 2° Le fait de faire payer à autrui plus qu'il ne doit, ou de ne pas donner ce que l'on doit. *Cinquante francs, ce repas, c'est du vol.*

VOLAGE [vɔlaʒ]. *adj.* • *Littér.* Qui change souvent et facilement de sentiments (surtout dans les relations amoureuses) ; qui se détache facilement. V. **Frivole, inconstant, léger.** *Des jeunes gens volages. — Être d'humeur volage.*

VOLAILLE [vɔlɑj]. *n. f.* • 1° Ensemble des oiseaux qu'on élève pour leurs œufs ou leur chair (poules, canards, oies, dindons, etc.). — Viande de volaille. *Manger de la volaille.* • 2° *Une volaille,* oiseau de basse-cour. V. **Volatile.** *Volaille rôtie, bouillie.* ▼ **VOLAILLER.** *n. m.* Marchand de volailles.

1. VOLANT, ANTE [vɔlɑ̃, ɑ̃t]. *adj.* • 1° Capable de s'élever, de se déplacer dans les airs (pour un être ou un objet qui n'en est pas capable, en règle générale). *Poisson volant. — Le tapis volant des légendes orientales.* — Dans l'aviation, *Personnel volant* (*opposé à* rampant). V. **Navigant.** • 2° *Camp volant,* qui peut être levé facilement. *Vivre en camp volant,* dans un lieu où l'on n'est pas installé. *Escalier, pont, trapèze volant.* V. **Mobile.** — *Feuille volante,* feuille de papier détachée.

2. VOLANT. *n. m.* • 1° Petit morceau de liège, de bois léger, muni de plumes en couronne, destiné à être lancé et renvoyé à l'aide d'une raquette. — Jeu qui se joue avec des raquettes et un volant. *Au début* *du siècle, les jeunes filles jouaient au volant.* • 2° Bande de tissu libre à un bord et formant une garniture rapportée. *Une robe à volants.*

3. VOLANT. *n. m.* • Dispositif circulaire avec lequel le conducteur oriente les roues directrices d'une automobile. *Tenir le volant, être, se mettre au volant,* conduire. — Conduite, manœuvre des automobiles. *Les as du volant.*

VOLATIL, ILE [vɔlatil]. *adj.* • Qui passe facilement à l'état de vapeur. *Alcali volatil,* l'ammoniaque.

VOLATILE [vɔlatil]. *n. m.* • Oiseau domestique, de basse-cour. V. **Volaille.**

VOLATILISER (SE) [vɔlatilize]. *v. pron.* (1) • 1° Passer à l'état de vapeur. V. **Vaporiser** (se). • 2° Se dissiper, disparaître. V. **Évaporer** (s'). *Tout à coup, Jean s'est volatilisé.* V. **Éclipser** (s'). *Où est mon stylo, il ne s'est pourtant pas volatilisé!* V. **Envoler** (s'). ▼ **VOLATILISATION.** *n. f.*

VOL-AU-VENT [vɔlovɑ̃]. *n. m.* • Plat formé d'un moule de pâte feuilletée garni d'une préparation de viande ou de poisson en sauce, avec des champignons, des quenelles, etc. V. **Timbale.**

VOLCAN [vɔlkɑ̃]. *n. m.* • 1° Montagne qui émet ou a émis des matières en fusion. *L'éruption d'un volcan. Cheminée, cratères d'un volcan. Volcan en activité; volcan éteint. Volcan sous-marin.* • 2° *Nous sommes sur un volcan,* dans une situation très dangereuse. — Personne au caractère violent, emporté, impétueux. *Cet homme est un vrai volcan.* ▼ **VOLCANIQUE.** *adj.* • 1° Relatif aux volcans et à leur activité. *Activité, éruption volcanique. Matières volcaniques,* provenant d'un volcan (cendres, lave...). • 2° Ardent, impétueux. *Tempérament volcanique.* ▼ **VOLCANISME.** *n. m.* Ensemble des manifestations géologiques et géographiques par lesquelles les couches profondes de la Terre entrent en contact avec la surface. ▼ **VOLCANOLOGIE.** *n. f.* Science qui étudie les phénomènes volcaniques. ▼ **VOLCANOLOGUE.** *n.*

VOLÉE [vɔle]. *n. f.* ★ **I.** • 1° *Littér.* Le fait de voler (1) ; distance parcourue par un oiseau en un seul vol. — Envol, essor. *Prendre sa volée.* • 2° Groupe d'oiseaux qui volent ou s'envolent ensemble. V. **Vol.** *Une volée de moineaux.* ★ **II.** • 1° Mouvement rapide ou violent (de ce qui est lancé, jeté ou balancé : projectiles, cloches). *Volée de flèches, de plombs.* — À LA VOLÉE, À TOUTE VOLÉE : en faisant un mouvement ample, avec force. *Lancer une pierre à toute volée. Refermer une porte à la volée. Attraper une balle à la volée,* en l'air, au vol. • 2° *Une volée,* coup par lequel on renvoie une balle avant qu'elle n'ait touché le sol. • 3° Suite de coups rapprochés. *Volée de coups de bâton.* — Fam. *Il a reçu, on lui a flanqué une bonne volée.* V. **Raclée.**

1. VOLER [vɔle]. *v. intr.* (1) • 1° Se soutenir et se déplacer dans l'air au moyen d'ailes. *Un jeune oiseau qui commence à voler.* — Loc. *On entendrait voler une mouche,* il n'y a aucun bruit. — Loc. fam. *Se voler dans les plumes* (comme des oiseaux qui se battent), se battre, se jeter l'un su l'autre. — Se soutenir et se déplacer au-dessu du sol. *Voler à haute altitude.* — Se trouve dans un appareil en vol ; effectuer des vols *Ce pilote a cessé de voler à cause de sa vue* • 2° Être projeté dans l'air *(littér.). Pierre flèche qui vole vers son but.* — Flotter. *So voile volait au vent.* • 3° *Loc.* VOLER E ÉCLATS : éclater, se briser de manière qu les éclats volent au loin. • 4° *(Personnes)* Aller très vite. S'élancer. *Voler vers qqn dans ses bras.* • 5° Littér. *(En parlant d temps).* Passer rapidement, s'écouler. *L temps vole.* V. **Fuir.**

2. VOLER. *v. tr.* (1) ★ **I.** *Voler qqch.* • 1° Prendre (ce qui appartient à qqn), contr la volonté ou à l'insu de qqn. V. **Dérober emparer** (s') ; *fam.* et *pop.* **Barboter 2 chaparder, chiper, faucher, piquer, rafler vol 2, voleur.** *Voler de l'argent, des bijoux mille francs.* PROV. *Qui vole un œuf vole u bœuf,* celui qui commet un petit larcin finir par en commettre de grands. — *Absol.* Commettre un vol. V. **Cambrioler.** *Voler main armée.* • 2° S'approprier (ce à quo on n'a pas droit). *Voler un titre, une réputa tion.* V. **Usurper.** — Loc. fam. *Il ne l'a pa volé,* il l'a bien mérité (cette punition, ce ennui). • 3° Donner comme sien (ce qu est emprunté). V. **Attribuer** (s'). *Voler un idée.* ★ **II.** *Voler qqn.* • 1° Dépouiller (qqn de son bien, de sa propriété, par force o par ruse. V. **Cambrioler ; détrousser, déva liser, escroquer.** *Il s'est fait voler par de cambrioleurs.* — *Objets volés.* • 2° Ne pa donner ce que l'on doit ou prendre plu qu'il n'est dû à (qqn). *Voler le client.* V **Rouler.** *Il nous a volés comme dans un boi.* sans que nous puissions nous défendre.

VOLET [vɔlɛ]. *n. m.* • 1° Panneau (de menuiserie ou de métal) ou battant qui pro tège une baie (à l'extérieur ou à l'intérieur V. **Contrevent, jalousie, persienne.** *Ouvri, fermer les volets.* — Vantail, aile, part (d'un objet qui se replie). *Panneau centre et volets d'un triptyque.* • 2° Loc. *Trier su le volet,* choisir avec le plus grand soin.

VOLETER [vɔlte]. *v. intr.* (4) • Vole à petits coups d'aile, en se posant souvent, e changeant fréquemment de direction. V **Voltiger.** *Des papillons voletaient autour d la lampe.*

VOLEUR, EUSE [vɔlœʀ, øz]. *n.* et *ad* • 1° Personne qui vole ou a volé le bie d'autrui ; personne qui tire ses ressourc de délits de vol. V. **Cambrioleur, pickpocke** *On a arrêté le voleur.* — Loc. *Voleurs de gran chemin,* qui opéraient sur les grandes route V. **Brigand.** — *Un voleur d'enfants.* V. **Kidnap peur, ravisseur.** — *Jouer au gendarme et a voleur* (jeu de poursuite). — *Crier, appel au voleur* (pour le faire arrêter). *Au voleur au secours !* • 2° Personne qui détourne son profit l'argent d'autrui (sans prend d'objet matériel), ou ne donne pas ce qu'el doit. *Ce commerçant est un voleur.* • 3° *Ad* Qui dérobe ou soustrait de l'argent, ne donn pas ce qu'il doit. *Il est voleur.*

VOLIÈRE [vɔljɛʀ]. *n. f.* • Enclos grillag assez vaste pour que les oiseaux enferm uissent y voler. — *Fam.* Lieu où se tiennent les femmes bavardes.

VOLIGE [vɔliʒ]. *n. f.* • Latte sur laquelle ont fixées les ardoises, les tuiles d'un toit.

VOLITION [vɔlisjɔ̃]. *n. f.* • Acte de olonté (terme de psychologie). ▼ **VOLITIF, IVE.** *adj.* Relatif à la volonté.

VOLLEY-BALL [vɔlɛbol]. *n. m.* • Sport pposant deux équipes de six joueurs, séparées ar un filet, au-dessus duquel chaque camp loit renvoyer le ballon à la main et de volée. *ouer au volley.* ▼ **VOLLEYEUR, EUSE.** . Joueur, joueuse de volley-ball.

VOLONTAIRE [vɔlɔ̃tɛʀ]. *adj.* et *n.* • **1°** Qui résulte d'un acte de volonté (et non de 'automatisme, des réflexes ou des impulsions). *Acte, activité volontaire.* — Qui n'est pas orcé, obligatoire. *Contribution volontaire.* • **2°** Qui a, ou marque de la volonté (II), une olonté ferme. V. **Décidé, opiniâtre.** *Un nfant têtu et volontaire. Un visage, un nenton volontaire.* • **3°** Qui agit librement, ans contrainte extérieure. *Engagé volontaire*, oldat qui s'engage dans une armée sans y tre obligé par la loi. — Subst. m. *Les volontaires et les appelés.* • **4°** *N.* Personne bénéole qui offre ses services par simple dévouement. *On demande un, une volontaire.* ▼ **VOLONTAIREMENT.** *adv.* Par un acte olontaire, délibéré. V. **Délibérément, exprès.**

VOLONTÉ [vɔlɔ̃te]. *n. f.* ★ **I.** • **1°** Ce que eut qqn et qui tend à se manifester par une écision effective conforme à une intention. V. **Dessein, détermination, intention, résolution.** *Imposer sa volonté à qqn. Accomplir, aire la volonté de qqn.* Fam. *Faire les quatre olontés de qqn*, tout ce qu'il veut. À VOLONTÉ : de la manière qu'on veut et utant qu'on veut. V. **Discrétion** (à). *Avoir qch. à volonté. Vin à volonté.* — *Les dernières olontés de qqn*, celles qu'il manifeste avant e mourir pour qu'on les exécute après sa nort. — (Suivi d'un compl. désignant ce qui st voulu) *Il nous a dit sa volonté de se marier. Volonté de puissance.* • **2°** BONNE VOLONTÉ : isposition à bien faire, à faire volontiers. *Avec la meilleure volonté du monde, je ne ourrais pas. Les bonnes volontés*, les gens e bonne volonté. — MAUVAISE VOLONTÉ : isposition à se dérober à un ordre, à un evoir, ou à exécuter un ordre de mauvaise râce. *Vous y mettez de la mauvaise volonté.* **II.** *La volonté*, faculté de vouloir, de se éterminer librement à agir ou à s'abstenir. *Effort de volonté.* — Cette faculté, considérée omme une qualité individuelle. *Il a de la olonté, une volonté de fer.* V. **Caractère, nergie, fermeté, résolution.** || Contr. **Faiblesse.** ||

VOLONTIERS [vɔlɔ̃tje]. *adv.* • **1°** Par nclination et avec plaisir, ou du moins sans épugnance. V. **Grâce** (de bonne), **gré** (de on). *J'irai volontiers vous voir.* — (En éponse) V. **Oui.** *Voulez-vous aller au cinéma ? rès volontiers.* • **2°** Par une tendance naturelle ou ordinaire. *On condamne volontiers e qu'on ne comprend pas. Il reste volontiers es heures sans parler.* V. **Habituellement, rdinairement.**

VOLT [vɔlt]. *n. m.* • Unité pratique (V) de force électromotrice et de différence de potentiel. ▼ **VOLTAGE.** *n. m.* Force électromotrice ou différence de potentiel mesurée en volts. V. **Tension ; voltmètre.** — Nombre de volts pour lequel un appareil électrique fonctionne normalement.

VOLTAIRE [vɔltɛʀ]. *n. m.* • Fauteuil à siège bas, à dossier élevé et légèrement renversé en arrière. Appos. *Des fauteuils voltaires.*

VOLTAIRIEN, IENNE [vɔltɛʀjɛ̃, jɛn]. *adj.* et *n.* • Qui adopte ou exprime l'incrédulité, l'anticléricalisme et le scepticisme railleur de Voltaire. *Esprit voltairien.*

VOLTE [vɔlt(ə)]. *n. f.* • *Littér.* Demi-tour.

VOLTE-FACE [vɔltəfas]. *n. f. invar.* • **1°** Action de se retourner (pour faire face). *Une volte-face sur les talons. Faire volte-face.* • **2°** Changement brusque et total d'opinion, d'attitude (notamment en politique). V. **Revirement.** *Les volte-face de l'opposition ont déconcerté le gouvernement.*

VOLTIGE [vɔltiʒ]. *n. f.* • **1°** Exercice d'acrobatie sur la corde, au trapèze volant. V. **Saut.** *Haute voltige.* — *Fam.* Acrobatie intellectuelle. • **2°** Ensemble des exercices acrobatiques exécutés à cheval (en particulier dans les cirques). ▼ **VOLTIGEUR.** *n. m.* Acrobate qui fait de la voltige.

VOLTIGER. *v. intr.* (3) • **1°** Voleter (insectes, petits oiseaux). *Une nuée d'oiseaux voltigeait dans le jardin.* • **2°** *(Choses légères).* Voler, flotter çà et là.

VOLTMÈTRE [vɔltmɛtʀ(ə)]. *n. m.* • Appareil à résistance élevée, servant à mesurer des différences de potentiel.

VOLUBILE [vɔlybil]. *adj.* • Qui parle avec abondance, rapidité. V. **Bavard, loquace.** — *Une explication volubile.* ▼ **VOLUBILITÉ.** *n. f.* Abondance, rapidité et facilité de parole. V. **Loquacité.**

VOLUBILIS [vɔlybilis]. *n. m.* • Plante ornementale, à grosses fleurs pourpres ou bleues en entonnoir, qu'on fait grimper sur les clôtures. V. **Liseron.**

1. VOLUME [vɔlym]. *n. m.* ★ **I.** • **1°** Partie de l'espace à trois dimensions (qu'occupe un corps) ; quantité qui la mesure. *Le volume d'un corps, d'un solide. Volume d'un récipient*, mesure de ce qu'il peut contenir. V. **Capacité, contenance.** — En art, Caractère de ce qui a trois dimensions. • **2°** Encombrement d'un corps. *Cela fera beaucoup de volume*, ce sera encombrant. • **3°** Figure géométrique à trois dimensions, limitée par des surfaces. V. **Solide.** *Les lignes, les surfaces et les volumes.* ★ **II.** Intensité (de la voix). V. **Ampleur.** *Sa voix manque de volume.* — *Volume sonore*, intensité des sons. ▼ **VOLUMÉTRIQUE.** *adj.* Qui a rapport à la détermination des volumes (I, 1°) ou *volumétrie. Analyse volumétrique.*

2. VOLUME. *n. m.* • **1°** Réunion de cahiers (notamment imprimés) brochés ou reliés ensemble. V. **Livre.** *Les volumes reliés de la bibliothèque.* • **2°** Chacune des parties, brochées ou reliées à part, d'un ouvrage (V. **Tome**). *Dictionnaire en sept volumes.*

VOLUMINEUX, EUSE. *adj.* • Qui a un grand volume, occupe une grande place.

V. **Gros.** *Des paquets volumineux.* V. **Embarrassant, encombrant.** *Un volumineux dossier.*

VOLUPTÉ [vɔlypte]. *n. f.* • *Littér.* • **1°** Vif plaisir des sens (surtout plaisir sexuel) ; jouissance pleinement goûtée. • **2°** Plaisir moral ou esthétique très vif. V. **Délectation.** *Entendre avec volupté des flatteries.*

VOLUPTUEUX, EUSE. *adj.* • **1°** Qui aime, recherche la jouissance, les plaisirs raffinés. V. **Sensuel.** — Subst. *C'est un voluptueux.* — Qui est porté aux plaisirs de l'amour et à leurs raffinements. V. **Lascif, sensuel.** • **2°** Qui exprime ou inspire la volupté, les plaisirs amoureux. *Attitude, danse voluptueuse.* ▼ **VOLUPTUEUSEMENT.** *adv.* Avec volupté (1°), en prenant du plaisir.

VOLUTE [vɔlyt]. *n. f.* • **1°** Enroulement sculpté en spirale ou en hélice. *Les deux volutes caractéristiques de la colonne ionique.* — *En volute,* en forme de volute. • **2°** Forme enroulée en spirale, en hélice. V. **Enroulement.** *Des volutes de fumée.*

VOMER [vɔmɛʀ]. *n. m.* • En anatomie, Os du nez, partie supérieure de la cloison des fosses nasales.

VOMI [vɔmi]. *n. m. sing.* • *Fam.* Vomissure. *Ça sent le vomi.*

VOMIQUE [vɔmik]. *adj. f.* • *Noix vomique,* fruit d'un arbrisseau (le *vomiquier*) qui a des propriétés vomitives, et contient de la strychnine.

VOMIR [vɔmiʀ]. *v. tr.* (2) • **1°** Rejeter spasmodiquement par la bouche (ce qui est contenu dans l'estomac). V. **Régurgiter, rendre ; dégobiller, dégueuler** *(pop.). Il a vomi tout son repas.* Absolt. *Avoir envie de vomir,* avoir des nausées. Loc. *C'est à vomir,* cela soulève le cœur, c'est ignoble. • **2°** Rejeter avec violence et répugnance. *Il vomit les bourgeois.* V. **Exécrer.** • **3°** *Littér.* Laisser sortir, projeter au dehors. *Vapeurs, laves vomies par un volcan.* — Proférer avec violence (des injures, des blasphèmes). ▼ **VOMISSEMENT.** *n. m.* • **1°** Fait de vomir. *Vomissements de sang.* • **2°** Matière vomie. ▼ **VOMISSURE.** *n. f.* Matière vomie. ▼ **VOMITIF, IVE.** *adj.* • **1°** Qui provoque le vomissement. — Subst. *Un vomitif puissant.* • **2°** *Fam.* Qui est à faire vomir ; répugnant. *Ce tableau est vomitif.*

VORACE [vɔʀas]. *adj.* • **1°** Qui dévore, mange avec avidité. *Ce chien est vorace.* — *(Personnes)* Glouton, goulu. — *Un appétit vorace.* • **2°** Avide. ▼ **VORACEMENT.** *adv.* Avec voracité. ▼ **VORACITÉ.** *n. f.* • **1°** Avidité à manger, à dévorer. V. **Gloutonnerie, goinfrerie.** • **2°** Avidité à satisfaire un désir ; âpreté au gain.

-VORE. • Élément de mots savants, signifiant « qui mange... » (*ex. :* carnivore).

VOTE [vɔt]. *n. m.* • **1°** Opinion exprimée, dans une assemblée délibérante, un corps politique. V. **Suffrage, voix.** *Compter les votes favorables.* — Le fait d'exprimer ou de pouvoir exprimer une telle opinion ; mode de scrutin. *Droit de vote. Vote par correspondance.* • **2°** Opération par laquelle les membres d'un corps politique donnent leur avis. V. **Consultation, élection.** *Procéder au vote. Bulletin, bureau, urne de vote.* — Décision positive ainsi obtenue. *Vote d'une loi.* V **Adoption.** || Contr. **Rejet.** || ▼ **VOTER.** *v.* (1 • **1°** *V. intr.* Exprimer son opinion par so vote, son suffrage. • **2°** *V. tr.* Contribuer à faire adopter par son vote ; décider par u vote majoritaire. *Ceux qui ont voté la loi. L loi a été votée.* ▼ **VOTANT, ANTE.** *n* Personne qui a le droit de voter, qui particip à un vote. *Les abstentionnistes et les votants*

VOTIF, IVE [vɔtif, iv]. *adj.* • *Littér* Qui commémore l'accomplissement d'u vœu (1°), est offert comme gage d'un vœu *Inscription, offrande votive.*

VOTRE [vɔtʀ(ə)], *plur.* **VOS** [vo]. *adj poss.* • Adjectif possessif de la deuxièm personne du pluriel et des deux genres correspondant au pronom personnel *Vous.* ★ **I.** Qui vous appartient, a rapport à vous. • **1°** (Représentant un groupe dont le locuteu est exclu). *Vos histoires, mesdemoiselles, n m'intéressent pas.* • **2°** (Représentant un seule personne à laquelle on s'adresse a pluriel de politesse). *Donnez-moi votr adresse, Monsieur. — Votre Excellence.* • **3** (Emploi stylistique). *Votre Monsieur X... es un escroc,* celui dont vous parlez, qui vou intéresse, etc. ★ **II.** *(Sens objectif).* De vous de votre personne. *C'est pour votre bien.*

VÔTRE, VÔTRES [votʀ(ə)]. *adj., pro poss.* et *n.* ★ **I.** *Adj.* (attribut). *Littér.* vous. *Cette maison est vôtre.* ★ **II.** Pro *(avec l'article).* LE VÔTRE, LA VÔTRE, LE VÔTRES : désigne ce qui appartient, a rappor à un groupe de personnes auquel le locuteu n'appartient pas ; ou à une personne laquelle on s'adresse au pluriel de politess *Rendez-moi le mien et gardez les vôtres.* Fam *À la bonne vôtre,* à votre santé. ★ **III.** *Subs* Loc. *Il faut que vous y mettiez du vôtr* V. **Mettre.** — LES VÔTRES : vos parents, vo amis, vos partisans. *Je ne pourrai être de vôtres,* être parmi vous.

VOUER [vwe]. *v. tr.* (1) • **1°** Consacr (qqn à Dieu, à un saint) par un vœu. • **2** Promettre, engager d'une manière solennell *Elle lui a voué une amitié éternelle.* • **3** Employer avec un zèle soutenu. V. **Consacrer.** *Elle a voué son temps à soigner le malades.* — Pronom. *Il s'est voué à cet cause.* • **4°** Destiner irrévocablement (à u état, une activité). V. **Condamner.** — *L vieux quartier voué à la démolition.*

1. VOULOIR [vulwaʀ]. *v. tr.* (31) ★ • **1°** Avoir la volonté, le désir de. — (Suivi c l'inf.) *Il voulait le voir.* V. **Tenir** (à). *J'aura voulu tout lui dire. Je voudrais bien la co naître. Je voudrais vous voir seul* (atténuatic de *je veux,* par politesse). • **2°** VOULOIR DI *(suj. chose* et *personne).* V. **Dire 1** (III, 4°). **3°** VOULOIR QUE... (suivi d'une propositic complétive au subj., dont le sujet ne pe être celui de *vouloir*). *Il veut que je lui fas la lecture.* Fam. *Qu'est-ce que vous voul que j'y fasse ? Que voulez-vous que je vo dise ?* je n'y peux rien, c'est comme ça. • (Avec un pron. complément neutre repr sentant un inf., une complétive). *Vous l'av voulu, bien voulu,* c'est votre faute. *Que tu veuilles ou non. Sans le vouloir,* involontair ment. — (Avec ellipse du compl.) *Tant q* ous voudrez. Si tu veux, si vous voulez, si n veut, sert à introduire une expression qu'on ıppose préférée par l'interlocuteur. • 5° Avec un nom compl.). Prétendre obtenir, ou ›uhaiter que se produise... V. **Demander, ésirer.** *Elle veut absolument sa tranquillité. oulez-vous des légumes ? Elle les a voulus. m'a donné tous les renseignements que j'ai ›ulu (avoir). J'en veux, je n'en veux plus. n vouloir pour son argent.* — *Vouloir qqch. de qn*, vouloir obtenir de lui. V. **Attendre.** *u'est-ce que vous me voulez ?* • 6° *Vouloir qch. à qqn*, souhaiter que qqch. arrive à qn. *Je ne lui veux pas de mal.* • 7° EN VOU-›IR À : s'en prendre à. *En vouloir à la vie qqn.* — Garder du ressentiment, de la ncune contre (qqn). *Il m'en veut. Je lui en ux d'avoir menti.* — *S'en vouloir de...*, se procher de. V. **Repentir** (se). *Je m'en veux avoir accepté.* • 8° *(Avec un attribut du mplément)*. Souhaiter avoir (une chose qui ésente certain caractère). *Je veux une be bon marché. Comment voulez-vous votre ande ? Je la veux saignante. Je les ai voulus ssi complets que possible.* • 9° VOULOIR ... (qqch. ou qqn) : être disposé à s'inté-sser ou à se satisfaire de..., à accepter. *rsonne ne voulait d'elle.* • 10° *Absolt.* ıire preuve de volonté. *Pour réussir, il faut uloir.* ★ **II.** • 1° (Avec un sujet de chose, quel on prête une sorte de volonté). *Le sard voulut qu'ils se rencontrent.* • 2° firmer (par un acte du jugement volontaire us que par référence à la réalité). V. **Pré-ıdre.** *Cette thèse veut nous dire ceci.* ★ **III.** ›nsentir, accepter. *Si vous voulez me con-ire.* — (Pour exprimer une prière polie) *›ulez-vous avoir l'obligeance de signer ici.* — our marquer un ordre) *Veux-tu te taire !* VOULOIR BIEN. *Nous passerons ici, si us voulez bien.* V. **Accord** (être d'). Iron. *trouvent ça beau, moi je veux bien.* ▼ **›ULU, UE.** *adj.* • 1° Exigé, requis par les constances. *C'est la quantité voulue.* • 2° libéré, volontaire. Fam. *C'est voulu*, ce est pas le fait du hasard.

2. VOULOIR. *n. m.* • 1° *Littér.* Faculté de uloir. V. **Volonté.** • 2° BON, MAUVAIS ›ULOIR : bonne, mauvaise volonté.

VOUS [vu]. *pron. pers.* • Pronom per-nnel de la deuxième personne du pluriel el ou de politesse). • 1° (Plur.). *Pourquoi êtes-vous pas tous partis ?* • 2° *Sing.* emplaçant *tu, toi*, dans le vouvoiement). *e voulez-vous, Monsieur ?* • 3° (Renforcé). *us devriez lui en parler vous-même.* — *À us deux, vous y arriverez bien.* • 4° (Nomi-). *Il me dit vous depuis toujours.* V. **Vou-›er.**

VOUSSURE [vusyʀ]. *n. f.* • Partie courbe une voûte, d'un arc).

VOÛTE [vut]. *n. f.* • 1° Ouvrage de ıçonnerie cintré, fait de pierres spéciale-nt taillées, servant en général à couvrir espace en s'appuyant sur des murs (pieds-›its), des piliers, des colonnes. *Voûte en in cintre. Voûte en ogive. Voûtes en berceau. ûte d'arête*, intersection de quatre voûtes indriques. *En voûte*, en forme de voûte. • Paroi, région supérieure présentant une courbure analogue. *Une voûte d'arbres.* V. **Berceau, dais.** — *La voûte céleste.* — (En anatomie) *Voûte crânienne. La voûte du palais.* ▼ **VOÛTÉ, ÉE.** *adj.* Dont le dos est courbé (notamment du fait de l'âge), ne peut plus se redresser. V. **Cassé.** *Un vieux monsieur très voûté.* ▼ **VOÛTER.** *v. tr.* (1) • 1° Fermer (le haut d'une construction) par une voûte. • 2° Rendre voûté (qqn). *L'âge l'a voûté.*

VOUVOYER [vuvwaje]. *v. tr.* (8) • S'adresser à (qqn) en employant la deuxième personne du pluriel. ▼ **VOUVOIEMENT.** *n. m.* Le fait de vouvoyer qqn. *Passer du vouvoiement au tutoiement.*

VOYAGE [vwajaʒ]. *n. m.* • 1° Déplacement d'une personne qui se rend en un lieu assez éloigné. *Voyage d'agrément. Voyage d'affaires. Voyage de noces. Voyage organisé*, par une agence (souvent en groupe, pour réduire les frais). — *Partir en voyage. Souhaiter (un) bon voyage à qqn. Être en voyage. Pendant le voyage.* V. **Route, trajet.** *Sacs de voyage*, faits pour les voyages. — Loc. *Le grand voyage*, la mort. *Les gens du voyage*, les comédiens ambulants, les forains, les gens du cirque. • 2° Course que fait un chauffeur, un porteur pour transporter qqn ou qqch. *Je ferai deux ou trois voyages pour transporter vos bagages.* ▼ **VOYAGER.** *v. intr.* (3) • 1° Faire un voyage. — Faire des voyages, aller en différents lieux pour voir du pays. — *(Représentants, voyageurs de commerce)* Faire des tournées. *Voyager pour une maison d'édition.* • 2° Être transporté. *Une marchandise qui s'abîme en voyageant.* ▼ **VOYAGEUR, EUSE.** *n.* • 1° Personne qui est en voyage. — Personne qui use d'un véhicule de transport public. V. **Passager.** *Les voyageurs pour Paris, en voiture !* • 2° Personne qui voyage pour voir de nouveaux pays (dans un but de découverte, d'étude). V. **Explorateur.** *Les récits des grands voyageurs.* • 3° *Voyageur de commerce, Voyageur*, représentant de commerce qui voyage pour visiter la clientèle.

1. VOYANT, ANTE [vwajɑ̃, ɑ̃t]. *n.* • 1° Personne douée de seconde vue. V. **Illuminé, spirite.** — VOYANTE. *n. f.* Femme qui fait métier de lire le passé et prédire l'avenir par divers moyens (V. **Cartomancienne**). • 2° Personne qui voit. *Les voyants et les aveugles.* ▼ **VOYANCE.** *n. f.* Don du voyant (1°).

2. VOYANT. *n. m.* • Signal lumineux destiné à attirer l'attention de l'utilisateur. *Voyant d'essence, d'huile*, avertissant l'automobiliste que l'essence, l'huile sont presque épuisées.

3. VOYANT, ANTE. *adj.* • Qui attire la vue, qui se voit de loin. *Des couleurs voyantes.* V. **Criard, éclatant.** *Toilette voyante.*

VOYELLE [vwajɛl]. *n. f.* • 1° Son de la voix caractérisé par une résonance de la cavité buccale, parfois en communication avec la cavité nasale. *Voyelles orales, nasales.* • 2° Lettre qui sert à noter ce son *(a ; e ; i ; o ; u ; y)*.

VOYEUR, EUSE [vwajœʀ, øz]. *n.* • Personne qui assiste pour sa satisfaction et sans être vue à une scène érotique.

VOYOU [vwaju]. *n. m.* et *adj.* • 1° Garçon mal élevé qui traîne dans les rues. V. **Chenapan, garnement, vaurien.** • 2° Mauvais sujet, aux moyens d'existence peu recommandables. V. **Crapule.** • 3° *Adj.* Propre aux voyous. *Un air voyou.* Fém. (rare) *Voyoute.*

VRAC (EN) [ɑ̃vʀak]. *loc. adv.* • 1° Pêle-mêle, sans être attaché et sans emballage. *Marchandises expédiées en vrac.* • 2° En désordre. *Poser ses affaires en vrac sur une chaise.* • 3° Au poids (*opposé à :* en paquet). *Acheter des lentilles en vrac.*

VRAI, VRAIE [vʀɛ]. *adj., n. m.* et *adv.* ★ **I.** *Adj.* • 1° Qui présente un caractère de vérité ; à quoi on peut et on doit donner son assentiment (*opposé à* faux, illusoire, *ou* mensonger). V. **Certain, exact, incontestable, sûr, véritable.** *Une histoire vraie.* Fam. *C'est la vérité vraie,* exacte. — *Il est vrai que... Cela est si vrai que...,* sert à introduire une preuve à l'appui. *Il n'en est pas moins vrai que...,* cela reste vrai, malgré tout. *C'est pourtant vrai. C'est vrai, est-ce vrai ? (N'est-il) pas vrai ?* n'est-ce pas ? *Il est vrai que...,* s'emploie pour introduire une concession, une restriction. V. **Doute** (sans). *Il est vrai, c'est vrai,* s'emploie en incise pour marquer qu'on reconnaît la chose. • 2° Qui existe indépendamment de l'esprit qui le pense (*opposé à* imaginaire). V. **Réel.** *Pour faire la dînette, on lui a donné de vrais fruits.* • 3° *(Placé avant le nom).* Qui correspond bien au nom employé ; ainsi nommé à juste titre. *De vraies perles.* ‖ Contr. **Artificiel.** ‖ *Un vrai Renoir.* V. **Authentique.** — *Il mange comme un vrai cochon* (V. **Véritable**). — *Loc. pop.* VRAI DE VRAI : absolument vrai, authentique, véritable. • 4° Qui, dans l'art, s'accorde avec notre sentiment de la réalité (en général par la sincérité et le naturel). V. **Naturel, senti, vécu.** *Ce livre est vrai.* • 5° Qui vaut ou agit dans un cas précis. *C'est le vrai moyen,* le bon moyen. ★ **II.** *N. m.* LE VRAI. • 1° La vérité. *Il sait reconnaître le vrai du faux.* — Ce qui, dans l'art, correspond à notre sentiment du réel. • 2° La réalité. *Vous êtes dans le vrai,* vous avez raison. ‖ Contr. **Erreur.** ‖ • 3° Loc. *À dire le vrai, à dire vrai ; à vrai dire,* s'emploient pour introduire une restriction. — *Fam.* (lang. des enfants). *Pour de vrai,* vraiment. ★ **III.** *Adv.* Conformément à la vérité, à notre sentiment de la réalité. *Faire vrai.* — *Fam.* (détaché en tête ou en incise) Vraiment. *Eh bien vrai, je n'y pensais pas !* ▼ **VRAIMENT.** *adv.* • 1° D'une façon indiscutable et que la réalité ne dément pas. V. **Effectivement, véritablement.** *Il a vraiment réussi.* • 2° S'emploie pour souligner une affirmation. V. **Franchement.** *Vraiment, il exagère ! — Vraiment ? Vous êtes sûr ?*

VRAISEMBLABLE [vʀɛsɑ̃blabl(ə)]. *adj.* • Qui peut être considéré comme vrai ; qui semble vrai. *Je n'ai pas vérifié, mais c'est très vraisemblable.* V. **Croyable, plausible.** — Subst. *Le vraisemblable.* ▼ **VRAISEMBLABLEMENT.** *adv.* Selon la vraisemblance, les probabilités. V. **Probablement.** *Vraisemblablement, il ignore tout.* ▼ **VRAISEMBLANCE.** *n. f.* Caractère vraisemblable ; apparence de vérité. V. **Crédibilité.** *L vraisemblance de son excuse. — Respecter vraisemblance au théâtre.*

VRILLE [vʀij]. *n. f.* • 1° Organe (fixation de certaines plantes grimpante analogue aux feuilles, de forme allongée qui s'enroule en hélice. *Les vrilles de la vign* • 2° Outil formé d'une tige que termine u vis. V. **Tarière.** *Percer avec une vrille.* • Hélice, spirale. *Escalier en vrille. — Avi qui descend en vrille,* en tournant sur l même. ▼ **VRILLER.** *v. tr.* (1). Percer comr avec une vrille.

VROMBIR [vʀɔ̃biʀ]. *v. intr.* (2) • Pr duire un son vibré par un mouveme périodique rapide. V. **Bourdonner.** *Le frel vrombit. Moteur qui vrombit.* V. **Ronfler.** **VROMBISSANT, ANTE.** *adj.* Qui vromb *Des motos vrombissantes.* ▼ **VROMBISS MENT.** *n. m.* Bruit de ce qui vrombit. **Ronflement.**

1. VU, VUE [vy]. *adj.* • 1° Perçu par regard. Loc. *Ni vu ni connu,* sans que person en sache rien. — Subst. *Au vu et au su de t le monde,* au grand jour. V. **Ouvertement.** *C'est du déjà vu,* ce n'est pas une nouveau • 2° Compris. *C'est bien vu ?* Fam. *C'est t vu !* j'ai mon opinion. • 3° (Personne *Bien, mal vu,* bien ou mal considéré. *Il bien vu par le patron.*

2. VU. *prép.* • En considérant, eu égard *Vu les circonstances, il vaut mieux attend*

VUE. *n. f.* ★ **I.** (Action de voir). • Sens par lequel les stimulations lumineu donnent naissance à des sensations de lumiè couleur, forme organisées en une représ tation de l'espace. *Perdre la vue,* deve aveugle. • 2° Formation des sensations et perceptions propres à ce sens. V. **Visi** *Troubles de la vue.* — Fonctionnement de sens chez un individu. *Vue basse, co d'un myope. Sa vue baisse. Avoir une bo vue. Vue perçante.* • 3° Fait ou manière regarder. V. **Regard.** *Les choses qui se p sentent à la vue. Jeter, porter la vue s* diriger ses regards vers. *À la vue de tous,* public. — À PREMIÈRE VUE : au prem regard, quand on n'a pas encore exami — *Loc.* DE VUE : par la vue. *Je le connais vue,* je le connais pour l'avoir déjà vu (s avoir d'autres relations avec lui). — VUE : en regardant, sans quitter des ye *Tirer à vue,* sur un objectif visible. *Chan ment à vue,* au théâtre, changement de dé qui se fait devant le spectateur, sans bais le rideau. — À VUE D'ŒIL : se dit de ce change d'aspect d'une manière visible rapide. *La société française se transform vue d'œil.* — Fam. *À vue de nez,* appr mativement. • 4° Les yeux, les organes permettent de voir. *Une lumière qui fati la vue.* Loc. fam. *En mettre plein la vue à q* l'éblouir. ★ **II.** (Ce qui est vu). • 1° Éten de ce qu'on peut voir d'un lieu. V. **Panora** *D'ici, on a une très belle vue.* • 2° Aspect s lequel se présente (un objet). *Vue de face, côté.* — EN VUE : aisément visible. *Un o d'art bien en vue dans une vitrine.* V. **Évide valeur** (en). *Un personnage en vue,* marqu • 3° *La vue de...,* la perception visuelle c

Image, spectacle. *La vue du sang le rend ɑlade.* • 4° Ce qui représente (un lieu, une ɛndue de pays) ; image, photo. *J'ai reçu e vue de Madrid.* • 5° Orientation permet-ɑt de voir. *Les fenêtres de sa chambre t vue sur le jardin.* ★ III. *(Abstrait).* • 1° ıculté de former des images mentales, de se ɔrésenter ; exercice de cette faculté. — *conde vue, double vue,* faculté de voir par 'sprit des objets réels, des faits qui sont hors portée des yeux (V. **Voyant**). • 2° Image, ɛe ; façon de se représenter (qqch.). *La ɔfondeur de ses vues m'a étonné.* — Loc. *hange de vues,* entretien où l'on expose ses nceptions respectives. — *C'est une vue de sprit,* une vue théorique, qui a peu de ɔport avec la réalité. • 3° EN VUE : en ɑsidérant (un but, une fin). V. **Intention.** *oir un résultat en vue,* l'envisager. *Je n'ai ·sonne en vue pour ce poste.* — *Loc. prép.* ı VUE DE... : de manière à permettre, à ɛparer (une fin, un but). V. **Pour.** *Il a vaillé en vue de réussir.* • 4° *Plur.* Dessein, ɔjet. *Si cela est toujours dans vos vues, je ıs expliquerai. J'ai des vues sur lui,* je ɑse à lui pour tel ou tel projet.

/ULCANISER [vylkanize]. *v. tr.* (1) • aiter (le caoutchouc) en y incorporant du ıfre, pour améliorer sa résistance. *Caout-ıuc vulcanisé.* ▼ **VULCANISATION.** *n. f.* ération par laquelle on vulcanise (le ɔutchouc).

/ULGAIRE [vylgɛʀ]. *adj.* et *n. m.* ★ **I.** *i.* • 1° Qui manque d'élévation ou de ːinction. V. **Bas, commun, grossier, trivial.** *est riche et vulgaire.* ‖ Contr. **Distingué,** ‖ *Les réalités vulgaires,* terre à terre. • 2° ɫact. (*Opposé à* littéraire). *Latin vulgaire,* atin parlé dans les pays romans. V. **Popu-·e.** *Langues vulgaires,* se dit des principales gues romanes (*opposé à* latin, langue ante). — (*Opposé à* scientifique, technique) *Nom vulgaire d'une plante, d'un animal.* • 3° *Littér.* Qui ne se distingue en rien ; ordinaire. *Les opinions vulgaires sur ce sujet.* V. **Courant.** • 4° (Avant le nom). *Péj.* Quelconque. *C'est un vulgaire menteur, escroc.* ★ **II.** *N. m.* Littér. *Le vulgaire,* le commun des hommes ; la foule. ▼ **VULGAIREMENT.** *adv.* • 1° Avec vulgarité. *Il s'exprime vulgairement.* • 2° *Appelé vulgairement,* dans le langage courant, non technique.

VULGARISER [vylgaʀize]. *v. tr.* (1) • 1° Répandre (des connaissances) en mettant à la portée du grand public. • 2° Rendre ou faire paraître vulgaire. *Ce chapeau ridicule la vulgarise.* ▼ **VULGARISATEUR, TRICE.** *n.* Spécialiste de la vulgarisation scientifique. ▼ **VULGARISATION.** n. f. *Vulgarisation scientifique,* le fait d'adapter un ensemble de connaissances techniques, scientifiques, de manière à les rendre accessibles à un lecteur non spécialiste. *Un ouvrage de vulgarisation.*

VULGARITÉ. *n. f.* • Caractère vulgaire (I, 1°), absence totale de distinction et de délicatesse. V. **Bassesse, trivialité.** *La vulgarité de ses manières.*

VULGATE [vylgat]. *n. f.* • Traduction latine de la Bible.

VULNÉRABLE [vylneʀabl(ə)]. *adj.* • *Littér.* • 1° Qui peut être blessé, frappé par un mal physique. • 2° *(Abstrait).* Qui peut être facilement atteint, se défend mal. *Son inexpérience le rend vulnérable.* ‖ Contr. **Invulnérable.** ‖

VULNÉRAIRE [vylneʀɛʀ]. *n. m.* • Autrefois, Médicament qu'on appliquait sur les plaies. — Cordial (1).

VULVE [vylv(ə)]. *n. f.* • Ensemble des organes génitaux externes de la femme (et des femelles de mammifères). — Orifice extérieur du vagin. ▼ **VULVAIRE.** adj. *Didact.* De la vulve.

W-X-Y-Z

W [dubləve]. *n. m.* • Vingt-troisième lettre de l'alphabet, consonne servant à noter le son [v] (*ex. :* wagon) ou le son [w] (*ex. :* watt).

WAGON [vagɔ̃]. *n. m.* • **1°** Véhicule sur rails, tiré par une locomotive; voiture d'un train. *Wagon de marchandises; wagons à bestiaux...* V. **Fourgon.** — *Wagon de voyageurs.* V. **Voiture.** • **2°** Contenu d'un wagon. *Un wagon de munitions.* ▼ **WAGON-CITERNE.** *n. m.* Wagon en forme de réservoir, aménagé pour le transport des liquides (vin, pétrole). ▼ **WAGON-LIT.** *n. m.* Dans un train, Voiture formée de compartiments fermés, munis de lits et d'eau courante, pour permettre aux voyageurs d'y passer la nuit. *Des wagons-lits.* ▼ **WAGONNET.** *n. m.* Petit chariot sur rails, destiné au transport de matériaux, au roulage dans les mines. ▼ **WAGON-RESTAURANT.** *n. m.* Voiture d'un train aménagée en restaurant. *Des wagons-restaurants.*

WALLON, ONNE [walɔ̃, ɔn]. *adj.* et *n. m.* • **1°** De la partie de la Belgique où la langue est le français. — Subst. *Les Wallons.* • **2°** *N. m.* Français parlé en Belgique. *Les Belges parlent le wallon et le flamand.*

WATER-BALLAST [watɛʀbalast]. *n. m.* • Réservoir d'eau, sur un navire. Réservoir de plongée d'un sous-marin.

WATER-POLO [watɛʀpɔlo]. *n. m.* • Sorte de hand-ball qui se joue dans l'eau, et où s'opposent deux équipes de sept nageurs.

WATERS [watɛʀ]. *n. m. pl.* • **1°** Lieu d'aisances. V. **Cabinet(s), toilette(s).** *Aller aux waters.* V. **W.-C.** (water-closets). • **2°** L'appareil sanitaire des lieux d'aisances. *Les waters sont cassés.*

WATT [wat]. *n. m.* • Unité de puissance électrique (symb. *W*) correspondant à un travail de 10^7 ergs (ou un joule) par seconde. *Mille watts.* V. **Kilowatt.** ▼ **WATT-HEURE.** *n. m.* En électricité, Unité de travail et d'énergie (symb. *Wh*), représentant l'énergie fournie en 1 heure par une puissance de 1 watt. *Des watts-heures.* ▼ **WATTMÈTRE.** *n. m.* Appareil de mesure des puissances électriques donnant directement le produit du voltage par le courant.

W.-C. [dubləvese ; *fam.* vese]. *n. m. pl.* • Water-closets.

WEEK-END [wikɛnd]. *n. m.* • *Anglicisme.* Congé de fin de semaine, comprenant la journée ou l'après-midi du samedi et le dimanche. *Nous partons à la campagne tous les week-ends.*

WESTERN [wɛstɛʀn]. *n. m.* • Film sur la conquête de l'Ouest des États-Unis ; genre cinématographique que constituent ces films. *Les chevauchées des westerns.*

WHISKY, *plur.* **WHISKIES** [wiski]. *n. m.* • Eau-de-vie de grain (seigle, orge, avoine). V. **Scotch.** — Verre de cette eau-de-vie. *Un whisky soda,* un whisky avec de l'eau gazeuse.

WHIST [wist]. *n. m.* • Jeu de cartes répandu en France au XIXe siècle, ancêtre du bridge qui l'a éliminé.

X [iks]. *n. m.* • **1°** Vingt-quatrième lettre de l'alphabet, servant à noter les groupes de consonnes [ks] *(extrême, lynx...),* ou [gz] *(exemple...),* ou les consonnes [z] *(deuxième...)* ou [s] *(soixante...).* • **2°** Forme de cette lettre. *Table en X.* • **3°** En algèbre, Symbole littéral désignant une inconnue. *Les* x *et les* y. — Chose, personne inconnue. *X années,* un temps non spécifié. • **4°** *L'X,* l'École polytechnique. *Un X,* un polytechnicien.

XÉN(O)-. • Élément savant signifiant « étranger ». ▼ **XÉNOPHILE** [ksenɔfil]. *adj.* et *n.* Qui a de la sympathie pour les étrangers. ▼ **XÉNOPHILIE.** *n. f.* ▼ **XÉNOPHOBE** [ksenɔfɔb]. *adj.* et *n.* Hostile aux étrangers, à tout ce qui vient de l'étranger. V. **Chauvin.** ▼ **XÉNOPHOBIE.** *n. f.*

XÉRÈS [xeʀɛs ; gzeʀɛs]. *n. m.* • Vin blanc apéritif de la région de Jerez.

XYLÈNE [ksilɛn]. *n. m.* • Nom d'un hydrocarbure liquide extrait du benzol.

XYLOPHONE [ksilɔfɔn]. *n. m.* • Instrument de musique à percussion, formé de lames de bois ou de métal de longueur inégale, sur lesquelles on frappe avec deux petits maillets.

1. Y [igʀɛk]. *n. m.* • **1°** Vingt-cinquième lettre de l'alphabet, voyelle servant à noter le son [i] *(type)* et le son [j] *(yeux).* — REM. *Le* y *entre voyelles a valeur de voyelle et de consonne dans la prononciation moderne :* *tuyau* [tɥiyo], *payer* [peje], *noyer* [nwaje], sauf dans quelques mots *(gruyère, etc.)*. • 2° En algèbre, Lettre désignant une seconde inconnue (après *x*), ou une fonction de la variable *x*.

2. Y [i]. *pron., adv.* • Représente une chose, un énoncé, quelquefois une personne. • 1° (Pour rappeler le lieu où l'on est, où l'on va), Dans ce lieu, dans cela. *Vous allez chez vous ? J'y vais. Allons-y. Nous y avons passé plusieurs années. — Ah ! j'y suis*, je comprends. *Je n'y suis pour rien*, je n'ai aucune responsabilité dans cette affaire. • 2° (Représentant un compl. précédé de *à*). À ce..., à cette..., à ces... ; à cela. *J'y renonce.* — (Représentant un compl. précédé d'une autre prép.) *N'y comptez pas.* • 3° (Dans divers gallicismes). *Il y a* (V. **Avoir**). — *Y aller. Ça y est !* s'emploie pour annoncer qqch. qui est arrivé, qui est terminé, qu'on attendait.

3. Y. S'emploie pour transcrire *il* dans la prononciation négligée : *Y en a pas* (pour *il n'y en a pas*).

YACHT [jɔt]. *n. m.* • Navire de plaisance à voiles ou à moteur. *Yachts de croisière, de course.* ▼ **YACHTING** [jɔtiŋ]. *n. m.* Pratique de la navigation de plaisance, de la voile.

YACK ou **YAK** [jak]. *n. m.* • Ruminant au corps massif, à longue toison soyeuse, qui vit au Tibet où il est domestiqué.

YANKEE [jɑ̃ki]. *n.* • Nom donné aux habitants des États-Unis. — Adj. *Les capitaux yankees en Amérique du Sud.*

YAOURT. V. Yoghourt.

YATAGAN [jatagɑ̃]. *n. m.* • Sabre turc, à lame recourbée vers la pointe. V. **Cimeterre.**

YEUSE [jøz]. *n. f.* • Autre nom du chêne vert. *L'yeuse.*

YEUX. V. Œil.

YÉ-YÉ [jeje]. *n.* et *adj. invar.* • Qui concerne les jeunes ayant des goûts (musicaux, etc.) à la mode (dans les années 1960-70 ; correspond à *Zazou* pour la période 1940-50). *Elles sont un peu yé-yé.*

YIDDISH [(j)idiʃ]. *n. m.* • Ensemble des parlers allemands des communautés juives d'Europe orientale (et autrefois d'Allemagne). — Adj. *La littérature yiddish.*

YOD [jɔd]. *n. m.* • *Didact.* • 1° Nom d'une consonne des alphabets phénicien et hébreu correspondant à notre y. • 2° En phonétique, Nom de la semi-consonne [j], transcrite en français par *-i- (pied), -y- (ayant), -il (soleil), -ille (maille).*

YOGA [jɔga]. *n. m.* • Technique hindoue visant à obtenir, par des moyens ascétiques et psychiques, le contrôle des fonctions vitales, la parfaite maîtrise du corps, et finalement l'unité avec l'essence même de la personne (V. **Yogi**). *Faire du yoga.*

YOG(H)OURT [jɔguʀ(t)] ou **YAOURT** [jauʀ(t)]. *n. m.* • Lait caillé par un ferment spécial. *Manger des yaourts.*

YOGI [jɔgi]. *n. m.* • Ascète hindou qui pratique le yoga.

YOLE [jɔl]. *n. f.* • Bateau non ponté, étroit et allongé, propulsé à l'aviron.

YOUGOSLAVE [jugɔslav]. *adj.* • De Yougoslavie. — Subst. *Les Yougoslaves.*

YOUPIN, INE [jupɛ̃, in]. *n.* • Juif (terme d'injure raciste).

YOUYOU [juju]. *n. m.* • Petit canot court et large utilisé pour la navette entre les bateaux au mouillage et les quais. *Des youyous.*

YO-YO [jojo]. *n. m. invar.* • Jouet formé d'un disque de bois évidé par le milieu de la tranche, qu'on fait descendre et monter le long d'un fil enroulé autour de son axe. *Jouer au yo-yo.*

YPÉRITE [ipeʀit]. *n. f.* • Gaz de combat utilisé pendant la Première Guerre mondiale.

YSOPET ou **ISOPET** [izɔpɛ]. *n. m.* • En histoire littéraire, Recueil de fables du Moyen Âge. *Les ysopets de Marie de France.*

Z [zɛd]. *n. m.* • Dernière lettre et consonne de l'alphabet [z]. — Loc. abstraite. *De a à z*, d'un bout à l'autre, entièrement.

ZAKOUSKI [zakuski]. *n. m. pl.* • Hors-d'œuvre variés russes (légumes, poissons, etc.).

ZAZOU [zazu]. *n.* et *adj.* • S'est dit, pendant la Seconde Guerre mondiale et peu après, des jeunes gens qui se signalaient par leur passion pour le jazz américain et leur élégance tapageuse.

ZÈBRE [zɛbʀ(ə)]. *n. m.* • 1° Animal d'Afrique, voisin de l'âne, à la robe rayée de bandes noires ou brunes, au galop très rapide. — Loc. *Courir, filer comme un zèbre*, très vite. • 2° *Fam.* Individu bizarre. *Un drôle de zèbre.* ▼ **ZÉBRER** [zebʀe]. *v. tr.* (6). Marquer de raies qui rappellent celles de la robe du zèbre. V. **Rayer.** ▼ **ZÉBRURE.** *n. f.* • 1° Rayure sur le pelage d'un animal. • 2° Marque de coup de forme allongée.

ZÉBU [zeby]. *n. m.* • Grand bœuf domestique de l'Inde (répandu ensuite en Afrique et à Madagascar), caractérisé par une bosse graisseuse sur le garrot.

ZÉLATEUR, TRICE [zelatœʀ, tʀis]. *n.* • *Littér.* Partisan ou défenseur zélé (d'une cause, d'une personne). V. **Adepte.**

ZÈLE [zɛl]. *n. m.* • Vive ardeur à servir une personne ou une cause à laquelle on est sincèrement dévoué. V. **Dévouement, empressement.** ‖ Contr. **Négligence.** ‖ *Travailler avec zèle. — Faire du zèle*, faire des excès de zèle ou montrer un zèle inhabituel et ostensible. ▼ **ZÉLÉ, ÉE.** adj. *Un secrétaire zélé.* V. **Dévoué.**

ZÉNITH [zenit]. *n. m.* • 1° Point situé à la verticale de l'observateur. *Regarder au zénith.* • 2° *Littér.* Point culminant. V. **Apogée, sommet.** *Être à son zénith. Le zénith de la réussite.* Relatif au zénith.

ZÉPHYR [zefiʀ]. *n. m.* ★ **I.** Dans la langue poétique, Vent doux et agréable, brise légère. *Les zéphyrs et les aquilons.* ★ **II.** Toile de coton fine et souple.

ZÉRO [zeʀo]. *n. m.* • 1° Symbole numéral (0) destiné à remplacer, dans la numération écrite, les ordres d'unités absentes. • 2° Nombre qui représente un ensemble vide. *Deux, plus deux, moins quatre, égale zéro.* • 3° *Fam.* Néant, rien. *Réduire à zéro. Pour moi, c'est zéro*, ça ne compte pas. — *C'est un zéro*, un homme qui ne compte pas, sans valeur. V. **Nullité.** • **4°** Aucun (dans certains emplois). *Il a fait zéro faute à sa dictée.* Fam. *Ça m'a coûté zéro franc, zéro centime,* ça ne m'a rien coûté. *Gagner par trois buts à zéro.* • **5°** Point de départ des graduations du thermomètre et de diverses échelles de grandeurs. *Zéro degré. Dix degrés au-dessus, au-dessous de zéro.* • **6°** Dans une notation, La plus basse note. *Avoir zéro en orthographe, zéro sur dix. Zéro de conduite. Zéro pointé,* éliminatoire à un examen.

ZESTE [zɛst(ə)]. *n. m.* • Petit morceau d'écorce fraîche de citron, d'orange qui sert à parfumer des boissons, des pâtisseries, etc.

ZÉZAYER [zezeje]. *v. intr.* (8) • Prononcer des [z] à la place des [ʒ] *(ze veux* pour *je veux),* ou des [s]. Syn. *Zozoter.* ▼ **ZÉZAIEMENT** [zezɛmɑ̃]. *n. m.* Défaut de prononciation de qqn qui zézaie.

ZIBELINE [ziblin]. *n. f.* • Petit mammifère de la Sibérie et du Japon, du genre martre, dont la fourrure est très précieuse. — Fourrure de cet animal. *Manteau de zibeline.*

ZIEUTER ou **ZYEUTER** [zjøte]. *v. tr.* (1) • *Pop.* Jeter un coup d'œil pour observer (qqch., qqn). V. **Regarder.**

ZIG ou **ZIGUE** [zig]. *n. m.* • *Pop.* Individu, type. *Un drôle de zigue.* ▼ **ZIGOTEAU** ou **ZIGOTO** [zigɔto]. *n.* Zigue. *Il fait le zigoto,* le malin, l'intéressant.

ZIGGOURAT [ziguʀat]. *n. f.* • Temple des anciens Babyloniens, en forme de pyramide à étages.

ZIGOUILLER [ziguje]. *v. tr.* (1) • *Pop.* Tuer.

ZIGZAG [zigzag]. *n. m.* • Ligne brisée formant des angles alternativement saillants et rentrants. *Route en zigzag.* V. **Lacet.** ▼ **ZIGZAGUER.** *v. intr.* (1). Faire des zigzags, aller de travers.

ZINC [zɛ̃g]. *n. m.* • **1°** Métal dur d'un blanc bleuâtre, qu'on trouve dans la nature sous plusieurs formes. *Mines de zinc. Tuyaux en zinc. Comptoir de zinc.* • **2°** *Fam.* Comptoir d'un débit de boissons. *Boire un verre sur le zinc.* • **3°** *Fam.* Avion. *Un vieux zinc.* ▼ **ZINGAGE** [zɛ̃gaʒ]. *n. m.* Galvanisation. ▼ **ZINGUEUR.** *n. m.* Ouvrier spécialisé dans les revêtements en zinc ou dans les opérations de zingage. *Plombier zingueur.*

ZINNIA [zinja]. *n. m.* • Plante herbacée, d'origine exotique, ornementale, aux nombreuses variétés.

ZIRCON [ziʀkɔ̃]. *n. m.* • Pierre semi-précieuse, parfois utilisée en joaillerie.

ZIZANIE [zizani]. *n. f.* • *Littér.* Discorde. *Semer la zizanie,* faire naître la discorde, les disputes.

-ZOAIRE. • Élément de mots savants signifiant « animal » (*ex. :* protozoaire).

ZODIAQUE [zɔdjak]. *n. m.* • **1°** Zone de la sphère céleste dans laquelle se situe le mouvement apparent du Soleil, et divisée en douze parties égales. • **2°** *Signes du zodiaque,* les douze figures traditionnelles qu'évoque la configuration des étoiles dans cette zone, et qui président, en astrologie, à la destinée de chacun. *Quel est votre signe du zodiaque ? La Balance.* ▼ **ZODIACAL, ALE, AUX.** *adj.*

ZONA [zona]. *n. m.* • Maladie caractérisée par une éruption de vésicules disposées sur le trajet des nerfs sensitifs.

ZONE [zon]. *n. f.* • **1°** Partie d'une surface sphérique comprise entre deux plans parallèles. *La zone équatoriale.* • **2°** Partie importante d'une surface quelconque. V. **Région.** *La zone littorale d'un pays. La zone médiane du cerveau.* — Portion de territoire du point de vue de son organisation. *Zone démilitarisée. Zone franche,* soumise à la franchise douanière. *Zone libre, zone occupée* (en France, 1940-42). • **3°** *Loc.* (Abstrait). *De seconde zone,* de second ordre, en valeur. *C'est un romancier de seconde zone.* • **4°** Les faubourgs misérables qui se constituent autour d'une grande ville. *Les bidonvilles de la zone.*

ZOO-. • Élément savant signifiant « animal ».

ZOO [zoo]. *n. m.* • Jardin zoologique. *Le zoo de Vincennes. Des zoos.*

ZOOLOGIE [zɔɔlɔʒi]. *n. f.* • Partie des sciences naturelles qui a pour objet l'étude des animaux. ▼ **ZOOLOGIQUE.** *adj.* Qui concerne la zoologie, les animaux. *Classification zoologique. — Jardin* ou *parc zoologique,* emplacement où des animaux rares, exotiques, sont présentés dans des conditions rappelant leur vie en liberté. V. **Zoo.** ▼ **ZOOLOGISTE.** *n. m.* Spécialiste de la zoologie. V. **Naturaliste.**

ZOOMORPHE [zɔɔmɔʀf(ə)]. *adj.* • En art, Qui représente des animaux. *Décoration zoomorphe.*

ZOROASTRISME [zɔʀɔastʀism(ə)]. *n. m.* • Religion dualiste fondée par Zarathoustra. V. **Manichéisme.** ▼ **ZOROASTRIEN, IENNE.** *adj.* et *n.*

ZOUAVE [zwav]. *n. m.* • **1°** Autrefois. Soldat algérien d'un corps d'infanterie légère indigène formé en 1830. Fantassin français d'un corps distinct des tirailleurs indigènes. • **2°** *Faire le zouave,* faire le malin, faire le pitre. *Ne fais pas le zouave !* sois sérieux.

ZOZOTER [zɔzɔte]. *v. intr.* (1) • *Fam.* Zézayer.

ZUT ! [zyt]. *interj.* • *Fam.* Exclamation exprimant le mécontentement, le dépit, l'agacement.

ZYGOMATIQUE [zigɔmatik]. *adj.* • De la pommette (terme d'anatomie). *Os zygomatique.*

ANNEXES

ADJECTIFS ET NOMS TIRÉS DES NOMS PROPRES

1. NOMS DE LIEUX (pays, régions, grandes villes).

REM. L'adjectif signifie : « relatif à; de (tel pays, telle ville) », le nom : « habitant, ante le... » et parfois (n. m.) « langue, dialecte parlés à... ». Ex. : *Les musiciens allemands. Le peuple allemand.* Subst. *Les Allemands, un Allemand, une Allemande. — La langue allemande* ou subst. *L'allemand.*

Abbeville.	*Abbevillois, oise.*
ABYSSINIE. *n. f.*	*Abyssinien, enne;* ou *Abyssin, ine.*
AFGHANISTAN. *n. m.*	*Afghan, ane.*
AFRIQUE. *n. f.*	*Africain, aine.*
AFRIQUE DU NORD.	*Nord-Africain.*
AFRIQUE DU SUD.	*Sud-Africain.*
Agen.	*Agenais, aise;* ou *Agenois, oise.*
Aix-en-Provence.	*Aixois, oise;* ou *(rare) Aquisextain, aine.*
Ajaccio.	*Ajaccien, enne;* ou *(rare) Ajacéen, éenne.*
AKKADIE. *n. f.* (Antiq.).	*Akkadien, enne.*
ALBANIE. *n. f.*	*Albanais, aise.*
lbi.	*Albigeois, oise.*
lès.	*Alésien, ienne.*
lexandrie.	*Alexandrin, ine.*
lger.	*Algérois, oise.*
LGÉRIE. *n. f.*	*Algérien, enne.*
LLEMAGNE. *n. f.*	*Allemand, ande.*
LPES. *n. f. pl.*	*Alpin, ine.*
LSACE. *n. f.*	*Alsacien, ienne.*
LTAÏ. *n. m.*	*Altaïque.*
MAZONIE. *n. f.*	*Amazonien, enne.*
MÉRIQUE. *n. f.*	*Américain, aine.*
MÉRIQUE DU NORD.	*Nord-Américain, aine.*
MÉRIQUE DU SUD. ou	*Sud-Américain, aine.*
MÉRIQUE LATINE.	*Latino-Américain, aine.*
miens.	*Amiénois, oise.*
msterdam.	*Amstellodamien, ienne;* ou *Amstellodamois, oise.*
NDALOUSIE. *n. f.*	*Andalou, ouse.*
NDES [cordillère des]. *n. f. pl.*	*Andin, ine.*
NDORRE [principauté d']. *n. f.*	*Andorran, ane.*
NGLETERRE. *n. f.*	*Anglais, aise.*
ngoulême.	*Angoumois, oise.*
NJOU. *n. m.*	*Angevin, ine.*
NNAM. *n. m.*	*Annamite.*
nnecy.	*Annecien, enne.*
NTILLES. *n. f. pl.*	*Antillais, aise.*
nvers.	*Anversois, oise.*
RABIE. *n. f.*	*Arabe.*
RAGON. *n. m.*	*Aragonais, aise.*
rbois.	*Arboisien, ienne.*
RDÈCHE. *n. f.*	*Ardéchois, oise.*
RDENNES. *n. f. pl.*	*Ardennais, aise.*
RGENTINE. *n. f.*	*Argentin, ine.*

ARIÈGE. *n. f.*	*Ariégeois, oise.*
Arles.	*Arlésien, ienne.*
ARMÉNIE. *n. f.*	*Arménien, enne.*
ARMORIQUE. *n. f.*	*Armoricain, aine.*
Arras.	*Artésien, ienne;* ou *Arrageois, oise.*
ARTOIS. *n. m.*	*Artésien, ienne.*
ASIE. *n. f.*	*Asiatique.*
ASSYRIE. *n. f.* (Antiq.).	*Assyrien, enne.*
Athènes.	*Athénien, ienne.*
Auch.	*Auchois, oise,* ou *Auscitain, aine.*
AUDE. *n. f.*	*Audois, oise.*
AUGE [pays d'].	*Augeron, onne.*
AUSTRALIE. *n. f.*	*Australien, enne.*
AUTRICHE. *n. f.*	*Autrichien, ienne.*
AUVERGNE. *n. f.*	*Auvergnat, ate.*
AVEYRON. *n. m.*	*Aveyronnais, aise.*
Avignon.	*Avignonnais, aise.*

Babylone (Antiq.).	*Babylonien, ienne.*
Bâle.	*Bâlois, oise.*
BALÉARES. *n. f. pl.*	*Baléare.*
BALI. *n. f.*	*Balinais, aise.*
BALKANS [les]. *n. m. pl.*	*Balkanique.*
BALTIQUE. *n. f.*	*Balte.*
Barcelone.	*Barcelonais, aise.*
BASQUE [pays].	*Basque, Basquaise; Euscarien, ienne.*
Bastia.	*Bastiais, aise.*
BAVIÈRE. *n. f.*	*Bavarois, oise.*
BÉARN. *n. m.*	*Béarnais, aise.*
BEAUCE. *n. f.*	*Beauceron, onne.*
Beauvais.	*Beauvaisien, ienne;* ou *Beauvaisin, ine.*
BELGIQUE. *n. f.*	*Belge.*
BENGALE. *n. m.*	*Bengali* (sans fém.); ou *Bengalais, aise.*
BÉOTIE. *n. f.* (Antiq.).	*Béotien, enne.*
Berlin.	*Berlinois, oise.*
Berne.	*Bernois, oise.*
BERRY. *n. m.*	*Berrichon, onne.*
Besançon.	*Bisontin, ine.*
Béziers.	*Bitterois, oise.*
BIAFRA. *n. m.*	*Biafrais, aise.*
Biarritz.	*Biarrot, ote.*
BIÉLORUSSIE. *n. f.*	*Biélorussien, enne.*
BIRMANIE. *n. f.*	*Birman, ane.*
BISCAYE. *n. f.*	*Biscaïen, enne.*
Bizerte.	*Bizertin, ine.*
Blois.	*Blésois, oise.*
BOHÊME. *n. f.*	*Bohémien, ienne.*
Bologne.	*Bolonais, aise.*
Bordeaux.	*Bordelais, aise.*
BORINAGE. *n. m.*	*Borin, ine;* ou *Borain, aine.*
BOSNIE. *n. f.*	*Bosniaque;* ou *Bosnien, enne.*
Boston.	*Bostonien, ienne.*
Boulogne-sur-mer.	*Boulonnais, aise.*
BOURBONNAIS. *n. m.*	*Bourbonnais, aise.*
Bourges.	*Berruyer, ère.*
BOURGOGNE. *n. f.*	*Bourguignon, onne.*
BRABANT. *n. m.*	*Brabançon, onne.*
BRANDEBOURG. *n. m.*	*Brandebourgeois, oise.*
BRÉSIL. *n. m.*	*Brésilien, ienne.*
BRESSE. *n. f.*	*Bressan, ane.*
Brest.	*Brestois, oise.*
BRETAGNE. *n. f.*	*Breton, onne.*
Briançon.	*Briançonnais, aise.*
BRIE. *n. f.*	*Briard, arde.*
Brioude.	*Brivadois, oise.*
Bruxelles.	*Bruxellois, oise.*
BULGARIE. *n. f.*	*Bulgare.*
Byzance (Antiq.).	*Byzantin, ine.*

Caen.	*Caennais, aise;* ou *Caenais, aise.*
Cahors.	*Cadurcien, ienne.*
Caire [Le]. *n. m.*	*Cairote.*
CALABRE. *n. f.*	*Calabrais, aise.*
Calais.	*Calaisien, ienne.*
CALÉDONIE. *n. f.*	*Calédonien, enne.*
CALIFORNIE. *n. f.*	*Californien, enne.*
CAMARGUE. *n. f.*	*Camarguais, aise.*
CAMBODGE. *n. m.*	*Cambodgien, ienne.*
CAMEROUN. *n. m.*	*Camerounais, aise.*
CANAAN (Antiq.).	*Cananéen, enne.*
CANADA. *n. m.*	*Canadien, ienne.*
CANARIES. *n. f. pl.*	*Canarien, enne.*
CANDIE. *n. f.* (Antiq.).	*Candiote.*
Cannes.	*Cannois, oise;* ou *Cannais, aise.*
CANTAL. *n. m.*	*Cantalien, ienne.*
CARAÏBES. *n. f. pl.*	*Caraïbe.*
Carcassonne.	*Carcassonnais, aise.*
Carthage (Antiq.).	*Carthaginois, oise.*
CASTILLE. *n. f.*	*Castillan, ane.*
CATALOGNE. *n. f.*	*Catalan, ane.*
CAUCASE. *n. m.*	*Caucasien, ienne.*
CAUX [pays de]. *n. m.*	*Cauchois, oise.*
CENTRE-AFRIQUE. *n. f.*	*Centrafricain, aine.*
CÉVENNES. *n. f. pl.*	*Cévenol, ole.*
CEYLAN.	*Cingalais, aise.*
CHALDÉE. *n. f.* (Antiq.).	*Chaldéen, enne.*
Châlons-sur-Marne.	*Châlonnais, aise.*
Chamonix.	*Chamoniard, arde.*
CHAMPAGNE. *n. f.*	*Champenois, oise.*
Chantilly.	*Cantilien, ienne.*
CHARENTE. *n. f.*	*Charentais, aise.*
Charleroi.	*Carolorégien, ienne.*
CHAROLAIS ou CHAROLLAIS. *n. m.*	*Charolais, aise.*
Chartres.	*Chartrain, aine.*
CHILI. *n. m.*	*Chilien, enne.*
CHINE. *n. f.*	*Chinois, oise.*
CHYPRE. *n. f.*	*Chypriote;* ou *Cypriote.*
CIRCASSIE. *n. f.* (Antiq.).	*Circassien, enne.*
CISJORDANIE. *n. f.*	*Cisjordanien, enne.*
Clermont-Ferrand.	*Clermontois, oise.*
COCHINCHINE. *n. f.*	*Cochinchinois, oise.*
COLOMBIE. *n. f.*	*Colombien, enne.*
COMORES. *n. f. pl.*	*Comorien, ienne.*
CONGO. *n. m.*	*Congolais, aise.*
Constantine.	*Constantinois, oise.*
Cordoue.	*Cordouan, ane.*
CORÉE. *n. f.*	*Coréen, enne.*
CORÉE DU NORD. *n. f.*	*Nord-Coréen, enne.*
CORÉE DU SUD. *n. f.*	*Sud-Coréen, enne.*
Corfou.	*Corfiote.*
Corinthe.	*Corinthien, ienne,*
CORRÈZE. *n. f.*	*Corrézien, ienne.*
CORSE. *n. f.*	*Corse.*
COSTA RICA. *n. f.* ou *m.*	*Costaricain, aine;* ou *Costaricien, ienne.*
CÔTE D'IVOIRE. *n. f.*	*Ivoirien, ienne.*
CRÈTE. *n. f.*	*Crétois, oise.*
CREUSE. *n. f.*	*Creusois, oise.*
CROATIE. *n. f.*	*Croate.*
CUBA. *n. f.*	*Cubain, aine.*

DACIE. *n. f.* (Antiq.).	*Dace.*
DAHOMEY. *n. m.*	*Dahoméen, enne.*
DALMATIE. *n. f.*	*Dalmate.*
Damas.	*Damascène.*
DANEMARK. *n. m.*	*Danois, oise.*
DANUBE. *n. m.*	*Danubien, ienne.*
DAUPHINÉ. *n. m.*	*Dauphinois, oise.*
Dijon.	*Dijonnais, aise.*

DOMINICAINE [République].	*Dominicain, aine.*
DORIDE. *n. f.* (Antiq.).	*Dorien, ienne.*
Dunkerque.	*Dunkerquois, oise.*
ÉCOSSE, *n. f.*	*Écossais, aise.*
Édimbourg.	*Édimbourgeois, oise.*
ÉGÉE [mer].	*Égéen, enne.*
ÉGYPTE. *n. f.*	*Égyptien, ienne.*
ELBE [île d']. *n. f.*	*Elbois, oise.*
ÉOLIDE. *n. f.* (Antiq.).	*Éolien, enne.*
Épinal.	*Spinalien, ienne.*
ÉPIRE. *n. f.* (Antiq.).	*Épirote.*
ÉQUATEUR. *n. m.*	*Équatorien, ienne.*
ESCLAVONIE [ou SLAVONIE]. *n. f.*	*Slavon, onne.*
ESPAGNE. *n. f.*	*Espagnol, ole.*
ESTONIE. *n. f.*	*Estonien, enne;* ou *Este.*
ÉTHIOPIE. *n. f.*	*Éthiopien, enne.*
ÉTRURIE. *n. f.* (Antiq.).	*Étrusque.*
EURASIE. *n. f.*	*Eurasien, enne.*
EUROPE. *n. f.*	*Européen, enne.*
Évreux.	*Ébroïcien, ienne.*
Ferrare.	*Ferrarais, aise.*
Fez.	*Fassi, ie.*
FINLANDE. *n. f.*	*Finlandais, aise;* ou *Finnois, oise.*
FLANDRE. *n. f.* ou FLANDRES. *n. f. pl.*	*Flamand, ande.*
Florence.	*Florentin, ine.*
Fontainebleau.	*Bellifontain, aine.*
FORMOSE. *n. f.*	*Formosan, ane.*
FRANCE. *n. f.*	*Français, aise.*
FRANCHE-COMTÉ. *n. f.*	*Franc-Comtois, oise.*
FRISE. *n. f.*	*Frison, onne.*
GABON, *n. m.*	*Gabonais, aise.*
GALICE. *n. f.*	*Galicien, ienne.*
GALILÉE. *n. f.*	*Galiléen, enne.*
GALLES [pays de]. *n. m.*	*Gallois, oise.*
GAMBIE. *n. f.*	*Gambien, ienne.*
Gand.	*Gantois, oise.*
Gap.	*Gapençais, aise.*
GARD. *n. m.*	*Gardois, oise.*
GAULE. *n. f.*	*Gaulois, oise.*
Gênes.	*Génois, oise.*
Genève.	*Genevois, oise.*
GÉORGIE. *n. f.*	*Géorgien, enne.*
GERMANIE. *n. f.*	*Germain, aine.*
GHANA. *n. m.*	*Ghanéen, éenne.*
GIRONDE. *n. f.*	*Girondin, ine.*
GRANDE-BRETAGNE. *n. f.*	*Britannique.*
GRÈCE. *n. f.*	*Grec, grecque.*
Grenade.	*Grenadin, ine.*
Grenoble.	*Grenoblois, oise.*
GROENLAND. *n. m.*	*Groenlandais, aise.*
GUADELOUPE. *n. f.*	*Guadeloupéen, enne.*
GUATEMALA. *n. m.*	*Guatemalien, ienne;* ou *Guatemaltèque.*
GUERNESEY. *n. f.*	*Guernesiais, aise.*
GUINÉE. *n. f.*	*Guinéen, enne.*
GUYANE. *n. f.*	*Guyanais, aise.*
HAÏTI. *n. f.*	*Haïtien, enne.*
Hambourg.	*Hambourgeois, oise.*
HAUTE-VOLTA. *n. f.*	*Voltaïque.*
Havane [La]. *n. f.*	*Havanais, aise.*
Havre [Le]. *n. m.*	*Havrais, aise.*
HAWAII [îles]. *n. f. pl.*	*Hawaiien, enne.*
HELLADES. *n. f. pl.* (Antiq.).	*Hellène.*

HIMALAYA. *n. m.*	*Himalayen, enne.*
HOLLANDE. *n. f.*	*Hollandais, aise.*
HONDURAS. *n. m.*	*Hondurien, ienne.*
HONGRIE. *n. f.*	*Hongrois, oise;* ou *Magyar, e.*

IBÉRIE. *n. f.* (Antiq.).	*Ibère.*
ILLYRIE. *n. f.* (Antiq.).	*Illyrien, enne.*
INDES. *n. f. pl.*	*Indien, ienne;* ou *Indou, oue; Hindou, oue.*
INDOCHINE. *n. f.*	*Indochinois, oise.*
INDONÉSIE. *n. f.*	*Indonésien, enne.*
IONIE. *n. f.* (Antiq.).	*Ionien, enne.*
IRAN. *n. m.*	*Iranien, ienne* (V. **Persan**).
IRAK ou IRAQ. *n. m.*	*Irakien, ienne;* ou *Iraquien, ienne.*
IRLANDE. *n. f.*	*Irlandais, aise.*
ISÈRE. *n. f.*	*Isérois, oise;* ou *Iseran, ane.*
ISLANDE. *n. f.*	*Islandais, aise.*
ISRAËL. *n. m.*	*Israélien, ienne.*
ITALIE. *n. f.*	*Italien, enne.*

JAMAÏQUE. *n. f.*	*Jamaïquain, aine.*
JAPON. *n. m.*	*Japonais, aise.*
JAVA. *n. f.*	*Javanais, aise.*
JERSEY. *n. f.*	*Jersiais, aise.*
Jérusalem.	*Hiérosolymite;* ou *Hiérosolymitain, aine.*
JORDANIE. *n. f.*	*Jordanien, enne.*
JURA. *n. m.*	*Jurassien, ienne.*

KABYLIE, *n. f.*	*Kabyle.*
KATANGA. *n. m.*	*Katangais, aise.*
KAZAKHSTAN. *n. m.*	*Kazak;* ou *Kazakh.*
KIRGHIZISTAN. *n. m.* ou KIRGHIZIE. *n. f.*	*Kirghiz.*

Lacédémone (V. **Sparte**).	*Lacédémonien, ienne.*
LANDES. *n. f. pl.*	*Landais, aise.*
LANGUEDOC. *n. m.*	*Languedocien, ienne.*
Laon.	*Laonnais, aise.*
LAOS. *n. m.*	*Laotien, ienne.*
LAPONIE. *n. f.*	*Lapon, onne.*
Lausanne.	*Lausannois, oise.*
LETTONIE. *n. f.*	*Lette;* ou *Letton, one* ou *onne.*
LEVANT. *n. m.*	*Levantin, ine.*
LIBAN. *n. m.*	*Libanais, aise.*
LIBERIA. *n. m.*	*Libérien, enne.*
LIBYE. *n. f.*	*Libyen, enne.*
Liège.	*Liégeois, oise.*
Lille.	*Lillois, oise.*
Lima.	*Liménien, ienne.*
LIMOUSIN. *n. m.*	*Limousin, ine;* ou *Limougeaud, eaude.*
Lisbonne.	*Lisbonnin, ine.*
LITUANIE. *n. f.*	*Lituanien, enne;* ou *Lithuanien, enne.*
LOMBARDIE. *n. f.*	*Lombard, arde.*
Londres.	*Londonien, ienne.*
Lons-le-Saunier.	*Lédonien, ienne.*
LORRAINE. *n. f.*	*Lorrain, aine.*
Lourdes.	*Lourdais, aise;* ou *Lourdois, oise.*
LOZÈRE. *n. f.*	*Lozérien, ienne.*
Lunéville.	*Lunévillois, oise.*
LUSITANIE. *n. f.* (Antiq.).	*Lusitanien, enne;* ou *Lusitain, aine.*
LUXEMBOURG. *n. m.*	*Luxembourgeois, oise.*
LYDIE. *n. f.* (Antiq.).	*Lydien, enne.*
Lyon.	*Lyonnais, aise.*

MACÉDOINE. *n. f.* (Antiq.).	*Macédonien, ienne.*
Mâcon.	*Mâconnais, aise.*
MADAGASCAR. *n. f.*	*Malgache;* ou *Madécasse.*

Madrid.	*Madrilène.*
MAGHREB. *n. m.*	*Maghrébin, ine.*
MAJORQUE. *n. f.*	*Majorquin, ine.*
MALAISIE et MALAYSIA. *n. f.*	*Malais, aise.*
MALI. *n. m.*	*Malien, enne.*
MALTE. *n. f.*	*Maltais, aise.*
MANDCHOURIE. *n. f.*	*Mandchou, oue.*
Mans [Le]. *n. m.*	*Manceau, elle.*
Mantoue.	*Mantouan, ane.*
MAROC. *n. m.*	*Marocain, aine.*
MARQUISES [îles]. *n. f. pl.*	*Marquisien, enne.*
Marseille.	*Marseillais, aise.*
MARTINIQUE. *n. f.*	*Martiniquais, aise.*
MAURITANIE. *n. f.*	*Maure, Mauresque; More, Moresque;* ou *Mauritanien, enne.*
MÉDIE. *n. f.* (Antiq.).	*Mède.*
MÉDITERRANÉE. *n. f.*	*Méditerranéen, enne.*
MÉLANÉSIE. *n. f.*	*Mélanésien, enne.*
MÉSOPOTAMIE. *n. f.*	*Mésopotamien, enne.*
Metz.	*Messin, ine.*
MEUSE. *n. f.*	*Meusien, ienne.*
MEXIQUE. *n. m.*	*Mexicain, aine.*
MILAN.	*Milanais, aise.*
MINORQUE. *n. f.*	*Minorquin, ine.*
MOLDAVIE. *n. f.*	*Moldave.*
MONACO. *n. f.* ou *m.*	*Monégasque.*
MONGOLIE. *n. f.*	*Mongol, ole.*
MONTÉNÉGRO. *n. m.*	*Monténégrin, ine.*
Montmartre.	*Montmartrois, oise.*
Montpellier.	*Montpelliérain, aine.*
Montréal.	*Montréalais, aise.*
MORAVIE. *n. f.*	*Morave.*
MORBIHAN. *n. m.*	*Morbihannais, aise.*
MOSCOU.	*Moscovite.*
MOSELLE. *n. f.*	*Mosellan, ane;* ou *Mosan, ane.*
Munich.	*Munichois, oise.*
Mycènes (Antiq.).	*Mycénien, ienne.*

Nancy.	*Nancéien, éienne;* ou *Nancéen, éenne.*
Nantes.	*Nantais, aise.*
Naples.	*Napolitain, aine.*
Narbonne.	*Narbonnais, aise.*
NAVARRE. *n. f.*	*Navarrais, aise.*
Nazareth.	*Nazaréen, enne.*
NEDERLAND (V. **Pays-Bas**). *n. m.*	*Néerlandais, aise.*
NÉPAL. *n. m.*	*Népalais, aise.*
NEUSTRIE. *n. f.*	*Neustrien, enne.*
New York.	*New-yorkais, aise.*
NICARAGUA. *n. m.*	*Nicaraguayen, yenne.*
Nice.	*Niçois, oise.*
NIGER. *n. m.*	*Nigérien, ienne.*
NIGERIA. *n. m.*	*Nigérien, enne.*
Nîmes.	*Nîmois, oise.*
NIPPON (V. **Japon**). *n. m.*	*Nippon, onne.*
NIVERNAIS. *n. m.*	*Nivernais, aise.*
NORMANDIE. *n. f.*	*Normand, ande.*
NORVÈGE. *n. f.*	*Norvégien, ienne.*
NOUVELLE-CALÉDONIE. *n. f.*	*Néo-Calédonien, enne.*
NOUVELLE-GUINÉE. *n. f.*	*(Néo-)Guinéen, enne.*
NOUVELLES-HÉBRIDES. *n. f. pl.*	*Néo-Hébridais, aise.*
NOUVELLE-ZÉLANDE. *n. f.*	*Néo-Zélandais, aise.*
NUBIE. *n. f.*	*Nubien, enne.*
NUMIDIE. *n. f.* (Antiq.).	*Numide.*

OCCITANIE. *n. f.*	*Occitan, ane.*
OCÉANIE. *n. f.*	*Océanien, enne.*
OMBRIE. *n. f.*	*Ombrien, enne.*

Oran.	*Oranais, aise.*
Orléans.	*Orléanais, aise.*
OTTOMAN [Empire].	*Ottoman, ane.*
OUBANGUI. *n. m.*	*Oubanguien, enne.*
OUGANDA ou UGANDA. *n. m.*	*Ougandien, ienne.*
OURAL. *n. m.*	*Ouralien, ienne.*
OUZBEKISTAN ou UZBEKISTAN. *n. m.*	*Ouzbek.*
Oxford.	*Oxonien, ienne;* ou *Oxfordien, ienne.*
Padoue.	*Padouan. ane.*
PAKISTAN. *n. m.*	*Pakistanais, aise.*
Palerme.	*Palermitain, aine.*
PALESTINE. *n. f.*	*Palestinien, ienne.*
Palmyre.	*Palmyrien, ienne.*
PANAMA. *n. m.*	*Panamien, ienne;* ou *Panaméen, éenne.*
PARAGUAY. *n. m.*	*Paraguayen, enne.*
Paris.	*Parisien, ienne.*
Parme.	*Parmesan, ane.*
PATAGONIE. *n. f.*	*Patagon, onne.*
Pau.	*Palois, oise.*
PAYS-BAS (NEDERLAND). *n. m. pl.*	*Néerlandais, aise.*
Pékin.	*Pékinois, oise.*
PENNSYLVANIE, *n. f.*	*Pennsylvanien, enne.*
PERCHE. *n. m.*	*Percheron, onne.*
PÉRIGORD. *n. m.*	*Périgourdin, ine.*
Périgueux.	*Périgourdin, ine.*
PÉROU. *n. m.*	*Péruvien, ienne.*
Pérouse.	*Pérugin, ine.*
Perpignan.	*Perpignanais, aise.*
PERSE. *n. f.*	*Persan, ane* (V. **Iranien**).
PHÉNICIE. *n. f.* (Antiq.).	*Phénicien, enne.*
Philadelphie.	*Philadelphien, enne.*
PHILIPPINES. *n. f. pl.*	*Philippin, ine.*
Phocée. *n. f.* (Antiq.).	*Phocéen, enne.*
PHOCIDE. *n. f.* (Antiq.).	*Phocidien, ienne.*
PHRYGIE. *n. f.* (Antiq.).	*Phrygien, enne.*
PICARDIE. *n. f.*	*Picard, arde.*
PIÉMONT. *n. m.*	*Piémontais, aise.*
Poitiers.	*Poitevin, ine.*
POITOU. *n. m.*	*Poitevin, ine.*
POLOGNE. *n. f.*	*Polonais, aise.*
POLYNÉSIE. *n. f.*	*Polynésien, enne.*
Pont-à-Mousson.	*Mussipontain, aine.*
Pont-l'Évêque.	*Pontépiscopien, ienne.*
Pompéi (Antiq.).	*Pompéien, enne.*
PORTO RICO. *n. m.*	*Portoricain, aine.*
PORTUGAL. *n. m.*	*Portugais, aise.*
PROVENCE. *n. f.*	*Provençal, ale, aux.*
PRUSSE. *n. f.*	*Prussien, ienne.*
Puy [Le].	*Ponot, ote;* ou *Podot, ote.*
PYRÉNÉES, *n. f. pl.*	*Pyrénéen, enne.*
QUÉBEC. *n. m.*	*Québécois, oise.*
Ravenne.	*Ravennate.*
RÉ [île de].	*Rhétais, aise.*
Reims.	*Rémois, oise.*
Rennes.	*Rennais, aise.*
RÉUNION [île de la]. *n. f.*	*Réunionnais, aise.*
RHIN. *n. m.*	*Rhénan, ane.*
RHÉNANIE. *n. f.*	*Rhénan, ane.*
RHODES. *n. f.*	*Rhodien, ienne.*
RHODÉSIE. *n. f.*	*Rhodésien, enne.*
RIF. *n. m.*	*Rifain, aine.*
Roannes.	*Roannais, aise.*
Rome.	*Romain, aine.*
Roubaix.	*Roubaisien, ienne.*

Rouen.	*Rouennais, aise.*
ROUERGUE. *n. m.*	*Rouergat, ate.*
ROUMANIE. *n. f.*	*Roumain, aine.*
ROUSSILLON. *n. m.*	*Roussillonnais, aise.*
RUSSIE. *n. f.*	*Russe.*
RUTHÉNIE. *n. f.*	*Ruthène.*
SAHARA. *n. m.*	*Saharien, ienne.*
Saint-Brieuc.	*Briochain, aine.*
Saint-Cloud.	*Clodoaldien, ienne.*
Saint-Étienne.	*Stéphanois, oise.*
Saint-Malo.	*Malouin, ine.*
Saint-Omer.	*Audomarois, oise.*
SAINTONGE. *n. m.*	*Saintongeais, aise.*
Saint-Tropez.	*Tropézien, ienne.*
Salonique (ou Thessalonique).	*Salonicien, ienne.*
SAMOS. *n. f.*	*Samien, ienne;* ou *Samiote.*
Sancerre.	*Sancerrois, oise.*
SARDAIGNE. *n. f.*	*Sarde.*
SARRE. *n. f.*	*Sarrois, oise.*
SARTHE. *n. f.*	*Sarthois, oise.*
SAVOIE. *n. f.*	*Savoyard, arde;* ou *(rare) Savoisien, ienne.*
SAXE. *n. f.*	*Saxon, onne.*
SCANDINAVIE. *n. f.*	*Scandinave.*
SÉNÉGAL. *n. m.*	*Sénégalais, aise.*
SERBIE. *n. f.*	*Serbe.*
Sète.	*Sétois, oise.*
Séville.	*Sévillan, ane.*
Sèvres.	*Sévrien, ienne.*
SIAM. *n. m.*	*Siamois, oise.*
SIBÉRIE *n. f.*	*Sibérien, enne.*
SICILE. *n. f.*	*Sicilien, ienne.*
Sienne.	*Siennois, oise.*
SILÉSIE. *n. f.*	*Silésien, enne.*
SLOVAQUIE. *n. f.*	*Slovaque.*
SLOVÉNIE. *n. f.*	*Slovène.*
SOLOGNE. *n. f.*	*Solognot, ote.*
SOMALIS [Côte des].	*Somalien, enne.*
SOUDAN. *n. m.*	*Soudanais, aise;* ou *Soudanien, ienne.*
Sparte (Antiq.).	*Spartiate.*
Strasbourg.	*Strasbourgeois, oise.*
SUÈDE. *n. f.*	*Suédois, oise.*
SUISSE. *n. f.*	*Suisse; helvétique.*
SUMER. *n. m.* (Antiq.).	*Sumérien, ienne.*
SYRIE. *n. f.*	*Syrien, enne.*
TAHITI. *n. f.*	*Tahitien, enne.*
Tarascon.	*Tarasconnais, aise.*
Tarbes.	*Tarbais, aise.*
Tarente.	*Tarentin, ine.*
TARN. *n. m.*	*Tarnais, aise.*
TASMANIE. *n. f.*	*Tasmanien, enne.*
TARTARIE. *n. f.* (Antiq.).	*Tartare.*
TCHAD. *n. m.*	*Tchadien, ienne.*
TCHÉCOSLOVAQUIE. *n. f.*	*Tchécoslovaque;* ou *Tchèque.*
TERRE DE FEU. *n. f.*	*Fuégien, ienne.*
TERRE-NEUVE. *n. f.*	*Terre-neuvien, ienne.*
TEXAS. *n. m.*	*Texan, anne.*
THAÏLANDE. *n. f.*	*Thaïlandais, aise.*
Thèbes (Antiq.).	*Thébain, aine.*
TIBET. *n. m.*	*Tibétain, aine.*
TOGO. *n. m.*	*Togolais, aise.*
TONKIN. *n. m.*	*Tonkinois, oise.*
TOSCANE. *n. f.*	*Toscan, ane.*
Toulon.	*Toulonnais, aise.*
Toulouse.	*Toulousain, aine.*
TOURAINE. *n. f.*	*Tourangeau, elle, eaux.*

Tours.	*Tourangeau, elle, eaux.*
TRANSYLVANIE. *n. f.*	*Transylvain, aine;* ou *Transylvanien, enne.*
Trèves.	*Trévire;* ou *Trévère* (rare).
Trévise.	*Trévisan, ane.*
Trieste.	*Triestin, ine.*
Troie (Antiq.).	*Troyen, enne.*
Troyes.	*Troyen, enne.*
Tunis.	*Tunisois, oise.*
TUNISIE. *n. f.*	*Tunisien, enne.*
Turin.	*Turinois, oise.*
TURKMÉNISTAN. *n. m.*	*Turkmène.*
TURQUIE. *n. f.*	*Turc, turque.*
TYROL. *n. m.*	*Tyrolien, ienne.*
UKRAINE. *n. f.*	*Ukrainien, ienne.*
URUGUAY. *n. m.*	*Uruguayen, enne.*
Uzès.	*Uzétien, ienne.*
VALAIS. *n. m.*	*Valaisan, ane.*
VAR. *n. m.*	*Varois, oise.*
Varsovie.	*Varsovien, enne.*
VAUCLUSE. *n. m.*	*Vauclusien, ienne.*
VAUD [pays de]. *n. m.*	*Vaudois, oise.*
VENDÉE. *n. f.*	*Vendéen, enne.*
Vendôme.	*Vendômois, oise.*
VENEZUELA. *n. m.*	*Vénézuélien, ienne.*
Venise.	*Vénitien, ienne.*
Versailles.	*Versaillais, aise,*
Vichy.	*Vichyssois, oise.*
Vienne.	*Viennois, oise.*
VIÊT-NAM. *n. m.*	*Vietnamien, ienne.*
Vincennes.	*Vincennois, oise.*
Vitré.	*Vitréen, enne.*
VOSGES. *n. f. pl.*	*Vosgien, ienne.*
WALLONIE. *n. f.*	*Wallon, onne.*
WURTEMBERG. *n. m.*	*Wurtembourgeois, oise.*
YEMEN. *n. m.*	*Yéménite.*
YONNE. *n. f.*	*Yonnais, aise.*
YOUGOSLAVIE. *n. f.*	*Yougoslave.*
ZAMBIE. *n. f.*	*Zambien, enne.*
ZÉLANDE. *n. f.*	*Zélandais, aise.*
Zurich.	*Zurichois, oise.*

2. NOMS DE PERSONNES (les suffixes *-iste* et *-ard* correspondent à " partisan de... ").

Anacréon.	*Anacréontique.*
Aphrodite.	*Aphrodisiaque.*
Apollinaire (Guillaume).	*Apollinarien, ienne.*
Apollon.	*Apollinien, ienne.*
Aristophane.	*Aristophanesque.*
Aristote.	*Aristotélicien, ienne;* ou *aristotélique.*
Arius.	*Arien, enne.*
Arminius.	*Arminien, enne.*
Auguste.	*Augustéen, enne.*
Augustin (saint).	*Augustinien, ienne.*
Averroès.	*Averroïste.*

Babeuf.	*Babouviste.*
Bacchus.	*Bachique.*
Bacon (Francis).	*Baconien, ienne.*
Balzac.	*Balzacien, ienne.*
Barrès.	*Barrésien, ienne.*
Baudelaire.	*Baudelairien, ienne.*
Beethoven.	*Beethovénien, ienne.*
Bergman.	*Bergmanien, ienne.*
Bergson.	*Bergsonien, ienne.*
Bernanos.	*Bernanosien, ienne.*
Bismarck.	*Bismarckien, ienne.*
Blanqui.	*Blanquiste.*
Bodley (Thomas).	*Bodléien, enne.*
Bolland (Jean).	*Bollandiste.*
Bonaparte.	*Bonapartiste.*
Bouddha.	*Bouddhiste, bouddhique.*
Boulanger.	*Boulangiste.*
Bourbon.	*Bourbonien, ienne.*
Brecht.	*Brechtien, ienne.*
Brown (Robert).	*Brownien, ienne.*
Byron.	*Byronien, ienne.*
Calvin.	*Calviniste.*
Capet (Hugues).	*Capétien, ienne.*
Caravage (Le).	*Caravagesque, caravagiste.*
Castro (Fidel).	*Castriste.*
Céline.	*Célinien, ienne.*
César.	*Césarien, ienne.*
Cézanne.	*Cézannien, ienne.*
Chaplin.	*Chaplinesque.*
Chaucer.	*Chaucerien, ienne.*
Churchill.	*Churchillien, ienne.*
Churriguera.	*Churrigueresque.*
Cicéron.	*Cicéronien, ienne.*
Claudel.	*Claudélien, ienne.*
Colbert.	*Colbertiste.*
Combes (Émile).	*Combiste.*
Comte (Auguste).	*Comtien, ienne.*
Condillac.	*Condillacien, ienne.*
Confucius.	*Confucéen, enne.*
Corneille.	*Cornélien, ienne.*
Courteline.	*Courtelinesque.*
Dante.	*Dantesque.*
Danton.	*Dantoniste.*
Darwin.	*Darwinien, ienne.*
David (Louis).	*Davidien, ienne.*
Debussy.	*Debussyste.*
Descartes.	*Cartésien, ienne.*
Dioclétien.	*Dioclétien, enne.*
Disraéli.	*Disraélien, enne.*
Dominique (saint).	*Dominicain, aine.*
Domitien.	*Domitien, enne.*
Don Juan.	*Don juanesque.*
Don Quichotte.	*Don quichotesque.*
Dostoïevski.	*Dostoïevskien, enne.*
Dreyfus.	*Dreyfusard, arde.*
Einstein.	*Einsteinien, ienne.*
Élisabeth Ire.	*Élisabéthain, aine.*
Épicure.	*Épicurien, ienne.*
Erasme.	*Erasmien, ienne.*
Eschyle.	*Eschylien, ienne.*
Esope.	*Esopique.*
Euclide.	*Euclidien, ienne.*
Euripide.	*Euripidien, ienne.*

Faraday.	*Faradique.*
Faulkner.	*Faulknerien, ienne.*
Faust.	*Faustien, ienne.*
Fellini.	*Fellinien, ienne.*
Fénelon.	*Fénelonien, ienne.*
Flaubert.	*Flaubertien, ienne.*
Fourier.	*Fouriériste.*
France (Anatole).	*Francien, ienne.*
Franco.	*Franquiste.*
Freud.	*Freudien, ienne.*
Galilée.	*Galiléen, enne.*
Gandhi.	*Gandhiste.*
Gargantua.	*Gargantuesque.*
Garibaldi.	*Garibaldien, enne.*
Gassendi.	*Gassendiste.*
Gaulle (De).	*Gaulliste.*
Gide.	*Gidien, ienne.*
Giraudoux.	*Giralducien, ienne.*
Gluck.	*Gluckiste.*
Gœthe.	*Gœthéen, éenne.*
Goya.	*Goyesque.*
Grégoire (saint).	*Grégorien, ienne.*
Habsbourg (Les).	*Habsbourgeois, oise.*
Hébert (Jacques).	*Hébertiste.*
Hébert (Georges).	*Hébertiste.*
Hegel.	*Hegelien, ienne.*
Héraclite.	*Héraclitéen, enne.*
Hercule.	*Herculéen, enne.*
Hermès.	*Hermétique.*
Hertz.	*Hertzien, ienne.*
Hesiode.	*Hesiodique.*
Hippocrate.	*Hippocratique.*
Hitler.	*Hitlérien, ienne.*
Holbach (d').	*Holbachique.*
Homère.	*Homérique.*
Horace.	*Horacien, horatien, ienne.*
Hugo.	*Hugolien, ienne.*
Huss (Jean).	*Hussite.*
Ibsen.	*Ibsénien, ienne.*
Icare.	*Icarien, ienne.*
Ignace de Loyola (saint).	*Ignacien, ienne.*
Ingres.	*Ingriste, ingresque.*
Isis.	*Isiaque.*
Ismaël ou Ismäil.	*Ismaélien, ismaïlien, ienne.*
Jansénius.	*Janséniste.*
Jean (saint, évangéliste).	*Johannique.*
Jenner.	*Jennerien, ienne.*
Jérôme (saint).	*Hiéronymien, ienne.*
Jules (César).	*Julien, ienne.*
Jung.	*Jungien, ienne.*
Junon.	*Junonien, ienne.*
Jupiter.	*Jupitérien, ienne.*
Kafka.	*Kafkaïen, ienne.*
Kant.	*Kantien, ienne.*
Kepler.	*Keplérien, ienne.*
Keynes.	*Keynésien, ienne.*
Kierkegaard.	*Kierkegaardien, ienne.*

Lamarck.	*Lamarckien, ienne.*
Lamartine.	*Lamartinien, ienne.*
Lamennais.	*Ménaisien, ienne.*
Leibniz.	*Leibnizien, ienne.*
Lénine.	*Léniniste.*
Linné.	*Linnéen, enne.*
Locke.	*Lockiste.*
Louis-Philippe.	*Louis-philippard, arde.*
Louis-Quatorze.	*Louis-quatorzien, ienne.*
Luther.	*Luthérien, ienne.*

Machiavel.	*Machiavélien, ienne; machiavélique.*
Mallarmée.	*Mallarméen, enne.*
Malraux.	*Malraucien, ienne.*
Malthus.	*Malthusien, ienne.*
Mao Tsé-Toung.	*Maoïste.*
Marie.	*Mariste; marial, ale, als.*
Marivaux.	*Marivaudesque.*
Marot.	*Marotique.*
Marx.	*Marxiste; marxien, ienne.*
Masoch (Sacher-).	*Masochiste.*
Maurras.	*Maurassien, ienne.*
Mauriac.	*Mauriacien, ienne.*
Mendel.	*Mendélien, ienne.*
Mendès-France.	*Mendessiste.*
Mérovée.	*Mérovingien, ienne.*
Michel-Ange.	*Michelangelesque.*
Mitchourine.	*Mitchourinien, ienne.*
Molière.	*Moliéresque.*
Moïse.	*Mosaïque.*
Mozart.	*Mozartien, ienne.*
Mussolini.	*Mussolinien, ienne.*

Napoléon.	*Napoléonien, ienne.*
Nasser.	*Nassérien, ienne.*
Neptune.	*Neptunien, ienne.*
Nerval.	*Nervalien, ienne.*
Newton.	*Newtonien, ienne.*
Nietzsche.	*Nietzschéen, enne.*

Œdipe.	*Œdipien, ienne.*
Orléans.	*Orléaniste.*
Orphée.	*Orphique.*
Ossian.	*Ossianique.*
Ovide.	*Ovidien, ienne.*

Pantagruel.	*Pantagruélique.*
Pascal.	*Pascalien, ienne.*
Pasteur.	*Pastorien, ienne; pasteurien, ienne.*
Pavèse.	*Pavésien, ienne.*
Pavlov.	*Pavlovien, ienne.*
Peron.	*Péroniste.*
Pétain.	*Pétainiste.*
Pétrarque.	*Pétrarquiste.*
Phidias.	*Phidiesque.*
Picasso.	*Picassien, ienne.*
Pindare.	*Pindarique.*
Pirandello.	*Pirandellien, ienne.*
Platon.	*Platonicien, ienne.*
Pline.	*Plinien, ienne.*
Pluton.	*Plutonien, ienne; plutonique.*
Pompée.	*Pompéien, ienne.*
Poussin.	*Poussiniste.*
Praxitèle.	*Praxitélien, ienne.*
Prométhée.	*Prométhéen, enne.*
Proudhon.	*Proudhonien, ienne.*

Proust.	*Proustien, ienne.*
Ptolémée.	*Ptolémaïque.*
Pythagore.	*Pythagoréen, enne; pythagoricien, ienne.*
Rabelais.	*Rabelaisien, ienne.*
Racine.	*Racinien, ienne.*
Raphaël.	*Raphaélique, raphaélesque.*
Ravel.	*Ravélien, ienne.*
Rembrandt.	*Rembranesque.*
Riemann.	*Riemannien, ienne.*
Rimbaud.	*Rimbaldien, ienne.*
Robespierre.	*Robespierriste.*
Rocambole.	*Rocambolesque.*
Rossellini.	*Rossellinien, ienne.*
Rousseau.	*Rousseauiste.*
Roussel.	*Roussélien, ienne.*
Sade.	*Sadique; sadien, ienne.*
Saint-Simon.	*Saint-simonien, ienne.*
Sapho.	*Saphique.*
Sardanapale.	*Sardanapalesque.*
Sartre.	*Sartrien, ienne.*
Saturne.	*Saturnien, ienne.*
Saussure.	*Saussurien, ienne.*
Schönberg.	*Schönberguien, ienne.*
Schubert.	*Schubertien, ienne.*
Schumann.	*Schumannien, ienne.*
Shakespeare.	*Shakespearien, ienne.*
Socrate.	*Socratique.*
Spinoza.	*Spinoziste.*
Staline.	*Stalinien, ienne.*
Stendhal.	*Stendhalien, ienne.*
Swedenborg.	*Swedenborgien, ienne.*
Swift.	*Swiftien, ienne.*
Taine.	*Tainien, ienne.*
Tchekhov.	*Tchékhovien, ienne.*
Thomas d'Aquin (saint).	*Thomiste.*
Tibère.	*Tibérien, ienne.*
Titien.	*Titianesque.*
Tito.	*Titiste.*
Tolstoï.	*Tolstoïen, enne.*
Trotsky.	*Trotskyste.*
Ubu.	*Ubuesque.*
Valéry.	*Valérien, ienne.*
Vénus.	*Vénusien, ienne.*
Verlaine.	*Verlainien, ienne.*
Victoria.	*Victorien, enne.*
Virgile.	*Virgilien, ienne.*
Voltaire.	*Voltairien, ienne.*
Wagner.	*Wagnérien, ienne.*
Wilde (Oscar).	*Wildien, ienne.*
Zola.	*Zolien, ienne; zoléen, enne* (rare).
Zoroastre.	*Zoroastrien, ienne.*

TABLEAU DES SUFFIXES

REM. Les principaux préfixes et les éléments savants (grecs et latins) sont traités à leur ordre, dans le Dictionnaire.

I. Suffixes de noms

1. *Suffixes ajoutés au radical d'un verbe.*

-ement, -issement	*groupement, agrandissement.*
-age, -issage	*dressage, pilotage, pétrissage.*
-tion, -ation, -ition	*attribution, constatation, finition.*
-aison	*salaison, déclinaison, cueillaison.*
-ure, -ature	*blessure, dorure, filature.*
-ade	*glissade, baignade, rigolade.*
-erie	*tracasserie, fâcherie, boiterie.*
-is	*semis, hachis, roulis.*
-ance	*alliance, outrance, espérance.*
-eur, -euse	*envoyeur, balayeur, coiffeuse.*
-ateur, -atrice	*tentateur, ventilateur, perforatrice.*
-iste	*arriviste, j'm'en foutiste.*
-ier, -ière	*placier, roulier, levier, glissière.*
-oir, -oire	*laminoir, bouilloire, nageoire.*
-ard, -arde	*braillard, traînarde.*
-aille	*tenaille, semaille, sonnaille.*
-asse	*lavasse, traînasse.*
-isme	*arrivisme.*
-et, -ette	*jouet, sonnette, poussette.*
-eur, -eresse	*pécheur, pécheresse.*

2. *Suffixes ajoutés à des adjectifs.*

-té, -eté, -ité	*beauté, propreté, solidité.*
-ie	*folie, modestie, économie.*
-erie	*niaiserie, mièvrerie, fourberie.*
-eur	*pâleur, lenteur, moiteur.*
-isme	*américanisme, socialisme.*
-iste	*socialiste.*
-ance, -ence	(en remplacement de -ant, -ent) *vaillance, apparence, insolence.*
-ise	*bêtise, franchise, vantardise.*
-esse	*petitesse, gentillesse, mollesse.*
-itude	*platitude, plénitude.*
-in	*plaisantin.*
-ard, -arde	*richard, nullarde.*
-eron	*laideron.*

3. *Suffixes ajoutés à des noms.*

-ier, -ière	*épicier, pommier, sucrier, salière, verrière.*
-er, -ère	(pour -ier) : *horloger, ménagère.*
-ien, -ienne	*mécanicien, milicien, pharmacienne*
-iste	*dentiste, ébéniste, congressiste.*
-aire	*fonctionnaire, disquaire.*
-eron	*bûcheron, vigneron.*
-ard	*cuissard, brassard, poignard, soiffard.*
-age	*branchage, outillage, ermitage.*
-ure	1. *armure, toiture, voilure.* 2. *sulfure, bromure.*
-ature	*ossature.*
-aie	*cerisaie, peupleraie.*
-ie	*bergerie, boulangerie, agronomie, seigneurie.*
-erie	*machinerie, rhumerie, pitrerie.*
-isme	*impressionnisme, progressisme, hitlérisme.*
-iste	*progressiste, pianiste.*
-at, -iat	*doctorat, notariat.*
-ade	*bourgade, œillade, citronnade.*
-aille	*ferraille, cisaille, muraille.*
-é	*vicomté.*
-ée	*cuillerée, matinée.*
-ain, -aine	*dizain, quinzaine, centaine.*
-et, -ette	*agnelet, livret, tablette.*
-elle	*prunelle, tourelle, poutrelle.*
-elet, -elette	*roitelet, tartelette.*
-iole	*bestiole, gloriole, bronchiole.*
-ule	*plumule, veinule.*
-(i)cule	*animalcule, monticule.*
-ille	*brindille, flottille.*
-illon	*oisillon, portillon.*
-ine	*figurine, chaumine, basquine.*
-as	*plâtras.*
-ot	*billot, cageot.*
-ise	*prêtrise, maîtrise.*
-eau	*cuisseau, troupeau, éléphanteau.*
-on	*croûton, chaînon, tronçon, aiglon.*
-eron	*puceron, saleron.*
-ite	*calcite, sulfite.*
-ose	*cellulose, ventose.*

II. Suffixes d'adjectifs

1. *Suffixes ajoutés à un nom.*

-ien, ienne	*italien, parisien, sartrien.*
-éen, -éenne	*herculéen, européen.*
-in, -ine	*levantin, girondin.*
-ais, -aise	*français, marseillais.*
-ois, -oise	*chinois, niçois.*
-ain, -aine	*africain, cubain.*
-an, -ane	*persan, mahométan.*
-ite	*annamite, sodomite.*
-esque	1. *mauresque, tudesque, moliéresque.* 2. *livresque, pédantesque.*
-ique, -(a)ïque	*jurassique, bouddhique; judaïque, ptolémaïque.*
-al, -ale	*tropical, patronal, théâtral.*
-el, -elle	*formel, émotionnel.*

-if, -ive	*offensif, combatif, fautif.*
-aire	*unitaire, bancaire, planétaire.*
-eux, -euse	*paresseux, poissonneux, crasseux; sulfureux, ferreux.*
-ueux, -ueuse	*difficultueux, tumultueux.*
-ique	1. *géométrique, scénique, méthodique.* 2. *ferrique.*
-atique	*dogmatique, prismatique, problématique.*
-ier, -ière	*betteravier, policier, pétrolier.*
-é, -ée	*rosé, feuillé, azuré.*
-u, -ue	*poilu, feuillu, ventru.*
-escent, -escente	*fluorescent.*
-in, -ine	*ivoirin, vipérin, sanguin.*

2. *Suffixes ajoutés au radical d'un verbe.*

-ant, -ante (suff. verbal)	*pétillant, apaisant.*
-able	*habitable, blâmable.*
-ible	*corrigible.*
-eur, -eresse	*vengeur, -eresse, enchanteresse.*
-eur, -euse	*encreur, -euse; étireur, -euse.*
-if, -ive	*explosif, poussif.*
-eux, -euse	*boiteux, -euse.*
-ard, -arde	*vantard.*

3. *Suffixes ajoutés à un adjectif.*

-et, -ette	*pauvret, propret, clairet.*
-elet, -elette	*maigrelet, aigrelet, rondelet.*
-aud, -aude	*courtaud, finaud, rougeaud.*
-ot, -ote ou -otte	*vieillot, petiot.*
-ard, -arde	*faiblard, vachard, mignard.*
-asse	*molasse, fadasse.*
-âtre	*rougeâtre, blanchâtre.*
-ichon, -ichonne	*folichon, maigrichon.*

III. Suffixes de verbes

1. *Suffixes ajoutés au nom.*

-er	*clouer, ripoliner, goudronner.*
-ifier	*momifier, vitrifier, russifier.*
-eler	*bosseler.*
-iser	*bémoliser, alcooliser, coloniser.*
-oyer	*coudoyer.*

2. *Suffixes ajoutés à l'adjectif.*

-er	*bavarder, griser.*
-ir	*faiblir, verdir.*
-ifier	*simplifier, solidifier.*
-iser	*fertiliser, diviniser, légaliser.*
-oyer	*rudoyer.*

3. *Suffixes ajoutés au radical d'un verbe.*

-ailler	*criailler, traînailler, tirailler.*
-iller	*mordiller, fendiller, pendiller.*
-asser	*rêvasser, traînasser.*
-eter	*voleter.*
-iner	*trottiner.*
-onner	*mâchonner, chantonner, griffonner.*
-oter, -otter	*siffloter, clignoter, frisotter.*

ALPHABET GREC

Nº	Imprimerie		Appellation	Équivalence française	Nº	Imprimerie		Appellation	Équivalence française	Nº	Imprimerie		Appellation	Équivalence française
1	Α α	Α, α	*alpha*	a	9	Ι ι	Ι, ι	*iota*	i	17	Ρ ρ	Ρ, ρ	*rô*	r
2	Β, β, ϐ	Β, β, ϐ	*bêta*	b	10	Κ κ	Κ, κ	*kappa*	k	18	Σ, σ, ς	Σ, σ, ς	*sigma*	s
3	Γ γ	Γ, γ	*gamma*	gu	11	Λ λ	Λ, λ	*lambda*	l	19	Τ τ	Τ, τ	*tau*	t
4	Δ δ	Δ, δ	*delta*	d	12	Μ μ	Μ, μ	*mu*	m	20	Υ υ	ϒ, υ	*upsilon*	u
5	Ε ε	Ε, ε	*epsilon*	é	13	Ν ν	Ν, ν	*nu*	n	21	Φ φ	Φ, φ	*phi*	ph
6	Ζ ζ	Ζ, ζ	*dzéta*	dz	14	Ξ ξ	Ξ, ξ	*ksi*	x	22	Χ χ	Χ, χ	*khi*	kh
7	Η η	Η, η	*êta*	ê	15	Ο ο	Ο, ο	*omicron*	o	23	Ψ ψ	Ψ, ψ	*psi*	ps
8	Θ θ	Θ, θ	*thêta*	th	16	Π π	Π, π	*pi*	p	24	Ω ω	Ω, ω	*oméga*	ô

TABLEAUX
DES CONJUGAISONS

	Présent	Imparfait
(1) — ARRIVER, SE REPOSER (*réguliers*. V. **Tableaux**)		
(2) — FINIR (*régulier*. V. **Tableau**)		
VERBES EN **-ER**		
(3) — PLACER	je place nous plaçons	je plaçais
BOUGER	je bouge nous bougeons	je bougeais
(4) — APPELER	j'appelle nous appelons	j'appelais
JETER	je jette nous jetons	je jetais
(5) — GELER	je gèle nous gelons	je gelais
ACHETER	j'achète nous achetons	j'achetais
et les verbes en *-emer* (ex. : *semer*), *-ener* (ex. : *mener*), *-eser* (ex. : *peser* *-ever* (ex. : *lever*), etc.		
(6) — CÉDER	je cède nous cédons	je cédais
et les verbes en *-é* + *consonne(s)* + *-er* (ex. : *célébrer*, *lécher*, *délégue* *préférer*, etc.).		
(7) — ÉPIER	j'épie nous épions	j'épiais
(8) — NOYER	je noie nous noyons	je noyais
et les verbes en *-uyer* (ex. : *appuyer*).		
PAYER	je paie ou je paye	
et tous les verbes en *-ayer*.		
(9) — ALLER (V. **Tableau**)		

Futur	Passé simple	Participe passé	Subjonctif
placerai	je plaçai	placé, ée	que je place

REM. Les verbes en *-ecer* (ex. : *dépecer*) se conjuguent comme *placer* et *geler*. Les verbes en *-écer* ex. : *rapiécer*) se conjuguent comme *céder* et *placer*.

bougerai	je bougeai	bougé, ée	que je bouge

REM. Les verbes en *-éger* (ex. : *protéger*) se conjuguent comme *bouger* et *céder*.

ppellerai	j'appelai	appelé, ée	que j'appelle
jetterai	je jetai	jeté, ée	que je jette
gèlerai	je gelai	gelé, ée	que je gèle
chèterai	j'achetai	acheté, ée	que j'achète

REM. Les verbes en *-ecer* (ex. : *dépecer*) se conjuguent comme *geler* et *placer*.

céderai	je cédai	cédé, ée	que je cède

REM. Les verbes en *-éger* (ex. : *protéger*) se conjuguent comme *céder* et *bouger*. Les verbes en *-écer* ex. : *rapiécer*) se conjuguent comme *céder* et *placer*.

pierai	j'épiai	épié, ée	que j'épie
noierai	je noyai	noyé, ée	que je noie

REM. **Envoyer** fait au futur : *j'enverrai*, et au conditionnel : *j'enverrais*.

paierai ou je payerai			que je paie ou paye

	Présent	Imparfait
VERBES EN -IR autres que ceux du type *finir*		
(10) — HAÏR	je hais [ʒəɛ] il hait nous haïssons ils haïssent	je haïssais [ʒəaisɛ]
(11) — COURIR	je cours il court nous courons ils courent	je courais
(12) — CUEILLIR	je cueille il cueille nous cueillons ils cueillent	je cueillais
(13) — ASSAILLIR	j'assaille il assaille nous assaillons ils assaillent	j'assaillais
(14) — SERVIR	je sers il sert nous servons ils servent	je servais
(15) — BOUILLIR	je bous il bout nous bouillons ils bouillent	je bouillais
(16) — PARTIR	je pars il part nous partons ils partent	je partais
SENTIR	je sens il sent nous sentons ils sentent	je sentais
(17) — FUIR	je fuis il fuit nous fuyons ils fuient	je fuyais
(18) — COUVRIR	je couvre il couvre nous couvrons ils couvrent	je couvrais

Futur	Passé simple	Participe passé	Subjonctif
aïrai	je haïs [ʒəai]	haï, e	que je haïsse
ourrai	je courus	couru, e	que je coure
ueillerai	je cueillis	cueilli, e	que je cueille
saillirai	j'assaillis	assailli, e	que j'assaille
ervirai	je servis	servi, e	que je serve
ouillirai	je bouillis	bouilli, e	que je bouille
artirai	je partis	parti, e	que je parte
entirai	je sentis	senti, e	que je sente

REM. **Mentir** n'a pas de fém. au p. p.

uirai	je fuis	fui (sans fém.)	que je fuie
ouvrirai	je couvris	couvert, e	que je couvre

	Présent	Imparfait
(19) — MOURIR	je meurs il meurt nous mourons ils meurent	je mourais
(20) — VÊTIR	je vêts il vêt nous vêtons ils vêtent	je vêtais
(21) — ACQUÉRIR	j'acquiers il acquiert nous acquérons ils acquièrent	j'acquérais
(22) — VENIR	je viens il vient nous venons ils viennent	je venais
VERBES EN -OIR		
(23) — PLEUVOIR *(impersonnel)*	il pleut	il pleuvait
(24) — PRÉVOIR	je prévois il prévoit nous prévoyons ils prévoient	je prévoyais
(25) — POURVOIR	je pourvois il pourvoit nous pourvoyons ils pourvoient	je pourvoyais
(26) — ASSEOIR	j'assois il assoit nous assoyons ils assoient ou j'assieds il assied nous asseyons ils asseyent	j'assoyais ou j'asseyais
(27) — MOUVOIR	je meus il meut nous mouvons ils meuvent	je mouvais nous mouvions
(28) — RECEVOIR	je reçois il reçoit nous recevons ils reçoivent	je recevais nous recevions
DEVOIR		

Futur	Passé simple	Participe passé	Subjonctif
mourrai	je mourus	mort, e	que je meure
vêtirai	je vêtis	vêtu, e	que je vête
cquerrai	j'acquis	acquis, e	que j'acquière
viendrai	je vins	venu, e	que je vienne
)leuvra	il plut	plu (sans fém.)	qu'il pleuve
prévoirai	je prévis	prévu, e	que je prévoie
pourvoirai	je pourvus	pourvu, e	que je pourvoie
ssoirai	j'assis	assis, e	que j'assoie
ssiérai ou j'asseyerai			ou que j'asseye
mouvrai	je mus	mû, ue	que je meuve que nous mouvions

REM. **Émouvoir** et **Promouvoir** font au p. p. *ému, e ; promu, e*.

recevrai	je reçus	reçu, e	que je reçoive que nous recevions
		dû, ue	

	Présent	Imparfait
(29) — VALOIR	je vaux il vaut nous valons ils valent	je valais nous valions
ÉQUIVALOIR		
PRÉVALOIR		
FALLOIR *(impersonnel)*	il faut	il fallait
(30) — VOIR	je vois il voit nous voyons ils voient	je voyais nous voyions
(31) — VOULOIR	je veux il veut nous voulons ils veulent	je voulais nous voulions
(32) — SAVOIR	je sais il sait nous savons ils savent	je savais nous savions
(33) — POUVOIR	je peux (ou je puis) il peut nous pouvons ils peuvent	je pouvais nous pouvions
(34) — AVOIR (V. **Tableau**)		
VERBES EN **-RE**		
(35) — CONCLURE	je conclus il conclut nous concluons ils concluent	je concluais
(36) — RIRE	je ris il rit nous rions ils rient	je riais
(37) — DIRE	je dis il dit nous disons vous dites ils disent	je disais
SUFFIRE	vous suffisez	

Futur	Passé simple	Participe passé	Subjonctif
audrai	je valus	valu, e	que je vaille que nous valions
		équivalu (sans fém.)	
		prévalu (sans fém.)	que je prévale
udra	il fallut	fallu (sans fém.)	qu'il faille
errai	je vis	vu, e	que je voie que nous voyions
oudrai	je voulus	voulu, e	que je veuille que nous voulions
urai	je sus	su, e	que je sache que nous sachions
ourrai	je pus	pu (sans fém.)	que je puisse que nous puissions
onclurai	je conclus	conclu, e	que je conclue

REM. **Exclure** se conjugue comme *conclure* : p. p. *exclu, e*. **Inclure** se conjugue comme *conclure* uf au p. p. : *inclus, e*.

rai	je ris	ri (sans fém.)	que je rie
rai	je dis	dit, e	que je dise

REM. **Médire, contredire, dédire, interdire, prédire** se conjuguent comme *dire* sauf *médisez, contre-ez, dédisez, interdisez, prédisez.*

		suffi (sans fém.)	

REM. **Confire** se conjugue comme *suffire* sauf au p. p. *confit, e*.

	Présent	Imparfait
(38) — NUIRE	je nuis il nuit nous nuisons ils nuisent	je nuisais

et les verbes : *luire*, *reluire*.

	Présent	Imparfait
CONDUIRE		

et les verbes : *construire*, *cuire*, *déduire*, *détruire*, *enduire*, *induire*, *inst* *introduire*, *produire*, *réduire*, *séduire*, *traduire*.

	Présent	Imparfait
(39) — ÉCRIRE	j'écris il écrit nous écrivons ils écrivent	j'écrivais
(40) — SUIVRE	je suis il suit nous suivons ils suivent	je suivais
(41) — RENDRE	je rends il rend nous rendons ils rendent	je rendais

et les verbes en *-andre* (ex. *répandre*), *-erdre* (ex. : *perdre*), *-ondre* (ex. : *répon* *-ordre* (ex. : *mordre*).

	Présent	Imparfait
ROMPRE	il rompt	
BATTRE	je bats il bat nous battons ils battent	je battais
(42) — VAINCRE	je vaincs il vainc nous vainquons ils vainquent	je vainquais
(43) — LIRE	je lis il lit nous lisons ils lisent	je lisais

Futur	Passé simple	Participe passé	Subjonctif
ıirai	je nuisis	nui (sans fém.)	que je nuise
		conduit, e	
rai	j'écrivis	écrit, e	que j'écrive
ivrai	je suivis	suivi, e	que je suive
ıdrai	je rendis	rendu, e	que je rende
ttrai	je battis	battu, e	que je batte
ıncrai	je vainquis	vaincu, e	que je vainque
ıi	je lus	lu, e	que je lise

	Présent	Imparfait
(44) — CROIRE	je crois il croit nous croyons ils croient	je croyais
(45) — CLORE	je clos il clôt ou clot ils closent (rare)	je closais (contes
(46) — VIVRE	je vis il vit nous vivons ils vivent	je vivais
(47) — MOUDRE	je mouds il moud nous moulons ils moulent	je moulais
(48) — COUDRE	je couds il coud nous cousons ils cousent	je cousais
(49) — JOINDRE	je joins il joint nous joignons ils joignent	je joignais
(50) — TRAIRE	je trais il trait nous trayons ils traient	je trayais
(51) — ABSOUDRE	j'absous il absout nous absolvons ils absolvent	j'absolvais
(52) — CRAINDRE	je crains il craint nous craignons ils craignent	je craignais
PEINDRE	je peins il peint nous peignons ils peignent	je peignais

Futur	Passé simple	Participe passé	Subjonctif
croirai	je crus	cru, e	que je croie
clorai (rare)	n'existe pas	clos, e	que je close
vivrai	je vécus	vécu, e	que je vive
moudrai	je moulus	moulu, e	que je moule
coudrai	je cousis	cousu, e	que je couse
oindrai	je joignis	joint, e	que je joigne
rairai	n'existe pas	trait, e	que je traie
soudrai	j'absolus (rare)	absous, oute	que j'absolve

REM. **Dissoudre** se conjugue comme *absoudre*. **Résoudre** se conjugue comme *absoudre*, mais le passé mple *je résolus* est courant. Il a deux p. p. : *résolu, e* (courant) et *résous, oute* (rare).

raindrai	je craignis	craint, e	que je craigne
eindrai	je peignis	peint, e	que je peigne

	Présent	Imparfait
(53) — Boire	je bois il boit nous buvons ils boivent	je buvais
(54) — Plaire	je plais il plaît nous plaisons ils plaisent	je plaisais
Taire	il tait	
(55) — Croître	je croîs il croît nous croissons ils croissent	je croissais
(56) — Mettre	je mets il met nous mettons ils mettent	je mettais
(57) — Connaître	je connais il connaît nous connaissons ils connaissent	je connaissais
(58) — Prendre	je prends il prend nous prenons ils prennent	je prenais
(59) — Naître	je nais il naît nous naissons ils naissent	je naissais
(60) — Faire (V. **Tableau**)		
(61) — Être (V. **Tableau**)		

Futur	Passé simple	Participe passé	Subjonctif
boirai	je bus	bu, e	que je boive que nous buvions
plairai	je plus	plu (sans fém.)	que je plaise

REM. Le participe passé de **plaire, complaire, déplaire** est en principe invariable.

Futur	Passé simple	Participe passé	Subjonctif
		tu, e	
croîtrai	je crûs	crû, ue	que je croisse

REM. **Accroître, décroître** font *accru, e* et *décru, e* au p. p.

Futur	Passé simple	Participe passé	Subjonctif
mettrai	je mis	mis, e	que je mette
connaîtrai	je connus	connu, e	que je connaisse
prendrai	je pris	pris, e	que je prenne que nous prenions
naîtrai	je naquis	né, e	que je naisse

REM. **Renaître** n'a pas de participe passé.

1. **ARRIVER** verbe régulier.

INDICATIF

Présent	*Passé composé*
J'arrive tu arrives il arrive nous arrivons vous arrivez ils arrivent	Je suis arrivé tu es arrivé il est arrivé nous sommes arrivés vous êtes arrivés ils sont arrivés
Imparfait	***Plus-que-parfait***
J'arrivais tu arrivais il arrivait nous arrivions vous arriviez ils arrivaient	J'étais arrivé tu étais arrivé il était arrivé nous étions arrivés vous étiez arrivés ils étaient arrivés
Passé simple	***Passé antérieur***
J'arrivai tu arrivas il arriva nous arrivâmes vous arrivâtes ils arrivèrent	Je fus arrivé tu fus arrivé il fut arrivé nous fûmes arrivés vous fûtes arrivés ils furent arrivés
Futur simple	***Futur antérieur***
J'arriverai tu arriveras il arrivera nous arriverons vous arriverez ils arriveront	Je serai arrivé tu seras arrivé il sera arrivé nous serons arrivés vous serez arrivés ils seront arrivés

INFINITIF

Présent	*Passé*
Arriver	Être arrivé

N.B. Les verbes *jouer*, *tuer*, *etc.*, sont réguliers. Ex. : je *joue*, je *jouerai*. Je *tue*, je *tuerai*.

CONDITIONNEL	SUBJONCTIF
Présent	*Présent*
J'arriverais tu arriverais il arriverait nous arriverions vous arriveriez ils arriveraient	que j'arrive que tu arrives qu'il arrive que nous arrivions que vous arriviez qu'ils arrivent
Passé 1re forme	*Imparfait*
Je serais arrivé tu serais arrivé il serait arrivé nous serions arrivés vous seriez arrivés ils seraient arrivés	que j'arrivasse que tu arrivasses qu'il arrivât que nous arrivassions que vous arrivassiez qu'ils arrivassent
Passé 2e forme	*Passé*
Je fusse arrivé tu fusses arrivé il fût arrivé nous fussions arrivés vous fussiez arrivés ils fussent arrivés	que je sois arrivé que tu sois arrivé qu'il soit arrivé que nous soyons arrivés que vous soyez arrivés qu'ils soient arrivés
IMPÉRATIF	*Plus-que-parfait*
Présent arrive arrivons arrivez *Passé* sois arrivé soyons arrivés soyez arrivés	que je fusse arrivé que tu fusses arrivé qu'il fût arrivé que nous fussions arrivés que vous fussiez arrivés qu'ils fussent arrivés

PARTICIPE

Présent	*Passé*
arrivant	arrivé étant arrivé

INDICATIF

Présent	*Passé composé*
Je me repose tu te reposes il se repose nous nous reposons vous vous reposez ils se reposent	Je me suis reposé tu t'es reposé il s'est reposé nous nous sommes reposés vous vous êtes reposés ils se sont reposés
Imparfait	*Plus-que-parfait*
Je me reposais tu te reposais il se reposait nous nous reposions vous vous reposiez ils se reposaient	Je m'étais reposé tu t'étais reposé il s'était reposé nous nous étions reposés vous vous étiez reposés ils s'étaient reposés
Passé simple	*Passé antérieur*
Je me reposai tu te reposas il se reposa nous nous reposâmes vous vous reposâtes ils se reposèrent	Je me fus reposé tu te fus reposé il se fut reposé nous nous fûmes reposés vous vous fûtes reposés ils se furent reposés
Futur simple	*Futur antérieur*
Je me reposerai tu te reposeras il se reposera nous nous reposerons vous vous reposerez ils se reposeront	Je me serai reposé tu te seras reposé il se sera reposé nous nous serons reposés vous vous serez reposés ils se seront reposés

INFINITIF

Présent	*Passé*
se reposer	s'être reposé

CONDITIONNEL	SUBJONCTIF
Présent	*Présent*
Je me reposerais tu te reposerais il se reposerait nous nous reposerions vous vous reposeriez ils se reposeraient	que je me repose que tu te reposes qu'il se repose que nous nous reposions que vous vous reposiez qu'ils se reposent
Passé 1re forme	*Imparfait*
Je me serais reposé tu te serais reposé il se serait reposé nous nous serions reposés vous vous seriez reposés ils se seraient reposés	que je me reposasse que tu te reposasses qu'il se reposât que nous nous reposassions que vous vous reposassiez qu'ils se reposassent.
Passé 2e forme	*Passé*
Je me fusse reposé tu te fusses reposé il se fût reposé nous nous fussions reposés vous vous fussiez reposés ils se fussent reposés	que je me sois reposé que tu te sois reposé qu'il se soit reposé que nous nous soyons reposés que vous vous soyez reposés qu'ils se soient reposés
IMPÉRATIF	*Plus-que-parfait*
Présent repose-toi reposons-nous reposez-vous	que je me fusse reposé que tu te fusses reposé qu'il se fût reposé que nous nous fussions reposés que vous vous fussiez reposés qu'ils se fussent reposés

PARTICIPE

Présent	*Passé*
se reposant	s'étant reposé

INDICATIF

Présent	*Passé composé*
Je finis tu finis il finit nous finissons vous finissez ils finissent	J'ai fini tu as fini il a fini nous avons fini vous avez fini ils ont fini
Imparfait	*Plus-que-parfait*
Je finissais tu finissais il finissait nous finissions vous finissiez ils finissaient	J'avais fini tu avais fini il avait fini nous avions fini vous aviez fini ils avaient fini
Passé simple	*Passé antérieur*
Je finis tu finis il finit nous finîmes vous finîtes ils finirent	J'eus fini tu eus fini il eut fini nous eûmes fini vous eûtes fini ils eurent fini
Futur simple	*Futur antérieur*
Je finirai tu finiras il finira nous finirons vous finirez ils finiront	J'aurai fini tu auras fini il aura fini nous aurons fini vous aurez fini ils auront fini

INFINITIF

Présent	*Passé*
finir	avoir fini

CONDITIONNEL	SUBJONCTIF
Présent	*Présent*
Je finirais tu finirais il finirait nous finirions vous finiriez ils finiraient	que je finisse que tu finisses qu'il finisse que nous finissions que vous finissiez qu'ils finissent
Passé 1re forme	*Imparfait*
J'aurais fini tu aurais fini il aurait fini nous aurions fini vous auriez fini ils auraient fini	que je finisse que tu finisses qu'il finît que nous finissions que vous finissiez qu'ils finissent
Passé 2e forme	*Passé*
J'eusse fini tu eusses fini il eût fini nous eussions fini vous eussiez fini ils eussent fini	que j'aie fini que tu aies fini qu'il ait fini que nous ayons fini que vous ayez fini qu'ils aient fini
IMPÉRATIF	*Plus-que-parfait*
Présent finis finissons finissez *Passé* aie fini ayons fini ayez fini	que j'eusse fini que tu eusses fini qu'il eût fini que nous eussions fini que vous eussiez fini qu'ils eussent fini

PARTICIPE	
Présent	*Passé*
finissant	fini ayant fini

INDICATIF

Présent	*Passé composé*
Je vais tu vas il va nous allons vous allez ils vont	Je suis allé tu es allé il est allé nous sommes allés vous êtes allés ils sont allés
Imparfait	*Plus-que-parfait*
J'allais tu allais il allait nous allions vous alliez ils allaient	J'étais allé tu étais allé il était allé nous étions allés vous étiez allés ils étaient allés
Passé simple	*Passé antérieur*
J'allai tu allas il alla nous allâmes vous allâtes ils allèrent	Je fus allé tu fus allé il fut allé nous fûmes allés vous fûtes allés ils furent allés
Futur simple	*Futur antérieur*
J'irai tu iras il ira nous irons vous irez ils iront	Je serai allé tu seras allé il sera allé nous serons allés vous serez allés ils seront allés

INFINITIF

Présent	*Passé*
aller	être allé

CONDITIONNEL	SUBJONCTIF
Présent	*Présent*
J'irais tu irais il irait nous irions vous iriez ils iraient	que j'aille que tu ailles qu'il aille que nous allions que vous alliez qu'ils aillent
Passé 1re forme	*Imparfait*
Je serais allé tu serais allé il serait allé nous serions allés vous seriez allés ils seraient allés	que j'allasse que tu allasses qu'il allât que nous allassions que vous allassiez qu'ils allassent
Passé 2e forme	*Passé*
Je fusse allé tu fusses allé il fût allé nous fussions allés vous fussiez allés ils fussent allés	que je sois allé que tu sois allé qu'il soit allé que nous soyons allés que vous soyez allés qu'ils soient allés
IMPÉRATIF	*Plus-que-parfait*
Présent va allons allez *Passé* sois allé soyons allés soyez allés	que je fusse allé que tu fusses allé qu'il fût allé que nous fussions allés que vous fussiez allés qu'ils fussent allés

PARTICIPE

Présent	*Passé*
allant	allé, ée étant allé

INDICATIF

Présent	*Passé composé*
J'ai tu as il a nous avons vous avez ils ont	J'ai eu tu as eu il a eu nous avons eu vous avez eu ils ont eu
Imparfait	*Plus-que-parfait*
J'avais tu avais il avait nous avions vous aviez ils avaient	J'avais eu tu avais eu il avait eu nous avions eu vous aviez eu ils avaient eu
Passé simple	*Passé antérieur*
J'eus tu eus il eut nous eûmes vous eûtes ils eurent	J'eus eu tu eus eu il eut eu nous eûmes eu vous eûtes eu ils eurent eu
Futur simple	*Futur antérieur*
J'aurai tu auras il aura nous aurons vous aurez ils auront	J'aurai eu tu auras eu il aura eu nous aurons eu vous aurez eu ils auront eu

INFINITIF

Présent	*Passé*
avoir	avoir eu

CONDITIONNEL	SUBJONCTIF
Présent	*Présent*
J'aurais tu aurais il aurait nous aurions vous auriez ils auraient	que j'aie que tu aies qu'il ait que nous ayons que vous ayez qu'ils aient
Passé 1re forme	*Imparfait*
J'aurais eu tu aurais eu il aurait eu nous aurions eu vous auriez eu ils auraient eu	que j'eusse que tu eusses qu'il eût que nous eussions que vous eussiez qu'ils eussent
Passé 2e forme	*Passé*
J'eusse eu tu eusses eu il eût eu nous eussions eu vous eussiez eu ils eussent eu	que j'aie eu que tu aies eu qu'il ait eu que nous ayons eu que vous ayez eu qu'ils aient eu
IMPÉRATIF	*Plus-que-parfait*
Présent aie ayons ayez	que j'eusse eu que tu eusses eu qu'il eût eu que nous eussions eu que vous eussiez eu qu'ils eussent eu

PARTICIPE	
Présent	*Passé*
ayant	eu ayant eu

INDICATIF

Présent	*Passé composé*
Je fais tu fais il fait nous faisons vous faites ils font	J'ai fait tu as fait il a fait nous avons fait vous avez fait ils ont fait
Imparfait	*Plus-que-parfait*
Je faisais tu faisais il faisait nous faisions vous faisiez ils faisaient	J'avais fait tu avais fait il avait fait nous avions fait vous aviez fait ils avaient fait
Passé simple	*Passé antérieur*
Je fis tu fis il fit nous fîmes vous fîtes ils firent	J'eus fait tu eus fait il eut fait nous eûmes fait vous eûtes fait ils eurent fait
Futur simple	*Futur antérieur*
Je ferai tu feras il fera nous ferons vous ferez ils feront	J'aurai fait tu auras fait il aura fait nous aurons fait vous aurez fait ils auront fait

INFINITIF

Présent	*Passé*
faire	avoir fait

CONDITIONNEL	SUBJONCTIF
Présent	*Présent*
Je ferais tu ferais il ferait nous ferions vous feriez ils feraient	que je fasse que tu fasses qu'il fasse que nous fassions que vous fassiez qu'ils fassent
Passé 1re forme	*Imparfait*
J'aurais fait tu aurais fait il aurait fait nous aurions fait vous auriez fait ils auraient fait	que je fisse que tu fisses qu'il fît que nous fissions que vous fissiez qu'ils fissent
Passé 2e forme	*Passé*
J'eusse fait tu eusses fait il eût fait nous eussions fait vous eussiez fait ils eussent fait	que j'aie fait que tu aies fait qu'il ait fait que nous ayons fait que vous ayez fait qu'ils aient fait
IMPÉRATIF	*Plus-que-parfait*
Présent fais faisons faites *Passé* aie fait ayons fait ayez fait	que j'eusse fait que tu eusses fait qu'il eût fait que nous eussions fait que vous eussiez fait qu'ils eussent fait

PARTICIPE

Présent	*Passé*
faisant	fait ayant fait

INDICATIF

Présent	*Passé composé*
Je suis tu es il est nous sommes vous êtes ils sont	J'ai été tu as été il a été nous avons été vous avez été ils ont été
Imparfait	*Plus-que-parfait*
J'étais tu étais il était nous étions vous étiez ils étaient	J'avais été tu avais été il avait été nous avions été vous aviez été ils avaient été
Passé simple	*Passé antérieur*
Je fus tu fus il fut nous fûmes vous fûtes ils furent	J'eus été tu eus été il eut été nous eûmes été vous eûtes été ils eurent été
Futur simple	*Futur antérieur*
Je serai tu seras il sera nous serons vous serez ils seront	J'aurai été tu auras été il aura été nous aurons été vous aurez été ils auront été

INFINITIF

Présent	*Passé*
être	avoir été

CONDITIONNEL	SUBJONCTIF
Présent	*Présent*
Je serais tu serais il serait nous serions vous seriez ils seraient	que je sois que tu sois qu'il soit que nous soyons que vous soyez qu'ils soient
Passé 1re forme	*Imparfait*
J'aurais été tu aurais été il aurait été nous aurions été vous auriez été ils auraient été	que je fusse que tu fusses qu'il fût que nous fussions que vous fussiez qu'ils fussent
Passé 2e forme	*Passé*
J'eusse été tu eusses été il eût été nous eussions été vous eussiez été ils eussent été	que j'aie été que tu aies été qu'il ait été que nous ayons été que vous ayez été qu'ils aient été
IMPÉRATIF	*Plus-que-parfait*
Présent sois soyons soyez	que j'eusse été que tu eusses été qu'il eût été que nous eussions été que vous eussiez été qu'ils eussent été

PARTICIPE	
Présent	*Passé*
étant	été ayant été

TABLEAU DES NOMS DE NOMBRES

REM. Les composés sont entre parenthèses. Les chiffres entre crochets doivent être remplacés par leurs noms, donnés plus haut dans la liste.

1	Un	Premier (1er)
2	Deux	Second, Deuxième (2e)
3	Trois	Troisième (3e)
4	Quatre	+ ième
5	Cinq	—
6	Six	—
7	Sept	—
8	Huit	—
9	Neuf	—
10	Dix	—
11	Onze	—
12	Douze	—
13	Treize	—
14	Quatorze	—
15	Quinze	—
16	Seize	—
17	(Dix-sept)	—
18	(Dix-huit)	—
19	(Dix-neuf)	—
20	Vingt	—
21	(Vingt et un)	Vingt et unième
22	(Vingt-deux)	Vingt-deuxième
23	(Vingt-trois... [4-9])	+ ième*
30	Trente	
31	(Trente et un)	
32	(Trente-deux... [3-9])	
40	Quarante	
41	(— et un)	
42	(— -deux... [3-9])	
50	Cinquante	
51	(Cinquante et un)	
52	(Cinquante-deux... [3-9])	
60	Soixante	
61	(Soixante et un)	
62	(Soixante-deux... [3-9])	
70	(Soixante-dix) ou *Région.* Septante	
71	(Soixante et onze)	
72	(Soixante-douze... [13-19])	

80	(Quatre-vingts) ou *Région., vx.* Octante, Huitante
81	(Quatre-vingt-un)
82	(— -deux... [3-9])
90	(Quatre-vingt-dix) ou *Région.* Nonante
91	(Quatre-vingt-onze... [12-19])
100	Cent
101	(Cent un)
102	(Cent deux... [3-99])
200	(Deux cents)
201	(Deux cent un)
202	(— deux... [3-99])
300	(Trois cents)
301	(Trois cent un)
302	(— deux... [3-99])
400, 500	(Quatre cents, cinq cents... [6-9] cent [1-99])
999	(Neuf cent quatre-vingt-dix-neuf)
1 000	Mille
1 001	(Mille un)
1 002	(— deux... [3-99])
1 100	(Mille cent) ou (Onze cents) [1-99]
1 200	(Mille deux cents...) ou (Douze [13-19] cents)
2 000	(Deux mille) [3-9] mille [1-999]
9 999	(Neuf mille neuf cent quatre-vingt-dix-neuf)
10 000	(Dix mille) [10-99] mille [1-999]
99 999	(Quatre-vingt-dix-neuf mille neuf cent quatre-vingt-dix-neuf)
100 000	(Cent mille)
100 001	(Cent mille [et] un)
100 002	(Cent mille [2-99])
101 000	(Cent un mille; [2-9] cent [1-99] mille [1-999])
1 000 000	Un million

V. *aussi* Milliard; billion; trillion; quatrillion; quintillion.

* Tous les nombres ordinaux qui suivent sont formés avec le suff. *-ième*.

ALPHABET PHONÉTIQUE

(Prononciations des mots, placées entre crochets)

VOYELLES

[i]	il, vie, lyre
[e]	blé, jouer
[ɛ]	lait, jouet, merci
[a]	plat, patte
[ɑ]	bas, pâte
[ɔ]	mort, donner
[o]	mot, dôme, eau, gauche
[u]	genou, roue
[y]	rue, vêtu
[ø]	peu, deux
[œ]	peur, meuble
[ə]	le, premier
[ɛ̃]	matin, plein
[ɑ̃]	sans, vent
[ɔ̃]	bon, ombre
[œ̃]	lundi, brun

SEMI-CONSONNES

[j]	yeux, paille, pied
[w]	oui, nouer
[ɥ]	huile, lui

CONSONNES

[p]	père, soupe
[t]	terre, vite
[k]	cou, qui, sac, képi
[b]	bon, robe
[d]	dans, aide
[g]	gare, bague
[f]	feu, neuf, photo
[s]	sale, celui, ça, dessous, tasse, nation
[ʃ]	chat, tache
[v]	vous, rêve
[z]	zéro, maison, rose
[ʒ]	je, gilet, geôle
[l]	lent, sol
[ʀ]	rue, venir
[m]	main, femme
[n]	nous, tonne, animal
[ɲ]	agneau, vigne
[h]	hop ! (exclamatif)
[']	haricot (pas de liaison)
[ŋ]	mots empr. anglais, camping
[x]	mots empr. espagnol, jota ; arabe, khamsin, etc.

De nombreux signes se lisent sans difficulté (ex. [b, t, d, f], etc.).
Mais, ATTENTION aux signes suivants :

Ne confondez pas :

[a] : patte	et	[ɑ] : pâte	[y] : tu	et	[ɥ] : tuer
[ə] : premier	et	[e] : méchant	[k] : cas	et	[s] : se, acier
[e] : méchant	et	[ɛ] : père	[g] : gai	et	[ʒ] : âge
[ø] : peu	et	[œ] : peur	[s] : poisson	et	[z] : poison
[o] : mot, rose	et	[ɔ] : mort	[s] : sa	et	[ʃ] : chat
[y] : lu	et	[u] : loup	[ʒ] : âge, âgé	et	[z] : aisé
[i] : si	et	[j] : ciel, yeux	[n] : mine	et	[ɲ] : ligne
[u] : joue	et	[w] : jouer	[ɲ] : ligne	et	[ŋ] : dancing

~ au-dessus d'une voyelle marque un son nasal :

[ɑ̃] : banc
[ɔ̃] : bon
[œ̃] : brun
[ɛ̃] : brin

TABLE DES MATIÈRES

Imprimé en France *Printed in France*

IMPRIMÉ EN FRANCE PAR BRODARD ET TAUPIN
7, bd Romain-Rolland - Montrouge.
Usine de La Flèche, le 25-01-1984.
1849-5 - Dépôt légal : février 1984.